云南省农业科学院
Yunnan Academy of Agricultural Sciences（YAAS）

Study on the Industrial Economy and Policy Innovation of Yunnan Plateau

CHARACTERISTIC AGRICULTURE

云南高原特色农业产业经济及政策创新研究

（上卷）

李学林　陈良正　袁 媛　等◎著

中国财经出版传媒集团
经济科学出版社
Economic Science Press

图书在版编目（CIP）数据

云南高原特色农业产业经济及政策创新研究．上卷／
李学林等著．—北京：经济科学出版社，2022.3
ISBN 978－7－5218－3398－0

Ⅰ.①云…　Ⅱ.①李…　Ⅲ.①特色农业－农业经济－
研究－云南②特色农业－农业政策－研究－云南　Ⅳ.
①F327.74

中国版本图书馆 CIP 数据核字（2022）第 018558 号

责任编辑：赵　蕾　赵　芳　尹雪晶　王珞琪
责任校对：刘　娅
责任印制：范　艳

云南高原特色农业产业经济及政策创新研究
（上卷）
李学林　陈良正　袁　媛　等／著
经济科学出版社出版、发行　新华书店经销
社址：北京市海淀区阜成路甲 28 号　邮编：100142
总编部电话：010－88191217　发行部电话：010－88191540
网址：www.esp.com.cn
电子邮箱：esp@esp.com.cn
天猫网店：经济科学出版社旗舰店
网址：http://jjkxcbs.tmall.com
北京中科印刷有限公司印装
787×1092　16 开　121.25 印张　2100000 字
2022 年 9 月第 1 版　2022 年 9 月第 1 次印刷
ISBN 978－7－5218－3398－0　定价：498.00 元（全三卷）
（图书出现印装问题，本社负责调换。电话：010－88191510）

云南高原特色农业产业经济及政策创新研究

写作团队

主　笔　李学林　陈良正　袁　媛

副主笔　毛昭庆　王雪娇　罗　雁　李隆伟　陈　蕊　董晓波
鄢文光　王正双

写作者（按拼音排序）

包丽仙　陈洪梅　陈良正　陈　蕊　陈　松　董晓波
董云峰　董仲生　杜春燕　符明联　甘春艳　高　新
郭　沛　何玉华　和江明　洪琼花　胡朝芹　胡忠荣
黄家雄　黎小清　李冬梅　李　宏　李　梁　李隆伟
李世峰　李树红　李守岭　李学林　刘本英　刘关所
刘吉新　刘其宁　陆　斌　罗　雁　马婧怡　毛昭庆
彭子芸　钱　敏　屈云慧　唐　婷　唐宗福　田耀华
王海燕　王　辉　王树明　王雪娇　王艳辉　王　奕
王云美　鄢文光　杨国荣　杨丽英　杨木军　杨琼芬
杨　妍　应雄美　袁　媛　曾　江　张　灏　张金渝
张素芳　张晓伟　张跃彬　赵国珍

主要作者简介

▶**李学林**，男，汉族，1966年6月生，云南富民人，九三社员，二级研究员，管理学博士，博士生导师，云南农业发展智库首席专家，享受云南省政府特殊津贴专家，云岭学者、云南省创新人才。先后担任云南省农业科学院院长、中国农业科学院学术委员会委员、国家蔬菜品种改良中心云南分中心主任、云南省蔬菜工程技术中心主任、云南省园艺学会理事长和云南省科技期刊编辑学会理事长。现任云南省政协副主席、九三学社云南省委主任委员。先后承担国家部委和省级各类研究项目30余项，在《农业技术经济》《园艺学报》等学术期刊发表论文100余篇，作为主编、副主编或编委会主任、副主任出版科技著作60余部，向国家和省委、省政府提出各类建议、提案和咨询报告60余份。主要观点被《人民日报》等刊载100余次。先后获得全国农业农村系统先进个人，云南省委、省政府贡献奖，省级学习型先进个人，老挝国家投资部一等奖、丰沙里省合作奖，云南省科技进步二等奖、三等奖7项，云南省哲学社会科学优秀成果三等奖等奖励多项。

▶**陈良正**，男，汉族，1964 年生，云南省人民政府参事，云南省农业科学院农业经济与信息研究所研究员，云南省现代农业橡胶产业技术体系产业经济研究岗位专家。主要从事高原特色农业发展战略及政策、农业产业经济、区域农业发展规划等研究，先后承担国家部委和省级各类研究项目 20 余项，执笔省部级涉农规划、州（县）级特色农业发展及乡村振兴规划 10 余项，在《经济问题探索》《中国农学通报》等学术期刊发表论文 30 余篇，主编学术著作 4 部、参编 5 部，多项建议获省领导批示。曾获云南省科技进步二等奖、三等奖，云南省哲学社会科学优秀成果三等奖，老挝丰沙里省长奖等奖项。

▶**袁媛**，女，汉族，1970 年生，云南省农业科学院农业经济与信息研究所研究员，云南省现代农业茶叶产业技术体系产业经济研究岗位专家。主要从事高原特色农业规划及乡村发展研究，先后主持完成了《云南省农业功能区划工作方案》《云南省特色农产品优势区建设规划（2017—2020 年）》等省级重要规划及部分县域高原特色农业发展规划 22 项，在核心期刊发表论文 20 余篇。曾获云南省科技进步二等奖、三等奖，云南省哲学社会科学优秀成果三等奖，老挝丰沙里省长奖等奖项。

前言

本书为云南省科技厅应用基础研究计划重点项目“云南高原特色农业产业经济及政策研究”（2016FA027）和云南省科技人才培养计划“云南省农业科学院高原特色农业产业经济研究省创新团队”（2018HC018）等项目研究成果，并得到云南省政府系统及党群系统决策咨询研究项目、云南省发展和改革委员会、云南省农业农村厅、云南省第三次全国农业普查研究课题、云南省现代农业产业技术体系建设、中共云南省委宣传部“云南省首批重点培育新型智库—云南农业发展智库”、中共云南省委组织部“云南省‘万人计划’云岭学者”等项目支持。

农业是人类生存的基础，也是一个国家经济社会发展的基础和重要的制约因素。尤其对一个14亿人口的农业大国来说，解决好农业、农村和农民问题一直是中国经济社会发展过程中重要而艰巨的任务。因此，农业还是有效解决我国“三农”问题的基础性工作。无论是新中国成立后的土地改革，还是党的十一届三中全会后的家庭联产承包责任制，以及习近平总书记关于解决“三农”问题是全党工作的“重中之重”的论断，无不说明农业发展对我国经济社会发展的重要意义，以及农业农村现代化对实现“两个一百年”奋斗目标和中华民族伟大复兴的中国梦的必要性。目前我国农业正经历着从传统农业向现代化新型农业转变过程中最重要的发展时期。发展特色农业是实现农业现代化发展的重要途径之一，而如何实现农业发展现代化，加快推进农业产业化进程，促进产业转型升级，已成为我国农业发展过程中的最重要问题之一。

农业是一个关联度极高的产业，农业政策的制定和实施对优化农村经济资源分配、经济结构优化具有引导作用，是加速农村经济发展、提高经济效益的根本保证。我国的农业政策具有调整农村生产关系、维护农民长远利益、促进科技发展等多重作用。中华人民共和国成立以来，尤其是改革开放40多年来，为适应国际国内经济社会发展形势对农业的要求以及农业自身发展面临的形势变化，国家“三农”政策逐步演进的脉络非常清晰，从“农业发展”“农村经济”“农村改革”

“城乡发展”到“乡村振兴”，国家的农业政策逐步从单一的经济目标指向，向政治、经济、文化等多元目标发展转变。

云南作为一个以农业为基本经济框架的省份，地理、气候、物种及生态优势突出，农业发展的资源优势明显。新中国成立以来，云南省委、省政府十分重视农业和农村工作，采取了一系列方针政策和有效措施，根据各个阶段国家的战略重点，因地制宜、突出重点、发展特色产业，促进了全省高原特色农业和优势农产品的形成，加快了全省农业和农村经济的发展。20世纪50～60年代，在保证粮食生产的基础上，重点开发了天然橡胶和茶叶产业；70～90年代中期，集中力量发展烟草业和蔗糖产业，同时着重抓好畜牧业和林产业，稳固拓展橡胶和茶叶产业；90年代中期以来，在巩固提升已有特色支柱和优势产业的同时，又积极培育以花卉、天然药物、绿色食品为重点的生物资源产业开发，促进了鲜切花、天然药物、外销蔬菜、热带水果、马铃薯等新兴产业的发展；90年代后期至21世纪初，稻谷、玉米、小麦、烤烟、甘蔗、茶叶、橡胶、水果、蔬菜、油料等主要农产品产量大幅度增加，1997年基本达到了粮食自求平衡，和全国一样进入了新的历史阶段。为把云南丰富的资源转换为经济和竞争优势，进入21世纪以来，为顺应加入世贸组织、进入国际市场后的变化，云南立足区位优势和资源禀赋，加快发展高原特色农业，取得了显著的成绩，农村经济总量快速增长，云南高原特色农业品牌逐渐被市场认知，农村常住居民人均可支配收入增幅连续多年高于城镇常住居民人均可支配收入，这一时期是改革开放以来云南省农业经济增长最快的时期之一。云南高原特色农业被称为全国现代农业发展的四种模式之一。2015年1月，习近平总书记考察云南时指出，要立足多样性资源这个独特基础，打好高原特色农业这张牌，着力推进现代农业建设。按照习近平总书记重要指示精神，云南省委、省政府在“十三五”开局之年即把高原特色现代农业作为全省着力培育的八大重点产业之一，进一步加大政策扶持力度，为农业农村经济发展注入新的活力。党的十九大以来，云南省委、省政府进一步作出了打造世界一流“绿色食品牌”的决策部署，为云南农业跨越式发展注入绿色高质量发展新动能，推动农业发展方式实现革命性转变。纵观“十三五”，云南以农业供给侧结构性改革为主线，努力转变农业发展方式，调整优化产业结构，强化科技支撑引领，发展适度规模经营，加快走出去步伐，农业产业发展质量、效益和竞争力显著增强，全省农业经济总量增幅位居全国前列；“云系”“滇牌”农产品销往全国150个大中城市和110多个国家和地区，农产品出口额连续多年位居西部第一、全国第六，是全省第一大出口商品；农业为脱贫攻坚提供了坚实的产业支撑，带动农村居民人均可支配收入增幅居全国前列。

尽管近年来，云南农业增加值在全省GDP中所占比重逐步降低，自2017年降到15%以后，2019年进一步降到13.33%，但农业发挥的基础性作用却日渐显著。尤其云南是一个集边疆、民族、山区、欠发达"四位一体"的农业大省，农业基础设施薄弱，生产方式粗放，产业化水平相对滞后，资源优势较难转变为产业优势，农业仍是云南省的弱势产业、经济发展的薄弱环节。随着党中央将解决"三农"问题的重心从脱贫攻坚转移到乡村振兴，我们将始终坚持"重中之重"的定位，坚持守正创新。只有这样，农业才会成为有奔头的产业，农民才会成为有吸引力的职业，农村才会成为安居乐业的美丽家园。从云南特色农业的探索发展历程可以看出，从20世纪80年代开始培育的烟、糖、茶、胶，到20世纪90年代末开始的花、果、蔬、药，再到21世纪的咖啡、坚果、马铃薯等，一批产业逐步发展壮大为云南农业的支柱产业并在国内占有一定的优势地位，为云南高原特色农业发展打下良好的基础，无一不是长期稳定的政策支持的结果。

目前，云南正处于完成脱贫攻坚、实施乡村振兴、确保2035年与全国同步基本实现社会主义现代化目标的关键时期。受社会、经济、科技、自然等多方面因素的制约，云南农业逐步摆脱原始农业，进入从传统农业向现代农业转型的关键阶段，农业投入不足、基础设施薄弱、生产力水平低，农产品科技含量不高、加工滞后、产业链短、抗风险能力低、配套服务体系不完善、知名农产品品牌数量少，使得农业内部结构固化、发展质量效益不高、产品竞争力不强等发展不充分的问题十分明显；各地区农业产业结构雷同，区域比较优势未能得到充分发挥，同质化现象突出，区域发展不平衡的问题也十分明显。这些问题，不仅制约着云南省农业的长远发展，导致农业综合效益不高、农民就业领域窄、收入增长缓慢，而且影响到全省经济社会的协调发展。基于这种形势，系统开展云南高原特色农业产业经济及政策创新研究，对云南高原特色农业产业经济学科发展，加快推进农业供给侧结构性改革，促进高原特色农业转型升级，提升农业竞争力和农民增收等都具有重要的意义。

本书从产业经济学的视角，通过总结云南特色农业发展的探索历程，评估近年来云南高原特色农业发展质量，分析云南农业发展的"瓶颈"问题，探索新时期现代农业的发展趋势和规律，根据发挥比较优势、竞争优势、特色优势的原则，充分利用国际、国内两个市场、两种资源，借鉴国内外农业结构调整和优势特色农业发展的经验，试图提出依托资源禀赋，优化产业结构，因地制宜地发展当地优势、特色产品和产业，并系统提升加快云南农业产业经济高质量发展的对策建议，为高原特色农业经济的发展及相关政策的制定提供借鉴和参考。

从自然资源禀赋看，云南农业资源多样性优势明显，但是山地较多，水土资源时空分布不均、利用率不高，机械化推广应用难度大。从区位和产业基础看，云南地理区位独特，产业类型多样，特色产业基础好，农产品对外贸易条件优越，高原特色农业发展有一定优势，发展潜力较大。从国内看，云南烟叶、茶叶、糖料、豆类、薯类、肉类、水产品均显示出比较优势特征，核桃、澳洲坚果和咖啡等的产业规模在国内绝对优势明显。虽然水果、蔬菜和马铃薯规模优势不明显，但依托多样化和错季的特色，在农产品出口中的优势十分明显。从国外看，与周边国家相比，双方农产品有互补性，云南在立体气候、品种资源、农业技术、农业机械、水陆交通设施等方面优势明显，水果、蔬菜、花卉、烟草、咖啡等农产品出口竞争力较强。因此，云南现代农业发展在以规模化大生产为基础的大宗农产品生产上不具优势，必须走多样、特色、优质、时差（季节差）、带差（气候带差）和保护性、外向型发展的路子。应采取进一步加大投入、支持科技、扶持龙头、培育品牌等综合措施，扬长避短，做大做强特色优势产业，提升高原特色农业产业整体发展水平和质量效益，增强境外农业资源和市场掌控能力，缩小区域发展差距。

特色农业是一个动态发展的概念。特色农业的研究最早出现在20世纪50~60年代的发达国家，对于“特色农业”这一概念，国外更多使用的是带有产业属性特色的如“有机农业”“设施农业”“观光农业”“休闲农业”“可持续农业”“多功能农业”“都市农业”等，而以“特色农业”为对象的整体研究不多。我国对特色农业的探索与实践起步于20世纪80年代，理论研究则始于20世纪末和21世纪初，研究方向为特色农业的发展模式及国外特色农业的发展经验，目的是在我国建立以特色农业资源的可持续利用为前提的市场化、技术化、产品化和标准化的新型农业体系，以抵御在短期内相对“质优价低”的国外农产品对中国产品的冲击和中长期内以“新、特、奇”的中国农产品在国际市场上开拓一条新路。特色农业是指各区域以提高农业经济效益和农业可持续发展为主要目标，凭借各具特色的农业资源、独特的农产品加工技术手段，开发出具有区域特色和较高市场竞争力的农产品并进行产业化生产的农业生产经营模式。这一生产经营模式中，特色农业资源是基础，特色农产品生产或加工产业是依托，特色农产品是核心，科技是关键。

云南农业的发展历史，尤其是改革开放40多年来云南农业的发展历程，也较好地诠释了特色农业概念的内涵和外延的发展变化。云南开展特色农业的系统研究始于21世纪初，基本与全国同步。2002~2004年，在云南省科技厅、中共云南省委统战部、九三学社云南省委员会等单位的支持下，云南省农业科学院农业经济与信息研究所（原科技情报研究所）组织系统开展了“云南特色农业发展及对策研究”，率先在云南省引入并系统阐述了特色农业、优势农业的概念、内涵、外延及主要特征。在对国内外特色农业发展的理论和实践进行对比研究，对云南农业的比较优势、技术创新、区域布局等进行经济学、生态学的系统分析研究的基础上，提出了云南特色农业的发展思路、原则、目标，分析了重要产业的开发重点和规划布局，提出了促进云南省优势特色农业发展的对策和措施，编著出版了《云南省特色农业发展研究》并发表了系列论文，并在云南省农业科学院培养出一支农业经济研究的专业队伍，先后承担或参与了多项全省及地方性农业发展规划和重大农业农村发展建设项目。2011年初，按照中共云南省委第九次党代会部署，云南省农业科学院以农业经济与信息研究所原团队为班底，扩充组建了全省首个高原特色农业专业研究团队——云南省农业科学院高原特色农业发展研究团队，率先开展了云南高原特色农业发展战略研究，撰写了《云南高原特色农业发展研究》咨询报告并于2012年2月呈报云南省委，从自然科学基础的角度为省委、省政府制定云南高原特色农业发展战略提供了基础理论支撑，许多观点和内容直接被2012年《中共云南省委、云南省人民政府关于加快高原特色农业发展的决定》采用。之后，团队受云南省发展和改革委员会、云南省农业厅等单位委托开展的系列研究成果，在《人民日报》《光明日报》《学习时报》《云南日报》等多个媒体发表，并被全国人大、全国政协、云南省政协等采纳为建议和提案多篇，2015年获得云南省科技进步三等奖和云南省哲学社会科学优秀成果三等奖各1项。《云南省“十三五”粮食产业规划》《云南省特色经济作物“十三五”规划》《云南省特色农产品优势区建设规划（2017—2020）》等系列全省性重点农业产业规划以及许多州市高原特色农业发展规划、乡村振兴规划、多项全省及地方性农业农村发展建设项目均由本团队完成。也因此，本团队于2016年承担了云南省科技厅在农业经济研究领域迄今支持的唯一重点基金项目，是迄今被认定的唯一农业产业经济研究省级创新团队，是云南省农业科学院承担建设、受中共云南省委宣传部支持的首批省级重点培育新型智库——“云南农业发展智库”的基础支撑团队。

云南高原特色农业产业经济研究是云南特色农业发展研究的延续和升级，本书是《云南省特色农业发展研究》的升级版，是《云南高原特色现代农业发展战略研究——理论与实践》的姊妹篇。全书以联合国粮农组织（FAO）、世界银行、美国农业部、国家统计局、中国海关、云南省农业农村厅、云南及相关省区统计局统计数据及团队在云南各地的实地调研数据为基础，采用文献分析法、比较分析法、因子分析法、灰色关联度分析法、区位熵法、集中系数分析法、综合比较优势指数法、随机前沿分析法（SFA）和数据包络分析法（DEA）等定性和定量相结合的多种办法，从整体性、分专题、分产业三个层次对云南高原特色农业发展质量效益和存在的问题进行分析，从云南农业在全国的地位、与周边省份相比、与周边国家相比、省内各州市间对比四个维度对资源禀赋、产业基础以及特色农产品区域竞争力等产业经济发展有关问题进行系统研究，梳理了国家支农政策演变、云南特色农业探索发展及政策创新历程，提出了加快构建高质量产业经济体系、完善支农政策体系方面的建议。全书共三篇：第一篇为综合研究，包括云南高原特色农业产业经济及政策研究；第二篇为专题研究，为团队成员近年来承担完成的中共云南省委、云南省人民政府系列决策咨询项目，尤其是云南省统计局“云南省第三次全国农业普查研究课题”之C、D、F、G、K、N和Q课题而形成的专题报告；第三篇为产业研究，包括25个重要产业研究报告，为省内各产业一线专家与社科学者共同对云南省农林牧渔主要产业进行的深入研究。由于云南农业资源禀赋多样，农业产业类别众多，因此云南高原特色农业产业经济研究领域较宽，涉及面较广，认识和看法也不尽一致，许多观点仅作为探索。同时，尽管写作者做了大量认真细致的工作，但由于水平有限，加上时间紧、工作量大，书中难免有不当之处，敬请读者批评指正。

本书撰写过程中得到云南省农业农村厅、云南省统计局、云南省科学技术厅、云南省现代农业橡胶产业技术体系以及中国农业大学经济管理学院郭沛教授和司伟教授的大力支持，审稿过程中得到番兴明、桂明英、黄平、黄兴奇、金航、李根泽、李国华、李荣福、罗坤、隋启君、王继华、王卫斌、晏铃、杨士吉、于亚雄、袁平荣、赵芝俊等专家的支持，中国农业大学经济管理学院和云南农业大学经济管理学院部分在校学生亦协助做了部分资料整理和数据分析，在此一并致谢！

作者

2022年1月于昆明

总 目 录

第一篇 综合研究

第二篇　专题研究

目　录

第二篇　专题研究

总 论

加快推进云南高原特色农业高质量发展

长期以来，云南集边疆、民族、山区、欠发达为一体，经济社会发展对农业依存度高，全省农业发展不充分、不平衡的问题突出，尤其是农村经济和农业生产技术水平相对落后，农民收入水平相对偏低，农业现代化发展相对滞后，农业依然是国民经济发展中的薄弱环节。改革开放以来，尤其进入21世纪以来，随着国际化、市场化的深入，为满足现代农业发展的要求，云南充分发挥高原低纬光热条件和立体气候优势、生物资源优势和面向东南亚的区位优势，在生产实践中坚持不断优化结构、优化品种、优化布局，始终坚定高原特色农业的发展方向，大力发展高原特色农业，积极推进农业产业化经营和现代农业发展进程，闯出了一条发展高原特色农业的模式和道路（江惠琼等，2012）。“十三五”以来，云南省委、省政府着力推进高原特色生态农业模式和重点产业发展，将高原特色现代农业产业列为国民经济和社会发展的八大产业之一重点推进建设，并进一步厘清了八个具有优势的重点特色农业产业，加大对产业发展的规划引导和精准政策扶持力度，为农业农村经济发展注入新的活力。近两年，在长期发展的基础上进一步提出，云南要全力打造世界一流的“绿色能源”“绿色食品”“健康生活目的地”的绿色发展“三张牌”，及推进“一县一业”战略实施，进一步为加快全省重点产业发展指明了方向、提供了遵循和路径，为云南农业跨越式发展注入绿色化、高质量发展新动能。[①] 从全国来看，随着我国经济由高速增长阶段逐步转向高质量发展阶段，特别是顺应新时代社会主要矛盾新变化和高质量发展要求，进一步优

① 云南省人民政府. 云南省人民政府工作报告（2020年）——2020年5月10日在云南省第十三届人民代表大会第三次会议上［EB/OL］.（2020－05－14）. http://www.yn.gov.cn/ywdt/ynyw/202005/t20200514_203904.html.

化产业结构、发展特色农业、转变发展方式、提高质量效益，是突破当前我国农业发展瓶颈，补齐农业短板，实现农业农村现代化的一条必由之路。深入研究和分析总结云南高原特色农业产业经济发展的成效，找出存在的差距和问题，做大做强云南高原特色农业经济，对云南全面推进乡村振兴，提升重点产业培植的模式，提升经济发展质量、效益和水平，意义重要而深远。

一、云南农业资源禀赋优势与产业发展成效

（一）云南农业资源禀赋优势

一是自然资源丰富、适应面广、潜力巨大。云南是一个内陆低纬高原山区农业省份。土地面积占全国土地面积的4.1%，在全国排名第8位；山区、半山区面积占全省土地面积的94%；热区面积11.34万平方公里，占全省土地面积的28.77%；耕地资源621.33万公顷，占土地面积的15.77%；森林面积1914.19万公顷，占全省土地面积的48.57%。总体来说，云南内陆低纬高原光、热、水、能资源丰富，且匹配良好，农业产业适应面广、土地产出率高，多样性农业、立体农业特征明显，农业发展潜力巨大，拥有多样化的自然气候、生物物种资源及优良的农业生态环境等，特色农产品在全国和周边地区形成了一定的规模且广受国内外市场欢迎。

二是云南优质耕地数量少、分布零散、山地占比大。全省人均耕地面积略高于全国人均水平，但耕地质量偏低。坝区耕地仅占总耕地面积的22.5%左右，旱地占总耕地的76%以上，近15%的耕地为25°以上的坡耕地，保肥保水能力差，中低产田地占总耕地约2/3，且耕地零碎分布。山区是主体，所以潜力在山、希望在山。

三是水资源丰富，但时空分布不均，工程性缺水严重。全省平均降水量1100毫米/年左右。一方面是空间分布不均，各地年降水量从750~2250毫米不等，金沙江、元江等干热河谷年均降水量仅600~750毫米，龙陵、江城、西盟、绿春、金平等雨量充沛的地方高达2000毫米/年以上。全省地表水资源分布总的是由北往南，自东向西降水量逐渐递增，高低值区域相间，且水在低处，耕地在高处，水土资源不匹配。西南部水多地少，中东部水少地多；坝区地少水少，山区地多水少。另一方面是时间分布不均，雨旱季分明。全年85%降雨主要集中在5~10月，尤其是6~8月，呈现秋冬春连旱的总体特点。加之水利基础设施建设滞后，造成

工程性缺水严重。2017 年全省有效灌溉面积不足 31%，旱涝保收高标准农田（地）仅 2000 万亩左右。2020 年高稳产农田累计建成 2444 万亩。

四是多样性特征明显，生态脆弱性和环境制约突出。一方面，云南处于低纬度地区，大多面积在北纬 21°83′与 29°16′之间，北回归线从南部地区穿过；且全省海拔从最低 76.4 米到最高 6740 米，南北最大纵距 990 千米内高差达 6663.6 米，加之高原与河流切割形成特殊的高山峡谷相间的地形地貌，形成丰富多样的农业生态类型，从而决定了农业的多样性、立体性、分散性等特性。另一方面，云南省地处长江、珠江、红河、怒江、澜沧江和伊洛瓦底江等六大国际国内水系的源头或上游，是全国乃至东南亚地区的重点生态保护区域，且承担着建设西南生态安全屏障的任务，具有高原地区生态脆弱性特征，加之省内以九大高原湖泊为主的湖泊面源污染治理与保护任务艰巨，农业产业发展环境制约性突出。

综上所述，从资源禀赋看，由于受地形地貌的多样性和多种气候影响，云南省农业产业形成全省农业发展区域差异和垂直变化较大、生产规模受局限，农业基础设施建设成本高（李学林等，2012）、建设难度大等特点。云南农业发展在规模化、大宗农产品生产上不具优势，产业小和散是由农业发展的自然条件特点和产业特征所决定的，因此必须走多样化、特色化、高端化、差异化（包括季节差和气候带差）的发展路子（李学林等，2020）。

（二）云南农业拥有显著的比较优势和竞争优势

（1）云南农业占比较大，在全国的地位稳中有升，特色农产品优势明显。2019 年全省农林牧渔业总产值达到 4935.73 亿元，第一产业增加值占全省生产总值的 13%，比全国平均高近 6 个百分点，乡村人口占总人口数的 51.09%，第一产业从业人员约占总就业人数的 46.64%。近年来，云南农业经济总量排名稳中有升，高原特色农业作为全国现代农业发展的四大模式之一逐步被广泛认同。云南农业经济总量占全国比重由 2011 年不足 3% 提高到 2019 年的 4% 左右，排名上升到第 12 位，增长率排全国第 4 位；云南农业区位熵测度结果多年均大于 1，2019 年，云南农林牧渔业总产值区位熵值达 1.695，增加值区位熵值达 1.835，从一个侧面说明云南农业专业化程度较高，高原特色农业具有明显的比较优势和竞争优势。

云南农产品出口额常年排名全国第 7 位（近两年更是上升到全国第 6 位）、西部省份第 1 位。2015 ~ 2019 年，以产值作为衡量指标计算比较优势，云南烟叶、茶叶、糖料、豆类、薯类、肉类、水产品综合比较优势指数分别达 10.65、2.04、

2.41、1.35、1.09、1.22、1.17。云南鲜切花、核桃、澳洲坚果和咖啡等的产业规模在国内处于绝对优势地位，天然橡胶面积和产量超过全国50%。由于多样化和错季特征明显，云南蔬菜70%出省，出口额在山东之后排名全国第2位，水果出口额占全国35%左右，出口优势明显。西甜瓜进出口量多年排全国第1位。

（2）与周边省份四川、贵州、广西和重庆等相比，云南特色农产品对外贸易优势明显。一是大部分农业资源在西南片区有显著优势。云南光照条件最好、热量优势明显，积温有效性高，具有显著的立体气候，适宜生长多种作物，气象灾害相对较少，农作物拥有较好的生产环境。云南人均水资源和人均耕地相比最大，但水资源时空分布不均、田高水低，耕地零碎，产业效益较低，农业产业和农产品的多样化、特色产品生产规模与产量占比及特色产品错季生产经营优势均较明显。云南农业从业人数高于四川之外的其他省份，农业机械总动力处于中上水平，全省水库数量较大，水库总库容量最多，目前为全国淡水体量最大省份，温室与大棚等设施栽培面积远远超过毗邻省份。二是云南部分农产品生产在西南乃至全国具有面积和产量较大的比较优势。云南农业综合生产能力进一步提高，生产结构不断优化。目前，鲜切花、咖啡、中药材、橡胶、坚果面积、产量均居全国第1位，茶园面积、茶叶产量分居第1、第2位，生猪存栏居第4位，肉牛存栏居第2位，肉类产量居第7位，粮食播种面积、产量分别居第11位、第14位。从西部来看，云南农作物的播种面积大于四川之外的其他几个省区，猪肉产量排第2位，牛肉和奶类产量排第1位，小杂粮生产也有一定优势。云南独具规模的鲜切花、咖啡等特色农业地域性强、经济价值高、技术要求高、商品率高，对自然条件要求较严格的特色产业优势更为突出。此外，虽然云南的蔬菜、水果和马铃薯产量在西南排名第3位，处于中间位置，但多样性和错季优势明显，是全国唯一可以周年生产马铃薯的省份，蔬菜、水果和马铃薯错季外销和出口的竞争优势明显。三是云南对外贸易区位条件优越，农产品出口优势明显。得益于多样性和错季生产优势以及良好的产业基础和优异的产品质量，云南以蔬菜、果品、烟草制品为龙头的农产品出口总额常年居于西南五省（区市）首位，2017年是四川、贵州、广西和重庆四省（区市）总额的2倍以上，2019年也约为比邻四省（区市）的1.5倍。

（3）与越南、老挝、缅甸、泰国等东南亚四国比邻，具有明显的区位优势和技术装备等优势。云南气候跨度大，农业结构的差异大，与东南亚国家互补性强，但相比之下云南耕地资源和劳动力资源没有优势，因此，云南与邻近四国在农业发展区域竞争力上各有优势，总体互补性强。云南的农业科技、农业机械、水陆交通设施等方面较四国优势明显，水果、蔬菜、花卉、烟草、咖啡等农产品出口竞争力较强。泰国、越南的大米、橡胶、木薯、胡椒、腰果、咖啡等具有较强的竞争力。缅甸在水稻（大米）方面具有一定的竞争力，农业对外开放和合作空间潜力巨大。

（三）云南农业拥有明显的产业发展基础和竞争力

1. 高原特色产业发展成效明显

自 20 世纪 90 年代提出调整结构、发展优势生物资源产业以来，尤其是 2012 年实施高原特色农业发展战略以来，云南加快优势特色农业产业经济的发展成效，突出表现为综合经济效益和在全国的地位逐渐提升，特色产品数量质量同步提高，市场占有率和消费者美誉度稳步提高，农产品加工和产后流通循环业发展条件逐步改善，部分特色产业无论是在全国范围，还是与周边国家和省份比较，均具有明显的竞争优势，特色农产品出口态势发展良好。

一是产业经济效益逐年向好，在全国的地位逐渐提高。从 2011 年到 2019 年，全省农林牧渔业总产值占全国的比例从 2.96% 上升到 3.98%，农林牧渔业增加值占全国的比例从 3.09% 上升到 4.39%，改变了农林牧渔业总产值和农林牧渔业增加值占全国比例多年不足 3% 的历史。同时，随着劳动生产率和土地产出率的提高，云南省农林牧渔业增加值增幅略高于同期农林牧渔业总产值增幅，说明全省农业产业的比较效益逐年向好。

二是由农产品加工业从初级加工逐步向精深加工转变。全省农产品加工业产值（不含烟草）与同期农林牧渔业总产值的比例由 2011 年的 0.49：1 逐步提高到 2019 年的 1.49：1。规模以上农产品加工业增加值占同期全省规模以上加工业的比重从 2012 年的 40.73% 提高到 2017 年的 43.43%，2019 年仍达 38%，以冷链保鲜为主的物流体系逐步完善，综合效益日趋显现。

三是部分特色产业优势日益明显，区域化、专业化分工生产的格局基本形成。鲜切花、小粒咖啡、澳洲坚果、核桃、天然橡胶等产业在全国绝对规模比较优势形成，蔬菜、水果、花卉、咖啡、野生食用菌、马铃薯、茶叶等的外向型出口优势逐步提高，中药材、蚕桑、茶叶、肉牛、生猪、蔗糖的规模优势进一步巩固，在全国形成高原优势特色农产品重要产区。

四是农产品出口创汇稳步增长，已成为云南省出口创汇的支柱产业。得益于多样化、优质和错季等特色农业生产条件、产业培育及农产品加工业、市场体系等发展，全省农产品出口优势进一步凸显，特色农产品出口量值齐升。全省农产品出口总值占同期农林牧渔业总产值的比例由2011年的不足4%上升到2017年的7.3%，2019年仍达6.7%，蔬菜、水果等超过传统创汇支柱——烟草产业成为农产品出口龙头产品，花卉、野生食用菌、咖啡、马铃薯、茶叶等后起之秀发展态势良好，支撑云南农产品出口额多年保持全国第6、西部第1的地位；同期，云南省农产品出口额占全省出口总额的比重从18.6%上升到36.6%，接近翻了一番，2019年仍达32%，成为云南出口的支柱产业。

2. 特色产业具有明显竞争优势

引入比较优势指数、规模比较优势指数、效益比较优势指数、需求收入弹性系数以及生产效率，分析云南省水稻、小麦、马铃薯、烟草、茶叶、蔬菜、水果、中药材以及肉牛等产业与全国、周边东南亚国家及省内各州（市）间的比较优势和生产竞争力。结果表明：近年来云南高原特色农业产业经济成效比较明显，农业经济总量逐步提升，在全国的地位逐年提高，竞争优势逐步显现。由于资源禀赋好，地理区位独特，产业类型多样，特色产业基础好，农产品对外贸易条件优越，高原特色农业发展优势和潜力较大。云南烟叶、茶叶、糖料、豆类、薯类、肉类、水产品也均显示出比较优势特征，核桃、澳洲坚果和咖啡等的产业规模在国内绝对优势明显。虽然从数据看，水果、蔬菜和马铃薯三大类比较优势不明显，但这三类农产品的比较优势均在不断增加。由于多样化和错季优势明显，蔬菜、水果和马铃薯在农产品出口中的优势十分明显，这要求我们传统产业也必须走特色化发展之路，发挥综合优势，提高品质和找准市场定位，把大宗产品发展成为特色商品，如发展早熟葡萄、晚熟芒果、反季节蔬菜、早春马铃薯，促进产业迭代更替和转型升级，提高产业效益，这也与当前生产实践是一致的。全省以蔬菜、果品、烟草等为龙头的农产品出口总额多年处于全国第6、西部第1的地位，支撑云南外贸出口总额的1/3左右，为平衡云南国际贸易做出了巨大贡献。因此，云南应注意保持支农政策的延续性，持续加大投入，改善基础设施、提升耕地质量、强化科技支撑、引培新主体、发展精深加工、做大仓储物流、促进三产融合、建设系列品牌等综合措施，扬长避短，畅通要素，做大做强特色优势农业产业，提升高原特色农业产业整体发展水平和质量效益。

与周边国家相比，在农业发展区域竞争力上各有优势，农产品有互补性。云南在农业科技及农机具等生产设施设备方面优势明显，立体气候、品种资源、农业技术、农业机械、水陆交通设施等方面较越南、老挝、缅甸、泰国四个国家优势明显，水果、蔬菜、花卉、烟草、咖啡等农产品出口方面竞争力较强。但云南人均占有耕地最少、农村劳动力资源相对紧缺。邻近四个国家在土地资源和人力资源方面较云南有较大的优势，农业开发潜力巨大。云南应进一步优化合作政策环境，加强与周边国家的农业经济技术和贸易合作，强化优势互补，进一步做大做强农产品出口；加大力度支持企业和科研单位走出去，建立境外粮食和重要农产品生产基地、加工基地和物流运输体系，提高资源掌控能力，为确保云南乃至国家粮食安全和重要农产品有效供给做出贡献。

从省内各州市看，应以立足国家“两区”建设和国家及云南省特色农产品优势区创建为抓手，依托各地资源禀赋条件和特色产业基础，结合市场需求，扬长避短调整优化产业结构。按照“因地制宜、突出特色，创新引领、绿色发展，质量兴农、效益优先”的原则，通过“抓产销两头、促农旅融合，补营销短板、强加工弱项，搭服务平台、优发展环境”等综合措施，建好基地、育好龙头、创好品牌，畅通要素，补齐产业短板关键环节，努力做强第一产业、重点做大第二产业、大力发展第三产业，大力推进“一县一业”和“一村一品”，选准产业，做大做强特色优势产业，努力提高特色农业质量效益和竞争力，培育县域经济支柱产业。要采用差异化扶持政策，努力缩小区域发展差距，逐步解决发展不平衡问题。要高度重视贫困地区在脱贫攻坚中的扶贫产业的培植，强化后续的投入、政策和技术保障，解决产业发展的效益问题，以及做好乡村产业培植工作。重点加强基础设施建设，夯实发展基础，扩大特色产业规模，发展农产品加工业及解决产后循环问题，延长产业链条，加强转变发展方式，推进三产融合，促进产业转型升级与提质增效。

二、产业发展制约因素与存在问题

虽然从纵向来看，自云南实施农业结构性调整、大力发展生物资源产业、加快高原特色农业发展和“八大重点产业”等战略以来，全省农业经济发展总体呈现稳中向好、稳中有进的趋势，但是，从横向比较，云南农业经济发展水平和效率均低于全国和西南五省（区市）平均水平，尤其受农业基础设施薄弱和产业投入不足等关键因素制约，受从业人员文化水平不高，科技创新、业态创新和模式创新不够，经营主体培育滞后，以及要素匹配、要素聚集度不够和农业多功能性拓展滞后等因素制约和影响，产业结构性制约明显，全省农业质量效益水平总体不高，与云南拥有的良好自然资源禀赋和独特区位优势不符，尤其是区域间发展不平衡的问题极其明显，与农业现代化和现代产业发展要求尚有差距。深化农业供给侧结构性调整、应对国内外新一轮农业产业分工调整及市场需求新变化给云南农业产业发展带来新机遇的同时，也带来了新挑战。主要表现在以下几个方面。

第一，发展基础薄弱，建设成本高，产业投入不配套。近年来，全省农业增加值占 GDP 的份额保持在 14% 左右，但是农林牧渔业固定资产投资（含农户）占全社会固定资产投资的份额则仅在 5%～6%，近年来，虽然云南省的农业投入产出比略高于全国平均水平，但是低于西南地区平均水平，投入偏低，且云南地处高原、高山峡谷，农业基础设施建设成本大，效率低；并且近几年来有相当大的占比投入用于解决脱贫攻坚的一些硬任务、急任务、硬短板，在产业生产性投入及基础条件建设上投资有限，就农业赖以生存的耕地来看，大多山地都属于雨养农业，靠天吃饭的自然状况没有根本转变，全省 75.9% 的耕地属于旱坡地，近 15% 的耕地处于 25 度以上的陡坡，耕地有效灌溉面积仅占耕地总面积的 30%，比全国平均水平低 20 个百分点，约有 1/4 的耕地雨季受到洪水威胁；全省高稳产农田占耕地总面积的比重不到 1/3，中低产茶园、蔗园、果园、桑园等园地比例高达 60%～70%，且资源环境对农业发展的约束日趋突出。

第二，农业发展质量水平不高，发展方式粗放。2019 年，云南土地产出率仅为全国平均的 86.43%、西南平均的 78.35%，是西南五省（区市）最低的；同年，云南农业劳动生产率仅为全国平均的 55.5%、西南平均的 87.22%，也是西南五省（区市）最低的；从农林牧渔业从业人员人均农业增加值来看，云南省仅为全国平均水平的 58.67%、西南平均水平的 86.57%，也是西南五省（区市）中最低的；此外，云南农民人均可支配收入仅为全国平均水平的 74.29%、不足西南平均的 90%，仅略高于甘肃、青海和贵州，长期排全国 28 位，且绝对值仍在拉大，也从另一个角度反映出全省农业发展质量、水平和效益偏低的问题。

第三，经营主体培育滞后，产业结构性制约突出，产业化程度低。云南种植业与畜牧业的产值之和占农林牧渔业总产值的比例一直保持在 85% 左右，林业占比不足 10%，水产占比长期处于低位，与全国第二大林区、第一大淡水省份的资源优势不匹配，农林牧业服务业占比长期低于全国平均水平，耗粮型猪肉产量占肉类总产量的 3/4，草食畜牧业发展占比少；以一家一户小规模经营为主，龙头企业、种养大户、农村经济合作组织等主体发展不足，带动力弱。2017 年，全省年营业收入超过 6.7 亿元的农业产业化龙头企业仅有 10 家，只有 3 家企业进入全国

100 强；全国营业收入超过 100 亿元的农业龙头企业达 70 家，云南只有 2 家，并且非农占比成分较大，云南排名第一的企业销售收入不足全国排名第一位的 12%。此外，全省农民专业合作社数量也不足全国的 2.5%，经农业部门认定的家庭农场数不足全国的 2%（陈良正等，2019b）。主体培育滞后，使得云南农业生产体系、农产品采后加工储运发展和营销体系建设在全国处于后列，没有形成与特色优质对应的品牌优势。农产品加工业产值和农业产值之比低于全国平均（2018 年达到 2.3∶1，云南仅为 1.6∶1），多数农产品还处于初级加工或原料直销阶段。全省农产品出口总值占同期农林牧渔业总产值的比例不足 8%（2017 年最高仅为 7.3%），除烤烟外，大多数农产品是以初级原料的形式出口，精深加工产品所占份额太低，国际农业经济技术合作大多停留在种植和加工等环节，境外投资农产品贸易和仓储物流业不多，通过金融、资本等手段掌控产业资源的更为鲜见。

第四，农业区域发展不平衡，强点不强、弱点恒弱的特点突出。由于自然地域差异、社会经济发展差异、文化差异等明显，农业布局的地带性与非地带性分异也很明显。深度贫困地区、较发达地区与城郊地区社会区域经济形成鲜明对比，农业区域产业差异、农业生产要素配置差异等更导致农业区域经济差异深化。全省 16 个州市农业发展质量“东高西低、南高北低”的空间分布特征明显，滇东和滇南地区农业发展质量明显好于滇西北、滇东北地区，且总体上呈现“强点不强，弱点恒弱”的特点。虽然近年来，怒江州、迪庆州等深度贫困地区加大投入，农业经济发展多项指标的增速均排全省前列，但这种格局并未有大的改变。研究数据表明，全省 16 个州市农业发展质量和竞争力大体可分为三大类地区：一是经济发达（核心）地区：含昆明、曲靖、玉溪、大理。这类地区农业产业整体结构优越，农业基础条件设施好，有明显的竞争优势和良好的竞争基础，农业机械化程度较高，发展现代化农业有较大的优势和空间。但这几个州市中也存在着差异，昆明、曲靖的竞争力远高于玉溪、大理，其农业产业结构所具有的增长速度优势对当地生产总值具有更明显的推动作用。二是经济欠发达（腹地）地区：含楚雄、西双版纳、红河、文山、普洱、临沧。该区域在单一或其中几个农业产业具有竞争力，而在产业结构方面不具优势。这些地区虽然具有一定的竞争优势和基础条件，但农业产业结构推动效应不显著，产业结构整体不甚合理，需要加以调整和优化（史红亮、蒋永宁，2008）。三是经济落后（边远）地区：含德宏、怒江、迪庆、丽江、保山、昭通。这一类区域在农业产业结构、资金投入和农业基础设施等方面均处于劣势，农业竞争力相对较弱。其中政策、投入及自然条件影响较大。

近年来，随着因脱贫攻坚的深入推进，农业投入力度持续加大，怒江州等贫困地区多项农业经济指标增速领跑全省从一个侧面说明这个结论。

第五，科技创新与储备不足，成果转化能力弱。云南属于边疆欠发达地区，农业科技创新能力和成果转化能力弱、高端人才匮乏始终是重要制约因素。一是全省优质品种研发、高端产品开发、共性技术、关键技术、高新技术、配套技术集成等方面的科技创新能力不足，客观上难以支撑引领新常态动力转化、农业供给侧结构性改革和高原特色农业转型发展需要。二是结构性不合理问题较为突出，研究力量和经费多集中在传统领域或产前、产中研究，产后技术研究、多学科集成交叉应用及关键性核心技术的超前部署和储备不足，对资源环境、质量安全控制、农产品加工及物流仓储、农机农艺结合、农业多功能拓展和全价值链增值增效等急需技术研究滞后。点的突破、单项成果多，在线的链接和面的集成方面，尤其是成果转移转化方面成果少。三是科研投入和学科领域分布不合理。长期的惯性导致农作物尤其是粮食作物是科技投入的重点，但主要特色经济作物、林业、畜牧业、渔业的科技投入与产业贡献不相适应，蔬菜、茶叶、花卉、果树等园艺作物及其他经济作物的科技投入也较低，对特色资源研究及新兴产业超前部署研究不足。大宗作物成果多，特色作物成果支撑少。四是对农业科研稳定支持不够。科技投入严重偏低、全社会研发（R&D）经费偏低，产出率低、小散弱现象明显，难以支撑产业化的快速发展和产业链构建。五是不同程度存在科技与经济、科研与生产脱节的问题，以及转化体制机制不完善和不适应问题。长期以来由于受计划经济思维定式和管理模式影响，与市场经济和市场导向型农业科技需求错位，成果“供给”与“需求”信息存在壁垒，管理上注重研发管理而缺乏创新管理理念和手段，注重单项技术研究和突破而缺乏围绕产业发展的技术集成和组装配套，没有形成完整的科技链对产业链的支撑，多元化的农业科技成果推广体系尚未形成，计划经济体制下设置的自上而下的线性推广体制难以适应现代农业发展需要，一个推广传统的体系难以适应现代生产体系、产业体系和经营体系的新形势需要。

第六，产业政策保障与支撑不足。云南农业与全国农业发展支持政策一样，动能主要来源于制度创新、投入增加、技术进步、市场化牵引和人口红利释放，但相当长的时期内，本质上是依靠政策、投入、物质资源消耗和廉价劳动力等要素投入，实现了农业农村经济高速度增长和规模扩张。尤其从云南农业自身发展来看，政策导向上明显出现以下四个瓶颈：长期注重要素投入型导向性政策难以维系；长期注重产前环节生产型导向性政策导致结构失衡；长期注重数量增长的粗放型导向性政策导致效益低下；长期注重国内市场的封闭型导向性政策导致难以应对全球化大势。此外，农业政策抓住新机遇、应对新挑战的灵活性不够与政策措施延续性不够并存的矛盾积淀需要化解。因此，云南急需加快制定相应的政策体系，推动科技研发、农业补贴、项目投资等主要投向绿色发展、质量提升、效益提高等方面，建立健全现代农业生产体系、产业体系、经营体系（韩长赋，2018），加大力度重视支持农业“走出去”“请进来”，搭建农业投融资、农产品双循环等国际平台，发挥好区位优势，打造外向型农业发展新载体，培养外向型农业人才，支持农业区域和国际合作交流，形成生产、市场、投融资、服务一体化网络体系的政策与技术支撑体系，拓展农业生产和市场空间，营造外向型农业发展的政策和环境。尤其是在我国进一步巩固拓展脱贫攻坚成果同乡村振兴有效衔接的节点时期，必须进一步建立和完善适应国际国内形势发展要求、适合云南自身特点和各地区实际的农业支持保护政策体系，保持政策的延续性和稳定性，按照中央“多予少取”的要求，确保财政支农投入的只增不减，引导好脱贫攻坚发展的产业与乡村振兴的有效衔接，支持云南农业高质量跨越式发展，切实推进农业农村现代化、产业转型升级和乡村产业兴旺。

三、加快产业经济发展的战略选择

（一）总体思路

深入贯彻习近平新时代中国特色社会主义思想和党的十九大精神，坚持高质量发展主题，贯彻新发展理念，以推进供给侧结构性改革为主线，坚持以培植现代产业、推进产业转型升级为核心，围绕打造世界一流绿色食品牌、实现农业农村现代化的总体目标，认真落实省委、省政府的相关决策部署，以“两型三化”为核心，以健全产业链和现代产业体系为抓手，以科技创新、体制机制创新、模式创新为动力，加大投入力度，夯实发展基础，突破发展瓶颈，建立完善适应国际国内形势发展要求、适合云南自身特点和各地区实际的农业支持保护政策体系，保持政策的延续性和稳定性；以重点产业培植和推进产业革命、全面提升农业产业发展质量效益和全要素生产率、加快构建农民持续增收体制机制为重点，按照“因地制宜、突出特色，创新引领、绿色发展，质量兴业、效益优先”的原则，着力抓好创名牌、育龙头、抓有机、建平台、占市场、解难题六个方面工作，通过“抓产销两头、促农旅融合，补营销短板、强加工弱项，搭服务平台、优发展环境”等措施，努力做强第一产业、重点做大第二产业、大力发展第三产业，加快推进一二三产业融合发展，加快推进“大产业＋新主体＋新平台”发展模式和“科研＋种养＋加工＋流通”全产业链发展格局；积极拓展农业多功能性，促进农旅融合、文化传承、农业体验、低碳循环、环境友好等业态的发展；不断提高综合生产能力和效率，优化高原特色农业产业结构，确保云南省粮食安全及主要农产品供给，提高农产品质量和国际竞争力，着力构建外向型的现代农业体系，加快构建现代农业产业体系、生产体系和经营体系建设，为实现全省乡村振兴和农业农村现代化发展奠定坚实的基础。

（二）基本原则

一是市场导向、突出特色的原则。以区域资源禀赋和产业比较优势为基础，充分挖掘“丰富多样、生态环保、安全优质、四季飘香”特色优势，在供给侧结构性改革中优化产业结构、产业布局和品种布局，因地制宜地发展当地区域优势特色产品和产业，加快区域经济发展。建立健全高质量特色农业供给体系，提高农业质量、效益和整体竞争力，提高产品市场竞争力和占有力。充分发挥国际、国内市场在资源配置中的基础性作用，利用云南沿边区位优势，使农业资源重点流向在国际国内市场比较优势明显、特色鲜明、市场容量大、单位产出高、经济效益好的产业和产品。

二是创新引领、绿色发展的原则。以科技创新体系构建和环境友好型经营模式创新为切入点，形成科技链、产业链、价值链、供应链等多链融合机制，加快建立绿色化科技支撑体系，深入推进农业科技进步支撑引领绿色农产品生产，加大“三品一标”认定力度和规模化发展，大力发展山地生态农业、旱作节水农业，以及农牧循环、农林结合等高效低碳循环型绿色农业，拓展农业多功能性，促进农旅结合、一二三产业融合发展，提高资源配置能力，进一步完善农业环境保护、面源污染、生态修复与物种资源多样性保护，以“两型三化”为核心促进云南高原特色农业产业绿色化转型升级，为实现碳达峰和碳中和目标做出应有贡献。

三是培育主体、创新模式的原则。要落实“政府引导、市场主导、企业主体”要求，围绕各地优势特色支柱产业培植，积极引进和培育农业产业化龙头企业，培育扶持合作社、家庭农场、种养加销大户等各类农村经济合作组织；积极支持土地流转，推进农村“三权”确权、“三变”改革，优化、创新产业发展模式和与农户之间的利益连接机制，努力构建以市场牵龙头、龙头带基地、基地连农户，集种养加、产供销、内外贸、农科教为一体的管理体制和运行机制①，努力延长产业链，拓宽价值链；加快高原特色农业品牌创建和“地理标志”产品认证，积极市场开拓，发挥其在农产品生产、加工、物流、电子商务等产业体系建设中的重要带动作用。

四是突出重点、补齐链条的原则。以“一县一业”和“一村一品”为抓手，在产业兴旺的基础上，因地制宜优先发展和优先支持培育壮大支柱产业，围绕当前全省确定的高原特色农业“八大重点产业”，重点加强产业落地与优化布局，促进资金、技术、人才等各类资源向重点产业集聚和倾斜，加大投入和政策倾斜力度，根据各产业发展基础和条件需要，坚持问题、市场和目标导向，重点解决存在的关键问题，补齐短板，健全链条，推进重点产业转型升级和产业变革。

（三）总体目标

进一步坚持、发展和完善高原特色农业产业发展的思路和方向，不断丰富和创新高原特色农业产业发展内涵、模式，在保障粮食和其他重要农产品供给、特色农产品竞争力提升过程中，统筹提高农产品安全营养、优质高效、农业与资源环境友好经营、多功能性拓展及生物资源合理开发水平和层次，走高质量绿色化内涵式发展之路，通过聚集现代要素，加强重点产业发展带动，夯实和构建现代农业生产体系、产业体系和经营体系，加快推进农业产业化和现代化水平。

今后一段时期，就是按照云南省委、省政府打造世界一流“绿色食品牌”“健康生活目的地”“两型三化”的总体要求，走特色化、高端化、差异化发展之路。以培育、做大和做强高原特色农业“八大产业”为重点，以“一县一业”“一村一品”为抓手，以培育“特色名品”“特色企业”等国际国内优势明显、特色突出的农业产业和农产品为重点，通过 5 ~ 6 年的努力，初步构建起产业结构更加优化、区域布局更加合理、资源配置更加高效、基础设施渐趋完善、综合效益更加突出的高原特色现代农业产业体系和农村经济体系，农业综合生产能力、抗风险能力和产品市场竞争力显著提高，农业食物保障、原料供给、就业增收、生态保护、

---

① 李学伟．德惠：以龙头企业为引擎　推动现代农业高质量发展［EB/OL］．（2020－09－18）．http：//www. jl. gov. cn/zw/sydtp/202009/t20200918_7498046. html.

观光休闲、文化传承等多功能性进一步拓展，逐步解决云南高原特色农业发展不充分和区域发展不平衡的问题。

以万亿元产业发展为总体经济目标，到 2025 年，全省高原农林牧渔业总产值、增加值将分别达到 8700 亿元和 5300 亿元以上（分别按 2015～2019 年的平均增速 9.5% 和 10% 预测）；全省农村居民人均可支配收入达到 2.0 万元以上（年均递增 9.5%）；全省农产品加工业产值超过 1.5 万亿元，力争达到 2.0 万亿元（与同期农林牧渔业总产值之比接近 2.3∶1，力争达 3∶1）；全省农产品出口额超过 75 亿美元、力争达到 100 亿美元。

（四）产业重点

按照万亿元产业培植和现代农业发展要求，当前和今后一段时间的重点任务是全力推进高原特色农业现代产业，着力加快现代农业产业体系、生产体系、经营体系构建，不断推进产业转型升级和提质增效，促进质量变革、效率变革和动力变革，从根本上推进农业产业革命（李学林、董晓波，2020）。推进农业产业革命的关键是按照现代生产力布局要求，畅通和聚集现代产业要素资源，形成高质高效的产业发展模式。重点抓好以下八个环节：一是选准产业。因地制宜，向最适宜产区集中规模，坚持特色化方向选准重点产业。二是培育主体。大力培育高原特色农业新型生产经营主体，支持创新型龙头企业、种养大户和各种类型积极合作组织，增强带动与辐射能力。三是拓展市场。加强产品质量认证和品牌建设，按照线上线下现代营销方式、冷链物流等设施与技术保障，加快市场拓展和外向型特色农业经济体系构建，积极促进新发展格局构建和“双循环”。四是技术保障。加大新产品、新技术、新模式创新与示范，按照“两型三化”的要求，加快提升农业信息化、智能化、设施化水平，提高云南农产品的质量安全水平，全面提高农业发展质量效益。五是重视人才。制定人才兴农政策，加强产业人才和职业农民培训，培养各层次高原特色农业产业人才。六是利益连接。通过现代组织管理手段，形成全产业链分工协作、利益共享机制，尤其形成龙头企业、经济合作组织和农户之间“三位一体”利益绑定机制。七是加大投入保障。夯实云南高原特色农业产业发展的投入和政策保障基础，健全财政投入、社会资本、金融保障、财产保险等多渠道投资体系和融资便捷的环境。八是组织创新。深化农业农村改革，加强规划与政策引导，畅通产业要素，促进新的要素集聚，保持发展新动能。

四、产业政策创新与对策建议

从云南特色农业的探索发展历程可以看出，从20世纪80年代开始重点培育的烟、糖、茶、胶等产业，到20世纪90年代末开始重点培育的果、菜、花、药等产业，再到21世纪初开始重点培育坚果、咖啡、马铃薯等产业，一批云南特色产业逐步发展壮大为云南农业的支柱产业、优势产业，并在国内外具有显著优势和地位，为云南高原特色农业发展奠定了良好的基础。这些成效的取得，无一不是长期稳定的政策支持、产业结构优化和加快新兴产业培植的结果。目前，省政府加强打造世界一流“绿色食品牌”“八大重点产业”“一县一业”战略等顶层设计，体现了对国际国内形势的科学预判和精准把握，体现了对世情、国情、省情、农情等新变化的深刻认识，体现了贯彻新发展理念的要求，也体现了高质量发展和绿色发展要求。因此，应进一步总结吸纳过去的成功做法，持之以恒，保持政策的延续性，遵循产业经济发展规律，促进农业农村经济的持续稳定发展。就当前来看，重点要做好以下六个导向和相应政策支持的工作。

（一）坚持特色优势产业发展导向和政策支持

一是稳定支持传统优势产业的转型升级和创新发展。结合云南低纬高原实际及区域长期形成的农林牧渔复合经营体系和经营模式，在长期生产实践和市场经济检验中形成了独特的高原特色农业模式，形成了农林牧渔业等多样性和较好的产业基础。应在新形势下妥善处理好发展粮食保障与发展经济作物的关系、传统优势产业与新兴特色产业的关系、多样性产业与支柱产业的关系、农产品出口与进口的关系、农业生产与环境保护的关系、农业发展方式转变与质量效益提高的关系等各种关系，系统把握农业产业发展与经济、社会、生态之间的关联，把握好技术革命与产业变革中蕴含的重大机遇，强化对基础产业的稳定持续支持，在深化改革和发展中不断提高农业综合生产能力，抓住品种创新和种子关键、保护耕地面积和提高耕地质量，提高粮食单产和经济作物价格，挖掘潜力，保障主要农产品的有效供给和质量效益提高，稳定基本盘，发挥压舱石作用，促进农业农村经济稳步发展。

二是大力支持特色农业的发展。围绕农业供给侧结构性改革这条主线，坚持以市场化、特色化、高端化为导向，以质量和效益为中心，立足资源禀赋和产业基础，围绕多样性农业和乡村产业发展，强化支持政策保障和引导。从当前情况看，要进一步强化产业化发展路径，一方面在纵向产业化方面加强特色产业精深加工、物流仓储、市场销售等后续产业环节上下足力气，延伸产业链和价值链，加大对新产品开发、产品精深加工、冷链物流、区域或行业品牌打造、市场拓展与营销以及线上电商销售方式等创新发展的政策支持。另一方面，依托现有较好产业资源基础，在横向产业化上加强一二三产业的融合发展，强化农业与二产、三产的融合发展，尤其要充分发挥农业多功能性，在生态保护、文化传承及观光旅游上有新拓展和新提高。

三是重点促进特色产业进一步聚集发展。促进对资源和生产要素优化配置，提升主导产业生产率，构建现代产业体系，推进产业革命，培植万亿元产业。培植重点支柱产业群，以云烟、云菜、云花、云果、云茶等12个高原特色农业产业为区域性主导产业，重点培植“八大产业”。紧紧围绕云南省特色农产品优势区规划布局，促进生产向最适宜区集中，引导主导产业、特色产业的产业化发展，培育和建立能够促进生产要素在空间上合理流动和重新组合的机制，对农业及其相关产业在空间上进行分化，向具有集聚效应环境的经济区域集中（霍学喜、董银果，2001），建立既分工明确、又协同合作，区域规模效应显著的农业及相关产业布局体系。构建生产、加工、销售一体化的经营体系，实现市场与农业产业发展的有效互动，促进产业集群发展。

（二）坚持高质量发展导向和政策支持

一是实施绿色化生产，构建绿色化生产体系。顺应人们对美好生活及健康的需要，发展高端、优质、安全、生态、高效农产品，全面实施绿色生产、绿色加工和绿色物流技术，加强农业生态环境保护，强化农业面源污染，严格实施耕地轮作休耕制度，推广绿色、生态、循环经济技术，推进绿色生产体系构建，打造“放心云南”“健康云南”“品质云南”的云南“绿色食品牌”农业形象。

二是实施标准化生产，建设规模化生产基地。以培育高端、生态、有机、安全、营养绿色农产品核心竞争力为重点，建设标准化、规模化、商品化的特色农产品生产基地，加大“三品一标”认证，加大特色产品地理标识认定，保障产品符合国家农产品质量安全标准和国家食品安全标准，着力加强检验检测、认证与标准、质量追溯体系建设，健全进出口监管、市场监管、生产环境监测等体系、平台和机制建设，不断完善全省农产品质量可追溯体系。

三是强化现代经营体系建设，强化农业品牌政策支撑。构建政府、企业、经合组织和农户共同推进农业品牌化的机制，多途径、多种形式加强地理标志、商标和品牌知识宣传，增强全社会品牌意识。加快支持形成一批云南地方名牌和驰名商标，大力培育知名行业、企业或区域特色农产品品牌。加大对品牌产品生产和流通的支持力度，制定工商、税收、质检等方面优惠政策，完善农业品牌化政策体系，强化品牌保护。

（三）坚持深化农业农村改革创新导向和政策支持

一是加快农村土地经营权确权登记，实现“三权”分置。制定完善促进农村土地承包经营权流转的相关政策，搭建流转平台，完善工作机制，引导农村土地规范有序流转。鼓励和引导农户的土地承包经营权采用出让、租赁、作价出资（入股）、转让的方式向新型经营主体进行流转，保障农民利益和促进农民增收，推进多种层次的适度规模经营。

二是坚持多种经营方式并存的发展道路，积极培育乡村产业体系。鼓励企业经营、合作经营、农户经营、混合所有经营等多种经营方式并存，积极培育农业龙头企业、专业合作组织、农业庄园、家庭农场、专业大户、新型职业农民等各类新型经营主体，培育农业“小巨人”，以龙头带动产业的转型升级，带动一二三产业综合发展，带动农业实现从“农产品”向“食品”“商品”转化，绑定各种经营主体与各类生产主体之间的利益关系，壮大小农户应对大市场的能力；加强农村集体经济培育，构建集约化、专业化、组织化、社会化相结合的农业经营体系，提高农业生产经营的组织化程度和整体效率，为高原特色农业产业的提质增效提供主体支撑，带动乡村全面振兴。

三是大力支持发展农村现代服务业。加快农村现代服务体系建设，现代服务着力支持农户与经营主体之间、经营主体与农科教技术人才之间的有机衔接，积极支持发展专家工作站、专业协会、研究会、讲习所等科技型组织，用好转业军人、返乡农民工、创业学生、离退休还乡老同志及农村乡贤，为他们提供必要的政策支持，如土地流转、增加信贷、减免税收、提供科技指导等（陈良正等，2019a）。支持培育农业合作社、农工商经济联合体、市场经纪人和经纪人联合体、农产品购销公司、股份合作制企业等各类经济服务组织，尤其要发挥中介组织和农民经纪人在市场营销中的媒介作用，帮助农民进入市场，为农业产业发展提供多元化、多层次、可持续的社会化服务。

（四）坚持科技创新支撑引领导向和政策支持

一是创新投入机制，确保农业科技投入稳定增长。按照农业科技工作的“三性”定位要求，按照相关法律和制度规定，建立政府投入稳定增长机制，设立农业科技创新财政专项资金，加大农业科技创新的稳定支持。同时，建立农业科技投入的统筹与管理机制，解决重复投入、多头管理等问题。调整投入结构，把资金重点投向事关全局和长远发展的农业科研基础研究、应用基础研究，以及农业高新技术、综合技术、关键技术的研究和重大成果集成开发应用。抓实种业创新和耕地质量提高的关键技术攻关，同时增加对农产品安全、精深加工、贮运保鲜、农业机械生产及智能化制造等云南省急需技术的投入。建立多元化、多层次、多渠道的农业科技创新投入机制，引导投入，完善社会资金、金融资金与社会保险支持机制。在农业项目、税收、金融方面给予中小型科技企业更大倾斜。

二是建立新形势下符合云南省实际的新型农业科技协同创新体系。支持引进国内外先进技术成果和高端人才并引导其向农业倾斜，整合省内优势科技力量，围绕高原特色农业及重点产业培植，逐步健全种质资源保护、特色种质创新、主要农作物现代育种及现代生物育繁种与种养技术协同创新体系，解决重点产业“产业全链”中“卡脖子”关键技术，形成一二三产业融合发展的产业链协同创新体系，推进产业革命。建立与南亚东南亚农业科技合作研究、进出口贸易标准、生态保护、有害生物及病虫害预警监测的国内外交流合作协同创新体系，掌握规则主导权和保障生物、生态、产业安全。

三是创新体制机制，加快农业科技成果转化力度。组建全省农业科技创新联盟，构建全省农业科技成果转化新机制。当前，从国家层面看，农业农村部以中国农业科学院牵头启动成立了“国家农业科技创新联盟”，其目标定位是：搭建分工协作的“一盘棋”农业科研工作新格局，使联盟成为国家农业科研联合攻关的核心平台；创建覆盖上中下游的“一条龙”农业科研组织模式，使联盟成为国家农业科技创新的骨干网络；构建多学科集成的“一体化”农业科技综合解决方案，使联盟成为支撑现代农业发展的重要力量（慧铭，2015）。为深入贯彻落实创新驱动发展战略，深化农业科技管理机制改革，强化合作攻关，促进资源共享，统筹和优化全省农业学科发展与区域布局，切实增强全省高原特色农业科技自主创新能力，参照“国家农业科技创新联盟”的做法，由云南省农业科学院联合全省16个州市农业科学研究院所、农业院校，共同发起成立“云南省农业科技创新联盟”，主要聚焦于四个方面的重点任务：一是承接“国家农业科技创新联盟”的工作任务，进入国家农业科技创新体系；二是加强云南农业核心关键技术攻关，突破制约现代农业发展的瓶颈；三是加强云南省不同生态区重大科技工程技术研发，促进区域农业转型升级和可持续发展；四是组织开展农业科技、农业产业发展成果转化[①]。组建全省农业科技创新联盟，从省财政中每年安排专项基金支持，有望通过5年左右的运作，从根本上解决农业科技创新的主体分散、农业推广应用体系不健全、成果“碎片化”现象严重、科技成果转化率低等突出问题，建立起全省农业科研教学单位“大兵团”协同“攻坚”创新的体制机制，从根本上解决科研人员“单打独斗”的现象。

四是落实成果转化相关政策，释放动力活力。一要营造成果创转移转化新氛围环境。二要建立激励机制，激发创新活力。农业产业要更好发展，关键要靠人才和技术支撑，而人的创新能力和积极性是需要激励和良好环境的。虽然国家以种业为知识产权改革试点和修改后的成果转化法等加大了新时期成果转化激励体制机制构建，但目前总体上缺乏成配套的操作方案，不少在打擦边球，需要不折不扣落实成果转化相关政策，提高科技人员收入分配和待遇。三要加强人才政策创新。建议在省级涉农科研单位或大专院校，55岁以上高级人员，根据单位或社会需要，适当放宽考核标准和要求，让这些老专家重点做好传帮带或社会服务工作，职称实行全员聘任管理，不占单位指标。

（五）坚持对外开放的导向和政策支持

一是突出农业在辐射中心建设中的重要地位作用。立足云南区位优势，充分利用好国内外两种资源、两个市场，拓展与“一带一路”沿线国家和重点区域的农业合作，发挥云南在“双循环”中的重要地位作用。根据南亚、东南亚多数国家农业占比高、经济欠发达的实际，加强农业合作具有现实意义和战略意义。发挥农业科技合作交流的先导作用，围绕种质资源保护利用研究、特色产业发展、农产品贸易、质量标准等领域深度合作研究，加强生产性品种的输出和种质资源的引入，加强生态环境、有害生物及自然灾害应对合作研究，打造区域性国际农业合作平台，健全机制，建立稳定的支持政策。

---

① 廖洁，刘维帅．湖南农业科技创新联盟成立 将抱团进行核心技术攻关［EB/OL］．（2017－05－19）．https：//hn.rednet.cn/c/2017/05/19/4299474.htm.

二是加大农业“走出去”的政策支持和金融保障力度。以南亚、东南亚国家为主导，加强贸易与投资的融合，建立和完善分国别农业投资导向目录，指导企业开展农业对外投资。建立完善农业企业“走出去”风险防范机制，加强对境外投资企业的监管，规范“走出去”经营秩序；鼓励企业参加境外中资企业商会，完善信用担保、海外农业直接投资、保险及法律援助等制度，建立高质量、高水平、深层次的对外开放新格局。①

三是搭建更高水平的国际合作平台。瞄准国际市场高端需求及特色产品需求，充分发挥云南区位和生态资源优势，打造花卉、蔬菜、水果、咖啡、茶叶、核桃、食用菌、生物医药等绿色生态农产品出口基地，创新合作方式，建设现代农业示范园区、特色农产品生产基地、区域性农产品进出口加工基地、物流大通道等农业对外交流合作平台，顺应国际、国内消费市场变化和消费水平升级需要。一方面要满足国内市场高端化、个性化、多样化需求，另一方面要积极支持优势农产品出口，加快构建外向型经济体系。

（六）坚持可持续发展的导向和政策支持

一是高度重视农业生态环境保护与治理。落实耕地保护制度，严格落实耕地红线、生态红线和粮食安全底线要求，巩固粮食生产功能区划定和耕地占补平衡制度成果，严格永久基本农田保护，严防耕地“非农化”“非粮化”及转化为林地、园地等用途。加强高稳产农田建设、耕地质量提升改造，提高耕地质量。加强农业面源污染防治、环境保护与修复，推进生态、耕地数量和质量同步提升，健全完善节约集约用地制度、水资源管理制度、环境保护制度，提供协同高效的制度保障。

二是建立农业环境保护监测制度。加大对农业生产区域内气、水、土生态治理，尤其加大乡村生产生活性垃圾、生活污水治理，推进厕所革命，加强农村人居环境整治，推进村庄绿化美化，以及加强农药化肥对农业生产环境影响的监测力度，确保农业生产环境、农村生活环境优良，保证农产品安全生产、优质高效，发挥农业在环境保护中的底色作用，为大力发展生态农业提供保障。

三是大力发展河湖流域经济。围绕六大水系和九大高原湖泊生态环境治理，

---

① 宋海峰. 江西农业主动融入“一带一路”[EB/OL].（2016-11-23）. http://www.gov.cn/xinwen/2016-11/23/content_5136405.htm.

因地制宜、因势利导，科学选择产业，合理布局产业发展，把推动高原河湖流域绿色农业发展摆上优先地位，构建高原河湖流域绿色生产体系和生态经济产业体系，强化河湖流域生态保护和生态修复治理，强化河湖流域生态补偿制度实施，强化科技创新支撑引领流域经济发展，积极发展生态友好型、环境友好型农业，强化山水林田湖草沙综合治理。

四是积极开展生产生活垃圾综合利用。加强农村垃圾系统化处置和资源化利用，发展农村清洁能源和秸秆综合利用，加强生物质资源有机肥利用、栽培基质化利用、饲料化利用、绿色能源化利用，强化技术创新，加强示范与引导相结合，提高秸秆综合利用率和农业废弃物综合利用率（郭萌、王怡，2019）。

五是大力支持发展循环农业。推广节地、节水、节肥、节能和循环农业技术，加强环境友好型技术创新和绿色生产体系构建，改变发展方式，加强推广信息技术、新物质装备、新环保材料、新型能源等在农业生产和乡村振兴中的引领示范带动，鼓励农业经营主体发展生态种养结合、循环利用等新型生产经营模式和产业融合新业态。

第一篇

综合研究

第一章

引　言

第一节　研究背景及意义

解决农业、农村、农民问题一直是中国经济发展过程中重要而艰巨的任务。农业不仅是国民经济的基础，更是有效解决我国“三农”问题的基础。

党中央、国务院历来高度重视我国的农业发展，改革开放以来，截至2021年，先后出台了23个解决“三农”问题的中央一号文件①。不仅如此，多次中央全会还专门通过涉农文件研究如何解决“三农”问题。伴随着这一系列政策的落实，我国农业取得了长足的发展，农产品供给短缺的状况得到显著改善，农业结构调整取得明显进展，农业基础设施和生态环境建设不断加强，带动农村经济不断繁荣，农民生活水平不断提高，社会消费结构不断升级，优质农产品的需求不断增大。然而，在我国农业农村发展取得历史性成就的同时，中国农业发展仍面临着巨大挑战，农村经济和农业生产技术水平相对落后，农民收入水平相对偏低，农业现代化发展相对滞后，国际市场竞争压力加剧以及存在绿色贸易壁垒等，农业依然是国民经济发展中的薄弱环节，急需结构调整和产业升级。尤其是进入21世纪以来，我国经济由高速增长阶段逐步转向高质量发展阶段，现代农业发展需要同步进行历史性变革。优化产业结构、发展特色农业，转变发展方式、提高质量效益，是解决当前我国农业发展瓶颈，实现农业农村现代化的一条可行之路。农业部2002年出台的《关于加强西部地区特色农业发展的意见》以及2005年中央一号文件都明确提出，要立足资源优势，选择具有地域特色和市场前景的品种作

---

① 不含2003年以国务院名义发布的《国务院关于全面推进农村税费改革试点的意见》。

为开发重点，通过发展特色农产品，发挥区域的比较优势。此后十几年，尤其是近几年中央一号文件也都把发展特色农产品放在重要的位置上，并出台了系列政策措施加以落实。如：2014 年提出要鼓励保险机构开展特色优势农产品保险；2015 年提出要立足各地资源优势，大力培育特色农业；2016 年指出在巩固农产品出口传统优势的基础上，扩大特色和高附加值农产品出口；2017 年更是把“做大做强优势特色产业”作为大标题，置于重中之重的位置上。2017 年中央农村工作会议作出了“走质量兴农之路”和“加快推进农业由增产导向转向提质导向”的重要部署。2018 年，全国农业工作会议提出了“唱响质量兴农、绿色兴农、品牌强农主旋律”的重要工作思路，并将 2018 年确定为“农业质量年”。“高质量发展”成为中国农业发展的主基调、最强音，中国农业迎来了高质量发展的新时代。

云南地理、气候、物种、生态等优势突出，农业发展的多样性生态和物种资源优势尤为明显。然而，云南又是一个集边疆、民族、山区、欠发达“四位一体”的欠发达农业大省，农业立地条件差，基础设施薄弱，生产方式粗放，产业化水平相对滞后，资源优势较难转变为产业优势，农业仍是云南省的弱势产业、经济发展的最薄弱环节，是“四化同步”发展的短腿和短板。为把云南丰富的农业资源转换为经济优势和竞争优势，2011 年，云南立足区位优势和资源禀赋，提出加快发展高原特色农业的战略，通过全省上下的努力，云南省高原特色农业发展取得了显著的成绩，带动农村经济总量快速增长，云南高原特色农业品牌逐渐被国内外市场认知。云南高原特色农业被称为全国现代农业发展的四种模式之一。“十三五”时期，云南省委、省政府着力推进重点产业发展，将高原特色现代农业产业列为国民经济和社会发展的八大产业之一重点推进建设，进一步加大政策扶持力度，为农业农村经济发展注入新的活力。2018 年，时任省长阮成发在云南省十三届人大一次会议上提出，云南要全力打造世界一流的“绿色能源”“绿色食品”“健康生活目的地”的绿色发展“三张牌”，为云南农业转型升级与跨越式发展注入绿色高质量发展新动能。

产业经济是居于宏观经济与微观经济之间的中观经济，是连接宏观、微观经济的纽带。目前，云南正处于脱贫攻坚与乡村振兴有效衔接、全面建成小康社会的关键时期，是推进农业农村现代化、形成城乡经济社会发展一体化新格局的重要时期。尤其是在工业化、城市化、信息化快速推进，资源环境约束加剧、农业竞争力下降、农民持续增收困难、脱贫攻坚任务繁重等经济新常态下，面临农产品质量效益和竞争力提升、农业可持续发展和农民增收能力持续加强的农业现代化发展新要求，云南必须紧跟国家发展战略和步伐，抓住国家“一带一路”建设、长江经济带建设和农业现代化建设的政策机遇，以及云南省基础设施建设加速发展和人类追求健康绿色食品的需求机遇，加快推进农业供给侧结构性改革、扩展农业的多种功能、促进一二三产业的融合发展以及加强农业资源环境的保护，以此推进云南农业的现代化转型和产业结构升级。在此背景下，系统开展云南高原特色农业产业经济及政策研究，评估近年来云南高原特色农业发展质量，分析提高云南农业发展质量和效益的瓶颈问题，预测农业经济发展的趋势，提出增强云南农业高质量发展的相应对策建议，为高原特色农业经济的发展及相关政策的制定提供借鉴和指导，有利于把握云南农业经济的发展方向，对云南高原特色农业产业经济学科的发展以及扬长避短，加快推进农业供给侧结构性改革，促进高原特色农业转型升级和产业经济的高质量发展，提升农业竞争力和农民增收，发挥云南农业在走出去、“一带一路”建设和国际循环新格局构建方面的作用，全面实施云南省乡村振兴战略等都具有重要的意义。

一、云南经济社会发展简况

云南省地处我国西南边陲，土地总面积 39.4 万平方公里，占全国总面积的 4.1%，属山地高原地形，全省 94% 为山区和高原，坝区仅为 6%，拥有四千多公里边境国防线。云南是我国民族种类最多的省份，除汉族以外，人口在 6000 人以上的世居少数民族有 25 个。云南省具有典型的民族山区的经济特点，全省耕地面积的 72% 在山区，山地型农业是云南农业最主要的生产形式；以资源一次性利用为主体的山区原料加工业是工业产业结构的主体形式。

（一）改革开放以来云南经济社会发展的主要特点

改革开放初期至 20 世纪末，经济轻型化和资源化特征形成。主要体现在三个方面。一是以烟草工业为代表的经济“轻型化”发展特征明显。改革开放初期，在国家鼓励轻工业发展的政策指导下，尤其是 1981 年中共中央、国务院转发国家农委《关于积极发展农村多种经营的报告》确定了我国农业要按照“绝不放松粮食生产，积极发展多种经营”的方针后，云南依据自然禀赋资源的比较优势，开始大力培育烟、糖、茶、胶四大轻工原料型特色农业和相关加工业，并由烟草工业带领全省轻工业快速发展，烟草工业逐步成为云南省的支柱产业并影响至今。在 20 世纪 90 年代，“两烟”税收对云南财政贡献连续多年高达 70% 以上。二是资源开采型产业成为第二大支柱。自20世纪90年代开始，云南凭借良好的自然资源禀赋尤其是丰富的矿产资源优势，将经济支柱产业从以烟草业为主转向烟草和资源开采加工并重，亦有效带动本地区经济的增长。三是工业结构出现逆高加工化趋势。工业高加工度化是指在工业内部发生由以原材料工业为重心的结构向以加工、组装工业为重心的结构变化的过程。该阶段的一个显著特点是工业加工程度的迅速深化，组装工业的发展大大快于原材料工业的发展速度。从1992年到20世纪末，云南原材料工业占整个工业的比重一直保持增加态势，加工业却呈现下降态势。在这一时期，云南资源密集型和劳动密集型的初级产品较多，产品科技含量较低，工业企业技术更新改造投入不足，开发创新能力进步较慢，工业结构的高加工化程度持续低于同期全国平均水平（邹蕴涵，2018）。

21世纪初至2007年全球金融危机前，资源诅咒开始显现，经济被迫转型。进入21世纪以来，云南抓住国际国内重大发展机遇，加快经济发展脚步。2000～2007年，经济年均增速达13.1%，全国排名从第31位逐步上升到第27位，经济总量增长1.4倍，人均GDP年均增速达到12.1%(见图1－1)。这一时期，云南经济主要依托农业、烟草业和资源产业的加快发展，但产业结构变化并不明显，经济发展瓶颈期迅速到来，面临结构调整的重大问题。一是农业结构内部变动较小，集约化发展仍然欠缺。在云南农业中，种植业和畜牧业具有绝对优势，2004年两者占第一产业产值的比重合计达到85%以上。烤烟、甘蔗、油料和蔬菜四大作物种植面积占全省经济作物面积的70%以上，花卉、天然药材、咖啡、香料等新兴特色作物比重小。“十五”期间，云南省对18类优势农产品进行了规划和布局，但总体上是按资源产地进行的分散规划布局，难以形成集中的区域规模优势。整体来看，云南农民的组织化经营程度低，抗御市场风险的能力弱。二是资源产业对经济的拉动作用已过顶峰，资源诅咒开始显现。随着经济的高速发展，云南省并没有在拥有资源优势的条件下享有经济优势，反而落后于全国经济发展的步伐，经济差距日益扩大；并且伴随出现了失业人数居高不下、资源开发殆尽，资源枯竭严重、环境污染破坏明显等一系列矛盾和问题，严重影响了自身的可持续发展。最终，在21世纪初，以“高投入、高消耗、高排放、低循环、低效率”为特征的云南经济发展陷入了地区资源日趋短缺、环境总体恶化、人才结构单一、城镇就业矛盾突出的困境。三是资本、劳动力密集型产业快速发展，技术密集型产业明显落后。云南以资源投入为主的行业竞争优势不断降低，而有色金属矿采选业一枝独秀，特定资源的区位优势明显；以劳动力要素投入为主的轻工业和第三产业竞争优势平稳上升，在烟草加工业的发展和支撑下，产业比较优势进一步巩固；以资本投入为主的制造业随着以生物资源开发创新产业和现代医药制造业为主的新兴支柱产业的不断培植和壮大，行业整体竞争力进一步得到提升；但是，云南省以技术密集型为主的行业，竞争优势在20世纪初大幅度减少，产业竞争力不断下降，行业发展速度明显落后于全国的发展步伐。四是城镇就业矛盾突出，消费率持续低于投资率。在经历了十余年的资源行业大发展后，云南省的人才较多分布及锁定在资源产业部门，由于从业人员文化层次偏低，人才结构单一使再就业困难加重。在2004年资源诅咒现象逐步显现后，因主导产业衰退，接替产业没有形成，云南就业、再就业压力增大。再加上固定资产投资热潮不减，最终消费率低于投资率。2000年，云南最终消费率仅37.1%，低于全国平均水平26.2个百分点；直到2005年，云南的最终消费率才超过全国平均水平。到2007年，云南社会消费品零售总额占全国社会消费品零售总额的比重仅1.5%。与此同时，云南的投资率持续大幅高于全国平均水平，经济增长的投资拉动、粗放型特征明显。五是出口贸易随产业结构变化而变化。随着产业结构和支柱产业的不断调整，云南对外开放的拳头产品也随之变化。中国加入世界贸易组织后，依托突出的区位优势、充足的劳动力供给以及低廉的劳动力成本与运输成本，云南省的劳动密集型产品在面向东南亚、南亚市场的出口方面具有较强的国际竞争力。同时，云南省化学原料及化学制品制造业、烟草加工业在全省出口中占据重要地位。但技术密集型产业培育发展迟缓、产品技术含量低，行业总体缺乏竞争力。2000~2007年，云南进出口总额增长4.6倍，其中，农产品出口额不断突破，年出口额连续多年居西部省区第1位。

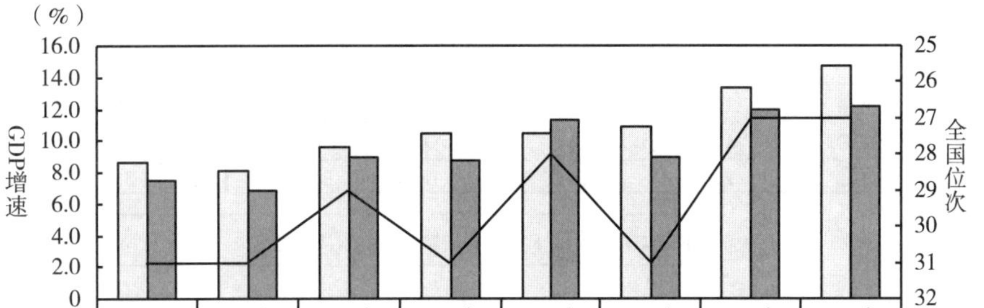

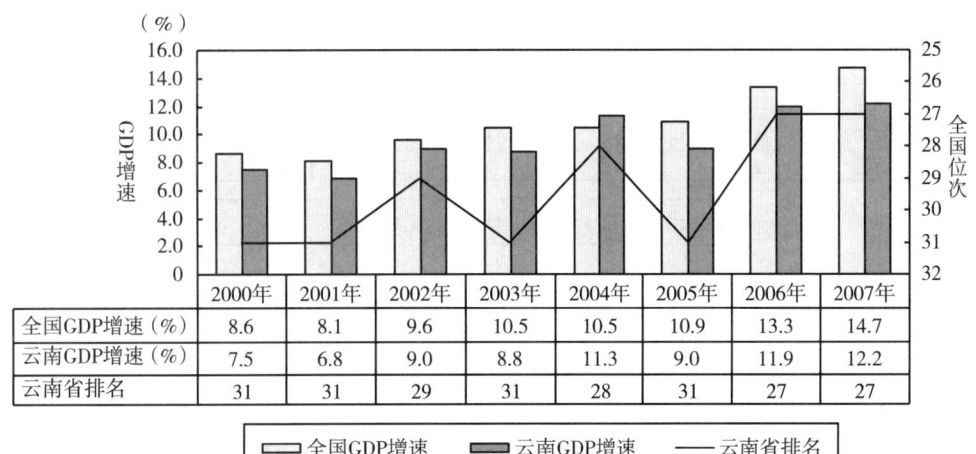

	2000年	2001年	2002年	2003年	2004年	2005年	2006年	2007年
全国GDP增速（%）	8.6	8.1	9.6	10.5	10.5	10.9	13.3	14.7
云南GDP增速（%）	7.5	6.8	9.0	8.8	11.3	9.0	11.9	12.2
云南省排名	31	31	29	31	28	31	27	27

全国GDP增速　云南GDP增速　云南省排名

图1-1　2000~2007年云南省GDP增速及全国排名

资料来源：根据国家统计局网站2020年9月数据整理计算。

2008 年金融危机至今，云南经济转型仍在持续，投资拉动特征突出。2008 年全球金融危机爆发，面对国际错综复杂的发展环境和国内日益加大的经济下行压力及自然灾害频发的困难局面，云南的 GDP 增长速度趋于放缓。2008～2017 年，云南省 GDP 年均增速为 12.6%，比 2000～2007 年的年均增速下滑 0.6 个百分点。2013 年以来，国内宏观经济下行压力加大，云南 GDP 的年均增速进一步下滑至 8.7%。但是 GDP 增速的全国排名迅速提高，2008 年在全国排名第 22 位，到 2017 年时提高到全国第 3 位，经济发展的后发优势逐步显现。2008～2016 年人均 GDP 年均增速达到 12%，人均 GDP 从 2008 年的 1.2 万元左右提高到 2017 年的 3.4 万元以上。尤其是 2018～2019 年，在全球金融危机不断恶化、世界经济形势急转直下、国内经济下行压力持续增大的环境下，云南经济实现了持续稳定增长，GDP 继 2018 年突破 2 万亿元大关后，2019 年再上 2.3 万亿元台阶，增速分别高于全国平均 2.6 和 1.7 个百分点，排名全国第 3 位和第 1 位（见图 1－2）。

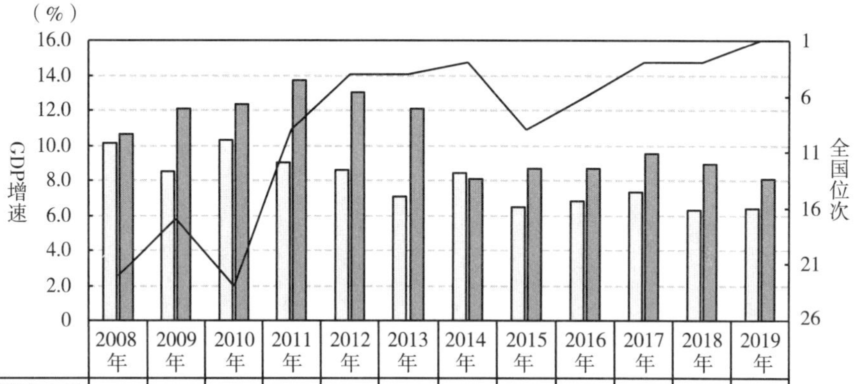

	2008年	2009年	2010年	2011年	2012年	2013年	2014年	2015年	2016年	2017年	2018年	2019年
全国GDP增速（%）	10.1	8.5	10.3	9.0	8.6	7.1	8.4	6.5	6.8	7.3	6.3	6.4
云南GDP增速（%）	10.6	12.1	12.3	13.7	13.0	12.1	8.1	8.7	8.7	9.5	8.9	8.1
云南省排名	22	17	23	9	4	4	3	9	6	3	3	1

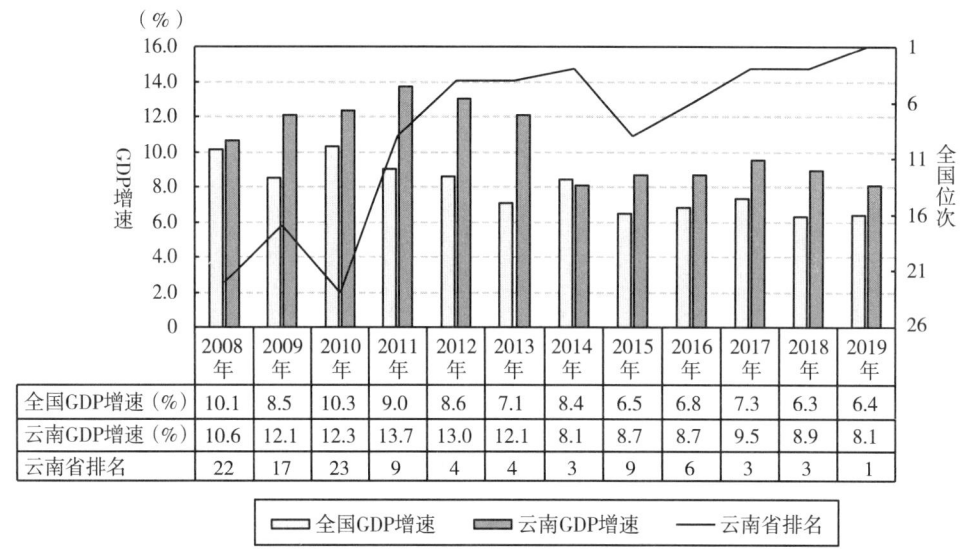

图 1－2　2008～2019 年云南省 GDP 增速及全国排名

资料来源：根据国家统计局网站 2020 年 9 月数据整理计算。

一是第三产业发展明显提速。云南省第一产业占 GDP 的比重从 2008 年的 17.9% 下降至 2019 年的 13.08%，呈持续走低状态，但仍然处于全国相对较高的水平。第二产业占比波动明显，2008 年占比 43%，2010 年提高至 44.6%，之后缓慢下滑，到 2019 年时占比已经降至 34.28%。第三产业占比则由 2008 年的

39.1%提高到2019年的52.64%，现代服务业发展势头良好。金融、保险、信息、科技等现代服务业逐步发展壮大，社会化服务等行业相继出现。但传统服务业所占比重仍然偏高，现代服务业发展处于低层次结构水平，在全国范围内缺乏竞争力。与此同时，建筑、能源、化工、烟草产业对全省经济贡献突出，烟草制品、医药制造、电力热力、有色金属冶炼及压延加工、化学原料及化学制品制造、黑色金属冶炼及压延加工等产值规模占规模以上工业增加值60%以上，有力支撑了全省工业增长，但是产业结构调整任务依然艰巨。二是支柱产业带动力偏弱，瓶颈产业影响经济发展。云南主要的支柱产业对其他产业的带动效应低于全国平均水平，对国民经济发展的影响还有潜力可挖。比如云南农林牧渔产品绝大部分是由生产直接进入最终消费，产业链较短，商品转化率低，深加工比较薄弱。并且，全省通信设备、计算机和其他电子设备制造业、电气机械和器材制造业、专用设备制造业以及通用设备制造业等部分感应系数较大的相关产业发展滞后，在经济处于快速增长时期，成为经济发展中的瓶颈。三是固定资产投资的稳增长作用明显。2008～2017年，云南省全社会固定资产投资总量增长4.4倍，年均增长率20.6%，增速高于全国平均15.7%的增长水平。2019年，云南全省固定资产投资（不含农户）增速虽然仅为8.5%，但是仍然高于全国平均（5.4%）3.1个百分点[①]。全省固定资产投资主要集中在昆明、玉溪、楚雄和大理州，投资项目主要集中在钢铁、有色金属、房地产、水泥、农产品加工和药品加工等行业，对第一产业的投入远远低于第二和第三产业。据云南省统计局提供的数据，2020年1～11月，全省固定资产投资（不含农户）同比增长8.0%，增速较1～10月提高0.5个百分点，其中新开工项目个数同比增长36.1%。从重点领域看，民间投资增长13.0%，基础设施投资增长8.2%，工业投资增长5.0%，其中制造业增长6.1%。分产业看，第一产业同比增长35.4%；第二产业增长5.0%；第三产业增长6.8%。四是对外出口受外部影响产生阶段性波动。在中国—东盟自由贸易区建设和大湄公河次区域合作框架下，云南先后与周边国家合作构建了云南—老北、云南—泰北合作工作组和中国云南—越南北部五省市经济协商会议等合作机制，积极倡议并致力推进孟中印缅地区经济合作，初步形成了以周边为基础、大湄公河次区域为核心、涵盖东盟和南亚的多层次、宽领域

① 数据源于《2019年中华人民共和国国民经济及社会发展统计公报》《2019年云南省国民经济及社会发展统计公报》。

的区域性国际合作新格局，尤其是中国（云南）自由贸易试验区启动建设，进一步推进了云南的对外经济合作。2008～2019年，云南进出口总额增长了2.5倍以上，年均增长率近12.1%。其中，农产品出口额不断突破，年出口额连续多年居西部省区第1位。但是自2013以来，受世界经济增长持续疲软，外部需求环境较差等影响，云南进出口总额年均增速从2014年开始下降并在2015～2016年出现负增长，虽然近两年有所恢复，但是仍未恢复到2014年、2015年的水平。五是发展不平衡问题突出，巩固脱贫攻坚任务艰巨。从工业企业空间布局看，云南工业企业主要分布在以滇中为主的昆明、曲靖、玉溪和红河四个州市。工业布局的过分集中使得区域间的差异越发明显，社会生产力的区域配置悬殊，进一步使得发展不平衡问题更加突出，实际上对云南加快推动工业化进程存在明显的不利影响，更不利于全省经济社会的全面发展。根据2012年公务员扶贫办公布的《国家扶贫开发工作重点县名单》，云南贫困县数量位列全国之首，为73个，占全国的12.3%，且深度贫困、绝对贫困占比大。虽然到2020年11月14日，随着云南省宣布最后9个贫困县摘帽，这个全国贫困县最多的省份战胜了绝对贫困，被贫穷围困的日子将一去不复返（杨静等，2020），全省脱贫攻坚取得了决定性胜利，但是边疆地区、高寒山区、少数民族地区“三区”经济社会发展、农民持续增速等形势依然严峻，巩固脱贫攻坚成效、实施全面乡村振兴的任务依然艰巨。

（二）云南经济社会发展面临的制约因素

一是特殊地理环境给交通等基础设施建设提出了持久挑战。云南境内84%为山地，10%是高原丘陵，盆地、河谷仅占6%。山高谷深、少数民族聚居地分散，许多地区大江大河与山脉相间布局等，造成了云南基础设施条件差的状况，客观上影响了云南经济的发展。即使在中央和地方的多重努力下，云南的公路通车里程、综合交通网平均密度、高速公路网密度等指标提高仍然有限。预计未来，云南的交通基础设施建设依然受地理环境影响较大，州（市）铁路建设、地区间通达度的提高成为发展的明显瓶颈，云南省的铁路路网密度、每万人拥有铁路数等指标追上全国平均水平还面临巨大挑战，这将给地方发展、面向南亚东南亚辐射中心建设带来明显不利影响。二是脆弱的生态环境是经济发展的“硬约束”。按照生态学基本原理，一个地区的物种越丰富，单个物种占据的生态位也就越小，生态平衡相对于其他地区来说就会更容易被打破。尽管拥有丰富的自然生态资源，云南也是一个生态环境极度脆弱的地区。有数据显示，云南全省土地面积中，轻度脆弱性、中度脆弱性及强度和极强度脆弱性类型区所占比重分别为14.35%、32.02%、53.63%，云南全省土地基本上都是脆弱性类型区。尽管未来经济发展方式将转向高质量发展，但建设生态文明和实现跨越式发展之间的矛盾将持续存在。另外，云南地处伊洛瓦底江、湄公河、萨尔温江等国际跨境河流的上游，地区环境开发必将受到国际方面的压力。三是人才科技支撑不足制约未来经济高质量发展。总体来看，云南的教育基础薄弱、欠账较多、总体水平落后于全国。特别是广大农村地区，文盲、半文盲非常多。教育落后导致科技落后、人才落后、管理落后和观念落后等一系列制约经济发展的因素。云南在人才总量、人才结构、人才素质以及对经济社会的贡献方面，距离全国水平仍有很大差距，并且由于经济发展水平依然相对偏低，研发投入、教育投入等资源投入仍有很大的提升空间。此外，云南的科技投入不足、成果转化率低、作用发挥不充分等问题将在相当长一段时期内继续存在，想要弥补之前对科技投入的欠账，就要在人才培养、科技发展上实现质的提升，为满足支撑引领高质量发展需要，云南还有很长的路要走。

二、农业在云南国民经济中的地位和作用

农业社会时期，农业的主要功能是为人类提供生存必需的农产品。在农业社会向工业社会转型的进程中，农业提供产品、资本、市场、劳动力等的需求也随之产生。如果农业仅停滞于提供衣食住行等所需农产品，而不能向提供资本、市场和劳动力的功能拓展，工业化就不可能实现（郑有贵，2003）。印度经济学家苏布拉塔·加塔克（Subrata Ghatak）根据库兹涅茨（Kuznets）的分析作出归纳，认为发展中国家农业部门对整个国民经济的增长和发展有四个方面的贡献：一是非农业部门的扩大强烈依赖于本国的农业，不仅要求保持粮食等基本农产品的持续增长，而且要求得到用于制造纺织品等工业产品的原料，即农业的产品贡献。二是农业和农业人口是构成本国工业品国内市场的重要组成部分。这种市场贡献不仅包括生产资料市场，还包括消费资料市场。三是农业在经济中的相对重要性不可避免地会随着经济的增长而降低。从长期发展过程来看，资本和劳动力等要素从农业向非农业的转移，构成了农业对国民经济的要素贡献。四是通过国家的出口收入或增大农业进口替代品的生产，国内农业可以对平衡海外支付做出贡献，即农业可以为国家提供外汇贡献（L. 阿兰·温斯特，2000）。

虽然中国的经济社会已经步入了工业化和信息化的时代，但由于中国特色等的国情所决定，农业作为国民经济的基础和国民赖以生存的根本，在中国经济体系中的作用依旧不可忽视。农业的基础性作用在于：一是为人类提供食物及工业提供原料，为社会各行各业提供劳动力和就业市场；二是农村是大量农用生产资料等工业品的重要市场；三是为人类社会提供更适宜的生态和生活环境。“国以民为本，人以食为天。”一方面，我国大多数人口在农村，农业生产的发展直接关系到广大农民生活水平的提高，没有农民的生活小康，就不能实现全面小康。另一方面，我国农业生产比较落后，已经成为国民经济的薄弱环节。因此，“三农”问题是关系国计民生的根本性问题，农业的发展直接关系着社会的安定，制约着整个国民经济和各项事业的发展；农业的兴衰关系到国民经济的全局以及我国在国际竞争中的地位，没有农业农村的现代化，就没有国家的现代化。纵观整个中国经济体系，目前仍有约50%的人口居住在农村，70%的工业原料依赖于农业，60%的财政收入依靠农业及其加工业。农业的发展对于解决“三农”问题、全面建成小康社会具有举足轻重的地位和历史意义（王凡一，2015）。农业作为国民经济的产业之一，同样具有提供产品和服务等国民经济产业的共同特性。尤其是在全球经济一体化以及我国经济社会发展到市场经济、商品经济的新阶段的形势下，农业提供的产品和服务必然要作为商品参与开放的市场竞争。因此，新时期下我国现代农业发展的必经之路是强化农业产业经济发展，促使农业经济效益实现最大限度的提高，最后促使农业产业经济实现可持续发展（吕素昌，2017）。

云南是一个集边疆、民族、山区、欠发达“四位一体”的农业大省，是一个对农业依存度较高的省份，农业资源丰富、农业产业的区域特色和比较优势明显。云南农业和农村经济问题是事关全省社会和经济发展、边疆稳定的全局性问题。

首先，云南是一个对农业依存度较高的省份。多年来，云南75%的国民收入、70%的财政收入、60%的创汇收入和80%的轻工业原料直接或间接来自农业，农产品连续多年保持全省第一大出口商品的地位，占全省出口总额的比重在30%以上。2017年前，云南农业占国民经济比重多年高出全国平均近7个百分点，比西南五省区平均高2个百分点；2018年，云南占比仍比全国占比高出近5个百分点，2019年则再次高出6个百分点以上（6.22），说明农业在云南省国民经济中的地位高于全国平均和西南地区平均（见表1-1）。

表 1－1 2013～2019 年云南及全国经济、人口、就业、农民收入等比重 单位:%

指标	地区	2013 年	2014 年	2015 年	2016 年	2017 年	2018 年	2019 年
农林牧渔业占国民经济比重	云南	16.02	15.83	15.41	15.16	14.59	12.22	13.33
	全国	9.22	8.93	8.69	8.37	7.77	7.35	7.11
乡村人口占比	云南	59.51	58.27	56.66	54.98	53.30	52.19	51.09
	全国	46.27	45.23	43.90	42.65	41.48	40.42	39.40
第一产业就业人口占比	云南	55.46	53.71	53.58	52.95	50.75	48.44	46.64
	全国	31.40	29.50	28.30	27.70	26.98	26.11	25.10
经营性收入占农民人均可支配性收入比重	云南	59.01	56.90	55.82	55.92	56.60	52.00	52.00
	全国	41.73	40.40	39.43	38.35	37.43	36.66	35.97
农业经营性收入占农民人均可支配收入比重	云南	50.13	46.56	47.29	49.83	48.81	44.39	—
	全国	30.12	28.59	27.61	26.45	26.38	25.84	25.36

资料来源：2018 年及之前相关指标根据国家统计局网站 2020 年 9 月数据计算，2019 年相关指标根据国家及云南省统计局 2019 年国民经济及社会发展统计公报数据计算。

其次，农业是农民就业和增收的支柱产业。从表 1－1 可以看出，2017 年前，云南乡村人口占总人口的比重长期高于全国 12～13 个百分点；2018～2019 年仍高达 50% 以上，比全国平均高近 12 个百分点。2018 年，云南第一产业就业人员占总从业人员的比例高达 48% 以上，比全国高 22 个百分点以上。云南农村居民人均可支配收入不仅多年仅为全国平均的 70%，2019 年也仅为 74.3%。而且，家庭经营性收入占云南农村居民可支配收入的比重长期保持在 55% 以上，来源于农业的经营性收入占可支配收入的比重多年保持在 45%～50%，高于全国平均水平 17 个百分点以上，2019 年，家庭经营性收入占云南农村居民可支配收入的比重仍然高达 52%，比全国高 16 个百分点，说明云南农民就业和增收对农业的依赖度高于全国，农业是脱贫攻坚和乡村振兴的重要产业依托。

最后，农业产业为全省脱贫攻坚提供了坚实的支撑。由于历史、自然等多方面的原因，云南曾经是我国贫困县数量最多、贫困程度最深、贫困人口数全国第二的省份，是全国脱贫攻坚主战场之一。全国 14 个集中连片特殊困难地区，云南有 4 个，迪庆州、怒江州是全国“三区三州”深度贫困地区。全省 129 个县中，122 个有扶贫任务，有 88 个国家级贫困县，有 27 个深度贫困县。按照国家统计标准，2012 年底，全省贫困人口仍然超过 880 万人，其中，少数民族贫困人口占

46.4%，深度贫困地区贫困人口接近一半。全省贫困发生率超过20%，27个深度贫困县贫困发生率超过30%，贫困数量最大的昭通市，贫困发生率曾经超过40%；怒江州贫困发生率曾经超过50%，怒江州福贡县贫困发生率超过70%①。据第五次全国人口普查资料显示，云南的贫困人口呈现“农村人口比重大和少数民族人口比重大，农村人口从事的产业单一、非农产业发展十分缓慢”等显著特征。到2020年，现行标准下农村贫困人口全部脱贫，贫困县全部摘帽，消除了绝对贫困和区域性整体贫困，11个“直过民族”和“人口较少民族”实现整体脱贫，困扰云南千百年的绝对贫困问题得到历史性解决。据云南省发展和改革委员会、云南省农业农村厅提供的数据，到2019年末，全省贫困地区共培育形成26个扶贫主导产业、覆盖有产业发展条件贫困户168.53万户，培育各类带贫新型农业经营主体2.85万个，带动贫困户168.03万户，主体带动率达99.71%②，基本实现了有产业发展条件的贫困户每户有1个以上新型经营主体带动。2019年，全省贫困地区农村居民人均可支配收入达10771元，其中来自产业的经营性收入占比46.7%，是最大的收入来源；2020年前三季度，全省贫困地区农村居民人均可支配收入同比增长8.1%、其中来自产业的经营性收入同比增长7.5%，农业是全省脱贫攻坚的主要产业。

综上所述，不论是基于政治、经济还是文化来讲，云南农业始终都发挥着重要作用。尽管近年来，农业增加值在全省GDP中占的比重逐步降低，但是农业产业发挥的作用却更加重要且日渐显著，其地位的基础性和重要性不减反增。云南农业产业更是事关国民经济发展、农民增收致富和边疆繁荣稳定的压舱石。因此，应用产业经济学、产业链和价值链的理论和方法，对云南现代农业产业经济发展的综合效益、结构特征、区域布局、组织体系及生产能力进行全面分析，查找存在的问题，提出促进云南现代农业产业经济发展的对策建议，为加快云南发展区域优势经济与特色产业提供参考，对提高云南农业的产业化生产和经营水平，增强云南农业总体的竞争能力，增加农民收入，缩小城乡差距，推进云南社会主义新农村建设和城乡一体化协调发展具有重要的现实意义（陈良正等，2019a、2019b）。

---

① 杨静，赵家淞．云南：现行标准下农村贫困人口全部脱贫［EB/OL］．（2020-12-08）．http://www.xinhuanet.com/2020-12/08/c_1126837376.htm.

② 彭锡．云南形成26个扶贫主导产业　覆盖168.53万户贫困户［EB/OL］．（2020-08-18）．http://yn.yunnan.cn/system/2020/08/18/030893521.shtml.

第二节　概念界定、相关理论与国内外研究现状

一、概念界定

（一）特色农业的内涵及基本特点

目前关于特色农业的概念在国内还不是十分统一，有多种表述。第一种表述认为：特色农业是根据不同区域类型、地理环境、气候条件、资源和物种特点，立足优势，围绕特色，因地制宜地发展各具特色的区域性农业或实现区域农业产业化；第二种表述认为：特色农业是指具有独特的资源条件、明显的区域特征、特殊的产品品质和特定的消费市场的农业产业；第三种表述认为：特色农业是按照市场经济的客观要求，依托当地独特的地理、气候、资源、产业基础和条件形成的。相对于常规农业而言，特色农业具有一定规模优势、品牌优势和市场竞争优势，主导一定区域农村经济发展的高效农业；第四种表述认为：特色农业是指以充分挖掘和利用当地自然、经济和社会资源，或者创造条件，以一定的资源为依托，以建立农业主导产业为重点，通过产业化经营，市场化运作，使产品在数量、规格、质量、规模方面具有独特优势，并形成具有较强竞争力的产业优势，从而获得较高的经济效益的农业组织形式和经营方式。应当说，这些表述都基本反映了特色农业的含义。当然，各地发展特色农业的实践和模式各不相同，取得的经济效益和社会效益程度也不同，导致人们对特色农业的理解程度不一，这就出现对特色农业表述得多种多样。

总之，特色农业在其概念的表述上有以下几个关键点：一是它必须是符合市场需要和社会需求的，市场和社会需要是衡量它是否有特色的首要标准；二是它必须是立足于一定区域内某类优势的，如地理优势、环境优势、资源优势、技术优势等，而不是想当然的、纯主观的东西；三是它是在具备一定资源优势的基础上通过新技术手段的支持而形成的；四是它必须是具有一定规模和高效的。基于上述几点认识，同时结合云南省发展特色农业的实践，研究者认为，特色农业是立足于本地区区位优势、资源优势、环境优势和技术优势等优势资源的高效利用，根据市场需要和社会需求，依靠新技术的支撑发展起来的具有一定规模的高效农

业产业（李学林等，2005）。总体来看，特色农业具有资源条件的特色性、局限性；品种的特殊性和品质的优质性；产品的多样性和高效的商品性；科技创新能力强；劳动、技术、资源密集型的多重特点；以及生产经营产业化和社会化等主要特点。特色农业之“魂”是唯我独存或唯我独尊；特色农业之“根”是天赋，也就是自然地理环境条件；特色农业之“本”是传统，即我们通常所讲的种植、养殖或加工习惯，尤其是先进的农业科技（李学林等，2005）。

（二）高原农业的内涵及基本特点

按照地理学的划分，所谓高原，一般是指海拔高度在1000米以上，面积广大，地形开阔，周边以明显的陡坡为界，比较完整的大面积隆起地区，包括具有一定海拔的高原（盆地）及与之相连的丘陵、山脉和峡谷。按所处地理学位置可将高原分为低纬高原、中纬高原和高纬高原三类（解明恩、刘瑜，1998）。不同类型的高原地区都共同具有以下几个特点：一是气候类型多样。由于高海拔地区气压低，氧气含量少，温度昼夜日较差显著，降水明显受地形影响，一般迎湿润气流的高原边缘是多雨带，而背湿润气流一侧和高原内部，雨量较少（罗雁等，2013）。二是生态环境恶劣。受高寒、风沙、地震、干旱等自然灾害影响的范围广、程度深，生态环境恶劣。三是日照时间长，太阳辐射量大，太阳能资源非常丰富。高原农业主要指利用高原农业资源条件，生产具有高原特色农产品的农业产业系统。按地理地貌分，它包括了高原盆地（坝区）农业和山地农业。这里所指的农业是大农业，即农、林、牧、渔业及农林牧渔服务业。高原农业作为特定的区域农业，具有其地理生态的特殊性（李学林等，2019）。

总结国内外高原农业研究的成果可知，高原农业具有以下五方面的基本特性：一是发展形态的高原性。高原农业具有独特的生态特征，其物种系统、生产方式，带有极强的高原特色，多以旱作农业、林果业、林业、畜牧业及其复合经营为主导。农业立地条件差，以雨养型农业为主，区域内部往往自然、经济差异大，粮食安全是高原农业发展的主导问题。二是自然资源的立体性。由于受纬度、气候和海拔、地形地貌的影响，高原气候类型多样。随着海拔上升、地形地貌变化，农业资源条件发生变化，从而形成不同的农业带、特定的农业区，高原农业特别是切割性高原地区的农业具有极强的立体性和多样性。三是经济要素的封闭性。由于高原地区自然条件相对较差，地理生态自然隔离，地域辽阔，人口密度低，开发成本高，经济要素相对封闭。大部分地区经济社会发展滞后，多以传统农业为主，生态环境的自然保护相对较好。四是发展方式的复合性。由于大部分高原地区地理地貌复杂、气候生态类型多样，农业产业适宜面广，多采取农、林、牧（渔）复合的发展方式。五是生态环境的脆弱性。受高原气候和地形地貌的影响，大部分高原地区生态环境脆弱，自然灾害频发。

（三）云南高原特色农业的内涵及基本特点

云南高原特色农业的内涵。云南高原是我国云贵高原的主体区域及青藏高原南缘的分地区，纬度低、海拔较高（平均2000米）、高差较大，切割性高原特征显著。因此，农业自然资源的高原性突出表现为立体性和多样性。云南高原还包括与之相连的丘陵、山脉和峡谷，因此地形和气候复杂多样。全省海拔高差较大，最低海拔76.4米，最高海拔7640米，高山与河流切割相间，形成复杂多样的地形地貌。有北热带到寒温带气候区7个气候类型，兼具四季温差小的低纬气候、干湿季分明的季风气候、垂直变异显著的山原气候等三大特点。全省大部分地区光热充足，冬暖夏凉、四季如春，年温差小、日温差大，降水充沛。由于地处低纬高原，地貌立体，气候多样，光热充足，物种丰富，云南高原具有大力发展特色农业的优越自然资源禀赋。云南高原特色农业是指集高原粮仓、特色经作、山地牧业、淡水渔业、高效林业、开放农业于一体，具有云贵高原独特的资源条件、明显的区域特征、特殊的产品品质、特定的消费市场和能将区域比较优势转化为竞争优势、形成较强支撑力和带动力的农业产业。“丰富多样、生态环保、安全优质、四季飘香”是云南高原特色农业的最大特点，也是云南高原特色农业的最大优势、最大潜力、最大亮点。

云南高原特色农业的基本特点。与其他省区特色农业相比，云南高原特色农业具有以下几个特点：一是自然地理上的低纬高原性。低纬高原地区兼具低纬度和高原的双重特征，以热带草原和高原型季风气候为主，普遍存在山地气候的突出特点。二是得天独厚的资源区域性。云南气候类型丰富多样，有北热带、南亚热带、中亚热带、北亚热带、南温带、中温带和高原气候区7个气候类型，光热充足、雨热同季、春早冬晚、无霜期长，适宜多种作物生长，素有“植物王国”“动物王国”“药材宝库”“香料之乡”“天然花园”的美誉。云南地处中国与东南亚、南亚三大区域的结合部，是连接我国与东南亚、南亚贸易和交流的重要通道。三是产业发展的适度规模性。由于云南山地面积居多，山地农业分散性、碎片化经营，农产品“小、散、特、优”等特征突出，农业产业长期呈现非规模性。然而，随着近年来云南优势农产品区域布局的持续推进，农业基础设施得到明显增强，高产稳产农田面积不断扩大，优势特色产业具有一定规模且在全国占有越来越重要的位置。四是特色农产品广阔的市场性。随着社会经济的发展，人民生活水平的提高，名特优农产品的消费成为社会需求的主流，未来将拥有更大的市场空间。云南的蔬菜、花卉、咖啡、水果、茶叶、蔗糖、水产品、畜产品等特色农产品在国内外都具有较强的竞争优势。五是区域良好的生态性。云南是中国生态保护重点区域和西南生态安全屏障，现有森林面积居全国第3位。省内大部分区域植被良好，污染较少，空气清新，水源清洁，区域性农产品生产条件十分优越。六是产业发展具有厚重的民族性。云南16个州市、129个县（区市），其中有8个民族自治州、29个民族自治县，人口在6000人以上的世居少数民族有25个，其中15个少数民族是云南特有的。厚重浓郁的民族文化资源、丰富的民族农耕文化及对多样性农业与环境的保护传统为云南高原特色农业的发展奠定了丰富的民族人文资源基础。

二、相关理论

产业经济学是一门新兴的应用经济学科，目前仍在发展之中。虽然其完整学科体系的基本确立距离现在的时间尚短，但其思想的形成则源远流长，甚至可以追溯到我国古代的春秋战国时期。比如战国初期的著名政治家李悝就已经提出“重农抑商”的观念，而商鞅、荀子等则更是明确提出了“农本工商末”的思想，反映了我国古代思想家对农业与工商业这两个经济组织集团之间关系的认识。现在产业经济学的各方面理论已经得到了巨大的发展，随着对其研究的不断深入，它的应用范围也在不断扩展，产业经济对经济发展的作用已越来越大，对产业经济学的研究与应用已越来越得到世界各国的重视（苏东水，2010）。产业经济学以产业为研究对象，主要包括产业结构、产业组织、产业发展、产业布局和产业政策等，探讨以工业化为中心的经济发展中产业之间的关系结构、产业内企业组织结构变化的规律、经济发展中内在的各种均衡问题等，通过研究为国家制定国民经济发展战略，为制定产业政策提供经济理论依据。产业经济学以产业为研究逻辑起点，主要是系统研究科技进步、劳动力等要素资源流动、空间发展与经济绩效以及产业的动态变动规律，研究工具主要是计量经济学软件，如SAS、SPSS、EViews等，分析方法主要有博弈论分析方法、均衡与非均衡分析方法等，思想来源主要是哲学中的矛盾对立统一思想、辩证法思想，模型主要来源于自然科学模型。

（一）产业组织理论

产业组织理论是产业经济学的核心理论，有着深刻的思想渊源及产生、发展和深化的过程。先后经历了两个发展阶段，出现过三个主要的学派：哈佛学派、芝加哥学派和20世纪80年代以来在交易费用影响下发展起来的新产业组织理论学派。产业组织理论主要是为了解决马歇尔冲突的难题，即产业内企业的规模经济效应与企业之间的竞争活力的冲突。传统的产业组织理论体系主要是由张伯伦、梅森、贝恩、谢勒等建立的，即著名的“市场结构、市场行为和市场绩效”理论范式（又称SCP模式）。SCP模式奠定了产业组织理论体系的基础，以后各派产业组织理论的发展都是建立在对SCP模式的继承或批判基础之上的（牛丽贤、张寿庭，2010）。农业产业化要求各经营主体机制灵活，建立现代管理制度，技术水平高、经营管理能力强、成本尽可能低，只有这样，产业组织才趋向合理，也才有活力。

（二）产业结构理论

产业结构理论是以产业之间的技术经济联系及其联系方式为研究对象，以寻求最优经济增长途径为目的的应用经济理论。产业结构理论主要研究产业结构的演变及其对经济发展的影响，主要从经济发展的角度研究产业间的资源占有关系、产业结构的层次演化，从而为制定产业结构的规划与优化的政策提供理论依据。产业结构理论是人们将经济分析深入产业结构层次，在进行“产业结构”分析和“产业结构政策”实践的探索过程中逐步产生、发展起来的。产业结构理论一般包括：对影响和决定产业结构的因素的研究；对产业结构的演变规律的研究；对产业结构优化的研究；对战略产业的选择和产业结构政策的研究；对产业结构规划和产业结构调整等应用性的研究等（牛丽贤、张寿庭，2010）。产业结构演变与经济增长具有内在的联系，产业结构的高变换率会导致经济总量的高增长率，而经济总量的高增长率也会导致产业结构的高变换率。产业结构作为以往经济增长的结果和未来经济增长的基础，成为推动经济发展的主要因素。产业结构是同经济发展相对应而不断变动的，这种变动主要表现为产业结构由低级向高级演进的高度化和产业结构横向演变的合理化。这种结构的高度化和合理化推动着经济的向前发展（彭宜钟，2010；赵儒煜，2003）。因此，产业结构理论研究各产业之间的相互联系及其数量比例关系，产业间的数量比例关系是否合理，对产业发展具有重要意义。根据产业结构理论，云南高原特色农业产业经济要寻求云南农业产业化演变的一般规律，主导产业的选择和产业结构的优化，把区域资源优势变为经济优势。

（三）产业关联理论

产业关联理论又称产业联系理论，是从“量”的角度，静态地研究和分析一定时期内国民经济各产业部门间联系与联系方式的技术经济数量比例关系，即产业间“投入”与“产出”的量比例关系，主要方法为里昂惕夫提出的投入产出法。投入产出法能很好地反映各产业的中间投入和中间需求，这是产业关联理论区别于产业结构和产业组织的一个主要特征。产业关联理论还可以分析各相关产业的关联关系（包括前向关联和后向关联等），产业的波及效果（包括产业感应度和影响力、生产的最终依赖度以及就业和资本需求量）等（刘志迎、丰志培，2006），从而为经济预测、计划制订、政策研究、经济分析和经济控制服务，实现了质的分析与量的分析的结合，这是产业关联理论区别于产业结构和产业组织的一个主要特征。传统的农业生产把农产品生产、加工、流通环节链条割断，其增值部分不能在农业中体现，大部分被流通环节挤占。农业产业经济的发展，要以实现总体经济效益在生产、加工、销售环节达到共享为目标。

（四）产业布局理论

产业布局是一国或地区经济发展规划的基础，也是其经济发展战略的重要组成部分，更是其实现国民经济持续稳定发展的前提条件。产业布局理论主要研究影响产业布局的因素、产业布局与经济发展的关系、产业布局的基本原则、基本原理、一般规律、产业布局的指向性以及产业布局政策等。产业布局理论包括区位理论、区域分工理论、均衡与非均衡理论、产业区域转移理论等。农业区位理论是区位理论的基础，主要指导农业生产基地建设等现代农业规划布局，最常用的是杜能理论。杜能理论从农业土地利用角度解释了农业生产应当怎样选择区位。杜能在论证中主要采用了“孤立法”：在城市的近郊区，往往适合于种植容易变质腐烂的、不宜长时间保存的、运输距离远的或者经济价值较高的农产品，土地经营的集约化程度高，低价也相对应的较高；随着离城市距离的不断增加，种植较适宜运输的农产品，土地经营方式也不断粗放，低价也随之降低。这一理论及形式反映了商品生产的农业产业规划的客观要求（李瑜等，2007）。

（五）产业融合理论

在世界第三次技术革命和经济全球化的双重推动下，产业间相互渗透、相互融合的现象日趋增多，致使产业边界逐步趋于模糊化。产业融合就是由于技术进步和放松管制，发生在产业边界和交叉处的技术融合，改变了原来产业产品的特征和市场需求，导致产业的企业之间竞争合作关系发生改变，从而导致产业界限的模糊化甚至重划产业界限。由于产业融合涉及跨产业之间的行为与关系，传统的产业组织方法因局限于产业内企业之间竞争关系的研究前提，无法适应产业融合问题的研究；产业融合不仅在微观上改变了产业的市场结构和产业绩效，而且从宏观上改变了一个国家和地区的产业结构和经济增长方式（张功让等，2011；张建刚等，2012；理查德·塞勒，2003）。当前的现实实践中，主要体现在：一方面是产业的纵向融合，即产业化进程的加快和产业链的延伸；另一方面是一二三产业的跨界融合，即新业态、新模式的创新。

（六）产业发展理论

产业发展是指产业的产生、成长和进化过程，既包括单个产业的进化过程，又包括产业总体，即整个国民经济的进化过程。产业发展理论主要研究产业发展过程中的发展规律、发展周期、影响因素、产业转移、资源配置、发展政策等问题。对产业发展规律的研究有利于决策部门根据产业发展各个不同阶段的发展规律采取不同的产业政策，也有利于企业根据这些规律采取相应的发展战略。每一个产业都有一个产生、发展和衰退的过程，即具有自己的生命周期，一般可划分为四个阶段：投入期、成长期、成熟期和衰退期。典型的经济发展模式理论有二元经济发展模式论、经济发展阶段论和平衡增长与不平衡增长理论。产业集聚化、产业融合化、产业生态化是产业发展的三大趋势（杜靖，2009）。

（七）产业竞争力理论

产业竞争力理论，亦称产业国家竞争优势理论，指基于比较优势和竞争优势理论，分析研究某国或某一地区的某个特定产业相对于其他国家或地区同一产业在生产效率、满足市场需求、持续获利等方面所体现的竞争能力。竞争力实质上是一个比较的概念，因此，产业竞争力内涵涉及两个基本方面的问题：一个是比较的内容，一个是比较的范围。具体来说：产业竞争力比较的内容就是产业竞争优势，而产业竞争优势最终体现于产品、企业及产业的市场实现能力。因此，产业竞争力的实质是产业的比较生产力。所谓比较生产力，是指企业或产业能够以比其他竞争对手更有效的方式持续生产出消费者愿意接受的产品，并由此获得满意的经济收益的综合能力。产业竞争力比较的范围是国家或地区，产业竞争力是一个区域的概念。因此，产业竞争力分析应突出影响区域经济发展的各种因素，包括产业集聚、产业转移、区位优势等。

三、国内外研究现状

（一）国外研究现状

早在20世纪60年代末期，国外学者就开始了关于特色农业的研究。瓦西尔（Vasilev，1969）看到当时农业企业竞争激烈，但农业企业生产的农产品同质化较为严重，而特色农业的发展有利于解决该问题，因为特色农业强调生产的是具有市场差异化的特色农产品。美国著名经济学家斯蒂格利茨（2000）认为特色农业是一种基于地区优势，生产出有地区特色、市场竞争力农产品的农业生产类型。菲利普（Phillips，2006）通过调查发现特色农业因为能够充分利用地区独特地理自然等区域性独特优势，因而能够给当地区域的农村经济发展带来巨大的推动作用。纳扎尔（Nazaire，2013）通过对非洲特色农业发展情况的研究，认为特色农业普遍存在的问题在于运营模式上。因为缺乏合理的运营模式，导致特色农业难以专业化发展，农业的特色不明显。杰拉尔德（Gerald，2014）认为随着全球经济的深入发展，农产品的竞争已经不再局限于一定地域之内，而是在全球范围内展开竞争。在这样的背景下，农产品的发展一定要注重独特性，通过充分利用地域独特性发展农产品的特色，以差异化获得竞争优势。李等（Li et al.，2003）对中国黄土高原地区243个农业县应对气候的脆弱性进行评价，结果发现黄土高原最脆弱的地区位于黄土高原东北—西南中部地带，这些地区植被较少、对气候较为敏感、气候调节能力较弱，因而，未来应该注重气候变化对其农业经济发展的影响。安等（An et al.，2013）对中国黄土高原地区的农业进行了研究，发现由于采用了现代农业技术，在过去5年里，黄土高原农业产量增长十分迅速，然而，技术的迅速进步和剧烈的社会变化（城镇化）给高原农业带来了新的挑战，例如灌溉用水短缺，城市化和土壤侵蚀减少了可耕地面积。因此，对于高原地区的可持续农业，建议采取梯田耕作、补充灌溉、更好的农业投入、豆类轮作和有机耕作等措施。比尔基苏等（Bilkisu et al.，2016）采用两阶段抽样技术方法对2013～2014年尼日利亚高原地区195名女性农民在蔬菜生产过程中的资源利用及灌溉效率和效益进行测算和评价，发现耕地地势偏高、灌溉设施缺乏、技术落后、资金不足和高成本投入是该地区女性农民种植蔬菜面临的主要挑战。贝赫拉等（Behera et al.，2016）采用印度东北部梅加拉亚高原地区7个村庄的农业普查数据，对该地区农业土地利用变化及土地利用变化后是否和多大程度上改变了当地的粮食安全问题。张（Zhang，2017）对西藏高原这样一个具有高纬度、低温、资源丰富多样的特殊地区的农业现代化发展问题进行研究，发现西藏高原地区的农业存在资源利用效率偏低且分布不均衡，农业机械化呈现梯度发展趋势，农业生产力和技术推广水平落后，科技创新动力不足，农业污染逐渐扩大，缺乏环境保护意识等问题。针对这些问题，他提出了发展地方优势特色农业、发展合作经济组织、建立促进理论与实践相结合的人才培养模式、构建观光旅游生态农业产业体系等对策建议。

（二）国内研究现状评述

近年来，国内关于高原特色农业发展的相关研究成果陆续面世，尤其是云南率先以高原特色农业发展理论和实践创新开展深入研究，研究的重点主要围绕云南高原特色农业概念、发展问题及对策、品牌建设、产业化、比较优势等方面展开。

关于云南高原特色农业概念。目前，国内部分学者对云南高原特色农业的概念进行了界定。李学林等（2003）认为，云南优势特色农业就是以市场为导向，依托和发挥云南区位、资源、气候、市场、技术等优势，开发特色经济作物和特有生物资源，培育和构建具有云南地缘、工艺特色和高新技术特色的名、特、优、新、奇、鲜、香等的农业产业的总称。李学林等（2012）进一步提出，云南高原特色农业是依托云南低纬高原光热水土资源丰富、生态类型多样、立体农业特征明显、产业适应面广、生态环境优良、交通区位独特等优势，重点发展产业基础较好的特色粮食、特色经作、特色养殖、特色林产品生产，并大力发展生态休闲农业旅游业。云南省社会科学院云南高原特色农业理论与实践创新团队（2015）和陈婷（2017）都认为云南高原特色农业是指云南地处低纬高原地区，具有云贵高原独特的资源条件、明显的区域特征、特殊的产品品质、特定的消费市场，可以实现集高原粮仓、种植特色经济作物、发展山地牧业、养殖淡水渔业、培育高效林业、实现开放农业于一体的农业发展模式，将云南省高原特色的区域比较优势转化为竞争优势，因而巩固并增强农业产业的支撑力和带动力。曾小寓（2016）认为云南高原特色农业就是依托云贵红土高原所特有的环境条件，充分利用和发挥云南的资源、气候、区位、市场及技术优势，开发特色作物和特有生物资源，融合特有的人文资源，培育和构建有显著自身特色和与众不同的农业产业。彭程（2016）指出云南高原特色农业是充分利用云南经济区域地理、气候等自然资源优势、按照一定经济分工，形成的以市场为导向的具有区域特色的农业。李怡然（2016）和王奇等（2013）都认为云南高原特色农业是指依托云南地处低纬高原（一般指海拔 1000 米上地区），立足于立体型地貌、地质、气候、热量和水源的独特条件和优势，打造“丰富多样、生态环保、安全优质、四季飘香”的高原特色农业。

关于云南高原特色农业产业发展问题及对策。李学林等（2003）认为，云南发展特色农业的主要问题是认识落伍、观念落后、布局不尽合理、产业雷同、产业化程度低、组织形式层次较低、品牌意识淡薄、宣传不力、科技含量不高、市场竞争力弱、产业体系不健全、产业政策不配套等，大多数产品“多的不特不优，特的优的不多”，并提出了加快发展云南优势特色农业必须坚持以市场需求为导向，合理有效地配置农业生产要素，把比较优势转化为竞争优势，把改造和提升传统农业和发展新兴优势特色农业有机结合，坚持以特色取胜，重点培育有云南特色和优势明显的农副产品和优势产区，做大做强，形成一批具有合理的区域布局和专业分工优势特色农业产业，显著提高云南农业的综合实力和竞争力的指导思想，并对系列具体产业发展重点提出具体对策建议。李学林等（2012）进一步提出，云南高原特色农业发展存在的主要问题是基础设施薄弱、产业结构层次和产出水平不高、科技支撑不力，但是“特色、生态、多样、四季和开放”的特点突出，云南高原特色农业发展必须走“产业发展与生态保护相协调，突出生态；以粮为基础，农、林、牧复合，突出特色；农业与生物产业结合，产业驱动；立足云南，开拓周边，提质增效，突出市场”的发展路子。加快云南高原特色农业发展必须以加快转变农业发展方式、构建外向型现代农业产业体系和创新发展模式为重点，以发展模式创新、科技创新、体制机制创新和政策创新为动力，充分发挥云南低纬高原“丰富多样、生态环保、安全优质、四季飘香”的优势和特色，加大投入力度，夯实发展基础，突破发展瓶颈，提高农业综合生产能力、抗风险能力和市场竞争力，促进农业生产经营特色化、品牌化、绿色化、专业化、标准化、规模化、集约化发展，确保云南省粮食安全及主要农产品供给，带动农民增收致富。陈婷（2017）认为云南高原特色现代农业在发展过程中存在政策力度不够，农业支持和保护体系不健全，特色仍不很突出，农村经营主体培育存在很多困难，以及产业之间和产业内部的协同程度不高等问题。因此，建议加大对农业发展的资金投入与政策扶持，提供资金和政策保障；加强对农村基础设施的建设，为高原特色现代农业发展提供保障；合理布局，统筹推进，加快推进优势产业的发展；优化产业结构，实现产业升级转型。魏浩好（2015）指出目前云南高原特色农业产业发展基础薄弱；新型农业经营主体对抗市场风险的能力较弱，带动能力不强；财政支农投入不能满足高原特色农业发展的需要；农业企业融资困难；产品流通体系不够完善；科技对特色农业发展的支持力度不够等问题。要解决这些问题，就必须提高云南省高原特色农业的生产效率。因此，首先要加快推进云南高原特色现代农业新型经营主体发展；其次要加大农业科技投入，培养农业专业人才；最后要强化农业产业发展规划，推动农业服务业发展。潘永平（2015）认为环境是影响高原特色农业发展的重要问题。此外，云南高原特色农业发展过程中的农业财政支出资金投入不足，支出比例持续下降。各级政府对农业投入资金支持力度不一，还存在较大差距。投入资金少，使用不集中，结构不合理，农业基础设施重复建设等问题也较为突出。云南省可以通过建立健全融资机制、成立专业合作组织，加快规模发展、推动品牌化农业发展以及提升农民技术素养等途径促进云南高原特色农业发展。罗雁等（2013）在分析印度、巴西、墨西哥、阿根廷、沙特阿拉伯和南非等低纬高原国家发展高原特色农业成效和经验教训的基础上认为，云南高原特色农业发展应从“加强农业科技研发和推广应用，努力转变农业发展方式；强化农业资源节约和环境保护，加快发展山区有机生态农业；充分利用高原地区自然资源优势，大力发展秋季农业；强化城乡统筹，因地制宜发展高原特色农业”几个方面重点着力。

关于云南高原特色农业品牌建设。李学林等（2012）指出，云南普遍存在优势农户、优势企业、优势产业、优势区域和优势品牌少的问题，应突出“特色、生态、四季与多样性”优势，打响“高原特色农业”品牌，强化品牌意识、安全意识，实行从农田到餐桌的全过程控制，大力开展无公害农产品、绿色食品、有机食品认证，推进优势知名品牌的资源整合，促进农产品安全和标准化生产，推进云南高原特色农业协调发展的建议。罗雁等（2013）提出，云南应用“四新”要求和全新的观念抓好优势特色农业发展，咖啡、普洱茶、香料等应通过有机生态农产品品牌建设提高高原特色农产品市场竞争力。李永松（2018）指出云南省应该通过打造区域品牌，开展名特优新农产品评选推介活动，积极参与农交会、茶博会、“双新双创”博览会等全国性展会和中国农业品牌提升行动，强化品牌质量管控以及加强宣传引导等方式推进云南高原特色农业品牌化发展。马梦雯（2015）指出云南的农产品及其副产品有许多品牌，经常可以看见大大小小的特产店，但是这些品牌中具有较大影响力和知名度的却不多。如果能够对农产品进行精深加工、延长其产业链，并打造出知名的品牌，那么产品的价值和影响力会提升许多。向明生（2016）指出，大部分农业经营者缺乏品牌意识以及品牌创建运作的经验；地方政府的农业政策贪大求全，创新存在易变性和无系统规律性，影响品牌的长期发展；品牌建设资金匮乏，长期依赖于整体实力较弱的龙头企业，导致产业及企业品牌缺失、利润率低下。云南高原特色农业品牌内核应锁定为“健康”，要向文化、旅游、科技等功能性模式发展。王奇等（2013）指出现有云南高原特色农业在产品质量、包装、卫生等规范上的要求相对较低，跨地区行业的精加工、高定位的企业和集团很少，导致企业品牌在市场上缺乏领导力。

关于云南高原特色农业产业化。产业化程度对规模经济、产品质效和农业产业链条的完善有不可替代的关键作用。李学林等（2003）指出，总体来看，云南农业小、散、弱、差的状况没有根本改变，农业对外开放水平和层次较低，农业产业化水平低的状况没有根本改变，产业普遍存在生产规模小、产业类别散、商品类型雷同、产品加工链短、环境污染日趋严重、科技含量较低等问题，应充分兼顾和把握云南农业自然生态特性和产业分布散弱规律特征，发挥和集成云南农业的比较优势和竞争优势，用产业化的思路，重点打造云烟、云糖、云茶、云菜等一批关联度高、带动能力强、影响深远而又有别于其他区域高原特色农业产业，通过引进和资源整合相结合，市场推动和政策扶持相结合，企业发展和农民增收相结合，培育一批骨干龙头企业，在优势产区扶持发展农业小型企业、微型企业、农业专业合作组织和农业行业协会或研究会等，促进高原特色农业产业化。董晓波等（2016）指出目前云南高原特色农业整体上仍然处于大而不强、产业发展层次低的传统粗放发展阶段，农产品同质化严重、溢出价值低。武友德（2016）发现云南高原特色农业产业发展不集中，产、供、销、农、工、贸链条不健全且关联度不高。王奇等（2013）指出云南省高原特色农业产业化发展，对增强云南农业竞争能力、促进农民持续增收、推动云南跨越发展意义重大。李怡然（2016）和孙秀（2018）认为，近年来，云南省特色优势产业原料基地基本实现规模化发展，产业化农业龙头企业迅速发展，农产品加工能力明显提升，农民专业合作组织发展壮大，现代农产品流通体系初步建成，产业化带农惠农促增收效益明显。但云南省高原特色农业产业化发展仍存在特色农产品基地建设水平低，龙头企业少、小、弱，农业生产组织化程度偏低，利益联结机制不紧密，企业融资难等制约因素。

关于云南高原特色农业比较优势。董晓波等（2016）采用定性与定量相结合的方法，以全国32个省（市、自治区）为定量参比对象，选取4类定性和6类定量指标，对云南省高原特色农业比较优势进行综合评价，得出多样性、生态安全性、时差互补性是云南高原特色农业发展的比较优势的结论。孙秀（2018）采用“区位熵”从农业增加值、农业总产值、农作物种植面积、牲畜饲养情况、农产品产量、农业就业人员数等方面对云南高原特色农业在全国的竞争力进行测算和对比分析。研究发现从增加值来看，云南农业在全国具有明显的竞争优势；从生产总值来看，林业具有较高的竞争力；从就业人员数来看，农业就业人员占比具有明显的比较优势；具体到主要农产品，甜菜、烤烟、茶园在种植面积上，牛、马、驴、骡、猪、山羊等牲畜在饲养量上，豆类、薯类、甘蔗、烤烟、茶叶、葡萄、香蕉、橡胶、猪肉、牛肉、鱼类在产量上，均具有明显的竞争力。郭颖梅等（2016）运用主成分分析法对云南省26家高原特色农业企业的竞争力进行测算和评价，进而识别制约云南高原特色农业企业竞争力的关键因子。研究发现资产类因子对农业企业竞争力的影响最大，收益类因子和发展类因子作用次之。除了上述梳理的关于云南高原特色农业概念、问题和对策、品牌建设、产业化、比较优势等方面的研究成果外，国内学者还关注了云南高原特色农业发展的金融支持（李怡然，2016；弓静勇，2017）、政府资金扶持（曾小寓，2016）、发展战略（李继云，2013；罗春燕，2018）、发展路径（曾小力，2013；潘永平等，2015）、发展模式（王荧，2014）、人力资源开发（苏来义，2018）、技术推广（费永涓，2018）等方面。

（三）国内外相关研究评价

经文献梳理发现，国外的相关研究对云南高原特色农业产业经济的发展状况关注不多，而对特色农业、高原农业关注得相对较多。国内的文献关于云南高原特色农业发展问题的研究较多，重点围绕云南高原特色农业概念、发展问题及对策、品牌建设、产业化、比较优势等方面展开，此外，还涉及了云南高原特色农业的金融支持问题，政府资金扶持，发展战略、路径、模式，人力资源开发，技术推广等方面。纵观现有的相关研究文献，发现尽管研究文献众多，研究内容广泛，研究成果丰富，但是鲜少有学者对云南高原特色农业的产业经济及政策进行系统而全面的研究。不仅如此，关于云南高原特色农业的研究大多数是定性分析，定量分析还较少，关于产业经济及政策的定量分析更少。这都为本书的研究留下了很多发挥的空间。

第三节 研究思路和方法

一、研究思路

在前期系统开展云南高原特色农业发展战略研究的基础上，重点围绕云南省委、省政府提出的建设“高原粮仓、特色经作、山地牧业、淡水渔业、高效林业、开放农业”这“六大重点内容”和打造世界一流“绿色食品牌”“八大重点产业”以及烟草和马铃薯等云南优势特色产业，比较分析云南高原农业产业的区域特色和竞争优势，系统研究云南高原特色农业产业结构和产业布局、产业组织、产业科技、服务保障及产业政策等方面的内容，并提出云南高原特色农业产业经济发展的重点任务和政策建议，形成较为系统的云南现代农业发展和现代农业产业体系的理论框架，为解决目前困扰云南高原特色农业发展中存在的产业结构雷同、产业选择盲目跟风、产品生产无序、产业链构建滞后、发展不充分和不平衡等现实问题提供指引。具体内容如下：

（1）引言。通过回顾云南经济社会发展概况，尤其是改革开放以来经济发展各阶段的主要特征和面临的制约因素，以及农业在国民经济和社会发展中的地位和作用，阐述本研究的意义；对本研究涉及的主要概念及相关理论进行界定，对国内外相关研究进展进行综述；在此基础上设计本研究的研究思路和研究方法。

（2）云南高原特色农业产业经济发展现状。首先，总结云南高原特色农业产业经济发展取得的成效。主要从综合经济效益明显、农业产业结构逐步优化、特色主导产业基本形成区域和专业化生产格局、产业组织体系日益完善、综合生产能力逐步提高以及农业支持保障体系建设成效初显六个方面来论述。其次，采用层次分析法对云南高原特色农业发展的质量水平进行评价。基于根据国家统计局网站、《中国农村统计年鉴》《云南统计年鉴》《云南省国民经济和社会发展统计公报》《云南省第三次全国农业普查工作主要数据公报汇编》等整理的数据资料，从农业要素利用水平、农业生产经营水平、农业生产效益水平、农业供给能力和农业生态环境五个方面采用层次分析法对 2008～2017 年云南高原特色农业发展的质量水平进行评价和分析。最后，挖掘云南高原特色农业产业经济发展存在的问题。主要从农业经济发展水平、产业结构、产业功能、基本生产条件、科技支撑产业发展力度和农业生产经营者整体素质等角度进行说明。

（3）云南高原特色农业产业政策研究。首先，对我国“三农”政策的演进轨迹进行梳理。主要通过国家对农业的定位和农业发展的形势要求两个层面对国家农业产业政策的演进历史和农业支持政策重点的变化轨迹进行梳理，共划分为“口粮农业”“数量农业”“质量农业”初期和政策目标“多元化”阶段共四个阶段。其次，对改革开放以后云南特色农业的发展历程进行探索。一是20世纪80年代到20世纪90年代中期从“以粮为纲”到“多种经营”的探索；二是20世纪90年代中期到21世纪初从资源开发向依靠科技的探索；三是2012～2017年从生产导向转向市场导向的特色农业模式探索；四是2018年至今从特色农业全面发展向聚焦重点、突出品牌的探索。再次，对我国现代农业发展四种模式进行对比分析。基于农业装备、农业竞争力、农业生产效率、农业生产效益和生态环境效益这五个指标，采用因子分析法对2010～2019年京津沪都市农业、江浙精细农业、东北大农业和云南高原特色农业这四种现代农业的农业现代化水平进行测算和分析。最后，就当前支农政策框架对促进云南高原农业发展的局限和挑战进行分析。

（4）云南农业资源禀赋及部分产业比较优势分析。首先，从农业自然资源、生物资源和交通区域条件三个方面对云南高原特色农业资源禀赋进行分析。其次，基于联合国粮农组织（FAO）网站、国家统计局网站、《中国农村统计年鉴》、云南省及周边省区统计局网站或统计年鉴等数据资料，采用描述性统计分析方法和区位熵法从云南农业在全国的地位、云南与周边省区的比较、云南与周边国家的比较、云南省内各州（市）的比较等角度来分析云南高原特色农业的比较优势。最后，采用比较优势指数、规模比较优势指数、效益比较优势指数、需求收入弹性系数以及随机前沿生产函数模型等实证分析方法对云南省水稻、小麦、马铃薯、烟草、茶叶、蔬菜、水果、中药材以及肉牛产业的比较优势和竞争力进行测算和分析。

（5）研究结论及对策建议。首先，在深入调查研究的基础上，系统归纳和总结本篇的主要结论；其次，从8个重点任务阐述促进云南高原特色现代农业产业经济发展的对策：加大投入，夯实云南高原特色农业产业发展基础；凝心聚力，积极构筑高原特色农业产业发展框架；创新模式，全面提高农业发展质量效益和竞争力；创新机制，大力培育高原特色农业新型经营主体；多措并举，努力构建云南高原特色农业品牌体系；放宽搞活，发挥高原农业发展科技支撑引领作用；突出重点，全面提高云南农产品的质量安全水平；人才兴农，系统培育高原特色农业产业发展人才。最后，从坚持优势产业发展、高质量发展、深化农业农村改革、科技创新支撑引领、对外开放、可持续发展的导向和政策支持等方面提出推进云南高原特色农业产业政策创新的建议。

二、研究方法

（一）比较分析法

首先，纵向对比分析云南省不同时期农业产业经济发展水平；其次，比较分析影响云南不同地区农业产业经济发展水平的因素，在此基础上，对各地区农业综合生产能力的优势与劣势进行分析；再次，从国际、国内和西南三个层面对云南各农业产业及农产品的特色和优势进行对比分析；最后，与国内其他地区进行比较，借鉴其先进经验并提出促进云南高原特色农业产业经济发展的对策建议。

（二）实证分析法

一是因子分析法和灰色关联度分析法。层次分析法通过把复杂的系统分解成目标、准则、方案等层次，实现对复杂对象的决策思维过程条理化。该方法尤其适用于目标结构复杂且缺乏必要数据的多目标、多准则的复杂系统的决策分析。本书在对云南高原特色农业发展质量水平进行分析时将采用层次分析法。因子分析法是处理多变量数据的一种统计分析方法，主要运用于高维指标的降维分析，基本原理就是将众多的原始变量表现为较少因子的线性组合，即将原始变量分解为公共因子，以少数因子来概括和揭示错综复杂的社会经济现象，从而建立起能揭示出事物之间本质关系的结构模型。本书运用因子分析法测算和评价云南高原特色农业的现代化水平。

二是区位熵法、集中系数分析方法和综合比较优势指数法。本书在测算云南各主要农业产业的集聚程度时，主要采用区位熵和集中系数分析方法，以此判断云南高原特色农业在全国的地位及产业发展状况。综合比较优势指数法适用于国内不同区域之间某种产品或同一区域内不同产品之间比较优势的衡量和比较，主要通过不同要素综合作用产生比较优势差异。在测算上，主要分为效率比较优势指数（Efficiency Advantage Indices，EAI）、规模比较优势指数（Scale Advantage Indices，SAI）和效益比较优势指数（Benefit Advantage Indices，BAI）3个指标。本书在分析水稻、小麦、马铃薯、烟草、茶叶、蔬菜、水果、中药材以及肉牛9个产业的比较优势和竞争力时主要采用综合比较优势指数法。

三是随机前沿分析方法（SFA）和数据包络分析方法（DEA）。本书在测算水稻、小麦、马铃薯、烟草和蔬菜等产业的生产效率时将采用随机前沿分析方法和数据包络分析方法。

三、技术路线

本篇的技术路线如图1-3所示。

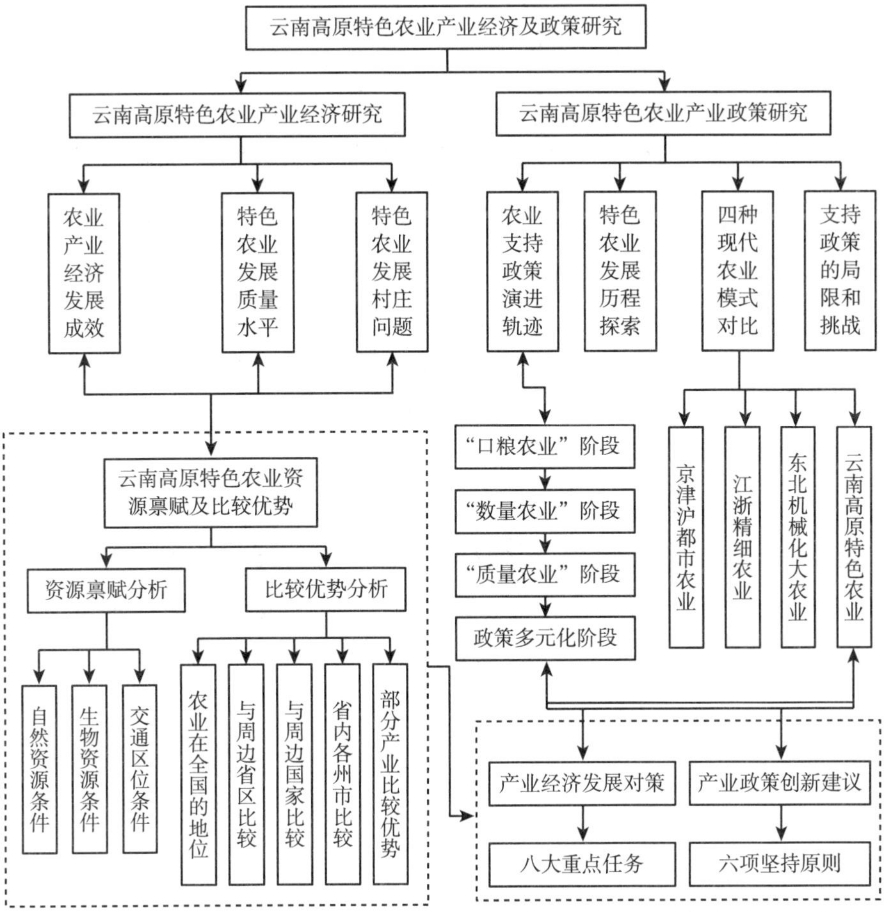

图1-3 本篇的技术路线

第四节　研究的创新和不足

一、研究的创新点

（1）从产业经济学的视角出发，研究新形势下云南高原特色农业产业经济及政策，力图解决云南高原特色农业发展中存在的各地贪多求全、产业雷同现象突出的问题，为构建云南高原特色现代农业产业经济体系提供理论基础。

（2）采用定性与定量研究相结合的方法，首先定性分析云南农业的地位、结构及特征；在此基础上，利用统计数据构建农业产业经济体系评价指标体系，定量比较云南各农业产业经济发展水平的时间和地区差异。

（3）试图通过云南高原特色农业产业经济理论与实践的分析研究，提出相关政策建议，为推进高原特色现代农业发展和农民持续增收、推进云南农业供给侧结构性改革、提高云南农业发展质量效益、助力云南乡村振兴和农业农村现代化做出贡献。

二、研究存在的不足

（1）本篇从宏观和中观层面，系统全面地对云南高原特色农业产业经济及政策进行分析评价，但是，在微观层面上相关研究较欠缺。如在测算部分产业生产效率时，缺少实地调研数据，仅能从宏观层面对这些产业的生产效率进行测算，分析不够透彻。而茶叶、水果、中药材、肉牛等产业由于缺乏相关成本收益数据，因而仅能从效率比较优势指数和规模效率指数等指标对这些产业的竞争力进行分析。

（2）本篇从产业经济学的视角对云南高原特色农业产业经济进行了系统全面的定性分析和定量评价研究，然而，关于云南高原特色农业产业经济关键要素的研究内容偏理论，采用案例分析法的实证研究不多，对于实践的指导作用存在一定的不足。

（3）本篇在研究云南高原特色农业产业政策时，主要从我国“三农”政策演进轨迹、云南特色农业发展历程探索、我国现代农业发展四种模式对比分析以及当前政策框架对促进云南高原农业发展的局限和挑战这四个方面来梳理并主要进行了定性分析，缺乏对政策实施效果的定量分析评价，这也是本研究存在的不足之处。

影响一个地区农业产业经济发展的因素很多，其中自然资源禀赋、产业支持政策、科技创新支撑、资金投入力度、市场需求变化等因素尤为密切且关系复杂。采用科学可行的方法建立评价指标体系，将相关因素及其关系相对合理地量化，系统评估自然、投入、政策、科技、市场等因素对农业产业发展的作用和影响，是目前农业产业经济研究的难点，也是本篇的主要不足，更是下一步努力的方向和重点。

第二章

云南高原特色农业产业经济发展现状

改革开放以来，云南省委、省政府始终把大力发展农业产业作为“三农”工作的重要方面来抓，全面开发利用农业资源，不断优化和调整产业结构，实施科技兴农，有效促进了云南农村经济的全面发展。尤其是2011年云南省第九次党代会确立云南高原特色农业发展战略以来，出台了一系列重要发展措施及政策，推进了全省农业产业快速发展，全省农业产业经济总体运行良好，农民收入持续较快增长，高原特色农业发展取得了阶段性成效，是改革开放以来云南省农业经济增长较快的时期之一，带动农村常住居民人均可支配收入年均增长10%以上，增幅连年高于城镇常住居民人均可支配收入。特色和生态成为云南农业发展的一致目标和品牌（陈良正等，2019b）。目前，高原特色生态农业模式被国内学界誉为我国现代农业发展的四大模式之一，即以黑龙江、新疆为代表的规模农业模式，以浙江为代表的精准农业模式，以北京、上海为代表的都市农业模式和以云南为代表的高原特色生态农业模式。尽管近年来，一产增加值在全省GDP中占的比重逐步降低（见图2－1），2018年最低时仅为11.97%（农林牧渔业增加值占GDP比重为12.22%），但农业经济在全省经济社会发展基础产业的地位和压舱石的作用却明显增强。2019年全省第一产业增加值占GDP比重为13.08%，比全国高6个百分点。

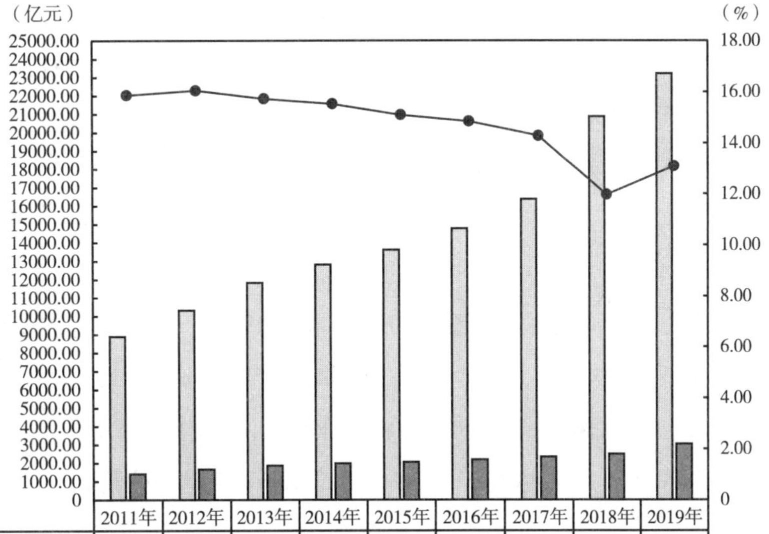

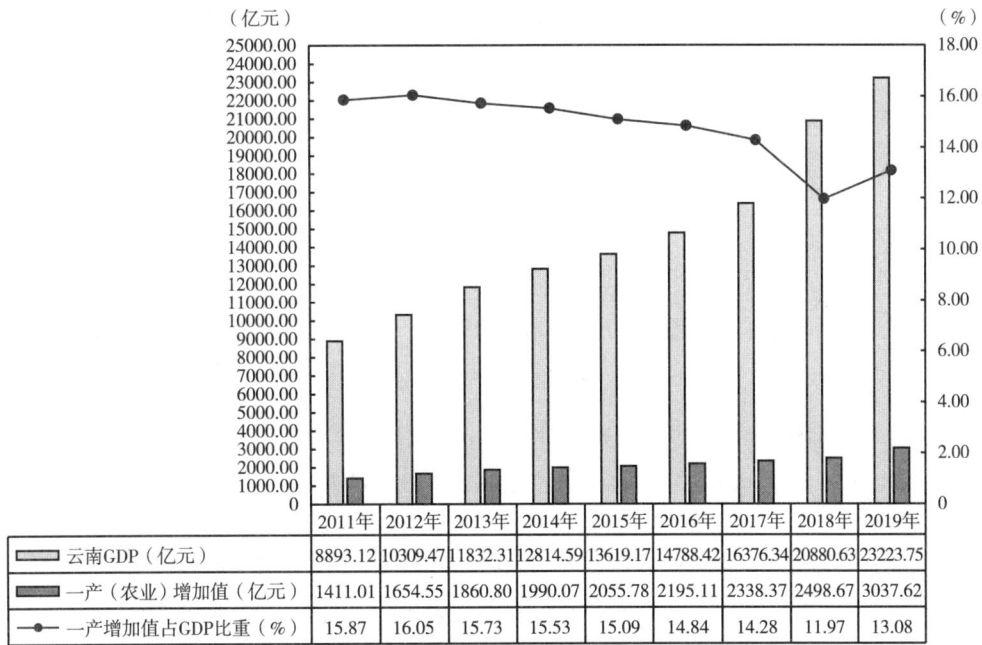

	2011年	2012年	2013年	2014年	2015年	2016年	2017年	2018年	2019年
云南GDP（亿元）	8893.12	10309.47	11832.31	12814.59	13619.17	14788.42	16376.34	20880.63	23223.75
一产（农业）增加值（亿元）	1411.01	1654.55	1860.80	1990.07	2055.78	2195.11	2338.37	2498.67	3037.62
一产增加值占GDP比重（%）	15.87	16.05	15.73	15.53	15.09	14.84	14.28	11.97	13.08

图 2－1　2011～2019 年云南省一产（农业）增加值占 GDP 比重变化

资料来源：根据国家统计局网站 2020 年 10 月数据整理。

第一节　云南高原特色农业产业经济发展成效

自 2012 年实施高原特色农业发展战略以来，通过全省上下认真落实，各部门积极推进，全社会共同努力，高原特色农业发展取得了显著的成绩，带动农村经济总量快速增长，云南高原特色农业品牌逐渐被市场认知。农业总体呈现产业结构逐步优化、存量效应充分释放、增量效应逐步形成的格局（黄兴奇等，2019）。

一、综合经济效益明显

（一）农业经济总量稳步增长，占全国的比重小幅上升

根据国家统计局网站及历年《云南统计年鉴》的数据，自 2012 年云南实施高原特色农业发展战略以来，全省农业经济发展保持稳定，农林牧渔业总产值和农林牧渔业增加值逐年稳步增长，占同期全国的比例小幅上升。且农林牧渔业增加

值增幅高于同期农林牧渔业总产值增幅，说明全省农业产业的比较效益逐年向好。

从农林牧渔业总产值看，2013 年和 2018 年，全省农林牧渔业总产值分别迈上 3000 亿元和 4000 亿元两个台阶，2019 年更是逼近 5000 亿元（4935.73 亿元），比实施高原特色农业发展战略之前的 2011 年分别增长 32.69% 和 111.43%，年均递增 11.29% 以上，居于全国前列。2019 年，全省农林牧渔业总产值比 2018 年增长达到 20.12%，创 2012 年以来的新高。

从农林牧渔业增加值看，2014 年和 2019 年，全省农林牧渔业增加值分别迈上 2000 亿元和 3000 亿元两个台阶，比 2011 年分别增长 43.72% 和 119.4%，年均递增 11.88%，增幅高于同期农林牧渔业总产值的增幅。2019 年，全省农林牧渔业增加值比 2018 年增长达到 21.29%，也创 2012 年以来的新高（见表 2－1）。

表 2－1　2011～2019 年云南省农林牧渔业总产值及增加值变化

指标	2011 年	2012 年	2013 年	2014 年	2015 年	2016 年	2017 年	2018 年	2019 年
总产值（亿元）	2334.48	2716.5	3097.5	3307.82	3438.73	3704.69	3872.93	4108.88	4935.73
较上年增幅（%）	27.93	16.36	14.03	6.79	3.96	7.73	4.54	6.09	20.12
增加值（亿元）	1411.01	1654.55	1895.16	2027.94	2098.20	2242.22	2388.55	2552.58	3096.08
较上年增幅（%）	27.30	17.26	14.54	7.01	3.46	6.86	6.53	6.87	21.29

资料来源：根据国家统计局网站 2020 年 10 月数据计算。

从农业经济总量占全国的比重看，自 2011 年和 2012 年云南农林牧渔业增加值及总产值占全国的比重先后突破 3% 以后，到 2019 年，全省农林牧渔业总产值占全国的比例进一步上升到 3.98%，同期农业增加值占全国的比例上升到 4.39%。近年来，云南省农林牧渔业总产值和增加值年均增速多年位居全国前列，增加值由 2015 年的全国第 14 位提升到 2019 年的第 11 位。

（二）投入产出率、土地产出率和劳动生产率逐年增加，产业效率持续增长

云南省土地产出率（农林牧渔业总产值/耕地面积）逐年增加，从 2011 年的 3.84 万元/公顷增加到 2019 年的 7.94 万元/公顷，绝对值增加了近 4.10 万元/公顷，相对增长 106.77%；全省劳动生产率（农林牧渔业总产值/一产从业人数）从 2011 年的 1.38 万元/（人·年）增加到 2019 年的 3.54 万元/(人·年)，绝对值增加了近 2.16 万元/(人·年)，相对增长 156.52%，与土地产出率的增幅基本相当；而投入产出比（农林牧渔业增加值/中间消耗）则从 1：1.53 增长到 1：1.68（见表 2－2）。

表 2-2 2011~2019 年云南农业产业主要指标变化情况

指标	2011 年	2012 年	2013 年	2014 年	2015 年	2016 年	2017 年	2018 年	2019 年
农林牧渔业总产值（亿元）	2334.48	2716.5	3097.5	3307.82	3438.73	3704.69	3872.93	4108.88	4935.73
农业增加值（亿元）	1411.01	1654.55	1895.16	2027.94	2098.2	2242.22	2388.55	2552.58	3096.08
农业中间消耗（亿元）	923.47	1061.95	1202.34	1279.88	1340.53	1462.47	1484.38	1556.30	1839.65
耕地面积（千公顷）	6077.8	6224.90	6219.80	6207.40	6208.50	6207.80	6213.30	6213.30	6213.30
从事第一产业的劳动力（万人）	1697.2	1636.57	1615.29	1591.07	1576.53	1587.91	1518.72	1449.86	1394.83
投入产出比	1.53	1.56	1.58	1.58	1.57	1.53	1.61	1.64	1.68
土地产出率（万元/公顷）	3.84	4.36	4.98	5.33	5.54	5.97	6.23	6.61	7.94
劳动生产率（万元/人）	1.38	1.66	1.92	2.08	2.18	2.33	2.55	2.83	3.54

资料来源：根据国家统计局网站及历年《云南统计年鉴》数据计算。

（三）开放农业成效突出，农产品逐步成为出口创汇支柱产业

从农产品出口创汇看，根据昆明海关、农业农村部和商务部网站数据，多年来，农产品一直是云南省出口创汇的第一大类商品，农产品出口额占全省出口总额的比重从 2011 年前的不足 20%稳步上升到近年来的 30%以上，是云南省出口创汇的支柱产业（见表 2-3）。全省农产品出口总额常年稳居西部各省区市之首。尤其是随着云南省农产品加工业的发展，延长了产业链，提升了价值链，为“云果”“云菜”“云花”“云茶”“云咖”“云药”等“云系”“滇牌”享誉海内外奠定了坚实基础，带动了全省农产品出口创汇快速增长（云南农产品出口总值占同期农林牧渔业总产值的比例由 2011 年的不足 4%上升到 2017 年的 7.3%）。据《中国农产品加工年鉴 2017》，2016 年，全省出口农产品 205.4 万吨，出口额 44.7 亿美元，5 年增长约 1.5 倍以上，其中水果、蔬菜出口 171.2 万吨，金额 30.8 亿美元，分别占全省农产品出口总量和总金额的 83.4%和 68.9%，产品销量位居前列的分别为东盟、中国香港、欧盟、北美及拉丁美洲和日本。据商务部网站数据，2019 年，全省农产品出口额达 331.2 亿元，增长 29%，首次超过了 300 亿元。其中：“一带一路”沿线国家和地区出口额达 222.3 亿元、增长 56.5%，占全省农产品出口额的 67.1%。对东盟出口农产品 213 亿元，增幅达六成，占全省农产品出口额的 64.3%。据云南省农业农村厅的数据，2020 年上半年，在全国农产品出口受新冠肺炎疫情影响同比下降 3.8%的情况下，云南农产品出口 19.1 亿美元，同比逆势增长 15.1%（张成，2020），2020 年前三季度依然保持逆势增长 9%，全年全省农产品出口额继续保持全国第 6 的地位。目前，全省农产品出口已达 110 多个国家和地区，

东盟是主要消费市场，另外，对美国以及中国香港等发达市场保持较快增长。

表 2－3　　2010～2019 年云南农产品出口占全省出口总额的比重

指标	2010 年	2011 年	2012 年	2013 年	2014 年	2015 年	2016 年	2017 年	2018 年	2019 年
全省出口总额（亿美元）	76.00	94.73	100.18	159.59	188.02	166.26	115.82	114.30	128.12	150.22
农产品出口额（亿美元）	13.00	17.60	20.39	24.07	28.93	40.55	44.70	41.92	37.08	47.83
农产品所占比重（%）	17.11	18.58	20.36	15.08	15.39	24.39	38.59	36.68	28.94	31.84

资料来源：根据昆明海关及商务部网站等数据整理。

从出口品类看，果品、蔬菜、烟草出口额仍占大头，马铃薯和蔬菜出口额增幅居前。2018 年，云南蔬菜出口额 14.20 亿美元，占全省农产品出口额的 38.31%；果品出口额达 12.22 亿美元，占 32.96%；烟草及其制品出口额近 4.2 亿美元，占 11.32%；咖啡出口 1.46 亿美元，占 3.93%；鲜切花出口连续 25 年位列全国第一（见表 2－4）。

表 2－4　　2011～2018 年云南农副产品出口情况　　单位：万美元

产品名称	2011 年	2012 年	2013 年	2014 年	2015 年	2016 年	2017 年	2018 年
全省农产品出口总额	175722	203927	240726	289277	405530	446973	419236	370803
水果、坚果及其产品	19171	43924	63020	82819	180526	186735	160868	122203
动物及制品	2816	3951	5309	11587	9296	9400	7706	7058
花卉	4694	6086	5055	6033	5832	7742	6598	6955
马铃薯	3749	816	1142	4862	5333	6336	7624	8374
蔬菜	64794	56903	67408	82500	93406	121528	141269	142044
烟草	44528	52712	53337	50046	49277	46816	46932	41989
咖啡	13389	15056	13998	14591	15315	27788	14915	14569
植物精油	5104	4711	6264	8271	10431	5339	5996	9544
其他食用菌	6520	5632	5787	6030	5269	6096	6561	6176
松茸	5752	4859	4058	3837	2454	3395	3458	3115
茶叶	2082	2711	2877	3010	3047	3791	3689	3310

资料来源：根据昆明海关、云南省农业农村厅、云南省商务厅及国家农业农村部网站数据整理。

从表 2－4 可以看出，受国际市场农产品价格变化的影响，2017 年以后云南农产品出口总额整体出现下滑，2018 年比最高时的 2016 年下滑 17% 以上，11 类主要出口农产品中有 6 类的出口额出现不同程度的下降，降幅最大的咖啡达 47.57%，果品出口额降幅达 34.56%，动物及制品降幅达 24.91%，茶叶、烟草和花卉出口额降幅亦在 10% 以上。但部分特色优势产品仍然保持增长态势或降幅低于出口总额的降幅。其中，植物精油出口额增幅领跑所有农产品达78.76%，马铃薯出口增长达32.16%，此外，蔬菜和食用菌亦保持了16.88%和1.31%的增长。2019年，全省农产品出口总额超过2016年的历史最高水平44.7亿美元达到47.83亿美元的新高，其中出口水果（148.2亿元人民币）增长81.9%，占全省农产品出口额的44.7%，是最大类农产品出口种类，鲜葡萄、柑橘、鲜苹果、鲜梨等主要品种均保持增长；出口蔬菜（101.3亿元人民币）增长10.2%；出口花卉增长29.7%。

从农业对外合作交流看，云南作为我国的西南门户，具有极其重要的区位优势，在国家“一带一路”倡议和“走出去”战略中肩负着重要使命，对深化中国与南亚、东南亚国家农业合作方面具有独特的战略地位，对保障国家食品安全和公共卫生安全具有重要的现实作用，对坚持睦邻、安邻、富邻，实现共同发展具有重大意义。从20世纪90年代开始，中国政府与缅甸、老挝政府合作，在缅甸北部、老挝北部以粮食、蔬菜、橡胶、甘蔗、茶叶等农经作物替代罂粟种植，揭开了云南跨境农业生产的大幕，近年来进一步扩展到中药材、咖啡等更广阔的领域，在服务国家安全战略的同时，既使得缅甸、老挝北部的广大农民获得了实实在在的收益，也拓展了云南农业的发展空间。进入21世纪后，在农业“走出去”的战略背景下，云南省充分利用资源、地缘、科技和产业等基础优势，以南亚、东南亚国家作为农业“走出去”的重要突破口，先后与孟加拉国、斯里兰卡等国分别签署农业合作谅解备忘录，通过完善合作机制、实施合作项目，引导鼓励省内农业企业在境外建农业基地，种植水稻、玉米、橡胶、热带水果、甘蔗等，打开了农业对外经济合作的新局面；依托产品“走出去”、生产“走出去”、加工“走出去”、科技“走出去”、防疫“走出去”、生产链“走出去”等多种合作模式，推进了农产品贸易、农业科技示范与推广、边境动物疫病联防联控、境外替代种植及农业投资等稳步发展，逐渐形成了政府引导、企业主体、科研支撑的多层次、宽领域的农业“走出去”格局。尤其是云南省农科院与柬埔寨、老挝、泰国、越南、缅甸等国签署了农业科技合作协议，牵头成立“大湄公河次区域农业科技交流合作组”“中国—南亚农业科技交流合作组”“中国—南亚东南亚农业科技创新联盟”等科技合作机制，与柬埔寨、老挝、缅甸合作建设农业科技示范园等，使得农业科技合作逐步深化，初步形成了中国面向南亚、东南亚国家的农业科技辐射中心。据不完全统计，2016年云南省在国（境）外投资设立的农业企业数量达到123家，名列全国第一，累计投资额达7.4亿美元，资产总额8.67亿美元。仅云南农垦就在老挝北部4省9县拥有橡胶资源近10万亩（陈良正等，2019b）。

二、农业产业结构逐步优化

根据国家统计局网站及历年《云南统计年鉴》数据计算整理的2011～2019年云南农林牧渔业总产值、增加值构成及其占比变化分别如表2-5和表2-6所示。

表2-5　　2011～2019年云南农林牧渔业总产值构成及其占比

指标		2011年	2012年	2013年	2014年	2015年	2016年	2017年	2018年	2019年
农林牧渔业	总产值（亿元）	2334.48	2716.5	3097.5	3307.82	3438.73	3704.69	3872.93	4108.88	4935.74
种植业	产值（亿元）	1108.74	1374.39	1606.89	1765.43	1794.65	1888.83	1982.52	2234.74	2680.16
	占比（%）	47.49	50.59	51.88	53.37	52.19	50.98	51.19	54.39	54.30
林业	产值（亿元）	245.67	225.83	293.25	303.12	317.12	330.37	381.53	396.88	395.54
	占比（%）	10.52	8.31	9.47	9.16	9.22	8.92	9.85	9.66	8.01
畜牧业	产值（亿元）	857.73	980.51	1046.14	1073.2	1147.53	1286.06	1289.45	1237.12	1600.73
	占比（%）	36.74	36.09	33.77	32.44	33.37	34.71	33.29	30.11	32.43
渔业	产值（亿元）	50.36	55.64	60.79	66.06	67.62	76.39	87.70	98.25	105.39
	占比（%）	2.16	2.05	1.96	2.00	1.97	2.06	2.26	2.39	2.14
农林牧渔服务业	产值（亿元）	71.98	80.13	90.43	100.01	111.81	123.04	131.73	141.89	153.92
	占比（%）	3.08	2.95	2.92	3.02	3.25	3.32	3.40	3.45	3.12

资料来源：根据国家统计局网站2020年9月数据整理。

表2-6　　2011～2019年云南农林牧渔业增加值构成及其占比

指标		2011年	2012年	2013年	2014年	2015年	2016年	2017年	2018年	2019年
农林牧渔业	增加值（亿元）	1411.15	1654.55	1895.16	2027.94	2098.19	2242.22	2388.55	2552.58	3096.08
种植业	增加值（亿元）	742.65	934.96	1098.40	1209.39	1230.75	1305.64	1330.27	1498.84	1789.97
	占比（%）	52.62	56.50	57.96	59.63	58.66	58.23	55.69	58.72	57.82
林业	增加值（亿元）	171.97	151.31	199.41	206.21	216.11	217.01	250.29	265.12	260.78
	占比（%）	12.19	9.15	10.52	10.17	10.30	9.68	10.48	10.39	8.42
畜牧业	增加值（亿元）	435.62	498.94	520.74	527.46	559.98	616.25	705.33	675.96	924.31
	占比（%）	30.87	30.16	27.48	26.01	26.69	27.48	29.53	26.48	29.85
渔业	增加值（亿元）	33.56	38.81	42.25	47.01	48.88	56.22	52.48	58.75	62.56
	占比（%）	2.38	2.34	2.23	2.32	2.33	2.51	2.20	2.30	2.02
农林牧渔服务业	增加值（亿元）	27.35	30.53	34.36	37.87	42.48	47.11	50.18	53.90	58.46
	占比（%）	1.94	1.85	1.81	1.87	2.02	2.10	2.10	2.11	1.89

资料来源：根据2012～2020年《云南统计年鉴》数据计算整理。

从总产值看，种植业占比长期偏高的状况有所改善。2017 年，云南农、林、牧、渔和农林牧渔服务业产值分别为 1982.52 亿元、381.53 亿元、1289.45 亿元、87.70 亿元和 131.73 亿元，分别比 2012 年增长 41.79%、68.95%、41.24%、38.99% 和 64.37%，林业产值和农林牧渔服务业产值年均增速超过 10%。与 2016 年相比，2017 年农业产值占农林牧渔业总产值的比重降低了 2.3 个百分点，林业提高 0.8 个百分点，畜牧业提高 1.9 个百分点，渔业比重与上年基本持平，种植业占比长期偏高的状况有所改善。然而，2018 年后，在省政府打造世界一流"绿色食品牌"战略推动下，尤其是畜牧业受非洲猪瘟等影响出现下滑，云南种植业发展速度明显高于整个农林牧渔业，因此 2018 ~ 2019 年种植业总产值占比再次上升到 54% 以上，畜牧业产值占比则从 2011 年的近 37% 下降到 2018 年的仅 30%。

从增加值看，与 2016 年相比，2017 年农业增加值占农林牧渔业增加值的比重降低了 2.5 个百分点，林业提高了 0.8 个百分点，畜牧业提高了 2 个百分点，渔业比重与上年基本持平。2019 年，全省农、林、牧、渔和农林牧渔服务业增加值分别为 1789.97 亿元、260.78 亿元、924.31 亿元、62.56 亿元和 58.46 亿元，分别比 2012 年增长 91.45%、72.35%、85.25%、61.20% 和 91.48%。虽然自 2018 年以来，与总产值占比变化情况类似，种植业增加值占比再次回升到 58% 左右，但是仍然低于分析期内 2014 年最高位时的 59.63% 的水平。

此外，农业三大产业种养加增加值比例由 2016 年的 1：0.44：1.06 优化为 2017 年的 1：0.48：1.07，加工业比例有所提升①（见表 2 -7）。

表 2 -7　　2012 ~ 2019 年云南农业种、养、加增加值比例变化

年份	种植业（亿元）	养殖业（亿元）	农业加工业（亿元）	种养加比例
2012	1086.30	535.30	1256.58	1：0.49：1.16
2013	1297.80	562.90	1414.18	1：0.43：1.06
2014	1414.50	574.80	1584.05	1：0.41：1.12
2015	1447.10	608.60	1710.66	1：0.42：1.18

① 国际上通常将农产品加工业划分为 5 类，即食品、饮料和烟草加工，纺织、服装和皮革工业，木材和木材产品包括家具制造，纸张和纸产品加工、印刷和出版，橡胶产品加工。我国在统计上与农产品加工业有关的是 12 个行业，即食品加工业、食品制造业、饮料制造业、烟草加工业、纺织业、服装及其他纤维制品制造业、皮革毛皮羽绒及其制品业、木材加工及竹藤棕草制品业、家具制造业、造纸及纸制品业、印刷业和橡胶制品业。

续表

年份	种植业（亿元）	养殖业（亿元）	农业加工业（亿元）	种养加比例
2016	1522.65	672.46	1612.61	1：0.44：1.06
2017	1580.56	757.81	1683.35	1：0.48：1.07
2018	1763.96	734.71	1734.71	1：0.42：0.98
2019	2050.75	986.87	1779.06	1：0.48：0.87

注：种植业 = 农业 + 林业，养殖业 = 牧业 + 渔业。基于数据的可得性，农业加工业增加值数据仅包括规模以上农产品加工业数据。

资料来源：历年《云南统计年鉴》及云南省农业农村厅。

2018 年以后，得益于省委省政府打造世界一流“绿色食品牌”战略的推动，蔬菜、水果、花卉、肉牛等产业发展速度加快，虽然受非洲猪瘟等影响，生猪产业发展受挫，使得畜牧业出现下滑，但种植业总产值和增加值的占比均再次升高（见表 2－5 和表 2－6）。2018 年以后，虽然全省农产品加工业增加值（仅为规模以上农产品加工业增加值数据）在种养加增加值中的占比出现降低，但是，从农产品加工业产值与农林牧渔业总产值的比重逐年升高的变化趋势可以看出，农产品加工业的发展速度高于整个农林牧渔业的发展速度。随着农产品加工业的后发效应的逐步显现，可以预见其增加值占比亦将逐步提高。

（一）种植业：粮食产能稳步提高，特色经作量效齐增

作为全国粮食产销平衡区，近 10 余年，云南省抓住国家实施“全国新增 1000 亿斤粮食生产能力规划（2009—2020 年）”建设工程的机遇，认真组织实施百亿斤粮食增产计划，加大对粮食主产区的扶持力度，重点扶持 50 个粮食主产县（市、区）和 30 个后备县（市、区）建设以优质稻谷、专用玉米、马铃薯和杂粮为特色的商品粮基地，粮食作物生产进一步向优势区域集中。据国家统计局网站数据，虽然随着国家粮食安全战略的调整和农业供给侧结构性改革的推进，云南省粮食种植面积近年来曾小幅下降，但在全国的排名一直保持在第 11 位和第 14 位（2017 年为第 12 位），同期粮食产量一直保持稳步增长，落实“藏粮于地”和“藏粮于技”战略取得明显成效。尤其是随着全省 5239 万亩国家粮食生产功能区和重要农产品生产保护区划定和建设工作的推进，进一步夯实了农业生产发展基础，提高了粮食等重要农产品的生产能力，2019 年全省粮食产量达到 1870 万吨的历史最高水平。同期，粮食种植产值保持增长，2018 年比 2011 年增长 44.6% 以上（见表 2－8）。

表 2－8　　　　2011～2019 年云南省粮食产业情况

指标	2011 年	2012 年	2013 年	2014 年	2015 年	2016 年	2017 年	2018 年	2019 年
播种面积（千公顷）	4196.43	4215.29	4276.79	4238.1	4194.02	4201.32	4169.21	4174.58	4165.75
总产量（万吨）	1623.25	1687.32	1757.39	1794.94	1791.27	1815.07	1843.42	1860.54	1870.03
产值（亿元）	327.30	374.00	463.80	470.50	459.00	460.30	424.90	473.30	404.30

资料来源：面积和产量来源于国家统计局网站，产值来源于历年《中国农村统计年鉴》。

根据国家统计局相关统计数据，云南烟草、花卉、天然橡胶、茶叶、咖啡、中药材、核桃、坚果、蚕桑长期在全国处于领先地位，蔬菜、烤烟、甘蔗、油料、蚕桑、花卉、咖啡、水果、橡胶、茶叶、中药材等主要特色经济作物和核桃、澳洲坚果等种植面积和产量稳步增长，初步形成了一批布局合理的优质特色农产品产业集群和产业带。总体来看，近年来，云南省天然橡胶、咖啡、烤烟、鲜切花、核桃和坚果的播种面积和产量继续保持全国第一位；中药材种植面积全国第一位；蔗糖种植面积和产量继续保持全国第二位；茶园面积和当年茶叶产量继续保持全国第一和第二的地位；桑园面积和干蚕茧产量分居全国第三位和第五位。

据云南省统计局、省农业农村厅、省商务厅及昆明海关数据，云南省以外销为主要特点的蔬菜产业发展迅猛，种植面积每年增加 40 万～50 万亩，产量每年增加 100 万吨以上，多年排在全国第 10 位左右；云南蔬菜外销量和出口量多年占全省蔬菜总产量的近 70% 和 6%，蔬菜外销量多年处于全国第四、第五位，蔬菜出口创汇额仅次于山东居全国第二位。2018 年，全省蔬菜面积和产量分别迈上 110 万公顷和 2200 万吨的台阶，比 2011 年分别增长 53.97% 和 64.79%，2019 年面积接近 120 万公顷，产量超过 2300 万吨，出口额超过 14 亿美元。2018 年，云南甘蔗种植面积、甘蔗产量和农业产值分别占全国的 20.63%、15.17% 和 19.33%；云南茶园面积和茶叶产量占全国的比重均继续保持在 20% 以上分别达 22.86% 和 23.16%；云南烤烟播种面积、产量和农业产值占同期全国的份额分别为 40.03%、39.08% 和 38.68%（2019 年占 40.27%、39.46% 和 39%）；天然橡胶种植面积、干胶产量和农业产值占同期全国的比重分别为 49.91%、55.51% 和 55.03%（2019 年达到 49.88%、56.61% 和 56.36%）；全省鲜切花产量连续两年超过 110 亿枝，2019 年接近 140 亿枝，连续第 26 年产销量均居全国第一；全省中药材种植面积占全国的比重超过 10%，连续三年保持全国第一，中药材产量超过 100 万吨；2018 年，全省栽培食用菌产量超过 56 万吨，是 2011 年的 4 倍以上。

据云南省农业农村厅编印的《云南省“绿色品牌”重点产业2019年发展报告》，云南省核桃和澳洲坚果种植面积和产量均排名全国第一位，是全球较大的核桃和澳洲坚果生产基地。2019年，全省核桃面积接近287万公顷、产量120万吨，分别占全国的35.8%和28.7%，综合产值接近300亿元（295亿元）；2019年，云南澳洲坚果面积达30.73万公顷（收获面积5.88万公顷），产量4.68万吨，分别占全国95%（占全球63%）。

2011～2019年云南省主要特色经济作物生产规模（见表2－9）及农业产值变化（见表2－10）如下。

表2－9　　2011～2019年云南省主要特色经济作物生产规模

作物名称	指标	2011年	2012年	2013年	2014年	2015年	2016年	2017年	2018年	2019年
蔬菜	面积（千公顷）	735.13	803.27	900.75	947.07	1026.84	1040.14	1084.81	1131.91	1193.06
	产量（万吨）	1338.48	1470.86	1625.33	1735.26	1944.83	1968.61	2077.76	2205.71	2304.14
甘蔗	面积（千公顷）	286.50	301.92	311.16	304.57	275.46	247.33	239.90	260.05	246.12
	产量（万吨）	1773.51	1883.07	1950.67	1892.08	1706.93	1523.77	1516.15	1640.08	1569.69
烤烟	面积（千公顷）	476.00	525.82	525.54	488.48	424.82	424.67	412.51	401.58	394.37
	产量（万吨）	101.82	111.05	103.85	95.32	89.10	87.89	83.85	82.29	81.18
水果	面积（千公顷）	376.90	420.16	431.70	457.94	503.68	575.71	594.31	624.18	676.73
	产量（万吨）	488.66	598.83	657.18	690.59	762.81	797.74	783.90	813.35	860.32
油菜籽	面积（千公顷）	250.84	247.79	254.47	255.55	242.53	237.33	232.14	256.14	260.87
	产量（万吨）	51.84	47.14	43.73	54.93	46.51	47.51	47.52	52.52	54.10
茶叶	茶园面积（千公顷）	374.35	382.74	392.25	399.68	413.52	422.06	437.86	466.58	450.67
	采摘面积（千公顷）	285.98	303.18	320.90	337.80	354.34	362.60	371.85	397.14	—
	毛茶产量（万吨）	23.83	27.17	30.17	33.55	36.58	37.31	39.35	42.33	43.10
天然橡胶	胶园面积（千公顷）	530.29	556.40	554.30	571.00	573.50	591.70	577.30	571.40	571.33
	割胶面积（千公顷）	222.51	249.50	262.60	281.19	307.40	321.90	328.50	317.42	341.13
	干胶产量（万吨）	36.34	38.98	42.56	43.33	43.93	44.86	43.79	44.97	45.85
咖啡	种植面积（千公顷）	61.59	92.30	119.10	122.10	118.01	116.97	110.71	99.63	92.53
	采收面积（千公顷）	30.96	37.60	48.66	60.72	69.58	79.99	78.81	93.42	73.20
	咖啡豆产量（万吨）	6.99	9.18	11.66	13.71	13.91	15.84	14.50	13.73	14.50
鲜切花	切花产量（亿枝）	65.03	71.85	97.91	85.42	86.85	100.59	110.29	112.20	139.70
蚕桑	桑园面积（千公顷）	84.67	90.00	101.62	109.60	110.11	112.16	113.33	116.67	116.67
	蚕茧产量（万吨）	4.00	4.30	4.46	4.60	4.77	4.59	4.75	6.80	6.40
中药材	种植面积（千公顷）	70.71	92.41	107.14	139.10	169.51	443.33	498.27	529.60	581.80
	产量（万吨）	6.55	16.23	19.64	29.65	35.33	127.10	91.00	107.00	95.00
食用菌	产量（万吨）	13.50	21.58	30.76	39.90	48.60	47.36	52.14	56.07	—

资料来源：国家统计局网站、《云南统计年鉴》《云南农业统计年鉴》《云南省“绿色品牌”重点产业2019年发展报告》《云南中药材产业快报》及中国茧丝绸协会、中国食用菌协会、国家烟草专卖局、农业农村部、云南省农业农村厅等。

表 2-10　　2011~2019 年云南省主要特色经济作物产值　　单位：亿元

作物	2011 年	2012 年	2013 年	2014 年	2015 年	2016 年	2017 年	2018 年	2019 年
油料	29.20	33.90	34.00	36.70	36.50	37.80	28.90	31.30	31.00
甘蔗	72.20	84.00	92.00	86.50	79.10	74.80	82.40	70.50	66.70
蔬菜	208.37	252.30	321.90	347.10	381.30	428.30	446.70	522.80	607.81
水果	183.00	253.10	334.70	397.70	407.70	142.80	469.60	485.20	555.90
烟草	191.70	254.20	274.50	275.93	272.58	247.95	244.36	241.24	239.25
花卉	209.30	242.20	262.30	281.50	305.30	315.30	357.10	375.95	393.00
茶叶	122.45	71.09	84.59	111.10	111.16	122.00	139.76	167.00	170.00
咖啡	17.63	11.64	16.01	28.32	20.70	25.90	26.08	20.30	22.28
橡胶	111.20	91.60	75.30	50.70	49.70	52.60	56.40	48.40	46.17
中药材	24.20	89.30	117.20	177.60	187.00	325.00	351.90	357.50	388.40
食用菌	27.00	59.63	80.40	99.80	120.00	123.35	85.89	140.66	—

资料来源：《中国农村统计年鉴》《云南省“绿色品牌”重点产业 2019 年发展报告》《云南中药材产业快报》及中国茧丝绸协会、中国食用菌协会、国家烟草专卖局、农业农村部、云南省农业农村厅等。

（二）养殖业：以生猪和家禽养殖为主，草食畜发展步伐加快

国家统计局网站及《中国农村统计年鉴》统计数据表明，云南省畜牧养殖业占农林牧渔业总产值和增加值的比重分别为 33% 上下和接近 30%。近年来，全省畜牧业出现生猪和禽类稳步发展、草食畜加快发展的趋势（见表 2-11）。

表 2-11　　2011~2019 年云南省养殖业基本情况

指标	2011 年	2012 年	2013 年	2014 年	2015 年	2016 年	2017 年	2018 年	2019 年	排名
畜牧业产值（亿元）	857.73	980.51	1046.14	1073.20	1147.53	1286.06	1289.45	1237.12	1600.73	8
牛期末数量（万头）	745.67	747.16	730.38	750.83	756.84	789.87	810.85	811.90	827.85	2
牛出栏数量（万头）	273.33	279.07	275.70	287.30	292.80	300.37	307.83	309.12	307.83	4
猪年底头数（万头）	2689.82	2708.65	2708.65	2678.85	2625.28	2575.40	3029.18	3055.53	2342.49	4
肉猪出栏数（万头）	3132.46	3397.25	3589.88	3818.36	3810.43	3771.70	3795.13	3850.51	3423.10	6
羊年底只数（万只）	900.89	913.50	929.06	1008.03	1057.42	1043.68	1240.20	1268.85	1307.01	8
羊出栏数量（万只）	796.12	843.58	885.32	916.14	985.66	871.60	1024.05	1051.49	1137.21	9
家禽出栏量（万只）	20503.75	21642.72	21395.82	21303.32	23018.30	23925.52	24017.77	26092.91	31598.57	—
肉类产量（万吨）	324.36	348.68	359.40	378.52	378.31	375.63	419.15	427.16	405.87	7
猪肉产量（万吨）	243.86	264.08	275.96	292.38	288.58	283.68	320.16	323.81	287.54	6

续表

指标	2011年	2012年	2013年	2014年	2015年	2016年	2017年	2018年	2019年	排名
牛肉产量（万吨）	30.69	31.86	31.80	33.58	34.28	35.24	35.82	36.02	39.01	6
羊肉产量（万吨）	13.03	13.55	14.00	14.55	14.98	15.13	18.15	18.64	20.03	8
牛奶产量（万吨）	52.39	53.70	54.51	58.20	55.00	56.93	56.83	58.21	59.87	—
禽蛋产量（万吨）	21.65	22.13	23.24	24.26	25.98	26.44	30.32	32.72	35.80	—
渔业产值（亿元）	50.36	55.64	60.79	66.06	67.62	76.39	87.70	98.25	105.38	—
水产品产量（万吨）	34.24	40.12	48.63	58.20	69.71	74.37	63.12	63.75	63.65	—
养殖产量（万吨）	31.83	37.29	44.81	53.51	63.90	67.68	57.52	60.64	60.61	—

资料来源：国家统计局网站统计数据库。除畜牧业产值排名是根据网站数据外，其他排名根据2019年版《中国农村统计年鉴》数据整理，排名第10位之外的未在表中标注。

2019年，云南省畜牧养殖业总产值1600.73亿元（占全省农林牧渔业总产值的32.43%）、增加值924.31亿元（占全省农林牧渔业增加值的29.85%），同比分别增长29.39%和36.74%，涨幅均高于同期农林牧渔业以及种植业相关指标的增幅，全国排名从2018年的第11位上升到第8位；2019年，全省肉类总产量405.87万吨，虽然同比下降了近5%，但是占全国的比重则从4.95%提高到5.23%，全国排名从2011年的第10位上升到第7位；猪肉产量287.54万吨，占肉类总产量的比重同比下降了11.2%，占全国的比重则从5.99%上升到6.76%，全国排名从2011年的第8位上升到第6位；全省牛肉和羊肉产量同比均出现上涨，牛肉产量全国排名从2011年的第9位上升到第6位，羊肉产量全国排名从第9位上升到第8位。

从表2-11至表2-13可以看出，生猪是云南畜牧业的主要支柱，猪肉产量占全省肉类总产量的比重长期在75%以上，2014年最高时达到77.24%，即使是2019年，受非洲猪瘟和外省调入饲料玉米涨价等影响，在全省猪肉产量下滑12%的情况下，猪肉占比仍在70.85%。同时，我们也应该看到，近年来，牛羊等草食畜在全省畜牧业中的占比逐步提高的趋势。从肉类产量结构看，近年来，牛羊肉产量占比从长期徘徊在13%左右上升到2020年的29.40%；从农业产值看，2013～2019年的7年间，生猪养殖产值增幅仅为40.83%，仅是同期畜牧业产值增幅（66.29%）的3/5，占畜牧业产值的比重从63.56%逐步降到53.83%；同期牛肉和羊肉产值增幅分别达到151.79%和149.80%，牛羊产值占同期畜牧业产值的比重从19.46%提高到29.40%。近年来，云南牛年末存栏数排名全国第2位、羊存栏数排名全国第8位，亦为全省畜牧业结构调整奠定了基础。

表 2-12 2013~2019 年云南省肉类产量结构变化

品类	指标	2013 年	2014 年	2015 年	2016 年	2017 年	2018 年	2019 年	2019 年比 2013 年增减（%）
肉类	总产量（万吨）	359.40	378.52	378.31	375.63	419.15	427.16	405.87	12.93
猪肉	产量（万吨）	275.96	292.38	288.58	283.68	320.16	323.81	287.54	4.20
	占比（%）	76.78	77.24	76.28	75.52	76.38	75.81	70.85	-5.94
牛肉	产量（万吨）	31.80	33.58	34.28	35.24	35.82	36.02	39.01	22.67
	占比（%）	8.85	8.87	9.06	9.38	8.55	8.43	9.61	0.76
羊肉	产量（万吨）	14.00	14.55	14.98	15.13	18.15	18.64	20.03	43.07
	占比（%）	3.90	3.84	3.96	4.03	4.33	4.36	4.94	1.04
牛肉+羊肉	占比（%）	12.74	12.72	13.02	13.41	12.88	12.80	14.55	1.80

资料来源：根据国家统计局网站 2020 年 12 月数据计算。

表 2-13 2013~2019 年云南省主要畜禽产品产值结构变化

品类	指标	2013 年	2014 年	2015 年	2016 年	2017 年	2018 年	2019 年	2019 年比 2013 年增减（%）
畜牧业	总产值（亿元）	962.60	1073.20	1147.53	1286.06	1289.45	1237.12	1600.70	66.29
猪	产值（亿元）	611.80	589.10	627.40	695.00	773.50	630.70	861.60	40.83
	占比（%）	63.56	54.89	54.67	54.04	59.99	50.98	53.83	-15.31
牛	产值（亿元）	136.50	147.10	149.90	178.30	243.40	284.10	343.70	151.79
	占比（%）	14.18	13.71	13.06	13.86	18.88	22.96	21.47	51.42
羊	产值（亿元）	50.80	62.60	63.10	66.70	87.80	103.10	126.90	149.80
	占比（%）	5.28	5.83	5.50	5.19	6.81	8.33	7.93	50.22
牛肉+羊肉	占比（%）	19.46	19.54	18.56	19.05	25.69	31.30	29.40	51.09
家禽	产值（亿元）	123.20	132.40	148.30	153.50	136.50	162.50	210.70	71.02
	占比（%）	12.80	12.34	12.92	11.94	10.59	13.14	13.16	2.85
奶产品	产值（亿元）	18.60	21.80	19.10	19.60	19.10	20.80	21.30	14.52
	占比（%）	1.93	2.03	1.66	1.52	1.48	1.68	1.33	-31.13

资料来源：2014~2020 年《中国农村统计年鉴》。

（三）加工业：由初级加工业逐步向精深加工业转变

近年来，在国家相关部委的大力支持和全省上下的共同努力下，通过实施农产品初加工项目、开展农业产业强镇示范行动、加强金融服务等措施，云南省的农产品加工和冷链物流业取得了较快的发展，并逐步由初级加工业逐步向精深加工业转变。尤其是 2018 年以来，为贯彻落实省委、省政府打造世界一流“绿色食品牌”战略，省政府印发了《云南省人民政府办公厅关于促进农产品加工业跨越发展的实施意见》，各级各部门采取有力措施，全力推进农产品加工业发展，农产品加工水平不断提升。根据国家统计局网站及云南省统计局、云南省农业农村厅提供的数据，整理2011～2019年云南农产品加工产值与农林牧渔业总产值之比变化（见表2－14）。可以看出，2019年，全省农产品加工业实现总产值7334.72亿元（不含烟草，加上烟草为8939亿元）。2011～2019年，全省农产品加工业产值（不含烟草）与同期农林牧渔业总产值的比例由2011年的0.48：1逐步提高到2019年的1.49：1（加上烟草为1.6：1）。①

表2－14　2011～2019年云南农产品加工产值与农林牧渔业总产值之比变化

指标	2011年	2012年	2013年	2014年	2015年	2016年	2017年	2018年	2019年
农林牧渔业总产值（亿元）	2334.48	2716.50	3097.50	3307.82	3438.73	3704.69	3872.93	4108.88	4935.73
农产品加工业产值（亿元）	1123.08	1411.08	1667.93	1951.60	2198.48	2431.45	2754.40	4560.86	7334.72
二者比例	0.48：1	0.52：1	0.54：1	0.59：1	0.64：1	0.66：1	0.71：1	1.11：1	1.49：1

资料来源：农林牧渔业总产值来源于国家统计局网站，农产品加工业产值（不含烟草）来源于云南省农业农村厅。

2012～2019年云南省规模以上农业加工业增加值情况如表2－15所示。可以看出，规模以上农产品加工业增加值占同期全省规模以上加工业的比重从2012年的40.73%提高到2017年的43.43%，虽然2018年以后这个比值有所下滑，2019年仍为37.98%，在全省仍然占有重要的地位。

表2－15　2012～2019年云南省规模以上农业加工业增加值及全省占比

指标	2012年	2013年	2014年	2015年	2016年	2017年	2018年	2019年
全省规模以上企业工业增加值（亿元）	3084.96	3470.66	3545.41	3623.08	3668.28	3876.34	4333.75	4684.78
规模以上农产品加工业增加值（亿元）	1256.58	1414.18	1584.05	1710.66	1612.61	1683.35	1733.20	1779.06
农产品加工业占比（%）	40.73	40.75	44.68	47.22	43.96	43.43	39.99	37.98

资料来源：根据2013～2020年《云南统计年鉴》数据计算。

从农业加工业内部来看，各行业发展差异较大。其中，烟草制品业占比虽然

① 据云南省统计局及云南省农业农村厅提供的数据计算整理。

从2012年的77.69%下降到2018年的71.33%，但是依然占据绝对最大份额；其次是食品加工和制造业，占比从2012年的11.66%上升到2018年的14.21%；此外，饮料（酒、茶、咖啡）、家具、造纸、水产和肉类加工、蔬菜、干鲜水果等加工开始呈上升趋势，由此带来农产品及加工品出口的持续扩大，其他类别则保持相对稳定。

三、特色优势主导产业基本形成区域化、专业化生产格局

多年来，云南各地根据本地实际，因地制宜，扬长避短，发展具有当地特色的优势农产品，目前，粮食产业、特色经济作物种植业、养殖业等云南高原特色农业已经基本形成了区域化、专业化分工生产的格局。基于2019～2020年《云南统计年鉴》，将2018～2019年全省相关数据梳理如下。

粮油产业。粮食产量超过150万吨的曲靖、昭通、红河、文山和大理5州市的粮食产量之和占全省粮食总产量的55%以上（曲靖超过310万吨、昭通超过200万吨，分别排名全省第1位和第2位），其粮食播种面积（除大理外均超过30万公顷）之和约占全省总面积的54%。其中：稻谷产量超过35万吨的红河、文山、楚雄、保山、曲靖、大理、德宏和普洱8州市的稻谷产量之和占全省稻谷总产量的78%以上（红河超过60万吨、文山超过50万吨），8州市稻谷面积（均超过5万公顷）之和也超过全省稻谷总面积的77%；玉米产量超过70万吨的曲靖、昭通、文山、大理、红河和普洱7州市的玉米产量之和占全省总产量的64%以上（曲靖超过160万吨、昭通超过120万吨），其面积之和也约占64%；马铃薯产量（折粮）超过10万吨的曲靖、昭通、红河和昆明4州市马铃薯产量（折粮）约在全省的74%（仅昭通与曲靖之和就占55%以上），其面积之和占到全省的70%以上；小麦产量超过5万吨的楚雄、曲靖、昆明、文山、红河、临沧、大理和昭通8州市小麦产量之和占到全省的73%以上（楚雄超过10万吨，占比超过16%），面积之和则接近77%；豆类产量超过10万吨的曲靖、大理、楚雄、红河和文山5州市豆类产量之和占全省的57%以上（曲靖接近20万吨、大理超过16万吨），面积之和占比也在50%以上；油菜籽产量超过5万吨的曲靖、保山和楚雄3州市产量之和占到全省的60%以上（曲靖达19万吨，全省占比超过36%），播种面积之和占全省的比重则略超过50%（曲靖超过5万公顷达7.65万公顷，全省占比约30%）。

特色经作。蔬菜产量超过150万吨的红河、昆明、曲靖、玉溪、楚雄和文山6

州市的蔬菜产量之和占全省总产量的72%以上（红河和昆明超过300万吨），种植面积之和则不足全省62%；烤烟产量超过5.5万吨的曲靖、楚雄、玉溪、红河、昆明、大理和保山7州市烤烟产量占全省的72%以上（曲靖超过10万吨达16.64万吨，全省占比超过20%），面积之和占比也在70%以上；茶叶产量3万吨左右及以上的临沧、普洱、西双版纳和保山4州市的茶叶产量之和占全省总产量的80%以上（82.27%），临沧和普洱均超过10万吨；水果产量超过60万吨的红河、玉溪、大理和西双版纳4州市生产出了全省约60%的水果（仅红河就超过100万吨达到250万吨以上，占比超过全省的1/3）；临沧、德宏和普洱3州市甘蔗产量占全省的65%以上（仅临沧市就超过500万吨，全省占比超过30%）；鲜切花生产主要集中在昆明（超过70亿枝，约占全省65%）和玉溪（近17亿枝，占比超过全省的15%），此外，超过5亿枝的还有周边的楚雄（7.59亿枝）、红河（7.14亿枝）以及曲靖（5.05亿枝）；曲靖、丽江、迪庆和红河4州市的中药材产量占全省的一半以上（曲靖超过10万吨，占比超过1/4）；食用菌生产则主要集中在曲靖（占全省40%以上）和文山（约占全省的15%）。

热作产业。云南天然橡胶主要分别在滇南西双版纳、普洱、临沧和红河4州市的热区。据云南省橡胶产业技术体系调查统计，2019年4州市胶园面积、开割面积和干胶产量之和占全省的份额分别超过97%、99%和98%。其中，西双版纳州天然橡胶面积占全省总面积的份额超过50%、干胶产量占全省的70%左右；普洱市天然橡胶种植面积占全省总面积的份额超过22%、干胶产量超过15%。此外，临沧和红河2州市胶园面积均超过6万公顷，仅这2个州市胶园面积之和全省占比就接近22%、干胶产量接近15%。云南咖啡主要分布在滇西南普洱、临沧、保山、德宏、西双版纳5个州市的34个县市区。据云南省咖啡产业技术体系调查统计，2019年，这5个州市的咖啡种植面积和咖啡豆产量占全省的份额均在98%以上。其中，咖啡种植面积和咖啡豆产量均排名第1位的普洱市占全省的份额分别为49.43%左右和52.18%，咖啡种植面积排名第2位的临沧市占全省份额超过1/4（27.48%），咖啡豆产量排名第2位的保山市占全省的份额约15%。2019年，产量排名前5位的思茅、隆阳、景洪、孟连和宁洱5个县市区的咖啡豆产量占全省的比重超过55%达55.91%。

坚果产业。核桃是云南种植面积和产量最大的坚果产业。目前，全省核桃面积280万公顷以上，产量120万吨。2019年，核桃面积超过40万公顷的有大理、临沧和楚雄3个州市，大理州核桃产量超过35万吨、临沧市超过25万吨、保山市超过15万吨，分别排名全省前3位；澳洲坚果是云南的新兴经济林树种，主要种植区为临沧、普洱、德宏和保山4个州市，西双版纳和红河等州市已有种植，重点县市有盈江、潞西、景洪、勐腊、永德、耿马、镇康、隆阳等。2019年，前4个州市的坚果面积之和占全省总面积的比重达到95%以上、收获面积之和占比接近98%（97.95%），而产量之和占比也在86%以上。其中，临沧是坚果种植面积超过10万公顷达到17.52万公顷的第一大产区，2019年，临沧坚果面积占比高达57%、收获面积占比超过58%、产量占比接近45%；西双版纳面积排名全省第5位、产量排名全省第4位；昆明和楚雄两地是云南的板栗主产区，此区域的板栗产量占全省板栗总产量的55%以上。

畜禽水产。2018年，猪肉产量超过30万吨的曲靖、红河、昭通、保山和文山5州市猪肉产量之和占全省猪肉总产量的比重超过60%，其中35万吨以上的只有曲靖（84.833万吨、占比近1/4）；牛肉产量超过2万吨的曲靖、大理、红河、文山、楚雄和保山6州市牛肉产量占全省牛肉总产量的70%，其中5万吨以上的只有曲靖（8.58万吨、占比超过22%）；羊肉产量超过1万吨的曲靖、大理、楚雄、昆明、红河和保山6州市的羊肉产量占全省羊肉总产量的比重也超过70%达71.85%，仅有曲靖超过5万吨（5.39万吨、占比27%以上）；大理、昆明和红河3州市生产了全省87%以上的牛奶，其中，大理州的牛奶产量占全省的份额接近55%；红河、大理、玉溪、昆明和曲靖5州市禽蛋产量约占全省份额的80%；曲靖、普洱、临沧、文山、大理、版纳和红河7州市的水产品产量约占全省的3/4（74%）。

四、产业组织体系日渐完善

云南省农业产业化经营起步于20世纪末，经过20多年的发展，取得了明显的成绩，全省农业组织化程度不断提高，组织体系日益完善，农业龙头企业总体规模不断壮大、辐射带动能力不断增强，基本形成以国家级龙头企业为引领、省级为重点、州（市）级为骨干、县级为基础，大中小企业梯度发展的良好格局，带动云南农业产业化经营进入了农户、大中小农业龙头企业与农民专业合作组织、家庭农场共同发展的新阶段。2013年，全省有各类新型农业经营主体47.76万个（户），带动农户共788万户，占全省农户数的80.8%。其中：各级农业产业化龙头企业2734户，各类农民专业合作组织21719个，家庭农场9824个，各类种养加专业大户44.64万户。此外，有其他社会化中介服务组织2252个，带动农户

125.58万户。同年，全省农业龙头企业实现销售收入1500亿元。随着2014年省委、省政府印发《云南省关于加快发展家庭农场的意见的通知》和2016年出台《关于培育壮大农业“小巨人”的意见》《关于促进农民合作社规范发展的意见》，全省农业产业化组织数量不断扩大，发展能力不断提高。2015年底，全省农业产业化龙头企业达3279户，实现销售收入1967亿元；销售收入亿元以上农业龙头企业310户；农民专业合作社37382个，合作社成员75万户；家庭农场9094个。全省多种形式土地适度规模经营占比达18%。① 2016年，云南全省农业龙头企业达3541户、增加262户，龙头企业实现销售收入2166亿元、增长10.13%，全省农民专业合作社累计达46459个，累计认定家庭农场3500个，培训现代青年农场主和农村实用人才达到3.25万人次。②

农业龙头企业作为农业经营的关键主体不断发展壮大，与农户联结日益紧密，逐步成为带领农民闯市场、保障全省农产品供给的重要支撑。2016年，全省农业产业化龙头企业固定资产达993.3亿元，同比增长17.3%。其中，国家级农业龙头企业26户，省级以上农业龙头企业757户，占龙头企业总数的21.38%；全省农业龙头企业实现销售收入2166亿元，净利润达到169.5亿元，其中，省级以上龙头企业销售收入占全省农业龙头企业销售总收入的60.5%，净利润占64.1%；销售收入亿元以上的龙头企业达390户，其中50亿元以上、10亿~50亿元、5亿~10亿元、3亿~5亿元、1亿~3亿元的龙头企业分别为2户、17户、43户、44户、284户。全省规模以上（销售收入达2000万元以上）农业龙头企业1497家，销售收入达1954亿元，规模以上农业龙头企业数量占全省农业龙头企业总数的42.3%，销售收入占全省农业龙头企业销售总收入的90.2%。③

根据《中国农产品加工年鉴（2017）》数据，2016年，全省获得省级以上名牌、著名（驰名）商标的龙头企业共433户，获得“三品一标”认证的龙头企业达375户、种植基地规模达1617万亩、牲畜饲养规模达69万头、禽类饲养规模达2110万只，带动农户1016万户（次），同比增长7.1%；带动农民增收197.6亿元，同比增长28.2%。

2018年后，随着乡村振兴战略的不断推进，云南省世界一流“绿色食品牌”

① 数据来源于云南省人民政府办公厅《云南省高原特色农业现代化建设总体规划（2016—2020年）》（云政办发〔2017〕35号）。

②③ 云南省农业厅财务处．云南省农业厅2016年度部门决算［EB/OL］．（2017-08-18）．http://www.ynagri.gov.cn/news74/20170818/6955517.shtml.

打造成效逐渐显现。2019 年，全省新增各类农业龙头企业 200 户，其中国家级重点龙头企业 13 户，新增年销售收入超亿元的龙头企业 51 户，全省各类农业龙头企业达 4245 户，实现销售收入 3009 亿元，同比增长 8.0%（见图 2－2）。选择销售收入超亿元的龙头企业 56 户，开展“一企一策”分类指导，重点培育拟上市的“金种子”农业企业 17 户。“一部手机云企贷”数字平台建设迈出重要步伐，注册用户达 9668 名，会员数 2669 名，实现授信 20.6 亿元。①

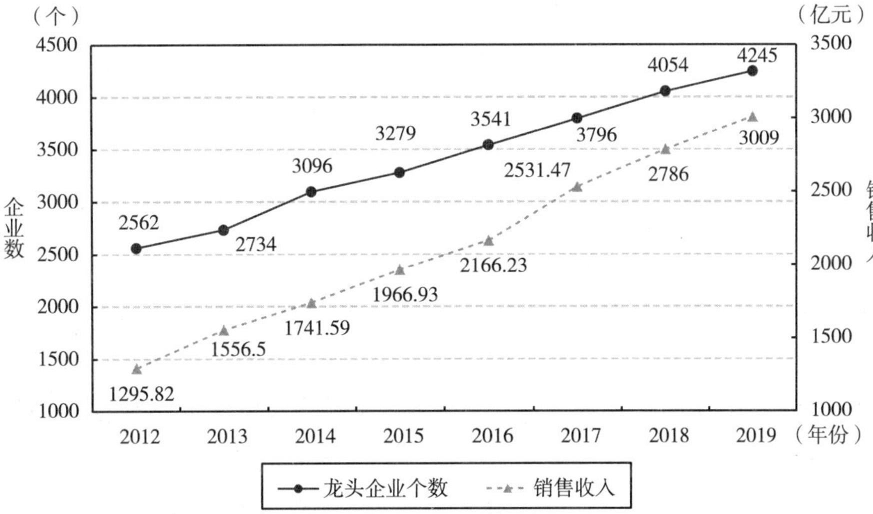

图 2－2　2012～2019 年云南农业龙头企业发展曲线

资料来源：根据云南省农业农村厅及其网站相关数据整理。

根据深圳中商情大数据股份有限公司中商情报网发布的《2018 中国农业产业化龙头企业 500 强排行榜》和《2019 中国农业产业化龙头企业 500 强排行榜》，依据 2016 年销售收入，云南省有 4 家企业进入 2018 年全国农业产业化龙头企业 500 强（云南农垦、德宏州宏天实业、云南英茂糖业、临沧南华糖业）；依据 2017 年营业收入，云南省进入 2019 年全国农业产业化龙头企业 500 强的企业数增加到 10 家（云南白药、云南农垦、德宏州宏天实业、云南英茂糖业、临沧南华糖业、云南特安呐制药、西双版纳新高深橡胶、云南摩尔农庄、云南神农、昆明雪兰牛奶）。农业龙头企业作为农业产业化经营的新型组织者、带动者和市场开拓者，在带领农民走向市场、增加农民收入、推进农业产业化等方面作用进一步凸显。在农业龙头企业

① 云南省农业农村厅计划财务处．云南省农业农村厅 2019 年度部门决算［EB/OL］．（2020－08－20）．https：//nync. yn. gov. cn/html/2020/caizhenggongkai_0820/371766. html.

的带动下，先后出现了“龙头企业＋农户”“龙头企业＋农村专业市场＋农户”“合作经济组织＋农户”等多种组织经营形式，农业产业化水平不断提高。

多年来，云南省农业农村厅围绕农民专业合作社规范发展和质量提升这一主线，着力提升农民专业合作社组织化、规模化、标准化生产服务能力，充分发挥农民专业合作社组织农户、对接企业的纽带作用，把农民专业合作社作为组织现代农业生产经营的一种有效组织形式，更好满足打赢脱贫攻坚战、打造世界一流“绿色食品牌”的要求。据云南省农业农村厅提供的数据，近年来，全省经工商登记的合作社保持每年平均7000个左右的增长幅度。到2018年，全省经工商登记的合作社60208个，比上年新增6836个，增长12.8%。2018年全省入社农民成员309万户，比上年增加75万户，农户入社率达到35.7%，提前实现了省政府确定的“到2020年全省农户入社率达30%以上”的目标。农民合作社带动非成员农户232.3万户，全省有62.5%的承包农户直接或间接从农民合作社受益。全省农民合作社统一组织销售农产品总值170.9亿元，比上年增长4.5%。经营总收入118.5亿元，比上年增16.7%。可分配盈余26.1亿元，比上年增长37.8%。其中：按交易量返还成员17.9亿元，按股分红3.7亿元。合作内容由简单的购买服务扩展到产前、产中、产后一体化综合服务。2018年，全省产加销一体化服务的合作社31301个，占合作社总数的53.6%；生产服务为主的合作社17583个，占合作社总数的30.2%；以加工、仓储、运销及其他农业服务为主的合作社占16.2%。从事种植业的合作社28641个，占总数的50%。从事畜牧业的合作社18508个，占总数的32%。从事林业的合作社4515个，占总数的8%，其他行业类型的合作社占总数的10%。从事种植业和畜牧业的合作社占全省总数的82%。截至2019年底，全省经注册登记的农民专业合作社有6.2万个，其中种植业占49.6%，养殖业占31%，林业占7.1%，服务业占5.3%，渔业及其他占7%。

近年来，在党中央、国务院和省委、省政府一系列强农惠农政策的鼓励引导下，全省各地因地制宜、分类指导，家庭农场培育发展工作稳步推进，为云南农业农村发展增添了新动力。据云南省农业农村厅提供的数据，截至2018年底，全省经农业农村部门认定的家庭农场数量为6782个，年递增均在10%以上，其中以种植业为主的2956户，以畜牧业为主的2247户，以渔业为主的155户，种养结合的1068户，其他356户。家庭农场经营土地总面积达586533亩，其中：耕地393839亩，草地21640亩，水面17689亩，其他153365亩。家庭农场经营的耕地中，家庭承包经营87783亩，流转经营267422亩。平均每个家庭农场经营土地面积约 90 亩。约 1/3 的家庭农场有常年雇工，平均每个农场近 3 人，既解决了家庭劳动力就业问题，又吸纳了一定的劳动力就业，2018 年常年雇工劳动力 18617 个，比 2017 年增长了近 2 倍。全省家庭农场年销售农产品总值 256. 14 亿元，场均 37. 8 万元。其中，100 万元以上的达 459 户，50 万 ~100 万元的达 895 户，大部分家庭农场领办或加入了农民专业合作组织，有 25 个家庭农场通过农产品质量认证，有 161 个家庭农场拥有注册商标（刘关所等，2018）。截至 2020 年 7 月 31 日，全省录入全国家庭农场名录系统的家庭农场数量已达 9925 个，县级及以上示范家庭农场 2663 个；按照工作进度安排，到 2020 年 12 月 31 日，全省录入全国家庭农场名录系统的家庭农场数量将达到 28600 个以上，较 2019 年增长 250% 。县级及以上示范家庭农场数量将达到 3198 个，较 2019 年增长 20% 。

五、综合生产能力逐步提高

在农业产业经济实力不断增强的同时，云南省农业固定资产投资快速增长，带动农业设施装备水平逐步提高，各地农业机械化水平不断提升，农业基础设施得到改善，农业综合生产能力不断提高。《2020 年云南统计年鉴》数据表明，2019 年，云南全省农林牧渔业完成全社会固定资产投资额 1769. 75 亿元，比 2011 年的 153. 15 亿元增加 1616. 6 亿元，增长 10. 56 倍（见表 2 –16）。2019 年，全省固定资产投资（不含农户）同比增长 8. 5% ，其中农林牧渔业固定资产投资增幅达到 15. 8% 。

表 2 –16　　2011 ~2019 年云南农林牧渔业固定资产投资情况

指标	2011 年	2012 年	2013 年	2014 年	2015 年	2016 年	2017 年	2018 年	2019 年
全社会固定资产投资（亿元）	6191. 00	7553. 51	9621. 83	11073. 86	13069. 39	15662. 49	18474. 89	20617. 98	22373. 05
农林牧渔业总投入（亿元）	153. 15	143. 13	250. 87	440. 98	718. 88	874. 59	1209. 03	1528. 37	1769. 75
占全社会固定资产投资的比例（%）	2. 47	1. 89	2. 61	3. 98	5. 50	5. 58	6. 54	7. 41	7. 91
其中：种植业（亿元）	55. 90	32. 43	91. 10	179. 93	333. 87	413. 15	542. 24	765. 53	940. 04
林业（亿元）	16. 57	12. 10	10. 64	36. 71	40. 36	34. 64	52. 44	63. 75	87. 01
畜牧业（亿元）	13. 11	32. 59	59. 78	88. 02	117. 44	172. 22	285. 55	378. 45	488. 00
渔业（亿元）	1. 22	2. 20	3. 04	4. 17	8. 25	9. 08	15. 77	17. 30	21. 57
农林牧渔服务业（亿元）	66. 36	63. 81	86. 31	132. 14	218. 96	245. 50	313. 03	294. 96	215. 13

资料来源：根据 2012 ~2020 年《云南统计年鉴》相关数据计算。

农林牧渔业固定资产投资的快速增长带动全省农业基础设施和装备条件逐步改善。2011～2018 年，全省累计完成高标准农田建设 2049 万亩，建设机耕道路 4.01 万公里，修筑沟渠、铺设管网 11.94 万公里，完成坡改梯、土地平整 617.59 万亩，实施生物农艺措施 430 万亩，新增耕地面积 32.18 万亩。2018 年，全省共投入资金 44.78 亿元，完成高标准农田建设 243.9 万亩，建设机耕道路 3218 公里，修筑沟渠、铺设管网 7680 千米；完成坡改梯、土地平整 26.89 万亩，实施生物农艺措施 15.18 万亩，新增耕地面积 2.93 万亩。2019 年，全省新开工建设高标准农田 320 万亩，争取中央财政补助资金 23.96 亿元，居全国第 14 位①。

与 2011 年相比，到 2018 年底，全省水库数量从 5590 个增加到 6590 个，增长 17.89%；水库总库容从 114.19 亿立方米增加到 134.27 亿立方米，增长 17.58%；有效灌溉面积从 1634.24 千公顷增加到 1898.1 千公顷，增长 16.15%。同期，全省特色、优势农作物生产机械化、畜禽、水产养殖机械化和农产品加工机械化迅速发展。2011～2017 年，云南省农业机械总动力从 2628.39 万千瓦增加到 3534.53 万千瓦，增长 34.5%；全省农用大中型拖拉机数量分别从 24.32 万台和 38.6 万部增加到 38.46 万台和 67.62 万部，分别增长 58.14% 和 75.18%（2018 年，统计指标变化为 2694 万千瓦，与历史数据不可比较）。2011～2018 年，全省谷物联合收割机和机动脱粒机分别从 4299 台和 31.85 万台增加到 8455 台和 48.44 万台，增幅分别达到 96.67% 和 52.07%②。据云南省农业农村厅提供数据，2016 年，全省主要农作物耕种收综合机械化率达 47.6%、比 2015 年增加 0.6 个百分点。2019 年，全省新开工建设 320 万亩高标准农田，主要农作物耕种收综合机械化率进一步提升到 49.3%，同比增长 0.6 个百分点；建成 40 个农业物联网示范基地；建成 10008 个“益农信息社”，行政村覆盖率达到 83.4%③。

六、农业支持保障体系建设成效初显

一是农产品质量安全水平不断提高。多年来，在农业农村部例行监测中，云

① 数据来源于云南省农业农村厅市场与信息化处、农田建设管理处和计划财务处对云南省政协十二届二次会议相关提案的答复。

② 根据 2012～2019 年《云南统计年鉴》数据整理计算。

③ 云南省农业农村厅计划财务处．云南省农业农村厅 2019 年度部门决算［EB/OL］．（2020－08－20）．https：//nync.yn.gov.cn/html/2020/caizhenggongkai_0820/371766.html.

南省农产品质量安全综合抽检合格率均高于全国平均水平。根据云南省农业农村厅农产品质量安全监管处数据资料，2014 年，全省农产品抽检合格率高于 96%，2018 年云南农产品抽检总体合格率 99.6%，其中，蔬菜、水果、茶叶、畜禽产品和水产品抽检合格率分别为 99.2%、99.6%、100%、99.8% 和 100%，水平居全国前列。2019 年，省农业农村厅制定涵盖 6123 家农产品生产经营主体监管目录，对 44 个省级以上农产品质量安全创建县开展全覆盖检查，省级主要农产品综合抽检合格率 99.6%[①]。

二是农产品品牌培育成效明显。近年来，云南省持续加强农业品牌建设取得明显成效。据云南省农业农村厅统计，截至 2017 年底，全省累计共有"三品一标"有效获证企业 810 家，产品 1792 个，农产品地理标志产品 74 个，认定云南名牌农产品十批 684 个产品，获得农业部"一村一品示范村镇"认定七批 58 个。累计制定发布农业地方标准近 1500 项，农业生产技术规程近 5000 项；近年来组织开展了"云南六大名猪、六大名牛、六大名羊、六大名鸡、六大名鱼、六大名米"评选认定活动，有效提升了全省特色畜禽、水产品、粮食种质资源的知名度和影响力。2017 年，屏边"妃子笑"荔枝在"全国优质荔枝擂台赛"中获得金奖，昭通苹果、文山三七、宣威火腿在第十五届中国国际农产品交易会上获得"中国百强百城公用品牌"称号，德宏咖啡、临沧普洱茶、元谋蔬菜通过首批国家特色农产品优势区认定。2018 年 4 月，"2018 中国茶叶区域公用品牌价值评估"中，"普洱茶"品牌价值以 64 亿元再登全国"十强"榜首[①]。2019 年，省政府出台《关于创建"一县一业"示范县加快打造世界一流"绿色食品牌"的指导意见》，启动实施 20 个"一县一业"示范县和 20 个特色县创建；认定建设了 1376 个"一村一品"专业村镇；连续两年评选表彰云南省"10 大名品"和绿色食品"10 强企业""20 佳创新企业"，出台《云南省"绿色食品牌"LOGO 管理办法（试行）》，提升云南农产品品牌形象。2019 年，全省"三品一标"有效企业数达 1951 家，产品 5590 个，其中 2019 年新认定 1525 个；11 个区域公共品牌纳入国家品牌目录。勐海县勐海普洱茶成功入选中国特色农产品优势区，全省入选中国特色农产品优势区达到 9 个；新增大理市、弥勒市两个国家农业绿色发展先行区，全省达到4 个；创建思茅区、芒市、开远市 3 个国家现代农业产业园，建成 32 个省级现代农业产

---

① 新华网. 云南农产品出口 116 个国家和地区 多年稳居西部省区第一［EB/OL］.（2018－09－14）. http：//yn. sina. cn/news/2018－09－14/detail－ihiixyeu7396827. d. html? pos＝0.

业园。值得一提的是，近年来云南特色农业地理标志产品登记保护意识逐步提高，工作得到加强，截至2020年，全省地理标志登记保护产品达429个。

三是农产品市场营销体系建设取得长足进步。近年来，云南省市场体系创建速度加快，服务功能越来越完善，初步形成了以批发市场为龙头、地方市场为主干、城镇商贸市场为中坚力量、大中小市场相匹配的农产品流通网络体系，在一定程度上解决了农民、合作社、农业企业的“买难卖难”问题。尤其是以昆明呈贡斗南花卉市场、昆明王旗营蔬菜批发市场、通海金山蔬菜批发市场、元谋县蔬菜批发市场、峨山滇中畜禽山货交易市场等为代表的一批龙头农产品批发市场的建成，以及农产品期货市场、网络交易市场、生鲜超市等现代农产品交易市场的发展，农产品冷链系统、质量安全可追溯系统、检验检测中心、安全监控中心、物流配送中心、污水和废弃物处理中心、结算中心和信息中心等服务体系的进一步完善，更是大大促进了农产品的流通。据笔者实地调研，位于呈贡斗南、2002年建成投入运营的昆明国际花卉拍卖交易中心，如今已成为亚洲交易量最大的专业鲜切花拍卖市场，交易量全球排名第三。2.5万个花农和生产企业成为昆明花拍中心的供货会员，3100个批发商成为购买会员，每天有40多个品类、500多个品种的鲜花在这里交易。仅2019年，全省就完善农业农村部定点和省级重点农产品交易市场42个，年交易额达525.7亿元；推进云南绿色食品国际合作研究中心建设，启动了第一批“绿色食品”研发项目20个，涉及重点产业、政策支持、数字农业及区块链、公共品牌建设等类别；红河弥勒绿色食品加工中心、斗南花卉交易市场提升改造项目有序推进；推进“一部手机云品荟”电商直供平台建设，326户企业、4803个品类入驻，交易金额超过5亿元。“中国农民丰收节”期间，“10大名品”携手阿里巴巴等主流电商开展秒杀团购；在长水机场开设“绿色食品牌”展示销售中心，建设高原特色农产品“海外仓”，开通农副产品快速通关“绿色通道”。

四是多元化投融资体系逐步建立。经过多年的努力，云南省逐步建成以政策性金融、商业性金融、合作性金融为主体、投融资渠道多样化的农业产业化投融资体系。政策性金融涵盖政策金融机构、产业投资基金、农业保险等渠道，商业性金融涵盖商业银行、农产品期货、项目融资、资本市场等渠道，合作性金融涵盖农村信用合作社、合作金融组织、民间资本。2016年云南省政府下发的《关于推进政策性融资担保体系建设的意见》确定财政拨款3亿元与省信用再担保企业建立融资担保机构，为中小企业、“三农”经营主体提供融资担保；2017年成立的产业发展母基金在发展初期就筹资达30亿元，重点是对云南省农业的八大特色产业进行资金扶持；云南省农业商业性保险规模在2012年、2013年均在全国排名第一。据云南省农业农村厅统计数据，2014年，云南省农业保险累计实现保费收入11.06亿元，同比增长7.36%，保费规模全国排名第10位、西部地区排名第4位，全省农业生产经营者提供了超过1700亿元的风险保障，累计支付赔款8.23亿元；2016年云南省涉农贷款余额达7133.61亿元，占全省各项贷款余额总量的35%。此外，农产品期货、项目融资、资本市场、农村信用合作社、合作金融组织、民间资本等亦处于逐步发展中。

第二节　云南高原特色农业产业发展质量评价

一、研究方法和数据来源

为分析评价云南高原特色农业发展质量水平，本书整合了笔者团队其他研究课题资源，设立了“云南农业发展质量及效益研究”专题，应用国家统计局网站（https：//data. stats. gov. cn/）、云南省统计局2008～2020年《云南统计年鉴》《云南省国民经济和社会发展统计公报》《云南省第三次全国农业普查工作主要数据公报汇编》等数据，采用美国运筹学家托马斯·萨蒂（T. L. Saaty）于20世纪70年代中期提出的一种将定性分析和定量分析相结合的系统分析法——层次分析法，开展云南省及各州市农业发展质量效益的定量研究并进行对比分析。该专题研究的完整情况详见本书第七章，此处仅简单介绍该专题研究的评价指标体系并展示研究结果。

二、评价指标及指标算法

（一）遴选评价指标

农业发展质量需要通过综合性来评价，既包含农业生产效率又包含农业生产能力。其中，农业生产能力的重点是农业供给能力。按照科学性、独立性、代表性和可操作性等原则，根据农业高质量发展的内涵，结合创新、协调、绿色、开放、共享的新发展理念，综合指标评价的系统性、综合性、代表性、可比性，同时考虑数据的可获得性，本书选取了农业要素利用水平、农业生产经营水平、农业生产效益水平、农业供给能力和农业生态环境等5个维度、22项指标对农业发展质量和效益情况进行测度（见表2－17）。

表2－17　　　　云南农业发展质量和效益测度体系

一级指标	二级指标	指标单位	指标方向
农业要素利用水平	农业用水效率	立方米/元	+
	人均用电量	千瓦时/人	+
	机械化水平	千瓦/公顷	+
	有效灌溉率	比率	+
	人均农林牧渔业固定资产投资	万元/人	+
	人均农林水一般预算支出	万元/人	+
农业生产经营水平	规模化水平	个/万人	+
	组织化水平	比率	+
	多元化水平	比率	+
农业生产效益水平	农村居民人均农林牧渔业产值	万元/人	+
	农业土地产出率	万元/公顷	+
	农业劳动生产率	万元/人	+
	农村—城镇居民收入比	比率	—
农业供给能力	主要农产品产量	吨	+
	农业产值比重	比率	+
	林业产值比重	比率	+
	牧业产值比重	比率	+
	渔业产值比重	比率	+
	农林牧渔服务业产值比重	比率	+
农业生态环境	化肥施用强度	吨/公顷	—
	农药使用强度	吨/公顷	—
	农用塑料薄膜使用强度	吨/公顷	—

（二）确定指标权重

按照层次分析法的原理和步骤，计算得到各指标权重及总体权重如表2－18所示。

表 2-18　　云南农业发展质量及效益评价指标权重

一级指标	权重	二级指标	权重
农业要素利用水平	0.250	农业用水效率	0.05
		人均用电量	0.02
		机械化水平	0.07
		有效灌溉率	0.05
		人均农林牧渔业固定资产投资	0.03
		人均农林水一般预算支出	0.03
农业生产经营水平	0.200	规模化水平	0.06
		组织化水平	0.07
		多元化水平	0.07
农业生产效益水平	0.275	农村居民人均农林牧渔业产值	0.08
		农业土地产出率	0.07
		农业劳动生产率	0.07
		农村—城镇居民收入比	0.055
农业供给能力	0.200	主要农产品产量	0.05
		农业产值比重	0.04
		林业产值比重	0.03
		牧业产值比重	0.02
		渔业产值比重	0.01
		农林牧渔服务业产值比重	0.05
农业生态环境	0.075	化肥施用强度	0.03
		农药使用强度	0.03
		农用塑料薄膜使用强度	0.015

（三）具体指标算法

具体指标算法如表 2-19 所示。

表 2-19　　具体指标算法

指标	算法
农业用水效率	农业用水量/农林牧渔总产值
人均用电量	农村用电量/乡村人口
机械化水平	机械总动力/总播种面积

续表

指标	算法
有效灌溉率	有效灌溉面积/总播种面积
人均农林牧渔业固定资产投资	农林牧渔固定资产投资/乡村人口
人均农林水一般预算支出	农林水一般预算支出/乡村人口
规模化水平	农林牧渔业法人单位数/年末农村常住人口
组织化水平	农林牧渔服务业增加值/农林牧渔业增加值
多元化水平	1－粮食作物播种面积/总播种面积
农村居民人均农林牧渔业产值	农林牧渔业产值/乡村人口
农业土地产出率	一产增加值/总播种面积
农业劳动生产率	一产增加值/乡村就业人员
农村—城镇居民收入比	农村常住居民人均可支配收入/城镇居民人均可支配收入
主要农产品产量	粮食、油料、蔬菜、猪牛羊肉、水果、烤烟、甘蔗产业分别求对数再求和
农业产值比重	农业产值/农林牧渔业总产值
林业产值比重	林业产值/农林牧渔业总产值
牧业产值比重	牧业产值/农林牧渔业总产值
渔业产值比重	渔业产值/农林牧渔业总产值
农林牧渔服务业产值比重	农林牧渔服务业/农林牧渔业总产值
化肥施用强度	化肥施用量/总播种面积
农药使用强度	农药使用量/总播种面积
农用塑料薄膜使用强度	农用塑料薄膜使用量/总播种面积

三、评价结果分析

（一）云南农业发展质量水平普遍不高

从全省看，2007～2019年，全省农业发展质量总体评价最大值不过56.30%。分州（市）看，即使排名靠前的几个州（市），如2015年排名前三位的曲靖、昆明和玉溪，总体评价值亦分别仅为56.02%、53.15%和52.99%；2019年，排名前三位的曲靖、玉溪和昆明，总体评价值也不过65.09%、61.48%和60.82（见图2－3），与农业高质量发展的目标评价值（100%）相比有较为明显的差距，表明当前云南省及各州（市）农业发展质量水平普遍不高。

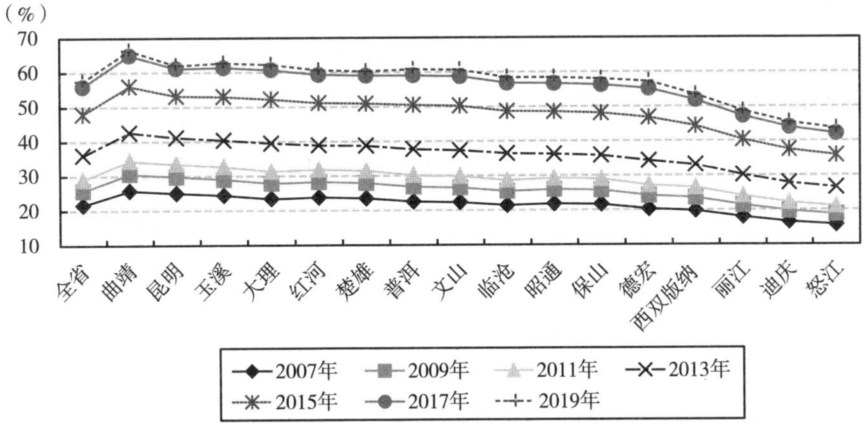

图 2-3 2007~2019 年云南及各州（市）层次分析总体评价值

资料来源：根据 2008~2020 年《云南统计年鉴》数据计算。

（二）云南农业发展质量提升速度较慢

如图 2-4 所示，2007~2019 年，全省及各州（市）的总体评价指数普遍呈现小幅上涨的趋势。其中曲靖、昆明和玉溪三个滇中地区农业发展质量提升较快，丽江、迪庆和怒江三个滇西北地区农业发展质量提升最慢。

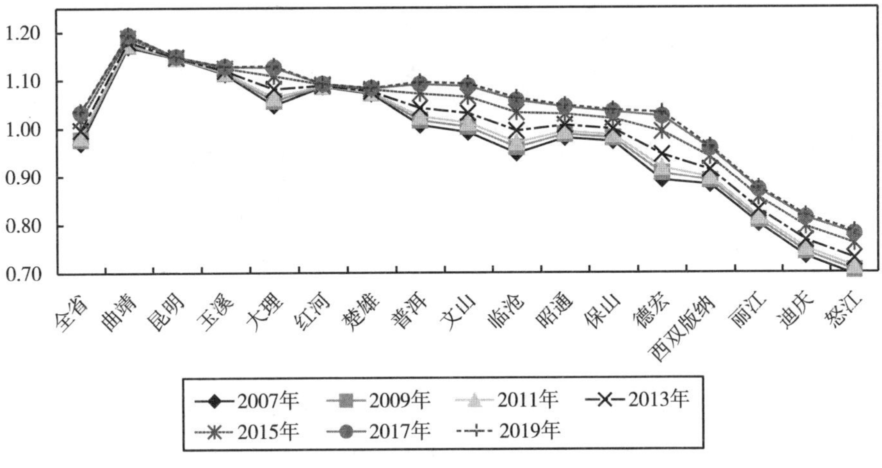

图 2-4 2007~2019 年云南及各州（市）层次分析总体评价指数

资料来源：根据 2008~2020 年《云南统计年鉴》数据计算所得。

2013~2019 年各州（市）农业发展水平评价结果如图 2-5 所示。

从图 2-5 可以看出，通过对各州（市）的评价指数进行分类发现，云南各州（市）农业质量发展呈现出四个发展梯队的梯队化发展趋势明显。第一梯队是曲靖、昆明、玉溪，第二梯队是大理、红河、楚雄、普洱、文山，第三梯队是临沧、昭通、保山、德宏，第四梯队是西双版纳、丽江、迪庆、怒江（见图2－4）。2013～2019年七年间全省及各州（市）的总体评价值仅平均提高了0.0976。与整体经济特别是工业、服务业等的晋档升级和腾笼换鸟效果相比，提升速度显然较慢。

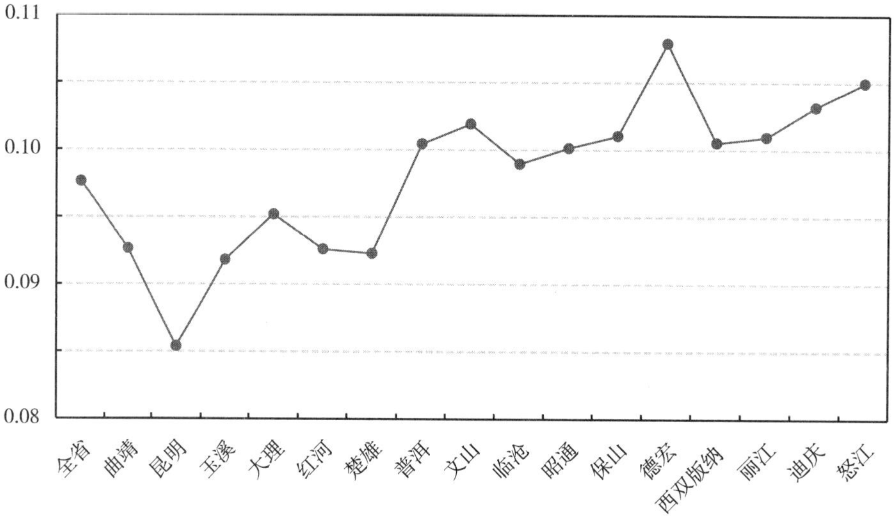

图2－5　2013～2019年云南及各州（市）总体评价值平均增长率

资料来源：根据2014～2020年《云南统计年鉴》数据计算所得。

（三）各州（市）农业发展质量不平衡

通过对总体评价值进行分析，可以发现各州（市）在农业发展质量方面各有优势，也各有不足，总体上呈现“强点不强，弱点恒弱”的特点（见图2－3和图2－4）。总体而言，滇东和滇南地区在农业发展质量方面要略好一些，但依然存在农业供给能力较差等问题；滇西北地区在农业高质量发展方面面临的困难和挑战相对较多，主要表现为要素利用水平低、生产经营水平差和生产效益水平低等方面。农业低发展质量的区域呈现出一定的空间特征，即东高西低、南高北低，在分项维度的评价中这一特征表现得更加明显。例如：滇西和滇北的部分州（市）在地理空间上是连成一片的，农业发展质量总体评价值较低，分项评价值较其他州（市）普遍偏低。

（四）小结

综上所述，云南农业发展不平衡、不充分特征明显。2008～2019年，云南农业发展质量效益总体呈现上升趋势但是整体水平不高且发展缓慢。全省农业发展质量效益水平梯度分布格局明显且多年没有改变，依次以滇中城市群由内向外、由高到低分布，排在前列的州（市）有曲靖、昆明、玉溪、大理等。2015～2019年，云南各州（市）农业发展质量都有了较大改善，但是存在“好的”更好、“差的”更差的马太效应。云南农业发展不充分造就了空间发展不平衡的现象，也严重制约着全省农业发展质量的快速提升，导致云南农业总体发展质量增长乏力。

第三节 云南高原特色农业产业经济存在的问题

一、农业经济发展水平远低于全国和西南平均

虽然从纵向来看，自实施高原特色农业发展战略以来，云南省农业经济发展总体呈现向好的趋势，但是从横向看，云南农业经济发展水平和效率均远低于全国和西南五省（区市）平均水平。主要表现在以下几个方面。

一是农业在国民经济中的地位高于全国平均，呈现三高二低的特点。统计数据显示，2011～2019年，云南省第一产业增加值占全省生产总值的比重高于全国平均7～9个百分点以上，约为同期全国平均值的2倍，到2019年，云南仍高近7个百分点（云南13.08%、全国7.11%）；云南乡村人口比重比全国高12～15个百分点，2019年仍高11.7%（全国为39.4%、云南为51.1%）；云南农村家庭经营收入占总收入的比重长期高达55%（2019年仍达52%）且比全国高15～19个百分点以上，2017年最高时达19.17个百分点（全国为37.43%、云南为56.6%），2019年仍然较全国水平高出16%；云南农业从业人口人均农业增加值仅为全国平均值的52.8%（全国为3.33万元/人，云南仅为1.76万元/人）；云南农民人均可支配收入长期不足全国平均水平的75%，仅略高于甘肃、青海和贵州，长期排全国28位。2019年，云南农村居民可支配收入也仅为全国平均的74.3%（全国16021元/人，云南仅为11902元/人），且差距的绝对值仍在拉大。

二是农业现代化水平排名全国倒数第二。中国农业科学院《全国农业现代化发展水平评价报告（2016）》数据显示，2016年，云南省农业现代化综合指数为49.13%（全国为64.02%），仅略高于西藏（46.71%）排全国倒数第2位（中国农业科学院，2017）。

三是农业效率普遍低于全国和西南平均。云南省农业效率和效益水平整体不高的状态长期以来没有根本改变。从表2－20可以看出，在反映农业经济效率的三大指标中，虽然云南的农业投入产出比（增加值/中间消耗）略高于全国平均水平，但仅为西南地区［指四川、云南、贵州、重庆和广西五个省（区市），下同］平均水平的98%，而土地产出率（总产值/耕地面积）和劳动生产率均远低于全国平均和西南平均。2019年，云南土地产出率为全国平均的86.43%，仅为西南平均的78.35%，是西南五省（区市）最低；同年，云南农业劳动生产率仅为全国平均的55.5%，是西南平均的87.22%，也属于西南五省（区市）最低的；从农林牧渔业从业人员人均农业增加值来看，云南省仅为全国平均水平的58.67%、西南平均水平的86.57%，也是西南五省（区市）中最低的。

表2－20　2017～2019年农业主要效率指标云南与全国和西南平均的比较

指标	全国			云南			西南		
	2017年	2018年	2019年	2017年	2018年	2019年	2017年	2018年	2019年
农林牧渔业总产值（亿元）	109331.7	113579.5	123967.9	3872.9	4108.9	4935.7	20843.5	21885.7	24550.7
农业增加值（亿元）	64660.0	67558.7	73567.1	2388.6	2552.6	3096.1	13158.6	13891.7	15515.0
农业中间消耗（亿元）	44671.7	46020.8	50400.8	1484.4	1556.3	1839.7	7684.9	7994.0	9035.7
耕地面积（千公顷）	134881.2	134881.2	134881.2	6213.3	6213.3	6213.3	24215.3	24214.6	24214.6
从事第一产业劳动力（万人）	20944.0	20258.0	19445.0	1518.7	1449.9	1394.8	6325.3	6168.3	6051.3
投入产出比	1.45	1.47	1.46	1.61	1.64	1.68	1.71	1.74	1.72
土地产出率（万元/公顷）	8.11	8.42	9.19	6.23	6.61	7.94	8.61	9.04	10.14
劳动生产率（万元/公顷）	5.22	5.61	6.38	2.55	2.83	3.54	3.30	3.55	4.06
人均农业增加值（万元/人）	3.09	3.33	3.78	1.57	1.76	2.22	2.08	2.25	2.56

资料来源：根据国家统计局网站2020年12月及各省区统计年鉴相关数据整理计算。

四是农民收入总量及增速处于全国后位且结构失衡。首先，2013～2019年，云南省农村居民人均可支配纯收入总额一直不足全国平均的75%（2019年占比最高也仅为全国的74.29%，多年仅为上海的35%左右、四川和重庆的80%左右）且差距的绝对值不断扩大。2013～2019年，云南农村居民人均可支配收入在全国31个省（区市）中排名一直处于第28位，仅略高于青海、甘肃和贵州。与全国平均水平的差距绝对值从 2013 年的 2706.0 元扩大到 2019 年的 4119.0 元，同期与全国最高的上海的差距绝对值从约 1.25 万元扩大到近 2.13 万元，与重庆的差距扩大了 1460 多元，与四川的差距也扩大了 1110 多元（见表 2－21）。

表 2－21　2013～2019 年云南与全国及部分省区农村居民人均可支配收入的比较

指标		2013 年	2014 年	2015 年	2016 年	2017 年	2018 年	2019 年
人均可支配收入（元）	全国	9429.6	10488.9	11421.7	12363.4	13432.4	14617.0	16021.0
	云南	6723.6	7456.1	8242.1	9019.8	9862.2	10767.9	11902.0
	上海	19208.3	21191.6	23205.2	25520.4	27825.0	30374.7	33195.0
	重庆	8492.5	9489.8	10504.7	11548.8	12637.9	13781.2	15133.0
	四川	8380.7	9347.7	10247.4	11203.1	12226.9	13331.4	14670.0
	贵州	5897.8	6671.2	7386.9	8090.3	8869.1	9716.1	10756.0
	甘肃	5588.8	6276.6	6936.2	7456.9	8076.1	8804.1	9628.9
	青海	6461.6	7282.7	7933.4	8664.4	9462.3	10393.3	11499.0
云南占全国比例（%）		71.30	71.09	72.16	72.96	73.42	73.67	74.29
云南与全国差距（元）		－2706.0	－3032.8	－3179.7	－3343.6	－3570.2	－3849.1	－4119.0

资料来源：2018 年前的数据来源于《2019 年中国统计年鉴》，2019 年数据来源于各省区 2019 年统计公报。

另外，从收入构成上看，统计数据表明，长期以来，云南省农村居民人均可支配收入结构严重失衡的问题十分突出：2012 年前，云南家庭经营性净收入占比长期保持在 60% 以上、2013 年（59.44%）后也多年保持在 55% 以上，远高于全国平均占比，其他收入占比均远低于全国平均水平。虽然家庭经营性收入占比从 2014 年的 56.94% 逐步降到 2019 年的 52%，但是，以经营净收入（务农收入）为主的格局并没有改变。工资性收入总量低、占比小是造成云南省农村居民人均可支配收入与全国平均间差距的主要因素，其次是转移性收入总量低且占比小。根据中国 2015～2020 年《中国统计年鉴》和《云南统计年鉴》相关数据，2014～2019 年，云南及全国农村居民人均可支配收入构成见表 2－22 和图 2－6。可以看出，云南农村居民工资性收入长期不足全国平均的 55%，而财产性收入和转移性收入则长期不足全国的 60%。

表 2－22　2014～2019 年云南与全国农村居民人均可支配收入构成的比较

指标	区域	2014 年		2015 年		2016 年		2017 年		2018 年		2019 年	
		数值（元）	占比（%）	数值（元）	占比（%）	数值（元）	占比（%）	数值（元）	占比（%）	数值（元）	占比（%）	数值（元）	占比（%）
可支配收入	全国	10488.9	100.0	11421.7	100.0	12363.4	100.0	13432.4	100.0	14617.0	100.0	16020.7	100.0
	云南	7456.1	100.0	8242.1	100.0	9019.8	100.0	9862.2	100.0	10767.9	100.0	11902.4	100.0
工资性收入	全国	4152.2	39.6	4600.3	40.3	5021.8	40.6	5498.4	40.9	5996.1	41.0	6583.5	41.1
	云南	1975.8	26.5	2315.5	28.1	2553.9	28.3	2794.9	28.3	3259.9	30.3	3600.6	30.3
经营净收入	全国	4237.4	40.4	4503.6	39.4	4741.3	38.3	5027.8	37.4	5358.4	36.7	5762.2	36.0
	云南	4242.4	56.9	4600.8	55.8	5043.7	55.9	5412.5	54.9	5599.0	52.0	6214.2	52.2
财产净收入	全国	222.1	2.1	251.5	2.2	272.1	2.2	303.0	2.3	342.1	2.3	377.3	2.4
	云南	134.7	1.8	147.9	1.8	152.2	1.7	176.5	1.8	187.2	1.7	188.5	1.6
转移净收入	全国	1877.2	17.9	2066.3	18.1	2328.2	18.8	2603.2	19.4	2920.5	20.0	3297.8	20.6
	云南	1103.3	14.8	1177.9	14.3	1270.1	14.1	1478.2	15.0	1721.8	16.0	1899.0	16.0

资料来源：2015～2020 年《中国统计年鉴》。

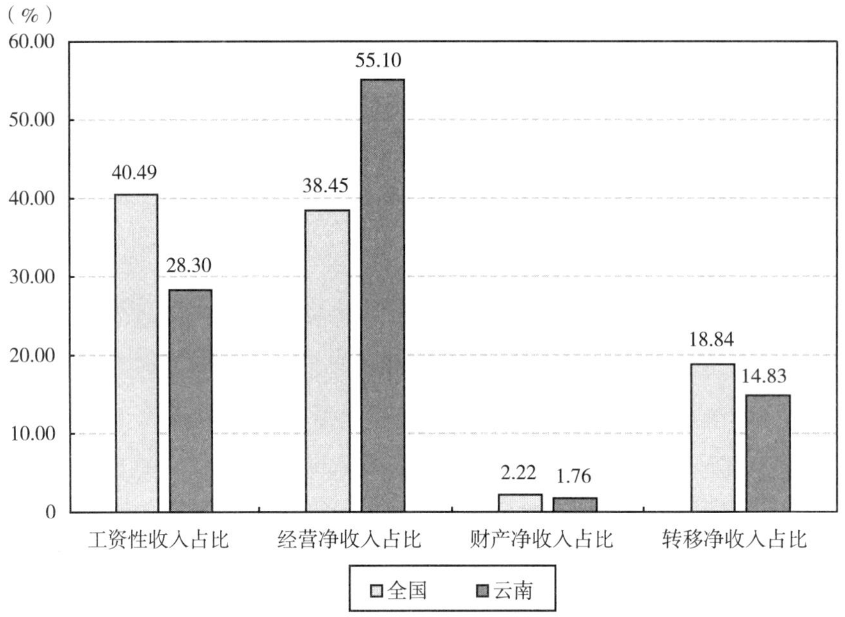

图 2－6　2014～2019 年云南与全国农村居民人均可支配收入构成平均占比对比

资料来源：根据 2015～2020 年《中国统计年鉴》数据计算整理。

从表 2－22 和图 2－6 可以看出，2014～2019 年，虽然云南省农村居民人均家庭经营性收入的差距从比全国高 5 元扩大到比全国高 452 元、财产性收入差距从比全国低 87.4 元扩大到比全国低 188.8 元，变化幅度均不大，仅分别为 447 元和 101.4 元，但是同期工资性收入的差距却越来越大，从 2176.4 元扩大到 2982.9 元以上，占总收入的比重与全国平均的差距多年保持在10%以上。

二、产业结构不完善，结构性制约突出

统计数据表明，虽然近年来云南省农业产业结构有所优化，种植业结构由主攻粮食生产向“粮经”并重以及“粮经饲”兼顾发展，但是，以种植业和畜牧业为主体的农业经济基本格局没有变化，种植业与畜牧业的产值之和占农林牧渔业总产值的比例一直保持在85%左右（2019年进一步扩大到86.7%以上），林业大资源小产业的状况没有明显改善，尤其是农林牧业服务业占比长期低于全国、农产品加工业发展滞后等结构性制约的状况，整体产业结构发展层次低，制约了高原特色农业的现代化进程和一二三产业融合发展。

（一）种植业整体比重较高

从表2－5和表2－6可以看出，2012年以来，云南省种植业产值在农林牧渔业总产值中的比重一直高于50%，2018～2019年甚至超过了54%；同期，云南省种植业增加值在全省农林牧渔业增加值中的占比更是长期处于55%以上的水平，最高的2014年更是接近60%（59.59%）。

（二）养殖业结构亟待优化

统计数据表明，2018年前，云南猪肉产量占全省肉类总产量的比重长期保持在75%以上，而同期牛羊肉产量占全省肉类总产量的比重不足13%，虽然2019年肉类生产结构有所改善，猪肉占比大幅下降但仍在70%以上，牛羊肉占比上升也不足15%（见表2－12）。高耗粮猪禽饲养业占据养殖业主导地位，对高原粮仓和特色经作发展造成巨大压力，山地牧业和淡水渔业发展滞后，全省饲草饲料资源和淡水资源丰富的优势未能充分发挥。而且，养殖业集约化水平落后于全国的状况也影响到生产效率和产业效益的提高。国家统计局数据表明，2018年云南生猪出栏率低于全国36个百分点，生猪存栏量占全国的7%以上，出栏量和肉产量则不足全国的6%，养猪农业产值占比更是不足4%。

（三）林产业大资源、小产业、低效益

从表2－5和表2－6可以看出，2012年以来，云南省林业产值在农林牧渔业

总产值中的比重长期不足10%，最高的2017年也仅为9.85%；同期，云南省林业增加值在全省农林牧渔业增加值中的占比也是徘徊在10%上下，最高的2013年也仅为10.51%且此后处于下滑趋势，与云南省地处全国第二大林区、林地面积和森林面积均排名全国第三位的林业资源大省的优势不符。

（四）农产品加工业发展滞后

农产品加工业横跨农业、工业和服务业三大领域，具有投资少、周期短、效益好的特点，是发展中国家工业化初中期应优先发展的产业。发达国家和我国经济发达地区实践表明，农产品加工业具有延长农业产业链条、提高农产品附加值和增加农民收入的作用，是带动现代农业发展的“引擎”，是减少农产品产后损失的重要途径，是推进农业产业化的核心。目前，我国已进入工业化中期阶段，具备“工业反哺农业”的财力支撑，在此背景下发展农产品加工业是实现农业增效、农村繁荣、农民增收目标的重要举措（何安华、秦光远，2016）。云南有充足的农产品原料和农村剩余劳动力，具有发展农产品加工业的良好基础。但是，由于农业龙头企业整体实力不足、间接融资难、产业链短以及社会化服务体系不健全等原因，云南省的农产品加工业整体落后于全国平均水平。统计数据表明，2016年，我国规模以上农产品加工业企业已超过8.1万家，年总业务收入达到20.1万亿元，占制造业比例为19.6%，加工业产值和农业产值的比达到了2.2：1，云南仅为1.02：1（含烟草），不含烟草则仅为0.6：1。2017年，我国农产品加工业总产值与农业总产值比为2.28：1，2018年达到2.3：1，云南仅为1.6：1。尤其是云南农业龙头企业加工结构单一，初加工产品多，精深加工水平不高等问题突出，有的还处于初级加工或原料直销阶段。2016年，全省蔬菜精制成品占比仅为27%，水果精深加工率仅为21.7%，中药材加工比例仅为28%，全省每年仍有27%的茶叶以毛茶销往省外。

（五）开放农业规模小、层次低

从农产品出口角度看，虽然近年来云南省农产品出口额持续稳定增长，2018年达到256.7亿元的规模，连续多年保持西部第一、全国第七的位置，2019年更是上升到全国第六的位置。但是，全省农产品出口备案基地规模偏小，农产品出口值不足农业总产值的7%，而且出口份额靠前的蔬菜、水果、烤烟、切花、咖啡、茶叶等农产品除烤烟外，大多数是以初级原料的形式，精深加工产品所占份额太低。这反映出云南省发展外向型农业还是处于刚刚起步的阶段，各方面的制约因素很多，困难也不少，农业对外开放的特色和品牌尚未真正形成。如加工环节薄弱、深加工精加工尚未真正开始；技术改造步伐不快，质量管理水平低，产业集成度低；交通运输及口岸基础设施建设滞后、配送网络效率低下；出口经营队伍资金缺乏，国际竞争力弱；外贸体制管制过多过死，通关便利化程度不高；周边农业资源利用和开发渠道尚未打通等。

从农业“走出去”角度看，目前农业企业规模偏小、抵御风险能力不足、缺乏境外投资风险评估机构与运行机制，对外投资复合型人才匮乏、投资政策扶持不足以及受东道国多方面制约等问题是制约云南省农业加快“走出去”的短板。以天然橡胶产业为例，目前云南天然橡胶“走出去”的方式主要是租地种植橡胶，投资重点在种植、加工等环节，在国际物流、贸易环节的投资极小，更缺乏以收购、兼并、重组的资本运作等投资方式。投资集中在产业链前端，使得企业经营风险增大，资源掌控能力不强（陈良正等，2019b）。

三、产业功能较为单一，功能拓展和创意农业发展不足

由于农副产品加工落后，现代农业多功能载体建设不足，使得云南农业产业功能单一、资源优势发挥不充分的问题十分突出。目前，云南省具有拓展农业功能、发展创意农业的多样化自然资源和民族人文资源优势以及产业载体基础，但是从整体上看，云南创意农业的创意水平较低，以拓展农业生态功能和休闲功能的城市边缘创意农业休闲园区为主，以文化内涵、整体艺术情趣和品位为特色的创意尚少，与当地农村生活文化结合并具地方文化特色的创意农业不多，形式单一，同质化明显。近年来云南省新增的现代农业产业园区、省级农业科技园区等农业园区中，体现单一生产功能的园区较多，但具备科普、休闲和生态等综合功能的较少，还未起到以点带面、全面开发农业综合功能的作用（陈良正等，2019b）。

四、基本生产条件不足，产业发展缺乏长期稳定投入

云南农林牧渔业投资不足的问题长期存在，造成农业基础设施落后、经营主体不强、精深加工滞后等，使得全省农业发展质量效益不高，现代化水平较低。据国家统计局网站数据，从全国平均看，在农业增加值占 GDP 的份额长期高于全

国平均约7个百分点的背景下，云南农林牧渔业固定资产投资占全社会固定资产投资的份额长期低于全国平均水平1~1.5个百分点，虽然2016年以来云南切实加大了支农投入，这一指标连续3年高出全国近2个百分点，但相对GDP所占份额仍然不足。与山西和贵州比较，山西省农业增加值占GDP的份额多年低于5%，但农林牧渔业固定资产投资占全社会固定资产投资的份额长期高于10%，2016年接近14%；贵州省农林牧渔业固定资产投资占全社会固定资产投资的份额亦略高于云南。由于产业发展缺乏稳定投入支持，当前云南农业基础设施短板依然明显，农业产出水平一直很低，云南粮食综合单产长期不足全国平均的80%，其中稻谷单产约为全国平均的88%、玉米单产约为全国平均的85%、小麦单产约为全国平均的40%。特别是各州（市）之间的农业基础设施发展水平不平衡的问题尤为突出，导致全省层面农业发展不充分、不平衡的问题更为显著。

一是产业培植无稳定资金支持。由于财政预算和政府投资计划中并没有建立与政府投资总量和预算支出增长相联系的农业投资增长计划，没有明确规定用于农村和农业的政府资金投入数量和比例，导致云南省农村和农业产业发展支出没有稳固的财政来源，农业和农村基本设施建设投入不足，为农业产业持续稳定发展埋下了隐患。近年来，云南农业增加值占GDP的份额保持在15%左右，目前仍在14%以上，但是农林牧渔业固定资产投资（含农户）占全社会固定资产投资的份额则仅在5%~6%。

二是农田水利基础设施薄弱。云南水资源总量居全国第4位，人均拥有水资源量是全国平均水平的2.2倍。但水资源时空分布极不均匀，这就要求有大量水利工程对水资源进行时空再分配。然而，由于历史欠账太多，投资不足，目前全省水资源开发利用率仅7%左右。无雨就旱、有雨则涝，水旱灾害常常交替发生。“天上水”蓄不了，“地表水”留不住，“地下水”用不上，工程性缺水问题比较突出。2019年，全省耕地有效灌溉面积仅占耕地总面积的30%，比全国平均水平低20个百分点（金吉斌等，2013）。2008~2019年，除了玉溪、楚雄和红河外，其他州（市）有效灌溉面积占耕地总面积的比例都在缓慢上升，显示出当前云南农业有效灌溉能力不足。全省农业用水效率从2008年的0.068立方米/元下降到2019年的0.023立方米/元，显示出农业水资源使用成本进一步减低，但是下降趋势缓慢；各州（市）的农业用水效率分布也不均衡，曲靖、玉溪和昆明的农业水资源成本较低，而怒江、丽江和迪庆的农业用水成本却相对较高。这都说明相关基础设施条件改善缓慢，未来发展空间较大。

三是农用耕地质量普遍不高。云南山区、半山区面积占到了全省面积的94%，“山多地少”是基本省情。由于山地比重过大，坡耕地多、坡度大、改造难，土地产能偏低，水土流失日益突出，耕地质量普遍不高。据云南省国土资源厅和云南省统计局共同发布的《关于云南省第二次全国土地调查主要数据成果的公报》，全省75.9%的耕地属于旱坡地，近15%的耕地处于25度以上的陡坡。高稳产农田占耕地总面积的比重不到1/3，比全国平均水平少10个百分点；有60%以上的耕地仍然只能“靠天吃饭”；全省水土流失面积达14万平方公里，占国土面积的36%，岩溶面积达3.5万平方公里。平均每年农作物受旱面积占播种面积的30%左右；有1/4左右的耕地受到洪水威胁。中低产茶园、蔗园、果园、桑园等园地比例高达70%，资源环境对农业发展的约束日趋突出。

四是农业机械化水平低于全国平均水平。云南83%的耕地资源分布在山区，耕地条件差，发展农业机械化的难度很大，加上经济发展水平低、农业机械化投入不足，全省农业机械化水平长期落后于全国平均水平。据第三次全国农业普查数据公报，2016年，全省主要农作物耕种收综合机械化率比全国低17.6个百分点（全国为65.2%）。2019年，全国主要农作物耕种收综合机械化率超过67%，其中主要粮食作物耕种收综合机械化率超过80%，而到2019年云南主要农作物耕种收综合机械化率尚不超过50%。一方面是农业机械数量不足。云南农村居民家庭平均每百户拥有农业机械数量绝大部分均低于全国平均水平。截至2019年底，云南乡村人口平均每人拥有农机总动力1.08千瓦，仅达全国平均水平的60%。截至2019年底，云南乡村每百户拥有大中型拖拉机3.23台，仅达全国平均水平的73.41%；拥有小型拖拉机3.81台，仅达全国平均水平的35.31%；拥有农用水泵3.52台，仅达全国平均水平的23.62%①。这从另一个侧面说明云南农业机械化水平很低，还处于“人背马驮”的时代。另一方面是现有农业机械适应性不高。由于地理地貌和土壤的特殊性，云南对农机具有特殊要求。而云南农机工业水平不高，本土农机企业屈指可数，农机产品及其质量不能满足农民的需求，特别是外地生产的农机不能很好地适应云南土壤和农艺要求，从而也影响了农民使用农业机械的积极性，总体上农机装备水平较低，技术状态落后，分布也不平衡（金吉斌等，2013）。

① 根据《2020年云南统计年鉴》数据计算。

五、科技支撑产业发展力度和农业生产经营者整体素质低于全国

创新驱动是国家战略，是培育农业农村发展新动能、促进农业供给侧结构性改革、发展高质量农业的重要引擎。云南烟、糖、茶、胶、花、果、蔬、药等特色产业发展均离不开科技创新、体制机制创新、模式业态创新等的支撑和引领（袁媛等，2020）。虽然早在2012～2013年，云南省农业科技贡献率就超过了50%，但是由于云南农业产业类型多样且规模偏小，使得科技推广应用难且规模有限，加之长期投入不足，科技创新和应用推广长期落后于全国，导致农业科技贡献率长期低于全国3～4个百分点，科技对产业发展的支撑力度不够。根据国家统计局网站数据，2019年，我国研究与试验发展经费支出占当年国内生产总值的比重达到2.23%，占国家财政支出的比重超过9%；但是同期云南省的研究与试验发展经费支出占地区生产总值的比重则不足1%（仅为0.95%），占全省财政支出的比例更低，仅为0.87%，甚至低于2017年0.94%的水平。①

此外，云南省农业劳动力者受教育水平普遍低于全国平均水平。根据全国和云南省第三次全国农业普查数据，2016年，云南省农业生产经营人员中，绝大多数仅受过小学和初中教育，比例高达85.2%，其中，仅有小学文化程度的占比高达51.9%（全国仅为37%）；而高中及以上文化程度的仅为5.5%，比全国低2.8个百分点；全省近10%的农业生产经营者未上过学，比重比全国高3个百分点（云南为9.4%）。

六、新型经营主体培育滞后

2016年，云南农业龙头企业数量仅为全国的2.74%，龙头企业实现销售收入不足全国的2.2%；入选《2019年农业产业化龙头企业500强排行榜》（2017年营业收入超过6.7亿元）的云南企业仅有10家，只有3家企业进入前100；全国营业收入超过100亿元的农业龙头企业达70家，云南只有2家，且云南排名第一的企业销售收入不足全国排名第一的12%；在2019年12月农业农村部公布的《农业产业化国家重点龙头企业名单》中的1542家龙头企业中，云南只有39家，仅为

① 根据云南省科学技术厅网站《2019年云南省科技统计公报》数据计算。

全国的2.5%。此外，全省农民专业合作社数量也不足全国的2.5%，经农业部门认定的家庭农场数不足全国的2%。由于主体培育滞后，云南农产品加工业发展和营销体系建设在全国处于后列，品牌优势未能发挥。

此外，云南省高原特色现代农业稳定增长的财政投入体制机制尚未适应新发展形势需要，农业风险控制体系和多样化金融服务体系建设处于起步阶段，农产品质量安全体系建设有待进一步加强和完善等，使得高原特色农业产业经济发展不充分。全省农业产业经济发展不平衡、深度贫困地区产业培育、乡村产业发展等问题更是需要给予高度关注。

第三章

云南高原特色农业产业政策研究

农业是国民经济的基础产业，是农村经济的支柱产业，农业政策对于农村经济发展和农民收入的提高具有直接而深刻的影响。张文庆（2015）、夏兰（2012）和周晖等（2017）认为，农业政策是指根据本国的国情，规划农业演进的目标，并分阶段确定重点发展领域，引导农村经济向新的广度和深度发展的经济政策。农业政策的制定和实施，对于合理分配和利用资源，促进农村经济增长和结构优化，加速农村经济发展以及提高经济效益，具有重要影响和作用。中国是世界农业大国和农业人口大国，解决十几亿人的吃饭问题在任何国家都是重中之重的头等大事。我国的农业政策针对国情、农情，更具有调整农村生产关系、维护农民长远利益、促进科技发展等多重作用。“发展农业，一靠政策，二靠科技，三靠投入”（胡志斌，1997），虽然我国的农业科技贡献率早已超过50%，2019年更是达到59.2%（于文静，2020），成为现代农业发展主要驱动力，但是，由于农业是一个与政策关联度极高的产业，农业政策对农业产业和农村经济发展依然发挥着关键的作用。云南是一个以农业为基本框架的省份，农业在社会稳定、经济发展、农民就业和增收致富中有着十分重要的作用。加强高原特色农业产业政策的研究、创新、制定和实施，对推动全省农业实现高质量跨越式发展和重点产业培植都具有根本性、基础性和稳定性的作用。

第一节　我国“三农”政策和演进轨迹

农业和农村经济发展的基本目标是建立适应发展社会主义市场经济要求的农村经济体制，不断解放和发展农村生产力，提高农业的整体素质和效益，确保农产品供应和质量，满足国民经济发展和人口增长、生活改善的需要，提高农民的收入水平和生活水平，促进农村富余劳动力向非农产业和城镇转移，缩小城乡差别和区域差别，建设富裕、民主、文明的社会主义新农村，逐步实现农业和农村现代化（郑有贵，2003）。

改革开放40多年以来，中央始终把解决好“三农”问题作为全党工作的重中之重，始终把农业作为国民经济的基础产业和农民增收致富的支柱产业来支持，始终把农村作为农民生产生活的美丽家园来建设，始终把农民作为发展农业和建设农村的主体来尊重。最集中具体的体现，就是先后推出了23个解决“三农”问题的中央一号文件（截至2021年，不包括2003年国务院印发的《国务院关于全面推进农村税费改革试点的意见》）。此外，还有多个中央全会专门通过涉农文件来研究和解决“三农”问题。从这些文件可以清晰地看出，一是国家“三农”政策随着经济社会发展形势对农业的要求的变化以及农业本身的发展面临的形势变化而逐步演进；二是从“农业发展”“农村经济”“农村改革”“新农村建设”到“城乡发展”再到“乡村振兴”，用“乡村”取代“农村”虽然只有一字之差，却表明国家的“三农”政策逐步从单一的经济目标向政治、经济、文化等多元目标发展的转变。同时，用“乡村振兴”统领过去的“三农”，也表明将农业发展、农村繁荣和农民致富看作一个整体，采用统筹、协调、优先发展的思路创新，系统谋划农业增值增效、农村宜居宜业、农民富裕富足的新局面。

一、新中国成立后我国农村生产关系的四次调整

新中国成立初期，党和政府就把解放农业生产力、解决全国人民的温饱问题作为农业政策的最基本目标。1949年以来，我国农村生产关系经历了四次变革或调整，这些变革或调整对农村生产力的发展状况产生了不同影响（郑有贵，2003）。

一是土地改革。由于新中国成立前的封建地主土地所有制严重阻碍生产力发展，1950年，中央人民政府颁布《中华人民共和国土地改革法》。其核心内容是废除地主阶级封建剥削的土地制度，实行农民的土地所有制，采取保存富农经济、政治上中立富农的政策。这一调整极大地提高了农民的生产积极性，解放了农村生产力，促进了农业生产的发展，并为新中国的工业化开辟了道路。

二是农业合作化。土地改革虽然明显提高了农民的生产积极性，解放了农村生产力，促进了农业生产的发展，但是由于当时的生产力水平相当低下，以役畜为动力，且户均耕畜不足1头、耕犁只有约1/3张，基本属于“靠天吃饭”。农村

基本上是自给半自给的小农经济，农业商品率极低，小农经济难以满足国民经济发展的需要（郑有贵，2003）。为此，1953 年，国家开始对农业进行社会主义改选，从农业互助组、初级农业生产合作社到高级农业生产合作社，由低级向高级发展。1955 年，政府加快了农业合作化的步伐，全国掀起农业合作化高潮。到 1956 年底，我国基本完成了对农业的社会主义改造。这一调整的核心内容是将土地等生产资料私有制变为公有制，实行集体经营，进一步提高了农村的生产力。

三是人民公社化运动。由于农业合作化进一步提高了农村生产力，以及主观认为农业合作化的规模越大、公有化程度越高、越能促进经济发展等认识偏差，1958 年，中共中央作出《关于在农村建立人民公社问题的决议》，其核心内容是提高生产资料公有化程度。由于片面强调“一大二公”，超越了生产力发展水平，结果严重挫伤了生产者的积极性，给社会主义建设带来严重困难。

四是家庭联产承包责任制。改革开放之初，党中央正确总结了合作化和人民公社化经验教训，做出了实行经济体制改革的决策。十一届三中全会以后，经济体制改革首先在农村取得突破，废除了“一大二公”的人民公社旧体制。全国农村开始实行家庭联产承包为主要形式的责任制。其核心内容是在农村坚持土地公有制，改变经营管理方式，实行分户经营，自负盈亏。此次调整顺应民意，再次调动了农民的生产积极性，解放了农村生产力，推动了农业的发展。

二、我国“三农”政策的演进轨迹

（一）从解放初期到改革开放初期以确保温饱为主要目标的“口粮农业”阶段

在工业化浪潮席卷全球的国际经济背景下，新中国成立之初，我国即确立了国家工业化战略。然而，我国的工业化起步条件与工业化先行国家相比有着很大的差距。在经济发展水平极其低下、农业剩余非常有限的情况下，不可能既保障农业向工业提供积累和原料，又保障“三农”问题获得较好解决。实行计划经济体制，挤压“三农”，服务国家的工业化战略目标，是这一时期“三农”问题的历史定位（郑有贵，2003）。为此，我国一方面对农产品实行低价统派统购制度，通过工农产品价格“剪刀差”获得积累，并减少交易费用而获得低价的稳定的原料供应；另一方面，国家工业化战略的实施限于城市工业化，为阻隔资源在城乡之间的自由流动，我国实行严格的户籍制度和城乡区别政策，并且在农村限制非农产业，由此形成了城乡分割的二元经济社会结构。

针对农产品严重短缺的现实和保障国家工业化战略实施的需要，这一时期“三农”政策目标是实现农业增产，以解决全国人民的温饱问题和保障工业原料的低价供应，至于农民的收入问题自然不可能提到农业发展政策目标的高度（郑有贵，2003）。自给自足型“口粮农业”是这个时期我国农业的基本特征。尽管当时我国把农业现代化列为国家四个现代化建设的首位，提出了农业是国民经济的基础的科学论断，试图通过发展重工业来装备农业，采取政治或行政手段推进农业机械化等技术改造，但是由于违背了基本经济规律，在农产品低价统派购制度、单一的“集体所有，统一经营”的集体经济制度及城乡隔离的户籍制度等共同作用下，“三农”问题并没有得到明显的缓解（郑有贵，2003）。从就业结构看，随着工业化的推进，城市在集聚相关要素和培育现代生产力的同时，抑制了农村剩余劳动力的转移：农业占工农业总产值的比重，由 1949 年的 70% 下降到 1978 年的 25.6%；而同期农业人口占总人口的比例几乎没有变化（1952 年为 85.6%，1978 年为 84.2%），出现了全球工业化过程中独一无二的城乡发展脱节的现象：国家工业和经济的重心在城市，而全国人口的中心依然在农村，中国的工业化仅仅是城市的工业化。从农业内部结构看，突出“三个为主”，即农业以种植业为主，种植业以粮食为主，粮食生产又以高产粮食作物为主，核心是追求粮食高产，以解决吃饭问题。这一阶段，全国粮食产量除 1960 年前后三年困难时期有明显减少外，基本保持稳定增长的总体趋势，从 1950 年的 1.32 亿吨增加到 1975 年之后的 2.8 亿吨以上，1978 年超过 3 亿吨，全国人均有粮从不足 230 千克增加到 300 千克上下，1978 年更是达到 316 千克。尽管如此，到 20 世纪 70 年代后期，农业仍为国民经济最薄弱的环节，全国人民特别是农民的温饱问题并没有得到解决。全国农民口粮人均在 150 千克以下，农村尚有 2.5 亿人口吃不饱饭。全国有近 1/4 的生产队年人均分配在 40 元以下。1977 年平均一个大队的公积金不到 1 万元，还不够买一部中型拖拉机的需要，不少地方甚至连简单的再生产都难以维持（郑有贵，2003）。

（二）从十一届三中全会到 20 世纪 90 年代以提高供给、增产增收为目标的“数量农业”阶段

由于计划经济下的城市工业化战略挤压“三农”，使得“三农”问题到了不得不解决的危险地步，为此，1978 年末的中共十一届三中全会在通过调整国民收入

分配政策来调整工农关系上采取了一系列重大措施，包括大幅度提高农产品收购价格，降低农用生产资料价格，多进口粮棉以让农民休养生息，减少农产品统派购品种和数量，增加国家财政投入、信贷投入、农用工业投入，扶持贫困地区发展生产等，从而部分纠正了国民收入分配中长时期重工轻农的政策，初步改善了国家与农民的利益关系（郑有贵，2003）。

同时，随着中国的改革开放首先从农村获得突破，国家农业政策开始转向调整农村经济体制、重建基层治理、发展农业多种经营、繁荣农村经济等方面。针对我国农业存在的生产结构、农林牧之间的比例不合理的问题，1981 年 3 月中共中央、国务院转发了国家农委《关于积极发展农村多种经营的报告》，由此确定了我国农业要按照“绝不放松粮食生产，积极发展多种经营”的方针，标志着国家农业政策目标的转变或放开，开始重视农业的经济功能的进一步挖掘和拓展。1982～1986 年，首次出现连续多年以“三农”问题为主题的中央一号文件，对农村改革和农业发展做出具体部署。1982 年 1 月 1 日，中共中央发布第一个关于“三农”问题的一号文件，对迅速推开的农村改革进行了总结，肯定了多种形式的责任制，正式确认包干到户、包产到户的合法性。文件明确指出包产到户、包干到户或大包干“都是社会主义生产责任制”，同时还说明它“不同于合作化以前的小私有的个体经济，而是社会主义农业经济的组成部分”。1983 年中央一号文件《当前农村经济政策的若干问题》的要点是放活农村工商业。文件从理论上说明了家庭联产承包责任制“是在党的领导下中国农民的伟大创造，是马克思主义农业合作化理论在我国实践中的新发展”，并提出了“两个转化”，即促进农业从自给半自给经济向较大规模的商品生产转化，从传统农业向现代农业转化。文件指出，我国农村应走农林牧副渔全面发展、农工商综合经营的道路并明确鼓励发展多种多样的合作经济。1984 年中央一号文件《关于一九八四年农村工作的通知》在前两个中央一号文件着力解决农业和农村工商业微观经营主体问题的基础上开始关注政府垄断、管制等造成资金、土地、劳动力流动受限困境，解决在农村发育市场机制的问题，重点要求在稳定和完善生产责任制的基础上，提高生产力水平，疏理流通渠道，发展商品生产。1985 年的《关于进一步活跃农村经济的十项政策》取消了 30 年来农副产品统购派购的制度，对粮、棉等少数重要产品采取国家计划合同收购的新政策，标志着国家市场化取向改革在农业农村的落实。1986 年的《关于一九八六年农村工作的部署》在肯定农村改革的方针政策是正确的、必须继续贯彻执行的基础上，开始关注调整工农关系和城乡关系，并首次强调“绝不能由于农业情况有了好转就放松农业，也不能因为农业基础建设周期长、见效慢而忽视对农业的投资，更不能因为农业占国民经济产值的比重逐步下降而否定农业的基础地位”。

可以看出，这个时期国家“三农”政策的核心内容是肯定包产到户、包干到户制度，全面推行家庭承包责任制，赋予农民生产经营自主权，关注重点是如何放开搞活，调动农民群众的生产积极性，大力发展农业生产，提高粮食和主要农产品的生产和供给能力，“数量农业”依然是这个时期我国农业的主要特征。市场化、产业化等农业经营管理方式、现代科技的应用、农业整体生产效率的提高亦开始出现在政策文件里面。在此期间，乡镇企业蓬勃发展，我国计划经济体制开始逐步向商品经济体制、市场经济体制转变（于建嵘，2019）。同时，可持续发展理念和生态和谐开始逐步受到关注。据统计，从1978年到1984年，全国农民人均纯收入由133.57元增加到355.33元，年均递增17.71%，其中1982年的年增长率为19.9%，为历史最高。从1978年到1988年，粮食总产由4000亿斤增加到8000亿斤，创造了以占世界7%的耕地养活占世界22%的人口的奇迹。乡镇企业如雨后春笋般涌现，到20世纪90年代初期，乡镇企业成为中国经济中最活跃的部分，中国工业产值中“三分天下有其一”（于建嵘，2019）。这一时期，虽然1985年曾出现过1949年以来最大的“粮食大减产”，但是全国粮食总产量从1978年的不足3.05亿吨增加到1993年的超过4.56亿吨，人均有粮从315千克增加到385千克，均出现大幅提升。到1993年，我国粮油实现敞开供应，实施了近40年“粮票”制度正式取消，标志着中国人终于解决了吃饱饭的问题。

（三）从20世纪末到21世纪初以提高效益为主要目标的“质量农业”初期

20世纪90年代，随着我国成功加入世界贸易组织（WTO），中国经济进一步深入融入世界经济的大环境中。党的十四大确定了“加快现代化建设步伐，建立社会主义市场经济体制模式”和“抓住机遇，加快发展”的战略决策。同时，伴随着改革开放20年的成效逐步显现以及国际国内形势的变化，人与资源、环境矛盾日渐突出，城市和农村的差距、东部和西部的差距越来越大。20世纪末，国家提出实施西部大开发的重大战略，把农业和农村经济的可持续发展作为国家实施可持续发展战略的重要内容。进入21世纪，面对错综复杂的国际形势和日益加大的经济下行压力，中央作出了我国经济步入新常态的判断以及转变经济增长方式的战略部署，并向全世界发出共建“一带一路”的倡议。党的十六届五中全会强调，必须把加快转变经济增长方式作为“十一五”时期的战略重点，努力取得突破性进展，使经济增长建立在提高人口素质、高效利用资源、减少环境污染、注重质量效益的基础上。党的十七大将党对经济问题的认识又推进了一步，明确提出，要“加快转变经济发展方式，推动产业结构优化升级”，尤其是2008年金融危机以来，随着全球经济发展速度趋缓，国家进一步明确提出经济转型发展战略。

进入21世纪，随着WTO黄箱政策逐步到期和国门的打开，我国农业面临价格天花板和成本地板的双重挤压、资源和环境的双重约束等，农产品竞争力不足和农民增收迟缓的问题凸显。为确保“保饭碗”与“可持续”双重底线，破解农业增效与农民增收的双重困难以及小农户对接社会化大生产的困局，国家“三农”政策开始关注调整城乡关系，转变农业发展方式，提高农业的质量和效益。党的十六大和十七大均提出要“统筹城乡发展”，要与工业化、城镇化、信息化同步推进农业现代化的要求，随后又提出了“绿色化”的全新概念，要求“五化”同步发展。2002年《农村土地承包法》通过，将农民的土地承包经营权明确为财产权利。由于2000年“旱、风、水、蝗”四灾加上种植业结构调整等，使得全国粮食播种面积较上年减少5%、粮食产量下降9%左右（降幅比1985年更大）且低产量持续多年，2003年更是降到4.3亿吨，属于1989年以后15年的最低水平。同时，全国人均粮食占有量从1998年的410千克以上下滑到2000年以后的350千克上下，2003年更是进一步跌到仅330千克，重回20世纪80年代初期的水平，暴露出我国粮食安全基础不稳、粮食以及整个农业生产抗自然风险能力不强等问题。为此，2004年之后连续多年以“三农”为题的中央一号文件，强调了“三农”问题在中国特色社会主义现代化时期“重中之重”的地位，以工补农、以城带乡、多予少取、统筹城乡等成为改革重点。2004年，针对全国农民人均纯收入连续增长缓慢的情况，中央下发《中共中央 国务院关于促进农民增加收入若干政策的意见》的中央一号文件，将促进农民增收看作不仅是重大的经济问题，而且是重大的政治问题，提出要“坚持‘多予、少取、放活’的方针，调整农业结构，扩大农民就业，加快科技进步，深化农村改革，增加农业投入，强化对农业支持保护”等，并特别提出要较大幅度地增加对龙头企业的投入，只要能带动农户，给农民带来实惠，无论是何种所有制的企业都要在财政、税收、金融等方面一视同仁地给予支持；2005年《中共中央 国务院关于进一步加强农村工作提高农业综合生产能力若干政策的意见》首次向全党和全国发出“农业依然是国民经济发展的薄弱环节，投入不足、基础脆弱的状况并没有改变，粮食增产、农民增收的长效机制并没有建立，制约农业和农村发展的深层次矛盾并没有消除，农村经济社会发展明显滞后的局面并没有根本改观，农村改革和发展仍然处在艰难的爬坡和攻坚阶段，保持农村发展好势头的任务非常艰巨”的警示，并进一步提出要求坚持“多予、少取、放活”的方针，取消了在中国历史上延续了2600多年的农业税，稳定、完善和强化各项支农政策。当前和今后一个时期，要把采取多种综合措施，加强农业基础设施建设，加快农业科技进步，提高农业综合生产能力，作为一项重大而紧迫的战略任务，切实抓紧抓好；为贯彻中共十六届五中全会提出的社会主义新农村建设的重大历史任务的有关精神，2006年2月《中共中央 国务院关于推进社会主义新农村建设的若干意见》标志着国家“三农”政策开始向促进农村全面发展转变。文件进一步告诫全党全国“农业基础设施脆弱、农村社会事业发展滞后、城乡居民收入差距扩大的矛盾依然突出，解决好‘三农’问题仍然是工业化、城镇化进程中重大而艰巨的历史任务”，并重申了要始终把“三农”工作放在重中之重的要求；针对新农村建设实践中出现的偏差，2007年《中共中央 国务院关于积极发展现代农业扎实推进社会主义新农村建设的若干意见》指出发展现代农业才是社会主义新农村建设的首要任务，要用现代物质条件装备农业，用现代科学技术改造农业，用现代产业体系提升农业，用现代经营形式推进农业，用现代发展理念引领农业，用培养新型农民发展农业，提高农业水利化、机械化和信息化水平，提高土地产出率、资源利用率和农业劳动生产率，提高农业素质、效益和竞争力。这是中央一号文件首次对现代农业的系统诠释，“开发农业多种功能，健全发展现代农业的产业体系”“向农业的广度和深度进军”等首次出现在中央一号文件。同年召开的党的十七大更是明确提出“要加强农业基础地位，走中国特色农业现代化道路，建立以工促农、以城带乡长效机制，形成城乡经济社会发展一体化新格局”。随后，2008年中央一号文件《中共中央 国务院关于切实加强农业基础建设进一步促进农业发展农民增收的若干意见》既贯彻了党的十七大精神，又深化了2007年中央一号文件关于把发展现代农业作为新农村建设首要任务的要求，抓住了保持经济稳定和促进农业发展的关键环节，亦可统筹兼顾农村各方面的工作。全文涉及的政策性要求和措施有40多处，系统包括了“加快构建强化农业基础的长效机制”“切实保障主要农产品基本供给”“突出抓好农业基础设施建设”“着力强化农业科技和服务体系基本支撑”“逐步提高农村基本公共服务水平”“稳定完善农村基本经营制度和深化农村改革”“扎实推进农村基层组织建设”“加强和改善党对‘三农’工作的领导”等系列内容，并首次提出“转变农业发展方式”

的概念和要求；其中让农业和农民直接受惠的可以概括为“三个明显”“三个调整”“四个增加”“四个提高”“两个大幅度”，体现了中央关于给农民的实惠要逐步增加，随着国家财力的增长对“三农”的支持力度要进一步加大的要求。粮食方面，以实施粮食综合补贴等政策为主，逐步推进建设国际化为主导的粮食生产经营体系。2008年，国家发展和改革委员会发布的《国家粮食安全中长期规划纲要（2008—2020年）》，在肯定我国粮食安全取得的四大成就、强调了粮食安全面临的七大挑战等基础上，提出了保障国家粮食安全的六大主要任务以及八大政策和措施，并围绕提高全国粮食生产、物流、储备及加工等能力，陆续制定和实施了十大重点专项规划，进一步夯实了粮食安全的基础、巩固和提升了国家粮食安全战略保障能力。2009年《中共中央 国务院关于2009年促进农业稳定发展农民持续增收的若干意见》包括“加大对农业的支持保护力度”“稳定发展农业生产”“强化现代农业物质支撑和服务体系”“稳定完善农村基本经营制度”“推进城乡经济社会发展一体化”等主要内容，重点强调做好农业农村工作具有特殊重要的意义，首次提出了“扩大国内需求，最大潜力在农村；实现经济平稳较快发展，基础支撑在农业；保障和改善民生，重点难点在农民”的重要论断并强调要落实和保障农民的土地权益，重点做好两方面工作：对集体所有土地的所有权进一步界定清楚，并且保障其权益；对承包地地块的确权、登记和颁证工作。

2010年《中共中央 国务院关于加大统筹城乡发展力度进一步夯实农业农村发展基础的若干意见》在保持政策连续性、稳定性的基础上，进一步完善、强化“三农”工作的好政策，提出了一系列新的重大原则和措施。包括健全强农惠农政策体系，推动资源要素向农村配置；提高现代农业装备水平，促进农业发展方式转变；加快改善农村民生，缩小城乡公共事业发展差距；协调推进城乡改革，增强农业农村发展活力；加强农村基层组织建设，巩固党在农村的执政基础等。文件特别强调了推进城镇化发展的制度创新。提出积极稳妥推进城镇化，提高城镇规划水平和发展质量，要把加强中小城市和小城镇发展作为重点。深化户籍制度改革，加快落实放宽中小城市、小城镇特别是县城和中心镇落户条件的政策，促进符合条件的农业转移人口在城镇落户并享有与当地城镇居民同等的权益。此外，对“三农”投入首次强调“总量持续增加、比例稳步提高”，扩大了马铃薯良种补贴范围，新增了青稞良种补贴，实施花生良种补贴试点，把林业、牧业和抗旱、节水机械设备首次纳入补贴范围。首次提出要在3年内消除基础金融服务空白乡镇；拓展了农业发展银行支农领域，政策性资金将有更大的“三农”舞台。大幅度提高家电下乡产品的最高限价，允许各地根据实际增选一个品种纳入补贴范围，补贴对象也扩大到国有农林场区职工。增加产粮大县奖励补助资金，提高产粮大县人均财力水平，这将有利于提高我国800个产粮大县的种粮积极性，维护我国粮食安全。据国家统计局网站数据，从2004年开始，全国粮食总产量从4.69亿吨逐步上涨，2007年重回5亿吨的台阶、2008年超过1998年的历史最高产量5.12亿吨达到5.34亿吨，并从2015年至2020年基本保持在6.6亿吨上下的水平，实现连续16年的稳步增长。同期全国人均有粮也于2008年重回400千克的国际粮食安全标准线并逐年稳步增长，2012年超过450千克、2015年达到480千克的历史最高水平，近几年保持在475千克上下。

综上所述，改革开放到21世纪前10年这一时期，在市场化取向改革方针指导下，随着实践的发展，在“三农”问题的认识上发生了一系列变化。实践与认识的互动，逐步探索出解决“三农”问题的新思路：农业政策目标由单纯的增产转变为增产增收并重，解决“三农”问题的路径由单纯的集体化改变为家庭承包经营、农业产业化和农村工业化、城镇化，标志着我国新时期“三农”政策架构初步形成（郑有贵，2003）。

（四）2011年至今以推进城乡融合特征为目标的政策“多元化”阶段

这一时期，为进一步应对农产品供求结构失衡、要素配置不合理、资源环境压力大、农民收入持续增长乏力等问题，进一步调整优化农村产业结构，促进三产深度融合和农业现代化发展成为国家“三农”政策的重点。2011年《中共中央国务院关于加快水利改革发展的决定》是新中国成立62年来中央文件首次对水利工作进行全面部署。2012年《关于加快推进农业科技创新持续增强农产品供给保障能力的若干意见》以中央一号文件的形式统一全党意志大力推进农业科技改革发展，把推进农业科技创新作为“三农”工作的重点，在我国的农业发展历程中是首次，在科技发展进程中也是首次。其中政策亮点有两个：一是关于农业科技公共性、基础性、社会性的“三性”论述；二是关于基层农技推广体系改革与建设“一个衔接、两个覆盖”的政策，即乡镇农技人员工资待遇要与当地事业单位的平均收入相衔接，当年基层农技推广体系改革与建设示范县项目基本覆盖所有农业县，农业技术推广机构条件建设项目覆盖全部乡镇（郑有贵，2003）。2013～2016年，现代农业或农业现代化连续4年出现在中央一号文件的标题中。2013年中央一号文件对“加快发展现代农业、进一步增强农村发展活力”做出全面部署，要求必须顺应阶段变化，遵循发展规律，增强忧患意识，举全党全国之力持之以恒强化农业、惠及农村、富裕农民。按照保供增收惠民生、改革创新添活力的工作目标，加大农村改革力度、政策扶持力度、科技驱动力度。文件提出，鼓励和支持承包土地向专业大户、家庭农场、农民合作社流转。其中，“家庭农场”的概念是首次在中央一号文件中出现。2014 年中央一号文件确定，进一步解放思想，稳中求进，改革创新，坚决破除体制机制弊端，坚持农业基础地位不动摇，加快推进农业现代化；文件指出全面深化农村改革，要坚持社会主义市场经济改革方向，处理好政府和市场的关系，激发农村经济社会活力；要鼓励探索创新，在保护农民利益的前提下，有序推动土地流转；要因地制宜、循序渐进，不搞“一刀切”、不追求一步到位，允许采取差异性、过渡性的制度和政策安排；要城乡统筹联动，赋予农民更多财产权利，推进城乡要素平等交换和公共资源均衡配置，让农民平等参与现代化进程、共同分享现代化成果。为适应我国经济已由高速增长阶段转向高质量发展阶段的要求，2015 年中央一号文件确定将“加大改革创新力度，加快农业现代化建设”作为我国在经济发展进入新常态的背景下继续强化农业基础地位、促进农民持续增收的方向，要求按照稳粮增收、提质增效、创新驱动的总要求，继续全面深化农村改革，全面推进农村法治建设，推动新型工业化、信息化、城镇化和农业现代化同步发展，努力在提高粮食生产能力上挖掘新潜力，在优化农业结构上开辟新途径，在转变农业发展方式上寻求新突破，在促进农民增收上获得新成效，在建设新农村上迈出新步伐，为经济社会持续健康发展提供有力支撑。2016 年中央一号文件强调要用“创新、协调、绿色、开放、共享”的发展新理念破解“三农”发展的新难题，要求要厚植农业农村发展优势，加大创新驱动力度，推进农业供给侧结构性改革，加快转变农业发展方式，保持农业稳定发展和农民持续增收。

可以看出，进入 21 世纪，除了继续将“三农”问题确立为党政工作的“重中之重”外，党对“三农”工作的要求也出现了明显的变化。随着我国全面建成小康社会目标期限的日益临近，除了从党的十八大以来开始频繁强调“统筹城乡发展”，聚焦“城乡融合发展”和“建立健全城乡融合发展体制机制和政策体系”（于建嵘，2019）外，提升农业发展质量和效益，全面推进农业农村现代化成为主旋律。2017 年中央一号文件将“推进农业供给侧结构性改革、培育农村发展新动能”作为标题，转变农业发展方式、拓展农业功能、促进三产融合、推进农业供给侧结构性改革、促进农业从“产品生产”向“产业发展”的升级转换等政策措施逐步具体细化。提出推进建设粮食生产功能区、重要农产品生产保护区、特色农产品优势区、现代农业产业园、科技园、创业创新园和田园综合体（即“三区三园一体”建设），是在确保国家粮食安全，并使大豆、棉花、油菜籽、糖料蔗、天然橡胶等重要农产品能够保持基本自给的基础上，对农业产业发展实施差异化支持政策、提升我国农业质量效益和竞争力的具体体现。

2017 年党的十九大提出乡村振兴战略，表明国家的大政方针从城乡协调发展转向农业农村优先发展，现代农业发展的整体战略开始从农业现代化转向农业农村现代化。为贯彻党的十九大部署，2018 年中央一号文件以“乡村振兴”为题，对新时期“三农”工作进行了全面系统的部署：一是首次提出乡村经济要多元化发展，要求培育一批家庭工场、手工作坊、乡村车间，鼓励在乡村地区兴办环境友好型企业，实现乡村经济多元化，提供更多就业岗位；二是研究制定扶持小农生产的政策意见，促进小农户和现代农业发展有机衔接，并提出推进农业生产全程社会化服务、帮助小农户节本增效，发展多样化的联合与合作、提升小农户组织化程度，开展农超对接、农社对接以帮助小农户对接市场，扶持小农户发展生态农业、设施农业、体验农业、定制农业，改善小农户生产设施条件、提升小农户抗风险能力等具体措施；三是强调拓展农业的生态功能并提出加快发展森林草原旅游、河湖湿地观光、冰雪海上运动、野生动物驯养观赏等产业，积极开发观光农业、游憩休闲、健康养生、生态教育等服务，创建一批特色生态旅游示范村镇和精品线路，打造绿色生态环保的乡村生态旅游产业链等具体措施；四是加快制定鼓励引导工商资本参与乡村振兴的指导意见，落实和完善融资贷款、配套设施建设补助、税费减免、用地等扶持政策，鼓励工商资本下乡；五是强调要明确政策边界，保护好农民利益；六是提出通过吸引支持企业家、党政干部、专家学者、医生、教师、规划师、建筑师、律师、技能人才等，通过下乡担任志愿者、投资兴业、包村包项目、行医办学、捐资捐物、法律服务等方式，鼓励社会各界投身乡村建设，服务乡村振兴事业；七是对焦点的农地问题做出新改革举措，如：探索宅基地所有权、资格权、使用权“三权分置”，适度放活宅基地和农民房屋使用权，但是严格禁止下乡利用农村宅基地建设别墅大院和私人会馆等；八是明确农民进城后，村里的房和地还能留；九是对基层干部腐败问题有严厉举措，提出要把农村基层党组织建成坚强堡垒。此外，文件还进一步明确提出实施“质量兴农、绿色兴农”战略，要求以农业供给侧结构性改革为主线，加快构建现代农业产业体系、生产体系、经营体系，提高农业创新力、竞争力和全要素生产率，加快实现由农业大国向农业强国转变。为此，2019 年 2 月由农业农村部、国家发展改革委、科技部、财政部、商务部、国家市场监督管理总局、国家粮食和物资储备局联合制定了《国家质量兴农战略规划（2018—2022 年）》对此进一步落实。2019 年中央一号文件以农业农村优先发展为题等，表明我国发展现代农业、全面解决“三农”问题的思路逐渐清晰，理论逐步完善。国家农业政策的关注重点从如何提高农业的发展质量和效益、促进农民增收致富等比较单一的经济目标全面转向推进乡村全面振兴、实现农业农村现代化等政治、经济、文化、生态等多元化目标，全面、系统地将“三农”问题从“农内”拓展到“农外”。2020 年中央一号文件是 21 世纪以来第 17 个指导“三农”工作的中央一号文件，重点强调对标对表全面建成小康社会目标，集中力量完成打赢脱贫攻坚战和补上全面小康“三农”领域突出短板这两大重点任务。要求持续抓好农业稳产保供和农民增收，推进农业高质量发展，保持农村社会和谐稳定，提升农民群众获得感、幸福感、安全感，确保脱贫攻坚战圆满收官，确保农村同步全面建成小康社会。

三、我国农业支持保护政策的发展导向

综上所述，分析改革开放以来尤其是近 20 年国家“三农”政策的演进，可以看出农业政策变化呈现以下七方面的明显特点：一是政策目标逐步从单一的经济目标向政治、经济、文化等多元目标的转变；二是政策导向逐步从注重农业生产规模和农产品产量逐步向提高农业发展质量和效益转变；三是政策支持环节从注重生产的产中环节逐步向产前和产后延伸实行全产业链覆盖的转变；四是从单纯注重发挥农业的农产品生产和就业保障的经济功能向重视全面拓展和发挥农业的休闲旅游、社会保障和文化传承等多种功能的转变；五是从注重农业农村农民的“农内”产业发展向“农外”延伸，促进一二三产业融合发展的转变；六是从生产导向到消费导向的转变，提出推进农业供给侧结构性改革等；七是从立足国内生产保障国内需求为主向利用“两个市场、两种资源”的国际化转变。2020 年，为应对全球新冠肺炎疫情及国际形势的变化，中央确定了“六稳”“六保”的要求以及加快形成以国内大循环为主体、国内国际双循环相互促进的新发展格局的思路，全国“三农”工作的重点在确保脱贫攻坚战圆满收官、确保农村同步全面建成小康社会，促进脱贫攻坚与乡村振兴顺利对接和转换的同时，进一步强调了“米袋子”“菜篮子”等重要基础性农产品是生产和供应保障。

第二节　云南特色农业的发展探索历程

云南高原是云南26个世居民族赖以生存的家园。千百年来，各族人民在长期的农业实践中，不断探索高原农业的发展方式与模式，创造了诸如元阳梯田那样的高原农业持续发展历史文化奇迹。新中国成立以来，在中共中央和历届云南省委、省政府的领导下，全省上下不断深化对省情、农情的认识，农业发展取得了巨大的成就，高原农业特色逐步形成，农业农村经济社会发展呈现新局面，面临新挑战。由于特殊的历史原因，云南集边疆、民族、山区、欠发达为一体，对农业依存度高，历届省委、省政府在以稳定粮食的基础上，不断创新发展思路，先后提出绿色经济强省、生物资源大省、特色农业大省等发展战略。近年来，云南省委、省政府为顺应改革开放、市场化进程及农业农村经济发展新形势新发展的客观需要，再度对云南农业自然、产业、功能、区位等特点进行科学认识，坚持优化结构、突出特色，着力发展高原特色多样性农业，打造有别于其他区域的高原特色产品和绿色食品牌，构建开放的外向型农业产业体系和经济体系，探索符合云南实际的农业现代化道路。在工作实践中，坚持理念创新及政策创新引导和保障，先后提出了云南特色农业、高原农业、高原特色农业、高原特色农业重点产业及绿色食品牌等理念（陈良正等，2019a）。

一、云南特色农业的发展历程

作为我国的农业大省，云南的农业发展离不开国家的支持，云南“三农”政策自然必须在国家政策框架下制定。改革开放之前，受落后的生产力水平、计划经济体制和城乡二元结构的约束，在“以粮为纲”的方针指导下，与全国一样，自给自足型的“口粮农业”是云南农业的基本特征。改革开放以后，随着国家农业政策的逐步调整，云南开始了依托自身资源、发展特色农业的探索。从20世纪80年代初，为贯彻国家关于积极发展农村多种经营的要求，云南省制定的鼓励烟糖茶胶等产业发展、建设轻工业原料基地的决策和政策，到20世纪90年代的“18生物资源开发工程”，再到2011年提出高原特色农业发展战略，以及2018年实施八大重点产业暨“一县一业”战略，无不体现出根据国家农业产业政策阶段性重点和云南省的区位特点、资源优势、气候优势等实际“因地制宜、与时俱进”的创新性特点，尤其是从实施“18 生物资源开发工程”到“高原特色农业发展战略”以及打造世界一流的“绿色食品牌”战略的历程，使云南省农业产业政策的制定从追随型向自主创新型转变，并引导全省农业经济逐步向新的广度和深度发展的历程。

改革开放 40 多年来，云南的农业农村发展大致可以分为以下几个阶段。

（一）从“以粮为纲”到“多种经营”的探索（20 世纪 80 年代到 90 年代中期）

改革开放后，根据国家“绝不放松粮食生产，积极发展多种经营”的要求，结合国家鼓励轻工业发展的政策，云南省委、省政府提出依据自然禀赋资源的比较优势，重点建设烤烟、甘蔗、茶叶、橡胶四大轻工业生产基地，成功培育“烟糖茶胶”四大特色轻工业原料农业产业，支撑了云南以烟草工业为代表的轻工业的发展，成为以后多年云南经济的支柱产业。国家统计局网站 2020 年 10 月数据表明，经过 15 年的培育和发展，云南烟叶种植面积和产量分别从 1980 年的 92. 4 万亩和 11. 05 万吨发展到 1995 年的 683. 55 万亩和 76. 83 万吨，15 年间分别增长了 6. 4 倍和 6 倍，占同期全国的比重分别从 12% 和 11. 5% 提高到 31% 和 33. 2%，2019 年进一步提高到 41% 以上和 40% 以上，全国第一的位置保持至今。从 1981 年到 1993 年，云南两烟的生产与经济效益连续上了两个新台阶（铁振国、徐志勤，1994）。烤烟的收购量由 16. 2 万吨上升到 77. 7 万吨，卷烟产量由 103 万箱上升到 532 万箱，其中甲级烟产量的比率由 8. 21% 上升到 52. 3%，嘴烟产量比率由 6. 64% 上升到 81%。两烟实现的税利由 5. 65 亿元上升为 216. 8 亿元，占地方财政收入的 75% 以上；云南的甘蔗种植面积和产量也分别增长了 2. 84 倍和 4. 72 倍，占同期全国的比重分别从 9. 5% 和 8. 1% 增加到 15. 5% 和 16% 以上，全国第二的地位保持至今；云南茶园面积和茶叶产量占同期全国的比重分别从 9% 和 5. 9% 提高到 15% 和 10. 9%（2017 年进一步上升到 15% 和 16%），面积第一、产量第二的优势保持至今；云南天然橡胶也得到快速发展，从 1982 年的约 23450 吨提高到 1995 年的 123560 吨，增长了 4 倍多，占同期全国的比重从 15% 左右提高到 1995 年的近 30%（2014 年以后面积和产量均超过全国 50%），逐步成为我国最大的优质天然橡胶生产基地（陈良正等，2019a）。

云南两烟的发展从一个侧面较好反映出了这一时期云南农业产业政策的特点。回顾“两烟”发展的历程可以看出，云南“两烟”效益的实现主要是在省委、省政府引进市场机制、对企业管理体制和利益分配机制不断进行改革、调整不适应市场经济发展的生产关系、促进生产力发展的政策下而取得（铁振国等，1994）。一是调整生产关系以适应生产力的发展。主要措施包括组建云南省烟草公司，打破原来供销社、商业系统和烟厂各自为政的格局，由省烟草公司统管两烟的生产和销售，理顺了烟草管理体制；推行“三合一”管理体制，将本地区的卷烟厂、烟草分公司、烟草专卖局合三为一，发展烟草企业的整体优势；充分发挥省公司的中心调控作用，对上级积极建议，当好参谋，对下协调企业管理和利益分配，统一技术革新、统筹资源配置和市场开拓，使得云南两烟的整体优势得以充分发挥。二是调整利益分配，调动各方面的积极性。主要措施包括合理确立中央与地方、省与地州市的税利分配关系，充分发挥中央与地方发展两烟生产的积极性；推行企业承包责任制，理顺国家与企业的关系；理顺企业与职工的分配关系，充分调动职工的积极性。省政府对加速卷烟工业的技术改造制定了一系列的政策。如资金投入与优惠政策同步、支持试办烟叶综合示范区、给烟草行业更多的外汇使用自主权等。三是运用双轨制政策和价格杠杆调节利益分配，扩大销售。主要采取了用串换和联销的办法，打开封闭的计划经济大门，走向沿海开放城市；合理制定对外调拨价，让利销区；建立卷烟交易市场，增强卷烟市场交易的透明度。当然，在国家和云南农业政策指引下，烟草企业按照市场需求不断调整产品结构、从质量和档次上提高效益，生产实行产品分工、销售实行市场分工等一系列创新性做法，亦对云南“两烟”的发展起到不可估量的作用（铁振国等，1994）。

（二）从资源开发向依靠科技的探索（20世纪90年代中期到21世纪前10年）

在党的十四大确定的“加快现代化建设步伐，建立社会主义市场经济体制模式”和“抓住机遇，加快发展”的战略决策部署指导下，为巩固云南“两烟”支柱产业，培育新的支柱产业，把资源优势转变为经济优势，1995年，云南省委、省政府作出决定，对云南18类具有优势的生物资源进行产业化综合开发，提出以市场为导向，以科技成果产业化为途径，以企业加农户为主要经营形式，以多渠道筹资为手段，培育一批“人无我有、人有我优、人优我多”的优势产业群体和创汇支柱，并带动一批相关产业的发展（《云南民营科技》编辑部，1995），云南农业经济再度迎来发展的另一个黄金阶段。“18生物资源开发工程”是继烟、糖、茶、胶后，云南省第二次立足资源优势进行的大规模、高起点的生物资源开发，一批生物资源开发新兴产业逐步成长起来，并受到党和国家的高度肯定。进入21世纪，为贯彻落实国家西部大开发战略，云南省结合本省实际，提出充分发挥云南生物资源优势，加快经济结构大调整步伐，创新发展特色经济，建设绿色经济强省的构想，并将“18生物资源开发工程”改名为“生物资源开发创新工程”。经过十多年的培育和发展，绿色食品、花卉、咖啡、天然药材、食用菌、林产、畜牧水产、生物化工等特色生物资源开发创新产业进一步壮大成为云南的支柱产业，经过十多年的开发实施就已取得不错的成效。如云南的医药产业的总产值从多年徘徊在20亿元左右，增加到2012年的270亿元（加上农业产值则共计达到470亿元以上）；2012年全省花卉及绿化苗木产业总产值达300多亿元，出口创汇近2亿美元，其中鲜切花面积10万亩，产鲜切花72.5亿枝，连续19年保持全国第一，占据全国大中城市切花市场的五成以上份额；云南小粒咖啡发展到100多万亩，澳洲坚果15万亩以上（张敖罗，2013）；同时，围绕传统优势产业和新兴特色农业发展，形成了一批龙头企业与知名品牌，有力地推进了特色农业的深层次发展。云南高原红葡萄酒、迪庆“冰葡萄酒”、程海绿A螺旋藻、外销蔬菜等产业和品牌也逐渐在市场中闯出一片属于自己的天地（陈良正等，2019a）。

“18生物资源开发工程”既是云南在市场经济条件下，首次明确依靠科技进行资源开发的产业发展探索，也是当时云南省农业产业政策的创新和探索。《云南省人民政府关于批转〈18生物资源开发工程〉实施意见的通知》和中共云南省委、云南省人民政府《关于加快四大支柱产业建设的决定》把“18生物资源开发工程”作为科技成果转化为产业的重要途径的探索性、示范性、开拓性工程，明确要按3种产业（特色产业、高新产业、支柱产业）的特点来推进，要与县域经济相结合鼓励民营经济发展，要进行市场化运作，要追求3个效益（经济、生态、社会）的统一平衡。之后颁布的一系列规划以及有关资金、农贷、项目、管理、成果转化、奖励、工作制度等方面的文件与省委、省政府的决策相配套，进一步明确要将种、养、加、产、供、销各个环节连起来，往深度开发，形成强劲的加工增值能力，从而创造新的经济增长点。其间，省财政每年划拨1亿元资助产业的发展，金融部门向中央行积极争取贷款指标，科技部门仅“九五”和“十五”期间为生物资源开发所列各类计划资助金额就达5亿元以上，计划部门每年向国家争取到1亿元以上无偿资金。“18生物资源开发工程”建立了科技与经济结合发展新产业的机制和贸工农结合的产业开发模式，经济社会生态效益统一，开发与保护并重逐步成为上下的共识等，这一系列发展理念和具体举措均离不开农业政策的创新和支持，也才使得云南的“18 生物资源开发工程”具有“两大（大企业、大项目）、三有（有较长的产业链、有稳定的市场、有相当的科技含量）和三新（新品种、新技术、新市场）”的明显特征（陈良正等，2019a；张敖罗，2013）。

（三）从生产导向转向市场导向的特色农业模式探索（2012～2017 年）

进入 21 世纪后，云南省国民经济长期主要依托农业、烟草业和资源产业加快发展的结构变化不明显，经济瓶颈期迅速到来。根据国家加快转变农业发展方式、拓展农业功能、建立现代农业体系、发展现代高效农业的要求，针对云南农业发展基础薄弱、环境脆弱、方式落后、特色不足、产业化水平低等实际，省委、省政府审时度势，于 2011 年在省第九次党代会上作出了发展高原特色农业的重大战略部署，出台了《关于加快高原特色农业发展的决定》等系列文件，提出充分利用全省地理优势独特、气候优势突出、物种优势明显、开放优势巨大、特色产业扎实等条件，依靠“丰富多样”彰显特色、依靠“生态环保”提升效益、依靠“安全优质”提供保障、依靠“四季飘香”增强竞争，做大做强高原特色农业的战略思路，努力将云烟、云咖、云茶、云胶、云菜、云花、云薯、云果、云药、云畜、云鱼、云林“12 大云品”打造为全国乃至世界有优势、有影响、有竞争力的“云系”“滇牌”绿色战略品牌。经过多年努力，云南已初步建成高原特色农业产业化体系，形成了一定的优势产业并已初具规模，走出了一条高原农业发展的特色之路，形成了中国现代农业发展的高原特色现代农业发展模式，在国内外具有一定的影响力。全省农业经济效益增长明显，农民收入快速增加，特色经济作物量效齐增，区域布局基本形成，在全国的地位进一步巩固和提高，受到党和国家领导人的赞扬和肯定（陈蕊等，2019）。

这一时期，自 2012 年《中共云南省委 云南省人民政府关于加快高原特色农业发展的决定》指出了高原特色农业战略的思路和重点后，云南省委、省政府及其相关部门结合贯彻中央一号文件以及相关文件，密集制定颁布的《关于加大改革创新力度进一步增强农业农村发展活力的意见》《关于全面深化改革扎实推进高原特色农业现代化的意见》《关于强化改革举措落实加快高原特色农业现代化建设的意见》《关于加快转变农业发展方式推进高原特色农业现代化的意见》《关于加快高原特色农业现代化实现全面小康目标的意见》《关于推进农村一二三产业融合发展的实施意见》《高原特色农业现代化建设总体规划（2016—2020 年）》《云南省高原特色现代农业产业发展规划（2016—2020 年）》等进一步为高原特色现代农业发展指明了方向和路径；《关于加快推进生物经济跨越发展的意见》《关于推进现代农业产业园建设的指导意见》《关于鼓励引导社会资本参与农田水利设施建设运营管理的意见》《关于加快木本油料产业发展的实施意见》《关于印发云南省核桃产业发展行动方案的通知》《关于贯彻落实中药材保护和发展规划的实施意见》《关于加快中药（民族药）产业发展的指导意见》《关于建立和完善农村产权流转交易市场的意见》《关于促进农民合作社规范发展的意见》《关于培育壮大农业小巨人的意见》《关于支持农民工等人员返乡创业的实施意见》《关于进一步做好为农民工服务工作的实施意见》《关于加快推进产业扶贫的指导意见》等文件更是进一步从深化农村体制改革以及土地、财政、税收、金融、科技到夯实产业基础、具体产业培植、主体培育、品牌打造、流通体系建设等方面制定了一系列加快发展方式转变和特色产业发展、拓展农业功能、推进一二三产业融合、农业供给侧结构性改革、建设美丽乡村、促进农业人口转移、产业扶贫等政策和措施，搭建起支持云南高原特色农业快速可持续发展的政策体系（陈蕊等，2019）。

（四）从特色农业全面发展向聚焦重点、突出品牌的探索（2018 年至今）

为贯彻落实 2015 年 1 月习近平总书记在云南考察时提出的将“着力推进现代农业建设”作为云南“五个着力”之一和“加快转变农业发展方式，走产出高效、产品安全、资源节约、环境友好”的现代农业发展道路的要求，根据国家实施质量兴农战略和农业农村优先发展的部署，进一步聚集云南高原特色农业的资源优势和产业基础，挖掘云南有优势、有发展潜力、有价值提升空间的优质农产品，促进云南高原特色农业的现代化，省委、省政府在总结之前高原特色现代农业发展经验的基础上，于 2018 年在全省两会上创造性地提出打造世界一流“绿色食品牌”的发展战略，进一步聚焦茶叶、花卉、水果、蔬菜、坚果、咖啡、中药材、肉牛等八大优势特色重点产业。随后，从政策、组织领导等方面入手，通过高层推动，全省上下开始全力推进“绿色食品牌”的打造工作。2018 年 4 月，省政府成立了省长任组长的云南省打造世界一流“绿色食品牌”工作领导小组并在省农业农村厅下设办公室，由省内各产业领域的顶级专家组建了 8 个重点产业专家组，研究制定了 8 大重点产业发展报告和三年行动计划；省委、省政府、省财政厅、省工信委等部门先后印发了系列文件，出台了一系列相关政策和措施。2018 年以来，省政府先后出台了《关于创建“一县一业”示范县加快打造世界一流“绿色食品牌”的指导意见》《关于推动云茶产业绿色发展的意见》《关于推进中药饮片产业发展的若干意见》《关于探索建立涉农资金统筹整合长效机制的实施意见》等支持产业发展的政策和《关于进一步加强基础科学研究的实施意见》《关于进一步加快跨境电子商务发展的指导意见》《关于加快推进全省特色小镇创建工作的指导意见》等与农业发展密切相关的文件；省政府办公厅也陆续出台了《关于促进农产品加工业跨越发展的实施意见》《关于加快培育国际自主品牌的实施意见》《关于加快推进农业供给侧结构性改革大力发展粮食产业经济的实施意见》《关于推进农业高新技术产业示范区建设发展的实施意见》《关于印发云南省实施“补短板、增动力”省级重点前期项目行动计划（2019—2023 年）的通知》《云南省新时代扩大和深化对外开放政策要点》《关于印发云南省推进企业上市倍增三年行动方案（2019—2021 年）的通知》等相关文件，制定了系列措施。

根据国家现代农业发展和云南省打造世界一流“绿色食品牌”的相关部署，2018 年省农业农村厅联合省发展改革委、省林业厅联合制定发布了《云南省特色农产品优势区建设规划（2017—2020 年）》和《云南省特色农产品优势区创建认定标准》，2018 年和 2020 年先后两次组织开展了“云南省特色农产品优势区”申报认定工作，分两批认定 60 个省级特色农产品优势区，临沧普洱茶、元谋蔬菜、德宏咖啡、漾濞核桃、文山三七、华坪芒果、腾冲水牛、宾川柑橘、勐海普洱茶、昭通天麻、临沧坚果先后被认定为国家级特色农产品优势区[①]；省工信厅、省财政厅、省人社厅分别制定发布了《云南省绿色食品“10 大名品”评选管理办法（试行）》和《云南省绿色食品“10 强企业”和“20 佳创新企业”评选管理办法（试行）》，省农业农村厅、省林草局、省财政厅、省投资促进局制定印发了《云南省培育绿色食品产业龙头企业种植养殖投资项目奖补资金申报指南》等文件，并自 2018 年起，连续 3 年组织开展了云南省名优农产品品牌认定、云南省优秀绿色食品加工业企业评选、农村一二三产业融合发展产业兴村强县行动示范项目以及绿色食品牌“10 强企业”“20 佳创新企业”“10 大名品”评选活动、系列新闻发布会；2019 年，省农业农村厅出台了《关于创建“一县一业”示范县加快打造世界一流“绿色食品牌”的指导意见》，启动实施 20 个“一县一业”示范县和 20 个特色县创建，示范县每年每县省财政补助 3000 万元，连续补 3 年，共计 18 亿元；制定颁布了《云南省 2019 年农产品产地初加工补助项目实施方案》等，均围绕省委、省政府提出的“抓有机、创名牌、育龙头、占市场、建平台、解难题”的战略

① 数据来源于云南省农业农村厅。

狠抓落实。同时，加大对“三品一标”的认证，尤其是加大对小众产品地理标志的认证工作。截至2020年，全省共有地理标志登记保护产品429个，其中地理标志产品85个、地理标志保护产品62个、地理标志证明商标282个。经过省委、省政府和全省上下的共同努力，云南“绿色食品牌”战略初见成效。云南省统计局数据表明，2019年，全省农林牧渔业增加值迈上3000亿元台阶达到3096亿元，比上年同期增长21.29%，其中农业增加值增长19.42%、牧业增加值增长36.74%、林业增加值增长9.9%、渔业增加值增长6.48%、农林牧渔服务业增加值增长8.45%，仅林业增加值降低了1.64%（李发兴，2020）。

二、小结

一个国家或地区的农业产业探索发展历程也是农业产业政策的探索和不断创新的历程。从改革开放以来的云南特色农业探索发展历程来看，从20世纪80年代“烟、糖、茶、胶”四大轻工原料产业的成功培育，90年代中后期开始实施的“18生物资源开发工程”（后称“生物资源开发创新工程”），到21世纪提出的高原特色农业发展战略，以及2018年最新提出的打造世界一流“绿色食品牌”战略，在促进了云南农业和农村经济全面发展的同时，也在一定程度上有效推动了云南省农业由传统的追随型、赶超型逐步向自主型发展转变。据不完全统计，仅近十多年来，云南省委、省政府就先后制定发布了超过60项的各种规划、实施意见等涉农系列文件，在贯彻落实党和国家“三农”相关政策措施的同时，根据云南省的具体情况进行了创新。这一系列政策措施，对创新云南农业发展路径和发展模式，促进重点产业的产业化进程乃至产业革命，促进高原特色农业及农村经济的发展均发挥了重要的作用。一是形成了有别于平原农业、都市农业及精细农业的高原特色生态农业发展模式，为我国广大高原地区农业走特色化、绿色化和高质量发展提供了云南的范式、作出了云南的贡献。二是升华了相关理论基础，彰显比较优势和特色，因地制宜，培植竞争优势，推进区域农业现代化，促进了落后地区农业跨越式发展。三是奠定了思想基础，汇集了正能量，加快了实践行动。四是取得了系列新成效，实现了高效发展。这些成效的取得，为云南农业现代产业体系、生产体系和经营体系建设奠定了坚实的基础，有力推进了全省农业现代化和产业化进程。目前，云南依托当地优势农业资源开发特色农产品、发展优势特色农业的思路逐渐明晰，特色和生态成为云南农业发展的一致目标和品牌。全省农业发展总体呈现产业结构逐步优化、优势特色逐渐显现、存量效应充分释放、增量效应逐步形成的格局，农业综合生产能力、农产品核心竞争力、市场化程度、产业化水平均明显提高，是改革开放以来云南农业和农村经济发展最快最好的时期。

第三节　当前政策框架对促进云南高原农业发展的局限和挑战

回顾改革开放40多年来，尤其进入21世纪以来，云南农业结构战略性调整、特色农业发展和高原特色农业现代产业发展等政策实施效果的分析表明，政策实施的结果与预期的政策目标存在一致性，但是与预期效果还有一定的差距。一方面，随着全省农业发展方式的转变，农业产业发展与产业政策存在一定的协调性或适应性差距；另一方面，全球现代农业发展新趋势、国内外新一轮产业分工调整及市场需求变化给云南农业产业培植带来新机遇的同时，也伴随着新的挑战，云南农业政策延续性不够与抓住新机遇、应对新挑战的灵活性不够并存的问题亦应引起足够重视（陈良正等，2019a）。总体上看，较为突出的问题主要有以下几个方面。

一、长期注重要素投入型导向性政策难以维系

自改革开放解放农业生产力和释放农村发展活力以后，云南农业与全国农业发展支持政策一样，发展动能主要来源于制度创新、增加投入、技术进步、市场化牵引和人口红利释放，但相当长的时期内，本质上是依靠政策、投入、物质资源消耗和廉价劳动力等要素投入，实现了农业农村经济高速度增长。尤其由于农业科技创新滞后、劳动者文化程度偏低及客观上农业基础设施建设滞后等因素，云南农业科技贡献率长期比全国低3%~4%，综合机械化水平比全国低20%左右，农业生产主要靠大量的要素投入的政策导向没有从根本上转变。

二、长期注重产前环节生产型导向性政策导致结构失衡

从云南农业产业内部结构在2011~2019年的变化情况来看，总体特征是：种

植业比重仍然在小幅增长；畜牧业、林业比重呈现波动下降；渔业比重和服务业比重基本稳定。种植业在农业内部依然占据主导地位，产值多年在50%~54.4%（2019年仍达54.3%），增加值比重更是高达52.6%~59.6%以上（2019年仍在57.81%）；畜牧业比重从36%以上降到30%，两者占据了整个农业产值的85%以上（2019年超过86%），林业产值的比重从10.62%降到8%，渔业产值占比多年在2.4%以下，服务业占比也仅在3%左右，仍然处于传统农业阶段，农牧结合仍然为农业生产主要形式。并且，农业产业结构单一，产业集聚度不高，农产品多为初级原料，精深加工增值率只为1：0.6左右。2017年，我国农产品加工业总产值与农业总产值比为2.28：1，2018年达到2.3：1，云南仅为1.6：1。纵向上产业链的延伸增值不够，横向上的一二三产业融合发展差距更大（陈良正等，2019）。

三、注重数量增长的粗放型导向性政策导致效益低下

长期处于总量短缺或紧平衡状态，农业经营目标单一。当前处于农业经济由高速增长阶段转向高质量发展阶段，政策导向和市场要求将发生根本性变化。要坚持质量第一、效益优先，以供给侧结构性改革为主线，以特色高端产品开发引领农业结构调整，以绿色清洁生产方式支撑农业产业化，以农业多功能性拓展、加快农业与生物医药大健康产业和一二三产融合发展，推进新产业、新业态、新模式的培育，推动经济发展质量变革、效率变革、动力变革，提高全要素生产率。加快政策支持从增产导向转向提质导向，加快建立完善合作共享机制，推动农业高质量发展，要加快制定相应的政策体系，推动科技研发、农业补贴、项目投资等主要投向绿色发展、质量提升、效益提高等方面，建立健全现代农业生产体系、产业体系、经营体系。

四、长期注重国内市场的封闭型导向性政策难以应对全球化大势

由于长期受国内需求和市场导向影响，产品和生产水平、技术标准更多局限在国内市场，围绕服务“一带一路”倡议和面向南亚东南亚辐射中心等为重点的外向型经济体系构建滞后。应对国际标准与政策需求，积极支持农业走出去，支持农业区域和国际合作交流，拓展农业生产和市场空间，营造外向型农业发展的政策和环境建设滞后。搭建农业招商引资国际平台，打造外向型农业新载体，培

养外向型农业人才，以及利用互联网和大数据等现代思维方式，形成生产、市场、投融资、服务一体化网络体系的政策与技术支撑体系不完善，有待加强。

五、政策灵活性和延续性不够并存

分析改革开放40余年尤其是进入21世纪以来云南农业政策的变化和效果可以大致看出，除国家支农政策“七大变化”的部分要求落实不充分、效果不明显外，受经济发展落后、财政负担较重等客观因素以及重视程度不够和片面政绩观等影响，云南农业政策应对新挑战的灵活性，尤其是财政支农措施的配套性和延续性不够的问题也比较明显。

一是存在仅以文件落实政策的问题。以红头文件落实红头文件，层层落实直到乡镇甚至村委会，内容千篇一律，只有原则和要求，没有具体措施配套等现象也屡见不鲜，不仅未能对现代农业发展起到积极的推动作用，反而造成新的“文山会海”。财政预算和政府投资计划中并没有建立与政府投资总量和预算支出增长相联系的农业投资增长计划，没有明确规定用于农村和农业的政府资金投入数量和比例。近年来，全省农业增加值占GDP的份额保持在14%左右，约为全国平均的2倍，但是农林牧渔业固定资产投资（含农户）占全社会固定资产投资的份额则仅在5%~6%之间，长期低于全国平均水平，国家提出的“多予少取”的要求多年来在落实上有差距。

二是存在部分政策延续性和稳定性不够。例如许多支持农业基础设施建设、农业科技创新、新型经营主体培育和特色产业发展的政策措施，或因财政困难，或因人为因素变化而未能长期坚持，或减量、或停止，使得效果不明显。如1995年开始的“18生物资源开发工程”（1999年后改为“生物资源开发创新工程”）、2005年开始的粮食安全综示区建设工程、2006年开始的境外罂粟替代种植工程、云南农业“走出去”以及云南现代农业产业技术体系建设等，或逐渐销声匿迹，或支持力度逐步减小，或任务增加投资不增等。甚至出现个别走回头路的极端现象，表现之一是本位主义、形式主义、宁左勿右等在很多干部的思想意识和工作实践中不同程度地存在。如2018~2019年的拆大棚设施扩大化，国家政策允许或鼓励的大量休闲农业设施、农产品交易设施均被无条件地强制拆除等，农业生产设施被强制拆除的个案亦不鲜见，反映出一些部门、一些干部的本位主义、形式主义、缺乏大局意识等问题值得重视和反思。

综上所述，在我国脱贫攻坚向乡村振兴接续转换的关键时期，全省贫困地区陆续完成摘帽出列，如何建立和完善适应新时期国际国内形势和构建国内国际“双循环”发展新格局等要求、适合云南自身特点和各地区实际的农业支持保护政策体系，保持政策的延续性和稳定性，尤其是切实贯彻落实中央“多予少取”的要求，确保财政支农投入的只增不减，并进一步规范督查、督导工作，彻底清理和消除官僚主义、本位主义和形式主义，确保农业农村优先发展、国家创新驱动战略和强化科技战略支撑等各项要求在“三农”领域真正落地落实，对支持云南农业实现跨越式发展，切实推进农业农村现代化，实现在“十四五”期间努力跟上全国的发展步伐不掉队至关重要，应引起高度重视。

第四章

云南农业资源禀赋及部分产业比较优势分析

第一节　云南高原特色农业资源禀赋分析

一、农业自然资源条件分析

云南是我国光辐射资源最丰富和日照时间较长的区域，气候资源分属7个气候类型区，全省除河谷地带和南部低海拔少数地区外，大部分地区夏无酷暑，最热月平均气温20～25℃；省内除北部少数高寒山区外，多数地区冬无严寒，最冷月平均气温大多在8～10℃。独具“低纬高原气候”特色，适宜多种作物的生长，有利于开发地方名特优新稀产品，为农业的优质化、生态化、特色化发展奠定了坚实的基础。全省三熟区面积78655.46平方公里，占全省陆地面积的20.67%；两熟、三熟区面积285160.58平方公里，占全省陆地面积的74.93%。而此区域内，坡度小于25°的土地面积为178679.18平方公里，占全省陆地面积的46.95%（董晓波等，2016）。云南红土高原上充足的日照、清洁的水源、清新的空气和良好的生态，形成了天然的无公害、绿色、有机农产品生产的最适宜区域以及云南高原特色农业独特的四季性和立体性特征，多种农产品一年四季都能生产，通过充分利用自然资源优势，将会使农产品生产发挥更大的潜力。

（一）云南省土地利用现状及特点

云南东西横跨846.9公里，南北纵越990公里，自然条件复杂，是一个低纬度的高原山区省份；西部为横断山脉高山峡谷区，东部属云贵高原，南部为中、低山宽谷盆地区。全省土地总面积 39.41 万平方公里，占全国土地总面积的 4.11%，居第 8 位。其中山地、高原占全省总面积的 94%，盆地面积约 2.4 万平方公里，占土地总面积的 6%①。

1. 土地利用现状

根据云南省国土资源厅、云南省统计局《关于云南省第二次全国土地调查主要数据成果的公报》，2015 年云南省土地总面积为 3831.89 万公顷，其中农用地 3292.79 万公顷，占 85.9%。此外，全省建设用地 110.51 万公顷，未利用 428.59 万公顷②。全省农用地利用现状如下。

（1）耕地：全省耕地 621.33 万公顷，占全省土地总面积的 16.2%，其中水田和水浇地、菜地等有效灌溉的耕地 189.81 万公顷③，仅占总耕地的约 30%，主要分布于坝区和山麓地带，尤其滇中湖盆区、洱海湖盆区以及保山、德宏、普洱、西双版纳、红河等州（市）的宽缓盆谷区较为集中，生产条件较好，产量较高；其余 70% 以上的耕地全部为旱地，广泛分布于全省各地，尤以昭通、曲靖、文山、普洱、临沧等州（市）最多。其中超过 90 万公顷的耕地位于 25°以上陡坡，轮歇地亦占一定的比重，耕地质量大多较差。

（2）园地：全省园地面积 162.83 万公顷，占土地总面积的 4.3%。其中，果园约 60 万公顷，茶园约 44 万公顷，橡胶园约 57.8 万公顷。

（3）林地：全省林地面积约 2300 万公顷，占土地总面积的 60.1%。其中，有林地约 1590 万公顷，灌木林地约 500 万公顷，疏林地约 120 万公顷，未成林造林地约 85 万公顷，迹地和苗圃地约 6 万公顷。

（4）草地：全省草地面积约 300 万公顷，占全省土地总面积的 7.83%。其中牧草地面积约 14.7 万公顷，以天然草地为主。

（5）其他农用地：全省其他农用地面积 193.31 万公顷，占土地总面积的 5%。

2. 土地利用特点

（1）类型丰富多样，林地占较大比重。云南省土地利用类型丰富多样，既有热带、亚热带用地类型，又有温带和高原寒带用地类型；既有集约经营的坝区高产稳产农田，也有利用不合理、产量很低的山区轮歇地，还有较为特殊的石山灌

---

① 《新编云南省情》编委会. 新编云南省情［M］. 昆明：云南人民出版社，1996.

② 云南省国土资源厅，云南省统计局. 关于云南省第二次全国土地调查主要数据成果的公报［R］. 昆明：云南省国土资源厅，云南省统计局，2014.

③ 云南省统计局. 云南统计年鉴 2019［M］. 北京：中国统计出版社，2019.

丛、石山草坡。云南省不但建立了西南地区粮食和经济作物重要生产基地，而且也是我国重要热带作物生产基地之一。丰富多样的土地利用类型，给云南省农林牧多种经营、全面发展提供了有利条件。在土地总面积中，林地占60%，成为土地利用的主体，反映出云南属于山区省份土地利用的基本特点。

（2）分布具有十分明显的山原特点。云南省是云贵高原的主体，垂直地带性明显，从低海拔地区到高海拔地区大致可分为低热、中暖、高寒三层，各层土地利用方式独特，各类用地分布范围广，海拔跨度大，有世界橡胶种植的纬度与海拔上限，也有水田分布和水稻种植的海拔上限，形成了各类用地分布十分零散的特点；由于山/坝结合的独特地貌结构，每个县（市）都是以耕地为主的盆坝区或宽缓河谷为中心、林地为主的半山区和山区为边缘，组成近似于同心圈层状分布，因而它们也表现出大致相似的土地利用结构。土地利用分布的山原特点，是云南省发展多种经营的基础。

（3）人地比例、土地开发利用程度、后备资源的分布具有明显地域差异。云南省山区和半山区占土地总面积的94%，但仅居住着全省人口的一半。山区人均土地面积和耕地面积较大，非耕地资源丰富，但经济技术水平落后；而仅占全省总面积6%的坝区，却聚居着全省总人口的另一半，既是全省良田好地的集中区，又是全省大中小城镇的集中分布区，人口密度约为山区的16倍。平坝区耕地较少，土壤和水热条件较为优越，集约化经营程度高，经济发达，但人地矛盾尖锐，后备资源很少，非农业建设占用高产田地的问题突出。全省未利用土地中尚有开发利用潜力的荒草地60%以上集中分布于滇南的普洱和临沧，其余地区分布较少，尤其滇东北和滇西北最少。

（4）土地利用制约因素多。受地貌、气候和水热条件的综合影响，土地利用制约因素较多。25°以上的陡坡地占土地总面积的近40%，陡坡地一旦植被遭到破坏，很容易造成水土流失滑坡、泥石流等灾害；同时，坡度也极大地限制了林牧业和城市、交通的建设与发展，加剧了人地矛盾，成为影响本省土地利用的主要制约因素。此外，干旱、洪涝等因素对土地利用的影响和制约也很大。

（二）云南省气候资源条件及特点

由于受低纬度、高海拔的综合影响和季风气候制约，形成了云南光能丰富、四季温差小、干湿季分明、垂直变异显著的低纬山原季风气候特征，具有我国从海南岛到东北的各种气候类型。即使在很小的地区范围内，随海拔高度的变化，也有几个气候带的差异。气候的复杂多样性也与云南土壤、植被和土地利用类型的复杂性和多样性息息相关。根据中国天气网云南站（2010）以及周波涛等（2016）的研究结果等资料，整理云南省气候类型、气候特点及水资源条件如下。

1. 气候类型

云南地处低纬度高原，地理位置特殊，地形地貌复杂。主要受南孟加拉高压气流影响形成高原季风气候，全省大部分地区冬暖夏凉、四季如春。按中国综合自然区划的气候带划分指标体系，云南省有北热带、南亚热带、中亚热带、北亚热带、南温带、中温带和高原气候区共7个气候类型。

（1）北热带：云南北热带属中热带的北缘，仅出现在云南省几大江河河谷的河口、元江、景洪、潞江坝、元谋等。海拔高度400~700米以下。总面积约4700平方公里，占全省总面积1.24%。年平均气温21℃，≥10℃积温在7500℃以上。降水量1400~1800毫米，但潞江坝、元谋降水在800毫米以下，故称为干热河谷。

（2）南亚热带：分布在省内北纬24°以南哀牢山以西的梁河、芒市、云县、景东以南一线，海拔在700~1400米之间的区域；哀牢山以东的石屏、建水、开远、蒙自、富宁以南。海拔在400~1100米之间的区域；金沙江河谷的华坪、东川、巧家等，面积约7.4万平方公里，占全省总面积的19.43%。年平均气温18~20℃，≥10℃积温6000~7500℃。

（3）中亚热带：全省中亚热带包括施甸、凤庆、弥渡、禄丰、宜良、丘北、广南一线以南；金沙江河谷的宾川，永善、绥江至昭通北部的彝良、盐津；怒江河谷的福贡等。哀牢山西部海拔1100~1500米，哀牢山东部海拔约1400~1700米。总面积约6.4万平方公里，平均气温16~18℃，≥10℃积温5000~6000℃。

（4）北亚热带：全省北亚热带包括腾冲、保山、昌宁、泸水、大理州东部、楚雄州、昆明的大部；曲靖南部及文山州的马关、砚山、西畴、个旧等地。本带哀牢山以东地区海拔高度在1500~1900米之间，哀牢山以西地区海拔高度在1700~2000米之间，年平均气温14~16℃，10℃以上积温4200~5000℃，年降水900~1000毫米。总面积8.0万平方公里，占全省的20.96%。

（5）南温带：全省南温带分布于大理州北部，丽江市大部（华坪除外），曲靖市北部，昭阳、鲁甸、威信、镇雄等。该带在哀牢山以东海拔高度1900~2100米，哀牢山以西海拔高度2000~2400米，年平均气温12~14℃，10℃以上积温3200~4200℃，年降水量900~1000毫米。该带面积6.3万平方公里，占全省总面积的16.48%。

（6）中温带：云南中温带主要包括海拔2400～3000米的滇西北以及滇东北海拔2100～2800米的地区，面积约6.3万平方公里。年平均气温7～12℃，最冷月－2～0℃，10℃以上积温1600～3200℃，年降水量1000毫米左右。

（7）高原气候区（北温带—寒带）：指海拔3000米以上地区及滇东北海拔2800米以上地区。面积约3.3万平方公里，占全省总面积的8.57%。年平均气温7℃以下，最冷月平均气温在0℃以下，10℃以上积温在1600℃以下。年降水量滇西北650毫米，滇东北部1000毫米左右。

2. 气候特点

云南兼具低纬气候、季风气候、山原气候的特点。其主要表现为：一是区域差异和垂直变化十分明显。这一现象与云南的纬度和海拔这两个因素密切相关。从纬度看，其位置只相当于从雷州半岛到闽、赣、湘、黔一带的地理纬度，但由于地势北高南低，南北之间高差达6663.6米，大大加剧了全省范围内因纬度因素而造成的温差。这种高纬度与高海拔相结合、低纬度和低海拔相一致，即水平方向上的纬度增加与垂直方向上的海拔增高相吻合的状况，使得各地的年平均温度，除金沙江河谷和元江河谷外，大致由北向南递增，平均温度在5～24℃左右，南北气温相差达19℃左右。由于受地形的影响和天气系统的不同，全省气温纬向分布规律中常会出现特殊的情况，这种情况反映了气候的区域差异和垂直变化，出现了“北边炎热南边凉”的现象。特别是在垂直分布上，因境内多山，河床受侵蚀不断加深，形成山高谷深，由河谷到山顶，都存在着因高度上升而产生的气候类型差异，一般高原每上升100米，温度即降低0.6℃左右。“一山分四季，十里不同天”，表明了“立体气候”的特点。

二是年温差小，日温差大。由于地处低纬高原，空气干燥而比较稀薄，各地所得太阳光热的多少除随太阳高度角的变化而增减外，也受云雨的影响。夏季，最热天平均温度在19～24℃左右；冬季，最冷月平均温度在6～8℃以上。年温差一般为10～15℃，但阴雨天气温较低。早凉午热，尤其是冬春两季，日温差可达12～20℃。

三是降水充沛，干湿分明，时空分布不均。全省大部分地区年降水量在1100毫米，但由于冬夏两季受不同大气环流的控制和影响，降水量的时空分配极不均，农业用水矛盾突出。从时间看，雨季水量有余，旱季水源不足。全年85%左右的降水集中在夏秋两季的5～10月，其中降水量最多的是6～8月，约占全年降水量的60%。11月至次年4月的冬春季节为旱季，降水量只占全年的10%~20%，甚至更少。从空间看，西南部水多地少，中东部水少地多；坝区地少水少，山区地多水少。全省2/3的人口和1/3的耕地集中在仅占面积6%的坝区，是全省城镇和工农业活动的主要集中之地，水资源量仅占全省总量的5%，平均每公顷耕地水资源量仅为全省平均水平的16.7%。不仅如此，在小范围内，由于海拔高度的变化，降水的分布也不均匀。

此外，云南无霜期长，光照好，大部分地区太阳能资源丰富。南部边境全年无霜；偏南的文山、蒙自、思茅，以及临沧、德宏等地无霜期为300~330天；中部昆明、玉溪、楚雄等地约250天；较寒冷的昭通和迪庆达210~220天。云南光照条件好，每年每平方厘米为90~150千卡。全省年太阳能辐射总量在3620~6700兆焦/平方米，折合123.59~228.4千克标准煤/平方米。全年太阳辐射总能量折合486946~898876万吨标准煤/年，是全省最大的可再生能源。全省太阳能辐射地区分布西多东少，金沙江河谷地带的楚雄、临沧一线以西地区，年太阳总辐射量在5800兆焦/平方米，永仁最多、盐津最小。全省光照条件和太阳辐射量仅次于西藏、内蒙古、青海等省份。

云南的这种气候特点，有利方面是适宜多种农作物和经济作物的生长和发展，同时也为旅游业的发展提供了有利的条件；不利方面是干季和雨季过于集中，分布不均，还伴随有洪涝、低温冷冻、冰雹等自然灾害，会给农业带来危害。

（三）云南省水资源条件分析

总体来看，云南水资源丰富，开发利用潜力很大，但可直接利用的水资源数量不多，水资源时空分布不均，水土资源分布不相匹配，水资源开发利用率低。虽然全省各地年平均降水量从750~2250毫米不等，但降水的空间分布不均。金沙江、元江等干热河谷年均降水量仅600~750毫米；龙陵、江城、西盟、绿春、金平等县的年降水量达2000毫米以上。又由于云南干湿季节分明，11月至次年4月为旱季，平均降水量仅为200毫米左右，为全年降水量的15%；5月至10月为雨季，降水量却占全年降水量的85%，降水的年内分配极不均匀。全省多年平均降水总量4900亿立方米左右，其中45%转为河川径流量约2210亿立方米，多年平均径流深575.5毫米。由于径流受气候、降水、地形、地质、植被等影响，其分布有地带性变化和垂直变化。全省地表水资源分布总的是由北往南，自东向西降水量逐渐递增，高低值区域相间，由西向东划分为3个多水带、2个中水带、1 个少水带。

（1）多水带：多水带大致产水模数 80 万～300 万立方米/平方千米，共有 3 个多水带。西带位于高黎贡山西部，包括怒江、迪庆州大部、临沧市西南部和西盟；中带包括云岭南端、点苍山、哀牢山、无量山及中越边境一带；东带包括五莲峰、大包山、东川山区、罗平多雨区。

（2）中水带：产水模数 20 万～80 万立方米/平方千米。西带位于高黎贡山以东、哀牢山以西的整个澜沧江流域和北部香格里拉、丽江、永胜一带；东带包括昆明、昭通、曲靖、红河、文山州的大部。

（3）少水带：产水模数低于 20 万立方米/平方千米。包括金沙江河谷的宾川、祥云、南华、楚雄、建水、石屏、开远等地。

目前，季节性干旱和工程性缺水仍然是困扰制约云南省农业发展的主要因素。

二、生物资源条件

（一）云南省生物资源概况

云南位于全球三大生物多样性最丰富的区域，且有许多极其珍贵的特有生物属、种，在全国乃至世界农业种质资源领域均占有十分重要的地位。云南属典型的亚热带季风气候区，跨越七个气候带，加之受全球独特的低纬切割高原影响形成的地理生态环境和气候类型复杂多样，境内海拔高度悬殊，高山、深谷与山间盆地相间，北热带、南亚热带、中亚热带、北亚热带、南温带、中温带和高原气候等多种气候类型交错分布，地理、气候的多样性造就了生态环境和生物资源的多样性，不仅使得云南生物和物种资源居全国首位，还是现今世界上生物多样性最丰富的地区之一。省内生物生存的若干“地理隔离”“生态隔离”“生殖隔离”，限制了生物物种内个体间的“基因交流”，使得云南成为天然的基因宝藏，素有“植物王国”“动物王国”“香料王国”“花卉王国”“药物宝库”“生物资源基因库”等美称，兼具丰富多样性、古老特有性、珍稀濒危性和原生脆弱性等特点。根据云南省环境保护厅、中国科学院昆明分院《云南省生物物种名录（2016版）》，云南有高等植物 19365 种，占全国的 50.2%，包括苔藓 1906 种，蕨类 1363 种，裸子植物 127 种，被子植物 15969 种。其中热带、亚热带的高等植物约 1 万种，中草药 2000 多种，香料植物约 400 种，有观赏植物 2100 多种，花卉植物 1500

种以上；不少是珍奇特产植物。云南是多种野生动物的理想栖息地，拥有脊椎动物2273种，占全国的52.1%，其中鱼类617种，两栖类189种，爬行类209种，鸟类945种，哺乳类313种。鱼类中有5科40属249种为云南特有。鸟兽类中有46种为国家一级保护动物，154种为二级保护动物。此外，云南还有大型真菌2729种，占全国的56.9%；地衣1067种，占全国的60.4%。全省已见目录的昆虫10050种，占全国名目的40%；国内外已记录的微生物种类，云南都有。全省可开发利用的生物资源如表4-1所示。

表4-1　云南可开发利用的主要生物资源种类

可利用资源种类	全国有种类（种）	云南有种类（种）	占全国的比重
主要乔木	200	120	60%以上
香料植物	500	360	70%以上
药用植物	4700	2600	55%以上
食用菌	360	270	70%以上
紫胶寄生植物	200	100	50%以上
两栖爬行动物	29	21	70%以上
观赏植物	3500	2500	70%以上

资料来源：云南省环境保护厅、中国科学院昆明分院《云南省生物物种名录（2016版）》。

（二）云南省作物资源概况

云南不仅以占全国4.1%的国土面积囊括了地球上除海洋和沙漠以外的森林、灌丛、草甸、草原、荒漠、湿地等地球陆地生态系统类型，各类群生物物种数均接近或超过全国一半，而且具有众多独特的资源，是多种粮经作物的起源地或多样性中心、中国农业种质资源大省，农作物种类、畜禽品种、渔业资源、林木资源、药材资源及野生蔬菜、野生食用菌资源，覆盖面广、类型多样、产品丰富，为发展高原特色农业奠定了坚实的物种资源基础。

黄兴奇等（2005）研究得出，云南有主要栽培植物500余种，重要野生近缘植物600余种，是中国三种野生稻、金荞麦等国家重点保护农业野生资源的主要产地之一；也是亚洲栽培稻、荞麦、茶、甘蔗等主要粮经作物的起源地或多样性中心。其次，云南还是蜡质玉米、云南小麦亚种（当地称“铁壳麦”）等作物的次生起源中心；在世界上已命名的18个种、2个亚种和2个变种的荞麦资源中，云南分布有12个种、2个亚种和2个变种，占世界荞麦种数的2/3以上；云南是我国栽培稻地方品种等位基因最丰富的地区；云南小麦是我国特有的普通小麦3个亚种之一；云南也是玉米种质资源密集分布区，糯玉米资源数量约为全国的近40%，且多样性最丰富，其中四路糯是云南特有的糯玉米类型，被认为是糯玉米的原始类型。

1. 粮食作物

云南地处中国起源中心的边缘地带，与印度起源中心接近，区域特征明显、品种资源十分丰富。20世纪50年代以来，征集到30多种作物品种材料。其中水稻地方作物5300余份、玉米1860份、杂粮1414份、豆类2000余份、马铃薯栽培种51份、甘薯25份。

2. 经济作物

云南拥有天然药物资源6559种，占全国总数的51%，具有优良丰富的种质资源和物种基因，是多种作物的起源地和多样性中心、中国作物种质资源大省。

（1）蔬菜：云南蔬菜资源极为丰富。据不完全统计，仅蔬菜地方品种资源即有34科、70多个属、150多个种或亚种（不包括野生蔬菜和野生菌）。此外，已发现并得以鉴定云南野生蔬菜资源就有106科、272属、375种。云南低纬高原独特的立体气候和优越的生态环境条件，造就了其他地方无可比拟的周年蔬菜生产条件，使得蔬菜品种多样、错季优势明显，外销蔬菜产业发展迅猛。据云南省农业农村厅《云南省“绿色食品牌”重点产业2019年发展报告》，2019年，全省蔬菜种植面积和产量分别迈上1700万亩（1789万亩）和2300万吨的台阶，蔬菜外销量和出口量分别占全省蔬菜总产量的68%和5.7%。蔬菜外销量多年处于全国第四、第五位，蔬菜出口创汇额仅次于山东居全国第二位，已连续多年成为云南省第一、第二大宗出口创汇农产品。

（2）鲜切花：云南不仅名花种质资源丰富，栽培历史悠久，知名度高，而且特有种较多，种子植物特有属就有108个，特有种超过1000个。同时，云南的野生观赏植物也很丰富，约有2500多种。其中，山茶、杜鹃、报春、龙胆、绿绒蒿、百合、兰花、木兰号称云南“八大名花”。自1994年以来，云南省以温带花卉品质为主的鲜切花产量始终保持在全国第一的水平，“云南鲜花”已成为国内知名品牌，在国际花卉产业中已经有了一定的声誉，在国际花卉产业中所占比例不断增加，并出现了一批具有一定国际知名度的花卉企业。2019年，全省鲜切花产量接近140亿枝（139.7亿枝），连续第26年产销量均居全国第一，成为云南省农民增收和出口创汇的主要品种。

（3）烤烟：云南烤烟种质资源近700份，其中，国内资源332份，国外资源347份。通过全国烟草品种审定，可在全国范围推广的品种有红花大金元、K326、云烟85号、RG11、K346、RG17、云烟317、G－28、广遵2号等（黄兴奇等，2005），上述品种具有外观质量好，内在化学成分协调等优良特性。全省传统烤烟主产区分布于昆明、曲靖、玉溪、红河、昭通、大理等，滇东喀斯特高原、滇中红色高原的山地及坝子边沿的部分区域。文山、普洱、临沧的山地，正在成为云南烤烟生产新的基地。

（4）甘蔗：云南建成了目前亚洲最大的甘蔗种质资源库，共有2300余份甘蔗种质资源，并选育出常规生产下平均含糖量均超过16%，最高值测定达到20.17%的全国最“甜”的甘蔗——云蔗99－91（黄兴奇等，2005）。蔗糖种植面积和产量连续多年保持在全国第二位。

（5）茶叶：目前世界上已发现茶组植物47个种、4个变种，云南就有35个种、3个变种，占全球总数的3/4，其中25个种和2个变种为云南特有（黄兴奇等，2005）。此外，中国是迄今所知全世界古茶园保存面积最大、古茶树和野生茶树群落保存数量最多的国家，云南是我国古茶树最集中的省份，不仅有古茶树5600余万株，约占全球总数的90%、中国的97%。还有稀有和珍贵的古茶树生态系统，现有野生茶树群落、古茶山（园）200多个，面积达300余万亩，是古茶树资源的现代分布中心。云南茶园面积和茶叶产量多年位居全国第一位和第二位。2019年，全省干茶产量5000吨以上的县市区有26个，其中10000吨以上的县市区有19个，古树茶正成为云南茶业独有的靓丽品牌。

（6）中药材：以“植物王国”著称的云南，素有“川广云贵，地道药材”之称。云南广袤的山区是我国药用植物的宝库。野生药用植物达1000余种，占全国药用植物的70%。主要有三七、天麻、虫草、云木香、云黄连、草果、豆蔻、砂仁、茯苓等。其中云木香、云黄连、野生天麻、秦艽、当归、滇龙胆为全国的主要生产基地，中药材是云南省山区出口创汇的主要品种。2019年，全省中药材种植面积872.68万亩（含药食两用药材），连续五年保持全国第一，中药材产量达94.95万吨，中药材综合产值1076.7亿元①（农业产值占全国10%以上）。

（7）食用菌：云南是我国野生食用菌资源最为丰富的省份之一，多年来，野

① 资料来源于云南省农业农村厅《云南省“绿色食品牌”重点产业2019年发展报告》。

生食用菌已成为云南的一张名片。世界食用菌约有2000余种，我国有978种，云南约有882种，占世界的44.1%、全国的90.18%，是中国乃至世界食用菌种质资源最丰富地区。全省广袤山区孕育着名贵的野生食用菌如松茸、虫草、羊肚菌、竹荪、美味牛肝菌、金耳、香菇、黑木耳、鸡油菌、黑虎掌和云南独有的特质化干巴菌、灰色华鸡枞等。野生食用菌生物产量约50万吨/年。经济价值高，美味可口的珍贵野生菌有50多种，可供大宗出口的就有数十种。云南人工食用菌有双孢蘑、香菇、木耳、姬松茸、金针菇、杏孢菇、白灵菇、真姬菇，尤其楚雄州发展最快、规模最大。目前全省每年开发利用野生食用菌10万吨（鲜品）以上，产值约50亿元，仅松茸一项出口规模就达1000吨，占据了80%的国际市场份额。2018年，云南省食用菌产量超过56万吨（排名全国第18位）、产值超过140亿元（排名全国第8位）①，出口创汇超过1亿美元。

（8）水果：云南独特的自然条件保存了丰富的野生果树资源，分属于74个科、145个属、486个种、62个变种，国家果树砧木资源圃位于云南。2019年，云南水果面积达1015.1万亩，产量近896.8万吨②，温带水果、热带水果、特色水果结构多样，错季优势明显，并依托比邻南亚东南亚的独特区位优势，培育形成了“温果南下、热果北上”的水果进出口贸易格局。全省水果出口额占全国水果出口总额的比重多年在35%左右，稳居全国第一，与蔬菜一道成为云南排名第一、第二的出口创汇农产品（陈良正等，2019b）。

（9）热带、亚热带作物：全省热带、亚热带作物主要指橡胶、咖啡2种，主要分布于北热带及南亚热带区域的西双版纳、普洱、临沧、德宏、保山等部分区域。云南是目前中国最大的咖啡和橡胶生产基地。统计数据表明，云南咖啡面积和产量占全国的98%以上，正成为云南省排名前5~6位的重要出口创汇农产品；云南天然橡胶种植面积和干胶产量均占同期全国的50%以上，已经成为全国面积最大、产量最高、质量最优的天然橡胶基地，为确保国家用胶安全和云南南部山区农民增收致富做出了巨大贡献。

此外，据2012~2020年《云南统计年鉴》以及云南省农业农村厅、昆明海关等单位提供的数据，云南蚕桑、核桃、澳洲坚果等在全国处于领先地位，桑园面积和干蚕茧产量分居全国第三和第五位。云南核桃和澳洲坚果种植面积和产量均

① 资料来源于中国食用菌协会公共服务平台（http://bigdata.cefa.org.cn/output.html）。
② 资料来源于云南省农业农村厅《云南省“绿色食品牌”重点产业2019年发展报告》。

排名全国第一位，是全球最大的核桃和澳洲坚果生产基地。云南生猪存栏量和猪肉产量分列全国第四和第六位，牛存栏量和牛肉产量排名全国第二和第六位，畜禽养殖业在全省农村经济中处于“三分天下有其一”的重要地位。

三、交通区位条件

云南位于中国西南部，北依广袤的亚洲大陆，南连位于辽阔的太平洋和印度洋之间的东南亚半岛，东与贵州、广西相连，北与四川、重庆为邻，西北角与西藏相接，西与缅甸交界，南与老挝、越南一水相连。云南是中国连接南亚、东南亚三大市场和沟通太平洋、印度洋两大洋的接合部，也是我国唯一能从陆路通过东南亚直接通达印度洋沿岸国家的省份，具有得天独厚的地理区位优势。出境公路20多条，周边国家热带农业资源丰富，与省内高原农业发展互补性较强。

全省综合立体交通体系基本形成，2012年投入使用的昆明长水国际机场，是中国面向东南亚、南亚和连接欧亚的第四大国家门户枢纽机场。“十三五”期间，云南实现航空大省向航空强省的转变，截至2020年底，全省运营民用运输机场总数达15个，位居全国第三①。再加上水路、公路、铁路与南亚、东南亚紧密相连，已形成面向国际、国内的水、陆、空立体交通运输网络，是我国面向西南开放的天然窗口。

云南省拥有国家级口岸21个，随着中国—东盟自由贸易区发展以及建设我国面向西南开放重要桥头堡战略的实施，云南省将逐步实现从“内陆边陲”发展为“开放前沿”，通过承内启外的联动机制，利用国内外“两个市场、两种资源”，有利于加快推进云南省农业产业化发展步伐，为云南省高原特色农业的快速发展提供了广阔的市场和必要的动力。

四、小结

总体上说，云南光、热、水、能资源丰富，生物资源多样性特征突出，农业

① 云南省交通运输厅．“十三五”以来我省综合交通基础设施网络建设情况［EB/OL］．（2020－11－30）．http：//jtyst.yn.gov.cn/Item/261676.aspx.

产业适应面广、土地产出率高，四季农业、立体农业特征明显，加之区位独特，农业发展潜力巨大。云南农业发展主要受到以下资源制约：一是耕地有限，质量偏差。全省人均耕地略高于全国人均水平，但耕地质量偏低。旱地占总耕地的76%以上，近15%的耕地为25°以上的坡耕地。中低产田地占总耕地的约2/3。耕地零碎，严重制约云南省农业现代化进程。二是工程性缺水严重。全省降雨充沛但时空分布不均，加之水利基础设施建设滞后，造成工程性缺水严重。到2019年全省耕地有效灌溉面积仅30%，旱涝保收高标准农田（地）不到2500万亩。三是生态保护任务重。一方面，云南省地处长江、珠江等六大国际国内水系的源头或上游，是全国乃至东南亚地区的重点生态保护区域；另一方面，生态类型多样，决定了农业的多样性。

综上所述，云南农业发展在以规模化大生产为基础的大宗农产品生产上不具优势，必须因地制宜，走多样、特色、优质、时差（季节差）、带差（气候带差）和保护性发展的路子。

第二节　部分产业比较优势和竞争力分析

所谓比较优势是指一个生产者以低于另一个生产者的机会成本生产一种物品的行为（曼昆，2012）。如果一个国家或地区在本国或周边区域生产一种产品的机会成本低于在其他国家或地区生产该产品的机会成本，则这个国家或地区在生产该种产品上就拥有比较优势。也可以说，当某一个生产者以比另一个生产者更低的机会成本来生产产品时，我们称这个生产者在这种产品和服务上具有比较优势。目前，国内外比较优势代表性经典测定方法主要有显性比较优势法，包括社会净收益、国内资源成本和有效保护率三种指标的国内资源成本法、社会成本效率分析、综合比较优势法、PAM模型、SPEARMAN秩相关系数和线性回归实证分析等（董晓波等，2016）。

本书引入区位熵（LQ）、效率比较优势指数（EAI）、规模比较优势指数（SAI）、效益比较优势指数（BAI）、需求收入弹性系数以及生产效率等指标中的一种或几种，采用国家统计局网站、历年《中国农村统计年鉴》和《云南统计年鉴》、FAO网站等数据资料，分析云南部分产业与全国、省内各市及周边东南亚国家的比较优势和生产竞争力，并对云南省这些产业的生产及布局提出一定的建议。基于数据的可得性，本书仅选择水稻、小麦、马铃薯、烟草、茶叶、蔬菜、水果、中药材以及肉牛 9 个产业进行分析，具体详见本书第三篇各产业经济问题研究的专门章节。而以鲜切花为主的云南花卉产业经过 30 年的发展，基本形成了成熟的产业体系，在亚洲乃至世界花卉市场的影响逐步扩大。目前，云南花卉面积和产值全球第三，其中鲜切花种植面积全球第一，外销量全球第二。由于相关数据缺乏，花卉产业未纳入此部分进行比较优势指数分析；云南咖啡产业规模占全国 97% 以上、天然橡胶产业规模也在 50% 以上，在全国处于绝对优势地位，因此亦未纳入此处进行分析。限于篇幅，此处仅列出云南 9 个产业相对于全国的规模比较优势指数、效率比较优势指数以及与周边国家的单产优势比较的部分分析结果。

一、水稻

云南是我国一个特殊的稻作区，多样化的生态环境不仅孕育出了多样化的优质稻作品种资源，也为稻作科技创新提供了得天独厚的自然条件。云南德宏芒市“遮放米”、文山广南“八宝米”、普洱墨江“紫米”等老牌优质米长期是封建王朝的贡米；红河开远“卧龙谷香米”、红河元阳“梯田红米”、版纳勐海“香米”等新兴优质米品牌逐渐被广大消费者追捧。云南这“六大名米”基本涵盖了籼型软米、香米、紫米、红米等高原特色名米产品。此外，中南半岛有世界米仓之誉，云南稻作科技和投资能力等明显领先于这些地区，具有开展经济技术合作及建立境外粮食生产基地的科技、经济和区位等优势。

（一）相对于全国的比较优势分析

利用云南省及全国农作物和水稻播种面积、粮食作物平均单产和水稻单产数据等分布对云南省的水稻规模比较优势指数（SAI）和效率比较优势指数（EAI）进行了计算，结果如图 4 - 1 所示，可以直观地看出，云南省水稻的 SAI 指数均小于 1 而且总体处于稳中有降的态势，说明相比全国平均来说云南水稻生产规模一直处于比较劣势。分析年间 2016 年以前云南水稻 EAI 指数小于 1、2017 年后均大于 1，说明云南省水稻单产逐渐表现出微弱的比较优势。

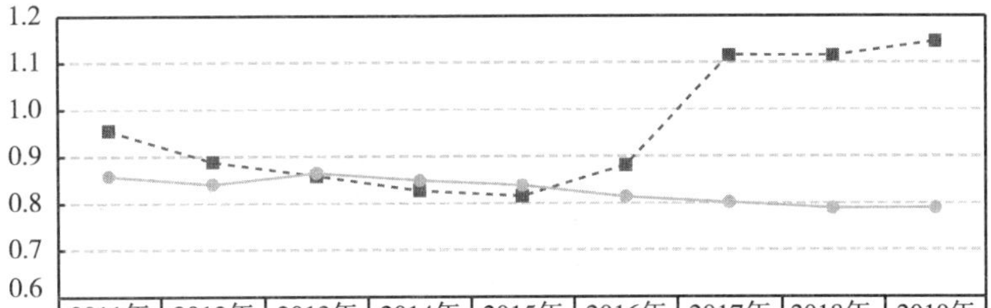

	2011年	2012年	2013年	2014年	2015年	2016年	2017年	2018年	2019年
EAI	0.955	0.888	0.858	0.827	0.815	0.881	1.115	1.115	1.150
SAI	0.86	0.84	0.86	0.85	0.84	0.81	0.80	0.79	0.79

图 4－1　2011～2019 年云南省水稻相对于全国的 SAI 指数和 EAI 指数

资料来源：根据国家统计局网站相关数据计算。

（二）相对于邻国的单产优势分析

采用云南水稻单产（国家统计局网站数据）占越南、老挝、缅甸和泰国等周边邻国水稻单产（FAO 网站数据）的比值测算云南相对于周边国家的水稻单产优势。若比重 >1 时，表明与周边水平相比，云南生产具有单产效率优势；若比重 <1，则不具有单产效率优势。结果如图 4－2 所示，可以看出，相对于周边的东南亚邻国（老挝、缅甸、越南及泰国），云南省的水稻单产水平总体上具有比较优势。其中，云南水稻单产一直远超过泰国，也明显高于越南和老挝，但是近年来云南相对于越南的水稻单产比较优势在弱化，相对于老挝的比较优势较稳定；云南相对于缅甸的水稻单产比较优势在增加，2016 年前，云南水稻单产与缅甸水稻单产差距不大，2017 年后，云南明显高于缅甸。

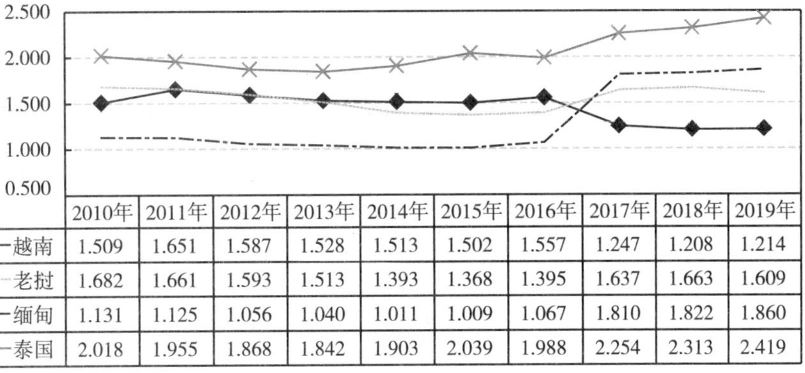

	2010年	2011年	2012年	2013年	2014年	2015年	2016年	2017年	2018年	2019年
越南	1.509	1.651	1.587	1.528	1.513	1.502	1.557	1.247	1.208	1.214
老挝	1.682	1.661	1.593	1.513	1.393	1.368	1.395	1.637	1.663	1.609
缅甸	1.131	1.125	1.056	1.040	1.011	1.009	1.067	1.810	1.822	1.860
泰国	2.018	1.955	1.868	1.842	1.903	2.039	1.988	2.254	2.313	2.419

图 4－2　2010～2019 年云南省相对周边邻国的水稻 EAI 指数

资料来源：根据统计局网站及 FAO 网站相关数据计算。

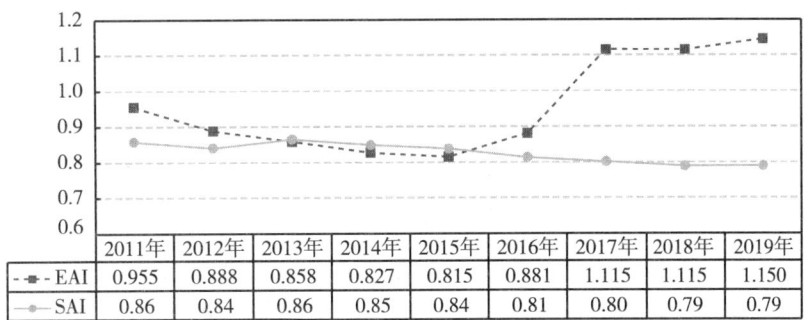

（三）小结

从上述水稻各比较优势指标的分析来看，云南省相对全国的单产、种植面积（即效率、规模和效益）均处于比较劣势。此外，云南省的水稻相比周边东南亚邻国效率比较优势明显，这反映出云南省的水稻生产效率低于全国平均水平但高于周边国家尤其是泰国。但云南的气候条件和资源禀赋其实比较适合水稻的种植，尤其是优质稻资源丰富，因此未来应以优质稻为重点，加快品种结构和区域结构调整，加大对科技的投入，因地制宜，发挥资源禀赋优势，提高水稻生产效率。

二、小麦

小麦是我国广大北方地区的口粮作物，也是云南的口粮作物之一。虽然云南小麦播种面积和产量仅为全国1.5%和0.6%左右，但是由于小麦生长的冬春季节云南干旱少雨缺水，尤其是在山区、半山区除种植小麦外，其他作物很难种植，同时小麦也是一种粮饲兼用型作物，因此虽经多年种植业结构调整，目前小麦仍是云南小春难以替代的粮食作物，且在资源、品种等方面有一些特色且相对于东南亚有一定优势。

（一）相对于全国的比较优势分析

小麦比较优势分析方法同水稻，不再赘述。云南省相对于全国的小麦规模比较优势指数（SAI）和效率比较优势指数（EAI）计算结果如图4-3所示。可以看出，分析年间，云南省小麦的SAI指数均小于1，且从2011年的0.429逐渐下降到2019年的仅0.386，说明云南小麦种植面积相比全国平均来说一直处于比较劣势。同时，分析年间，云南小麦的EAI指数也均小于1，2011~2017年处于0.8上下，2018年曾达到0.971，但2019年又急剧下降到不足2018年的50%，说明最近十年以来，云南省小麦的单产相对全国不具有比较优势，小麦的生产效率仍有待提高。尤其是2019年小麦生产效率相对劣势逐步加剧。

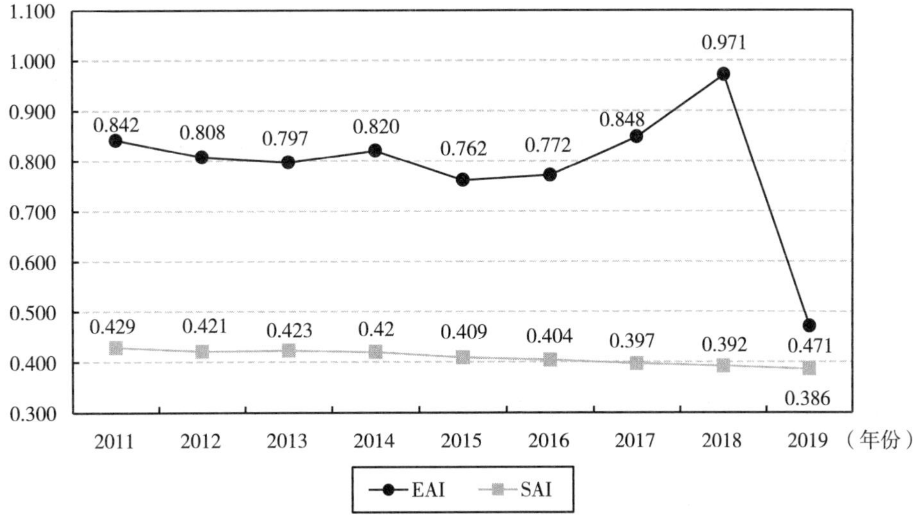

图 4－3　2011～2019 年云南省小麦相对于全国的 SAI 指数和 EAI 指数

资料来源：根据国家统计局网站相关数据计算。

（二）相对于邻国的单产优势分析

对云南省与周边邻国（泰国、缅甸）的单产效率计算结果如图 4－4 所示。可以看出，相对于周边的东南亚邻国（泰国），云南省的小麦单产水平比较高，具有明显的比较优势，尽管近十年来 EAI 指数有所波动，但总体变化不大。越南和老挝小麦生产数据未纳入 FAO 统计（或没有小麦生产），因此没有与其进行比较。

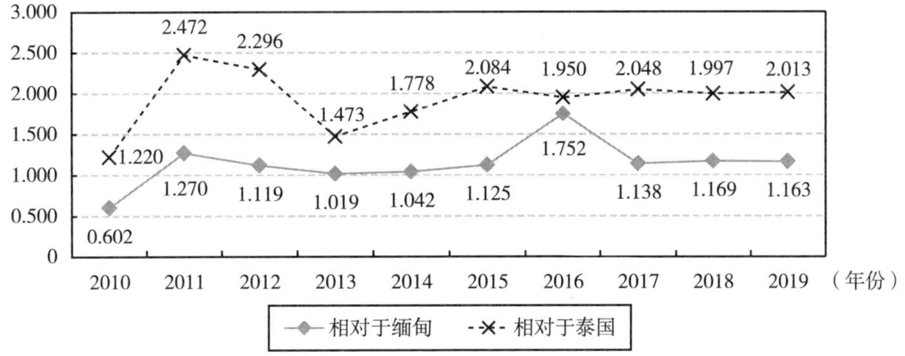

图 4－4　2010～2019 年云南省相对缅甸和泰国的小麦 EAI 指数

资料来源：根据 FAO 网站及国家统计局网站相关数据计算。

（三）小结

可以大体判断的是，云南省小麦种植面积在全省农作物中的份额越来越小，生产效率比较劣势愈发严重。在全球粮食安全形势日益严峻、我国种粮比较效益逐步下滑、近年更是不时处于亏损的情况下，云南作为国家粮食自求平衡区，确保本地粮食安全、口粮自给的任务很重，小麦作为主要口粮品种的效率和效益问题值得引起相关部门高度重视，要进一步增加科技投入，发展小麦生产技术，适当向最适宜区域集中，推广使用更为适合云南省小麦的生产技术，实现技术进步驱动单产增长。

三、马铃薯

（一）相对于全国的比较优势分析

2010~2019年，云南省相对于全国马铃薯的EAI指数和SAI指数计算结果如图4-5所示。可以看出，近十年以来，云南省马铃薯的EAI指数和SAI指数均在1以上，说明云南省马铃薯种植面积和单产相对全国具有比较优势。但同时也可以看出，近年来云南马铃薯的EAI指数和SAI指数均呈现出逐年下降趋势，可以大体判断云南省马铃薯规模比较优势和单产优势在逐渐减弱。

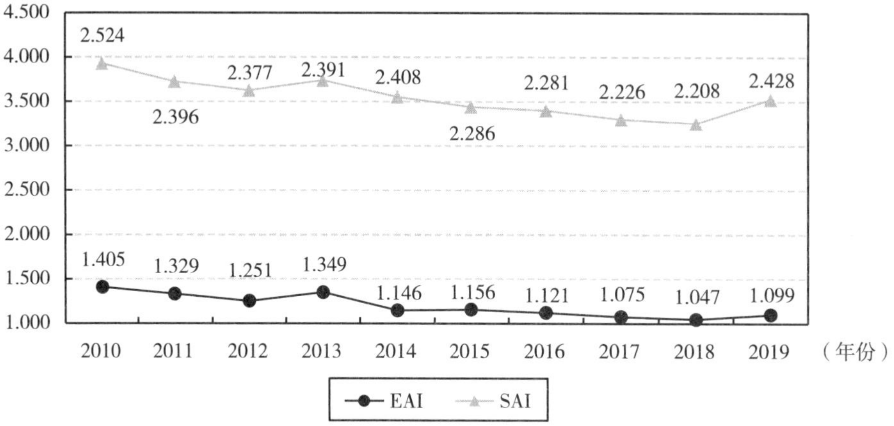

图4-5 2010~2019年云南省相对于全国的马铃薯EAI指数和SAI指数

资料来源：根据国家统计局网站数据库相关数据计算。

采用2012~2019年《全国农产品成本收益资料汇编》中全国和云南露地马铃薯50千克净利润数据计算2011~2018年云南省相对于全国的效益比较优势指数（BAI）结果如图4-6所示。

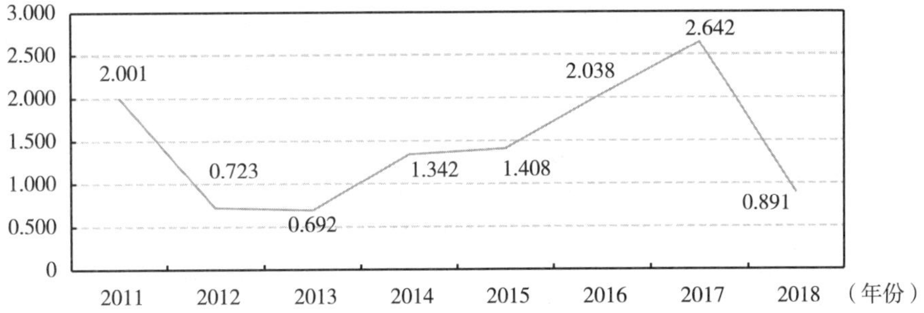

图 4－6　2011～2018 年云南相对于全国的马铃薯 BAI 指数

资料来源：根据 2012～2019 年《全国农产品成本收益统计资料汇编》数据计算。

可以看出，分析期内多数年份云南省马铃薯生产相对于全国平均水平而言具有明显效益比较优势。尤其是 2014 年以后，得益于全省秋作特别是冬早马铃薯规模的不断扩张，相对于同期全国水平而言，云南省马铃薯生产的效益优势逐年增加，截至 2017 年，云南省的 BAI 指数已经上升到了 2. 64，但是 2018 年又跌到 1 以下仅 0. 89。而以亩均利润测算的云南露地马铃薯相对于全国的 BAI 指数则多年均大于 1，说明云南露地马铃薯单位面积生产效益相较于全国有比较优势，但单位产品生产效益不具备比较优势（生产成本高于全国平均），个别年份波动较大。

（二）相对于主产省的比较优势分析

云南省相比其他马铃薯主产省的效率比较优势指数（EAI）和规模优势指数（SAI）计算结果如图 4－7 和图 4－8 所示。可以看出，分析年间，云南马铃薯单产一直低于四川且除 2010 年外均低于 4 个主产省平均单产，说明云南相对于四川和 4 省平均不具备单产优势；而相对于贵州、甘肃和内蒙古而言，仅有 2010 年和 2015 年单产优势指数大于 1，说明云南省的马铃薯单产水平大多年份均低于其他主产区的水平且近年来呈现总体下滑趋势，马铃薯效率下滑趋势十分明显，应引起相关方面的高度重视。

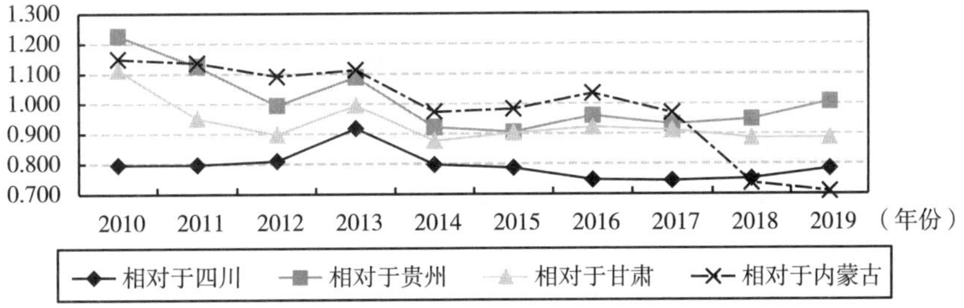

图 4－7　2010～2019 年云南省相对其他主产省的马铃薯 EAI 指数

资料来源：根据国家统计局网站相关数据计算。

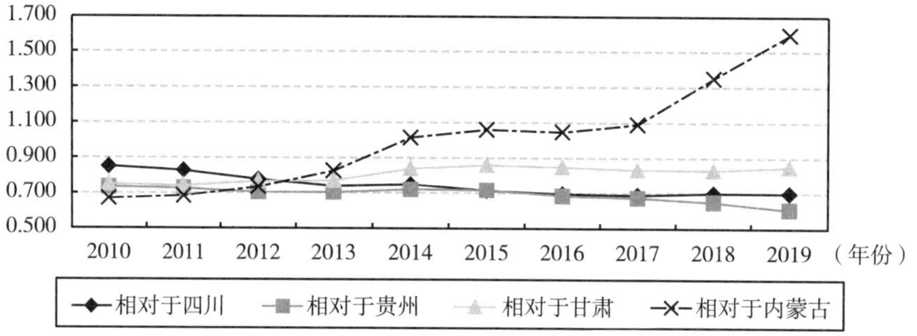

图4－8 2010～2019年云南省相对其他主产省的马铃薯SAI指数

资料来源：根据国家统计局网站相关数据计算。

而从生产规模看，与内蒙古相比，云南省马铃薯种植具有规模优势；但与四川、贵州和甘肃等马铃薯主产省相比，云南省的马铃薯种植面积优势仍显不足。此外，从变化趋势来看，近年来云南省与其他主产省马铃薯种植面积占比趋于稳定。

（三）相对于邻国的比较优势分析

云南省与周边邻国老挝、缅甸、越南和泰国的马铃薯的单产效率计算结果如图4－9所示。可以看出，相对于越南和缅甸，云南马铃薯单产有微弱的优势，而相对老挝和泰国，云南马铃薯单产劣势明显，尤其与老挝的差距较大。从发展趋势看，近年来云南马铃薯的单产水平与老挝的差距趋于稳定，而与缅甸和越南马铃薯的单产优势有所减弱，与泰国的比较优势已经逐步丧失。

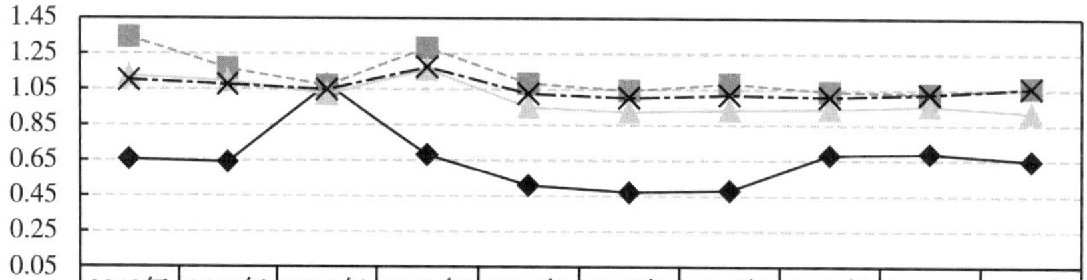

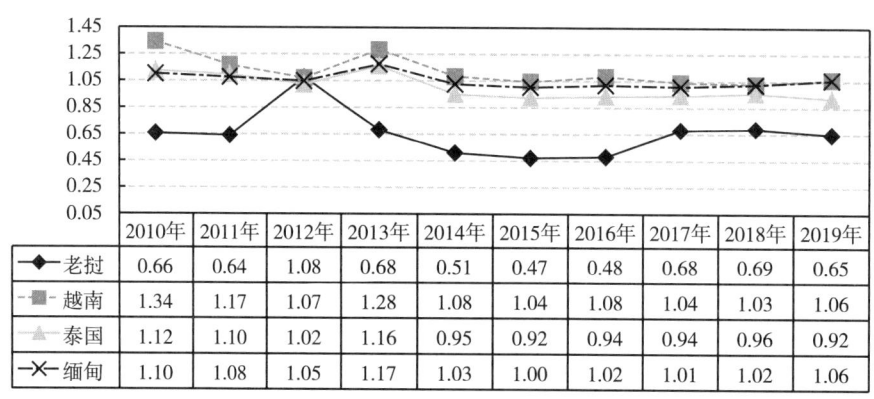

	2010年	2011年	2012年	2013年	2014年	2015年	2016年	2017年	2018年	2019年
老挝	0.66	0.64	1.08	0.68	0.51	0.47	0.48	0.68	0.69	0.65
越南	1.34	1.17	1.07	1.28	1.08	1.04	1.08	1.04	1.03	1.06
泰国	1.12	1.10	1.02	1.16	0.95	0.92	0.94	0.94	0.96	0.92
缅甸	1.10	1.08	1.05	1.17	1.03	1.00	1.02	1.01	1.02	1.06

图4－9 2010～2019年云南省相对周边国家马铃薯的EAI指数

资料来源：根据联合国粮农组织FAO网站和国家统计局网站相关数据计算。

云南相对于周边国家的马铃薯规模优势指数（SAI）计算结果如图 4 – 10 所示（由于老挝马铃薯种植面积多年仅在 1000 公顷左右，近年来更是跌到 1000 公顷以下，本书未纳入分析比较）。

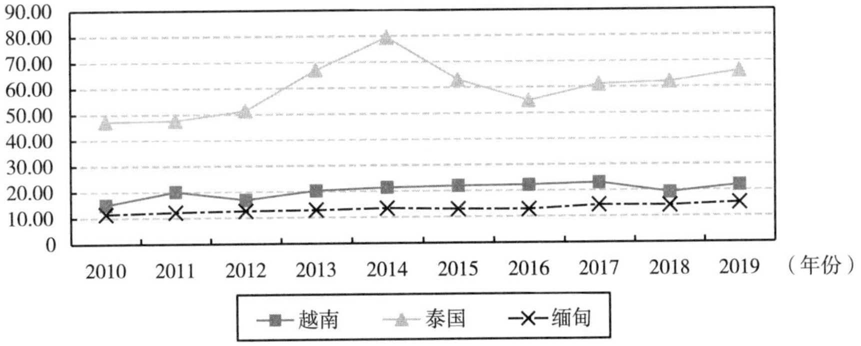

图 4 – 10 2010 ~ 2019 年云南省相对邻近国家的马铃薯 SAI 指数

资料来源：根据联合国粮农组织 FAO 网站和国家统计局网站相关数据计算。

可以看出，与泰国、越南和缅甸等国的马铃薯的种植规模相比，云南省马铃薯种植具有显著的规模优势。且从变化趋势来看，近年来云南省与邻近国家马铃薯种植面积占比趋于稳定。

（四）小结

通过以上分析，我们发现，相对于全国平均水平而言，云南省马铃薯生产具有效率优势，但与主要主产省比较还存在较大差距。云南省马铃薯生产已经具有规模优势，且其与全国主要马铃薯生产大省相比，种植规模也较为接近。从效益比较优势来讲，云南省马铃薯生产在全国具有效益优势，且与大多数全国主要马铃薯生产大省相比也具有效益优势。通过与周边越南、泰国、缅甸和老挝四个邻近国家相比，我们发现云南省马铃薯生产的竞争优势主要在规模方面。这启示云南省应该将提高本地马铃薯单产水平作为未来马铃薯产业发展的重要工作来抓。

四、烟草

（一）相对于全国的比较优势分析

云南省相对于全国的烟草效率优势指数（EAI）和规模优势指数（SAI）计算

结果如图4－11所示。可以看出，分析年间，云南省烟草EAI指数均大于1，说明云南烟草生产效率相对于全国平均为比较优势。但是从图中也可以看出，EAI指数不仅年际间波动较大，且总体呈现下降趋势，说明云南烟草的生产效率优势在逐渐减弱，与区位熵、DRC等分析结果均呈现一定的一致性。规模方面可以直观看出，2010年以来，云南省烟草的种植面积相比全国平均来说一直比较优势明显，SAI值都在8.00以上。并且2015年开始，SAI指数总体处于不断上升趋势，连续3年超过9，可以大体判断的是，烟草作为云南省的优势农产品，近年来规模比较优势愈发显著。

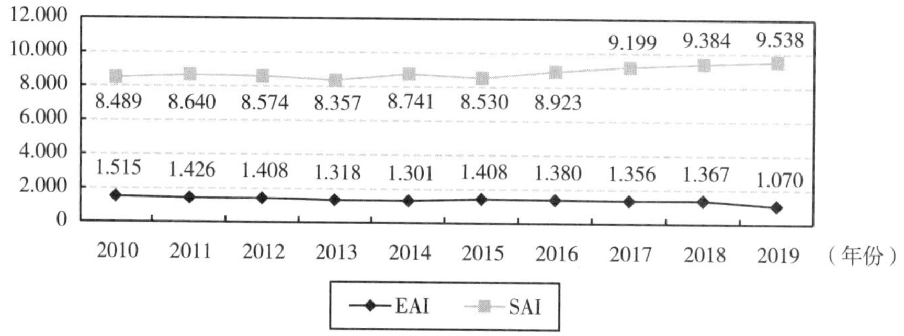

图4－11　2010～2019年云南省相对于全国的烟草EAI指数和SAI指数

资料来源：根据国家统计局网站2020年12月相关数据计算。

但是，采用《全国农产品成本收益资料汇编》中的相关数据计算近年来云南省烟草相对于全国的效益优势指数（BAI）均小于1，表明云南省烟草亩均收益相比全国平均水平处于效益比较劣势，反映出云南烟草种植的收益水平较低。

（二）相对于邻国的比较优势分析

采用国家统计局网站及FAO网站的相关数据对云南省与周边邻国的烟草单产效率进行计算结果如图4－12所示，可以看出，相对于老挝，云南的烟草单产处于绝对劣势，指数从2010年的0.422（即云南单产仅为老挝的42.2%）下滑到近年的0.3以下；相对于缅甸，云南的烟草单产从劣势转变为优势且保持至今；相对于泰国和越南，云南烟草单产过去曾有优势，但近年来优势下降明显，与越南相比属于相差不大的情况，而与泰国相比则明显处于劣势且劣势越来越明显。

鉴于邻国的基本国情，其数据为FAO估算的数据，加之上面提到的中后期云南烟草生产方式和烟叶实际产量的统计模式等原因，此处的EAI指数仅作参考。

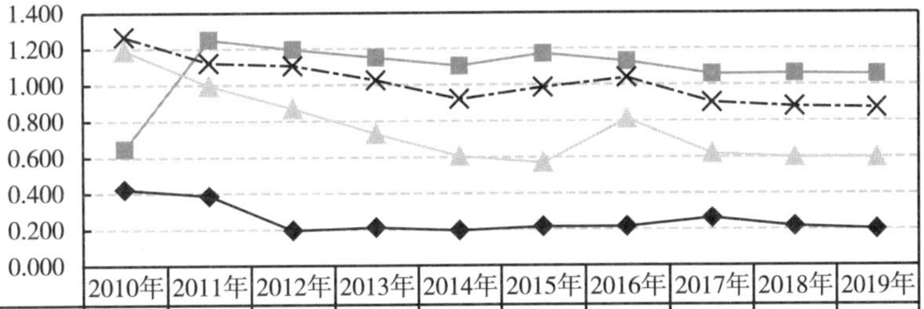

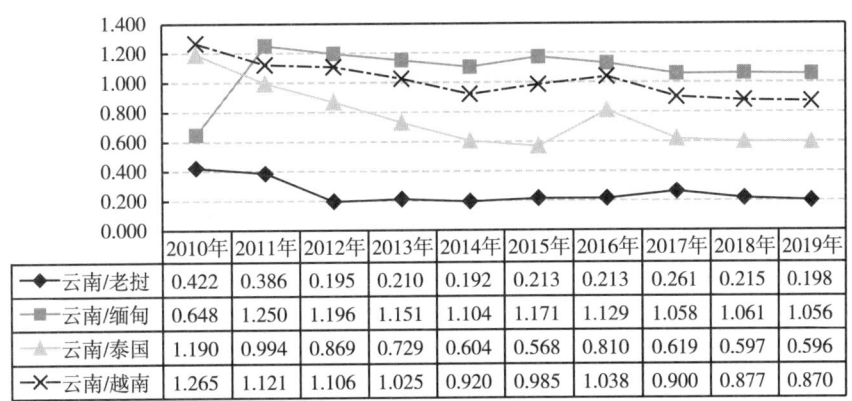

	2010年	2011年	2012年	2013年	2014年	2015年	2016年	2017年	2018年	2019年
云南/老挝	0.422	0.386	0.195	0.210	0.192	0.213	0.213	0.261	0.215	0.198
云南/缅甸	0.648	1.250	1.196	1.151	1.104	1.171	1.129	1.058	1.061	1.056
云南/泰国	1.190	0.994	0.869	0.729	0.604	0.568	0.810	0.619	0.597	0.596
云南/越南	1.265	1.121	1.106	1.025	0.920	0.985	1.038	0.900	0.877	0.870

图 4－12　2010～2019 年云南省相对周边邻国的烟草 EAI 指数

资料来源：根据国家统计局网站和 FAO 网站相关数据计算。

（三）小结

从上述烟草各比较优势指标的分析来看，云南省烟草生产在全国具有一定的比较优势，效率比较优势指数和规模比较优势指数均大于 1，但效益水平相对较低，效益比较优势指数除 2013 年外均小于 1，这在一定程度上体现了云南烟草生产大而不强。此外，云南省的烟草相比周边东南亚邻国也不具备效率比较优势，除越南外，云南省与周边国家的单产比较优势均小于 1，这反映出云南省的烟草在做大做强的道路上还有较大的提升空间。当然云南的气候条件和资源禀赋适合种植烟草这一点毋庸置疑。因此，未来需要加大对农业技术尤其烟草相关技术和科技的资金投入，因地制宜，发挥资源禀赋优势，提高烟草生产效率。

五、茶叶

（一）相对于全国的比较优势分析

采用前述方式，计算云南省的茶叶 EAI 指数和 SAI 指数结果如图 4－13 所示，可以看出，规模方面，云南省茶叶种植面积 SAI 指数在 4.0～5.2 的水平波动，且整体逐年降低，2016 年甚至降到了 4.0 以下，虽然 2017 年有所恢复，但 2019 年下降到分析期最低水平。这说明云南省的茶叶种植面积与全国平均水平相比具有相当大的比较优势，但是规模比较优势逐渐下降。效率方面，云南省茶叶 EAI 指数基本大于 1，且呈逐年上升趋势，表示云南省茶叶单产较全国具有比较优势。总体来说，云南省茶叶的生产效率与全国平均水平相比较高。但自2015年达到峰值1.420之后，2016年呈下降趋势，茶叶生产效率优势正在被其他茶叶主产省挤占。自2018年开始恢复，2019年达到1.670，为分析期的最高水平，与云南省委、省政府打造世界一流“绿色食品牌”、加大对茶产业的支持及全省茶叶生产效率有所提高有关。

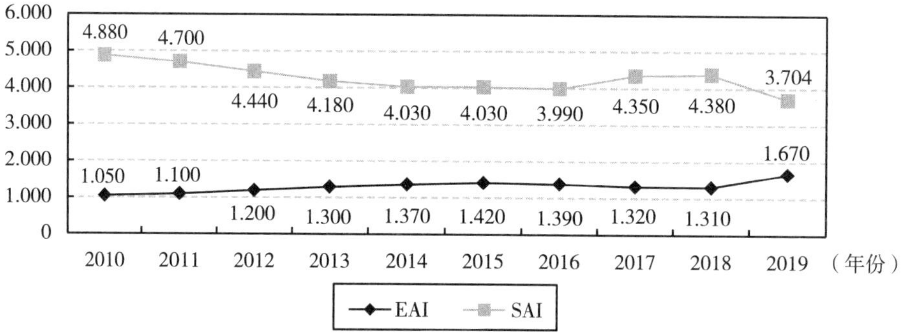

图4-13　2010~2019年云南省相对于全国的茶叶EAI指数和SAI指数

资料来源：根据国家统计局官网数据计算。

此外，采用云南采摘茶园单位面积农业产值与全国采摘茶园单位面积农业产值等数据，计算云南茶产业效益优势指数（BAI），结果如图4-14所示。可以直观看出，分析期10年间，云南茶叶BAI指数均小于1、不足0.5，说明云南茶产业不具备效益比较优势；采摘茶园亩均农业产值多年不足全国平均的50%，最低年份2011年仅为全国平均的22.1%，与多年来云南茶园面积全国第1、茶叶产量全国第2、农业产值全国第6的实际吻合。所幸近年来这个情况有所缓解，BAI指数在逐步升高。

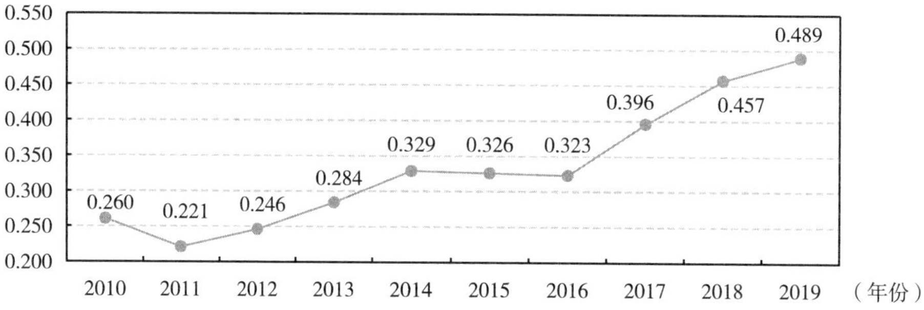

图4-14　2010~2019年云南省茶叶相对于全国的BAI指数曲线

资料来源：根据国家统计局网站及《中国农村统计年鉴》相关数据计算。

（二）相对于邻国的单产比较优势分析

采用前述方式对云南省与周边邻国的茶叶单产效率进行了计算分析，结果如图4－15所示。可以看出近10年来，云南省与缅甸的茶叶单产优势指数在1上下，说明云南与缅甸的茶叶单产水平相当；但是与老挝和越南单产优势指数在0.5水平上波动，较泰国更是在0.2上下徘徊（即云南的茶叶单产仅为泰国的20%左右），表明云南省的茶叶单产较邻国效率劣势明显。当然，也有可能是不同统计渠道的数据本身有一定差距，加上由于各自茶叶利用采收方式和要求的差异造成的数据差异等，评价结果数值不作为双方单产数量的依据，仅作为单产高低的相关参考。

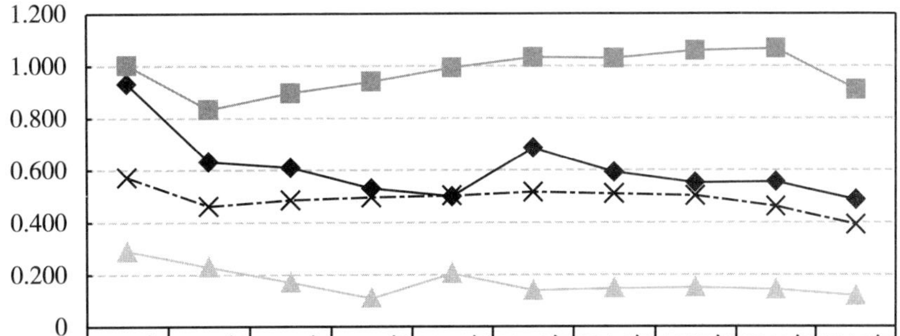

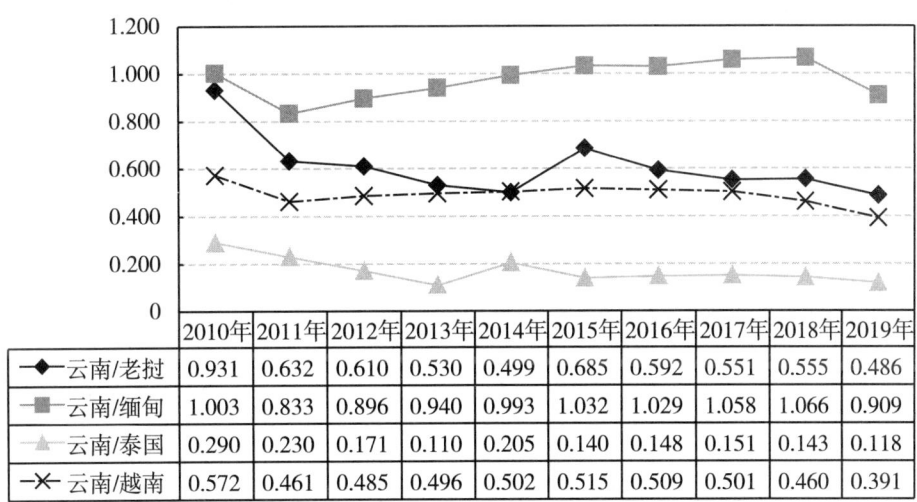

	2010年	2011年	2012年	2013年	2014年	2015年	2016年	2017年	2018年	2019年
云南/老挝	0.931	0.632	0.610	0.530	0.499	0.685	0.592	0.551	0.555	0.486
云南/缅甸	1.003	0.833	0.896	0.940	0.993	1.032	1.029	1.058	1.066	0.909
云南/泰国	0.290	0.230	0.171	0.110	0.205	0.140	0.148	0.151	0.143	0.118
云南/越南	0.572	0.461	0.485	0.496	0.502	0.515	0.509	0.501	0.460	0.391

图4－15　2010～2019年云南省相对周边邻国的茶叶EAI指数

资料来源：根据国家统计局网站及FAO网站数据库相关数据计算。

（三）小结

从上述各个比较优势指标可以看出，云南省茶叶种植面积相对于全国比较优势明显，但近年来明显下滑；单位产量较全国平均水平存在比较优势，且这个优势呈现总体上升趋势；单位产量较周边国家（以越南和泰国为例）比较劣势明显。综上，云南省虽然是我国茶叶种植大省，生产效率在全国范围内具有一定优势，但与周边国家相比较，还存在很大差距。

因此，云南省应当着力提高茶叶生产效率，加大对茶叶生产技术研发、农艺改良方面的资金支持，学习借鉴国外先进生产方式，通过技术进步拉动效率增长，而不能单纯地依靠扩大种植面积来保持本省茶叶总产量在全国的竞争力。

六、蔬菜

（一）相对于全国的比较优势分析

采用前述方式，计算云南省的蔬菜的 EAI 指数和 SAI 指数结果如图 4－16 所示，可以看出：云南蔬菜 SAI 指数从 2011 年开始大于 1 后呈现不断增长的发展趋势。说明从 2011 年开始，云南蔬菜种植面积相比于全国平均一直处于比较优势，具有一定的规模比较优势，对于其产业发展具有正向的促进作用。此外，SAI 指数呈现出以一定的增长速度不断递增的发展态势，说明云南蔬菜生产的规模优势不断增强。2014 年开始，云南省的蔬菜播种面积占全国的比重接近 5%，2015 年后超过 5%，到 2018 年达到 5.54% 且呈逐年上升趋势。

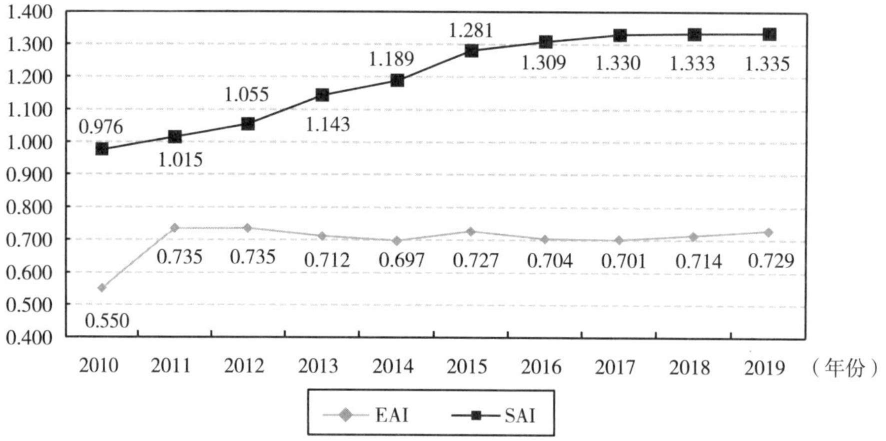

图 4－16　2010～2019 年云南省蔬菜 EAI 指数和 SAI 指数

资料来源：根据国家统计局官网数据计算（EAI 以粮食为参照）。

分析年间云南省蔬菜 EAI 指数（以粮食为参照）均低于 1，这说明相对于全国来说，云南省蔬菜的单产不具有比较优势，与云南省蔬菜综合单产不足全国平均的 60% 的情况吻合。当然，由于蔬菜品类众多，各品类间单产差距很大，而云南和全国的蔬菜品类结构存在较大差异，研究者缺乏或无法获得云南全省及全国系统完整的各蔬菜品类或主要品类的单产数据，此处的研究分析仅作为一个参考。近年来，EAI 指数呈增长态势，说明云南省蔬菜单产也在提高。以单位面积农业产值计算云南省蔬菜产业相对于全国的效益比较优势指数（BAI）结果如图 4－17 所示，可以看出，分析期 10 年间，云南省的蔬菜 BAI 指数均小于 1，说明云南是蔬菜生产效益水平一直低于全国平均，与云南蔬菜单位面积产量不足全国60%的情况吻合。同时，分析年间，自2015年BAI达到低谷后，近年均逐年上升，说明云南蔬菜产业的效益在逐步改善。

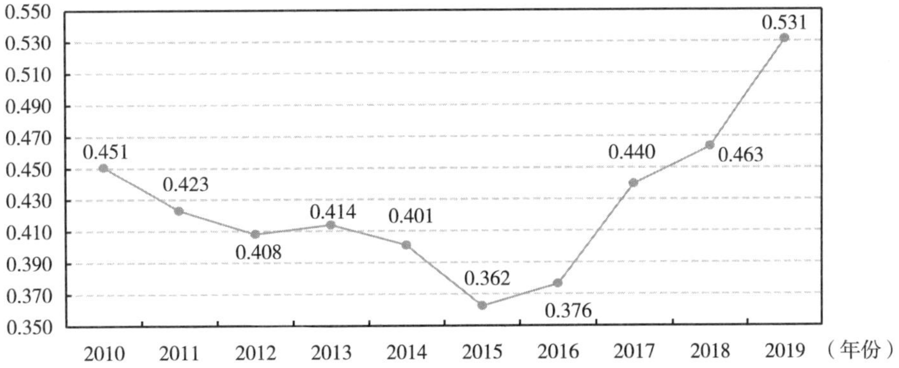

图4－17　2010～2019年云南省蔬菜相对于全国的BAI指数

资料来源：根据国家统计局网站和历年《中国农村统计年鉴》相关数据计算。

虽然云南蔬菜产业整体上相对于全国没有效益比较优势，但云南蔬菜在全国具有不可替代的作用，并非无利可图，蔬菜规模的不断扩张以及出省外销量多年占全省蔬菜生产量的70%的情况足以证明这个观点。究其原因，主要是整个蔬菜产业在全省农作物生产中具有明显的比较效益，尤其是相对于粮食、咖啡、橡胶、核桃等农产品生产近年效益滑坡甚至亏本的情况下，大多数蔬菜生产还具有一定的利润。

此外，鉴于蔬菜品种较多，根据2015～2019年《全国农产品成本收益资料汇编》中部分品类亩均净利润数据计算2014～2018年云南部分蔬菜品类的BAI指数，计算结果说明并非所有的蔬菜品类云南均没有效益比较优势（见表4－2和表4－3）。

表4－2　　2014～2018年云南及全国蔬菜亩均收益　　单位：元

品类	2014年		2015年		2016年		2017年		2018年	
	全国	云南	全国	云南	全国	云南	全国	云南	全国	云南
露地西红柿	2228.27	4337.91	2895.59	7254.04	2657.86	6340.21	2865.15	5518.79	3592.93	6978.95
露地黄瓜	1640.96	1613.52	1631.08	2746.91	1844.13	4370.38	1385.43	1478.96	2140.81	1784.21
露地茄子	1420.21	1505.27	1625.47	2832.88	1717.86	2761.94	1077.75	3402.27	1467.63	2927.90
露地菜椒	1101.90	289.54	1586.70	2244.21	1555.42	1376.88	1473.43	1900.56	1458.06	2401.69
露地圆白菜	893.24	147.41	1152.08	1736.45	1189.67	2027.58	617.45	944.60	849.27	1127.19
露地大白菜	870.73	1091.84	780.05	1883.33	955.85	1684.53	691.20	364.48	761.59	1140.44
露地马铃薯	353.07	475.07	402.11	599.69	326.68	783.44	285.51	944.60	461.78	505.42
露地萝卜	1170.67	2096.53	1278.03	2626.54	1119.16	1361.25	1624.20	1604.04	1347.32	81.56

资料来源：2015～2019年《全国农产品成本收益资料汇编》。

表4-3　　2014~2018年云南相较于全国蔬菜的BAI指数

品类	2014年	2015年	2016年	2017年	2018年
露地西红柿	1.95	2.51	2.39	1.93	1.94
露地黄瓜	0.98	1.68	2.37	1.07	0.83
露地茄子	1.06	1.74	1.61	3.16	1.99
露地菜椒	0.26	1.41	0.89	1.29	1.65
露地圆白菜	0.17	1.51	1.70	1.53	1.33
露地大白菜	1.25	2.41	1.76	0.53	1.50
露地马铃薯	1.35	1.49	2.40	3.31	1.09
露地萝卜	1.79	2.06	1.22	0.99	0.06

资料来源：根据2015~2019年《全国农产品成本收益资料汇编》亩均净利润数据计算。

从表4-3可以看出，除部分品类蔬菜在部分年份BAI指数小于1外，多数品类的多数年份BAI指数均大于1，部分品类部分年份的BAI指数甚至较高。如分析期内，露地西红柿、露地茄子和露地马铃薯BAI指数均大于1，而且露地西红柿BAI指数多年均在2上下、2015年甚至高达2.51，露地茄子和露地马铃薯2017年分别高达3.16和3.31，说明并非所有蔬菜部分蔬菜品类生产不仅在云南具有比较优势，部分年份的效益比较优势还十分明显。

同样，由于蔬菜品类众多，而我国统计的蔬菜和FAO统计的蔬菜不一致，基于数据的可得性，此处未研究云南与周边国家的蔬菜生产规模和效率的比较优势。

（二）小结

分析数据显示，云南蔬菜生产规模和生产效率整体上均不具备比较优势，虽与全省蔬菜面积和产量仅排名全国第11位和第12位的实际相符，但与近年来云南蔬菜生产规模不断扩展、70%左右的蔬菜生产量出省外销的产业实际不符，除了蔬菜生产相对于其他农产品具有比较优势外，“云菜”的市场知名度不高是原因之一。调研发现，在山东寿光、浙江金华、深圳布吉等批发市场，云南产蔬菜以非“云菜”身份面对消费者的情况并不鲜见，贴牌出口的情况也早就存在。当然，从效益比较优势来看，云南蔬菜生产并非无利可图，部分品类与全国平均水平相比呈现一定的效益比较优势。在发展云南高原特色蔬菜的同时，更应该加快“云菜”的流通、经营、管理，提高“云菜”品牌的价值和效益。

七、水果

云南水果以经济栽培的园中水果为主，面积和产量占比近年均高达96%以上和93%以上。因此，此处采用前述方式，计算云南省园林水果SAI指数和EAI指数，管窥近年来云南水果产业相对于全国和周边邻国的比较优势。

（一）相对于全国的比较优势分析

采用国家统计局网站相关数据，以粮食为参照，计算2010～2019年10年间，云南水果相对于全国的SAI指数和EAI指数结果如图4－18所示。可以看出，分析年间，云南园林水果相对于全国来说，规模比较优势逐步显现，但单产代表的效率比较优势逐步丧失且与全国的差距越来越大。

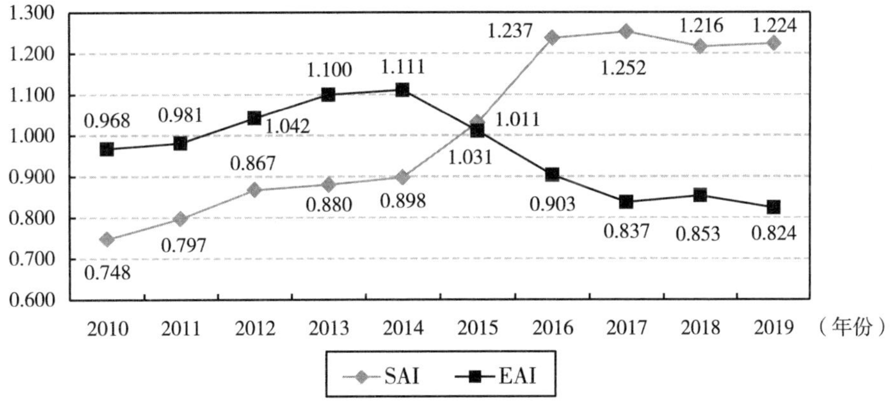

图4－18　2010～2019年云南省园林水果SAI指数和EAI指数

资料来源：根据国家统计局官网数据计算（EAI以粮食为参照）。

（二）相对于邻国的单产比较优势分析

利用云南省及老挝、缅甸、越南、泰国的水果单产数据等对云南省的水果进行了计算，结果如图4－19所示。可以看出，分析年间，云南水果相对于缅甸和泰国有明显的单产比较优势，相对于老挝和越南则不具备单产优势。当然，鉴于周边国家的经济社会情况和不同统计口径可能存在的数据偏差，本书的结果仅作参考。

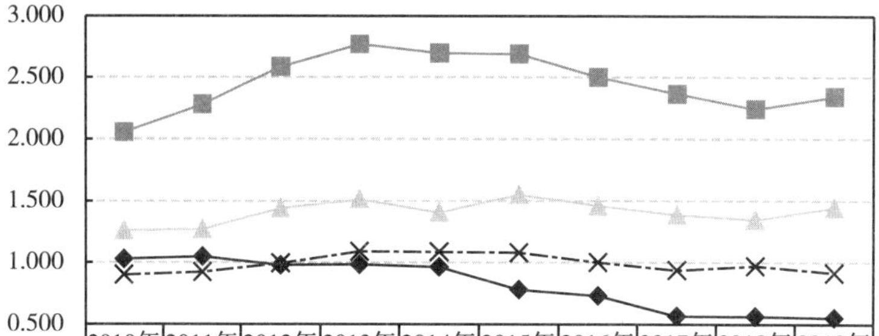

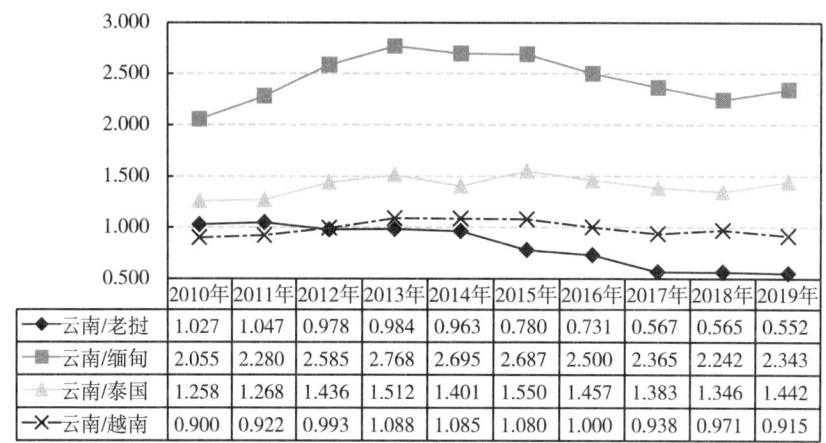

	2010年	2011年	2012年	2013年	2014年	2015年	2016年	2017年	2018年	2019年
云南/老挝	1.027	1.047	0.978	0.984	0.963	0.780	0.731	0.567	0.565	0.552
云南/缅甸	2.055	2.280	2.585	2.768	2.695	2.687	2.500	2.365	2.242	2.343
云南/泰国	1.258	1.268	1.436	1.512	1.401	1.550	1.457	1.383	1.346	1.442
云南/越南	0.900	0.922	0.993	1.088	1.085	1.080	1.000	0.938	0.971	0.915

图4-19　2010~2019年云南省水果相对周边国家的EAI指数

资料来源：根据国家统计局网站及FAO网站相关数据计算。

（三）小结

从上述水果各比较优势指标的分析来看，云南水果相对于全国来说，规模比较优势逐步显现，但同时单产代表的效率比较优势逐步丧失且与全国的差距越来越大，应引起有关方面的高度重视。云南省水果相对缅甸、泰国、越南等周边邻国的单产处于比较优势，相对于老挝近年来处于比较劣势。但由于云南区位特殊，自然条件优越，具有发展温带水果早熟上市的优势，同时具有发展亚热带水果替代进口高档水果的优势，所以云南水果优势极为明显。

八、中药材

（一）相对于全国的比较优势分析

采用前述方式，采用国家统计局网站和《中国农村统计年鉴》相关数据计算云南和全国中药材种植面积占农作物种植面积比重的比值（SAI）、云南与全国单位面积中药材农业产值的比重（BAI）结果如图4-20所示。可以看出，分析年间，云南中药材相对于全国的规模优势指数（SAI）均大于1，2015年最高时达2.229，近年来稳定在1.9上下，说明云南中药材一直具有规模比较优势，与云南中药材种植面积排名全国前列的情况吻合，但近年来基本稳定且有小幅下降。

同时，可以看到，分析期内除2010~2011年外，2012年后云南中药材相对全国的效益比较优势指数（BAI）均大于1且总体呈现上升趋势，说明从单位面积农业产值反映出云南中药材从2012年开始逐步显现出效益比较优势。2010年和2011年，由于云南连续的干旱对中药材生长造成了很大的影响，与同期相比，多种中药材减产均在30%左右，是造成这两年云南省相较于全国中药材BAI指数下滑的主要原因。

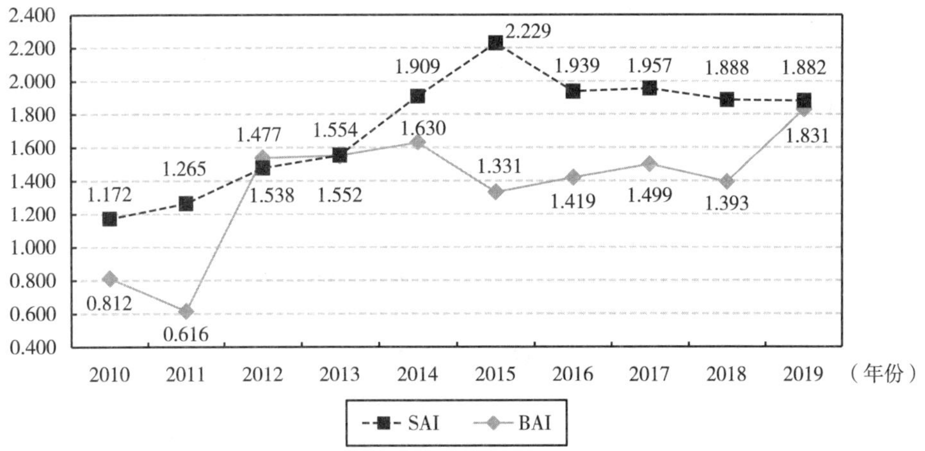

图4-20　2010~2019年云南省中药材相对于全国的SAI指数和BAI指数

资料来源：根据《中国农村统计年鉴》及国家统计局网站相关数据计算。

（二）小结

云南省中药材种植规模居全国领先，产值相对全国处于比较优势，特色品种众多，药材质量较优，有一定的品牌效应；但是，资源优势尚未转化成产业优势，且缺乏强有力的品牌支撑，产业具有较大的发展潜力。因此未来产业发展需要让资源优势转化成产业优势，打造特色中药材产业品牌，对云南重点品种药材品质进行研究，挖掘滇产药材独有的产品特质，把“云药之乡”打造成为国内有影响力的品牌，建设成世界一流（中国一流即是世界一流）的中药材生产基地，使之成为国内重要的中药材集散中心。

九、肉牛

（一）相对于全国的比较优势分析

采用前述方式，采用国家统计局网站和《中国农村统计年鉴》相关数据计算云南和全国牛存栏占大牲畜比重的比值（SAI）、云南与全国出栏肉牛产肉率的比值

(EAI) 以及出栏率 (EAI) 结果如图 4-21 所示。可以看出，分析年间，除牛存栏与大牲畜存栏比重代表的规模优势指数 SAI 在 2017 年后大于 1 外，其他指数均小于 1，说明云南的肉牛产业相对全国平均来看，产业规模表现出一定比较优势，但是以肉牛出栏率和产肉率代表的生产效率均不具备比较优势，与云南牛存栏量排名全国第 2、出栏量排名第 4、牛肉出栏排名第 6 的情况吻合。同时还看到，近年来产肉率 EAI 指数逐年升高，表明相当于全国平均水平来说，云南肉牛养殖质量水平在逐步提高，而出栏率 EAI 指数在逐年下降，表明云南肉牛养殖业的效率水平相对全国平均在下降。

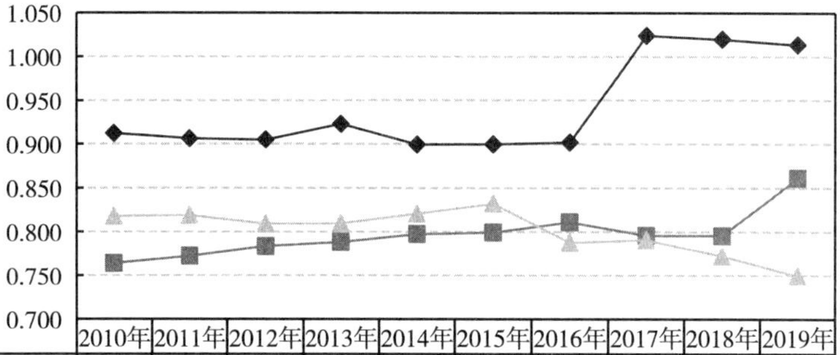

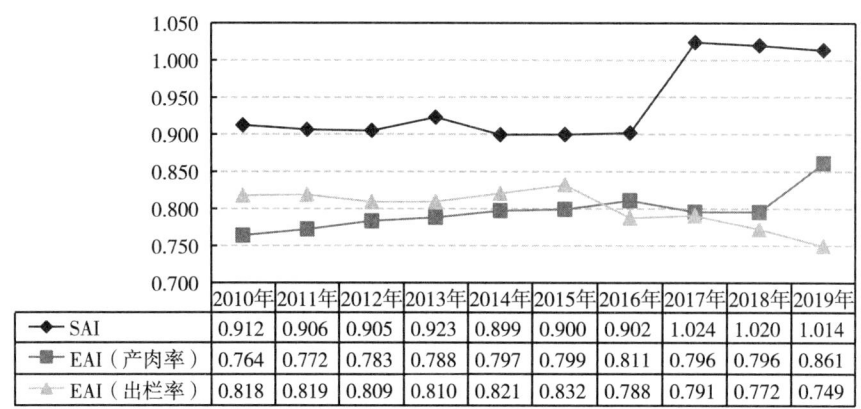

	2010年	2011年	2012年	2013年	2014年	2015年	2016年	2017年	2018年	2019年
SAI	0.912	0.906	0.905	0.923	0.899	0.900	0.902	1.024	1.020	1.014
EAI（产肉率）	0.764	0.772	0.783	0.788	0.797	0.799	0.811	0.796	0.796	0.861
EAI（出栏率）	0.818	0.819	0.809	0.810	0.821	0.832	0.788	0.791	0.772	0.749

图 4-21　2010～2019 年云南省肉牛相对于全国的 SAI 指数和 EAI 指数

资料来源：根据国家统计局网站和《中国农村统计年鉴》数据整理计算。

而从以云南与全国养牛农业产值占农林牧渔业总产值的比重为代表的产业集中度指数（或称作区位熵、产业集中化率）来看，云南的数值多年均高于 1（见图 4-22），表明云南肉牛的产业集中度相较于全国具有比较优势。

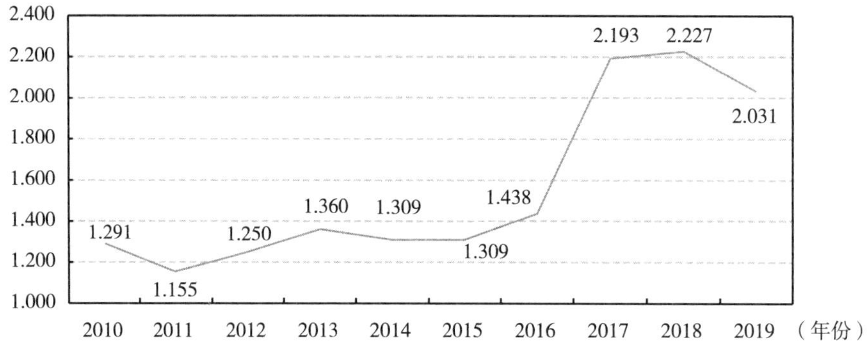

图 4-22　2010～2019 年云南省肉牛相对于全国的产业集中度指数

资料来源：根据国家统计局网站和《中国农村统计年鉴》数据整理计算。

当然，我们的研究还发现，在排名全国前6位的牛肉主产省区中，以与全国人均牛肉产量的比值代表的专门化系数来看，内蒙古和新疆的最高，均在3以上，说明这两个地方肉牛产业商品专业化程度和生产能力较强，黑龙江、山东、河北相对较差，云南仅排名第4。

（二）相对于邻国的比较优势分析

采用国家统计局网站和FAO网站相关数据，以云南和东南亚邻国人均牛肉产量的比值和人均肉牛出栏量的比值反映的云南肉牛产业集中度指数计算结果如图4-23和图4-24所示。可以看出，与周边东南亚邻国相比，云南省肉牛产业经营效率更具优势。总体来看，除人均牛肉产量云南略低于老挝外，与三个国家相比云南省肉牛产业集中指数均大于1。相对来说，云南相对泰国的肉牛产业优势最为明显，相对越南次之。从趋势来看，云南省的比较优势略有上升。

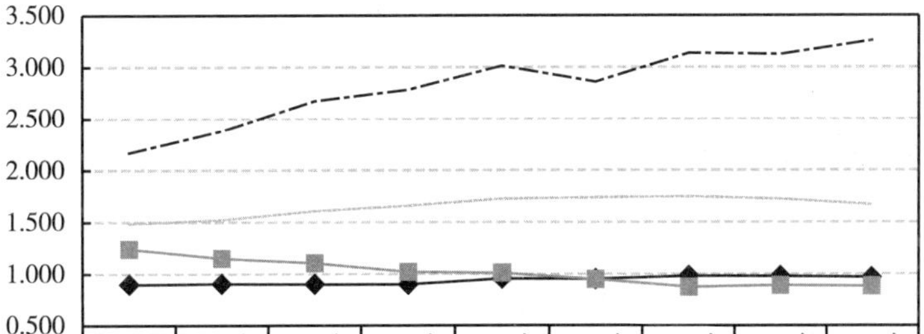

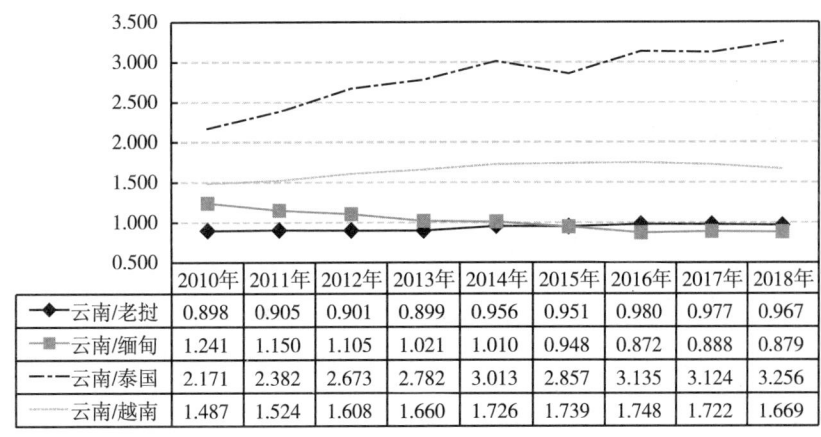

	2010年	2011年	2012年	2013年	2014年	2015年	2016年	2017年	2018年
云南/老挝	0.898	0.905	0.901	0.899	0.956	0.951	0.980	0.977	0.967
云南/缅甸	1.241	1.150	1.105	1.021	1.010	0.948	0.872	0.888	0.879
云南/泰国	2.171	2.382	2.673	2.782	3.013	2.857	3.135	3.124	3.256
云南/越南	1.487	1.524	1.608	1.660	1.726	1.739	1.748	1.722	1.669

图4-23　2010~2018年云南省肉牛相当于邻国的产业集中度指数（人均肉产量）

资料来源：根据国家统计局网站及FAO网站数据整理计算。

（三）小结

从上述肉牛各比较优势指标的分析来看，云南省肉牛产业集中度相对全国和越南、泰国处于优势地位，且优势逐渐明显；而相对于缅甸的产业集中度优势不明显。但是云南省的肉牛生产效率则低于全国平均水平，因此未来需要加大对农业技术尤其肉牛相关技术和科技的资金投入，因地制宜，以及加大饲料饲草等相关产业的投入，发挥资源禀赋优势，提高肉牛生产效率。

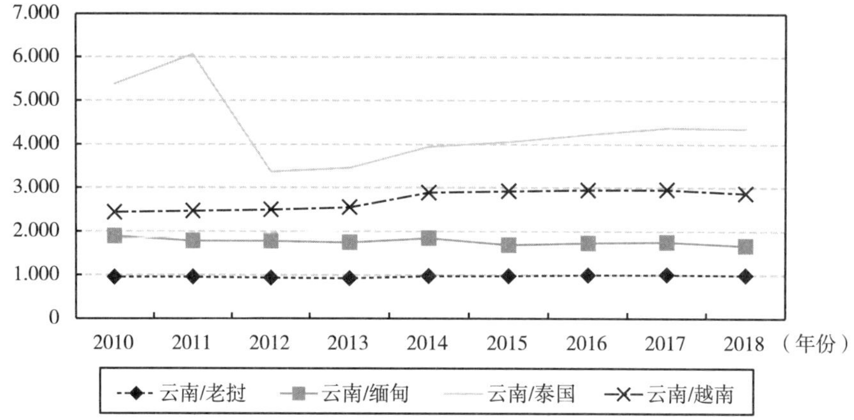

图 4-24　2010~2018 年云南省肉牛相当于邻国产业集中度指数（人均出栏）

资料来源：根据国家统计局网站及 FAO 网站数据整理计算。

第三节　本章小结

一、云南特色农业在全国和区域均具有一定比较优势

（一）从国内来看，高原特色农业发展有一定优势

一是资源禀赋好，发展潜力大。总体来说，云南光、热、水、能资源丰富，地形地貌多样，立体气候特征明显，使得农业资源和产业类型多样，产业适应面广、土地产出率高，四季农业、立体农业特征明显，农业发展潜力巨大，尤其发展多样性农业与高原特色农业的优势十分明显。与周边省区比，云南在光照条件、热量、人均水资源量、人均耕地方面占有优势，且立体气候显著，植物种类适宜性广，许多地区可以常年种植农作物，积温有效性高，发展特色农业优势明显。应加大特色产业培植，走错位、错季培植特色产业之路，增强产业竞争力。

二是劳动力丰富，装备条件有区域优势。云南总就业人数、农业就业人数略低于四川省，高于其他比较省份，农业机械总动力在中上水平，大中型拖拉机数量、水库数量、总库容量、温室与大棚面积等远远超过毗邻省份，在提高农业劳动生产率和抗风险支撑能力，发展高原特色农业方面具有基础优势。

三是农业经济发展速度快，地位稳中有升。从 2012 年开始，农林牧渔业总产值和增加值占全国的比重首次超过 3% 并持续至今，成为改革开放以来云南农业经

济增长最快的时期之一，全省农业发展增速排名全国第四，超过山东、河南等农业大省，在全国的地位稳中有升，高原特色农业作为全国现代农业发展的四大模式之一逐步被广泛认同。

四是产业丰富多样，部分特色产业有明显比较优势。云南鲜切花、核桃、澳洲坚果、咖啡、橡胶等的产业规模在国内处于绝对优势地位；以产量和产值区位熵（或专门汇率）作为衡量指标的综合比较优势看，云南烟叶、茶叶、糖料、豆类、薯类、生猪、肉牛等种养殖产业在全国的规模比较优势也十分明显，产业集中度明显高于许多省区，部分产业具有效率和效益优势；云南蔬菜、水果、马铃薯等特色农产品多样化错季优势明显，淡水渔业产品亦具有一定效益比较优势。

五是地理区位独特，农产品对外贸易条件优越。云南有 8 个地州、25 个县与缅甸、老挝、越南接壤，国境线长达 4060 千米，具有连接东南亚和南亚、肩挑太平洋和印度洋的优越地理区位。得益于多样化、错季优势和区位优势，云南农产品出口多年保持量效齐增的态势，在全国和区域中均表现出较强的比较优势。从全国看，云南农产品出口额常年排名西部省区第 1、全国第 7，近年来更上升为全国第 6，即使在 2020 年受新冠肺炎疫情影响全球经济全面下滑的情况下，云南农产品出口也实现了逆势上涨。目前，云南水果和蔬菜出口额分列全国第 1 位和第 2 位；从本区域看，云南农产品出口额多年来相当于四川、贵州、广西和重庆四省（区市）农产品出口总额的 2 倍以上，具有发展外向型经济的独特优势。

（二）与周边国家相比，云南农机农技优势明显，部分农产品互补性强

越南、老挝、缅甸、泰国等东南亚 4 国在土地资源和人力资源上较云南有较大的优势；泰国、越南的大米、橡胶、木薯、胡椒、腰果等具有较强的低成本优势，缅甸在水稻（大米）方面具有一定的竞争力。云南的立体气候、品种资源、农业技术、农业机械、水陆交通设施等方面较 4 国优势明显，水果、蔬菜、花卉、烟草、咖啡等农产品出口方面竞争力较强。

二、云南农业发展不充分、不平衡特征突出

（一）云南农业发展质量总体不高

发展不充分是云南农业的一个特点。从全国看，云南农业经济发展水平和效

率均远低于全国和西南五省（区市）平均水平。2019 年，云南土地产出率为全国平均的 86.43%，仅为西南平均的 78.35%，是西南五省（区市）最低的省份；同年，云南农业劳动生产率仅为全国平均的 55.5%，是西南平均的 87.22%，也属于西南五省（区市）最低的；从农林牧渔业从业人员人均农业增加值来看，云南省仅为全国平均水平的 58.67%、西南平均水平的 86.57%，也是西南五省（区市）中最低的省份。粮食作物、主要经济作物以及猪牛羊禽等单位产量和产值大多低于全国平均水平和西南地区平均水平。

（二）区域发展不平衡，较低质量区域依然连片存在

发展不平衡则是云南农业的另一个特点。从全省看，受资源、历史、文化、交通、经济等多种因素的综合影响，云南农业发展区域不平衡问题突出，兼具以滇中城市群为中心、以高速公路为轴线的由内向外由高到低放射性分布特征和明显的“东高西低、南高北低”的空间连片区域分布特征。全省农业发展不充分进一步造就了空间发展不平衡的现象，总体上呈现“强点不强，弱点恒弱”的特点。

综上所述，受耕地质量、工程性缺水以及生态保护任务繁重等制约，相对于全国及周边省区来说，云南农业发展在以规模化大生产为基础的大宗农产品生产上不具优势，必须坚定不移继续走多样、特色、优质、时差（季节差）、带差（气候带差）和保护性发展的路子，坚持走高原特色农业发展的道路和模式，努力提高农业发展质量效率和效益水平，提升农产品市场竞争力。

相对于周边国家，云南应进一步发挥区位优势和在农技、农机及投资方面的比较优势，加强与周边国家的农业技术经济合作，利用“两种资源、两个市场”，加大境外粮食和重要农产品生产基地建设步伐和温热带特色农产品的进出口贸易，做大做强开放农业。

从省内来看，应采取差异化发展战略和支持政策。一方面，要根据农业自然和经济社会资源分别特点，优化全省特色农业区域布局，深化农业供给侧结构性调整；另一方面，要重点扶持各州市依托资源发展特色优势产业，形成产业集群，促进产业融合发展，着力提高低质量发展区提升产业发展质量和效益。

第五章

研究结论及对策建议

第一节　研究结论

改革开放以来，经过40余年的不断探索和努力，云南确定了高原特色农业的发展方向。特别是进入“十二五”时期以来，确立了实施高原特色农业发展战略，顺应国际国内形势的变化和现代农业自身的要求，在国家“三农”政策的指导下，出台了一系列重要发展措施及政策，推进了云南省农业产业快速发展，是改革开放以来云南省农业经济增长最快的时期之一，带动农村常住居民人均可支配收入年均增长10%以上，增幅连年高于城镇常住居民人均可支配收入。特色优势和生态优势成为云南农业发展的一致目标和品牌，云南高原特色生态农业模式被国内学界誉为我国现代农业发展的四大模式之一。

一、云南农业产业经济运行情况分析结论

（一）云南高原特色农业产业发展取得明显成效

自2012年实施高原特色农业发展战略以来，云南农业产业经济运行良好，突出表现为综合经济效益和在全国的地位逐渐提升，农产品加工业发展良好，部分特色产业无论是在全国范围，还是与周边国家和省区比较，均具有明显的竞争优势，特色农产品出口态势发展良好。

一是农业产业的效益逐年向好，在全国的地位逐渐提高。2011～2019年，云南省农林牧渔业总产值占全国的比例从不足3%进一步上升到近4%（3.98%），农

业增加值占全国的比例由3.15%上升到4.31%，改变了农林牧渔业总产值和农林牧渔业增加值占全国比例多年不足3%的历史。同时，随着劳动生产率和土地产出率的提高，云南省农林牧渔业增加值增幅略高于同期农林牧渔业总产值增幅，说明全省农业产业的比较效益逐年向好。

二是农产品加工业从初级加工逐步向精深加工转变。全省农产品加工业产值（不含烟草）与同期农林牧渔业总产值的比例由2011年的0.49：1逐步提高到2019年的1.49：1。规模以上农产品加工业增加值占同期全省规模以上加工业的比重从2012年的40.73%提高到2017年的43.43%。

三是部分特色农业产业优势日益明显，区域化、专业化分工生产的格局基本形成。鲜切花、小粒咖啡、核桃、澳洲坚果、天然橡胶等产业在全国绝对规模比较优势形成，中药材、蚕桑、茶叶、肉牛、蔗糖的规模优势进一步巩固，蔬菜、水果、花卉、咖啡、食用菌、马铃薯、茶叶等的外向型出口优势逐步提高。

四是农产品出口创汇稳步增长，逐步成为云南省出口创汇的支柱产业。得益于多样化、优质和错季等特色农业的产业培育和农产品加工业的发展，全省农产品出口优势进一步体现，特色农产品出口量值齐升。全省农产品出口总值占同期农林牧渔业总产值的比例由2011年的不足4%上升到目前的7.3%左右，蔬菜、水果等超过传统创汇支柱烟草成为农产品出口龙头，花卉、食用菌、咖啡、马铃薯、茶叶等后起之秀发展态势良好，支撑云南农产品出口额多年保持西部第1、全国第7（2019年上升到全国第6）的地位；同期，云南省农产品出口额占全省出口总额的比重从2010年的17.11%上升到2016年最高时的38.59%，翻了一番多，2019年仍在30%以上，农产品多年来均是云南出口贸易的重要支柱之一。

（二）发展不充分、不平衡的问题较为明显

虽然从纵向来看，实施高原特色农业发展战略以来，云南省农业经济发展总体呈现向好的趋势，农林牧渔业总产值和增加值增幅近年更是位居全国第二。但是从横向看，云南农业经济发展水平和效率均远低于全国平均水平，处于西南五省（区市）中末位。受水土资源和生态环境制约突出，基础薄弱，产业投入不足，产业结构性制约明显，经营主体培育滞后和从业人员文化水平不高，科技创新、产品创新、业态创新和模式创新不够，园区功能单一和多功能农业发展滞后等因素制约和影响，全省农业质量效益水平总体不高，与云南拥有的多样化气候、生态及物种等资源禀赋和独特区位优势不符，发展不充分的问题突出。尤其是区域间发展不平衡的问题更是明显，

与全面小康社会建设的要求差距很大。主要表现在以下几个方面：

一是产业投入不足，发展基础薄弱。近年来，全省农业增加值占 GDP 的份额保持在 14% 左右，但是农林牧渔业固定资产投资（含农户）占全社会固定资产投资的份额则仅为 5%~6%。目前，全省 75.9% 的耕地属于旱坡地，近 15% 的耕地处于 25°以上的陡坡，耕地有效灌溉面积仅占耕地总面积的 30%，比全国平均水平低 20 多个百分点，有 1/4 左右的耕地受到洪水威胁；全省高稳产农田占耕地总面积的比重不到 1/3，中低产茶园、蔗园、果园、桑园等园地比例高达 70%，粗放式经营导致资源环境对农业发展的约束日趋突出。

二是经营主体培育滞后，产业结构性问题突出。云南种植业与畜牧业的产值之和占农林牧渔业总产值的比例一直保持在 85% 左右，林业占比不足 10%，与全国第二大林区的资源优势不匹配；农林牧业服务业占比长期低于全国平均水平；耗粮型猪肉产量占肉类总产量的 3/4，草食畜牧业发展不足；2017 年，全省年营业收入超过 6.7 亿元的农业产业化龙头企业仅有 10 家，只有 3 家企业进入全国 100 强；全国营业收入超过 100 亿元的农业龙头企业达 70 家，云南只有 2 家，且云南排名第一的企业销售收入不足全国排名第一位的 12%。2019 年，全省 4245 户农业龙头企业销售收入仅 3009 亿元。此外，全省农民专业合作社数量也不足全国的 2.5%，经农业部门认定的家庭农场数不足全国的 2%。主体培育滞后，使得云南农产品加工业发展和营销体系建设在全国处于后列，品牌优势未能发挥。农产品加工业产值和农业产值之比低于全国平均（2018 年全国达到 2.3∶1，云南仅为 1.6∶1），多数农产品还处于初级加工或原料直销阶段。全省农产品出口总值占同期农林牧渔业总产值的比例不足 8%（2017 年最高仅为 7.3%，2019 年更是低于 7%），除烤烟外，大多数农产品是以初级原料的形式出口，精深加工产品所占份额太低，国际农业经济技术合作大多停留在种植和加工等环节，境外投资农产品贸易和仓储物流业不多，通过金融、资本等手段掌控产业、市场资源的更为鲜见。

三是农业发展质量水平不高，发展不充分问题突出。中国农业科学院的有关研究结果表明，2016 年云南省农业现代化水平排名全国倒数第二。本课题的相关研究结果也充分说明这一点。一方面，虽然近年来云南省的农业投入产出比略高于全国平均水平，但是低于西南地区平均水平；2018 年，云南土地产出率不足全国平均的 80%，仅为西南平均的 73.2%，处于西南五省（区市）最末位；全省农业劳动生产率仅为全国平均的 50.5%、不足西南平均的 80%，也处于末位；全省农林牧渔业从业人口人均农业增加值仅为全国平均水平的 52.8%、西南五省（区市）平均水平的78.2%。另一方面，应用层次分析法进行云南农业发展质量总体评价结果也与此吻合，全省农业发展质量水平多年最大值仅为56.78%，与农业高质量发展的目标评价值（100%）相比差距很大；2011～2018年，在以浙江为代表的精细（集约）农业、以黑龙江为代表的大机械化现代农业、以上海为代表的都市现代农业和以云南为代表的高原特色现代农业的现代农业发展水平测算中，云南始终排在末位。此外，云南农民人均可支配收入常年不足全国平均水平的5%，仅略高于甘肃、青海和贵州，长期排在全国第28位，且差距绝对值仍在拉大，也从另一个角度说明全省农业发展质量水平不高的问题。

四是云南省内农业发展区域不平衡，“强点不强、弱点恒弱”的特点突出。应用层次分析法进行过去10年云南各州市农业发展质量总体评价结果表明，全省农业发展质量“东高西低、南高北低”的空间分布特征明显，滇东和滇南地区农业发展质量明显好于滇西北地区，且总体上呈现“强点不强，弱点恒弱”的特点。虽然近年来，怒江州等贫困地区农业经济发展多项指标的增速均排全省前列，这种格局并未有大的改变。

二、云南农业产业政策研究结论

（一）高原特色农业支持保护政策体系逐步完善

分析新中国成立70多年来，尤其是改革开放40多年来我国农业支持保护政策的演进历程，可以看出以下七点明显的变化趋势：一是政策目标逐步从单一的经济目标向政治、经济、文化等多元目标转变；二是政策导向逐步从注重农业生产规模和农产品产量向提高农业发展质量和效益转变；三是政策支持环节从注重生产的产中环节逐步向产前和产后延伸实行全产业链覆盖转变；四是从单纯注重发挥农业的农产品生产和就业保障的经济功能向重视全面拓展和发挥农业的休闲旅游、社会保障和文化传承等多种功能转变；五是从注重农业农村农民的“农内”产业发展向“农外”延伸，促进一二三产业融合发展；六是从生产导向到消费导向的转变，提出推进农业供给侧结构性改革等；七是从立足国内生产保障国内需求为主向利用“两个市场、两种资源”的国际化转变。

云南省委、省政府在国家农业政策的指导下，不断创新发展思路并配套相关支持保护政策和措施，高原特色农业支持保护政策体系逐步完善。据不完全统计，仅近十年来，云南省委、省政府就先后制定发布了超过60项的各种规划、实施意见等系列政策文件，在贯彻落实国家相关政策的同时，根据云南省的具体情况进行了创新性实践。这一系列政策措施，对创新云南农业发展路径和发展模式，有效推动云南省农业由传统的追随型、赶超型逐步向自主型、领路型发展转变，促进高原特色农业及农村经济的发展均发挥了重要的作用。主要表现在以下几方面：一是形成了有别于平原农业、都市农业及精细农业的高原特色农业发展模式，为我国广大高原地区农业走特色化、绿色化和高质量发展提供了范式。二是升华了理论基础，彰显比较优势和特色，因地制宜，培植竞争优势，促进了落后地区农业跨越式发展。三是奠定了思想基础，汇集了正能量，加快了实践行动。四是取得了系列新成效，实现了高效发展。目前，云南依托当地优势农业资源开发特色农产品、发展优势特色农业的思路逐渐明晰，特色产品和生态产品成为云南农业发展的一致目标和品牌。

（二）云南农业政策的局限和面临的挑战

虽然多年来云南跟随国家农业支持保护政策脚步进行创新，大致体现了国家支农政策“七大变化”的总体趋势要求，但是对政策实施效果的分析表明，云南现行农业政策实施的结果与预期的政策目标存在一致性，但与预期效果还有一定的差距。一方面，产业政策与产业发展方式转变的需求存在一定的协调性或适应性差距，长期注重要素投入型导向性政策难以维系，长期注重产前环节生产型导向性政策导致结构失衡、注重数量增长的粗放型导向性政策导致效益低下等问题需要改善；另一方面，农业政策抓住新机遇、应对新挑战的灵活性不够与政策措施延续性不够并存的矛盾需要化解。

因此，云南亟须加快制定相应的政策体系，推动科技研发、农业补贴、项目投资等主要投向绿色发展、质量提升、效益提高等方面，建立健全现代农业生产体系、产业体系、经营体系。应抓住中国（云南）自由贸易试验区建设的契机，充分发挥云南比邻南亚东南亚的地缘、人文、产业及科技、经济优势，按照“三个定位、四个全面、五个着力”等要求，主动服务和融入国家发展战略，进一步加大力度重视支持农业“走出去”，搭建农业招商引资国际平台，打造外向型农业新载体，培养外向型农业人才，营造外向型农业发展的政策和环境，支持农业区域和国际合作交流，形成生产、市场、投融资、服务一体化网络体系的政策与技术支撑体系，努力构建区域性农业产业链和供应链，提升云南在中国－澜湄国际农业合作中的地位，拓展农业生产和市场空间，为落实国家“双循环”格局的要求，确保国家粮食安全和重要农产品市场供应等做出云南的贡献。尤其是在我国脱贫攻坚战取得全面胜利、乡村振兴战略全面推进的节点时期，必须进一步建立和完善适应国际国内形势发展要求、适合云南自身特点和各地区实际的农业支持保护政策体系，保持政策的延续性和稳定性，按照中央“多予少取”的要求，确保财政支农投入的只增不减，支持云南农业实现跨越式发展，切实推进农业农村现代化，才能确保云南努力跟上全国的发展步伐不掉队。

三、云南农业资源禀赋及比较优势分析结论

（一）云南农业资源禀赋分析结论

一是资源丰富、适应面广、潜力巨大。云南是一个内陆低纬高原山区农业大省。山区、半山区面积占全省土地面积的94%；热区面积11.34万平方公里，占全省土地面积的28.77%；耕地资源621.33万公顷，占全省土地面积的15.77%；森林面积1914.19万公顷，占全省土地面积的48.57%。总体来说，云南内陆低纬高原光、热、水、能资源丰富，农业产业适应面广、土地产出率高，四季农业、立体农业特征明显，农业发展潜力巨大。得益于多样化的自然气候和生物资源、优良的农业生态环境等，云南高原特色农产品生产在全国和周边地区形成了一定的规模且广受国内外市场欢迎。

二是云南耕地数量少、质量差、分布散。全省人均耕地略高于全国人均水平，但耕地质量偏低。坝区耕地仅占总耕地面积的22.5%左右，旱地占总耕地的76%以上，近15%的耕地为25°以上的坡耕地，中低产田地占总耕地的约2/3，且耕地零碎分布。

三是水资源时空分布不均，工程性缺水严重。全省平均降水量1100毫米/年左右。一方面是空间分布不均，全省各地降水量在750~2250毫米不等，金沙江、元江等干热河谷年均降水量仅600~750毫米，龙陵、江城、西盟、绿春、金平等雨量充沛的地方高达2000毫米以上。全省地表水资源分布总的是由北往南，自东向西降水量逐渐递增，高低值区域相间。且水在低处，耕地在高处，水土资源不匹配。西南部水多地少，中东部水少地多；坝区地少水少，山区地多水少。另一方面是时间分布不均，雨旱季分明。全年85%降雨主要集中在5~10月，尤其是6~8月，呈现秋冬春连旱的总体特点。加之水利基础设施建设滞后，造成工程性缺水

严重。到2019年全省有效灌溉面积仅占耕地总面积的约30%，旱涝保收高标准农田（地）不到2500万亩。

四是生态制约突出，多样性特征明显。一方面，由于云南省地处长江、珠江、红河、怒江、澜沧江和伊洛瓦底江等六大国际国内水系的源头或上游，是全国乃至东南亚地区的重点生态保护区域，且承担了建设西南生态安全屏障的任务，高效农业产业发展生态制约突出。另一方面，云南生态类型多样，决定了农业的多样性。

综上所述，从资源禀赋看，云南现代农业发展在以规模化大生产为基础的大宗农产品生产上不具优势，必须走多样、特色、优质、时差（季节差）、带差（气候带差）和保护性发展的路子。

（二）云南农业比较优势分析结论

1. 云南农业在全国的地位稳中有升，特色农产品有一定优势

近年来，云南农业经济总量排名稳中有升，高原特色农业作为全国现代农业发展的四大模式之一逐步被广泛认同。云南农业经济总量占全国比重由2011年的不足3%提高到2019年的3.98%，排名从多年的第14位上升到第12位；云南农业区位熵测度结果多年均大于1，2019年，云南基于农林牧渔业总产值的区位熵值达1.695，基于增加值的区位熵值达1.835，从一个侧面说明云南农业专业化程度较高，高原特色农业具有一定比较优势。

云南农产品出口额常年排名全国第7位（2019年上升到第6位）、西部省区第1位。2008~2019年，以产量和产值作为衡量指标计算综合比较优势，云南烟叶、茶叶、糖料、豆类、薯类、肉类、水产品综合比较优势指数分别达10.98、4.88、4.36、2.27、2.07、1.17、1.17。核桃、澳洲坚果和咖啡等的产业规模在国内处于绝对优势地位，天然橡胶面积和产量超过全国50%。由于多样化和错季特征明显，云南蔬菜70%出省，出口额在山东之后排名全国第2位，水果出口额占全国35%左右，出口优势明显，外向型经济特点突出。

2. 与四川、贵州、广西和重庆等周边省区相比，云南特色农产品对外贸易优势明显

一是云南部分农业资源在西南片区有一定优势。云南光照条件好、热量优势明显，积温有效性高，具有显著的立体气候，植物种类适宜性广，气象灾害相对较少，农作物拥有一个较安全的生存环境。相比之下，云南人均水资源和人均耕

地最多（水资源时空分布不均、田高水低，耕地零碎），农业产业和农产品的多样化和错季优势明显。云南农业从业人数高于四川之外的其他省区，农业机械总动力处于中上水平，全省水库数量较大，水库总库容量最多，温室与大棚设施栽培面积远远超过毗邻省区。

二是云南部分农产品生产在西南具有规模比较优势。云南农作物的播种面积大于四川之外的其他几个省区，谷物和畜产品产量总体处于中间水平，猪肉产量排第2位，牛肉和奶类产量排第1位。云南具有优势的特色农产品主要包括烤烟、甘蔗、茶、鲜切花、咖啡和核桃、澳洲坚果、天然橡胶等农林产品，芸豆、荞麦、燕麦等小杂粮也有一定优势。云南糖料蔗排在广西之后，是全国第二大糖料生产基地。云南烟叶、茶叶、核桃、坚果、天然橡胶产量在西南五省（区市）中占有绝对优势。云南独具规模的鲜切花、咖啡等地域性强、经济价值高、技术要求高、商品率高，对自然条件要求较严格的特色产业优势更为突出。此外，虽然云南的蔬菜、水果和马铃薯产量在西南排名第3位处于中间位置，但多样性和错季优势明显。云南是全国唯一可以周年生产马铃薯的省份，蔬菜、水果和马铃薯错季外销和出口的竞争优势明显。

三是云南对外贸易区位条件优越，农产品出口优势明显。得益于多样性和错季生产优势以及良好的产业基础和优异的产品质量，云南以蔬菜、果品、烟草制品为龙头农产品的出口总额常年居于西南五省（区市）首位，2019年是毗邻各省（区市）总额的1.25倍以上。

3. 与毗邻的越南、老挝、缅甸、泰国等东南亚四国相比，云南农机农技优势明显

云南气候多样化性优势明显，各自农业结构的差异大，互补性强。但云南耕地资源和劳动力资源处于明显弱势。因此，云南与相邻四国在农业发展区域竞争力上各有优势。云南的农业技术、农业机械、水陆交通设施等方面较四国优势明显，水果、蔬菜、花卉、烟草、咖啡等农产品出口方面竞争力较强。泰国、越南的大米、橡胶、木薯、胡椒、腰果、咖啡等具有较强的竞争力，缅甸在水稻（大米）方面具有一定的竞争力。

（三）云南省内区域间农业比较分析结论

由于云南省域内各州市间存在着明显的自然地域差异、社会经济发展差异、文化差异等，农业布局的地带性与非地带性差异也很明显。少数民族集聚地区与非少数民族集聚地区、贫困地区与非贫困地区、城镇与非城镇的社会区域经济形成一定差异，农业区域产业差异、农业生产要素配置差异、区域政策落实差异等更导致农业区域经济差异深化。

1. 光、热、水、土等资源分布区域差异大

云南光照资源总体西多东少，楚雄州北部永仁沿金沙江河谷一带是全省最多的地区，滇东北与四川、贵州接壤的地区最少；西双版纳、元江和金沙江、怒江河谷区等是全省积温高值区，滇西北迪庆高原和滇东北山区积温较少，德钦最少。云南西部、西南部和东南部年降水量较大，中部和北部的干热河谷（坝子）地区的降水量较少；怒江州地表水和地下水年径流量全省最大，楚雄州最少；全省水资源量排名前三位的分别是普洱市、怒江州和红河州，排名靠后的是玉溪、楚雄和丽江三州（市）。全省 16 个州市中农用地面积排名靠前的普洱、红河、文山、大理、楚雄、曲靖、临沧和昭通 8 个州（市）土地面积占全省 62.52%、农用地面积占 63.06%、耕地面积占 73.24%。耕地面积排名靠前的曲靖、文山、红河、昭通、普洱、临沧、昆明和大理 8 个州（市）土地面积占全省 60.58%、农用地面积占 60.60%、耕地面积占 74.23%。全省 63% 的水库在楚雄、昆明、曲靖、玉溪、大理 5 个州市；昆明、曲靖、红河、楚雄、玉溪、大理、红河 6 个州（市）的水库库容占全省的 2/3。

2. 农业发展水平区域差异大

从农林牧渔业总产值看，曲靖、红河和大理 3 州（市）总额排名全省前三，2013 ~2017 年怒江州增速排名第一。曲靖、玉溪、保山、临沧、楚雄、红河、西双版纳、大理、德宏等 9 个州（市）人均农林牧渔业总产值高于全省平均水平，其中西双版纳最高，临沧和德宏紧随其后，昭通和迪庆最低；除昆明、玉溪和迪庆 3 个州（市）外的 13 个州（市）农业总产值区位熵值均大于 1，农业处于相对优势和重要地位。

从农林牧渔业增加值看，2015 年以来，曲靖、红河和大理总量位居全省前三；玉溪、保山、普洱、临沧、楚雄、西双版纳、大理、德宏 8 个州（市）的人均农业增加值高于全省平均水平；除昆明、玉溪和迪庆 3 个州（市）外的 13 个州市区位熵值均大于 1，与总产值反映的情况一致。

从农业发展效率看，全省土地产出率（农林牧渔业总产值/耕地面积）和劳动生产率排名靠前的西双版纳、大理、玉溪、昆明、楚雄和德宏等自然条件好、经济较发达的地区，其农业生产技术水平、生产组织化、科技水平、机械化程度以及从业人员的技术熟练程度也越高，农业综合生产能力越强。虽然数据上看，全省农业投入产出率最高的为昭通、怒江、德宏、临沧、迪庆等州（市），说明这些地区的土地和劳动力价格低、投入不足，农业经济整体水平落后。

3. 现代农业发展水平和质量空间布局呈现明显的梯度特征

综上所述，全省 16 个州（市）农业发展质量和竞争力大体可分为三大类地区。一是经济发达（核心）地区：含昆明、曲靖、玉溪、大理。这类地区农业产业整体结构优越，农业基础条件设施好，有明显的竞争优势和良好的竞争基础，农业机械化程度较高，发展现代化农业有较大的优势和空间。但这几个州市中也存在着差异，昆明、曲靖两市的竞争力远高于玉溪、大理两市，其农业产业结构所具有的增长速度优势对当地生产总值具有更明显的推动作用。二是经济欠发达（腹地）地区：含楚雄、西双版纳、红河、文山、普洱、临沧。该区域在单一或其中几个农业产业具有竞争力，而在产业结构方面不具优势。这些地区虽然具有一定的竞争优势和基础条件，但农业产业结构推动效应不显著，产业结构整体不甚合理，需要加以调整和优化。三是经济落后（边远）地区：含德宏、怒江、迪庆、丽江、保山、昭通。这一类区域在农业产业结构、资金投入和农业基础设施等方面均处于劣势，农业竞争力较弱，其中政策、自然条件等对农业发展的直接影响较大，近年来，随着因脱贫攻坚的深入推进，农业投入力度持续加大，怒江州等贫困地区多项农业经济指标增速领跑全省，从一个侧面验证了这个结论。

（四）部分产业比较优势和竞争力分析结论

引入规模比较优势指数、效益比较优势指数、需求收入弹性系数以及生产效率，对云南省水稻、小麦、马铃薯、烟草、茶叶、蔬菜、水果、中药材以及肉牛 9 个产业与全国、周边东南亚国家及省内各州（市）间的比较优势和生产竞争力进行定量分析，主要有以下结论。

（1）稻米。云南省相对全国的单产、种植面积（即效率、规模和效益）均处于比较劣势，但是技术效率有比较优势；相比周边东南亚邻国，云南也不具备效率比较优势。从省内看，各州市之间差距较大，昆明、曲靖、玉溪、保山、楚雄和大理单产优势相对较为明显。但是云南水稻生产资源禀赋好，未来应以六大名米为代表的优质稻为重点，适当增加功能性籼米生产，进一步优化品种和区域布局，加大科技投入，重点提高水稻生产效率。

（2）小麦。小麦规模和生产效率远低于全国平均但高于周边国家。未来应以优质强筋小麦为重点优化品种和区域布局，加强科技和农机投入，重点提高小麦的生产效率和效益。

（3）马铃薯。马铃薯在全国具有规模优势和效益优势。虽然相对于全国平均水平而言，云南省马铃薯生产具有一定效率优势，但与主要主产省比较还存在较大差距，马铃薯技术效率排名全国靠后。相对于周边邻国，云南马铃薯生产的竞争优势主要在规模方面，在单产上也有一定优势。从生产函数来看，化肥和机械这两个要素的产出弹性较高且较为显著。未来应加大科技和肥料、农机等投入，将提高本地马铃薯单产水平作为未来马铃薯产业发展的重要工作来抓。此外，进一步利用云南可以周年生产马铃薯的先天气候条件和资源禀赋优势，扩大早春、晚秋错季马铃薯规模，加大力度支持马铃薯种薯、储运和加工产业的发展，提高马铃薯的商品率，延长马铃薯产业链，建设面向周边省份和国家的马铃薯种业基地、加工业基地和出口外销基地，提高马铃薯产业整体效益和竞争力。

（4）烟草。云南省烟草生产在全国效率比较优势指数和规模比较优势指数均大于1，但效益水平相对较低，效益比较优势指数除2013年外均小于1，技术效率在全国位于中下水平，说明云南烟草生产大而不强。相比周边东南亚邻国也不具备效率比较优势，除越南外，云南省与周边国家的单产比较优势均小于1。当然云南的气候条件和资源禀赋适合种植烟草这一点毋庸置疑。因此，未来需要加大对农业技术尤其烟草相关技术和科技的资金投入，加大劳动力素质培训，因地制宜，发挥资源禀赋优势，提高烟草生产效率。从省内看，曲靖、丽江、昭通、德宏、楚雄和迪庆几个州（市）具有单产比较优势，昆明、保山、普洱、楚雄、红河、文山和大理几个州（市）具有规模比较优势，建议未来在烟草生产的规划布局方面，综合规模和单产比较优势，将烟草种植优先集中在这些地区，发挥地区比较优势，提高烟草生产效率。

（5）茶叶。云南省茶叶种植面积比较优势明显；单位产量较全国平均水平存在比较优势，但2015年以来，下滑势头明显；单位产量较周边国家（以越南和泰国为例）比较劣势明显。因此，云南省应当着力提高茶叶生产效率，加大对茶叶生产技术研发、农艺改良方面的资金支持，学习借鉴国外先进生产方式，通过技术进步拉动效率增长，而不能单纯地依靠扩大种植面积来保持本省茶叶总产量在全国的竞争力。

（6）蔬菜。从全国看，云南省蔬菜生产的规模优势逐渐显现且有一定的效益优势，云南蔬菜生产效率则不具备比较优势，但近年在逐步改善。虽然云南蔬菜生产总体效益相对于全国不具备比较优势，但部分品类大多数年份则具有明显的效益比较优势。在省内，各州（市）的蔬菜生产存在显著差异，曲靖等地已形成一定的生产优势。未来应加强基础设施和科技投入，充分利于多样化和反季等资源禀赋优势和外销蔬菜产业基础，重点扶持高档外销蔬菜生产基地建设，推广新技术、新设施等以提高单产，加快加工业和冷链物流发展，延长蔬菜产业链，提高产品附加值，向其他省份或其他国家出口高端蔬菜产品，提升产业效益。

（7）水果。相对缅甸、泰国、越南等国家，云南省水果单产处于比较优势，相对于老挝近年来处于比较劣势。应稳步扩大前者的优势，缩小后者的差距，保住优势产业，进一步拉开与邻近国差距，突出云南省水果优势地位。云南省相对于老挝种植面积处于比较优势，相对于缅甸、泰国、越南处于比较劣势，但近年来情况有所好转，且劣势逐渐缩小。尽管云南省的种植面积相对邻近国优势不明显，但由于种植果类差异，且差异互补性强，我们应该因地制宜，发挥资源禀赋优势，选择优势果类，扩大种植规模，发展高端替代进口水果，提高水果生产效率，确保云南省水果作物相对优势地位。

（8）中药材。云南省中药材种植规模全国领先，产值相对全国处于比较优势，特色品种众多，药材质量较优，有一定的品牌效应；但是，资源优势尚未转化成产业优势，且缺乏强有力的品牌支撑，产业具有较大的发展潜力。因此未来产业发展需让资源优势转化成产业优势，打造特色中药材产业品牌，对云南重点品种药材品质进行研究，挖掘滇产药材独有的产品特质，把“云药之乡”打造成为国内有影响力的品牌，建设成世界一流（中国一流即是世界一流）的中药材生产基地，使之成为国内重要的中药材集散中心。

（9）肉牛。云南省肉牛产业相对全国均处于优势地位，且优势逐渐明显。此外，云南省的肉牛相比周边东南亚邻国具有明显的效率比较优势，这反映出云南省的肉牛生产效率高于全国和周边邻国的平均水平。云南的地理环境、人文条件和资源禀赋比较适合肉牛产业的发展，因此未来需要加大对农业技术尤其肉牛相关技术和科技的资金投入，提高肉牛生产效率。从省内看，曲靖、大理、文山、楚雄、保山、红河和德宏商品专业化程度和生产能力优势比较明显，建议未来在肉牛生产的规划布局方面，将肉牛产业的发展集中在这些区域，发挥地区的比较优势，提高肉牛生产效率。

四、小结

综上所述，近年来，云南高原特色农业产业经济运行良好，成效比较明显，农业经济总量逐步提升，在全国的地位逐年提高，竞争优势逐步显现。但是投入不足、发展基础薄弱、主体培育不充分、精深加工滞后、品牌意识淡薄、经营管理效能低下等问题也十分明显，产业内部结构固化、发展质量效益不高、产品竞争力不强等发展不充分的问题十分明显，各州市之间区域发展不平衡的问题尤其突出。

从农业资源禀赋看，云南农业资源多样性优势明显，但是山地占比大，水土资源时空分布不均、利用率不高，机械化推广应用难度大，现代农业发展在以规模化大生产为基础的大宗农产品生产上不具优势，必须坚持特色化方向走多样、特色、优质、时差（季节差）、带差（气候带差）和保护性发展的路子。

从国内及产业基础看，云南农业资源禀赋好，地理区位独特，产业类型多样，特色产业基础好，农产品对外贸易条件优越，高原特色农业发展有一定优势，发展潜力较大。云南烟叶、茶叶、糖料、豆类、薯类、肉类、水产品均显示出比较优势特征，核桃、澳洲坚果和咖啡等的产业规模在国内绝对优势明显。虽然水果、蔬菜和马铃薯总体比较优势不明显，但这三类农产品的比较优势均在不断增加，尤其多样化和错季优势明显，蔬菜、水果和马铃薯在农产品出口中的优势十分突出，具有不可替代性。全省以蔬菜、果品、烟草等为龙头的农产品出口总额多年处于全国第 7、西部第 1 的地位，支撑云南外贸出口总额的 1/3 左右，为平衡云南国际贸易做出了巨大贡献。因此，云南应注意保持农业支持保护政策的延续性，通过持续加大投入，完善基础设施、提升耕地质量、强化科技支撑、引培新型主体、发展精深加工、做大仓储物流、促进三产融合、建设系列品牌等综合措施，扬长避短，做大做强特色优势产业，提升高原特色农业产业整体发展水平和质量效益。

与周边国家相比，在农业发展区域竞争力上各有优势，农产品有极强的互补性。云南农机农技优势明显，立体气候、品种资源、农业技术、农业机械、水陆交通设施等方面较四国优势明显，水果、蔬菜、花卉、烟草、咖啡等农产品出口方面竞争力较强。但云南人均占有耕地最少、农村劳动力资源相对紧缺。相邻的老挝、缅甸、泰国在土地资源和人力资源上较云南有较大的优势，农业开发潜力大。云南应进一步优化政策环境，加强与周边国家的农业经济技术和贸易合作，进一步做大做强农产品出口；加大力度支持企业和科研单位走出去，建立境外粮食和重要农产品生产基地、加工基地和物流运输体系，提高资源掌控能力，为确保云南乃至国家粮食安全和重要农产品有效供给做出贡献。

从省内各州（市）看，应以国家“两区”建设和国家及省级特色农产品优势区创建为抓手，依托各地资源禀赋条件和特色产业基础，结合市场需求，扬长避短调整优化产业结构。按照“因地制宜、突出特色，创新引领、绿色发展，质量兴农、效益优先”的原则，通过“抓产销两头、促农旅融合，补营销短板、强加工弱项，搭服务平台、优发展环境”等综合措施，建好基地、育好龙头、创好品牌，努力做强第一产业、重点做大第二产业、大力发展第三产业，大力推进“一县一业”和“一村一品”，做强做大各地特色优势产业，努力提高特色农业质量效益和竞争力，培育县域经济支柱产业。要采用差异化扶持政策，努力缩小区域发展差距，逐步解决发展不平衡问题。落后地区重点加强基础设施建设，夯实发展基础；欠发达地区重点扩大特色产业规模、发展农产品加工业，延长产业链条；发达地区重点加强转变发展方式，推进三产融合，带动落后地区和欠发达地区农业产业提质增效。

第二节　加快云南高原特色现代农业产业经济发展的对策

现代农业是一个动态的概念，它在不断超越传统农业界限的过程中被赋予新的内涵。对于当前我国正在推进的现代农业，云南省也在实践中不断探索，力争做到“4 句话、5 指标、5 个化、3 体系、1 目标”。“4 句话”就是 2015 年 10 月习近平总书记在十八届五中全会上提出的“产出高效、产品安全、资源节约、环境友好”16 字总要求，指明了现代农业的高质量发展道路；“5 指标”是时任副总理汪洋在 2014 年全国现代农业示范区建设经验交流会上提出的到 2020 年我国现代农业发展的 5 项定量指标，即土地适度规模经营比重达到 70% 左右、高标准农田比重达到 60% 以上、农作物耕种收机械化水平达到 80% 以上、科技进步贡献率达到 60% 以上、农民人均纯收入达到 23000 元以上，明确了现阶段现代农业发展的量化指标；“5 个化”是 2014 年农业农村部部长韩长赋在全国现代农业示范区建设现场会上提出的“生产导向市场化、生产工具机械化、生产过程信息化、生产组织社会化、经营形式产业化”，明确了现代农业发展的技术路线（张玉明，2015）；“3 体系”指我国现代农业发展要着力构建现代农业产业体系、现代农业生产体系和现代农业经营体系；“1 目标”就是 2017 年党的十九大报告中提出的建立健全城乡融合发展体制机制和政策体系，全面实施乡村振兴战略，加快推进农业农村现代化，明确了我国“三农”的总体目标。

一、总体思路

（一）指导思想

深入贯彻习近平新时代中国特色社会主义思想和党的十九大精神，围绕实现农业农村现代化的总体目标，以推进供给侧结构性改革为主线，以实施乡村振兴战略为总抓手，以改革创新为根本动力，按照省委、省政府打造世界一流“绿色食品牌”的总要求，以推进农业“两型三化”为核心，以科技创新、体制机制创新、模式创新为动力，加大投入力度，夯实发展基础，突破发展瓶颈，建立完善适应国际国内形势发展要求、适合云南自身特点和各地区实际的农业支持保护政策体系，保持政策的延续性和稳定性；以全面提升农业发展质量效益、快速增加农民收入为重点，按照“因地制宜、突出特色，创新引领、绿色发展，质量兴业、效益优先”的原则，着力抓好创名牌、育龙头、抓有机、建平台、占市场、解难题六个方面的工作，通过“抓产销两头、促农旅融合，补营销短板、强加工弱项，搭服务平台、优发展环境”等措施，培育农业发展新动能，促进要素聚集和产业聚集，努力做强第一产业、重点做大第二产业、大力发展第三产业，大力推进“大产业＋新主体＋新平台”发展模式和“科研＋种养＋加工＋流通”全产业链发展，云南高原特色农业产业转型升级，优化农业产业结构，构建外向型的现代农业体系，推进云南农业的高质量发展，确保云南省粮食安全及主要农产品供给质量和市场竞争力，带动农民增收致富，为实现全省乡村振兴和城乡统筹协调发展奠定坚实的基础。

（二）基本原则

一是市场导向、突出特色的原则。以区域资源禀赋和产业比较优势为基础，充分发挥云南低纬高原“丰富多样、生态环保、安全优质、四季飘香”的优势和特色，依据比较优势、竞争优势、特色优势的原则优化农业结构、产业布局和品种布局，因地制宜地发展当地优势特色农产品和农业产业，提高农业效益和整体竞争力，加快区域经济发展。充分发挥市场在资源配置中的基础性作用，利用云南沿边区位优势，使农业资源重点流向在国际国内市场比较优势明显、特色鲜明、市场容量大、单位产出高、经济效益好的产业和产品。

二是创新引领、绿色发展的原则。创新管理体制，完善开发机制，进一步建设和完善种质资源保护、农业科技研发和技术推广体系，深入推进农业科技进步，以秋季农业、山区有机生态农业和旱作节水农业为重点，积极推广设施种养、农牧循环、农林结合等高效低碳循环型绿色农业，拓展农业功能，节约农业资源，保护农业环境。搭建科技创新与人才培养平台，以产业发展重大需求为导向优化科技资源配置，形成强有力的产业支撑体系，以“两型三化”为核心促进云南高原特色农业产业转型升级，优化农业产业结构，构建现代农业产业体系，提高农业发展的质量效益水平，努力解决高原特色农业发展不充分的问题。

三是培育主体、优化模式的原则。要落实“政府引导、市场主导、企业主体”围绕各地优势特色支柱产业，积极引进和培育农业产业化龙头企业，培育扶持合作社、家庭农场、种养加销大户等各类农村经济合作组织健康发展。大力支持农产品生产、农产品加工、农产品物流、电子商务等体系建设和市场开拓，创立高原特色农业品牌；要积极支持土地流转，推进农村“三变”改革，优化、创新产业发展模式和利益连接机制，努力构建以市场牵龙头、龙头带基地、基地连农户，集种养加、产供销、内外贸、农科教为一体的经济管理体制和运行机制，努力延长产业链，拓宽价值链。

四是倾斜支持、协调发展的原则。切实贯彻落实党中央国务院“多予少取”和“乡村振兴”的部署和要求，切实推进资金、技术、人才等各类资源和要素向农业农村倾斜。以增加农民收入、加快山区脱贫致富步伐为核心，以改善山区基础设施、发展山区生态特色产业经济为重点，加大投入和政策倾斜力度，加强耕地保护和质量建设，提高农业物质、技术装备水平，不断增强山区可持续发展能力。积极调整产业结构，大力发展高效农业和涉农产业，完善利益连接机制，千方百计促进农业增效、农民增收、农村繁荣。要充分尊重农民意愿，积极推进农村改革，加快农村各项事业的发展，努力缩小坝区和山区、城市和乡村的差距，逐步解决区域发展不平衡的问题，实现云南高原经济、社会与生态的协调发展。

（三）战略选择

一是实施差异化发展战略。充分发挥云南省农业多样性尤其是许多农产品可全年生产、错季上市的优势，依托特色农产品优势区建设，以提高生产效率、做强农产品加工业为抓手，做大优势特色农业产业规模，并瞄准中高端消费市场，创新产品和工艺，以标准化促进优质化，以品牌化提升产业效益。

二是实施海外拓展战略。按照“两个市场、两种资源”的思路，加强和深化云南省与南亚东南亚国家的农业经济技术合作，加快云南省农业“走出去”步伐。以粮食、甘蔗、橡胶、茶叶、咖啡、生猪、牛羊等产业为主，以农科科技和农业投资为主要手段，加快布局建设境外农产品生产基地，积极构建区域现代农业产业链，促进中小型农业机械和种子、化肥、农药等农资出口。以“中国（云南）自由贸易试验区”建设为契机，通过直接投资和控股整合等方式，建设沿边和境外农产品加工、仓储基地及冷链物流体系，促进蔬菜等特色农产品外销出口和粮食、橡胶、肉牛等资源性农产品进口，并参照“温果南下、热果北上”的思路和模式，做大做强水果等互补性农产品的过境贸易业。

三是实施可持续发展战略。因地制宜推广农林牧结合的循环农业发展模式，全力推进农产品区域化布局、规范化管理、标准化生产、产业化经营。按照“产业生态化和生态产业化”的理念，统筹全省九大高原湖泊和六条江河流域农业产业布局，促进流域经济实现绿色发展。进一步强化以薇甘菊、草地贪夜蛾、蝗灾等为主的农业有害生物入侵物种预警监测和防控技术研发，加强与周边国家在防控技术、疫情信息等方面交流与合作，逐步建设完善有害生物入侵预警监测和联防联控体系，确保农业生态安全。

（四）发展目标

按照省委、省政府打造世界一流“绿色食品牌”“健康生活目的地”“两型三化”的要求，以国际国内优势明显、特色突出的农业产业和农产品为重点，通过5～6年的努力，初步构建起产业结构更加优化、区域布局更加合理、资源配置更加高效、基础设施渐趋完善、三大效益更加突出的高原特色现代农业产业体系和农村经济体系，农业综合生产能力、抗风险能力和产品市场竞争力显著提高，农业食物保障、原料供给、就业增收、生态保护、观光休闲、文化传承等多功能性进一步拓展，逐步解决云南高原特色农业发展不充分和区域发展不平衡的问题。

按年递增10%（2017～2019年间增速）预测，到2025年，高原农林牧渔业总产值、增加值分别达到8700亿元和5300亿元以上；全省农村居民人均可支配收入达到2.0万元以上（年均递增9.5%）；全省农产品加工业产值超过1.5万亿元，力争达到2.0万亿元（与同期农林牧渔业总产值之比接近2.3：1，力争达3：1）；全省农产品出口额超过75亿美元，力争达到100亿美元。

二、重点任务

（一）加大投入，夯实云南高原特色农业产业发展基础

一是以耕地保护为重点，确保农业发展的基础。认真贯彻落实耕地保护政策，通过立法完善耕地质量建设和保护机制。确保基本农田总量不减、用途不变、质量提高。继续推进将坝区80%以上的现有优质耕地和山区连片面积较大的优质耕地划为永久基本农田，实行特殊保护。严格执行建设占用耕地补偿制度和科学的占补耕地质量验收办法，实行差别化的耕地占补平衡政策，提高使用坝区土地特别是耕地的成本。

二是以基础设施建设为重点，提高农业农村发展能力。一方面要持续加强水利保障体系建设，重点实施大中型灌区续建配套和山区“五小”水利工程，加强节水改造，不断完善渠系配套设施，积极推行技术、管理和经济相结合的综合节水措施，提高水资源利用率。另一个方面持续大力实施中低产田地改造工程，着力提高耕地质量。以山区、半山区为重点，统筹规划，合理布局，大规模改造中低产田地、园地、林地、草地和水面，建设现代化高标准农田，有计划、有步骤地在云南省的粮食生产大县建立一大批关乎国计民生的耕地永久保护区，进行重点投资。特别是要工程措施与生物农艺措施配套，实施以坡改梯为主的坡耕地综合治理，大力开展测土配方施肥、种植绿肥、秸秆还田、有机肥料积造和施用，全面提升耕地特别是基本农田质量，实现人均1亩高产稳产粮田地的目标。继续实施中低产林改造工程，大力发展生态友好的速生高效林木、经济林木、木本油料，立足森林多功能多效益的发挥，努力提高森林质量和生态、经济等综合效益。此外，要加强设施农业建设，加快推进园艺作物、畜禽、水产品生产设施化发展。加强农村能源建设，努力提高农村清洁能源普及率、农作物秸秆综合利用率以及规模化养殖场粪便综合利用率，提高农村能源保障能力。加快发展农业机械化，提升农业装备能力，积极发展农机维修等配套服务产业，推进农机服务组织建设和社会化服务。推进标准化规模养殖，提高养殖业的发展能力。

（二）凝心聚力，积极构筑高原特色农业现代产业发展框架

抓住农业智能革命的机遇，依照《关于建立粮食生产功能区和重要农产品生

产保护区的实施意见》和《特色农产品优势区建设规划纲要》，通过加大财政投入力度、健全财政扶持政策、创新金融保险支持以及落实政府责任、明确部门分工等综合措施，聚焦主要品种和优势区域，着力夯实农业发展基础、提升综合生产能力，发展适度规模经营、延长产业链条、完善支撑服务体系，大力推进农业产业结构调整和区域布局，夯实云南粮、油、糖、胶等粮食和重要农产品生产、供给基础，提高优势特色农产品产业发展质量效益和竞争力。

一是夯实云南粮食和重要农产品生产、供给基础。按照“藏粮于地、藏粮于技”战略要求，持续推进3750万亩粮食生产功能区建设，稳定提高云南粮食产能，确保口粮安全。重点在红河、文山、普洱、西双版纳、保山、德宏、临沧、昆明、楚雄、玉溪、大理建设1500万亩水稻生产功能区；在昭通、曲靖、红河、文山、昆明、楚雄建设1900万亩玉米生产功能区；在昭通、曲靖、丽江、怒江、迪庆建设350万亩小麦生产功能区。依靠科技进步，优化产品结构，持续推进1450万亩重要农产品生产保护区建设。重点在西双版纳、普洱、临沧、红河、德宏建设900万亩天然橡胶生产保护区；在德宏、临沧、保山、普洱、西双版纳、玉溪、红河、文山建设350万亩糖料甘蔗生产保护区；在昭通、曲靖、玉溪、大理、保山、普洱、临沧、文山建设200万亩油菜籽生产保护区。

二是大力发展优势特色农业产业。以区域资源禀赋和产业比较优势为基础，以农业供给侧结构性改革为主线，按照“市场导向、效益优先，科技支撑、绿色发展，培育主体、农民增收，加工营销、创建品牌”的思路和原则，围绕园艺产品、畜禽和水产品、林特产品、粮经作物四大类特色农业产业，支持建设标准化生产、加工和仓储物流“三大基地”，科技支撑、品牌打造和市场营销“三大体系”，培育壮大新型经营主体等系列措施，重点建设以烟草、甘蔗、油料、橡胶、咖啡、中药材等为特色的工业原料基地，提高蔬菜、水果、茶叶、花卉等园艺产品基地建设水平，加强以马铃薯、小杂粮、蚕桑、食用菌、特色猪禽、特色牛羊、淡水鱼类、特色坚果等为主的特色农产品生产基地建设，提高基地和园区建设质量，努力创建并申报认定一批“中国第一、世界有名”的国家级特色农产品优势区，打造一批“全省第一、全国知名”的省级特色农产品优势区，将特色产业逐步培育成优势产业。

三是加快发展农产品精深加工业。以打造“一县一业、一村一品”为基础，以茶叶等8个产业加工业发展为重点，推进加工业向优势产区集中布局，引导流通、储运设施建设向优势产区聚集，形成生产与加工、科研与产业、企业与农户相衔接相配套的上下游产业融合格局；支持重点产业领军企业跨区域带动发展精深加工。支持主产区依托县域形成农产品加工产业集群，尽可能把产业链留在县域，改变农村卖原料、城市搞加工的格局。支持家庭农场和农民合作社经营发展适合的农产品初加工，支持县域发展农产品精深加工，建成一批农产品专业村镇和加工强县。引进、培育农业产业化龙头企业和联合体，推进现代农业产业园、农村产业融合发展示范园等建设。健全农村一二三产业融合发展利益联结机制，让农民更多分享产业增值收益。

四是积极拓展农业多种功能，构建外向型特色农业产业体系。充分挖掘云南低纬高原丰富多样的自然风光、产业基础、民族文化等资源禀赋，加大投入力度，夯实发展基础，突破发展瓶颈，推进农产品精深加工、休闲旅游服务业转型升级，全面挖掘乡村文化价值，培育发展新产业和新业态，加快一二三产业融合发展，延长农业产业链、拓宽农业价值链，因地制宜进一步做大农业的经济功能、做优农业的文化功能、做强农业的生态功能、做好农业的社会功能，使得全省农业食物保障、原料供给、就业增收、生态保护、观光休闲、文化传承等多功能性进一步拓展，逐步形成“以农业功能拓展促进农业现代化，以农业现代化加速农业功能拓展”的局面，全面提升云南农业的发展质量和综合效益，带动农民增收致富，在着力解决云南农业发展不充分问题的基础上，加大力度解决发展不平衡的问题，为实现全省的乡村振兴战略目标奠定坚实的基础。

（三）创新模式，全面提高农业发展质量效益和竞争力

按照“两型三化”的要求，努力构建具有云南高原特色的空间布局合理、生态环境友好、资源利用高效、要素配置协调、功能多样互补的高效农业发展新模式和农业产业体系，推进云南高原特色农业转型升级。一是发挥云南农业多样性的优势，树立农林牧渔业及现代服务业多业并举的大农业思想，构建新型农林复合经营循环农业模式；二是发挥云南的时差（季节差）和带差（气候带差）的优势，走特色化、差异化发展道路，坚持生态优先，发展生态农业，构建高原特色农业新模式；三是发挥云南植被多、水土和空气洁净、阳光充足等生态资源优势，按照产业生态化、生态产业化的要求，走绿色低碳发展道路，实现保护与发展并举，探索环境友好型模式；四是发挥云南沿边的区位优势和多民族人文资源优势，走产业化发展道路，积极拓展农业功能，接二产连三产，构建外向型高原农业产业体系，发展外向型农业新模式；五是发挥云南物种资源多样性的优势，依靠科

技创新，建设科技园区，聚集农业要素，强化科技支撑与引领，走内涵式发展道路，探索科技创新驱动型农业新模式。

（四）创新机制，大力培育高原特色农业新型经营主体

按照“扶优、扶强、扶特、扶大”的原则，进一步优化农业龙头企业发展环境，做大做强农业龙头企业。强化金融、财政、用地和税收政策支持，培育壮大一批产业链条长、产品附加值高、市场竞争力强、品牌影响力大的本土农业龙头企业。优化招商环境，开展精准、定向、专项招商活动，引进世界企业500强、中国企业500强、民营企业500强目标企业以及国内外农业龙头企业、关联企业、配套企业和研发机构来滇投资。引导龙头企业采取兼并、重组、加强与国内、国际知名企业的交流和合作，大力引进技术水平高、投入强度大、产业链条长、带动能力强、管理水平高的国际国内一流企业和项目入驻，重点打造一批处于行业领先地位的领军型龙头企业，鼓励、支持龙头企业加强联合和协作，加快形成一批联系紧密的龙头企业集群，引导、支持龙头企业与基地农户、合作社建立和完善不同形式的产业化利益联结机制。加强农村实用人才培养，培育壮大各种类型农民专业合作社、行业协会，提升合作社带动能力，提高其生产经营、技术应用、信息搜集和市场开拓能力。

（五）多措并举，努力构建云南高原特色农业品牌体系

一是制定云南高原特色农产品品牌培育和保护规划。全面提高全社会的品牌培育和保护意识，加强顶层设计和统筹指导，强化政府的引导作用，制定扶持品牌农业发展的相关政策，建立健全品牌建设激励保护机制，打通一二三产业品牌建设整合发展通道，由点及面带动云南省整体品牌建设水平。培育一批具有竞争力和影响力的企业品牌和产品品牌，构建区域品牌、企业品牌、产品品牌协同发展体系，形成云南高原特色农产品品牌的金字塔。

二是多举措打造“云系”“滇牌”农产品的整体品牌形象。积极对接中央电视台、《农民日报》、云南电视台、《云南日报》等媒体，加大对云南各类区域公共品牌、企业品牌和产品品牌的宣传。支持各级政府和企业利用机场、车站、高速公路、旅游景区以及各地专业批发市场的广告牌等宣传资源，宣传区域特色农产品品牌和企业品牌及产品。支持企业积极参与各类农交会、茶博会、花博会、农博会等国际性和全国性展会，搞好品牌营销活动。支持利用网络社交平台、电商平

台、微信平台、移动客户端等多元新媒体，建设“互联网+云南绿色食品”市场营销网络。建立长效机制，加大力度做好云南绿色农产品优质品牌、优秀企业等的评选奖励活动，树立典型，形成标杆，推进全省农产品品牌建设，扩大云南名品、名企的知名度、影响力和市场占有率。结合国家和云南省特色农产品优势区建设，按照“一个区域、一个产业、一套标准，一个品牌”的思路，打造像斗南花卉、通海蔬菜、宣威火腿、文山三七、新平褚橙等这样的区域性品牌，指导、鼓励和支持企业创建、发展国际知名企业品牌、产品品牌和注册商标。

（六）放宽搞活，发挥高原农业发展科技支撑引领作用

一是建立现代农业科技创新和技术集成体系。继续深入贯彻中共中央、国务院《关于加快推进农业科技创新持续增强农产品供给保障能力的若干意见》相关精神，切实落实创新驱动发展战略和创新云南行动计划，强化农业科技的基础性作用和地位，建立财政为主渠道的农业科研投入机制，切实加大农业科技投入，加强农业科技创新能力建设和人才团队培养，改善农业科研基础设施和科技平台条件，建立和完善适应农业科研规律和产业特点的长期稳定与适度竞争相结合的项目投入机制，尽快完善和建立政府购买公益性产品的机制与配套政策。深化体制机制创新，推进农业科研、教学单位和企业上下联动、左右互动，围绕现代农业产业发展构建新型农业科技创新体系，依靠农业科技创新驱动，引领现代农业发展。

二是加快良种和先进适用技术的开发、引进和推广应用。以提高土地产出率、资源利用率、劳动生产率为主要目标，超前部署农业科技创新和轻简、高效、绿色的农业可持续发展技术，着力攻克高原特色农业资源创新与育种、粮食安全、特色产业发展、农产品精深加工、农产品质量安全、疫病防控及防灾减灾等领域关键性技术，研发适应云南高原山地农业生产特点的节水抗旱、生态安全、现代高效的设施园艺产业、现代设施化畜禽养殖、资源高效利用等资源节约型和环境友好型产业化技术，推进农机农艺结合、良种良法配套。深化体制机制创新，加快农业科技成果转化。提升农业龙头企业依靠科技加快发展的能力，建设高原特色现代农业产业技术体系，组建一批产业技术创新战略联盟。加快构建我国面向西南开放的现代种业高地，积极物化先进成果。发挥基层推广部门、科技园区、国家公园、龙头企业和农村经济合作组织在推广、培训和示范适用技术和培养新型农民的平台和纽带作用，加快多层次、多类型的农业科技培训体系建设，大幅

提升培训的质量和层次，优化农业生产经营者结构，提升农业新技术的示范效应和现代农业产业生产经营能力。按照有文化、懂技术、会经营的要求，大力实施现代农业后备力量培植计划，开展农业生产经营普及性、引导性培训，增强农村劳动力从事农业生产经营、普及农业生产基本技能。

三是建立完善的农村科技推广与服务体系。充分发挥政府的引导作用、企业和农民的主体作用、科研教学机构的服务及支撑作用，打破部门、区域、单位和学科界限，搭建研发、转化、推广平台，聚集、整合科技资源，形成新合力，构建和完善新型农技推广服务网络和长效推广机制；建立农业科技成果产权展示交易平台，加速农业科技成果向企业流动，鼓励和吸引科研机构、大专院校、农业龙头企业参与农业科技推广，利用各种农业科技园区、标准化示范基地、政府重大工程项目等平台，聚集组合生产要素和分散农户，促进科技进步和新型产业化发展。依法建立健全基层农业技术推广机构，深化基础农业推广体制改革，加强基层农业技术推广机构队伍和条件建设，提升基层推广服务的能力和水平。

（七）突出重点，全面提高云南农产品的质量安全水平

以蔬菜、水果、茶叶、肉类、中药材等农产品为重点，实施“放心云南、品质云南、人文云南”工程，依托现代通信、信息技术，积极推进以食用药用农产品为重点的质量安全追溯和产地准出管理制度，大力推进“基地在线、生产环节在线、监测在线”等新型监管监测方式，建立健全高原特色农产品全程质量可追溯体系，实现对农产品从田头到餐桌全程监管和可追溯，大力提升农产品质量安全水平。

（八）人才兴农，系统培育高原特色农业产业发展人才

创新是引领发展的第一动力，创新驱动实质上是人才驱动。习近平总书记在庆祝海南建省办经济特区 30 周年大会上的讲话中提到：“事业因人才而兴，人才因事业而聚。”云南应进一步强化“人才是第一资源”的理念，把人才工作摆在重要位置，大力实施“人才兴农”工程（袁媛等，2020）。

一是聚焦需求“育才”。聚焦实际需求，整合各渠道培训资金资源，建立政府主导、部门协作、统筹安排、产业带动的培训机制，强化针对性培训，不断提升“三农”工作队伍的整体素质。首先，应采用岗前培训和岗位培训结合等方式，加强对各级管理人员的综合素质培训，使其更新知识、更新观念，跟上国内外经济

社会发展形势，用产业化的思路谋划、服务特色农业的发展；其次，要统筹运用学历教育、技能培训、实践锻炼及请进去、走出去等多种方式，系统开展农业龙头企业、合作社、家庭农场负责人和农村经纪人等进行经营管理、财务税务、法律法规等知识培训，源源不断地造就一批批农业职业经理人等乡村产业发展的经营人才；最后，要实施农村实用人才带头人培训计划，培养更多爱农业、懂技术、善经营的乡村产业实用人才。

二是立足产业“引才”。立足产业实际、紧盯产业短板、顺应产业发展趋势，精准对接供需，充分调动本地能人积极性的同时，发挥亲缘、人缘、地缘优势，打好“乡情牌”、念好“引才经”，吸引在外人才通过投资、技术服务、入股等形式返乡创业。

三是做优环境“留才”。创新人才使用体制机制，优化用才环境，让各类人才都有适合展示自己才华的舞台，有更多归属感、获得感。注重发挥财政资金的杠杆效应，为农业特色产业人才量身定制一揽子政策补助，在创业培训、项目审批、资金补助、贷款、用水用电等资源要素上给予重点支持，为产业人才创造良好的成长环境。通过评选、表彰和大力宣传农业企业和合作社、家庭农场领办人、农业职业经理人和经纪人等产业带头人、“土专家”“田秀才”等优秀人才创业创新、科技致富、艰苦奋斗的突出贡献和典型事迹，营造“尊才、爱才、惜才”的良好氛围，让人才扎根乡村有更多获得感、荣誉感。对产业发展、品牌宣传和产品销售等环节做出突出贡献的新媒体人、新零售平台、经理人和经纪人等给予奖励（袁媛等，2020）。

第三节　云南高原特色农业产业政策创新的建议

从云南特色农业的探索发展历程可以看出，从20世纪80年代开始培育的烟糖茶胶，到20世纪90年代末开始的花果蔬药，再到21世纪的咖啡、马铃薯等，一批批云南的产业逐步发展壮大为云南农业的支柱产业并在国内具有一定的优势地位，为云南高原特色农业发展打下良好的基础，无一不是长期稳定的政策支持的结果。目前，云南省政府打造世界一流“绿色食品牌”战略等顶层设计，更是体现了对国际国内形势的科学预判，体现了对国情、省情、农情等的深化认识，体现了国家发展高质量农业推进乡村振兴等战略的思想和要求。因此，应进一步总结吸收过去的成功做法，持之以恒，保持政策的延续性，促进农业农村经济的持续稳定发展。

一、坚持特色优势产业发展导向和政策支持

一是稳定支持传统优势产业的发展。长期形成的农业（种植业）、林业、畜牧业和渔业等产业基础较好。应强化对基础产业的持续支持，促进传统产业转型升级，促进农业农村稳步发展。

二是大力支持特色农业的发展。围绕农业供给侧结构性改革这条主线，坚持以市场为导向，以效益为中心，立足云南省的资源禀赋条件和产业基础，以云烟、云菜、云花、云果、云茶等12个高原特色农业产业为区域性主导产业，重点培植“八大产业”，强化支持政策保障，促进对资源和生产要素进行优化配置，提升主导产业农业生产率。就目前情况看，云南特色农业要进一步强化产业化发展路径，一方面，要在纵向产业化上加强特色产业加工、市场销售等后续产业环节上下足功夫，加大对新产品开发、产品或区域品牌打造、物流仓储、市场拓展与营销以及线上线下消费方式等创新发展的政策支持。另一方面，在现有较好产业资源基础上，在横向产业化上加强一二三产业的融合发展，强化农业与二产、三产的融合发展，尤其要充分发挥农业多功能性，在生态保护、文化传承及观光旅游上有新拓展和新提高。

三是促进特色产业进一步聚集发展。紧紧围绕云南省特色农产品优势区规划布局，促进生产向最适宜区集中，引导主导产业、特色产业的产业化发展，培育和建立能够促进生产要素在空间上合理流动和重新组合的机制，对农业及其相关产业在空间上进行分化，向具有集聚效应环境的经济区域集中，建立既分工明确、又协同合作，区域规模效应显著的农业及相关产业布局体系。构建生产、加工、销售为一体的经营体系，实现市场与农业产业发展的有效互动，促进产业集群发展（陈良正等，2019a）。

二、坚持高质量发展导向和政策支持

一是实施绿色化生产，构建绿色化生产体系。顺应人们对美好生活及健康的需要，发展高端、优质、安全、高效农产品，全面实施绿色生产、绿色加工和绿色物流，加强生态环境保护，实施耕地轮休制度，研发推广绿色、生态、循环经

济技术，促进产业持续健康发展，推进绿色生产体系构建，打造“放心云南”“健康云南”“品质云南”。

二是实施标准化生产，推进规模化基地建设。以绿色、生态、有机、安全农产品为核心竞争力，建设标准化、规模化、商品化的特色农产品生产基地，加大“三品一标”认证，保障产品符合国家农产品质量安全标准和国家食品安全标准，着力加强和健全检验检测、认证与标准、进出口农产品监管、市场监管、质量追溯、生产环境监测等体系、平台和机制建设，不断完善全省农产品质量可追溯体系。

三是强化现代经营体系建设，构建农业品牌化政策体系。构建政府、合作组织、农户和企业共同推进农业品牌化的机制，各级政府及农民合作组织、企业等要通过各种途径，采用多种形式，在农户中加强宣传商标和品牌的知识，引导广大农民增强品牌意识。发挥政府在制定规则、支持保护等方面的作用，加快形成云南地方名牌和驰名商标，保护区域特色农产品品牌。加大名牌农产品在工商、税收、质检等方面的优惠政策，加大对品牌产品生产和流通的支持力度，强化品牌保护，完善农业品牌化政策体系（陈良正等，2019a）。

三、坚持深化农业农村改革的导向和政策支持

一是加快农村土地经营权确权登记，实现“三权”分置。制定促进农村土地承包经营权流转的相关政策，搭建交流平台，完善工作机制，引导农村土地规范有序流转。鼓励和引导农户的土地承包经营权采用出让、租赁、作价出资（入股）、转让的方式向新型经营主体进行流转，发展多种层次的适度规模经营。

二是坚持多种经营方式并存的发展道路。鼓励企业经营、合作经营、农户经营、混合所有等多种经营方式并存，积极培育农业龙头企业、专业合作组织、农业庄园、家庭农场、专业大户、新型职业农民等各类新型经营主体，培育农业“小巨人”，以龙头带动产业的转型升级，壮大小农户应对大市场的能力；加强农村集体经济培育，构建集约化、专业化、组织化、社会化相结合的农业经营体系，提高农业生产经营的组织化程度和整体效率，为高原特色农业产业的提质增效和转型升级提供主体支撑（陈良正等，2019a）。

三是大力支持发展农村现代服务业。积极支持发展专家工作站、专业协会、研究会、讲习所等科技型组织，用好转业军人、返乡农民工、创业学生及离退休还乡老同志，为他们提供必要的政策倾斜，如土地流转、增加信贷、减免税收、

提供科技指导等，打造农业产业化增长新动力。支持培育农业合作社、农工商经济联合体、市场经纪人和经纪人联合体、农产品购销公司、股份合作制企业等各类经济服务组织，尤其要发挥中介组织和农民经纪人在市场营销中的媒介作用，帮助农民进入市场，为农业产业发展提供多元化、多层次、可持续的社会化服务（铁振国、徐志勤，1994）。

四、坚持科技创新支撑引领的导向和政策支持

一是创新投入机制，确保农业科技投入稳定增长。按照农业科技工作的“三性”定位要求，按照相关法律和制度规定，建立政府稳定投入增长机制，设立农业科技创新财政专项资金，加大农业科技创新的稳定支持。同时，建立农业科技投入的统筹与管理机制，解决重复投入、多头管理等问题。调整投入结构，把资金重点投向基础性、公益性和长期性的农业科研基础研究、应用基础研究，以及农业高新技术、综合技术、关键技术的研究和开发领域。同时增加对农产品安全、贮运保鲜、农产品加工、农业机械等云南省急需技术的投入。着力建立主次分明、多元化、多层次、多渠道的农业科技创新投入机制。引导社会资金、金融资金投入，完善金融支持与社会保险机制。在农业项目、税收、金融方面给予中小型科技企业倾斜。

二是建立健全新形势下符合云南省实际的新型农业科技协同创新体系。支持引进国内外先进技术成果，整合省内优势力量，围绕高原特色农业及重点产业打造，一二三产业融合发展，耕地质量提升、环境保护、修复及绿色化，特色种质资源创新及主要农产品现代育种等“卡脖子”关键技术，逐步建立健全种质资源、现代生物育繁种与种养技术协同创新体系，特色经济作物产业转型升级及产业链协同创新体系，农业机械化协同创新体系，国内外交流合作协同创新体系，科技人才培引和服务协同创新体系，生态文明建设协同创新体系。建立特殊区域协同创新体系。

三是创新体制机制，释放动力活力，加快农业科技成果转化力度。组建全省农业科技创新联盟，构建全省农业科技成果转化机制。当前，从国家层面看，农业农村部以中国农业科学院牵头启动成立了“国家农业科技创新联盟”，其目标定位是：搭建分工协作的“一盘棋”农业科研工作新格局，使联盟成为国家农业科研联合攻关的核心平台；创建覆盖上中下游的“一条龙”农业科研组织模式，使

联盟成为国家农业科技创新的骨干网络；构建多学科集成的“一体化”农业科技综合解决方案，使联盟成为支撑现代农业发展的重要力量。为深入贯彻落实创新驱动发展战略，深化农业科技管理机制改革，强化合作攻关，促进资源共享，统筹和优化全省农业学科发展与区域布局，切实增强全省高原特色农业科技自主创新能力，参照“国家农业科技创新联盟”的做法，由云南省农业科学院联合全省16个州市农业科学研究院所、农业院校，共同发起成立“云南省农业科技创新联盟”，主要聚焦于四个方面的重点任务：（1）承接“国家农业科技创新联盟”的工作任务，进入国家农业科技创新体系；（2）加强云南农业核心关键技术攻关，突破制约现代农业发展的瓶颈；（3）加强云南省不同生态区重大科技工程技术研发，促进区域农业转型升级和可持续发展；（4）组织开展农业科技、农业产业发展成果转化。组建全省农业科技创新联盟，从省财政中每年安排专项基金支持，有望通过5年左右的运作，从根本上解决农业科技创新的主体分散、农业推广应用体系不健全、成果“碎片化”现象严重、科技成果转化率低等突出问题，建立起全省农业科研教学单位“大兵团”协同“攻坚”创新的体制机制，从根本上解决科研人员“单打独斗”的现象。

四是落实成果转化相关政策，释放动力活力。一要营造创新氛围。二要建立激励机制，激发创新活力。农业是要发展的，发展是要人才和技术的，人的创新能力和积极性是需要激励的。虽然国家以种业为知识产权改革试点和修改后的成果转化法等加大了新时期成果转化激励体制机制构建，要按照成果转化相关政策，提高收入分配和待遇。三要创新人才政策。建议在省级科研单位或大专院校，55岁以上高级人员，根据单位或社会需要，适当放宽考核标准和要求，让这些老专家重点做好传帮带或社会服务工作，职称不占单位指标（陈良正等，2019a）。

五、坚持对外开放的导向和政策支持

一是抓住机遇加强面向南亚、东南亚农业辐射中心建设。立足云南高原丰富多样的资源优势，充分利用好国内外“两个市场、两种资源”，拓展与“一带一路”沿线国家和重点区域的农业合作，开展农林牧渔业、农机及农产品生产加工等领域深度合作，打造区域性国际农业交易平台。

二是加大农业“走出去”的政策支持和金融保障力度。以南亚、东南亚国家为主导，加强贸易与投资的融合，建立和完善分国别农业投资导向目录，指导企业开展农业对外投资。建立完善农业企业“走出去”风险防范机制，加强对境外投资企业的监管，规范“走出去”经营秩序；鼓励企业参加境外中资企业商会，完善信用担保、海外农业直接投资、保险及法律援助等制度。

三是充分发挥云南的区位和生态资源优势。以国际市场为导向，以现代农业示范园区为载体，打造花卉、蔬菜、水果、咖啡、茶叶、核桃、食用菌、生物医药等绿色生态农产品出口基地，积极支持优势农产品出口，形成外向型经济体系。加快沿边高速路网建设，整合各沿边口岸资源，优化政策环境，推进沿边自由贸易区建设，促进云南与南亚、东南亚国家的农业经济技术合作和农产品贸易往来。

四是支持搭建更高水平的国际合作平台。建设外向型优势特色农产品生产基地、区域性农产品进出口加工基地等农业对外交流合作平台，创新合作方式，引进国外先进的种质资源、技术及人才。搭建国际农业交流、合作和共同发展平台，参与国际农业经济技术合作与竞争（陈良正等，2019a）。

六、坚持可持续发展的导向和政策支持

一是重视农业生态环境保护与治理。通过制定耕地保护制度，节约集约用地制度、水资源管理制度、环境保护制度，积极发展生态友好型农业。

二是建立农业环境保护监测制度。加大对农业生产区域内废气、废水、废渣、乡村生活污水灌溉以及农药化肥对农业生产环境影响的监测力度，确保农业生产环境不受污染；保证农产品安全生产。

三是积极开展面源污染综合治理。加强农村垃圾系统化处置和资源化利用，发展农村清洁能源和秸秆综合利用，加强生物质资源有机肥利用、栽培基质化利用、饲料化利用，引导与示范相结合，提高秸秆综合利用率和农业废弃物综合利用率。

四是大力支持发展循环农业。推广节地、节水、节肥、节能和循环农业技术，鼓励农业经营主体发展种养结合、循环利用等新型生产经营模式（陈良正等，2019a）。

（执笔：陈良正、李学林、毛昭庆、王雪娇、罗雁、王奕、鄢文光）

第二篇

专题研究

第六章

云南高原特色农业发展的探索与启示研究

农业是人类生存与经济社会发展的基础，是安天下、稳民心的战略性产业。长期以来，云南省委、省政府高度重视农业农村工作，尤其是自党的十六大以来，按照始终把“三农”作为全党工作重中之重的定位，始终把农业作为国民经济发展的基础产业和农民增收致富的支柱产业来发展，始终把农村作为农民生产生活的美丽家园来建设，始终把农民作为发展农业生产和建设新农村的主体来尊重（李学林，2015），对如何解决“三农”问题的规律进行了深入实践和广泛探索。云南省第九次党代会在对云南农业长期发展探索的实践和经验总结的基础上，提出用高原特色农业来统领云南农业发展的重要论断和部署，先后出台了一系列政策及措施。这段时期，全省农村经济总量快速增长，农民收入持续较快增加，是改革开放以来云南省农业经济增长最快的时期之一。高原特色生态农业模式被国内学界誉为我国现代农业发展的四大模式之一，特色优势和生态优势成为云南农业发展的一致目标和品牌。

当前，云南和全国一样，正处在巩固脱贫攻坚成果同乡村振兴有效衔接的关键时期。在国内经济下行压力逐步加大、外部国际环境发生深刻变化的复杂形势之下，统筹做好全省的“三农”工作具有极其特殊的重要性。加快云南高原特色现代农业发展，是云南省委、省政府立足云南资源禀赋和特色优势提出的关系云南全局和长远发展且适合现阶段云南农业发展的重大战略任务。云南省委、省政府于2018年在全省两会上提出打造世界一流“绿色食品牌”，进一步聚焦茶叶、花卉、蔬菜、水果、坚果、咖啡、中药材、肉牛八大重点产业，是在进一步深化对国情、省情、农情的认识基础上，对高原特色农业发展战略的进一步升华。系统回顾改革开放以来云南农业探索发展历程，总结云南高原特色农业取得的成效和存在的问题，进一步厘清农业发展思路，对全面开发利用云南农业资源，突出云南农业特点，彰显云南农业特色，进一步提高云南农业在全国的地位，均具有重要的现实意义和深远的历史意义。

发展云南高原特色现代农业，就是要依托资源优势，走差异化的发展道路，抓住产业发展的关键。横向上，一二三产业融合发展；纵向上，全产业链提质增效。一方面注重绿色环保可持续发展，注重科技支撑，提高农业生产效率；另一方面需要加大政策制度创新，重视农业农村全面发展，全面实施乡村振兴战略，让广大农村居民共享我国的现代化发展成果。本章在简单梳理云南特色农业发展历程的基础上，重点对2011年云南省委、省政府提出高原特色农业发展战略以来的实践和成效进行分阶段总结，通过对我国现代农业发展的四种模式进行对比分析，明确云南省继续推进高原特色农业发展的重要意义，进而提出云南高原特色现代农业发展的路径选择，为制定云南现代农业、绿色农业发展战略及其目标提供较为客观的参考和理论依据。

第一节　云南高原特色农业发展历程及取得的成就

一、云南特色农业发展探索历程

改革开放之前，受当时落后的生产力水平以及计划经济体制和城乡二元结构的约束，在“以粮为纲”的方针指导下，云南同全国一样，农业的基本特征是自给自足型的“口粮农业”，农业以粮食生产为主，目的仅仅是能满足温饱。改革开放以后，随着国家顺应经济社会发展的需要以及农业政策的逐步调整，云南开始了依托自身资源优势、发展特色农业的探索阶段。改革开放40多年来，云南农业农村发展取得的历史性成就，大致可以划分为以下几个阶段。

（一）烟糖茶胶四大特色农业产业发展成效显著阶段：20世纪80年代初至90年代中期

改革开放后，针对我国农业当时存在的生产结构、农林牧之间的比例不够合理的问题，国家农委在大量调查研究的基础上，向国务院提交了《关于积极发展农村多种经营的报告》，1981年3月国务院向全国转发了此报告，由此确定了我国农业要按照“绝不放松粮食生产，积极发展多种经营”的方针，正确处理粮食生产和多种经营的关系。结合当时国家鼓励轻工业发展的政策，云南省委、省政府提出依据自然禀赋资源的比较优势，重点建设甘蔗、茶叶、烤烟、橡胶四大轻工业原料生产基地，促进云南轻工业的发展，由此成功培育了云南“烟糖茶胶”四大特色农业产业，支撑了云南以烟草工业为代表的轻工业的发展，烟草成为云南经济的支柱产业。“两烟”从20世纪80年代起至今，一直是云南省的支柱产业之一，这一时期可以称作云南发展特色农业的1.0时代。2002年，云南省烤烟、糖料、茶叶、橡胶产量分别达到60多万吨、1680万吨、8136万吨和19184万吨，分别位居全国第一、第二、第一和第一（李学林等，2003）。

（二）生物资源开发产业蓬勃发展阶段：20世纪90年代中期至21世纪初

20世纪90年代，在党的十四大确定的“加快现代化建设步伐，建立社会主义市场经济体制模式”和“抓住机遇，加快发展”的决策和战略部署指导下，为巩固云南“两烟”支柱产业，培育新的支柱产业，把资源优势转变为经济优势，1995年云南省委、省政府决定实施“18生物资源开发工程”，提出以市场为导向，以科技成果产业化为途径，以企业加农户为主要经营形式，以多渠道筹资为手段，旨在培育一批“人无我有、人有我优、人优我多”的优势产业群体和创汇支柱，使得云南农业经济迎来发展的黄金阶段。“18生物资源开发工程”是继烟、糖、茶、胶等生物资源开发后，云南省第二次立足资源优势和科技优势，大规模、高起点的生物资源开发（云南民营科技编辑部，1995）。在此期间，云南首次开展了在市场经济条件下，以企业为主体，依靠科技，利用外资发展产业的探索；建立了科技与经济结合发展新产业的机制和贸工农结合的产业开发模式，经济、社会、生态效益统一，开发与保护并重逐步成为共识，一批生物资源开发新兴产业逐步成长起来，并受到党和国家的高度肯定。

20世纪末至21世纪初，随着我国改革开放成效的逐步扩大，国家经济建设取得了重大成就。我国东部沿海地区同内地的贫富差距日益扩大，为缩小这一差距，中央决定实施西部大开发战略。与此同时，农业经济的快速发展，农业生态环境恶化、资源衰退趋势加剧问题越来越突出，为此，中央把农业和农村经济的可持续发展作为国家实施可持续发展战略的重要内容。1999年10月，时任国务院总理朱镕基在甘肃、青海、宁夏等地考察调研时曾强调，“实施西部地区的大开发的根本是切实加强生态环境保护和建设”“西部地区要根据不同的地理和气候条件、不同的资源和物种结构，建立具有发展前景的特色经济和优势产业，培养和形成新的经济增长点”（马敬文等，1999；陈英，2002）。为贯彻落实国家西部大开发战略，云南省提出了建设绿色经济强省战略。经过十多年的培育和发展，花卉、水果、蔬菜、生物制药等特色生物资源开发产业进一步壮大并成为云南的支柱产业，在全国的地位进一步提高。例如，甲肝疫苗、三七系列产品、甾体激素原料药、紫杉醇、灯盏细辛、排毒养颜胶囊等系列生物医药产品的成功开发，使云南的医药产业总产值从当时多年徘徊在20亿元左右，迅速上升至2012年的270亿元，加上农业产值共计470亿元以上。2012年全省花卉及绿化苗木种植面积达近88万亩，总产值达300多亿元，出口创汇近2亿美元，其中鲜切花面积10万亩，生产鲜切花72.5亿枝，连续19年（到目前已连续27年）保持鲜切花产销量全国第一，在全国大中城市鲜切花的市场份额达到50%以上（目前已接近70%）（张敖罗，2013）；同时，别具特色的云南小粒咖啡发展到100多万亩，澳洲坚果发展到15万亩以上；此外，云南高原红酒、迪庆“冰葡萄酒”、程海绿A螺旋藻等产业和品牌也逐渐在市场闯出属于自己的一片天地。这一时期可以称作云南发展特色农业的2.0时代。

（三）云南高原特色农业快速发展阶段：2011～2017年

进入21世纪，国际国内形势发生了一系列巨大的变化。从国际看，由于发达国家热衷的虚拟经济发展迅速且具有高风险性，使得实体经济发展减缓，尤其是2008年的全球金融危机进一步使得经济发展速度放缓。从国内看，在经济持续近30年高速增长的背后，传统粗放式发展的弊端完全展现了出来，制约经济本身的发展水平。同时，随着人民生活水平的提高，需求也在进一步增长和升级，这就要求经济发展必须从看重数量向更看重质量转变。面对错综复杂的国际形势和日益加大的国内经济下行压力，中央作出了我国经济已步入新常态的判断以及转变经济增长方式的战略部署，并向全世界发出共建“一带一路”的倡议。同时，随着黄箱政策逐步到期和国门的打开，我国农业面临价格天花板越来越低和生产成本地板越来越高的双重挤压、农业资源日益枯竭和生态环境逐步恶化的双重约束等，农产品竞争力不足的问题凸显，农业发展方式和国家支农政策均面临重大调整的必要，因此，拓展农业功能、建立现代农业体系、发展现代农业等被写入2007年中央一号文件。2014年末召开的中央经济工作会议、中央农村工作会议都强调指出，要主动适应经济新常态和农业发展进入新阶段的要求，坚定不移加快转变农业发展方式，推进农业产业结构战略性调整，把推进农业现代化作为新时期“三农”工作的重要抓手，加快培育新型农业经营主体，构建现代农业产业体系，发展现代高效农业，促进农民增收，走出一条产出高效、产品安全、资源节约和环境友好的现代农业发展道路。促进农村一二三产业融合发展、推进农业供给侧结构性改革等系列政策和措施陆续出台，我国发展现代农业的思路逐渐清晰，理论逐步完善。

从云南来看，进入 21 世纪后，全省国民经济依靠资源产业快速发展的瓶颈期迅速到来，经济发展面临结构调整的重大问题，而云南长期主要依托农业、烟草业和资源产业加快发展的结构变化并不明显。以“高投入、高消耗、高排放、低循环、低效率”为特征的云南经济快速发展陷入了地区资源日趋短缺、环境总体恶化、人才结构单一、城镇就业矛盾突出的困境。同样，云南长期依靠资源消耗、粗放型经营的农业经济发展方式和“高投入、高产出、高代价”的路子已经不适应省情（陈良正等，2013）。针对云南农业产业不强这一软肋，以及农业发展基础相对薄弱、生态环境脆弱、发展方式相对落后、发展特色相对不足、缺乏农民持续增收的长效机制、农业对外开放水平层次较低、农业产业化水平低、农业增加值和业态低端等实际问题，云南省委、省政府审时度势，于 2011 年在云南省第九次党代会上提出了发展高原特色农业的重大战略，对高原特色农业发展作出了全面部署，配套了系列政策措施，出台了《关于加快高原特色农业发展的决定》等文件，进一步厘清了思路，明确了发展方向和重点。习近平总书记 2015 年考察云南时要求云南省立足多样性资源这个独特基础，打好高原特色农业这张牌，走产出高效、产品安全、资源节约、环境友好的现代农业发展道路。2014 年时任农业部部长韩长赋考察云南时曾指出，高原特色农业与东北大农业、江浙精细农业和京津沪都市农业一起成为我国现代农业的发展模式之一（张玉明，2016）。这一时期可以称作云南发展特色农业的 3.0 时代。

（四）打造世界一流“绿色食品牌”阶段：2018 年至今

随着我国全面建成小康社会的日益临近，党的十九大发出了实施乡村振兴的号召，国家的大政方针从城乡协调发展转向农业农村优先发展，现代农业发展的整体战略开始从农业现代化转向农业农村现代化。为适应我国经济已由高速增长阶段转向高质量发展阶段，加快农业高质量发展，中央提出了实施质量兴农战略。2018 年 2 月，农业部、国家发展改革委、科技部、财政部等七部门联合印发《国家质量兴农战略规划（2018—2022 年）》，提出了包括加快农业绿色发展、推进农业全程标准化、促进农业全产业链融合、培育提升农业品牌、提高农产品质量安全水平、强化农业科技创新、建设高素质农业人才队伍等七个方面重点任务。为了挖掘云南省有优势、有发展潜力、有价值提升空间的优质农产品，促进云南高原特色现代农业的发展，云南省委、省政府于2018年在全省两会上提出打造世界一流“绿色食品牌”，进一步聚焦茶叶、花卉、水果、蔬菜、坚果、咖啡、中药材、肉牛八大重点产业。云南特色农业发展的4.0时代正式开启。

从改革开放以来云南省农业发展历程来看，从以粮为纲、全面发展多种经营战略，到“18生物资源开发战略”和绿色经济强省战略，再到高原特色农业发展战略提出，以及近年来的打造“绿色食品牌”战略，都在一定程度上有效促进了云南农村经济的全面发展。依托当地优势农业资源开发特色农产品、发展优势特色农业的思路逐渐明晰。云南具有独特的高原气候条件，从根本上决定了必须发展高原特色农业的道路。尽管与东北大农业、江浙精细农业和京津沪都市农业三种现代农业发展模式相比，云南高原特色农业无论是发展起点还是发展阶段都存在一定的差距，但是作为我国现代农业发展模式之一，云南高原特色农业对于推动全国现代农业发展具有重要的战略意义。

二、云南高原特色农业发展阶段特征

加快高原特色农业发展是云南省委、省政府立足云南的资源禀赋和特色优势提出的关系云南全局和长远发展且适合现阶段云南农业发展实际的重大战略任务。2014年是云南省全面深化农村改革、开创高原特色农业现代化新局面的关键一年，云南省委、省政府于2014年5月印发了《关于全面深化改革扎实推进高原特色农业现代化的意见》，云南高原特色农业发展战略升级为云南高原特色现代农业发展战略。基于此，笔者将云南高原特色农业发展阶段划分为两个阶段。

（一）云南高原特色农业提出及发展阶段：2011～2013年

2011年11月，中共云南省第九次党代会首次提出发展高原特色农业的概念。此后，云南省委、省政府开始实施高原特色农业发展战略，作出了全面部署、配套了系列政策措施、出台了《关于加快高原特色农业发展的决定》《关于命名第一批高原特色农业示范县的决定》《关于加大改革创新力度进一步增强农业农村发展活力的意见》等文件，为云南高原特色农业的发展指明了方向和重点。发展云南高原特色农业就是要打造丰富多样、生态环保、安全优质、四季飘香“四张名片”，重点建设高原粮仓、特色经作、山地牧业、淡水渔业、高效林业、开放农业“六大内容”，精心打造云烟、云糖、云茶、云胶、云菜、云花等“一批优势产业”，着力推进高原特色农业示范、农产品加工推进、农业科技支撑能力提升、农产品品牌创建、新型农业经营主体培育、农业基础设施建设、城乡流通服务体系提升、农产品质量安全保障能力提升“八大行动”，用城乡统筹统领农业，用农业机械装备农业，用现代科技提升农业，用市场理念经营农业，用新型农民发展农业，推进农业区域化布局，标准化生产，规模化种养，产业化经营，着力构建和完善现代农业产业体系（夏体韬，2015），提高农业综合生产能力、抗风险能力和市场竞争力，全面提升云南农业发展水平，为实现全省跨越发展奠定坚实基础。

在这一阶段，云南高原特色农业产业实现了快速健康发展。根据云南省统计局编制的《云南统计年鉴》和云南省第三次农业普查领导小组办公室编制的《云南省第三次全国农业普查工作主要数据公报汇编》资料可知，2013 年，云南省农林牧渔业总产值为3056. 04 亿元，较2010 年大幅增长了68. 79%，在全国各省份的排名由2010 年的第19 上升到2013 年的第14；农业机械总动力达3070 万千瓦，较2010 年大幅增长了 27. 35%；粮食产量达 1897. 61 万吨，较 2010 年增长了15. 01%；畜牧业进入全国畜牧大省行列，其中肉类总产量为 654. 11 万吨，较2010 年大幅增长了27. 61%（见图 6 –1）。特色产业不断壮大，烟叶、核桃、天然橡胶、鲜切花、咖啡面积和产量均居全国第一，茶叶、甘蔗、肉类、蔬菜、马铃薯产量居全国前列，特色经济林和经济作物种植面积突破 1 亿亩。农民人均收入达到 6141 元，农业总产值增长率、农业增加值增长率和农民人均纯收入增长率居于全国前列。农产品出口额达22 亿美元，成为全省第一大宗出口产品（陈蕊等，2015）。

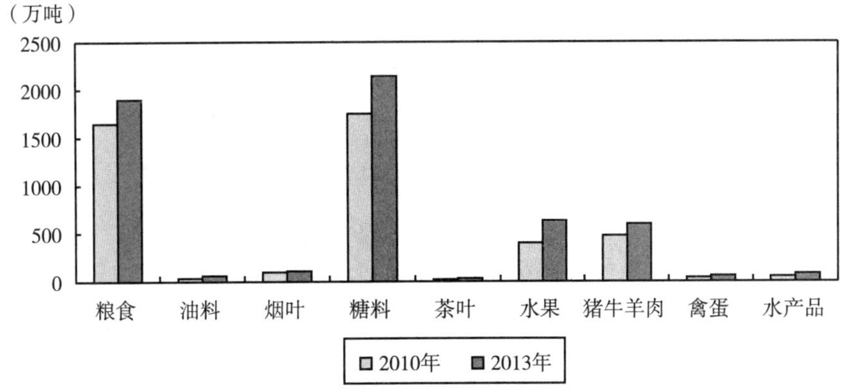

图 6 –1　2010 年、2013 年云南省农产品产量变化情况

资料来源：《云南统计年鉴》。

（二）云南高原特色现代农业发展阶段：2014 年至今

2014 年是云南省全面深化农村改革、开创高原特色农业现代化新局面的关键一年，中共云南省委、云南省人民政府于 2014 年 5 月印发了《关于全面深化改革扎实推进高原特色农业现代化的意见》，就建立完善重要农产品供给保障机制、加快构建现代化农业经营体系、建立健全农业支持保护制度、积极深化农村土地制度改革、创新推进新农村建设机制和不断创新农村社会管理机制六个方面明确了推进高原特色农业现代化各项改革措施的责任单位，对省级各部门（单位）进行了责任分工。2015 年，云南省先后出台了《关于加快转变农业发展方式推进高原特色农业现代化的意见》《关于强化改革举措落实加快高原特色农业现代化建设的意见》，指出加快高原特色农业发展方式转变，是高原特色农业可持续发展和现代化发展的内在要求。2016 年 2 月，中共云南省委、云南省人民政府发布《云南关于加快高原特色农业现代化实现全面小康目标的意见》，提出到 2020 年高原特色农业外向型现代产业体系要基本形成，农业“走出去”规模质量水平要迈上新台阶等要求。2017 年，云南省人民政府办公厅先后发布了《云南省高原特色现代农业产业发展规划（2016—2020 年）》和《云南省高原特色农业现代化建设总体规划（2016—2020 年）》，确定了到 2020 年，全省 10 大重点产业综合产值要达到 8100 亿元，农村一二三产业综合产值达 10000 亿元以上的发展目标。2018 年，省委、省政府提出要围绕全力打造世界一流的“绿色能源”“绿色食品”“健康生活目的地”这“三张牌”，用工业化理念发展农业，擦亮高原特色现代农业“金字招牌”，推进高原特色现代农业高质量发展。

在这一阶段，云南高原特色现代农业产业实现了跨越式发展。根据云南省第三次农业普查领导小组办公室提供的《云南省第三次全国农业普查工作主要数据公报汇编》，2016 年，云南省新增农险险种 8 个，其中咖啡、白芸豆、魔芋、山药等 4 个保险项目填补了云南省价格指数保险空白，全省农险品种达 30 个，提供风险保障 1085.18 亿元，支付赔款 7.89 亿元，89.56 万农户从农业保险赔款中直接受益。2018 年，云南省新认证“三品一标”1619 个，同比增加 47.6%；全年农产品加工生产总值突破 3000 亿元，同比增长 9.0%，农产品加工值和农业生产总值之比由 0.67：1 增加到 1.11：1；农业龙头企业全年带动建档立卡贫困户 73 万户，带动 283 万人增收，通过农业产业扶贫脱贫人数达到 40 万人；全年创建国家级现代农业产业园 2 个，省级农业现代农业产业园 35 个；全年新认定云南农产品品牌 80 个，其中“普洱茶”品牌价值已达 64.1 亿元，连续两年荣获中国茶叶品牌第一名。截至 2018 年底，云南省“三品一标”共计 4725 个，绿色食品品牌的数量已经进入全国前十，主要农产品的质量监测合格率达到 98%①。

这一时期云南农产品电商发展迅速。根据阿里巴巴的相关数据，2014 年云南省农产品通过淘宝和天猫发生的销售额为 20.10 亿元，排名全国第九，增速 78.96%，排名全国第十。仅 2015 年上半年，云南卖家在淘宝上销售额前十的产品中，普洱茶高居第一，年度成交总额达 5.19 亿元，远高于第二位首饰的 1.98 亿元，占云南全省交易额的比重高达 8.18%。中药材“三七”年度成交总额 1.44 亿元，同比增长 74%。传统糕点和红茶也进入前十。截至 2018 年，登录淘宝天猫的地方特色农产品数量达到 2900 多种，覆盖全国所有省份，2018 年销售额较上年净增 49%。其中，云南有 109 种特色农产品加入淘宝，排名第 12，农产品网络销售金额排全国第一②。

三、云南高原特色农业发展取得的成就

（一）经济总量及农民收入实现快速增长

根据《云南统计年鉴》数据，2019 年，全省农林牧渔业总产值达 4935.73 亿元，比 2010 年增加了 3125.25 亿元，连续跨越了 2000 亿元、3000 亿元两个大台阶，增幅高达 172.61%，年均增长 11.79%。农业增加值达 3096.08 亿元，农产品加工产值达 8939 亿元，农产品加工业产值与农业总产值之比是 1.8∶1。农村常住居民人均可支配收入 11902 元，比 2010 年增加了 7950 元，实现了翻一番，年均增长 13.03%，增幅连续 9 年高于城镇常住居民人均可支配收入。

（二）粮食生产水平显著提升

尽管 2019 年全省粮食播种面积仅为 6248.70 万亩，较 2010 年减少了 162.90 万亩，但是，粮食总产量达到 1870.03 万吨，较 2010 增加了 339.03 万吨，这主要

---

① 黎鸿凯，等. 李国林：2018 年云南高原特色现代农业喜获丰收［EB/OL］.（2019-01-25）. http：//yn.yunnan.cn/system/2019/01/25/030187861.shtml.

② 北京时间. 淘宝发布全国特色农产品上行报告：山东物产最丰饶，云南销售最凶猛［EB/OL］.（2019-03-04）. https：//item.btime.com/f6002ad7q6e8qu8vopqjge5a7pd?page=2.

是由于粮食单产水平不断提升。2019 年，云南省粮食单产水平为 299.27 千克/亩，比 2010 年提高了 60.48 千克/亩，增幅达 25.33%。2019 年，全省稻谷、小麦、玉米、豆类和薯类的种植面积分别为 1262.25 万亩、493.35 万亩、2673.60 万亩、723.00 万亩、798.00 万亩，产量分别为 534.00 万吨、71.90 万吨、920.00 万吨、122.33 万吨和 168.30 万吨，单产水平分别为 423.05 公斤/亩、145.74 公斤/亩、344.11 公斤/亩、169.20 公斤/亩和 210.90 公斤/亩，单产水平较 2010 年分别增长 5.08%、103.92%、19.39%、85.02% 和 15.13%（见表 6－1）。由此可知，近年来云南省小麦和豆类的单产水平显著提升。

表 6－1　2010 年、2019 年云南省粮食种植面积、产量及单产水平

品类	2019 年			2010 年			增加幅度（%）		
	面积（万亩）	产量（万吨）	单产（公斤/亩）	面积（万亩）	产量（万吨）	单产（公斤/亩）	面积	产量	单产
粮食	6248.70	1870.03	299.27	6411.60	1531.00	238.79	－2.54	22.14	25.33
稻谷	1262.25	534.00	423.05	1531.50	616.57	402.59	－17.58	－13.39	5.08
小麦	493.35	71.90	145.74	643.35	45.98	71.47	－23.32	56.37	103.92
玉米	2673.60	920.00	344.11	2126.70	612.98	288.23	25.72	50.09	19.39
豆类	723.00	122.33	169.20	869.10	79.48	91.45	－16.81	53.91	85.02
薯类	798.00	168.30	210.90	947.40	173.55	183.19	－15.77	－3.03	15.13

资料来源：《云南统计年鉴》（2020 年）。

（三）特色产业实现稳健发展

2019 年，云南省茶叶、花卉、蔬菜、水果、坚果等 8 个重点产业综合产值 5780 亿元。其中，全省茶叶面积 676 万亩、产量 43.1 万吨、综合产值 936 亿元，茶叶精深加工水平全国领先；云南省“10 大名茶”企业缴纳税收总额占全省茶企缴纳总额的 60% 以上，其中“大益”品牌贡献税收 2.94 亿元；普洱茶占云茶产业半壁江山，电商销售量远高于其他类别产品。2019 年，全省核桃种植面积 4300 万亩、产量 120 万吨，分别占全国总量的 35.8%、28.7%，面积和产量均居全球第一；澳洲坚果种植面积 330 万亩、产量 4.68 万吨，成为全球第一大澳洲坚果种植区和生产区。2019 年，全省花卉种植面积 175.7 万亩、鲜切花产量 139.7 亿枝、综合产值 751.7 亿元；斗南花卉市场交易量达 80 亿枝、交易额达 85 亿元，是亚洲第一、世界第二大花卉交易中心。2019 年，全省蔬菜种植面积 1789.6 万亩、产量 2445 万吨，绿色生态云菜销往北京、上海等 150 余个大中城市；云菜出口 45 个国家和地区，出口额 14.92 亿美元。2019 年，全省水果种植面积 1015 万亩、产量 897 万吨、综合产值 546 亿元；2019 年水果出口额 21.3 亿美元，占全省农产品出口额的 45%，成为农业领域第一大出口创汇产业。2019 年，全省咖啡种植面积 156.7 万亩、产量 14.6 万吨、综合产值达 318 亿元。2019 年，全省中药材种植面积 872.7 万亩、产量 95 万吨，综合产值 1071.1 亿元，种植面积和产量连续三年稳居全国第一；三七、天麻、灯盏花、滇重楼等 10 余种滇产药材占全国中药材市场份额半壁江山。此外，2019 年，全省牛存栏 827.9 万头、出栏 326.4 万头、牛肉产量 39 万吨，肉牛存栏、出栏和牛肉产量分别居全国第 2 位、第 4 位和第 7 位。听牧牛肉、爱伲牛肉、谷多牛肉等企业品牌正在加速走向全国①。

（四）基础条件显著改善

2018 年，云南省共投入资金 44.78 亿元，完成高标准农田建设 243.9 万亩，建设机耕道路 3218 公里，修筑沟渠、铺设管网 7680 千米，完成坡改梯、土地平整 26.89 万亩，实施生物农艺措施 15.18 万亩，新增耕地面积 2.93 万亩。水稻、玉米、茶叶、蔬菜等主要农作物上建立绿色防控示范区 220 个，示范推广面积 1723.52 万亩，建立专业化统防统治和绿色防控融合示范基地 18 个，主要农作物绿色防控覆盖率达 31.35%。截至 2018 年底，全省已累计投资 401 亿元，完成高标准农田建设 2049 万亩②。

（五）新型经营主体逐步壮大

截至 2018 年底，云南省“三品一标”有效用标产品数量 4725 个。其中，无公害农产品 1640 个；绿色食品 1158 个，有效产品数同比增长 42.1%，排名全国第 10；有机食品 1846 个；农产品地理标志登记保护 81 个，排名全国第 12；全省经工商登记的农民专业合作社 60208 个，同比增长 12.8%。其中，产加销一体化服务的农民专业合作社 31301 个，占农民专业合作社总数的 53.6%，生产服务为主的农民专业合作社 17583 个，占农民专业合作社总数的 30.2%，从事加工、仓储、

① 高燕. 云南省八大绿色产业 2019 年综合产值 5780 亿元［EB/OL］.（2020 - 09 - 25）［2020 - 11 - 10］. https：//baijiahao. baidu. com/s? id = 1678775499458647483&wfr = spider&for = pc.

② 云南省农业农村厅农田建设管理处. 云南省农业农村厅关于云南省十三届人大二次会议第 0412 号建议协办意见的函［EB/OL］.（2019 - 07 - 30）. https：//nync. yn. gov. cn/html/2019/tianjianyibanli2019_0730/375292. html.

运销及其他农业服务为主的农民专业合作社占16.2%①②。2018年，全省共有农业龙头企业4054户，其中省级及以上农业龙头企业844户。农业龙头企业科技研发投入占企业年销售收入比重超过1%的龙头企业152户；建有专门研发机构的龙头企业97户，其中建有省级以上研发机构的龙头企业35户；获得省级以上科技奖励或荣誉的龙头企业98户；龙头企业拥有农业科技人员12826人，其中技术研发人员3165人，技术推广人员9520人。截至2019年10月，云南省农产品深加工科技型企业共有517户。截至2018年底，云南省家庭农场达6782个，其中，经县级以上农业部门认定为示范性的家庭农场2187个，纳入家庭农场名录管理系统进行管理的家庭农场3225个。经营土地面积58.7万亩，在经营的耕地面积中，流转经营的26.7万亩，家庭承包经营的8.8万亩。2018年，全省家庭农场销售农产品总值25.6亿元，其中，10万~50万元的3425个，占家庭农场总数的50.5%（张捷，2020）。

（六）品牌效应及质量安全水平明显提高

截至2017年底，全省累计制定发布农业地方标准近1500项，农业生产技术规程近5000项。累计支持建设蔬菜水果茶叶标准园230个，89个国家级、297个省级畜禽养殖标准化示范场，94个国家级、68个省级水产健康养殖场。加强农产品监管，全省定量监测样品5000个（批次），综合合格率达98%以上，水平居全国前列，通过农产品质量安全流动检测车及县乡农产品检测机构共完成快速检测样品31万个以上。全省累计共有“三品一标”有效获证企业906家，产品2047个，农产品地理标志产品76个，农业部“一村一品示范村镇”58个，认定云南名牌农产品十批684个产品。13个农业区域获批筹建“全国知名品牌创建示范区”，创建44个国家地理标志保护产品、18个生态原产地保护产品，培育268个农业类云南名牌，农业类云南省人民政府质量奖2个、提名奖1个。2017年，屏边“妃子笑”荔枝在“全国优质荔枝擂台赛”中获得金奖，昭通苹果、文山三七、宣威火腿在第十五届中国国际农产品交易会上获得“中国百强百城公用品牌”称号。2018年4月，“2018中国茶叶区域公用品牌价值评估”中，“普洱茶”品牌价值以64亿元再登全国“十强”榜首。此外，云南省大力推进特色农产品优势区创建和“一县

① 云南省农业农村厅农产品质量安全监管处. 对政协云南省第十二届第二次会议第0174号提案的答复［EB/OL］.（2019-06-04）. https：//nync.yn.gov.cn/html/2019/tianjianyibanli2019_0604/375212.html.

② 云南省农业农村厅农村合作经济指导处. 对云南省十三届人大二次会议第0333号建议的答复［EB/OL］.（2019-07-01）. https：//nync.yn.gov.cn/html/2019/tianjianyibanli2019_0701/375261.html.

一业”“一村一品”，积极培育特色产业品牌。2017 年，德宏咖啡、临沧普洱茶、元谋蔬菜通过首批国家特色农产品优势区认定（陈良正等，2019b）。截至 2019 年底，云南省中国特色农产品优势区达 9 个、国家农业绿色发展先行区达到 4 个、创建国家现代农业产业园 3 个、建成省级现代农业产业园 32 个①。

（七）对外合作进展顺利

2017 年，云南省在国（境）外投资设立的农业企业数量达到 138 家，连续三年蝉联全国第一。其中，澜湄流域国家 128 家，名列全国第一，累计投资额达 7.96 亿美元，主要投资于农业生产、加工、仓储、物流等各个环节。对外农业开发土地及水域面积共 811.06 万亩，其中，耕地面积 801.48 万亩、草场面积 9.28 万亩、水域面积 3000 亩。企业共有中方员工 3651 人，东道国员工 3.65 万人，向东道国缴纳税金达 743.41 万美元，培训当地农民 19.34 万人次。②

第二节　我国现代农业发展四种模式对比分析

从全国的全局定位角度看，云南高原特色农业与东北大农业、江浙精细农业和京津沪都市农业一起成为我国现代农业的发展模式之一。本部分内容分为三个方面：首先，简单介绍目前我国现代农业发展的四种模式；其次，对我国现代农业发展四种模式的优势、劣势进行对比分析；最后，选取上海、浙江、黑龙江、云南和全国省际平均共 5 个样本，重点对四种模式现代农业的发展水平进行比较分析。

一、四种模式简介及特点

（一）京津沪都市农业

“都市农业经济”是在 1935 年由日本的青鹿四郎教授提出，他认为，都市农业是分散在城市内部的工商业区、住宅区，或者是在城市外部的不同于传统农业的特殊业态农业。它依托于城市经济，直接受城市经济实力的影响，是科技、市

①② 根据农业农村部、云南省农业农村厅相关资料整理。

场、文化融入农业的结晶，是城乡文化融合的体现，同时也是对传统农业延伸功能的挖掘和拓宽（张华颖，2015）。北京、上海和天津三市因各自的地域特点、发展历史以及城市定位而使都市型现代农业的发展具有一定代表性（史佳林等，2008）。目前，学者们普遍认为都市型现代农业应该具有以下基本特征：（1）城乡一体化。由于城市内涵和城市发展空间外延，城市对农村的辐射作用增强，城市与乡村相互渗透、融合，不再就农业论农业，而是与都市的形成、发展、建设同步，在经济、生态、社会等诸方面全方位实现城乡一体化。（2）功能多元化。都市型现代农业作为一种与城市经济、文化、生态紧密结合、互相渗透的综合型农业形态，不仅具有高质量的生产功能，更强调与绿色城市、健康生活和可持续发展相关的生态功能，生活、就业、安全等社会功能。（3）资源高度集约化。都市型现代农业属于知识、技术、资本高度密集型农业，不仅需要现代信息技术、生物技术、新能源技术、新材料技术为农业提供支撑，也需要现代管理知识、经营体制创新等要素作为农业发展的动力。（4）高度外向性。随着都市的开放程度不断加大和加深，需要大量的高价格、高品质、多样性的农产品和精神产品，以满足都市中大量居住人员消费，而且都市型现代农业要与周边农业分工、合作、互补、共赢，建立起相辅相成、互相促进的伙伴关系（刘学瑜，2015）。

（二）江浙精细农业

精细农业是依靠现代信息技术定位定时定量，根据田间土壤肥力、农作物生产水平以及气候影响来调整灌溉水量和施肥量等实现低投入高产出的经济效益最大化的生产方式，减轻对环境的污染（于丽娜等，2018）。张光荣（2018）、匡远配等（2018）均认为，精细农业是一种新型的田间管理方法，也是一种现代的农业战略思想，对传统的农业生产是一种颠覆。新时期需要发挥精细农业的功能和作用，推动现代农业精细化发展，实现农业提质增效。江苏和浙江地区经济发达，资源稀缺，因而使精细现代农业的发展具有一定代表性。根据百度百科对国内外研究成果的归纳总结认为，与传统农业相比，精细农业具有以下基本特点：（1）合理施用化肥，降低生产成本，减少环源污染。精细农业采用因土、因作物、因时全面平衡施肥，彻底扭转传统农业中因经验施肥而造成的“三多三少”（化肥多，有机肥少；氮肥多，磷、钾肥少；三要素肥多，微量元素少），氮、磷、钾肥比例失调的状况，因此有明显的经济和环境效益。（2）减少和节约水资源。精细农业是由作物动态监控技术定时定量供给水分，通过滴灌微灌等一系列新型灌溉技术，使水的消耗量减少到最低程度，并能获取尽可能高的产量。（3）节本增效，省工省时，优质高产。精细农业采取精细播种，精细收获技术，并将精细种子工程与精细播种技术有机地结合起来，使农业低耗、优质、高效成为现实。在一般情况下，精细播种比传统播种增产18%～30%，省工2～3个。（4）农作物的物质营养得到合理利用，保证了农产品的产量和质量。精细农业通过采用先进的现代化高新技术，对农作物的生产过程进行动态监测和控制，并根据其结果采取相应的措施，因而，农作物的物质营养得到合理利用，能够保证农产品的产量和质量。

（三）东北大农业

东北地区是全国闻名的老工业基地，也是我国重要的农牧业和商品粮生产基地，包括黑龙江、吉林和辽宁共3个省份。东北大农业即东北大机械化现代农业，指的是在我国东北地区依靠大规模机械化和生物技术提升农业产量，实现农业生产物质条件和技术的现代化、组织管理的现代化。由于东北地区地势平坦且集中连片耕地面积大，具有发展大机械化现代农业的先天有利条件。东北大农业有如下特点：（1）机械化程度高。东北地区是全国农业机械化发展最早、基础条件最好的地区之一。东北地区地势平坦，耕地集中连片，适于大规模机械化作业。目前，东北地区综合机械化程度已达到95.05%（黄玉英，2016），位居全国第一。（2）农作物营养价值高。东北地区地处世界著名的黑土地带，土壤有机质、腐殖质含量丰富，是我国结构性最好的土壤。气候以温带季风气候为主，冬季寒冷、夏季温暖，降水集中在夏季，雨热同期。光照充足，昼夜温差大，农作物生长期长，有利于营养积累，农产品的品质较佳（如东北大米）。（3）具有发展“三品一标”农产品的优势。由于开发建设时间较晚，由大气、土壤、水体、生物等要素构成的生态环境较好，资源破坏程度较轻等，为建设现代大农业，进行多元开发利用提供了极为有利的环境条件，具有大规模发展动植物无公害食品、绿色食品、有机食品和保健食品的巨大比较优势（牛德林等，2005）。

（四）云南高原特色农业

云南高原特色农业是指集高原粮仓、特色经作、山地牧业、淡水渔业、高效林业、开放农业于一体，具有云贵高原独特的资源条件、明显的区域特征、特殊的产品品质、特定的消费市场，能将区域比较优势转化为竞争优势、形成较强支撑力和带动力的农业产业（陈婷，2017）。云南高原特色农业的科学内涵集中体现在丰富多样性、生态保护性、安全优质性、季节均衡性四大特色上。与其他省份特色农业相比，云南高原特色农业具有自然地理上的低纬高原性、得天独厚的资源区域性、产业发展的适度规模性、特色农产品广阔的市场性、区域良好的生态性、较强的后发优势、特色农产品的品牌性、产业发展厚重的民族性等显著特征。

二、四种模式发展农业的优势与劣势分析

（一）云南高原特色农业发展的优势与劣势分析

（1）优势：云南气候立体、类型多样、工业化发展较低，污染较小，具有良好的环境优势；云南基本上包含了中国所有的生物品种，具有发展高原特色农业的生物多样性优势；良好的自然环境还有生物资源的多样性，使得云南地区的农业具有“无污染”“绿色环保”等品牌优势，如烟、茶、菜、花、药等特色产品在消费者心中具有较高的认知地位（陈蕊等，2015；王婷，2016）。

（2）劣势：云南水土流失严重，农药肥料的大量使用等污染了原来的农业生态环境，高原地区自然灾害频发，加大了高原生态的治理难度（陈蕊等，2015；王婷，2016）；云南山区面积居多，土地细碎化严重，不适合机械化的操作；交通运输等基础设施建设相对落后，缺乏社会资金投入，农产品在运输方面的成本较高，对农业的发展有很不利的影响；云南是我国少数民族居住最多的地方，由于少数民族大多仍沿用传统的农耕方式，因而云南很多地方农业生产的方式较落后。

（二）京津沪都市农业发展的优势与劣势分析

（1）优势：消费群体与资源量大而且比较集中；科技、资本、人才、市场信息等要素密集度高，是市场流通的主平台；交通条件好，农田基本设施较好；农业政策的发源地；政府重视农业，扶持资金较多；劳动力素质、技能、设备好；农民人均收入高于全国平均水平。

（2）劣势：农业劳动力成本高；农民致富方式多，很多农民不太重视农业增收；随着城市建设，土地资源有限；城乡接合部的失地农民多。

（三）江浙精细农业发展的优势与劣势分析

（1）优势：位于东南沿海经济发达地区，交通便利，水系十分发达，农业资

源条件优越，农业发展基础较好；农业劳动力素质普遍较高，农业高新科技比较发达且采用率高；农村电商迅速发展；服务业水平较高、区域经济发展协调。

（2）劣势：农业劳动力成本高；人地矛盾突出，农业用地数量锐减，耕地质量持续下降。

（四）东北大农业发展的优势与劣势分析

（1）优势：环境良好，气候适宜，病虫害少，利于作物生长；森林覆盖多，利于林业发展；东北地区南部沿海养殖业发展较便利；地形平坦开阔，适宜机械化操作，机械化水平高；土壤肥沃，灌溉水源充足；距离北京、天津等发达地区较近且交通便利，市场广阔。

（2）劣势：冬季寒冷季节漫长，不利于农作物越冬；热量不足、生长期短，农作物只能一年一熟，农作物单产不高；喜温农作物在东北地区难以大面积种植；冷湿性气候光照不足，棉花等喜光农作物难以种植。

三、四种模式现代农业发展水平分析

（一）指标选取和数据来源

1. 指标选取

笔者在测算四种模式现代农业发展水平时，根据研究的目的和数据的可获得性，分别选取了农业装备、农业竞争力、农业生产效率、农业生产效益和生态环境效益这 5 个指标，并将这 5 个指标作为二级指标，再下分为每公顷机械总动力（瓦/公顷）、有效灌溉率、农村宽带使用率、农业固定资产投资产出率、劳均耕地面积（亩/人）等 17 项三级指标（陈婷，2017），指标与方法说明详见表 6－2。

（1）农业装备：通过每公顷机械总动力、农田的有效灌溉率、互联网宽带的使用率、固定资产的产出率以及劳均耕地面积 5 个指标表现。每公顷机械总动力反映了农业机械化程度的高低，有效灌溉率反映了水利设施的修筑情况是否满足现代农业的发展要求，宽带的使用率体现农民对于新技术、新知识的获取方面是否能够得到有效满足，固定资产的投资产出率体现了投资对于农业发展的重要程度，劳均耕地面积反映了农民对于农机使用、技术的掌握程度。

（2）农业竞争力：通过城乡居民收入比、农业吸纳就业程度这两个指标来体现。城乡居民收入比反映农民相对于城市居民的收入差距，农业吸纳就业程度体现农业对于农民就业的影响。

（3）农业生产效率：通过农业劳动生产率、一产增加值占农业总产值的比重以及城镇化率这3个指标体现。劳动生产率反映了农民的产出水平，一产增加值对农业总产值的占比体现着农业发展的变化，城市化与农业现代化是相互促进的，从城镇化率可间接反映出农业现代化水平。

（4）农业生产效益：从经济的角度考虑，单位面积的农业产值和人均产值带来的生产效益的高低。农业的产出水平高低的变化直接体现农业现代化水平的高低。

（5）生态环境效益：单位面积农药、化肥、薄膜的使用情况及土地复种指数等指标均反映了现代技术的使用对生态环境的影响，森林覆盖率体现了农业现代化对森林生态环境的影响程度。

表6－2　　评价指标及计算方法

二级指标	三级指标	单位	变量	方法与说明
农业装备	每公顷机械总动力	瓦/公顷	x_1	农业机械总动力/农作物总播种面积
	有效灌溉率	%	x_2	有效灌溉面积/耕地面积
	农村宽带使用率	%	x_3	农村宽带接入用户/互联网宽带接入用户
	农业固定资产投资产出率	%	x_4	一产增加值/一产固定资产投资总额
	劳均耕地面积	亩/人	x_5	耕地面积/农业从业人口
农业竞争力	城乡居民收入比	%	x_6	农村常住居民人均可支配收入（农民人均纯收入）/城镇常住居民人均可支配收入
	农业吸纳就业程度	%	x_7	农业从业人口/社会就业人口数
农业生产效率	农业劳动生产率	万元/人	x_8	农业总产值/农业从业人数
	一产增加值占农业总产值的比重	%	x_9	一产增加值/农业总产值
	城镇化率	%	x_{10}	城镇化率
农业生产效益	每千公顷农业总产值	亿元	x_{11}	农业总产值/耕地面积
	人均地区生产总值	万元	x_{12}	地区生产总值/总人口数
生态环境效益	每公顷化肥施用量	吨	x_{13}	化肥施用量/耕地面积
	每公顷农药使用量	吨	x_{14}	农药使用量/耕地面积
	每公顷塑料薄膜使用量	吨	x_{15}	农用塑料薄膜使用量/耕地面积
	森林覆盖率	%	x_{16}	森林覆盖率
	土地复种指数	%	x_{17}	农作物总播种面积/耕地面积

2. 数据来源

笔者在测算四种模式现代农业发展水平时所采用的数据主要来源于2011～

2020 年的《中国统计年鉴》《云南统计年鉴》《浙江统计年鉴》《上海统计年鉴》《黑龙江统计年鉴》《中国农村统计年鉴》，并经过整理所得，报告中所用的计量分析软件为 SPSS 20.0。

（二）模型构建与分析

对于农业现代化的发展水平评估，国内主要运用数据包络分析法、因子分析法和综合评价法等。因子分析法主要运用于高维指标的降维分析。本书采用因子分析法，因为在评估各种模式农业现代化发展水平的过程中，需要综合评价多个指标。本书选取上海、浙江、黑龙江、云南和全国省际平均共5 个样本，主要是因为它们分别代表了不同的现代农业类型，且各具特色和优势。浙江代表的是精细（集约）农业、黑龙江代表的是大机械化现代农业、上海代表的是都市现代农业、云南代表的是高原特色现代农业。虽然这些样本省份现代农业发展起点不同、目前发展阶段不同，但是将其纳入分析，既可以为云南省发展高原特色现代农业寻找差距，又可以为云南现代农业发展寻找竞争力的支点。表 6 – 3 是对四种现代农业发展水平代表的样本省份所涉及的变量数据进行的描述性统计分析。

表 6 – 3　　变量的统计性描述

指标	变量	最小值	最大值	均值	标准差	样本数
每公顷机械总动力	x_1	2635.55	10710.78	5657.73	2517.37	45
有效灌溉率	x_2	26.22	106.40	57.00	26.97	45
农村宽带使用率	x_3	0.00	43.49	19.44	12.52	45
农业固定资产投资产出率	x_4	155.91	6923.75	933.71	1430.31	45
劳均耕地面积	x_5	5.55	39.38	12.91	12.37	45
城乡居民收入比	x_6	25.42	49.64	40.78	7.09	45
农业吸纳就业程度	x_7	3.29	57.61	26.27	17.66	45
农业劳动生产率	x_8	0.68	6.25	2.96	1.33	45
一产增加值占农业总产值的比重	x_9	67.79	137.42	102.98	20.99	45
城镇化率	x_{10}	36.80	89.60	62.52	15.34	45
每千公顷农业总产值	x_{11}	0.11	0.92	0.49	0.26	45
人均地区生产总值	x_{12}	19203.45	157147.12	62248.81	33018.63	45
每公顷化肥施用量	x_{13}	0.14	0.64	0.38	0.13	45
每公顷农药使用量	x_{14}	0.00	0.03	0.02	0.01	45
每公顷塑料薄膜使用量	x_{15}	0.00	0.11	0.03	0.03	45
森林覆盖率	x_{16}	9.41	59.43	37.07	18.14	45
土地复种指数	x_{17}	76.91	213.54	120.80	33.33	45

（三）四种模式现代农业发展水平对比分析

随着我国社会经济的快速发展，农业也取得了长足的发展，农产品的市场竞争力和农业整体效益不断提高，农业现代化水平也在不断提升。分析结果（见表6-4）表明，2011~2019年，我国省际现代农业发展水平指数总体呈现出不断上升的趋势，但是省际差异较大，地区间发展不均衡现象十分明显，反映出目前区域现代农业竞争力不强，发展路径依赖严重等问题仍然突出。

表6-4　2011~2019年我国四种模式代表地区及全国平均现代农业发展水平指数

年份	地区	总得分	正向变换	排名	年份	地区	总得分	正向变换	排名
2011	全国省际平均	-0.386	0.614	3	2016	全国省际平均	-0.145	0.855	3
	黑龙江	-0.659	0.341	4		黑龙江	-0.353	0.647	4
	上海	0.466	1.466	2		上海	0.293	1.293	2
	浙江	0.784	1.784	1		浙江	0.866	1.866	1
	云南	-0.812	0.188	5		云南	-0.578	0.422	5
2012	全国省际平均	-0.327	0.673	3	2017	全国省际平均	-0.102	0.898	3
	黑龙江	-0.476	0.524	4		黑龙江	-0.310	0.690	4
	上海	0.434	1.434	2		上海	0.269	1.269	2
	浙江	0.852	1.852	1		浙江	0.827	1.827	1
	云南	-0.765	0.235	5		云南	-0.526	0.474	5
2013	全国省际平均	-0.230	0.770	3	2018	全国省际平均	-0.062	0.938	3
	黑龙江	-0.461	0.539	4		黑龙江	-0.340	0.660	4
	上海	0.406	1.406	2		上海	0.240	1.240	2
	浙江	0.947	1.947	1		浙江	0.877	1.877	1
	云南	-0.664	0.336	5		云南	-0.475	0.525	5
2014	全国省际平均	-0.179	0.821	3	2019	全国省际平均	-0.012	0.988	3
	黑龙江	-0.409	0.591	4		黑龙江	-0.307	0.693	4
	上海	0.310	1.310	2		上海	0.201	1.201	2
	浙江	0.897	1.897	1		浙江	0.893	1.893	1
	云南	-0.622	0.378	5		云南	-0.396	0.604	5
2015	全国省际平均	-0.134	0.866	3					
	黑龙江	-0.377	0.623	4					
	上海	0.266	1.266	2					
	浙江	0.880	1.880	1					
	云南	-0.601	0.399	5					

1. 云南高原特色现代农业的发展水平逐年上升

通过表6-4可知，2011~2019年，云南高原特色现代农业的发展水平指数呈现出逐年上升的趋势。2019年较2011年增长了0.416，年均增长0.0462。这与近年来云南省有效灌溉率、劳动生产率、城镇化率、土地复种指数、劳均耕地面积、人均GDP等的提升和扩大息息相关。与2011年相比，2019年云南省有效灌溉率、劳动生产率、城镇化率、土地复种指数、劳均耕地面积和人均GDP分别提高了18.02%、155.86%、32.91%、4.41%、7.02%和148.94%。不难看出，有效灌溉率、劳动生产率和人均GDP的提高是云南高原特色现代农业的发展水平提升最主要的原因。

2. 云南高原特色现代农业的发展水平仍较低

根据测算的结果可知，2011~2019年，在以浙江为代表的精细（集约）农业、以黑龙江为代表的大机械化现代农业、以上海为代表的都市现代农业和以云南为代表的高原特色现代农业的现代农业发展水平测算中，云南始终排在末位，说明与上海、浙江、黑龙江等农业发达地区相比，云南高原特色现代农业的发展水平仍较低。通过对比上海、浙江和云南各指标发现，浙江的每公顷机械总动力、农村宽带使用率、农业固定资产投资产出率、有效灌溉率、城乡居民收入比、农业劳动生产率、城镇化率、每千公顷农业总产值、人均GDP、每公顷农药使用量和每公顷塑料薄膜使用量都是云南省的倍数。上海的有效灌溉率、城乡居民收入比、农业劳动生产率、城镇化率、每千公顷农业总产值、人均GDP、每公顷化肥施用量、每公顷农药使用量、每公顷塑料薄膜使用量和土地复种指数都是云南省的倍数。

3. 与发达地区相比，云南高原特色现代农业的发展水平差距逐渐缩小

近年来，云南高原特色现代农业的发展水平与浙江、上海等发达地区的差距是在逐渐缩小的。根据测算结果可知，云南高原特色现代农业发展指数为从2011年的0.188增长到2019年的0.604，年均增长0.0462。如果云南省能够继续保持这一增长趋势，2020年将上升到0.651，2021年将增长到0.697。与浙江、上海相比，2011年云南的差距分别为1.596和1.277，到2019年，这一差距分别为1.289和0.597，差距逐渐在缩小。由此看见，浙江、上海等发达地区现代农业发展水平呈现出增长路径依赖，发展动力不足。因而，云南省应继续加快提升农业现代化水平，大力发展优势产业、特色产业，提高农产品的竞争力，实现高原特色现代农业发展能够稳步推进。

4. 启示

通过对我国以浙江为代表的精细（集约）农业、以黑龙江为代表的大机械化现代农业、以上海为代表的都市现代农业和以云南为代表的高原特色现代农业这四种现代农业发展模式进行的实证分析发现，各地区的现代农业发展水平存在显著的差异，这与地区间不同的自然资源条件和农业发展基础息息相关，而云南高原特色现代农业发展模式是最适宜云南发展现代农业的模式，是云南省委、省政府立足云南的资源禀赋和特色优势提出的关系云南全局和长远发展的重大战略任务，是在对云南省特色农业长期发展的实践和经验进行总结的基础上探索出来的、最适合现阶段云南农业发展战略目标的模式。

四、云南高原特色现代农业发展存在的主要问题

通过对代表四种现代农业发展模式的浙江、上海、黑龙江和云南 2011 ~ 2019 年现代农业发展水平的对比分析可知，为实现优势产业、特色产业的快速发展，云南省在新的起点上发展高原特色现代农业卓有成效。但同时也发现，云南高原特色现代农业发展过程中存在着许多问题亟须解决。

（一）农田水利建设难度大，有效灌溉率偏低

农田有效灌溉程度的高低是衡量耕地利用水平的重要指标，也是土地利用和农业生产上应对干旱灾害、保障农业高产稳产的重要条件。云南是我国西南地区典型的边疆山区省份，其农业基本属于“灌溉农业”，但农田水利建设难度大，农田有效灌溉率较国内农业发达地区偏低。根据云南省第三次全国农业普查领导小组办公室提供的数据资料，2016 年，全省灌溉耕地面积 122.66 万公顷，其中有喷灌、滴灌、渗灌等设施的耕地面积 14.99 万公顷，仅占 12.22%，低于全国 16.19% 的平均水平。2011 ~2018 年，云南农田有效灌溉率比全国省际平均水平低约 20 个百分点，比浙江、上海农田有效灌溉率分别低约 45 个百分点和 70 个百分点。

（二）农业劳动生产率水平偏低

农业现代化的核心是提高劳动生产率（叶兴庆，2015）。云南是集边疆、民族、山区、欠发达“四位一体”的农业大省，劳动力资源丰富，很多地区还保持着最原始的农耕劳作方式，当地农业劳动生产率水平较国内农业发达地区偏低。

根据云南省第三次全国农业普查领导小组办公室提供的数据资料，2016 年，全省受教育程度为初中及以下的农业生产经营人员占比 94.6%，比上海 87.7% 的比例高出 6.9 个百分点。2011 ~2019 年，全国省际平均、上海、浙江、黑龙江的农业劳动生产率水平均显著高于云南省，如 2019 年全国省际平均、上海、浙江、黑龙江的农业劳动生产率分别为 3.40 万元/人、3.22 万元/人、3.92 万元/人和 6.25 万元/人，分别比云南高出 1.65 万元/人、1.47 万元/人、2.17 万元/人和 4.51 万元/人。

（三）城镇化发展水平滞后

城镇化水平的提高在转移农业剩余劳动力、发展农业适度规模经营、优化和调整农业生产结构、农业技术进步与提高、增加农民收入等方面都具有积极的推动作用。工业化、城镇化是社会进步和人类文明的标志与象征，是历史发展之必然，也是农业现代化的重要推手和不竭动力源（杨曙辉等，2016）。伴随着经济社会的快速发展，云南已步入城镇化加速发展阶段，然而，与全国省际平均、上海、浙江、黑龙江相比，云南省的城镇化率远远低于这些地区，城镇化发展水平相对滞后。根据云南省第三次农业普查领导小组办公室提供的数据资料，2019 年全国省际平均、上海、浙江、黑龙江的城镇化率分别为 60.60%、88.30%、70.00% 和 60.90%，分别高出云南 11.69 个百分点、39.39 个百分点、21.09 个百分点和 11.99 个百分点。

（四）农业土地生产率水平低下

土地生产率的提高是实现高原特色现代农业持续健康发展的一个重要方面。然而，受耕地多数是旱地、地形以山地为主等特殊地形地貌的影响，目前云南省低效农作物所占比重较高，如主要以单产水平较低的玉米和小麦为主，不仅影响了粮食本身的生产效率，而且影响了整个农业的发展效率，导致云南省与全国省际平均、上海、浙江、黑龙江等地区相比，农业的土地生产率水平仍然较低。《中国统计年鉴》数据表明，2019 年，全国每亩农作物播种面积形成的农业总产值为 3265.41 元，比云南省的平均水平高出了 13.55%。2019 年，云南粮食的单产水平为 299.27 公斤/亩，比全国平均水平低 27.41%。其中，全国小麦平均单产水平为 375.36 公斤/亩，云南仅为 145.74 公斤/亩，仅相当于全国平均水平的 38.83%；全国玉米平均单产水平为 421.11 公斤/亩，云南为 344.11 公斤/亩，比全国平均水平低了 22.38%。但云南省的小麦和玉米种植面积占到了粮食作物播种面积的

50.68%，比全国平均水平的56.01%低5.33个百分点，其中玉米种植面积比重高出全国平均水平7.22个百分点①。

（五）政策缺乏连续性和稳定性

云南高原特色现代农业的发展尤其是打造世界一流“绿色食品牌”战略的实施企业是主体，政府只是推动作用，市场和品牌都需要企业来经营，尤其是农业产业化龙头企业。因此，政府部门要积极扶持、培育和引导农业产业化龙头企业，通过优惠政策扶持调动企业的积极性，让企业发挥主导作用，带动农户朝着标准化生产的方向发展。云南省很多地区出台了扶持龙头企业发展的优惠政策，如对龙头企业建设标准化厂房给予300元/平方米的补贴资金，对国家级龙头企业给予一次性50万元奖励等。这些政策对于推动云南省农业产业化龙头企业的发展一定程度上起到了积极的推动作用，然而，由于政策缺乏连续性和稳定性，部分政策实施一年就停止了，导致很多企业还没有走上正轨就无法继续运营，违背了政策最初设定的目标和预期效果。

第三节　云南继续推进高原特色现代农业发展的方向和重点

独特的高原环境为云南发展高原特色现代农业创造了得天独厚的条件：生物多样，保证了农副产品的丰富多样；环境优美，保障了农副产品的生态环保和安全优质；立体气候，保障了农副产品的四季飘香；旅游胜地，保障了农副产品的价值增值；区位优势，扩展了农副产品的营销渠道。本节主要从大力发展特色经济作物，继续打造“绿色食品牌”，进一步做强、做大错季农业，积极推进农业多功能拓展和一二三产业融合发展，以及发挥好“一带一路”建设主力军和“走出去”排头兵的作用，来阐述下一阶段云南继续推进高原特色现代农业发展的方向和重点。

一、抓住“特色”，大力发展特色高产高效经济作物

云南由于山地面积居多，农业产业难以形成规模。但是，云南气候资源丰富，

---

① 根据国家统计局网站相关数据计算。

生物资源多样，发展特色农业具有得天独厚的有利条件。因此，发展云南高原特色现代农业就是要抓住“特色”，大力发展特色高产高效经济作物。

首先，围绕云南高原特色现代农业八大重点产业做好区域布局规划。这一区域布局可以按照某一产业为划分标准来规划，如建议花卉产业中的鲜切花应重点打造昆明市和玉溪市。一方面，这两个地区的鲜切花种植面积和产量排在全省前列，尤其是昆明市。另一方面，位于昆明市的斗南花卉交易市场是亚洲第一、世界第二大鲜花交易市场，与其他地区相比，昆明市和玉溪市具有明显的地理位置优势。这一区域布局还可以按照16个州（市）为划分标准来规划，如建议曲靖市应重点发展粮食作物、油料作物、烤烟、畜牧业、水产品和蔬菜产业，临沧市应重点打造甘蔗产业园、茶叶茶业园区，红河州大力发展园林水果和蔬菜产业等。

其次，转变云南高原特色现代农业发展方式，发展立体循环农业。云南省应该立足现有资源特色，发展立体循环农业，实现“一水多用、一田多收、一户多业”的综合效益。如红河州“元阳哈尼梯田稻鱼鸭”绿色高产高效综合种养模式的推广和应用，当地政府使传统农业单一的水稻收益转变为水稻（红米）、梯田鱼（鲤鱼）、梯田鸭（鸭蛋）的综合收益，不仅提升了农业产业的附加值，而且实现了农户增收。

最后，充分利用新型农产品交易方式和平台，进一步挖掘潜在顾客。政府部门要积极构建适合本省农产品销售的新型交易平台，引导具备发展特色农产品的地区尤其是偏远落后地区在更大的范围内推广和销售本地的特色农产品。与此同时，政府部门应培训农户采用“众筹”的方式吸引消费者共同参与到特色农产品的生产过程中，形成线上线下互动的网络销售平台。

二、抓住“绿色”，继续打造“绿色食品牌”

云南是生态资源大省，是动植物王国，具有综合立体型气候和多样性品种的独特优势，拥有优质的水源、光照、空气和土壤，为云南打好“绿色食品牌”提供了得天独厚的自然条件。因此，发展云南高原特色现代农业就是要抓住“绿色”，继续打造“绿色食品牌”。

首先，坚持“绿色、有机”农产品的发展理念，建立完善的绿色有机农产品可追溯体系。云南得天独厚的资源条件使得当地农户生产的绝大多数农产品就是绿色、有机的农产品。因此，在现如今人们越来越重视食品安全的情况下，云南省应该继续坚持这一发展理念，并为当地的绿色有机农产品建立完善的可追溯体系。建议对规模大、基础设施完善的绿色、有机农产品生产基地接入视频监控、智能传感、虚拟现实（VR）等完善的信息采集系统；对相对偏远、规模较小的绿色、有机农产品生产地区采用基础信息录入的方式使用可追溯体系。此外，各地区农产品加工龙头企业作为连接小农户和大市场的纽带，政府应该通过制定鼓励政策和专项扶持（奖励）资金，鼓励这些龙头企业自建绿色、有机农产品可追溯体系。

其次，积极引进、培育和壮大一批龙头企业，鼓励企业进行绿色、有机农产品精深加工。大力发展高原特色现代农业，打造好“绿色食品牌”，云南省所面临的一个现实“瓶颈”就是绿色、有机农产品精深加工不足。例如云南省核桃面积占全国的40%，位居全国第一，但是该产业在国内没有任何竞争优势，发展现状堪忧。云南的核桃认知度极低、产销不畅、供需失衡、品牌效益差，至今仍没有带动产业的领军企业。以“六个核桃”为代表的蛋白饮料行业、以“三只松鼠”为代表的核桃仁休闲食品行业的领军企业均与云南无关，云南核桃仍属于初级农产品。虽然近年来云南开发出了核桃油产品，但是该加工对核桃原料的消耗并不多，且产品的保质期不长，不利于产业的持续发展。云南核桃产业发展的关键就是要延伸产业链，做精深加工。因此，云南应该积极引进、培育和壮大一批龙头企业，并扶持和鼓励这些龙头企业对当地的绿色、有机农产品进行精深加工。一方面，政府部门可以投入专项资金鼓励企业引进高端产品开发研究人才，为企业开展绿色、有机农产品精深加工创造条件；另一方面，政府部门可以为龙头企业和高校或科研单位牵线搭桥，不仅能够为高校或科研机构人才实现产学研搭建平台，还能为企业开发高端产品提供思路和方案。

最后，采取“N+X”保险方式，支持云南打造“绿色食品牌”。农业保险是重要的强农惠农富农政策措施之一，实施农业保险是提升农业抗风险能力、转变发展方式、保障可持续发展的一项重大举措。然而，目前云南省农业保险仍存在保险模式单一，保障覆盖面较窄、效果弱，补贴品种数量有限，难以满足全省各地区和农户差异化的农业保险需求，全产业链风险保障亟待完善以及巨灾保险制度不够完善等。因此，建议省政府向中央提出进一步加大中央政策性保险投入，尽量降低市级、县级财政的补贴比例，对于保险公司开发险种提供经营费用补贴；改进和完善已有农业保险模式，采取“N+X”保险方式，在国家重点支持的险种和环节的基础上，允许重要农业产区和重点生产省份根据主要区域优势特色产品发展需要，灵活确定几种特色作物或生产流通环节的保险模式；将云南省作为“N+X”保险方式的试点省份，支持云南打造“绿色食品牌”（陈云芬，2019）。

三、抓住“春色”，进一步做强、做大错季农业

云南气候温和、四季如春，省会昆明素有“春城”的美誉。适宜的气候条件造就了云南农产品“四季飘香”的特点。农产品错季上市是能够大幅提升产品价值的有效措施之一。因此，发展云南高原特色现代农业就是要抓住“春色”，进一步做强、做大错季农业。

首先，加大科技研发力度，开发错季农产品。尽管云南气候立体，农产品“四季飘香”，但是除了蔬菜以外，其他农产品均不具备“四季农业”的生产条件，只是不同季节会生产不同的农产品而已。因此，为实现农产品生产和销售时间上的差异化，云南省应加大科技研发力度，开发错季农产品。如云南曲靖会泽县待补镇种植的四季草莓就是由云南省农业科学院花卉研究所的草莓专家研发出来的，并于2013年被该镇引进种植。因优越的气候条件、恰当的种植方法和烘焙行业巨大的市场需求，近几年来待补镇的四季草莓一直是产销旺、效益好。待补镇四季草莓从5月开始可采收到11月底，生长期较省外其他产区长3~4个月，亩均产量约4吨，较省外其他地区高1倍多，亩产值约8万元，产品远销北京、上海、广州、深圳等地，全镇四季草莓年种植产值约22亿元。2018年待补镇及周边乡镇种植四季草莓约2.8万亩，约占全国同期草莓种植面积的80%，对保证全国夏秋草莓鲜果供应具有举足轻重的作用（陈云芬，2018）。

其次，完善错季农产品冷链物流体系建设。近年来，随着我国物流行业的快速发展，“互联网+”的迅速崛起，越来越多的云南优质农产品“跨省”“跨国”，正大步地“走出去”，外向型产业趋势愈加明显。如2017年，云南省蔬菜销往全国150多个大中城市，并出口40多个国家和地区。而每年云南省花卉的80%销往全国80多个大中城市，10%出口到日本、泰国、新加坡、韩国、俄罗斯等40多个国家和地区。尽管云南蔬菜已经成为全国重要的南菜北运基地、西菜东运基地和出口基地，但是冷链率低、物流运输不发达已成为制约云南蔬菜产业发展的主要因素。因此，建议通过加强交通运输、货运仓储等物流基础设施建设和引进国外先进冷链设备来加强冷链物流基础设施建设；优化整合包括冷链设备、运输设备、道路、冷冻仓库设施、错季农产品集散市场、物流配送中心、信息网络、农产品

经纪人、农产品合作组织、批发商、零售终端、龙头企业等在内的冷链物流系统；按照“统一标准、分工协作、资源共享”的原则建立和完善生鲜错季农产品冷链物流信息体系；通过建立和完善地方冷链物流标准体系、综合统计物流相关数据和信息以及制定物流行业发展规划和适应冷链物流发展的政策等来改善冷链物流发展环境。

四、抓住“彩色”，积极推进农业多功能拓展和一二三产业融合发展

云南是我国著名的旅游大省，有“彩云之南”的美称。云南还是我国少数民族最多的省份，还有很多属于少数民族的特殊节日，例如泼水节、火把节等，这些都为云南的旅游文化增添了丰富的内涵。随着社会经济快速发展，城市化进程加速，人们对长期的快节奏城市生活感到厌倦，渴望体验幽静的田园生活，与大自然亲近，寻找能够颐养天年的“健康生活目的地”。因而，以回归田园、体验农耕为特色的观光休闲农业和以打造旅居养老为主题的“康养乡村”应运而生。因此，云南省应该抓住这个机遇，抓住“彩色”，积极推进农业多功能拓展和一二三产业融合发展，助力高原特色现代农业的快速发展。

首先，大力发展“康养农业”，实现农业多功能拓展。康养农业讲究的是在田园中养生养老，享受的是乡村田园环境，是以生态资源为基础的养生休闲体验。因此，建议政府要统一做好“康养乡村”的规划，在完善乡村基础设施建设、整治好村容村貌的同时，组织并扶持村民自发成立养生合作社，以科技为支撑，发展绿色种植和养殖业，开发具有保健与食疗功效的特色安全农产品，组织和安排适合中老年人养生的各种活动等。

其次，挖掘乡村价值、发展休闲观光农业，走农业一二三产业融合发展之路。乡村价值是维系乡村和谐与可持续发展的纽带，挖掘并科学认识乡村价值是促进现代农业多功能拓展的重要组成部分。云南重视农村文化资源的挖掘，强化农业产品、农事景观、乡土文化和休闲农业经营场所的创意设计。要按照传承与创新相结合的理念，加强各地农业文化遗产和古村落、古民居的保护，强化各类民间技艺的传承利用，发展具有丰富文化内涵的观光休闲乡村。重点开展中国重要农业文化遗产尤其是各地少数民族地区农业文化遗产的发掘工作，组织各地开展重要农业文化遗产普查、保护与开发利用工作，利用好各具特色的地方资源，讲好当地的特色故事，走差异化的道路。

最后，加强政策支持服务。无论是发展“康养农业”还是休闲观光农业，无论是建设大型的田园综合体、全域休闲度假区，还是建设小规模的休闲农园、采摘园、农家乐等，都会涉及农业生产布局、建设用地和财政补贴的申请和取得、金融投资筹措等诸多方面的问题。各地要在全省一盘棋的思路指导下，根据自身实际，因地制宜推动用地、财税、融资和公共服务等政策落地，形成一套强有力的政策支撑体系。积极引导工商资本、民间资本、金融资本等投资创意“康养农业”和休闲观光农业。创新体制机制，指导“康养农业”和休闲观光农业经营主体联合，促进外来资本与当地农民利益紧密联结，实现多主体共赢获益。建立人才培养机制，鼓励农民返乡创业，注重发挥新乡贤作用，为“康养农业”和创意休闲农业稳步发展提供强大智力支撑（胥爱贵，2018）。

五、抓住“角色”，发挥好“一带一路”主力军和“走出去”排头兵的作用

云南省作为我国的西南门户，在国家“一带一路”倡议和“走出去”战略中肩负着重要使命，对深化中国与南亚、东南亚国家农业合作方面具有独特的战略地位，对保障国家食品安全和公共卫生安全具有重要的现实作用，对坚持睦邻、安邻、富邻，实现共同发展具有重大意义。因此，云南发展高原特色现代农业就要抓住“角色”，发挥好“一带一路”建设主力军和“走出去”排头兵的作用。

首先，加强基础设施互联互通建设，打造设施联通的重要枢纽。云南省应发挥独特的地理区位优势和水、陆、空一体化的港口体系优势，着力加大投资力度，建设现代化陆路口岸和河运空运港口，完善以高速铁路、高速公路和河运、空港为主骨架、主枢纽的综合交通网络，建设“通陆达海”的重要战略通道。建议积极争取丝路基金和亚投行支持，加强与东盟国家在边境和跨境经济合作区建设、港口码头、物流园区和配送中心等建设管理方面的合作，支持境外企业与云南合作建设港口、码头，鼓励企业到东南亚、南亚等地区开展航运合作。推进路网、航空网、能源保障网、水网、互联网五大基础设施网络建设，进一步释放云南“面向三亚、肩挑两洋、通江达海”的区位优势。抓住交通基础设施的关键通道、关键节点和重点工程，优先打通确实路段、畅通瓶颈路段，配套完善道路安全防护设施和交通管理设施设备，提升公路和铁路的通达水平（王淑娟，2017；赵鸣，2016）。要协调中央政府和沿线各国，推进建立统一的全程运输协调机制，促进国

际通关、换装、多式联运的有机衔接，逐步形成兼容规范的国际运输规则，实现国际运输便利化，为将云南打造成为南方丝绸之路上的区域性国际物流集散中心提供坚实的硬件保障。同时，要积极推动云南与东盟国家间的信息走廊建设，完善信息网络合作与信息传输机制，打造便捷的信息传输体系和中国面向南亚东南亚的信息集散中心。

其次，加强政府间发展现代农业高新科技合作与交流。以省级农业科研单位牵头建立的GMS农业科技交流合作组和云南—东盟农业科技交流合作组等次区域农业科技合作交流机制及农业有害生物联防联控机制等为基础，积极建立政府间发展现代农业高新科技合作交流机制，创新科技交流合作方式，支持科研单位、大专院校和农业企业加强与周边东南亚国家及“一带一路”沿线各国政府间的现代农业高新科技合作与交流，构建多层次政府间的现代农业高新科技交流机制和联动机制，发挥云南农业科技的比较优势，努力将云南建成中国面向南亚东南亚的农业科技辐射中心。充分发挥中国—东盟“10+1”、亚太经合组织（APEC）、亚欧会议（ASEM）、中国—南亚博览会等现有多边合作机制和国际合作平台的作用，夯实云南农业科技“辐射中心”的基础。

再次，进一步创新并完善开放型农业政策，鼓励企业“走出去”，扩大云南高原特色现代农业在国际上的影响力。建议尽快出台境外农业直接投资、科技合作、检验检疫、税收、信用担保、保险及法律援助等方面的政策法规，进一步创新并完善开放型农业政策，使企业“走出去”无后顾之忧。鼓励企业采取跨国经营、对外投资（如投资建厂、海外园区建设、参股、并购等）、境外工程承包、科技交流等多种方式“走出去”，且应注重保护企业经营主体的合法权益。加大对云南高原特色现代农业企业的各项补贴力度，综合运用农业直补、进出口配额、通关便利、信贷与出口信用保险等政策，增强云南对国际农业资源的配置能力。此外，支持保险机构扩大对云南高原特色现代农业企业出口信用的保险范围，增加出口信用保险规模，由政府承担部分补贴（廖桂莲等，2019）。

最后，提升农民技术素养，利用科技发展农业。农民是现代农业发展的主要参与者和受益者，农民的素质和对先进农业科学技术的把握对现代农业的发展有直接影响。应该加强对农民进行发展高原特色农业的相关技术培训，提高广大农民的素质。“一带一路”带来的不仅是资金和政策，还有新的技术，不仅有自己的技术，还有其他国家的农业技术。因此，应鼓励并扶持国内掌握新农业技术的专家对云南农民的农业技术进行培训和指导，并积极引导农户采用座谈会、电视、广播、网络、手机等多种途径学习相关的国外农业发展高新技术（杜春燕，2015）。

第四节　深化云南高原特色现代农业发展启示

一、坚定不移地走高原特色现代农业发展之路

近年来，云南全省上下紧紧围绕高原粮仓、特色经作、山地牧业、淡水渔业、高效林业、开放农业等六大板块和茶叶、花卉、蔬菜、水果、生猪、肉牛、中药材、坚果等特色优势产业，瞄准国际味觉，盯住国内口味，全力打造“云系”“滇牌”系列高原特色农产品，目前云南已成为全国重要的南菜北运和西菜东运基地、木本油料蔬菜基地、蔬菜水果和食用菌出口基地，以及国际知名的优质茶叶生产加工贸易中心、花卉生产交易服务中心和优质咖啡原料出口基地。云南高原特色农业与现代农业在生产目的、发展方向、发展方式、组织方式等方面都是完全一致的，高原特色农业就是“打高原牌、走特色路”的现代农业，它的科学内涵就是立足云南实际、发挥云南优势、突出云南特色、推进云南发展。通过前面的分析，我们发现云南高原特色现代农业发展模式是最适宜云南发展现代农业的模式，是云南省委、省政府立足云南的资源禀赋和特色优势提出的关系云南全局和长远发展的重大战略任务，是对云南省农业长期发展的实践和经验总结的基础上探索出来的最适合现阶段云南农业发展战略目标的模式。因此，我们要坚定不移地走高原特色现代农业发展战略道路。

二、保持政策的连续性和稳定性

自云南高原特色农业发展战略的提出以来已有10多个年头，在此期间，云南省委、省政府先后出台了一系列的政策措施扶持云南高原特色现代农业的持续快速发展。从明确高原特色农业发展重点和内容到推动高原特色农业“十百千”行动计划，再到转变农业发展方式推进高原特色农业现代化发展、增加高原特色农业险种、成立高原特色农业专项资金以及高原特色农业优势产业发展基金、从支持“一县一业”“一村一品”到支持建设乡村振兴示范园区等，都在一定程度上促进了云南高原特色现代农业的进一步发展。然而，值得注意的是，一项利好政策

要达到预期的目标和实施效果常常并非是一蹴而就的，而是需要保持政策的连续性和稳定性，落到实处，直至达到政策最初设定的目标和实施效果为止，这样的政策才能够真正发挥扶持作用，才是有价值的政策，才是云南高原特色现代农业持续健康发展需要的政策。

三、重视农业科技研发和成果转化

通过前文的分析我们发现，与以浙江为代表的精细（集约）农业、以黑龙江为代表的大机械化现代农业、以北京、上海为代表的都市现代农业相比，云南高原特色现代农业的发展水平还很低，这主要是由于与其他现代农业发展模式相比，云南的农业有效灌溉率、农业劳动生产率水平、农业土地生产率水平以及城镇化发展水平相对偏低。而农业有效灌溉率、农业劳动生产率水平、农业土地生产率水平以及城镇化发展水平的提高都离不开农业科学技术的进步和应用。云南高原特色现代农业的发展核心是提高土地产出率和劳动生产率，而土地产出率和劳动生产率水平的提高必须依靠农业科学技术的推广应用。云南属于低纬高原地区，山地面积居多，农业机械化水平难以提升，因此，要提高农业土地生产效率必须依靠先进的科学技术，如林下种植技术、套种技术等。

（执笔：王雪娇、毛昭庆、陈良正、李隆伟）

第七章

云南农业发展质量及效益研究

改革开放40多年来，中国经济增速持续提高，经济总量连上新台阶，经济规模显著扩大，创造了人类经济发展史上的新奇迹。同时，受资源和环境的制约，我国的生产方式也由主要依赖大量要素投入的传统粗放型逐步向以全要素生产率增长为推动力的集约型转变，经济也逐步由数量增长转向质量发展。我国经济社会的不断发展也带动着农村经济的不断繁荣，农业实现连年丰收，农民生活水平不断提高，农产品由全面短缺逐步转变为总量平衡、丰年有余和结构性过剩。伴随着社会消费能力的不断提高和消费结构的不断升级，越来越多的人开始从追求吃饱穿暖转向追求吃得好、穿得好、吃得健康多样转变，社会对多样化、高品质的农产品需求越来越大，也驱动农业发展进入到由数量型逐步向质量效益型转变的新阶段。

2007年中央一号文件提出发展现代农业是社会主义新农村建设的首要任务。党的十七大报告更是明确指出，坚持把发展现代农业、繁荣农村经济作为首要任务。党的十八大报告进一步对推动城乡发展一体化作出了重要部署，再次明确指出要加快发展现代农业。鉴于当前农业的主要矛盾已转变为结构性矛盾，2017年中央一号文件提出，深入推进农业供给侧结构性改革，加快培育农业农村发展新动能。党的十九大报告明确指出，我国经济已由高速增长阶段转向高质量发展阶段。2017年底，中央农村工作会议作出了“走质量兴农之路”和“加快推进农业由增产导向转向提质导向”的重要部署。2018年，全国农业工作会议提出了“唱响质量兴农、绿色兴农、品牌强农主旋律”的重要工作思路，并将2018年确定为“农业质量年”。“高质量发展”成为中国农业发展的主基调、最强音，中国农业迎来了高质量发展的新时代。

农业发展质量的好坏直接影响一个地区的经济发展。而农业发展是一个多维度的动态过程，是一个总量增加伴随质量提升的叠加过程，研究农业的发展过程不能简单地仅关注其时序上的发展，还应该同时研究其包含的各个维度共同的发展质量，而且也应该包含不同截面上的横向比较，通过总结过去成功的经验、吸取失败的教训，才能为未来的发展趋势做出准确的认识和科学的判断。本章主要从经济效益出发，在不影响地区粮食安全与农业经济发展的情况下对其进行深入研究，选取农业要素利用水平、农业生产经营水平、农业生产效益水平、农业供给能力以及农业生态环境五个一级指标进行评价。

本章虽然对近十余年云南省及其各州市的农业发展质量和效益展开了较为客观的评价，但由于研究者学识和研究时间有限，研究的系统性和完整性难免仍有欠缺之处，如云南农业发展质量和效益评价指标的选取、指标权重的确定，以及如何与国内外相似条件的地区进行比较分析等，则有待于日后的进一步完善。

第一节　研究背景及意义

一、提高农业质量效益的必要性

随着我国社会的主要矛盾已由人民日益增长的物质文化需要同落后的社会生产之间的矛盾转化为人民日益增长的美好生活需要和不平衡不充分的发展之间的矛盾，我国经济发展也已由高速增长阶段转向了高质量发展阶段，农业和农村经济发展也由数量增长型转向高质量发展型。随着我国农业综合生产能力的稳步提高，农产品供给保障能力和水平明显改善，我们有基础也有条件向更加注重满足质量需求转变。从发展的方式看，传统的依靠拼资源拼消耗、高投入高成本的老路已经走不通了，迫切要求农业向追求绿色生态可持续的发展方式转变；从发展的要求看，随着城乡居民收入的增加和生活水平的提高，老百姓更加关注质量安全、生态安全，这不仅要求农业能提供优质安全的农产品，还要求农村能提供良好宜居的生态环境（宋洪远，2018）。

总而言之，农业发展走高质量之路已成必需，主要表现在以下三个方面。首先，农业高质量发展是有效解决“人民日益增长的美好生活需要和不平衡不充分的发展之间的矛盾”的必然要求。“民有所呼，我有所应。”从农业的主要功能来看，“搞饭”就要产出更好的农产品；“搞钱”就要让产业更有效益；“搞绿”就要维护更和谐优美的生态环境。其次，农业高质量发展是乡村振兴的重要基础性内容。乡村振兴的基础是产业兴旺，目标是生活富裕，产业发展和农民增收致富始终是农业农村工作的核心。没有高质量的发展，农业谈何增效？农村谈何增绿？农民增收致富又从何处着落？乡村振兴又怎么能是高质量的振兴？最后，农业高质量发展概念提出本身，从某种意义上说，也是中国农业现代化跨越发展的必然结果、重大成果和重要标志（农民日报评论员，2018）。

二、云南提高农业质量效益的紧迫性

近年来，云南农业取得了较大的发展，基本形成了高原特色生态农业发展模式，且成效显著。但是，农业发展质量不足问题也非常突出。集中体现在农产品生产过程追求“数量效益”忽视“质量效益”，过分追求短期效应，逐步呈现出农业质量效益水平不高的现实，使农业逐步走入不可持续的危险境地。推进云南高原特色农业的高质量发展，已成为云南实施乡村振兴战略、加快推进农业农村现代化的当务之急。

一方面，推进云南高原特色现代农业高质量发展是适应我国社会主要矛盾变化的必然要求。随着我国社会主要矛盾的转化，要满足人民日益增长的对美好生活的向往，不仅需要提供优质安全的农产品，还要提供洁净良好的生态环境和清新美丽的田园风光。作为我国西南边陲的一个农业大省，依托低纬高原多样性的资源条件，云南生产出的农产品丰富多样、品种齐全、花色繁多，且时不分四季、周年供应不断，但种类多而数量少、品质优但质量参差不齐、结构雷同且个性化产品缺乏的问题突出。为快速应对新时代新形势下的新需求，云南必须加快推动高原特色农业高质量发展，实现农产品高质量的供给、高质量的需求、高质量的配置、高质量的投入产出、高质量的收入分配和高质量的经济循环，才能实现从“有没有”到“好不好”的转变。另一方面，推进云南高原特色现代农业高质量发展也是云南全面实施乡村振兴战略的重要内容。党的十九大报告提出了“产业兴旺、生态宜居、乡风文明、治理有效、生活富裕”的乡村振兴总要求。作为我国现代农业发展四大模式之一的云南高原特色现代农业的质量效益高低深刻影响着全省乃至全国农业供给侧结构性改革的成效。从竞争力来看，云南农林牧渔、种养加销各产业门类齐全，烟糖茶胶、花果蔬药、猪牛羊鱼等农产品在全国都居重要位置，产品产量和产业产值都有一定的规模，但农产品市场竞争力与农业大省的地位却极不相称。从品牌来看，在社会主义市场经济条件下，品牌就是信誉、就是质量、就是市场号召力。当前云南农产品种类多，但品牌杂而不响，有市场影响力的大品牌就更少，与“产业兴旺”要求的差距还相当大。要实现云南的乡村产业兴旺，必须走质量兴农之路，必须推进高原特色农业提质增效，才能满足人民群众对绿色生态高质量农产品的需求，也才能保持农业农村经济发展的旺盛活力（李永松，2018）。

三、云南提高农业质量效益的关键点

党的十九大报告指出，实施乡村振兴战略是一项宏大的任务，深入推进农业供给侧结构性改革是实施乡村振兴战略必须要着力推进的一项重要任务。农业供给是一个投入产出系统，农业供给质量不高是我国农业发展的突出问题。农业供给质量问题，不仅表现在农产品质量安全不能很好地满足消费者生活质量提高和健康生活的需要，更在于农业投入不合理、农业资源消耗过度及环境恶化等方面（李国祥，2017）。农业供给侧结构性改革的本质要求是提升我国农业供给质量和效益，提升农业的国际竞争力。云南推进农业供给侧结构性改革的根本目的就是要提升农业供给质量。需要特别强调的是，农业供给侧结构性改革，既不能简单等同于改革，又不能完全等同于农业结构调整，而应该是将深化农村改革与农业结构调整二者有机结合并赋予新的意义。云南作为高原特色农业发展模式的代表，对其农业供给质量、分布特点等进行分析，有利于深刻把握农业供给质量规律，进而有效推动农业供给侧结构性改革，助力乡村振兴战略的顺利实施。

第二节　云南农业的发展成效

改革开放40多年来，云南农业发展不断迈上新台阶，农民收入实现稳定增长，农村新产业新业态蓬勃发展，为经济社会发展大局提供了有力的基础性支撑。1992年以来，中国市场经济体制初步确立，市场机制在资源配置中的作用日益凸显，云南配套出台了一系列农业农村改革政策，加快了全省农村的全面发展，促进了

现代农业综合支撑体系的建立。随着2007年中央一号文件强调发展现代农业，云南进一步出台加强农业基础设施建设、实施中低产田改造计划、实施优势生物产业计划、加大新农村建设力度、实施农民收入翻番计划、着力扶贫开发和实施“兴边富民工程”等七方面的政策，云南农业农村发展进入了快车道。为了加快形成高原特色现代农业的比较优势，2011年，云南省第九次党代会提出“大力发展高原特色农业”，明确了新时期云南农业的战略定位，此后又出台了一系列促进云南高原特色现代化农业发展的重要意见。2012年以来，云南立足区位优势和资源禀赋，突出高原粮仓、特色经作、山地牧业、淡水渔业、高效林业和开放农业6大重点，着力打造“丰富多样、生态环保、安全优质、四季飘香”4张名片，云南高原特色现代农业发展取得了丰硕成果，与以京津沪为代表的都市农业、以江浙为代表的精细农业和以黑龙江为代表的东北机械化大农业并称为我国现代农业发展的四种模式。“十三五”时期，云南省委、省政府将高原特色现代农业产业列为国民经济和社会发展的八大产业之一进行重点推进和建设，进一步加大政策扶持力度，为云南农业农村经济发展注入了新的活力。2018年，时任云南省省长阮成发在云南省十三届人大一次会议上提出，云南要全力打造世界一流的绿色能源、绿色食品、健康生活目的地“三张牌”，更是进一步为云南农业实现跨越式发展注入了绿色高质量发展的新动能。

一、云南农业经济效益

（一）云南农林牧渔业总产值不断攀升

统计数据表明，从2008年到2019年，云南省生产总值从5692.12亿元增加到23223.75亿元，增长了3.08倍。第一产业产值从1020.56亿元增加到3037.62亿元，增长了1.98倍。同期，云南农林牧渔业总产值从1641.46亿元增加到4935.73亿元，增长了2.01倍，增速连续多年排名全国前列。其中农业种植业总产值从790.87亿元增加到2680.16亿元，增长了2.39倍；林业总产值从183.6亿元增加到395.54亿元，增长了1.15倍；牧业总产值从570.01亿元增加到1600.73亿元，增长了1.81倍；渔业总产值从38.12亿元增加到105.38亿元，增长了1.76倍；农林牧渔服务业总产值从58.86亿元增加到153.92亿元，增长了1.61倍（见图7-1）。

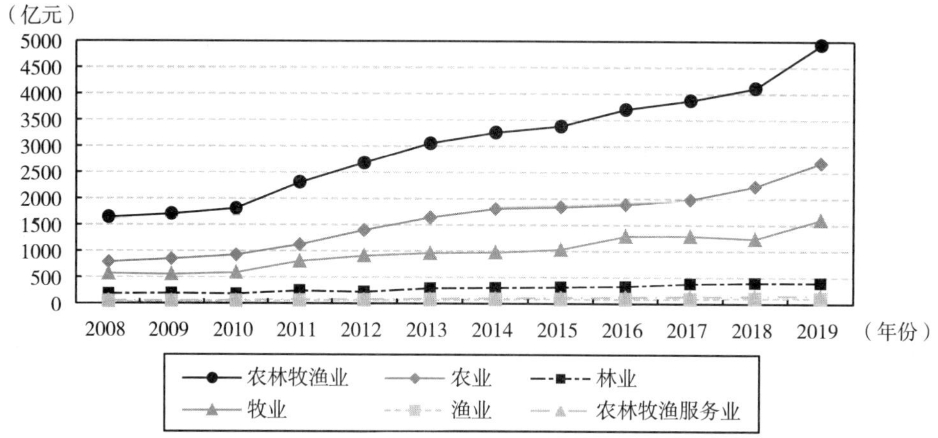

图7-1 2008~2019年云南农林牧渔业各产业产值变化情况

资料来源：根据国家统计局网站及《云南统计年鉴》数据整理。

云南农业在西南五省（区市）名列前茅。2008~2019年，西南五省（区市）的农林牧渔总产值绝对值都在不断增加，四川是主要的组成部分，约占西南五省（区市）农林牧渔总产值的1/2，云南次之，占比近1/4。分析期12年间，云南和贵州农林牧渔总产值占西南五省（区市）农林牧渔总产值的比重不断增加，其他三省（区市）均不断减少。其中，云南的占比从22.34%逐步上升到25.62%，而四川的占比从2008年最高时的43.12%逐年下降到2019年仅40.19%(见图7-2)。

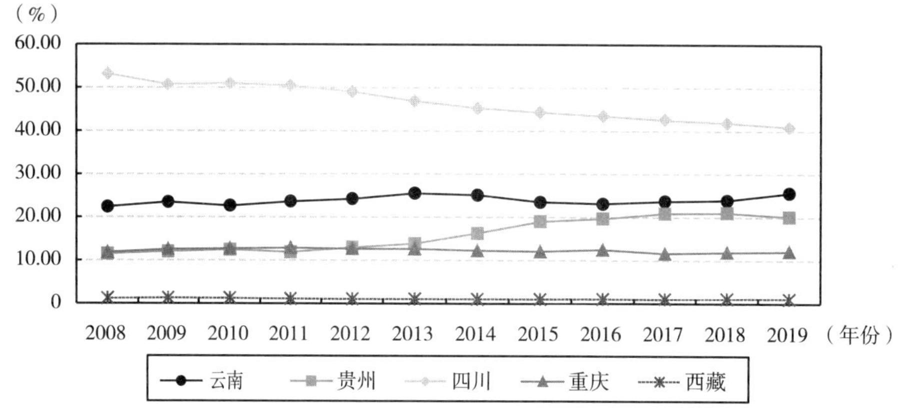

图7-2 2008~2019年西南五省（区市）农林牧渔总产值所占百分比变化情况

资料来源：根据国家统计局网站数据整理。

云南农业在全国的地位稳中有升。云南农林牧渔业总产值增幅则高于同期总产值的增幅，在全国的地位不断攀升。2008～2019年，云南农林牧渔业总产值占全国的比重从2.87%一直增长到3.98%。2012年，全省农林牧渔业总产值和增加值占全国的比重首次超过3%并持续至今，是改革开放以来云南农业经济增长最快的时期之一。2019年，全省农林牧渔业总产值和农林牧渔业增加值分别迈上4900亿元和3000亿元两个台阶，达到4935.73亿元和3096.08亿元，在全国31个省份（不含港澳台，下同）中排名第14，处于中偏上的位置。其中，农业总产值占4.06%、林业总产值占6.85%、牧业总产值占4.84%、渔业总产值占0.84%、农林牧渔服务业总产值占2.37%。云南林业总产值占比超过全国平均水平，显示出比较优势（见表7－1）。

表7－1　2008～2019年全国31省（区市）农林牧渔业总产值占全国比重的平均值

排名	省份	占比（%）	排名	省份	占比（%）	排名	省份	占比（%）
1	山东	9.19	12	辽宁	4.04	23	山西	1.42
2	河南	7.53	13	福建	3.42	24	甘肃	1.36
3	江苏	6.58	14	云南	3.23	25	海南	1.26
4	四川	5.77	15	浙江	2.89	26	宁夏	0.46
5	河北	5.61	16	江西	2.81	27	北京	0.42
6	广东	5.44	17	新疆	2.77	28	天津	0.39
7	湖北	5.30	18	内蒙古	2.74	29	上海	0.37
8	湖南	4.98	19	陕西	2.66	30	青海	0.31
9	黑龙江	4.47	20	吉林	2.37	31	西藏	0.15
10	广西	4.17	21	贵州	2.14			
11	安徽	4.16	22	重庆	1.59			

资料来源：2009～2020年《中国农村统计年鉴》。

全国31个省（区市）的农业总产值在2008～2019年的年平均增长率中，云南排名第3，超过了山东、河南等农业大省（见表7－2）。

表 7-2　　2008~2019 年全国 31 省（区市）农业总产值年平均增长率

排名	省份	平均增长率（%）	排名	省份	平均增长率（%）	排名	省份	平均增长率（%）
1	贵州	14.89	12	福建	8.29	23	浙江	5.98
2	新疆	11.25	13	湖北	7.88	24	河南	5.75
3	云南	10.48	14	广西	7.87	25	辽宁	5.61
4	青海	10.37	15	安徽	7.49	26	山东	5.12
5	黑龙江	10.36	16	山西	7.43	27	河北	5.11
6	陕西	9.70	17	广东	7.39	28	天津	4.46
7	重庆	9.61	18	江苏	6.94	29	吉林	4.27
8	宁夏	8.95	19	江西	6.90	30	上海	0.07
9	海南	8.89	20	内蒙古	6.89	31	北京	-0.69
10	甘肃	8.72	21	四川	6.61			
11	西藏	8.31	22	湖南	6.50			

资料来源：2009~2020 年《中国农村统计年鉴》。

（二）云南农林牧渔增加值持续上升

2008~2019 年，云南省经济社会发展延续良好态势，经济增长平稳、经济结构向好。全省农林牧渔增加值从 869.36 亿元持续增加到 3096.08 亿元，增长了 2.56 倍，年平均增长率 12.24%（见图 7-3）。

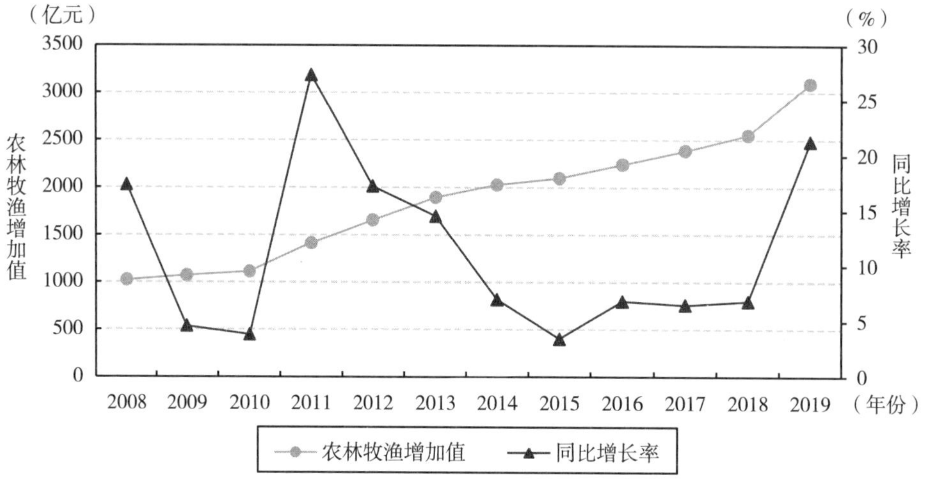

图 7-3　2008~2019 年云南农林牧渔增加值及其同比增长率变化情况

资料来源：根据国家统计局网站数据整理。

2008~2019 年，农业增加值从 525.37 亿元增加到 1789.97 亿元，增长了 2.41 倍；

林业增加值从130.35亿元增加到260.78亿元，增长了1倍；牧业增加值从319.21亿元增加到924.31亿元，增长了1.9倍；渔业增加值从23.26亿元增加到62.56亿元，增长了1.69倍；农林牧渔服务业增加值从22.37亿元增加到58.46亿元，增长了1.61倍（见图7－4）。

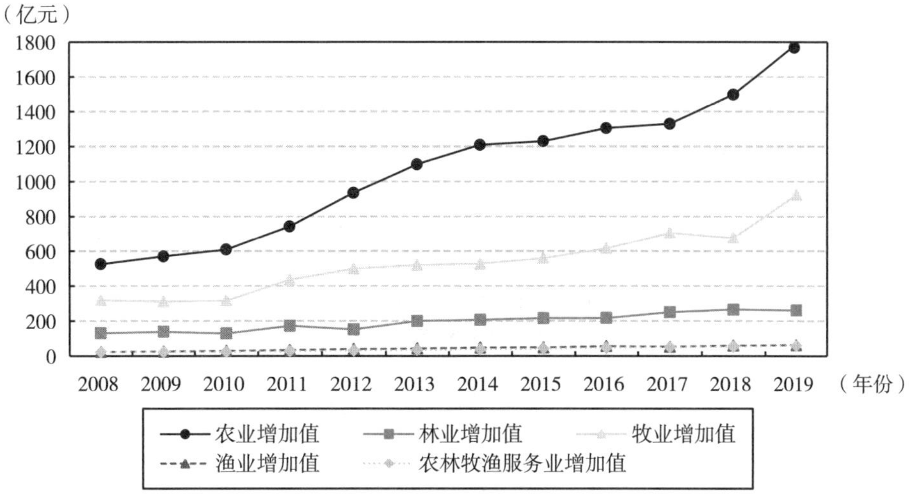

图7－4　2008～2019年云南农林牧渔业各产业产值变化情况

资料来源：根据国家统计局网站及《中国农村统计年鉴》数据整理。

（三）云南优势农产品量效同增

为推进高原特色现代农业快速健康发展，近年来，在稳步推进粮食生产功能区建设的同时，云南还着力调优农业产业结构和农产品生产结构，建设重要农产品生产保护区和特色农产品优势区，大力发展品牌农业，努力提升“云系”“滇牌”农产品的市场影响力，增加绿色优质农产品供给，在保持粮食产量基本稳定的同时，特色经济作物实现量效同增，且在全国农产品中显示出比较优势（见图7－5）。

（四）云南城乡收入差距逐步缩小

随着云南农林牧渔业总产值的不断增加，云南农村居民人均可支配收入也在持续增加。2008～2019年，云南农村居民人均可支配收入从3103元/人增加到11902.37元/人，增长了2.84倍，增速是城镇居民的1.62倍。增速在全国31个省（区市）中居第四位，持续呈现农村居民收入增长快于城镇居民、快于全国平均，城乡居民收入相对差距持续缩小的良好态势（见图7－6）。

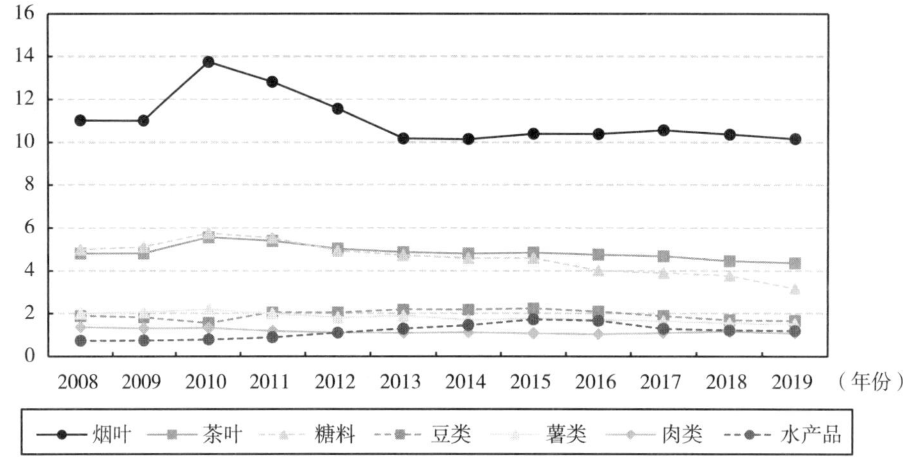

图 7-5　2008～2019 年云南部分农产品在全国的综合比较优势指数变化情况

资料来源：根据国家统计局网站数据整理。

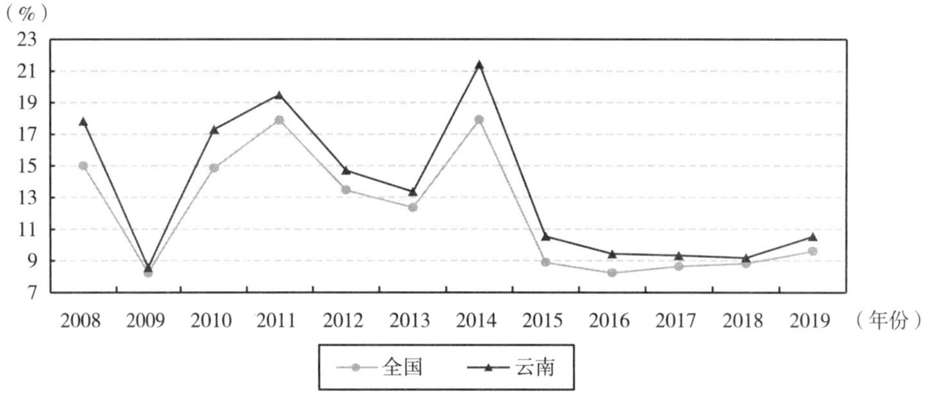

图 7-6　2008～2019 年云南与全国农村常住居民人均可支配收入增长速度比较情况

资料来源：根据国家统计局网站《中国统计年鉴》数据计算整理。

二、云南农业供给能力

（一）云南粮食生产保持基本稳定

国以农为本，农以粮为基。粮食安全始终是关系我国国民经济发展、社会稳定和国家自立的全局性重大战略问题。尤其对我国这样一个有 14 亿人口的大国来说，保障国家粮食安全，对实现全面建成小康社会的目标、构建社会主义和谐社会、推进实施乡村振兴具有十分重要的意义。云南作为全国重要粮食产区和自求平衡区，近年来全省粮食生产稳定发展，粮食供求总量基本平衡。据国家统计局网站数据，2008～2019年，云南粮食播种面积从406.71万公顷增长到416.58万公顷，增长了2.43%。粮食产量从1518.59万吨增长到1870.03万吨，增长了23.14%。据云南省农业农村厅和云南省统计局资料，2019年，全省夏收粮食播种面积97.41万公顷，同比减少0.3%。夏收粮食总产量243.6万吨，同比增长0.67%。其中，夏收粮单位面积产量2.50吨/公顷，比上年增加了0.02吨/公顷，提高了0.81%。由于云南春季降水较多，气象条件较好，加之早稻主产区的良种推广、田间精细管理的普及和机械化程度的提高，早稻继续增产。全省早稻总产量21.7万吨，比上年减产0.2万吨，同比减少0.91%。早稻播种面积3.93万公顷，比上年增加0.015万公顷，同比增长0.38%。早稻单位面积产量5.52吨/公顷，比上年减少0.072吨/公顷，同比减少1.29%。2019年秋粮生产期间，云南省气象条件较为优越，秋粮作物长势整体较好。全省秋收粮食总产量1604.73万吨，比上年增产8.07万吨，同比增长0.51%。秋收粮食播种面积315.24万公顷，比上年减少0.59万公顷。而秋收粮食单位面积产量5.09吨/公顷，比上年增加了0.03吨/公顷，同比增长0.59%。

（二）云南农业产业结构不断调整

据国家统计局网站数据，2019年，云南省农、林、牧、渔和农林牧渔服务业增加值分别为2680.16亿元、395.54亿元、1600.73亿元、105.38亿元和153.92亿元，分别比2008年增长2.39倍、1.15倍、1.81倍、1.76倍和1.61倍。与2018年相比，2019年农业增加值占农林牧渔业增加值的比重下降了0.9个百分点，林业下降了1.96个百分点，畜牧业增加了3.37个百分点，渔业下降了0.28个百分点。

一是种植业以稳步提高粮食产能为根本，特色经作量效齐增。随着城市化进程的加快、人民生活水平的提高、旅游业及高原特色现代农业的快速发展，在确保粮食稳定增产的情况下，云南农业产业结构得到了进一步调整，种植业结构由主攻粮食生产向“粮经并重”发展。全省农业呈现出粮食生产稳定发展、经济作物全面发展的良好势头。据国家统计局网站及云南省农业农村厅提供的数据，2019年，全省粮食总产量达到1870.03万吨，同比增加9.49万吨。全省农作物播种面积695.95万公顷，比2008年增长了12.34%，年平均增长1.06%；经济作物（含油料作物、甘蔗、烟叶、蔬菜）面积239.34万公顷，比2008年增长了39.51%，年平均增长3.07%。粮经作物种植面积结构比由2008年的65.65：27.69调整到2019年的59.86：34.39（见图7－7）。

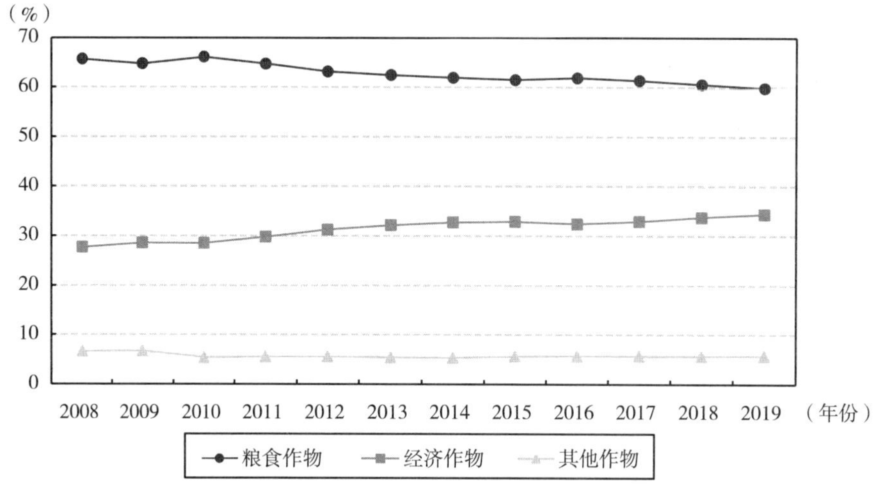

图7－7　2008～2019年云南农作物播种面积占比结构变化情况

资料来源：据国家统计局网站及云南省农业农村厅数据计算整理。

二是养殖业以生猪和家禽养殖为主，草食畜和渔业同步发展。云南畜牧养殖业快速提升，淡水渔业稳步发展。据国家统计局网站数据，2015～2016年，云南畜牧业产值增幅连续两年超过同期农林牧渔业总产值和农业总产值的增幅；畜牧业产值占同期农林牧渔业总产值的比重由2014年的29.9%提升到2018年的30.11%，在全国的排名从2011年的第15位上升到2018年的第11位；云南省渔业总产值由2014年的78亿元稳步提升到2018年的90亿元左右。2018年，云南省养殖业总产值达1335.37亿元，占农林牧渔业总产值的32.5%。全省肉类总产量427.16万吨，在全国的排名从2011年的第10位上升到2018年的第9位。其中猪肉产量323.81万吨（占75.8%）、牛羊肉产量54.66万吨（占12.8%）。猪肉产量从2011年排名全国第8位上升到2018年的第6位，牛肉产量从第9位上升到第7位，羊肉产量从第9位上升到第8位。

（三）云南农业现代化水平不断提升

据国家统计局网站数据，2008～2019年，云南耕地总面积从607.78万公顷增加到620.91万公顷，增加了13.13万公顷；农业机械总动力从2014万千瓦增加到2714万千瓦，单位耕地面积农机总动力从3.31千瓦/公顷增加到4.37千瓦/公顷。

2019年，全省农机作业面积超过10000万亩次，比上年增加100万亩次，其中耕播收作业面积超过5500万亩次，主要农作物耕种收综合机械化率接近50%，比上年提高1.3个百分点，主要农作物薄弱环节生产机械化取得重点突破，种植业、畜牧业、渔业、设施农业和农产品初加工机械化协调推进。据《云南统计年鉴》及云南省农业农村厅提供的数据，2019年，全省围绕主要粮食作物和特色经济作物，积极开展农机化示范区建设，通过农业农村部农机化示范项目和省级推广示范项目的带动，全省水稻、玉米、小麦耕种收综合机械化率分别超过49.2%、36.9%和46.7%，水稻机插秧面积超过100万亩。申报全国农机合作社示范社5个，重点扶持农机合作社20个，培训农机合作社辅导员和带头人150个，培训各级各类人才10万人次以上。农村用电量从50.44亿千瓦时增加到120.42亿千瓦时，增加了1.39倍，劳均用电量从238.75千瓦时/人增加到573.46千瓦时/人；有效灌溉面积从153.69万公顷增加到192.25万公顷，有效灌溉率由25.29%上升到30.96%（见表7－3）。云南农业装备水平不断增加，为农业的稳定发展提供了良好的基础条件。

表7－3　　2008～2019年云南农业装备水平变化情况

年份	单位耕地面积农机总动力（千瓦/公顷）	劳均用电量（千瓦时/人）	有效灌溉率（%）
2008	3.31	238.75	25.29
2009	3.55	254.56	25.70
2010	3.97	284.71	26.13
2011	4.32	304.80	26.89
2012	4.73	337.26	27.61
2013	5.05	376.43	27.32
2014	5.18	398.02	27.52
2015	5.37	417.25	28.31
2016	5.54	432.39	29.15
2017	5.69	462.16	29.80
2018	4.34	471.99	30.57
2019	4.37	573.46	30.96

资料来源：根据2009～2020年《云南统计年鉴》计算整理。

三、云南农业需求应变能力

（一）云南农产品结构不断优化

农业的发展与农产品数量的增加有直接关系，农业发展数量供给是质量提升的前提。随着市场消费对优质农产品需求的上升，云南省农产品结构不断调整优化。据国家统计局网站数据，从2008年到2019年，云南水果产量从266.18万吨增长到860.32，增长了2.23倍；茶叶产量从17.15万吨增长到43.72万吨，增长了1.55倍；蔬菜产量从1166.64万吨增长到2304.14万吨，增长了0.98倍；油料作物产量从40.38万吨增长到62.51万吨，增长了0.55倍；禽蛋产量从19.41万吨增长到35.8万吨，增长了0.84倍；水产品产量从39.37万吨增长到63.65万吨，增长了0.62倍；猪牛羊肉产量从257.18万吨增长到346.58万吨，增长了0.35倍（见图7－8）。其中水果平均增长率11.25%、茶叶平均增长率8.88%、蔬菜产量平均增长率6.38%、禽蛋平均增长率5.72%及油料平均增长率4.05%均高于传统农作物粮食平均增长率1.91%。这表明云南的农业发展已经逐渐走出粮食自给自足的状态，同时转向满足都市生活需求和生产需求。

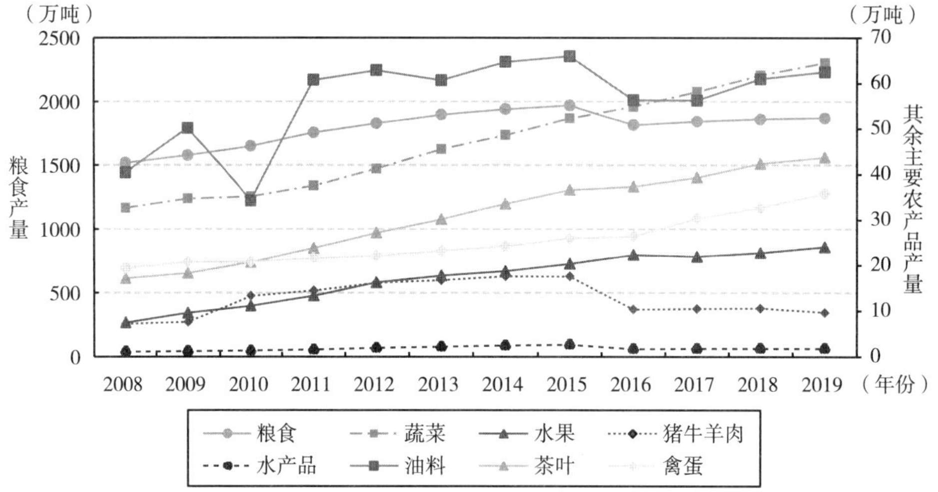

图7－8　2008～2019年云南主要农产品产量变化

资料来源：国家统计局网站。

（二）云南农产品安全不断提升

据云南省农业农村厅提供及云南省农业农村厅网站发布的数据，2014～2016年，在农业部组织的例行监测中，云南蔬菜平均合格率为96.5%、水果平均合格率为95.6%、茶叶平均合格率为100%、水产品平均合格率为93.2%。2017～2019年，省级组织的例行监测共抽取蔬菜、水果、畜产品、水产品样品12279批次，其中蔬菜平均合格率为98%、水果平均合格率为99.2%、畜产品平均合格率为99.9%、水产品平均合格率为99.5%。2014～2016年，省级组织监督抽查农产品14338批次，蔬菜、水果、畜产品、水产品合格率都稳定在98%以上。另外，2017～2019年云南对蔬菜、水果、畜产品、水产品、茶叶、稻米等农产品开展的风险监测结果也表明，全省农产品总体处于较高安全水平。由于质量安全状况良好，云南农产品产销旺盛，多年未发生农产品质量安全事故，也未发生外销及出口农产品的重大质量安全投诉事件。

（三）云南农业产业化平稳发展

云南省农业龙头企业保持了平稳健康发展的态势，优势特色产业规模不断壮大，基地发展水平不断提高，农产品加工水平不断提升，农业龙头企业在农业农村经济发展中的引领作用继续得到巩固，成为经济社会发展的一大亮点。据云南省农业农村厅提供及云南省农业农村厅网站发布的数据，2017年，全省农业龙头企业达3796户，同比增长7.2%；实现销售收入超过2531亿元，同比增长16.9%。其中，省级以上农业龙头企业812个，占全省龙头企业的21.4%；实现销售收入1520亿元，约占全省龙头企业的60%，成为龙头企业的主力军（见表7-4）。2017年，全省“三品”有效用标认证面积471万亩，占常用耕地6345万亩的7.42%，比2016年增加12万亩、增长2.6%。“三品一标”有效认证登记单位904家，同比增长11.6%；产品2061个，同比增长15%，其中无公害产品1119个、绿色食品787个、有机食品51个、农产品地理标志保护产品认证76个。2019年，全省新增各类农业龙头企业200户，其中国家级重点龙头企业13户，新增年销售收入超亿元的龙头企业51户，全省各类农业龙头企业达4245户。全省农产品加工总产值突破8300亿元，农产品加工业与农业总产值比由1.1∶1提高到1.6∶1以上。

表 7-4　　2017 年云南农业龙头企业类型划分

类型	划分标准	农业龙头企业		销售收入	
		数量（个）	占全省比例（%）	金额（万元）	占全省比例（%）
大型	销售收入≥20000 万元	217	5.72	15311249	60.48
中型	500 万元≤销售收入<20000 万元	2659	70.05	9854990	38.93
	其中：1000 万元≤销售收入<20000 万元	207	5.45	2982779	11.78
	5000 万元≤销售收入<10000 万元	392	10.33	2747368	10.85
	2000 万元≤销售收入<5000 万元	892	23.50	2774928	10.96
	1500 万元≤销售收入<2000 万元	298	7.85	518285	2.05
	1000 万元≤销售收入<1500 万元	415	10.93	505702	2.00
	500 万元≤销售收入<1000 万元	455	11.99	325928	1.29
小型	50 万元≤销售收入<500 万元	574	15.12	147152	0.58
微型	销售收入<50 万元	346	9.11	1265	0.01
合计		3796	100.00	25314656	100.00

资料来源：根据云南省农业农村厅网站发布及提供的数据计算整理。

第三节　云南农业质量效益模型分析

为了更好地推动云南农业供给侧结构性改革，助力乡村振兴，本节针对云南农业发展模式的基本特点，应用层次分析法测算并评估云南农业的发展质量，进而提出增强云南农业高质量发展的相应对策建议。

一、数据来源

实证分析数据主要来自 2008~2020 年《云南统计年鉴》《云南省国民经济和社会发展统计公报》《云南省第三次全国农业普查工作主要数据公报汇编》。

二、模型构建原理

目前，用于评价发展水平的方法很多，最典型的有综合指数评价法、功效系数法、多元统计评价法、模糊综合评判法、灰色系统评价法等，各个方法各有其优缺点及相应的适用范围。本书立足云南农业质量效益的实际情况，综合考虑影响农业质量效益的各种因素，应用层次分析法构建云南农业质量效益评价指标体系，力求做到客观地反映农业现代化水平，从而可为政府的相关决策提供理论依据。

层次分析法是由美国运筹学家匹茨堡大学教授萨蒂（T. L. Saaty）于20世纪70年代中期提出的一种将定性分析和定量分析相结合的系统分析方法，该方法通过把复杂的系统分解成目标、准则、方案等层次，实现对复杂对象的决策思维过程条理化。在层次化、模型化和数量化决策思维过程的基础上，通过数学手段，对定量和定性事件进行定量分析。该方法尤其适用于目标结构复杂且缺乏必要数据的多目标、多准则的复杂系统的决策分析①。云南农业质量效益评价涉及投入、产出、物质装备多目标的综合评价，各个目标的评价中又涉及很多具体的目标，在众多的指标中选取具有代表性、客观性强的内容纳入评价体系是一个复杂的过程。层次分析法通过目标层、准则层和方案层的梳理，综合相关专家的专业知识及长期积累的经验，能够很好地实现评价指标体系的客观性、科学性和可操作性（关鑫，2019），这也是本书采用层次分析法进行评价指标体系构建的主要原因。

应用层次分析法进行综合评价，主要有以下几个步骤。

（一）构建递阶层次结构模型

基于所要评价问题的具体情况，分析问题所包含的各个要素及其相互关系，按照不同的属性将各个要素分解为若干层次，同一层次的各个要素隶属于上一层次的要素。为此，本书将云南农业质量效益指标体系分为目标层、准则层和指标层三个层次。

（二）构造判断矩阵

在各个层级关系中，对同属于上一层要素的同一层级的各个要素进行两两比较。构造判断矩阵。判断矩阵的构造是层次分析法的关键环节，直接反映了各个

① 百度百科. 层次分析法（运筹学理论）［EB/OL］. https://baike.baidu.com/item/%E5%B1%82%E6%AC%A1%E5%88%86%E6%9E%90%E6%B3%95/1672?fr=aladdin.

要素对于准则的重要程度。判断矩阵中各个要素的数值一般采用1～9位标度法确定（关鑫，2019），主要通过专家的评估数据获得（见表7－5）。

表7－5 1～9位标度法

标度 t_{ji}	含义
1	i 指标与 j 指标相同重要
3	i 指标比 j 指标略重要
5	i 指标比 j 指标较重要
7	i 指标比 j 指标非常重要
9	i 指标比 j 指标绝对重要
2，4，6，8	为以上两个判断之间的中间状态对应的标度值
倒数	若 i 指标与 j 指标，其标度值 $t_{ji}=1/t_{ji}$；当 $i=j$ 时，$t_{ji}=1$

（三）一致性检验

通过求解判断矩阵的最大特征值 λ_{max} 和特征向量 W，对判断矩阵的一致性进行检验。当初仅当判断矩阵具有唯一非零 $\lambda_1=\lambda_{max}=n$ 时，该矩阵具有完成一致性。否则，判断矩阵具有不完全一致性，此时需要进行一致性检验。

CR（consistency ratio）是判断矩阵的一致性检验指标一致性比例。当 $CR<0.10$ 时，认为判断矩阵的一致性是可以接受的，否则应对判断矩阵作适当修正。CI（consistency index）是判断矩阵偏离一次性指标，公式为 $CI=\lambda_{max}-n/(n-1)$，式中 λ_{max} 为判断矩阵的最大特征根，n 为对比较因子的个数。RI（random index）为判断矩阵的随机一致性指标，可查表确定，如表7－6所示。

表7－6 随机一致性指标 RI 值

n	1	2	3	4	5	6	7	8	9
RI	0.00	0.00	0.58	0.90	1.12	1.24	1.32	1.41	1.45

（四）确定相应的权重

计算每一个判断矩阵各要素对于其准则层的相对权重。求出特征向量集 $W=\{W_1,W_2,\cdots,W_m\}$，对于其上一层指标集 $F=\{F_{(1)},F_{(2)},\cdots,F_{(n)}\}$ 中各个要素

$F_{(i)}$的权重 $W_j^i(i=1,2,\cdots,n;\ j=1,2,\cdots,m)$ 以及 F 中各指标对于上一层的权重 a_1，a_2，…，a_n，按下式计算：

$$W_j = \sum_{i=1}^{n} a_i W_j^i (j = 1,2,\cdots,m) \tag{7.1}$$

然后求出集 W 对上一层决策层的现对权重（W_1，W_2，…，W_n）。

三、指标遴选

（一）指标选择的原则

（1）科学性原则。各个评价指标的选取与设计，都要进行科学的调研和求证，要紧扣云南农业质量的内涵和特征，能够客观反映云南农业质量效益水平。同时，在评价方法的选择上，要采用适当、科学的数理方法进行分析评价，具有一定的决策指导意义。

（2）独立性原则。同一层次上的各个指标之间独立，不存在包含关系，确保所要评价的内容不因指标间的相关性而影响评价的客观实用性。

（3）代表性原则。所选取的各个层次的指标评价，能够反映出云南农业质量效益的水平，相比未选取的指标，代表性更强。

（4）可操作性原则。评价指标体系的建立，各级指标的选取，要建立在数据相对容易获得，并便于计算和应用的基础上，不允许出现所选指标数据难以获得的情况。

（二）指标的确定及解释

农业发展质量需要通过综合性来评价，既包含农业生产效率又包含农业生产能力。其中，农业生产能力的重点是农业供给能力。根据农业高质量发展的内涵，结合创新、协调、绿色、开放、共享的新发展理念，综合的系统性、综合性、代表性、可比性，同时考虑数据的可获得性，本书选取了 5 个维度（一级指标）、22 项（二级指标）对农业发展质量和效益情况进行测度（张智等，2018），如表 7－7 所示。其中，农业生态环境问题关系农产品质量安全、关系城乡居民的居住环境，也关系农业的可持续发展，是农业高质量发展的前提。因此，将农业生态环境作为一个独立维度进行度量。

表7-7 云南农业发展质量和效益测度体系

一级指标	二级指标	指标单位	指标方向
农业要素利用水平	农业用水效率	立方米/元	+
	人均用电量	千瓦时/人	+
	机械化水平	千瓦/公顷	+
	有效灌溉率	比率	+
	人均农林牧渔业固定资产投资	万元/人	+
	人均农林水一般预算支出	万元/人	+
农业生产经营水平	规模化水平	个/万人	+
	组织化水平	比率	+
	多元化水平	比率	+
农业生产效益水平	农村居民人均农林牧渔业产值	万元/人	+
	农业土地产出率	万元/公顷	+
	农业劳动生产率	万元/人	+
	农村—城镇居民收入比	比率	-
农业供给能力	主要农产品产量	吨	+
	农业产值比重	比率	+
	林业产值比重	比率	+
	牧业产值比重	比率	+
	渔业产值比重	比率	+
	农林牧渔服务业产值比重	比率	+
农业生态环境	化肥施用强度	吨/公顷	-
	农药使用强度	吨/公顷	-
	农用塑料薄膜使用强度	吨/公顷	-

（三）指标权重的确定

本书设计了8个专家评分表，包括5个一级指标组和22个二级指标组，分别对每位专家的打分表测算权重，并按照上文中介绍的方法构造判断矩阵并进行一致性检验，对指标权重进行层次单排序及一致性检验和层次总排序及一致性检验。

根据以上方法，得到各指标权重及总体权重如表7-8所示。

表 7-8　云南农业发展质量及效益评价指标权重

一级指标	权重	二级指标	权重
农业要素利用水平	0.250	农业用水效率	0.05
		人均用电量	0.02
		机械化水平	0.07
		有效灌溉率	0.05
		人均农林牧渔业固定资产投资	0.03
		人均农林水一般预算支出	0.03
农业生产经营水平	0.200	规模化水平	0.06
		组织化水平	0.07
		多元化水平	0.07
农业生产效益水平	0.275	农村居民人均农林牧渔业产值	0.08
		农业土地产出率	0.07
		农业劳动生产率	0.07
		农村—城镇居民收入比	0.055
农业供给能力	0.200	主要农产品产量	0.05
		农业产值比重	0.04
		林业产值比重	0.03
		牧业产值比重	0.02
		渔业产值比重	0.01
		农林牧渔服务业产值比重	0.05
农业生态环境	0.075	化肥施用强度	0.03
		农药使用强度	0.03
		农用塑料薄膜使用强度	0.015

四、评价模型

（一）数据的标准化处理

原始数据中，不同的指标数值计量单位不同，影响综合评价，需要对指标进行无量纲化处理，将各个指标的实际值转化为标准值，从而进行进一步的评价

（钟鑫，2013）。本书采用阈值法对指标进行无量纲化处理。该方法是用指标实际值与特殊指标值相比以得到指标平均值的方法。具体而言，本指标体系采用最大值和最小值做阈值，具体计算公式如下：

$$Z_i = \begin{cases} (c_i - c_{\min}) - (c_{\max} - c_{\min})\text{（为正作用指标标准化）} \\ (c_{\max} - c_i) - (c_{\max} - c_{\min})\text{（为负作用指标标准化）} \end{cases} \tag{7.2}$$

其中，c_i 为被评价指标数据值，$c_{\max}$ 和 $c_{\min}$ 分别作为阈值的最大值和最小值。Z_i 为无量纲化后的标准值。

（二）评价模型的建立

按照层次分析法的内容，构建云南农业发展质量和效益综合评价模型如下：

$$A = \sum_{k=1}^{n} f_k \{ \sum_{i=1}^{m} w_{ki} z_{ki} \} \tag{7.3}$$

其中，A 为云南农业发展质量和效益综合评价指数，f_k 为各个一级指标的权重，w_{ki} 为第 k 个一级指标第 i 个二级指标的权重，z_{ki} 第 k 个一级指标第 i 个二级指标标准化后的值。

在所构建的云南农业发展质量和效益综合评价模型中，包括综合评价总模型（A）以及各个子模型（B_t），各个子模型包括农业要素利用水平子系统模型 B_1、农业生产经营水平子系统模型 B_2、农业生产效益水平子系统模型 B_3、农业供给能力子系统模型 B_4 和农业生态环境水平子系统模型 B_5。具体表达公式如下：

1. 云南农业发展质量和效益综合评价总模型（A）

$$A = f_1B_1 + f_2B_2 + f_3B_3 + f_4B_4 + f_5B_5 = \sum_{i=1}^{5} f_i B_i \tag{7.4}$$

其中，A 为云南农业发展质量和效益综合评价指数，B_i 为各个子系统指数，f_i 为各个一级指标权重。

2. 各个子系统模型（B_t）

$$B_j = \sum_{i=1}^{n} w_{ji} b_{ji} \quad (j = 1,2,3,4,5) \tag{7.5}$$

其中，B_j 为各个子系统评价指数，b_{ji} 为 j 子系统各个指标值，w_{ji} 为 j 子系各个指标权重。

（三）具体指标算法

具体指标算法如表 7－9 所示。

表 7-9　具体指标算法

二级指标	算法
农业用水效率	农业用水量/农林牧渔总产值
人均用电量	农村用电量/乡村人口
机械化水平	机械总动力/总播种面积
有效灌溉率	有效灌溉面积/总播种面积
人均农林牧渔业固定资产投资	农林牧渔固定资产投资/乡村人口
人均农林水一般预算支出	农林水一般预算支出/乡村人口
规模化水平	农林牧渔业法人单位数/年末农村常住人口
组织化水平	农林牧渔服务业增加值/农林牧渔业增加值
多元化水平	1-粮食作物播种面积/总播种面积
农村居民人均农林牧渔业产值	农林牧渔业产值/乡村人口
农业土地产出率	一产增加值/总播种面积
农业劳动生产率	一产增加值/乡村就业人员
农村—城镇居民收入比	农村常住居民人均可支配收入/城镇居民人均可支配收入
主要农产品产量	粮食、油料、蔬菜、猪牛羊肉、水果、烤烟、甘蔗产业分别求对数再求和
农业产值比重	农业产值/农林牧渔业总产值
林业产值比重	林业产值/农林牧渔业总产值
牧业产值比重	牧业产值/农林牧渔业总产值
渔业产值比重	渔业产值/农林牧渔业总产值
农林牧渔服务业产值比重	农林牧渔服务业/农林牧渔业总产值
化肥施用强度	化肥施用量/总播种面积
农药使用强度	农药使用量/总播种面积
农用塑料薄膜使用强度	农用塑料薄膜使用量/总播种面积

五、评价结果分析

基于现实的实际情况，将云南及 16 个州（市）农业发展质量最高的方面作为整体的目标值进行评价。通过对层次分析总体评价值的观察，可以得出以下结论。

（一）云南农业发展质量小幅上升

云南省及各州（市）的总体评价指数普遍呈现小幅上涨的趋势。其中曲靖、昆明和玉溪农业发展质量提升最快，丽江、迪庆和怒江农业发展质量提升最慢。同时云南各州（市）农业质量发展呈现出梯队化发展趋势。

通过对各（州）市的评价指数进行分类，发现它们呈现四个发展梯队，第一梯队是曲靖、昆明、玉溪，第二梯队是大理、红河、楚雄、普洱、文山，第三梯队是临沧、昭通、保山、德宏，第四梯队是西双版纳、丽江、迪庆、怒江（见图 7 –9）。

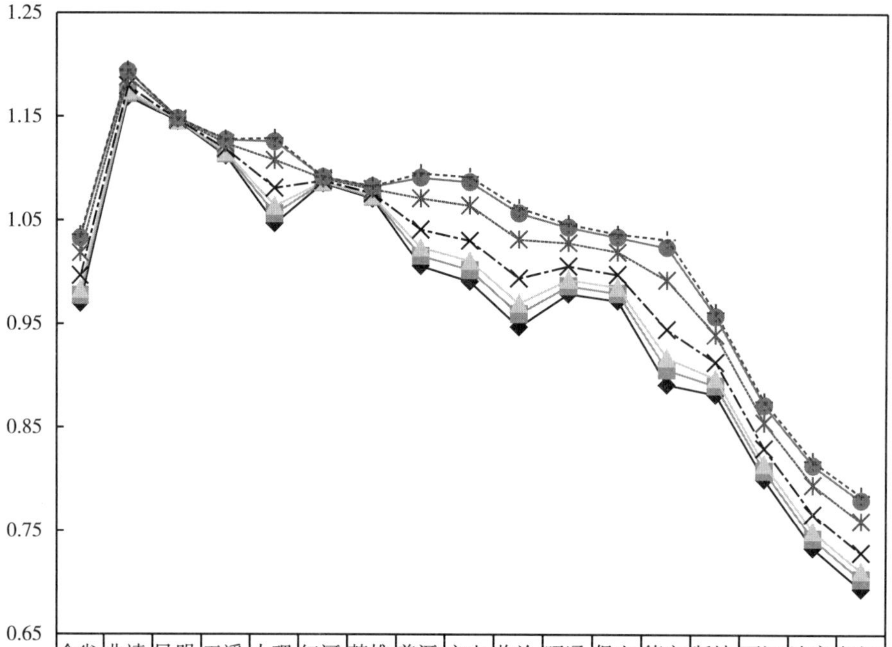

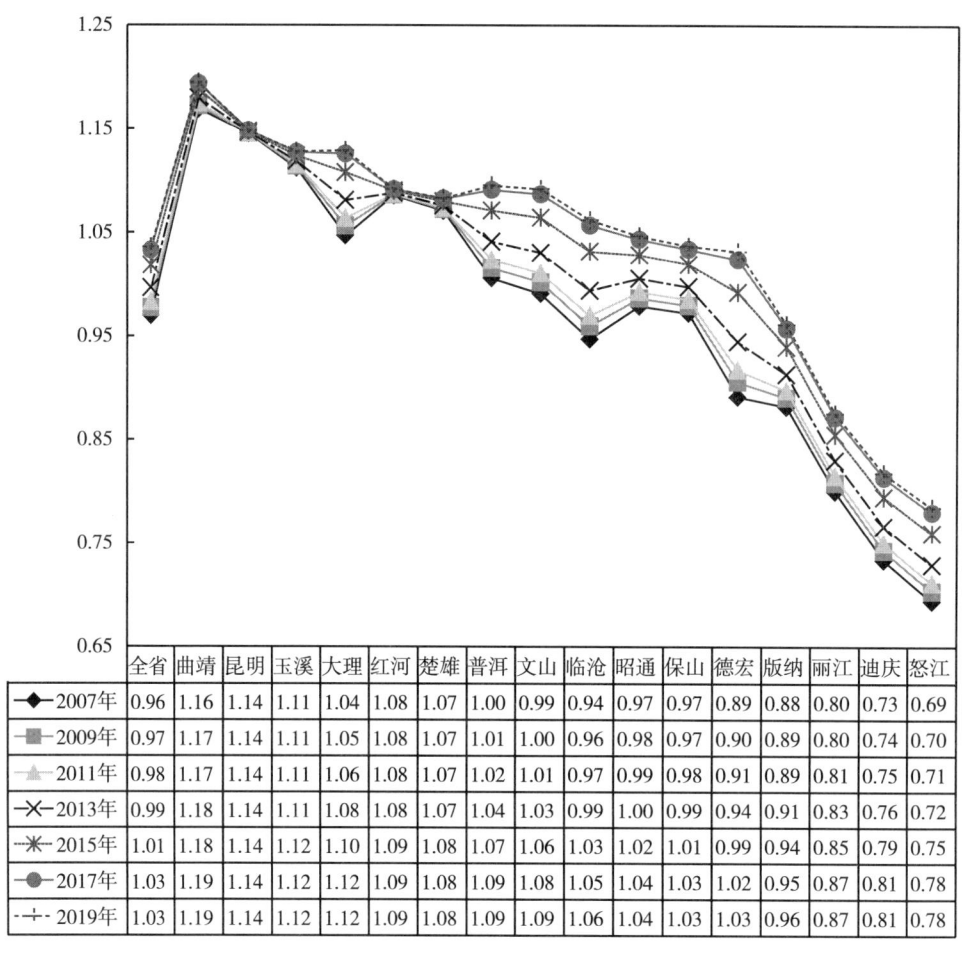

	全省	曲靖	昆明	玉溪	大理	红河	楚雄	普洱	文山	临沧	昭通	保山	德宏	版纳	丽江	迪庆	怒江
2007年	0.96	1.16	1.14	1.11	1.04	1.08	1.07	1.00	0.99	0.94	0.97	0.97	0.89	0.88	0.80	0.73	0.69
2009年	0.97	1.17	1.14	1.11	1.05	1.08	1.07	1.01	1.00	0.96	0.98	0.97	0.90	0.89	0.80	0.74	0.70
2011年	0.98	1.17	1.14	1.11	1.06	1.08	1.07	1.02	1.01	0.97	0.99	0.98	0.91	0.89	0.81	0.75	0.71
2013年	0.99	1.18	1.14	1.11	1.08	1.08	1.07	1.04	1.03	0.99	1.00	0.99	0.94	0.91	0.83	0.76	0.72
2015年	1.01	1.18	1.14	1.12	1.10	1.09	1.08	1.07	1.06	1.03	1.02	1.01	0.99	0.94	0.85	0.79	0.75
2017年	1.03	1.19	1.14	1.12	1.12	1.09	1.08	1.09	1.08	1.05	1.04	1.03	1.02	0.95	0.87	0.81	0.78
2019年	1.03	1.19	1.14	1.12	1.12	1.09	1.08	1.09	1.09	1.06	1.04	1.03	1.03	0.96	0.87	0.81	0.78

图 7 –9　2007 ~2019 年云南及各州（市）层次分析总体评价指数

（二）云南农业发展质量普遍不高

研究结果还表明，全省农业发展质量效益总体评价值虽有小幅上涨，但最大值也不过 56.30%，表明当前农业发展质量依然不高，即使排名靠前的几个州（市），与农业高质量发展的目标评价值（目标评价值为 100%）相比仍有较为明显的差距，2019 年，排名前三的分别为曲靖、玉溪和昆明，总体评价值也不过分别为 65.09%、61.48%和 60.82%（见图 7－10）。

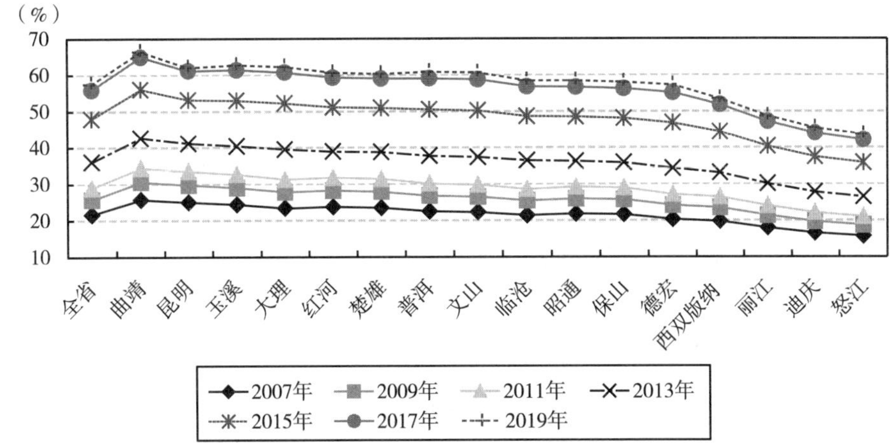

图 7－10　2007～2019 年云南及各州（市）层次分析总体评价值

（三）云南农业发展质量提升速度较慢

虽然农业发展质量的提升是一个长期而缓慢的过程，但在 7 年间全省及各州（市）的总体评价值仅平均提高了 0.0976。与整体经济特别是工业、服务业等的晋档升级和腾笼换鸟效果相比，提升速度显然较慢（见图 7－11）。

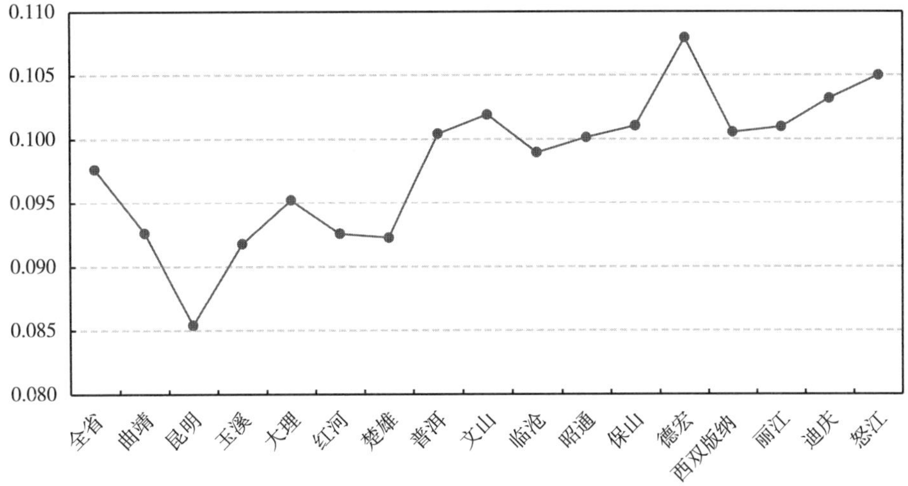

图 7－11　2013～2019 年云南及各州（市）总体评价值平均增长趋势

从图 7－11 可以看出，从 2013 年到 2019 年，虽然全省农业发展质量效益总体平均值上升约 0.04 个点，但各州市涨幅则不一，德宏州最大、昆明市最小。

（四）云南各州（市）农业发展质量不平衡

通过对总体评价值进行分析，可以发现各州（市）在农业发展质量方面各有优势，也各有不足，总体上呈现“强点不强，弱点恒弱”的特点。总体而言，滇东地区和滇南地区在农业发展质量方面要略好一些，但依然存在农业供给能力较差等问题；滇西北地区在农业高质量发展方面面临的困难和挑战相对较多，主要表现为要素利用水平低、生产经营水平差和生产效益水平低等方面。

（五）云南农业低发展质量区域依旧连片

农业低发展质量的区域呈现出一定的空间特征，即东高西低、南高北低，在分项维度的评价中这一特征表现得更加明显。例如，滇西和滇北的部分州（市）在地理空间上是连成一片的，农业发展质量总体评价值较低，分项评价值较其他州（市）普遍偏低。

第四节　云南农业质量效益面临的问题

2008～2019年，云南农业发展质量总体呈上升趋势，依次以滇中城市群由内向外由高到低分布，排在前列的州（市）有曲靖、昆明、玉溪、大理等。尽管云南农业发展质量与过去相比有了很大提升，但依旧没有改变这种空间分布模式，发展不平衡、不充分特征凸显。2015～2019年，云南各州（市）农业发展质量都有了较大改善，但是存在“好的”更好、“差的”更差的马太效应，且各州（市）分布不平衡特征明显。云南农业发展质量不充分造就了空间发展不平衡的现象，也严重制约着全省农业发展质量的快速提升，导致云南农业总体发展质量增长乏力，主要表现在以下五个方面。

一、产业结构层次偏低

尽管云南农业产业结构得到了进一步调整，种植业结构由主攻粮食生产向“粮经并重”发展。但是，云南国民经济整体产业结构发展层次低，制约着一二三产业的融合发展。云南第一产业占比从2008年的17.66%下降到2019年的

13.08%，呈现出缓慢下降的趋势；第二产业占比从2008年的43.26%波动下降到2019年的34.28%；第三产业占比从2008年的36.10%持续上升到2019年的52.64%。这说明，云南第一产业持续降低，第二产业在波动中下降，第三产业持续不断上升。肖兴志（2012）测算出我国2009年的最优产业结构是12.41%、50.89%、36.7%。而云南2009年的产业结构为17.3%、41.86%、40.84%，与最优结构值得差距分别为-4.89%、8.99%和-4.1%①。随着云南产业结构的不断调整，与最优产业结构状态一直保持着一定的偏差。

从农林牧渔业内部看，云南各产业结构也不尽完善，主要表现为以下方面。

（一）种植业整体比重较高

2008~2019年，云南省种植业产值在农林牧渔业总产值中的比重长期处于50%左右，最高的2014年甚至超过了55.35%；同期，云南省种植业增加值在全省农林牧渔业增加值中的占比更是长期处于55%左右，最高的2014年达到59.64%（陈良正等，2019b）。

（二）养殖业结构亟待优化

据国家统计局网站数据，2019年，云南猪肉产量占全省肉类总产量的82.96%，超过4/5，而同期牛羊肉产量占全省肉类总产量的比重仅为17.04%。高耗粮猪禽饲养业占据养殖业主导地位，对高原粮仓和特色经作发展造成巨大压力，山地牧业和淡水渔业发展滞后，全省饲草饲料资源和淡水资源丰富的优势未能充分发挥。而且，养殖业集约化水平落后于全国的状况也影响到生产效率和产业效益的提高（陈良正等，2019b）。

（三）林业产业结构层次不高

据国家统计局网站数据，从2008年到2019年，云南林业产业总产值从183.6亿元增加到395.54亿元，年均增长速度为7.23%，增长速度高于全国平均水平，2019年云南省林业总产值占全国林业总产值的6.85%，位居全国第一。云南省林业产业总产值较小，新的林业经济增长点并没有形成。2012~2019年，云南林业产值在农林牧渔业总产值中的比重长期不足10%，最高的2017年也仅为9.85%；

① 根据国家统计局网站数据计算。

同期，云南林业增加值在全省农林牧渔业增加值中的占比也是徘徊在10%，最高的2017年也仅为10.48%，与云南省地处全国第二大林区、林地面积和森林面积均排名全国第三的林业资源大省的优势不符。云南省林业产业依然处于“大资源、小产业、低效益”的窘境（陈良正等，2019b）。

（四）开放农业规模小层次低

从农产品出口角度看，虽然近年来云南省农产品出口额持续稳定增长，2019年达到331亿元的规模，连续多年保持西部第一的位置、全国排名近年来由第七进一步上升到第六。但是，全省农产品出口备案基地规模偏小，农产品出口值占农林牧渔业总产值的比重不足7%，且出口份额靠前的蔬菜、水果、鲜切花、咖啡、茶叶等农产品大多数是以初级原料的形式，精深加工产品所占份额太低。云南农产品在原产地闻名，但在海外市场却缺乏具有知名度和影响力的企业或产品品牌，国外消费者无从认知来自云南的特色农产品商标或品牌（陈良正等，2019b）。尤其是由于云南严重缺乏既了解境外投资东道国的风土人情、资源状况、政治经济、文化宗教，又懂得农业跨国经营管理、会外语的复合型人才，加之对投资国有关农业产业政策和税收政策、农产品市场潜力、农村劳动力素质等情况缺乏深入调研和分析，导致跨国农业企业从营销方案设计、广告创意与投放到后期经营等一体化全程服务技术、水平和理念不足，使得一些农业“走出去”项目最后经营举步维艰，严重影响了云南农业企业“走出去”开展各种农业经济活动（廖桂莲等，2019）。

二、农业基础设施建设严重滞后

农业对自然条件的依赖性较强，需要大量的农业设施，解决水土资源分布不均等问题，提高资源利用率和农业生产效率。当前云南农业基础设施短板依然明显，制约甚至阻碍着农业发展质量的提升，特别是各个州（市）之间的农业基础设施发展水平不平衡的问题突出，导致全省层面发展不充分问题更为显著。

（一）农业水利基础设施薄弱

云南水资源总量超过2200亿立方米，位居全国第四，人均拥有水资源量达到全国平均水平的2.2倍。但全省水资源时空分布极不均匀，从时间上看，

11月至次年4月降水量只占全年的15%左右，冬春连旱在全省比较普遍，部分地区甚至是秋冬春连旱；从空间看，不仅存在耕地资源集中的坝区雨少、耕地分布零散的山区多雨的问题，田地在高处、水源在低处的现实更是制约了水资源的有效利用，这就要求有大量引水、蓄水工程对水资源进行时空再分配。然而，由于历史欠账太多，全省水资源开发利用率仅7%左右。无雨就旱、有雨则涝，水旱灾害常常交替发生。“天上水”蓄不了，“地表水”留不住，“地下水”用不上，工程性缺水问题比较突出（金吉斌等，2013）。2019年，全省耕地有效灌溉面积仅占耕地总面积的30.96%，比全国平均水平低29.04个百分点。2008～2019年，除了玉溪、楚雄和红河，其他13个州（市）有效灌溉面积占耕地总面积的比例都在缓慢上升，显示出当前云南农业有效灌溉能力不足。全省农业用水效率从2008年的0.068立方米/元下降到2019年的0.022立方米/元，显示出农业水资源使用成本进一步减低，但是下降趋势缓慢；各州（市）的农业用水效率分布也不均衡，曲靖、玉溪和昆明的农业水资源成本较低，而怒江、丽江和迪庆的农业用水成本却相对较高。这些都说明相关基础设施条件改善缓慢，未来调整空间较大。

（二）农用耕地质量普遍不高

云南山区、半山区面积占到了全省土地面积的94%，“山多地少”是基本省情，由于山地比重过大，坡耕地多、坡度大、改造难，土地产能偏低，水土流失日益突出，耕地质量普遍不高。高稳产农田占耕地总面积的比重不到1/3，比全国平均水平低近10个百分点以上；有60%以上的耕地仍然只能“靠天吃饭”；全省水土流失面积达14万平方公里、占国土面积的36%，岩溶面积高达3.5万平方公里以上。平均每年有30%左右的农作物播种面积受旱灾影响；有20%以上的耕地受到洪水威胁。中低产茶园、蔗园、果园、桑园等园地比例高达70%以上；局部地区农业面源污染严重、生态环境恶化，也影响了耕地的质量，资源环境对农业发展的约束日趋突出（金吉斌等，2013）。

（三）农业机械化水平较低

云南80%以上的耕地资源分布在山区，发展农业机械化的难度很大，农业生产方式总体还比较落后，尤其是农业机械化水平还比较低。主要表现在以下方面。

一是农用机械的总量严重不足。云南农村居民家庭平均每百户拥有农业机械数量绝大部分均低于全国平均水平。据国家统计局数据，截至2019年底，云南乡村人口平均每人拥有农机总动力1.09千瓦，仅达全国平均水平的42%；每百户拥有大中型拖拉机8.36台，仅达全国平均水平的34.64%；拥有小型拖拉机35.63台，仅达全国平均水平的36.82%；拥有农用水泵3.41台，仅达全国平均水平的23.43%；这从另一个侧面说明云南农业机械化水平很低，基本上还处于“人背马驮”的时代。

二是现有的农用机械适应性不高。受地理地貌和土壤特殊性等制约，云南对农用机械具有比较特殊的要求。而云南省农机企业屈指可数、农机工业水平不高，农机产品数量及其质量均不能满足农业生产和农民操作的需求，外地生产的农机不能很好地适应云南土壤和农艺要求，从而也影响了农民使用农业机械的积极性，总体上全省农机装备水平较低、技术状态落后、空间和产业分布皆不平衡（金吉斌等，2013）。

三是农机作业水平不适应农业产业化发展要求。以滇中和滇南坝区为主，全省部分农田作业过程已初步实现了机械化，但畜禽养殖、淡水渔业、林果业等产业的机械化作业水平很低。2019年，全省农业机械化水平是全国平均水平的70.48%。

三、农业生产效率不高

（一）产业发展资金不充足

由于财政预算和政府投资计划中并没有建立与政府投资总量和预算支出增长相联系的农业投资增长计划，没有明确规定用于农村和农业的政府资金投入数量和比例，导致云南省农村和农业支出没有稳固的财政来源，农业和农村建设的费用常被城市基本事业建设和城市水利基本设施建设等项目挤占，为农业农村持续稳定发展埋下了隐患（陈良正等，2019b）。2015~2019年，云南农林牧渔总产值占GDP的份额保持在14%~15%左右，但是农林牧渔业固定资产投资（含农户）占全社会固定资产投资的份额则仅在5%~6%之间，远低于山西（10%~15%），也低于四川、贵州和重庆等周边省份。[①]

① 根据国家统计局网站相关数据计算整理。

（二）科技支撑产业发展贡献不够

虽然早在2012~2013年，云南省农业科技贡献率就超过了50%，但是由于云南农业产业类型多样而规模偏小、科技推广应用难且规模有限，加之长期投入不足，科技创新和应用推广长期落后于全国，导致农业科技贡献率长期低于全国3~4个百分点，科技对产业发展的支撑力度不够。2019年，我国研究与试验发展经费支出占当年国内生产总值的比重达到约2.23%，全国财政科学技术支出占国家财政支出的比重达到3.96%，但是同期云南省的研究与试验发展经费支出占地区生产总值的比重仅为0.95%，全省财政科学技术支出占全省财政支出的比例更低，仅为0.87%①。

（三）农业生产经营者整体素质偏低

此外，云南省农业劳动力者受教育水平普遍低于全国平均水平。根据《云南省第三次全国农业普查工作主要数据汇编》，2016年，云南省农业生产经营人员中，绝大多数仅受过小学和初中教育，比例高达85.2%，其中，仅有小学文化程度的占比高达51.9%，比全国高14.9%；而高中及以上的仅为5.5%，比全国低2.8个百分点；全省有9.4%的农业生产经营者未上过学，比重比全国高3个百分点（陈良正等，2019b）。

四、农业深加工产业相对落后

目前，我国已进入工业化中期阶段，具备“工业反哺农业”的财力支撑，在此背景下发展农产品加工业是实现农业增效、农村繁荣、农民增收目标的重要举措（何安华等，2016）。云南有充足的农产品原料和农村剩余劳动力，具有发展农产品加工业的良好基础。但是，云南农业的一个致命伤就是农产品加工业发展严重滞后，且整体落后于全国平均水平。2016年，云南农产品加工产值与农业总产值的比例为1：0.67，而全国平均水平已达到1：2.3，世界农业发达国家更是高达1：4。全省16个州（市）中，农产品加工水平较低的除了农业发展水平较高的曲

① 云南省科学技术厅，云南省统计局，云南省财政厅．2019年云南省科技统计公报［EB/OL］．（2020-10-10）．http：//kjt.yn.gov.cn/show-25-5100-1.html.

靖市（22.55%，倒数第三）外，多数都是贫困面较大的州（市），怒江州为15.19%（倒数第一），昭通市为16.29%（倒数第二），红河州为44.77%（倒数第五）。尤其是云南农业龙头企业加工结构单一，初加工产品多，精深加工水平不高等问题突出，有的还处于初级加工或原料直销阶段。2016年，全省蔬菜精制成品占比仅为27%，水果精深加工率仅为21.7%，中药材加工比例仅为28%，全省每年仍有27%的茶叶以毛茶销往省外（陈良正等，2019b）。

五、绿色发展成效不显著

农业生态环境是农业发展的前提和基础，直接影响着农业发展的质量水平。农业生产过程中农用塑料薄膜使用量、农用化肥施用量和农药使用量过高，都将给农业生态环境造成不可逆转的后果。绿色生产是农业提质增效的重要途径，也是处理好农业开发和生态环境保护的重要举措。国家统计局统计数据表明，云南省化肥施用强度从2008年的0.2759吨/公顷上升到2019年的0.3286吨/公顷，全省农药使用强度从2008年的0.0071吨/公顷上升到2019年的0.0076吨/公顷，全省农用塑料薄膜使用强度从2008年的0.0123吨/公顷上升到2019年的0.0197吨/公顷。这一系列数据都表明，当前云南农业生态环境风险正在逐渐上升。随着农业生产效益的提升，对农药、化肥、塑料薄膜的依赖程度也在逐渐加大。一方面影响了全省农产品的质量，另一方面降低了特色农产品的市场竞争力。可以说，云南的农业从过度依赖化肥、农药的化学农业向主要依靠生物内在机制的绿色生态农业转变还有很长一段路要走。

第五节　提高云南农业发展质量效益的对策建议

一、因地制宜发展，优化产业结构

云南区域农业发展质量差异较大，依据现代农业的发展理论，各州（市）应该结合当地的农业资源和产业发展情况，积极推进农业供给侧结构性改革，发展有特色的区域现代农业。

一是规模大，结构合理型的州（市）。曲靖、昆明和玉溪等滇中地区的农业发展初步实现了规模化，农业内部的产业结构也较为合理，但其发展中的可持续化水平需要引起重视。在农业发展进程中要注意确保农业生态系统的稳定，重点发展生态型农业，着力建立良性微型农田生态系统，大量减少化学肥料的使用量，提高农家肥等有机肥料的利用率，扎实推进秸秆还田、过腹还田，增加土壤肥力，提高单位面积土地产出率；同时也应该减少对地膜、农药等化学物质的使用，减少对农业环境的污染；还要特别重视逐步推行轮作休耕，使高强度开发利用的土地得到休养生息。

二是规模较大，结构一般型的州（市）。大理、红河、楚雄和普洱等地区政府部门应注意以市场需求为导向，加强对当地产业发展的引导，着重发挥市场的调节机制和功能，努力提高农产品供给类别结构和时间结构的灵活性和有效性，使农产品的市场供求关系处于平衡状态，打好时间差，减少同时、同质农产品的生产。

三是规模小，结构一般型的州（市）。文山、临沧、昭通、保山、德宏和西双版纳等地区应充分利用当地自然风光、民族风情、野生动植物等资源，推进旅游资源和农业产业发展的结合，发展“农家乐”等休闲型现代农业，实现“农旅联姻”，吸引更多的游客走进农村，促进农村在食品加工、餐饮、住宿方面的发展。

四是规模小，结构落后型的州（市）。丽江、迪庆和怒江等地应该根据各自农业发展条件，发展具有比较优势的产业。例如，丽江市可以利用牛羊养殖优势，从对牛羊肉的初加工，到高端农业产品的生产，形成比较优势产业链。迪庆州可以加大对葡萄种植的扶持和保障，形成较大的农业品牌，带动农业产业的发展。怒江州可以加大对经济林果的打造力度，拓展精深加工农产品类型，带动现代农业发展。

二、加大政策资金投入，改善农业基础设施状况

政府在资金投入方面，应进一步贯彻落实中央“多予、少取、放活”的方针，大力增加对农业固定资产的投资，扫除农业资金短缺、基础设施差的体制机制障碍。围绕粮食生产功能区、重要农产品保护区以及特色农产品优势区建设，以高标准农田建设为抓手，加强以水利设施为主的农田基础设施建设，着力扩大有效灌溉面积，提高耕地的有效灌溉率，加大对农民使用喷灌等节水技术的推广，尤其要加强对坡耕地的改造和旱地、山地小水窖及机电提灌设施建设；加强对适合云南山区半山区使用的中小型农业机械的研发生产和对大型机械设备的规范化管

理，提高农机总动力，发挥政府的调节作用，激发农业耕种市场的机械化和现代化的活力；加大对农村公路和田间道路建设和维修的投入，为推进农业机械化进程、促进农民增收致富提供保障。

三、强化组织化水平，提高农业生产效率

一是在工业和服务业较发达地区，如滇中地区，国民经济的主导产业已经由农业向工业和服务业转移，农业部门的剩余人口虽然增多，但农民的各项社会服务都有一定的保障，这些地方可以适度着力推进土地的集约化发展。支持、鼓励农民按照自愿、有偿的原则，将土地经营使用权进行转让，也可以用土地作为资本进行入股，促进土地一定程度的集中，鼓励有能力的种植业大户和家庭农场承包经营户发展有规模的种植养殖业等，在提高农业组织化和规模化的同时，提高农业生产效率，增加农民的收入。

二是在不改变现行农村家庭承包经营模式的前提下，采用组建村集体经济实体或农民专业合作社等形式，通过对整个社区或者村庄内的耕地进行统一的耕、种、管、收等生产性服务，减少单位面积土地上劳动力、金钱和物资投入，节省农户的时间、降低农业生产成本，提高农民的生产效率和土地产出率，以此形成竞争优势，实现规模化的效益。

三是由村集体、合作社或销售能人，或将不同农民产出的有质量和有数量的农产品集中起来与龙头企业牵线搭桥，使得农产品通过工业企业进行二次加工增值；或通过网络平台进行销售，解决分散小农户难以对接大市场的农产品卖难问题。

四、加强农产品精深加工，提升农业品牌形象

第一，各级政府和各类涉农企业都必须将品牌意识竖立起来。一方面，围绕重点产业和集中产区，以蔬菜、水果、花卉、林果等产业初加工企业为突破口，开展工艺优化提升行动，着力解决影响产品质量的材料、工艺、设备等方面的关键问题。另一方面，建立和发展现代农产品物流配送体系，改革以市场被动销售为主的传统流通模式。加强农产品和食品冷链设施及标准化建设，降低流通成本和损耗。

第二，将各地特色农产品的品牌战略及其定位确定下来。多年以来，“健康”和“绿色”理念一直都是消费的主流。对此，各地在发展名优特产的过程中，应

该注重将潜藏的绿色生态资源挖掘出来，大力开发如“生态鸡蛋”“养生蜂蜜”等蕴含健康绿色基因的特色农产品。

第三，企业和政府必须要在特色农产品品牌方面花大工夫、出大力气、使出大招，不断进行特色农产品品牌的宣传推广活动并力求取得圆满成功。各级政府可以结合当地风土人情、文化基因或产业特色，定期举办农产品商贸会和农产品展销节，文化搭台、经济唱戏，进一步将品牌影响力扩散出去、提升起来。

第四，以政府职能部门为主，必须要做好特色农产品品牌注册和保护工作，把质量放在首位，“保护李逵、严打李鬼”，既确保特色农产品的品质和声誉，又避免同质化产品泛滥、防止假冒伪劣。

五、增强科技支撑，提高农业竞争力

一方面，要强化农业科技协同创新。充分发挥省级农业科研单位牵头搭建的GMS农业科技交流合作组、云南—东盟农业科技交流合作组以及云南省农业科技创新联盟等区域农业科技合作机制和平台在推进农业科技进步中的作用，构建区域协同高效的科技交流共享机制、联合攻关机制和农业科技创新与推广机制；推动政产学研用紧密结合，按照“政府＋科技＋企业”三位一体发展模式，通过“双认证、双挂牌”等方式，促进科研院所与地方政府部门有效对接，通过建立和推行科研项目从立项开始就由科研院所与企业“同立项、同攻关、同转化”的“三同”模式，增强科研院所对企业科技创新的帮扶能力，提高社会资本对科研院所的投入水平；采用从农业科研单位、大专院校选派优秀科技人员到各县市挂职任科技副市长、副县长等方式，推进科研单位与市县共建科研推广示范网络，充分整合人才、技术、资金，推进协同创新和成果转化，建立和完善以创新为主要引领和支撑的现代农业发展模式，激活创新发展活力（王庆煌，2018）。

另一方面，要加大对制约和影响云南高原特色农业发展效率和效益的重点领域和重大科技问题开展联合攻关。首先，在农业种质资源的保护与开发利用、现代种业、农业生物技术、新材料研制、农机装备制造、农业信息技术、农业物联网、人工智能与大数据挖掘应用技术、特色农产品加工技术基础和前沿领域实现率先突破和重大跨越，增强农业科技创新源头的供给力。其次，要在农业产业发展必需的核心关键技术领域实现升级跨越，提高农业产业竞争力。最后，要在云南高原特色现代农业发展必要的综合技术模式方面实现集成跨越，扩大区域影响力。重点围绕云南现代都市农业和高原特色农业发展，集成一批综合解决方案和技术模式（王庆煌，2018）。按照“藏粮于地、藏钱于技”的战略要求，构建资源节约、环境友好生产技术体系，改良提升土壤地力，以科技链支撑产业链，为农业发展提供新动能，努力提升农业产业的产能、效率和效益。

六、发展绿色农业，促进可持续发展

根据云南全力推进打造世界一流“绿色食品牌”的战略部署，云南现代农业发展方向是绿色生态农业，各地要在结合地域特色、人文要素等方面资源的基础上，大力发展绿色食品、有机产品等，利用试点模式带动绿色农业基地的建设与发展，并使之形成地区的品牌特色，从而提高绿色农业的发展速度。推行循环绿色农业，关键是发展生态农业。农业健康发展离不开良好的生产环境，农业面源的治理是保障其生产的重要举措（王晶婷等，2018）。具体表现在以下五个方面。

一是农药化肥的科学使用。提高农民科学使用农药化肥的意识，为其普及相关的专业知识，并提高农家有机肥的使用率，减少化学肥料的使用量。不使用高毒农药，减少农作物农药残留，发展绿色农业。

二是治理农用地膜污染。积极推广可回收农用地膜的生产与使用，并对其增加补贴以提高生产者与使用者的积极性。

三是合理利用农作物秸秆。将农作物秸秆转化成肥料、饲料和基料等。此外，积极开发农作物秸秆能源化工程，使其变成沼气和清洁型能源。

四是无害化处理病死畜禽，防治畜禽养殖污染。建设病死畜禽收集、处理站，并加大资金投入，使其能及时、有效处理病死畜禽。为防治畜禽养殖污染，建立达到环保要求的畜禽粪便处理网点，采取有效措施，将其无害化处理，变废为宝，使其转化为有机肥料、再生饲料。

五是积极科学开展轮作休耕。在总结近年来全省轮作休耕试点工作成效的基础上，积极借鉴先进省份的经验，以土壤流失、石漠化等生态严重退化地区，水源、景观保护区，常年进行蔬菜、花卉等单一作物生产、耕地开发强度大的地区为重点，加大支持力度、灵活支持机制，积极稳妥地推行轮作休耕，使高强度开发的耕地得到休养生息，减轻生态退化地区的生态环境压力。

（执笔：毛昭庆、王雪娇、陈良正）

第八章

云南农业发展区域竞争力研究

云南地处西南低纬度高原，既是民族文化多元的省份，又是欠发达地区，还是农业大省之一。改革开放以来，云南凭借优良的自然条件、独特的地缘区位、独具优势的特色农产品、多姿多彩的民族文化、丰富的旅游资源和科学的战略决策，农业发展能力明显增强，竞争力逐渐提高，初步建成了高原特色农业产业化体系，形成一定的优势产业并初具规模。特别是近几年来，国家提出共建“一带一路”倡议，实施长江经济带建设等战略，均为云南区域农业经济的进一步发展提供了新的机遇与条件。

云南不仅同全国其他大多数省份有较大的农业区域经济方面的差距，省域内也存在着明显的自然地域差异、社会经济发展差异、文化差异等，不仅自然地域分异性强，农业布局的地带性与非地带性分异也很明显。另外，民族地区与非民族地区、贫困地区与非贫困地区、城镇地区与非城镇地区的社会区域经济形成鲜明对比，农业区域产业差异、农业生产要素配置差异、区域政策差异等以致农业区域经济差异深化。归纳总结云南农业发展区域竞争力的优劣势，对推进全省农业供给侧结构性改革和一二三产业融合发展、壮大优势特色产业、促进农业农村现代化、帮助和带动传统农业区和贫困地区脱贫致富、提升云南农业整体竞争力、实现农业创新、绿色发展和向农业强省跨越具有重要意义。

本章讨论的农业竞争力指农业作为产业而言在市场竞争中保持持续增长并不断获利的能力，其竞争对象为整个农业产业，而不再单指某个农产品。农业区域与区域农业没有本质的不同，农业竞争力在区域间的表现就是农业区域竞争力。基于数据可得性，本章主要通过对云南省周边（自然、社会和经济发展等具有可比性的周边国家和省份）和内部（省内各州市）两个区域纬度的农业资源、农业产业、农业经济等部分指标的分析，试图找出与周边国家和省份相比云南农业发展的优势和劣势，以及省内各州（市）之间各自农业发展的专长和弱势，为全省以及各州（市）进一步扬长补短，提升农业发展的区域竞争力提供参考。

本章中，关于农业自然资源禀赋及社会资源发育状况等分析主要采用比较优势法，关于产业聚集度的分析主要采用区位熵法和规模优势指数法，关于发展质量效益的分析主要采用效率优势指数、单产优势指数、效益优势指数等方法。关于云南与周边国家和省份的比较分析中，周边国家的数据主要来源于 FAO 网站、中华人民共和国外交部网站和百度百科，云南及周边省份的数据主要来源于国家统计局网站、相关省份政府官网、各省份统计年鉴、第三次全国农业普查等公开数据；关于云南省内各州市之间的分析比较采用的数据则主要来源于历年《云南统计年鉴》，部分数据源于笔者实地调研。

第一节　云南农业发展区域竞争力分析

一、云南与东南亚四国农业优势比较

东南亚的泰国、老挝、越南、缅甸与云南山水相连，习俗相近，文化和商贸交流源远流长，自然生态条件和农业生产条件相近，农业生产方面各有优势，又存在不足，优势与差异并存，在市场方面有着很大的互补性和竞争性。

（一）农业自然资源条件

1. 越南

越南地形狭长，地势西高东低，境内 3/4 为山地和高原，平均海拔 2600 米。北部和西北部为高山和高原；中部长山山脉纵贯南北，有一些低平的山口；东部沿海为平原，地势低平，河网密布，海拔 3 米左右。越南土地面积 32.9 万平方千米，平地面积不超过 20%，山地面积占 40%，丘陵占 40%，森林占 75%。越南地处北回归线以南，属热带季风气候，高温多雨，雨量充沛，年平均降雨量达 1800 ~ 2000 毫米；年平均气温 24℃左右。北部春、夏、秋、冬四季气温变化较大，最热

的7月平均气温约29℃，最冷的1月平均气温约15℃，偶尔低至5℃；南部靠近赤道，年温差很小，旱雨两季分明，大部分地区5月至10月为雨季，11月至次年4月为旱季。

2. 泰国

泰国位于亚洲中南半岛中南部，与柬埔寨、老挝、缅甸、马来西亚接壤。泰国地处热带，大部分为低缓的山地和高原。地形多变，可分为西、中、东、南四个部分，包括北部的山区丛林、中部平原的广阔稻田、东北部高原的半干旱农田，以及南部半岛的热带岛屿和较长的海岸线。大部分地区属于热带季风气候，气温高，常年温度在18℃以上，月平均气温22～28℃，年均降水量1000毫米，气候湿润，雨量充沛，河流众多。

3. 缅甸

缅甸位于亚洲东南部、中南半岛西部，国土面积约67.85万平方公里，地势北高南低，呈马蹄状。北部为高山区，西部有那加丘陵和若开山脉，东部为掸邦高原。西部山地和东部高原间为伊洛瓦底江冲积平原，地势低平。中央为平原，从北向南一马平川。南部平原面积大，地形平坦，土壤肥沃，被誉为“缅甸粮仓”。大部分地区属热带季风气候，终年高温，热量充足，雨量充沛，年平均降水量3000～5000毫米。

4. 老挝

老挝是中南半岛唯一的内陆国家，国土面积23.68万平方公里。地势北高南低，境内80%为山地和高原，且多被森林覆盖。北部与中国云南的滇西高原接壤，东部老、越边境为长山山脉构成的高原，西部是湄公河谷地和湄公河及其支流沿岸的盆地和小块平原。属热带、亚热带季风气候，分为雨季和旱季，月平均气温25℃，年均降水量1700毫米。

5. 小结

从气候来看，云南与东南亚四个国家相比更具有多样化、丰富性的特点，直接造成各自农业结构的差异以及农业生产优势的不同。

从土地资源看，东南亚四国耕地资源丰富，除越南外，人均耕地大大高于云南省。其中，泰国人均耕地面积最高，达到0.31公顷，其次是老挝、缅甸（见表8－1）。

表 8-1 2018 年云南与东南亚 4 国人口及耕地面积情况

区域	总人口（万人）	农村人口（万人）	占比（%）	土地资源（万公顷）	农用地（万公顷）	耕地（万公顷）	农用地占土地面积（%）	耕地占土地面积（%）	人均耕地面积（公顷/人）
云南	4830	2521	52.19	3831.89	3294.40	620.78	85.97	16.20	0.13
越南	9555	6183	64.71	3100.70	2666.01	1152.68	85.98	37.17	0.12
老挝	706	453	64.16	2308.00	1905.85	171.90	82.58	7.45	0.24
泰国	6943	3463	49.88	5108.90	4205.50	2131.00	82.32	41.71	0.31
缅甸	5371	3739	69.61	6527.90	4201.23	1259.03	64.36	19.29	0.23

资料来源：云南人口数据来源于国家统计局网站，土地数据来源于云南省国土资源厅；东南亚 4 国数据来源于联合国粮农组织网站 2020 年 12 月数据整理。

（二）特色农产品生产及出口贸易

1. 云南

云南农业生产以种植业为主，产值占比超过 50%。除水稻、玉米、马铃薯、小麦、小杂粮等粮食品种外，主要特色经济作物还包括烟叶、蔬菜、水果、花卉、茶叶、橡胶、咖啡、蚕桑、中药材等。此外，生猪、牛羊以及禽类也有相当的规模。其中，云南的核桃和澳洲坚果种植面积、产量居全球第一，花卉面积和产值全球第三，其中鲜切花种植面积全球第一，外销量全球第二；云南有世界独有的优质茶品种资源（大叶茶、古树茶）和中国最大的茶叶生产基地；云南有全国最大的优质天然橡胶生产基地，面积和产量均占全国一半以上；云南的中药材资源种类及药用植物种植种类和面积也位居全国之首；云南的牛存栏数位居全国第二，生猪饲养量位居全国第四、猪肉产量位居全国第六。云南以水果（坚果）、蔬菜、烟草、咖啡、肉类、花卉、马铃薯、食用菌、茶叶等为主的特色农产品出口市场遍布以东南亚为主的全球 116 个国家和地区，全省农产品出口额多年在 40 亿美元左右（见表 8-2），稳居西部省份第一、全国第七，占全省出口总额的 30% 以上，是云南主要出口创汇商品。尤其是云南的蔬菜、水果品质好，错季优势明显，全省蔬菜外销及出口量占生产总量的 70% 左右，水果出口额占全国 35% 左右，且是中国面向南亚、东南亚的“温果南下、热果北上”的主要通道。

表 8－2　　2011～2018 年云南农副产品出口情况　　单位：万美元

品类	2011 年	2012 年	2013 年	2014 年	2015 年	2016 年	2017 年	2018 年
全省农产品出口总额	175722	203927	240726	289277	405530	446973	419236	370803
水果、坚果及其产品	19171	43924	63020	82819	180526	186735	160868	122203
动物及制品	2816	3951	5309	11587	9296	9400	7706	7058
花卉	4694	6086	5055	6033	5832	7742	6598	6955
马铃薯	3749	816	1142	4862	5333	6336	7624	8374
蔬菜	64794	56903	67408	82500	93406	121528	141269	142044
烟草	44528	52712	53337	50046	49277	46816	46932	41989
咖啡	13389	15056	13998	14591	15315	27788	14915	14569
植物精油	5104	4711	6264	8271	10431	5339	5996	9544
其他食用菌	6520	5632	5787	6030	5269	6096	6561	6176
松茸	5752	4859	4058	3837	2454	3395	3458	3115
茶叶	2082	2711	2877	3010	3047	3791	3689	3310

资料来源：昆明海关、云南省农业农村厅、云南省商务厅及农业农村部网站。

2. 泰国

泰国主要生产稻谷、橡胶、木薯、玉米、甘蔗、热带水果等，农产品是外贸出口的主要商品之一。据 FAO 网站数据，泰国农产品出口额由 2012 年排名全球第九提高至 2015 年第七。2018 年和 2019 年，农产品出口额分别为 342.12 亿美元和 338.12 亿美元。泰国是亚洲唯一的粮食净出口国、世界五大农产品出口国之一，出口最多的农产品是大米（出口量占产量 50% 以上、排名全球第二）和天然橡胶（出口量占产量的 25%～30%、全球出口总量的 75% 左右排名第一）（见表 8－3）。泰国还是世界第三大木薯生产国（仅次于尼日利亚和巴西）和第一大出口国。

表 8－3　　2018～2019 年泰国主要农产品产量及出口情况

品类	产量（万吨）		出口量（万吨）		出口额（百万美元）	
	2018 年	2019 年	2018 年	2019 年	2018 年	2019 年
大米	2157.62	1891.40	1107.30	684.77	5619.06	4206.31
橡胶	481.35	484.00	222.60	204.37	3246.27	2992.89
热带水果	255.19	258.61	49.70	39.91	947.63	1464.58
甘蔗（精制糖）	13507.38	13100.22	393.07	384.82	1413.30	1324.57
木薯	2936.82	3108.00	399.27	176.05	891.51	524.20

资料来源：根据联合国粮农组织网站（http://www.fao.org/faostat/en/#home）2020 年 12 月数据整理。

3. 越南

越南是农产品出口大国，在东南亚地区排名第2，全球排名第15。据FAO网站数据，2018年和2019年，越南农产品出口额分别达191.02亿美元和185.80亿美元。越南腰果和胡椒、咖啡、大米出口分别位居世界第一、第二和第三（见表8－4）。

表8－4　2018～2019年越南主要农产品产量及出口情况

品类	产量（万吨）		出口量（万吨）		出口额（百万美元）	
	2018年	2019年	2018年	2019年	2018年	2019年
腰果	266.4	283.3	28.53	41.07	3128.96	2941.54
胡椒	26.27	26.49	9.72	26.3	723.88	666.69
咖啡	161.63	168.4	161.35	140.98	2867.06	2183.2
橡胶	113.77	118.52	5.6	5.9	83.65	85.12
大米	2937.89	2898.02	486.71	545.42	2621.44	2434.25

资料来源：根据联合国粮农组织网站2020年12月数据整理。

4. 缅甸

缅甸农业对GDP的贡献额度约占36%，农业增加值中76%来自种植业，主要粮食作物有水稻、小麦、玉米、豆类和高粱；主要经济作物有棉花、甘蔗、黄麻、橡胶等。缅甸素有“稻米之国”的美誉，是世界第六大水稻生产国、第五大稻米出口国。据FAO统计数据，2018年和2019年，缅甸农产品出口额分别达到41.33亿美元和37.53亿美元。出口量排名前五的农产品为大米、豆类、玉米、芝麻和橡胶（见表8－5）。

表8－5　2018～2019年缅甸主要农产品产量及出口情况

品类	产量（万吨）		出口量（万吨）		出口额（百万美元）	
	2018年	2019年	2018年	2019年	2018年	2019年
大米	1839.16	1752.2	161.68	217.09	921.75	782.43
豆类	559.24	584.66	103.77	109.72	568.73	764.37
玉米	198.41	198.58	12.73	93.08	237.93	236.63
芝麻	71.54	74.45	9.13	10.06	151.5	244.34
橡胶	27.55	26.49	10.65	10.65	167.81	161.88

资料来源：根据联合国粮农组织网站2020年10月数据整理。

5. 老挝

老挝农业生产方式以传统农业为主，农机具使用率低。水稻、玉米、薯类是老挝最为重要的粮食作物；咖啡、烟草、茶叶等是该国经济作物的支撑；果类作物以热带水果为主，如椰子、香蕉、黄果等。饲养比较多的是猪牛羊、鸡鸭鹅等（文瀚等，2017）。据 FAO 统计数据，2018 年和 2019 年，老挝农产品出口额仅分别为 12.61 亿美元和 13.75 亿美元。主要出口产品为西瓜、香蕉、木薯、大米等（见表 8－6）。

表 8－6 2018～2019 年老挝主要农产品产量及出口情况

品种	产量（万吨）		出口量（万吨）		出口额（百万美元）	
	2018 年	2019 年	2018 年	2019 年	2018 年	2019 年
西瓜	19.82	19.68	2.23	7.57	11.38	21.75
香蕉	97.10	105.65	12.97	5.36	112.17	14.02
木薯	227.90	225.87	54.82	52.98	79.68	74.10
橡胶	—	—	7.89	15.50	145.30	165.15
大米	239.10	229.31	4.18	3.34	31.58	19.90

资料来源：根据联合国粮农组织网站 2020 年 12 月数据整理。

（三）小结

综上所述，云南与相邻 4 国在农业发展区域竞争力上各有优势。东南亚 4 国在土地资源和人力资源上较云南有较大的优势，泰国农业现代化程度较高，农业相对发展优势较强，越南次之。在农产品贸易方面，泰国、越南的大米、橡胶、木薯、胡椒、腰果、咖啡等具有较强的竞争力，缅甸在水稻（大米）方面具有一定的竞争力。老挝的自然资源丰富、可耕土地面积大、人力资源丰富，农业开发潜力大。云南的立体气候、品种资源、农业技术、农业机械、水陆交通设施等方面较 4 国优势明显，水果、蔬菜、花卉、烟草、咖啡等农产品出口方面竞争力较强，但人均占有耕地最少、农村劳动力资源相对紧缺。

二、云南与毗邻省份农业优势比较

（一）农业自然资源比较分析

1. 云南光照条件最好

云南太阳能资源较丰富，全省年日照时数在 1000～2800 小时之间，年太阳总辐射量每平方厘米在90～150千卡之间。省内多数地区的日照时数为2100～2300小时，年太阳总辐射量每平方厘米为120～130千卡。

广西各地年日照时数1213.0～2135.2小时。桂北大部、百色市南部山区及龙州、东兴和浦北在1500小时以下，其余地区在1500小时以上，最少的那坡仅为1213小时，最多的合浦为2135.2小时。全自治区平均年日照时数1540.4小时。

重庆年日照时数1000～1400小时，日照百分率仅为25%～35%，为中国年日照最少的地区之一，冬、春季日照更少，仅占全年的35%左右。

四川地处亚热带湿润气候区，日温大于10℃的持续期240～280天，积温达到4000～6000℃，气温日较差小，年较差大，冬暖夏热，无霜期230～340天。盆地云量多，晴天少，2013年日照时间较短，仅为1000～1400小时。川西南山地亚热带半湿润气候区。日照时间长，年日照多为2000～2600小时。川西北高山高原高寒气候区天气晴朗，日照充足，年日照1600～2600小时。

贵州省年日照时数1000～1400小时，2017年日照时数1163.8小时。年太阳辐射总量在3344～4180千焦/平方米。

总体来看，光照是农作物进行光合作用的主要能量源泉，是影响农业发展的一个重要因素，从这一参比要素来看，云南平均海拔高，空气洁净，光照好，日照时间长，太阳能资源较丰富，年日照时数远远高于重庆、贵州，与四川、广西相比也略高，与毗邻省份相比占有优势。

2. 云南热量优势明显

云南具有寒、温、热（包括亚热带）三带气候，有“一山分四季，十里不同天”之说。全省平均气温，最热月（7月）在19～22℃之间，最冷月（1月）在6～8℃以上，年温差一般只有10～12℃，日温差可达12～20℃。全省无霜期长，南部边境全年无霜，偏南地区无霜期为300～330天，中部地区约为250天，比较寒冷的滇西北和滇东北地区也长达210～220天。

广西年平均气温17.5～23.5℃。2017年平均气温为21.1℃，共有4个热带气旋直接影响广西。桂林市大部及隆林、靖西、德保、乐业、凤山、南丹、罗城、三江、融安、金秀等地气温在20℃以下，最低的金秀为17.5℃，最高的涠洲岛为23.5℃。

重庆属亚热带季风性湿润气候，年平均气温16～18℃，长江河谷的巴南、綦江、云阳等地达18.5℃以上，东南部的黔江、酉阳等地14～16℃，东北部海拔较高的城口仅13.7℃，最热月份平均气温26～29℃，最冷月平均气温4～8℃，采用候温法可以明显地划分四季。

四川分为三大气候区：盆地中亚热带湿润气候区热量条件好，全年温暖湿润，年均温 16℃～18℃，积温 4000～6000℃，气温日较差小，年较差大，冬暖夏热，无霜期 230～340 天；川西南山地亚热带半湿润气候区全年气温较高，年均温 12～20℃，日较差大，年较差小，早寒午暖，四季不明显；川西北高山高原高寒气候区海拔高差大，气候立体变化明显，从河谷到山脊依次出现亚热带、暖温带、中温带、寒温带、亚寒带、寒带和永冻带。

贵州的气候温暖湿润，属亚热带湿润季风气候区。气温变化小，冬暖夏凉，气候宜人。2017 年平均气温为 16.3℃。通常最冷月（1 月）平均气温多在 3～6℃，比同纬度其他地区高；最热月（7 月）平均气温一般是 22～25℃，为典型夏凉地区。

总体来看，云南气温冬无严寒，夏无酷暑，全省积温有效性高，年温差小、很少有极端的气温出现，气象灾害对农作物影响不大，低纬高海拔在气温上体现出来的优势是比较明显的。

3. 云南人均水资源最丰富但时空分布不均

云南降水丰富、时空分布不均。全省大部分地区年均降水量在 1000 毫米以上，地域分布差异大，最多的地方年降水量可达 2200～2700 毫米，最少的仅有 584 毫米。降水在季节上分配也极不均匀，干湿季节分明，湿季（雨季）为 5～10 月，集中了 85% 的降雨量；干季（旱季）为 11 月至次年 4 月，降水量只占全年的 15%。

广西年均降水量 1694.8 毫米，各地年平均降水量 841.2～3387.5 毫米。百色、河池以及崇左大部，三江、柳城、忻城、隆安、武鸣等地降水在 1500 毫米以下，其余地区在 1500 毫米以上，最少的田林仅为 841.2 毫米，最多的防城港市 3387.5 毫米。

重庆属中亚热带湿润季风气候区，具有夏热冬暖，光热同季，无霜期长，雨量充沛，湿润多阴等特点，年总降雨量 1196.2 毫米，在中国属高湿区。大部分地区在 1000～1350 毫米，降水多集中在 5～9 月，占全年总降水量的 70% 左右。

四川地处中亚热带湿润气候区，雨量充沛，年降雨量 1000～1200 毫米，50% 以上集中在夏季，多夜雨；川西南山地亚热带半湿润气候区降水量较少，干湿季分明，全年有 7 个月为旱季，年降水量 900～1200 毫米，90% 集中在 5～10 月；川西北高山高原高寒气候区，年降水量 500～900 毫米。

贵州降水较多，雨季明显，阴天多，日照少。2017 年降水量 1221.6 毫米，受季风影响降水多集中于夏季。

云南及毗邻省份水资源对比如表8－7所示。

表8－7　　云南及毗邻省份水资源对比

省份	水资源总量（亿立方米）	地表水资源量（亿立方米）	地下水资源量（亿立方米）	地表水与地下水资源重复量（亿立方米）	人均水资源量（立方米/人）
四川	2467.1	2466.0	607.5	606.4	2978.9
广西	2388.0	2386.0	446.6	444.6	4912.1
云南	2202.6	2202.6	762.0	762.0	4602.4
贵州	1051.5	1051.5	260.8	260.8	2947.4
重庆	656.1	656.1	116.1	116.1	2142.9

资料来源：国家统计局网站。

总体来看，云南地下水资源量最大，人均水资源量远高于其他省份，仅次于广西，从人均水资源量上看，比较优势明显；云南降雨量相对较少，地域分布差异大，且水在低处、田地在高处，利用困难，是劣势。但降水量少可以减少洪涝灾害，降水的地域分布差异大，可以发展具有特色的多种农业，如山地农业、旱作农业、坝区农业等，避免农业发展的单一性。

4. 云南人均耕地面积最大但分布零散

耕地作为农作物最基本的载体，对于一个地区的农业发展起着极为重要的作用。相对于毗邻省份，云南耕地面积仅次于四川省，相对较大；农用地面积也仅次于四川省，园地利用面积远远高于毗邻省份；从人均耕地上看，云南人均耕地最高，占有优势（见表8－8）。但云南的耕地面积相对分散，形成规模的土地不多，不能形成规模生产，因此，云南应注意传承和发扬传统农耕文化，精耕细作，保留云贵高原农业的特色。

表8－8　　云南及毗邻省份土地资源及农用地利用对比

省份	总面积（万平方千米）	农用地（千公顷）	耕地面积（千公顷）	园地（千公顷）	牧草地（千公顷）	乡村人口数（万人）	人均耕地（亩/人）
四川	48.60	42133.2	6725.2	726.9	10956.6	4085	2.47
云南	39.41	32927.9	6213.3	1628.2	147.0	2559	3.64
广西	23.76	19526.8	4387.5	1080.5	5.2	2481	2.65
贵州	17.62	14725.9	4518.8	162.1	72.2	1932	3.51
重庆	8.24	7056.8	2369.8	270.9	45.5	1105	3.22

资料来源：根据国家统计局网站数据整理。

（二）区位和气候区比较分析

云南位于东经97°31′~106°11′、北纬21°8′~29°15′之间，北回归线横贯本省南部，属低纬度内陆地区。气候基本属于亚热带高原季风型，立体气候特点显著，类型众多、年温差小、日温差大、干湿季节分明、垂直变化异常明显。滇西北属寒带型气候，长冬无夏，春秋较短；滇东、滇中属温带型气候，四季如春，遇雨成冬；滇南、滇西南属低热河谷区，有一部分在北回归线以南，进入热带范围，长夏无冬，一雨成秋。同时具有寒、温、热（包括亚热带）三带气候，景象别具特色。

广西位于东经104°28′~112°04′、北纬20°54′~26°24′之间，地处低纬度，北回归线横贯中部，南临热带海洋，北接南岭山地，西延云贵高原，属亚热带季风气候区。气候温暖，雨水丰沛，光照充足。夏季日照时间长、气温高、降水多，冬季日照时间短、天气干暖。受西南暖湿气流和北方变性冷气团的交替影响，干旱、暴雨、热带气旋、大风、雷暴、冰雹、低温冷（冻）害较为常见。

重庆地跨东经105°11′~110°11′、北纬28°10′~32°13′之间的青藏高原与长江中下游平原的过渡地带。属亚热带季风性湿润气候，主要气候特点可以概括为：冬暖春早，夏热秋凉，四季分明，无霜期长；空气湿润，降水丰沛；太阳辐射弱，日照时间短；多云雾，少霜雪；光温水同季，立体气候显著，气候资源丰富，气象灾难频繁。

四川位于东经97°21′~108°33′、北纬26°03′~34°19′之间，地处长江上游，辖区面积48.6万平方公里，位居中国第五。地貌复杂，以山地为主，具有山地、丘陵、平原和高原4种地貌类型。区域表现差异显著，东部冬暖、春早、夏热、秋雨、多云雾、少日照、生长季长，西部则寒冷、冬长、基本无夏、日照充足、降水集中、干雨季分明；气候垂直变化大，气候类型多，有利于农、林、牧综合发展；气象灾害种类多、发生频率高、范围大，主要是干旱，暴雨、洪涝和低温等气象灾害也经常发生。

贵州位于东经103°36′~109°35′、北纬24°37′~29°13′之间，地貌属于中国西南部高原山地，境内地势西高东低，自中部向北、东、南三面倾斜，平均海拔在1100米左右。高原山地居多，素有“八山一水一分田”之说。受大气环流及地形等影响，气候呈多样性。另外，气候不稳定，灾害性天气种类较多，干旱、秋风、凝冻、冰雹等频度大，对农业生产危害严重。

总体来看，云南具有显著的立体气候，四季划分不是非常明显，无霜期长，南部边境全年无霜，植物种类适宜性广，许多地区可以常年种植农作物，对于一些对气候条件较苛刻的农作物生长具有很大的优势，与毗邻几个省份相比气象灾害相对较少，农作物拥有一个较安全的生存环境。

（三）农业社会资源比较分析

1. 云南农业劳动力资源仅次于四川但高于其他省区

人力资源是农业生产的基本要素，是能否保证农业正常生产的一个重要因素。云南总就业人数和农业就业人数均低于四川，但都高于其他几个省份（见表8－9），具有发展云南高原特色农业的劳动力优势。

表8－9　2017～2019年云南及毗邻省份就业人数与农业就业人数对比　单位：万人

省份	2017年		2018年		2019年	
	总就业人数	农业就业人数	总就业人数	农业就业人数	总就业人数	农业就业人数
四川	4872.00	1792.90	4881.00	1752.30	4889.00	1716.00
云南	2992.65	1518.72	2992.80	1449.86	2990.38	1394.83
广西	2842.00	1415.00	2848.00	1404.00	2853.20	1389.96
贵州	2023.20	1123.83	2038.50	1097.33	2049.40	1074.91
重庆	1714.55	474.88	1709.51	464.79	1702.50	448.44

资料来源：各省份历年统计年鉴；2019年广西和重庆农业就业人口为估计数。

2. 云南农业机械总动力处于中上水平

农业机械化水平是农业现代化的基本标志，对提高农业劳动生产率具有革命性作用。云南农业机械总动力与周边省份比较在中上水平，大中型拖拉机数量远远多于毗邻省份（见表8－10），在提高农业劳动生产率上具有优势。

表8－10　2018～2019年云南及毗邻省份主要农业机械拥有量对比

指标		四川		广西		云南		贵州		重庆	
		2018年	2019年	2018年	2019年	2018年	2019年	2018年	2019年	2018年	2019年
农业机械总动力（万千瓦）		4603.90	4682.30	3750.80	3840.00	2693.50	2714.40	2376.70	2484.60	1428.10	1464.70
大中型拖拉机	数量（万台）	7.44	7.44	5.08	5.38	7.92	6.92	1.81	1.85	0.20	0.21
	配套农具（万部）	2.34	2.40	3.04	3.12	3.46	3.52	0.17	0.17	0.18	0.20
小型拖拉机（万台）		15.34	15.00	51.78	53.00	30.54	29.50	12.41	12.41	0.48	0.46

资料来源：2019～2020年《中国统计年鉴》。

3. 云南水库总库容最大，利于缓解水资源时空分布不均的制约

水利是农业的命脉。由于农业生产对自然条件的依赖性很强，为缓和农业生产和自然条件的矛盾、提高农业生产的稳定性，人类建设了大量的农业水利设施，既缓解了因水资源短缺或分布不均对农业生产需水量的制约，也提高了农业抵御干旱等自然灾害的能力。从国家统计局统计数据上看，云南水库数量比较多，仅次于四川省（见表 8－11），水库总库容量最大，在抗干旱风险支撑能力上占有优势。

表 8－11　　2018～2019 年云南及毗邻各省水利设施和除涝面积对比

省份	水库数（座）		水库总库容量（亿立方米）		除涝面积（千公顷）		水土流失治理面积（千公顷）	
	2018 年	2019 年	2018 年	2019 年	2018 年	2019 年	2018 年	2019 年
云南	6702	6769	757.1	763.1	293.2	307.1	9517.7	10047.7
广西	4537	4536	710.6	715.8	235.3	236.9	2647.7	2845.5
四川	8239	8220	522.9	523.2	102.3	102.2	9961.8	10463.6
贵州	2414	2431	444.6	445.5	124.1	125.2	7053	7321.4
重庆	3076	3083	126.2	126.6	—	1580.1	—	3722.5

资料来源：2019～2020 年《中国统计年鉴》。

4. 云南农村基础设施仅次于重庆

拥有较好的农村基础设施，不仅可以大大降低农业生产成本，有效提高农业生产效率，而且有利于区域内部和区域间经济、科技、文化等的沟通和交流，进而提高区域农业竞争力。第三次全国农业普查数据显示，云南省域范围内，有火车站的乡镇占 5.2%、有码头的占 5.0%、有高速公路出入口的占 14.2%，全省 99.9% 的村通公路、99.98% 的村通电、2.7% 的村通天然气、31.8% 的村有电子商务配送站点。广西有火车站的乡镇占 9.5%、有码头的占 17.1%、有高速公路出入口的占 22.9%，全区 98.9% 的村通公路、99.9% 的村通电、3.4% 的村通天然气、25.0% 的村有电子商务配送站点。重庆有火车站的乡镇占 5.9%、有码头的占 13.9%、有高速公路出入口的占 20.7%，全市 100.0% 的村通公路、100.0% 的村通电、38.9% 的村通天然气、38.1% 的村有电子商务配送站点。四川有火车站的乡镇占 5.3%、有码头的占 9.8%、有高速公路出入口的占 11.4%，全省 99.3% 的村通公路、45.9% 的村通天然气、15.0% 的村有电子商务配送站点。贵州有火车站的乡镇占 7.13%、有码头的占 7.47%、有高速公路出入口的占 25.34%，全省 99.73% 的村通公路、99.95% 的村通电、4.18% 的村通天然气、28.69% 的村有电

子商务配送站点。①

5. 云南设施农业发展高于周边省份

设施农业是现代农业的重要载体之一，在提高农产品的产量质量的同时，改变了农产品供给的时空分布，可以更好地满足人民日益增长的多样化需求。据第三次全国农业普查数据显示，云南省农用温室占地面积3.4千公顷，大棚占地面积49.8千公顷；广西温室占地面积2.27千公顷，大棚占地面积8.35千公顷；重庆温室占地面积1.71千公顷，大棚占地面积7.03千公顷；四川省温室占地面积5.95千公顷，大棚占地面积28.17千公顷；贵州省温室占地面积4.20千公顷，大棚占地面积12.88千公顷。

综上所述，在西南五省（区市）中，云南水库容量和温室大棚面积均最大、农业机械化处于中上水平、农业劳动力资源仅次于四川省、农村基础设施仅次于重庆市。这表明相对于毗邻省份来说，云南具有丰富的农业社会资源和发展现代农业的优势。

（四）农业产业基础比较分析

1. 农业经济总量（农林牧渔业总产值）及构成比较

云南农林牧渔业总产及全国占比在五个省份中均排在第3位，其中，林业排第1位，牧业排第2位，农业和渔业均排第4位（见表8－12和表8－13）。表明云南农林牧渔业总产值在西南五省（区市）居于中间位置，具有参与区域竞争的较好产业经济基础，其中，林业和畜牧业参与区域竞争的基础较好，农业和渔业基础稍差。

表8－12　2018～2019年云南及毗邻省份农林牧渔业总产值及构成全国占比　单位：%

省份	年份	农林牧渔业总产值占全国比重	其中				
			农业	林业	牧业	渔业	服务业
四川	2018	6.34	6.76	6.60	7.83	2.04	3.23
	2019	6.36	6.65	6.44	8.01	2.10	3.25
广西	2018	4.32	4.42	6.99	3.74	4.16	4.01
	2019	4.44	4.70	7.11	3.60	4.29	3.97

① 根据云南、四川、广西、贵州、重庆等省（区市）统计局发布的各省（区市）第三次全国农业普查主要数据公报整理。

续表

省份	年份	农林牧渔业总产值占全国比重	其中				
			农业	林业	牧业	渔业	服务业
云南	2018	3.62	3.64	7.31	4.31	0.81	2.42
	2019	3.98	4.06	6.85	4.84	0.84	2.37
贵州	2018	3.19	3.72	4.66	2.95	0.45	3.01
	2019	3.14	3.84	4.77	2.51	0.46	2.94
重庆	2018	1.81	2.10	1.86	1.81	0.83	0.65
	2019	1.89	2.12	1.96	2.06	0.84	0.65

资料来源：根据国家统计局网站 2020 年 12 月数据计算整理，表 8 - 13 同。

表 8 - 13　2018 ~ 2019 年云南及毗邻省份农林牧渔业总产值构成占西南比重平均值

单位：%

省份	总产值占比	农业产值占比	林业产值占比	牧业产值占比	渔业产值占比
四川	32.51	31.94	23.92	38.01	24.63
广西	22.41	21.71	25.85	17.62	50.23
云南	19.44	18.30	25.94	21.97	9.81
贵州	16.19	18.00	17.29	13.12	5.42
重庆	9.45	10.05	7.00	9.28	9.91

根据国家统计局网站 2020 年 12 月数据，2010 ~ 2019 年，云南及毗邻省份农林牧渔业总产值在西南五省（区市）的占比变化情况如图 8 - 1 所示。

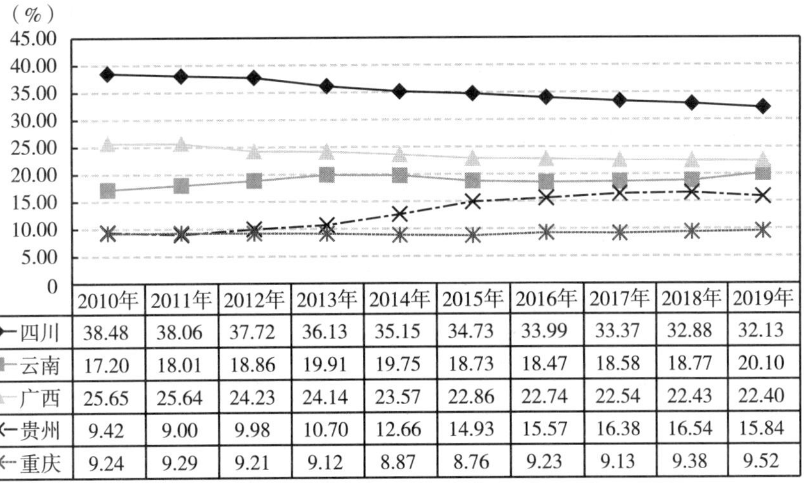

	2010年	2011年	2012年	2013年	2014年	2015年	2016年	2017年	2018年	2019年
四川	38.48	38.06	37.72	36.13	35.15	34.73	33.99	33.37	32.88	32.13
云南	17.20	18.01	18.86	19.91	19.75	18.73	18.47	18.58	18.77	20.10
广西	25.65	25.64	24.23	24.14	23.57	22.86	22.74	22.54	22.43	22.40
贵州	9.42	9.00	9.98	10.70	12.66	14.93	15.57	16.38	16.54	15.84
重庆	9.24	9.29	9.21	9.12	8.87	8.76	9.23	9.13	9.38	9.52

图 8 - 1　2010 ~ 2019 年云南及毗邻省份农林牧渔业总产值西南五省（区市）内部占比变化曲线

资料来源：根据 2020 年 12 月国家统计局网站数据计算整理。

2. 农业主要效率效益指标比较

从农林牧渔业增加值占总产值的比率看，2017～2018 年，云南在西南五省（区市）中排在末位，其中，农业和林业排第 4 位，牧业排 2 位，渔业排在末位（见表 8－14）。表明云南农林牧渔业总体生产效益水平在五省（区市）中最差，只有畜牧业具有效率优势。

表 8－14　2017～2018 年云南及毗邻省份农林牧渔业增加值与总产值比率对比　单位：%

地区	农林牧渔业	农业	林业	牧业	渔业
全国	59.10	64.46	65.33	49.06	60.59
	59.35	64.50	65.20	49.70	60.40
云南	61.70	67.10	65.60	54.70	59.80
	62.73	66.79	65.93	57.74	59.36
重庆	68.30	74.90	73.00	51.10	77.80
	67.63	74.60	72.50	50.70	77.20
广西	63.10	68.80	74.60	49.10	67.70
	63.51	68.60	74.90	49.30	67.80
四川	62.80	70.30	63.60	49.40	60.40
	62.59	70.40	63.30	50.20	60.30
贵州	62.70	62.90	68.50	60.00	63.30
	61.92	62.90	69.00	60.00	63.00

资料来源：根据 2018～2019 年《中国农村统计年鉴》数据整理。

根据国家及各省份统计局相关数据计算整理的 2016～2019 年西南五省（区市）农业投入产出率（增加值/中间消耗）、土地产出率（总产值/耕地面积）、劳动生产率（总产值/从业人数）数据如表 8－15 所示。

表 8－15　2016～2019 年云南及毗邻各省农业投入产出率、土地产出率和劳动生产率对比

省份	年份	总产值（亿元）	增加值（亿元）	中间消耗（亿元）	耕地面积（千公顷）	一产劳动力（万人）	投入产出率	土地产出率（万元/公顷）	劳动生产率（万元/人）
云南	2016	3633.10	2242.20	1390.90	6207.80	1587.90	1.612	5.852	2.288
	2017	3872.90	2388.60	1484.40	6213.30	1518.70	1.609	6.233	2.550
	2018	4108.88	2552.58	1556.30	6213.30	1449.86	1.640	6.613	2.834
	2019	4935.73	3096.08	1839.65	6213.30	1394.83	1.683	7.944	3.539

续表

省份	年份	总产值（亿元）	增加值（亿元）	中间消耗（亿元）	耕地面积（千公顷）	一产劳动力（万人）	投入产出率	土地产出率（万元/公顷）	劳动生产率（万元/人）
四川	2016	6831. 10	4005. 40	2825. 70	6735. 40	1827. 40	1. 417	10. 142	3. 738
	2017	6955. 60	4365. 10	2590. 40	6725. 90	1752. 30	1. 685	10. 342	3. 969
	2018	7195. 65	4544. 32	2651. 33	6725. 20	1752. 30	1. 714	10. 700	4. 106
	2019	7889. 35	4937. 70	2951. 65	6725. 20	1716. 00	1. 673	11. 731	4. 598
贵州	2016	3097. 20	1944. 30	1152. 90	4530. 20	1136. 90	1. 686	6. 837	2. 724
	2017	3413. 90	2140. 00	1273. 90	4518. 80	1123. 80	1. 680	7. 555	3. 038
	2018	3619. 52	2272. 97	1346. 55	4518. 80	1097. 33	1. 688	8. 010	3. 298
	2019	3888. 99	2408. 03	1480. 96	4518. 80	1074. 91	1. 626	8. 606	3. 618
广西	2016	4591. 40	2873. 50	1717. 90	4395. 10	1423. 00	1. 673	10. 447	3. 227
	2017	4698. 70	2964. 70	1734. 10	4387. 50	1415. 00	1. 710	10. 709	3. 321
	2018	4909. 24	3116. 37	1792. 87	4387. 50	1404. 00	1. 738	11. 189	3. 497
	2019	5498. 81	3492. 03	2006. 78	4387. 50	1402. 00	1. 740	12. 533	3. 922
重庆	2016	1968. 30	1303. 20	665. 00	2382. 50	496. 00	1. 960	8. 261	3. 968
	2017	2009. 40	1339. 60	669. 70	2369. 80	474. 90	2. 000	8. 479	4. 231
	2018	2052. 41	1405. 44	646. 97	2369. 80	464. 79	2. 172	8. 661	4. 416
	2019	2337. 81	1581. 15	756. 66	2369. 80	463. 60	2. 090	9. 865	5. 043

资料来源：根据国家统计局网站及各省份历年统计年鉴整理。

从表 8 – 15 可以看出，2016 ~ 2019 年，云南省农业投入产出率仅略高于四川处于倒数第 2 位、土地产出率高于贵州和重庆处于第 3 位、劳动生产率则处于西南五省（区市）末位。2019 年，云南土地产出率为全国平均的 86. 49%，仅为西南平均的 78. 38%，处西南五省（区市）第 3 位；同年，云南农业劳动生产率仅为全国平均的 55. 5%，是西南平均的 87. 22%，属于西南五省（区市）最低的。从农林牧渔业从业人口人均农业增加值来看，云南省仅为全国平均水平的 58. 67%、西南平均水平的 86. 57%，也是西南五省（区市）中最低的，反映出农业经济效率和效益水平整体不高的状态没有根本改变。

3. 主要农产品生产规模比较

根据国家统计局网站 2020 年 12 月数据，2019 年，四川省农作物播种面积 969. 3 万公顷、云南 693. 89 万公顷、广西 598. 92 万公顷、贵州 548. 16 万公顷、重庆 334. 57 万公顷。云南农作物的播种面积（占区域总面积的 22. 06%）只比四川（占 30. 82%）少，表明农作物生产规模上具有一定的优势。

（1）谷物。谷物产量可以从一个角度反映出一个地区农业发展状况。从2018～2019年谷物产量看，云南低于四川排名第二，但是从单位面积产量上看，云南只比贵州的高（见表8－16）。说明云南谷物规模具有优势，但受基础设施尤其是耕地质量的影响，生产效率不高。

表8－16　　　　2018～2019年云南及毗邻省份谷物产量对比

指标	年份	四川	云南	广西	贵州	重庆
总播种面积（万公顷）	2018	447.95	317.35	237.91	151.32	114.39
	2019	445.91	315.17	233.39	144.31	113.47
谷物总产量（万吨）	2018	2830.90	1581.72	1295.93	739.23	753.59
	2019	2825.35	1579.40	1259.11	718.93	750.57
谷物单产（千克/公顷）	2018	6319.72	4984.10	5447.21	4885.31	6588.19
	2019	6336.12	5011.20	5394.97	4981.71	6614.58

资料来源：根据国家统计局网站2020年12月数据计算整理。

（2）畜禽产品。从畜禽存出栏量在西南五省（区市）中的排位看，云南猪存出栏头数、羊存出栏数只少于四川位居第2，云南牛存栏数比四川少但出栏量大于四川，家禽出栏量则排名第3。从在西南五省（区市）的占比看，2018～2019年，云南生猪生产约占西南地区的1/4、牛约占1/3、羊占比也在30%以上、家禽占比不足13%（见表8－17）。从表8－17中还可以看到，云南肉牛出栏占比高于存栏占比、肉猪和肉羊则是存栏占比高于出栏占比，说明云南肉牛生产效率高于西南平均，但是肉猪和肉羊生产效率则低于西南平均。

表8－17　　　　2018～2019年云南及毗邻省份牲畜存出栏情况

省份	肉猪出栏数（万头）		猪年底存栏数（万头）		牛出栏数（万头）		牛年底存栏数（万头）		羊出栏数（万只）		羊年底只数（万只）		家禽出栏（万只）	
	2018年	2019年	2018年	2019年	2018年	2019年	2018年	2019年	2018年	2019年	2018年	2019年	2018年	2019年
四川	6638.3	4852.6	4258.5	2870.7	276.2	291.7	824.3	851.7	1740.9	1780.2	1462.9	1504.1	66071.0	78756.6
云南	3850.5	3423.1	3055.5	2342.5	309.1	326.4	811.9	827.9	1051.5	1137.2	1268.9	1307.0	26092.9	31598.6
贵州	1869.9	1678.6	1549.3	1171.3	157.5	168.6	465.3	493.0	297.1	293.6	401.5	380.2	11759.6	15004.8
广西	3465.8	2505.8	2298.3	1599.6	123.6	124.6	328.6	337.0	210.9	217.5	223.5	231.2	84929.5	101660.6
重庆	1758.2	1480.4	1167.2	921.6	54.5	54.9	103.7	103.4	447.0	449.4	323.2	318.8	21349.2	22415.2
西南合计	17582.7	13940.5	12328.8	8905.7	921.0	966.2	2533.8	2613.0	3747.5	3877.9	3679.9	3741.3	210202.2	249435.8
云南占比（%）	21.9	24.6	24.8	26.3	33.6	33.8	32.0	31.7	28.1	29.3	34.5	34.9	12.4	12.7

资料来源：根据国家统计局网站及《2020年中国农村统计年鉴》数据整理。

从畜产品产量排位看，与区域排名第 1 的肉牛出栏量对应，云南牛肉产量最高；云南肉类、猪肉、羊肉、牛奶及羊毛产量均低于四川排名第 2；云南禽蛋产量和水产品产量则排名第 3。从区域占比看，云南的占比跟存出栏量反映出的情况基本吻合，云南肉类产量占西南总产量的 23% 左右，其中猪肉占比约为 1/4、牛羊肉占比达 1/3、奶类产量占比最高达 42% 以上（四川约占 45%）。此外，云南羊绒产量占比也在 30% 以上，广西以其滨海的独特区位优势为依托，水产品产量在西南地区独占鳌头，占比高达 53% 以上，云南占比仅为 10%（见表 8 – 18）。综合来看，云南畜禽产品生产能力处于中间偏上水平。

表 8 – 18　　2018 ~ 2019 年云南及毗邻省份畜禽及水产品产量对比

省份	年份	肉类（万吨）	猪肉（万吨）	牛羊肉（万吨）	奶类（万吨）	绵羊毛（吨）	山羊毛（吨）	羊绒（吨）	禽蛋（万吨）	蜂蜜（万吨）	水产品（万吨）
四川	2018	664.74	481.20	60.78	64.24	5840.08	558.00	140.00	148.80	5.43	153.48
	2019	559.50	353.40	63.50	66.80	5519.00	569.00	142.00	161.70	5.50	157.69
云南	2018	427.16	323.81	54.66	58.21	1534.00	102.00	6.00	32.72	1.20	63.75
	2019	405.90	287.50	59.00	66.70	1317.00	103.00	130.00	35.80	1.10	63.65
贵州	2018	213.73	164.84	24.93	4.58	600.20	84.60	8.10	20.03	0.38	23.73
	2019	205.90	150.30	26.50	5.30	613.37	77.09	7.40	23.00	0.40	24.36
广西	2018	426.84	263.89	15.69	8.87	—	—	—	22.31	1.61	332.00
	2019	380.00	192.10	15.90	8.70	—	—	—	25.10	1.80	342.15
重庆	2018	182.25	132.16	13.96	4.89	1.42	—	—	41.16	2.20	52.96
	2019	163.80	112.10	14.10	4.20	1.33	—	—	43.50	2.10	54.17
西南 2 年合计		3629.82	2461.3	334.92	292.49	15425.07	1493.69	433.5	554.12	21.72	1267.94
云南综合占比（%）		22.95	24.84	33.94	42.71	18.48	13.72	31.37	12.37	10.59	10.05

资料来源：根据国家统计局网站 2020 年 12 月数据整理。

（3）主要经济作物。云南是全国重点蔗糖、茶叶、橡胶和烤烟生产省份，为亚洲最大的鲜切花出口基地。广西糖料甘蔗面积和产量均排名全国第一，其他大宗经济作物主要有花生、油茶籽和黄红麻等。重庆是全国著名的优质水果、榨菜、桐油、烤烟产地，经济作物名优品种主要有油菜、花生、桐子、生漆、茶叶、蚕桑、甘蔗、黄红麻、烟叶等。果树作物主要有柑橘、甜橙、柚、桃、李等，尤以柑橘最具盛名。四川经济作物有油菜、花生、蔬菜、水果等，资源丰富、种类繁多。贵州是中国四大中药材产区之一，天麻、杜仲、黄连、吴萸、石斛是贵州五大名药。2019 年云南及毗邻省份部分主要经济作物产量及林产品产量情况如表8－19所示。

表8－19　　2018～2019年云南及毗邻省份部分主要经济作物及林产品产量

省份	年份	油料（万吨）	甘蔗（万吨）	烟叶（万吨）	蔬菜（万吨）	茶叶（万吨）	水果（万吨）	油茶籽（万吨）	橡胶（吨）
四川	2018	362.54	36.18	16.25	4438.02	30.07	1080.67	2.31	—
	2019	367.35	37.18	16.04	4639.13	32.54	1136.70	1.98	—
云南	2018	60.98	1640.08	84.47	2205.71	42.33	813.35	2.00	454776
	2019	62.51	1569.69	83.54	2304.14	43.72	860.32	2.52	458486
贵州	2018	112.62	62.48	25.13	2613.40	18.03	369.53	8.31	—
	2019	103.01	62.80	23.53	2734.84	19.78	441.98	7.06	—
广西	2018	66.66	7292.76	1.80	3432.16	7.52	2116.56	27.30	38
	2019	71.63	7490.65	1.62	3636.36	8.28	2472.13	26.51	10
重庆	2018	63.70	9.09	6.24	1932.72	4.20	431.27	1.05	—
	2019	65.19	8.05	5.85	2008.76	4.48	476.39	1.29	—
两年合计		1271.00	18200.91	258.62	27936.48	206.47	9722.51	79.04	913310
云南综合占比（%）		9.72	17.64	64.96	16.14	41.68	17.21	5.72	99.99

资料来源：根据国家统计局网站及《2020年中国农村统计年鉴》数据整理。

（4）小结。特色优势经济作物和林产品是我国能够参与国际市场竞争的具有相对比较优势的农产品品类。在农业经济发展相对落后的西南地区，发展经济作物及其加工产品的生产是农业增效、农民致富的重要途径之一。云南具有优势和特色的经济作物是烤烟、甘蔗、茶叶、鲜切花、蔬菜、水果、咖啡、橡胶等。云南鲜切花、烟叶、茶叶、咖啡、橡胶产量在五省（区市）中占有绝对优势，水果产量高于重庆和贵州，甘蔗产量高于重庆、四川、贵州。优势明显的是云南独具规模的像花卉、咖啡等地域性强、经济价值高、技术要求高、商品率高，对自然条件要求较严格的产业。

（五）云南农产品对外贸易优势明显

云南有8个地州、25个县与缅甸、老挝、越南接壤，边境线总长4060千米，共有国家级经济技术开发区5个，国家级边境经济合作区4个，省级边境经济合作区5个，对外区位优势明显。得益于多样化、错季、优质的特色农产品产业基础，云南省农产品出口额多年处于西部省份第1位、全国第7位，近两年进一步上升到全国第6位，以蔬菜、水果、烤烟、咖啡、鲜切花和茶叶等为龙头的特色优势农产品出口优势明显。2018～2019年云南及毗邻省份农产品进出口贸易情况如表8－20所示。

表8－20　　2018～2019年云南及毗邻省份农产品进出口贸易情况

省份	出口			进口		
	2018年（万美元）	2019年（万美元）	同比（%）	2018年（万美元）	2019年（万美元）	同比（%）
云南	377013.9	469684.9	0.25	133511.2	163829.8	0.23
广西	200405.5	181775.4	－0.09	539419.9	442569.8	－0.18
重庆	18518.8	12578.7	－0.32	65883.6	114522.2	0.74
四川	71392.3	70413.0	－0.01	97405.2	77261.1	－0.21
贵州	60359.3	65867.7	0.09	3575.2	1288.2	－0.64

资料来源：中华人民共和国商务部、海关总署。

（六）小结

从农业自然资源上看，云南积温有效性高，与毗邻省份相比在光照条件、热量、人均水资源量、人均耕地上占有优势。但降雨量相对较少，降水的地域分布差异大，耕地面积相对分散，形成规模的土地不多。因此，云南应扬长避短，利用降水地域分布差异大的特点发展具有特色的多种农业，避免农业发展的单一性；利用小规模土地传统的农耕方式保留云贵高原农业的传统特色。

从气候区上看，云南具有显著的立体气候，植物种类适宜性广，许多地区可以常年种植农作物，对于一些对气候条件较苛刻的农作物生长具有很大的优势，与毗邻几个省份相比气象灾害相对较少，农作物拥有一个较安全的生存环境，发挥农业产业和农产品的多样化和错季优势。

从农业社会资源上看，云南总就业人数、农业就业人数略低于四川省，高于其他比较省份；农业机械总动力在中上水平，大中型拖拉机数量远远多于其他省份；水库数量较大，水库总库容量多；温室与大棚面积远远超过毗邻比较省份；在提高农业劳动生产率、抗风险支撑能力、村有电子商务配送站点、发展云南高原特色农业劳动力等方面占优势；在村通电、村通公路上略占优势，具有发展现代农业的优势。

从农业产业资源上看，云南农作物的播种面积只比四川的播种面积少，比其他几个省份都多，谷物、畜产品产量处于中间水平；具有特色的经济作物是烤烟、甘蔗、茶、鲜切花等，在烟叶和茶叶的产量上占有绝对优势。相对其他几个省份来说，部分经济作物如茶叶、甘蔗在其他省份也具有一定规模，所以这部分传统的经济作物优势不明显。云南独具规模的像花卉、咖啡等地域性强、经济价值高、技术要求高、商品率高、对自然条件要求比较严格的特色产业优势更为突出。

从区位上看，云南对外贸易的区位条件优越，农产品出口总额常年居于首位且是毗邻各省份总额的2倍以上，比较优势明显。

三、云南各州（市）农业发展区域竞争力比较

（一）农业自然资源区域分布特点

根据《新编云南省情》编委会（1996）、中国天气网云南站（2010）和周波涛等（2016）的研究结果等资料整理云南省农业自然资源及其区域分布情况如下。

1. 光、热资源分布特点

（1）光照。云南光照资源地区分布总的趋势是西多东少，平均日照时数超过2000小时的县达94个，占全省总数的74.6%。滇东北与四川、贵州接壤的地区全年日照时数仅1000小时上下，年太阳总辐射量每平方厘米仅90千卡左右，是全省最少的地区。楚雄州北部永仁沿金沙江河谷一带，全年日照时数达2800小时以上，年太阳总辐射量达每平方厘米150千卡以上，为全省最多的地区。

（2）热量。云南省大部分地区年平均气温在13～21℃。西双版纳、元江和金沙江、怒江河谷区等积温高值区，终年气温在10℃以上，积温达7500℃以上，其中元江达8700℃，接近海南岛水平；滇西北迪庆高原和滇东北山区积温较少，一般在2000℃以下，其中德钦最少，仅1000℃。其余多数地区积温在4000～7000℃。

2. 水、土资源分布特点

（1）降雨量。云南省西部、西南部和东南部年降水量较大，中部和北部的干热河谷（坝子）地区的降水量较少。2013年、2014年、2015年降雨量最大的是普洱，2016年、2017年分别是怒江和西双版纳，5年间平均降雨量最大的是普洱（1471.2毫米），其次是德宏（1323.8毫米），保山（1210.4毫米）、临沧（1209.4毫米）紧随其后。由此可见降雨集中在云南南部和西南部一带地区。与之相反，年平均降水量最少的分别为楚雄、大理、迪庆等地。雨量丰沛但时空分布不均的特点明显。

（2）地表水资源量。2013～2017年，怒江州年平均径流为997.4～1749.8毫

米之间，为全省最大；楚雄年平均径流在145.6～205.0毫米之间，为全省最小。其他各地州根据年降水量的情况，各有高低。

（3）地下水资源量。云南省地下水资源的地区分布变化趋势与地表水资源量的地区分布基本一致，呈西多东少，南多北少的态势。2013～2015年全省范围内，德宏州的地下水径流模数最大，为35.2万～40.4万立方米之间；2016～2017年全省地下水径流模数最大的是怒江，分别为49.5万立方米和45.2万立方米，比较年间地下水径流模数最小的是楚雄。

（4）耕地资源。全省农用地资源分布如表8－21所示。从农用地资源总量看，全省16个州市排名前8的分别是普洱、红河、文山、大理、楚雄、曲靖、临沧和昭通，这8个州市土地面积占全省的62.52%、农用地占63.06%、耕地占73.24%。从耕地资源总量看，排名前8的分别为曲靖、文山、红河、昭通、普洱、临沧、昆明和大理（见表8－21），这8个州市土地面积占全省的60.58%、农用地占60.60%、耕地占74.23%。普洱、德宏及临沧等西南部的土壤类型主要为赤红壤；曲靖、昆明、大理、保山等地区其主要土壤类型是红壤；黄壤主要在滇东北地区成片分布；黄棕壤分布面积最大的是昭通地区，其次是怒江、大理、楚雄。

表8－21　　　　云南省各州市土地资源分布及利用情况

区域	土地面积（万公顷）	农用地（万公顷）	排名	耕地（万公顷）	排名	园地（万公顷）	草地（万公顷）
昆明	210.13	161.23	13	42.75	7	5.06	0.30
曲靖	289.35	235.95	6	82.66	1	3.13	0.89
玉溪	149.42	127.73	14	25.15	11	2.66	0.02
保山	190.62	169.45	12	33.07	10	5.99	0.16
昭通	224.40	187.93	8	61.45	4	3.66	1.66
丽江	205.54	172.54	11	20.39	12	1.69	1.80
普洱	442.66	416.88	1	54.60	5	26.71	0.08
临沧	236.20	214.95	7	47.69	6	16.63	0.20
楚雄	284.38	242.35	5	36.65	9	3.74	0.00
红河	321.73	272.46	2	66.76	3	17.09	0.09
文山	314.08	257.19	3	67.80	2	6.65	0.14
西双版纳	190.96	180.00	10	13.96	14	56.15	0.01
大理	282.99	248.81	4	37.05	8	9.29	0.22
德宏	111.72	102.97	16	18.36	13	3.94	0.04
怒江	145.85	119.09	15	6.90	15	0.18	0.41
迪庆	231.86	183.26	9	5.52	16	0.25	8.68

资料来源：《2018年云南统计年鉴》二次土地调查2015年土地变更调查数据。

（二）农业经济及农产品区域分布

国家统计局相关统计数据显示，2013～2019年，云南农业以平稳较快的速度发展，带动了农民收入水平的较快增长。比较年间，全省农林牧渔业总产值由2013年的3097.5亿元增加到2019年的4935.76亿元，增长59.35%，年均增长8.08%；农业增加值由1895.2亿元增加到2388.55亿元，增长26.03%，年均增长3.93%。2019年全省粮食总产量达1870.03万吨，比2013年增产112.64万吨，增长6.41%，年均增长1.04%；农村居民人均可支配收入11902.4元，比2013年增长77.02%，年均增长10%。受扶贫等政策倾斜投资拉动影响，近年来，怒江州等贫困地区农业经济发展多项指标的增速均排全省前列。

2013～2019年，全省16个州市的农业经济发展质量和效益水平、农产品区域分布等基础和竞争力变化情况如下。

1. 基于农林牧渔业总产值的区域比较分析

从农林牧渔业总产值总量及增幅看，2013～2019年，曲靖、大理、红河、昆明和楚雄5州（市）农林牧渔业总产值总额排名全省前5，且基本保持稳定。2019年，全省各州市农林牧渔业总产值同比增幅均达到19%以上（见表8-22）。

表8-22　2013～2019年各州市农林牧渔业总产值及增长率

州市	农林牧渔业总产值（亿元）							年均增长（%）	2019年同比增长（%）
	2013年	2014年	2015年	2016年	2017年	2018年	2019年		
昆明	298.66	316.77	328.58	349.69	366.38	374.84	447.49	6.97	19.38
曲靖	492.93	523.00	542.78	576.02	603.74	596.28	713.19	6.35	19.61
玉溪	198.25	210.33	219.31	233.62	245.58	250.04	298.79	7.08	19.50
保山	211.19	224.91	234.52	249.59	262.09	268.93	321.36	7.25	19.50
昭通	201.68	214.19	222.08	235.90	247.02	249.09	296.80	6.65	19.15
丽江	74.04	78.71	81.76	86.93	91.03	93.43	111.65	7.09	19.50
普洱	220.46	234.57	244.59	260.31	273.35	271.95	324.65	6.66	19.38
临沧	213.19	226.84	235.86	251.01	263.38	270.60	323.04	7.17	19.38
楚雄	247.15	262.97	273.17	290.72	305.62	311.91	373.06	7.10	19.61
红河	310.14	329.68	343.44	364.47	382.73	385.43	460.57	6.81	19.49
文山	227.01	240.86	249.73	265.27	278.05	281.19	335.68	6.74	19.38
西双版纳	138.24	146.76	152.45	162.24	169.59	173.90	207.60	7.01	19.38
大理	324.44	344.26	366.74	388.83	407.92	416.01	495.70	7.32	19.15
德宏	107.78	114.46	119.02	126.31	132.38	133.32	159.46	6.75	19.61
怒江	20.18	26.54	30.53	32.34	33.70	34.59	41.22	12.64	19.16
迪庆	17.42	18.49	19.19	20.32	21.26	21.61	25.80	6.76	19.38

资料来源：2014～2020年《云南统计年鉴》。

从乡村人口年人均农业总产值看，2019 年，昆明、曲靖、玉溪、临沧、楚雄、普洱、西双版纳、大理、德宏等 9 个州市高于全省平均水平，其中西双版纳最高，玉溪和大理紧随其后，昭通、迪庆和怒江最低。从年均增幅看，各州市人均农业产值发展平稳，怒江年均增长率 14.49% 列全省首位，玉溪和楚雄均在 9.5% 以上分列其后（见表 8-23）。尽管这些州市近几年农业发展较快，但其增长主要依靠投资拉动，受传统发展模式影响，市场化程度不高，农业经济发展活力不足。

表 8-23　2013～2019 年各州市乡村人口人均农林牧渔业总产值及增幅

州市	乡村人口人均农林牧渔业总产值（万元/人）							2019 年同比增长（%）	年均增长（%）	增幅排名
	2013 年	2014 年	2015 年	2016 年	2017 年	2018 年	2019 年			
昆明	1.42	1.54	1.64	1.80	1.93	2.02	2.44	21.01	9.42	6
曲靖	1.41	1.52	1.62	1.74	1.87	1.88	2.29	21.99	8.40	15
玉溪	1.52	1.64	1.75	1.93	2.09	2.18	2.66	22.15	9.83	2
保山	1.16	1.26	1.34	1.45	1.56	1.62	1.99	22.60	9.32	8
昭通	0.51	0.55	0.58	0.63	0.67	0.68	0.81	19.37	8.01	16
丽江	0.87	0.93	0.99	1.08	1.16	1.21	1.47	21.29	9.20	9
普洱	1.33	1.44	1.54	1.68	1.80	1.82	2.21	21.18	8.81	13
临沧	1.30	1.40	1.49	1.63	1.76	1.84	2.24	21.73	9.45	4
楚雄	1.45	1.57	1.68	1.84	1.99	2.08	2.53	21.98	9.73	3
红河	1.13	1.21	1.29	1.42	1.52	1.56	1.89	21.47	9.07	11
文山	0.96	1.04	1.10	1.20	1.29	1.33	1.61	21.24	8.89	12
西双版纳	2.02	2.18	2.31	2.53	2.70	2.82	3.42	21.29	9.19	10
大理	1.52	1.64	1.79	1.95	2.10	2.17	2.61	20.31	9.45	5
德宏	1.41	1.51	1.60	1.73	1.85	1.89	2.30	21.60	8.43	14
怒江	0.50	0.67	0.79	0.85	0.90	0.93	1.13	21.01	14.49	1
迪庆	0.60	0.64	0.68	0.74	0.79	0.81	1.02	25.92	9.40	7

资料来源：根据 2014～2020 年《云南统计年鉴》计算。

从农林牧渔业总产值的构成看，各地依托区域农业资源形成了一定特色优势产业。如德宏、临沧和玉溪等州市农业种植业产值占比超过 60%，种植业地位远高于全省平均；西双版纳、普洱、怒江、迪庆等州市的林业和曲靖、红河、昭通等州市的畜牧业在全省具有明显的规模比较优势；普洱的高原淡水渔业相对比较优势均位列全省第 1；楚雄的农林牧渔服务业则在全省表现突出。

（1）农业总产值分布：如表 8-24 所示，2013～2019 年，曲靖、大理和昆明农业（种植业，下同）总产值一直排名全省前 3（2018 年后大理超过曲靖排名全省第 1），红河和临沧紧随其后（2019 年玉溪超过临沧跻身前 5），迪庆和怒江 2 州排倒数第 1 和倒数第 2。从农业占农林牧渔业总产值比重看，2013～2019 年，德宏、临沧、玉溪、大理和昆明 5 州市农业总产值占比高于全省平均（53.82%），尤其是德宏、临沧和玉溪 3 州市更是高达 60% 以上，这 5 个州市除临沧占比基本保持稳定外，其他 4 州市均呈现逐年升高的趋势；2019 年，德宏占比更是高达 71.28%、玉溪和临沧也分别达到 68.41% 和 62.11%，此外，农业总产值占比超过 50% 的还有昆明（58.25%）、文山（57.92%）、大理（57.20%）、西双版纳（53.53%）、楚雄（52.43%）、红河（51.13%）和丽江（51.09%）。比较年间农业总产值增幅较大的是西双版纳（89.07%）、怒江（86.86%）、德宏（77.08%）和玉溪（76.84%）。我国“十三五”期间增幅靠前的是玉溪（62.21%）、红河（58.96%）、德宏（58.34%）、西双版纳（56.51%）和文山（51.44%），年均增长率分别达到 12.85%、12.28%、12.18%、11.85% 和 10.93%，说明当前农业产值在农林牧渔业总产值中占主导位置的为德宏、玉溪、临沧、昆明、文山、大理、西双版纳、楚雄、红河和丽江等几个州市。玉溪、红河、德宏、文山和西双版纳 5 个州市近 3 年农业的发展增速较快，怒江州农业发展后劲不足。值得注意的是全省农林牧渔业经济体量第一大市曲靖，虽然种植业产值近年来也排名全省第 1、第 2，但其占农林牧渔业总产值的比重则不足 40%，常年低于全省平均 10 个百分点以上，究其原因是其畜牧业经济体量更大、占比更高。

表 8－24　2013～2019 年各州市农业总产值、“十三五”期间增幅及 2019 年占比

州市	农业总产值（亿元）							2019 年比 2015 年增长（%）	2019 年占比（%）
	2013 年	2014 年	2015 年	2016 年	2017 年	2018 年	2019 年		
昆明	165.24	176.45	181.49	191.23	199.07	209.44	260.65	43.62	58.25
曲靖	202.48	210.05	216.12	228.74	238.20	239.82	279.19	29.18	39.15
玉溪	115.59	121.11	126.02	134.01	142.23	171.74	204.41	62.21	68.41
保山	103.20	109.14	111.63	118.00	124.83	128.38	160.07	43.39	49.81
昭通	92.49	101.41	102.82	110.08	114.92	125.97	144.69	40.73	48.75
丽江	35.74	37.86	39.67	42.10	43.74	49.29	57.04	43.79	51.09
普洱	108.86	117.90	122.11	132.51	139.55	140.96	159.14	30.32	49.02
临沧	132.36	141.05	144.34	153.15	160.46	173.15	200.65	39.01	62.11
楚雄	132.36	141.01	147.41	154.38	160.80	168.29	195.62	32.71	52.43
红河	138.64	143.34	148.15	156.72	164.92	196.31	235.50	58.96	51.13

续表

州市	农业总产值（亿元）							2019 年比 2015 年增长（%）	2019 年占比（%）
	2013 年	2014 年	2015 年	2016 年	2017 年	2018 年	2019 年		
文山	117.33	123.86	128.38	133.60	139.22	159.68	194.43	51.44	57.92
西双版纳	58.78	71.61	71.01	78.11	81.05	85.63	111.14	56.51	53.53
大理	176.26	188.80	203.76	214.91	229.39	240.81	283.55	39.16	57.20
德宏	64.19	70.06	71.79	77.98	82.89	92.31	113.67	58.34	71.28
怒江	8.54	11.61	13.65	13.97	13.92	13.86	15.96	16.91	38.72
迪庆	8.50	9.12	9.25	9.87	10.19	10.46	12.60	36.19	48.82

注：2019 年占比指农业总产值占当地农林牧渔业总产值的比重。

资料来源：根据 2014～2020 年《云南统计年鉴》整理计算。

（2）林业总产值分布：如表 8－25 所示，2013～2019 年，林业总产值排名全省前 3 的为西双版纳、普洱和红河，保山紧随其后排第 4 位，2019 年保山超过红河位列第 3。2019 年，西双版纳和普洱林业总产值分别为 52.98 亿元和 51.98 亿元、保山和红河分别为 26.96 亿元和 26.30 亿元。2019 年林业总产值占农林牧渔业总产值比重排全省前 3 的是西双版纳（25.52%）、普洱（16.01%）和怒江（15.05%）。但西双版纳州 2019 年比 2013 年减少了 8.34 亿元、占比降低了 18.88 个百分点。我国“十三五”期间林业总产值增幅前 3 位分别是楚雄（75.92%）、昆明（59.13%）和大理（59.11%），德宏和西双版纳两州市则出现负增长。由整理出的分析数据可见，西双版纳、普洱、怒江和迪庆 4 州市林业总产值在农林牧渔业总产值中的占比超过 10%，尤其是西双版纳占比超过 1/4，林业在农业发展中的地位非常重要。楚雄、昆明和大理林业近年来发展较好，“十三五”期间的年均增幅分别为 15.17%、12.31% 和 12.31%。

表 8－25　2013～2019 年各州市林业总产值、“十三五”期间增幅及 2019 年占比

州市	林业总产值（亿元）							2019 年比 2015 年增长（%）	2019 年占比（%）
	2013 年	2014 年	2015 年	2016 年	2017 年	2018 年	2019 年		
昆明	8.87	10.04	11.60	12.26	15.93	17.02	18.47	59.13	4.13
曲靖	14.11	15.07	14.83	16.42	18.33	19.08	21.81	47.11	3.06
玉溪	4.58	5.25	5.33	5.54	5.27	5.66	6.60	23.91	2.21
保山	15.87	17.23	18.07	19.25	21.12	23.08	26.96	49.20	8.39
昭通	6.24	7.09	7.29	7.41	8.28	8.51	9.36	28.42	3.15

续表

州市	林业总产值（亿元）							2019年比2015年增长（%）	2019年占比（%）
	2013年	2014年	2015年	2016年	2017年	2018年	2019年		
丽江	3.23	2.99	3.11	3.35	3.57	4.33	4.76	53.34	4.27
普洱	41.76	42.56	43.20	44.07	45.36	46.57	51.98	20.31	16.01
临沧	14.22	14.43	13.71	14.65	14.66	15.63	14.17	3.40	4.39
楚雄	6.70	5.25	6.06	6.97	7.09	8.26	10.66	75.92	2.86
红河	16.68	18.13	18.89	20.08	21.27	22.39	26.30	39.27	5.71
文山	12.69	13.13	14.02	16.51	18.16	15.05	16.39	16.89	4.88
西双版纳	61.32	53.94	53.32	54.52	56.96	53.09	52.98	-0.63	25.52
大理	9.89	9.11	9.58	9.98	11.30	13.18	15.24	59.11	3.07
德宏	14.74	13.04	12.86	9.79	9.74	9.99	10.76	-16.32	6.75
怒江	2.88	3.58	4.07	4.51	5.23	6.01	6.20	52.47	15.05
迪庆	1.65	1.72	1.97	2.11	2.40	2.34	3.01	52.54	11.67

注：2019年占比指林业总产值占当地农林牧渔业总产值的比重。

资料来源：根据2014～2020年《云南统计年鉴》整理计算。

（3）牧业总产值分布：如表8－26所示，2013～2019年，曲靖、红河、大理牧业总产值均排名全省前3，这3个州市畜牧业总产值之和占全省畜牧业总产值的比重多年在40%以上，仅曲靖的占比就在20%以上，红河州的占比也超过10%。我国“十三五”期间，全省牧业总产值年平均增长率为11.61%，西双版纳以12.88%的年均增长率排名全省首位，而畜牧业经济体量全省倒数第2的怒江年均增速位列全省第2，普洱排名第3，德宏和玉溪则不升反降应引起重视。2013～2019年，牧业总产值占农林牧渔业总产值比重排名全省前3的为曲靖（53.52%）、昭通（44.24%）和怒江（41.09%），说明畜牧业在这些地区是农业最重要的支柱。

表8－26　2013～2019年各州市牧业总产值、“十三五”期间增幅及2019年占比

州市	牧业总产值（亿元）							2019年比2015年增长（%）	2019年占比（%）
	2013年	2014年	2015年	2016年	2017年	2018年	2019年		
昆明	106.63	110.66	115.25	125.09	129.07	125.99	143.56	24.57	32.08
曲靖	258.66	278.80	291.06	308.42	322.27	310.86	381.76	31.16	53.52
玉溪	73.58	78.90	82.84	88.65	92.39	66.69	81.30	-1.85	27.21
保山	84.59	90.13	95.89	102.41	105.68	106.72	123.30	28.58	38.37
昭通	98.96	101.12	104.16	109.94	114.50	104.00	131.30	26.05	44.24

续表

州市	牧业总产值（亿元）							2019年比2015年增长（%）	2019年占比（%）
	2013年	2014年	2015年	2016年	2017年	2018年	2019年		
丽江	30.49	32.96	33.99	36.22	38.17	33.77	43.41	27.71	38.88
普洱	52.87	55.82	59.14	62.15	64.97	59.65	85.44	44.48	26.32
临沧	58.39	62.40	67.99	72.46	76.62	69.10	93.72	37.83	29.01
楚雄	90.31	96.81	99.05	106.89	113.67	109.09	137.15	38.47	36.76
红河	141.42	153.82	161.14	171.69	179.64	149.19	180.93	12.28	39.28
文山	90.79	96.96	98.98	104.86	108.87	93.48	110.97	12.11	33.06
西双版纳	10.76	12.17	12.61	13.98	15.22	17.22	20.48	62.38	9.86
大理	121.94	128.93	134.34	143.35	146.27	136.96	167.81	24.92	33.85
德宏	22.40	24.13	26.35	29.94	30.66	22.22	25.34	-3.85	15.89
怒江	7.59	10.03	11.30	12.24	12.73	12.84	16.94	49.94	41.09
迪庆	5.53	5.83	6.06	6.32	6.52	6.51	7.67	26.44	29.71

注：2019年占比指牧业总产值占当地农林牧渔业总产值的比重。

资料来源：根据2014～2020年《云南统计年鉴》整理计算。

（4）渔业总产值分布：如表8-27所示，2013～2019年，普洱、曲靖和红河渔业总产值均为全省前3，渔业占当地农林牧渔业总产值比重前3则分别是普洱、西双版纳和德宏。我国“十三五”期间，全省渔业总产值年平均增长率为6.58%，西双版纳以20.42%的年均增长率排名第1、文山以16.79%的年均增长率排名第2、楚雄（13.55%）排第3，昭通（12.04%）和迪庆（11.41%）分列第4和第5。

表8-27　　2013～2019年各州市渔业总产值、“十三五”期间增幅及2019年占比

州市	渔业总产值（亿元）							2019年比2015年增长（%）	2019年占比（%）
	2013年	2014年	2015年	2016年	2017年	2018年	2019年		
昆明	7.58	8.16	7.91	8.64	9.30	9.11	10.31	30.24	2.30
曲靖	12.21	13.26	14.06	14.91	16.52	17.10	19.83	41.06	2.78
玉溪	2.46	2.88	2.81	2.96	3.12	3.21	3.53	25.71	1.18
保山	4.43	5.09	5.43	6.30	6.69	6.85	6.77	24.82	2.11
昭通	0.89	1.26	4.31	4.92	5.44	6.37	6.79	57.57	2.29
丽江	2.50	2.70	2.64	2.75	2.86	3.12	3.16	19.54	2.83
普洱	12.62	13.62	14.56	15.58	16.72	17.57	20.47	40.56	6.31
临沧	4.44	4.92	5.55	6.03	6.53	7.30	8.52	53.71	2.64
楚雄	2.93	3.19	3.41	3.72	3.88	4.66	5.66	66.23	1.52

续表

州市	渔业总产值（亿元）							2019年比2015年增长（%）	2019年占比（%）
	2013年	2014年	2015年	2016年	2017年	2018年	2019年		
红河	8.91	9.60	9.99	10.56	11.13	11.46	11.14	11.47	2.42
文山	3.44	3.92	4.60	6.24	7.46	8.31	8.56	86.05	2.55
西双版纳	4.09	5.10	5.86	6.73	7.50	8.45	12.33	110.28	5.94
大理	8.34	8.88	9.69	10.40	9.95	9.72	10.88	12.35	2.20
德宏	3.54	4.11	4.54	5.08	5.53	5.05	5.59	22.94	3.50
怒江	0.05	0.05	0.07	0.07	0.06	0.05	0.09	42.28	0.23
迪庆	0.31	0.34	0.38	0.41	0.46	0.47	0.58	54.05	2.24

注：2019年占比指渔业总产值占当地农林牧渔业总产值的比重。

资料来源：根据2014～2020年《云南统计年鉴》整理计算。

（5）农林牧渔服务业总产值分布：如表8－28所示，2013～2019年，楚雄、昆明、大理农林牧渔服务业总产值均为全省前3名，这3个州市也是我国“十三五”期间农林牧渔业产值超过10亿元的仅有3个州市。2019年占比前3的是迪庆、楚雄和怒江。“十三五”期间，大理、曲靖和文山农林牧渔业服务业总产值增长率排全省前3，此外，临沧、怒江、楚雄、丽江农林牧渔服务业总产值增长率也超过全省平均水平。从以上数据可知，在比较年间，楚雄、昆明、大理在全省范围内农林牧渔业服务业发展得较好，而大理、曲靖、文山、临沧、怒江、楚雄和丽江等地区的农林牧渔服务业近几年发展较快。

表8－28　2013～2019年各州市农林牧渔服务业总产值、“十三五”期间增幅及2019年占比

州市	农林牧渔服务业总产值（亿元）							2019年比2015年增长（%）	2019年占比（%）
	2013年	2014年	2015年	2016年	2017年	2018年	2019年		
昆明	10.35	11.45	12.33	12.48	13.01	13.28	14.51	17.70	3.24
曲靖	5.47	5.83	6.71	7.53	8.41	9.41	10.60	57.81	1.49
玉溪	2.04	2.19	2.33	2.46	2.57	2.74	2.95	26.74	0.99
保山	3.08	3.33	3.51	3.63	3.77	3.90	4.26	21.34	1.33
昭通	3.11	3.32	3.50	3.56	3.88	4.24	4.66	33.07	1.57
丽江	2.08	2.19	2.35	2.51	2.69	2.93	3.28	39.32	2.93
普洱	4.35	4.68	5.57	6.01	6.76	7.19	7.62	36.79	2.35
临沧	3.79	4.04	4.28	4.73	5.12	5.41	5.98	39.79	1.85
楚雄	14.85	16.71	17.25	18.76	20.18	21.61	23.98	39.00	6.43

续表

州市	农林牧渔服务业总产值（亿元）							2019年比2015年增长（%）	2019年占比（%）
	2013年	2014年	2015年	2016年	2017年	2018年	2019年		
红河	4.48	4.80	5.27	5.42	5.77	6.08	6.70	27.11	1.45
文山	2.77	2.99	3.74	4.06	4.34	4.68	5.33	42.60	1.59
西双版纳	3.28	3.93	9.65	8.90	8.85	9.50	10.68	10.68	5.14
大理	8.01	8.54	9.38	10.19	11.01	15.35	18.22	94.25	3.67
德宏	2.92	3.13	3.48	3.50	3.56	3.75	4.11	18.07	2.57
怒江	1.12	1.28	1.45	1.54	1.77	1.83	2.03	39.69	4.92
迪庆	1.43	1.47	1.52	1.61	1.68	1.83	1.95	27.80	7.55

注：2019年占比指渔业总产值占当地农林牧渔业总产值的比重。

资料来源：根据2014～2020年《云南统计年鉴》整理计算。

2. 基于农林牧渔业增加值的区域分析

从农林牧渔业增加值总量分布看，2013～2019年，曲靖、红河农林牧渔业增加值均位列全省第1和第2。2015年大理超过昆明，排名由第4升为第3、昆明则从第3降为第4至今。从农林牧渔业增加值增速看，2013～2019年间，怒江的年均增长率最大，西双版纳、临沧次之，玉溪、大理紧随其后，保山、楚雄和昆明也在8%以上（见表8－29）。

表8－29　　2013～2019年各州市农林牧渔业增加值及其增速变化

州市	农林牧渔业增加值（亿元）							2019年同比（%）	年均增长（%）
	2013年	2014年	2015年	2016年	2017年	2018年	2019年		
昆明	175.27	187.60	194.71	207.22	217.12	229.40	278.10	17.51	8.00
曲靖	289.19	310.19	322.23	341.96	358.42	367.19	445.98	17.67	7.49
玉溪	112.38	122.83	128.20	136.69	143.69	151.29	183.58	17.59	8.52
保山	128.53	138.38	144.43	153.86	161.56	171.12	207.69	17.61	8.33
昭通	128.65	138.13	143.22	152.13	159.30	165.65	200.44	17.35	7.67
丽江	41.14	44.21	45.97	48.83	51.08	54.35	65.95	17.59	8.18
普洱	130.58	140.46	146.60	156.01	163.83	167.87	203.51	17.51	7.68
临沧	130.35	142.71	148.53	158.07	165.86	175.86	213.19	17.51	8.55
楚雄	145.29	156.28	162.49	172.93	181.79	192.71	234.06	17.67	8.27
红河	183.12	196.79	205.20	217.55	228.45	237.66	288.38	17.59	7.86
文山	133.39	143.07	148.34	157.57	165.16	172.48	208.94	17.45	7.77
西双版纳	80.00	85.89	93.79	99.82	104.34	109.95	132.22	16.85	8.73

续表

州市	农林牧渔业增加值（亿元）							2019年同比（%）	年均增长（%）
	2013年	2014年	2015年	2016年	2017年	2018年	2019年		
大理	174.22	186.88	199.08	211.27	221.34	233.57	282.62	17.35	8.40
德宏	67.34	72.30	75.24	79.85	83.69	86.98	105.65	17.67	7.79
怒江	13.62	17.01	19.56	20.77	21.63	22.88	27.69	17.35	12.55
迪庆	10.66	11.53	11.97	12.64	13.22	13.82	16.75	17.51	7.82

资料来源：根据2014～2020年《云南统计年鉴》计算。

从乡村人口人均农林牧渔业增加值分布看，2019年，西双版纳、玉溪、楚雄、昆明、德宏、大理、临沧、曲靖、普洱和保山10个州市的乡村人口人均农业增加值高于全省平均水平。2013～2019年，人均农林牧渔业增加值年增长率较高的是怒江、玉溪、西双版纳、楚雄等州市（见表8－30）。

表8－30　2013～2019年各州市乡村人口人均农林牧渔业增加值变化情况

州市	乡村人口人均农林牧渔业增加值［万元/（人·年）］							2019年同比（%）	年均增长（%）	增速排名
	2013年	2014年	2015年	2016年	2017年	2018年	2019年			
昆明	0.83	0.91	0.97	1.06	1.15	1.23	1.52	22.88	10.47	8
曲靖	0.83	0.90	0.96	1.03	1.11	1.16	1.43	23.88	9.56	14
玉溪	0.86	0.96	1.03	1.13	1.22	1.32	1.63	24.04	11.31	2
保山	0.71	0.77	0.82	0.90	0.96	1.03	1.28	24.53	10.42	9
昭通	0.33	0.35	0.37	0.41	0.43	0.45	0.55	21.22	9.05	16
丽江	0.48	0.52	0.56	0.61	0.65	0.70	0.87	23.17	10.32	10
普洱	0.79	0.86	0.92	1.00	1.08	1.13	1.39	23.06	9.84	13
临沧	0.80	0.88	0.94	1.03	1.11	1.19	1.48	23.61	10.85	5
楚雄	0.85	0.94	1.00	1.09	1.19	1.28	1.59	23.87	10.93	4
红河	0.66	0.73	0.77	0.85	0.91	0.96	1.19	23.35	10.14	11
文山	0.57	0.62	0.65	0.71	0.77	0.81	1.00	23.02	9.94	12
西双版纳	1.17	1.27	1.42	1.55	1.66	1.78	2.18	22.18	10.95	3
大理	0.82	0.89	0.97	1.06	1.14	1.22	1.49	22.17	10.55	6
德宏	0.88	0.95	1.01	1.09	1.17	1.23	1.52	23.49	9.49	15
怒江	0.34	0.43	0.50	0.55	0.58	0.62	0.76	22.88	14.41	1
迪庆	0.37	0.40	0.43	0.46	0.49	0.52	0.66	27.87	10.49	7

资料来源：根据2014～2020年《云南统计年鉴》计算整理。

农林牧渔业增加值各构成与农林牧渔业总产值表现出的各区域特色基本一致。

（1）农业增加值分布：2013～2019 年间，曲靖、大理、昆明、临沧、红河种植业增加值总量多年排名全省前 5，文山、德宏、玉溪、西双版纳、红河则增幅排前 5。2019 年种植业增加值占当地农林牧渔业增加值比重排全省前 5 的分别是玉溪（74.40%）、德宏（71.98%）、临沧（64.57%）、文山（61.08%）和昆明（60.20%），且占比均在 60% 以上（见表 8－31）。

表 8－31　2013～2019 年各州市农业增加值、“十三五”期间增幅及 2019 年占比

州市	农业增加值（亿元）							2019 年比 2015 年增长（%）	2019 年占比（%）
	2013 年	2014 年	2015 年	2016 年	2017 年	2018 年	2019 年		
昆明	101.45	109.46	113.12	119.55	123.81	132.45	167.41	48.00	60.20
曲靖	124.76	131.31	134.59	143.07	147.13	149.69	178.73	32.79	40.08
玉溪	74.16	80.18	83.62	88.81	94.19	112.98	136.58	63.34	74.40
保山	67.76	72.18	71.23	75.22	79.33	84.23	106.44	49.43	51.25
昭通	66.33	73.78	74.86	80.27	83.77	90.00	104.27	39.29	52.02
丽江	19.28	20.56	22.05	23.39	24.42	28.69	32.84	48.94	49.80
普洱	66.10	72.29	74.95	80.64	84.97	88.81	103.12	37.58	50.67
临沧	85.35	93.64	96.35	102.15	106.63	117.27	137.65	42.86	64.57
楚雄	85.84	93.09	96.14	101.05	105.18	113.54	134.68	40.08	57.54
红河	85.22	88.74	91.65	96.68	101.61	121.43	148.15	61.64	51.37
文山	65.72	70.26	73.11	75.83	78.74	102.97	127.62	74.55	61.08
西双版纳	33.01	40.41	44.82	49.68	51.52	55.50	73.04	62.98	55.24
大理	96.60	105.07	113.51	119.95	127.18	141.34	168.13	48.12	59.49
德宏	38.68	43.11	44.44	48.91	52.21	60.62	76.05	71.13	71.98
怒江	5.88	7.59	8.91	9.17	9.12	9.44	11.36	27.43	41.02
迪庆	5.22	5.71	5.83	6.29	6.44	6.79	8.12	39.24	48.48

注：2019 年占比指农业增加值占当地农林牧渔业增加值的比重。

资料来源：根据 2014～2020 年《云南统计年鉴》整理计算。

（2）林业增加值分布：如表 8－32 所示，2013～2019 年，西双版纳、普洱、保山、红河、曲靖林业增加值在全省各州市中综合排名前 5。从我国“十三五”期间的变化看，全省除德宏和西双版纳外，其他州市林业增加值均保持增长。增幅排名第 1 的楚雄属于由负转正（扭亏转盈）的情况，其增长率实际意义有限。而德宏、西双版纳等林业增加值不降反升更值得关注。从占比看，2019 年，林业增加值占农林牧渔业增加值的比重排名全省前 5 的为西双版纳、普洱、怒江、迪庆、保山，且前 4 位的占比均在 10% 以上，保山的占比也高于同期全省平均，表明这些州市的林业在全省表现出明显的经济规模比较优势。2019 年，林业增加值占农林牧渔业增加值比重排名全省倒数 1 ~ 5 位的为楚雄、玉溪、曲靖、大理和昭通且均在 3.5% 以下，不足全省平均的 50%，表明这些州市相对于全省林业没有比较优势。虽然曲靖林业增加值总量排名全省第 5，但在农林牧渔业增加值中的占比却不足 3%，反映出其农业大市的地位。

表 8 – 32　2013 ~ 2019 年各州市林业增加值、"十三五"期间增幅及 2019 年占比

州市	林业增加值（亿元）							2019 年比 2015 年增长（%）	2019 年占比（%）
	2013 年	2014 年	2015 年	2016 年	2017 年	2018 年	2019 年		
昆明	5.88	6.56	7.26	8.57	10.77	11.10	12.04	65.80	4.33
曲靖	8.13	9.31	8.77	10.08	11.91	11.76	13.11	49.37	2.94
玉溪	3.06	3.54	3.60	3.80	3.48	3.56	4.33	20.14	2.36
保山	7.97	8.69	12.24	13.09	13.80	15.47	18.23	48.84	8.78
昭通	4.65	5.25	5.42	5.44	5.95	6.35	6.95	28.40	3.47
丽江	1.91	1.78	1.86	1.97	2.17	2.63	2.98	60.31	4.51
普洱	26.72	27.47	28.33	29.30	30.24	31.23	36.45	28.65	17.91
临沧	8.16	8.43	7.53	7.96	8.22	10.05	9.14	21.43	4.29
楚雄	0.75	–0.77	0.00	0.39	0.35	1.80	3.88	1615.67	1.66
红河	10.42	11.13	11.58	12.28	12.95	13.62	16.12	39.20	5.59
文山	8.48	8.47	8.96	11.04	12.44	8.89	10.29	14.87	4.92
西双版纳	36.77	32.75	29.01	29.48	30.96	30.85	28.61	–1.36	21.64
大理	5.14	4.53	4.62	4.69	5.47	7.75	9.30	101.09	3.29
德宏	12.04	10.80	10.61	8.15	7.95	8.02	8.55	–19.39	8.10
怒江	2.07	2.46	2.80	3.02	3.53	3.68	4.21	50.58	15.21
迪庆	1.30	1.37	1.44	1.50	1.78	1.74	2.52	74.67	15.05

注：2019 年占比指林业增加值占当地农林牧渔业增加值的比重。

资料来源：根据 2014 ~ 2020 年《云南统计年鉴》整理计算。

值得注意的是，楚雄由于 2014 年林业处于亏损状态（林业增加值为负数），2015 年统计数据林业增加值为 24 元人民币，因此，2015 ~ 2019 年的增长率 1615.67% 没有实际意义，仅表明其由亏转盈的变化。

（3）畜牧业增加值分布：如表 8 – 33 所示，2013 ~ 2019 年，曲靖、红河、大理、昆明和昭通畜牧业增加值绝对数均为全省前 5 位。2019 年和 2015 年相比，西双版纳、怒江、普洱、临沧分别以 62.27%、58.75%、51.56% 和 50.75% 的增长率排名增幅榜前4位，说明这些州市近年来畜牧业发展良好；玉溪和文山的增长率均小于10%，德宏则出现小幅下降。从畜牧业增加值占农林牧渔业增加值的比重看，曲靖市占比多年均超过50%、2019年达52.73%，昭通、红河、丽江、怒江等州市占比也多年在40%上下，说明畜牧业在当地农业经济中占非常重要的地位。尤其值得注意的是红河和文山，畜牧业占比高但近年增速不理想，应引起重视。

表8-33　2013~2019年各州市牧业增加值、“十三五”期间增幅及2019年占比

州市	牧业增加值（亿元）							2019年比2015年增长（%）	2019年占比（%）
	2013年	2014年	2015年	2016年	2017年	2018年	2019年		
昆明	58.13	61.08	63.37	67.67	70.33	73.53	85.06	34.24	30.59
曲靖	144.38	158.46	166.03	174.01	183.52	189.10	235.19	41.66	52.73
玉溪	32.21	35.75	37.50	40.43	42.21	30.76	38.34	2.25	20.89
保山	47.93	51.95	54.97	59.01	61.86	64.40	75.78	37.86	36.49
昭通	54.88	55.86	57.68	60.63	63.24	62.33	81.92	42.03	40.87
丽江	17.30	18.97	19.06	20.32	21.30	19.57	26.54	39.26	40.24
普洱	27.96	30.27	31.76	33.55	35.16	33.76	48.14	51.56	23.65
临沧	31.67	34.82	37.93	40.76	43.39	40.60	57.18	50.75	26.82
楚雄	48.92	53.23	54.77	59.14	63.30	62.86	79.32	44.82	33.89
红河	79.49	88.22	92.74	99.00	103.82	92.15	113.40	22.27	39.32
文山	55.32	60.03	61.46	64.75	67.21	53.16	63.06	2.60	30.18
西双版纳	4.99	6.36	8.05	8.89	9.57	10.32	13.06	62.27	9.88
大理	62.86	66.99	69.87	74.89	76.95	70.46	89.35	27.90	31.62
德宏	13.03	14.30	15.71	17.92	18.47	13.53	15.69	-0.11	14.85
怒江	5.01	6.24	7.06	7.76	8.17	8.94	11.22	58.75	40.50
迪庆	2.79	3.08	3.21	3.34	3.48	3.60	4.40	37.24	26.27

注：2019年占比指畜牧业增加值占当地农林牧渔业增加值的比重。
资料来源：根据2014~2020年《云南统计年鉴》整理计算。

（4）渔业增加值分布：分析年间，普洱、曲靖、红河的渔业增加值综合排名全省前3位，大理和昆明紧随其后。2019年，曲靖超过普洱、西双版纳超过红河跻身前3，全省前5位排序变为曲靖、普洱、西双版纳、红河和大理。从2019年相对于2015年的增幅看，西双版纳（140.19%）、楚雄（105.28%）超过100%，文山也高达84.58%，分列全省前3（见表8－34）。

表8－34　2013～2019年各州市渔业增加值、“十三五”期间增幅及2019年占比

州市	渔业增加值（亿元）							2019年比2015年增长（%）	2019年占比（%）
	2013年	2014年	2015年	2016年	2017年	2018年	2019年		
昆明	4.22	4.46	4.35	4.71	5.22	5.08	5.77	32.52	2.07
曲靖	7.96	7.12	7.76	8.41	9.21	9.65	11.38	46.69	2.55
玉溪	1.61	1.90	1.88	1.98	2.07	2.15	2.39	27.04	1.30
保山	2.80	3.29	3.52	4.00	4.08	4.41	4.39	24.61	2.11
昭通	0.62	0.87	2.70	3.10	3.41	3.95	4.03	49.41	2.01
丽江	1.47	1.58	1.61	1.67	1.72	1.88	1.88	16.64	2.85
普洱	7.11	7.52	8.08	8.77	9.46	9.86	11.32	39.99	5.56
临沧	2.63	2.99	3.53	3.81	4.01	4.19	4.99	41.33	2.34
楚雄	1.48	1.77	1.91	2.05	2.19	3.05	3.93	105.28	1.68
红河	5.27	5.80	6.02	6.34	6.65	6.85	6.74	11.90	2.34
文山	2.23	2.56	2.92	3.96	4.64	5.16	5.40	84.58	2.58
西双版纳	2.84	3.52	3.66	4.17	4.76	5.42	8.80	140.19	6.65
大理	4.75	5.02	5.39	5.79	5.37	5.26	6.33	17.31	2.24
德宏	2.01	2.42	2.66	3.07	3.25	2.91	3.27	22.97	3.09
怒江	0.03	0.04	0.05	0.05	0.04	0.04	0.07	43.70	0.26
迪庆	0.22	0.23	0.25	0.27	0.31	0.32	0.41	62.01	2.43

注：2019年占比指渔业增加值占当地农林牧渔业增加值的比重。
资料来源：根据2014～2020年《云南统计年鉴》整理计算。

（5）农林牧渔服务业增加值：2015～2019年，楚雄的农林牧渔服务业增加值一直排在全省首位，西双版纳和大理紧随其后，昆明和曲靖则排在第4和第5位；2015年昆明从全省第2降为第3（被西双版纳超越）后，2018年被大理超越后位列第4，但近年来发展较为平稳。大理、曲靖、文山、临沧和昭通在分析年间发展较快，增幅排名全省前5。从农林牧渔服务业增加值在农林牧渔业增加值中的占比看，2019年全省排名靠前的为迪庆（7.76%但总量倒数第2）、西双版纳（6.58%）、楚雄（5.24%）、大理（3.37%）和怒江（3.01%），昆明、丽江和普洱的占比也在2%以上，临沧和德宏也超过同期全省平均占比（见表8－35）。

表 8-35　　2013~2019 年各州市农林牧渔服务业增加值、“十三五”期间增幅及 2019 年占比

州市	服务业增加值（亿元）							2019 年比 2015 年增长（%）	2019 年占比（%）
	2013 年	2014 年	2015 年	2016 年	2017 年	2018 年	2019 年		
昆明	5.59	6.04	6.61	6.72	6.98	7.24	7.81	18.16	2.81
曲靖	3.96	3.99	5.07	6.39	6.66	6.99	7.58	49.29	1.70
玉溪	1.35	1.46	1.60	1.67	1.73	1.84	1.94	21.18	1.06
保山	2.07	2.28	2.46	2.54	2.50	2.62	2.86	16.01	1.38
昭通	2.18	2.37	2.56	2.69	2.92	3.03	3.27	27.46	1.63
丽江	1.18	1.32	1.40	1.49	1.47	1.58	1.71	22.66	2.60
普洱	2.70	2.91	3.47	3.75	4.01	4.21	4.49	29.41	2.21
临沧	2.54	2.84	3.19	3.40	3.62	3.75	4.23	32.60	1.98
楚雄	8.31	8.95	9.67	10.30	10.78	11.46	12.26	26.79	5.24
红河	2.72	2.90	3.20	3.26	3.42	3.61	3.98	24.32	1.38
文山	1.64	1.75	1.89	1.99	2.13	2.29	2.58	36.28	1.23
西双版纳	2.38	2.84	8.26	7.60	7.53	7.86	8.70	5.36	6.58
大理	4.87	5.28	5.69	5.95	6.37	8.76	9.51	67.15	3.37
德宏	1.58	1.67	1.83	1.80	1.82	1.91	2.09	14.24	1.98
怒江	0.62	0.68	0.74	0.77	0.76	0.78	0.83	12.80	3.01
迪庆	1.12	1.14	1.23	1.25	1.22	1.37	1.30	5.42	7.76

注：2019 年占比指农林牧渔服务业增加值占当地农林牧渔业增加值的比重。
资料来源：根据 2014~2020 年《云南统计年鉴》整理计算。

从上述数据可以看出，西双版纳州近年来除部分传统的经济作物不占优势外，农、牧、渔及服务业都发展较快；曲靖除林业和服务业发展略微不足外，其他各方面表现都较为突出，农、牧、渔业发展较为均衡，在全省 16 个州市中独一无二；大理发展农、牧、服务业的基础条件较好，尤其在牧、渔业中独具优势；保山的林业、红河的牧业以及普洱、红河的林、渔业发展在全省也各有优势。

3. 基于区位熵值的农林牧渔业区域分析

区位熵（location quotient，LQ）也称生产地区集中度指标或专门化率，是比率的比率，由哈盖特（P. Haggett）首先提出并用于区位分析中。当区位熵大于 1 时，表明该地区该产业具有比较优势，一定程度上显示出该产业较强的竞争力。区位熵越大，该地区该产业的比较优势越明显，竞争能力越强。其表达式为：

$$LQ_{ij} = \frac{q_{ij}/q_j}{q_i/q} \tag{8.1}$$

其中，LQ_{ij}是j地区i产业的区位熵；q_{ij}是j地区i产业的相关指标（如产值、就业人数等）；q_j是j地区所有产业的相关指标；q_i是全国（或全省）范围内i产业的相关指标；q是全国（或全省）所有产业的相关指标。

为分析各州市农林牧渔业相对于全省对地方经济的贡献度，我们根据区位熵的原理，采用云南省统计局2014～2020年《云南统计年鉴》中农林牧渔业增加值及地区生产总值（GDP）等数据，测算2013～2019年间云南省各州市农林牧渔业相对于全省的区位熵结果如表8－36所示。从表中可以看出，2013～2019年分析期内，除昆明、玉溪和迪庆区位熵小于1外，其他13个州市均大于1。其中怒江州的区位熵值除2013年和2018年区位熵小于1外，其他年份也均大于1，表明昆明、玉溪和迪庆农业对GDP的贡献低于全省平均。其他13个州市则高于全省平均，综合排名前5的为临沧、普洱、西双版纳、保山和德宏。

表8－36　2013～2019年云南省各州市农林牧渔业增加值区位熵及排名

州市	2013年		2014年		2015年		2016年		2017年		2018年		2019年	
	LQ（万元/人年）	排名	LQ（万元/人年）	排名	LQ（万元/人年）	排名	LQ（万元/人年）	排名	LQ（万元/人年）	排名	LQ（万元/人年）	排名	LQ（万元/人年）	排名
昆明	0.317	16	0.319	16	0.319	16	0.316	16	0.306	16	0.309	16	0.322	16
曲靖	1.129	10	1.266	10	1.283	10	1.269	10	1.266	10	1.278	10	1.268	10
玉溪	0.630	14	0.655	14	0.669	14	0.684	14	0.696	14	0.710	14	0.706	14
保山	1.767	5	1.738	4	1.698	4	1.649	4	1.632	9	1.624	4	1.622	4
昭通	1.254	9	1.304	9	1.312	9	1.305	9	1.312	8	1.305	9	1.259	9
丽江	1.023	12	1.036	13	1.030	13	1.036	13	1.032	13	1.085	11	1.047	11
普洱	1.898	2	1.861	2	1.851	2	1.805	2	1.798	3	1.775	3	1.744	3
临沧	1.937	1	1.939	1	1.920	1	1.884	1	1.883	1	1.955	1	2.106	1
楚雄	1.421	7	1.399	8	1.382	8	1.341	8	1.330	8	1.318	8	1.402	8
红河	1.103	11	1.103	11	1.091	12	1.071	12	1.059	11	1.045	12	0.978	12
文山	1.491	6	1.468	6	1.437	7	1.406	6	1.400	7	1.406	7	1.449	7
西双版纳	1.817	3	1.773	3	1.812	3	1.790	3	1.816	2	1.843	2	1.746	2
大理	1.416	8	1.419	7	1.436	6	1.427	7	1.423	6	1.458	6	1.542	6
德宏	1.804	4	1.666	5	1.671	5	1.620	5	1.607	5	1.599	5	1.543	5
怒江	0.982	13	1.074	12	1.122	11	1.078	11	1.048	12	0.992	13	1.079	13
迪庆	0.502	15	0.495	15	0.482	15	0.469	15	0.456	15	0.445	15	0.500	15

资料来源：根据2014～2020年《云南统计年鉴》计算整理。

从表8－36还可以看出，2013～2019年分析期内，各州市农林牧渔业增加值区位熵变化不大，全省排名基本保持稳定，昆明、玉溪、临沧、迪庆4州市一直不变，其他州市仅部分年份出现上下1位的变化，表明各州市农业在地方国民经济中的地位与全省的变化步调基本一致。

为分析各州市农业内部各产业的专业化程度或者相对于全省的规模比较优势或专门汇率，分别计算2013～2019年间云南省16个州市的农、林、牧、渔及服务业区位熵结果如表8－37～表8－41所示。

从表8－37可以看出，2013～2019年，昆明、曲靖、玉溪、红河、怒江、迪庆6个州市的农业（种植业）区位熵值小于1，表面其专业化程度处于较低。其他州市均大于1，其中临沧、德宏、普洱、大理、西双版纳和保山等州市区位熵值排名全省前列，表明这些州市种植业在农林牧渔业中占主导地位。

表8－37　　云南省各州市农业（种植业）区位熵值（2013～2019年）

州市	2013年		2014年		2015年		2016年		2017年		2018年		2019年	
	LQ（万元/人年）	前5	LQ（万元/人年）	前5	LQ（万元/人年）	前5	LQ（万元/人年）	前5	LQ（万元/人年）	前5	LQ（万元/人年）	前5	LQ（万元/人年）	前5
昆明	0.35		0.34		0.34		0.34		0.34		0.32		0.35	
曲靖	0.91		0.96		0.98		0.98		1.01		0.95		0.92	
玉溪	0.75		0.73		0.75		0.77		0.83		0.92		0.91	
保山	1.64	5	1.54		1.5		1.46		1.52		1.39		1.44	
昭通	1.04		1.08		1.07		1.09		1.14		1.13		1.05	
丽江	1.03		1		1.01		1.03		1.06		1.12		1.05	
普洱	1.83	3	1.75	3	1.76	3	1.77	3	1.85	3	1.70	4	1.58	5
临沧	2.27	1	2.15	1	2.13	1	2.11	1	2.19	1	2.20	1	2.29	1
楚雄	1.5		1.42		1.43		1.38		1.42		1.31		1.35	
红河	0.97		0.9		0.9		0.89		0.92		0.99		0.92	
文山	1.52		1.43		1.42		1.37		1.42		1.49		1.56	
西双版纳	1.54		1.66	4	1.56	5	1.62	5	1.7	5	1.64	5	1.70	4
大理	1.66	4	1.61	5	1.67	4	1.67	4	1.78	4	1.72	3	1.79	3
德宏	1.99	2	1.81	2	1.82	2	1.83	2	1.92	2	1.94	2	1.92	2
怒江	0.71		0.82		0.89		0.84		0.81		0.69		0.72	
迪庆	0.46		0.44		0.42		0.42		0.42		0.38		0.43	

资料来源：根据2014～2020年《云南统计年鉴》数据计算所得。

从表8－38可以看出，2013～2019年间，保山、普洱、临沧、西双版纳、德宏、怒江6个州市林业区位熵大于1，林业生产集中，发展较快，具有一定的比较优势。其中，西双版纳和普洱两个州市的森林资源丰富，利于林业的快速发展，比较优势非常明显。

表 8-38　　云南省各州市林业区位熵值（2013~2019 年）

州市	2013 年		2014 年		2015 年		2016 年		2017 年		2018 年		2019 年	
	LQ（万元/人年）	前 5	LQ（万元/人年）	前 5	LQ（万元/人年）	前 5	LQ（万元/人年）	前 5	LQ（万元/人年）	前 5	LQ（万元/人年）	前 5	LQ（万元/人年）	前 5
昆明	0.10		0.11		0.13		0.13		0.14		0.15		0.17	
曲靖	0.36		0.41		0.39		0.41		0.41		0.43		0.49	
玉溪	0.17		0.19		0.18		0.19		0.16		0.17		0.20	
保山	1.41	4	1.45	5	1.40	5	1.40	4	1.34	4	1.41	4	1.65	4
昭通	0.39		0.45		0.44		0.43		0.43		0.43		0.46	
丽江	0.52		0.47		0.46		0.48		0.45		0.56		0.59	
普洱	3.92	2	3.77	2	3.61	2	3.46	2	3.12	2	3.17	2	3.49	2
临沧	1.37	5	1.31		1.17		1.18		1.04		1.12		1.10	
楚雄	0.42		0.31		0.34		0.37		0.32		0.36		0.50	
红河	0.65		0.68		0.66		0.67		0.62		0.63		0.70	
文山	0.92		0.90		0.90		1.00		0.96		0.79		0.89	
西双版纳	9.00	1	7.45	1	6.81	1	6.64	1	6.21	1	5.73	1	5.48	1
大理	0.52		0.46		0.46		0.46		0.45		0.53		0.65	
德宏	2.55	3	2.01	3	1.89	3	1.35	5	1.17	5	1.18	5	1.23	5
怒江	1.34		1.51	4	1.54	4	1.59	3	1.59	3	1.68	3	1.89	3
迪庆	0.50		0.49		0.53		0.53		0.52		0.48		0.70	

资料来源：根据 2014~2020 年《云南统计年鉴》数据计算所得。

从表 8-39 可以看出，2013~2019 年，昆明、玉溪、西双版纳、德宏、迪庆 5 个州市区位熵小于 1，牧业发展不具有比较优势；曲靖、保山、昭通、大理等其余的 11 个州市区位熵均大于 1，牧业规模大，发展良好，处于优势地位。

表 8-39　　云南省各州市牧业区位熵值（2013~2019 年）

州市	2013 年		2014 年		2015 年		2016 年		2017 年		2018 年		2019 年	
	LQ（万元/人年）	前 5	LQ（万元/人年）	前 5	LQ（万元/人年）	前 5	LQ（万元/人年）	前 5	LQ（万元/人年）	前 5	LQ（万元/人年）	前 5	LQ（万元/人年）	前 5
昆明	0.38		0.39		0.38		0.38		0.34		0.35		0.32	
曲靖	1.99	3	2.37	1	2.36	1	2.25	1	2.11	1	2.23	1	2.10	1
玉溪	0.81		0.88		0.88		0.87		0.83		0.65		0.60	
保山	2.29	1	2.35	2	2.29	2	2.16	2	1.98	2	2.09	2	1.86	2
昭通	1.90	5	1.99	5	1.94	5	1.85	4	1.75	3	1.69	4	1.60	5
丽江	1.49		1.61		1.55		1.51		1.43		1.39		1.33	
普洱	1.51		1.54		1.52		1.41		1.32		1.30		1.42	
临沧	1.71		1.76		1.79		1.70		1.61		1.59	5	1.79	3
楚雄	1.74		1.80		1.71		1.63		1.54		1.54		1.59	

续表

州市	2013 年		2014 年		2015 年		2016 年		2017 年		2018 年		2019 年	
	LQ（万元/人年）	前 5	LQ（万元/人年）	前 5	LQ（万元/人年）	前 5	LQ（万元/人年）	前 5	LQ（万元/人年）	前 5	LQ（万元/人年）	前 5	LQ（万元/人年）	前 5
红河	1.68		1.79		1.74		1.66		1.54		1.35		1.19	
文山	2.00	2	2.07	3	1.95	4	1.84	5	1.71	5	1.57		1.49	
西双版纳	0.48		0.52		0.50		0.49		0.49		0.60		0.52	
大理	1.95	4	2.04	4	1.97	3	1.90	3	1.74	4	1.76	3	1.77	4
德宏	1.18		1.16		1.19		1.19		1.09		0.84		0.72	
怒江	1.08		1.32		1.32		1.25		1.14		1.15		1.28	
迪庆	0.51		0.52		0.50		0.46		0.42		0.43		0.44	

资料来源：根据 2014～2020 年《云南统计年鉴》数据计算所得。

从表 8－40 可以看出，2013～2019 年，普洱、西双版纳、德宏等 12 个州市的区位熵均大于 1，区内水资源较为丰富，渔业具有一定的比较优势，其中普洱、西双版纳、德宏、临沧 4 个州市优势尤为明显；昆明、玉溪、怒江、迪庆 4 个州市区位熵小于 1，渔业相对弱势。

表 8－40　　云南省各州市渔业区位熵值（2013～2019 年）

州市	2013 年		2014 年		2015 年		2016 年		2017 年		2018 年		2019 年	
	LQ（万元/人年）	前 5	LQ（万元/人年）	前 5	LQ（万元/人年）	前 5	LQ（万元/人年）	前 5	LQ（万元/人年）	前 5	LQ（万元/人年）	前 5	LQ（万元/人年）	前 5
昆明	0.37		0.36		0.33		0.31		0.36		0.32		0.35	
曲靖	1.28		1.40		1.44		1.32		1.59		1.55		1.66	
玉溪	0.37		0.40		0.38		0.35		0.41		0.39		0.40	
保山	1.64		1.66		1.64		1.61		1.84	5	1.69		1.55	
昭通	0.23		0.31		1.01		1.00		1.22		1.30		1.25	
丽江	1.67		1.64		1.52		1.39		1.57		1.62		1.47	
普洱	4.94	1	4.67	1	4.72	1	4.29	1	5.00	1	4.83	1	5.15	1
临沧	1.78	5	1.73	5	1.84	4	1.71	4	2.02	4	2.11	4	2.47	4
楚雄	0.77		0.74		0.74		0.69		0.77		0.83		1.00	
红河	1.44		1.39		1.36		1.24		1.41		1.31		1.11	
文山	1.03		1.04		1.15		1.32		1.72		1.76	5	1.74	5
西双版纳	2.50	3	2.73	2	2.91	2	2.87	2	3.55	2	3.68	2	4.78	2
大理	1.82	4	1.74	4	1.79	5	1.67	5	1.74		1.58		1.74	
德宏	2.55	2	2.45	3	2.59	3	2.45	3	2.90	3	2.41	3	2.40	3
怒江	0.10		0.08		0.10		0.09		0.08		0.06		0.11	
迪庆	0.39		0.38		0.39		0.36		0.44		0.39		0.51	

资料来源：根据 2014～2020 年《云南统计年鉴》数据计算所得。

从表8-41可以看出，2019年，楚雄、西双版纳2个州市区位熵分别为2.89和2.84，远大于1，农林牧渔服务业处于优势地位；普洱、临沧、大理、德宏、怒江、迪庆6个州市区位熵大于1，有一定的比较优势；昆明、曲靖、玉溪、保山、昭通、红河、文山7个州市区位熵小于1，不具备比较优势；而丽江5年间的区位熵在1上下浮动，处于微弱的弱势地位，需对结构稍加优化。

表8-41　　云南省各州市农林牧渔服务业区位熵值（2013~2019年）

州市	2013年		2014年		2015年		2016年		2017年		2018年		2019年	
	LQ（万元/人年）	前5	LQ（万元/人年）	前5	LQ（万元/人年）	前5	LQ（万元/人年）	前5	LQ（万元/人年）	前5	LQ（万元/人年）	前5	LQ（万元/人年）	前5
昆明	0.39		0.4		0.38		0.35		0.33		0.32		0.34	
曲靖	0.45		0.48		0.50		0.51		0.54		0.59		0.61	
玉溪	0.24		0.24		0.23		0.22		0.23		0.23		0.23	
保山	0.89		0.85		0.78		0.71		0.69		0.67		0.67	
昭通	0.64		0.64		0.60		0.56		0.58		0.60		0.59	
丽江	1.08		1.04		0.99		0.97		0.98		1.05		1.05	
普洱	0.33		1.26		1.32	5	1.27	5	1.35	4	1.37	5	1.31	5
临沧	1.18	并列5	1.12		1.04		1.03		1.05		1.08		1.19	
楚雄	3.04	1	3.04	1	2.75	2	2.65	2	2.68	2	2.66	2	2.89	1
红河	0.57		0.55		0.53		0.49		0.48		0.48		0.46	
文山	0.65		0.62		0.68		0.66		0.67		0.69		0.74	
西双版纳	1.56	4	1.65	并列2	3.50	1	2.91	1	2.79	1	2.87	1	2.84	2
大理	1.36		1.32		1.27		1.25		1.28	5	1.72	3	2.00	3
德宏	1.64	3	1.47	4	1.45	4	1.30	4	1.24		1.24		1.21	
怒江	1.69	2	1.65	并列2	1.56	3	1.46	3	1.55	3	1.43	4	1.59	4
迪庆	1.41	并列5	1.29	5	1.15		1.09		1.05		1.06		1.17	

资料来源：根据2014~2020年《云南统计年鉴》数据计算所得。

4. 基于主要农产品产量的区域分析

（1）主要粮食作物。

2013~2019年，全省粮食产量呈逐年上升的趋势，各州市年平均增长率前三的是玉溪（77.75%）、昭通（18.21%）、临沧（14.20%），怒江、丽江、昆明、德宏为负增长。自2014年以来，曲靖、昭通和红河的粮食产量位居全省前三（见表8-42）。

表 8-42 云南省各州市粮食播种面积和产量数据（2013～2019 年）

州市	2013 年		2014 年		2015 年		2016 年		2017 年		2018 年		2019 年	
	面积（万公顷）	产量（万吨）	面积（万公顷）	产量（万吨）	面积（万公顷）	产量（万吨）	面积（万公顷）	产量（万吨）	面积（万公顷）	产量（万吨）	面积（万公顷）	产量（万吨）	面积（万公顷）	产量（万吨）
昆明	27.39	123.01	27.17	123.60	27.20	106.71	27.45	124.84	27.21	121.76	22.48	99.71	23.33	102.20
曲靖	67.08	318.19	67.46	328.00	67.66	334.47	68.06	340.56	68.50	347.71	62.19	314.50	62.97	319.62
玉溪	11.10	60.29	11.09	61.42	11.26	61.52	11.34	62.40	11.38	62.79	11.11	60.16	11.07	60.37
保山	26.00	104.34	26.23	141.16	26.31	143.16	26.37	143.91	26.25	146.25	25.98	144.36	26.18	145.61
昭通	55.32	118.49	54.78	220.69	54.26	225.69	54.76	228.50	54.09	231.40	51.00	206.51	50.37	205.90
丽江	13.58	73.90	13.29	51.05	13.37	51.15	13.49	52.40	13.60	53.02	12.58	49.16	12.77	49.71
普洱	34.53	101.09	35.14	117.03	35.15	120.00	34.83	121.25	34.90	123.21	33.95	116.82	34.19	118.32
临沧	29.75	62.77	29.57	102.01	30.01	104.01	30.09	105.20	30.19	106.76	28.69	101.46	28.80	102.67
楚雄	25.25	120.31	25.35	122.91	25.73	124.91	25.87	126.80	25.99	129.13	24.12	121.44	24.39	123.78
红河	40.18	177.79	39.80	180.70	39.78	183.68	39.83	185.55	39.41	187.00	38.33	179.63	38.46	182.18
文山	46.41	154.45	45.96	156.69	45.68	158.69	46.04	160.90	46.40	163.62	44.13	165.38	44.43	168.02
西双版纳	9.06	47.01	8.78	47.50	8.70	47.80	8.71	48.41	8.67	48.92	8.79	46.56	8.52	47.26
大理	31.21	168.75	31.20	173.15	31.68	175.65	31.80	177.60	31.69	177.65	29.66	164.59	29.64	163.83
德宏	15.44	75.27	15.63	76.95	15.49	77.45	14.90	75.38	14.19	74.95	13.60	68.18	12.91	67.75
怒江	8.11	20.13	8.06	202.73	8.06	20.27	7.99	20.22	7.43	18.55	6.41	15.76	6.21	15.89
迪庆	4.89	17.38	4.83	17.73	4.76	17.73	4.82	17.99	4.80	18.33	4.26	15.41	4.26	15.63

资料来源：2014～2020 年《云南统计年鉴》。

稻谷：保山、楚雄、红河、文山、大理等州市稻谷产量较高，玉溪、保山、楚雄、大理等州市的单产比其他州市高。

小麦：昆明、曲靖、楚雄、文山、红河等州市总产量较高，保山、丽江、德宏、迪庆等州市的单产较高。

玉米：昭通、曲靖、普洱、红河、文山、大理等州市总产量较高，曲靖、玉溪、保山、大理等州市的单产较高。

豆类：曲靖、楚雄、红河、文山、大理等州市的总产量较高，曲靖、保山、楚雄、大理等州市的单产较高。

薯类：昆明、曲靖、昭通、红河、文山、大理等州市的总产量较高，单产较高的是昆明、曲靖、楚雄、大理等州市。

（2）主要经济作物。

油料作物：主要集中在曲靖、保山、文山、楚雄等州市，与其他州市相比具有效率优势。

甘蔗：主要分布在滇西南、滇南地区的临沧、德宏、保山、普洱、西双版纳、红河、文山、玉溪市8个州市，尤其是保山、临沧、红河、文山、德宏等州市，产业融合度高，在各甘蔗产区中具有比较优势。

烤烟：在曲靖、楚雄、玉溪、昆明、红河、大理等州市由于当地烟草工业的带动，在全省各州市中仍具有综合优势（见表8－43）。

表8－43　云南省各州市部分年份油料、甘蔗和烤烟产量　单位：万吨

州市	2015年			2017年			2019年		
	油料	甘蔗	烤烟	油料	甘蔗	烤烟	油料	甘蔗	烤烟
昆明	1.52	0.10	7.09	1.26	0.11	6.95	1.38	0.06	6.78
曲靖	19.90	0.02	18.95	18.38	0.02	17.08	20.09	0.02	16.86
玉溪	3.79	85.98	8.07	3.18	65.31	7.53	4.13	63.04	8.16
保山	7.05	143.20	6.50	5.88	111.70	6.00	7.06	123.81	5.95
昭通	4.31	2.39	4.27	3.64	2.00	3.74	3.54	2.42	3.50
丽江	1.32	2.50	3.16	1.03	1.03	3.28	1.20	1.06	3.04
普洱	2.18	225.30	5.38	1.68	217.30	5.13	1.88	254.94	4.97
临沧	2.85	599.00	4.56	2.28	444.90	4.12	2.51	481.03	3.77
楚雄	6.09	1.24	9.28	5.20	1.48	8.62	6.53	3.00	8.41
红河	3.72	121.10	7.52	3.16	101.60	7.17	3.97	94.52	7.17
文山	7.15	240.70	6.25	6.19	135.20	5.02	6.00	121.38	3.35
西双版纳	0.19	95.52	0.00	0.12	90.30	0.00	0.12	87.42	0.00
大理	3.77	0.76	7.50	2.92	0.82	7.04	2.93	0.57	6.98
德宏	1.37	404.00	1.69	0.79	341.50	2.04	0.63	334.64	1.90
怒江	0.20	8.20	0.00	0.14	2.77	0.00	0.11	1.78	0.00
迪庆	0.50	0.00	0.14	0.43	0.00	0.14	0.45	0.00	0.14

资料来源：2016年、2018年和2020年《云南省统计年鉴》。

茶叶：主要集中在普洱、临沧、西双版纳和保山，这些地区在产业种植和生产上具有得天独厚的自然区域优势。

园林水果：云南主要以发展错季水果为主。园林水果是玉溪、普洱、红河、西双版纳、大理等州市的主要经济作物之一，这些州市和其他州市相比有其独具的生态环境和气候优势。

蔬菜：蔬菜产区主要分布在昆明、曲靖、红河、玉溪、楚雄等州市，这些地区不管是在种植规模还是交通条件和其他州市相比都具有比较优势（见表8－44）。

表 8－44　　云南省各州市部分年份茶叶、园林水果和蔬菜产量　　单位：万吨

州市	2015 年			2017 年			2019 年		
	茶叶	园林水果	蔬菜	茶叶	园林水果	蔬菜	茶叶	园林水果	蔬菜
昆明	0.01	19.57	271.20	0.01	21.38	88.16	0.01	26.13	308.48
曲靖	0.00	22.65	253.30	—	25.14	283.70	0.00	26.26	308.97
玉溪	0.38	63.32	219.70	0.38	80.64	240.20	0.41	97.23	278.92
保山	4.60	8.75	71.68	4.82	10.78	86.45	5.35	15.55	97.25
昭通	0.20	33.92	130.60	0.23	39.39	138.30	0.25	44.85	150.67
丽江	0.09	15.74	26.14	0.09	20.36	27.60	0.10	40.68	31.50
普洱	9.81	24.95	48.10	10.66	27.95	51.71	11.49	26.41	56.50
临沧	11.28	21.76	67.03	12.38	18.76	77.79	14.00	17.74	79.23
楚雄	0.14	24.86	194.20	0.14	31.46	220.50	0.15	36.23	251.01
红河	1.62	214.30	283.90	2.50	250.60	310.80	2.82	260.93	359.12
文山	1.09	39.21	129.70	1.09	43.21	152.00	1.15	44.42	150.05
西双版纳	4.67	91.01	19.84	4.56	65.35	24.85	5.15	61.36	35.27
大理	0.65	62.17	120.00	0.71	70.22	128.30	0.99	80.26	137.24
德宏	2.04	11.99	20.16	1.74	18.02	35.01	1.83	22.48	45.93
怒江	0.01	0.75	7.79	0.01	0.78	8.23	0.01	0.88	8.73
迪庆	—	1.37	3.77	—	1.34	4.28	0.00	1.30	5.27

资料来源：2016 年、2018 年和 2020 年《云南统计年鉴》。

鲜切花：主要集中在昆明、玉溪等滇中适宜区，近年来生产种植已逐渐向红河、楚雄、曲靖、大理、丽江等州市拓展。

蚕桑：主要优势区域集中在滇中的曲靖、楚雄，滇西的丽江、保山等，以及滇南的普洱、临沧、德宏 3 个区域。金沙江沿岸也是生态蚕茧生产优势产区。

咖啡：有德宏、普洱、保山三大主要产区，同时拓展了怒江、西双版纳、临沧、文山、红河等高海拔种植地区，区域产品品质好、价值明显、发展空间有潜力的州市。

橡胶：云南天然橡胶产量占全国总产量的 1/2 以上，产区分布于西双版纳、普洱、红河、临沧、德宏、文山和保山 7 个州市，气候资源和区位优势明显。

坚果：云南核桃主产区在大理、临沧、保山、楚雄等州市，澳洲坚果主产区包括临沧、德宏、普洱、西双版纳 4 个州市 16 个县。

中药材：云南中药材主要有三七、白及、滇黄精、当归等 19 种，种植产区主

要集中在曲靖、文山、红河、昭通、迪庆等州市。

畜牧产品：曲靖、红河、文山、大理、昭通、保山、昆明等州市是云南畜产品主要产区，生猪、奶牛、绵羊、禽蛋有较强的产业基础和区域优势。

水产品：曲靖、普洱、临沧、文山、大理等州市在特色淡水渔业养殖中具比较优势（见表8－45），主要养殖鲟鱼、鳟鱼、罗非鱼等。

表8－45　云南省各州市部分年份畜牧产品及水产品产量和增长情况

州市	2015年产量（万吨）		2017年产量（万吨）		2019年产量（万吨）		年平均增长率（%）	
	畜牧产品	水产品	畜牧产品	水产品	畜牧产品	水产品	畜牧产品	水产品
昆明	41.37	3.80	43.29	4.14	21.99	4.13	－14.61	2.11
曲靖	166.24	14.93	176.14	16.49	88.83	11.11	－14.50	－7.13
玉溪	26.24	1.65	27.74	1.72	13.61	1.72	－15.14	1.09
保山	42.58	4.42	44.08	5.35	33.01	4.18	－6.16	－1.38
昭通	48.04	4.15	49.50	5.07	32.74	5.36	－9.14	6.59
丽江	13.34	1.80	13.73	1.98	9.92	1.92	－7.13	1.63
普洱	17.30	14.15	17.53	16.10	20.27	16.45	4.04	3.84
临沧	25.70	9.91	26.55	11.71	25.70	12.47	0.00	5.92
楚雄	37.58	2.61	38.19	3.11	29.66	3.85	－5.75	10.24
红河	80.78	8.01	84.22	8.20	38.44	6.50	－16.94	－5.08
文山	51.25	8.61	50.96	9.21	24.90	6.51	－16.52	－6.76
西双版纳	3.52	6.33	3.60	6.82	3.83	8.36	2.12	7.20
大理	49.79	8.53	50.33	9.00	35.66	7.60	－8.00	－2.86
德宏	9.58	4.49	10.41	4.74	5.94	4.42	－11.27	－0.37
怒江	3.41	0.07	3.62	0.10	4.01	0.08	4.14	1.74
迪庆	2.75	0.28	3.08	0.28	2.88	0.28	1.14	0.03

资料来源：2016年、2018年和2020年《云南统计年鉴》。

（三）农业经济效益区域分布特点

反映一个地区农林牧渔业经济效益的指标很多，最常用的有投入产出率（农林牧渔业增加值/农林牧渔业中间消耗）和土地产出率（农林牧渔业总产值/耕地面积）。此处采用2014～2020年《云南统计年鉴》的相关数据计算整理2013年和2017～2019年各年间云南省各州市农林牧渔业投入产出率和土地产出率结果如表8－46和表8－47所示。

表 8－46　　　　云南省各州市农业投入产出率（2013 年、2017～2019 年）

州市	2013 年		2017 年		2018 年		2019 年	
	投入产出率(%)	前 8	投入产出率(%)	前 8	投入产出率(%)	前 8	投入产出率(%)	前 8
昆明	142.05		145.45		157.73		164.18	
曲靖	141.94		146.10		160.28		166.91	
玉溪	130.87		141.02		153.19		159.34	
保山	155.49	6	160.71	6	174.95	5	182.72	6
昭通	176.16	2	181.60	1	198.55	1	208.02	1
丽江	125.05		127.89		139.04		144.30	
普洱	145.28	7	149.59	8	161.29	8	167.98	
临沧	157.35	5	170.08	4	185.63	4	194.08	4
楚雄	142.64		146.82		161.67	7	168.38	8
红河	144.17	8	148.08		160.82		167.48	
文山	142.47		146.31		158.67		164.85	
西双版纳	137.36		159.91	7	171.91	6	175.39	7
大理	115.98		118.63		128.03		132.64	
德宏	166.52	3	171.89	3	187.73	3	196.34	3
怒江	207.62	1	179.09	2	195.49	2	204.71	2
迪庆	157.46	4	164.56	5	177.31	5	185.14	5

资料来源：根据 2014～2020 年《云南统计年鉴》相关数据计算整理。

表 8－47　　　　云南省各州市土地产出率（2013 年、2017～2019 年）

州市	耕地面积（万公顷）	2013 年		2017 年		2018 年		2019 年	
		土地产出率（万元/公顷）	全省排名	土地产出率（万元/公顷）	全省排名	土地产出率（万元/公顷）	全省排名	土地产出率（万元/公顷）	全省排名
昆明	42.75	6.99	4	8.57	4	8.77	4	10.47	4
曲靖	82.66	5.96	7	7.30	7	7.21	8	8.63	8
玉溪	25.15	7.88	3	9.76	3	9.94	3	11.88	3
保山	33.07	6.39	6	7.93	6	8.13	6	9.72	6
昭通	61.45	3.28		4.02		4.05		4.83	
丽江	20.39	3.63		4.46		4.58		5.48	
普洱	54.6	4.04		5.01		4.98		5.95	
临沧	47.69	4.47		5.52		5.67		6.77	
楚雄	36.65	6.74	5	8.34	5	8.51	5	10.18	5

续表

州市	耕地面积（万公顷）	2013年		2017年		2018年		2019年	
		土地产出率（万元/公顷）	全省排名	土地产出率（万元/公顷）	全省排名	土地产出率（万元/公顷）	全省排名	土地产出率（万元/公顷）	全省排名
红河	66.76	4.65		5.73		5.77		6.90	
文山	67.8	3.35		4.10		4.15		4.95	
西双版纳	13.96	9.90	1	12.15	1	12.46	1	14.87	1
大理	37.05	8.76	2	11.01	2	11.23	2	13.38	2
德宏	18.36	5.87	8	7.21	8	7.26	7	8.69	7
怒江	6.9	2.92		4.88		5.01		5.97	
迪庆	5.52	3.16		3.85		3.91		4.67	

资料来源：2014～2020年《云南统计年鉴》，耕地面积采用二次土地调查2015年土地变更调查数据。

从数据上看，全省农业投入产出率较高的有昭通、怒江、德宏等州市，但是其土地产出率排名靠后，说明这些地区的土地和劳动力价格低、投入不足，整体农业生产效率不高、经济落后。全省土地产出率排名靠前的西双版纳、大理、玉溪、昆明、楚雄和保山等自然条件好、经济较发达的地区，其农业生产技术水平、生产组织化、科技水平、机械化程度以及从业人员的技术熟练程度也越高，农业综合生产能力越强。

（四）农用物资投入区域分布特点

1. 农业机械总动力

截至2017年末，云南农机总动力为3534.53万瓦特，2013～2017年间农业机械总动力年均增长率为3.59%；大中型拖拉机与机引农机具配套比为1：0.17；农用小型拖拉机37.46万台，总动力37.99亿瓦特；小型拖拉机机引农具35.65万部（由于统计指标变化，2018～2019年农业机械总动力与历史数据不可比，为对比分析较长时间段的变化因此未采用）。

2013年和2017年云南省各州市农业机械动力及农机作业面积对比情况如表8－48所示。可以看出，昆明、曲靖、楚雄、红河、大理等州市农业机械动力相对充足，曲靖、保山、楚雄、文山、大理、昆明等州市机械作业面积占全省54%以上，农业机械化程度较高，其中，大理农业机械作业面积5年间都处于全省首位。

表 8-48　　2013 年、2017 年云南省各州市农业机械动力及作业面积变化情况

州市	2013 年		2017 年		全省排名前十		5 年间增长率（%）	
	总动力（万千瓦）	作业面积（万亩）	总动力（万千瓦）	作业面积（万亩）	总动力	作业面积	总动力	作业面积
昆明	301.00	698.00	323.00	784.94	3	6	7.31	12.46
曲靖	217.90	906.50	341.83	976.54	2	2	56.87	7.73
玉溪	247.97	228.36	270.11	628.68	6	9	8.93	175.30
保山	191.00	298.71	222.33	847.92	10	4	16.40	183.86
昭通	193.69	537.99	223.32	729.71	9	7	15.30	35.64
丽江	80.28	221.40	93.78	278.57			16.82	25.82
普洱	224.94	460.42	246.29	588.83	7	10	9.49	27.89
临沧	172.89	352.34	194.92	467.34			12.74	32.64
楚雄	260.33	747.64	301.60	885.98	4	3	15.85	18.50
红河	302.06	664.29	342.32	631.70	1	8	13.33	-4.91
文山	217.50	608.50	244.32	818.69	8	5	12.33	34.54
西双版纳	107.02	316.70	112.60	370.66			5.21	17.04
大理	271.13	335.25	299.66	1017.34	5	1	10.52	203.46
德宏	127.84	205.09	145.43	570.48		10	13.76	178.16
怒江	23.08	32.05	—	85.78				167.64
迪庆	45.00	50.84	54.09	127.35			20.20	150.49

资料来源：2013～2018 年各州市国民经济和社会发展统计公报、农业年鉴。

2. 农用薄膜、农药、化肥施用量

2013～2019 年云南省各州市农用薄膜及农药和化肥使用量的变化情况如表 8-49 和表 8-50 所示。可以看出，2013～2019 年，全省农用薄膜使用量年平均增长率前三的是西双版纳、文山和迪庆，昆明、曲靖、昭通、临沧和怒江为负增长。除怒江、迪庆农药施用量因体量较小维持在相对稳定的水平外，全省农药施用量呈现为负增长，其中西双版纳和大理降幅较大。除西双版纳以外的 15 个州市化肥施用量均有不同程度的减少，其中昆明、文山、临沧降幅位列全省前三。说明在全省各州市中，昆明、大理、保山、临沧、西双版纳、德宏、迪庆、普洱农业技术发展较快，对国家遏制农业面源污染扩大，实现“一控两减三基本”的任务目标完成得较好，有发展有机农业、绿色农业的良好基础和优势。

表 8－49　云南省各州市部分年份农用薄膜施用情况

州市	农用薄膜施用量（万吨）				年均增长率（%）	2019 年较 2013 年	
	2013 年	2017 年	2018 年	2019 年		增长量（万吨）	增长率（%）
昆　明	1.42	1.36	1.36	1.36	－0.84	－0.06	－4.02
曲　靖	2.45	2.52	2.42	2.38	－0.28	－0.07	－2.93
玉　溪	0.77	1.10	1.04	1.17	6.19	0.40	51.79
保　山	0.61	0.64	0.64	0.65	0.85	0.04	6.44
昭　通	0.73	0.69	0.69	0.65	－1.10	－0.08	－11.18
丽　江	0.32	0.36	0.36	0.34	2.28	0.02	6.00
普　洱	0.4	0.53	0.57	0.56	7.25	0.16	40.25
临　沧	0.37	0.38	0.37	0.35	－0.07	－0.02	－5.68
楚　雄	0.72	0.90	0.89	1.19	4.41	0.47	65.00
红　河	1.37	1.64	1.71	1.63	4.56	0.26	19.21
文　山	0.52	0.71	0.75	0.77	7.72	0.25	48.15
西双版纳	0.05	0.09	0.10	0.11	15.42	0.06	117.40
大　理	0.63	0.71	0.69	0.71	1.89	0.08	11.94
德　宏	0.20	0.24	0.24	0.24	3.89	0.04	20.60
怒　江	0.05	0.05	0.05	0.05	－1.23	0.00	－2.40
迪　庆	0.06	0.09	0.09	0.06	7.66	0.00	2.67

资料来源：2014～2020 年《云南统计年鉴》。

表 8－50　云南省各州市化肥和农药施用情况（2013～2019 年）　单位：万吨

州市	2013 年		2014 年		2015 年		2016 年		2017 年		2018 年		2019 年	
	化肥	农药	化肥	农药	化肥	农药	化肥	农药	化肥	农药	化肥	农药	化肥	农药
昆明	18.19	0.44	19.62	0.45	19.86	0.49	20.52	0.47	19.72	0.45	18.73	0.41	17.85	0.38
曲靖	37.28	0.61	38.67	0.65	38.58	0.66	38.93	0.68	38.51	0.64	35.03	0.56	30.29	0.48
玉溪	9.12	0.46	9.21	0.5	9.31	0.52	9.16	0.53	8.96	0.53	8.94	0.52	8.09	0.46
保山	12.77	0.48	13.35	0.5	13.32	0.51	11.57	0.46	11.62	0.46	11.24	0.44	10.90	0.42
昭通	14.56	0.14	14.74	0.15	15.04	0.15	15.15	0.15	15.09	0.15	15.13	0.14	14.55	0.13
丽江	8.62	0.14	8.86	0.15	9.21	0.16	9.4	0.18	9.11	0.16	8.78	0.14	8.98	0.13
普洱	7.99	0.41	8.72	0.42	9.19	0.44	9.52	0.45	9.47	0.42	9.02	0.39	8.64	0.36
临沧	19.89	0.25	19.93	0.26	20.94	0.27	22.29	0.26	21.6	0.24	21.34	0.24	20.69	0.23
楚雄	14.27	0.32	15.07	0.33	15.62	0.34	16.19	0.36	16.09	0.36	15.85	0.31	15.54	0.29
红河	24.47	0.81	26.5	0.95	26.63	1.02	27.37	1.05	27.47	1.05	25.89	0.98	24.92	0.86
文山	16.53	0.32	17.54	0.33	17.96	0.34	19.56	0.36	18.68	0.35	18.13	0.32	17.20	0.27
西双版纳	6.46	0.44	6.33	0.36	7.14	0.28	7.1	0.27	7.72	0.34	7.07	0.30	6.04	0.28

续表

州市	2013年		2014年		2015年		2016年		2017年		2018年		2019年	
	化肥	农药	化肥	农药	化肥	农药	化肥	农药	化肥	农药	化肥	农药	化肥	农药
大理	18.47	0.45	18.1	0.46	18.16	0.45	18.29	0.44	17.61	0.42	12.35	0.31	10.60	0.29
德宏	8.14	0.17	7.81	0.17	7.76	0.2	7.76	0.16	7.72	0.16	7.54	0.15	7.33	0.14
怒江	0.96	0.01	1.06	0.01	1.12	0.01	1.06	0.02	0.92	0.01	0.69	0.01	0.81	0.01
迪庆	1.29	0.03	1.49	0.03	1.49	0.02	1.72	0.02	1.67	0.02	1.64	0.02	1.60	0.02

资料来源：2014～2020年《云南统计年鉴》。

（五）农业社会资源利用区域特点

1. 农业从业人员现状

截至2019年底，云南省乡村人口2481.1万人，占云南总人口的51.09%；乡村就业人数2099.9万人，占就业人口总数的70.22%。2019年全省农民工总人数为875.3万人，其中，本地农民工323.6万人，比上年增加34.2万人，增长6.6%；外出农民工551.7万人，比上年增加34.2万人，增长6.6%。全省乡村就业人员较多的为曲靖（279.71万人，占就业人口总数的70.79%）、昭通（277.07万人，占87.33%）和红河（194.64万人，占69.42%）。全省乡村就业人员占就业人员比例80%以上的有5个州市，70%以上的有6个州市。除昆明外，各州市就业人员主要集中在乡村，乡村劳动力资源相对富足。

2. 农业固定资产投资

2013～2019年，云南省农业固定资产投资（不含农户）总量持续增长，相关数据显示，全省2019年农业固定资产投资（不含农户）增长15.8%。由统计数据可见，2013年以来云南省农业发展进入结构调整、产业升级、新旧动能转换的新阶段，农业投资呈现规模扩张、速度放缓的发展态势。各州市的农业投资规模持续增长，增速有所放缓。

3. 农田水利设施情况

对比2015～2019年云南省农田水利的发展情况，大体上呈逐年上升的趋势。以有效灌溉面积为例，2019年云南省的耕地灌溉面积达到192.25万公顷，比2015年增加了9.37%；曲靖、红河、文山、大理、保山、普洱6个州市的耕地灌溉面积占全省的53.9%。全省超过63%的水库集中在楚雄、昆明、曲靖、玉溪、大理5个州市；昆明、曲靖、红河、楚雄、玉溪、大理、红河7个州市的水库库容占全省的61.85%。

4. 公路交通线路

2019年全省公路通车里程26.24万公里，较2015年相比增加2.64万公里，增幅11.19%；等级公路增加3.5万公里，增幅17.59%。曲靖、普洱、红河、昭通、昆明、大理、楚雄等7个州（市）的公路通车里程超过2万公里，昆明、曲靖、红河、文山、大理、昭通、玉溪等7个州（市）的高速路里程占全省总数的73.7%，并已初步形成了铁路、公路等纵横交错的交通运输网络，具有良好的区位和交通优势，为农业产业的发展提供了极为有利的交通条件。怒江、迪庆、临沧交通基础设施相对落后，导致经济发展的客观条件比较差。

四、云南农业发展区域竞争力分析结论

（一）与周边国家相比，云南农机农技优势明显

云南与相邻四国在农业发展区域竞争力上各有优势。东南亚四国在土地资源和人力资源上较云南有较大的优势；泰国、越南的大米、橡胶、木薯、胡椒、腰果等具有较强的低成本优势；缅甸在水稻（大米）方面具有一定的竞争力；老挝的自然资源丰富、可耕土地面积大、人力资源丰富，农业开发潜力大。

云南的立体气候、品种资源、农业技术、农业机械、水陆交通设施等方面优势明显，水果、蔬菜、花卉、烟草、咖啡等农产品出口方面竞争力较强，但人均占有耕地最少、农村劳动力资源相对紧缺。为此，云南应进一步发挥农技、农机及投资方面的比较优势，加强与周边国家的农业技术经济合作，加大境外粮食和重要农产品生产基地建设步伐和温热带特色农产品的进出口贸易，做大做强开放农业。

（二）与周边省区相比，云南特色农产品对外贸易优势明显

从区位上看，云南有8个地州、25个县与缅甸、老挝、越南接壤，边境线总长4060千米，是中国唯一可以从陆地同时进入南亚、东南亚地区和从太平洋东岸经陆地连接印度洋西岸的黄金区域，具有连接“三亚”（东亚、东南亚、南亚）、肩挑“两洋”（太平洋和印度洋）的优越地理区位，也是唯一一个国际通信服务范围覆盖了大部分南亚、东南亚国家的省份，对外贸易的区位条件优越，农产品出口总额常年居于首位，2017年是毗邻省份总额的2倍以上，比较优势明显。

从农业自然资源上看，云南与毗邻省份相比在光照条件、热量、人均水资源量、人均耕地上占有优势，且立体气候显著，植物种类适宜性广，许多地区可以常年种植农作物，积温有效性高，对于一些对气候条件较苛刻的农作物生长具有很大的优势。因此，云南应充分发挥多样化和立体气候优势，发展具有特色的多样化错季农业，避免农业的单一性；利用小规模土地传统的农耕方式保留云贵高原农业的传统特色。

从农业社会资源上看，云南总就业人数、农业就业人数略低于四川省，高于其他比较省份，农业机械总动力在中上水平，大中型拖拉机数量、水库数量较大、总库容量、温室与大棚面积等远远超过毗邻省份，在提高农业劳动生产率和抗风险支撑能力，发展高原特色农业方面有基础优势。

从农业产业资源上看，云南农作物的播种面积与毗邻省份相比只比四川少，烤烟、甘蔗、茶叶、鲜切花、咖啡、橡胶等是云南具有特色的经济作物。核桃、澳洲坚果、烟叶、咖啡、橡胶面积和产量以及肉牛存栏占有绝对优势，茶叶、甘蔗比较优势明显。云南应重点发展独具规模优势的像花卉、咖啡这样地域性强、经济价值高、技术要求高、商品率高、对自然条件要求较严格的特色产业，加大对优势特色农产品如花卉、咖啡、外销蔬菜、水果等产业的支持，扶持特色农产品加工业的发展和品牌创建，提高规模化、组织化、绿色化、市场化水平，提升产业发展质量、效益和竞争力。

（三）云南省内现代农业梯度发展态势明显

云南省内现代农业发展水平和质量空间布局呈现明显的梯度特征，全省 16 个州（市）大体可分为三大类地区。

一是经济发达（核心）地区：含昆明、曲靖、玉溪、大理。这类地区农业产业整体结构优越，农业基础条件设施好，有明显的竞争优势和良好的竞争基础，农业机械化程度较高，发展现代化农业有较大的优势和空间。但是，这几个州市中也存在着差异，昆明、曲靖两市的竞争力远高于玉溪、大理两市，其农业产业结构所具有的增长速度优势对当地生产总值具有更明显的推动作用。

二是经济欠发达（腹地）地区：含楚雄、西双版纳、红河、文山、普洱、临沧。该区域在单一或其中几个农业产业具有竞争力，而在产业结构方面不具优势。这些地区虽然具有一定的竞争优势和基础条件，但农业产业结构推动效应不显著，产业结构整体不甚合理，需要加以调整和优化。

三是经济落后（边远）地区：含德宏、怒江、迪庆、丽江、保山、昭通。这一类区域在农业产业结构、资金投入和农业基础设施等方面均处于劣势，农业竞争力较弱，政策、自然条件可能对其影响较大。

第二节　提升云南农业发展区域竞争力的思路与对策

一、基本思路

全面贯彻落实党的十九大精神、习近平新时代中国特色社会主义思想和习总书记考察云南重要讲话的精神，围绕农村一二三产业融合发展，把加快构建特色鲜明、布局合理、创业活跃、联农紧密的乡村产业体系、推进“8+N”重点产业发展和打造世界一流“绿色食品牌”作为未来云南农业区域发展的重点方向。一是以农田水利和农村路网建设为核心，加快农业农村基础设施建设；以结构调整、优化布局和转型升级为途径，加速推进农业现代化；以农业龙头企业和优势品牌为支撑，大力推进农业产业化；以农业生产和农村生活服务为主要内容，努力构建现代乡村服务业体系；以地域文化和乡村旅游为内涵，加强农业文化旅游建设；以资源节约和核心竞争力为目标，着力推进科技创新，不断提高区域农业生产的综合实力和竞争力。二是落实创新驱动发展战略，按照农业供给侧结构性改革和现代农业发展的新要求，聚焦粮食、重要农产品和特色农产品三类产业，瞄准制约竞争力提升的“节本增效、质量安全、生态安全”三个短板，建立科技创新联合体，以县域为实施单元，创建节本降耗、绿色增产、提质增效和循环利用等技术模式，提高标准化、品牌化、信息化水平，推动产业转型升级，提高质量效益和农业区域竞争力。三是各州市在重点产业选择上要有所为有所不为，坚持“比较优势、效率优先”的原则，选择有基础、有优势、效率高、效益好的产业和产品重点培育发展。

提升农业区域竞争力的主要途径就是将比较优势转变为竞争优势。在全球市场一体化的今天，各个地区的农产品均有在国内和国际占领更大市场份额、获得更多经济利益的明确目标。因此，云南高原特色现代农业发展不能仅仅停留在云南本地已有的比较优势上，更要致力于创造云南特色农产品在国内、国际市场的竞争优势，要跳出云南看云南。

云南气候条件优越、热区资源丰富，拥有得天独厚的自然资源，资源方面有着突出的比较优势，但一些自然资源丰富的地区经济发展却不尽如人意。因此，在省外、省内的市场竞争中，各地区应将自身放在全国、全省的背景下，对市情、州情、县情进行再思考，将资源优势放在市场经济的大环境里再定位再认识。对外，要充分发挥云南独特的区位特点，立足高原丰富多样的资源优势，大力开发名特优产品，加快推进农业对外合作，实施“引进来，走出去”、近远结合的战略：“近”是面向东南亚周边国家和中南半岛地区，充分发挥云南省的比较优势，积极支持各类企业、农业科研和推广单位以资金和技术为主，实施全方位的农业“走出去”，实现优势互补，互利共赢；“远”是瞄准中东、欧洲、俄罗斯和北美等国家和地区，以产品走出去为主，统筹利用国际国内两个市场、两种资源，推进双向开放、合作共赢、共同发展，提升农业对外开放层次、水平和竞争力（石璐言，2017）。对内，则要大力发展农业产业化，推进一二三产业高度、深度融合，培育壮大新型经营主体和农产品的精深加工，努力提高农产品的附加值；实施品牌战略，打造云南绿色食品牌，增强品牌影响力，让“云系”“滇牌”农产品唱响全国、走向世界。

二、对策建议

（一）重视顶层设计，科学谋划农业区域发展的新思路

秉持规划先行的理念，高度重视规划和行动方案的系统性、基础性、全局性和前瞻性。在确保粮食安全、口粮自给的基础上，围绕国际国内市场需求变化，以保障农产品有效供给、大幅增加农民收入为主要目标，以提高农业供给质量、农业综合生产能力与农产品竞争力、实现高原农业可持续发展为主要任务（李学林，2014），从全省的角度，合理布局，做到农、林、牧、渔协调发展。结合区域实际，制定产业中长期发展规划，明确产业定位和发展目标。把云南 16 个州市 129 个县，通过编制规划找准定位、发现问题、凝聚共识、谋划未来，使规划成为指导县域未来有序发展的重要依据，提高政府决策的科学性。由小到大，分类规划，突出优势特色、可持续发展。发展基础好的县域致力于形成核心竞争力，加快发展的县域致力于增添动力和活力，发展滞后的县域致力于培植后发优势。对不同的区域层次进行分类施策，通过抓两头、带中间的方式，逐步实现县域农业

经济实现区域化协同发展（李庆珍，2017）。

（二）发展精深加工，延长产业链，提高产品附加值

长期以来，云南农产品加工大多是以初（粗）加工为主，产业链短，农产品附加值低，产品缺乏竞争力，资源优势不能转化为经济优势。因此，云南要提升农业区域竞争力必须重视全产业链发展：在生产环节，要重点建好产地保鲜、储存、分等分级设施，提升社会化服务水平，培育新型农业经营主体；在流通环节，要高位统筹农产品集散地、销地、产地批发市场建设，构建产销一体化流通链条，特别重视农产品冷链建设；在加工环节，要着重延伸农产品下游深加工配套产业链条，形成产业集群，提高产品附加值，实现初加工向精深加工发展。支持加工企业提升全程化的质量控制能力，弘扬精益求精、追求卓越的工匠精神，促进农产品加工业增品种、提品质、创品牌。打造有独特区域优势和良好市场竞争力的产业集群，形成市场广、加工深、品牌好、配套全、特色鲜明的加工业发展新格局（董晓波等，2016）。

（三）重视区域差异性，寻找区域发展突破口

农业区域化发展，应重在区域特色上下功夫，而不是不加甄别地照搬其他地区的经验和做法，否则终将形成“特色不特”的局面。受部分农产品价格持续上涨的刺激，近年来云南有些地方对于发展优势农业产业的积极性空前高涨，但是对国内、国际消费市场的理性分析却不足，导致部分产业开发过度的情况时有发生，如核桃、澳洲坚果、天然橡胶、茶叶、咖啡等，种植面积无限扩张，或深加工跟不上，或市场消费能力跟不上，或品牌建设跟不上，目前大多出现了产量过快上升或市场价格波动引起效益下降等情况，不仅对农民收入造成巨大影响，也不利于产业的健康持续发展。因此，区域农业发展要因地制宜地从当地民族文化、农业产业、民风民俗、自然资源等多个方面入手，通过市场调研和分析比较，找出最具地方特色和市场潜力的发展方向，作为本地区产业发展的突破口，认准目标、上下同心、久久为功，花几年甚至更长的时间，将产业做大做强，逐步提升产业和产品的竞争力。云南要集中力量，大力发展、培育独具优势的花卉、咖啡、蔬菜、水果、烟草等产业，使之做大做强，成为云南在国内外独具竞争力的拳头产业，全面提升云南农业的区域竞争力。

（四）不断加大差别化政策扶持与资金支持，夯实发展基础

加快农业区域经济的快速发展，全方位的政策扶持与充分的资金投入是根本。要积极争取国家对高原地区生态保护治理、特色产业发展及基础条件建设的重大差别化政策扶持和资金支持。重点要加大农业财政支持、农业补贴、农村扶贫、农村金融服务、耕地林地保护与流转、生态补偿、农业保险、农业对外开放与合作等领域的差异化政策扶持力度，整合资金，充实和健全农业转型支持保护体系。加大农业基本建设投入，改善农田基本设施和农业机械化配比，提高农业生产效率。要根据各地农业转型发展的目标任务及不同地区的资源条件，因地制宜，对不同的产业和项目，采用不同策略、模式，确定不同支持重点，采取不同的扶持政策（李学林，2014）。

（五）强化科技支撑引领能力建设，提高发展效益

按照农业科技的公共性、基础性和社会性定位，建立以财政为主渠道的农业科研投入机制，切实加大投入，提高农业科研机构的保障水平；加快农业科技进步与创新，提高农业科技研发水平，发挥支撑与引领作用。着力攻克高原特色产业良种培育、粮食安全、资源保护、生态恢复、疫病防控、防灾减灾等领域关键性技术；集成推广先进实用技术，推进农机农艺结合、良种良法配套，立足优质化、专业化、精细化和高效化，开展优势特色农、林、畜、水产品产业基地建设；加强农业成果推广应用，发挥基层推广部门、科技园区、龙头企业和农村经济合作组织在推广、培训、示范适用技术和培养新型职业农民的平台与纽带作用，不断提高农民科技素质（李学林，2014）。

（六）优化区域布局，调整产业结构，拓宽发展新渠道

根据全省农业区域经济发展的现状，遵循“绿色生态、可持续发展”的原则，以突出优势、打造精品、提高品牌影响力为目标，充分发挥各区域比较优势，合理配置生产要素，提高资源的利用水平，有序引导农村土地经营权流转，推动农业适度规模经营，促进各类农业区域的经济发展，逐步缩小区域间的发展差距。一是经济发达地区，农业基础设施设备条件好，农业机械化程度高，依托科技开展农业现代化生产，实施专业化、规模化、标准化种植，提高农产品质量，聚集各类要素全产业链打造花卉、蔬菜、水果等重点产业。发展农产品精深加工，提

高产品的附加值。实施品牌发展战略，集中打造在国际、国内具有影响力的优势特色农产品品牌。大力发展二三产业，实现一二三产业的融合发展，补齐产业短板，着力培养有持久竞争力的产业优势、产品优势、竞争优势，全面提升云南特色农产品在国内外市场上的竞争力，带动全省农业现代化的全面推进。二是经济欠发达地区，根据各地区特点，调整产业结构，建设产业重点县，推进农产品向优势产区集聚，打造区域特征鲜明的高原特色现代农业产业体系。如滇东北曲靖、昭通等地可重点发展生猪、牛羊、蔬菜、水果、花卉、中药材等产业，滇东南红河、文山等地可重点发展生猪、牛羊、蔬菜、水果、中药材、茶叶等产业，滇西大理、丽江、保山等地可重点发展牛羊、生猪、蔬菜、核桃、中药材等产业。按照“一县一业”“一业一牌”的思路，积极推进标准化生产和规模经营，强化产地认证和产品质量认证，以农产品加工业为引领，技术创新为动力，各自努力做强做大一个主导产业和一个地方品牌，引导主导产业向专业化、标准化以及市场化方向发展，积极发展二三产业，全面提升区域农业的生产力水平和农产品的市场竞争力。三是经济落后地区，主要是边远山区，也是民族聚居区和生态脆弱区，经济发展缓慢滞后，人力资源素质不高，难以被经济发达区域带动和辐射，但也是资源富集地区，旅游资源丰富、民族文化多彩多姿。这类地区应以产业化整体开发、优化配置各种资源要素为基本要求，调整产业结构，充分挖掘发展具有本地特色的优势产品、绿色无公害农产品，发展山地牧业、经济林果，中药材等特色产业。在旅游资源丰富的地区，加大一产与三产融合，开发“旅游+文化”“旅游+高原特色农业”“旅游+生态”“旅游+交通”等旅游新模式，逐步提高本地区的农业生产效益和竞争力。

（执笔：罗雁、王奕、杨妍、王正双、鄢文光、陈良正）

第九章

云南农业供给侧结构性改革研究

第一节　云南农业供给侧结构性改革的要求

一、研究背景

2015 年 11 月，习近平总书记提出“在适度扩大总需求的同时，着力加强供给侧结构性改革”。同年 12 月，中央农村工作会议要求“着力加强农业供给侧结构性改革，提高农业供给体系质量和效率，真正形成结构合理、保障有力的农产品有效供给”。2016 年中央一号文件进一步提出“推进农业供给侧结构性改革，加快转变农业发展方式，保持农业稳定发展和农民持续增收”。推进农业供给侧结构性改革，是加快转变农业发展方式的重要途径，也是加快转变农业发展方式在农业供给侧的聚焦和升华（姜长云等，2017）。2017 年中央一号文件以农业供给侧结构性改革为主题，明确“优化产品产业结构，着力推进农业提质增效；推行绿色生产方式，增强农业可持续发展能力；壮大新产业新业态，拓展农业产业链价值链；强化科技创新驱动，引领现代农业加快发展；补齐农业农村短板，夯实农村共享发展基础；加大农村改革力度，激活农业农村内生发展动力”。农业供给侧结构性改革成为加快农业发展方式转变、促进我国农业农村发展的重要手段。

云南省第十次党代会对加速全省现代农业发展作出了具体部署，要求全面贯彻落实党中央、国务院关于新时期、新形势下加快推进我国现代农业发展的路线、方针和政策，深入推进农业供给侧结构性改革，加快转变农业发展方式，着力优化农业产业结构和区域布局，积极构建现代农业发展体系，打造云南高原特色现代农业品牌，大力发展外向型农业。云南农业供给侧结构性改革，就是要结合

2017年中央一号文件的总体要求和推进高原特色农业现代化发展的中心工作任务，充分激活农业农村发展的内在动力，转变发展方式，促进农业农村经济持续健康发展（郑宝华，2017）。

二、理论基础

农业供给侧结构性改革的理论基础主要有生产要素理论和市场供需理论。生产要素理论认为，“供给侧”有劳动力、资本、土地、技术等多种要素，各要素在充分配置条件下可以提高中长期经济增长率。农业供给侧结构性改革就是要优化农业各要素配置（马泽波，2016）。各类要素供给的数量直接决定了供给的总量，而要素供给的质量以及供给方式，则会对供给结构的形成、供给质量的提升产生影响。如农业劳动力要素，其总量减少、青壮年劳动力流失、兼业化程度提高等数量、质量供给方式的变动，均会从不同角度影响农业供给侧表征的形成。然而，要素的合理配置与质量提升仅仅是供给侧结构性改革诸多内容中的一部分，更为根本、更为重要的是要实现农业生产方式的调整与经济增长方式的改变（马泽波，2016），即要推动整个产业转型升级和提质增效。除要素配置方式外，生产方式的调整更包含了新型经营体系的构建以及新业态的创造。现阶段农业经营体系的创新重点是通过培育新型经营主体和新型业态，以解决如何使生产向组织化、规模化、专业化、社会化推进，如何构建从田间到餐桌的效率高、损耗低、安全快捷的产业链，如何实现生产者和消费者的双赢等问题。通过积极培育新业态，以适应市场高端化、多元化的需求，创制满足个性化需求的个体农业供给模式和手段，力争在点上、在局部提升农业的效益和竞争力（张社梅等，2017）。按照提高全要素生产率的思路和要求，通过优化配置各类要素资源、建立新型生存经营模式，解决制约农业农村发展的结构性、体制性矛盾，调整优化农业产业结构和农村经济结构，着力培育农业农村发展的新动能。最后，要按照生态经济学的原理和产业生态化的要求，建立以资源生态为基准、以市场需求为导向的要素配置机制和产品供给体系，重点化解资源错配和供需错位等结构性问题，保障主要农产品供给安全，减少过剩低端供给，扩大有效和中高端供给，提高农业的质量效益和竞争力（杨军，2017）。生产要素理论基本涵盖了我国农业供给侧结构性改革的内容、方向和目标，从生产端出发，研究了农业生产的效率问题。

市场供需理论认为，农业供给侧结构性改革，就是要实现农业产品和服务供需之间的有效对接和平衡。供给和需求是经济运行的一体两面，二者相辅相成、互相影响。从字面上理解“供给侧”改革是研究产品和服务供给问题，以市场需求为导向调整农业生产（张社梅等，2017）。针对农业供给侧结构性改革中提高农业综合效益和竞争力等任务，通过调整农产品的供给数量、价格以及改善农产品质量，在保障农产品供给数量和品质的前提下，降低农业生产成本，提高农业产业的生产效率和核心竞争力。农业供给侧改革，不仅要通过挖掘供给来创造需求的潜能，还需要用需求倒逼来促进供给的改善（张社梅等，2017）。一方面，要从农业供给侧入手，高效配置和利用农业生产要素，通过调结构、转方式、增投入等改革手段，破解结构性障碍，增加农产品有效供给，促进农业可持续发展。另一方面，要从需求端入手，针对各类消费人群的个性化消费需求以及各类经营主体生产需求等方面，对农产品供给品种、品质和品牌等“结构性”问题进行改革，走出一条差异化竞争的道路，力防“谷贱伤农”“菜贱伤农”等现象发生。

在上述理论基础上，为进一步理解农业供给侧结构性改革的效果，可以使用具体衡量和反映供给侧状况的部分重要指标，如总量、结构和效率三个指标。总量是衡量供给多少的指标，可以用农产品产量或者产量年际增减情况来表示。结构包括农林牧渔服务业产业结构、品种结构、品质结构以及三次产业之间的结构，结构指标揭示的是有效供给的平衡状态。效率指标主要衡量的是单位产出和投入之间的比例关系，可以用单位产出的净利润、成本利润率来表示，也可以用各类要素的边际收益情况来表示，如土地生产率、劳动生产率、资金生产率、资源利用率等。效率指标较结构指标，更进一步揭示了农业供给的质量和竞争力（张社梅等，2017）。

三、研究意义

推进云南农业供给侧结构性改革，是农业发展规律与云南农业发展阶段特征的必然要求，其主要意义表现在如下几个方面。

（一）有利于化解农业“产能过剩”

“大国小农”是我国“三农”的基本国情，也将是未来一段时期我国农业的常态。而小农生产者集中关注农产品生产数量，对市场需求预期变化不敏感，农产品生产与市场需求脱节，导致农产品生产呈现出明显结构性“生产过剩”态势，近年来我国粮食方面出现的生产量、进口量、库存量“三量齐增”是其典型表现。推进农业供给侧结构性改革，大力调整农产品品种结构、品质结构，减少低端农产品的生产，增加符合市场需求的中高端农产品的生产，不仅有利于减少农产品现有库存和防止新库存的增加（王菊，2020），还可以支持农产品加工企业的发展、实现加工增值和产业提质增效。

（二）有利于实现生产与市场高效对接

目前我国以“小生产”为主的农业生产经营方式难以对接多元化、个性化的“大市场”需求是农业现代化的最大困难和障碍。随着人民生活水平的不断提升，“舌尖上的安全”日益成为民众关注的焦点，城乡居民农产品消费需求正从“吃饱”向“吃好、吃得安全、吃得营养健康”快速转变（王菊，2020）。消费者对农产品的需求结构已经发生了根本性变化，消费者需求个性化、农产品需求多样化态势不可逆转，多元化、个性化的需求显著增多。而以市场需求为导向，通过政府引导推进农业供给侧结构性改革，不断增加契合市场需求的农产品生产，能够满足消费者对农产品的多样化需求，实现生产与市场高效对接。

（三）有利于缓解农业生产的资源环境压力

当前，云南农业资源与环境对农业可持续发展的影响越来越大。一方面，耕地资源不断减少且土地肥力日益下降，水资源日益短缺且季节性、区域性分布极不均衡；另一方面，传统粗放式的农业生产方式使得农药、化肥等过度投入，农业面源污染问题日益突出。通过农业供给侧改革，加快新技术的推广、新能源的利用和生产要素的优化配置，不但可以降低农业生产成本，缓解资源环境压力，还可以提高资源利用率、要素产出率。

（四）有利于增加农民收入

通过发展适度规模经营、促进一二三产业融合发展、开展农业社会化服务等措施，不仅可以让农民获得农业生产环节的利润，还可以让农民分享农产品加工、农产品销售等产业链条获得的部分利润，不断拓宽和提升农业产业的价值链，增加农民的产品性收入、工资性收入、财产性收入。通过完善补贴政策也可增加农民的转移性收入（王菊，2020）。

第二节　云南农业供给侧结构性改革的现状分析

一、云南农业需求现状及特征

（一）农产品消费结构集中且价格保持稳定

从生活消费支出结构来看，全体居民大部分钱花在了食品、居住、交通通信方面。在食品方面，主要细分品种是食品、粮食、食用油、鲜菜、蛋类、畜肉类、猪肉类等，而省内主要农产品市场价格保持稳定，相关数据表明，2018 年 8 月，全省食品烟酒类价格同比下降 0.3%，其中，食品类价格下降 1.0%，粮食类价格上涨 2.0%，食用油类价格下降 3.0%，鲜菜价格下降 3.4%，蛋类价格上涨 12.0%，畜肉类价格下降 6.6%，猪肉类价格下降 10.3%，奶类价格上涨 2.2%，烟酒类上涨 0.1%，在外餐饮价格上涨 1.5%（杨之辉，2018）。在品种消费的量上，粮食消费量逐年减少，肉类、蛋类、奶类、鲜活水产品消费需求增加，全省粮食每年需求缺口为 400 万吨，主要是饲料用粮。

（二）农产品外向型市场需求旺盛，国内外市场高度认可

截至 2017 年底，云南省农产品出口已达 116 个国家和地区，水果、蔬菜、花卉等主要农产品出口增势良好，企业出口订单增长明显。2017 年，云南省经检验检疫出口的农产品达 59684 批次，货值 48.04 亿美元，同比分别增长 9.73% 和 17.09%，继续保持西部首位、全国第七（杨之辉，2018）。2017 年，云南新增蒙自国家级和泸西省级出口食品农产品质量安全示范区，截至 2018 年，云南省已建成 10 个出口食品农产品质量安全示范区。示范区以标准化安全生产技术和管理理念运作，对农产品质量安全起到了强有力的带动作用。蔬菜、水果、花卉、野生菌、茶叶、咖啡以及文山三七、蒙自石榴、大理黑蒜、丽江黑山羊、香格里拉青稞啤酒等云南特色农产品已打入欧盟、日本等市场，罗平菜籽油、罗平小黄姜等获得了生态原产地保护，云南有 40 家企业在国家认监委“三同”（即内外销产品“同线同标同质”）平台上线，“云品”持续深入对接国内外市场（孔垂炼，2018）。

（三）消费者对农产品质量要求日益提高

随着经济社会的高速发展，消费者对农产品质量安全、营养价值等的要求逐渐提高。已有研究证明：月收入8000元以上的中高端消费者，更加注重农产品的新鲜程度，对肉类和蔬菜新鲜度和营养价值的关注度平均分别为80.8%和22.7%，对农产品安全问题的关注度为81.8%，对化肥农药残留问题担忧的比例高达75.23%（孔垂炼，2018）。月收入超过8000元的标准将对农产品的质量产生更高的要求。2018年，我国人均GDP接近1万美元，说明未来国内市场消费者对农产品质量的要求更高。得益于多样化及错季等独特的优势，云南农业外向型特征十分明显，以蔬菜、花卉、水果等为主的鲜活农产品主要用于出现外销和出口创汇，因此农产品质量安全更加影响市场消费者的选择。

（四）农产品购买渠道多样

消费者购买农产品渠道多样，高端消费者主要集中在大型超市、大卖场、果蔬专卖店等专业渠道，普通家庭以农贸市场为主要渠道，生鲜超市、社区菜店也应运而生。另外，农产品生活服务电商也成为消费者新型的农产品购买渠道，根据易观国际发布的《2018中国本地生活服务市场年度报告盘点》，2018年中国本地生活服务市场线上交易规模达到15620.7亿元，其中到店业务达到9976.3亿元，到家业务达到5644亿元（其中餐饮外卖4450.3亿元，增长114%）。总体来看，“生鲜+餐饮智能店”是目前生鲜智能零售店的发展方向。根据阿里巴巴发布的数据：2018年，云南省内注册的网店主体达到27330户，在天猫淘宝上的云南特色农产品达到109种，网络销售额超过44亿元，网络销售总额同比劲增49.6%，增速全国第2，销售额全国第1（江仕敏，2019）。

（五）农产品品牌成为市场选择的重要风向标，“三品”市场作用发挥不够充分

农产品品牌成为市场消费者选择的重要参考，特别是农产品地域公共品牌对市场消费者产生的作用明显。云南打造了一批具有代表性的优质农产品，文山三七、元阳红米、昭通苹果、蒙自石榴、斗南花卉、通海蔬菜、云南普洱茶、云南小粒咖啡等区域公共品牌知名度高，成为引领消费者购买同类农产品的重要依据。和农产品品牌相比，“三品一标”的市场作用发挥得不够充分，普通消费者并不能

清晰地识别有机、绿色、无公害三种认证农产品的差异，部分消费者认为“无公害”认证的安全级别最高，更有多数消费者认为有机农产品是无农药、无添加的产品。同时，有机农产品在省内的接受程度并不高，售价往往是无公害农产品价格的 2 ~3 倍，造成有机农产品在省内市场销售份额不高。

（六）农业体验和多功能性拓展成为市场消费的新热点和趋势

农业多功能性拓展成为市场消费的新热点和趋势。2018 年，云南省休闲农业和乡村旅游投资达 241.6 亿元，休闲农业和乡村旅游接待旅游者 2.5 亿人次，休闲农业和乡村旅游收入 2004.4 亿元，累计直接从业人员 51.67 万人，间接就业 171 万人。2018 年全省休闲农业和乡村旅游扶贫重点村脱贫出列超过 340 个，全省休闲农业和旅游扶贫新增带动脱贫人口 13.1 万人（江仕敏，2019）。“罗平油菜花节”“腾冲花海节”、红河哈尼梯田稻作系统和哈尼族长街宴、丽江市玉水寨等各种休闲农业主题活动，备受市场欢迎，有力地促进了当地特色优质农产品的销售和推广，如“罗平油菜花节”期间，农户卖农副产品的收入每户可高达 6 万余元。

（七）游资炒作加剧农产品周期性供需矛盾明显

除季节性因素，农产品周期性供需失衡以及游资炒作等因素是导致农产品价格变化的重要原因。农产品周期性供需矛盾带来的价格波动，在鸡蛋、蔬菜、猪肉、中药材等农产品上表现明显，农产品价格上涨与游资炒作及经营者操纵价格存在一定关系，影响农产品的市场需求。以云南省中药材玛卡、三七、虫草等农产品为例，都被市场游资恶意炒作、囤积居奇，造成农产品市场价格出现非正常波动，最终导致整个产业受损，发展受限。

二、云南农业供给现状与特征

（一）特色经济作物面积快速增加，粮食作物面积和主要畜禽产品减少

云南农产品生产品种结构发生较大改变，从低效益的粮食作物快速转向高效益的经济作物，同时，畜禽产品产量及其他产品也出现下降。以 2005 ~2017 年为例，云南省蔬菜种植面积从 52 万公顷增加到 108.48 万公顷、水果种植面积从 22.48 万公顷增加到 59.43 万公顷、花卉种植面积从 1.6 万公顷增加到 10.41 万公顷、茶叶面积

从21.85万公顷增加到43.79万公顷。1978～2018年，云南省粮食播种面积占农作物播种面积的比例由89%下降到62%，下降了27个百分点，明显高于全国（12个百分点）的平均水平，粮食作物逐渐被蔬菜、水果、花卉、茶叶等高效经济作物取代。值得一提的是，云南省特色小杂粮品种多、种质资源丰富，成为粮食生产种植和市场供给中的特色。2013～2017年，云南省畜禽产品产量都出现不同比例的减少，肉类总量从654.11万吨减少到419.2万吨、猪肉产量从523.85万吨减少到320.2万吨、牛肉产量从54.1万吨减少到35.8万吨、羊肉从19.53万吨减少到18.1万吨、牛奶从69.8万吨减少到56.8万吨、禽蛋从56.51万吨减少到30.7万吨。

（二）农产品供给向优势区集中，并形成集群现象

云南立体气候特征明显，受不同地区特色产业的差异、市场机制运转、推进措施、引领示范等影响，农产品生产逐渐向最适宜区和优势区集中，产业集群现象明显。如全省蔬菜生产优势区集中在玉溪、红河、楚雄、曲靖等7个州市，其产品具备上市早、规模大、品种多、产量高、品质优等特点，又以通海、元谋等地蔬菜集群现象最为明显。保山成为我国咖啡种植最为集中、面积最大、产量最高的主产区，又以世界主要栽培品种小粒咖啡为主，形成“香气浓郁、微酸可口”的品质。临沧、普洱、西双版纳以古茶树遗产存量较大、茶树资源丰富、品质好等特点，形成全省普洱茶主产区和优势区。文山因独特的地理气候成为三七的原产地和主产地，形成著名的“中国三七之乡”，被认定为三七特优区。

（三）农业生产的资源配置和市场竞争力不高

传统农业长期低效率消耗生产要素，加之城镇化对农业生产要素的占用，使得云南耕地、水资源和劳动力等基本要素快速减少。根据《云南统计年鉴》数据，2014～2016年云南省耕地面积由620.98万公顷减少到620.78万公顷。2001～2016年云南省水资源总量从2561.94亿立方米减少到2089亿立方米，减少了472.94亿立方米。2012～2016年，云南省农业从业人员数量从1619万人减少到1608万人。耕地、水资源和劳动力等基本要素的减少成为制约云南农业发展的重要因素。全省60%的农业企业主要以产品初级加工和劳动密集型产业为主，产品低端同质化严重，进行二次加工的农业企业占比不足20%。省内主要农产品产量价格持续高于国内市场，如天然橡胶、糖料等主要农产品国内市场价格约比国际市场高出30%～50%。据中国玉米网统计，2018年2月云南玉米主产区的收购价为2160

元/吨，而同期山东、吉林、黑龙江等主产区玉米的收购价为1600～2000元/吨，云南玉米价格偏高缺乏市场竞争力。

（四）农产品质量安全水平快速提高

无公害农产品、绿色食品、有机食品和农产品地理标志“三品一标”是我国安全优质生态特色农产品的公共品牌。截至2017年底，云南省“三品一标”有效认证登记单位904家，“三品一标”有效用标认证登记产品2033个，其中无公害产品1119个、绿色食品787个、有机食品51个、农产品地理标志保护产品认证76个。云南省农业农村厅提供的信息显示，2017年，全省“三品一标”新认证登记企业（单位）218家，产品480个，再创历史新高。“三品”有效用标认证面积471万亩，占常用耕地6345万亩的7.42%，比2016年增加12万亩、增长2.6%（王淑娟，2018）。目前，云南农产品质量安全水平快速提高，为市场供给高质量的农产品，为市场需求端反推供给端提供可靠的、稳定的产品质量保证。

（五）农业多功能性拓展的条件日益改善

云南省积极出台相应的政策和文件，优化农业多功能性拓展的外部发展环境，先后制定和出台了《云南省旅游产业“十三五”发展规划》《云南省旅游扶贫专项规划（2016—2020年）》《云南省乡村振兴战略规划（2018—2022年）》《云南省人民政府办公厅关于促进全域旅游发展的实施意见》，印发了云南省全域旅游示范区、旅游强县、旅游名镇、旅游名村、旅游生态农庄创建规范以及农家乐等级划分与评定等标准，形成国家级品牌75个、省级品牌2590个，形成100余条休闲农业和乡村旅游精品线路。2016～2018年新建和改建旅游厕所3600座，其中乡村旅游厕所1100座，占30%。组织动员各级旅游部门、旅游院校、旅游企事业单位做好旅游扶贫专项人才培训工作，2016年全省完成乡村旅游扶贫培训4.8万人次，2017年完成5.3万人次，2018年完成5.3万人次①，使得农业多功能性拓展的政策环境、硬件设施、主体等条件都有明显的改善。

（六）多数农产品供给渠道传统、形态单一，供给效率低下

云南省多数农产品供给渠道是以田间地头市场为主，通过收购商再到批发市场，然后到全国各地的经销商实现销售，流通环节过多，造成流通过程中损耗大、

① 数据来源于云南省农业农村厅。

成本高。如全省90%以上的果蔬都是常规常温运输，损耗率高达20%～35%，远高于发达国家5%的水平，仅此一项每年造成近100亿元的损失。在10%的冷链运输过程中，损耗也达5%～10%。同时，全省农产品供给普遍存在粗放经营、大资源、小产值现象，多数是供给形态单一的初级农产品，缺乏初级产品的分级清洗等初加工，更是缺乏适销对路的精深加工产品，2018年农业总产值与农产品加工业产值比仅为1：1.1，而全国平均水平已达1：2.2。2016年，全省种植业亩均产值仅2904元，比湖北低2125元、比浙江低2412元、比江苏低2922元、比湖南低3309元。综上所述，全省60%的农业企业主要以产品初级加工和劳动密集型产业为主，造成主要农产品供给效率低下。

第三节　云南农业供给侧结构性改革面临的主要问题

一、农业生产结构问题

农产品供应量和品种与市场需求存在矛盾。一是粮食作物方面。2017年，云南省粮食产量1842.34万吨，但是仍然不能满足本省粮食消费量，每年仍然需要外调400万吨粮食；在粮食品种内部结构方面，玉米、水稻比重较大，多数地州山区的玉米生产效率极低，经济效益难以凸显；而云南鲜食玉米、马铃薯等粮食品种经济效益高，但种植面积低，没有发挥出产业特色和优势。二是特色经济作物方面。在经济作物内部也存在品种和市场需求的矛盾，2017年以来，咖啡、天然橡胶（面积57.73万公顷）、甘蔗（面积22.99万公顷）、油菜（面积23.21万公顷）、核桃（面积374.01万公顷）等经济作物比较收益较低，但全省种植面积却高达397万公顷，水果（面积59.43万公顷）、蔬菜（面积108.46万公顷）、花卉（10.4万公顷）、茶叶（43.79万公顷）等经济作物比较收益较高，低效经济作物的面积是高效经济作物的1.78倍。三是畜禽方面。2013～2017年，云南省畜禽产品供给能力持续降低，肉类供给总量年平均减幅为7.18%、猪肉供给总量年平均减幅为7.77%、牛肉供给总量年平均减幅为6.68%、羊肉供给总量年平均减幅为1.46%、牛奶供给总量年平均减幅为3.72%、禽蛋供给总量年平均减幅为9.14%。[①] 近年来，

① 根据《云南统计年鉴》计算整理。

居民饮食结构调整，市场对肉蛋奶等产品需求增加，云南省的畜禽产品供给能力与市场需求出现明显的矛盾。

二、农业生产方式问题

分散小农户经营与“产品安全”要求之间的矛盾突出。分散的小农户经营，致使农业设施落后，无法实现市场对农产品高组织化、商品化、机械化带来的低成本的要求，农产品质量安全监管压力大，致使产业低效。2016 年，云南农业企业数量仅占全国总数的 2%，销售收入仅占 1%，全省“三品一标”认证认定数量仅占全国 2%。农产品质量安全监管执法机构还未做到县、乡全覆盖。同时，由于特殊的地形地势条件，致使农业投入大、开发难度大，当前云南省高标准农田面积、耕地有效灌溉面积分别仅占常用耕地面积的 36%、43%，分别低于全国 8 个、11 个百分点，万亩以上连片草场面积开发利用率不足 20%。基础设施薄弱导致农业综合生产能力不高，2016 年全省粮食亩均单产仅为 283 公斤，低于全国 80 公斤，亩均产值也低于全国平均水平，产品市场竞争力低，难以适应市场需求。云南省化肥农药有效利用仅为 1/3，农膜回收率不足 2/3，畜禽粪污无害化处理率不到 1/2，也不符合现代农业产业污染少、损耗低的要求。

三、农产品流通问题

传统的农产品流通体系与现代农产品供应链流通体系矛盾突出。全省农产品物流还处于起步阶段，流通体系不够健全，冷链物流基础设施落后，流通标准缺乏，流通主体规模小，自营物流仍然是主要服务内容，冷链流通效率不高，传统流通方式仍然占据主导地位，致使与全省现代农业产业发展不匹配。从市场需求端角度来看，亟须健全全省农产品冷链基础设备，增加恒温、保鲜、冷藏、冷冻等相关设备和技术的投入，完善农产品冷链标准，培育一批第三方农产品冷链物流的企业，形成较为完整的农产品流通监管模式，扩大全省蔬菜、水果、鲜切花、畜禽、水产、蛋奶等农产品的市场供给半径，实现保鲜增值增效，提升产业的供给效率，满足市场对产品的相关需求。

四、农业生产经营主体结构问题

“小生产主体”难以对接“大市场”的矛盾突出。全省农业生产仍然以千家万户的小规模、分散经营为主，造成农产品生产质量参差不齐、生产成本高、商品化程度低、抗击市场风险能力弱。云南省农业农村厅的数据显示：2016 年，云南省土地规模经营（5000 亩以上）面积接近 3200 万亩，比 2015 年增长 17%；全省家庭承包耕地流转总面积达到 8300 万亩以上，比 2015 年增长 109%，流转面积占家庭承包耕地的 19.7%；有流转承包耕地行为的农户 151 万户，占家庭承包经营农户数的 17.4%，比上年增长 108%，但云南省土地适度规模经营比重仅为 76%，农业现代化发展水平远远低于全国，且小散弱的基本情况没有从根本上改变。同时，云南省国家级农业龙头企业 26 户，占全国的 2%，在周边省份中排名最后；亿元以上的龙头企业 117 户，占全国的 1%，规模以上农产品加工企业 927 户，仅占全省总数的 18%（侯立阳等，2018）。新型农业经营主体的产业链短、价值链短，附加值低，辐射带动能力不强，致使全省农业生产经营主体抵抗市场风险能力差，难以适应市场需求。

五、农产品品牌问题

农产品品牌价值不高、知名度不高，现有农产品品牌的市场作用没有充分发挥，通过品牌引导市场消费的功能没有充分体现。截至 2017 年底，全省认定云南名牌农产品十批 684 个产品，获得农业部“一村一品示范村镇”认定七批 58 个，9 个合作社的 9 个农产品品牌被授予“全国百个农产品品牌公益宣传活动”称号，屏边“妃子笑”荔枝、昭通苹果、文山三七、宣威火腿成为全省著名区域品牌，褚橙、大益、戎氏、龙润普洱茶、昌宁红、滇红茶、后谷、朱古拉咖啡等特色产业的企业自主品牌、产品品牌已享有较高的知名度，仅“普洱茶”品牌价值以 64 亿元再登全国“十强”榜首，其他区域品牌的品牌价值不高（陈良正等，2019b）。当前，农产品品牌是供给结构和需求结构调整的方向，全省的农产品品牌在市场没有形成影响力，市场中无法形成农产品品牌磁场效应，造成农产品供给端缺乏改革动力。因此必须推进全省农产品品牌建设，通过品牌反推农产品供给数量和结构的改革。同时，通过市场培育农产品品牌的机制也不够顺畅，在现有的农产品品牌中，缺乏有效的宣传和推广，无法扩大产品消费量。

六、农业多功能性问题

全省农业多功能性拓展的条件日益改善，但是对农业多功能的挖掘不充分，水平和层次都不高，无法满足市场对农业多功能性的要求。目前，云南省对农业的多功能拓展还是集中在农业的产品供给方面，以生产优质、多样的特色农产品为主，为工业产品提供加工原料和市场空间，针对农业新功能如能源供给、要素贡献、环境保护、文化传承等重视不够。现代社会发展市场对农业功能提出了新的要求，发达国家已经把农业的多功能作为政策选择的基础。云南省农业在生态安全、能源循环使用、休闲观光、文化输出等其他的功能拓展不够；同时，以休闲农业为主的农业多功能拓展还表现出基础设施不完善、接待不规范、人才缺乏等问题，造成交通拥堵、就餐困难、人员拥挤等现象，造成市场满意度下降，无法有效地对接庞大的游客市场资源。

第四节　云南农业供给侧结构性改革的措施

云南省农业供给侧结构性改革要以市场需求为导向，以打造世界一流“绿色食品牌”和健康生活目的地为目标，聚焦茶叶、花卉、蔬菜、水果、坚果、咖啡、中药材和肉牛八大重点产业，强化政策支持，推进以下改革措施。

一、调整农业产业结构

在保障粮食及主要农产品有效供给的前提下，以市场需求为导向，发挥区域优势，因地制宜合理开发各类农业资源，做到宜农则农、宜林则林、宜牧则牧、宜渔则渔，调整农业产业结构和产品结构，优化产业布局，提升集约化和规模化水平，优化农业生产力与资源环境承载力的匹配度，努力将资源优势转变为产业胜势。

（一）改革粮经饲结构

积极推进粮改饲试点，促进粮食、经济作物、饲草料三元种植结构协调发展。

支持草食畜养殖企业、合作社和大户采用订单模式，带动农民群众扩大青贮玉米种植规模，压缩籽粒玉米种植面积。充分利用冬季温光资源，种植豆科牧草，提高冬季青饲料供应水平。推广果园种草等立体种植模式，扩大农区优质牧草种植基地规模。支持20个万亩高原生态牧场建设人工草场，规范放牧管理，提升生产水平。

（二）发展特色种养业

在稳定全省粮食作物种植面积的基础上，扩大特色产业种养规模。启动高原特色农业产业强县创建行动，重点推进茶叶、花卉、蔬菜、水果、坚果、咖啡、中药材和肉牛等特色优势产业发展，提高云南省畜禽、蛋奶等产量。按照“一县一业”全产业链打造的思路，加快推进特色农产品优势区创建，提升特色优势产业发展水平。依托生态和气候优势，积极开发鲜食玉米等有机、绿色、无公害农产品，大力发展冬季农业，错季开发冬马铃薯等具有云南特色的秋冬季农产品。落实国家《特色农产品优势区建设规划纲要》的要求，深入推进农业标准化生产，加快新品种、新技术、新模式、新机制的普及推广应用。切实加强对优质、特色品种的研究开发，大力发展市场竞争力强、科技含量高的优质、特色农业。

二、提升产业加工水平

树立“大农业”“大食物”观念，以延长产业链、提升价值链为重点，加大农产品精深加工，积极开发功能型、特用型、药食兼用型农产品，努力拓展农产品市场和应用领域，满足居民多样化、高品质的需求。

（一）发展产地初加工

认真贯彻落实2017年国家发展改革委、农业部、国家林业局联合印发的《特色农产品优势区建设规划纲要》的要求，重点支持列入《云南省特色农产品优势区建设规划》的产业和产区的农户和农业合作社、企业建设储藏、保鲜、烘干、清选分级、包装等设施装备条件，促进商品化处理，减少产后损失。积极推广适用技术，因地制宜建设初加工设施，提升农产品初加工水平。

（二）发展精深加工

科学集成应用生物、工程、环保、信息等技术发展特色农产品精深加工，推动非热加工、新型杀菌、高效分离、节能干燥、清洁生产等新技术在农产品加工领域的应用，提升特色农产品加工科技含量。积极开发以云药、云花、云菜、云咖、云畜、云禽等特色农产品为原料的功能性食品及衍生产品。

（三）提升农产品的综合利用水平

按照绿色生产、绿色加工、绿色物流等要求，积极推动特色农产品及其加工副产物循环利用、全值利用、梯次利用。采取先进的提取、分离与制备技术，集中建立副产物收集、运输和处理渠道，加快推进秸秆、油料饼粕、果蔬皮渣、畜禽皮毛骨血、水产品皮骨内脏等副产物综合利用，开发新能源、新材料、新产品等，不断挖掘农产品加工潜力、提升增值空间，通过延长产业链和做好供应链，着力提升农业价值链。支持农副产品向旅游商品转化，鼓励开发具有观赏性、艺术性、实用性和地方特点的乡村旅游商品。

（四）建设农产品加工业科技创新平台

贯彻落实《中共中央 国务院实施乡村振兴战略的意见》《国务院办公厅关于进一步促进农产品加工业发展的意见》精神，按照云南省人民政府办公厅《关于促进农产品加工业跨越发展的实施意见》的安排部署，努力健全农产品加工技术研发体系，围绕制约高原特色现代农业尤其是打造世界一流“绿色食品牌”重点产业效率和效益等重点领域开展基础研究、前沿研究和共性关键技术研发，依托企业建设一批专业化实验室、研发中心、检测中心等平台。支持茶叶、蔬菜、果品、菌类、中药材等营养功能成分提取技术研究，开发营养均衡、养生保健、食药同源的加工食品。积极推进科技成果供需双方有效对接，鼓励建设科技成果转移转化中心、示范中心，支持科技人员以科技成果入股加工企业，实行股权分红等激励措施，引导产学研协同发展，促进农产品加工创新成果加快转化。利用互联网技术构建线上线下相结合的技术交易网络平台，强化科技成果转移转化市场化服务。支持高等院校、科研院所和种业企业围绕云南省农产品加工业发展需求，强化加工专用型农产品品种资源的引进收集和创新利用，加快培育适宜加工的蔬菜、林果、畜禽等专用新品种，从源头上提升农产品加工的原料质量。

（五）打造农产品加工园区

围绕优势特色农产品优势区、粮食生产功能区、重要农产品生产保护区分布，合理布局原料基地和农产品加工业，形成生产与加工、科研与产业、企业与农户相衔接配套的上下游产业格局。加强农产品加工园区基础设施和公共平台建设，培育一批以农产品加工产业为主导的特色农业科技园区。支持农业科技园区、现代农业示范园区等充分利用现代信息技术，推动农产品加工朝着网络化、智能化和精细化方向发展，以园区为主要依托，创建集标准化原料基地、集约化加工基地、便利化服务网络于一体的产业集群和融合发展先导区。建设一批农产品加工“双创”孵化园区，切实支持返乡下乡人员创办领办加工企业。

三、培育新型经营主体

构建龙头企业、合作社、家庭农场、农户梯次发展，合作共赢的新型农业生产经营组织架构，充分激发农业生产要素的潜能，为深入推进农业供给侧结构性改革提供新动能。

（一）培育壮大新型经营主体

按照职业化、合作化、企业化的思路，加强小农扶持，积极发展农业企业和各类服务组织、农民合作社、家庭农场、专业大户，扶持小农，培养造就一支新型职业农民队伍。培育壮大农业产业化龙头企业，支持优势企业通过兼并收购、联合重组及合资合作等方式，整合中小企业。发挥龙头企业在资金、技术、品牌和管理等方面的优势，鼓励有实力的企业跨区域组建产业协会、产业联盟和产销集团，逐步形成资源集中、生产集群、营销集约的产业化发展新格局。深化农民专业合作社“五化”创建和规范化建设，组织实施省州县合作社改造提升行动，推动组建农民专业合作社联合社，不断增强各类合作社在农业产业化经营中的主力军作用。大力发展家庭农场，鼓励有条件的种养大户、农村经纪人和返乡农民登记注册成立家庭农场，通过规范经营管理、开展示范创建、强化服务支撑，逐步提高家庭农场在农业生产中的地位与比重。加强个体小农扶持，培育各类专业化、市场化服务组织，推进农业生产全程社会化服务，帮助小农户节本增效。发展多样化的联合与合作，提升小农户组织化程度。组织开展农超对接、农社对接，帮助小农户对接大市场。扶持小农户发展生态农业、设施农业、体验农业、定制农业，提高产品档次和附加值，拓展农业增收空间。改善小农户生产设施条件，提升小农户抗自然风险和市场风险的能力。

（二）大力发展农业产业化联合体

引导龙头企业发挥产业组织优势，立足主导产业、追求共同经营目标，以“公司＋农民合作社＋家庭农场”“公司＋家庭农场”等多种形式，联手农民合作社、家庭农场，因地制宜组建各种类型、各种规模的农业产业化联合体，实行产加销一体化经营。联合体各成员通过土地、劳动力、资金、技术、品牌、信息等要素融合渗透，形成比较稳定的长期合作关系，降低生产和交易成本，提高资源配置效率和抗风险能力。引导农业产业化联合体围绕主导产业，进行种养结合、粮经结合、种养加一体化布局，积极发展绿色农业、循环农业和有机农业。鼓励农业产业化联合体发展体验农业、康养农业、创意农业等休闲农业新业态。引导农业产业化联合体内部形成服务、购销等方面的最惠待遇和便利化措施，让各成员分享联合体机制带来的好处。鼓励农业产业化联合体探索成员相互入股、组建新主体等新型联结方式，推进一二三产业深度融合发展。

（三）实施新型经营主体培训计划

加快农业技术的推广培训，提高传统农户的种养技术，培育一批适应现代农业需要、有技术懂经营、会管理的新型职业农民。加大对返乡农民的创业培训，并在政策上给予支持，激发外出务工返乡农民创办家庭农场、农业企业和农业社会化服务组织等的热情。完善农村教育体系，整合农业职业教育资源加快构建完善的农村教育体系，促进义务教育和职业教育的衔接，使农民职业教育更加系统化、常规化和普遍化，全面提高农民的劳动力素质和就业能力（张秀生等，2014）。依托科研机构、涉农信息化企业、农产品电子商务企业，创新培训方式，适时开展网上培训、远程培训。整合农业农村部门、科技部门、人社系统、商务等部门的培训资源，针对不同类型主体和应用，开展专题性、体系性的“互联网＋农业”、农村电子商务应用等培训。

四、完善农业基础设施

加强农业基础设施建设，改善农业生产条件，为农业生产要素的重新组合和优化配置提供条件，夯实推进农业供给侧结构性改革的基础。

（一）优化基础设施建设投资结构

加强对已执行项目的督促检查验收工作，确保按期建成并发挥作用。盘活农业基础设施建设投资存量，整合投资渠道，继续加大财政对农业基础设施的投入，扩大农业基础设施投资增量。采用政府财政补助、财政贴息、税收和贷款优惠等方式，引导社会资本积极参与农业基础设施建设。着力推进农田水利建设，加快高标准农田建设，积极推进坡耕地水土流失综合治理，加强农村机耕道路建设。

（二）构建新型农业社会化服务体系

加快构建全省覆盖全程、综合配套、机制灵活、保障有力、运转高效的新型农业社会化服务体系。推进农业技术推广、重大动植物疫病防控、农产品质量安全监管公共服务体系建设，实现到乡镇全覆盖的目标。深化基层农技推广体系改革，充实基层农技推广力量。实施农技推广首席专家和农技指导员制度，强化植物病虫害联防联控职能，提高农业技术推广工作的效率。以动物疫病防控、农作物病虫害专业化统防统治、农机社会化服务、农村沼气管护等为重点，支持农业社会化服务体系建设（金吉斌等，2013）。

（三）提升装备水平

落实好农机购置补贴政策，扩大补贴规模和范围，鼓励不同类型经营主体购置农机。支持适合山区、半山区使用的大马力中小型农业机械的研发和推广。加快城乡农产品市场改造升级，完善农产品绿色通道政策，积极开拓省外和境外农产品市场。以数字乡村网和云南农业信息网为核心，建设农业监测预警、农产品市场监测预警、农村经营信息服务和农业电子商务等系统，提升农业信息化服务的能力（金吉斌等，2013）。

五、创建产业市场品牌

以区域公用品牌为基础，企业品牌和产品品牌为重点，政府引导、市场主导、企业主体、社会参与，着力打造世界一流“绿色食品牌”，达到引领消费热点，提升产业影响力、社会认知度和产品知名度的目的。

（一）支持品牌建设

组织开展云南十优水果、十优茶叶、十优花卉、十优蔬菜、十优道地药材、十大农产品加工企业、十大出口创汇企业和十大创新企业等评选认定。支持企业申报有机食品认证、绿色食品认证、无公害农产品认证。支持区域特色产品申报农产品地理标志登记、地理标志产品保护和集体证明商标注册。支持企业开展境外专利申请、商标注册、资质认证、并购收购及授权使用等形式推进品牌建设。对获得认证或登记的企业和单位给予奖补。对获得认定的企业给予表彰奖励。继续加大云南名牌、云南名牌农产品、云南省著名商标评选认定工作力度，逐渐扩大规模，提升影响。支持领军企业牵头建立公共品牌运营机构。通过打造名产品、名农场、名园区、名企业，共同培建、维护、管理与运营区域公共品牌，提高云南区域品牌“知名度、可信度、美誉度、忠诚度和依存度”。

（二）推进农业标准化

以良种保护、良种提纯和良种推广为核心，以农产品质量标准体系、安全检测体系和标准推广应用体系为重点，加快推进农业生产标准化，夯实农产品品牌的质量基础。广泛采用国际和国内先进标准，支持地方标准制修订，做到农业产前、产中、产后各环节都有技术要求和操作规范。建成布局合理、职能明确、专业齐全、功能完善、运行高效的农产品质量安全检测体系。支持各类农业标准化生产基地建设，为农业品牌提供质量保障。按照农产品生产有记录、信息可查询、流向可跟踪、责任可追究、产品可召回、质量有保障的总体要求，加快推进农产品质量安全追溯体系建设，应用物联网、大数据、区块链、二维码、射频码等现代信息技术将农产品生产、运输流通、加工的各个节点信息互联互通，实现对农产品从田间到餐桌的全程质量管控（刘雪梅等，2009）。

（三）强化品牌保护

制定使用区域公用品牌的标准和门槛，对各类主体的生产行为进行约束，对破坏区域品牌形象的行为进行惩罚，维护区域内公用品牌。加强监督，实现农产品区域品牌的公平使用。在政策上、资金上鼓励更多经营主体运营农产品区域品牌，并加大对云南优质农产品区域品牌的宣传。加大对云南少数民族文化的挖掘，实现“一个民族、一个文化、一个品牌”。依托第三方建立品牌客户管理系统，公开客户美誉榜和差评榜，形成基于客户大数据管理的风险管理，构建品牌“防火墙”，强化品牌信用，提高品牌美誉度。

（四）发挥新型农业经营主体在品牌中的联结作用

鼓励各类涉农企业、合作社（协会）等经合组织以及家庭农场等新型经营主体与农民建立长期紧密的利益联结机制，充分发挥涉农企业在品种、技术、管理、销售市场等方面的优势，通过龙头企业带动，推动农产品品牌化、特色化和差异化发展。充分依靠农业企业，挖掘和利用好云南绿色农业资源，打造完整的品牌农产品产业链，发挥传统品牌农产品的优势，逐步形成新的品牌优势。围绕特色优势农产品，积极开展种养、加工、信息、服务等科技攻关，延长特色农产品产业链，不断提升云南品牌农业竞争力（梁伟红等，2017）。

（五）实现差异化品牌营销战略

采取“城乡社区，互动营销；虚拟社区，网络营销；舞台社区，节庆营销；主题社区，体验营销；掌上社区，微媒体营销；目的地社区，品牌营销”等多种方式，宣传推介高原特色农产品品牌，提高品牌的营销效果。广泛运用互联网、移动互联网、电视、广播、车体广告、报刊等多种媒体和农业博览会、农产品展销会等大型会展，有计划、有重点地宣传推介云南省特色农产品品牌（王雪娇等，2019）。通过服务延伸，实现城乡一体，通过品牌联动、网络梯次传播提高云南乡村旅游档次。依托现有城市网络和城市群，通过联通上中下游的空间节点，形成品牌联动推进的工作格局。

六、重视科技支撑转化

完善农业科技创新体制机制，加快推进农业科技成果转化运用，发挥科技的第一生产力作用。

（一）加快农业新技术研发

加强农产品安全、农产品精深加工、农业机械等云南省急需技术的研究。着力推进化肥农药减量、节水节能、测土配方施肥、病虫害综合防治、秸秆还田、生物种业发展和轻便生产方式等科学技术的推广运用和集成创新。着力改进畜禽饲养方式，发展节粮型、卫生型畜禽养殖业。着力推进资源环境保护技术，探索循环农业、生态农业和环境友好型农业经营模式。着力推进互联网协同技术，实现农业生产全过程监控、远程诊断。着力推进云南大健康产业加工技术和鲜活农产品保鲜（水果、蔬菜、鲜切花等保鲜）技术，丰富云南农产品种类，延伸云南农产品的产业链和附加值，提高云南高原特色农产品的竞争力。

（二）完善科研管理体制

加大对农业科研的投入，采取以政府投资为主导、社会投资为辅的方式，鼓励社会各界对农业科技创新进行投资。加强各个科研院校间的沟通交流合作，整合全省农业科技创新资源，搭建共享平台，建立农科教产学研一体化协调创新的现代农业科技创新中心。组建全省农业科技创新联盟，创新成果转化应用体系和机制，加大成果转化显示度，搭建成果和知识产权交易平台（王雪娇等，2019）。

（三）完善科研创新激励机制

深化产权收益分配改革，激发科研单位和科技人员活力，营造利于创新和人才辈出的氛围环境（王雪娇等，2019）。将科研成果作为评定职称与奖金的重要依据，与工资和绩效挂钩，对于科研成果有突出贡献的科研人员，给予一定的物质奖励与精神奖励。鼓励基层农业科技人员支持企业发展，通过提供技术服务获得报酬。

七、促进产业融合发展

着力延伸农业产业链、提升价值链、拓宽增收链，创新农产品流通和销售模式，提高农产品加工的转化率和附加值，推进农业与旅游、教育、文化等产业的深度融合，实现农业从生产向生态、生活功能的拓展，实现一二三产业一体推进融合发展。

（一）推进农业与现代加工技术的融合，延伸产业链

将云南省八大优势特色产业与现代加工业融合，创建国家级特色农产品生产优势区，形成在全国较具影响力的茶叶、花卉、咖啡、蔬菜、水果、畜禽、中草药、坚果等特色产业。致力于加工、贸易方面突破，逐渐形成十几个产业特色鲜

明、产业链条较长、集聚程度较高、规模优势显著的龙头企业集群区。支持农户和农民合作社建设储藏、保鲜、烘干设施，改善清选分级、包装等设施装备条件，促进商品化处理。按照建链、强链、补链、延链的理念，以云南大健康产业为依托，制定《云南省农产品加工业提升行动方案（2018—2020）》，到2020年，实现“加工业与农业产值提高到2.4：1”的目标。

（二）推进农业与现代服务业的融合，提升价值链

探索农业与现代金融业的融合模式，把农业产业链中农户、农业企业、合作组织等主体的利益整体绑定，通过对农业企业信用、合作组织担保来增强农户信用，将单一农户的信用不可控风险转变为农业产业链整链的可控风险，达到实现农业产业链融资的目的。推进农业与现代物流业的融合，逐步形成以农产品物流连锁、配送电子商务等现代物流方式为先导，以批发市场和大型物流配送中心为骨干，以超市农贸市场和社区菜店为基础的组织化程度较高的农产品现代流通体系，实现集农产品现货交易、直销展销、包装加工、连锁配送、运输仓储、电子商务于一体，将农产品主产区建成农产品物流中心、信息中心、价格指导中心和加工配送物流基地，辐射到周边国家和地区，最大限度获取农产品物流环节的价值，使云南成为全国农产品集散中心和价格形成中心。

（三）推进农业与现代旅游业的融合，拓宽增收链

大力拓展云南农业功能，将农业与现代旅游业服务融合，挖掘农业旅游的价值，成为农业发展另一个新动能。以农业景观、乡村文化、特色产品为载体为消费者提供休闲、观光、度假、购物、体验等，将一二三产业以形态相互渗入的形式融合在一起。可以借鉴世界发达国家农业与旅游服务融合的模式，推进观光农业旅游、生态风情农业旅游、产业融合农业旅游等新型农旅融合模式发展。

八、保护自然生态环境

把建设美丽中国、美丽云南和增强生态产品生产和供给能力有机结合，走“产业生态化，生态产业化”的道路，积极探索资源节约型和环境友好型产业经营途径，引导生态农产品的生产和消费，为人民创造良好生产生活环境（陈良正等，2013）。

（一）统筹山水林田湖草系统综合治理

践行“绿水青山就是金山银山”的理念，统筹山水林田湖草系统治理。提高山区耕地基础地力，防止水土流失、草原退化。减少施用化肥农药，降低农业面源污染，进一步遏制农业生态环境恶化的趋势。推广源头控制、过程拦截、末端治理与循环利用相结合的综合防治模式，重点推进金沙江、怒江、湄公河、洱海、滇池等典型流域以及高原湖泊污染综合治理。全面实施耕地、草原、河湖休养生息规划，控制耕地草原河湖开发规模，促进农业资源和生态环境自然修复，构建耕地草原河湖休养生息的长效机制，推动实现资源可持续利用。

（二）健全和完善生态保护机制

健全生态建设和环境保护补偿机制，完善森林生态效益补偿基金制度，提高公益林补偿标准，规范不同渠道的补助标准。扎实推进“七彩云南保护行动”“森林云南建设”“高原湖泊治理”“生物多样性保护”“节能减排”等行动计划实施，加强退耕还林和天然林保护工程力度，全面实施水土保持重点建设工程，加强对大江大河源头、重点流域上游、重点湿地等地区的保护，对长江中上游地区、南北盘江石漠化地区、九大高原湖泊、主要水源地区、石漠化地区、矿区、坡耕地等实施水土流失综合治理，统筹开发、构建流域绿色经济体系（陈良正等，2013）。

（三）大力发展生态经济

大力发展生态循环农业，增加生态产品产出，以增值生态资源、改善生态环境、维持生态平衡。着力加强对全省农业、林业、畜牧业、水利水电、矿产等资源直接相关产业的生态化改造提升，重构和创建云南生态经济发展新格局和新面貌。把工业化、城镇化发展与区域生态建设和环境治理、旅游文化产业、休闲养老产业等有机结合在一起，通过生态建设提升发展水平，将绿水青山逐步建设成为金山银山。支持生态产品研发和推广，通过新兴产业发展，为生态建设和生态产品产业化经营提供内生动力（王云美等，2014）。

九、扩大对外开放合作

推动农业对内对外开放相互促进、引进来和走出去更好结合，促进国内国际要素有序自由流动、资源高效配置、市场深度融合，加快培育参与和引领国际经济合作竞争新优势。

（一）深化农业科技合作

坚持把国家“一带一路”倡议作为云南发展的契机，提高云南作为东南亚、南亚的辐射中心的影响力，为云南农业“走出去”创造新的机会。继续深化云南与东南亚、南亚国家农业科技交流与合作，通过共同建设科技示范中心或实验室为依托，引进对方种质资源，加强信息和资源共享共建，共同探索解决区域重大农业课题，提供解决方案。加强建立和完善政府间双多边常态化联合工作机制，提高战略互信，推进各类非政府间农业技术培训、农业职业教育、农业传统文化等领域的交流，促进民心相通相融，营造良好的投资氛围。

（二）推进保护制度和风险防控体系建设

依托沿边口岸和各种边合区、跨合区，以中国（云南）自由贸易试验区建设为契机，积极推进相关制度建设，为跨境农业企业培育、产业链拓展营造既便利灵活又规范有序的制度环境。规范农产品进出口次序，建立相应的农业“走出去”风险防控和预警体系，应对海外投资面临的众多难以预测的政治风险和市场环境风险。支持中介组织，提供专业性的国别、行业风险评估。设立对外农业投资专门保险体系，拓宽保险范围，降低我国农业企业海外投资风险。保护涉外人员的人身财产安全和涉外企业的合法权利。引导境外投资农业企业履行社会责任，增强企业境外自身保护意识（余慧容等，2017）。

（三）建立“走出去”激励机制

采取财政补贴、税收优惠、绿色通道、进口配额等多种方式吸引和引导省内农业企业“走出去”，激励其扩大境外农业生产和经营规模、延长产业链条、积极参与国际竞争与替代种植。建立云南农业“走出去”专项基金和专门区域、扩大专项基金的总体规模，支持和辅助其进行境外农业基础设施建设和农业生产设备购置。在出口税、农产品返销进口税等方面采取优惠政策。针对符合国家战略需要的重点项目，积极出台特定项目、特定区域（东南亚、中东）、特定产业（粮食、橡胶、蔬菜、水果等）下的税收优惠政策，加大对国际高端市场的占有和开发。深化同中国进出口银行、国家开发银行、中国农业发展银行等金融机构的战略合作，增加相应的信贷优惠，放宽融资条件，为培育大型跨国农企、扩大其规模、延长其产业链提供政策支持。积极与东盟政府展开关税和非关税壁垒谈判，提高出口配额，降低技术壁垒，消除农产品包装、标签、卫生检疫等方面对贸易的限制。以中国—澜湄农业合作为契机，在中缅、中老、中越等中国东盟接壤地区建设国际农产品物流园区、出口加工区、跨国农贸市场等，为中国—东盟农产品贸易提供分拣、加工、储存、保鲜基地，简化双边农业贸易手续，降低农产品进出口和农机、农资出口综合成本，促进双边农业经济和技术合作的广度与深度等（谭亮，2017），强化云南在中国—澜湄农业合作中的作用、提升云南在中国—澜湄农业合作中的地位。

十、优化改革政策环境

坚持问题导向、目标导向，做好制度设计，力争在规范政府职责、平等保护权益、服务市场主体等方面实现新的突破。

（一）土地政策

继续深化全省以农村土地承包经营权权属落实为主要内容的农村土地制度改革，进一步激发广大农民从事农业生产和经营的积极性。扎实开展土地承包经营权确权登记和颁证工作，落实“三权分置”。明确农民集体经济组织成员权利，明晰农村集体产权归属，赋予农民更多财产权利。完善和规范全省土地流转的法律法规，依法有序推进土地经营权流转，进一步细化、落实休闲农业建设用地的相关政策，对地面附着建筑物的使用年限、建筑结构、使用用途等进行综合考量，特别是要重点建立完善农地附着物的价值评估机制（马泽波，2014）。结合云南农村一二三产融合发展实际，进一步优化集体经营性建设用地的指标结构和空间布局。在与土地利用总体规划、城乡规划、风景名胜区规划、环境保护规划、粮食生产功能区和重要农产品保护区等相关规划充分衔接的基础上，科学规划，合理布局，发展休闲农业和乡村旅游项目。在符合规划的前提下，严格各种用途管制，属于永久性设施建设用地的，依法按建设用地管理；属于自然景观以及农牧渔业种养殖用地不征收、不收回，按现用途进行管理。允许农村集体经济组织利用集体经营性建设用地，进行休闲农业和乡村旅游所必需的配套设施建设。支持开展城乡建设用地增减挂钩试点。支持有条件的村通过盘活农村闲置房屋、集体建设用地、四荒地、废弃矿山、水面等资产资源，发展休闲农业和乡村旅游。支持城市资本与农民合作，在不改变权属的前提下，在宅基地上建设农家乐等服务设施。

（二）创新投入机制

探索农民土地入股的“三变”模式，建立新的农业发展投入产出分配机制，让农民充分享受机制体制改革后的收益。建立健全农村信贷瞄准机制，让具有不同资金需求的经营主体向不同类型的农村金融机构进行融资贷款。政策性银行应根据生产经营主体特征和需要，有针对性地评估和开发金融助农产品。商业银行可结合抵押贷款、中介担保等，面向精英队伍、管理群体开展助农信贷业务。综合运用 PPP 模式、BOT 模式等政策手段对社会资本、工商资本进行合理有效引导，激发他们进入商业化育种、农业新装备研发、休闲观光产业、农产品精深加工、农业基础设施建设等农业急需投入的领域。支持农村资金互助社以服务社员为宗旨，在社内成员间开展资金互助，解决社员应急、小额资金需求问题（张社梅等，2017）。

（三）补贴政策

建立以绿色生态为导向的农业补贴制度，形成完善的政策体系，进一步提高农业补贴政策的指向性和精准性。落实和完善对农民直接补贴制度，将“农业支持保护补贴”逐渐向直接种植者倾斜，补贴给土地流转适度规模经营的家庭农场、合作社、种粮大户等。优化农机购置补贴政策，重点支持绿色农业发展机具、高性能机具，加大对粮棉油糖和饲草料生产全过程机构化所需机具的补贴力度。完善结构调整补助政策，继续支持粮改饲、粮豆轮作，加大畜禽水产标准化健康养殖支持力度。全面落实耕地轮作休耕补贴和草原生态保护奖补政策。

（四）税收环境

简化鲜活农产品收购环节的票据要求，纳税人向农业生产者个人（自然人）收购全环节免征增值税农产品，准许农产品加工企业按日、按收购地点或按收购代理人汇总开具农产品收购发票。适度调减农产品加工企业所得税税率，进一步降低小微企业所得税率，按 15% 税率征收企业所得税。对于投资改善农村水利、电网、交通、通信等公共基础设施建设涉及的地方税收适当减免，改善农业企业发展环境。对农民专业合作社销售本社成员生产的农业产品，视同农业生产者销售自产农业产品免征增值税。建议针对农民专业合作社的企业所得税税收优惠管理，进一步明确具体要求，并降低对农业企业的凭证管理要求。

（五）人才政策

鼓励省内高校建立与海外高校的合作模式，储备国际化人才。鼓励云南文化界、艺术界、科技界专业人员发挥专业优势和行业影响力，在有条件的乡村进行创作创业。支持大学生村官领办休闲农业企业，在农村扎根就业。研究制定全省农业电子商务复合型人才培训计划和企业家人才培育计划，关注培训既懂农业、又懂电商的人才。

（六）保险政策

建立农业风险调节基金和灾害补偿制度，用于灾后恢复生产、农产品调运等。建立健全产业风险防范体系，推广和扩大政策性保险的品种与范围，将设施生产、集约化育苗和规模种植等纳入政策性保险范围，提高农民参加农业保险的意识和积极性。

（七）贸易政策

总结“边民互助组”参与互市贸易试点经验，进一步加快推进“边民互助组”参与互市贸易工作、增强贸易能力、提高贸易管理水平。在现有政策基础上，加快组织边民成立“边民互助组”开展互市贸易，更大范围地调动边民参与互市贸易的积极性和主动性，探索设立边民信用互助社，升级互市贸易主体。联合若干互助组升级为“互助社”，进一步提高互市贸易主体的组织化程度，同时在互助社内部开展边民之间的资金余缺调剂、信用互助，赋予互助社一定的金融功能。进一步完善关于边民互市贸易管理的条例。统一规范全省边民互市贸易，对互市区的设立、海关监管原则、进出境工具的管理、互市商品的通关、违法行为的处罚等均作出统一规定（初阳等，2018）。积极申请上调边民互市贸易限额。完善落地加工政策内涵，为边民留住政策红利，对“落地加工”的内涵进行明确界定，包括农产品落地加工的主体、加工程度、加工标准等。最后，通过转型升级实现边民资源集中、优势互补的集约化经营，以适应互市贸易规模发展的需要，切断外地幕后老板攫取“政策红利”的链条，实实在在让边民得实惠，地方财政能够增收。通过招商引资组建边境加工企业，将边民互市贸易“合作社”或“互助组”

免税进口商品实行贸工结合，从单一的“穿境而过”通道式经济转变为落地加工，转变为多元发展的口岸“加工型产业”实体经济，延长互市产业链，提升农产品边民贸易的社会、经济和综合效应（邓进秀，2018）。

（执笔：李隆伟）

第十章

云南打造“绿色食品牌”对策研究

第一节　研究背景及意义

随着世界经济的繁荣和发展，人类社会物质财富的规模正以前所未有的高速度在扩张，从而使得人们的生活方式和条件也相应得到了改善和提高。然而经济增长所带来的负面效应却充斥着人们的生活，如环境问题和食品安全问题等，严重危及了人类的身体健康。对这些负面效应的警觉和排斥心理激发出了消费者对农产品绿色化的强烈需求，越来越多的国家、地区和企业争先打造自己的绿色品牌，抢占市场，提高企业核心竞争力（胡春娟，2011）。

云南省拥有得天独厚的生态环境，不仅自然资源丰富，物种丰富多样，而且环境资源洁净，人文资源多彩，是发展名特优新农产品资源较好的省份。发展优势特色农业，建设人与自然和谐发展的绿色经济强省，是云南省长期的战略目标。云南省委、省政府从 20 世纪 90 年代末期就在全国率先作出了建设绿色经济大省和强省的战略决策，努力将云南省丰富的生物物种资源优势转化为地方产业优势和经济优势，并将“充分运用现代高新技术，开发云南具有比较优势的绿色资源，发展绿色生产，改善和优化生态环境，实现经济社会、自然资源、生态环境与人的可持续发展”作为建设绿色经济强省的指导思想。经过各届政府、各级部门和全省人民长期的共同努力，云南省绿色产业得到持续、快速发展，先后培育并涌现出了一批市场潜力大、区域特色明显、附加值较高的主导产品和产业。从改革开放以来云南特色农业探索发展历程来看，从 20 世纪 80 年代烟、糖、茶、胶，90 年代中后期的 18 类生物资源开发，到 21 世纪的高原特色农业发展战略，以及最新提出的打造“绿色食品牌”战略，都在一定程度上有效推动了云南农业由传统的追随型、赶超型逐步向自主型发展转变，依托当地优势农业资源开发特色农产品、发展优势特色农业的思路逐渐明晰，促进了云南农村经济的全面发展（陈良正等，2019a）。云南普洱茶、文山三七、元谋蔬菜、呈贡鲜花、罗平黄姜、蒙自石榴、昭通苹果、元江芒果、华坪芒果、新平褚橙、富源魔芋、小粒咖啡等一批“云茶”“云菜”“云花”“云咖”“云果”逐步为外界所认知，云南普洱茶、斗南花卉、文山三七、蒙自石榴等区域性品牌闻名遐迩，带动全省农产品出口额多年稳居西部省份第1位、全国第7位并于近年上升到全国第6位。

云南发展特色农业的实践证明，云南农业的优势在“绿色”，希望也在“绿色”。充分利用云南得天独厚的多气候和多物种资源的特殊优势，发展特色优势农业产业，打造世界一流“绿色食品牌”，建成绿色经济大省和强省，是云南省对世界生态文明建设和发展做出的巨大贡献。然而，云南虽然有丰富的资源，但农业发展存在的小农户、小品牌、小产业、精深加工严重滞后等是基本省情和农情，目前仍然存在品牌意识不强、品质控制不严、区域品牌不多、企业品牌不强等突出问题，大部分农产品只能参与中低端市场竞争，产业效益不佳、竞争力不强。这不仅与市场开拓能力不足、缺乏实力强大的产业化龙头带动有关，更与品牌建设意识和标准化建设能力不足紧密相关，云南高原特色农业的发展到了一个关键的节点。为此，云南省委、省政府于2018年初作出了打造世界一流“绿色食品牌”的战略部署，进一步分析云南高原特色农业的资源优势和产业基础，提出汇聚资源发展八大重点产业的思路和目标。这既是在市场经济条件下发展优质农产品的组织运作方式创新，也是现实生产力水平下保障农产品及其加工食品质量安全的制度创新。系统分析云南打造绿色品牌具有的优势和劣势以及面临的机遇和挑战，借鉴国内外优势特色农产品品牌打造的经验，提出云南打造世界一流“绿色食品牌”的对策建议，对于推进云南省农业供给侧结构性改革，提升农业发展质量效益水平，助力区域脱贫攻坚和乡村振兴战略等，均具有十分重要的现实意义和深远的历史意义。

随着广大人民群众物质生活水平的不断提高，寻求安全、优质、营养的农产品的呼声越来越强烈，有机食品、绿色食品、低农残食品等无公害食品已成为21世纪人们消费的时尚。1989年农业部在中国首次提出绿色食品的概念，并将其定义为遵循可持续发展原则，按照特定的生产方式生产，经专门机构认定，许可使用绿色食品标志的无污染的安全、优质、营养类食品。云南省应充分利用本省空气清新、水源清洁、天然植被完好、生态环境优越等自然条件，生产出具有云南优势特色的绿色生态农产品，通过培育名特优新产品，打好高原特色牌，形成云南绿色农产品的品牌叠加效应，不断提升云南区域农产品竞争力，促进云南农业产业可持续发展，让“云品”叫响全国，走向世界。

第二节　云南绿色生态农业发展成效和问题

一、云南绿色生态农业发展成效

改革开放以来，云南开始重视开发利用农业生物资源，实施科技兴农，发展地方特色农业产业。20 世纪 80 年代中期，在中共中央、国务院确定的“绝不放松粮食生产，积极发展多种经营”的方针指引下，云南省提出“依托资源优势，重点建设烤烟、甘蔗、茶叶、橡胶四大轻工生产基地”的战略，成功培育烟、糖、茶、胶四大特色产业。20 世纪 90 年代中期，云南省委、省政府立足资源优势和科技优势，再度提出以国内外市场为导向、开发云南省生物资源为重点、以科技成果产业化为途径、以“企业 + 农户”为主要经营形式、以多渠道筹资为手段，实施以食品为重点的“18 生物资源开发工程”（后称“生物资源开发创新工程”），创出云南的特色产品，形成一个“人无我有，人有我优，人优我多”的优势产业群体和创汇支柱，使得云南花卉、生物医药、澳洲坚果、小粒咖啡、蔬菜、水果、螺旋藻等逐渐为世界所知，云南的花卉、生物医药、蔬菜、水果、咖啡、坚果等一批产业发展成效显著（陈良正等，2019a）。

进入 21 世纪，为贯彻落实国家西部大开发战略，云南省提出结合云南实际，充分发挥云南生物资源优势，加快云南省经济结构大调整步伐，通过实施八大工程——生物资源开发创新工程、现代林业建设工程、绿色旅游精品工程、清洁能源建设工程、环境治理与保护工程、生态恢复与改善工程、保健型烟草创新工程和矿业治理达标工程，大力发展特色经济，建设绿色经济强省（车志敏，2000）。

进入“十二五”时期，云南省委、省政府作出加快发展高原特色农业的重大战略部署，充分利用云南优越的自然禀赋和发展基础，根据市场需求，顺应绿色经济发展潮流，发挥高原特色农业“丰富多样、生态环保、安全优质、四季飘香”的特点，打造在全国乃至世界有优势、有影响力、有竞争力的“云系”“滇牌”绿色战略品牌。“十二五”期间，云南获得国家驰名商标农产品认证 21 个，有效认证

“三品一标”农产品2049个，斗南花卉、普洱茶、文山三七等一批区域性品牌初步形成，云南省农产品出口额连续多年稳居西部省区第一位，增强了农业发展的动力和活力，提高了高原特色农业的知名度和影响力。经过多年努力，云南已初步建成高原特色农业产业化体系，形成了一定的优势产业并已初具规模，集中打造“高原粮仓、特色经作、山地牧业、淡水渔业、高效林业、开放农业”等“六大特色农业”，形成了云烟、云咖、云茶、云胶、云菜、云花、云薯、云果、云药、云畜、云鱼、云林“12大云品”，走出了一条高原农业发展的特色之路，形成了中国现代农业发展的高原特色现代农业发展模式，在国内外具有一定的影响力（陈良正等，2019a）。

二、云南省“绿色食品牌”打造成效

结合绿色经济强省战略，早在21世纪初，以《云南省人民政府关于进一步加强绿色食品产业发展的意见》为标志，以生物资源开发创新工程为主要抓手，云南省就明确提出了加强加快发展绿色食品产业的思路和目标。“十三五”时期，为贯彻落实习近平总书记考察云南时提出的云南应“立足多样性资源这个独特基础，打好高原特色农业这张牌”的重要指示精神和党的十九大提出的乡村振兴战略的要求，加快云南农业供给侧结构性改革，推动高原特色现代农业的高质量发展，在总结之前生物资源开发创新、发展绿色食品产业，特别是“十二五”以来发展高原特色现代农业等经验的基础上，2018年初，云南省委、省政府作出了聚焦优势特色重点产业，以茶叶、蔬菜、花卉、水果、中药材、咖啡、坚果和肉牛“八大产业”为重点，打造世界一流“绿色食品牌”的战略部署，从政策、组织领导等方面入手，通过高层推动，全力推进“绿色食品牌”的打造工作。2018年4月，省政府成立了由省长担任组长的云南省打造世界一流“绿色食品牌”工作领导小组并在省农业农村厅下设办公室，由省内各产业领域的顶级专家组建了8个重点产业专家组，专家组由首席专家、技术专家和经济专家组成，实行首席专家负责制，研究制定了八大重点产业发展报告和三年行动计划；2018年9月，中共云南省委办公厅、云南省人民政府办公厅印发了《关于创新体制机制推进农业绿色发展的实施意见》，省财政厅、省工信委等部门印发了《云南省培育绿色食品产业龙头企业鼓励投资办法（试行）》；2018年11月，云南省人民政府印发了《云南省人民政府关于推动云茶产业绿色发展的意见》等系列文件，出台了一系列相关政策和措施。如今，云南省已形成全省“一盘棋”推进格局。制定了绿色生产、加工提升、市场拓展、招商引资、品牌打造、科技支撑等方面的政策性文件20余个，逐步构建政策支撑体系（王淑娟，2020a）。2018年起，省委、省政府每年设立10亿元“绿色食品牌”专项资金，从绿色有机基地建设、品牌打造等方面，实施全产业链扶持。2019～2021年，每年预算投入6亿元，全力推进“一县一业”示范创建。在解决“融资难”上，顺利启动“一部手机云企贷”数字化平台试点工作，截至2019年底，“一部手机云企贷”应用程序访问量达85847次，总授信额度20.6亿元。同时，云南多次在省内外、国内外举办各类云南特色优势农产品博览会、推介会，在迪拜设立云南商务代表处，连续举办系列“绿色云品全国行”活动。云南省农业农村厅牵头连续3年先后组织开展了云南省“10强企业”“20佳创新企业”“10大名品”评选活动，以“绿色云品 美好共享”为主题，先后组织召开“10强企业和20佳创新企业”“10大名茶”“10大名花”“10大名菜”“10大名果”“10大名药材”等多场系列新闻发布会；国内市场以北、上、广、深等一线城市和港澳市场为重点，扩大云南农产品中高端市场销路；国际市场以中东市场开拓为切入点，不断扩大云南农产品国际高端市场。全面推进“云南绿色食品国际交流合作研究中心”建设，打造区域性、特色性、先进性“三位一体”的国际合作研究平台。推进中国普洱茶中心暨普洱茶博物馆项目规划建设，有序推进云南特色大宗商品国际现货交易中心建设。目前，已建成橡胶、食糖、玉石珠宝、茶叶、花卉、咖啡6个交易中心。持续打造“一部手机游云南”和“一部手机云品荟”等电商平台，将“10大名品”全部入驻“一部手机游云南”，144家“两品一标”企业，326户生产企业、359个品牌、4803个品类入驻“一部手机云品荟”，4000个单品进入线下体验店，累计线上线下签单金额超过5亿元（王淑娟，2020a）。

三、云南省打造“绿色食品牌”面临的问题

（一）市场主体弱

一个产业、一个区域公用品牌的强大，必须有龙头企业带动，必须有一个或者多个实力强大的市场经营主体，这是产业发展和品牌塑造的载体和支点，否则，产业就会出现空心化，有名无实，弱不禁风，产业体质不强（陈良正等，2019a）。缺乏大而强的农业产业化经营主体是目前云南高原特色农产品生产经营的最大制约“瓶颈”。中小型企业、农民专业合作社占比过高，缺乏大的龙头企业。加工企

业“小、散、弱”的现状未得到根本改变，规模化经营水平低，辐射带动能力不强。除早在省内外有一定知名度的“后谷咖啡”“摩尔农庄”“大益茶”“天士力帝泊洱”等企业已具备较为完备的加工生产线、先进的生产设备，可规模化生产外，大多农产品加工企业由于受资金、技术、场地和经营者个人的意识形态等多方面因素的影响，在强大的市场竞争中，显得小而弱，缺乏竞争力，多是勉强维持生计。

（二）产业发展层次低

近年来，云南高原特色农业产业取得了长足发展，但目前仍处于低级阶段，主要表现为种植养殖等第一产业仍占绝对优势，加工业不发达，初级产品占绝大比重，精深加工产品的比重较小，产业发展方式呈现出明显的“粗放型”特征。从产品类别看，种植业产业比重较大，产值占到全省农林牧渔业总产值的50%～55%，畜禽次之（占比达30%以上）[①]，林产品和水产品比重较低，服务业发展严重滞后，而且初级产品同质化问题仍然比较严重，核心竞争力不足；从产业布局看，大而强、特而强的特色优势区域不多。

（三）品牌多而繁杂

云南省优质产品较多，但由于品牌驳杂，缺乏有影响力的大品牌，直接影响了云南省绿色食品品牌竞争力的总体发展。云南省农产品多采用农户分散生产，企业集中加工、销售的模式，且以中小企业居多。一方面，中小企业资金少、缺人才、不懂营销，且只重视产品生产，不重视品牌建设，产品促销上多采用价格战、成本战等策略。另一方面，很多企业家对农产品品牌只是停留在表面、肤浅的认识上，将品牌等同于注册商标，使得同品类的品牌多则几十个，少则十几个，导致云南特色农产品内部的无序竞争。虽然政府对品牌建设的重视度和支持度都有较大提升，但仍存在诸多问题：顶层设计不够，品牌建设缺乏机制体制保障；多头管理，难成合力；重投入式发展，轻创新式驱动，后劲不足以及政策宣传不到位，影响政策落实，等等。以咖啡为例，全省有大大小小几十个品牌，但除“后谷”影响力较大外，其他都是小企业、小规模、小品牌，市场竞争力弱，品牌影响力不大。许多农产品生产企业，已认证的“三品一标”农产品数量不少，但

① 根据国家统计局数据计算。

省级以上认定的农业品牌不多，在国内、省内叫得响的农产品区域公用品牌就更少，缺少具有市场号召力及影响力的知名品牌引领。

（四）科学技术、设备及人才缺乏

一是科技创新能力不足。由于云南农业产业类型较多但产业规模较小，农业科技需求量大面广，使得全省优质品种研发、关键科技攻关、配套技术集成、高端产品开发等方面的科技创新能力不足，供给与需求缺口较大，规模化、规范化种养殖大多缺乏有力的技术支撑。二是高素质科技和管理人才匮乏。大多数加工企业中，专业的科技人才屈指可数，多是外聘兼职人员做指导，深加工、营销方面的专业人员严重不足。三是企业创新能力不足，研发能力不强，新产品开发乏力，产品科技含量低，产品竞争力弱。四是加工设备比较简单、落后，采收机械化仍为空白。五是冷链建设滞后，生鲜食品货损高。

第三节　云南省打造“绿色食品牌”的SWOT分析

一、优势分析

（一）独特的资源禀赋

一是多样化的立体气候。云南气候类型多样，有北热带、南亚热带、中亚热带、北亚热带、暖温带、中温带和高原气候区等7个温度带气候类型，气候兼具低纬气候、季风气候、山原气候的特点。根据各地差异性的光照、热量、降水和紫外线强，昼夜温差大等特点，使得云南可以打破季节性约束，种出高品质的水果、蔬菜，在同一季节生产出不同的农产品，不同的季节生产出同样的农产品（陈良正等，2019a）。二是独特的土壤结构。土壤条件关系到农业生产的丰歉以及农产品品质的高低。云南大部分土壤呈中性和微酸性，有机质在1.5%~3.0%，土体深厚，具有保水、保肥性强，透气性好的特征，是种植茶叶、咖啡、橡胶、水果等多年生经济作物的优质土壤资源（吴学榕，2018）。三是丰富的种质资源。农业种质资源是保障国家粮食安全与重要农产品供给的战略性资源，是农业科技原始创新与现代种业发展的物质基础，是推进农业高质量发展的“芯片”。云南位于全球三大生物多样性最丰富的区域，不仅农业种质资源数量位居全国第一，且有许多极其珍贵的特有生物属、种，在全国乃至世界农业种质资源领域占有十分重要的地位。四是多彩的民族文化。云南有 26 个民族，其中有 15 个民族为云南省特有，每个民族都有自己独特的生活习惯、人文环境等，这造就了云南数不胜数、具有区域特征的特产品种、消费习惯、美食（食品）方法、品类与口味等，这些都是区域特色产业发展与品牌创建的天然源泉，是云南不可替代、最具竞争力的优势资源，也是创建云南绿色食品大品牌的天然基因和独特优势。

（二）巨大的发展潜力

一是绿色产业初具规模。云南省以打造绿色经济大省为目标，探索高原特色农业现代化发展道路。经过 20 余年的努力，绿色产业初具规模，数个特色农产品面积、产量位居全国乃至全球前列。其中核桃和澳洲坚果种植面积、产量居全球第一；花卉面积和产值亚洲第二、全球第三，仅次于美国、印度，其中鲜切花种植面积全球第一，外销全球第二；咖啡、橡胶的面积和产量位居全国第一；茶叶面积名列全国第二。据云南省农业农村厅的数据，2019 年，全省“绿色食品牌”重点产业综合产值达到 5780 亿元，同比增长 10.1%。二是品牌产品逐年增加。据云南省农业农村厅的数据，截至 2019 年底，云南拥有国家驰名商标农产品 20 余个，绿色食品有效获证企业 303 家，监测面积 93.55 万亩，年总产量 233.2 万吨，年产值达 116.95 亿元；建成 10 个出口食品农产品质量安全示范区，涉农企业共获有机认证、转换证书 805 个，获证企业 543 户，生产规模仅为 224.56 万亩。截至 2019 年底，云南省中国特色农产品优势区达 9 个，新增大理市、弥勒市两个国家农业绿色发展先行区，全省达到 4 个。创建思茅区、芒市、开远市 3 个国家现代农业产业园，建成 32 个省级现代农业产业园。全省“三品一标”有效企业数达 1951 家，产品 5590 个，其中 2019 年新认定 1525 个。此外，全省分两批共认定省级特色农产品优势区 60 个。[①] 三是市场竞争力不断提升。据云南省农业农村厅和云南省商务厅提供的数据，2017 年，全省农产品销售收入 1713 亿元，实现利润 139 亿元；仅全省农产品网络零售额就达 98.96 亿元，同比增长 54.54%，高出全国平均水平，增速全国排名第三位；出口国别数量已经超过 100 个国家和地区，农产品出

---

① 云南省农业农村厅计划财务处. 云南省农业农村厅 2019 年度部门决算［EB/OL］.（2020-08-20）. https：//nync.yn.gov.cn/html/2020/caizhenggongkai_0820/371766.html.

口41.9亿美元，出口额连续多年居西部第一。2018年评选出首批“10大名品”和绿色食品“10强企业”“20佳创新企业”，新认证绿色食品428个、有机食品665个，茶叶等8个优势产业综合产值增长15.5%，新增销售收入亿元以上绿色食品龙头企业54户，“一部手机云品荟”电子商务平台上线运行，有109种特色农产品加入淘宝，淘宝农产品销售排名第12位，销售金额排全国第一①。2019年，全省新增各类农业龙头企业200户，其中国家级重点龙头企业13户，新增年销售收入超亿元的龙头企业51户，全省各类农业龙头企业达4245户。全省农产品加工总产值突破8300亿元，农产品加工业与农业总产值比由1.1∶1提高到1.6∶1以上。参加第十四届中国云南普洱茶国际博览交易会、第二十届中国昆明国际花卉展、“云南特色冬农魅力”2019云南高原特色现代农业（北京）推介活动等展示展销对接活动13场，现场销售额7237.37万元，现场签约金额35.94亿元，意向性签约7.05亿元。2019年，全省农产品出口额达331.2亿元，增长29%，首次超过了300亿元②。2020年上半年，在全国农产品出口受新冠肺炎疫情影响同比下降3.8%的情况下，云南农产品出口19.1亿美元，同比逆势增长15.1%③。据昆明海关数据，2020年1月至10月，云南省农产品出口额达到281.3亿元，同比增长8.2%，实现逆势增长。其中，水果出口额138.1亿元，同比增长22.5%，蔬菜出口额84亿元，同比增长5.2%。

（三）科技支撑更加有力

生物、信息、新材料、新能源、先进装备制造等高新技术广泛应用于农业领域，为绿色食品发展提升了技术装备，尤其是良种选育技术、新栽培技术、测土配方施肥技术、病虫害绿色防控技术等新技术的推广应用，将更加有力地支撑绿色食品原料标准化基地建设。

（四）品牌培育的意识增强

随着市场的逐步细分、竞争的日益加剧以及政府对品牌培育的重视和支持力

① 云南省人民政府．2019年云南省人民政府工作报告［EB/OL］．（2019-01-27）．http：//www.yn.gov.cn/ztgg/2019gzbg/.

② 云南网．2019年云南农产品出口额达331亿元 位居西部省区首位［EB/OL］．（2020-08-21）．https：//baijiahao.baidu.com/s?id=1675613630379347145&wfr=spider&for=pc.

③ 杜仲莹，计宣辰．上半年云南省农产品出口额同比逆势增长15.1%［EB/OL］．（2020-08-22）．http：//yn.people.com.cn/n2/2020/0822/c378439-34244034.html.

度加大，特别是2018～2020年省政府连续3年组织的“10大名品”和绿色食品“10强企业”“20佳创新企业”评选和表彰活动，使得越来越多的企业把品质、安全作为品牌培育的核心竞争力，给予高度关注，对参与“绿色食品”“有机食品”等第三方认证的积极性不断提高，认证市场不断扩大。

二、劣势分析

（一）深加工业严重滞后

由于主体小散弱，云南省绿色食品生产加工大多停留在初加工上，精深加工缺乏技术和设备、产品开发，2019年，云南省农产品加工业产值与农业总产值之比仅1.6：1，与全国平均值尚有较大差距，与发达国家相比差距更远。

（二）缺乏有影响力的大品牌

由世界品牌实验室①编制的《中国500最具价值品牌》，入选门槛从2004年的5亿元，平均价值为49.43亿元，到2020年的27.16亿元，平均价值高达493.84亿元，中国企业的品牌价值不断攀升，而云南绿色食品类却无一品牌上榜。而《中国品牌500强》榜上有名的云南企业包括云天化、云南白药、红塔山、红河，分属化工、医药、烟草行业，同样也无绿色食品类。打造中国第一、世界一流的“绿色食品牌”，云南任重而道远。

三、机遇分析

（一）战略性机遇

在国家“一带一路”建设和长江经济带战略中，农业是区域产业合作的重点之一。在国家战略定位中，云南承担着建设成为我国面向南亚东南亚辐射中心的历史使命，总结云南外销蔬菜产业发展历程，特别是“温果北上热果南下”等农

① 世界品牌实验室（World Brand Lab）是一家国际化、专业性的品牌研究机构，由1999年诺贝尔经济学奖得主、“欧元之父”罗伯特·蒙代尔（Robert Mundell）担任主席，每年发布“中国500最具价值品牌”“亚洲品牌500强”“世界品牌500强”等系列榜单，其专家和顾问来自哈佛大学、耶鲁大学、牛津大学、剑桥大学等世界顶级学府，研究成果得到业界普遍认可。

业“走出去”的经验以及逐步形成的从产品“走出去”、生产“走出去”到加工“走出去”、科技“走出去”、防疫“走出去”、生产链“走出去”等多种合作模式，云南农业在发挥区位优势、农机农技优势、资源优势、产业基础及产业链优势中，进一步做大做强外向型高原特色农业大有可为。

（二）政策性机遇

国家、云南省对绿色产业组织领导、产业指导、政策扶持、激励机制等方面的配套政策不断完善，支持力度不断加大。“支持发展绿色食品”已多次写入中央一号文件。党的十九大报告提出，必须坚定不移贯彻创新、协调、绿色、开放、共享的新发展理念，形成绿色发展方式和生活方式。农业部绿色食品管理办公室《全国绿色食品产业发展规划纲要（2016—2020年）》指出，发展绿色食品，符合国家“绿色发展、低碳发展、循环发展”的战略部署，符合“产出高效、产品安全、资源节约、环境友好”的现代农业发展方向，越来越受到各级政府和各类市场主体的高度重视。尤其是2018年云南省政府作出了全力打造世界一流“绿色食品牌”，推动农业生产方式“绿色革命”的战略部署，先后发布了一系列相关政策规划，如云南省人民政府办公厅《关于印发云南省高原特色现代农业产业发展规划（2016—2020年）的通知》《关于推进农业高新技术产业示范区建设发展的实施意见》《关于促进农产品加工业跨越发展的实施意见》《云南省培育绿色食品产业龙头企业鼓励投资办法（试行）》《云南省人民政府关于推动云茶产业绿色发展的意见》等，从政策上给予绿色产业发展提供绝好的机遇和条件。

（三）需求性机遇

随着全球经济的发展，科技的进步，农产品供给已呈现出供过于求的趋势，社会消费被带入“品牌时代”，消费者的食品安全意识普遍增强，食物消费结构正由注重数量转向注重质量，大部分消费者已开始从“商品消费”进入“品牌消费”的新阶段。“绿色、安全、健康”正在成为消费的基本取向和选择标准，绿色食品市场需求呈现加速增长的态势。国家统计局发布的数据显示，2019年全年全国居民人均可支配收入30733元，比上年增长8.9%，扣除价格因素，实际增长5.8%，跑赢了人均GDP。恩格尔系数从2016年的30.1%降到2019年的28.2%。数据显示，我国已进入消费型社会，社会消费层次升级，无公害农产品、绿色食品、有机食品消费在高端消费市场的占有率逐年提升。

四、挑战分析

（一）品牌盛则农业盛，品牌强则农业强

品牌每上升一个梯次，附加值也随之会有一个量的提升；品牌价值度的层级越高，企业获取的品牌附加值就越高，即利润越高。国内外绿色食品牌的市场竞争激烈，而目前云南绿色食品品牌竞争优势不明显，从结构看，中小型食品加工企业与农民专业合作社偏多，大型食品企业偏少；初级产品偏多，精深加工产品偏少；种植业比重偏大，畜禽、水产品偏少，缺乏叫得响、竞争力强的大品牌，在激烈的市场竞争中难以胜出。

（二）品牌意识不强

云南绿色食品生产企业普遍存在品牌意识不强、市场开拓能力不足、质量发展意识不够、支撑服务体系不健全、创新驱动不足、冷链建设滞后等问题，成为影响云南绿色食品产业做大做强的重要因素。

第四节　国内外打造“绿色食品牌”的成功案例及启示

一、法国的波尔多葡萄酒

法国是世界著名的葡萄酒产地，其生产葡萄酒的历史悠久，大概有几千年的历史，主要有十大产区。其中著名的波尔多产区有葡萄园 11 万公顷，年均葡萄酒产量达到 8.5 亿瓶左右，是公认的世界最大的葡萄酒产地。由于地广土肥，葡萄品种齐全，几乎所有的葡萄酒都有生产，有香醇味浓的红葡萄酒，有带辣味或甜味的白葡萄酒，还有玫瑰红葡萄酒等。从高级佳酿到普通佐餐酒，应有尽有，尤其以红葡萄酒口味最为优雅细腻。波尔多地区葡萄种植园很多，产品又各自相对独立，为了控制其质量，法国政府于 1855 年对其进行分类，1973 年又进行第二次分类，其结果基本与 1855 年相同：头苑 5 种，二苑 14 种，三苑 14 种，四苑 10 种，

五苑18种。① 波尔多是世界上第一个将农产品定级的城市，所有被定级的酒庄都存在了100多年。著名的拉菲、拉图、玛歌、木桐、侯伯王（也称红颜容）就是该体系最高的五家一等红葡萄酒酒庄，均保持至今。经过了长达一个半世纪的历练，才形成了波尔多独特的品牌文化，可见波尔多区域品牌的稳定性。为了管理波尔多不同产区的产品标准，协会还实施了原产地名称管制。法国原产地命名控制（法文：Appellation d'origine contrôlée，AOC），中文可以直译作“限制/控制原产地命名”，是法国对出产于本土农产品标注其产地名称的一个法律保障体系，也是欧洲原产地命名保护（AOP）标志的一部分。从种植的地理区划、葡萄品种、生态条件、栽培方式、产量控制、果实糖分含量、酿造酒的种类、酿造技术到葡萄酒的生产和销售的整个环节都有整套严密、完整的管理办法。这种制度保证了葡萄酒的品质，提升了消费者对葡萄酒品质的信任度。法国科学的产区分区、酒种分类的区域布局使法国葡萄酒优质产区发挥了集聚效应，使葡萄酒及相关企业聚集在优势产区内，形成波尔多、香槟等世界葡萄酒著名区。这既提高产业集聚程度，又增强产区整体竞争力（王博文等，2010）。

“法国波尔多红酒”虽然是简单的“产地+产品”的命名方式，却以独特的地理优势和优质的口感，让更多的人不仅记住了法国葡萄酒，还加深了对波尔多地区的印象。同样的品牌命名方式我国也有，如东北的五常大米、云南的文山三七、宣威火腿等都是以“产地+产品”的方式命名，将独特的区位优势赋予产品，形成独特的品牌优势，在市场上具有较大的竞争力，但影响力不大，加之品牌管理不规范，市场上鱼龙混杂，真假难辨，导致品牌不能做大做强。要将这类品牌做大做强，应学习、借鉴法国原产地保护在立法理念、组织模式、系统管理及市场监管及将产区分区、分级等方面的经验和做法，并赋予一定的文化内涵。

二、美国的星巴克咖啡

星巴克（Starbucks）公司诞生于美国西雅图，凭借咖啡豆起家，自1987年正

① 根据《世界最厉害葡萄酒产地，11万公顷葡萄园，每年产8.5亿葡萄酒》（https://baijiahao.baidu.com/s?id=1674151485924924428&wfr=spider&for=pc）、《葡萄酒92433》（https://www.docin.com/p-989431693.html）、《波尔多葡萄酒：全球最成功的“地理标志”品牌是如何运作的?》（https://www.sohu.com/a/305266438_758692）以及《三分钟快速了解法国波尔多产区的葡萄酒AOC/AOP等级》（https://www.sohu.com/a/148081496_670146）等资料整理。

式成立以来，在近40年的时间里一跃成为巨型连锁咖啡集团、咖啡加工厂及著名咖啡品牌。截至2019年1月，星巴克在75个国家有约3万家门店，仅在中国就超过3600家①，其飞速发展的传奇让全球瞩目。在各种产品与服务风起云涌的时代，星巴克公司凭借世界上最古老的商品之一发展成为与众不同、持久的、高附加值的品牌，主要是从三个方面经营的。一是高品质的产品。星巴克以最高的标准采购和烘焙并提供最新鲜的咖啡，由此保证了几十年如一日为咖啡爱好者们提供高品质的咖啡。精选的咖啡原料被及时送往专门的烘焙车间后，会按严格的标准接受熟练工人的炒制混合，随后被装进保鲜袋中运往星巴克连锁店，达到全球一致的管理、品质和口味。星巴克咖啡品种繁多，在制作上有着几乎苛刻的要求。例如，每杯浓缩咖啡要煮23秒，拿铁的牛奶至少要加热到华氏150度，但是绝不能超过170度等（殷文炎，2018）。二是优质的服务。在服务方面，星巴克将员工培训成咖啡文化方面的专家，除为顾客提供优质的服务外，还与顾客交流沟通，学习各种知识，使顾客充分感觉到在此除能品尝到高品质的咖啡产品外，还可以享受到星巴克咖啡文化等多种经历，从而提高了顾客的忠诚度。星巴克追求的不是顾客的数量，而是顾客的质量和特定人群对于星巴克咖啡的忠诚度（韩群，2007）。三是独特的“星巴克体验”。星巴克品牌是建立在咖啡的基础上，但咖啡只是一种传播价值理念的载体，其创造的独特的“第三空间”的体验才是星巴克成功的核心（朱燕，2013）。星巴克公司努力营造一个以休闲为导向、让消费者感觉优雅舒适、有别于办公室和家庭的第三种生活场景，力求给消费者营造出高贵、时尚、浪漫、文化的感觉氛围。星巴克营造的这种“星巴克体验”满足了这样的需求，自然也就获得了巨大的经济效益。

星巴克成功的经验是多方面的，但它主要是从产品、服务和体验三大方面营造自己的品牌，这些对云南省绿色农产品尤其是咖啡、茶叶等特色产品企业的做精产品、做好服务等具有很好的借鉴意义。云南是中国咖啡的主产区，98%的国产咖啡出自云南，但云南至今没有一个叫得响的咖啡品牌。比较有影响力的“后谷咖啡”虽然历经数年的经营，形成了从种子到杯子的全产业链，但因品牌效应不足，销售量在国内份额极少，又因为产能扩充和经营管理问题，目前存在非常严重的债务危机。因此，云南咖啡品牌打造，并非一定要建立自己的原料生产基

---

① 倪伟. 进驻中国20年 星巴克直面“绝地求生”［EB/OL］.（2019－01－19）. http：//biz. jrj. com. cn/2019/01/19055026927166. shtml.

地、做全产业链，可以学习借鉴星巴克的经验，制定严格的品牌质量标准，把主要精力、财力放在原料把控、品牌塑造、宣传营销、优质服务上，集中打造云南自己的咖啡品牌。

三、贵州“老干妈”调味品

“老干妈”是国内生产及销售量最大的辣椒制品生产企业，主要生产风味豆豉、风味鸡油辣椒、香辣菜、风味腐乳等20余个系列产品。“老干妈（陶华碧）牌油制辣椒”是贵州地区传统风味食品之一。1984年，陶华碧女士凭借自己独特的炒制工艺，推出了别具风味的佐餐调料，令广大顾客大饱口福，津津乐道。1996年，陶华碧在贵阳龙洞堡创办工厂生产风味豆豉产品并于1997年注册成立了“贵阳老干妈风味食品有限责任公司”（以下简称“老干妈公司”），产品批量生产后在全国迅速成为销售热点。近几十年来，老干妈系列佐餐调料一直沿用传统工艺精心酿造，具有香辣突出、回味悠长等特点。“老干妈”不仅深受众人的喜欢，还逐渐成为“奢侈品”。早在2014年“老干妈公司”通过美国FDA食品安全检查之前，美国奢侈品电商Gilt就把老干妈奉为“尊贵调味品”。[①] 过去20多年，“老干妈”的销售从蓝领扩大到白领，从中老年人扩大到年轻人，从家居调味品扩大到旅游消费品，从普通食用消费扩大到作为纪念品，从农贸市场走进国内国际大型超市。目前，“老干妈公司”已形成日产量120万瓶辣椒制品的生产能力，主要生产风味豆豉、油辣椒、鲜牛肉末、水豆豉、风味腐乳等20多个系列产品，是目前国内生产及销售量最大的辣椒制品生产企业。1997年，“老干妈公司”的产值仅1400万元、上缴税金仅86万元，到2013年产值就增长到37.2亿元，纳税达5.1亿元。2014年，“老干妈”以160.59亿元的品牌价值入选2014年中国最有价值品牌500强榜单第151位；2019年，“老干妈”进入《2019国产食品品牌排行榜》前10名；2019年12月，“老干妈”成功入选“2019中国品牌强国盛典榜样100品牌”。2019年“老干妈公司”的销售收入突破了50亿元，同比上涨14.43%，创下历史新高。2020年5月，“老干妈”入选“2020中国品牌500强”第477位。[②]

---

①② 根据贵阳老干妈风味食品有限责任公司官网（http://www.laoganma.com.cn/）、百度百科词条“老干妈”（https://baike.baidu.com/item/%E8%80%81%E5%B9%B2%E5%A6%88/938371?fr=aladdin）等资料整理。

“老干妈”用了20多年的时间，就从创业之初的贵阳“路边摊”，发展到目前成为贵州与茅台齐名的“农业产业化国家重点龙头企业”和全球知名品牌。“老干妈”创造的这个商业帝国传奇，其成功主要在于：将传统工艺和现代化科技配方相结合，市场定位从低端消费人群入手，价格走平民路线、产品走高端路线，且从创业至今，保持初衷不改，采用“不欠账、不赊账”的现销模式，保证了公司充裕的现金流和完整的资金链。以独特的口味、低廉的价格、过硬的品质击败竞争对手，独霸于辣椒调味品行业，做到有华人的地方就有“老干妈”。

“老干妈”的成功充分说明地方小吃也可做成国际知名品牌。云南是多民族的省份，每个地方和民族都有独具特色的地方小吃，如新平腌菜、腾冲八宝腌菜、曲靖韭菜花、油鸡枞、野生菌、傣族火烧干巴、鲜花饼、宣威火腿等，如果每个地区均能像“老干妈”一样，始终如一、不遗余力地坚持做大、做好、做强一个风味独特的地方特色食品牌，相信不久的将来，将会有云南的地方知名品牌陆续为人所熟知。

四、黑龙江的“北大荒”品牌

黑龙江农垦开发建设始于1947年，经过几代北大荒人70多年的艰苦奋斗，“北大荒”已成为我国耕地规模最大、机械化程度最高、综合生产能力最强的国家重要商品粮基地。目前，垦区已经具备超过2000万吨的粮食综合生产能力和1700万吨商品粮保障能力，垦区粮食产量连续10年突破2000万吨，约占黑龙江全省粮食总产量的30%，昔日北大荒变成了名副其实的“北大仓”。1994年8月，黑龙江农垦正式组建“北大荒集团总公司”，1998年4月成立“黑龙江省北大荒农业股份有限责任公司”，2018年12月“黑龙江北大荒农垦集团总公司”挂牌，2020年5月更名为“北大荒农垦集团有限公司”（以下简称北大荒集团）。北大荒集团地处我国东北部小兴安岭南麓、松嫩平原和三江平原地区，辖区土地总面积5.54万平方公里，下辖9个分公司、108个农（牧）场有限公司，978家国有及国有控股企业。经过多年的努力，北大荒集团已建立起现代化的农业生产标准体系，标准化覆盖率达100%，先后制定了80多项农时、机械状态、作业质量、田间管理、收获和农机管理等全过程的生产标准。目前，北大荒集团已全部实现了区域化布局、规模化种植、模式化栽培、标准化作业。①

北大荒集团是我国最大的现代农业企业集团，拥有国家级及省级农业产业化龙头企业 11 家和得天独厚的绿色资源优势和多年形成的绿色发展模式。1997 年 1 月，垦区以“北大荒”注册商标组成“联合舰队”进入市场以来，品牌知名度逐年增加，尤其是近年来，北大荒为加强品牌建设，围绕米、面、油、肉、乳、薯、种等产业，培育了“北大荒”“完达山”“九三”“丰缘”等中国驰名商标，形成了以“北大荒”为母品牌、以“九三”“完达山”等为子品牌的“母子”品牌框架。目前，集团名下的注册商标共235 件，涵盖45 个大类，包括25 个系列（沈耀峰等，2018）。北大荒品牌价值逐年增加，已经连续 17 年入选世界品牌实验室“中国最具价值品牌 500 强”，品牌价值由 2004 年的 17. 91 亿元增加到 2020 年的 1028. 36 亿元，激增 56. 4 倍，稳居中国农业第一品牌，并首次入选世界品牌 500 强。2002 年“北大荒集团”A 股上市并首次入选“中国企业 500 强”，2004 年“北大荒集团”跻身“中国上市公司百强”，2006 年“北大荒”和“完达山”荣登“中国最具价值品牌榜”，2008 年“北大荒”首次入选“亚洲品牌 500 强”，2010 年“北大荒”品牌价值首次突破200 亿元，2012 年“北大荒”成为亚洲农业第一品牌，2018 年“北大荒”荣获第十五届“中国品牌年度大奖 NO. 1”（农业行业）以及“绿色品牌大奖”两大荣誉称号。2019 年垦区三大品牌“北大荒”“九三”“完达山”分别位列“中国 500 最具价值品牌榜”第 52、第 166、第 175，2020 年“北大荒”更是荣登“亚洲品牌 500 强”第 90 位并首次入选“世界品牌 500 强”榜单（位列第 430 位），跻身世界级品牌行列。②

“北大荒”通过积淀红色文化基因、筑牢品牌之魂，保护黑色基因、筑牢品牌之根，厚植绿色基因、筑牢价值之基，使得“北大荒”农产品成为百姓放心的餐桌食品。“北大荒”已经成为绿色、健康、安全的代名词，其成功的经验主要表现在两个方面：一是品牌整合。北大荒集团绿色食品产业经历了从无到有，并在市场竞争中日益壮大的过程。2006 年前，集团旗下的绿色食品产业的迅速发展，生产企业多、产品多、品牌多，但存在规模小，品牌杂乱，同质竞争大，竞争力弱等情况，绝大多数的品牌在量上不足，难以真正形成影响力。在这种情况下，从 2006 年开始，集团以打造驰名品牌为核心，在系统内部进行了全方位、大尺度的

①② 根据北大荒农垦集团有限公司官网（https：//www. chinabdh. com/enterBdh/index. html）资料整理。

整合。首先是统一品牌、统一商标、统一标准、统一价格、统一宣传、统一开拓市场；其次是制定了严格的产品生产标准，建立质量监督网络，从产品原料生产、加工流程、产品包装、储运、销售等全程质量监控入手，实行全程监控、动态管理，完善了产品质量检测体系和安全标准体系，确保产品质量的保证（王雪梅，2016）。北大荒集团通过内部整合，不仅结束了集团内部低水平重复建设、品牌过多过乱的历史，还打造了一批在黑龙江全省乃至全国具备领军地位的大龙头企业集团和知名品牌，最终形成了享誉国内外的以“北大荒”为母品牌、以“九三”“完达山”等为子品牌的“母子”品牌框架，并通过“母品牌”背书的形式完成了垦区内品牌整合，达到了互利共赢的叠加效应（刘伟林，2016）。二是以品牌为载体拓展国内外市场。北大荒集团多次组团参加各类大型展会和发展论坛，全方位、多角度发出北大荒声音，讲好北大荒故事，扩大了北大荒生态环境、绿色产品、优秀文化和品牌的知名度、影响力。通过实行与国际市场营销体制接轨的特色营销，使北大荒的产品走出国门，走向世界。目前集团出口商品已达七大类 80 多个品种，先后与 60 多个国家和地区建立了经贸合作关系，初步构建了全方位、宽领域、多层次的对外开放格局。①

北大荒集团绿色食品牌的成功打造，对云南农垦集团等大型综合类企业的品牌打造具有借鉴意义。云南省农产品品牌小、散、弱，影响力小，竞争力差的现象是不争的事实，可在政府相关部门的引导和支持下，同类型的中小品牌抱团发展，也可由政府牵头，支持省内比较有实力的国企如云南农垦集团等，对云南同类小散弱的品牌进行整合，打造突出云南“生态、绿色、健康”特点的农产品旗舰品牌，建设产业集群，形成规模效应，扩大云南“绿色食品牌”的影响力和竞争力。

五、云南的“褚橙”品牌

“褚橙”是云南特有的冰糖橙之一，因由昔日有“中国烟草大王”之称的云南红塔集团原董事长褚时健种植而得名，商品名为“云冠”橙，结合褚时健不同寻常的人生经历，因此也被称作“励志橙”。其特点为：皮薄易剥，味甜微酸，汁多无子（或少子），质绵无渣。“褚橙”使用的品种冰糖橙又名冰糖柑，原产湖南，

① 根据北大荒农垦集团有限公司官网（https：//www. chinabdh. com/BDHgcdt/26999. html）资料整理。

系当地普通甜橙的变异，后由褚时健引进至北纬24度，日照时长达1800～2200小时/年，有限积温5000～7200℃/年，昼夜温差10～11℃的云南哀牢山进行改良。十年磨一剑，砺得梅花香。从2002年到2012年，褚时健共花了十年时间，从承包2400亩农场山地、育苗、植树、施肥、修枝开始，用工业化的理念，管理果园，严格种植流程和标准，4年挂果，冠名“云冠”。在“互联网+”的推动下，“褚橙”成了网红产品，不仅从云南走向全国，而且在全国迅速走红并持续至今。“褚橙”的售价多年与从美国和澳大利亚进口的脐橙处于同一价位，为国内产冰糖橙市价的3～4倍。

“褚橙”的成功，主要原因有以下几方面：一是用工业化的理念管理农业。褚时健承包了2400亩山地，采用“公司+农户”的管理经营模式，将果园分片承包给当地农户，并聘请技术熟练、责任心强的人当作业长管理农户；由公司提供果园所需的生产资料，每年和承办农户签约，待果子成熟后，根据质量等级按照不同价格回收产品，这样既保证了“褚橙”的品质，也提高了农户的积极性。此外，公司在果园修建好房子，房子里水、电、厕所等配套设施一应俱全；褚时健创造性建立预支工资制，即每月每户先借发一定数额的工资，到年底回收果品时，按果品数量和质量等级计算收入总额，将全年借发的工资总额扣除后，再将剩余的收入结算给农户。公司通过这种让利果农的方式，最后取得双赢的效果，不仅使公司拥有了稳定、熟练的种植工人队伍，也使农户收入有保障，衣食无忧，逐步成为一门心思只想着种地的新型“职业农民”。二是走精品路线。品质是品牌的核心，“褚橙”从开始就以“种好的橙子”为目标，有严格的种植管理流程和生产标准，比如果树上橙子的数量、果树的密度、测土配方施肥，喷洒农药的标准等，力保果子24∶1的黄金甜酸比；为保证“褚橙”每个果品的质量，公司还花重金进口了一套先进的果品筛选设备，配合人工，对果实进行洗涤、风干、分级、最后装箱入库。“褚橙”从种植生产到加工包装的每一个环节都力求做到标准规范，因此才有经得起时间考验的品质，做响了“褚橙”的品牌。三是用互联网的思维去做传统产业。“褚橙”与生鲜电商平台“本来生活”的合作，算得上是中国农业升级最成功的案例。本来生活网综合运用了品牌故事、圈子效应、个性化包装等网络营销手段，对褚橙进行“爆款”营销包装，一夜之间让全中国都知道了云南有个叫褚时健的老人，种出了最好吃的“褚橙”，演绎了一出“人生总有起落，精神终可传承”的经典营销案例。褚橙从名不见经传的“云冠”到如今名声大噪的“褚橙”，不仅实现了农产品品牌的完美变身，也使人们看到了一个成功的农产品品牌所带来的溢价和光环。"褚橙"品牌的成功固然有褚时健作为曾经的"烟草大王"带来的名人效应等不可复制的因素，但"褚橙"在推广营销中善于利用外在环境优势，懂得借势和造势，借助"互联网+"更是成就褚橙品牌营销的传奇不可或缺的要素（蓝之馨，2016）。

"褚橙"品牌的成功打造，主要在于两点——打造精品和故事营销。"打造精品"是褚橙成功的基础；借助互联网开展故事营销，则是充分挖掘企业或产品品牌背后的故事，通过精心策划，把"褚橙"的卓越品质和励志精神进行广泛传播，使"褚橙"的品牌影响力与美誉度得以快速提升，尤其是通过电商平台进行销售，跳过收购商的环节，使产品形成很高溢价，获得较高的利润。这两点为云南各地特色农产品的品牌打造、网络营销提供了可供借鉴和学习的经验。

第五节　云南省打造"绿色食品品牌"的对策建议

一、加大政府的引导和扶持力度

（一）制定品牌发展规划

各级政府应该把品牌打造看作是当前和今后的一项重大战略。首先是从顶层设计上给予足够的重视，加强各地"绿色食品品牌"打造的顶层设计和统筹指导，明确阶段性目标，做好阶段性的行动方案，按照做大做强主导产业品牌、培育壮大新兴产业品牌、改造提升传统产业品牌、大力发展新型农业品牌的思路，优先把技术含量高、市场容量大、附加值高且能耗低的产品列入品牌战略规划。其次是在全面落实国家和省级相关支农政策，尤其要在财政奖补资金、税收减免等方面给予适度倾斜。按照一二三产业融合的思路，支持加快培育产业集群，建立品牌农业的产业链、拓宽品牌农业的价值链、完善品牌农业当地供给链，提升品牌农业的影响力。

（二）引导建设区域绿色食品品牌

一是要通过着力培育区域公共品牌、鼓励发展企业品牌和产品品牌、建立完善品牌建设与保护联动机制，努力提升各级各类品牌的市场知名度和美誉度。对龙头企业、合作社等主体的品牌创建和发展给予指导和支持，努力形成“一个区域、一个产业、一套标准、一个品牌”的格局。二是要保护优势品种资源和环境，传承地方传统生产、加工工艺，开发历史文化民俗资源，扩大传统产地声誉，创新新兴产业集群，加强品牌经营资源整合，引导特色农产品生产向优势区域集结，挖掘品牌资源潜力，彰显高原特色，打造像斗南花卉、通海蔬菜、宣威火腿、文山三七、新平褚橙等这样的区域性品牌。三是要强化对获得农产品地理标志产品等各类荣誉称号的产品管理和保护，建立产品品牌质量追溯体系，打造具有国际竞争力的绿色农产品品牌（何传新等，2018）。

（三）培育大型骨干龙头企业

各地要着力培育更多、更强的集生产、供应、加工、营销为一体的绿色食品加工、流通大型骨干龙头企业，通过以点带面，辐射带动周边或同行业企业形成产业规模与集聚效应，共同促进全省绿色食品产业走上快速、健康、可持续的稳定发展道路。一是按照以市场为导向、以质量为核心、以区域公共品牌为纽带、以产业化经营为载体的思路，努力促进产业主体之间内引外联，形成产业化联合体；二是通过整合生产原料和销售渠道等措施，引导绿色食品品牌向领军龙头企业和影响力较大的品牌集中，可采取产权股权重组、合约使用、特许授权经营等方式，从体制和机制等多方面支持发展区域性大品牌，提升、扩大绿色食品品牌知名度，提高产品市场占有率和品牌的整体竞争力（黑龙江省农业委员会，2017）。

（四）完善农业科技服务体系

一方面政府要搭建平台，充分发挥农业科研院所和大专院校的科研优势，在绿色食品品牌建设的各个方面给予科技支持和投入，通过提高品牌的科技含量来提升品牌的竞争力。同时，绿色食品企业要加大科技创新投入，增强与科研院校的合作力度，提高企业科技创新能力，提升产品的精深加工能力，创造自己独特的知名品牌。另一方面政府要指导、组织企业有目标地引进国内外先进生产和加工技术，为绿色食品区域品牌、企业品牌和产品品牌的发展提供强有力的技术后盾，通过品牌创新和科技创新，全面提升云南绿色食品品牌的核心竞争力。

二、建立和优化财政投入机制

要优化财政投入体制和机制，从不同层面为品牌农业全产业链发展提供资金保障。一是增加财政对农产品加工业的有效投入，整合现有涉农项目资金，适当向农产品加工企业倾斜。二是不搞“撒胡椒面式”的扶持，要重点关注、扶持有一定实力和发展潜力的企业，扶大、扶优、扶强。建议对云南省八大重点产业中的每一个产业重点扶持1~3个品牌。三是建立完善以政府投入为引导、以企业投入为主体、社会投资共同参与的利益共享、风险共担的投融资体系。

三、建立全产业链的质量管控体系

从种养殖等产业链前端开始，大力推进绿色食品标准化、绿色化、规模化、品牌化生产。一是高起点、高标准地建立与国际、国家、行业相衔接的标准体系，把产前、产中和产后各环节全部纳入标准化管理之中。二是按市场准入标准、名优农产品标准、出口标准，形成细分市场的质量标准体系，强化对相关主体的行为监督。三是推广“龙头企业+标准化+农户”生产经营模式，实现优质农产品规模化生产（李木元等，2015），夯实绿色食品品牌发展的基础。四是建立产品质量安全可追溯体系，完善质量监管体系等具体措施，提高消费者对云品的信任度。五是建立多区域、多部门协同的市场管理体系，严厉打击假冒品牌的行为。

四、实施品牌战略，塑造云品形象

品牌每上升一个梯次，附加值也随之会有一个量的提升；品牌价值度的层级越高，企业获取的品牌附加值就越高，也就是利润越高。实施高原特色品牌战略，要以区域品牌建设为抓手，加强“三品一标”认定认证，着力打造云南高原特色农业整体品牌，树立绿色、生态的农产品品牌形象。围绕种植规模化、产业链条化、交易全球化、产品品牌化，大力实施茶、花、菜、果、咖啡、坚果、中药材、肉牛等八大产业经济发展战略，形成高原特色绿色食品大品牌的良好格局。一是定期开展名优绿色农产品评选推介活动。在继续做好云南“六大名米”“六大名猪”“六大名牛”“六大名羊”“六大名鸡”“六大名鱼”“10强企业和20佳创新企业”“10 大名茶”“10 大名花”“10 大名菜”“10 大名果”“10 大名药材”等系列评选表彰的基础上，在已有的绿色食品品牌中，认定一批承载民族文化、体现高原特色、展现农业科技成果、深受群众信赖的名特优新农产品，进行推介、展示，提升品牌在消费者心目中的形象，吸引消费者的关注，提高企业、品牌的知名度。二是通过多种渠道进行品牌宣传。积极参与各类农交会、茶博会、花博会、农博会等国际性和全国性展会，搞好品牌营销活动；注重绿色食品市场营销网络建设，利用更加灵活多元的新媒体，包括网络社交平台、电商平台、微信平台、移动客户端等，提高云系品牌的知名度和影响力。三是强化品牌质量管控。规范绿色食品认定，加强绿色食品品牌监督管理。建立品牌目录制度，实行动态管理，确保品牌“含金量”。加强品牌争创、注册、推荐等服务工作，加大对有机、绿色和无公害的认定力度，提升绿色、有机农产品认证的权威性和影响力。各级农业部门要研究制定扶持品牌农业发展的相关政策，积极支持品牌建设，建立健全激励保护机制。四是培育壮大创新主体。通过引入国内有影响力的大企业，按品类整合培育省内多、杂的品牌，创建一批品质好、规模大、效益高的高原特色绿色食品品牌，努力让云南高原特色农业绿色品牌叫响全国、走向世界。

（执笔：罗雁、陈良正、王正双）

第十一章

云南农村一二三产业融合发展研究

改革开放至今，我国“三农”工作取得举世瞩目的成绩，但成绩的背后仍然存在诸多问题，如生产成本不断上升、环境污染严重、城乡收入差距大、农产品质量安全隐患大、国际农产品贸易竞争加剧等，致使“三农”工作在未来很长一段时间仍将是党和国家的重点工作。2015 年中央农村工作会议作出工作部署，全国需推进农村一二三产业融合发展，成为新常态下我国“三农”工作转型的根本选择和必然要求。2015 年 12 月，国务院办公厅印发《关于推进农村一二三产业融合发展的指导意见》，明确了推进农村一二三产业融合发展的总体思路和要求，提出了发展多类型的产业融合方式、培育多元化的农村产业融合主体、创新产业链和农户利益联结模式三个着力点。推进农村一二三产业融合有利于调整农村产业结构和经济结构，延伸农业产业链和价值链，拓展农业的功能，促进生产要素向农村、农业聚集，改善农村环境，创造就业机会，增加农民收入。

国内学术界围绕农村一二三产业融合展开了诸多研究，主要通过定性的方法，围绕一二三产业融合发展的内涵、面临的问题和对策等方面。普遍认为农村一二三产业融合发展是指以农业为基础，在农村范围内，通过技术创新、产品营销、体制改革、主体培育等手段，促进农业与现代科技、现代加工业、现代物流业、现代金融、旅游业等关联产业融合，实现协同发展，达到增加农民收入、美化农村环境、农业增效的目的。结合当前我国农村一二三产业融合发展的整体情况，我国农村一二三产业融合发展存在农业与二三产业融合程度比较低、新型农业经营组织发育滞后、现代科技要素没有发挥出支撑作用、政策体系不健全、融资渠道单一、基础设施建设落后、用地指标有限等问题，严重制约了我国一二三产业融合发展层次和水平。

第一节　云南省农村一二三产业融合的现状

一、主要做法

（一）统一发展思路，创建平台

各地按照云南省政府提出的“大产业 + 新主体 + 新平台”发展思路，因地制宜培育发展特色农业产业，积极发展大健康、旅游文化等新兴产业发展，促进农村一二三产业融合。通过加强指导，培育融合主体，聚焦融合业态，搭建融合平台，构建联结机制，务实创新等措施，积极创建农村一二三产业融合发展先导区。据农业农村部网站2019年数据，在全国153个农村一二三产业融合发展先导区中，云南省的石林县、广南县、大理市、玉龙县4县入选。根据农业农村部的要求，各创建单位要高标准规划，高质量推进，整合资源力量，强化保障措施，推进多主体参与、多要素聚集、多业态发展、多模式打造，加快构建标准原料基地、集约加工转化、区域主导产业、紧密利益联结于一体的先导区，示范引领乡村产业振兴。农业农村部将对认定的农村一二三产业融合发展先导区，优先纳入现代农业产业园、农业产业强镇等项目予以支持，这为云南省农村一二三产业融合发展搭建了良好的平台。

（二）制定指导意见，科学规划

云南省委、省政府高度重视推进农村一二三产业融合发展，在结合本省实际情况下，制定了《云南省人民政府办公厅关于推进农村一二三产业融合发展的实施意见》（以下简称《实施意见》），从而更好地指导和推进云南省农村一二三产业融合发展。《实施意见》对农村一二三产业融合发展的要求、目标、着力点和发展环境等方面都进行了详细的阐述，提出“到2020年，农村一二三产业综合产值达到10000亿元以上”“省级每年选择10个县市、100个乡镇开展农村产业融合发展试点示范”“推进80个优势特色产业重点县建设”“每个村寨形成1～2个优势产业”等具体目标任务，基本构建形成产业链条完整、功能多样、业态丰富、绿色低碳、利益联结紧密、产村产城融合更加协调的一二三融合发展的产业新格局。

（三）立足云南省情，彰显特色

考虑到云南省农村一二三产业融合发展的实际情况，在结合《国务院办公厅关于推进农村一二三产业融合发展的指导意见》（以下简称《指导意见》）的相关要求下，云南省提出了具体化的措施。一是《指导意见》第二部分“发展多类型农村产业融合方式”，云南省将其调整为“调整优化高原特色农业产业结构”“积极培育农业新产业新业态”“实行产城融合、产村融合和精准脱贫融合发展新模式”“创新产业链和农户利益联结机制”。二是《指导意见》第三部分“培育多元化农村产业融合主体”，云南省将其调整为“充分发挥新型农业经营主体作用”，发挥农业“小巨人”、农垦企业、农民合作社、家庭农场、供销合作社、行业协会和产业联盟发挥引领示范作用。三是《指导意见》第四部分“建立多形式利益联结机制”的精神，云南省将其调整为“创新产业链和农户利益联结机制”。四是《指导意见》第五部分“完善多渠道农村产业融合服务”，云南省将其调整为“实行产城融合、产村融合和精准脱贫融合发展新模式”“加强农业农村基础设施建设”“切实落实各种优惠政策”。五是《指导意见》第六部分“健全农村产业融合推进机制”，云南省将其调整为“切实落实各种优惠政策”“积极开展试点示范”“加强组织领导”。此外，《指导意见》还提出“坚持走绿色生态低碳发展路子”的问题，云南省将其调整为“坚持走绿色生态低碳发展路子”，从农业生产种养环节、乡村旅游、城乡人居环境整治等方面提出了具体要求，并将“坚持走绿色生态低碳发展路子”单独作为一条，作出具体要求。

（四）融合政策体系，有序扶持

云南省在现有的政策基础上，充分融合现有政策，形成政策支撑体系，根据云南省农村一二三产业融合的任务和目标，融合了《中共云南省委 云南省人民政府关于加快高原特色农业现代化实施全面小康目标的意见》《中共云南省委 云南省人民政府关于着力推进重点产业发展的若干意见》《云南省人民政府关于深入推进新型城镇化建设的实施意见》《云南省人民政府办公厅关于培育壮大农业小巨人的意见》《云南省委办公厅 云南省人民政府办公厅关于加快构建政策体系培育新型农业经营主体的实施意见》《中共云南省委办公厅 云南省人民政府办公厅关于引导和规范农村土地经营权流转发展农业适度规模经营的实施意见》等文件精神，在财政投入、税收优惠、金融支持、用地保障、人才支撑等政策方面创新，旨在对产业发展、城乡融合、主体培育等方面分类扶持，达到促进云南省一二三产业融合有序发展的效果。

二、发展成效

2018 年，云南省各有关部门上下联动，统筹推进，全省农村一二三产业融合取得重大进展，在产业主体发育、农民持续增收、农民就业创业、贫困地区精准扶贫等方面持续聚焦发力，取得了显著的成效。

（一）产业融合主体发育快速

全省把培育融合主体作为推进农村一二三产业融合发展的关键，培育发展了一大批基础作用大、引领示范好、服务能力强、利益联结紧的专业大户、家庭农场、农民合作社、农业产业化龙头企业等融合主体。2016 年 4 月，云南省利用财政资金成立了云南省农业信贷担保有限公司，资本金 22 亿元，为全省农村一二三产业融合的主体培育提供强大的信用担保，特别是大力扶持新型农业经营主体，2018 年实现担保业务对主要农业县全覆盖，对农业适度规模经营主体的农业信贷担保余额占总担保规模比重达到 70% 以上（张子卓，2018）。据云南省农业农村厅数据，2017 年，农业新型经营主体蓬勃发展，年销售收入 10 亿元以上的农业“小巨人”25 户，全省农业龙头企业 3784 户；2018 年，新增销售收入亿元以上绿色食品龙头企业 54 户。全省农村一二三产业融合主体已实现从数量增加到质量提升、从单纯生产到综合带动、从收益独占到利润共享的转变，展现出较强的经济实力、发展活力和带动能力，已进入成长成型的蓬勃发展期。

（二）优质安全农产品供给能力增强

在推进全省农村一二三产业融合发展过程中，把绿色食品品牌融入每一个环节、每一个产业，成为全省提高农产品质量安全、提高农业效益、培育品牌的契机。随着大力发展八大重点产业和打造世界一流绿色“三张牌”，在农村电子商务的助力下，云南高原特色优质农产品享誉国内外，主产区的无公害农产品、绿色食品、有机农产品和农产品地理标志产品规模化持续发展。农业标准体系建设逐步完善，标准化、清洁化生产深入推进，农产品质量和安全水平进一步提升。据云南省农业农村厅数据，2018 年，全省评选出首批“10 大名品”和绿色食品

“10强企业”“20佳创新企业”，新认证绿色食品428个、有机食品665个，茶叶等八个优势产业综合产值增长15.5%，农产品加工业产值与农业总产值之比由0.67∶1提高到1.11∶1，有力地保证了三产融合下全省优势安全农产品的供给。

（三）农村新产业新业态快速叠加

全省涌现出多类型、多样化的农村一二三产业融合发展的新业态新模式，分布在农业生产、加工、物流、仓储、营销多个环节和农林牧渔多个领域，实现了农业与文化、科技、生态、旅游、教育、康养等深度融合，形成了云南省大健康产业，打造出集自然、文化、产业等于一体的“可游、可养、可居、可业”的三产融合示范点，培育出了一批经典旅游线和品牌，如普洱茶庄园、呈贡斗南花卉拍卖交易中心、元阳红河梯田、弥勒可邑小镇等。据云南省农业农村厅数据，2018年，全省乡村旅游投资超过240亿元，接待游客2.5亿人次，旅游总收入超2000亿元，许多乡村旅游景点备受青睐。全省网络市场主体持续增长，私营企业占比超七成，电商产业成为农村发展的新亮点。2018年全省网络零售额达779.41亿元，同比增长44.73%。截至2019年3月，云南与阿里巴巴集团合作建成34个县级农村淘宝服务中心、1490个村级服务站；与京东集团合作在9个州市开设农特产馆，建成53个县级农村电商服务中心（林碧锋，2019）。新产业新业态快速叠加，为农村三产融合带来了新活力和新动能。

（四）农企利益联结机制更加紧密

让农民充分享受三产融合带来的红利，构建农企利益联结机制成为三产融合的核心和重点。农民通过提高技能、入股分红等方式，与企业建立“保底收益+按股分红”和“固定租金+企业就业+农民养老金”的利益联结机制，探索出了“股权量化、按股分红、收益保底”和“扶贫资金变股金”的资产收益分配形式，有效地增加了农民收入，对云南省脱贫攻坚起到了重要作用。据云南省发展和改革委员会及云南省扶贫办的数据，截至2018年底，全省有贫困县73个，占全省县域总数的56.59%。2018年云南省乡村旅游扶贫重点村脱贫出列340个，全省旅游扶贫新增带动脱贫人口13.1万人。如云南弥勒可邑小镇已带动周边近200户贫困村村民实现脱贫致富，户均年收入达到10万余元。

三、存在问题

虽然云南省农村一二三产业融合发展取得很大成绩，但是仍然面临诸多问题，必须集中加以解决和突破，才能促进云南省农村一二三产业融合又好又快发展。

（一）农村一二三产业融合层次较低

目前全省农村三产融合的层次和程度还比较低，主要表现在融合链条短，附加值低，如2018年全省的农产品加工业产值与农业总产值的比例为1.11：1，还是略低于全国平均水平的1.68：1，绝大多数农户只进行原料生产或者最初级的产品加工，高附加值农产品，农产品就地加工转化率不高，云南绿色农产品的品牌辐射效应没有得到有效发挥。同时，农业的多种功能拓展能力不足，农业仍然是生产功能，其文化、教育、生态等多种功能的挖掘少，农业未能与大健康产业深度融合。发展较快的乡村旅游也是以观光旅游为主，缺少对乡土文化等历史人文资源的开发，产业形态雷同。

（二）新型农业经营主体发育迟缓

云南省新型农业经营主体发展较快，但数量仍然相当少，而且规模小、品牌少，对农村三产融合发展的辐射带动能力不强。首先，云南省家庭农场和专业合作社的数量严重不足，越是落后的山区，农民的小农意识越强，越害怕失去土地，土地对农民的生活保障功能导致农户参与土地流转的积极性不高，直接导致家庭农场和专业合作社难以形成数量和规模。同时，云南省农业龙头企业的规模在全国范围内比较，数量仍然较少。中国商情网公布的数据显示，2018年，云南农业龙头企业数量仅为全国的2.74%，龙头企业实现销售收入不足全国的2.2%；入选《2019年农业产业化龙头企业500强排行榜》（2017年营业收入超过6.7亿元）的云南企业仅有10家，只有3家企业进入前100；全国营业收入超过100亿元的农业龙头企业达70家，云南只有2家，且云南排名第一的企业（云南白药）销售收入不足全国排名第一位（厦门象屿集团）的12%（陈良正等，2019b）。

（三）科技对三产融合的支撑能力不足

科技是三产融合发展的支撑，但云南省的科技创新能力不强，主要表现为农产品生产技术、精深加工、创意策划等领域的创新能力不足，致使产业发展受限。如在农产品生产技术方面，现代物联网技术、育种技术、生物基因技术、以适应云南山地机械耕作为代表的山地小型机械、无人机病虫防治技术等现代农业技术发展缓慢；八大重点产业发展所需的花卉、蔬菜和水果贮藏保鲜的现代物流技术、咖啡精深加工技术、中药材重要成分提取技术进展缓慢；茶叶、坚果所需的文化创意策划的创新不足，成为制约云南省产业发展的关键技术。同时，现有的科技又存在转化利用率低的问题，科研成果难以服务三产融合发展的需要，致使科研成果停留在实验室，没能将科研成果转化为经济效益。

（四）基础设施建设滞后

全省农村许多地区供水、供电、供气、供网条件差，道路、仓储物流及休息服务接待设施落后，加之农村环境和卫生条件较差，大部分农村地区不具备专业的污水和垃圾处理能力，加大了企业建设成本和困难，推进农村三大产业融合发展的配套设施支撑不足（王南南，2018）。以云南省怒江州为例，怒江下辖的福贡、贡山等地，具有发展绿色有机农业的良好环境，蜂蜜、草果等农产品的品质非常好，但是由于道路建设滞后，物流成本非常高，增加了产品成本，降低了农产品市场的竞争力。贡山以独龙江为代表的深山秘境旅游资源丰富，但是由于交通不便、配套旅游设施不够成熟和完善，致使三产融合受阻，资源优势无法形成经济优势。

（五）机制体制限制了要素的流动

国家层面以及云南省级层面，都没有发布农村三产融合的法律法规，使得生产要素无法自由流动到三产融合领域中。从管理体制上看，三产融合涉及多个管理部门，如农业、工商、发改、税务、质检、环保、国土、消防、旅游、科技等多个职能部门，上述部门极易造成部门分割、交叉管理、互不管理等问题，致使三产融合项目推进迟缓。从现行法律上看，由于当前的农村土地政策对基本农田进行了严格的规定，所以在农村一二三产业融合发展涉及基本农田变为建设用地问题时，这个现行法律规定成为发展三产融合最大的制度阻碍，造成三产融合所需的休闲度假场所根本无法建设，最终导致生产要素无法顺利投入。

第二节　国内外农村一二三产业融合发展的经验

本节通过对国内外农村一二三产业融合的经验进行比较分析，进一步找出云南省农村一二三产业融合发展的劣势，并得出云南省发展农村一二三产业融合的启示。

一、国外经验：日本 Mokumoku 农场

（一）案例基本情况

日本在世界上首次提出“1 +2 +3 =6”“1 ×2 ×3 =6”，也就是“第六产业”或“六次产业”内涵，这也使其成为一二三产业融合发展最好的国家之一。日本 Mokumoku 农场成立于 1995 年，位于三重县伊贺市郊区，核心区占地 200 亩，加上外围区总面积 1500 亩，平均留客时间 4 ~5 小时，年客量 150 万人次，年营业收入约 52 亿日元。① 农场以家庭、学生为主要客群，强调亲近自然及家庭温馨，是日本集生产、加工、销售、休闲观光农业、网络购物于一体的六次产业化最成功的主题农场，成为三产融合发展最有代表性的农场。

（二）Mokumoku 农场的主要经验

Mokumoku 农场成为日本为数不多可以盈利的农场，其主要经验大致可以总结为如下几点。

第一，主题清晰，功能分区明确。农场的主题是“自然”“农业”“猪”，通过“有机产品 + 工坊式生产 + 观光旅游体验 + 智慧性运营”模式，农场将全区分为四大功能区域，分别为餐饮区、购物区、住宿区和娱乐区，为每一位前来农场的消费者提供观光游览、亲子科普教育、产品展览、餐饮美食、休闲体验、商品购买、度假住宿等服务。需要特别注意的是，四个功能区内的每一处从场景到细节，从产品到体验以及餐饮美食，在风格上相互统一，并且旅游产品与农业各个环节无缝融合，形成强大的农旅产业链。

---

① 搜狐网. 日本 Mokumoku 农场火爆的八大原因［EB/OL］.（2019 - 02 - 23）. https：//www. sohu. com/a/296842617_120044278.

第二，注重产品品质，增强体验感知。农场保证每个产品都可以追溯源头，生产的农户承诺安全健康无污染，绿色有机的产品成为其成功最大的亮点和最坚实的基础。在保证产品质量的基础上，不断增强消费者的体验感知，最大的亮点在于重视亲子活动设计，积极吸引游客参与体验。如饲养员每日都会按时把猪放出在园里活动，游客可在屋外零距离接触观赏小猪，也可在饲养屋喂养小猪。除了观看牛、羊、矮脚马等动物外，小朋友们也可以在这里学习如何挤牛奶。从周一到周日，学习牧场都有设置不同的体验活动，如喂食、挤奶、牧场工作等，可以让小朋友们在玩的同时学到知识。农场提供烘焙 DIY 和香肠制作体验，全家可以一起上阵，在这里孩子们可以发挥想象，制作各式各样的面包、蛋糕，其乐无穷。

第三，产业链环节开发合理，高效的平台式运作模式。农场通过产业链环节开发产品，构建了强大的产品体系，产品种类繁多，从工坊产品到生鲜食品、杂粮蔬菜等都有，形成了一定的消费空间。农场运作模式上采取的是一个大平台负责品牌和整体营运，生产和加工等方面交给经营者或农户，农民可以独自在内部经营。如农场的购物区都是合作伙伴负责制，购物区与主题馆都采用招商加盟的方式，包括蔬菜交易市场、牛奶工坊、乡村料理店、美食广场等。尤其是在蔬菜交易市场中的蔬菜来自于农场合作周边农户，可以向消费者提供新鲜蔬菜。同时，农场为周边农户提供交易平台，周边农产品都可以在这里销售。所有提供产品的种植农户照片与姓名都在一面墙上展示，消费者可以清楚知道自己购买的蔬菜的生产地与种植农户。

第四，创新营销渠道建设，打造特色销售终端。如在宣传方面，农场内随处可见带有小猪形象的各种衍生产品，不仅可以作为纪念品和伴手礼，也是园区品牌宣传的一种途径。农场主要通过农场自营的市场和网络来销售农产品，农产品销售和直营餐厅是农场稳定的收入来源，如在东京、大阪、名古屋等城市开辟的以“健康”为主题的直营餐厅。同时，农场将销售加工产品的店铺包装成主题馆，如小猪主题馆内就有许多猪肉生产加工的商品，还有叉烧馆、香肠主题馆等，吸引不同的消费者。这样的销售模式，不仅让人们了解 Mokumoku 农场和产品，还让更多的客人来农场度假，再次产生消费，并形成了良性循环。①②

---

① 搜狐网. 日本 Mokumoku 农场火爆的八大原因［EB/OL］.（2019-02-23）. https://www.sohu.com/a/296842617_120044278.

② 城视窗. 从年产值 50 亿的日本农庄看乡村振兴如何借力“第六产业化”［EB/OL］.（2019-09-25）. http://citiais.com/ycztzlzh/19124.jhtml.

二、国内经验：浙江安吉

（一）案例基本情况

安吉，中国竹乡，全国首个生态县。早年间，安吉竹子与白茶名扬天下；现如今，安吉让人印象深刻的是那句“绿水青山就是金山银山”。2005 年 8 月，时任浙江省委书记的习近平到安吉调研，在安吉余村首次提出了“绿水青山就是金山银山”的重要思想。10 多年间，安吉以“两山”重要思想为指引，在保护生态的前提下发展绿色经济，用发展经济的成果反哺生态保护，实现了生态环境保护与经济发展的双赢。安吉的转型发展之路，诠释了农村一二三产业融合发展的科学性和合理性。

（二）浙江安吉的主要经验

浙江安吉农村一二三产业融合已进入发展快车道，领域不断拓宽，内涵不断丰富，方式不断创新，层次不断提升，创造出可复制、可推广的经验和模式，主要总结为如下四点。

第一，通过延长产业链，建立产业融合平台。通过延长产业链，促进农业生产、加工、销售、服务一体化发展。如安吉的竹产业，已经形成从竹资源到竹地板、竹家具、竹纤维纺织品以及竹叶黄酮、竹醋液等系列产品，立竹量、商品竹年产量、竹业年产值、竹制品年出口总额和竹业经济综合实力创下 5 个全国第一。椅业发展到七大系列 500 多个品种，年产 7000 万把，占国内市场 1/3 以上份额，成为省级现代产业集群转型升级示范区，实现了农村一二产业的融合发展。同时，西苕溪源头区、中部丘陵区、平原土斗区三大农业功能区初步建成，白茶、蚕桑、休闲农业、毛竹等 4 个万亩农业园区基本建成，通过建立农业园区、田园综合体等产融平台，吸引生产要素聚集，打造产业群和产业园。

第二，拓展功能分区，提升融合水平和层次。在竹业和椅业两大传统产业发展势头良好的情况下，安吉大力拓宽农业功能分区，不断促进装备制造、健康医药、电子信息等新产业发展壮大，打造全省旅游经济综合改革试点示范县、长三角首选乡村休闲旅游目的地。一批旅游综合体和高端休闲项目初显雏形，形成了天文观象、高山滑雪、竹海熊猫、生态影视等特色景点，特别是乡村旅游蓬勃兴起，进一步打响了安吉美丽乡村的品牌。

第三，机制体制灵活，广泛吸引社会资本进入。安吉创新机制体制，以壮大村集体经济组织为方式，通过“三变”模式，广泛吸引社会资本进入三产融合。以安吉余村为例，2017 年，该村实现国民生产总值 2.776 亿元，农民人均收入 41378 元，村集体经济收入达到 410 万元。还有安吉的鲁家村，该村以“田园鲁家”为核心区，完成20 多个农业和休闲旅游项目签约，累计吸引各类社会资本 20 亿元。在坚持农民主体，完善共建共享机制，创新“企业 + 村 + 家庭农场”经营模式，将集体土地资源、财政扶持资金转化为村集体资本股份，推动村民拿租金、挣薪金、分股金，实现村集体和村民双增收，村集体资产从不足 30 万元增加到近 2 亿元（翁洪伟，2019）。

第四，积极培育三产融合的主体。安吉在促进三产融合方面，重视新型经营主体的培育。以安吉鲁家村为例，该村采用“公司 + 村 + 家庭农场”的组织运营模式，与安吉浙北灵峰旅游有限公司共同投资成立安吉乡土农业发展有限公司、安吉浙北灵峰旅游有限公司鲁家分公司。不同主体分工明确，各司其职，前者负责串联游客接待场所、交通系统、风情街、18 个家庭农场等主要场所，后者利用多年经验和客源做好营销宣传（关潇等，2018）。后来该村又成立了安吉乡土职业技能培训有限公司，为鲁家村民、村干部、创业者、就业者提供乡村旅游方面的培训。三家公司均由鲁家村集体占股 49%，旅游公司占股 51%，最终带动鲁家村产业融合、产品开发和市场发展三者良性互动发展。

三、省内经验：元阳梯田

（一）案例基本情况

元阳梯田位于云南省元阳县的哀牢山南部，是红河哈尼梯田的核心区。元阳梯田是哈尼族人1300 多年来生生不息“雕刻”的山水田园风光画。2013 年6 月 22 日在第 37 届世界遗产大会上红河哈尼梯田被成功列入世界遗产名录，成为中国第 45 处世界遗产，也成为国内外众多摄影爱好者心中的拍摄胜地。

（二）元阳梯田的主要经验

第一，不断加强基础设施建设，保护和开发梯田资源。一是加快治理“两污”。以哈尼梯田世界文化遗产核心区及周边乡镇、村寨集中区和公路干道沿线为重点，加快推进乡村环境综合整治。二是修复梯田核心区生态。抓住南部山区综合开发机遇，开展造林绿化、地质灾害防治、能源建设等生态建设和修复工程，完成第一轮退耕还林和陡坡地生态治理、面山绿化、湿地保护与修复、生态公益林站点建设等项目，进一步提升梯田核心区森林覆盖率。三是综合治理水环境。加快水生态建设，在梯田核心区新建 10 座小坝塘，新增灌溉面积 1.5 万亩。实施山区五小水利工程沟渠项目，建设渠道 60 条，新增灌溉面积 1.8 万亩，改善灌溉面积 2 万亩，确保梯田核心区用水安全。四是推进哈尼梯田机场、元蔓高速公路、景区旅游环线公路提质改造和爱五公路建设（和爱红，2017）。

第二，制定科学的发展规划，打造特色优势产业。按照“多规合一”的要求，突出集“观光、体验、休闲、生态”为一体的旅游功能，将城乡建设、土地利用、环境保护、文物保护、综合交通、水资源、文化旅游、社会事业等各类规划合一，编制《哈尼梯田元阳核心区保护利用试点总体规划》。同时，确定特色优势产业，重点发展旅游、文化、红米等绿色梯田产业，发展稻鱼、稻鸭等产品，尤其是依托梯田红米优势，扩大优质红米种植规模，推进梯田红米深加工，延伸梯田红米产业链，提高梯田红米产品附加值，提高梯田的综合经济效益。

第三，创新营销方式，打造梯田旅游产品品牌，提高品牌价值。深入挖掘“节、宴、歌、舞”等民族文化资源，重点打造长街宴、矻扎扎、火把节等“五节一宴”特色节庆品牌，实现“哈尼古歌”“大型稻作农耕文化”经常演出，开发徒步、探险、自行车等旅游精品线路，利用旅游官方微信、新浪微博、元阳旅游网站等平台宣传元阳旅游资源。与央视国际网络有限公司和云南广播电视网络公司合作打造“哈尼梯田频道”，同时，借助当前的“网红”，通过不同自媒体宣传元阳梯田文化，向全球互联网用户展现真实、美丽的哈尼梯田。

第四，努力培育和壮大生产经营主体。通过加强县旅游投资有限责任公司的运营管理，促进县旅游投资有限责任公司发展壮大；依托县旅游投资有限责任公司，搭建元阳梯田旅游业发展的融资、合作平台，促进梯田旅游业快速健康发展；加强与云南世博元阳哈尼梯田旅游开发有限责任公司的合作，进一步建立州县两级沟通协调机制，明确双方投入责任，完善利益分配机制，构建有力的组织保障体系，云南世博元阳哈尼梯田旅游开发有限责任公司成为元阳哈尼梯田旅游业发展的支柱企业。

第五，建立完善的利益联结机制。一方面，政府积极探索保护补贴补助机制，在对梯田种粮农户实行良种补贴、农资综合补贴、耕地保护补贴等政策性补贴的基础上，积极探索建立以梯田为载体的生态补偿、传统民居保护补偿、沟长制补助、贫困户入股分红的资产收益分配等机制。另一方面，建立农企利益共享机制，大力推广“党支部+合作社+农户”“公司+合作社+农户”的生产经营模式，构建“租金+股金+薪金”的利益联结机制，云南世博旅游控股集团与元阳县政府签订的《关于元阳县“元阳哈尼梯田”项目合作开发框架协议书》，每年公司会拿出门票收入的税前10%，用于反哺当地种梯田的老百姓，将脱贫攻坚与哈尼梯田保护利用相结合。通过“政府联动、企业带动、农民主动”的形式，构建政府、企业、农民各司其职的发展机制。

四、国内外经验对促进云南一二三产融合的启示

（一）建立严格的工作责任制度

一是建机构。成立云南省农村一二三产业融合发展领导小组，设立专门的融合办，由分管厅领导任主任，负责指导、协调、督促等工作；市、县两级也分别成立相应领导机构，搭建省、市、县三级工作网络，统筹推进有关工作。二是定方案。制定全省农村一二三产业融合发展“十大行动”年度工作要点以及各大行动的整体推进方案，明确职责任务，细化目标体系。建立并严格执行“四个一”工作推进机制，即每项行动确定一个责任单位，由责任单位牵头制定一个具体推进方案，创新一套支撑政策，抓好一个试点示范，统筹推进各项行动开展。三是强推动。召开全省农村一二三产业融合发展十大行动现场推进会，高位推动有关工作的落实；及时召开领导小组会，研究协调解决农村一二三产业融合发展“十大行动”推进中出现的问题。将农村一二三产业融合发展“十大行动”纳入各级政府绩效考核现代农业发展部分，切实保障各项工作有效落实。

（二）建立健全政策法规体系

云南省人大常委会积极推动和抓好立法，为全省农村一二三产业融合发展提供了更加完备的法律保障。同时，各级人大代表也通过人大建议、工作视察、专题调研等方式，推动各级政府在养殖污染治理、病死畜禽无害化处理、农药化肥减量、农作物秸秆综合利用、农产品品牌建设、融资、土地政策等方面，出台了

一系列打基础、管长远的政策文件。如在补贴政策方面，安排专项经费，专项用于补贴“三品一标”企业，开展高毒农药定点经营和低毒生物农药示范补贴、残膜回收补贴、农产品质量安全和全域有机农业发展补贴等，健全了全省农村一二三产业融合发展的法律法规体系。

（三）强化科技对产业支撑作用

一是加强队伍建设。组建农村一二三产业融合发展的专家团队，涵盖各产业省、市、县三级优秀专家和企业的优秀人才，构建了农科教结合、产学研一体、省市县贯通的协同创新体系。二是开展综合性服务。推进公益性农技推广体系与经营性服务体系融合发展试点工作，在广南、丽江、大理、石林4个国家农村一二三产业融合发展先导县（市、区）开展了基层农技推广服务体系标准化建设，强化当前科技对农村一二三产业融合的带动作用。三是集中力量，加大对花卉、咖啡、中药材、蔬菜、水果等产业关键技术的研发和集成示范，如物流冷链技术、提取技术、物联网技术、资源循环利用技术的研发投入，加快先进农业科研技术对产业融合的促进作用。

（四）培育和引进新主体

培育引进一批企业和知名销售团队参与全省农村一二三产业融合生产经营。引导企业通过兼并、重组、收购和控股等方式，建立有较强市场竞争力的农业产业联盟或企业集团，并通过扶贫产业子基金给予扶持。大力发展精深加工企业，集聚优化各类资源，把农业示范园区建成农产品精深加工的高端平台。鼓励各地以农业园区、规模特色农产品和特有农业资源为载体，发展休闲度假、旅游观光、养生养老、创意农业、农耕体验、乡村手工艺等产业，拓展和挖掘休闲农业市场，加快全省农村一二三产业融合的速度。

（五）创新流通渠道和模式

加快电子商务建设。加大与阿里巴巴、京东、苏宁等知名品牌电商合作力度，推动“滇货出山”。鼓励知名电商平台建立产地仓等直采模式，增强线上推广和线下服务。支持商务、供销、邮政系统建立覆盖县乡村的快递物流体系。整合全省各类电商资源，加快县乡村电商服务中心和站点建设。完善批零市场体系，推进农商联动示范县建设，加快区域性农产品批发市场、公益性批发（零售）市场、社区生鲜平价超市建设，支持集乡村旅游、商业服务和农产品集配、中央厨房、农产品加工检测等为一体的农商旅综合体建设。实现县域冷链车、冷库、冷柜等冷链物流设施全覆盖，提高生鲜蔬菜和禽畜产品预冷保鲜能力，鲜活农产品享受“绿色通道”政策。支持农村一二三产业融合展示直销中心、产品体验中心和专销区建设。发展田园直购、产品认筹、网络定制等新兴业态，推广“生产基地 + 中央厨房 + 渠道分销”运营模式。启动实施“学生菜篮子工程”，推行集中供应和直销配送。

（六）创新组织机制体制

对经营主体、行业协会投资农村一二三产业融合，前期相关费用按照“先认后补”原则予以补助。地方各级党委书记特别是县乡党委书记要亲自挂帅，承担领导责任；政府主要负责人要亲自指挥，组织制定工作措施，因地制宜选准主攻方向、主打产品、主打市场、主打模式，特别是短平快产业融合模式要成立专班、明确专人、制定专案，整合资源全力推进。可借鉴贵州省的做法，由省委农村工作领导小组办公室、省农业农村厅负责统筹协调、监督检查和总结推广，省商务厅负责全省农村一二三产业融合的市场开拓和促销工作。省直目标办要将省直有关部门落实农村一二三产业融合工作方案责任纳入目标绩效管理，会同省统计局健全统计制度，强化运行监测。同时，建立股权合作机制，通过股权纽带，让龙头企业、合作社、农户共享农村一二三产业融合发展红利。政府扶持农村一二三产业融合发展的资金，可折股量化为村集体和贫困农户的股金入股经营主体，获取股份权益。支持龙头企业和专业合作社申报扶贫产业子基金。

第三节　云南省农村一二三产业融合发展的模式选择

云南省受立体生态气候特征的影响，农业资源丰富，农业产业种类多，茶叶、蔬菜、水果、花卉、咖啡等多个产业的面积和产量都位居全国前列，为一二三产业融合提供了产业基础。据 2019 年云南省文化和旅游工作会议消息，2018 年，云南共接待海内外游客 6.88 亿人次，同比增长 20%；实现旅游业总收入 8991 亿元人民币，同比增长 30%。如何在农村一二三产业融合模式上进行创新，提升一二三产业融合的层次和水平，从而将本省丰富的游客资源转化为新的经济增长点，成为当前研究的重要组成内容。针对农村一二三产业融合发展的现有模式，云南省应该发挥比较优势，在如下模式上进行创新和突破。

一、农业产业结构内部融合发展模式

农业产业结构内部融合发展模式，就是在农业内部各产业之间实现融合，将种植业、林业、畜牧业和渔业相互组合，按照种养结合、长中短结合、以短养长的原则，形成循环农业经济发展模式，常见的如林下经济—养鸡、养鸭、种菜、种药材等，实现对林下土地空间资源的充分利用。云南森林和草地资源丰富，据云南省林业草原局2018年11月数据，云南省林地面积3.91亿亩，占云南国土面积的68%，占全国林业面积的8.5%；森林面积3.43亿亩、占全国的11.7%，是全国平均数的2.76倍；全省森林生态系统年服务功能价值1.68万亿元[①]。昆明市2016年实际经营的林地面积（不含生态林防护林）598629.35公顷，实际经营的牧草地面积58918.01公顷，这为发展林下种植业和畜牧业提供了土地资源和饲料，如云南利用丰富的林下资源发展中药材、食用菌等产业，并利用牧草资源发展林下畜牧业，实现种植业、林业和畜牧业的融合发展。同时，在云南南部热带地区积极推广家庭沼气，发展“猪—沼—果（菜）”生态模式，加大农业生产资源的高效循环利用，增加农业资源的价值。在省内大中型城市周边1小时车程内，通过农业产业结构内部融合发展模式，大力发展农家乐、渔家乐等休闲农业、采摘农业、体验农业，从而更好地实现农业产业结构内部融合发展模式的经济价值。

二、农业产业链延伸融合发展模式

农业产业链延伸融合发展模式是以农业为核心，依靠各类新型经营主体，实现农业产业链向产前、产后延伸，将种植、加工、物流和销售有效地联结起来，从而降低交易成本，提高经济效益的目的。在全国范围内该模式运作较为出名的是温氏食品集团股份有限公司（以下简称温氏集团），据云南省农业农村厅2019

---

① 徐文玲，苏晓其．【改革开放40年】云南全面推进“森林云南”建设全省林地面积占全国林业8.5%［EB/OL］．(2018－11－20)．http：//union.china.com.cn/txt/2018－11/20/content_40584401.html?f=pad&a=true.

年1月提供的数据，2015年以来，红河、曲靖等州市先后与温氏集团签订了生猪养殖与加工等多元化战略合作协议。其中，红河签订生猪养殖项目300万头，曲靖沾益签订生猪养殖项目80万头，加上云南其他州市县，温氏集团在滇投资生猪养殖项目超过400万头。温氏集团现已形成以养鸡、养猪为主，以养牛、养鸭、蔬菜为辅，以动保、加工、肥业、贸易、农牧设备为配套的10大业务体系，实现了养殖业产业链的上中下游、产前、产中、产后，生产、加工、销售等全链条配套发展。考虑到云南龙头企业发展实际情况，可以选择云南农垦、云南白药等本土龙头企业，利用自身的资源优势和市场优势，加大全产业链投入和布局，实现农业产业链延伸融合发展模式。同时，也需加大对省外全产业链融合发展模式的企业的招商引资力度，如加大与正大集团、中粮集团等企业合作，补齐省内产业链条的环节，提高省内该模式产业融合的水平和层次。

三、农业多功能拓展融合发展模式

农业多功能拓展融合发展模式是在农业生产功能的基础上，挖掘农业的生态、文化传承、旅游、生态保障等功能，拓展农业的多功能性，将农业生产功能之外的其他功能发展成为优势旅游资源，实现农业与旅游、生态等产业融合发展。云南省内运作该模式的是柏联普洱茶庄园，该庄园是目前全世界唯一一个以普洱茶为主题的茶庄园，是一个集普洱茶种植、生产、营销、科研和普洱茶文化、旅游为一体的多元企业。该模式主要是结合景迈山优越的普洱茶资源，让消费者体验普洱茶从采茶、洗茶、揉茶、晒青、压饼、包装、储藏的全过程，体验普洱茶从茶叶到茶杯的全过程。同时，挖掘普洱茶的文化功能，并融入云南傣族、布朗族民居特色的木材、茅草、小挂瓦、回廊、尖顶等民族文化元素，让游客充分享受普洱茶制作过程的同时，还能体会到“茶海”特色景观，最后还能体验到丰富多彩、极具特色的少数民族文化，将茶叶的生产、生态、文化等多功能完美的联结，最终提升了产业融合的层次，延长了产业融合的价值链，增加了经济效益。

四、新技术带动融合发展模式

新技术植入融合发展模式是以现代农业技术、信息技术、工程技术和机械技术为代表，带动各个生产要素向农业流动，最后达到提高农业生产效率，增加农业效益的目的。随着云计算、大数据、传感器等物流网技术的高速发展，以信息技术带动而形成的智慧农业则是新技术带动融合发展模式的代表。其利用传感器、无线网络、大数据、云计算等进行数据收集与分析，通过可视化展示，实时监测农作物的生长情况，以数据指导农业生产，实现作物的精准管理，最终提高农作物的产量。通过物联网云平台系统，实现农业生产全过程的信息感知、精准管理、智能控制等。智慧农业是现代信息技术与传统农业的深度融合，将人为感知变为数字指导。智慧种植是一种全新的农业生产方式，可实现农业的可视化诊断、远程控制以及灾害预警等功能（马云华，2019）。目前，云南省花卉、烟草产业发展的信息化水平最高，以云南省农业学院九溪花卉基地为例，通过现代花卉种植技术带动，未来基地将建成区域性国际花卉育种中心、花卉示范农场、花卉产业创新发展区域性中心、花卉产业人才培养基地、花卉品牌产品交易平台和东南亚、南亚重要花卉生产基地，打造江川区九溪花卉小镇和玉溪农村一二三产业融合发展示范区（赵琳等，2017）。

五、多要素叠加融合发展模式

多要素叠加融合发展模式是基于产业横向、纵向等发展，从产业的角度看既包括科技研发、产品生产、加工、物流储藏、信息咨询、金融服务、销售终端，还覆盖农业旅游等；从要素的角度看既具有资金、技术、人才、政策等优势，还具有市场价格的功能，通过多要素叠加融合发展，能实现农业与二三产业联动发展，形成多业态、多领域协调发展。如云南省呈贡斗南花卉拍卖交易市场，每天上市鲜花100多个大类、1600多个品种，平均日交易量1650万枝，交易额1294万元，连续10余年年交易量、交易额、现金量、人流量和出口额全国第一。2017年，斗南花卉交易市场鲜切花交易额达53.55亿元，65亿枝鲜花从这里发出，销往全国各地。该市场已成为集现代花卉交易、花卉标准制定及推广、花卉新品种引进及推广、花卉信息咨询服务、供应链金融服务、花卉仓储、物流服务等为一体的花卉交易服务平台。同时，2017年6月15日，云南省发展改革委公布云南省特色小镇创建名单，昆明斗南花卉小镇成功入围云南省创建全国一流特色小镇名单，计划力争通过3年努力建设成为花卉产业提升的平台和“产、城、人、文、旅”有机融合的空间发展平台，是就地城镇化工作的典型实践（张雁群，2018）。

六、产业集聚融合发展模式

产业集聚融合发展模式是立足本地特色优势农业资源，通过优势品种、优势区域的选择，在呈现方式上体现出“一村一品”“一县一业”，促进优势品种在优势区域集聚，形成产业规模集群，发挥出产业的集聚优势。在产业集群的基础上，通过制定产品生产、加工、物流等多项标准，打造农产品区域品牌和产品公共品牌，提升产品的品牌价值，增加农民就业和增收，云南省通海、元谋等地的蔬菜产业均出现上述集聚融合发展模式。以云南通海蔬菜产业为例，在政府层面，通海县制定了一系列扶持蔬菜产业发展的优惠政策，免收蔬菜营业税，优先解决蔬菜加工、冷贮用地，奖励扶持营销大户，鼓励企业开拓国际市场和扩大出口基地备案等工作；同时，与蔬菜产业相关的冷链物流等产业链服务环节不断完善，通海蔬菜已销往广州、上海、乌鲁木齐、哈尔滨等全国130多个大中城市，并出口到澳大利亚、中东、东南亚等国家和地区。在泰国、马来西亚、越南等国家还设立了直销点，有效拉动了蔬菜等农产品出口。2017年，通海县蔬菜产业带动本县冷链物流、蔬菜加工、建材、纸箱、泡沫箱、塑料框、胶带纸、网套等相关生产企业快速发展，蔬菜物流行业又推动汽车修理、住宿、餐饮等第三产业不断繁荣，带动3万多人就业，农民人均纯收入从1998年的2000多元增加到2017年的15000元左右。全县统筹规划蔬菜产业发展，在优势区域种植优势品种，形成东部以种植花菜类蔬菜为主，西部以种植根茎瓜豆类蔬菜为主，中部以种植叶菜类蔬菜为主的产业集聚格局，蔬菜产业带动一二三产业创造出60亿元左右的年产值，成为全省最大的蔬菜流通中心和最大的蔬菜种植基地之一（陈佳，2017）。

第四节　云南省农村一二三产业融合发展的政策建议

一、农业融资政策

云南省应该创新农村一二三产业融合发展的融资政策，在国家发展改革委颁布的《农村产业融合发展专项债券发行指引》规定下，制定适合本省融资的法规和条例，积极发挥企业债券融资对农村一二三产业融合发展的作用。同时，加强对《中西部地区外商投资优势产业目录》《外商投资产业指导目录》相关条例的解读，促进外资投向农产品加工业和标准化设施蔬菜基地等领域。扩大云南省农村一二三产业融合发展专项基金的支持领域和范围，整合其他国家相关项目经费到该基金，壮大基金规模，支持涉及产业融合的特色农业、设施农业、农民创业园、农产品初加工等。在融资模式上，通过PPP模式重点支持“互联网+现代农业”等融合模式，支持符合条件的涉农企业通过债务融资工具进行直接融资，推广小额贷款保障保险、农业保险保单质押等保险增信模式，低成本盘活农户资产。探索农村地价体系建设，为农村土地利用管理工作提供了基础支撑，鼓励农户土地入股或流转。积极推进农村集体产权制度改革，加速“三块地”改革，探索农村“两权”抵押贷款。在产权清晰的条件下，通过推进农村个人信用体系建设，建立科学、合理的农户信用评价指标体系，开展农户信用评级和“信用户、信用村、信用乡（镇）”创建。按照“先建档、后评级、再授信”，以农户个人信用为基础，村、乡、县三级信用担保，降低金融机构的风险，增强金融机构与农户的契约强度，实现农户信用信息在县域涉农银行间共享。在农户信用评价指标体系基础上，通过农村土地流转服务平台，建立农村产权流转交易市场，形成覆盖各州（市）、县（市、区）、乡（镇）的三级交易平台体系，按照“农户联保+土地经营权抵押”“农民合作社和农户担保+土地经营权抵押”等产权模式，成立农村产权交易中心，通过农村产权评估与推广村级担保基金、精准扶贫担保基金，开展土地经营权、林权、农业设施设备等“产权抵押+基金担保”贷款，实现清晰产权的自由交易。

二、主体培育政策

积极争取国家发展改革委与阿里巴巴集团举办返乡创业试点地区发展农村电商培训班的项目，将云南元阳、景洪作为试点区域，支持返乡青年创业，开展新型职业农民奖励计划，重点在产业融合主体培育方向。同时，通过先建后补、以奖代补、折股量化到农户等方式，重点支持农业龙头企业发展加工流通、休闲旅游和大学生发展电子商务等新产业新业态。继续推行云南省科技厅“三区”人才服务项目，为新型农业经营主体提供新技术、新品种和创业培训，探索成立农业产业融合联合会行业协会，发展涉农行业协会和产业联盟，支持联盟成员通过共同研发、成果转化等方式，实现信息互通、优势互补。

三、农村土地政策

云南省应该在自然资源部、国家发改委对农村一二三产业融合发展用地政策的最新规定下，调整做出适合本省发展所需的用地政策。2017年，国土资源部《土地利用总体规划管理办法》中明确要求各地将年度新增建设用地指标确定一定比例用于支持农村一二三产业融合发展，并会同国家发展改革委出台了《关于深入推进农业供给侧结构性改革做好农村产业融合发展用地保障工作的通知》。云南省可以采用吉林、黑龙江等省的做法，将当年农村一二三产业融合发展用地指标确定为新增用地指标的固定比例（一般为8%~10%）；也可以采用福建省的做法，在下达年度土地利用计划指标时，各设区市按照不低于省里下达一般建设项目用地计划5%的原则，单独安排农村建设用地指标；还可以采用广东省的做法，通过专项的形式下达农村一二三产业融合发展用地指标的固定数量；还可以采用上海的做法，实行休闲农业和乡村旅游设施布局规划用地试点项目，探索农用地复合利用。

四、电商发展政策

加强以电商发展为重点的投资政策创新，根据商务部《农村电子商务服务规范》和《农村电子商务工作指引》，出台云南省农村电商发展指导意见和规划，选择农商互联试点，通过农产品电商专项工程和标准化试点，实现农产品电商出村。举办全省农村电商创业创新大赛，会同邮政局推动快递向滇西北、滇东北发展。在云南电视台设立电商扶贫频道，打造贫困地区，特别是迪庆、怒江、昭通等深度贫困地区农村产品上行直通车。云南可以学习内蒙古、吉林等省份的做法，实施“互联网+现代农牧业”行动，推广建设县级电商公共服务运营中心，政府股权投资、PPP等方式支持农村电商发展。同时，增强“一部手机游云南”的功能，不仅可以发布全省休闲农业和乡村旅游精品景点、精品线路，还应公布旅游民宿行业标准、政策以及相关配套产品，让“一部手机游云南”成为云南三产融合的展示平台、融资平台、品牌创建平台、推广服务平台和产品销售终端，利用电商充分发挥其功能。

五、公共服务政策

转变政府职能，完善社会公共服务，为三产融合发展提供良好的外部环境。全省逐步完善县乡村三级物流节点基础设施网络，重点加快农产品冷链物流体系建设，建成全省特色优质农产品产地集配中心、交易仓储设施和冷链物流集散中心，重点打造3~5个公益性农产品批发市场建设，促进农产品快速流通。积极争取农业农村部益农信息社“整省推进”建设项目，推进全省八大重点产业物联网试验示范和农业装备智能化，探索农业物联网软硬件购置补贴办法。完善云南省“三农通”的功能和服务，将功能扩大到三产融合上下游领域，为产业融合主体提供技术咨询、政策解读、农资打假、维权投诉、生产指导、供求发布等全方位、多领域、高精准的服务。制定并免费发放适合农业生产经营需求的涉农合同示范文本，降低新型经营主体对外合作的契约风险。推进全省“商标富农”，大力推进地理标志和农产品商标注册便利化。

（执笔：李隆伟）

第十二章

云南农业功能拓展与现代农业发展问题研究

第一节　背景及意义

一、农业功能拓展的内涵和外延

（一）农业多功能性概念的提出

农业本身就是一个多功能体，农业多功能性即农业的多效用性，是指农业具有经济、生态、社会和文化等多方面的功能，它最终来源于土地的多效用性，并由土地资源边际效用所决定的土地资源价值量来衡量。农业的多种功能自古有之，是客观存在，由于农业在不同的社会阶段有不同的功能定位，它通过自身的功能拓展以回应社会需求的变迁（李德智，2010）。

尽管历史上没有农业多功能的提法，但人类不断拓展农业功能却是不可否认的事实。在农业社会时期，农业的功能主要是提供衣食住行所需要的农产品。在农业社会向工业社会转型的进程中，农业提供产品、资本、市场、劳动力等功能拓展的需求随之产生。如果农业仅停顿于提供衣食住行等所需农产品的功能，而不能向提供资本、市场和劳动力的功能拓展，工业化就不可能实现（杨培源，2018）。在现代工业社会时期，农业功能拓展在更广阔的领域进行，由经济范畴拓展到社会范畴，除已有经济功能仍不断强化外，还承担起保障农民就业、保护资源环境、文化休闲和农业文化的传承等社会和环境方面的非经济生产功能。从发达国家的发展情况看，虽然农业在国民经济中所占份额呈下降趋势，但农业在国民经济中的地位和作用不仅未降低，反而不断拓展新的功能，保障食品供给、提高农业效率、维护健康的农村社会、环境保护等成为农业的政策目标（L. 阿兰·温斯特，2000）。

如表 12－1 所示，农业多功能性的概念最早源于 20 世纪 80 年代末至 90 年代初日本提出的“稻米文化”，20 世纪 90 年代以来，“多功能农业”越来越引起世界的关注。

表 12－1　　农业多功能性概念的提出和发展

时间	内容	意义
20 世纪 80 年代	日本提出稻米农业与稻米文化之间的相关性，并指出日本重要节日与稻米种植过程息息相关	首次提出农业与文化之间相互关联的概念，成为日后农业多功能性理论发展的雏形
1992～1996 年	1992 年联合国环境与发展大会通过决议，提出在农业多功能性基础上制定农业与农村发展规划和政策；1996 年世界粮食首脑会议通过《罗马宣言》，将在高潜力地区和低潜力地区实施不同的农业多功能性政策	首次在国际性会议上明确农业多功能性的实践意义，并将其作为农业发展的指导思想之一
1999～2000 年	1999 年联合国粮农组织大会达成初步共识，制定具有差异化的分析框架来衡量经济、生态与社会之间的关系；2000 年联合国可持续发展会议上，欧盟强调农业多功能性的重要性，美国则针锋相对地认为其会阻碍贸易自由化进程	农业多功能性逐步从理论阶段向实践阶段迈进，尽管欧盟与美国对农业多功能性存在激烈争论，但加快了农业多功能性在世界范围内的推进，推动相关研究向更深层次迈进

虽然农业多功能性的概念最早由日本提出，但是在“多功能农业”的发展过程中，欧盟却扮演着十分重要的角色。20 世纪 90 年代，为了应对农业经济功能的衰退和弱化，在世界范围内的贸易自由化背景下维持对农民的补贴，解决共同农业政策产生的一系列问题，确保农业的全面发展，欧盟积极支持和大力推广多功能农业。1992 年农业多功能性被正式列入共同农业政策，改变了欧盟原有以促进农业经济增长为目标的发展模式，确立了农业对于自然环境保护方面的作用，实施了休耕造林和环境补贴等措施，使农业的生态功能得到重视。1995 年 11 月的马德里峰会上将农业多功能性作为欧盟农业发展与改革的重要方向，欧盟《2000 年议程》中提出建立“欧洲农业发展模式”，真正将农业多功能性融入欧盟农业发展中，着重强调农业多功能和可持续发展的重要性（王俊飞，2014）。因此，“多功能农业”也被称为“欧洲农业模式”（乐波，2006）。

（二）农业功能拓展的内涵

挖掘或拓展农业的多种功能、发展多功能农业，作为一种理念、一种方法或一种目标，将政策措施由传统的“生产者—产品—市场”模式转向了广阔的社会目标，将农业的所有功能放在一个整体的框架内进行分析，以其系统性和科学性吸引了大量学者与决策者的注意力。周淑景（2002）认为，由欧盟积极支持、由法国率先推广应用的多功能农业发展模式对欧洲农业发展带来了巨大的影响和变化：一是在节约自然资源投入的前提下，确保农产品总量的稳定增长和农业资源生产率的不断提高；二是使得农业集约化经营措施的内涵发生重大改变，传统的农业增产措施迅速为新的增产手段所替代；三是农业经营活动的范围与领域不断拓宽，农业的内涵与外延出现重大改变；四是农业与其他产品部门的结合空前紧密，农业与其他产业相互融合、互进互动的生产体系迅速形成；五是农业作为一个产业经济部门的属性不断弱化，而作为一个社会事业部门的属性则日益突出和明显。吕耀（2004）认为粮食是人类生活中不可短缺的必需品，农业正是粮食生产的基本要素，同时，农业除了有生产粮食的基本功能外，更可以提供生物多样性、休闲娱乐、文化资源保存、自然景观保护等多方面利用样式。尹成杰（2007）认为，多功能性是农业的客观属性，强调农业是具备生产、生活、生态等多项功能产业，除了提供粮食外，还应包括环境景观维持、环境利益促进（例如，水土保持、水源涵养、自然资源永续管理与生物多样化的维护等功能）。孙新章（2010）认为农地的主要功能或基本功能为农业生产，首重粮食生产的经济性功能，而农地附加功能则涵盖提升农村生活质量的社会功能以及维护生态环境的环境功能，此两类次要功能均属于非经济的公共利益，成为农业生产功能中的附属产物。夏永祥（2011）认为，农业应该拓展出三大新的、更重要的功能：一是为农民提供就业、货币收入和安身立命的功能；二是为市民提供休闲、观光和体验等精神需求的功能；三是为社会提供生态环境平衡和保护的功能。周观琪（2012）提出，建立一个有效的农业生态系统，可以从很大程度上避免云南农业生态环境的恶化，从长期看，农业生态系统可以逐步修复云南整体生态和环境功能。

综上所述，随着从传统农业到现代农业的发展，农业除了向全社会提供所必需的生活产品、向轻工业提供生产原料、为农用工业产品提供市场、为工业化及城市化进程提供劳动力、为国家创汇等传统经济功能外，还应该承担起保障农民就业、保护生态环境、观光休闲、农业文化传承等社会和环境方面的功能。

1. 农业的经济功能

主要表现在为社会提供生活产品，以价值形式表现出来的功能，是农业的基本功能。其中心作用是满足人类生存和发展对食品的需要，还有以依托农业提供服务获得的、不可估量的经济价值，对国民经济发展起基础支撑作用，其经济功能还表现在为实现国民经济协调与可持续发展的作用上。经济学家库兹涅茨的经典研究表明，农业对国民经济发展做出了产品、市场、要素和外汇四大方面贡献（王贤巍，2013）。随着工业和科学技术的应用，现代农业的生产力水平得到了大幅度的提高，不断为城乡居民提供鲜活的粮食、果蔬、畜禽、水产品等，并且对农产品进行精深加工，发展高附加值的商品生产；随着人们健康意识和环保意识的不断增强，对以农产品为原料的制成品需求呈快速增长趋势，这就强化了农业对工业发展和创新的原料支撑作用（陶陶等，2004）。

2. 农业的社会功能

主要表现为对劳动就业和社会保障，促进社会发展方面的功能。农业作为一个产业不仅能容纳劳动力就业，而且农副产品质量、数量及其安全性本身就直接影响着居民的健康状况、营养水平、最基本的生存需要以及优美的环境等，涉及社会发展问题（陶陶等，2004）。截至 2020 年，我国有 50% 左右的人居住在乡村，而且家庭经营性收入占农村居民人均可支配收入的近 40%，农业承担着大部分农村劳动力的就业。此外，通过延长农业产业链、开发利用农业多种资源，发展农产品加工、流通及相关产业，拓宽农业产业多环节的“增收之道”，进而对促进社会的稳定发展、城乡居民就业、农民增收等产生积极的促进作用。

3. 农业的文化功能

主要表现为农业在保护文化的多样性和提供教育、审美和休闲等的作用上。一方面，农业内部蕴藏着丰富的文化资源。另一方面，农业对教育、审美等有关人们的价值观、世界观和人生观的形成有积极作用，有利于人与自然的和谐发展，农业正承担着传承传统文化载体的职能（陶陶等，2004）。充分挖掘、保护和利用多样性的农业农村文化，结合其他农业农村旅游资源，发展农村旅游服务业，不仅可以调整和优化农业结构，延长农业产业链，促进农民转移就业，增加农民收入，还可以使人们在亲身感受和体验农业活动的过程中，进一步发展和提升农村文化，使农业农村文化得以传承，也有利于形成新的文明乡风。

4. 农业的生态功能

主要表现在农业对生态环境的支撑和改善作用上。农业各要素本身就是构成生态环境的主体因子，因此，农业的功能可直接表现为生态功能。农业对生态的保护功能是指农业对水资源的涵养和土壤的保护、蓄水防洪、净化水质和空气质量、防止噪音和臭味、植物和土壤有效固氮、有利于地域能源和资源的有效循环利用、保护生物多样性等方面，而且农业自然景观在城镇化过程中越来越显示出其在休闲、旅游、文化和教育等方面的价值（汪娟等，2014）。如利用物理、农业、生物和天然化学物控制作物病虫害，推行多种作物间轮套作和覆盖种植等耕作制度提高农田生态系统的光能利用率和土壤肥力利用率，发展农林牧渔结合多种模式的生态循环农业等，均有利于提高资源利用率，改善农业生态环境，减少化学农药和肥料的投入、温室气体排放和水体富营养化。同时，现代农业通过开辟城中森林，创立公用绿地，建设环城绿带，可以建立起人与自然、都市与农业高度统一和谐的生态环境。

农业多功能之间是相互依赖、相互促进和相互制约的。各项功能的大小，不仅影响农业总功能的大小，而且直接和间接影响其他功能作用的发挥。

二、研究的必要性和意义

（一）拓展农业多功能的必要性

1. 农业多功能性凸显是经济社会发展的体现

相关研究表明，现代农业与传统农业的最大区别就在于对农业功能的拓展与挖掘的深度和广度上，传统农业更多地只是关注农业最基本的功能，也就是农业经济生产功能，而现代农业则不断拓展农业的外延与功能。农业多重功能的挖掘与拓展推动了农业的现代化发展。同时，农业作为国民经济和社会的一个子系统，随着社会的发展与科学技术的进步，其功能一直处在不断的拓展和变化中，呈现出显著的阶段性特征。在农业社会时期，农业的功能主要是提供衣食住行所需要的农产品等经济生产功能，为人类生存奠定物质基础。在由农业社会向工业社会转型的过程中，农业的社会、文化、生态等功能随之凸现。进入现代社会，现代农业的功能进一步拓展，农业的多功能性得到充分体现（刘自强等，2014）。

我国农业的功能受农业结构和政策的直接影响，农业多功能的定位和发挥受多重制约条件的限制而存在多方面失调和扭曲。传统时期农业的结构围绕着养活人口进行粮食生产而展开，农业的功能体现的是生存水准之上的经济功能；计划体制时期，我国农业形成了种植业主导农业、粮食主导种植业的单一结构模式，农业执行着生存水准之上和生活水准之上的混合经济功能；家庭承包经营时期，我国农业的产业结构逐渐多元化与优化，但农业作为产业水准的经济功能发展仍受很大的障碍。改革开放以后，尤其是进入 21 世纪后，随着我国经济在较长时期保持高速度增长，带来国民经济结构变动明显，农业在国民经济中所占的比重逐步下降，非农产业成为国民经济的主导产业，我国逐步进入工业化的中期阶段，工业与农业的关系、城市与乡村的关系正在发生着重大变化。一方面，当我国农产品供给高速增长时，农民的收入反而减少，即出现农业增产不增收的“丰收悖论”，农业开始出现衰退现象（叶少荫，2003）。另一方面，随着工业化由农业向工业提供积累转变为工业反哺农业的阶段，工业化、城市化的迅速发展，农业从业人口占社会从业人员的比重都在不断降低，传统农业正在不断打破原有的范畴逐渐向第二、第三产业拓展，进入现代化发展阶段，并努力实现三产融合，我国农业功能拓展出现了多方面的发展机遇，农业的功能定位会出现大的调整和变动（张红宇，2006）。随着我国现代农业的结构演化必须朝向集约化、规模化方向发展；农业的生态功能、社会功能地位逐步显现，农业日益呈现出多功能性（刘新，2009）。在此背景下，拓展我国农业的多功能性与发展现代农业一起出现在2007 年中央一号文件中，文件明确提出“开发农业多种功能，健全发展现代农业的产业体系”。创意农业就是借助创意产业的思维逻辑和发展理念，有效地将科技和人文要素融入农业生产，进一步拓展农业功能、整合资源，把传统农业生产融入集生产、生活、生态、旅游为一体的现代农业发展形态（袁媛等，2013）。可以说，拓展农业的多功能性、发展多功能农业反映出了从农业前生产主义到农业后生产主义的转型，是农业发展与进步的必然趋势，不但可以解决当前农业和农村经济发展中存在的问题，更能带来相当可观的经济效益与社会效益，是传统农业发展向现代农业发展转变的必然结果。多功能农业是多维产业，其竞争力也是多维的。农业的多功能性决定了任何国家政府都要重视构筑农业产业体系间各个环节的互动，而非传统的单一的物质产品功能。发掘农业自身已经存在的但一直为人们所忽视的多样性功能，并据此发展多样性的农业模式，将有助于改善在提高农业竞争力方面所处的窘境（张明艳，2018）。2007 年中央一号文件的一大突破是提出了农业的多功能理论，将“开发农业多种功能，健全发展现代农业的产业体系”作为发展现代农业扎实推进社会主义新农村建设的八大意见之一，明确“建设现代农业，必须注重开发农业的多种功能，向农业的广度和深度进军，促进农业结构不断优化升级”。

2. 拓展农业多功能性是进一步巩固国民经济发展基础的需要

克拉克—配第定律指出，随着经济的发展，人均国民收入水平不断提高，劳动力首先由第一次产业向第二次产业移动，当人均国民收入水平进一步提高时，劳动力便向第三次产业移动（Clark，1940），这一定律也符合我国实际情况。我国农业增加值在GDP中的比重经过连续多年持续下降，2006年降到10%左右，自2009年开始降到10%以下，但是农业占GDP比重降低并不意味着农业基础地位在逐渐减弱或动摇。国际经验表明，越是发达的国家，农业在GDP中的比重是越来越低的，但对农业却是越来越重视。农业不仅具有食品供给功能和保障粮食安全的重大意义，而且在提高生态系统和经济系统的可持续性、实现生态文化多样化发展、促进就业和维护乡村社会稳定方面也具有重要的作用，因而各国都将确保食品供给、提高农业效率、让农民满意、维护健康的农村社会、环境保护等确定为农业的政策目标（L. 阿兰・温斯特，2000）。强调农业多功能性，有利于促使人们真正理解和重视农业的基础地位，把支持农业农村变成一种自觉的行动（范水生，2018）。目前，我国已经进入工业化中期，要实现“产业兴旺、生态宜居、乡风文明、治理有效、生活富裕”的乡村振兴政策目标，就需要积极拓展农业的多种功能。

（二）研究意义

云南低纬高原的地理位置和多样化的地形地貌使得全省气候类型多样，自然风光及生物资源丰富，民族传统及农耕文化积淀深厚，沿边开放条件优越。农业历来是云南国民经济的基础性支柱产业，产业类型多，功能拓展领域宽。但由于历史基础薄弱、大部分地区自然地理条件较差、社会经济发展水平较低等原因，与国内农业较为发达的地区相比，云南现代农业的发展水平比较低，多功能创意农业还比较落后，发展不充分和不平衡问题尤为突出。因此，充分利用多样性优势，努力拓展高原特色农业的多样性，在生产出更多具有保障、保健等功能的“云系”“滇牌”特色农产品，打造云南在全国乃至世界有优势、有影响、有竞争力的绿色农产品品牌的同时，拓展农业生态保护、观光休闲、文化传承等功能，推进现代多功能农业的发展，对延长农业产业链、拓展农业价值链，全面提升云南农业的综合效益，不断壮大农业经济实力，持续增加农民收入等方面都非常有必要而且十分迫切。

云南农业农村经济发展水平和效率低于全国平均，发展不充分的问题尤为突出，可见农业的经济功能对于云南而言仍然至关重要。提高农业的发展效率和效益，做大云南农业的经济总量，提升农产品供给能力是现阶段云南农业的经济功能的主要任务。

云南是一个集边疆、民族、山区、欠发达“四位一体”的农业大省，农业和农村经济问题是事关全省社会和经济发展、边疆稳定的全局性问题，尤其精准扶贫正在推进的情况下，农业发展除了是解决边疆民族地区温饱和发展的需要外，更是需要重视其在维护边疆稳定中的作用。

党的十八大提出，要“建设优秀传统文化传承体系，弘扬中华优秀传统文化”。云南是我国民族种类最多的省份，居住着汉族、彝族、哈尼族、白族、傣族、壮族、苗族、回族、傈僳族等26个民族，各民族又有着本民族丰富的传统文化，长期以来民族文化与农耕渔猎等农业生产活动相互交融，体现出农业文化即是民族文化、民族文化即是农业文化的交融文化，形成了特有的云南民族农业文化，例如茶文化、节庆文化、歌舞文化、稻作文化，衣食住文化等。挖掘、保护云南乡村多民族文化，不仅是云南农业多功能拓展的需要，更是事关中华民族文化传承的需要。

云南地处六大水系源头或上中游，既是东南亚国家和我国南方大部分省份的高原“水塔”，也是长江绿色经济带建设的保障，还是我国乃至世界生物多样性集聚区和物种遗传基因库，更是外来有害生物、疫病的天然阻隔屏障，所以承担着建设国家西南生态安全屏障的重要责任。由于云南94%的土地面积是高原山地，山高坡陡、地形破碎、陡坡地多、岩溶面积大，生态脆弱性强等特征突出。全省仅25°以上的陡坡耕地就占总耕地的约15%，岩溶面积占全省土地面积的1/4以上，水土流失面积占1/3，生态建设和保护工作的压力非常大。此外，农业面源污染、高原湖泊流域污染治理等与农业发展密切相关，也不容忽视，因此，必须高度重视云南农业的生态保护功能，努力将绿水青山建设成金山银山，将金山银山改造成绿水青山。

本章以云南高原特色农业的文化、生态和社会等拓展功能为主要研究对象，通过理论阐述和具体案例分析，旨在分析现阶段云南农业功能拓展和多功能农业发展成效，凝练存在的问题，并试图提出云南现代多功能性农业的发展方向和重点，以期对于提高云南农业综合生产能力和经济水平，提升云南高原特色农产品的供给能力、市场竞争能力和抗风险能力，夯实云南乃至国家粮食安全基础，带动农村经济的繁荣和农民收入的增加，支撑云南全面小康社会建设、乡村振兴战略的实施以及西南生态安全屏障建设等有所裨益。

第二节　云南多功能农业发展情况

一、云南多功能农业发展成效及问题

（一）出台了一系列支持鼓励政策

休闲农业和乡村旅游是农村的一种新型产业形态，在承载农业传承文化、促农增收等方面发挥着重要作用。党中央、国务院高度重视休闲农业和乡村旅游发展，早在2007年中央一号文件就首次提出发展乡村旅游，随后多个中央一号文件也从不同角度相继提出要大力发展休闲农业和乡村旅游。2015年以来连续4个中央一号文件都提出要大力发展休闲农业和乡村旅游，使之成为繁荣农村、富裕农民的新兴支柱产业。国务院办公厅在加快转变农业发展方式、推进农村一二三产业融合发展、促进旅游投资和消费、支持返乡下乡人员创业创新的四个意见中都强调，要大力发展休闲农业和乡村旅游，推进农业与旅游、教育、文化、健康养老等产业深度融合。为贯彻党中央、国务院的文件精神，农业部2015年会同财政部等11个部门印发《关于积极开发农业多种功能 大力促进休闲农业发展的通知》，2016年会同国家发展改革委等14个部门印发了《关于大力发展休闲农业的指导意见》，指导全国休闲农业和乡村旅游发展。党中央、国务院和相关部门的文件和意见的相继出台，标志着全国拓展农业多功能性，发展休闲农业和乡村旅游政策体系框架的形成。

云南省政府文件层面对农业多功能的重视始见于2006年省委、省政府印发的《关于贯彻〈中共中央 国务院关于推进社会主义新农村建设的若干意见〉的实施意见》提出的生态环境保护工程、社会事业发展工程等，标志着农业的文化功能、生态功能、社会功能等开始得到重视。为贯彻落实2007年中央一号文件关于“开发农业多种功能，健全发展现代农业的产业体系”，促进现代农业发展的部署，云南省在随后多年出台的涉农政策文件中，进一步制定了系列措施，积极鼓励农业功能的拓展，推动了全省多功能农业的发展。2007年，《关于贯彻〈中共中央 国务院关于积极发展现代农业扎实推进社会主义新农村建设的若干意见〉的实施意见》要求“注重开发农业的多种功能，结合云南省优势特色产业特点，促进农业结构不断优化升级，完善现代农业经营体系，提高农业农村经济的综合效益和竞

争力”；《云南省社会主义新农村建设规划纲要（2006—2010年）》将“开发农业多种功能，不断促进农业结构优化升级，发展‘一乡一业’‘一村一品’”以及“加快二、三产业特别是农产品加工业和农村现代服务业发展”作为规划目标之一。2008年《关于印发云南省加快乡村旅游发展指导意见的通知》进一步明确要求“要拓展和提升观光型乡村旅游产品的休闲度假功能”“要挖掘原生态古村落、民族村寨的民族风俗和生产生活特色，加强对文物古迹和特色民居、历史文化街区等古老建筑的保护，突出文化特色”。

2012年，省委、省政府《关于加快高原特色农业发展的决定》首次将“重点拓展食物保障、原料供给、就业增收、生态保护、观光休闲、文化传承”六大功能作为提升云南农业发展整体效益的主要目标；2014年《关于全面深化改革扎实推进高原特色农业现代化的意见》以及2015年《关于加快转变农业发展方式推进高原特色农业现代化的意见》均进一步强调了农业环境保护和生态治理任务，提出支持新型经营主体、发展社会化服务业、建设集生产、生态、旅游、休闲、科教为一体的现代农业庄园等措施；2015年《关于强化改革举措落实加快高原特色农业现代化建设的意见》将“推进农村一二三产业融合发展，积极开发农业多种功能”列入保重措施；同年，《关于印发云南澜沧江开发开放经济带发展规划（2015—2020年）的通知》将农业的旅游功能作为经济带功能之一；《关于进一步加强农耕文化保护与传承工作的意见》中对加强云南省农耕文化保护与传承工作做了专门部署。

2016年，《关于加快高原特色农业现代化实现全面小康目标的意见》和《关于推进农村一二三产业融合发展的实施意见》都分别将“深度挖掘农业的多种功能”“开发农业多种功能和多重价值”“积极推进特色产业从食物保障、原料供给向就业增收、生态保护、观光休闲、文化传承、健康养老等多种功能拓展”作为重要举措之一，明确了要建设一批具有历史、地域、民族特点的特色旅游村镇和乡村旅游示范村，积极发展智慧乡村游，加强农村传统文化保护，推进历史文化名镇名村、传统村落、民族传统文化生态保护区、民族特色村寨、民族文化生态旅游村、生态文化村等建设，积极发展特色农庄、精品客栈、休闲庭院、农家乐、森林人家、乡村民宿、乡村手工业等新兴产业；同年，《关于进一步加快高标准农田建设的意见》将“减少水土流失，控制农业面源污染，发挥高标准农田建设在生产、生态、景观方面的综合功能”作为基本原则之一；《关于加快乡村旅游扶贫开发的意见》以及《关于加快推进产业扶贫的指导意见》均将拓展农业多种功能、休闲农业和乡村旅游等新型业态与扶贫紧密结合，列入政策支持重点。

2017 年，省政府办公厅《关于推进现代农业产业园建设的指导意见》强调要“在突出主导产业的前提下，注重拓展农业生态保护、休闲观光、文化传承等功能，建设集技术研发、生产示范、加工流通、科普展示、旅游观光、休闲体验、文化传承于一体的现代农业产业园”。同年，《云南省高原特色现代农业产业发展规划（2016—2020 年）》将“积极拓展农业功能，发展休闲农业”作为基本原则；在《云南省高原特色农业现代化建设总体规划（2016—2020 年）》中，将“到 2020 年，基本建成农村一二三产融合的现代农业产业体系，形成产业链条完整、功能多样、业态丰富、利益联结紧密、产城融合协调、城乡一体发展的新格局，建成一批类型多样的农村产业融合发展示范县、示范乡、示范村”作为规划目标之一。

2018 年，《关于推进农业高新技术产业示范区建设发展的实施意见》将“开发农业多种功能，加快构建现代农业产业体系，延长产业链、提升价值链、完善利益链，促进农村一二三产业融合和城乡一体化建设”作为示范园建设的基本原则之一；《关于推进中药饮片产业发展的若干意见》和《关于促进农产品加工业跨越发展的实施意见》均明确了发展多功能农业的相关内容。

2019 年 2 月，云南省委、省政府发布的《云南省乡村振兴战略规划（2018—2022 年）》更是阐述了拓展农业多种功能在乡村振兴中的重要意义和作用，将其作为云南乡村振兴的基本原则之一，并在统筹城乡发展空间、优化乡村发展布局、转变农业发展方式、加强乡村生态保护与修复、加强乡村振兴用地保障等多处反复强调要拓展和发挥农业农村的多功能性。

此外，《关于加快特色小镇发展的意见》《关于健全生态保护补偿机制的实施意见》《关于印发云南省畜禽养殖废弃物资源化利用工作方案的通知》《关于促进医药产业健康发展的实施意见》《关于进一步加强非物质文化遗产保护工作的意见》等文件均有利于促进全省多功能农业的发展载体的保护建设和农业生态和社会功能的发挥。

（二）云南多功能农业发展成效

虽然在 2007 年前后，云南才在政府文件和学者研究中出现拓展农业多功能性和创意农业等相关字眼，但在多年的特色农业发展实践中早有显现，尤其是进入 21 世纪以来，在中央和云南相关政策和工作举措的推动下，云南农业的功能不断拓展、效用不断延伸、内涵不断丰富，在食品保障、原料供给、就业增收等功能得到强化的同时，生态保护、观光休闲、文化传承等功能彰显。

1. 就业增收等社会保障功能成效显著

云南是一个对农业依存度较高的省份，农业在为农民提供就业保障和增收致富等方面的社会功能作用大、任务重，突出表现为农业就业人口占比和家庭经营性收入占比高于全国平均水平的“二高”。统计数据显示，2019 年，云南乡村人口占总人口的比例高达 77.85%，比全国平均高近 40 个百分点；第一产业就业人员占总从业人员的比例高达 46.6%，比全国高近 22 个百分点；农村居民人均可支配收入仅为全国的 74.29%。但是，云南农村居民可支配收入中，来源于农业的经营性收入占比多年保持在 60%，高于全国平均水平 20 个百分点①，说明云南农民就业和增收对农业的依赖度高于全国，农业是云南脱贫攻坚和乡村振兴的重要产业依托。近年来，云南农业的就业增收等社会保障功能成效显著。据历年《云南统计年鉴》数据可以看出，近年来，云南农业已连续多年提供了全省 50% 以上的就业岗位、为农村居民提供了 50% 以上的收入。

一是连续多年农业提供了全省 50% 以上的就业岗位。2015～2019 年，云南省第一产业就业人数分别是 1576.53 万人、1587.91 万人、1518.72 万人、1449.86 万人、1394.83 万人，在三大产业就业中所占比例分别为 55.5%、53.75%、53.65%、53.05%、50.85%。

二是为农村居民提供了近 50% 的可支配收入。近年来，农业为全省农村居民提供近 50% 的可支配收入，对缩小城乡居民收入差距发挥了重要作用。2019 年农民的工资性收入较 2015 年增长了 56%。2015～2019 年，农村居民人均可支配收入年均增速 9.5%，高于全国 0.7 个百分点。

2. 休闲农业和乡村旅游产业体系基本形成

云南是休闲农业资源最为丰富的省份之一，各级农业部门认真贯彻党中央、国务院有关文件精神，以促进农民就业增收、满足居民休闲消费需求、建设美丽宜居乡村为目标，充分发挥乡村各类物质与非物质资源富集的独特优势，以农耕文化为魂，以美丽田园为韵，以生态农业为基，以传统村落为形，以创新创造为径，利用“旅游+”“生态+”等模式，拓展农业多种功能，推进农业、林业与旅游、教育、文化、康养等产业深度融合，发展观光农业、体验农业、创意农业等休闲农业新产业新业态，促进农村一二三产业融合发展，推动休闲农业和乡村旅游提档升级，接待人次、营业额、利润、税收等节节攀升，带动各类经营主体、

① 根据《中国统计年鉴》和《云南统计年鉴数据》计算。

从业人数等同步发展，国家级休闲农业和乡村旅游示范点创建工作成效突出，一批休闲农业品牌逐步被外界熟悉和追捧，全省基本形成了有各类休闲农业企业几千家、农家乐近万家的休闲农业和乡村旅游产业体系，成为繁荣农村、富裕农民的新兴支柱产业。云南省农业农村厅及云南省统计局的数据显示，2019 年云南省从事休闲农业的农村贫困人口 6. 42 万人，通过从事休闲农业的农村脱贫人口 6. 05 万人，比 2018 年增长 20%。

一是服务水平和产业规模不断提高。从最初单一娱乐性的“农家乐”逐渐向产业配套、功能多样的休闲农业发展，从低水平服务向高水平服务转变。全省认定的国家级品牌和省级品牌单位和企业服务水平显著提高，相继开发了采摘、耕作、科教、民族文化等休闲农业体验项目，最终实现农民增收、农业增效、政府增税的发展目标。2019 年休闲农业经营主体达到 10502 个，比 2018 年增加 341 个；休闲从业人数 13. 86 万人，比 2018 年增加 0. 79 万人，其中，农民就业人数 11. 28 万人；带动农户 33. 74 万户，接待人次 8624. 46 万人次，比 2018 年增加 825. 18 万人次；休闲农业营业收入 143. 41 亿元，同比增长 17. 65%，其中，农副产品销售收入 36. 96 亿元；经营利润总额 22 亿元，从业人员劳动报酬 27. 72 亿元。①

二是产业特色和区域特色逐步显现。各地根据自然条件和农业资源禀赋，结合人们的消费需求，加大了休闲农业资源的深度开发，不断调整产业布局，逐渐形成了具有浓厚地方特色和农业特色的休闲农业产业发展模式。包括以中国重要农业文化遗产为依托体验农耕文化为主的山水民族风情休闲农区，如红河哈尼梯田稻作系统和哈尼族长街宴；以中心城市群为依托的城市居民假日休闲娱乐、购物、农业教育等为主的多功能休闲农业区，如昆明锦庄农业科技有限公司等。同时，春天赏花、秋天摘果等多种类型的特色休闲农区也不断涌现。每年的 2 月初至 3 月中下旬，是云南春花盛开的时节，漫山遍野的油菜花、桃花等争奇斗艳，闻名而至的赏花客络绎不绝，以腾冲、罗平为代表的小县城一时间成为中外游客汇聚的花花世界。各级农业部门因势利导，大力发展“春花经济”，举办“罗平油菜花节”“腾冲花海节”等各种花卉节庆，引导休闲农业健康发展，有力促进了农民增收。“罗平油菜花节”期间，农户售卖农副产品的收入每户可高达 6 万余元。

三是产业宣传品牌创建硕果累累。在农业农村部等部门的大力引导和直接推动下，云南省加大了对休闲农业的宣传工作力度。据云南省农业农村厅及《云南

① 数据来源于《云南农业年鉴》。

农业年鉴》数据，2019 年，云南省围绕茶业、花卉、蔬菜、水果、坚果、中药材等重点产业，开展了云南省“10 大名品”评选表彰和宣传推介工作，共有 230 户经营主体的 230 个产品参与 2019 年云南省“10 大名品”评选。自 2010 年全国休闲农业和乡村旅游示范县和示范点创建活动开展以来，至 2019 年，云南已有腾冲、罗平、大理、玉龙、弥勒、澄江、泸西、盐津、广南、水富、建水、古城 12 个县（市、区）先后入选休闲农业和乡村旅游示范县，太阳魂酒业休闲庄园、宾川高原有机农业观光园、腾冲市高黎贡山生态茶观光园、宣威市万松居民族园、丽江玉水寨、石林台湾农民创业园、文山州普者黑玫瑰庄园、普洱市云南斛哥庄园等近 30 个景点先后入选国家级休闲农业及乡村旅游示范点，对云南农村扩大消费、带动相关产业发展、村舍环境整治、吸引投资、优化基础设施以及提高农民收入都起到了不可忽视的积极作用。此外，休闲农业的发展，带动了农村商贸业、交通运输业、乡村客栈等产业的繁荣，促进了农民就业增收和农业农村经济发展。以发展较好的国家级休闲农业示范点丽江市玉水寨为例，带动周边 481 户农民建设种养基地 2000 多亩。吸纳农民就业 115 人，人均年工资近 3 万元，比全省农民年人均纯收入高出近 2 万元。同时，还带动了周边农家乐、乡村客栈、乡村酒吧等服务业的发展，间接带动农民就业 1000 余人（不含季节性农民工），农民人均年纯收入达 2 万余元，比全省农民年人均纯收入高出 1 万多元。

3. 生态治理工作和生态保护功能持续加强

近年来，全省农业部门深入贯彻落实绿色发展理念，重点从面源污染治理、废弃物资源化利用、农业资源养护和发展绿色农业等方面持续加强生态治理工作，促进农业可持续发展，发挥农业生态保护功能。

一是大力推进污染防治工作。从第一次全国污染源普查到第二次全国污染源普查 10 年来，云南省农业污染防治取得了显著成效。化肥农药减量明显，化肥施用量连续三年实现负增长，农药连续五年实现负增长。2019 年，主要农作物化肥折纯量和农药（折百量）使用量较 2018 年分别减少 1.32% 和 7.5%，利用率分别为 40.4% 和 39.8%；农业生产废弃物资源化利用成效明显。云南省着力加强农业污染防治，积极开展农作物秸秆肥料化、饲料化、基料化、能源化、原料化利用等“五化利用”，年度秸秆综合利用率达到 83%；在 20 个种植业大县建立农膜残留监测点，推进农膜回收利用。已建成塑膜回收企业 8 家，回收加工产能 10 余万吨，大棚膜等基本实现回收利用；在 22 个畜牧大县实施畜禽粪污资源化利用整县推进，畜禽粪污综合利用率达 85%。已基本形成“农地（果园）种草、饲草养畜、畜禽粪污还地（园）”等生态种养循环模式（赵珮然，2020）。

二是大力推进农业废弃物资源化利用。从2017年起，云南省争取了28个县实施畜禽粪污资源化利用整县推进项目，项目县示范引领，带动全省畜禽粪污资源化利用工作。在各级各相关部门的共同努力下，全省畜禽养殖废弃物资源化利用水平不断提高，畜禽养殖污染得到明显管控，逐步形成了“以用促治，利用优先”的理念。2019年，云南省加大提升畜禽粪便无害化处理、资源化利用能力，研发集成无害化处理设备，推进有机肥替代化肥工作。在寻甸肉牛养殖业中按照源头减量、过程控制、末端利用的路径，研发牛粪无害化处理的微生态制剂。在蒙自和石屏集成生猪养殖异位发酵床、水肥一体化、狐尾藻生物治污、肉牛原位发酵、源头节水减量等技术模式，畜禽粪污就近消纳。从四川和广西引进水虻新品种，提高水虻产卵率、孵化率、粪便转化率及虫体蛋白利用率，提高处理畜禽粪便转化率。在大理结合洱海流域农业面源污染防治开展水虻虫体和转化产物综合利用研究。开展狐尾藻处理污水示范，指导陆良鸿展牧业公司采用沼气与狐尾藻相结合降解污水。在昭通筛选出22种水生植物，开展污水处理研究工作。

三是耕地及种质资源保护工作成效显著。我国“十三五”期间，云南省自然资源部门通过土地整治、高标准农田建设等途径，增加耕地数量，提高耕地质量，全省共补充耕地55.48万亩，其中水田15.96万亩，全面落实了“占一补一、占优补优、占水田补水田”耕地占补平衡要求，实现在保障全省经济社会发展用地的同时，牢牢守住云南省8768万亩耕地保护红线（宋红霞，2020）。近年来，云南省出台了《云南省农业种质资源保护与利用三年行动实施方案》和《云南省省级畜禽遗传资源保种场保护区和基因库管理办法》，安排部署了全省农业种质资源保护与利用工作。扎实开展农业种质资源圃库区建设，建有农作物种质资源“13圃1库”，其中有4个国家种质资源圃，分别为茶树、甘蔗、果树和野生稻种质资源圃，农作物种质资源收集保存5万余份，占全国的10%。同时，逐步建成国家级和省级保种场、库、区相配套的农业种质资源保护体系，全省有31个畜禽遗传资源建立了保种场，35个畜禽遗传资源建立了保护区。在土著鱼类的保护工作中，先后人工驯养繁殖成功珍稀濒危土著鱼类约50种，建有水产种质资源保护区21个，其中国家级15个、省级6个（王淑娟，2020b）。

四是大力推进绿色生态农业。一方面，连续多年开展农产品质量安全专项整治行动，保障食用农产品的质量安全。另一方面，以有机认证助推高原特色农产品产业高质量发展。截至2020年底，全省有机产品有效认证证书达1365张，全国排名第四；证书涉及组织数953个，全国排名第四。在此基础上，云南绿色食品的质量基础不断夯实，各类组织获得食品农产品认证证书4311张，位列全国第八（苏粲絮，2020）。

（三）农业功能拓展存在的困难

1. 历史及地理因素的制约

云南因为特殊的历史地理因素造成了现代农业发展及功能拓展上受到了不小的影响。由于地势的原因，大面积联结耕地较少，种植业主要以人工及小型农机为主，大型机械化作业难以开展。受喀斯特地貌因素的影响，土地肥沃度偏低，蓄水难度大，田地水利建设也较为困难，历史上长时间属于“靠天吃饭”，遇到自然灾害则颗粒无收。云南以高原大山为主的地势地貌，造成交通建设的难度极大，建设成本较高，交通设施落后。虽然随着全国经济社会的发展云南交通建设的面貌有着巨大改观，但广大山区交通仍较为困难，公路等级低、路况差、通过能力小，有些路段通车情况受气候影响极大，使得与外界的交流受到严重阻碍，而现代电信设施普及率仍有待进一步提高。

2. 农业功能拓展的意识不足

由于固有的思维模式，长期以来人们一直只注意到农业的经济功能，认为农业的作用只限于提供农产品和为农民提供基本的生活保障，而忽视了农业的其他功能，这造成了云南拓展农业功能的水平较低，拓展农业生态功能、文化功能和休闲功能的农业园区较少，未与当地农村生活文化结合，且形式单一，同质化明显。近年来，云南省新增的14个现代农业产业园区、38个省级农业科技园区中，体现单一生产功能的园区较多，具备科普、休闲和生态等综合功能的较少，还未起到以点带面、全面开发农业综合功能的作用（陈良正等，2019b）。

3. 新型经营主体培育滞后，带动力不够

据云南省农业农村厅提供的数据，2019年，云南农业龙头企业数量仅为全国农业产业化国家重点龙头企业数量的2.52%，龙头企业实现销售收入不足全国的2.2%；入选《2019年农业产业化龙头企业500强排行榜》（2019年营业收入超过6.7亿元）的云南企业仅有8家，只有3家企业进入前100；全国营业收入超过100亿元的农业龙头企业达62家，云南只有2家，且云南排名第一的企业销售收入不足全国排名第一位的12%（陈良正等，2019b）。此外，全省农民专业合作社数量也不足全国的2.5%，经农业部门认定的家庭农场数不足全国的2%。

4. 科技支撑不够，人才培养不足

虽然早在2012～2013年，云南省农业科技贡献率就超过了50%，但是由于云南农业产业类型多样、科技推广应用难且规模有限，加之长期投入不足，科技创新和应用推广长期落后于全国，导致农业科技贡献率长期低于全国3～4个百分点，科技对产业发展的支撑力度不够。云南省科学技术厅等统计数据表明，2019年，我国研究与试验发展经费支出占当年国内生产总值的比重达到约2.23%，占国家财政支出的比重达到9.27%。但是同期云南省的研究与试验发展经费支出占地区生产总值的比重则不足1%（仅为0.95%），占全省财政支出的比例更低，仅为0.87%。[①] 此外，云南省农业劳动力者受教育水平普遍低于全国平均水平。根据全国第三次农业普查数据，2016年，云南省农业生产经营人员中，绝大多数仅受过小学和初中教育，比例高达85.2%，其中，仅有小学文化程度的占比高达51.9%（全国仅为37%）；而高中及以上的仅为5.5%，比全国低2.8个百分点；全省近10%的农业生产经营者未上过学，比重比全国高3个百分点（云南为9.4%）。[②]

二、云南农业功能拓展的SWOT分析

云南农业功能拓展的SWOT分析矩阵如图12－1所示。

		内部分析	
		优势（S） 1. 丰富的自然和文化资源； 2. 优越的区位优势； 3. 相对良好的生态环境； 4. 产业基础多样化	**劣势（W）** 1. 历史及地理因素制约； 2. 新型经营主体培育滞后； 3. 第二、三产业发展相对滞后； 4. 科技支撑不够，人才培养不足
外部分析	**机会（O）** 1. 乡村振兴战略； 2. 精准扶贫政策； 3. “一带一路”倡议； 4. 现代社会的需求	**SO战略** 1. 充分发挥云南的现有优势； 2. 充分抓住国家的战略带来的机遇； 3. 契合现代社会的需求	**WO战略** 1. 利用好国家政策； 2. 强化政府的主导作用； 3. 推进第二、第三产业合理、有序的发展，促进三产融合
	挑战（T） 1. 农业功能拓展意识不足； 2. 眼前利益与长远利益的挑战	**ST战略** 1. 多渠道扩宽农民收入面，增加农民收入； 2. 建立长效、合理的考核机制及补贴政策	**WT战略** 1. 强化科技支撑，培养复合型人才； 2. 加快培育新型经营主体

图12－1 云南农业功能拓展的SWOT分析矩阵

① 根据云南省科学技术厅等编制的《云南省科技统计公报》及国家统计局网站相关数据计算整理。

② 根据云南省统计局编印的《云南省第三次全国农业普查综合资料》及国家统计局《第三次全国农业普查主要数据公报》数据计算整理。

第三节 先进省份农业多功能拓展经验及成功案例

一、先进省份农业功能拓展经验

（一）上海市农业功能拓展经验

1. 具体措施及成效

《上海市现代农业“十二五”规划》中的总目标提出，为确保地产农产品有效供给和质量安全，都市高效生态农业稳定发展，农业设施、农业组织和农业科技水平显著提升，农业的经济功能、生态功能和服务功能明显增强。在城市化发展中加快推进农业现代化，充分发挥农业科技引领作用，先进农业设施和装备广泛应用，农业资源有序利用，农业与二三产业融合发展，农产品质量安全全程控制和监管等方面走在全国前列。《上海市现代农业标准化“十三五”规划》中提到“十二五”时期现代农业发展取得了“形成了与上海建设社会主义现代化国际大都市相适应的多功能都市现代农业发展体系，为实现农业现代化奠定了扎实基础”这一成效。

2. 具体案例

上海市金山区以建设“百里花园、百里果园、百里菜园，成为上海的后花园”为工作目标，农业经济功能、生态功能和服务功能逐步完善。充分发展“优质稻米、绿色蔬菜、名优瓜果、特种养殖”等四大主导产业，并与国内外科研院所、高等院校开展合作，引进先进生产技术，极大地提高了全区农产品生产水平和品质，二维码溯源技术成熟，田间档案齐全，2016 年被农业部评为全国首批农产品质量安全县。为打开金山优质农产品销路，金山区农委与 1 号店、苏宁易购等电商平台开展战略合作，开设优质农产品金山馆，发展电子商务，通过举办农业节庆活动，为农民和市民、生产基地和消费市场牵线搭桥，2016 年，通过农业节庆带动品牌农产品在市区销售额达 976 万元；截至 2016 年末发展家庭农场达到 858 家，通过规模化经营，实现了规模效益，全区家庭农场平均年收入 26. 1 万元；成立了农家乐专业合作社，统一由旅游公司管理，全年收入超过 700 万元；开展农业清洁生产，2014 ~2016 年，累计推广绿肥种植 24. 88 万亩、有机肥 17. 47 万吨，化肥亩用量由2012年的31.9公斤降到2016年的26.9公斤，减少了15.7%；试点开展稻鸭、稻虾、稻蟹共作等种养结合模式，探索推进生态循环农业。多个村获得“中国人居环境范例奖”“中国特色村”“全国休闲农业与乡村旅游三星级示范基地”、中国美丽休闲乡村、全国生态文化村等诸多荣誉，形成新型中小学生课外实践基地、农业文化教育基地等；举办既锻炼身心又体验传统的农事耕作的农耕运动会；把田园打造成花园，“十二五”期间，金山区农业旅游接待人数达到了1028.5万人次，年均增幅达到了28.48%；反映“男耕女织”、田园风光、稻作生产和水乡生活风情的金山农民画、吕巷土布、金山卫田山歌等均被列入市级非物质文化遗产名录，枫泾中洪村被誉为中国农民画村，“金山农民画”多次作为国礼被送给外国政要和客人（上海市金山区农业委员会，2017）。

3. 经验与启示

金山区以市场需求为导向来丰富产品供给，以科技为支撑提升供给质量，通过发展电子商务和举办农业节庆活动来打通产销渠道，实现优质优价，并丰富利益联结方式带动农民增收，充分发挥了农业的经济功能；通过发挥农业的生态功能来积极改善农业生产环境和农业生态环境，让农村生活环境得到明显改观，田园变成了花园；打造科普教育基地让市民尤其是让中小学生认识农业科学、参与农业体验活动，充分发挥了农业的社会功能；发掘、保护与利用农业非物质文化遗产，举办劳动运动会等不仅益于全民健身，还益于农耕文化的传承，充分发挥了农业的文化功能。

（二）福建省农业功能拓展经验

1. 具体措施及成效

近年来福建省先后印发了《关于印发全面深化农村改革加快农业现代化发展的若干意见工作任务分工方案的通知》《关于大力实施乡村振兴战略加快建设特色现代农业的意见》《关于加快推进现代农业发展的若干意见》《福建省现代农业发展资金管理办法》《2017福建省种植业工作要点》等文件，以此指导福建省农业更好地发挥多种功能，实现农业从传统农业到多功能农业、现代农业的转变。其中，最典型的要数打响福建百香果知名品牌。2017年，福建百香果面积超过15万亩，产量18万吨，产值突破30亿元，均比2016年增长2倍以上（张辉等，2018）。

2. 具体案例

福建农业部门围绕“品种引领、品质提升、品牌打造”的发展战略，强化产业发展顶层设计，突出发展福建百香果，积极培育百香果产业龙头企业，扶持百香果龙头企业以市场为导向，以“清新福建，绿色农业”为主题，充分利用各种宣传媒介和各类推介活动，打响福建百香果知名品牌，建设规模化、标准化生产基地，示范推广营养诊断配方施肥和完熟采收等技术，强化采后商品化处理，推动福建百香果线上线下销售，把福建百香果培育成为福建特色新产业。通过品牌宣传展示包装设计及配套用具的补助培育福建百香果品牌，并举办福建百香果专场推介会。通过标准化生产基地建设补助重点建设标准化棚架、水肥一体化、果园路沟渠等基础设施，增施商品有机肥、粘虫色板、生物农药、性诱剂、杀虫灯等生态栽培物化技术推广。发挥协会带动、产销联盟的作用实现相互交流学习标准化栽培技术、管理经验，产业发展中遇到重大问题可以咨询产业体系专家，加工企业与生产基地签订长期、稳定的原料供应合同，保证质量、保证资源，缓解产季鲜果积压，提升附加值，并举办“百香果采摘文化节暨采摘嘉年华”展现百香果的艺术创意和多元化的百香果产品（张辉等，2018）。

3. 经验与启示

福建通过深挖本土资源禀赋，全产业链推进优势特色产业发展，加快融合发展并延伸产业链、坚持生态优先、品质提升、品牌打造、创意发展等方式来推进特色产业的发展。通过一系列的措施实现了百香果产业的经济功能，同时百香果种植业的生态化发展又实现了农业的生态功能，举办“采摘文化节、采摘嘉年华”助推百香果产业发展的同时又彰显了农业的文化功能。现代农业的发展助推了农业功能的拓展，农业具有的多功能又促进了现代农业的发展，二者形成了相辅相成、互相促进的良性循环的发展局面，为农业的发展夯实了基础、增添了新的动能，最终目的都是促进农民增收，让农业成为具有发展前景的产业。

二、云南省农业功能拓展成功案例

（一）元阳哈尼梯田

元阳县境内哈尼梯田有 19 万亩，约占红河哈尼梯田总面积的 25%，遍及全县 14 个乡镇。2007 年元阳哈尼梯田被国家林业局批准为国家湿地公园；2010 年被联合国粮农组织列为全球重要农业文化遗产；2013 年被国务院列入全国重点文物保护单位；2013 年 6 月 22 日哈尼梯田申遗成功，元阳作为红河哈尼梯田申报世界文化遗产核心区被联合国教科文组织正式列入世界文化遗产名录，同年 7 月 22 日，元阳哈尼梯田被评定为国家级 AAAA 级景区。为充分保护哈尼梯田合理发挥其作用，让梯田成为元阳脱贫致富的“法宝”，元阳县先后制定了《红河哈尼梯田元阳核心区保护利用试点 3 年工作方案（2016—2018 年）》《元阳县哈尼梯田保护利用三年行动计划》《元阳县哈尼梯田旅游区发展战略研究》《红河哈尼梯田元阳核心区保护利用总体规划（2016—2030 年）》等文件推进梯田的保护利用与发展。

1. 耕作为主，同时发展综合种养模式

元阳哈尼梯田以坚持耕作为主，守住梯田红线，传承传统农耕技术，发展梯田红米和农副产品，对梯田种粮农户实行良种补贴、农资综合补贴等政策性补贴，提高群众种粮积极性。据笔者赴元阳县实地调研时元阳县农业农村和科学技术局提供的资料，2017 年全县种植梯田红米达 9.01 万亩，按平均亩产 350 公斤计算，总产 3153.5 万公斤，按市场收购价 7 元/公斤计算，产值达 2.2 亿元。累计发放良种补贴 299 万元，农资综合补贴 1993 万元，耕地保护补贴 2546 万元；大力推广“稻鱼鸭综合种养模式”，实现“一水多用、一田多收、一户多业”的综合效益。自 2014 年来，实施稻鱼鸭综合种养示范 3.2 万亩，涉及农户 7320 户，覆盖建档立卡户 4792 户，示范区亩产值达 10174.2 元，辐射带动区亩产值达 5095 元。

2. 深挖并传承民族农业文化

按照元阳县农业农村和科学技术局等单位制定的《红河哈尼梯田文化景观村庄民居保护管理办法》和《红河哈尼族传统民居保护修缮和环境治理导则》对遗产区的农危房进行改造，哈尼小镇被列入国际水平特色小镇创建名录，管口、阿者科、娅口、大鱼塘列入中国传统村落目录。同时，坚持文化挖掘，助推融合发展，将哈尼小镇作为开秧门六月年、长街宴、稻花鱼丰收节等传统节日原汁原味进行展示并设置民族节庆展示区，举办多届“中国红河·元阳哈尼梯田文化旅游节”，不断提升哈尼族梯田的知名度和影响力。全面实施哈尼古歌传承计划，组建哈尼梯田文化传习馆和民族文化传承文艺队，出版发行了《哈尼梯田农耕文化》《红河哈尼梯田农耕文化》《中国云南元阳梯田文化旅游》，创作了《放牛山歌》《元阳·哈尼梯田的故乡》等本土民族歌曲。作品《哈尼族四季生产调》被列入国家级非物质文化遗产，《哈尼古歌》远赴米兰世博会驻场演出，《哈尼交响·欢乐新春》专场音乐会在国家大剧院音乐厅成功上演。积极开展农耕技能风采大赛、

“开秧门”实景农耕文化节、哈尼梯田国际摄影双年展等文化活动，在保护传承文化与增强旅游体验方面调动广大群众参与旅游产业发展。

3. 坚持生态建设，确保梯田的永续发展

元阳县坚持造林绿化，保护森林资源，扎实推进梯田遗产区生态环境恢复，大力实施新一轮退耕还林、荒山造林、封山育林、森林抚育等工程，对国有公益林、自营生态林实行补贴政策，累计投入 1.5 亿元实施核心区生态植被恢复工程，植树造林 25.6 万亩，并开展沼气池建设、节能改灶、推广太阳能热水器等，有效改善了遗产区生态环境。新建和加固小型坝塘、扩建改造沟渠、着力解决了遗产区水田灌溉安全饮水问题确保水资源永续利用。

4. 因地制宜，扎实做好精准扶贫

按照“政府引导、村组管理、适当扶持、示范带动的思路”，云南世博元阳哈尼梯田文化旅游开发有限责任公司每年按照门票收入的 30% 提取扶持资金，扶持遗产区群众发展生产，并招收当地村民就业，2017 ~ 2019 年共提供 580.37 万元。发展乡村旅游促农增收。积极探索乡村旅游开发模式，大力发展乡村客栈餐馆、农特产品、手工艺品等旅游产业经营服务，成功打造以哈尼小镇为中心，辐射带动昔口、黄草岭、大鱼塘、全福庄等周边村寨的“一心多点”乡村旅游圈，直接带动就业 5000 余人，间接带动 10000 余人，实现经营收入超过 3000 万元。①

5. 元阳哈尼梯田多功能性拓展的经验与启示

一是多产互补做强农业经济功能。经济功能是农业的最基本功能，多功能农业本身具有联合生产的特征，在同一过程同时生产两种或多种产品，元阳哈尼梯田在红米种植的同时，运用“稻鱼鸭综合种养模式”带来了红米、水产品和禽蛋的收获，向社会提供了红米、水产品、禽蛋等农产品，在一块田地上产出了三样农产品，红米种植的收益加上示范区及辐射带动区的高额产值为当地民众带来了丰厚的收益。同时，政府向农户发放了良种补贴、耕地保护补贴、农资综合补贴等也提升了农民发展种植和养殖的积极性。哈尼梯田的“稻鱼鸭综合种养模式”提高农业的劳动生产率和农产品附加值，并促进农民的就业与生活保障。

二是多业并重传承农业文化功能。云南农业的文化功能正是挖掘云南边疆民族农业文化。梯田文化即是哈尼族人民为了在自然界中求生存，充分发挥勤劳与智慧创造出的农业文化。当地通过坚持“突出特色、文旅融合、展示农耕、富有

① 数据由元阳县农业农村和科学技术局提供。

乡愁”的思路，通过对哈尼民居及村落的保护，让来访者品尝哈尼民族特色饮食、参与哈尼民族节庆，弘扬与传承民族歌舞来大力挖掘哈尼族的农业文化。例如元阳县阿者科村，“阿者科”意为“最旺盛吉祥的一个小地方”，蘑菇房是阿者科村中哈尼族的传统民居，阿者科村也是世界文化遗产红河哈尼遗产区五个申遗村寨之一。阿者科村适应当地营造出敬畏自然、崇拜自然的观念以及自然人文景观所构成的和谐人居环境。村落既是游人如织的景区又是哈尼人民的生活场所，游客可以漫步村中，再到哈尼人家小坐片刻，体验原生态的哈尼风情。哈尼人的民族文化正是云南边疆民族农业文化的一个缩影。

三是种养循环提升农业生态功能。农业生态功能指农业具有生态调节作用。“稻鱼鸭综合种养模式”还起到了涵养水源、营养物质循环、固碳释氧、净化环境等作用，同时良好的稻田生态环境保持了丰富的生物多样性，呈现出繁盛的生物多样性景象。鸭、鱼散养在稻田里捕食杂草和害虫，而其粪便为水稻提供了优质肥料，从而增加土壤肥力。鸭和鱼在稻田中不断地活动觅食，起到了改善土壤的养分、结构和通气条件的作用，有利于增加表土通透性，刺激和促进水稻的生长发育。这就避免了农药及化肥的使用导致的对生态环境的破坏，又有利于种植不使用化肥、农药的原生态的红米。稻田为鸭和鱼提供了活动场所及昆虫、杂草和其他水生动物等天然饲料，而不使用混合饲料，实现了野育，从而可以生产出优质鸭肉、鸭蛋及鱼。这一模式充分体现了农业的生态调节功能。

四是多措并举彰显农业社会功能。通过对农业的经济、生态和文化功能的挖掘和利用，将哈尼族的传统文化资源、农业资源、农业生产方式和村寨人居环境展示给消费者。壮美的哈尼梯田、原生态的田园风光每年都吸引了无数的游客和摄影师来此休闲观光，同时带动了乡村客栈餐馆、农特产品、手工艺品等旅游产业经营服务，以哈尼小镇为中心辐射带动周边村寨，为当地民众提供了就业岗位，增加了收入，实现了脱贫，体现了当地农业的可持续发展，促进了边疆民族地区农业的发展，保障了边疆民族地区的社会稳定。

（二）罗平油菜花海

罗平油菜花海闻名国内，越来越多的人都选择在 2 月至 3 月涌向罗平这个自然圣地休闲观光，“金鸡峰丛”成为摄影爱好者的新宠。2015 年 4 月，经过上海大世界吉尼斯总部的考察认定，罗平油菜花海被授予“世界最大的自然天成花园”称号，从而载入吉尼斯纪录。

1. 因地制宜，做强做大农业优势产业

罗平县是我国的油菜生产基地县，也是蜜蜂春繁和蜂产品加工基地。近年来，罗平县通过布局区域化、品种良种化、种植规模化、生产标准化、成本节约化等各项技术措施的落实，促进了油菜生产基地面积的稳定增长。2018 年，全县油菜播种面积 82 万亩，产量 15.7 万吨，总产值超过 8 亿元（刘景威，2019）。2018 年罗平县共接待游客 604 万人次，与上年同期相比上升 50%；实现旅游综合收入 70.07 亿元，与上年同期相比上升 55%；接待海外游客 24867 人次，与上年同期相比上升 4%，创外汇收入 1330.02 万美元（黄礼才，2019）。罗平县具有独特的气候条件和良好的生态环境，能形成商品蜜粉的主要蜜源植物有 20 多种，为蜂产业的发展提供了充足的物质条件。罗平的油菜花蜂蜜有油菜花的香气，味道甜润、性温，有行血破气、消肿散结的功能，能和血补身，蜂产业已成为罗平 10 个亿元产业之一。

2. 依托优势，深挖民族文化、传承古法

罗平县是布依族聚居地，罗平布依族刺绣造型独特、朴实、生动，远在新石器时代，布依先民就已广泛使用陶纺轮进行纺织。布依族土布制作是罗平县布依人世代流传下来的手工传统织布工艺，土布是布依族服饰、床单等日常生活用品的主要原料。用土布做各种刺绣作品，或花鸟、或山水、或佛像、或走兽，让人眼花缭乱，许多游客赞不绝口，竞相购买。布依族的先民古代百越民族是世界最早发现野生稻、引种驯化水稻的民族，也是最早驯化养殖野牛的民族，自古以来布依族都与牛为伴，靠牛耕作，种稻生活，从古到今，布依族对牛珍爱与崇尚，每年四月初八为布依族的牛王节，也称牧童节、栽秧节，布依人传统的五色花饭更是游客争相购买品尝的特色佳肴。能歌善舞是布依族的一大特色，罗平布依族男女老少都能歌善舞。传唱的布依族歌谣有叙事歌、古歌、生产劳动歌、习俗歌、情歌、苦歌、哭嫁歌、儿歌、新民歌等（罗英，2018a）。罗平作为我国的油菜生产基地县，当地的农民专业合作社——香逸油脂种植专业合作社依托罗平县油菜籽优势资源，秉承古法榨油传统技艺压榨菜籽油，开发古法压榨菜籽油，挂牌成立了“云南省物质文化遗产菜籽油古法压榨技艺传习所”，建起了罗平菜油博物馆，成功注册“依鲁”商标对罗平古法压榨菜籽油进行保护。依鲁古法压榨菜籽油技艺成为云南省非物质文化保护遗产，依鲁成为中国首个传承非物质文化遗产的菜籽油品牌。罗平县芭蕉箐村位于罗平县鲁布革布依族苗族乡，在积极发展蜜蜂养殖产业的同时，还建立了由“蜜蜂博物馆”“蜂产品体验区”“传统生产工艺展示区”“蜜源植物展示区”“养殖技术培训区”“中蜂规范养殖示范场”六个部分组成的，集科普文化、教育培训、产业孵化、休闲观光、农事体验为一体的“蜜蜂文化园”，传承与弘扬罗平的蜜蜂文化（永兆芸，2017；罗英，2018b）。

3. 坚持绿色发展理念，积极探索健康产业

罗平县坚持以绿色发展为理念，加强生态系统保护，树立和落实“绿水青山就是金山银山”理念，加强生态文明宣传教育，深入推进森林罗平建设，建立生态补偿机制和生态环境损害赔偿制度，持续实施大气污染防治行动，加强农业面源污染防治。举办了油菜花节、中国·云南·罗平国际花海自行车赛、国际花海摇滚马拉松赛、“徒步花海穿越十万峰林”、小黄姜国际养生文化高峰论坛等活动。下一步将计划通过招商引资打造“罗平县九龙河大健康产业项目”，以“一带一区两中心”为空间布局，建设集健康运动、高端滨水运动、休闲度假、温泉养生、康体养老、护理疗养、医疗和体育旅游、绿色食品为一体的高端大健康产业项目，打造集生命科学研究、高端保健疗养、临床医疗体系、国际健康护理教育培训中心为一体的健康生活目的地。

4. 因势利导，脱贫摘帽

2018 年 9 月，云南省人民政府正式批准 15 个县（市）退出贫困县序列，其中就包含了罗平县。通过发展农业产业、借助油菜花旅游资源发展的东风、挖掘和传承民族文化等方式，走“乡村旅游 + 脱贫攻坚 + 群众增收”的道路，罗平县顺利将资源优势变为群众增收的经济优势。截至 2017 年末全县累计减少贫困人口 8114 户 32403 人，贫困发生率由 2014 年的 8.08% 降至 1.84%，累计筹措 41.04 亿元投入脱贫攻坚，对标对表补齐短板，130 个贫困村脱贫出列建设 52 个，易地扶贫搬迁集中安置点，搬迁贫困户 1186 户 4181 人（蒋贵友等，2018）。

5. 罗平油菜花海的经验与启示

一是三产融合做大农业经济功能。罗平县的油菜产业是由一个典型的传统农业产业发展成集生产、加工、销售、附产物利用、旅游观光为一体的“三产融合”发展的富民大产业。从油菜的种植到压榨成菜籽油以及对油菜花的旅游观光，2018 年全县油菜总产值超过 8 亿元，实现旅游综合收入 70.07 亿元。罗平油菜花海供给了农产品菜籽油同时发展了旅游产业，再附带上蜜蜂养殖产业供给的蜂产品，并随之带来了众多的就业岗位。这一模式发挥了罗平特有的地域优势，增加了油菜花的附加值，提高了单纯靠油菜花压榨成菜籽油的经济效益，“油菜花—旅游观光—菜籽油和蜂产品”的模式实现了罗平油菜产业的可持续性有效发展。

二是注重体验传承农业文化功能。罗平县居住着彝族、壮族、苗族、回族、瑶族、布依族、水族等民族，多民族必然带来丰富的传统文化。如布依族人的民族文化包含了稻作文化、服饰文化、歌舞文化、节庆文化等，而这一切正是来源于长期以来农业生产实践和农村生活积淀。罗平在发展油菜花种植的同时，传承保护了古法榨油，通过建设博物馆、注册商标等对古法榨油的工艺进行保护与弘扬，这种传承与发扬，是对非物质文化遗产生产性保护的有利推进，也是非物质文化遗产技艺与合理商业模式的良好结合，因而具备历史底蕴和文化情怀的农产品菜籽油则备受推崇，深受广大消费者青睐。附带发展的蜜蜂养殖产业，虽是附带却做成了大产业，通过建立博物馆、产品体验区、传统生产工艺展示区等，开展科普教育、农事体验传承与弘扬了蜜蜂文化。油菜花海旅游实现了游览油菜花海、吃古法压榨油烹调的菜肴、喝带有油菜花清香的蜂蜜水、体验传统农事、听布依民族故事，走时再带上几件布依工艺品的乡土味旅游。罗平通过对民族文化、乡村价值的深入挖掘并传承与弘扬，使单一的油菜花海旅游更具有内涵，旅游的内容大大丰富，品质大大提升，让油菜花的产业链大大延伸，让灿烂的民族文化薪火相传，让罗平的农旅实现转型升级，同时还带来丰厚的经济效益和就业岗位。

三是延伸产业突出农业生态功能。油菜是种地、养地相结合的绿色作物，除了观赏和经济价值，油菜还有很好的生态效益，对土地的减肥、增效具有良好功效，绿色发展产生较好的生态效益，大量的落花、落叶、枯枝、残根留在土壤中和油菜秸秆还田后，积累了大量的有机质，可以改善土壤理化性质，增加土壤有机质含量，还可以减少肥料施用量，防止土壤板结，对提高土壤综合肥力有积极的作用。同时油菜叶面系数大，具有较强的呼吸作用，对净化空气、保护环境、污染防治等也具有一定的作用（雷元宽等，2013）。罗平县内无重工业污染，被称为“东方花园”，基于良好的生态环境，罗平将油菜花种植、蜜蜂养殖、休闲观光的传统农旅功能与体验、康养、运动等新要素充分结合，继续延伸油菜花海所带来的产业链条，计划发展以“生态观光、运动游憩、康养旅居、健康生活”为定位的健康、养生产业，也就是康养农业。

四是示范带动促进农业社会功能。罗平以油菜花为载体，在发展油菜种植业的同时还延伸发展了蜜蜂养殖业以及生态旅游业，并通过民族文化、乡村价值的深入挖掘并传承与弘扬，提升了旅游品质与内涵，吸引了更多的游客，让游客可游、可玩的项目大幅增加，并带动了罗平县国家级森林公园鲁布革风景区、鲁布革小三峡、九龙瀑布群等风景区的旅游业的发展。就地就业、创业的农民靠着经营性收入、工资性收入等的持续增长，“钱袋子”越来越鼓。2018 年 9 月罗平成功脱贫摘帽，对罗平这样的多民族地区的社会稳定与民族和谐的意义尤为重大。

第四节　云南现代农业多功能拓展战略

一、指导思想

以习近平新时代中国特色社会主义思想为指导，深入贯彻和全面落实党的十九大、云南省第十届委员会第六次全会精神，围绕全面建成小康社会的总体目标，紧紧抓住国家加快现代农业发展、实施乡村振兴战略及精准扶贫、精准脱贫战略、新一轮西部大开发战略和“一带一路”等一系列重大历史机遇，以科技创新和体制机制创新为动力，在保障农产品供给安全的前提下，充分挖掘云南低纬高原丰富多样的自然风光、产业基础、民族文化等资源禀赋，加大投入力度，夯实发展基础，突破发展瓶颈，推进农产品精深加工、休闲旅游服务业转型升级，全面挖掘乡村价值，培育发展新产业和新业态，加快一二三产业融合发展，延长农业产业链、拓宽农业价值链，使得全省农业食物保障、原料供给、就业增收、生态保护、观光休闲、文化传承等多功能性进一步拓展，逐步形成“以农业功能拓展促进农业现代化，以农业现代化加速农业功能拓展”的局面，全面提升云南农业的发展质量和综合效益，带动农民增收致富，为实现全省的乡村振兴战略奠定坚实的基础。

二、基本原则

一是以农为本、拓展兴农的原则。充分利用云南低纬高原多样化的资源优势和民族文化优势，在保障农产品供给安全的前提下，结合主体功能区划，依照创意农业的思维，因地制宜，充分拓展农业的多种功能，推进一二三产业融合，探索多功能农业发展的云南模式、云南经验。

二是以农为本、绿色发展的原则。深入贯彻落实“绿水青山就是金山银山”理念，以生态当先为前提，以科技创新为指导，以人与自然和谐为目标，充分发挥农业的生态功能。协调好发展与环境之间、资源利用与保护之间的关系，形成生态与经济的良性循环，实现经济、生态、社会三大效益的统一。

三是以农为本、文化自信的原则。坚定文化自信，形成知我云南文化、尊我云南文化、信我云南文化、强我云南文化的观念，大力挖掘云南民族文化的精髓，并大力弘扬、传承、创新发展云南民族文化的精髓，助力云南民族文化的振兴，实现云南乡土文化繁荣兴盛。

四是以农为本、共享发展的原则。坚持兴农、为农、惠农、稳农的根本宗旨，以拓展农业的多功能为主攻方向，推动农民继续稳步增收致富，进一步缩小城乡收入差距，让广大农民共享发展成果，实现边疆民族地区社会的长治久安。

三、战略实施

云南农业在以规模化大生产为基础的农产品数量生产方面不具备优势，要充分发挥云南省自然地理气候和物种多样化以及多民族人文资源的优势，走多样、特色、优质、时差（季节差）和带差（气候带差）的新路子。全省上下应进一步坚定依托优势资源发展以高原特色经济作物、山地畜牧等为代表的优势特色农业产业的决策自信。依托优势特色资源和产业基础，因地制宜进一步做大农业的经济功能、做优农业的文化功能、做强农业的生态功能、做好农业的社会功能，在着力解决云南农业发展不充分的问题的基础上，加大力度解决发展不平衡的问题。

（一）做大云南农业的经济功能

一是优化高原特色农业产业结构。继续深入贯彻落实“藏粮于地、藏粮于技”战略，持续提高云南高原的粮食生产能力；积极调整优化农业产业结构，大力发展优势特色经济作物和饲料作物；做大优质用材林、做强坚果业、发展林下经济，提升林业的经济效益，尽快改变云南林业“大资源、小产业、低效益”的状况；加快发展草食畜禽养殖业，尤其是“云岭牛”新品种、巍山乌骨羊等地方特色畜禽的扩繁推广；继续推进野生土著鱼类人工养殖和经济鱼种养殖。

二是提高特色优势农产品供给水平。大力推进能源供给侧结构性改革，促进农业由生产导向型向消费导向型转变，农产品供给由注重数量增长向数量质量并重转变。着力打造云南高原农产品的绿色品牌，建立健全农产品质量安全的监督机制，保证云南高原特色农产品质量安全，实现高产和高附加值的并存，以此提升云南高原特色农产品市场竞争力。

三是做大农产品加工业和服务业。一方面在继续大力做好农产品产地初加工等的基础上，引进大型龙头企业、培育农业小巨人，依靠现代科学技术，大力发展农产品精深加工业；另一方面要大力发展农林牧渔生产性服务业，围绕农业的产前、产中和产后，构建完整高效的社会化服务体系，鼓励农家乐、观光采摘园、旅游度假村等休闲农业和乡村旅游业的发展，推进农村一二三产业的融合发展。

四是提升农业对外开放合作水平。主动融入“一带一路”建设辐射中心，借助中国—东盟自由贸易区的建成以及大湄公河次区域合作机制，改善营商环境，提升服务水平，全力推进云南农业走出去，努力将云南建成西部地区重要的外向型特色农业产业基地和优势特色农产品出口贸易基地。采用技术、经济、金融、贸易等多种方式，利用周边国家农业资源建设境外粮食和重要农产品战略生产基地和储备基地。

（二）做优云南农业的文化功能

一是盘活少数民族村落特色民居。云南的少数民族村落特色民居众多，例如傣家竹楼，哈尼人的蘑菇房，“三坊一照壁”“四合五天井”的白族庭院、勐腊瑶区的“杈杈房”等。盘活少数民族村落特色民居必须坚持以乡土文化为本，突出民族特色和地方性，按照开发与保护并举的方针，遵循“在保护中开发，在开发中保护，以开发促进保护，以保护加强开发”的原则，遵循经济、社会、环境效益的相互统一，树立正确的发展观念，科学和切实处理好开发和保护的关系。要注重突出各少数民族文化的深刻内涵，突出各种民居的独特性，保留民族文化的灵魂。同时要不断探索和发现新的少数民族村落特色民居文化的亮点和传承的支点（陶琼，2013）。

二是保护与利用农业文化遗产。截至 2017 年底，云南已有被命名的农业文化遗产共计 7 项，分别是红河哈尼稻作梯田系统、普洱古茶园与茶文化系统、漾濞核桃作物复合系统、剑川稻麦复种系统、广南八宝稻作生态系统、双江勐库古茶园与茶文化系统、腾冲槟榔江水牛养殖系统，以及随之包含的云南少数民族工具类的农业文化遗产。要以科学合理的方法保护，并对其进行活态开发，遗产的动态保护要与其开发利用整合成一条产业链，依托遗产地的农产品生产和农业景观，建立集农产品生产、加工、休闲观光、特色产品销售为一体的产业集群（刘建红，2017）。

三是传承与弘扬非物质文化遗产。为了传承与弘扬云南的非物质文化遗产，云南省人民政府于2018年1月印发了《关于进一步加强非物质文化遗产保护工作的意见》，突出了政府的主导作用。在政府主导的同时，还要培育和壮大非物质文化遗产市场供应能力，用文化产业与市场产业的发展，让非物质文化遗产真正地活起来，以体验为核心，以资源化为基础，以创意为纽带，把非物质文化遗产文化的资源系统化反馈到现在的社会生产和生活文化价值中，产业做好市场对接，把市场与传统的产业结合好，然后与生活融合，形成一条系统的纽带，支撑非物质文化遗产的活化（张宇佳，2019）。建立云南非物质文化遗产博物馆，充分发挥博物馆的作用，通过这个平台来向外界展示云南的非物质文化遗产及其成果，通过博物馆科普、传播与展示，提高全民对云南非物质文化遗产价值的认识，让更多的人认识到云南非物质文化遗产的生命力。

四是要突出区域特色和重点。滇中地区要利用好城市近郊拥有的观光农业设施，挖掘乡村休闲娱乐、农事体验、农业科普教育的功能，并植入当地的民族文化元素。楚雄州应充分发掘彝族歌舞、赛装节、火把节等特色彝族文化，并与彝人古镇、元谋土林等旅游资源相结合。滇西地区要充分挖掘和利用好漾濞核桃作物复合系统、剑川稻麦复种系统、腾冲槟榔江水牛养殖系统等农业文化遗产。充分挖掘和传承弘扬例如白族三道茶、白族民居、三月街、傈僳族刀杆节等民族茶文化、特色建筑、民族节庆、民族服饰等，并且与洱海、和顺古镇等旅游资源相结合。滇西南要充分保护与利用好双江勐库古茶园与茶文化系统、普洱古茶园与茶文化系统等农业文化遗产、红河哈尼稻作梯田系统等农业。充分挖掘和传承弘扬例如哈尼长街宴、蘑菇房、哈尼歌舞等民族饮食文化、歌舞文化、特色建筑、茶文化等民族文化资源。滇东南地区要充分保护与利用好广南八宝稻作生态系统让其活起来。要充分挖掘和传承弘扬例如苗族三七文化、苗族刺绣、壮族采茶舞等民族医药、服饰、歌舞等各种文化元素，将之与普者黑山水游等旅游资源相结合。滇西北地区要充分挖掘和传承弘扬藏族的畜牧文化、酥油茶文化、纳西东巴文化、摩梭文化等资源将其与现有的纳帕海、泸沽湖等自然风光和月光古城、束河古镇人文景观等旅游资源相结合。南部边缘地区要充分发掘和传承弘扬例如傣族的孔雀舞、泼水节、傣家竹楼、布朗族酸茶等民族文化的特色歌舞文化、节庆文化、特色建筑、茶文化等民族文化资源，将民族文化与原始森林自然风光旅游等结合起来。滇东北地区要充分挖掘和传承弘扬特有的饮食、节庆等文化资源，例如昭通的牧牛耕耘文化、宣威的火腿文化、东川的彝族文化、会泽的钱王文化等资源并与黄连河、大山包、红土地等自然风光相结合（李爽，2015）。

（三）做强云南农业的生态功能

一是发挥农业补贴政策的作用。政府可以采用优化环境奖励、综合利用环境奖励、优惠政策、专项基金以及财政转移支付等众多模式，例如，可以通过建设农业多功能性生态补偿示范工程，使农业多功能性生态补偿体系得以实践开展。可对农药、化肥的减少使用或不使用的项目进行补偿，对农业节水的补偿、畜禽粪便的堆肥利用以及秸秆综合利用进行补偿等（吴春蕾，2017）。同时，对农业生态功能的拓展来说，应通过提高农业补贴，加强农业生态功能价值内化，生产出更多的绿色有机无公害农产品。

二是大力发展循环农业。大力推进资源节约和综合利用，积极开发和利用农村沼气、秸秆还田、节水灌溉技术，科学使用种子、化肥、农药和农膜，积极推广测土配方施肥和生物防治病虫害等适用技术，改进畜禽饲养方式，发展节粮型畜禽养殖业，转变农业增长方式，形成低投入、高产出，低消耗、少排放，能循环、高效率的农业经济体系，坚持节约发展、清洁发展、安全发展，实现“资源—产品—废弃物—再生资源”的生产模式（李学林，2013）。

三是积极发展生态林下经济。充分利用森林自然资源林下土地空间和森林林下林荫优势，开展林下种植养殖及休闲游等多空间多维度立体复合的生产经营方式，实现立体循环、自然环保、资源共享、优势互补、协调发展的农业发展模式。解决耕地与林地间的“矛盾”使种植业与养殖业也得到了发展，让退耕还林扩展为发展林下经济。主要模式有林下药材、林下香料、森林蔬菜、野生食用菌、林下养殖、森林保健品、森林休闲游等（杨红艳等，2012；蔡舒怡，2018）。

四是要因地制宜突出特色。水稻主产区要充分发挥水稻田作为人工湿地系统的功能，努力降低化肥、农药、塑料薄膜等的使用量，探索推广“稻＋鱼＋灯”“稻＋鱼＋鸭”“稻＋鱼/蟹/鳅/虾”“稻＋鱼＋菜/果”等多样性稻田综合种养技术模式，结合发展休闲农业提高产业的综合效益，破解稻作生产比较效益低的瓶颈。以生猪为主的畜牧业发达地区要重点加强畜禽粪便的处理和资源化利用，推广“生态养殖业—沼气—有机肥料—高效种植业”内循环模式治理农业面源污染，发展“猪—沼—果（粮、茶、菜）”等循环经济美化生产、生活和生态环境。金沙江、滇池、洱海等江河湖泊流域在持续开展减肥减药治理农业面源污染的同时，继续推进植被恢复，山区可重点发展林果业和种草养畜，大面积增加森林植被，形成绿洲小气候，改善区域生态环境。林地资源丰富的地区可依据地方实际，因地制宜、科学合理地规划布局、加强引导充分发展生态林下经济；石漠化地区要采用“生态公益林＋特色经济林结合”的多种模式，重点推进植树造林。

（四）做好云南农业的社会功能

一是发展康养农业。依托自然景观、优质空气、农事劳作、生态饮食、农耕文化等休闲资源和果蔬、花卉、食用菌、中药材等特色农业产业，因地制宜开发特色农产品的保健与食疗功效，研制适合康养需求的新产品。积极探索、推广“养生合作社＋农户”等多种康养农业发展模式和业态，打造以旅居养老为主题的“康养乡村”。普洱茶产区可以发挥茶疗的养生功能；三七、天麻等药材产区可发挥中药材的养生保健功能；特色水果产区可发挥食疗的养生保健功能；民族聚居地可利用民族传统文化精髓实现精神层面的“养心”；无明显特色的地区可推行“回归田园生活”的养生。

二是做好产业扶贫。认真贯彻落实《云南省人民政府办公厅关于加快推进产业扶贫的指导意见》文件要求，结合各地资源及产业特色，着力做好“一村一品”“一乡一特”“一县一业”产业推进行动，促进贫困地区农村一二三产业融合发展，充分发挥农业的增收扶贫功能。

第五节　拓展云南农业多种功能的对策建议

一、强化对农业多功能的认识，加强组织领导

推进农业功能拓展，是新时期云南统筹城乡发展、推进现代农业发展、推进农业发展方式转变以及促进农业强、农民富、农村美的一项重大举措和现实选择。各级各部门必须摒弃发展农业就是生产粮食和主要农产品的固有思维观念，树立农业多功能性的观念，重新定位农业功能，充当好规划者、组织者和引导者。要加强组织领导与协调监督，各级各部门要各司其职、各负其责，统筹部署，形成合力，建立省级统筹安排、州（市）组织协调、县（市、区）贯彻落实、乡（镇）具体实施的工作机制。认真发掘和总结典型经验，加强交流推广，带动全省农业功能拓展稳步推进。

二、做好农业多功能拓展的顶层设计规划

第一，由省级政府相关职能部门牵头，坚持目标导向和问题导向，会同有关部门和州市，深入开展调查研究，全面摸清农情底数，认真盘点全省各地实现农业功能拓展的资源禀赋，分析研究农业功能拓展的制约因素，找准拓展农业功能最需要解决的现实问题；第二，紧紧围绕统筹推进“五位一体”总体布局，依托云南及各地的资源优势和产业基础，及时制定农业发展规划，反映农业新功能的需求，通过相应的政策，统筹对全省农业农村进行功能再造，引导全社会参与农业新功能的再造。一是大力发展优质、高产、高效和高就业的农业。通过对传统农业进行脱胎换骨式的改造，在农业技术、农业形态、农业组织、农业结构、农业与其他产业及全社会的关系上有一个质的飞跃与提升（夏永祥，2011），使农民不仅能满足生活需要，而且能提高收入水平，解决就业问题。二是大力发展休闲观光农业。在靠近城市的周边农村地区，可以建设休闲观光园区和景区，发展“农家乐”旅游项目，让市民参与采摘水果、蔬菜、花卉等体验活动，愉悦身心，陶冶情操，实现农民与市民的双赢（蔡世忠，2013）。三是大力发展生态环保农业。一方面要通过循环经济模式解决养殖业中的家畜粪便污染、通过发展生态绿色农业解决农业面源污染等农业内部的环境污染问题，向全社会提供安全放心的农产品。另一方面还要利用农田涵养水源、调节气候、净化空气、蓄洪调洪，充当全社会的“绿肺”和“蓄水池”等。四是要积极发挥市场引导作用，给农民充分的经营自主权。通过市场比较效益引导农民自觉拓展和转变农业功能（夏永祥，2011）。

三、出台对农业多功能拓展的支持政策

一是充分发挥政府公共服务杠杆作用。在财政支持上加大对与农业多功能拓展关联的各项项目的扶持力度，加大力度支持农业综合执法体系、农业龙头企业、农民专业合作组织、农业科技进步、农业机械化、农产品现代物流体系、农产品加工、农产品质量安全体系、动植物重大疫病防控体系、农田水利基本建设等农业公共服务事业建设，完善农业功能拓展的基础设施条件。二是充分发挥农村金融服务组织对农业功能拓展的支持作用，并鼓励和支持社会资本、民间资本的进

入，多渠道吸收各类社会资本投入农业基本建设和生产经营活动，缓解农业功能拓展中资金不足的问题。三是要加强农业信息化建设，不断加强和完善农业信息网络建设，为拓展农业功能提供准确高效的信息服务。四是大力培育和扶持具有农业多功能拓展能力的新型经营主体，创新经营管理体制机制，引导其成为拓展农业多功能发展的新动能。五是在相应政策的指导下进一步提升全省整个现代农业园区的农业多功能拓展能力，同时扶持建立一批集生产、加工、示范、科研、科普教育、康养、休闲、文化传承于一体的综合性现代农业园区，发挥其引领、示范、带动作用。六是按照科学合理、覆盖面广、便于施行的原则制定长效考核机制和具体办法，对促进农业多功能拓展起到积极作用和产生良好效益的经营主体、现代农业园区等及其工作者予以适当奖励。七是政府职能部门要在生态文明建设上发挥更大的作用，从资源利用、区域规划、资金投入、财税政策、制度激励、利益关系协调等方面，建立健全生态补偿机制，切实继续提升生态文明建设的管理水平（赵际红，2011）。

四、加强对农业多功能拓展的科技支撑和人才培养

一是切实加大农业科技投入。要大力发展农业科技创新，在政府主导的基础上，引导社会资本、民间资本进入农业，打开农业科技创新投资市场，做好科技创新的保障机制。转换农业科技投入结构，使农业科技覆盖在产前品种培育、产中农产品质量、产后信息追踪等各个层面，并完善农业科技投入监管体系，要加强监管，使投放的资金得到合理利用。二是加强农业科研体制改革。强化企业、高校和农民合作社在科技创新中的作用，以市场需求为导向，使研究和生产相结合，推进产学研深度融合，建立适应农业多功能发展的科研体制，做强做实支撑农业功能拓展的科技支撑体系。三是加强激励机制。对具有综合性农业功能的现代农业园区、新型经营主体等给予税收优惠、无息贷款等。四是创新农业科技评价标准。农业的多功能化拓展对科技的需求不仅只是针对生产方面，对于生态、文化保护层面的科技创新、转化也应纳入评价体系中。五是要完善农业科技推广体系。发挥高校和科研院所的培训作用，提高农业科技推广人员的综合素质，建立农机推广人员和农户之间充分信任的农业科技传播氛围，提高推广效率，同时可鼓励社会力量积极创办农业推广机构。六是建立由政府职能部门主导，其他社会力量共同参与，培训资质健全、内容丰富翔实的农业培训机构，培训包括生产、

养殖、加工、销售、农产品供给、农业资源开发、休闲农业园区规划及经营、生态农业、农业能源技术、农业文化产业等方面的人才，这一过程中政府职能部门要切实做好资格审查和管理监督工作。七是高校要与农业企业、现代农业园区等建立良好的合作机制，切实有效地落实学生实践工作，培养农业功能拓展所急需的人才。八是提高农业就业待遇，改善基层农业就业环境，建立农业人才市场，完善农业人才和企业的信息交流机制，提供就业平台，为各类型回流农业人才提供便利，鼓励大学毕业生等回乡支持农业功能拓展。

（执笔：李梁、陈良正）

第十三章

部分低纬高原国家农业发展特点及对云南的启示

低纬高原地区即指处于低纬度的海拔高度在1000米以上的高原地区。全球低纬高原地区面积广阔，除欧洲和南极洲外均有分布，其中，面积较大、海拔较高、影响较大的低纬高原地区共有10个。从世界范围来看，低纬高原地区都是欠发达地区或后开发的地区，各国根据自身实际，在一系列良好政策的推动下，探索有效的途径，积极发展农业生产，以保证粮食等食物的有效供给。特别是印度、巴西、阿根廷、沙特阿拉伯和南非等国家，依托各自的资源特点和科技进步，强化资源和环境保护，因地制宜发展各自的优势特色现代农业，取得了显著的成效。而墨西哥由于贸易自由化、经济的“去农业化”以及引进外资的失败和过度城市化等原因，使其农业原有的比较优势逐步丧失，社会矛盾激化，教训也异常惨痛。云贵高原海拔较高、高差较大，切割性高原特征显著，地形地貌复杂多样，多样性气候特点明显，光热充足，物种丰富，具有大力发展高原特色农业的优越自然禀赋。云南高原处于欠发达地区或后开发的地区，自然环境条件和社会经济条件与全球大多数低纬高原地区有诸多共同特点。尽管各个国家在资源禀赋、社会经济条件等方面存在差异，发展现代农业的道路和特点也不尽相同，但也存在一些共同的经验值得我们在发展云南高原特色现代农业中学习和借鉴（罗雁等，2013）。

第一节　全球主要低纬高原及其特点

一、低纬高原及其气候特点

按照地理学的划分，低纬度一般是指地球表面南北纬度30°间的空间范围，即北纬30°至南纬30°以内地区，包括热带、副热带两个热量带，是全球太阳辐射和热量比较集中的地带。低纬度与其他纬度相比，不仅位置特殊，所反映的各种地理事物和现象也是很特殊的，例如，气候炎热、天气变化剧烈、生物高大茂盛等。低纬地区太阳高度角大且全年为热带气团与赤道气团所控制，因此终年高温，季节变化不明显。低纬度气候的主要特征是气温年较差小，一般为0.3~12.7℃，年均温度13~21℃，气温适中，表现出春秋气候型特征，既无酷夏也无寒冬，四季如春，但气温日差较大，可比同纬度的平原地区高出1~2倍，一天可分四季，夜冬昼夏。低纬地区是全球季风活动最显著的地带，降水适中至充沛，大部地区年雨量为700~1500毫米，但降水季节变化明显，干湿季分明，夏雨冬干，部分地区有双雨季存在（解明恩、刘瑜，1998）。高原气候的主要特点是：太阳辐射强而辐射差额小，因随海拔升高，约每升高100米气温下降0.6℃，故1000米以上的高原地区比同纬度的平原地区气温要低6~10℃左右；温度昼夜日较差显著，可比同纬度的平原地区高出1~2倍；降水明显受地形影响，一般迎湿润气流的高原边缘是多雨带，而背湿润气流一侧和高原内部，雨量较少；风力大，多大风、雷暴和冰雹等天气。低纬高原地区是兼有低纬特征又有高原特征的地区，相应的气候特征也反映出两者的结合，主要表现为：一是普遍存在山地气候的突出特点，即气候的垂直带谱显著，而不存在热带沙漠气候；二是气温年较差小，一般为0.3~12.7℃，年均温度13~21℃，气温适中，表现出春秋气候型特征，既无酷夏也无寒冬，四季如春，但日较差大，一天分四季，夜冬昼夏；三是降水适中至充沛，但时空分布不均，大部地区年雨量为700~1500毫米，降水季节变化明显，干湿季分明，夏雨冬干，部分地区有双雨季存在，降水明显受地形影响，一般迎湿润气流的高原边缘是多雨带，而背湿润气流一侧和高原内部，雨量较少（解明恩等，1998）。

综上所述，低纬高原的气候类型主要是以热带草原和高原型季风气候为主，有些高原兼有热带雨林气候的特征，普遍存在山地气候的突出特点，即气候的垂直带谱显著。

二、主要低纬高原及其特点

低纬高原地区分布在全球的面积较大，除欧洲和南极洲外均有分布，海拔较高（1000米以上）且影响较大的低纬高原地区主要有10个，即中国的云贵高原、印度半岛的德干高原、阿拉伯半岛的希贾兹—阿西尔高原、非洲的埃塞俄比亚高原、东非高原和南非高原、北美洲的墨西哥高原、南美洲的安第斯高原、巴西高原和圭亚那高原（罗雁等，2013；见表 13－1）。

表 13－1　　全球 10 个著名的低纬高原地区基本情况

名称	海拔高度（米）	面积（万平方千米）	主要气候类型	位　置	主要分布区
云贵高原	1500～2500	30	亚热带季风气候、热带季风气候	中国西南地区	中国云南、贵州
德干高原	1000 以上	70	热带草原气候、热带季风气候	印度半岛中部	印度
希贾兹—阿西尔高原	2000～3000		热带草原气候、热带季风气候	阿拉伯半岛西部	沙特、也门
埃塞俄比亚高原	2500～3000	80	热带草原气候、热带季风气候	东非北部	埃塞俄比亚、索马里、苏丹、厄立特里亚
东非高原	1000 以上	100	热带草原气候、热带季风气候	东非南部	肯尼亚、乌干达、布隆迪、卢旺达、坦桑尼亚、马拉维、扎伊尔
南非高原	1000 以上		热带草原气候、热带季风气候	南非南部	赞比亚、津巴布韦、安哥拉、博茨瓦纳、纳米比亚、南非、莫桑比克、莱索托、斯威士兰
墨西哥高原	1300～2300	66.6	亚热带季风气候、热带草原气候、热带季风气候	北美洲南部	墨西哥、危地马拉、洪都拉斯、尼加拉瓜、哥斯达黎加、萨尔瓦多、巴拿马
安第斯高原	3000 以上		热带草原气候、热带季风气候、山地垂直气候	南美洲西部	哥伦比亚、厄瓜多尔、委内瑞拉、玻利维亚、秘鲁、智利、阿根廷
巴西高原	1000～2000	500	热带草原气候、热带季风气候	南美洲东部	巴西
圭亚那高原	500～1500	100	热带雨林气候、热带季风气候、热带草原气候	南美洲东北部	圭亚那、委内瑞拉、苏里南、法属圭亚那、巴西

可见，全球低纬高原地区主要集中于非洲和南美洲，且以靠近赤道附近地区为主，高原面积在两大洲分布较广，高原走向东西向和南北向均有。在北半球，低纬高原主要分布在亚洲和北美洲，高原走向以南北向为主，但所占面积不大，

亚洲的低纬高原地区主要分布于三大半岛地区（即阿拉伯半岛、印度半岛和中南半岛北部）。非洲的埃塞俄比亚、南美的圭亚那高原也位于北半球。东非高原、安第斯高原则地跨南北半球。低纬高原的气候类型主要以热带草原和高原型季风气候为主，有些高原兼有热带雨林气候的特征，普遍存在山地气候的突出特点，即气候的垂直带谱显著，而不存在热带沙漠气候（罗雁等，2013）。

第二节　低纬高原主要国家农业发展特点及对云南的启示

从世界范围来看，低纬高原地区大多是欠发达地区或后开发的地区，粮食安全问题是这些地区的主要问题。各国根据自身实际，探索有效的途径，积极发展农业，以保证粮食的有效供给。在我国，低纬高原特指位于北纬30°以南的云贵高原地区，以云南为主，包括贵州西部和四川南部边缘地带。云贵高原海拔较高、高差较大，切割性高原特征显著，地形地貌复杂多样，多样性气候特点明显，光热充足，物种丰富，具有大力发展高原特色农业的优越自然禀赋。云南高原处于欠发达地区或后开发的地区，自然环境条件和社会经济条件与全球大多数低纬高原地区有诸多共同特点。本章分析了国外低纬高原地区主要国家的农业发展特点，特别是印度、巴西、阿根廷、沙特阿拉伯、南非、埃塞俄比亚和肯尼亚等国家取得的显著成效，以及墨西哥的惨痛教训。低纬高原地区农业发展的经验和教训，为云南高原特色农业发展带来了启示。

一、印度

（一）印度农业的三大革命及农村信息化

位于德干高原核心区的印度是世界上仅次于中国的第二大人口大国，也是一个农业大国，农业是国民经济的主体，在国民经济中起着决定性的作用。印度的气候条件优越，土地和水资源丰富，可耕地面积数量居亚洲之首，达1.43亿公顷，人均占有耕地0.16公顷。① 农业部门为2/3以上的劳动力提供了就业机会，为全

① 数据来源于FAO网站（http：//www.fao.org/faostat/en/#data/TP）。

体居民提供了各种食物，为工业生产提供了原料，为国家赚取外汇作出了较大贡献。印度独立以后，国家农业政策目标一直是实现粮食自给，政府长期以来致力于为农业发展提供强有力的财政支持，实施全面控制，并且保护国内农业不受国际竞争的影响，大大促进了农业的发展，保持了较高的粮食自给率。经过独立初期的土地改革、“绿色革命”“白色革命”“蓝色革命”以及21世纪实施的“第二次绿色革命”等一系列措施，印度农业获得了巨大发展，不但从根本上解决了粮食危机，还使印度成为世界上第一大稻米出口国和第二大牛奶生产国，鱼类与水产品的出口也给印度带来了大量的外汇，为经济发展作出了巨大贡献（罗雁等，2013）。

1. “绿色革命”

20世纪60年代的大饥荒使刚独立的印度当局清醒地认识到粮食安全对印度这样一个人口大国的重要性，一场轰轰烈烈的“绿色革命”在印度全国兴起。所谓“绿色革命”实际上是一项庞大的、以科技为导向的农业综合发展工程，是指热带、亚热带地区的农业现代化，其核心思想是通过推广高产优良品种、扩大灌溉面积以及发展农业机械、提高化肥、农药的施用量等一系列措施，促进农业现代化、集约化发展，实现作物特别是粮食生产的稳产高产。“绿色革命”以来，印度逐步成为仅次于中国和美国的世界第三粮食生产大国。21世纪初以来，为应对人口过快增长带来的粮食安全问题，印度更是掀起了第二次“绿色革命”，通过加强科技应用、加大财政投入、保护农民利益等系列措施，提高农业的总体效益。目前，印度已经成为仅次于中国的世界第二大小麦和大米生产国，是仅次于美国、中国和巴西的世界第四大粗粮生产国，具备扩大农业生产的巨大潜力。①

2. “白色革命”

印度具有丰富的畜牧资源，是世界上养牛最多的国家，畜牧业是其农业经济的支柱产业。FAO网站数据显示，2010年牛存栏2.80亿头（其中奶牛2.1亿头）（司智陟等，2012），2019年更是超过了3亿头。印度水牛数占世界的50%以上，存栏数常年保持在1.1亿头以上。由于宗教传统观念影响，印度是养牛最多而不吃牛的国家。为了提高牛的经济价值，增加牛奶产量，印度于20世纪70年代后期开

① 百度百科. 印度农业改革［EB/OL］. http://baike.baidu.com/view/958435.htm.

展了举世闻名的“白色革命”。他们引进、培育、推广优良水牛品种，建立牛奶生产合作社，停止进口一切商品性奶制品，使牛奶产量有很大提高。特别是印度国会于1970年至1996年分三步进行的“洪流计划”乳业发展项目，使全国牛奶产量增长较快，一跃成为最大牛奶生产国。全国的牛奶产量从1961年的2037.5万吨到2019年的1.876亿吨（见表13－2和图13－1），增长了8.1倍以上，成为印度国民生产总值中比重最大的农产品。

表13－2　　1961年以来部分年份印度主要农产品产量　　单位：万吨

品名	1961年	1970年	1980年	1990年	2000年	2010年	2015年	2017年	2018年	2019年
谷物	8737.65	11390.95	14049.06	19391.93	23493.12	26783.83	28433.30	31078.23	32155.64	32430.06
水稻	5349.45	6333.78	8031.20	11151.74	12746.49	14396.30	15654.00	16850.00	17471.67	17764.50
小麦	1099.70	2009.33	3183.00	4984.95	7636.89	8080.36	8653.00	9851.02	9986.95	10359.62
水果	1357.35	1608.37	2086.74	2853.21	4390.09	7640.94	9079.20	9803.16	10189.73	10416.55
蔬菜	1826.75	2568.89	3546.51	4812.97	7138.31	9934.98	11998.30	13162.33	13011.05	13202.66
奶类	2037.50	2080.00	3156.00	5367.80	7986.98	12206.97	15570.16	17628.61	18797.76	18763.30

资料来源：根据FAO网站2012年12月数据整理。

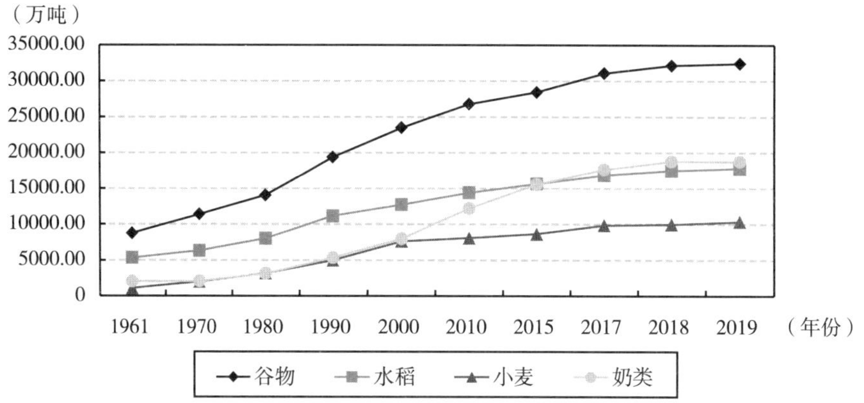

图13－1　1961年以来印度粮食及奶类产量变化曲线

资料来源：根据FAO网站数据整理。

从2012年开始，印度超过泰国成为全球最大的稻米出口国，近年来，印度稻米出口量多年均在1000万吨以上、出口额70亿美元上下，分别占全球稻米出口量的约1/4、出口额的近30%（见表13－3）。

表 13－3　　　　2010～2019 年印度稻米出口情况及全球占比

指标	2010 年	2011 年	2012 年	2013 年	2014 年	2015 年	2016 年	2017 年	2018 年	2019 年
出口量（万吨）	222.53	500.43	1047.03	1130.01	1109.27	1095.35	986.93	1206.08	1157.96	973.15
全球占比（%）	6.62	13.30	26.30	30.44	25.22	25.37	24.50	26.03	25.35	22.98
出口额（亿美元）	22.95	40.81	61.29	82.05	79.06	63.80	53.16	70.76	73.46	68.01
全球占比（%）	11.39	17.02	25.88	34.10	29.92	27.51	25.52	28.66	28.06	28.16

资料来源：根据 FAO 网站数据整理，采用碾米当量（rice milled equivalent）数据。

3. "蓝色革命"

1985 年拉·甘地政府在制定"七五"计划时提出了向江河湖海进军，大力发展渔业的"蓝色革命"新设想，这是印度农业发展中继承绿色革命、白色革命之后的第三次革命。所谓"蓝色革命"就是开发江河湖海资源，发展水产养殖业。印度三面环海，海岸线长达 7500 千米，并且有众多海湾、海角和海峡，可供捕鱼的海域面积达 202 万平方千米，具有发展海洋渔业和养殖业的良好条件。此外，印度内陆长达 2900 千米的河流系统以及 170 多万公顷的水库和池塘，也具有发展淡水养鱼的可观潜力。为增加鱼类捕捞量，从而提高人民生活水平，扩大就业机会，增加外汇收入，20 世纪 80 年代后期印度开始实施"蓝色革命"，扩大了就业，增加政府外汇收入，使印度在世界十大产鱼国中名列前茅。1985 年，印度内河捕鱼量已占世界第二位，冻虾出口每年 20 万吨，居世界之首，目前是全球最大的鱼类出口国。

4. 农村信息化

印度是一个处于发展中的农业大国，同时也是一个信息技术产业发达的信息大国。信息技术在印度的国民经济中起到了重要的推动和支撑作用，对于农村人力资源开发起到了不可忽视的作用。印度在 20 世纪 80 年代提出致力于农村信息化建设，在短短的 20 余年间取得了长足的进步。软件产业迅速发展以及农业经济在国民经济中的重要地位等众多因素推动了印度农村信息技术的发展，印度政府大力推进农村信息基础设施建设。政府还采取了一些措施，例如扩大农村地区的宽带连接，一些邦政府启动了专门的区域信息技术方案，建立专门的农村互联网。印度农业部和农业研究委员会每年在生产季节前派专家到农村为农民提供技术指导及信息服务，为农民提供低价易用的计算机。社会力量的参与是印度农村信息化的一大特点。农业信息技术应用的资金来源包括地方和国家政府，地方和国际组织及私人企业。印度的非政府组织、教育机构、企业界正在联手发挥协力优势，解决农村信息化资金困难（刘海玲，2009）。

5. 启示

印度现代农业的发展证明，农业“三大革命”的核心之一都离不开推广高产优良作物品种以及畜禽养殖品种，如20世纪60年代初育成的“墨西哥小麦”、60年代中育成的菲律宾“奇迹稻”，为印度的粮食单产和总产的创纪录的发展起到关键性的作用。可以说，科学技术的开发、推广和普及是“三大革命”取得成功的关键之一，说明现代科学技术对农业产业升级具有十分重要的意义，值得我们学习和借鉴。信息技术是新世纪发展的重要特征，农村信息技术发展对农业的发展起到了举足轻重的作用。我们可以在印度农村信息技术发展过程中找出自己的不足之处，借鉴印度农村信息技术产业发展的经验，缩短云南省农村信息技术化的进程。此外，印度还大力发展技术农业，即在一些自然条件好的地区，建立“农业精耕县计划”和“农业精耕地区计划”，通过提高粮食生产率来增加粮食产量，通过这一计划实施，转变粮食产量的增长形态，即由通过增加耕种面积来提高粮食产量转变为通过提高农业生产增长率来提高粮食产量，这对云南省农业发展水平相对较高的坝区未来高原特色现代农业的发展方向具有现实的借鉴作用（罗雁等，2013）。

（二）印度的支农金融保险政策

印度政府为保证粮食和食物供应，解决十几亿人口的生存及基本生活需求，除了开展以科学技术为导向和以生物技术为核心的“绿色革命”，使印度的农业经济实现了快速发展的目标，为印度农业的可持续发展提供保障和综合国力提升奠定了基础外，还通过不断调整和完善农业政策措施，逐渐形成一套相对完善的支持政策框架，对印度农业的发展起到很好的促进作用。印度现阶段完整的农业支持政策由四部分构成：一是破解农产品价格困境的农产品支持政策体系，包括最低收购价政策和定向公共分配体系；二是降低农业生产成本的政策；三是支持农业发展的金融和保险政策；四是限制农产品贸易的边境政策。其中“支持农业发展的金融和保险政策”对我国农业发展有较好的借鉴（肖军，2017；袁祥州，2019）。

1. 金融政策

印度有一个较为完善的支持农业发展的金融支持体系——由政府的政策性银行、合作性银行、微额信贷机构、保险公司甚至一些非政府组织等各种机构和组织共同构成。印度农业信贷有3种形式：一是短期信贷，用于购买肥料、种子等生产资料，贷款期限15个月，无须担保抵押，利率优惠10%。二是中期信贷，用于改善生产条件的投资，在5年以内，利率更低。三是长期信贷，主要用于农田保护，农村电气化，期限5年以上。根据印度中央储备银行的明确规定，银行贷款必须用于开垦荒地、选育良种、改造农业基础设施、增加灌溉面积、提高粮食加工和储藏能力、完善粮食市场流通环节等方面。较为完善的农村金融体系为印度农业发展提供了比较充足的资金供给，为农民融资提供了多种渠道，对推动印度农业乃至农村经济的发展发挥了重要作用（王玉玲，2014）。

2. 保险政策

作为发展中国家，印度的农业保险体系颇为完善，表现在：其一，拥有完整的制度体系，市场化程度较高，政府支持有力；其二，实施范围不断扩大；其三，服务供给上产品创新活跃，新型保险服务品种层出不穷。印度农保体系的市场化特征比较明显，政府支持也颇大，具体表现在以下方面：一是建立了专门的独立运行的农业保险公司——印度农业保险有限公司（AICIL），按市场化原则在财政支持下负责“政府—市场结合型”农业保险制度（NAIC）的实施。这一模式赋予印度农险较强的活力，促使供给主体努力开发适合农户需求的产品，为市场发展和效率提高奠定了制度基础。二是政府在财政补贴和担保上的支持。为了体现政策倾向，对中小农户的补贴率高于一般农业经营者达1/3；对创新产品补贴高于传统保险；对因市场价格风险的超额损失，还由政府担保支付，从财务上解除了农业保险的后顾之忧。为了突破发展的障碍，在市场化制度和政府支持下，通过借鉴国际经验和技术移植，印度农险产品的创新蓬勃发展。创新之一是农业收入保险，也称综合风险保险（CRI），这一产品的基本内涵借鉴了北美国家标准的农业收入保险，为印度中小农户的产量—收入风险提供有力的保护。创新之二是天气指数保险。印度天气指数农险分成两类：嵌入式天气指数农业保险产品和纯保险型的天气指数农保产品（曹雪琴，2008）。目前，印度所拥有的农业保险除了传统农作物保险之外，近几年还推出了《种子作物保险方案指导保险》《农民收入保险方案指导计划》等新险种。农民收入保险针对的是农民收入遭受损失而导致收入无法达到预期时保险公司将会对收入差额给予补偿，多年的摸索让印度农业保险趋向于成熟。

3. 启示

印度农业保险现在是以国家政策补贴带头，其他商业银行及保险公司涌进的形式蓬勃发展。这种综合全面保险制度对农民来说大大减轻了灾害对于庄稼被破坏所带来的经济损失，也为国家的粮食作物市场波动方面做了良好的调整，稳定农业市场遭受天灾人祸而导致波动的可能性，以国家政策为中心、用农业保险补贴解决农民在农业生产中的危机因素，使农民尽早走向富裕。我国农业地域广阔，气候环境多样，自然灾害频发。农业保险在我国虽然已有很长的历史，但发展历程是曲折的，自 2007 年中央财政进行农业保险保费补贴的政策实施至今，我国农业保险得到快速发展，农业保险区域已覆盖全国所有省份，承保农作物品种达 211 个，但由于农业生产过程和农业所面临的风险具有特殊性，导致农业保险经营投入大，赔付率高，受多重风险的制约（王军杰，2011）等因素，我国保险仍存在参保率不高、赔付标准低、产品设计不够合理、大灾或巨灾风险转移机制不健全等问题，目前我国的农业保险仍处于初级阶段。我们可借鉴印度农业保险的经验，一是加大各级政府对农业保险的财政支持力度，同时针对印度政策性农业保险的低保费、高补贴、高赔付的运行方式让政府财政承受了巨大的赔付压力，导致农险计划在巨额亏损下运行的缺陷，研究制定符合我国国情的政策措施，由政府牵头，使商业保险和政策保险实现无缝对接，尽快建立多层次的农业保险大灾、巨灾风险转移机制分散风险（蔡君廷，2018）；二是借鉴印度将农村保险和助农贷款相结合，强制参保的经验，将我国实施的“三农”惠民政策与农业保险相结合，这样既有效利用了其他政府惠农政策，又扩大了农业保险的范围和农户对保险的认知度，同时可将农村保险列为扶贫工作和乡村振兴的措施；三是学习印度组织专门的农业保险公司或机构来集中管理全国农业保险项目的经验和做法；四是创新农业保险的产品，提升农业保险的服务意识和能力。根据各地的特点以及农作物的优势，合理规划不同农业产品的适宜区域，并对农户的需求进行深入了解，创新农业保险的产品，培养专门的农业保险方面的人才，提升农业保险的服务意识和能力，吸引更多的农户参加农业保险，通过赔偿支付的方式，转移和分散风险，保障农业生产过程和农民生活的稳定。

二、巴西

巴西位于南美洲东部，东临南大西洋，海岸线长约7400公里。北邻法属圭亚那、苏里南、圭亚那、委内瑞拉和哥伦比亚，西接秘鲁、玻利维亚，南接巴拉圭、阿根廷和乌拉圭。巴西是南美洲最大的国家，国土总面积854.74万平方公里，约占南美洲总面积的46%，是世界上仅次于俄罗斯、加拿大、中国和美国的第五大国。全境地形分为亚马孙平原、巴拉圭盆地、巴西高原和圭亚那高原，其中亚马孙平原约占全国面积的1/3，为世界面积最大的平原；巴西高原约占全国面积60%，为世界面积最大的高原。巴西大部分地区处于热带，北部为热带雨林气候，中部为热带草原气候，南部部分地区为亚热带季风性湿润气候。大部分地区气候温和，雨量充沛，地势平坦，自然灾害少，生物资源和水资源也非常丰富，发展农牧业的条件得天独厚，是全球少数适宜农、林、牧、渔业全面发展的国家之一，也是重要的农产品生产和出口大国，享有“21世纪的世界粮仓”的美誉，是世界蔗糖、咖啡、柑橘、玉米、鸡肉、牛肉、烟草、大豆的主要生产国。经过数十年发展，巴西已形成了独具特色的农业现代化发展体系，在国家一系列良好政策的推动下，通过农业专业化与规模化，巴西农业获得飞速发展，国际竞争力显著提升。[①]

（一）巴西农业的基本情况

巴西幅员辽阔，资源丰富，耕地和草场面积广阔，可耕地面积逾1.5亿公顷，牧场1.7亿公顷（FAO数据），为农牧业发展提供了充足的土地。巴西的农牧业发达，目前是世界第一大咖啡生产国和出口国，素有“咖啡王国”之称，是世界最大的蔗糖生产和出口国，第二大大豆生产和出口国，第三大玉米生产国。巴西不是柑橘原产地，栽培柑橘只有500多年的历史，如今成为世界柑橘生产第一大国，占领世界浓缩汁市场半壁江山。巴西玉米出口位居世界前五，同时也是世界上最大的牛肉和鸡肉出口国。巴西的转基因作物种植面积已连续四年呈现两位数的同比增幅，增长率位居全球第一，转基因作物面积仅次于美国位居世界第二。[②] 近5

① 根据外交部网站——巴西、百度百科等公开资料，结合课题组成员2018年赴巴西考察所得资料数据整理。

② 根据课题组成员2018年赴巴西考察所得资料数据整理。

年巴西主要农产品产量如表 13 –4 所示。

表 13 –4　　2015 ~ 2019 年巴西主要农产品产量　　单位：万吨

年份	咖啡豆	甘蔗	大豆	玉米	稻米	年份	柑橘类	牛肉	鸡肉	奶类	禽蛋
2015	264.75	75029.03	9746.49	8528.31	1230.12	2015	1921.38	942.50	1314.92	3486.18	249.07
2016	302.45	76859.42	9639.48	6418.83	1062.22	2016	1930.86	928.40	1323.50	3393.64	242.26
2017	268.45	75864.62	11473.21	9791.07	1246.48	2017	1983.51	955.00	1360.74	3457.59	306.50
2018	355.27	74706.03	11791.25	8236.65	1180.84	2018	1941.63	990.00	1351.18	3520.75	320.91
2019	300.94	75289.54	11426.94	10113.86	1036.86	2019	1965.28	1020.00	1351.65	3617.41	334.75

资料来源：根据 FAO 网站 2020 年 12 月数据整理。

（二）巴西农产品出口情况

得益于广袤平坦的耕地资源和高度农业机械化等优势，巴西农产品生产成本低廉，在国际市场上的比较优势突出。FAO 数据表明，近年来，巴西农产品出口额高达 800 亿美元左右，主要出口品种为大豆、玉米、咖啡、蔗糖、大米、橙汁、小麦、烟草等（见表 13 –5）。

表 13 –5　　2015 ~ 2019 年巴西主要农产品出口情况

种类	2015 年		2016 年		2017 年		2018 年		2019 年	
	出口量（万吨）	出口额（亿美元）	出口量（万吨）	出口额（亿美元）	出口量（万吨）	出口额（亿美元）	出口量（万吨）	出口额（亿美元）	出口量（万吨）	出口额（亿美元）
大豆	5432.42	209.84	5158.19	193.31	6815.46	257.18	8360.52	331.91	7407.31	260.77
玉米	2892.40	50.09	2187.33	37.40	2926.59	46.31	2356.62	41.10	4275.21	72.90
咖啡	200.50	55.55	182.39	48.43	164.78	46.00	182.70	43.60	223.09	45.75
蔗糖	2401.23	76.41	2893.29	104.36	2870.18	114.12	2130.57	65.26	1788.97	51.79
烟草	51.68	21.86	48.31	21.23	46.22	20.92	46.10	19.88	55.18	21.43
橙汁	200.79	18.67	231.47	19.14	214.97	19.40	246.15	21.37	225.06	19.09
大米	88.40	3.50	63.03	2.52	58.88	2.45	120.90	4.68	96.84	3.68
小麦	177.89	3.53	71.33	1.15	61.76	1.03	22.12	0.40	56.36	1.17

资料来源：根据 FAO 网站 2020 年 12 月数据整理，大米采用碾米当量（rice milled equivalent）数据、蔗糖含粗糖和精制糖、橙汁含原汁和浓缩汁。

（三）巴西农业的主要做法

巴西政府高度重视农业出口创汇，采取鼓励和扶持农业出口贸易的政策，制定了一系列利于农产品出口的优惠措施，如农产品可自由出口，政府不加以干涉；

按照市场原则指导农产品出口，政府不设定关税限制等。通过与其他国家签订自由贸易协议，进行双边及多边贸易谈判等方式，在一定程度上减轻了进口国针对巴西农产品的贸易壁垒，从而促进了巴西农产品的出口。大量农产品出口不仅提高了巴西的农业收入，改善了农业基础设施，并且通过长期积累形成了品牌优势，促使巴西农业生产力和国际竞争力不断得到提升。为了鼓励农产品出口，政府设立了出口保险基金及出口信贷基金，对于巴西优势出口农产品如大豆、咖啡、橙汁等均可申请保险基金及信贷基金的支持，从而提高这些农产品的国际竞争力（娄昭等，2011）。

（1）多方政策支持农业发展。巴西政府支持农业发展的相关政策，如信贷政策、价格支持政策、农业保险政策、减免农民债务、鼓励合作社发展、鼓励加工业发展、税收政策和公路建设等，其目的是通过各种途径来支持农民、提升农业竞争力。政府通过信贷政策、集资等手段对农业信贷活动进行宏观调控。巴西的农业贷款包括种植贷款、销售贷款和投资贷款，并享受联邦财政贴息政策。对一些生产规模较小的农户，联邦政府及州政府还实施了农业特别贷款，这种贷款是无息的，主要是为中小农户扩大生产提供支持。“税收政策和债务的减免”更体现了政府对弱势农民群体的收入支持，政府通过建立农业和农村经济体系，吸引和刺激私人对农业投资（邓国庆，2017）。同时，通过农业协会、合作社和各种专业生产组织的供销机构，农民可及时获得良种、化肥、农药及农具的供应。为了稳定农业生产，巴西还实行农产品最低价格保证制度，生产成本随物价指数的变动随时进行调整。

（2）以创新助推农业发展。巴西注重提高农业生产的科技水平，始终以科技为支撑，大力发展科技含量高、附加值高的农作物品种和产业。除成立了专门的研究机构外，还特别加大农业科研的投入，建立健全了农业科技投入机制和体制，农业科技投入占联邦政府开支的15%。联邦政府的财政资金主要保证国际农业科研项目的研究、农业科研机构的经费和农业院校的教研经费等；州政府的财政资金主要集中用于保证农业新技术的开发和应用；各城市用于农业方面的资金也主要用于农业技术服务方面。各级政府对农业科技的重视和所采取的保证措施使巴西农业发展处于世界较发达水平。在农业科技研发中，巴西政府坚持以合理利用资源为原则，在选择培育优质高产作物、农业生物技术、作物病虫害防治等方面开展研究，并取得了丰硕成果。早在20世纪80年代中期，巴西就制订了国家生物技术计划，农业生物转基因技术研究较为成熟，并得到广泛运用。此外，巴西农业机械化水平较高，农业机械的大规模使用，大大减轻了农民的劳动强度，提高了生产效率，并且有利于农业集约化经营（杨瑞珍，2008）。

（3）以合作社为基础的产业化运作。巴西拥有完善的农业服务体系，政府致力于为农民提供各种生产指导和技术支持，为农业产业化、集约化发展提供了有力的支撑。农业合作社是巴西主要的农业行会组织，其任务是向农户提供农业生产、农产品出口的咨询服务与技术帮助，组织个体生产者联合向国外市场销售农产品等。这些合作社组织以专业性合作社为主，相当于非营利性的民营公司，实行股份制，每个社员拥有一定的股份，但持有额有数量限制。农业合作社注重保护农民的生产自主权，带动了地方特色经济的发展。合作社在推动巴西农业产业化、实现供销一体化方面发挥了积极作用，促进了农业生产、农产品加工与销售的规模化经营，形成了良性发展的格局。渔业合作社指导渔民购置渔业设备，对渔业产品进行深加工，并进行渔业产品冷冻、加工、运输等环节的技术培训；农村电气化合作社负责筹集资金用于农村供电设施的修建，管理农业用电的收费和征税，推动区域性经济开发，以改善农民的生产和生活条件（石教群等，2018）。

（4）低碳农业助力可持续发展。2010年，巴西政府出台了《低碳排放农业计划》，通过提供长期低息信贷，鼓励农业生产者采用农作物轮作、免耕直播、生物固氮以及农林牧一体化生产等先进生产方式来减少碳排放。巴西是甘蔗生产大国，在甘蔗作物基地，生产商运用现代发酵技术对甘蔗进行加工，生产酒精用作汽车燃料，既有效利用了资源，又减少了石油燃料对环境的污染。

（四）巴西农业的启示

巴西的经验告诉我们：农业的根本出路在于通过科技提高农产品的竞争力，解决好两个市场问题，即国内消费市场和国外消费市场问题。要解决以上问题必须重点从以下三方面入手。

一是构建现代农业产业体系。立足于资源优势，结合不同地区的自然条件，培育各具特色的区域优势产业，并由此形成产业集群。建立具有竞争力的现代产业体系，通过立法形成较为完善的政策支撑体系、防疫体系、食品安全管理体系等，发挥农业合作社、行业协会、中介组织的作用，加强产业间的联系和合作，最大限度地降低交易成本（石教群等，2018）。以农业产业化龙头企业为重点发展对象，利用现代科技对初级农产品进行深加工，挖掘农产品的潜在效益，形成生产、加工、销售一体化的经营模式（娄昭等，2011）。

二是加快发展现代农业科技。现代农业发展必须与资源、环境发展相协调，注重经济效益、生态效益和社会效益相统一，这就要求发挥科学技术在现代农业建设中的引领作用。中国是世界上人口最多的国家，尽管资源总量丰富，但人均资源占有量处于较低水平，并且过去对环境开发过度，资源消耗惊人。因此，应在对中国农业资源充分调查、研究的基础上，根据不同区域农业发展的具体情况，制定各地区农业可持续发展战略。同时加强资源可持续利用的研究，特别是可再生资源的综合利用技术，并加快科技成果应用于农业生产实践的转化速度。此外，借鉴巴西的农业技术推广经验，为小农户提供技术指导和信息等服务，包括提供优良种子、指导种植、养殖和防治病虫害，提供技术资料以及引进高新技术成果在本地区示范推广等，采取多种手段推动科技下乡，利用农民喜闻乐见的方式，加快农业科技成果的推广和应用，提高农产品的科技含量。经过多年的努力，云南农业发展取得了显著的成效，但是，云南农业仍然处于以传统农业为主体，原始农业、传统农业和现代农业并存的一种业态，科技支撑不足、发展方式粗放落后的问题十分突出。进一步加大科技投入，加强科技推广应用，充分发挥科学技术第一生产力的作用，依靠科技进步转变农业发展方式，通过科技提高农产品的竞争力。

三是积极开展国际和国内合作。要实现农业规模经营，必须改变个体经营的松散模式，通过行业组织加强农业生产者之间的联合。政府部门应积极引导农民组建农业合作组织，制定相应的法律和政策进行规范，帮助其不断壮大规模，并鼓励其跨地区发展。此外，在经济全球化、一体化的大背景下，任何一个国家的农业发展都与国际市场息息相关，因而必须加强国际合作。云南应立足省情，适当引进国外先进的农业管理经验、技术和人才，充分发挥云南农产品的比较优势，扩大农产品出口，培育境外农业经济增长点，不断提高农产品的国际占有率。

三、阿根廷

（一）阿根廷农牧业基本情况

阿根廷位于南美洲南部，为拉丁美洲仅次于巴西的第二大国。东濒大西洋，南与南极洲隔海相望，西同智利接壤，北接玻利维亚、巴拉圭，东北部与巴西和乌拉圭为邻。阿根廷地处南美安第斯山地高原，全国大部分地区土壤肥沃，气候温和，适于农牧业发展。东部和中部的潘帕斯草原是著名的农牧业区。全国可耕地和多年生作物用地3563万公顷，占国土面积的12.8%。长期牧场面积10853万公顷，占国土面积的39%。[①]

阿根廷是综合国力较强的拉美国家，也是世界著名的农业强国，农产品产量和出口量始终保持较快增长，被誉为“世界的粮仓和肉库”，目前是世界最大的豆粉、豆油、葵花籽油、蜂蜜、梨和柠檬出口国，玉米和高粱第二大出口国，大豆、牛皮第三大出口国，小麦和牛肉第五大出口国。2010～2019年阿根廷主要农产品出口情况如表13－6所示。阿根廷还是全球葡萄酒主要生产国，其奶制品、羊毛等在国际市场也占重要地位。此外，阿根廷还是世界上最大的马黛茶生产国（罗雁等，2013）。2012年共产马黛茶72.8万吨，约占全球产量的一半以上。阿根廷是注射疫苗非口蹄疫区和非疯牛病疫区。阿根廷渔业生产60%在南部，近50%集中在马德普拉塔港口，主要渔产品为鳕鱼、鱿鱼、对虾等。

表13－6　　2010～2019年阿根廷主要农产品出口情况

品类	指标	2010年	2011年	2012年	2013年	2014年	2015年	2016年	2017年	2018年	2019年
大豆	出口量（万吨）	1361.60	1082.00	615.84	778.27	744.17	1165.02	894.70	740.09	353.99	1005.38
	出口额（亿美元）	49.86	54.57	31.92	40.89	37.76	42.70	32.33	27.32	13.87	34.05
豆油	出口量（万吨）	489.98	441.65	377.76	426.42	405.90	559.88	576.43	497.26	401.11	504.32
	出口额（亿美元）	41.36	51.97	43.20	40.89	34.68	38.15	41.06	37.26	28.07	32.69
玉米	出口量（万吨）	1754.65	1580.56	1785.54	2006.94	1589.52	1672.95	2450.46	2370.64	2317.89	3607.57
	出口额（亿美元）	31.45	45.19	48.41	58.48	35.25	31.30	41.87	38.84	42.34	59.49
小麦	出口量（万吨）	403.90	841.11	1146.14	238.89	185.24	431.12	1026.62	1309.91	1172.48	1054.26
	出口额（亿美元）	9.02	25.09	29.38	7.25	6.04	10.33	18.68	23.62	24.19	22.96
牛肉	出口量（万吨）	15.22	12.49	11.14	12.50	13.81	13.09	14.96	20.39	36.36	54.34
	出口额（亿美元）	10.41	11.35	9.92	9.76	10.36	8.63	10.14	12.82	19.30	30.06
葵花籽油	出口量（万吨）	56.65	89.81	77.23	42.87	34.92	42.87	59.42	75.84	57.08	56.85
	出口额（亿美元）	5.39	11.45	9.03	5.01	3.67	3.92	4.84	6.02	4.65	4.27
柠檬	出口量（万吨）	26.44	25.51	26.95	28.28	15.06	18.48	27.93	24.11	26.87	23.17
	出口额（亿美元）	2.04	1.72	2.07	2.34	1.66	1.88	2.89	2.49	2.59	1.81
梨	出口量（万吨）	41.96	47.24	39.49	44.23	40.94	33.31	31.00	27.96	31.74	30.67
	出口额（亿美元）	3.37	4.12	3.64	4.22	3.79	2.83	2.70	2.57	2.94	2.40
高粱	出口量（万吨）	166.02	184.75	271.74	226.09	112.84	104.24	51.45	46.50	24.47	27.11
	出口额（亿美元）	2.25	4.16	5.67	5.06	1.93	1.64	0.91	0.72	0.40	0.45
蜂蜜	出口量（万吨）	5.73	7.24	7.51	6.52	5.45	4.57	8.12	7.03	6.97	6.35
	出口额（亿美元）	1.73	2.23	2.15	2.13	2.04	1.64	1.69	1.83	1.70	1.42

资料来源：根据FAO网站2020年12月数据整理。

① 百度百科．阿根廷［EB/OL］．https：//baike.baidu.com/item/%E9%98%BF%E6%A0%B9%E5%BB%B7/77652?fr=aladdin.

（二）阿根廷农业的主要做法

统计数据显示，阿根廷农产品及其加工产品占该国出口总值的40%～50%，农村人口的人均产值明显高于城市平均水平。阿根廷农业跻身世界农业强国除了土地和气候等自然条件优势外，还有不少值得借鉴的经验和做法。

（1）高度重视农业发展。农业是阿根廷的经济支柱，阿根廷农业协会有一句已经延续100多年的口号“种地就是报效祖国”，阿根廷人以农业为荣，全社会重视农业、崇尚农业氛围浓厚。

（2）高效利用土地资源。由于可耕地面积饱和、土壤肥力下降以及农业种植成本增加，从20世纪80年代起，寻求高效和可持续农业发展模式成为阿根廷农业的主要方向。免耕直播、微生物技术和轮作在农业生产中得到广泛应用并取得显著效果。阿根廷的实践证明，相较于少耕或深耕种植，免耕直播能够有效提升土壤有机碳含量和含水量，如果再配以和玉米轮作种植，大豆单位面积产量能够提升至少30%。

（3）先进的育种技术。为保证新品种的质量，阿根廷政府专门制定了种子法，规定新品种必须经3～6年观察鉴定，合格者方准许大量生产和出售。目前，小麦、玉米、高粱、向日葵和大豆已基本实现良种化，提高了单产水平。国家也重视牛品种改良，主攻方向是提高产量和减少脂肪量，选育优质、高产和抗病的优良牧草。

（4）注重技术创新和推广。作为世界上农业竞争力最强的国家之一，阿根廷的竞争力主要来自新技术的研发和推广。阿根廷农业科技研发机构有政府和私营两类，以政府投入为主，每年投入巨额费用，突出研究生物技术，重点发展转基因技术和环保型农业。长期的科技投入和创新，既提升了本国农牧业科技水平，科研企业也实现了巨大的经济效益。

（5）发展有机生态农业。随着人类生活质量的提高、环保意识的增强，食品消费中对无公害有机农产品的需求日益上升。阿根廷农业生产者敏锐地捕捉到了这一趋势，在开发资源的同时十分重视环境保护，加紧发展有机农业，加大对有机农业的研究（罗雁等，2013），突出抗病种子和生物农药的开发。目前阿根廷是全世界仅次于澳大利亚的第二大有机农产品出口国。阿根廷的有机食品生产控制系统在全球居领先地位，经认证的有机食品可以进入欧盟市场，阿根廷采取的监控系统与欧盟有机法规保持一致，也是拉丁美洲唯一一个有此地位的国家。阿根廷推进有机农业生产的主要做法如下。第一是按照“自愿加入、利益共享、风险共担”的原则，积极培育和发展农民的经济合作组织。通过合作组织，使分散的、小规模的农民形成经济利益共同体，并为农民提供全产业链的服务，增强农户进入市场、抵御风险的能力，降低进入市场的成本。第二是健全农产品流通、加工领域的行业中介组织，为农民、企业、政府之间搭建桥梁，更好地服务于农民和企业。第三是发展进出口领域的行业中介组织。推动成立一批出口或进口的企业“联合体”，把邻近区域、经营同一产品的数家进出口企业组织起来，在国际市场上以“联合体”形式，一致行动，集体参与竞争，提升阿根廷进出口企业在国际市场上的竞争力（霍美丽，2009）。发展有机农业，在不使用化学农药的前提下解决病虫害问题一直是个大挑战。阿根廷采取的办法是把有机大豆田与普通大豆田分离，以尽量隔离病毒和害虫的传染；另一种办法则是开发非化学的生物农药，普及“免耕直播法”技术。在上一茬收割后的土地上，用草剂杀死杂草后，直接使用轻型播种机播种。这种“不耕而种”的生产方式具有增产、环保、降低成本和减少能源消耗等优势。这种技术无论是从经济层面还是从保持土地生态平衡、保持农业可持续发展角度，都代表了农业未来发展的方向。

（三）阿根廷农业的启示

阿根廷成为世界农业强国的经验，对我国现代农业可持续发展有许多可借鉴的方面。

一是高度重视农业科技的创新与推广。先进的农业科学技术，是提高农业生产率和农产品国际竞争力的保障和条件，我国要提高农业生产率和农产品的国际竞争力必须重视农业科技的创新与推广，使其成为我国发展现代农业的助推器。

二是大力发展秋季农业。充分利用高原地区自然资源优势，云南属低纬高原，高差较大、地形复杂、地貌多样，山地、丘陵、盆地、河谷皆有，尤其是山地高原占全境的94%，适农土地面积广阔，农业发展潜力巨大。云南高原由于地形复杂和垂直高差大等原因，有寒、温、热3个气候带和北热带、南亚热带、中亚热带、北亚热带、南温带、中温带和高原气候区7个气候类型，许多区域农产品可常年种植、四季飘香，利用自然气候实施多季生产潜力很大，农业气候的比较优势十分明显。云南夏季农作物的生产高峰期多是4~8月，同期降水占全年雨量的68.77%；发展冬季农业的12月至次年3月降雨量最少，占6.6%；而秋季9~11月除土壤较为湿润外，雨量占24.53%。尤其是云南高原海拔较高，广大高海拔地区特别是2300米以上的地区，年平均温度低（罗雁等，2013）。多年来，云南利用丰富的光热资源优势进行冬季特色开发成效显著，形成了以滇南热区和金沙江干热河谷、滇中及以北大棚温室等为主的冬季农业开发立体发展态势，产自云南的冬早蔬菜、冬马铃薯、杂粮等作物广泛受到国内外市场的欢迎。云南秋季降水相对丰富，加上高海拔地区气候冷凉等，使得云南不仅具备大力发展秋季农业的自然条件，还孕育了云南秋季农业的品种多样性这一独特优势。秋季是全年农业生产的重要一季，是云南应对自然干旱促进农民增产增收的重要季节，若能抓好秋季农业，利用高海拔地区低温病虫害少的特点，种植无公害农产品，如大棚蔬菜、鲜食玉米、藜麦、苦荞、反季马铃薯等在全国独具竞争优势，不但能在一定程度上弥补冬春干旱给云南夏粮造成的损失，还能拓宽农业生产渠道，促进农民增产增收（罗雁等，2013）。

三是加快发展山区有机生态农业。云南高原属于切割性低纬高原，地形地貌和气候类型复杂多样，山区半山区面积较大，多样性的气候资源和生物资源，加之植被覆盖广，污染较轻，生态环境良好，发展特色有机生态农产品条件好。既有利于控制水土流失，促进山区生态环境的保护和恢复，又能推动山区经济的发展，增加农民的收入，通过有机生态农产品品牌建设提高产品市场竞争力（罗雁等，2013）。

四是发展外向型创汇农业。由单一、分散、自发的民间活动，转向有组织的抱团参与国际市场竞争，加强监管，走个性化、专业化和品牌化之路。提高我国农产品的国际竞争力，发展具有出口优势的农产品生产，选择有基础、有潜力的地区和企业加以扶持，建立高标准的农产品出口基地，加快新产品开发，提高农产品的精深加工水平，提升产品附加值。鼓励和引导有条件的企业到国外投资办厂，发展农产品加工贸易，参与国外农业开发。

四、埃塞俄比亚

埃塞俄比亚地处非洲东北部埃塞俄比亚高原，以农牧业为主，工业基础薄弱。2005年以来，政府实施“以农业为先导的工业化发展战略”，加大农业投入，大力发展新兴产业、出口创汇型产业、旅游业和航空业，吸引外资参与埃塞俄比亚能源和矿产资源开发，经济保持8%以上高速增长。联合国视埃塞俄比亚为实现千年发展目标的典范。作为世界上经济最不发达的国家之一，埃塞俄比亚的农业发展受到经济、社会、人口、环境等诸多因素的限制，尽管如此，其仍能够建立起世界上第三大的农技推广队伍，并且用一些创新的方法和手段将信息化与农技推广有效融合，加快了农业现代化的发展。其农技推广体系信息化手段主要有“提高生产，赢得市场”计划、农田国际广播项目、农业信息广播、埃塞俄比亚农业信息港、“百区通网络”工程、亚的斯亚贝巴大学信息中心、数字农业、埃塞俄比亚农业转化局，以及其他信息化公益项目。埃塞俄比亚虽然通信水平落后，但在解决地区差异、充分利用现有资源等方面成效显著，因此，埃塞俄比亚的农技推广信息化经验对云南这个农业大省来说有值得借鉴之处。

（一）农技人员是信息化的有力抓手

埃塞俄比亚克服当前基础设施落后、农民文化素质偏低、知识传播渠道狭窄等困难，快速落实推广项目和因地制宜解决当地生产问题，关键在于农技推广人员，他们是农业信息大数据与农民之间信息传递的“二传手”（李峥等，2014）。

（二）因地制宜才能将农技推广信息化落到实处

由于埃塞俄比亚不同地区存在较大的地理差异和气候差异，种养的作物和牲畜品种不尽相同，通信基础设施发展程度参差不齐，要求推广体系对不同地区提供不同类型的信息化技术指导。为此，埃塞俄比亚政府进行了农业信息化的区域布局，根据地理、气候、作物、设施等条件的不同，在不同地区实行不同的农技推广信息化策略和项目，例如在生产落后地区开展以农田广播和电话语音服务为主的农技推广，在发达地区配套互联网、3G 移动网络等信息化资源。各地根据实际情况有条不紊地开展农技推广信息化工作，不盲目开展信息化项目，不一味追求最新通信技术，保障了当地农技推广信息化的稳步发展（李峥等，2014）。

（三）信息共享提高农技推广信息化效率

在埃塞俄比亚的农技推广信息化建设发展中，经历过政府、公益组织、企业甚至是个人推动的信息化项目，这些项目都取得了一定的成绩，但也存在重复开发、项目间资源共享困难、发展受限等问题。为此，近些年埃塞俄比亚政府专门成立了农业转化局，目标是整合各方资源，实现信息共享，提高农技推广信息化效率（李峥等，2014）。

（四）埃塞俄比亚重视农技推广的启示

云南各地农民和种养大户大多数讲当地方言，文化及方言的差异性大，这就要求农技员能够用当地人听得懂的语言、学得会的方法指导和帮助当地农户。农技员具有相对较高的文化知识及专业技能，他们能够真正理解和掌握农业信息化中枢组织指明的农业信息化核心思想、农业发展方向、农业发展目标，能够真正理解和掌握先进农技知识、农资、农产品的交易信息。因此，要充分提高农技人员的参与力度，使农技人员成为云南农业信息化的有力抓手。

相比埃塞俄比亚，云南的通信环境极其优越，为农业信息化的实施奠定了坚实基础。利用好现有资源，针对不同地区的特殊情况开展相应的农技推广信息化活动，才能保证农业信息化落到实处，使各地农民都能享受到农业信息化的好处。云南农技推广信息化建设应当注重共享数据库资源和计算能力，形成农业大数据，从而提高农业信息资源的开发利用效率，分析出正确的农业信息供各科研院所、各涉农企业和涉农人员、各级政府使用，真正做到农业信息共享和互联互通。

促进农业科技惠及农民、转化为现实生产力，关键在于农技推广体系。随着互联网和移动通信等现代信息技术的发展，用信息手段提高农民种养能力，提升农业技术工作者知识传播能力，提高农业生产效率，是农技推广工作实现跨越式发展的切入点。云南在农技推广信息化建设方面进行了长期探索，目前已经建立了坚实基础，也取得了明显成效，同时也存在一些运行机制和人力资源方面的问题。在未来的农技推广信息化建设中，应充分发挥农技人员作为信息“二传手”的重要作用，创新运行机制，因地制宜地开展农业信息化项目，从而创造性地构建农技推广信息化良性的生态环境，逐步实现高效、节约、可持续发展的农技推广。

五、肯尼亚

肯尼亚位于非洲东部，赤道横贯中部，东非大裂谷纵贯南北。东邻索马里，南接坦桑尼亚，西连乌干达，北与埃塞俄比亚、南苏丹交界，东南濒临印度洋，海岸线长536公里。国土面积的18%为可耕地，其余主要适于畜牧业。全境位于热带季风区，但受其地势较高的影响，为热带草原气候，降水季节差异大。全年最高气温为22℃～26℃，最低为10℃～14℃。肯尼亚是撒哈拉以南非洲经济基础较好的国家之一，农业、服务业和工业是国民经济三大支柱，肯尼亚可耕地面积10.48万平方公里，其中已耕地占73%，主要集中在西南部。主要粮食作物是玉米、小麦、稻子、高粱、木薯等，主要经济作物是咖啡、茶叶、剑麻、除虫菊、棉花等。正常年景粮食基本自给，并有少量出口。茶叶、咖啡和花卉是农业三大创汇项目。肯尼亚是目前非洲最大的鲜花出口国，占据欧盟25%的市场份额。肯尼亚还是世界上除虫菊主产国，产量占世界总产量的80%。[①]

虽然肯尼亚农业比云南有较大差距，但是其执行国际农业援助项目上的成功经验也有独特的借鉴意义。如发展中国家环境服务付费（Payment for Environmental Services，PES）项目的主要目标是促进农业生产内部的正外部性，如保障粮食安全、保护农业生物多样性、提供流域服务、传承文化，减少农业对环境损害的负外部性，如野生动植物保护、森林植被修复、生物多样性保持（丁杨，2017）。肯尼亚在环境服务付费项目上取得了一系列成功，其实践经验值得云南学习借鉴。

（一）肯尼亚的农业碳计划

肯尼亚的农业碳计划（Kenya Agricultural Carbon Project，KACP）于2007年启动，其目的是通过量化可持续农业发展实践的固碳作用，使肯尼亚西部尼安萨地区的小规模农民参与到全球碳市场交易中。该计划除了在农业实践中有效地提高了土壤肥力和农业生产力外，也在一定程度上减少了生物和非生物因素对农业实践的限制，给农户一个可持续的方式来提高他们的生活水平。

（二）肯尼亚奈瓦沙湖小型流域的环境服务付费实践

奈瓦沙湖是肯尼亚半干旱地区唯一的一个内陆淡水湖，在奈瓦沙湖的实践中，用水户协会负责整个生态补偿项目，上游的水资源用户即卖方与下游的奈瓦沙湖的水资源用户即买方达成年度合作协议，上游的水资源用户负责农场的认证，只有那些实施了水土保持措施的农民才有资格获得补偿奖励。作为生态补偿的主要买家，下游的私营部门认识到通过可持续农业实践获得的环境效益是长期的，并且上游区域农村生活的改善也为整个地区提供了正外部性。对流域功能的补偿目的是将上游土地利用和管理与下游的用水户联系起来，实现上下游居民共同的社会效益和环境效益（丁杨，2017）。

① 根据外交部网站及百度百科——肯尼亚资料数据整理。

（三）安全农业的小额保险与农业可持续发展

肯尼亚于2009年启动安全农业项目，应对严重的干旱，保险补偿了农民收入减少的30%～80%，这使农民在未来的一年参与保险计划的兴趣浓厚，用户数量大幅增加。2011年安全农业升级项目推出，该项目涵盖更多的作物，以确保农业实践获得预期的价值。2012年安全农业项目推出一个新举措，启动了一个在卢旺达实施的项目，该项目不但包括非生物突发事件（干旱和洪水），而且包括生物突发事件（病虫害侵扰）。2013年该项目建设了42个自动气象站，可有效覆盖33万农户的所在区域，实现旱灾或水灾造成颗粒无收的概率计算完全自动化。此外，安全农业项目还与农业部在当地的办事处、水资源用户协会、农业合作社等开展合作，这种合作为环境商品创造了一个市场。如安全农业项目可为参与可持续农业实践的农民提供保费折扣奖励，而获得推广的可持续农业实践能通过企业创造更多的就业机会等。除了对生态系统服务的积极影响外，还促进贫困农村地区的可持续发展和社会的结构性变化（丁杨，2017）。

（四）对云南生态农业的启示

云南正在努力成为生态文明建设排头兵，基于市场经济设计的PES机制在促进自然资源可持续利用方面发挥了很好的作用。从肯尼亚补偿实践的经验来看，随着对PES机制的深入了解和环境友好型技术的应用，不仅可提高对环境资源的有效利用，还有助于建立新产品和服务的交易市场，在促进区域经济发展的同时改善生态系统服务的质量。云南除了以政府财政转移为主作为PES实践的补偿资金来源外，还应积极探索市场化运行的补偿机制，发展多投资主体和灵活的市场手段，探索建立具有长期性、可操作性、经济生产性等特征的生态补偿机制设计，形成固定的生态补偿制度体系，使参与主体对未来收益有一个稳定的预期（丁杨，2017）。

六、沙特阿拉伯

（一）沙特阿拉伯农业发展概况

位于阿拉伯半岛以“石油王国”著称的沙特阿拉伯属于典型的农业资源极度稀缺的国家，绝大部分地区属亚热带沙漠气候，年均降雨量不足200毫米，是世界上主要的干旱地区之一。沙特阿拉伯可耕种面积仅占其陆地面积的2%左右，39%的土地只能用作低密度的放牧，农产品以椰枣为主，长期处于单一生产，粮食不能自给。为了有效利用稀缺的农业资源，努力发展农业生产，摆脱农产品主要依赖进口的状况，20世纪七八十年代，沙特阿拉伯就曾对本国农业进行大规模重组，把粮食自给当作一项战略来抓，意图通过自给自足和改善农村收入来实现粮食安全。在政府的数十年的大力主导之下，沙特阿拉伯的粮食（以小麦为主，还有大麦和高粱）产量迅速飙升（见图13－2），并在20世纪90年代初成为世界第六大小麦出口国，使农业成为沙特仅次于石油工业的第二大产业，可耕地已从15万公顷扩展到370多万公顷，小麦的单产面积产量已突破世界纪录，不但实现了粮食自给，还可出口。鸡肉和牛奶自给率达40%，蛋类已基本实现自给，椰枣和蔬菜除满足本国需要外还可出口，农产品出口额占非石油出口总额的20%，初步改变了农产品依赖进口的状况，是中东地区屈指可数的粮食出口大户（罗雁等，2013）。但农业的快速发展直接导致了地下水迅速枯竭，水资源日益紧张。为此，沙特不得不调整农业发展政策，开始大幅削减农业补贴，限制本国农业发展，转向重点发展海外农业、节水有机农业、渔业以及粮食存储业等。目前，因水资源短缺和沙特国内人口的较快增长，沙特难以在粮食需求上做到完全的自给自足，需要借助从国外进口食品以辅助满足国内日益增长的粮食需求。2010～2019年沙特阿拉伯主要农产品生产量、出口量及出口额如表13－7所示。

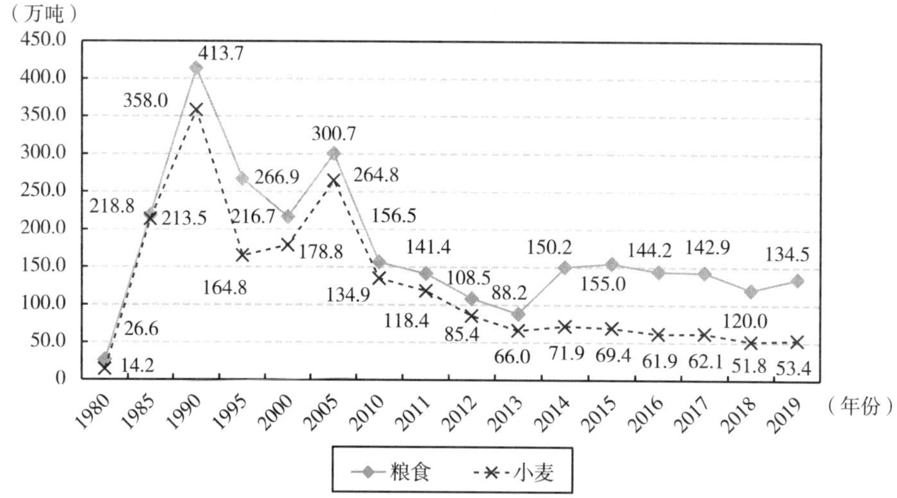

图13－2　1980年以来沙特阿拉伯粮食及小麦产量变化曲线

资料来源：根据FAO网站2020年12月数据整理。

表 13－7　　2010～2019 年沙特阿拉伯主要农产品的生产量、出口量和出口额

农产品	指标	2010 年	2011 年	2012 年	2013 年	2014 年	2015 年	2016 年	2017 年	2018 年	2019 年
椰枣	生产量(万吨)	99.15	100.81	103.11	109.52	65.68	103.85	115.30	122.42	142.75	153.98
	出口量(吨)	73362	77795	70314	99770	131977	120358	131568	146579	161941	182317
	出口额(百万美元)	78.126	86.293	77.989	103.571	129.67	136.264	152.296	186.718	201.393	229.833
蔬菜	生产量(万吨)	127.20	128.15	129.20	129.60	67.88	64.83	64.77	64.55	54.64	63.87
	出口量(吨)	133.00	579.00	8.00	654.00	490.00	233.00	96.00	58.00	36.00	178.00
	出口额(百万美元)	0.256	0.789	0.008	1.299	1.621	0.096	0.461	0.276	0.019	0.046
小麦	生产量(万吨)	134.94	118.45	85.43	66.01	71.85	69.38	61.87	62.09	51.79	53.40
	出口量(吨)	2386.00	2773.00	3315.00	3997.00	—	—	741.00	257.00	80.00	—
	出口额(百万美元)	0.924	1.12	1.395	1.64	—	—	0.523	0.185	0.016	—

资料来源：根据 FAO 网站 2020 年 12 月数据整理。

（二）沙特阿拉伯发展农业的主要做法

20 世纪 70 年代前，沙特阿拉伯是一个半游牧、半农业国家，游牧人口占全国人口的一半左右，除了饲养单峰骆驼、绵羊、山羊和马等以外，农产品以椰枣为主，长期生产单一，粮食几乎全部靠进口（栗若杨等，2016）。20 世纪 70 年代以后，沙特阿拉伯开始重视农业，提出“一蒲式耳小麦换一份自尊”的口号，除将巨额石油收入投入农业生产、鼓励投资海外建设农业基地等措施外，还采取系列措施保护农业资源和环境，大力发展节水农业，取得了显著成效。兴修水利，斥巨资投入输水管道、水坝等农业基础设施建设；节储雨季山洪、淡化海水解决农业用水；应用高效节水技术，增加灌溉面积；鼓励垦荒，增加可耕地面积；提倡植树造林，防止沙漠对农田的吞蚀；采用现代科学技术发展农业生产及养殖业；对农产品给予优惠补贴；建立农业研究站等。此外，沙特还特别注重采用良性循环的农业作业方式发展环链状生态农业，即农、林作物—产出粮食、水果产品—秸秆转化饲料—喂养动物—产出肉食—动物粪便转化肥料—肥料又返回农田（罗雁等，2013）。这些农产品从营养、色泽、品质、口感等方面在欧盟市场都具有极强的市场竞争力，出口不仅提高了农产品的价值，赚取的外汇又反过来促进了农场的快速发展（栗若杨、郭静利，2016）。未来，沙特的农业将会朝着两个方向迈进，一是加大海外购地规模，将耗水性强的产业转嫁到国外；二是加大海水淡化的技术和资金投入，使用石油换取淡水，使之能够达到供应本国农业的规模。

（三）沙特阿拉伯发展农业的经历给我们的启示

农业乃立国之本，强国之基。一个国家只有立足粮食基本自给，才能掌握粮食安全主动权。沙特是世界上最富裕的国家之一，但沙特又是一个极度缺乏农业资源的国家，其粮食安全与国际市场密切联系在一起（赵玉敏、唐静，2013），随时都可能被别人牵着鼻子走。为摆脱这种处境，沙特通过高额的补贴和现代农业技术，曾一度实现了粮食自给。作为人口大国，粮食安全是国家的重中之重，云南未来必须走可持续发展的现代农业之路，科技兴农，绿色发展，农业方可持续发展，粮食安全才可有保障。

七、南非

南非共和国地处南半球，有“彩虹之国”之美誉，位于非洲大陆的最南端，陆地面积为121.91万平方千米，其东、南、西三面被印度洋和大西洋环抱，陆地上与纳米比亚、博茨瓦纳、莱索托、津巴布韦、莫桑比克和斯威士兰接壤。东面隔印度洋和澳大利亚相望，西面隔大西洋和巴西、阿根廷相望。南非是非洲第二大经济体，国民拥有很高的生活水平，南非的经济相比其他非洲国家是相对稳定的。南非土地资源十分丰富，地理位置优越，全境大部分为海拔600米以上高原，多为半干旱区，年平均降雨量511毫米，属亚热带和热带草原气候。南非农业比较发达，现代化程度高，加上天时、地利的优势，其农牧业产品充裕，而且质量优良，农业市场化程度高，农产品在市场上具有很强的竞争力，其中玉米、小麦、马铃薯、花生、蔬菜、水果、肉类自给有余，大量出口世界各地和援助非洲其他国家（王天生，2004）。南非农业取得的这些显著成效，得益于国家对资源的适度开发和生态保护的重视及农业技术的推广和普及。国家一方面支持有竞争力的优势产业项目；另一方面特别重视资源的适度开发和生态保护，决不允许盲目开发破坏生态环境。南非重视发展有机农业，为了防止化学制品危害人们的健康，保护环境，在农业生产过程中完全不用或基本不用人工合成的化肥、农药、生长调节剂和牲畜饲料添加剂，尽量采用豆科作物、作物秸秆、牲畜粪肥、有机废物和作物轮作、休闲来保持土壤肥力，对病虫害尽可能采用生物防治的方法，等等，这些做法值得我们借鉴、学习。

2010~2019年南非粮食、蔬菜、水果等主要农产品的生产量、出口量及出口额如表13-8所示。

表 13－8　　2010～2019 年南非主要农产品的生产量、出口量及出口额

种类	指标	2010 年	2011 年	2012 年	2013 年	2014 年	2015 年	2016 年	2017 年	2018 年	2019 年
粮食	生产量(万吨)	1470.09	1292.84	1455.62	1415.46	1661.73	1190.80	1018.92	1885.34	1496.13	1331.15
	出口量(万吨)	137.63	271.59	123.75	321.30	278.71	129.17	135.97	247.61	247.75	150.36
	出口额(百万美元)	367.06	893.24	493.37	1021.18	865.93	423.79	479.78	605.23	582.65	422.49
玉米	生产量(万吨)	1281.50	1036.00	1212.07	1181.06	1425.00	995.50	777.85	1682.00	1251.00	1127.55
	出口量(万吨)	123.92	256.32	102.28	260.49	214.78	76.22	102.66	219.71	220.13	118.08
	出口额(百万美元)	304.85	813.73	397.76	767.55	602.67	208.61	334.16	473.08	452.41	280.38
小麦	生产量(万吨)	143.00	200.50	191.50	187.00	175.00	144.00	191.00	153.50	186.80	153.50
	出口量(万吨)	1.82	2.14	2.01	22.00	32.69	22.59	5.26	7.91	6.13	13.34
	出口额(百万美元)	6.22	8.90	8.30	76.32	114.81	79.53	18.46	30.60	19.55	44.81
马铃薯	生产量(万吨)	209.02	219.72	222.87	217.38	224.75	248.66	215.08	245.70	246.77	250.58
	出口量(万吨)	4.22	5.20	6.91	11.79	15.08	16.10	12.72	16.11	15.75	16.93
	出口额(百万美元)	15.69	20.00	23.75	45.79	53.89	43.75	47.57	54.86	50.80	45.71
水果	生产量(万吨)	613.01	624.64	645.89	706.78	706.31	727.18	656.24	689.07	725.32	721.82
	出口量(万吨)	276.0	265.6	283.1	333.1	326.1	336.9	339.5	376.5	404.1	368.0
	出口额(百万美元)	2396.3	2510.7	2488.7	2861.9	2979.3	2895.5	2980.8	3396.0	3654.4	3373.1
蔬菜	生产量(万吨)	253.30	257.66	272.48	268.84	252.67	272.44	258.10	269.43	257.33	259.34
	出口量(万吨)	16.1	15.1	23.4	35.3	37.6	33.5	42.0	38.4	42.1	39.2
	出口额(百万美元)	150.69	166.01	215.22	350.48	372.68	279.881	359.145	394.366	466.755	386.451
肉类	生产量(万吨)	278.35	277.60	279.17	308.08	320.01	327.63	324.89	313.76	325.09	336.12
	出口量(万吨)	3.45	2.51	2.26	10.51	13.43	13.51	15.67	14.00	11.71	11.49
	出口额(百万美元)	141.77	81.68	63.02	221.26	293.21	283.73	323.63	343.74	306.20	280.47

资料来源：根据 FAO 网站 2020 年 12 月数据整理。

八、墨西哥

墨西哥位于北美洲南部墨西哥高原，高原和山地占国土面积的 5/6，冬无严寒，夏无酷暑，四季万木常青，自然条件极其优越，有“高原明珠”的美称。2009 年，墨西哥人均 GDP 已超过 1 万美元，进入高收入国家行列。但墨西哥经济增长仅使少数人受益，相当多的普通民众并未享受到高收入国家应有的生活质量和社会福利，尤其是相当多的农民长期陷入“发展中的痛苦”。这种“痛苦”既源于墨西哥加入北美自由贸易区后农业比较优势的丧失，又源于缺乏包容性的过度城市化，以及政府治理的失效（罗雁等，2013）。

墨西哥曾是拉丁美洲农业大国，有“玉米的故乡”之称。长期以来，农牧业在国民经济中占据十分重要的地位。全国牧场占地 7900 万公顷，有部分畜产品出口。墨西哥农业有明显的二元化特点，一是毗邻美国的北部和西北部地区有较为发达的现代化商品性农业，机械化程度高；二是中部和南部的小农经济。第二次世界大战后，墨西哥经济一度突飞猛进，农业发展总体比较顺利，被誉为“墨西哥奇迹”。特别是 20 世纪 40～60 年代，墨西哥农业进入了黄金时代。但是，自 20 世纪 60 年代后期起，随着工业化进程的加快，农业部门逐渐被忽视，国家对农业的投资减少，农牧业占国内生产总值的比重不断下降。[①] 20 世纪 90 年代前，墨西哥传统农产品如玉米、大豆、蔬菜、咖啡等在世界贸易中曾有较大竞争优势，但是，加入北美自由贸易区后，由于农业产业结构调整不力，不仅高附加值农业没有得到相应发展，甚至一些原来占有优势的传统农业作物也受到冲击，农业比较优势逐步丧失，农业遭受沉重的打击，尤其是 2008 年实行全面自由化政策以来，农产品关税解除，使得这一状况进一步恶化。原因在于，无论在技术、生产规模，还是在农业补贴方面，墨西哥都无法与美国相比，享受高额补贴的美国农产品大量涌入墨西哥市场，造成本国农业竞争力下降，大量小农破产，45 岁以下的劳动力不断流向城市或国外，留在农村务农的劳动力平均只有 5～6 年的受教育年限，农业科技推广很困难，农村贫困问题日益突出，粮食安全亦受到极大威胁（罗雁等，2013）。

墨西哥经济去农业化既有外部原因，也有内部因素。20 世纪 80 年代初期，墨西哥进口替代战略失败，债务危机爆发，在世界银行和债权国的压力下，政府开始实施新自由主义经济改革，强调农业对外开放利用外资、强调发挥市场机制在农业领域中的作用。从内部看，资本大量下乡后，大农场主垄断了农产品价格，获得大部分农业补贴，小农户无法与之竞争，纷纷破产。墨西哥用发展城市化替代冲击新农村建设，用同质化、大宗化农业替代多样化农业，用大农替代小农，用资本替代人力，用企业替代农户，照搬美国现代农业模式的结果，使墨西哥农业生产、农村发展、农民收入出现了一系列结构性的矛盾和问题。农业生产不能满足国内需求，已由农产品净出口国变成净进口国。20 世纪 80 年代墨西哥 40% 的外汇收入依赖农产品出口，现在 50% 以上的食品却需要进口，为了满足国内粮食需求，每年花在进口食品的外汇支出相当于墨西哥全部移民在美国打工一年寄回的钱，或相当于墨西哥一年的石油出口收入（左妍、尚华伟，2012）。

---

① 根据外交部网站、FAO 网站及百度百科数据资料整理。

缺乏包容性的“快速城市化之痛”，使得政府治理被严重质疑。墨西哥的城市化是农村经济衰败后不得已而为之的“被城市化”，加之未建立起独立的工业体系，城市人口又相对集中在几个大城市，导致“大城市病”越发严重，交通、环境污染等社会问题日益突出。政府财政收入主要来自中低收入人群，根本无力保障公共服务供给，教育、医疗服务成本高、效率低，导致基本公共产品长期短缺。尤其是城市贫民窟连水、电等基础设施都缺乏，贫民窟的子女更难接受较好的教育和医疗（左妍、尚华伟，2012）。

农业优势的丧失，收入分配严重不公，城市贫困与农村极端贫困并存，是墨西哥发展过程中长期偏重效率而忽视公平的具体表现，已经成为制约墨西哥经济社会可持续发展的痼疾。贫民窟居民是墨西哥快速城市化的受害者，大多对政府怀有不满情绪，构成政治上的不稳定因素。目前墨西哥接近全国人口的60%为贫困人口，其中80%的贫困人口来自农村，有超过一半的农民没有向农业投资过，农业收入只占农民收入的30%左右（左妍、尚华伟，2012）。

墨西哥的农业发展经历值得我们深思和警醒，乡村兴则国家兴，乡村衰则国家衰，吸取墨西哥的教训，我们应让农民工成为历史，尽早实现农民工市民化，以避免“城市化之痛”；高度重视全球化中的粮食安全问题和资本下乡问题，进一步加大耕地保护力度，加大对农业的投入，提高农民种粮积极性；加大对云南特色农业的财政投入和政策保护，防止资本过度下乡，维护农户家庭在农业经营中的主体地位，因地制宜发展各地特色农业，生产特色农产品。同时，政府应努力改善公共治理结构，维护公共利益和形象，全面实施乡村振兴战略，这对促进我国经济的可持续发展和保障社会的和谐稳定至关重要（罗雁等，2013）。

总体来说，尽管低纬高原地区大多是欠发达地区或后开发的地区，各个国家资源禀赋、社会经济条件等方面存在差异，发展现代农业的道路和特点也不尽相同，但在发展现代农业的进程中，也取得一些共同的经验，如重视发展农业科学技术的研究与开发、农业技术的推广和普及；建立农业保险制度，降低农业自然、市场风险，增加农户收入；重视资源的适度开发和生态保护；认真落实保护性农业的覆盖、免耕、轮作3个基本原则，积极发展有机农业，努力提高农产品经济附加值，实现真正可持续的农业生产；积极发展外向型农业，提高本国农产品的国际竞争力等经验和做法值得我国学习和借鉴。

（执笔：罗雁、唐婷、陈良正）

云南省农业科学院
Yunnan Academy of Agricultural Sciences（YAAS）

Study on the Industrial Economy and Policy Innovation of Yunnan Plateau

CHARACTERISTIC AGRICULTURE

云南高原特色农业产业经济及政策创新研究

（中卷）

李学林　陈良正　袁 媛　等◎著

中国财经出版传媒集团
经济科学出版社
Economic Science Press

图书在版编目（CIP）数据

云南高原特色农业产业经济及政策创新研究．中卷／李学林等著．—北京：经济科学出版社，2022.3
ISBN 978-7-5218-3398-0

Ⅰ.①云…　Ⅱ.①李…　Ⅲ.①特色农业-农业经济-研究-云南②特色农业-农业政策-研究-云南　Ⅳ.①F327.74

中国版本图书馆 CIP 数据核字（2022）第 018560 号

责任编辑：赵　蕾　赵　芳　尹雪晶　王珞琪
责任校对：靳玉环　齐　杰
责任印制：范　艳

云南高原特色农业产业经济及政策创新研究
（中卷）
李学林　陈良正　袁　媛　等/著
经济科学出版社出版、发行　新华书店经销
社址：北京市海淀区阜成路甲 28 号　邮编：100142
总编部电话：010-88191217　发行部电话：010-88191540
网址：www.esp.com.cn
电子邮箱：esp@esp.com.cn
天猫网店：经济科学出版社旗舰店
网址：http://jjkxcbs.tmall.com
北京中科印刷有限公司印装
787×1092　16 开　121.25 印张　2100000 字
2022 年 9 月第 1 版　2022 年 9 月第 1 次印刷
ISBN 978-7-5218-3398-0　定价：498.00 元（全三卷）
（图书出现印装问题，本社负责调换。电话：010-88191510）

目　录

第三篇　产业研究

第三篇

产业研究

第十四章

云南水稻产业经济问题研究

第一节　云南水稻产业发展概况

一、中国及云南水稻产业发展情况

水稻是全世界最重要的粮食作物之一，稻米是亚洲约 4/5 的人口以及非洲和拉丁美洲约 1/3 的人口的主要食物来源。水稻也是我国的主要粮食作物，在国民经济和食物安全中具有重要的地位。据国家统计局网站数据，近年来，我国水稻常年种植面积约 3 千万公顷（仅指不含港澳台的大陆地区 31 个省区市，下同），占全国粮食播种面积的 26% 左右；稻谷总产量 2.1 亿吨，占全国粮食总产量的 32% 左右。我国稻谷的单产不仅在国内粮食作物中最高，也高于全球平均水平的 60%；我国稻米以食用消费为主，占国内总消费量的 80% 以上，近年来，国内年消费量 1.2 亿～1.3 亿吨。水稻也是云南省最重要的口粮作物，常年种植面积 90 万公顷左右，居全国第 10 位，西部第 2 位，占全省粮食面积的 24% 左右，全省稻谷产量居全国稻谷总产量的第 11 位，多年占全省粮食产量的比重约 30%。

二、中国及云南水稻生产

（一）中国水稻生产在全球的地位

全球水稻种植面积从 1961 年以来一直呈缓慢增加趋势。根据 FAO 网站数据，1961～2019 年，水稻收获面积由 1.15 亿公顷增加至 1.62 亿公顷，增长了 40.87%，平均年增长速率0.69%。中国是世界上最大的水稻生产国，总产量位居世界第一；种植面积位于印度之后，居世界第二位。自1961年以来，我国水稻种植面积呈现先升高后降低的态势。1976年种植面积达到3696.9万公顷，其后开始下降。进入21世纪以来我国水稻种植面积稳定在3000万公顷左右，占世界种植面积的18%~19%（见图14-1和图14-2）。据国家统计局数据，1999~2019年，我国水稻年均播种面积3039.45万公顷，占粮食作物年均种植面积的26.29%，年均稻谷产量约2.07亿吨，占粮食总产量的33%以上。我国水稻种植分布区域以南方为主，目前南方稻区约占我国水稻播种面积的94%，其中长江流域水稻面积占全国的65.7%，北方稻作面积约占全国的6%。

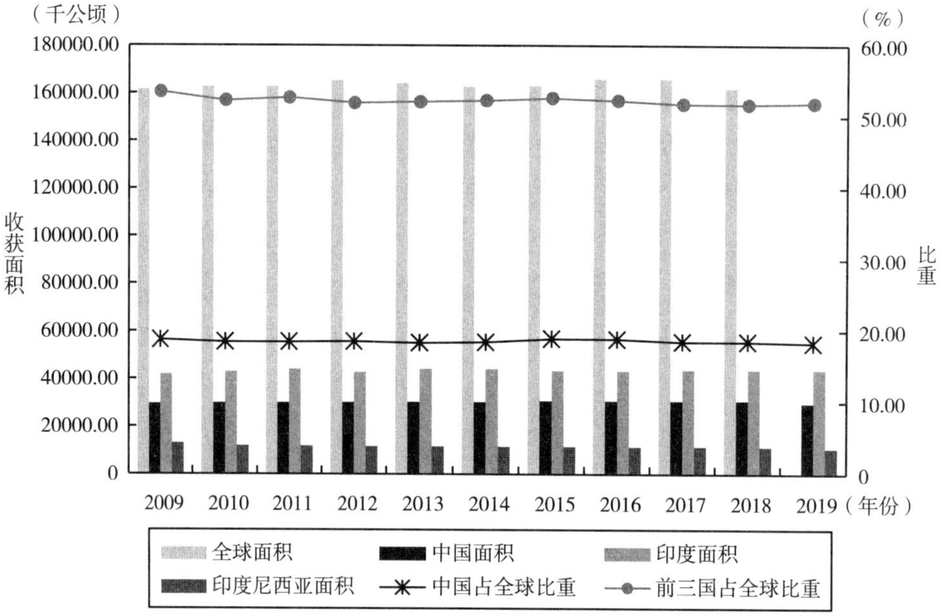

图14-1 2009~2019年世界及水稻主产国水稻种植面积情况

资料来源：联合国粮农组织统计数据库2020年12月数据。

（二）云南水稻生产及在全国的地位

根据国家统计局网站数据，我国稻谷播种面积居全国前十的省份分别是湖南、黑龙江、江西、安徽、江苏、湖北、广西、四川、广东和云南，其播种面积之和占全国的比重为82%左右。稻谷产量全国前十的省份分别是湖南、黑龙江、江西、江苏、湖北、安徽、四川、广西、广东和吉林（见表14-1和表14-2）。我国水稻生产省份及云南产值如表14-3所示。21世纪初期，云南省稻作种植面积和产

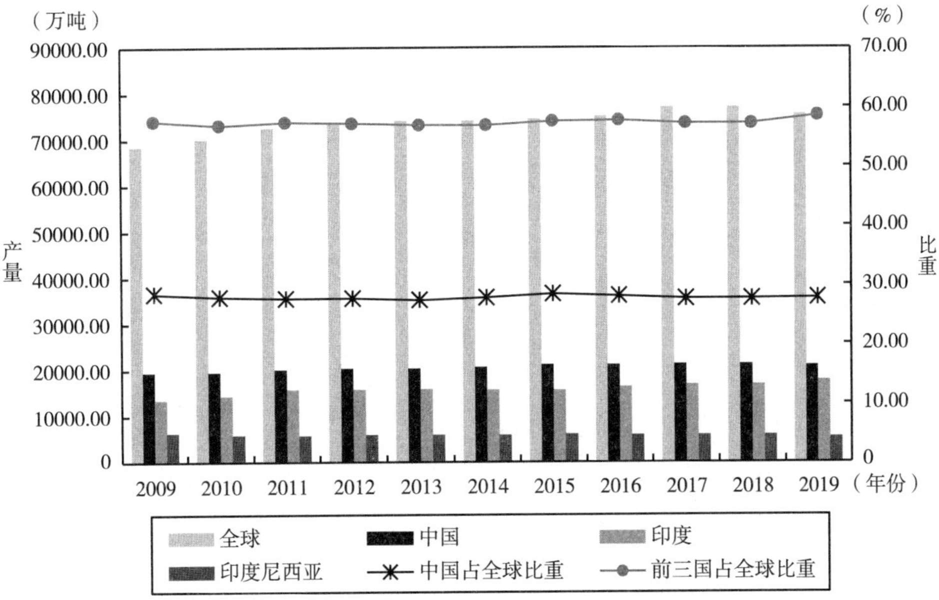

图 14-2　2009～2019 年世界及水稻主产国水稻产量情况

资料来源：联合国粮农组织统计数据库 2020 年 12 月数据。

量分别占全国的 3.5% 和 3% 左右，之后逐渐下降，2019 年分别占 2.83% 和 2.55%，分别居全国第 10 位和第 11 位（见表 14-4）。

表 14-1　　2009～2019 年全国稻谷播种面积前 10 位及占比　　单位：万公顷

地区	2009 年	2010 年	2011 年	2012 年	2013 年	2014 年	2015 年	2016 年	2017 年	2018 年	2019 年
全国	2979.30	3009.69	3033.84	3047.60	3070.97	3076.51	3078.41	3074.59	3074.72	3018.95	2969.35
湖南	410.34	410.53	416.08	420.96	421.85	427.50	428.78	427.76	423.87	400.90	385.52
黑龙江	269.54	313.94	343.73	363.07	386.08	396.85	391.84	392.53	394.89	378.31	381.26
江西	334.42	341.04	344.13	347.65	350.19	352.26	354.13	352.71	350.47	343.62	334.62
安徽	235.65	233.86	233.39	233.36	232.09	242.20	247.64	253.74	260.52	254.48	250.90
江苏	222.38	222.49	222.77	222.89	222.99	223.67	225.03	225.63	223.77	221.47	218.43
湖北	209.36	208.78	208.11	208.64	220.26	220.18	238.34	235.87	236.81	239.10	228.68
广西	208.40	204.08	201.22	197.90	195.58	192.38	187.14	183.67	180.17	175.26	171.29
四川	199.09	196.69	194.32	192.98	190.54	189.24	187.87	187.40	187.49	187.40	187.00
广东	193.36	191.81	189.80	189.82	185.00	182.68	180.48	180.60	180.54	178.74	179.37
云南	97.85	93.31	96.65	94.39	97.97	94.22	90.93	88.14	87.06	84.96	84.15
合计	2380.38	2416.54	2450.20	2471.66	2502.54	2521.16	2532.16	2528.04	2525.58	2464.23	2421.21
占比(%)	79.90	80.29	80.76	81.10	81.49	81.95	82.26	82.22	82.14	81.63	81.54

资料来源：国家统计局网站 2020 年 12 月数据。

表 14-2　　2009~2019 年全国稻谷产量前 10 位及占比　　单位：万吨

地区	2009 年	2010 年	2011 年	2012 年	2013 年	2014 年	2015 年	2016 年	2017 年	2018 年	2019 年
全国	19619.67	19722.57	20288.25	20653.23	20628.56	20960.91	21214.19	21109.42	21267.59	21212.90	20961.40
湖南	2614.29	2551.77	2634.20	2704.26	2645.27	2732.68	2756.75	2724.61	2740.35	2674.01	2611.50
黑龙江	1899.61	2277.47	2438.40	2600.23	2710.82	2797.22	2720.87	2763.62	2819.33	2685.54	2663.46
江西	1957.44	1920.80	2026.05	2061.49	2105.96	2144.18	2157.16	2140.51	2126.15	2092.20	2048.30
江苏	1795.23	1800.33	1846.84	1878.76	1891.89	1882.55	1917.33	1898.94	1892.57	1958.03	1959.64
湖北	1563.02	1530.99	1614.51	1666.31	1728.32	1756.44	1961.42	1874.47	1927.16	1965.62	1877.06
安徽	1470.94	1440.20	1450.68	1466.75	1426.63	1523.62	1616.80	1570.02	1647.46	1681.21	1630.01
四川	1493.35	1484.08	1478.05	1483.98	1483.39	1450.49	1465.19	1467.34	1473.70	1478.60	1469.82
广西	1123.87	1092.60	1049.59	1098.52	1105.00	1107.30	1073.47	1066.00	1019.78	1016.24	991.95
广东	1044.00	1041.80	1072.65	1097.00	1012.80	1053.29	1040.82	1039.53	1046.34	1032.07	1075.05
吉林	510.48	574.14	629.26	539.90	573.09	595.39	644.26	670.45	684.43	646.32	657.17
合计	15472.23	15714.18	16240.23	16597.20	16683.17	17043.16	17354.07	17215.49	17377.27	17229.84	16983.96
占比(%)	78.86	79.68	80.05	80.36	80.87	81.31	81.80	81.55	81.71	81.22	81.02

资料来源：国家统计局网站 2020 年 12 月数据。

表 14-3　　2009~2019 年全国水稻主产省份及云南产值　　单位：千万元

地区	2010 年	2011 年	2012 年	2013 年	2014 年	2015 年	2016 年	2017 年	2018 年	2019 年
全国	44683	52601	57149	60146	61930	61291	60891	63575	62321	61756
湖南	6215	6439	7105	6762	7163	7178	7211	7621	6774	6816
江西	3551	4758	4901	4920	5096	5169	5424	5407	5715	5454
黑龙江	4794	5989	7468	9726	9860	8249	8345	10432	9399	9836
江苏	4431	5406	5681	5874	6065	6326	6200	6242	6132	5808
安徽	3182	3654	3888	3878	4148	4321	4149	4941	4828	4562
湖北	3350	4029	4433	5073	5292	5218	4665	5451	5405	5359
广西	2436	3057	3195	3158	3312	3436	3389	3166	3165	2914
四川	3126	3568	3881	3898	3886	4175	3944	3792	3635	3552
广东	2386	2979	3242	2968	3215	3404	3355	3254	3257	3372
云南	1295	1471	1547	2004	2005	2068	1861	1428	1900	2148
合计	33471	39879	43794	46257	48037	47476	46682	50306	48310	49821

资料来源：2011~2020 年《中国农村统计年鉴》。

表 14-4　　2000~2019 年全国及云南省水稻生产情况

年份	总产量（万吨）			种植面积（万公顷）			单产（千克/公顷）			单位面积产值（元/公顷）		
	云南	全国	占比（%）	云南	全国	占比（%）	云南	全国	占比（%）	云南	全国	占比（%）
2000	568.20	18790.77	3.02	107.36	2996.17	3.58	5292.47	6271.60	84.39	3440.11	4076.53	84.39
2005	646.34	18058.84	3.58	104.93	2884.72	3.64	6159.73	6260.17	98.40	8931.86	9077.26	98.40
2010	563.50	19722.57	2.86	93.31	3009.69	3.10	6038.95	6553.02	92.16	13878.47	14846.38	93.48
2011	602.13	20288.25	2.97	96.65	3033.84	3.19	6229.88	6687.32	93.16	15219.87	17338.09	87.78
2012	561.88	20653.23	2.72	94.39	3047.60	3.10	5953.00	6776.88	87.84	16389.47	18752.13	87.40
2013	567.76	20628.56	2.75	97.97	3070.97	3.19	5795.30	6717.28	86.27	20455.24	19585.34	104.44
2014	548.33	20960.91	2.62	94.22	3076.51	3.06	5819.49	6813.21	85.41	21279.98	20129.95	105.71
2015	528.62	21214.19	2.49	90.93	3078.41	2.95	5813.55	6891.28	84.36	22742.77	19909.95	114.23
2016	524.08	21109.42	2.48	88.14	3074.59	2.87	5946.00	6865.77	86.60	21114.14	19804.59	106.61
2017	529.23	21267.59	2.49	87.06	3074.72	2.83	6079.19	6916.92	87.89	16402.48	20676.68	79.33
2018	527.70	21212.90	2.49	84.96	3018.95	2.81	6211.52	7026.59	88.40	22363.47	20643.27	108.33
2019	534.00	20961.40	2.55	84.15	2969.35	2.83	6345.81	7059.25	89.89	25525.85	20797.80	122.73

资料来源：面积和产量数据来源于国家统计局网站；产值数据来源于历年《中国农村统计年鉴》（当年价格）。

据《云南农业统计年鉴》及笔者调研情况，云南稻谷生产由杂交稻和常规稻构成，杂交稻和常规稻的面积分别占总面积的 40% 和 60% 左右。云南省稻作生产主要划分为 5 个稻作区，各稻作区由于生态条件不同，生产上的品种也有较大差异。2000 年以来，在国家和省相关部门的支持下，经过各级科研部门的努力，育成通过云南省审定的品种 400 余个，为云南粮食安全做出了重要贡献。各稻作区情况如下：（1）高寒粳稻区：海拔 2200 米以上，年平均气温 11.3℃~12.8℃，以海拔 2400 米的丽江为代表，面积约 4 万公顷，栽培品种主要是带有花青素的地方老品种和自育粳稻品种（丽粳系列）；（2）温凉粳稻区：海拔 1850~2200 米，年平均气温 11.6℃~15.6℃，以大理、曲靖、昭通为代表，面积约 18 万公顷，栽培品种主要是自育的粳稻品种（云粳系列、凤稻系列、靖粳系列、会粳系列）；（3）温暖粳稻区：海拔 1400~1850 米，年平均气温 14.7℃~16.3℃，以玉溪、楚雄、保山为代表，面积约 30 万公顷，栽培品种主要是自育的粳稻品种（楚粳系列、云粳系列、滇杂系列）；（4）单、双季籼稻区：海拔 396~1463 米，多数在 1100 米左右，年平均气温 15.8℃~23.7℃，以文山、临沧、芒市、景洪、普洱为代表，面积约为 30 万公顷，栽培品种大多数为省外引进的杂交籼稻品种和部分自育的常规籼稻品种（文稻系列、红优系列、临籼系列、德优系列）；（5）水陆稻兼作区：海拔 76~1899 米，多数在1200米以下，年平均气温15.3℃～22.6℃，以澜沧、江城、西盟为代表，面积约18万公顷，主要栽培自育陆稻品种和省外引进的杂交籼稻品种。

三、中国及云南水稻的消费分析

中国稻谷消费主要由口粮消费、工业消费、饲用消费及其他（种用、损耗等）构成。我国稻谷产量常年维持在2亿吨左右，90%用作口粮消费，其他消费占比在一成左右。近几年，随着陈稻去库存节奏加快以及粮食精深加工技术的不断提升，稻谷饲料用粮和工业用粮比重逐渐提高，口粮消费占比逐渐下滑至80%左右。随着中国经济发展、人民生活水平提高等因素影响，人们的饮食消费日渐多元化，因而稻谷口粮消费呈缓慢下降趋势，给粮食深加工、新兴食品工业带来很大发展机遇。据中华粮网预估，在2020年我国稻谷消费结构中，口粮消费为1.652亿吨，占比约77%；饲料用粮2165万吨，占比约10%；工业用粮1910万吨，占比约9%。稻谷饲料用粮和工业用粮增加较快，2020年稻谷饲料用粮同比增长26%，工业用粮同比增长24%。预计后期稻谷供需形势将会进一步趋紧，进一步加快陈稻去库存节奏，在此基础上，稻谷的消费结构将会进一步优化调整。

从表14－5可以看出，受耕地资源有限、立地条件差和投入不足、农业基础设施建设落后、农业科技水平不高以及种粮比较效益偏低等因素影响，云南全省粮食产能不高、“靠天吃饭”的局面未得到根本改变。综合各种因素，云南以稻谷为主的口粮结构性缺口较大。云南省粮食及物资储备局统计数据表明，近年来云南稻谷消费结构基本稳定，口粮消费占比多年保持在93.45%左右，处于绝对主导地位，饲料消费占比在3.74%上下，工业及其他占比分别为1%左右。此外，云南口粮消费稻米较为偏爱黑龙江、吉林等质优价廉的东北大米，从省外调入大米总量占消费量的30%左右，稻谷对外依存度较强。

表14－5　2010～2018年中国及云南水稻主要消费数量构成　　单位：万吨

年份	云南					全国				
	口粮消费	饲料用粮	工业用粮	其他	合计	口粮消费	饲料用粮	工业用粮	其他	合计
2010	520.50	20.80	11.40	4.60	557.40	15720.00	1650.00	960.00	420.00	18750.00
2011	565.30	22.60	12.30	5.00	605.10	16055.00	1675.00	1350.00	430.00	19510.00
2012	546.70	21.90	11.90	4.70	585.30	16130.00	1695.00	1360.00	445.00	19630.00
2013	567.90	22.90	12.50	4.60	607.80	16190.00	1690.00	1340.00	440.00	19660.00

续表

年份	云南					全国				
	口粮消费	饲料用粮	工业用粮	其他	合计	口粮消费	饲料用粮	工业用粮	其他	合计
2014	567.70	22.70	12.50	4.60	607.50	16610.00	1435.00	1210.00	545.00	19800.00
2015	561.70	22.40	12.30	4.60	601.00	16410.00	1360.00	1080.00	520.00	19370.00
2016	572.20	23.00	12.70	4.50	612.30	16375.00	1430.00	1150.00	510.00	19465.00
2017	570.86	23.00	15.30	4.60	613.80	15680.00	1350.00	1400.00	525.00	18955.00
2018	572.29	23.10	15.40	4.60	615.40	15850.00	1500.00	1850.00	525.00	19725.00

资料来源：国家粮食局、中国农业信息网。其中2017年和2018年全国的其他消费按照2014～2016年三年平均估计为525万吨，云南所有数据为笔者根据2013～2016年的平均增长率和占比的估算值。

四、中国及云南稻米的贸易情况分析

中国曾是全球第三大稻米出口国，但近几十年来已退居第六、第七位，国内稻米出口量与国内产量相比十分有限。此外，出于国内粮食安全考虑，我国并未完全放开粮食市场，对稻谷和大米等农产品实行关税配额管理，在配额外继续进口需要承担高额的关税，因而国内稻米进口数量相对较少。近两年出于陈稻去库存的需求，我国还加大了低端大米的出口力度，大米出口量节节攀升，从前几年的几十万吨增至200万吨以上的高位水平。农业农村部数据显示，2019年我国大米出口量近10年来首次超过进口量，从大米净进口国转变为大米净出口国。随着粮食消费逐渐“内卷化”，低价陈稻更多被粉碎后用作饲料，形成对玉米的替代，稻谷综合利用效率逐渐提高，将进一步减少对国际市场的依赖，预计我国大米进出口量将进一步下降。据农业农村部统计，2019年，全国进口稻谷254.57万吨（进口额12.97亿美元），出口稻谷274.76万吨（出口额10.59亿美元）。

云南稻米进出口量、进出口额及其在全国稻米进出口贸易中所占比例均非常小。从表14－6～表14－9可以看出，云南省稻米贸易量及贸易额年度增长率均呈现不断增长趋势，进口增长率低于全国其他省份，出口增长率远高于全国其他省份。

表14－6　　2010～2019年中国及云南稻米贸易量　　单位：万吨

年份	进口			出口		
	云南	全国	占比（%）	云南	全国	占比（%）
2010	1.85	38.82	4.77	0.073	62.23	0.12
2011	1.91	59.78	3.20	0.116	51.57	0.22
2012	2.89	236.90	1.22	0.173	27.92	0.62

续表

年份	进口			出口		
	云南	全国	占比（%）	云南	全国	占比（%）
2013	3.68	227.10	1.62	0.25	47.85	0.52
2014	4.31	257.90	1.67	0.289	41.95	0.69
2015	5.61	337.69	1.66	0.196	28.72	0.68
2016	5.91	356.00	1.66	0.225	39.50	0.57
2017	NA	402.56		NA	119.68	
2018	14.39	307.66	4.68	0.11	208.97	0.05
2019	35.45	254.57	13.93	NA	274.76	

资料来源：2017年之前的数据来源于EPS数据库—中国三农数据库和中国农业信息网；2018～2019年的全国数据来源于农业农村部网站数据库（2020年12月查询），云南省部分数据短缺；NA表示无数据。

表14－7　2010～2019年中国及云南稻米贸易额　单位：百万美元

年份	进口额			出口额		
	云南	全国	云南占比（%）	云南	全国	云南占比（%）
2010	5.11	271.36	1.88	1.14	418.68	0.27
2011	6.21	407.64	1.52	0.76	426.98	0.18
2012	13.38	1153.16	1.16	1.63	272.27	0.60
2013	12.50	1083.02	1.15	1.60	416.74	0.38
2014	14.70	1254.19	1.17	1.81	378.40	0.48
2015	17.43	1496.92	1.16	1.39	267.89	0.52
2016	18.61	1614.08	1.15	1.67	256.92	0.65
2017	NA	1860.00	NA	NA	596.85	NA
2018	63.22	1639.30	3.86	0.44	887.49	0.05
2019	141.60	1297.19	10.92	NA	1059.2804	

资料来源：2017年之前的数据根据海关总署数据整理而得，全国数据来源于EPS数据库—中国三农数据库（2019年5月查询）；2018～2019年数据来源于农业农村部网站数据库（2020年12月查询），云南省部分数据短缺；NA表示无数据。

表14－8　2000～2016年云南和中国其他省份稻米贸易量年度增长率比较　单位：%

指标	2000～2005年	2006～2010年	2011～2016年
云南进口	－41.60	－32.10	25.35
中国其他省份进口	－26.60	－14.10	43.33
云南出口	0.20	3.59	14.16
中国其他省份出口	－19.20	－15.81	－5.26

资料来源：根据海关总署数据整理。

表 14-9　2000~2016 年云南和中国其他省份稻米贸易额年度增长率比较　单位：%

指标	2000~2005 年	2006~2010 年	2011~2016 年
云南进口	-27.50	-9.06	24.53
中国其他省份进口	-20.30	-1.86	31.78
云南出口	16.77	17.22	17.21
中国其他省份出口	-2.90	0.44	-3.91

资料来源：根据海关总署数据整理。

五、云南水稻产业发展存在的问题及对策建议

（一）云南水稻产业发展存在的问题

在各级相关部门的支持下，通过多年努力，云南水稻产业取得了长足的发展。但是，由于自然条件和社会经济发展等多种因素制约，云南水稻产业的进一步发展存在诸多不容忽视的问题，主要表现在以下几个方面。

一是资源约束加剧，农业基础设施薄弱。一方面，近年来，随着工业化、城镇化的快速推进和粮经作物争地等因素，大量稻田被占用。虽然在耕地数量上基本保持“占补平衡”，但占优不占劣现象突出，稻田面积逐年下降，特别是高产稻田面积减少较快。另一方面，农业灾害频繁，农业基础设施薄弱，抵御自然灾害能力弱。由于地理、气候等原因，云南属于自然灾害多发区，有“无灾不成年”之说。尤其是自 2009 年以来，干旱对全省稻谷生产影响较大，平均每年受旱面积达 30 万公顷左右。此外，病虫害发生严重，每年稻飞虱、稻瘟病和白叶枯病受害面积分别在 25 万公顷、13 万公顷和 5 万公顷左右。

二是机械化程度低，生产成本较高。云南水稻种植区域海拔参差不齐、田块大小不一、土壤情况复杂等，发展水稻生产机械化生产难度较大。由于家庭联产承包责任制，一家一户分开种植，土地分散经营，土地流转慢，种植规模小，导致机械化作业成本高，农机社会化服务组织发展滞后，大型农机具作业效率低，专业合作组织少，机械作业成本较高，加之农户收入低，购买机具负担重，风险大，农民不愿意投入（张崇良等，2012）。据笔者调研，2018 年云南省的稻谷生产中，机插面积不到 5%，而机收面积也仅为 20% 左右。

三是种植品种多、规模小，难以形成产业化。由于云南生态条件复杂，不同稻区的品种类型不同，导致生产上种植的水稻品种多，每个品种种植面积较小而

分散，难以形成产业化。

四是科技推广体系建设滞后，科技成果覆盖面不高。科技研发与种植结构调整、品种优化发展需求存在差距，水稻新品种和新技术的推广滞后，加之各州市科技推广不平衡，导致全省科技成果覆盖面增长缓慢。据笔者调研，2018 年全省水稻良种覆盖率约 70.1%，不同稻作的良种覆盖率差异明显，杂交稻良种覆盖率约 90%；常规水稻仅为 45%~55%，其中温暖粳稻区常规粳稻良种覆盖率达 55%，冷凉稻区常规粳稻良种覆盖率不到 20%。科技推广体系建设严重滞后，基层农技推广机构设备简陋、人员素质不高、服务能力弱，加之科技推广经费缺乏，科技推广应用已成为云南省粮食增产最薄弱的环节。随着近年来农村劳动力转移进程的加快，农村劳动力结构发生变化，呈现老龄和小龄化务农趋势，加大了粮食增产技术推广难度，劳动力素质亟待提高。

（二）发挥优势和特色，推进云南水稻产业转型升级发展的建议

通过科技创新，选育优质高产高效的水稻新品种，加快水稻绿色生产关键技术研发，推进土地流转，实现水稻生产规模化、机械化、优质化、绿色化，培育龙头企业，利用云南高原得天独厚的区位优势，创建以云南香软米为代表的高原特色优质米品牌，提升大米市场竞争力；充分挖掘稻田涵养水源、人工湿地等生态文化价值以及稻田养殖（鱼虾蟹鸭）等，多途径提高种稻经济效益，从而实现云南水稻产业转型升级。

第二节　云南水稻产业的比较优势

一、云南水稻产业的比较优势概括性介绍

云南是我国较为特殊的一个稻作区，与全国其他地区相比具有以下几个方面的优势。

（一）具有得天独厚的自然条件

云南是中国稻种资源最大的遗传多样性中心和生态多样性中心，也是中国稻种优异种质的富集中心。云南稻种资源多，类型也十分丰富，为全国乃至全世界

的水稻育种和相关研究提供了很好的稻种资源。此外，云南具有特殊的立体生态环境，能囊括我国所有稻作区的气候条件，是一个我国特殊的稻作区，由于多样的生态环境，部分稻区小气候明显，有利于高产，在籼稻和粳稻上都创造了每公顷稻谷单产 15 吨以上的世界高产纪录。

（二）具有面向境外输送水稻生产技术的区位优势

云南与越南、老挝、缅甸接壤，与东南亚、南亚等亚洲乃至全球水稻主要生产国家相邻，是我国推进“一带一路”倡议、建设孟中印缅经济走廊的主体省份，并且具有与这些国家山水相连、民族相同、文化同源、交流历史悠久等优势。上述这些国家有着广阔而肥沃的耕地资源，光热充足，雨量丰沛，具有发展稻作的优越条件。近年来，云南与周边国家农业科技合作发展迅速，通过合作建立农业科技示范园，云南的水稻品种和生产技术逐渐在这些国家推广应用。

（三）生产上的水稻品种类型多样，特色突出

云南是我国重要的边疆省份和多民族聚居区，由于特殊的生态条件和少数民族的饮食习惯，形成了高原特色名米产品，即“云南六大名米”，分别是八宝米贡米、墨江紫米、卧龙谷香软米、勐海香米、遮放贡米和元阳梯田红米。

二、云南水稻产业的区位熵测算和 DRC 分析

（一）云南水稻产业的区位熵测度

区位熵也称为区域规模优势指数或者区域专门化率，是根据既定产业产出的地区份额来判定该产业的优势区位或既定区域的优势产业的重要指标（杨丽等，2013），它是指一个地区特定部门的产值在该地区总产值中所占的比重与全国该部门产值在全国总产值中所占比重的比率，当区位熵大于 1 时，表明该地区该产业具有比较优势，一定程度上显示出该产业较强的竞争力，区位熵越大，该地区该产业的比较优势越明显，竞争能力越强。其表达式为：

$$q_{ij} = \frac{e_{ij}/e_i}{E_j/E} \tag{14.1}$$

其中，q_{ij}是 i 地区 j 部门的区位熵；e_{ij}是 i 地区 j 部门的产值；e_i 是 i 地区的总产值；E_j 是全国 j 部门的产值；E 是全国的总产值。

采用水稻农业产值及生产总值等数据，测算 2010 ~ 2018 年云南省水稻相对于全国的区位熵结果如表 14 - 10 所示。通过测算结果可以看出，计算年间，从 2014 年开始，全国的水稻农业产值与同期生产总值的比值不足 1%，呈现逐年下降的趋势。云南的水稻农业产值与生产总值的比值在 0.87% ~ 1.79%，2010 ~ 2016 年，云南水稻产业的区位熵连续 7 年维持在 1.41 ~ 1.71，呈现较为平稳的趋势（见表 14 - 10），从 2017 年开始下降为不足 1%，但云南水稻产业的区位熵值一直大于 1，从区位熵角度看，云南仍是全国重要的稻米产区，与云南稻谷播种面积占全国第 10 位的情况吻合。水稻尤其是优质稻是云南省较有优势的产业，而且水稻是云南省的主要口粮作物品种，水稻产业的发展对保障粮食安全和边疆和谐稳定均具有十分重要的意义。

表 14 - 10　　　　2010 ~ 2019 年云南省水稻区位熵测度

年份	云南			全国			区位熵
	水稻产值（千万元）	生产总值（千万元）	比例（%）	水稻产值（千万元）	生产总值（千万元）	比例（%）	
2010	1295	72241.8	1.79	44683.00	4121193.0	1.08	1.65
2011	1471	88931.2	1.65	52601.00	4879402.0	1.08	1.53
2012	1547	103094.7	1.50	57149.00	5385800.0	1.06	1.41
2013	2004	118323.1	1.69	60146.00	5929632.0	1.01	1.67
2014	2005	128145.9	1.56	61930.00	6435631.0	0.96	1.63
2015	2068	136191.7	1.52	61291.00	6888582.0	0.89	1.71
2016	1861	147884.2	1.26	60891.00	7463951.0	0.82	1.54
2017	1428	163763.4	0.87	63575.00	8320359.0	0.76	1.14
2018	1900	208806.3	0.91	62321.00	9192811.0	0.68	1.34
2019	2148	232237.5	0.92	61756.00	9865150.0	0.63	1.48

资料来源：2010 ~ 2020 年《中国统计年鉴》和《中国农村统计年鉴》。

（二）云南水稻产业的 DRC 分析

国内资源成本法是美国斯坦福大学皮尔逊（S. R. Pearson）与其他学者合作创立的衡量比较优势的方法，包括社会净收益（net social profitability，NSP）、国内资源成本（domestic resource costs，DRC）以及有效保护率（effective rate of protection，ERP）三种指标。

国内资源成本是赚取（或节约）1边际单位外汇而从事某项产品的生产活动所需要消耗国内资源成本的价值。将外汇用影子汇率换算为本国货币，或将国内资源成本DRC除以影子汇率可得到国内资源成本系数DRCC。如果DRCC小于1，表明使用国内资源进行生产，该产品如果是出口品，其成本小于净外汇所得，可以增加外汇收入；如果该产品是进口替代产品，则成本低于从国际市场购买这种商品的外汇支出，国内生产可以节约外汇支出。可见，该产品在国内具有比较优势。当DRCC大于1时，表明该产品在国内不具有比较优势，应该进口（李常君，2006）。当DRCC等于1时，生产处于利益均衡状态。

有效保护率（ERP）也叫有效关税率，又称实际保护率。指整个关税制度（和有效保护措施）对某类产品在其生产过程中给予净重增值的影响。一种产品在国内外加工增值差额与其国外加工增值的百分率。也就是由于整个关税制度而引起的国内增值的提高部分与自由贸易条件下增值部分相比的百分比。ERR = 实际生产的附加值/无保护时的附加值 - 1 =（以实际价格计算的产出 - 以实际价格计算的投入）/（以影子价格计算的产出 - 以影子价格计算的投入）- 1。有效保护率（ERP）旨在衡量由于关税等贸易政策、国内生产保护政策等作用，国内生产实际的附加值比在国内生产无政府干预和自有贸易情况下所产生的附加价值增加百分率，以确定国内对生产活动的保护水平及保护效果（徐志刚等，2000）。

社会净收益（NSP）旨在衡量生产活动所产生的社会收益，包括直接效果和外部效果。即产品生产的社会净收益 = 以影子价格计算的产值 - 以机会成本计算的产品生产所消耗资源成本 + 外部效果。

国内资源成本法兼用生产成本数据和贸易数据，并且按照影子价格和机会成本计算生产的成本收益，从而在很大程度上消除了政策的保护和扭曲作用，可以反映生产真正意义上潜在的比较优势，是公认的较为科学的一种比较优势分析方法。

从表14-11可以看出，水稻的国内资源成本系数（DRCC）多年徘徊在0.3上下、比较优势度在1.3上下，说明从国内资源成本角度看，利用国内资源进行稻米生产有明显的比较优势，虽然进口大米价格低于国内价格，但是，成本小于净外汇所得。同时，云南水稻产业的有效保护率多年为负数且逐年降低，说明云南水稻产业的支持保护水平很低，而且越来越低。

表 14－11　　2010～2016 年水稻 DRC 分析结果

指标	2010 年	2011 年	2012 年	2013 年	2014 年	2015 年	2016 年
DRCC	0.32	0.29	0.26	0.27	0.28	0.26	0.31
比较优势度	1.44	1.41	1.35	1.31	1.31	1.29	1.32
NSP（元/公顷）	3194.8	3960.5	3758.5	4590.7	4665.6	4905.5	4879.1
ERP	－0.04	－0.03	－0.08	－0.10	－0.11	－0.12	－0.08

三、云南水稻产业比较优势指数分析

为了对云南省与全国、云南省各市及周边东南亚各国的水稻生产竞争力进行分析，本章基于规模比较优势指数和效率比较优势指数等计算进行云南水稻产业的相对比较优势分析，并在此基础上对云南省水稻的生产及产业布局规划提出一定的建议。

（一）效率比较优势指数分析

效率比较优势指数（EAI）主要通过分析特定地区、特定农作物的单位面积产量与该地区所有农作物平均单产的相对水平或与全国该作物平均单产的比值，用于考察该地区在该农作物生产上的生产效率相对优势，是主要从资源内涵生产力的角度来反映作物的比较优势的指标。

效率比较优势有多种表达方式，基于现有数据，本书选取了两种方式对水稻的云南省内州市际、中国省际及与周边国家间比较优势进行了分析。

1. 效率比较优势指数

效率比较优势指数为各种植区域某农作物单产水平占该区所有作物①平均单产水平的比率与全国该作物单产水平占全国所有作物平均单产水平的比率的比：

$$EAI_{ij} = \frac{P_{ij}/P_i}{P_j/P} \tag{14.2}$$

其中，P_{ij} 为 i 地区第 j 种作物的单产，P_i 为 i 地区所有作物的平均单产，P_j 为全国第 j 种作物的平均单产，P 为全国所有作物的平均单产。

效率比较优势指数的大小反映了 i 地区第 j 种农作物单产的相对比较优势：当

① 限于数据的可获取性，此处使用主要粮食作物单产平均数据，为了统一口径，后面的全国作物单产水平也是如此。

数值大于1时，代表其效率比较优势大于全国平均水平，且数值越大，效率比较优势越大；当数值小于1时，代表其效率比较优势低于全国平均水平，且数值越小，越处于效率比较劣势；当数值等于1时，代表其效率比较优势等于全国平均水平，即该地区该农作物既没有比较优势，也没有比较劣势。

基于此方式，我们利用云南省及全国平均的粮食作物单产、水稻单产数据等对云南省的水稻EAI指数进行了计算，结果如图14－3所示。由图14－3可以看出，最近几年来，相较于全国，云南省水稻单产总体处于比较劣势。2015年效率比较优势指数最低，为0.815；2016年和2017年有所上升，2017年以后还一度处于比较优势，当然可能存在一定的数据误差。总体而言，云南省水稻单产具有明显的相对劣势，与云南省由于农业立地条件差、包括水稻在内的粮食作物单产普遍低于全国平均水平的现实吻合，也与近年来，云南省水稻单产不足全国平均80%，但是其他作物如小麦单产全国占比更低的现实吻合。

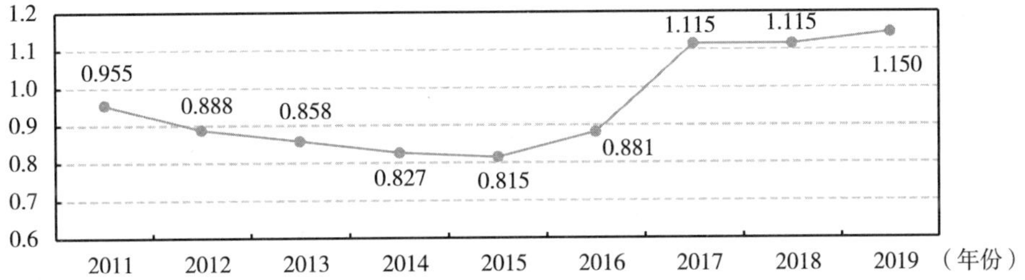

图14－3　2011～2019年云南相对于全国水稻EAI指数

资料来源：笔者根据历年《云南省统计年鉴》及历年《中国统计年鉴》相关数据计算。

2. 单产优势指数

单产优势指数为区域内（云南）某农产品单产占全国（某邻国、省）该种农产品单产的比重。若比重大于1，表明与全国平均水平相比，区域内该种农作物生产具有单产效率优势；若比重小于1，则不具有单产效率优势。其表达式为：

$$单产优势指数=\frac{区域内某农产品单产}{全国(省)该农产品单产} \tag{14.3}$$

基于此方式，我们对云南省与周边邻国（老挝、缅甸、越南及泰国）以及云南省各州市的水稻单产效率进行了计算分析，结果分别如图14－4和表14－12所示。

由图14－4可以看出，2010～2019年，相对于周边的东南亚邻国（老挝、缅甸、越南及泰国），云南省水稻单产优势指数均在1以上，说明云南省的水稻生产水平高于周边国家，单产水平总体上具有明显的比较优势。

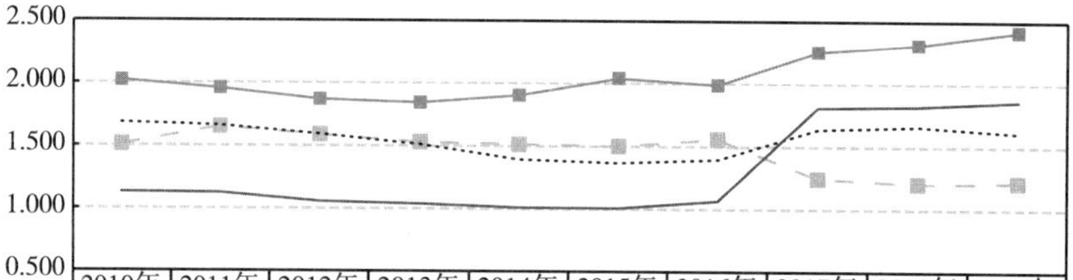

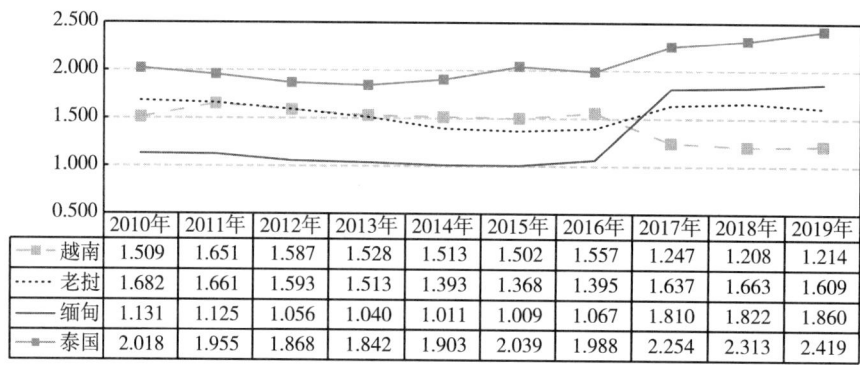

	2010年	2011年	2012年	2013年	2014年	2015年	2016年	2017年	2018年	2019年
越南	1.509	1.651	1.587	1.528	1.513	1.502	1.557	1.247	1.208	1.214
老挝	1.682	1.661	1.593	1.513	1.393	1.368	1.395	1.637	1.663	1.609
缅甸	1.131	1.125	1.056	1.040	1.011	1.009	1.067	1.810	1.822	1.860
泰国	2.018	1.955	1.868	1.842	1.903	2.039	1.988	2.254	2.313	2.419

图 14－4　2010～2019 年云南省相对周边邻国的水稻单产优势指数

资料来源：云南单产根据国家统计局网站产量和面积数据计算，邻国单产采用 FAO 网站相关数据。

从表 14－12 可看出，近 4 年云南省各州（市）的水稻单产优势波动较小，各州市之间差别不大。其中，昆明、曲靖、玉溪、保山、丽江、楚雄、红河、西双版纳和大理单产优势相对较为明显，单产优势指数基本在 1 以上；其余地区在水稻单产上则为比较劣势，单产优势指数常年在 1 以下。

表 14－12　　2014～2019 年云南省各州（市）单产优势指数

州（市）	2014 年	2015 年	2016 年	2017 年	2018 年	2019 年	平均值
昆　明	1. 166	1. 162	1. 018	0. 959	1. 170	1. 184	1. 110
曲　靖	1. 061	1. 007	0. 927	0. 925	1. 063	1. 090	1. 012
玉　溪	1. 144	1. 128	1. 005	0. 978	1. 169	1. 168	1. 099
保　山	1. 114	1. 125	1. 005	0. 971	1. 231	1. 205	1. 108
昭　通	0. 994	1. 004	0. 897	0. 866	0. 991	0. 996	0. 958
丽　江	1. 035	1. 036	0. 943	0. 887	1. 450	1. 102	1. 076
普　洱	0. 702	0. 716	0. 670	0. 642	0. 762	0. 743	0. 706
临　沧	0. 786	0. 785	0. 711	0. 691	0. 791	0. 798	0. 760
楚　雄	1. 180	1. 177	1. 059	1. 034	1. 161	1. 173	1. 131
红　河	1. 038	1. 036	0. 940	0. 918	1. 048	1. 075	1. 009
文　山	0. 976	1. 005	0. 910	0. 871	0. 989	0. 988	0. 956
西双版纳	0. 997	1. 016	0. 932	0. 921	1. 065	1. 098	1. 005
大　理	1. 192	1. 172	1. 055	1. 018	1. 221	1. 186	1. 141
德　宏	0. 921	0. 913	0. 827	0. 828	1. 019	1. 038	0. 924
怒　江	0. 891	0. 909	0. 814	0. 772	0. 997	0. 969	0. 892
迪　庆	0. 785	0. 801	0. 718	0. 708	0. 936	0. 919	0. 811

资料来源：笔者根据历年《云南统计年鉴》及历年《中国统计年鉴》相关数据计算。

（二）规模比较优势指数分析

规模比较优势指数（SAI）是通过分析特定地区、特定农作物的播种面积占该地区所有农作物的播种面积与全国该比例平均水平的对比关系，考察该种农作物在该地区农业生产上的相对重要性及规模优势。规模优势指数反映一个地区某一农作物生产的规模和专业化程度，它是市场需求、资源禀赋、种植制度等因素相互作用的结果。

相类似的，规模比较优势的测算也有多种途径，本书基于数据，选取了最为合理的SAI指数进行了测算分析，计算各种植区域某作物的种植面积占该区域所有作物的总种植面积的比率与全国该作物种植面积占全国所有作物平均种植面积比率的比，即：

$$SAI_{ij} = \frac{S_{ij}/S_i}{S_j/S} \tag{14.4}$$

其中，S_{ij}为i地区第j种作物的种植面积，S_i为i地区所有作物的种植面积，S_j为全国第j种作物的种植面积，S为全国所有作物的种植面积。

规模比较优势的大小反映了i地区第j种农作物种植规模的比较优势：当数值大于1时，代表其规模比较优势大于全国平均水平，且数值越大，规模比较优势越大；当数值小于1时，代表其规模比较优势低于全国平均水平，且数值越小，越处于规模比较劣势；当数值等于1时，代表其规模比较优势等于全国平均水平，即该地区该农作物既没有比较优势，也没有比较劣势。

由图14－5可以直观看出，2008年以来，云南省水稻的种植面积相比全国平均来说一直处于比较劣势，SAI指数总体处于稳中有降的态势。到2010年下降为

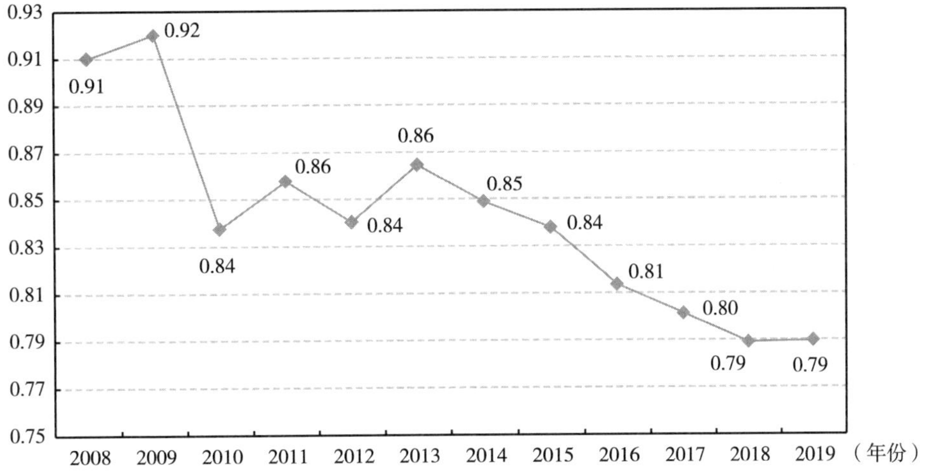

图14－5　2008～2019年云南省水稻相对于全国的SAI指数

资料来源：笔者根据历年《云南统计年鉴》及历年《中国统计年鉴》相关数据计算。

0.84；2010~2013年，云南水稻SAI指数在0.84~0.86之间波动；从2013年后又呈现稳中有降的态势，均值为0.82。

如表14-13所示，从近5年云南省各州（市）的SAI指数来看，各州（市）之间还是有较大差别。迪庆和怒江较低，均低于0.5，而西双版纳、德宏相对较大，均在2以上，在水稻种植上有着相对比较优势。

表14-13　　2013~2019年云南省各州（市）SAI指数

州（市）	2013年	2014年	2015年	2016年	2017年	2018年	2019年	平均值
昆　明	0.649	0.586	0.563	0.539	0.377	0.398	0.323	0.49
曲　靖	0.523	0.518	0.507	0.515	0.374	0.543	0.517	0.50
玉　溪	1.115	1.112	1.102	1.086	0.763	0.809	0.800	0.97
保　山	1.641	1.646	1.594	1.612	1.148	1.152	1.093	1.41
昭　通	0.315	0.320	0.330	0.322	0.229	0.291	0.273	0.30
丽　江	0.746	0.761	0.727	0.726	0.501	0.406	0.504	0.62
普　洱	1.529	1.503	1.473	1.373	0.980	1.125	1.064	1.29
临　沧	0.974	0.962	0.937	0.921	0.653	0.827	0.763	0.86
楚　雄	1.197	1.226	1.273	1.328	0.953	1.330	1.242	1.22
红　河	1.366	1.396	1.395	1.405	1.019	1.277	1.170	1.29
文　山	0.875	0.898	0.906	0.919	0.676	0.909	0.851	0.86
西双版纳	2.671	2.622	2.488	2.501	1.727	1.867	1.784	2.24
大　理	1.207	1.242	1.233	1.240	0.852	0.956	0.890	1.09
德　宏	2.570	2.569	2.658	2.742	2.037	2.129	2.193	2.41
怒　江	0.490	0.502	0.501	0.508	0.349	0.353	0.327	0.43
迪　庆	0.343	0.343	0.353	0.345	0.249	0.288	0.279	0.31

资料来源：笔者根据历年《云南统计年鉴》及历年《中国统计年鉴》相关数据计算。

（三）需求收入弹性系数分析

需求收入弹性系数是衡量区域产品市场比较优势的重要指标之一，是指在价格和其他条件不变的情况下，需求量的变动与收入变动之比，反映了需求因素对产业结构的影响。需求收入弹性系数的计算公式为：

$$\text{产品需求收入弹性系数} = \frac{\text{产品需求量变动相对量}}{\text{收入相对变动量}} \tag{14.5}$$

若需求收入弹性系数大于1，说明该产业产品的社会“需求收入弹性大”，产业具有较大市场潜力，在未来的发展中有较高市场占有率，能稳定地获得较大的市场利润；需求收入弹性系数小于1，说明该产业产品的社会需求收入弹性小。

根据图14－6，2014～2016年，云南省水稻的需求收入弹性总体处于上升趋势，反映出水稻的市场潜力有待挖掘，在未来的市场上占有率会逐步提高。

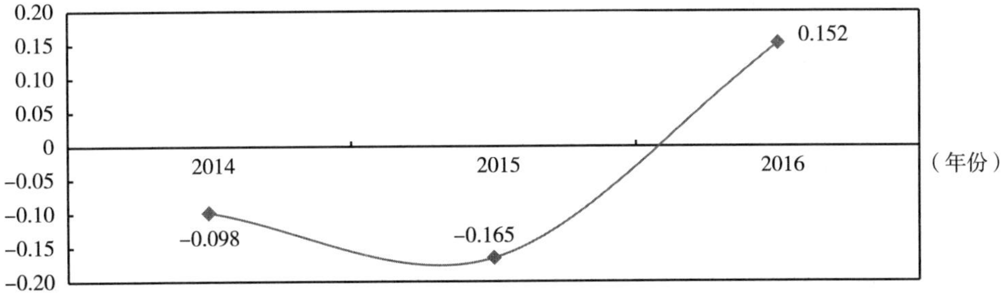

图14－6　2014～2016年云南省水稻需求收入弹性系数

资料来源：笔者根据历年《云南统计年鉴》及历年《中国统计年鉴》相关数据计算。

（四）结论和建议

从上述水稻各比较优势指标的分析来看，云南省相对全国的单产、种植面积（即效率、规模和效益）均处于比较劣势。此外，云南省的水稻相比周边东南亚邻国具备明显的效率（单产）比较优势，这反映出云南省的水稻生产效率低于全国平均但高于周边邻国的平均水平，但云南的气候条件和资源禀赋其实是比较适合水稻的种植，因此未来需要加大对农业技术尤其水稻相关技术和科技的资金投入，因地制宜，发挥资源禀赋优势，提高水稻生产效率。

另外，从对云南省内各州（市）的水稻生产效率指数测算分析来看，昆明等几个处在云南省中轴线偏东线上的地区具有水稻生产的相对比较优势，建议未来在水稻生产的规划布局方面，将水稻种植集中在这些地区，发挥地区比较优势，提高水稻生产效率。

四、生产效率测算

（一）测算背景

云南省高原特色农业发展在全国具有重要地位，对云南省经济发展具有重要意义。但各个地区的发展状况存在显著差异，尤其是体现在技术效率等方面。如何通过合理配置资源和提高云南省高原特色农业生产技术效率来提高单位产量，从而增强产业竞争力，具有重要的现实意义。为此有必要对云南省特色农业生产效率进行精确测算，具体为对云南省各地区相关产业和包括云南省在内的其他省相关产业的技术效率进行测算，找出优势产业和优势地区，从而优化相关要素配置，找到影响技术效率的主要因素，实现产业高质量和高速度发展。鉴于云南省种植结构，本部分以中籼稻为例，测算其技术效率。

技术效率的测量最早由法雷尔在 1957 年提出。技术效率和生产可能性边界是联系在一起的，技术效率主要指实际产出和潜在的最大产出之比，反映现实产出与理论最优产出的差距。技术效率的大小反映生产者利用现有技术的有效程度，其值介于 0 和 1 之间，越接近 1，技术效率越高。技术进步反映在生产前沿面上的作用是推动其上移，技术效率提高则使实际生产点趋近该投入水平下的最高产量。技术效率的测量通常有非参数和参数方法两种。

其中，非参数方法不涉及参数方程的计量经济估计，主要是根据样本中所有个体的投入和产出构造一个能够包容所有个体生产方式的最小的生产性可能性集合：即所有要素和产出的有效组合。所谓“有效”，即是以一定的投入生产出最大产出，或以最小的投入生产出一定的产出。这种方法利用以线性规划方法为基础的数据包络分析（DEA）方法，由全部 DMU 的投入与产出实际观测值构建生产前沿面，并按照不同 DMU 与生产前沿面之间的距离测算构造距离函数。参数方法设计参数方程的计量经济估计，目前主要以随机前沿分析（stochastic frontier analysis，SFA）模型为主，与基于线性规划的数据包络分析方法（data envelop analysis，DEA）相比，SFA 的主要优点在于考虑了由测量误差等因素造成的随机误差，避免了将这些随机误差成分不恰当地计入效率项中，这样计算出的技术效率更准确。而 SFA 的主要缺点是，研究者一般需要对效率项的分布做出先验的假设，如果假设不当，将造成效率值估计的偏误。然而，基于面板数据的一些 SFA 模型可以克服这个不足，即面板数据 SFA 可以不对效率项的分布做出假设，而且能够允许效率项与模型中的投入产出项之间存在相关性。

因此，本部分主要采用面板数据随机生产前沿模型进行测算，面板数据通常允许放松用于区分无效性和随机噪声所必需的若干强分布假设，也可以研究技术效率随时间变化的问题。目前，最流行的面板数据随机生产前沿模型是巴特斯和科埃利（Battese & Coclli，1992、1995）提出的两个模型，通常称为 BC92 模型和 BC95 模型，本书主要采用 BC92 模型。下面是 BC92 模型的相关介绍。

（二）理论模型

巴特斯和科埃利（Battese & Coelli，1992）提出了一个适用于（非平衡）面板数据的随机前沿生产函数模型，该模型假设无效率服从截断正态分布，也允许其随时间变化，因此被称为时变无效性随机生产前沿模型。BC 92 模型的基本形式表示如下：

$$y_{it} = x_{it} + (v_{it} - u_{it})(i = 1, 2, \cdots, N; t = 1, 2, \cdots, T)$$

$$u_{it} = u_i \exp[-\eta(t - T)] \tag{14.6}$$

其中，y_{it}是第 i 个厂商在第 t 期产出的对数值；x_{it}是一个 $k \times 1$ 维向量（或其转置形式），表示第 i 个厂商在第 t 期的投入数量的对数值；β 是未知参数向量。v_{it}是随机噪声，反映统计测量误差等不可抗因素造成的模型偏差，假设 $v_{it} \sim N(0, \sigma_v^2)$ 且与 u_i 互不相关；u_i 是一个非负随机变量，衡量由于管理不善等人为因素导致的技术无效率状况，假设 $u_i \sim iidN^+(\mu, \sigma_u^2)$；$\eta$ 是考虑时变性的待估参数。与横截面数据模型一样，BC92 模型也根据巴特斯和科拉（Battese & Corra，1977）的参数方法，用 $\sigma^2 = \sigma_v^2 + \sigma_u^2$ 和 $\gamma = \sigma_u^2/(\sigma_v^2 + \sigma_u^2)$ 代替 σ_v^2 和 σ_u^2。这主要是出于计算最大似然估计量的考虑，且 γ 的取值范围是［0，1］。

（三）经验模型

在这里我们选择柯布—道格拉斯生产函数形式，主要考虑到其形式简洁，参数具有直接的经济学含义，代表相关投入要素的产出弹性。具体模型为：

$$\ln Y_{it} = \beta_0 + \beta_1 \ln D_{it} + \beta_2 \ln L_{it} + \beta_3 \ln S_{it} + \beta_4 \ln F_{it} + \beta_5 \ln M_{it} + (v_{it} - u_{it}) \tag{14.7}$$

$$u_{it} = u_i \exp[-\eta(t - T)] \tag{14.8}$$

随机前沿分析的目的在于预测无效效应（也可以称为技术无效率程度）。最常用的产出导向的技术效率等于可观测的实际产出与相应的随机前沿产出之比：

$$TE_i = \frac{q_i}{\exp(x_i'\beta + v_i)} = \frac{\exp(x_i'\beta + v_i - u_i)}{\exp(x_i'\beta + v_i)} = \exp(-u_i) \tag{14.9}$$

由式（14.9）得出的技术效率测算了第 i 个厂商的产出与完全有效厂商使相同投入量所能得到的产出之间的相对差异，取值范围是［0，1］。显然，要预测技术效率TE_i，首先需要估计式（14.7）中的参数。

式（14.7）中，Y_{it}表示第 i 个生产省（市）第 t 年的产品单产（千克/亩）；D_{it}、L_{it}、S_{it}、F_{it}、M_{it}表示第 i 个生产省（市）第 t 年每亩产品生产中土地、劳动

力、种子、化肥、机械的投入量；β_i 表示待估计的系数；v_{it}表示随机误差项；u_{it}表示技术无效率项。假定 v_{it}和 u_{it}相互独立，且 $v_{it} \sim N(o,\sigma_v^2)$，$u_i \sim iidN^+(\mu,\sigma_u^2)$。

（四）数据来源

本章估计前沿生产函数的产品投入和产出数据来自国家发展和改革委员会价格司编写的《全国农产品成本收益资料汇编》（历年）以及云南省统计局的各市调查数据，利用平衡面板数据方法估计。投入和产出选择了数据相对较为完整的农产品主产省（市）的资料。投入要素中，劳动投入是每亩用工量，单位是工日/亩；土地投入是每亩土地成本，包括流转地租金和自营地折租，单位是元/亩；种子投入是每亩种子金额，单位是元/亩；化肥投入是每亩化肥折纯用量，单位是千克/亩；机械投入是每亩机械作业费，单位是元/亩。产量用单产度量，单位是千克/亩。

（五）结果分析

1. C－D 生产函数估计

表 14－14 中极大似然检验值（LR）表明，土地、劳动力、种子、化肥和机械五种投入要素中，只有化肥这一要素的系数较为显著，且产出弹性最大，表明化肥对中籼稻产量较为重要，意味着化肥投入增长 1%，可促进中籼稻产量上升约 0.217 个百分点。

表 14－14　　随机前沿生产函数模型估计结果

系数	估计值	标准误	t 值
产量	2.4361	0.256	9.508
土地	－0.061	0.064	－0.956
劳动力	－0.009	0.040	－0.215
种子	0.009	0.048	0.178
化肥	0.217	0.082	2.656
机械	0.075	0.087	0.861
sigma-squared	0.001	0.000	4.452
gamma	0.060	0.164	0.366
LR	4.484		

2. 技术效率测算

表 14－15 为 2013～2017 年包括云南省在内的中籼稻主产省份的技术效率测算

结果。从表 14－15 中来看，技术效率最高的为江苏省，最低的为福建省。云南省中籼稻技术效率较高，在 11 个主产省份中仅次于江苏省、湖北省、四川省和重庆市。因此可以看出单纯考虑生产技术效率的话，云南省在中籼稻的生产中具备较大的优势。

表 14－15　　2013～2017 年中籼稻主产省份技术效率

省份	2013 年	2014 年	2015 年	2016 年	2017 年	平均值
江苏	0.981	0.985	0.988	0.990	0.992	0.987
安徽	0.953	0.963	0.970	0.976	0.981	0.969
福建	0.948	0.959	0.967	0.974	0.979	0.965
河南	0.960	0.968	0.975	0.980	0.984	0.973
湖北	0.979	0.983	0.987	0.989	0.991	0.986
湖南	0.953	0.963	0.970	0.976	0.981	0.969
重庆	0.972	0.977	0.982	0.986	0.989	0.981
四川	0.973	0.978	0.983	0.986	0.989	0.982
贵州	0.951	0.961	0.969	0.975	0.980	0.967
云南	0.969	0.975	0.980	0.984	0.988	0.979
陕西	0.968	0.975	0.980	0.984	0.987	0.979

（六）建议

从中籼稻生产函数来看，化肥这一要素的产出弹性较高且较为显著，因此有必要增加化肥的单位面积投入，这有助于提高中籼稻单位产量。对于其他不显著的要素，有必要优化资源配置，从而减少不必要的要素投入，实现生产的节本增效。

对全国中籼稻主产省（市）的技术效率测算来看，云南省由于其较好的气候条件和自然资源优势，中籼稻生产的技术效率较高。从 2013～2017 年云南省技术效率的变化趋势来看，基本呈现递增态势，但增速变缓。这说明要进一步发挥技术进步在中籼稻生产中的作用，使用适合云南省的生产技术，实现技术进步驱动单产增长。从全国来看，云南省平均技术效率仅次于江苏省、湖北省、四川省和重庆市，在全国的中籼稻生产中位于领先位置，因此要进一步利用先天的气候条件和资源禀赋优势，实现技术效率的进一步提高。

综上所述，云南水稻的单产、种植面积（即效率、规模和效益）在国内均处于比较劣势，但是技术效率有一定比较优势；相比周边东南亚邻国，云南具备明显的效率（单产）比较优势。从省内看，各州（市）之间差距较大，昆明、曲靖、玉溪、保山、楚雄和大理单产优势相对较为明显。但是云南水稻生产资源禀赋好，未来应以六大名米为代表的优质稻为重点，优化品种和区域布局，加大科技投入，重点提高水稻生产效率和效益。

第三节　云南水稻产业经济体系简况

一、生产组织形式

（一）基本情况

自2003年以来，稻谷发展在云南日渐重要，稻谷种植面积位于全国重要位置，且随着科学技术的发展，水稻发展也取得了长足的发展。不仅水稻单产显著提高，水稻种植面积、产值也呈现良好发展态势。自2008年以来，云南省建立了57个水稻高产创建区，涵盖62个县、109个乡镇、2012个村、31.56万农户。间接带动25.5万公顷农田基本建设及粮食增产，平均增产率达到50千克，实现了水稻增长率快速增长。连续三年时间，杂交水稻面积从20万公顷，跨越到26.6万公顷，直至45万公顷，占全国杂交水稻种植总面积的5%。据云南省农业农村厅不完全统计，截至2016年云南省水稻种植企业约有309家，包括集体企业、民营企业、国有企业等。按企业类型来看，主要包括股份合作企业、股份有限公司、国有企业、集体企业、私营独资企业、私营有限责任公司等，具体企业数量及分布情况如表14-16所示。

表14-16　　云南水稻种植企业数量及分布情况

企业类型	企业数量（家）	数量占比（%）
股份合作企业	1	0.32
股份有限公司	3	0.97
国有企业	6	1.94
集体企业	1	0.32
其他内资企业（合作社）	211	68.28

续表

企业类型	企业数量（家）	数量占比（%）
其他有限责任公司	26	8.41
私营独资企业	27	8.74
私营股份有限公司	4	1.29
私营合伙企业	3	0.97
私营有限责任公司	27	8.74
总计	309	100.00

资料来源：云南省农业农村厅。

由表14－16中数据来看，目前云南水稻种植分布中，专业合作社占比数量最大，2016年云南水稻种植专业合作社数量达211家，数量占比接近70%。随着云南水稻产业的大力发展，稻米价格的稳定上升以及科技的有力支持，使得农民的种植积极性大幅提高。在水稻生产组织形式方面，云南基本按照以下几种方式来开展：

一是按照“公司＋基地＋农户”的种植生产经营模式，成立专业合作社，通过合作社与种植户签订产购合同，企业向种植户发放优质良种，对种植户进行培训等方式，积极鼓励和引导农户种植水稻。为了提高农户水稻种植的积极性，实现广大种植户通过种植水稻增加收益的目的，通过地方政府引导、农业科技部门技术指导，企业、合作社、种植户共同参与，采取现场培训、现场指导的形式，为广大农户提供全程的技术指导与技术服务，实现科技与农民“零距离”接触。如云南省元阳县哈尼梯田有机红米专业合作社，即是依托龙泰粮业有限公司、元阳县粮食购销有限公司，按照“公司＋基地＋农户”的种植生产经营模式成立的专业合作社。

二是形成“合作社＋基地＋农户”的发展模式，即通过当地政府机构成立专业合作社，将当地及周边水稻种植户纳入合作社，进行统一管理，种植户与合作社签订订单，发展订单式农业。

三是形成“合作社＋公司＋农户”的发展模式，即成立专业的合作社，将当地及周边水稻种植户纳入合作社，合作社给农户下订单，统一提供农户种子，统一品种，统一管理，统一培训指导。合作社与企业进行订单合作，通过“合作社＋公司”模式共同收购农户稻谷产品。为向种植户提供更多专业技术指导，不断提高农业科技在水稻产业中的贡献率，促进粮食增产、农业增效，充分发挥地方品牌效应，在地方政府牵引下，依托各级科研单位及企业成立专业的种植协会，为水稻种植农户提供产前、产中、产后服务，形成产供销一条龙的产业化组织，提高会员种植户组织化程度，增加会员种植户收入，依法维护会员种植户合法权益。如由河外村委会发起筹建的峨山彝族自治县岔河乡河外村“禾外香”绿色水稻种植协会，为充分发挥“禾外香”大米的品牌效应，于2015年5月27日由民政局批准登记，正式成立。

（二）案例

1. “公司+基地+农户”模式

近年来，随着哈尼梯田申遗成功和元阳梯田红米被评为“云南六大名米”，梯田红米的市场需求量不断增大，价格稳步提升，农民的种植积极性大幅提高。依托龙泰粮业有限公司、元阳县粮食购销有限公司，按照“公司+基地+农户”的种植生产经营模式，成立了元阳县哈尼梯田有机红米专业合作社，通过合作社与种植户签订产购合同，向种植户发放优质良种，对种植户进行培训等方式，积极鼓励和引导农户种植梯田红米。2014年，全县种植“云南六大名米”之一的红阳1号、红阳2号面积达2000多公顷，平均产量为5250千克/公顷，总产量1055.25万千克。两家公司的稻谷收购价为6元/千克，总产值达6331.5万元（岳晓琼，2016）。

2. “合作社+基地+农户”发展模式

峨山县河外村委会，素有“鱼米之乡”的美誉，产出的稻米以颗粒饱满、色泽清白透亮、饭粒油亮、香味浓郁而闻名远近。河外村委会看准其发展前景，先后成立了河外村嘉禾水稻种植专业合作社、河外村绿色水稻种植协会，探索出一条惠民增收致富的路子。其中嘉禾水稻种植专业合作社于2014年5月27日成立，初期有8个村民小组，320家农户入社参与，耕地面积123公顷。2014年6月申请注册“禾外香”水稻生产商标。当年10月“禾外香”绿色大米包装上市，年产量300吨（稻谷），产值60多万元。

合作社设立了理事会和监事会，日常生产工作实行统一领导、统一技术指导、统一生产资料购买、统一产品销售、统一品牌，形成了“合作社+基地+农户”的发展模式。河外村委会以县“股份合作”专项资金10万元及部分办公场所作为股份入股，合作社以现有资产（金）约10万元入股，合作双方约定，合作社每年向村委会形成定额回报1.1万元。村民作为合作社社员与合作社签订订单，发展订单式农业，产品产出后由合作社回购形成第一笔收入，合作社全年营业产生红利，社员可进行分红形成第二笔收入。[①]

3. “合作社＋公司＋农户”模式

楚雄市天合水稻种植专业合作社充分利用苍岭地区历史上出好米的声誉和土质气候优势，以“合作社＋公司＋农户”方式组织群众开展优质稻种植，取得良好成效。

楚雄市天合水稻种植专业合作社于2013年11月成立，主要致力于组织农户开展优质特色水稻品种种植，合作社注册商标为“阿乖佬”。经过3年多的发展，合作社社员人数已发展至1134户，带动苍岭镇本地水稻种植面积200多公顷，带动农户增收效果明显。2016年，合作社选择在适合有机生产条件的李家村委会辖区九个村民小组与农户签订本地优质稻种植128公顷，成功回收。合作社生产的“阿乖佬”大米产品2016年12月1日在上海参加大米展销会，获得“优质产品”称号。合作社为利于发展，现注册成立了云南坝子农业发展有限公司，申报“李家坝农庄”为品牌，继续打造楚雄市优质大米品牌。

在运作服务方式上，合作社在苍岭镇李家村委会赵王屯村民小组设立基地，发动农户进行优质稻品种种植。合作社给农户下订单，统一提供农户种子并统一品种。楚雄市农业局专门下派技术员帮助合作社指导农户栽插和管理，并给予项目资金支持。后来，合作社得到众多企业的青睐，与多家企业合作，形成有效的“合作社＋公司＋农户”模式。

2016年2月，合作社得到深圳长厚农业投资发展有限公司的订单后，积极向苍岭镇党委政府汇报并取得支持。确定在李家村委会陈家村、赵王屯、谢柳屯、朱家海、代家屯、中马房、小寨山、李家坝、杨家屯9个村民小组组织种植128公顷优质水稻。合作社首先对各村民小组种植区的土壤样品进行了检测；水稻种子统一由合作社提供；3月10日，组织种植区种植户集中技术培训；3月11日，在市农业局技术员的指导下集中育秧；3月18日，合作社在土壤检测的基础上与云天化签订了配方肥的供应合同；水稻生长期，合作社向楚雄市农业局申报了病虫害统防统治的物质扶持，组织种植户进行病虫害的集中连片防治，效果明显，两次药就防住了病害。经抽样检测农药残留，均未检出。由于使用配方肥，大米品质得到了极大的提升。9月18日，水稻成熟开始收割，合作社组织农机为农户提供服务，购置了两套烘干机为没有晒场的农户烘烤稻谷，只收取农户每吨160元的烘烤费，保证了稻谷质量。最后合作社以高出市场价0.7元/千克的价格收购农户

---

① 打造山村“鱼米之乡”助力村民增收致富［EB/OL］. 乡村图现，2019－07－24.

稻谷，种植户普遍增收。合作社得到了优质稻谷，种植户也增收，双方都满意。2016年，“合作社+公司”共收购稻谷1832吨，实现销售收入1190万元，种粮农户实现增收150万元。2017年，合作社在苍岭组织农户进行300多公顷的优质稻种植，同样以订单方式种植收购，取得了很好的效果。

（三）存在的问题

首先，虽然云南省水稻生产组织形式多样化，出现“合作社+基地+农户”“合作社+公司+农户”“公司+基地+农户”等多元化经营模式，但未形成统一的规模化效应，多是以松散型的专业合作社形式来开展，这些模式下，主要靠市场价格来调剂稻谷生产，变动性较大。

其次，未形成紧密的长期利益机制，当前稻谷收购价格主动权主要集中于企业和政府，虽然政府通过颁布稻谷收购最低价格方案来保护农户的切身利益，但对于种植农户来说，依然没有主动权，这种利益不均等的模式，很难在稻谷生产者与生产加工企业间建立起长期稳定的利益共享、风险同担机制。

（四）建议

一是充分发挥政府主导作用，从农户、企业、合作社多个角度切身利益出发，探索多元化经营模式，通过政府影响力进行全面推广，形成统一的规模化效应，减少稻谷生产种植对市场价格的依赖性，提高水稻种植的长期性和稳定性。

二是探索稻谷种植户与加工企业间紧密的长期利益机制，可实行股份合作制联结，农户既参加劳动又集资入股，实行按劳分配和按股分红的方式，将企业利益与农户利益进行捆绑，使股权红利成为最主要的利益调节器，此种方式有效解决农户与企业双方利益地位不平等的问题，同时又使得双方形成长期稳定的利益共享、风险共担机制。

二、生产基地建设

（一）基本情况

云南是亚洲栽培稻的起源地之一，水稻也是全省主要的粮食作物。在水稻生产方面，昆明、曲靖、昭通、丽江、楚雄、文山、大理、怒江、迪庆的水稻种植，具有产出效率的强绝对优势；保山、普洱、楚雄、红河、西双版纳、大理、德宏的水稻种植，则具有生产规模方面的强绝对优势；楚雄、西双版纳、大理、丽江、保山、普洱、文山和红河的水稻种植，在规模化程度和产出效率两方面，具有强绝对优势（段永华等，2016）。

从生产区域来看，云南水稻生产较集中的区域有保山、文山、西双版纳等州（市），生产企业数量相对多，企业数量占全省比例均在10%以上。除怒江、玉溪、昭通等州（市）外，其他州（市）水稻生产企业分布相对较均衡（见表14－17）。

表14－17　　　　云南水稻生产企业区域分布

种植州（市）	企业数量（家）	数量占比（%）	种植州（市）	企业数量（家）	数量占比（%）
文山	43	13.92	德宏	19	6.15
西双版纳	39	12.62	楚雄	18	5.83
保山	33	10.68	临沧	15	4.85
丽江	26	8.41	普洱	14	4.53
曲靖	24	7.77	玉溪	6	1.94
昆明	23	7.44	昭通	5	1.62
红河	22	7.12	怒江	2	0.65
大理	20	6.47	全省总计	309	100.00

资料来源：云南省农业农村厅。

整体来看，云南水稻种植基本覆盖全省各个区域，其中南部地区种植面积大生产企业多，北部地区生产企业分布相对较少些。这些生产企业接近70%左右为专业合作社，专业合作社数量达211家。从种植面积来看，2019年红河种植面积最大，其次是文山，迪庆种植面积最小（见表14－18）。

表14－18　　　　2019年云南水稻种植面积区域分布

州（市）	面积（万公顷）	占比（%）	州（市）	面积（万公顷）	占比（%）
红河	9.09	10.80	临沧	4.44	5.28
文山	7.64	9.08	西双版纳	3.07	3.65
普洱	7.35	8.73	昭通	2.78	3.30
曲靖	6.57	7.81	玉溪	1.79	2.13
楚雄	6.12	7.27	昆明	1.52	1.81
保山	5.78	6.87	丽江	1.30	1.54
德宏	5.72	6.80	怒江	0.41	0.49
大理	5.33	6.33	迪庆	0.24	0.29

资料来源：《云南统计年鉴（2020）》。

在土地流转方面，根据云南省土地流转相关政策，部分水稻种植区开始推行土地流转工作，加快土地流转进程，培育种粮大户，让水稻种植集中到真正想种粮的农户手中，提高农户种粮的积极性，从而提高水稻产量和种植效益。如楚雄州大姚县龙街镇农村土地流转逐渐向全镇铺开，土地流转后种植品种结构日益优化，释放了农业生产潜力，也增加了农民收入。就目前而言，云南省土地流转市场价格尚无统一的规定，土地价格主要是根据当地普遍的土地流转价格、政府指导定价、土地的质量和产出效益等来定价。根据统计，2016 年云南省平均土地流转价格为 360 元/亩·年，各州（市）根据土地情况价格有所不同。

（二）案例

1. 水稻百亩核心展示基地

2016 年，云南省水稻产业技术体系大理综合试验站在鹤庆县建立百亩核心展示基地，实施凤稻 29 号百亩核心示范、12 个水稻新品系小面积示范、大理州中北部水稻良种区域试验和新品系比较试验各一组。项目实施通过州、县、乡、村相关部门的共同协作，在播种前开展统一科技培训，统一发放良种及浸种药剂，移栽前对示范区秧苗统一喷施送嫁药；农技人员不时深入田间地头，根据田间调查结果及农时进行相应的技术指导，督促指导农户掌握并做到培育带蘖壮秧、精确定量栽培、测土配方科学施肥、病虫害综合防控等技术要点。通过百亩核心示范的实施，针对鹤庆坝区水稻栽培受两头低温冷害明显的实际，提出的骨干技术集成组装配套的抗御水稻低温冷害高产稳产栽培技术措施，为实现百亩核心示范区的平均亩产较当地原主栽品种提高 10% 以上的任务目标奠定了坚实的基础；同时，对示范区农户采用抗御水稻低温冷害高产稳产栽培技术措施起到有效的示范带动作用。

2. 水稻百亩连片示范基地

自 2009 年以来，红河州个旧市大屯镇开始进行杂交稻的示范种植，并于 2010 年 11 月，正式挂牌成立了“国家杂交水稻工程技术研究中心高原育繁示范分中心”①。个旧市杂交水稻种植面积逐年扩大，亩产量也在不断增加。该基地已先后参与了袁隆平院士第三期至第五期超级杂交稻百亩连片示范攻关。近三年连续种植的超级杂交稻品种“超优千号”实现了百亩连片 16 吨/公顷的第五期超级杂交

① 云南：百亩连片水稻平均亩产创世界纪录［EB/OL］. 中央政府网，2015－10－05.

稻高产攻关目标①。

2015 年，百亩片测产平均单产 16.01 吨/公顷，创下了当时世界百亩连片种植超级杂交稻平均产量最高纪录；2016 年，经科技部、湖南省科技厅等单位测产验收，百亩连片平均产量为 16.32 吨/公顷，再次刷新百亩连片杂交稻的产量最高纪录②；2017 年，百亩片在经当年长时间连续阴雨“考验”下，百亩片平均亩产仍有 16.1 吨/公顷。

3. 水稻产业科技试验示范基地

墨江县水稻产业科技试验示范基地位于云南省墨江县联珠镇克曼村田房组，建设规模 16 公顷，主推品种为墨江紫谷品系（癸能紫谷、龙坝紫谷、墨紫 1 号），主推品种覆盖率达 95% 以上。主推技术为旱育秧、测土配方施肥、精确定量栽培、病虫害综合防治技术。

2016 年 8 月，县农业和科学技术局组织测产专家组现场实收测产，16 公顷紫谷示范基地平均单产 5377.5 千克/公顷，实现紫谷产量 86.04 吨、产值 68.832 万元。单产比上年全县平均产量（4050 千克）增 1327.5 千克，增产 32.78%；亩产值 2868.00 元，每公顷平均增收 1.06 万元，增 32.78%，示范区紫谷种植新增纯收入 16.99 万元。

4. 水稻绿色种植基地

根据洱源县规划，组织以洱源县玉食农特产品开发有限公司、洱源明润农业科技开发有限公司为龙头企业，建立“公司 + 基地 + 农户”的绿色食品原料（水稻）生产模式种植水稻 2346 公顷，实行订单农业，通过农业部绿色食品发展中心认证，收购价在当地当年市场价格基础上上浮 15%。其中，2014 年，在右所镇团结村、中所村、右所村实施建设绿色食品原料（水稻）标准化生产基地 600 多公顷；2015 年拓展建设 1400 多公顷，范围涉及邓川镇新州村、旧州村，三营镇士登村，右所镇除永安村委会外全覆盖③；2016 年拓展建设 250 公顷，右所镇、邓川镇全覆盖。通过三年的实施，项目生态效益、经济效益和社会效益明显。

（1）生态效益：在绿色食品原料（水稻）标准化生产基地创建过程中，一是

① 超级杂交稻片测突破每公顷 17 吨［J］. 粮食科技与经济，2018，43（9）：2.

② “两藏”举措有保障　科技助产粮满仓——个旧市推进“六稳”“六保”工作写实（三）［EB/OL］. 云南网，2020－06－12.

③ 洱源县创建 3.5 万亩绿色水稻种植基地［EB/OL］. 多彩贵州网，2016－10－30.

增施精制生物有机肥可改善土壤结构，提高土壤肥力，实现田地持续稳定增产①。三年累计共推广施用优质商品有机肥12167吨、农家肥52740吨，减少化肥施用量1031吨，减少了氮、磷的使用，降低了农业面源污染。二是有利于优化肥料施用结构，减轻地表水和地下水硝酸盐的污染。三是作物抗病性和抗逆性增强，实施人工薅除，使用高效、低毒、低残留、低用量农药和生物农药，减少化学农药用量4.9吨，降低稻谷农药残留，提高农产品质量。

（2）经济效益：2015年，通过对邓川镇、右所镇、三营镇绿色水稻种植情况调查、测产，全县31574亩绿色水稻，平均单产645千克，实现总产量20365.23吨。按基地稻谷收购价3.8元/千克计（比市场价高15%），产值达7738.79万元，比常规种植增加1676.58万元。2016年全县种植面积2346公顷，平均单产9750千克，总产量22854吨，产值达9141.6万元，经济效益十分明显②。

（3）社会效益：从食品生产的第一车间严把质量关，为社会提供无污染的安全、优质、营养的绿色食品原料，确保群众食品安全；群众环保意识加强，通过绿色水稻的种植，把保护环境从我做起从口头上落实到行动上、落实到具体的生产生活中。

（三）存在的问题

目前，云南省水稻生产基地建设方面，种植规模普遍偏小，种植农户多而散，组织形式仍以专业合作社为主导，专业化的企业组织形式较少，尤其是龙头示范企业更是缺乏，从而使得云南省水稻生产基地稳定性不强，容易受自然灾害、市场因素等的变化影响。

从种植主体来说，云南水稻种植主体仍以农户为主，生产决策受市场变动影响较大。在高利益下，会增加种植面积，有可能面临市场价格下跌的风险。在低利益下，会减少种植面积，这样会增加企业收购成本。因而如何实现水稻生产既“控得住”，又“稳得住”，保证水稻总量供求的基本平衡，也是水稻种植面临的一大难题。

（四）建议

一是政府统一规划，从战略高度对地区水稻产业种植进行统一布局，形成规

---

①② 洱源县创建3.5万亩绿色水稻种植基地［EB/OL］. 多彩贵州网，2016-10-30.

模化种植基地，集中连片、规模发展，与当地农业规模相结合，走生态农业发展之路，建成特色水稻种植基地。

二是坚持政府推动，做强龙头，出台优惠政策扶持，引进龙头企业，充分发挥龙头企业领导作用，带动基地种植农户的大力发展。创新发展新模式，将企业与农户利益进行捆绑，实现水稻生产既“控得住”，又“稳得住”，确保水稻总量供求的稳定平衡。

三是加快土地流转，培育种粮大户，让水稻种植集中到真正想种粮的农户手中，提高种粮的积极性，从而提高水稻产量和种植效益。

三、加工管理方式

（一）基本情况

据笔者不完全统计，云南省大米生产企业上百家，覆盖全省各地。目前云南大米企业以中小型为主，长远发展眼光不够，多是停留在能够维持现有的市场份额足矣，企业品牌建设的意愿不强。云南大米行业主要以小生产、小作坊、小商贩为主，缺乏大型企业、龙头企业。虽然云南省现在也出现了自有的知名度较高的大米名品牌，如“八宝贡米”“遮放贡米”“紫米”“曼根傣贡”“梯田红米”等，但这些品牌基本属于在当地知名度高，但全国知名度不高，换而言之，云南大米企业品牌建设力度不够。

在深精加工方面，很长一段时间云南无一个做大做强的品牌，分散在各地的粮食加工企业大都无商标，因而只能将稻谷作为原粮出售，致使部分利润被外地粮商赚取。经过多年努力，近年来云南也有一些企业申报了商标，但对于全省数百家粮食加工企业而言，商标拥有量极少，真正“叫得响”的更是寥寥无几。造成这种情况的主要原因在于企业加工能力不足以及企业品牌意识不强（黄洁等，2017）。多年来，云南粮食生产加工重量不重质，传统的优质产品、名品和精品较少，“大路”产品居多。再加之外地企业目前开始关注并进入云南市场，给云南稻米加工企业带来不小的冲击。

（二）案例

1. 芒市遮放贡米有限责任公司

芒市遮放贡米有限责任公司是一家专营德宏州传统农业精品“遮放贡”米及

附属产品开发利用的民营企业，云南省重点龙头企业。2018 年末，公司占地近 7 公顷，经营着年生产能力 5 万吨的两个精米加工厂；两个年生产 200 吨的“遮放贡”米酒厂；两个精品猪养殖繁育场；一个猪饲料生产厂；一个机制炭生产厂和一个近 70 公顷的精品农业科研实验、示范中心；一个 3000 多公顷的“遮放贡”米核心基地。

公司生产的“遮放贡”有机食品“毫杫”“毫贡”“遮放贡”绿色食品“毫文”符合国家食品质量认证标准，具有独特生长环境风格还有独具的历史文化魅力，产品供不应求。公司生产的“遮放贡”米酒，以“遮放贡”精米为原料，采用遮放第一代土司“多思谭”珍藏食谱秘方和传统小锅酒工艺精制而成，是为当地神话传说的“谷中之魂”。

2. 云南八宝贡米业有限责任公司

云南八宝贡米业有限责任公司由广南县粮油贸易总公司及其下属公司广南县粮油工贸公司共同改制，成立于 2003 年 8 月，完全按现代企业制度进行规范化管理和运作，通过 8 年的摸索实践，建成优质稻标准示范样板 20 公顷，辐射带动农户建成八宝贡优质稻基地 600 多公顷。其中，10 多公顷按有机食品标准种植，300 多公顷按绿色食品标准种植，300 多公顷按无公害标准种植。建有总库容 1200 万千克的粮仓，成为集生产、收购、加工、销售为一体的云南省农业产业化重点龙头企业。公司连续被广南县人民政府评为“守合同、重信用”企业。2006 年云南省工商局公示为云南省“守合同重信用”企业，同年被云南省粮食局评为“全省粮食系统先进单位”，2007 年被评为“文山州消费者信赖商户”，2008 年 5 月被认定为文山州第一批农业产业化经营州级重点龙头企业。公司生产的八宝贡米米质纯香细腻、粒大雪白、光清润泽，为米中珍品，深受消费者青睐，产品在文山、红河、昆明、广西、广州等地建有稳定的销售网络。

3. 昆明市滇中粮食贸易有限公司

昆明市滇中粮食贸易有限公司位于滇中腹地的昆明近郊——宜良，是一个集粮油收购、仓储、加工、销售、进出口贸易为一体的综合性股份制企业，现为云南省、昆明市农业产业化经营重点龙头企业。公司注册资本 1000 万元，有员工 86 人，其中：管理人员 20 人，生产技术及经营人员 66 人。公司下辖 11 个分公司，20 个粮点，有先进的仓储设施，精良的米、面、油成套加工设备及优秀的管理人才和科技人才，资产雄厚。国家农业综合开发重点产业化经营项目 30000 吨/年无公害优质米精加工生产线已投入生产，设备及生产技术达到国际领先水平。

公司年总经营量达 30 万吨，年销售额达 3 亿余元，经营网点遍及国内外。在取得良好经济效益的同时，为更好地支持、服务“三农”，发挥龙头企业的骨干带头作用，年收购农民粮食 7 万吨，带动农户 23.5 万人，年增加农民收入 3541 万元。是全省粮食行业的领军企业。公司在注重规模生产经营的同时，注重质量效益，把质量和品牌作为企业的生命线，全力打造了“昆粮、滇粮、宜鹤、金晶”等品牌的粮油产品投放市场；“昆粮”“宜鹤”商标分别获得“云南省著名商标”和“昆明市知名商标”称号；大米系列产品被中国绿色食品发展中心认定为绿色食品；所生产的大米、小麦粉、食用植物油经国家专项监督抽查质量全部合格，被中国粮食行业协会评为“放心粮油”；公司连续十六年获“守合同、重信用”先进企业荣誉称号；被评为全国质量诚信品牌示范单位、云南省粮食系统先进单位和昆明市国有粮食企业深化改革先进单位；是云南省银行业协会的“守信用客户”。

4. 开远市卧龙谷荣祥优质米加工厂

开远市卧龙谷荣祥优质米厂始建于 2000 年，占地面积 2200 平方米，年设计生产能力 720 万千克。现有职工 14 人，其中技术人员 8 人，专职化验员 1 人。于 2003 年向国家质检总局申领了《食品生产许可证》。公司有种植基地 1300 多公顷，聘请科研人员常年在基地内进行原料生产技术培训，用现代先进技术生产流程和传统工艺制作包装，配有精良的成套精洁免淘米加工设备，主要有 5 千克和 10 千克两种精包装。原料品种主要是优质米品种云恢 290，该品种于 1996 年开远农业局从云南省农科院引种试种成功，米饭外观油润、冷不回生、口感好，深受广大消费者青睐。产品除在当地畅销外，还远销到贵州、广西、广东等地。

（三）存在的问题

一是加工企业以中小规模为主，缺乏大型企业、领军企业，未形成规模化生产效应，企业分散，各自为政，缺乏长远发展目标。

二是加工企业技术能力不足，虽然企业数量多，但水稻加工行业进入门槛低、技术要求不高，因而出现众多加工技术不精的企业，存在大米加工精度、不完善粒、碎米总量、黄粒米、标签等不合格问题。

三是企业品牌意识较差，虽然云南省近几年也逐步培养出一些代表性龙头企业，但知名度区域性强，与全国知名度的加工企业相比存在很大差距。大多数企业无品牌建设意识，商标申请、知识产权保护等意识淡薄。

（四）建议

一是建设优质米基地，在农业生态较好的地区，尤其是主要产区，坚持统一环境质量、统一关键技术、统一监测标准、统一操作规程、统一产品标识的“五统一”，高起点、高质量地建设一批优质无公害绿色稻米生产基地（章安康，2010）。

二是整合繁杂品牌，增强企业品牌建设意识，加大品牌研发投入及品牌推广力度，加大生产加工环节产品质量监督力度，做大做强优质米业。

三是完善产业链，加强产、工、销各个环节合作力度，严格把关各个环节，真正实现云南水稻产业化。

四、市场营销策略

（一）基本情况

云南水稻的主导产品是大米，主要销售对象是粮食加工企业及粮食经销商。大米除销售本地市场外，也销往全国其他省份，甚至部分出口至国外。从物流渠道来看，云南稻米主要销售渠道包括直接销售、批发零售及电商平台，直接销售对象多为粮食加工企业，批发零售主要针对粮油批发中心、粮油交易中心等，电商平台是近些年新发展起来的一种新型销售渠道，主要是通过1号店、天猫、京东等电商平台销售产品。目前云南稻米销售仍以线下渠道为主、线上销售渠道为辅。批发零售是主导销售渠道。

截至2018年底，云南省粮油食品经销企业约400家，主要以经贸、商贸公司为主，部分粮油生产公司也会设立有批发零售公司，业务以批发和零售米、面制品、食用油等为主。

从品牌来看，目前云南稻米以“云南六大名米”为核心，这六大名米分别为八宝贡米、元阳梯田红米、卧龙谷香软米、勐海香米、遮放贡米、墨江紫米。市场中大米品牌繁杂，中小企业滥用名字，各种品牌数量多达数百个，除了遮放贡、八宝贡、昆粮、滇燕等知名品牌外，还有众多没有知名度、质量参差不齐的小众品牌混于市场中，品牌好坏混杂。

（二）案例

1. 昆明市凉亭粮食批发交易市场

昆明市凉亭粮食批发交易市场集粮食的中转发运、仓储运输、市场交易、信息服务、粮食质量检验等服务功能于一体，交易方式为现货交易。年交易量达3亿千克以上，交易额10亿元以上，占全省市场供应量60%以上，占昆明市市场供应量的75%以上，拥有两条铁路专用线，被昆明市政府列为“生命线”工程保障单位，全国粮油批发行业十强市场第四名。

2. 昆明市五里多粮油批发市场

五里多粮油批发交易市场作为云南省粮油主要集散地之一，从1992年投入使用至今，已为众多昆明人所熟知。作为老国有企业的原昆明市粮油储运公司在2004年完成改制组建，与原有的良通经贸总部和西苑粮库合并成目前的昆明粮油购销公司成为国营独资企业。据笔者调查，截至2017年底，在市场经营的省外客商74家，省内地州客商45家，昆明客商21家，年交易额达12亿元，已经成为昆明市粮油交易市场的风向标，是云南省最大的粮油专营市场，也是国家粮食局确定的“重点联系大中城市成品粮批发市场”①。

（三）存在的问题

一是品牌创建及品牌保护意识较弱，品牌监督管理力度不够，未形成统一的品牌管理模式，品牌效益不明显。

二是批发销售环节监管不完善，不能有效打击掺杂掺假行为，严重损害消费者利益。

三是销售渠道单一分散，渠道流通环节繁杂，未形成统一的管理体制，生产、加工、销售各环节严重脱节，不能形成有效对接，不利于市场渠道秩序。

（四）建议

一是加大政府监管力度，有效引导企业品牌创建及品牌保护意识的增强，最大力度发挥品牌效益，形成自有特色的品牌效应。

---

① 云南最大粮油批发交易市场年底启用国资粮企以“地”置换华丽［EB/OL］. 新浪财经，2010－06－25.

二是加大各环节监管强度，严厉打击市场掺杂掺假行为，及时肃清破坏市场正常秩序的违法者，建立良性的市场营销秩序。

三是创新渠道模式，减少不必要的渠道流通环节，形成统一管理体系，使生产、加工、销售各环节形成有效衔接，维护各环节正常利益。

五、投（融）资体系

（一）基本情况

目前，云南水稻产业投（融）资主要来自三个部分，一是政府资金扶持，二是银行贷款，三是自筹。作为云南重要的粮食产业之一，多年来，云南省政府及地方政府十分重视稻米产业的资金支持，众多地方政府机构针对稻米种植、技术推广、生产加工等项目提供资金扶持，一方面提高种植户、企业等各方的积极性，另一方面减轻种植户、企业等产业投资资金压力。银行贷款是云南稻米产业投（融）资重要的渠道之一，通过开发贷款贴息项目等形式与银行展开合作，实现资金筹集。自筹多是投资商自己筹集资金，用于投资建设项目。

目前，云南水稻产业投（融）资方面尚未出现农业众筹的案例，在“互联网+金融”方面，市场也尚处于空白状态。

云南目前在大力推动农村普惠金融建设，自2010年以来云南省已累计建成惠农支付服务点18877个，其中绝大部分分布放在边远少数民族聚居山区，实现了云南全省12620个行政村惠农支付服务业务全覆盖。截至2016年末，云南省农村地区人均持卡量达1.68张/人，比2009年末提高1.18张/人。金融机构业务服务延伸到了乡镇以下地区，进一步拓展了农村金融服务领域。农村普惠金融的发展，为农业发展和农民增收带来了积极的影响作用，有效解决农村金融服务基础薄弱的现状问题。但在水稻种植、生产、销售等方面，尚未出现普惠金融融资案例。

（二）案例

1. 西双版纳州农业综合开发资金助推合作社发展壮大

为支持农村合作社发展，形成示范效应，从2011年开始，西双版纳州农业综合开发办连续两年将西双版纳州勐海县勐遮镇曼根优质稻米生产专业合作社纳入农业综合开发资金扶持范围，共给予扶持资金 92 万元。数年来，在农业综合开发项目的扶持带动下，通过吸收社员股金、银行贷款等，合作社不断发展壮大。目前，合作社建成了年生产 7000 吨优质大米加工生产线一条，建盖了年仓储能力达 3000 吨的库房，打造出滇屯 502、清香文稻、香软米 3003、云粳 37、云恢 290、优质红米等曼根傣贡系列产品，产品远销到省内外和老挝、缅甸等周边国家。为农业发展、农民增收开拓了新途径。

2. 红河州安排专项资金扶持农业优势产业发展

为了促进农业产业发展，红河州在充分调研的基础上制定了全州优势产业发展规划，并明确了今后重点抓好的 15 项农业优势产业：优质稻米、烤烟、甘蔗、无公害蔬菜、"双低"油菜、水果、茶叶、花卉、麻类、特色小杂粮、新兴生物资源、橡胶、林（竹）浆纸、畜牧、水产（朱丹，2007）。为切实抓好落实，自 2005 年起州财政在按正常渠道扶持的基础上，每年安排市场开拓经费 100 万元，扶持农产品搞活流通；安排 100 万元扶持优质农产品基地建设；对被认定为州级重点龙头企业的，一次性给予 30 万元扶持；对申报成功的国家无公害食品、绿色食品、有机食品质量认证和新技术品种国家专利的企业一次性给予 5 万元奖励；对拥有会员 500 户以上，有章程、有机构的农产品行业协会或农村专业合作经济组织一次性给予 2 万元补助。

3. 东川大米加工厂建设投资 2100 万元

2013 年 10 月，投资 2100 万元的昆明市政府 2013 年度的督办项目——东川大米加工厂正式开工建设。据悉，该项目由东川区委、区人民政府主管，东川区粮食局所属粮油购销公司主建，总投资 2100 万元，位于东川区铜都镇起嘎村，占地面积 13 亩，规划建设现代化的大米加工车间一座，日生产优质大米 60 吨；低温保鲜大米成品库一座，标准化检验室一座，以及满足生产功能配置的其他辅助设施，设计定位达到国家中档标准以上。规划建设 16000 吨存储规模的国家粮食储备仓 8 个仓，达到国家科学储粮标准。该项目建设周期 1 年。项目建成投产后，企业可增加年销售收入达 1.1 亿元，实现利润 388 万元，上缴税金 130 万元，解决就业人员 30 ~ 40 人。

4. 云南与缅甸签署缅甸大米增产加工出口协议

2012 年 3 月，云南省海外投资有限公司、国家开发银行和缅甸扎隆林克（大米）有限公司、缅甸农业灌溉部农务司在缅甸内比都共同签署《缅甸大米增产加工出口项目合作框架协议》。该项目是一个集水稻种植、大米标准化加工、副产物综合利用和市场开拓相结合的综合性项目。项目建设分3期进行，前期年产能目标定位20万吨，远期目标将实现年产能100万吨。而云南省海外投资有限公司在老挝和柬埔寨运作的大米加工项目，为在缅甸进行农业开发投资打下了良好基础。

（三）存在的问题

投（融）资渠道较单一是存在的最大问题，这非常不利于缺乏资金支持的中小企业的扩大发展，尤其是小微企业及偏远地区无金融支持服务的农户，融资难是他们普遍面临的问题，出现优质研发产品不能全面推广、企业资金运转困难等现象，极大地限制了水稻产业的良性发展。

（四）建议

一是加大政府资金扶持力度，扩大扶持对象范围，针对不同资金需求给予不同扶持政策，契合实际需求，提高扶持资金的有效利用率。二是引导金融机构加大水稻产业信贷投入力度，创新多元化金融产品及服务，针对中小微企业及偏远地区农户，建立针对性的金融服务体系，减少不必要环节，提高金融服务效率。三是吸引社会投资主体，除政府、金融机构外，通过股权投资、合作等多种形式，吸引资本市场更多资本投入。

六、风险控制策略

（一）基本情况

1. 自然风险

云南生态条件复杂，是一个自然灾害多发的省份，水稻生产受各类自然灾害影响巨大，主要气象灾害有初夏干旱、低温冷害、暴雨、台风等。2001～2014年，云南省自然灾害直接给云南带来年均168.15亿元的经济损失，年均农作物受灾面积1854.87千公顷，农作物绝收面积331.86千公顷（见表14－19）。近些年来，随着云南省对防灾减灾工作的重视，自然灾害给云南省农作物所带来的损失有所下降，但灾害所造成的损失程度远超过世界平均水平。

表 14－19　　云南省农作物自然灾害受灾情况

项目	直接经济损失（亿元）	农作物受灾面积（千公顷）	农作物绝收面积（千公顷）
2001～2014 年平均值	168.15	1854.87	331.86
2015 年	144.83	1064.24	155.63

资料来源：云南省农业农村厅。

2. 农业政策性保险

近年来，云南保险业不断发展，目前云南省已开办 1 个具有云南特色的中央政策性保险产品，具体包括：能繁母猪险、奶牛险、藏系羊险、牦牛险、水稻险、玉米险、油菜险、青稞险、橡胶险、甘蔗险和森林火灾险。其中青稞、牦牛等藏区保险属全国首创。

此外，结合云南自然灾害频发特点，云南不断完善全省的防灾减灾保险体系建设。2012 年，云南省保险业为全省重点建设项目、各类企业、广大城乡居民承担风险保障 10.63 万元，累计各项风险准备金达 606.89 亿元，为各类灾害事故赔付支出 100.11 亿元①。

2008 年开始，云南省以推进农业政策性保险为重点，责任险、家财险、信用险和寿险业务、银行代理业务快速增长，服务民生、改善民生和保障民生的能力不断增强，支持投资、扩大消费和保障出口的保障作用不断强化。在水稻政策性保险方面，水稻种植保险是化解农户自然灾害风险的一项强农惠农政策。根据 2010 年云南省发布的《云南省政策性农业（种植业）保险试点工作方案》，其中水稻险是纳入中央农业保险的四个险种之一，保险期限自作物移栽大田成活或出苗时起至保险单约定的作物成熟收割时止，具体起止日期以保险单约定为准。保费补贴费用为：水稻，每季每公顷保费 187.5 元，其中：由中央财政补贴 75 元/公顷，地方财政补贴 93.75 元/公顷，农户承担 18.75 元/公顷。

目前，中央政策性农业保险品种已经发展到包括能繁母猪、奶牛、藏系羊及牦牛、水稻、玉米、油菜等 10 余个品种，基本涵括了云南省重要的种、养两业主要支柱产业。2011 年 1～11 月，农业保险共为云南 1281.26 万参保农户的 94.83 万公顷农作物、2167 万公顷森林和 302.98 万头牲畜提供了 769.52 亿元的风险保障。农业保险赔款支出 2.42 亿元，共使 38.42 万农户受益②。在参保形式上，实行政府

① 云南多项政策保险覆盖面全国领先［EB/OL］. 中国行业研究网，2013－08－21.

② 云南 1281.26 万参保农户得到农业风险保障［EB/OL］. 新华网，2012－01－29.

机构引导农户农业企业、专业合作经济组织等自主自愿投保。

3. 市场风险

云南水稻产业市场风险主要为受市场供需影响而引起的价格变动，价格变动对产业的影响比较大。产品市场价格高，则农户会增加种植面积，因而产量增长，市场中有可能出现供过于求的状态，面临产品价格下跌、产品积压的风险。产品市场价格低，则农户会减少种植面积，因而产量下降，市场中有可能会出现供不应求的状态，面临哄抬价格、扰乱市场秩序的风险。

水稻是云南省主要生产和消费的粮食作物。为了最大限度地促进粮食生产、农民增收和全省粮食自给率，云南省提高最低收购价格的粮食品种确定为产量最大的中晚籼稻和粳稻，新价格自新粮上市起执行。为保护农民利益，近几年国家及云南省政府持续在稻谷主产区实行最低收购价政策。根据统计数据来看，2016年之前云南省水稻最低收购价格基本保持稳中上升，此后则呈现出下降的态势（见表14－20）。

表14－20　　2011～2018年云南省水稻最低收购价格　　单位：元/吨

年份	中晚籼	粳稻	年份	中晚籼	粳稻
2011	5350	6400	2015	6900	7750
2012	6250	7000	2016	6900	7750
2013	6750	7500	2017	6800	7500
2014	6900	7750	2018	6300	6500

资料来源：根据云南省粮食和物资储备局数据整理。

（二）案例

1. 台风自然灾害

2016年8月，西双版纳州受热带台风“电母”登陆西移影响，突现大风及强降雨天气，导致勐海县、景洪市遭受不同程度的台风灾害。8月22日，风暴天气再次袭击勐海县。大面积农田和经济作物受灾，部分道路、电力等基础设施损坏严重，造成直接经济损失3990.89万元。据了解，截至2016年8月22日，两次灾害共造成勐海县12个乡（镇、农场）水稻、玉米、蔬菜等农作物及甘蔗、橡胶树等经济作物受灾面积1500多公顷。其中：成灾面积1440公顷、绝收面积60公顷，造成直接经济损失3691.89万元（其中：农业损失2042.36万元、公益设施损失

124.3 万元、家庭财产损失 1525.23 万元)①。

2. 云南新平县试点水稻玉米政策性农业保险

为贯彻落实《保险玉溪行动计划实施方案》中关于“加快发展‘三农’保险，进一步把保险强农惠农政策落到实处”等措施，人保财险云南省玉溪市新平支公司 2012 年在新平县区试点水稻和玉米两种农作物政策性农业保险，其中，水稻试点面积 3000 多公顷、玉米试点面积 4000 多公顷，保费全部由中央到县级财政补贴，确实让广大农民享受到强农惠农政策的新实惠。

3. 暴雨冲毁水稻德宏农户获赔

2010 年德宏州开办了近 4 万公顷的水稻种植保险，每公顷保费 187.5 元，保额为 4650 元/公顷，其中基本险 3150 元、附加旱灾 1500 元，每公顷由中央财政补贴 75 元、省级财政补贴 60 元，州县（市）级财政配套补贴 33.75 元，农户自缴保费 18.75 元。

2011 年 7 月，芒市地区普降暴雨，致使五岔路河水水位暴涨，导致轩岗乡芒棒、芒广两个村委会沿岸近 10 公顷水稻被冲毁。8 月 3 日，芒市地区再次普降暴雨发生洪灾，导致芒市风平镇的那目、芒里、腊掌、帕底 4 个村委会的水稻大面积受损。灾情发生后，中国人民财产保险股份有限公司德宏分公司立即组织查勘人员赶赴现场勘察核实灾情，当年 9 月，兑现了风平、轩岗两个乡镇 6 个村委会因灾受损的 100 多公顷水稻赔款 79140 元。

（三）存在的问题

一是政府、企业及农户应对自然灾害的能力有待增强，灾前防御工作未形成统一体系化，更多的是灾难发生后重建修复，若做好灾前防范措施，不但可减轻受灾损害，同时也可减少灾难后重建修复投入成本。

二是水稻政策性保险品种单一，目前只集中于水稻种植保险，且农户积极主动投保的意愿不强，对保险的重要作用未有足够的认识。

三是政策性保险宣传工作不到位，保险公司与政府、企业、农户等多方之间的沟通协调还有待增强。

（四）建议

一是落实灾害防治责任，加强源头预防；做好灾前排查、灾中巡查及灾后复

① 台风“电母”致西双版纳 2 人亡 经济损失近 4000 万［EB/OL］. 中国新闻网，2012－08－23.

查工作，建立群测群防体系，制定应急预案，加强沟通协调及监督检查。

二是加强各级政府部门的沟通协调，明确任务、落实责任、多方联动、密切配合，广泛宣传政策性农业保险意义、政策措施等，增强广大群众保险意识，推进各类政策性农业保险工作的进展。

七、融合发展

（一）基本情况

目前，云南已形成了初级的水稻种植—加工—销售产业链，虽然产业链环节不健全，但这种模式也有效提高了农户、企业的积极性，能够有效地利用资源优势打造特色产业模式，在全国市场中占据重要位置。在种植方面，形成农户、企业、基地、合作社相结合的种植、收购模式，形成从生产到销售的循环模式。在加工方面，形成初加工—深加工—废物再利用的循环经济模式。在销售方面，形成线上线下市场相结合、直接渠道与间接渠道相结合的多渠道模式，与种植农户、生产企业形成无缝对接。

近年来，云南省推进水稻发展方式转变，推进稻田综合种养结合技术模式的推广，一方面提高水稻种植综合效益，另一方面推动水稻景观与乡村休闲旅游相结合，使稻田种养结合成为云南水稻生产的最佳技术模式。在红河、玉溪、曲靖、保山、西双版纳、德宏、大理、楚雄等地示范推广稻田养鱼、养泥鳅、养蟹、养鸭等生态种养模式，努力提高水稻种植综合效益，让农民种稻也能致富。据统计，2016 年全省开展稻田种养结合示范推广面积 6.75 万公顷，其中稻鱼共生模式 5 万多公顷，稻鸭共生模式 2000 多公顷，稻鱼鸭共生模式 5 万多公顷，稻蟹共生模式 20 公顷，稻虾共生模式 500 多公顷，稻鱼轮作模式 7000 多公顷，使农民“一水三用、一地多收”。其中，2016 年元阳县发展梯田稻鱼鸭生态种养 2000 多公顷，预计总产值达 3268 万元，每公顷产值由单纯种植水稻不到 3 万元提高到 15 万元以上。

（二）案例

1. 勐海县生态循环养殖“稻、鱼、菜”

勐海县将种植业和养殖业结合起来，有效发挥“稻、鱼、菜”立体农业模式，真正实现了“稻、鱼、菜”三丰收。目前，勐海县稻田养鱼已达6000多公顷，产量达313.5万千克，加上稻谷和田埂上的蔬菜，一年至少可为农民增加6500万元的收入①。

2. 寻甸县2016年大面积推广稻田养鱼

2016年，寻甸县农业局水产站多方争取资金，加大对稻田养鱼基础设施的改造，在七星、功山、金所、鸡街、柯度、羊街六个乡镇推广稻田种养结合生态渔业技术。全县实施稻田种养结合生态渔业技术287公顷鱼种的投放，其中样板63.8公顷，样板做到免费机械开挖鱼沟，免费领取鱼种每公顷225～300千克，其中：七星16.8公顷、功山20公顷、金所6.7公顷、柯渡5.3公顷、羊街4公顷、鸡街10公顷。实施过程中，农业局水产站技术人员到各乡镇多次进行技术指导培训，有效提高了农民收入。

3. 元阳哈尼梯田“稻香鱼肥鸭欢”

长期以来，稻田养鱼、养鸭在元阳农村十分普遍，但种养效益低，形不成规模，立体种养优势无法得到充分发挥。红河哈尼梯田成功申遗后，元阳县抓住哈尼梯田申遗成功和元阳梯田红米被评为“云南六大名米”的机遇，把发展优质梯田红米作为提高梯田核心区农民种田效益、促进群众保护梯田积极性的重要工作来抓，成立了元阳县哈尼梯田有机红米专业合作社，并采取“龙头企业+专业合作社+优质米基地+农户”的发展模式，走“稻—鱼—鸭”生产模式，达到“一田多用、一水多用、一季多收”的综合开发效果，与新街、攀枝花、小新街、牛角寨等乡镇种植户签订产购合同，向种植户发放优质良种，对种植户进行技术指导培训等方式，鼓励和引导农户种植优质梯田红米。2016年，全县种植水稻面积达6000多公顷，产量约3.15万吨，产值达1.89亿元。养鱼面积4706公顷，总产量2929吨。带动了2.6万户10.4万人增收②。

4. 龙陵县“稻花鱼节”美名扬

每年10月是保山市龙陵县的“稻花鱼节”开幕时节，该县龙江乡每年在9个坝子稻田中规模养殖稻田鱼，实行无公害生态放养，主要养殖鲤鱼、草鱼、鲫鱼、罗非鱼等。发展稻田鱼产业不仅给龙陵县增添了一条亮丽的观光旅游风景线，也增加了当地群众的经济收入。

① 版纳勐海县稻田养鱼“稻、鱼、菜”三丰收［J］. 农村实用技术，2013（12）：62.

② 肖燕委员：推广“稻鱼共作”模式 助少数民族群众脱贫致富［EB/OL］. 新华网，2017-03-08.

龙陵县龙江乡万亩稻花鱼产业从鲜鱼到干鱼，已形成了产业链，打造出“土埂田”“龙江稻花干鱼”等生态特色农业品牌。龙江稻田鱼养殖户涉及5000多户，放养面积800多公顷，放养鱼苗约100吨。

5. 新平县打造花腰傣族传统稻鱼文化品牌

新平境内红河流域居住着4.2万花腰傣，种植有3000多公顷水稻，花腰傣族在长期的生产生活实践中形成了丰富的稻作文化。花腰傣的稻作耕种形成了“稻—鱼—鸭”良性循环的生态农业模式。大部分水田里都有田螺、泥鳅、黄鳝、鱼等，构成了生物多样性的生态系统，多年来配套实施稻田养鱼、养鸭，形成立体、循环生态高效种养，不仅产生每公顷9万元的经济效益，同时打造品牌，实现长远发展。

新平县在发展稻田养鱼中不断创新思路，成立稻鱼协会，建设稻田养鱼示范区，调整优化养殖品种和产业结构，树立稻田养鱼品牌，探索稻田养鱼发展新模式。新平县努力打造旅游大县，不断提升旅游品牌，着力开发生态旅游项目，把生态农业与旅游休闲有机结合起来，通过稻田养鱼发展“农家乐”，让游客享受下田捉鱼、烤鱼、吃鱼的乐趣，赋予传统的稻田养鱼新的内容，取得了良好的经济效益。

6. 彩色水稻助力宜良河湾村脱贫致富

河湾村是宜良县耿家营彝族苗族乡藏方村委会的一个自然村，地处耿家营集镇北部，村庄一面靠山三面环水，因马蹄河依村流淌，河的走势呈马蹄形约270°包围该村而得名。河湾村一直以种植业为主，由于特殊的地理位置，2017年，耿家营乡政府与浙江大学农学院合作，在河湾村建设了3.87公顷创意农业示范基地，利用彩色水稻的天然颜色将彝族女神阿诗玛“画”到了稻田里，把河湾村彩色稻田推成了“网红”景观。吸引大批游客到此旅游观光，如今河湾村彩色水稻景观已经成为昆明周边创意农业的代表，创意农业景观带动了周围的餐饮、民宿的发展，达到增产增收和旅游观光的双重效益。

（三）存在的问题

一是水稻产业与其他产业的融合发展规模效益未形成，目前云南稻田种养结合模式示范推广工作还在循序进行中，稻田综合种养结合技术模式推广效果尚未完全发挥，虽然目前示范推广区域已取得良好社会效益和生态效益，但云南稻田面积广阔，可挖掘市场潜力非常大。

二是稻田种养模式单一化，目前主要为稻田养鱼、稻田观光等模式，且处于示范阶段，尚未形成真正意义上的水稻种植产业与其他产业融合发展的综合开发模式。云南作为水稻主要生产区，有着悠久的稻田种植历久，具有深厚的稻田文化，因而如何将稻田产业与文化产业有效进行结合，形成具有云南自身特色的稻田文化旅游经济，可值得探索。

三是政府重视不够，产业化程度不高，地区发展差异较大，品牌效益不明显。

（四）建议

一是加大各级政府部门重视程度，充分认识到稻田综合种养技术对云南农业产业结构调整的影响及增加农民收入、改善生态环境的积极作用。从产业战略高度进行产业规模，带动企业、农户的积极性。

二是加大资金投入，完善产业基础设施建设，加强技术服务及管理工作，加快推进永久性稻田综合种养工程设施的建设步伐。

三是结合地区特点寻求合适的发展模式，进行重点扶持，做好示范推广工作。创新发展模式，实现综合、立体开发，形成稻田综合种养循环经济。

八、科技推广应用

（一）基本情况

目前，云南水稻产业科技推广主要以政府为主导，主导机构包括科研院所、农业局、技术推广站等，通过示范项目、示范技术、示范区的形式进行扩大辐射效果，继而促进农业技术的推广（王景华，2016）。通过选择有代表性的地区建立示范区、示范点，开展与技术示范推广工作，带动周围农户采用先进技术。

另外，技术与信息咨询服务也是科技推广的主要方式之一，即农业技术推广人员和专家利用特定的时间及场所向水稻种植农户或企业提供技术咨询服务，解决他们在实际生产中遇到的问题，传授其先进技术知识和生产知识，让新知识、新技术更好地应用到水稻生产中。

此外，在“企业＋农户＋合作社”“合作社＋农户＋基地”模式下，各方签订技术承包合同，通过企业技术推广人员或技术推广站技术人员进行基层技术推广，此技术可有效促进水稻生产与技术、技术人员与农户的联系，让新技术更好地应用到水稻生产中。

（二）案例：水稻精确定量栽培技术大面积推广应用，创多项“全国第一”

自2006年起，云南省农业科学院、云南省农业厅农技推广总站与南京农业大学合作，引进水稻精确定量栽培技术进行示范推广，试验示范面积由2006年的5.6公顷扩大到2017年的22万公顷，应用于全省900～2700米海拔的稻作区。根据不同生态稻作区特点，云南省农科院科技人员探索出5套水稻精确定量栽培技术模式，为进一步扩大该技术的应用打下了基础。水稻精确定量栽培技术在云南的试验示范，大面积实现了节本增效，平均每亩水稻化肥施用量减少约16%，后期灌溉水减少30%以上，但平均亩产增长10%以上，化肥利用率从常规种植的30%提高到40%以上①。

2006年，在永胜县涛源乡以水稻精确定量栽培技术种植的“协优107”高产攻关田每公顷产量达到19.3吨，不仅单产全国第一，而且刷新了水稻高产的世界纪录。2008年，在保山市隆阳区，与“云粳21号”“滇杂31号”“滇杂32号”等优良品种配套应用的水稻精确定量栽培技术万亩连片通过农业部专家组的验收，每公顷产量达到11.6吨，比常规种植田块每公顷增产1.3吨，增幅达13%，在我国首次实现水稻万亩连片每公顷产量超过11250千克。2011年，在永胜县期纳镇，与杂交籼稻优良品种“丰优香占”配套应用的水稻精确定量栽培技术百亩连片示范田，平均产量达到15.1吨/公顷，这是我国百亩连片一季中稻单产首次突破15吨/公顷。2016年，在由袁隆平命名的个旧市大屯镇新瓦房村委会“超级杂交水稻个旧示范基地”，种植了由袁隆平研制、由湖南杂交水稻研究中心选育的“超优千号”，采用“精确定量栽培技术”管理，百亩连片平均产量达16.32吨，刷新了国内百亩连片水稻最高产量纪录。

（三）存在的问题

一是当前云南水稻产业科技推广应用呈现明显的区域化，发展成片区的农业技术推广和应用，缺乏科学的、整体的规划，技术大面积推广无法全面快速实现。

二是由于农户自身的技术素质以及生产经验决定了农户对技术学习的局限性，因而使得推广技术应用与农户的实际需求可能存在脱节现象。

---

① 云南水稻定量栽培技术创两项“全国第一”［EB/OL］. 新华网，2009-02-02.

三是技术推广资金短缺，尤其是对于偏远贫穷地区，工作条件艰苦，待遇较低，极大地影响了技术人员的工作积极性，不利于技术推广队伍的稳定，也影响水稻技术推广工作的正常开展。

（四）建议

一是继续实施以政府推广为主导的水稻技术推广模式，尤其是保证偏远地区的水稻产业发展，满足多元化的水稻生产状况。

二是建立多主体参与的科技推广格局，实现水稻技术资源的优势互补，有效激发推广主体的参与积极性，不断创新发展新模式。

三是加大技术推广资金投入，建立完善的监督机制，确保资金投入的及时到位及落地实施。

四是加大科技推广应用普及，结合水稻生产实际情况，加强技术培训力度，进行专业化技术培训。可根据实际需求，不定时为农户提供现场培训与指导，增强农户的科技意识。

（执笔：赵国珍、陈于敏、甘春艳、马婧怡；审定：陈良正）

第十五章

云南玉米产业经济问题研究

第一节　云南玉米产业发展概况

一、中国及云南玉米产业发展情况

（一）中国玉米产业发展情况

玉米是全球种植范围最广、用途最多、总产量最高的谷类作物，其籽粒和茎叶都是优质饲料，是畜禽饲料的主要原料。猪饲料中玉米添加量一般为55%～70%，鸡饲料中玉米添加量一般为50%～70%，畜牧业发达国家70%～75%的玉米消费用于饲料。玉米也是重要的工业原料，是加工品种最多、链条最长和增值最高的谷类作物，深加工产品可达2000多种。随着工业化、城镇化快速发展，人民生活水平不断提高，肉、蛋、奶等畜禽产品在食物中的地位越来越高，对玉米的需求数量也越来越多。从未来发展看，玉米是需求增长最快、增产潜力最大、生产优势最为明显的粮食作物。

玉米是全世界作物杂种优势应用最早、最普及的作物，全球种业市值占比最大，已成为国际种业巨头竞争的主要业务范围和生物技术育种的主要竞争领域（陈印军等，2019）。据FAO数据，2019年全世界有165个国家和地区种植玉米，最适于种植玉米的主要有美国、中国和欧洲3个玉米带。中国是玉米生产和消费大国，总产量和消费量仅次于美国，居世界第二位，在国际玉米贸易中占据着重要地位。据国家统计局数据，2007年中国的玉米种植面积超过稻谷，2011年总产量超过稻谷，成为第一大粮食作物（刘宽斌等，2015）。中国玉米种植的优势区域主要分布在东北经黄淮海向西南延伸的玉米种植带，这一带状区域集中了中国玉米种植总面积的85%和产量的90%，黑龙江、吉林、山东、河南、内蒙古、河北、辽宁、山西、四川、云南是玉米播种面积和产量最大的10个省份。

据国家统计局数据，2015年中国玉米种植面积4496.8万公顷，玉米产量2.65亿吨，分别占当年全国粮食作物总播种面积和粮食总产量的37.8%和40.1%。2016年国家玉米供给侧结构性改革政策实施后，玉米种植面积连续调减，由历史最高峰值2015年的4496.8万公顷下降到2019年的4128.4万公顷，降幅达8.2%；总产量由历史最高峰值2015年的2.65亿吨下降到2019年的2.61亿吨，降幅1.5%。虽然全国玉米播种面积连续调减，但单产不断提高，仍然是我国的第一大粮食作物。2020年中央一号文件明确提出：粮食生产要稳字当头，稳政策、稳面积、稳产量；各省（自治区、直辖市）粮食播种面积和产量要保持基本稳定。说明我国粮食主导政策已经由“农业供给侧改革”向“三稳”政策转变。

（二）云南玉米产业发展情况

云南省处于中国玉米带上，是我国南方玉米主产区之一。玉米是云南省种植面积最大的粮食作物，常年种植面积在175万公顷以上，无论面积和产量都占全省粮食作物总面积和总产量的1/3以上，对全省粮食安全及畜牧业发展起着决定性作用，在云南农业生产中占有极为重要的地位。

云南省具有全国最特殊、最复杂的生态环境，地势北高南低，海拔落差大，形成了复杂多样的自然地理环境和独特的气候条件，集寒、温、热带于一省，从海拔200多米的滇东南红河沿岸到海拔2600多米的滇西北高山均有玉米种植，分布在全省16个州（市）129个县（区），主产区包括曲靖、昭通、普洱、文山、临沧、红河、大理、保山等州（市）（李琰聪等，2016）。按玉米播种时间可将云南省的玉米分为春玉米、夏玉米和秋冬玉米，其中春玉米和夏玉米占80%以上。云南省南部州（市）如西双版纳州、德宏州以及低热河谷区一年四季均可种植玉米。

春玉米区：主要分布于滇东北、滇西北和滇中海拔2100～2500米山区。每年3月下旬至4月中旬播种，9月中下旬收获，播种期以当地气温回升和降雨的早迟而定。秋冬季节土地多闲置，少数地区增加种植一季越冬绿肥。玉米品种类型以早中熟为主，主要采用覆膜栽培（黄吉美，2012）。

夏玉米区：主要分布于滇中二熟区和南部山区。播种期在5月上中旬至6月上旬，收获期在9月中旬至10月上旬。玉米收获后复种小麦、大麦、蚕豆、豌豆、油菜等小春作物。玉米品种类型以中早熟和中熟品种为主（陈非暗，2015）。

秋冬玉米区：主要分布于滇中北部海拔1200米以下江边河谷区和滇南海拔1400米以下多熟区，年均温多在18℃以上，1月均温大于7℃，少有霜冻或无霜冻，适宜发展秋冬玉米。秋冬玉米通常于10月下旬至11月中旬播种，翌年3月下旬至4月中旬收获。甜玉米、糯玉米等鲜食玉米可提前到3月上旬采收。玉米收获后多复种水稻，实行水旱轮作。玉米品种类型以早熟、中早熟类型为主（黄吉美，2012）。

随着经济的发展，云南省玉米消费结构逐渐由过去的口粮消费为主向饲料、工业加工等为主的多方向、多领域、多层次消费转变，玉米消费呈明显的刚性增长趋势。长期以来，云南省内玉米生产只能满足饲料玉米的70%左右，有30%的饲用玉米需要从省外乃至国外购入，运输成本较高，致使云南省饲料成本比其他省（市）高出5%~10%，畜牧业的养殖成本居高不下。目前畜牧业已成为云南省的支柱产业之一①，已连续多年产值超过1600亿元，2020年达2300亿元以上，随着畜牧业的发展，饲料用量必将大幅度增加，玉米供需缺口将越来越大。

云南省生态环境复杂多样，玉米品种需求也多种多样。据云南省农业农村厅及笔者统计，2017年全省推广面积0.33公顷以上的籽粒用杂交玉米品种近100个，其中0.67公顷以上的品种有40余个。近年来随着国家和省级品种审定绿色通道和联合体试验的开展，审定品种数量大幅度上升，新品种层出不穷。2019年云南省审定玉米品种256个，引种备案玉米品种364个，品种优胜劣汰、更新换代速度将进一步加快。

二、中国及云南玉米生产

（一）中国玉米生产

1. 全球玉米主产国玉米生产情况

FAO统计数据表明，近年来全球玉米播种面积和总产量总体呈上升趋势，面

---

① 马云华．单价跌至1元以下、调减达3000万亩、玉米企业如何转型升级［EB/OL］．农业行业观察网，2016-10-07.

积最高年份2017年为19746.59万公顷，总产量为116440.08万吨。2018年小幅下降后，2019年出现恢复性增长，收获面积1.97亿公顷以上，总产量11.48亿吨以上（见图15-1）。美国、中国和巴西的玉米面积之和占全球的47%以上，总产量之和占全球玉米产量的64%以上、农业产值之和占全球的66%以上；中国玉米种植面积及产量多年均占全球的20%以上。从2013年开始中国玉米播种面积超过美国成为世界上玉米种植面积最大的国家，2015年全球占比最高时达23.61%（见图15-2）。然而中国玉米总产量和单产依然远不如美国，年均总产量低于美国年均约1.2亿吨，单产则只有美国的60%左右，美国一直是全球玉米产量最大的生产国（见图15-3）。

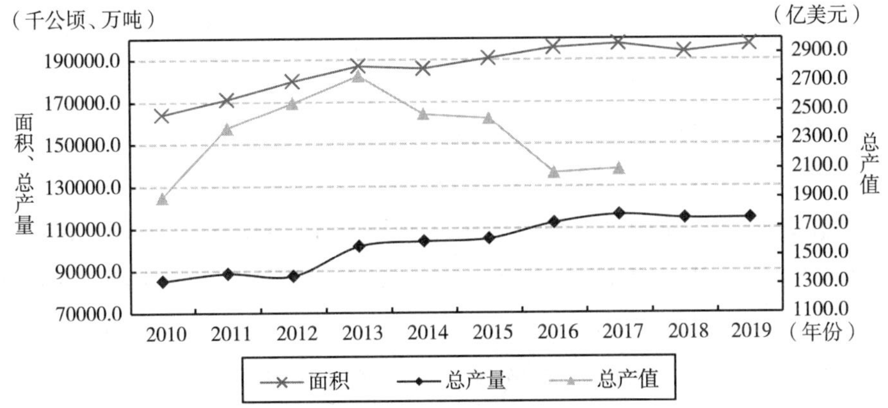

图15-1　2010~2019年全球玉米种植面积、产量及产值变化

资料来源：联合国粮农组织网站统计数据库2021年1月数据。

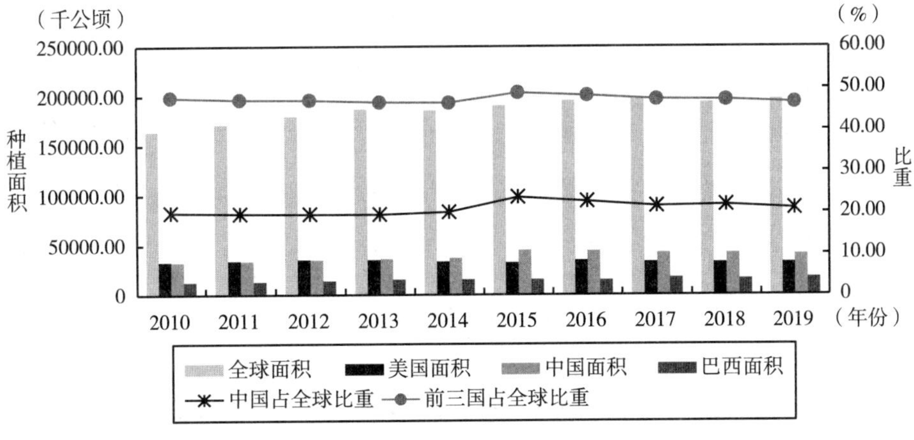

图15-2　2010~2019年世界及玉米主产国玉米种植面积情况

资料来源：联合国粮农组织网站统计数据库2021年1月数据。

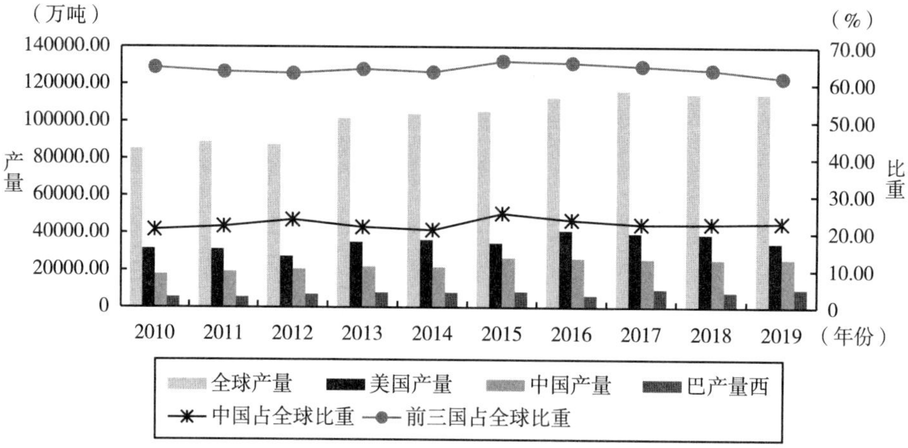

图 15－3　2010～2019 年世界及玉米主产国玉米产量情况

资料来源：联合国粮农组织网站统计数据库 2021 年 1 月数据。

2. 中国玉米生产情况

国家统计局数据表明，2010～2015 年中国玉米种植面积和总产量不断增加，最高年份在 2015 年。全国玉米播种面积从 2010 年的 3497.67 万公顷增加到 2015 年的 4496.84 万公顷，增长 28.57%，年均增长 5.71%；总产量从 2010 年的 19075.18 万吨增加到 2015 年的 26499.22 万吨，增长 38.92%，年均增长 7.78%；平均单产从 2010 年的 5453.68 千克/公顷增加到 2015 年的 5892.85 千克/公顷，增长 8.05%，年均增长 1.61%。近年来全国玉米播种面积和产量分别保持在 4100 万～4400 万公顷和 2.6 亿吨左右，农业产值达到 4500 亿元人民币以上（见图 15－4）。

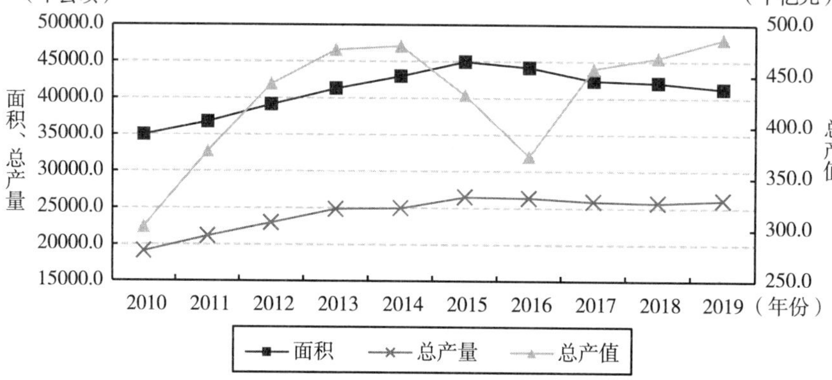

图 15－4　2010～2019 年中国玉米种植面积、产量及产值变化

资料来源：面积和产量来源于国家统计局网站，产值来源于历年《中国农村统计年鉴》。

据笔者计算，2015～2018 年我国玉米面积扩大对产量增加的贡献率占 60% 以上，单产提高对产量增加的贡献率为30%以上。在农业供给侧结构性改革政策推动下，2016年我国玉米种植面积和产量均有所下降，是连续十二年增长后首次出现下降（魏斌，2016）。据国家统计局数据，2016～2019年中国玉米面积连续调减，2019年播种面积4128.4万公顷，总产量2.61亿吨，单产6316千克/公顷，仍然是我国的第一大粮食作物。从单产看，中国玉米单产2013年首次突破6000千克/公顷大关，2014～2016年，由于玉米主产区多种灾害频发，全国单产降到6000千克/公顷以下，2017年开始重回6000千克/公顷以上，2019年更是达到6300千克/公顷以上的历史最高水平。

（二）云南玉米生产

从表15－1和图15－5可以看出，2000～2018年云南省玉米播种面积和总产量总体呈上升趋势，2019年有小幅下滑。全省玉米播种面积从2000年的112.97万公顷增加到2018年的178.52万公顷，增长58.02%，较2010年的141.78万公顷增长25.91%；总产量从2000年的473.30万吨增加到2018年的926.00万吨，增长95.65%，较2010年的612.98万吨增长51.07%；平均单产从2000年的4189.61千克/公顷增加到2018年的5187.09千克/公顷，增长23.81%，较2010年的4323.46千克/公顷增长19.98%。2010～2019年云南省玉米面积扩大对产量增加的贡献率占60%左右，单产提高对产量增加的贡献率占40%左右。同时，我们可以看出，虽然近年来云南省玉米产业取得了较大的发展，但是与全国相比还有较大的差距，尤其是单产水平仍低于全国平均且差距逐步扩大，2000年云南玉米单产为全国平均的90%以上，2012年以来仅为80%以上，低于85%（见表15－1），表明云南玉米产业还有很大的潜力可以挖掘。

表15－1　　2000～2019年中国及云南玉米生产效率及效益情况

年份	总产量（万吨）			种植面积（千公顷）			单产（千克/公顷）			总产值（千万元）		
	云南	全国	占比（%）	云南	全国	占比（%）	云南	全国	占比（%）	云南	全国	占比（%）
2000	473.30	10599.98	4.47	1129.70	23056.10	4.90	4189.61	4597.47	91.13	473.30	9963.98	4.75
2005	449.31	13936.54	3.22	1182.60	26358.30	4.49	3799.34	5287.34	71.86	629.03	18117.50	3.47
2010	612.98	19075.18	3.21	1417.80	34976.70	4.05	4323.46	5453.68	79.28	950.00	30301.00	3.48
2011	598.22	21131.60	2.83	1409.00	36766.50	3.83	4245.71	5747.51	73.87	1017.00	37639.00	3.09

续表

年份	总产量（万吨）			种植面积（千公顷）			单产（千克/公顷）			总产值（千万元）		
	云南	全国	占比（%）	云南	全国	占比（%）	云南	全国	占比（%）	云南	全国	占比（%）
2012	700.00	22955.90	3.05	1456.90	39109.20	3.73	4804.69	5869.69	81.86	1330.00	44245.00	3.25
2013	734.20	24845.32	2.96	1505.10	41299.20	3.64	4878.08	6015.93	81.09	1542.00	47552.00	3.49
2014	743.30	24976.44	2.98	1525.70	42996.80	3.55	4871.86	5808.91	83.87	1531.00	47917.00	3.11
2015	747.30	26499.22	2.82	1517.30	44968.40	3.37	4925.20	5892.85	83.58	1351.00	43149.00	3.09
2016	756.50	26361.31	2.87	1513.20	44177.60	3.43	4999.34	5967.12	83.78	1286.00	37165.00	2.93
2017	912.93	25907.07	3.52	1763.80	42399.00	4.16	5175.90	6110.30	84.71	1552.00	45742.00	4.32
2018	926.00	25717.39	3.60	1785.20	42130.10	4.24	5187.09	6104.28	84.97	1482.00	46797.00	3.98
2019	920.00	26077.89	3.53	1782.40	41284.06	4.32	5161.58	6316.70	81.71	1564.00	48652.00	3.21

资料来源：面积和产量来源于国家统计局网站2021年1月数据；2000年和2005年产值根据当年价格估算，2010年之后的数据来源于《中国农村统计年鉴》。

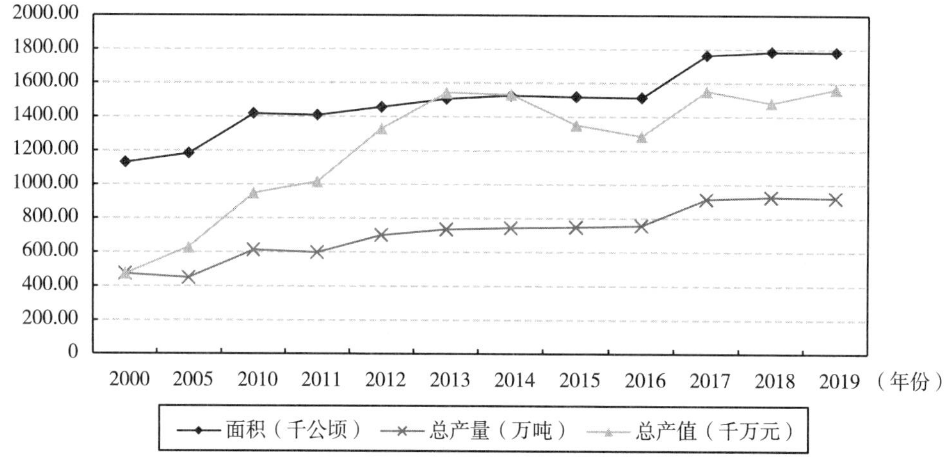

图15－5　2000～2019年云南玉米产业发展趋势

资料来源：面积和产量来源于国家统计局网站，产值来源于历年《中国农村统计年鉴》。

（三）云南玉米生产在全国的地位

玉米在全国各省份均有种植，种植面积较大的有黑龙江、吉林、内蒙古、河南、河北、山东、辽宁、山西、云南、四川、陕西、甘肃、新疆等省份。2010～2019年，全国及主产省区玉米种植面积和产量数据如表15－2、表15－3所示。可以看出，10个主产区玉米播种面积和产量之和占全国的比重均在80%上下。

表 15 – 2　　2010 ~ 2019 年中国玉米主要产区面积及前十位占比　　单位：千公顷

地区	2010 年	2011 年	2012 年	2013 年	2014 年	2015 年	2016 年	2017 年	2018 年	2019 年
全国	34976. 73	36766. 52	39109. 23	41299. 21	42996. 81	44968. 39	44177. 61	42399. 00	42130. 05	41284. 06
黑龙江	4756. 16	5179. 71	6100. 52	6571. 19	6707. 81	7361. 15	6528. 42	5862. 81	6317. 82	5874. 63
吉林	3214. 95	3340. 23	3534. 19	3808. 19	4062. 64	4251. 06	4241. 97	4164. 01	4231. 47	4219. 61
内蒙古	2709. 67	2956. 70	3174. 82	3534. 06	3828. 54	3938. 32	3843. 56	3716. 34	3742. 14	3776. 30
山东	3247. 45	3370. 58	3476. 55	3663. 09	3828. 59	3943. 81	4059. 33	4000. 12	3934. 68	3846. 47
河南	3233. 50	3398. 41	3564. 70	3823. 60	4009. 42	4189. 91	4210. 46	3998. 94	3918. 96	3801. 33
河北	3191. 01	3264. 73	3323. 16	3428. 53	3542. 09	3654. 43	3696. 14	3544. 06	3437. 74	3408. 20
辽宁	2277. 38	2372. 19	2504. 59	2603. 12	2758. 68	2922. 41	2789. 78	2691. 98	2712. 98	2675. 00
山西	1635. 25	1762. 21	1810. 41	1836. 30	1868. 60	1894. 48	1860. 67	1806. 85	1747. 67	1715. 04
四川	1520. 92	1574. 25	1629. 77	1685. 83	1739. 13	1816. 91	1866. 00	1863. 87	1856. 00	1844. 00
云南	1527. 51	1559. 34	1623. 06	1703. 48	1745. 83	1762. 59	1784. 81	1763. 81	1785. 20	1782. 40
前十位合计	27313. 80	28778. 35	30741. 77	32657. 39	34091. 33	35735. 07	34881. 14	33412. 79	33684. 66	32942. 98
前十位全国占比（%）	78. 09	78. 27	78. 60	79. 08	79. 29	79. 47	78. 96	78. 81	79. 95	79. 80

资料来源：国家统计局网站 2020 年 12 月数据。

表 15 – 3　　2010 ~ 2019 年中国玉米主要省区产量及前十位占比　　单位：万吨

地区	2010 年	2011 年	2012 年	2013 年	2014 年	2015 年	2016 年	2017 年	2018 年	2019 年
全国	19075. 18	21131. 60	22955. 90	24845. 32	24976. 44	26499. 22	26361. 31	25907. 07	25717. 39	26077. 89
黑龙江	2513. 71	2927. 62	3283. 83	3734. 84	3929. 14	4280. 19	3912. 81	3703. 11	3982. 16	3939. 82
吉林	1994. 67	2392. 76	2714. 99	2980. 93	3004. 17	3138. 77	3286. 28	3250. 78	2799. 88	3045. 30
内蒙古	1643. 66	1858. 46	2015. 97	2397. 63	2503. 25	2652. 23	2563. 09	2497. 44	2699. 95	2722. 32
山东	2072. 34	2226. 16	2297. 50	2320. 02	2400. 95	2505. 40	2613. 81	2662. 15	2607. 16	2536. 53
河南	1795. 31	1907. 22	2011. 38	2116. 47	2088. 89	2288. 50	2216. 29	2170. 14	2351. 38	2247. 37
河北	1663. 79	1823. 04	1856. 20	1922. 79	1898. 84	1897. 74	2031. 21	2035. 48	1941. 15	1986. 64
辽宁	1251. 85	1511. 71	1615. 66	1812. 07	1385. 81	1697. 12	1810. 07	1789. 44	1662. 79	1884. 43
山西	809. 45	914. 59	980. 34	1049. 45	1045. 48	974. 71	1017. 96	977. 87	981. 62	939. 37
四川	750. 70	810. 28	833. 60	920. 07	946. 75	992. 30	1058. 02	1068. 00	1066. 30	1062. 14
云南	622. 01	620. 42	736. 10	788. 15	850. 54	868. 11	892. 29	912. 93	926. 00	920. 00
前十位合计	15117. 49	16992. 26	18345. 57	20042. 42	20053. 82	21295. 07	21401. 83	21067. 34	21018. 39	21283. 92
前十位全国占比（%）	79. 25	80. 41	79. 92	80. 67	80. 29	80. 36	81. 19	81. 32	81. 73	81. 62

资料来源：国家统计局网站 2020 年 12 月数据。

从表 15 -2、表 15 -3 还可以看出，近年来云南玉米种植面积逐年上升，常年播种面积均在 175 万公顷以上，居全国第 10 位，2018 年开始超过山西居第 9 位，玉米总产量近两年保持在 920 万吨以上，居全国第 10 位。2019 年云南省玉米播种面积 178.24 万公顷，总产量 920.00 万吨，分别占全国的 4.32% 和 3.53%。

三、中国及云南玉米消费分析

我国玉米主要用于饲料、深加工、食用、种子及其他（见表 15 -4）。随着玉米深加工业的逐步发展，饲用玉米消费占比有所回落，但仍是玉米消费的主体，玉米的其他需求占比较小。

表 15 -4　2010 ~2018 年中国及云南玉米主要消费数量构成　单位：万吨

年份	云南						全国					
	饲用	食用	工业用	种用	其他	合计	饲用	食用	工业用	种用	其他	合计
2010	416.8	55.2	104.2	6.1	30.6	613.0	11942	1019	3557	147	849	17514
2011	406.8	53.8	101.7	6.0	29.9	598.2	12901	1032	3996	150	919	18998
2012	476.0	63.0	119.0	7.0	35.0	700.0	14415	957	4140	165	979	20656
2013	499.3	66.1	124.8	7.3	36.7	734.2	15380	962	4190	165	1030	21727
2014	505.4	66.9	126.4	7.4	37.2	743.3	11256	752	5257	169	905	18339
2015	508.2	67.3	127.0	7.5	37.4	747.3	12061	765	5337	166	956	19325
2016	514.4	68.1	128.6	7.6	37.8	756.5	13199	772	5585	161	981	20698
2017	620.8	82.2	155.2	9.1	45.6	912.9	17700	930	6900	190	1200	26920
2018	629.7	83.4	157.4	9.2	46.3	926.0	18700	940	7500	190	1145	28500

资料来源：全国数据根据 FAO 数据整理，云南数据为省玉米产业技术体系专家估算。

如图 15 -6 所示，2010 ~2018 年全国饲用玉米消费量占总消费量平均占比为 66.2%，其中 2013 年饲用玉米消费达到 15380.0 万吨，占玉米总消费量的 70.8%，2014 年饲用玉米消费回落，2015 年、2016 年饲用玉米消费有所增长，2018 年增长至 18700 万吨，占总消费量的 65.6%。近年来我国工业用玉米消费增长较快，工业用玉米从 2010 年的 3557.0 万吨增加到 2018 年的 7500.0 万吨，增长 110.9%，年均增长 13.9%，且仍呈上升趋势（见图 15 -7）。总体看来，随着人民生活水平的提高和膳食结构的调整，我国玉米的食用消费相对较稳，而对饲用玉米和工业用玉米的需求不断增长（孔祥智等，2013）。2019 年受非洲猪瘟疫情等影响，玉米饲用消费总量下降，但并不能改变玉米消费中长期增长的态势和中长期供求关系趋紧的格局。随着生猪产能逐步恢复增长和深加工业持续发展，国内玉米饲用消费和工业消费都将继续增长。

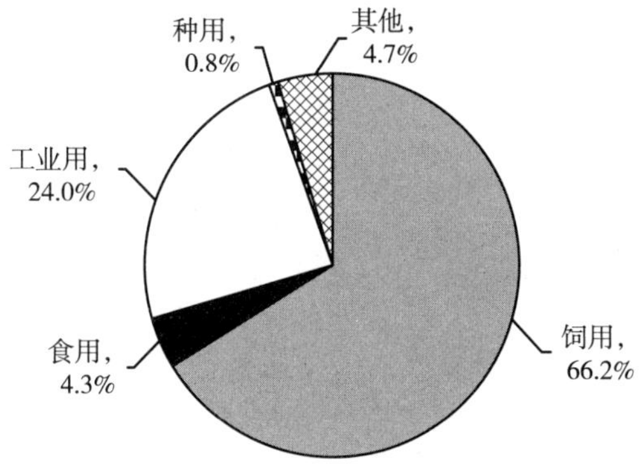

图 15-6　2010~2018 年全国玉米平均消费构成

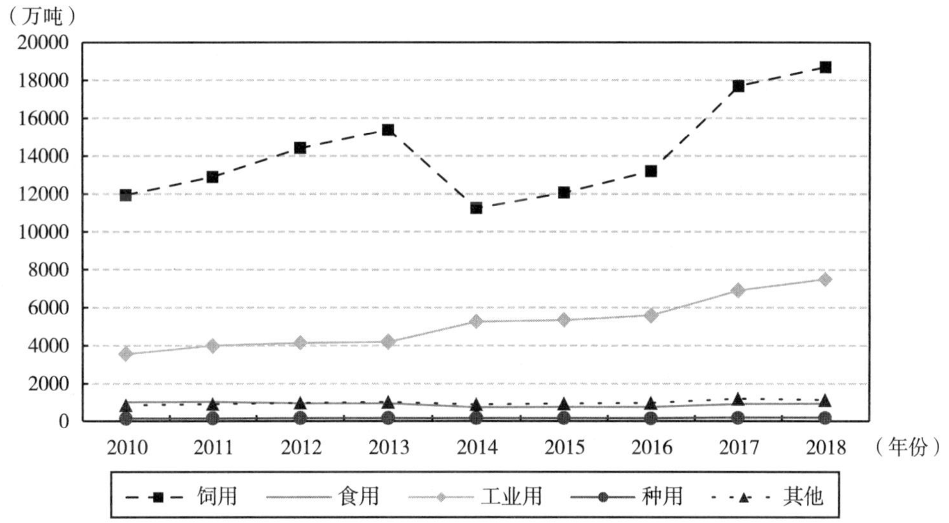

图 15-7　2010~2018 年中国玉米消费变化

云南是中国玉米主产省区之一，也是玉米消费大省之一。随着经济的发展，云南省玉米消费结构逐渐由过去的口粮消费为主向饲料、工业加工等为主的多方向、多领域、多层次消费转变，玉米消费呈明显的刚性增长趋势（李文才，2016）。从图 15-8 可以看出，目前云南省玉米消费主要是饲料、工业和食用等，其中饲用玉米消费占 68.0% 左右，工业加工（主要为酿造工业）占 17.0% 左右，食用玉米占 9.0% 左右。工业用玉米消费低于全国比例，且主要为酿酒工业，深加工综合利用薄弱。云南省的玉米深加工产品无论是在品种还是质量方面都远远不能满足市场的需求。

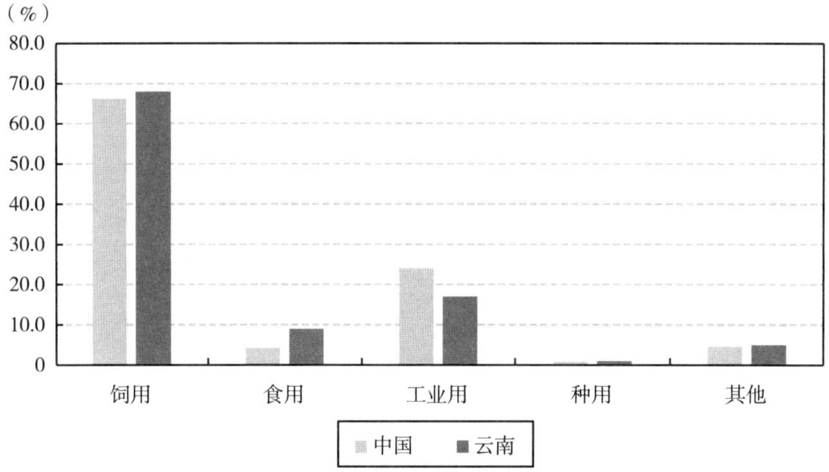

图 15－8　2010～2018 年全国和云南平均玉米消费构成比较

四、中国及云南玉米贸易情况分析

作为玉米生产和消费大国，受国内需求增长较快的影响，中国玉米贸易总体上呈出口下降、进口增长的态势。如表 15－5 所示，由于国内外玉米价格差显著，我国进口玉米量大幅增加，自 2010 年起中国成为玉米净进口国，2012 年创下 520.70 万吨的玉米进口历史最高水平。2013 年受美国转基因玉米退运事件影响，中国玉米进口量下降至 326.60 万吨，2014 年进一步下降至 259.77 万吨，2015 年恢复性增长至 473.00 万吨，2019 年为 479.37 万吨（王允等，2017）。从表 15－5 可以看出，近年来，中国玉米出口量逐年减少，到 2016 年出口量不足万吨。农业农村部网站数据库显示，2019 年全国玉米出口量也仅为 2.62 万吨。

表 15－5　　　　2010～2019 年中国及云南玉米贸易量

地区	指标	2010 年	2011 年	2012 年	2013 年	2014 年	2015 年	2016 年	2017 年	2018 年	2019 年
全国	进口（万吨）	157.21	175.25	520.70	326.60	259.77	473.00	316.70	282.54	352.15	493.37
	出口（万吨）	12.72	13.57	25.73	7.74	2.00	1.11	0.39	8.52	1.22	2.62
云南	进口（万吨）	5.65	6.24	9.12	11.11	15.11	17.31	20.50	24.66	24.25	26.11
	进口占比（%）	3.59	3.56	1.75	3.40	5.82	3.66	6.47	8.73	6.89	5.29

资料来源：2018～2019 年数据来源于农业农村部网站数据库，其他数据根据陈叶盛《中国玉米进出口形势展望》及网络数据整理而得。

多年来，在世界玉米贸易中，中国一直是贸易逆差国，且贸易逆差在波动中逐年增大。2012 年，我国玉米贸易逆差曾超过 15 亿美元，2015 年仍超过 11 亿美元，近年来相对稳定，2017 年降为最低 6 亿美元，之后回升，2019 年又超过了 10 亿美元。云南省玉米进口量逐年增加，2017 年云南玉米进口量占全国进口量的 8.73%，进口额占全国进口额的 11.65%。云南玉米出口数据缺乏，但根据云南省畜禽养殖量从理论上推算，全省年均饲用玉米需求量在 1200 万吨左右，缺口约 300 万～500 万吨，属于玉米总量不足地区，玉米出口极少。据农业农村部网站统计数据，2018 年和 2019 年，云南省分别出口玉米 90.8 吨和 188 吨，出口额 2.66 万美元和 5.35 万美元。2019 年云南省进口玉米 26.11 万吨，进口额为 7287.91 万美元（见表 15－6）。

表 15－6　2010～2019 年中国及云南玉米贸易额

地区	指标	2010 年	2011 年	2012 年	2013 年	2014 年	2015 年	2016 年	2017 年	2018 年	2019 年
全国	进口（万美元）	36722.08	57754.23	168868.31	93653.15	72902.42	110780.63	63772.88	60221.54	78883.78	106320.55
	出口（万美元）	3332.82	4653.56	10113.17	3317.09	766.42	485.36	274.47	219.69	599.17	979.23
云南	进口（万美元）	1321.99	2059.35	2957.71	3185.81	4240.50	4054.15	4801.27	7015.14	6781.00	7287.91
	进口占比（%）	3.60	3.57	1.75	3.40	5.82	3.66	7.53	11.65	8.60	6.85

资料来源：2018～2019 年数据来源于农业农村部网站数据库，其他数据根据邵钰舒《我国玉米贸易现状与发展对策分析》和网络数据整理而得，云南数据为估算。

五、云南玉米产业发展存在的问题

一是品种同质化严重，突破性品种少。云南玉米种植区生态环境复杂多样，海拔高差大，玉米病害种类多，穗腐病、灰斑病、大斑病、小斑病、纹枯病、茎腐病等病害均有发生，且病害多发、高发，玉米品种综合抗性高低直接影响其产量潜力和稳产性。新《种子法》实施后，拓宽了审定渠道，缩短了试验时间，加快了审定速度，审定品种数量迅速增长，新品种层出不穷，但品种同质化严重，突破性的绿色高效玉米品种仍然短缺，难以满足复杂多样的生态环境对玉米品种的需求。其根本原因仍然是种质遗传基础狭窄，优质、抗逆、高配合力和适应性广的优良玉米新种质匮乏，影响玉米育种创新能力的提升。目前，玉米育种中特别缺乏且迫切需要综合性状优良的绿色高效玉米种质资源，如耐密植、耐旱、耐瘠、抗病、抗倒伏、宜机械化作业的种质资源，以及适合不同加工用途的高油、高淀粉、青贮、甜质、糯质等优异专用型玉米种质资源。另外，玉米新品种选育手段多以常规育种为主，分子育种技术、单倍体育种技术运用不普遍，也制约着品种创新效率。

二是轻简化栽培技术缺乏，机械化水平低。云南省70%以上玉米分布在山区、半山区，而山区、半山区自然地理条件差，山地多、坡度大、地块小而分散，交通不便，玉米生产机械在云南一直未得到广泛应用，多数地区玉米生产仍然处于人工作业的传统农业状态，劳动强度大，工作效率低，种植效益明显低于全国平均水平（文彬等，2016）。2014年云南省主要农作物耕种收综合机械化水平仅为46%，与全国主要农作物综合机械化水平61%相比较差距较大，而玉米生产播种和收获的综合机械化水平更低。随着农村剩余劳动力向城市转移，老人、妇女成为农业生产的主要劳动力，劳动力弱且数量严重不足，投入玉米播种、中耕管理和收获等生产环节的劳动力逐步减少，甚至出现紧缺，给云南省玉米生产带来较大的影响（文彬等，2016）。“十三五”期间，在云南省委、省政府强农惠农政策的大力支持下，坝区玉米机械化水平不断提高，但全省玉米机械总量严重不足、装备水平较低、技术状态落后，且分布极不平衡。目前，适宜云南山区和半山区玉米生产作业的小型农机具较少，缺乏轻简化栽培技术，现有品种不适应机械化作业等，也是制约云南省玉米生产机械化水平提升的主要因素。

三是农田基础设施差，抵抗自然灾害能力弱。云南省地域广阔，地形复杂，降水量在季节上和地域上的分配极不均匀，冬春季节为旱季，降水量只占全年的10%~20%，甚至更少，全省大部分地区春旱发生频率在70%以上，有的县发生频率接近100%。玉米是山区旱地面积最大的粮食作物，全省70%以上的玉米种植在山区和半山区，基本上没有水利灌溉设施，主要为雨养农业。其中30%左右的玉米生产区为干旱缺水、土壤贫瘠的喀斯特地区，土壤耕作层浅，抗御自然灾害的能力低。严重春旱常常影响玉米的适时播种，或播种后造成大面积缺苗、缺塘而减产，干旱已成为影响云南省玉米生产的第一限制因素。另外，云南省玉米坡耕地比重大，水土流失严重，土壤瘠薄，有机质及速效氮、磷等有效养分含量低，远远不能满足玉米高产或超高产的要求。

四是深加工转化能力弱，玉米综合效益低。从全省现状看，玉米加工绝大多数还是初级产品，以酿造和饲料加工为主，玉米加工业存在深加工能力不足、加工技术较弱，设备落后、加工品种较少等问题，在国内市场上，云南省玉米加工产业不论是规模、技术还是市场占有方面均不具有优势。虽然近几年建起了几家起点较高的龙头企业，但对全省经济具有强大拉动作用的大型龙头企业数量偏少，仅占全部玉米加工企业的10%左右，多数企业存在设备陈旧、技术落后、玉米综合利用率低、产品层次低的问题。由于云南省本身玉米深加工能力不高，不少饲料厂、中小淀粉厂因规模小、产品不适应市场等原因，抗风险能力较差（袁江玥等，2016）。

五是政府支持力度不够，制约科技创新和推广体系建设。云南省现代农业玉米产业技术体系建设启动以来，注重科研、试验、示范推广的结合，围绕玉米产业需求开展科研、试验、示范和推广，以打通科研、试验示范、推广和生产之间的快速通道。体系形成了上下联动机制，把农业科研院所、大学、基层农技推广部门和企业紧密结合，集聚了一批高素质研发创新人才，围绕玉米产业发展需求，开展玉米育种、栽培、植保等新品种、新技术的研发、引进、试验、示范，促进了玉米产业关键技术和共性技术的研发创新，加速了农业科技成果的转化，推动了玉米产业的发展。“十三五”期间，玉米产业财政支持力度连年缩减，对玉米产业科技研发和推广重视程度降低，投入明显不足，制约着玉米产业科技创新和科技成果的推广应用。

第二节　云南玉米产业的比较优势

一、云南玉米产业的比较优势

云南农业发展虽然受地理和地形的约束，但无论是与毗邻省份、周边东南亚国家还是与全国相比，云南高原特色农业均具有一定的综合比较优势（董晓波等，2016）。云南玉米常年播种面积175万公顷以上，居全国第10位，为西南玉米主产区中种植面积较大的省份，在全国的规模优势相对明显，虽然生产效率和单产优势不太明显，但是具有一定的综合优势。尤其是云南省多样化的玉米种质资源、相对先进的玉米科技和沿边开放的区位优势等十分明显。

（一）多样化的种质资源优势

云南省玉米生态环境复杂多样，海拔高差大，地势地貌错综复杂，具有“十里不同天”的复杂立体农业生态气候特点，复杂的玉米生态环境加上长期的人工选择和自然选择，造就了大量具有云南特色的丰富多样的玉米地方品种资源。根据云南省农业科学院粮食作物研究所对搜集保存的近2000份地方品种资源鉴定发现，这些地方品种大多抗病抗逆性强、适应性广、稳产性好，千粒重高，有的兼具大穗大粒、品质优良等特性，还有具有玉米原始性状迹象的勐海四路糯、马齿形大粒腾冲黄粒包谷等。云南省地处亚热带低纬高原，热带玉米和温带玉米种质都能在这里正常开花结实，是开展热带亚热带玉米种质创新的理想场地。云南省农业科学院粮食作物研究所利用广泛的国际国内科技合作与交流，在引进美国和我国北方温带玉米种质材料的同时，从墨西哥、南非和泰国等引进了大批热带、亚热带玉米自交系、杂交种和综合种，同时开展云南地方种质的收集，使云南成为国内拥有热带、亚热带玉米种质资源最丰富的省份。通过持续开展热带、亚热带玉米种质资源的创新及利用研究，改良创新了一批聚合热带、亚热带种质和温带种质优良性状的优质、高产、多抗的玉米自交系，极大地拓宽了我国玉米种质遗传基础，在热带、亚热带玉米骨干亲本的杂种优势利用研究方面取得了重大成效。

（二）特色玉米的周年生产优势

云南省具有得天独厚的自然条件，兼具低纬气候、季风气候、高原气候的特点，气候类型多样、水热资源丰富，具备发展玉米生产极为优越的自然条件。南部大部分地区具有周年生产玉米的优势，可周年种植鲜食甜玉米、糯玉米等特用玉米，可弥补其他地区玉米上市的时差。这些地区昼夜温差大，有利于糖分及营养物质的积累，产出的鲜食玉米口味极佳，深受消费者欢迎，反季上市可形成“人无我有”的优质产品（刘帆等，2011）。鲜食玉米与普通玉米相比，具有生长周期短、种植效益高、节水节肥等优点，是促进农民增收、种植业结构调整的新兴产业，在“一带一路”建设中具有良好发展机遇，市场潜力巨大。研究表明，云南省适宜种植玉米的区域广阔，海拔3000米以下、坡度20°以下的地区均可种植，加上间套种、扩大秋冬玉米面积，提高复种指数，甚至开拓周边国家闲置土地，扩大玉米种植面积尚有潜力（陈虎等，2013）。

另外，云南独特的地形地貌和多样的气候类型、充足的光热条件和较好的自然屏障具备农作物杂交制种的优良自然条件。2017 年，云南省各类农作种子生产面积近 4.67 万公顷，其中杂交玉米制种面积近 1.53 万公顷，居西南地区第 1 位、全国第 3 位，是西南五省区亚热带血缘杂交玉米种子的主要供应地之一（王德海等，2019）。西双版纳州位于北回归线以南的热带湿润区，终年温暖、阳光充足、热量丰富、湿润多雨，具有“常夏无冬，一雨成秋”的特点，是我国不可多得的一块热带宝地，是理想的南繁地区之一。

（三）便利的沿边开放区位优势

云南省位于中国西南边陲，地处中国与东南亚、南亚三大区域的结合部，是中国通往东南亚、南亚的窗口和门户，拥有国家一类口岸 16 个、二类口岸 7 个，与缅甸、越南、老挝三国接壤；与泰国和柬埔寨通过澜沧江—湄公河相连，并与马来西亚、新加坡、印度、孟加拉国等国邻近，是我国毗邻周边国家最多的省份之一。澜沧江—湄公河一江连六国，有“东方多瑙河”之称，是云南省乃至国内参与大湄公河次区域合作的前沿，是中国融入东盟自由贸易区的窗口地区之一，多元民族文化在这里相互交融，构成了广阔的国内和国外消费市场圈和出口圈，也使云南省玉米产业的发展具备了较强的出口优势和市场辐射优势。云南省玉米进出口具有运输快捷、距离短、运费低廉等区位优势，这为云南省发展外向型玉米产业、就近开拓邻国玉米市场创造了极为有利的条件，在“一带一路”建设中具有突出的区位优势（袁江玥等，2016）。云南边疆地区如德宏、景洪和文山等多为热带地区，生态环境和农户的生活习惯及玉米市场需求与毗邻缅甸、老挝和越南等东南亚国家十分相似，在这些热带地区选育的品种可直接应用于东南亚国家，并具有较大增产潜力。这些品种的推广应用，不但可以辐射带动提高东南亚发展中国家的玉米生产能力，为世界粮食安全做出更大贡献，还可以扩大我国玉米育种的影响力和国际竞争力，对提高我国玉米育种的成果转化能力具有重要意义。

二、云南玉米产业的区位熵测算

通过测算分析，2010～2019 年云南省的玉米产值占生产总值的比重在 0.67%～1.32%，而全国的玉米产值占生产总值的比重仅为 0.49%～0.82%。2010～2019 年云南玉米产业的区位熵值在 1.37～1.79，2017 年开始有所下降。2010～2019 年云南省玉米区位熵计算结果如表 15－7 所示。从区位熵的角度看，玉米产业仍是云南省较有优势的产业，云南玉米产业的发展对保障粮食安全、发展畜牧业等均具有重要的意义。

表 15－7　　2010～2019 年云南省玉米区位熵测算

年份	云南			全国			区位熵
	玉米产值（千万元）	生产总值（千万元）	比例（%）	玉米产值（千万元）	生产总值（千万元）	比例（%）	
2010	950.00	72241.80	1.32	30301.00	4121193.00	0.74	1.79
2011	1017.00	88931.20	1.14	37639.00	4879402.00	0.77	1.48
2012	1330.00	103094.70	1.29	44245.00	5385800.00	0.82	1.57
2013	1542.00	118323.10	1.30	47552.00	5929632.00	0.80	1.63
2014	1531.00	128145.90	1.19	47917.00	6435631.00	0.74	1.60
2015	1351.00	136191.70	0.99	43149.00	6888582.00	0.63	1.58
2016	1286.00	147884.20	0.87	37165.00	7463951.00	0.50	1.75
2017	1552.00	163763.40	0.95	45742.00	8320359.00	0.55	1.72
2018	1482.00	208806.30	0.71	46797.00	9192811.00	0.51	1.39
2019	1564.00	232237.50	0.67	48652.00	9865150.00	0.49	1.37

资料来源：2011～2020 年《中国农村统计年鉴》。

三、云南玉米产业的比较优势指数分析

本章基于规模比较优势指数（SAI）、效率比较优势指数（EAI）、综合比较优势指数（AAI）等计算分析云南玉米产业的相对比较优势，并在此基础上对云南省玉米生产及产业布局规划提出建议。SAI 指数和 EAI 指数的测算方式详见本书第十四章，此处不再赘述。为进行比较优势横向比较，选取玉米种植面积排名前十的 10 个省份，包括黑龙江、吉林、内蒙古、山东、河南、河北、辽宁、山西、四川、云南，通过查询 2011～2020 年《中国统计年鉴》中这 10 个玉米主产省相关数据，对我国玉米主要种植地区的区域比较优势进行对比分析。

（一）效率比较优势指数分析

从图 15－9 和图 15－10 可以看出，在全国玉米种植面积前十的省份中，

2010~2019年平均EAI大于1的省份有黑龙江、内蒙古、河南、山西和云南。云南玉米2010~2019年平均EAI为1.32，居第1位，和全国平均水平相比效率比较优势明显。但是从本省的发展情况看，2010~2018年云南玉米EAI基本稳定在1.60左右，说明虽然云南省的玉米单产小于全国平均水平，仅为全国平均水平的85%，但与其他主要农作物的平均单产相比，云南玉米生产具有一定的效率比较优势。但是近年来这个优势丧失很快，2019年，云南玉米的EAI指数仅为1.04，仅保持微弱的比较优势。

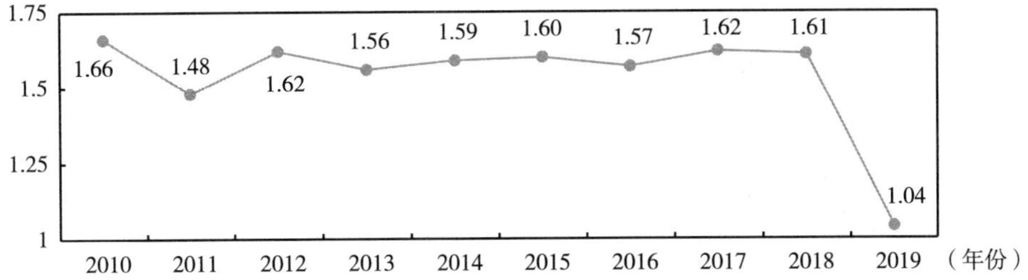

图15-9　2010~2019年云南相对于全国玉米效率比较优势指数（EAI）

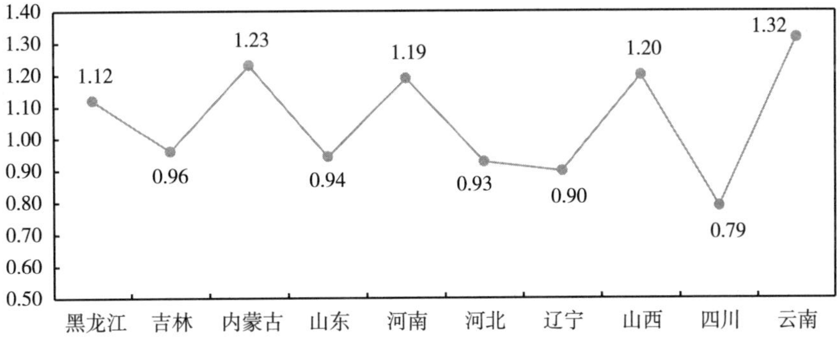

图15-10　2010~2019年玉米种植面积前十的省份平均效率比较优势指数（EAI）

（二）规模比较优势指数分析

从图15-11可以看出，2010~2019年云南玉米SAI在0.89~1.20之间，总体呈现先降后升的发展趋势。其中2010~2015年间SAI下降，2016年以后开始上升，2017年后SAI均超过1，主要源于2017年开始全国玉米播种面积下降，而同期云南玉米播种面积不降反升，说明2017年以后云南玉米种植规模和全国平均水平相比有一定的比较优势，与云南省玉米种植面积排名全国前十的主产区地位相符。

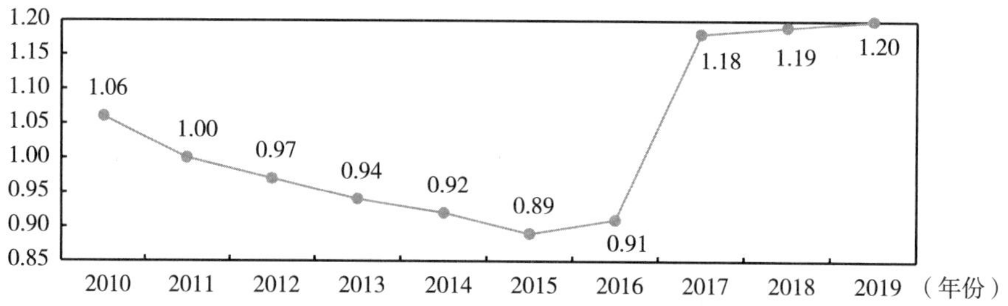

图 15－11　2010～2019 年云南相对于全国玉米规模比较优势指数（SAI）

从图 15－12 可以看出，种植面积前十的省份中，2010～2019 年平均 SAI 最高的是辽宁，最低的是四川。除河南、四川 SAI 小于 1 外，其余省份 SAI 均大于 1。云南玉米规模比较优势超过四川和河南，居全国第 8 位，和全国平均水平相当，但与几个种植大省相比还有一定差距。

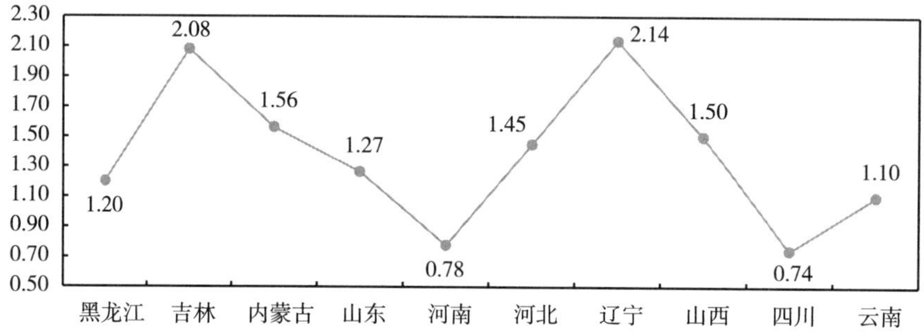

图 15－12　2010～2019 年玉米种植面积前十的省份平均规模比较优势指数（SAI）

（三）综合比较优势指数分析

综合比较优势指数（AAI）是效率优势指数（EAI）和规模优势指数（SAI）的综合，能够更为全面地反映一个地区某种作物生产的优势度。计算公式为：

$$AAI_{ij} = \sqrt{SAI_{ij} \times EAI_{ij}}$$

其中，$AAI_{ij}>1$，表明与全国粮食作物平均水平相比，i 省玉米生产具有综合优势，AAI_{ij}值越大，综合优势越显著；$AAI_{ij}<1$，表明与全国粮食平均水平相比，i 省玉米生产不具有综合优势，AAI_{ij}值越小，越不具有综合优势；$AAI_{ij}=1$，表明 i 省玉米规模等于全国平均水平，既没有综合优势，也没有综合劣势。

从图 15－13 可以看出，2010～2019 年云南玉米 AAI 在 1.12～1.38 之间，2011～2016 年基本稳定在 1.20 左右，2017 年、2018 年上升到 1.38，说明云南省

玉米和全国平均水平相比有一定综合比较优势，且综合比较优势近两年有所上升。

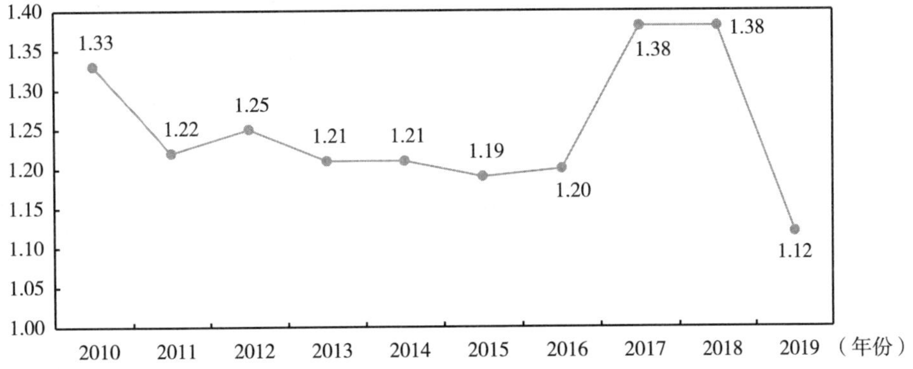

图 15－13　2010～2019 年云南玉米综合比较优势指数（AAI）

从图 15－14 可以看出，玉米种植面积前十省份中，2010～2019 年平均 AAI 最高的是吉林，最低的是四川。除河南、四川 AAI 小于 1 外，其余省份 AAI 均大于 1。云南玉米 2010～2019 年平均 AAI 为 1. 20，居全国第 5 位，和全国平均水平相比有一定综合比较优势，但这种优势 2019 年开始明显下降。

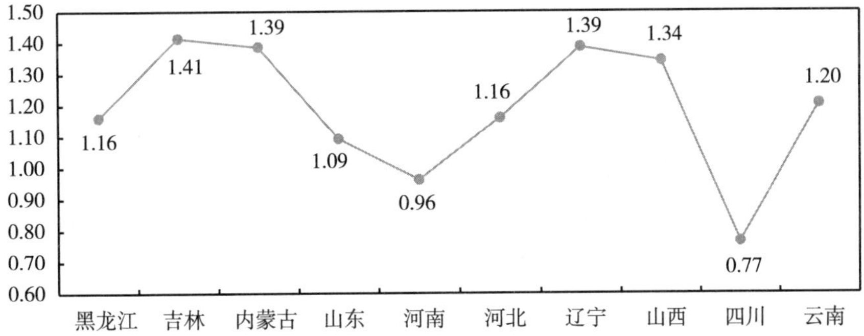

图 15－14　2010～2019 年玉米种植面积前十的省份平均综合比较优势指数（AAI）

总体看来，云南省玉米生产在全国具有明显的比较优势，虽然在规模优势上落后其他几个玉米种植大省，但在效率方面具有明显的优势，有一定的综合比较优势。

四、云南鲜食玉米产业优势分析

20 世纪 50 年代，我国开始鲜食玉米育种研究；21 世纪初前 10 年，鲜食玉米进入初级发展阶段。2018 年全国鲜食玉米种植面积（含复种）如图 15－15 所示。

鲜食玉米具有生长周期短、营养丰富、风味独特、复种指数高、种植成本低、市场前景好、经济效益高等明显竞争优势及发展潜力，受到广大种植户的欢迎（汪烨，2019）。种植面积和种植区域逐渐扩大，品种呈现多样化特点，有甜玉米、糯玉米、甜加糯玉米等类型，熟期上有早、中、晚熟类型，颜色上有白、紫、黄、花等。近年来，随着农业供给侧结构性改革的推进，鲜食玉米成为玉米产业结构调整、提质增效的新亮点。笔者从国家玉米产业技术体系了解到，全国鲜食玉米种植面积从2003年的约200万亩增长到2018年的2000万~2200万亩。

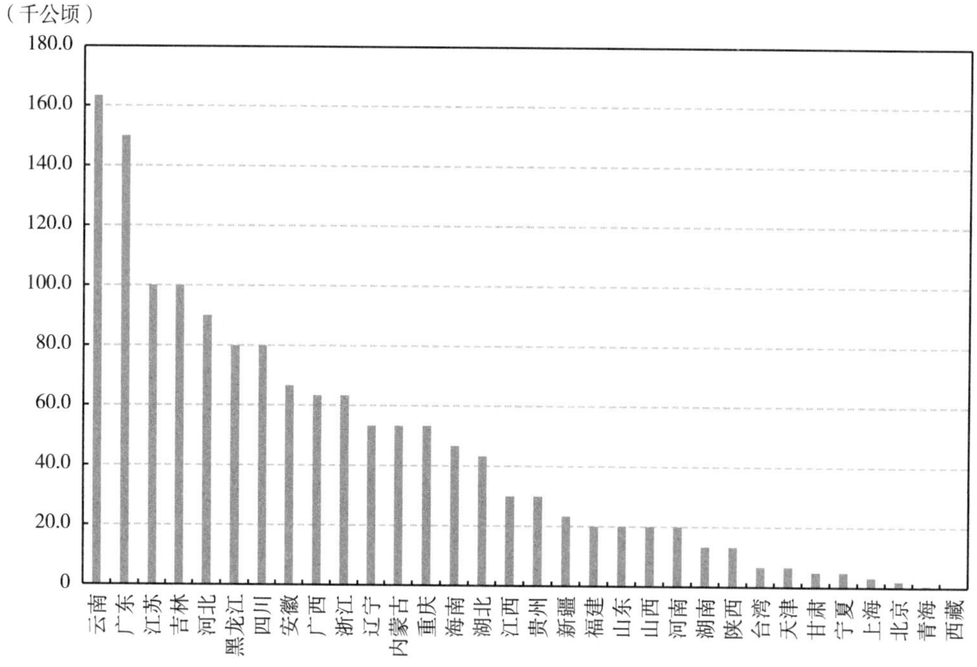

图15－15　2018年全国鲜食玉米种植面积统计（含复种）

资料来源：2018年中国（南宁）鲜食玉米大会报告。

云南省拥有得天独厚的气候优势，属于亚热带湿润气候区，兼具低纬、季风、高原三种气候类型，南部大部分地区降水充沛，干湿分明，复种指数高，具有周年生产鲜食玉米的优势，可弥补其他地区鲜食玉米上市的时差，形成全年供应链条。这些地区昼夜温差大，有利于糖分及营养物质的积累，产出的鲜食玉米口味极佳，深受消费者欢迎（刘帆等，2011）。近年来，云南省不断深入推进供给侧结构改革，调优玉米种植内部结构，扩大鲜食玉米种植，2018年云南省鲜食玉米种植面积超过广东省，成为全国鲜食玉米最大产区。2019年全省鲜食玉米种植面积达16万公顷以上，其中，冬播及早春鲜食玉米面积8.47万公顷、秋播鲜食玉米

3.6万公顷、春夏播鲜食玉米3.93万公顷，冬播和早春占52.9%、秋播占22.5%、春夏播占24.5%。目前，云南省已成为我国双色甜玉米主要产区，产量占全国市场份额近80%，是冬季甜玉米市场主要供应基地之一。

德宏州适应市场需求积极发展“双色”鲜食甜玉米，已发展成为云南省乃至全国重要的鲜食玉米生产基地，形成“水稻—甜玉米—甜玉米”种植模式，种植面积近20千公顷，产品远销昆明、上海、北京、成都、重庆、西安等全国各大城市，外销率达90%以上。西双版纳小糯玉米是云南省地方特色玉米品种，具有果穗小巧、籽粒饱满、香甜软糯、口味纯正、皮薄无渣、营养丰富等特点，在云南省西双版纳傣族自治州已有悠久的种植历史，特别是在冬春季节，国内仅部分地区能种植小糯玉米，其品种优势更为明显，已经成为西双版纳傣族自治州独具特色的优势农产品（李智海等，2019）。

五、云南玉米产业发展建议

（一）充分发挥优势和特色，积极推动玉米产业化发展

玉米是云南省种植面积最大的粮食作物，是高原粮仓的主角，是山地畜牧业的基础，对全省粮食安全及畜牧业发展起着决定性作用。应充分发挥云南玉米产业的优势和特色，加大科研投入力度，积极推动玉米产业化发展（黄吉美，2012）。立足云南，面向南亚、东南亚，以绿色发展为理念，以提高玉米质量和降低生产成本为核心，以优化玉米品种结构和提高玉米转化能力为重点，全面提高玉米科技创新能力。建议在玉米主产区昭通、普洱、文山、临沧、红河等州（市）发展绿色高效籽粒玉米；在西双版纳、德宏等可周年生产玉米的优势区域大力发展秋季和冬季鲜食玉米；在畜牧业相对发达的大理、曲靖、昆明、玉溪等州（市）发展优质蛋白玉米、高油玉米和青贮玉米等。

（二）强化玉米种质创新，培育绿色高效玉米新品种

充分利用云南种质资源优势和区位优势，以种质资源深度挖掘为重点，发掘高产、优质、抗逆、抗病虫、养分高效利用、适应机械化等性状的基因资源，进一步开展热带、亚热带玉米种质创新和利用研究；加强分子育种技术和单倍体育种技术等的研发，建立高效玉米育种技术体系，创制抗病、耐瘠、配合力高、适

宜机收的突破性自交系，培育高产稳产、品质优良、资源高效利用、环境友好、优质安全的绿色高效玉米新品种并应用。同时建立规模化高效安全制种技术体系，建立健全规范高效的种子生产经营及监管体系，加强产学研合作，加大知识产权保护力度。

（三）加强轻简化玉米栽培技术的研究和示范推广

开展“底肥+叶龄”模式精准施肥技术、玉米缓（控）释肥应用技术、宜机械化操作栽培技术、除草剂应用技术等研究，建立最佳的玉米机械化生产群体和规格，形成“最少作业次数、最佳投入时期、最佳投入数量”的轻简化栽培技术体系，并进行规模化示范，解决我省玉米生产技术环节烦琐、劳动力投入较大、肥料施用不合理等导致玉米生产成本高的突出问题。

（四）加强病虫害绿色防控技术研究和示范推广

开展主要玉米病虫害抗性鉴定技术研发，完善建立潜在的暴发流行病虫害与病原菌生理分化的动态监测技术体系，加强可持续绿色防控技术研发与集成应用，重点加强生物防治技术、创新物理诱杀技术、科学合理用药技术、可持续生态调控技术，构建可持续绿色防控技术体系。特别加强草地贪夜蛾预测预报和防治工作。

（五）适度发展产后加工，提高玉米综合效益

玉米产后加工产品多，产业链长，市场需求大。但云南省70%左右的玉米用作饲料（包括饲料加工），产后深加工极少。适时、适度推进玉米深加工产业发展，积极引进国内外玉米综合利用技术和深加工技术，培育玉米加工龙头企业，延长玉米产业链，提升玉米综合利用效率和效益，增加农民收入，提高农民种粮积极性，促进玉米产业发展。

（六）加强人才队伍和玉米产业技术体系建设

支持农业科研院所科学家工作室、重点实验室、工程研究中心等建设，建立教学、科研与实践相结合的有效机制，培养高素质农业科研、生产、营销服务和管理人才（赵巍，2016）。加强国际、国内外合作交流，采取“请进来、走出去”的方式，开展育种科研和生产合作。进一步加强现代玉米产业技术体系建设，加强技术创新与集成示范，充分发挥体系优势，进一步提高科技创新和推广应用效

率，加快新品种、新技术的推广应用。

（七）发展高原特色玉米种业

荷兰是世界上最大的植物种子种苗出口国，属典型的温带海洋性气候，其国土总面积仅 41864 平方千米，大约有 350 家种子公司，植物种子种苗年销售额超过 25 亿欧元，占欧洲植物种子种苗出口总额的 47%。与荷兰相比，云南省具有发展种业的生态和地域优势。云南省地处亚热带低纬高原，具有全国最特殊、最复杂的生态环境和独特的气候条件，自然隔离条件好。近年来，云南省已发展成为西南地区热带、亚热带杂交玉米种子的主要供应地之一，也是全国短日照十字花科蔬菜的主要制种基地。2017 年云南的元谋县、景洪市、寻甸县、宣威市被原农业部认定为全国区域性良种繁育基地。将高原特色种业作为云南省的另一支柱产业发展，对提高云南省在全国和全球知名度将有很大的支撑作用。

第三节　云南玉米产业经济体系简况

一、生产组织形式

（一）基本情况

我国玉米生产组织形式主要有传统农户、种粮大户、家庭农场、农民专业合作社等多种形式。目前，云南省玉米生产主要以家庭为单位的传统农户生产方式，种粮大户、家庭农场较少。2007 年 7 月《中华人民共和国农民专业合作社法》正式实施以来，国家财政在农业补贴、基础设施、人才培训等方面加大了对农民合作组织的支持力度。云南省作为农业大省，响应国家号召，积极发展农民专业合作社。据有关行业部门统计，至 2017 年合作社数量达到 46755 个，被农业主管部门认定为示范社的有 2708 个。其中种植业专业合作社 22197 个（粮食产业 1880 个）（曹甜甜等，2018）。近年来，随着各项农业扶持政策的落实和法律制度的进一步完善，玉米专业合作社在鲜食玉米种植和杂交玉米制种中的作用发挥得越来越广泛。目前，云南省内以“企业 + 合作社 + 基地 + 农户”“企业 + 基地 + 农户”“企业 + 农户”“合作社 + 农户”等生产组织模式种植鲜食玉米和杂交玉米制种已成为主要趋势，企业通过合同契约形式将分散的农户组织起来，进行玉米的生产、加工与销售，龙头企业带动的农民专业合作社发展相对较好。据云南省农业农村厅不完全统计，2018 年涉及玉米种植业的专业合作社有 400 余家，企业 80 余家。

（二）案例

1. 德宏州鲜食玉米发展模式

据笔者调研，2000 年以来，德宏州不断调整和优化产业结构，加大特色农业开发力度，鲜食玉米种植面积从 2000 年的零星试验种植上升到 2019 年 2 万公顷。全州鲜食玉米平均单产在 16500 千克/公顷，每季产值长期稳定在 45000 元/公顷，纯收益在 34500 元/公顷左右，为农民稳定增收提供了有效保障。经多年发展，芒市、瑞丽等已成为优质高产鲜食甜玉米外销示范生产基地，形成以芒市为主的双色甜玉米主产区，以瑞丽为主的黄粒甜玉米主产区，两个产区互补协调，错期上市。目前，鲜食玉米产业已经成为德宏州农民增收的支柱产业之一，是德宏州冬季农业开发的一大亮点。德宏州鲜食玉米市场已由最初的自产自销发展到目前的产供销一体化，形成了“企业 + 基地 + 合作社（协会） + 农户”的订单生产开发模式，通过产前签订合同、提供种子，产中技术服务，产后收购产品的一体化生产销售服务，确保鲜食玉米品质和质量，保证订单规模外销，产品远销昆明、广州、成都、上海、南京、北京等各大中城市，并出口缅甸、越南等国家，供不应求①。订单化生产与市场调节有机结合，形成了有效的市场机制，销售网络不断健全完善，全州鲜食玉米订单生产形成产、销、物流等一体化的产业链，降低了农民风险，增加了农民收入，产业发展效益明显。

2. 西双版纳州鲜食玉米发展模式

西双版纳傣族自治州地处我国西南热带、亚热带地区，是世界糯玉米的起源中心之一，也是我国糯玉米多样性最丰富的地区。西双版纳小糯玉米种植历史悠久，已成为当地独具特色的优势农产品（祖文龙等，2019）。2019 年全州种植鲜食玉米 5.5 万亩，其中：糯玉米 3.5 万亩，甜玉米 2.5 万亩。糯玉米主要分布在景洪市的嘎洒镇、勐养镇、勐龙镇；勐腊县的勐腊镇、勐捧镇；勐海县的勐遮镇、勐混镇。甜玉米主要分布在景洪市的勐养镇、景讷乡、勐龙镇、嘎洒镇；勐海县的勐混镇、勐阿乡、勐往乡；勐腊县的磨憨镇、勐满镇、勐伴镇等。西双版纳州鲜

---

① 王磊. 鲜食玉米——德宏特色农业新品牌［N］. 德宏团结报，2019 - 06 - 17.

食玉米主要以订单方式生产，由农产品企业和蔬菜专业合作社与种植农户签订合同并发放种子，垫支部分生产资料，提供技术服务，产品收获时按照合同约定定价收购或随行就市收购。目前已形成了以嘎洒曼凹村为代表，“产、加、销”一体化的西双版纳小糯玉米农民专业合作社等多种经营组织，开展全年生产、加工和组织销售。嘎洒镇曼广龙甜脆玉米种植专业合作社，通过发放种子的方式，让景讷、勐旺、勐养、普文等乡镇种植甜脆玉米3800亩，再按市场价格进行收购，运到昆明后销往西南各地，让这些乡（镇）的老百姓有了近1000万元的收入。在专业合作社的带动下，景洪市冬玉米种植发展迅猛，勐龙、勐旺、勐养等乡镇种植面积超过了3000亩，景讷乡种植冬玉米达到8000亩。

3. 大理州杂交玉米制种发展模式

大理州位于云南省中部偏西，东邻楚雄市，南靠普洱市、临沧市，西与保山市、怒江州相连，北接丽江市，州府大理市是滇西8州（市）的交通枢纽。全州光、热、水资源丰富，所辖12县（市）都有适于杂交玉米制种的区域，均可选择在田块集中连片、土壤肥沃、能灌能排的高产稳产农田上制种，栽培管理精细，制种产量高，籽粒色泽好，便于控制种子质量。得天独厚的自然资源和优良的生产条件，吸引着愈来愈多的州外、省外乃至国外的大中型种子企业进驻大理州从事杂交玉米制种，主要在大理、祥云、弥渡、巍山、洱源、剑川、宾川、漾濞8个县（市）（张学成等，2015）。2017年全州辖区内有杂交玉米制种企业32家，制种面积4722.3公顷，制种产量2479万千克；2018年全州辖区内有玉米制种企业31家，制种面积3562.3公顷，制种产量1800万千克。多年来大理州充分发挥资源优势，坚持把高原特色农业作为龙头产业来培育，创新“基地+农户+合作社+龙头企业”模式，建立健全农村土地流转管理服务体系，鼓励农民通过转包、转让、入股、合作、租赁、互换等方式流转土地，引导土地资源向合作经济组织、种养大户、农业园区集中，促进特色农业规模化经营，形成了“市场牵龙头、龙头带基地、基地连农户”的发展格局①。其中，巍山县杂交玉米制种始于20世纪80年代，至今已有近30年的历史。2013年巍山县政府引进云南足丰种业有限公司和云南天丰种业有限公司，到当地投资6000多万元建成两条1500吨生产能力的全省一流的现代玉米种子生产线。2014年全县玉米制种面积达1400公顷，收购玉米种子500多万千克，产值7100多万元，增加农民收入5000多万元。目前，巍山县玉米

① 李武华．云南弥渡：高原特色农业发展步伐强劲［N］．大理日报，2016－07－22.

制种基地分布于该县4镇1乡26个行政村，参与制种农户2万余户，种子生产规模居大理州第一，走上了一条由龙头企业带动、农户广泛参与的“公司+基地+农户”的玉米种子产业健康发展之路。玉米制种产业现已成为巍山县老百姓继烤烟产业后又一增收致富产业。

（三）存在的问题

云南省玉米生产主要以家庭联产承包责任制为基础，以传统农户自主生产为主，小规模传统农户数量大，土地规模小，且较分散。虽然出现了“企业+合作社+基地+农户”“企业+基地+农户”“企业+农户”“合作社+农户”等多种生产组织模式，主要集中在鲜食玉米和杂交玉米种子生产上，规模化、集约化均不够，产业链条短，发展后劲不足。

云南省农民专业合作社特别是农作物种植专业合作社经济实力普遍不强，规范化管理程度不高，专业技术服务能力不够，经营模式单一，销售渠道少，效益不明显。大多数合作社成立时间短，尚处在起步发展阶段，对产业化经营中的促进作用还不够大，合作社的龙头、桥梁和纽带作用还没有得到充分发挥。

另外，鲜食玉米和杂交玉米种子生产主要靠市场调剂，价格波动性大，主动权主要集中于企业，企业与合作社、农户之间大多未形成紧密的长效机制。

（四）建议

实践表明，龙头企业带动的农民专业合作社发展相对较好，应充分发挥地方优势和政府的引导、扶持、协调和服务作用，培育和引进实力雄厚的龙头企业，探索多元化经营模式，建立企业、合作社、农户之间稳定的利益共享、风险共担的长效机制，促进产业健康发展。加大对农民专业合作社的扶持力度，规范合作社管理，树立品牌意识，加强对合作社产前、产中、产后的引导，特别是技术、市场营销、财务等方面的指导，提升产品市场的竞争力。

二、生产基地建设

（一）基本情况

玉米是云南省种植面积最大的粮食作物，常年种植面积175万公顷以上。2019

年云南省玉米种植面积178.24万公顷，全省16州（市）均有玉米种植，种植面积超过10万公顷的州（市）有昭通、曲靖、文山、普洱、临沧、红河、大理、保山共8个（见图15－16）。云南省普通玉米生产主要以家庭为单位生产，且自产自销，只有少部分企业或合作社通过土地流转，建立鲜食玉米生产基地或杂交玉米生产基地，但和其他经济作物相比占比很小。

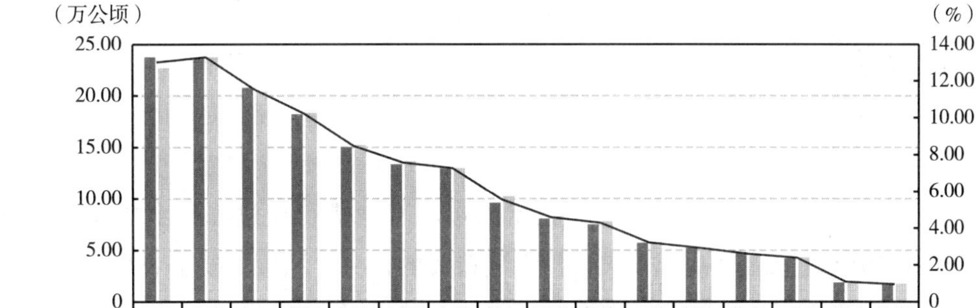

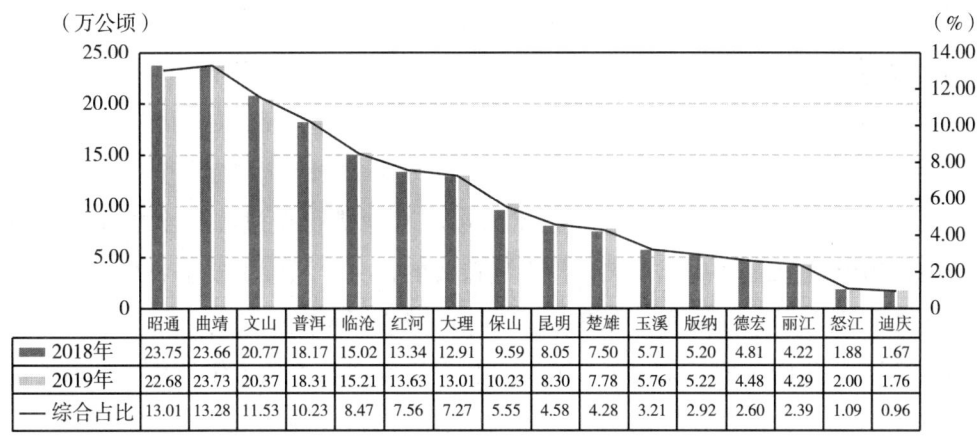

	昭通	曲靖	文山	普洱	临沧	红河	大理	保山	昆明	楚雄	玉溪	版纳	德宏	丽江	怒江	迪庆
2018年	23.75	23.66	20.77	18.17	15.02	13.34	12.91	9.59	8.05	7.50	5.71	5.20	4.81	4.22	1.88	1.67
2019年	22.68	23.73	20.37	18.31	15.21	13.63	13.01	10.23	8.30	7.78	5.76	5.22	4.48	4.29	2.00	1.76
综合占比	13.01	13.28	11.53	10.23	8.47	7.56	7.27	5.55	4.58	4.28	3.21	2.92	2.60	2.39	1.09	0.96

图15－16　2018年和2019年云南省各州（市）玉米面积及其全省占比

资料来源：根据2019年和2020年《云南统计年鉴》数据整理。

为进一步提高粮食综合生产能力，促进科技成果转化，稳定粮食生产，促进农民持续增收，2008年云南省委、省政府启动了“百亿斤粮食增产计划”和“高原粮仓”建设，2009年启动了云南省现代农业玉米产业技术体系建设。在全省组织开展高产创建示范区、产业技术综合示范区建设，通过集成技术、集约项目、集中力量，促进良种良法配套、农机农艺融合，实现了由小范围的试验产量向大面积农田产量的转变、由单项技术向集成技术的转变，挖掘了现有品种和技术的增产潜力，带动了大面积玉米稳定增产，并涌现了一批高产典型，极大地带动了玉米产业新品种和新技术的推广应用（吴叔康等，2019）。2015年全省完成高产创建万亩玉米示范区408片，示范面积426.9万亩，平均单产610千克/亩，宣威市、会泽县和祥云县玉米单产800千克/亩以上的万亩示范片9个。通过示范区建设，带动了全省玉米生产水平的大幅度提高。2015年、2016年云南省现代农业玉米产业技术体系在海拔2040米的会泽县者海镇石河村，建设杂交玉米品种云瑞999核心高产示范区100亩，经测产2015年平均产量1132千克/亩，2016年平均产量1032千克/亩，创造了全国2000米以上低纬、高海拔、冷凉、干旱区连续两年平均产量超1000千克/亩的高产纪录。

云南省生态环境复杂多样，基地自然隔离条件较好，发展杂交玉米制种优势明显。2017 年云南杂交玉米制种面积近 230 万亩，居西南地区第 1 位，全国第 4 位。2017 年全省经营“两杂”种子的企业有 48 家，其中 9 家企业成为省级龙头企业，年销售额上亿元的企业有 2 家（王德海等，2018）。企业杂交玉米制种主要有以下几种模式：一是企业委托诚信度高、制种技术和组织能力强、经济实力比较雄厚的代制商（大户、企业）进行制种。如制种中出现自然灾害、技术方案不当等情况影响制种产量，主要风险由代制商承担，公司会根据实际情况给予一定的生产成本补偿。二是公司与合作社（协会）和农户签订三方生产合同，合作社（协会）负责生产面积落实、田间管理、种子收购等关键技术与环节的协调与组织，农户负责田间操作，公司委派技术人员驻基地进行全过程技术指导与管理（鲁飞，2019）。如制种中出现灾害性天气造成的损失，风险主要由农户承担，公司会酌情进行补偿；如因技术方案偏差造成的减产，风险由公司承担。三是公司流转或租赁一定的土地，派出管理人员自主组织生产及管理工作，其风险和收益均由公司承担。云南省种子企业种子生产模式主要为第一种和第二种。

（二）案例

1. 云南省种业集团有限责任公司宣威分公司杂交玉米制种基地建设

云南省种业集团有限责任公司宣威分公司由宣威市供销社与省供销社于 2013 年 11 月共同出资组建，是一家集农作物新品种研发、杂交玉米、杂交水稻种子及其亲本种子等的批发、零售为一体的种子生产研发公司。公司已建成制种基地 2 个，研发基地 1 个，集种子烘干、精选包装、仓储等为一体的计算机集中自动控制生产线 1 条。2015 年公司在龙场镇、务德镇集中流转土地 266.7 公顷用于玉米制种，由涉及土地的乡镇安排劳动力，负责流转土地的劳动用工和基础管理，每个劳动力按技术水平和劳动强度每天支付工资。对已经流转的土地，公司采用机械化耕作模式，统一规划、统一耕作、统一技术标准和一次性基础设施投入等方式进行管理。同时，在流转的土地上，轮作种植蔬菜等作物，提高了土地利用率和单位产值，增强了公司的盈利能力。2015 年公司生产、加工玉米种子 80 余万公斤，销售种子 150 万千克，实现销售收入 2000 万元，利润 400 万元，让 1300 余农户从中受益、带动就业 2000 余人。2016 年，公司又在宣威市西泽、务德、龙场、宝山等乡（镇）流转土地 533.3 公顷用于玉米制种。公司向农户每年支付承包费以及土地升值管理费的同时，又聘用当地农民到基地务工的扶贫办法，让流转土地的贫困户持续增收致富。

2. 曲靖市陆良县杂交玉米生产基地建设

曲靖市陆良县具有良好的自然资源优势和区位优势，非常适合杂交玉米种子生产。多年来，县委、县政府高度重视，充分发挥有利条件，以发展高原特色农业为契机，加快推进种子生产区域化、专业化、标准化，切实提高种子生产能力，促进了种子产业健康、有序、稳定发展。常年进驻陆良县进行杂交玉米种子生产的企业达6家以上，主要采取“企业+合作社+基地+农户”模式进行杂交玉米生产。全县现有杂交玉米制种基地6.2万亩，年产杂交玉米良种2000万千克左右，种子远销省外及省内各地。县内杂交玉米新品种覆盖率达100%。按照陆良县高原特色农业发展规划，杂交玉米种子产业发展以大莫古、芳华、小百户、马街、板桥5个乡镇为核心，建成8万亩杂交玉米种子标准化生产示范基地，实现公顷连片规模化、集约化、标准化生产，机械化作业，可年生产杂交玉米种子3500万千克，综合产值达2.6亿元（孟焕芝等，2016）。

3. 昆明市石林县杂交玉米示范基地

2010年以来，云南省现代农业玉米产业技术体系石林试验站在长湖镇建立杂交玉米示范基地，每年建立杂交玉米新品种展示区、核心高产示范区、产业技术综合示范区各1个，极大地带动了玉米新品种和新技术的推广应用。2014年在石林县长湖镇雨胜村建立玉米核心示范区447亩，示范杂交玉米品种“云瑞999”，经测产，平均产量872千克/亩，最高产量1088千克/亩，创下我国海拔1900米以上高海拔地区杂交玉米最高单产纪录，被评为“2014年云南十大科技进展”。2017年石林县创建6万亩玉米基地获农业部授牌全国绿色食品原料（玉米）标准化生产基地。2019年引进鲜食玉米（台湾牛奶玉米）示范100亩，并引进云南豪棒棒农业科技有限公司联合进行产供销一体化开发取得成功，每亩种植4000株，每棒售价1.5元，平均产值达到6000元/亩，取得了较好的经济效益。

（三）存在的问题

目前云南省多数玉米基地建设采取“企业+合作社+基地+农户”“企业+基地+农户”的模式经营，企业与基地通常一个生产季节签订一次生产合同，受市场因素、农户合同意识不强等因素影响，合作的稳定性和连续性难以保证。

玉米种子生产企业“多、小、散”情况比较普遍，大多数以代繁代制为主，种子生产基地分散且不稳定，基础设施差，抵御市场风险能力弱。

个别企业管理意识淡薄，采取不正当的手段圈地、拉拢腐蚀村干部、非法抢购套购种子等，造成企业间无序竞争，制种秩序混乱，群众利益得不到保障（林丽萍，2018）。

（四）建议

一是充分发挥玉米专业合作社的优势，按照“依法、自愿、有偿”原则，稳步推进土地流转；统筹农业项目，整合各类生产要素，使分散的土地，形成集中连片、高产稳产的生产基地，逐步实现土地集约化经营、规模化发展。二是加强宣传、沟通与协调，鼓励和支持当地政府把制种业作为主导产业来发展，形成地方政府和种子管理部门协力互助、种子企业和农户双拥共赢的良好局面。三是加强对种子企业的监管，提升种子企业的诚信度，以法律法规的形式加强对种子生产环节的监管，减少生产和合作中的纠纷与矛盾冲突，严厉打击种子生产过程中的私繁乱制、抢购套购及企业拒收等严重危害制种双方利益、影响供种安全的行为（李立鑫，2013）。

三、加工管理方式

（一）基本情况

玉米用途广、产业链长，不仅可以作为食品和饲料，还是一种重要的可再生的工业原料。全球利用玉米进行深加工而生产的产品超过2000种，我国玉米深加工产品有500多种，但我国玉米深加工工业比较落后，80%以上的玉米以原粮状态直接上市或者经过初级加工进入消费。近年来，我国玉米加工业发展速度不断加快，2018年我国深加工玉米消费约7500万吨，占总消费的26.3%，较2017年增长8.6%。云南省玉米加工主要有饲料加工、酿酒、鲜食速冻加工以及种子加工等，玉米精深加工十分薄弱，无论是在加工品种还是质量方面都远远不能满足国内外市场的需求。

（二）案例

1. 昆明市石林禾泽鲜食玉米速冻加工

石林禾泽速冻加工厂建有1500立方米低温冷库2座，冻甜玉米加工生产线

2 条，鲜豌豆加工生产线 1 条，板栗加工生产线 1 条，年加工量 5 万吨，拥有 1.5 万亩绿色食品生产基地，同时带动全县 5 万亩鲜食玉米的生产加工，为 300 多个石林农村富余劳动力提供就近就业，形成了以石林为中心，辐射带动德宏州瑞丽、红河州弥勒和泸西、西双版纳等地甜玉米的种植。石林禾泽速冻加工厂先后被评定为石林县优秀非公企业、昆明市农业产业化龙头企业、云南省龙头企业。2011 年产品通过国家绿色食品认证，2015 年速冻甜玉米、甜豌豆荣获云南名牌农产品称号。在第 14 届昆明国际农业博览会上，“禾泽牌”速冻甜玉米、速冻甜豌豆获得 10 佳蔬菜品牌和云南名牌农产品称号。2016 年石林禾泽速冻加工厂订单种植鲜食玉米约 1.6 万亩，只要将成熟的鲜食玉米采收送到该厂过磅后便可结算货款，玉米秸秆以每千克 0.1 ~0.15 元销售给养殖场作青贮饲料（黄志华，2020）。禾泽速冻甜玉米的品质从种子及种植抓起，种子选购及种植企业均全程参与，在选择优良非转基因品种前提下，种植环境也严格控制，原料种植基地在石林县海拔 1700 米以上的高原地带，独有的种植环境，种植出具有独特的清香、鲜嫩、自然甜度高、皮薄肉厚的甜脆玉米原料。产品销往广东、上海等省外大城市，销售价格 3900 ~4000 元/吨，60% 的边角废料销售给县内外养殖户作青贮饲料，每吨 150 元，年产值 3200 万元以上。

2. 曲靖市宣威市玉米种子加工一体化全智能系统

宣威是农业大市，粮食播种面积 286 万亩，其中玉米种植面积 120 万亩，玉米用种量达 240 万千克。为解决因缺乏果穗烘干设备不能在宣威制种的现实问题，云南种业集团宣威分公司引进发达国家种业工厂化生产技术，建成省内一流的产能 1200 吨的集果穗去杂、脱粒、种子精选、包衣、包装和仓储一体化的全智能玉米种子加工系统，有效解决了育种企业不能在本地制种的“瓶颈”。这套设备优于其他加工设备的是采用了空气能原理和色谱仪分离，提高了种子发芽率，提升了种子质量。该系统一次性能容纳 1000 吨（一个流程 5 天），每天可烘干 200 吨玉米，在完成本企业的种子加工外，还服务于周边种子生产企业的玉米种子脱粒烘干、加工。

（三）存在的问题

云南省玉米加工企业少，且生产规模小，科研开发、技术改造投入不足，生产成本高、效率低，竞争能力弱，抵抗风险能力不强。多数企业存在着设备陈旧、技术落后，玉米的综合利用率低，产品知名度差，没有形成品牌效应。鲜食玉米加工企业大多是为蔬菜加工企业，缺乏专业的鲜食玉米加工体系。

（四）建议

推进产学研联合，鼓励玉米加工企业与科研机构、高等院校合作，促进玉米加工新技术的研究和推广应用。增强品牌意识，做大做强企业品牌（马畅，2013），鼓励加工企业加大先进技术和设备的引进力度，提高云南省玉米加工能力与水平，延长产业链，提高玉米综合效益。

四、市场营销策略

（一）基本情况

云南省籽粒玉米大多为自产自销，主要用于家庭养殖，多余的才销售。籽粒玉米销售对象主要为饲料加工企业、养殖企业（大户）等。销售渠道包括直接销售、批发零售及少量电商平台，目前销售仍以线下渠道为主。

随着杂交玉米新品种研发的不断推进，玉米种子科技含量不断提升。2004 年我国玉米种子产业的市场规模仅为 52.90 亿元，2015 年市场规模增长到 287 亿元，是我国市场份额最大的农作物种子。近年来，杂交玉米种子市场零售价格处于稳中有升的状态，2017 年杂交玉米种子市场零售价格为 25.19 元/千克，种子使用量为 10.88 亿千克，市值规模达到 273.91 亿元。截至 2017 年底，我国持有有效种子生产经营许可证的企业数量为 5203 家，销售额前 50 强集中度增长到 35.8%①，但与世界种子市场高度集中的格局相比，集中度仍有进一步提升的空间。

目前玉米种子市场销售渠道大多仍沿用区域代理制，代理形式有：公司将品种销售推广外包给专业的营销公司，或者以省、市、县为区域单位的区域代理制，代理商再将品种分销给终端销售网络进行销售；同时以县为单位的直销模式也在快速发展。随着市场竞争的加剧，减少销售层级、增加企业品种在市场上的竞争能力是“育、繁、推”公司关注的焦点，有条件的企业逐步尝试销售渠道下沉，以增加品种的市场占有率（李真杰，2019）。据有关调查研究，目前全国有 75.76% 的种业企业主要客户群为种子经销商，45.45% 的种业企业主要客户群为农

① 王一鸣．种业大变局战鼓已擂起，谁将成为中国的孟山都？［EB/OL］．丰收网，2016－07－28.

民；66.70%的企业营销模式为“企业→代理商→零售商→农民”模式，30.30%的企业营销模式为“企业→零售商→农民”模式，还有12.12%的企业采取其他模式（张琼琼等，2019）。

鲜食玉米行业的销售渠道主要有以下几种：一是直接联系外商；二是通过省、区、市外贸部门代理出口产品；三是通过内销代理商在国内销售；四是直接联系连锁超市做内销；五是信誉好的知名食品加工企业直接向各个社会单位批发（何晓鹏等，2010）；六是企业在城市建立若干个营业网络，采取直营模式；七是企业在互联网上通过几个著名商业网站进行交易。

（二）案例

1. 云南正大种子有限公司

正大集团是由泰籍华人创办的知名跨国企业，1996年正大集团投资中国农业，成为国内第一家外资企业。云南正大种子有限公司是正大集团旗下农牧线全资子公司，公司成立于2009年11月，注册资本3000万元人民币。2012年投资建设“年产10000吨玉米种子加工厂项目”，包括1200吨玉米鲜穗烘干、200吨成品（日加工量）加工系统。整个工艺流程全部采用国内外先进的节能环保设备，从果穗进厂到成品包装结束，全部实现自动化流水线控制。公司是集研发、生产、销售为一体的现代化种子企业，以种业为核心，注重实施品牌战略，以正大集团的文化底蕴为基础，以优良的品质和优秀的服务为载体，率先打造我国种业的国际品牌。几年来，正大玉米品种推广到全国十多个省区，目前已成为国内种子界的知名品牌之一，主要产品为：正大615、正大619、正大719、正大808等品种。据云南省农业农村厅不完全统计，2018年云南正大种子有限公司年销售大田玉米545.3万千克，实现销售额15314.2万元，居我省大田玉米种子销售企业第一位。

2. 云南省粮油批发交易市场

云南省粮油批发交易市场位于西山区云山路357号（已挂牌昆明国家粮食交易中心），2011年投入使用，主体建筑面积65000平方米，集粮油现货交易区、粮油竞价交易中心、大型超市、商业购物区、商务办公区及商务酒店为一体，是配套服务设施齐全的多业态商业复合体。云南省粮油批发交易市场隶属昆明市粮油购销有限责任公司，公司担负着各级政府粮油储备政策性任务，是政府实施市场调控、保障粮油市场稳定的重要依托，肩负着市场粮油稳价保供的重要职责。在粮食流通市场化、粮食流通主体多元化的格局下，公司拓展经营面向市场从事粮油购销业务，是国家粮食局和中国农业发展银行审定的“重点粮油产业化龙头企业”。公司主要资产由云南省粮油批发交易市场、昆明粮食中心储备库两大部分构成。

（三）存在的问题

一是随着国家和省级品种审定绿色通道和联合体试验的开展，审定品种数量大幅度上升，新品种层出不穷，玉米种子市场品种参差不齐，价格混乱，部分种子企业品种定位不准，盲目扩大制种面积，种量过剩，库存压力大。二是种子市场竞争日趋激烈，各种套牌侵权、无证经营、假冒伪劣种子层出不穷，严重扰乱了种子市场秩序。三是玉米种子线上营销占比很小，还存在农村网络覆盖不全、购种农民文化水平低、网络购种保障性差、购种量少、网络交易不方便等诸多因素。

（四）建议

一是加强企业管理，准确定位品种，提高种子质量，树立品牌知名度，优化传统销售模式，获取更大的种子市场份额。二是加强品种保护，规范种子市场管理，严厉打击套牌侵权、无证经营、套购、散种经营等行为。三是加大宣传，增强种业、经销商、农户的法律意识。四是拓宽销售渠道，积极发展线上销售。

五、投（融）资体系

（一）基本情况

云南省采取投（融）资方式生产玉米的较少，尚未出现农业众筹的案例，在“互联网+金融”方面，市场也处于空白状态。而种业属于技术、人才、信息、资金等要素密集型的产业，调查显示约90%的种子企业未来发展都需要融资支持，资金需求环节涵盖“育、繁、推”等种子产业链所有环节。由于种业的战略地位，种业发展的金融服务问题已经成政府、种子企业、金融机构、科教机构等主体普遍关注的焦点、难点问题。2013年财政部联合中国农业发展银行、中化集团出资15亿元成立了现代种业发展基金，2014年成立了国家种业创新基金，提出深化再造种业创新基金体系。资本市场是种子企业融资的重要渠道之一，也是种业与金融结合的重点领域之一（张国志，2017）。

资产规模是种业与金融结合的基石所在，而云南省种子企业发展起步晚，种业发展相对滞后，综合竞争力不强，也难以实现种业与金融的结合。2011 年前，云南省 164 家农作物种子企业，注册资本在 1000 万元以上的仅有 6 家，没有一家达到农业部办证标准，也没有一家被评为省级以上农业龙头企业；年销售收入在 5000 万元以上的仅 3 家，没有一家企业年销售收入上亿元。目前，经过改革重组，全省经营“两杂”的种子企业从 92 家降到 48 家，这些企业在育种能力、生产基地、经营推广上均具有一定实力，其中 9 家企业成为省级龙头企业，年销售额上亿元的企业只有 2 家（王德海等，2018）。

（二）案例

云南曲辰种业股份有限公司（曲辰种业），2015 年 12 月 15 日正式挂牌上市成为云南种企第一股。曲辰种业是 2007 年由曲靖市种子公司改制为云南曲辰种业有限公司，2015 年 7 月由有限责任公司改制为股份有限公司。公司集科研、生产、加工、销售为一体，科研用地 31110 平方米，种子综合楼 4360 平方米、种子仓库 2080 平方米、晒场 1200 平方米，营业场所 1000 平方米，种子检验室 250 平方米及国内先进的种子加工生产线和种子检验检测设备。自主选育通过审定的品种 12 个，获玉米品种权数量，占全省玉米品种权总数的 30%。其中青贮玉米曲辰 9 号为粮、饲兼用品种，已在云南、河北、新疆、内蒙古等地审（认）定，曲辰 19 号通过河北省审定，大批具有自主知识产权的新品种脱颖而出，为云南种业“走出去”战略起到了标杆作用，也为公司持续发展奠定了良好的基础。

（三）存在的问题

云南省中小型种子经营企业居多，缺乏寡头型“育、繁、推一体化”大型种子企业。由于规模的限制，不论是股性契约还是债性契约路径，均难以实现种业与金融的结合。

（四）建议

一是培育发展核心企业、龙头企业，在种业政策、项目、贴息、基地建设等方面对种业企业倾斜，充分发挥核心企业和龙头企业的引领带动作用。二是加强种业知识产权保护力度，构建有序市场环境，维护公平、诚信的种业与金融结合发展环境。

六、风险控制策略

（一）基本情况

由于农业生产本身的特点，自然因素对农业的影响相比其他行业更为敏感和严重。云南省常见自然灾害包括旱灾、水灾、风灾、雹灾、泥石流、虫灾、病灾等。云南省位于亚热带低纬高原地区，受孟加拉湾季风影响，特别容易发生大面积、高强度春旱，全省大部分地区春旱发生频率在70%以上，有的县发生频率接近100%，民间至今仍流传着“春旱年年有”的谚语。历史资料显示，云南省各县平均最长连续无降水日数为67天，其中持续无雨在60天以上的县占全省的64%，80天以上占26%，90天以上占15%（章文君，2018），地域的分布也较分散，其中包括临沧、思茅、西双版纳等地区的部分县；最长的大于120天以上持续干旱的主要有元谋、永仁、永胜、剑川等县。云南80%以上的玉米种植在山区或半山区坡地，多为雨养农业，玉米干旱成灾较为严重。“无灾不成年”是云南省农业生产的显著特征，全省每年因灾损失均在数十亿元。2019年入春以来云南省降水持续偏少、气温异常偏高，尤其是4月以来，全省累计出现35℃以上高温为常年同期的2.48倍，破历史纪录，全省持续晴热少雨，进入雨季偏晚，致使农作物受灾面积达1200万亩。

种子是粮食生产的根本和粮食安全的重要保障。不同于普通的大田作物，杂交玉米种子生产对自然条件、生产技术等要求更高，面临风险更大。为从源头上保障国家粮食安全，2018年财政部、农业农村部、银保监会共同印发《关于将三大粮食作物制种纳入中央财政农业保险保险费补贴目录有关事项的通知》，支持种业发展。通知明确，农户、种子生产合作社和种子企业等开展的符合规定的水稻、玉米、小麦三大粮食作物制种，包括扩繁和商品化生产等种子生产环节，对其投保农业保险应缴纳的保费，纳入中央财政农业保险保费补贴目录。

在云南省委、省政府的高度重视下，全省农业保险工作取得阶段性成效，在服务高原特色农业发展、助力脱贫攻坚等方面发挥了重要作用。“十二五”以来，随着农业保险险种的不断增加和覆盖范围的逐年扩大，云南省农业保险保费实现了连续翻番。2016年1月至2018年8月，全省农业保险共投入保费17.9亿元，为农户提供风险保障394.77亿元。“十二五”期间全省农业保险业务年均增速达

49.97%，累计支付赔款27.72亿元，352.45万户次农户直接受益。至2017年末，全省农业保险险种已达10多个品种，包括水稻、玉米、烤烟、油菜等种植业险种等。此外，云南省争取中央财政农业保险补贴资金从2009年的0.4亿元增加到2017年的1.3亿元，增幅达325%。

（二）案例

1. 德宏州芒市"7·21"特大泥石流灾害

2014年受台风"威马逊"影响，多次出现强降雨天气，德宏州芒市芒海镇7月21日山洪暴发，造成芒海镇境内芒海、赖南、吕尹村委会大面积水稻、玉米受灾。其中，水稻绝收1228亩，中度损失787亩，损失合计168698.40元，涉及农户632户；玉米绝收993亩，中度损失945亩，损失合计161177.50元，涉及农户437户。当年芒海镇政府在中国人民财产保险股份有限公司德宏州分公司统一投保种植保险，其中水稻种植保险投保面积4203亩，每亩保险金额260元、保险费292.5元；玉米种植保险投保面积15721亩，每亩保险金额275元、保险费247.5元，合计保险费341350.29元。灾情发生后，中国人民财产保险股份有限公司德宏州分公司积极响应，查勘人员迅速联系被保险人、芒海镇农业综合服务中心人员、各村组干部等相关人员进行现场查勘，最终确认了各村委会水稻、玉米损失情况，并及时赔款兑现329875.90元的农业赔付款，将受灾群众的损失减到了最低。

2. 大理州祥云县云南驿"8·20"冰雹灾害

2018年8月20日，一场突如其来的冰雹导致祥云县云南驿镇9个村（社区）房屋、道路不同程度受损，农作物受灾13516亩，重灾3007亩，绝产7111亩，玉米、葡萄等作物受灾最为严重。针对投保种植业保险的玉米、水稻、烤烟三种作物，按规定由保险公司给予绝产水稻448元/亩、绝产玉米485元/亩的灾害赔付，减少了农户经济损失。受灾后的玉米残株由祥云县天沐木业经贸有限公司按300元/吨收购用于制作青贮饲料，祥云县农业农村局整合粮改饲项目，对青贮玉米给予60元/吨的项目补助。

（三）存在的问题

一是玉米保险产品存在保障水平偏低，无法应对玉米价格风险。二是新形势下种业发展面临的自然、技术、市场、资金等风险相互交织作用，种业自身缺乏风险管理意识。

（四）建议

一是鼓励商业保险公司创新农业保险产品，不断地调整和完善补充保险产品体系。二是发展种业保险是解决种业风险的有效措施，充分利用政策支持及保险公司善于管理的优势，进一步深化种业保险服务。

七、融合发展

（一）基本情况

2016年1月5日国务院办公厅下发了《关于推进农村一二三产业融合发展的指导意见》，指出一二三产业融合发展是拓宽农民增收渠道、构建现代农业产业体系的重要举措。玉米产业是一个涉及农业、食品、生物技术、能源、加工技术等跨多学科、多领域的综合性产业。云南省玉米深加工产品极少，高附加值产品更少，因此玉米产业融合发展较为落后。

鲜食玉米具有串联一二三产业的优良特性，通过发展鲜食玉米种植、加工、贸易等，构建新型鲜食玉米产业形态，促进农业经营主体发展，实现鲜食玉米产业升级。近年来，云南省鲜食玉米种植面积不断扩大。2018年全省鲜食玉米种植面积达到240万~250万亩，超过广东省，成为全国鲜食玉米最大产区（龚魁杰等，2018）。云南省德宏、西双版纳、昆明等州（市）已部分形成鲜食玉米种植—加工—销售产业链，种植鲜食玉米收获果穗销售给订单企业，玉米秸秆和加工边角废料销售给养殖场作青贮饲料，养殖的畜粪又可反补田间种植，形成了“种植—加工—养殖—种植”可持续发展的循环农业方式。鲜食玉米“种植—加工—销售”产业链虽不长，也不健全，但有效地提高了农户和企业的积极性。

（二）案例

2016年石林禾泽速冻加工厂订单种植鲜食玉米约1.6万亩，成熟的鲜食玉米果穗采加工，玉米秸秆以每千克0.1~0.15元销售给养殖场作青贮饲料。加工的边角废料销售给县内外养殖户作青贮饲料，每吨150元，年生产值3200万元以上。玉米秸秆、边角废料又促进了养殖业的发展，养殖的畜粪又可反补田间种植，形成了“种植—加工—养殖—种植”可持续发展的循环农业方式。

（三）存在的问题

鲜食玉米产业从产品特性、消费者、生产者层面已经具备了发展一二三产业融合的优势，然而产业实践基本上还处于初级阶段，各产业之间融合度不高、融合水平低。

（四）建议

一是以市场需求为导向，培育产业融合主体和龙头企业，发挥龙头企业引领作用，通过订单、联合、参股等形式，促进链条企业分工协作，形成产业关联度高、功能互补性强的产业群。二是积极推进农业专业合作组织与龙头企业的衔接和分工，促进产业融合发展。三是注重品牌培养，创新发展模式，借助“互联网＋”的信息和技术服务平台，实现玉米一二三产业融合发展。

八、科技推广应用

（一）基本情况

云南省是全国最早开展省级玉米产业技术体系的省份之一，体系围绕需求开展科研、试验、示范和推广工作，创建了“研发中心＋综合试验站＋区域推广站＋企业或科技示范户”的推广模式，针对农业科研与推广长期存在的脱节问题，以产学研结合为切入点，把农业科研院所、大学、基层农技推广部门和企业紧密结合，集聚了一批高素质研发创新人才，围绕玉米产业发展需求，开展玉米育种、栽培、植保等新品种、新技术的研发、引进、试验、示范，加快了关键技术和共性技术的研发创新，有针对性地集成配套高产栽培技术。在全省玉米主产县（区）采取“小面积高产攻关、万亩核心高产示范、大面积辐射带动”的成果转化模式和“企业＋科研院、校＋基地＋农户”的市场化运行机制，建立热带抗病优质高产玉米大面积样板展示与示范，并开展相关技术培训。在省委、省政府的高度重视下，云南省玉米种业为玉米良种有效供给、促进农民持续增收和推动现代农业发展做出了突出贡献，民营企业已成为种子生产供应主体。通过科企合作，借助企业的营销网络和服务体系促进了产学研用的结合，构建了一条科技成果快速转化通道，使优质抗病杂交玉米新品种和配套栽培技术迅速在生产上应用，极大地推动了玉米产业的发展。

（二）案例

1. 抗灰斑病玉米新品种云瑞 88 的选育及推广应用

云瑞 88 是云南省农业科学院粮食作物研究所历时近 20 年育成的抗灰斑病杂交玉米品种。该品种农艺性状优良，具有高产、抗病、耐密、抗倒、广适、易制种等优异特性，2014 年及 2015 年连续两年入选农业部主导品种，是云南省唯一连续 2 年入选的玉米品种，实现了玉米灰斑病抗性遗传基础研究和新品种成功产业化的重大创新突破。为实现良种良法配套，系统开展了云瑞 88 繁育制种技术和高产栽培技术研究，将种植密度提了 30% 左右，在玉米种植密度方面取得重要突破，并形成了云瑞 88 高效繁育制种和高产栽培 2 个技术规程。此外，云瑞 88 成功在甘肃规模化制种，解决了热带玉米自交系在温带地区不能大规模制种的重大技术难题。为促进科技成果转化，选育单位加强了与云南田瑞种业有限公司等种子企业和基层农业技术推广部门的合作，按照“科研单位 + 企业 + 基层农技推广部门 + 农户”的模式，采取良种良法配套、区域示范、技术培训、现场观摩等措施，通过“小面积高产攻关、6.67 公顷核心高产示范、大面积辐射带动”，实现了云瑞 88 产业化开发，解决了科技成果转化的“最后一公里”。2012 ~ 2014 年在昭阳、会泽、麒麟、宣威、石林、楚雄、大姚、祥云、弥勒、文山、砚山、广南、宁洱、墨江、景谷、云县等县、区建立云瑞 88 核心高产示范区 50 余个，产业技术综合示范区 30 余个。通过示范区带动和市场推进，云瑞 88 在全省 16 个州、市以及周边省份相似生态区大面积推广种植，单个品种种植面积最高年份超过 100 万亩。实现了科研单位、种子企业、经营商和种植农户四赢，为我省乃至全国粮食持续增产做出了重大贡献。

2. 高海拔旱地一年四熟轻简化栽培技术的推广应用

云南省现代农业玉米产业技术体系自 2011 年起，连续 9 年在楚雄州南华县天申堂和曲靖市会泽县马路乡，海拔 2200 米以上高海拔高寒地区，以玉米为桥梁作物，配套马铃薯、萝卜、玉米、荞麦等为主要作物，实施旱地一年四熟立体间套作模式研究和推广。至今在 2200 米以上高寒地区实施一年四熟立体间套作模式 6000 亩以上，每亩产值超过 5000 元，为高寒山区农民脱贫致富提供了技术储备。2019 年在马路乡脚泥村和巴图村（海拔 2230 米）推广示范高海拔一年四熟丰产栽培模式 3500 亩，主要丰产模式为“玉米套种春马铃薯 + 秋马铃薯 + 绿肥”。2019 年 10 月 15 日，由云南省农业科学院科技成果转化处主持，邀请省内有关专家组成专家组，按照《农业农村部玉米间套作模式测产验收办法》对云南省农业科学院质量标准与检测技术研究所、会泽县农业技术推广中心实施的“一年四熟”丰产栽培技术模式示范项目进行测产验收。秋马铃薯平均单产 10982.3 千克/公顷，按照秋马铃薯平均价格 3.0 元/千克计算，平均每公顷产值 32946.8 元；大春马铃薯，平均单产 10409.0 千克/公顷。按照大春马铃薯平均价格 2.4 元/千克计算，平均每公顷产值 24981.6 元；玉米平均单产 6454.8 千克/公顷，按 2.4 元/千克计算，平均每公顷产值 15491.6 元；绿肥每公顷鲜重 22302.0 千克，折合干饲料重 5575.5 千克，按照 2.4 元/千克计算，每公顷产值 13381.2 元。综合上述，“一年四熟”间套作每公顷产值可达 86801.1 元，与常规种植玉米 + 绿肥模式相比，每公顷增收 50801.1 元，与大春马铃薯 + 绿肥模式相比，每公顷增收 41426.1 元。“一年四熟”示范区项目对于脱贫攻坚、农民增产、增收效果显著。该项目的实施既提高了耕地复种指数，又增加了农民的收入，增强农作物抗病虫能力，而且对于提高秋收后农田覆盖、增加土壤墒情、缓解高海拔区冬春干旱具有实际意义。

（三）存在的问题

一是“十三五”期间云南省全力打造“绿色能源”“绿色食品”“健康生活目的地”三张牌，高原特色农业重点发展茶叶、花卉、水果、蔬菜、坚果、咖啡、中药材、肉牛八个产业。全省各州（市）均将重点转向八大产业，对玉米产业科技研发和推广重视程度降低，对玉米产业科技创新、科技成果推广应用以及产业人才队伍稳定均有一定影响。二是农业科研与生产脱节的问题还未得到全面改善，资源分散的现象仍然存在。科技推广地区间发展不平衡，“有点无面”的状况仍然突出，制约着科技成果转化率的提高。

（四）建议

玉米是云南省种植面积最大的粮食作物，对全省粮食安全有着举足轻重的作用。建议在大力发展茶叶、花卉、水果、蔬菜、坚果、咖啡、中药材、肉牛八个产业的同时，不放松粮食作物的科技研发和推广，以确保全省粮食安全及畜牧业稳定发展。同时加大“产学研”结合，培育龙头企业，发展“科研院校 + 企业 + 推广部门 + 农户”的科技成果推广模式，加速科技成果产业化进程，促进玉米产业发展，带动农民增产增收。

（执笔：陈洪梅、张焱、甘春艳、鄢文光；审定：番兴明）

第十六章

云南马铃薯产业经济问题研究

第一节　云南马铃薯产业发展概况

一、中国马铃薯生产概况

马铃薯是现今人类社会的第四大粮食作物，排名水稻、玉米和小麦之后，全球有约2/3的人选择马铃薯为主粮。伴随着科技的不断进步，创新产品的快速发展，其用途越来越广、产业链也越来越长，已经成为食品工业、医药化工等行业的重要原辅材料之一，具有良好开发应用和市场前景，受到普遍关注①。据FAO统计，目前，全球有160多个国家种植马铃薯，年收获面积在1750万公顷以上，鲜薯产量3.7亿吨左右。2019年，全球马铃薯播种面积和产量分别为1734.1万公顷和3.7亿吨（鲜薯），中国分别为491.22万公顷和9181.9万吨（鲜薯）。

马铃薯的栽培种（*S. tuberosum*）原产南美洲安第斯山，约在19世纪上半叶经欧洲传入我国，至今已有200多年的种植历史，从最初的小规模推广到现代的大面积种植大致经历了3个阶段。目前，我国已成为全球第一大马铃薯生产国，马铃薯成为我国第四大粮食作物，近年来，全国马铃薯种植面积占粮食总播种面积的4%~4.5%，马铃薯产量（特别注明的除外，国内马铃薯产量统计数据均按5：1折粮，下同）占全国粮食总产量的2.5%~2.8%。据国家统计局网站数据，2018年，全国马铃薯种植面积为475.81万公顷，占全国粮食播种面积的

① 佚名．马铃薯世界供需新形势［J］．世界热带农业信息，2018（10）：28－30.

4.06%，马铃薯产量占全国粮食总产量的2.73%（朱聪，2013）。由于马铃薯具有营养丰富、加工用途多、产业链条长、增产增收潜力大等特点，对确保我国粮食安全，促进农民增收，振兴农村区域经济具有重要的战略意义，在我国农业产业中具有特殊地位。

马铃薯在云南省种植历史悠久，云南是我国马铃薯种植大省，全省16州（市）129个县（市、区）都有适合马铃薯生长的自然生态区域，云南的马铃薯既有粮食作物的属性，又有经济作物的效益（冬作）和救灾作物的功能（迅速形成产量），更是贫困地区脱贫致富的主要依靠和服务乡村振兴战略的主要作物，得益于特殊的自然条件和区位优势，云南马铃薯在周年生产（尤其是冬作外销）及种薯产业（尤其是面向南亚东南亚的种源供给）方面具有不可替代的优势，加之较长的产业链和其粮菜兼用的优势条件，云南马铃薯以适应性广、增产潜力大、用途广、易加工等特点显示出强劲的优势和发展潜力。目前，马铃薯从2002年起赶超小麦成为云南省第三大粮食作物，近几年种植面积在700万亩以上，鲜薯产量接近750万吨，是保障粮食安全的重要农作物，也是农民脱贫增收的重要产业。近年来，云南的马铃薯产业发展呈现出良好势头，种植面积逐步稳定提升，单产逐步提高，对提高落后地区的农民收入、发展地方经济和解决国家粮食安全有重要现实意义。全省大约230万贫困人口依靠马铃薯维持生计，马铃薯对云南特别是贫困山区社会经济的发展作用逐步显现。

（一）全球马铃薯生产格局

马铃薯生长适应性强、产量高，兼具良好的营养价值和经济价值，在保障全球粮食安全和促进脱贫致富等方面发挥着重要作用，得到了联合国粮农组织等的广泛认可和大力推广①。据FAO统计，2010年以来，全球马铃薯生产格局基本稳定，中国、印度、俄罗斯、乌克兰、美国、德国、孟加拉国、波兰、法国和荷兰近10年来的年平均产量位居全球前十，其合计产量和面积占全球的比例均在60%以上，集中度非常高。

从图16－1和图16－2可以看出，全球马铃薯收获面积和产量均排名靠前的中国、印度、俄罗斯和乌克兰4大主产国的马铃薯合计收获面积占全球总面积的比重多年保持在56%左右，产量占比在49%左右，但近年均出现小幅下滑。

---

① 佚名. 马铃薯世界供需新形势［J］. 世界热带农业信息，2018（10）：28－30.

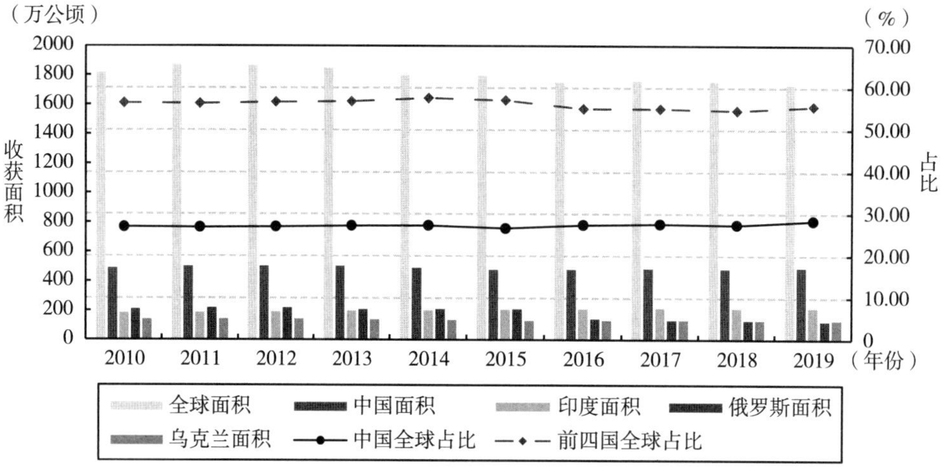

图 16－1　2010～2019 年全球及马铃薯主产国马铃薯收获面积情况

资料来源：联合国粮农组织统计数据库 2020 年 12 月数据。

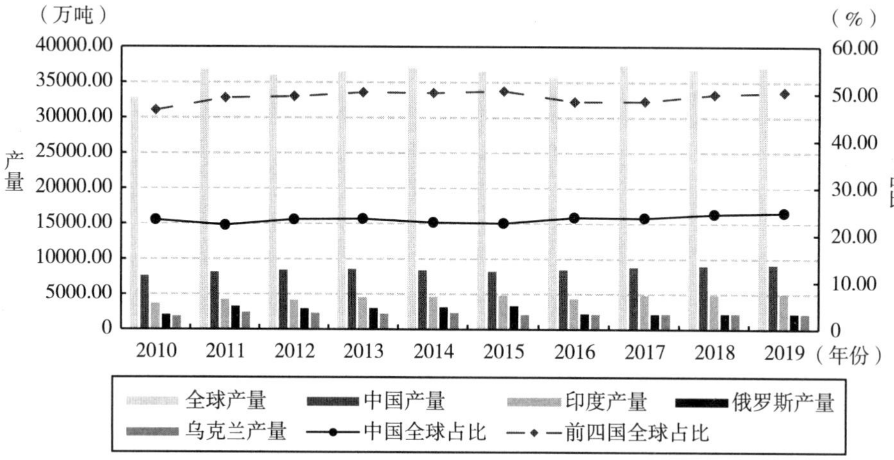

图 16－2　2010～2019 年全球及马铃薯主产国马铃薯产量情况

资料来源：联合国粮农组织统计数据库 2020 年 12 月数据。

据 FAO 统计，中国马铃薯收获面积多年在 500 万公顷左右，马铃薯产量（FAO 数据均为鲜薯，下同）在 8500 万吨左右（2018 年后超过 9000 万吨，2019 年达 9181.90 万吨历年最高水平），占全球的比重多年保持在 27% 以上和 23% 以上（约为排名第 2 位、第 3 位、第 4 位三个国家之和），是名副其实的世界马铃薯生产第一大国；印度以超过 200 万公顷的面积和接近 5000 万吨的产量排名第 2 位；俄罗斯和乌克兰马铃薯收获面积也多年超过 100 万公顷，产量多年在 2000 万吨以上；美国马铃薯收获面积 2011 年以来均在 41 万公顷以上，产量 2014 年以来均超过 2000 万吨；孟加拉国马铃薯收获面积接近 50 万公顷排名全球第 5 位，但是马铃薯年产量不足1000万吨排名全球第6位和第7位；虽然德国马铃薯种植面积仅为27万公顷（2019年）位列全球第10位，但是马铃薯总产量超过1000万吨列全球第6位；马铃薯产量居全球第8位的法国收获面积仅为第13位，收获面积排名第9位的波兰马铃薯产量居全球第10位；相反，秘鲁和尼日利亚以超过30万公顷的规模排名收获面积第7位和第8位，但是产量仅分别排第13位和第35位。

FAO数据表明，2010～2019年，全球马铃薯平均单产在18.1～21.4吨/公顷之间。单产最高的国家是科威特、新西兰和美国，2015～2019年其平均单产均超过48吨/公顷。其中，科威特2015年时单产最高达到75.29吨/公顷，2017年和2018年也达到了60吨/公顷以上。2016年以来，新西兰和美国的单产水平分别达到了49吨/公顷和48吨/公顷以上。上述三国的单产水平是全球平均单产的2.5倍以上，更是中国的3倍左右。此外，2015～2018年马铃薯平均单产在40吨/公顷以上的国家还有加拿大（42.99）、德国（42.59）、荷兰（41.83）、比利时（41.32）、法国（41.19）、丹麦（40.59）、英国（40.27）等；爱尔兰、澳大利亚、瑞士、巴勒斯坦、南非、乌兹别克斯坦、瑞典、以色列、土耳其、伊朗、约旦、西班牙、阿尔及利亚、日本、巴西、奥地利等国家2015年以来的平均马铃薯单产也在30吨/公顷以上。

随着人口不断增加、科技水平的不断提升以及居民生活水平的提高，世界马铃薯消费量（含制成品）也呈刚性增长趋势。据FAO统计，1980～2013年全球马铃薯消费量从2.53亿吨增至3.78亿吨，增49.05%，年均增1.22%。其中，食用消费从绝对量、相对量以及增速上都处于快速上升趋势，占比也在波动中上升。1980～2013年，全球马铃薯食用消费量从1.22亿吨增至2.39亿吨，增加1.17亿吨，增长近1倍，年均增2.05%；总消费比重由50.85%增至63.78%，增长了12.94个百分点[①]。此外，加工消费、其他消费以及损失都不同程度增加，种用消费和饲用消费量有所减少。2014～2018年，全球马铃薯消费量维持在3.6亿～3.69亿吨之间，其中，食用消费占比66.43%、饲用消费占10.96%、种用占8.73%。

（二）中国马铃薯生产在全球的地位

1961年，中国的马铃薯产量仅占全球总产量的4.77%，1990年以后，随着马铃薯生产技术的提高，我国马铃薯种植面积和产量得到快速提高。FAO数据显示，近年来，中国马铃薯种植面积多年在500万公顷以上，占全球的比重接近30%

① 佚名．马铃薯世界供需新形势［J］．世界热带农业信息，2018（10）：28－30.

(28.33%)，占亚洲的60%，等于或大于排第2、第3、第4位3个国家的面积之和；中国马铃薯产量多年在9100万吨左右，2019年占世界马铃薯总产的比重接近1/4（24.79%)，接近排第2、第3、第4位3国的总产量，占亚洲的70%。虽然多年来中国马铃薯单产保持较低水平稳定增长，从1996年的14.19吨/公顷提高到2019年的18.69吨/公顷（鲜薯)，但是多年仅为全球平均单产的85%左右，2019年也仅为87.5%(见图16－3)。

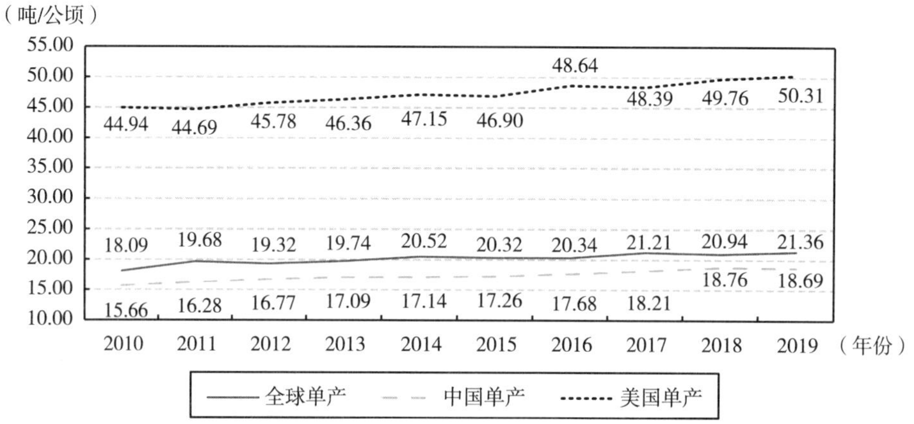

图16－3 2010～2019年全球及中美两国马铃薯单产变化曲线

资料来源：根据联合国粮农组织统计数据库2020年12月数据计算。

此外，由于马铃薯加工技术和市场的局限性，我国马铃薯加工行业发展相对滞后，与发达国家相比有很大的差距，多以鲜食马铃薯作为饲料、蔬菜被直接消费或进入市场，加工比例小、加工产品初级，说明我国马铃薯产业发展层次较低、比较效益较差，提质增效具有较大的潜力空间。

二、云南马铃薯生产概况

（一）中国马铃薯生产格局

中国马铃薯种植分布广泛，除海南等少数省份以外，全国多数省份均有规模种植。近年来，在自然条件、技术进步、经济效益和政策驱动等多方面因素的作用下，我国马铃薯主要生产区域布局基本形成，相对集中和稳定在西部地区，约60%的马铃薯种植面积和产量出自四川、贵州、甘肃、云南和内蒙古5个主产省（区)。紧随其后的重庆和陕西近两年马铃薯种植面积均超过30万公顷，鲜薯产量在560万吨以上；湖北省近两年的马铃薯种植面积也在20万公顷以上，全国排名第8位，鲜薯产量保持在320万吨左右，在全国仅排名第11位。2014~2018年，山东省马铃薯年平均播种面积仅12.5万公顷，在全国仅排名第12位，但是其单产较高，鲜薯年平均总产达到560万吨，全国排名第7位；2018年山东省马铃薯鲜薯产量更是达到了653万吨，当年全国排名达到了全国第6位。按产量计算，2018年全国马铃薯排前十名的省区依次为四川、贵州、甘肃、内蒙古、云南、山东、重庆、河北、陕西、黑龙江。

中国马铃薯主产区集中在西南混作区和北方一季作区域。近年来，随着以西南为主的冬马铃薯生产大幅增加，秋马铃薯从无到有并迅速崛起，早春马铃薯稳定增长，逐步形成北方一季生产相对稳定、西南周年生产的特点。以2018年数据为例，西南混合种植区马铃薯种植面积和产量分别占全国的51.1%和47.6%，该区域马铃薯种植面积增长速度较快，所生产马铃薯主要用作种薯、加工原料、饲料和主食；北方一季作区马铃薯种植面积和产量分别占全国的42.6%和45.2%，该区域以种薯、鲜食商品薯和加工原料生产为主，种植面积稳定，但是整体分布从东北向西北转移；华中二季种植区马铃薯种植面积和产量分别占全国的7.8%和13.3%，该区域是中国马铃薯高产的代表，主要种植早熟菜用马铃薯，大多用于出口外销；南方冬马铃薯种植区（不含云南）种植面积和产量均占全国的3.2%，该区域由于冬闲田的充分利用和经济效益可观的原因导致面积迅速扩大，主要种植早熟菜用马铃薯，大多是出口外销。

2010~2018年，5个主产省（区）常年的马铃薯种植面积之和保持在280万公顷左右，鲜薯产量之和在970万~1000万吨（见表16-1和表16-2，已折粮），总体呈现稳步上涨的态势，但各主产省份的面积和产量却呈现不同的发展趋势。

表16-1　2010~2019年全国及5个主要省（区）马铃薯种植面积及占比　单位：万公顷

地区	2010年	2011年	2012年	2013年	2014年	2015年	2016年	2017年	2018年	2019年
全国	488.57	501.13	503.08	502.58	491.04	478.56	480.24	485.99	475.81	467.30
四川	52.69	55.06	60.04	63.50	65.41	67.17	67.66	68.41	67.72	67.94
贵州	61.01	62.67	66.29	66.83	68.05	66.87	68.78	69.98	73.01	78.22
甘肃	59.68	61.40	60.89	60.91	58.35	55.74	55.40	56.53	57.07	55.87
云南	44.81	45.54	46.65	46.96	48.98	47.87	47.00	47.10	47.39	47.44
内蒙古	67.04	66.74	63.52	56.88	48.32	45.21	44.92	43.21	35.10	29.74
5省（区）合计	285.22	291.41	297.39	295.08	289.11	282.86	283.76	285.23	280.28	279.21
占全国比重（%）	58.38	58.15	59.11	58.71	58.88	59.11	59.09	58.69	58.91	59.75

资料来源：国家统计局网站2021年1月数据。

表 16-2　2010~2018 年全国及 5 个主要省（区）马铃薯产量及占比　单位：万吨

地区	2010 年	2011 年	2012 年	2013 年	2014 年	2015 年	2016 年	2017 年	2018 年	2019 年
全国	1530.63	1631.46	1687.17	1717.59	1683.11	1645.33	1698.57	1769.63	1798.37	1777.9
四川	211.12	222.03	232.58	240.96	250.46	260.97	280.22	283.76	282.90	284.4
贵州	158.79	178.93	209.08	213.82	225.53	225.7	221.56	231.73	241.36	254.9
甘肃	171.23	207.53	212.93	213.24	203.36	188.85	185.83	191.43	202.33	206.9
云南	143.07	146.36	146.31	163.52	149.62	146.31	145.4	145.35	148.7	155.7
内蒙古	186.28	188.76	182.54	178.05	151.67	140.54	134.33	137.48	149.51	137.8
5 省(区)合计	870.49	943.61	983.44	1009.59	980.64	962.37	967.34	989.75	1024.8	1039.7
占全国比重（%）	56.87	57.84	58.29	58.78	58.26	58.49	56.95	55.93	56.98	58.48

资料来源：国家统计局网站 2021 年 1 月数据，已按 5∶1 折粮。

从马铃薯种植面积看，分析年间，四川和贵州两省呈现明显增长，内蒙古和云南基本稳定，甘肃则呈现明显下降趋势。其中：贵州省增长速度最快，2012 年跃居全国第一后保持至今，四川省发展也较快，从 2013 年至今为全国第二；甘肃省从 2013 年至今一直位居全国第三；云南省马铃薯种植面积多年在 45 万~49 万公顷之间，2014 年开始超过内蒙古后一直位居全国第四；内蒙古持续保持下滑，从到 67 万公顷（全国第一）降到 2019 年仅 29.74 万公顷（见图 16-4）。

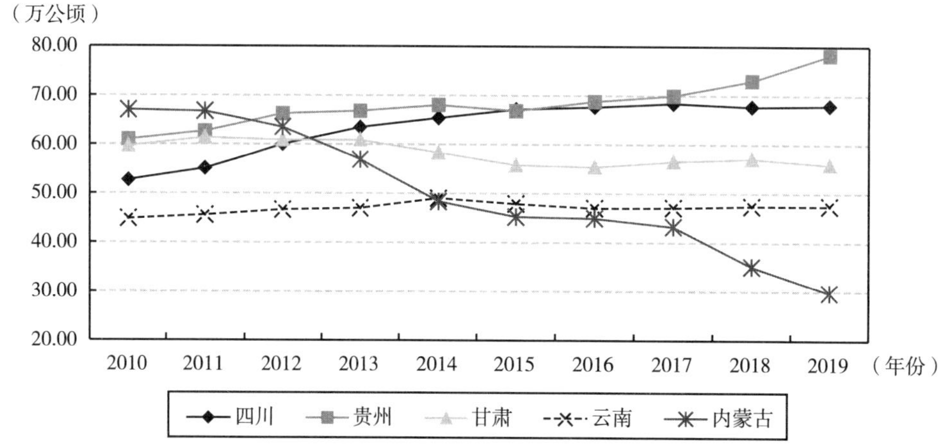

图 16-4　2010~2019 年中国前五的马铃薯种植面积变化趋势

资料来源：国家统计局网站 2021 年 1 月数据。

从马铃薯产量（已按 5∶1 折粮）看，分析年间，产量位列全国前三的四川、贵州和甘肃呈现明显增长趋势，增速分别达到了 34%、52% 和 18.16%，均高于同期全国平均增幅（17.49%）和 5 省（区）合计增速（16.33%）；而云南则稳中有降，降幅3.79%，产量随已连续3年高于内蒙古位居全国第4位，但2018年又重回全国第5位；内蒙古下滑明显，降幅达到19.74%，马铃薯产量已多年低于云南居全国第5位，但是2018年、2019年略高于云南回到全国第4位（见图16－5）。

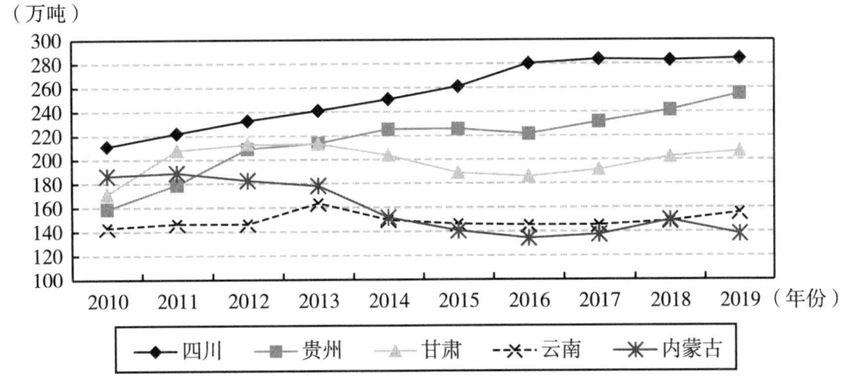

图16－5　2010～2019年中国前五的省份马铃薯产量变化趋势

资料来源：国家统计局网站2021年1月数据，已按5：1折粮。

（二）云南省马铃薯的全国地位

云南马铃薯种植面积和总产多年占全国马铃薯种植面积和总产量的8%～10%且整体小幅下降，但出口量占全国约15%，是全国马铃薯五大主产区之一和出口大省。分析年间，云南马铃薯种植面积占全国比重多年在9.4%～10%之间徘徊，2011年最低仅9.37%，2019年最高10.15%；产量占比多年在8.5%～9.5%之间徘徊，2013年最高9.52%、2017年最低仅8.21%（见表16－3）。从表16－3和图16－6可以看出，分析年间，云南马铃薯产量占比均低于面积占比且占比差距越来越大，从2010年的0.07个百分点扩大到2018年的1.4个百分点以上，说明云南的马铃薯单产总体低于全国平均且差距越来越大，从为全国平均单产的99.25%下降到仅为全国平均单产的85.25%（见图16－7）。

表16－3　　2010～2019年云南省马铃薯生产及全国占比情况

年份	总产量（万吨）			种植面积（万公顷）			单产（千克/公顷）		
	云南	全国	占比(%)	云南	全国	占比(%)	云南	全国	占比(%)
2010	143.07	1530.63	9.35	44.81	475.81	9.42	3192.89	3216.91	99.25
2011	146.36	1631.46	8.97	45.54	485.99	9.37	3213.88	3356.97	95.74
2012	146.31	1687.17	8.67	46.65	480.24	9.71	3136.54	3513.18	89.28
2013	163.52	1717.59	9.52	46.96	478.56	9.81	3482.26	3589.09	97.02

续表

年份	总产量（万吨）			种植面积（万公顷）			单产（千克/公顷）		
	云南	全国	占比(%)	云南	全国	占比(%)	云南	全国	占比(%)
2014	149.62	1683.11	8.89	48.98	491.04	9.97	3054.84	3427.64	89.12
2015	146.31	1645.33	8.89	47.87	502.58	9.53	3056.21	3273.79	93.35
2016	145.4	1698.57	8.56	47.00	503.08	9.34	3093.62	3376.36	91.63
2017	145.35	1769.63	8.21	47.10	501.13	9.40	3086.18	3531.28	87.40
2018	148.7	1798.37	8.27	47.39	488.57	9.70	3137.93	3680.85	85.25
2019	155.7	1777.9	8.76	47.44	467.30	10.15	3282.04	3804.62	86.26

资料来源：国家统计局网站2021年1月数据，总产量和单产已按5：1折粮。

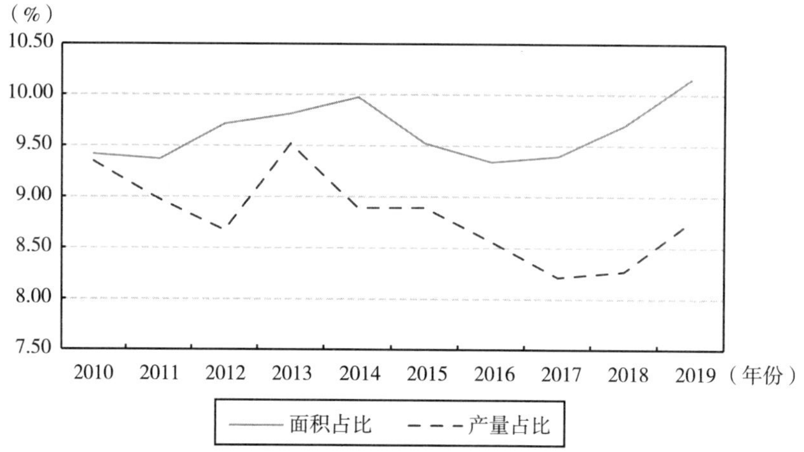

图16－6　2010～2019年云南省马铃薯面积和产量占全国的比重变化曲线

资料来源：根据国家统计局网站2021年1月数据计算。

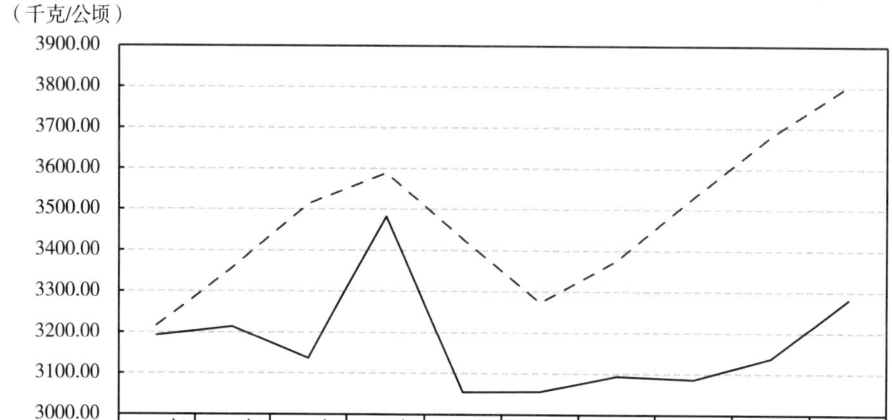

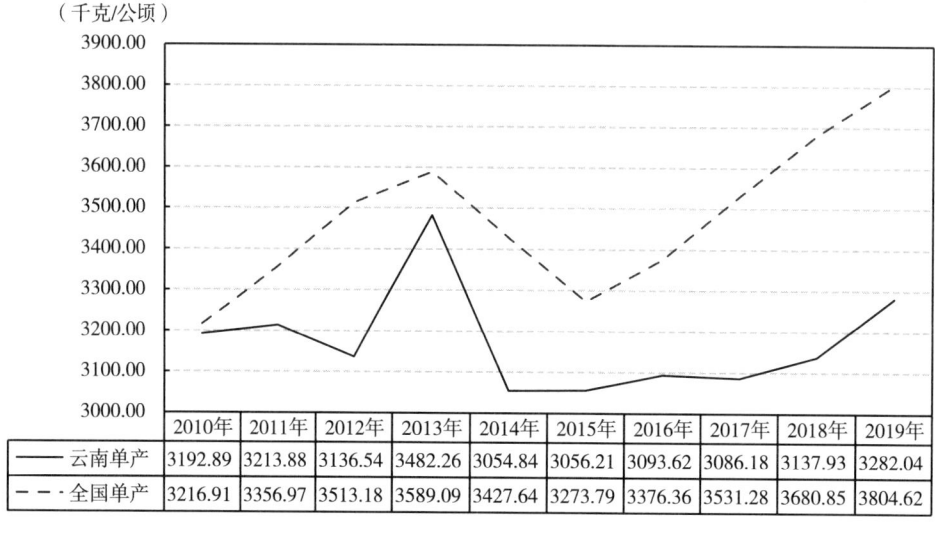

	2010年	2011年	2012年	2013年	2014年	2015年	2016年	2017年	2018年	2019年
—— 云南单产	3192.89	3213.88	3136.54	3482.26	3054.84	3056.21	3093.62	3086.18	3137.93	3282.04
- - - 全国单产	3216.91	3356.97	3513.18	3589.09	3427.64	3273.79	3376.36	3531.28	3680.85	3804.62

图16－7　2010～2019年全国、云南马铃薯单产变化曲线

资料来源：根据国家统计局网站2021年1月数据计算。

（三）云南省马铃薯的生产情况

云南省马铃薯生产大致经历了三个发展阶段，即 1952 年前、1952～1998 年、1998 年至今。其间，有三次快速发展时期。

20 世纪 40 年代。由于抗日战争时期沦陷区人民，包括大批军队和技术人才转移到西南，当时快速增长的人口对粮食需求造成极大压力。对此采取的重要措施之一，就是大力扩种马铃薯。一季变二季、二季变三季，三季净作变间套，小乌洋芋、巫峡洋芋等新品种新技术推广，极大地提升了云南省马铃薯的生产水平，是云南省马铃薯生产快速发展的重要时期之一（陈虎等，2013）。1952 年，云南省马铃薯种植面积约在 67 千～100 千公顷，主要生产品种为地方种。

三年困难时期。解放初期，我国制定实施了马铃薯的《五年良种计划》，马铃薯的品种改良和栽培技术均有所改善和提高，1952～1957 年马铃薯产量占粮食总产量的 4.17% 发展到 5.80%。1958～1960 年我国发生了严重的自然灾害，使得粮食生产大量减产（朱洪燕，2016）。由于粮食短缺，马铃薯较强的抗逆性在抗灾自救中发挥了重要作用。种植面积迅速从 1957 年的 13.3 万公顷增加到 26.7 万公顷。是云南省马铃薯生产快速发展的第二个高峰期。此后，全省马铃薯种植面积常年保持在 20.0 万～26.7 万公顷之间。主要生产品种为米拉、大西洋、中甸红、中心 24、会 -2 号、合作 88、威芋 3 号等，其中从东德引进的米拉（Mira），种植面积最大时曾达到全省种植面积的 80%（陈虎等，2013）。

1998 年以后。随着云南省经济社会的快速发展，交通运输的不断改善，云南与周边省份和国家的经贸往来日益密切，云南马铃薯市场需求不断增加，加之现代马铃薯加工业的兴起，极大地促进了马铃薯产业的发展，促使云南省逐渐成为我国重要的商品薯和面向东南亚种薯生产基地。马铃薯种植面积迅速从 1996 年的 226 千公顷发展到 2001 年的 378 千公顷，再到 2011 年达到 455 千公顷，形成第三个快速发展期。2011 年以来，云南省马铃薯产业趋于稳定小幅增长阶段，生产规模稳定在 470 千公顷左右。目前主要生产品种为合作 88、丽薯 6 号、青薯 9 号、会 -2 号、威芋 3 号以及部分自育新品种。

1. 云南马铃薯产业规模

由于马铃薯比较收益高、产业链长、加工增值能力强等优势条件，在云南省高寒冷凉山区广泛种植，对于粮食增产和农民增收两方面具有重要意义，近年来，云南省马铃薯产业发展迅速。全省马铃薯种植面积和产量分别占全省粮食播种面积和产量的比重多年在 12.5% 和 9% 左右，仅次于玉米和水稻，是全省第三大粮食作物。2010 ~ 2019 年云南省马铃薯播种面积和产量如图 16 – 8 所示。

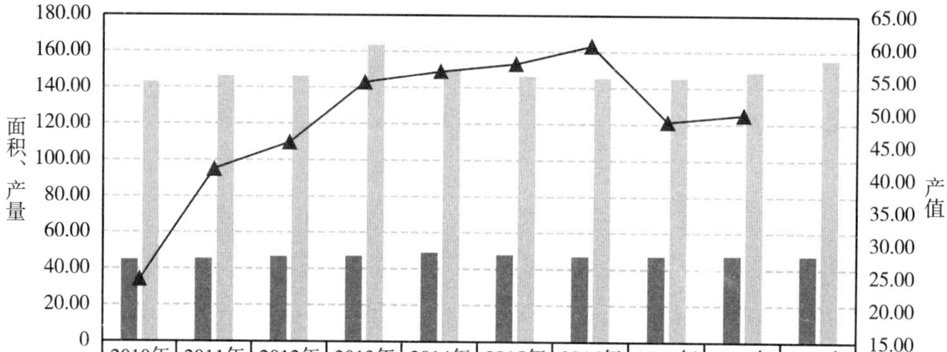

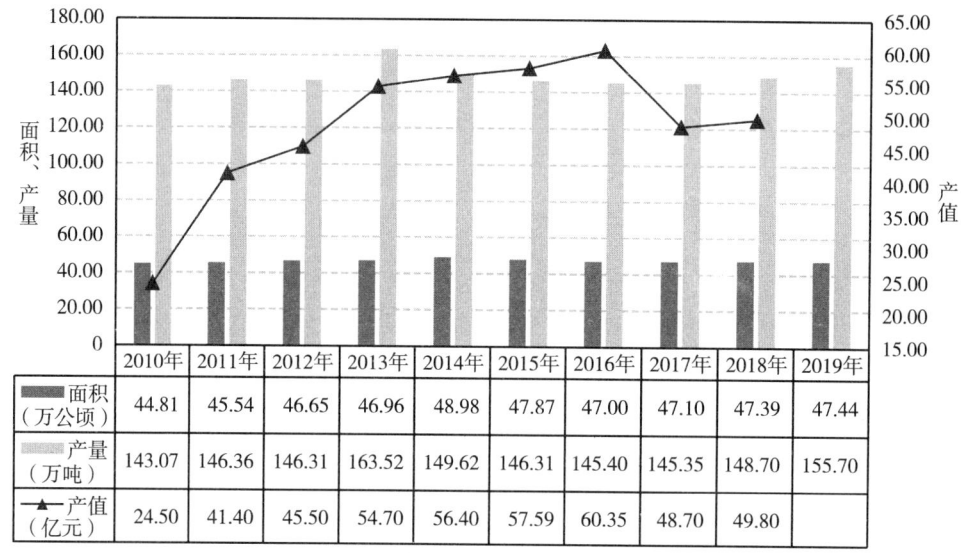

	2010年	2011年	2012年	2013年	2014年	2015年	2016年	2017年	2018年	2019年
面积（万公顷）	44.81	45.54	46.65	46.96	48.98	47.87	47.00	47.10	47.39	47.44
产量（万吨）	143.07	146.36	146.31	163.52	149.62	146.31	145.40	145.35	148.70	155.70
产值（亿元）	24.50	41.40	45.50	54.70	56.40	57.59	60.35	48.70	49.80	

图 16 – 8　2010 ~ 2019 年云南省马铃薯产业规模

资料来源：面积和产量（按鲜薯 5∶1 折粮）来源于国家统计局网站，产值由云南省农业农村厅及云南省马铃薯体系提供（2019 年暂缺）。

云南省马铃薯加工业起步于 20 世纪 90 年代，目前已形成年加工鲜薯近 40 万吨的生产能力，涉及淀粉、全粉、薯片、薯条、粉丝、粉条等产品，生产能力在西南地区居前列（陈国明等，2011）。主要加工企业包括：以生产马铃薯淀粉为主的云南云淀淀粉有限公司；以速冻薯条加工为主的云南鑫海食品有限公司；以生产油炸土豆片为主的昆明子弟食品有限公司、云南理世实业（集团）有限公司、宣威市爱心相伴食品有限公司等；以生产速冻洋芋丸子为主的云南嫩丫农业科技开发有限公司。此外还有一批以加工粉丝、粉条和膨化食品等为主的企业，但是这些加工能力强的企业大多数都位于省会昆明市及发展较快的地方，在一些较偏远的山区加工企业较少，且绝大多数的加工属于作坊式的，设备陈旧，产品少，深加工技术缺乏，附加值较低（陈国明等，2011）。

2. 云南马铃薯区域分布

马铃薯是喜凉作物，云南地处低纬高原，纬度与南美洲马铃薯原产地相似，气候温和、雨量充沛和日照相宜，十分适宜马铃薯生长，加之云南地形复杂，海拔高度差异较大，形成丰富多样的立体气候带，可以利用不同生态条件，进行马铃薯的多季栽培，实现周年生产（何云昆，2003）。全省范围内 16 个州市 129 个生产县市区中的128个都有马铃薯种植，但主要分布在曲靖、昭通和昆明3州（市）。

云南省依据区域和季节主要分成三个生产区域，即滇东北、滇西北和滇中高海拔生态区域，划为大春马铃薯种植区。滇中的中海拔生态多样化区域，划为小春、秋作马铃薯种植区。滇南、滇东南、滇西南低海拔河谷生态区，划为冬马铃薯种植区。目前，曲靖、昭通和昆明3州（市）马铃薯种植面积约占全省总面积的70%，产量约占全省总产量的72%。

3. 云南马铃薯主要品种

云南省种植的马铃薯品种大多数都具有一定的晚疫病抗性，中晚熟品种较多，大多品种均为鲜食品种，其中适合薯片加工的品种有合作88和云薯304等，还有部分马铃薯品种属于高淀粉品种（卢丽丽等，2018）。由于云南省属于立体性高原气候，气候多样，所以在云南种植的马铃薯品种也是多样化，周年生产的特点致使云南省生产上应用的品种丰富多样，2019年主栽品种情况如下。（1）大春作：青薯9号占25%、合作88占15%、丽薯6号占15%、云薯505占10%、宣薯2号占10%、丽薯7号占7%，威芋3号、云薯105、昆薯2号、云薯304、昆薯4号、滇薯6号和红眼等新品种占18%；（2）秋作和小春作：丽薯6号占85%，合作88占11%，青薯9号、云薯304等其他品种占4%；（3）冬作：合作88占53.5%，丽薯6号占41.5%，云薯304占3.5%，青薯及其他品种占1.5%。

云南各地分布着不少高海拔冷凉山区，气候冷凉，病虫害少，马铃薯退化慢，是进行马铃薯良种繁育的理想区域。因此，云南省的马铃薯种薯基本上是由省内自主供应。大春季的种薯大都来自农户或种植大户自己留种；冬作、小春作的种薯基本上调运滇东北和滇西北大春季收获的马铃薯；秋作的种薯则来自小春作收获后留下的种薯（卢丽丽等，2018）。据不完全统计，全省拥有近20多家马铃薯种薯生产企业，这些企业主要集中在昭通、丽江、曲靖、昆明和大理等地，常年进行着马铃薯原原种、原种的生产经营。但这些企业普遍存在研发力量薄弱或缺乏研究平台。随着科技的发展进步，近年也有企业在开展马铃薯脱毒苗的相关技术研发工作。总体来说，云南省马铃薯种业企业生产经营活动的技术支撑，短期内还需依靠科研单位。2019年云南省原原种年设计生产能力500万粒以上种薯生产企业主要有云南英茂集团有限公司、禄丰爱德脱毒苗木繁育有限公司、昆明云薯农业科技有限公司、寻甸高原农业科技有限责任公司、宁蒗县佳禾种子有限公司、昭通千和农业科技开发有限公司和云南农垦昭通农业投资发展有限责任公司。

宣威市农技推广中心和会泽县农技推广中心2个事业单位的原原种年设计生产能力500万粒以上。2019年这些企业和事业单位马铃薯原原种（G1）理论生产能力11400万粒，实际生产马铃薯原原种（G1）4870万粒；全省马铃薯原种（G2）生产0.956万亩，总产1.825万吨。一级种生产面积为7.08万亩，产量10.73万吨，较2018年有所减少。二级种生产面积为13.5万亩，产量16.5万吨。全省一级种薯普及率约5.5%。

4. 云南马铃薯消费分析

马铃薯属于粮经饲加多用途作物，由于马铃薯本身储运成本高、多为鲜用的特性，加之种植区域多分布在偏远山区，交通不便，形成云南马铃薯产业相对封闭的发展态势。因此，目前全省马铃薯商品外销率不高，主要为就地用作饲料，其次为人的口粮，此两项占全省马铃薯总产量的70%左右。此外，高海拔区域生产的马铃薯运至附近低海拔区域作为种薯，或小春季生产的马铃薯用作秋季的种薯，农民生产的马铃薯能销售则销售一部分（隋启君，2004），不能销售则饲用和食用。

虽然当前云南马铃薯加工产业虽初具规模，然而马铃薯淀粉以粗加工为主，精淀粉加工相对较少；马铃薯全粉加工生产技术相对落后，整个加工行业产业链较短，缺乏深层次加工（朱洪燕，2016）。如图16－9所示，多年来全省马铃薯饲用占45%，食用占25%，种用和外销（包括储藏损失）占约13%，加工仅占4%。由此可见，云南马铃薯产业链还处于初级阶段，加工业对产业的带动作用力较弱，发展空间巨大，需加大发展马铃薯加工业的力度，延长马铃薯产业链，提升马铃薯产业附加值。

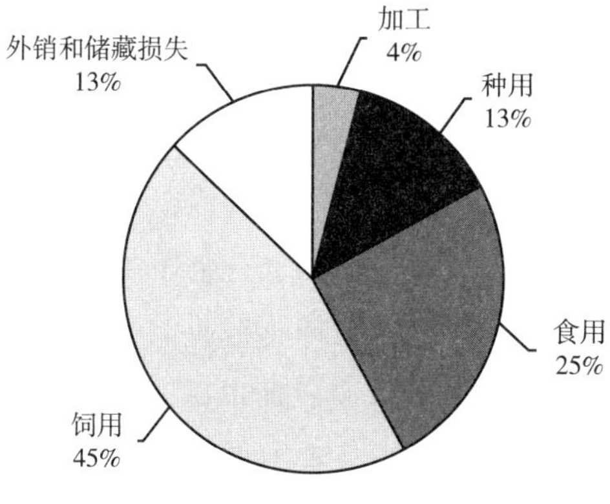

图16－9　云南省马铃薯用途分布

资料来源：根据2015～2017年《云南统计年鉴》数据平均。

三、中国及云南马铃薯的贸易情况分析

（一）中国马铃薯贸易情况

FAO 数据表明，近年来，全球 130 多个国家有马铃薯出口、190 多个国家有马铃薯进口，但是进出口贸易高度集中的格局非常明显，且出口贸易集中度大于进口贸易集中度。欧盟是全球最大的马铃薯进口地，也是最大的出口地，表明欧盟是全球马铃薯加工和贸易的中心。

从进口看，2015～2019 年，全球马铃薯年进口贸易量从不足 1250（1246.3）万吨快速增长到近 1600（1582.1）万吨，增幅达 26.95%。比利时、荷兰和西班牙一直排名前 3 位，意大利、德国、美国、俄罗斯、伊拉克、法国和葡萄牙综合排名第 4～10 位但年际间有变化。2019 排名前十的马铃薯进口量大国 2018～2019 年马铃薯进口量之和占到同期全球马铃薯进口总量的 58.7%；2015～2019 年，全球马铃薯进口贸易总额从 38.24 亿美元增加到 53.01 亿美元，增幅高达 40.18%，高于同期进口量增幅。比利时和荷兰一直排名进口额第 1 位和第 2 位，德国、西班牙、美国、意大利、伊拉克、俄罗斯、法国和葡萄牙综合排名第 3～10 位但年际间有变化。2019 年排名前十的马铃薯进口额大国 2018～2019 年进口额之和占到同期全球马铃薯进口总额的 55.81%（见表 16－4）。

表 16－4　2018～2019 年全球马铃薯贸易前十的国家情况

排名	进口				出口			
	国家	进口量（万吨）	国家	进口额（千万美元）	国家	出口量（万吨）	国家	出口额（千万美元）
1	比利时	570.32	比利时	128.88	法国	464.78	荷兰	179.38
2	荷兰	373.93	荷兰	82.88	荷兰	408.43	法国	144.92
3	西班牙	166.27	德国	82.67	德国	379.93	德国	82.56
4	德国	135.91	西班牙	58.42	比利时	196.43	中国	65.93
5	意大利	127.89	美国	46.39	巴基斯坦	131.33	美国	49.13
6	美国	89.89	意大利	42.53	伊朗	109.32	加拿大	48.04
7	俄罗斯	87.37	俄罗斯	35.06	美国	103.12	埃及	46.91
8	伊拉克	85.61	伊拉克	28.80	加拿大	96.90	比利时	42.76
9	葡萄牙	81.29	法国	26.65	中国	95.16	伊朗	35.53
10	法国	79.47	葡萄牙	23.70	埃及	89.92	西班牙	32.70

资料来源：联合国粮农组织 2020 年 12 月数据。

从出口看，2015～2019年，全球马铃薯出口贸易总量从1209.44万吨增加到1474.86万吨，增幅达21.95%。如2018～2019年，法国、荷兰、德国和比利时出口量之和排名全球前4位，巴基斯坦、伊朗、美国、加拿大、中国和埃及综合排名前第5～10位，但年际间有变化，巴基斯坦出口量保持快速增长，排名从2016年的第10位上升到第5位。2019年，排名前10的马铃薯出口量大国出口量之和占到全球总量的73.56%。2018～2019年，全球马铃薯出口贸易总额从36.1亿美元增加到51.47亿美元，增幅42.58%，远高于同期出口量增幅。荷兰、法国、德国、中国、加拿大、美国、埃及、比利时和伊朗排名前10位，这10个马铃薯出口额大国2年出口额之和占同期全球总额的比重高达76.54%。

中国是马铃薯净出口国，体现了中国的马铃薯生产大国地位，且说明中国马铃薯早已实现自给自足的状态。FAO数据表明，近年来中国马铃薯进口量和进口额几乎为零，而出口量和出口额则稳步增长，2010～2019年，全球马铃薯出口量和出口额稳中有升，分别增长29.74%和42.13%，而同期中国马铃薯出口量增长94.65%，出口额则增长281.78%，占同期全球马铃薯出口贸易的份额分别从2.28%和2.88%上升到3.51%和7.73%。2017年和2019年分别是中国马铃薯出口贸易量和贸易额大年，占全球的比重分别高达3.64%和7.73%（见表16－5）。

表16－5　2010～2019年中国马铃薯出口贸易全球占比

指标	地区	2010年	2011年	2012年	2013年	2014年	2015年	2016年	2017年	2018年	2019年
出口量（万吨）	全球	1136.76	1225.92	1110.45	1221.83	1222.98	1209.44	1248.97	1399.62	1337.39	1474.86
	中国	25.87	37.53	35.80	29.84	54.02	39.82	40.98	50.95	44.81	50.35
	中国占比（%）	2.28	3.06	3.22	2.44	4.42	3.29	3.28	3.64	3.35	3.41
出口额（百万美元）	全球	3621.41	4550.56	3425.99	4593.21	4247.39	3609.96	3887.84	4326.62	4362.46	5147.22
	中国	104.27	171.44	132.28	127.57	271.99	227.44	226.45	280.76	261.24	398.09
	中国占比（%）	2.88	3.77	3.86	2.78	6.40	6.30	5.82	6.49	5.99	7.73

资料来源：联合国粮农组织2020年12月数据。

（二）云南马铃薯对外贸易情况

统计数据表明，云南马铃薯不仅早已实现自给自足，而且马铃薯出口量和出口额也快速增长，尤其是近年来，随着全省错季马铃薯基地建设的快速发展，云南马铃薯出口量和出口额增幅均远大于同期全国的平均涨幅，占全国的份额快速提高，逐步成为中国马铃薯出口大省之一（见图 16－10）。

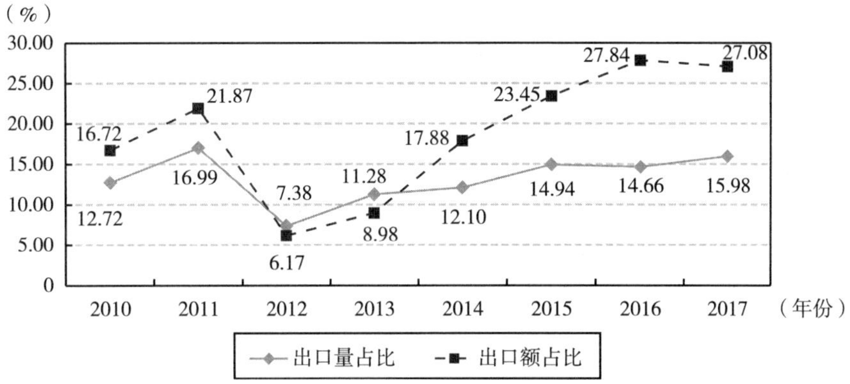

图 16－10　2010～2017 年云南省马铃薯出口全国占比

资料来源：中国海关信息中心。

从表 16－6 可以看出，近年来，云南马铃薯出口量和出口额均呈现阶段波动，总体上升且出口额增幅大于出口量增幅的趋势。2010～2017 年，全省马铃薯出口量增长 1.47 倍以上，同期马铃薯出口额则增长 3.36 倍，远高于出口量增幅。2013 年前，与全国一样，云南马铃薯出口量和出口额均处于非常不稳定的状态，2014 年开始大幅增长后处于基本稳定态势。2014～2016 年，云南省马铃薯出口量基本保持稳定在 6 万吨左右，占同期全国马铃薯出口总量的比重逐步接近 15%，2017 年超过 8 万吨、全国占比接近 16%；同期全省马铃薯出口额从 2012 年最低的不足 816 万美元增加到 2017 年的 7600 万美元以上，占同期全国马铃薯出口总额的比重从不足 10% 逐步超过 25% 接近 28%。另据云南省农业农村厅提供的数据，2018 年，云南马铃薯出口量为 67263 吨，出口额为 8374 万美元。

表 16－6　　2010～2017 年中国及云南马铃薯出口贸易情况

指　标	地　区	2010 年	2011 年	2012 年	2013 年	2014 年	2015 年	2016 年	2017 年
出口量（吨）	全国	258673	375276.2	357987	298437.3	540165.8	398243.1	409782.5	509537
	云南	32909.8	63746.65	26433.84	33652.57	65339.31	59508.29	60091.97	81400
	云南占比（%）	12.72	16.99	7.38	11.28	12.10	14.94	14.66	15.98
出口额（万美元）	全国	10427.25	17143.53	13227.79	12756.79	27198.64	22744.22	22645.31	28075.8
	云南	1742.94	3748.96	815.76	1144.95	4862.39	5332.7	6305.15	7601.68
	云南占比（%）	16.72	21.87	6.17	8.98	17.88	23.45	27.84	27.08

资料来源：中国海关信息中心。

2000～2016年云南及其他省份马铃薯出口量和出口额的年度平均增长率分别见表16－7和表16－8。从表16－7和表16－8可以看出，云南省马铃薯出口量和出口额增幅均明显大于其他省份，也可以说，相对于云南来说，2000～2016年，中国其他省份的马铃薯出口量和出口额均处于慢速增长的趋势，并且增长幅度不太稳定。

表16－7　2000～2016年云南和中国其他省份马铃薯贸易量的年度平均增长率　单位：%

指标	2000～2005年	2006～2010年	2011～2016年
云南进口	N	N	N
中国其他省份进口	－48	－20	－85
云南出口	54	37	11
中国其他省份出口	39	－6	3

资料来源：中国海关信息中心，N为无进口。

表16－8　2000～2016年云南和中国其他省份马铃薯贸易额的年度平均增长率　单位：%

指标	2000～2005年	2006～2010年	2011～2016年
云南进口	－100	－100	－100
中国其他省份进口	－72	－75	－100
云南出口	54	37	11
中国其他省份出口	45	9	4

注：年度平均增长率的计算公式为假设一个经济变量Y的值由初始值Y_o经过n年后变为Y_n，则在每年里y的平均增长率计算公式是$g = \sqrt[n]{Y_n/Y_o} - 1$。

资料来源：中国海关信息中心。

四、云南马铃薯发展存在的问题

（一）大春马铃产量不稳定、效益不高

云南作为一个高原省份，春季种植马铃薯生产期为3～9月，种植地区主要集中在滇东北的昭通和曲靖、滇中的昆明、滇西的丽江、大理和香格里拉等州（市）的高海拔冷凉山区，这些区域自然气候条件恶劣，交通基础条件差，经济发展落后，农民接收科技成果的能力弱；此季节生产马铃薯由于干旱、雨水分布不均等气候条件，导致马铃薯种植风险巨大。干旱导致缺苗或出苗晚而引起减产，雨水分布不均导致晚疫病常年严重发生而减产严重；土地轮作成本太高，种薯远距离调运导致疮痂病、粉痂病和青枯病等土传病害逐年加重，严重危害大春马铃薯生

产的健康发展。

（二）大春马铃薯生产区域基础设施弱，生产难于规模化、机械化

云南省大春马铃薯基本都在高海拔冷凉的山区，山区占大部分的地形特点决定了云南省大春马铃薯标准化基地建设很难形成大规模的基地，大型农机在云南省马铃薯基地建设方面很难得到有效的运用；劳动力向城市转移的现状导致劳动力成本攀升很严重，而适宜山区应用的小型农机运用程度低，马铃薯基地都是分布较散的零星地块，零星的田块很难实行统防、统管，难以形成规模化、机械化和标准化。

（三）马铃薯种薯研发、生产、储运基础薄弱，种业发展不良

良种是农业生产上最重要的生产资料，是农业扩大再生产的物质基础。良种选育和种薯生产、商品薯生产、马铃薯加工和产品市场营销四个重要环节构成了马铃薯产业链，马铃薯良种繁育和供应体系，商品薯基地是马铃薯产业化经营发展的基础。目前，马铃薯单产低、退化严重、加工专用型品种缺乏严重制约农民经济收入和马铃薯产业发展，因此采用健康无病、优质高产的马铃薯新品种种薯是提高其经济效益、增加产量的关键所在（王春珍等，2002）。

云南省马铃薯种业虽具有一定的发展优势，也有一定的设施条件基础，但处于一个“醒的早，起的晚”的状态。缺乏有效的质量监督管理认证机制，生产经营活动缺乏有效的法律保护措施，使云南省马铃薯种薯的质量参差不齐，市场发育不良，还存在诸多问题。尽管我国已颁布了一系列与种薯相关的国家、行业标准和技术规程，云南省也出台了一些与种薯相关的地方标准，但整个种薯生产还未建立系统有效的质量检测和监控，尤其是种薯基地田间繁育过程中没有专业的病虫害检验队伍，大多数种薯生产企业和基地根据自己的技术水平和条件进行种薯质量自检；国家标准、地方标准的执行力薄弱，市场流通过程中经常出现以繁殖代数替代种薯级别的情况，难以保证其种薯的质量；据市场用户的反映，经销商往往只能根据生产商的信誉度、品种的繁殖代数来采购种薯，而无法获得具有法律效力的检测依据（张德亮等，2014）。

虽然云南省马铃薯种薯生产基地已遍布 20 多个市县，有大小近 20 多家企业和单位在开展着马铃薯种薯生产经营活动，但所生产的马铃薯优质种薯远远不能满足云南省冬马铃薯的快速发展需要，更谈不上拓展南亚、东南亚国家的种薯市场。

目前云南省马铃薯优质种薯的覆盖率仍然很低（25%左右），大部分农户仍然还在使用自留种薯，由于优质品种的种薯一直处于供不应求的状态，许多不具备条件的生产实体大量出现，扰乱种薯市场。

云南省马铃薯种薯研发方面基础设施薄弱、落后，技术力量分散，存在大量低水平重复性工作，成果转化率低；缺乏有关的生产、加工、流通的质量标准和操作规程，产品的质量得不到保证。马铃薯种薯生产单位大多忽视质量管理，虽有各类技术规程，也只是流于形式，尚未摆脱计划经济时期形成的思维方式和工作方法①。尤其是近两年，种薯由于质量低劣而导致的卖难、滞销问题已成为困扰种薯生产和经营单位的主要原因。

马铃薯种薯贮藏库是种薯供应体系中一个至关重要的环节，马铃薯种薯贮藏不同于其他农作物种子，其贮藏难度大，对贮藏设施要求高。以水稻、小麦和玉米为例，这三种作物种子水分含量仅为13%左右，每亩需种量为2~5千克，农户在家中普通条件下即可贮藏；而马铃薯种薯水分含量约在70%~80%，每亩需种量为200千克左右。由于马铃薯种薯体积大、水分含量高，是一个具备生命活力的有机体，在通常贮藏条件下是无法保证种薯质量的。目前，不但农民自身无贮藏能力，现有的种薯生产机构也缺乏符合种薯贮藏条件的专业贮藏库，由于没有现代化的贮藏设备和科学的加工技术，自动化控制设备不先进、不完善，导致烂薯、发芽和低温还原糖含量增加等问题，每年因此而损失巨大，因此，如果没有相应的仓储设施，即便是生产出了优质种薯还是不能解决云南省的种薯供应问题。

（四）马铃薯精深加工规模小和程度低，营销能力不强，加工产业拉动乏力

云南马铃薯加工专用型品种在实际生产运用中极少，致使加工企业缺乏优质加工原料且供应量严重不足，加工产品质量得不到保证，原料基地与加工企业布局不配套，规模化、集约化生产程度低（刘卫民，2015），加上运输成本高，限制了马铃薯加工产业的发展。云南省马铃薯加工企业生产规模不大，产品单一，无综合性的深加工利用，产业链短，转化率和增值倍数低，对种植业的带动作用不明显（杜春永等，2014）。马铃薯生产仍以粮用、菜用和饲用为目标，各地马铃薯销售多以菜薯和种薯为主，以加工原料销售的比例较小，就是说当前云南马铃薯加工产

① 马铃薯专家自爆行业缺陷［N］. 农民日报，2002-07-27.

业虽初具规模，然而一半以上的消费仍以鲜薯消费为主，整个加工行业产业链较短，缺乏深层次加工，云南省马铃薯加工企业还未真正形成具有一定国际国内竞争力、辐射带动能力强、加工产业链长和增值率高的龙头企业（朱洪燕，2016）。

（五）优质种薯缺乏限制了优势特色错季马铃薯产业的发展

我国的马铃薯生产以大春作为主，即使在西南混作区和南方马铃薯产区，大春作马铃薯也占绝大部分份额。秋作、冬早（含小春）马铃薯错开了大春马铃薯上市高峰，多用作蔬菜，因此经济效益普遍高于大春马铃薯。尤其是云南的冬作马铃薯由于晚疫病危害较大春作轻，单产和产值较高，因此近年来云南省错季马铃薯发展迅速，种植规模逐年增加。错季马铃薯种植规模的不断扩张，使得对优质种薯的需求量不断增加，该季节马铃薯种植户对马铃薯种薯质量的鉴别能力和对优质种薯重要性的认知程度有所提高，倒逼全省马铃薯种薯生产的规模和水平有所提高。但冬马铃薯种植区严重缺乏优质种薯的问题仍然较为突出，该区域种植品种合作88、丽薯6号等种薯来源主要依靠省内大春季种植繁殖（陈际才等，2017）。省内大春季种植合作88的面积越来越小；而丽薯6号主要依靠丽江、大理地区大春季繁殖供种。种薯普遍存在着价格高，繁殖代数级别不清，以次充好不时发生，质量难以保证，部分种薯调入后病、烂薯多，种植后青枯病、环腐病发病死苗严重，限制了冬马铃薯产业发展。

五、促进云南马铃薯产业转型升级的建议

抓住马铃薯服务国家扶贫攻坚、马铃薯主食化和省委省政府打造世界一流“绿色食品牌”等重要战略机遇，充分发挥云南省独特自然条件和区位优势，按照“立足鲜食、面向加工、优化布局、稳定面积、提高二量（产量和质量）”的发展定位，大力发展马铃薯种业、以冬早马铃薯为主的错季马铃薯生产基地和马铃薯加工业，打造云南高原特色马铃薯周年供应基地，力争把云南建设成为立足云南、面向大西南、辐射南亚东南亚的马铃薯产业大省。

（一）加快马铃薯新品种的推广应用，推进错季马铃薯的发展

加快晚疫病抗性强、加工和鲜食兼用以及适合主食化的优质马铃薯新品种研发和生产上的应用步伐，解决加工马铃薯原料基地建设的需要，促进云南省马铃

薯加工业的发展。尤其是充分发挥云南独特的自然条件优势，积极推进产量高、效益好的错季鲜食马铃薯，尤其是冬早马铃薯产业的发展，提高全省马铃薯产业的效益和农民的收入。

（二）强化招商引资，提升精深加工能力，延伸产业链条

实施优惠招商政策，深化项目包装储备和服务平台建设，叠加“项目招商引资+加工龙头企业+工程技术中心+先进工艺设备”联动效应，拉长拉宽全产业链条。内培外引多家具有较大规模和较强实力的精深加工企业，打造一批主食加工龙头企业。支持科研单位与企业协作，组建马铃薯主食产品研发、马铃薯淀粉加工、马铃薯变性淀粉、马铃薯休闲食品加工、马铃薯储运等工程技术研究中心，开发适宜不同区域、不同消费群体、不同营养功能的马铃薯加工产品，延长产业链，提升云南省马铃薯产业的产值（鲁翠，2017）。

（三）进一步完善马铃薯种业产业体系

明确科研院所和高等院校是马铃薯种业基础性公益性研究的主体，建立以企业为主体的商业化创新机制，鼓励科技资源向企业流动，促进产学研紧密结合，加强种业自主创新和国际合作；充分发挥马铃薯种薯企业在云南省马铃薯种业发展中的主体地位①。鼓励“育、繁、推一体化”现代种薯龙头企业整合马铃薯业界各方资源，通过政策引导带动企业和社会资金投入，推动现代种薯龙头企业做大做强；重点支持建立省级马铃薯种薯质量检测认证中心，兼顾扶持培育马铃薯种薯龙头企业发展；服务国家马铃薯良繁基地县建设计划，重点加强马铃薯主产县的马铃薯良繁基地建设，确保马铃薯优质种薯生产总量和省内及周边国家马铃薯优质种薯市场需求的平衡；完善马铃薯种薯质量检验认证体系及相关法规制度，营造统一开放、公平竞争的马铃薯种业发展环境。重点支持培育一批生产、贮运技术先进、市场营销网络健全、技术服务到位、市场质量信誉可靠的现代马铃薯种薯龙头企业，鼓励企业兼并重组，吸引社会资本和优秀人才流入种薯企业；按照“优势区域、企业主体、规模建设、提升能力”的原则，科学规划建设马铃薯良繁基地，打造马铃薯种薯生产优势区，全面加强基地建设，形成稳定的马铃薯种薯生产能力②。

---

①② 全国现代农作物种业发展规划（2012—2020年）[J]. 中国农技推广，2013，29（S1）：7-13.

第二节 云南马铃薯产业的比较优势

一、云南马铃薯产业的比较优势概括性介绍

云南民间有句俗语说："吃洋芋，长子弟。"云南人特别喜欢吃马铃薯，人均消费量约50千克，是我国人均消费量较高的省份之一。旺盛的消费能力是云南省马铃薯产业发展的优势和基础。加之云南是中国一个比较特殊的马铃薯产区，与全国其他省份相比具有以下几个方面的优势。

（一）可周年生产上市的自然条件优势

云南省地处低纬高原地区，一年四季光热丰富，特别是位于北回归线附近的南部地区，热量资源更为丰富，加之地貌类型复杂多样、高低悬殊的地势和南北热量差异显著，从而形成了特殊的亚热带、热带高原山地季风气候。多样性的气候类型为马铃薯不同品种的区域化布局创造了有利条件，滇东北、滇西北和滇中高海拔区域，由于气候冷凉，是马铃薯脱毒种薯和良种扩繁的最佳区域。南部区域的河谷温热区域适合秋作、小春作等与全国其他马铃薯主产区相比独特的错季优质菜用外销型马铃薯的生产，冬春虽然经常遇到干旱少雨的气候条件，但夏季雨热同期的气候为马铃薯提供了较为丰富的生长资源，为马铃薯块茎膨大和品质提升创造了有利条件，降雨主要集中在5~9月，降水规律与马铃薯块茎膨大期基本吻合，雨热同期，生长期内日气温高，昼夜温差大，既有利于马铃薯增产，也有利于马铃薯干物质积累，容易生产出个大、质优、薯皮光滑、口感醇香、干物质含量高、耐运耐藏的马铃薯，是各种马铃薯淀粉及其制品生产的上好原料和鲜食外销的优质产品。此外，云南土壤类型的多样性，土壤有机质含量高，工业污染小，容易实现马铃薯绿色无公害生产，更加符合现代人健康饮食的消费需求，能更有效地提高马铃薯商品薯的市场竞争力（张朝亮等，2011）。

（二）比邻南亚东南亚的地理区位优势

云南地处中国西南部，背靠大西南，面向东南亚，与贵州、广西、四川、西藏相接，与越南、老挝、缅甸交界，随着与东盟自由贸易区的对接，运距短、低

成本、高回报使得云南马铃薯备受关注（汤克仁，2003）。这是国内任何一个省区都难以媲美的对外竞争优势。尤其是自2004年1月中国—东盟自由贸易区框架下的“早期收获”计划正式付诸实施，包括马铃薯在内的500多种农产品关税降低，为云南马铃薯热销东盟国家创造了良好的条件（冯月娇等，2011）。由于云南马铃薯的周年生产和独特地理区位优势，云南马铃薯在东南沿海和港澳地区的马铃薯市场也具有一定占有率，云南省也是中国面向东南亚国家出口马铃薯商品薯和种薯的主要省份，中国加入东盟自由贸易区后，云南更具有发展马铃薯产业的比较优势和地理区位优势，加之云南通往东南亚国家国际大通道建成后，云南还将具有交通便利的优势（何云昆，2003）。东南亚有3亿人的马铃薯消费群体，市场空间巨大。

（三）基础相对较好的加工业潜在优势

经测算，用传统的方法将马铃薯加工成淀粉可增值30%，加工成粉条可增值80%，加工成快餐薯条可增值15倍，加工成环糊精可增值20倍，加工成全粉可增值22~30倍，可见，马铃薯有巨大的加工增值潜力优势（冯月娇等，2011）。云南省拥有马铃薯加工企业共有8家，1家为淀粉加工企业，6家为薯片加工企业，还有1家为马铃薯丸加工企业。淀粉加工企业总设计产能300000吨，2019年实际加工鲜薯17万吨，年生产淀粉2万吨；6家薯片加工企业主要加工鲜切土豆片，总设计产能23万吨，2019年全部开工生产，实际生产10.8万吨；1家薯丸加工企业设计产能为50000吨，2019年实际加工30000吨；脱水薯片主要由当地农民小作坊生产，本地农贸市场销售。现状反映出云南省马铃薯加工业生产规模小、产品结构不健全（缺乏薯条和其他快餐食品加工企业），具有发展上升空间较大的潜力优势；云南省马铃薯周年生产的特点有利于加工原料的周年供应，具有延长加工生产周期和减少原料贮运成本的优势。近年来，云南不断地将马铃薯产业升级，正逐步走向国际市场。伴随着马铃薯加工企业的兴起，不仅使云南省马铃薯产业链条得到延长，也为马铃薯产业开辟了新的发展之路，提高了产业附加值，将马铃薯加工业的发展潜在优势逐渐转为新的竞争优势（冯月娇等，2011）。

（四）成体系支撑产业发展的科技优势

20世纪90年代中期，随着云南省马铃薯产业的发展对新品种的需求增加，马铃薯育种进入省级科技计划，经过20多年的积累，云南省马铃薯育种进入盛产期，云南省农业科学院经济作物研究所、云南农业大学、云南师范大学、昭通市农业科学院、昆明市农业科学院、丽江市农业研究所、宣威市农业技术推广中心、曲靖市农业科学院和会泽县农业技术推广中心等单位均在开展马铃薯育种方面的研究工作。尤其是国家和云南省马铃薯产业技术体系，紧紧围绕云南省马铃薯产业发展需求，坚持科技链支撑产业链的初衷，为云南省马铃薯加工、种业、出口和冬季鲜薯外销四大优势方向的持续发展保驾护航，更是为全省马铃薯产业发展提供了系统的科技支撑。

（五）从中央到地方的产业政策优势

马铃薯在解决粮食安全方面发挥了重要作用，联合国教科文组织将 2008 年命名为“马铃薯年”。马铃薯是我国重要的粮食作物，也是调整优化种植结构的重要替代作物（陈国明等，2011）。2006 年，农业部出台了《关于加快马铃薯产业发展的意见》，2008 年又进一步将马铃薯纳入优势农产品区域布局规划。2016 年，原农业部发布了《关于推进马铃薯产业开发的指导意见》，明确提出要强化对马铃薯产业开发的政策扶持，制定了系列具体措施，把马铃薯作为主粮，扩大种植面积、推进产业开发。在马铃薯主食化战略的推动下，中国马铃薯产业领域关键技术和装备日趋成熟，产品开发和技术成果转化应用速度加快，集成了以农机为载体的双垄、覆膜、滴灌、水肥一体化等关键技术，原料处理高品质化、主食加工自动化、产品鉴伪精准化等关键技术取得突破。

从云南省来看，早在 20 世纪 90 年代中期云南省提出的“18 生物资源开发工程”（后改为“生物资源开发创新工程”）就将马铃薯纳入重点支持范围。2003 年更是将马铃薯作为重点发展的 5 大农业产业之一加以培植，制定了《云南省“十一五”马铃薯产业发展规划》，之后云南省的多个五年规划、优势农产品区域布局规划均将马铃薯产业作为重点产业之一。尤其是“十五”以来，云南省政府进一步加大了对马铃薯产业发展工作的重视，把其作为农业产业结构调整和农民增收致富的重要内容，根据云南省推进农业产业化经营的意见、云南省省级农业产业化经营专项资金管理试行办法等国家政策，结合云南马铃薯产业发展的需要，从财政、信贷等方面给予倾斜，同时加大了科研、生产和加工的资金投入，提升了马铃薯产业发展的速度（冯月娇等，2011）。为了加快云南省农业现代化的发展步伐，在 2009 年启动的云南省现代农业产业技术体系建设中，云南省把马铃薯作为农业支柱产业来发展，这也将大大改善过去云南省马铃薯产品单一、加工粗糙、消费市场小的情形，形成生产、加工、销售一条龙的马铃薯产业化道路，加快云南省马铃薯从生产大省向马铃薯产业化强省过渡的步伐（许亮等，2012）。

二、云南马铃薯区位熵测度

由于马铃薯产业的产值未单独纳入国家统计范围，加之我国的薯类以马铃薯为主，基于数据的可得性，云南和全国的马铃薯产值采用薯类产值、总产值均采用农林牧渔业总产值。数据全部来自历年《中国农村统计年鉴》。计算年间，云南的马铃薯产值占农林牧渔业总产值的比重在1.21%~2.59%，而同期全国的马铃薯产值占农林牧渔业总产值的比重在1.3%~1.71%。

计算期内，云南马铃薯产业的区位熵总体呈下降趋势，2016年前大于1，期初2010年最高达1.52，2017年后则小于1（见表16-9和图16-11），一方面，说明云南马铃薯产业规模在全国的份额下降，与前面云南马铃薯面积和产量占全国的比重下滑的分析结果一致。另一方面，表明云南马铃薯产业的发展速度落后于全省农业产业的整体发展速度。但马铃薯产业仍是云南省较有优势的农业产业，对全省高原特色现代农业发展，尤其是山区脱贫攻坚仍然具有重要意义，短期内处于难以被替代的地位，只是由于未能列入省政府打造世界一流“绿色食品牌”范畴，财政支持减弱，这种优势在逐步减弱，应引起有关部门的高度重视。

表16-9　　2010~2019年云南省马铃薯区位熵测度

年份	云南			全国			区位熵
	薯类产值（亿元）	农林牧渔业总产值（亿元）	比例（%）	薯类产值（亿元）	农林牧渔业总产值（亿元）	比例（%）	
2010	46.9	1810.5	2.59	1184.0	69319.8	1.71	1.52
2011	46.5	2306.5	2.02	1349.1	81303.9	1.66	1.21
2012	47.6	2680.2	1.78	1376.9	89453.0	1.54	1.15
2013	59.2	2867.1	2.06	1413.2	93006.0	1.52	1.36
2014	62.0	3263.3	1.90	1485.8	102226.1	1.45	1.31
2015	67.5	3383.1	2.00	1541.1	107056.4	1.44	1.39
2016	68.8	3633.1	1.89	1792.8	112091.3	1.60	1.18
2017	48.7	3872.9	1.26	1427.5	109331.7	1.31	0.96
2018	49.8	4108.9	1.21	1471.1	113579.5	1.30	0.94
2019	67.3	4935.7	1.36	1553.6	123967.9	1.25	1.09

资料来源：2011~2020年《中国农村统计年鉴》。

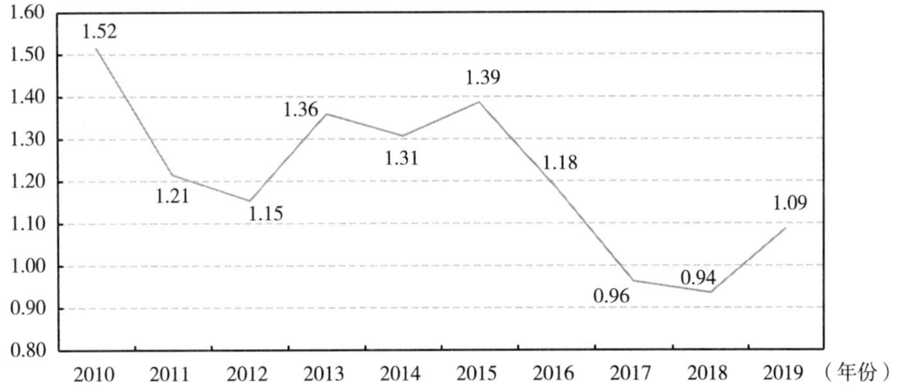

图 16－11　2010～2019 年云南马铃薯产业区位熵变化曲线

三、云南马铃薯国内比较优势分析

本部分引入效率比较优势指数、规模比较优势指数、效益比较优势指数和需求收入弹性系数四个指标来具体分析云南省与全国以及云南省与周边各省的马铃薯生产的竞争力。

（一）效率比较优势分析

效率比较优势有多种表达方式，基于现有数据，此处选取了 EAI 指数和单产优势指数两种方式对马铃薯的效率比较优势进行计算分析。

1. EAI 指数

利用云南省和全国平均的粮食作物平均单产和马铃薯单产数据对云南省马铃薯的 EAI 指数进行计算①，结果如图 16－12 所示。

由图 16－12 可以看出，近十年来，云南省马铃薯的 EAI 指数均在 1 以上，说明云南省马铃薯单产相对全国具有比较优势。但同时也可以看出，自 2010 年云南省马铃薯的 EAI 指数达到峰值 1.40 之后，近年来云南马铃薯的 EAI 指数呈现出逐年下降趋势，生产效率相对优势在不断丧失。

① 限于数据的可获取性，计算时所有作物单产平均水平使用的是主要农作物单产平均数据，为了统一口径，后面的全国作物单产水平也是如此。

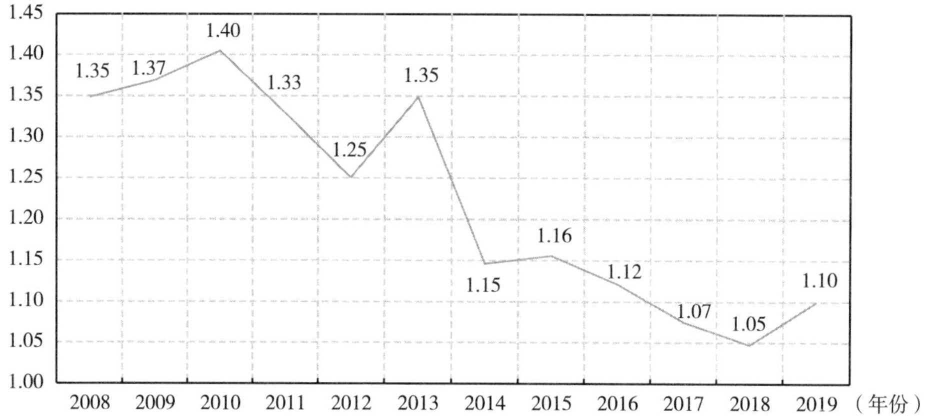

图 16－12　2008～2019 年云南省马铃薯 EAI 指数

资料来源：采用国家统计局网站数据库 2021 年 1 月相关数据计算。

2. 单产优势指数

对云南省与其他马铃薯主产省的单产效率进行计算，结果如表 16－10 所示。可以看出，分析年间，云南马铃薯单产一直低于四川且除 2010 年外均低于 4 个主产省平均单产，说明云南相对于四川和 4 省区平均不具备单产优势；而相对于贵州、甘肃和内蒙古而言，仅有 2010 年和 2015 年两个年份单产优势指数大于 1，说明云南省的马铃薯单产水平大多年份均低于其他主产区的水平且近年来呈现总体下滑趋势。

表 16－10　2010～2019 年云南省相对其他主产省的马铃薯单产优势指数

指标		2010 年	2011 年	2012 年	2013 年	2014 年	2015 年	2016 年	2017 年	2018 年	2019 年
单产（千克/公顷）	云南	3192.89	3213.88	3136.54	3482.26	3054.84	3056.21	3093.62	3086.18	3137.93	3282.04
	四川	4006.83	4032.22	3873.94	3794.77	3829.37	3885.16	4141.77	4148.05	4177.50	4186.05
	贵州	2602.86	2855.16	3154.07	3199.32	3313.99	3375.16	3221.10	3311.37	3306.03	3258.76
	甘肃	2869.28	3380.08	3496.79	3500.96	3485.24	3388.11	3354.51	3386.28	3545.11	3703.24
	内蒙古	2778.68	2828.37	2873.79	3130.16	3138.61	3108.95	2990.29	3181.38	4259.91	4633.49
	4 个主产省区	3025.72	3242.58	3338.66	3409.90	3460.68	3472.80	3471.62	3545.92	3761.76	3814.13
单产优势指数	相对于四川	0.797	0.797	0.810	0.918	0.798	0.787	0.747	0.744	0.751	0.784
	相对于贵州	1.227	1.126	0.994	1.088	0.922	0.906	0.960	0.932	0.949	1.007
	相对于甘肃	1.113	0.951	0.897	0.995	0.877	0.902	0.922	0.911	0.885	0.886
	相对于内蒙古	1.149	1.136	1.091	1.112	0.973	0.983	1.035	0.970	0.737	0.708
	相对于 4 省区	1.055	0.991	0.939	1.021	0.883	0.880	0.891	0.870	0.834	0.860

资料来源：采用国家统计局网站数据库 2021 年 1 月相关数据计算。

从上述分析可以看出，近年来，云南省马铃薯生产效率下滑的趋势十分明显，应引起相关方面的高度重视。

（二）规模比较优势分析

规模比较优势有多种表达方式，基于现有数据，选取 SAI 指数和规模优势指数两种方式对马铃薯的规模比较优势进行计算分析。

1. SAI 指数

利用云南省和全国农作物播种面积和马铃薯种植面积数据对云南省马铃薯的 SAI 指数进行了计算，结果如图 16－13 所示。

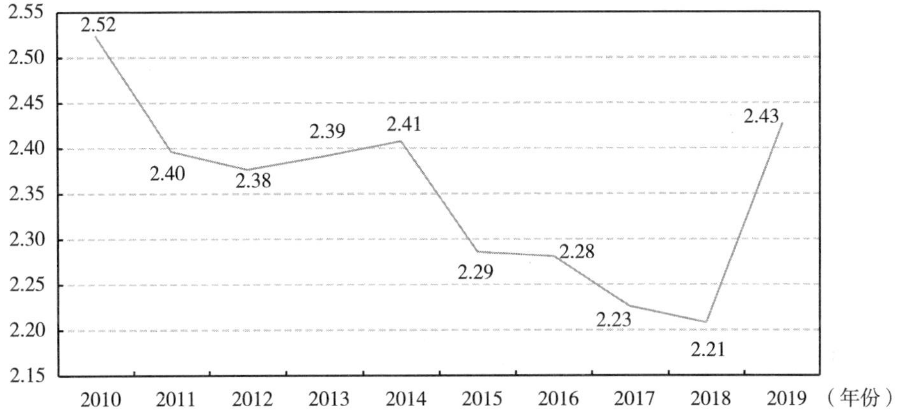

图 16－13　2008～2019 年云南相对于全国的马铃薯 SAI 指数

资料来源：根据国家统计局网站数据库 2021 年 1 月相关数据计算。

由图 16－13 可以直观看出，云南省马铃薯的种植面积相比全国来说一直拥有规模比较优势，因为其 SAI 指数始终在 2. 21 及其以上水平。从变化趋势来看，2010 年以后云南省马铃薯的 SAI 指数总体处于下降的趋势，可以大体判断云南省马铃薯规模比较优势在逐步减弱，2019 年开始回升到近 5 年的最高点为 2. 43。

2. 规模优势指数

对云南省与其他 4 个马铃薯主产省的规模占比进行计算，结果如表 16－11 所示。可以看出，与内蒙古相比，云南省马铃薯种植具有规模优势；但与四川、贵州和甘肃等马铃薯主产省相比，云南省的马铃薯种植规模优势仍显不足。此外，从变化趋势来看，近年来云南省与其他主产省马铃薯种植面积占比趋于稳定。

表 16-11　2010~2019 年云南省相对其他主产省的马铃薯规模优势指数

指标		2010 年	2011 年	2012 年	2013 年	2014 年	2015 年	2016 年	2017 年	2018 年	2019 年
面积（万公顷）	云南	44.81	45.54	46.65	46.96	48.98	47.87	47.00	47.10	47.39	47.44
	四川	52.69	55.06	60.04	63.50	65.41	67.17	67.66	68.41	67.72	67.94
	贵州	61.01	62.67	66.29	66.83	68.05	66.87	68.78	69.98	73.01	78.22
	甘肃	59.68	61.40	60.89	60.91	58.35	55.74	55.40	56.53	57.07	55.87
	内蒙古	67.04	66.74	63.52	56.88	48.32	45.21	44.92	43.21	35.10	29.74
规模优势指数	相对于四川	0.850	0.827	0.777	0.740	0.749	0.713	0.695	0.688	0.700	0.698
	相对于贵州	0.735	0.727	0.704	0.703	0.720	0.716	0.683	0.673	0.649	0.606
	相对于甘肃	0.751	0.742	0.766	0.771	0.839	0.859	0.848	0.833	0.830	0.849
	相对于内蒙古	0.668	0.682	0.734	0.826	1.014	1.059	1.046	1.090	1.350	1.595

资料来源：采用国家统计局网站数据库 2021 年 1 月相关数据计算。

（三）效益比较优势分析

鉴于数据的可获得性，本部分引入 BAI 指数和效益优势指数对云南省马铃薯产业的效益比较优势进行计算分析。

1. BAI 指数

BAI 指数是某种农产品各区域减税纯收益与全国减税纯收益水平的比：

$$BAI_{ij}=\frac{I_{ij}}{I_j}$$

其中，I_{ij}为 i 区第 j 种作物的减税纯收益，I_j 为全国第 j 种作物的平均减税纯收益。

效益比较优势的大小反映了第 i 地区第 j 种农作物种植效益的比较优势：当数值大于 1 时，代表其效益比较优势大于全国平均水平，且数值越大，效益比较优势越大；当数值小于 1 时，代表其效益比较优势低于全国平均水平，且数值越小，越处于效益比较劣势；当数值等于 1 时，代表其效益比较优势等于全国平均水平，即该地区该农作物种植效益既没有比较优势，也没有比较劣势。

基于此方式，我们采用 2012~2019 年《全国农产品成本收益统计资料汇编》中全国和云南省露地马铃薯 50 千克净利润数据，对 2011~2018 年云南省马铃薯相对于全国的效率优势指数进行了计算，结果如图 16-14 所示。从图 16-14 可以看出，分析期内多数年份云南省马铃薯生产相对于全国平均水平而言具有明显效益比较优势。尤其是 2014 年以后，得益于全省秋作特别是冬早马铃薯规模的不断扩张，相对于同期全国水平而言，云南省马铃薯生产的效益优势逐年增加，截至2017年，云南省的BAI指数已经上升到了2.64，但是2018年又跌到1以下仅0.89。

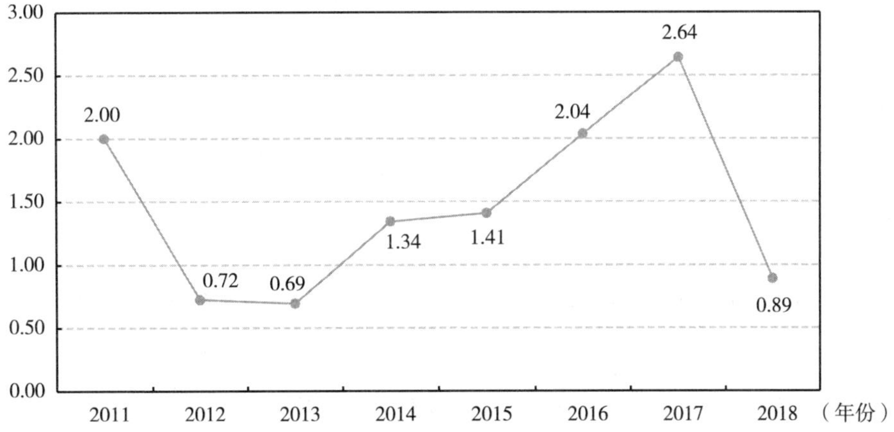

图16－14　2011～2018年云南相对于全国的马铃薯BAI指数

资料来源：2012～2019年《全国农产品成本收益统计资料汇编》。

2. 效益优势指数

效益优势指数是指某区域某农产品单位产量纯利润与其他区域该农产品单位产量纯利润之比：

$$\text{效益优势指数}=\frac{\text{云南省马铃薯单位产量纯利润}}{\text{某主产省马铃薯单位产量纯利润}}$$

效益优势指数反映了某区域相对于其他区域某农产品的利润优势。鉴于云南省马铃薯单位产量纯利润均大于0，因此，若效益优势指数>1或<0时，表明云南省与某主产省相比，省内马铃薯生产具有效益优势；若效益优势指数<1且效益优势指数大于0，则不具有效益优势。基于此方式，我们采用2012～2019年《全国农产品成本收益统计资料汇编》中露地马铃薯相关数据，对2011～2018年云南省与其他马铃薯主产省的单位产量纯利润占比进行了计算，结果如表16－12所示。

表16－12　2011～2018年相对于部分主产省份云南省马铃薯效益优势指数

年份	四川	贵州	甘肃	内蒙古	重庆	陕西	黑龙江
2011	0.45	1.73	－10.12	2.46	0.30	－0.75	2.31
2012	0.45	－12.93	2.62	0.66	0.27	10.23	4.38

续表

年份	四川	贵州	甘肃	内蒙古	重庆	陕西	黑龙江
2013	-28.21	0.66	1.18	0.59	0.45	1.61	0.91
2014	-1.19	0.71	-35.55	0.59	0.20	-0.62	3.62
2015	-1.51	0.60	6.62	0.91	0.26	-1.86	1.67
2016	-8.31	1.09	-2.41	0.79	0.42	-1.71	-10.75
2017	14.43	1.00	-5.75	1.56	0.44	-0.65	5.18
2018	3.81	0.38	-0.87	0.53	0.14	-0.43	0.71

资料来源：根据2012~2019年《全国农产品成本收益统计资料汇编》数据计算。

统计数据显示，分析期内四川、山西、甘肃等省许多年份露地马铃薯种植处于亏本状态，重庆市马铃薯种植效益最好，多年为全国平均利润的4.5倍左右，部分年份甚至高达6倍以上。所有年份云南省露地马铃薯效益全部处于盈利状态，2017年最高时也仅为全国平均的2.64倍。2011~2018年，云南省每50千克马铃薯纯利润2012年最低仅11.25元、2017年最高为25.26元、2018年为13.45元。由表16-12可以看出，与四川、甘肃、贵州等省份相比，云南省马铃薯种植具有效益优势；但与内蒙古和重庆等马铃薯主产省相比，云南省的马铃薯单位产量纯利润处于劣势。

四、云南马铃薯与周边国家的比较优势分析

（一）效率比较优势分析

本部分引入单产优势指数，用于分析云南省马铃薯生产是否较周边临近国家拥有效率比较优势。单产优势指数的计算公式如下所示：

$$单产优势指数=\frac{云南省马铃薯单产}{某临近国马铃薯单产}$$

若单产优势指数>1时，表明云南省与某临近国相比，马铃薯生产具有单产效率优势；若比重<1，则不具有单产效率优势。

基于此方式，我们对云南省与临近国家老挝、缅甸、越南和泰国的马铃薯的单产效率进行了计算，结果如图16-15所示。

由图16-15可以看出，相对于越南和缅甸，云南的马铃薯单产有微弱的单产优势，而相对老挝和泰国，云南马铃薯生产处于明显的单产劣势，尤其是与老挝

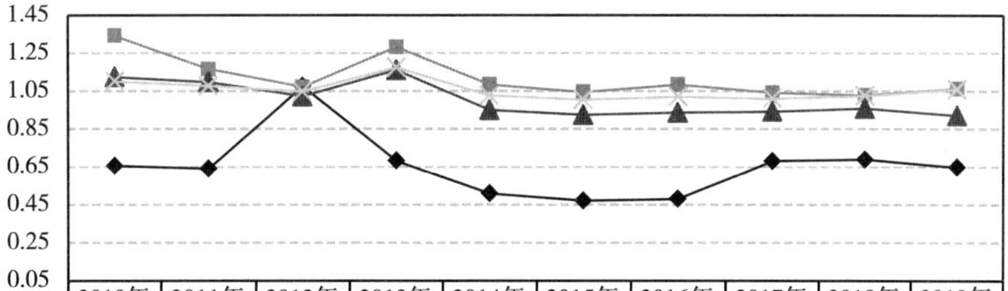

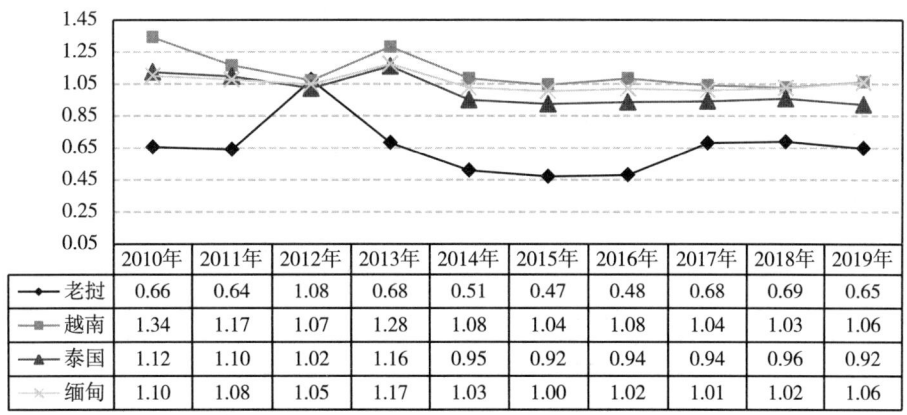

	2010年	2011年	2012年	2013年	2014年	2015年	2016年	2017年	2018年	2019年
老挝	0.66	0.64	1.08	0.68	0.51	0.47	0.48	0.68	0.69	0.65
越南	1.34	1.17	1.07	1.28	1.08	1.04	1.08	1.04	1.03	1.06
泰国	1.12	1.10	1.02	1.16	0.95	0.92	0.94	0.94	0.96	0.92
缅甸	1.10	1.08	1.05	1.17	1.03	1.00	1.02	1.01	1.02	1.06

图16－15　2010～2019年云南省相对周边国家马铃薯的单产优势指数

资料来源：根据联合国粮农组织FAO网站（邻国数据）和国家统计局网站（云南数据）相关数据计算。

的马铃薯单产差距较大。从发展趋势看，近年来云南省马铃薯生产的单产水平与老挝的差距趋于稳定，而与缅甸和越南马铃薯的单产优势有所减弱，与泰国的比较优势已经逐步丧失。

（二）规模比较优势分析

本部分引入规模优势指数，用于分析云南省马铃薯生产是否较周边临近国家拥有规模比较优势。其计算公式为云南省马铃薯的种植面积占临近某国马铃薯的总种植面积的比率：

$$规模优势指数=\frac{云南省马铃薯种植面积}{临近某国马铃薯种植面积}$$

若规模优势指数>1时，表明云南省与临近某国相比，马铃薯生产具有规模优势；若比重规模优势指数<1，则不具有规模优势。

基于此方式，我们对云南省与临近泰国、越南和缅甸等临国（由于老挝马铃薯种植面积多年仅在1000公顷左右，近年来更是跌到1000公顷以下，本书未纳入作分析比较）的马铃薯的种植规模占比进行了计算，结果如图16－16所示。可以看出，与泰国、越南和缅甸等国的马铃薯的种植规模相比，云南省马铃薯种植具有显著的规模优势。且从变化趋势来看，近年来云南省与临近国家马铃薯种植面积占比趋于稳定。

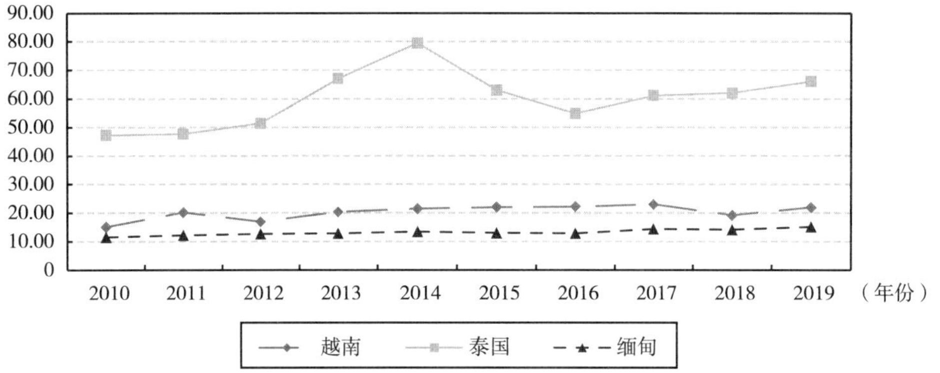

图 16－16 2010～2019 年云南省相对周边国家马铃薯的规模优势指数

资料来源：根据联合国粮农组织 FAO 网站（邻国数据）和国家统计局网站（云南数据）相关数据计算。

（三）小结

通过对云南省马铃薯产业的国内比较优势进行分析，我们发现，相对于全国平均水平而言，云南省马铃薯生产效率具有一定优势，但近年来这个优势减弱趋势明显；尤其是与国内主产省比较，过去的单产优势逐步丧失，与四川的差距则一直较大。云南省马铃薯生产已经在全国具有一定规模优势，但在全国 5 个主要马铃薯生产大省中仅处于第四的位置。然而，得益于云南独特的自然条件和区位优势，近年来错季马铃薯产业发展，使得云南省马铃薯生产在全国具有明显的效益优势，且与全国大多数马铃薯生产大省相比也具有效益优势。

通过与周边越南、泰国、缅甸和老挝四个临近国家相比，我们发现云南省马铃薯生产的竞争优势主要在规模方面，在单产上尤其与老挝相比云南省优势不明显。

综合来看，云南多样化的气候条件和资源禀赋适合马铃薯周年生产的优势突出，未来需要进一步调整产业结构，加大对科技投入，推进供给侧结构性改革，延长产业链条，提高马铃薯产业的效率和效益，打造云南特色马铃薯品牌。

一是做好云南马铃薯产业的顶层设计，优化产业区域布局和品种布局，加强秋冬马铃薯生产基地建设，尤其是扩大冬作马铃薯的种植规模，提高马铃薯错季生产能力和产业效益，建设马铃薯出口和外销基地。

二是加强新品种、新技术研发，建设完善云南马铃薯种薯繁育体系，打造立足云南、面向西南、辐射周边国家的优质脱毒种薯周年生产供应基地。

三是加强科技推广和机械化推广应用，完善多类型储藏设施，加强农田水利和病虫害防控，降低马铃薯生产成本，提高马铃薯生产效率，打造加工马铃薯原料基地。

四是支持各类主体研发、示范和推广适合加工和主食化的马铃薯专用品种，开发马铃薯精深加工产品，建设马铃薯加工和物流体系，形成马铃薯加工产业集群，打造马铃薯加工业基地。

五、云南马铃薯技术效率测算

（一）测算背景

马铃薯产业作为云南重要的高原特色农业产业，对云南省经济发展具有重要意义。要实现该产业的发展壮大，不但要向规模要收益，更要向技术和效率要利益。为此有必要对云南省马铃薯产业生产的技术效率进行精确测算，找出马铃薯产业发展的影响因素，同时确定云南是否在马铃薯生产上具有技术效率，进而更好地为产业发展提供参考。

本部分主要采用面板数据随机生产前沿模型进行测算，面板数据通常允许放松用于区分无效性和随机噪声所必需的若干强分布假设，也可以研究技术效率随时间变化的问题。目前，最流行的面板数据随机生产前沿模型是巴特斯和科埃利（Battese & Coelli，1992，1995）提出的两个模型，通常称为BC92模型和BC95模型，本章主要采用BC92模型。关于该模型的介绍详见第十四章第二节，此处不再赘述。

（二）数据来源

本章估计前沿生产函数的产品投入和产出数据来自国家发展和改革委员会价格司编写的《全国农产品成本收益资料汇编》（历年）以及云南省统计局的各市调查数据，本文用平衡面板数据方法估计。投入和产出选择了数据相对较为完整的马铃薯主产省份的资料。投入要素中，劳动投入是每亩用工量，单位是工日/亩；土地投入是每亩土地成本，包括流转地租金和自营地折租，单位是元/亩；种子投入是每亩种子金额，单位是元/亩；化肥投入是每亩化肥折纯用量，单位是公斤/亩；机械投入是每亩机械作业费，单位是元/亩。产出用单产度量，单位是千克/亩。

（三）马铃薯生产效率的省际分析

1. C－D 生产函数估计

表 16－13 是以马铃薯主产省数据为基础的全国马铃薯产业的 C－D 生产函数估计。表中极大似然检验值（LR）表明，本章采用的柯布道格拉斯生产函数能够很好地反映马铃薯生产的投入产出关系。其中，土地、劳动力、种子、化肥和机械五种投入要素中，只有化肥这一要素的系数较为显著，且产出弹性最大，这表明化肥对马铃薯产量较为重要，意味着化肥投入增长 1%，可促进马铃薯产量上升约 0.4415 个百分点。

表 16－13　　随机前沿生产函数模型估计结果

系数	估计值	标准误	t 值
beta 0	2.7403	0.3697	7.4131
beta 1	－0.0624	0.0989	－0.6313
beta 2	0.1547	0.1058	1.4617
beta 3	－0.0949	0.1243	－0.7636
beta 4	0.4415	0.0685	6.4444
beta 5	0.0563	0.0934	0.6028
sigma－squared	0.0057	0.0062	0.9295
gamma	0.7548	0.2792	2.7037
LR	20.4736		

2. 技术效率测算

表 16－14 为 2013～2017 年包括云南省在内的马铃薯主产省份的技术效率测算结果。从表中来看，技术效率最高的为内蒙古，最低的为四川省。云南省马铃薯技术效率较低，在 11 个主产省市中仅比四川、山西、贵州和重庆高。因此可以看出若单纯考虑生产技术效率，云南省在马铃薯的生产中并不具备优势。

表 16－14　　2013～2017 年马铃薯主产省技术效率

省份	2013 年	2014 年	2015 年	2016 年	2017 年	平均值
河北	0.9538	0.9518	0.9498	0.9477	0.9456	0.9497
山西	0.8821	0.8773	0.8724	0.8674	0.8621	0.8723
内蒙古	0.9842	0.9835	0.9828	0.9821	0.9813	0.9828
辽宁	0.9616	0.9600	0.9583	0.9566	0.9547	0.9582

续表

省份	2013 年	2014 年	2015 年	2016 年	2017 年	平均值
黑龙江	0.9334	0.9307	0.9278	0.9249	0.9218	0.9277
山东	0.9774	0.9764	0.9754	0.9744	0.9733	0.9754
湖北	0.9790	0.9781	0.9772	0.9762	0.9752	0.9771
重庆	0.9105	0.9069	0.9031	0.8992	0.8951	0.9030
四川	0.8710	0.8659	0.8606	0.8551	0.8494	0.8604
贵州	0.9027	0.8987	0.8946	0.8904	0.8860	0.8945
云南	0.9155	0.9120	0.9084	0.9047	0.9008	0.9083

（四）马铃薯生产效率的省内分析

1. C－D 生产函数估计

表 16－15 是以云南省各州（市）数据为基础的云南省马铃薯产业的 C－D 生产函数估计。表中极大似然检验值（LR）表明，本文采用的柯布道格拉斯生产函数能够很好地反映；马铃薯生产的投入产出关系。其中，土地、劳动力、种子、化肥和机械五种投入要素中，化肥和机械这两类要素的系数较为显著，且系数为正。这表明化肥和机械使用对马铃薯生产较为重要，意味着化肥投入增长 1%，可促进马铃薯产量上升约 0.771 个百分点；生产过程中机械使用增加 1%，可促进马铃薯产量上升约 0.770 个百分点。

表 16－15　　随机前沿生产函数模型估计结果

系数	估计值	标准误	t 值
beta 0	1.248	0.73	1.709
beta 1	－0.338	0.217	－1.561
beta 2	－0.044	0.259	－0.17
beta 3	0.084	0.188	0.444
beta 4	0.771	0.181	4.258
beta 5	0.77	0.304	2.529
sigma－squared	0.003	0.002	2.06
gamma	0.049	0.416	0.117
LR	0.262		

2. 技术效率测算

表 16－16 为 2016～2017 年包括云南省马铃薯主产区的技术效率测算结果。从

表中来看，技术效率最高的为昭通市，最低的为丽江市。从平均值来看，七个地区之间的技术效率差距不大，但也存在差异。可以看出，技术效率较低的地区这两年增长较快，这说明技术效率在逐渐发生改善。

表 16－16　　2016～2017 年云南省马铃薯主产市技术效率

州（市）	2016 年	2017 年	平均值
昭通	0.988	0.996	0.992
楚雄	0.987	0.996	0.992
曲靖	0.987	0.996	0.991
昆明	0.987	0.996	0.991
文山	0.985	0.995	0.990
保山	0.983	0.994	0.989
丽江	0.982	0.994	0.988

（五）小结

从马铃薯生产函数来看，化肥和机械这两个要素的产出弹性较高且较为显著，因此有必要增加化肥和机械的单位面积投入，这有助于提高马铃薯单位产量，能够显著提高生产效率。对于其他不显著的要素，有必要优化资源配置，从而减少不必要的要素投入，实现生产的节本增效。

从对全国马铃薯主产省的技术效率测算来看，云南省马铃薯生产的技术效率较低。从 2013～2017 年云南省技术效率的变化趋势来看，基本呈现逐步减少趋势。说明要进一步强化技术进步在云南省马铃薯生产中的作用，使用适合云南省的生产技术，实现技术进步驱动单产增长。从全国来看，云南省近五年来平均技术效率仅比四川、山西、贵州和重庆高，位于靠后的位置，因此有必要进一步利用先天的气候条件和资源禀赋优势，实现技术效率的进一步提高。

从对云南省各市的技术效率测算来看，昭通市作为云南省马铃薯主产区，在生产技术等方面具备较强的优势，因此有必要继续规范昭通马铃薯生产，延长产业链，提高产品附加值。对其他州（市），要促进最新技术的推广，提高生产效率。云南省由于其天然的立体气候条件优势，且储藏费用高，损耗少，有利于发展壮大马铃薯产业。因此，要进一步鼓励应用新品种，新机械，从而进一步提高技术效率、增强竞争力。

六、做强云南省马铃薯产业的政策建议

（一）推动马铃薯产业合理布局

长期以来，云南全省 129 个县（市）基本都有马铃薯种植，但并不是全省所有地区的马铃薯产业都能发展壮大，要做强全省马铃薯产业，应做好全省马铃薯优势产区规划和布局，及时淘汰非优势产区马铃薯产业，集中投入人力、物力和财力到优势产区。建议按照比基本农田标准更高的标准，划定马铃薯生产优势区和种薯生产保护区，强化优势区马铃薯商品薯生产的规模化、机械化、标准化以及商品化建设，重点抓好马铃薯种薯生产保护区的种薯质量控制、认证和市场准入工作，突出检疫监管，保证马铃薯健康种薯的安全生产。

（二）推动马铃薯主栽品种的更新换代

云南省大春马铃薯生产由于受晚疫病常发重发、品种抗性散失、气候干旱、雨水分布不均等条件影响，致使该区域马铃薯单产难以稳定且较低。云南省统计部门证实，云南省马铃薯种植品种以会－2、合作 88 和威芋 3 号为主，接近全省马铃薯种植面积的 55%，由于种植时间较长和病源菌生理小种的变化，导致马铃薯品种的晚疫病抗性减弱甚至散失，品种退化严重降低了马铃薯的品质和产量，马铃薯新品种的更新换代和脱毒种薯普及速度缓慢严重制约着云南省马铃薯产业的发展。因此，需要采取多种手段更新、推广适合当地种的马铃薯新品种，加快脱毒种薯的生产与供给。建议采取引进筛选与自主研发相结合的方式，积极培育适合云南生产环境的马铃薯新品种。同时，也应做大我省马铃薯脱毒种薯的生产规模，强化质量监管和市场准入，规范马铃薯脱毒种薯生产企业的生产经营活动，提高云南省马铃薯脱毒种薯的质量和普及率。

（三）加强马铃薯生产环节的服务

云南省马铃薯生产机械化程度低、灌溉条件薄弱、脱毒种薯普及率低和生产环节投入效率低等问题严重制约了云南省马铃薯的生产效益，影响到了全省马铃薯生产技术效率的提高。要提高全省马铃薯生产效率，云南省应加强全省马铃薯生产服务，为马铃薯生产提供土地服务，为全省马铃薯生产的规模化提供土地基

础。同时应通过新建服务公司、合作社等形式，为马铃薯生产提供农机、农资、农技、保险等方面的服务。

（四）加强云南马铃薯新品种新技术的科技推广应用

云南省科技推广主要是以政府为主导，围绕粮食作物生产和贫困山区扶贫生产的科技推广（水稻、玉米、马铃薯、小麦），此类模式的特点是推广面积所占比重大，主要由县级农技推广中心为主要实施主体，由财政投入专项经费，政府部门组织，自上而下推动，力度大，涉及面广，农户被动参与，带动作用较大。新品种使用方面的推广效果显著，但其他新技术推广效果不明显（杨琼芬等，2018）。

第二种方式是以企业为主导的围绕经济作物种植开展的科技推广（烟草、花卉、蔬菜、葡萄、草莓、茶叶），此模式所占面积比例低，但产值高，经济效益显著，点的带动作用明显。特点是企业是实施主体，由市场需求拉动和经济效益的驱动来推动科技推广，种植者参与积极性高，见效快。

第三种方式是以科研院所开展成果转化为目的科技推广，所占比重小。特点是由农业科技成果的研发者来做推广，其对科技成果的情况较为了解，但科研院所的体制阻碍着科技成果的推广步伐，效率低，见效慢（杨琼芬等，2018）。

影响马铃薯产业农户采用农业技术的因素有技术应用价值及适用性、市场对农业技术产品的需求、科技推广的方式和农户综合素质。存在的问题有管理体制不顺畅、服务水平深度不够不全面、人才结构不合理、推广机制不配套等。目前云南省马铃薯产业的科技推广仅停留在“提供品种、生产技术服务”的层面、应该向种植技术、市场信息、产业服务等方面延伸，建议从种植马铃薯全程各环节精准服务，提供优化调整产业结构智力，提供准确的农业市场信息，开展个性需求化特色农业服务，提供更多科技示范典型等方面改善（优化）云南省马铃薯产业科技推广应用（杨琼芬等，2018）。

综上所述，得益于多样化的资源条件，云南马铃薯具有周年生产与供应的特点，面向东南亚的种薯出口的优势。因此，未来一段时期内，云南省马铃薯产业的发展应着重以下四个方面：

一是依靠科技进步，稳定面积和提高单产，建设我国重要的马铃薯商品薯生产基地。重点是优化区域马铃薯生产布局，推广应用抗病新品种、抗旱和减施增效新技术，稳定提高马铃薯单产水平，降低劳动成本，提高经济效益，从而稳定云南省马铃薯的生产规模，提高马铃薯种薯和商品薯的产量和质量，为云南省马铃薯加工和外销出口等产业的快速发展奠定基础。

二是以薯片薯条为主，大力发展马铃薯加工业，建设我国重要的马铃薯加工业基地。重点是优化产业发展环境，加大招商引资力度，扶植发展马铃薯薯片加工业，优化马铃薯淀粉加工业，鼓励开发马铃薯薯条加工和鲜薯半成品加工及其他新兴主食化产品的开发，提高马铃薯加工增值率，努力做大马铃薯加工业。

三是集中全省之力，打造中国优质马铃薯种业基地。在滇东北和滇西北冷凉地区培育一批马铃薯种业龙头企业，采用“政府 + 企业 + 基地 + 大户 + 农户”等多种模式，统一规划和布局，以脱毒苗生产、原原种生产、原种生产和种薯质量控制为重点，强化政府对马铃薯种薯的质量认证和市场准入，集中打造云贵高原优质马铃薯种业基地，满足云南省和周边国家及省份对优质种薯的需求。

四是以冬早、秋作和夏播为重点，加大错季马铃薯生产，建设我国优质马铃薯外销和出口基地。充分发挥云南多样化气候生态区的优势和地处长江经济带，毗邻越南、老挝、缅甸等东南亚国家以及成都、重庆、贵阳、昆明四大都市的区位优势，依托良好的产业基础，培育种植大户、农场主等新型经营主体，发展适度规模经营，推进全程机械化和标准化，建设优质马铃薯外销出口商品薯种植基地；鼓励企业、合作社、大户等新型经营主体，围绕马铃薯大力发展生产性服务业、商贸物流业，培育电子商务等新产业和新业态，促进云南马铃薯的外销和出口。

第三节　云南马铃薯产业经济体系简况

一、生产组织形式

（一）基本情况

云南省大春马铃薯生产组织形式以农户自发生产为主，约占 80%；云南省冬马铃薯生产组织形式以农户自发生产和马铃薯协会（合作社）共存的模式存在，各占约 50%（杨琼芬等，2018）。云南省拥有一定规模的马铃薯脱毒种薯生产经营企业 12 家，合作社 41 家，协会 1 家，合作社和种薯生产企业分布在云南省马铃薯主产区，而加工企业则分布在昆明市、曲靖市和昭通市三大产区。“农户＋企业”模式运作的情况较少，少量存在种薯企业收购农户手上的商品薯和种薯进行销售经营；“农户＋合作社＋企业”模式运作的情况在云南省冬马铃薯区域普遍存在，多为农户组成合作社，合作社组织种薯调运和为加工企业收购商品薯原料；“农户＋协会”模式运作的情况在全省各季马铃薯生产区域极少存在，多为合作社组织农户生产马铃薯，统一收购销往外地。

农户是马铃薯种植最基础的生产者，他们的利益诉求是马铃薯种植的收益较低；合作社是农户与市场和企业之间的连接纽带，他们的利益诉求是通过一些信息沟通和组织手段赚取中间差价，利益的大小随着市场和企业的需求而变化（杨琼芬等，2018）。企业通过经营种薯或加工产品来获取最大化的利益，处于利益链条的最顶端，所以利益点较高。如云南马铃薯前期通过农户自行生产居多，交通落后和消息闭塞导致马铃薯外销困难，大多生产的马铃薯均是食用和饲用，马铃薯种植效益低下，产业链难以拉通，产业附加值难以提升。后期随着市场的需求，产业和基础设施的发展，云南马铃薯发展到一定阶段，其生产组织模式由散户向合作社或企业转变，使云南马铃薯生产由小个体模式向规模化、集约化转变。加工企业的起步和发展，带动了马铃薯产业的发展（杨琼芬等，2018）。

（二）案例分析

云南马铃薯不同生产组织形式（农户、协会、合作社和企业）的规模大小、抵御市场和病虫害的能力大小，成功的经验和失败的教训如表16－17所示。

表16－17　云南马铃薯不同生产组织形式比较

生产主体	规模大小	生产标准化程度	抵御市场风险的能力	抵御病害的能力	成功的经验、失败的教训
农户	20亩以下	低	弱	弱	云南马铃薯生产环境较差（气候条件、基础设施），单产和产值低，容易失败
合作社	500～1000亩	中	强	强	抱团规模化发展，生产标准化程度高，抵御市场和病害风险的能力稍强，失败的可能性小些
企业	1000～5000亩	高	较强	较强	企业一手牵着生产，一手牵着市场，雄厚的资金投入，能有效提高生产效率，提升马铃薯产品附加值

（三）存在的问题及建议

云南马铃薯生产组织形式存在的问题有脱毒种薯普及率低、生产规模小、机械化程度低、加工业对产业的带动能力弱。建议实施马铃薯脱毒种薯质量认证和市场准入，规范马铃薯脱毒种薯生产企业的生产经营活动，提高云南省马铃薯脱毒种薯的质量和普及率；加大对加工企业的扶持和引进，使加工业成为马铃薯产业的发展动力引擎，为全省马铃薯产业的发展注入新的动力。

二、生产基地建设

（一）基本情况

云南马铃薯产业生产基地建设以种薯繁育基地为主，近年全省建立了10余个马铃薯脱毒种薯生产基地，面积小的有几百亩，大的有几万亩，基地投资主体大多为政府项目资助，土地大多以长期租赁为主，少量面积小的基地土地进行了流转，流转成本和基地所处位置有关（杨琼芬等，2018；见表16－18）。

表16－18　云南省马铃薯种薯基地建设

基地名称	具体地址	规模（万亩）	年生产能力	土地是否流转	建设时间	主要研发方向
10万亩国家级马铃薯脱毒种薯标准化示范基地	会泽县火红、大桥、五星、驾车等乡镇	10	脱毒种薯25万吨	否	2004～2006年	脱毒种薯生产
丽江市脱毒种薯繁育基地	丽江市玉龙县太安乡	原种基地0.1万亩，一级种基地0.5万亩	马铃薯脱毒组培苗200万苗、原原种500万粒、原种1200吨、一级种7500吨	否	2009年	种薯工厂化扩繁，高效栽培技术
德宏州脱毒冬马铃薯良种繁育基地	德宏州农技推广中心、芒市风平镇平河村委会		原原种1000万粒、扩繁原种3000吨	否	2010年8月～2012年7月	原原种生产
德宏州脱毒冬马铃薯良种繁育基地	德宏州芒市风平镇平河村	0.2	3～5个新品种脱毒种苗20万～100万苗、脱毒原原种100万～500万粒	否	2010～2012年	脱毒种薯（苗）生产

续表

基地名称	具体地址	规模（万亩）	年生产能力	土地是否流转	建设时间	主要研发方向
宣威市现代农业种业园	宣威市板桥镇	0.03	马铃薯脱毒组培苗600万苗、原原种3000万粒	是	2011~2014年	脱毒种薯（苗）生产
丽江市脱毒种薯繁育基地	玉龙县太安乡	原种基地0.1亩，一级种生产基地0.5亩	脱毒组培苗200万苗、原原种500万粒、原种1200吨、一级种7500吨	否	2009年	种薯工厂化扩繁，高效栽培技术
云南省马铃薯原原种繁育中心	昆明市嵩明县	0.001	3~5个新品种核心种苗，生产150万株马铃薯脱毒苗和300万粒马铃薯原原种	是	2005~2007年	脱毒及种薯生产
迪庆高寒藏区优质马铃薯良种繁育基地	云南省香格里拉县小中甸镇	原原种鉴定圃30亩/原种繁育地100亩/一级种繁育400亩	原原种5万粒、原种150吨、一级种600吨	否	2012年1月~2012年12月	原原种生产
云南英茂集团有限公司基地	云南省昆明市小哨和大理	原原种生产基地100亩/原种生产基地4万亩	原原种1亿粒、原种8000吨	否	2013~2016年	原原种、原种生产

资料来源：国家马铃薯产业技术体系调研数据。

（二）案例分析

英茂花卉是英茂集团下属的全资子公司，是云南省专业的花卉生产企业，拥有现代化的种苗工厂、切花生产基地、盆花专业化生产基地和配套的组培室、冷库、包装与采后处理设施，现代化温室面积约80万平方米，公司经过近20年的发展，已建立起一套行之有效的现代农业规模化、标准化、设施化、专业化的生产管理体系以及配套的产业工人培训体系，在此基础上以前期在花卉种苗的组培克隆过程中积累的组培生产管理经验，用于马铃薯脱毒苗及原原种的设施化、规模化生产，目前公司生产的原原种已销往北方市场，年生产1000万粒马铃薯原原种；大理英茂种业有限责任公司是英茂集团下属的控股子公司，是英茂马铃薯种薯项目在大理地区的具体运营企业，公司成立于2012年，与大理农科部门建立了深层合作关系，并通过企业化的运作方式，做强做大大理马铃薯种业。英茂集团涉足云南省马铃薯产业，抓住了云南省大力发展马铃薯产业的战略机遇，利用公司已经建立的现代农业生产管理模式，针对云南马铃薯种业发展存在的问题，狠抓质量、开拓市场，短短几年时间，公司从刚刚涉足马铃薯产业的稚嫩，发展成云南省马铃薯的带头企业，公司也从中盈利并得到发展。马铃薯脱毒种薯生产基地建设也有少数公司经历了失败的过程，主要原因是不懂科技，盲目跟进和扩张，基地缺乏科学的生产技术和严格的管理体系支撑，导致生产出的种薯质量不合格而影响销售，基地病害发生和混杂严重而无法运转。

（三）基地运转情况及建议

地方政府号召建立的马铃薯生产基地存在前期建设资金为政府投入，后期基地运转多为事业单位负责，缺乏市场竞争意识和生产效率低下等问题，最终都变成政府的包袱和负担；企业组织和农户自主建设的马铃薯生产基地前期建设资金投入以企业自主投入为主，后期基地运转多为企业负责，这类基地的生产模式为企业管理，生产效率高，产品的市场结合度高，管理者的市场竞争和质量控制意识较强，最终能变成自主盈亏的生产基地。

建议云南省马铃薯生产基地建设应以政府布局引导，企业为建设和管理主体，产品以市场需求为导向，这样才能优化改善我省的马铃薯产业生产基地（杨琼芬等，2018）。

三、加工管理方式

如表 16－19 所示，云南省马铃薯企业薯片加工企业 3 家，淀粉加工企业 2 家，云南省马铃薯产业加工方式分为初加工和深精加工两个方面。初加工产品以农户自制薯片，数量不多，以农户自家食用和少量销售为主，加工成本为 13 元/千克干片（不算劳务）。也有企业进行工厂化生产马铃薯干片，生产规模为年实际生产马铃薯干片 150 吨，加工成本 80 元/千克干片；深加工产品以薯片和淀粉为主，生产模式以企业为主，薯片生产规模是年实际生产马铃薯薯片 8 万吨，加工成本 90 元/千克薯片；淀粉生产规模是年实际生产马铃薯淀粉 55 吨左右，生产成本 5000 元/吨淀粉，云南省政府对加工企业的扶持力度均不是很大，企业普遍存在优质加工原料缺乏，无法保证生产线开工率 100%，大多企业的开工率只能达到 30% 左右，无形中增加了企业运转的成本负担。建议云南省政府加大建设布局马铃薯加工原料基地的建设，优化改善加工企业的经营生产环境，促进马铃薯加工业的健康发展（杨琼芬等，2018）。

表 16－19　　云南省马铃薯加工企业生产情况

企业名称	企业性质	产品名称	设备来源	生产能力（吨/年）	开工天数（天）	开工率（%）	鲜薯收购量（吨）	鲜薯收购价（元/吨）	加工成本
云南云淀淀粉有限公司	独资/私营	淀粉	国产	30000	120	30	200000	900	5000 元/吨淀粉
宣威天使食品有限责任公司	独资/国营	薯片	国产	1000	264	30	6000	1500	90 元/千克薯片
宣威市爱心相伴食品公司	私营	薯片	进口	10000	220	30	15000	1700	90 元/千克薯片
云南理世实业（集团）有限责任公司	有限公司	噜咪啦薯片	进口	6900	275	75	23000	1900	90 元/千克薯片
昭通市昭阳区红土地淀粉加工厂	私营	马铃薯淀粉	国产	5000	120	25	21000	1000	5000 元/吨淀粉
昆明子弟食品有限公司	私营	薯片	进口	51000	340	100	204000	1900	90 元/千克薯片
		膨化薯片	进口	少量	30				100 元/千克薯片
		薯条							90 元/千克薯条
云南大甸食品有限公司	合资	淀粉	国产	5000	100	40	16000	0.7	5000 元/吨淀粉
曲靖市沾益区裕丰农业发展有限公司	合资	干片	国产	2000	1000	50	1000	1000	80 元/千克干片

资料来源：国家马铃薯产业技术体系调研数据。

四、市场营销

云南省马铃薯产业品牌有子弟牌土豆片、天使牌土豆片、噜咪啦薯片和爱心相伴薯片等，目前市场营销情况良好，主要销售模式为超市、批发市场为主，也有一些品牌进行线上销售；马铃薯批发市场分布在昆明市和宣威市，如昆明市茨坝洋芋批发市场、昆明市呈贡洋芋批发市场、昆明市红桥果蔬批发市场、宣威市文东马铃薯批发配送中心；马铃薯零售市场分布在全省农贸市场、各大超市（如沃尔玛、家乐福等）和小型生鲜超市；马铃薯线上销售比例占比较少，云南天府马铃薯交易中心，2017年3月成立，线上销售模式刚刚起步。农超对接运作的经营模式比例约占1%。云南省马铃薯营销品牌的创建刚刚起步，存在营销模式落后，营销品牌需要培育等问题，建议举政府、企业之力，全面打造云南省马铃薯营销网络，实施“品牌引领”战略，提升核心竞争力，培育云南省自己的马铃薯品牌（杨琼芬等，2018）。

五、投（融）资

云南马铃薯不存在农业众筹的融资形式，产业上市企业也没有。2017年，云南农垦集团投资公司在昭通成立云南农垦昭通农特产品电子商务有限公司，负责云南天府马铃薯交易中心的线下业务，但公司刚刚准备注册成立，所以无成功经验与失败教训分享。云南马铃薯的投（融）资存在起步晚的问题，但它将是未来发展趋势，建议发展“政府+公司”的融资模式，共同为改善优化云南省马铃薯产业的投资环境做出贡献（杨琼芬等，2018）。

六、风险控制

马铃薯产业风险的控制主要有自然风险和市场风险，云南省马铃薯产业面临的自然风险有干旱、病虫害、涝害和冻害等，近五年自然风险带来的损失高达50%，但却缺乏农业政策性保险，因此造成的损失也就落到农户和企业身上；云南省马铃薯产业面临市场风险主要指价格波动对马铃薯产业的影响（杨琼芬等，2018）。云南马铃薯价格显现出强烈的波动态势，波动幅度较大，月度价格存在明显的周期性，每年6~7月的马铃薯价格呈下降趋势，每年11月至翌年4月马铃薯月度价格整体呈现上升趋势，近5年马铃薯价格虽然不断波动，但是总体价格显上升趋势（刘洋等，2011）。云南马铃薯价格受季节因素、气候因素、市场因素的影响较大，云南省没有建立政府价格基金，面对价格波动政府采取的措施会显得苍白无力，而价格下降容易引发“薯贱伤农”、薯农小户怯场大户退场和“土豆种植热”降温等不良现象。建议云南成立马铃薯价格基金，或者推行马铃薯农业保险，为提高农户和企业抵御马铃薯产业风险的能力（杨琼芬等，2018）。

七、融合发展

云南马铃薯融合发展主要以产业外的融合为主，丽江市太安乡的马铃薯花旅游节，扩大了丽江马铃薯的对外宣传影响力，也带动了丽江地方旅游业的发展。云南马铃薯的融合发展还处于初级阶段，建议云南马铃薯主产区的各级政府，加大马铃薯产业与旅游业、餐饮业等第三产业的融合。争取通过组织召开中国马铃薯大会、地方马铃薯文化节、云南省马铃薯推介会等活动，全方位打造云南马铃薯文化，凸显云南马铃薯特色、彰显云南马铃薯品牌和优化产业群，推进云南马铃薯产业进行多产业融合发展（杨琼芬等，2018）。

八、科技推广与应用

20 世纪 90 年代中期，随着云南省马铃薯产业的发展对新品种的需求增加，马铃薯育种进入省级科技计划，经过二十年的积累，云南省马铃薯育种进入盛产期，云南省农业科学院经济作物研究所、云南农业大学、云南师范大学、昭通市农业科学院、昆明市农业科学院、丽江市农业研究所、宣威市农业技术推广中心、曲靖市农业科学院和会泽县农业技术推广中心等单位均在开展马铃薯育种方面的研究工作，育出云薯、滇薯、丽薯、宣薯、昆薯等系列的马铃薯新品种，截至 2016 年，全省选育各种类型的马铃薯新品种共计 80 个。其中，彩色马铃薯新品种“紫云 1 号”、薯片加工专用型马铃薯新品种“云薯 301”、鲜食型马铃薯新品种“丽薯 6 号”、淀粉加工专用型马铃薯新品种“云薯 201”获云南省科技进步奖和发明奖，云薯 505、云薯 304、云薯 108、丽薯 6 号、宣薯 2 号等马铃薯新品种在生产上得到推广应用（杨琼芬，2019）。经过全省马铃薯科技工作者的长期努力，建立了云南省马铃薯核心种苗库并服务产业，逐步解决了云南省马铃薯脱毒核心种苗供应渠道混乱，质量参差不齐的问题，从源头控制种苗质量，提高了云南省马铃薯脱毒种薯的合格率，研究成果获云南省十大科技进展；研发的冬季马铃薯优质高效技术体系构建及应用荣获 2019 年云南省科技进步特等奖，“丽薯 6 号”品种选育及配套技术研究与应用和云贵高原马铃薯抗旱丰产栽培技术也获云南省科技进步三等奖，这些研发技术和科技成果均属于国内、国际领先水平。

尤其是云南省农业科学院在长期研究推广马铃薯脱毒种薯生产技术的基础上，

2000 年开始介入马铃薯常规育种工作，逐步建立了马铃薯育种体系，联合省内外农业科研部门建立了西南地区马铃薯育种网络和多年多点的育种评价试验点，开展马铃薯育种的协作攻关，育种研究进展明显加快，育出的云薯系列品种支撑着我省马铃薯产业的多样化、可持续发展。在马铃薯栽培技术领域，云南农业科学院经济作物研究所联合福建农林大学揭示了马铃薯品种多样性种植能减轻晚疫病危害，减少马铃薯致病疫霉的进化，延长品种抗病性，稳定产量的机理，这些协同效应从自然科学基础的角度为实现马铃薯产业的可持续绿色发展提供了可能。该研究结果于 2019 年 1 月以“Enhanced agricultural sustainability through within - species diversification”为题发表在国际杂志 *Nature* 子刊 *Nature Sustainability* 上，引起了同行的关注。本章结果阐述了寄主多样性对致病疫霉群体遗传结构、病原菌进化的影响，证明了马铃薯种内多样性的增加对晚疫病具有良好的防控效果，明确了寄主抗性多样性对马铃薯晚疫病的发生发展以及病害流行和病原演化的作用，为作物病害生态防控策略的制定提供了依据（Yang et al.，2019）。云南省农业科学院建成农业部国家马铃薯改良中心云南分中心、农业部云贵高原马铃薯与油菜科学观测实验站、云南省马铃薯工程技术研究中心和昆明市遗传育种实验室等多个国家和省级研发平台，同时建有“中国—白俄罗斯马铃薯研究联合试验站”和“优质加工专用型马铃薯新品种示范推广引智基地”等国际合作研发平台，也是云南省马铃薯育种及种薯产业技术研究创新团队，多年承担以马铃薯为主的新品种选育、种质资源创新、脱毒种薯生产、丰产栽培、病虫害防治和马铃薯新品种示范推广等国家和省级重大科研项目，开展以马铃薯为主的新品种选育、种质资源创新、脱毒种薯生产、丰产栽培、病虫害防治和马铃薯新品种示范推广等多领域研发工作，面向中国南方地区和东南亚国家，围绕云南省马铃薯产业发展需求，坚持科技链支撑产业链的初衷，为云南省马铃薯加工、种业、出口和冬季鲜薯外销四大优势方向的持续发展保驾护航，促进云南省马铃薯产业健康快速地发展。

云南师范大学马铃薯科学研究院和中国农业科学院农业基因组研究所的研究团队成功获得了自交亲和、稳定遗传的二倍体马铃薯新材料，可进一步用于二倍体马铃薯自交系、突变体库、重组自交系、近等基因系和渐渗系等的创制，为二倍体马铃薯杂交育种体系建立、杂种优势分子基础研究及其开发应用等奠定了关键的物质基础，开辟了二倍体马铃薯育种新的大道，研究成果发表于国际顶级植物期刊 *Nature Plants*，该研究成果属于国际领先水平。

（执笔：杨琼芬、包丽仙、姚春光、陈良正、马婧怡；审定：隋启君）

第十七章

云南麦类产业经济问题研究

第一节　云南麦类产业发展概况

一、中国及云南麦类产业发展情况

（一）中国及云南小麦产业发展情况

小麦是三大谷物之一，几乎全作食用，是人类所需蛋白质、热量、矿质营养等的主要来源之一。小麦耐储藏性好，储藏4～5年基本不影响品质，因此小麦是各国战略储备粮的主要粮食品种。不同于其他禾谷类、豆类、薯类制粉，小麦粉含独特的面筋，能单独或作为配粉加工出成百上千种食品，因此小麦是食品加工业的主要原料。根据联合国粮农组织（FAO）的统计数据，20世纪60年代以来，世界小麦年种植面积一直稳定在22万公顷上下，分布于75个国家和地区，是全球种植面积最大、分布最广的农作物，近5年的年均产量略超7.5亿吨，2017年最高接近7.73亿吨、2018年最低7.33亿吨。世界小麦的贸易量于1981年突破1亿吨，此后维持在每年1.1亿～1.4亿吨，占世界谷物贸易总量的45%～50%。根据联合国粮农组织（FAO）的统计数据，2010年以来，中国、印度、俄罗斯、美国、法国、加拿大、巴基斯坦、乌克兰、澳大利亚、德国和土耳其等国家是世界小麦的主产国。近几年来，上述11个小麦主产国的种植面积在世界小麦面积中的比重基本稳定，而总产量和产值均呈逐年上升趋势。俄罗斯、美国、澳大利亚、哈萨克斯坦和加拿大是世界小麦主要出口国，占世界小麦出口总量的80%以上。

小麦是我国第三大粮食作物，我国也是全球第一大小麦生产国。2010年以来，中国的小麦年种植面积占世界的11%左右，总产占世界的17%以上接近18%，面积和总产在全世界的比重基本稳定。近年来，我国小麦播种面积常年在2400万公顷（仅指不含港澳台的大陆地区，下同）左右，总产量1.3亿吨以上，占全国粮食播种面积和总产量的比重均为20%左右，是我国主要的粮食作物和重要的商品粮，战略储备粮品种，在粮食生产、流通和消费中具有重要地位（杨虹，2011）。《中共中央关于制定国民经济和社会发展第十三个五年规划的建议》要求“确保谷物基本自给、口粮绝对安全”；此后农业部发布的《全国种植业结构调整规划（2016—2020年）》提出“保口粮、保谷物”，不能因调整结构影响谷物特别是口粮安全，到2020年，稻谷、小麦口粮品种面积稳定在8亿亩①。因此，我国小麦的生产、流通、储存、加工、销售、进出口等并非完全按通常的市场供需确定，必须服从保障国家粮食安全的大局。自2004年起国家一直对主产区小麦进行托市收储，以保护农民的种粮积极性，保障粮食生产和市场供给的稳定性。

小麦是云南的重要粮食作物之一，20世纪60年代以来，为解决云南省人民的温饱问题、维护边疆民族地区的稳定做出了重要贡献；至今仍是云南山区、半山区小春不可替代的粮饲兼用作物。21世纪以来，云南小麦的年种植面积明显下降，2010年不足42万公顷，比2000年减少了36.7%，2010年以后，云南的种植面积进一步下降到近几年的34万公顷左右，2019年不足33万公顷。同期中国的小麦面积从2000年的2665万公顷逐步减少到2019年的2400万公顷。相应的，2000～2019年，云南的小麦种植面积占全国的比重也由2.4%以上下降到不足1.4%。

（二）中国及云南大麦产业发展情况

大麦的种植范围遍布世界各地，除南极洲外，其余五大洲均有分布。其面积仅次于小麦、玉米和水稻三大主要粮食作物，为世界第四大谷物。从世界范围来看，近5年，全球年均大麦种植面积略超4900万公顷，2017年最低不足4800万公顷、2019年最高超过5100万公顷，全球大麦年产量略超1.48亿吨，2018年最低不足1.4亿吨、2019年最高接近1.59亿吨。各大洲的分布面积中，欧洲占64%，亚洲占15%～20%，美洲占10%～15%，其他地区占6%～10%。中国的大麦产量约占世界总产量的2%左右，居于俄罗斯、加拿大、欧盟、澳大利亚、美国、乌克兰之后。

大麦在我国是仅次于水稻、小麦和玉米的谷物类粮食作物，也是我国主要种

① 农业部：不能因调整结构影响谷物特别是口粮安全［EB/OL］. 中国网，2016-05-05.

植物之一。大麦与小麦的营养成分近似，但纤维素含量略高，因为大麦含谷蛋白量少，所以不能做多孔面包，可做不发酵食物，在北非及亚洲部分地区尤喜用大麦粉做麦片粥。另外大麦和小麦相比，其自然属性与小麦相似，两者均抗旱、抗寒、耐贫瘠。与玉米相比，大麦的总能量虽较低，其蛋白质、氨基酸、粗纤维、微量元素和维生素含量均高于玉米，因此常被用作优质饲料的配料（张敏等，2016）。

中国的大麦多产于淮河流域及其以北地区，具有悠久的种植历史。大麦在中国的种植分布具有地域广、跨度大的特点，但主要产区相对集中，目前中国主要有苏北、东北、西北三个主要的生产区域，西南部分省区亦有种植。包括的省份有：江苏、西藏、甘肃、黑龙江、云南、四川、湖北、新疆、浙江、内蒙古（贾小玲等，2017）。根据不同区域的栽培耕作制度特点和生态条件，可以划分为四个栽培区，春播裸大麦区、春播大麦区、春冬大麦混合区、冬播大麦区；甘肃—景泰和河西走廊地区，属一年一熟春大麦区（贾小玲等，2017）。1997～2000年中国大麦生产基本是南北各占半壁江山的局面，长江中下游地区和华北地区是南北两大大麦产区，其中，江苏的产量约占全国总量的1/3，其次为浙江、四川、湖北、安徽、黑龙江等地，这些省市的产量约占全国总产量的70%左右。2010年以来，新疆、甘肃、内蒙古、云南等省（自治区）的大麦产量比重逐渐上升，大麦产区逐渐由北方向西北和西南地区转移。但目前我国的大麦饲料仍主要停留在农户直接喂饲畜禽的阶段，很少开发出适合畜牧业需要的大麦配合饲料（陈明贤等，2010）。中国生产大麦的地区多数可以种植小麦，小麦有粮食最低收购价、粮食直补和良种补贴等农业支持政策，造成了中国大麦播种面积和产量下滑，生产规模波动。伴随着啤酒行业和畜牧业的快速发展，中国大麦需求总量快速增长，但是国内大麦的产量及质量还不能完全满足不断增长的需求，严重依赖进口，非常不利于啤酒工业和大麦饲料加工的长期发展（贾小玲等，2017）。因此，大力发展国内大麦产业，对于稳定并提高国内大麦总产量和降低中国对大麦进口的过高依赖程度具有重要现实意义。

二、中国及云南麦类生产分析

（一）中国及云南小麦生产分析

1. 中国小麦生产及在全球的地位

从2014～2019年5年的数据看，小麦收获面积排名稳居全球前4位的分别为印度（3000万公顷/年）、俄罗斯、中国（2000万公顷/年以上）和美国（1500万公顷/年），4国合计占全球总面积的比重多年保持在45%左右；紧随其后年收获面积超千万公顷的国家是澳大利亚和哈萨克斯坦，然后是加拿大、巴基斯坦、土耳其、伊朗和乌克兰，年收获面积均在500万公顷以上，排名年度间有变化（见图17-1）。

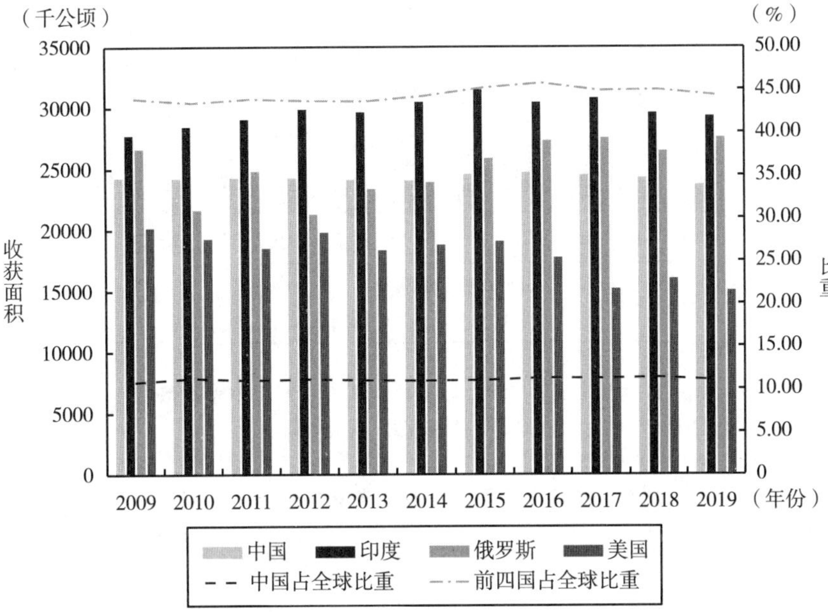

图17-1 2009~2019年世界前4位主产国小麦收获面积

资料来源：联合国粮农组织网站数据库2020年12月数据。

小麦产量排名稳居全球前4位的分别为中国（唯一超亿吨/年）、印度（接近亿吨/年）、俄罗斯和美国（超5000万吨/年），4国合计占全球总产量的比重在45%以上，近年逐步接近50%；紧随其后年产量超过3000万吨的国家是法国（面积排名第12、第13位左右）和加拿大，然后是巴基斯坦、乌克兰、澳大利亚、德国和土耳其，年产量均在2000万吨以上，排名年度间有变化。小麦收获面积排名第5、第6位的哈萨克斯坦小麦年产量基本稳定在第12位。其中俄罗斯、美国、澳大利亚、哈萨克斯坦和加拿大是世界小麦主要出口国，占世界小麦出口总量的80%以上。

2010年以来，中国的小麦年种植面积占世界的11%左右（见图17-1），排名全球第2位或第3位，总产占世界的17%以上接近18%（见图17-2），排名第1位。由于2013年以后，国家大幅提高了小麦收购价格，因此中国小麦的产值在世界小麦的比重由此前的16%~20%提高到25%~30%(见表17-1)。

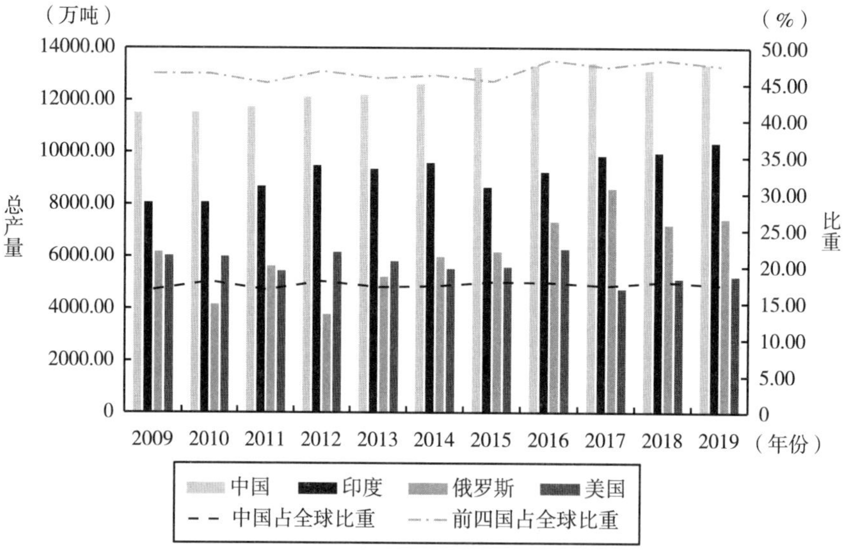

图17-2　2009~2019年世界前4位主产国小麦产量

资料来源：联合国粮农组织数据库2020年12月数据。

表17-1　2009~2017年中国小麦农业产值及占全球比重

指标	2009年	2010年	2011年	2012年	2013年	2014年	2015年	2016年	2017年
全球产值(亿美元)	1448.48	1529.79	1941.74	1906.96	1981.12	1929.23	1786.04	1695.87	1752.63
中国产值(亿美元)	311.74	321.88	377.41	391.12	432.94	475.79	519.16	513.27	494.81
占全球比重(%)	21.52	21.04	19.44	20.51	21.85	24.66	29.07	30.27	28.23

资料来源：根据联合国粮农组织数据库2020年12月数据整理。

受比较效益的影响，2000年以来，我国小麦种植面积呈下降趋势，2009年至今基本稳定在2400万公顷（3.6亿亩）左右，与最高的1991年相比减少了600万公顷，2019年，全国小麦播种面积2373万公顷①。与此同时，由于单产逐年提高，实现了2003~2019年总产的持续增长，2006年起总产突破1亿吨，2015年突破1.3亿吨以后保持至今，产需基本平衡，库存约为7000万吨；目前，我国小麦的年总产量、年消费量均位居世界第一，平均单产在世界小麦主产国和一年两熟制

① 国家粮油信息中心.2019/2020年度国内小麦市场供需形势预测［EB/OL］. 中国饲料行业信息网，2019-09-16.

地区均排名第一。2019 年，全国小麦总产量 13359 万吨，预计未来一段时期，我国的小麦总产将稳定在 1.3 亿吨上下。

由于我国传统主食面制品以面条、馒头、包子、饺子等为主，随着经济社会的快速发展，对面包、饼干、糕点类食品的需求快速增加，优质专用品种、技术研发和专业化生产短期内跟不上，供给与需求脱节的问题日益显现，形成所谓的“高产量、高库存、高价格、高进口”的异象。

2. 云南小麦生产及在全国的地位

据国家统计局统计数据，近年来，中国大陆地区除海南省外，其余 30 个省份都有小麦种植，但是集中度很高，河南、山东、安徽、河北、江苏五省小麦种植面积占全国的 70% 以上且逐年升高，总产占全国的 3/4 以上并逐步接近 80%。其中，河南省多年来一直是我国小麦第一生产大省，全省小麦播种面积和小麦总产占全国总面积和总产量的比重逐年稳步攀升，分别从 2000 年的不足 14.5% 和不足 22.5% 上升到 2019 年的超过 24% 和超过 28%，面积接近全国的 1/4，产量更是接近 30%，是前所未有的历史最高占比。

多年来，云南小麦的年种植面积、总产量和总产值均居全国第 13 位，在南方麦区排在第 4 位，在西南麦区次于四川排在第 2 位。20 世纪 70 年代和 90 年代是云南小麦种植面积最大的两个时期，年种植约 56 万 ~ 70 万公顷，遍及全省 124 个县，面积最大的 1999 年曾达到 72.5 万公顷。此后，随着种植业结构调整，种植面积逐年下降，2006 年低于 50 万公顷、2013 年低于 40 万公顷，到 2019 年不足 33 万公顷，占全国的比重仅为 1.4%（见表 17－2）。

表 17－2　2009 ~ 2019 年中国小麦播种面积前 10 省份及云南小麦播种面积及全国占比

单位：万公顷

地区	2009 年	2010 年	2011 年	2012 年	2013 年	2014 年	2015 年	2016 年	2017 年	2018 年	2019 年
全国	2444.24	2445.87	2452.35	2457.56	2447.01	2447.23	2459.65	2469.40	2450.80	2426.62	2372.77
河南	532.64	536.46	543.01	546.88	551.80	558.12	562.31	570.49	571.46	573.99	570.67
山东	360.98	364.87	370.34	375.93	383.14	392.48	403.48	406.80	408.39	405.86	400.17
安徽	260.58	261.92	268.11	273.39	280.12	280.25	285.80	288.76	282.28	287.59	283.56
江苏	214.52	220.02	224.58	230.44	234.43	237.41	241.07	243.68	241.28	240.40	234.69
河北	239.78	245.14	243.50	245.71	243.20	240.40	239.42	238.98	237.34	235.72	232.25
湖北	100.20	101.17	102.83	108.41	111.71	109.94	112.22	114.07	115.32	110.50	101.77
新疆	111.53	109.07	105.29	104.39	107.51	111.08	115.81	121.59	112.68	103.15	106.16
陕西	111.92	111.97	108.92	107.87	102.17	100.06	100.26	98.08	96.32	96.73	96.59

续表

地区	2009年	2010年	2011年	2012年	2013年	2014年	2015年	2016年	2017年	2018年	2019年
甘肃	96.85	88.53	86.86	84.20	82.09	80.28	80.64	77.47	76.65	77.56	74.00
四川	111.15	105.12	99.85	93.41	87.87	81.43	74.69	68.40	65.27	63.50	61.11
10省合计	2140.13	2144.28	2153.28	2170.63	2184.04	2191.45	2215.68	2228.31	2206.98	2194.98	2160.97
10省占比（%）	87.56	87.67	87.80	88.32	89.25	89.55	90.08	90.24	90.05	90.45	91.07
云南	42.36	41.68	41.73	40.32	39.17	36.94	35.66	34.42	34.37	33.92	32.89
云南占比（%）	1.73	1.70	1.70	1.64	1.60	1.51	1.45	1.39	1.40	1.40	1.39

资料来源：国家统计局网站2020年12月数据。

由于2000年以来，云南小麦的单产总体上呈下降趋势，导致小麦的单位面积产值、总产量和总产值占全国的百分比均显著下降，其中2010年因云南冬春大旱，产量和产值下降尤甚。2000年云南小麦的单位面积产量和产值仅为全国平均水平的60%，到2015年以后进一步下降到40%（见表17－3和表17－4）。

表17－3　2009～2019年中国小麦产量前10省份及云南小麦产量及全国占比

单位：万吨

地区	2009年	2010年	2011年	2012年	2013年	2014年	2015年	2016年	2017年	2018年	2019年
全国	11583.39	11614.08	11862.53	12253.98	12371.03	12832.09	13263.93	13327.05	13433.39	13144.05	13359.63
河南	3092.2	3121.00	3144.90	3223.07	3266.33	3385.20	3526.90	3618.62	3705.21	3602.85	3741.77
山东	2084.62	2108.79	2148.23	2219.68	2264.32	2325.57	2391.69	2490.11	2495.11	2471.68	2552.92
安徽	1187.75	1242.37	1294.5	1423.28	1460.59	1581.11	1661.05	1635.50	1644.47	1607.45	1656.89
河北	1241.80	1246.6	1296.86	1363.88	1418.77	1444.28	1482.79	1480.23	1504.12	1450.73	1462.57
江苏	1037.07	1059.7	1087.77	1133.25	1162.56	1225.47	1248.96	1245.81	1295.47	1289.12	1317.51
新疆	610.86	596.11	596.32	568.31	630.94	630.95	691.52	681.84	612.58	571.89	576.03
湖北	334.55	347.05	349.78	377.25	425.29	431.43	431.99	440.74	426.90	410.37	390.68
陕西	374.14	393.55	393.75	416.62	363.76	385.54	423.07	403.18	406.41	401.34	382.04
甘肃	262.36	253.52	251.5	270.2	239.57	278.12	285.1	272.11	269.72	280.51	281.10
四川	366.16	355.91	346.4	331.45	311.02	298.01	284.55	259.58	251.60	247.30	246.18
10省合计	10591.51	10724.60	10910.01	11326.99	11543.15	11985.68	12427.62	12527.72	12611.59	12333.24	12607.69
10省占比（%）	91.44	92.34	91.97	92.44	93.31	93.40	93.69	94.00	93.88	93.83	94.37
云南	90.42	44.69	94.22	80.51	72.13	71.08	74.67	71.52	73.68	74.28	71.90
云南占比（%）	0.78	0.38	0.79	0.66	0.58	0.55	0.56	0.54	0.55	0.57	0.54

资料来源：国家统计局网站2020年12月数据。

表 17 - 4　　2010 ~ 2019 年中国小麦产值前 10 省份及云南小麦产值　　单位：亿元

地区	2010 年	2011 年	2012 年	2013 年	2014 年	2015 年	2016 年	2017 年	2018 年	2019 年
河南	585.6	609.0	645.0	716.3	785.6	801.7	753.2	838.3	789.0	846.60
山东	415.8	446.5	473.2	533.3	555.1	576.2	525.0	564.2	557.6	574.00
河北	259.7	267.1	284.9	338.5	347.5	345.8	329.0	350.5	340.9	339.30
安徽	262.9	280.0	304.0	338.5	371.7	355.7	349.3	457.1	420.2	433.20
江苏	199.6	206.7	229.2	253.3	276.3	286.7	225.6	315.1	297.8	305.20
新疆	116.0	119.4	117.9	136.9	141.3	171.8	183.7	159.5	133.7	141.10
四川	87.5	96.0	102.2	103.5	106.6	111.9	96.4	59.6	62.9	58.60
陕西	111.9	92.7	99.3	92.4	100.6	102.6	99.7	93.1	92.8	91.40
湖北	84.8	97.9	105.0	119.0	125.3	101.7	115.9	100.7	94.5	93.80
甘肃	50.2	52.0	61.3	48.4	54.6	57.6	52.8	55.3	57.0	56.80
云南	8.7	16.8	18.9	18.5	16.5	15.8	16.5	13.7	19.3	19.40

资料来源：2011 ~ 2020 年《中国农村统计年鉴》。

云南小麦的总产量与单产呈极显著的正相关（$r = 0.8334^{**}$，见图 17 - 3）。1990 ~ 2005 年，云南小麦总产量曾连续 16 年超过 100 万吨，同期单产水平一直稳定在 1965 ~ 2370 千克/公顷，其中以 1997 年的单产和总产最高，分别达到 2370 千克/公顷和 166 万吨。近年来，云南省小麦年产量基本稳定在 72 万 ~ 75 万吨，占

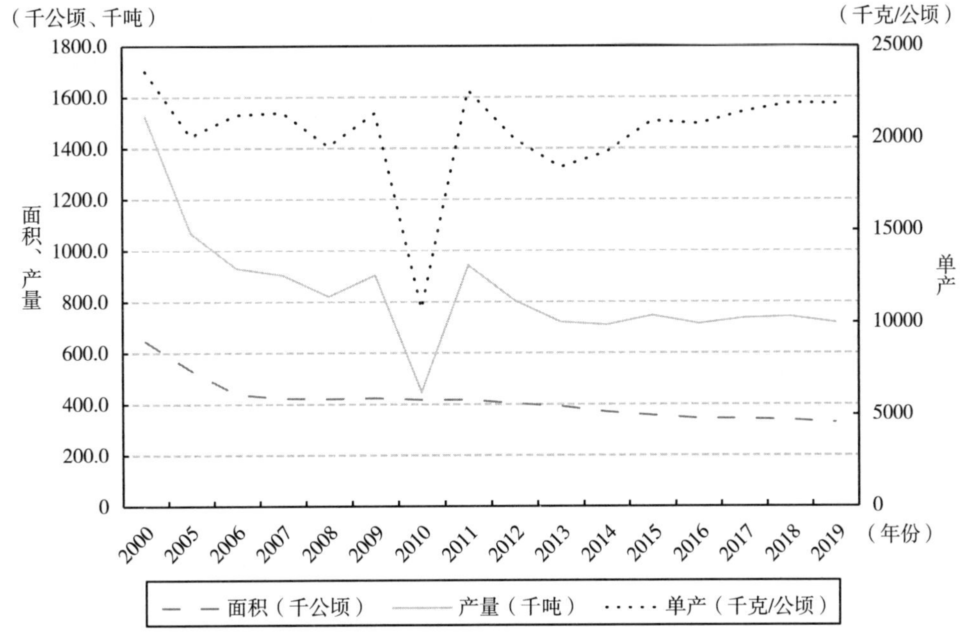

图 17 - 3　2000 ~ 2019 年云南省小麦生产变化曲线

资料来源：国家统计局网站 2020 年 12 月数据。

全国小麦总产量的比重仅为0.55%。由于云南小麦85%以上均种植在无灌溉条件的山坡地，冬春干旱程度和灌溉条件是长期以来影响单产的最主要因素，云南是全国小麦单产变幅最大的区域，仅2010年以来的年均单产变幅即达1065～2270千克/公顷，在有灌溉条件的田麦高产区，一般单产可达到5250～8250千克/公顷，云南至今仍保持着冬小麦单产14487千克/公顷的全国最高单产纪录；而大量无灌溉条件的地麦区，单产只有1500～3000千克/公顷，2010年受大旱影响，全省平均单产仅为1072.5千克/公顷。

（二）中国及云南大麦生产分析

1. 中国大麦生产及在全球的地位

FAO统计数据表明，近年来，全球大麦年种植面积由4900万公顷左右上升到5100万公顷以上，大麦总产量也由1.5亿吨左右逐步上升到1.55亿吨以上。从2015～2019年的全球大麦收获面积数据看，欧洲占比由仅50%降到48%以下，亚洲占比超过24%，美洲占11%左右，非洲和大洋洲占比均在9%以下，排名前10位的国家分别为俄罗斯、澳大利亚、土耳其、西班牙、哈萨克斯坦、乌克兰、加拿大、法国、德国和摩洛哥（见图17－4）。从2015～2019年FAO全球大麦产量数据看，排名前10位的国家为俄罗斯、法国、德国、澳大利亚、西班牙、加拿大、乌克兰、土耳其、英国和阿根廷。中国原为大麦生产大国，近几十年来播种面积和总产量均逐年下降。近年来，中国的大麦种植面积占全球的比重不足1%，产量

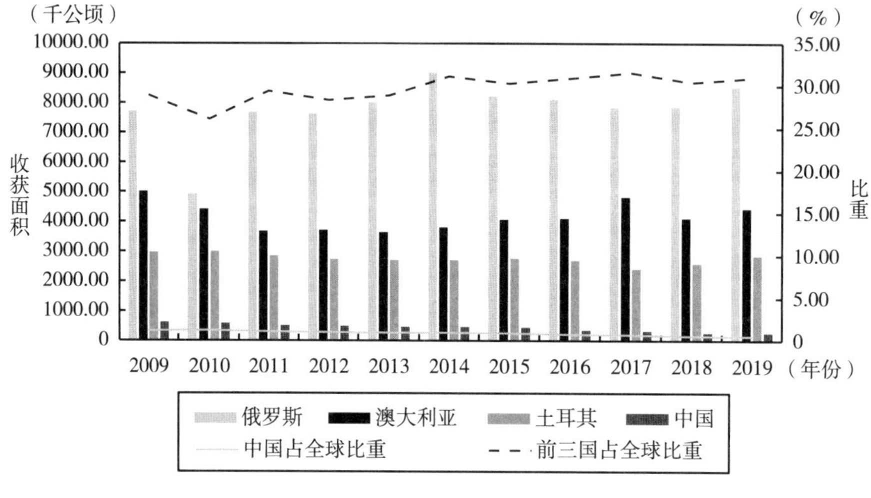

图17－4　2009～2019年世界前3位主产国及中国大麦收获面积

资料来源：联合国粮农组织数据库2020年12月数据。

比重略大于1%，产值占比2%左右（见图17－5）。

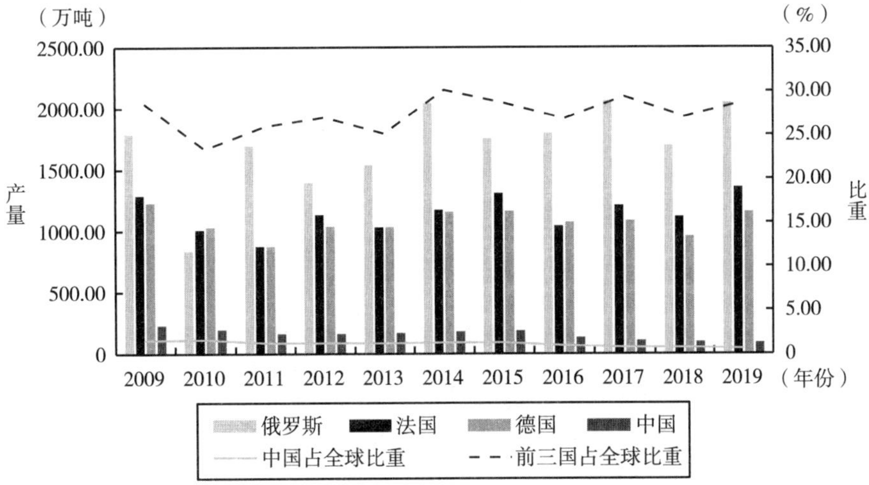

图17－5　2009～2019年世界前3位主产国及中国大麦产量

资料来源：联合国粮农组织数据库2020年12月数据。

据国家统计局网站数据，20世纪60年代初（1961年），中国大麦播种面积约为350万公顷左右，之后开始逐年下降。1991～1994年播种面积在115万～165万公顷，1995年最大曾达到170万公顷（朱翔，2013）。进入21世纪后更是降到100万公顷以下，2005年为83万公顷，约占全国谷物种植总面积的1%。从2009年又开始下降，到2019年全国大麦种植面积不足25万公顷。从产量看，20世纪60年代初我国大麦总产量年均为467万吨以后不断减少，90年代中期虽有所恢复，但也未达到60年代中期的生产水平，1998年又呈明显下降，目前已不足100万吨。

世界大麦单产较高的国家目前都集中在欧盟，其中法、德等国家近年来的单产都已经达到了每公顷6吨以上的水平，最高时更是接近7吨。美国、加拿大、乌克兰、澳大利亚、俄罗斯等处于中等水平，约2.5～4吨/公顷，且各国单产水平都呈现上升趋势。总体上看，中国大麦单产呈上升趋势，从1961年的1.05吨/公顷提高到近年来的3.5吨/公顷以上，提高了2倍多，2016年时最高超过3.75吨/公顷。随着大麦品种的改良和种植措施的改善，我国大麦单产还有较大的提高空间。

中国大麦生产以散户小面积种植为主，和国外农场大面积集中种植、统一规模化管理相比，大麦品质均一性比较差，这使国产大麦在酿造性能和品质上劣于进口大麦。另外，由于中国大麦单位生产成本较高，而澳大利亚、加拿大等大麦主要供应国单位生产成本低，出口到中国的完税价仍低于国产大麦价格，导致国内大麦生产发展缓慢，预计短期内进口量仍将保持较高水平。

2. 云南大麦生产及在全国的地位

国家统计局数据表明，近年来，云南、四川、甘肃、内蒙古、江苏等 18 个省份有大麦种植，其中，2016～2018 年的大麦年播种面积超过 1 万公顷的有云南、江苏、内蒙古、河南、甘肃和四川 6 个省份，年产量超过 5 万吨的有江苏、云南、河南、甘肃和内蒙古 5 个省份，四川的大麦年产量接近 5 万吨（见表 17－5）。

表 17－5　2009～2019 年中国大麦主产省份大麦播种面积、产量及全国占比

地区	指标	2009年	2010年	2011年	2012年	2013年	2014年	2015年	2016年	2017年	2018年	2019年
全国	面积（千公顷）	622.55	553.15	533.03	499.41	440.79	381.37	374.51	360.9	329.99	262.48	248.30
	产量（万吨）	221.03	195.17	190.37	168.46	153.52	146.14	141.14	119.24	108.52	95.65	90.80
云南	面积（千公顷）	88.66	81.38	83.38	83.85	84.65	79.33	77.60	93.95	95.80	99.09	98.20
	产量（万吨）	15.19	11.16	20.69	21.75	20.48	23.35	23.71	26.99	27.96	29.13	29.00
江苏	面积（千公顷）	132.01	122.66	110.66	105.45	95.02	86.92	81.20	67.21	53.10	45.02	40.70
	产量（万吨）	65.15	63.50	57.06	51.71	47.06	44.76	43.30	35.71	28.33	23.88	22.50
内蒙古	面积（千公顷）	83.49	64.82	74.05	68.31	49.53	34.86	41.47	52.24	42.74	25.82	30.60
	产量（万吨）	22.24	16.03	16.64	16.56	13.62	11.85	8.99	7.68	6.55	4.84	6.40
河南	面积（千公顷）	24.81	26.13	29.24	25.86	25.73	25.59	25.46	25.33	26.67	30.26	12.00
	产量（万吨）	7.43	8.55	8.59	8.76	8.88	10.17	11.00	10.60	11.40	10.85	3.60
甘肃	面积（千公顷）	70.28	55.44	48.97	38.78	33.87	25.63	25.19	20.77	20.95	24.89	29.80
	产量（万吨）	34.32	30.36	31.04	18.81	17.87	14.75	14.40	9.41	9.14	13.34	15.60
四川	面积（千公顷）	27.60	23.44	20.21	17.30	15.39	14.83	13.29	12.20	11.67	11.47	12.00
	产量（万吨）	10.11	8.55	8.55	6.33	5.64	5.45	4.91	4.52	4.38	4.40	4.70
6省份合计	面积（千公顷）	426.85	373.87	366.51	339.55	304.19	267.16	264.21	271.70	250.93	236.55	223.30
	产量（万吨）	154.44	138.15	142.57	123.92	113.55	110.33	106.31	94.91	87.76	86.44	81.80
6省份占全国	面积占比（%）	68.56	67.59	68.76	67.99	69.01	70.05	70.55	75.28	76.04	90.12	89.93
	产量占比（%）	69.87	70.78	74.89	73.56	73.96	75.50	75.32	79.60	80.87	90.37	90.09

资料来源：国家统计局网站 2020 年 12 月数据。

从表 17－5 可以看出，2009～2019 年 11 年间，面积和产量综合排名前 6 位的主产省份大麦播种面积之和和产量之和占全国的比重分别从 68% 和 70% 上升到 90% 以上。近年来，这 6 个主产省份中，除了云南的大麦播种面积和产量在逐年增长外，其他省区均呈现逐年下降或波动中下降的趋势。云南省大麦种植面积一直处于全国前列，自 2009 年开始均居全国第 2 位，2016 年以来保持全国第 1 位。云南大麦产量则多年居全国第 4 位，2011 年升到第 3 位，2012 年以来一直保存在全国第 2 位，仅次于江苏，2018 年后排名全国第 1 位。依据国家统计数据整理近 10 年云南大麦种植面积、产量、单产及占全国的比重如表 17 -6 所示。

表 17 -6　　2010 ~2019 年云南大麦生产情况及全国占比

地区	指标	2010年	2011年	2012年	2013年	2014年	2015年	2016年	2017年	2018年	2019年
全国	面积(千公顷)	553.15	533.03	499.41	440.79	381.37	374.51	360.9	329.99	262.48	248.3
	产量(万吨)	195.17	190.37	168.46	153.52	146.14	141.14	119.24	108.52	95.65	90.8
	单产(千克/公顷)	3528.30	3571.50	3373.20	3482.80	3832.00	3768.70	3304.00	3288.60	3644.10	3656.90
云南	面积(千公顷)	81.38	83.38	83.85	84.65	79.33	77.60	93.95	95.80	99.09	98.20
	产量(万吨)	11.16	20.69	21.75	20.48	23.35	23.71	26.99	27.96	29.13	29.00
	单产(千克/公顷)	1371.30	2481.40	2593.90	2419.40	2943.40	3055.40	2872.80	2918.60	2939.80	2953.20
	面积占比(%)	14.71	15.64	16.79	19.20	20.80	20.72	26.03	29.03	37.75	39.55
	产量占比(%)	5.72	10.87	12.91	13.34	15.98	16.80	22.64	25.76	30.45	31.94
	单产占比(%)	38.87	69.48	76.90	69.47	76.81	81.07	86.95	88.75	80.67	80.76

资料来源：国家统计局网站 2020 年 12 月数据。

从云南的情况看，国家统计局关于大麦生产的数据与云南的生产实际有较大的出入，而国家大麦青稞产业技术体系统计的数据更接近生产实际。表 17 -7 为国家大麦青稞产业技术体系统计的 2016 ~2019 年我国大麦产量超过 5 万吨的 12 个主产省份的大麦生产数据。虽然两个渠道统计数据之间有较大差异，但反映出云南大麦面积和产量排名全国前列，而单产低于全国平均等情况基本相同。

表 17 -7　　2016 ~2019 年中国大麦主产省份生产情况及云南占比

区域	播种面积（万公顷）				总产量（万吨）				单产（吨/公顷）			
	2016年	2017年	2018年	2019年	2016年	2017年	2018年	2019年	2016年	2017年	2018年	2019年
全国	114.90	107.80	102.70	101.82	471.10	447.70	426.50	427.51	4.10	4.20	4.20	4.20
云南	25.50	25.70	25.90	22.80	90.00	93.40	94.20	82.12	3.50	3.60	3.60	3.60
西藏	19.90	19.90	20.50	20.30	76.30	74.20	80.50	81.50	3.80	3.70	3.90	4.01
湖北	12.70	12.00	12.00	12.00	62.70	57.60	61.20	62.97	5.00	4.80	5.10	5.25
江苏	14.20	12.10	5.30	6.57	74.80	72.70	28.40	39.05	5.30	6.00	5.30	5.94
四川	10.50	10.00	10.40	10.33	39.20	36.80	36.20	38.52	3.80	3.70	3.50	3.73
甘肃	7.00	6.30	8.50	7.87	30.80	29.40	40.80	38.66	4.40	4.60	4.80	4.91
内蒙古	6.00	4.30	5.90	6.40	25.80	15.30	29.10	23.64	4.30	3.50	4.90	3.69
青海	9.80	9.30	7.10	7.67	25.40	25.90	21.10	18.40	2.60	2.80	3.00	2.40

续表

区域	播种面积（万公顷）				总产量（万吨）				单产（吨/公顷）			
	2016年	2017年	2018年	2019年	2016年	2017年	2018年	2019年	2016年	2017年	2018年	2019年
河南	2.50	2.30	2.60	2.53	15.90	15.90	14.60	15.76	6.40	6.80	5.70	6.22
新疆	2.50	2.40	2.10	2.73	11.90	11.80	9.10	13.80	4.70	4.90	4.40	5.05
安徽	2.00	1.50	1.50	1.33	7.10	7.50	7.20	7.00	3.50	4.90	4.80	5.25
浙江	1.40	1.00	0.80	1.05	5.30	4.30	3.50	5.05	3.90	4.20	4.50	4.80
云南占比（%）	22.19	23.84	25.22	22.39	19.10	20.86	22.09	19.21	85.37	85.71	85.71	85.71

资料来源：国家大麦青稞产业技术体系。

从表17-7可以看出，根据国家大麦青稞产业技术体系的统计数据，近年来，我国的大麦主要分布在四大高原地区，年播种面积超过10万公顷的主要有云南、西藏、湖北和四川，其播种面积和产量之和占全国的比重均在60%以上；年产量超过20万吨的主要有云南、西藏、湖北、江苏、四川、甘肃、内蒙古和青海8个省份，其播种面积和产量之和占全国的比重均在90%以上。

云南的大麦播种面积和产量近年来持续保持全国第1位，占全国大麦总面积和总产量的比重基本稳定在23%和20%左右，2018年达到25%和22%以上。但是云南的大麦单产水平一直低于全国平均水平，近年来基本保持在全国平均的86%左右。

三、中国及云南麦类的消费分析

（一）中国及云南小麦的消费分析

1. 全球小麦消费

全球小麦消费量稳中有增。2008～2018年，全球小麦消费量由6.1683亿吨增至7.3986亿吨，复合增长率达1.84%，有关专家预计消费量维持缓慢上升趋势，至2020年超过8亿吨。2018年主要消费地区和国家为欧盟、中国和印度，三者分别占比17.30%、16.08%和13.13%，集中度较低，多分布在人口众多或农业发达地区，并且84%的小麦消费增长来自发展中国家。食物消费成为小麦消费增长的主要驱动力，占总消费近70%；另有饲料消费、生物燃料和压榨等用途，但占比较小。

2. 中国小麦消费

根据FAO统计数据，我国的小麦消费量也呈稳中有增的态势。2010～2017年，全国小麦消费量从10976.8万吨增至13739.1万吨，年增长率基本保持在2%～3%左右且逐渐趋缓。从消费结构看，小麦主要用于制粉食用和饲用，种用仅为3.7%左右，损耗2%，其他占2.5%左右。近年来，小麦食用比例逐步下降，饲用比例逐步升高，两项占比达91%以上。根据国家粮食局、国家统计局等相关机构的统计数据，我国的小麦消费，总体上制粉占70%～75%、饲料占10%～15%、工业占8%～10%、种子占4%～5%。在面粉消费中，面条、馒头、包子、饺子等主食食品的面粉用量约占85%以上，面包、饼干、糕点约占13%。2011～2019年，我国每年的小麦消费稳定在1.2亿～1.3亿吨，2019年中国小麦生产1.33亿吨，消费1.28亿吨，需求小于供给。从消费结构来看，小麦主要用于制粉、饲用、工业消费以及种用消费，占比分别为75%、12%、8%和5%。饲料小麦占比主要取决于玉米/小麦价格比和玉米的供应量，年度间变化相对较大，种子占比主要取决于小麦种植面积。2019年我国小麦产量1.33亿吨，消费量为1.28亿吨，进口量400万吨，出口量110万吨。进口占消费比3.1%，进口依赖度低（见图17－6）。

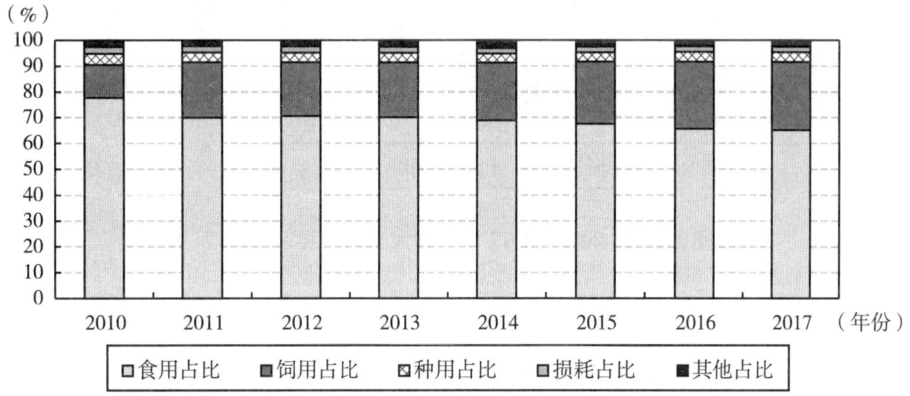

图17－6 2010～2017年中国小麦的主要消费构成

资料来源：根据联合国粮农组织2020年5月数据整理。

3. 云南小麦消费

云南境内生态环境及气候差异大，受品种类型多、优质专用品种少、种植分散、生长期间干旱少雨等因素的影响，自产小麦的加工品质差异大，多数达不到优质专用小麦的标准，因此省内大型面粉加工企业的原料以外调为主，中、小型面粉加工企业是自产小麦的消费主体，但有的也加入部分外省小麦或面粉作为配粉；云南自产小麦的消费缺乏准确的年度分类统计数据，有关机构估算其总体构成为：65%~70%作饲料，15%~20%用作面粉加工，10%用作为种，5%~10%用于酿造业等工业。其中，云南因小麦多种植于山坡地，用种量高于全国平均水平，一般亩用种量为15千克，高的达到20千克/亩。

（二）中国及云南大麦的消费现状

中国是大麦主要消费国，大麦消费主要用于食用、饲料、种用、工业生产和损耗等部分，其中工业生产占国内总需求的比重不断扩大。近年来，我国大麦的食用消费、饲料消费、种用消费、损失浪费分别约占消费总量的1.8%、37%、1.7%、0.5%；工业消费量所需大麦占国内总需求的比重最大，约占59%，是我国大麦消费的主体；2016年、2017年消费总量呈下滑趋势（见图17－7）。

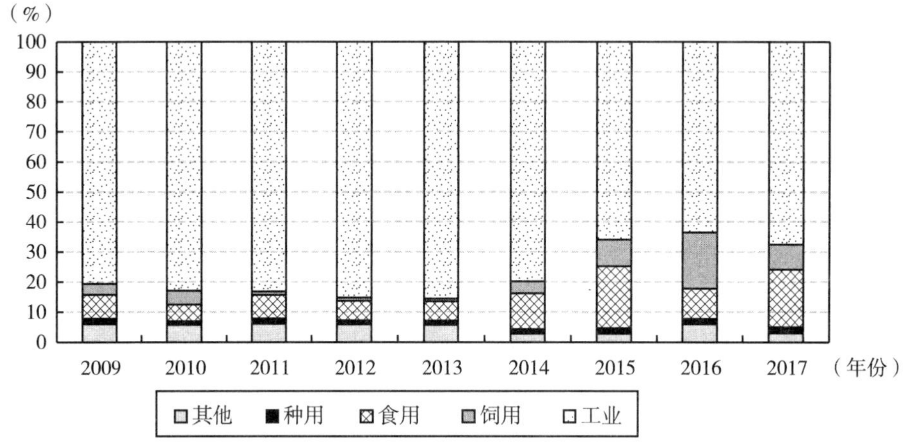

图17－7　2009~2017年中国大麦的主要消费构成

注：其他消费包括了损耗。

资料来源：根据联合国粮农组织2020年5月数据整理。

目前，中国大麦消费最大的是用作啤酒原料。近20年来，我国的啤酒工业迅速发展，啤酒产量以每年6%左右的速度增长（陈明贤，2011）。从2002年开始，中国一直是世界上最大的啤酒生产国，但人均消费量与发达国家的差距依然较大。虽然中国2017年人均啤酒消费量达33升/年，已经高于世界平均水平（26升/年），但与很多欧洲国家相比差距还很大（刘慧、薛凤蕊，2015）。根据美国农业部数据，2015/2016产季，我国大麦消费量大幅度减少，进口量则同比下降40.5%至587万吨。大麦消费量下滑主要原因在于饲用及工业生产需求均出现同比下降。虽然随着健康诉求提升和总人口增长平稳，中国啤酒消费量将呈下降趋势，而工业生产需求量也因小麦等替代作物的高产出现同比下滑，但下降趋势幅度较小，随着人口结构的变化，啤酒消费量会继续增加，将拉动大麦工业消费量的增加，中国啤酒工业仍有较大的发展空间。啤酒大麦集中于江苏、甘肃、内蒙古、云南、新疆、黑龙江和湖北，相对于国内各省市大麦品种来说，江苏、浙江的大麦单产较高，该地区产出的啤麦品质优，是用于生产啤酒的主要原料。麦芽厂主要集中于江苏、浙江、甘肃、内蒙古、新疆、云南和河南等省。其他地区生产的大麦主要用作饲料以及少部分食用，饲料大麦主要集中于云南、湖北、河南、四川和贵州等省；食用大麦主要集中于藏区。

国内大麦第二大消费是饲用，但近年来，饲用大麦需求量明显受到低价玉米冲击，同比下跌46.7%至400万吨；我国自2008年实施玉米临时收储政策，推高了国内玉米价格，让畜牧业养殖者被迫使用高粱、小麦和大麦作为饲料替代品，随着我国经济的发展和不断增长的畜产品消费需求，大麦的饲料消费需求将呈增长趋势（刘慧等，2015）。

此外，中国也是大麦食用消费最多的国家，年均达400万吨，主要消费人群在藏民地区。

云南是中国南方最大的优质啤酒大麦生产基地，是农业农村部规划的啤酒大麦种植生产基地之一。目前，大理啤酒集团在大理州有10万亩的啤酒大麦基地，澜沧江啤酒集团在保山市有10万亩的啤酒大麦基地（李珂，2008）。全省目前啤酒自产能力年需啤酒大麦约在19万吨，自产大麦还不能满足啤酒产业快速发展的需要。随着畜牧业的不断发展，对饲料的消费也在不断增加，大麦作饲料营养价值高，特别是家畜生长需要的烟酸含量要比玉米高出两倍多，所含可消化蛋白比玉米高18.2%（周红艳等，2010）。另外随着“一带一路”区域合作平台的建立，云南省有了更畅通的国际经济通行通道，东南亚市场的啤酒工业尚处于起步阶段，经济贸易空间巨大，发展云南大麦市场大有潜力。

四、中国及云南麦类的贸易情况分析

（一）中国及云南小麦的贸易情况分析

从全球看，根据FAO数据，全球小麦进出口量基本保持稳定增长且贸易集中度越来越高的态势，从2009年的1.46亿吨以上增加到2017年最高的1.91亿吨以上，近两年略有下降也在1.8亿吨左右；而小麦进出口贸易额表现出明星的波浪式起伏和总体走低的趋势，从2009年的367.01亿美元和315.40亿美元增长到2013年仅539.53亿美元和493.85亿美元，此后出现下降、回升，目前维持在440亿美元和400亿美元上下。价格的总体走低反映出供大于求的总体趋势（见表17－8和图17－8）。

表17－8　2009～2019年全球小麦贸易情况

指标	2009年	2010年	2011年	2012年	2013年	2014年	2015年	2016年	2017年	2018年	2019年
进口量（万吨）	14645.76	14671.33	14857.38	16415.48	16171.65	17300.26	16681.83	18961.95	19135.32	18120.58	17912.01
出口量（万吨）	14696.66	14573.98	14834.78	16462.06	16279.79	17390.04	17066.57	18989.01	19678.85	19090.83	17952.33
进口额（亿美元）	367.01	369.54	515.89	530.60	539.53	528.32	431.14	409.54	444.11	446.96	441.33
出口额（亿美元）	315.40	326.98	468.64	489.16	493.85	477.61	386.97	364.52	389.42	410.66	396.37

资料来源：联合国粮农组织数据库2020年12月数据。

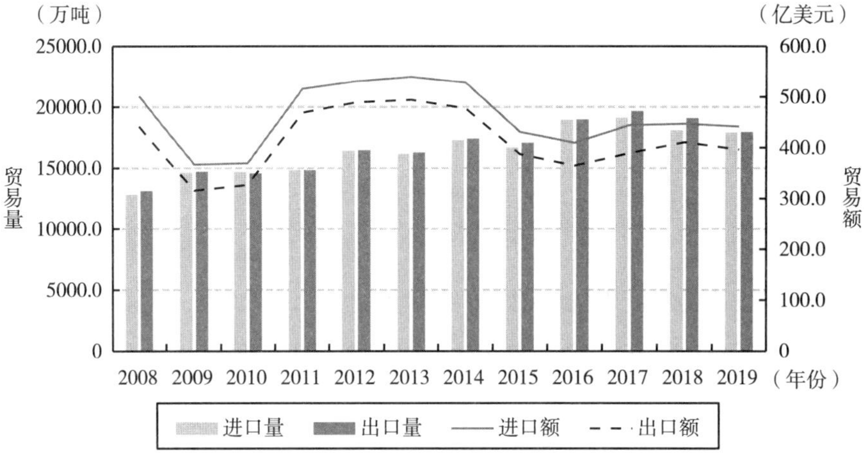

图17－8　2008～2019年全球小麦贸易变化曲线

资料来源：联合国粮农组织数据库2020年12月数据。

进口方面，据FAO数据，2017～2019年，小麦年均进口量超过500万吨的国家包括阿尔及利亚、意大利、土耳其、印度尼西亚、埃及、巴西、菲律宾、西班牙、日本、孟加拉国、荷兰和尼日利亚，这12个国家3年的进口量之和接近2.27亿吨、占同期全球进口贸易总量的比重达41%以上。而2019年小麦进口量超过500万吨的国家则为印度尼西亚、埃及、土耳其、意大利、菲律宾、阿尔及利亚、巴西、日本、西班牙和荷兰，其中：印度尼西亚、埃及和土耳其3国的小麦进口量在1000万吨以上，意大利和菲律宾均在700万吨以上，阿尔及利亚和巴西则在600

万吨以上，这 10 个国家小麦进口总量占全球进口贸易总量的比重超过 40%（42.02%）。从年度变化看，多年分别排名全球第 1 和第 2 主要进口国埃及和印度尼西亚排名互换；土耳其的进口量快速增长，从 2017 年排名第 13 位飙升到第 3 位；意大利则多年稳定在第 4 位；3 年综合排第 1 位、2017 ~2018 年排第 3 位的阿尔及利亚 2019 年降到第 5 位；而菲律宾小麦进口量从 2017 年的不足 55 万吨飙升到 2019 年超过 715 万吨，排名也从第 10 位升到第 5 位。按 2019 年小麦进口量排序的 2015 ~2019 年主要小麦进口国（进口量超过 500 万吨）小麦进口贸易数据见表 17 –9。

表 17 –9　　2015 ~2019 年全球主要小麦进口国小麦进口贸易数据

指标	年份	印度尼西亚	埃及	土耳其	意大利	菲律宾	阿尔及利亚	巴西	日本	西班牙	荷兰
进口量（万吨）	2015	741.20	1066.14	434.98	714.84	338.46	850.48	517.04	553.07	531.32	568.17
	2016	1053.47	1113.84	422.58	765.27	462.62	822.57	686.63	544.66	703.17	479.93
	2017	1045.42	1010.92	499.09	743.02	550.00	807.92	602.22	570.59	618.53	518.32
	2018	1009.63	939.84	578.17	745.33	669.08	842.21	681.71	565.22	602.81	556.70
	2019	1096.22	1042.44	1000.48	747.44	715.37	677.59	657.63	533.14	529.27	526.62
进口额（百万美元）	2015	2082.77	2415.47	1103.42	2032.14	982.11	2400.32	1216.47	1652.51	1148.29	1076.97
	2016	2408.21	2115.79	892.41	1786.68	1040.76	1790.47	1335.39	1361.70	1304.37	853.00
	2017	3627.76	2624.36	1043.33	1719.33	1303.52	1788.70	1149.31	1528.93	1204.42	1021.96
	2018	2570.95	2636.47	1289.39	1822.81	1682.64	2071.96	1502.38	1638.69	1340.12	1187.86
	2019	2799.26	3024.16	2302.23	1827.41	1847.09	1636.59	1491.22	1473.35	1077.85	1132.61

资料来源：根据联合国粮农组织数据库 2020 年 12 月数据整理。

出口方面，据 FAO 数据，2017 ~2019 年，全球小麦年均出口量超过 500 万吨的国家为俄罗斯、美国、加拿大、法国、乌克兰、澳大利亚、阿根廷、德国、罗马尼亚和哈萨克斯坦，这 10 个国家 3 年的小麦出口总量接近 4.86 亿吨，占同期全球小麦出口贸易总量的 85.65%。按 2019 年小麦出口量排序的 2015 ~2019 年主要小麦出口国（出口量超过 500 万吨）小麦出口贸易数据见表 17 –10。

表 17 –10　　2015 ~2019 年全球主要小麦出口国小麦出口贸易数据

指标	年份	俄罗斯	美国	加拿大	法国	乌克兰	阿根廷	澳大利亚	罗马尼亚	德国	哈萨克斯坦
出口量（万吨）	2015	2123.42	2126.87	2361.08	1981.53	1345.18	431.12	1705.32	355.53	1081.52	363.59
	2016	2532.68	2404.16	1970.23	1834.37	1792.09	1026.62	1614.80	699.40	1017.02	444.80
	2017	3302.60	2729.92	2177.38	1522.87	1731.43	1309.91	2198.59	576.91	789.10	425.63
	2018	4396.56	2249.90	2287.42	1894.03	1637.34	1172.48	1235.28	588.05	522.89	619.84
	2019	3187.32	2706.86	2280.53	1995.70	1329.05	1054.26	959.18	610.31	555.06	537.59

续表

指标	年份	俄罗斯	美国	加拿大	法国	乌克兰	阿根廷	澳大利亚	罗马尼亚	德国	哈萨克斯坦
出口额（百万美元）	2015	3948.72	5632.59	6220.98	4258.49	2238.18	1032.85	4371.50	768.39	2427.39	688.74
	2016	4215.80	5387.27	4504.11	3364.26	2717.47	1867.75	3621.35	1263.68	1935.13	685.07
	2017	5791.01	6093.29	5089.60	2985.78	2759.76	2361.86	4650.33	1123.16	1618.93	660.76
	2018	8432.49	5458.27	5711.50	4111.88	3004.36	2419.21	3036.05	1232.67	1159.55	971.80
	2019	6403.01	6265.92	5379.23	4298.89	3111.01	2295.54	2482.95	1256.76	1235.85	1003.21

资料来源：根据联合国粮农组织数据库2020年12月数据整理。

可以看出，2019年，这10个国家的小麦出口量均超过500万吨，只是排名略有变化：俄罗斯、美国和加拿大出口量超过2000万吨分列第1位至第3位；2017年（1500万吨级）排名第6位的法国因接近2000万吨的出口量晋升至第4位；千万吨级的乌克兰第5位的位置不变，但阿根廷则从第7位跻身第6位；澳大利亚出口量从千万吨以上降到千万吨以下（959.18万吨），排名也从第3位、第6位进一步降到第7位；罗马尼亚因出口量从600万吨以下级别上升到600万吨以上级别而排名从第8位升到第9位；德国和哈萨克斯坦排名第9位和第10位。这10个国家2019年的出口量占全球出口总量的比重也接近85%（84.75%）。

中国属于小麦净进口国，小麦国际贸易量总体上是进口远大于出口，进口快速增长。由于我国自产小麦的70%为中筋类型，适合制作传统主食面制品如面条、馒头；但制作面包、糕点以及适于工业化生产面条、饺子的优质强筋和弱筋小麦却长期主要依赖进口。FAO数据表明，20世纪80年代到90年代中期，我国小麦进口量常年保持在1000万吨以上的水平，1989年最高时曾达1488万吨，此后波浪式下降到1999年最低时不足45万吨。21世纪前10年由于进出口活动两旺，年际间进出口差额变化很大，最高的2004年进口量大于出口量约645万吨、最低的2007年曾出现出口量大于进口量225万吨的情况，2003年、2006年和2008年也曾出现出口量略大于进口量的情况。2010～2019年10年间，我国小麦国际贸易则一直保持进口量大于出口量300万吨的情况（见表17－11）。但是，中国的进口量和进口额在全球小麦贸易中占比均不大，2017年最高峰时（进口量大于出口量428万吨），中国小麦进口量和进口额占全球小麦进口贸易的比重仅分别为2.25%和2.32%，说明我国小麦总量上基本自给，但是存在结构性短缺。

表 17－11　　2010～2019 年中国小麦进出口贸易情况（FAO 数据）

指标	2010 年	2011 年	2012 年	2013 年	2014 年	2015 年	2016 年	2017 年	2018 年	2019 年
进口量（万吨）	121.87	124.88	368.86	550.67	297.13	297.18	337.43	429.65	287.61	320.48
进口额（百万美元）	309.10	417.97	1101.46	1865.85	962.47	886.31	801.03	1031.38	780.90	901.03
出口量（吨）	12.00	39794.00	0.00	2520.00	957.00	5296.00	10535.00	9969.00	7341.00	8520.00
出口额（万美元）	0.20	1739.60	0.00	100.80	31.10	120.90	335.60	411.50	314.60	364.10

资料来源：根据联合国粮农组织数据库 2020 年 12 月数据整理。

根据中国海关总署数据，2010～2019 年，我国小麦净进口数量总体呈上升趋势，由 2010 年的每年约 120 万吨增加到近年的 300 万吨以上，进口金额由 3 亿～4 亿美元增加到 10 亿美元左右，其中 2013 年最高，进口量和进口额分别达到 553 万吨和 18.9 亿美元；主要进口强筋小麦和弱筋小麦；不同年份国际小麦市场价波动较大，2016 年比 2015 年多进口 40 万吨，但进口金额却减少了约 0.8 亿美元。小麦出口呈现较为平稳的趋势，出口量在 10.7 万～32.82 万吨之间（见表 17－12）。虽然不同渠道数据有一定差异，但反映出我国小麦进口大于出口、属于净进口国，但是总量和占比均不大的基本情况。另据农业农村部网站数据，2018 年和 2019 年，我国的小麦出口量分别为 309.93 万吨和 348.79 万吨，进口额分别为 8.58 亿美元和 10.32 亿美元；同期，全国小麦出口量分别为 28.55 万吨和 31.32 万吨，出口额分别为 1.18 亿美元和 1.21 亿美元。

表 17－12　　2010～2018 年中国小麦进出口贸易情况

指标	2010 年	2011 年	2012 年	2013 年	2014 年	2015 年	2016 年	2017 年	2018 年	2019 年
进口量（万吨）	123.10	125.80	370.10	553.60	297.20	297.30	341.40	442.20	309.90	348.79
进口额（亿美元）	3.16	4.24	11.09	18.89	9.79	9.01	8.16	10.83	8.58	10.32
出口量（万吨）	27.72	32.82	28.59	27.84	17.20	10.70	11.28	18.30	28.60	31.32

资料来源：根据中国海关总署公布的数据和重点农产品市场信息平台公开数据整理。

云南小麦属于需求总量不足的省份，每年需要从山东、河南等省调入约 20 万吨小麦或面粉，用于制作优质面包、馒头、饺子等。云南全省的小麦进出口数据不详。进口方面：据农业农村部网站数据，2018 年和 2019 年，云南省小麦进口量和进口额分别为：5580.06 吨、127.48 万美元和 9896.43 吨、168.46 万美元。出口方面：每年有少量小麦原料和种子通过边境贸易出口到邻近的老挝、缅甸、越南。

据越南西原投资与技术发展有限公司介绍，该公司及其他越南公司自2000年以来每年均从河口买入部分小麦，主要通过边民贸易零散购入，数量因年度而异，一般为30～50吨/年；2014～2017年越南进发技术有限公司从云南共计进口杂交小麦种子10.5吨。缅甸、老挝与云南接壤的边境区域，也从云南购买小麦原粮或种子，数量不详。

（二）中国及云南大麦的贸易情况分析

从全球看，根据FAO网站统计数据库数据，2009～2019年，全球大麦贸易总体呈现先增后降、总体上涨的态势；进出口量2017年最高曾达约3900万吨和3960万吨，目前均降到3100万吨；进出口额2013年最高时分别达到94亿美元和86.5亿美元，此后降到2016年最低，2017年开始恢复，但到2019年也仍未到2008年的水平（见表17－13和图17－9）。

表17－13　2009～2019年全球大麦进出口贸易情况

指标	2009年	2010年	2011年	2012年	2013年	2014年	2015年	2016年	2017年	2018年	2019年
进口量（万吨）	2409.2	2536.0	2457.3	2766.7	3016.8	3169.5	3571.7	3383.6	3908.9	3452.6	3133.0
出口量（万吨）	2566.9	2648.3	2535.6	2846.0	3110.2	3348.3	3830.2	3510.9	3959.3	3654.4	3104.2
进口额（亿美元）	50.79	55.87	74.19	84.45	94.02	84.97	84.66	66.40	77.12	74.24	73.80
出口额（亿美元）	45.45	49.27	71.41	79.03	86.53	78.38	78.23	61.66	69.62	76.65	65.32

资料来源：根据联合国粮农组织数据库2020年12月数据整理。

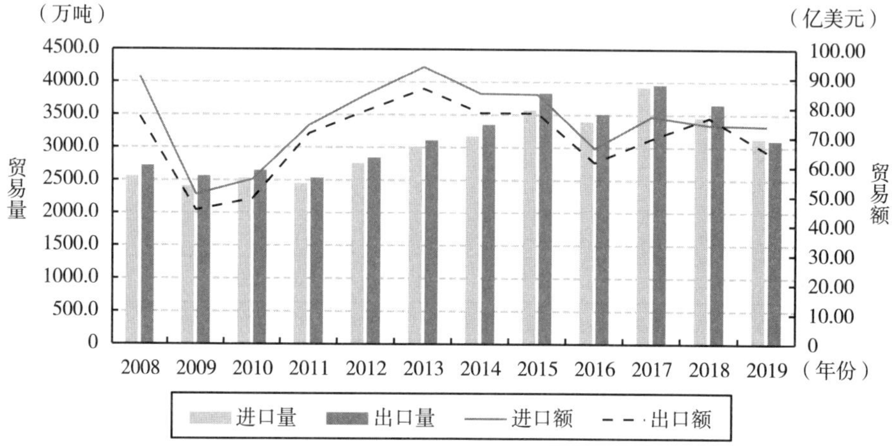

图17－9　2008～2019年全球大麦进出口贸易变化曲线

资料来源：联合国粮农组织数据库2020年12月数据。

进口方面：近年来，全球大麦年进口量超过500万吨的国家只有沙特和中国。

2015 年，中国的大麦进口量曾超过 1000 万吨，2017 年降为 886 万吨，2018 年和 2019 年进一步降到 681.5 万吨和 593 万吨（上升至全球第 1 位）；沙特近年大麦年进口量稳定在 800 万吨，处于第 2 位，2018 年曾超过中国处于第 1 位，2019 年后又回到第 2 位；此外，伊朗和荷兰 2017 年的大麦进口量超过 200 万吨；比利时、德国、西班牙和日本 2017 年的大麦进口量也在 100 万吨以上。中国大麦进口额当然也是全球第一，2015 年曾高达 28.59 亿美元，2017 年为 18.16 亿美元；沙特的大麦进口额保持在 15 亿美元上下；此外，2017 年大麦进口额超过 5 亿美元的仅有伊朗（5.16 亿美元）。

分国别看：近年来，年大麦进口量超过 500 万吨的只有中国和沙特阿拉伯，伊朗、荷兰和比利时也在 200 万～300 万吨之间，德国、日本和西班牙则在 100 万吨以上。2018～2019 年大麦进出口量超过 200 万吨的全球主要大麦出口国 2015～2019 年的贸易数据详见表 17－14。

表 17－14　　2015～2019 年全球主要大麦进口国贸易情况

指标	年份	沙特	中国	伊朗	荷兰	比利时	德国	合计	全球占比（%）
进口量（万吨）	2015	649.45	1073.20	161.37	138.39	164.18	141.61	2328.19	65.12
	2016	849.08	500.49	133.32	185.86	170.65	128.16	1967.56	57.93
	2017	860.48	886.35	266.97	207.22	180.71	132.89	2534.63	64.60
	2018	765.66	681.54	264.86	220.23	174.76	128.00	2235.05	61.16
	2019	390.58	592.88	328.73	215.65	201.14	126.81	1855.78	59.23
进口额（百万美元）	2015	1469.67	2859.42	328.23	258.98	341.22	296.48	5554.00	70.99
	2016	1679.74	1141.94	265.09	314.42	324.42	254.72	3980.32	64.56
	2017	1655.31	1816.27	518.53	380.48	351.21	262.00	4983.81	71.59
	2018	1037.14	1690.39	602.79	480.80	386.19	292.53	4489.84	58.58
	2019	882.88	1561.31	706.36	453.83	437.31	282.66	4324.35	66.20

资料来源：联合国粮农组织数据库 2020 年 12 月数据。

近年来，全球大麦年出口量在 300 万吨以上的国家只有法国、俄罗斯和澳大利亚，乌克兰、阿根廷和加拿大的大麦年出口量也在 200 万吨以上。此外，乌兹别克斯坦、罗马尼亚和英国也超过了 100 万吨。2018～2019 年大麦进口量超过 200 万吨的全球主要大麦进口国 2015～2019 年的贸易数据详见表 17－15。从表 17－15 还可以看出，除澳大利亚、俄罗斯、乌克兰和罗马尼亚外，全球近半数的主要出口国大麦出口量与上年相比均出现小幅下降。

表 17-15　　2015~2019 年全球主要大麦出口国贸易情况

指标	年份	法国	俄罗斯	澳大利亚	阿根廷	加拿大	乌克兰	合计	占比（%）
出口量（万吨）	2015	753.47	529.50	519.23	154.20	131.34	462.95	2550.68	66.56
	2016	586.83	286.25	580.86	322.74	120.73	480.17	2377.58	67.72
	2017	565.50	463.21	886.09	256.45	191.74	485.53	2848.51	71.98
	2018	619.62	544.17	612.34	258.77	223.87	359.75	2618.51	71.65
	2019	717.19	394.07	287.23	251.75	218.34	234.88	2103.46	67.72
出口额（百万美元）	2015	1565.54	944.29	1308.45	348.78	354.59	768.52	5290.18	67.62
	2016	1064.94	424.39	1131.06	599.70	293.36	665.94	4179.39	62.94
	2017	1006.41	731.64	1618.50	456.49	409.31	710.55	4932.89	63.97
	2018	1325.96	1024.20	1392.42	537.09	527.40	681.92	5489.00	73.93
	2019	1494.53	763.62	724.94	587.56	527.42	449.58	4547.64	69.62

资料来源：联合国粮农组织数据库 2020 年 12 月数据。

从我国看，如前所述，中国大麦贸易以进口为主，目前已经成为全球最大的大麦进口国。中国进口的大麦主要是供酿造用的啤酒大麦。据 FAO 数据，从进口量看，2010~2019 年，除 2011 年外，其他年份中国大麦年进口量均在 200 万吨以上，2014 年以来我国大麦年进口量开始大幅增加，历年均保持在 500 万吨以上，约占同期世界进口总量的 16% 以上，2015 年最高时进口量超过 1000 万吨、全球占比超过 30%（见表 17-16）。

表 17-16　　2010~2019 年中国大麦国际贸易情况

指标	2010 年	2011 年	2012 年	2013 年	2014 年	2015 年	2016 年	2017 年	2018 年	2019 年
进口量(万吨)	236.72	177.55	252.77	233.52	541.33	1073.20	500.49	886.35	681.54	592.88
进口量占比(%)	9.33	7.23	9.14	7.74	17.05	30.02	14.74	22.59	19.74	18.92
进口额(百万美元)	536.13	612.41	781.23	798.58	1573.84	2859.42	1141.94	1816.27	1690.39	1561.31
进口额占比(%)	9.60	8.25	9.25	8.49	18.52	33.78	17.20	23.55	22.77	21.16
出口量(吨)	13412.00	6279.00	4581.00	1074.00	115.00	63.00	35.00	62.00	61.00	293.00
出口额(万美元)	403.10	229.80	189.70	46.90	11.10	8.20	7.20	9.80	9.30	12.90

资料来源：联合国粮农组织数据库 2020 年 12 月数据。

从进口来源地来看，2000 年以来，从澳大利亚、法国、加拿大进口的大麦占我国大麦进口总量和进口总额的 95% 以上，这种格局十几年来几乎没有变化，其中自澳大利亚进口的比例逐步增加，2014 年已占我国大麦进口总量的 71.63%、进口总额的 71.14%。进口来源地的高度集中使得我国大麦进口受出口国产量的影响较大（刘慧等，2015）。

从中国大麦进口目的地地区来看，2017 年进口量前十省市分别是江苏、广东、辽宁、山东、广西、浙江、河北、福建、湖南和江西。其中，江苏省进口量为 320.05 万吨，位居榜首。广东和辽宁大麦进口量分别排名第二和第三，进口数量分别为 221.86 万吨 90.93 万吨①。

长期以来我国大麦出口量非常少，属于调节性贸易活动，大麦出口贸易量和贸易额及其全球占比均微不足道。中国大麦主要出口去向地为美国和马来西亚。2007～2010 年，中国大麦出口量超过 1 万吨，从 2011 年起再次低于 1 万吨，2014 年仅为 115.1 吨。2017 年我国大麦出口量为 61.7 吨，与 2016 年同期相比，增长了 76.7%；出口金额为 9.8 万美元，同比增长 35.58%，增长速度比出口量慢。2012 年以后我国大麦出口量总体呈下降的趋势，2016 年为历年来最低值仅 35 吨②，此后略有增长，但是到 2019 年也不足 300 吨。

五、云南麦类产业发展存在的问题

（一）云南小麦产业发展存在的问题

综合上述分析结果，近年来，云南的小麦种植面积约占全国的 1.4%～1.5%，总产量和总产值约占全国的 0.6%，单产水平仅为全国 40%，不仅与全国和国内主产区的平均单产差距逐步拉大，而且也低于云南小麦的历史单产水平。总体上云南小麦发展存在的问题主要有以下几方面。

一是小麦种植的自然生产条件越来越差。冬春干旱少雨且地表蒸发量远大于降水量，而云南的绝大多数小麦又种植在无灌溉条件、土壤肥力相对较差的山坡地，基本的栽培技术（如肥、水管理）都难以实施，导致云南小麦单产水平低而不稳，因此干旱缺水是云南小麦生产发展的首要制约因素（何金宝，2019）。

二是总体加工品质较差，生产与加工脱节。小麦的加工品质主要决定于品种的遗传特性，其次是配套优质栽培技术和生态条件。目前云南的优质专用品种极少且种植分散，省内不同麦区农户种植的品种多、乱、杂；小麦生长期间干旱缺水制约了优质栽培技术的实施，即使有优质专用品种，也难以形成区域化、专业

①② 2017 年中国大麦进出口数据分析：全年出口量增长 76.7%［EB/OL］. 中商情报网，2018-04-01.

化、规范化种植，导致自产小麦的品质不稳定、加工品质普遍较差，不能满足专业面粉加工企业的要求，生产与加工脱节。

三是面粉加工和食品加工企业规模小而分散。尽管云南省有约50个面粉加工企业和300多个面制品食品加工企业，但只有保山永吉食品有限公司的“聚友”小麦粉连续于2004年、2007年、2010年、2013年被评为云南名牌，通海的“杨广”面条在省内有一定知名度。因此与省外小麦主产区相比，云南与小麦相关的整个加工业规模小、缺龙头企业、缺品牌。

（二）云南大麦产业发展存在的问题

根据上述分析结果，2014年以来，云南的大麦种植面积占全国的比重从20%上升到2018年的37.45%，排名第1，总产量和总产值占全国的比重从16%上升到30%以上，排名全国第2位，平均单产也仅低于江苏居第2位，但云南大麦发展依然存在着较多问题，主要有以下几方面。

一是专用型大麦缺少规模专业化生产。从目前云南大麦的用途来看，大部分用作饲料，而用作生产啤酒的专用大麦相对较少，只占总产的1/4左右。云南已成为中国主要的啤酒生产大省，近年来国内以及与云南省邻近的东南亚各国的啤酒产业对啤酒大麦的需求量不断提高，虽然近年来有些啤酒生产商已建立自己的大麦生产基地，但远不能满足生产需求，随着啤酒工业的扩张，这一供需将会缺口越来越大。

二是大麦比较收益低，产业竞争激烈。大麦相比其他作物成本相对偏高，而市场价格相对偏低，从经济效益上讲，大麦种植不如玉米杂交制种，农民因此调整种植结构，导致大麦播种面积不断下降。

第二节　云南麦类产业的比较优势及发展对策

一、云南麦类比较优势概述

从云南在南方麦区所处的自然条件和省内外市场的需求等方面看，优质专用麦类仍有一定的产业优势，主要体现在以下几方面。

一是自然生态优势。云南麦区虽被笼统地划归南方麦区，但与苏、鄂、川、渝、黔等典型的南方麦区相比，滇北和滇中麦区小麦生长期间和自然条件（温、光、水）

更接近于黄淮北部强筋、中筋麦区，也与美国中、南部和澳大利亚南部麦区相似，而与我国南方麦区明显不同，光温条件好、降雨量少，只是土壤肥力稍差、海拔较高，因此农业农村部在《中国小麦品质区划方案（试行）》中确定云南“也可发展弱筋或部分强筋小麦”（唐开学等，2005）。云南省是中国啤酒大麦的高产区，立体气候不仅适宜四季种植大麦，而且具有生产高品质啤麦的自然气候条件，光质好、昼夜温差大，有利于大麦的籽粒形成和生长，丰富的光热水资源使大麦生长为籽粒饱满均匀、成熟度好、色泽浅、无霉味和发芽势强等特征的优质啤酒大麦。

二是田麦是优势麦区。尽管云南小麦平均单产较低，但田麦单产水平高、稳产性好，可与全国任何高产麦区相比，如早在20世纪90年代，保山坝0.8万公顷田麦的平均单产就已接近6000千克/公顷；而且田麦一般地势平整，土壤肥力较好，施肥水平也较高，由于有灌溉条件，可根据小麦的生长发育和品质的需要进行肥水调控，因此利于组织区域化、规模化、规范化的优质专用小麦生产。地麦面积大，因受灌溉条件的制约，加上小麦生长期间正处于干季，其亩产值和效益远不如田麦。但受自然条件限制，目前还找不到其他作物来代替，因此种植小麦，既可作为专用小麦的补充，同时也是云南省粮食总量的重要组成部分。

三是交通区位优势。与云南毗邻的东南亚国家如越南等国，因自然条件的限制，很少有或基本无麦类种植，如越南近年来就一直进口中国北方麦区的小麦。与北方麦区相比，云南在运输成本上优势明显（何金宝，2019）。云南旅游业发达，流动人口多，啤酒消费处于快速增长期，与云南毗邻的越南、缅甸等国的啤酒工业落后，但消费量大，与从西北产区运输大麦相比，云南有着明显的区位优势（李国强，2006）。

此外，由于云南麦类的种植管理粗放，受干旱缺水的制约，肥水投入比国内主产区少，多数麦类种植区除播种时施肥外，其他时期少有追肥，整个生育期普遍无灌水，因此云南麦类生产的总成本低于国内和主产区的平均水平。

二、云南小麦区位熵测度

从表17-17可知，2010~2019年云南小麦生产的区位熵指数在0.21~0.37之间，表明从区位熵的角度看，云南的小麦产业相对于全国没有比较优势，竞争力很弱，与云南省小麦面积小、产量低，尤其是单产仅为全国40%导致产值低等情况基本吻合。

表 17－17　　2010～2019 年云南小麦区位熵测度

年份	云南			全国			区位熵
	小麦产值（亿元）	生产总值（亿元）	比例（%）	小麦产值（亿元）	生产总值（亿元）	比例（%）	
2010	8.7	7224.2	0.12	2353.3	412119.3	0.57	0.21
2011	16.8	8893.1	0.19	2482.5	487940.2	0.51	0.37
2012	18.9	10309.5	0.18	2641.0	538580.0	0.49	0.37
2013	18.5	11832.3	0.16	2891.6	592963.2	0.49	0.32
2014	16.5	12814.6	0.13	3076.9	643563.1	0.48	0.27
2015	15.8	13619.2	0.12	3131.5	688858.2	0.45	0.26
2016	16.5	14788.4	0.11	2925.8	746395.1	0.39	0.28
2017	13.7	16376.3	0.08	3182.9	832035.9	0.38	0.22
2018	19.3	20880.6	0.09	3044.3	919281.1	0.33	0.28
2019	19.4	23223.8	0.08	3114.5	990865.1	0.31	0.27

资料来源：根据国家统计局网站 2020 年 12 月数据和 2011～2020 年《中国农村统计年鉴》数据计算。

采用相同的方法测算云南大麦生产的区位熵结果如表 17－18 所示。

从表 17－18 可知，2010～2018 年云南大麦生产的区位熵指数从 3.26 上升到 13.41，总体呈现上升趋势，表明从区位熵的角度看，云南的大麦产业在全国有较强的比较优势和竞争力，与云南属于全国大麦主产省，其播种面积和产量分居全国第 1 位和第 2 位，均处于全国优势地位的情况高度吻合。

表 17－18　　2010～2018 年云南大麦生产区位熵测度

年份	云南			全国			区位熵
	大麦产值（亿元）	生产总值（亿元）	比例（%）	大麦产值（亿元）	生产总值（亿元）	比例（%）	
2010	2.34	7224.2	0.0324	40.99	412119.3	0.0099	3.26
2011	4.24	8893.1	0.0477	39.03	487940.2	0.0080	5.96
2012	3.81	10309.5	0.0369	29.48	538580.0	0.0055	6.74
2013	3.79	11832.3	0.0320	28.40	592963.2	0.0048	6.69
2014	3.97	12814.6	0.0310	24.84	643563.1	0.0039	8.02
2015	4.50	13619.2	0.0331	26.82	688858.2	0.0039	8.50
2016	3.64	14788.4	0.0246	16.10	746395.1	0.0022	11.42
2017	3.63	16376.3	0.0222	14.11	832035.9	0.0017	13.09
2018	3.58	20880.6	0.0171	11.75	919281.1	0.0013	13.41

资料来源：根据国家统计局网站 2020 年 12 月数据和 2011～2019 年《中国农村统计年鉴》数据计算。

三、云南麦类的比较优势定量分析

（一）效率比较优势指数

效率比较优势有多种表达方式，基于现有数据基础，本章选取了两种方式对麦类的市际、省际以及国别比较优势进行了计算分析。

1. 效率比较优势指数

利用云南省及全国平均的小麦单产数据等对云南省的小麦效率比较优势指数（EAI）进行计算，结果如图 17－10 所示。

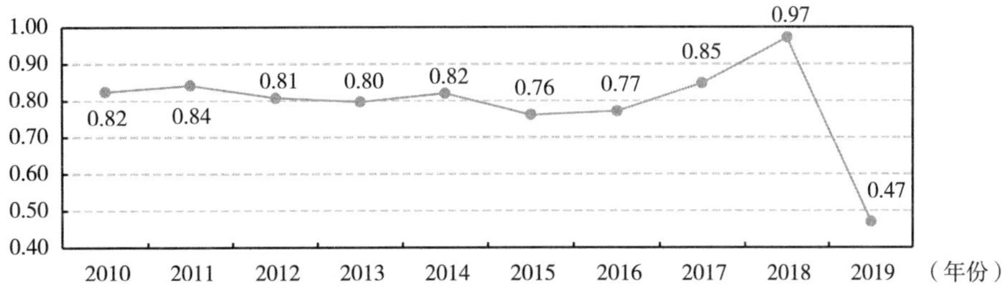

图 17－10　2010～2019 年云南相对于全国小麦 EAI 指数

资料来源：根据国家统计局网站 2020 年 12 月相关数据计算。

由图 17－10 可看出，分析年间，云南省小麦的单产相对全国不具有比较优势，各年份 EAI 指数均低于 1，多在 0.8 上下浮动，相对于粮食来说，小麦的生产效率仍有待提高。2018 年 EAI 指数达到峰值 0.97 之后，2019 年下降到 0.47 的最低水平，小麦生产效率相对劣势的情况逐步加剧。

同样地，我们对云南省的大麦 EAI 指数也进行了计算，结果如图 17－11 所示。

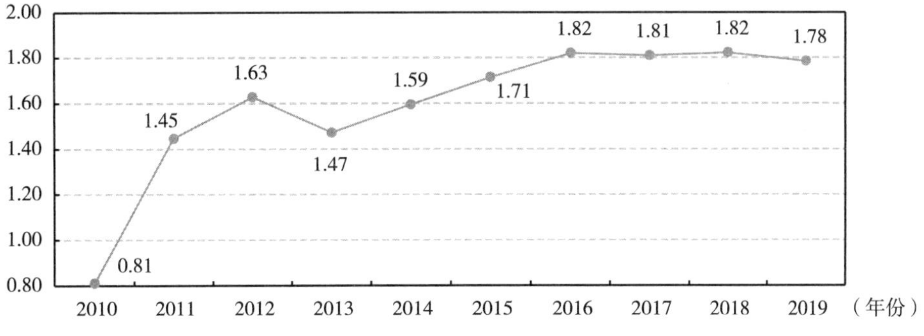

图 17－11　2010～2019 年云南相对于全国大麦 EAI 指数

资料来源：除 2016～2019 年大麦采用国家现代产业技术体系提供数据外，其他数据来源于国家统计局网站。

由图 17 - 11 可看出，2010 ~ 2019 年云南大麦的 EAI 指数均大于 1，呈逐年上升趋势，表明云南省大麦的单产相对全国具有比较优势，且优势逐渐明显。

2. 单产优势指数

对云南省与周边邻国（泰国）以及云南省各市的小麦单产效率进行计算分析，结果如图 17 - 12 所示。

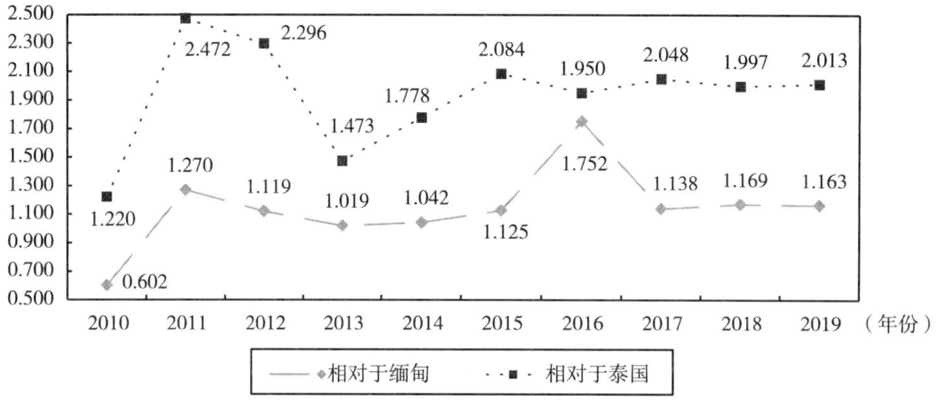

图 17 - 12　2010 ~ 2019 年云南省相对缅甸和泰国的小麦单产优势指数

资料来源：根据 FAO（缅甸和泰国）及国家统计局网站（云南）相关数据计算。

由图 17 - 12 可以看出，相对于周边的缅甸和泰国，云南省的小麦单产水平比较高，具有明显的比较优势，2010 年相对缅甸的指数小于 1，主要因为 2010 年的特大干旱小麦单产下滑。

表 17 - 19 是 2014 ~ 2019 年云南省各州（市）的小麦单产比较优势指数，可以清晰地看出各市与云南省平均之间的比较优劣势还是有较大差距，相对而言，丽江、楚雄、保山和大理等地理位置处于云南西北部的几个地区在部分或全部年份均有单产比较优势。

表 17 - 19　2014 ~ 2019 年云南各州（市）小麦单产优势指数

州（市）	2014 年	2015 年	2016 年	2017 年	2018 年	2019 年
昆　明	1. 115	1. 183	1. 324	1. 170	1. 169	1. 172
曲　靖	0. 993	1. 116	1. 231	1. 067	1. 038	1. 041
玉　溪	1. 071	1. 093	1. 264	1. 135	1. 195	1. 089
保　山	1. 482	1. 460	1. 727	1. 554	1. 572	1. 538
昭　通	0. 782	0. 748	0. 859	0. 804	0. 785	0. 796
丽　江	1. 437	1. 399	1. 568	1. 406	1. 622	1. 529

续表

州（市）	2014 年	2015 年	2016 年	2017 年	2018 年	2019 年
普　洱	0.860	0.841	0.963	0.892	0.858	0.861
临　沧	0.746	0.729	0.837	0.767	0.732	0.724
楚　雄	1.337	1.313	1.501	1.349	1.327	1.320
红　河	0.931	0.899	1.057	0.926	0.895	0.928
文　山	0.730	0.722	0.826	0.735	0.711	0.716
西双版纳	0.973	1.292	2.069	N	N	N
大　理	1.408	1.390	1.652	1.487	1.432	1.414
德　宏	0.999	1.028	0.996	0.979	1.611	2.047
怒　江	0.502	0.522	0.516	0.459	0.816	0.747
迪　庆	1.015	1.028	1.021	0.914	1.392	1.378

资料来源：根据《云南统计年鉴》数据计算，2017～2019 年西双版纳无面积数据。

（二）规模比较优势指数

相类似的，规模比较优势的测算也有多种途径，此处基于数据，选取最为合理的 SAI 指数进行了测算分析。

由图 17－13 可以直观看出，2008 年以来，云南省小麦的种植面积相比全国平均来说一直处于比较劣势，SAI 指数总体处于不断下降趋势，自 2008 年的 0.471 下降至 2019 年的最低点 0.386。可以大体判断的是，云南省小麦种植面积在全省农作物中的份额越来越小，规模比较劣势愈发严重。

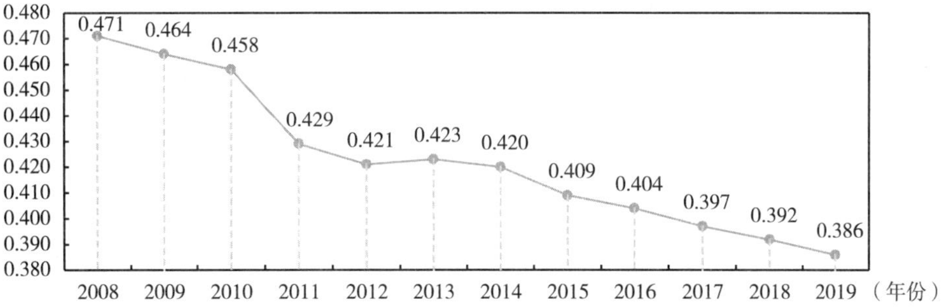

图 17－13　2008～2019 年云南相对于全国小麦 SAI 指数

资料来源：根据《云南统计年鉴》及《中国统计年鉴》相关数据计算。

由图 17－14 可以看出，2009～2019 年大麦的 SAI 指数均大于 1 且总体处于波动上升趋势，说明云南省大麦的种植面积在全国一直处于比较优势。

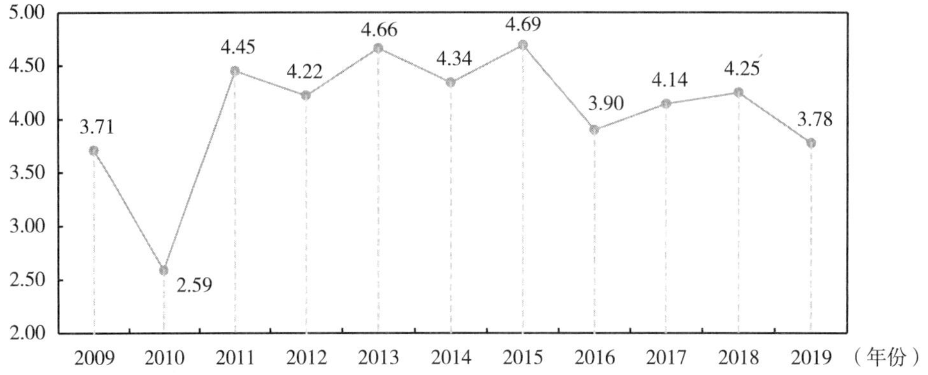

图 17 –14　2009 ~2019 年云南相对于全国大麦 SAI 指数

资料来源：根据国家统计局网站相关数据计算，2016 ~2019 年数据由国家产业技术体系提供。

2013 ~2019 年云南省各州市小麦生产 SAI 指数如表 17 –20 所示。从表中数据来看，各州（市）之间还是有较大差别的，西双版纳的最小，基本都在 0.005 以下，而昆明、曲靖、昭通、临沧、楚雄、红河和文山相对较大，均在 1 以上，在小麦种植上有着规模相对比较优势，从地理位置看，基本分布在云南中轴偏东的位置。

表 17 –20　　　　2013 ~2018 年云南各州（市）小麦 SAI 指数

州（市）	2013 年	2014 年	2015 年	2016 年	2017 年	2018 年	2019 年
昆　明	1.290	1.281	1.294	1.306	1.383	1.405	1.461
曲　靖	1.465	1.491	1.386	1.414	1.580	0.794	0.774
玉　溪	0.631	0.622	0.622	0.605	0.644	1.576	1.487
保　山	0.553	0.520	0.483	0.462	0.484	0.472	0.439
昭　通	2.033	1.898	1.674	1.649	1.623	0.723	0.645
丽　江	0.672	0.664	0.658	0.584	0.613	1.130	1.145
普　洱	1.101	1.162	1.154	1.153	1.183	0.974	0.977
临　沧	1.724	1.710	1.667	1.691	1.740	1.410	1.424
楚　雄	1.446	1.478	1.499	1.519	1.626	2.148	2.060
红　河	1.527	1.512	1.507	1.531	1.572	0.899	0.895
文　山	2.094	2.143	2.195	2.094	2.168	1.012	1.017
西双版纳	0.005	0.005	0.001	0.002	0.003	0.011	0.000
大　理	0.697	0.724	0.706	0.693	0.707	0.689	0.691
德　宏	0.193	0.162	0.102	0.111	0.090	0.156	0.138
怒　江	0.288	0.288	0.289	0.288	0.304	1.142	1.176
迪　庆	0.324	0.340	0.330	0.327	0.340	1.909	1.855

资料来源：根据《云南统计年鉴》相关数据计算。

（三）效益比较优势指数

效益比较优势指数（BAI）是某种农产品各区域减税纯收益与全国减税纯收益水平的比：

$$BAI_{ij} = \frac{I_{ij}}{I_j}$$

其中，I_{ij}为 i 区第 j 种作物的减税纯收益，I_j 为全国第 j 种作物的平均减税纯收益。

效益比较优势的大小反映了第 i 地区第 j 种农作物种植效益的比较优势：当数值大于 1 时，代表其效益比较优势大于全国平均水平，且数值越大，效益比较优势越大；当数值小于 1 时，代表其效益比较优势低于全国平均水平，且数值越小越处于效益比较劣势；当数值等于 1 时，代表其效益比较优势等于全国平均水平，即该地区该农作物种植效益既没有比较优势，也没有比较劣势。

当然，该方式只有当分子分母同时为正时才有意义，鉴于近年来全国和云南数据大多是负数，因此直接列出 2014 ~ 2019 年《全国农产品成本收益统计资料汇编》中全国和云南省小麦亩均净利润数据，结果如表 17 – 21 所示。

从表 17 – 21 可以看出，分析年间，全国小麦进入了亏损和微利时代，而 2014 年开始，云南小麦生产进入大幅亏损时代，亩均亏损在 500 元左右，与全国的差距常年在 400 元以上。与全国相比云南小麦生产效率低，近年来单产仅为全国平均水平的 40% 左右。

表 17 – 21　　2013 ~ 2018 年中国及云南小麦效益数据　　单位：元/亩

指标	2013 年	2014 年	2015 年	2016 年	2017 年	2018 年
全国	-12.78	87.83	17.41	-82.15	6.10	-159.41
云南	174.89	-457.05	-463.11	-551.85	-416.66	-496.45
云南比全国	187.67	-544.88	-480.52	-469.70	-422.76	-337.04

资料来源：根据 2014 ~ 2019 年《全国农产品成本收益统计资料汇编》相关数据计算。

（四）需求收入弹性系数

需求收入弹性系数是衡量区域农产品市场比较优势的重要指标之一，它是指在价格和其他条件不变的情况下，需求量的变动与收入变动之比，它反映了需求因素对产业结构的影响。

根据图 17 – 15，分析年间，除 2015 年有所反弹外，云南省小麦的需求收入弹性总体处于下降趋势，近两年更是变成了负值，反映出云南小麦因生产效率和效益低下，导致其比较优势下降，在未来的市场上占有率会越来越低，当然粮食需求收入弹性系数的减小也是社会发展的一般规律，侧面反映出云南省整体社会的进步。

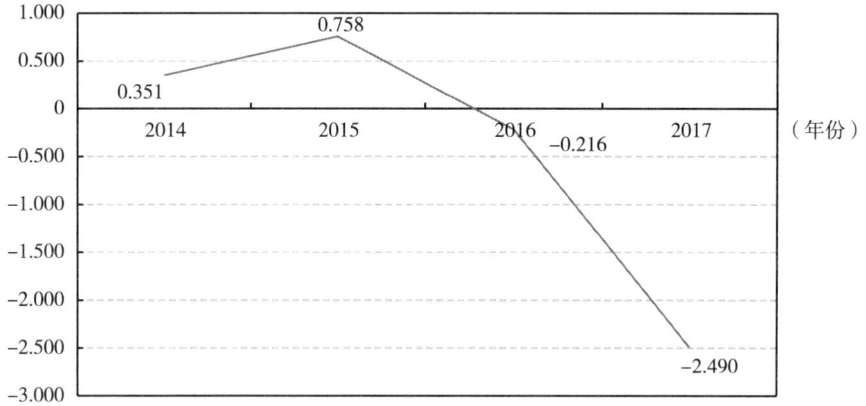

图 17-15　2014~2017 年云南相对于全国小麦需求收入弹性系数

资料来源：根据《云南统计年鉴》及《中国统计年鉴》相关数据计算。

四、云南省小麦生产效率测算

小麦生产效率测算理论模型和经验模型与本书第十四章对水稻的测算相同，此处不再赘述。

（一）数据来源

本章估计前沿生产函数的产品投入和产出数据来自国家发展和改革委员会价格司编写的《全国农产品成本收益资料汇编》（历年）以及云南省统计局的各市调查数据，利用平衡面板数据方法估计。投入和产出选择了数据相对较为完整的农产品主产省份的资料。投入要素中，劳动投入是每亩用工量，单位是工日/亩；土地投入是每亩土地成本，包括流转地租金和自营地折租，单位是元/亩；种子投入是每亩种子金额，单位是元/亩；化肥投入是每亩化肥折纯用量，单位是公斤/亩；机械投入是每亩机械作业费，单位是元/亩。产出用单产度量，单位是千克/亩。

由于云南省各州市大麦无生产效率相关统计数据，因此本节无法对云南省各州市小麦的需求收入弹性以及生产效率进行分析。

（二）结果分析

1. C－D 生产函数估计

表 17－22 是随机前沿生产函数模型的估计结果，极大似然检验值（LR）表明，本章采用的柯布道格拉斯生产函数能够很好地反映中小麦生产的投入产出关系。其中，土地、劳动力、种子、化肥和机械五种投入要素中，机械的系数最显著，且产出弹性最大，这表明机械对小麦的产量最为重要，意味着机械投入增长 1%，可促进小麦产量上升约 0.289 个百分点。

表 17－22　　　　随机前沿生产函数模型估计结果

系数	估计值	标准误	t 值
产量	1.729	0.266	6.506
土地	0.152	0.043	3.540
劳动力	－0.074	0.075	－0.988
种子	－0.123	0.111	－1.104
化肥	0.089	0.044	2.021
机械	0.289	0.111	2.606
sigma－squared	0.017	0.033	0.501
gamma	0.960	0.082	11.756
LR	58.311		

2. 技术效率测算

表 17－23 为 2013～2017 年小麦主产省份及云南省的技术效率测算结果。从表中 5 年技术效率平均值看，技术效率最高的为江苏省，最低的为云南省。因此可以看出单纯考虑生产技术效率的话，云南省在全国小麦的生产中也处于劣势。

表 17－23　　　　2013～2017 年小麦主产省技术效率

省份	2013 年	2014 年	2015 年	2016 年	2017 年	平均值
河北	0.986	0.987	0.988	0.988	0.989	0.988
山西	0.891	0.897	0.902	0.907	0.912	0.902
内蒙古	0.901	0.906	0.911	0.916	0.920	0.911
黑龙江	0.843	0.851	0.858	0.865	0.872	0.858
江苏	0.988	0.989	0.990	0.990	0.991	0.990
安徽	0.986	0.987	0.988	0.988	0.989	0.988

续表

省份	2013 年	2014 年	2015 年	2016 年	2017 年	平均值
山东	0.979	0.980	0.981	0.982	0.983	0.981
河南	0.985	0.986	0.987	0.988	0.988	0.987
湖北	0.967	0.969	0.971	0.972	0.974	0.970
四川	0.869	0.875	0.882	0.888	0.894	0.881
云南	0.788	0.798	0.808	0.818	0.827	0.808
陕西	0.966	0.968	0.969	0.971	0.973	0.969
甘肃	0.878	0.884	0.890	0.896	0.901	0.890
宁夏	0.893	0.898	0.903	0.908	0.913	0.903
新疆	0.953	0.956	0.958	0.960	0.963	0.958

由图 17－16 可以看出，云南省小麦生产的技术效率变化率在逐年下降，即增速递减。

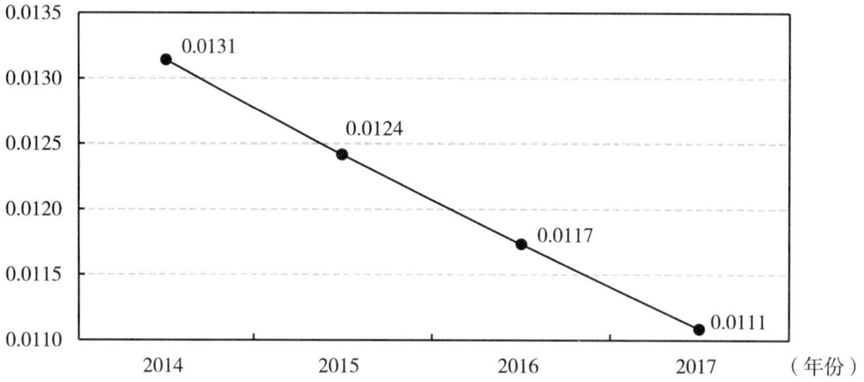

图 17－16　云南省小麦生产技术效率变化率

五、云南发展麦类产业的优劣势总结

云南山地占国土面积的 94%，麦类生长的冬春季节干旱少雨缺水，在山区、半山区除种植较耐旱、耐瘠的麦类外，其他作物很难种植，同时大麦、小麦也是一种粮饲兼用型作物，因此虽经多年种植业结构调整，目前麦类仍是云南小春不可替代的第一大粮食作物，年种植面积维持在 750 万～780 万亩，预计今后一段时期，云南的麦类面积将稳定在 720 万亩左右。

目前，云南麦类产业发展的劣势，主要有以下四个方面：一是麦类生产水平和农户种植小麦的效益受干旱少雨缺水的制约；二是麦类主要种植在山区、半山区，不利于通过提高机械化水平来提高生产效率；三是优质专用品种少，优质专用麦类生产缺乏组织化、区域化、专业化、规范化，同时也缺乏优质优价政策扶持和引导，导致生产与加工、市场需求严重脱节，麦类商品化率低；四是与小麦相关的面粉加工业、食品加工业欠发达，相关企业规模小、加工技术和工艺水平不高，生产的专用粉品种少，缺少知名品牌和龙头企业。

同时，云南发展麦类产业也存在一些明显的优势。主要体现在以下三方面。

云南麦类单产提高潜力大。尽管云南的麦类单产平均水平较低，但云南麦类生长的11月至次年5月，是云南全年中温光条件最好的半年。早在1995年祥云县即创造了我国冬小麦3.9亩平均965.8千克/亩的最高单产纪录；20世纪90年代保山坝10万亩小麦平均单产已达到400千克/亩；现有育成品种的产量水平已是生产水平的4倍以上。而云南的大麦在2016年亩产突破了745千克，到2018年再创新高，亩产达到了756.6千克。因此如能改善麦类种植的工程性缺水问题，云南麦类的单产水平和单位面积产值必将得到大幅度提升。

云南有生产各种优质专用麦类的自然条件。如前所述，在1992年农业部举办的“中国首届面包小麦品种品质鉴评会”上，昆明市晋宁县农户种植的小麦品种“云麦33号”被评为全国18个优质面包小麦品种之一，制作的面包评分优于香港金象粉、美国小麦和加拿大小麦；“云麦33号”是云南省农业科学院粮食作物研究所选育、1985年通过云南审定的品种，此后又相继育成优质强筋小麦品种“云麦57号”等、优质中筋小麦品种“云麦52号”等、优质弱筋小麦品种“云麦47号”等，证明云南的气候条件不仅可以选育优质强筋、中筋、弱筋小麦品种，而且完全可以生产优质强筋、中筋、弱筋小麦原料。云南省农业科学院粮食作物研究所与保山市农科所共同选育的一个啤饲兼用型大麦新品种云大麦2号，早在2009年亩产就达到了720.8千克，刷新了全国百亩连片大麦平均亩产和大麦最高单产纪录。大麦品种“云啤2号”“S－4”“澳选3号”在云南腾冲、玉龙、香格里拉等地建立6个大麦高产创建示范基地，均获得较高产量，辐射带动作用明显。

云南和南亚东南亚地区对优质麦类面制品和啤酒大麦日益增长的需求将成为推动云南麦类产业提质增效的驱动力。云南省内，随着城乡人民生活水平的不断提高，膳食结构日趋多样化，加上云南每年接待近4亿人次海内外游客，对优质面制品，包括面包、面条、馒头、包子、糕点、饼干、啤酒等的消费必将日益增加；在南亚东南亚地区，随着云南在国家“一带一路”倡议中的作用和地位的不断提升，云南独特的区位优势为省内面粉加工业和食品加工业提供了更广阔的市场。这些对云南的麦类生产和产业发展，既是挑战也是机遇。

从对云南省各市的小麦生产效率指数测算分析来看，德宏等几个分布在云南西北部的市具有单产比较优势，昆明等几个处在云南省中轴线偏东线上的地区具有小麦生产的规模相对比较优势，建议未来在小麦生产的规划布局方面，综合规模和单产比较优势，将小麦种植优先集中在这些地区，发挥地区比较优势，提高小麦生产效率。

从小麦生产函数来看，小麦这一要素的产出弹性较高且较为显著，因此有必要增加机械的单位面积投入，提高农机使用效率，增加对小麦生产的农机购置补贴投入，这有助于提高小麦的单位产量。对于其他不显著的要素，有必要优化资源配置，从而减少不必要的要素投入，实现生产的节本增效。

对全国小麦主产省的技术效率测算来看，云南省小麦生产的技术效率较低，相比主产省不具备比较优势。从2013～2017年云南省技术效率的变化来看，基本呈现递增态势，但增速变缓。这说明要进一步增加科技投入，发展小麦生产技术，使用更为适合云南省小麦的生产技术，实现技术进步驱动单产增长。

六、推进云南麦类产业转型升级发展的建议

（一）加大麦类生产和科研财政投入，坚守麦类安全生产，保障粮食安全

确保粮食安全的重点是要提高粮食的综合生产能力，实现“藏粮于地”“藏粮于技”。为保障云南省粮食安全，实现麦类安全生产，今后政府要高度重视粮食生产，并加大云南省麦类生产和科研财政投入力度，支持种质资源开发、品种培育、关键技术及标准研发；支持麦类育种创新、种子生产加工等条件能力建设；加大成果转化资金投入，增强云南省麦类生产发展动力活力。

（二）加快推进麦类产业核心技术的创新和集成应用

逐步改变云南麦类栽培技术方面研究和投入较少、重品种轻栽培管理的生产现状，充分挖掘“品种潜力”“技术潜力”，有效发挥整合优势。根据全省麦类优势区域布局和各地的生产条件，以高产、优质、高效、生态、安全为发展目标，创新和推广具有明显支撑作用和较大带动作用的麦类关键技术（徐家万等，2017）。

（三）加快推进麦类的产业化经营

重点扶持有规模、上档次、带动能力强的麦类龙头企业，在税收、贷款和技术改造等方面给予优惠，发挥企业的推动作用，积极培育农民专业合作组织和各类中介服务组织，大力发展订单生产，引导龙头企业与优势区农民建立利益共享、风险共担的合作关系，按照依法、自愿、有偿的原则，扶持壮大麦类优势区专业合作经济组织，不断提升麦类产业化水平（徐家万等，2017）。

第三节　云南麦类产业经济体系简况

一、生产组织形式

（一）基本情况

据笔者 2016～2017 年的调查，云南的麦类生产完全是以家庭为单位的自发、分散式种植方式，受机械化水平低、家庭劳动力普遍不足等的局限，种植规模小到不足 1 亩，大的一般不超过 10 亩，生产的麦类大都自产自销。尽管全省各县市都相继成立了各种专业合作社，但无一专门从事麦类生产。

（二）存在的问题

现有麦类生产组织形式存在以下主要问题：一是品种多、乱、杂，即使有优质专用品种，栽培管理水平千差万别，生产出来的麦类原料的加工品质差异大且不稳定，极不利于优质专用麦类生产；二是投入低、栽培管理粗放，不利于先进实用技术的推广，单产水平低而不稳，单位生产效率和效益低；三是产销信息不畅，商品化率低。

（三）建议

一是制定配套扶持政策，推进土地流转，鼓励农户或合作社通过扩大种植规模，提高效益；二是加强对种粮大户的政策性扶持，改革种粮补贴方法，按实际种粮面积结合粮食产量进行补贴。

二、生产基地建设

（一）基本情况

目前云南尚无专门从事小麦生产的基地。今后云南能否出现小麦生产基地，关键取决于生产基地的产出效益，这又与生产条件的改善、组织化程度、云南加工业的发展情况、云南的优质专用小麦生产政策、优质专用品种的供给等因素有关。

（二）存在的问题

云南大麦虽有啤酒生产商建立的专用啤酒大麦生产基地，但其产量远不能满足云南市场的需求，而散户种植的大麦绝大部分用于饲用或自食；与大麦相同之处是云南小麦也缺乏优质专用小麦原料生产基地，导致现有自产小麦中的绝大多数只能用作饲料转化，不能通过加工实现增值、延长产业链。另外，云南的加工企业所需的优质麦类原料又不得不大量从省外或国外调入。云南麦类的生产与加工、消费严重脱节。

（三）建议

一是加强农田水利设施建设，改善生产条件，解决制约麦类生产的首要瓶颈问题，为实现规模化种植、"藏粮于地"奠定基础。

二是加大对麦类种植的扶持力度，做好优质专用麦类（包括优质强筋、中筋、弱筋、蛋白质）生产区域化布局和规划，根据云南不同区域的自然条件，划分出不同的优质麦类原料生产基地，为组织优质专用麦类原料生产提供种植指南，也便于各类型加工企业根据需要采购原料。

三是加强培育面粉、啤酒等各类型加工龙头企业，根据企业对麦类原料的品质要求，初期由加工企业所在地的政府和农技部门组织农户通过"公司+农户""公司+基地+农户""公司+合作社+农户"等形式专业化生产优质专用麦类原料，产销对接，按订单生产；条件成熟后由产、需双方按市场规律运作。

四是改革品种审定标准和制度，引导育种单位选育适合生产和市场需求的早熟、优质专用新品种，品质优先，不片面追求产量，通过改良品种和规范生产，提高大麦类品质。

三、加工管理方式

（一）基本情况

除了作为饲料外，麦类必须通过加工才能作为“口粮”食用，国内外以麦类为原料可加工出成百上千种食品，促进了麦类产业的增值增效。加工包括加工成面粉的初加工和以面粉加工成各种面制品、麦片、食品的深加工。据不完全统计，云南省有48个面粉加工企业、21个面条生产企业、283个面包糕点加工企业，10余家啤酒生产企业，各种小麦粉、面制品加工作坊上千个。其中，除保山永吉食品有限公司的“聚友”小麦粉，通海县云南杨广红达食品有限公司的“杨广面条”，昆明嘉华食品有限公司的面包、糕点；云南大理啤酒有限公司的“风花雪月”系列啤酒、云南澜沧江啤酒企业（集团）有限公司的“澜沧江”啤酒等少数知名企业外，其余小麦面制品加工和啤酒生产企业普遍规模小而缺乏影响力。

（二）案例分析

1. 云南杨广红达食品有限公司与“杨广面条”

云南通海县杨广镇的“杨广面条”首创于清光绪二十年（1894年），已有120多年的历史。20世纪80～90年代，该镇面条加工企业、作坊迅速发展，到2007年该镇制面企业曾多达136家，年产量30余万吨，产值达6亿元，一度占据云南省60%的面条市场份额；但由于该镇绝大多数加工企业为家庭作坊式生产，技术含量低，面条质量良莠不齐，难以满足消费者的需求，同时省外面条企业凭借资源优势、价格优势不断占领云南市场。尤其自2007年起，国家淘汰不符合QS认证标准的面条企业，结果当时该镇只有四家企业通过QS认证，导致杨广面条在全省损失1/3的市场份额。

为振兴“杨广面条”，在县政府、县农村信用合作联社的支持下，该镇整合180户个体工商户，成立包括云南杨广红达食品有限公司在内的4家规模化面条企业，打造“面条航母”。其中云南杨广红达食品有限公司整合35户企业，引进国内一流生产设备，建成1条年产12.6万吨面粉生产线、4条年产5.6万吨面条生产线，实现了生产自动化、智能化，建成现代化的面条、面粉加工基地，生产加工方便食品、蔬菜面系列、杂粮面系列、鸡蛋面系列、大众面系列以及通用粉等，并获农业部颁发的《全国主食加工业示范企业》认证，线上线下同时销售。2016年该公司生产面粉3.1万吨、面条1.8万吨，实现销售额1.18亿元，成为云南省最大的面粉、面条生产企业。

同时通海县以面粉、面条、面制品加工为重点的食品加工业被列入该县“十三五”农业发展规划（2016—2020年）、县扶贫开发规划（2016—2020年）、县“十三五”新型工业化发展规划（2016—2020年）、通海县“十三五”信息化发展规划（2016—2020年），成为该县的支柱产业之一。

2. 昆明嘉华食品有限公司

该公司首先在昆明成立，品牌做强后再逐步向省内外扩展做大。生产经营的产品包括面包、蛋糕、中式点心等200多个中高端品种，其中云南的传统特色点心产品占比达到30%以上。公司坚持以健康美味的产品和优质服务，带给消费者以高品质的感受。在研发极富云南地方特色的“绿色、有机”鲜花饼时，为保障品质，建立了3000多亩玫瑰花种植基地；嘉华月饼已经是滇式月饼的代表，其品质和品牌影响力及产、销量持续稳居市场第一，连续多年被中国焙烤协会授予“中国名饼”等荣誉称号。经过近30年的发展，其营销网络覆盖全省，品牌门店数达200多家；同时公司建立了大规模、高标准的物流仓储、配送、冷链系统，上百台物流车全天候运转，将产品配送到全省各品牌门店。2012年起公司充分利用现代销售手段开展电子商务，网络销售渠道辐射全国，销售额每年翻倍。

嘉华食品有限公司是云南本土食品加工企业的成功典范，始终把发展和弘扬云南传统美食作为企业文化，通过不断创新，最终获得成功。

3. 各自成功的经验或失败的教训分析

云南杨广红达食品有限公司的主要成功经验是，即使是百年品牌，其生产、技术、投融资、销售等也必须走向产业化、工业化、品牌化、智能化，随着市场需求的变换创新技术、创新产品。相反，2007年前后杨广镇面粉面条加工业遭遇挫折的教训是，技术含量低、缺乏核心竞争力、家庭作坊式的加工企业迟早要被市场经济所淘汰。

昆明嘉华食品有限公司的成功经验是，根据人民生活水平提高对多种优质面制品（主要是各种面包、糕点、饼干）和中高档民族特色面制品消费日益的需求，利用现代加工设备，不断创新和改进加工工艺，加工出适销对路的优质面制品。

4. 归纳总结两种方式各自的利弊

云南杨广红达食品有限公司是由众多小型面制品加工企业和家庭作坊以股份制形式整合、转型升级而来，其优点是公司整合前各公司原有的资源，包括资金、加工工艺、特色产品、营销网络等，在转型升级后得到进一步优化，产品质量稳定、品牌竞争力进一步增强，成为现代企业。缺点是转型期需要淘汰一些旧设施设备，对入股的个体企业主在短期内是一种损失；同时需要增购增建新设施设备，增加额外投入，对新企业短期内是一种负担；此外也减少了大量就业人员。但从长远看，利远大于弊。这种方式对云南现有的众多中、小型面粉加工企业和其他地州的面条加工企业以及面包糕点加工企业等都极具示范、引导价值。

昆明嘉华食品有限公司是另一种方式，首先在昆明市做强品牌，再逐步向地州扩展，做大品牌，对新食品加工品牌的创立具有示范价值。有利之处是品牌发展过程中几乎没有挫折，弊端是市场和品牌发展相对较慢，品牌培育相对较难。

（三）存在的问题

一是由于自产小麦加工品质大多不符合加工要求，导致云南省加工企业所需主要加工原料（小麦或面粉）大多依赖外调的问题，导致产品成本、价格易受外部供给条件的影响；二是对云南省小麦生产的带动作用不明显；三是云南省还有大量中小型面粉加工、面条加工和面包糕点加工企业需要整合、转型升级。

（四）建议

一是相关政府主管部门通过改进相关政策、制度，引导科研单位选育出优质专用品种，引导农户生产出符合面粉加工企业和面制品加工企业需求的小麦原料；二是引导各类加工企业转型升级，扶持和培育食品加工龙头企业及知名品牌。

四、市场营销

（一）基本情况

目前在云南麦类生产环节，暂无市场营销从业人员和相关策略；在面粉加工环节，各企业创名牌的意识很薄弱，大多数企业根本没有自己的品牌。从2003～2016年云南名牌产品目录中，与麦类产业相关的只有保山“聚友”小麦粉、通海的“杨广面条”、昆明的“云腿月饼”。多数加工企业的产品只是在企业所在地域的小范围销售，量小、规模小、竞争力差、品牌影响力弱。

（二）存在的问题

一是麦类相关产品加工企业品牌意识极弱，产品市场认可和知名度极差；二是营销方式落后，产品大多只在本地有一定销量，制约了企业做强做大，整体效益不高。

（三）建议

一是加强对麦类相关加工企业、作坊的食品安全管理和整顿，加强品牌意识，按照国家相关食品安全和质量认证要求进行生产；二是加强对相关企业从业人员的市场营销培训。

五、投（融）资

（一）基本情况

目前云南麦类生产环节的投资主体有两个：一是麦类种植农户，二是国家的种粮相关补贴。云南一般每亩补贴 130 元，除此之外，没有其他主动投资方。

（二）存在的问题

一是受生产条件普遍较差（制约单位面积产量和产值）、商品率低（加工品质大多达不到面粉厂的要求）、种植规模小等因素的影响，云南省麦类种植比较效益低，农民的投入非常有限，或者不愿意多投入；另外，国家为保障粮食安全，希望农户种植麦类，两者的意愿有一定矛盾。二是随着农民收入结构的变化，种一茬粮食的收益不如务工一个月的收入高，也远低于其他经济作物，国家种粮相关补贴的作用正日趋减弱。

（三）建议

一是改革种粮补贴政策和方式，在 WTO 规则许可的范围内提高对种粮农户的补贴，或改变补贴方式，如把补贴改为奖励等，把奖励与采用新技术新品种、减化肥减农药、多产粮等相结合；二是当优质专用麦类种植大户或合作社出现时，应在种子、肥料、农机等主要生产要素的购买上给予优惠贷款。

六、风险控制

（一）基本情况

云南的麦类生产过程中，遭遇的最大风险是干旱，如2009～2010年度冬春严重旱灾，导致2010年云南省的小麦单产和总产比常年减产近50%；其次是3月冻害、条锈病流行和收获期遇雨。对于条锈病流行可以通过加强病害预测预报、种植抗病品种、采用药剂等控制；对收获期遇雨可以种植短生育期品种，但目前基本无这类品种。总体上云南麦类生产环节的风险控制主要依靠技术、品种的选择，但对突发灾害如2010年大旱，控制措施的效果有限，但麦类生产尚未纳入保险范围，农户也不愿投保。对麦类原料销售的市场风险尚无控制措施，主要是云南麦类种植分散，商品率极低，加上麦类较耐储藏，不能销售时可转化为饲料粮发展畜牧业，对麦类种植农户而言，风险极少。

（二）存在的问题

对突发异常灾害，如2010年大旱，缺乏保障，只能由农户承担损失。

（三）建议

一是加强农户保险意识宣传，尤其在种粮大户出现后；二是将粮食种植纳入保险险种。

七、融合发展

（一）基本情况

由于云南麦类生产与加工严重脱节，自产麦类原料大多不能进入加工环节，因此生产与加工尚未形成相互促进、融合发展的格局。

（二）存在的问题

一是产销脱节，生产环节效益低，产业链短；二是加工企业所需原料主要依赖外调，一定程度上增加了加工环节的成本，减少了行业效益，削弱了产品的竞争力。

（三）建议

一是加强麦类生产组织化程度，调整麦类种植方向，根据企业和市场需求生产麦类原料；二是加强生产与加工企业之间的对接，逐步向以销定产过渡。

八、科技推广应用

（一）基本情况

在云南麦类生产发展中，总体科技贡献率低于全国平均水平，其中以推广应用新品种的作用最明显，其次是病虫害防治，随着田麦面积的减少，受麦类种植区域普遍缺水的制约，栽培技术的作用越来越小。干旱缺水的制约作用远大于科技推广的作用，这也是尽管现有麦类品种的产量水平虽已是生产水平的3～4倍，但近6年云南小麦的平均单产还不及过去20年的平均单产的一个主要原因。

（二）案例分析

禄丰县农兴农业机械专业合作社位于禄丰县中村乡，成立于2011年。合作社有约100亩土地，30%来自入股的几个农户，70%由合作社流转自本村（付租金）；合作社有耕地、播种、施肥、喷药、收割、加工、烘干等各种农用机械20余台（套）。2014年前土地承包给外地商人种蔬菜，因市场波动大、销售不畅、亏损严重而中止。2014～2016年小春季节，与云南省农业科学院粮食作物研究所合作，作为杂交小麦新组合制种基地之一，连续承担亲本繁殖、杂交小麦亲本组合制种和制种技术示范工作。云南省农业科学院粮食作物研究所除提供亲本种子，全程提供制种技术现场指导，合作社提供土地、机械、化肥农药，组织繁殖、制种工作的具体实施、收获、晾晒，所有合格种子全部由云南省农业科学院粮食作物研究所回收。通过与云南省农业科学院粮食作物研究所的合作，第一，解决了合作社产品销售的后顾之忧，合作社可以把更多精力放在栽培管理上，且种植杂交小麦制种，可比种植常规小麦亩增收约400元，虽然效益仍不及其他经济作物，但其收入稳定、可靠，也让合作社及周边农户认识到，应用新技术、新品种可以实现增收；第二，通过与专业技术人员一起工作，提高了合作社成员的作物栽培管理技术水平；第三，种植期间，先后有越南、山东、江苏和云南省内多个地州的小麦专家、企业人员来合作社观摩杂交小麦制种，扩大了合作社在本地的影响，为合作社的发展创造了较好的外围环境；第四，通过与科技人员交往，合作社也获得了更多的信息和经营管理方面的有益建议。

现有合作社普遍存在栽培管理技术薄弱、信息不够畅通的缺点，通过与科研单位合作，正好弥补了合作社的不足，同时也为科研单位展示推广新技术、新品种提供了比一家一户更好的平台，双方优势互补。

（三）存在的问题

一是现有一家一户小规模的种植方式，不利于新技术、新品种推广，尤其对类似小麦这类单位面积经济效益不显著的粮食作物；二是对于云南的小麦生产，科技的作用很大程度上受到不利自然生产条件的制约，即使如新品种这类推广应用最广泛的科技措施，也难以最大限度地发挥收产增收的作用。

（四）建议

一是增加投入改善小麦生产条件，尤其是解决缺水问题；二是种植大户和合作社是示范推广新技术、新品种的优良平台，各级农业主管部门应鼓励其示范应用新技术、新品种；三是科技人员应更多关注种植大户和合作社，并加强与之合作，帮助他们提高专业技术素质，培养新型农民，把他们作为展示推广科研成果的窗口。

（执笔：杨木军、王奕、陈良正、马婧怡、张焱；审定：于亚雄）

第十八章

云南豆类产业经济问题研究

第一节　云南豆类产业发展概况

豆类泛指所有能产生豆荚的豆科植物，主要是大豆（黄豆）、菜豆、豌豆、蚕豆（马豆）、鹰嘴豆（小鸡豆）、豇豆、小扁豆、羽扇豆、木豆、芸豆、红豆、绿豆、黑豆、刀豆、班巴拉豆等，其种类繁多，营养丰富，栽培遍布世界各地。豆类由于其较高的营养价值和良好的口感越来越受到人们的欢迎。

食用豆类栽培历史与禾谷类一样悠久。公元前约6000年起，豆类就开始用作人类的食品。畜牧业不发达的时代，豆类是人类最主要的蛋白质营养来源。进入21世纪，在畜牧业还不发达的国家和地区，食用豆类仍是当地人民最主要的蛋白质来源。据FAO资料，豆类提供的植物蛋白占人类全部食用蛋白质的22%。畜牧业发展起来后，食用豆类一方面直接作为人类食品，另一方面其籽粒和枝叶用于饲养畜禽。

自古以来，食用豆类在中国人民的生活中一直具有重要作用。食物多样化和营养平衡的现实需要，以及我国人民良好的饮食消费习惯，使得食用豆类同时作为特种粮食和高蛋白时令蔬菜，深植于中国人民发达的饮食文化中。食用豆类中的绿豆、小豆、豌豆、木豆和刀豆等均有医药价值，可直接入药。随着生物化学的发展，对黎豆左旋多巴和普通菜豆植物血凝集素等药用成分的提取已实现工业化。绿豆有解毒防暑的功效，是夏天的清凉饮料。中国各种食用豆类还大量出口，如多花菜豆、普通菜豆、利马豆、蚕豆、绿豆、小豆、小扁豆、豌豆、鹰嘴豆等远销许多国家和地区，是重要的外贸商品。云南是我国豆类主产省之一，主要品种是大豆、其次是蚕豆，此外豌豆、芸豆等亦有相当规模。基于数据可得性以及云南豆类的生产实际，本章在简单介绍豆类生产情况的基础上，重点分析讨论大豆和蚕豆、豌豆等主要食用豆类的情况。

一、全球豆类产业概况

（一）全球豆类生产格局

FAO 统计数据表明，豆类在全球大多数国家均有种植生产。2010～2019 年，全球豆类作物收获面积和产量分别从约 1.86 亿公顷和 3.74 亿吨逐步增加到 2.26 亿公顷和 5 亿吨以上（其中 10%左右为鲜食豆类），峰值出现在 2017 年，目前基本稳定在 2.1 亿公顷和 4.7 亿吨以上（见图 18－1）。

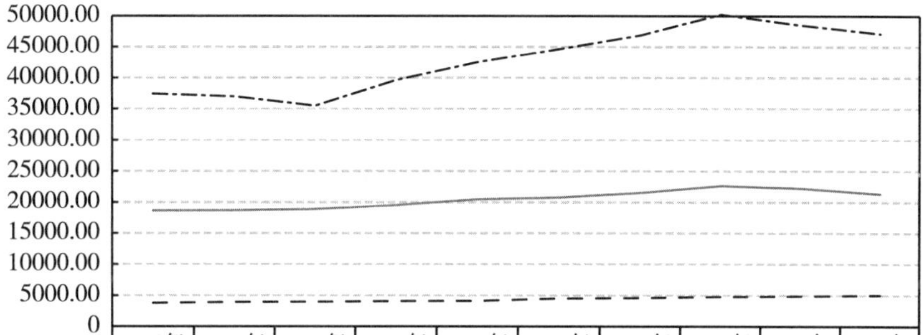

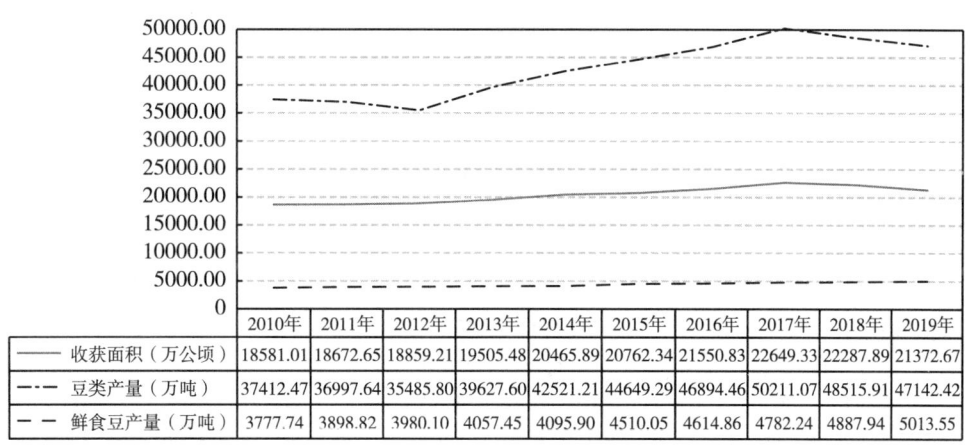

	2010年	2011年	2012年	2013年	2014年	2015年	2016年	2017年	2018年	2019年
—— 收获面积（万公顷）	18581.01	18672.65	18859.21	19505.48	20465.89	20762.34	21550.83	22649.33	22287.89	21372.67
—·— 豆类产量（万吨）	37412.47	36997.64	35485.80	39627.60	42521.21	44649.29	46894.46	50211.07	48515.91	47142.42
— — 鲜食豆产量（万吨）	3777.74	3898.82	3980.10	4057.45	4095.90	4510.05	4614.86	4782.24	4887.94	5013.55

图 18－1　2010～2019 年全球豆类生产变化曲线

资料来源：根据 FAO 网站 2021 年 1 月数据整理。

2010～2019 年 10 年间和 2018～2019 年 2 年间全球主要豆类收获面积、产量及其占比如表 18－1 和图 18－2～图 18－5 所示。可以看出，近十年全球豆类生产品种结构基本稳定。大豆是全球豆类的主要生产品种，其收获面积占全球豆类收获总面积的 56%以上，产量占比在 71%左右，但是这两个比重近年均有小幅下降。收获面积和产量均排名第 2 位的是菜豆（含干鲜普通菜豆及软荚鲜食菜豆），收获面积占比超过 16.5%，产量占比也在 12%左右。收获面积排名第 3 位和第 4 位的分别是鹰嘴豆和干豇豆，占比均超过 6%并呈增长趋势，豌豆（含干豌豆和青豌豆）的收获面积占比也在 4.5%左右以上排名第 5 位。产量方面排名第 3 位和第 4 位的是豌豆（含青豌豆和干豌豆）和鹰嘴豆，占比分别在 7%以上和 3%以上均呈增长态势；小扁豆产量排名第5位。

表18-1　　2010~2019年、2018~2019年全球豆类生产结构数据

年份	豆类合计		大豆		鲜食菜豆		干豌豆		木豆		干蚕豆	
	面积（万公顷）	产量（万吨）	面积（万公顷）	产量（万吨）	面积（万公顷）	产量（万吨）	面积（万公顷）	产量（万吨）	面积（万公顷）	产量（万吨）	面积（万公顷）	产量（万吨）
2010~2019年	204707.29	429457.86	115401.84	304905.46	1749.59	24883.18	6948.32	12491.20	5598.13	4589.37	2496.33	4857.38
占比（%）	100.00	100.00	56.37	71.00	0.85	5.79	3.39	2.91	2.73	1.07	1.22	1.13
2018~2019年	43660.56	95658.33	24452.57	67831.39	328.23	5325.10	1458.05	2755.14	1109.21	980.56	535.45	1079.44
占比（%）	100.00	100.00	56.01	70.91	0.75	5.57	3.34	2.88	2.54	1.03	1.23	1.13

年份	普通菜豆（干）		鹰嘴豆		青豌豆		干豇豆		小扁豆		其他豆类	
	面积（万公顷）	产量（万吨）	面积（万公顷）	产量（万吨）	面积（万公顷）	产量（万吨）	面积（万公顷）	产量（万吨）	面积（万公顷）	产量（万吨）	面积（万公顷）	产量（万吨）
2010~2019年	32271.96	27284.61	13186.83	12844.60	2438.58	18735.46	13013.35	2887.03	4719.60	5513.95	6882.77	10465.61
占比（%）	15.76	6.35	6.44	2.99	1.19	4.36	6.36	0.67	2.31	1.28	3.36	2.44
2018~2019年	6876.14	5887.25	2911.23	3038.17	549.56	4291.89	2887.03	1768.93	1028.77	1202.09	1524.32	1498.36
占比（%）	15.75	6.15	6.67	3.18	1.26	4.49	6.61	1.85	2.36	1.26	3.49	1.57

资料来源：根据FAO网站2021年1月数据整理。

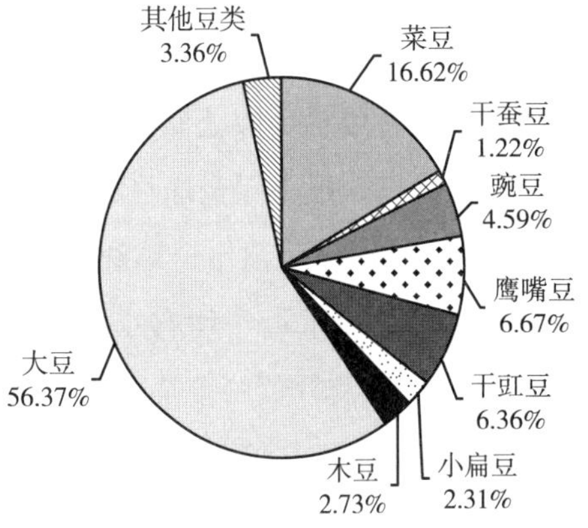

图18-2　2010~2019年全球主要豆类收获面积综合占比

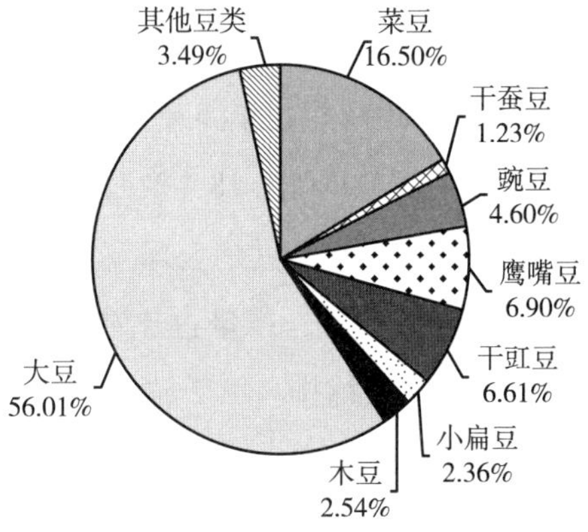

图18-3　2018~2019年全球主要豆类收获面积综合占比

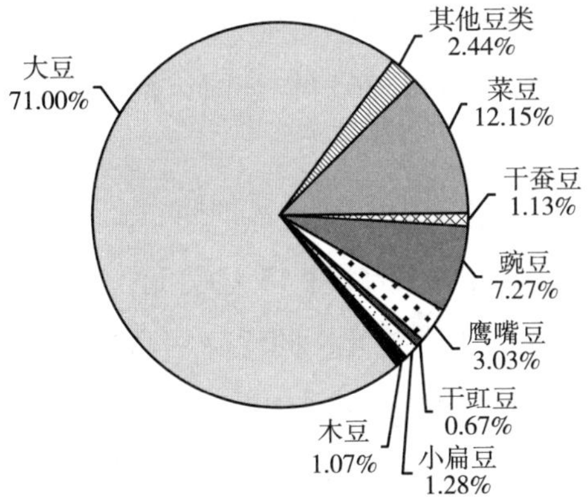

图 18－4　2010～2019 年全球主要豆类产量综合占比

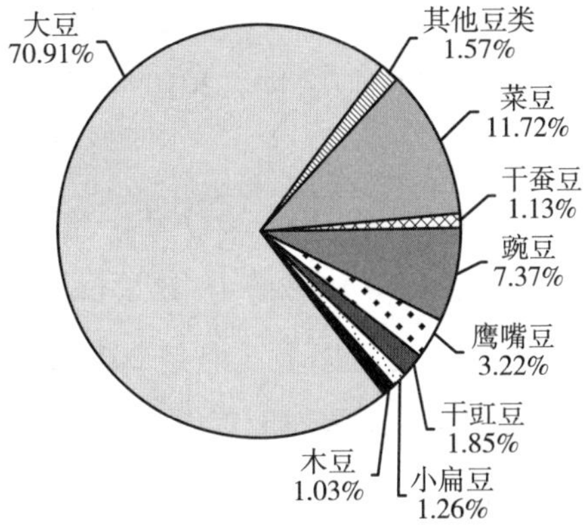

图 18－5　2018～2019 年全球主要豆类产量综合占比

（二）全球大豆生产格局

如前所述，虽然全球豆类作物种类繁多，但大豆是最大宗的豆类作物品种。FAO 统计数据表明，近 10 年来，全球大豆生产格局保持高度稳定的特征明显，集中在美洲和亚洲。其中，美洲是全球面积最大、产量和效率最高、单位面积效益最好的大豆生产区域，在全球占据绝对优势地位。

从面积和产量看，2010～2019 年 10 年间，美洲的大豆收获面积和产量占全球大豆总面积和总产量比重达到 76.86% 和 86.96%，2018～2019 年依然保持在 76.31% 和 86.48%；其次是亚洲，收获面积和产量占比分别为 17.51% 和 9.38%，2018～2019 年依然保持在 17.02% 和 9.02%。欧洲面积和产量占比分别为 3.84% 和 2.79% 排名第 3 位，2018～2019 年小幅增长到 4.59% 和 3.51%，非洲和大洋洲面积之和占比仅 2%（2.08%）产量占比不足 1%（仅 0.99%）。

从单位面积产量看，2010～2019 年，全球大豆平均单产均在 2.3 吨/公顷以上，2012 年最低为 2.29 吨/公顷、2017 年最高达 2.857 吨/公顷，10 年平均单产为 2.64 吨/公顷。其中，仅美洲大豆平均单产超过全球平均，2012 年最低为 2.53 吨/公顷（为当年全球平均单产的 1.1 倍以上），2017 年最高时则达 3.257 吨/公顷（为当年全球平均单产的 1.14 倍），平均单产接近 3 吨/公顷（2.989 吨/公顷）是全球大豆 10 年平均单产的 1.13 倍；单产排名第 2 位的是欧洲，分析期内欧洲大豆单产 2012 年最低为 1.57 吨/公顷、2018 年最高 2.14 吨/公顷，平均单产在 1.9 吨/公顷、约为全球平均的 73%；亚洲大豆单产不足 1.5（仅 1.42）吨/公顷、不足全球平均的 55%，2015 年最低单产仅 1.16 吨/公顷、仅为全球平均的 43.46%，2010

年最高单产也不足1.54吨/公顷、不足同年全球平均的60%；非洲大豆单产2011年最低仅1.11吨/公顷，2010年最高为1.46吨，平均1.265吨/公顷，是全球单产最低的区域。

从产值看，2010~2017年，全球大豆农业产值（FAO现价，下同）均在千亿美元以上，2010年最低为1020.66亿美元，2013年最高1248.15亿美元，2017年仍达1142亿美元以上，但是2018年狂跌到536.97亿美元，同比降幅高达53%。2010~2018年，美洲大豆农业产值占全球的比重平均高达82.09%，高于同期收获面积占比（77%）但低于其产量占比（87.07%）；同期亚洲大豆农业产值全球占比为13.93%，低于同期面积占比（17.5%）高于产量占比（9.37%），反映出美洲大豆售价低但亩产值高，而亚洲大豆则相反售价高但亩产值低，说明美洲大豆生产效益也高于亚洲。

2010~2019年，美洲大豆收获面积、大豆产量、单产及农业产值占全球的比重变化如图18-6所示。

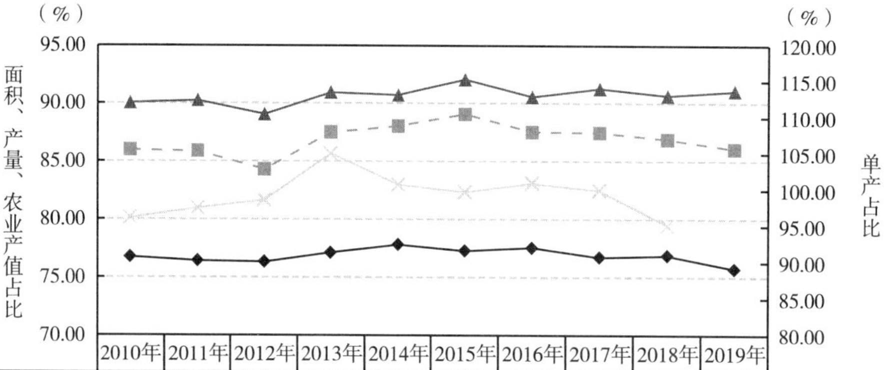

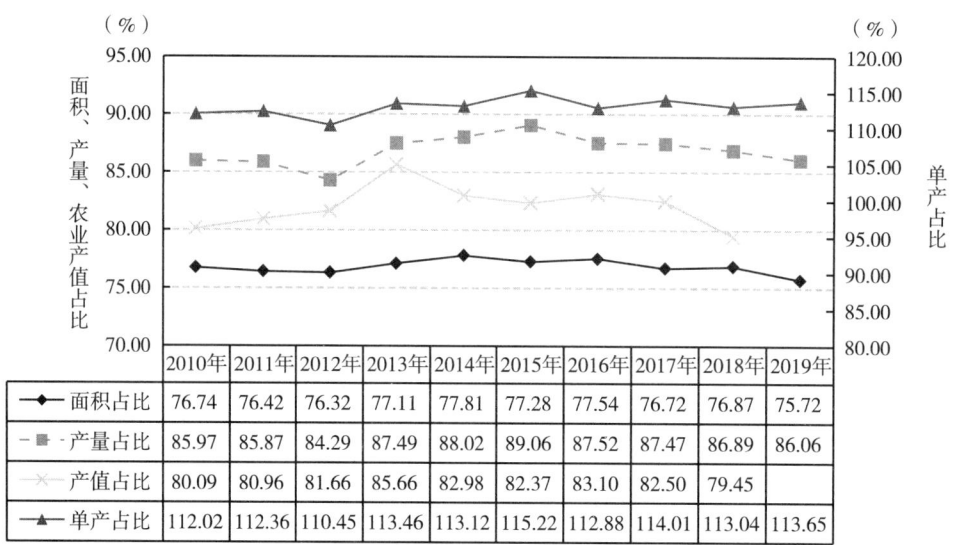

	2010年	2011年	2012年	2013年	2014年	2015年	2016年	2017年	2018年	2019年
面积占比	76.74	76.42	76.32	77.11	77.81	77.28	77.54	76.72	76.87	75.72
产量占比	85.97	85.87	84.29	87.49	88.02	89.06	87.52	87.47	86.89	86.06
产值占比	80.09	80.96	81.66	85.66	82.98	82.37	83.10	82.50	79.45	
单产占比	112.02	112.36	110.45	113.46	113.12	115.22	112.88	114.01	113.04	113.65

图18-6　2010~2019年美洲大豆收获面积、产量、单产及农业产值全球占比曲线

资料来源：根据FAO网站2021年4月数据整理。

分国别看，大豆产量排名全球第1位至第3位的国家美国、巴西和阿根廷（2019年巴西超美国），2018年和2019年，美国和巴西的大豆年产量均在亿吨上下，2019年阿根廷也在5000万吨以上。2010~2019年，美国、巴西和阿根廷3个大豆主产国的大豆收获面积之和占同期全球大豆总收获面积的比重均在70%上下，而大豆产量之和占同期全球大豆总产量的比重则在80%以上，最高时收获面积占比接近 75%（2014 年 74. 46%）、产量占比则达到 82. 23%（2014 年），其中仅美国和巴西 2 个国家的大豆收获面积和大豆产量全球占比 2018 年最高时就分别超过 56%（56. 62%） 和接近 70%（69. 18%）；2010 ~ 2019 年，中国的大豆年均产量约在 1400 万吨而排名全球第 4 位，近 3 年稳定在 1500 万吨以上。排在全球大豆产量第 5 位和第 6 位的国家分别是印度和巴拉圭，近 2 年这 2 个国家的大豆年产量均在千万吨上下；此外，加拿大的大豆年均产量在 500 万吨以上排名第 7 位，乌克兰和俄罗斯则以年均 400 万吨左右的产量分列第 8 位和第 9 位（2019 年俄罗斯超乌克兰），玻利维亚则以接近 300 万吨的年产量位列全球第 10 位（2013 年前玻利维亚位列全球第 8 位、2014 ~ 2016 年被乌克兰超过降为第 9 位、2017 年后再被俄罗斯超越退居第 10 位）。也就是说，目前全球排名前十的大豆主产国中有 6 个是美洲国家（见表 18 – 2）。

表 18 – 2　　2010 ~ 2019 年全球 10 个主产国大豆生产数据及全球占比

指标		2010 年	2011 年	2012 年	2013 年	2014 年	2015 年	2016 年	2017 年	2018 年	2019 年
全球	面积（万公顷）	10276. 79	10375. 80	10536. 78	11110. 86	11773. 32	12090. 25	12200. 04	12585. 43	12402. 41	12050. 16
	产量（万吨）	26508. 84	26160. 17	24133. 72	27767. 26	30630. 13	32330. 83	33589. 88	35953. 24	34464. 22	33367. 17
	单产（吨/公顷）	2. 579	2. 521	2. 290	2. 499	2. 602	2. 674	2. 753	2. 857	2. 779	2. 769
美国	面积（万公顷）	3100. 33	2985. 64	3081. 47	3085. 88	3342. 38	3312. 35	3347. 03	3623. 68	3544. 84	3035. 22
	产量（万吨）	9066. 33	8429. 14	8279. 09	9138. 94	10687. 79	10695. 39	11693. 15	12006. 50	12051. 45	9679. 32
	单产（吨/公顷）	2. 924	2. 823	2. 687	2. 962	3. 198	3. 229	3. 494	3. 313	3. 400	3. 189
巴西	面积（万公顷）	2332. 73	2396. 87	2497. 53	2790. 67	3027. 38	3218. 12	3318. 31	3395. 99	3477. 79	3588. 14
	产量（万吨）	6875. 63	7481. 54	6584. 89	8172. 45	8676. 05	9746. 49	9639. 48	11473. 21	11791. 25	11426. 94
	单产（吨/公顷）	2. 947	3. 121	2. 637	2. 928	2. 866	3. 029	2. 905	3. 378	3. 390	3. 185
阿根廷	面积（万公顷）	1813. 08	1876. 49	1757. 73	1941. 88	1925. 26	1935. 21	1950. 46	1733. 51	1631. 81	1657. 59
	产量（万吨）	5267. 55	4888. 85	4010. 02	4930. 62	5339. 77	6144. 66	5879. 93	5497. 16	3778. 79	5526. 39
	单产（吨/公顷）	2. 905	2. 605	2. 281	2. 539	2. 774	3. 175	3. 015	3. 171	2. 316	3. 334

续表

指标		2010 年	2011 年	2012 年	2013 年	2014 年	2015 年	2016 年	2017 年	2018 年	2019 年
中国	面积（万公顷）	851.58	788.85	717.11	679.05	679.99	650.61	709.27	824.48	841.28	842.30
	产量（万吨）	1508.33	1448.53	1301.09	1195.10	1215.40	1178.50	1278.89	1528.25	1596.71	1572.40
	单产（吨/公顷）	1.771	1.836	1.814	1.760	1.787	1.811	1.803	1.854	1.898	1.867
印度	面积（万公顷）	955.42	1018.00	1084.00	1171.64	1108.60	1167.00	1118.00	1118.34	1032.88	1113.13
	产量（万吨）	1273.60	1221.40	1466.60	1186.10	1037.40	857.00	1315.90	1315.87	1093.30	1326.75
	单产（吨/公顷）	1.333	1.200	1.353	1.012	0.936	0.734	1.177	1.177	1.058	1.192
巴拉圭	面积（万公顷）	267.11	280.55	292.00	308.00	350.00	354.00	337.00	338.00	351.00	356.50
	产量（万吨）	746.04	830.98	434.50	908.60	997.50	885.63	916.30	1047.80	1104.60	852.04
	单产（吨/公顷）	2.793	2.962	1.488	2.950	2.850	2.502	2.719	3.100	3.147	2.390
加拿大	面积（万公顷）	150.6	155.4	169.5	186.5	225.7	223.3	223.2	293.5	254.0	227.1
	产量（万吨）	444.5	446.7	508.6	535.6	604.5	645.6	659.7	771.7	741.7	604.5
	单产（吨/公顷）	2.951	2.874	3.001	2.872	2.679	2.892	2.956	2.629	2.920	2.662
乌克兰	面积（万公顷）	103.7	111.0	141.2	135.1	179.3	213.6	185.9	198.2	172.9	161.3
	产量（万吨）	168.0	226.4	241.0	277.4	388.2	393.1	427.7	389.9	446.1	369.9
	单产（吨/公顷）	1.621	2.039	1.706	2.053	2.165	1.841	2.300	1.967	2.580	2.293
俄罗斯	面积（万公顷）	103.6	118.7	137.5	120.0	191.6	208.4	212.0	257.3	274.1	277.2
	产量（万吨）	122.2	164.1	168.3	151.7	236.4	270.8	314.3	362.2	402.7	436.0
	单产（吨/公顷）	1.180	1.382	1.224	1.264	1.234	1.299	1.482	1.407	1.469	1.573

续表

指标		2010 年	2011 年	2012 年	2013 年	2014 年	2015 年	2016 年	2017 年	2018 年	2019 年
玻利维亚	面积（万公顷）	108.7	117.8	129.3	122.3	128.2	132.3	133.6	126.4	136.3	138.8
	产量（万吨）	169.3	186.1	266.2	282.7	281.4	310.6	320.4	267.1	294.2	299.1
	单产（吨/公顷）	1.558	1.580	2.059	2.312	2.194	2.348	2.398	2.114	2.159	2.155
10 国合计	面积（万公顷）	9786.80	9849.33	10007.37	10541.03	11158.39	11414.84	11534.80	11909.36	11716.81	11397.22
	产量（万吨）	25641.51	25323.74	23260.34	26779.21	29464.37	31127.77	32445.67	34659.67	33300.73	32093.29
	单产（吨/公顷）	2.620	2.571	2.324	2.540	2.641	2.727	2.813	2.910	2.842	2.816
10 国占比（%）	面积	95.23	94.93	94.98	94.87	94.78	94.41	94.55	94.63	94.47	94.58
	产量	96.73	96.80	96.38	96.44	96.19	96.28	96.59	96.40	96.62	96.18
	单产	101.57	101.98	101.48	101.66	101.50	101.98	102.16	101.87	102.28	101.69

资料来源：根据 FAO 网站 2021 年 1 月数据整理。

当然，大豆农业总产值方面，排名全球前 3 位的也全部都是美洲国家。中国产量和产值均排名全球第 4 位。根据 FAO 网站数据库数据整理 2010 ~ 2019 年全球 10 个主产国大豆农业总产值详见表 18 – 3。由于部分国家 2019 年现价美元数据尚缺，2019 年全部采用 2014 ~ 2016 年不变价（亿因特）数据。

表 18 – 3　　2010 ~ 2019 年全球 10 个主产国大豆农业总产值及单位面积产值

指标		2010 年	2011 年	2012 年	2013 年	2014 年	2015 年	2016 年	2017 年	2018 年	2019 年
全球	农业产值（亿美元）	1020.66	1143.41	1206.81	1248.15	1241.38	1046.10	1081.04	1175.84	997.72	1276.18
	单位面积产值（万美元/公顷）	993.17	1102.00	1145.33	1123.36	1054.40	865.25	886.10	934.28	804.46	1059.05
美国	农业产值（亿美元）	376.25	386.90	437.96	436.84	396.52	351.88	406.92	410.62	374.80	370.20
	单位面积产值（万美元/公顷）	1213.59	1295.86	1421.28	1415.61	1186.33	1062.32	1215.77	1133.17	1057.31	1219.68
巴西	农业产值（亿美元）	247.51	318.29	334.35	380.30	371.80	309.07	331.32	408.24	313.39	437.04
	单位面积产值（万美元/公顷）	1061.05	1327.92	1338.71	1362.77	1228.13	960.41	998.46	1202.13	901.12	1218.01

续表

指标		2010年	2011年	2012年	2013年	2014年	2015年	2016年	2017年	2018年	2019年
阿根廷	农业产值（亿美元）	138.39	150.95	145.61	161.57	164.22	129.41	88.54	71.67	30.60	211.36
	单位面积产值（万美元/公顷）	763.28	804.44	828.38	832.05	852.98	668.71	453.96	413.47	187.52	1275.13
中国	农业产值（亿美元）	111.39	116.35	109.45	81.01	105.70	95.25	74.37	91.16	95.29	60.14
	单位面积产值（万美元/公顷）	614.39	620.04	622.67	417.19	549.04	492.17	381.30	525.89	583.95	362.81
印度	农业产值（亿美元）	50.35	51.59	58.71	41.42	37.71	31.42	48.18	52.13	51.85	50.74
	单位面积产值（万美元/公顷）	527.03	506.81	541.61	353.55	340.12	269.24	430.98	466.12	502.00	455.87
巴拉圭	农业产值（亿美元）	25.29	34.34	19.97	39.16	45.45	28.55	30.19	32.11	33.15	32.59
	单位面积产值（万美元/公顷）	946.66	1223.97	683.99	1271.31	1298.48	806.54	895.70	950.04	944.30	914.09
加拿大	农业产值（亿美元）	16.57	19.94	25.17	26.04	25.04	21.28	22.54	26.56	24.85	23.12
	单位面积产值（万美元/公顷）	1100.18	1283.26	1485.26	1396.20	1109.43	953.32	1010.09	904.86	978.55	1018.29
乌克兰	农业产值（亿美元）	5.51	8.33	10.32	12.03	15.19	13.41	14.89	13.91	15.71	14.15
	单位面积产值（万美元/公顷）	531.82	749.99	730.76	890.45	847.18	628.03	800.75	701.95	908.63	877.12
俄罗斯	农业产值（亿美元）	4.58	6.46	7.13	7.14	10.45	8.46	11.00	13.12	14.52	16.68
	单位面积产值（万美元/公顷）	442.43	543.78	518.59	595.12	545.56	405.74	518.69	509.92	529.74	601.52
玻利维亚	农业产值（亿美元）	4.86	5.62	8.37	9.07	10.20	9.10	8.59	7.60	9.49	11.44
	单位面积产值（万美元/公顷）	447.38	477.37	647.77	741.44	795.48	687.92	643.09	601.35	696.60	824.14
10国合计	农业产值（亿美元）	980.72	1098.77	1157.05	1194.59	1182.28	997.83	1036.55	1127.13	963.65	1227.45
	单位面积产值（万美元/公顷）	96.09	96.10	95.88	95.71	95.24	95.39	95.88	95.86	96.58	96.18

注：2018年及以前为现价美元，2019年为2014～2016年不变价（亿因特）。

资料来源：根据FAO网站2021年4月农业产值数据整理。

从表 18－2 和表 18－3 可以看出，全球大豆产业高度集中的显著特征，近 10 年，10 个主产国的大豆收获面积之和约占全球总面积的 95%、产量占比在 96% 以上、平均单产高于全球平均、单位面积农业产值占比约 96%。2010～2018 年，美国大豆农业产值在 350 亿～438 亿美元以上波动、全球占比超过 1/3；巴西大豆农业产值在 247.51 亿～408.24 亿美元之间波动，2010 年最低 247.51 亿美元、全球占比也最低 24.25%，2017 年最高超过 408.24 亿美元、全球占比 35.75%；阿根廷大豆农业产值及其全球比重则呈现快速下降趋势，2019 年开始回升。作为全球第四大豆生产国，中国的大豆农业产值全球占比从 2010 年的 10.91% 下降到 2013 年最低不足 6.5%，此后逐步回升，2018 年大于 9.5%，但 2019 年降至仅 4.71% 的历史低点。

二、中国豆类产业地位

（一）全球第四大豆生产国，但占比逐年下降

栽培大豆［*Glycine max*（L.）Merril］，通常称为大豆，属豆科、蝶形花亚科、大豆属。大豆富含脂肪（20% 左右）和蛋白质（40% 左右），是植物油和蛋白质的重要原料。近年来，随着对大豆蛋白质、脂肪营养价值的深入了解，对大豆异黄酮、低聚糖、卵磷脂等成分保健功能的逐步发现，大豆综合加工利用程度不断提高。大豆产业成为与种养殖业、食品工业、饲料工业、蛋白质工业等紧密相关的重要产业。栽培大豆起源于中国，大豆在中国的种植历史已有 5000 多年，有据可循的约有 3000 多年。并于纪元前传播至邻国及东南亚部分国家。作为大豆原产国，中国拥有得天独厚的大豆种质资源优势，曾是世界最大的大豆生产国和净出口国。20 世纪 40 年代前，中国的大豆生产一直处于世界首位，1953 年美国跃居首位，并一直领先。20 世纪 70 年代，巴西大豆生产超过中国成为第二大生产国、90 年代阿根廷超过中国位居第三，由此中国的大豆生产退居世界第 4 位。进入 21 世纪以来，除 2007 年、2012 年、2018 年、2019 年产量有小幅下降外，均保持稳定增长。随着社会经济快速发展及人均收入水平提高，我国大豆需求快速增长，而生产量增速缓慢或减少，加之进口量持续增加，对国内大豆生产产生较大冲击。

2010～2019 年中国大豆收获面积、产量、单产及农业产值全球占比如图 18－7 所示。从表 18－2、表 18－3 和图 18－7 可以看出，目前，我国虽然是全球第四大

的大豆主产国，但面积、产量和产值的全球占比均分别不足7%、5%和7%。

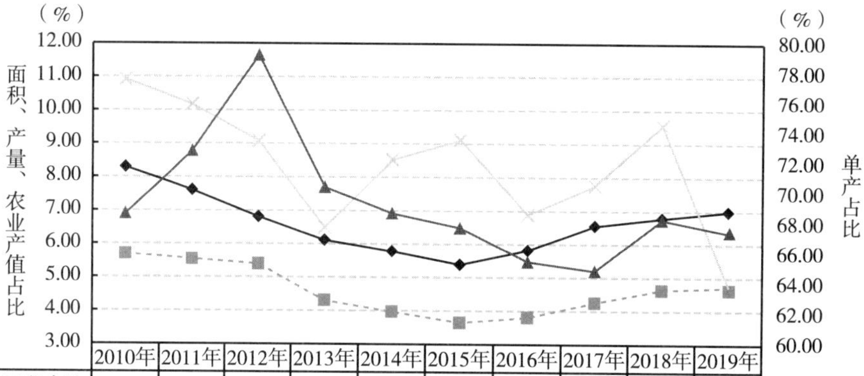

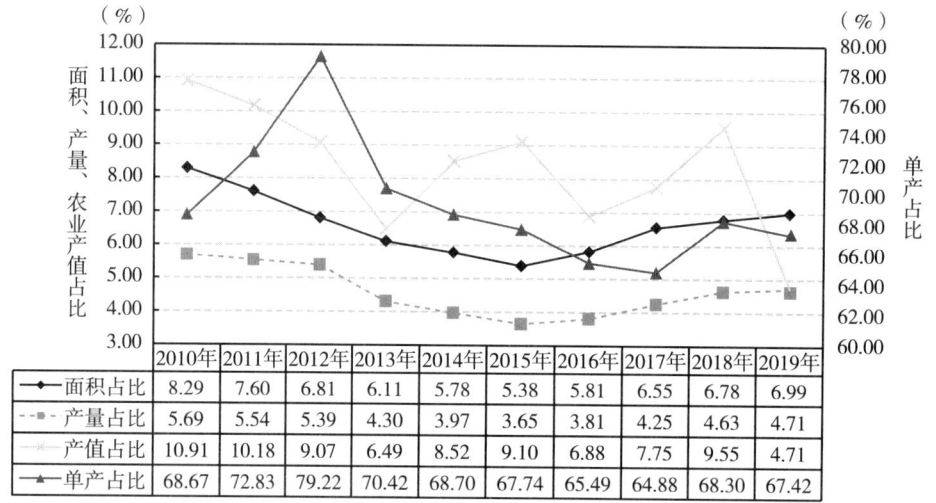

	2010年	2011年	2012年	2013年	2014年	2015年	2016年	2017年	2018年	2019年
面积占比	8.29	7.60	6.81	6.11	5.78	5.38	5.81	6.55	6.78	6.99
产量占比	5.69	5.54	5.39	4.30	3.97	3.65	3.81	4.25	4.63	4.71
产值占比	10.91	10.18	9.07	6.49	8.52	9.10	6.88	7.75	9.55	4.71
单产占比	68.67	72.83	79.22	70.42	68.70	67.74	65.49	64.88	68.30	67.42

图18－7　2010～2019年中国大豆收获面积、产量、单产及农业产值全球占比曲线

注：2019年为2014～2016年不变价（亿因特 Int. $），其他为现价美元。

资料来源：根据FAO网站2021年4月数据整理。

2010～2019年，我国大豆年收获面积在650万～850万公顷上下波动，近年保持在840万公顷左右，全球占比从8.29%降到6.99%，大豆年产量1200万～1600万吨上下徘徊，全球占比从5.69%降到4.71%，农业总产值从2011年最高的116.35亿美元（现价）降到2016年最低仅74.37亿美元，全球占比呈现明显波动性下降，从2010年最高时的10.91%降到2019年最低仅4.71%（见表18－3）。

（二）以鲜食为主的全球食用豆主产国

在中国，食用豆类栽培历史较为悠久，最初以“杂豆”一词代表除大豆和花生以外的豆科作物。1991年，《中国农业百科全书》一书中首次列出食用豆类专门条目，并对食用豆类这个术语做了明确的科学定义。食用豆类指以收获籽粒供粮用、菜用的豆类作物的统称。在我国传统农业上，大豆和花生不包括在食用豆类中（野生近缘作物书）。中国栽培的食用豆类主要包括蚕豆、豌豆、绿豆、小豆、豇豆、普通菜豆、多花菜豆、小扁豆、饭豆，其次为四棱豆、木豆、利马豆、藊豆、鹰嘴豆、黎豆、黑吉豆等。根据种植季节及生理特性又可将食用豆类分为冷季、暖季、热季豆类，其中蚕豆、豌豆、小扁豆、鹰嘴豆等属于冷季豆类，普通菜豆、多花菜豆、利马豆、小豆、藊豆属暖季豆类，绿豆、豇豆、饭豆、木豆等属热季豆类。我国是世界上食用豆类种类较为丰富的国家，其中原产于中国的绿豆、小豆的种植面积、总产量和出口量均居世界首位，蚕豆生产占世界总量的30%～40%（仅粮用），豌豆生产占世界总量的15%左右（仅粮用）。同时，蚕豆、豌豆也是我国最为重要的食用豆类，种植面积、总产量最大，居食用豆类之首。蚕豆、豌豆、绿豆、芸豆（普通菜豆和多花菜豆）、小豆、小扁豆是我国的主栽食用豆类。其中，干籽粒生产以蚕豆、豌豆为主，占全国干籽粒生产面积的70%左右；鲜食菜用生产以普通菜豆和豌豆为主，占全国鲜食生产面积的70%左右，且有逐年增加的趋势。

根据2021年1月FAO网站数据，2019年我国食用豆类生产面积（粮用和菜用）约510万公顷（见图18－8），位居世界第3位，仅次于印度和尼日尔，食用豆类年总产量（粮用和菜用）接近4000万吨，仅次于印度居世界第2位。

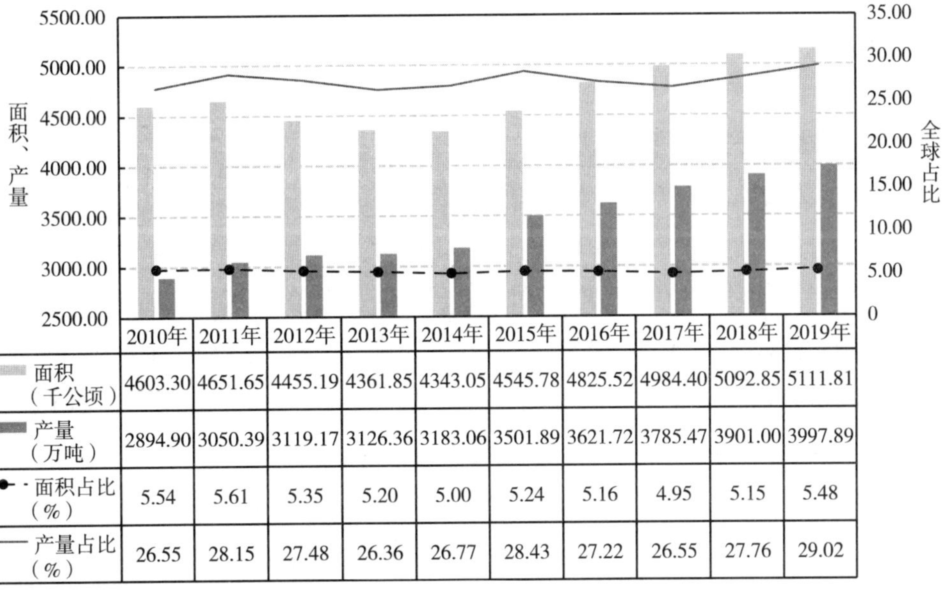

	2010年	2011年	2012年	2013年	2014年	2015年	2016年	2017年	2018年	2019年
面积（千公顷）	4603.30	4651.65	4455.19	4361.85	4343.05	4545.78	4825.52	4984.40	5092.85	5111.81
产量（万吨）	2894.90	3050.39	3119.17	3126.36	3183.06	3501.89	3621.72	3785.47	3901.00	3997.89
面积占比（%）	5.54	5.61	5.35	5.20	5.00	5.24	5.16	4.95	5.15	5.48
产量占比（%）	26.55	28.15	27.48	26.36	26.77	28.43	27.22	26.55	27.76	29.02

图18－8　2010～2019年中国食用豆类收获面积、产量及全球占比曲线

资料来源：根据FAO网站2021年1月数据整理。

分种类看，据FAO数据，近年来我国豆类干籽粒生产面积约270万公顷（豌豆约98万公顷、蚕豆约84万公顷、菜豆约75万公顷），年干籽粒总产量500万吨（蚕豆约180万吨、豌豆约150万吨、普通菜豆约130万吨），占世界食用豆类总干产量的10%以上，其中干蚕豆产量占总产量的33%左右、干豌豆占10%以上、普通菜豆占5%。鲜食用豆类生产面积约240万公顷（鲜食豌豆约170万公顷、鲜食普通菜豆等约 70 万公顷），位居第 1 位，约占全球的 59%，年鲜籽粒产量超过 3500 万吨（其中鲜食普通菜豆约 2170 万吨、鲜食豌豆约 1340 万吨），居世界首位，占世界食用豆类鲜销的 70% 左右。

第二节　云南豆类产业生产、消费及贸易分析

一、中国及云南豆类生产布局及发展趋势

（一）全国豆类生产趋势及区域布局

根据国家统计局网站整理 2010～2019 年 10 年间我国豆类种植面积、豆类产量、单产及 10 个主产省区相关数据如表 18－4、表 18－5 和表 18－6 所示。国家统计局数据显示，我国 31 个省份均有豆类生产。从面积看，2010～2019 年，全国豆类生产面积整体呈先下降后恢复的发展趋势，从 2010 年的 1105 万公顷下滑到 2015 年不足 845 万公顷，2016 年开始恢复性增长，目前基本恢复到 2010 年的水平（见表 18－4）；从产量看，2010～2019 年，我国豆类总产量亦呈现先降后升的总体态势，2015 年最低时仅 1512 万吨，2016 年开始恢复性增长，2018 年后才恢复到并超过 2010 年的水平，到 2019 年达到 2131.9 万吨（见表 18－5），但是仍低于 2002 年、2004 年和 2005 年的水平。全国豆类综合单产基本呈增长趋势，由 2010 年的 1.69 吨/公顷增长为 2019 年的 1.93 吨/公顷，增幅为 13.67%（见表 18－6）。分省份看，2019 年，全国豆类生产面积超过 50 万公顷的有黑龙江、内蒙古、安徽和四川 4 个省（区），云南、河南和吉林 3 省则在 40 万公顷以上分列第 5～7 位，贵州省以 31 万公顷的面积排名第 8 位、江苏和山西则以 20 万公顷以上的面积排名第 9 位和第 10 位（见表 18－4）。2019 年，全国豆类产量超过 100 万吨的有黑龙江、内蒙古、四川、云南、河南和安徽（100.84 万吨）共 6 个省区，吉林和江苏以 70 万吨左右的产量紧随其后排第 7～8 位，山东省以 53.49 万吨排名第 9 位，重庆以 40.95 万吨的产量排名第 10 位（见表 18－5）。10 个主产省豆类播种面积占同期全国豆类生产面积的 80% 以上。除黑龙江、内蒙古、四川、贵州省的豆类种植面积呈一定增长趋势外，其他均呈总体减少趋势，尤其是山西省近几年仍保持持续下滑。

排名第 1 位的黑龙江是全国唯一生产面积超过 200 万公顷的省份，占全国豆类

生产面积的比重常年在30%以上，2013年最低约31%、2019年最高（超过440万公顷）为39.9%；紧随其后的内蒙古是唯一超过100万公顷而不足200万公顷的省份，安徽和四川2省近年豆类面积则均在50万公顷以上；2010年前，吉林的豆类生产面积也在50万公顷以上位列全国第4，但2011年开始下滑，整体趋势基本与全国相同。2010年，云南省豆类种植面积为50.78万公顷，到2019年减少为48.20万公顷，较2010年减少了5.08%，占全国生产面积的4.35%。

表18－4　　　　中国豆类播种面积前10位及占比　　　　单位：万公顷

地区	2010年	2011年	2012年	2013年	2014年	2015年	2016年	2017年	2018年	2019年
全国	1105.32	1036.73	940.51	889.29	882.39	843.27	928.72	1005.13	1018.63	1107.47
黑龙江	394.86	359.68	297.91	275.45	291.55	276.35	341.15	398.21	374.19	441.91
内蒙古	122.01	115.63	103.22	97.97	88.87	94.90	108.74	117.14	130.74	139.44
安徽	90.51	83.09	79.61	74.31	73.66	63.78	63.71	65.87	68.76	67.30
四川	43.02	43.78	44.45	45.35	45.80	46.61	49.60	51.84	52.49	55.98
云南	50.78	51.48	50.44	48.01	46.30	45.71	46.62	46.84	46.94	48.20
河南	48.76	47.54	48.78	46.08	41.33	37.04	36.64	38.99	42.40	42.80
吉林	55.61	50.31	39.54	36.72	36.41	30.37	28.79	32.90	34.35	40.38
贵州	29.46	28.62	28.15	28.83	28.92	30.18	31.18	29.82	32.51	31.77
江苏	31.76	31.26	29.77	27.54	25.51	25.05	25.12	24.97	25.71	26.60
山西	29.87	27.37	27.18	26.17	25.48	24.22	24.06	23.83	25.07	22.57
合计	896.64	838.76	749.03	706.44	703.82	674.19	755.62	830.40	833.16	916.94
占比（%）	81.12	80.90	79.64	79.44	79.76	79.95	81.36	82.62	81.79	82.80

资料来源：国家统计局网站2021年1月数据。

从表18－5可以看出，豆类总产量排名前10位的省份为黑龙江、内蒙古、四川、云南、安徽、河南、吉林、江苏、山东和重庆，其产量总和约占同期全国豆类总产量的80%左右，2012年最低不足77%、2019年最高达到81.88%，较2010年增加4.80%。分析年间，除安徽、江苏、吉林省外，其余省份（地区）的豆类产量均呈增长趋势。其中，云南省的产量涨幅最大，由74.27万吨增长到122.33万吨，较2010年增加64.71%。

表18－5　　　　中国豆类产量前10位及占比　　　　单位：万吨

地区	2010年	2011年	2012年	2013年	2014年	2015年	2016年	2017年	2018年	2019年
全国	1871.84	1863.30	1680.64	1542.40	1564.52	1512.52	1650.66	1841.56	1920.27	2131.90
黑龙江	631.26	634.52	539.89	469.98	530.04	508.06	586.26	719.62	678.50	796.98
内蒙古	173.51	162.35	154.55	143.47	127.11	139.44	168.67	186.19	205.65	251.65

续表

地区	2010 年	2011 年	2012 年	2013 年	2014 年	2015 年	2016 年	2017 年	2018 年	2019 年
四川	97.96	101.68	103.89	103.55	106.12	107.04	112.97	119.23	121.50	129.92
云南	74.27	105.25	105.47	110.89	116.23	112.11	117.05	118.31	118.08	122.33
安徽	107.58	97.85	99.44	89.51	95.26	95.67	93.59	97.14	102.99	100.84
河南	88.93	89.73	78.97	72.87	54.00	48.84	49.00	53.36	101.70	102.00
吉林	109.99	106.50	56.31	61.94	54.89	50.25	55.00	67.08	62.75	77.04
江苏	81.66	79.47	76.45	62.60	58.93	60.18	59.39	58.79	64.97	70.30
山东	39.67	41.49	37.97	38.19	38.79	35.37	35.24	33.62	44.50	53.49
重庆	38.06	38.61	39.32	39.20	39.03	39.58	39.54	40.22	40.86	40.95
合计	1442.89	1457.45	1292.26	1192.20	1220.40	1196.54	1316.71	1493.56	1541.50	1745.50
占比（%）	77.08	78.22	76.89	77.30	78.00	79.11	79.77	81.10	80.28	81.88

资料来源：国家统计局网站 2021 年 1 月数据。

2010～2019 年，全国及产量前十省份的豆类单位面积产量变化如表 18－6 所示。可以看出，分析期 10 年间，10 个主产省中，山东的综合单产最高，约为全国的 1.43 倍；其次是江苏，为全国的 1.36 倍以上，四川、云南和重庆均高于全国平均，吉林基本为全国平均水平，其他 4 个省区的豆类综合单产均低于全国平均。从 10 年间的总体增幅看，云南排名第 1 位、增幅高达 73.5% 以上，其次是河南、增幅也达 30% 以上，内蒙古以 26.9% 的成绩排增幅榜第 3 位，安徽和山东分列增幅榜第 4～5 位，除吉林省单产水平下降外，其他省区也呈现增长趋势但增幅低于全国平均。

表 18－6　　中国豆类单位面积产量前 10 位　　单位：吨/公顷

地区	2010 年	2011 年	2012 年	2013 年	2014 年	2015 年	2016 年	2017 年	2018 年	2019 年
全国	1.693	1.797	1.787	1.734	1.773	1.794	1.777	1.832	1.885	1.925
黑龙江	1.599	1.764	1.812	1.706	1.818	1.838	1.718	1.807	1.813	1.804
内蒙古	1.422	1.404	1.497	1.464	1.430	1.469	1.551	1.590	1.573	1.805
四川	2.277	2.323	2.337	2.283	2.317	2.297	2.278	2.300	2.315	2.321
云南	1.462	2.044	2.091	2.310	2.510	2.453	2.511	2.526	2.515	2.538
安徽	1.189	1.178	1.249	1.204	1.293	1.500	1.469	1.475	1.498	1.498
河南	1.824	1.888	1.619	1.581	1.307	1.319	1.337	1.369	2.399	2.383
吉林	1.978	2.117	1.424	1.687	1.507	1.655	1.910	2.039	1.827	1.908
江苏	2.571	2.542	2.568	2.273	2.310	2.402	2.364	2.354	2.528	2.643
山东	2.411	2.550	2.381	2.409	2.392	2.548	2.683	2.690	2.816	2.848
重庆	2.004	2.031	2.013	1.977	2.037	2.023	1.999	2.009	2.028	2.045

资料来源：根据国家统计局网站 2021 年 1 月数据计算。

从《中国农村统计年鉴（2020）》可以看出，2019 年，全国豆类生产的农业产值和单位面积农业产值分别为 1004.5 亿元和 9070.2 元/公顷。10 个主产省份 2019 年豆类农业产值如表 18－7 所示。可以看出，排名第 1 位的黑龙江省豆类农业产值全国占比为 36.58%，单位面积产值仅为全国 91.66%，低于同期的面积占比和产量占比；排名第 2 位的内蒙古农业产值接近 100 亿元、全国占比为 9.86%，亦低于同期面积和产量占比。全国 10 个豆类主产省份中，除黑龙江、内蒙古、吉林和安徽 4 个省份外，其他 6 个省份的豆类单位面积农业产值均高于全国平均水平。其中，山东省豆类生产效益全国领先，单位面积农业产值高达近 1.7 万元/公顷、江苏排名第 2 位、云南排名第 3 位。

表 18－7　　　　　　　中国 10 个豆类主产省份 2019 年农业产值数据

指标	黑龙江	内蒙古	四川	云南	安徽	河南	吉林	江苏	山东	重庆
农业产值（亿元）	367.40	99.00	52.40	53.80	50.70	41.60	29.50	37.00	31.80	20.30
全国占比（%）	36.58	9.86	5.22	5.36	5.05	4.14	2.94	3.68	3.17	2.02
单位面积产值（元/公顷）	8314.00	7099.80	9360.50	11161.80	7534.00	9719.60	7305.20	13910.30	16929.30	10135.30
全国占比（%）	91.66	78.28	103.20	123.06	83.06	107.16	80.54	153.36	186.65	111.74

资料来源：根据国家统计局网站 2021 年 1 月面积数据和《中国农村统计年鉴（2020）》分项农业产值数据（现价）计算。

（二）云南豆类生产情况及区域布局

云南是典型的低纬度高海拔山区省份，北回归线横贯南部，光、热、水资源丰富，海拔落差大，境内地形地貌多样，生境复杂，多样的生态环境和耕作制度使得云南豆类具有典型的“立体生态型”特征，不仅类型多种多样，除大豆、蚕豆等大类外，还有种类繁多的绿豆、红小豆、菜豆以及色泽、粒型各异的芸豆等等，而且一年四季均可播种，在全省分布广泛。云南蚕豆主要在秋收后播种，大豆和其他的杂豆以夏播为主。春植豆类主要在全是海拔 1700 米以上高寒山区，低热河谷还有一定面积的秋播和冬播豆类。2010～2019 年的 10 年间，云南豆类生产与全国一样经历了先降后升的过程，目前面积基本恢复到 2010 年前后的水平、产量则高于 2010 年。

从前面的相关表格可以看出，2011～2014 年，云南豆类面积排名全国第 4 位，

2015 年后降到第 5 位，全国占比则从 2012 年最高的 5.36% 降到 4% 上下；2011 年，云南豆类产量排名全国第 4 位，2012～2016 年上升到第 3 位，2017 年后重回第 4 位，全国占比则从 2014 年最高的 7.43% 降到 6% 上下；2011～2014 年，云南豆类单产从排名全国第 7 位逐步上升第 4 位、第 2 位和第 1 位，2015～2017 年保持在第 2 位，2018 年后降到第 3 位，高于全国平均 30 个百分点以上。

根据 2019～2020 年《云南统计年鉴》整理 2018～2019 年云南省及各州市豆类生产情况（见表 18－8）。可以看出，2018～2019 年，全省豆类面积和产量稳中有升，综合单产基本稳定。

表 18－8　2018～2019 年云南省 16 个州（市）豆类生产布局情况

区域	面积（万公顷）			产量（万吨）			单产（吨/公顷）		
	2018 年	2019 年	排名	2018 年	2019 年	排名	2018 年	2019 年	排名
昆明	3.89	3.86	7	8.05	8.15	8	2.07	2.11	10
曲靖	6.49	6.83	2	19.36	19.87	1	2.98	2.91	3
玉溪	1.08	1.12		2.80	2.89		2.59	2.58	4
保山	3.59	3.55	8	9.58	9.92	6	2.67	2.79	5
昭通	4.28	4.38	5	9.16	9.24	7	2.14	2.11	9
丽江	2.39	2.38		6.18	6.27	10	2.59	2.63	7
普洱	3.33	3.32	10	4.57	4.62		1.37	1.39	
临沧	3.42	3.51	9	6.17	6.37	9	1.80	1.81	
楚雄	3.80	4.12	6	11.92	12.74	3	3.14	3.09	2
红河	4.88	4.93	3	11.74	11.52	4	2.41	2.34	8
文山	6.44	7.22	1	10.11	10.88	5	1.57	1.51	
西双版纳	0.13	0.14		0.21	0.22		1.62	1.57	
大理	4.29	4.42	4	16.47	17.02	2	3.84	3.85	1
德宏	0.75	0.62		1.34	1.10		1.79	1.77	
怒江	1.71	1.68		1.85	1.80		1.08	1.07	
迪庆	0.44	0.43		1.19	1.15		2.70	2.67	6
前 5 合计	26.38	27.78		69.60	72.03				
前 5 占比（%）	51.82	52.90		57.66	58.20				

资料来源：根据 2019～2020 年《云南统计年鉴》数据计算。

从州市布局看，目前，全省豆类面积排前 5 位的分别是文山、曲靖、红河、大理和昭通，5 州市之和全省占比达 52% 上下；而豆类产量前 5 位则是曲靖、大理、楚雄、红河和文山，占比高达 58% 上下；综合单产最高的大理接近 4 吨/公顷（相当于同期全省平均的 1.6 倍以上），其次是楚雄，单产也在 3 吨/公顷以上，曲靖则接近 3 吨/公顷，排名第 3 位。

二、中国及云南大豆生产格局及发展趋势

（一）中国大豆生产格局及发展趋势

1. 播种面积和大豆产量起起落落、单产稳步上涨

在 1954 年以前，我国大豆总产量占世界第 1 位，1954 年，美国大豆的播种面积和总产量超过中国跃居世界第 1 位，巴西的种植面积及总产量于 1974 年超过中国位列第 2 位，阿根廷于 2000 年超过中国位列第 3 位。目前，我国的大豆的种植面积和总产量位居世界第 4 位。新中国成立以来，我国的大豆生产大致经历了新中国成立初期的恢复发展、“文革”期间的下滑、20 世纪八九十年代至 21 世纪初的稳步发展和最近 15 年的先下滑后稳定 4 个阶段。第 1 阶段年均大豆播种面积 900 万公顷以上（1954 年历史最高达 1265 万公顷），但单产水平不高，年产量从不足 745 万吨上升到 1956～1957 年的 1000 万吨以上；第 2 阶段受社会背景的影响，大豆播种面积下降到仅有 700 万～800 万公顷，年产量降到 800 万吨上下；第 3 阶段是我国大豆生产得到迅速发展的阶段，年播种面积恢复到 930 万公顷左右，单产水平维持在 1.5 吨以上；第 4 阶段大豆播种面积下滑到不足 700 万公顷的低谷后恢复到目前的 840 万公顷、产量从 1600 万吨以上下滑到不足 1250 万吨后恢复到 1800 万吨。总体呈现面积和产量起起落落、单产稳步上涨的趋势（见图 18－9）。

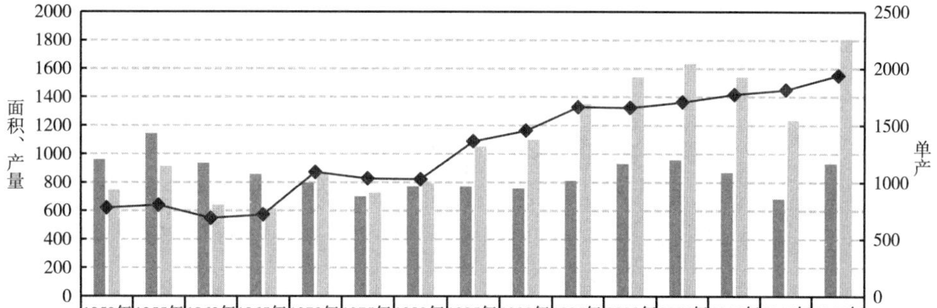

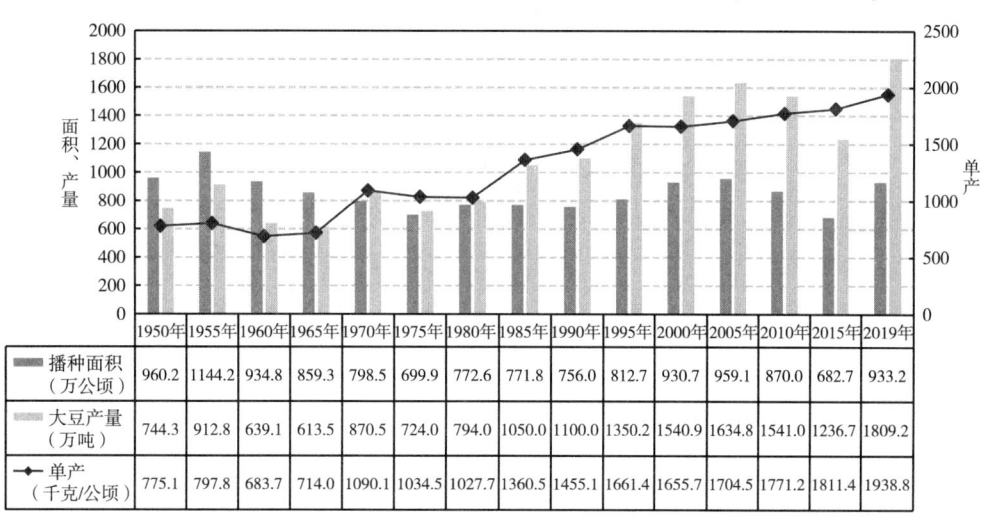

	1950年	1955年	1960年	1965年	1970年	1975年	1980年	1985年	1990年	1995年	2000年	2005年	2010年	2015年	2019年
播种面积（万公顷）	960.2	1144.2	934.8	859.3	798.5	699.9	772.6	771.8	756.0	812.7	930.7	959.1	870.0	682.7	933.2
大豆产量（万吨）	744.3	912.8	639.1	613.5	870.5	724.0	794.0	1050.0	1100.0	1350.2	1540.9	1634.8	1541.0	1236.7	1809.2
单产（千克/公顷）	775.1	797.8	683.7	714.0	1090.1	1034.5	1027.7	1360.5	1455.1	1661.4	1655.7	1704.5	1771.2	1811.4	1938.8

图 18－9　新中国成立以来部分年份中国大豆收获面积、产量及单产曲线

资料来源：根据国家统计局网站 2021 年 1 月数据整理。

综上所述，改革开放40余年间，我国大豆播种面积峰值出现在2004年前后接近960万公顷、大豆产量峰值出现在2004年为1740万吨。2006年后，受国际市场等多种因素影响，我国大豆播种面积和大豆产量开始出现下滑，2015年最低时仅682.70万公顷和1236.70万吨（20世纪90年代初的水平）。目前我国大豆年收获面积在840万公顷上下、大豆产量1500万吨以上。

2. 基本形成区域相对集中稳定的周年生产格局

全国31个省份均有生产大豆。大豆生产基地可分为北方春大豆区、黄淮海流域夏大豆区、长江流域春夏大豆区、华南四季大豆区、东南春夏秋大豆区，但是主要集中黑龙江、内蒙古、安徽、四川、河南和江苏等地（见表18－9）。

表18－9　　2019年大豆产量前10位省份2010～2019年大豆生产数据

地区	指标	2010年	2011年	2012年	2013年	2014年	2015年	2016年	2017年	2018年	2019年
全国	面积（万公顷）	870.02	810.26	740.52	704.99	709.76	682.74	759.85	824.48	841.28	933.17
	产量（万吨）	1540.99	1487.85	1343.59	1240.71	1268.57	1236.74	1359.55	1528.25	1596.71	1809.20
	单产（千克/公顷）	1771.22	1836.25	1814.38	1759.89	1787.33	1811.44	1789.23	1853.59	1897.96	1938.77
黑龙江	面积（万公顷）	372.72	340.21	286.01	263.71	279.29	266.15	322.31	373.55	356.77	427.95
	产量（万吨）	615.38	598.51	521.46	454.23	514.02	498.76	562.81	689.43	657.77	780.80
	单产（千克/公顷）	1651.06	1759.24	1823.25	1722.47	1840.46	1873.99	1746.18	1845.62	1843.66	1824.51
内蒙古	面积（万公顷）	94.27	84.62	80.01	79.63	74.46	81.29	92.34	98.90	109.42	118.98
	产量（万吨）	149.37	135.37	130.72	128.60	115.04	126.75	150.75	162.62	179.40	226.00
	单产（千克/公顷）	1584.46	1599.68	1633.80	1615.07	1545.07	1559.33	1632.55	1644.35	1639.49	1899.48
河南	面积（万公顷）	44.48	43.42	44.80	42.40	38.19	34.36	34.11	34.52	38.56	39.47
	产量（万吨）	83.91	84.91	74.81	69.34	51.52	46.75	46.90	50.36	95.57	98.20
	单产（千克/公顷）	1886.55	1955.78	1669.72	1635.34	1349.04	1360.75	1375.12	1458.99	2478.80	2487.97

续表

地区	指标	2010 年	2011 年	2012 年	2013 年	2014 年	2015 年	2016 年	2017 年	2018 年	2019 年
安徽	面积（万公顷）	83.50	75.95	73.12	68.75	67.97	60.11	59.95	62.06	64.99	63.62
	产量（万吨）	105.07	94.75	92.95	85.20	90.44	92.04	90.49	94.03	97.49	95.70
	单产（千克/公顷）	1258.38	1247.48	1271.28	1239.29	1330.57	1531.14	1509.45	1515.27	1500.10	1504.24
四川	面积（万公顷）	26.07	27.64	28.56	29.54	31.24	32.93	35.07	36.93	37.70	40.20
	产量（万吨）	61.08	66.22	68.85	69.09	74.48	76.97	80.48	85.87	88.80	94.70
	单产（千克/公顷）	2343.37	2395.98	2411.05	2338.70	2384.05	2337.24	2295.04	2325.02	2355.44	2355.72
吉林	面积（万公顷）	39.92	32.87	25.72	24.06	24.28	18.19	18.75	22.02	27.92	34.50
	产量（万吨）	90.18	83.25	43.89	49.52	40.76	31.52	37.34	50.16	55.14	70.10
	单产（千克/公顷）	2259.02	2532.47	1706.39	2057.93	1678.89	1732.82	1991.04	2277.72	1974.65	2031.88
江苏	面积（万公顷）	22.42	22.30	21.66	20.67	20.17	19.58	19.69	19.44	19.38	19.18
	产量（万吨）	58.25	57.66	56.11	45.70	46.18	46.94	45.98	44.95	49.12	51.30
	单产（千克/公顷）	2597.78	2585.19	2590.01	2211.04	2289.54	2397.10	2335.31	2312.24	2535.23	2674.66
山东	面积（万公顷）	15.64	15.47	14.64	14.40	14.75	12.97	12.47	11.96	15.35	18.35
	产量（万吨）	37.64	39.34	36.06	34.53	34.93	32.93	33.56	32.13	43.33	52.40
	单产（千克/公顷）	2406.50	2542.82	2463.79	2397.25	2367.65	2539.52	2691.91	2687.58	2822.43	2855.59
云南	面积（万公顷）	14.55	14.65	15.33	15.53	15.94	16.12	17.09	17.31	17.63	18.52
	产量（万吨）	30.75	28.45	32.44	39.58	43.53	40.94	43.06	43.47	43.51	46.00
	单产（千克/公顷）	2113.69	1942.51	2116.39	2548.29	2731.55	2539.07	2520.04	2511.99	2467.67	2483.80

续表

地区	指标	2010年	2011年	2012年	2013年	2014年	2015年	2016年	2017年	2018年	2019年
湖北	面积（万公顷）	10.99	10.81	10.57	10.33	13.68	14.44	20.23	21.23	21.98	21.17
	产量（万吨）	27.68	25.39	22.79	23.33	33.1	30.52	31.35	34.3	34.21	34.6
	单产（千克/公顷）	2517.74	2348.32	2156.71	2259.13	2419.77	2113.57	1550.06	1615.33	1556.63	1634.39
10省合计	面积（万公顷）	724.56	667.95	600.41	569.02	579.96	556.14	631.99	697.91	709.70	801.94
	产量（万吨）	1259.31	1213.85	1080.08	999.12	1044.00	1024.12	1122.72	1287.32	1344.34	1549.80
	单产（千克/公顷）	1738.04	1817.29	1798.92	1755.86	1800.11	1841.49	1776.47	1844.55	1894.23	1932.56
10省占比	面积占比（%）	83.28	82.44	81.08	80.71	81.71	81.46	83.17	84.65	84.36	85.94
	产量占比（%）	81.72	81.58	80.39	80.53	82.30	82.81	82.58	84.23	84.19	85.66
	单产占比（%）	98.13	98.97	99.15	99.77	100.72	101.66	99.29	99.51	99.80	99.68

资料来源：根据国家统计局网站2021年1月数据计算。

2019年，全国大豆生产的农业产值为821.9亿元（占豆类农业产值的81.82%），单位面积农业产值为8807.6元/公顷（豆类平均的97.1%）。10个主产省份2019年大豆农业产值相关数据如表18－10所示，可以看出，除山东、江苏、四川和河南4省外，其他主产省份大豆生产效益低于全国平均。山东是我国大豆生产效益最好的省份，2019年单位面积大豆农业产值超过1.7万元/公顷，排名全国第1。出现这样的情况应该与各地大豆的主要用途不同有关，黑龙江和内蒙古等地区所产大豆以生产大豆油为主，而山东、江苏、四川等地的大豆除作为蔬菜鲜食外，主要用于生产豆腐等各类食用豆制品。

表18－10　中国10个大豆主产省份2019年单位面积农业产值

指标	黑龙江	内蒙古	河南	安徽	四川	吉林	江苏	山东	云南	湖北
农业产值（亿元）	355.3	80.2	38.0	45.2	47.3	24.5	24.9	31.3	14.5	15.9
全国占比（%）	43.23	9.76	4.62	5.50	5.75	2.98	3.03	3.81	1.76	1.93
单位面积产值（元/公顷）	8302	6741	9628	7105	11766	7101	12982	17057	7829	7511
全国占比（%）	94.26	76.53	109.31	80.67	133.59	80.63	147.40	193.66	88.89	85.27

资料来源：根据国家统计局网站2021年1月面积数据和《中国农村统计年鉴（2020）》农业产值数据（现价）计算。

（二）云南大豆产业地位及特征

1. 类型丰富、周年生产

云南地处中国的西南边陲，是典型的低纬度高海拔山区省份，北回归线横贯南部，光、热、水资源丰富，海拔落差大（76.4～6740米），境内地形地貌多样，生境复杂，是典型的“立体生态型”。大豆是云南省粮食、油料、饲料、蔬菜、副食品兼用作物，在全省分布广泛，除海拔2600米以上高寒山区极少种植外，其他地区均有种植。根据盖钧镒等对我国大豆品种生态区的研究结果，云南属于西南高原二熟制春夏作大豆品种生态区和华南热带多熟制四季大豆生态区，独特的地理位置和复杂的生态条件，决定了其品种的生态多样性，大豆类型较为丰富。全省一年四季均可播种大豆，既有春大豆、夏大豆，又有秋大豆和冬大豆，夏大豆在全省的播种面积最大。云南省大豆种植较分散，多与玉米进行间套作。总体来说，大豆产业发展势头较好，潜力较大。

云南省大豆生产可以划分为6个主要阶段：第一阶段为1949～1969年，播种面积均超过6.7万公顷，最高年份13.9万公顷，单产53.9千克/亩；第二阶段为1970～1980年，播种面积仅为4.4万～5.3万公顷，而单产大幅提高，平均111.4千克/亩；第三阶段为1981～1990年，种植面积恢复到年均6.5万公顷，平均单产95.6千克/亩；第四阶段为1991～1998年，种植面积增长至年均8.7万公顷，平均单产86.1千克/亩；第五阶段为1999～2014年，种植面积较为稳定，平均8.0万公顷，多数年份在12万公顷左右，单产从83.0千克/亩大幅提高到184.1千克/亩，平均单产117千克/亩；第六阶段为2015年以后，种植面积稳定在17万公顷，平均单产167千克/亩。目前，云南主要的大豆种植区有文山、红河、思茅、昭通，此外，临沧、德宏、保山、怒江、曲靖和丽江等地也有一定分布。以上地区大豆播种面积占全省的90%左右，总产量占全省的70%以上。近年来，云南大豆主产区的主栽品种有德大豆1号、文豆1号、滇丰1号、滇豆4～10号、云大豆11号等。

2. 全国占比很小但单产水平较高

云南是全国排名第9位的大豆主产省之一。统计数据显示，2010～2019年，云南大豆播种面积从14.55万公顷上升到18.52万公顷，大豆产量从30.75万吨上升到46万吨，单产从2.11吨/公顷上升到2.48吨/公顷，均高于同期全国平均增幅，在10个主产省份增幅榜分别排名第3、第3和第5。2010～2019年，云南大豆生产规模、效率效益及全国占比如表18－11、图18－10和图18－11所示。

表 18－11　　2010～2019 年云南省大豆产业规模、效率、效益及全国占比

指标		2010 年	2011 年	2012 年	2013 年	2014 年	2015 年	2016 年	2017 年	2018 年	2019 年
全国	种植面积（万公顷）	870.02	810.26	740.52	704.99	709.76	682.74	759.85	824.48	841.28	933.17
	大豆产量（万吨）	1540.99	1487.85	1343.59	1240.71	1268.57	1236.74	1359.55	1528.25	1596.71	1809.20
	单位面积产量（千克/公顷）	1771.22	1836.25	1814.38	1759.89	1787.33	1811.44	1789.23	1853.59	1897.96	1938.77
	农业产值（亿元）	614.9	653.5	640.8	616.9	602.1	537.6	520.9	667.8	721.7	821.9
	单位面积产值（元/公顷）	7067.7	8065.3	8653.3	8750.5	8483.2	7874.2	6855.3	8099.6	8578.6	8807.6
云南	种植面积（万公顷）	14.55	14.65	15.33	15.53	15.94	16.12	17.09	17.31	17.63	18.52
	大豆产量（万吨）	30.75	28.45	32.44	39.58	43.53	40.94	43.06	43.47	43.51	46.00
	单位面积产量（千克/公顷）	2113.69	1942.51	2116.39	2548.29	2731.55	2539.07	2520.04	2511.99	2467.67	2483.80
	农业产值（亿元）	11.1	13.8	14.4	11.6	8.3	8.1	13.2	13.5	13.1	14.5
	单位面积产值（元/公顷）	7629.9	9422.4	9394.6	7468.5	5208.3	5023.6	7725.2	7801.2	7429.7	7829.4
占比（%）	种植面积	1.67	1.81	2.07	2.20	2.25	2.36	2.25	2.10	2.10	1.98
	大豆产量	2.00	1.91	2.41	3.19	3.43	3.31	3.17	2.84	2.72	2.54
	单位面积产量	119.34	105.79	116.65	144.80	152.83	140.17	140.85	135.52	130.02	128.11
	农业产值	1.81	2.11	2.25	1.88	1.38	1.51	2.53	2.02	1.82	1.76
	单位面积产值	107.95	116.83	108.57	85.35	61.40	63.80	112.69	96.32	86.61	88.89

资料来源：根据国家统计局网站 2021 年 1 月数据和《中国农村统计年鉴（2020）》产值（现价）计算。

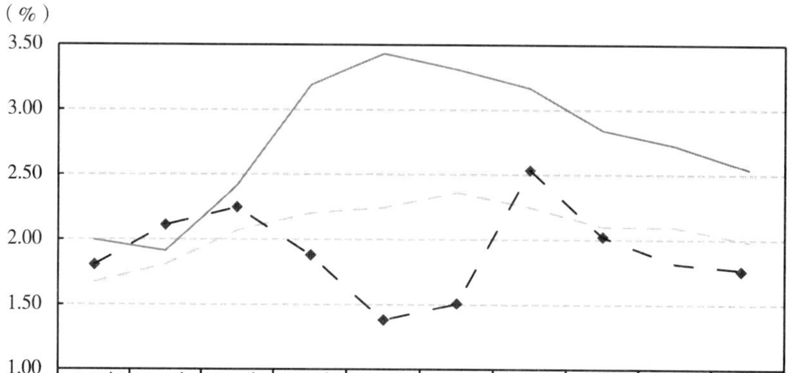

	2010年	2011年	2012年	2013年	2014年	2015年	2016年	2017年	2018年	2019年
面积占比	1.67	1.81	2.07	2.20	2.25	2.36	2.25	2.10	2.10	1.98
产量占比	2.00	1.91	2.41	3.19	3.43	3.31	3.17	2.84	2.72	2.54
产值占比	1.81	2.11	2.25	1.88	1.38	1.51	2.53	2.02	1.82	1.76

图 18－10　2010～2019 年云南省大豆产业规模全国占比变化

资料来源：根据国家统计局网站 2021 年 1 月数据和《中国农村统计年鉴（2020）》产值（现价）计算。

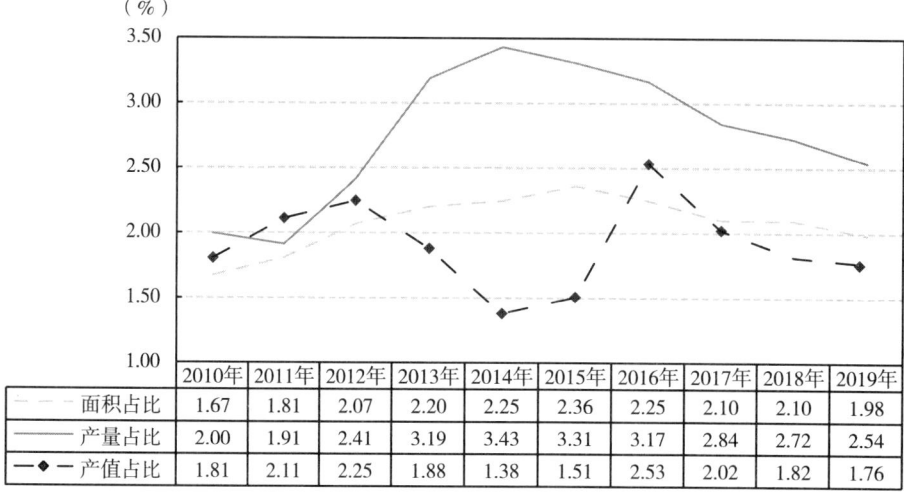

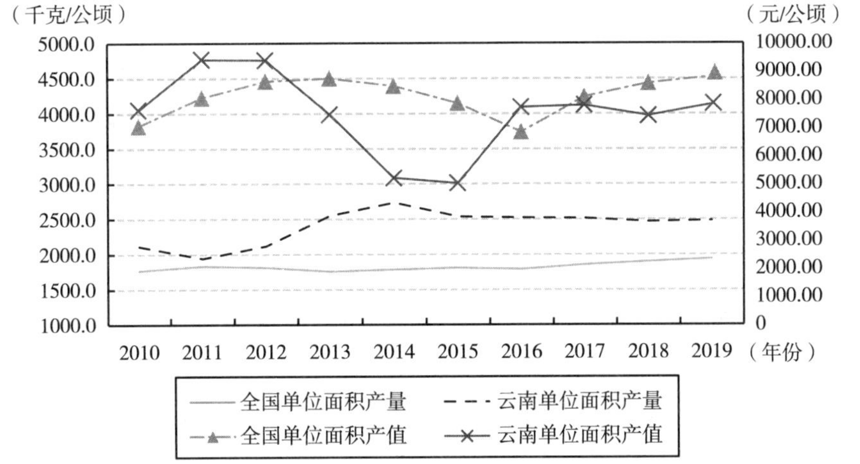

图 18－11　2010～2019 年云南省大豆生产效率和效益及全国对比变化

资料来源：根据国家统计局网站 2021 年 1 月数据和《中国农村统计年鉴（2020）》产值（现价）计算。

从表 18－11 和图 18－10、图 18－11 可以看出，2010～2019 年，云南大豆播种面积平均占比仅为 2%、2015 年时最高亦不足 2.4%，大豆产量平均占比也仅在 2.8 上下、2014 年最高亦不足 3.5%，农业产值平均占比更是低于面积占比和产量占比，仅为 1.9%、2016 年时最高仅为 2.53%。

从表 18－10 和图 18－11 还可以看出，云南的大豆产量占比一直高于面积占比且呈先升后降的态势，说明云南大豆生产效率相对于全国平均具有明显的比较优势但是近年来这个优势在减弱。云南大豆产值占比一直低于产量占比，说明云南大豆平均单价一直低于全国平均单价。2012 年前和 2016 年，云南大豆农业产值全国占比曾略高于面积占比，但 2017 年后低于全国平均，说明这个阶段云南省大豆生产效益相对全国平均曾具有一定比较优势，但近年来这个效益优势已经丧失。

三、中国及云南食用豆类生产格局及发展趋势

（一）中国食用豆类生产格局及发展趋势

食用豆类主产区分布于我国云南、四川、贵州、甘肃、内蒙古、青海等省区市，受国内市场需求、农业产业结构调整，上述区域食用豆的种植和生产结构发生较大的变化，主要是食用豆产品的用途发生较大变化，尤其是鲜食豌豆面积处于较快增长趋势，鲜食豌豆产品主要位于主产区大中城市和传统优势生产区域。目前，云南、四川、贵州、江苏、甘肃、广西、重庆、安徽、河北等是我国豌豆

主产区域，其中云南和四川面积最大，种植面积分别为261.2万亩和193.5万亩，其他区域49.5万~82.5万亩不等，上述区域64.8%的产品作物鲜食使用。此外，我国食用豆主产区还有广东、福建、浙江、山东、辽宁、新疆、西藏、内蒙古、江西等地。我国蚕豆、豌豆、菜豆等主产区的云南面积今年稳中有增，主要是鲜食面积的增加。

云南食用豆类资源丰富，从已收集的资源群体分析，国内有栽培记录的食用豆类在云南均有种植，根据其在云南种植面积及商品重要性可进行以下排序：蚕豆、豌豆、芸豆（普通菜豆和多花菜豆）、小豆、饭豆、绿豆、豇豆、小扁豆、利马豆、藊豆、木豆、翼豆（四棱豆）和黎豆。其中，蚕豆、豌豆的年种植面积分别为350万亩、250万亩，芸豆（普通菜豆和多花菜豆）种植面积共计45万亩，其他小豆、豇豆、绿豆合计30万亩，生产规模仅次于水稻、玉米和薯类。云南食用豆类年种植总面积超过43万公顷，其中，蚕豆和豌豆的种植面积及总产量位居全国第一位，蚕豆生产面积占全国的38.3%。自2003年以来，鲜食豌豆产业迅速发展，豌豆种植规模逐年扩大。目前，云南豌豆生产面积占全国的15%以上。2014~2018年，云南省食用豆类作物平均年产量73.4万吨，与2009~2013年相比年增产7.3万吨，增幅达10%。食用豆类作物干籽粒的单产水平没有明显提升，维持在1800千克/公顷，其中蚕豆和豌豆的干籽粒单产水平高于世界平均单产水平，约2700千克/公顷。

（二）中国主要食用豆类生产情况及发展趋势

我国蚕豆、豌豆、芸豆（普通菜豆和多花菜豆）、绿豆、红小豆、小扁豆6类食用豆类作物种植面积较大，其中又以蚕豆和豌豆种植面积为最大，蚕豆以干籽粒生产为主，豌豆则以鲜销生产为主。2018~2019年，蚕豆和豌豆种植面积分别为85万公顷（干籽粒）和260万公顷（干籽粒98万公顷、鲜销160万公顷以上）、普通菜豆种植面积接近150万公顷（干籽粒和鲜销约各1半）、小扁豆接近7万公顷。蚕豆在我国的栽培历史有四五千年之久，一直以来，是我国栽培面积最大的食用豆类，自2006年起，我国豌豆种植面积超过蚕豆，并有逐年增加的趋势，蚕豆种植面积逐年减少。在中国传统消费习惯中，除蚕豆、豌豆及少部分芸豆（普通菜豆和多花菜豆）以干籽粒和鲜食兼用进行种植外，其余食用豆类产品均以干籽粒收获为目的进行生产。近年来，随着食用豆类食用开发研究不断深入，其他豆类鲜食消费开始出现。

1. 中国是全球第一大蚕豆生产国，但生产规模及全球占比明显下降

FAO 统计数据表明，过去 70 余年，全球和中国的蚕豆种植面积和蚕豆产量均呈波浪形下降的总体趋势（见图 18－12），自 19 世纪 50 年代至今，我国一直是世界上蚕豆生产第一大国。从种植面积看，全球蚕豆种植面积从 20 世纪 60 年代初的 600 万公顷左右（1962 年最高 606. 8 万公顷）逐步减少到 80 年代末的仅 300 万公顷左右、1990 年开始降到 300 万公顷以下（1991 年最低仅 216 万公顷），此后逐步恢复到 2005 年的 260 万公顷以上；2010～2019 年 10 年间，全球蚕豆种植面积年均约 250 万公顷，2018 年最高时超过 277. 7 万公顷，2019 年降到 257. 7 万公顷，主要分布在亚洲、非洲和美洲。2018～2019 年，亚洲、非洲和美洲蚕豆收获面积分别占全球的 33. 63%、29. 31% 和 22. 24%，排名前 5 位的国家分别是中国、埃塞俄比亚、澳大利亚、美国和摩洛哥，这 5 个国家的蚕豆收获面积均在 10 万公顷以上，合计占同期全球的比重分别达到 63. 56% 和 73. 41%。其中，埃塞俄比亚的蚕豆年收获面积接近 50 万公顷，澳大利亚在 20 万公顷以上，美国仅在 15 万公顷上下、摩洛哥则不足 13 万公顷。

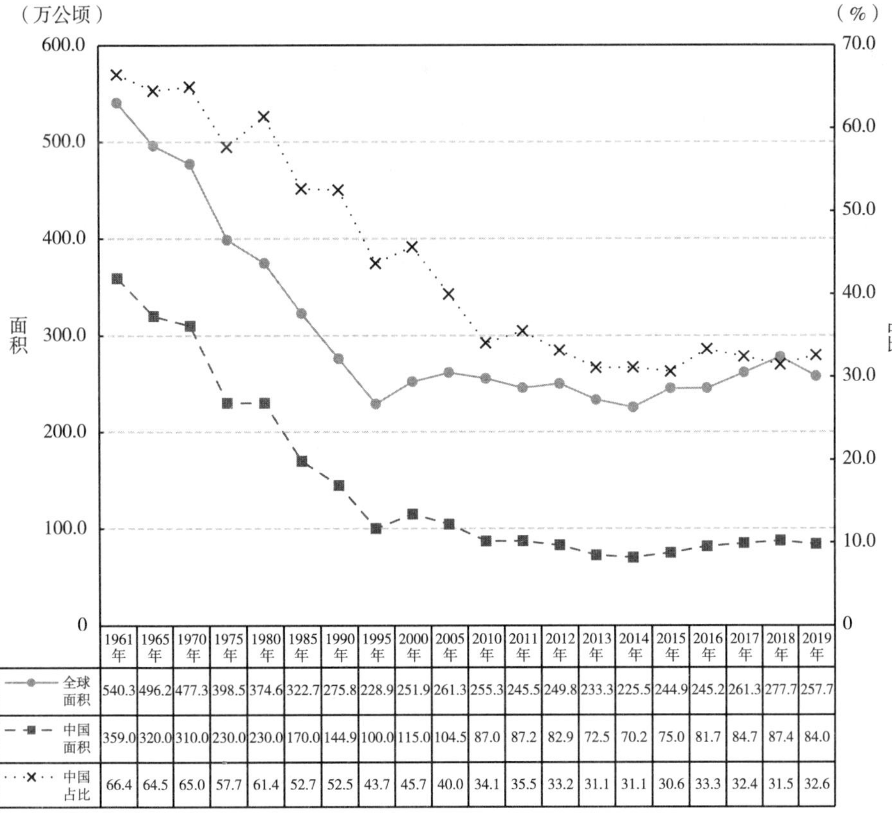

	1961年	1965年	1970年	1975年	1980年	1985年	1990年	1995年	2000年	2005年	2010年	2011年	2012年	2013年	2014年	2015年	2016年	2017年	2018年	2019年
—●— 全球面积	540.3	496.2	477.3	398.5	374.6	322.7	275.8	228.9	251.9	261.3	255.3	245.5	249.8	233.3	225.5	244.9	245.2	261.3	277.7	257.7
–■– 中国面积	359.0	320.0	310.0	230.0	230.0	170.0	144.9	100.0	115.0	104.5	87.0	87.2	82.9	72.5	70.2	75.0	81.7	84.7	87.4	84.0
···×··· 中国占比	66.4	64.5	65.0	57.7	61.4	52.7	52.5	43.7	45.7	40.0	34.1	35.5	33.2	31.1	31.1	30.6	33.3	32.4	31.5	32.6

图 18－12　1961～2019 年部分年份全球和中国蚕豆种植面积及全球占比变化曲线

资料来源：根据 FAO 网站 2021 年 1 月数据整理。

中国的蚕豆种植面积从1962年最高时的420万公顷逐步减少到1991年的仅83万公顷，此后逐步恢复，2001年曾到132万公顷，近10年在70万~87万公顷之间；全球占比从20世纪60年代的60%以上（1962年曾高达69%）降到90年代不足45%、21世纪前10年的41%左右、近10年仅32.5%。

从蚕豆产量看，据FAO统计数据，全球蚕豆产量（干籽粒，下同）从1962年最高时的620万吨逐步减少到1992年最低时不足277万吨（仅276.9万吨），此后逐步恢复到90年代的300万吨以上、21世纪前10年的400万吨以上，2010~2019年10年间，全球蚕豆总产量在450万~550万吨之间，2017年最高时551.3万吨、2019年降到543.1万吨。2018~2019年，亚洲、非洲和美洲的蚕豆产量占全球比重分别为34.45%、28.4%和27.88%，排名前5位的国家分别是中国、埃塞俄比亚、美国、澳大利亚和法国，这5个国家2018~2019年的蚕豆产量均在10万吨以上，5国产量之和占同期全球总面积的比重分别为67.61%和73%，除中国外，埃塞俄比亚的蚕豆年产量也在100万吨以上。2018~2019年，中国的蚕豆产量从180.6万吨降到174.09万吨，而美国则从40.2万吨增加到54.78万吨、澳大利亚从23.34万吨增加到32.7万吨、法国从14.25万吨（排名第9位）增加到17.74万吨而跻身前5位（超过德国、苏丹、立陶宛和摩洛哥）。此外，2019年蚕豆产量超过10万吨的还有苏丹（16.49万吨）、德国（15.95万吨）、意大利（13.23万吨）和立陶宛（12.74万吨）。

中国蚕豆总产量亦从1961年的340万吨逐步减少到1992年仅100万吨，此后逐步恢复到90年代的年均170万吨以上、21世纪前10年的年均185万吨以上，2010~2019年10年间，中国蚕豆再次降到年均160万吨，但是近3年有所恢复，2018年最高达180.6万吨；同期全球占比从20世纪60年代的60%以上（1962年曾高达71%）降到90年代不足50%（1996年最低仅36.12%）、21世纪前10年的44%、近10年仅33.18%（见图18－13）。

从农业总产值看，据FAO数据（基于数据的可得性和方便同类数据进行比较，2018~2019年采用2014~2016年不变价，单位为百万因特），近30年间，全球蚕豆农业产值呈现先升后降的总体趋势。全球蚕豆农业产值从1991年的7.87亿美元（现价，下同）增加到2011年和2013年的接近26亿美元，再逐步下降到2015年不足15.5亿美元，此后逐步恢复到2017年近18.4亿美元，2018~2019年稳定在18亿因特以上并小幅上涨。中国的趋势也大致相同，从1991年的2.06亿美元上升到2011年的13.15亿美元，之后快速下降到2014年不足3亿美元，此后逐步恢复到2017年的3.52亿美元，2018～2019年上涨到60亿因特上下，2019年略有下降（见图18－14）。

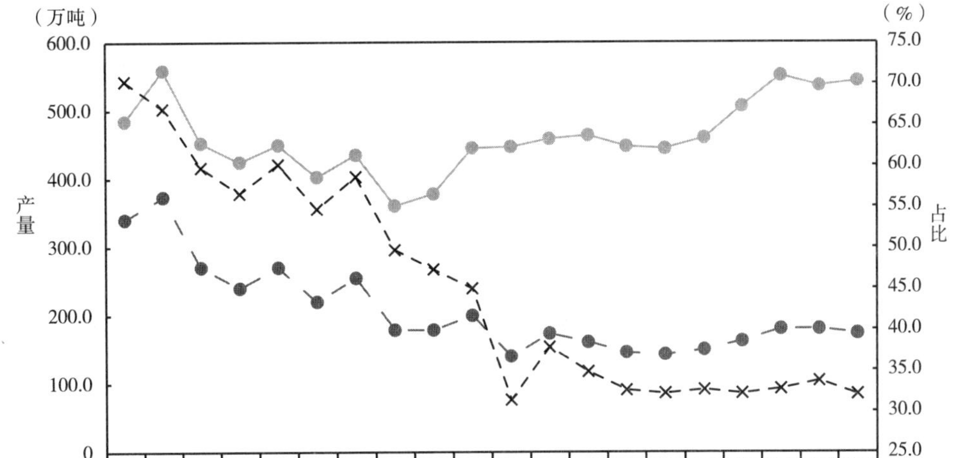

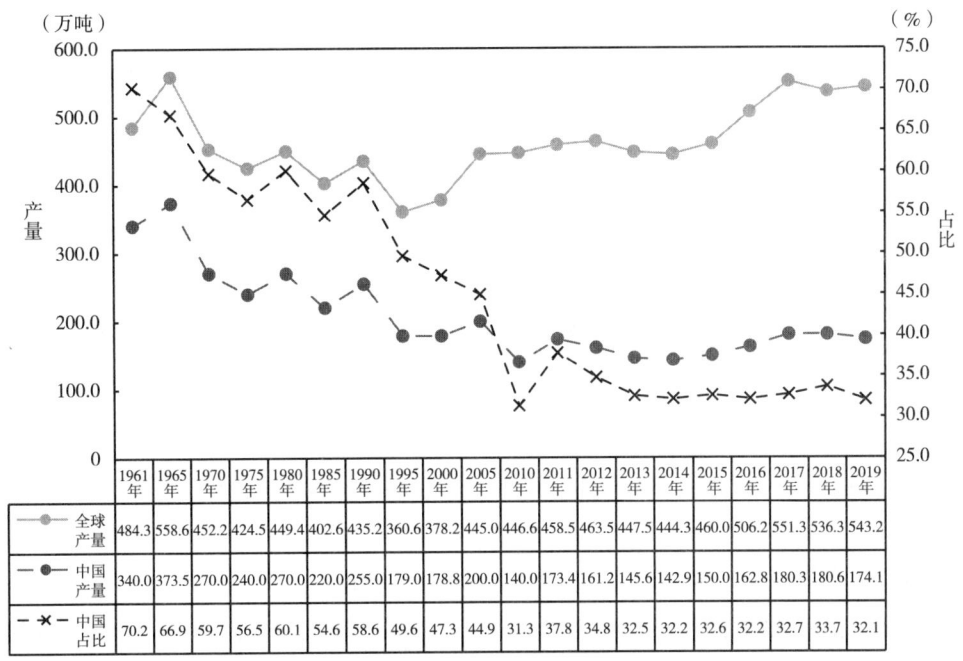

	1961年	1965年	1970年	1975年	1980年	1985年	1990年	1995年	2000年	2005年	2010年	2011年	2012年	2013年	2014年	2015年	2016年	2017年	2018年	2019年
全球产量	484.3	558.6	452.2	424.5	449.4	402.6	435.2	360.6	378.2	445.0	446.6	458.5	463.5	447.5	444.3	460.0	506.2	551.3	536.3	543.2
中国产量	340.0	373.5	270.0	240.0	270.0	220.0	255.0	179.0	178.8	200.0	140.0	173.4	161.2	145.6	142.9	150.0	162.8	180.3	180.6	174.1
中国占比	70.2	66.9	59.7	56.5	60.1	54.6	58.6	49.6	47.3	44.9	31.3	37.8	34.8	32.5	32.2	32.6	32.2	32.7	33.7	32.1

图18－13　1961～2019年部分年份全球和中国蚕豆产量及全球占比变化曲线

资料来源：根据FAO网站2021年1月数据整理。

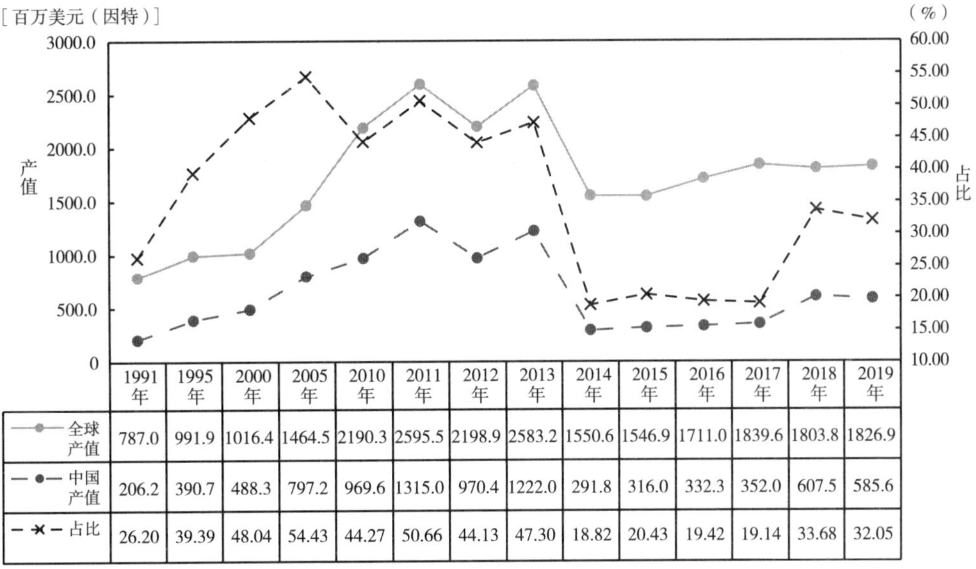

	1991年	1995年	2000年	2005年	2010年	2011年	2012年	2013年	2014年	2015年	2016年	2017年	2018年	2019年
全球产值	787.0	991.9	1016.4	1464.5	2190.3	2595.5	2198.9	2583.2	1550.6	1546.9	1711.0	1839.6	1803.8	1826.9
中国产值	206.2	390.7	488.3	797.2	969.6	1315.0	970.4	1222.0	291.8	316.0	332.3	352.0	607.5	585.6
占比	26.20	39.39	48.04	54.43	44.27	50.66	44.13	47.30	18.82	20.43	19.42	19.14	33.68	32.05

图18－14　1991～2019年部分年份全球和中国蚕豆农业产值及全球占比变化曲线

注：2018～2019年为2014～2016年不变价（百万因特），其他为现价美元。

资料来源：根据FAO网站2021年4月数据整理。

从国内看，相关统计资料显示，我国蚕豆省份间的变化趋势并不一致，西南及江苏（面积占全国41%）等秋播区域的栽培面积变幅较小，其他春播区域的面积变化较大。

2. 中国干豌豆全球第三，但生产规模和全球占比亦逐年下降

FAO统计数据表明，全球干豌豆种植面积从20世纪60年代最高时的1300万公顷以上（1963年1338.24万公顷）逐步下降到90年代最低时的600万公顷左右（1999年仅593.37万公顷），减少55%以上；进入21世纪后逐渐恢复到近年的740万公顷左右。2010~2019年间从657.5万公顷上升到716.7万公顷（2017年最高达808.7万公顷），主要分布在欧洲（32.77%）、美洲（32.07%）和亚洲（25.37%）。2019年面积超过10万公顷的国家有11个，其中：超过100万公顷有加拿大（171.1万公顷）和俄罗斯（121万公顷），50万~99万公顷之间有中国（97.83万公顷）和印度（60.67万公顷），美国超过40万公顷排第5位，乌克兰、澳大利亚和埃塞俄比亚在20万公顷以上，法国、西班牙和罗马尼亚则均在20万公顷至10万公顷之间，这11个国家干豌豆面积全球占比在85%左右。

与此同时，中国的干豌豆面积也从1962年的330万公顷下降到1992年的仅42万公顷，减少了约87%，此后逐步恢复到2005年的100万公顷，2010~2019年的近10年间稳定在85万~98万公顷之间。同期全球占比从1961年最高时的39.87%下降到1992年仅5.72%，后恢复到2002年的15.83%，近10年稳定在12.35%~14.87%之间。

全球干豌豆产量从1963年的1319.72万吨逐步下降到1979年的735.1万吨，减少了44.3%；1983年恢复到1000万吨以上后，除2002~2003年、2006~2008年5个年度外，都保持在1000万吨以上，1990年达到历史最高的1663.75万吨。2010~2019年10年间，全球干豌豆年均产量约1250万吨，2019年为1418.42万吨，美洲占39.33%、欧洲占36.99%、亚洲占18.97%。2019年，干豌豆产量超过20万吨的也有11个国家，其中：超过200万吨的仅有加拿大（423.65万吨）和俄罗斯（236.95万吨），100万~200万吨之间的有中国（145.89万吨）和美国（101.36万吨），印度在80万吨以上、法国在70万吨以上、乌克兰接近60万吨、埃塞俄比亚接近40万吨，德国、罗马尼亚和澳大利亚则略超过20万吨，这11个国家的干豌豆产量之和全球占比超过86%。

与面积发展趋势相同，中国的干豌豆产量也从1962年的390万吨下降到1992年仅55万吨、减少约86%，1993年开始恢复到100万吨后，除2009~2010年2个年度外均在 100 万吨以上。2010 ~ 2019 年 10 年间，中国干豌豆产量维持在 90 万 ~ 150 万吨之间、年均 133 万吨，2018 年最高时为 152.55 万吨。

2010 ~ 2019 年全球和中国的干豌豆收获面积、籽粒产量和农业产值数据（基于数据的可得性和方便同类数据进行比较，2018 ~ 2019 年采用 2014 ~ 2016 年不变价，单位为百万因特）及其中国占全球的比重如表 18 - 12 所示。

表 18 - 12　2010 ~ 2019 年中国干豌豆收获面积、籽粒产量、农业产值及占全球比重

区域	指标	2010 年	2011 年	2012 年	2013 年	2014 年	2015 年	2016 年	2017 年	2018 年	2019 年
中国	面积（万公顷）	87.13	87.20	82.50	95.00	95.00	85.00	92.66	96.02	98.02	97.83
	总产量（万吨）	91.05	137.40	127.80	126.60	135.00	126.70	137.49	152.30	152.55	145.89
	总产值［百万美元（因特）］	437.07	1212.07	1185.19	929.71	998.15	939.84	988.40	1047.08	517.75	495.14
全球合计	面积（万公顷）	657.51	613.76	664.36	638.99	679.27	688.25	739.39	808.74	741.36	716.69
	总产量（万吨）	1044.25	1021.39	1054.09	1125.92	1171.87	1186.64	1510.88	1621.03	1336.71	1418.42
	总产值［百万美元（因特）］	2962.16	4057.04	4466.53	4301.45	4051.16	3985.51	4933.26	5367.25	4536.81	4814.15
中国占比（%）	面积	13.25	14.21	12.42	14.87	13.99	12.35	12.53	11.87	13.22	13.65
	总产量	8.72	13.45	12.12	11.24	11.52	10.68	9.10	9.39	11.41	10.29
	总产值	14.76	29.88	26.53	21.61	24.64	23.58	20.04	19.51	11.41	10.29

注：2018 ~ 2019 年为 2014 ~ 2016 年不变价（百万因特），其他为现价美元。

资料来源：根据 FAO 网站 2021 年 4 月数据整理。

从表 18 - 12 可以看出，虽然 2010 ~ 2019 年的 10 年间，全球和中国的干豌豆面积、产量基本呈现稳定发展的态势，但同期农业产值的波动却非常明显。

从全球看，2010 ~ 2019 年，干豌豆面积在 10 年平均值的 - 11.67% ~ 16.39% 之间波动、产量则在 - 18.23% ~ 29.77% 之间波动，但农业产值则在 - 31.87% ~ 23.46% 之间波动，产值降幅远大于面积和产量降幅。

从中国看，2010 ~ 2019 年，干豌豆面积在 10 年平均值的 - 9.97% ~ 6.97% 之间波动、产量在 - 31.68% ~ 14.46% 之间波动，而农业产值则在 - 50.05% ~ 19.66% 之间波动，升幅和降幅均大于面积和产量的升幅和降幅。

2010～2019 年，中国干豌豆收获面积、籽粒产量及农业产值变化曲线如图 18－15 所示。

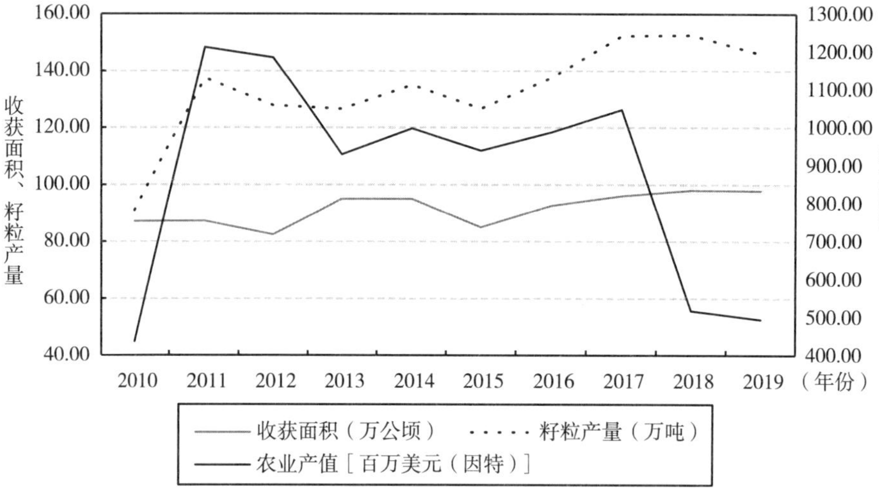

图 18－15　2010～2019 年中国干豌豆收获面积、籽粒产量及农业产值变化曲线

注：2018～2019 年为 2014～2016 年不变价（百万因特），其他为现价美元。

资料来源：根据 FAO 网站 2021 年 4 月数据整理。

3. 中国是全球最大的鲜食豌豆生产国，生产规模和全球占比逐步扩大

与干豌豆生产不同或相反，全球和中国鲜食豌豆的发展则基本呈现稳步增长的态势。据 FAO 统计数据，20 世纪 60 年代初期全球鲜食豌豆收获面积 65 万公顷、产量 378 万吨（鲜重，下同）逐步增加到 90 年代中期面积突破 100 万公顷、产量达到 900 万吨，并于 2008 年收获面积达到 200 万公顷、近两年进一步达到 270 万公顷以上，鲜食豌豆产量于 1998 年跃上 1000 万吨台阶、2009 年超过 1500 万吨、2017 年后跃上 2000 万吨台阶。目前，鲜食豌豆生产主要分布在亚洲，2018～2019 年，亚洲鲜食豌豆收获面积和产量分别在 220 万公顷以上和 1900 万吨上下、占全球的比重分别达到 81.6% 和 88.15%。其中：中国是全球最大的鲜食豌豆生产国，也是年收获面积超过 100 万公顷达 160 万公顷以上、年产量超过 1000 万吨达 1300 万吨的唯一国家，面积占全球的比重接近 60%、产量占比则超过 60%；印度排名第 2 位，是除中国外唯一的收获面积超过 50 万公顷、产量超过 500 万吨的国家；面积排名第 3 位的美国仅略超过 5 万公顷，但产量在 23 万吨左右排名第 4 位，而法国以 4 万公顷左右的面积排名第 4 位、但产量在 25 万吨以上超过美国排名第 3 位；阿尔及利亚、巴基斯坦和埃及以年均 15 万吨以上的鲜食豌豆产量排第 5～7 位，英国、西班牙和秘鲁则以年均 10 万吨以

上排第 8 ~ 10 位，此外，摩洛哥年均也在 10 万吨。

中国鲜食豌豆的发展历程与全球类似，20 世纪 60 年代初期，中国鲜食豌豆收获面积仅为 2.2 万公顷、产量仅为 15 万吨左右，全球占比分别为 3.3% 左右和 3.5% 左右；到 80 年代末（1989 年）面积突破 10 万吨、全球占比突破 10%（11.03%），产量于 1990 年突破 100 万吨（达 110 万吨）、占比接近 15%；到 2005 年，中国鲜食豌豆面积跃上 100 万公顷台阶、全球占比从 2002 年超过 50% 后于 2005 年达到 57% 以上，鲜食豌豆产量达到 840 万吨、全球占比达到 59.78%；此后，中国鲜食豌豆收获面积保持在 100 万公顷以上，2019 年达到 166.84 万公顷、全球占比达到 59.98% 的最高水平；同期鲜食豌豆产量自 2011 年开始超过 1000 万吨后逐年增加到 2019 年接近 1340 万吨，全球占比除 2006 年外一直保持在 60% 以上，2008 年最高时为 62.92%（见表 18 - 13）。

表 18 - 13　　中国鲜食豌豆收获面积、产量、农业产值及占全球比重

指标		2010 年	2011 年	2012 年	2013 年	2014 年	2015 年	2016 年	2017 年	2018 年	2019 年
中国	面积（万公顷）	125.00	129.50	130.00	130.00	133.25	147.86	152.54	157.32	162.08	166.84
	总产量（万吨）	991.00	1026.70	1050.00	1060.00	1072.28	1181.99	1221.29	1260.71	1300.13	1339.55
	总产值［百万美元（因特）］	2049.24	7626.96	7701.63	4944.32	8784.66	9676.06	9688.95	9565.67	7923.62	8163.86
全球合计	面积（万公顷）	215.94	221.27	225.61	225.82	231.55	248.56	256.23	264.04	271.39	278.16
	总产量（万吨）	1592.92	1691.60	1700.17	1736.36	1737.97	1936.07	1979.92	2068.54	2115.29	2176.61
	总产值［百万美元（因特）］	7043.09	13273.43	12813.86	9897.79	13716.20	14617.01	14698.03	14902.22	12891.60	13265.31
中国占全球比重（%）	面积	57.89	58.53	57.62	57.57	57.55	59.48	59.53	59.58	59.72	59.98
	总产量	62.21	60.69	61.76	61.05	61.70	61.05	61.68	60.95	61.46	61.54
	总产值	29.10	57.46	60.10	49.95	64.05	66.20	65.92	64.19	61.46	61.54

注：2018 ~ 2019 年农业总产值为 2014 ~ 2016 年不变价（百万因特），其他为现价美元。

资料来源：根据 FAO 网站 2021 年 4 月数据整理。

从表 18 - 13 还可以看出，中国的鲜食豌豆产量占比均高于同期收获面积占比，自2014年以来，农业产值占比均高于同期面积占比和产量占比，说明我国鲜食豌豆生产效率多年高于全球平均、2014年以后生产效益也高于全球平均。

综上所述，相对于干豌豆的种植生产，我国鲜食豌豆产业发展较为迅速。中国和印度是世界鲜食豌豆两大主产国，收获面积和鲜食豌豆产量之和占全球的比重分别达到79.7%和87.1%，是主导全球鲜食豌豆发展的主要力量，尤其中国的种植面积、总产量全球占比近10年来基本不变。

（三）云南省食用豆类在全国的地位

云南省是我国食用豆类主产区之一，2000~2019年，云南省食用豆类总产量及单产总体上呈增长趋势，2000年云南省食用豆类总产量及总面积占全国比重仅为6.9%和5.8%，到2018年分别增长至23.10%和16.50%，增长显著。2000~2019年20年间，全省食用豆类的种植面积呈现先增长、后下滑、目前基本稳定但总体增长呈波浪形趋势，从2000年的20万公顷增加到2006~2008年的40万公顷、目前稳定在约30万公顷，整体增幅高达53.78%；食用豆类总产量从2000年的30余万吨曾增加到2006~2008年的60万~80万吨以上，目前也稳定在75万吨左右，2019年为2000年的2.3倍以上。此外，云南省食用豆类的单产水平逐年提高。全省食用豆类单产水平的提高，主要得益于政府科研项目的持续支撑，在科研项目执行中实施品种选育研究，并在品质和抗性改良上取得了较大进展，新品种及其配套栽培技术的应用范围不断扩大。

2010~2019年云南食用豆类生产情况及全国占比如表18-14所示。可以看出，2010年云南食用豆类种植面积仅占全国的15.4%，2015年最高时达18.43%，2019年为17.03%，其中以蚕豆和豌豆的占比最大。同期产量占比从13.15%增长到2015年最高时达25.81%、目前在23%以上。

表18-14　2010~2019年云南食用豆面积、产量、单产及全国占比

地区	指标	2010年	2011年	2012年	2013年	2014年	2015年	2016年	2017年	2018年	2019年
云南	面积（万公顷）	36.24	36.83	35.11	32.48	30.36	29.59	29.53	29.54	29.31	29.68
	产量（万吨）	43.52	76.80	73.03	71.31	72.70	71.17	73.99	74.84	74.57	76.33
	单产（千克/公顷）	1201.05	2085.03	2079.92	2195.44	2394.28	2405.61	2505.33	2533.60	2544.27	2571.77

续表

地区	指标	2010年	2011年	2012年	2013年	2014年	2015年	2016年	2017年	2018年	2019年
全国	面积（万公顷）	235.30	226.46	199.99	184.29	172.64	160.53	168.87	180.65	177.36	174.30
	产量（万吨）	330.85	375.45	337.05	301.69	295.95	275.78	291.11	313.31	323.56	322.70
	单产（千克/公顷）	1406.07	1657.90	1685.34	1637.00	1714.31	1717.89	1723.89	1734.37	1824.34	1851.44
云南占比（%）	面积	15.40	16.27	17.56	17.62	17.59	18.43	17.49	16.35	16.53	17.03
	产量	13.15	20.46	21.67	23.64	24.56	25.81	25.42	23.89	23.05	23.65
	单产	85.42	125.76	123.41	134.11	139.66	140.03	145.33	146.08	139.46	138.91

资料来源：根据2021年1月国家统计局网站及《2020年中国农村统计年鉴》数据计算，其中食用豆类=豆类-大豆。

（四）云南蚕豆、豌豆生产在全国的地位

云南省食用豆类以蚕豆、豌豆种植面积最大，占全省食用豆类生产面积的50%以上和近40%。云南蚕豆、豌豆、芸豆均进行干籽粒、鲜籽粒生产，传统上以干籽粒为主。自2003年起，鲜食蚕豆和豌豆种植经济效益不断提高，干籽粒生产面积逐渐减少，鲜销面积逐渐增加。随着蚕豌豆高产、优质新品种进行大面积推广，进而提高农户积极性，旱地早秋蚕豆和豌豆、反季蚕豌豆种植面积逐年扩大。云南省为西南冬蚕豆区，主产区有昆明、曲靖、大理、楚雄、临沧、保山，丽江蚕豆种植受地理因素影响较大，分布较为分散（见表18-15）。

表18-15　　2018~2019年云南各州市蚕豆生产情况

州市	面积（万公顷）		产量（万吨）		单产（吨/公顷）		州市	面积（万公顷）		产量（万吨）		单产（吨/公顷）	
	2018年	2019年	2018年	2019年	2018年	2019年		2018年	2019年	2018年	2019年	2018年	2019年
昆明	1.52	1.41	3.47	3.17	2.28	2.25	楚雄	2.26	2.49	7.42	8.02	3.28	3.22
曲靖	1.69	1.99	4.68	5.54	2.77	2.78	红河	1.38	1.34	2.46	2.43	1.78	1.81
玉溪	0.36	0.37	0.80	0.87	2.22	2.35	文山	1.71	0.81	2.23	1.10	1.30	1.36
保山	1.05	1.04	2.28	2.32	2.17	2.23	西双版纳	0.01	0.01	0.01	0.02	1.00	2.00
昭通	0.66	0.74	0.99	1.14	1.50	1.54	大理	1.00	2.77	3.11	10.30	3.11	3.72
丽江	1.08	1.07	2.98	3.06	2.76	2.86	德宏	0.16	0.16	0.29	0.25	1.81	1.56
普洱	0.71	0.68	0.98	0.93	1.38	1.37	怒江	0.33	0.36	0.27	0.31	0.82	0.86
临沧	1.33	1.38	1.93	2.03	1.45	1.47	迪庆	0.08	0.08	0.22	0.23	2.75	2.88

资料来源：2019~2020年《云南统计年鉴》。

云南省豌豆主产区与蚕豆基本一致。油菜、小麦、蚕豆、豌豆是云南省主要冬季作物，其中以蚕豆、豌豆种植面积最大。蚕豆、豌豆的大面积种植不仅得益于其根瘤的养地作用，更得益于其种植管理较为简单，成本投入较少，因此俗称“懒豆”。

传统习惯上，云南省蚕豆、豌豆多作为冬闲养地作物进行种植，种植方式较为粗放，以撒播、稻后免耕直播为主，种植密度大，整个生育期基本不进行田间管理，以干籽粒收获为主，较小部分用于鲜食，产品多用于自给自足，少部分在市场上进行散销。同时，品种退化严重，在传统生产中，以自留种或换种为主，品种更新较慢，品质、抗病虫害能力逐渐降低。农户种植意识较差。而种植模式较为丰富，包括水稻—蚕豆免耕直播、烤烟—豌豆套作、玉米—蚕豌豆套作等，其中以水稻—蚕豆免耕直播为主，因此，云南省蚕豆种植主要集中于几大坝区。

近年来，随着蚕豌豆市场经济效益的不断提升，特别是鲜销市场的发展，农户种植积极性不断提高，已不满足于传统生产所带来的经济效益，逐步由传统种植模式向优质高产高效发展。同时，由于近年来云南省蔬菜市场的迅速发展，蔬菜用地不断扩大，坝区大棚蔬菜种植正逐渐代替坝区蚕豆、豌豆种植，而蚕豆、豌豆种植则逐渐向山区、半山区发展，并初具规模。在市场需求及产业发展的带动下，蚕豌豆的种植模式、消费模式以及育种方向都发生了较大变化。

蚕豆、豌豆生产由原来的以粮用为主，逐渐向菜用鲜销发展，早熟大粒品种主要用于国内消费，面向省内、湖北、湖南等地市场，曲靖、保山地区生产的蚕豆小粒种以鲜销出口为主，主要用于食品罐头加工；豌豆鲜销发展较快，市场以甜脆豌豆和荷兰豆（食荚豌豆）为主，市场需求稳定，收益可观。蚕豆、豌豆种植模式由原有的坝区水稻—蚕豆（豌豆）免耕直播为主，逐渐转为以山地、半山地地区玉米—蚕豆、豌豆轮作、桑树—蚕豆套作、林果—蚕豆（豌豆）套作为主，坝区种植面积减少，山地面积增加，形成互补趋势。早秋及反季种植规模不断扩大。

在市场需求的带动下，现今云南省蚕豆、豌豆育种工作逐步向早熟、优质、高抗方面发展；逐渐形成以云南省农业科学院粮食作物研究院所选育的“云豆系列”“云早豆系列”，大理农科院的“凤豆系列”，保山农科院的“保豆系列”，曲靖农科院的“靖豆系列”以及楚雄州农科所的“楚豆系列”为主的蚕豆主栽品种；以云南省农业科学院粮食作物研究院选育的“云豌系列”，保山农科院的“保豌系列”，曲靖农科院的“靖豌系列”为主的豌豆主栽品种。其中，由云南省农业科学院粮食作物研究院选育的蚕豆品种“云豆147”“云豆早7”，豌豆品种“云豌18号”，尤其是“云豌18号”在全省种植面积较大，市场认可度高，经济效益显著。

2019年云南省蚕豆种植面积400.1万亩，豌豆261.2万亩。云南省食用豆类作物干籽粒的单产就统计数值没有明显提升，近5年维持在150.9～167.3千克/亩，但因以蚕豆、豌豆为主的食用豆超过30%产品用于鲜食生产。云南省是我国食用豆种植总面积和总产量最大的省份，蚕豆和豌豆种植面积位居全国第一位，其中蚕豆面积占全国32.5%，豌豆面积占全国13.4%。近年来，我国农业市场发展变化较大，导致我国蚕豆种植面积和产量持续减少，云南省是我国蚕豆、豌豆主产区之一，对产业发展影响较大。云南省蚕豆种植面积及产量基本保持平衡，但生产结构由传统模式向优质高效鲜销转变，经济效益显著提高，成为国内蚕豆鲜销生产的主产区之一。

需要说明的是，蚕豆和豌豆是云南省秋冬季节的重要粮食作物，在农业可持续发展中发挥重要作用。但是，由于食用豆类在国家农作物系统中归为小宗作物，使得科研立项、育种研究、示范推广及信息数据采集等方面工作难以大范围执行，对云南省食用豆类发展产生较大影响。我国食用豆类栽培面积和产量，除蚕豆和豌豆有少数省份有统计外，多数省份无单独统计数据，云南省同样未开展豌豆统计工作。本材料中有关云南省及其他省份豌豆生产情况的独立数据，多为云南省农业科学院粮食作物研究所豆类课题调查统计所得。

四、中国及云南豆类消费分析

（一）大豆消费分析

大豆消费主要由榨油消费和非油消费两大类。榨油消费主要用在豆油和豆粕的生产上。而非油消费则内容丰富，主要有豆腐、豆浆、豆芽等大豆制品的消费。中国大豆和大豆油消费量均占全球大豆和大豆油消费总量的30%以上，是全球第一大豆和大豆油消费国。全球85%的大豆消费用在榨油上。受传统文化、人口数量、地域差别及经济社会发展等多因素影响，中国大豆消费结构中，榨油消费占比略低于全球平均，食用消费则高于全球平均，近年来，榨油和饲用消费的比重则随经济发展而逐年增加，食用、工业及其他则逐年降低（见表18-16）。

表 18－16　　2014～2018 年中国及全球大豆消费结构对比

区域	年份	生产量（万吨）	供应量（万吨）	饲料消费（万吨）	种用消费（万吨）	加工消费（万吨）	食用消费（万吨）	人均食用［千克/（人·年）］
中国	2014	1215.40	8020.00	857.30	66.60	6502.80	510.40	3.65
	2015	1178.50	9362.20	1172.30	64.50	7533.20	511.80	3.64
	2016	1278.90	9289.00	802.70	70.00	7850.70	478.30	3.38
	2017	1312.90	10545.10	1074.30	71.90	8789.30	519.90	3.66
	2018	1418.90	10588.80	911.00	77.70	8985.80	500.10	3.50
全球	2014	30632.50	29023.00	2357.80	766.50	24533.40	916.10	1.29
	2015	32328.50	31461.20	2587.50	843.60	26593.40	975.30	1.35
	2016	33591.20	32208.40	2214.20	900.60	27642.30	921.40	1.26
	2017	35512.70	34292.60	2684.90	933.70	29122.20	1051.70	1.43
	2018	34554.00	34821.30	2294.40	921.50	29949.20	1035.20	1.39

资料来源：FAO 网站 2021 年 4 月数据。

从表 18－16 可以看出，2014～2018 年，全球大豆生产量从 3.06 亿吨增加到 3.46 亿吨，增加了 3921.5 万吨，增幅为 12.8%；而同期大豆消费量从 2.9 亿吨增加到 3.48 亿吨，增加了 5798 万吨，消费量增幅（19.98%）远大于产量增幅，使得全球大豆库存从多年持续增加转变为 2018 年略有减少；同时，大豆进、出口贸易量分别增加了 3740 万吨和 3400 万吨以上。中国的大豆生产量从 2014 年的 1215.40 万吨增加到 2018 年的 1418.90 万吨，增加了 203 万吨，虽然增幅（16.74%）大于 12.8% 的全球平均涨幅，但增量仅为全球总量的 5%；而同期中国的大豆消费量则增加了近 2670 万吨，增幅高达 32%，远高于 19.98% 的全球平均增幅，占全球大豆消费总增量的比重更是高达 44% 以上。

据 FAO 统计数据，2014～2018 年，中国大豆产量仅占全球的 4%、但是消费量占比则从 27.6% 上升到 30% 以上。中国以榨油为主的加工消费占全国大豆总消费量的比重从 81.08% 上升到 84.86%，5 年综合占比为 82.97%，与同期全球加工消费占比的差距从 4 个百分点缩小到仅 1.1 个百分点；中国大豆饲用消费占比从 8.6% 上升到 12.5%，5 年综合占比为 10.08%，占全球大豆饲用消费总量的比重从 36.36% 上升到 39.7%；中国大豆人均大豆食用消费量稳定在 3.5 千克/人年，是全球人均的 2.5 倍以上，但食用消费总量占全球的比重则从 55.7% 逐步下降到 48.3%，在国内大豆消费中的比重从 6.36% 下降到 4.72%，5 年综合占比为

5.27%。表明中国的大豆榨油消费占比逐年上升并逐步接近全球平均占比水平，饲用消费和食用消费是中国大豆非油消费的两大板块，但饲用消费占比呈增长态势、食用消费占比则在下降。

而从大豆油的消费结构看，据 FAO 统计数据，中国居民人均大豆油食用消费量低于全球平均水平。目前，中国的大豆油食用消费占比不断下降到不足 21%，仅为全球平均占比（大于 41%）的 50% 左右，非食用占比逐步上升到接近 80%，高于全球平均 20 个百分点以上（见表 18－17）。

表 18－17　　　　2014～2018 年中国及全球大豆油消费结构对比

区域	年份	生产量（万吨）	进口量（万吨）	出口量（万吨）	供应量（万吨）	食用消费（万吨）	非食用消费（万吨）	库存变化（万吨）	人均食用［千克/（人·年）］
中国	2014	1170.00	113.50	10.00	1292.00	282.00	1010.00	－18.40	2.01
	2015	1355.40	81.80	10.40	1452.20	302.50	1149.70	－25.50	2.15
	2016	1412.50	56.00	8.10	1459.10	309.30	1149.80	1.30	2.19
	2017	1581.40	65.30	12.90	1643.90	342.40	1301.50	－10.20	2.41
	2018	1616.70	54.90	21.80	1656.50	345.10	1311.40	－6.70	2.42
全球	2014	4592.00	1047.00	1020.80	4594.30	2024.80	2537.20	23.90	2.84
	2015	4986.20	1260.90	1275.50	4981.80	2119.90	2835.20	－10.20	2.94
	2016	5162.80	1222.10	1248.00	5125.00	2211.30	2870.20	11.90	3.04
	2017	5405.70	1205.10	1151.30	5439.40	2277.40	3124.90	20.10	3.09
	2018	5560.20	1171.50	1131.50	5476.80	2260.60	3177.40	123.40	3.04

资料来源：FAO 网站 2021 年 4 月数据。

云南省大豆年产量在 30 万吨左右，主要以省内消费为主，鲜食大豆占比较小，主要以干豆食用及加工为主，以家庭为单位进行豆浆、豆制品加工较多，少数以企业形式进行加工。

（二）食用豆类消费分析

我国食用豆类消费方式较为丰富，除粮用、菜用外，还可进行加工利用，但仍以粮用、菜用为主，加工业主要以农村手工作业小作坊为主，生产效率较低。随着我国加工技术的不断革新，产业的发展，食用豆类加工利用数量逐年增加、工艺种类不断丰富，出现了罐头制品（以嫩豌豆、嫩蚕豆为主）、快速冷冻制品（嫩豌豆、嫩菜豆）、浓缩淀粉、浓缩蛋白（干豌豆、蚕豆、绿豆、豇豆和小豆等）制品等。中国各种食用豆类还大量出口，如多花菜豆、普通菜豆、利马豆、蚕豆、绿豆、小豆、小扁豆、豌豆、鹰嘴豆等远销许多国家和地区，是重要的外贸商品。由于缺乏系统的统计数据，目前豆类的具体消费结构不详。云南省蚕豆、豌豆种植历史悠久，以粮用、菜用消费占比较大，饲用较小。近年来，蚕豆、豌豆鲜销数量不断增加，以小粒出口和早熟大粒内销为主。

五、中国及云南豆类贸易分析

（一）全球大豆及制品国际贸易格局

随着全球人口的不断增长和经济社会的发展，油料消费逐年上涨，大豆作为全球主要的食用植物油来源作物，近年来呈现产销两旺，带动大豆、大豆油及豆粕进出口贸易量呈稳定增长的态势，贸易额则受价格影响呈波浪式增长。FAO 统计数据显示，2010～2019 年，全球大豆、大豆油和豆粕进出口贸易量分别上涨了58%和59.67%、20.8%和11.5%以及12%和8%。除大豆油进出口贸易额分别下降了6%和约14%外，大豆及豆粕进出口额亦分别上涨了37.7%和29.6%、7.35%和6.25%。2010～2019 年全球大豆、大豆油和豆粕进出口贸易情况如表 18－18 所示。

表 18－18　　2010～2019 年全球大豆及豆油、豆粕进出口贸易变化

指标	品类	2010 年	2011 年	2012 年	2013 年	2014 年	2015 年	2016 年	2017 年	2018 年	2019 年
进口量（百万吨）	大豆	96.03	91.32	97.07	103.02	116.57	130.99	135.10	149.41	153.28	151.74
	大豆油	9.85	10.38	9.61	9.67	10.50	12.72	12.29	12.13	11.81	11.90
	豆粕	62.43	63.57	62.39	62.29	64.08	65.24	66.06	65.33	65.92	69.96
出口量（百万吨）	大豆	97.32	90.98	96.91	106.17	118.58	131.09	136.38	151.79	152.56	155.39
	大豆油	10.87	10.20	9.84	10.42	10.28	12.80	12.52	11.52	11.33	12.12
	豆粕	64.99	64.89	60.18	62.19	63.79	67.21	68.08	66.46	67.45	70.33
进口额（亿美元）	大豆	438.63	514.14	580.01	618.37	656.45	565.72	558.64	628.27	657.03	604.05
	大豆油	93.81	125.59	118.77	105.94	102.60	103.00	99.23	105.24	97.03	88.15
	豆粕	250.22	274.49	310.78	345.56	359.07	288.73	263.64	258.34	281.85	268.60
出口额（亿美元）	大豆	424.80	486.55	532.59	573.03	590.01	509.10	524.73	580.99	592.57	550.46
	大豆油	96.93	126.50	117.20	105.78	91.29	93.41	93.09	91.16	84.91	83.42
	豆粕	229.51	254.38	281.68	319.61	323.94	263.28	246.93	230.85	266.75	243.85

资料来源：FAO 网站 2021 年 4 月数据。

从表 18－18 可以看出，大豆是豆类国际贸易的主要产品，其次是豆粕。2010～2019 年，大豆进出口额综合占比均在 59% 以上，并从 56% 上升到 63% 以上；豆粕进出口额综合占比接近 30%。同期，全球大豆油进出口额综合占比则从近 12% 和 13% 逐步下降到不足 10%（2019 年仅分别为 9. 18% 和 9. 5%）。

根据 2021 年 4 月 FAO 统计数据整理 2010～2019 年全球大豆贸易变化曲线如图 18－16 所示。可以看出，从贸易量看，2010～2018 年出口量持续稳定增长，2019 年出现小幅回落，进口量则在 2011 年出现小幅下降后持续保持稳定增长。而从贸易额看则表现出明显的波浪式特征，2010～2014 年为第一波增长，进口额和出口额增幅分别为 49. 66% 和 38. 89%，高于同期进口量（21. 39%）和出口量（21. 85%）的增幅。由于连续多年全球大豆产量和库存量增加，导致进出口价格调整回落，2015 年虽然进出口量继续增长，但进出口额同比分别下降 13. 8% 和 29%。经过 2 年调整后，到 2018 年，贸易额出现第二波上涨，2019 年再次出现下降。这一时期贸易额增幅均明显小于贸易量增幅，究其原因是库存连续多年增加，价格回落，呈现明显的降库存阶段性特征。

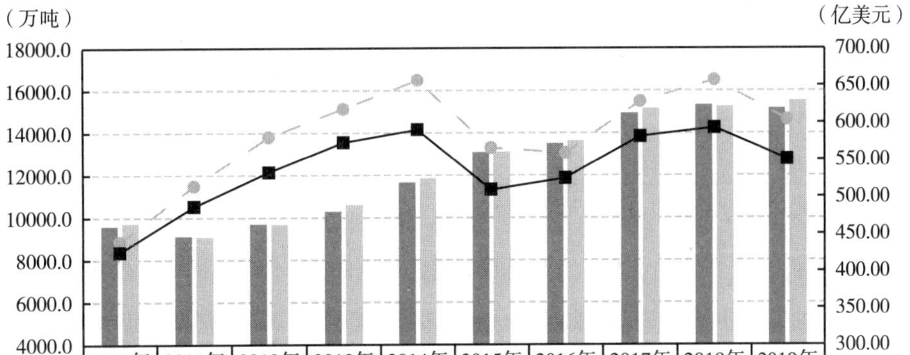

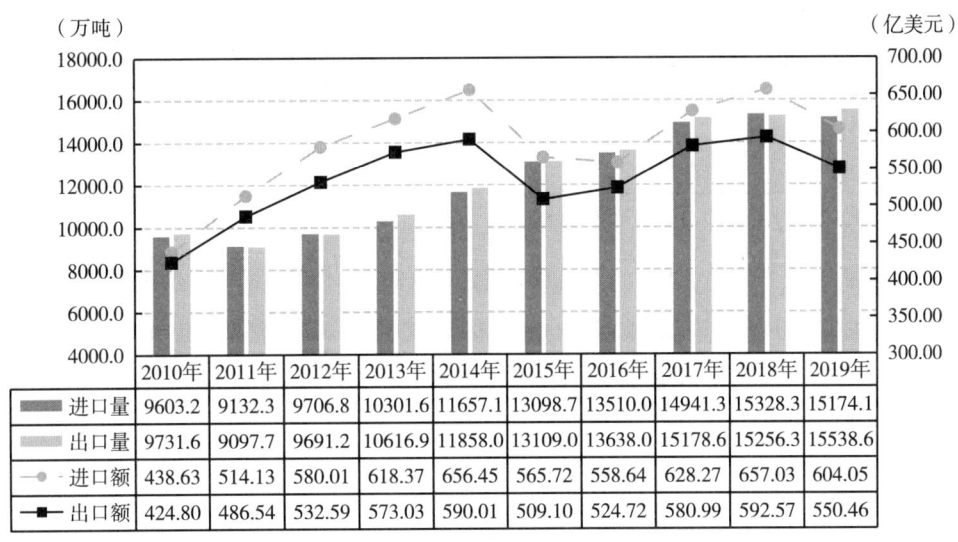

	2010年	2011年	2012年	2013年	2014年	2015年	2016年	2017年	2018年	2019年
进口量	9603.2	9132.3	9706.8	10301.6	11657.1	13098.7	13510.0	14941.3	15328.3	15174.1
出口量	9731.6	9097.7	9691.2	10616.9	11858.0	13109.0	13638.0	15178.6	15256.3	15538.6
进口额	438.63	514.13	580.01	618.37	656.45	565.72	558.64	628.27	657.03	604.05
出口额	424.80	486.54	532.59	573.03	590.01	509.10	524.72	580.99	592.57	550.46

图 18－16　2010～2019 年全球大豆国际贸易变化曲线

资料来源：根据 FAO 网站 2021 年 4 月数据整理。

从区域看，全球大豆进出口贸易呈现高度集中的特点。出口国与主产国基本一致，主要集中在美洲，其次是东欧。排名前 10 位的大豆主产国，除中国、印度和玻利维亚外，美洲的巴西、美国、阿根廷、加拿大、巴拉圭和东欧的俄罗斯和乌克兰 7 个国家均位列全球大豆出口国前 10 位。

据 FAO 统计数据，2018～2019 年，大豆进口量最大的是亚洲的中国，年进口量达到 8800 万吨以上，其次是南美洲的阿根廷，年进口量近 550 万吨，南美洲的墨西哥年大豆进口量也在 500 万吨上下。欧盟的荷兰年进口量则在 400 万吨上下，欧盟的德国和西班牙、北非的埃及以及东亚的日本等国大豆年进口量也在 300 万吨以上。中国的台湾地区大豆年进口量也在 260 万吨以上、年进口额在 10 亿美元以上，位列全球第 10 位（见表 18－19）。而大豆进口量排名全球前 5 的国家的大豆进口量之和占同期全球大豆进口总量的比重超过 70% 达 70. 58%、大豆进口额占全球大豆进口总额的比重亦接近 70%（69. 6%）。

表 18－19　2018～2019 年全球进、出口量前十的地区大豆进出口贸易数据

指标	年份	中国	阿根廷	墨西哥	荷兰	埃及	德国	西班牙	日本	土耳其	中国台湾
进口量（万吨）	2018	8803. 36	644. 32	517. 58	427. 95	425. 73	364. 78	339. 78	323. 64	266. 04	263. 06
	2019	8858. 59	454. 77	485. 1	411. 34	351. 1	366. 59	332. 35	339. 22	274. 19	267. 77
进口额（亿美元）	2018	380. 78	25. 06	20. 02	17. 18	14. 43	14. 84	13. 45	15. 39	11. 15	10. 69
	2019	354. 20	16. 06	19. 4	15. 23	16. 63	13. 88	12. 20	15. 35	10. 32	10. 27
指标	年份	巴西	美国	阿根廷	巴拉圭	加拿大	乌克兰	乌拉圭	荷兰	俄罗斯	比利时
出口量（万吨）	2018	8360. 52	4641. 53	353. 99	602. 87	549. 98	224. 10	135. 79	97. 96	95. 98	27. 52
	2019	7407. 31	5238. 84	1005. 38	490. 15	401. 29	295. 28	297. 12	91. 04	89. 41	20. 75
出口额（亿美元）	2018	331. 91	171. 63	13. 87	22. 05	22. 24	8. 31	5. 27	4. 32	2. 90	1. 27
	2019	260. 77	187. 24	34. 05	15. 76	15. 48	10. 16	10. 07	3. 76	2. 79	0. 88

资料来源：FAO 网站 2021 年 4 月数据。

大豆油进出口贸易方面，据 FAO 数据，2018～2019 年，阿根廷出口量分别达到 401 万吨和 504 万吨，出口额分别为 28 亿美元和 32. 7 亿美元，排名全球第 1 位；巴西的大豆油出口量分别为 141. 5 万吨和 104. 2 万吨、出口额 10. 25 亿美元和 6. 95 亿美元，排名第 2 位；美国则以 100 万吨上下（110. 5 万吨和 95. 2 万吨）的出口量排名第 3 位，出口额分别为 8. 75 亿美元和 7. 3 亿美元；排名第 4 位的巴拉圭大豆油年出口量在 65 万～70 万吨，俄罗斯则以 50 万吨的出口量排名第 5 位。印度的大豆油进口量在 300 万吨上下，进口额在 22. 7 亿美元上下而排名第 1 位；孟加拉国和阿尔及利亚分别以年均 85 万吨和 80 万吨的进口量排名第 2 位和第 3 位；中国以年均超过 70 万吨的进口量排名第 4 位；摩洛哥居第 5 位。

豆粕进出口贸易方面，2018～2019 年，出口量排名前 3 位的主要出口国基本与大豆油出口国一致。阿根廷以年均 2500 万吨的出口量排名全球第 1 位，出口额分别为 8. 9 亿美元和 8. 56 亿美元；巴西的豆粕年出口量在 1670 万吨上下而排名第

2 位，出口额分别为 6.7 亿美元和 5.85 亿美元；美国则以 1000 万吨上下（1023 万吨和 965 万吨）的出口量排名第 3 位，出口额分别为 39.9 亿美元和 34.4 亿美元。印度尼西亚是全球最大的豆粕进口国，2018～2019 年的豆粕年进口量分别为 475 万吨和 424 万吨，进口额高达 20.45 亿美元和 16.59 亿美元；越南以约 394 万吨和 376 万吨的豆粕进口量排名全球第 2 位，豆粕年进口额分别为 20.54 亿美元（年度全球第 1）和 18.45 亿美元（年度全球第 2 位）；2019 年，法国、泰国和菲律宾分别以 316 万吨、312 万吨和 302 万吨的进口量分列第 3～5 位。

（二）中国大豆及制品国际贸易情况

在大豆的国际贸易中，我国历史上曾是一个净出口国，最高年份大豆的出口量曾经超过百万吨。近年来，由于国内油脂加工业的迅猛发展，大豆原料的产需缺口不断拉大，销区就把目光投向国际市场，以进口大豆来平衡油脂加工对原料的需求。我国大豆及豆粕的国际贸易因此从 1995～1996 年度开始出现逆向发展，由净出口国转变为净进口国。其后进口量逐年呈跨越式增长。据 FAO 统计数据，1995 年我国进口大豆不足 30 万吨、1996 年起超过 100 万吨、2000 超过 1000 万吨、2001 年接近 1400 万吨，进口大豆占国内油脂加工原料的比例上升到 70% 以上，占有国内大豆消费的主流地位，短短五年时间，我国已经成为全球最大的大豆进口国。2003 年、2007 年、2009 年和 2010 年，我国大豆进口量分别突破 2000 万吨、3000 万吨、4000 万吨和 5000 万吨的大关（见表 18－20），占全球大豆进口量的比重连续多年超过 50%。

表 18－20　　1990～2010 年部分年份中国大豆、大豆油和豆粕进出贸易变化

指标	品类	1990 年	1995 年	2000 年	2005 年	2009 年	2010 年
进口量（万吨）	大豆	0.09	29.39	1041.91	2659.00	4255.17	5479.78
	大豆油	52.49	148.18	30.76	169.43	239.12	134.07
	豆粕	0.02	0.10	50.53	20.26	13.28	18.77
进口额（百万美元）	大豆	0.32	75.49	2270.24	7778.32	18787.28	25093.47
	大豆油	246.74	1023.92	125.85	907.77	1842.46	1203.14
	豆粕	0.06	0.20	105.94	49.32	47.19	80.42

资料来源：FAO 网站 2021 年 4 月数据。

2013～2015 年，我国大豆进口量分别突破 6000 万吨、7000 万吨和 8000 万吨大关，2017 年更是创下 9553.42 万吨的历史最高纪录，占全球大豆进口量的比重

2012年后超过60%，2017年更是接近64%。2015～2019年，中国大豆年进口额在340亿美元以上，全球占比分别均在60%以上。2010～2019年，我国大豆、大豆油及豆粕进出口数据及全球占比如表18－21所示。

表18－21　2010～2019年中国大豆、大豆油和豆粕进出口贸易及全球占比变化

指标	品类	2010年	2011年	2012年	2013年	2014年	2015年	2016年	2017年	2018年	2019年
进口量（万吨）	大豆	5479.78	5245.29	5838.26	6337.79	7140.31	8168.97	8391.33	9553.42	8803.36	8858.59
	大豆油	134.07	114.32	182.60	115.76	113.55	81.79	56.02	65.34	54.91	82.56
	豆粕	18.77	22.43	4.54	1.67	2.26	5.97	1.81	6.12	2.28	0.95
出口量（万吨）	大豆	16.36	20.83	32.01	20.90	20.71	13.36	12.72	11.22	13.39	11.45
	大豆油	5.93	5.11	6.54	8.96	9.95	10.45	8.09	12.95	21.84	19.80
	豆粕	101.60	40.63	123.27	106.70	209.11	169.58	187.59	97.17	113.42	98.88
进口额（亿美元）	大豆	250.93	297.26	349.77	380.09	402.62	347.90	339.81	396.38	380.78	354.20
	大豆油	12.03	13.24	22.77	12.71	10.92	6.46	4.52	5.36	4.38	5.93
	豆粕	0.80	0.96	0.21	0.14	0.18	0.42	0.13	0.36	0.14	0.07
出口额（亿美元）	大豆	1.18	1.62	2.79	2.02	1.99	1.26	1.08	0.91	1.00	0.92
	大豆油	0.65	0.74	1.04	1.28	1.31	1.24	0.89	1.35	2.10	1.87
	豆粕	4.27	1.94	6.71	6.29	11.81	7.71	7.96	4.35	5.49	4.50
进口量占比（%）	大豆	57.06	57.44	60.15	61.52	61.25	62.36	62.11	63.94	57.43	58.38
	大豆油	13.61	11.01	19.00	11.97	10.81	6.43	4.56	5.39	4.65	6.94
	豆粕	0.30	0.35	0.07	0.03	0.04	0.09	0.03	0.09	0.03	0.01
进口额占比（%）	大豆	57.21	57.82	60.30	61.47	61.33	61.50	60.83	63.09	57.95	58.64
	大豆油	12.83	10.55	19.17	12.00	10.65	6.27	4.56	5.10	4.51	6.73
	豆粕	0.32	0.35	0.07	0.04	0.05	0.14	0.05	0.14	0.05	0.03

资料来源：FAO网站2021年4月数据。

从表中可以看出，2010～2019年，我国年均不足20万吨的大豆出口量和1亿美元上下的出口额相对于进口量和进口额来说显得微不足道。此外，我国的大豆油进口量亦远大于出口量，处于贸易逆差状态，近年来大豆油进口量、全球占比以及贸易逆差额均呈下降趋势。只有豆粕出口大于进口，处于贸易顺差。2011～2017年，我国大豆进口量连续多年以10%以上的增幅增加。2018年首次出现降低，降幅达7.9%，折射出中国对大豆宏观需求降低以及中国实施的大豆提振计划等应对近年来进口增长所采取的努力取得一定成效，但是基于庞大的人口以及畜牧产业体量对大豆强劲的消费需求，国内大豆产能不可能短期明显提升，因此2019年大豆进口量再次消费上涨。

豆粕和大豆油均是大豆的副产品，每1吨大豆可以生产出0.2吨大豆油和0.8吨的豆粕，如果把进口的豆粕和大豆油都折算成大豆的话，实际上我国大量进口大豆是由1994年开始的，当年大豆实际进口量已经达到了537万吨，1995～1999年每年我国大豆进口量在760万～900万吨之间，2000年达到1200万吨以上，2005年超过3500万吨，2009年就接近5500万吨，2010年超过6100万吨，2017年最高时超过9800万吨，2019年则回落至接近9300万吨。

从大豆进口来源地看，长期以来，中国主要向美国和巴西两个国家进口大豆，2019年前，中国从巴西、美国和阿根廷3国进口的大豆占大豆进口总量的95%左右，进口来源一直比较单一。为促进中国大豆进口市场的多元化，中国开始将目光转移到美国和巴西之外的国家，寻找其他的大豆进口来源。逐渐与俄罗斯、加拿大建立贸易关系，并逐步加强与乌克兰和哈萨克斯等“一带一路”沿线国家以及埃塞俄比亚、坦桑尼亚等非洲国家的合作。2018年，巴西向中国出口了6610万吨大豆，同比增长30%，占中国大豆进口总量的75.1%。美国向中国出口大豆仅为1664万吨，同比下降49%，仅占中国进口大豆总量的18.9%。2021年，随着中美两国关系逐步趋于正常化，美国出口中国的大豆量迅速增加。2021年3月，美国大豆对华出口总量高达718万吨，占到我国3月累计大豆进口量777万吨大豆的92.4%。

（三）中国及云南蚕豆和豌豆贸易分析

我国主栽的食用豆类除绿豆、小豆出口量在全球占比较大外，其他豆类出口量均较小。如前所述，中国是全球第一大蚕豆生产国。中国的蚕豆收获面积和产量占全球的比重曾高达66%以上，目前仍占到30%以上。中国也是全球第一大鲜食豌豆生产国，干豌豆生产规模亦排名全球第3位。但我国所产的蚕豆、干豌豆、鲜豌豆主要用以满足国内消费需求，蚕豆年出口量和青豌豆年出口量均不足2万吨，几乎不进口青豌豆、不出口干豌豆，干豌豆每年进口量较大，2014年，进口量达100万吨，至2018年之后量达到200万吨以上，占我国豌豆需求量的50%左右。

1. 蚕豆贸易分析

FAO数据显示表明，澳大利亚、美国、立陶宛、埃及、拉脱维亚和德国等是世界蚕豆（干籽粒）主要出口国。2019年，澳大利亚蚕豆出口量和出口额分别达到26.55万吨和1.76亿美元，美国蚕豆出口量为11.9万吨排名第2位，出口额超过4500万美元，立陶宛、埃及和拉脱维亚蚕豆出口量也在5万吨以上，德国则接近5万吨。这6国蚕豆出口量（66.46万吨）和出口额（约3.2亿美元）分别占同期全球的73.16%和71.97%。

中国是蚕豆净出口国，近年来，中国蚕豆年出口量在1万~2万吨左右、出口额在1000万~2000万美元之间（见表18-22）。

表18-22　2010~2019年中国干蚕豆出口及全球占比变化

指标		2010年	2011年	2012年	2013年	2014年	2015年	2016年	2017年	2018年	2019年
全球	出口量（吨）	754330	798800	802900	737683	785535	913627	955814	1102900	1122809	908387
	出口额（万美元）	28564.2	39443.5	42069.2	42405.7	40570.2	41190.0	36399.0	36645.2	42376.2	44443.6
中国	出口量（吨）	20151.0	16592.0	13735.0	13189.0	12687.0	9954.0	11395.0	8443.0	9922.0	13753.0
	出口额（万美元）	1777.7	2142.2	1697.5	1427.8	1458.8	1214.6	1252.5	936.2	1033.9	1421.4
占比（%）	出口量	2.67	2.08	1.71	1.79	1.62	1.09	1.19	0.77	0.88	1.51
	出口额	6.22	5.43	4.04	3.37	3.60	2.95	3.44	2.55	2.44	3.20

资料来源：FAO网站2021年4月数据。

据FAO数据，2019年全球干蚕豆进口量和进口额最大的是埃及，分别为30.94万吨和3.32亿美元；其次是挪威、德国和沙特阿拉伯，进口量分别为5.64万吨、4.67万吨和4.34万吨，进口额分别为2303.8万美元、1743.2万美元和1373.3万美元；法国蚕豆进口量超过3万吨、进口额1089.4万美元，西班牙进口量接近3万吨。此外，超过2万吨还有丹麦（2.48万吨）和意大利（约2.08万吨）。前6国蚕豆进口量（约51.63万吨）和进口额（约4.27亿美元）分别占同期全球的67.55%和74.9%。

2. 豌豆贸易分析

（1）干豌豆方面：从出口量看，加拿大、俄罗斯、乌克兰、美国、法国和立陶宛等是全球干豌豆主要出口国。2019年，加拿大的干豌豆出口量和出口额分别达到363.57万吨和10.02亿美元，全球占比高达58.89%和53.52%；俄罗斯、乌克兰、美国、法国和立陶宛干豌豆出口量分别为59.53万吨、38.29万吨、29.03万吨、24.9万吨和16.82万吨，但排名第2~6位5个国家的出口量之和仍不足排名第1的加拿大出口量的50%（仅46.37%）；出口量超过10万吨的6个国家干豌豆出口量之和（532.14万吨）占全球干豌豆出口总量（617.41万吨）的比重高达

86.19%、出口额之和（15.03 亿美元）占全球出口总额（约 18.73 亿美元）的比重亦高达 80.24%，表明世界干豌豆出口集中度非常高。同期，干豌豆出口量超过 5 万吨的还有罗马尼亚、比利时、哈萨克斯坦、澳大利亚、拉脱维亚和马拉维等国家。

干豌豆进口量最大的国家则是中国，其次是印度、孟加拉国。2019 年，中国干豌豆进口量超过 200 万吨达 200.28 万吨，全球占比达 31.37%；印度和孟加拉国干豌豆进口量分别为 91.53 万吨和 73.95 万吨，此外，超过 20 万吨的国家还有美国（23.645 万吨）、比利时（20.99 万吨）和巴基斯坦（20.09 万吨）。这 6 个国家干豌豆进口量之和（430.47 万吨）占全球总量（638.5 万吨）的 67.42%。当然，2019 年中国、印度和孟加拉国的干豌豆进口额亦排名全球前 3 位，分别约 5.82 亿美元、2.65 亿美元和 2.04 亿美元；美国、比利时和巴基斯坦的干豌豆进口额则分别为 8833.6 万美元、5988.2 万美元和 5984 万美元。这 6 个国家干豌豆进口额之和（12.58 亿美元）亦占全球进口总额（约 20.82 亿美元）的 60.44%。

近年来，中国干豌豆年进口量达到 200 万吨以上、全球占比超过 30%，而出口量已不足千吨（2014 年曾达 3400 吨以上、2018～2019 年已不足 500 吨和 400 吨）、出口额不足 100 万美元（2014 年曾达 167.8 万美元、2019 年仅 80.7 万美元），是干豌豆净进口国。2010～2019 年我国干豌豆进口及全球占比情况如表 18－23 所示。

表 18－23　　2010～2019 年中国干豌豆进口及全球占比变化

指标		2010 年	2011 年	2012 年	2013 年	2014 年	2015 年	2016 年	2017 年	2018 年	2019 年
全球	进口量（万吨）	382.23	431.80	403.93	431.27	519.85	529.46	651.83	722.03	643.32	638.50
	进口额（百万美元）	6384.99	1403.49	1958.90	1981.50	2205.31	2390.27	2299.96	2827.73	2732.26	2063.98
中国	进口量（万吨）	55.30	73.00	67.20	103.30	78.10	90.30	100.20	128.70	208.30	200.30
	进口额（百万美元）	173.63	295.05	291.23	447.51	302.63	338.95	360.70	432.60	613.19	581.76
占比（%）	进口量	14.46	16.92	16.62	23.96	15.02	17.06	15.37	17.83	32.37	31.37
	进口额	2.72	21.02	14.87	22.58	13.72	14.18	15.68	15.30	22.44	28.19

资料来源：FAO 网站 2021 年 4 月数据。

从表18－12、表18－22和图18－15可以看出，我国是世界干豌豆主产国之一，年总产量在100万吨以上，年出口量不足1万吨，2012年为1053吨，2018年为737吨，2017年出口量最少，仅为401吨。同时，进口量近4年逐年增加，由2014年的80.0万吨增加到2019年的202.0万吨，年均增加55.45%。作为干豌豆生产大国，我国的豌豆生产条件差，生产成本较高，商品品质差，种植零散，多数为自给自足模式，仅有少量用于加工，出口数量可忽略不计。而我国加工豌豆以进口为主，主要来自加拿大、澳大利亚等国，2013年、2016年、2017年、2018年、2019年度进口量均超过100万吨。可以看出，近10年，中国干豌豆进口量、进口额和全球占比均呈现高速增长的态势，作为曾经最大的豌豆生产国，我国豌豆的对外依存度快速升高，进口量达到消费量的50%的状况应引起相关管理部门的重视。

（2）鲜食豌豆方面：出口量最大的国家则是法国，其次是危地马拉、墨西哥、中国和德国。2019年，法国鲜食豌豆出口量为6.9万吨，全球占比达24.48%；危地马拉出口量3.36万吨位居第2，墨西哥和中国鲜食豌豆出口量分别为1.88万吨和1.83万吨；德国出口量为1.66万吨。这5个国家的鲜食豌豆出口量之和（15.63万吨）占全球出口总量（28.19万吨）的55.45%、出口额之和（约1.5亿美元）仅占全球出口总额（约3.77亿美元）的39.71%。此外，出口量超过1万吨的国家还有荷兰（约1.36万吨）、美国（1.22万吨）、保加利亚（1.19万吨）和比利时（1.1万吨）。值得注意的是，2019年鲜食豌豆出口额排名与出口量差异较大：危地马拉以超过6720万美元的出口额排第1位；出口量排第6位和第7位的荷兰和美国分别以6622万美元和5121万美元的出口额排第2位和第3位；而出口量排名第10位的秘鲁则以2985万美元的出口额排名第4位、中国排第5位，出口量排第1位的法国以2510万美元的出口额仅排第6位。

据FAO数据，全球鲜食豌豆进口国则主要集中在欧美地区，2019年，进口量超过10万吨的只有比利时（10.68万吨），排名第2位和第3位的美国和荷兰进口量仅分别为3.79万吨和2.55万吨，排名第4位和第5位的英国和加拿大进口量仅分别为1.68万吨和1.18万吨，其他国家则不超过1万吨。进口额排名前5位的国家分别是美国（7692.8万美元）、荷兰（6897.3万美元）、英国（6035.2万美元）、加拿大（5549.4万美元）和比利时（4512.7万美元）。这5个国家鲜食豌豆进口量之和（约19.88万吨）约占全球总量（约27.74万吨）的71.66%、进口额之和（约3.07亿美元）约占全球总量（4.3亿美元）的71.32%。

与干豌豆相反，我国鲜食豌豆年出口量在2万吨上下、全球占比6%左右，基本不进口青豌豆（仅2012年曾进口过220吨）。然而，如前所述，我国鲜食豌豆面积达到160万公顷、产量达到1300万吨，2万吨的出口量所占比例可以忽略不计，因此，中国的鲜食豌豆生产以自主消费为主，满足国内市场需求是目前鲜食豌豆产业发展的主要方向。2010～2019年，我国鲜食豌豆出口及全球占比情况如表18－24所示。

表18－24　　2010～2019年中国鲜食豌豆出口及全球占比变化

指标		2010年	2011年	2012年	2013年	2014年	2015年	2016年	2017年	2018年	2019年
全球	出口量（万吨）	19.87	20.47	28.45	29.97	25.89	24.94	24.39	26.69	28.74	28.19
	出口额（百万美元）	247.52	311.37	332.21	377.17	356.63	336.22	335.95	347.12	373.11	376.85
中国	出口量（万吨）	2.08	2.03	1.63	1.66	1.49	1.65	1.78	1.52	1.61	1.83
	出口额（百万美元）	40.87	47.42	29.23	34.24	29.92	31.59	32.75	23.82	23.29	26.69
占比（%）	出口量	10.47	9.89	5.71	5.55	5.74	6.60	7.31	5.70	5.59	6.49
	出口额	16.51	15.23	8.80	9.08	8.39	9.40	9.75	6.86	6.24	7.08

资料来源：FAO网站2021年4月数据。

云南省食用豆类基本无进口量，出口以鲜食豌豆和鲜食蚕豆为主，但并无相关统计数据。随着市场需求量的增加，经济效益的提高，云南省食用豆类鲜销生产将不断扩大。

第三节　云南豆类产业的优劣势及发展对策

一、云南豆类产业的优势

根据播种季节的不同，云南省豆类可以分为冬季和夏季两大类。冬季豆类主要有蚕豆、豌豆及高海拔山区种植的小扁豆；夏季豆类除大豆外以菜豆（普通菜豆和多花菜豆）为主，此外还有部分绿豆、小豆、豇豆、饭豆、鹰嘴豆、羽扇豆等。云南省是我国豆类作物主产区域，是食用豆种植总面积和总产量较大的省份，其中蚕豆和豌豆种植面积位居全国第一，其中蚕豆种植面积占全国32.5%，豌豆种植面积占全国13.4%，也是目前我国最大的鲜食蚕豆、豌豆、菜豆优质原料生产基地。

经过多年建设发展，云南省成为我国蚕豆、豌豆育种研究机构最多的省份，目前直接从事食用豆作物研发的科研机构有6个。云南省食用豆作物的资源创新研究是在资源收集评价的基础上开展而来，在国家食用豆产业技术体系、云南省系列科技计划项目平台支撑下，以云南省农业科学院粮食作物研究所为首的食用豆研究单位，完成了全省85%区域的种质资源收集、鉴定和评价，致力于发掘高产、优质、抗逆、抗病虫、适宜机械化生产等性状的关键基因，在蚕豆、豌豆等食用豆育种领域取得重要突破。此外，以云南省农业科学院粮食作物研究所为首的食用豆研究单位长期同美国、澳大利亚、ICARDA、ICRISAT、加拿大等建立了长期紧密合作网络并引入了系列食用豆材料约12000余份，有效地支撑了我国食用豆研究工作，将食用豆作物研究与国际接轨，食用豆作物的种质创新研究突破较大。

在蚕豆作物研究中，云南省食用豆研究单位以云南特有的绿子叶蚕豆资源为基础，通过多年联合攻关，选育出一系列绿皮、绿脐、绿子叶、高蛋白质含量的“三绿”蚕豆新品种。以云南地方资源为亲本，育成“云豆06”“云豆早8”“凤豆1号”“彝豆1号”等不同粒色、脐色的低单宁酸含量蚕豆新品种并大面积应用于生产，其中“云豆早8”单宁酸含量0.31%，是目前我国单宁酸含量最低的绿皮、绿脐蚕豆新品种。

在豌豆研究中，云南省农业科学院粮食作物研究所与中国农业科学院作物科学研究所等单位合作，历时15年，引进、收集国内外6849份豌豆种质资源，构建了我国类型最齐全、数量最多的豌豆种质资源库。同时，通过对全球具有代表性的2120份豌豆种质资源开展研究，创建了资源评价与“单粒传”系统选育、混合群体资源纯化与育种目标结合的方法，构建了具有育种或者生产利用价值的1956份创新性自交纯合种质材料，系统地开展了豌豆白粉病抗性的表型和基因型鉴定及抗性基因的发掘，挖掘到系列对白粉病表现高抗特性的创新性材料并发现数个抗性新基因，为豌豆新品种选育奠定坚实的材料基础，推进了全国豌豆育种工作。

近年来，云南省自主育成的“云豆”“云豌”“凤豆”“靖豆”“保豆”等食用豆新品种和集成的蚕豆稻茬免耕直播、旱地条播、豌豆旱地免耕直播套作等配套技术，在大理、曲靖、玉溪、保山、楚雄等地大面积应用，并在新疆、安徽、贵州、重庆等地示范推广。全省形成保山市“两青”蚕豆、大理州“夏季鲜食蚕豆”、曲靖市“高原山地蚕豆”等一批具有区域特色的食用豆产业发展模式，蚕豆、豌豆亩产值分别超过2200元、3500元，促进了当地农户增收。在“十三五”时期科技产业扶贫中做出了应用贡献，并为云南省“十四五”时期乡村振兴、美丽新农村建设奠定了良好的基础。

二、云南豆类发展存在的问题

（一）云南食用豆类发展存在的问题

第一，研究投入力度不足。云南省食用豆的科研产业目前仅仅只能依靠国家食用豆产业技术体系支撑食用豆的科研、产业建设。因云南省食用豆种类较为丰富，生态区域差异大，因此需要投入的研究内容较多、涉及面广，目前依托云南省农业科学院粮食作物研究所建设的国家食用豆产业技术体系——豌豆育种岗，所在云南省区域内对食用豆体系的建设投入力度呈现疲软状态，同时又没有区域内相关研发财力、物力的投入，非常不利于云南省作为我国食用豆优势区域产业的发展。

第二，地方农业产业体系有待进一步建设。云南省是我国蚕豆、豌豆最大的产区，目前云南省成立了玉米、水稻、麦类、油菜等省级产业体系，始终未将食用豆纳入省级体系范畴进行规划，目前出现了各州市食用豆科研研发实际需求与经费来源严重不足的矛盾，依托云南省农业科学院粮食作物研究所建设的国家食用豆产业技术体系——豌豆育种岗在组织云南省开展食用豆产业相关的研发中无法全面顾及，以中央财政为单一来源的国家食用豆产业体系在没有地方经费的长期补充下将制约优势产业的发展。

第三，鲜食食用豆产业高速发展与风险并存。云南省鲜食蚕豌豆生产上的主要问题集中于干籽粒生产产业，一是鲜食发展迅速，严重打压了干籽粒的生产，种植者对于干籽粒的生产和种植积极性降低，二是干籽粒生产成本高和农业产业补贴政策缺乏。蚕豌豆等食用豆作物一直是云南省农业生产区重要的农作物之一，蚕豆、豌豆作物的种植具有传统性，然而因农作物发展历史上的不平衡使云南省蚕豆、豌豆作物的生产技术落后，干籽粒的生产面积和产量逐年下降，最终导致生产成本居高不下，产量严重不足，致使干豌豆依赖进口（该缺口量超过100万吨/年），雪上加霜的是在总产量和种植面积逐年下降，产品严重依赖进口的情况下未有相关扶持政策来进行缓解。蚕豆、豌豆生产成本高和农业补贴政策缺乏不利于国际贸易风险的规避，蚕豆、豌豆干籽粒产业抵御风险能力弱。加拿大和澳大利亚的豌豆生产机械化程度较高，因而具有较低的种植成本及较好的商品性，半无叶类型豌豆品种（小叶退化为卷须，植株间可相互攀缘，减少倒伏，不需搭架）的大面积种植也为农户减少了种植成本。种植成本高、商品性差及种植模式落后是影响我国干豌豆生产及出口的主要因素。

（二）云南大豆发展存在的问题

云南省大豆科研工作起步较晚，于1978年开始组建大豆科研队伍，经过多年努力，从品种选育、品质提升、产量提高、栽培、植保、土肥、资源收集利用、市场调研等方面取得较大进步，并形成老、中、青紧密结合的科技队伍。随着产业发展、市场需求变动及气候环境变化，仍有部分问题有待解决。

一是新品种选育工作有待加速。随着市场需求变化，需要加速选育更加符合市场需求的新品种。对已有资源的分析鉴定工作不够充分。

二是科研与生产结合度不足。云南省大豆生产以家庭生产为主，农民自留种、换种情况较多，品种更替较慢，品种退化问题严重，新选育品种推广力度不足。

三是大豆生产不集中，品质不一。以家庭为单位的生产方式给产品质量带来较大差异，种植区域、种植管理方法、品种选择等都成为影响生产的重要因素，较难形成大规模、品质良好的产业发展条件。

四是生产加工技术落后，大豆加工企业缺乏。大豆产、供、销一体化模式初步形成，但各环节结合不够紧密。市场需求较为单一，不利于生产技术发展，无法吸纳企业进行长期发展。

三、云南豆类产业发展建议

为改善生产科研中存在的问题，建议提高已有资源利用率，加快育种工作，加强市场调研，紧跟需求；推进云南省大豆生产规模化一体化发展；健全市场监督激励体制；引进大豆产品深加工技术和企业，进而提高云南省大豆产业科技发展速度。

食用豆类方面：一是省级加强豆类作物科研投入力度。云南省区域内增加相关研发财力、物力的投入，有利于云南省作为我国豆类作物，尤其是以蚕豆、豌豆、菜豆为代表的优势区域产业的发展。二是建立云南省豆类产业技术体系或者云南省杂粮产业技术体系。效仿国家农业产业技术体系平台，如陕西、山西、河北等省份建立了食用豆/杂粮作物产业技术体系。将豆类纳入省级体系规划范畴，解决研发实际需求与经费来源严重不足的矛盾，地方财政经费长期补充，支撑云南省特色优势作物的发展。三是建立地位高原地区豆类作物创新研究中心。建设以蚕豆、豌豆等冷季豆类为主的遗传改良创新研究中心、分中心。进一步加强种质资源收集、鉴定、评价和利用；开展种质资源重要性状表型鉴定、基因型鉴定，筛选有育种价值的优异种质资源；开展种质资源创新，发掘高产、优质、抗逆、抗病虫、适宜机械化生产等性状的关键基因。中心的建立将能够开创蚕豆、豌豆、大豆等豆类作物种业科技创新体系，全面改进豆类种质资源和品种改良研究工作条件和技术水平，推进专用品种的育种研究，种子生产技术研究，巩固云南省在我国食用豆作物育种研究的领先地位。

（执笔：何玉华、胡朝芹、陈良正、王奕；审定：何玉华）

第十九章

云南食用油料产业经济问题研究

第一节　云南食用油料作物产业发展概况

油料作物是指种子中含有大量脂肪，用来提取油脂供食用或用作工业、医药原料等的一类作物的统称。主要有油菜、花生、大豆、芝麻、蓖麻、向日葵、紫苏等，其种子含油量大致可达20%~60%。基于云南的油料产业发展状况，本章将油菜和花生作为主要食用油料作物研究对象，加上云南具有特色的食用草本油料，包括向日葵、红花、芝麻、亚麻和紫苏等作物。而大豆在云南种植分散，且以干豆食用及加工为主，以家庭为单位进行豆浆、豆腐等豆制品加工较多，已在豆类章节进行研究讨论；核桃、坚果等木本油料是云南具有优势和特色的产业，因此也在经济林产业中专门列章节研究讨论。

一、中国及云南食用油料作物产业发展情况

（一）中国及云南主要油菜和花生产业发展简况

油菜和花生是中国的大宗食用油料作物和经济作物，占国产食用植物油的70%左右。油菜籽占国产食用油料作物产量的55%，花生是中国出口创汇的农产品之一。中国食用植物油脂的自给率在32%左右，安全水平远低于粮食。油菜和花生产业发展，直接关系到中国的食用植物油脂安全，是维护国家食用油安全的核心作物。

中国的油菜生产主要分布在长江流域、黄淮海地区及北方春油菜区，全国种

植面积约700万公顷，其中，长江流域占总面积的85%以上。湖南、湖北、四川种植面积位居前三（陈叶，2013）。近年来，受比较效益等影响，目前全国油菜籽播种面积已不足660万公顷，由于西南地区人民喜食产自本地的浓香型菜籽油，在全国油菜播种面积逐步下滑的情况下，长江上游的四川、云南、贵州、重庆等省区市的油菜种植面积逆势增长。

花生广泛分别于中国各省区市，近年来种植面积逐步上升到450万公顷以上，北方以油用大花生为主，而南方主要是油食兼用或食用中小粒花生。河南种植面积约70万公顷居第1位，山东种植面积约50万公顷居第2位。云南省属中国南方油食兼用小粒花生产区，种植面积约10万公顷，由于“种皮颜色多样、上市早、口感好、产值高”，深受市场欢迎，是云南高原特色农产品之一。

云南省80%的食用植物油为菜籽油。云南属长江流域油菜产业优势产区，近年油菜种植面积25万公顷以上，居全国第七。油菜在全省100余县（区）均可种植，罗平以约5.5万公顷种植面积成为全省最大的油菜种植县和全国最大的旱地油菜生产县，腾冲约2.3万公顷位居全省第二，近年来，种植面积约0.5万公顷的临翔区因不断创造早熟油菜高产纪录而备受全国同行关注。花生主要分布于云南南部地区和中北部的江边河谷地带，砚山县净作面积0.5万公顷，兼有花生—辣椒等多种套作模式2万余公顷成为全省第一大县，建水鲜花生、孟连七彩花生等享有盛誉。

中国主要食用油料（油菜、花生）品种选育与栽培技术研究应用均居于世界领先水平。中国农业科学院油料作物研究所、华中农业大学、河南省农业科学院、山东省花生研究所等单位引领着中国的食用油料作物研究。受自然气候条件限制，省外育成品种在云南难以直接应用，云南省推广应用品种以自主选育品种和地方品种为主。云南省农业科学院育成的云花油系列、云油杂系列油菜品种占全省油菜生产面积的80%左右，花生部分产区使用地方老品种，新品种主要推广应用云南省农业科学院育成的云花生系列品种。

云南省食用油料作物加工企业总体规模较小。油脂加工多为产区小榨坊，规模化企业有云南滇雪粮油有限公司等，作为食用花生加工企业的云南傣御庄园农业科技有限公司特色明显。

（二）中国及云南特色食用草本油料发展简况

特色食用草本油料是指除油菜、花生、大豆外的云南省其他大田生产的草本油料作物。2007 年国务院发布《国务院办公厅关于促进油料生产发展的意见》，提出积极开发特种油料，因地制宜大力发展芝麻、亚麻、油葵、油茶、油橄榄等作物生产（赵应忠，2008）。

向日葵适应性强，在各种气候生态条件下都可种植。它经济价值高，用途广，其籽含油率高，是目前常用植物油含油量最高的植物。油脂中所含对人体有益的不饱和脂肪酸及维生素 A、维生素 E、类胡萝卜素等多种营养物质。云南省有种植向日葵的悠久历史，地方品种遍布全省各地。农家品种资源十分丰富，分布相当广泛。全省不同海拔不同气候类型近 100 个县、市都有食用向日葵种植，一般种于旱地边或间套种于玉米地中。1995 年后，杂交油葵的引进，全省多数地州县市种植。

红花在云南以大理州栽培历史最为悠久。自唐代永徽年间（650—655 年），大理三月街已有药材出售。据笔者统计，云南省常年种植红花 0. 67 万 ~ 1. 0 万公顷，由于市场供求关系的左右及价格的波动，制约了红花生产的发展。随着人们对红花油的逐步认识，国际上对红花花瓣、红花籽及其加工产品的需求量扩大，必将促进红花大面积的种植和加工业的发展。

芝麻种子的油分丰富，一般含油率在 54% 左右，并含有其特有的芝麻素，因而芝麻油是一种高级植物油，品质之佳冠于所有的食用植物油，其气味芬芳，是著名的香油，生食熟食均可。芝麻中的黑芝麻，还是一种药物。云南种植的芝麻，主要以籽用作糕点配料，少量榨油制成小磨麻油和芝麻酱供调味，少量黑芝麻作药用。云南种植的芝麻呈大分散、小集中分布。哀牢山以东海拔 1300 米以下，以西 1500 米以下的州市县都有零星种植。

亚麻油、籽有很好的防病、保健功能。在云南省作为食用和药用的油用亚麻的种植有悠久的历史。亚麻籽因富含 Omega－3、木酚素和纤维，对癌症（尤其是激素敏感型癌症如乳腺癌、前列腺癌等）、心血管病（降低血黏滞度和胆固醇含量）、免疫系统疾病等有防病、保健效果。云南省油用亚麻种植零星，主要收籽磨碎作饼馅用，少量榨油食用（王小静，2007）。

紫苏原产中国，如今主要分布于印度、缅甸、中国、日本、朝鲜、韩国和印度尼西亚等国家，我国华北、华中、华南、西南及台湾地区均有野生种和栽培种分布。云南人民素有食用苏子（紫苏的种子）的习惯（吴蔚等，1997），紫苏栽培遍及全省各地，生于山坡荒地、田野路旁、园边地角、宅前屋后空隙地。人工栽培多零星种植、少有规模生产，在福贡、兰坪、大理、丽江、盈江、维西县等少数山区有较大面积种植。

二、中国及云南食用油料作物的生产分析

（一）中国及云南油菜和花生生产

1. 全球油菜和花生生产概况

（1）油菜。FAO 统计数据表明，油菜广泛分布于全球五大洲的 60 多个国家和地区，主要分布在亚洲、欧洲和美洲。2017～2019 年，三大洲的油菜籽收获面积和产量之和占全球总面积和总产量的比重分布高达 92.2% 和 95%（见图 19－1）。

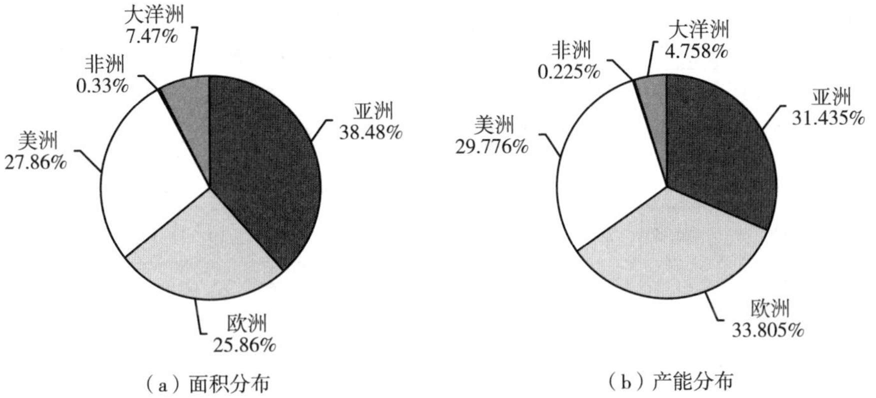

图 19－1　2017～2019 年全球油菜产能综合分布情况

资料来源：根据联合国粮农组织数据库 2021 年 4 月数据整理。

据 FAO 统计数据，目前全球油菜籽主要生产国家或地区有加拿大、欧盟、中国、印度、澳大利亚、俄罗斯和乌克兰等。近两年，加拿大、中国和印度是面积和产量均排名全球前三的油菜籽生产大国，收获面积和产量占全球的比重均在 60% 左右，其中，中国收获面积和产量分别居第 3 位和第 2 位，占全球的比重均在 17.5% 左右。2010～2019 年，全球前三的油菜主产国油菜生产情况以及占全球的比重等如表 19－1 所示。从表 19－1、图 19－2 和图 19－3 可以看出，近年来，全球前 3 的主产国中国、加拿大和印度油菜籽收获面积和产量之和占全球的比重均呈现小幅下滑。尤其是中国的油菜收获面积和产量近年来均呈下降态势，全球占比分别由 2010 年的 22.96% 和 21.86% 下降到 2018 年的 17.43% 和 17.71%，尽管 2019 年中国油菜籽产量全球占比止跌回升到 19% 以上，但无论是收获面积、总产量还是占比均低于 2016 年之前。此外，中国的油菜籽生产水平（单位面积产量）

虽然高于印度，但是长期低于全球平均，目前也仅相当于全球平均水平，而且过去10年的单产涨幅亦低于加拿大和印度。

表19－1　　　2010～2019年世界油菜前三主产国生产情况

区域	指标	2010年	2011年	2012年	2013年	2014年	2015年	2016年	2017年	2018年	2019年
中国	面积（万公顷）	737.00	734.74	743.19	751.94	758.79	702.80	662.30	665.30	655.06	656.98
	产量（万吨）	1308.20	1342.60	1400.73	1445.80	1477.22	1385.90	1312.80	1327.40	1328.12	1348.47
加拿大	面积（万公顷）	685.79	758.94	886.01	823.34	839.24	836.44	826.33	927.31	911.97	831.92
	产量（万吨）	1278.86	1460.81	1386.85	1855.10	1641.01	1837.65	1959.92	2132.80	2034.26	1864.88
印度	面积（万公顷）	558.00	650.64	589.00	634.00	664.57	579.10	576.20	600.00	670.00	612.39
	产量（万吨）	660.81	817.90	660.00	782.00	787.70	628.20	679.70	791.70	843.00	925.57
全球	面积（万公顷）	3209.58	3377.56	3475.21	3646.47	3635.61	3442.12	3278.03	3559.20	3757.96	3403.09
	产量（万吨）	5984.99	6278.93	6272.06	7309.69	7445.66	7020.57	6811.31	7637.47	7500.15	7051.07
前三国合计	面积（万公顷）	1980.79	2144.32	2218.20	2209.28	2262.61	2118.34	2064.83	2192.61	2237.03	2101.29
	产量（万吨）	3247.87	3621.31	3447.58	4082.90	3905.93	3851.75	3952.42	4251.90	4205.38	4138.92
中国全球占比（%）	面积	22.96	21.75	21.39	20.62	20.87	20.42	20.20	18.69	17.43	19.31
	产量	21.86	21.38	22.33	19.78	19.84	19.74	19.27	17.38	17.71	19.12
三国全球占比（%）	面积	61.72	63.49	63.83	60.59	62.23	61.54	62.99	61.60	59.53	61.75
	产量	54.27	57.67	54.97	55.86	52.46	54.86	58.03	55.67	56.07	58.70

资料来源：根据联合国粮农组织数据库2021年4月数据整理。

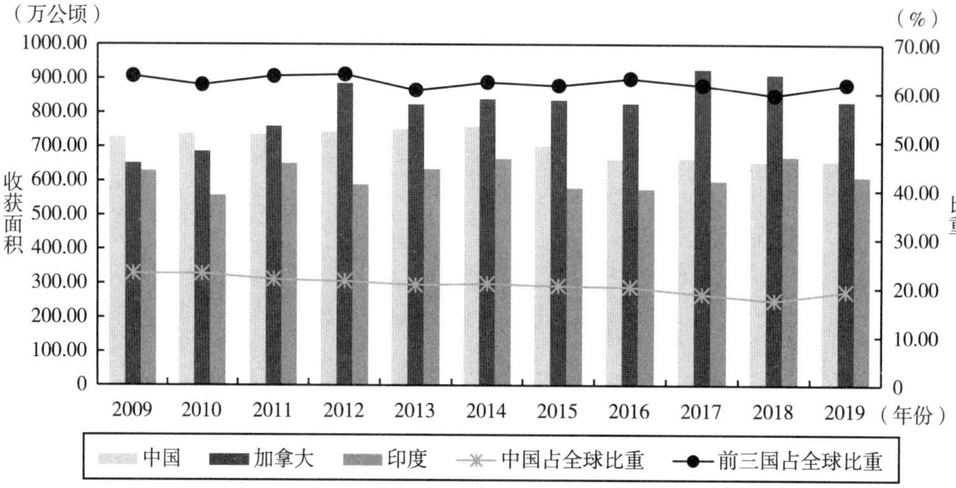

图19－2　2009～2019年全球油菜收获面积前三国收获面积及其占比

资料来源：根据联合国粮农组织数据库2021年4月数据整理。

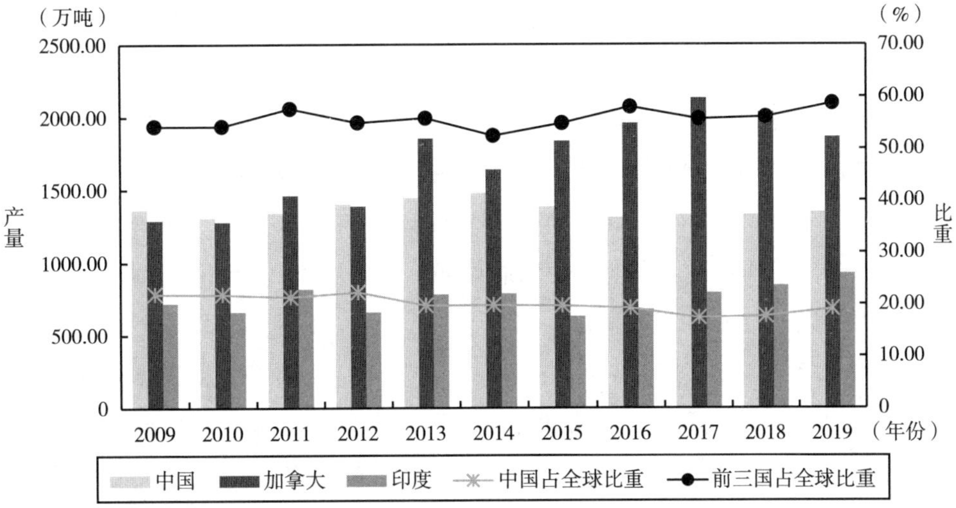

图 19－3　2009～2019 年全球油菜籽产量前三国产量及其占比

资料来源：根据联合国粮农组织数据库 2021 年 4 月数据整理。

2018 年和 2019 年，油菜籽收获面积排名前十的国家为加拿大、中国、印度、澳大利亚、俄罗斯、法国、乌克兰、德国、波兰和美国。这 10 个国家油菜收获面积之和占同期全球总面积的比重分别为 86.13% 和 86.55%（2019 年产量占比为 84.06%）。其中：加拿大、中国、印度、澳大利亚、俄罗斯、法国和乌克兰油菜籽收获面积均超过 100 万公顷，德国从 122.83 万公顷（排在乌克兰之前为第 7 位）下降到仅 85.68 万公顷（排名第 9 位），波兰均在 80 万公顷以上，美国则均在 70 万公顷以上。

2018 年和 2019 年油菜籽产量排名全球前 10 位的则是加拿大、中国、印度、法国、德国、澳大利亚、乌克兰、波兰、俄罗斯和英国，这 10 个国家油菜籽产量之和占同期全球油菜籽总产量的比重分别为 84.43% 和 84.34%（2019 年收获面积占比 85.83%）。其中：千万吨以上的仅加拿大和中国，印度则超过 900 万吨接近千万吨，法国从接近 500 万吨降到 350 万吨，澳大利亚和德国亦分别从近 390 万吨和 370 万吨分别降到不足 230 万吨和 280 万吨左右，乌克兰则从 275 万吨（排名第 7 位）增加到 328 万吨（排名第 5 位），波兰和俄罗斯属于 200 万吨以上级、英国属于 200 万吨以下级。

可以看出，加拿大、中国、印度、法国、德国、澳大利亚、乌克兰、波兰和俄罗斯 9 个国家油菜收获面积和产量均列全球前 10 位中，美国面积排第 10 位、产量排第 11 位，英国则相反，2019 年面积排第 11 位、产量排第 10 位。

从图 19－2 和图 19－3 以及表 19－1 均可以看出，2009～2019 年的 11 年间，

全球油菜籽收获面积和总产量均呈波动中发展的趋势，各主产国则发展趋势各有不同。2013 年和 2014 年，全球油菜籽收获面积和产量分别出现第一波高峰，2016 年，收获面积和产量均降到最低，2017 年均开始恢复性增长，2018 年均分别超过 2013 年和 2014 年时的水平。2018 年，全球油菜籽收获面积达到 3757.96 万公顷的历史最高水平，比 2009 年和 2013 年分别增长 18.78% 和 3.06%，2019 年则回落到不足近 10 年的平均水平。同期，全球油菜籽总产量从 2010 年不足 6000 万吨增加到 7000 万吨以上，2017 年最高时达到 7637.47 万吨，分别较 2010 年和 2014 年增加 27.61% 和 2.58%，到 2019 年仍在 7000 万吨以上。油菜籽产量的增长率大于收获面积的增长率，说明科技进步促进了油菜单产水平的提高，即使 2018 年后，全球油菜籽产量出现明显下降，但单产水平仍然高于 2015 年及之前。

从表 19 - 1 还可以看出，3 大主产国中，2010 ~ 2019 年的 10 年间，中国的油菜籽收获面积和产量均呈先升后降的趋势，2014 年最高，2016 年后一直低于分析期平均水平；加拿大和印度则呈波浪形总体上升趋势，且产量增幅明显大于面积增幅。

据 FAO 统计数据，全球菜籽油产量从 2010 年的 2283 万吨增加到 2018 年的 2457.96 万吨，增长 7.66%。从分布情况来看，2018 年加拿大（411.79 万吨）占 16.75% 排名第 1 位，中国（364.32 万吨）占 14.82% 排名第 2 位，德国和印度占比亦在 10% 以上分别为 12.8% 和 10.07%，欧盟 28 国合计为 943.58 万吨，约占 38.39%。

（2）花生。南美洲中部是花生属植物和栽培花生的起源地，花生广泛分布在南纬 40°至北纬 40°之间的广大地区，主要集中在南亚和非洲的半干旱热带、东亚和美洲的温带半湿润季风带（刘一佳，2015）。FAO 数据表明，2017 ~ 2019 年 3 年，亚洲花生收获面积和产量占全球的比重分别为 38.89% 和 57.29%；非洲花生收获面积和产量占比则分别为 56.43% 和 32.84%；这两大洲的花生收获面积和产量占全球比重高达 95.32% 和 90.13%。此外，美洲以不足 5% 的花生收获面积生产了近 10% 的花生产量。欧洲和大洋洲仅有零星种植（见图 19 - 4）。

分国别看，收获面积排名全球前 10 位的分别为印度、中国、尼日利亚、苏丹、塞内加尔、缅甸、坦桑尼亚、几内亚、尼日尔和乍得。2018 ~ 2019 年，印度和中国在 450 万公顷以上，尼日利亚和苏丹在 300 万公顷以上，塞内加尔和缅甸也超过 100 万公顷，其他 4 国则在 80 万公顷以上。这 10 个国家 2018 ~ 2019 年花生收获面积之和全球占比分别为 74.09% 和 72.04%，产量占比分别为 78.72% 和 77.29%。花生产量排名全球前 10 位的则为中国、印度、尼日利亚、苏丹、美国（面积仅排第 11 位）、缅甸、塞内加尔、阿根廷（面积仅排第 15 位左右）、乍得和几内亚。

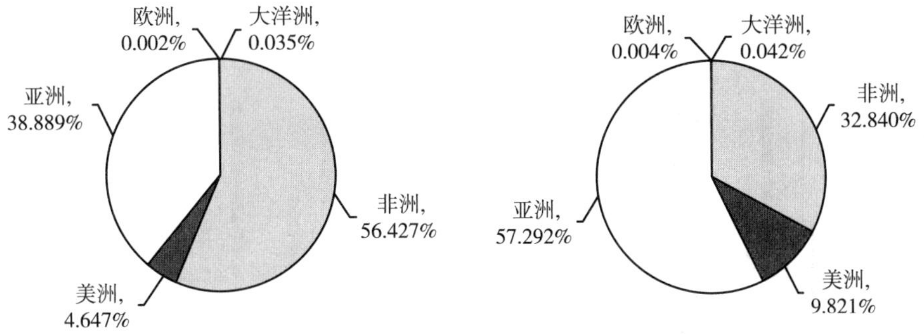

（a）面积占比　　（b）产量占比

图 19－4　2017～2019 年全球花生产能综合分布情况

资料来源：根据联合国粮农组织数据库 2021 年 4 月数据整理。

2018～2019 年，中国是唯一年产花生超千万吨达 1750 万吨的国家，印度排名第 2 位，尼日利亚和苏丹则以约 450 万吨和接近 290 万吨的年产量分列第 3 位和第 4 位，美国的花生年产量接近 250 万吨、缅甸在 160 万吨左右，塞内加尔和阿根廷产量亦超过 100 万吨。中国和印度两国面积仅占全球 1/3 以上，但产量则达到 50% 以上（见表 19－2、图 19－5 和图 19－6）。此外，2019 年，花生收获面积超过 40 万公顷的国家还有刚果（49. 5 万公顷）、布基纳法索（48. 6 万公顷）、马里（45. 2 万公顷）、喀麦隆（44. 5 万公顷），加纳、马拉维和莫桑比克也约 40 万公顷；花生产量超过 50 万吨的国家有坦桑尼亚（68 万吨）、巴西（58 万吨）、尼日尔（54. 4 万吨）、加纳（53. 6 万吨）和喀麦隆（50 万吨）。

表 19－2　　2010～2019 年世界前两大主产国花生生产情况

地区	指标	2010 年	2011 年	2012 年	2013 年	2014 年	2015 年	2016 年	2017 年	2018 年	2019 年
中国	面积(万公顷)	452. 73	458. 14	463. 85	463. 30	460. 39	438. 60	444. 80	460. 77	461. 97	450. 00
	产量(万吨)	1564. 40	1604. 60	1680. 00	1697. 22	1648. 17	1596. 10	1636. 10	1709. 19	1733. 20	1751. 96
印度	面积(万公顷)	586. 00	531. 00	477. 00	550. 52	468. 50	456. 00	531. 00	533. 80	488. 77	473. 08
	产量(万吨)	826. 50	696. 40	469. 50	947. 20	740. 20	673. 30	746. 20	746. 15	925. 26	672. 72
全球	面积(万公顷)	2614. 46	2510. 50	2556. 91	2726. 41	2731. 99	2650. 92	2838. 68	2929. 84	2970. 33	2959. 70
	产量(万吨)	4355. 00	4111. 73	4240. 88	4695. 52	4557. 45	4454. 06	4575. 82	4800. 15	5088. 97	4875. 68
两国合计	面积(万公顷)	1038. 73	989. 14	940. 85	1013. 82	928. 89	894. 60	975. 80	994. 57	950. 74	923. 08
	产量(万吨)	2390. 90	2301. 00	2149. 50	2644. 42	2388. 37	2269. 40	2382. 30	2455. 34	2658. 46	2424. 68
中国占比(%)	面积	17. 32	18. 25	18. 14	16. 99	16. 85	16. 55	15. 67	15. 73	15. 55	15. 20
	产量	35. 92	39. 02	39. 61	36. 15	36. 16	35. 83	35. 76	35. 61	34. 06	35. 93

资料来源：根据联合国粮农组织数据库 2021 年 4 月数据整理。

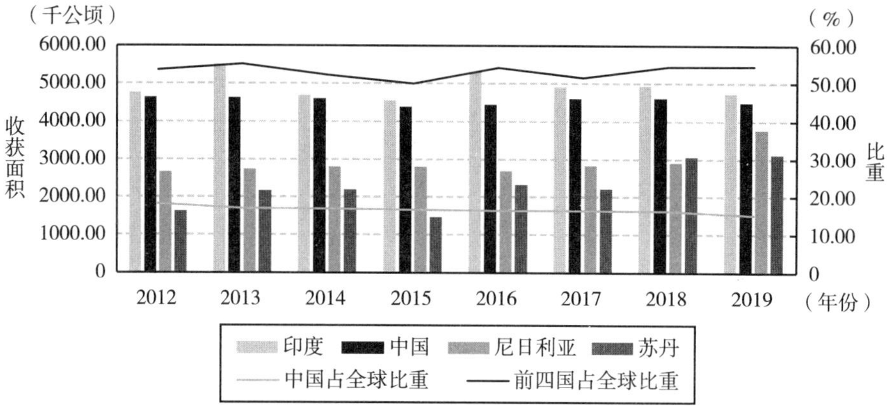

图 19－5　2009～2019 年全球收获面积前四国花生收获面积及其占比

资料来源：根据联合国粮农组织数据库 2021 年 4 月数据整理。

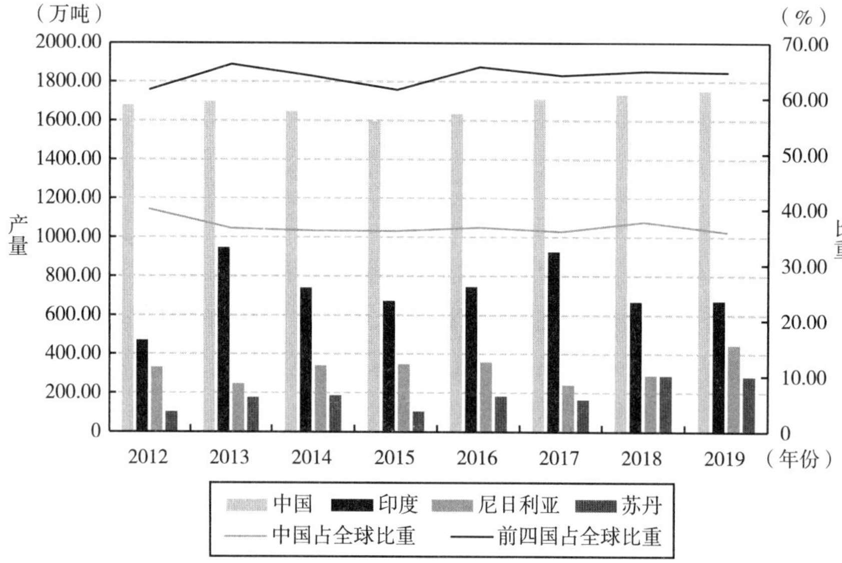

图 19－6　2009～2019 年全球产量前四国花生产量及其占比

资料来源：根据联合国粮农组织数据库 2021 年 4 月数据整理。

2. 中国油菜和花生生产情况

（1）油菜。油菜作为中国主要的油料作物之一，栽培遍及全国各地。如前所述，中国的油菜播种面积以及总产始终位居世界前列，目前面积和产量均居全球第 2 位。据国家统计局数据，我国油菜籽播种面积从 2000 年最高时的约 750 万公顷下滑到 2006 年最低时不足 600 万公顷，之后逐步回升到 2010 年约 731.6 万公顷后再次下滑。尤其是自 2015 年油菜临储收购政策取消以后，国内油菜籽价格持续下跌，农户油菜种植意愿降低，使得近几年我国油菜籽播种面积下滑趋势明显。2016 年全国油菜籽播种面积开始低于 700 万公顷，目前仅 650 万公顷左右，已不足 660 万公顷。

我国油菜籽产量自 1999 年跃上 1000 万吨台阶后呈现波浪形起伏、小幅上升、总体稳定的趋势，2004 年突破 1300 万吨（1318 万吨）、但 2006 年下跌至不足 1100 万吨（仅 1096.6 万吨）、2009 年重回 1300 万吨（1353.6 万吨）后 2010 年又跌破 1300 万吨（1278.8 万吨），2011 年至今均在 1300 万吨以上，2014 年最高时接近 1400 万吨（1391.43 万吨），之后明显下滑，但均未跌破 1300 万吨的水平，2016 年最低时仅 1312.8 万吨，此后逐步恢复到 2019 年接近 1350 万吨为 1348.5 万吨。

伴随着油菜籽种植面积的下滑和油菜籽产量的波动，2014～2016 年我国菜籽油产量下滑趋势也较为明显，其中 2016 年全国菜籽油产量仅 655.2 万吨，同比下降 4%，2017 年开始随着油菜籽播种面积的上升和产量的增加，国内菜籽油产量也有所增长，2018 年国内菜籽油产量达 698.1 万吨，同比增长 3.5%。

2010～2019 年中国油菜播种面积和油菜籽产量变化趋势如图 19－7 所示。

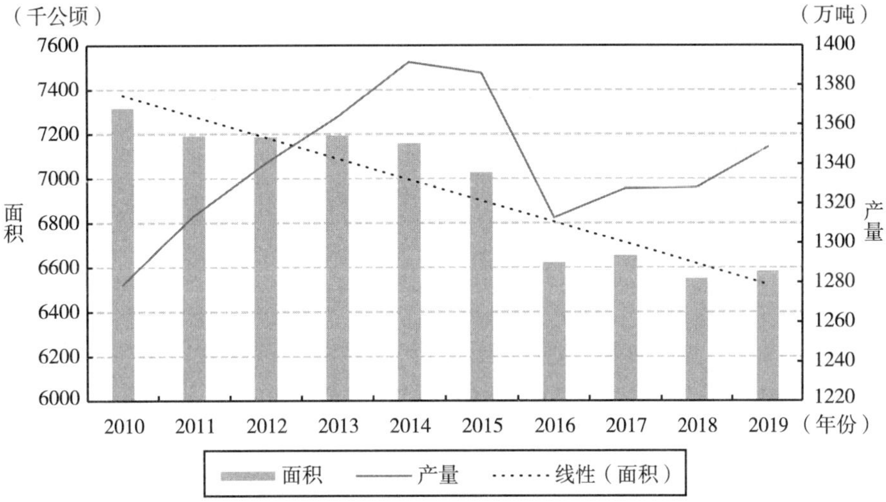

图 19－7　2010～2019 年中国油菜播种面积和油菜籽产量变化趋势

资料来源：根据国家统计局网站 2020 年 12 月数据整理。

分省布局情况看，据国家统计局网站数据，2010 年以来全国油菜生产种植面积（年均）超过 50 万公顷的有湖南、湖北、四川、安徽、江西 5 省，其中安徽省的种植面积 2016 年以后下降到不足 40 万公顷，江西 2018 年后亦降到 50 万公顷以下。2010～2019 年我国及 5 个主产省份油菜籽生产情况如表 19－3 所示。

表 19－3　　　　2010～2019 年中国及 5 个主产省份油菜籽生产情况

地区	指标	2010 年	2011 年	2012 年	2013 年	2014 年	2015 年	2016 年	2017 年	2018 年	2019 年
全国	面积（万公顷）	731.60	719.20	718.67	719.35	715.81	702.77	662.28	665.30	655.06	658.31
	产量（万吨）	1278.8	1313.7	1340.2	1363.6	1391.4	1385.9	1312.8	1327.4	1328.1	1348.5
湖北	面积（万公顷）	108.94	105.54	106.26	109.89	110.16	107.01	98.36	97.12	93.30	93.83
	产量（万吨）	220.35	206.02	212.15	227.90	230.86	226.02	211.14	213.17	205.31	211.35
湖南	面积（万公顷）	111.90	113.97	118.27	120.59	120.83	118.86	117.62	118.89	122.22	124.10
	产量（万吨）	155.13	173.60	168.77	182.20	187.95	193.69	191.30	195.70	204.17	208.01
四川	面积（万公顷）	105.96	107.75	109.84	111.96	114.41	115.96	116.68	120.62	121.85	122.26
	产量（万吨）	232.03	242.02	251.13	253.73	264.83	271.73	277.00	288.03	292.20	296.45
江西	面积（万公顷）	54.70	54.26	55.19	54.80	54.79	54.50	51.06	50.91	48.30	48.23
	产量（万吨）	63.84	66.66	68.75	70.43	72.35	73.94	68.91	70.40	69.08	68.87
安徽	面积（万公顷）	69.10	64.04	60.96	56.81	55.10	53.25	37.53	35.41	35.70	36.39
	产量（万吨）	133.73	122.78	134.32	130.05	127.75	126.29	87.58	83.16	84.30	87.28
五省合计	面积（万公顷）	450.60	445.56	450.51	454.06	455.29	449.58	421.26	422.95	421.37	424.81
	产量（万吨）	805.08	811.08	835.12	864.31	883.74	891.67	835.93	850.46	855.06	871.96
全国占比（%）	面积	61.59	61.95	62.69	63.12	63.60	63.97	63.61	63.57	64.33	64.53
	产量	62.96	61.74	62.32	63.38	63.51	64.34	63.68	64.07	64.38	64.66

资料来源：根据国家统计局网站 2021 年 4 月数据整理。

从表 19－3 可以看出，2010～2019 年，前五省种植面积和产量之和占全国总面积和总产量的比重分别为 61.59%～64.53% 和 61.74%～64.66%，基本呈现逐年升高的趋势且最高值均出现在 2019 年，说明我们油菜籽生产的专门化水平和产业集中度越来越高。此外，湖南 2010～2019 年油菜种植面积均超过 100 万公顷（2013 年、2014 年、2018 年和 2019 年曾达 120 万公顷以上），除 2016 年、2017 年两年外，一直居全国第 1 位；四川油菜种植面积亦全部超过 100 万公顷（2017 年后超过 120 万公顷），除 2010 年曾低于湖北居第 3 位、2016～2017 年曾超过湖南位居全国第 1 位外，其余 7 年均居全国第 2 位；湖北 2010～2015 年油菜种植面积均超过 100 万公顷，2016 年后降至 100 万公顷以下，除 2010 年曾高于四川居第 2 位外，其他年份均居全国第 3 位。

产量和单产方面，从表 19－3 可以看出，油菜播种面积多年居全国第 2 位的四川省的油菜籽产量一直位居全国第 1，其单产水平不仅一直高于全国平均且在 5 个主产省中最高；面积居全国第 3 位的湖北省其单产亦高于全国平均水平、产量居全国第 2 位；面积居全国第 1 位的湖南省其单产水平一直低于全国平均、产量居全国第 3 位。近年来，虽然安徽省面积低于江西但产量高于江西、单产高于全国平均，江西省油菜籽单产低于全国平均，亦是 5 个主产省中单产最低的。

（2）花生。花生是中国产量丰富、食用广泛的一种坚果，又名“长生果”“泥豆”等。花生是中国粮油资源中为数不多的从产量、消费量及贸易量在全球均占优势的特色农产品之一，多年花生播种面积居全球第 2 位，但产量居全球第 1 位。中国拥有全世界最大的花生加工产业，在国际上的地位举足轻重。中国的花生生产，主要包括南方食用花生、北方油用花生和中部油食兼用花生三大区域。

据国家统计局网站数据，21 世纪以来，我国花生播种面积总体呈现先下滑后恢复的趋势，2003 年最高时曾达 505.68 万公顷，之后下滑至 2006 年最低时不足 400 万公顷（395.58 万公顷），2008 年起恢复到 430 万公顷上下、2012 年后恢复到 440 万公顷上下，2017 年起恢复并保持在 460 万公顷以上。同期，全国花生产量则呈波动中总体上涨趋势：2002 年前在 1450 万吨上下，2006 年最低时不足 1300 万吨仅 1288.69 万吨，2008 年后恢复到 1460 万吨以上，2010 年、2013 年和 2017 年分别迈上 1500 万吨、1600 万吨和 1700 万吨 3 个台阶，目前在 1750 万吨上下。

河南和山东一直是全国数一数二的花生主产省。据国家统计局网站数据，2010～2019 年，两省花生面积之和占全国总面积的 40% 左右，产量之和全国占比则在 50% 上下。除河南和山东外，2017～2019 年 3 年，广东以年均超 100 万吨的产量居第 3 位、河北接近 100 万吨居第 4 位、吉林居第 5 位，之后是辽宁。2018 年后，四川省花生播种面积虽然已超过河北和吉林，但是产量低于这两省而排第 7 位。

2010～2019 年，7 个主产省花生产量之和全国占比多年在 75% 以上，2017 年最高时曾达 76.09%、2014 年最低时亦占 73.78%；同期 7 个主产省花生播种面积之和占全国花生总面积的 70% 上下，最高时 2017 年曾接近 72% 达 71.89%、2014 年最低时也在 69.74%。产量占比长期高于面积占比，说明 7 个主产省花生平均单产水平高于全国平均。

中国及 5 个主产省花生生产变化情况如表 19－4 所示。

表 19－4　　2010～2019 年中国及 5 个主产省份花生生产情况

地区	指标	2010 年	2011 年	2012 年	2013 年	2014 年	2015 年	2016 年	2017 年	2018 年	2019 年
全国	面积（万公顷）	437.39	433.62	440.08	439.61	436.97	438.55	444.84	460.77	461.97	463.35
	产量（万吨）	1513.56	1530.24	1579.23	1610.89	1590.08	1596.13	1636.06	1709.19	1733.20	1751.96

续表

地区	指标	2010年	2011年	2012年	2013年	2014年	2015年	2016年	2017年	2018年	2019年
河南	面积(万公顷)	99.21	100.58	99.97	101.67	102.36	102.40	105.10	115.19	120.32	122.31
	产量(万吨)	429.64	428.78	453.73	469.19	466.09	477.12	494.27	529.81	572.44	576.72
山东	面积(万公顷)	79.40	77.74	76.69	76.44	73.95	72.28	71.90	70.92	69.53	66.65
	产量(万吨)	343.27	340.20	338.23	336.44	323.94	313.38	312.13	313.53	306.67	284.76
河北	面积(万公顷)	33.64	31.78	31.14	31.17	28.76	27.67	27.06	26.68	25.81	25.02
	产量(万吨)	118.33	113.74	111.50	113.99	105.46	102.81	102.68	103.41	98.45	96.46
广东	面积(万公顷)	30.74	30.79	31.09	31.32	31.39	31.66	31.45	31.91	33.25	34.05
	产量(万吨)	81.59	83.72	86.66	89.17	91.77	94.48	95.48	98.42	104.40	108.69
吉林	面积(万公顷)	15.04	13.51	16.56	17.82	18.56	21.96	26.87	33.27	24.49	23.44
	产量(万吨)	41.19	41.07	54.65	67.08	67.36	70.78	86.84	109.27	80.28	76.94
辽宁	面积(万公顷)	22.75	23.93	23.21	23.31	24.03	24.75	26.98	27.17	28.61	28.92
	产量(万吨)	60.55	67.53	65.11	65.09	55.36	55.43	75.93	80.02	76.82	96.44
四川	面积(万公顷)	26.05	25.80	25.61	25.64	25.68	25.78	26.02	26.11	26.35	26.47
	产量(万吨)	59.92	60.56	60.74	62.19	63.13	64.09	64.78	65.99	67.67	68.37
7省区合计	面积(万公顷)	306.83	304.12	304.27	307.37	304.73	306.49	315.38	331.25	328.35	326.87
	产量(万吨)	1134.49	1135.60	1170.62	1203.15	1173.11	1178.09	1232.11	1300.45	1306.73	1308.38
全国占比(%)	面积	70.15	70.14	69.14	69.92	69.74	69.89	70.90	71.89	71.08	70.54
	产量	74.96	74.21	74.13	74.69	73.78	73.81	75.31	76.09	75.39	74.68

资料来源：根据国家统计局网站2021年4月数据整理。

分省变化情况看，2003年以前，山东花生播种面积（98.82万公顷）略高于河南（96.34万公顷）居全国第1位。2004年后，山东花生播种面积逐年下降退居全国第2位，2009年起不足80万公顷，2018年起更是降到不足70万公顷；而河南花生播种面积2004年超过山东居全国第1位后基本保持稳步增长趋势，2011年超过100万公顷、2017年超过110万公顷、2018年后超过120万公顷，与山东的差距从2004年的2.6万公顷逐步扩大到2011年的22.8万公顷，2019年更是高达55.66万公顷，为山东的1.83倍以上。2005年前，山东花生产量一直高于河南居全国第1位、河南排第2位。但是此后，与各自面积的变化趋势相同，山东花生的产量呈下滑趋势，而河南则呈上升趋势，两省全国排名互换。2019年，河南花生产量超过山东近292万吨，是山东省的2倍以上。

广东省花生面积一直稳定在30万公顷以上，自2013年开始居全国第3位，花生产量多年居河北之后排名第4位，自2018年超过100万吨后超过河北居第3位。

由于河北省花生播种面积由2010年的36.74万公顷降到2014年的不足30万公顷、2019仅25万公顷，虽然其花生产量多年在100万吨以上居全国第3位、但是自2018年后因产量低于100万吨而屈居广东之后排名第4位；辽宁省花生面积由2010年的33.24万公顷降到2019年的28.61万公顷，面积居全国第5位，但是其花生产量多年低于吉林而居全国第6位；吉林省花生面积和产量近年来均呈明显增长趋势，2017年曾以33.26万公顷居全国第3位、2018年退回第6位，但是其花生产量自2013年起就超过辽宁居第5位（2019年被辽宁反超退回第6位）。排名第7位的四川省花生面积和产量均比较稳定，2018年曾以26.35万公顷居全国面积第5位，花生产量在2012年前高于吉林、2014~2015年曾高于辽宁居全国第6位。

3. 云南油菜和花生生产及在全国的地位

云南自然气候条件优越、作物类型多样，大春季节与花生同季的作物包括玉米、甘蔗、烤烟等，小春与油菜同季的作物有大小麦、蚕豆等，农户可选择余地较大。油菜和花生是云南省两大主要食用油料作物，广泛分布于全省各地，总体呈现大分散、小集中的特点。油菜在全省100余个县（市区）均有种植，兼有春、夏、秋、冬油菜等多种形式，以滇东北和滇西南最为集中，滇中整体生产水平明显高于其他产区；花生主要分布在滇南和滇中以北的江边河谷地带，种植方式有地膜覆盖早春花生、夏花生和冬花生，早春花生和冬花生的种植效益高、夏花生产量高。过去20年，云南油菜和花生生产总体呈现增长趋势，但是受土地和劳动力资源限制，总体种植面积不大，在全国的比重总体不高。

（1）云南油菜。

云南油菜收获期较全国其他油菜产区提早近1个月，对全国菜籽原料起到了很好的补充作用，同时，以罗平吉尼斯世界最大天成自然花园、腾冲高黎贡山10万亩“油菜花海”推动农旅结合、三产融合，对云南旅游业等产业发展和乡村振兴具有重要意义。2011年云南省农业厅《云南省2010—2020年优质油菜产业发展规划》将我省油菜优势区划分为滇东北、滇西北秋春播区和滇中、滇西南秋油菜四个优势区。其中，以昭通、曲靖为主的滇东北油菜产区，冬春低温多雨，一般年平均气温15.1℃，最低月（1月）平均气温6.5℃，大于等于10℃的年积温4538℃，日照日数较少，仅1716小时，年水量达1791毫米，冬季雨水多，比较适宜种植油菜，种植面积占全省面积的40%以上；包括丽江、迪庆、怒江和大理州北部的滇西北油菜产区，气候冷凉，年平均温度12.3~13.6℃，大于等于10℃的年积温3483.6~3992.1℃；日照时数虽只有2298.0~2439.9小时，但光质好，由于该区气候冷凉，油菜生育期较长，加上昼夜温差较大，有利于干物质积累，油菜产量较高。同时，夏秋季气候温凉，4～9月月均温为5.1～13℃，最热月（7月）月均温只有13.2℃，而且雨量充沛，适合于种植春夏播油菜；包括昆明、玉溪和楚雄的滇中油菜产区，气候变化不大，冬春光照充足，农田有效灌溉面积达到占耕地面积的66%，年平均气温13.8～18.5℃，大于等于10℃的年积温3999.8～6270.4℃，最冷月（1月）平均气温5.8～11.8℃，年日照时数1791.0～2363.9小时，对油菜生长十分有利，种植面积占全省的35%左右，是我省油菜分布最集中、栽培水平最高的产区；以保山、德宏、临沧三地州为主的滇西南油菜产区，人少地多，土、热、气、水等资源较为丰富，油菜生产发展快，杂交化率高。

国家统计局数据表明，云南油菜种植面积在经历了2005～2011年高速发展期（从不足15万公顷增长到25万公顷、全国占比从2.32%上升到3.5%）后，2012年小幅调整基本稳定在25万公顷以上，2015年开始有所下降，2018年开始回升，居第9～10位。2019年云南油菜面积达到26.09万公顷的历史最高纪录，全国占比接近4%（3.96%）。2014年油菜籽总产量最高为54.93万吨。2003年以前，云南省油菜面积一直徘徊在13.3万公顷以下，油菜籽产量在23万吨左右，占全国油菜的比重不到2%；到2005年油菜面积达到16.9万公顷，总产达到29.0万吨，占全国的比重达到2.32%；其后，油菜产业继续发展，2011年种植面积达到25.08万公顷，油菜总产51.48万吨，面积连续突破了20万公顷，25万公顷大关，总产连续突破30万吨、40万吨和50万吨，占全国油菜的比重稳定在3.5%以上，居第9位。此后受特大干旱影响，面积基本稳定在25万公顷左右，但产量波动明显且总体下降；受2015年国家取消油菜临储收购政策引起商品油菜籽价格下降的影响，2017年全省油菜种植面积和产量分别下降到23.7万公顷和47.5万吨；2018年后开始恢复性增长，2019年种植面积和产量分别回升到26.09万公顷和54.1万吨，占全国的比重接近4%。

（2）云南花生。

花生是云南省重要的农业传统产业、第二大油料作物和大春主要经济作物之一。从全国来看，云南花生具有“早熟、早上市”、单位面积产值高等特点，对产区脱贫攻坚和乡村振兴具有重要意义。同时，独特的区位优势使云南花生成为我国联系世界花生主产区东南亚国家的纽带和桥梁，对“一带一路”东南亚国家农业合作具有重要作用。2011年云南省农业厅《云南省2010—2020年花生产业发展规划》将我省花生优势区划分为滇南高油花生区和滇中以北高蛋白食用花生区两个优势区域。滇南高油花生区热量好，光照足，积温多，降雨量多，自然资源条件优越，各种类型的花生品种均能成熟，种植基础好，且一年可二熟或一年三熟，省外引进高油花生品种在此区能正常生长，是云南省适宜花生种植的主产区。交通较为便利，商品率较高，区内有丰林花生油厂等油脂加工龙头企业，对产业的辐射带动能力强。同时，毗邻东南亚国家，通过辐射带动，可进一步利用境外耕地弥补我国食用花生油的不足。本区域花生种植面积占全省的70%左右，榨油用花生与食用花生比例约为4：6；滇中以北高蛋白食用花生区花生零星分布在江边河谷地带，种植花生面积较小，但单产较高，多用于鲜食、附加值高，亩产值可达2000元以上。此区旅游业发达，引进种植口感细腻、香甜、外观饱满、色泽鲜艳的粉红或红皮的中小粒种，且高蛋白鲜食花生或加工成小食品，市场前景好。然而，由于长期以来缺乏有效的投入，云南的花生多年处于农户自发种植的状态，播种面积和产量多年比较平稳，单产处于较低的水平。据国家统计局网站数据，2010年以来，云南花生种植面积在4万公顷上下、占全国的1%左右；由于主要生产食用小粒花生，云南的花生单产约为全国平均单产的50%，总产量7万~8万吨，仅占全国的0.5%左右（见表19-5）。

表19-5　2000~2019年部分年份云南省油菜和花生生产及全国占比情况

年份	区域	油菜			花生		
		总产量（万吨）	面积（千公顷）	单产（千克/公顷）	总产量（万吨）	面积（千公顷）	单产（千克/公顷）
2000	云南	19.10	126.00	1515.87	5.40	41.20	1310.68
	中国	1138.10	7494.00	1518.68	1443.70	4855.00	2973.64
	云南占比（%）	1.68	1.68	99.82	0.37	0.85	44.08
2005	云南	29.00	169.10	1714.96	5.70	42.90	1328.67
	中国	1305.20	7278.00	1793.35	1434.20	4662.00	3076.36
	云南占比（%）	2.22	2.32	95.63	0.40	0.92	43.19
2010	云南	23.88	247.94	963.14	7.01	45.23	1549.86
	中国	1278.81	7315.97	1747.97	1513.56	4373.85	3460.48
	云南占比（%）	1.87	3.39	55.10	0.46	1.03	44.79
2011	云南	51.84	250.84	2066.66	6.16	42.56	1447.37
	中国	1313.73	7191.95	1826.67	1530.24	4336.23	3528.96
	云南占比（%）	3.95	3.49	113.14	0.40	0.98	41.01

续表

年份	区域	油菜			花生		
		总产量（万吨）	面积（千公顷）	单产（千克/公顷）	总产量（万吨）	面积（千公顷）	单产（千克/公顷）
2012	云南	47.14	247.79	1902.42	7.49	42.67	1755.33
	中国	1340.15	7186.65	1864.78	1579.23	4400.80	3588.51
	云南占比（%）	3.52	3.45	102.02	0.47	0.97	48.92
2013	云南	43.73	254.47	1718.47	7.99	43.22	1848.68
	中国	1363.63	7193.49	1895.64	1610.89	4396.09	3664.37
	云南占比（%）	3.21	3.54	90.65	0.50	0.98	50.45
2014	云南	54.93	255.55	2149.48	8.15	43.89	1856.92
	中国	1391.43	7158.09	1943.86	1590.08	4369.70	3638.88
	云南占比（%）	3.95	3.57	110.58	0.51	1.00	51.03
2015	云南	46.51	242.53	1917.70	6.44	38.88	1656.38
	中国	1385.92	7027.66	1972.09	1596.13	4385.52	3639.55
	云南占比（%）	3.36	3.45	97.24	0.40	0.89	45.51
2016	云南	47.51	237.33	2001.85	6.30	38.00	1657.89
	中国	1312.80	6622.81	1982.24	1636.06	4448.40	3677.86
	云南占比（%）	3.62	3.58	100.99	0.39	0.85	45.08
2017	云南	47.52	232.14	2047.04	6.24	37.52	1663.11
	中国	1327.41	6653.01	1995.20	1709.19	4607.66	3709.45
	云南占比（%）	3.58	3.49	102.60	0.37	0.81	44.83
2018	云南	52.52	256.14	2050.44	6.96	41.03	1696.32
	中国	1328.12	6550.61	2027.48	1733.20	4619.66	3751.79
	云南占比（%）	3.95	3.91	101.13	0.40	0.89	45.21
2019	云南	54.10	260.87	2073.83	6.76	42.21	1601.52
	中国	1348.47	6583.09	2048.38	1751.96	4633.48	3781.09
	云南占比（%）	4.01	3.96	101.24	0.39	0.91	42.36

资料来源：2010 年之后数据来源于国家统计局网站 2020 年 12 月数据，其他年份数据来自历年《中国统计年鉴》。

（二）中国及云南特色食用草本油料生产

1. 中国特色食用草本油料生产

与大豆、油菜、花生等大宗油料作物相比，芝麻、亚麻、向日葵、红花等是油料作物中的“小品种”。21 世纪以来，在小品种食用草本油料中，芝麻播种面积和产量均呈波动中总体下降的趋势，向日葵和胡麻则基本保持稳定。如表 19 –6 所示，2019 年全国芝麻、向日葵和胡麻的种植面积分别为 28. 30 万公顷（仅为 2000 年的 36%）、91. 5 万公顷和 22. 5 万公顷，总产量分别为 46. 7 万吨（仅为 2000 年的 57. 57%）、226. 4 万吨和 33. 20 万吨，分别占全国油料（不含大豆）面积和产量的 10. 84% 和 9. 66%。中国的芝麻主要分布于河南、湖北、安徽三省，胡麻主要在甘肃、宁夏、内蒙古、山西等省份，向日葵主要在内蒙古、吉林、新疆等省份。红花是一种集药用、油料为一体的特种经济作物，主要在新疆和云南。2001 ~ 2006 年红花年平均种植 1. 3 万公顷，年平均红花产量 3. 03 万吨。据新疆维吾尔自治区政府数据，目前，新疆的红花面积在 2. 6 万公顷左右，占全国 80% 以上。

表 19 – 6　　2000 ~ 2019 年全国主要特色食用草本油料生产数据

年份	芝麻			向日葵			胡麻籽		
	播种面积（万公顷）	产量（万吨）	单产（千克/公顷）	播种面积（万公顷）	产量（万吨）	单产（千克/公顷）	播种面积（万公顷）	产量（万吨）	单产（千克/公顷）
2000	78. 44	81. 12	1034. 23	122. 90	195. 41	1589. 95	49. 79	34. 37	690. 24
2005	59. 33	62. 54	1054. 09	102. 04	192. 79	1889. 41	39. 76	36. 21	910. 74
2010	35. 73	46. 20	1293. 07	98. 89	235. 53	2381. 64	29. 33	31. 44	1072. 09
2011	33. 50	45. 76	1366. 17	96. 07	240. 20	2500. 29	25. 02	30. 80	1230. 92
2012	32. 36	46. 58	1439. 30	88. 06	226. 72	2574. 58	27. 88	33. 11	1187. 80
2013	29. 99	43. 78	1459. 67	92. 61	202. 93	2191. 26	26. 92	31. 63	1174. 79
2014	30. 26	43. 66	1442. 88	95. 65	258. 21	2699. 67	27. 10	32. 26	1190. 54
2015	30. 12	45. 03	1494. 87	108. 65	287. 20	2643. 45	24. 41	31. 19	1277. 65
2016	23. 02	35. 20	1529. 04	127. 89	320. 10	2502. 87	24. 31	32. 50	1336. 84
2017	22. 77	36. 65	1609. 86	117. 08	314. 94	2690. 07	23. 46	30. 10	1283. 31
2018	26. 23	43. 15	1645. 25	92. 14	249. 42	2707. 11	23. 19	33. 52	1445. 64
2019	28. 30	46. 70	1650. 18	91. 50	266. 40	2911. 48	22. 50	33. 20	1475. 56
2017 ~ 2019 年平均	25. 76	42. 17	1636. 63	100. 24	276. 92	2762. 66	23. 05	32. 27	1400. 31

资料来源：根据国家统计局网站数据整理。

2. 云南特色草本油料作物生产

云南特色食用草本油料是指除油菜、花生外的其他草本油料作物，主要包括向日葵、芝麻、胡麻、红花、紫苏。长久以来，云南的小品种特色食用草本油料生产处于平稳发展的趋势，但是总体规模较小，无论是在省内的油料生产板块还是在全国的草本油料板块的占比都不大。

据国家统计局网站数据，2000～2018年，云南省特色食用草本油料中向日葵、芝麻、胡麻年均总产占油料作物年均总产的2.45%。加上红花、紫苏等估计数，特色食用草本油料年均总产占油料作物年均总产的7%。除向日葵、红花尚有连片种植外，其他都零星分散，不成规模。最近20年，云南芝麻的栽培面积从2000年的620公顷下降到目前不足200公顷之间（见表19－7），仅占全国总面积的0.05%；产量在从300吨以上降到目前年均不足200吨，仅占全国芝麻总产量的0.023%（见表19－8）。云南向日葵的种植面积则从2000年的0.53万公顷降到目前的0.46万公顷，葵花籽从8300吨降到不足7500吨。2000～2018年部分年份云南省主要特色食用草本油料种植面积和产量如表19－7所示。由于胡麻籽在云南种植面积较小，多年在30～40公顷之间，产量不足100吨（2013年后则无产量统计数据），因此表中未列其数据。

表19－7　2000～2018年部分年份云南省主要特色食用草本油料种植面积和产量

年份	芝麻			向日葵		
	播种面积（千公顷）	产量（万吨）	单产（千克/公顷）	播种面积（千公顷）	产量（万吨）	单产（千克/公顷）
2000	0.62	0.03	519.35	5.33	0.83	1561.73
2005	0.29	0.02	672.41	3.89	0.82	2117.48
2010	0.23	0.02	720.09	5.11	0.82	1613.24
2011	0.19	0.02	904.21	5.14	1.01	1962.13
2012	0.15	0.01	887.92	4.34	0.92	2130.70
2013	0.14	0.01	896.32	4.64	1.07	2296.79
2014	0.21	0.01	414.08	4.75	0.84	1773.55
2015	0.22	0.01	647.77	4.78	0.79	1650.92
2016	0.23	0.02	791.45	4.67	0.76	1621.13
2017	0.22	0.02	824.09	4.59	0.70	1534.12
2018	0.13	0.01	831.78	4.58	0.77	1682.09
2016～2018年平均	0.19	0.02	862.07	4.61	0.74	1611.27

资料来源：根据统计局网站数据整理。

2011～2018年云南芝麻种植面积、产量及全国占比变化如表19－8所示。可以看出，无论是面积还是产量，中国和云南的芝麻产业规模均呈逐年缩小的趋势，且云南的芝麻产业降幅大于全国，尤其是面积减速低于产量减速，说明云南的芝麻产业呈现快速萎缩，在全国没有比较优势。

表 19－8　2011～2018 年云南与全国芝麻生产情况对比

区域	指标	2011 年	2012 年	2013 年	2014 年	2015 年	2016 年	2017 年	2018 年
全国	面积（千公顷）	334.95	323.63	299.93	302.59	301.23	230.21	227.66	262.27
	产量（万吨）	45.76	46.58	43.78	43.66	45.03	35.20	36.65	43.15
云南	面积（千公顷）	0.19	0.15	0.14	0.21	0.22	0.23	0.22	0.13
	产量（万吨）	0.02	0.01	0.01	0.01	0.01	0.02	0.02	0.01
云南占全国比重（%）	面积	0.057	0.046	0.047	0.069	0.073	0.100	0.097	0.050
	产量	0.044	0.021	0.023	0.023	0.022	0.057	0.055	0.023

资料来源：根据统计局网站数据整理。

云南向日葵产业呈现与芝麻产业同样的发展态势。2011～2018 年中国的向日葵种植面积基本稳定、葵花籽产量则小幅上涨。而云南的向日葵无论是面积还是产量均呈逐年缩小的趋势，且产量降幅大于面积降幅，说明云南的向日葵产业亦呈现快速萎缩，在全国没有比较优势（见表 19－9）。

表 19－9　2011～2018 年云南与全国向日葵生产情况对比

区域	指标	2011 年	2012 年	2013 年	2014 年	2015 年	2016 年	2017 年	2018 年
全国	面积（千公顷）	96.07	88.06	92.61	95.65	108.65	127.89	117.08	92.14
	产量（万吨）	240.20	226.72	202.93	258.21	287.20	320.10	314.94	249.42
云南	面积（千公顷）	5.14	4.34	4.64	4.75	4.78	4.67	4.59	4.58
	产量（万吨）	1.01	0.92	1.07	0.84	0.79	0.76	0.70	0.77
云南占全国比重（%）	面积	5.350	4.928	5.010	4.966	4.400	3.651	3.921	4.971
	产量	0.420	0.406	0.527	0.325	0.275	0.237	0.222	0.309

资料来源：根据统计局网站数据整理。

三、中国及云南食用植物油的消费分析

（一）全球菜籽油和花生消费格局

菜籽油是世界第三大植物食用油来源。近几年来，随着经济的发展及消费水平不断提高，菜籽油食用消费需求不断增加。从全球菜籽油消费市场分布格局来看，中国、欧盟、美国、加拿大等国是全球菜籽油市场的主要消费国，其中欧盟地区占比最大为33%，中国不仅是全球最大的菜籽油生产国，也是目前全球菜籽

油市场最大的消费国，占比28%，加拿大占比5%①。

全球花生消费结构较为集中，中国是全球最大的花生消费国，其花生国内消费量占全球国内消费量比重为38.64%，远远高于第二大消费国印度的占比10.27%（侯睿，2013）。此外，花生主要消费国还包括尼日利亚、美国和印度尼西亚。据FAO统计，2018年中国花生国内消费量为1655万吨（占比38.64%），印度花生国内消费量为440万吨（占比10.27%），尼日利亚花生国内消费量为324.8万吨（占比7.58%），美国花生国内消费量为214万吨（占比5%），印度尼西亚花生国内消费量为141万吨（占比3.29%）②。

（二）中国及云南省植物油消费情况

中国居民每年人均消费植物油超过24千克，是中国营养学会推荐值3倍。据美国农业部（USDA）数据，2018年中国植物油消费量达3360万吨，比2017年同期增长0.3%，其中大豆油占46.4%、菜籽油占21.5%、花生油占9.6%、葵花籽油占10.6%，其他小宗植物油合计占11.9%。大豆油、菜籽油、花生油、葵花籽油四大类主要草本食用植物油的消费量占草本食用植物油总消费量的88.1%。国产植物油约1064万吨，自给率仅为31.7%。从未来十年来看，中国食用植物油消费总量会继续增加，但增速放缓。随着消费群体的改变和人均收入水平的提升，还有健康消费理念的广泛普及，消费者更加偏好优质、品牌和特色产品，食用植物油消费量基本趋于稳定或略有减少。另外，消费需求日益多元化，小品种植物油消费占比会呈增加趋势。包括现在流行的高油酸菜籽油、亚麻籽油，葵花籽油等。自2014年起，我国菜籽油需求量呈现逐渐下滑态势，直到2017年才反弹回升，2018年我国菜籽油市场需求量为827万吨，同比增长10.4%③。

云南主要食用油料（油菜、花生）消费构成与全国的情况基本一致。油菜作为第一大自产食用植物油，除约0.2%作为种用外，均用于生产食用植物油，中国油菜籽油在国产食用植物油中的占比约为55%，云南80%的食用植物油源为菜籽

① 2018年中国菜籽油市场现状、进出口情况及发展对策分析［EB/OL］. 华经情报网，2019-06-12.

② 中信期货. 花生产业链系列专题报告（二）［R］. 2019.

③ 2019年全球菜籽油产量预测及未来我国菜籽油发展走势分析预测［EB/OL］. 中国产业信息网，2019-04-18.

油。花生是中国出口创汇的优质农产品之一，其产量的10%左右作为种用，45%左右作为食用和出口，剩余45%左右作为油用。云南花生种用、食用和油用比例分别为10%、25%和65%。

四、中国及云南食用油料进出口情况

（一）我国油菜籽和菜籽油进出口情况

全球油菜进出口主要有油菜籽和菜籽油两种方式。FAO统计数据表明，2010～2019年的10年间，全球油菜籽和菜籽油的年均进出口贸易总量分别从不足3500万吨和不足1150万吨增长到4250万吨以上（2017年最高时超过5000万吨）和1500万吨以上；油菜籽年均进出口额分别达到111亿美元和103亿美元以上，菜籽油年均进出口额则分别达到67亿美元以上和70亿美元以上。2019年，全球油菜籽和菜籽油贸易额结构大约为4.2：5.8。2010～2019年，全球及中国油菜籽和菜籽油进出口贸易情况如表19－10和表19－11所示。

表19－10　　2010～2019年我国油菜籽进出口情况及其全球占比

年份	进口						出口						贸易差额（亿美元）
	数量（万吨）			金额（亿美元）			数量（万吨）			金额（亿美元）			
	全球	中国	中国占比（%）	全球	中国	中国占比（%）	全球	中国	中国占比（%）	全球	中国	中国占比（%）	进口—出口
2010	1778.06	159.98	9.00	83.00	7.78	9.37	1670.56	0.011	0.001	74.89	0.001	0.001	7.78
2011	1803.15	126.23	7.00	117.91	8.02	6.80	1712.38	0.038	0.002	106.52	0.004	0.003	8.02
2012	2013.76	293.02	14.55	131.72	19.59	14.87	1979.25	0.034	0.002	125.48	0.004	0.003	19.59
2013	2056.00	366.26	17.81	128.86	24.24	18.81	2121.58	0.016	0.001	125.24	0.001	0.001	24.24
2014	2365.23	508.16	21.48	123.13	28.02	22.76	2277.48	0.010	0.000	111.25	0.002	0.001	28.02
2015	2194.60	447.07	20.37	101.37	20.44	20.16	2099.56	0.011	0.001	89.90	0.004	0.005	20.43
2016	2222.67	356.57	16.04	98.77	14.90	15.09	2188.22	0.108	0.005	92.24	0.010	0.011	14.89
2017	2484.30	474.84	19.11	116.94	21.64	18.51	2550.03	0.008	0.000	114.21	0.002	0.002	21.64
2018	2397.09	475.65	19.84	111.66	22.26	19.93	2316.53	0.010	0.000	103.85	0.002	0.002	22.26
2019	2167.27	273.74	12.63	97.23	12.23	12.58	2083.33	0.006	0.000	87.97	0.003	0.004	12.23

资料来源：根据联合国粮农组织网站2021年4月数据整理。

表 19 - 11　　2010 ~ 2019 年我国菜籽油进出口情况及其占全球比重

年份	进口						出口						贸易差额（亿美元）
	数量（万吨）			金额（亿美元）			数量（万吨）			金额（亿美元）			
	全球	中国	占比（%）	全球	中国	占比（%）	全球	中国	占比（%）	全球	中国	占比（%）	进口—出口
2010	539. 81	98. 53	18. 25	53. 56	9. 21	17. 20	604. 85	0. 38	0. 06	57. 94	0. 05	0. 09	9. 16
2011	580. 97	55. 09	9. 48	78. 85	6. 65	8. 43	615. 03	0. 33	0. 05	81. 32	0. 06	0. 07	6. 59
2012	606. 73	117. 58	19. 38	79. 77	15. 17	19. 01	669. 70	0. 66	0. 10	85. 38	0. 11	0. 13	15. 06
2013	639. 81	152. 68	23. 86	79. 56	19. 10	24. 00	716. 68	0. 62	0. 09	85. 71	0. 10	0. 12	18. 99
2014	666. 53	80. 99	12. 15	68. 05	8. 18	12. 02	718. 39	0. 66	0. 09	71. 79	0. 09	0. 13	8. 08
2015	674. 47	81. 50	12. 08	57. 37	6. 57	11. 46	748. 41	0. 46	0. 06	63. 27	0. 06	0. 09	6. 52
2016	710. 44	69. 97	9. 85	60. 72	5. 24	8. 63	775. 52	0. 48	0. 06	67. 08	0. 05	0. 08	5. 19
2017	690. 81	75. 70	10. 96	63. 42	6. 29	9. 92	729. 24	2. 12	0. 29	66. 65	0. 19	0. 28	6. 10
2018	729. 62	129. 59	17. 76	65. 27	10. 83	16. 60	725. 21	1. 53	0. 21	62. 96	0. 14	0. 22	10. 70
2019	769. 04	161. 50	21. 00	67. 18	13. 26	19. 74	776. 68	1. 11	0. 14	65. 64	0. 10	0. 15	13. 16
年均	660. 82	102. 31	15. 48	67. 37	10. 05	14. 92	707. 97	0. 83	0. 12	70. 77	0. 10	0. 13	9. 96

资料来源：根据联合国粮农组织网站 2021 年 4 月数据整理。

中国是油菜籽和菜籽油的净进口国。据 FAO 统计数据，2010 ~ 2019 年，中国的油菜籽和菜籽油的进口量占同期全球的比重分别为 16. 21% 和 15. 48%；进口额从 2010 年的 16. 99 亿美元上升到 2013 年最高时的 43. 34 亿美元，2019 年为 25. 49 亿美元。而同期我国油菜籽和菜籽油的出口量和出口额则非常小，可忽略不计。

中国海关的统计数据与 FAO 数据相差不大，2010 ~ 2019 年，仅菜籽油一项的年均进口量和值基本保持在出口量和值的 100 倍以上，年均贸易逆差接近 9. 6 亿美元，近年超过 10 亿美元（见表 19 - 12）。

表 19 - 12　　2010 ~ 2019 年我国菜籽油进出口情况

指标	2010 年	2011 年	2012 年	2013 年	2014 年	2015 年	2016 年	2017 年	2018 年	2019 年
进口量（万吨）	98. 53	55. 09	118. 00	153. 00	81. 00	82. 00	70. 00	76. 00	130. 00	165. 16
进口额（万美元）	92111. 48	66465. 97	151666. 60	190872. 10	81787. 40	65744. 30	52390. 30	62912. 70	108348. 40	136176. 1
出口量（万吨）	0. 38	0. 23	0. 66	0. 62	0. 66	0. 46	0. 48	2. 12	1. 53	1. 50
出口额（万美元）	520. 60	555. 96	1108. 30	1039. 50	945. 10	551. 00	530. 70	1865. 50	1395. 60	1406. 7
贸易差额（万美元）	91590. 88	65910. 01	150558. 3	189832. 6	80842. 3	65193. 3	51859. 6	61047. 2	106952. 8	134769. 4

资料来源：根据中国海关 2020 年 12 月数据整理。

2013 年为近年来油菜籽油进口量和进口额的第一个高点，达到了 153 万吨和近 19.09 亿美元，贸易逆差近 19 亿美元，也为多年来最高。2014 年开始，进口数量及金额均出现明显下降，下降幅度为 50% 左右，2014～2017 年平均进口金额为 65708.7 万美元、进口数量在 70 万～82 万吨之间基本保持稳定。2018 年后我国油菜籽油（含芥子油）进口数量出现大幅上升，达 130 万吨，同比增长 71.1%；进口金额达 108348.4 万美元，同比增长 72.2%①。2019 年进一步增长至 165 万吨和 1.36 亿美元，同比分别增长 27.05% 和 25.68% 以上。

2010～2019 年中国菜籽油出口及进口数据及趋势如图 19－8 和图 19－9 所示。

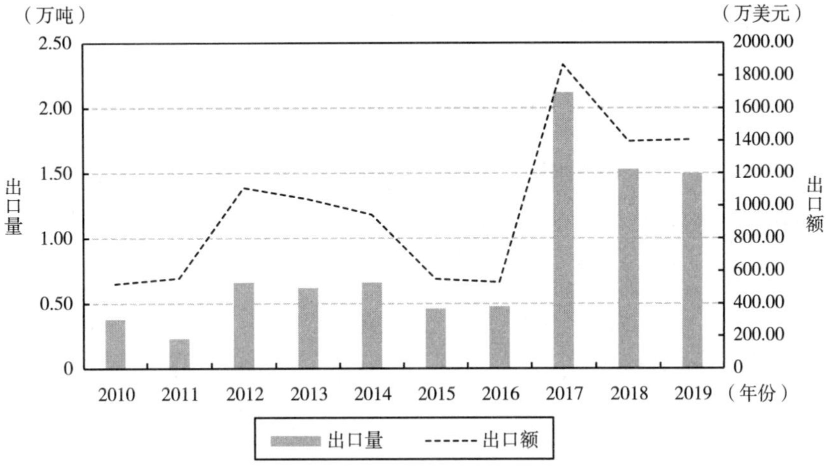

图 19－8　2010～2019 年中国菜籽油出口趋势

资料来源：根据中国海关数据整理。

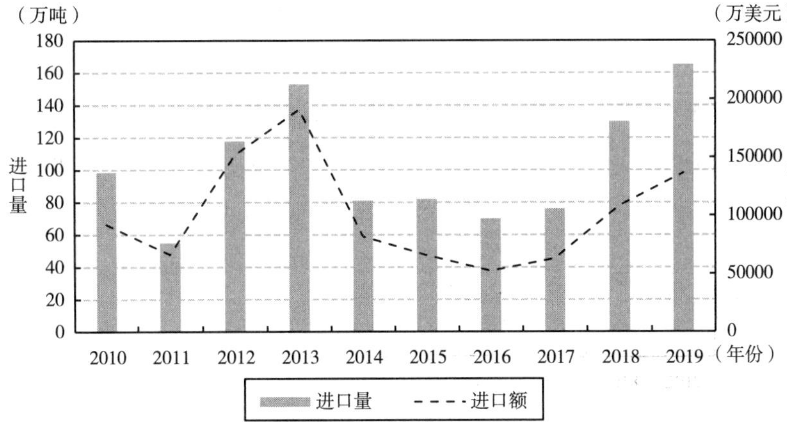

图 19－9　2010～2019 年中国菜籽油出口趋势

资料来源：根据中国海关数据整理。

① 2018 年中国菜籽油市场现状、进出口情况及发展对策分析［EB/OL］. 华经情报网，2019－06－12.

从图 19－8 可以看出，2012～2016 年我国的菜籽油出口量基本保持稳定在不足 1 万吨；2017 年我国的油菜籽油（含芥子油）出口数量和金额均出现了较大幅度的上涨，出口数量达到 2.12 万吨，增幅为 341.6%，出口金额 1865.5 万美元，增幅为 251.5%；2018 年出口数量和出口金额明显回落；2019 年出口数量 1.50 万吨，出口金额 1406.7 万美元。

中国油菜籽和菜籽油的进口来源地主要是加拿大。2018 年中国油菜籽进口量为 129.59 万吨，其中从加拿大进口菜籽油 112.73 万吨，占同期中国菜籽油进口总量的 86.99%；从澳大利亚、蒙古、俄罗斯和乌克兰等国也有少量进口。进口来源地过渡集中引起的一系列弊端应该引起相关部门的高度重视。

（二）我国花生及制品进出口情况

从全球看，花生相关的国际贸易主要包括壳花生、花生加工品（花生仁、花生酱）和花生油三大类，目前，全球花生出口结构与产量结构相比较为分散。印度、阿根廷、中国是全球前三大花生出口国，此外，美国和巴西的花生出口也在全球占重要地位。近年来，全球花生（含壳花生及花生加工品，下同）及其花生油贸易量和贸易额均呈逐步上升的趋势。FAO 数据表明，2017～2019 年，全球年均花生进出口贸易量超过 600 万吨（壳花生占 75% 以上），年均进出口贸易额超过 85 亿美元（壳花生占 62.3%）。

据 FAO 网站 2021 年 4 月数据，2019 年，全球壳花生出口量为 257.52 万吨，其中印度占比 22.08%，阿根廷占比 13.76%，美国占比 12.82%，中国以不足 15.51 万吨的出口量仅占全球的 7.69%（出口额约占 10.14%），居印度、阿根廷、美国、塞内加尔和巴西之后。同年，全球花生加工品出口量为 81.15 万吨，中国以约 28.85 万吨的成绩居第 1 位、占比达 35.55%（出口额占 32.31%），阿根廷以约 19.31 万吨的出口量位列第 2 位、占比亦达 23.79%（出口额占 16.35%），荷兰出口量（约 6.36 万吨）和出口额（1.55 亿美元）均位居第 3 位，美国和印度的出口量亦在 3 万吨以上。2019 年，全球花生油出口总量为 36.11 万吨，阿根廷、塞内加尔和伊拉克分别以 9.37 万吨、6.29 万吨和 5.08 万吨分列出口量前 3 名，巴西和印度紧随其后居第 4 位和第 5 位。中国、阿联酋和意大利则是全球前 3 位花生油进口国。2019 年，中国的花生油进口量超过 19 万吨，约占全球花生油进口总量的 49.3%，阿联酋和意大利则以 5.16 万吨和 4.39 万吨的进口量和 13.09% 和 11.13% 的占比排名第 2 位和第 3 位。此外，荷兰、美国、中国香港、法国和比利时等国家和地区的花生油进口量也在 1 万吨以上。

1. 中国花生进出口

中国是传统的花生出口大国，长期以来，中国花生出口以初级产品为主，出口地包括全球大部分国家，其中出口额最大的去向地为日本；越南、韩国、伊朗、泰国四国是中国出口金额增长最多的主要去向地。根据 FAO 统计数据，2017～2019 年，中国年均花生出口贸易量（含壳花生及其花生仁加工制品）在 45 万吨以上，年均出口贸易额 8 亿美元以上，占全球的比重分别为 15% 和 20% 左右，年均贸易顺差 6.5 亿美元以上（见表 19－13）。

表 19－13　　2010～2019 年中国花生进出口情况及其占全球比重

年份	进口						出口						贸易差额（百万美元）
	数量（万吨）			金额（百万美元）			数量（万吨）			金额（百万美元）			
	全球	中国	占比（%）	全球	中国	占比（%）	全球	中国	占比（%）	全球	中国	占比（%）	进口－出口
2010	196.32	1.62	0.83	2713.45	21.78	0.80	210.70	45.16	21.43	2511.34	705.46	28.09	－683.68
2011	206.85	5.76	2.78	3996.48	75.13	1.88	252.92	43.79	17.31	3241.14	881.60	27.20	－806.47
2012	203.51	2.00	0.98	4341.48	28.64	0.66	241.30	38.58	15.99	3891.91	914.28	23.49	－885.64
2013	211.32	1.14	0.54	4100.17	21.61	0.53	251.96	38.93	15.45	3661.29	874.93	23.90	－853.32
2014	216.51	3.21	1.48	3687.16	38.72	1.05	248.64	40.45	16.27	3414.64	759.53	22.24	－720.81
2015	226.67	11.98	5.29	3771.09	122.60	3.25	260.97	38.29	14.67	3391.25	792.93	23.38	－670.33
2016	251.99	19.36	7.68	4153.77	185.71	4.47	301.46	38.09	12.64	3551.57	765.73	21.56	－580.02
2017	280.99	16.47	5.86	4460.47	144.94	3.25	298.52	47.35	15.86	4166.33	884.13	21.22	－739.19
2018	280.77	9.03	3.22	4145.07	72.36	1.75	298.57	48.31	16.18	4102.56	833.34	20.31	－760.98
2019	322.39	40.63	12.60	4454.14	293.69	6.59	338.68	44.35	13.09	4373.43	754.12	17.24	－460.43
近三年均	294.72	22.04	7.48	4353.23	170.33	3.91	311.92	46.67	14.96	4214.11	823.86	19.55	－653.53

资料来源：根据 FAO2021 年 4 月“壳花生＋花生制品”数据整理。

根据海关统计数据，近几年来受市场需求变化、价格和质量竞争力因素的影响，中国花生出口量不断下降而进口快速上升。2014～2016 年中国花生出口量逐渐下降，2016 年中国花生出口量为 12 万吨，比 2015 年下降 5.2%，2017 年中国花生出口量有所回升。2018 年花生出口量为近年来最大，达 20 万吨，比 2017 年增长 33.3%。

中国花生进口来源地共计20个，其中最主要进口来源地为：美国、埃塞俄比亚、泰国、阿根廷、印度尼西亚5个国家。美国是中国花生最大的进口来源地，埃塞俄比亚是进口额增长最快的主要进口来源地①。2018年花生进口量为18万吨，比2017年相比增加了27.6%（见表19-14）。

表19-14　2011~2018年中国花生出口数量及出口金额统计

年份	数量（万吨）	同比增长（%）	金额（万美元）	同比增长（%）
2011	17		25977.0	
2012	15	-11.76	27236.0	4.85
2013	13	-7.70	21907.6	19.60
2014	14	2.60	20077.0	-8.40
2015	13	-7.60	21501.6	7.20
2016	12	-5.20	19117.8	-11.10
2017	15	22.90	22478.9	17.60
2018	20	33.50	27858.2	23.90

资料来源：根据中国海关数据整理。

2. 中国花生油进出口

近年来，我国花生油出口量基本稳定在1万吨上下，进口量逐年上升。FAO数据表明，从2010年不足7万吨上升到目前的10万吨以上，占全球花生油进口总量的40%，属于花生油净进口国，花生油贸易逆差从2010年不足0.7亿美元上升到2017年的1.29亿美元（见表19-15）。

表19-15　2010~2019年我国花生油进出口情况及其占全球比重

年份	进口						出口						贸易差额（百万美元）
	数量（万吨）			金额（百万美元）			数量（万吨）			金额（百万美元）			
	全球	中国	占比（%）	全球	中国	占比（%）	全球	中国	占比（%）	全球	中国	占比（%）	进口—出口
2010	26.10	6.85	26.23	341.30	86.70	25.40	22.02	0.78	3.54	283.38	17.44	6.15	69.27
2011	22.62	6.13	27.08	390.88	104.15	26.64	19.42	0.87	4.50	320.03	22.60	7.06	81.54
2012	19.30	6.32	32.73	438.79	148.73	33.90	19.95	0.82	4.12	438.08	26.84	6.13	121.90
2013	20.81	6.10	29.33	389.71	108.34	27.80	18.63	0.74	4.00	351.27	23.56	6.71	84.79

① 2018年1月花生进口数量为2万吨［EB/OL］．中国产业信息研究网，2018-03-21.

续表

年份	进口						出口						贸易差额（百万美元）
	数量（万吨）			金额（百万美元）			数量（万吨）			金额（百万美元）			
	全球	中国	占比（%）	全球	中国	占比（%）	全球	中国	占比（%）	全球	中国	占比（%）	进口—出口
2014	24.61	9.37	38.09	336.14	116.70	34.72	24.01	1.00	4.16	327.76	22.97	7.01	93.72
2015	29.06	12.77	43.94	376.95	170.30	45.18	26.15	0.93	3.57	348.91	23.72	6.80	146.58
2016	27.65	10.70	38.69	410.56	150.99	36.78	24.42	0.94	3.85	360.18	25.15	6.98	125.84
2017	30.05	10.81	35.99	422.14	147.89	35.03	27.09	0.85	3.13	388.23	20.84	5.37	127.05
2018	34.13	12.83	37.58	418.75	154.63	36.93	28.37	1.02	3.58	338.21	20.73	6.13	133.90
2019	39.44	19.44	49.30	438.60	225.23	51.35	36.11	0.98	2.72	397.47	18.75	4.72	206.48
近3年均	34.54	14.36	41.58	426.50	175.92	41.25	30.53	0.95	3.11	374.64	20.11	5.37	155.81

资料来源：根据联合国粮农组织网站2020年12月数据整理。

（三）特色草本油料进出口情况

近几年来，随着“一带一路”的稳步推进，加上中国对特色草本植物油需求的增加，除了大宗油料进口外，芝麻、胡麻、葵花籽等小宗油料进口量也不断上升。2018年芝麻进口83万吨，比上年增加16.4%；进口来源地主要是埃塞俄比亚、苏丹等非洲国家；出口芝麻4.1万吨，比2017年增加14.7%，主要出口目的地为韩国、日本等东亚国家。胡麻进口40万吨，比2017年增加17.0%，主要从加拿大、俄罗斯和美国进口；2017年胡麻籽出口量为3986吨，主要出口到德国、荷兰等国家。葵花籽进口量14万吨，比2017年增加13.9%，从哈萨克斯坦进口量占99%；出口葵花籽46.37万吨，比2017年增加13.2%，主要出口到伊朗、埃及、伊拉克等国家。

五、云南食用油料作物发展存在的问题

随着食用油料产业的全球化进程不断加快，中国食用油料产业发展面临着新的问题。首先，油料企业成本高，价格倒挂比较突出。比如，我国油菜亩均成本是加拿大的2倍，而中国的春油菜单产只有加拿大的70%，在国际市场竞争中处于明显的劣势。其次，在有效供给层面，近年来油料的生产总体表现为比较效益低，农户种植积极性不高，影响有效产能的提升；由此使得创新能力不足，新品

种新技术推广缓慢，缺乏多元化产品品种。食用植物油品质需进一步优化，油料产业综合竞争力有待提升①。因此，近年来食用油料种植面积和总产量有不同程度的下降，难以满足国内市场的需要，使得我国成为全球主要食用油进口国之一。与全国的情况基本一样，云南食用油料产业发展主要受到科技投入和支撑不足、生产条件差且比较效益偏低等因素的制约。

（一）科技投入不足，种业发展乏力

云南的油菜主要作为冬种作物，而花生主要作为夏季作物，两者发展中存在的困难和问题既有相同之处，也有不同之处。共同的问题是政策不能及时配套、投入不足、种业不健全，科技对产业的支撑力有待进一步提高。长期以来，油菜科研和应用投入较少、花生基本无投入，科研与生产存在一定的脱节现象，已有的科研成果也不能及时转化为生产力支撑产业发展；2010 年以前，云南省非主要农作物登记办法长期不能出台，影响花生品种选育登记应用，2011 ~ 2015 年根据非主要农作物品种登记办法登记了一批新品种，缓解了产业对新品种的需求，而 2016 年后国家种业改革，油菜和花生都列入非主要农作物品种目录进行国家登记，品种杂、乱、多现象突出；种业龙头企业发展乏力，没有建立稳定可持续的良种繁育基地，新品种种子供给不能满足产业发展需求，影响了科技成果转化。

长期以来，花生产业处于农户自发生产状态，地方品种和传统栽培方式主导生产，缺乏科技支撑是花生产业发展的主要制约因素。而科技支撑一方面需要科技投入加快研发进度，特别是良种繁育技术、高效生产技术的研发严重滞后于生产；以红皮、紫皮、彩色等为代表的云南特色花生种质资源研究应用一直是研究空白。另一方面需要产业投入促进成果转化。在 2011 ~ 2015 年非主要农作物品种登记实施以来，云南省登记了 10 余个花生新品种，但除“云花生 3 号”和“云花生 15 号”在产业中得到有效应用外，其余品种由于缺乏成果转化投入，没有条件繁育种子、建设示范区带动农户使用，未能有效支撑产业发展。

（二）生产条件较差，比较效益偏低

云南省油菜 90% 以上是冬种，整个生长期均处于冬春干旱期。同时，旱地油

---

① 中国油脂．中国食用油进口多、吃得多［EB/OL］．搜狐网，2017 - 09 - 27.

菜比重高达50%以上。由于基础设施差，绝大多数产区缺乏有效灌溉条件，油菜产业抵御以干旱为主的自然灾害的能力很弱。2009年3月15日发生的严重霜冻、2010年特大干旱，给以罗平、师宗、泸西（当时三县油菜种植面积约占全省油菜面积的1/4）为代表的油菜产区造成显著影响，产量损失达20%~50%，少数产区甚至绝收；商品油菜籽是最早与国际接轨的农产品之一，并且菜籽油的市场价格与燃油价格联动，市场波动大。“十二五”期间，国家取消油菜籽临储政策，一度造成油菜籽价格下滑。据笔者调查，近年来，油菜籽价格在5~7元/千克间浮动，价格波动达30%以上；油菜生产机械化程度低、投工投劳多而比较效益偏低难以适应劳动力转移后的农业生产需求，亟待依靠科技进步提高机械化水平。通过油菜“油、菜、花、蜜、肥、饲”一菜多功能综合利用、一二三产业融合发展提高生产效益。

第二节　云南食用油料作物的比较优势

一、云南食用油料作物比较优势

目前，中国和云南省食用植物油脂需求均逐步增加，主要由于油菜籽生产增长缓慢，食用植物油的自给率呈下降趋势，目前自给率仅32%左右，油脂安全形势远超粮食安全。中国农业科学院党委书记陈萌山认为，中国人不仅要将“饭碗”牢牢端在自己手上，“油瓶子”也不能攥在别人手上。中国工程院院士傅廷栋认为，保障食用植物油供给安全是国家的重要战略，40%的自给率是必须坚守的“红线”，油菜对于保障国家粮油安全的地位是不可动摇的，具有极大的发展前景。

近年来，云南油菜面积经历快速发展后趋于稳中略增的发展态势，花生面积相对稳定，食用油料作物的区位熵稳中上升，比较优势和产业竞争力逐年增强。总体看来，云南省食用油料作物在中国具有一定的比较优势和竞争力，小品种草本食用油料因其独特的营养品质而更具开发前景。

一是云南食用油产品有较好的市场基础。云南作为中国低纬高原特色油料产区，自然环境优美无污染，“滇雪”和“金菜花”菜籽油、“云岭”和“甜园蜜语”蜂产品、“丰林”花生油、“傣御”花生系列产品等品牌高原特色油料油脂产品深受中高端消费市场青睐，市场前景广阔。

二是油菜和花生育种有较好的科技基础。云南省以小孢子培养为核心的生物育种技术和早熟油菜研究应用居国内领先水平。云南省农业科学院研发的“小孢子培养、胚直播成苗”技术加快了油菜种质创新步伐，创制的大籽粒、多粒、白花、高收获指数等特色种质材料、生育期180天左右的特早熟品种在国内有明显影响，具有良好的研究应用价值；三年四创国内早熟油菜高产纪录的生态条件使云南成为全国早熟油菜研究应用基地。

由于长期栽培地方品种，云南省花生种质资源丰富，红皮、紫皮、白皮、彩色花生具有极高的研究应用价值和市场开发前景，以云南傣御庄园农业科技有限公司为代表的企业开发的七彩花生市场反馈供不应求，成为云南高原特色农产品开发的亮点之一。同时，云南毗邻的东南亚国家是全球小粒花生集中产区，其生产水平明显低于云南，云南花生产业发展和科技进步在面向东南亚国家的“一带一路”倡议农业科技合作中具有重要的地位和作用。

经过近十年的发展，云南油菜生产面积和产量实现了飞跃，位列全国油菜生产第9~10位，育种技术、早熟品种选育应用在全国产生了一定的影响，已成为全国早熟油菜研究应用基地和一二三产业融合发展的典型，具备了稳定发展的优势和潜力。但是，总体面积偏低，在全省农业经济中的占比不高，需要进一步发展面积、挖掘单产和总产潜力，以提高食用油脂自给率，满足人民消费需求，保障食用植物油脂安全。

云南省花生特色资源丰富，“上市早、产值高、效益好”，在精准扶贫中具有重要意义。随着云南高原特色现代农业发展，云南特色花生产业显示出强劲的市场需求，应以科技为支撑、市场为主导、企业为龙头，立足云南、面向东南亚国家，依靠科技进步，改变农民自发生产、科技投入不足、产业化程度低的现状，不断提高产业效益。

三是特色食用草本油料发展前景广阔。

(1) 小品种油料是优质植物油源，其不饱和脂肪酸含量均在85%以上，是人体易消化吸收的优质植物油源。芝麻油的油酸和亚油酸含量均较高，且含特殊香味，素有“油中之王”的美誉（赵应忠，2008）。亚麻和紫苏油中富含α-亚麻酸（十八碳三烯酸），分别达48.76%和62.90%，是人体必需脂肪酸，医学界称之为维生素F，在人体能生成必需脂肪酸EPA（二十碳五烯酸）和DHA（二十二碳六烯酸），可替代深海鱼油。向日葵油和红花油中富含亚油酸，也是人体必需脂肪酸，具有调节新陈代谢、维持血压平衡、溶解过多的胆固醇等功效（赵应忠，2008）。

（2）含有独特的生理活性物质：①抗氧化物质。与大宗油料作物一样，小品种油料也都含维生素 E，具有较强的抗氧化活性。芝麻和亚麻中还富含木酚素类物质，芝麻籽中主要是芝麻素和芝麻酚林，后者在油脂加工过程中转化成抗氧化能力更强的芝麻酚。芝麻中含 Y－生育酚，与木酚素互作，具有很好的协同增效的作用，使得芝麻油具有很强的抗氧化活性而不易酸败变质。近来研究表明，木酚素类化合物具有许多生理功能，包括抗氧化、解毒、抗菌、保护肝脏、调节血脂、抑制肿瘤等作用。红花和苏子中含有黄酮类化合物，具有很强的抗氧化能力。②色素类。黑芝麻含有丰富黑色素，为黄酮类花色苷化合物，具有 2－苯基－苯比吡喃环结构，为天然色素，对人体有较好的保健作用。红花含红色素和黄色素，黄色素为主要活性成分，有抗心肌缺血、抑制血小板聚集、抗氧化等作用。③其他活性成分。亚麻籽胶是覆盖在亚麻籽表皮上的一种胶类物质，为纯天然、无污染的植物胶，具有良好的保水、乳化、稳定、增稠功效，为国家绿色食品发展中心认定的绿色食品专用添加剂，是食品、医药、日化、轻纺等行业不可缺少的重要原料（赵应忠，2008）。

（3）加工产品多，转化增值潜力大：亚麻、红花、苏子不仅可加工众多食品，还可加工成许多保健品。以亚麻为原料生产出亚麻籽胶添加剂、浓缩木酚素、α－亚麻酸油丸等；利用红花可生产保健茶、降胆固醇红花保健油、亚油酸胶丸、氨基酸口服液。紫苏可制成各种食品、降血压保健食品、预防心血管病的保健品紫苏油胶胶囊、苏叶汁保健饮料、紫苏胡萝卜素微胶囊；芝麻为原料加工的产品达 100 多种，如芝麻酱、芝麻糕、芝麻饼等，还可生产芝麻素保健品（赵应忠，2008）。

（4）适应性广，具有较大发展空间：草本油料芝麻、亚麻、油葵、红花、苏子等适应性广，管理简便，成本低，是旱薄地的优势作物，具有较大的发展空间，在农业结构调整中处于有利地位。

二、云南食用油料作物区位熵测度

根据《中国农村统计年鉴》相关数据，计算区位熵结果如表 19－16 所示。

表 19-16　2010~2019 年云南主要食用油料（油菜、花生）区位熵测度

年份	云南			全国			区位熵
	主要油料产值（亿元）	农业总产值（亿元）	比例（%）	主要油料产值（亿元）	农业总产值（亿元）	比例（%）	
2010	14.5	925.6	1.567	1607.3	35909.1	4.476	0.35
2011	25.2	1124.7	2.241	1624.3	40339.6	4.027	0.56
2012	30.7	1398.2	2.196	1934.9	44845.7	4.315	0.51
2013	31.7	1639.4	1.934	1955.6	48943.9	3.996	0.48
2014	35.7	1806.3	1.976	1928.0	51851.1	3.718	0.53
2015	38.7	1841.5	2.102	1863.4	54205.3	3.438	0.61
2016	38.2	1943.6	1.965	1759.4	55659.9	3.161	0.62
2017	28.2	1982.5	1.422	1654.5	58059.8	2.850	0.50
2018	31.3	2234.7	1.401	1665.2	61452.6	2.710	0.52
2019	31.0	2680.2	1.157	2119.2	66066.5	3.208	0.36

资料来源：根据 2011~2020 年《中国农村统计年鉴》整理计算。

从表 19-16 可知，2010~2018 年，云南食用油料（油菜、花生）生产的区位熵由 0.35 提高到 0.5 以上，2016 年达到高峰值 0.62，2019 年再跌至 0.36，表明云南的食用油料（油菜、花生）产业在全国的比较优势和竞争力总体而言较弱，处于弱势地位，但呈现逐年增强趋势。虽然我省油菜和花生产业规模不大，种植面积和产量在全国占比较小，没有规模优势。但是效率和效益有一定比较优势。例如早熟油菜连续 3 年创下全国最高单产，百亩、千亩、万亩连片 4 项高产纪录，奠定了云南早熟油菜研发应用在全国的地位；以红皮小粒花生品种“云花生 3 号”为代表的特色花生品种推广应用，创南方小粒花生高产纪录，实现最高亩产值 4000 余元。

三、扬长避短，促进云南食用油料产业发展的对策建议

（1）打造优质、安全、生态、休闲农业品牌，多措并举促进油料产业提质增效。建议云南省委、省政府把以收籽榨油为主要目标、且对农旅融合有较好带动作用的油菜及其他特色油料产业作为云南打造世界一流“绿色食品牌”的重要组成部分给予重点支持。加大科技创新支持力度，结合高稳产农田和基本农田建设，加强蓄水设施、沟渠配套等农田水利基础设施建设，提高油料生产抵御自然灾害

的能力，不断扩大种植区域和规模；大力扶持轻简化、机械化生产，降低生产成本，提高单产水平；开展绿色技术示范，提高综合利用价值。利用云南的生态和气候条件，建设绿色生态原料基地，做大做强龙头企业，打造优质、安全、生态食用油品牌。

（2）突出云南特色，在云南建立国家级早熟油菜超高产研究基地，为全国早熟油菜发展提供技术支撑。选择在云南临沧等高产区建立全国的早熟油菜超高产研究基地，建立云南除丽江永胜“涛源”水稻超高产研究基地以外的第二个全国性农作物超高产研究基地。

（3）重视特色油料作物发展，发展开放型农业，保障食用植物油供给。云南多样性的自然气候条件适于发展多种油料作物。为有效提高食用植物油脂供给的质量和安全水平，应重视高油酸油料品种育种与产品开发，在资金投入方面加大对红花、花生等特色油料作物的扶持力度。开发具有地方和民族特色，丰富多样、生态优质的植物食用油产品也是云南的优势和特色。同时，利用云南的区位优势，以云南为连接点，以国内品种和技术为载体，在周边国家发展油料作物也具有十分重要的战略意义和广阔的市场前景。

财政支持重点宜聚集在以下几个方面：

一是稳定支持应用基础研究和应用研究，强化科技支撑。将油料作物应用基础研究和应用研究纳入云南省科技计划予以稳定投入支持，进入稳定一批研发科技队伍。在国内领先的油菜“小孢子培养、胚直播成苗”技术基础上，引入胚挽救技术、基因编辑技术等现代生物技术，建立健全油料作物生物育种技术体系；开展特异种质资源优异性状的基因挖掘和分子标记开发，建立分子标记育种技术体系；开展优异种质资源重要农艺和品质性状的精准评价，在优质、高产基础上，选育高含油量、高油酸含量、富硒、高维生素含量及抗病耐逆、养分高效利用的强优势品种；针对不同生态条件和品种需求，研发应用专用缓释肥一次性全层施肥技术，病虫草害绿色防控技术、机械化生产技术等实用技术，建立绿色轻简高效生产技术模式和技术规程；通过品种和技术应用，力争油菜“一亩油菜产千斤籽、一斤菜籽半斤油”等高质高效生产目标。

二是以现代种业为突破口建设种子繁育基地，确保良种供给。食用油料作物纳入非主要农作物品种登记后，总体登记门槛降低、登记数量大幅增加，品种多、乱、杂情况突出。云南油菜品种杂交化率不到50%，农户自留种现象突出，甚至有种植杂交二代、三代种情况，对品质和产量的提高都带来严峻挑战；花生的繁殖系数在10%左右，最多也不到20%，新品种及时应用难度大，这也是新品种难以及时支撑产业发展的主要因素之一。以现代种业为突破口，研发应用油菜特别是杂交油菜保优高效繁育技术，利用云南立体气候条件研发一年两作甚至一年三作种子快速繁育技术，做好种子繁育基地规划布局，筛选适宜产区建设良种繁育基地，确保产业良种供给需求。

三是加大投入改善生产条件，依靠科技进步促进产业转型升级。一方面努力改善油料种业和田间生产设施条件，提高油料产业抵御干旱等自然灾害的能力；另一方面大力推广新品种、新技术和机械化等高产高效轻简化集成技术，提高生产效率和效益；此外，加大生物技术、高压膨化技术、微波技术等研发创新，通过生产技术和工艺设备创新提高菜籽油、花生油加工效率，降低加工成本，确保产品"原汁原味"和绿色生态，适应消费者对"原生态"植物油的消费偏好。

四是大力实施产地加工、就地消费策略，稳定本地市场份额。一方面，小型油厂加工出的"原汁原味"浓香型菜籽油深受消费者认可，尤其是油菜产区城乡居民的喜爱；另一方面加之小型油厂加工过程透明、消费者信赖，同时又便于农民以籽换油、自产自销，达到稳定收入的目的（刘成等，2017）。

第三节　云南食用油料作物产业经济体系简况

一、生产组织形式

（一）基本情况

云南食用油料作物种植面积近30万公顷，根据云南省现代农业油菜产业技术体系和云南省农业技术推广总站相关调查，农户户均种植面积约0.35公顷，户均人口约3.5个。以此计算，云南食用油料作物涉及农户约114.3万户，涉及人口400万人。在目前生产中，以农户分散经营、集中出售或自己加工消费为主。油菜生产中，地方农技部门依托粮油高产创建等惠民项目的实施推进新品种新技术的应用，保证了油菜单产和总产的平稳发展，"油、菜、花、蜜、肥、饲"一菜多用综合发展，在提高油菜生产比较效益和调动农户发展生产的积极性方面起到了较好的促进作用。花生生产缺乏政府投入和主导，近十年来发展缓慢的情况没有根本性的变化。

在云南食用油料作物种植比较集中的罗平、腾冲、砚山和比较有特色的临翔、孟连等产区，近年来有专业合作社组织生产，出现了一些土地流转种植现象，培育了一批种植大户，但由于与蔬菜、花卉等特色优势作物比较效益偏低，专业合作社和种植大户培育相对较缓慢。

（二）案例

1. 玉龙县太安乡农产品营销研究协会开发高原特色食用菜籽油

丽江市玉龙县海拔2000～2500米高寒山区，一年一熟，油菜马铃薯轮作种植，油菜年种植面积在0.2万公顷以上。高原油菜籽生产环境好、基本不打农药，油菜籽含油量高，市场价位达7.5元/千克左右，远高于秋播油菜籽，菜籽油质优价高。玉龙县太安乡农产品营销研究协会依托玉龙县高原夏播油菜成立，以合作社261户农户、2300亩土地开展新品种、新技术展示示范，通过统一供种、统一农用物资采购、组织技术培训、统一油菜籽营销，带动全县夏播油菜标准化生产，保证优质原料供给，率先在全省开展了高油酸油菜品种连片示范并取得显著效果。依托玉龙安泰食用油有限公司定点回收优质原料生产的“养而”牌（纳西话音译）高原优质菜籽油，实现了产地加工，保证了油脂质量，在当地获得美誉，产品受到当地居民的青睐，每年8～9月油菜花开季节，还带动了农家乐的发展，产区是夏日休闲好去处。

2. 孟连七彩野地花生农民专业合作社开发地方特色产品

孟连是云南乃至全国、全世界的佤族聚集区，傣御七彩野地花生是当地的特色产品（曾经的贡品），颜色艳丽、营养价值高、口感好。孟连傣御庄园农业科技有限公司“以原生态的种植方式萃取产品的纯天然本质和传递健康的生活真谛，以自然的味道追求返璞归真的生活方式诠释‘庄园’的意蕴，在傣族风土人情浓厚的‘圣地’走原生态高端品牌之路”。抓住这一机遇，组织成立了包括300农户、2300亩耕地的孟连七彩野地花生农民专业合作社，通过统一供种、统一种植标准、统一田间管理进行标准化生产，开发了傣御七彩野地花生系列产品，以高于市场价300%左右的价格供应国内一线城市，取得了显著的效益，使花生生产在精准扶贫中发挥了重要作用。

（三）存在的问题

食用油料作物作为典型的民生产业，总体是以农民自发种植为主。在没有组织的情况下，农民自主生产、自主经营或自我消费，产量潜力没有充分挖掘出来且产品质量没有保证，对科技推广应用不利。通过企业、合作社组织生产，目的性强，组织程度高，可以且完全能够依托云南水清山美的优异自然生态条件，打造高端油料产品，开拓国内外中高端市场。

（四）建议

为提高食用油料作物生产的附加值，充分发挥食用油料作物生产在云南高原特色农业发展和精准扶贫中的作用，需要大力扶持龙头企业、专业合作社、种植大户等新型经营主体，提高生产组织程度，以标准化生产、产业化经营、市场化开拓的经营发展思路，促进科技成果的应用和产品的开发。

二、生产基地建设

（一）基本情况

云南省食用油料作物生产基地建设，目前主要以云南省农业厅种植区划为蓝本，将油菜划分为滇东北、滇西北秋春播区和滇中、滇西南秋油菜四个优势产区，花生划分为滇南高油花生区和滇中以北高蛋白食用花生区两个优势产区，并根据各产区内相关县的产业结构、生产条件、种植面积、潜在优势等，确定重点发展基地县，以点带面，带动全省产业发展。在这个过程中，企业等并没有参与进来。在生产基地建设中，根据当地产业发展需要，通过引进企业、组织专业合作社、培植种植大户等方法发展起来的一些新型经营主体，在生产发展中起到了一定的引导作用。目前，云南省土地流转价格多在1000～2000/（亩·年·元）之间，土地流转鲜有用于油料生产的，仅在少数地方冬季缺乏高效作物生产，作为对流转土地的充分利用需要，部分种植大户有一定的油菜生产。

（二）案例

1. 牟定县农技推广服务中心与企业合作建设油菜良种繁育基地

云南省30万公顷油菜生产，用种量4.5千克/公顷，在目前农民3年一换种的情况下，每年需要优质油菜种子450吨。为保证全省良种供给，云南稷盈种业有限公司在多方考察后，与牟定县农技推广服务中心合作建设油菜良种繁育基地，通过系统开展技术培训和全程技术服务指导，生产优良种子供给全省油菜产区，为全省油菜生产发展特别是高效生产示范区建设提供了良种保证，并显著提高了区域农户油菜生产效益。

2. 砚山县经作站组织花生示范区建设推进少数民族精准扶贫

砚山县是云南省最大的花生生产县，每年净作花生面积近 0.4 万公顷，与辣椒等作物套作超过 1 万公顷。砚山县早春花生“上市早、产值高、效益好”，鲜花生最高产量达 12000 千克/公顷，产值达 5.04 万元/公顷。花生产业发展，直接关系到区域农户的脱贫增收。为促进花生产业发展，依托砚山高原特色农业发展研究院，砚山县经作站与云南省农业科学院经济作物研究所合作，引进新品种展示，集成组装配套高产高效生产技术，统一供应种子和农用物资，统一田间管理和病虫草害防治，建设早春地膜花生品种和配套技术集成示范区，并组织技术培训、提供全程技术服务指导，使示范区的单位面积产量和产值均达到 5000 千克/公顷和 3 万元/公顷以上，为全县花生生产提供了有效的科技支撑，使花生产业在精准扶贫中发挥了重要作用。

3. 广南县整合资金发展油菜产业推进乡村振兴

广南县是云南省第三大油菜生产县，常年播种面积 2 万余公顷，油菜产业在产业扶贫、乡村振兴和美丽乡村建设中发挥了重要作用，但品种老少、栽培粗放、产量产值低制约了油菜产业发展。为推动产业持续健康发展，近年来广南县整合涉农资金集中采购良种扶持油菜生产，2019 年整合了 1000 万元、从良种供给、先进适用技术推广应用、龙头企业扶持等全方位予以支持，使全省油菜品种优质化、杂交化进程提速，轻简高效生产、化肥农药双减等绿色高效技术应用于生产，实现全县每亩油菜籽产量增加 10 千克以上、商品菜籽含油率提高了 3%、油菜花期延长了近 1 周时间，达到了农民增收、企业增效、农旅结合、三产融合发展等效果。

（三）存在的问题

云南省食用油料作物生产基地建设以政府主导为主，资金扶持与新型生产经营主体参与不足，影响了新品种、新技术的有效应用。典型案例说明，在政府主导、新型经营主体参与、强化资金扶持下，科技支撑得以体现，产业对地方经济发展、农民脱贫致富增收的作用就明显，而缺乏政府主导，产业的优势就难以得到体现。

（四）建议

作为关系全省食用植物油脂安全、有助于边疆民族脱贫增收致富的民生产业，生产基地建设中将长期由政府主导。各级政府应根据当地产业发展需求，合理安排项目资金，组织农技部门大力建设生产示范区，优化生产基地品种和技术，提高生产效益。同时，在条件成熟时适时扶持合作社、种植大户等产业经营主体，通过一定范围内的标准化生产、产业化经营带动全省食用油料产业提质增效。抓住政策扶持机遇借助国务院促进油料发展的东风，通过国家的政策导向和支持，以及各地、各部门的重视，制定切实可行的发展计划，在国家的政策支持下，在优势产区逐步恢复和扩大种植面积（赵应忠，2008）。

三、加工管理方式

（一）基本情况

云南省食用油料作物有油脂加工、花生果包装初加工、花生仁（乳、糖）深加工等，油脂加工兼有产地初加工和龙头企业精深加工。目前，油脂加工以产地小作坊初加工为主，加工效率低且能耗大，但农户普遍认为初加工产品无污染、质量有保证而具有较高的市场价位，所以产地小作坊加工将在一定范围、一定时期内存在；龙头企业深加工产品整体加工数量不足、设备空置现象突出，加工效益偏低。占食用花生30%左右的鲜食花生基本不进行加工直接进入市场，花生果初加工受市场影响目前主要集中在红皮、紫皮、彩色等特色花生方面，花生仁（乳、糖）深加工由于云南省总体产量不足，多采用东南亚国家进口的花生原料加工。

（二）案例

1. 云南砚山丰林小粒花生油厂因原料供应短缺经营困难

云南砚山丰林小粒花生油厂依托砚山县6万公顷净作花生、15万公顷套作花生原料成立，是专业从事小粒花生油加工经销的油脂企业，研发的“丰林”牌小粒花生油特色明显。该公司没有自己的研发和原料生产基地，完全依托市场收购加工原料，未能主导砚山油用花生产业发展。近两年，随着鲜食花生产业发展，砚山县花生多数以鲜花生上市，供给省内外消费，公司生产原料严重短缺，年度生产量不到设计加工能力的20%，公司经营难以为继。

2. 云南滇雪粮油有限公司系列产品开发促进企业快速成长

云南滇雪粮油有限公司通过参加云南省现代农业油菜产业技术体系建设，参加云南省油菜产业技术创新战略联盟，与云南各主要油料作物产区合作，建立油脂原料生产示范基地，以“用良心、做好油”的发展理念，开发具有云南特色的“高原味、滇雪香”食用植物油，开发了“滇雪”“菜家村”两个系列20余个产品，推动企业于2010年进入快速成长期，目前占有云南省食用植物油20%以上的市场份额，成为云南省最大的食用油脂加工企业。

（三）存在的问题

云南食用油料作物总体小而散，个体小型榨油坊设施陈旧，企业不太注重原料生产基地建设，导致加工原料数量、质量均难以有效保证，严重影响企业的可持续发展。

（四）建议

原料是企业发展的基础，质量是企业成长的保证。企业在成立之初，就要将加工原料供给作为主要问题之一予以考虑。在依托产区建成的同时，要积极开展食用油料良种引进筛选、示范基地建设，组织引导农民进行优质原料生产。地方政府在扶持企业发展中，应将组织农技部门协助企业开展原料基地建设作为重要内容。同时，质量出效益，重视产品质量，打造优质品牌开拓市场，达到企业得利、农民得益的良性发展目标。

四、市场营销

（一）基本情况

云南食用油料产业作为民生产业，主导是产地加工、就地消费，高端产品进入国内外市场。目前云南食用油料品牌较多，比较有特色、市场占有率较高的有“滇雪”“菜家村”“金菜花”等油脂产品，“傣御”等花生产品及“云岭”“甜园蜜语”等蜂产品。其中，油脂产品受运输限制，以线下销售为主，产地加工、就地消费，基本不进行线上销售。花生产品和蜂产品等相关产品中，中低端产品主要供给产地市场，以线下销售为主，高端产品供给国内外市场，以线上销售为主，线下线上销售比例约为7：3。目前，云南还没有专业的食用油料产品营销市场，市场营销主要通过云南省高原特色农产品展销会等平台开展。

（二）案例

1. 云南傣御庄园农业科技有限公司市场开拓

云南傣御庄园农业科技有限公司成立之初，就以开拓中高端市场作为主要发展目标，依托孟连原生态原料生产基地环境、强化水肥控制和病虫草害生物防控，确保原料质量，为开拓市场奠定基础。在市场营销中，秉承“开发云南高原特色农产品、服务边境民族增收致富、提升人民生活水平”的发展理念，立足云南生产优质（有机、绿色）特色花生产品、面向全世界推介健康消费。公司成立以来，为了产品的推广与宣传，每年均参加各种各样相关展会与活动，使七彩野地花生获得了社会的广泛认可。公司成立4年来，已初步建设了礼品渠道、旅游渠道、电子商务渠道、商超渠道四大销售渠道，线上销售比例达到40%以上，年营业额接近5千万元。

2. 云南滇雪粮油有限公司市场开拓

为开拓市场，云南滇雪粮油有限公司一方面积极参加省内外各种农产品展销会，宣传企业发展理念，推介企业产品品牌；另一方面组织100余人的强大营销队伍，深入全省各地，进超市、入社区，进学校、下农村，以“用良心、做好油”的发展理念，充分发挥民生产业的特点，倡导健康、引导消费，使企业的产品深入人心，促进企业发展壮大，成为云南省油脂企业的一面旗帜。

（三）存在的问题

云南省多数食用油料作物产品停留在口碑阶段，比如花生中的建水花生、砚山花生，没有明显的地方特色，只在一定区域内消费。而像“滇雪”“傣御”这样的品牌产品数量较少，难以做大做强并形成地方支柱产业。

（四）建议

各级地方政府在引导产业发展的同时，应通过扶持企业、合作社、种植大户等新型经营主体拓宽视野，重视品牌建设，打造具有地方特色烙印高原特色农产品品牌，并通过展会、展销等相关平台扩大品牌影响，助推云南高原特色油料作物产品走出省门、国门。扶持龙头企业创建名牌，延长产业链扶持龙头加工企业添置、更新加工设备，降低产品成本，提高综合加工增效增值。对主产品进行精加工，提高产品档次，创驰名品牌，逐步扩大市场占有份额，达到提高经济效益的目的。提高副产品的综合利用率，探索多元化开发利用新途径，延长产业链条，创造更高的经济效益。

五、投（融）资

（一）基本情况

云南食用油料作物生产经营多通过产区生产经营完成初期的资本积累。至今为止，除云南傣御庄园农业科技有限公司在花生产品经营中，通过农业众筹筹集资金扩大再生产外，还没有企业和其他生产经营主体通过众筹、上市等方式投（融）资扩大经营。

（二）案例：云南傣御庄园农业科技有限公司众筹上线扩大再生产能力

云南傣御庄园农业科技有限公司由从事互联网工作的刘总等组建，成立之初就将“互联网+”作为企业发展的主要途径之一，线上营销占其经营的30%左右。通过“互联网+”的营销模式，使企业的产品走出了省门并正在走出国门。2017年，“七彩野地花生”以“标的估值1200万元、生产基地5000亩”上线众筹，筹集资金70余万元，为企业扩大生产基地提供了资金保证。

（三）存在的问题

总体看来，云南食用油料作物企业多通过长期的营销进行资金积累，尚缺乏通过市场融资扩大再生产的意识。

（四）建议

目前，采用多种方式进行市场投融资扩大再生产能力，已成为企业快速成长壮大的有效途径。通过长期营销缓慢积累资金、逐步扩大再生产已不能满足企业快速成长的要求。在云南高原特色食用油料作物产品开发中，各级政府应引导企业找准卖点，利用现代“互联网+”平台快速发展壮大。

六、风险控制

（一）基本情况

云南省食用油料产业同时面临自然风险和市场风险。自然风险主要表现在自然灾害（干旱、病虫害）等方面，比如2010年特大干旱造成云南油菜平均产量仅650余千克/公顷，为正常年度的1/3左右；又如近年来油菜根肿病已逐渐影响了部分产区油菜产业发展。市场风险主要体现在价格方面，近年来油菜生产价格变化幅度高达30%左右，增产不增收现象突出。目前，农户灾害保险在一定范围内实施，但对抵御风险作用不大。

（二）案例

1. 巧家县夏播油菜受价格波动挫伤难以恢复生产

巧家县马树乡是典型的高原冷凉山区，特别适宜夏播油菜产业发展。1998年初种夏播油菜获得成功，1999年扩大种植，2000年种植面积300余公顷，市场价格达到4元/千克，农民得到实惠。2001年地方政府鼓励农民发展生产，并订下了4元/千克的市场保护价，完成油菜种植近1000公顷，结果当年油菜籽市场价格降低到3元/千克以下，市场卖不出去，政府收购不了，挫伤了农户的种植积极性，至今油菜种植面积也未能恢复发展。

2. 根肿病对油菜产业发展造成严重威胁

2016年9~11月油菜播种期间，以腾冲、临翔为代表的云南省部分油菜产区根肿病普遍发生，发病率达到40%以上，局部地区达到80%以上，对油菜生产造成严重威胁。经过农技部门努力工作，在政府大力支持下，以每公顷1500~2000元的防治成本控制了根肿病的蔓延，有效降低了农民的损失。

（三）存在的问题

目前，对云南食用油料作物生产的风险控制，相关部门和人员已有共识。但是，市场风险受国际油料生产影响大，难以预测；气候风险需要气象部门的大力支持协助；病虫草害风险尚缺乏防范意识。

（四）建议

针对云南省食用油料作物生产风险，应分门别类进行预防，需要各级政府相关部门密切配合，切实服务生产。国际油料生产，虽然粮油市场报等相关媒体会发布适时预报，但仅有业内人士关注，难以在指导生产中发挥作用，需要扩大相关信息宣传力度；气候风险需要气象部门及时发布中长期预报，指导生产经营者避开灾害或及时采取应对措施；根肿病等病虫草害，需要分析发生原因和流行规律。如根肿病随种子、土壤、灌溉水传播，就需要农技和种子部门采取避免从疫区繁种引种，开展土壤消毒、防止灌溉水污染等措施规避。总之，抵御风险需要各级政府充分发挥作用，做到信息及时共享、措施及时到位以规避生产者的生产风险。

七、融合发展

（一）基本情况

油菜在食用油料作物甚至整个农作物中，均是融合发展开展等比较好的作物。近年来，油游产业协同发展、种养加全产业链研发、烟油配套生产模式等方面做出了突出成效。针对油菜产业提质增效，云南省农业科学院经济作物研究所提出了“油、菜、花、蜜、肥、饲”一菜多用协同发展的发展思路，促进了一二三产业融合发展。

（二）案例

1. 罗平油游产业协同推进县域经济发展

罗平是云南省最大的油菜生产县、也是全国最大的旱地油菜生产县、吉尼斯世界纪录的最大天成自然花园、全国蜜蜂春繁基地县。罗平油菜产业的发展，事关罗平县乃至云南全省的“油瓶子”，罗平的旅游业、养蜂业和油脂加工业等相关产业，在罗平县国民经济发展中具有重要地位。针对罗平油菜产业发展技术需求，农技部门从品种和种子技术入手，提高品种品质、延长油菜开花期、进行绿色生产模式和全程机械化生产模式研究。通过提高油菜产量使农户得实惠，提高油菜籽出油率使企业增收入，品种双低化利用副产物发展养殖业，延长油菜花期促进旅游业、养蜂业等相关产业发展，取得了显著的成效。油菜生产面积发展到5.5万公顷左右，企业开发了“金菜花”油脂，“云岭”“甜园蜜语”蜂产品等品牌，旅游业收入节节攀升，2016年油菜花旅游收入达13.525亿元，实现了县域经济的协调发展。2017年成功举办了“中国云南罗平油菜高峰论坛”，成为全国油菜产业一二三产业融合发展的典范。

2. 腾冲油菜综合利用提高油菜生产比较效益

腾冲依托高黎贡山优美的自然环境，打造万亩油菜田园风光，通过病虫害绿色防控，开发油菜苔蔬菜、腌菜等产品，走上了北京市民餐桌，实现了油菜油用、菜用、观光旅游、蜜用、饲料用一菜多用的协同发展，有效提高了油菜生产的比较效益。

（三）存在的问题

有待开展精深加工，延长食用油料产业链，进一步提高产业效益。

（四）建议

产业融合发展打破了原来单一产业的格局，涉及多部门、多种经营主体，需要各级政府部门发挥主导作用，居中协调。

八、科技推广应用

（一）基本情况

云南食用油料作物产业属于典型的民生产业，在新品种、新技术的应用中，主要采取政府主导、市场引导、科研单位和相关企业参与的科技推广模式。产业管理部门（农业农村部、省农业农村厅、州市农业局）发布主导品种、主推技术、生产技术指导意见，农技推广部门依托项目举办集成示范区，科技部门提供新品种新技术及全程生产技术服务，组织农户发展生产，企业在其中发挥的作用并不大。仅有少数企业针对特定的农产品需求，通过统一供种等参与生产组织（如孟连傣御庄园有限公司七彩野地花生生产）。

（二）案例

1. 罗平油菜新品种推广应用

为保证罗平5.5万公顷油菜持续稳定健康发展，罗平县每年从中央到地方各级财政投入500万元以上开展新品种展示筛选、配套生产技术研究、品种和技术集成示范，引导农户推广应用新品种新技术。农技部门每年引进试验示范品种数超过100个，并建设遍及各乡镇的示范区，2017年累计完成示范区面积0.7万公顷。通过农技部门的努力，罗平油菜全程机械化生产等走在了云南乃至中国的前列。

2. 临沧市临翔区三年四创全国早熟油菜高产纪录

临沧市临翔区具有发展油菜生产良好的自然环境和优良的土壤肥力条件。利用这一条件，云南省农业科学院经济作物研究所与地方农技部门合作，依托云南省现代农业油菜产业技术体系建设，建立了“体系支撑、政府推动、多级联动”的技术推广模式，多次邀请国内相关专家到临沧开展技术服务指导，并选用“云油杂10号”和“临油1号”等早熟、高产品种，集成配套“精量播种壮苗培育、规范化移栽、控氮增施磷钾肥施肥、病虫害综合防控”的综合栽培技术，2014～2016年连续创最高单产、百亩连片高产、千亩连片高产和万亩连片高产四项全国早熟油菜高产纪录，奠定了云南在全国早熟油菜研究应用中的地位。

（三）存在的问题

在目前的科技推广应用中，一方面是直接生产者农户处于被动接受地位，作为生产用户的加工企业也未能参与进来。结果是农技推广力量薄弱的产区，农户需要新品种新技术而无法获得，直接影响了科技成果的普遍应用。另一方面是企业未参与原料生产环节，无法实现优质优价收购，部分农户片面追求产量而忽视品质，导致品种混杂严重，产品质量难以保证，最终影响品牌建设。

（四）建议

政府在主导科技推广应用的同时，调动农户和企业参与的积极性，重视调查直接生产者和消费者的意见建议。加快优质高效配套技术研究、示范与规模化生产速度针对不同品种的生理特性、适应范围、生态条件和市场要求，研究制定相适应的优质高效配套栽培技术规程并示范应用，实现规范化、标准化生产，达到高产、稳产、高效的目的（赵应忠，2008）。

（执笔：符明联、刘其宁、王奕、杜春燕；审定：李根泽）

第二十章

云南烟草产业经济问题研究

第一节　云南烟草产业发展概况

一、中国及云南烟草产业发展情况

烟草（*Nicotiana tabacum L.*）是茄科烟草属一年生或有限多年生草本植物，是一种产量与品质并重的叶用经济作物，主要作为卷烟工业的原料，全株也可作农药杀虫剂，亦可药用，作麻醉、发汗、镇静和催吐剂。

烟草原产于南美洲，主要广泛分布于120多个国家和地区。20世纪中叶，香烟在西方社会中是文化的象征，吸烟被看成是高雅的行为，还被体育和电影明星演绎成一种美好的生活必需品。全球烟草产业规模不断扩大，到20世纪90年代以后，随着烟草对人体健康危害的逐步暴露，吸烟被世界卫生组织称为是继战争、饥荒、瘟疫、污染之后人类的“第五种威胁”，公众和政界对烟草的认识才得以逐步改变。尤其是1999～2003年《世界卫生组织烟草控制框架公约》的成功制定以及被越来越多的国家签署和批准，随着烟草控制持续推进，进入21世纪后，全球烟草种植面积、产量和总产值不断降低，并从2013年开始将下降趋势保持至今。联合国粮食和农业组织（FAO）统计数据表明，20世纪60年代以来，全球烟草种植面积和烟草产量均呈现先升后降的总体发展趋势。20世纪60年代，全球烟草年均种植面积和产量分别达到376万公顷（1963年最高时达389.89万公顷）和440万吨（1967年产量最高时达489.15万吨）。到20世纪90年代，年均种植面积增长到470万公顷以上（1997年达537.79万公顷，为历史最高）、年均产量增长到

740 万吨以上（1997 年达 894. 41 万吨，为历史最高）。21 世纪前 10 年，年均面积已不足 370 万公顷、产量不足 690 万吨。根据 FAO 统计数据整理 1961 ~2019 年全球烟草种植面积和产量变化情况如图 20 –1 所示，可以看出，到 2019 年，全球烟草种植面积仅为 346. 43 万公顷，产量仅为 645. 77 万吨，分别为 1997 年的 64. 42% 和 72. 20% 。

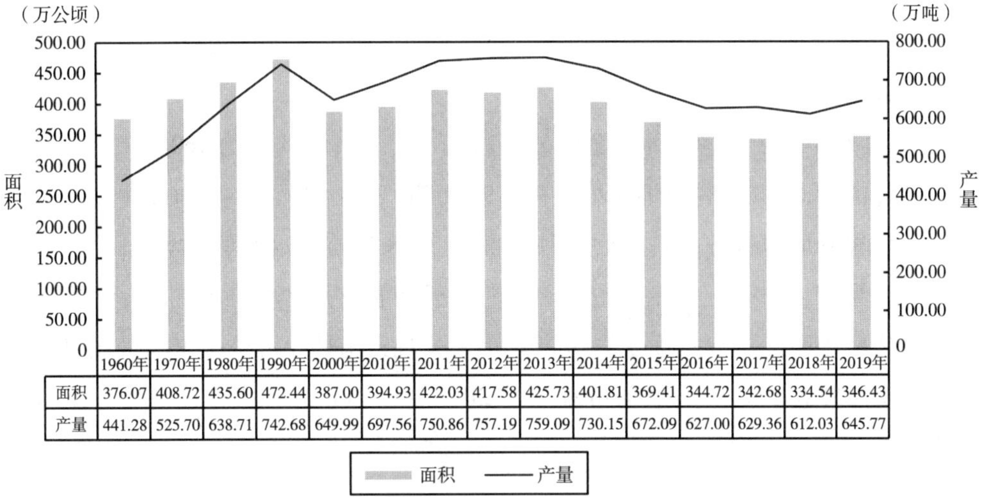

	1960年	1970年	1980年	1990年	2000年	2010年	2011年	2012年	2013年	2014年	2015年	2016年	2017年	2018年	2019年
面积	376.07	408.72	435.60	472.44	387.00	394.93	422.03	417.58	425.73	401.81	369.41	344.72	342.68	334.54	346.43
产量	441.28	525.70	638.71	742.68	649.99	697.56	750.86	757.19	759.09	730.15	672.09	627.00	629.36	612.03	645.77

图 20 –1　1961 ~2019 年主要年份全球烟草种植面积及产量变化情况

注：20 世纪 60 年代至 21 世纪前 10 年为年代平均数据。

资料来源：联合国粮农组织 2022 年 5 月数据。

烟草在中国的应用历史悠久，甚至有“烟草原产于中国”之说。中国烟草种植已经有 400 多年的历史。目前，种植面积、产量、消费量等均位居世界第一，烟草已成为中国重要的经济作物之一（姚彦垚，2013），缴税规模在全国各行业中处于领先水平。我国烟叶生产分布区域广泛，气候、海拔、土壤等生态环境因子的复杂性造就了我国烟叶风格的多样性。目前，我国烟叶产区主要有云南、贵州、四川、河南、湖南、湖北、福建等地。栽培较广泛的烟草仅有普通红花烟草和黄花烟草两种。在所有烟草类型中，烤烟种植最为广泛。同时，中国也是全球烤烟产量最大的国家，根据移栽时间不同，将其分为春烟、夏烟、秋烟和冬烟四种。其中，春烟在 2 ~3 月浸种育苗，4 ~5 月移栽，主要种植区域为云南、贵州、四川、河南、湖北等省份（汪银生和秦照，1998）；夏烟一般在 4 月浸种育苗，6 月底、7 月初移栽，主要集中在内蒙古和东北三省；秋烟在各地区都有种植，但其种植面积较小，多在春季作物收获后进行小规模种植；冬烟在 12 月底播种，翌年 2 月底至 3 月底移栽，主要种植区域为广东、广西、福建等华南地区（王娜，2012）。

明万历中期（约 16 世纪末叶），烟草从福建、广东沿海逐渐传入云南。云南各地普遍种植烟草（俗称“土烟”），随后云南烟草初步发展，民国后期走向衰落，直到 1950 年，云南烟草产业逐渐恢复，云南依靠得天独厚的自然条件，推广“科技兴烟”的发展战略，实施销售市场拓展，推行“优质取胜”的品牌战略，走出了烟草成功之路。

到 2020 年，云南烤烟种植面积 592.78 万亩，烟叶收购量为 1600.50 万担，占全国产量的 44.53%；香料烟种植面积 9.99 万亩，烟叶收购量 30.61 万担，是全国唯一种植香料烟的省份；名晾晒烟种植面积 3.38 万亩，烟叶收购量 11.22 万担，全国占比为 75.96%。① 云南省政府印发的《云南省支持烟草产业高质量发展若干政策措施》中明确提出：通过 3~4 年努力，实现云南烟叶占全国市场份额 50% 左右，云南品牌卷烟占全国市场份额力争 20% 左右，努力培育打造两个千亿元级品牌。

二、中国及云南烟草生产

（一）中国烟草生产及全球地位

从表 20-1 可以看出，2013 年以来，随着烟草控制的推进，全球及中国烟草种植面积、产量及产值均呈现波动下降的态势。烟草主要生产国依然是中国、巴西、美国、印度和津巴布韦。近年来，中国、巴西、美国、印度四个国家烟叶总产量、总种植面积和总产值都在下降。目前，中国依然是全球烟草生产、消费第一大国。巴西是世界烟草第二大生产国，第一大出口国。2019 年中国烟草种植面积占全球总面积的 33.39%，烟草产量占全球总产量的 40.44%，烟草农业产值占全球烟草总产值的 60.89%。

① 中国烟叶公司. 中国烟叶生产实用技术指南［Z］. 2021.

表 20－1　　2010～2019 年世界烟草产量前五位的国家及占全球的比重

地区	指标	2010 年	2011 年	2012 年	2013 年	2014 年	2015 年	2016 年	2017 年	2018 年	2019 年
全球	面积（万公顷）	394.93	422.03	417.58	425.73	401.81	369.41	344.72	342.68	334.54	346.43
	总产量（万吨）	697.56	750.86	757.19	759.09	730.15	672.09	627.00	629.36	612.03	645.77
	总产值（亿美元）	154.08	172.02	198.74	201.08	203.36	187.06	162.89	178.96	174.33	183.33
中国	面积（万公顷）	134.50	146.14	159.65	162.28	146.31	119.70	115.30	108.10	100.33	115.68
	总产量（万吨）	300.40	315.70	340.65	337.37	299.54	267.70	257.40	239.10	224.10	261.16
	总产值（亿美元）	62.12	73.67	96.63	101.56	99.28	101.60	85.27	93.42	93.76	111.63
巴西	面积（万公顷）	44.96	45.45	41.02	40.53	41.58	40.59	37.65	39.12	35.62	36.18
	总产量（万吨）	78.78	95.19	81.06	85.07	86.24	86.74	67.75	86.56	75.62	76.98
	总产值（亿美元）	25.01	27.88	27.47	30.00	29.56	21.61	16.11	21.32	17.64	17.02
美国	面积（万公顷）	13.66	13.15	13.61	14.39	15.31	13.30	12.94	13.01	11.79	9.19
	总产量（万吨）	32.58	27.14	33.62	32.82	39.75	32.62	28.52	32.21	24.19	21.23
	总产值（亿美元）	12.72	11.11	15.03	15.75	18.35	14.41	12.62	14.61	10.94	9.40
印度	面积（万公顷）	44.43	49.00	46.00	44.59	42.45	43.10	43.55	43.51	44.16	44.49
	总产量（万吨）	69.00	83.00	82.00	76.52	71.94	73.80	74.80	75.25	77.35	75.80
	总产值（亿美元）	9.47	12.17	11.39	9.27	9.07	9.39	9.50	10.35	10.10	10.49
津巴布韦	面积（万公顷）	9.42	11.73	9.27	12.57	12.87	13.21	10.25	11.90	13.64	9.71
	总产量（万吨）	10.97	12.51	13.92	14.71	18.40	17.11	16.90	11.08	23.99	18.46
	总产值（亿美元）	3.17	3.41	5.11	5.28	5.81	4.28	4.98	3.28	7.01	5.77
前五国合计	面积（万公顷）	246.97	265.47	269.55	274.36	258.52	229.90	219.69	215.63	205.54	215.26
	总产量（万吨）	491.73	533.54	551.25	546.48	515.88	477.97	445.36	444.20	425.25	453.63
	总产值（亿美元）	112.49	128.24	155.63	161.86	162.08	151.28	128.49	142.98	139.44	154.31
中国占全球比重（%）	面积	34.06	34.63	38.23	38.12	36.41	32.40	33.45	31.55	29.99	33.39
	总产量	43.06	42.05	44.99	44.44	41.02	39.83	41.05	37.99	36.62	40.44
	总产值	40.32	42.83	48.62	50.51	48.82	54.32	52.35	52.20	53.79	60.89
前五国占全球比重（%）	面积	62.53	62.90	64.55	64.44	64.34	62.23	63.73	62.92	61.44	62.14
	总产量	70.49	71.06	72.80	71.99	70.65	71.12	71.03	70.58	69.48	70.25
	总产值	73.01	74.55	78.31	80.50	79.70	80.88	78.88	79.90	79.99	84.17

资料来源：联合国粮农组织 2022 年 5 月数据。

（二）云南烟草生产及全国地位

云南依托优越的自然条件、悠久的种植加工历史等优势，烟叶种植面积位居全国第一，且烟叶质量较高，是中国最重要、规模最大的“两烟”（卷烟和烤烟）生产基地，在我国烟草行业有着举足轻重的地位，是目前国内烟草生产第一大省（陈越，2012）。云南烤烟以其品质优良、色泽橘黄、光泽好、油分充足、味香醇和，成为国内众多厂家生产高级卷烟的抢手原料，而以优质烤烟为原料生产的云南卷烟则以色、香、味俱佳，内部化学成分合理、协调，质量在全国名列前茅而畅销海内外（罗新斌等，2011）。1953 年，在全国烤烟质量评比会上，玉溪江川和红河弥勒生产的“大金元”烟叶创造了“108 分”的传奇故事。

云南卷烟生产始于 1922 年，以烤烟型为主、混合型和药物疗效型次之，80%的产品销往省外，在全国拥有广阔的市场（李鹏，2017）。全省历史上共生产 80 多个牌号、120 多个规格的卷烟产品。1988 年 7 月，全国首次放开的 13 种名烟中，云南占了 9 种（昆明烟厂的云烟、红山茶、茶花、大重九；玉溪烟厂的红塔山、阿诗玛、恭贺新禧、玉溪；曲靖烟厂的石林），其产量占全国名烟总产量的 89% 以上。全省卷烟已获优质产品称号的牌号达 31 个，国优和行优占 14 个，其中，在仅有的 3 个国优金奖中，云南就占 2 个（云烟、红塔山）（李鹏，2017）。据烟草行业统计资料，1985 ~ 2000 年，全国行业进行多次卷烟评比，云南生产的大批卷烟产品均名列其中，且所占比重较大，1988 年占 75%，1994 年占 38%，1995 ~ 1998 年均占 28.6% 以上，1999 年占 35%。1988 年云南烤烟和卷烟的产量、质量和销售量均跃居全国第一，超过多年位居第一的河南，从此云南卷烟一直位居全国卷烟市场之首。1991 年，昆明卷烟厂生产的“云烟”和玉溪卷烟厂生产的“红塔山”被评为“国优金奖牌号”；1997 年，“红塔山”牌卷烟以 332 亿元的品牌价值荣登中国“第一品牌”宝座，被国家工商总局认定为中国驰名商标，这些均是中国烟草至高无上的荣誉，在全国掀起的“云烟旋风”经久不衰。

在出口贸易中，云南有 10 多个牌号卷烟出口日本、缅甸、南非等 20 多个国家和地区，尤其以昆明卷烟厂和玉溪红塔集团的产品最为有名，每一种牌号都在市场上有着良好的信誉，产品供不应求、畅销不衰（欧阳婷婷，2005）。多年来，云南烟草在全国始终保持“六项第一”，即名牌烟数量、产量、质量、销量全国第一；“两烟”产量、质量、销量全国第一；市场覆盖率全国第一；“两烟”出口创汇全国第一；“两烟”全国实现税利全国第一；卷烟工业技术装备全国第一。云南烟草业每年为国家回笼了巨额资金，有力支援了其他行业的建设，成为名副其实的“烟草王国”（欧阳婷婷，2005）。

根据国家统计局数据，近年来，我国前五位的烟草主产省——云南、贵州、河南、四川和湖南，其种植面积和产量之和占全国的比重分别接近 80% 和超过 82%，产值之和占比也在 80% 以上。1994 年，云南“两烟”的产量、质量、收购量、名优烟数量、工商税利和出口创汇量等多项指标均位居全国第 ·；2000 年，云南“两烟”税利在全省财政总收入比重达到了 80% 以上，烟草成为云南经济发展的支柱产业，成为全省财政收入的主要来源，为国家和云南经济建设做出了重要贡献。

从表20－2可以看出，在我国烟草种植及产出大省中，云南烟草产业规模远远大于四川、河南、湖南等省份，具备较为明显的规模优势，且这种规模优势有整体走强的迹象。烟叶产值常年占据全国40%左右的份额。尤其是2012年以来，云南烟草产值占比在37.57%～44.06%之间浮动，在全国烟草行业中的地位相对稳固。2019年，云南烟叶产值239.25亿元，占全国烟草产值的39.00%。

表20－2　2010～2019年中国五个烟草主要省区面积、产量、产值及云南占比情况

地区	指标	2010年	2011年	2012年	2013年	2014年	2015年	2016年	2017年	2018年	2019年
全国	面积（万公顷）	134.46	146.14	159.65	162.29	146.31	131.40	107.97	103.65	100.33	979.24
	产量（万吨）	300.37	313.24	340.65	337.37	299.45	283.24	223.35	215.31	210.57	205.73
	产值（亿元）	381.99	499.64	589.96	623.00	679.00	685	660.00	632.62	623.74	613.51
云南	面积（万公顷）	43.85	49.53	54.52	54.25	50.61	44.04	41.21	40.587	40.16	394.37
	产量（万吨）	99.14	105.57	115.00	107.55	98.35	92.76	86.79	83.85	82.29	81.18
	产值（亿元）	138.30	191.7	254.2	274.50	275.93	272.58	247.95	244.36	241.24	239.25
贵州	面积（万公顷）	19.58	21.22	24.92	26.64	22.85	19.42	14.73	14.33	13.77	131.94
	产量（万吨）	39.11	34.32	39.28	43.56	37.39	35.00	28.79	28.56	28.43	28.34
	产值（亿元）	51.30	61.10	69.46	76.153	81.50	79.90	73.80	74.54	76.19	78.51
河南	面积（万公顷）	12.22	12.47	12.54	13.72	12.38	11.43	10.82	10.259	9.95	97.32
	产量（万吨）	28.75	29.25	30.68	34.65	29.99	28.85	27.72	26.01	25.10	24.52
	产值（亿元）	31.78	37.86	44.6	41.42	37.79	38.31	31.80	33.29	32.67	31.66
四川	面积（万公顷）	10.81	11.713	12.20	12.00	10.33	9.72	9.01	7.95	6.83	63.07
	产量（万吨）	24.53	24.93	27.45	25.07	22.45	22.22	20.14	18.00	16.20	14.64
	产值（亿元）	30.30	40.77	43.66	50.60	49.73	53.73	56.40	48.47	47.22	41.76
湖南	面积（万公顷）	9.64	10.48	11.18	11.89	10.82	10.41	9.68	8.916	8.13	75.36
	产量（万吨）	22.22	24.65	24.7	26.34	23.34	22.69	21.38	20.43	18.80	17.57
	产值（亿元）	32.59	40.32	45.12	53.45	55.33	52.60	54.78	49.37	44.78	43.61
五省合计	面积（万公顷）	96.01	105.42	115.35	118.50	106.99	95.01	85.45	82.04	78.83	762.06
	产量（万吨）	213.75	218.72	237.11	237.17	211.52	201.52	184.82	176.85	170.82	166.25
	产值（亿元）	284.27	371.75	457.04	496.12	500.28	497.12	464.73	450.03	442.10	434.79
云南占比（%）	面积	32.61	33.89	34.15	33.43	34.59	33.52	38.16	39.16	40.03	40.27
	产量	33.01	33.70	33.76	31.88	32.84	32.75	38.86	38.94	39.08	39.46
	产值	36.21	38.37	43.09	44.06	40.64	39.79	37.57	38.63	38.68	39.00

资料来源：国家统计局和烟草专卖局2021年4月数据。

我国是世界上最大的烟草生产国与消费国，云南又是全国主要的烟草生产地之一，长期以来烟草产业为云南经济社会发展发挥了重要的支撑作用。在20世纪90年代，云南两烟税收最高时甚至占到地方财政收入的75%，这些年逐步下降，但直到2014年，云南财政对烟草税收的依赖仍然接近50%。在此态势下，云南省的控烟工作进展缓慢。

从国家层面看，我国于2003年11月签署了世界卫生组织《烟草控制框架公约》，并于2006年1月生效。从国内省市来看，上海、杭州、广州等16个城市均先后制定了控烟条例。[①] 就云南省而言，控烟工作进展则比较缓慢，控烟未能纳入政府的议事日程，更没有得到各级政府牵头组织实施，主要依靠卫生部中央补助地方项目或者是民间组织开展，虽然这几年取得了一定进展，但影响力有限。

2010年5月，一家致力于控烟的NGO组织——超铁健康咨询中心，曾请志愿者运用参与性观察法到昆明部分餐馆、网吧、茶室、酒吧四类公共场所，计数一小时内在这些场所消费的人群中有多少人吸烟。志愿者们共观察了46家场所，共计3295人有吸烟行为。他们发现，这些公共场所内女性平均吸烟率为11.3%，男性为34.7%。其中，在最可能代表普通人群消费场所的餐馆内，女性吸烟率为9.7%，男性为39.5%。[②]

2011年的“世界无烟日”前夕，“全省健康教育暨烟草控制工作会议”上，首次公布了一个惊人的数据——全省945万人被迫吸“二手烟”。2011年2月14日，《公共场所卫生管理条例实施细则》经卫生部部务会议审议通过并于当年5月1日起施行。《中国烟草控制规划（2012—2015年）》中也明确要求，加大公共场所禁烟执法力度。然而，包括昆明在内，各地执行效果不尽如人意。

烟草的使用，不仅给居民带来严重的健康后果，也给家庭和社会带来巨大的经济损失。为此，2015年昆明市代表团的杨文慧等19名人大代表，联名提出《关于制定〈云南省公共场所控制吸烟条例〉的议案》。该议案后交由省人大常委会教科文卫工作委员会办理。2016年，云南省政府将《云南省公共场所禁止吸烟条例》列入省政府的立法计划。为做好控烟立法的各项准备工作，持续有效地推进全省控烟履约的进程，云南省卫计委向各州（市）卫生计生委、爱卫办，以及卫计委

---

① 云南全省公共场所控烟或在“十三五”期间立法［N］. 云南信息报，2015-11-26.

② 赵白帆. “烟草大省”云南卫生系统开展全面控烟工作 邀媒体监督［N］. 云南日报，2014-02-27.

有关直属、联系单位下发通知，要求在2017年1~3月集中开展以宣传二手烟危害、无烟环境倡导为主题的专项活动，强化公众对无烟环境的认识，为省级立法奠定基础。通知要求各级卫生行政部门、爱卫办、疾控中心、健康教育机构通过多种渠道及平台广泛进行“无烟环境倡导”系列公益广告的发布及推广工作，特别要求通过创建卫生城市、基本公共卫生服务健康教育的渠道大力推广“无烟环境倡导”系列公益广告。

如表20-3所示，21世纪前十年，云南的烟草单位面积产量和产值均高于全国平均水平，在全国的比较优势明显。然而2015~2019年却逐步下降，单位面积产量仅为全国平均的98%左右，单位面积产值也仅为全国的97%，说明云南烟草生产的效率和效益优势在减弱。

表20-3　　　　2000~2019年中国及云南省烟草生产及效益情况

年份	区域/占比	收获面积（千公顷）	总产量（万吨）	总产值（亿元）	单位面积产量（千克/公顷）	单位面积产值（元/公顷）
2000	云南	339.45	65.57	67.93	1931.52	20012.00
	中国	1265.00	204.51	204.51	1616.68	16167.00
	云南占比（%）	26.83	32.06	33.22	119.47	123.78
2005	云南	392.62	79.09	90.16	2014.42	22964.00
	中国	1362.88	268.30	245.23	1968.63	17994.00
	云南占比（%）	28.81	29.48	36.77	102.33	127.62
2010	云南	438.50	99.14	138.30	2260.89	31539.00
	中国	1344.60	300.37	381.99	2233.90	28409.00
	云南占比（%）	32.61	33.01	36.21	101.21	111.02
2011	云南	495.30	105.57	191.70	2131.44	38704.00
	中国	1461.41	313.24	499.64	2143.41	34189.00
	云南占比（%）	33.89	33.70	38.37	99.44	113.21
2012	云南	545.19	115.00	254.20	2109.36	46626.00
	中国	1596.54	340.65	589.96	2133.68	36953.00
	云南占比（%）	34.15	33.76	43.09	98.86	126.18
2013	云南	542.49	107.55	274.50	1982.53	50600.00
	中国	1622.85	337.37	623.00	2078.87	38389.00
	云南占比（%）	33.43	31.88	44.06	95.37	131.81
2014	云南	506.09	98.35	275.93	1943.33	54522.00
	中国	1463.08	299.45	679.00	2046.71	46409.00
	云南占比（%）	34.59	32.84	40.64	94.95	117.48

续表

年份	区域/占比	收获面积（千公顷）	总产量（万吨）	总产值（亿元）	单位面积产量（千克/公顷）	单位面积产值（元/公顷）
2015	云南	440.40	92.76	272.58	2106.27	61894.00
	中国	1313.97	283.24	685.00	2155.60	52132.00
	云南占比（%）	33.52	32.75	39.79	97.71	118.73
2016	云南	412.05	86.79	247.95	2106.38	60175.00
	中国	1079.67	223.35	660.00	2068.69	61130.00
	云南占比（%）	38.16	38.86	37.57	101.82	98.44
2017	云南	405.87	83.85	244.36	2066.01	60208.00
	中国	1036.48	215.31	632.62	2077.31	61035.00
	云南占比（%）	39.16	38.94	38.63	99.46	98.65
2018	云南	401.60	82.29	241.24	2049.05	60070.00
	中国	1003.32	210.57	623.74	2098.77	62168.00
	云南占比（%）	40.03	39.08	38.68	97.63	96.63
2019	云南	394.37	81.18	239.25	2058.44	60666.00
	中国	979.24	205.73	613.51	2100.92	62651.00
	云南占比（%）	40.27	39.46	39.00	97.98	96.83

资料来源：根据国家统计局数据整理。

近些年，云南烟草产业注重反哺农业，加强烟田基础设施建设，实现规模化种植、集约化经营、专业化分工、信息化管理，积极推进传统烟叶生产向现代烟草农业的转变，使烟农快速高效走向致富之路（林雷通，2009）。而烟水、烟路、烤房一类基础设施建设，不仅促进了烟叶综合生产能力和抵御自然灾害能力的提高，还兼顾解决了烟农其他农作物生产用水和生活用水，改善了其生活条件，给烟农带来了看得见、摸得着的实惠，其意义已经超出烟叶生产发展本身。

三、中国及云南烟草的消费分析

中国烟民数量位居全球第一，是全球最大的卷烟生产和消费国。据统计，在排名前30位的烟草消费国中，中国每年消费烟草数量超过后面29个国家的消费量总和。[①] 在控烟履约日益严格、卷烟礼品功能弱化、2015年起从价税税率由5%提

① 中文互联网数据研究资讯中心 . 30年来中国人均烟草消费量翻倍增长——信息图［EB/OL］. 互联网数据资讯网，2015-08-04.

高至11%并加征从量税等因素影响下，中国卷烟产量下降，影响了烟草的消费，促使中国烟草消费量呈下降的态势，深加工和出口成为方向。

中国和云南烟草消费主要用于进一步深加工生产卷烟装盒销售，部分烟叶直接打叶复烤后出口。如表20－4所示，2013年中国和云南省烟草出口量在近年处于最高水平。整体看来，中国烟草主要用于深加工，烟草出口量占比不高，其中云南烟草出口占据国内出口量较大比例，约40%。

表20－4　　2010～2019年中国及云南烟草主要消费数量结构　　单位：万吨

项目	地区	2010年	2011年	2012年	2013年	2014年	2015年	2016年	2017年	2018年	2019年
出口	云南	5.64	7.19	8.33	9.86	8.13	7.54	8.69	10.10	9.61	9.70
	全国	14.71	18.43	22.64	25.19	20.63	21.18	22.84	27.48	24.15	24.49
深加工	云南	93.50	98.38	106.67	97.69	90.22	85.22	78.10	73.76	72.68	71.48
	全国	285.66	294.81	318.01	312.18	278.82	262.06	200.51	187.83	186.42	181.24
合计	云南	99.14	105.57	115.00	107.55	98.35	92.76	86.79	83.85	82.29	81.18
	全国	300.37	313.24	340.65	337.37	299.45	283.24	223.35	215.31	210.57	205.73

资料来源：根据国家烟草专卖局数据整理。

四、中国及云南烟草的贸易情况分析

中国烟草出口量大于烟草进口量。如表20－5所示，2010～2015年中国烟草进口量不断提高，2015年达到17.74万吨，2016年出现下降，为15.99万吨。一方面，2016年中国烟草消费量有所下降，进口需求减少；另一方面，自2015年5月10日起，中国提高卷烟消费税，同时，国产和进口卷烟批发环节平均销售价格提高6%，卷烟需求减少，也促使进口烟草需求量减少。随着全球烟草市场深度调整，烟草进出口贸易态势不佳，受此影响，中国及云南烟草进出口贸易增速较前几年下降明显。

云南在中国烟草进出口贸易中占据重要的地位，云南进口量占全国进口量的比例不是很大，近年来保持在8.5%～12.5%；云南出口量和出口额占全国总出口量的比例较高（见表20－5和表20－6）。尤其是近年来，云南积极响应国家“走出去”倡议，主要烟草企业加大了出口贸易力度，使得烟草出口占比呈现上升的态势，增长率明显高于其他烟草主产省区（见表20－7和表20－8）。虽然云南烟草出口量年度间有所波动，但在全国烟草出口贸易中占比相对稳定，保持在36.75%～39.80%。

表 20－5　　　　2010～2019 年中国及云南烟草的贸易量

地区	指标	2010 年	2011 年	2012 年	2013 年	2014 年	2015 年	2016 年	2017 年	2018 年	2019 年
云南	进口（万吨）	0.77	0.92	1.19	1.48	1.75	1.78	1.93	2.01	1.89	2.08
	出口（万吨）	5.64	7.19	8.33	9.86	8.13	7.54	8.69	10.10	9.61	9.70
全国	进口（万吨）	9.10	10.00	12.28	14.33	15.76	17.74	15.99	17.32	15.15	17.71
	出口（万吨）	14.71	18.43	22.64	25.19	20.63	21.18	22.84	27.48	24.15	24.49
云南占比	进口（%）	8.50	9.20	9.70	10.30	11.10	10.10	12.00	11.61	12.50	11.72
	出口（%）	38.40	39.00	36.80	39.10	39.40	35.60	38.10	36.75	39.80	39.61

资料来源：根据海关总署数据整理。

表 20－6　　　　2010～2019 年中国及云南烟草的贸易额

地区	指标	2010 年	2011 年	2012 年	2013 年	2014 年	2015 年	2016 年	2017 年	2018 年	2019 年
云南	进口（亿美元）	0.80	0.93	1.02	1.22	1.49	1.49	1.57	1.61	1.52	1.64
	出口（亿美元）	3.78	4.46	4.92	5.27	3.97	4.91	4.62	5.31	5.26	5.32
全国	进口（亿美元）	9.92	10.60	12.77	14.61	16.23	18.64	17.28	17.76	17.20	18.45
	出口（亿美元）	9.29	11.28	12.90	14.56	10.73	13.51	13.77	16.13	14.69	14.61
云南占比	进口（%）	8.00	8.80	8.00	8.40	9.20	8.00	9.10	9.04	8.86	8.90
	出口（%）	40.70	39.50	38.10	36.20	37.00	36.30	33.60	32.93	35.83	36.41

资料来源：根据海关总署数据整理。

表 20－7　　云南和中国其他省（区、市）烟草贸易量的年度增长率比较　　单位：%

地区	2000～2005 年	2006～2010 年	2011～2016 年	2017～2019 年
云南进口	14.23	18.34	16.93	2.67
中国其他省（区、市）进口	11.81	14.68	9.68	4.48
云南出口	6.36	8.81	8.69	4.10
中国其他省（区、市）出口	2.69	4.05	8.79	2.74

资料来源：根据海关总署数据整理。

表 20－8　　云南和中国其他省（区、市）烟草贸易额的年度增长率比较　　单位：%

地区	2000～2005 年	2006～2010 年	2011～2016 年	2017～2019 年
云南进口	11.46	13.52	12.17	1.66
中国其他省份进口	10.26	11.53	9.92	2.37
云南出口	4.16	5.13	4.75	5.03
中国其他省份出口	2.08	3.65	10.60	1.30

资料来源：根据海关总署数据整理。

五、云南烟草产业发展存在的问题和对策建议

（一）云南烟草产业发展存在的问题

凭借自然条件、规模、技术等方面的优势，云南烟草经过多年的不断发展，已然形成庞大且极具竞争力的产业。尤其是近年来，通过优化管理布局、推进科技创新、转变发展方式等，云南烟草产业不断进步，无论是生产效率还是生产质量均有一定程度的提高、市场拓展和国际贸易取得了明显进步，但与此同时，受地理、管理多方面因素影响，云南烟草产业发展也存在一些问题，需要在发展过程中予以解决。

第一，基础设施建设不能满足现代烟草农业发展需要。由于云南地理及气候环境的复杂性，云南农业自古以来就集中且频繁地受到干旱、洪涝、低温冷害、滑坡、泥石流、石漠化以及外来植物入侵等各种自然灾害的影响，有“无灾不成年”之说。尤其是近20来年，干旱、冰雹、风灾、洪涝等自然灾害呈现出发生愈加频繁、影响更加广泛等显著特点，全省每年因灾损失均在数十亿元。近年来，随着国家对“三农”问题的重视，烟草行业的发展，云南烟草种植逐步由坝区向山区、半山区转移，由发达地区向欠发达地区转移，灌溉设施建设难度较大。在经过多年大规模的烟叶生产基础设施建设后，这些烟区的基础设施有了很大的改善，但是在抵抗自然灾害的能力方面还相对较弱，离现代烟草农业的要求还有很大差距。

第二，烟草机械化不能满足规模化、标准化生产需要。虽然早在2010年云南省的烟草专业化统一供种、育苗已达到100%，专业化统一机耕、植保得到大面积推广，分别达到62.5%和67.5%，目前的机械化水平更高，领先于其他农业产业，但是受山区、半山区耕地零散和小农户家庭经营等因素限制，全省烟草机械化程度低于国内其他烟草主产省，与美国、巴西等相比差距更大，不能满足现代烟草农业规模化、标准化生产的需要。

第三，烟农队伍不稳定，基层人员整体素质不高。人力是保障烟叶生产顺利进行的根本，然而，由于工业化和城镇化的推进，大多数有文化知识、素质比较高的年轻人均外出进入城市生活就业，留在农村从事农业生产的大多是老年人。同时，坝区经济和相对比较发达地区的农民，因烤烟种植工序多、技术复杂、需

要劳动力多而部分放弃烟叶种植，改种蔬菜、花卉等比较优势更加明显的替代经济作物；山区和经济欠发达的坝区从烤烟种植上获取的收益提高不大，有的甚至出现下滑。全省烟农队伍老龄化，文化程度低，思想观念陈旧等问题突出，接受新技术的程度较慢，成为制约云南现代烟草农业建设发展的重要因素。此外，由于基层烟站条件艰苦，再加上人员流动频繁，导致烟草公司的政策执行效果大打折扣，缺乏长期可持续性。人力的匮乏及不稳定性对云南烟草行业的发展有一定负面影响。

第四，交通设施落后，物流运输成本偏高。云南地形复杂，多高山丘陵，且有江河阻隔。为加强与其他地区的沟通交流，促进经济发展，近年来，在国家的支持下，云南省加强基础设施建设，使得交通状况有较大改善。但是，云南烟草行业的采集、运输成本仍然高于其他烟区，加之缺少现代化的高效物流技术及体系，限制了云南烟草行业的资源调集能力、协作能力及竞争力。

第五，烟叶市场化程度不高，质量有待提升。我国经济已步入新常态，而烟叶种植与收购的计划性使得原料生产环节长期存在信息不对称和垄断问题，权力寻租现象偶尔发生，不仅严重制约了市场机制发挥作用，也影响了烟叶质量的整体提升（申珅，2018）。

第六，产品创新不足，多元化发展效果欠佳。一是烟草制品品牌众多，但特色不突出，竞争力下滑。目前，云南烟草制品以“红塔”“红河”“云烟”三大品牌为核心，形成了小熊猫、云烟、玉溪、红塔山、香格里拉、红河 66、经典 1956 白红塔山（软包）、新境界美登、钓鱼台等多个品牌，在国内外竞争力很强的品牌较少，区域特色不突出。二是产品同质化严重，创新不足。为应对全球烟草控制的变局，世界不少烟草厂商已开始着手研究、创制少毒、无烟，甚至具备医疗效用的香烟新品种，降低焦油和尼古丁含量的技术已趋于成熟。云南烟草产业在这方面起步较晚，行动迟缓，现在已远远落在了国外厂商的后边（赵俊臣等，1997）。三是多元化发展效果欠佳。为打破对烟草经济的过度依赖，部分烟草企业如云南红塔集团积极发展旅游、餐饮等非烟草产业，实行多元化发展战略，并取得了一定成就。但由于缺少总体规划及明确的发展目标，企业投资效益低下，甚至出现亏损，烟草企业的多元化经营战略整体效果欠佳。

此外，云南烟草企业多是通过各自建立的国内外渠道独立竞争，内部缺少共同协作，既没有发挥出整体优势，又蕴藏着被各个击破的危险。

（二）发挥优势和特色，推进云南烟草产业转型升级发展的建议

第一，强化云南中式卷烟原料优势。从品种选择、选育出发，提高品种纯度，降低农药残留，强化云南中烟原料基地建设。强化核心烟区稳定发展。优化烟田布局，组织开展新一轮烟区规划、加大信贷支持引导开展种烟土地流转。

第二，持续提升云南卷烟品牌优势。在云南烟叶原料优势基础上，紧盯市场需求，精简品牌数量，做大做强云烟品牌，加快培育创新型品牌。

第三，发展新型烟草制品。组建云南新型烟草制品公司，推动新型烟草制品实体化、产业化、品牌化、市场化发展。加强新型烟草制品原料研究与开发。

第四，支持企业“走出去”。推动境外办厂、卷烟出口、烟叶出口等合作，提高云南烟草国际市场份额和品牌影响力。

第五，推动营销模式创新。发挥云南旅游资源优势和“一部手机游云南”平台作用，构建“旅游+烟草”新型营销模式。

第六，着力打造数字烟草。支持建设智慧烟草农业应用体系及服务平台、烟草工业互联网应用平台、烟草商业卷烟营销大数据平台三大平台，打造从田间种植到消费环节全过程、全产业链的数字化产业。

第二节 云南烟草产业的比较优势

一、云南烟草产业的比较优势概述

云南是烟草大省，烟叶是云南农业的重要组成部分，烟草经济是云南经济的重要支撑，在云南经济发展中占有重要地位。近年来，随着云南经济的发展和云南烟草业行业的进步，云南烟草在全国烟草行业的地位愈加巩固，云南发展烟草产业显示出较强的比较优势。

（一）优越的自然条件

就烟草种植而言，云南的自然条件在我国首屈一指。云南地处低纬度高海拔的云贵高原，大部分地区属亚热带季风气候，云南烤烟多栽培在丘陵地带，烟区主要集中在海拔1300～2000米的地区，优质烟区集中在海拔1400～1800米，是世

界上海拔最高的烟区；在烤烟生长期5～8月，主产烟区的平均温度是19℃～22℃，处于或接近烤烟最适温度范围（20℃～24℃），与世界著名烟区的大田生长期平均气温非常相似。一般雨季开始前云南天气干旱，大田生长期间正值雨季，雨量主要集中在6～9月，正常年份能满足烟草生长需要；呈现出“雨日多，降水强度小，降水的有效性高”的特点；日照的短光波较强，紫外线辐射较强，常常是晴间多云和多云间晴的天气，日照时遮时射，形成和煦的光照条件，造就云南烟草典型的清甜香风格特征和优良的品质。

与国内其他产烟地区如东北、黄淮、西北、中南等地区相比，云南的经纬度、海拔、土壤、气温、日照、降水等自然条件特别适宜种植烤烟，而且云南所特有的立体气候为包括晾晒烟、香料烟和白肋烟在内的烟叶生长提供了得天独厚的条件（李伟，2007）。

与世界上种植烟草的其他国家（地区）相比，云南的主要产烟区——玉溪、昆明、红河、曲靖等州市拥有与世界著名烤烟产地——美国的北卡罗来纳州和弗吉尼亚州，以及巴西南大河州、津巴布韦相媲美的自然条件（李伟，2007）。根据规划，云南省基本烟田稳定在1500万亩左右，核心烟区面积700万亩左右，年种植烤烟面积600万亩左右，核心烟区优质烟叶产能60%以上。优越的自然条件及大片适宜烟草生长的田地是云南发展烟草产业的重要基础。

（二）强大的技术及设备

自20世纪80年代以来，云南烟草在全国率先引进国际先进技术设备，至“八五”期末，云南共投入资金200多亿元，先后3次对烟草工业实施高起点、大规模、超常规的技术改造，逐步占领了装备技术的制高点（李伟，2007）。经过技术引进和技术改造，云南卷烟工业在短短十几年内实现了从20世纪四五十年代水平向现代化水平的飞跃，企业具备了现代化的生产条件。进入21世纪，云南烟草行业着力发展烟草自动化生产技术，使得玉溪、昆明、红河、曲靖等卷烟企业拥有的工业装备完全可以与国外现代化烟草企业相媲美，大理、昭通、楚雄卷烟厂的技术装备水平在全国也处于中上游水平。红河卷烟厂在全国率先实现了生产控制和物流控制自动化。目前，依托农业技术、信息技术、人工智能等现代化技术，云南正积极推动建立云南烟草产业技术创新联盟，打叶复烤工艺分区配伍、保香除杂、保润增香等技术达到国际领先。制丝工艺实现从结果控制到过程控制的转变，保证了卷烟产品均质化。卷烟生产的卷接包、嘴棒成型达到国际一流水平。

（三）以规模做支撑的品牌

经过长期的发展，云南烟草产业已拥有了庞大规模，实现烟草种植、加工、分类、卷烟、包装、销售为一体的产业化运作，具备较强的规模优势，卷烟品牌和市场规模在行业领先。云南卷烟具有品牌规格系列全、类别完整、市场覆盖规模大等，形成了“云烟”“玉溪”“红塔山”“红河”四大品牌体系，品牌美誉高，市场认识度高，市场占有率高，消费群体稳定，卷烟市场市场份额居烟草行业第1位。

根据规划，到2020年，实现烤烟产量1600万担左右，烟草工业税利1150亿元；再通过3~4年努力，实现云南烟叶占全国市场份额50%左右，云南品牌卷烟占全国市场份额力争20%左右；努力培育打造两个千亿元级品牌，烟草工商税利力争达到1800亿元（张涛和田甜，2020）。在现行“一公司、两集团”的组织构架下，云南中烟将确立“一盘棋”思想，打造以一个品牌为引领、四大品牌为核心、其他品牌为补充的“1+4+X”品牌体系，厘清各品牌战略重点和定位，聚焦关键价位，瞄准核心市场，完善品牌布局、品系布局和品类布局，持续巩固主力军和领头羊地位。

（四）优质的原料

云南烟草种植时间长，在技术人员、基层干部、企业及农户的长期生产实践中，摸索出了一系列先进的烟草种植、加工方法，并在良种培育、产品开发上取得显著成效，形成了较为完善、成熟的烟草技术推广体系；探索总结出科学种烟的十大技术规范措施，并把烟叶生产提升到烟草产业链中极度重要的地位。因而，云南烟叶以其成熟度好、组织结构疏松、色泽油润、香气量足受到国内外烟草商的青睐（张谦和胡剑波，2011）。云南烟叶不仅满足省内烟厂需求，还大量调运至全国100多家烟厂供其使用。云南出产的上等烟叶仍是全国各烟厂一、二类卷烟配方中使用的主烟料（张谦和胡剑波，2011）。云南烟叶还先后出口到苏联、越南、捷克、波兰、摩洛哥、伊拉克、比利时、印度尼西亚、日本、菲律宾、新加坡、德国、法国、美国、瑞士、马来西亚，以及中国香港等20多个国家和地区。云南烟叶质量上乘独特，其产量占全国市场份额的40%，云南是全国优质烟叶主要基地、全球最大的烤烟产区、亚洲最大的香料烟产区，是国内优质名牌卷烟重要核心原料。

二、云南烟草产业区位熵测度和DRC分析

（一）云南烟草产业区位熵测度

根据2010～2019年统计数据，并计算云南烟草产业区位熵，结果如表20－9所示。

表20－9　　2010～2019年云南省烟草区位熵测度结果

年份	云南			全国			区位熵
	烟草产值（亿元）	生产总值（亿元）	比例（%）	烟草产值（亿元）	生产总值（亿元）	比例（%）	
2010	138.30	7224.18	1.91	381.99	413030.30	0.09	20.70
2011	191.70	8893.12	2.16	499.64	489300.60	0.10	21.11
2012	254.20	10309.47	2.47	589.96	540367.40	0.11	22.58
2013	274.50	11832.31	2.32	623.00	595244.40	0.10	22.17
2014	275.93	12814.59	2.15	679.00	643974.00	0.11	20.42
2015	272.58	13619.17	2.00	685.00	689052.10	0.10	20.13
2016	247.95	15300.00	1.62	660.00	744127.00	0.09	18.27
2017	244.36	16376.34	1.49	632.62	827122.00	0.08	19.51
2018	241.24	17881.12	1.35	623.74	900309.00	0.07	19.47
2019	239.25	23223.75	1.03	613.51	990865.00	0.06	16.64

资料来源：根据2011～2019年《云南统计年鉴》《中国统计年鉴》及国家烟草专卖局有关数据计算。

从表20－9可以看出，多年来云南烟草产业的区位熵均保持在20以上，虽然2016年以来有所下降，但是也在15以上。因此，从区位熵的角度看，云南烟草的优势非常显著。与烟草产业长期支撑云南财政半壁江山，20世纪末至21世纪初更高达70%的实际情况完全吻合。

（二）烟草产业的DRC分析

如前所述，DRC也称国内资源成本法分析，其理论体系及其含义此处不再重复。2010～2019年，云南省烟草产业的国内资源成本法主要指标计算结果如表20－10所示。

表 20－10 2010～2019 年烟草产业的 DRC 分析

项目	2010 年	2011 年	2012 年	2013 年	2014 年	2015 年	2016 年	2017 年	2018 年	2019 年
DRC	0.46	0.43	0.44	0.46	0.43	0.41	0.43	0.44	0.47	0.49
NSP（元/公顷）	11080	12867	13492	13869	14021	15368	14827	14733	14381	14117
ERP	－0.33	－0.34	－0.27	－0.24	－0.25	－0.24	－0.17	－0.17	－0.15	－0.14

资料来源：根据国家统计局、国家烟草专卖局、中国人民银行等有关数据计算。

从表 20－10 可以看出，烟草的国内资源成本系数 DRC 长期小于 1，说明使用国内资源进行烟草生产具有比较优势，成本小于净外汇所得，与我国是全球第一大烟草生产国，其面积、产量、产值均占全球 50% 左右，且出口量大于进口量的实际情况相吻合。2010～2016 年，烟草国内资源成本系数 DRC 从 0.46 下滑到 0.43，表明此期间烟草的比较优势在逐步增强。2017～2019 年，此指标逐步上升到 0.49，表明近年来这个优势在逐步减弱，与我国烟草占全球的比重逐步下降的实际相符。

2010～2019 年，我国烟草有效保护率从－0.33 上升到－0.14，表明云南烟草的保护水平较弱，但有增强的趋势。

三、比较优势指数分析

为了对云南省与全国、云南省各市与云南省总体平均以及云南省与周边东南亚各国的烟草生产等竞争力进行分析，本部分基于效率比较优势指数、规模比较优势指数等进行了计算并进行了比较优势分析，在此基础上对云南省烟草品种的生产发展以及产业布局规划提出了一定的建议。

（一）效率比较优势指数

效率比较优势有多种表达方式，基于现有数据基础，本部分选取了两种方式对烟草的市际、省际以及国别比较优势进行了计算分析。

1. EAI 指数

各种植区域某农作物单产水平占该区所有作物①平均单产水平的比率与全国该

① 限于数据的可获取性，此处使用的是主要农作物单产平均数据，为了统一口径，后面的全国作物单产水平也是如此。

作物单产水平占全国所有作物平均单产水平的比率之比：

$$EAI_{ij} = \frac{P_{ij}/P_i}{P_j/P}$$

其中，P_{ij}为 i 区第 j 种作物的单产，P_i 为 i 区所有作物的平均单产，P_j 为全国第 j 种作物的平均单产，P 为全国所有作物的平均单产。

效率比较优势的大小反映了 i 地区第 j 种农作物单产的比较优势：当数值大于 1 时，代表其效率比较优势大于全国平均水平，且数值越大，效率比较优势越大；当数值小于 1 时，代表其效率比较优势低于全国平均水平，且数值越小，越处于效率比较劣势；当数值等于 1 时，代表其效率比较优势等于全国平均水平，即该地区该农作物既没有比较优势，也没有比较劣势。

基于此方式，我们利用国家统计局网站云南省及全国平均的农作物综合单产以及烟草单产数据等，计算了 2009 ~ 2019 年云南省烟草的 EAI 指数，结果如图 20 - 2 所示。

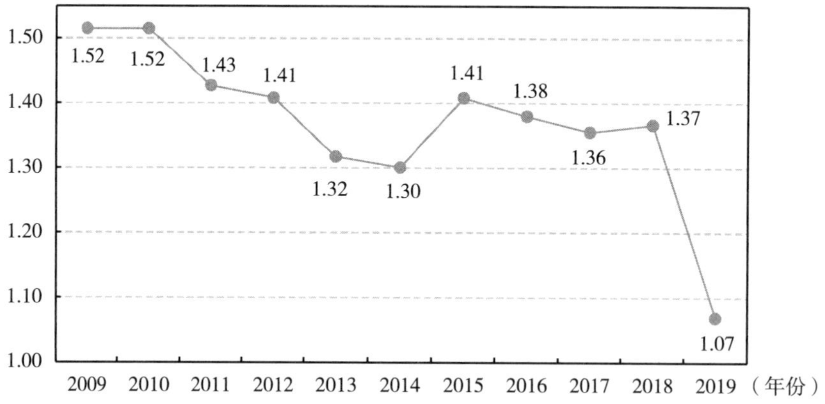

图 20 - 2　2009 ~ 2019 年云南省烟草相对于全国的 EAI 指数曲线

资料来源：根据统计局网站 2021 年 1 月相关数据计算。

由图 20 - 2 可看出，2009 ~ 2019 年，云南省烟草 EAI 均大于 1，说明云南烟草生产效率相对于全国平均具有比较优势。虽然从统计数据绝对值来看，2016 年以来云南烟草单产均低于全国平均，但由于云南省主要农作物综合单产也是长期低于全国平均，因此云南烟草生产效率还是具有相对比较优势。但是，从图 20 - 2 也可以看出，EAI 指数不仅年际间波动较大，且总体呈现下降趋势，说明云南烟草的生产效率优势在逐渐减弱，与区位熵、DRC 等分析结果均呈现一定的一致性。

当然，由于云南烟草种植范围广，多年来种植面积核实标准和交售方式不完全一致，为了烟草持续稳定发展，中后期烟草种植过程中，国家和行业实行烟叶生产双控政策，优化烟叶结构，提高上等烟比例和国内工业可利用率，销毁底脚叶不烘烤，几片上部烟叶不采收等方式，一定程度上影响了烟叶实际产量的统计。数据来源于官方实际交售数据，跟实际烟叶产量可能有偏差，从而影响了 EAI 指数的准确性，仅供参考。

2. 单产优势指数

$$单产优势指数=\frac{区域内某农产品单产}{全国(省)该农产品单产}$$

单产优势指数为区域内（云南）某农产品单产占全国（某邻国、邻省）该种农产品单产的比重。若该比重大于1，表明与全国平均水平相比，区域内该种农作物生产具有单产效率优势；若该比重小于1，则不具有单产效率优势。

基于此方式，我们采用国家统计局网站 2009～2019 年云南省的烟草单产数据和联合国粮农组织网站 2009～2019 年老挝、缅甸、泰国和越南的烟草单产数据，对云南省与周边邻国的单产效率进行了计算分析，结果如图 20－3 所示。

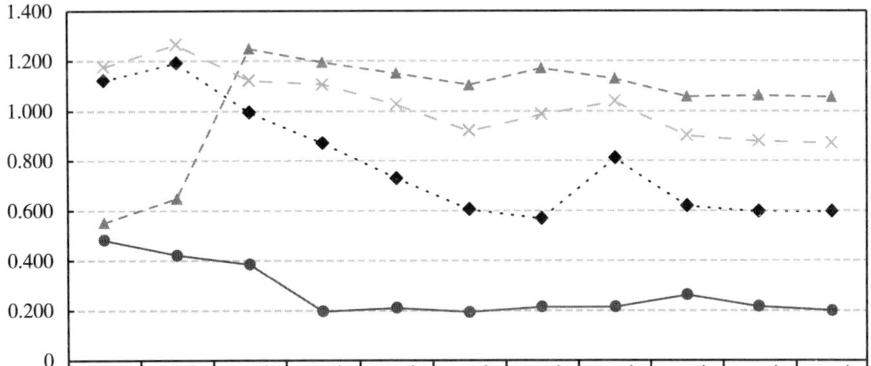

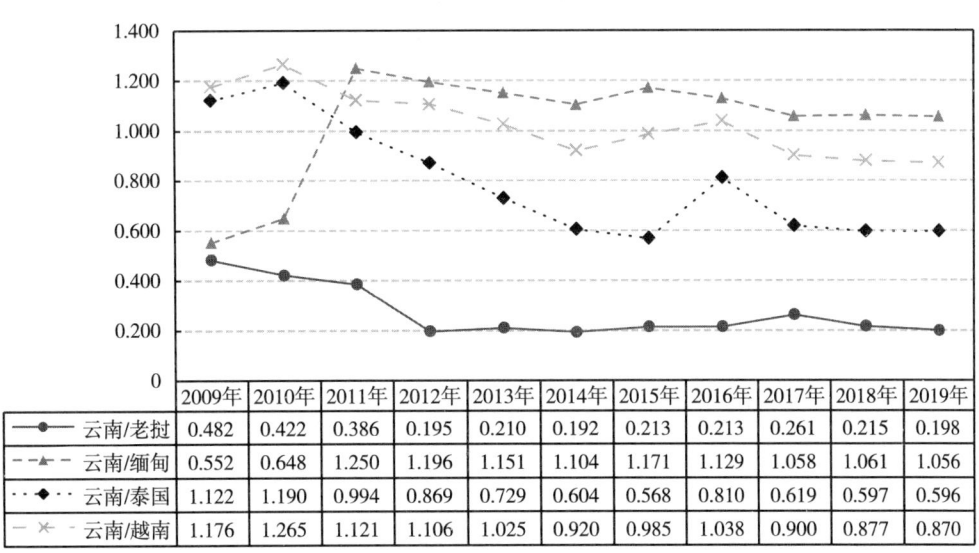

	2009年	2010年	2011年	2012年	2013年	2014年	2015年	2016年	2017年	2018年	2019年
云南/老挝	0.482	0.422	0.386	0.195	0.210	0.192	0.213	0.213	0.261	0.215	0.198
云南/缅甸	0.552	0.648	1.250	1.196	1.151	1.104	1.171	1.129	1.058	1.061	1.056
云南/泰国	1.122	1.190	0.994	0.869	0.729	0.604	0.568	0.810	0.619	0.597	0.596
云南/越南	1.176	1.265	1.121	1.106	1.025	0.920	0.985	1.038	0.900	0.877	0.870

图 20－3　2009～2019 年云南省相对周边邻国的单产优势指数

由图 20－3 可以看出，相对于老挝，云南的烟草单产处于绝对劣势，指数从 2009 年的 0.482（即云南单产仅为老挝的 48.2%）下滑到近年的 0.3 以下；相对于缅甸，云南的烟草单产从劣势转变为优势且保持至今；相对于泰国和越南，云南烟草单产过去曾有优势，但近年来优势下降明显，与越南相比属于相差不大的情况，而跟泰国相比则明显处于劣势且劣势越来越明显。

当然，鉴于邻国的基本国情，其数据为 FAO STAT 估算的数据，加之上面提到的中后期云南烟草生产方式（双控）和烟叶实际产量的统计模式等原因，此处的单产优势指数仅作参考。

表 20－11 是 2013～2018 年云南省各州（市）的烟草单产比较优势指数（各州（市）单产与全省平均单产的比值），可以清晰地看出各州（市）间烟草单产水平有一定差距，相对而言，昆明、曲靖、昭通、楚雄、大理、丽江、德宏等地区在大部分或全部年份均有一定单产比较优势。

表 20－11　2013～2018 年云南各州（市）烟草单产优势指数

州（市）	2013 年	2014 年	2015 年	2016 年	2017 年	2018 年	平均
昆明	0.998	0.967	1.014	1.010	1.007	1.024	1.009
曲靖	1.040	1.031	1.060	1.028	1.016	1.001	1.028
玉溪	0.973	0.971	0.978	0.990	0.953	0.982	1.014
保山	0.958	0.966	1.028	0.976	0.994	0.977	0.990
昭通	1.002	1.030	0.991	1.060	1.025	1.059	1.066
丽江	1.015	0.989	1.023	1.129	1.127	1.028	1.056
普洱	0.968	0.934	0.871	0.956	0.993	0.988	0.994
临沧	0.977	0.889	0.799	0.840	0.905	0.876	0.955
楚雄	1.068	1.057	1.019	1.006	1.034	1.027	1.043
红河	0.940	0.961	1.024	0.981	1.004	0.996	1.020
文山	0.985	0.994	1.010	0.963	0.866	0.952	0.654
大理	0.998	1.014	1.062	1.043	1.084	1.079	1.083
德宏	1.025	0.983	0.957	1.071	1.016	0.994	0.999
迪庆	1.012	1.006	1.013	1.002	0.994	1.001	0.999

注：由于西双版纳州和怒江州不属于烟草种植区且无规模烟草种植，此处无这两个州的指数计算。

资料来源：根据《云南统计年鉴》及《中国统计年鉴》数据计算。

从表 20－11 也能看到，受烟草生产“双控”等影响，各地烟草单产水平与云南省平均水平之间的差距不明显，因此各州（市）间的单产优势指数变幅不大，最高不过 1.129，最低不过 0.799。

（二）规模比较优势指数

相类似的，规模比较优势的测算也有多种途径，本部分基于数据，选取了

SAI 指数进行了测算分析。采用此方式计算 2010 ~ 2019 年云南相对于全国的烟草种植规模优势指数，如图 20 - 4 所示。可以直观地看出，云南省烟草的种植面积相比全国平均来说比较优势一直很明显，2010 ~ 2019 年，SAI 值都在 8.00 以上。并且自 2016 年开始，SAI 指数总体处于不断上升趋势，可以大体判断的是，烟草作为云南省的优势农产品，近年来规模比较优势愈发显著，2019 年 SAI 指数更是达到了 9.54。

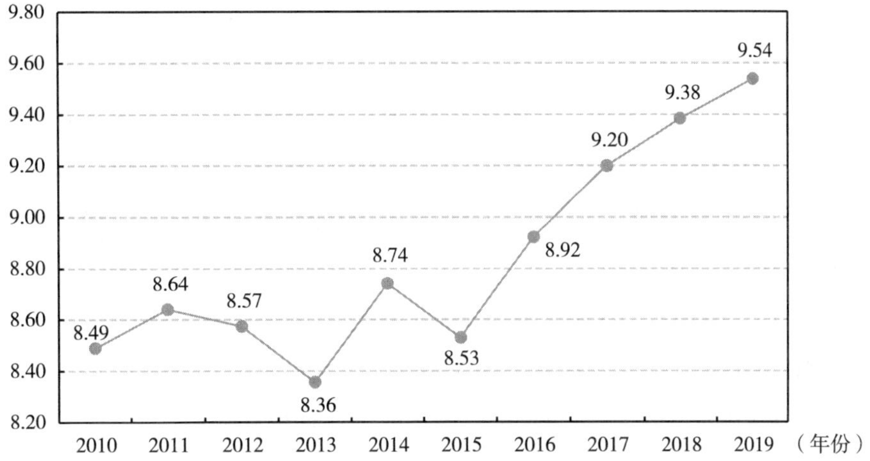

图 20 - 4　2010 ~ 2019 年云南省相对全国的烟草规模优势指数曲线

资料来源：根据国家统计局网站 2010 年 10 月数据计算。

使用 2014 ~ 2020 年《云南统计年鉴》相关数据，采用同样的方法计算 2013 ~ 2019 年云南省各州（市）烟草 SAI 指数（见表 20 - 12）。

表 20 - 12　　2013 ~ 2019 年云南省各州（市）烟草 SAI 指数

州（市）	2013 年	2014 年	2015 年	2016 年	2017 年	2018 年	2019 年
昆明	1.281	1.271	1.220	1.254	1.276	1.276	1.356
曲靖	1.235	1.245	1.218	1.211	1.232	1.241	1.264
玉溪	2.424	2.407	2.360	2.373	2.411	2.527	2.388
保山	1.276	1.277	1.222	1.260	1.261	1.278	1.257
昭通	0.453	0.445	0.454	0.431	0.418	0.385	0.401
丽江	1.234	1.279	1.285	1.276	1.306	1.345	1.331
普洱	0.947	0.968	0.974	0.927	0.877	0.878	0.847
临沧	0.782	0.782	0.889	0.837	0.790	0.764	0.728
楚雄	1.634	1.642	1.694	1.668	1.633	1.632	1.601

续表

州（市）	2013 年	2014 年	2015 年	2016 年	2017 年	2018 年	2019 年
红河	0.923	0.930	0.898	0.912	0.938	0.950	0.908
文山	0.620	0.583	0.592	0.615	0.599	0.559	0.556
大理	1.343	1.346	1.306	1.319	1.301	1.302	1.328
德宏	0.401	0.454	0.511	0.546	0.637	0.652	0.634
迪庆	0.192	0.209	0.177	0.193	0.190	0.189	0.198

注：由于西双版纳州和怒江州数据缺乏（无规模烟草种植），因此，两州各年的指数均为“0”而未列入表中。

从表 20－12 中可以看出，除西双版纳、怒江没有烟草种植或数据缺失无法窥知其历年生产情况外，其余各州（市）间烟草 SAI 指数有较大差别，其中迪庆的 SAI 指数都较小，几乎都在 0.2 以下；而玉溪的烟草 SAI 指数最大，都在 2.3 以上且年均超过 2.4，2018 年最高达 2.527；其次是楚雄，多年均在 1.6 以上，大理州也在 1.3 以上，说明这 3 个州（市）烟草在当地农作物中的种植面积占比排全省前 3 名；丽江 2017 年开始 SAI 指数也上升到 1.3 以上而排名第四；而面积上排名全省第一、多年来一直是云南乃至全国最大的烟草种植区的曲靖，因其地域广阔、农作物种植面积较大，因而其烟草 SAI 指数多年仅在 1.2 以上，与昆明、保山等地大致相当。

（三）效益比较优势指数

为测算云南省烟草的效益比较优势，鉴于数据的可获得性，采取如下方式。

各区域单位面积减税纯收益与全国减税纯收益水平的比：

$$BAI_{ij} = \frac{I_{ij}}{I_j}$$

其中，I_{ij} 为 i 区第 j 种作物的单位面积减税纯收益，I_j 为全国第 j 种作物的平均减税纯收益。

效益比较优势的大小反映了 i 地区第 j 种农作物种植效益的比较优势：当数值大于 1 时，代表其效益比较优势大于全国平均水平，且数值越大，效益比较优势越大；当数值小于 1 时，代表其效益比较优势低于全国平均水平，且数值越小，越处于效益比较劣势；当数值等于 1 时，代表其效益比较优势等于全国平均水平，即该地区该农作物种植效益既没有比较优势，也没有比较劣势。当然，该方式相对不完善，只有当分子分母同时为正时（种植有收益）才有意义，而随着土地和劳动力成本的攀升，烟草种植受益为负数（即无收益甚至亏损）已成常态。但是鉴于数据可获得性，暂且使用此方法。鉴于指标的不完善，在计算BAI 指数的同时给出了云南省和全国平均烟草每亩纯收益数据以供参考。由表 20 – 13 可知，除 2013 年和 2015 年外 BAI 指数均小于 1，表明云南省烟草亩均收益相比全国平均水平处于效益比较劣势，反映出云南省烟农烟草种植的收益水平较低。

表 20 – 13　　2013 ~ 2018 年云南省及全国烟草 BAI 指数

项目	2013 年	2014 年	2015 年	2016 年	2017 年	2018 年
BAI	6.946	0.367	1.084	0.177	0.0062	0.002
云南	–37.300	–146.080	278.570	–112.130	–102.1800	–181.830
全国	–259.090	–53.650	256.880	–19.890	59.4190	243.680

资料来源：根据 2014 ~ 2019 年《全国农产品成本收益资料汇编》相关数据计算。

（四）结论和政策建议

从上述烟草各比较优势指标的分析来看，云南省烟草生产在全国具有一定的比较优势，其效率比较优势指数和规模比较优势指数均大于 1，但效益水平相对较低，效益比较优势指数除 2013 年和 2015 年外均小于 1，这一定程度上体现了云南烟草种植收益水平偏低、生产大而不强。尤其是分析期间大多数年份烟草种植收益为负数，反映出烟草种植的比较效益非常低的现实，长此以往不利于烟草产业的可持续发展。当然云南的气候条件和资源禀赋适合种植烟草这一点毋庸置疑，多年来烟草不仅是云南财政的主要税源，烟草种植也是广大烟区烟农的主要收入来源。因此，未来需要加大对农业技术尤其是烟草相关技术和科技的资金投入，因地制宜，发挥资源禀赋优势，通过提高高等级烟叶比重来提高烟草生产效率，同时有必要适度提高烟叶收购价格，以增加烟农的合理收入，确保烟草产业的稳定和可持续发展。

另外，从云南省各州（市）的烟草生产规模比较优势分析来看，曲靖、楚雄、玉溪、红河、昆明、大理、保山、文山八个州（市）规模比较优势明显，建议未来在烟草生产的规划布局方面，应综合考虑规模比较优势和单产比较优势，将烟草种植优先集中在规模大、单产高的这些地区，发挥地区比较优势，重点提高烟草生产效率。

四、生产效率测算

生产效率测算的背景、相关理论和方法的提出和基本原理、本章采用的理论模型和经验模型等在本书前面有关章节已有描述，此处不再重复。本部分主要交代研究数据来源、呈现测算结果和简单分析，并在此基础上给出初步的建议。

（一）数据来源

本部分估计前沿生产函数的产品投入和产出数据来自国家发展和改革委员会价格司编写的历年《全国农产品成本收益资料汇编》以及云南省统计局的各州（市）的调查数据，本部分用平衡面板数据方法估计。投入和产出选择了数据相对较为完整的农产品主产省（区、市）的资料。投入要素中，劳动投入是每亩用工量，单位是工日/亩；土地投入是每亩土地成本，包括流转地租金和自营地折租，单位是元/亩；种子投入是每亩种子金额，单位是元/亩；化肥投入是每亩化肥折纯用量，单位是千克/亩；机械投入是每亩机械作业费，单位是元/亩。产出用单产度量，单位是千克/亩。

（二）结果分析

1. C-D 生产函数估计

表 20－14 是烟草主产省（区、市）随机前沿生产函数模型的估计结果，极大似然检验值（LR）表明，本部分采用的柯布道格拉斯生产函数能够很好地反映烟草主产省（区、市）生产的投入产出关系。其中，土地、劳动力、种子、化肥和机械五种投入要素中，土地的系数最显著，且产出弹性最大，这表明土地对烟草的产量最为重要，意味着土地投入增长 1%，可促进烟草产量上升约 0.200 个百分点。

表 20－14　　烟草主产省随机前沿生产函数模型估计结果

系数	估计值	标准误	t 值
产量	2.088	0.239	8.738
土地	0.200	0.058	3.470
劳动力	0.064	0.098	0.650
种子	0.012	0.028	0.443
化肥	－0.033	0.062	－0.528

续表

系数	估计值	标准误	t 值
机械	-0.120	0.046	-2.601
sigma-squared	0.007	0.001	5.308
gamma	0.936	0.017	55.529
LR	189.706		

2. 技术效率测算

表20-15为2013~2017年包括云南省在内的烟草主产省（区、市）的技术效率测算结果。从表中5年技术效率的平均值来看，技术效率最高的为内蒙古，最低的为重庆，云南位于中等偏下水平。因此可以看出如果单纯考虑生产技术效率的话，云南与其他烟草主产省（区、市）相比，烟草生产处于劣势。

表20-15　　2013~2017年烟草主产省（区、市）技术效率

省（区、市）	2013年	2014年	2015年	2016年	2017年	平均值
河北	0.916	0.915	0.913	0.912	0.910	0.913
内蒙古	0.989	0.988	0.988	0.988	0.988	0.988
辽宁	0.847	0.845	0.842	0.840	0.837	0.842
吉林	0.862	0.860	0.858	0.856	0.854	0.858
黑龙江	0.837	0.834	0.832	0.829	0.827	0.832
安徽	0.818	0.815	0.812	0.809	0.806	0.812
福建	0.789	0.786	0.783	0.779	0.776	0.783
江西	0.854	0.851	0.849	0.847	0.844	0.849
山东	0.840	0.837	0.835	0.832	0.830	0.835
河南	0.819	0.816	0.813	0.810	0.807	0.813
湖北	0.744	0.740	0.736	0.732	0.728	0.736
湖南	0.808	0.806	0.803	0.800	0.796	0.803
广东	0.823	0.821	0.818	0.815	0.812	0.818
广西	0.776	0.773	0.770	0.766	0.763	0.770
重庆	0.726	0.722	0.718	0.714	0.710	0.718
四川	0.754	0.751	0.747	0.743	0.739	0.747
贵州	0.731	0.728	0.724	0.720	0.716	0.724
云南	0.814	0.811	0.808	0.805	0.802	0.808
陕西	0.835	0.832	0.830	0.827	0.824	0.830
甘肃	0.880	0.878	0.876	0.874	0.872	0.876

3. 云南省各市（州）C-D 生产函数估计

表 20－16 是云南烟草随机前沿生产函数模型的估计结果，极大似然检验值（LR）表明，本部分采用的柯布道格拉斯生产函数能够很好地反映烟草主产省（区、市）生产的投入产出关系。其中，土地、劳动力、种子、化肥和机械五种投入要素中，劳动力的系数最显著，且产出弹性最大，这表明与主产省（区、市）烟草随机前沿生产函数不同，对云南而言，劳动力对烟草产量贡献最大，意味着劳动力投入增长 1%，可促进烟草产量上升约 0.365 个百分点。

表 20－16　　云南省烟草随机前沿生产函数模型估计结果

系数	估计值	标准误	t 值
产量	2.131	0.886	2.406
土地	0.005	0.083	0.059
劳动力	0.365	0.260	1.406
种子	0.040	0.157	0.252
化肥	－0.192	0.160	－1.199
机械	－0.070	0.060	－1.168
sigma-squared	0.003	0.004	0.884
gamma	0.777	0.205	3.795
LR	60.485		

4. 云南省各州（市）技术效率测算

表 20－17 为 2016～2018 年云南省各州（市）烟草的技术效率测算结果。从表中 3 年技术效率的平均值来看，技术效率最高的为大理，最低的为红河。整体来看，云南省各州（市）技术效率都在 0.8 以上，差异不是太大。如果单纯考虑生产技术效率的话，云南省的烟草生产布局可以根据技术效率的测算结果进一步对其进行优化。

表 20－17　　2016～2018 年云南省内各州（市）技术效率

市（州）	2016 年	2017 年	2018 年	平均值
昆明	0.832	0.847	0.861	0.847
曲靖	0.873	0.885	0.895	0.884
玉溪	0.839	0.854	0.867	0.854
保山	0.875	0.886	0.897	0.886

续表

市（州）	2016年	2017年	2018年	平均值
昭通	0.943	0.949	0.954	0.948
丽江	0.881	0.892	0.903	0.892
楚雄	0.875	0.886	0.897	0.886
红河	0.814	0.830	0.846	0.830
文山	0.862	0.875	0.887	0.875
普洱	0.843	0.857	0.870	0.856
大理	0.985	0.986	0.988	0.986
临沧	0.852	0.866	0.878	0.865

（三）政策建议

从烟草生产函数来看，与烟草主产省（区、市）的情况不同，对云南而言，劳动力这一要素的产出弹性较高且较为显著，说明云南烟农队伍不稳定、整体素质低于全国平均水平，是云南烟草行业土地产出率和劳动生产率低的主要因素。因此有必要进一步加大劳动力投入，增加对烟农的技术培训，提高劳动力的素质，提高云南烟草的单位产量。对于其他不显著的要素，有必要优化资源配置，从而减少不必要的要素投入，实现生产的节本增效。

对烟草的技术效率测算结果来看，云南烟草的技术效率在全国位于中下水平，相比主产省（区、市）不具备比较优势。表明要进一步增加科技投入，发展烟草生产技术，使用更为适合云南烟草的生产技术，实现技术进步驱动单产增长。而从云南各州（市）技术效率测算结果分析，部分州（市）技术效率水平差距较大，这说明通过优化云南烟草的生产布局可以进一步增强云南省烟草的市场竞争力。

综上所述，云南烟草的种植面积和产量在国内均具有比较优势，但是单位面积产量和效益低于全国平均水平；从省内看，各州（市）之间差距较大，玉溪、楚雄、大理、丽江、昆明、保山、曲靖规模优势较为明显。云南烟草生产资源禀赋好，未来应以“绿色、生态、高效、安全”为方向，围绕稳定烟草种植核心区，大力培育职业烟农，在研发推广适合山地的机械和节能、高效、清洁、智能的烘烤设备等方面加大人财物投入，重点提高烟草生产效率和农户种植效益。此外，充分利用周边国家的资源和市场，加大烟草种植基地和初加工“走出去”的步伐。

第三节　云南烟草产业经济体系简况

一、生产组织形式

（一）基本情况

烟草产业是云南第一大支柱产业，是经济社会发展的重要支撑和财税收入的主要来源，长期以来对云南的产业发展、农民增收、高原特色农业发展和脱贫攻坚作出了十分重要的贡献。

随着社会生产力的进步，烟区农村经济结构调整和劳动力转移，一家一户分散的烟叶生产组织形式暴露出的经济与社会的双重问题日益突出（孙珊珊和周清明，2010）。顺应农业农村经济发展的客观规律，推进现代烟草农业建设，是提高烟叶综合生产能力、增加烟农收入的基本途径。发展现代烟草农业客观上要求改变分散种植状况，实现规模化种植，而规模化种植必然涉及土地流转和生产组织形式变革。解决生产组织形式问题，激活土地要素是关键（孙珊珊和周清明，2010）。在坚持农村基本经营制度的基础上，按照依法、自愿、有偿的原则，采取转包、转让、租赁、转包、互换等形式，大胆尝试土地经营权合理流转的有效实现形式，鼓励土地向种烟大户、种植能手集中，提高烟叶生产的规模效益和劳动生产率，使烟农从土地经营权流转中获得稳定的收益，让烟叶生产在土地经营权合理流转中得到巩固和发展（孙珊珊和周清明，2010）。云南对烟叶生产组织形式进行了积极探索，归纳起来有种植专业户、专业合作社、家庭农场等主要形式。

为把烟农打造成“农民富”的典范，云南烟草工业加大烟叶供给侧结构性改革，依托基地单元平台，按工业需求来组织烟叶生产，严格落实优化烟叶结构工作要求，引导烟农种好烟、烤好烟、分好烟、交好烟，提高担烟交售收入和亩均收益。与此同时，通过整合烟田、烟用基础设施以及农业废弃物资源，积极开展高原特色农产品开发和循环经济建设，探索出了一套新模式，培育了一批农产品品牌。一是“农业公司＋烟农”的订单农业生产模式。依托烟后大田，充分考虑烟区气候、土壤、水源、交通等综合因素，由烟草帮助引进农业公司，加大土地流转和设施综合利用，发展特色农业产品，由农业公司负责种子与技术指导，烟农负责种植，按订单组织收购。二是“龙头企业 + 技术单位 + 合作社 + 烟农”的特色产业发展模式。烟草企业和地方政府烟办帮助引进省内外龙头企业，利用烟草补贴建设的合作社基础设施，在相关技术单位的支持下，与合作社、烟农共同开展特色农产品种植，既实现了设施利用最大化，又培育了一批高原特色农业产业。三是“专业公司 + 合作社 + 烟农”的循环农业发展模式。由烟草企业和地方政府烟办帮助合作社引进农业专业公司，利用合作社场地资源优势，利用烟草回收的废旧地膜开展塑料成品原料加工，利用农家肥、菌渣、菜籽饼、桑树枝等生产商品有机肥，利用废弃烟杆、作物秸秆和木料加工废料生产生物质燃料颗粒。

1. 种植专业户

种植专业户是指种烟面积在 0. 67 ~6. 67 公顷（10 ~100 亩），以家庭自有劳动力为主要劳动力的烟叶生产组织形式。云南主要有职业烟农和烟叶种植租赁承包专业户。烟叶种植租赁承包专业户经营形式是种烟能手在自有土地基础上，租赁、互换部分土地，自主经营，户均种植面积一般在 0. 67 ~ 3. 33 公顷（10 ~ 50 亩）；也可以租赁承包专业户为中心，一户带多户，形成种植生产单元，统一技术、统一操作，连片种植，分户经营，农户之间以换工的方式互相帮助，合理调节劳动用工（孙珊珊和周清明，2010）。

2. 专业合作社

农民专业合作经济组织是农村经济的体制创新，是解决传统小生产与大市场对接问题的一项有效举措。云南主要有股份合作社和烟叶种植管理服务中心（孙珊珊和周清明，2010）。

股份合作社坚持民办、民管、民受益的原则，鼓励和引导烟农自觉自愿组织起来，以土地入股，组建烟叶种植专业合作社统一经营管理，将家庭经营的个体劣势转化为群体优势。

烟叶种植管理中心是建立在烟农土地使用权属不改变、烟叶生产经营权不改变的基础上，烟农依照加入自愿、退出自由、民主管理、盈余返还的原则，按照章程进行共同生产经营、服务活动的互助性经济组织，是农民专业合作经济组织的一种（孙珊珊和周清明，2010）。

3. 家庭农场

家庭农场是发展现代烟草农业的创新生产组织形式之一，能够有效实现规模化种植、集约化经营。家庭农场是指种烟面积在 6. 67 公顷（100 亩）以上，以家庭自由劳动力为主要劳动力的烟叶生产组织形式（徐泉方，2006）。

近年来，云南烟叶生产坚持现代烟草农业发展方向，创新烟叶生产组织形式，持续推进烟叶生产转型升级、提质增效。加快培育种植专业户、家庭农场等新型种植主体，进一步夯实了烟叶生产长远稳定发展的队伍基础。在合作社管理方面，加强合作社规范管理，推进合作社优化整合，拓展合作社服务项目，深挖专业化服务潜力，强化服务质量监督，合作社专业服务能力进一步提升。“种植在户、服务在社”的生产组织方式愈发成熟。

（二）案例

1. 富民县付兴成烤烟种植家庭农场

付兴成为富民县东村乡祖库村委会朗当田小组农户，其在当地种植烤烟多年，烤烟种植和烘烤经验丰富，有一定的经济实力，并具备较强的烟叶生产经营管理能力。2009 年，付兴成与祖库村委会柿花管村民小组农户协商，在平等、自愿的基础上以每亩 350 元的土地租赁费承包土地 120 亩，新建密集型烤房 5 座，并取得良好经济效益。

2. 保山市烟草专业合作社

保山市地处滇西，凭借烟叶种植大省的优势，积极发展合作组织，现有 380 多个烤烟生产专业合作社。如此多的合作社以雨后春笋之势在当地出现，主要得益于当地以村委会为基础、合作社为载体、烟农为主体，建立“公司 + 村委会 + 合作社 + 烟农”的生产组织方式。在这一生产组织方式的基础上，借鉴已成熟的合作社组织架构，统一在规范化制度管理下辐射、嫁接、推广。

烟农合作社突破了单家独户经营的局限，根据烟叶生产特点，在产前、产中、产后若干生产环节灵活开展各种合作经营，推行统一技术服务，农户之间容易仿效、交流和学习，又有组内技术能人的传、帮、带，增加了推广技术的辐射面，有力地转变了生产发展方式，创新烟叶组织管理生产方式（陈良盛等，2015），提高烟农组织化程度，实现了小生产与大市场的有效对接，促进烟叶生产由粗放的分散种植的经营形式向精耕细作的规模化、标准化的经营形式转变（李智勇，2011）。

3. 弥勒市西三镇福叶普惠烟农合作社

弥勒市西三镇福叶普惠烟农合作社建立之初，仅有技术服务人员 17 人，服务内容仅限于育苗、机耕和分级。2015 年以后，该合作社已经有专业队成员 132 人，逐步发展为育苗、机耕、植保、烘烤、分级和运输六支专业化服务队，有力保证了合作社专业化服务的质量和水平。

为提高区域育苗质量，福叶普惠烟农合作社对原有的 11 个育苗点进行精简，在水源条件较好、交通便利的位置建设 2 个育苗工场，大大降低了育苗成本，提高了生产效率；为了在收购期间方便烟农，整个红河地区所有烟农专业合作社统一组织协调专门车辆，帮助烟农运输烟叶，所有相关车辆的驾驶员、牌照和保险都安排妥当，保证了烟农利益，减少了意外风险。此外，合作社工作人员利用育苗空地探索蔬菜种植，同时租赁水塘开展鱼类养殖，并积极探索生物质燃料生产等多种经营模式。①

4. 楚雄州法邑村管理服务中心

法邑村则采取了互助合作农场式种植管理模式。在家庭承包经营的基础上，实行统一生产管理，统一农事操作，现金支付劳务报酬，经营效益据实分配的生产组织管理。以独立核算的方式建立烟叶种植管理服务中心，为烟农提供有偿服务。服务中心与烟农签订种植管理协议，按机耕、起垄、移栽盖膜、揭膜培土、植保封顶打杈、采烟编烟、分级扎把等生产环节将烟农组成相应作业组进行农事操作，生产费用由服务中心垫支，烟农交烟时扣回。

5. 楚雄州东华镇董兴蕾农场式经营

楚雄州东华镇董兴蕾，2008 年以平均每亩 677 元的价格租赁土地 1012 亩种植烟叶，实行农场式经营管理，形成了规模化、集约化、现代化生产。整个农场烟叶总收入达 195.45 万元，扣除物资、劳力成本后亩收入 247 元。②

6. 楚雄州清河村现代农业发展有限公司

楚雄州清河村烟农以土地和资金入股，成立现代农业发展有限公司，统一经营管理 1030 亩烤烟，同时经营蔬菜、养猪等其他业务，公司按股权对收益进行分配。公司以现代化管理的组织形式，将生产资源和要素优化组合，改变了分散经营的状况，实现了生产的规模化、集约化、市场化。

资金入股是烟农以自有资金入股，参与合作经营与分红。土地入股是指烟农将土地折算成股份入股，参与合作经营与分红。烟农以土地和资金入股后，成立股份公司，由公司统一种植、经营、管理、核算，最后扣除生产成本、公积金、风险金等提取费用，剩余部分按土地和资金折合后的相应股份，给予分红。

---

① 改革筑起“康庄大道”——云南红河弥勒烟区烟农合作发展纪实［EB/OL］. 东方烟草网，2018 - 12 - 17.

② 现代烟草农业建设帮助云南山区破解农业发展瓶颈［EB/OL］. 新华社，2009 - 07 - 10.

入股烟农可以通过全程参与经营决策的方式，参与公司的经营管理，增强管理的意识。同时在收益分配管理上，入股烟农分红和产量效益直接挂钩，要想把蛋糕做大，就要想办法节约成本，提产增收。

有意向的烟农还可以到公司打工。如科学施肥、种植等技术工作需要专业人士进行，因此，专业、懂技术的烟农会与公司签订专业服务合作协议，并根据工作量来挣取工资。

7. 玉溪三农高原特色现代农业有限责任公司

2018 年 5 月，云南第一家以州市烟草专卖局（公司）为投资主体获批组建的多元化运营实体——玉溪三农高原特色现代农业有限责任公司正式成立。2018 年，玉溪全面启动了抚仙湖径流区 5. 35 万亩耕地休耕轮作工程，并按照两年轮作在抚仙湖径流区流转土地中规划了 2 万亩基本烟田，2018 年种植 1 万亩烤烟。万亩土地流转工作于 3 月初启动，历时 27 天完成。其中，玉溪现代农业庄园对面的龙街片区 4000 亩土地，由玉溪三农公司具体运作，2018 年全部种植优质烤烟。玉溪三农公司成立的背后，是云南省局（公司）推进土地流转、稳定核心烟区的探索和实践。①

（三）存在的问题

在合作社方面，烟农合作社发展不均衡，“空壳”合作社较多，外向型服务所占比重低，盈利能力不强，部分合作社专业化服务水平和覆盖率不高，内生发展能力不强，少数合作社带有较为明显的行政推动痕迹；合作社运行不规范，组织管理不到位，导致其并没有充分发挥应有的作用，烟农利益也得不到切实有效的保障；合作社和烟草部门是两个独立的法人实体，烟草部门在合作社的运行、管理及生产经营方面只能给予建议，不能干涉，这种尴尬的合作关系制约了合作社的发展（刘贝和邓文，2015）。

在种植大户和家庭农场方面，受土地流转服务市场不完善等因素制约，农村土地流转困难，导致小规模分散种植依然为主导，种植大户和家庭农场占比较低；主要依靠农民自主经营，社会化配套服务缺乏，且种植户素质普遍不高，示范和带动作用不明显；由于融资担保体系缺失和商业贷款门槛高等原因，种植大户和

① 立足“种好烟”聚力强基础——云南昭通市局（公司）推动烟叶高质量发展［N］. 东方烟草报，2020 - 06 - 25.

家庭农场贷款难度大。

总的来看，云南省在烟叶生产组织形式创新、专业化服务体系建设、土地流转有效机制建立、职业烟农培养、工商合作模式推进等关键环节有待取得实质性突破（刘贝和邓文，2015）。

（四）建议

1. 加强政策扶持，降低种烟风险

一是制定具体的优惠扶持政策，对种烟专业户、家庭农场、专业合作社在人力、物力、财力、科技和管理等方面予以适当的优先和倾斜，提高他们的生产积极性（刘贝和邓文，2015）。二是做好产业保护机制建设，健全基本烟田保护区，乡（镇）政府要制定出台完善保护烟叶发展的相关配套政策，确保产业保护落实到位。三是建立和完善“灾前预先防范，灾后迅速、有效处理”的风险防范机制，切实降低烟农种植风险。由政府和烟草部门共同出资为烟农投保，将烟叶生产纳入特色农业保险范畴，最大限度地弥补灾农损失，提高烟叶生产抵御风险的能力（刘贝和邓文，2015）。

2. 创新烟叶生产组织形式，实施适度规模化种植

通过政策引导与技术扶持，改变一家一户小规模分散种植方式，发展规模种植主体，培育种烟专业户和家庭农场，提高户均种烟面积，同时，在条件成熟的烟区，创新发展“适度规模种植户（家庭农场）+合作社”的发展模式，推行集中连片种植，形成种植在户、服务在社、专业合作的烟叶社会化生产组织体系，使闲置的适宜种烟的土地向种烟大户、家庭农场转移，建立种植主体分类扶持机制（刘贝和邓文，2015）。

3. 创新土地流转机制，加快土地流转进程

种烟区土地承包经营权流转不畅及用地租金偏高仍是烟区实现烟叶生产规模化种植、集约化经营的首要制约因素。因此，政府部门要积极创新土地流转机制，出台相应的鼓励政策，鼓励烟田承包。在“依法、自愿、有偿”的前提下，家庭农场、合作社可以通过成立“土地银行”，将农户闲散的土地存入“土地银行”，土地所有权保持不变（刘贝和邓文，2015）。“土地银行”在对存入银行的土地进行资源整合后，标准化、规模化种植烟草。合作社将所得收益按土地面积分配给土地所有者一定的利息。“土地银行”可加快土地流转进程，促进土地向种植专业户、家庭农场、专业合作社有偿、有序流转，实现土地效益的最大化。

4. 提升合作社服务能力，促进烟农共同富裕

服务型专业合作社应坚持“两头工场化、中间专业化”和“起点高、管理细、职责清、效果好”的要求，重点围绕“耕作、育苗、施肥、植保、打顶、抑芽、烘烤、分级、预检、交售”等环节（邓楚雄和黄曦红，2015），逐步建立和完善专业化分工和社会化服务体系，大力推进育苗工场和烘烤工场建设，积极培育育苗专业化服务队、机耕专业化服务队、植保专业化服务队、烘烤专业化服务队、分级专业化服务队、运输专业化服务队等专业服务组织，有效减轻烟农劳动强度，实现烟农减工、降本、增效，促进烟农共同富裕（刘贝和邓文，2015）。

5. 提高烟农的整体素质，加快培育新型职业烟农

烟农素质的高低是烟区烟叶发展兴衰的关键因素之一，烟农种不种烟、种植多少决定了烟叶发展规模，烟农的技术水平是烟叶可持续发展的筹码（邓楚雄和黄曦红，2015）。一是通过办培训班、座谈会、家访等多种形式，开展职业技术培训和烟草政策宣传教育，提高烟农的认识；二是加大对烟农计算机操作和网络方面的培训力度，拓宽烟农获取外界信息的渠道；三是开展与科研院所、大专院校的合作，采取自学、委培等方式，提升烟农特别是年轻职业烟农的整体水平；四是加强烟叶科技推广网络体系建设，有计划、有步骤地对职业烟农进行培训，促进科技成果转化，加快科技兴烟进程（邓楚雄和黄曦红，2015）。

二、生产基地建设

（一）基本情况

烤烟是云南主要支柱产业之一，适宜烤烟种植的土壤各州（市）都有分布，最适宜区域主要集中在昆明、玉溪、曲靖、楚雄、红河、大理、文山、保山等地。根据烤烟生态适宜性评价和全省耕地分布，把全省分为31个重点烟区、27个一级烟区和42个二级烟区。

近年来，全国烟叶生产总量过剩，烟叶库存居高不下，国家烟草专卖局对烟叶生产实行总量宏观调控、持续调减烟叶生产的计划。面对挑战，云南烟叶生产既要打好烟叶调控持久战，更要打好提质增效攻坚战。云南省烟草专卖局提出，要深入推进烟叶供给侧结构性改革，把过去以“增量”为重点转变为以“提质”为重点，在烟叶计划上既重调减更重调优，坚定不移推动烟叶生产转型升级，实现烟叶生产由数量规模型向质量效益型发展的根本转变。通过继续推进市场化取向改革，推动有限的计划资源向生产条件优、烟叶质量好、市场需求大、税利贡献高的烟区转移，实现计划与市场匹配、产品与市场对接，提高了资源配置效率。优化烟区布局，坚持适度规模种植，集中建设以“千亩村”“万担乡”为主的骨干烟区，下决心淘汰3万担以下的零散种烟县和3000担以下的种烟乡，努力将种烟区域优化调整至98个县、800个乡（镇）以内，提高烟叶生产集中度和均衡性。[①]

《云南省支持烟草产业高质量发展若干政策措施》指出，强化核心烟区稳定发展。进一步优化烟田布局，全省规划基本烟田稳定在1500万亩左右，核心烟区面积700万亩左右，年种植烤烟面积600万亩左右，核心烟区优质烟叶产能60%以上，重点打造30个20万担以上级种烟县、500个万担级种烟乡镇。按照集中连片、规模发展的原则，加大信贷支持力度，引导支持烟农合作社、种烟大户等主体开展土地流转，确保核心烟区内流转土地的50%用于种植烟叶。

（二）案例

1. 玉溪烟草基地建设

玉溪位于云南省中部，东北接昆明，东南邻红河，西南连普洱，西北靠楚雄。玉溪是中国的优质烟叶主产区和中式中高档卷烟的主要原料基地，被誉为“云烟之乡”。玉溪能够生产出优质的烟叶，得益于其得天独厚的气候地理条件。玉溪地处云贵高原西缘，地势西北高，东南低，地形复杂，山地、峡谷、高原、盆地交错分布，土壤立地条件较好，土层深厚，土质疏松，通透性好；水系发达，境内河流分属元江、南盘江两大水系，为玉溪烟草灌溉提供了充足的水源；玉溪地处低纬度高原，具有热带、亚热带、温带三种气候类型，属内陆高原气候，四季温差小，昼夜温差大，四季如春，冬季温而不冷，夏季暖而不热，烟区冬短无夏，春季较长，烤烟大田种植中、后期温差较小，这为玉溪烟叶的生长提供了较好的气候条件。在云南省烟草专卖局（公司）及云南中烟工业有限责任公司的大力支持与帮助下，玉溪始终坚持依靠烟草、服务烟草、支持烟草的“三个不变”，努力把烟草产业做大做强。改革开放以来，玉溪在全国率先提出“第一车间”理念，推动了现代烟草农业建设长足发展，打造了“玉溪”“红塔山”等云产卷烟品牌传奇，孕育的红塔集团，成为全国民族工业的一面旗帜。

① 云南省局：加快转型升级 担当“第一车间”[N]. 云南日报，2018-11-27.

玉溪烟草基地建设的成功经验主要可以归纳为以下两点。

第一，多举措做优做强“第一车间”。近年来，玉溪始终坚持“好田好地种好烟、好烟好料送红塔”的思路不动摇，将原料作为企业和品牌发展的基础性、战略性资源，依托“2260”政策加大扶持力度，多举措把“第一车间”筑牢在田间地头。移栽抓“早”，中耕抓“产”。在烟苗移栽上，坚持标准、点面结合、栽管并重，不断提升移栽质量和集中度，86.6%的面积集中在谷雨至立夏节令内移栽。在中耕生产方面，围绕“田烟单产200千克以上、地烟单产150千克以上”目标，狠抓“增肥追肥、揭膜破膜、培土填塘”三项底线技术措施落实，66%的盖膜烟揭膜培土。科技抓“新”，生产抓“绿”。针对烟区前作结构、土壤营养复杂的实际，创新应用“三病三虫”绿色防控措施和模块化施肥、氯离子控制、密集轮作土壤保育等技术，促进了烟叶品质不断提高。把打造绿色生态烟叶有机融入高原湖泊保护工作中，大力打造抚仙湖径流区万亩绿色生态烟区，实现烟叶提质增效，闯出了一条绿色烟叶发展之路。同时，玉溪烤烟生产还全面推广化肥减量提效、农药减量控害、废弃物综合利用、绿色烘烤等科技措施，绿色生产技术实现全覆盖。品种上抓“良”，生产方式上抓“专”。抓好品种提纯，突出风格特征，体现品种优势特色。同时，深度推进烟叶种植农机农艺融合，育苗、机耕、植保、烘烤、分级五大环节实现全程专业化。

第二，以质量提升构筑玉溪烟叶新优势。近年来，玉溪烤烟生产着力提高烟叶质量，推动烟叶生产由数量规模型向质量效益型转变，多举措巩固玉溪烟叶在全省、全国的领先地位。玉溪着力稳定核心烟区，不断调优烤烟种植区域布局，进一步加大红塔烟叶生产基地的建设力度，坚决退出不适宜种烟区域，推动烤烟计划向生产条件优、烟叶质量好、种烟积极性高的烟区转移，全面提升烟叶有效供给和整体质量，实现高端特色烟叶原料供应恢复性增长。同时，玉溪烤烟生产还以提质增效为发力点，坚持科技兴烟，大力推行标准化、均质化、绿色化、有机化生产，围绕红塔集团需求，抓实K326特色烤烟品种种植面积，抓好“2260”高端特色烟叶开发和千亩连片示范样板建设，提升烟叶原料保障能力。

2. 曲靖烟草基地建设

曲靖，云南省下辖地级市，位于云南省东部，素有“滇黔锁钥”“云南咽喉”之称，曲靖有彝、布依、壮、苗、瑶等八大民族独特的语言、服装、风俗和信仰。2016年曲靖市GDP为1775.11亿元，位居云南省16市（州）第二位，是云南省第二大经济强市。“中国烟叶看云南，云南烟叶看曲靖。”说到曲靖烟草，“大”是其给人的第一印象：150 万亩左右的种烟面积，400 余万担的烤烟产量，占据全国的 1/12、云南省的 1/5，是全国当之无愧的第一大地市级烟区，曲靖是中国乃至亚洲最大的烟草生产基地（雷永和，2004）。云南省曲靖市烟草专卖局（公司）紧紧围绕行业“卷烟上水平”的基本方针和战略任务，按照“坚持市场导向、突出风格特色、实现基地生产、满足工业需求”的总体思路，以“532”“461”知名高端品牌发展需求为导向，以基地单元为载体，以综合服务型烟农专业合作社建设为重点，以机械化作业为突破口，以提高优质烟叶有效供给能力为目标，推动“三化”融合，加快生产方式转变，努力提升烟叶质量，推进烟叶生产向优质、特色、生态、安全方向转变（王昊，2015）。

近年来，曲靖围绕行业发展需求，一是狠抓绿色生产技术研究，开展了“曲靖市有害生物综合防治技术”等项目研究，建立了完善的烟草病虫害绿色生防技术体系，为烟叶生产的绿色发展和安全发展提供了坚强的技术保障。二是以绿色生态为主线，以生态烟区建设为起点，以绿色技术为支撑，创新集成“沃土工程 + 清洁生产工程 + 绿色植保工程 + 机械化工程”四大工程，加快烟叶生产绿色化进程，开启生态烟区建设“大工程”模式（张一扬等，2018）。

3. 地方政府号召、企业组织和农户自主建设等形式的利弊

玉溪烤烟生产正在转型提档升级，围绕烟农增收，全市烤烟生产以减工降本增效为目标，纵深推进烟田基础设施化、种植规模化、烟农职业化和服务专业化，通过科技创新、产业转型，不断推动烤烟产业向现代烟草农业迈进。为促进烟农降本增效，玉溪积极争取、整合财政和工业配套政策，建立“以烟养烟”的长效机制。同时，还将烟叶生产扶持政策突出向核心烟区、绿色发展、特色品种、千亩示范样板、种植保险加保等重点措施、规模种植主体、先进典型倾斜。优化政策扶持方向，发挥对核心烟区稳定、烟农队伍稳定、烟叶提质增效及转型升级的激励导向作用。在生产基地建设中，农户的资金实力较弱，且文化素质较低，缺乏专业知识，承担着较大的生产风险，导致农户往往依照传统作业方式，较少采用先进的新技术、新模式，难以达到规模化要求。企业组织在烟草生产中以利益最大化为目标，能够提高烟草生产效率，但是公司与农户之间的主体地位不平等，容易对农户利益造成损害。相对于公司和农户而言，地方政府的优势在于能够利用其行政权威和强制性工具有效地整合社会资源，重点支撑烟田基础设施的建设、土地流转机制的完善和专业烟农队伍的打造，提高公司和农户的生产条件和生产效率。

曲靖以综合服务型烟农专业合作社建设为重点，促使其专业合作社数量不断增多，生产集中度、管理能力、技术水平也得到了提高。曲靖的烟草种植区多位于山区、半山区，适宜大面积机械化作业的烟田面积较小，农户小规模自主分散经营，容易出现生产乱象。而由地方政府号召，以专业合作社的形式进行集中统一管理，能够有效地规范生产，提高烟叶质量及生产水平，因此，曲靖烟草种植较为适合专业合作社形式。

（三）存在的问题

1. 核心烟区流失形势严峻，烟农队伍结构不合理

近年来，在烟草行业严控规模的政策背景下，烟叶收购价格连续六年未做调整；烟用物资价格不断上涨；用工资源紧缺且成本逐年增加；地租成本持续攀高，种烟比较效益下降；加之高效设施农业、高原特色农产品等非烟经济作物快速发展，其比较效益明显突出，迫使烟叶生产区域向山区、半山区转移，好田好地不种烟的趋势越来越明显，呈现“坝区退化、烤烟上山”的局面。加之烟区土地流转深入推进，种烟农户逐渐减少，“铁杆烟农”种植比例下降，“大户”种植比例上升。全省稳定核心烟区、稳定职业烟农、稳定产业面临较大压力，尤其在昆明、玉溪、红河等州（市）经济社会发展较好较快的县（市、区）以及药材、林果、蔬菜等产业种植区域表现突出。

2. 基础设施薄弱，管理粗放

全省烟站（点）数量多、较为分散，部分站点建设年代久、设施配套差、职工少等问题突出，烟草工业企业建设烟叶基地为自身品牌发展提供了原料保障，原来小户分散种植发展为地区连片种植，提质增效的效果明显。但是存在有些厂家只是简单签订基地协议，给予一定的扶持费，调拨数量相对有保障，但等级结构、内在质量均无保证，管理较为粗放，更没有达到基地建设的预期效果（王康康等，2013）。

受云南省经济社会发育程度的影响和一些自然条件的限制，烟田水库、机耕道路、烤房以及基层站点等基础设施不足严重影响着烟叶生产效率的提高和新技术在基地中的推广应用（王康康等，2013）。

3. 基地中科技推广与落实不到位

这是一个全国普遍性问题，我国整体科研成果转化率不高，在基地中推广技术受到三方面因素的影响：一是来自种植户的阻力，种植户大多为农民，科技素

质、文化素质较低，观念落后，接受新技术的能力差；二是来自上级主管的干涉，当技术员与上司意见有冲突时，往往要按照上司指示要求去做；三是推广人员自身水平有限（王康康等，2013）。

4. 烟叶优势发挥不充分

云南优质特色烟叶不仅是烟叶市场的金字招牌，更是云产卷烟异军突起的重要原因，与省外烟草大省竞争的核心优势。但长期以来，大量优质烟叶调往省外，卷烟生产厂核心原料同质、口味相近，同质化竞争加剧，云南特有优质烟叶特色被稀释，卷烟品牌竞争优势被弱化。

（四）建议

基于云南烟草产业生产基地建设现状，对改善云南烟草产业生产基地建设的建议如下。

第一，着力稳定核心烟区。将烤烟产业纳入全省高原特色农业统筹规划管理，并将基本烟田纳入基本农田保护范畴，加快推进核心烟区土地长期稳定有序流转，确保好田好地种好烟。持续推进基地单元优化升级，严格控制和稳定基地单元数量，充分体现以质论价和优质优价的市场导向。

第二，坚持工业需求配方为导向。坚定不移推进市场化取向改革，最大限度发挥市场对烟叶资源配置的决定作用，积极主动应对和适应中支、细支、爆珠和新型卷烟等对烟叶原料个性化、差异化的要求，不断优化烟草种植区域，缩减烟叶质量差或质量不稳定的区域种植规模，不断增加优势烟区计划，促进烟叶生产与卷烟配方紧密对接；紧扣卷烟品牌对优质原料的需求，遵循烟叶生产客观规律，将工业配方贯穿于烟叶生产全过程，努力实现生产主导向工业主导转变。

第三，切实提高烟叶生产管理水平。遵循烟叶生产客观规律，以优质适产为目标，以优质、特色、生态、安全为核心，健全完善组织管理、生产技术和质量追溯“三大体系”，建立以烟为主的种植制度和轮作模式，将绿色发展理念贯穿生产全过程，不断加大科技创新和先进技术推广，全面推行标准化生产，加强个性化生产技术措施落实，促进全省烟叶生产整体水平提升，提高优质烟叶原料有效供给水平。

第四，深入推进烟叶数字转型。科学搭建“智慧烟叶”决策指挥中心，确保烟叶生产全生命周期的业务执行前期可预测、过程可感知、结果可应用，全面提升云南烟叶高效决策管理水平；聚焦烟叶产业链资源，全面构建“数字惠农”协同应用生态，为数字烟叶惠农增收保驾护航；强化“数字烟叶”人才队伍建设，持续提升云南烟叶“互联网+智慧农业”创新发展能力。适度推进规模化连片种植、专业化服务、基层建设管理、队伍建设、服务管理，确保减工降本、提质增效。推进生产方式现代化，全面提升生产基地建设水平。

第五，在打造高质量烟区产业综合体。把维护烟农利益作为烟区产业综合体基本原则，统筹烟田与高标准农田建设，重点推动以“土地保底收益+利润分红”模式为主的土地流转，积极引入能与烟叶产业协调发展、互补高效的高原特色农业产业，深入探索“烟+X”双订单、双合同生产管理模式，打造烟区产业综合体，高标准培育行业自有品牌。

总的来说，要实现生产基地的稳定和持续发展，需从建设规划、品种选择、生产技术制定、特色烟叶定位、科技创新、质量评价、基础设施建设等多方面密切协同配合，以追求烟叶“特色、优质”以及原料供应链的“高效、安全、可持续”为目标，积极探索“需求导向、密切配合、品牌共建、发展共赢”的生产基地发展模式，努力实现原料供应基地化、烟叶品质特色化、生产方式现代化的目标，以保持生产基地烟叶生产稳定发展，全面提升烟叶质量水平。

三、加工管理方式

（一）基本情况

云南是我国重要的烟草生产和加工基地，不仅“两烟”（烤烟和卷烟）产量居全国第一，卷烟配套生产能力也是全国最强大的，还拥有红云红河集团、红塔集团等全国知名卷烟企业，在卷烟加工设备，打叶复烤、烟叶发酵、卷烟配方、卷烟加工工艺，以及工厂精细化管理等领域均处于行业领先水平。当前，云南烟草产业正大步向前，推动烟叶生产发展质量变革、效率变革、动力变革，努力走出一条高质量发展的新路子，为助力打赢脱贫攻坚战和实现全省高质量跨越发展做出了新的更大贡献。

（二）案例

1. 红塔烟草（集团）有限责任公司

红塔烟草（集团）有限责任公司（以下简称“红塔集团”）创立于1956年，

从一个小规模的烟叶复烤厂到名列中国前茅、世界前列的现代化跨国烟草企业集团，红塔集团的发展史，就是一部中国民族工业不断求新图变追赶世界先进水平的演进史。

红塔集团致力于形成以"分切打叶、模块配方、分类加工"为核心的特色打叶复烤加工模式。在卷烟加工工艺和设备制造工艺的研究上，红塔集团按照卷烟加工工艺流程从合理选用烟叶原料，叶组配方入手尽量实现降焦减害；针对制丝加工工艺提出"提质创新、精细加工"的工作思路，通过对大量的成品和半成品的分析，找出了重点加工工序对内在质量影响的程度和影响评吸指标的因素，基本掌握工艺参数和设备参数对卷烟内在质量的影响程度，为产品降焦减害提供了可靠依据；对在线生产相关工序进行有针对性的加香、加料的实验和运用，使产品内在化学成分更加丰富、协调，烟香芬芳细腻，回味甘甜（张玮韬，2013）。

在总结红塔集团发展历程和经验时，以下三个阶段的特征最为显著。

第一阶段，在红塔集团走向辉煌的起步阶段，高起点地引进国际先进设备、技术，并对先进技术进行消化、吸收，同时加大对原料的技术投入，使红塔集团设备、技术和原料水平均处于国内同行业领先地位；

第二阶段，在红塔集团拥有国内市场相对竞争优势的情况下，主要围绕卷烟老产品的维护和新产品的开发，提高产品研发能力，进行技术储备；

第三阶段，红塔集团面临严峻的竞争形势，自新领导班子大力开展"提质创新"后，红塔集团技术创新向原料、辅料、工艺、设备等各个技术领域拓展，力求产品开发和技术创新能力得以全方位提升。

从红塔集团科技创新、降焦减害的发展历程中可以看到：将世界顶尖的科技精华和红塔在烟草制品 40 余年的丰富经验融汇和凝集在每个红塔的卷烟品牌之中，围绕市场为消费者设计多风格、高品质的卷烟产品，本着关爱消费者、维护消费者健康权益最大化的原则，追求产品零缺陷，以技术的发展和创新来带动品牌的提升，借此与消费者达成更完美的沟通，同时充分发挥原料、资金、技术、人才等优势，整合资源，实现多赢，是红塔集团永远不懈的追求。

2. 云南烟叶复烤有限责任公司

云南烟叶复烤有限责任公司是按照国家烟草专卖局关于复烤企业改革总体要求，由云南曲靖烟叶有限责任公司、云南曲靖天然烟叶复烤有限责任公司、石林天合烟叶复烤有限责任公司、红河天赢烟叶复烤有限责任公司、楚雄烟叶复烤有限责任公司、云南省烟草大理烟叶复烤有限责任公司和云南省文山州复烤厂、保山复烤厂 8 家打叶复烤企业整合后组建，于 2009 年 12 月 16 日正式挂牌成立，是全国第一家重组整合的打叶复烤企业。公司自整合重组以来，始终紧跟行业改革步伐，坚定不移坚持加工服务型企业定位，致力于打造打叶复烤专业化服务平台，发挥烟叶加工“第一车间”的作用，为“大品牌、大市场、大企业”发展战略提供稳定的原料保障。

公司烟叶加工历经四个阶段：“集中加工、配方打叶”起步，“品牌加工专线”建设，“均质化加工”，“定制化加工”，不断创新加工模式，逐渐形成了“精益化管理、定制化加工”的发展新模式，跨区烟叶管控、模块配方打叶、均质化加工成效显著，主要质量指标叶片结构、成品水分、杂物、外观质量呈现高位连续稳定的良好态势。据笔者调研，公司拥有 10 条打叶复烤生产线，年设计加工产能 570 万担，每年为 26 家工商客户和 13 家州（市）烟草公司提供烟叶收储加工服务。年均加工量占全国烟叶收购计划的 1/4 左右，年均实现利润占全国打叶复烤企业利润总额的 50% 左右，公司加工的烟叶产品 80% 供应省外卷烟工业，10% 进入国际市场，是全球加工规模最大的烟叶复烤加工企业。公司每年解决近 2 万劳动力的短期就业，支付劳务报酬 3 亿多元，为农民工增收和地方经济建设做出了积极贡献。

打叶复烤是烟叶原料进入工业化生产的前端，烟叶的集中加工和配方打叶，是满足卷烟工业企业原料需求、提高原料保障能力的有效途径，对保障原料均质化和利用率至关重要，因此，集中加工、配方混打是大势所趋。近年来，烟草行业打叶复烤企业围绕“均质化生产”主题，或完善加工生产模式，或扎实推进精益管理，或完善优化服务体系，或持续开展技术创新，在打叶复烤生产各流程、各环节，自我提升、精益求精、追求卓越，致力于突出个性、打造精品，以满足卷烟品牌配方特色工艺和片烟品质要求。

卷烟市场的竞争在很大程度上是烟叶原料及配方工艺的竞争，卷烟品牌发展必然会对打叶复烤企业提出更高加工要求。随着国家相关政策调整，集中加工已成为打叶复烤企业发展的内在要求（尹凡，2017）。集中加工虽然实现了原料资源的合理流动，但仍存在运输成本高的问题。复烤企业整体工艺技术水平与卷烟工业企业个性化服务需求也存在一定差距。此外，现有的加工形式客观上也限制了集中加工的实施。长期以来，单等级打叶和简单混打是主要的加工形式，客观上形成了卷烟工业模块打叶、配方打叶和原料均质化的障碍。

（三）存在的问题

1. 产品加工过程控制手段贫瘠

产品质量的稳定是保障品牌产品高质量发展的关键因素，而过程控制（主要指烟丝的温度和水分等参数的控制）是卷烟工艺和产品稳定性的保障，因此，掌握卷烟生产加工过程的调控手段极为重要。但是，目前在影响加工过程控制的稳定性方面，存在如下问题：原料、香糖料存放环境不理想，对环境条件与产品质量和消耗之间的关系掌握不清；原料出入库记录情况、消耗量等方面的信息监管不够规范化；工艺质量在线和离线检测设备陈旧，检测数据的应用效率低下。

2. 工艺加工平台缺乏创新

由于工艺创新平台的缺失，导致工艺流程整体水平不高。技术中心与各卷烟厂工艺的协同创新力度较弱，平台支撑力度不够。各卷烟厂之间在工艺方面的沟通交流机会不足，存在工艺人员“孤岛现象”。奖惩机制不够完善，使得工艺人员创新积极性不能得到有效调动。

3. 工艺操作人员管理不够规范

工艺操作人员作为企业产品质量的“保护神”，不仅要在企业中发挥自己职责范围内的作用，而且要营造良好的工艺流程管理环境。但是，目前各分厂评吸人员专业技术水平不足，操作人员作业不够规范以及对产品“高质量、高规格”理念认识不清，观念守旧。工艺操作人员缺乏总结工作经验的能力，不能掌握关键参数波动范围的控制方法。

（四）建议

1. 深化改革，不断完善体制机制

一方面，继续深化云南卷烟工业企业公司制改革，通过理顺产权关系，建立和完善法人治理结构，健全现代企业制度。第一，要健全董事会规章制度，明确董事会、经理层的权责，形成权责一致、决策科学、执行顺畅、监督有力的管理体制。第二，进一步理顺省级工业公司内部机构，明确职能定位，精简管理机构和人员。第三，要进一步明确省公司和基层企业职责，落实企业生产经营自主权。第四，要妥善处理好各方面的利益关系，加强各个利益相关者之间的交流、协调和沟通，保护好、维护好各方面的积极性；按照“国家利益至上，消费者利益至上”的要求，培育共同的价值观，树立共同的目标和理念，推进企业文化融合，

统一企业发展愿景。第五，要统筹配置各种资源要素，合力打造名优品牌，不断增强企业核心竞争力。第六，要通过调整组织架构，明确岗位职责，优化业务流程，加快信息化建设，创新管理方式，不断提高企业决策水平和管理效率。

另一方面，抢抓新型烟草制品发展机遇，组建云南新型烟草制品公司，推动新型烟草制品实体化、产业化、品牌化、市场化发展，积极争取新型烟草制品生产制造基地落地云南，加快“走出去”步伐，将云南烟草工业打造成新型烟草制品领域的国际市场开拓者。将新型烟草制品原料研究与开发纳入省科技重大专项和重点研发计划给予重点支持，将云南烟草商业打造成新型烟草制品原料发展的开拓者和引领者。支持雪茄烟原料研发、试种与推广，探索建设国内雪茄烟原料基地，力争雪茄烟原料国产化取得突破。支持省内烟机、滤嘴棒、卷烟纸等烟草配套企业进行技术改造，发展满足优势产品、创新品类和新型烟草制品发展需要的配套产品，鼓励优势企业开展兼并重组，积极引进省外企业落地云南，打造现代化烟草配套产业基地和产业集群。

2. 多举措并行，协同保障产品质量

一是要持续提升以均质化加工质量为核心的打叶复烤产品质量，坚持试点带动、典型引路原则，推动均质化加工模式集成，积极应用近红外分析技术，完善建立以烟碱值为核心的原料化学成分数据库，为均质化加工提供基础支撑，持续提高模块化批次内在品质的均质化水平，减少卷烟品牌的配伍等级，大大提高烟叶原料的可用性，助推卷烟工业合理降低烟叶库存；二是主动服务和融入工业企业的品牌发展战略，进一步推进品牌原料定制化加工基地建设，提升基地建设质量和水平，着力打造品牌化、个性化、集中化的区域加工中心；三是鼓励工业企业搭建内部工艺创新平台。一方面不断提高卷烟配方水平，积极推行配方打叶，改进配方工艺，提高烟叶加工和使用水平，提高烟叶资源利用率；另一方面在质量把握和成本控制上寻找最佳结合点。

3. 依靠科技创新，支撑引领产业发展

一是以市为单位推进烟叶优化布局，重点向自然生态资源适宜的产区转移，逐步淘汰零星分散烟区；二是加大适用技术集成力度，逐步完善各区域烟叶质量风格定位、特色品种选择、配套技术开发的特色烟叶开发方式；三是紧紧围绕消费者吸食口味变化趋势和减害降焦两条主线，以低焦低害产品和品类创新为重点，加大新产品研发力度，研发储备一批能引导消费、引导市场的产品；四是在原料使用、增香保润和产品质量安全等核心技术展开攻关，抢占技术的制高点和主动权（赵亚娅，2012）。

四、市场营销策略

（一）基本情况

由于烟草产品的特殊性，为了对全国范围内的烟草行业实行高度集中的统一管理，有计划地发展生产，提高质量，改善供应，调节消费，增加积累，我国和许多国家一样实行烟草国家专卖制度，采用“统一领导、垂直管理、专卖专营”的管理体制。目前，国家烟草专卖局隶属于工业和信息化部，负责直接管理中国烟草总公司。中国烟草总公司依法对所属工商企业国有资产行使出资人权利，经营和管理国有资产。

云南烟草除提供云南红塔烟草集团、红云红河烟草集团使用外，还调供全国所有烟草工业公司。云南烟草以“红塔”“红河”“云烟”三大品牌为核心，产品线丰富，高端品牌有小熊猫、云烟、玉溪、红塔山、红河 V6、香格里拉等十几个；中端品牌有红河 66、经典 1956 白红塔山（软包）、新境界美登、钓鱼台、88 红河、恭贺新禧、阿诗玛、紫云烟等近三十个；低端品牌有红山茶、新品红梅—春等。近年来，云南各烟区坚持“三标一品”发展方向，针对不同消费群体开展研发，做到了精益生产、精准营销，为烟农增收注入了新动能。云南卷烟已先后出口到阿富汗、澳大利亚、巴基斯坦、比利时、法国、荷兰、罗马尼亚、美国、日本、新西兰、印度等国家和地区。卷烟出口在销品牌有云烟、玉溪、红塔山、红河、红梅、钓鱼台、阿诗玛、新兴、GEM、MARBLE、BRASS、PLAZA、ESTON、STRAND 等品牌。

（二）案例

1. 云南西双版纳州局（公司）“互联网＋卷烟营销”

云南西双版纳的卷烟销售市场有一定的“特殊性”。一方面，本地人口少，但产业市场、旅游市场潜力巨大，西双版纳以橡胶、茶叶著称，每到割胶与采茶的时候，会有短时间的人口涌入，每年来此地的游客更是超过 3000 万人次；另一方面，西双版纳与缅甸、老挝接壤，996 公里的边境线占整个云南边境线的 1/4，陆路口岸、边境商贸网络庞大，消费潜力巨大。市场的多样性提升消费可能性的同时，对营销策略和水平也提出了更高的要求。

基于此，西双版纳州局（公司）立足于“创新营销”着力打造工商零三位一体的“黄金市场”。在整个创新营销体系的构建中，“互联网+”的引入是关键。西双版纳州局（公司）自主开发了营销业务系统，搭建营销微平台。在系统中，有专项的数据采集平台和管控分析平台，对接上下各层级营销数据，通过大数据的应用，可以轻松实现数据分析等一系列工作。

针对工商协同考核的云产卷烟新品，西双版纳州局（公司）采取线上新品招募、线下终端推广的策略开展新品培育，通过微平台采集客户新品上柜意愿，依据客户区域分布和销售能力排名确定目标客户，彻底改变“能订的客户卖不动，想卖的客户没机会”的局面，积极利用线下终端开展新品创意陈列、最美零售客户评选等活动，实现线上线下共育品牌。在努力推广微信公众号的同时，还专门开发了面向零售客户的“七彩云商”APP。客户可据此开通自己的网店，实现非烟商品的线上销售，拓展非烟产品的销售渠道。

如上所述，面对卷烟营销新形势，西双版纳烟草主动拥抱互联网，积极借助大数据的力量，深入推进品牌终端建设，各项营销创新工作取得显著成效。搭建并自主运维的微营销平台成为工业宣传品牌的窗口、商业网络营销的平台和零售户展示风采的舞台，实现了工商零消的紧密连接；贯通营销、专卖、物流系统的管控分析平台，以大数据分析应用为特征，实现对全州烟草关键指标和核心业务流程的可视可管可控；按照平台思维，自主设计终端VI要素，统一了品牌终端建设标准和要求，通过提高优质货源与优质终端的匹配度，有效调动了客户自主投入建设品牌终端的积极性和主动性，实现了用烟草小投入撬动社会大资源，提升了客户的获利水平；线上线下组合发力的品牌培育模式，更加贴近市场和消费者，为品牌培育注入了活力，持续拉动了卷烟销售结构的增长。

2. 红塔集团与云南烟草商业创新工商协同营销新模式

2017年下半年，红塔集团与云南省烟草专卖局（公司）销售管理处联合举办的云南省“初心·最美零售户（客户经理）”评选活动取得圆满成功。“初心”评选活动的成功举办，加强了红塔集团与云南烟草产业的紧密合作，共同构建新型工商关系，探索工商协同营销新模式，推进品牌培育创新一体化，加快红塔品牌市场拓展。“初心”评选活动的开展成为工商协同营销的新亮点、新动力，促进了工商与零售“2+1”的市场网络建设，形成了工商零售及消费者的多赢新局面（周保昌，2017）。

3. 红塔烟草 MES 项目

制造企业生产过程执行系统（Manufacturing Execution System，MES）是一套面向制造企业车间执行层的生产信息化管理系统。随着德国工业 4.0 及中国制造 2025 战略的提出，推进信息化和工业化的深度融合已上升为制造企业发展的核心战略。从烟草行业层面看，“生产过程智能化、物品流通数字化、经营管理网络化”已成为信息化和烟草产业深度融合的主要方向，成为卷烟厂水平的重要支撑（刘艳辉，2017）。由于客户业务不断发展，红塔烟草集团层面的架构越来越庞大，加上合作生产企业、供应商的不断增多，导致在生产决策和生产执行过程中信息的交流共享、过程监督管控等出现了很大的困难，往往会形成信息孤岛，直接影响生产效率、企业运营成本。

大工业互联消除了信息孤岛。一是驱动流程更加顺畅。MES 项目让红塔集团成为行业内首个在信息化建设方面打通集团与合作生产企业、供应商之间的信息流的典范，消除了信息孤岛，驱动流程更加顺畅，构建红塔集团的大工业互联。二是生产质量持续提升。制造过程的转变、大数据运营分析的运用，让各单位在决策支持、技术改进、产品优化上有的放矢，生产质量得到持续的提升。三是效率持续提升，成本持续降低。信息流的畅通，有力地提升了决策传达到执行的效率和力度，进而大幅度降低了企业的沟通管理、运营管理成本。目前，红塔集团 MES 项目实施已经取得了阶段性成果，该项目是红塔集团在向智能制造奋进的路上迈出的坚实一步。

4. 归纳总结各种方式的利弊

卷烟营销在“互联网＋”技术发展与模式切换下迎来了巨大的变革与转机。一方面，新的网络信息技术将传统营销模式下的定配货、交易支付与营销方案转变成了更加方便、快捷、高效的在线模式，并通过后台的大数据技术，将一系列的营销行为转换成为海量的有效数据。这些数据包含了精准的零售客户进销存信息，可以广泛应用于需求预测、商品投放与储备以及营销策略制定等环节，从而更加精准地引导企业培育与扩大商品市场，实现经济效益最大化。另一方面，卷烟营销通过大数据、实物虚拟化、移动支付、物联网等多种新兴技术，可以打造出覆盖整个完整营销链条的体系，极大地提高了客户需求响应速度。近年来手机端应用软件的快速开发，使实体商品可以通过虚拟图像化的方式展现出来，成为有效开拓烟草企业与客户之间的互动渠道，通过良好的体验感也可以使客户黏性增强，同样促进了企业盈利空间的进一步扩大。不过当前，卷烟零售客户对传统的销售系统已经较为熟悉，对新技术、新模式的接受度还有待进一步提升。

工商协同营销是指烟草工业企业与商业企业协同联手，共同以培育大品牌、打造大市场为工作目标，充分发挥市场和计划的调控作用，从而获取双赢的营销模式（廖善恩，2010）。工商协同营销以“平等互利、互动互信、资源共享、效率责任”为指导，通过建立市场导向、面向消费者、面向客户的营销体系，着力解决工商企业营销脱节、重复投入、省内依赖等问题，努力克服非市场因素，营造公平竞争环境，形成全国统一市场，构建新的营销模式，提高行业营销效率，降低内部交易成本，促进企业有序竞争，培育中国烟草优势品牌（廖善恩，2010）。当前工商企业在协同营销途径、协同营销内容和组织方式等方面进行了许多积极的探索，协同模式日益成熟，取得了一定的成果，但是目前协同营销工作层面仍然较为粗浅，要实现实质性的突破仍面临诸多困难（周勇，2015）。

（三）存在的问题

在全球烟草控制逐步推进的形势下，当前我国烟叶库存居高不下，市场销售下滑，云南各烟草品牌面临较大的市场压力，卷烟库存依然不尽合理，少数重点品牌增长乏力。而且在超额利润驱使下，其他兄弟省（市、区）与云南在烟草行业的激烈竞争，已从过去的争行政计划指标、争享利润，发展到对云南烟草搞地区封锁。此外，假烟、走私烟制售活动依然比较猖獗，对现有卷烟品牌造成较大的不利影响。

（四）建议

第一，加强政策配套，改革当前行业计划分配和生产码段的管理方式，以更加注重市场导向的计划管理、更加灵活的经济运行调控为导向，化解计划制定规则与市场化的矛盾（计划按行政办法下达、品牌规格按市场需求衔接），为工业企业根据市场需求实现订单生产提供条件，重构工业企业的竞争格局，打开优势企业、优势品牌发展的天花板，形成更有竞争力的大企业、大品牌、大市场。

第二，加大创新营销力度，强化品牌培育效果。在合法合规的前提下，不断创新营销手段，持续提升市场营销和品牌培育水平。探索“互联网+”语境下的新型营销方式，推动营销模式创新。发挥云南旅游资源优势，支持烟草商业在省内3A级以上旅游景区和高速公路服务区建设具有“形象展示、消费体验、推介促销”等功能的特色销售终端，着力构建“烟草+旅游”的新型营销模式。发挥

“一部手机游云南”平台作用，利用“游云南”APP提供景区卷烟特色销售终端的点位信息等服务功能，提升品牌培育效率，彰显品牌培育效果，扩大云产卷烟品牌知名度和影响力。

第三，持续提升品牌优势，推进国际化。不断提高烟草科技创新水平，重视研发和储备电子烟等新型制品，努力培育新的经济增长点，提升烟草品牌在国际上的核心竞争力。支持云产卷烟品牌结构调整，紧盯市场需求，精简品牌规格数量，做强“云烟”，做精“玉溪”，做稳“红塔山”，做特“红河”，加快培育创新型品牌。整合、利用国际资源，探索组建跨国烟草集团，加快国际市场开拓，提高云南烟草的国际市场份额和品牌国际影响力。

五、投（融）资体系

（一）基本情况

烟草农业方面。云南省的烟区建设资金投入采取烟草行业补贴一部分，政府投入一部分，烟农自筹一部分，引入部分社会资金的方式进行筹措。充分利用基础设施建设、现代烟草农业投入、烟叶生产产前投入政策，积极向国家烟草专卖局争取专项补贴资金，同时地方烟草进行配套支持全省烟区的建设与发展。烟农自筹部分资金或以投工、投劳的方式参与烟区的建设。

烟草工业是云南的支柱产业，其资金来源以内资自筹为主。由于烟草行业本身经营的特殊性，目前，云南的烟草行业没有上市企业，融资的主要渠道是银行贷款。银行同业针对烟草行业，已经开展了现金结算、资金归集、现金管理、委托贷款、授信、融资服务和金融咨询服务等多项业务。

2018年3月，《国家烟草专卖局 中国烟草总公司关于印发烟草行业投资项目管理办法的通知》指出，《烟草行业投资项目管理办法》已经国家局办公会议审议同意，2016年2月18日印发的《烟草行业投资项目管理办法》同时废止。

2019年10月，《云南省支持烟草产业高质量发展若干政策措施》中也明确表示支持企业“走出去”。将云南烟草国际合作纳入云南省与“一带一路”沿线国家和南亚东南亚国家合作内容，积极推动境外办厂、资本输出、卷烟出口、烟叶出口等合作，加快国际市场开拓，提高云南烟草的国际市场份额和品牌国际影响力。

（二）案例

1. 红塔证券股份有限公司

2019年4月18日，中国证券监督管理委员会发行审核委员会审核通过了红塔证券股份有限公司（以下简称“红塔证券”）的IPO申请。5月31日，红塔证券发布了正式的招股说明书，并在同一天发布了股票初步询价及推迟发行公告。根据招股说明书显示，红塔证券的大股东是云南合和集团，持股33.84%，其余股东有云投集团、双维投资、华叶投资、中烟浙江省公司、昆明产投、云南工投、云南白药、万兴地产、正业投资和冶金投资等。云南合和集团的最大股东是红塔烟草集团，持股比例为75%。而红塔烟草集团是中国烟草总公司通过云南中烟100%持股的子公司。作为一家省级投资管理公司，云南合和集团是云南中烟旗下的非烟资产投资平台，主业为金融资产、交通、能源、烟草配套等。近年来，云南合和集团开始向金控集团转型。红塔证券是中国烟草体系下唯一控股的证券公司，中国烟草总公司对红塔证券的发展给予了大力支持。

2. 云南红塔银行股份有限公司

云南红塔银行前身为在玉溪市城市信用社基础上，由地方财政、地方企业法人和自然人共同发起设立，2006年5月26日开业的玉溪市商业银行。2015年，在引入云南合和（集团）股份有限公司、中国烟草总公司云南省公司等有实力的企业法人投资入股，并向在册股东定向增发股份后，2015年12月21日，中国银监会云南监管局批复同意玉溪市商业银行股份有限公司更名为云南红塔银行股份有限公司，简称“云南红塔银行”。

作为烟草控股的城市商业银行，云南红塔银行一直把烟草行业作为服务实体经济的重要切入点，集中力量不断完善产业链金融服务模式。一方面，启动了云南“两烟”结算平台建设。在云南烟草工商企业的支持配合下，2019年2月，红塔银行正式启动了“两烟”结算平台项目，按照“总体设计，分步实施”的设计思路，项目将于2020年1月上线一期功能。项目建成后，将改变云南“两烟”货款清算模式，提高资金周转效率和收益，实现“业财信”深度融合，助力工商银三方协同发展。另一方面，全面融合烟草公司烟叶种植管理需求，上线“香叶助农”服务平台，并将其打造成针对农户、烟技员、烟草公司的服务管理平台，实现了由为烟草种植户提供基础金融服务向构建“金融+非金融”生态圈的转型升级。该平台在2019年全国烟农增收工作现场会期间应用于大理烟叶种植合同预签试点，并于2020年在云南重点烟区进行试点推广。值得一提的是，2019年红塔银行承接雪茄烟全国统一订货平台支付结算业务，通过参与雪茄烟全国统一订货平台应用试点，为零售客户线上订烟付款提供线上跨行支付通道和烟草公司的跨行资金清算服务。这是红塔银行第一次接入全国性烟草业务系统，展示了红塔银行的金融服务能力。

聚焦“产业银行”建设目标，为更好服务客户，红塔银行积极推进产品服务的“升级换代”，不仅针对烟草产业链的主力产品不断进行优化，还将业务模式复制推广到了其他产业领域。“香金融”系列是红塔银行服务烟草产业链客户的拳头产品，自推出以来实现年年有升级。与此同时，红塔银行还建设投产了智能语音客户系统，由系统自动完成烟草种植户和卷烟零售户贷款的批量还款提醒，帮助客户养成良好的还款习惯。据红塔银行统计，“香金融”业务将客户的按期还款率由93.05%提升到了98.04%，7天逾期总笔数下降了90.72%。截至2019年底，“香金融”业务已实现对云南12个主要烟区的全覆盖，在部分县区的市场占有率达到了90%；云南省外实现在深圳市的落地；红塔银行“香叶贷”“香悦贷”贷款余额18.06亿元，较上年同期增长75.76%。

为贯彻落实普惠金融要求，助力精准扶贫和助推乡村振兴，总结在烟草产业链服务上的成功经验，2019年，红塔银行推出了天麻贷、苹果贷、甘蔗贷、奶牛贷等针对云南高原特色农业的信贷产品，既有效增强了自身竞争力，也较好服务了地方经济发展，树立了良好的企业形象。截至2019年末，红塔银行顺利实现了小微贷款“两增两控”，连续三年完成银行监管部门的小微贷款考核要求。

（三）存在的问题

第一，投融资渠道单一。由于烟草的特殊属性，我国烟草产业中的投融资资金基本上为自有资金，产业投融资渠道单一，云南也不例外。并且近年来国家禁烟力度不减，烟草行业产量下滑，导致行业投资积极性减弱，资金流向非烟产业，不利于烟草产业的持续发展。

第二，大部分资金投资到了非烟产业。目前，云南省烟草产业中的投资资金有一大部分流入非烟产业，使得行业内的投资资金有所减少，对于行业的融合发展以及科技创新产生不利影响。同时，投资资金的外流也使得原本企业烟草产业规模的扩大受阻，不利于企业的长期发展。

（四）建议

第一，积极引进外来投资。当前，世界经济全球化和区域经济一体化进程加快，新一轮国际资本向中国内地转移、沿海资本及产业向中西部地区转移的态势日趋明显，特别是随着中国—东盟自由贸易区的建成运行和把云南省建设成为我国面向西南开放重要桥头堡战略的深入实施，为云南省烟草行业引进外来投资和实现经济平稳较快发展提供了重要机遇。

第二，建立多层次、多渠道的招商网络平台。加强与海内外投资促进机构、经贸合作服务机构、华侨华人团体、国内外商会协会的交流与合作，与其建立广泛联系。有计划、有步骤地邀请上述机构访滇，充分利用相关渠道办好在各地开展的综合性或专业性招商活动，建立长久的合作关系。在北京、上海、重庆、广州和深圳等大城市，以省政府驻当地办事处为依托，强化招商引资联络工作，结识客商，推介项目。

六、风险控制策略

（一）基本情况

1. 自然风险

云南烟草产业面临的自然风险主要来自自然界及农业生产相关的灾害性因素，如气候、病虫等自然灾害对云南烟草种植带来的损失。云南是一个多自然灾害的省份，烟农种烟受各类自然灾害影响巨大。与其他商业性农作物相比，烟叶生产周期较长，从育苗、移栽、采收、烘烤到烤烟收购结束，整个周期长达8个月时间（何晓芸，2018），而这8个月时间正是云南自然灾害发生频繁的时段。

近年来，云南烟草以稳定核心烟区、稳定骨干烟农、提升烟叶整体水平和均质化为着力点，推动产区形成以烟为主、多元产业协同互补的现代农业产业体系。一方面，将基本烟田建设纳入全省高标准农田建设规划，建立健全基本烟田保护制度和以烟为主的耕作制度，同时大力推广病虫害绿色防控措施，推动实现了蚜茧蜂防治蚜虫技术从烟草农业到大农业的跨越。优质高效、绿色生态、减肥减药、节能环保、减工降本、提质增效的现代烟叶生产方式成为云南高原特色农业发展可借鉴的重要经验，助力云南打造“三张牌”。另一方面，云南烟草注重烟区基础设施建设，通过合作共赢、普惠烟农、多元发展等方式，千方百计地促进烟农增收、农业增效。烟叶种植成为云南广大烟区打赢脱贫攻坚战的重要支撑和推进乡村振兴战略的有效抓手。

在云南保监局的积极推动下，云南省2013年开始全面试点烟叶生产商业保险（和讯放保），有效规范了烟叶种植自然灾害风险防范。烟叶生产商业保险以“政府引导、烟农投保、烟草补贴、全面覆盖”的模式，通过“烟农出一点、烟草公司补一点、政府帮一点”的方式筹集资金为烟农烟叶生产自然灾害投保（钱丽琴，2013）。保险范围包括因各类病虫害、冰雹、大风、冰霜等自然灾害所造成的损失等，每亩保费分为30元、40元、50元和60元四个标准，绝收最高赔付额每亩分别可达到800元、1070元、1350元和1600元（钱丽琴，2013）。

2. 市场风险

烟草作为一种特殊农业种植物，根据《中华人民共和国烟草专卖法》（以下简称《烟草专卖法》）规定：必须是国家专卖才能进行销售，任何单位、个人不能随意从事烟草的商业活动。烟叶的种植和收购都是由国家烟草专卖局制定限定计划，再将相应的计划分发逐渐下放到各级的烟草部门。除此之外《烟草专卖法》规定，在烟草开始进行收购之前，烟草局就会制定烟草收购价格，各级烟草公司必须根据相应规定进行烟草收购。因此，我国烟草农业除面临较大自然风险外，还面临着来自烟草局在烟叶收购过程中形成的僵硬计划经济体制，从而导致市场风险加大（何晓芸，2018）。为此，云南烟草行业探索出了多种模式以降低烟农面临的市场风险。例如，“烟草公司＋农户”模式，即以烟草公司为主导，通过签订烟叶收购合同的方式，联系广大分散农户，形成产销一体化的经济体。一是烟草公司负责生产资料供应、技术指导、生产组织、收购调运等，同时还给烟农一定的生产补贴；二是烟农按合同规定进行生产，最大限度地提高烟叶质量和效益。这样既保护了烟农的种烟积极性又使烟厂有稳定的原料货源，降低了市场风险（张培兰，2011）。

结合省情，从2015年起，云南省将云南烟叶种植保险确定为地方财政补贴项目，每年安排3000万元用于全省优质烟叶生产补助的经费优化调整，为全省烟叶种植保险省级保费支出，撬动了全省3亿元的保费总投入，为全省12个种烟州（市）的88.48万户烟叶种植户投保了599.80万亩烟叶种植保险，2015年11月审核补助了2991.16万元省级财政保费补贴，为烟叶种植户提供59.98亿元的风险保障（唐建文，2017）。同时，还配合出台了《2015年烟叶种植保险工作方案》以及《云南省烟叶种植保险项目保险公司服务考核评价办法》。

（二）若干案例

人保财险云南分公司、太平洋产险云南分公司、中国人寿财险云南省分公司等利用不同的方式，实施烟叶种植保险项目核保和理赔工作，成功减少了烟农的损失，控制了云南烟草产业的风险，对云南烟草产业的发展具有重要的意义。通过人保财险云南分公司、太平洋产险云南分公司、中国人寿财险云南省分公司等的保险措施，仅能够对烟草种植中面临的自然灾害进行风险控制，不能防范由市场风险、金融风险等非自然风险带来的损失。根据《关于加快农业保险高质量发展的指导意见》的要求，2018 年各保险公司开展联合保险试点，通过“科技 + 农险 + 服务”的创新模式，较好地解决了农业保险合规、经管、服务等方面的难点和痛点，推进农业保险服务实现“规范化、智能化、标准化、精准化”，烟叶种植科技理赔云平台为农户和农业部门提供全方位、全流程、全产业链的风险管理综合解决方案，促进了烟叶种植保险绿色生态圈建设。

1. 人保财险云南分公司

人保财险云南分公司在长期的烤烟保险过程中，在防灾防损方面工作到位，真正做到了风险可防可控。具体措施为，一方面与气象部门协作，资助气象部门编发每月一期的《气象信息》，寄往各乡、镇及村委会，指导乡、村、组预防烤烟洪涝灾害；另一方面参与地方政府组织的人工影响天气活动。此外，烤烟保险开办 20 余年来，人保财险云南分公司摸索形成了一套查勘定损的方法，即坚持查勘到田块、理算到户。对于冰雹、暴风造成的损失，人保财险云南分公司的做法是按“以洞折叶、以叶折株、以株折亩”的抽样统计定损；对于洪水、暴雨造成的烟株损失，按实际损失叶片占烟株标准有效叶片的比例确定。抽样定损完成后，列出受灾面积分户清单，并将受灾农户实际种烟面积与承保面积进行核对，实际种烟面积大于承保面积的按比例赔付，实际种烟面积小于或等于承保面积的按实际受灾面积赔付。在内勤人员接到查勘定损人员提交的定损清单后，理算赔款到户，并将赔款及时兑现到灾农手中，帮助他们进行生产自救。

2. 太平洋产险云南分公司

2013 年以来，太平洋产险云南分公司积极加入全省烟叶统保项目的服务中，当年该项目造成公司巨额亏损。2014 年，太平洋产险云南分公司一如既往地为烤烟种植项目提供保险服务，4 月公司以最大份额承保云南省烟叶种植保险项目，承保范围包括昆明、文山、楚雄、普洱、临沧、丽江、文山、玉溪、曲靖、昭通、德宏、保山12个州市。2014年6月起，曲靖各县区连续遭受冰雹、风灾、洪涝的袭击，短时间烟草公司烟叶站及烟农累计报案数百起，报损面积达数万亩。太平洋产险云南分公司立即启动大灾应急预案，派出大灾应急小组赶赴曲靖灾区。应急小组抽调了数十名年轻员工，协同州市中支理赔查勘人员连夜转战马龙、宣威、富源等数十乡镇、村委会，第一时间为灾民受理报案，快速完成了受损面积的查勘，实现了“用心承诺，用爱负责”的服务宗旨。

3. 中国人寿财险云南省分公司

中国人寿财产保险股份有限公司在云南的省级机构，成为2012～2015年云南省农业（种植、养殖）保险项目共保体中的一员，份额6%，总保费收入约4000万元。经过4年的项目服务，锻炼了农险专业队伍，积累了丰富的理赔经验。公司在2016～2018年云南省农业（种植、养殖）保险项目招投标中以总分第二的成绩再次中标，市场份额提升至35%。服务昆明、红河、楚雄、文山、迪庆和怒江6个州市52个县区。2016年末，公司农险规模跃居全国系统第一，稳居云南市场第二，参与险种覆盖了云南所有政策性农险业务。自公司经营农业保险以来累计实现保费收入8.4亿元，提供风险保障超1500亿元。2015年，中国人寿财险云南省分公司成功中标烟叶种植保险项目，取得了3个标段的独立承保权，覆盖红河、玉溪、保山、临沧、德宏5个州市的210万亩烤烟，服务期限3年。为做好烟叶种植保险服务，中国人寿财险云南省分公司加大基础投入，健全服务体系。优先在人口集中、交通便利、经济相对繁荣、业务发展有潜力的中心乡镇建设布局，在此基础上向周边乡镇、农村辐射，将公司的服务端口前移到农险服务的第一线。同时，省市公司成立农险部，把具有农险从业经验的人员调整充实到农险岗位上。鼓励支持从外部引进农险专业人才，聘请兼职的烟办人员作为技术顾问，推进乡村协保员、协赔员队伍建设，壮大充实农险服务队伍。在烟叶种植保险项目灾害高发期，省公司班子成员还分头带队，多次深入受灾严重地区进行现场指导，对受损烟叶进行抽样检测，确定受损程度，向当地烟草公司负责人、村委会干部、种植农户了解灾害事故发生的具体情况，安抚受灾农户情绪，并召开专门会议研讨，制定理赔方案，贯彻“五公开三到户”要求，全力做好理赔服务。

4. 联合承办模式试点

2018～2019年，中国太平洋财险云南分公司、中国平安财险云南分公司、中国人保财险灾害研究中心与云南安华防灾减灾科技有限责任公司（以下简称“安华科技”）共同签署了《云南省烟叶种植保险承保理赔科技信息平台合作协议》，分别在文山、玉溪、楚雄、昭通等州（市）开展烟叶种植保险试点，共同建设烟叶种植保险承保理赔科技云平台。一是利用无人机低空遥感技术和卫星遥感相结合的方式快速准确获取烟叶种植的详细区域分布，并经过技术处理及匹配相关数据，提取烟叶种植分布情况，科学快速确认烟叶所有人、位置、面积、所属行政区域等信息。二是出险后可在极短时间内锁定受灾区域、核定受损面积，做到快速理赔，实现“按图承保、按图理赔、核保到户、验标到户、查勘定损到户”。比如2019年7月玉溪市华宁县遭遇冰雹灾害，农户烟叶报损5300多亩，云南太平洋财险公司协同安华科技，利用AI遥感技术只用了3小时就实现快速定损、快速理赔，降低了道德风险，合理节约保险赔偿金180万元，实现农户满意、地方政府满意、烟草部门满意、保险公司满意。三是2019年11月，中国太平洋财险云南分公司、平安财险云南分公司与云南安华科技一起拟利用AI遥感技术和地块属性数据为农业部门进行烟区规划、清塘点株、数字农业提供科技服务，进一步提升农业保险的附加价值，推进农业保险生态圈建设。

（三）存在的问题

随着经济的发展和烟草行业改革的不断深入，环境、资源、市场、渠道、员工的能力与成本等因素的稳定与否给行业发展带来了不确定性，云南烟草行业普遍存在风险管理意识不足、风险管理实践经验欠缺、风险管理策略较为被动、风险管理专业人才缺少、风险管理技术相对落后等问题。另外，云南省对于风险控制的机制较为单一，没有形成较为严格的风险控制体系。

目前，云南农业保险的科技应用，受保险公司经营成本投入和发展理念的影响，主要存在以下几个方面的困难。一是云南特殊的地理特点及气候复杂多样性，造成卫星遥感技术在自然灾害多发季节获取烟叶卫星影像困难，数据精度不能满足精准识别的需求。二是低空遥感技术成本较高，作业周期长，受天气因素影响较大。三是研发农业灾害损失AI遥感技术投入较高。由于不同灾害种类所造成的农作物受损情形不同，前期数据积累较少，目前通过遥感方式直接判断烟叶损失程度还较困难，需人工辅助。四是对农业保险科技的认识，特别是“农业保险+科技+服务”和农业保险绿色生态圈建设的重要性认识有待提高。五是亟待云南省财政部门和农业部门进行顶层设计，推动农业保险科技应用，助力数字农业、特色农业溯源标准体系建设和农业保险高质量发展。

（四）建议

第一，建立云南农业保险信息科技云平台。通过对流转和托管的土地进行确认追踪，使用卫星遥感监测烟叶长势和损失情况，借助高精度估产模型，提前对目标区域内的烟叶产量进行准确评估，形成基于行政区划的农业历史生产数据、灾情数据、成本价格等外部数据，为绿色食品示范区建设、“一县一业”提供数字支撑，构建农业保险绿色生态圈。

第二，鼓励承保农业保险的保险机构，扩大AI遥感技术在种植业保险中的试点范围；建立各种农作物光谱识别AI遥感数据库；将科技农险发展趋于线上化、智能化和生态化，拓展农业保险服务“三农”的广度和深度。适时升级农业保险监管要求。升级保险资料采集模式，改变传统保险资料模式，实现由“照片”到“视频+音频+照片”的模式转变，避免纯影像资料的编造和重复使用，通过保存多维度的影音资料，记录全面、可靠的信息。

第三，建设“农业数字地图”和“溯源标准体系”是实现“特色农业供应链金融”风控目标的重要支撑条件。鼓励搭建地方政府、农户、农业企业、保险公司、银行、科技公司共建农业供应链金融服务平台，形成“政银保企农”“科技+金融”产业布局，实现多方对标的的实时监管、全流程追踪溯源，解决绿色食品发展融资难、融资贵、融资时间长的“瓶颈”。

七、融合发展

（一）基本情况

烟草属于典型的工业原料，现代烟草农业衔接一二三产业，上连千家万户、中接工商市场、下带商贸物流，是云南省产业链最完备的成熟产业。围绕现代烟草农业发展，全省形成了烟用肥料生产、烟叶种植（烟杆资源化利用）、复烤加工、卷烟生产、卷烟销售、烟叶和卷烟物流运输、仓储配送、信息化管理、电子商务等产业链条十分完整的产业体系。现代烟草农业规模化生产、集约化经营、社会化服务的发展模式，在特色农业发展中发挥了积极的示范引领作用，被全国全省农林牧产业体系广泛借鉴和应用。

烟草产业的两化（工业化和信息化）融合也正成为烟草产业链中下游企业的融合发展方式，努力推进两化融合是云南省烟草行业发展的机遇和挑战。2010 年前后，红塔集团开始全方位应用生产信息化管理系统。近年来，红塔集团以企业资源计划系统和行业卷烟生产经营决策管理系统为数据源头，以数据中心为核心，形成以信息分类编码、主数据和业务指标数据为基础的集成体系，打通了与国家局、云南中烟、所属各卷烟厂之间的数据通道（张佩玉和杨敬丽，2017）。

在与其他产业融合方面，目前云南省不断推进烟草产业与旅游产业融合，丽江的“旅游＋烟草”特色终端试点取得了较好的成效。2015 年底，上海烟草集团有限责任公司与技术依托单位——云南省烟草农业科学研究院达成协议，从 2016 年开始利用“互联网＋技术”远程服务为烟叶生产解疑释惑。云南省还加强烟草产业与互联网的融合发展，提出通过“两步走”实现烟草产业数字经济新生态的总体目标，即到 2020 年，行业“互联网＋”发展新基础得到夯实、应用新成效得到释放、发展新环境得到优化，“互联网＋”发展实力初步形成；到 2025 年，网络化、智能化、服务化、协同化的烟草产业生态体系基本完善，“互联网＋”新经济形态初步形成（颜敏新，2018）。

（二）案例

1.“烟草＋药材（花卉、水果、蔬菜）等”多业融合探索

第一，玉溪三农高原特色现代农业有限责任公司。通过整合政府政策、烟草资源、种植主体三方优势，采用流转土地、成立专业公司、吸纳周边闲散劳动力就业、系统规划产业、专业化种植的运作模式，公司在 2 万亩核心烟区土地上轮作种植 1000 亩优质水稻、百亩中药材，探索烟后高原特色早熟青蚕豆产业，实现了统一品种、统一技术、统一品牌，集中规划、集中生产、集中经营的集约化生产和集中营销，仅培育蚕豆一项，亩产值便可达 4000～5000 元。公司以烟叶主业为基础，通过非烟产业链的延伸，以“公司＋产业工人＋合作社＋种植大户”的土地经营权流转机制和生产新模式，牢牢掌握了核心优质烟区的主动权和话语权，让烟农在家门口就能就业。以点带面，通过对新模式的探索，玉溪七县两区打造出“烟菜并举、一县一品、互动增收”的新路径，带动了江川草莓、通海花卉、峨山柑橘苗、新平蔬菜等的种植。

第二，玉溪烟农增收产业示范园。玉溪烟农增收产业示范园占地 1200 亩，有

云烟园、云花园、云药园、云菜园、云果园五大园区，是玉溪探索烟区产业综合体引领烟农增收新方式结出的硕果。在云烟园，绿色生态有机烟叶新技术试验示范区、有机烟叶烘烤创新区、绿色生态有机技术联合研究中心等集中展示了烟草农业科技创新的最新成果；在云花园，旱生植物、水生植物等200多个花卉品种分区排布，形成集花卉观光旅游、鲜切花、干花、插花艺术、花卉食品、精油提炼为一体的花卉产业链；在云药园，汇聚了50多个品种的云南高原特色中药资源，集种苗繁育销售、中药提取、生态观光旅游为一体的产业正在形成。在云南，以玉溪澄江烟区为代表的产业综合体的建设，稳定了烟叶主业，带动了后续产业及配套产业的发展。

2. 大理州五孔桥烟农增收产业融合示范园的“烟草+现代销售”模式

云南省烟草专卖局充分发挥行业卷烟渠道优势，以订单生产、订单式销售为主，对二三产环节的烟农增收产品探索利用“两烟”物流和第三方渠道开展产品销售，成功开启了烟农增收产品销售的新途径。线下实体店建设的同时，大理州局（公司）搭建“云香大理”电商平台，平台分设“消费者商城”“零售者商城”，分别面向消费者、零售户群体进行销售，而“惠农服务商城”则面向烟农销售烟用物资，为烟农提供技术服务。

3. 云南中烟与丽江合作探索“旅游+烟草”

随着改革开放以来云南旅游业的快速发展，云南旅游购物也在大踏步发展，但云南的旅游市场上仍然没有能称得上具有云南代表性的旅游商品。同时，丽江地方经济结构单一、旅游市场消费红利日趋减少，本地市场降档消费明显，外部增长动力后劲不足。在烟草方面，云产卷烟，同质化突出，没有区域特色；影响力日益下降，营销手段单一；卷烟营销市场化程度不高，营销网络服务专业化程度低等问题也确实存在。基于以上因素，扩大云产烟品牌影响、丰富云产烟旅游特产属性、提升丽江烟草卷烟市场化经营水平成为跨界联合改革的关键点。云南省烟草专卖局（公司）确定丽江作为坚持市场化取向改革方向，以探索、推进供给侧结构性改革为抓手，打造符合云南实际的特色零售终端建设的试点单位，丽江烟草开启了“构建符合云南实际的市场化取向改革和终端建设新模式”的新征程。云南中烟与丽江合作探索之初，围绕“旅游+烟草”，紧盯供给侧结构性改革“去产能、去库存、去杠杆、降成本、补短板”五方面，力争实现“一落地、一突破、两合理、两显著”的目标，即市场化取向改革全面落地、终端建设水平得到突破、商业库存和社会库存得到合理控制，营销成本显著下降，服务体系短板显著补强。

4. 成效

推进烟草业的融合发展离不开烟草企业的支持。通过整合区域资源，围绕市场需求，坚持以烟为主的综合体建设规划布局，围绕烤烟培育辣椒、蔬菜、林果、中药材和猪饲料优势主导产业，推行“基地+资源+合作社+龙头企业”融合模式，可以明显带动当地烟农和贫困户增收，提高多元产业组织化程度。鼓励产业园区、龙头企业、烤烟合作社、致富能人带领烟农合作共建，组织烟草生产人员和科技员、职业烟农培训学习，通过流转土地、股份合作社等多种形式，依托龙头企业，强化产经销一体化推广，推进规模化、标准化、品牌化建设，对建立新型产业经营主体，稳定烟农增收的利益机制，增加烟农经济收入均有积极作用。

此外，“旅游+烟草”不仅为旅游业的发展提供了丰富的内容和文化元素，同时也促进了多产业的发展。“互联网+烟草”则激发行业创新活力、发展潜力和转型动力，驱动中国烟草提质增效、转型升级、创新发展，实现由一体化数字烟草向烟草产业数字经济新生态迈进（张晨，2018）。

（三）存在的问题

云南省烟草产业一二三产业融合发展有利于积极推动现代烟草产业发展效率变革，加快推进现代烟草高质量发展步伐，不断拓宽群众增收渠道，为巩固提升脱贫攻坚成效和促进县域经济持续发展提供了坚实的支撑。但问题仍然存在，如技术人员缺乏、农民生产积极性不高以及渠道不畅等。

1. 两化融合进展缓慢

烟草产业中下游两化融合是工业化和信息化深度融合的发展产物，烟草行业的两化融合在给传统烟草工业发展注入活力的同时，也带动了信息产业的发展，同时也是传统产业转型发展的必经之路。而弊端则在于云南烟草产业规模庞大，各企业两化融合的进程不一，同时，烟草产业链长，中下游产业的两化融合如果不能够有效延伸至上游种植、加工等领域，将为未来产业的发展埋下隐患。随着中国经济的新常态发展以及国家禁烟力度短期内不会放松的态势，烟草行业的两化融合、降本增效就显得尤为重要。烟草消费方式加速演变，产品形式更加多样，烟草新兴领域变革与发展的压力更加突出，这些变化都在深刻影响着烟草产业未来的发展格局。行业的两化融合还存在创新动力不强、创新活力不足、创新政策协同不够等突出问题，进展缓慢。

2. 烟农利益难以保障

在国家烟草专卖制度下，烟农属于被调控对象，缺少话语权。烟农专业合作社的出现，一方面实现了规模化生产，并具有范围经济；另一方面则成为烟农利益代言人，拥有一定的谈判能力（申珅，2018）。然而，云南省部分州（市）专业还没有大范围推广合作社，合作社的凝聚力和协调性不足，再加上没有从严抓好合作社的规范化管理，导致其并没有充分发挥应有的作用，烟农利益也得不到切实有效的保障。这不利于烟农生产积极性和烟农收入的提高，也不利于烟叶精准脱贫工作的推进，更不利于“烟草＋农业”融合发展的开展和推广（申珅，2018）。

3. 产业融合程度不高

第一，烟草产业融合较为单一。烟草产业层次较多，但大多数主要集中在烟草种植和初加工阶段，进行深加工的企业少，集中度高。烟草产业与其他产业融合度低，没有形成多种产业结合发展的模式，虽然丽江在试点烟草与旅游业的融合，但也主要集中在终端产品方面。

第二，产业融合新技术、新设备少，附加值提升慢。烟草产业属于传统产业，虽然云南不断加大烟草产业与新技术的融合，但目前该产业仍然显现出技术更新慢、效率低等现象，不利于附加值的提升。但由于烟草产业具有特殊性，国家对其生产、销售、技术等方面都有较为严格的要求，新的模式下，如何规范行业发展，仍需要进一步探究。

（四）建议

第一，进行多元化经营，激发产业带动效应。针对产业融合较为单一的情况，云南烟草产业应该进行多元化经营，充分发挥市场机制的调节作用，逐步实现资源的优化配置。可以鼓励烟草种植户与花卉、食品公司等合作，在烤烟育苗的空闲季节，利用育苗大棚种植菊花、西瓜、香菇、时蔬等瓜果蔬菜，用烤房空闲期培育茶树菇等食用菌，利用烟用有机肥种植茶叶、蔬菜、花卉等其他农作物，进行多元化经营，激发烟草产业带动效应，提高经济效益。

第二，加快“互联网＋”建设，打造烟草产业数字经济。云南烟草产业要充分发挥互联网创新驱动作用，大力发展众创空间、开放式创新等，以企业为主体，着力增强“互联网＋”智慧农业、“互联网＋”协同制造、“互联网＋”现代流通、“互联网＋”高效政务四个重点领域的创新能力，提高产业的数字化水平，实现由一体化数字烟草向烟草产业数字经济新生态迈进。

八、科技推广应用

（一）基本情况

如果说天然橡胶曾经是新中国历史上组织化程度、科技化水平最高的传统产业，那么烟草可以说是目前我国组织化和科技化水平最高的现代农业产业。云南烟草科技推广工作主要由烟草专卖局（公司）主导，云南烟草农业基础性研究、应用性研究和技术推广服务主要由云南省烟草农业科学研究院负责，烟草工业的科技进步则更多体现出市场化、多元化的特色。经过多年的发展，云南烟草科技创新和推广应用取得了显著成效。

1. 烟草农业实现了由传统向现代的转变

建成了健全的科技推广服务网络，集中育苗、烟叶生产环境调控、高产高效栽培等烟草农业生产技术和设备得到广泛推广应用，农业科技贡献率逐步提高。2001 年以来，烟草新品种的培育和推广，彻底改变了烟草种植依赖国外引进品种的被动局面，特色优质烟叶开发取得巨大成效。烟草育种技术实现从传统育种向现代分子育种的转变。以精准施肥、科学采烤、精益生产为代表的先进烟草农业技术取得了长足发展（谢剑平，2017）。云南中烟烟草基因组研究迈向新高端，处于国际前沿，构建形成以基因技术为核心的现代烟草育种技术体系，打通了从基因到品种的创新产业链条，为烟草生物技术乃至植物科学的发展做出了积极贡献。绿色发展成为烟草农业新名片，烟草病虫害防治逐步实现由化学防治为主向生物防治、物理防治、化学防治综合手段为主的转变，蚜茧蜂防治蚜虫技术实现植烟面积全覆盖，在大农业推广面积超过烟草农业，成为国内外生物防治的成功典范。

2. 中式卷烟品牌实现跨越式发展

云南卷烟产品创新、品牌创新、品类创新更加深入，实现了从产品塑造到品牌塑造、品类塑造的提升；创新构建了有支撑、成体系、能感知的中式卷烟品类体系；细支卷烟、中支卷烟、短支卷烟、爆珠卷烟、低焦油卷烟、低有害成分释放量卷烟、雪茄烟生产迅速成长；中式卷烟在国内市场牢牢占据主导地位，在国际市场影响力进一步增强。

3. 卷烟生产制造和商业流通迈向更高台阶

云南卷烟生产制造迈向国际先进水平，精细化加工、均质化生产、敏捷化制造、智能化控制、信息化管理水平全面提升；研制中式卷烟重点品牌专用制丝生产线，奠定品牌发展的工艺装备保障；打破国际技术垄断，成功研制与国际先进水平接轨的高速、高效、清洁、低耗的再造烟叶生产线；烟机装备设计、制造和服务体系不断健全，形成了超高速系列产品，国产烟机装备实现了由高速向超高速的跨越；信息化与工业化深度融合，构建起涵盖烟叶生产、卷烟生产、批发、零售、消费各环节的全价值链信息化网络体系，传统商业向现代流通加快转变。

（二）案例

1. 云产卷烟高端特色烟叶开发

2015 年 12 月，云南省人民政府办公厅下达了《云南省“2260”优质烟叶工程工作方案》，启动“2260”优质烟叶工程，按照“政府主导、工商协同、县负总责、乡村落实、奖励到户”的原则，每年在全省重点核心烟区 20 个县（市、区）精选 20 万亩优质区域，种植云产卷烟高端品牌需求特色品种，生产 60 万担特色优质烟叶。2018 年，更名为“2260”高端特色烟叶开发。在 6 年时间中，牢固树立“绿色、生态、优质、安全”的发展理念，坚持“市场、质量、规范”的烟叶工作方针，以提高烟叶成熟度为核心，紧盯“两烟”市场占有率和市场竞争力两个核心，明确烟农直补、保费补贴、科技支撑三大支持政策，落实定区域、定田块、定品种、定技术四要素，确立了“政府主导，工商协同，县负总责，乡村落实，奖励到户”的高端特色烟叶开发工作原则，确保了开发工作有序、有效开展，圆满完成年度开发目标任务，取得实效。通过 2016 ~ 2020 年 5 年持续实施，累计生产高端优质烟叶 270 万担。

2. 生物质燃料在烟叶烘烤中的应用

生物质能源可以代替煤炭燃料在烟叶烘烤中进行应用，而且具有清洁、提高烤烟品质、降低烘烤成本等优点。目前，生物质颗粒燃料在烤烟烘烤中的应用研究较为广泛。生物质燃料满足了烘烤的工艺要求，降低了烟叶烘烤成本，改善了烟叶内在品质。2016 ~ 2019 年，云南省推广燃烧机 26319 台，累计使用生物质燃料 139105 吨。

3. 硃砂特色烟叶定制化开发

硃砂烟是云南烟叶优质品质的典范，具有独特的风味。2018 年中国烟草总公司云南省公司把砵砂烟叶开发列入云南烟草商业科技重大专项；2019 年中国烟草总公司云南省公司、云南中烟工业有限责任公司共同列为重大科技专项，深入研究砵砂烟生态环境定位、品系提纯复壮、定位质量风格特征、摸清成因解析、收购标准制定、复烤加工配方使用等，构建砵砂烟生产技术体系，为砵砂特色优质烟叶的规模生产提供技术支持。通过深入推进砵砂品系的筛选和提纯复壮，开展定制化生产，实现砵砂特色优质烟叶由不可控生产向定制化和可控生产转变，由零散产出向批量生产转变，必将赋能打造全国需求最旺烟区，为全省烟草产业高质量发展再添新动能。2020 年，首次筛选出砵砂烟品系 1 号和品系 2 号，定位了砵砂烟质量风格特征。

4. 云南红河烤烟膜下小苗移栽技术研究及推广

云南烤烟膜下小苗移栽技术研究及推广项目由红河州烟草公司等单位联合完成，对小苗移栽的膜下温度、湿度、土壤含水量、根系活力及烟株生长速度等方面进行了深入研究，分析了膜下小苗移栽对烤烟生育期、有效叶片数、烟叶成熟落黄和烟叶品质的影响，明确了抗旱节水、增温保湿、早生快发、增强抗逆性等优势，提出了育苗盘规格、移栽期、烟苗苗龄和大小、定根水量、破口温度指标、地膜要求等关键技术参数，编制发布了云南省地方标准《烤烟小苗膜下移栽技术规程》。该技术前移了云南烤烟大田生育期 15 天左右，改善了上部烟叶成熟期间光温条件，提高了上部烟叶质量和可用性，在生产实际中转化速度快，推广规模大，应用前景好。

5. 云南丽江烤烟水肥一体化滴灌配套技术推广应用

为实现抗旱节水、提肥促生长、减少用工、降低成本、提质增效，促进丽江烟区烟叶生产可持续发展的目的，探索烤烟滴灌条件下水肥一体化技术推广应用研究，总结丽江烟区水肥一体化滴灌配套技术的栽培管理模式，形成生产技术规范在全市范围内进行推广，2016 年丽江申报的“丽江烟区水肥一体化滴灌配套技术推广应用”项目通过省局（公司）审批立项实施。项目实施开展了 3 种烤烟专用水溶性肥筛选小区试验，按不同植烟生态区落实滴灌制度小区试验 15 亩，落实 400 亩烤烟开展水肥一体化滴灌技术应用大田示范验证。同时在丽江市 5 个植烟区域内对不同类型的土壤质地进行选取，用于开展灌溉周期研究。为确保项目工作的顺利实施，丽江市公司组织成立了项目领导小组、研发实施小组、技术推广小组和专家顾问组，同时建立了工作管理考核机制、考核指标，以确保工作落实到位，取得成效。

6. 西南烟叶样品数字化技术

2020 年 2 月，西南烟叶样品中心在烟叶样品高清图像采集、处理等方面取得了突破性进展。根据行业安排，西南烟叶样品中心牵头启动实施烟叶样品数字化与信息化建设工作。经过大量的反复验证试验和技术攻关，相继攻克了样品前处理、图像采集、图像处理等多项难题，在实践中探索形成样品 3D 图像采集处理等系列方法，并制定出相应规范。中心已完成 2019 年红河地区烟叶试验样品的高清图像采集和色彩仿真校正处理，达到了样品高仿真度的展示效果。实物样品数字化技术的开发和应用，能够使烟叶实物样品资源的数字化和可视化成为现实，极大地延长了烟叶实物样品的使用寿命和生命周期，应用领域和前景广阔，在样品展示、教学考务、竞赛培训、收购指导、远程观摩等领域能够发挥更大作用。下一步，西南烟叶样品中心将加紧实物样品数字化技术开发步伐，高标准推进数字样品实验室建设，为数字样品海量数据库建设提供硬件支撑。

7. 云南中烟全域数据管理模式

云南中烟是目前全国卷烟产销规模最大的省级中烟工业公司，现拥有卷烟产销规模位居行业前两位的两红集团，七家直属单位，并参控股多家企业。作为行业领军企业，云南中烟在研发创新方面同样扮演着开拓者的角色。基于全域大数据运营的烟草研发，是对传统研发模式的颠覆，也是把云南中烟“精益研发”推向更高层次的有效手段。云南中烟将云计算、大数据技术应用于烟草产品研发、精益生产、仓储物流和精准营销的业务场景，大幅缩短产品研发周期、降低研发成本，有效提升产品美誉度。并且项目通过产品主线打通产品研发、生产管理至市场运营的业务闭环，为烟草行业带来可参照的典型示范。

8. 经验总结

依托烟草局进行技术开发与推广，保证了技术研发与推广的一体性，能够有效落实技术应用效果。云南省烟草局高度重视创新尤其是科技创新工作，在技术研究、体制机制、平台建设、人才培养上采取一系列创新思路和创新举措，在技术创新、协同创新、体系创新三个方面取得了较好成绩。“云南烤烟膜下小苗移栽技术研究及推广”和“丽江烟区水肥一体化滴灌配套技术推广应用”是云南省近年来推广的技术中的两种，对提高云南烟草产业技术水平、保证烟叶原料供应质量、提高生产效率具有重要意义。无论是西南烟叶样品数字化、信息化技术，还是云南中烟全域数据管理模式，都是对传统烟草产业的创新发展，是应用先进科学技术以及信息化手段为行业的健康、可持续发展做出的巨大贡献。西南烟叶样品数字化、信息化技术对于烟草产品研发和行业的持续发展都具有重要的意义，是实现云南省烟草产业转型升级、两化深度融合的基础，同时，也有利于我国烟草产业由传统产业向创新型产业的转变。云南中烟全域数据管理模式为云南省乃至全国的烟草产业转型发展提供了可借鉴的模板，是对于传统产业与现代信息技术深度融合的大胆尝试，不仅推动了企业的信息化发展，还在降本增效、技术创新等方面取得了先发优势。

（三）存在的问题

1. 科学技术在种植、加工环节的应用较为薄弱

目前，云南省烟草行业科技推广应用较好的环节主要集中在生产、销售的信息化管理以及烟草产品技术研发方面，在上游种植、加工环节的应用仍较为薄弱。一方面是由于高水平技术人员缺乏；另一方面是由于上游烟草种植与农业紧密相连，单纯的烟草技术不能适应“烟草+农业”的发展模式。

2. 科技推广应用人才队伍建设力度不够

由于政企合一的特殊体制，云南烟草行业行政管理色彩较浓，因此在队伍管理方面存在泛行政化模式问题。尽管用工分配制度改革在行业建立了分类管理理念和基础，打通各类专业技术人才发展通道，但是在实际工作中依然存在重管理、轻专业技术的倾向（樊绍君，2015）。这主要表现为对专业技术人员培养选拔力度、重视程度不够，反映在待遇方面，专业技术岗位的待遇比对相应等级的管理岗位待遇进行兑现，但又适当低于管理岗位，且上升空间受限；对专业技术岗位工作条件支持程度不够，特别是在团队支持方面，缺乏对专业技术岗位的有效人力资源支持，难以形成由不同等级专业技术人员组成的创新团队，容易陷入单枪匹马的工作环境等。这些倾向导致专业技术人员工作创新的积极性不高，专业技术岗位对人才的吸引力不足，人才资源向专业技术岗位流动不够（樊绍君，2015）。

（四）建议

1. 提高自主创新能力，推动技术创新

在整个烟草种植过程中，需要加大基础设施的建设，科学分配资源，对技术进行创新，促进农业、工业、商业的共同发展（马思敏洁，2019）；对整个种植过程进行系统配置，对相关人员进行培训，深化科技改革，提高烟草种植水平；建

立科学的人才评价机制，实现多专业、多领域和多层次的人才结构。

2. 创新专业技术人才管理机制，打通专业技术人才成长通道

完善专业技术人才聘用制度和岗位管理制度，探索建立首席农艺师等高层次人才师承培养使用制度，创新产学研结合的人才培养机制，充分发挥对专业技术人才队伍的引领、示范和带动作用，建立权责清晰、分类科学、机制灵活、监管有力的人事管理制度，实现由身份管理向岗位管理转变。另外，也要创新专业技术人才职业发展通道，为其提供可持续成长的发展空间（樊绍君，2015）。

（执笔：刘吉新、彭子芸、陈良正、徐安传；审定：刘吉新）

第二十一章

云南蔗糖产业经济问题研究

第一节　云南蔗糖产业发展概况

一、中国及云南蔗糖产业发展情况简介

糖类是人体主要营养来源之一，人体的消耗主要以糖类氧化后产生的热能来维持，人体活动所需的能量大约有70%是靠糖类供给的，因此食糖成为国计民生的重要农产品和重要战略物资。目前，全球食糖主要来源于甘蔗，甘蔗糖业是关系国计民生的重要产业，受到全球许多国家的高度重视。甘蔗原产于热带亚热带地区，是世界主要的制糖原料。据FAO统计，以甘蔗为原料生产的食糖占全球食糖的80%以上。我国是全球第二大食糖消费国和第四大食糖生产国，“十三五”期末，我国年食糖消费量达1500万吨，国内食糖生产量1050万吨左右，食糖自给率为70%左右。

新中国成立70余年来，我国蔗糖产业取得了很大发展。国家统计局数据显示，我国甘蔗种植面积从1949年的不足11万公顷发展到2008年后的170万公顷以上，2018~2020年亦稳定在140万公顷左右；甘蔗总产量从1949年的264.2万吨发展到2020年的1亿吨左右，2008年曾高达1.2亿吨以上。至2018/2019榨季，全国蔗糖总产也在945万吨，占全国食糖总量的87.74%。蔗糖是我国重要的农产品，蔗糖生产在我国经济发展中占有重要的地位。云南依托丰富的热区土地资源、良好的自然条件，大力发展甘蔗生产和糖料加工，取到了显著的成就（张跃彬等，2006）。“十二五”期间，云南年植蔗面积曾高达30万公顷以上，蔗糖年产量突破

230万吨，工农业产值近250亿元，甘蔗和食糖产量位居全国第二，成为云南边疆民族地区的经济支柱产业，虽然近年来全省植蔗面积、甘蔗和蔗糖产量均有所下降，但全国第二大糖料主产省的地位至今未变。①

二、中国及云南蔗糖的生产分析

（一）全球蔗糖生产简况

FAO统计数据显示，2019年前后，全球近100个国家种植甘蔗，但是集中度较高，主要分布在美洲和亚洲地区，两大洲收获面积和产量之和占全球比重均超过90%，仅美洲就超过50%；全球约3/4的甘蔗种植面积和产量又高度集中在巴西、印度、泰国、中国、巴基斯坦和墨西哥6个国家。近年来，全球甘蔗种植面积基本稳定在2600万公顷，甘蔗产量也基本稳定在19亿吨左右。2016～2019年，美洲国家甘蔗收获面积和产量之和占全球比重分别为52.3%和53.4%；亚洲国家的占比分别为40%和39.7%。2019年6个主产国的甘蔗收获面积和甘蔗产量之和达到2000万公顷以上和1.5亿吨以上，全球占比分别为75.54%和78.23%。1970年以来，主要年份全球甘蔗收获面积和甘蔗产量变化趋势如图21－1所示。2010～2019年全球主产国甘蔗收获面积和甘蔗产量数据及其全球占比如表21－1所示。

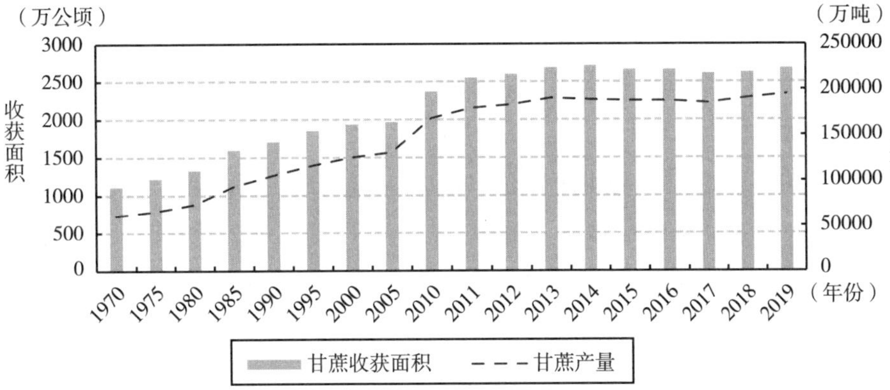

图21－1　1970～2019年主要年份全球甘蔗收获面积及产量变化趋势

资料来源：联合国粮农组织（FAO）网站2021年4月数据。

① 云南德宏州甘甜的新春［EB/OL］. 国际在线，2013－02－14.

表 21－1　2010～2019 年世界甘蔗产量前六国甘蔗生产数据及占全球比重

地区	指标	2010 年	2011 年	2012 年	2013 年	2014 年	2015 年	2016 年	2017 年	2018 年	2019 年
全球	面积(千公顷)	23689.48	25526.67	26010.04	26857.40	27097.16	26616.79	26597.60	26128.71	26269.82	26777.04
	总产量(万吨)	168284.00	179412.00	183100.80	190186.00	188595.50	187506.00	187461.10	185133.30	190702.40	194931.00
巴西	面积(千公顷)	9076.71	9601.32	9705.39	10195.10	10419.68	10111.38	10223.89	10189.21	10042.20	1008.12
	总产量(万吨)	71746.38	73400.61	72107.73	76809.00	73610.85	75029.03	76859.42	75864.62	74682.82	75289.54
印度	面积(千公顷)	4174.60	4944.39	5040.00	5000.00	4990.00	5070.00	4950.00	4389.00	4730.00	5061.09
	总产量(万吨)	29230.16	34238.20	36103.70	34120.00	35214.20	36233.30	34844.80	30606.90	37690.00	40541.62
中国	面积(千公顷)	1686.28	1721.21	1794.66	1816.49	1760.45	1476.00	1402.00	1371.00	1405.84	1414.00
	总产量(万吨)	11078.87	11443.46	12311.39	12820.10	12561.13	10706.40	10321.50	10440.40	10809.71	10938.81
泰国	面积(千公顷)	1009.58	1259.24	1282.08	1321.60	1353.03	1400.75	1342.62	1352.22	1372.17	1835.09
	总产量(万吨)	6880.78	9595.04	9840.05	10009.50	10369.70	9413.85	9022.02	10187.03	10436.09	13100.22
巴基斯坦	面积(千公顷)	942.80	987.70	1057.60	1172.35	1140.49	1131.48	1217.51	1341.78	1101.95	1039.78
	总产量(万吨)	4937.29	5530.85	5839.70	6746.01	6282.65	6548.23	7548.23	8333.27	6717.40	6688.00
墨西哥	面积(千公顷)	703.94	713.82	735.13	782.80	761.83	758.61	781.05	772.00	785.91	795.98
	总产量(万吨)	5042.16	4973.53	5094.65	6118.21	5667.28	5539.61	5644.68	5695.50	5684.15	5933.41
六国合计	面积(千公顷)	17593.91	19227.68	19614.86	20288.40	20425.48	19948.21	19917.08	19415.21	19438.06	11154.06
	总产量(万吨)	128915.60	139181.60	141297.20	146622.00	143705.80	143470.40	144240.60	141127.70	146020.10	152491.60
中国占比	面积(%)	7.12	6.74	6.90	6.76	6.50	5.55	5.27	5.25	5.35	5.28
	总产量(%)	6.58	6.38	6.72	6.74	6.66	5.71	5.51	5.64	5.67	5.61
六国占比	面积(%)	74.27	75.32	75.41	75.54	75.38	74.95	74.88	74.31	73.99	41.66
	总产量(%)	76.61	77.58	77.17	77.09	76.20	76.52	76.94	76.23	76.57	78.23

资料来源：联合国粮农组织（FAO）网站，2021 年 4 月。

FAO 统计数据显示，2016～2019 年，年收获面积上万公顷的国家有 23 个，包括巴西、墨西哥、古巴、阿根廷、哥伦比亚、美国、危地马拉、玻利维亚、多米尼加和巴拉圭 10 个美洲国家，印度、中国、泰国、巴基斯坦、菲律宾、印度尼西亚、越南、缅甸和伊朗 9 个亚洲国家，南非、埃及和喀麦隆 3 个非洲国家，以及澳大利亚。这 23 个国家甘蔗种植面积之和占同期全球种植总面积的 92% 以上，甘蔗产量占全球的比重也在 92% 以上。其中，巴西、印度、中国、泰国、巴基斯坦和墨西哥甘蔗收获面积一直排名全球前 6 位，巴西是唯一年收获面积超过 1000 万公顷的国家，印度年收获面积也超过 400 万公顷，中国、泰国和巴基斯坦甘蔗年收获面积均在 100 万公顷以上，墨西哥则接近 80 万公顷；古巴、澳大利亚、菲律宾和印度尼西亚等国甘蔗收获面积综合排名紧随其后，甘蔗年收获面积均在 40 万公顷以上，2019 年阿根廷的甘蔗收获面积达到 47.62 万公顷，超过印度尼西亚跻身前 10 位。

FAO 统计数据显示，2016～2019 年，全球甘蔗年产量均达上千万吨的国家有

18 个，包括巴西、墨西哥、哥伦比亚、危地马拉、美国、阿根廷和古巴 7 个美洲国家，印度、中国、泰国、巴基斯坦、菲律宾、印度尼西亚、越南和缅甸 8 个亚洲国家，南非和埃及 2 个非洲国家以及澳大利亚。2019 年，秘鲁甘蔗产量达到 1093 万吨，成为千万吨成员之一。其中，甘蔗年产量超过亿吨的有巴西、印度、泰国和中国，巴西在 7 亿吨以上，印度在 3 亿吨以上。这 19 个国家的甘蔗产量之和占同期全球甘蔗总产量的比重均在 91% 以上。由于世界各国对石油进口的需求和依赖，部分主产国如巴西，甘蔗除用于制糖外还用于生产乙醇替代石油。近年来，随着国际市场糖价的走低和石油等能源价格走高，其蔗糖产量占全球的比重逐步下降。

（二）中国蔗糖生产及全球的地位

根据 FAO 统计数据，2010 年以来，我国的甘蔗收获面积从 2013 年最高时的 181.65 万公顷逐步下降，2018～2020 年稳定在 140 万公顷左右，占同期全球甘蔗收获面积的比重从 7.12% 以上下降到目前的 5.28% 左右；我国甘蔗产量从 2013 年最高时的 1.28 亿吨逐步下降，2019 年稳定在 1.1 亿吨左右，占同期全球甘蔗总产量的比重也从 6.58% 下降到目前的 5.61% 左右；蔗糖产量稳定在 1000 万吨左右，占同期全球蔗糖总产量的比重从 7.1% 逐步下降到目前的 5.2% 左右（见表 21－1 和表 21－2）。

表 21－2　　2010～2019 年世界前蔗糖主产国生产前八位国家蔗糖生产数据及占全球比重情况

地区		2010/11 榨季	2011/12 榨季	2012/13 榨季	2013/14 榨季	2014/15 榨季	2015/16 榨季	2016/17 榨季	2017/18 榨季	2018/19 榨季	2019/20 榨季
世界总量（万吨）		13597.40	13931.80	14316.00	14919.50	14795.70	13867.80	17845.00	19277.00	18437.00	18069.00
其中	巴西	4107.90	3857.60	4067.30	4065.80	3808.60	3636.50	4238.00	3230.00	2883.44	3141.17
	印度	2630.40	2815.20	2588.00	2675.70	3105.00	2845.60	2213.00	3505.00	3581.50	2934.80
	中国	966.00	1051.00	1198.30	1257.20	981.80	785.20	928.82	1031.04	1076.04	1041.50
	泰国	1037.00	1092.70	1038.80	1187.80	1205.70	1042.30	1030.00	1503.00	1486.68	1300.02
	美国	694.00	736.60	777.40	752.40	772.00	796.10	813.00	840.00	810.60	833.20
	墨西哥	563.40	540.00	576.10	654.50	650.50	665.00	616.00	616.00	658.80	635.00
	巴基斯坦	453.40	526.60	521.70	606.30	547.80	562.20	770.00	717.00	587.00	568.50
	澳大利亚	386.80	395.10	463.50	461.30	485.80	497.79	477.81	496.92	461.77	472.89
中国占全球比重（%）		7.10	7.54	8.37	8.43	6.64	5.66	5.20	5.35	5.84	5.76
前八国占全球比重（%）		79.71	79.06	78.45	78.16	78.11	78.10	62.13	61.93	62.62	60.47

资料来源：中国糖业协会。

从国内来看，甘蔗是南方主要的经济作物，我国的甘蔗种植区主要分布在北纬24°以南的热带、亚热带地区，集中在我国的南部和西南部。作为我国主要的糖料作物和重要的基础性、民生性产业，为确保居民“糖罐子”安全，我国历来高度重视蔗糖生产。根据南方省（区、市）的自然气候条件和资源禀赋，重点发展了广西、云南、广东和海南的糖料蔗生产，形成了桂中南、滇西南、粤西琼北等三个国家糖料蔗优势区域。尤其是近20年来，以广西和云南为重点，采取了加大投资等多种措施进行了多轮双高糖料基地建设，努力夯实蔗糖产业发展基础。到2020年，仅在广西和云南就基本按计划完成了约50万公顷的双高基地建设，有力带动了我国糖料蔗生产的发展，蔗糖产业发展取得了显著的发展成就，为保障国家食糖安全做出了重要贡献。

国家统计局数据表明，2019年，中国有广西、云南、广东、海南、江西、四川、贵州、湖南、湖北、浙江、福建等16个省（区）种植甘蔗生产食糖。20世纪90年代中期以来，中国的蔗糖产区迅速向广西、云南等西部地区转移，产业集中度逐步提高。

从表21－3可以看出，根据国家统计局数据，近年来，我国甘蔗种植面积逐步稳定在140万公顷左右，甘蔗产量逐步稳定在11000万吨左右。其中，排名前2位的主产省区广西和云南的甘蔗种植面积和产量之和占全国甘蔗总面积和总产量的比重均在80%以上。2019年，全国甘蔗种植面积139万公顷，甘蔗产量10900万吨。其中，广西、云南和广东三个甘蔗主产省区的甘蔗种植面积和产量占全国总面积和总产量的比重分别达到93.91%和95.94%，蔗糖业总产值达到2506.54亿元人民币（见表21－4）。

表21－3　2009～2019年中国甘蔗主产三省（区）近年来甘蔗生产数据及全国占比

地区	指标	2009年	2010年	2011年	2012年	2013年	2014年	2015年	2016年	2017年	2018年	2019年
全国	面积（千公顷）	1643.01	1623.72	1643.75	1695.57	1704.1	1638.16	1476.18	1401.65	1371.36	1405.84	1390.73
	产量（万吨）	11200.3	10598.2	10867.3	11574.6	11926.3	11578.8	10706.4	10321.5	10440.4	10809.7	10938.8
广西	面积（千公顷）	1039.63	1041.82	1056.67	1084.85	1075.01	1026.7	918.37	891.14	876.12	886.40	890.23
	产量（万吨）	7364.32	6936.77	7037.33	7530.03	7743.53	7549.33	7078.19	6991.45	7132.35	7292.76	7490.65

续表

地区	指标	2009年	2010年	2011年	2012年	2013年	2014年	2015年	2016年	2017年	2018年	2019年
云南	面积（千公顷）	284.3	279.44	286.5	301.92	311.16	304.57	275.46	247.33	239.9	260.05	246.12
	产量（万吨）	1690.75	1657.93	1773.51	1883.07	1950.67	1892.08	1706.93	1523.77	1516.15	1640.08	1569.69
广东	面积（千公顷）	152.32	155.44	161.06	166.71	175.01	171.46	165.62	165.55	169.16	172.56	169.68
	产量（万吨）	1199.31	1224.73	1291.02	1347.37	1405.52	1347.12	1285.49	1293.87	1343.47	1412.69	1434.65
三省（区）合计	面积（千公顷）	1476.25	1476.7	1504.23	1553.48	1561.18	1502.73	1359.45	1304.02	1285.18	1319.01	1306.03
	产量（万吨）	10254.3	9819.43	10101.8	10760.4	11099.7	10788.5	10070.6	9809.09	9991.97	10345.5	10494.9
三省（区）占比（%）	面积	89.85	90.95	91.51	91.62	91.61	91.73	92.09	93.03	93.72	93.82	93.91
	产量	91.55	92.65	92.96	92.97	93.07	93.17	94.06	95.04	95.70	95.71	95.94

资料来源：根据国家统计局网站数据计算。

表 21－4　　2010～2019 年中国甘蔗主产三省（区）甘蔗糖业产值　　单位：亿元

地区	2010年	2011年	2012年	2013年	2014年	2015年	2016年	2017年	2018年	2019年
广西	426.12	403.68	416.52	474.90	513.48	380.40	306.60	383.28	335.59	394.00
云南	106.29	105.68	120.82	134.51	138.38	138.41	114.62	125.45	110.10	66.70
广东	51.46	52.32	68.95	72.75	71.10	47.91	37.85	55.43	42.85	82.70

资料来源：中国糖业协会及国家统计局历年《中国农村统计年鉴》。

（三）云南蔗糖生产及在全国的地位

云南省位于云贵高原西南面，是中国内陆热区面积最丰富的省份，滇西南、滇南大部分地区属热带和亚热带气候类型，是全国主要的甘蔗产区。云南热带、亚热带土地面积 780 万公顷，年平均气温在 18℃～24℃，终年无霜或少霜，大于 10℃的积温在 6000℃～8500℃，全年日照时数达 2000～2400 小时，日照百分率为 45%～48%，热量好，光照充足，适宜甘蔗生长，特别在甘蔗成熟期，蔗区昼夜温差大，十分有利于甘蔗糖分的形成和积累（张跃彬等，2006）。

20 世纪 90 年代中期以来，随着蔗糖产业由沿海向内地、由经济发达地区向欠发达地区的转移，云南重点发展了自然条件优势明显、增产潜力大的德宏、保山、临沧、普洱、西双版纳、玉溪、红河、文山 8 个滇西南、滇南州市，成为全国第二大蔗糖基地。云南省糖业协会数据显示，2018/19 榨季，全省甘蔗产量达到

1843.27万吨，平均蔗糖分达到14.62%。

全省蔗糖布局以怒江、伊洛瓦底江、澜沧江、红河及南盘江等低热河谷地区为主，形成了集原料（甘蔗）种植、科研、加工、贸易、教育和设备制造等相互配套的、完善的产业体系（杨清辉，2006）。2013/2014年，云南甘蔗种植面积达536.56万亩，产糖量236.63万吨。2013/2014榨季，8个优势区域甘蔗种植面积分别为：临沧179.06万亩、德宏90.40万亩、文山76.28万亩、普洱51.66万亩、保山44.60万亩、红河41.24万亩、西双版纳州33.06万亩、玉溪18.72万亩。2013/2014榨季，云南开工糖厂73间，日处理能力22.85万吨，拥有4.6万行业员工，涉及11个州（市）的48个县（市），覆盖约128多万农户、蔗农600多万人。

据中国糖业协会的统计数据，近年来，云南省的甘蔗种植面积和甘蔗产量占全国的比重呈现波浪式发展趋势，统计分析年间，云南甘蔗种植面积占全国比重年均为22.48%，甘蔗产量占比年均为18.81%，产值占比年均为17.08%，单产仅为全国平均的84.66%，单位面积产值仅为全国平均的76.18%，说明云南甘蔗单产低于全国平均水平，尤其是甘蔗价格与全国平均价格差距更大（见表21-5）。

2010年以来，云南甘蔗种植面积占比多在20%~25%，2019年最低为17.7%，2016年最高为26.29%；产量占比多在17%~22%，2016年最高为23.14%，2019年最低不足15%（仅为14.35%）。从统计数据可以看出，面积占比常年低于产量占比3.5个百分点，产值占比又低于产量占比2.5个百分点，多年不足20%，2019年更是低于10%。

表21-5　　2000~2019年中国及云南甘蔗生产效率效益情况

年份	区域	面积（公顷）	总产量（万吨）	总产值（万元）	单产（吨/公顷）	单位面积产值（元/公顷）
2000	云南	250000.00	1406.25	421875.00	56.25	16875.00
	中国	974667.00	6579.00	2171070.00	67.50	22274.99
	云南占比（%）	25.65	21.37	19.43	83.33	75.76
2005	云南	274000.00	1685.10	589785.00	61.50	21525.00
	中国	1255933.00	9042.72	3436233.60	72.00	27360.01
	云南占比（%）	21.82	18.63	17.16	85.42	78.67
2010	云南	332467.00	2094.54	837816.00	63.00	25199.97
	中国	1586213.00	11182.80	4808604.00	70.50	30315.00
	云南占比（%）	20.96	18.73	17.42	89.36	83.13

续表

年份	区域	面积（公顷）	总产量（万吨）	总产值（万元）	单产（吨/公顷）	单位面积产值（元/公顷）
2011	云南	328000.00	2066.40	867888.00	63.00	26460.00
	中国	1559160.00	11225.95	5163937.00	72.00	33119.99
	云南占比（%）	21.04	18.41	16.81	87.50	79.89
2012	云南	330800.00	2133.66	917473.80	64.50	27735.00
	中国	1632100.00	12240.75	5875560.00	75.00	36000.00
	云南占比（%）	20.27	17.43	15.62	86.00	77.04
2013	云南	360133.00	2376.88	1022058.40	66.00	28380.03
	中国	1625867.00	12194.00	5853120.00	75.00	35999.99
	云南占比（%）	22.15	19.49	17.46	88.00	78.83
2014	云南	357507.00	2359.54	1014602.20	66.00	28379.93
	中国	1457080.00	10928.10	5245488.00	75.00	36000.00
	云南占比（%）	24.54	21.59	19.34	88.00	78.83
2015	云南	336373.00	2220.06	954625.80	66.00	28379.98
	中国	1295460.00	9715.95	4857975.00	75.00	37500.00
	云南占比（%）	25.97	22.85	19.65	88.00	75.68
2016	云南	312000.00	2059.20	885456.00	66.00	28380.00
	中国	1186667.00	8900.00	4450000.00	75.00	37499.99
	云南占比（%）	26.29	23.14	19.90	88.00	75.68
2017	云南	288957.11	1516.15	1254480	52.47	43414.06
	中国	1371360	10440.43	9495943	76.13	69244.71
	云南占比（%）	21.07	14.52	13.21	68.92	62.70
2018	云南	290023.77	1640.08	1101039	63.3	37963.75
	中国	1405840.00	10809.71	5695695	76.89	40514.53
	云南占比（%）	20.63	15.17	19.33	82.33	93.70
2019	云南	246120	1569.69	667000	63.78	27100.60
	中国	1390730.00	10938.81	6953000	78.66	49995.33
	云南占比（%）	17.70	14.35	9.59	81.08	54.21

资料来源：中国糖业协会及国家统计局历年《中国农村统计年鉴》。

三、中国蔗糖的消费分析

中国是人口大国，也是一个食糖消费大国，食糖产量位居世界第4位，消费量居世界第2位。“十三五”期末，我国年食糖消费量达1500万吨，国内食糖生产量约1050万吨，食糖自给率约为70%（见表21－6）。2019/20榨季，国内需求量达1436.02万吨，国内食糖产量达1041.51万吨。

表 21－6　　中国食糖消费需求量与国内食糖产量数量　　单位：万吨

指标	2010/11榨季	2011/12榨季	2012/13榨季	2013/14榨季	2014/15榨季	2015/16榨季	2016/17榨季	2017/18榨季	2018/19榨季
国内需求量	1200.97	1488.93	1614.35	1438.02	1437.8	1167.8	1086.41	1210.58	1345.59
国内产糖量	1045.52	1151.76	1306.84	1331.8	1055.6	870.19	928.82	1031.04	1076.04
产需缺口	155.45	337.17	307.51	106.22	382.2	297.61	157.59	179.54	269.55

资料来源：根据中国糖业协会网站数据计算。

食糖消费量是衡量一个国家经济发展水平和人民生活水平的重要指标，进入21世纪以来，随着我国社会经济发展和人民生活水平的提高，我国食糖消费出现了不断增长的势头，而且许多年份出现了2位数以上的增长。主要有三方面原因。一是人口增产带来的食糖需求增长。国务院办公厅印发的《人口发展“十一五”和2020年规划》中对未来我国人口发展进行了预测：未来十几年我国总人口每年仍将净增800万～1000万人。按此预测，2020年的人口总量将达14.5亿人，人口的持续增长，无疑是食糖消费高速增长的重要驱动力。① 二是生活水平提高带来的食糖需求增长。我国不断深入的改革开放在方方面面都改变着人民的生活消费方式，随着人均收入水平的提高，人均饮料、糕点等含糖食品消费量高速增长，促进食糖消费量的增长。三是城镇化比例提高，城镇常住人口比例增大，也促进食糖消费的高速增长。

目前，中国食糖人均年消费量仅有10千克左右，而世界的平均水平是21千克，我国食糖人均年消费量仅有世界人均年消费食糖量的一半不到。从表21－6可以看出，我国食糖的产需缺口多年在200万～300万吨左右，2014/2015榨季高达382.2万吨。综合各方面因素测算，2020年全国食糖总产量约1500万吨，产需缺口约300万吨。

根据国际糖业组织（ISO）的研究，上一轮国际食糖增长周期已过，国际糖价将逐渐脱离底部区域，“十三五”时期，国际食糖库存量不断减少，2015/16榨季，全球实现了供需平衡，甚至出现部分缺口，国际食糖价格将不可避免地出现攀升。从国内来看，我国食糖产量在2012～2015年连续3个榨季减产周期后，产业链信心逐渐恢复，巨大的产需缺口是支撑国内蔗糖产业良好发展的动力②。

中国糖业协会数据表明，2012～2021年，受市场糖价等多种因素的影响，全国食糖产业呈现波浪式发展态势。据中国糖业协会网站数据，2013/14榨季，中国食糖产销量最高时分别达到1331.8万吨和1140.39万吨，2015/16榨季最低仅

① 我国食糖消费分析［J］. 农民科技培训，2009（8）：41.

② 许国光. 量减价升 滇糖谋新突围［EB/OL］. 云南经济日报，2016－05－12.

870.19万吨和810.36万吨，降幅达到23.11%和28.94%。之后开始恢复性增长，2018/19榨季，全国食糖产销量分别达到1076.04万吨和1040.63万吨，分别比2015/16榨季增长23.66%和28.42%，恢复到2009/10榨季的水平。

中国糖业协会数据显示，“十三五”期间，食糖需求年均增速5%，2020年全国食糖消费量约1450万吨，较2015年增加400万吨。产需缺口扩大。另外，受城镇化、工业化发展和农业结构调整等因素影响，2020年我国糖料种植面积稳中趋降。受生产基础设施条件改善、新品种应用及管理水平提升等因素影响，平均单产水平有望提升。

四、我国食糖贸易情况分析

随着我国人口的增加和人们生活方式的转变，中国成为世界食糖消费最大的潜在市场，云南作为全国食糖的主产区，所产食糖约占全国的20%，除云南省内自身消费10%左右外，云南生产的食糖90%以上销往全国各地，主要销区为西南、华中、华北和西北地区。近年来，由于国际食糖价格较低，加之我国食糖供给不足，进口量不断加大。据中国产业信息网统计，2014年度中国食糖进口约400万吨，2015年度约480万吨，进口食糖逐年增加。2015/16榨季国内食糖产量减产150万吨，约至905万吨，配额外进口量为190万吨，进口总量约373万吨。反观我国的食糖出口，由于自身供给不足和生产成本高于国际食糖，我国自产食糖基本没有出口，少量出口是为其他国家进行的原糖来料加工出口（见表21－7）。

表21－7　　中国食糖进口与出口的贸易量情况　　单位：万吨

指标	2010/11	2011/12	2012/13	2012/13	2013/14	2014/15	2015/16	2016/17	2017/18	2018/19	2019/20
进口量	147.72	207.05	426.13	366.14	402.40	481.15	372.87	227.96	243.05	324.16	339.01
出口量	8.67	7.08	4.82	4.63	4.72	5.82	15.43	12.50	18.37	19.20	18.56

资料来源：中国糖业协会网站。

五、云南蔗糖发展的制约因素

经过多年的积累和发展，云南成为我国主要的蔗糖基地，蔗糖产业在云南发展取得了很大的成效，已成为云南具有很高水平的专业化生产区域，是云南地区富有生命力的产业。但是，受自然地理环境条件和社会经济发展等多因素影响，尤其是与国内外条件较好的先进的蔗区相比，云南蔗糖产业发展有一些劣势，存在一些问题，主要表现为蔗区劳动力严重短缺、生产成本高、基础设施建设滞后、种植规模化程度低、丘陵山地甘蔗小型收获机械化进程缓慢以及地膜残留污染等问题，制约了蔗糖产业发展（全怡吉等，2019）。

（一）蔗区劳动力短缺严重，甘蔗种植比较效益差

甘蔗种植属于劳动密集型产业，云南省甘蔗种植以小散户为主，依靠蔗农按传统方式耕作，费工费时，因此，据云南省糖业协会统计，生产中89%的农户在种植、管理和收获环节选择雇工。随着城镇化进程加快，蔗区劳动力短缺、用工贵、劳动力成本逐年攀升已成为常态，尤其在甘蔗收获期，砍蔗工费一般达到120~160元/吨，部分蔗区甚至达200~220元/吨。据云南省糖业协会统计，劳动力成本占甘蔗生产全部成本的51%，还有上涨趋势。此外，近年来，云南部分蔗区受主栽品种种性退化、种植管理粗放、病虫害增多、地膜残留污染加重、土壤养分失调等因素影响，甘蔗单产不高、产量下降的趋势明显，农户种植甘蔗效益较低，生产积极性受到极大影响。

（二）甘蔗生产立地条件较差，机械化推广难度大

机械化推广应用是适应现代甘蔗产业发展，提高甘蔗生产效率、节约劳动力、降低生产成本，提高产业竞争力的最有效的途径和关键措施。目前，国内外蔗区均把机械化的规模化应用作为产业发展的方向。云南蔗区由于地处低纬高原，地形条件复杂，土地细碎化特征显著，甘蔗种植以丘陵山坡地为主，立地条件较差，旱坡地面积大。据云南省农业农村厅统计，2019年全省旱地甘蔗面积达80%以上，水田水浇地种植面积仅20%。加上生产单位或蔗农较多，种蔗用地仍以中小地块为主，50亩以下地块数量占85.34%。以旱坡地和小农户经营为主的甘蔗生产结构，不仅使得甘蔗产量低，也给机械化应用带来很大和困难。

（三）甘蔗产区集中度不够，产业综合竞争力不强

一方面，由于云南地理环境的特殊性，甘蔗种植区主要沿滇西南江河流域和低海拔地区分布，导致蔗区集中度差，不仅甘蔗原料运输半径大，而且食糖销售运距也长，加上蔗区道路等级低，维护滞后，运输条件差，部分蔗区与糖厂交通运输半径是全国平均（50千米）的3倍以上，晴通雨阻的现象时常发生，导致甘蔗及化肥调运难度大，运输成本高（全怡吉等，2019）。据云南省糖业协会统计，云南蔗区甘蔗和食糖的两项运输成本平均比广西、广东高50%以上。近年来，云南出糖率比广西、广东高0.5~1.0个百分点的优势基本被蔗糖的运输成本劣势所

抵消，再加上逐年升高的人工成本，两者已成为甘蔗生产发展的“瓶颈”。另一方面，近年来，云南滇西南甘蔗优势产区新兴产业不断发展，香料烟、马铃薯等产业显示了较强的竞争优势，地方政府发展态度积极，即使是水稻这样的传统作物与种植甘蔗相比也有一定的比较效益（马光霞，2011）。

（四）制糖企业规模小，精深加工及综合利用滞后

由于蔗区地理条件等因素的影响，云南制糖中小企业偏多。广西有100间糖厂，分属20余个集团公司，平均每个集团公司产糖40万吨；云南有78间糖厂，分属17个集团公司，平均产糖不到15万吨，制糖企业规模小而分散，削弱了云南糖业的整体竞争力。[①] 同时，企业小而分散也不利于制糖企业副产物资源的集中和有效开展综合利用（马光霞，2011）。在蔗糖业的深加工及综合利用上，云南蔗糖生产产品单一，精深加工及综合利用滞后，目前全省仅有一条精制糖生产线（景坎糖厂，规模1万吨），两条蔗渣浆纸生产线（新平、勐省），两条蔗渣生产木糖生产线（永德、镇康），绵白糖也仅保山少量生产，绝大多数糖厂仍停留在“糖+酒精”的原料型模式上，产品单一，深加工及综合利用技术滞后，深加工及综合利用产值不到蔗糖业总产值的20%，难以适应我国糖业形势发展和产业结构调整的要求。[②]

（五）从业人员素质不高，不适应产业现代化的需要

云南边疆民族蔗区，社会经济状况较差，甘蔗糖料生产者科技水平不高、科技意识普遍较低；蔗糖产业人才总量不足，企业管理缺乏具有现代化企业管理意识和专业知识的复合型人才；蔗糖产业研发机构少，缺乏高级的技术创新和科研开发人才，尤其是针对适应山区的轻简化蔗田机械、蔗田精深加工和综合利用方面的研发人才缺乏，适应不了云南丘陵山区甘蔗种植和现代蔗糖产业发展的需要。

第二节　云南蔗糖产业的比较优势及发展对策

一、云南蔗糖产业的比较优势

云南蔗糖业经过多年培育、开发，在传统的资源利用基础上，不断改进生产

① 马光霞．云南省糖料及食糖生产情况调研分析［J］．农业展望，2011，7（6）：31-33，38.
② 张跃彬．推进滇西南双高甘蔗产业发展的思考［J］．云南农业科技，2004（5）：22-23.

技术和加工工艺，扩大蔗糖产业的生产规模，科学进行区域布局，提高蔗糖产业水平，使规模和竞争力得到明显提高，成为继“两烟”之后产业化基础较好的产业，云南蔗糖产业的比较优势主要在以下方面。

（一）具有得天独厚的自然条件

云南特别是滇西南地区热区资源丰富，具有甘蔗生产的良好自然、社会条件，是国家甘蔗产业发展的优势区域。根据国家优势农产品规划和主产区发展规划，滇西南双高甘蔗区将加强蔗区基本建设和科技推广，加强制糖企业技术改造，提高单产和含糖率，降低食糖生产成本，建成具有国际竞争力的优势产业带。

（二）形成了良好的蔗糖产业布局

云南蔗糖业在“巩固、发展、提高”的产业方针指引下，不断优化布局，重点发展了自然条件优势明显、增产潜力大的滇西南（滇南）蔗区，包括8州（市）（德宏、保山、临沧、思茅、西双版纳、玉溪、红河、文山）。据云南省糖业协会统计，截至2020年，滇西南8个州（市）产糖量占全省总量的95%以上，有30个县（市）的甘蔗年产量在20万吨以上，总产量占当年全省总产量的86%，产糖量占全省的86.8%，构成了云南甘蔗糖料生产区和产糖基地，初步形成了蔗糖业向最适宜区发展的框架。

（三）加工能力已具规模

云南蔗糖产业在改革发展中不断壮大，经过多年的发展与改造提升，蔗糖业规模化发展取得重大成就，云南蔗糖行业整体装备达到国内先进水平，某些关键主机在全国处于领先地位，省内已能制造日处理万吨的甘蔗压榨机组，能为制糖行业提供新型、高效、节能、大型的制糖机械设备。云南已有的70余条制糖生产线，日处理甘蔗能力已超22.8万吨，按每个榨季120天计，全省已具备年处理甘蔗2700万吨，产糖300万吨的能力。①

（四）产业营销体系健全

云南蔗区主要分布在海拔1200米以下的地区，蔗区光照充足，雨量适中，全

① 张跃彬，刘少春，陈学宽．云南省“双高”甘蔗生产与发展［J］．中国糖料，2006（1）：59－61.

省蔗区始终保持着清新纯净的生态环境，为工业加工提供了高糖、优质、无污染的甘蔗原料，“云糖”成为云南省著名的高原特色名片，在国内蔗糖产区中，云南蔗糖产品质量、成本价格都具有较强的竞争力，食糖产品营销形成了立足中国西南、西北市场，向华中、华北市场进军的局面。

二、云南蔗糖产业区位熵测度

区位熵也称为区域规模优势指数或者区域专门化率，是根据既定产业产出的地区份额来判定该产业的优势区位或既定区域的优势产业的重要指标，它是指一个地区特定部门的产值在该地区总产值中所占的比重与全国该部门产值在全国总产值中所占比重的比率，也可以根据产业销售收入、企业数量、就业人数等来计算。当区位熵大于1时，表明该地区该产业具有比较优势，一定程度上显示出该产业较强的竞争力，区位熵越大，该地区该产业的比较优势越明显，竞争能力越强。在区域经济学中，通常用区位熵来判断一个产业是否构成地区专业化部门。

通过分析测算，云南蔗糖产业的区位熵连续7年在8以上，特别是2015~2016年，区位熵达到10.79和11.13（见表21-8），因此我们认为蔗糖产业是云南具有很高水平的传统优势产业，云南蔗糖产业的主要生产功能是为全国提供食糖产品。

表21-8　　2010~2019年云南蔗糖产业区位熵测定

年份	云南			全国			区位熵
	蔗糖产值（亿元）	生产总值（亿元）	比例（%）	蔗糖产值（亿元）	生产总值（亿元）	比例（%）	
2010	190.07	7220.00	2.63	1083.82	397983.00	0.27	9.67
2011	192.47	8893.12	2.16	1091.66	471564.00	0.23	9.35
2012	212.56	10309.80	2.06	1230.37	519322.00	0.24	8.70
2013	236.72	11720.91	2.02	1297.34	568845.00	0.23	8.86
2014	242.84	12814.59	1.90	1272.50	636463.00	0.20	9.48
2015	233.87	13717.88	1.70	1069.45	676708.00	0.16	10.79
2016	203.17	14869.95	1.37	913.13	744127.00	0.12	11.13
2017	125.45	16531.54	0.76	949.59	827122.00	0.11	6.61
2018	110.10	17881.12	0.62	569.57	900309.00	0.06	9.73
2019	66.70	23223.75	0.29	695.30	990865.00	0.07	4.09

资料来源：根据国家统计局及中国糖业协会相关数据计算整理。

从上述分析可以看出，云南蔗糖产业在云南地区生产中占有较大的比重，在云南滇西南边疆民族地区，蔗糖产业已发展成为当地的经济支柱产业，在很大程度上主宰地区经济的发展。通过分析表明，蔗糖产业能够代表云南滇西南边疆区域的产业发展方向，是富有生命力的产业，该产业在较长时间内将支撑、带动区域经济发展。从区位熵的角度看，云南蔗糖的优势非常显著。与云南多年来全国第二大蔗糖主产区的地位完全吻合。

三、推进云南蔗糖产业转型升级发展的对策建议

新中国成立后，尤其是进入21世纪以来，云南蔗糖产业发展成效显著，食糖产量位居全国第二。蔗糖产业不仅是云南省高原特色产业，更是卓有成效的扶贫产业，成为云南省边疆民族地区社会经济发展的支柱产业（全怡吉等，2019）。据云南省糖业协会统计，2018/19榨季，云南甘蔗农业总产量1843.27万吨，入榨甘蔗1625.17万吨，产糖208.01万吨，出糖率12.80%；2019/20榨季，云南甘蔗种植面积28.993万公顷，高优良种推广24.884万公顷，产业覆盖全省8个州（市）50余个县（市、区）约128万户农户、600余万蔗农。但云南蔗糖产业发展中存在一些困难和问题，制约了蔗糖产业的高质量可持续发展。为适应新时期经济社会发展的需要，2019年云南省政府印发《云南省关于推进蔗糖产业高质量发展的实施意见》，提出通过5年努力，到2023年，全省力争建设“双高”糖料蔗核心基地达350万亩，带动全省500万亩蔗区平均单产达5吨以上，蔗糖分达16%以上，甘蔗产量达2500万吨以上，食糖产量达300万吨，蔗糖产业综合产值突破300亿元。[①] 为此，应综合采用如下措施，全面推进全省蔗糖产业的转型升级，努力提高产业效率和效益。

（一）政府引导和市场主导结合，推进优势资源向蔗糖产业集聚

一方面，应根据不同区域产业基础和资源禀赋，科学规划、合理布局，引导原料生产向适宜区域集中，蔗糖加工向龙头企业集中，优势资源向蔗糖产业集聚，实现规模化发展。另一方面，要尽快完善产业扶持政策，深化改革开放，为云南蔗糖产业高质量发展创造良好的发展环境。同时，要充分发挥市场在资源配置中的决定性作用，激发企业活力和创造力。

---

① 云南多举措推进蔗糖产业高质量发展［N］. 云南经济日报，2019－08－22.

（二）科技驱动与机械化相结合，推进甘蔗种植和加工提质增效

一方面，以新品种和绿色化水肥与病虫害防控配套新技术推广应用为核心，努力提高单位面积甘蔗产量；另一方面，积极开展适合云南丘陵山地的中小型甘蔗收获机研制，以及农机农艺融合栽培管理技术研发集成和应用推广，不断提升标准化种植、深耕深松、中耕培土、植保等机械化技术水平，从而实现云南制糖甘蔗原料的节本增效发展。同时，突出企业技术创新主体地位，支持企业提升创新能力，开发蔗糖多元高端产品，促进产品创新和产业链延伸，形成新的竞争优势。

（三）基地建设和模式创新结合，推进甘蔗产业经营和服务升级

一方面，以“双高”基地建设和重要农产品生产保护区建设为抓手，加快高产高糖糖料蔗基地建设。重点按照机械化作业要求提高建设标准，加快推进小块土地集中连片整治、机耕道路修建、土壤改良，完善田间基础设施。另一方面，根据现代甘蔗糖料的生产要求，大力推进甘蔗生产的规模化经营，积极培育甘蔗种植大户、专业合作社、家庭农场等糖料甘蔗新型经营组织，鼓励探索蔗园生产托管、土地入股、承包流转等方式，充分调动各方的积极性，支持企业、合作社、种植大户等开展规模化种植，努力改变小而散的经营模式，推广规模化、集约化的经营模式，提高甘蔗生产规模化和组织化程度。同时，优化省州县蔗糖产业综合服务体系，完善运行调节机制，提升糖业公共服务水平。

第三节　云南蔗糖产业经济体系简况

一、生产组织形式

（一）基本情况

云南蔗糖产业涉及甘蔗和制糖加工、销售环节。据统计，2015 年，云南蔗区甘蔗面积 504 万亩，甘蔗种植户 128 万户，涉及人数约 600 万人，全省户均甘蔗土地面积 4 亩。在生产企业方面，2015/16 年榨季，通过多年的整合，云南 70 条制

糖单元厂（生产线），整合为17家企业（法人单位）。其中，云南洋浦南华集团、云南英茂糖业集团年食糖产量超过了50万吨，云南恒福糖业集团、力量生物集团、康丰糖业集团、富宁永鑫糖业公司等企业年食糖产量分别达到或超过了10万吨。糖业生产集中度提高，为提高企业竞争力创造了条件，全省制糖企业日加工甘蔗能力22.85万吨，全省单条生产线的平均日加工甘蔗能力已达到3000吨，最大糖厂的日加工甘蔗能力达12000吨。云南主要蔗糖企业集团情况如表21－9所示。

表21－9　云南主要蔗糖企业集团情况

制糖企业集团	下属蔗区
云南洋浦南华糖业公司	主要植蔗地区为临沧的临翔、双江、镇康、耿马、沧源5个县以及保山市隆阳区的3个糖厂
云南英茂糖业公司	下设德宏英茂糖业有限公司、西双版纳英茂糖业有限公司、红河英茂糖业公司、文山英茂糖业公司等，主要植蔗县为德宏州的瑞丽、陇川、盈江、芒市；西双版纳的勐海；红河州的元阳；文山州的文山、马关、西畴、麻栗坡等
云南生物力量制品集团	下设红河生物力量公司、德宏生物力量公司、普洱江城生物力量公司、普洱景谷生物力量公司，主要植蔗县为红河州的弥勒，德宏州的芒市、梁河，普洱的江城、墨江、景谷、镇沅等
云南康丰糖业集团	公司下设龙塘、勐糯、旧城、龙坪4个制糖分公司，主要植区县为龙陵、施甸
云南恒福糖业有限责任公司	下设风糖集团、景东糖业公司、新平糖业公司；主要植蔗区为临沧的凤庆、云县，普洱的景东，玉溪的新平等
云南永鑫糖业有限公司	下设富宁永鑫糖业有限公司、广南永鑫糖业有限公司，蔗区主要有富宁、广南两县
云南恒盛糖业公司	蔗区县主要有保山市的昌宁县
云南昌裕糖业有限公司	蔗区主要有孟连、西盟两县
云南金柯集团有限公司	蔗区主要有元江县、金平县
云南东糖集团有限公司	蔗区主要有广南县、石屏县
云南中云糖业有限公司	蔗区主要有澜沧县、勐腊县

资料来源：云南省蔗糖产业技术体系。

云南蔗糖产业的生产组织化程度高，在国家《糖料管理暂行办法》中，明确提出了建立糖料生产者与制糖企业利益共享、风险共担的机制，促进糖料与食糖的产业化经营。糖料产区实行以制糖企业为核心，按经济区域实行划区管理，划定糖料区。根据糖料生产者的意愿，大力推行订单农业，并由制糖企业与糖料生产者签订糖料收购合同，实行“公司＋农户”的产业化经营模式（张跃彬，2004）。

云南省蔗糖企业积极运作“公司（糖厂）+基地+农户”的模式，与农户建立稳定的产销关系，带动千家万户按照市场需求进行专业化、集约化生产，基本形成了“政府调控、市场引导、企业带动”的产业化发展机制，取得了显著的成效。同时，在蔗糖产业化经营的过程中，制糖企业注重处理好与农户的利益关系，许多龙头企业从各自的实际出发，采取多种形式，探索建立了合同约束、服务合作、利益分配等机制，其中比较普遍的是建立了甘蔗价格随蔗糖糖分和糖价的变化而变化的“双联动”机制（张跃彬，2004），推行糖料收购价格与食糖销售价格挂钩联动、糖料款二次结算的办法，在一定程度上建立糖料生产者与制糖企业利益共享、风险同担的机制（张永成，2009）。

近年来，云南省大力推进甘蔗生产专业组织建设，在甘蔗种植、管理、收获等环节建立相应的专业合作社，特别是在甘蔗机械化收获方面成立了甘蔗机械化专业合作社，推动甘蔗标准化种植、管理和收获。在政府部门、制糖企业和科研单位的积极引导下，由蔗农和公司自行组建甘蔗专业合作社59个，建立甘蔗专业村302个（见表21-10）。

表21-10　　甘蔗专业生产组织统计情况　　单位：个

种植州市	甘蔗专业合作社（个）	甘蔗专业村（个）
玉溪	0	0
保山	8	0
普洱	0	110
临沧	15	192
红河	12	0
文山	17	0
西双版纳	5	0
德宏	2	0
合计	59	302

资料来源：云南省蔗糖产业技术体系。

（二）案例

云南英茂糖业（集团）有限公司是云南省目前最大的蔗糖生产企业，在2000年至2004年的国有体制改革中，形成了云南省规模最大、效益最好的制糖企业。据笔者调研，英茂糖业在云南德宏、西双版纳、红河拥有11个制糖厂、12条制糖生产线、2 个复合肥厂及 1 个有机肥厂，在德宏、西双版纳、红河的 9 个县市以及老挝、缅甸等国家，发展甘蔗种植面积 100 余万亩，惠及蔗农 74 万人。2010 年英茂糖业总资产达 17. 34 亿元，净资产 10. 21 亿元；2003 ~2010 年，英茂糖业累计实现销售收入 95. 69 亿元，净利润 12. 1 亿元，实现税金 10. 57 亿元。

云南英茂糖业有限公司凭借 2017 年度约 38. 95 亿元的销售收入排名“2019 年农业产业化龙头企业 500 强排行榜”第 139 位，在云南省入榜企业中排第 4 位。此外，云南省的临沧南华糖业有限公司也凭借 29. 32 亿元的业绩排名第 168 位。

（三）存在的问题

在甘蔗生产组织形式上，目前，云南省的部分龙头企业一是尚未与农户建立相应的合同契约制联结，这种松散型的“公司 + 农户”方式，主要靠市场价格来调剂甘蔗生产（张跃彬，2004），当甘蔗价上涨，比较效益高时，甘蔗种植面积大幅增加；当甘蔗价下跌时，甘蔗种植面积下降。由于甘蔗价和食糖价之间的时差性，往往在食糖价格好的年度，甘蔗原料少，食糖价格高的年度，原料少，食糖少。二是没有形成紧密的长期利益机制。目前我国的糖料收购价格主动权基本掌握在企业方和政府方，对于甘蔗真正的生产者——农户来说，基本没有主动权，这样利益地位的不平等，很难在糖料生产者与制糖企业之间建立起长期的、稳定的利益共享、风险同担机制（屈志光等，2008）。

（四）建议

第一，探索运作紧密的蔗糖产业化经营利益联结形式。企业需要稳定的原料供给，农户需要稳定的产品销路，这是双方建立利益联结机制的客观基础，制糖企业和农户双方作为各自独立的经营者和利益主体，首先必须在自愿、平等、互利的前提下，签订生产销售契约合同，以明确双方的经济关系（张跃彬，2004）。

第二，探索制糖企业与蔗农实行股份合作制联结。将资本联合与劳动联合结合在一起，蔗农既参加劳动，又集资入股，实行按劳分配和按股分红相结合的方式。这种方式下，企业与农民由各自独立的利益的主体变为统一的利益主体，股权红利成为最主要的利益调节器，这是农业产业化的一种很有发展前途的组织形式，蔗糖行业可以探索。

第三，依托糖料蔗“双高”基地，积极开展甘蔗种植模式、配套机械（具）等试验示范。适时组织召开地方政府、制糖企业、甘蔗机械制造企业、甘蔗生产服务企业、农业合作社、甘蔗种植大户等参加的现场会，不断完善甘蔗农机、农艺融合，总结推广经验，推广一批适应性强的甘蔗机械和机械化生产、组织、服务模式。

二、生产基地建设

（一）基本情况

甘蔗生产基地是蔗糖产业的第一车间，云南省十分重视甘蔗生产基地建设，从20世纪90年代以来，农业部和云南省农业厅在云南开始建设糖料基地，至2015年，云南先后建成了20余个国家和省级甘蔗糖料基地。2015年开始，国家发展改革委、农业部在云南、广西联合建设国家糖料蔗核心基地，重点在云南勐海、耿马、云县、陇川、盈江等21个县市实施200万亩糖料蔗核心基地建设，通过蔗区水利、交通条件的改善和甘蔗新良种新技术的推广应用，带动全省糖料蔗种植面积稳定在500万亩以上，产量稳定在2400万吨以上。在甘蔗生产基地建设中，云南十分注重“公司+专业合作社+基地+农户”的新型经营模式运用，积极培育甘蔗种植大户、专业合作社等，提高甘蔗生产规模化和组织化程度。鼓励和支持蔗区土地依法合理流转，通过租赁、合作、入股、互换、转包、转让等多种方式，向甘蔗种植大户和甘蔗专业合作社集中（杨贵生，2018）。2013年，云南省8个主产州（市）甘蔗种植面积达536万亩，据云南省蔗糖产业技术体系工作组调查，土地流转规模经营面积达65.12万亩，占总种植面积的12.14%（见表21-11）。

表21-11　　2013年云南8个蔗糖主产州（市）土地流转规模经营情况

种植州（市）	种植面积（万亩）	土地流转规模经营面积（万亩）	规模经营面积所占比重（%）
玉溪	21.79	6.50	29.83
保山	51.51	4.21	8.17
普洱	48.98	6.00	12.25
临沧	175.94	8.42	4.79
红河	40.34	8.73	21.64
文山	75.61	14.57	19.27
西双版纳	31.31	12.02	38.39
德宏	90.71	4.67	5.15
合计	536.37	65.12	12.14

资料来源：云南蔗糖产业技术体系工作组。

（二）案例

景东县文井镇是云南传统的甘蔗产区，近年来，在景东县恒东制糖有限公司支持下，该镇的速南村民委员会，以增加蔗农收入为根本宗旨，积极探索全村农村经济发展路子，于2012年4月由168户社员筹资245万元注册成立“景东县速南甘蔗种植农民专业合作社”。合作社实行“龙头带基地，基地连农户，农、工、科一体化，产、供、销一条龙”的运营体制，在甘蔗种植、管理、收砍进厂等环节由合作社统一组织和管理。合作社在当地政府和制糖企业的支持下，建设高稳产原料示范基地，积极推广高产优良品种和科学栽培技术，2013/14榨季甘蔗种植面积达1950亩，产量达到9351吨，平均单产约4.8吨/亩，实现总产值430.15万元，纯收益118.5万元。全面促进了全村经济发展和农民增收。

（三）存在的问题

甘蔗原料生产基地是蔗糖产业的基础，是企业生产的第一车间，多年来，地方政府和企业都十分重视甘蔗基地的建设发展，但由于云南蔗区普遍种植规模小，蔗农多而分散等原因，致使云南的甘蔗生产基地稳定性不强，容易受自然灾害和市场因素变化的影响。

（四）建议

第一，深化蔗区土地制度改革，将国家糖料蔗核心基地规划区作为甘蔗糖料种植保护区，列入农村土地改革试点区域。

第二，完善土地所有权、承包权、经营权“三权”分置办法，进一步建立县、乡、村三级蔗地流转服务体系、市场体系、监管体系和纠纷调解仲裁体系，完善蔗地流转备案登记制度，加大试点经费和技术投入，率先推进蔗区土地承包经营权确权登记颁证，引导和规范蔗区土地承包经营权向新型农业经营主体有序流转，积极发展多种形式的适度规模经营（杨贵生，2018）。

三、加工管理方式

（一）基本情况

近年来，云南省制糖加工产业十分注重企业整合与规模化组织生产，2015年，云南制糖企业（法人单位）已调整组合为17家，形成年产食糖40万吨以上的企业2家，年产食糖20万~30万吨的企业1家，年产食糖10万~20万吨的企业3家，年产食糖5万~10万吨的企业6家。整合后的企业，统一管理、产供销一体化、管理水平明显提高，资本结构改善，逐步进入良性循环。据云南省糖业协会统计，2015年，云南省日处理甘蔗能力已超22.8万吨。在制糖加工上，云南省的甘蔗制糖加工技术主要采用亚硫酸法，以甘蔗为原料，经提汁、清净、蒸发、结晶、分蜜和干燥等工序制成白砂糖。亚硫酸法所用的工艺和设备比较简单，辅料消耗较低，技术成熟可靠，能够稳定生产一级白砂糖。云南省的亚硫酸法生产白砂糖工艺在经过几十年的生产实践和改进后，已形成一套成熟、广泛应用的生产方法和管理模式。而巴西、美国、古巴、澳大利亚、泰国等甘蔗产糖大国通常采用石灰法生产原糖，原糖再经过离子交换、炭吸附或二氧化碳饱充等工艺精炼生产精制糖的二步法。

（二）案例

近年来，云南省轻工业科学研究院针对目前我国亚硫酸法糖厂普遍存在的产品质量较差、工艺改造迫在眉睫的现状，提出一种改进亚硫酸法的新工艺：利用糖厂废弃物——蔗渣生产制糖专用吸附剂，借助制糖专用吸附剂来对蔗汁进行脱色、脱硫处理，使色源物质和色素、残硫吸附后除去，同时大量除去胶体物质，提高清净效率，生产出低硫、低色值、低浊度的优质糖。从根本上达到提高白砂糖质量、优化产品结构的目的，实现用简单、经济的办法解决长期困扰制糖工业界的二次硫熏问题，使亚硫酸法工艺生产出的产品能够满足食品工业的发展、人们生活水平的提高及新国家标准对食糖质量的要求，彻底改变亚硫酸法工艺及设备不能稳定生产高质量白砂糖的历史（高正卿等，2010）。

（三）存在的问题

我国制糖行业主要采用亚硫酸法加工生产技术，生产工艺控制不稳定，产品质量波动较大，清净效率较低，主要表现为产品优一级品率、成品糖色值、混浊度及二氧化硫含量等方面不理想，落后的生产工艺已不能达到现代食品安全及清洁生产的要求，难以满足人民群众对健康白砂糖产品的消费需求。

（四）建议

第一，按照绿色食品和清洁生产有关要求，积极采用亚硫酸法改进工艺，提高白砂糖质量，积极采用节能、环保、高效的糖机设备。鼓励企业开展以制糖工艺改造提升为核心的技术创新。

第二，积极研究现代膜分离技术和离子交换技术在制糖加工上的运用，加强科技攻关，应用国内膜技术成果，将其与糖厂蔗汁清净有机结合，直接将糖厂压榨的混合汁经加热后直接进入膜系统过滤净化，再造出一种全新的制糖澄清工艺（张跃彬和吴才文，2017）。

第三，推动信息技术与糖业生产管理深度融合发展，推进生产过程智能化，全面提升糖业研发、生产、管理和服务的智能化水平（李越云，2018）。

四、市场营销策略

（一）基本情况

云南蔗糖的主导产品是白砂糖，主要销售对象是规模化的食品加工企业和食糖经销商。白砂糖主要销往西南三省，西北的甘肃、宁夏、陕西，华北的河北、山东、山西等地区；此外还有食品加工业发达，对食糖质量要求较高的上海、浙江、广东等沿海地区。

云南糖厂经过多年的努力，依靠优良的产品质量和服务质量，在全国范围内创立了良好的蔗糖产品形象，建立了良好的销售网络，并有一批固定客户，而且销售网点健全。

（二）案例

在云南，进行食糖交易的主要市场是昆明商品中心食糖批发市场（以下简称“昆商糖市场”），是1996年为促进我国食糖流通体制改革，顺应国家建立社会主义市场经济体制的改革目标，促进食糖流通，适应云南省改革开放的需要，经云南省人民政府、中华人民共和国国内贸易部根据《批发市场管理办法》批准设立的。昆商糖市场是云南省唯一经国家批准设立的国家级食糖商品批发市场，也是我国率先探索食糖网上交易的商品批发市场。云南进行食糖网上交易，是我国食糖流通的一次革命，它解决了买卖双方时空的障碍、降低了食糖流通的成本、减少了食糖流通的环节，是我国食糖流通体制改革的必然。作为国家批准设立的批发市场，从事的是现货的食糖交易，是组织买卖双方进行销售和采购的平台。

（三）存在的问题

云南蔗糖的营销主要存在几个方面的问题。一是云南食糖运杂费高。蔗区地处滇西南地区，食糖销售运距长，运输费用高，食糖从产地运到昆明的运杂费为比广西、广东高50%，蔗糖企业销售成本较高。二是销售的产品和渠道还很单一。目前，云南的白砂糖交易主要以昆明商品中心食糖批发市场为主，网络销售较少，线上线下结合的全方位销售还不健全和完善。

（四）建议

第一，改装物流条件。优化仓储点布局，推动传统食糖物流标准化、自动化和信息化，促进物流装备设施技术现代化、流通体系多元化、物流管理制度化、流通组织专业化。创新物流运输方式，组织铁路、公路、水路多式联运，努力降低食糖物流运输成本。

第二，构建“互联网+云南蔗糖”模式。建立云南食糖产业数据库；进一步完善食糖电子商务交易平台，规范交易内容、规则和风险控制；引导企业加大供给侧创新，突破白砂糖单一品种营销模式，根据市场需求拓展红糖、冰糖、精制糖、功能性糖等品种的网络营销空间。鼓励制糖企业构建“现货+电子商务+期货”等多层次营销体系，降低交易成本（杨贵生，2018）。

五、投（融）资体系

（一）基本情况

制糖产业是季节性生产的行业，食糖生产特点是“季节性生产，常年销售”。从11月至次年的5月，制糖企业收购甘蔗原料进行加工生产，据云南省糖业协会统计，甘蔗原料成本占到食糖生产成本的70%以上。此外，进入甘蔗加工季节，大量地生产工业辅料也需要制糖产业筹集资金。作为云南重要的区域性经济支柱产业，多年来，云南省政府十分重视对制糖产业在甘蔗加工生产季节的金融支持，针对蔗糖产业的生产销售特点，省政府出台各种政策大力支持金融机构对其贷款，且贷款有着较为优惠的政策，因此制糖企业基本采用银行贷款的单一融资模式。

目前，承担制糖企业贷款业务的金融机构有中国农业银行云南省分行、中国农业发展银行云南省分行以及中国工商银行云南省分行等。金融机构对云南制糖企业的支持，为蔗糖产业的顺利发展提供了保障。

（二）案例

2013～2015年，由于国际国内食糖价格下跌，云南省制糖企业连续三个榨季亏损。据云南省糖业协会统计，其中2012/2013榨季全省制糖企业亏损0.74亿元，2013/2014榨季全省制糖企业亏损为21.11亿元，2014/15榨季全省制糖企业亏损6.04亿元，累计亏损达27.89亿元。连续三个榨季的亏损中，为保障甘蔗种植面积的稳定，金融机构在制糖企业的甘蔗原料收购资金贷款和生产性贷款上对云南制糖企业给予大力支持，为蔗糖产业的顺利发展提供了保障。

（三）存在的问题

第一，由于蔗糖产业利润不高，特别是周期的食糖价格波动，致使大部分制糖企业的流动资金严重短缺，流动负债很大，甚至部分企业流动资产不足以偿还流动负债，产生负的净营运资金，增加了企业的财务风险。

第二，为降低资金成本，云南制糖企业多数采用短期借款的方式，短期借款在负债中占据了很高的比例，这使得企业的流动资产和流动负债不相匹配，经常要面对偿还短期贷款的资金压力，一旦遇到年度食糖价格下跌，企业无法及时按时还款，贷款信誉下降，就将会影响第二次生产季节的再次贷款，给企业流动造成重大的影响（冯媛媛，2013）。

第三，遭遇3～4年的连续食糖低糖价后，金融机构出于对自身资金安全的考虑，终止制糖企业的贷款，企业无法运转，容易导致制糖企业的破产和重组。

（四）建议

第一，引导金融机构加大蔗糖产业信贷投入力度，积极开展收储质押、仓单质押、应收账款融资等创新金融产品和服务，鼓励和支持银行业金融机构将制糖龙头企业纳入农业专项贷款范围。加快蔗糖产业投融资担保体系建设，健全风险补偿机制（李越云，2018）。

第二，鼓励蔗糖加工企业通过股份制、股份合作制、出售、兼并、租赁、承包等多种形式，吸引个体资本、集体资本、国有资本和国外资本投入，实现投资主体多元化（卢春玲，2016）。

第三，强化制糖企业资金链监测预警，防范系统性金融风险。

六、风险控制策略

（一）基本情况

蔗糖产业是甘蔗农业生产与食糖加工销售结合的产业，产业链条长，在产业发展中，既有甘蔗农业生产的风险，也有食糖销售的价格风险。其中，甘蔗农业上的风险主要是气象灾害造的严重损失；生产销售的风险主要是周期性的食糖生产供大于求，食糖价格下跌，企业生产经营困难甚至倒闭。以旱灾为例，从自然风险看，由于云南蔗区生产条件差，大部分甘蔗种植在无灌溉条件的干旱、贫瘠的旱地、坡地，大多数蔗区生产仍依赖自然降雨，抵御自然灾害能力低（全怡吉等，2019）。尤其甘蔗集中种植是在少雨干旱的冬春季节，如2009年云南省遭遇多年不遇的严重干旱，大部分蔗区都受到严重影响。据云南省甘蔗协会统计，2009/2010榨季，由于受干旱影响，全省入榨甘蔗1363万吨，产糖177.15万吨，甘蔗入榨量和产糖量分别比2008/2009榨季减少379万吨（减产21.7%）和45.85万吨（减产20.6%），蔗农收入直接损失达17亿元。由此可见，干旱已成为影响云南甘蔗生产的不确定因素。

甘蔗产业风险较多，为防范甘蔗产业的自然因素风险，云南省近年在蔗区广泛推广了甘蔗保险业务，为抵御各类自然灾害和意外损失风险，为蔗区种植户提供了有力的风险保障。为防范甘蔗产业食糖下跌的价格风险，云南实行了食糖储备制度，其政策功能是：在食糖价格过低时，由国家制定合理的价格和一定的指标进行收储，用于战略储备、经济储备和应急储备，国家合理价格收储，对促进食糖价格的提高具有重大作用。如2014年，国内糖价持续下跌，糖价与制糖成本倒挂，制糖企业亏损严重，生产经营困难。在这种严峻的情况下，云南省财政每年安排5000万元，率先启动实施了80万吨的地方食糖工业短期收储政策，食糖工业短期收储共撬动银行贷款40亿元，有效支持了企业渡过难关，确保企业资金链不断裂。

（二）案例

农业保险在甘蔗生产上作用重大，如在2009年至2011年，云南省遭受百年不遇的特大旱灾，云南省通过政府财政、龙头企业、农户三方共同承担保费的方式，在临沧、西双版纳、德宏等主产州（市）实行了地方政策性甘蔗保险试点，甘蔗保险所需保费资金每亩25.5元，由省、州、县（市）财政与制糖企业、农户共同承担（其中，省级财政安排补贴45%即11.48元，州级财政配套补贴4.5%即1.148元，县（市）级财政配套补贴10.5%即2.677元，制糖企业承担20%即5.1元，种植户承担20%即5.1元），每亩的保险金额为750元。通过政策性甘蔗保险试点工作的开展，受灾的蔗农及时得到了保险款，也从保险中尝到了甜头，参保面积不断扩大，2013年云南省甘蔗种植面积540余万亩，而甘蔗保险承保面积已达303.8万亩，占云南省甘蔗种植面积的60%。①

（三）存在的问题

第一，云南蔗区自然灾害多，难以全部纳入保险。云南是全国自然灾害的多发地，每次灾害都会对产业造成重大损失，特别需要将云南的干旱灾害纳入保险范围，有效降低蔗农生产风险，推进糖料基地蔗糖产业的健康发展。但是，我国的甘蔗农业保险制度由于缴费低，在遭受大灾后获得的保险金也不高，对蔗农来说只是在一定程度上减少了损失，同时，由于是商业保险，在遭受大规模受灾后，赔付金额巨大，保险公司无力全部理赔。

第二，国家食糖收储抗食糖价格下跌风险作用有限。在全球经济一体化，国内国际市场高度联通的时代，国家食糖收储政策也具有一定的局限性，主要原因是如果遇到国际食糖价格大幅度下降时，国外进口糖大量涌入国内，国家的收储量难以阻止价格的下跌。

（四）建议

要降低蔗糖产业的风险，在已有的政策和保险措施基础上，探索以下一些途径。

第一，设立风险调节基金，实行“以丰补歉”，增强蔗农与龙头企业共同抵御自然风险和市场风险的能力。基金来源可以由企业每年从税后利润中扣拨一定比例计提风险金，也可以由企业与农户共同逐年提取，有条件的地方财政也可每年拨出一定额度的资金与企业共建风险基金（张跃彬，2004）。

---

① 甘蔗保险：让甜蜜的事业更加辉煌灿烂［N］. 云南经济日报，2011－04－13.

第二，积极探索政策性保险制度，鼓励保险机构开办农业保险业务，实行甘蔗农业保险，将自然灾害的风险损失或蔗农独自承担的风险损失，分散到各年和各投保人，从而提高单个蔗农抵御风险的能力（张跃彬，2004）。

第三，探索发挥期货市场套期保值的功能，通过期货交易避免蔗糖跌价损失，避免经常出现货款不兑现的"打白条"现象（张跃彬，2004）。

七、融合发展

（一）基本情况

云南制糖企业在甘蔗制糖、生产酒精的同时，重视优化能量系统，积极探索新技术、研发新型产品，制糖企业对蔗渣、糖蜜、滤泥的循环经济产业研究，实现了蔗糖资源的再利用，生活用纸、有机肥、生物质燃料、食用酵母等十余种综合利用产品应运而生，使云南甘蔗糖业初步形成了高效、稳定、多门类的循环经济产业链条（张跃彬，2004）。近年来，云南蔗糖工程研究中心科技人员，按照建设资源节约型、环境友好型社会的要求，工农联合，科企合作，在蔗糖产业上，合力打通从甘蔗生产、蔗糖深加工、制糖副产物综合利用的甘蔗糖业产业链，共同攻克了甘蔗糖业循环经济的 10 个关键技术；在甘蔗生产上，形成了蔗稍饲料、蔗叶还田的循环经济技术；在蔗糖生产上，改进了传统亚硫酸法工艺，研发了高品质食糖、有机糖、低聚果糖生产技术；在副产物综合利用上，形成了蔗渣开发木糖，废糖蜜开发燃料乙醇、滤泥，酒精废液开发有机肥的产业化技术，支撑了云南蔗糖重大产业的发展，并形成了三个新兴产业，在云南和全国起到了显著的示范作用。

（二）案例

甘蔗生产过程产生的废糖蜜是制糖的一个副产物，酵母是市场需要量最大的微生物工业产品，利用甘蔗糖蜜开发高糖高活性酵母是蔗糖产业升级，实现高附加值的重要途径，目前每吨活性干酵母市场售价达 2 万元，经济效益比传统糖蜜酒精高出 2 ~3 倍，并且产生的废液比传统糖蜜酒精减少 40%。2010 年，为充分利用甘蔗糖蜜原料，发挥德宏的蔗糖产业优势，安琪酵母股份有限公司与云南英茂糖业有限公司共同投资在德宏州陇川县景罕镇建立了安琪酵母（德宏）有限公司，项目总投资4亿元。2013年5月19日，该公司第一批高糖酵母成功下线，活力值达优级品标准，随着工艺水平的逐步稳定和人员素质的不断提高，按设计产能规模测算，该公司年销售收入可实现4亿~5亿元，年利税可达7000万~8000万元，吸纳当地劳动力近400人。

（三）存在的问题

云南蔗糖在产业融合方面取得了很大的进展，但根据现代蔗糖产业发展的形势，仍然存在一些问题。

第一，蔗糖产业融合程度低，产品单一。在蔗糖产业的深加工及综合利用上，云南蔗糖生产产品单一，精深加工及综合利用滞后，目前全省仅有一条精制糖生产线，两条蔗渣浆纸生产线，两条蔗渣生产木糖生产线，绵白糖也仅保山少量生产，绝大多数糖厂企业仍停留在“糖+酒精”的原料型模式上（马光霞，2011）。

第二，产业融合高附加值产品少，效益不高一。目前，云南的蔗糖深加工及综合利用工作滞后，深加工及综合利用产值不到蔗糖业总产值的20%，难以适应我国糖业形势发展和产业结构调整的要求（张跃彬，2004）。

（四）建议

第一，大力开展蔗糖的综合利用。针对云南蔗糖产业综合利用低的情况，推进蔗渣浆纸生产线工艺改造，支持蔗渣用于其他开发；鼓励蔗渣发电，加快实施制糖企业富余电力并网售电的热电联动模式，实现降本增效；支持糖蜜集中生产酒精或酵母等产品，酒精废醪液集中处理生产光合菌液态肥，用于甘蔗种植施肥；推广利用滤泥、废渣等生产有机肥、复合肥，扩大其在农业生产各领域的应用；支持甘蔗叶、蔗稍生产畜牧饲料，大力发展蔗稍养牛，构筑“产业互补、循环一体、联合发展”的良好格局。

第二，实施多样化产品开发工程。积极发展精制糖、绵白糖、红糖、速溶糖、液体糖、黑糖、有机糖等多样化糖产品；结合制糖工艺技术的改进提升，开发从蔗汁中提取天然抗氧化剂、二十八烷醇等产品；结合云南省生物资源特点，引导生产高档糖果及保健糖、药糖等功能性糖产品。加快以蔗糖为原料的高附加值产品的研发和生产，积极发展低聚果糖、甘露醇、果葡糖浆、结晶果糖等蔗糖深加工产品，拓展蔗糖在医药、化工领域的应用。

八、科技推广应用

（一）基本情况

云南是全国的主要糖料基地，省委、省政府历来十分关心与重视甘蔗糖业的科研、开发与推广应用。云南省级甘蔗科研机构主要有云南省农业科学院甘蔗研究所、云南省轻工业科学研究院、云南农业大学甘蔗研究所，地州甘蔗科研机构主要有：云南省德宏州甘蔗科学研究所、保山市甘蔗科学研究所、临沧市甘蔗技术推广站等，甘蔗主产县还设有甘蔗糖业办公室和甘蔗技术推广站等（李宏，2011）。近年来，云南蔗糖科技进步取得了长足发展，甘蔗新品种选育和推广应用居全国领先水平，云南甘蔗品种结构处于全国最优水平，全省甘蔗出糖率连续5年位居全国第一。同时，良种良法结合，研究开发甘蔗高产高效综合技术，在水田甘蔗大力开展“亩产吨糖”工程技术应用，旱地将节水抗旱栽培技术与秋植、冬植栽培制度相结合，创造高优生态蔗园，实现全省甘蔗平均单产4.5吨，蔗糖分达14.5%以上。

在制糖工业上，云南省生产技术水平逐年提高。据云南省糖业协会统计，2012/2013榨季至2019/2020榨季，全省年产平均糖率稳居12.5%以上，最高达12.98%，创全国最高纪录，制糖企业产品合格率、总收回率、加工百吨甘蔗耗标准煤、吨蔗耗电在全国处于领先水平。在蔗糖循环经济利用上，目前，云南制糖工业已逐步形成了“甘蔗—机制白砂糖—蔗渣—蔗渣浆—纸”“甘蔗—蔗渣—木糖”“甘蔗—机制白砂糖—糖蜜—酒精（或酵母）”“甘蔗—滤泥—复合肥”“酒精废醪液—液态肥”等高效、稳定的多门类循环经济产业链条。

（二）案例

甘蔗品种改良与更新是增加甘蔗产量、提高蔗糖分的关键措施，“十五”期间，云南甘蔗品种多、乱、杂，品种退化现象十分严重。据云南省糖业协会统计，2000年，云南甘蔗每亩单产仅3.7吨，全省平均蔗糖分不到14%，出糖率仅11.5%，远低于全国其他主产蔗区水平。为改变这一现状，从2001年开始，云南根据蔗糖产业化发展的需要，大力进行甘蔗新品种应用和改良，在全省大规模推广应用新台糖10号、16号、20号、22号，云蔗89-151、云蔗81-173、桂糖

89-5、粤糖79-177、粤糖86-368、闽糖69-421十大高优良种，为蔗糖产业的提升提供了强大的支撑，成绩卓著。据云南省糖业协会统计，2001~2005年，十大高优良种推广面积从63.4万亩上升到320万亩，占植蔗总面积的85%，使全省出糖率从11.5%提高到12%以上。2006~2010年，全省甘蔗种植面积从368万亩增加到450万亩，面积仅增加22%，但甘蔗农业总产量从1366万吨增加到1919万吨，产量增加40.5%，全省甘蔗平均农业亩产从3.72吨提高到4.2吨，增幅12.90%；甘蔗平均含糖分从14.52%提高到14.71%，糖率由12.3%提高到12.8%，出糖率连续5年位居全国第一，甘蔗品种科技功不可没。

（三）存在的问题

云南蔗糖产业科技发展很快，但与国内外先进蔗区相比，还存在以下问题。

第一，蔗糖科研未能适应供给侧结构改革的需要。在蔗糖业的深加工及综合利用上，云南蔗糖生产产品单一，精深加工及综合利用滞后。针对云南蔗糖深加工和综合技术落后、产品层次低、附加值不高的现状，应鼓励和支持现有产业延伸产业链、拓宽产业带，重点支持食糖产品的精深加工，以及蔗渣制浆造纸、生物工程等综合利用产品的发展，培育和发展新兴产业群，实现制糖业与关联产业互动、效益互补的产品结构。

第二，企业支持甘蔗农业科研的机制未建立。产业化科技创新是推动蔗糖产业的强大动力和重要支撑，多年来，我国蔗糖行业在工业科技上形成了成熟的市场化运作模式。随着蔗糖产业化的发展，我国的糖料基地建设已经由政府扶持和引导转变为以龙头企业组织发展为主，企业已经成为原料种植、加工、销售的完全主体。但作为企业的“第一车间”，甘蔗农业科技市场化运作却难以开展，科技需求单位支持科研单位的机制不建立，那么科研机构经费来源单一，资金不足的问题就难以解决，也就难以为产业发展提供有力的技术支撑（张跃彬，2004）。

（四）建议

第一，提高产业研发水平。云南蔗区要完善“政、产、学、研”技术创新体系，加强蔗糖技术创新，建立云南省蔗糖产业技术创新中心，鼓励涉糖企业建立技术中心和工程研究中心，着力突破蔗糖重大关键技术和共性技术，在甘蔗良种培育、高产高糖技术集成、农机装备、深加工和综合利用等方面取得一批重大技术成果。

第二，发挥企业科技成果转化主体作用。以涉糖企业为主体，以蔗糖产业技术创新中心为支撑，加强重大技术成果转化，推动糖业科技成果商品化、资本化、产业化，助力蔗糖产业创新发展、转型发展、提质发展。

（执笔：张跃彬、应雄美、彭子芸；审定：张跃彬）

第二十二章

云南茶叶产业经济问题研究

第一节　云南茶叶产业发展概况

一、中国及云南茶叶产业发展简况

（一）全球茶叶生产贸易及中国的地位

茶叶位居世界三大饮料之首，目前全球茶叶的消费超过了酒、咖啡、可可等消费的总和。茶叶在世界各地随处可见，是世界人民的饮料，也是国际市场上交易频繁的商品。FAO 统计数据表明，近年来，全球近 50 个国家种植生产茶叶。2009～2019 年，全球茶叶采摘面积和茶叶产量分别从 304.25 万公顷和 431.18 万吨上升到 419.32 万公顷和 615 万吨，分别增长 37.82% 和 42.63%。2018 年，亚洲茶叶采摘面积（375.98 万公顷）占同期全球茶叶采摘面积的比重接近 90%，茶叶产量（543.44 万吨）占全球总产量的比重也超过了 88.4%。除非洲肯尼亚以外，2012 年以来，全球茶叶采摘面积达 10 万公顷以上的 6 个国家有 5 个在亚洲，分别是中国、印度、斯里兰卡、越南和印度尼西亚，缅甸也接近 9 万公顷，土耳其则超过 8 万公顷；茶叶产量超过 10 万吨的 7 个国家有 6 个在亚洲，分别是中国、印度、斯里兰卡、土耳其、越南、印度尼西亚。

非洲的肯尼亚的茶叶采摘面积和产量均居全球第 3 位。斯里兰卡的茶叶采摘面积和产量继中国、印度和肯尼亚之后，位居全球第 4 位。这 4 个国家的茶叶采摘面积多年占据全球茶叶采摘总面积的 80% 以上，茶叶产量占同期全球茶叶总产量的

75%以上（见图22－1、图22－2）。

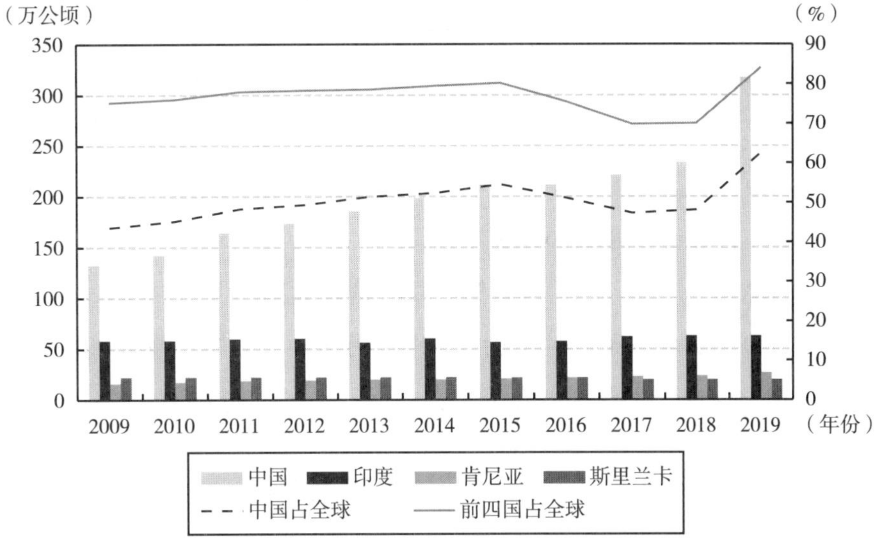

图22－1　2009～2019年全球前四大茶叶生产国采摘面积及其占比

资料来源：联合国粮农组织2021年1月数据。

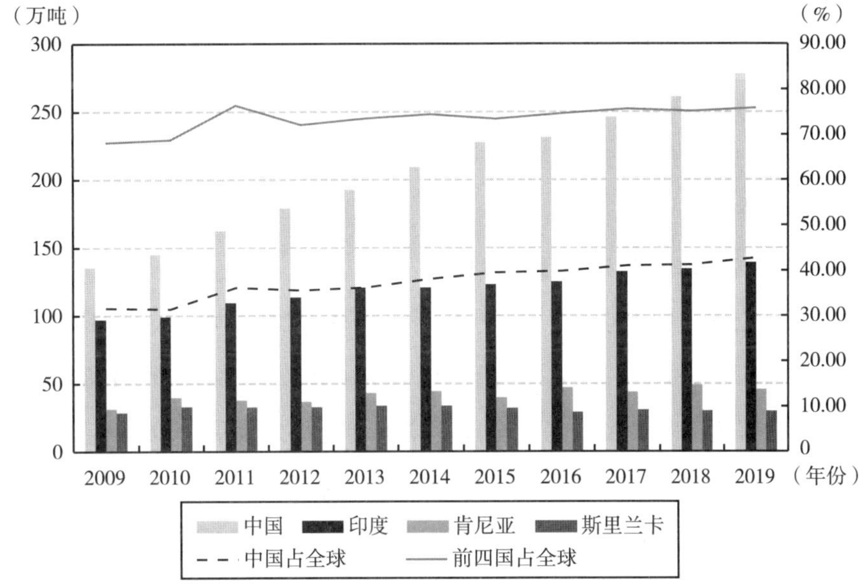

图22－2　2009～2019年全球前四大茶叶生产国茶产量及其占比

资料来源：联合国粮农组织2021年1月数据。

而据国际茶叶委员会（International Commission on the Tea，ITC）统计数据，2019年，全球茶园面积500万公顷，2010～2019年年均复合增长率达到了3.5%；

茶叶产量615万吨，2010~2019年年均复合增长率则达4.1%。全球茶叶生产、出口集中度极高，2019年，以中国为首的产能前十的国家茶叶总产量合计占94.06%，全球茶叶总出口量189.5万吨，总进口量180.4万吨，出口量5万吨以上的有7个国家，总计占出口总量的83.83%左右，肯尼亚、中国、斯里兰卡排在前三。进口5万吨以上的国家有巴基斯坦、俄罗斯、美国、埃及、英国、摩洛哥、伊朗7个国家，占总进口量的46.8%左右。

中国是全球第一产茶大国，也是第一茶叶消费大国。根据国际茶叶委员会的统计数据，2019年，中国茶园种植面积306.6万公顷，茶叶产量279.9万吨，分别占全球的61.4%和45.5%。

（二）中国及云南茶产业概况

根据中国茶叶流通协会统计，2019年，全国干毛茶总产值达到2396亿元，比上年增加238.65亿元，同比增长11.06%。

茶叶是云南传统优势产业，新中国成立以来，云南茶园面积和产量一直以高于全国平均的速度在增长，在全国的地位稳步提高。从新中国成立初期的1万余公顷和2500吨发展到2020年约48万公顷和46万吨以上，占比分别从6.29%和3.83%上升到15.34%和15.80%。新中国成立后，云南茶产业发展历程可以大致分为以下几个阶段。

1. 1950~1981年：波动中稳定发展

1950年，云南茶园面积在1.07万公顷、产量约2500吨，仅占同期全国总面积和总产量的6.29%和3.83%。之后，除1961~1962年和1979~1980年两个时间段下降外，其他年份大多以高于全国平均的增速稳定发展。1981年，全省茶园面积9.43万公顷（1978年最高接近10万公顷），占全国的比重上升到8.89%；茶叶产量超过2万吨（2.04万吨），占全国的比重也上升到5.59%。

2. 1981~1995年：稳定快速发展

1981年，在国家支持农业多种经营和支持轻工业发展的方针指导下，云南将烟糖茶胶四大轻工原料基地建设作为重点，茶产业继续以高于全国平均增幅的速度保持稳定快速发展。一是茶园面积于1982年、1987年和1994年分别迈上10万公顷、15万公顷和16.67万公顷三个台阶，占全国的比重于1984年、1989年和

1993 年分别迈上 10%、15% 和 20% 三个台阶（1994 年达 22.12%）；1981～1995 年云南茶园面积增长 76% 以上，而同期全国仅增长 5.14%；占全国的比重从不足 9%（8.89%）上升到 15%（1994 年最高达 22.12%）。二是茶叶产量于 1985 年、1988 年、1992 年、1993 年和 1995 年先后迈上 2 万吨、3 万吨、4 万吨、5 万吨和 6 万吨的台阶；1981～1995 年云南茶叶产量增长 214%，而同期全国仅增长不足 72%；占全国的比重从不足 6%（5.9%）上升到 10.88%。

3. 1995～2011 年：稳定发展阶段

1995 年，云南省委省政府实施“18 生物资源开发工程”（1999 年改名为生物资源开发创新工程）以后，云南茶产业进入另一个稳定发展阶段。全省茶园面积从 16.67 万公顷左右上升到 37.44 万公顷，增速达 128%，高于全国平均（89.4%）近 30 个百分点，占全国的比重稳定在 18%；全省茶叶产量从不足 6.5 万吨增加到 23 万吨以上，增速达 271.76%，比全国平均（175.6%）高 96 个百分点，占比接近 15%（14.68%），上升了 3.8 个百分点。

4. 2011 年至今，转型升级、高质量绿色发展阶段

2011 年云南省委省政府顺应经济发展方式转变的要求，提出高原特色农业发展战略，云茶产业进入提质增效的转型发展阶段。全省茶叶面积和茶叶产量总体呈现稳步增长趋势，但面积增速明显低于产量增速。2011～2019 年，云南茶园面积占全国比重从 18% 下降到 15.2% 左右，茶叶产量占比从 14.68% 回落到 14.32%。2018 年实施打造世界一流“绿色食品牌”战略后，云南茶产业向高质量绿色发展转型。《云南省“绿色食品牌”重点产业 2020 年度发展报告》显示，2020 年，全省茶园面积 47.98 万公顷，绿色食品认证茶园面积 3.03 万公顷，同比增加 933 公顷，增长 3.4%；有机认证茶园面积 5.45 万公顷，同比增加 7200 公顷，增长 15.21%。全省茶叶总产量 46.6 万吨，同比增加 3.5 万吨，增长 8.1%，茶产业综合产值达 1001.4 亿元，较 2019 年增加 65.4 亿元，同比增长 7.0%。茶产业农业产值、加工产值、三产产值的比例为 1∶2∶2.4。2015～2020 年，茶叶农业产值从 114.7 亿元增长到 185.4 亿元，增长 61.6%，年均增长率 10.1%；加工产值从 230.4 亿元增长到 371.8 亿元，增长 61.4%，年均增长率 10%，三产产值从 277.9 亿元增长到 444.2 亿元，增长 59.8%，年均增长率 9.8%。

二、中国及云南茶叶的生产分析

（一）中国茶叶生产

据国家统计局数据，目前我国有18个产茶省（区、市）。2018年，全国茶园面积为298.58万公顷；采摘面积231.08万公顷，茶叶总产量261.04万吨。全国各产茶区2018年茶园面积、采摘面积、茶叶产量和毛茶产值分省布情况如图22－3至图22－6所示。

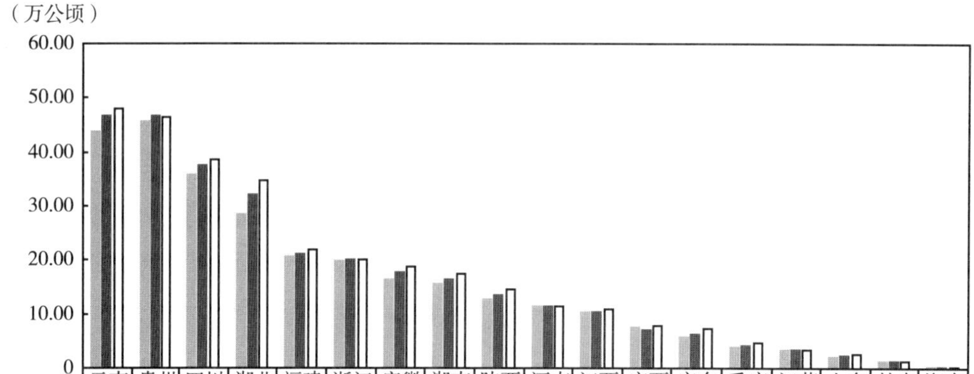

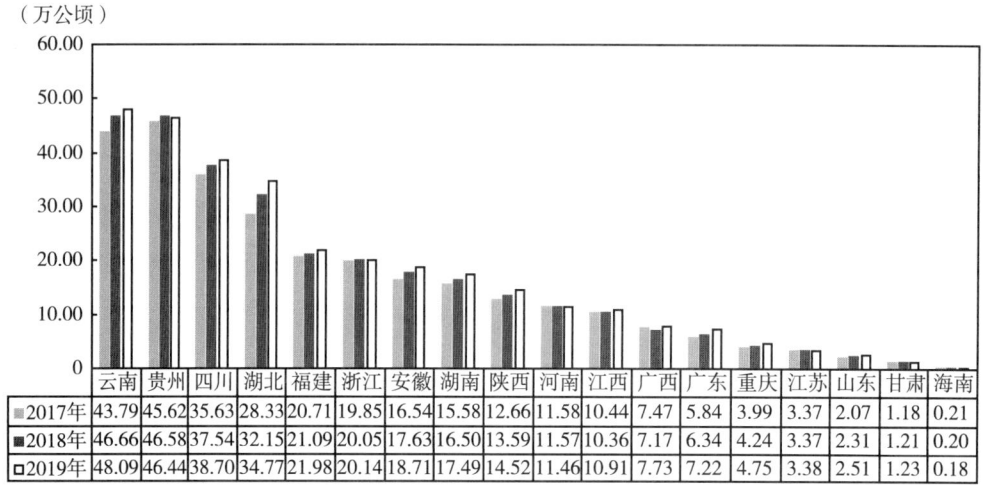

	云南	贵州	四川	湖北	福建	浙江	安徽	湖南	陕西	河南	江西	广西	广东	重庆	江苏	山东	甘肃	海南
2017年	43.79	45.62	35.63	28.33	20.71	19.85	16.54	15.58	12.66	11.58	10.44	7.47	5.84	3.99	3.37	2.07	1.18	0.21
2018年	46.66	46.58	37.54	32.15	21.09	20.05	17.63	16.50	13.59	11.57	10.36	7.17	6.34	4.24	3.37	2.31	1.21	0.20
2019年	48.09	46.44	38.70	34.77	21.98	20.14	18.71	17.49	14.52	11.46	10.91	7.73	7.22	4.75	3.38	2.51	1.23	0.18

图22－3　2017～2019年我国各产茶省（区、市）茶园面积分布情况

资料来源：国家统计局网站。

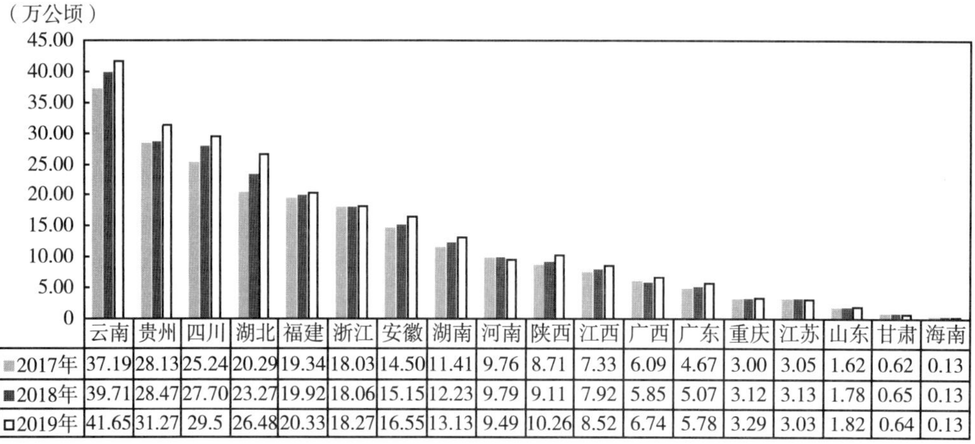

	云南	贵州	四川	湖北	福建	浙江	安徽	湖南	河南	陕西	江西	广西	广东	重庆	江苏	山东	甘肃	海南
2017年	37.19	28.13	25.24	20.29	19.34	18.03	14.50	11.41	9.76	8.71	7.33	6.09	4.67	3.00	3.05	1.62	0.62	0.13
2018年	39.71	28.47	27.70	23.27	19.92	18.06	15.15	12.23	9.79	9.11	7.92	5.85	5.07	3.12	3.13	1.78	0.65	0.13
2019年	41.65	31.27	29.5	26.48	20.33	18.27	16.55	13.13	9.49	10.26	8.52	6.74	5.78	3.29	3.03	1.82	0.64	0.13

图22－4　2017～2019年我国各产茶省（区、市）采摘茶园面积分布情况

资料来源：国家统计局网站。

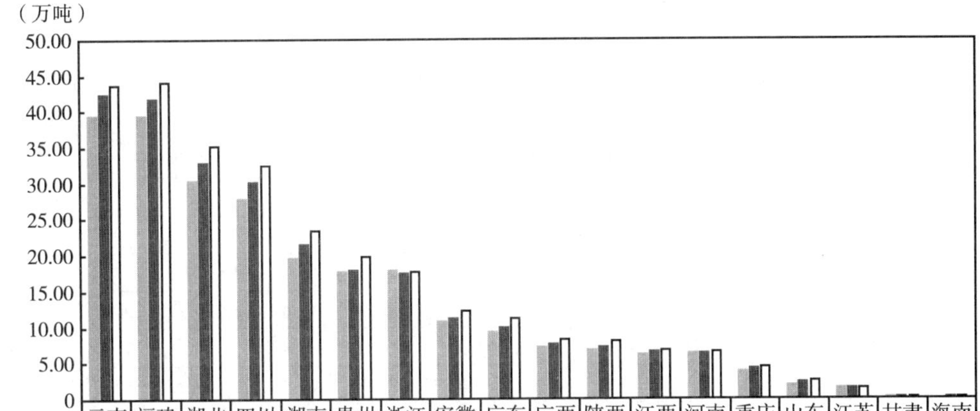

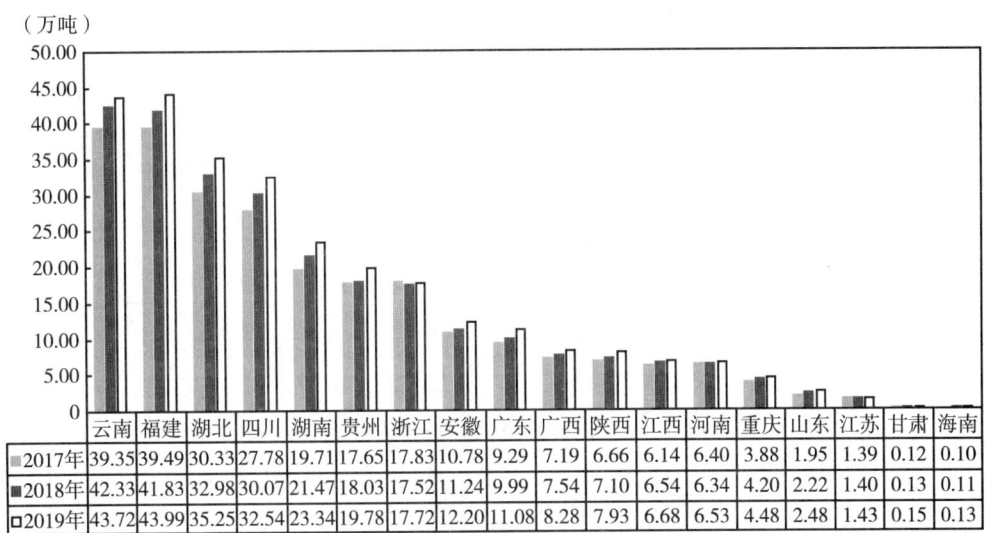

	云南	福建	湖北	四川	湖南	贵州	浙江	安徽	广东	广西	陕西	江西	河南	重庆	山东	江苏	甘肃	海南
2017年	39.35	39.49	30.33	27.78	19.71	17.65	17.83	10.78	9.29	7.19	6.66	6.14	6.40	3.88	1.95	1.39	0.12	0.10
2018年	42.33	41.83	32.98	30.07	21.47	18.03	17.52	11.24	9.99	7.54	7.10	6.54	6.34	4.20	2.22	1.40	0.13	0.11
2019年	43.72	43.99	35.25	32.54	23.34	19.78	17.72	12.20	11.08	8.28	7.93	6.68	6.53	4.48	2.48	1.43	0.15	0.13

图 22－5　2017～2019 年我国各产茶省（区、市）茶叶产量分布情况

资料来源：国家统计局网站。

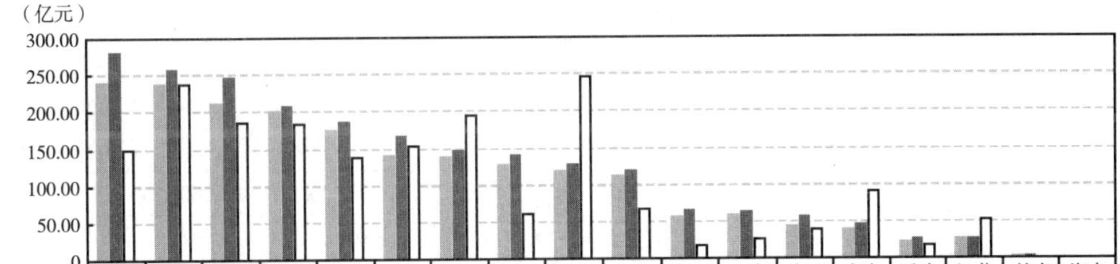

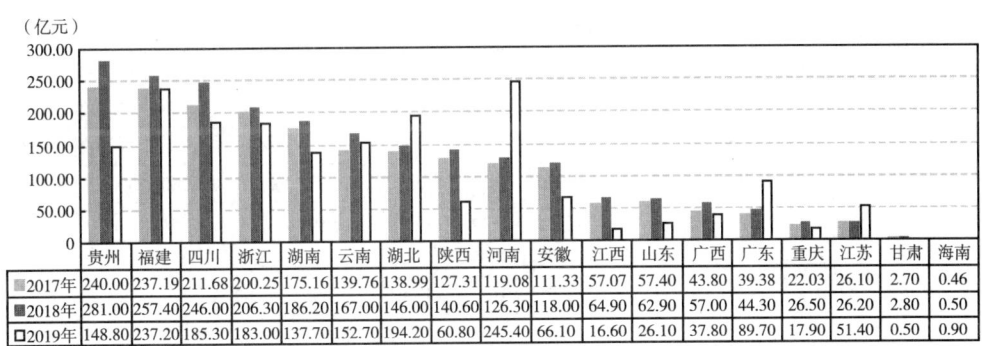

	贵州	福建	四川	浙江	湖南	云南	湖北	陕西	河南	安徽	江西	山东	广西	广东	重庆	江苏	甘肃	海南
2017年	240.00	237.19	211.68	200.25	175.16	139.76	138.99	127.31	119.08	111.33	57.07	57.40	43.80	39.38	22.03	26.10	2.70	0.46
2018年	281.00	257.40	246.00	206.30	186.20	167.00	146.00	140.60	126.30	118.00	64.90	62.90	57.00	44.30	26.50	26.20	2.80	0.50
2019年	148.80	237.20	185.30	183.00	137.70	152.70	194.20	60.80	245.40	66.10	16.60	26.10	37.80	89.70	17.90	51.40	0.50	0.90

图 22－6　2017～2019 年我国各产茶省（区、市）茶叶农业产值分布情况

资料来源：历年《中国农村统计年鉴》。

（二）云南茶叶的生产分析

我国有 18 个主要产茶省（区、市），但茶产业集中度极高。2019 年，云南、浙江、福建、贵州、湖北和四川 6 个主产省茶园面积和采摘面积之和占全国总面积的 68% 以上，茶叶产量之和占全国总产量的比重更达到 57.8%（见表 22－1）。

表 22-1　　2010～2019 年中国茶叶主产区面积、产量及云南占比

地区	指标	2010 年	2011 年	2012 年	2013 年	2014 年	2015 年	2016 年	2017 年	2018 年	2019 年
全国	茶园面积（万公顷）	193.183	205.551	220.135	236.705	252.597	264.084	272.277	284.872	298.580	310.480
	采摘面积（万公顷）	140.455	157.796	167.328	177.581	189.546	200.797	207.141	219.107	231.076	246.980
	茶叶产量（万吨）	146.250	160.760	176.150	188.720	204.930	227.660	231.330	246.040	261.040	277.720
云南	茶园面积（万公顷）	36.332	37.435	38.274	39.225	39.968	41.352	42.206	43.786	46.658	48.090
	采摘面积（万公顷）	20.672	28.598	30.318	32.090	33.780	35.434	36.260	37.185	39.714	41.650
	茶叶产量（万吨）	20.73	23.83	27.17	30.17	33.55	36.58	37.31	39.35	42.33	43.72
浙江	茶园面积（万公顷）	17.793	18.196	18.303	18.403	19.563	19.454	19.698	19.853	20.050	20.140
	采摘面积（万公顷）	15.989	16.439	16.456	16.785	17.529	17.791	17.935	18.032	18.058	18.270
	茶叶产量（万吨）	16.280	16.970	17.490	16.860	16.540	25.880	17.220	17.830	17.520	17.720
福建	茶园面积（万公顷）	18.524	19.061	19.565	20.103	20.594	20.770	20.443	20.711	21.089	21.980
	采摘面积（万公顷）	16.421	16.776	17.274	17.805	18.333	18.838	19.032	19.343	19.922	20.330
	茶叶产量（万吨）	25.830	27.670	29.600	31.570	33.400	35.630	37.290	39.490	41.830	43.990
湖北	茶园面积（万公顷）	19.508	21.567	22.545	24.691	25.103	26.150	26.753	28.331	32.150	34.770
	采摘面积（万公顷）	14.221	15.572	16.495	17.484	18.211	18.802	19.332	20.290	23.268	26.480
	茶叶产量（万吨）	16.360	18.130	20.410	21.710	24.410	26.130	28.700	30.330	32.980	35.250
贵州	茶园面积（万公顷）	16.425	19.207	24.492	30.368	35.641	40.253	42.078	45.622	46.584	46.440
	采摘面积（万公顷）	7.360	9.581	12.128	14.586	17.474	21.788	23.139	28.130	28.469	31.270
	茶叶产量（万吨）	5.230	5.840	7.370	8.940	10.710	11.800	14.130	17.650	18.030	19.780
四川	茶园面积（万公顷）	22.958	24.674	27.083	28.763	30.709	31.903	34.168	35.628	37.540	38.700
	采摘面积（万公顷）	15.669	17.687	19.026	20.318	21.538	22.849	23.649	25.238	27.703	29.500
	茶叶产量（万吨）	17.200	18.970	21.030	21.970	23.470	24.610	26.510	27.780	30.070	19.780
合计	茶园面积（万公顷）	131.540	140.140	150.262	161.553	171.578	179.882	185.346	193.931	204.071	210.120
	采摘面积（万公顷）	90.332	104.653	111.697	119.068	126.865	135.502	139.347	148.218	157.134	167.500
	茶叶产量（万吨）	101.63	111.41	123.07	131.22	142.08	160.63	161.16	172.43	182.76	160.46
云南占比（%）	茶园面积	18.81	18.21	17.39	16.57	15.82	15.66	15.50	15.37	15.63	15.49
	采摘面积	14.72	18.12	18.12	18.07	17.82	17.65	17.50	16.97	17.19	16.86
	茶叶产量	14.17	14.82	15.42	15.99	16.37	16.07	16.13	15.99	16.22	15.74

资料来源：国家统计局网站，2020 年 4 月。

多年来，云南省的茶园面积和采摘面积均居全国第 1 位，产量排全国第 2 位。2019 年，云南的茶园面积、采摘面积分别占全国的 15.49% 和 16.86%，茶叶产量占 15.74%，但毛茶产值（农业产值）仅排全国第 5 位。说明云南茶叶生产的效率和效益水平提高有较大的提升空间。

由表 22-2 和图 22-7 可以看出，云南茶叶面积增长近年趋于平缓，产量增长也比较缓慢，总产值在 2012 年有明显的下降，从 2013 年开始回升，到 2016 年已基本回升至 2011 年的水平。由于贵州等地茶叶产业快速发展，云南茶叶面积占比从 2010 年开始逐年下降，从最高的 18.81% 降到 2017 年最低的 15.37%；由于单

产水平的持续提高，自 2014 年起云南单产就超过全国单产水平，总产量基本保持在占全国比重 15%～16% 之间浮动。毛茶产值占全国总产值占比从 2011 年的最高点 16.80% 直接腰斩，近几年均在 8% 左右，亩产值从 2010～2011 年接近全国平均水平到 2012 年以后下降到不到全国平均亩产值的一半。

表 22－2　　2010～2019 年中国及云南省茶叶生产效率及效益情况

年份	区域	面积（万公顷）	总产量（万吨）	毛茶总产值（十亿元）	单位面积产量（千克/公顷）	单位面积产值（元/亩）
2010	云南	36.33	20.73	9.14	570.57	1677.13
	中国	193.18	146.25	60.72	757.05	2095.42
	云南占比（%）	18.81	14.17	15.05	75.37	0.80
2011	云南	37.44	23.83	12.25	636.57	2181.56
	中国	205.55	160.76	72.89	782.09	2364.05
	云南占比（%）	18.21	14.82	16.80	81.39	0.92
2012	云南	38.28	27.17	7.11	709.88	1238.44
	中国	220.14	176.15	93.96	800.19	2845.53
	云南占比（%）	17.39	15.42	7.57	88.71	0.44
2013	云南	39.23	30.17	8.46	769.15	1437.86
	中国	236.70	188.72	110.62	797.28	3115.55
	云南占比（%）	16.57	15.99	7.65	96.47	0.46
2014	云南	39.97	33.55	11.11	839.42	1853.15
	中国	252.60	204.93	134.91	811.29	3560.61
	云南占比（%）	15.82	16.37	8.24	103.47	0.52
2015	云南	41.35	36.58	11.12	884.60	1792.74
	中国	264.08	227.66	151.91	862.07	3834.89
	云南占比（%）	15.66	16.07	7.32	102.61	0.47
2016	云南	42.21	37.31	12.20	884.00	1927.06
	中国	272.28	231.33	170.20	849.61	4167.32
	云南占比（%）	15.50	16.13	7.17	104.05	0.46
2017	云南	43.79	39.35	13.98	898.69	2128.53
	中国	284.87	246.04	194.96	863.69	4562.52
	云南占比（%）	15.37	15.99	7.17	104.05	0.47
2018	云南	46.66	42.33	16.70	907.24	2386.16
	中国	298.58	261.04	215.73	874.27	4816.80
	云南占比（%）	15.63	16.22	7.74	103.77	0.50
2019	云南	48.09	43.72	19.82	909.13	2747.21
	中国	310.48	277.72	239.60	894.45	5144.72
	云南占比（%）	15.49	15.74	8.27	101.64	0.53

资料来源：面积、产量数据来源于国家统计局网站；总产值数据来源于中国茶叶流通协会，2020 年 4 月；单位面积产量、产值为计算值。

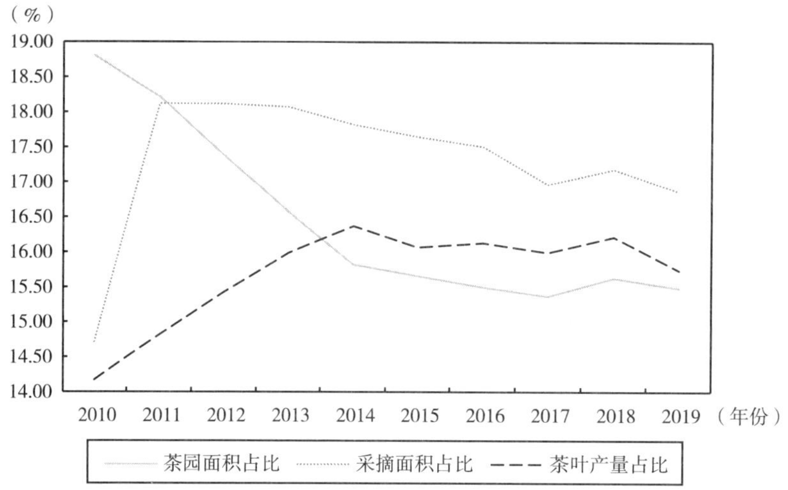

图 22-7　2010~2019 年云南茶园面积、采摘面积和产量占全国比重变化情况

资料来源：根据国家统计局网站 2021 年 1 月数据计算。

从占全国的比重来看，2010~2019 年，云南茶园面积占全国的比重呈现急剧下降转平稳的态势，采摘面积和产量则呈现快速上升转平稳的趋势。2014 年以来，这 3 个占比指标基本稳定在 16% 上下。在全国 6 个茶叶主产省中，2010 年以来，云南的面积和产量及其占比变化趋势与占全国的情况基本类似，2010~2014 年变化较大，2014 年后趋于平稳。2010~2019 年，云南省茶园面积、采摘面积和茶叶产量占全国 6 个茶叶主产省的比例变化如图 22-8 所示。

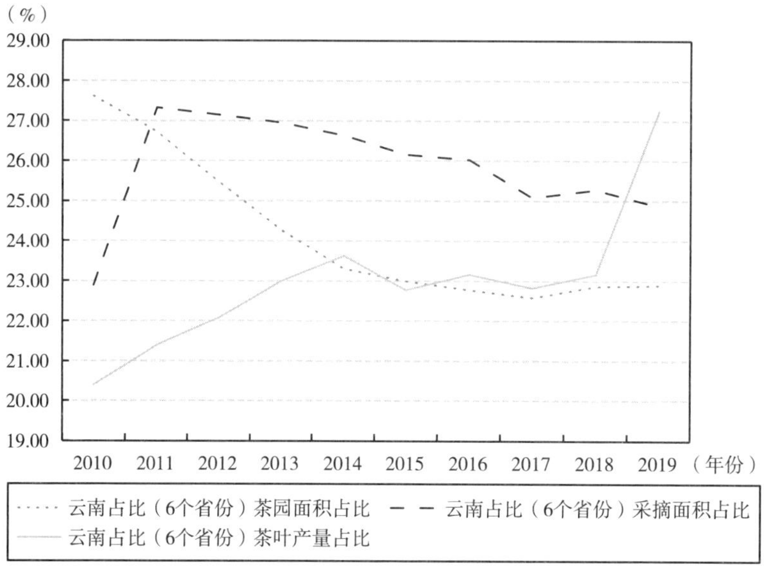

图 22-8　2010~2019 年云南省茶园面积、采摘面积和产量占 6 个主产省比重变化

资料来源：根据国家统计局网站 2020 年 4 月数据计算。

从表22－1、表22－2和图22－7、图22－8可以看出，近年来，云南茶叶面积在全国茶叶主产区中占比逐年减小，主要是由于湖北、四川尤其是贵州这三个地方大力发展茶产业，茶叶种植面积发展迅速。云南茶叶产量在全国主产区中占比起伏波动不大，近10年在15% ±1%间波动。

从表22－3和图22－9可以看出，云南茶叶产值在2012年跌入最低谷，虽然从2013年开始回升，但是其他省份茶叶产值迅速增加，尤其是贵州的后来居上。计算期内，云南茶叶产值在全国6个主产省中的占比从2011年最高的23.53%不断下降到2016年不足11%，虽然2019年回升到13.39%，但是与23%左右的采摘面积占相比差了10个百分点，说明云南茶产业的质量效益水平很低。

表22－3　　2010～2019年中国茶叶主产省份毛茶产值及云南占比　　单位：亿元

地区	2010年	2011年	2012年	2013年	2014年	2015年	2016年	2017年	2018年	2019年
云南	91.35	122.45	71.09	84.59	111.10	111.16	122.00	139.76	167.00	198.20
浙江	90.50	106.00	115.00	131.30	150.00	168.60	155.00	200.25	206.30	224.74
福建	99.58	110.00	150.00	180.00	200.00	210.00	219.00	237.19	257.40	297.23
湖北	52.40	58.00	84.50	87.50	106.97	112.93	131.90	138.99	146.00	157.49
贵州	27.25	41.88	68.81	101.21	161.52	211.32	299.80	240.00	281.00	321.86
四川	71.00	82.00	98.00	113.00	130.00	157.00	190.00	211.68	246.00	279.69
合计	432.08	520.33	587.40	697.60	859.59	971.01	1117.70	1167.87	1303.70	1479.21
云南占比（%）	21.14	23.53	12.10	12.13	12.92	11.45	10.92	11.97	12.81	13.39

资料来源：根据中国茶叶统计数据库和中国产业流通协会数据整理。

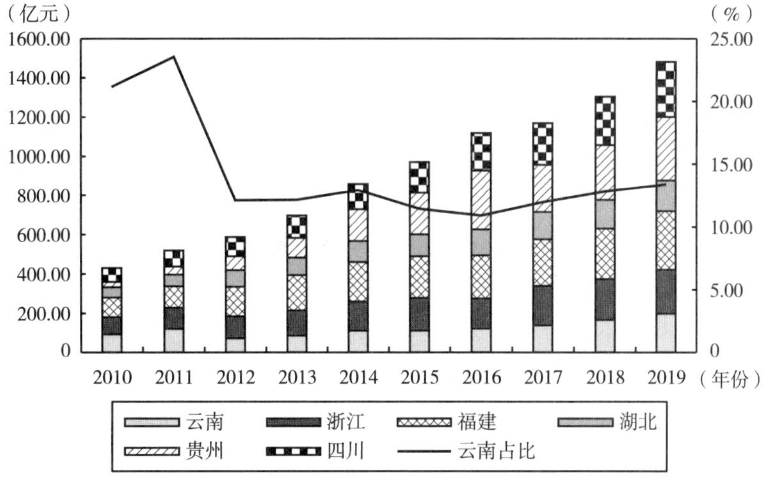

图22－9　2010～2019年中国茶叶主要省份毛茶产值构成及云南占比曲线

资料来源：中国茶叶统计数据库及中国茶叶流通协会2020年4月数据。

三、中国及云南茶叶的消费结构分析

我国茶叶市场分为国内销售和出口两部分，国内销售是主导。中国茶业流通协会数据显示，国内销售约占当年产量的73%，出口量约占当年产量的14%。

中国茶叶按照加工工艺和发酵程度分为六大类，即绿茶、白茶、黄茶、红茶、青茶、黑茶，云南普洱茶归在黑茶类，乌龙茶归在青茶类。绿茶是我国主导消费茶类。如图22－10所示，2019年国内茶叶销售量为202.56万吨，同比增长6.0%，其中，绿茶121.42万吨，占总销售量60.0%；黑茶31.86万吨，占15.6%；红茶22.60万吨，占11.2%；乌龙茶21.63万吨，占10.7%；白茶4.22万吨，黄茶0.83万吨，分别占比2.1%、0.4%。据中国茶叶流通协会统计，2017～2019年，绿茶销售占比由64.8略降为59.9%，仍是主导茶类；黑茶、红茶、白茶发展迅速，其中，黑茶占比由13.4%上升到15.7%，红茶占比由8.7%上升到11.2%，白茶占比由1.2%上升到2.1%，并有占据更大市场份额的趋势。

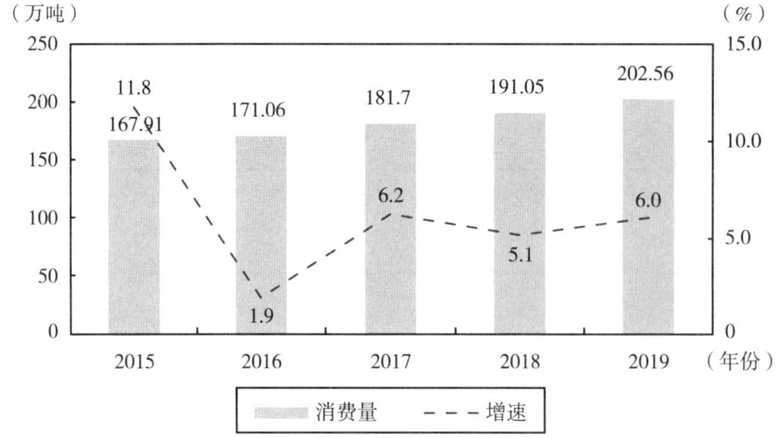

图22－10　2015～2019年中国茶叶内销量情况

资料来源：中国茶叶流通协会2020年11月数据。

云南茶类结构与全国茶类结构差异较大，成品茶以普洱茶（黑茶）、绿茶、红茶为主，其他茶类极少，普洱茶近5年来占成品茶的比重接近50%，红茶和绿茶各占25%左右。与2015年相比，2019年普洱茶年均增长4.66%，由12.9万吨提升到16.2万吨，占成品茶比重由48.7%降到45.38%；红茶年均增长4.68%，由7万吨提升到8.8万吨，占比由26.43%下降到24.65%；绿茶近5年增幅最大，年均增长率高达10.98%，由6万吨提升到10.1万吨，占比由22.65%上升到28.29%（见表22-4、图22-11）。

表22-4　　2015～2020年云南茶叶种类结构　　单位：万吨

茶类结构	2015年	2016年	2017年	2018年	2019年	2020年	年均增长率（%）
普洱茶	12.90	13.40	13.90	14.30	15.90	16.20	4.66
红茶	7.00	7.20	7.70	8.10	8.50	8.80	4.68
绿茶	6.00	7.40	7.60	7.90	8.40	10.10	10.98
其他茶	0.59	0.22	0.20	0.30	0.40	0.60	0.34
成品合计	26.49	28.22	29.40	30.60	33.20	35.70	6.15

资料来源：根据云南省农业农村厅数据整理。

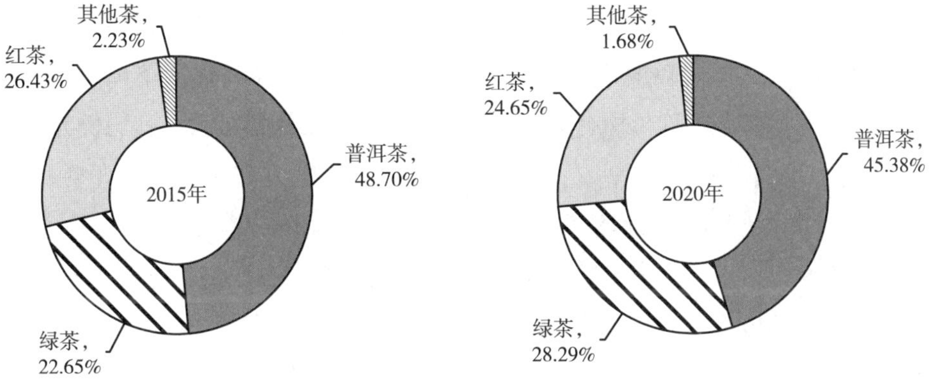

图22-11　云南茶叶生产结构

四、中国及云南茶叶的贸易情况分析

（一）全球茶叶进出口贸易简况

国际茶叶委员会统计数据显示，2019年，全球茶叶总出口量189.5万吨，同比增长2.2%，比2015增加10.1万吨，年均增长率1.1%；总进口量180.4万吨，同比增长1.6%，比2015增加7.4万吨，年均增长率0.84%。年出口量5万吨以上的有7个国家，总计占出口总量的92%左右，肯尼亚、中国、斯里兰卡排在前三。年进口5万吨以上的国家有巴基斯坦、俄罗斯、美国、埃及、英国5个国家，占总进口量的47%左右。

2019年，巴基斯坦进口茶叶20.6万吨，同比增长7.3%，主要进口红茶，占比高达99%，是全球最大的茶叶进口国；俄罗斯进口茶叶14.4万吨，同比下降9.4%位居第二；美国进口茶叶11.7万吨，位居第三，同比下降1.7%；埃及进口茶叶10.9万吨，同比增长16%，位居第四；第5位的英国进口茶叶10.4万吨，同比下降3.7%。

（二）中国及云南茶叶进出口贸易简况

中国海关总署统计数据显示，2019年，我国茶叶出口36.65万吨，占全球出口量的20.3%，居全球茶叶出口第2位；出口量比上年增加0.15万吨，同比增长0.52%；出口均价5.51美元/千克，同比增长13.14%；受出口均价大幅上涨影响，出口额达20.2亿美元，同比上升13.61%。从出口量看，绿茶继续雄踞榜首，达到30.39万吨，继续维持83%左右占比；红茶3.52万吨、同比增长6.67%。其余茶类出口量均有不同幅度下降，乌龙茶下降4.73%，普洱茶下降6.67%。① 在出口均价方面，各茶类均价均有不同程度上涨，普洱茶涨幅最大，其均价为18.57美元/千克，增幅为96.72%；乌龙茶次之，出口均价则为13.04美元/千克，涨幅达到了36.97%；红茶出口均价9.91美元/千克，涨幅16.59%。

中国茶叶出口至128个国家（地区），摩洛哥、美国、欧盟等是中国茶叶的传统贸易对象。2019年，出口量在1万吨以上的国家（地区）有14个，其中出口摩洛哥7.43万吨，占我国出口量的20.3%；乌兹别克斯坦2.05万吨；其他12个国家（地区）均在1万~2万吨之间。出口集中度高，排名前20位的国家（地区）占到总出口量的82.4%。受中美贸易摩擦的影响，中国出口到美国的茶叶量及出口金额现比下滑5.2%和21.35%。②

与此同时，我国茶叶进口继续增加。中国海关总署统计数据显示，2019年，中国进口茶叶4.34万吨，同比增长22.25%；进口额1.87亿美元，同比增长5.06%。其中，红茶仍为主要进口茶类，占比83.9%；其次是绿茶和乌龙茶，各占9.3%和6.1%；花茶和普洱茶各占0.6%和0.1%。从进口均价来看，整体均价为4.31美元/千克，降幅13.97%，其中乌龙茶、花茶、普洱茶的均价较高，均超过13美元/千克，普洱茶达到27.43美元/千克。③

2019年，中国茶叶出口量达到万吨以上的有7个省，分别为浙江（15.88万吨）、安徽（6万吨）、湖南（3.9万吨）、福建（2.34万吨）、湖北（1.74万吨）、

①②③ 中国茶叶流通协会. 2020年中国茶叶行业发展报告［M］. 北京：中国轻工业出版社，2020.

江西（1.45 万吨）、四川（1.08 万吨）。从出口量增减来看，浙江、福建、上海、陕西、海南同比下降，其他省份呈增长趋势，出口量增长超过 1000 吨的省份有湖南、湖北、江西和四川，其中，湖北出口量增长达 5250 吨。

在出口额方面，超过 1 亿美元的省份包括浙江（4.84 亿美元）、福建（4.55 亿美元）、安徽（2.48 亿美元）、湖北（2.14 亿美元）、湖南（1.03 亿美元）。从出口额增减来看，福建增加额超过 1 亿美元，其他省份出口额增量则均在 0.3 亿美元以下；而广东出口额则减少了 2400 万美元。受茶类出口均价影响，福建出口额排名第二（出口量第四），江西出口额排名第八（出口量第五）。[①]

由表 22－5、表 22－6 可知，全国茶叶出口量增长幅度不大，2010～2019 年增加了 6.4 万吨，年均增长 2.2%；出口额则增加幅度较大，年均增长率达到了 11.1%。云南茶叶出口量和出口额在全国占比较小，都只有 2% 左右。

表 22－5　2010～2019 年中国及云南茶叶的对外贸易量　单位：万吨

地区	指标	2010 年	2011 年	2012 年	2013 年	2014 年	2015 年	2016 年	2017 年	2018 年	2019 年
云南	进口	0.011	0.005	0.017	0.015	0.014	0.013	0.003	—	—	—
	出口	0.570	0.600	0.750	0.750	0.640	0.730	0.890	0.770	0.710	0.800
全国	进口	1.400	1.850	1.960	2.260	2.290	2.274	2.970	3.260	3.550	4.340
	出口	30.250	32.260	31.300	32.580	30.100	32.500	32.870	35.530	36.500	36.650
云南占比（%）	进口	0.790	0.270	0.870	0.670	0.610	0.570	0.100	—	—	—
	出口	1.880	1.860	2.400	2.300	2.130	2.250	2.710	2.170	1.950	2.180

资料来源：根据中国茶叶统计数据库和昆明海关数据整理。

表 22－6　2010～2019 年中国及云南茶叶的对外贸易额　单位：亿美元

地区	指标	2010 年	2011 年	2012 年	2013 年	2014 年	2015 年	2016 年	2017 年	2018 年	2019 年
云南	进口	0.006	0.004	0.010	0.018	0.033	0.017	0.011	—	—	—
	出口	0.170	0.210	0.240	0.290	0.300	0.310	0.380	0.370	0.330	0.667
全国	进口	0.480	0.590	0.710	0.750	0.920	1.060	1.110	1.490	1.780	1.870
	出口	7.840	9.650	10.420	12.470	12.730	13.800	14.850	16.100	17.780	20.200
云南占比（%）	进口	1.260	0.680	1.410	2.390	3.580	1.610	0.990	—	—	—
	出口	2.170	2.180	2.300	2.330	2.360	2.250	2.560	2.300	1.860	3.300

资料来源：根据中国茶叶统计数据库和昆明海关数据整理。

① 中国茶叶流通协会.2020 年中国茶叶行业发展报告［M］. 北京：中国轻工业出版社，2020.

五、云南茶叶发展存在的问题

（一）基础设施建设滞后

云南的茶园主要分布于山区坡地，茶园基础设施差、水利化程度低、生产道路等级低，交通不畅制约了农资运输、机械化运用管理等，增加了生产成本。茶叶初制所设施设备差、不配套，标准化生产水平有待提高。

（二）产业融合、协同发展理念欠缺

云南的茶叶加工同质化严重，仍以“饼、砖、沱”为主，茶叶深加工及茶饮料、茶保健品、茶日化品等茶叶衍生产品的开发利用率低于1%，特别是茶粉在烘焙、保健品等领域尚为空白，云南大叶种茶粉生产的原料种植技术及品种适制性、产品特点的相关研究滞后。茶旅融合方面，大部分区域茶产业没有与区域旅游景点、旅游线路、民族风情、特色食品、手工艺等从资源要素、空间格局和市场等方面进行系统规划，构建协作配套、相互渗透、相互引流的协同网格，溢价效应不明显。与包装、机械化装备等周边产业联动不足，如普洱茶包装用纸与高档纸产业联动不足，山地茶园耕作、采摘配套小农机及普洱茶加工连续化、智能化装备本地化生产不足等。

（三）质量安全体系建设任重道远

质量安全体系建设是个系统工程，涉及多部门监管。目前云南茶产业的监管、检测联动机制还不健全。部分茶区和部分企业虽然建立了产品质量可追溯系统，但缺乏有公信力的公共平台作支撑，处于自说自话，对打造云南茶品牌的支撑力不足。

（四）经营主体整体素质亟待提升

一是部分企业、合作社负责人观念滞后，缺乏主动开拓市场的意识，存在等客上门、“守摊子”思想。二是产业基础性人才支撑不足，尤其是茶叶企业、初制所等专业技能工人占比小，专业大户、种植能手比重低，农民实用技术培训投入不足，导致基础性人才力量薄弱。三是产业专业营销人员缺乏，如福建安溪培养

了一支“10 万专业卖茶大军”，通过茶艺师队伍培训，打造一支“有乡情、懂业务、会营销”的茶产业营销队伍。

第二节　云南茶叶产业的比较优势

一、云南茶叶产业的优劣势概述

（一）云南茶叶产业比较优势

1. 茶叶种植历史悠久，茶园种植面积较大

云南适宜茶树生长，是中国茶叶原产地的中心，大量分布在澜沧江中下游流域的野生大茶树就是云南悠久茶叶发展史的有力佐证。在商朝时期，云南地区的少数民族就已经开始制作茶叶。全省 16 个州市 129 个县市区中有 15 个州市 110 多个县市区产茶。随着人们对普洱茶认识的加深，普洱茶的影响力在逐年提升，市场需求加大，茶叶产业已成为一些州市的支柱产业之一，也是贫困山区、少数民族地区解决温饱、脱贫致富的不可替代的产业。云南茶树物种资源丰富，目前世界上已发现的山茶属茶组植物有 47 个种和 3 个变种中，云南就有 35 个种和 3 个变种。

2. 茶叶产业特色显著，优质茶叶特征突出

云南茶叶的种植、加工和销售以大叶种茶叶为主，与浙江、福建等小叶种茶产区相比差异明显。大叶种茶叶质软，内含茶多酚高于小叶种茶，因内含物丰富，具有味浓、回甘、耐泡等特性，以云南大叶种茶树为原料生产的普洱茶、滇红茶作为云南省特有的茶产品获得了市场的高度认可。目前，云南大叶种茶树占种植面积的 90% 以上，其芽叶肥壮、萌发早、生长旺盛、采摘期长，随着云南大叶种茶高优茶园面积的不断扩大，云南各类优质茶的产量将进一步增加。

3. 茶叶产业呈集群发展趋势，品牌影响力逐年提升

随着各地产业结构加快调整，云南茶产业的集中度越来越高，2020 年，普洱、临沧、西双版纳、保山四大茶区面积占全省总面积的 75.8% 以上，产量、综合产值占比更是高达 83%。其中，临沧面积、产量、综合产值占比分别为 23.31%、31.99%、26.79%，普洱占比为 23.18%、25.39%、29.26%，西双版纳占比为

19.37%、12.80%、19.03%，保山占比9.2%、12.84%、8.49%。普洱茶2019年前多年位居中国茶叶区域公用品牌价值评估榜首，2019年西湖龙井位居全国第一，普洱茶以0.91亿元的差距居第2位。2021年，普洱茶仍以73.52亿元的品牌价值居第2位，但与第1位的西湖龙井差距缩小到0.51亿元。滇红工夫茶由2019年的第26位上升到2021年的第21位，品牌价值由24.96亿元上升到35.15亿元。企业的品牌建设也逐步加强，大益、勐库、陈升、龙润、七彩云南等普洱茶产品品牌在国内已拥有较高的知名度。

4. 民族茶文化底蕴深厚，茶旅整合发展条件优越

云南省是一个多民族聚居的省份，省内共居住着25个少数民族。云南茶叶生产区是云南少数民族聚集区，迪庆、丽江等非重点茶区各民族自古就有饮茶习俗。各少数民族在种茶、制茶、喝茶的过程中逐渐形成了独特而浓郁的茶文化，如白族三道茶、拉祜族以及烤茶、德昂族以及酸茶、藏族以及酥油茶、傣族以及竹筒茶，布朗族以及饮嚼酸茶、喝青竹茶、吃“得责”生茶等。饮茶风俗差异伴随着茶器、茶礼仪的差异，各具特色的民族茶器、茶礼也是值得系统开发的宝库。

5. 政府重视产业发展，设立茶产业行业主管部门

云南省委、省政府，各主产区州（市）委、州（市）政府都高度重视云茶产业发展，把茶产业作为富民强县、富民强州（市）的支柱产业来抓。目前，云南省各州（市）都建立了相应的茶叶产业管理服务体系，如茶办、茶技站等，为产业发展提供指导和服务。广泛的技术服务指导网络促进了云茶产业的快速发展，也为进一步规范和发展云茶产业提供了较好的技术、管理、服务体系和基础。

（二）云南茶叶产业发展的困难、短板

1. 云茶品牌知名度低，产品整体档次不高

云茶产业品牌多而杂乱，缺少全国性的知名品牌，云南大叶种茶独特的优势没有传播出去，国内外的知名度相对较低，在市场竞争中处于劣势。同时，云茶产品生产加工水平较低，普洱茶仍以传统的砖、饼、沱产品为主，名优茶产品和新产品开发较少。全省茶叶精深加工产品仅占产品总量的3%左右，与国内外的差距较大。

2. 茶叶产业投入不足，茶产业科技含量较低

首先，由于各茶叶主产区多是贫困山区，财政困难，整个茶产业链的投入严重不足，良种推广、中低茶园改造、优质生态茶园的建设以及茶园水利道路等基础设施建设、科技的推广都受到很大的制约。其次，在茶叶生产加工销售方面，龙头企业的培育、新产品的开发、品牌的建设也缺乏相应的资金和政策扶持。最后，在科研方面，基础型研究和新产品研发进展相对缓慢。

3. 茶农整体素质偏低，茶园种植管理水平粗放

首先，茶叶主产区的茶农思想观念相对落后，对新技术、新装备的接受能力和积极性不高，因此推广标准化种植、精准施用肥药等科学专业技术以及有机、绿色、生态茶园的难度都较大，一定程度上制约了云茶产业标准化、规模化发展。目前虽然出台了一些省级茶叶行业标准，但由于管理部门监管执行力度不够，农药残留、清洁生产等问题没有得到根本解决，使云茶产品品质难以得到保障。此外，以次充好、以假乱真的现象也严重影响了云茶的整体品牌形象。以景迈山的古树茶为例，景迈山古树茶年产茶约 350 吨，而市场上销售的数量竟高达 1000 吨以上，严重影响了景迈山等知名茶山和云茶的整体品牌形象。[①]

4. 企业市场营销能力较弱，产业带动能力不强

云南省茶产业主体不少，但营业收入 2000 万以上的规模茶叶企业不多，2020 年规上茶叶企业 131 家，其中营业收入上亿的只有 25 家。大部分企业缺乏“走出去”的经营精神，营销手段较为落后，市场开拓能力较弱，除几家头部企业外很少有企业在全国建立完善的直销网络。部分龙头企业基地建设过程中债务负担、社会负担较重，导致企业的融资能力、扩大生产和开发新产品的能力有限，进而无力进行市场营销网络和品牌建设，产业带动能力较弱。

二、云南茶叶区位熵测度

从区位熵角度，对云南茶叶的优势进行判定，当区位熵大于 1 时，表明该地区该产业具有比较优势，一定程度上显示出该产业较强的竞争力（见表 22－7）。可以说，区位熵越大，该地区该产业的比较优势越明显，竞争能力越强。

① 云茶产业驶入健康发展快车道［N］. 云南经济日报，2012－04－20.

表 22-7　　2010~2019 年云南省茶叶区位熵测度

年份	云南茶叶产值（亿元）	云南生产总产值（亿元）	全国茶叶产值（亿元）	全国国内生产总值（亿元）	云南比例（%）	全国比例（%）	区位熵
2010	91.35	7224.18	607.15	413030.3	1.26	0.15	8.60
2011	122.45	8893.12	728.90	489300.6	1.38	0.15	9.24
2012	71.09	10309.47	939.63	540367.4	0.69	0.17	3.97
2013	84.59	11832.31	1106.24	595244.4	0.71	0.19	3.85
2014	111.10	12814.59	1349.06	643974.0	0.87	0.21	4.14
2015	111.16	13619.17	1519.12	685505.8	0.82	0.22	3.68
2016	122.00	14869.95	1702.00	744127.0	0.82	0.23	3.59
2017	139.76	16376.34	1949.60	831381.2	0.85	0.23	3.64
2018	167.00	20880.63	2157.30	914327.1	0.80	0.24	3.39
2019	198.20	23223.75	2396.00	986515.0	0.85	0.24	3.51

资料来源：国家统计局网站及 2011~2020 年《中国农村统计年鉴》。

三、比较优势指标分析

为了对云南省与全国、云南省各州（市）与云南省总体平均以及云南省与周边东南亚各国的茶叶生产等竞争力进行分析，本部分基于效率比较优势指数、规模比较优势指数等进行了计算并进行了比较优势分析，在此基础上对云南省茶叶品种的生产发展以及产业布局规划提出了一些建议。

（一）效率比较优势指数

效率比较优势有多种表达方式，基于现有数据基础，本部分选取了两种方式对茶叶的省际以及国别比较优势进行了计算分析，具体如下。

1. EAI 指数

我们利用云南省及全国平均的茶叶单产数据等对云南省的茶叶的 EAI 指数进行了计算，结果如图 22-12 所示。

除 2008 年和 2009 年之外，云南省茶叶 EAI 指数基本大于 1，且呈逐年上升趋势，表示云南省茶叶单产较全国具有比较优势。总体来说，云南省茶叶的生产效率与全国平均水平相比较高。但自 2015 年达到峰值 1.42 之后，2016 年开始呈下

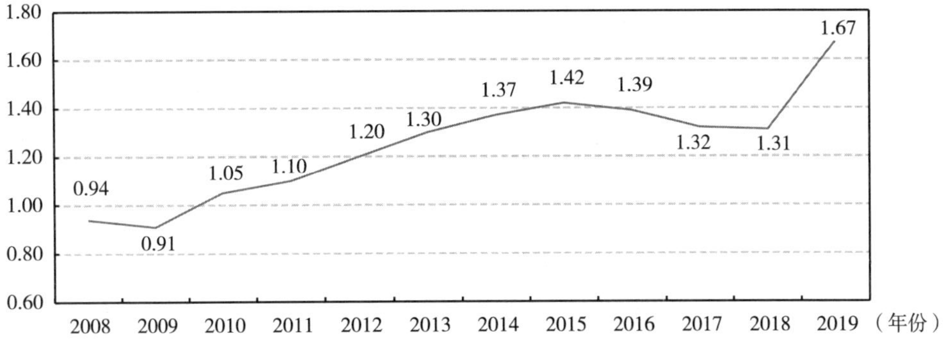

图 22－12　2008～2019 年云南省茶叶相对于全国的 EAI 指数

资料来源：根据国家统计局官网数据计算。

降趋势，茶叶生产效率优势正在被其他茶叶主产省挤占。自 2018 年开始恢复，与云南省委省政府打造世界一流绿色食品牌、加大对茶产业的支持有关。

2. 单产优势指数

我们对云南省与周边邻国的茶叶单产效率进行了计算分析，结果如图 22－13 所示。可以看出，2009～2019 年来云南省与缅甸的茶叶单产优势指数在 1 上下，说明云南与缅甸的茶叶单产水平相当；但是与老挝和越南单产优势指数在 0. 5 水平上波动，较泰国更是在 0. 2 上下徘徊（即云南的茶叶单产仅为泰国的 20% 左右），表明云南省的茶叶单产较邻国效率劣势明显。当然，也有可能是不同统计渠道的数据本身有一定差距，加上由于各自茶叶利用采收方式和要求的差异造成的数据差异等，评价结果数值不作为双方单产数量的依据，仅作为单产高低的相关参考。

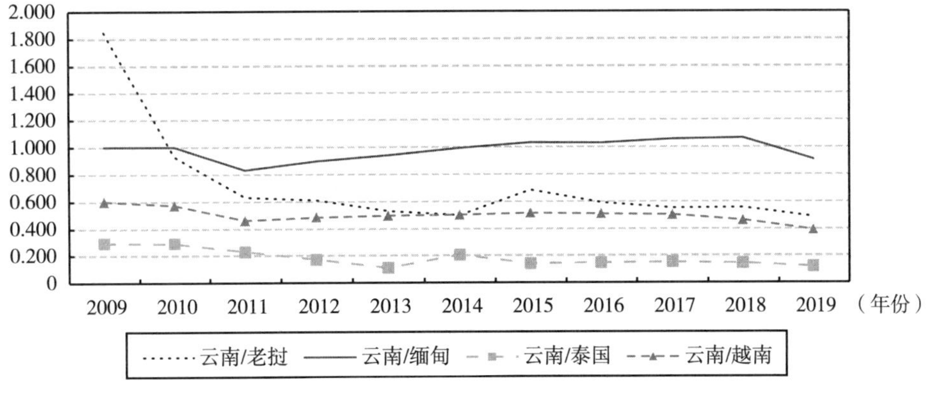

图 22－13　2009～2019 年云南省相对周边邻国的单产优势指数

资料来源：根据《云南统计年鉴》及 FAO 数据库相关数据计算。

（二）规模比较优势指数

相类似的，规模比较优势的测算也有多种途径，本部分基于数据，选取了最为合理的SAI指数进行了测算分析。如图22－14所示，2008～2016年，云南省茶叶种植面积SAI指数在4.0～5.2的水平波动，呈逐年降低，2016年甚至降到了4.0以下，虽然2017年有所恢复，但2019年又下降到分析期最低。这说明云南省的茶叶种植面积与全国平均水平相比具有相当大的比较优势，但是规模比较优势逐渐下降。

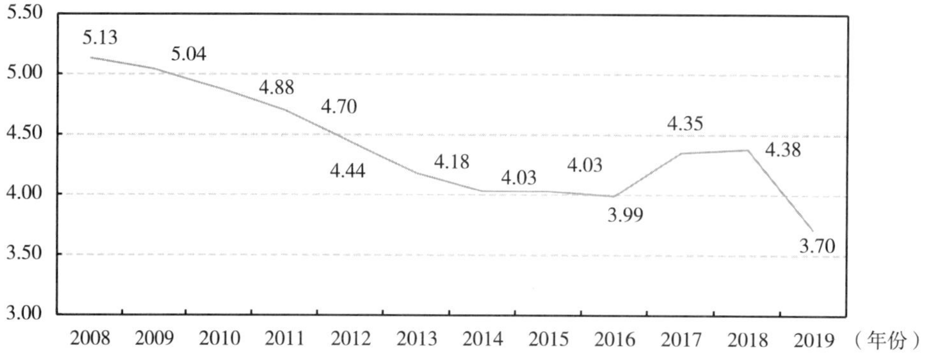

图22－14　2008～2019年云南省茶叶相对于全国的SAI指数曲线

资料来源：根据《云南省统计年鉴》及历年《中国统计年鉴》相关数据计算。

从上述各个比较优势指标可以看出，云南省茶叶种植面积相对于全国比较优势明显，但近年来明显下滑；单位产量较全国平均水平存在比较优势，且这个优势呈现总体上升趋势；单位产量较周边国家（以越南和泰国为例）比较劣势明显。综上，云南省虽然是我国茶叶种植大省，生产效率在全国范围内具有一定优势，但与周边国家相比，仍存在较大差距。

因此，云南省应当着力提高茶叶生产效率，加大对茶叶生产技术研发、农艺改良方面的资金支持，学习借鉴国外先进生产方式，通过技术进步拉动效率增长，而不能单纯地依靠扩大种植面积来保持本省茶叶总产量在全国的竞争力。

（三）效益比较优势指数

采用云南单位面积采摘茶园农业产值与全国单位面积采摘茶园农业产值的比重作为云南单位茶产业效益相对于全国的效益优势衡量指标，该比重大于1时，表明与全国平均水平相比，云南茶叶生产具有效益优势；该比重小于1时则不具有效益优势。基于此方式，我们对云南省与全国单位面积采摘农业产值及其比重BAI

进行了计算分析，结果如图 22－15 所示。

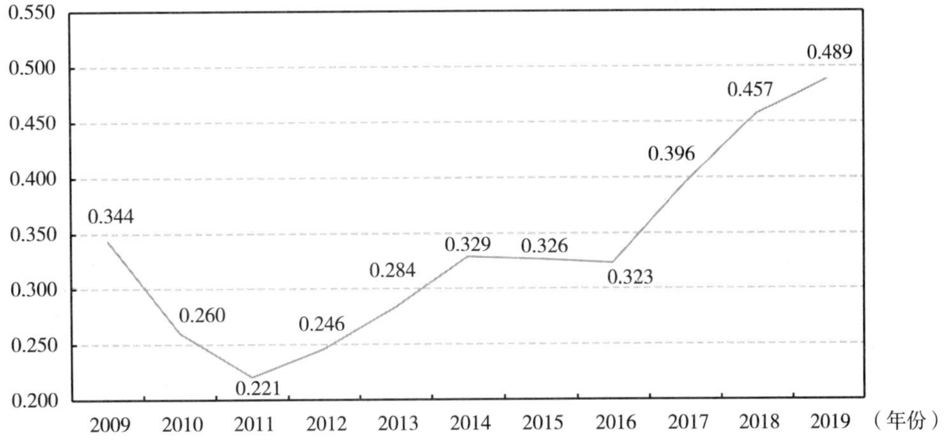

图 22－15　2009～2019 年云南省茶叶相对于全国的 BAI 指数曲线

资料来源：根据国家统计局网站及《中国农村统计年鉴》相关数据计算。

可以直观地看出，2009～2019 年，云南茶叶 BAI 指数均小于 1、不足 0.5，说明云南茶产业不具备效益比较优势，采摘茶园亩均农业产值多年不足全国平均水平的 50%，最低年份（2011 年）仅为全国平均水平的 22.1%，与多年来云南茶园面积全国第一、茶叶产量全国第二、农业产值全国第六的实际吻合。所幸近年来这个情况有所缓解，BAI 指数在逐步升高。

四、促进云南茶产业转型升级发展的建议

（一）两端发力，细分消费市场

全球茶叶供大于求的总体趋势已难以逆转，国内茶业销量增幅连年同比减少，产大于销现象进一步加剧，不仅销量出现停滞，高库存也即将迎来危险节点。高饱和度的茶叶市场从“消费升级”走向“消费分级”。云南茶产业有茶中珍品古树茶可满足高端消费市场“稀”与“特”的消费导向，也有近 600 万亩的现代茶园能够满足大众日常消费需求。近年来，“9 块 9”与天价茶齐飞，扰乱了中国茶叶市场诚信，而云南省由于普洱茶处于价值高端更是常常被推到风口浪尖。建立、恢复诚信体系是巩固拓展云南省茶叶市场空间的基石。利用现代生物技术从名山古茶的地理环境、土壤、气候、水分及茶叶内含物等进行系统分析建立数据库，利用区块链技术构建追溯体系，用科技为这些“稀、特”产品背书，让名山古茶

价高有源，继续拓展高端市场。在做好名山古茶保护开发的同时，以标准化为主线，深化茶叶有效成分在健康方面的功能评价研究，强化大叶种茶品质差异性分析，制定好产品标准、生产技术标准，量质并重，以“健康、安全”为主题主攻大众消费市场。

（二）创新产品和服务，拓展市场空间

云南茶产品以传统茶为主，有少量茶珍、茶膏等深加工提取物。在传统茶行业整体发展趋缓的大背景下，云南茶产品结构与消费者年轻化、茶产品跨界融合的趋势契合度不高。近年来，抹茶和新式茶饮暴风式崛起，改变了抹茶必须用日本专用品种和栽培模式的思想禁锢，作为应用到工业食品、烘焙、饮料、化妆品等更为广阔领域的粉状原料，现有加工装备已可以将各类茶加工成各种需求的茶粉。目前，全球茶粉需求总计约 12000 吨，总产量 4000 ~ 5000 吨，缺口 7000 ~ 8000 吨，随着运用领域的拓展，需求量还会增长。以食品消费日益呈现营养化、健康化、风味化、休闲化、高档化、多样化、个性化的发展趋势为契机，鼓励有市场拓展能力的本土企业或招商行业领军投资建设抹茶生产线，成立由茶叶种植、茶叶加工、食品加工、产品检测等行业专家组成的联合攻关组，从原料种植区域选择、品种选择、栽培管理，大叶种原料与现代加工设备互适性工艺改进、产品检测对比、食品加工应用等全方位进行研究，联合攻关，构建云南大叶种茶粉生产保障体系，尽快推出独具云南风味特征的云南茶粉系列产品。新冠肺炎疫情也未能影响“茶底 + 鲜奶 + 水果”的近 30 元的新式茶饮消费量的快速增长，艾媒咨询数据显示，2021 年，新式茶饮市场规模超过 2800 亿元。新茶饮茶底每杯用茶 6 ~ 8 克，喜茶、奈雪的茶门店超过 200 家，每日出杯量近 1000 ~ 2000 杯/门店，茶底用茶年耗量可观，新茶饮原料茶要求安全，性价比高。云南现代茶园生态优美、味道独特，民族茶饮风情浓郁，与新茶饮场景体验式、情怀式营销模式契合度高，开发市场空间大。鼓励社会资本投资新茶饮，鼓励新茶饮企业与传统茶企合作，将茶消费空间从家庭延伸到城市综合体，将消费人群从城市导向茶园。

（三）跨界融合，茶旅康健协同发展

旅游业是云南优势产业，茶产业是云南高原特色最靓丽的名片，茶园风光、茶文化、茶食品、茶饮品、茶伴手礼均可融入旅游业，茶产业是打造世界一流

“绿色食品牌”和建设“健康生活目的地”的最佳载体。进行系统谋划，推进旅游业与茶产业深度融合。依托不同地域茶园风光，挖掘少数民族茶文化，开发民族茶叶技艺“非遗”工场、茶主题旅游演艺、“非遗”体验、健康疗、民族餐饮、民族茶浴茶疗等综合功能服务产品，打造各具特色茶旅线路，把握定位、差异竞争、错位发展。鼓励在旅游集中区开茶叶店、茶馆，打造普洱茶会客厅，让游客品普洱茶、认知普洱茶，消费普洱茶，培养消费黏性，扩大消费人群。

第三节　云南茶叶产业经济体系简况

一、生产组织形式

（一）基本情况

茶产业是云南省重要的民生产业。《云南统计年鉴》数据显示，云南茶园面积稳定在720万亩左右，其中，茶园面积超万亩的县市有49个。全省涉及茶农600多万人，参与种茶、制茶、售茶的人口达1400多万。2020年，全省有种植大户4425户，家庭农场1763户，专业合作社1946个，州市级龙头企业239个，省级龙头69个，国家级龙头企业12个。目前，茶园种植环节以农户、家庭农场种植为主导，部分企业和合作社有自建基地。初制环节由分散在各茶叶基地、村庄的茶叶初制所承担，2019年前茶叶初制所接近1.2万个，2019年云南省全面开展茶叶初制所规范化行动，2020年全省共登记茶叶初制所7280个。加工、销售主体众多，种植大户、家庭农户、企业、初制所均有加工销售。随着消费市场对茶叶品质、安全、品牌的关注度越来越高，各类经营主体以市场为导向，结合企业产品定位、市场定位，都在探索各环节相辅相成的生产组织模式，如“公司＋基地＋农户”“政府＋科研机构＋电商企业＋茶农合作社”模式等，以保证原料来源可靠，产品加工规范，品质安全质优，品牌销售增值，但目前，达到一定规模并拥有种植、加工、销售全产业链的品牌企业仍然较少。

（二）案例

1.“公司＋基地＋农户”模式

勐海陈升茶业有限公司是集普洱茶种植栽培、产品研发、生产加工、销售与弘扬茶文化于一体的产业链完备的现代化专业企业。为保证原料品质，公司自2008年起，先后在布朗山老班章、南糯山半坡老寨、勐宋山那卡、古六大茶山易武建设原料初制加工基地。采用“公司+基地+农户”的模式，与茶农签订了长期合作协议，合作古茶园面积上万亩，掌控了名优普洱茶产区的核心资源。

2. “政府+科研机构+电商企业+茶农合作社”模式

如云南省农科院与昆明思普茶叶公司在景谷县凤山镇顺南村实施的“爱心茶园电商扶贫”新模式。将凤山镇顺南村以“建档立卡”贫困户为主体的茶园整体打包建设“爱心茶园”，由云南省农科院茶叶研究所专家进行统一种植管理指导，引入良种并按照有机茶园标准管理茶园，推行生态留养、绿色病虫害防治、精细化采摘，改善茶叶加工环境及加工工艺，提升加工水平，提高茶叶品质和产品种类。牵线搭桥，引进电商企业昆明思普茶叶公司，让“爱心茶园”茶产品进入电商平台销售，以科技培优品种、提升品质，以电商畅通销售渠道，多点发力，促使顺南村“爱心茶园”茶叶毛茶价格从之前平均18元/公斤，在2016年收购价涨到30元/公斤，2017年达40元/公斤，2018年春茶收购价格达到了50~110元/公斤，大幅度提升了顺南村茶农的收入。此模式改“输血式”扶贫为“造血式”扶贫，充分发挥“政府+科研机构+电商企业+茶农合作社”的联动作用，让云南贫困地区的好茶走向更广阔的发展空间，与更广泛的消费群体接触，真正实现云南贫困少数民族依靠茶产业脱贫致富的梦想。

3. “企业+合作社+基地+农户”模式

墨江县景星镇洒次村民小组的凤凰窝古茶园有66亩，合计古茶树20196株，属于49户农户共同所有。凤凰窝茶汤金黄稠绵、柔润厚实，香味独特悠然、甘醇可口、韵味悠长，但茶园面积小、茶农多，村民各自为战，一些村民自己采摘了鲜叶进行制作，因为没有制茶技术，做出来的茶叶质量参差不齐，白白浪费了好原料；一些村民有制茶技术，却因为原料不够，空有一身技术却无用武之地；一些村民不了解市场行情，常常以低于市场价的价格将茶叶出售。单打独斗、小散弱的经营方式让村民空有优质的茶叶资源，却未能将资源优势转化成品牌优势。在当地党委政府的指导下，村民经过多次商议，决定成立茶叶专业合作社抱团发展。2013年2月，墨江县景星镇洒次茶叶种植农民专业合作社成立，新组建的合作社把49户农户聚合在一起，与墨江县凤凰山有限公司共同建立“企业+合作社+基地+农户”的利益联结机制，企业与合作社、合作社与农户签订合同，共同约定茶园绿色防控的步骤路径和茶叶收购加工方式。由合作社统一安排务工、统一采摘、统一加工、统一晒茶、统一销售，合作社还注册了“凤凰窝”商标，推行二维码防伪标识，实现“凤凰窝”产品质量全过程追溯，并通过“互联网+”在线上进行公开拍卖，让藏在深山中的“凤凰”更好地飞出大山，生产的优质茶叶产品在市场上供不应求，现成品茶每公斤价值高达3000元以上，成为当地群众致富的“摇钱树”。

（三）存在的问题

云南茶产业组织化程度不高，小、散、弱的局面还没有根本改变，精制厂、初制所、茶农之间经济组带松散。基地环节，茶园基本分散在山中，权属分散在茶农，每户少的1~2亩，多的上百亩，管理随意性强，科学管理技术落实不到位，亩产量不高，弃管弃采现象普遍。初制环节，家庭作坊式初制所仍然为主流，加工环境、加工技术差异大，致使优质原料难以转化成优质产品，毛茶价格长期低于全国平均水平。精制、流通环节，农户、合作社、企业、个体齐上，各显神通，产品良莠不齐，对云南茶产业的信誉度、品牌打造等均造成不良影响。

（四）建议

一是推进茶园规模化经营。鼓励茶园向种植大户、家庭农场、合作社流转。

二是大力推进“双社”“双绑”机制。推行“一乡（镇）一联合社、一村一合作社”，以发展壮大村集体经济为契机，鼓励村集体领办合作社，通过合作社将分散茶农聚集起来，统一购进农资、统一技术标准、统一产品标准、统一价格，降低成本，提高议价能力。推动龙头企业绑定合作社发展，合作社绑定茶农。让合作社与至少一家龙头企业绑定发展，龙头企业负责向种植端输出技术和标准，负责茶叶加工和销售，合作社按龙头企业要求组织茶农进行专业化生产。引导龙头企业、合作社和农户诚信履约，让农户尽可能多地分享产业发展收益。建立到村组的“双绑”机制基础数据库，进行动态监测管理，对带农联农效果好的龙头企业和合作社进行奖励或优先给予项目支持。

三是加大招商引资力度，从用地保障、水电费优惠、税收减免等方面制定优惠政策吸引社会资本投云南茶产业。

四是加大对现有企业的扶持力度，支持企业进行技改和市场拓展。

五是推动龙头企业上市挂牌。

二、生产基地建设

（一）基本情况

自“十二五”以来，云南响应国家茶产业发展“稳定面积、提高单产、提升品质、提高效益”导向，不盲目扩张面积，茶园面积从2010年的544.98万亩增长到2020年的720万亩，年均增长率3.2%，低于全国面积年均5.4%的增速。习惯上云南将茶叶生产基地从立地环境、树龄、建园方式划分为古茶园、现代茶园。

合理保护古茶树资源。据黄炳生著《云南古茶树资源概况》（2016）记载，云南现存古茶树资源总分布面积约为329.68万亩，其中，野生种古茶树居群的分布面积约为265.75万亩，栽培种古茶树（园）的分布面积约为63.93万亩。古茶园大多分布于海拔1600~2400米的森林之中，有相当多的数量处于自然保护区内，区域物种丰富，生态环境优越，基本无人工干预。古树茶资源主要分布在澜沧江流域的五个州（市）大理、保山、临沧、普洱、西双版纳，其分布面积为237.3万亩，占总面积的72%，另外，文山、楚雄、红河、德宏分布面积为92.38万亩，占总面积的28%。为规范古茶树保护管理，云南省林草局2019年12月2日印发了《古茶树保护管理技术规程》，明确了古茶树的种类、年龄及鉴定方法，提出依据起源和地径差异将古茶树分两类三级共六种类型，进行分类分级管理的理念。对不同类型古茶树的生境管理、树体管理、水肥管理、土壤改良、病虫害防治、茶叶采摘管理等过程管理技术措施进行规范，明确了禁止性行为。临沧、西双版纳、普洱、保山等主要茶区均先后出台了古茶树保护条例实施办法、实施细则，强化古茶树资源的保护与可持续开发。

现代茶园绿色发展成效显著。现代茶园通常指人工条列式密植茶园，每亩约3000~4000株，需修剪、除草、翻地、病虫害防治等日常管理。现代茶园又从管理方式及认证情况角度分为生态茶园、绿色食品茶园、有机茶园。云南省现代茶园既有世界最大的景洪大渡岗6.5万亩连片茶园，也有分散在山间只有几亩的小茶园。20世纪80年代，云南省率先提出了“生态茶园”这一概念，并在后期的研究、示范、推广中不断得以总结、完善。1992年，云南省的绿色食品生产开始起步。1999年8月，德国有机食品保证中心对云南思茅力达茶叶有限公司所属的1.2

万亩茶园和三个初制厂进行了有机认证，拉开了云南有机茶生产的序幕；自2001年起，云南省政府对绿色食品茶、有机茶的长期持续扶持，推动着全省“绿色茶产业”的实施，也推动着云茶产业的高质量、可持续发展。2018年，云南省人民政府制定印发了《云南省人民政府关于推动云茶产业绿色发展的意见》，为推动“千亿云茶”产业高质量跨越发展掀开了新的篇章。2019年，云南省农业农村厅、云南省财政厅联文印发了《云南省茶产业绿色发展政策支持资金申报指南的通知》，对绿色有机茶园基地建设、茶叶绿色加工、打造茶叶绿色品牌给予财政资金补助。以“领证后补”方式，对面积500亩以上，获得国内外具有认证资质的机构绿色认证、有机认证的茶园，省财政分别按照100元/亩、200元/亩标准给予茶园经营主体一次性补助，获有机农产品证书最高奖励8万元/个，获绿色食品证书最高奖励4万元/个，鼓励加快有机、绿色茶园发展；对在2019年底前达到建设规范标准且验收合格的茶叶初制所，省财政对其配备快速检测设备给予一次性补助1万元，鼓励有关州、市、县、区加大茶叶初制所的支持力度；对农产品地理标志、地理标志保护产品、地理标志证明商标通过注册且获得证书，省财政按20万元/个支持标准定额奖补。

茶叶生产基地集中度高。云南大力践行绿色发展理念，围绕国家茶叶“稳定面积、提质增效”的总体要求，转变发展方式，优化茶叶生产力布局，妥善处理茶园建设与环境治理、生态修复的关系，适度有序推进茶叶生产基地向优势区集中。全省16个地州15个产茶，但75%以上的茶园集中在普洱、临沧、西双版纳三大茶区，2020年，普洱面积166.80万亩，产量11.82万吨；临沧面积167.74万亩，产量14.89万吨；西双版纳面积139.42万亩，产量5.96万吨。其次是保山茶区，面积66.35万亩，产量5.98万吨；文山44.25万亩，红河39.22万亩，德宏面积34.38万亩，大理22.80万亩，昭通14.08万亩。其他州市面积均在10万亩以下。

（二）案例

1. 西双版纳古茶树资源保护与开发

西双版纳州古茶树资源最为丰富，不仅有清乾隆进士檀萃《滇海虞衡志》记载的攸乐、革登、倚邦、莽枝、蛮砖、曼撒古六大茶山，还有现今蜚声茶界的勐海勐宋、曼糯、南糯山、帕沙、贺开、布朗山、巴达及景洪勐宋等名茶山，布朗山老班章村古茶树在业内有“茶王”的美称。西双版纳历来重视古茶树资源的保护与开发，针对历史资料对古六大茶山说法不一的情况，1957年，西双版纳州人民政府就组织专业茶叶普查工作队对古六大茶山进行了实地普查。2004年4~5月，西双版纳州茶业协会与州农业局组织有关专家、技术人员对全州茶园情况进行普查。2011年，西双版纳州人民政府印发了《云南省西双版纳傣族自治州古茶树保护条例》，2012年印发了《云南省西双版纳傣族自治州古茶树保护条例实施办法》，2019年出台了《西双版纳州人民政府关于进一步加强古茶山和古茶树资源保护的意见》，明确采取“七个一”（开展1次调研、召开1次专题会议、成立1个专家委员会、建立1批问题清单、制定1套整改方案、出台1套管理技术标准、编制1套保护规划）的工作措施，切实履行好古茶山古茶树资源保护的主体责任。全面深入开展古茶树资源普查，摸清全州古茶树资源分布情况，2025年前建立完整准确的全州古茶树资源档案库。以集中连片茶山为重点，开展古茶园划定区域、认定工作，代表性古茶树植株挂牌保护。制定《西双版纳古茶树（园）保护及开发利用技术规范》，指导茶农科学合理地保护和利用古茶树资源。组织引导名山村寨茶农制定适度采摘古树茶的村规民约，强化对茶区农民的约束，保护好古茶树资源。

2. 云南大益茶业集团有限公司自有茶园基地

巴达基地和布朗山基地两个基地所产的茶叶为“大益”牌普洱茶提供了优质的原料保证。茶园基地建成以来，集团将打造有机生态茶园，生产无污染、无公害的茶叶有机绿色保健食品作为大益茶园基地建设的目标，先后通过了国家级勐海县普洱茶农业种植标准化示范区考核验收（巴达基地）、有机产品认证、良好农业规范（Good Agricultural Practices，GAP）认证和出口检验检疫备案基地。除了上述两个自有产权的原料基地外，遍布各茶区的紧密合作型基地，以及密布各乡镇、村寨的茶叶粗制所和收购站，也是大益茶优质原料来源的重要保证。

3. 七彩云南庆沣祥茶业股份有限公司原料来源

七彩云南庆沣祥茶业股份有限公司与云南省农业科学院茶叶研究所进行了长期合作，在云南省西双版纳州勐海县布朗山乡的班章村建成了“七彩云南万亩有机生态茶园”，茶园的种植、施肥均按照国家有机食品、欧盟GAP、美国NOP、日本JAP等有机食品认证的要求严格实施、管理，运用生态学原理，通过茶园人工生态系统的构建和有机农业生产模式的应用，将茶园建设成为园林式有机生态茶园，确保茶叶的天然无污染和高品质，在整个产业链的源头实现了正本正源，保证原料的生态和高品质。以政府重点支持项目“普洱茶生态茶园关键技术研究与示范”“国家植物保护新品种‘紫娟’繁育与示范”“高香优质良种无公害茶基地建设”项目为依托，在茶园基地种植具有代表性的普洱茶、红茶、绿茶良种，开展茶园生态构建、无害化肥栽培管理和茶树病虫害的无害化治理研究与示范。合理配置防护林、行道树和遮荫树，形成立体生态结构，使茶园的生态系统保持稳定性和可持续性。在茶园中以施有机肥为主，辅以微生物肥料、天然矿物肥料和有机叶面肥，通过精耕细作、铺草覆盖和种植绿肥等肥培管理措施改善土壤结构，增强土壤的长期肥力。农业防治茶树病虫草害，辅以物理防治和生物防治，开展茶树病虫害的无害化治理。同时，还在思茅、西双版纳、临沧三大茶区的景迈山、南糯山、易武山、勐库西半山等得天独厚的著名古茶山地区，与70余家初制所建立了长期稳定合作，辐射10万亩优质高山生态大叶种茶园，由公司专业的原料品控师队伍深入进行从采摘、初制等环节的技术提升指导和严格的品控管理，提供优质的原料保障。

（三）存在的问题

一是云南茶叶基地主要分布在山区，茶园基础建设严重滞后，基本无灌溉条件，采春茶时时逢旱季，鲜叶价格最高但因过于干旱无水灌溉而影响产量。茶区道路的通达性也不高，增加了农用物资和产品运输成本，大多数茶园在山坡地沿等高线种植，茶地台面过窄，不便机械采摘和土壤耕作，机械化率低，人工成本高。

二是茶叶基地管理规范性有待提高。茶园多分布在少数民族聚集区，近年来，乡村中青年劳动力转移较多，从事农业劳动的多为中老年人，文化程度低，对配套施肥、绿色防控等先进技术接受程度、落实程度都不高，对农用物资的判别也有限。管理随意大，价好就管，价不好就不管，一些缺少劳力的茶农直接弃管弃采。

三是市场过度追捧春茶、明前茶、雨前茶，夏茶时逢雨季，虽然产量高，但收购价格低，基于人工成本等原因，夏茶弃采也较为普遍。

四是茶树良种化率低，良种化品种单一现象突出。云南省茶树良种化程度低，2019年无性系良种茶园面积仅占茶园总面积的30%左右，且良种化品种单一，85%的良种推广为“云抗10号”，其他国家级或省级审定、保护的无性系良种未能得到有效推广，不利于云茶产业的健康发展。良种化率低，不便于茶叶机械化推广，云南茶叶种植成本和管理成本不断上升，茶叶竞争力特别是国际竞争力弱小。

（四）建议

坚持质量兴茶、绿色兴茶，积极稳步推进“有机茶园为先导、绿色生态茶园为基底”，量质并重的云茶整体绿色发展行动，切实抓好茶叶基地的规划、建设和管理工作，不断提高茶农专业化水平，并引导其按照生态化、良种化和标准化的原则种植和管理茶园。

一是推进古茶树资源的保护与可持续利用。强化落实古茶树（园）各项保护政策和措施，建立分类分级保护与利用体系，实现有效保护。因地制宜布局有机茶园、绿色生态茶园，明确重点，因地施策。

二是加大良种推广力度，按照“有标采标、无标创标、全程贯标”要求，制定生态茶园、绿色食品茶、有机茶技术规程和产品标准，全面推行标准化生产，提升茶叶品质。

三是强化基础设施建设，重点突出机耕道路建设完善，为有机肥入园、产品出园创造条件，降低劳动成本。在有条件的区域因地制宜开展切实可行的茶园多模式节水灌溉工程，按茶树需水、需肥规律，适时灌溉施肥，提倡应用水肥一体化技术。鼓励技术创新和装备创新，与装备生产商合作开发适宜于云南山地茶园的各类小型机械。

四是鼓励茶园向家庭农场、合作社流转。

五是大力探索、推广茶—药、茶—花、茶—菌、茶—草—畜等立体间套作生态循环模式，改善茶园生态环境，增加茶园收入。

三、加工管理方式

（一）基本情况

茶叶加工分为初制和精深加工两个环节。茶叶初制指经过各道制茶工序将鲜叶加工成毛茶的过程，与其他农产品初加工不同，茶叶初制过程不仅仅是简单干燥过程，而是通过一系列复杂的物理和生化变化形成该茶特有的“色、香、味、形”等感官品质，因此，初制是茶叶品质和安全的根本保障。长期以来，茶叶初制基本定位于家庭作坊式的初级农产品加工，普遍存在“重种植、轻加工，重工艺、轻卫生”的现象，使茶叶初制游离于国家食品安全监管体系之外，安全要求不明确，内、外部管理长时间缺位。是带入有害微生物、重金属、非茶异物和粉尘最显著的环节，因此，规范初制加工是从源头提升茶叶品质、确保安全的关键措施。2019 年以前，云南省大大小小茶叶初制所多达 11982 个。2019 年，云南省农业农村厅和省市场监督管理局联合印发了《云南省全面规范茶叶初制所建设行动方案》，全面开展初制所规范行动，对初制所生产加工条件和食品安全风险管控能力进行改造提升。发布了《云南省茶叶初制所建设管理规程》（以下简称《管理规程》），在茶叶初制所的“选址、环境卫生、设备设施、功能布局、加工工艺、操作规程、质量检验、人员管理、食品安全管理制度、台账记录”和“鲜叶采收管理、初制产品标签标识”等方面均明确了具体要求，对符合《建设规程》且验收合格的茶叶初制所，按照《云南省食品生产加工小作坊登记管理办法》的规定予以登记，省财政对其配备鲜叶原料快速检测设备给予 1 万元的一次性补助。要求力争到 2019 年底，全省茶叶初制所基本达到规范标准，完全纳入国家食品安全监管体系，彻底改变“重种植、轻加工，重工艺、轻卫生”的现象，实现全省初制茶叶产品“原料可溯、产地可查、品质保证、消费放心”。经过规范，2020 年，茶叶初制所减少到 6548 个。

精制加工是对初制好茶叶进行筛分、选别、拼配、分等、包装等通用工艺流程，普洱生茶还需蒸压、干燥，普洱熟茶还有渥堆、晾干、解块、分筛、蒸压、干燥等工艺。据行业部门统计，云南茶叶精制率在 77% 左右。由于茶叶加工的特殊性，根据客户要求，有的省外客商直接委托初制所初加工后就带走原料，有的初制所也有一定的精制能力，可直接生产成品上市。2019 年，云南省有 QS 认证的茶叶生产企业 1038 家，具有一定规模的企业通常都自己建设初制所，以便从茶园到茶杯全程控制质量，但直接收购原料进行精加工的也普遍存在。

云南精制茶以普洱茶、红茶、绿茶为主，有极少量乌龙茶、白茶等其他茶类。普洱茶是云南的主导茶产品，据云南省统计局和云南省农业农村厅数据，多年来占精制茶产量的比重都在 45% 以上，红茶占 25% 左右，绿茶占 28% 左右，三类茶合计占到精制茶的 98% 以上，其他茶类不到 2%，2020 年，全省精制茶 35.7 万吨，其中普洱茶 16.2 万吨，绿茶 10.1 万吨，红茶 8.8 万吨。茶叶深加工极少，只有天士力帝泊洱、云白药天颐、碧丽源等茶企生产茶粉、茶膏、茶饮料、茶食品及化妆品等高科技高附加值产品利用企业原有渠道进行销售。

（二）案例

1. 下关沱茶

沱茶是云南茶中相当古老的制品，产制历史悠久，早在明代（1368—1644 年）谢肇淛的《滇略》一书中就有“士庶所用，皆普茶也，蒸而成团”的记载。现代形状的云南沱茶于清光绪二十八年（1902 年）创制于云南下关，故又名下关沱茶。下关沱茶普洱紧压茶类，凹面看像厚壁小碗，凸面看似小圆面包，其外观精巧，曲线玲珑。其加工演变过程源于明代的“普洱团茶”和清代的“女儿茶”，1902 年由下关“永昌祥”商号成功定型。沱茶加工工艺并不复杂，加工企业均可加工，但以云南下关沱茶（集团）股份有限公司的最为著名，云南下关沱茶（集团）股份有限公司的前身是始建于 1941 年的云南省下关茶厂，是国家定点生产边销紧压茶的重点厂家。生产的云南下关沱茶连续四次评为“云南省优质产品”，连续三次获“国家质量银质奖”，并获国家级名茶、中国茶叶名牌、云南省首批名牌、云南十大名茶等荣誉称号；外销的下关沱茶获省优、部优产品称号，三次获“世界食品金冠奖”；2011 年 3 月，下关沱茶入选商务部第二批“中华老字号”，2011 年 5 月，下关沱茶制作技艺入选国务院公布的第三批非物质文化遗产名录中。下关沱茶畅销全国 30 个省（区、市），以及马来西亚、日本、韩国、欧盟和我国港澳台地区等 10 多个国家或地区，享有良好声誉。

2. 帝泊洱茶珍

帝泊洱茶珍是天士力集团利用现代生物科技，将云南大叶种普洱茶叶经科学深度萃取，实现自然天赐与现代生物科技的完美结合，蕴含了深度纯净的生态和深度健康型的饮品。帝泊洱自行研发制备了数控自动化罐组逆流提取生产线，将古老的复杂茶道冲泡技艺用现代化的高科技设备替代，最大限度地提取出茶叶中的有益成分，真正做到把健康和便捷留给消费者。帝泊洱的茶提取制粉生产线做到了全程数字化操控、全程物料封闭传输、全程无任何添加剂，同时通过采用国际一流的分离工艺设备，有效去除杂质和无益成分，进一步保证了帝泊洱即溶茶珍的天然属性和健康品质（刘顺航等，2015）。

（三）存在的问题

一是茶叶初加工机械化程度低。云南省茶园多在山区、半山区，茶园生产及茶叶加工机械化程度低，劳动力缺乏的问题日趋严重，初制所“规模小、设备差、实力弱”的情况突出，近1/3的初制所年加工毛茶20～30吨，但固定资产不足30万元，设备陈旧，加工环境窄旧，有的加工与生活用房界限不清，造成毛茶产品质量参差不齐，效益低。

二是茶产品创新不足，产品开发滞后。云南省大多数茶企底子薄，生产起点低，茶叶产品的科技含量不高，生产的产品还局限于初产品，精深加工少，产品结构单一，新产品开发滞后，产品档次低，工业化水平不高，产品附加值低。全省茶叶加工同质化严重，仍以“饼、砖、沱”为主，茶叶深加工及茶饮料、茶保健品、茶日化品等茶叶衍生产品的开发利用率低于1%。

三是与包装、机械化装备等周边产业联动不足，如普洱茶包装用纸与高档纸产业进行联动不足，普洱茶加工连续化、智能化装备本地化生产不足等问题。

（四）建议

一是继续初制所规范化建设。抓住《自然资源部 农业农村部关于设施农业用地管理有关问题的通知》明确与生产直接关联的烘干晾晒、分拣包装、保鲜存储等设施可用一般耕地建设的政策机遇，统筹各部门支持村集体经济发展的资金重点支持适度规模茶叶基地建设，鼓励茶叶企业到茶叶产区建设初制所，从加工环境到加工设备进行全面提升。加大技术工人的培训，实施茶叶初制技师考核制度及准入制度，以规范、精湛的初制工艺提升全省毛茶品质。

二是加快建立企业连接初制所（合作社）、初制所（合作社）连接茶农的“双绑”利益连接机制，推动初制所按品牌企业的产品生产标准进行生产，成为品牌企业的茶叶原料供应商。着力提高初制所的产品质量，拓宽产品订单销路，稳定品牌企业的原料供应，减少低价竞争，维护市场稳定。

三是建立云南普洱茶地理标志体系下的原产地分级制度，发挥政府、生产者、协会各方职责，建立完整的信用体系。

四是鼓励企业进行装备智能化改造，提升精制茶加工能力和产品质量，支持新建茶粉、茶饮料等生产线解决夏茶弃采问题，提高资源利用率。

五是加大对茶包装材料、茶叶加工装备企业的招商力度，合理布局相关配套产业。

四、市场营销

（一）基本情况

云南作为产茶大省，集原始的集市贸易、批发市场、交易会、茶园订购、茶馆分销、超市专柜、连锁加盟店、网上交易、专叶专营店等多种销售并存，不同类别的销售渠道因其与消费者接触方式和场景的差异，有着不同的经营侧重点。但总体上看，2008年以前，茶叶企业做市场主要依靠批发市场、大经销商制和区域代理商制，严重依靠经销商的力量做市场，厂家对渠道缺乏足够的掌控能力。2008年以后，随着信息技术发展，渠道资源竞争激烈，网购成为主流销售模式之一。

1. 批发市场及传统集市

云南茶区的乡镇、县城的集贸市场均具有干毛茶的交易功能。西双版纳、普洱、临沧、保山等主产区及所属的产茶大县基本均建设有产地批发市场，一些茶叶基地规模较大的乡镇也有专业茶叶批发市场。昆明作为云南的政治、经济、文化中心，现有云南康乐茶叶交易中心、云南茶叶批发市场（金实茶叶市场）、邦盛国际茶叶文化产业中心、雄达茶城、新螺丝湾茶城等十余座茶城，均集云南民族茶文化展示、茶文化研究、茶叶贸易、储运、加工、科研、检测、信息等多功能为一体。

2. 网上交易

随着互联网的发展，人力成本及房租上涨，网上交易成为大势所趋。云南省关于茶叶的门户网站、微信公众号、微博等各类互联网平台如雨后春笋般涌现，围绕茶叶知识、茶叶产品、茶文化、茶旅游等多方位、多层次推介云茶。茶企建立自己的电子商务平台和自媒体营销号或与天猫、京东等电商平台合作也成必然趋势。在网上销售的茶叶中，普洱茶一直是交易最火的茶类，2020年天猫“双11”，大益、澜沧古茶、中茶等主要做普洱茶的品类，占据了茶行业店铺销售额的前三，大益茶官方平台以全网销售额突破2.56亿元再次刷新茶行业里程碑式纪录，其中天猫大益茶叶旗舰店销售总额超2.01亿元，荣登茶行业销售六连冠，“双11”期间，大益在京东平台的销售额同比增长300%。天猫“双11”销售额前十名店铺中只有艺福堂是电商茶企，其余均为传统茶企，说明网上交易已成为传统茶企业的重要销售渠道。

3. 交易会及节庆

“中国云南普洱茶国际博览交易会”自2006年至今已成功举办了十六届，如今“茶博会”已成为中国西南地区规模最大、最具影响力的专业茶业展会，成为展示云茶发展成就、传播普洱茶知识、弘扬云南民族茶文化精神的重要窗口，成为塑造云茶品牌形象，提高云茶知名度和影响力，扩大云茶外销渠道的重要途径，对于全面推动云南加强与南亚、东南亚国家的对外交流与合作等方面也发挥了十分重要的作用。“勐海（国际）茶王节”、普洱市“中国国际普洱茶节”、临沧“天下茶尊”茶叶节等也成为在茶界有一定影响力的盛会。各龙头企业及协会也在举办不同形式、不同层次、不同规模的品茶会、评鉴会和产品推介会等，着力从广度和深度上全面提升云茶影响力和知名度，扩展云茶市场，拓宽销售渠道，积极寻找突破口，寻求新路子。

（二）案例

1. 茶产业传统销售市场——云南传统产地批发市场

（1）金实茶叶批发市场创建于2000年，位于云南省昆明市金实小区南门，隶属于云南思佳工贸（集团）有限公司，市场占地30亩，有商铺360个，商铺规格多样、规划合理、设施齐备，是全省乃至西南地区较大的专业化、规范化的茶叶交易市场。

（2）康乐茶文化城创建于2004年，位于昆明市官南大道中段，隶属于昆明晨力商贸有限公司，面积20亩，有商铺845个，是全国“农业部定点市场”。茶城共有三期，拥有茶艺表演、茶文化艺术书画展示、茶文化产品出版发行中心等功能，是集人流、物流、资金流为一体的茶叶重点集散地。

（3）昆明雄达茶文化城创建于2003年，茶城隶属于昆明雄达商贸有限责任公司，位于昆明市北市区金实小区南门，占地面积70亩，有商铺600余个，拥有完善的配套服务体系和安保设施，集茶文化展示、研究，茶叶贸易、储存、宣传、旅游等多功能于一体。茶城以古典建筑、园林绿化、艺术景观为一体，具有深厚的茶文化底蕴和丰富的民族文化特色，是中国目前唯一一家古典园林式的品牌茶文化城，茶产品远销欧美、东南亚和我国港澳台地区。

（4）中国普洱茶交易市场创建于1999年，位于云南省普洱市思茅区园丁路，隶属于云南龙生茶业股份有限公司，市场占地面积约16亩，有商铺100余个，是普洱市第一个集购物、物流、观光、旅游于一体的专业茶叶交易市场，是传播普洱茶文化的重要窗口。

2. 茶全产业链营销的引领者——云南大益茶业集团有限公司

云南大益茶业集团有限公司是国内集科研、种植、生产、营销与文化于一体的现代化大型企业，其生产规模、销售额、利税及品牌综合影响力稳居同行业第一。大益集团品牌规划系统性极强，市场化运作程度极高。差异性将品牌定位为“中国最佳茶品供应商”，提炼出“健康、专业、优质”的品牌核心价值，创作“茶有益，茶有大益”简洁明了又贯穿品牌核心价值的广告语，2007年成为第一家在央视招标亮相并获成功的茶企，至今依然在户外媒体、报刊、网络上大量密集投放广告，树立强势品牌形象。大益集团极其重视关系营销，从市场销售渠道上看，从2009年建立授权专营店体系，目前覆盖全国各地的2000余家专营店及开设于马来西亚、泰国、韩国等国家的大益集团子公司构成了大益茶线下销售和体验体系，线上有自营大益商城及在天猫、京东、亚马逊等大型电商平台的旗舰店。大益茶叶集团的市场营销渗透到“大益”品牌下的每一个企业、每一个环节。集团自成立以来，遵循“创造和分享价值”的发展原则，以品牌为先导，渠道为依托，茶产品、茶文化、茶服务、茶公益多元构建，打造了传统茶、新茶饮、茶器、茶文化、茶膳食、茶旅游、茶公益互融互促的产业生态链，每个产品、每个活动都有自身明确的活动主题，但又都在宣传、展示着其茶产品。早在2005~2007年，大益发起“滇茶大益天下·马帮西藏行”大型文化活动，作为全程公益伙伴参与中央电视台《我的长征》《祖国不会忘记》等大型电视行动，让大益茶进入大众视野；近年创建的云南大益爱心基金会、青年益工社等公益活动不仅扶贫济弱，也通过支持青年学生创办大益青年茶庭等，实现公益、创业与茶产品、茶文化宣传等多方面的全新融合与创新。创办大益茶道院，打造专业化、开放式及休闲体验式的茶文化发展与传播平台，大益茶品乐会是大益茶道院携手海内外知名音乐家打造的音乐茶会平台。大益国际企业家俱乐部、大益智库是大益茶链接国际知名企业、知名学者的平台，北京大益皇茶会、西安大益膳房是集茶文化交流、茶道茶艺培训、茶品交易、商务会议、茶餐茶宴为一体的高端会所。位于总部勐海县的茶叶加工厂、大益馆、大益庄园、大益茶叶基地无不兼顾着茶品交易、茶旅游、茶科技、茶文化等多种功能，全方位、多层次导入深度营销模式，快速有效覆盖终端，企业改制不到20年，终成行业翘楚。

（三）存在的问题

“庞大”和“混杂”是中国茶叶市场的两个关键词，这也是云南茶叶市场的两个关键词。如仅西双版纳州在市场监督管理部门登记注册的茶叶经营主体就有12883个，还有一些没有登记注册的季节性经营的个体经纪人。云南省经营主体数量庞大，但规模（销售收入2000万元以上）以上企业不到120户，小而多、小而散的经营主体没有能力也没有意识进行市场系统化的品牌策划和品牌宣传。龙头企业数量相对较少，且市场开拓能力较弱，很少有企业在全国建立完善的直销网络。部分龙头企业基地建设过程中债务负担、社会负担较重，导致企业的融资能力、扩大生产和开发新产品的能力有限，进而无力进行市场营销网络和品牌建设，产业带动能力较弱。市场营销的总体意识不强，大多数经营主体缺乏“走出去”的经营精神，习惯于坐等客商上门，并且多是采用各自为政的营销方式，较少抱团、组团式的宣传、销售，甚至有相互压价的现象，使云茶产业生产加工在云南，产品增值在省外，无法自主控制产业发展的规模和方向。

（四）建议

一是建设现代化茶叶产业园区，结合“一县一业”，加快茶叶集群产业的发展，推进茶叶流通环节向优势区转移。

二是加大市场开拓力度。抓好“初制茶品牌、企业产品品牌、区域品牌、地理标志产品品牌、公用品牌”的云茶品牌体系工作，巩固提升“普洱茶”“滇红茶”公用品牌价值，扩大云茶品牌的知名度和影响力。巩固华东、华南等传统市场，积极培育华北、华中、东北等潜力市场，努力拓展西北及开拓“一带一路”东南亚等新兴市场，积极组织茶企参与各类专业展会，提高云茶产品的市场份额和占有率。

三是努力培植“云茶”专业化营销骨干企业，积极培育“云茶”经纪人队伍，大力发展总经销、总代理、专卖店、网上交易等新型现代物流方式，构建“云茶”走向国内外市场的多元化渠道（何青元，2016）。推广“互联网+茶产业+金融+现代物流”的运营模式，推动茶产品连锁经营、直供直销、电子商务、期货交易等新型流通业态和现代交易方式，引导茶业经营主体利用现代网络手段创新茶产品批发和零售方式。大力引进、培训电商人才，推广O2O线上线下一体化模式，开展电子商务进茶区综合示范，提高电商覆盖范围。

四是加大培训并鼓励年轻人到福建、广州芳村等茶交易活跃地区务工，以务工代训，打造一支“有乡情、懂业务、会营销”的茶产业营销队伍。

五、投（融）资体系

（一）基本情况

云南茶产业发展以民营企业为主体，全省76户省级以上龙头企业中，只有中茶和农垦的2个企业是国有资本控股。种植环节，主要为农户自有茶园，以前发展的一些集体茶园也多无偿承包到农户管理。茶产业的发展以依靠自有资金积累为主，辅以有限的政府资金和项目支持，融资渠道比较狭窄，一直未能与金融资本有效对接，获得的金融服务与支持非常有限。传统茶产业融资难问题是个普遍性问题，据茶也产业加速器报道，2018～2020年茶行业投融资案例共35起，其中茶室3起、袋泡茶6起、新茶饮21起，而原叶茶只有2起，且2起都是小罐茶发起的。因此，围绕茶产业链上茶农、茶企、茶商的金融需求，加大招商引资和创新金融服务是破解茶产业发展资金困难的重要措施。推动龙头企业上市挂牌，云南省共有14家茶叶企业进入上市后备企业资源库，其中2家茶叶企业经审定遴选为“金种子”（即昆明七彩云南庆沣祥茶业股份有限公司、普洱澜沧古茶股份有限公司），七彩云南庆沣祥已进入辅导备案。

（二）案例

1. 普洱市创新金融服务推进普洱茶产业发展

2018年，中国农业银行出台了专项信贷政策，研发推出了“普洱茶农贷、普洱茶企贷、普洱茶商贷、普洱茶微贷”四款“七彩云南·普洱贷”系列产品。其中，“普洱茶农贷”的贷款对象为普洱茶种植户，“普洱茶企贷”主要针对从事普洱茶种植、收购、加工、仓储、销售的企业法人（含农民专业合作社），“普洱茶商贷”适用于从事普洱茶生产经营活动的个体工商户和小微企业主，“普洱茶微贷”则主要针对单户信贷需求1000万元（含）以内的小微企业。工商银行普洱市分行与普洱市人民政府签订了普洱茶“融e购”战略合作协议，建设银行普洱市分行与锦嘉置业公司在“普洱茶源广场”内合作开展市场经营户“商圈易贷”业务，创立“云茶商圈易贷”产品。2019年，《普洱市人民政府关于创新金融服务机制推进普洱茶产业产融发展的实施意见》印发，明确了建立金融助推普洱茶产业融合发展试点。以特色普洱茶区域诚信联盟体为试点，探索产融发展新机制，形成政府增信、统一标识、市场认可的运行模式。在澜沧景迈山、宁洱普洱山、墨江凤凰山等通过认定的特色普洱茶区域诚信联盟体开展试点工作的基础上，加快推进农村信用体系建设，由金融管理机构与诚信联盟体共同设立“金融诚信建设示范基地”。对加入“金融诚信建设示范基地”的企业和农户，由商业银行在授信管理、贷款融资以及相关服务上提供更好的政策支撑与金融服务。2019 年 3 月 29 日，普洱市首个“金融诚信建设示范基地”在景迈山揭牌，至 2019 年 7 月末，全市已有 32 家茶企和专业合作社加入诚信联盟体，32 家联盟体成员贷款余额 5. 6 亿元，联盟体内 17498 户农户贷款余额 11. 64 亿元（比年初增长 59. 67%）。①

2. 小罐茶凤庆工厂建设招商引资项目

凤庆县引进北京小罐茶业有限公司在滇红生态产业园区建厂，项目概算投资 2 亿元。建设集茶叶精制工厂、研发中心、仓储物流等为一体的现代化茶厂，流转或租赁不低于 3000 亩优质茶园作为公司的原料示范基地；同步建设 1 ~2 个微庄园暨高标准茶叶示范初制所。

（三）存在的问题

由于茶产业发展的特殊性和抵押品的贫乏性，出于风险考虑，银行方面基本未将茶叶企业作为独立的目标市场进行开发，缺乏专门针对茶产业客户的金融服务产品，“融资难”“融资成本高”成为制约茶产业转型发展的“瓶颈”问题。

（四）建议

一是成立产业发展基金。按市场化原则，由银行、证券公司等金融机构及基金管理公司共同发起，设立一只适度规模的云茶产业专项发展基金，用于支持规模化深加工、资源综合利用、高技术及高附加值企业的建设及产品生产。

二是建立茶产业投融资平台。鼓励支持企业、社会组织共同搭建一个投融资平台，促进各大茶区融资企业、投资机构自由对话，寻找理想合作伙伴进行资金

① 苏丽霞，薛盘栋，张佳佳．“老茶”吐出“新芽”来——普洱市创新金融服务支持茶产业发展纪［EB/OL］．普洱新闻网，2019 -09 -19.

和项目配对，解决地方企业在发展过程中资金限制的困扰，助力茶产业的快速发展。

三是支持有条件的企业上市融资和债券融资。

四是创新融资扶持方式，建立扶持产业贷款风险保证金、贷款贴息机制，为茶农、专业合作社、茶企业提供金融保障支持。

六、风险控制策略

（一）基本情况

茶产业的风险因素极多，从种植到市场，每个环节都存在风险。种植环节，云南干湿季节分明，茶园基本无灌溉条件，近年来，连年遭遇春旱，不能正常萌发，甚至有茶树因长时间缺水枯死，造成了采收、上市时间推迟，大面积春茶减产，部分茶区减产幅度高达50%。因茶园以农户经营为主，肥料使用和病虫害防控技术不规范，化肥、农药使用过量现象时有发生。加工环节，大部分茶叶初制所加工环境、设备条件相对较差，加工工艺规范性不足，是农产品质量安全风险隐患最大的环节。市场环节，国内外茶叶市场近年来一直供大于求，中国是产茶大国，2019年茶叶库存就已达到200万吨左右，随着新投产茶园增加和单产水平提高，茶叶库存量会越来越大，市场风险加大。但总体来讲，茶产业的最大风险是质量安全风险，质量安全风险贯穿于从基地到市场的每一个环节，防范控制不力，影响面极大。加之各地认证机构标准不一，也是最容易在进出口贸易中运用技术壁垒设限的内容。

（二）案例

1. 茶叶种植保险

浙江、福建、安徽等产茶大省早在2014年就开始推广茶叶种植保险，如浙江永嘉人保财险2018年办理茶叶低温气象指数保险理赔，受灾茶园面积5692亩，赔付支出140多万元，赔付率达158.76%。[①] 永嘉人保财险通过茶叶低温气象指数保险，让永嘉本地的茶农吃上“定心丸”，也通过保险为当年的种植投入“兜底”。

① 梅琳，周一聪，顾志鹏. 茶叶低温气象指数保险 为茶农投入“兜底”[EB/OL]. 浙江新闻网，2018-04-23.

2. 普洱市推进茶园有机化防范质量风险

近年来，普洱市以建设绿色、生态、有机农产品基地为方向，建立普洱市茶产业发展标准化体系，全力打造世界一流“绿色食品牌”。编制《有机茶质量保障体系建设方案》，从有机产业发展规划、制定有机产品生产技术规范、开展有机生产技术服务等 8 个方面构建有机茶质量保障体系。投入 4 亿多元资金在全国率先实施生态茶园建设工程，全市 164 万亩现代茶园完成生态化改造。在此基础上，采取以奖代补、茶企示范带动等方式，推动茶园有机化发展。制定《普洱市茶园施用农药化肥目录》，开展农药化肥“零增长”行动，通过合作社、协会、村规民约约束全市茶企业和茶农严格遵守。以思茅区成功创建国家现代农业（茶叶）产业园为契机，全面推行绿色防控技术和有机肥替代化肥，探索茶园村寨循环经济发展模式。建成国家普洱茶产品质量监督检验中心，2016 年在全省率先推行名山普洱茶品牌质量追溯体系建设，2020 年 3 月建设完成了云南省第一个场景式普洱茶品质区块链追溯平台，搭建起“产品质量监管 + 销售 + 供应链金融服务”体系，并与“一部手机云企贷”“一部手机办事通”等平台实现数据互通，形成生产、流通、消费等所有环节的信息管理闭环，实现了企业诚信生产、消费者信任消费、政府监管服务的链动统一，构建了从“叶子”到“杯子”全产业链质量控制体系。2020 年，全市有机茶认证企业 95 家，认证证书 101 张，有机茶认证企业和认证证书数量在地级市中均居全国第一。①

（三）存在的问题

一是茶叶质量、产量受自然条件限制多，加之农户缺乏一定的风险防范意识，管理随意性强，化肥、农药施用不科学，导致茶叶农残含量较高、品质降低等现象。

二是产品质量检测日趋严格，与小而散生产模式矛盾突出。当前生产技术受限较多，近年来，我国农产品出口受到不同国家、地区以质量安全标准为限制的情况越来越明显，这对于茶叶产业同样有影响。尽管茶叶企业在生产和加工中已经不断完善质量把控，通过了“QS”质量体系的认证，但对于国际市场的绿色贸易壁垒，以及国内消费者不断提升的对产品质量安全的要求，就茶叶产品而言，干净、卫生、健康已经在一定程度上影响了很多消费者的选择，但茶企小规模、

① 本部分资料来源于笔者调研。

粗加工、低技术的生产模式对于茶叶产品质量安全难以保障。

三是质量安全体系建设协调不足。质量安全体系建设是个系统工程，涉及种植、加工、流通等从鲜叶到茶产品的全过程规范生产和质量检测监督，如生产环节投入品是否安全、管理是否规范、产品是否合格等涉及多部门，监管、检测联动机制还不健全。部分茶区和部分企业虽然建立了产品质量可追溯系统，但缺乏有公信力的公共平台做支撑，处于自说自话，对打造云茶品牌的支撑力不足。

（四）建议

一是加强茶园基础设施建设，特别是灌溉设施的建设。引导茶园向合作社、家庭农场、种植大户流转，建立专业化的生产服务组织进行施肥、修剪、绿色防控等管理，确保绿色生产技术落实到位，保证原料质量安全。

二是改进和完善已有农业保险模式，形成生产流通环节的保险模式，做到该保则保，应保尽保，同时制定可行性和有效性强的政策性农业保险费率和保险服务标准，实现政府、保险公司和农户三方共赢。

三是构建一体化云茶追溯体系。结合大数据、物联网及区块链技术，按照“N+1”机制，构建覆盖生产者、监管部门以及消费者的监管、追溯一体化云茶追溯服务体系。“N”即各企业终端，各企业终端负责提供种植加工环节投入物安全性、投入量等基本数据的采集录入，“1”即一个平台一个出口，平台为由政府主导建设的云茶追溯平台，由政府监管部门及第三方检测机构共建运行。面向生产端负责企业录入信息抽查监管和批次产品检测，对前期信息完整可信、产品检测合格的产品出具溯源二维码；面向消费端为消费者提供产品追溯信息查询、追溯知识宣传等服务，确保追溯信息的真实性和有效性，提高溯源公信力，让广大消费者安心、舒心地消费。

七、农旅融合发展

（一）基本情况

茶是农旅融合的最佳载体，云南茶区森林覆盖率高，茶园与森林相间，环境优美。茶区是少数民族聚集区，每个民族都有自己的种茶、制茶、饮茶习俗，茶旅融合条件优越。2012年，云南省明确提出“形成一大批高原特色农业精品庄园，产出一大批高原特色农业产品”的战略部署，云南茶叶生产区涌现出一批集种植、加工、销售、旅游于一体的茶叶庄园特色。随着休闲消费的兴起，各茶区在发展茶叶庄园经济的基础上，抓住国家打造特色小镇和建设特色农产品优势区、现代农业产业园等的机遇，以项目为载体，按照点、线、面结合，穿点成线的工作思路，依托茶区良好生态及多姿民风民俗，以丰富的古树茶群落的规模化立体生态茶园建设为基础，以康养休闲观光为主线，以文化创意、科技创新为驱动，全方位、多角度促进云茶一二三产融合发展，勐海老班章、澜沧景迈山、临沧勐库冰岛、腾冲高黎贡山茶博园、勐海大益庄园、南涧无量山樱花山谷、帝泊洱生物茶谷等正在成为茶旅融合的新平台、新载体。云南省南涧彝族自治县被评为“2018中国茶旅融合竞争力全国十强县（市）”。

（二）案例

1. 西双版纳州勐海县大益庄园

勐海茶业有限公司以“文化＋旅游＋科研＋康养＋特色产业”为主题，建设大益庄园，2019年营业收入预计超3000万元。大益庄园位于“中国普洱茶第一县”——西双版纳勐海县，坐落于云南农业科学院茶叶研究所的1500亩普洱茶科研基地的茶山之中。自2007年开始开放营业，2011年12月被评定为国家AAAA级旅游景区。占地面积1500亩，海拔1200米，年平均气温18℃，是一个自然环境极其优越，集普洱茶科学研究、古迹文物保存、民族茶文化展示、茶马古道遗迹游览、纯手工采制茶体验、生态茶餐膳食和茶文化主题酒店服务为一体的庄园式度假胜地。

2. 普洱市思茅区帝泊洱生物茶谷

云南天士力帝泊洱生物茶集团有限公司的帝泊洱生物茶谷坐落于普洱市思茅区倚象镇，是国家AAAA级旅游景区和中国十大工业旅游示范基地之一。生物茶谷将茶的文化传承、科技创新、建筑艺术相结合，通过系列创新，将现代工艺技术融入现代工业化和信息化之中，加快实现传统产业向新型工业化的转型，成为一座绿色环保、生态和谐、茶文化充盈的中国现代生态工业示范基地。在茶谷内开展有七大版块工业旅游项目：工业旅游参观，讲解普洱茶的发展、帝泊洱的历程以及普洱茶的加工和精深加工；品尝普洱特色桌餐、本地茶餐、云南花宴、健康素餐、特色手抓饭；茶农人家制茶体验，在自有茶园中学习体验传统普洱茶的采摘、加工、压制、品饮；茶艺茶道学习，多媒体立体化的传统茶文化学习体验；

亲子活动、夏令营、婚礼策划、运动会、拓展训练、山顶烧烤、定制同学会等；私人定制旅游、车辆租赁、对外茶歇、会议室出租等；快乐农场，让游客在花海中感受快乐。

3. 普洱市澜沧县景迈山茶旅融合示范基地

景迈山位于普洱市澜沧县惠民乡，景迈山是中国古六大茶山之一，其古茶的面积堪称茶山之最，芒景千年万亩古茶园位于澜沧县惠民乡景迈村和芒景村，古茶树分布范围包括惠民乡的景迈、芒景、芒洪、翁居、翁洼等地，总面积 2.8 万亩，有成林成片采摘面积 1 万余亩，是目前世界上保存最完好、年代最久远、面积最大的人工栽培型古茶园，被国内外专家学者誉为“茶树自然博物馆”。区域内共有布朗族、傣族特色村落 14 个，民居民俗传承完整，自古就有种茶、制茶、饮茶的习俗，民族茶文化底蕴浓厚。当地政府以古茶园生态系统、民族特色村落为载体，系统挖掘民族茶文化、特色餐饮等乡村资源发展旅游业，现景迈芒景千年万亩古茶园是澜沧乃至整个普洱市茶产业开发和茶文化旅游的重要展示窗口，是普洱“绿三角”旅游环线开发建设的重点景区，被命名为“中国民间文化遗产旅游示范区”，景迈山旅游景区被评为“2011 中国十大休闲胜地”，芒景村被评为“2011 年中国最有魅力休闲乡村”之一。2012 年 9 月，普洱古茶园与茶文化系统被联合国列为全球重要农业文化遗产保护试点，保护试点古茶园核心区就是景迈芒景千年万亩古茶园。目前正在申报全国文物保护单位及全球重点农业文化遗产、世界文化遗产。

4. 南涧县无量山樱花山谷

大理州南涧县无量山镇，地处无量山脉深处，环境优美，生态良好。当地立足特色产业资源，发挥气候生态优势，探索“花茶旅”融合发展，推动产业增效、农民增收。近几年，南涧县以市场需求为导向，按照“有主体、有基地、有加工、有展示、有品牌、有文化”的标准，借鉴省内外茶叶庄园建设的先进经验，巧妙结合无量山自然原始风光，融合中华传统茶文化、彝族文化进行规划和建设，累计投入 1 亿多元建成以樱花为覆荫树的乌龙茶生态园 1500 亩，标准化乌龙茶加工厂房 1 万多平方米，配套乌龙茶加工设备，将无量山茶庄园打造成了集乌龙茶标准化种植示范、有机茶加工示范、高山有机乌龙茶产品展示和茶文化体验，以及樱花谷樱花茶园旅游观光为一体的精品茶庄园。美丽的樱花产业总是能第一时间与旅游产业融合起来。目前，无量山茶庄园种植了冬樱花 3 万多株和春樱花 2000 多株，极大改善了茶园生物多样性，增添了茶庄园的可观赏性，并建设有品茶室、景观餐厅、观景亭台、步行游道等旅游接待设施，荣获云南省著名商标称号和“无量山樱花茶谷”旅游品牌。每年12月中上旬，冬樱花盛开，鲜艳的樱花、翠绿的乌龙茶园和独特的无量山原始森林，构成了一道全国仅有的樱花茶园景观，每年大量的游客前往无量山赏花、品茶。以此景观为核心，南涧县规划了无量山“一谷两园”景区（无量山樱花谷、灵宝山国家级森林公园、无量山茶庄园），2015年通过了3A级景区认证。2016年，到无量山樱花谷、无量山茶庄园赏花、品茶的游客超过20万人次，带动当地旅游收入达1.2亿元。无量山樱花谷品牌的壮大，带动了全县特色餐饮、酒店业的发展。特别是赏花高峰时期，县城住宿爆满。

（三）存在问题

云南茶区茶旅融合资源丰富，但茶区多分布于山区，交通便利化不高，旅游服务意识不足，大部分区域茶产业没有与区域旅游景点、旅游线路、民族风情、特色食品、手工艺等从资源要素、空间格局和市场等方面进行系统规划，构建协作配套、相互渗透、相互引流的协同网格，季节性明显，旅游吸引物不足，整体溢价效应不明显。

（四）建议

顺应消费需求从物质消费向品质、精神消费升级，统筹茶产业、茶文化、茶科技与大健康、旅游、文化产业的横向和纵深融合，培育新业态、开发新产品、拓展新空间。

1. 系统谋划，区域联动，构建茶旅融合新空间

针对当前各茶区各敲各打，低水平重复，同质化竞争的现状，站在全省视角进行系统谋划，充分分析各茶区茶园、生态、茶文化、茶产品、旅游等资源条件，打造各具特色的茶旅游板块，串珠成线，形成一批茶旅融合的精品线路。如普洱市构建思茅区茶科技与现代万亩茶园—宁洱县茶马古道—镇沅县千家寨自然保护区野生茶群落—景东无量山茶与武侠—景谷佛教与茶文化—澜沧（孟连、西盟）古茶园与傣多民族（傣、布朗、佤）茶文化茶旅微循环，此环线可以以思茅为节点汇入西双版纳茶旅环线，或是以澜沧为节点连接西双版纳和临沧市茶旅环线。西双版纳州构建大渡岗现代茶园—基诺山古茶园与基诺族茶文化—勐腊县易武古茶山及彝、瑶族茶文化—景洪告庄茶馆夜话—勐海南糯山古茶与爱伲文化—勐海布朗山老班章茶王与布朗文化—贺开茶庄园—大益庄园—勐海茶加工园区普洱茶工业旅茶旅微循环，该线以勐海为节点联通澜沧茶旅环线，或是以大渡岗现代茶园连接思茅现代茶科技游。临沧市构建沧源茶与佤族茶文化—双江勐库冰岛茶小镇与多民族（傣、拉祜、布朗）茶文化—临翔现代茶产业三产融合示范区—凤庆滇红茶文化传承区茶旅微循环，该线可以以凤庆为节点连通保山茶区。三个茶旅微循环可联通成茶旅精品大环线，各个节点茶园生态系统、茶产品、茶器、茶饮习俗、茶农村落、服饰、餐饮习俗、民族节气等各有特色，具备系统挖掘、创新开发，形成特色化、差异化旅游吸引物的条件。

2. 推进多业融合，开发新产品、培育新业态

推进茶产业与大健康产业融合。茶叶有多酚类化合物、氨基酸、咖啡碱、维生素类、矿质元素等促进人体健康的有益成分，而且云南大叶种茶含有较高的茶多酚，其中儿茶素含量占茶多酚总量可达70%，茶多酚在清除自由基、抗氧化、抗衰老方面的功效非常明显。抓住全民关注健康的新时代需求，突破原叶茶、传统茶开发惯性思维的禁锢，利用现代装备和现代生物技术，研发推出一系列食品速溶茶、保健速溶茶、茶点以及茶胶囊、口服液、含片等含茶健康产品，拓展茶消费空间。云南茶区森林覆盖率高，物产丰富，多民族和谐共居，待人朴实友善，气候温润，发挥利用好秀美茶园、茶农特色民居、民族传统美食、民族手工艺、民族医药等乡村资源，打造一批集农家生活体验、森林休闲康养、生态养老度假于一体的宜居宜游康养基地。推进云茶与文化产业协同发展。普洱茶和滇红茶地域特征显明，其发展史、制茶史、饮茶史源远流长，是云南文化的精髓。抓住文化产业不断保持高速发展势头和云南推动民族文化建设的机遇，加快茶文化与云南民族文化、地方特色文化、历史文化相融合；鼓励各茶区建设茶博物馆，支持龙头企业结合自身产品定位建设普洱茶、滇红茶文化创意园，不断推陈出新，延伸拓展云茶文化创意产业链。推进茶产业跨境协作。整合产学研各类机构力量，开展茶叶的跨界和跨境调查研究、发展规划、市场对接、项目合作、贸易洽谈、人才培养、产品推荐及国内外商务考察交流等活动，不断助推茶产业跨界和跨境发展。

八、科技推广应用

（一）基本情况

目前，云南省茶产业科技推广主要以政府为主导，涉茶教学科研单位及各主产州、市、县的茶叶技术推广站和茶叶试验站为主要力量。云南农业大学、云南省农业科学院、昆明植物研究所、西南林业大学、普洱学院、滇西科技师范学院、滇西应用技术大学普洱茶学院、云南省普洱茶树良种场、云南普洱茶研究院、国家普洱茶产品质量监督检验中心、云南省质检院等教学科研单位主要从事种质资源、育种、栽培、茶叶机械、加工技术、茶叶深加工等各方面的研究及教育培训。种植技术推广主要以各州、市、县的茶叶技术推广站和茶叶试验站等为主，云南省农科院茶叶所、云南农业大学龙润普洱茶学院、中国普洱茶研究院等也进行从种植到加工的技术推广工作。大益茶业集团、云南天士力帝泊洱生物茶集团有限公司等企业建立了专业技术研发机构，据笔者调研，截至2021年，云南大益微生物技术有限公司已申报获得受理专利48个，其中微生物发明专利22个，授权实用新型专利2项，授权发明专利2项。帝泊洱生物茶集团围绕“数字化、标准化、功效化、品牌化、规模化、国际化”目标，在茶标准化种植、普洱茶初制加工、发酵，以及即溶普洱茶珍科学叶组配方、提取、分装方面不断取得创新突破，累计申请并获得国家授权的专利达110件，其中拥有有效授权的发明专利13件、外观专利36件，帝泊洱商标已在全球192个国家注册。双江勐库茶叶有限责任公司、腾冲市高黎贡山生态茶业有限责任公司等与科研机构和高校合作搭建联合创新平台进行茶叶新品种选育和新茶品开发。

（二）案例

1. 云南省农业科学院茶叶研究所

云南省农业科学院茶叶研究所始建于1938年4月，是云南省从事茶叶综合研究的公益性、基础性省级科研单位。现有研究员10人，副高级人员29人，博士1人，硕士25人，云岭产业领军技术人才1人，省现代农业茶叶产业技术体系首席1人，省委联系专家1人，省技术创新人才3人。设有茶树资源与改良研究中心、茶树种植与保护研究中心、茶叶加工与质量安全研究中心、茶经济与文化研究中心等科技创新部门，以及云南省第165职业技能鉴定所。建有国家种质大叶茶树资源圃（勐海）、国家茶叶产业技术体系西双版纳综合试验站、国家茶叶加工技术研发分中心、云南省茶树种质资源创新与配套栽培技术工程研究中心、云南省现代农业茶叶产业技术体系、云南省茶学重点实验室、云南省院士（专家）工作站、西双版纳普洱茶研究院、中国勐海茶研究中心等科技创新和技术服务支撑平台。[①]

① 依靠科技创新 助推茶叶产业发展业［J］. 云南科技管理，2016，29（5）：94.

先后完成了300多个科研项目，共获国家级、省部级等各类科技成果奖60余项；发表科技论文1000余篇，SCI收录10篇；出版专著30余部；获国家专利20余项；建成了全国面积最大、保存茶树资源最多的国家大叶茶种质资圃，保存珍稀茶树资源2400余份；选育出“云抗10号”“云抗14号”等35个国家级、省级茶树良种，并在茶区大面积推广；① 获茶树植物新品种保护权6个；研制开发“沁香”“佛香茶”“滇红金针”“紫娟”等50多个国家级、省部级名优普洱茶、绿茶、红茶新产品。承担着国家自然科学基金、国家重点研发项目、国家茶叶产业技术体系、科技部国家农作物资源平台、农业部作物种质资源保护项目、云南省茶叶产业技术体系、云南省重点研发项目等省部级以上科研项目40余项。

2. 云南农业大学龙润普洱茶学院

云南农业大学茶学专业成立于1972年，办学50年来培养了3000多名本专科生，200余名硕士生及20多名留学生。2006年与龙润集团校企合作，正式挂牌成立龙润普洱茶学院。有专任教师37人，其中教授11人，副教授12人，讲师14人，博士学位教师15人，硕士学位教师16人。拥有省级教学名师3人，云岭学者1人，省产业领军人才3人，国家现代农业产业体系黑茶岗位科学家1人，云岭产业技术领军人才1人，云南省茶产业技术体系岗位专家2人。承担“国家茶叶产业体系茶叶加工—黑茶（普洱茶）岗位科学家”项目，国家基金和省部级科研项目20余项。2013年和2014年分别获得科技进步三等奖2项；2016年荣获云南省自然科学奖三等奖；2017年获得省科技进步特等奖1项；2018年荣获科技贡献特殊奖。拥有云南省茶叶深加工中心（2010）、教育部普洱茶学重点实验室（2011）、农业部茶叶加工与生产观测站（2014）、中央财政支持职业教育实训基地茶叶专业教学实训基地（校中厂）（2012）、云南省有机茶产业智能化研究工程中心（2019）等省部级科研平台。

（三）存在的问题

一是科技创新能力仍然薄弱，当前教学科研机构的研究经费以政府项目资金为主，项目支持的稳定性和持续性不足，茶叶种植，尤其是良种选育过程周期长，致使种质资源收集、分析、创新利用等工作时断时续。缺乏对全产业链科技创新

---

① 谭俊峰，林智，李靓．茶氨酸复合制剂增强免疫力的功能研究［J］．茶叶科学，2012，32（3）：224－228．

需求的系统谋划和支持，全省茶叶加工同质化严重，仍以“饼、砖、沱”为主，茶叶深加工及茶饮料、茶保健品、茶日化品等茶叶衍生产品的开发利用率低于1%，特别是在茶粉烘焙、保健品等领域尚为空白，对云南大叶种茶粉生产从原料种植技术及品种适制性、产品特点的相关研究滞后。

二是产学研协作性有待加强。以高校科研机构为主体的研究力量远离市场，不能及时把握市场需求，科研成果与市场需求匹配性有待提高。大多数企业没有创新力量，只能生产“饼、砖、沱”老三样。

三是科技成果推广转化率低。现行科研和教学机构考核机制重成果、重论文而轻转化，致使生产一线对科技成果了解认识不多。茶园分散，基础设施差，茶农文化程度不高等也对科技成果落地有极大的影响。

（四）建议

针对当前国际、国内茶叶市场供过于求的严峻形势，解决茶叶产销失衡的问题，根本出路在于科技。切实加强茶叶资源的多功能开发应用研究，强化科技成果的转化利用，增强科技支撑力，做到茶叶资源的“全价利用，跨界开发”，实现云茶资源的利益最大化，提升茶产业的规模和效益。因此，云茶产业科技创新要从着力于加大茶叶新品种选育、高效生态茶园管理、茶叶成分和功效、茶叶加工和资源利用、产品质量安全检测、茶叶现代机械装备开发等全产业链的技术需求的创新。

一是加强茶叶基础应用研究，依托科研院所、高校、专业检测机构的人才和设备优势开展从产地环境、产品成分、产品功效、产品质量安全检测等全方位的系统研究，建设科学、公正的云茶数据库，为产品溯源和新产品、新功效的开发提供基础理论支撑，用故事说茶，用数据说话，科学呈现云茶优势，强化云茶信任体系建设。

二是强化个性化产品研发，细化、精分消费人群，开发适合不同目标消费人群的个性化、便捷化茶产品，如各类袋泡茶、茶饮料、茶粉、茶膏、花茶、果茶等。

三是强化茶叶深度创新利用，针对茶叶中含有的多种有价值的成分，探索在含茶食品、茶保健品、含茶日用品、动物饲料添加剂和植物保护剂等领域，拓宽茶叶利用率，提升附加值，增加茶业效益。

四是强化茶产业设备创新，鼓励成立机械、茶行业、数控等跨界创新联盟，开发适宜云南山地茶园条件的中耕管理、采茶、绿色防控等高效农机，提高生产效率，降低茶园用工成本。开发普洱茶加工成套专用设备，为普洱茶清洁化、自动化、标准化、数字化、质量可控性提供支撑。

五是加大科技投入，充实基层人才队伍，培育产业领军人才，加大产业技能工人、茶农、营销人员专业化培训，充分发挥国家茶产业体系与省体系作用，生产管理与科技投入结合，解决产业发展“瓶颈”问题。

（执笔：刘本英、鄢文光、袁媛；审定：袁媛）

第二十三章

云南蔬菜产业经济问题研究

第一节　云南蔬菜产业发展概况

一、全球及中国蔬菜产业发展简况

蔬菜，是指可以做菜、烹饪成为食品的一类植物或菌类，是人们日常饮食中必不可少的食物之一。蔬菜可提供人体所必需的多种维生素和矿物质，还含有多种多样有益身体健康的植物化学物质，而且果蔬中的营养素可以有效预防慢性、退行性疾病，正逐渐被研究发现并应用于营养和健康领域。

（一）全球蔬菜产业发展简况

全球蔬菜生产多年来一直平稳增长、广泛分布又高度集中。FAO 统计数据表明，全球 200 多个国家和地区均有蔬菜生产，2013 年开始蔬菜总产量超过 10 亿吨，2019 年超过 11 亿吨。亚、非、欧三洲是世界蔬菜主产区，合计收获面积和产量均超过全球总量的 90%。亚洲是全球最大的蔬菜生产区，主要蔬菜收获面积和产量占全球的比例多年保持在 70% 和 75% 以上，2019 年分别达到 71.10% 和 77.80% 的历史新高（见表 23－1、表 23－2）。2019 年蔬菜产量超过 50 万吨的国家和地区有 98 个，其中，超过 100 万吨的有 71 个，超过 500 万吨的有 24 个，超过 1000 万吨的有 14 个，而超过 2000 万吨的则只有中国、印度、美国和土耳其，其中，中国的蔬菜产量达 5.88 亿吨，全球占比超过 52%。

表 23 - 1　　2009 ~ 2019 年全球蔬菜收获面积分布

区域	指标	2009 年	2010 年	2011 年	2012 年	2013 年	2014 年	2015 年	2016 年	2017 年	2018 年	2019 年
全球	面积(万公顷)	4967.53	5091.08	5236.68	5378.78	5483.08	5532.43	5677.65	5707.55	5737.58	5788.36	5968.92
亚洲	面积(万公顷)	3510.06	3631.04	3716.43	3820.74	3905.88	3936.58	3988.84	4065.91	4116.50	4156.96	4243.68
	占比(%)	70.66	71.32	70.97	71.03	71.24	71.15	70.26	71.24	71.75	71.82	71.10
非洲	面积(万公顷)	667.95	684.47	744.90	801.15	826.17	850.65	944.59	893.99	878.93	895.19	1037.27
	占比(%)	13.45	13.44	14.22	14.89	15.07	15.38	16.64	15.66	15.32	15.47	17.38
欧洲	面积(万公顷)	394.51	387.05	390.10	373.86	370.59	369.85	371.56	363.31	361.61	359.52	323.53
	占比(%)	7.94	7.60	7.45	6.95	6.76	6.69	6.54	6.37	6.30	6.21	5.42
美洲	面积(万公顷)	377.98	371.67	367.63	365.57	363.27	357.80	355.29	367.11	363.37	358.87	347.33
	占比(%)	7.61	7.30	7.02	6.80	6.63	6.47	6.26	6.43	6.33	6.20	5.82
大洋洲	面积(万公顷)	17.03	16.86	17.62	17.46	17.17	17.55	17.36	17.22	17.17	17.82	17.10
	占比(%)	0.34	0.33	0.34	0.32	0.31	0.32	0.31	0.30	0.30	0.31	0.29

资料来源：联合国粮农组织（FAO）统计数据库。

表 23 - 2　　2009 ~ 2019 年全球蔬菜产量分布

区域	指标	2009 年	2010 年	2011 年	2012 年	2013 年	2014 年	2015 年	2016 年	2017 年	2018 年	2019 年
全球	产量(万吨)	9029.40	9240.41	9572.14	9807.78	10000.22	10326.00	10547.73	10734.89	10834.64	10888.39	11302.04
亚洲	产量(万吨)	6651.91	6903.29	7190.13	7387.60	7591.36	7794.11	7991.90	8176.45	8264.58	8329.85	8793.01
	占比(%)	73.67	74.71	75.12	75.32	75.91	75.48	75.77	76.17	76.28	76.50	77.80
非洲	产量(万吨)	646.16	660.04	656.72	702.25	703.54	766.03	793.72	778.03	795.52	814.65	843.72
	占比(%)	7.16	7.14	6.86	7.16	7.04	7.42	7.53	7.25	7.34	7.48	7.47
欧洲	产量(万吨)	928.43	883.97	936.37	907.71	902.02	936.21	935.95	937.66	939.15	906.12	849.35
	占比(%)	10.28	9.57	9.78	9.25	9.02	9.07	8.87	8.73	8.67	8.32	7.52
美洲	产量(万吨)	769.18	759.90	757.05	776.09	768.76	797.13	792.42	809.35	802.24	803.71	782.43
	占比(%)	8.52	8.22	7.91	7.91	7.69	7.72	7.51	7.54	7.40	7.38	6.92
大洋洲	产量(万吨)	33.72	33.22	31.87	34.14	34.55	32.54	33.73	33.40	33.15	34.06	33.53
	占比(%)	0.37	0.36	0.33	0.35	0.35	0.32	0.32	0.31	0.31	0.31	0.30

资料来源：联合国粮农组织（FAO）统计数据库。

FAO 统计数据显示，中国和印度蔬菜收获面积和产量多年排名全球第 1 位和第 2 位，面积和产量占全球的比重多年在 64% 和 70% 左右。尼日利亚和印度尼西亚的面积排第 3 和第 4 位，美国和土耳其的蔬菜产量排第 3 和第 4 位，尼日利亚仅排第 5 位。

从主要蔬菜品类看，2019 年全球主要蔬菜收获面积最高的是干鲜洋葱及青葱、韭菜，占全球的 8.93%；其次分别为西红柿和青豌豆，分别占全球蔬菜收获面积的 8.43% 和 4.66%；第 4、第 5 位分别是秋葵（4.57%）、卷心菜和其他油菜（4.10%）（见图 23 - 1）。产量最高的品类是西红柿，占全球蔬菜总产量的 15.99%；其次是干洋葱、葱头，占全球蔬菜总产量 8.85%，黄瓜（7.77%）、卷心菜和其他油菜（6.21%）以及茄子（4.88%），分列产量排行榜第 3 ~ 5 位（见图 23 - 2）。

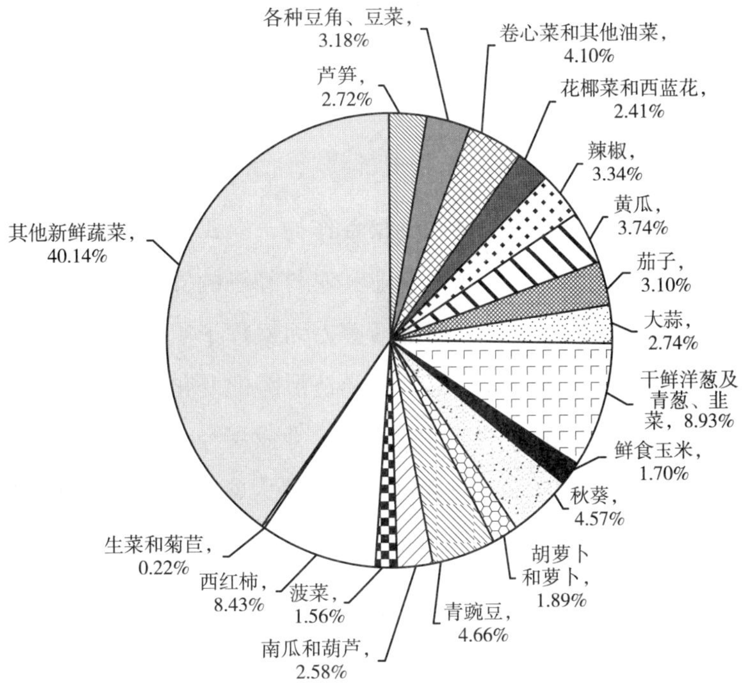

图 23－1　2019 年全球蔬菜分品类收获面积占比

资料来源：根据联合国粮农组织（FAO）数据整理。

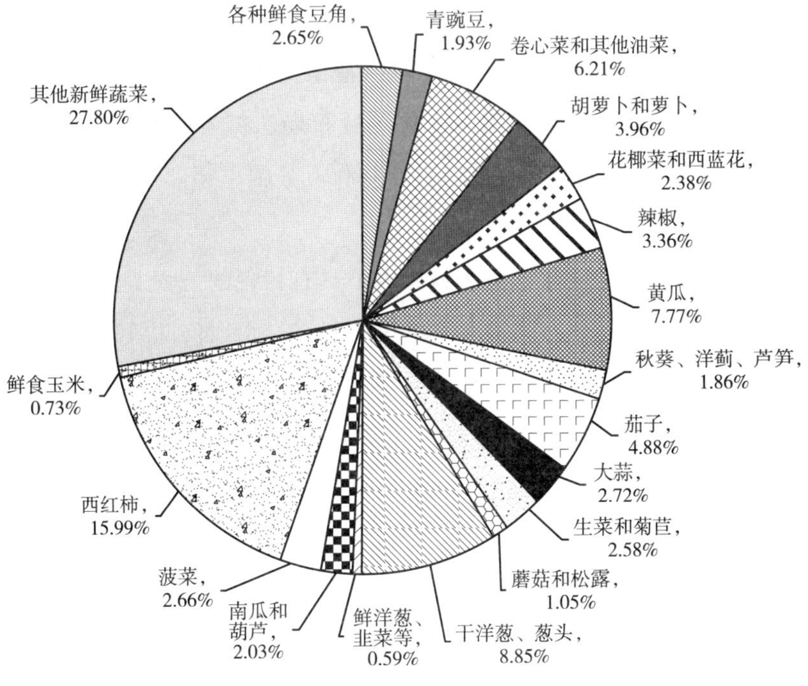

图 23－2　2019 年全球蔬菜分品类产量占比

资料来源：根据联合国粮农组织（FAO）数据整理。

当然，占比最高的是未纳入主要品种统计的各类小宗蔬菜的综合，面积占比高达40%，产量占比也高达27.8%。

（二）中国蔬菜产业发展简况

蔬菜在我国农业种植面积中仅次于粮食作物，在我国农业的发展中拥有不可替代的地位和优势，蔬菜产业已成为农业和农村经济的支柱产业，在增加农民收入、平衡农产品国际贸易、改善人们生活等方面发挥了重要的作用。中国作为全世界范围内蔬菜生产大国，随着中国社会经济形势的变化和可持续发展的深入推进，特别是在中国加入WTO以来，中国蔬菜产业发展经历了一系列变化。自20世纪80年代中期以来，我国城镇居民食品消费水平大幅提高，消费重心由主食转向副食，农副产品需求数量快速增加，而供给水平受产业结构调整的影响，滞后于需求的增长，从而农副产品供需矛盾日益突出（王华书等，2002）。随着全国性农业结构调整步伐的加快，特别是"菜篮子"工程的实施，蔬菜产业获得了快速而长足的发展。20世纪90年代我国蔬菜播种面积增长较快，进入21世纪增长速度明显放缓。据农业农村部统计，我国蔬菜播种面积20世纪80年代年均增长11%，90年代年均增长13%，是增长较快的时期；进入21世纪后头5年，年均增长仅3%，增速明显放缓。这说明我国蔬菜产业已基本完成量的扩张，迈入提高产品质量、增加单位产量、调整品种结构、优化区域布局、扩大国际贸易的新阶段。自2018年开始，我国蔬菜的种植面积就超过2000万公顷，年产量超7亿吨，人均占有量达500多千克，均居世界第一位。

从布局看，1986～1994年，我国就形成了具有特色的五大蔬菜基地，分别是：（1）南方冬季蔬菜生产基地：主要包括海南、广东、广西、福建、云南和四川等省区，利用天然温室气候优势生产果菜和茎叶菜北运，丰富了"三北"地区的市场供应；（2）黄淮早春蔬菜生产基地：主要包括江苏、安徽北部和山东中南部，利用保护设施实现蔬菜春季提早生产，向全国各地提供超时令蔬菜；（3）京北夏秋蔬菜生产基地：主要包括河北省的张家口、承德和北京的延庆区，利用夏季气候凉爽的特点生产夏秋蔬菜，成为京津地区夏秋淡季蔬菜供应的主要来源；（4）甘肃、山西延时果菜生产基地：利用高原气候优势生产甜椒等果菜类东运，补充东部地区的夏秋淡季蔬菜；（5）冀、鲁、豫秋菜生产基地：包括山东、河北、河南，主要生产大白菜运销全国各地（夏冰，2008）。进入21世纪后，我国蔬菜生产进一步向优势产区集中，特别是华南与西南热区冬春蔬菜、长江流域冬春蔬菜、黄土高原夏秋蔬菜、云贵高原夏秋蔬菜、北部高纬度夏秋蔬菜、黄淮海与环渤海设施蔬菜六大传统优势区域，集中度进一步增强（张晶等，2019）。

加入 WTO 以后，随着蔬菜面积和产量的持续增长，我国蔬菜出口增长势头强劲，出口量和出口额都在快速增长。据中国海关总署统计，2005 年我国累计出口蔬菜 680. 19 万吨，与 2000 年相比增加 359. 89 万吨，增长 112%；创汇 44. 85 亿美元，与 2000 年相比增加 24. 03 亿美元，增长 115%；贸易顺差 44. 03 亿美元，与 2000 年相比增加 23. 94 亿美元，增长 119%。我国蔬菜贸易顺差在持续扩大，2007 年蔬菜净出口额超过 40 亿美元，2012 年蔬菜净出口额超过 60 亿美元，占到全球蔬菜贸易的 1/10。近年来，中国蔬菜出口量和出口额分别达到 950 万吨和 120 亿美元的规模，占同期全球蔬菜出口总量和出口总额的比重分别为 56% 以上和 61% 以上，贸易顺差接近 100 亿美元。从世界范围看，中国是蔬菜生产和贸易大国。中国蔬菜出口品类主要有鲜冷冻蔬菜、加工保藏蔬菜、干蔬菜等；出口品种主要有大蒜、豌豆、马铃薯等。

（三）云南蔬菜产业发展简况

云南有着丰富的蔬菜品种资源和得天独厚的气候条件，全省共有 31 科，71 属，142 个种，1800 多个蔬菜品种，其中栽培蔬菜作物有 200 种以上，常生产的蔬菜有 16 科 45 类。蔬菜是云南种植面积仅次于粮食的第二大类农作物、最大的经济作物是云南高原特色农业的支柱产业。云南生产的蔬菜不仅能保障本省的市场需求，每年近 70% 销往全国 150 多个大中城市和 40 多个国家和地区，是全国蔬菜产业的重要支柱，成为全国重要的“南菜北运”和“西菜东运”基地和享誉世界的“菜园子”，是支持冰雪寒冷灾区蔬菜供应的重要部分。

随着国家对农业产业结构的调整，云南省的蔬菜产业得到迅速发展，蔬菜种植面积和产值不断扩大，出口和进口创造的贸易额也在不断增加。《中国农村统计年鉴》数据显示，2019 年云南全省蔬菜种植面积 116. 5 万公顷，比 2010 年增加约 49. 37 万公顷，增幅 73. 54%；蔬菜产量 2304. 14 万吨，比 2010 年增长 1049. 11 万吨，增幅 83. 59%；蔬菜产值达 645. 2 亿元，比 2010 年增长 444. 4 亿元，增幅 221. 31%。

冬春早蔬菜、夏秋反季菜和精细菜（包括野生蔬菜）这三大类蔬菜是云南外销蔬菜的优势和特色，具有良好的产业基础。自20世纪70年代以来，云南利用热区冬暖无霜的自然优势，开发“天然温室”，发展耐热喜温蔬菜，形成冬春早熟蔬菜特色产业，逐渐成为我国“南菜北运”的生产基地。近年来，云南利用季节上的优势，以冬早蔬菜为主，将叶菜类、茄果类、豆菜类、鲜马铃薯等品种销往全国各大中城市。二十余年来，云南利用山区夏无酷暑的自然优势，开发喜欢冷凉气候的外销蔬菜，逐渐形成了夏秋反季蔬菜特色产业，外销（含出省和出境，下同）量增长迅速，成为我国“西菜东调”的主产区。随着设施农业的发展，云南传统蔬菜产区逐渐普及蔬菜设施栽培，大大提高了产品的质量和产量；由于生产条件的改善，便于精细管理，扩大了产品种类，产品上市期的调控空间加大，形成了高投入、高产出，以出口外销为主要目标的精细菜特色产业。加之云南具有面向南亚、东南亚的地缘区位优势，随着中国—东盟自由贸易区的建设和澜沧江—湄公河次区域经济合作的深入开展，特别是在“早期收获计划”实施后，中泰果蔬“零关税”及中国对老挝、缅甸、柬埔寨等国优惠关税政策的加速实施，带动云南外销蔬菜出口量迅猛增长，特别是夏秋反季蔬菜、精细菜与东盟各国互补性很强，出口东盟市场前景极为广阔（龙荣华，2005）。2019年全省从事蔬菜生产加工的企业有580家，销售收入356亿元，其中国家级龙头企业有6家。产、加、销一条龙产业链的逐渐完善，极大地提升了产品的附加值，为进一步促进云南夏秋蔬菜和冬春蔬菜快速发展起到了推动作用。目前，云南蔬菜已形成城郊、农区相结合，正季与反季、常年菜与季节菜相结合，内供与外销、出口相结合，时鲜大宗蔬菜与精细菜、加工原料菜相结合的生产格局，建立了一批新兴商品生产基地（李全衡，2004）。

云南蔬菜已连续多年超过烟草成为全省第一大类出口农产品，全省蔬菜产品出口量多年居全国第4位、第5位，创汇额仅次于山东居全国第2位。2017年以来，全省蔬菜出省（含出口）量占蔬菜总产量的比重接近70%，“云菜进京”“云菜供港”“云菜入沪”“云菜入粤”“云菜入疆”“云菜出海”已成为“云菜”出滇的六条主线。据云南省农业农村厅及昆明海关提供的数据，2010年，云南蔬菜外销量（含国内省外销售和出口）850万吨，外销产值187亿元，与2005年相比，外销量增加490万吨，增长1.36倍；外销产值增加115亿元，增值1.6倍。其中，出口130万吨，创汇4.67亿美元，与2005年相比，出口量增加86万吨，增加近2倍；创汇增加3.76亿美元，增值4倍多，超过烟草的0.89亿美元，成为全省第一大类出口农产品。蔬菜外销量占云南省蔬菜生产量的53.4%，出口量占省内蔬菜生产量的8.2%，占外销量的15.3%。此外，云南供港澳蔬菜数量和基地备案面积居全国第1位，占港澳市场总量的1/3，每年供港澳蔬菜在50万吨以上，价值上亿美元（张丽琴等，2012）。2019年全省蔬菜出口量达到117.63万吨，占传统大类出口农产品出口总量的87.62%，同比增10.11%；出口金额14.56亿美元，占云南省传统大类出口农产品出口总额的66.37%，同比增长了3.14%。出口目的地排名前4位是越南、中国香港、泰国和马来西亚，出口量占云南省蔬菜出口总量的比重分别为41.32%、33.62%、18.15%和4.25%。云南外销、出口的主导蔬菜品种（类）主要包括甘蓝、大白菜、普通白菜（上海青等）、菜心、芥蓝、莴苣、辣椒、萝卜、鲜食豌豆等。

二、中国及云南蔬菜产业分析

（一）中国蔬菜生产在全球的地位

FAO数据表明，2016～2019年，蔬菜收获面积均排前4位的是中国、印度、尼日利亚和印度尼西亚（见图23-3），越南、美国、菲律宾、喀麦隆、土耳其和墨西哥紧随其后，但排位年度间有变化，十国蔬菜收获面积之和占同期全球蔬菜收获总面积的约73.21%。同期，蔬菜产量均排前4位的是中国、印度、美国和土耳其（见图23-4），越南，尼日利亚、埃及、墨西哥、俄罗斯和西班牙六国紧随其后，但排位年度间有变化。前10位国蔬菜产量之和占同期全球蔬菜总产量的77.18%。

中国是全球第一大蔬菜生产国，过去60多年，蔬菜产业一直呈现稳定增长、持续发展的态势。据FAO统计数据，2010～2019年，中国蔬菜种植面积均在2100万公顷以上，2019年更是超过了2500万公顷，占同期全球蔬菜收获面积的比重一直在40%以上，2019年达到42%左右（见图23-3）。

随着收获面积的不断增大，中国蔬菜总产量也在逐年增加。2010～2019年，中国蔬菜年产量均在4.5亿吨以上，2014年和2017年先后超过5亿吨和5.5亿吨，2019年更是接近5.9亿吨、达到5.88亿吨的历史最高水平，占同期全球蔬菜总产量的比重一直在49%以上，2015年超过50%，2019年更是超过52%（见图23-4）。

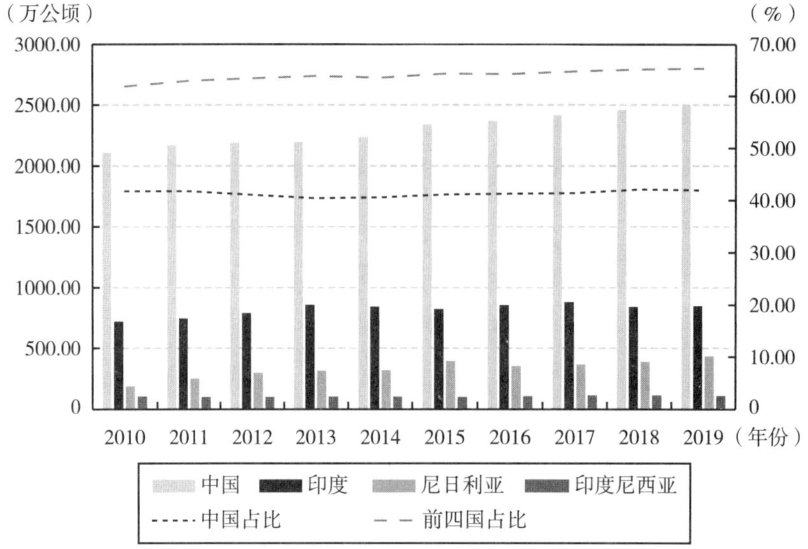

图 23－3　2010～2019 年蔬菜收获面积排名前四位国家的蔬菜收获面积情况

资料来源：联合国粮农组织。

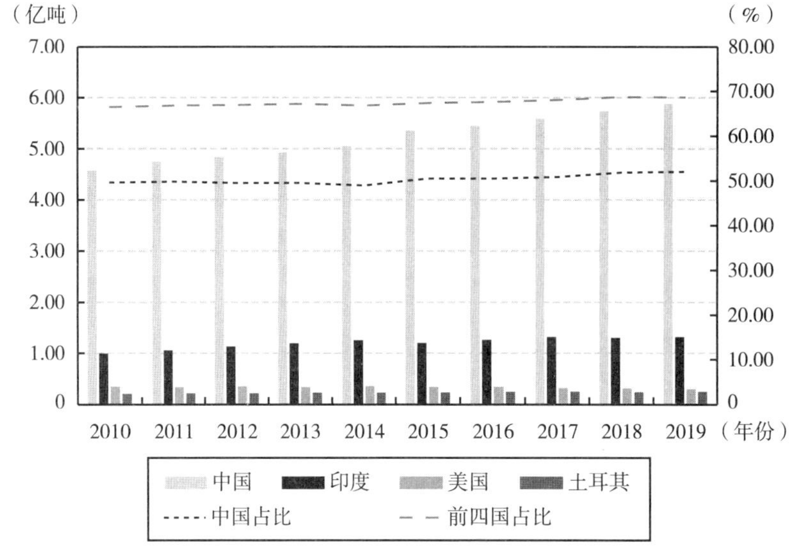

图 23－4　2010～2019 年蔬菜产量均排全球前四位国家的蔬菜产量情况

资料来源：联合国粮农组织。

（二）中国蔬菜生产布局

从蔬菜产量看，根据国家统计局网站数据，全国及各蔬菜主产省区的产量均呈现逐年增长的发展趋势。从 2010～2019 年的蔬菜产量数据看，综合排名在前 10

位的主产省区分别是山东、河南、河北、江苏、四川、湖南、湖北、广东、广西和贵州（见表 23 -3）。10 个主产省区的蔬菜产量占全国总产量的比重多年保持在 65% 以上并逐年升高，2019 年达到 68% 左右，表明我国蔬菜生产的区域化、专业化和集中度水平在逐步上升。分析年间，云南省的蔬菜产量在 2011 年、2013 年和 2015 年超过贵州省居全国第 10 位，其他年份和综合排名全国第 11 位，占全国的比重逐年稳步增长，从 2010 年的 1. 54% 增长到 2019 年的 3. 2% 。

表 23 -3　　2010 ~2019 年中国 10 个蔬菜主产省区和云南蔬菜产量及占比　　单位：万吨

地区	2010 年	2011 年	2012 年	2013 年	2014 年	2015 年	2016 年	2017 年	2018 年	2019 年
全国	57264. 86	59766. 63	61624. 46	63197. 98	64948. 65	66425. 10	67434. 16	69192. 68	70346. 72	72102. 56
山东	7542. 26	7548. 40	7556. 85	7800. 10	7921. 08	8009. 86	8034. 72	8133. 77	8192. 04	8181. 15
河南	6760. 21	6811. 20	6839. 94	6745. 29	6848. 11	6970. 99	7238. 18	7530. 22	7260. 67	7368. 74
江苏	4234. 00	4496. 99	4881. 89	5126. 83	5302. 40	5487. 66	5593. 91	5540. 48	5625. 88	5643. 68
河北	4305. 16	4506. 23	4701. 65	4823. 75	4965. 13	5022. 23	5038. 89	5058. 53	5154. 50	5093. 14
四川	3206. 45	3403. 84	3569. 18	3705. 10	3838. 35	3988. 38	4118. 12	4252. 27	4438. 02	4639. 13
湖北	3091. 21	3244. 71	3375. 50	3438. 55	3513. 70	3664. 08	3712. 77	3826. 40	3963. 94	4086. 71
湖南	2915. 34	3062. 92	3140. 85	3196. 97	3283. 09	3428. 59	3538. 73	3671. 62	3822. 04	3969. 44
广东	2550. 87	2632. 79	2722. 09	2678. 18	2898. 89	2994. 90	3036. 45	3177. 49	3330. 24	3527. 96
广西	2171. 98	2303. 78	2424. 55	2516. 83	2716. 74	2915. 87	3114. 39	3282. 63	3432. 16	3636. 36
贵州	1217. 81	1241. 42	1471. 92	1604. 74	1740. 51	1847. 59	2033. 56	2272. 16	2613. 40	2734. 84
前十位合计	37995. 29	39252. 28	40684. 42	41636. 34	43028. 00	44330. 15	45459. 72	46745. 57	47832. 89	48881. 15
前十位占比（%）	66. 35	65. 68	66. 02	65. 88	66. 25	66. 74	67. 41	67. 56	68. 00	67. 79
云南产量	880. 66	1338. 48	1470. 86	1625. 33	1735. 26	1944. 83	1968. 61	2077. 76	2205. 71	2304. 14
云南占比（%）	1. 54	2. 24	2. 39	2. 57	2. 67	2. 93	2. 92	3. 00	3. 14	3. 20

资料来源：根据国家统计局网站数据整理。

从种植面积看，根据国家统计局网站数据，2016 ~2019 年，全国蔬菜产量前 10 个主产省区中，产量第 1 位和第 2 位的山东和河南面积位置互换；江苏面积排名与产量均居全国第 3 位；产量第 9 位的广西面积居第 4 位；四川产量和面积均居第 5 位；2010 ~2019 年，综合排名第 9 位的贵州 2019 年上升到第 4 位；湖南、广东和湖北则分别从第 6 ~8 的位置退到第 7 ~9 位；蔬菜产量排名第 4 位的河北自 2012 年以后退出面积前 10 的行列，产量排第 11 位的云南进入前 10 位。2010 ~2019 年全国前 10 个蔬菜主产省区和云南蔬菜面积及占比如表 23 -4 所示。

表 23-4　2010~2019 年中国 10 个蔬菜主产省区和云南蔬菜种植面积及占比　单位：万公顷

地区	2010 年	2011 年	2012 年	2013 年	2014 年	2015 年	2016 年	2017 年	2018 年	2019 年
全国	1743.12	1790.99	1849.69	1883.63	1922.41	1961.31	1955.31	1998.11	2043.89	2086.27
河南	172.01	172.55	167.68	168.30	165.48	167.10	168.21	173.61	172.11	173.29
山东	148.77	147.88	146.72	148.65	148.71	148.40	145.43	146.20	147.96	146.42
江苏	122.98	126.02	132.34	135.49	137.24	143.14	143.04	140.76	142.50	142.45
广西	111.40	106.69	120.35	124.08	131.66	139.26	135.18	139.97	143.97	148.52
四川	110.52	114.81	118.23	121.09	124.20	127.05	129.57	132.43	136.92	141.30
湖南	105.97	109.82	112.13	114.26	116.46	118.27	123.98	127.11	126.49	131.32
广东	110.08	110.86	111.29	109.37	118.14	118.85	118.99	122.72	127.22	132.05
贵州	62.14	68.09	80.92	89.47	98.29	104.82	114.51	125.31	140.10	143.56
湖北	99.85	102.27	108.97	109.25	111.38	114.37	116.89	118.86	122.43	125.79
河北	69.32	70.57	73.40	74.36	75.47	75.51	75.16	74.86	78.76	79.46
前十合计	1043.73	1058.98	1098.62	1119.96	1151.54	1181.24	1195.80	1226.99	1259.69	1364.16
前十占比（%）	59.88	59.13	59.40	59.46	59.90	60.23	61.16	61.41	61.63	65.39
云南面积	67.13	73.51	80.33	90.08	94.71	102.68	104.01	108.48	113.19	116.50
云南占比（%）	3.85	4.10	4.34	4.78	4.93	5.24	5.32	5.43	5.54	5.58

资料来源：根据国家统计局网站数据整理。

云南省的蔬菜产量除2011 年、2013 年和2015 年曾超过贵州跻身全国前10 外，多年排全国第11 位（见表 23-3）；云南省的蔬菜种植面积除 2010 年、2011 年和 2013 年曾超过贵州排9 名外，多年排名全国第10 位（见表 23-4）。

从表 23-4 还可以看出，“十三五”时期以来，全国各蔬菜主产省区的种植面积表现出：山东、河南和江苏等传统主产省区趋于稳定（山东和江苏小幅下降），而贵州、云南等新兴产区快速增长的明显变化趋势。2010~2019 年，我国蔬菜产量排名前 10 位的主产省区蔬菜种植面积之和占全国蔬菜种植总面积的比重多年保持在 60% 左右且逐年升高，2019 年达到 65.39%% 以上。2010~2019 年，贵州的蔬菜种植面积增幅最大达 131%，占全国蔬菜种植面积的比重从 2010 年的 3.56% 上升到 2019 年的 6.88%，从 2012 年开始替代河北进入蔬菜种植面积全国前 10 行列；云南以 73.55% 的增幅排名增幅榜第 2 位，占全国蔬菜种植面积的比重从 2010 年的 3.85% 上升到 2019 年的 5.58%。

从蔬菜产值看，从表 23-5 所示，全国及各蔬菜主产省区蔬菜农业产值呈现逐年增长的发展趋势。2017 年，除四川、贵州和广西三省区继续保持增长外，其他主产区均出现产值同比下滑，下降幅度最大是湖南（大于40%），其次是河北（大于30%）和山东（20%），虽然从2018年开始出现恢复性增长，但是总体仍低于2016年，河南则继续下滑。在全国10大蔬菜主产省区农业产值排行榜中，表现最亮眼的当属江苏，先后于2012年、2014年和2016年超过河南、河北和山东等传统大省后，从第4位跃居第1位并保持至2018年，2019年屈居四川之后；其次是四川，此前一直排名第7位，在2015年和2016年分别上升到第6位和第5位后，2017年和2018年上升至第2位，2019年超过江苏排名全国第1位。2017～2019年，湖北省逐渐赶超河北、湖南和广东上升到第5位。十大主产省区的年初蔬菜产值占全国总产值的比重多年保持在65%以上。从2016～2019年蔬菜农业产值的增幅看，云南以50.16%的成绩排第1位，广西次之为43.13%，贵州以28.49%排第3位。而2019年同比增幅最大的是湖南（25.49%），其次是云南（23.41%）和河北（18.55%）。

表23－5　　2010～2019年中国10个蔬菜主产省区产值及云南占比　　单位：亿元

地区	2010年	2011年	2012年	2013年	2014年	2015年	2016年	2017年	2018年	2019年
全国	11569.00	11998.00	14236.10	16262.50	17570.10	20091.50	21390.10	18715.20	20374.00	21754.10
山东	1515.10	1423.32	1295.30	1582.00	1725.70	1837.00	1723.40	1384.50	1632.20	1697.50
江苏	936.80	975.18	1265.40	1392.50	1474.60	1691.40	1759.20	1708.20	1744.00	1777.60
四川	686.60	715.31	911.00	971.20	1134.00	1245.50	1464.40	1550.00	1639.00	1801.10
河南	1232.50	1308.92	1185.70	1274.30	1359.40	1408.30	1461.00	1388.40	1378.20	1554.60
河北	1013.40	997.02	1333.90	1535.00	1424.00	1608.20	1632.70	1115.40	1196.10	1418.00
湖南	712.00	729.23	1044.30	1171.20	1243.10	1466.10	1613.90	959.50	1036.80	1301.10
广东	733.00	745.76	883.20	1027.70	1079.90	1169.00	1346.00	1146.00	1226.20	1352.70
湖北	646.10	699.83	846.10	935.10	941.10	1046.30	1251.90	1208.60	1301.20	1418.00
贵州	206.50	189.75	381.60	419.20	717.90	975.20	1009.10	1098.50	1204.80	1296.60
广西	332.40	342.35	421.20	476.80	544.30	619.50	680.50	785.00	861.70	974.00
前十合计	8014.40	8126.67	9567.70	10785.00	11644.00	13066.50	13942.10	12344.10	13220.20	14591.20
前十占比（%）	69.27	67.73	67.21	66.32	66.27	65.03	65.18	65.96	64.89	67.07
云南产值	200.80	208.37	252.30	321.90	347.10	381.30	428.30	446.70	522.80	645.2
云南占比（%）	1.74	1.74	1.77	1.98	1.98	1.90	2.00	2.39	2.57	2.97

资料来源：历年《中国农村统计年鉴》，产值按当年价格估算。

从表23－3、表23－4和表23－5可以看出，2019年云南蔬菜种植面积、蔬菜产量和农业产值同比分别增长2.92%、4.46%和23.41%，表明云南蔬菜生产效率和效益均在提升，而且产值增幅远大于产量增幅，进一步说明自2018年起云南将蔬菜作为打造世界一流“绿色食品牌”重点产业之一的系列措施，使得云南蔬菜的质量和品牌效益逐渐显现，销售价格显著提升。

（三）云南蔬菜生产及在全国的地位

云南是全国蔬菜品种资源最丰富的地区之一。国家统计局数据表明，2019年云南蔬菜种植面积居全国第10位，产量居全国第11位，产值居全国第14位。2000～2019年，云南蔬菜产业规模、占全国的比重均一直呈稳定上升的趋势。其中，种植面积从35.33万公顷扩大到了116.5万公顷，扩大了近2.3倍，占全国的比重从2.32%扩大到5.58%；蔬菜总产量从585万吨增加到了2304.14万吨，增加了近3倍，占比从1.32%扩大到3.20%；蔬菜农业产值从55.67亿元增加到了645.20亿元，增加了10倍以上，占比从1.65%提高到2.97%（见表23－6）。尤其是2018年，全省围绕打造世界一流“绿色食品牌”工作新要求，通过“一县一业”示范县创建，打通全产业链各环节，带动全省蔬菜产业再上新台阶。

表23－6　　2000～2019年中国及云南省蔬菜产业主要数据

年份	总产量			种植面积			产值		
	云南（万吨）	全国（万吨）	占比（%）	云南（万公顷）	全国（万公顷）	占比（%）	云南（亿元）	全国（亿元）	占比（%）
2000	585.00	44467.94	1.32	35.33	1523.73	2.32	55.67	3371.15	1.65
2005	970.89	56451.49	1.72	49.20	1772.07	2.78	106.92	6289.41	1.70
2010	880.66	57264.86	1.54	67.13	1743.12	3.85	200.80	11569.00	1.74
2011	1338.48	59766.63	2.24	73.51	1790.99	4.10	208.37	11998.10	1.74
2012	1470.86	61624.46	2.39	80.33	1849.69	4.34	252.30	14236.10	1.77
2013	1625.33	63197.98	2.57	90.08	1883.63	4.78	321.90	16262.50	1.98
2014	1735.26	64948.65	2.67	94.71	1922.41	4.93	347.10	17570.10	1.98
2015	1944.83	66425.10	2.93	102.68	1961.31	5.24	381.30	20091.50	1.90
2016	1968.61	67434.16	2.92	104.01	1955.31	5.32	428.30	21390.10	2.00
2017	2077.76	69192.68	3.00	108.48	1998.11	5.43	446.70	18715.20	2.39
2018	2205.71	70346.72	3.14	113.19	2043.89	5.54	522.80	20374.00	2.57
2019	2304.14	72102.56	3.20	116.50	2086.27	5.58	645.20	21754.10	2.97

资料来源：历年《中国农村统计年鉴》，产值按当年价格计算。

与此同时，云南蔬菜生产效率和效益也稳步提升。统计数据表明，2000～2019年，云南蔬菜单位面积产量从16.56吨/公顷增长到了19.78吨/公顷，单位面积产值从1.58万元/公顷增长到了5.54万元/公顷（见表23－7）。

表23－7　2000～2019年中国及云南省蔬菜种植效率和效益情况

年份	单位面积产量			单位面积产值		
	云南（吨/公顷）	全国（吨/公顷）	占比（%）	云南（万元/公顷）	全国（万元/公顷）	占比（%）
2000	16.56	29.18	56.73	1.58	2.21	71.22
2005	19.73	31.86	61.94	2.17	3.55	61.23
2010	13.12	32.85	39.94	2.99	6.64	45.07
2011	18.21	33.37	54.56	2.83	6.70	42.31
2012	18.31	33.32	54.96	3.14	7.70	40.81
2013	18.04	33.55	53.78	3.57	8.63	41.39
2014	18.32	33.78	54.23	3.66	9.14	40.10
2015	18.94	33.87	55.92	3.71	10.24	36.25
2016	18.93	34.49	54.88	4.12	10.94	37.64
2017	19.15	34.63	55.31	4.12	9.37	43.96
2018	19.49	34.42	56.62	4.62	9.97	46.33
2019	19.78	34.56	57.23	5.54	10.43	53.11

资料来源：面积和产量数据来源于国家统计局网站，农业产值来源于历年《中国农村统计年鉴》。

虽然由于蔬菜品类很多，不同品类的单产差异很大，同时蔬菜产品结构的差异也导致综合单产占比不能准确反映生产效率，但是云南蔬菜综合单产长期仅为全国平均的55%左右，可以从一个角度反映云南蔬菜生产效率低的问题。而云南蔬菜单位面积产值不仅一直低于全国平均水平，且从21世纪初全国平均的60%～70%下滑到2010～2018年的不足50%，直接反映出云南蔬菜生产效益长期以来非常低的事实，也间接反映出云南蔬菜生产效率低下的问题。

（四）云南蔬菜产能分区布局

云南气候条件独特，一年四季气温升降较为平稳，冬天也可以进行蔬菜种植，近年来随着蔬菜种植规模的扩大，全省蔬菜产区逐步集中，布局日趋合理。从区域分布看，根据省内各地区具体情况，云南的蔬菜产业逐步形成了滇南及低热河谷区冬春蔬菜优势产业区、滇东滇东北夏秋蔬菜优势产业区、滇中及滇西北设施蔬菜优势产业区、滇东南特色辣椒优势产业区、滇西北滇南林下特色蔬菜优势产业区五大优势区域生产基地。从州市分布看，全省16个州市均有蔬菜生产，产区主要集中在昆明、曲靖、玉溪、楚雄等滇中地区和红河、文山等滇南地区，滇东北的昭通和滇西的大理也有较大规模的种植，2019年这8个州市的蔬菜产量均在100万吨以上，占全省蔬菜种植面积和产量的比重分别为83.82%和85.59%。2011~2019年和2016~2019年两个时间段，全省各州市蔬菜种植面积和产量占同期全省蔬菜总面积和总产量的比重如表23-8所示。

表23-8　　云南省各州（市）蔬菜产能占比变化　　单位：%

州市	2011~2019年		2016~2019年	
	面积	产量	面积	产量
昆明	9.63	14.43	9.59	14.92
曲靖	15.46	13.89	14.92	13.53
玉溪	8.26	11.73	8.42	11.89
保山	3.72	3.92	3.84	4.12
昭通	8.67	7.04	8.27	6.64
丽江	1.36	1.40	1.46	1.35
普洱	3.29	2.52	3.27	2.48
临沧	2.89	3.42	3.02	3.50
楚雄	7.98	10.41	8.26	10.69
红河	11.55	14.83	11.58	15.24
文山	17.94	6.85	17.45	7.06
西双版纳	1.77	1.15	1.89	1.30
大理	4.53	6.49	4.47	6.13
德宏	2.01	1.37	2.45	1.69
怒江	0.93	0.43	0.88	0.40
迪庆	0.21	0.21	0.23	0.21

资料来源：根据2012~2020年《云南统计年鉴》数据计算。

从蔬菜产量看，2011~2019年，占比排名前5位的州（市）包括红河、昆明、曲靖、玉溪和楚雄，这5个州（市）的蔬菜产量之和占全省总产量的比重多年在65%左右，而面积占比不足53%。随着全省和各地的产业结构调整，昆明和曲靖占比呈小幅下降趋势，德宏、版纳、保山、文山等州（市）占比上升。

从播种面积看，2011~2019年，排名前5位的州（市）包括文山、曲靖、红河、昆明和昭通，这5个州（市）蔬菜播种面积之和占全省总面积的比重多年在

63%左右，产量占比在57%左右。其中，文山、昆明、曲靖和昭通占比近年呈下降趋势，德宏、西双版纳、丽江等地占比则在上升。

德宏和西双版纳无论是面积增幅还是产量增幅均排名全省第1位和第2位，但是，由于这2个州的蔬菜生产规模全省占比仅为1.22%～2.32%，对全省蔬菜生产格局并不造成影响。

（五）云南蔬菜产业发展特征

根据2020年4月云南省打造世界一流“绿色食品牌”工作领导小组办公室编写的《云南省“绿色食品牌”重点产业2019年度发展报告》，2019年云南省蔬菜综合产值1030.52亿元，同比增长20.95%。其中，一产607.81亿元，同比增长24.45%；二产259.29亿元，同比增长24.8%；三产163.43亿元，同比增长2.14%。

从生产时间看，2019年前三季度全省蔬菜种植面积较上年同期略有增加，其中，一季度的增幅达17.44%，第四季度与上年同期相比出现小幅下降，降幅1.84%。

从产业结构看。2019年，全省常年蔬菜区播种面积60.99万公顷，占全省蔬菜播种面积的51.12%，主要种植大白菜、结球甘蓝、上海青、结球生菜、菠菜、油麦菜、葱蒜等；冬春蔬菜区播种面积29.96万公顷，占全省蔬菜播种面积的25.11%，主要种植番茄、辣椒、茄子、洋葱、苦瓜、豇豆、菜豆等；夏秋蔬菜区播种面积28.36万公顷，占全省蔬菜播种面积的23.77%，主要种植结球甘蓝、大白菜、花椰菜、青花菜、萝卜、生菜等喜凉蔬菜以及辣椒、番茄等。

从蔬菜品类看。2019年，全省种植面积20万亩以上的主要蔬菜品类种植面积占全省蔬菜总面积的77.97%，产量占全省蔬菜总产量的80.06%。其中，与2018年相比，13个蔬菜品类面积增加，22个蔬菜品类产量增加。面积增幅超20%的分别为：油麦菜42.96%、生菜34.51%、鲜食玉米34.3%、甜椒23.75%；产量增幅超20%的分别为生菜56.46%、油麦菜53.8%、鲜食玉米40.73%、鲜食蚕豆28.53%、葱27.48%、甜椒23.53%、青花菜21.23%。种植面积前10位的主要蔬菜品种包括辣椒（17.49万公顷、244.3万吨）、大白菜（8.25万公顷、241.4万吨）、鲜食豌豆（7.1万公顷、71.6万吨）、普通白菜（6.89万公顷、142.5万吨）、萝卜（5.75万公顷、183.1万吨）、鲜食玉米（4.33万公顷、66.6万吨）、结球甘蓝（4.12万公顷、124.3万吨）、姜（4.01万公顷、86.1万吨）、菜豆（3.97万公顷、59.3万吨）和鲜食蚕豆（3.65万公顷、40万吨）。此外，种植面积超过2万公顷的品种还有葱（3.37万公顷、81.5万吨）、番茄（2.97万公顷、111.74万吨）、油麦菜（2.85万公顷、67.79万吨）、生菜（2.7万公顷、61.23万吨）、花椰菜（2.24万公顷、48.29万吨）、甜椒（2.22万公顷、46.21万吨）和青花菜（2.14万公顷、38.58万吨）。

从栽培水平看。2019年全省蔬菜设施面积4.75万公顷，同比增幅4.41%。其中，大中棚面积3.27万公顷，同比增幅4.63%；小棚面积1.46万公顷，同比增幅4.29%；温室面积213.3公顷，同比增幅11.08%。全年蔬菜设施栽培面积达13.27万公顷，同比增幅15.8%。其中，大中棚面积12.13万公顷，同比增幅14.91%；设施栽培蔬菜产量达450.7万吨，同比增幅3%；平均单产34.01吨/公顷。全省蔬菜主栽品种的良种利用率达96%以上，喷滴灌技术应用已达13.33万公顷以上，绿色防控面积达到80万公顷，绿色生产水平显著提高。

三、中国及云南蔬菜消费情况分析

我国的蔬菜消费主要包括家庭消费、在外消费、加工消费和损耗四部分。随着人口的增长和人们生活水平的提高，我国蔬菜消费总量逐渐上升。尤其在当前市场开放、菜源扩大、品种增多的情况下，消费者对蔬菜品质的要求越来越高，绿色蔬菜、有机蔬菜等高品质蔬菜受市场欢迎程度日益增加，并带动蔬菜生产由数量向质量转型。

国家统计局、农业农村部的相关统计数据显示，2018年全国蔬菜表观消费量达到69271万吨的历史新高，比2014年的63995万吨增加5276万吨，增幅达到8.24%，与2017年相比增幅1.68%。虽然相比2017年2.52%的同比增幅，增速有所放缓，但是整体而言，我国蔬菜消费量增速依旧保持可观的发展趋势。2014~2018年，全国蔬菜表观消费量的复合增长率为2%。从人均蔬菜消费量看，2013~2019年，我国居民年人均蔬菜消费量基本稳定在97~100千克，2018年下降到96千克，2019年小幅回升到98.6千克；城镇居民年人均蔬菜消费量总体高于同期农村居民的人均蔬菜消费量15千克以上。

云南有“常年蔬菜不断青”之说，得益于丰富多样的蔬菜品类和周年供应等优势，云南的人均蔬菜消费量多年高于全国平均水平，但是近年来出现明显下降趋势。2013~2019年，云南城镇和农村居民的年人均蔬菜消费量均下降了约21千克以上，占比均下降约22个百分点。2019年，云南省农村居民的人均蔬菜消费量不足同期全国平均水平的86%，2019年进一步下降到仅83%(见表23－9)。

表23－9　　2013～2019年中国及云南年人均蔬菜消费数量变化

年份	居民			城镇居民			农村居民		
	全国(千克/人)	云南(千克/人)	占比(%)	全国(千克/人)	云南(千克/人)	占比(%)	全国(千克/人)	云南(千克/人)	占比(%)
2013	97.5	102.91	105.55	103.8	115.25	111.03	90.6	95.61	105.53
2014	96.9	98.21	101.35	104.0	110.06	105.83	88.9	91.10	102.47
2015	97.8	98.50	100.72	104.4	112.70	107.95	90.3	89.70	99.34
2016	100.1	98.60	98.50	107.5	112.60	104.74	91.5	89.50	97.81
2017	99.2	90.40	91.13	106.7	106.50	99.81	90.2	79.70	88.36
2018	96.1	83.80	87.20	103.1	96.50	93.60	87.5	75.10	85.83
2019	98.6	82.50	83.67	105.8	93.70	88.56	89.5	74.40	83.13

资料来源：历年《中国统计年鉴》。

四、中国及云南蔬菜国际贸易情况分析

(一) 中国蔬菜国际贸易情况分析

1. 全球蔬菜贸易简况

20世纪80年代以后，随着工业的高速发展，蔬菜贸易也得到迅速发展。尤其是近40年来，随着经济的发展，欧美等发达国家的劳动力成本提高，蔬菜生产竞争力下降，导致产量减少，自给率下降，进口量不断上升，使世界蔬菜需求量剧增，国际蔬菜市场供需缺口拉大，蔬菜国际贸易量逐年增加，年均增长率从过去的5%左右上升到近年的10%以上。20世纪80年代之前世界蔬菜贸易“欧洲独大”的旧格局逐步演变为“亚、欧、北美三洲鼎立”的新局面。中国、荷兰、西班牙、墨西哥和美国是世界五大蔬菜出口国。尤其是随着中国蔬菜生产量和出口量的逐年增加，亚洲成为世界最大的蔬菜生产和消费地区，也将逐步成为全球最大的蔬菜贸易中心。

从进口流量看，德国、美国和日本是世界三个最大的蔬菜进口国，此外还有英国、法国、荷兰、加拿大、意大利、比利时和西班牙七个国家。东南亚的泰国、新加坡、马来西亚，东亚的日本、韩国，以及中国香港、澳门地区是亚洲较大的蔬菜进口国或地区，这些亚洲国家或地区进口的蔬菜主要来源于中国。

从贸易品种来看，最初的蔬菜贸易基本局限于马铃薯、洋葱和番茄等少数易储、耐储的种类。随着蔬菜生产、采收、包装和贮运技术的提高，贸易种类逐步扩大到南瓜、芦笋、西蓝花、食用菌、青椒、黄瓜和胡萝卜等（赵海燕等，2003）。2019 年，全球主要蔬菜进出口国蔬菜（含马铃薯）及其制品进出口贸易情况如表 23 – 10 所示。排名靠前的 9 个国家蔬菜进出口贸易占全球蔬菜贸易量的 50.79%，贸易额则占到 50.30% 以上，且出口贸易集中度高于进口贸易集中度。

表 23 – 10　2019 年全球主要蔬菜（含马铃薯）及其制品进出口国进出口贸易数据

项目	全球	中国	荷兰	墨西哥	西班牙	美国	德国	日本	法国	英国
进口量（万吨）	6788.84	23.09	266.68	38.50	133.53	1105.76	555.82	226.38	351.87	371.90
进口额（亿美元）	821.71	3.21	40.38	4.26	18.27	163.28	81.90	38.45	49.22	50.54
出口量（万吨）	7002.62	1031.62	666.21	830.52	783.66	316.34	99.79	2.15	168.20	33.35
出口额（亿美元）	849.17	140.43	93.25	105.87	93.59	46.82	15.63	0.72	22.39	5.87

资料来源：根据 FAO 网站贸易项中 40 余项数据合计。

2. 中国蔬菜贸易情况

加入 WTO 以后，我国蔬菜出口增长势头强劲，出口量和出口额都在快速增长，尤其是近年来，我国的蔬菜出口逐年增长，贸易顺差持续扩大，出口市场日益扩大，出口品种日趋多样化，成为全球蔬菜出口大国。蔬菜亦成为我国为数不多的贸易顺差大宗农产品之一。据中国海关总署统计，1998 年我国蔬菜出口量为进口量的 30 多倍，出口金额是进口金额的 50 多倍；2005 年我国累计出口蔬菜 680.19 万吨，与 2000 年相比增加 359.89 万吨，增长 112%；创汇 44.85 亿美元，与 2000 年相比增加 24.03 亿美元，增长 115%；贸易顺差 44.03 亿美元，与 2000 年相比增加 23.94 亿美元。中国蔬菜出口品类主要有鲜冷冻蔬菜、加工保藏蔬菜、干蔬菜等；出口品种主要有大蒜、豌豆、马铃薯等。2014 ~ 2019 年我国蔬菜（含菌类和马铃薯等）进出口贸易数据如表 23 – 11 所示。

表 23 – 11　2014 ~ 2019 年中国蔬菜及其加工品进出口贸易情况

年份	出口		进口		贸易差额（亿美元）
	数量（万吨）	金额（亿美元）	数量（万吨）	金额（亿美元）	
2014	950.30	105.63	18.37	2.37	103.26
2015	990.11	111.32	19.78	2.50	108.82

续表

年份	出口		进口		贸易差额（亿美元）
	数量（万吨）	金额（亿美元）	数量（万吨）	金额（亿美元）	
2016	983.25	124.66	20.51	2.55	122.11
2017	1066.68	126.07	20.47	2.57	123.50
2018	1090.94	118.29	45.41	5.11	113.18
2019	1031.62	140.43	23.09	3.21	137.22
增长率（%）	8.56	32.95	25.69	35.34	32.89

资料来源：FAO统计数据库。

从表23－11可以看出，2014～2019年，我国蔬菜（含菌类和速冻马铃薯）及其加工品进出口数量、金额均保持总体增长态势，且出口量和出口额长期大于同期进口量和进口额，蔬菜国际贸易顺差从2014年的103.26亿美元扩大到2019年的137.22亿美元。

从表23－12可以看出，2010～2019年，我国蔬菜出口量和出口额分别从665万吨和79.81亿美元增加到978.89万吨和125.67亿美元，增幅分别为49.45%和57.46%。2019年，全国蔬菜出口量为978.89万吨，同比增长3.26%，出口额125.67亿美元，同比下降0.38%。

表23－12　　2010～2019年中国蔬菜出口贸易情况

年份	2010年	2011年	2012年	2013年	2014年	2015年	2016年	2017年	2018年	2019年	增长率（%）
出口量（万吨）	655.00	772.00	741.00	778.00	802.56	832.62	827.00	925.00	948.00	978.89	49.45
出口额（亿美元）	79.81	93.50	75.59	90.06	98.00	107.08	122.95	131.52	126.15	125.67	57.46

资料来源：国家统计局网站数据库。

由于统计口径或所含品类的差异，可以看到历年我国蔬菜及其制品的出口数据在FAO系统和国家统计局系统中的数据有差异（见表23－11和表23－12），但是反映出的出口量和出口额以及贸易顺差总体增长的趋势是一致的。

另据农业农村部的统计数据，2018年和2019年，我国的蔬菜出口量分别达到1124.64万吨和1163.19万吨，出口额分别为152.38亿美元和154.97亿美元。同期全国蔬菜进口量分别为49.1万吨和50.17万吨，仅为同期全国蔬菜出口量的4.3%；进口额分别为82785.88万美元和95955.24万美元，分别为同期蔬菜出口额的 5.43% 和 6.19%。全国蔬菜国际贸易顺差进一步提高到 144.1 亿美元和 145.17 亿美元，为平衡我国的农产品国际贸易做出了积极的贡献。

山东省是我国蔬菜出口的第一大省。据农业农村部的统计数据，2018 年和 2019 年，山东省蔬菜出口量分别为 553.59 万吨和 563.17 万吨，出口额分别为 53.6 亿美元和 56.79 亿美元，同期全国占比分别为 49.22%、48.42% 和 35.18%、36.64%。云南省的蔬菜出口量全国占比在 9% 左右，出口额占比接近 10%，处于全国第 2 位。

从进出口品种和市场行情看，近年来，我国蔬菜进口规模较大的品类为蔬菜种子，其次为马铃薯、辣椒、甜玉米、胡椒和豌豆等，整体规模不大，主要用途是种用、特色品种调节和加工。2018 年，受国际经贸形势变化影响，蔬菜进口呈现明显的“抢跑”特点，贸易商备货、赶货意愿高涨。我国蔬菜出口优势品种包括蘑菇、大蒜、木耳、番茄、辣椒、生姜、洋葱、胡萝卜及萝卜等。2018 年大蒜供给十分宽松，国内市场价格一直低迷，并受国际贸易局势走低的影响，出口弱行，且出口以低价产品为主。

（二）云南蔬菜外销情况分析

如前所述，云南生产的蔬菜不仅能保障本省的市场需求，而且每年近 70% 销往全国 150 多个大中城市和 40 多个国家（地区），带动蔬菜成为云南传统大宗出口农产品，蔬菜产品出口量居全国第 4、第 5 位，创汇额仅次于山东居全国第 2 位。从外销量和金额看，云南省的蔬菜外销（含出口）量和金额多年保持持续增长（见表 23-13）。

表 23-13　2013~2019 年云南蔬菜外调出省销售及出口情况

项目	2013 年	2014 年	2015 年	2016 年	2017 年	2018 年	2019 年
外销量（万吨）	999.70	1115.60	1257.10	1338.00	1412.00		865.85
出口量（万吨）	67.27	67.77	75.20	90.50	115.20	106.83	117.63
出口额（亿美元）	6.74	8.25	9.34	12.15	14.13	14.20	14.56

资料来源：云南省农业农村厅和昆明海关。

从外销（含出口）目标市场看，“云菜进京”“云菜供港”“云菜入沪”“云菜入粤”“云菜入疆”“云菜出海”已成为“云菜”出滇的六条主线。基于季节性和品类多样的优势，云南的冬早蔬菜外销市场以国内大中城市为主；云南的夏秋反季蔬菜和精细菜与国内其他地区和东盟各国互补性很强，出滇外销（含出口）的潜力巨大，逐步形成了以东北、西北、华北为主的省外市场，以中国香港、澳门，以及新加坡、日本、泰国、马来西亚为主的出口市场。2017 年云南省蔬菜外销量 1142 万吨，蔬菜出口量 115. 2 万吨，出口金额 14. 1 亿美元，出口蔬菜种类超过 60 多个。其中，云南供应中国香港的蔬菜占全港蔬菜进口量的 44. 5%，位居全国第一，供应北京的蔬菜总量位居全国第五，供应新疆位居第六，年供应上海蔬菜 50 余万吨。①

据昆明海关统计，2019 年云南省蔬菜出口量达到 117. 63 万吨，占传统大类出口农产品出口总量的 87. 62%，同比增幅 10. 11%；出口金额 14. 56 亿美元，占云南省传统大类出口农产品出口总额的 66. 37%，同比增幅 3. 14%，金额和数量连续多年成为云南省最大类别出口创汇农产品。出口市场涉及亚洲、欧洲、非洲、北美洲和大洋洲的 45 个国家和地区，其中，前 4 位是越南、中国香港、泰国和马来西亚，其出口量占总出口量的比重分别为 41. 32%（48. 6 万吨）、33. 62%（39. 55 万吨）、18. 15%（21. 34 万吨）和 4. 25%（4. 99 万吨）；前四国出口额占比分别为 22. 15%（32443 万美元）、51. 11%（516582 万美元）、12. 02%（17605 万美元）和 3. 5%（5132 万美元）。其次是意大利（0. 57 万吨、3668 万美元）和日本（0. 49 万吨、4711 万元）。云南省外销、出口的主导品种（类）主要包括甘蓝、大白菜、普通白菜（上海青等）、菜心、芥蓝、莴苣、辣椒、萝卜、鲜食豌豆等。

五、云南蔬菜产业发展存在问题

虽然云南蔬菜产业已经发展成为规模大、产出高，社会效益和经济效益俱佳的高原特色农业和农产品出口创汇的支柱产业之一，但是生产和加工储运设施建设不足、科技创新及成果转化服务能力不强，尤其是品牌建设和市场营销滞后等问题严重制约了全省蔬菜产业的转型升级和可持续发展。

（一）生产和加工储运设施不足

蔬菜作为鲜活农产品，其商品化生产和销售离不开较好的灌溉和交通等设施，传统蔬菜产区多位于基础设施较好的城郊坝区和公路两侧。随着城镇化的推进和近郊劳动力成本上升，蔬菜种植区域逐渐转向远郊农区或山区、半山区，这些地

① 资料来源于云南省农业农村厅。

区的生产基地基础设施脆弱，水利、道路和园艺设施不配套，抵御自然灾害的能力不强的问题不断凸显，尤其是近年发展起来的外销蔬菜基地。同时，农村水利设施和道路均存在重建轻管问题，影响了工程的使用寿命，抵御风险的能力较差。此外，多数菜农的设施栽培是简易的竹架大棚，设计和建设不够科学，保温和降温能力较差，抗灾能力更差。现阶段农业基础设施薄弱已经成为制约蔬菜发展和农民增收的“瓶颈”。此外，全省蔬菜生产组织化、商品化处理水平不高，保鲜储运设施建设滞后的问题也非常突出。2011 年，全省进行工商登记的蔬菜加工企业虽然接近 400 家，但是大多规模较小；全省有蔬菜生产专业合作组织、协会不足 2000 个，会员人数不足全省菜农的 10%，蔬菜商品化处理包装率仅为 1/4，精（深）加工率不足 10%，90% 的蔬菜仍在常温下流通，冷链流通率不足 10%，在采摘、运输、储存等流通环节上的损失率高达 30%~35%，部分易腐蔬菜损失率高达 40% 以上（张丽琴等，2012）。

（二）科技创新和转化能力不强

一方面，云南省蔬菜种植以常规品种为主，产品质量不突出，拳头产品、名牌产品较少。由于新品种选育滞后，良种繁育体系不健全，缺少专业化、规模化的蔬菜繁种基地和蔬菜种子配套加工、精选包装等服务体系，专业化育苗体系不完善，全省蔬菜良种种苗统供率不到 10%，白菜、青花菜、白花菜、彩椒、番茄、黄瓜、洋葱等品种的种子主要依赖从省外购入或国外进口，优良地方品种种性退化严重，成为最大的制约因素和“瓶颈”（李全衡，2004）。另一方面，由于云南省地处蔬菜病虫害多发的冬暖、高湿地区，加之蔬菜种植有品种多、轮作少、复种指数高等特点，适合设施作业的小型机械、智能化控制设备和水肥一体滴（渗）灌设施、自动化控制等技术装备水平低，导致土壤板结、肥力下降、有机质减少、酸化盐碱化、病虫害发生频繁等问题（刘会峙，2013）。尤其是各地的蔬菜种植大棚越来越多，基本为接年连茬种植，作物病虫害情况逐年加重。此外，由于龙头企业、合作社、家庭农场等新型经营主体发展滞后于产业规模的扩张，全省蔬菜规模化、专业化和产业化水平均不高，个体菜农是蔬菜产业的主要生产经营主体，从业人员大多文化水平低、基层专业技术人员储备不足，使得农民培训严重滞后，高产、优质、绿色化的先进实用技术和装备推广、更新速度较慢，严重制约着全省蔬菜生产管理水平和种植效益的提升。

（三）品牌建设及市场营销滞后

云南从事蔬菜生产、加工和运销的龙头企业数量少、规模小，蔬菜加工业发展慢，市场营销体系建设滞后，销售方式传统等，使得云南蔬菜多以原料或初级产品供应市场。以小农户为主体的生产经营状态，使得生产经营者的品牌意识较差，加上小生产使得产品同质化严重且均质性较差，标准化、规范化水平低，商品性差，反过来也不利于云南蔬菜产品的品牌建设。加上小生产难以对接大市场，对消费市场和销售渠道的培育重视不够，因此外部市场对“云菜”的认知度不高，被“贴牌”在外部市场上流通和出口的情况比较突出。据不完全统计，目前仅有20%的云南蔬菜能以自有品牌出滇，品牌效应不明显，严重影响了整个产业的持续发展。①

第二节　云南蔬菜产业的比较优势

一、云南蔬菜产业区位熵测度

根据云南和全国蔬菜产业产值及生产总值相关数据测度的云南省相较于全国的蔬菜产业区位熵值计算结果如表 23－14 所示。

表 23－14　　2010～2019 年云南蔬菜区位熵测度

年份	云南			全国			区位熵
	蔬菜产值（亿元）	生产总值（亿元）	比例（%）	蔬菜产值（亿元）	生产总值（亿元）	比例（%）	
2010	200.80	7224.18	2.78	11569.00	412119.3	2.81	0.99
2011	208.37	8893.12	2.34	11998.00	487940.2	2.46	0.95
2012	252.30	10309.47	2.45	14236.10	538580	2.64	0.93
2013	321.90	11832.31	2.72	16262.50	592963.2	2.74	0.99
2014	347.10	12814.59	2.71	17570.10	643563.1	2.73	0.99
2015	381.30	13619.17	2.80	20091.50	688858.2	2.92	0.96
2016	428.30	14788.42	2.90	21390.10	746395.1	2.87	1.01

① 缪亚萍．云南：近70%蔬菜产品销往150多个城市［EB/OL］．新华网，2019－04－12.

续表

年份	云南			全国			区位熵
	蔬菜产值（亿元）	生产总值（亿元）	比例（%）	蔬菜产值（亿元）	生产总值（亿元）	比例（%）	
2017	446. 70	16376. 34	2. 73	18715. 20	832035. 9	2. 25	1. 21
2018	522. 80	20880. 63	2. 50	20374. 00	919281. 1	2. 22	1. 13
2019	645. 20	23223. 75	2. 78	21754. 10	990865. 1	2. 20	1. 27

资料来源：生产总值来自《中国统计年鉴》，蔬菜总产值来自《中国农村统计年鉴》。

云南省蔬菜区位熵结果显示，2010～2015 年，云南蔬菜生产的区位熵指数平均值接近 1，表明蔬菜产业在云南省的比较优势和竞争力一般。2016～2019 年，云南蔬菜区位熵值超过 1，表明蔬菜产业在云南省具有比较优势，且近几年呈逐步增强态势。

二、云南蔬菜效率比较优势指数

（一）云南省蔬菜产业效率比较优势

2008～2019 年云南相较于全国蔬菜效率比较优势指数（EAI）计算结果如图 23－5 所示。

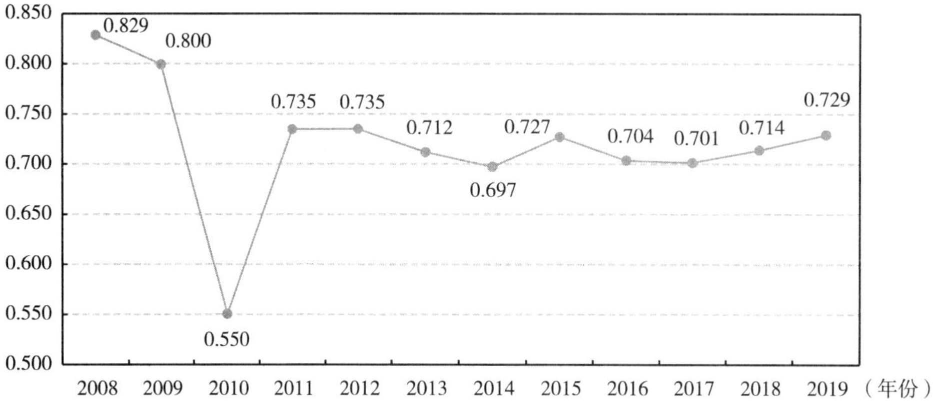

图 23－5　2008～2019 年云南蔬菜相较于全国的 EAI 指数

资料来源：根据国家统计局网站相关数据计算。

近十年来云南省蔬菜 EAI 指数（以粮食为参照）均低于 1，这说明相对于全国来说，云南省蔬菜的单产不具有比较优势。与云南省蔬菜综合单产不足全国平均的 60% 的情况吻合。当然，由于蔬菜品类众多，各品类间单产差距很大，而云南和全国的蔬菜品类结构存在较大差异，缺乏或无法获得云南全省及全国系统完整的各蔬菜品类或主要品类的单产数据，基于数据的可得性，此处的研究分析仅作为一个参考。近年来，EAI 指数呈增长态势，说明云南省蔬菜单产也在提高。同样，由于蔬菜品类众多，而我国统计的蔬菜和 FAO 统计的蔬菜不一致，基于数据的可得性，此处未作云南与周边国家的蔬菜生产规模和效率的比较优势分析。

（二）各州（市）蔬菜产业单产优势指数

单产优势指数为区域内某农产品单产占全国（省）该种农产品单产的比重。比重大于 1 时，表明与全省平均水平相比，区域内该种农作物生产具有单产效率优势；比重小于 1 时，则不具有单产效率优势。表达式为：

$$单产优势指数=\frac{区域内某农产品单产}{全国(省)该农产品单产}$$

2008～2019 年，云南省各州市蔬菜单产优势指数计算结果如表 23－15 所示。

表 23－15　2008～2019 年云南各州市蔬菜单产优势指数

地区	州（市）	2008年	2009年	2010年	2011年	2012年	2013年	2014年	2015年	2016年	2017年	2018年	2019年	平均值
滇中	昆明	1.28	1.09	1.33	1.36	1.55	1.49	1.49	1.68	1.46	1.45	1.42	1.46	1.42
	玉溪	0.94	0.99	1.03	1.20	1.15	1.13	1.12	1.14	1.15	1.15	1.16	1.17	1.11
	曲靖	0.94	0.87	0.83	0.86	0.84	0.77	0.80	0.77	0.80	0.81	0.80	0.81	0.83
	楚雄	1.02	1.05	1.18	1.23	1.18	1.15	1.16	1.16	1.18	1.18	1.14	1.14	1.15
滇南	文山	0.64	0.72	0.61	0.43	0.41	0.48	0.49	0.50	0.51	0.53	0.50	0.82	0.53
	红河	0.98	1.05	1.02	1.18	1.18	1.21	1.19	1.21	1.22	1.26	1.27	1.26	1.16
	西双版纳	0.38	0.42	0.48	0.49	0.47	0.49	0.49	0.51	0.53	0.52	0.56	0.63	0.48
	普洱	0.80	0.82	0.85	1.00	1.00	1.01	1.04	1.00	0.98	0.98	0.97	0.97	0.95
	临沧	1.33	1.33	1.35	1.54	1.53	1.55	1.51	1.57	1.56	1.59	1.38	1.37	1.48
滇西	保山	0.70	0.73	0.71	0.84	0.85	0.83	0.82	0.82	0.84	0.89	0.86	0.88	0.81
	德宏	0.50	0.51	0.48	0.55	0.54	0.59	0.59	0.58	0.58	0.58	0.62	0.61	0.56
	大理	1.01	1.03	1.13	1.11	1.22	1.18	1.15	1.13	1.13	1.11	1.08	1.10	1.12
	怒江	0.83	0.86	0.88	0.90	0.85	0.80	0.79	0.79	0.78	0.81	0.85	0.75	0.83
滇北	丽江	1.20	1.50	1.36	1.53	1.47	1.29	1.23	1.15	1.16	1.05	1.05	1.01	1.27
	迪庆	0.90	0.97	0.96	1.55	1.18	1.16	1.18	1.14	1.14	1.17	1.05	1.12	1.13
	昭通	0.84	0.82	0.80	0.92	0.95	0.91	0.90	0.86	0.87	0.85	0.88	0.87	0.87

资料来源：历年《云南统计年鉴》。

从表23－15可以看出，2008～2019年，全省各州市之间蔬菜单产优势均值呈现较大的差异。昆明、大理、玉溪、楚雄、红河、临沧、迪庆和丽江8个州（市）的单产优势指数均值大于1，说明与全省平均水平相比生产蔬菜具有单产效率优势；其他8个州（市）的单产优势指数均值小于1，说明与全省平均水平相比生产蔬菜不具备单产效率优势。

同样，由于缺乏且无法获得云南全省及各州市系统完整的各蔬菜品类或主要品类的单产数据，基于数据的可得性，此处的研究分析仅作为一个参考。

三、云南蔬菜产业规模比较优势指数

（一）云南蔬菜产业规模比较优势

采用云南省和全国的蔬菜及农作物播种面积等数据计算云南省相较于全国而言的蔬菜SAI指数，结果如图23－6所示，2008～2018年，云南蔬菜SAI指数呈现不断增长的发展趋势，从2011年开始一直大于1，说明从2011年开始，云南蔬菜种植面积相比于全国平均一直处于比较优势，具有一定的规模比较优势，对于产业发展具有正向的促进作用。此外，SAI指数呈现出以一定的增长速度不断递增的发展态势，说明云南蔬菜生产的规模优势不断增强。2014年开始，云南省的蔬菜播种面积占全国的比重接近5%，2015年后超过5%，到2018年达到5.54%的逐年上升趋势吻合。

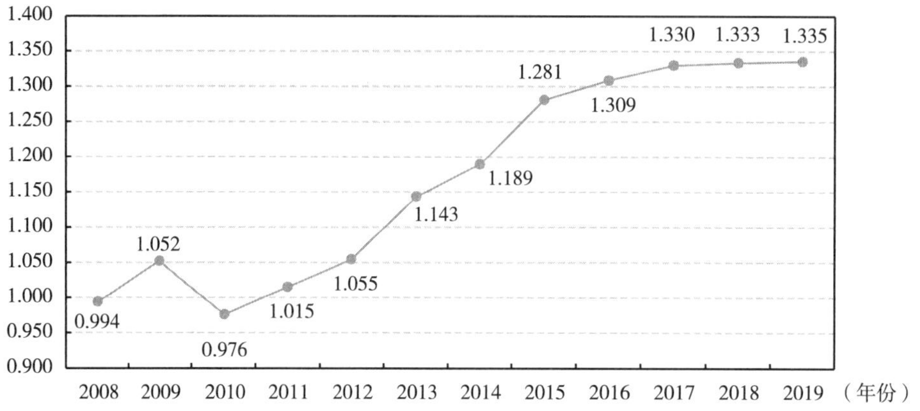

图23－6　2008～2019年云南相较于全国蔬菜SAI指数

资料来源：根据国家统计局网站相关数据计算。

（二）各州市蔬菜产业规模比较优势

采用同样的方法计算 2008～2019 年云南省各州市相较于全省的蔬菜产业规模比较优势指数（SAI），结果如表 23－16 所示。

表 23－16　　2008～2019 年云南各州市相较于全省的蔬菜 SAI 指数

地区	州（市）	2008 年	2009 年	2010 年	2011 年	2012 年	2013 年	2014 年	2015 年	2016 年	2017 年	2018 年	2019 年	平均值
滇中	昆明	1.57	1.59	1.58	1.48	1.50	1.54	1.53	1.52	1.50	1.50	1.68	1.54	1.55
	玉溪	2.07	1.98	2.05	1.97	2.01	2.01	2.08	2.14	2.13	2.11	2.08	2.05	2.06
	曲靖	0.94	1.06	1.06	1.04	0.95	1.01	0.96	0.96	0.94	0.92	0.93	0.92	0.98
	楚雄	1.44	1.41	1.35	1.22	1.32	1.36	1.38	1.37	1.35	1.34	1.34	1.36	1.35
滇南	文山	0.93	0.89	0.96	1.66	1.77	1.54	1.53	1.51	1.56	1.55	1.51	1.47	1.41
	红河	1.41	1.43	1.37	1.26	1.22	1.23	1.30	1.31	1.27	1.25	1.23	1.23	1.29
	西双版纳	0.89	0.86	0.94	0.85	0.90	0.94	0.95	0.95	0.95	0.94	0.95	0.96	0.92
	普洱	0.55	0.55	0.54	0.46	0.48	0.48	0.48	0.47	0.47	0.46	0.45	0.45	0.49
	临沧	0.42	0.42	0.42	0.37	0.37	0.39	0.41	0.41	0.41	0.44	0.44	0.47	0.41
滇西	保山	0.62	0.61	0.65	0.58	0.57	0.61	0.65	0.66	0.67	0.66	0.65	0.66	0.63
	德宏	0.53	0.52	0.48	0.42	0.38	0.41	0.40	0.42	0.51	0.66	0.68	0.76	0.51
	大理	1.03	0.95	0.90	0.76	0.76	0.77	0.77	0.75	0.75	0.76	0.75	0.73	0.81
	怒江	0.78	0.75	0.71	0.65	0.66	0.67	0.65	0.62	0.62	0.64	0.65	0.70	0.68
滇北	丽江	0.52	0.50	0.51	0.45	0.41	0.49	0.49	0.52	0.50	0.55	0.56	0.58	0.51
	迪庆	0.25	0.24	0.22	0.22	0.20	0.22	0.23	0.23	0.24	0.23	0.27	0.28	0.24
	昭通	1.06	1.04	1.04	0.90	0.85	0.85	0.84	0.82	0.80	0.79	0.79	0.81	0.88

资料来源：历年《云南统计年鉴》。

从表 23－16 可以看出，2008～2019 年，玉溪、昆明、文山、楚雄和红河 5 个州（市）的规模比较优势指数均大于 1，说明与全省平均水平相比，生产蔬菜具备一定的规模比较优势；其他 11 个州（市）的规模比较优势指数均小于 1，说明与全国平均水平相比，生产蔬菜不具备规模比较优势。而且，各州（市）近些年来规模比较优势指数变化不大，这说明云南蔬菜主产地区已经较为固定。与玉溪、昆明、文山、楚雄和红河 5 个州（市）蔬菜面积在全省排名靠前且各州市全省占比变化幅度非常小的实际吻合。

可以看到，近年来，玉溪和昆明蔬菜规模优势指数均大于 1.5，玉溪更是大于 2，说明与其他州市相比规模优势突出，政策应该向其倾斜；昭通和大理两地近些年来规模优势指数出现下降，这可能是由于其他地区比较优势逐渐显现，成为蔬菜主产地。其他州市近些年来变化不大，这说明云南省蔬菜主产地已经较为固定，在以后的发展中，要提高蔬菜主产地的特长，发挥其规模优势。

四、云南蔬菜产业效益比较优势指数

效益比较优势的大小反映了 i 地区第 j 种农作物种植效益的比较优势：当效益比较优势指数 BAI 数值大于 1 时，代表其效益比较优势大于全国平均水平，且数值越大，效益比较优势越大；当 BAI 数值小于 1 时，代表其效益比较优势低于全国平均水平，且数值越小，越处于效益比较劣势；当 BAI 数值等于 1 时，代表其效益比较优势等于全国平均水平，即该地区该农作物种植效益既没有比较优势，也没有比较劣势。

（一）云南蔬菜产业单位面积效益综合分析

采用云南蔬菜单位面积农业产值与全国蔬菜单位面积产值的比重作为衡量云南蔬菜效益比较效益的方式，若比重大于 1 时，表明与全国平均水平相比，云南蔬菜生产具有效益优势；若比重小于 1 则不具有效益优势。基于此，本书用云南省与全国蔬菜亩均农业产值进行了效益优势指数（BAI）计算，结果如图 23 –7 所示。可以看出，十余年来，云南省的蔬菜 BAI 均小于 1，说明云南蔬菜生产效益水平一直低于全国平均水平，与云南蔬菜单位面积产量不足全国 60% 的情况吻合。同时，分析年间，自 2015 年 BAI 跌入低谷，近年逐年上升，说明云南蔬菜产业的效益在逐步改善。

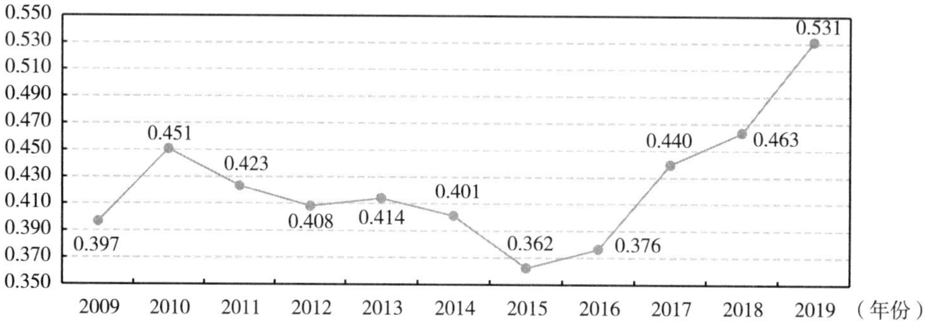

图 23 –7　2009 ~2019 年云南相较于全国蔬菜 BAI 指数

资料来源：根据国家统计局网站和历年《中国农村统计年鉴》相关数据计算。

（二）云南部分蔬菜品种生产效率优势

虽然，云南蔬菜产业整体上相对于全国没有效益比较优势，但云南蔬菜并非无利可图，从蔬菜规模的不断扩张以及出省外销量多年占全省蔬菜生产量的70%的情况足以证明这个观点。究其原因，主要是整个蔬菜产业在农作物生产中具有明显的比较效益，尤其是相对于粮食、咖啡、橡胶、核桃等农产品生产近年效益滑坡甚至亏本的情况下，大多数蔬菜生产还具有一定的利润。此外，鉴于蔬菜品种较多，本章根据2015～2019年《全国农产品成本收益资料汇编》中部分品类亩均净利润数据计算2014～2018年云南部分蔬菜品类的BAI指数（见表23－17）计算结果也说明并非所有的蔬菜品类云南均没有效益比较优势。从表23－17可以看出，除部分品类在部分年份BAI指数小于1外，多数品类的多数年份BAI均大于1，部分品类部分年份的BAI指数甚至较高。如分析期内，露地西红柿、露地茄子和露地马铃薯BAI均大于1，而且露地西红柿BAI多年均在2上下，2015年甚至高达2.51，露地茄子和露地马铃薯2017年则分别高达3.16和3.31，说明并非所有蔬菜品类云南均没有效益比较优势，部分蔬菜生产在云南不仅具有比较优势，在部分年份比较优势还十分明显。

表23－17　　2014～2018年云南部分蔬菜品种的BAI指数

蔬菜品种	2014年	2015年	2016年	2017年	2018年
露地西红柿	1.95	2.51	2.39	1.93	1.94
露地黄瓜	0.98	1.68	2.37	1.07	0.83
露地茄子	1.06	1.74	1.61	3.16	1.99
露地菜椒	0.26	1.41	0.89	1.29	1.65
露地圆白菜	0.17	1.51	1.70	1.53	1.33
露地大白菜	1.25	2.41	1.76	0.53	1.50
露地马铃薯	1.35	1.49	2.40	3.31	1.09
露地萝卜	1.79	2.06	1.22	0.99	0.06

资料来源：根据2015～2019年《全国农产品成本收益资料汇编》亩均净利润数据计算。

同样，由于蔬菜品类众多，而我国统计的蔬菜和FAO统计的蔬菜不一致，基于数据的可得性，此处未作云南与周边国家的蔬菜生产规模和效率的比较优势。

五、云南蔬菜生产效率分析——以西红柿为例

蔬菜产业是云南高原特色农业的主要产业之一和农产品出口创汇的支柱，但是产业效率和效益水平整体上不尽理想，为此本书对其生产效率进行测算分析，

以期找出其中的优势品类和优势地区，从而优化相关要素配置，找到影响技术效率的主要因素，实现产业高质量和高速度发展。但是由于蔬菜品种繁多，所需数据缺乏，为此，基于数据的可得性，本书以西红柿为例进行分析，希望起到抛砖引玉的效果。生产效率分析理论来源、分析原理以及理论模型和经验模型的情况参照之前章节的相关内容，此处不再重复。

（一）数据来源

本部分估计前沿生产函数的产品投入和产出数据来自国家发展和改革委员会价格司编写的历年《全国农产品成本收益资料汇编》以及云南省统计局的各州市调查数据，用平衡面板数据方法估计。投入和产出选择了数据相对较为完整的农产品主产省（区、市）的资料。投入要素中，劳动投入是每亩用工量，单位是工日/亩；土地投入是每亩土地成本，包括流转地租金和自营地折租，单位是元/亩；种子投入是每亩种子金额，单位是元/亩；化肥投入是每亩化肥折纯用量，单位是公斤/亩；机械投入是每亩机械作业费，单位是元/亩。产出用单产度量，单位是公斤/亩。

（二）计算结果

1. C-D 生产函数估计

云南西红柿随机前沿生产函数模型的估计结果如表 23 - 18 所示。

表 23 - 18　　随机前沿生产函数模型估计结果

系数	估计值	标准误	t 值
常数项	2.327	0.141	16.468
土地	0.265	0.045	5.822
劳动力	0.403	0.060	6.724
种子	0.080	0.027	2.906
化肥	-0.060	0.057	-1.020
机械	0.048	0.053	0.912
sigma-squared	0.011	0.004	2.551
gamma	0.785	0.090	8.717
LR	69.520		

随机前沿生产函数模型的估计结果显示：极大似然检验值（LR）表明，本部

分采用的柯布道格拉斯生产函数能够很好地反映西红柿生产的投入产出关系。其中，土地、劳动力、种子、化肥和机械五种投入要素中，劳动力的系数最显著，且产出弹性最大，这表明劳动力对西红柿的产量最为重要，意味着劳动力投入增长1%，可促进西红柿产量上升约0.403个百分点。

2. 技术效率测算

全国西红柿主产省（区、市）的技术效率测算结果显示：2013～2017年，西红柿生产技术效率最高的为河北，最低的为贵州。单纯考虑生产技术效率，云南处中上位置。此外，云南的西红柿生产的技术效率变化率在逐年下降，表明增速在递减（见表23－19）。

表23－19　2013～2017年全国西红柿主产省（区、市）技术效率

省(区、市)	2013年	2014年	2015年	2016年	2017年	平均值
河北	0.976	0.976	0.975	0.974	0.974	0.975
宁夏	0.970	0.970	0.969	0.968	0.967	0.969
新疆	0.953	0.952	0.951	0.949	0.948	0.950
陕西	0.949	0.948	0.946	0.945	0.943	0.946
内蒙古	0.934	0.932	0.930	0.929	0.927	0.930
天津	0.932	0.930	0.928	0.926	0.924	0.928
湖北	0.895	0.892	0.889	0.886	0.883	0.889
山东	0.890	0.887	0.884	0.880	0.877	0.883
江苏	0.883	0.880	0.876	0.873	0.870	0.876
云南	0.870	0.867	0.863	0.859	0.856	0.863
辽宁	0.854	0.851	0.847	0.843	0.839	0.847
河南	0.844	0.839	0.835	0.831	0.827	0.835
山西	0.834	0.830	0.826	0.821	0.817	0.826
重庆	0.823	0.819	0.814	0.809	0.804	0.814
江西	0.822	0.818	0.813	0.808	0.803	0.813
广东	0.816	0.812	0.807	0.802	0.797	0.807
海南	0.816	0.812	0.807	0.802	0.797	0.807
黑龙江	0.814	0.810	0.805	0.800	0.795	0.805
北京	0.791	0.786	0.781	0.775	0.770	0.781
福建	0.786	0.781	0.775	0.770	0.764	0.775
安徽	0.784	0.779	0.773	0.768	0.762	0.773
广西	0.783	0.778	0.772	0.767	0.761	0.772
贵州	0.771	0.765	0.760	0.754	0.748	0.759

（三）分析讨论

从以上分析可以看出，与全国蔬菜平均生产水平相比，云南省蔬菜的生产效率不具备比较优势，从 EAI 指数上体现为整体小于 1，与云南省蔬菜综合单产多年不足全国平均的 60% 的表现吻合。但从近年来 EAI 的变化趋势也可以看出，云南省蔬菜生产效率在逐步改善。从省内看，各州（市）的蔬菜生产存在着显著差异，昆明、玉溪、楚雄和红河等地已形成一定的生产优势。从规模比较优势来看，从 2014 年开始云南省规模比较优势指数大于 1，这表明云南省蔬菜生产的规模优势逐渐显现。从效益比较优势来看，云南省蔬菜生产并非无利可图，与全国平均水平相比呈现一定的效益优势。

基于以上研究结果，政府在蔬菜产业发展规划制定方面要注意以下几点：一是继续把蔬菜产业放在未来农业发展的重要地位，进一步分析本省蔬菜产业的优势，扬长避短，明确本省蔬菜产业的发展定位；二是有必要重点扶持几个蔬菜生产基地，比如玉溪、楚雄和红河等，强化生产、加工和储运基础设施建设；三是要提高高科技生产技术的应用，如种苗、病虫害防治、温室大棚等；四是要努力延长蔬菜产业链，加大力度发展蔬菜精深加工业，提高“云菜”品牌知名度，提高产品附加值，利用其地理条件优势，向其他省份或其他国家出口高端农产品。

西红柿是劳动密集型产业。根据西红柿生产函数的分析，也验证了这一点。劳动力要素的产出弹性较高且较为显著，因此有必要增加单位面积劳动力的投入。对于其他不显著的要素，有必要优化资源配置，从而减少不必要的要素投入，实现生产的节本增效。

对全国西红柿主产省（区、市）的技术效率测算来看，云南省西红柿生产的技术效率处于中上地位，具有一定的比较优势。从 2013～2017 年云南省技术效率的变化来看，整体呈现递增态势，但增速变缓。这说明在现有的要素投入下，“瓶颈”已显现。增加科技投入，发展西红柿新生产技术，是突破“瓶颈”，提高单位面积产量，增强云南省西红柿产业竞争力的最佳方式之一，对整个云南蔬菜产业而言，也是如此。

六、推进云南蔬菜产业转型升级发展的对策建议

如前所述，与全国情况类似，蔬菜是云南种植面积仅次于粮食的第二大农作

物、第一大经济作物，是云南一项优势特色明显和产业基础较好的传统产业，长期以来在全国南菜北运、西菜东运、出口蔬菜中发挥了不可替代的重要作用。在当前全国蔬菜总量结构性、区域性和季节性方面明显过剩的新形势下，云南省如何顺应新时期高质量发展、绿色发展的要求，扬长避短，进一步再造蔬菜产业新优势，做大做强蔬菜产业？笔者认为，应切实按照省政府"打造大平台、培育新主体、发展大产业"的战略思路，坚持市场导向，强化绿色发展和错季发展，构建现代蔬菜产业体系、生产体系、经营体系，提升优质产品生产能力、加工能力、科技支撑能力和市场拓展能力，促进蔬菜产业发展方式转变和现代产业转型升级。

（一）云南蔬菜产业的市场定位及 SWOT 分析

云南同全国一样，蔬菜总体处于产大于需、时空结构不均衡的状况。针对云南蔬菜产业的优势和劣势，面临的机会和挑战，云南蔬菜产业的应对策略和市场定位如图 23－8 所示。

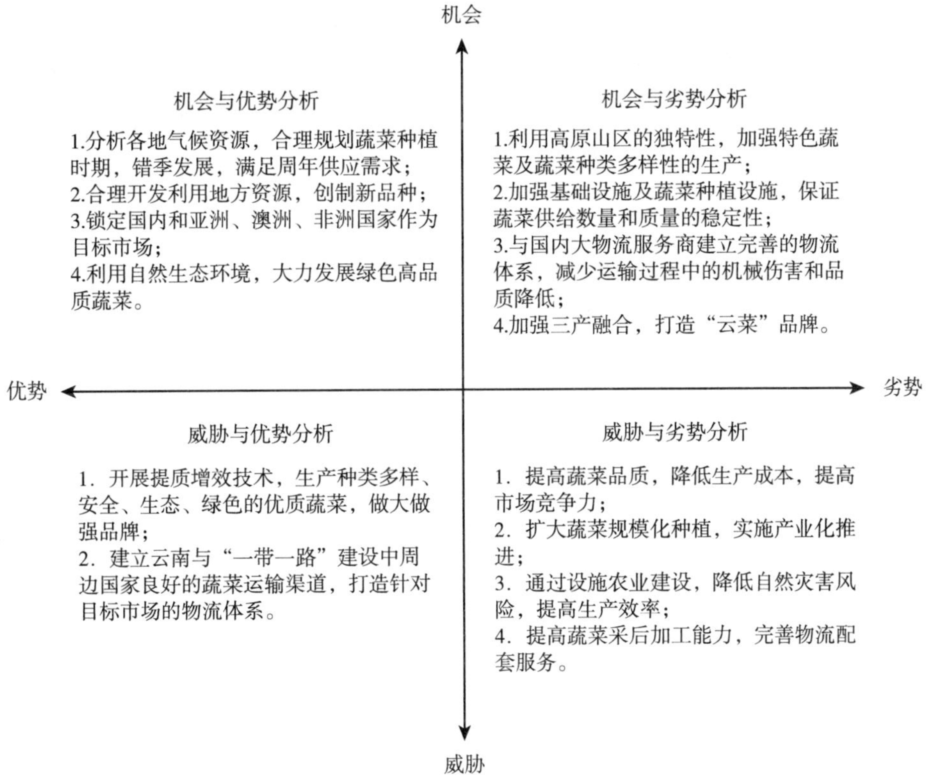

图 23－8　云南蔬菜产业 SWOT 战略分析矩阵

（二）云南蔬菜产业转型升级发展路径选择

云南由于劳动力等主要要素成本相对低于全国平均水平，蔬菜价格竞争力更强，而且云南有丰富的蔬菜资源、多样化的自然条件、良好的生态环境、比邻南亚东南亚以及冬早和夏秋错季上市等优势，各地名特优蔬菜种类繁多，为外销和出口贸易创造了良好的基础条件，近年来云南蔬菜始终保持着强劲的外销势头。因此，针对生产和储运基础设施差、科技应用水平和蔬菜生产效率和效益不高、产业化主体不强、品牌建设滞后等短板和弱势，抓住国家“一带一路”倡议的推进以及建设云南自由贸易试验区等机遇，大力发展多样化的错季蔬菜品种和蔬菜加工业，努力提升产品质量，做大做强经营主体和“云菜”品牌，搭建统一的电商平台，建设完善的冷链物流体系，在稳定和拓展国内市场的同时，加大力度拓展以东南亚为主的国际市场是未来云南省蔬菜产业努力的方向。①

一是全力推进错季发展。发挥自然资源禀赋优势，坚持走高原特色农业发展方向，加快发展冬春、夏秋、常年蔬菜三个菜区建设，尤其是要大力推进全国市场消费需求大的冬春、夏秋蔬菜及高档常年蔬菜生产，满足外销或出口，减少无效供给，扩大有效供给，提高供给结构对需求结构的适应性。通过稳面积、增单产、调结构、降损耗，实现数量充足、质量提高、品种多样、供应均衡、价格平稳。

二是全力推进绿色化发展。顺应人们对美好生活及健康的需要，发展高端、优质、安全、绿色蔬菜产品，着力加强和健全检验检测、认证与标准、进出口农产品监管、市场监管、质量追溯、生产环境监测等体系、平台和机制建设，研发推广绿色、生态、循环经济技术，促进产业转型升级，加强耕地轮休制度，促进产业持续健康发展。

三是全力推进产业化发展。以健全全产业价值链为核心，延伸产业链条，着力加强农产品精深加工、物流、仓储、冷链运输、绿色通道建设，增值增效，推进云南农业转型升级，推进产业化进程，以全产业构建外向型现代产业体系。②

四是推进科技与产业融合发展。以技术创新、应用创新和模式创新为核心，加强技术集成、转化推广、核心技术创新、孵化平台搭建及信息等现代服务业，

① 云南省蔬菜产业发展报告［J］. 云南农业，2018（7）：25－28.

② 发展高原特色现代农业需要遵循主线抓住重点［N］. 云南日报，2017－05－03.

增强产品市场竞争力和效益，打破传统产业链和价值链，实现科技链与传统产业要素的融合，支撑蔬菜现代产业发展（孙燕、杜刚和龙荣华，2019）。

五是全力推进营销模式创新。瞄准目标市场，引进世界五百强企业或全国前二十强蔬菜销售、加工、流通企业2～3家，加强主体培育，品牌打造，范式推广，加强市场开拓与培育，发挥互联网的作用，线上线下互动融合，实现全天候全方位的蔬菜产品营销新模式。①

（三）云南现代化蔬菜产业体系建设的重点

一是强化蔬菜标准化生产基地建设，构建蔬菜现代生产体系。重点是进一步优化冬春蔬菜优势产业区、夏秋蔬菜优势产业区和常年蔬菜优势产业区三个外销蔬菜产区布局商品生产基地，在60个左右主产县区实施提质增效行动和绿色发展工程，推进产业转型升级；通过实施蔬菜产业技术创新、新品种创制与种苗培育、绿色栽培技术创新与集成应用、废弃物处理技术创新、加快生产全程机械化和自动化技术创新与推广等系列措施，推进蔬菜绿色、高质量发展。

二是着力提高外销能力建设，建设蔬菜现代产业体系。围绕满足不断扩大的外销市场需求，切实加强初加工、产地交易、产地加工、冷链运输、精深加工、传统交易和新零售等市场、流通、加工体系建设，重点突破产品保鲜、包装、精深加工等技术和“互联网＋”新型营销能力，提高产后运营能力、转化能力和生产效益，减小损耗，延长产业链，提升价值链。

三是着力强化现代营销策划，加快蔬菜现代经营体系建设。重点是培育引进重点龙头企业、培育壮大专业大户、家庭农场、农民合作社等多种形式的经营主体，促进全省蔬菜生产主体的适度规模经营，提供产业化水平；加强“云菜”系列区域品牌建设。通过适度集中、标准化生产、规模化经营，逐渐形成一批有行业影响力的区域品牌，提升“云菜”品牌影响力和市场竞争力。

（四）支持云南蔬菜产业发展的三大保障措施

一是资金保障。通过加大财政资金投入支持基础设施建设和科技研发推广，引导社会资金发展蔬菜加工和运销，建立专项基金抵御产业风险等，为蔬菜产业发展提供资金保障。

---

① 王平华．“云菜”在绿色生态路上大步前行［EB/OL］．中国农村网，2019－01－09．

二是政策保障。通过建立完善的蔬菜产业运输费减免、电价支持政策、用地优惠、环保支持、税收支持、主体培育、品牌支持等政策体系，建立一站式服务平台等，为蔬菜产业发展提供切实的政策保障。

三是科技保障。通过清理贯彻落实国家创新驱动战略以及科技成果转化法的体制机制障碍，优化简化科研管理，营造符合科研单位运行和科技事业发展自身规律的政策环境，提高科技创新支撑能力和科技成果转化与推广应用能力，为蔬菜产业发展提供强有力的科技保障，支撑和引领云南蔬菜产业转型升级。

第三节　云南蔬菜产业经济体系简况

一、生产组织形式

（一）基本情况

随着经济社会的发展，我国蔬菜生产组织形式已经由最初传统的农户经营演变为"公司+农户""合作社+农户""公司+基地+农户""公司+合作社+基地+农户"等多种经营形式。蔬菜种植主体也由最初单一的传统农户演变为农户、种菜大户、家庭农场、农民专业合作社、农业产业化龙头企业并存的现状。目前，云南省蔬菜生产仍是以家庭为单位的传统农户和种菜大户为主，农业产业化龙头企业有一定的发展，而家庭农场则相对较少。根据2020年4月云南省打造世界一流"绿色食品牌"工作领导小组办公室提供的《云南省"绿色食品牌"重点产业2019年度发展报告》可知，2019年，云南省从事蔬菜生产及加工的企业共580家，其中，国家级龙头企业有6家（见表23-20），省级龙头企业有176家（含食用菌），销售收入超过5亿元的企业有9家，销售收入超过2亿元的企业有30家，与蔬菜相关的国家级合作社70家，省级示范社289家。随着全省打造世界一流"绿色食品牌"工作的不断推进，以蔬菜为主导产业进行"一县一业"示范县创建工作取得了较好的成效，以"公司+农户""合作社+农户""公司+基地+农户""公司+合作社+基地+农户"等生产组织模式种植蔬菜正逐渐成为推动全省蔬菜产业进一步发展的驱动力。云南省农业农村厅统计资料显示，2019年，云南省从事蔬菜生产和加工的龙头企业销售收入达到356亿元，带动农户数量达162万户，直接或间接带动就业400余万人。

表 23－20　　2019 年云南省蔬菜龙头企业销售收入排名前 30 位的企业

排名	企业名称	企业所在地	龙头企业级别
1	云南龙城农产品经营股份有限公司	昆明市呈贡区	国家级
2	通海高原农产品有限公司	玉溪市通海县	国家级
3	大姚锦亿土特产有限公司	楚雄州大姚县	省级
4	云南云菜集团有限公司	玉溪市通海县	省级
5	元谋县蔬菜有限公司	楚雄州元谋县	省级
6	云南农垦蔬菜有限公司	玉溪市通海县	省级
7	罗平县阳洋黄姜有限公司	曲靖市罗平县	省级
8	云南龙云大有实业集团有限公司	大理州祥云县	国家级
9	云南万兴隆生物科技集团有限公司	曲靖市罗平县	国家级
10	姚安佳祎云菜产业科技发展有限公司	楚雄州姚安县	省级
11	云南宏斌绿色食品集团有限公司	玉溪市江川区	国家级
12	云南环泰进出口有限公司	玉溪市通海县	省级
13	元谋金沙绿色食品有限责任公司	楚雄州元谋县	省级
14	祥云县品位经贸有限公司	大理州祥云县	省级
15	丘北县达平食品有责任公司	文山州丘北县	省级
16	云南象腾蔬菜有限公司	玉溪市通海县	省级
17	云南通海沣野农产品有限公司	玉溪市通海县	省级
18	云南通泰贸易进出口有限公司	玉溪市通海县	省级
19	新平东绿食品有限公司	玉溪市新平县	省级
20	通海县汪家富蔬菜有限公司	玉溪市通海县	省级
21	云南通海宋威农产品进出口有限公司	玉溪市通海县	省级
22	邓川农特产品开发有限责任公司	大理州洱源县	省级
23	云南阳光食品有公司	玉溪市江川区	省级
24	宣威市汇丰食用菌开发有公司	曲靖市宣威市	省级
25	通海留云进出口有限公司	玉溪市通海县	省级
26	南华县咪依噜天然食品开发有限责任公司	楚雄州南华县	省级
27	云南金晟农产品进出口有限公司	玉溪市红塔区	省级
28	武定宏兴农副产品进出口有限公司	楚雄州武定县	省级
29	丽江中源绿色食品有限公司	丽江市永胜县	国家级
30	云南国巨绿色食品有限公司	大理州宾川县	省级

资料来源：云南省农业农村厅。

（二）案例

1. “公司＋基地＋农户＋物流”的生产组织形式——以祥云县龙之源蔬菜产业有限责任公司为例

祥云县龙之源蔬菜产业有限责任公司（以下简称“祥云龙之源公司”）成立于

2011 年 3 月，是一家集芦笋种植、鲜食蚕豆加工、肉牛养殖于一体的农业产业化省级重点龙头企业。公司主要种植加工芦笋、蚕豆米、上海青、意大利生菜、娃娃菜等 30 多个特色蔬菜种类，产品直销国内大中城市批发市场。2016 年，公司实现销售收入 6086 万元，建有 3 个种植基地和 1 个加工厂，现有特色蔬菜种植基地 2100 多亩，年生产蔬菜产品 4 万多吨，示范带动 800 多户农户发展特色蔬菜种植，带动种植基地 1.2 万亩；每年带动保山、大理、楚雄等地区农户种植蚕豆 5 万多亩，销售鲜蚕豆米 3000 多吨。①

祥云龙之源公司采取“公司 + 基地 + 农户 + 物流”的蔬菜生产组织模式带动当地农户共同致富，这与该公司董事长单加文先进的发展理念是分不开的。单加文是农民出身，商海打拼多年后认为只有建设自己的蔬菜基地，才能保障有高品质的蔬菜向市场销售，于是毅然回乡投资创建蔬菜基地。为了有效扩大农民再就业渠道，单加文将分散生产种植的农户组织起来，整体进入市场参与竞争，一边直接向产地收购，一边与外地客商建立销售关系，减少了流通环节，降低了流通费用，将利润空间让给了农户。同时也激发了农户生产的积极性，促进了农业产业化发展步伐，延长了农产品的产业链，形成了“公司 + 基地 + 农户 + 物流”的经营模式，提升了农业产业化发展水平，实现了企业带动农民持续增收的“互动双赢”的良好发展格局。2016 年，公司实现种植业收入 6500 多万元，带动 1000 多户农民增收，有力地促进了农业产业结构调整和农民增收，成为祥云县蔬菜产业发展的明星企业（毛绪强，2017）。

2. “公司 + 基地 + 合作社 + 农户 + 标准 + 管理”的生产组织形式——以云南通海县蔬菜产业为例

通海县隶属国内有名的“蔬菜之乡”——云南省玉溪市，是目前全省最大的蔬菜生产基地之一。自 20 世纪 90 年代起，通海蔬菜就开始畅销国内，是云南省“南菜北运”“西菜东运”的重要基地之一，主要销往北京、广州、上海等全国 130 多个大中城市。近年来，通海蔬菜更是开始走出国门，出口到泰国、越南、老挝、缅甸、日本、韩国等多个国家，最远甚至销售到了位于中东的迪拜，被称为蔬菜“国际港”。2019 年，通海县蔬菜种植面积 34.84 万亩，总产量 138.18 万吨，农业产值达 21.04 亿元，同比分别增长 0.02%、2.97% 和 6.1%。截至 2019 年底，全县与新型农业经营主体建立稳固的利益联结机制的菜农达到 5.9 万户以上，新型

① 笔者调研资料。

经营主体蔬菜产量占比达25%。培育省级以上蔬菜龙头企业4个，年销售收入过亿元的龙头企业1户。其中，通海高原农产品有限公司被认定为国家级龙头企业，云南环泰进出口有限公司、云南金兴食品有限公司、云南云菜集团有限公司被认定为省级龙头企业；秀山街道被认定为全国“一村一品”示范村镇，培育“一村一品”蔬菜示范村10个；开展绿色食品认证19个，绿色蔬菜基地检测面积达到3.18万亩，废菜叶资源化利用率达到97%，出口基地备案达12.6万亩，新增出口企业14户。①

作为全省最大的蔬菜生产、加工、集散、销售基地，通海县蔬菜产业的快速发展与标准的组织化生产模式息息相关。通海蔬菜产业的组织化生产是在政府引导下，通过龙头企业和专业合作社组织农户完成，其中蔬菜专业合作社多数以单一蔬菜品种组合成合作社，如花椰菜专业种植合作社、萝卜专业种植合作社等。目前，通海县已形成了标准的组织化生产模式，即“公司+基地+合作社+农户+标准+管理”的产业化运行机制。企业通过示范带动，与合作社连接实施片区化、规模化种植，从而形成了高度组织化生产。企业与合作社通过产前、产中和产后服务，对菜农进行技术指导，通过统一供应生产资料、统一种植技术、统一供应种苗、统一定级包装、统一品牌和统一销售，把各种生产标准落实下去，从而实现规模化、标准化和专业化生产，保障了蔬菜种植和销售环节的标准及农产品质量安全。②

（三）存在问题

首先，虽然云南省蔬菜生产组织形式多样化，出现“公司+基地+农户”“公司+合作社+基地+农户”“公司+基地+农户+物流”“公司+基地+合作社+农户+标准+管理”等多元化经营模式，但未形成统一的规模化效应，多是以松散型的龙头企业或合作社形式来开展，这些模式下，主要靠市场价格来调剂蔬菜生产，波动性较大。

其次，未形成紧密的长期利益机制，当前蔬菜收购价格主动权主要集中于企业，尽管菜农处于利益链接机制的一个环节，企业或合作者带动小农户进入大市场，但是对于种植农户来说，利润分配额度依然较小，依然没有主动权，这种利

① 通海从三方面下功夫打造“一县一业”［EB/OL］. 玉溪网，2020-05-19.

② 玉溪蔬菜产业提质增效从“精”字上用功［N］. 玉溪日报，2019-06-21.

益不均等的模式，很难在蔬菜生产者与生产加工企业间建立起长期、稳定的利益共享、风险同担的机制。

（四）建议

一是充分发挥政府主导作用，从农户、企业、合作社等的切实利益出发，探索多元化经营模式，通过政府影响力进行全面推广，形成统一的规模化效应，减少蔬菜生产种植对市场价格的依赖性，提高产业种植长期性和稳定性。

二是探索菜农与加工企业间紧密的长期利益机制，可实行股份合作制联结，农户既参加劳动又集资入股，实行按劳分配和按股分红的方式，将企业利益与农户利益进行捆绑，使股权红利成为最主要的利益调节器，此种方式有效解决了农户与企业双方利益地位不平等的问题，同时又使得双方形成长期稳定的利益共享、风险共担机制。

二、生产基地建设

（一）基本情况

云南依托得天独厚的气候资源，充分发挥“天然温室”和“天然凉棚”优势，生产出品种丰富、生态优质的蔬菜产品。在市场需求驱动和政府引导下，经过多年的发展，云南蔬菜产区逐步集中，布局日趋合理，特色优势蔬菜基地逐步形成。在各级政府相关的土地、资金、税收、金融、科技等支农政策扶持下，企业逐步成为生产基地建设的另一个投资主体，全省蔬菜基地建设水平不断提高，一大批蔬菜生产重点县逐步形成，主要蔬菜品种的规模化、专业化生产基地逐步建立。尤其是在2018年打造世界一流“绿色食品牌”和2019年“一县一业”等措施推动下，产业规模逐步扩大，产品质量稳步提高。蔬菜是入选“一县一业”示范县和特色县最多的产业，示范县有元谋、通海、陆良和砚山4个县，特色县有大关、泸西、弥渡和罗平4个县（不含南华的野生菌），均占总数的20%。

从品种结构看，近年来，面积超过100万亩的有辣椒，约260万亩，大白菜、鲜豌豆和普通白菜均在100万亩以上；萝卜、鲜玉米、结球甘蓝、姜、菜豆、鲜蚕豆、葱在50万亩以上，番茄、油麦菜、生菜则在40万亩，花椰菜、甜椒和青花菜也达到30万亩以上。

从生产季节看，可以分为以昭通、大理、丽江、文山、怒江和迪庆为代表的夏秋蔬菜优势产区，以保山、普洱、西双版纳、德宏、临沧、红河南部为代表的冬春蔬菜优势产区，以及昆明、曲靖、玉溪、楚雄及红河北部为代表的常年蔬菜优势产区三大特色优势生产基地。根据《云南省“绿色食品牌”重点产业 2019 年度发展报告》，2019 年，全省冬春蔬菜优势产区种植面积在 400 万 ~ 450 万亩；夏秋蔬菜优势产区种植面积在 400 万亩以上；常年蔬菜优势产区种植面积则在 900 万亩左右。其中，云南省确定的 30 个省级蔬菜重点县面积约占全省的 50%、产量超过全省的 50%。①

从区域布局看，可以分为滇南及低热河谷区冬春蔬菜优势产业区、滇东滇东北夏秋蔬菜优势产业区、滇中及滇西北设施蔬菜优势产业区、滇东南特色辣椒优势产业区、滇西北滇南林下特色蔬菜优势产业区五大优势区域生产基地。

从生产规模看，2019 年，全省 30 个蔬菜重点县蔬菜种植面积达 58.95 万公顷，占全省蔬菜总面积的 49.1%；产量 1314.7 万吨，占全省蔬菜总产量的 53.9%；农业产值 325.1 亿元，占全省蔬菜农业总产值的 54.5%。其中，种植面积在 2 万公顷以上的有通海、陆良、砚山、泸西、昭阳、嵩明、丘北、石屏、建水、会泽、宣威和禄丰，主要种植品种为大白菜、结球甘蓝、青花菜、花椰菜、番茄、鲜食玉米、鲜食豌豆等 20 余个品类。②

从认证情况看，截至 2019 年底，全省蔬菜“三品一标”认证有效总数为 1778 个，其中有机产品认证有效数量为 523 个，绿色食品认证有效数量 476 个，无公害农产品认证有效数量 771 个，全国农产品地理标志产品登记 10 个（见表 23 - 21）。

表 23 - 21　　云南省获全国农产品地理标志登记情况

序号	年份	产品名称证书持有人全称	登记证书编号
1	2010	大理独头大蒜大理白族自治州园艺工作站	AGI00320
2	2010	西畴阳荷西畴县农业环境保护监测站	AGI00439
3	2012	富民茭瓜富民县农业技术推广所	AGI00866
4	2012	乐业辣椒会泽县经济作物技术推广站	AGI00974
5	2012	谷律花椒昆明市西山区谷律花椒专业合作社	AGI00978
6	2012	丘北辣椒文山壮族苗族自治州农业科学研究所	AGI00979
7	2013	澄江藕澄江县农业产业化经营与农产品加工领导小组办公室	AGI01223

①② 云南省蔬菜外销优劣势分析及发展对策［J］. 农村实用技术，2012（11）：15 - 16.

续表

序号	年份	产品名称证书持有人全称	登记证书编号
8	2015	富源魔芋富源县魔芋协会	AGI01646
9	2019	溪洛渡白魔芋永善县农业技术推广中心	AGI02587
10	2021	溪洛渡花椒永善县农业环境监测站	AG100636

资料来源：云南省农业农村厅。

从产品质量看，通过对全省 13 个州（市）97 个县（市、区）开展的四次蔬菜产品例行监测来看，合格率 99.3%，高于同期全国农产品质量安全例行监测合格率（97.4%）约 2 个百分点。其中，生产基地抽检合格率 99.46%，批发市场抽检合格率 98.77%，农贸市场抽检合格率 99.08%，运输车环节抽检合格率 100%，超市抽检合格率 100%。

（二）案例

1. 元谋县冬早蔬菜基地建设

元谋县是云南省“一县一业”创建示范县之一。① 根据《云南省“绿色食品牌”重点产业 2019 年度发展报告》，2019 年的项目完成情况主要包括：一是推广蔬菜节水滴灌技术 3700 公顷，配方施肥技术 2133 公顷，有机肥替代化肥技术 2333 公顷，水肥一体化技术 1066.67 公顷，实施增施有机肥改良土壤 800 公顷，建成有机蔬菜高效技术集成示范区约 200 公顷；二是完成 2 个有机蔬菜生产示范基地冷库建设；三是引进番茄、辣椒、黄瓜、茄子、花椰菜等 1500 个蔬菜品种进行试验展示；四是推进 3 个蔬菜品种生产技术标准制定；五是成功举办“2019 云南元谋蔬菜种业博览会”，组织县内蔬菜企业参加了云南高原特色农业上海推介会、全国农产品质量安全对接活动、昆明商洽会、农博会等省内外展销会 30 家次。“一县一业”示范县创建，带动了元谋蔬菜产业进一步迈上了新的台阶：2019 年，全县蔬菜种植面积 1.53 万公顷，农业产值 18.9 亿元，加工产值 54.9 亿元，加工产值与农业产值比 2.9∶1；新增省级以上龙头企业 3 家，新增州级农业产业化龙头企业 10 家；销售收入达 1 亿元以上的龙头企业 10 户；成功培育省级示范专业合作社 1 个；创建“一村一品”蔬菜专业村 6 个；完成有机认证 3 个，产品 55 个，绿色食品认证 4 个。认证绿色食品面积 2066.67 公顷，有机产品认证面积 300 公顷，3 个

① 楚雄彝族自治州人民政府．“一县一业”示范创建助力元谋蔬菜产业腾飞［EB/OL］．云南楚雄网，2021－03－01.

蔬菜产品获2019年云南“十大名品”荣誉。

2. 通海县常年蔬菜基地建设

通海县也是“一县一业”创建示范县之一。2019年的项目完成情况主要包括：一是杨广冷链物流园区建设冷库110门；二是完成基地绿色食品产地检测2120公顷，推进蔬菜物联网示范基地6.67公顷，喷灌333.33公顷，有机肥替代化肥示范区266.67公顷；三是组织10个专业合作社开展县级示范社认定；四是建设产品质量追溯体系6个，新增国家农产品质量安全追溯信息平台企业4个。[①] 2019年，全县蔬菜种植面积2.32万公顷，农业产值21.04亿元，分别比2018年增幅0.02%和6.1%；加工产值约56亿元，加工产值与农业产值比达到2.66∶1；与新型农业经营主体建立稳固的利益联结机制的农户达到5.9万户以上，新型经营主体蔬菜产量占比达25%；培育省级以上蔬菜龙头企业4个，年销售收入过亿元的龙头企业1家；秀山街道被认定为全国“一村一品”示范村镇，培育“一村一品”蔬菜示范村10个；废菜叶资源化利用率达到97%，出口基地备案达12.6万亩，新增出口企业14户（李卜生，2012）。

（三）存在问题

1. 分户经营缺乏规模效益

目前，云南省蔬菜生产仍多以单家独户生产经营为主，种植水平参差不齐，农户种植外向型蔬菜的经验明显不足。同时，由于缺乏统一的技术标准和产品质量检测，难以保证市场蔬菜商品的一致性，难以形成规模效益。蔬菜生产、加工、销售一体化水平低，龙头加工企业少，规模偏小、辐射带动能力不强，尚未形成风险共担、利益共享的紧密经济共同体。

2. 运输成本增加

由于省内市场不畅，导致云南省要从省外调菜，使运输成本增加。汪家富蔬菜有限公司董事长汪家富指出：2010年上半年昆明从广西调青笋，海南调豆角，但昆明每天都要往广西发20多车青笋，往海南发豆角，昆明每天外调近300吨蔬菜，仅汪氏企业每天要外销的蔬菜就达1000吨，足可以满足3个昆明市场。汪家富还表示，昆明最应该解决的是市场平台问题，而不是一味舍近求远调配蔬菜。由于菜贩联手垄断经营，通海的蔬菜根本进不了昆明市场，只能往外省销售。

---

① 玉溪市人民政府．通海从三方面下功夫打造“一县一业”［EB/OL］．玉溪网，2020－05－19.

3. 农药残留、污染影响生产发展

目前，云南省绿色无公害蔬菜发展相对于市场需求仍显滞后。全省无公害蔬菜基地面积占蔬菜总种植面积的比重还比较低。部分菜农在农药使用上，仍存在着安全间隔期不够，使用禁止在蔬菜上使用的农药等现象，往往造成上市蔬菜农药残留量超标，不但给消费者身体健康带来隐患，也影响了产业的可持续发展。

（四）建议

1. 实施统一管理，合理规划布局

云南蔬菜产业要由零散种植向区域化、规模化、标准化发展，应把优化蔬菜基地发展布局作为提高蔬菜基地和菜农效益的重要措施来抓，以农民专业合作组织或龙头企业为载体，在云南的蔬菜重点发展区域，选择集中连片的蔬菜基地开展标准园创建活动，重点抓好不同栽培设施、不同类型、不同品种蔬菜的规模化和专业化生产。重点在蔬菜发展差的县（市、区）规划发展蔬菜基地，根据各个乡镇的土壤、气候和海拔选择不同的蔬菜种类，即叶菜类、瓜菜类、块根、块茎类、茄果类、葱蒜类、菜用豆类、水生菜、其他蔬菜等。

2. 加强无公害蔬菜基地建设，确保蔬菜产品安全

强化蔬菜产品安全意识，加强以生物、物理防治为主的无公害生产技术硬件设施建设，大力推广无公害标准化生产技术规程。在化肥的施用上，要根据土壤的化验分析，科学施肥，要少施氮肥，防止亚硝酸盐污染。在农药的使用上，尽量用低毒、低残留的农药，禁止使用国家严禁在蔬菜上使用的农药。在建基地前，一定要对土壤进行化验分析，如果重金属超标，就不能种蔬菜。建多少蔬菜基地，就要认定多少无公害蔬菜基地。每个县（市、区）都要有蔬菜种植基地，保证本地大宗蔬菜的供给量，降低运输成本。每个县（市、区）要根据本地的人口、人均大宗蔬菜需求量来确定最低蔬菜种植基地面积。就地种菜、就地销菜，减少运输成本，降低菜价，使菜农有钱赚，市民不嫌菜贵。当天收菜，当天就到市民的餐桌上，既新鲜，又减少浪费。

3. 加强蔬菜产品质量可追溯体系建设，打造优质蔬菜基地

基地建设中，要进行农产品质量追踪管理，包括投入品购买、使用、生产过程、产品收获、销售全过程记录，并汇总归档，保证产品质量可追溯，同时积极与科研单位、高等院校合作，聘请蔬菜科技人员，制定错季蔬菜生产的相关标准，提高基地建设的标准化水平。各级主管部门要进一步加强无公害标准化生产技术

操作规程的制定，加快基地认定和产品认证工作。加强对生产基地、批发市场、农贸市场、超市网点蔬菜农药残留的检测监控，建立台账，实行准出、准入制度，保障蔬菜产品的质量安全。

云南蔬菜产业要由零散种植向区域化、规模化、标准化发展。以农民专业合作组织或龙头企业为载体，在云南的蔬菜重点发展区域，选择集中连片的蔬菜基地开展标准园创建活动。全面推广蔬菜优良品种、集约化育苗、膜下滴灌、避雨栽培、防虫网、频振式杀虫灯、粘虫板、性诱剂等防控病虫害的物理和生物技术。

三、加工管理方式

（一）基本情况

蔬菜加工是指以蔬菜为原料，经清洗、去皮、切分（或未经去皮、切分）和热烫等预处理后，采用不同的加工方法制成各种制品的过程（罗云波和蔡同一，2001）。蔬菜食品加工不仅可以延长贮藏期，有利于保存运输，还可以改进蔬菜食品风味、增加花色品种（周迎春，2018）。我国蔬菜加工业已具备一定的技术水平和生产规模。随着产业布局逐渐优化，我国蔬菜加工产业已形成了西北番茄酱加工基地、东部及东南沿海干制、罐头、速冻和腌制蔬菜加工基地。云南省蔬菜加工主要集中在滇中的昆明、楚雄和玉溪，占全省蔬菜加工产值的61%。根据云南省农业农村厅和云南省工业和信息化厅提供的数据，2019年，云南农产品加工产值与农业总产值之比仅达到1.6∶1，与全国2.4∶1的水平相比还有较大差距（毕亚楠等，2020）。云南的蔬菜主要以鲜销为主，加工量不到蔬菜总产量的10%，且蔬菜加工产品大路产品多、低档产品多、原料型产品多，许多产品质量低、层次低，规格化、标准化水平低，品牌意识差，产品价格不具有优势，农民增收困难。与省外相比，云南蔬菜加工产业发展的差距较大，蔬菜精深加工产品生产设施及技术落后，产业链较短，严重缺乏高附加值终端商品的开发（周迎春，2018）。云南除了生产新鲜蔬菜外，加工蔬菜中包括腌制蔬菜、脱水蔬菜、速冻蔬菜、罐藏蔬菜、蔬菜汁、糖制蔬菜及净菜等。其中，发酵蔬菜是云南蔬菜精深加工产业的传统主打产品，2019年，云南发酵蔬菜加工占比65%，年产量约60万吨，产值约50亿元。[①] 全省脱水

① 云南省重大科技专项“发酵蔬菜加工共性关键技术研究与产业化”启动实施［EB/OL］. 云南网，2020-12-19.

蔬菜品牌包括野生菌、拉祜人家、哈尼梯田、山里香及民通等。加工速冻蔬菜的企业（个人经营）主要分布在昆明、玉溪、曲靖、楚雄、丽江、大理、文山，形成了云珍、雷特、仟玺、Mascornwelltest 等多个品牌，主要加工的产品包括速冻玉米、速冻豆类、速冻菌类等。蔬菜罐藏主要有云之南、山里香、咪彩、曲靖韭菜花等品牌，主要产品包括菌类罐藏食品和一系列辣椒产品。目前在云南省内加工蔬菜汁的企业很少，宏达牌胡萝卜汁是最常见的，采用西番莲作为调味原料加工而成，是一款天然绿色产品。此外，在云南常见到的糖制蔬菜是玉溪的冬瓜蜜饯，不过还没有形成规模性的加工产业。净菜加工的企业较少，在市场上销售较多的是“朝阳净菜”。

（二）案例

1. 云南宏斌绿色食品集团有限公司——云南小米辣的创始企业

云南宏斌绿色食品集团有限公司（以下简称“宏斌公司”）成立于 2005 年 2 月，主要从事云南高原特色酱腌菜、调味品系列产品的生产加工与销售，年产各类酱腌菜（泡椒、泡菜）、调味品等 100 多个品种，7 万余吨，是云南小米辣的创始企业，公司注册资金 3667 万元（其中包括国有资本 667 万元，占总股本的 18.19%）。集团下辖红河宏斌食品有限公司、建水互联农产品有限公司及弥渡县老土罐绿色食品有限责任公司三个全资子公司。先后获得“农业产业化国家重点龙头企业”“国家扶贫龙头企业”“国家级高新技术企业”“全国农产品加工业示范企业”“全国主食加工业示范企业”“农产品深加工科技型企业”等多项荣誉称号。目前，公司产品销售形成覆盖云南全省，畅销北京、上海、四川、重庆、湖南等 20 余个省（市、区），与康师傅、统一、海天、李锦记、海底捞等大型食品制造企业建立了长期稳定的供求合作关系，构建了良好的市场网络和稳定的销售渠道，产品一直供不应求。公司年销售收入 4.5 亿元，实现利税 4000 余万元。公司依靠自主知识产权和科技创新取得不断发展，同时注重通过与南昌大学、云南省微生物研究所、云南省农科院农产品加工研究所等科研院所的产学研合作的方式来提升企业的技术创新能力。公司“宏斌”商标被国家工商总局评定为中国驰名商标，“调鼎斋”商标被商务部评为首批中华老字号，“宏斌”“调鼎斋”商标系列产品分别被云南省名牌推进委员会、农业农村厅评为“云南名牌产品”“云南名牌农产品”（樊紫蓬，2016）。

宏斌公司于 2006 年 7 月成立了企业技术中心，中心下设研发部、技术部、品管部、理化检测中心四个部门，中心拥有科研仪器设备原值达530余万元，建立了一条年加工1000吨风味泡菜调味包的自动化加工中试线。组建了35人的专业技术研发团队，其中，中级职称研发人员14人，高级职称研发人员3人（2人为第四届调味品国家评委，1人为云南省政府特殊津贴获得者）。中心主要从事标准化蔬菜种植技术推广、蔬菜微生物发酵技术研究、蔬菜加工技术成果转化应用研究及产品理化检测分析工作，该中心在2013年10月被云南省工信委、科技厅、财政厅等单位联合认定为云南省认定企业技术中心。此外，公司在发展过程中，还积极开展企业的科技创新活动和先进技术引进，同时加强与国内外知名科研院所、高校的产学研合作，先后同云南省微生物研究所、南昌大学食品学院、昆明理工大学、云南省农科院园艺所、上海市食品研究所等单位建立了长期的业务合作，主要进行蔬菜微生物发酵技术、蔬菜品种改良及栽培技术、育苗技术的研究及开发，通过自主创新和产学研合作，共开发出云南小米辣、风味泡菜精深加工技术20余项，申请发明专利9项，授权专利6项，较好地实现了将企业科技成果转化为生产力，促进了企业可持续发展。

2. 玉溪天丽食品有限公司——云南蔬菜深加工的领跑者

玉溪天丽食品有限公司成立于2005年7月，位于玉溪市江川区雄关乡大坝塘村，江华高速路旁，占地面积21亩，建设面积8800平方米，投资总额为1200万元。属私营企业，法人代表曹洪军。公司是一家集农副产品的生产、采购、加工和出口于一体的外向型农产品加工企业。主要经营生产、加工和销售各种蔬菜、水果、罐头等深加工产品。公司通过了云南省出入境检验检疫局的出境蔬菜基地备案和卫生注册，获得农产品出口经营权。

公司年生产脱水蔬菜1000吨，其中脱水萝卜丝500吨，脱水莴笋200吨，脱水圆葱200吨，其他脱水蔬菜100吨。每年采购的农副产品总量达6000吨以上，年销售收入4500多万元，出口创汇450万美元。发展种植基地15000多亩，带动农户9000多户，实现每户增收1780元。建有年生产保鲜蔬菜10×10^4吨的低温冷链生产线，以及年低温保存脱水蔬菜1×10^4吨的低温储存库。① 以万亩种植基地为基础，公司从高起点、规范化、规模化和现代化产业模式出发，投资建设江川区第一家蔬菜脱水深加工农产品企业。以“公司+基地+农户”的经营模式带动周边农户共同发展。公司设备先进，拥有现代化保鲜库、生产加工车间和各种产品

① 笔者调研资料。

检验设备，是目前国内同行业设施最先进的出口企业之一。公司管理水平先进，建立了现代企业管理制度，共设5个生产车间，即前处理车间、脱水车间、精选车间、包装车间和能源车间；设有合理的部室及职务：总经理、厂长、财务部（仓管科）、销售部、采购部、生产部、办公室（质检）。在合理的管理体制以及现代化、先进的硬件设施的前提下，公司在云南省进出口商品检验检疫局登记注册了出口商品卫生注册登记证书，获得注册，得到了商品出口经营权。公司对基地和产品进行有机认证，来提高品牌质量，增强品牌竞争力。为此，公司建立基地、改善加工工艺并聘请专家指导，于2005年8月完成了有机基地、有机产品两个JAS认证的认证工作，并通过了认证。

（三）存在问题

一是近年来云南省基于冷链物流的鲜切蔬菜迅速发展，但鲜切菜存在褐变、腐烂等问题难以解决。

二是发酵蔬菜技术装备与加工工艺相对落后，多数企业仍以传统发酵为主，发酵菌种不固定，发酵过程调控不精准，有非目的或毒性次生代谢产物产生或产量超标，高盐产品较多，防腐剂添加较多，发酵产品质量不稳定，无法满足《国民营养计划（2017—2030年）》三减专项行动指标。

三是传统脱水蔬菜产业耗能严重，脱水方式主要是热风脱水，相当一部分脱水蔬菜企业规模小，技术落后，设备陈旧，耗能严重，机械化、自动化程度亟须提升。

四是速冻蔬菜加工方法相对简单，适于工业化生产，且适用的蔬菜品种较多。但由于科研滞后，云南省目前速冻蔬菜的种类和数量都还很少，缺乏对全省的各类蔬菜品种进行冷冻适宜型的研究。

五是蔬菜汁等新兴蔬菜精深加工产品创新性新产品开发较少，亟待完善质量控制体系。

（四）建议

一是完善采后处理技术。建议将采后的蔬菜经过清洗、分级和包装的处理对蔬菜进行初加工，或将采后的蔬菜清洗后进行保鲜处理，延长蔬菜的保质期；打造蔬菜冷链圈，以自动化的信息流、标准化的箱子和托盘来完成高密度的制冷，通过集成加工和配送系统的优化，实现蔬菜的全程冷链（周迎春，

2018）。

二是在保持现有蔬菜加工产品的同时，政府应引起重视，加大科技投入力度，企业需提高创新意识，龙头企业发挥带头作用，加大与科研院所的合作力度，研究蔬菜的精（深）加工技术，加快蔬菜的加工转化能力，除了在研发产品多样性的同时，还可对蔬菜中的功能性成分进行提取，并开发出蔬菜保健食品等系列产品。

四、市场营销策略

（一）基本情况

改革开放以来，随着市场、价格和经营渠道的逐步放开，以及 2012 年政府出台的免征蔬菜流通环节增值税政策、蔬菜出口退税政策，使生产者和销售者获得了更多经营自主权，流通体制更加畅通，从而带动了云南整个蔬菜产业的迅速发展，使之成为种植业中继粮食、甘蔗之后的第三大产业。据云南省农业农村厅统计，2019 年以来，云南省蔬菜产量、外销量、出口量均呈逐年上升趋势，外销城市遍布全国 36 个大中城市，出口国家及地区达 40 多个，出口产量占农产品出口总产量的 30% 以上，出口品种也较为丰富，超过 60 多个，有效保证了云南蔬菜出口的稳定增长。蔬菜产业的发展，不仅可以提供劳动力就业岗位、增加农民收入及保障市场供给，还可以实现出口创汇，提升云南农业的国际竞争力。可见，蔬菜产业在云南省现代农业发展中具有举足轻重的作用。然而，蔬菜价格波动影响家家户户，乃至整个社会。一方面，蔬菜价格攀升会增加众多消费者的经济负担，影响其生活品质，导致“菜贵伤民”；另一方面，蔬菜价格的下滑又会降低种植者的收入，影响菜农种菜的积极性，导致“菜贱伤农”。蔬菜价格过高或者过低都不利于整个蔬菜产业的健康发展。因此，在市场经济条件下，合理稳定的价格波动有助于引导合理的生产和消费，而异常的价格波动会给市场正常运行带来负面作用，影响到生产、流通、消费等环节，甚至影响社会稳定。然而，近年来受自然灾害及其他因素的影响，云南蔬菜价格暴涨暴跌现象并不少见。例如，2008 年曲靖、昭通等地罕见的冰雪灾害使蔬菜运输流通环节严重受阻，导致蔬菜价格大幅波动；2009 年春昆明、曲靖、玉溪等地持续干旱天气，使蔬菜大面积减产，导致蔬菜价格剧烈波动；2011 年曲靖、昭通等地持续阴雨天气影响了蔬菜生产和运输，进而引发蔬菜价格频繁波动等。自然灾害的频繁发生，严重影响了蔬菜的种植、采摘、运输、储藏及销售，滞销难卖、腐烂在地、菜农亏损等现象屡见不鲜，加剧了蔬菜价格的频繁波动，影响了人们的正常生活。

近年来，随着社会的不断进步和经济的快速发展，物价出现了大幅波动，尤其是蔬菜价格的频繁波动，直接影响了城乡居民的生活水平和经济社会的稳定。农产品价格的大幅波动，引起了中央到地方各级政府的高度重视，中央一号文件已连续14年聚焦“三农”工作。2017年，《中共中央 国务院关于深入推进农业供给侧结构性改革加快培育农业农村发展新动能的若干意见》出台的一号文件，进一步推进了农业产业发展。针对蔬菜价格起伏不定问题，政府出台了一系列政策规定来稳定蔬菜价格，其中“菜篮子”市长负责制的落实，不仅再度保障了蔬菜的种植，确保了蔬菜市场的需求，而且稳住了蔬菜的市场价格。鲜活农产品“绿色通道”政策的进一步完善和落实，压低了蔬菜的运输成本，让蔬菜运输过程中成本得到了有效控制。为更好地贯彻“菜篮子”工程，从根本上减轻居民生活负担，更好地满足人民群众的生活需要，促进蔬菜产业健康发展，国务院、农业部制定实施了《全国设施蔬菜产业重点区域发展规划（2015—2020年）》《全国设施蔬菜产业发展规划（2011—2020年）》等规划，指导全国蔬菜产业的发展。国家发展和改革委、商务部下发了《关于保障当前蔬菜市场供应和价格基本稳定的通知》等通知，国务院办公厅专门印发了《国务院办公厅关于统筹推进新一轮“菜篮子”工程建设的意见》等意见，通过保证蔬菜生产与产品质量、降低成本、加强价格监测预警等措施来稳定蔬菜价格。同时，云南省农业厅也制定了《云南省优势特色农业产业发展规划（2008—2020年）》《云南省高原特色现代农业产业发展规划（2016—2020年）》等规划来实现云南蔬菜产业发展新突破。针对部分蔬菜品种“滞销难卖”问题，农业农村部启动了“农商互联”工作，建立“互联网+农产品流通”新型农产品流通渠道，开展云南高原特色现代农业展示推介等活动，促进云南农产品流通，维持蔬菜价格稳定。这些都体现了各级政府对蔬菜价格的极大关注。

云南蔬菜种类丰富，市场前景广阔。得天独厚的气候条件为蔬菜生产提供了有利条件，保证不同季节均有新鲜蔬菜供应，使云南成为国内反季节蔬菜生产和“南菜北运”的重要基地，满足了居民的消费需求，增加了菜农的收入，带动了经济发展。据国家统计局网站的相关数据显示，2019年，云南省蔬菜种植面积116.50万公顷、产量2304.14万吨，分别占全国蔬菜总面积和总产量的5.54%和

3.14%，分别位于全国第10位和第11位，单产量19778千克/公顷。2019年全省蔬菜出口企业211家，其中，出口超过1万吨的企业31家，出口量94.12万吨，占总出口量的80%；出口额超1000万美元的企业有29家，出口额合计113567.16万美元，占总出口额的77.52%。

（二）案例

1. 云南宏斌绿色食品集团有限公司的“宏斌”牌小米辣连续两年获得“云南十大名菜”称号

云南宏斌绿色食品集团有限公司成立于2005年，主营高原蔬菜加工、酱腌菜生产与销售，年加工云南风味酱腌菜、调味品两大系列产品7万余吨。2019年，公司实现主营业务收入4.72亿元，利税总额超过4000万元，被评为“全国农产品加工业示范企业”“农业产业化国家重点龙头企业”及“国家扶贫龙头企业”等。“宏斌”牌小米辣是该公司当前的市场主推产品，产品品质优良，具有外形匀净饱满、色泽鲜黄或红色、滋味辛辣爽口、酸香脆嫩的特点。产品销售供不应求，销往云南、重庆、四川、北京、上海、河北、河南、湖南、广西等30余个省（区、市），市场占有率约占国内同类小米辣市场份额的35%，深受广大消费者喜爱。“宏斌”牌小米辣先后被评为“云南名牌产品”“云南名牌农产品”称号，还荣获第十一届昆明泛亚国际农业博览会优质农产品金奖、第十三届中国国际农产品交易会参展产品金奖（见表23-22）。

表23-22　2018年、2019年云南省10大名菜获奖企业及产品

排名	获奖企业名称	获奖产品名录	企业所在地
2018年10大名菜			
1	云南宏斌绿色食品集团有限公司	“宏斌”牌小米辣	玉溪市江川区
2	通海高原农产品有限公司	“高原绿洲”牌高山娃娃菜	玉溪市通海县
3	云南龙云大有实业有限公司	“龙云大有”牌西红柿	大理州祥云县
4	云南万兴隆生物科技集团有限公司	“云姜”牌姜粉	曲靖市罗平县
5	砚山县松南农业开发有限公司	“云松南”牌奶白菜	文山州砚山县
6	昆明盛世晨农农业发展股份有限公司	“晨农”牌甜豆	昆明市经开区
7	元谋县蔬菜有限责任公司	“元绿”牌洋葱	楚雄州元谋县
8	石林禾泽蔬菜速冻加工厂	“禾泽”牌速冻甜玉米	昆明市石林县
9	云南青美农业科技开发有限公司	“青美源”牌上海青	昆明市宜良县
10	云南广汇种植有限公司	“GH（图形）”牌马铃薯	曲靖市会泽县

续表

排名	获奖企业名称	获奖产品名录	企业所在地
2019 年 10 大名菜			
1	元谋县蔬菜有限责任公司	“元绿”牌洋葱	楚雄州元谋县
2	云南宏斌绿色食品集团有限公司	“宏斌”牌小米辣	玉溪市江川区
3	祥云泰兴农业科技开发有限责任公司	“七彩泰兴”牌大白菜	大理州祥云县
4	昆明盛世晨农农业发展股份有限公司	“晨农”牌西兰花	昆明市经开区
5	云南芸岭鲜生农业发展有限公司	“芸岭鲜生”牌有机甜脆玉米	昆明市盘龙区
6	云南云淀淀粉有限公司	“云淀”牌马铃薯淀粉	曲靖市宣威市
7	云南自然之星农业科技有限公司	“自然之星”牌有机甜玉米	楚雄州元谋县
8	云南穗丰农业开发有限公司	“穗丰绿源”牌辣椒	德宏州陇川县
9	云南凯普农业投资有限公司	“鲜为”牌绿色蔬菜	昆明市五华区
10	元谋聚元食品有限公司	“信旺爱”牌牛蒡	楚雄州元谋县

资料来源：笔者根据网络信息整理。

2. 昆明盛世晨农农业发展股份有限公司

昆明盛世晨农农业发展股份有限公司下属云南恒邦科技有限公司、云南恒进农业开发有限公司、晨农集团昆明恒兴农产品经营有限公司、云南晨农国际物流有限公司、呈贡晨农航空货运有限公司 5 家子公司，形成了集蔬菜种苗培育、基地种植、产品加工（保鲜、冻干）、物流运输、产品包装、市场销售、农业观光、农业科普、农游体验为一体的现代新型农业企业。

盛世晨农公司先后在昆明、玉溪、普洱、西双版纳、楚雄、大理等地建成了 6.5 万余亩无公害蔬菜生产基地，现已形成保鲜蔬菜、冻干蔬菜两大系列共 400 多个品种。目前，公司蔬菜年生产加工能力达 40 万余吨。公司通过农业产业化经营，与农户签订协议，订立保护价格，带动 20 多万户农户年均增收 2 万元以上。公司现已通过了 ISO9001:2000 质量管理体系及 HACCP 食品安全管理体系认证，实现全产品的可追溯和可召回。“晨农”牌商标被国家工商行政管理总局评定为“中国驰名商标”。公司技术力量雄厚，专业设施齐全，是目前中国较大的蔬菜生产企业。

（三）存在问题

1. 品种结构不优化，质量不佳，特色不突出

目前，云南省蔬菜业中大宗菜、中低档菜比较多，而精品菜和特色菜比较少，

品种结构不优化。虽然云南省蔬菜产业有很多优良品种，但是并未形成特色品牌，没有把资源优势转化为品牌优势，特色不明显。菜是一种特殊的商品，属于易腐产品。云南省蔬菜产业流通成本太高，冷藏、冷链和物流设施薄弱，对于蔬菜质量的保证不够完备。

2. 信息不畅，价格波动大，农户没有定价权

蔬菜是一种时鲜品，而且易腐烂，不适宜长途运输，价格变动幅度大，供求矛盾转化加大了市场风险。云南省农业市场环境、市场发育程度、流通秩序和信息服务等还不够完善，批发零售市场基础设施仍然落后，市场对生产的引导作用难以充分发挥。菜农由于缺乏供求信息的引导，难以预测蔬菜产销趋势，信息不灵，渠道不畅，品种选择上盲目跟从，这不仅影响了菜农的经济效益，同时也造成生产资料及劳动力资源的浪费。同时，农户不能和批发市场进行及时的信息沟通，在蔬菜供不应求的情况下，批发市场会提高蔬菜价格，而农户不知情，缺少定价权，给农户带来一定的经济损失，导致入不敷出，影响云南省蔬菜产业发展的平衡。

3. 销售渠道不稳定，供销渠道单一

在云南省蔬菜产业中，大多农户、企业是通过各种渠道寻找客户，销售产品，在考虑成本和市场行情下进行定价销售，交易的随意性比较大，签订诚信合同的比较少，销售渠道不稳定。虽然云南省蔬菜产业具有一定的规模，但是销售渠道仍比较单一，受生产观念、生产体制的影响，生产管理水平和机制有待改善。

4. 蔬菜批发、零售市场不畅

蔬菜批发、零售市场不畅，出现“农民卖菜难、市民买菜贵”的怪圈。值得关注的是，一方面是直线下滑的蔬菜批发价格，另一方面是零售终端高居不下的菜价。以卷心菜（包菜）为例，来自通海金山蔬菜批发市场2011 年4 月20 日的价格信息显示，卷心菜最高价0. 20 元/千克，最低价0. 10 元/千克。而昆明各大农贸市场卷心菜售价为2. 0 ~2. 5 元/千克，整整涨了10 倍。农民种菜亏本，收购商贴本，运输商叫苦，批发商不赚钱，商贩也说赚不到钱。通过调查了解发现，问题出在农贸市场、超市这一环节，商贩、超市在进蔬菜时控制数量，刚好够卖或者不够卖，就造成供不应求的假象，蔬菜卖价不降，市民买不到低价菜，要吃菜，只有买高价菜。

5. 宣传方式不到位，促销力度不够

蔬菜产业是典型的完全竞争市场，在蔬菜产业出现滞销的情况时，促销的方式不正确会加剧产品的进一步积压，从而造成更大的经济损失。云南省蔬菜的促销方式比较单一，宣传不到位，销售网点少，促销环节薄弱，大大减弱了滞销蔬菜的市场竞争力。

（四）建议

做大做强蔬菜流通贸易龙头企业，实现龙头企业组织农民生产的有效方式，及时调整蔬菜的产品结构，提高产品的市场竞争力，如“企业＋基地”“企业＋农户”“企业＋基地＋农户”等多种生产经营模式。大力发展农村合作经济组织，培养蔬菜营销经纪人。提高流通过程中的组织化程度，尽可能减少流通环节（张丽琴，2012）。

1. 产品策略

一是进行产业结构调整。云南省应该着力促进蔬菜产业的产业化、专业化，着重发展云南省蔬菜产业的区域优势。拓宽产业发展的渠道，引进在某个季节稀缺的蔬菜或者进行无公害蔬菜的培育，在节约成本的同时改善生态环境，促进蔬菜产业的可持续发展。

二是发展品牌战略。云南省蔬菜产业的发展离不开核心企业，所以品牌战略至关重要，将资源优势转变为经济优势，在保障高质量的前提下，企业应进行具有云南民族特色的包装，加大宣传，建立品牌形象，提升进行品牌自主研发科技的水平，促进云南蔬菜“走出去”。

三是实施标准化管理。随着生活水平的提高，人们对产品质量的关注度越来越高。质量是蔬菜产业发展竞争力的核心因素，对于云南省来说，提高质量首要的就是发展无公害的蔬菜。在保证环境优越的前提下，加大对种子和化肥的检查力度，在生产到销售等环节建立统一的质量检查标准，对蔬菜进行标准化管理；根据不同的生产和需求，设置合理的准入门槛，建立健全蔬菜监管系统，从而保证蔬菜的质量。

2. 价格策略

一是加强产业信息流通。信息流通不及时是造成蔬菜产业价格上下波动的一个主要原因。对于云南省蔬菜产业的发展，一方面，应该加强产业链的信息流，加强蔬菜产业在生产链、供应链和需求链三个环节的信息流通，加强对人力、物力和财力的支持；另一方面，要加大人才管理的培训和对基础设施的配备，建立一套完整的信息系统，充分利用网络了解蔬菜的各种信息，从而在蔬菜种植以及销售过程中更加标准化和合理化。

二是完善利益机制。在蔬菜产业的发展过程中，要对蔬菜产业链中的农户、批发商以及加工企业三方之间的利益机制进行合适的分配。公司和农户在自愿、平等互利的前提下，进行合同签订，也可以采用订单或者是农户入股的方式进行利益分配，从而减少两者之间的利益冲突；也可以通过“公司+中介+农户”的模式，引导企业和农户建立稳定供销关系，对蔬菜产业进行统一管理、专业化生产，从而降低成本，促进效益。

3. 渠道策略

一是完善流通环节。进一步提升云南省蔬菜批发市场的功能，建立与国际接轨的各种形式的蔬菜市场体系，充分发挥大型超市、蔬菜市场在流通中的纽带作用，减少流通环节，促进蔬菜的经济效益。建立专业化的物流配送系统，把蔬菜产业链的配送直接外包给第三方物流企业，在集中精力提高业务水平的同时还能提高云南省蔬菜产业的竞争力。

二是优化产业链管理水平。优化云南省蔬菜产业链管理主要体现在两个方面：一是建立蔬菜产业链一体化模式，注重蔬菜产业链横纵向发展；二是加强蔬菜产业链的自主研发和创新，培养相关的技术人才，提高蔬菜深加工的能力，致力于和谐、可持续发展的蔬菜产业链方向。

4. 促销策略

一是加强销售。蔬菜产业在市场上有很多的供应商和不同的品种类型，竞争比较激烈，为了在蔬菜行业站住脚跟，就要加强产品的销售，改变单一的促销模式，充分利用互联网，同时进行线上和线下的促销，组建专业的销售团队，发掘潜在的客户，从而提高产业竞争力。

二是维护客户关系。任何一个产业都需要维持好与客户的关系，特别是在完全竞争的蔬菜产业。要及时掌握客户的需求信息，建立诚信的合作关系，在没有达到合同要求时，要对客户进行相应的赔偿，使利益分配达到公平。

五、风险控制

（一）基本情况

受蔬菜时令生鲜、不易储存、市场化程度高的影响，与水稻、玉米、小麦等大田作物相比，蔬菜产业在生产与经营过程面临更大的风险，根据风险的来源，将蔬菜产业生产经营风险类型分为自然风险、销售风险、质量风险、经营风险与社会风险。

1. 自然风险

2012年中央一号文件指出，当前，国际经济形势复杂严峻，全球气候变化影响加深，我国耕地和淡水资源短缺压力加大，农业发展面临的风险和不确定性明显上升。而蔬菜生产种植由于品种较多，季节性强且不耐储存的特点，更容易受到自然条件与外部环境多方因素影响。

（1）自然灾害与病虫害风险。自然灾害风险是蔬菜生产经营的重要风险，它的形成通常是灾难性的，具有种类多、涉及面广、危害大等特点。旱灾、洪涝、冷冻、风雹对蔬菜产量有较大影响。同时，特殊的天气变化也会影响蔬菜产量。如连续的阴天及雨雪天气会导致温室光照不足、温度低、空气湿度相对高，使蔬菜光合效率下降，易出现落花、落蕾和坐果困难等现象，同时也可能造成蔬菜根系生长受抑制，影响水分和养分的吸收，致使蔬菜茎叶颜色变黄，综合抗逆性明显下降，最终导致蔬菜产量降低。如2018年8月4日凌晨发生在普洱市景谷县永平镇的洪灾造成当地玉米、蔬菜、烤烟等农作物受灾，仅永平镇迁营村新寨、田心、芒谷、方南4个小组受灾面积就达96.7公顷，成灾面积94.7公顷，绝收面积65公顷，直接造成经济损失70.5万元，洪灾同时使得这4个村民小组房屋一般受损16户32间，鸡200只，猪2头，鱼塘13亩等，共造成经济损失12.5万元。①

随着蔬菜产业的发展，在蔬菜种植面积扩大的同时，蔬菜品种也逐渐增加，但是设施蔬菜种植模式下蔬菜重茬、连作为病虫害发生提供了有利的生态条件，病虫害的发生实现了周年循环，其中最突出的蚜虫、粉虱、美洲斑潜蝇形成了周年发生，世代重叠的发作情况，影响蔬菜产量的增加。新的蔬菜品种的引进使病虫害的种类更加繁多，灾害性病虫常常从点至片爆发成灾，危害程度加重，蔬菜生产过程中病虫害引发的损失逐年增加。目前蔬菜病虫害种类繁多，各类传染病害有几百种，具有传播速度快、面积大、难以防治等特点，危害西红柿、茄子、黄瓜等瓜类与茄果类蔬菜；而蔬菜虫害主要包括各种蚜虫、菜青虫、白粉虱等300余种。以黄瓜种植为例，黄瓜霜霉病、灰霉病是大棚黄瓜种植的常发病害，黄瓜

---

① 赵俊雄．云南景谷县永平镇发生洪涝灾害 96.7公顷农作物受灾［EB/OL］．中国新闻网，2018－08－05.

白粉病、炭疽病也是常见病害，导致叶片提早焦枯死亡；黄瓜花腐病、绵疫病、绿枯病导致果实萎缩畸形；黄瓜常见虫害有朱砂叶螨、蚜虫、白粉虱、烟翅小绿叶蝉、黄瓜绢野螟、黄瓜瓜实蝇等几十种，随着害虫抗药性的增强与繁殖率的提高，病虫害危害日益严重。

（2）蔬菜生产环境风险。随着现代农业的发展，化肥与农药成为农业生产的必备物资。从 20 世纪 50 年代开始，60 年间我国化肥施用量增长 100 倍，化肥平均用量是发达国家化肥安全施用上限的 2 倍，我国农村肥料使用中撒施、表施现象普遍，施肥中存在重氮磷肥轻钾肥、重化肥轻有机肥、重大量元素肥轻微肥的“三重三轻”误区。由于农药、肥料、沉积物等分散污染源引起的对土壤、大气、水源等生态系统的污染，使得我国耕地肥力出现明显下降，农业面源污染问题日益严重。生态环境的破坏引发了土地产出下降，作物品质降低，食品安全事件频发，农产品产地品牌受损等问题，这种由于化肥和农药的过量或不当使用所导致的农业风险称为环境风险，是蔬菜生产经营中最容易被忽视的风险因素。

环境风险不仅影响蔬菜生长，长时间积累还将导致生态环境的破坏，出现畸形蔬菜或蔬菜无法生长的重金属中毒现象。由于蔬菜食用量大，蔬菜是土壤中的重金属通过食物链向人体富集的有效方式，给消费者健康带来威胁。随着消费者对蔬菜重金属含量、辐射量关注度的增加，加上蔬菜生产面对的环境风险是难以进行有效治理的，导致蔬菜产业面临的环境风险更加突出。

2. 销售风险

蔬菜生产面临的销售风险是指由于蔬菜生产资料价格上升、产品销售价格下降，或由于契约签订方违约为经营主体带来经济损失的风险。各类新型蔬菜经营主体通过专业化与规模化的生产，有效解决了菜农生产经营中的信息、生产技术、产品销售等方面的难题，缓解了菜农分散经营与社会化大生产难以对接的矛盾。但目前各类蔬菜新型生产经营主体尚处于起步阶段，蔬菜生产经营主体生产规模小，经营分散，组织化程度低，市场议价能力弱，而且蔬菜销售周期短、生鲜易腐，因此与其他农作物相比，蔬菜生产经营主体面临更大的市场风险。

（1）价格风险。蔬菜生产具有明显的周期性与季节性，对市场价格反应滞后，导致市场供销矛盾突出引发剧烈的价格波动。在蔬菜种植家户式经营模式下，农户一般采用小规模、多样化、粗放式经营的方式，在种植蔬菜的同时，还会种植水稻、玉米、小麦等大田作物，或花生、油菜花等经济作物，“小而全”“小而兼”的经营方式有助于蔬菜种植户分散风险，保持农户的总体收益稳定，但农业效率较低，农民收入水平低。随着各类蔬菜新型生产经营主体规模化、专业化、集约化经营模式的发展，农业效率大幅度提高，但是在规模化生产提高农业收益的同时，受利益驱使的经营主体可能投入大量资源用于单一蔬菜品种的生产，或盲目扩大生产规模。而过高的专业化与规模化使得传统的蔬菜自产自销的方式难以为继，蔬菜经营主体必须将产品送入流通市场进行交易，交易中的风险与不确实性增大。由于偶然因素或交易方的机会行为导致蔬菜经营主体巨大损失的情况，蔬菜滞销和“菜贱伤农”的现象时有发生。另外，蔬菜生产经营主体容易盲目跟风而导致无计划种植，蔬菜滞销成为近年来频繁出现的问题。由于蔬菜价格过低而任由蔬菜在地里腐烂的现象比比皆是，而作为蔬菜生产的主要主体——广大菜农就成为事件的直接受害者。云南省蔬菜滞销的新闻近年来亦是经常见诸各类媒体，如2011年5月昆明市东川区大量蔬菜烂在田间；2012年2月昆明市嵩明县上千吨蔬菜滞销，为了种上新菜，菜农只好忍痛将蔬菜砍掉丢弃在地里等。另外，蔬菜从田间收购再到市场进行销售需要经过若干流通环节，由于蔬菜流通环节的管理费、运输费等成本，使得不同环节都有加价，而蔬菜价格波动幅度较大，蔬菜批发商和超市为了保持自身经营利润，必须选择压低蔬菜种植者收购价格，将市场价格风险转移给蔬菜生产主体。

（2）契约风险。为规避蔬菜生产种植过程中的市场风险，订单农业被认为是有效的解决方式，但是由于蔬菜市场的不稳定性，这种由于契约的谈判、签订、履行等活动对蔬菜生产经营主体产生的影响即为契约风险。契约风险是传统农业经营方式从未有过的风险，但随着蔬菜专业合作社、种植大户等经营主体的发展，蔬菜种植规模的扩大和专业性的增强，契约成为连接农户与蔬菜经营规模主体、农户与蔬菜收购商、规模经营主体与收益商三方利益主体的纽带与桥梁。但由于市场不确定性的存在，使得各方为了经济利益最大化采取违约行为，将给对方带来一定的经济损失，使契约风险成为蔬菜生产经营主体不得不面对的风险，也是农业产业化经营的核心风险。

蔬菜订单生产采用“公司+合作社+农户”“公司+种植大户（家庭农场）”的组织形式，企业根据市场需求与蔬菜生产经营主体签订认购合同，规定产品的数量、质量、品种、价格、技术指标、交易时间等条款，再由蔬菜生产经营主体按照契约约定的品种、数量与质量组织菜农生产。一般而言，由蔬菜规模化经营主体牵头进行订单生产，对菜农销售收入的提高将起到重要的推动作用，但是由于订单销售合同存在问题较多，且合同双方道德风险的存在使得违约率较高。即使双方在订单合同中规定了价格和数量，由于蔬菜价格波动较大，蔬菜种植户与收购商均可能选择违约来提高自身收益，导致订单合同的违约率高达80%。规模化蔬菜生产经营主体一旦蔬菜产品大批量上市时遭遇订单违约，极有可能导致蔬菜产品滞销问题发生。契约风险除了会导致契约签订另一方的经济损失外，还会因短期得利方示范效应的存在，使得契约各方只考虑一次交易的收益，引起更多人采取违约行为，而普遍的短期行为又会导致蔬菜经营过程中诚信环境的恶化，影响蔬菜产业长远健康发展。

3. 质量风险

蔬菜生产经营主体面对的质量风险是指由于生产过程标准化程度低、监测不到位、生产技术失误等因素形成的蔬菜质量及安全问题给蔬菜生产经营主体造成损失的风险，质量风险可能给蔬菜生产经营主体造成极大的名誉损失、经济损失及连带责任，随着消费者食品安全意识的增强，质量风险对蔬菜经营主体的影响日益突出。

（1）蔬菜农药残留风险。近年来，随着各级管理部门对农产品质量安全的重视，制订实施了《中华人民共和国食品安全法》与《中华人民共和国农产品质量安全法》。一方面通过规模化生产经营主体设施农业项目带动，我国蔬菜的集约化育苗、节水灌溉和防虫网等为主的无公害标准化蔬菜生产技术已经有了一定的发展，蔬菜质量安全大幅度提升。但是由于资金、人员等因素的限制，我国蔬菜生产经营主体的标准化生产水平仍然不高，其检验检测体系仍不健全，目前还不能实现蔬菜过程的全程监控，对农药的监测力度不够，易发生蔬菜安全事件。另一方面，随着蔬菜产量的大幅度提高，出口贸易成为蔬菜销售的重要渠道，但是在国际市场上，发达国家对蔬菜进口设置了严格的技术性贸易壁垒，由于蔬菜重金属含量超标、农药残留超标、标签不规范、使用被禁止的色素以及含有腐烂物质等原因导致蔬菜在出口检疫中被通报或扣留事件偶有发生，蔬菜食品质量安全对蔬菜出口造成较大影响。

（2）蔬菜生产技术风险。现代信息技术与生物技术的推广与应用在提高蔬菜生产经营主体收益的同时，也导致了新的风险产生。技术风险指由于技术引进、推广不当或技术失误等问题引发的蔬菜生产经营主体实际收益与预期收益的背离情况。农业技术有其特定的应用条件，在应用时比一般技术难以掌握，而且农业技术应用具有地域性强、转化周期长、可控性差的特点。受限于蔬菜种植户文化水平低，接受新技术、新品种的能力差，使得农业新技术与新品种是否能产出成果具有较大的不确定性，经常出现因为技术条件达不到要求而失败。蔬菜生产过程中各类由于技术或品种暗含的风险问题是制约菜农增加蔬菜技术含量的主要因素。

蔬菜种植过程还存在由于长期种植而导致的品种退化问题，但受技术风险的影响，菜农引进新品种与新技术的积极性不高。新产品与新技术风险一方面来自提供种苗的厂商。另一方面是在新品种引进前缺乏新品种对气候、温度、湿度、土壤、光照、灌溉等生长条件的了解，导致新品种引进后由于生产技术的失误，导致蔬菜减产，收益下降。

4. 运营风险

随着蔬菜规模化经营主体发展速度的加快，各类新型经营主体还将面临较高的经营管理风险，即由于决策人员和管理人员在经营管理中出现失误而导致经营主体盈利水平下降的风险或由于成本的变动而导致未来成本增加。蔬菜生产经营主体面临的经营风险主要包括管理风险、储运风险、营销风险与财务风险等。

（1）蔬菜生产规模经营主体管理风险。管理风险是指蔬菜生产经营主体的管理者在管理运作过程中因管理不善、信息不对称、判断失误等影响预期收益的风险。但由于我国新型蔬菜规模化经营主体仍处于初级发展阶段，成长过程中存在内部治理机制不健全、融资困难、合作效益低下等诸多问题，其中财务管理问题成为制约新型农业生产经营主体的发展“瓶颈”。由于蔬菜规模化经营主体管理者和负责人主要来自种植大户、村委工作人员或社会能人，所聘用的人员也主要来自农村地区，菜农由于文化水平低，使蔬菜生产经营主体面临较高的管理风险，主要表现在生产决策与财务管理方面。财务风险是指农民专业合作社财务结构不合理、融资不当使合作社可能丧失偿债能力而导致投资者预期收益下降的风险，生产决策则表现在由于蔬菜品种、茬口、上市期安排不合理而导致的市场价格波动。以蔬菜专业合作社为例，目前存在的主要问题包括内部控制制度不完善、缺乏专业会计人员、财务管理制度不健全、盈余分配制度不规范、缺乏监督机制等问题。

随着蔬菜规模化经营主体的发展，日常管理涉及财务、技术指导、产品销售、工人招聘等一系列问题，导致经营成本的大幅度上升，制约经营主体收益水平的上升。此外，规模经营主体还面临着菜农管理风险，如蔬菜专业合作社社员缺乏诚信意识，由于拖欠会费、违规生产、合同毁约行为等给农民专业合作社所带来的风险，而种植大户与家庭农场的雇员农户也存在效率低下的问题。对于家庭农场与种植大户而言，虽然依据《中华人民共和国农民专业合作社法》，大部分蔬菜专业合作社制定了社员管理制度，对社员的权利和义务进行了详细规定。社员与合作社联系松散，在种植、销售过程中存在较大的随意性，很多社员产品并未通过合作社渠道进行销售，导致合作社预期收益降低。

（2）储运风险。蔬菜的储运风险是指在产品储藏、运输过程中由于硬件设施不足或管理不善所导致的蔬菜生产经营主体收益减少的情况。由于蔬菜销售周期短、易腐变质，与其他商品不同，新鲜蔬菜的品质除了取决于其生产环节外，很大程度还取决于储藏与运输环节，从而使蔬菜生产经营主体面临的储运风险更高。蔬菜储运风险主要表现在两方面：一是蔬菜储藏与运输环节成本上升对蔬菜经营收益的影响；二是蔬菜储藏与运输过程中的损耗问题。蔬菜属于低附加值的初级农产品，本身价值较低，对运费的承受力有限。随着蔬菜产业大流通的总体格局形成，长途贩运成为蔬菜销售的重要环节，但是蔬菜长途运输过程中的运输成本的持续上升，给蔬菜经营主体带来一定影响。

储运风险还体现在蔬菜储藏运输过程中的损耗上。为避免蔬菜成熟期集中上市导致价格下降影响蔬菜生产经营主体的收益，将茄果类和根茎类蔬菜进行储存等待未来合适的销售时机是菜农常用的市场风险规避方式。但是受蔬菜采摘技术、储藏环境中蔬菜包装、温度、湿度、空气成分含量、病虫害等问题的影响，食用菌、马铃薯、胡萝卜、圆葱等易在储藏期间发生腐烂变质，导致储藏损耗产生，尤其对于小规模蔬菜生产经营主体而言，受技术、资金、销售渠道各方面因素制约，蔬菜储藏风险突出。另外，我国传统物流手段落后，国外先进的冷链物流尚未普及，一般采用采摘后自然冷却、散装搬运、“冰块＋被褥”降温和废报纸包裹蔬菜保鲜以及常温车运输方式。蔬菜作为易损耗商品，传统的冷藏与运输方法无法控制蔬菜贮藏与运输对温度与湿度的要求，从收购到销售过程中装卸、运输、搬运均不可避免地存在一定程度的损耗，且流通、存储的时间过长，在运输和在仓储中蔬菜失鲜、腐烂的现象严重，使其价值下降。

5. 社会风险

社会风险也称为行为风险，是指由于个人或团体的过失行为、不当行为或故意行为对蔬菜生产经营主体造成的财产损失或预期收益减少的风险。社会风险主要表现在以下方面：一是盗窃、抢劫、伪劣种子和农药等行为造成的风险；二是蔬菜生产经营主体融资过程产生的风险；三是由于农业政策变化所带来的风险。

（1）融资风险。融资风险是指蔬菜生产经营主体由于筹资规划而引起的收益变动的风险。蔬菜生产经营主体为获得更高的收益，在规模扩大的同时，通过引进优质蔬菜品种与先进的设施蔬菜装备成为必然选择。但是与其他农业生产经营主体相同，资金短缺是制约蔬菜生产经营主体发展的主要问题，目前蔬菜生产经营主体的融资风险主要表现在两方面：一是难以获得资金支持风险；二是难以按期偿还贷款而产生的债务风险。

对于蔬菜生产经营主体而言，融资的途径主要有两方面：一是农民信用合作社贷款；二是民间借贷。从蔬菜生产经营主体成员组成来看，无论是规模种植的大户与家庭农场，还是参与蔬菜合作社的菜农，或者家庭种植户，从整体上看普遍经济实力不高，信用意识差，且缺少贷款抵押与担保，相对于第二、第三产业经营主体而言，存在融资渠道少、融资成本高、融资额度小的现象。对于目前蔬菜生产经营主体重要组成部分的蔬菜专业合作社而言，由于合作社只是为全体社员提供服务的互助型组织，并不追求利润最大化，但是随着合作社规模的扩大和专业化程度的提高，新品种的引进、新技术的采用、品牌创建以及物流渠道建立均需要大量的资金，蔬菜生产经营主体对资金的需求在扩大，但是由于蔬菜产业的高风险，导致生产经营主体很难通过正规金融机构融通资金。通过蔬菜大户与合作社调查发现，获得金融机构信贷支持的蔬菜生产经营主体一般是通过私人关系进行沟通，否则就只能借助于民间借贷。

（2）政策风险。政策风险，指政府由于宏观调控、体制改革或其他原因直接干预蔬菜生产经营主体而带来风险，政策风险主要来源于与农业生产和经营相关的政策转换及政策改变两个部分。例如，政府取消现有对蔬菜产业发展的相关农业财税、金融、土地使用等扶持政策，以及变动蔬菜出口政策等。近年来，随着消费者对食品安全的重视，各地陆续出台《蔬菜农药监督管理条例》《蔬菜质量安全管理办法》《蔬菜基地管理条例》《蔬菜市场准入证制度》《蔬菜外观等级标准》《蔬菜出口检验检疫标准》等，出发点是为规范蔬菜市场健康发展，但是由于政策出台时未考虑到当地蔬菜产业的现实情况，导致相当数量的蔬菜生产经营主体收益下降。

（二）案例

1. 云南创新农业险种为“三农”撑起保护伞

围绕云南省高原特色农业，大力拓展商业性涉农保险，形成了财政保费补贴型农业保险为主导，商业性保险为补充的服务格局。人保财险云南省分公司总经理徐平介绍，结合云南省各地的区域特点和特色优势产业，人保财险先后创新开办了商业性肉牛、育肥猪、山羊、蚕养殖、肉鸡养殖保险和葡萄、大棚蔬菜、魔芋、柑橘、石斛、辣椒、芒果种植保险等20余个特色农业险种，其中牦牛、藏系羊养殖保险和青稞种植保险是迪庆藏区特色保险品种。此外，还为红河、文山、西双版纳、保山、德宏、临沧6个州（市）的甘蔗种植户提供6.37亿元的风险保障，处理保险理赔案件492件，累计支付赔款1475万元。为红河、西双版纳、德宏三个州（市）的橡胶种植户提供了14亿元风险保障，处理保险理赔案件185件，累计支付赔款1006万元。①

通过保险的经济补偿职能，保障了广大农牧民的生产生活稳定，充分发挥了保险经济“助推器”和社会“稳定器”的作用，有力促进了云南农业增产、农民增收。2016年1～7月，人保财险为全省提供农业风险保障556.59亿元，累计支付农业保险赔款2.18亿元，6.54万户农户从保险赔款中直接受益。

下一步，人保财险云南省分公司将持续实施产品创新，服务供给侧结构性改革，围绕云南省重点扶持的畜牧、果蔬、茶叶、生物制药、花卉等高原特色农业产业，加大农业保险产品的创新力度，全方位服务云南省高原特色农业。在传统的农产品物化成本保险的基础上，积极探索开办农产品价格指数保险、天气指数保险、产量保险、农产品质量保证保险等新型险种，进一步提高对云南省高原特色农业的保障水平。此外，公司在楚雄姚安试点开办的部分农产品的目标价格指数保险，待取得经验后将进行推广，蔬菜价格指数保险和白糖期货价格保险的调研工作也在积极开展中。

2. 山东3.5亿元蔬菜目标价格保险

据山东保监局公布的全省财产保险领域典型赔案资料，2017年，山东省马铃薯、大白菜等蔬菜上市期间，田头均价远低于目标价格，农民收入受损严重，中华联合财险、人保财险、太平财险、平安财险、泰山保险等8家保险公司分别对承保的237.36万亩章丘大蒜、滕州马铃薯、金乡大蒜、泰安大白菜等蔬菜价格指数保险进行赔付，共支付赔款3.5亿元。

农产品目标价格保险是对农产品市场价格低于目标价格造成的损失进行赔付的险种，是保险业服务“三农”、服务实体经济的一种农险模式创新，将农产品生产的市场风险纳入保障范畴，稳定了农产品市场价格，保障了农户和广大市民利

① 杨抒燕．云南：创新农业险种为“三农”撑起保护伞［N］．云南日报，2016－09－14.

益，是关系民众的菜篮子工程。2017 年，山东省蔬菜目标价格保险共承保蔬菜 237 万余亩，在全国范围内规模最大。①

3. 贵州 2000 万元的“9 +3”重点县（区）蔬菜保险

2020 年，贵州省为了发挥好保险的“稳定器”“减震器”“助推器”功能，确保蔬菜这一“短平快”产业助推脱贫攻坚取得实效，针对 9 个未摘帽深度贫困县和 3 个剩余贫困人口超过 1 万人的已摘帽县（以下简称“9 +3”重点县（区）），全省安排 2000 万元补贴资金支持“9 +3”重点县（区），开展蔬菜政策性保险工作。中国人寿、太保、国元等 6 家保险公司共同成立“共保体”，在“9 +3”重点县（区）推进政策性蔬菜种植保险和目标价格保险工作，提升蔬菜种植户和新型农业经营主体抵抗自然灾害、意外事故、病虫鼠害等非人为因素，以及市场风险等方面的能力。“9 +3”重点县（区）的蔬菜种植户和新型农业经营主体在享受中央、省、市、县政策性蔬菜种植保险和目标价格保险补贴政策的基础上，再按每亩 5 元以上的标准给予补贴，可用于补贴单独购买种植保险或目标价格保险，也可用于补贴同时购买种植保险和目标价格保险，实现“应保尽保，愿保尽保”。②

2020 年 4 月 18 日，贵阳举行了“9 +3”重点县（区）蔬菜保险项目签约仪式，中国人保财险贵州省分公司、太保财险贵州分公司等 6 家保险公司在主会场签署“9 +3”重点县（区）蔬菜保险共保协议，“9 +3”重点县（区）政府代表和中国人保财险“9 +3”重点县（区）支公司负责人在分会场视频签署《蔬菜保险助推脱贫攻坚战略合作框架协议》。

（三）存在的问题

近年来，蔬菜种植规模逐渐扩大，产量持续上升，高效率的机械设备与生产设施广泛采用，形成全国统一的市场购销体系，但蔬菜生产经营过程中的高投入、集中上市、供需失衡的情况使得面临的农业风险也日益复杂。这是由于我国实施各类农业风险管理措施时间较短，各类经营主体对农业风险的认知能力与管理意识相对落后，使得蔬菜生产经营主体风险管理存在较多问题。

1. 缺乏完善的全面风险管理的组织体系

蔬菜产业风险管理面临最主要的问题是风险管理的主体——蔬菜种植户、蔬

① 王雅洁．去年山东财险领域最高赔付额达 3.5 亿［N］．经济导报，2018 -03 -21.
② 贵州 6 家保险公司成立“共保体”为“9 +3”县（区）蔬菜种植保驾［N］．贵州日报，2020 -04 -22.

菜生产经营组织以及政府在农业风险管理中处于缺位或低效运行状态。各类蔬菜生产经营主体，包括各级政府在内，农业风险管理意识还不强，相对于风险的预防与控制，更重视蔬菜产量的提高与种植面积的扩大。目前，我国农业风险管理方面出台了不少措施，但尚未成立独立的农业生产风险管理机构，缺乏统一的农业生产风险管理综合协调机制。政府现有的农业生产风险管理职能分散于专业的气象监测部门、农产品质量安全局、动植物检验检疫部门、农业保险公司等风险管理组织机构，各机构提供农业风险管理服务时存在不完整、不配套和不协调的显著问题。而且我国关于农业风险的信息与数据库较为分散，尤其是关于蔬菜生产经营风险而言，历年的灾害损失、不同蔬菜品种市场价格波动情况缺乏有效的信息获得渠道，蔬菜生产经营主体也尚未形成稳定的利益共同体，影响蔬菜生产经营风险管理的有效运作。

蔬菜生产经营风险管理方面，目前缺乏资金补偿与风险分散机制，导致经营主体抗风险能力弱，影响蔬菜可持续发展。目前蔬菜生产经营风险管理体系的设计与安排尚未得到相关部门的充分重视，缺乏专业人员与机构从事蔬菜生产经营风险管理研究，缺乏具体的技术操作人员，同时政策性蔬菜保险、蔬菜期货等风险管理产品供给不足的情况下，蔬菜生产经营主体转移与分散生产经营风险难度较大。

2. 蔬菜经营主体缺乏抗风险的能力

虽然近年来我国蔬菜新型规模化经营主体发展迅速，但是现行的土地承包制度下，散户仍是蔬菜生产经营主体的重要组成部分。而绝大多数传统的家庭种植户“靠天吃饭”的思想意识一直存在，风险管理意识与主动性较差，或被动听天由命进行风险自担，或习惯依靠国家的救济与集体的帮助，抗风险能力较差。种植大户与蔬菜专业合作社等规模化经营主体也存在风险管理转移与分担方面的困境。规模化的新型蔬菜生产经营主体正处于起步阶段，风险自担水平较低，迫切需要进行有效的风险转移或风险分担。另外，融资难问题一直制约着蔬菜生产经营主体损失前风险预防与损失后风险抑制能力。通过对蔬菜专业合作社负责人访谈得知，得到金融机构和国家专项支农贷款的人均表示“找了关系”，而其他合作社或者依靠自有资金积累，或者通过民间高利贷的方式解决资金难题，高额的融资成本给蔬菜生产经营主体带来了“只能成功，不许失败”的经营压力。

虽然蔬菜生产经营主体已经认识到蔬菜保险的重要性，并表现出较强的购买意愿，但由于农业保险供给与期货市场发展的滞后，难以将生产与经营风险向保险公司与期货市场进行转嫁。由于农民普遍受教育水平较低，农业生产主要依靠自身经验积累与跟风种植，接受新技术、新品种的能力与意愿较差，而且我国目前的农业技术推广体系只负责蔬菜种植的技术问题，并不负责对新技术与新品种导致的投入风险、市场风险以及新技术本身不稳定所导致的产量风险进行培训。在这种情况下，蔬菜种植的技术风险完全由生产经营主体承担，而且在政府不适当的宣传引导下，技术风险还将进一步扩大。结合目前我国农业技术风险管理机制尚未建立起来的实际，对于技术与品种更新较快的蔬菜产业而言，除风险回避与风险自担外，没有其他控制与预防技术风险的管理策略。

3. 蔬菜经营主体市场风险管理措施滞后

国家出于保护农民利益、降低农产品经营风险的角度，从1993年开始对大宗农产品实行保护价收购，有力地降低了水稻、小麦等大田作物的市场风险。由于缺乏有效的市场风险管理手段，且难以准确预期市场行情，种植大户只能通过多样化种植进行风险分散。虽然一定程度上分散了风险，但在气候条件制约下，种植其他作物收效甚微。

虽然有农超对接、农社对接等新型销售渠道解决蔬菜销售问题，但是销售合同一般不规定市场价格，这意味着即使采用契约生产的形式，市场风险仍然由蔬菜生产经营主体承担。通过期货市场进行套期保值是转移市场风险的另一个有效策略，但是我国目前尚未推出蔬菜类的农产品期货品种。2006年以来，国内推出了针对蔬菜专业合作社与种植大户的蔬菜电子盘交易方式，其中以山东寿光蔬菜电子交易市场规模最大。蔬菜电子交易方式介于现货与期货交易之间，主要是利于电子盘交易市场以当前商定的价格对未来蔬菜产品进行交易。但由于目前的蔬菜期货市场仍处于试运行阶段，资金安全难以保障，保证金比例不合理，价格波动幅度过大，从而导致更大的交易风险，近年来，疯狂的“蒜你狠”“姜你军”便是电子交易导致蔬菜市场价格波动的结果。在这种情况下，蔬菜电子交易中的投机行为以及市场体系本身的不完善，使得电子交易市场也难以实现套期保值与转移市场价格风险的功能（乔立娟，2014）。

4. 蔬菜产业扶持政策不完善，政策风险难以规避

对于蔬菜产业的长期发展来说，目前还缺乏足够的政策调控，各级政府在蔬菜生产、流通、安全检测与信息提供等方面资金投入不够；在蔬菜保险、税收、补贴、支持性价格、批发市场用地等方面政策不完善、不配套；存在产业支持政策不均衡、不稳定的情况。虽然农业农村部与各省市都推出了全国与地方的蔬菜产业发展规划，对蔬菜产业发展的目标、重点等进行了详细描述，但长期以来，我国蔬菜生产发展缺乏统一规划，没有按照适地生产的原则进行科学布局，生产方式、栽培季节和品种结构雷同，上市期集中，经常出现区域性、季节性和结构性过剩与不足，市场供应不稳定，价格波动大，各地独特的气候和品种资源优势得不到充分发挥。而很多时候，地方政府进行蔬菜产业种植规划，往往忽略市场开拓与价格风险规避，导致本地蔬菜大量集中上市后产生蔬菜卖难问题。

另外，蔬菜规模化新型经营主体主要通过土地流转扩大种植规模，但某些地方政府政策缺乏连贯性、系统性，使蔬菜生产经营主体面临政策风险变异系数增大。突出表现在荒山、荒地等“四荒”清理进行土地发包，当设施蔬菜、产业园区等开始盈利时，地方政府违约，将土地收回。政府蔬菜产业扶持政策的不完善，使得蔬菜生产经营主体面临难以回避的政策风险，这一影响对新型规模化经营主体尤为明显。农产品风险基金是政府用于平抑农产品价格的经济调控专项资金政策。我国 1994 年建立了粮食风险基金制度，用于特殊情况下需要动用中央储备粮调节粮食市场价格时所需要的开支。但是直到 2011 年《国家发展改革委关于完善价格政策促进蔬菜生产流通的通知》下发，才正式提出由地方政府采用价格调节基金支持蔬菜的生产流通。但受地方政府财政资金限制，仍有部分地区尚未建立蔬菜价格调节基金，而建立蔬菜价格调节基金的地区，主要资金仍是用于对蔬菜生产基地建设的扶持，真正用于市场价格调节的仅在 30% 左右，难以应对蔬菜市场巨大的市场风险。

5. 农业基础设施投入滞后，损失预防能力差

完善的农业基础设施是蔬菜稳产、高产、高效的前提，也是提高经营主体风险管理能力的物质基础。农业基础设施包括防洪抗灾设施、农用道路、通信设施以及供水供电设施等，这些基础设施都需要长期、大量的资金投入，但是农村集体经济积累较少，难以进行基础建设投资，而政府的农村财政投入资金长期不足，使得农业基础投资建设缓慢，影响农业经营主体抗灾减灾能力。

对于蔬菜生产经营来说，蔬菜种植耕地排灌设施薄弱、储藏保鲜设施不足，在蔬菜的生产、流通环节存在采后处理不及时，田头预冷、冷链设施不健全，贮运设施设备落后、运距拉长等问题，导致蔬菜产量和质量不稳定，年际间产量和价格差异较大，果蔬流通腐损率高达 20%~30%。

近年来，由于城镇建设加快，交通便利，靠近市场的郊区蔬菜基地逐渐减少，农区蔬菜基地发展较快，农区新建菜地水利设施建设跟不上，排灌设施不足，致使露地蔬菜单产不稳；温室、大棚设施建设标准低、不规范，抗灾能力弱，容易受雨雪冰冻灾害影响，最近几年的低温、霜冻、干旱、暴风雨等自然灾害造成的蔬菜减产、价格居高不下就是有力的例证。

（四）建议

1. 加强农业基础设施建设，改善蔬菜产业生态环境

各级政府介入蔬菜产量风险管理的政策选择主要在于运用财政、金融、税收等政策工具，制定扶持蔬菜产业发展的优惠政策，其中最主要的是加强蔬菜主产区基础设施建设水平和改善蔬菜产业生态环境。

（1）加强蔬菜主产区基础设施建设。旱涝灾害一直是蔬菜生产经营主体面临的主要自然灾害，而通过农田水利设施建设和节水灌溉等新型农业技术推广可以达到一定程度的风险规避与分散，因而蔬菜主产区的基础设施建设中水利设施建设是重点环节。应通过多种形式的补贴，引导蔬菜生产经营主体开展农田水利设施建设，并扶持蔬菜专业合作组织、产业园区、种植大户以及家庭种植户以多种方式建设与开发小型水利设施，提高经营主体抗灾、减灾的能力。在水资源紧缺地区，建议通过推广高效节水灌溉和雨洪集蓄利用技术，提高蔬菜生产经营主体旱灾风险管理能力；而在易发生洪涝灾害的蔬菜生产区域，应通过加强防洪排涝设施建设，提高抗洪排涝能力。按照统一规划、合理布局、集中连片的原则，对原有的生产基地进行升级改造，并规划新建高标准的蔬菜生产基地。加强以温室、大棚为重点的蔬菜生产基础设施建设，增加资金投入加快日光温室的改建进程，改进落后的棚室结构，通过加大设施结构跨度与高度的方式，提高蔬菜生产设施的增光、保温、节水、病虫害预防等综合生产能力，同时完善蔬菜生产基地电网与道路设施建设，建设路面硬化的田间主干道和支道，配备生产用电设施，配套农资、农机具库房等促进蔬菜设施升级。露地蔬菜主产区应通过完善灌排渠沟网络、泵房和田间贮水池建设，并逐步推进水肥一体化高效节水灌溉设施来加强高标准的生产基地建设。设施蔬菜主产区应通过建设高效节能钢架大棚，进一步提高日光温室土地利用面积，并积极发展投入少、风险低、效益高的简易中、小棚进行错季蔬菜的生产，提高蔬菜持续均衡生产能力。灌溉系统尽可能采用管道输水和微灌等高效节水技术，配备田间贮水池和排灌泵房，完善排水系统，有条件的地方采用水肥一体化设施，并完善田间道路、供电及其他设施。

（2）改善蔬菜产业生态环境。随着消费者食品安全意识的提高，蔬菜生产经营主体未来的发展方向应由单纯追求蔬菜产量向重视蔬菜质量转变，增加高端的

绿色与有机蔬菜的种植。但是高质量生态蔬菜的质量与品质需要蔬菜种植基础良好的生态环境，即要求生产环境天然无污染，对化学品基本不用或很少使用。近年来，在对城市环境关注度越来越高的同时，农村环境问题也日益突出，耕地、水源、大气污染与各类生态问题交织在一起，农业生态环境受到严重冲击，许多地区的农作物中铅、汞等含量超标率高达55%~60%，使得蔬菜生产经营主体很难申请到绿色和有机蔬菜认证。对农村生态环境的治理包括生活垃圾、人畜粪便等固体废弃物及生活污水、生产废水的处理，化肥的合理有效使用，以及农药和有机物的控制方面。因此，建议政府应首先对农村环境保护问题制定专门的法律法规，对农村环境污染的责任主体进行界定，并加大对企业环境污染的惩治力度。同时应加大对农村污染防治专项资金的投入，加大对农村环境保护的宣传力度，引导蔬菜生产经营主体增加低毒、高效、低残留化学农药与生物农药施用比例，减少化学肥料用量，增加有机肥施用量，逐步建立土壤肥沃、通行便利、抗灾能力较强的高产稳产蔬菜生产基地，切实提高蔬菜质量水平。

2. 建立蔬菜基地科技示范制度，健全技术推广服务体系

提高蔬菜产业的竞争力必须重视蔬菜生产经营主体的产能升级与质量提高，而这些均需要蔬菜产业科技创新体系支撑。在蔬菜主产区和城市郊区，扶持一批农民专业合作社、蔬菜种植企业、种植大户等规模化生产主体建立蔬菜科技示范基地，整合高校、研究所与农业推广部门的科研力量，研发无公害蔬菜种植、加工技术，蔬菜新品种培育、小型多功能耕作机械等，并通过对集约化育苗、病虫害统防统治、蔬菜预冷与分级处理等设施的建设，开展蔬菜示范基地统一种苗供应、病虫害防控、加工与销售服务，切实提升新成果转化率和实用技术到位率，提高蔬菜生产经营主体的组织化程度和产业化水平。

蔬菜产业园区与种植基地还可以在蔬菜扶推广服务体系中发挥重要作用，通过政府资金支持对基地配建一定面积的培训服务用房，配置必要的培训、田间小气候观测、品质速测等设施设备和交通工具，配备蔬菜栽培、植保、土肥等专业技术人员，提高技术推广服务水平。建设县域性蔬菜新品种新技术示范展示基地，开展引进试验、示范展示工作。

3. 加强蔬菜质量安全控制

按照农业农村部的“无公害食品行动计划”要求，各地方政府将发展无公害蔬菜作为“食品放心工程”的重点，通过开展蔬菜种植基地与园区的安全认证，蔬菜加工配送企业、蔬菜农民专业合作组织、蔬菜批发市场的质量安全检测，提升蔬菜质量。但是目前无公害蔬菜生产经营主体面临的一个主要问题是消费者对蔬菜的食品安全性很难做出正确或合理的判断，一般仍以蔬菜价格与外观作为购买的主要依据，而且大量消费者通过路边菜市场或街头菜贩购买蔬菜，更难以保证蔬菜质量安全问题。在这种情况下，一些蔬菜生产经营主体通过增加高毒农药与农产品添加剂的投入提高蔬菜产量，导致蔬菜质量安全问题频发。在蔬菜质量安全管理过程中，不仅缺乏协调配合的高效管理机制，而且检验设备落后、检测慢，无法做到批批检验。

对于蔬菜质量问题的监管，政府应通过完善的蔬菜检测与蔬菜质量安全法律法规制度的建设，提高违法案件的处罚力度，通过各批发市场蔬菜质量追溯体系的建立，对问题蔬菜生产经营主体加大惩罚力度。为从源头上控制蔬菜质量风险，还应建立农药等生产资料的市场准入制度，只允许获得农用化学品国家登记证书后的农药才能够在市场上进行销售，从而直接约束蔬菜生产经营主体的生产行为，使高毒农药难以进入蔬菜生产领域。建立蔬菜质量安全基金，当蔬菜质量安全事件爆发时，能够对受害者提供相应的经济补贴，设立基金推广和普及蔬菜质量安全知识，并建立市民送检蔬菜质量检测服务机制，帮助消费者学习如何简便、准确地进行蔬菜质量鉴别等措施来确保蔬菜生产经营主体蔬菜质量安全。

4. 推出露地与设施蔬菜政策性农业保险

一是露地蔬菜政策性保险设计思路。露地蔬菜的政策性农业保险开办时间较晚，保险品种少，覆盖面窄，目前中央财政提供补贴的蔬菜保险仅马铃薯保险一种可以由省级或市级政府根据当地特色蔬菜品种进行设定。保险金融的确定可以通过对蔬菜种植的直接物化成本来确定。以露地菜花种植为例，在不进行土地流转前提下，种苗费用约为1000元/亩，化肥、农药、水电费等约350元/亩，雇工费用约300元/亩，则露地菜花的直接投入成本在1600元/亩以上。① 露地蔬菜政策性保险险种设计，首先应按照根茎类、叶菜类、葱姜蒜类、甘蓝类、茄果类、瓜菜类、菜豆类进行分类，并以不同种植蔬菜的最低直接物化成本合理确定保险金额，对蔬菜生产经营主体因为自然灾害、病虫害、意外事故所导致的蔬菜产量损失按损失比例对投入成本进行补偿。

二是设施蔬菜政策性保险设计思路。考虑以政府保费补贴等手段引导设施蔬菜保险的发展，并通过市场运作提高设施蔬菜保险的效率。针对设施蔬菜主产区

① 笔者调研资料。

温室与大棚的生产，应设定中央、省、市三级保险补贴框架。另外，不同蔬菜经营主体的蔬菜设施以及种植蔬菜品种不同，相应的每亩物化成本也不同，还需要明确蔬菜设施本身、内部标的物的保险责任、保险费率、保险金额、赔付规定等，并根据棚室结构、大小，蔬菜作物品种等对设施蔬菜保险的操作指标进行调整，避免保险公司经营风险扩大。

5. 完善蔬菜价格支持政策体系

各级政府首先应深入了解蔬菜市场运行规律，根据蔬菜市场供给与需求情况的变动，及时采取“顺周期”或“逆周期”的调节方式，满足蔬菜生产经营主体、消费者与中间环节的多方利益。在蔬菜价格补贴范围上，应完善蔬菜生产经营主体补贴机制，同时，还应将粮食补贴中的直接补贴、良种补贴、农资综合补贴等优惠政策延伸至蔬菜主产区特色蔬菜生产，并根据蔬菜种植成本进行相应调整，例如茄子种植中，进口种籽为0.5元/粒，如果采用集中育苗并嫁接，则茄子种苗成本将达到1.5元/棵，平均每亩地种植3000棵，仅种苗成本便超过4000元/亩，通过根据蔬菜种植成本调整补贴金额，实现蔬菜生产经营主体收入与价格支持并举。一方面，应重点补贴大宗蔬菜生产所需的桥梁、道路、水利水电、棚室升级改造等基础设施建设，保障蔬菜产品运输与生产的低成本。另一方面，针对蔬菜季节性、结构性供给过剩所导致的滞销问题，还应根据蔬菜生产成本出台蔬菜最低保护收购价政策。当蔬菜收购价格低于生产成本时，政府向收购商提供价格补贴，提高收购价格，例如，随着劳动力、农资等成本的上升，容易发生滞销的绿叶类蔬菜的最低生产成本大约为0.15元/斤，可以作为最低收购价格参考。

6. 构建蔬菜生产经营主体市场信息服务系统

蔬菜生产经济主体市场信息的不完全性与不对称导致了市场风险的存在，因此，首先需要政府制定相关法规，完善蔬菜种植情况与市场行情等相关蔬菜类农业信息的披露制度；其次应加强农业信息化投入，使农业信息得到及时传播，通过信息公开与信息共享减少市场风险的不确定程度，蔬菜生产经营主体可以根据全面的市场供给与需求信息进行正确决策，避免与控制市场风险，提高经营主体的市场竞争力。

一是完善蔬菜生产信息监测发布体系。由于蔬菜种植过程中存在多茬种植情况，因此蔬菜的种植面积与实际播种面积出入较大，为了及时掌握蔬菜生产情况的动态信息，指导蔬菜生产经营主体合理安排生产。首先是通过报刊与简报形式进行信息传播，使蔬菜生产经营主体按时收到《蔬菜生产信息监测月历》，还可以通过建设蔬菜电视节目的传输和接收设施进行信息传播，同时随着农村地区网络的普及，指导规模化经营主体注册农业部蔬菜种植信息填报系统账号，通过网络直接获得生产信息，蔬菜生产经营主体可以根据信息安排蔬菜种植计划并选择上市时机。例如，设施茄子的生长期可以长达一年，而当蔬菜生产经营主体通过蔬菜种植面积与产量信息获得未来茄子将大量上市时，可以及时结束茄子生产转而种植其他作物，从而提高收益水平。

二是加强蔬菜流通信息网络平台建设。目前蔬菜经营过程存在的主要问题是蔬菜流通领域信息化水平较低，大部分蔬菜生产经营主体采用“随行就市”的方式进行销售，缺乏对市场价格信息的获得与预警分析能力。因此，在建立蔬菜生产信息平台的基础上，还应完善覆盖全国主要批发市场的蔬菜流通信息公共服务平台，并在大型蔬菜批发市场建立蔬菜市场监测预警体系，完善蔬菜市场行情信息的监测、预警和发布制度。通过规范蔬菜价格信息采集标准，加强采集点、信息通道、网络中心相关基础设施建设，定期收集发布蔬菜价格、供求等信息，为蔬菜生产经营主体种植决策与上市时机提供决策依据。

六、融合发展

（一）基本情况

就产业链维度而言，蔬菜产业链可分为纵向产业链和横向产业链。纵向产业链包括上、中、下游产业链，如上游的种子、农资、生产设施、设备等，中游的蔬菜生产，下游的蔬菜加工、运输、销售、市场等；横向产业链包括蔬菜的一产、二产、三产，一产指蔬菜的原菜生产，二产指蔬菜的深加工，三产指依托蔬菜园区的采摘、观光、休闲旅游等（王富增，2020）。在纵向产业链中，链条中的每个环节都是互相影响的，一个环节上某因子的变动，都会给其他环节带来影响。比如上游的农资、人工涨价，必然影响到蔬菜种植成本和下游的销售；同样，若下游流通不畅或市场饱和，又会影响到蔬菜利润和种植积极性。在横向产业链中，一产、二产、三产的融合发展，对于蔬菜利润率、产业带动都起到积极作用。特别是作为生鲜的蔬菜，因受季节性、保鲜期的影响，需要通过深加工提升其附加值和保存周期，具备条件的区域，需要通过发展采摘、休闲、亲子、研学等体验和服务提升综合效益。目前，纵向上，我国蔬菜产业上、中、下游正在由松散型向紧密型发展；横向上，蔬菜一产、二产、三产融合发展进入推进阶段。作为我国重要的商品蔬菜主产区以及全国“南菜北运”的基地之一，云南蔬菜产业融合发展仍处于初级阶段，通海、元谋、陆良等蔬菜主产区的蔬菜产业融合发展的相对较好。如近年来，通海抓住“一带一路”建设机遇，做强做优蔬菜、花卉等产业，发展外向型农业产业带，创建“杨广智慧农业特色小镇”（即农村产业融合发展示范园）。小镇利用通海蔬菜、花卉的产业优势，以市场为导向，合理规划布局产业发展，走绿色环保、有机生态、优质安全、高附加值的产业发展之路，同时通过深挖小镇文化内涵，加强人文景观建设，打造绿色食品、绿色品牌、健康生活目的地，最终将实现“产镇融合”。2020 年 9 月 2 日，通海蔬菜产业国家农村产业融合发展示范园入选第二批国家农村产业融合发展示范园。

（二）案例

1. 云南祥云圣龙农业庄园综合种养循环农业

云南祥云圣龙农业庄园有限公司成立于 2014 年 5 月，庄园规划总面积 5000 亩，总投资 1.3 亿元，目前拥有标准化可移动式大棚 1000 亩。庄园通过全球良好农业规范（Global G. A. P）认证，并获得“省级现代农业庄园”称号，2016 年荣获“国家高新技术企业”和“云南省农业产业化经营省级重点龙头企业”。公司目前 4 个品种（番茄、辣椒、香葱和娃娃菜）通过绿色食品认证。公司以高原特色蔬菜种植、试验示范、技术推广为主，自有标准化特色蔬菜种植基地 5000 亩，带动周边 2.5 万亩标准种植，每年解决就业达 10 多万人（次），产品除保证加工出口外，鲜销产品销往京津沪等发达城市和东南亚地区。此外，公司主要以野生食用菌、AD-IQF 番茄、AD 香葱、烧烤蔬菜等云南特色农产品精深加工为重点，采用国际先进的特色农产品精深加工技术措施和管理，实现工业跨越式发展。不仅如此，公司还拥有现代化、智能化、标准化、环保型存栏 1.5 万头种猪扩繁生产线 6 条，在云南驿镇、东山乡、刘厂镇、米甸镇四个乡（镇）建有育肥猪舍 62 栋，年出栏生猪达 50 万头。公司通过发展生猪现代化养殖，采用粪污综合利用技术，变废为宝，通过沼气池发酵，沼液用于蔬菜种植，蔬菜产品达到绿色食品标准，通过农产品精深加工，销往国内大中城市及欧美等国家，实现了真正的循环农业。①

① 笔者调研资料。

2. 元谋县蔬菜产业融合发展

元谋县素有“天然温室”和“金沙江畔大菜园”的美誉。作为全国“南菜北运”的重要基地，元谋县盛产的冬早蔬菜规模大、品种多、产量高、品质优，深受市场和消费者的青睐。每年元谋县生产的蔬果远销国内200多个城市，出口德国、日本、俄罗斯等16个国家和地区。考虑到依靠单一产业难以全面激活或释放产能，三产融合逐渐成为全县上下的发展共识。为此，元谋县近年来积极推进现代冬早蔬菜及热带水果产业园建设项目的实施进度，通过抓好冬早蔬菜科技园、热带水果科技园、种业科技园、花卉产业园等“园中园”建设，打造元谋果蔬品牌；依托元谋厚重的历史文化资源、得天独厚的暖冬气候优势和果蔬产业优势，着力实施“康养+文化”“康养+旅游”等融合发展战略，打造全国知名的文化旅游、绿色康养胜地。仅2018年，元谋县共接待中外游客882.84万人次，实现旅游业总收入88.89亿元。①

3. 陆良县蔬菜产业集群融合发展

陆良县位于云南省曲靖市，自然环境优越，辖内河流众多，水源丰富，气候温和，土壤肥沃，是典型的农业大县，也是云贵高原的“江南水乡”。近年来，陆良县顺应农业绿色发展、特色发展，加快推进供给侧结构性改革，蔬菜产业迅猛发展，已建成全省最具规模的设施蔬菜种植基地、鲜销蔬菜供应地、无公害商品蔬菜生产基地，以及供港及周边市场蔬菜供应的重要产地，西南最大的蔬菜冷链物流集散中心，年处理能力较大的蔬菜废弃物处理中心，有效探索了蔬菜产业一二三产融合发展路径，初步建成了“规模化、专业化、绿色化、组织化、市场化”的现代高原特色蔬菜产业体系，被列为全国蔬菜生产重点县。陆良县抓住列为全国农村产业融合发展内部融合型试点县之一的发展机遇，采取“五抓”举措，构建“农民组织化、生产标准化、基地规模化、产品品牌化、经营产业化、装备现代化、农民知识化、市场信息化”的现代蔬菜产业体系，打造集“标准化原料基地、集约化加工园区、体系化物流配送市场营销网络”于一体的产业融合先导区。通过抓基地建设，加快农业结构调整（吴菊英，2020），截至2016年末，该县已建成14类优势农产品基地133万亩，成功打造10大现代农业产业示范园区。②

---

① 杨茂利，康炳祥．元谋：“康养+旅游”打造健康生活目的地［N］．楚雄日报，2019-03-20.

② 孙民．云南陆良蔬菜成为产业融合发展先导区［EB/OL］．新农村商报网，2017-04-05.

（三）存在的问题

一是蔬菜产业与其他产业的融合发展规模效益未形成。目前云南蔬菜种养结合模式示范推广工作还在循序进行中，蔬菜综合种养结合技术模式推广效果尚未完全发挥，虽然目前示范推广区域已取得良好的社会效益和生态效益，但云南蔬菜面积广阔，可挖掘市场潜力非常大。

二是蔬菜种养模式单一化。目前主要为粪污综合利用种植蔬菜、蔬菜园区观光等模式，尚未形成真正意义上的蔬菜种植产业与其他产业融合发展的综合开发模式。云南作为全国蔬菜主产区，有着悠久的蔬菜种植历史，因而如何将蔬菜产业与文化产业进行有效结合，形成具有云南自身特色的蔬菜文化旅游经济，可值得探索。

三是政府重视不够，产业化程度不高，地区发展差异较，品牌效益不明显。

（四）建议

一是加大各级政府部门的重视程度，充分认识到蔬菜基地综合种养技术对云南农业产业结构调整的影响及增加农民收入、改善生态环境的积极作用。从产业战略高度进行产业规模，带动企业、农户的积极性。

二是加大资金投入，完善产业基础设施建设，加强技术服务及管理工作，加快推进永久性蔬菜基地综合种养工程设施的建设步伐。尽可能地在适宜推动蔬菜产业融合发展的区域实现种植品种多样化，适当地增加蔬菜种植、采摘、烹饪等娱乐体验项目，覆盖蔬菜生产区周边的城市圈，为全省蔬菜产业融合发展增加活力。

三是积极打造通海蔬菜产业国家农村产业融合发展示范园区样板，为全省其他蔬菜主产区提供可供借鉴的先进发展经验，并积极推广应用。

七、科技推广应用

（一）基本情况

科学技术是第一生产力，蔬菜产业要持续发展，必须依靠科学技术，种业是蔬菜产业的根本。依托丰富的蔬菜资源，通过现代科技手段，云南省通过多年的努力，在蔬菜资源的直接利用、新品种引进、种质创新、栽培新技术的推广应用等方面均取得了长足的进步。

在资源的利用和专用品种育种方面，以云南省农业科学院园艺作物研究所和热区生态农业研究所为主，据云南省农业科学院园艺作物研究所提供的资料，截至2019年底已收集国内外十字花科蔬菜种质资源2456份；茄子种质资源455份，其中栽培茄资源383份，野生茄资源72份；番茄种质资源530份；辣椒种质资源1900余份，其中国外资源785份，筛选出优良资源143份，其中珍稀资源82份；萝卜种质资源297份；芥菜种质资源450份；从国外优良品种"美味早生""先甘336"等品种中连续进行了四代自交分离和回交转育，已获得中世代育种材料60多份；从辣椒资源中选育出优良自交系100多个，CMS雄性不育系26个，恢复系37个；从萝卜资源中转育了细胞质雄性不育系8份，选育出了抗病性强、耐抽薹的优良自交系60余个，同时获得高世代高花青素含量（8代以上）自交系材料300余份，获得高花青素含量雄性不育系20余份；从茄子种质资源中选出优良的自交系66份，并配制组合963份等。应用这些育种材料，通过常规杂交、回交、自交等传统方法和小孢子培养、分子标记辅助选择、致病菌基因表达等生物技术方法建立了有效的育种技术体系，选育出了一批拥有自主知识产权的蔬菜新品种。如"抗大"系列、"迷您黄"系列等优质的大白菜新品种，"云番茄68号""云番茄69号"等番茄杂交新品种，"云干椒1－6号""云椒2－3号""云辣素1号""云辣1号""CT117朝天椒"等辣椒新品种，先后获技术发明专利授权10多项，编制农业行业标准2项、地方标准2项、企业标准4项。

在蔬菜标准化制种方面。以云南省农科院热区生态农业研究所和云南思农蔬菜种业发展有限责任公司为主，长期与全国农技推广中心、云南省农科院园艺所、生物所、云南农业大学植保学院、云南大学生命科学学院等院校合作，开展了蔬菜新品种、育苗、标准化栽培、病虫综合防治、废弃物无害化还田池等新技术的集成研究，集成了一批重大病虫害关键防控技术，制定了6种主要外销蔬菜的生产全程质量控制技术操作规程，在全省绿色蔬菜生产中大面积推广应用，取得了显著成效。

在蔬菜绿色植保、水肥技术研发方面，以云南省农业科学院农业环境资源研究所为主，通过多年来对蔬菜、油菜、茄科作物及中药材等主要病虫害防控技术进行了持续系统研究，掌握云南省十字花科作物以根肿病为主、茄科作物（番茄、辣椒、烤烟）疫病为主、中药材叶斑病为主等多种病虫害的发生种类、危害特点、关键防治措施及综合控制技术，制定了白菜根肿病防治技术规程、辣椒疫病抗性鉴定技术规程（地方标准），美洲斑潜蝇综合防治技术规程（农行标）。取得了国家科技进步奖、云南省科技进步奖等奖项15项，专利22项，相关的软件著作权40项。这些品种、技术、专利、标准在云南省蔬菜生产上得到了广泛应用。此外，省农科院质量标准与检测技术研究所、省农科院农产品加工所、省农科院农业经济与信息研究所等科研单位以及云南宏斌绿色食品有限公司、通海高原农产品有限公司、嵩明伟诚蔬菜种植有限公司、玉溪天丽食品有限公司、昆明顶鲜食品有限责任公司、罗平县阳洋黄姜有限公司等企业，围绕蔬菜标准化种植技术、质量快速检测技术、采后处理和冷链物流技术、精深加工技术及产品研发、数字化技术平台及设施智能控制研发以及产业经济研究等方面取得了系列成效。昆明理工大学生命科学与技术学院，杨亚玲教授研究团队将合成的碳量子点进行改性，与可食用的环糊精、海藻酸钠、明胶、魔芋胶、吐温等进行乳化制备纳米乳涂膜剂，用于柑橘、芒果、番茄等保鲜，贮藏期得到延长，腐败病变率降低了40%左右，取得一定成果。①

（二）案例

1. 昆明顶鲜食品有限责任公司

昆明顶鲜食品有限责任公司于2009年12月成立了企业技术中心，中心下设技术研发部、品管部、检测中心三个部门，中心拥有科研检测设备原值达50余万元，建立了一条日加工5吨鲜切蔬菜加工的中试线，组建了12人的专业技术研发团队，其中中级职称科研人员3人。中心主要从事标准化鲜切蔬菜加工技术推广、蔬菜微生物检测技术研究、蔬菜加工技术成果转化应用研究及产品理化检测分析工作、农残检测分析工作。公司在发展过程中，积极开展企业的科技创新活动和先进技术引进，同时加强与云南省内外相关检测机构、科技机构的沟通与学习，并与同行企业、种植企业/种植户进行各项技术交流与合作，主要进行蔬菜微生物检测技术、蔬菜品种栽培及溯源、育苗技术的研究，通过产学研合作，使用量最大的西生菜原料产量得到了提高、品质得到了提升，同时由西生菜原料加工成成品的质量得到了稳定；对京葱丝、玉米沙拉用三色蔬菜包、洋葱片、番茄酱等产品进行保质期延长测试，由原来的5天增加到现在的6天；建立生产加工操作SOP，提高产品质量。公司刚申请了10项实用新型专利和一项软件著作权，较好地实现了企

① 根据云南省农业科学院园艺作物研究所和热区生态农业研究所提供的资料整理。

业科技成果转化为生产力。[①]

2. 罗平县阳洋黄姜有限公司

罗平县阳洋黄姜有限公司在罗平县罗雄镇生物加工园区征地81.6亩，建成西南地区规模最大、技术最先进的农副产品加工厂，总建筑面积达32400平方米。其中建设标准厂房14023平方米，加工厂建设生姜速冻生产线4条，精制干姜生产线6条，主要设备有SSD隧道式宽网带单体冻结机组，制冷压缩机组，烘干脱水机等设备共200台（套）。公司以生产加工罗平小黄姜系列产品为主，主营产品有速冻姜，精制低硫干姜等，同时兼营速冻甜玉米等其他速冻蔬菜业务，是云南省唯一一家加工出口速冻姜产品的企业。设计加工能力为年生产速冻姜产品 1×10^4 吨，精制低硫干姜产品 0.9×10^4 吨，速冻甜玉米等其他速冻蔬菜 1.2×10^4 吨，年可消耗 7.2×10^4 吨，约占罗平小黄姜产量的30%。公司在国内建立了良好的销售渠道，90%产品远销32个国家和地区，产品深受国内外客商青睐。公司拥有先进的化验设备和严格的检测手段，能确保所有产品达到进出口国的要求。

（三）存在的问题

一是云南省蔬菜科技研发投入少，品种创新能力弱，科技成果转化率不高。优良地方品种种性退化严重。在自主知识产权新品种研发上与省外发达地区相比较为落后，缺乏有竞争力的优良品种，种子长期依赖省外调入或国外进口，成为最大的制约因素和“瓶颈”。云南省的蔬菜良种繁育体系不健全，基础设施薄弱，缺少专业化、规模化的蔬菜繁种基地和蔬菜种子配套加工、精选包装等服务体系，造成了全省蔬菜品种布局多、乱、杂的不利局面。

二是专业人员及技术储备不足，使得产业发展水平不高。由于省、州（市）、县（市、区）三级农业部门专门从事蔬菜科技推广的队伍建设滞后，在职技术人员偏少，科技成果转化能力弱，技术推广普及速度缓慢；蔬菜技术储备不足，新品种、新技术、新设施的引进、推广、更新速度较慢，严重制约着蔬菜生产管理水平和种植效益的提升。

（四）建议

一是加强政府财政支持力度，提升全省蔬菜科技创新和应用转化能力；增加

① 笔者调研资料。

农技推广资金投入，提升农技推广人员自身的综合素质，改进推广服务手段，加快蔬菜科技成果转化。

二是创新科研支持及管理体制和机制，促进产学研进一步深度融合，有效提升企业技术创新能力，切实解决云南蔬菜种植生产及冷链加工等方面的技术难题。

（执笔：和江明、陈良正、王雪娇、毛昭庆；审定：陈良正）

第二十四章

云南水果产业经济问题研究

第一节　云南水果产业发展概况

一、中国及云南水果产业发展简况

水果是指多汁且主要味觉为甜味和酸味，可食用的植物果实，除人们所习惯的苹果、梨、柑橘、葡萄、香蕉等园林水果外，还包括西瓜、甜瓜和草莓等瓜类水果。水果不但含有丰富的维生素等营养物质，而且能够促进消化。水果是大众消费品，并逐渐成为生活必需品，市场需求量大。水果是世界重要的农产品之一，种类繁多，其中，柑橘类、香蕉（芭蕉）、苹果、西瓜、葡萄、梨、菠萝、桃、李子等为主要栽培品种。全球水果生产自20世纪90年代以来出现较快增长。

（一）全球水果产业发展简况

联合国粮食及农业组织（FAO）统计数据表明，全球200多个国家和地区均有水果生产，面积和产量长期保持增长态势。2013年，全球水果总产量跃上8亿吨台阶之后稳定增长，2019年达到8.83亿吨。

亚洲是最大的水果产区，收获面积和产量占全球总量的份额分别接近55%和58%；非洲和美洲的收获面积排第2位和第3位、产量排第3位和第2位，合计占全球33%左右的份额；欧洲收获面积和产量占全球的份额均在10%上下；大洋洲的份额则均不超过1%（见表24-1、表24-2）。

表 24 – 1　　2011 ~ 2019 年全球水果收获面积分布变化

年份	全球（万公顷）	亚洲（万公顷）	非洲（万公顷）	美洲（万公顷）	欧洲（万公顷）	大洋洲（万公顷）	亚洲占比（%）
2011	6145. 58	3260. 36	1116. 46	937. 27	772. 10	59. 39	53. 05
2012	6197. 88	3337. 46	1126. 75	930. 05	745. 12	58. 50	53. 85
2013	6325. 31	3425. 65	1161. 30	926. 29	752. 51	59. 57	54. 16
2014	6415. 07	3472. 07	1247. 73	918. 92	718. 54	57. 81	54. 12
2015	6440. 08	3452. 11	1262. 03	925. 53	740. 47	59. 94	53. 60
2016	6399. 15	3425. 13	1261. 77	924. 34	726. 34	61. 56	53. 52
2017	6314. 63	3400. 04	1248. 99	890. 48	714. 96	60. 15	53. 84
2018	6418. 52	3470. 27	1266. 65	895. 96	723. 89	61. 74	54. 07
2019	6529. 34	3562. 90	1277. 79	907. 00	719. 74	61. 90	54. 57
2017 ~ 2019 年综合占比（%）		54. 16	19. 69	13. 98	11. 21	0. 95	—

资料来源：联合国粮食和农业组织数据库。

表 24 – 2　　2010 ~ 2019 年全球水果产量分布变化

年份	全球（万吨）	亚洲（万吨）	非洲（万吨）	美洲（万吨）	欧洲（万吨）	大洋洲（万吨）	亚洲占比（%）
2010	73694. 53	41255. 03	9116. 23	14978. 83	7624. 96	719. 48	55. 98
2011	76194. 94	42527. 71	9335. 23	15714. 69	7897. 93	719. 38	55. 81
2012	77517. 53	44311. 93	9612. 57	15605. 31	7259. 68	728. 04	57. 16
2013	80641. 15	45812. 42	10120. 86	15857. 39	8080. 17	770. 31	56. 81
2014	82273. 05	47046. 11	10661. 67	15796. 15	8007. 75	761. 38	57. 18
2015	83574. 13	47616. 17	10895. 63	16014. 07	8273. 45	774. 81	56. 97
2016	83900. 43	48026. 85	10741. 16	16058. 90	8255. 51	818. 01	57. 24
2017	84473. 16	49269. 18	11004. 01	15788. 75	7597. 04	814. 18	58. 33
2018	87120. 03	49950. 78	11506. 56	16043. 64	8807. 94	811. 11	57. 34
2019	88341. 58	51256. 50	11798. 25	16434. 22	8043. 20	809. 41	58. 02
2017 ~ 2019 年综合占比（%）		57. 89	13. 20	18. 57	9. 41	0. 94	—

资料来源：联合国粮食与农业组织数据库。

从国别布局看，水果产量排名 15 的国家以全球 60% 左右的收获面积生产出近 70% 的产量（见表 24 – 3）。

表 24－3　　2010～2019 年全球水果产量排名前 15 的国家收获面积及产量情况

地区	指标	2010 年	2011 年	2012 年	2013 年	2014 年	2015 年	2016 年	2017 年	2018 年	2019 年
全球总计	面积（万公顷）	6065.1	6145.6	6197.9	6325.3	6415.1	6440.1	6399.1	6314.6	6418.5	6529.3
	总产量（万吨）	73694.5	76194.9	77517.5	80641.1	82273.1	83574.1	83900.4	84473.2	87120.0	88341.6
前 15 国合计	面积（万公顷）	3756.0	3822.3	3887.3	3959.3	3992.5	3993.1	3986.1	3976.6	4037.2	4059.4
	总产量（万吨）	51073.4	52722.0	53979.9	56090.5	56609.3	57190.9	57429.9	58333.8	59574.4	60263.1
中国	面积（万公顷）	1359.7	1421.1	1452.9	1489.9	1515.0	1522.1	1498.2	1467.0	1505.0	1534.0
	总产量（万吨）	19604.6	20563.4	21580.8	22293.5	22853.0	22911.8	23232.7	23677.8	23912.9	24662.1
前 15 国占全球比重	面积（%）	61.9	62.2	62.7	62.6	62.2	62.0	62.3	63.0	62.9	62.2
	总产量（%）	69.3	69.2	69.6	69.6	68.8	68.4	68.5	69.1	68.4	68.2
中国占全球比重	面积（%）	22.4	23.1	23.4	23.6	23.6	23.6	23.4	23.2	23.4	23.5
	总产量（%）	26.6	27.0	27.8	27.6	27.8	27.4	27.7	28.0	27.4	27.9

资料来源：联合国粮食与农业组织数据库。

如图 24－1 所示，从收获面积看主要水果品类分布，2019 年，全球收获面积最大的水果品类是香蕉（含芭蕉），占全球水果总面积的比重达 16.65%；其次是柑橘类，占比也达 11%；排名第 3 位的是葡萄，占比 10.61%；此外，收获面积占

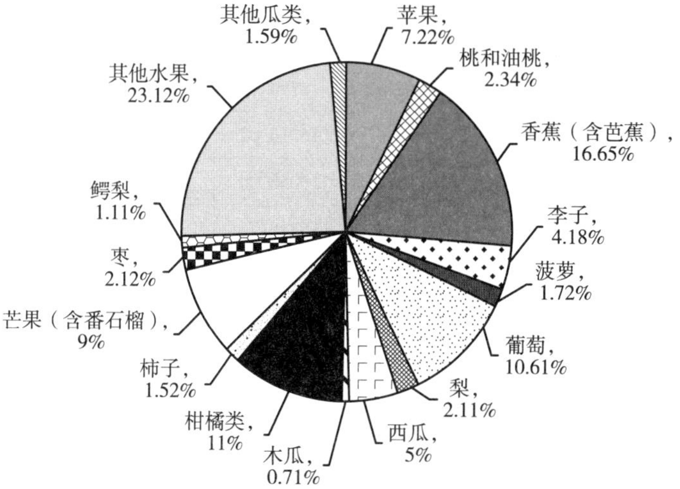

图 24－1　2019 年全球水果分品类收获面积占比

资料来源：联合国粮食与农业组织数据库。

比在3%以上的品类还有苹果（7.22%）、芒果（含番石榴）（9%）、西瓜（5%）和李子（4.18%）；此外，桃和油桃、梨的占比分别为2.34%、2.11%。

如图24－2所示，从产量看主要水果品类，2019年，全球产量排名第1位和第2位的水果品类与面积一样，分属香蕉（含芭蕉）（17.93%）和柑橘类（9%）；第3位和第4位是西瓜（11%）和苹果（9.87%）；葡萄（8.73%）排名第5位；产量占比在3%以上的品类还有芒果（含番石榴）（6%）、菠萝（3.19%）和其他瓜类（3.11%），分列品类产量第6位、第7位和第8位；此外，桃和油桃的产量占比为2.91%，梨的占比也达2.71%。

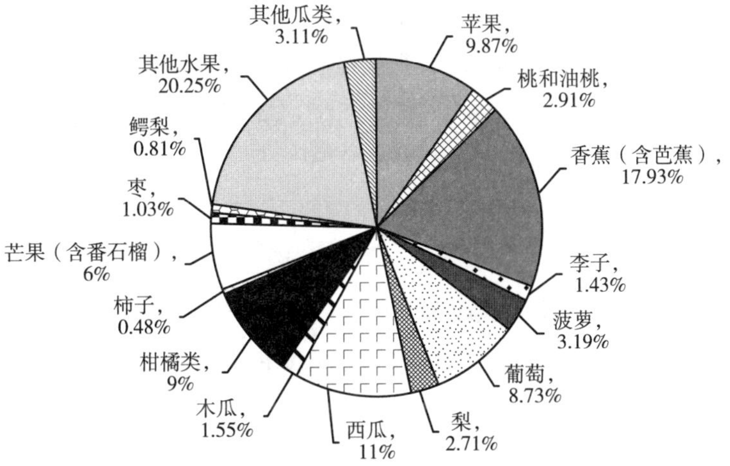

图24－2　2019年全球水果分品类产量占比

资料来源：联合国粮食与农业组织数据库。

在水果生产方式上，以欧洲、美国、大洋洲等为代表的发达国家的果树生产与发展中国家具有不同的特点。发达国家均具有数百年的果树生产和贸易历史，其果树良种化程度高，普遍采用了矮化砧木栽培（苹果）。目前，全世界种植的水果良种多数由这些国家育成并逐步推广至世界各地，典型的如中国广泛种植的苹果品种富士、新红星、嘎啦，砧木品种M9、M26，葡萄品种红地球、巨峰，猕猴桃品种海沃德，以及大多数酿酒葡萄品种等（乔宪生，2010）。发达国家的生产组织化程度高，生产规模大，部分劳动如修剪、喷药基本实现机械化，人均劳动生产率高。果品采后商品化处理较好，一般在果园内均有完备的选果、清洗、分级、包装场地和设备，有必要的运输工具（乔宪生，2010）。可在果品采收处理包装后立即运至储藏库，再根据市场需要分别送到市场，真正实现了商品生产。此外，果品加工是发达国家果树生产持续发展的动力，其果品加工率达45%以上，如葡萄产量的80%以上用于酿酒而非鲜食，著名的葡萄酒品牌主要分布在法国、意大利、西班牙、德国等西欧国家；还有巴西、美国的橙汁加工与销售等。以上特点使得美国、法国、意大利、西班牙、巴西、新西兰、智利等成为柑橘、葡萄酒、柑橘汁、苹果、猕猴桃、鲜葡萄等主要生产和出口国（乔宪生，2010）。

西瓜、甜瓜也是世界主要水果之一，尤其在亚洲地区，西瓜、甜瓜作为重要的农作物，是许多国家发展现代农业的支柱产业之一（孙玉竹等，2017）。从世界整体水平来看，近年来，西瓜播种面积保持稳定，总产量呈明显增长态势；相对于西瓜而言，甜瓜播种面积和总产量增长速度缓慢，波动较小。

发展中国家的水果生产主要以小农户方式经营。由于人口众多，人均土地面积有限，单个生产单位规模不大，产业化程度较低。许多生产环节如施肥、修剪、病虫害防治等多采用人工方式进行，劳动生产率较低。在果品质量控制、市场竞争力等方面与发达国家之间存在着较大的差异。

（二）我国水果产业发展简况

据国家统计局网站数据，从改革开放到20世纪80年代是我国水果面积快速扩张规模的时期，1978～1990年，全国水果种植面积增加了2.12倍以上，水果产量增加了1.85倍以上；进入90年代后，面积增速减缓，前期新建果园陆续投产使得产量增速加快，1990～2000年，全国果园面积仅增长了72.47%，但产量却增加了2.3倍以上；进入21世纪后，我国水果面积和产量增长进一步放缓，进入稳定发展阶段，2000～2010年，全国果园面积和园林水果产量分别增长19.58%和97.35%；继2006年全国果园面积跃上千万公顷台阶后，2007年，全国园林水果产量跃上亿吨台阶，2014年再跃上1.5亿吨的台阶。

据国家统计局网站数据，2000年以来，全国瓜类水果面积呈现略降后基本稳定的态势，从2002年最高时的235.49万公顷逐步降到目前的215万公顷上下；瓜果类水果产量则表现出起伏中增长的态势，从2001年最低的6843.62万吨增加到2015年的8323.71万吨，15年间增加了21.63%。

近年来，在现代农业基地和特色效益农业大发展的背景下，全国水果产业得到快速发展，区域布局更加优化，产业优势更加突出，产业效益更加明显，已成为推动农业结构调整、区域经济发展和农民脱贫增收的重要产业。① 水果已成为继

① 2019年中国休闲食品产业链上游行业市场分析：肉类和水果价格上涨 白糖价格下降［EB/OL］. 前瞻产业研究院，2020－03－03.

粮食、蔬菜之后的第三大农业种植产业，全国果园总面积和水果总产量常年稳居全球首位。据国家统计局网站数据，2018 年，全国水果总产量达 25688.35 万吨，其中，园林水果达 17565.27 万吨、瓜类水果 8123.08 万吨（见图 24－3）。产量排前 5 位的是西瓜（6153.69 万吨，占 23.96%）、柑橘（4138.14 万吨，占 16.11%）、苹果（3923.34 万吨，占 15.27%）、梨（1607.8 万吨，占 6.26%）和葡萄（1366.68 万吨，占 5.32%），这 5 种水果的产量之和占全国水果总产量的比重达 66% 以上（66.92%）。栽培面积上 100 万公顷的有柑橘、苹果和西瓜 3 种，分别为 284.67 万公顷、193.86 万公顷和 151.79 万公顷；紧随其后是梨，栽培面积接近百万公顷达 94.34 万公顷。排前 4 位的水果栽培面积之和接近全国水果栽培面积的 50%（49.22%）。2019 年，我国的水果产量 2.74 亿吨，同比增加 6.67%；其中，柑橘、苹果、梨和香蕉的产量分别达到了 4584.54 万吨、4242.54 万吨、1731.35 万吨和 1165.57 万吨，同比分别增加 10.79%、8.14%、7.68% 和 3.87%。园林类水果和瓜类水果栽培面积接近 1440 万公顷，其中，园林类水果 1227.67 万公顷，瓜类面积 216.66 万公顷。

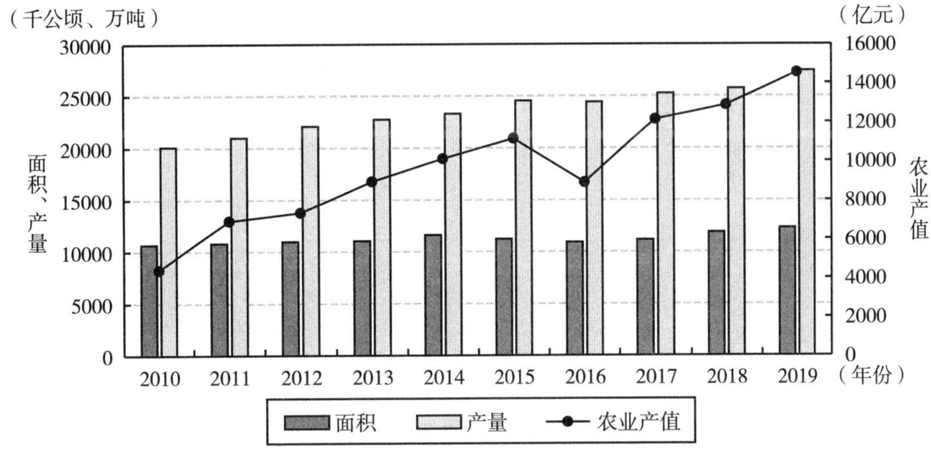

图 24－3　2010～2019 年我国水果面积、产量和农业产值走势

资料来源：国家统计局网站和历年《中国农村统计年鉴》。

（三）云南水果产业发展现状

云南地处祖国的西南边陲，属于低纬度、高海拔的高原省份，复杂多样的地形地貌和气候条件适合大多数果树的生长，水果是云南省农业的传统产业，历来受到各级部门的重视。云南的水果生产，经过多年的努力，目前已形成了一定的规模，水果产业已经成为云南仅次于粮食、烤烟、蔬菜、甘蔗的农业农村支柱产业之一，成为农村经济的主要产业之一，也是农村居民脱贫致富的主要途径之一，为农村产业结构调整，农业增效，农民增收起到了积极的推动作用。

据国家统计局网站数据，从2000年以来，云南的水果生产得到了长足的发展，栽培面积从2000年的22.93万公顷发展到了2019年的65.33万公顷，增长了1.85倍，产量从2000年的76.95万吨增加到2019年的860.3万吨，增加了10.18倍。如图24－4所示，2019年，云南的水果栽培面积为65.33万公顷，其中，园林类水果面积62.84万公顷，瓜果类面积2.49万公顷。水果产量为860.3万吨，其中，园林类水果802.7万吨，瓜果类57.6万吨。就全国范围来说，云南的水果面积和产量分别占全国总面积和总产量4.52%和3.14%。从平均单产来看，2000年云南省水果的平均单产为11970千克/公顷，为当时全国平均单产的63.62%，到了2019年，平均单产虽然达到13168千克/公顷，但仅为全国平均单产的59%，反而降低了4.6个百分点。当然，由于园林类水果和瓜果类水果之间单产差异很大，瓜果类水果的单产远高于园林类水果的单产，园林类水果不同品种间的单产也存在较大差距，比较不同果种结构的不同地区间平均单产，其意义非常有限。因此，云南水果平均单产全国占比的下降并不表明云南的水果生产水平在下降，更多是因为园林类和瓜果类水果的占比结构不同。云南的水果产业历来以园林类水果为主，瓜果类水果占比远低于全国平均。

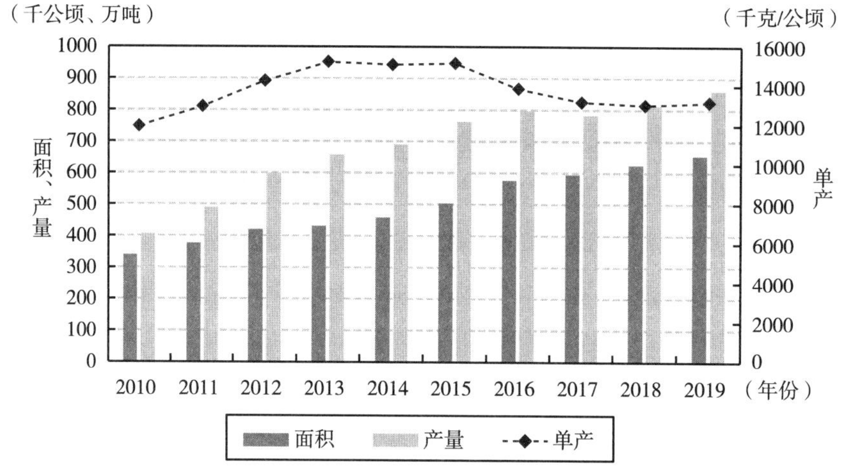

图24－4　2010～2019年云南水果面积、产量和单产走势

资料来源：国家统计局网站数据。

总体来看，云南的水果产业在全国所占的比重不算大，但近几年来的发展呈现出快而稳的趋势。

在产业规模不断扩大的同时，水果生产新技术也得到了普及应用。全省推广了水果套袋、配方施肥、节水灌溉、疏花疏果和高接换种等先进适用的技术，打造和培育了一批水果规范化科学管理的示范典型，促进了果实产量和品质的稳步提高。① 据云南省农业农村厅统计，“十五”以来，云南省共建成了优质水果基地38个，全省水果的优质果率从不到15%上升到了50%以上。

在发展优质果品的同时，云南省各地加大了水果产业标准的制定和配套技术推广工作，截至2017年，已建成农业部标准果园10个，共计1.75万亩；建成省级高标准果园示范基地36个，共计6.8万亩；示范带动全省标准化果园380万亩；通过“三品一标”认证面积达270万亩；认定无公害水果产地105个，认证产品235个，面积75万亩（穆春燕、杨谨，2018）。

二、中国及云南水果的生产分析

（一）中国水果生产在全球的地位

中国是全球最大的水果生产国，栽培面积和产量在20世纪90年代初就位居世界第一。FAO统计数据表明，2016~2019年，全球水果收获面积综合排名前6位的是中国、印度、巴西、墨西哥、土耳其和美国。2010~2019年，中国水果收获面积总体呈现出逐步增长的变化趋势。2019年，中国水果的收获面积为1533.97万公顷，较2010年增长了14.29%，年均增长率为1.50%，中国水果收获面积占全球的比例为23.49%，位居世界第一。在世界水果主产国中，印度水果的收获面积为706.59万公顷，位居世界第二。就全球范围来看，2019年水果收获面积超过500万公顷的只有中国和印度，且中国是印度的近2.17倍（见图24-5）。

2017年和2018年，全球水果产量排名前6位的是中国、印度、巴西、美国、土耳其、墨西哥。2010~2019年，中国水果产量总体也表现逐步增长的变化趋势。2019年，中国水果的产量为24662.13万吨，较2010年增长了26.40%，年均增长率为2.64%，中国水果产量占全球的比例为27.92%，位居世界第一。在世界水果主产国中，印度水果的产量为10416.55万吨，位居世界第二。就全球范围来看，2019年水果产量超过5000万吨的只有中国和印度，且中国是印度的2.38倍。巴

---

① 云南水果产业现状及发展措施［J］. 中国果业信息，2009，26（8）：35-36.

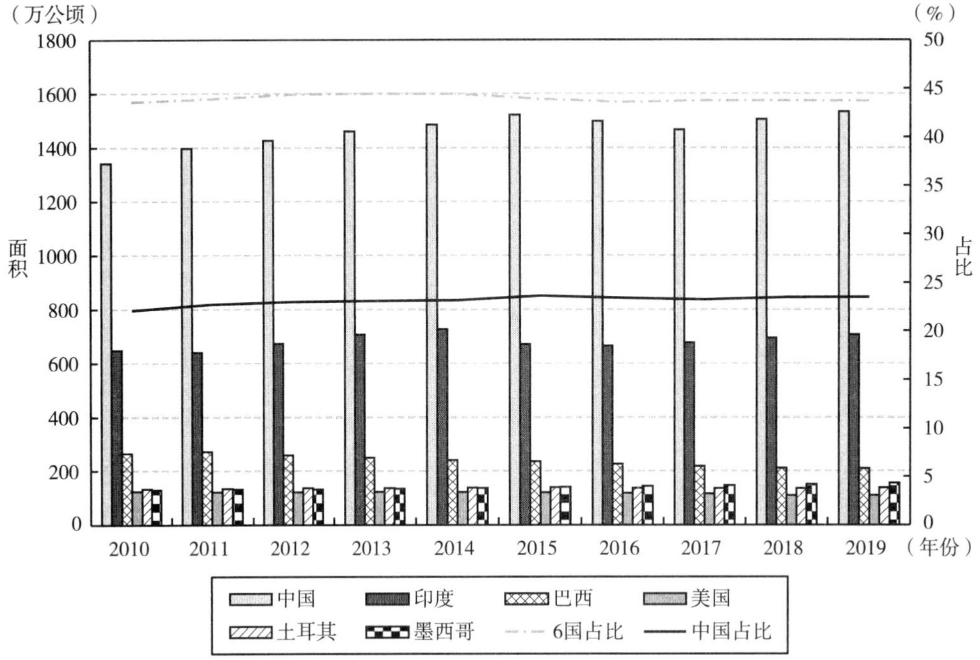

图 24－5　2010～2019 年全球前 6 位的主产国水果收获面积及占比

资料来源：联合国粮食与农业组织数据库。

西以 4000 万吨的成绩排名第 3 位（见图 24－6），而面积排名前 10 位的刚果（金）产量则仅排第 28 位。

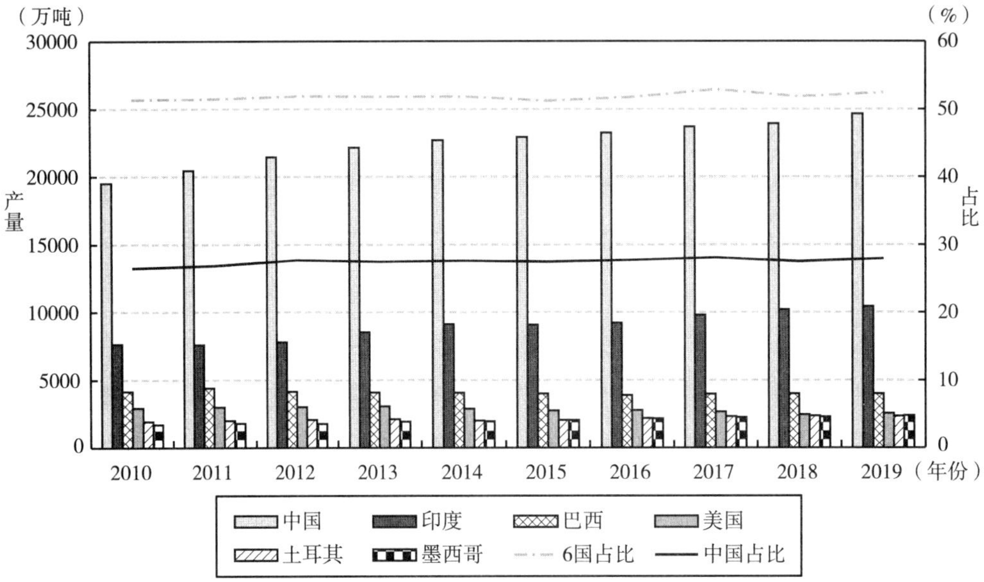

图 24－6　2010～2019 年全球前 6 位的主产国水果收获产量及占比

资料来源：联合国粮食与农业组织数据库。

从图24－5和图24－6还可以看出，2010～2019年，全球前6个水果主产国以44%～45%的收获面积生产出了50%以上的水果。同期，中国的平均收获面积和产量的全球占比平均为23.49%和27.92%，且总体都呈增长趋势，无论是收获面积还是产量均遥遥领先，超过第2～5位国家的合计，规模优势十分明显。

我国也是多种水果的生产大国，苹果、柑橘、梨、葡萄和桃等园林类水果和西瓜、甜瓜产量均多年位居全球第一。根据FAO数据统计，2019年，我国的水果栽培面积达到了15339.7千公顷、产量24662.13万吨、总产值14537.9亿元。其中，园林水果栽培面积12276.7千公顷，产量16949.36万吨。2017年，我国梨、桃、苹果、葡萄和柑橘等园林水果的产量占世界总产量的比重分别为68.39%、57.96%、49.79%、17.72%和11.85%。2018年，全球西瓜收获面积超过10万公顷的有中国、伊朗、俄罗斯、苏丹、巴西和印度共6个国家，其中，中国为149.91万公顷，占全球总面积的46.25%，是第2名伊朗的10.95倍；全球西瓜产量超过200万吨的国家有中国、伊朗、土耳其、印度、巴西和阿尔及利亚共6个，其中，中国的西瓜产量6280万吨以上，占全球西瓜总产量的比重达60.43%，是第2名的15倍以上；全球甜瓜收获面积超过5万公顷的有中国、伊朗、土耳其和印度4个国家，其中，中国（含哈密瓜）为35.45万公顷，占全球的33.85%，是第2名伊朗的4.17倍；甜瓜产量超过100万吨的有中国、土耳其、伊朗和印度4个，其中，中国为1272.73万吨，占全球甜瓜总产量的比重达46.54%，是土耳其的7倍以上。

（二）中国水果生产布局

1. 我国水果生产的分省布局

从水果产量看，根据国家统计局网站数据，2010～2019年，山东和河南是我国排名第1和第2的水果生产大省，常年水果产量均在2000万吨以上，占全国水果总产量的比重也长期在10%以上（十年综合占比分别为11.37%和10.33%）；综合排名第3和第4的陕西和广西水果产量近年来也迈上2000万吨台阶，产量全国占比在7%左右（分别为7.29%和6.81%，且广西逐渐取代陕西升为第3名）；综合排名第5～7位的广东、新疆和河北3省区的产量占比也在5%以上，且多年的产量均在1000万吨以上；紧随其后的是四川、湖南和湖北3省，近年来，产量也陆续迈上1000万吨的台阶，全国占比接近4%。2019年，排名前10省份的水果产量占全国总产量的65.28%。此外，2010～2019年，水果产量全国占比超过3%的还有江苏、山西、云南、辽宁和浙江5个省。

2010~2019年，我国及前15个省份水果产量及其占比如表24－4所示。可以看出，2010~2019年，我国及水果产量排名前15的省份的水果产量均呈增长趋势，全国增幅为36.35%；15个主产省区平均增幅为38.67%，其中，增幅最大的是广西和云南，分别达134.02%和111.31%，增幅50%以上的还有山西（72.25%）、新疆（64.37%）、四川（60.61%）和广东（53.98%）4个省份；增幅最小的是河北仅为4.34%；只有浙江下降了1.55%。全国前15个主产省份水果之和占同期全国水果总产量的比重多年在80%上下波动且呈小幅上涨态势，2016年，最高时为82.16%，近年来稳定在81%左右。从生产区域上看，以山东为代表的华东地区是中国最大的水果产区，其水果产量全国占比在25%左右；以河南为代表的华中地区水果产量占比也达到17%以上，表明我国水果产能的集中度越来越高且逐步趋稳。

表24－4　2010~2019年中国水果产量前15的主产省份水果产量及全国占比

地区	2010年	2011年	2012年	2013年	2014年	2015年	2016年	2017年	2018年	2019年
全国（万吨）	20095.37	21018.61	22091.50	22748.10	23302.63	24524.62	24405.24	25241.90	25688.35	27400.84
山东（万吨）	2492.11	2528.84	2593.83	2604.64	2680.17	2766.64	2799.23	2804.30	2788.79	2840.24
河南（万吨）	2298.73	2297.37	2388.62	2425.39	2368.12	2439.62	2541.05	2602.44	2492.76	2589.66
陕西（万吨）	1418.28	1509.30	1600.40	1649.64	1702.41	1762.27	1826.38	1922.06	1835.08	2012.79
广西（万吨）	1056.36	1170.52	1255.83	1347.49	1457.88	1593.05	1729.76	1900.40	2116.56	2472.13
广东（万吨）	1148.64	1199.74	1246.68	1308.81	1353.18	1406.78	1444.57	1538.73	1669.16	1768.62
新疆（万吨）	976.31	985.56	1155.02	1229.23	1315.52	1444.87	1455.90	1420.20	1497.85	1604.75
河北（万吨）	1333.63	1364.92	1391.45	1365.49	1389.84	1403.93	1333.07	1365.34	1347.93	1391.48
四川（万吨）	707.74	752.94	791.42	822.03	862.87	912.14	960.05	1007.88	1080.67	1136.70
湖南（万吨）	753.22	783.75	852.61	810.30	837.30	882.78	924.55	956.39	1016.82	1061.99
湖北（万吨）	771.00	798.79	878.09	912.33	964.65	958.87	1003.22	948.44	997.99	1010.23
江苏（万吨）	738.57	757.08	795.98	814.19	861.62	914.78	893.00	942.50	934.13	983.60
山西（万吨）	500.82	603.07	687.03	730.87	788.59	833.16	835.16	844.02	750.55	862.67
云南（万吨）	407.14	488.66	598.83	657.18	690.59	762.81	797.74	783.90	813.35	860.32
辽宁（万吨）	634.16	691.95	745.31	801.65	741.69	762.01	755.24	770.27	788.87	820.70
浙江（万吨）	712.35	703.84	715.65	714.84	970.87	724.32	751.29	743.62	744.11	701.31
15省份合计（万吨）	15949.06	16636.33	17696.75	18194.08	18985.30	19568.03	20050.21	20550.49	20874.62	22117.19
15省份占比（%）	79.37	79.15	80.11	79.98	81.47	79.79	82.16	81.41	81.26	80.72
云南占比（%）	2.03	2.32	2.71	2.89	2.96	3.11	3.27	3.11	3.17	3.14

资料来源：根据国家统计局网站数据整理。

从果园面积看，产量排名前15的省份中，广西、陕西和新疆水果面积常年在100万公顷以上，排名分列全国第1、第2和第3位，占全国的比重也在8%以上（十年综合占比分别为8.61%、8.47%和8.11%）；广东的水果面积也多年在100万公顷以上，综合占比7.65%，排名全国第4位；而水果产量排名全国第1和第2位的山东和河南两省的水果面积全国占比均不超过6%（分别为5.98%和5.76%），排第5和第6位；紧随其后是河北和四川两省，占比也在5%以上（分别为5.45%和5.08%）；湖南水果面积综合占比4.8%，位列第9；云南水果面积综合占比3.61%，位列第10位。

2010～2019年，全国及产量排名前15个省区的水果面积及占比如表24－5所示。2019年，前10个省份的水果面积占同期全国总面积的比重为63.19%。

表24－5　　2010～2019年中国15个水果主产省份的水果面积及全国占比

地区	2010年	2011年	2012年	2013年	2014年	2015年	2016年	2017年	2018年	2019年
全国（千公顷）	12908.27	13009.00	13146.51	13218.04	13772.61	13406.52	13035.74	13261.49	13992.07	14443.28
山东（千公顷）	782.57	782.84	786.46	800.45	808.91	812.26	807.17	794.36	789.25	797.34
河南（千公顷）	782.09	776.86	776.01	786.94	757.10	750.16	761.91	760.91	741.76	740.87
陕西（千公顷）	1067.89	1091.98	1105.96	1120.35	1133.91	1138.29	1137.51	1158.35	1189.28	1210.66
广西（千公顷）	992.77	1019.66	1038.85	1071.77	1110.45	1175.64	1224.00	1292.33	1381.96	1450.58
广东（千公顷）	1045.51	1037.71	1023.39	1022.71	1009.41	1008.91	989.37	1001.77	1024.38	1049.30
新疆（千公顷）	1100.94	1096.33	1128.34	1047.87	1513.30	1099.36	853.66	827.02	1042.02	1056.50
河北（千公顷）	894.64	829.34	784.02	746.14	735.78	679.89	623.30	630.77	603.58	580.62
四川（千公顷）	596.09	617.14	634.94	649.11	664.48	685.30	706.58	741.37	794.01	827.44
湖南（千公顷）	627.77	640.65	644.06	657.57	655.51	625.17	619.65	629.22	651.25	672.93
湖北（千公顷）	442.84	449.75	444.68	438.12	447.82	428.47	428.83	438.24	462.28	477.76
江苏（千公顷）	328.99	343.37	353.30	367.33	364.15	372.29	367.05	371.22	368.45	362.82
山西（千公顷）	312.41	339.44	357.19	371.56	376.88	377.37	372.10	374.06	379.45	392.06
云南（千公顷）	340.13	376.90	420.16	431.69	457.94	503.68	575.71	594.31	624.18	653.34
辽宁（千公顷）	382.22	388.37	430.16	437.53	449.07	461.02	404.85	394.68	397.33	398.04
浙江（千公顷）	428.71	426.83	422.86	422.44	425.83	432.73	429.50	427.84	423.24	420.32
15省份合计（千公顷）	10125.57	10217.17	10350.38	10371.58	10910.54	10550.54	10301.19	10436.45	10872.42	11090.58
15省份占比（%）	78.44	78.54	78.73	78.47	79.22	78.70	79.02	78.70	77.70	76.79
云南占比（%）	2.63	2.90	3.20	3.27	3.33	3.76	4.42	4.48	4.46	4.52

资料来源：根据国家统计局网站数据与《中国农村统计年鉴2020》数据整理。

从表24－5可以看出，2010～2019年，我国水果面积呈起伏中小幅增长的趋势，总体增幅11.89%，远低于产量增幅；15个主产省份面积综合增幅为9.53%，远低于产量增幅，也略低于全国总体增幅；产量排名前15的主产省份的水果面积则有升有降。其中，增幅最大的为云南，达92.09%，其次是广西（46.11%）和四川（38.81%），但均低于产量增幅；而河南、河北、新疆和浙江4省份则总体下降，其中，降幅最大的是河北，达35.10%。全国15个主产省份水果面积之和占同期全国水果总面积的比重基本稳定在78.5%上下。

值得注意的是，近年来，贵州的水果面积和产量均呈爆发式增长态势。贵州的水果面积从2010年的17.68万公顷增加到2018年的近61.29万公顷，增长了2.47倍，已跻身全国前10位，近3年就增长了近82.5%；水果产量也从117.21万吨增加到2019年的441.98万吨，增长了2.77倍。虽然，目前贵州的水果产量占全国的比重仅为1.61%，随着新植果园的陆续投产，贵州的水果增产潜力巨大，在全国的地位将日益上升。

从表24－6可以看出，随着水果栽培面积的扩大和产量的上升，我国水果（包括干果、饮料和香精，下同①）农业产值也呈现出逐年递增的趋势。根据2011～2020年《中国农村统计年鉴》数据，按照当年价格计算，2010～2019年，我国水果农业产值从4387.5亿元增加到14537.9亿元，增长了231.34%；产量前5位的主产省份水果农业产值之和增幅更是高达348.15%，占同期全国水果农业产值比重从66.52%增长到69.9%。各主产省份水果产值均呈增长趋势，但是，占同期全国的比重则有升有降。2010～2019年，15个主产省份水果产值综合排名如表24－6所示。可以看出，无论是多年累计还是近年的数据，全国水果产值的龙头老大依然是山东，多年水果现价产值在1000亿元左右，是全国唯一的十年综合超过10%（10.21%）的省份，2010年最高时达13.24%，2018年降为8.48%；综合排名第2位的陕西，十年平均占比为7.83%，2010年和2018年占比为7.42%和8.06%；河南水果农业产值占全国比重从2010年的7.30%稳步上升到2018年的7.63%，综合占比7.46%，位居第3位；十年占比在6%以上的广东（6.67%）、广西（6.66%）和新疆（6.65%）分别位居第4～6位。2018年，云南的水果总产值为485.2亿元，占全国总产值的3.77%，位居全国的10位，属于中上水平，水果产

① 基于数据的可得性，本书水果产值数据采用《中国农村统计年鉴》中“干果、水果、饮料及香料作物”的产值的当年价格数据。

值占主要产区产值的比重也由 2010 年的 1.4% 上升到了 2018 年的 3.77%，翻了 1.69 倍，证明了云南的水果在价格上有一定的竞争优势。

截至 2019 年，我国的水果的农业产值达到了 14537.9 亿元。其中，超过 1000 亿元的省份有山东（1242.8 亿元，占 8.54%）、新疆（1143.7 亿元，占 7.86%）、河南（1127.4 亿元，占7.75%）、陕西（1122.5 亿元，占7.72%）、广东（1114.4 亿元，占7.67%）、四川（1017.7 亿元，占 7.0%）；超过 500 亿元的有广西（931.8 亿元，占6.41%）、云南（555.9 亿元，占 3.82%，排名上升到第 8 位）、河北（539.3 亿元，占 3.71%）和湖北（539.3 亿元，占 3.71%）。

从产值增幅看，15 个主产省份中，农业产值增幅最大的是云南，2010 ~ 2019 年增长了 8.04 倍；其次是四川，增长了 4.6 倍；增幅榜第 3 位的是湖北，增长了 3.55 倍；增幅在 2 倍以上的还有广西（3.54 倍）、新疆（3.25 倍）、辽宁（2.93 倍）、河南（2.81 倍）、陕西（2.17 倍）、湖南（2.13 倍）、山西（2.09 倍）、江苏（2.01 倍）。

表 24 – 6　　2010 ~ 2019 年中国 15 个水果主产省份水果农业产值及全国占比

地区	2010 年	2011 年	2012 年	2013 年	2014 年	2015 年	2016 年	2017 年	2018 年	2019 年
全国（亿元）	4387.50	6903.50	8002.00	8944.30	10119.50	11153.50	8900.40	12129.50	12865.50	14537.90
山东（亿元）	580.90	746.00	883.60	997.60	1049.30	1104.30	981.20	1081.80	1090.80	1242.80
新疆（亿元）	269.10	358.60	519.00	571.50	666.20	718.20	413.10	965.00	1066.00	1143.70
河南（亿元）	295.90	504.20	603.50	678.10	803.20	824.80	659.70	874.30	981.80	1127.40
陕西（亿元）	353.70	512.00	593.60	683.10	803.30	824.40	770.80	955.50	1037.50	1122.50
广东（亿元）	375.30	477.30	494.80	572.70	621.50	665.90	703.10	783.40	870.20	1114.40
四川（亿元）	182.00	409.00	500.70	529.50	706.40	740.50	607.90	928.90	949.30	1017.70
广西（亿元）	205.40	206.60	282.60	345.60	395.50	410.00	467.60	610.90	673.20	931.80
云南（亿元）	61.50	183.00	253.10	334.70	397.70	407.70	142.80	469.60	485.20	555.90
河北（亿元）	368.90	463.30	531.20	604.90	665.50	624.30	552.30	489.20	551.70	539.30
湖北（亿元）	118.60	239.70	285.10	330.60	356.60	421.60	255.40	466.00	509.90	539.30
江苏（亿元）	155.60	232.20	254.30	280.20	319.80	377.50	328.50	416.10	426.50	469.00
浙江（亿元）	196.20	327.10	360.40	382.90	395.30	407.30	228.00	454.00	453.40	468.70
湖南（亿元）	146.90	364.20	384.20	315.10	355.50	387.80	293.40	377.60	400.30	459.80
辽宁（亿元）	102.40	207.80	240.80	263.10	288.00	405.90	274.90	364.70	385.50	402.40
山西（亿元）	87.10	195.30	232.50	239.20	266.40	279.90	239.10	278.30	275.30	269.40
15 省份合计（亿元）	2918.60	4680.30	5535.80	6131.20	7040.90	7495.80	5936.60	8433.50	9065.80	10161.30
15 省份占比（%）	66.52	67.80	69.18	68.55	69.58	67.21	66.70	69.53	70.47	69.90

资料来源：历年《中国农村统计年鉴》，由于没有水果的产值统计数据，此处采用水果、坚果、饮料及香料产值，仅供参考。

2. 我国水果生产的品种结构和布局

通过多年的努力，结合各地的气候和产业基础，我国基本实现了各水果品种的区域集约化栽培，形成了各具特色的水果种植区域和合理的生产布局。对发挥比较优势、产生规模效益、进一步促进生产成本的降低、提高产品竞争力起到了积极的作用。如2002年，针对园林类水果我国开始提出的建立苹果、柑橘优势产区，已经取得了显著的成效，目前已形成了以黄土高原和渤海湾为主的两大苹果优势带；形成了长江中上游柑橘带、赣南—湘南—桂北柑橘带和浙南—闽西—粤东柑橘带和一批特色柑橘生产基地为主线的柑橘优势区。瓜果类水果目前形成了黄淮海春夏西瓜优势区和长江流域夏季西瓜优势区以及黄淮海春夏甜瓜优势区和西北夏秋甜瓜优势区（张复宏，2013）。

品种结构方面，我国水果种类丰富，作为商品栽培的有三十多种。以苹果、柑橘、西瓜、梨、桃、香蕉、葡萄、甜瓜为主，其他水果如菠萝、荔枝、龙眼、芒果、番木瓜、枇杷、杨梅、猕猴桃、杏、李、樱桃、山楂、梅、枣、柿等果品也有一定规模的栽培。根据《中国农村统计年鉴》统计数据可以看出，全国水果生产表现出主要大宗品类生产保持稳定，但品种结构不断优化的趋势。2010年前，西瓜、苹果、柑橘、梨、甜瓜、香蕉和葡萄7大类传统主栽品类的产量之和占全国水果总产量的比重多年保持在80%以上，近年来逐步下降，到2017年降到77.53%，2018年进一步下降到76.41%。从园林水果看，2017年之前，香蕉、苹果、柑橘、梨和葡萄这5大类园林水果产量占同期全国园林水果总产量的比重一直在70%以上，但从2001年最高时的74.15%逐步下降到2018年的69.22%，满足市场多样化需求的其他多种类水果也逐步得到发展。从瓜类水果看，西瓜是最大宗的品种，2001~2010年，西瓜产量占瓜类水果总产量的比重一直在80%以上，但从2002年时最高的84.5%以上逐步下降到2019年的75%左右。2017年，西瓜产量超过6300万吨，占水果产量的25.02%，年平均增长率为1.29%；苹果产量超过4100万吨，占整个水果产量的16.4%，年平均增长率为4.47%；其次是柑橘，产量超过3800万吨，占水果总产量的15.12%，年平均增长率达到了6.4%。2018年，西瓜产量为6153.69万吨，占23.95%；柑橘产量为4138.14万吨，占16.11%；苹果产量为3923.34万吨，占15.27%；梨产量为1607.8万吨，占6.26%；葡萄产量为1366.68万吨，占5.32%。

品种布局方面，我国水果已基本形成了集约化栽培体系，生产向优势区域集中，水果区域性分布特征极其明显。如苹果形成了环渤海湾和黄土高原两个产业带，主要集中在陕西、山东、山西、河南、甘肃、辽宁、河北、新疆8个省份，其产量之和占比达到90%以上；柑橘主要分布在长江以南18个省份，以湖南、广东、广西、湖北、四川、福建、江西、浙江、重庆9个省份为主，产量占比也达到90%以上；西瓜和梨的分布较广，大陆31个省份均有种植，梨生产主要集中在河北、安徽、新疆、河南、辽宁、陕西、山东、四川等地区，该区域产量占比达到2/3以上，其中，河北梨产量占比达20%以上；西瓜主要集中在河南、山东、河北、江苏、安徽、湖南、湖北、新疆、陕西、广西等地区，产量占全国比重95%以上；甜瓜生产主要在新疆、山东和河南3个省份；香蕉、菠萝、荔枝、龙眼、芒果等热带水果主要分布在华南地区，以广东、广西、海南和云南为主。

（三）云南水果生产在全国的地位

如前所述，云南具有生产多种水果的自然生态条件，从20世纪开始，云南陆续建立了50多个水果生产基地县，改变了水果生产零星分布，品种多、乱、杂的落后状况，为水果产业健康持续发展打下了坚实的基础，经过多年的努力，目前已形成了一定的规模，成为农村经济的主要产业之一，为农村产业结构调整、农业增效、农民增收起到了积极的推动作用。近年来，云南省水果产业取得了长足的发展，面积、产量和产值增幅均超过同期全国平均增幅，在全国水果生产中的地位越来越重要。

就全国范围来说，云南的水果产业在全国所占的比重不算大，但近几年来的发展呈现出快而稳的趋势。统计数据表明，云南果园面积多年处于全国的第10位，2018年上升到第9位，占全国水果总面积的比重从2010年的2.63%上升到2018年的4.46%；云南水果产量多年处于全国第13位，2018年曾超过山西居第12位，占全国的比重从2010年的2.03%上升到2018年的3.17%，2019年又回到第13位，全国占比降到3.14%；云南水果产值也多年居全国第10位，占全国的比重从2010年的1.4%上升到2018年的3.77%。单从面积、产量和产值的排位即可看出，云南水果生产效率（单位面积产量）和效益（单位面积农业产值）低于全国平均。从水果单产看，近年来，云南水果平均单产及占全国平均的比重明显下滑。2013～2014年，云南的水果平均单产均在15000千克/公顷以上，接近同期全国平均单产的89%左右。2017年，全国水果平均单产为19033.98千克/公顷，平均单产最高为湖北，达到了32770千克/公顷，而云南仅为13190.09千克/公顷，为全国平均产量的69.30%。2018年，全国平均单产18359.22千克/公顷，云南仅为13030.70

千克/公顷，也仅为全国平均的70.98%。除2013年和2014年外，近10年云南水果生产效益长期低于同期全国平均水平（见表24－7）。

表24－7　2010～2019年云南水果生产效率、效益及全国占比

年份	区域	面积（千公顷）	总产量（万吨）	总产值（亿元）	单位面积产量（千克/公顷）	单位面积产值（元/公顷）
2010	云南	340.13	407.14	61.50	11970.13	18081.32
	全国	12908.27	20095.37	4387.50	15567.83	33989.84
	云南占比（%）	2.63	2.03	1.40	76.89	53.20
2011	云南	376.90	488.66	183.00	12965.24	48553.99
	全国	13009.00	21018.61	6903.50	16156.98	53067.11
	云南占比（%）	2.90	2.32	2.65	80.25	91.50
2012	云南	420.16	598.83	253.10	14252.43	60238.96
	全国	13146.51	22091.50	8002.00	16804.08	60867.87
	云南占比（%）	3.20	2.71	3.16	84.82	98.97
2013	云南	431.70	657.18	334.70	15223.07	77530.69
	全国	13218.04	22748.10	8944.30	17209.89	67667.37
	云南占比（%）	3.27	2.89	3.74	88.46	114.58
2014	云南	457.94	690.59	397.70	15080.36	86845.44
	全国	13772.61	23302.63	10119.50	16919.55	73475.54
	云南占比（%）	3.33	2.96	3.93	89.13	118.20
2015	云南	503.68	762.81	407.70	15144.73	80944.25
	全国	13406.52	24524.62	11153.50	18293.05	83194.59
	云南占比（%）	3.76	3.11	3.66	82.79	97.30
2016	云南	575.71	797.74	142.80	13856.63	24804.15
	全国	13035.74	24405.24	8900.40	18721.79	68276.91
	云南占比（%）	4.42	3.27	1.60	74.01	36.33
2017	云南	594.31	783.90	469.60	13190.09	79016.00
	全国	13261.49	25241.90	12129.50	19033.98	91464.08
	云南占比（%）	4.48	3.11	3.87	69.30	86.39
2018	云南	624.18	813.35	485.20	13030.70	77733.99
	全国	13992.07	25688.35	12865.50	18359.22	91948.51
	云南占比（%）	4.46	3.17	3.77	70.98	84.54
2019	云南	628.40	802.73	555.90	12774.19	88462.76
	全国	12276.70	19037.70	14537.90	15507.18	118418.63
	云南占比（%）	5.12	4.22	3.82	82.38	74.70

资料来源：根据国家统计局网站和《中国农村统计年鉴》数据整理，由于没有水果的产值统计数据，此处采用水果、坚果、饮料及香料产值，仅供参考。

按照园林类和瓜果类分，云南的水果生产以园林类水果为主，居全国第10位，但全国占比从2011年的3.22%上升到2019年的5.12%，云南园林类水果产量全国占比亦从2011年的3.16%上升到2019年的4.22%。云南的瓜果类水果面积和产量占全国的比重均不大，居全国23位（见表24-8）。

表24-8　　2011~2019年云南与全国园林类和瓜果类水果生产结构对比

地区	结构	指标	2011年	2012年	2013年	2014年	2015年	2016年	2017年	2018年	2019年
云南	瓜果类	面积（千公顷）	28.42	27.67	25.17	26.27	31.39	26.79	24.30	24.40	24.9
		产量（万吨）	71.04	70.40	63.06	63.74	73.01	62.07	58.51	56.21	57.6
	园林类	面积（千公顷）	348.48	392.49	406.53	431.67	472.29	548.92	570.01	599.78	628.4
		产量（万吨）	417.63	528.43	594.11	626.85	689.8	735.67	725.39	757.14	802.7
全国	瓜果类	面积（千公顷）	2200.9	2156.81	2174.71	2164.95	2194.32	2119.10	2112.87	2117.20	2166.6
		产量（万吨）	7816.8	7894.76	8072.93	8131.27	8323.71	8202.33	8292.53	8123.08	8363.1
	园林类	面积（千公顷）	10808	10989.7	11043.3	11607.7	11212.2	10916.6	11148.6	11874.9	12276.
		产量（万吨）	13201	14196.7	14675.2	15171.4	16200.9	16202.9	16949.4	17565.3	19037
瓜果类水果占比（%）		面积	1.29	1.28	1.16	1.21	1.43	1.26	1.15	1.15	1.15
		产量	0.91	0.89	0.78	0.78	0.88	0.76	0.71	0.69	0.69
园林类水果占比（%）		面积	3.22	3.57	3.68	3.72	4.21	5.03	5.11	5.05	5.12
		产量	3.16	3.72	4.05	4.13	4.26	4.54	4.28	4.31	4.22

资料来源：根据国家统计局网站和《中国农村统计年鉴》数据整理。

在园林类水果种类上，云南种植的水果有香蕉、苹果、梨、柑橘、桃、葡萄、石榴、枇杷、杨梅、荔枝、龙眼、芒果等40多种，但以香蕉、梨、苹果、柑橘、桃和葡萄栽培面积最大。值得注意的是一些新兴水果如欧洲甜樱桃（车厘子）、蓝莓、猕猴桃等近几年在云南发展很快，并形成了一定的规模，如红心猕猴桃在云南近几年就发展到了10万亩以上。在水果生产的布局上，按照适地适树的原则，根据全省水果产业规划，目前云南的水果产业已初步形成了区域化的格局，如滇东北和滇西北的苹果产区；滇中的桃、梨产区；红河流域的香蕉产区；蒙自的枇杷、石榴产区；滇西南的柠檬产区；玉溪新平、华宁、红河建水的柑橘产区；滇西宾川、红河弥勒、楚雄元谋的葡萄产区。随着产业的发展和市场需求的变化，近年来，云南对水果品种的结构进行了一定的调整，减缓了苹果、梨、柑橘等传统水果中熟品种的发展，同时加大了受市场欢迎的香蕉、枇杷、石榴、葡萄、柠檬、杨梅、樱桃等优新品种的发展。云南的西瓜种植主要集中在滇西南西双版纳、芒市、盈江、保山等地热区。

（四）近年来云南水果产业发展趋势

为加快云南果业提质增效，推动产业做强做精，2018 年，省委省政府将水果产业列入云南打造世界一流“绿色食品牌”八大重点产业之一，并针对水果生产中存在的短板和弱项，确定了按照“一大两新”的思路，发挥“云果”特早特晚的熟期优势，从“推进绿色化种植，提高品质”“推进绿色有机认证，实现优质优价”“推进商品化发展，实现果品增值”“招大商引大资，推进规模化发展”“实施品牌建设，提升云果影响力”“做优产业链，扩大温果出国、热果北上”六个方面着力，强化绿色有机果园生产基地建设，提高果品加工率，推进果业生产标准化、流通信息化、产品品牌化，将云南水果的品质优势转化成品牌优势，促进全省水果产业提质增效和转型发展。2018～2019 年，全省上下认真贯彻落实省委省政府的决策，按照《云南水果产业三年行动计划（2018—2020 年）》明确的水果产业“路线图”“施工图”，以水果产业“一县一业”4 个示范创建县和 4 个特色县为抓手，推动全省水果产业逐步走上了高质量跨越式发展之路，主要体现在以下几个方面。

一是种植规模不断扩大，绿色化水平不断提高。据云南省农业农村厅提供的数据，2019 年，全省水果种植面积达到 67.67 万公顷，同比增 8.4%，其中新增果园面积 5.25 万公顷，占全国新增面积的 31.9%；产量达 896.8 万吨，同比增 10.3%。截至 2019 年底，全省水果产业共获得无公害认证产品 178 个，认证面积 27.2 万亩，年产量达到 48.7 万吨（分别同比增加 23 个、1.0 万亩、1.3 万吨）；共获得绿色认证产品 398 个，认证产量 78.2 万吨（分别同比增加 211 个、28.2 万吨）；共获得有机认证产品 198 个，认证面积 14.63 万亩（分别同比增加 60 个、8.03 万亩）；累计获得 21 个全国农产品地理标志认证（同比增加 1 个），认证面积达到 304.2 万亩、认证产量达到 242.9 万吨。

二是种植结构不断优化，商品化水平不断提高。根据市场需求的变化，云南不断调优水果种植结构，着力提升全省水果产业的商品化水平。2016 年以来，柑橘、芒果、苹果等果种种植面积持续扩张，梨和桃种植面积相对稳定，香蕉、葡萄等种植面积连续萎缩。就果种而言，柑橘增加的主要是沃柑、冰糖橙等类；芒果增加的主要是凯特、圣心等品种；苹果增加的主要是华硕等中早熟品种；石榴增加的主要是软籽石榴。葡萄总面积呈下降趋势，但阳光玫瑰等新品种种植面积大幅增长。蓝莓等特色果种虽总面积不大，但发展迅速。《云南省“绿色食品牌”水果产业 2019 年度发展报告》显示，2019 年，柑橘已成为云南第一大果种，面积达到9.53万公顷，超过百万亩的果种还有芒果（127.3万亩）、香蕉（122.9万亩）和苹果（117.2万亩），超过50万亩的果种有梨（97.2万亩）、桃（81.3万亩）和葡萄（61.7万亩）。其中，2019年新增面积较大的果种有芒果（20.8万亩）、柑橘（17.9万亩）和苹果（11.1万亩）。其他部分特色果种发展也较快，如李子新增3600公顷、石榴新增3066公顷、枇杷新增860多公顷、柿子新增1400公顷，全省水果产业的商品化水平不断提高。

三是区域特色不断凸显，规模化水平不断提高。针对水果品种多但产量小的问题，多年来，云南全省各级依托当地资源条件并结合市场需求，不断加大对特色水果发展的支持力度，建成了一大批特色水果基地并逐渐成为区域公共品牌。尤其是随着“一县一业”的推进，昭通苹果、新平柑橘、华坪芒果、蒙自石榴、金平香蕉、泸西梨、宾川葡萄、弥勒葡萄等一批老牌区域特色水果基地规模不断扩大，规模化、专业化、绿色化、组织化、市场化水平不断提高，孟连牛油果、麒麟草莓、德钦冰葡萄等一批水果新贵逐渐走进消费者视线。《云南省“绿色食品牌”水果产业2019年度发展报告》显示，2019年，面积达到10万亩以上的柑橘基地县有新平（12.2万亩/12.8万吨）、华宁（11.6万亩/27.3万吨）和建水（10.2万亩/8万吨），5万亩以上的还有宾川（7.1万亩/11.3万吨）、元江（7万亩/4.5万吨）和景洪（5万亩/3万吨）；超过10万的芒果基地县也是3个，分别为华坪（37.8万亩/30.9万吨）、元江（15.8万亩/8.9万吨）和红河（11.2万亩/8.6万吨），永仁县则达到8.2万亩（1.5万吨）；10万亩以上的3个香蕉基地县分别是金平（23.3万亩/43.5万吨）、河口（16.8万亩/32.9万吨）和马关（13.3万亩/22.7万吨），景洪接近10万亩达9.6万亩（21.6万吨），勐腊、元阳、屏边、麻栗坡和江城均在5万亩以上；昭阳苹果园面积达到55.4万亩、产量达到72万吨，鲁甸面积也接近10万亩（9.7万亩/4.3万吨），蒙自、宁蒗也在5万亩以上；葡萄园面积达10万亩以上的有宾川（16.2万亩、39.5万吨）和弥勒（10万亩/17.7万吨），建水也接近10万亩（9.7万亩/15.1万吨）；泸西梨园和桃园面积分别达到14.7万亩（15万吨）和4.7万亩（6.5万吨）；巍山的梨园面积也达到8万亩（7.4万吨）的规模。

四是新型经营主体和品牌培育成效明显，组织化、品牌化水平不断提高。各地积极落实已有政策，大力发展水果产业，培育以龙头企业为主的新型经营主体队伍，通过外引与内培相结合，着力打造水果产业行业领军企业，新型经营主体的壮大带动了整个水果产业技术水平和竞争力的提升。截至2019年底，云南全省涉及葡萄、芒果、柑橘等种植和加工的省级及以上龙头企业达到94家，其中，果品加工企业20家。同时，一大批区域特色水果品牌逐渐被国内外市场认知，“云果”品牌社会影响力和价值逐步提升。华坪芒果和宾川柑橘被认定为国家级特色农产品优势区；“华坪芒果”“宾川红提葡萄”“昭通苹果”“华宁柑橘”等入选中国农业品牌目录2019农产品区域公用品牌，“蒙自石榴”品牌价值达19.72亿元，居全国第49位。尤其是2018年以来省政府组织的云南“10大名果”评选表彰活动，申报的企业和覆盖的果种越来越多，企业参与度、社会关注度越来越明显。通过连续两年的高调评选和高规格表彰，进一步提高了昭通“满园鲜”牌苹果、元谋“果先锋”牌葡萄、丽江“丽果”牌芒果、建水“和源”牌石榴、新平“褚橙”牌褚橙珍品果、宾川“七彩云秘”牌阳光玫瑰葡萄、曲靖“佳沃”牌蓝莓、河口“云河”牌香蕉、红河“早香蜜桃”和蒙自“晨滇滇”红心猕猴桃等一批“云果”产品品牌的社会知名度。对比2019年和2018年“10大名果”评选结果可以看出，两年均入选的水果品牌分别是“七彩云秘”牌阳光玫瑰鲜食葡萄、“丽果”牌华坪芒果、“果先锋”牌葡萄、“褚橙”牌冰糖橙、曲靖“佳沃”牌蓝莓5个，2019年新入选了3个，这一变化充分说明了对于品牌创建，党政的重视程度和企业的主动作为都在增强，创品牌形成了百舸争流、奋勇向前的态势。

五是出口及外销快速发展，市场化水平不断提高。从出口看，通过提升“南博会”等会展推介质量和效果，创新电商合作形式，推动云品出滇，拓展国际、国内市场。从出口额看，据昆明海关数据显示，2019年，云南全省水果（含干果及其产品）出口额创历史新高，达到21.3亿美元（148.2亿元），同比增74.7%，占全省农产品出口总额的比重达到44.7%，位居第1位，苹果（和梨）、柑橘、葡萄出口量和出口额均居前3位。从出省看，据云南高速公路管理部门数据显示，2019年，云南全省通过高速公路绿色通道运输出省的水果共计633.9万吨。分果种情况看，云南全省通过高速公路绿色通道运输出省数量最大的是香蕉（353.2万吨），其次是火龙果（92.9万吨）、葡萄（67.3万吨）、柑橘（44.9万吨）等。鉴于云南是缅甸、老挝等东南亚国家生产的热带水果进入中国市场的必经之地，所以经由云南运输的香蕉、火龙果、山竹、龙眼和荔枝等大部分是进口水果。而云南生产的水果中，葡萄、柑橘、芒果、石榴的出省量最大，分别是67.3万吨、44.9万吨、21.1万吨和16.3万吨。运输出省的量占生产总量比重最大的分别是葡萄、草莓、芒果，分别占生产总量的59.0%、39.0%、36.7%。

三、中国及云南水果的消费分析

（一）中国的水果消费分析

跟其他农产品类似，全球各个国家和地区生产的水果除用于出口和库存调整外，其余的加上进口部分构成国内市场供应。市场消费结构无非食用、损耗、加工、饲用、旅游消费等方面，与种子类作物不同的是，种用消费极少或几乎为零。2014～2018 年全球及中国水果消费结构如表 24－9 所示。

表 24－9　　2014～2018 年全球及中国水果消费结构

年份	指标	全球				中国			
		供应量	食用消费	加工消费	损耗及其他	供应量	食用消费	加工消费	损耗及其他
2014	数量（万吨）	66473.80	53179.30	6192.90	7101.60	15805.90	13284.30	936.20	1585.40
	占比（%）		80.00	9.32	10.68		84.05	5.92	10.03
2015	数量（万吨）	67998.60	54228.10	6444.30	7326.20	15848.60	13338.50	959.20	1550.90
	占比（%）		79.75	9.48	10.77		84.16	6.05	9.79
2016	数量（万吨）	67744.00	54393.40	6214.80	7135.80	16129.00	13592.90	946.20	1589.90
	占比（%）		80.29	9.17	10.53		84.28	5.87	9.86
2017	数量（万吨）	68467.40	55268.90	5979.00	7219.50	16498.60	13917.80	948.80	1632.00
	占比（%）		80.72	8.73	10.54		84.36	5.75	9.89
2018	数量（万吨）	70552.50	57163.30	6442.60	6946.60	16872.10	14291.00	961.60	1619.50
	占比（%）		81.02	9.13	9.85		84.70	5.70	9.60
年均占比（%）			80.36	9.17	10.48		84.31	5.86	9.83

资料来源：根据联合国粮农组织数据整理。

FAO 统计数据（包括官方、半官方、估计和计算）表明，2014～2018 年，全球生产的水果除进出口和库存调节所占份额不大外，80% 以上（83.68%）供应国内消费市场；从消费结构看，食用消费占 80% 以上，加工占比略高于 9%，损耗和其他占比略高于 10%。2014～2018 年，我国生产的水果除少量进出口和库存调节外，97% 以上（97.19%）供应国内消费市场，高于全球平均近 14 个百分点；从消费结构看，食用消费占比高于全球平均 3 个百分点以上，而加工占比则低于全球平均 3 个百分点以上，损耗及其他占比略低于全球平均。

（二）云南的水果消费分析

云南的水果消费结构数据不详。据有关部门的云南每年生产的水果除损耗外，主要用于供应国内和本地消费市场和出口，加工占比也较小。近年来，随着水果生产规模的扩张，云南水果出口增长较快。

从人均占有量看，随着产量的增加，云南人均水果占有量和消费量也逐步提高。据《中国农村统计年鉴》数据，2019 年，我国水果人均占有量为 196.0 千克，比 2010 年的 159.99 千克提高了 36.01 千克，增加幅度为 22.51%。其中，人均水果占有量最高的是新疆为 640.6 千克，其他高于云南是省区还有陕西（520.1 千克）、宁夏（374.1 千克）、海南（485.5 千克）、广西（500.1 千克）、山东（282.4 千克）、河南（269.1 千克）、甘肃（268.7 千克）、山西（231.7 千克）、河北（183.7 千克）和辽宁（188.4 千克）。云南人均水果占有量为 177.6 千克，虽然比 2010 年的人均 86.46 千克增加了 91.14 千克，增加的幅度达到了 105.41%。但与全国平均水平相比，还有差距。

四、中国及云南水果的贸易情况分析

（一）中国水果贸易简况及特征

全球看水果贸易量占生产量份额不大。据 FAO 统计数据，近年来，全球水果贸易量基本稳定在 1.2 亿吨左右，贸易额为 2600 亿美元左右。

随着我国水果产业的快速发展，中国的水果对外贸易也取得长足发展，尤其是加入 WTO 以后，中国水果对外贸易经历了一个快速增长阶段，进入 21 世纪后，呈现出由快速增长逐渐趋稳的趋势，进入 2010 年以后则趋于基本稳定。近年来，中国水果进出口数量变化不大、贸易额稳步上升，总体表现为水果年出口量略大于进口量，水果年出口额远大于同期进口额，进口占比逐渐升高、出口占比逐步下降。

根据 FAO 网站统计数据，2010～2019 年，中国水果进口数量平均在 626 万吨，进口额在 94 亿～454 亿美元之间，占全球的比重在 3.89%～15.50%；中国水果出口数量平均为 613 万吨，出口额在 162 亿～251 亿美元上下波动，占全球的比重分别在 7.32%～9.84%。可以看出，贸易顺差从 2010 年不足 －129.72 亿美元逐步提高到 2019 年的 89 亿美元左右（见表 24－10、表 24－11）。

表 24 – 10　　2010 ~ 2019 年中国水果进出口贸易量及全球占比

年份	进口量			出口量		
	中国（万吨）	全球（万吨）	占比（%）	中国（万吨）	全球（万吨）	占比（%）
2010	290. 10	11811. 90	2. 46	604. 40	12181. 30	4. 96
2011	340. 50	12338. 00	2. 76	571. 80	12130. 70	4. 71
2012	330. 70	12662. 70	2. 61	565. 70	12490. 00	4. 53
2013	339. 30	13206. 20	2. 57	683. 80	12929. 30	5. 29
2014	357. 40	11070. 60	3. 23	385. 00	11301. 50	3. 41
2015	404. 30	11303. 00	3. 58	414. 40	12092. 20	3. 43
2016	378. 20	11276. 80	3. 35	477. 50	12626. 30	3. 78
2017	426. 10	11795. 20	3. 61	479. 00	13322. 60	3. 60
2018	782. 44	11113. 47	7. 04	649. 47	11212. 28	5. 79
2019	920. 06	11247. 10	8. 18	651. 54	11362. 49	5. 73

资料来源：根据联合国粮农组织数据整理。由于数据可得性，2018 年、2019 年数据由“蔬菜水果”一栏统计。

表 24 – 11　　2010 ~ 2019 年水果进出口贸易额及全球占比

年份	进口额			出口额			贸易顺差（亿美元）
	中国（亿美元）	全球（亿美元）	占比（%）	中国（亿美元）	全球（亿美元）	占比（%）	
2010	292. 59	2293. 48	12. 76	162. 88	2223. 75	7. 32	– 129. 72
2011	352. 48	2617. 47	13. 47	195. 08	2534. 29	7. 70	– 157. 40
2012	419. 03	2704. 18	15. 50	189. 24	2586. 27	7. 32	– 229. 79
2013	454. 33	2950. 91	15. 40	206. 37	2807. 77	7. 35	– 247. 96
2014	94. 84	2435. 38	3. 89	209. 72	2387. 25	8. 79	114. 89
2015	105. 52	2422. 86	4. 36	224. 19	2328. 43	9. 63	118. 67
2016	98. 71	2492. 62	3. 96	240. 90	2448. 53	9. 84	142. 19
2017	105. 70	2680. 23	3. 94	248. 26	2635. 26	9. 42	142. 56
2018	133. 08	2763. 38	4. 82	245. 42	2685. 81	9. 14	112. 33
2019	162. 37	2783. 90	5. 83	251. 40	2743. 86	9. 16	89. 02

资料来源：根据联合国粮农组织数据整理。

据海关总署相关数据，我国的水果出口以鲜冷冻水果为主，且所占比重逐年上升，水果汁、水果罐头和其他加工水果所占比重下降。园林类水果近几年的出口产品主要是：苹果、柑橘、葡萄、苹果汁、梨汁。2015 年该 5 类产品出口额合计 40. 6 亿美元，占水果出口总额的 58. 9%。其中，苹果出口额占 15%，柑橘占

18.3%。瓜果类水果中西瓜、甜瓜在中国虽然有大面积种植且产量居世界前列，但并不是中国水果的主要出口产品，2010～2016年西瓜出口量虽呈逐年下降，但其出口金额呈上升趋势。2010～2016年甜瓜出口量总体呈逐年上升趋势。

从出口市场看，东盟、美国、日本和俄罗斯是中国水果的主要出口市场。在东盟市场中，泰国、越南、印度尼西亚、马来西亚和菲律宾是中国主要目标市场，2015年，对泰国、越南和菲律宾出口的苹果所占比重分别为16.2%、11.9%和9.2%；对泰国、马来西亚和越南出口的柑橘分别占20.6%、15.7%和12.2%；对泰国、越南和印度尼西亚出口的葡萄分别占61.8%、18.3%（SAE－CHANG SIRIWUT，2015）。西瓜的出口主要目标市场是蒙古国、俄罗斯，甜瓜的主要出口国是俄罗斯、加拿大、日本以及越南、泰国、马来西亚等东南亚国家。

我国水果主要进口品种是香蕉、樱桃、榴梿、葡萄和火龙果等。据商务部数据，2019年，我国水果进口额排名前1～9位的进口额之和占全年全国水果进口总额的比重达到了75%。其中，排名3位的是榴梿、樱桃和香蕉，占水果进口总额的比重分别为17%、15%和11%；紧随其后的山竹、葡萄、猕猴桃占比分别达到8%、7%和5%；龙眼、橙和火龙果进口额占比也在4%以上；其他品类的水果进口额之和占全年水果进口额的比重仅为25%左右。

从进口地区来看，我国热带水果进口主要来自东盟，樱桃主要来自智利，鲜葡萄主要来自智利和秘鲁。2012～2015年，从东盟进口香蕉所占比重由90.5%下降到71.2%，厄瓜多尔香蕉获得对中国出口准入，所占比重由8.5%迅速提高至28.5%。智利樱桃所占比重由76.8%提高至79.1%，而来自美国的樱桃则由23.1%下降至14.5%。智利和秘鲁作为葡萄出口大国，在中国市场上占据较高地位，所占比重由25.3%和8.5%分别提高至39.1%和36%。此外，2015年，中国99.9%的火龙果和全部榴莲进口均来自东盟。自2010年后，西瓜的进口来源国主要是越南，占中国西瓜进口份额的93%以上且每年都在增长。缅甸也有部分西瓜进口，一般从11月到次年4月填补国内除海南之外的西瓜空缺；甜瓜的进口来源地主要来自老挝。

（二）云南水果贸易简况及主要特点

云南水果产业的发展带动了水果贸易的长足发展。云南水果贸易也总体上可以用“温果出国”“热果北上”8个字概况，这是云南水果依托区位优势，立足消费市场的选择。

从出口看，云南的水果贸易伙伴主要是东盟国家，自2004年中国—东盟自由贸易区“早期收获计划”实施以来，特别是自2006年中国对东盟国家实施水果零关税以来，云南的水果进出口贸易进入快车道，近年来，在全国水果进出口趋于稳定的形势下，云南的水果进出口更是呈现井喷式增长，目前云南已经成为全国水果出口的第一大省，年出口水果量和出口额占全国的份额逐年上升（杨凤、彭乃驰，2015）。据昆明海关数据，云南水果年出口量从2010年的13.31万吨上升到2016年的80.06万吨，年均增幅达到了34.86%，出口额也从2010年的1.19亿美元上升到2016年的17.96亿美元，上升了14.09倍，年平均产值增长57.21%，占同期全国水果出口额的份额和全省农产品出口总额的份额均达到1/3左右。根据昆明海关统计数据①，2011～2018年，云南果品（含干果及其产品）出口额从19171万美元增长到122203万美元，增加5倍多（见表24－12）。

表24－12　　2011～2018年云南果品出口贸易额变化　　单位：万美元

项目	2011年	2012年	2013年	2014年	2015年	2016年	2017年	2018年
出口额	19171.00	43924.00	63020.00	82819.00	180526.00	186735.00	160868.00	122203.00

资料来源：昆明海关。

从表24－12可以看出，2011～2015年，云南水果出口额快速攀升，之后增速明显放缓。2015～2016年两年均超过180000万美元，2016年最高达186735万美元。2017年和2018年连续两年大幅下滑，主要是受到省内贸易政策的影响。2018年，云南实施打造世界一流“绿色食品牌”战略后，云南的水果贸易开始恢复。

根据农业农村部的数据，2019年，云南水果出口量和出口额同比增速分别达到61.83%和69.46%，占全国水果出口总量和总额的份额均在20%以上（见表24－13），在全国的水果出口中显示出明显的竞争优势。

表24－13　　2018～2019年云南水果进出口贸易情况及全国占比

年份	进口量			进口额			出口量			出口额		
	中国（万吨）	云南（万吨）	占比（%）	中国（万美元）	云南（万美元）	占比（%）	中国（万吨）	云南（万吨）	占比（%）	中国（万美元）	云南（万美元）	占比（%）
2018	592.48	27.40	4.62	84.16	3.30	3.93	509.69	66.54	13.06	71.57	12.40	17.32
2019	729.34	49.57	6.80	74.52	6.54	8.77	492.10	107.69	21.88	103.64	21.01	20.27

资料来源：农业农村部网站数据库。

① 此处进出口数据随我国外贸统计习惯，将水果、干果及其制品合并在一起。

云南的水果出口主要面向东南亚，主要有以下原因。一是云南与东盟水果具有很强的互补性，双方处于不同气候带，水果品种、收获季节具有差异性。云南盛产苹果、梨、柑橘等温带水果，东盟国家盛产山竹、榴梿、火龙果等热带水果。随着经济的快速增长和区域内交往的日益加深，东盟国家对温带水果的需求增大，云南水果出口东盟商机巨大。二是昆曼高速公路的开通，缩短了云南与泰国之间的距离。目前从昆曼公路进入昆明市场只需要3~4天，水果是生鲜产品，越早到达的水果越新鲜，其经济价值也就越高，加上陆路运输不需要二次搬卸，这也就弥补了高出的运输成本。正因为这样的优势，东盟各国果商已经有意向与云南水果市场进行贸易合作，所以，云南可以发挥与东盟国家的通道优势，建成云南水果、东盟水果的集散地。在出口种类上，云南出口的水果涉及10多个品种，主要的有葡萄、柑橘、梨、石榴等。①

据昆明海关统计，2016年1~10月，云南出口的葡萄、柑橘、梨、橙均居全国各省份之首，出口苹果居全国第2位。其中，葡萄、柑橘、梨、橙分别占全国同类商品出口总值的86.9%、41.9%、26.2%和44.9%；全省出口苹果占全国苹果出口额的12.3%，仅次于山东。葡萄是云南最大的水果出口品种。2016年1~10月，云南出口葡萄17.1万吨，增加63.8%，出口额32.5亿元，增长6%，占同期全省水果出口额的比重为34.9%；出口橙及柑橘类水果11.8万吨，出口额18.3亿元，分别增长69.7%和94.4%；出口苹果、梨等水果12.7万吨，出口额15.7亿元，分别增长76.5%和58.6%。此外，甜瓜、芒果等品种较上年同期出口也有较快增长。

云南的水果进口缺乏相关的官方统计数据。根据相关资料估算，云南的水果进口量呈现出逐年增加的趋势，大部分属于过境北上。云南进口的水果种类和数量主要集中在西瓜、香蕉、龙眼、椰子、芒果、山竹果、火龙果、榴梿等几个热带水果上，主要来源是泰国、缅甸、越南、印度尼西亚、菲律宾和中国台湾。随着产自泰国的山竹、香蕉等热带水果大量进口，不断丰富了省内水果市场，成为全省进口商品一大亮点。目前，勐腊口岸已成为全省水果进口最大口岸，占全省水果进口额的51.4%。而瑞丽海关已成为我国“缅甸西瓜”入境的最大陆路口岸，形成了集物流、包装、交易等多行业要素集聚的水果产业园区，年产值逾15亿元。因为良好质量品质和市场声誉，“缅甸水果”中的西瓜已占据中国

① 东盟自贸区已成为云南水果贸易最大市场［EB/OL］. 新浪网，2013-10-15.

80%以上的反季节西瓜市场，甚至转销至俄罗斯等国。2015年，其进口量突破60万吨。2016年1～10月，达44万吨，同比增长26%。2017年，全省水果进口量突破70万吨。

五、云南水果产业发展存在的问题

虽然云南的水果产业经过多年的发展，取得了令人瞩目的成效，也培育了一定的市场份额，但在发展过程中还存在一定的困难和问题，是云南水果产业发展的劣势和短板。

（一）果园基础设施较差

由于云南山区、半山区面积占国土面积的比重高达84%以上，因此，云南的果树大多种植在山坡地和田边地脚上，而这些地方绝大多数土层较薄且缺乏灌溉条件，生产多是靠天吃饭。基础条件太差不仅对果树的生长非常不利，影响水果的产量和品质，而且会影响到水果产业的发展速度，制约云南水果规范化、标准化水平的提高，对“云果”品牌的创立也非常不利。

（二）新品种培育能力弱

虽然云南果树种质资源丰富，但是受人财物投入不足等多种因素制约，具有本地特色果种的新品种培育能力不足，导致生产上缺乏适应云南低纬高原气候环境下种植的新品种。加之水果种子种苗生产相对落后，跟不上产业发展的需求，目前全省还没有一家大型、正规的优良苗木繁育基地，不能满足云南水果产业快速发展的需求。因此，目前，云南种植的水果品种主要为外引品种，尤其是许多新发展的果园所用种苗均从省外引进。而在进行部分果种新品种引进时，针对性不强，有些品种甚至没有进行品种区域适应性栽培试验，就进行推广使用，对云南水果产业的健康持续发展带来了隐患，主要表现在：一是苗木的质量不易控制；二是品种纯度无法保证；三是可能会带入一些本地没有的病虫害，给生产造成损失。目前，苹果、梨、柑橘和芒果等传统大宗优势水果大规模种植后，出现品种退化、品质下降等现象。

（三）栽培模式技术传统

一方面，由于资金投入的不足和果农认识方面的片面性，云南水果生产中普遍存在重栽轻管的现象，种植方法和技术还有待提高。另一方面，省、州（市）、县（市、区）三级农业部门专门从事水果科技推广的在职技术人员与水果产业规模不匹配，水果技术储备不足，研发能力弱，新品种、新技术、新设施的引进、推广、更新速度较慢。目前，适合各地果树种植的技术规范严重缺乏，全省水果生产主要采用传统的栽培模式，在树形、修剪、水肥控制、病虫害防治、采后处理、自然灾害防控，以及省力化栽培、机械化管理、智能化控制等新技术推广滞后，制约绿色、高效、优质果品生产。广大果农重视增加果园面积，轻视栽后的管理与抚育，对品种搭配、品种更新、树体管理、间作套种、整形修剪、肥水管理和病虫害防治等方面重视不够，甚至有部分果树种植下去就基本不施肥、不除草、不修剪，放任生长，停留在粗放管理的水平上，造成果园内杂草丛生、通风透光不良，病虫害严重，树体衰弱。致使栽培多年的果树结果很少，产量低而不稳，经济效益普遍较差。

（四）品种结构不甚合理

云南水果最大的特色和优势在于早熟，但许多地区在品种结构上仍在发展中晚熟品种，这些品种上市时间虽然较省外同一品种的上市时间稍早，但由于省外其他早熟品种的冲击，因此不能充分体现自己的特色，市场的竞争力不强，从而造成整体效益偏低。富士苹果就是一个例证。另外在品种结构方面还不太合理，以葡萄为例，目前云南鲜食葡萄品种中，红地球葡萄占生产面积的70%，早中熟品种夏黑等仅占整体种植面积的30%不到，未能充分发挥鲜食葡萄早熟这一独特优势。

（五）品种多但是产量小

由于云南山多地少，地形细碎、复杂多样，没有其他省份那样同一样气候环境下的万顷连片的规模，云南各类水果生产占全国的比重除香蕉外都非常小，甚至与各类水果主产省份相比规模也非常小。如苹果的面积和产量不及山东的栖霞市（县级）和陕西的白水县，梨不及河北的赵县和安徽的砀山县，桃不及北京的平谷区，葡萄不及新疆的吐鲁番市，柑橘不及江西的赣南地区等，是“云果”规模化和品牌化发展主要制约因素之一。

（六）产业组织化程度低

由于对各种专业合作社、中介等组织发展引导培育不够，各类合作组织与市场的结合不够紧密，引领、带动产业发展的作用未能充分发挥，云南水果生产组织化程度不高、经营分散，难以与国内外大市场对接，全程打造水果产业链存在很多短板和弱项，没有把产品优势转化为品牌优势。社会资本的大量涌入推动了水果产业的发展，但企业经营中面临生产成本快速增加、开票难、用地难、用工荒等问题。特别是产后采后处理和销售服务保障体系不稳定，分级、加工、储运和交易等设施落后，云南大部分水果产区采后处理能力较弱，未进行采后分选、分级处理，加之保鲜设施设备、冷链物流建设滞后，果品商品化程度较低，大多数果品仅作为产品主要靠种植户自身及零散的贩运户，而没有形成商品进行销售，导致“云果”被贴牌销售现象普遍存在。

（七）产业链短，加工落后

云南目前从事水果加工的企业虽然也有几十家，但大多数规模较小，加工能力不足，产业链短，附加值不高的情况比较普遍。一方面，云南水果收获后处理量只占水果总产量的10%左右，真正拥有自己的水果生产基地，创出自己品牌的龙头企业寥寥无几。另一方面，由于缺乏具有自主知识产权、高附加值的水果加工产品，因此，果汁、果脯、蜜饯等附加值低的初级产品占了云南水果加工产品的大部分，这些产品产业链短，产品科技含量低，原料成本过高，利润少，从而限制了企业的进一步发展，进而限制了其对产业发展的带动能力提升，逐步形成恶性循环，成为“云果”产业从低端徘徊迈上高质量发展之路的主要“瓶颈”。

第二节　云南水果产业的比较优势

一、云南特色水果产业比较优势

云南的水果产业虽然在规模上不具备优势，但由于其特殊的自然条件和区位，水果产业发展又有着其他省（区、市）不可比拟的优势，主要表现在以下几个方面。

（一）气候环境多样形成的良好生态优势

云南是一个低纬度、高海拔的高原省份，属季风气候，光、热、水资源比较丰富，境内山峦起伏，有高山深谷，又有山原、高原、山地、平坝、河谷等，地貌类型复杂多样，涵盖中国从海南岛到黑龙江的气候类型，且境内海拔高低悬殊，由河谷到山顶因高度上升产生的气候变化显著，立体气候特征十分明显。丰富多样的自然气候环境为不同科、属、种、变种、变型的水果生长提供了不同的生态环境，既使云南保存了十分丰富的果树种质资源，也使各类果树在云南均能找到适宜的栽培区。丰富的种质资源为水果新品种选育等提供了良好的物质基础，使云南水果产业具有独特的多样性，并和国内其他地区相比具有极大的互补性。据云南省农科院信息所调查统计，云南全省水果约有 49 科、118 属、287 种近 2000 个品种，分别占全国科、属、种的 88.4%、92%、75%，其种类之多和分布之广均居全国之首，并呈热带、南亚热带、中北亚热带、温带和寒温带“五层楼”态式分布。其中，猕猴桃属、枇杷属、悬钩子属等一些种类的果树资源在全国均名列前茅。全国 31 个省（区、市）（不包含香港、澳门、台湾）中，唯一只有云南才有这样多不同生物学特性和需要不同气候环境条件果树的适宜种植区域。

此外，云南绝大多数地区具有年均温小、昼夜温差大的特点，特别在春季，光照强，昼夜温差大，其昼夜温差可以达到 15℃以上，对果实的生长发育十分有利，特别有利于果实糖分和其他干物质的积累，使得云南水果在品质上具有明显的优势。据测定，同一品种，云南果实的含糖量一般要比省外的高 1～2 个百分点，并且在风味上比其他省份的浓郁，口感更好。如云南生产的石榴、枇杷、香蕉、葡萄、柑橘、猕猴桃等，由于品质优良，深受市场的欢迎。

（二）资源环境多样形成的周年上市优势

由于栽培的果树种类多，调控得当，云南水果可实现“四季生产、周年上市”，一年四季均有鲜果供应市场。全省全年主要果种上市最多的是 8 月，有 19 个果种可采摘上市（枇杷、杨梅、菠萝和牛油果除外），其次分别为 7 月（18 种）、6 月（16 种），只有 1～3 月上市种类在 10 种以下。全省主要栽培的 23 个果种中，有 12 个果种全年上市时长超过 3 个月，其中，香蕉和葡萄甚至可以做到全年 12 个月均可上市（见图 24－7）。

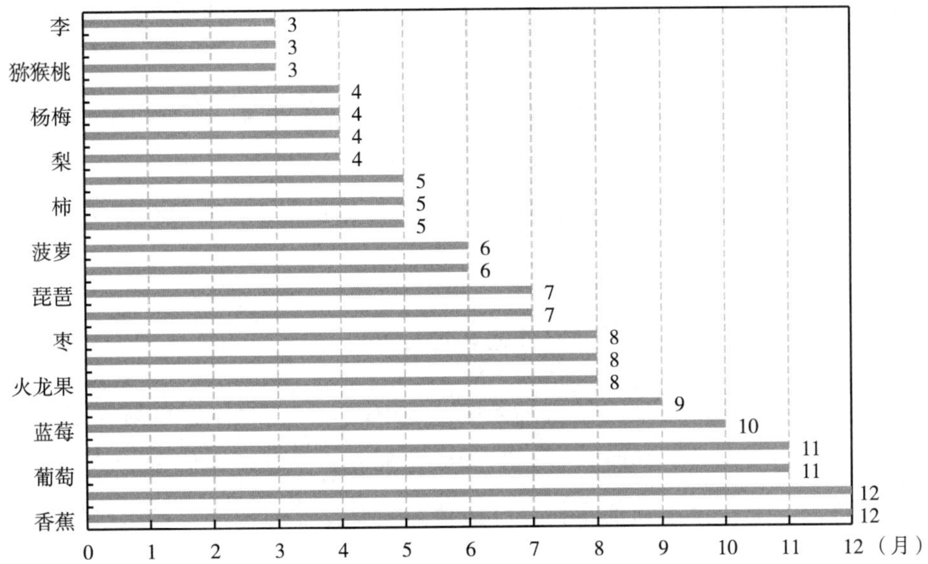

图 24－7　云南主要果种全年上市供应时长

从图 24－7 可以看出，云南主要栽培的 23 个果种（22 个栽培面积超过 2 万亩的果种和牛油果）中，香蕉、草莓可实现全年 12 个月上市供应；柑橘（除 5 月外）和葡萄（除 1 月外）全年有 11 个月上市供应；蓝莓（除 9 月和 10 月外）全年有 10 个月上市供应；上市供应时长超半年（含）的还有桃、芒果、火龙果、枣、枇杷、人参果、菠萝和石榴；上市时间最短的龙眼、荔枝等果种，也有 3 个月的鲜果上市期。作为近年引进云南试种并获得成功的牛油果，主要生产国秘鲁上市时间是 4～8 月，而云南的牛油果则是从 10 月上旬开始上市，并持续供应到次年 1 月下旬，刚好填补了国际市场的供应空白期。华宁县种植的温州蜜柑，比国内其他产区提早 1 个月以上、在 6 月上旬即可上市。建水、宾川、元谋等热量资源比较丰富的葡萄产区，采用产期调节技术可实现夏黑、阳光玫瑰等品种一年两熟，最早可在 2 月上中旬上市，最晚可到 12 月上中旬结束。杨梅、枇杷等大多数果种与外省份相比均可通过自然的“时间差”实现错季上市。

在周年生产上市的优势中，云南水果“早”的优势尤其独特。云南的多数地区，冬季短，春温回升早，当北方还是“千里冰封，万里雪飘”的时候，云南已是“红杏枝头春意闹”了。由于春季气温回升快，使得果树的发叶抽梢、开花结果和果实成熟等物候期相应提早，同一品种要比省外提早 20～60 天成熟。如“五一”前后成熟的桃，5月下旬上市的早熟苹果，8月下旬上市的早熟柑橘，冬春季的西瓜，可比优势产区提早一个月上市，避免了因季节性和区域性导致商品过剩的问题出现。

值得一提的是，许多从国外、省外引进的品种，在云南也表现出早熟的特性。这是大自然赋予云南得天独厚的自然优势，如果利用得好，品种安排得当，就可趁其他产区未成熟时，提前进入市场，实现“人无我有，人有我优，人优我早”的特有优势。

（三）地理区位独特形成的对外销售优势

云南地处我国西南边疆，与东盟接壤，是中国—东盟自贸区区域经济合作的前沿，特别是自贸区“早期收获计划”的实施和农产品零关税协议的签署，为中国与东盟水果交易提供了新的平台，以边贸为主要特征的云南水果出口快速增长（见图24－8）。

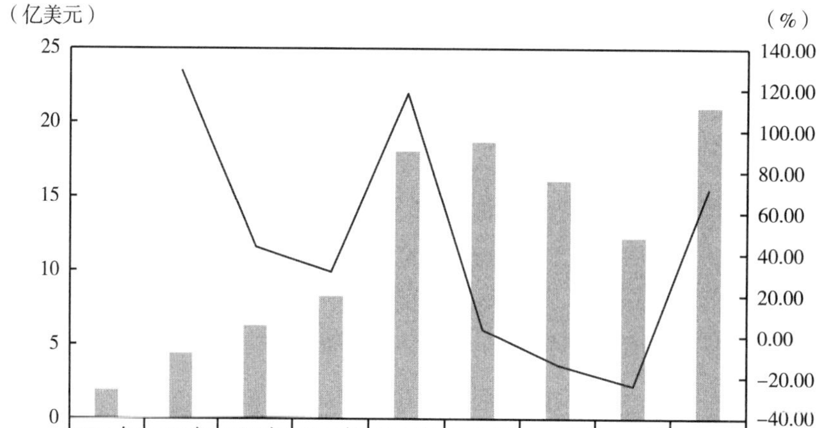

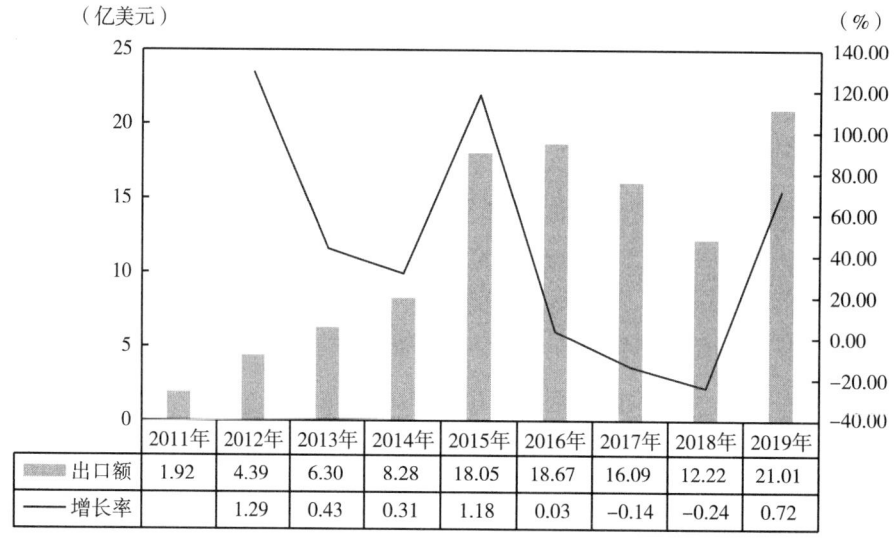

	2011年	2012年	2013年	2014年	2015年	2016年	2017年	2018年	2019年
出口额	1.92	4.39	6.30	8.28	18.05	18.67	16.09	12.22	21.01
增长率		1.29	0.43	0.31	1.18	0.03	−0.14	−0.24	0.72

图24－8　2011～2019年云南水果（含坚果及其制品）出口额及增幅变化

资料来源：根据中国海关及农业农村部网站数据整理。

同时，由于云南紧靠东盟各国，在水果的运输、保鲜方面所花时间短，运输成本低，因此，在产品价格上有明显的竞争优势。据海关统计数据，近年来，云南水果出口额占全国水果出口额的比重多年在30%，居全国各省（区、市）之首。

二、云南水果区位熵测度

基于数据的可得性，笔者采用2010～2019年水果（含干果等）产值（中国农村统计年鉴）和农林牧渔业总产值（国家统计局网站）数据，计算2010～2019年云南水果产业区位熵结果及年际变化曲线，如表24－14和图24－9所示。从表24－14和图24－9的结果可以看出，水果产业作为云南农村的主要产业之一，在省内各产业中是否有比较优势。虽然在2010年时，云南的水果产值只占云南农林牧渔业总产值的3.37%，低于同期6.47%的全国平均水平，区位熵也只有0.52，不具备比较优势，但通过短短几年的发展，2013年，云南的水果产业总产值就达到了全省农林牧渔业总产值的10.81%，高出9.6%全国平均水平1.21个百分点，区位熵也达到1.13，之后几年间，除2016年、2019年外，云南的水果产业区位熵均大于1，说明云南的水果产业具有较强的产业比较优势，它的发展适合当地的农业自然资源禀赋、社会经济及区位条件、科学技术、种植制度以及市场需求，成为农村发展的优势产业，与云南近年来水果产业的规模不断扩大、在全省农业和全国水果中的占比地位逐步提高的情况相符。

表24－14　　　　2010～2019年云南水果区位熵测度

年份	云南			全国			区位熵
	水果产值（亿元）	农业总产值（亿元）	比例（%）	水果产值（亿元）	农业总产值（亿元）	比例（%）	
2010	61.50	1824.82	3.37	4387.50	67763.13	6.47	0.52
2011	183.00	2334.48	7.84	6903.50	78836.98	8.76	0.90
2012	207.50	2716.50	7.64	7342.20	86342.15	8.50	0.90
2013	334.70	3097.50	10.81	8944.30	93173.70	9.60	1.13
2014	397.70	3307.82	12.02	10119.50	97822.51	10.34	1.16
2015	407.70	3438.73	11.86	11153.50	101893.52	10.95	1.08
2016	142.80	3704.69	3.85	8900.40	106478.73	8.36	0.46
2017	469.60	3872.93	12.13	12129.50	109331.72	11.09	1.09
2018	485.20	4108.88	11.81	12865.50	113579.53	11.33	1.04
2019	555.90	4935.70	11.26	14537.90	123967.90	11.73	0.96

资料来源：水果（含干果、饮料及香料等）产值来源于历年《中国农村统计年鉴》，农林牧渔业总产值来源于国家统计局网站。

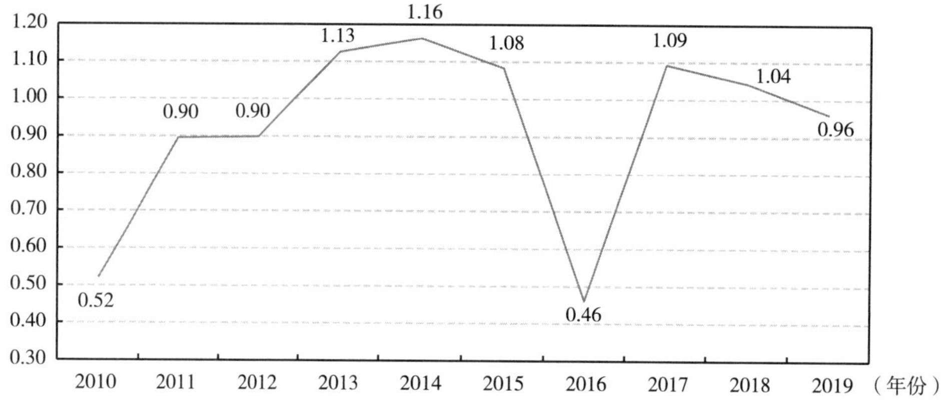

图 24－9　2010～2019 年云南水果产业区位熵测度值变化曲线

从水果分类产量的角度分别测算云南园林类水果和瓜果类水果的区位熵，结果如表 24－15 所示。可以看出，2010～2019 年，园林类水果产量的区位熵均在 1.34 及以上，表明从区位熵的角度看，云南的园林类水果在全国有较强的比较优势和竞争力。瓜果类水果产量的区位熵均在 0.4 以下，且逐年降低，表明云南的瓜果类产业在全国没有比较规模优势，竞争力较弱，与从其他角度的分析比较结果一致。但是，云南由于存在冬春季良好的光热资源，也一直是全国西甜瓜等冬季喜温、耐热瓜果的重要生产基地，在全国有其独特的错季上市优势。

表 24－15　从产量角度测算 2010～2019 年云南水果分类别区位熵结果

年份	云南					全国					区位熵	
	总产量（万吨）	园林类（万吨）	园林类比例（%）	瓜果类（万吨）	瓜果类比例（%）	总产量（万吨）	园林类（万吨）	园林类比例（%）	瓜果类（万吨）	瓜果类比例（%）	园林类	瓜果类
2010	407.14	350.88	0.86	56.27	0.14	20095.37	12285.15	0.61	7810.22	0.39	1.41	0.36
2011	488.66	417.63	0.85	71.04	0.15	21018.61	13201.84	0.63	7816.77	0.37	1.36	0.39
2012	598.83	528.43	0.88	70.40	0.12	22091.50	14196.74	0.64	7894.76	0.36	1.37	0.33
2013	657.18	594.11	0.90	63.06	0.10	22748.10	14675.17	0.65	8072.93	0.35	1.40	0.27
2014	690.59	626.85	0.91	63.74	0.09	23302.63	15171.36	0.65	8131.27	0.35	1.39	0.26
2015	762.81	689.8	0.90	73.01	0.10	24524.62	16200.91	0.66	8323.71	0.34	1.37	0.28
2016	797.74	735.67	0.92	62.07	0.08	24405.24	16202.91	0.66	8202.33	0.34	1.39	0.23
2017	783.90	725.39	0.93	58.51	0.07	25241.90	16949.36	0.67	8292.53	0.33	1.38	0.23
2018	813.35	757.14	0.93	56.21	0.07	25688.35	17565.27	0.68	8123.08	0.32	1.36	0.22
2019	860.30	802.7	0.93	57.60	0.07	27400.80	19037.7	0.69	8363.10	0.31	1.34	0.22

综上所述，云南的水果产业虽然规模上在全国不具备优势，但是，独特的自然气候条件使得云南水果具有品种多样、质量优良、周年供应和错季上市等独特优势。针对目前全省水果产业存在的果园基础设施差、品种技术等科技支撑不足、早熟等优势发挥不够、产业化组织化程度低和加工落后等短板，通过加大科技和资金投入、多措并举引进和培育龙头企业和合作社、依靠科技进步调优结构、发展冷链物流和精深加工业等措施，可以进一步挖掘云南的优势，提高云南水果的生产水平和加工水平，促进产业提质增效，推动云南水果产业逐步走上高质量发展的道路。

三、云南水果比较优势的指数分析

为了对云南与全国、云南各市与云南总体平均以及云南与周边东南亚各国的水果生产等竞争力进行分析，本研究基于效率比较优势指数、规模比较优势指数等对云南园林水果进行了计算，并进行了比较优势分析，在此基础上对云南水果品种的生产发展以及产业布局规划提出了一定的建议。

（一）效率比较优势指数

效率比较优势有多种表达方式，基于现有数据基础，本研究选取了一种方式对水果的市际、省际以及国别比较优势进行计算分析，具体如下：

$$\text{单产优势指数}=\frac{\text{区域内某农产品单产}}{\text{全国(省)该农产品单产}}$$

单产优势指数为区域内某农产品单产占全国（省）该种农产品单产的比重。若比重大于1时，表明与全国平均水平相比，区域内该种农作物生产具有单产效率优势；若比重小于1，则不具有单产效率优势。

基于此方式，我们利用国家统计局网站云南及全国园林水果生产相关数据对云南的园林水果相对于全国的单产优势指数进行了计算，结果如图24－10所示，可以看出，分析年间，云南园林水果单产相对于全国的比较劣势越来越明显。

利用国家统计局网站和FAO网站云南及老挝、缅甸、越南、泰国园林水果生产相关数据对云南的园林水果相对于周边国家的单产优势指数进行了计算，结果如图24－11所示。

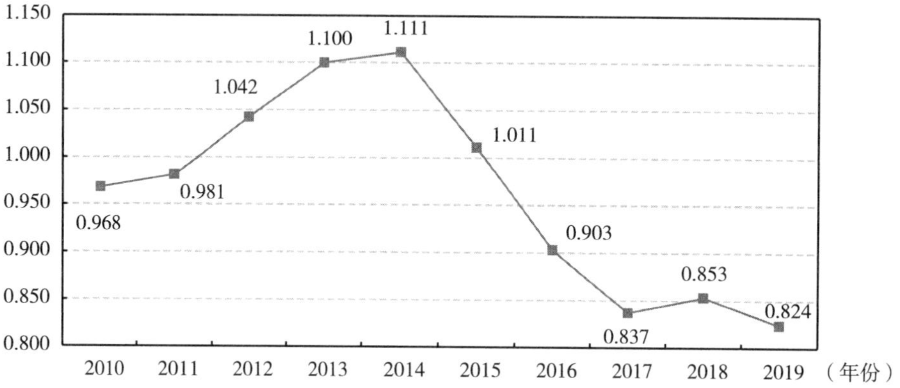

图 24－10　2010～2019 年云南园林水果相对于全国的单产优势指数曲线

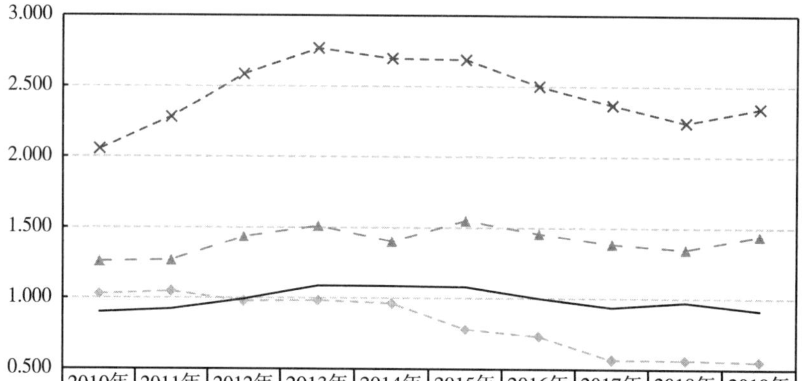

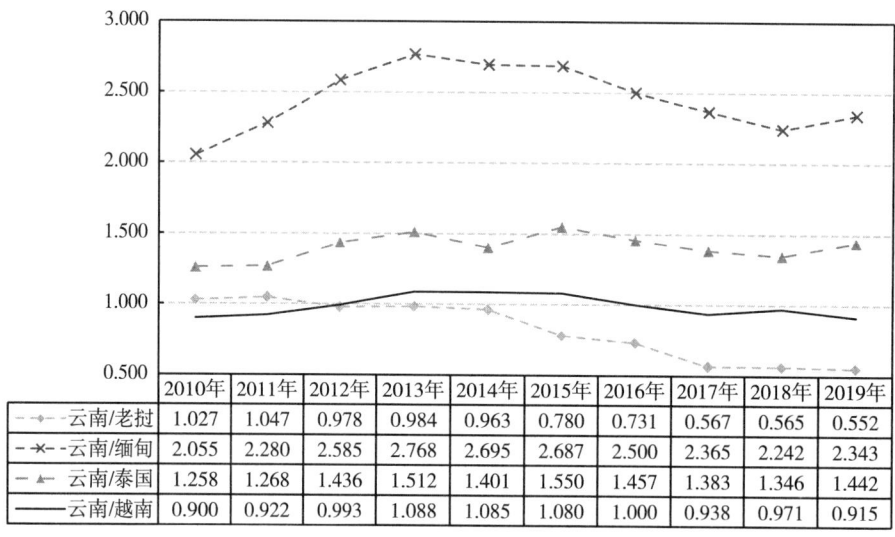

	2010年	2011年	2012年	2013年	2014年	2015年	2016年	2017年	2018年	2019年
云南/老挝	1.027	1.047	0.978	0.984	0.963	0.780	0.731	0.567	0.565	0.552
云南/缅甸	2.055	2.280	2.585	2.768	2.695	2.687	2.500	2.365	2.242	2.343
云南/泰国	1.258	1.268	1.436	1.512	1.401	1.550	1.457	1.383	1.346	1.442
云南/越南	0.900	0.922	0.993	1.088	1.085	1.080	1.000	0.938	0.971	0.915

图 24－11　2010～2019 年云南园林水果相对于周边国家单产优势指数曲线

资料来源：根据国家统计局网站及 FAO 网站相关数据计算。

可以直观看出，云南园林水果相对于缅甸和泰国有明显的单产比较优势，相对于老挝和越南则不具备单产优势。当然，鉴于周边国家的经济社会情况和不同统计口径可能存在的数据偏差，本研究仅作参考。

（二）规模比较优势指数

规模优势指数为某地区某种作物播种面积占当地所有农作物的比重与全国该种农作物播种面积占全国农作物播种面积比重的比值。若比值大于 1 时，表明该地区该作物具有规模比较优势，其值越大，说明其规模比较优势越明显；若比值小于1，则该种农作物不具有规模比较优势。基于此方式，我们利用国家统计局网站云南及全国农作物面积、园林水果面积等相关数据对云南的园林水果相对于全国的规模优势指数进行了计算，结果如图24－12所示，可以看出，2015年后，云南园林水果相对于全国具备一定规模比较优势。

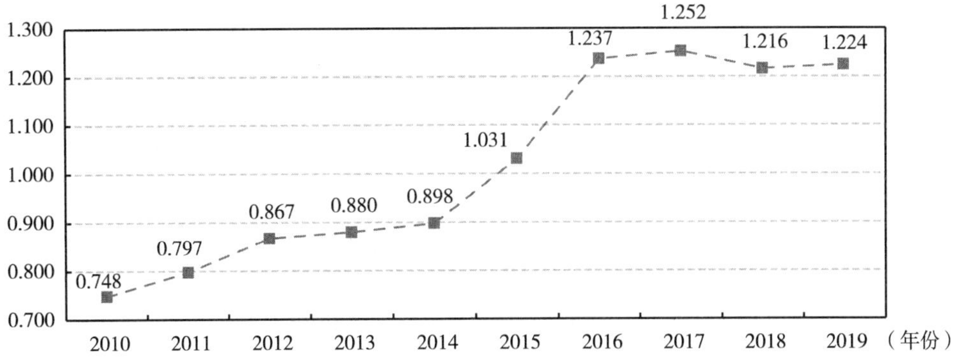

图24－12　云南园林水果相对于全国的规模优势指数曲线

（三）需求收入弹性系数

需求收入弹性系数是衡量区域农产品市场比较优势的重要指标之一，它是指在价格和其他条件不变的情况下，需求量的变动与收入变动之比，它反映了需求因素对产业结构的影响。需求收入弹性系数的计算公式为：

$$产品需求收入弹性系数 = \frac{产品需求量变动相对量}{收入相对变动量}$$

若需求收入弹性系数大于1，说明该产业产品的社会“需求收入弹性大”，产业具有较大市场潜力，在未来的发展中有较高市场占有率，能稳定地获得较大的市场利润；需求收入弹性系数小于1，说明该产业产品的社会需求收入弹性小。

根据图24－13，近年来云南城乡水果的需求收入弹性总体处于下降趋势，2017年，云南农村家庭水果需求收入弹性系数更是变成了负值，反映出水果的市场潜力较小，在未来的市场上占有率会越来越低，当然水果需求收入弹性系数的减小也是社会发展的一般规律，侧面反映出云南整体社会的进步。

（四）研究结论

从上述水果各比较优势指标的分析来看，云南园林水果相对于全国来说，规模比较优势逐步显现，但同时单产代表的效率比较优势逐步丧失，且与全国的差

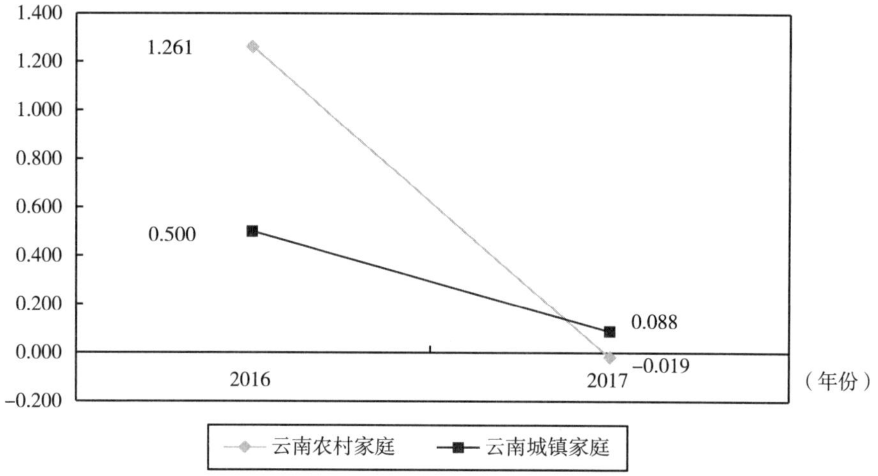

图 24－13　2016～2017 年云南城乡家庭水果需求收入弹性系数

资料来源：根据《云南统计年鉴》及《中国统计年鉴》相关数据计算。

距越来越大。云南相对缅甸、泰国的单产处于比较优势，相对于老挝、越南的单产近年来处于比较劣势。应稳步扩大前者的优势，缩小后者的差距，保住优势产业，进一步拉开与邻近国差距，突出云南水果优势地位。云南相对于老挝种植面积处于比较优势，相对于缅甸、泰国、越南处于比较劣势，但近年来情况有所好转，且劣势逐渐缩小。尽管云南的种植面积相对邻近国优势不明显，但我们应该在有限的种植规模上耕种优势水果，确保云南水果作物相对优势地位，因地制宜，发挥资源禀赋优势，提高水果生产效率。

四、扬长避短，形成特色，促进云南水果产业的转型发展

结合云南水果产业的实际，为突出特色，扬长避短，充分发挥云南的特色，云南的水果产业在转向升级中应向发展早熟、打造精品和发展外向型出口基地等方向发展。

（一）突出“早”的优势

云南的多数地区，冬季短，春温回升早。由于春季气温回升快，使得果树的发叶抽梢、开花结果和果实成熟等物候期相应提早，同一品种要比省外提早 20～60 天成熟。如春蕾特早熟桃，在育种地上海是 6 月初成熟，在昆明地区是 5 月初

成熟；早酥梨在育种地辽宁是8月中旬成熟，在官渡、禄丰、泸西7月初就采摘上市了；荸荠种杨梅在主产区浙江是6月上旬成熟，在石屏5月中旬就进入盛熟期了；红阳猕猴桃在原产地四川的苍溪县要8月下旬才能成熟，而在云南的屏边县，7月上旬就完全成熟采收了；滕木1号早熟苹果，在山东、陕西是8月上旬成熟，在马龙县马过河镇7月中旬基本就采收结束了。至于香蕉和菠萝等水果，则可以做到周年上市。这是大自然赋予云南得天独厚的自然优势，如果利用得好，品种安排得当，就可趁其他产区未成熟时，提前进入市场。

（二）打造优质、高端的精品水果

云南的水果生产规模与省外相比是没有优势的，但在品质上则有极强的竞争力。这是云南特殊的气候条件形成的，是其他省份无法取代的。云南绝大多数地区具有年均温小，昼夜温差大的特点，特别在春季，光照强，昼夜温差大，可达15℃以上。而昼夜温差大对果实的生长发育十分有利。这是因为白天温度高有利于植物的光合作用，光合作用合成的有机物多，夜间的低温使呼吸作用减弱，消耗的有机物质减少，使得植物净积累的有机物增多。特别是果实累积的糖分含量高，在品质上具有明显的优势。据云南省农业科学院质量标准与检测技术研究所2014～2016年的分析检测，同一品种，云南果实的含糖量一般要比省外的高1～2个百分点，并且在风味上比其他省份的浓郁，口感更好。如云南生产的石榴、枇杷、香蕉、葡萄、柑橘、猕猴桃等，由于品质优良，深受市场的欢迎。因此，我们可以利用这一优势，生产优质、高档水果，占领高端市场。

（三）发挥区位优势，大力发展外贸出口基地

云南地处我国西南边疆，与东盟接壤，是中国—东盟自贸区区域经济合作的前沿，特别是自贸区农产品零关税协议的签署，为中国与东盟水果交易提供了新的平台。云南桥头堡战略的实施和澜沧江流域的开发等，为云南果业发展和水果流通提供了地域优势。

据海关统计，2016年1～10月，云南水果贸易在与东盟的贸易中表现不俗，共出口各类水果（包括鲜、干水果及坚果）59.2万吨，较上年同期增加41.3%；出口额93.3亿元，增长23.9%，占全国水果出口额的36.9%，居全国各省(区、市）之首。

从全国市场看，云南多个水果品种出口居全国首位，产品竞争优势明显。通过云南出口的葡萄、柑橘、梨、橙均居全国各省（区、市）之首，出口苹果居全

国第2位。其中，2016年1~10月，葡萄、柑橘、梨、橙分别占全国同类商品出口总值的86.9%、41.9%、26.2%和44.9%；全省出口苹果占全国苹果出口额的12.3%，仅次于山东。同时，全国对香港出口水果24.1亿元，其中，云南占全国对香港水果出口额的58.5%。

之所以能够取得这样的成果，首先是云南水果与东盟水果有着极强的互补性，双方处于不同的气候带，水果品种、收获季节具有差异性。其次，由于云南紧靠东盟各国，随着昆曼国际大通道在2013年全线贯通，缩短了云南与泰国的距离，水果是生鲜产品，越早到达越新鲜，经济价值也就越高，加上陆路运输不需要二次搬卸，也在一定程度上降低了运输成本，在产品价格上有较大优势。因此，我们可以发挥自己的区位优势，针对东南亚市场，大力发展外贸出口水果基地，将水果产品直接销往东南亚市场。

第三节　云南水果产业经济体系简况

一、生产组织形式

（一）基本情况

云南的水果面积和产量已经达到了较大的规模，水果业已日益成为云南不少地区调整和优化农村经济结构，发展繁荣特色经济和农民增收的重要支柱产业。据云南农业农村厅不完全统计，2019年全省从事水果种植的人员超过600万人，涉及种植户150万户以上。其中又分为几类。第一类是普通的水果种植者，占云南水果生产的大多数，其经营规模小，主要经营自有土地上种植的果树，按照传统的生产方式进行管理，产品自产自销。第二类属于水果种植大户，专业从事水果生产，在原来自有土地上，通过土地租赁、土地流转等方式扩大经营规模，其经营规模一般在6~7公顷以上。这部分人具有一定的水果种植经验和技术，有较强的商品意识。其产品也有较为固定的销售渠道。第三类属于水果生产从业者，他们没有自己的土地和果园，以“打工者”的身份专门从事于水果生产，这部分人员主要分布在从事水果生产的各类企业中，如新平金泰果品有限公司就雇用有100多名专门从事柑橘栽培的工人。

随着水果生产的快速发展和效益的增加，许多企业也纷纷加入了水果生产之中，有的甚至从其他领域改行进行水果生产，如矿山老板、建筑老板、公路建设老板等。企业的加入改变了传统的生产模式，为水果产业增加了新的活力，加快了云南水果生产的产业化步伐。截至 2019 年，全省有 200 家以上的企业在专门从事水果产业，涉及了水果种植、产后处理、果品加工、市场营销等多个领域。它们一般都分布在果品的主产区，如香蕉种植企业多分布在云南香蕉主产区红河州的河口、金平及临沧的孟定等地区；果脯加工企业主要分布在云南果梅主产区大理的洱源、丽江地区；葡萄酒生产企业分布在云南酿酒葡萄主产区的红河州弥勒市等。

为适应水果产业发展的需求，农村水果专业合作社近几年也得到了快速的发展，在水果产区，基本上都成立了水果专业合作社，以大理州宾川县为例，当地有葡萄专业合作社 18 家，在昭通市则有苹果、柑橘、李等专业合作社上百家等。这些专业合作社在当地的水果生产中发挥了重要的作用，在标准化栽培技术、新品种、新技术的推广、病虫害防治、产品流通等方面都起到了桥梁和积极的示范作用。

云南的水果生产组织形式存在着多种运作模式。一是“农户 + 企业”运作模式，即企业通过土地租赁、土地入股等方式获得土地使用权，农户则通过土地租金、在企业中参加生产劳动或股权分红的形式获得收入。二是“农户 + 协会 + 企业”的运作模式，协会作为广大种植户联合行动的产物，代表农户的利益与公司合作，农户通过集体行动有了话语权和自我选择权，摆脱了公司的控制。在此模式下，公司与协会的关系是各自平等、独立的市场主体之间的交易关系，双方通过自愿达成的商品契约建立起利益联结纽带，双方间的商品契约通常是短期契约，与长期契约关系不同，一般是一年签订一次（苑鹏，2013）。这意味着双方除了满足合同签订方的要求外，都有权选择其他交易伙伴，与多个市场主体同时交易。

产业协会是生产发展到一定程度和规模的必然产物，它包括各种专业合作组织、专业服务组织及专业流通组织等。云南的水果专业组织，多由当地的水果种植大户牵头，按照自愿的原则，成立水果协会，广大种植户在此基础上构建利益共同体。由协会牵头，把数百户分散的果农组织起来，按统一标准生产、采收和采后商品化处理，统一包装，统一使用同一商标品牌，统一组织协调销售。使果农的纯收入在原有基础上得到较大幅度的增长，水果的产业化程度也得到不断提高，规模得到不断的扩大。

（二）案例

1. “农户＋公司”案例——新平金泰果品有限公司

新平金泰果品有限公司成立于2003年6月17日，注册资本1875万元，现有员工430人，主要经营果林种植、加工销售、农业观光以及新产品的研究开发。公司位于云南新平县戛洒镇新寨、硬寨梁子等地，目前业务领域主要涵盖柑橘栽培、采后处理、销售等领域。现有果树种植基地6400亩，栽种冰糖橙46万株。所生产的“云冠”牌冰糖橙通过科学管理栽培，果色橙黄、皮薄、有光泽、无核或少核，味甘甜、化渣，维生素含量高，品质优，是云南冰糖橙连片种植最大的一个生产基地。近几年产品销往北京、上海、深圳、昆明等20多个大中城市，很受消费者欢迎，产品供不应求。2004年，产品通过绿色食品认证，取得“A”级绿色食品证书；2005年10月，通过ISO质量体系认证；2009年，“云冠”商标被认定为云南省著名商标；2011年，“云冠”商标被认定为玉溪市知名商标；2015年，获“2015中国十大柑橘品牌”和“2015中国果品百强品牌”称号；2018年和2019年，“褚橙”牌冰糖橙连续两年获得云南绿色食品“十大名果”奖励。2019年，公司营业收入18314.6万元，营业利润8878.8万元，净利润8877.1万元。

新平金泰果品有限公司是云南知名的水果种植企业，它成功的经验与它的经营运作模式有很大的关系，是典型的“农户＋企业”运作模式。公司通过土地流转获得当地的土地使用权，根据当地的气候条件和适宜的树种，筹集资金进行自主开发，拥有100%的股权。公司按年度支付土地租金，招收当地农户作为公司员工进行柑橘生产。在栽培管理上按照生态、绿色、优质的理念对树体进行养护，浇灌使用的水全部采用哀牢山自然保护区原始森林山泉，所需肥料全部使用有机肥料。在员工管理上采用任务承包责任制，每月发放工资，年终根据树体生长情况、产量高低、产品质量好坏等进行奖惩。通过10多年的运作，该公司在柑橘栽培、产品营销、员工管理等方面都获得了成功。此种运作方式一是企业为农户承担了市场风险和管理风险，有效地改变了过去那种企业与农户利益直接对立的状况，建立了利益共享、风险共担的利益分配机制。二是企业与农户在资金、土地、劳动力和技术市场等生产要素上实现了优势互补，企业负责技术、资本密集、风险大的部分，而劳动密集和风险小的部分交由农户负责，形成新的生产力（张海涛，2008）。三是企业与农户结合，既发挥了大规模经营的优越性，又弥补了农业小生产在经营环节上的缺陷，调动了农户生产的积极性，实现了更高层次上的双层经营，满足了各经营主体间的各自利益诉求。这种模式的缺陷在于一是受市场供求变化的影响，农产品的供求关系难以稳定；二是合理的利益分配机制尚不完善。

2. “农户 + 协会”案例——河口香蕉协会

河口香蕉协会成立于 2012 年 8 月，地址位于云南红河州河口县，现有会员 300 多户，会员组成主要是当地的从事香蕉种植、香蕉收购批发、产品包装、农药经销等的居民。

河口香蕉协会属于专业性服务协会，围绕当地香蕉产业和会员主要开展以下几方面的服务工作，一是加大推广香蕉新品种的引进和培训新技术的力度，推广滴灌、水肥一体化技术和索道采收等现代化设施，不断规范香蕉种植和管理水平；二是积极创造条件延伸香蕉产业链，以集中片区和基地为依托，以骨干企业为龙头，积极有效组织全县零散的蕉农，扶持组建同类产品生产集合体，进行农业产品精深加工，促使香蕉增值和顺畅流通；三是大力推进“山地香蕉”品牌建设，制定产品包装标识，全力增强市场竞争优势，获得更好的经济效益；四是重视香蕉营销体系建设，及时为会员生产、流通牵线搭桥，帮助会员与加工企业建立稳定的产销关系，建立自己的销售组织，拓展国内外市场，共同抵御、抗击香蕉市场风险。

河口香蕉协会在运作上，农户按照自愿、互利的原则加入协会，协会则根据香蕉产业的现状和发展趋势，及时向会员提供新品种引进、新技术应用、技术培训、市场行情、生产资料价格等方面的信息和服务。协会通过举办技术培训、出售生产资料等方式获得一定的收入，作为协会的管理经费和运作费用，会员则可在协会中得到免费或低价的技术培训，获得市场行情信息、享受优惠生产资料供应，甚至获得优惠贷款等服务。

（三）存在的问题

一是产业化程度仍然偏低，比较效益不高。云南的水果产业化虽然有了一定的规模，但仍然偏低。许多地方仍以千家万户分散生产、粗放经营为主，集中成片、统一管理的大型现代化果园及技术集成、集约化经营的果园较少，水果生产的规模小，产业化水平低，一方面使水果产业现代化与效率的提高受到了限制，总体效益不高，制约了集约经营的形成，难以形成规模优势；另一方面由于各家各户在管理上存在差异，因此，水果的质量、成熟期也不稳定，难以实现标准化生产（赵秀娟，区胜祥，2004）。此外，分户经营的生产方式也给新品种、新技术的推广应用以及筹措资金开拓市场增加了难度。这直接影响着水果生产的经济效益和社会效益的实现，对当地的经济发展以及“三农”问题的解决，其现实的推进力度仍然有限（谭朴妮，2006）。

二是水果协会和专业合作组织的作用没有充分发挥。部分地区虽然成立了水果协会或专业合作组织，但大多属于松散型的组织，规模较小，有的水果协会的会员仅有二三十户，由于规模小，驾驭市场能力差，在市场准入、技术服务、信息咨询、产品促销、规范经营行为、价格协调、调解利益纠纷和行业损害调查等方面没有发挥作用或者作用并不大，无法有效地解决小生产和大市场的矛盾。

三是部分地区的水果协会行政介入过多。在协会里真正的主体本应该是果农，但是参与运作管理的果农很少，反而行政的介入过多，一些行政部门将水果协会或合作社当作自己的下属部门来进行管理，行政干预的结果导致了主体无法发挥其作用，水果种植者的需求得不到满足，由于信息不畅，果农与市场之间缺乏直接的信息沟通，进而难以形成产业化需要的互动，从而导致产业链脱节，对市场的掌控能力就差，最终直接影响到果农的经济收入，打击了果农的积极性，影响了整个产业的健康、持续发展。

四是分配制度有待进一步完善。水果专业合作社或协会发挥作用的关键在于科学合理的利益机制。但在云南，许多水果专业合作社或协会在利益分配方面的机制发育相对滞后，分配形式不尽合理，多数未形成真正的利益共同体。如在合作社或协会的公积金提取比例上比较随意，有盈利时，提取的比例较高，而在出现亏损时，缺乏资金弥补；盈余分配不合理，大部分普通会员与核心成员之间的分配比例差距过大，引起广大普通会员的不满；有一些合作社协会没有将公积金或专项基金量化到会员，造成公积金或专项基金的产权不明确，成员之间容易造成误会或矛盾，当有成员退社时，这部分资金也没有退还个人，使会员的个人权益受到侵害。这些都是需要尽快解决和完善的。

（四）建议

一是加快发展水果专业合作组织和协会。水果专业合作组织和协会是推动云南水果产业化健康持续发展的组织保障，通过水果专业合作组织和协会可以架起农户与市场、农户与企业之间的桥梁，保证各方的合法权益。因此，应该积极鼓励和支持个人、集体、单位和社会团体创办各类水果专业合作组织，探索和完善多渠道、多区域、多层次的联合与合作，充分发挥各类水果专业合作社或协会在水果产业化发展中的示范带头作用和中介组织作用。

二是建立和完善产业组织内部的运行机制。完善的利益和风险运行机制是推进水果产业化的根本保证，而机制运行的核心问题是利益分配。完善的利益分配机制是制止各种机会主义行为，降低违约率的有效措施（张俊桥等，2006）。为保证各方的利益，要根据不同的情况，采取合同契约、订单农业、合同与服务、股份合作等多种形式进行利益联结。合作的各方均应提高法律观念，增强法律意识，保证当事各方的利益不受损害。

三是积极培育龙头企业，发挥辐射带动作用。龙头企业在水果产业化中具有“领头羊”的作用，龙头企业的强弱直接关系到产业化经营的规模和成效，也是水果产业化赖以生存的基础（刘德琴，2017）。要培育龙头企业，一方面，各级财政要安排一定的资金对龙头企业的投入；另一方面，通过股份制、股份合作制等形式对现有的企业进行改制、兼并、资产重组以及组件集团公司来做大龙头公司的规模，以增强企业的活力、抗风险能力和辐射带动能力（史晓庆，2008）。

四是推进政府职能转变，提高产业服务能力。要顺利推动水果产业的健康持续发展，发挥政府的职能作用是重要的条件之一。政府应扮演调控者、服务者和支持者的角色，按照市场的经济规律办事，做到引而不强迫，帮办而不包办、参谋而不决策、尊重种植户和企业的意愿，政府的重点是抓好“企业办不好、农户办不了”的事情，采用多种手段，引导社会力量共同参与水果的产业化建设，形成政府引导，社会力量跟进的局面（刘德琴，2017）。政府还要为水果的产业化创造良好的外部条件，如法制、人文、投资、生态、信息等方面的条件，政府还要加强各部门之间的协调，理顺各种关系，减少推诿和扯皮，真正为水果的产业化发展做好服务工作。

二、生产基地建设

（一）基本情况

通过多年的努力，云南的水果基地建设得到了长足的发展，成效显著，种植面积从2000年的22.93万公顷发展到了2019年的67.67万公顷，增长了1.95倍，目前，云南的水果种植面积位居全国的第10位。2019年，全省水果种植面积达到67.67万公顷，同比增8.4%，其中，新增果园面积5.25万公顷，占全国新增面积的31.9%；产量达896.8万吨，同比增10.3%，居全国第13位。在水果基地的建设上，云南主要采用了以下几种形式。

第一，政府主导的水果基地县建设，这部分工作主要在“九五”和“十五”期间进行，按照当时制定的全省水果种植区划，根据各树种的生物学特性，选择最适宜的生态区建设水果基地县。在建设时，政府按照每个县的建设面积，每亩给予一定的财政补助，具体的实施由基地县的农业部门负责。通过2个五年计划的实施，云南由政府主导扶持的水果基地县达到了50多个，其中在“十五”期间就建设了38个，建设总面积达到了当时全省水果总面积的65%以上。其中，红河州还大力推广了水果标准化示范基地建设，建成了1万亩规模的基地县4个，5000亩规模的基地县5个，基地种植面积占了全州水果种植面积的80%以上。

第二，企业通过土地租赁、土地入股和土地流转等方式获得土地使用权，然后根据水果产业发展趋势进行生产基地建设，企业向土地出租者支付租金，根据土地所处的地理位置、土壤情况的好坏、土地改造费用、交通便利情况、水源有无等因素，土地租金从几十元到上千元不等，并且租用土地的费用每隔3～5年会做一次调整。目前，基于企业为主导的水果生产基地建设呈现出蓬勃发展的趋势，是今后水果基地建设的主力军。

第三，云南农垦系统原有国有农场组织的水果基地建设。这些基地建设开始于20世纪的50年代，根据当地的气候条件，农场除了生产粮食作物、茶叶外，还大力发展水果生产，水果产业当时是农场的主要收入来源之一，农场有专门的果树分场或果树生产队，对果树进行专门管理，果园的土地属国家所有，果园的生产成本由农场承担，收入全部归农场所有。体制改革以后，农场实行承包责任制或家庭农场，水果生产下放到农场职工管理，职工每年向农场缴纳一定的土地租金和管理费，职工拥有水果生产的经营权，可以根据市场发展需要来种植水果品种，收入也归职工所有。

第四，基地建设的主体是广大的水果种植户。他们利用自己的土地来进行水果生产，虽然每个种植者所管理的果园面积不大，多为几亩到几十亩之间，但这些种植者人数众多，据云南省农科院信息所统计，全省从事水果种植的有600多万人，基地的面积也占全省水果总面积的35%以上，成为云南水果基地建设中重要的一部分。其中值得提出的是，随着水果产业化进程的发展，涌现出了许多水果种植大户，这些种植大户通过土地流转、土地承包等方式，获得上百亩的土地使用权，在此基础上进行基地建设。利用他们的种植技术、进行集约化管理，产品通过市场销售渠道，对产品进行销售。

（二）若干案例

1. 政府主导型水果基地——泸西县水果基地建设

红河州泸西县是云南农业厅和云南财政厅在“九五”期间投资建设的优质梨生产基地县之一，当时规划基地建设面积1万亩，以发展金花梨和雪花梨等优良品种为主。基地建成后，取得了良好的经济、社会和生态效益，其产品“高原梨”由于品质优良，深受广大消费者的喜爱。在基地示范作用的带动下，全县水果支柱产业作用得到了明显加强。近年来，中共泸西县委、县人民政府立足得天独厚的自然资源优势，通过政府扶持引导、创建示范基地、引进创新栽培模式、培育新型经营主体、打造知名品牌等措施，大力培育和扶持以具有品牌特色的油桃、高原梨为代表的水果产业，全县水果种植面积不断扩大、品质不断提升、市场竞争力不断增强，“区域化布局、标准化生产、产业化经营、品牌化销售、社会化服务”的水果产业发展格局初步形成。以高原梨和油桃为主的水果产业已发展成为泸西助农增收的重要支柱产业，泸西也已经成为云南梨和桃种植面积最大的基地县，2019年，泸西高原梨园面积达到14.7万亩、产量15万吨，桃园面积6.7万亩、产量6.5万吨。[①]“泸西高原梨”是云南水果中的精品，曾多次获得省内和国内的大奖，深受全国各地客商和消费者的青睐。2015年，“泸西高原梨”品牌被第十三届中国国际农产品交易会组委会评为有较强影响力的果品区域公用品牌，2016年，被第十四届中国国际农产品交易会组委会评为全国名优果品区域公用品牌，被云南农业厅评为云南名牌农产品。

“泸西高原梨”是产自泸西县境内的所有梨的总称，以早酥、雪花、早白蜜、美人酥和金花梨等品种为主。依托泸西高原梨协会、泸西县云露果业农民专业合作社等，推行“统一物资采购、统一包装、统一质量、统一品牌”及产品质量安全追溯的经营模式，通过了国家地理标志农产品认证，泸西高原梨品牌效应在市场中日益凸显。同时，与中国农业科学院郑州果树研究所、云南省农业科学院签订技术合作协议，为水果产业发展提供强有力的技术支撑，相继被列为国家梨产业技术体系、国家桃产业技术体系、国家苹果产业技术体系示范县。[②] 1990年，泸西金花梨获得“云南省优质水果产品证书”；1997年，早酥获全国早熟梨品种评优

---

① 根据《云南省“绿色食品牌”水果产业2019年度发展报告》数据整理。

② 泸西县高原水果异军突起创品牌［EB/OL］. 中国财经新闻网，2017-08-17.

第1名；1999年，雪花梨获“世界园艺博览会金奖”；2004年，泸西高原梨（早酥、雪花）通过绿色食品认证，取得“A”级绿色食品证书，早白蜜获全国优质早熟梨奖；2005年，雪花梨再获首届昆明国际农业博览会金奖（张宏斌，2009）。泸西油桃具有种植规模大、成熟上市早、光滑无毛、色泽艳丽、爽脆清香、糖度适中、口感好等特点，富含钙、铁、镁、氨基酸等多种维生素，有止咳化痰、补气益肾、降血压等功效。全县主要有曙光、早红珠、瑞光三号、新川中岛、极早513、极早518等优良品种。此外，泸西县通过基地建设，还分批培养了一批懂技术、会管理、善经营的种植管理和果品加工营销人才，依托水果示范基地培养种植管理人才、土地流转培养专业经营管理人才、建水果批发市场培养水果营销人才。同时，依托市场逐步引进和培养一批专业的高原梨水果包装加工营销商。①

2. 企业主导的基地——云南晨滇滇果业科技发展有限公司猕猴桃基地建设

云南晨滇滇果业科技发展有限公司是由红河州政府扶贫办引进的一家对口扶贫农业企业，由上海浓津达实业有限公司独家投资，于2014年在蒙自市注册成立，注册资本为3000万元，是“红河州农业产业化经营龙头企业”和云南科技型中小企业。2019年，猕猴桃产量1400吨，销售收入3889.7万元。

2014年，云南晨滇滇果业科技发展有限公司开始在蒙自市雨过铺镇建设红心猕猴桃基地。项目总规划6000余亩，分三期建设，总投资超过3亿元。2018年，位于蒙自市雨过铺镇永宁村的1200亩高原特色红阳猕猴桃高科技示范园建成投产，并投资5000万元进行基础设施建设，包括现代化全频水肥一体化滴喷管全面覆盖，机耕道路6000米，新建三座800立方米调节水池，架设10万根水泥桩，建成8000立方米的冷库、5000平方米的包装车间。

云南晨滇滇果业科技发展有限公司始终坚持绿色有机种植理念，充分发挥坐落于北回归线上、有“滇南巴西”美誉的蒙自市雨过铺镇土壤肥沃、光照充足等极好的气候环境，通过科学种植和管理，全面实现了提高产品的质量和农业综合效益、打造云南高原特色示范园、种出全中国最好吃的红心猕猴桃的目标。2017年，晨滇滇猕猴桃获得第十三届昆明国际农业博览会优质金奖，并于2018年初获得有机认证证书，2019年获得云南绿色食品“十大名果”称号并受到省政府表彰。目前，公司基地所产优级猕猴桃每年直供“盒马鲜生”超市，次级供货天猫、京东电商平台销售，在食行生鲜上市热销，并在各大市场上架。同时公司每年收购

① 云南泸西：多举措发展高原特色水果产业［EB/OL］. 中国财经新闻网，2015-09-22.

当地农户的产品统一包装并形成一定市场，在雨过铺永宁村、米汤寨村直接带动农户 683 户（其中建档立卡户 74 户），户均年增收 0.8 万元。

3. 农场主导的水果基地——永德县勐底农场水果基地建设

勐底农场位于永德县永康镇境内，场区分布在永康坝、勐底坝、忙捞坝及附近山麓河谷的缓丘地带，永康河、勐底河、忙捞河流经场区，由于这里的海拔在 720～1000 米之间，处于低热河谷区，不仅土地肥沃，雨量适中，日照充足，水源充沛，炎热的气候更是适宜亚热带作物种植和生长。勐底农场从 1980 年开始种植芒果，通过近 60 年的发展建设，已形成了以水果、茶叶、甘蔗、粮食和畜牧养殖为重点的中型企业；先后建立芒果品种母本园 2 个，标准化生产示范基地 4 个，引进了大金煌、台农一号、椰香、澳芒、凯特、金凤煌、文玉等优良品种，并按照标准化、无公害生产，严格落实各项生产技术措施，产品质量和效益有了明显提升，产品远销北京、上海、广州、昆明等大中城市的各大超市。还依靠职工搞运输销售，初步探索出一条“订单农业”和“农超”对接“两条腿”走路的发展新路子，成为云南重要的、临沧市最大的水果生产基地。2019 年，勐底农场人均纯收入达到 2.13 万元。

永德县自 1980 年决定在勐底农场发展水果产业，当年即开荒定植 160 亩，1982 年，勐底农场在旧寨沟连片种植芒果 360 亩；“七五”期间利用世行贷款发展了 6800 多亩；“八五”“九五”期间永德被列入省级水果商品生产基地建设县，共新植芒果 13072 亩；1998 年，第一届永德芒果节的成功举办，形成了水果产业化、可持续发展的新格局，把永德县芒果业发展推向了新台阶。2015 年，勐底农场芒果种植规模达万亩以上、产量万吨以上，品种达 50 余种，带动全县芒果种植面积达 4.3 万亩，每年可产芒果 3.5 万吨，年产值 7740 余万元，是云南省最大的芒果生产基地之一，2014 年，被中国果品流通协会命名为“中国芒果之乡”。到 2015 年，已连续成功举办 18 届“永德芒果之乡文化旅游节”，已成为永德县最隆重的节日。①

在生产方式上，目前，勐底农场实行的是家庭农场制，农场职工是水果生产的主体，农场管委会根据市场需求，指导职工进行生产，并在品种引进、栽培技术等方面进行引导。近年来，勐底农场围绕“产业强、群众富、环境优、人和谐、农场美”的总要求，着力构建“一场一品，一队一特”的生产经营体系，围绕锁定的七个芒果核心品种，持续推进品种结构优化改良，大力推广芒果套袋等技术。

① 永德芒果飘香富万家［EB/OL］. 中国农业信息网，2015－07－22.

积极推行“双社四联结”产业发展运作模式（即，农场成立总社、生产队组建分社、联结电商、联结基地、联结农户、联结生产技术科研单位），成立了“永垦红”产销专业合作社（总社），3个生产队组建了分社，水果产业组织形式和营销模式进一步优化，发展质量和效益明显提升。职工群众从一开始不愿意加入合作社，到现在争着加入合作社。

4. 元谋县农户自主水果基地建设

元谋县是云南农户自主进行水果基地建设较为典型的地区之一。由于元谋气候特殊，葡萄成熟早、品质优、效益高，市场供不应求。根据水果市场的需求，在政府的引导下，广大农户从1986年开始，就大力发展葡萄种植，许多农户将原来用于种植蔬菜的土地改种成葡萄，通过多年的实践，当地农户摸索出了一整套葡萄苗木繁育、嫁接、病虫害防治等技术，部分农户还自费到省外学习先进的葡萄种植技术。在葡萄产业发展过程中，许多江浙一带的老板和葡萄种植高手纷纷到元谋县租地种植葡萄，进一步促进了当地葡萄产业的发展。

近年来，元谋县充分利用“天然温室”气候资源优势，在不断引进葡萄新品种进行试验、示范和推广的基础上，加大农业招商引资力度，引进实力雄厚的农业龙头企业开发整理土地，投资葡萄、蔬菜和经济林果等高产值经济作物种植，形成了“协会或合作社或公司+基地+农户”三位一体的产业化经营新模式和“一条龙”的信息、技术、销售服务体系，使葡萄产业迅猛发展，成为继冬早蔬菜之后的又一个新兴绿色富民产业。2020年，元谋县的葡萄基地约2.8万余亩，年产值超6亿元，种植面积楚雄州第1位，全省第4位。[①] 葡萄产业已实现当年种植，次年见效，第三年稳产高效的目标，农户种植葡萄实现了人均增收1400元以上，占全县农民人均纯收入的27.9%，真正成为当地的一个致富产业。元谋县果然好农业科技有限公司生产的“果先锋”牌葡萄连续获得2018年、2019年云南省“十大名果”称号。

（三）案例分析

1. 各自成功的经验或失败的教训

政府主导的水果产业基地建设能获得成功，一是领导重视，基地的建设机构完善，在基地建设中，均会设立基地建设领导小组，由县（市）长任领导小组组

① 云南元谋：葡萄满枝串起“甜蜜事业”[EB/OL]. 元谋县人民政府，2020-06-06.

长，分管的县（市）长任领导小组副组长，下设办公室。同时，各乡镇也成立相应的机构，乡镇与县（市）签订基地建设的责任状，做到级级有任务，层层抓落实，保证了任务能按质按量完成；二是抓紧了技术培训，推广了标准化的种植和科学化的管理技术，保证了果树正常生长和按期投产；三是建立和完善了基地检查、验收机制，对基地建设中涉及的经费、种苗供应、管护等方面进行考核，合格后才能验收，保证基地能建设一片，成功一片。

企业主导的水果基地建设，主要根据水果市场的发展趋势来确定种植的种类，获得成功的经验：一是要有足够的经费投入，因为水果种植的周期长，投资回报较慢，在果树结果前均需要投入，如果资金链断裂，则基地建设就不能进行，还会给企业造成损失，这方面的事例不少；二是要选择好栽培的种类，要充分分析消费者对水果的需求，根据市场需求来发展水果生产；三是有强有力的技术支撑，虽然水果种植的门槛不高，但要种好水果，没有较强的技术支撑是不行的，需要对树种的生物学特性、对环境的要求、栽培技术等方面有全盘的了解，否则达不到基地建设和获得经济效益的目的。云南有部分企业在基地建设中，由于选择的树种不适合当地的环境条件，最终以失败告终。

农场主导的基地建设，在国有企业改制前通过国家投入进行了建设，打下了良好的基础，虽然在改制后由家庭农场来经营，但它有良好的生产基础和较强的技术力量。农场的管委会根据市场需求，指导职工进行生产，并在品种引进、栽培技术、生产资料提供、市场行情等方面进行引导。在这样的基础和运行体制下，避免了生产的盲目性，增强了对外部不良环境的抵抗能力，这是基地建设能获得成功的重要保证。

农户自主的基地建设，获得成功主要是根据市场需求来确定发展的方向及栽培的树种，如元谋县、宾川县的农户根据市场的需求，利用云南特殊的自然条件，发展鲜食葡萄基地，获得成功，经济效益十分明显。但发展的方向和选择的树种不对则会给自身带来较大的损失。如昆明市东川区近年来农户大力发展甜杏生产基地，由于对甜杏的生物学特性缺乏了解，种植后出现开花少、不结果的现象，造成了较大的经济损失，打击了农户种果的积极性，有的甚至想要挖树改种其他作物。另外，农村中的种植大户是基地建设成功的重要力量，这些种植大户通过土地流转获得土地使用权，利用他们的栽培技术、对市场的了解、对流通渠道的熟悉等优势，在基地的建设上基本上都获得了成功，获得了较大的经济效益，也推动了当地水果产业的发展。

2. 各自的利弊

政府主导的水果生产基地建设，一是可以通过合理安排土地，实行连片种植，规模经营，展现规模效益；二是可以根据生产区划，合理安排种植种类，生产出优质的水果，体现出示范的效果；三是通过基地建设，可以改变水果生产零星分布和品种多、乱、杂的现象，提高水果的良种化率；四是便于新产品、新技术的推广，便于基础设施的改造及完善。不利之处是在建设初期政府的投入较大，后期如没有足够的维持经费，则会对持续发展产生一定的影响。

企业主导的基地建设，一是建设速度快，一般的基地建设时间为2年左右，所以能在较短的时间内产生经济效益，如香蕉种植，一旦基地建成，在1年左右就会产生经济效益；二是种植的水果种类大多符合市场发展规律和消费者的需求，有的甚至可以引领市场，如油梨（牛油果）、树莓等；三是企业的经营模式较为灵活，企业不但可以完全自主经营，还可以通过“企业+基地+农户”“企业+基地+协会+科技”等方式经营。不利之处一是在基地建设中，企业如果没有足够的资金投入，则会对基地建设带来严重的影响，甚至造成基地无法生存；二是在技术力量的配备上，有的企业是从其他领域改行来进行水果种植的，如果没有足够的技术支撑，也会对水果生产带来不利的影响。

农场主导的基地建设，能充分利用自己的土地资源，根据当地的气候条件安排生产，组织化程度较高，新品种的推广及配套的栽培技术措施到位，能避免生产的盲目性，增强对外部不良环境的抵抗能力。不利之处一是职工的创新思路受到一定的束缚；二是市场风险的承担能力有限，如遇产品销售不畅，损失基本上要由自己承担。

农户主导的基地建设，具有很强的灵活性，主要是根据市场需求来确定发展的方向及栽培的树种，并根据自己的经济实力和生活需求来确定基地的建设规模。经营的方式也很灵活，可以自主经营，也可加入合作社或协会，并可根据水果产业的发展情况随时更换种植的种类。不利之处一是存在着发展的盲目性，跟风现象较为突出，如发现某种水果效益好，马上跟风发展；二是对市场风险的抵抗力较弱。

（四）存在的问题

一是资金投入不足。水果基地的建设需要大量的资金投入，而云南的部分基地则存在着资金投入不足的问题，从政府主导的基地建设来看，在基地建设时，一般需要当地政府和部门配套一定的经费，而在配套经费的投入上，一些地方政府由于各种原因而未进行足额的配套，从而影响了水果基地建设的标准和质量，为今后的管理埋下了隐患。部分企业主导的基地建设为了尽快回收成本，也在建设过程中尽量降低投入，只投入土地租金、人员工资、种苗等刚性支出，而忽略对其他基础设施的投入，造成基地建设质量不高。

二是果园基础设施差。云南的水果生产基地，普遍存在着基础设施差的问题。由于受地形地势的影响，云南的果园大多处于山区和半山区，这些地区的水利设施不完备，交通条件较差，产品运输困难。水利设施的不完备使果园只能“靠天吃饭”，造成了果树抵御冬春冻害、初夏干旱和冰雹等自然灾害的能力弱；交通条件的制约造成了肥料、农药等生产资料运送困难，增加了人力成本，同时，产品流通困难，许多收购商为了节约成本，不愿意到交通不便的地区收购产品，产品的价格上不去，形成了“丰产不丰收”的局面，影响了种植户的积极性，也不利于水果产业健康持续的发展。

三是缺乏专业的种苗基地。在水果基地的建设过程中，普遍存在着重视生产基地建设，忽略种苗基地建设的现象。虽然，在“八五”“九五”期间，由政府主导建立了 2 个优良果树种苗基地，但由于种种原因，维持的时间不长，后来均名存实亡了。这导致在后来的水果基地建设中，绝大部分的种苗均是从省外引进，特别是近几年发展较快的甜樱桃（车厘子）、猕猴桃、蓝莓等种苗，基本上都是从省外引进。省外引进种苗的不利之处一是对品种的纯度无法掌握；二是一些病虫害，特别是检疫性的病虫害有可能随着种苗的进入而传播进来，这是极其危险的。

四是土地使用权限时间较短。果树是多年生经济植物，一旦进入结果期，可获得多年的收益。但现在有许多水果基地，特别是通过土地流转而获得使用权的基地，其使用权年限较短，有的仅有 10 年左右，这不利于基地的发展。由于使用年限短，投资者为了收回成本和获得利润，就不愿意花更多的资金进行基础设施等方面的建设，同时还可能采取掠夺式的经营方式，让“肥水快流”，造成土地肥力下降，土壤流失严重，树体生长衰弱，最终形成环境受到破坏的不良局面。

（五）建议

一是多渠道筹集资金，加大基地建设资金投入力度。在基地建设的资金筹措上，应本着“国家扶持一点、地方筹措一点、银行贷款一点、农户投入一点”的原则，多渠道地筹集建设资金。按照高标准的要求，力求精，不求多和大，将资金集中使用，力争将基地建设打造成建设一片、成功一片、示范一片、带动一片，促进水果产业的健康持续发展。

二是加大果园基础设施建设力度。水果基地建设，基础设施建设是重中之重，应优先考虑。基础设施建好了，就为高产优质打下了坚实的基础。基础设施建设除了果园建设资金外，还可以通过其他渠道，如中低产田地改造、高稳农田建设等项目，进行土地改良，提高土壤肥力；进行坡改梯，减少土壤流失，提高保水能力；进行水利设施建设，提高调水、蓄水、节水灌溉的能力；同时要加强果园道路和园区作业道建设，改善交通运输条件，降低劳动强度和生产成本，提高产品的流通效率。

三是重视标准化种苗基地的建设。水果产业健康持续的发展，离不开优良的种苗。建设优良的果树种苗基地是发展水果产业的基础。必须高度重视和发挥良种采穗圃和苗木快繁基地的功能，进行标准化苗圃建设或对原有苗圃进行改造，使之达到标准化苗圃的要求。云南应在原来的基础上，恢复或新建3~5个优良种苗基地，种苗基地建设主要抓好以下工作：首先，当地农业部门要加强种苗生产和供应的监管工作，防止盲目引种和用苗；其次，加强采穗圃的管理，满足产业发展的需求，为果品的苗木生产提供大量的优质穗条；最后，抓好苗木繁育环节，提高苗木繁育的成活率和向生产上提高良种壮苗的供应能力。

四是延长土地流转的使用年限。在签订土地流转合同时，应根据各树种的生物学特性，签订与之适应的土地使用合同，对生长期短的如香蕉、草莓等树种，可以签订10年以内的使用合同；对于其他生长年限较长的树种，应签订不少于25年的使用合同，便于投资者对土地和基础设施等方面有一个较为长期的规划和投入，避免“掠夺式”的经营方式，保证地力的提升和生态环境的改善。针对不同的地区、不同的树种要有不同的经营模式，为促进云南水果产业的发展，要完善农村土地产权关系，健全农村土地流转保障体系，提高农民对产业规模化经营的意识，健全以防范农业风险、政策、信息与市场为重点的农业社会化服务体系（王昱婷，2011）。

三、加工管理方式

（一）基本情况

云南的水果加工与全国相比，在生产规模、加工数量、新技术应用等方面均存在一定的差距。云南省农业农村厅数据显示截至2019年底，全省水果产业省级及以上龙头企业达到94家，涉及葡萄、芒果、柑橘等种植和加工企业，其中，果品加工企业20家，生产的主要产品以果酒、果汁、饮料、果脯、蜜饯等为主。且企业加工能力有限，每年的加工量约60万吨，还不到产量的10%。其中，深加工的企业较少，加工产品以果汁、浓缩汁、果酒为主，目前较具规模的加工企业有云南百果州食品有限公司，以生产果汁和浓缩汁为主，年产量可达40000吨，其产品已通过HACCP认证、欧盟有机食品认证，是云南水果加工企业中产量较大、技术水平较高的龙头企业；云南高原葡萄酒有限公司，以生产和销售葡萄酒、葡萄果汁、葡萄蒸馏酒、露酒系列产品为主；洱源洱宝实业责任有限公司，以生产果脯、话梅、青梅酒、雕梅酒、果醋等产品为主。其他企业的加工产品则以果脯、蜜饯等为主，如丽江得一食品有限责任公司，以生产丽江青梅、芸豆、野生食用菌等农副土特产品加工产品为主。云南的水果加工企业由于规模小，精加工产品少，市场上的竞争力较弱，而生产成本则较高，一般的生产成本占了产品的60%以上，扣除税收、设备折旧等，真正的利润是不高的。

为了促进云南水果加工产业的发展。各级政府都给予了大力的支持，从政策、税收、土地、贷款等方面给予企业扶持。自20世纪90年代起，云南省人民政府专门设立了生物资源开发创新办公室（又称18办），重点开发云南的优势生物资源、培养新经济增长点。而扶持水果加工产业是其中重要的内容之一，通过政府贴息的方式，向多家龙头企业发放贴息贷款，同时各级地方政府也通过减免税收、土地流转等方式，扶持企业的发展。

（二）案例

1. 丽江得一食品有限责任公司

丽江得一食品有限责任公司成立于1998年6月，是由自然人出资，按“产权明晰、责权明确、政企分开、管理科学”的现代企业制度组建成立的，是云南青梅收购量、加工处理量、销售量最大，以果品经营为主，兼营白芸豆、野生菌、中药材等农副土特产的综合性公司，开发、生产“得一”牌青梅果品九大系列，现有职工197人，注册资本3180万元，总资产5480万元，年销售额达4000多万元，有全国最大的优质照水梅圃园。

丽江得一食品有限责任公司正式成立以来，对丽江市范围的适宜乡镇进行了近20多万人次的丽江照水梅、芸豆种植管理科技培训，发放培训教材20多万册

(张)。2000年，成为丽江青梅产业龙头企业。2001年，公司梅系列产品荣获“云南省消费者喜爱商品”，获进出口经营权，兼并原丽江食业有限公司。2002年，梅系列产品被评为“放心食品”，被授予“天保暨退耕还林工程龙头企业”，被认定为“农业产业化经营省级重点龙头企业”；2003年，获得了ISO9001：2000质量管理体系认证合格证书，“得一”商标和标志入选中国驰名商标数据库，“得一牌”果脯系列产品入选中国名优产品数据库，获得“云南省百佳职工经济技术创新成果”奖。2004年1月，通过SGS认证机构的HACCP现场认证审核，2月被认定为丽江市生物创新龙头企业。目前，公司拥有1个加工总厂、15个分厂、1个珍禽养殖场、200亩优质梅示范园、45428亩青梅示范基地，原料收购地域跨越滇、川、藏三省十多个地州，与近2.5万户农户签有《青梅供苗回收合同书》，基地总种植面积18.7万亩，其中青梅基地5.7万亩，已通过绿色食品认证，有200亩优质丽江照水梅育苗基地。

丽江得一食品有限责任公司的青梅、芸豆、野生食用菌产业带动了五万多户、二十多万农民因从事青梅、芸豆种植和野生食用菌采集而增收脱贫，涌现了万元青梅村、万元芸豆村、万元野生菌村、万元青梅户、万元芸豆户、万元野生菌户和“132棵照水梅树供一个大学生”等典型。

2. 云南高原葡萄酒有限公司

云南高原葡萄酒有限公司位于云南红河州弥勒市东风农场，于1997年7月14日在红河工商局注册成立，注册资本为550万美元。自1997年6月成立第一家实体企业云南高原葡萄酒业以来，经过3年发展，到2000年形成葡萄种植、栽培、酿造、销售、研究及开发鲜食葡萄及葡萄皮籽药用提炼的一体化产业集团。在公司发展壮大的20年里，以加工葡萄酒为主，主要经营生产、销售葡萄酒、白兰地、葡萄果汁等产品，其中生产的“云南红”牌红葡萄酒，其酒液晶莹明亮，色泽如红宝石，具有酿造葡萄品种特有的果香和酒香，酒味甜酸适口，微涩爽适，酒质醇厚，余香绵长，具有甜型红葡萄酒的典型风格。由于口感好、价格便宜、市场占有率高，目前已成为云南的著名品牌之一。

云南高原葡萄酒有限公司建成的云南红酒庄葡萄园位于传统的葡萄适种带以南，靠近北回归线，低纬度高海拔，亚热带季风气候使得这里全年光照充足，雨量适中，气候干燥，砂质土壤，昼夜温差大，十分完美地满足了葡萄优质生长的条件。云南红酒庄葡萄园，至今仍保留着古老、原生态的种植方式。高原紫外线极大地抑制了病毒和霉菌的生长，这里的葡萄没有施加过任何农药、化肥，保证了高原葡萄的优良品质。原生态的自然环境返还给人类的只有天然、绿色，成就的是云南红葡萄酒的纯正和健康。

公司以“建立一个企业、创一个品牌、带一个产业、富一方百姓”为指导思想，坚持以销售为中心，质量为核心，生产为基础，管理为保障的原则，实施了基地建设生产加工、市场开拓同步推进的战略，每年都投入大量的财力进行设备和技术改造，依照国际标准在葡萄园区内建立的大型现代化厂房及国际一流的葡萄酒生产设备，目前年生产能力达到2万吨。同时，公司还拥有中国南方最大的橡木桶酒窖，拥有长江以南最大规模的酿酒葡萄种植基地和葡萄酒生产加工企业，形成了种植面积超过3万亩，市场销售过2亿元的葡萄酒企业，同时带领当地的4000余农户走上了致富的道路，彻底改变了地方经济面貌。

（三）案例分析

1. 各自成功的经验或失败的教训

丽江得一食品有限责任公司成功的经验是采用“企业＋农户＋基地”的运行模式，形成了产、供、销一条龙的运作格局，在生产上，他们与2.5万户农户签有《青梅供苗回收合同书》，建立了青梅基地5.7万亩，并且有200亩的优质丽江照水梅育苗基地，产品已通过绿色食品认证；在产品加工手段上，将传统的青梅果脯手工操作加工提升到了规范化、半机械化的生产，达到了解放生产力、提高工作效率、提升产品质量和科技含量的目的；在加工产品的质量控制上，加工厂房完全按照药品的GMP卫生标准建造，保证了果脯食品的安全和卫生。目前，公司已通过了ISO9001：2000质量管理体系认证及HACCP食品安全管理体系认证，被认定为“云南省农业产业化经营重点龙头企业”，被评为“云南省农产品加工十五强企业”（余珊珊、钱王燕，2014）。由于产品质量好，产品已远销到北美自由贸易区、欧盟、中东、日本、韩国等国家和地区，国内销往北京、天津、大连、广州、深圳、武汉、成都等大城市，产品在规模、市场占有额上均名列云南同行前茅，是丽江市出口创汇增幅最快的企业。

云南高原葡萄酒有限公司是由香港通恒国际投资有限公司于1997年投资成立，目前已成为云南外商投资额最大的农业产业化公司，并已发展成集葡萄种植、酿造加工、销售、研究及葡萄皮籽等副产品综合开发利用和旅游于一体的生物产业链式的专业化葡萄产业公司。云南高原葡萄酒有限公司获得成功的经验一是采用了“公司＋基地”的运作模式，二是采用了先进的生产技术。在基地建设上，通过近20年的努力，该公司在原有3000亩的种植面积基础上，已逐步扩展到近2万亩，公司十分重视种植园科研开发工作，除基地外，还建立了葡萄种苗基地，拥有年出圃500万株优良酿酒葡萄种苗的能力。公司重视对种植户的技术培训工作，每年举行技术培训，提高种植户科学种果的能力。公司引进了法国品种赤霞珠、梅鹿辄等国际流行品种，并选育出多个本地葡萄品种。用本地品种开发出“法国野”“水晶干白”等多个系列的葡萄酒，并在市场上取得了成功。

2. 各种方式的利弊

自然人出资建立加工企业，具有资金到位快、建设速度快、产品生产快等特色。案例中的丽江得一食品有限责任公司虽然成立于1998年6月，但在1999年就开始生产出了产品，2000年就成为当地的龙头企业，生产的产品达到了9大类。从以上公司发展历程可以看出，作为自然人出资入股组建的企业，只要掌握了市场的需求，产品对路，就具有较大的成长空间、经营灵活的体制。但也存在着一定的不利因素，在资金的继续投入上存在一定的制约因素，产品创新程度慢，精加工和深加工产品少，不能完全满足市场的需求。

云南高原葡萄酒有限公司是外企独资公司，具有资金雄厚、技术先进、管理规范、示范作用明显的特征。在产品上，能站在世界前沿，生产出符合广大消费者的产品；在企业管理上，公司依据ISO9001标准建立了质量管理体系，于2004年通过ISO9001质量体系认证。并以此为依托，结合自身情况，制定了一套符合企业生产要求的质量管理体系和管理制度。在创新上，能依靠科技，进行葡萄新品种的引进和开发，生产出新产品；在产业链方面，公司成为集葡萄种植、酿造加工、销售、研究及葡萄皮籽等副产品综合开发利用和旅游于一体的生物产业链式的专业化葡萄生产企业。企业带动了当地农户走上了致富的道路，促进了地方经济的发展，为当地农村产业结构的调整、农业的增效树立了良好的典范。

出于市场的需求、企业自身运营和原料成本方面的考虑，企业每年在原料收购数量、原料价格确定等方面与当地的种植户之间存在着一定的利益冲突，应该加强沟通，设立原料收购最低保护价，适当照顾种植户的利益，真正做到“建一个企业、创一个品牌、带一个产业、富一方百姓”。

（四）存在的问题

一是水果加工企业整体水平不高。据相关资料显示，当今世界发达国家的水果加工产值与水果产值的比例达到了3.5：1，证明了水果加工带来的增值效益是十分明显的。而云南的水果加工率全部还不到水果产量的10%，并且多以果脯、蜜饯等初加工产品为主，二次以上的深加工很少，由于加工能力有限和精深加工产品少，因此，云南的水果加工企业在总体水平上还有待提高。

二是水果加工企业的规模不大、实力不强、带动力不足。虽然云南的水果加工企业中也有几家规模较大的企业，但数量少，大多数加工企业的规模都较小，由于企业规模小，在产能和创新上都存在着一定局限，产品多以果脯、蜜饯、罐头等传统产品为主。这些小型企业缺乏有效的整合，产品质量参差不齐，在标准、包装、价格、销售上无法统一，并且雷同性高，容易陷入微利甚至无利的竞争状态，不但不能带动当地产业的发展，还会产生不好的负面效应。

三是产品的档次不高。受加工能力和加工条件的影响，云南的水果加工产品在档次上还需要较大的提升，在品牌的创建上还要下很大的功夫。目前，云南的水果加工产品还没有一个在全国知名的品牌，能进入全国大中城市中超市的产品也不多，相反，像汇源果汁、溜溜梅等一些全国知名品牌的产品则占领了云南的广大市场，它们通过产品的深加工并借助品牌支持，掌握了产品升值的巨大空间，获取了远远超过云南品牌的丰厚利润。

四是资金和人才缺乏，制约了企业的发展。除了几家规模大、效益好的企业外，云南的水果加工企业普遍存在缺少资金的现象，极大地制约了企业的创新发展，造成了有想法、有项目不敢上，上了也不能及时投产的现象。特别是流动资金的不足，使企业不能满负荷生产，规模效益得不到体现，严重制约了企业的发展壮大。同时，许多企业缺乏技术及管理人才，造成经营管理落后、技术进步缓慢、创新能力弱、信息渠道狭窄等，这些因素决定了企业在现有的规模、现有的产品上前进较慢，甚至被淘汰出局。

（五）建议

一是要进一步凝聚共识。各级政府和部门要切实加强对农业产业化工作的指导，各职能部门要精心规划，要把发展水果深加工产业列入当地产业发展的重要组成部分，要像抓工业经济发展一样抓水果加工产业，并制定切实可行的相关扶持政策，促其做深、做大、做强。

二是要突出重点。对已经达到一定规模，确定在当地具有特色和优势的水果产业，要优先发展期加工业，打造品牌，建立完善的产业链。

三是多管齐下、多措并举。特别是要加大资金、税收、土地、水电等方面的扶持力度，大力发展高科技、高附加值的水果精加工企业，对发展水果深加工的企业要享有工业企业同等待遇的优惠政策，并降低水果深加工企业的考核要求和准入门槛，从而有效地加快培植壮大龙头企业。

四是企业要重视基地建设。要把原料基地作为水果加工的第一生产车间来重视。因为有了好的原料，就有了生产好产品的基础，才能加工出好的产品；有了原料基地的保证，还可以避免受到市场行情的影响，避免原料价格的大起大落，节约生产成本。

四、市场营销

（一）基本情况

通过多年的打造，云南的水果产业得到了长足的发展，在市场的营销方面也取得了良好的成效，一大批地方特色鲜明的名特优新果品逐渐成长为知名品牌，如玉溪新平金泰公司的褚橙、石林的绿汀甜柿、玉溪高原王子冰糖橙、泸西云露高原梨、呈贡宝珠梨、宾川葡萄、红猕多猕猴桃等。在2016年11月的全国名特优果品品鉴推介会上，云南的昭通苹果、蒙自石榴、元谋葡萄、丽江雪桃、华坪芒果5个云南水果品牌入选了“2016全国名优果品区域公用品牌”。2018～2019年，省政府连续实施的“十大名果”推荐表彰活动，为提升云南水果的市场竞争力，促进产销对接，推进品牌培育，引导产业发展打下了良好的基础。2019年，“华坪芒果”“宾川红提葡萄”“昭通苹果”“华宁柑橘”等入选中国农业品牌目录2019农产品区域公用品牌；“蒙自石榴”品牌价值更是高达19.72亿元。

在水果的物流渠道建设方面，云南也形成了一定的规模和模式。据云南省农业农村厅统计，截至2019年云南有水果批发市场500余家，主要分布在水果主产区，如河口县的香蕉批发市场、宾川县的葡萄批发市场、蒙自的石榴批发市场、绥江的李子批发市场等。其中最大和品种最全的是昆明正昌水果批发市场。至于零售市场则分布于全省的各个地区，甚至分布到了每个乡镇。水果零售的主要场所主要有超市、水果专卖店、农贸市场，水果电商等。

在水果流通方式上，云南主要有以下四种：一是水果种植户直接销售，包括直接在农贸市场销售和与大宗水果消费团体（公司、单位）签订合同后按合同销售；二是在产地批发，由种植户将产品销售给当地的批发商，再由批发商销售给消费者；三是“产地批发＋销售地零售”模式，即产地批发商不直接将水果提供给消费者，而是销售给零售市场的主体如超市、专卖店等，再由超市、专卖店出售给消费者；四是电子商务模式，由农户、合作社或生产企业通过电子商务平台渠道直接将产品出售给消费者。

通过电子商务进行水果的营销是近几年涌现出来的新兴营销模式，由于高效、快捷，呈现出了快速增长的态势，据云南省农科院信息所统计，通过电商平台，每年的交易额均以10%以上的速度在增加。以宾川县水果电子商务为例，宾川县立体气候明显，四季瓜果飘香，素有“天然温室”“热区宝地”之称，是全国县级规模最大的早熟鲜食葡萄生产基地和晚熟柑橘优势产区，被誉为“高原葡萄城、南国吐鲁番”。其洱海水浇灌出的29.4万亩葡萄、柑橘、软籽石榴等优质水果，年产量60万吨、产值42亿元。近年来，宾川县抢抓机遇，高位推动，以实施乡村振兴战略为抓手，不断夯实项目建设、完善配套服务，推动农村电子商务向纵深发展。农村电商为广阔乡村架设了重要的交易平台，为越来越多的农民群众拓宽了致富渠道。自2015年起，宾川县积极探索适合农村电子商务发展的新路径，“网货下乡”“农产品进城”促进了全县农村电子商务的发展，当年全县农副产品网络销售量就突破30万件、1500万元；到2018年，增长至200多万件、9868万元，3年间就增长了5倍以上。①

包括水果在内的“农超对接”是近年来我国农产品流通的创新模式，它的主要作用是为优质农产品进入超市搭建平台，对促进农业发展和满足消费者的需求有着重大的意义。目前这一营销模式得到了市场和消费者的认可，处于快速发展中。如大理州宾川县的红心、红原、国培、鑫扬4个农民专业合作社与沃尔玛、家乐福等大型连锁超市合作，销售红提葡萄3200吨，销售额3696万元，受益农民2554户。安宁市金方商业集团通过订单直接与农户一对一定向采购，通过所属13家“金方购物广场”直营连锁店销售水果等生鲜农产品42万公斤，农户年均增收3500元（张园，2012）。

（二）若干案例

1. 石林绿汀甜柿产品开发有限公司

石林绿汀甜柿产品开发有限公司正式注册成立于2003年11月（其前身为石林

① 宾川：乡村电商拓宽群众致富路［EB/OL］. 大理白族自治州人民政府网站，2019－12－26.

绿汀甜柿产品开发园），是集甜柿生产、科技示范、研发、精深加工、贮运、保鲜和营销为一体的私营企业，是云南省级、昆明市级和石林县级重点龙头企业。发展至今，拥有两个有机甜柿生产示范基地、一个品种园基地、13000 平方米的加工厂、冷藏保鲜库和年分选 5000 吨甜柿的自动化分选线。

在品牌创建上，公司的“绿汀”牌甜柿系列产品荣获多项荣誉：产品获“99 中国昆明世界园艺博览会银奖”“2005 年首届昆明国际农业博览会优质产品银奖”“2007 年第三届昆明国际农业博览会优质产品金奖”“2009 年全国第四届柿子和科研进展研讨会十大优质产品奖”。2007 年以来，“绿汀”商标先后被评定为“昆明市知名商标”和“云南省著名商标”，产品先后通过国家无公害、AA 级绿色、有机食品认证。目前，公司主要产品有绿汀牌有机甜柿鲜果、柿叶茶、柿叶粉、柿子糕、柿子干等。

2. 昆明市金马正昌果品市场

昆明市金马正昌果品市场是云南最大的果品批发市场、云南果品主要集散中心、国内和东南亚各国之间水果流通的重要通道，无论是从规模上、交易量及经营品种上来看，这里都是目前昆明市最大的、也是唯一一家专业性水果批发市场，在全国及东南亚各国中具有很高的知名度和影响力。该市场靠近昆明市区二环东路，毗邻火车东站货场，近邻滇东北出口，交通条件较为便利。市场占地约 80 多亩，共有交易库房 350 多间，拥有国内一流制冷设备的 11 间的冷藏库房一幢，储藏货量约 4000 吨，交易储货大棚 10000 余平方米。经营的果品共有 280 余种，涵盖了国内外高中低档水果品种。每年的水果交易量 80 万吨，交易额 16 亿元。这里的水果主要销往四川、贵州、陕西、甘肃、西藏等地，部分还销往辽宁、吉林和山东等北方城市，甚至是销往越南、老挝、泰国和缅甸等东南亚国家。

（三）案例分析

石林绿汀甜柿产品开发有限公司在品牌创建上的成功经验一是有自己稳定的生产基地，有标准化的栽培技术手段，对产品的质量能进行有效的控制；二是有良好的采后处理及加工设备，能及时对产品进行储藏加工处理，保持了产品的质量和新鲜度；三是加强了宣传工作，积极参加国内相关的展销会和评审会，参与竞争，提高知名度，同时积极申请国家的各级认证，云南省农业农村厅统计数据显示，截至 2020 年，云南在水果产品上获得国家有机食品认证的产品达 225 个。

随着流通领域的发展，现代市场竞争已从农产品价格竞争、质量竞争逐步走向品牌竞争。石林绿汀甜柿产品开发有限公司在品牌创建上的有利之处就在于通过品牌的打造，推动了当地农户的增收。农村改革的实践证明，农户要想摆脱传统种植低收入的现状，就必须在具有本地优势的农产品上下功夫，而甜柿是当地重要的优势农产品之一，通过对甜柿品牌的打造，无疑是增加收入的重要措施之一。其次是通过品牌打造，形成种植与加工，产供销、服务网络为一体的专业化经营，推动了当地现代农业的发展。

昆明金马正昌果品批发市场能成为云南最大的专业水果批发市场，一是云南水果有自己的独特优势。云南独特的立体、多样性气候，为各种水果提供了良好的生长环境，丰富的水果种类能满足各类消费者的需求，成为该批发市场的一大特点；二是良好的物流条件，随着昆曼公路的正式通车，东盟国家热带水果从陆路进入云南只需两天时间，虽然公路运输的成本高于海运，但是上市周期则大大缩短，可以弥补高出的运输成本，同时，巨大的物流优势和地缘优势，可以推动云南水果进出口的大幅增长。也使得水果在价格和销量方面具有较大优势。云南温带水果出口也同样如此。2016 年云南全年水果出口量达 80.06 万吨，交易金额 17.96 亿美元，大量出口的温带水果及进口的热带水果，吸引了大量的客商，成为市场交易的一大亮点。

昆明金马正昌果品批发市场的有利之处一是利用了昆明区域中心城市的优势；二是便利的公路、铁路及航空运输条件，便于水果的集散；三是区位优势，特别是临近东盟国家，在进出口的运输成本上比其他省份有更多的优势；四是在水果种类上与东盟国家的互补性强，我们的温带与亚热带水果与东盟国家的热带水果有良好的互补性。但批发市场的管理是相当重要的一环，如管理不到位，则会出现少数批发商以次充好，坑害消费者的情况。

（四）存在的问题

一是流通渠道长，组织化程度偏低。目前，云南的水果主要流通渠道是水果种植者→产地批发市场→销售地批发市场→零售商→消费者。水果流通的渠道长，中间环节多，虽然也有种植者直接将产品送到市场销售，但比例极小。流通中过多的中间环节延长了水果的流通时间，增加了流通的成本，同时流通时间长，加大了水果的损耗程度，对水果的质量也造成了一定的影响。在水果流通的组织化方面，虽然在一些地区成立了专业合作社或专业协会，它们也会通过各种渠道帮助种植户销售产品。但大多数专业合作社或专业协会由于规模较小、管理不够规范且缺乏资金，龙头带动作用较弱，很难从事大规模的销售活动，也很难向水果种植者提供及时、有效的信息和技术服务，从而造成了水果流通的低效率。

二是批发市场的功能和服务配套不足。目前云南的大部分水果批发市场主要是为商户提供一个交易的平台，并提供进场、过磅、结算等业务。但很多水果批发市场无法为批发商提供价格合理、方便高效的服务，部分批发市场还是露天经营，市场的设施落后，基本的仓储、冷库等设施严重不足。虽然，很多批发市场也建立了信息发布中心，拥有自己的网站，发布一些果品市场行情相关的信息，但信息量小、信息单一，质量也不高，难以对水果批发商形成指导作用，大部分商户往往还是凭经验和小道消息来购销水果，很容易造成市场的供求失衡、价格波动的紊乱局面，使批发商出现水果的滞销积压，蒙受不必要的损失（杜红平等，2008）。

（五）建议

一是促进果品中介组织建设，减少果农交易成本。云南果农种植户众多，且种植规模小，难以形成规模效益。单独的果农种植户进入市场，则会面临众多诸如卫生费、场地占用费、信息搜寻费等费用，增大了流通成本。为减低流通成本，应大力发展各种水果交易的中介组织、协会及合作社等，使种植户有组织依托，依靠中介组织减少流通成本，提高种植户参与果品流通的组织化程度。

二是完善传统流通渠道，大力发展新型营销方式。现有的主要传统流通渠道是“产地批发＋零售地批发＋零售”模式，除了进行产品交易外，应大力发展信息、果品贮藏、包装材料供应、运输服务等功能，做到“一站式”服务。随着互联网技术的发展，依靠电子商务平台，积极发展电商销售渠道；出台相关政策，大力打造品牌，提高种植户对品牌的认识，鼓励种植户与大型超市、储藏企业、水果加工厂联合，实施订单农业和“农超对接”，实现“优果优价”。

三是完善市场基础设施，改善市场服务。首先，在云南的水果重点产区，配套及完善现有的基础设施建设，如交易大厅、信息中心、水果质量检测中心、冷藏设施、转运配送中心、污水及垃圾处理中心等；其次，要加强批发市场服务的协调与支持，加强市场的信息服务，积极完成信息中心的职能，多方位收集市场内水果交易的信息，以电子显示屏、短信、微信等方式提供给交易者；再次，应加强对产地的服务，及时向生产者反馈果品交易信息、供需信息和价格信息等，引导果品生产；最后，要加强市场法规和管理服务，为合法的经营者提供一个公平的交易环境，打击和制止欺行霸市、强买强卖等违法行为（杜红平等，2008）。

五、投（融）资体系

（一）基本情况

云南是一个农业大省，农业产业是国民经济的基础产业，也是弱质产业，各个领域均需要资金的支持，水果产业也不例外。目前，云南在水果产业发展过程中，资金的来源主要还是靠传统的融资渠道来解决，主要有以下几种方式：一是自有资金，利用在其他产业如矿山、房地产、修路等方面积累的资金投入水果产业上；二是通过合伙人出资，成立股份公司，筹集建设资金；三是通过民间借贷，筹集发展资金；四是将财产或土地作为抵押物，向银行借款来筹集资金。随着互联网的发展，“互联网＋金融”的融资方式也在云南的农业生产上开始出现，如从2016年开始，云南有了在水果产业上的众筹项目，面向广大的投资者筹集资金，虽然刚刚起步，规模很小，数量也不多，但代表了今后发展的一个方向。

普惠金融具有“投入小、操作方便、安全可靠”的特点，具有强大的生命力。在这方面云南做出了较大的成绩，目前已在云南全面实施。自2010年以来，累计建成惠农支付服务点18877个，其中，绝大部分布放在边远少数民族聚居山区，实现了云南全省12620个行政村惠农支付服务业务全覆盖。金融机构业务服务延伸到了乡镇以下地区。通过在村寨的POS机加载功能，云南实现了农民足不出村就能办理借记卡小额取款（1000元/卡/日）、刷卡消费、小额转账汇款（1万元/卡/日）、刷卡缴费、查询等业务。普惠金融的实施，提升了农村金融服务水平，对农业发展和农民增收发挥了积极作用。①

（二）案例

云南省普洱市思茅区古滇榕珈商贸有限公司与思茅区整碗村委会合作，借助众筹平台，于2016年开始进行火龙果的众筹项目。众筹的目的一是为今后的发展解决资金问题，二是解决产品的销路问题。整碗村虽然有种植火龙果得天独厚的气候条件，能生产出生态、绿色的果实，但由于交通不便，运输不易，在果实成

① 直击“痛点”农村金融服务获点赞［EB/OL］. 中国财经新闻网，2017－05－12.

熟季节，果农经常为销售犯愁，甚至有时候果实会烂在地里，严重影响了该产业的持续发展。为解决发展的资金问题和产品销路问题，使这些种植户不再为丰收而犯愁，古滇榕珈商贸有限公司通过淘宝网发起了此次的众筹，也得到了当地政府部门的认可，认为对本地的水果产业发展有积极作用，是一条帮助当地果农增收致富的好途径。

众筹的成功一是产品要有特色，如当地特有、环保、营养价值高等；二是要有比较好的平台，要通过平台进行广泛的宣传，要让广大的投资人能看到有如此意义的项目，使投资人愿意掏钱来进行投资，一般来说，仅靠自身的力量是很难筹集到所需要的资金；三是要有合理的回报，这个回报除了经济上的以外，重要的是人脉上的回报，通过众筹投资这种方式，可以认识许多创业者和投资人，获得更多的信息，也能学到更多的知识。

众筹模式的门槛低，它最大的好处在于投资者可以获得从创意到市场开拓的全过程配套服务，并且投资人只要花不多的资金就可以圆自己的梦想。通过众筹，可以实现按需制作，能解决果品安全、信息不对称、产销不对路等问题，还能解决产品流通过于复杂、环节过多的问题，能降低成本，增加果农的收入。但如果投资人多，没有一个带头人，大家仅凭爱好去做，轮流组阁，轮流管事，结果都不专业，更缺乏连贯性，所以都管不好，最后就只能以失败告终。

（三）存在的问题

一是投融资总量不足。在我国的全社会固定资产投资中，第一产业（农业）固定资产的投资一直偏低，仅占全社会的3.25%左右。现代农业投资的主体国家财政投资、地方财政投资、金融机构等对“三农”的支持力度不够，存在着较大的流动性，农村地区的金融服务比较滞后，不能满足农户的借款需求。此外，还存在部分农业资金外流的现象，农业贷款的增速缓慢。

二是投资方式和融资渠道单一。目前在水果产业上的投资虽然有财政投入、金融信贷、农户集资、社会资金投入等方式，但作为主渠道的政府资金投入方式比较单一，融资主要依靠金融机构信贷支持。此外，种植户喜欢将剩余资金存入银行，而银行通过信贷将大部分资金用于支持非农项目，造成农业资金外流现象严重，在一定程度上加大了水果产业资金的短缺。

三是投资周期长、风险高。云南的水果产业正处于畅通农业和现代农业的过渡时期，由于果树的生产周期长，前期生产成本高，还存在着受自然影响大、风险较高的影响，造成投资周期长且获得回报时间较久的现象。而资本具有追逐最大利润的特征，会自动流向资金效益最大的地方，因此，许多资金的投资就不优先考虑水果产业，也给该产业的发展造成了一定的制约。

四是投融资的担保和保险缺乏。通过投融资的担保和保险渠道，能有效地化解金融资本和社会资本的风险。在2007年的《中央财政农业保鲜保费补贴试点管理办法》中，首次提出了中央和地方“联动补贴”的农业保险保费机制，缓解了部分企业的融资难问题，但仍然离实际需求有较大的差距。在水果产业上，涉及的保险种类少，并且保额低，当真正发生风险时，对投资主体所起到的保障作用有限。

（四）建议

一是加强政府引导及支持，提高投融资的总量。政府和金融机构首先要大力发展农村普惠金融，引导加大涉农资金的投入，创新农村金融产品和服务，地方政府应建立风险补偿金，强化服务“三农”的职责和措施，力促金融支持农村改革发展（郝妙，2016）；二是用好涉农财政资金，以区县为主体，从财政预算编制环节入手，实行统一项目申报、统一立项、统一审批、统一实施和统一管理（郝妙，2016）。

二是健全金融服务体系，拓宽投融资渠道。一是丰富农村金融体系，提高金融服务水果产业的能力，消除农村金融服务的空白；二是加强农村征信工程的建设，为水果产业健康持续发展营造良好的信用环境；三是积极推动金融资源要素向水果产业方面的配置，充分发挥支农再贷款、再贴现等货币政策工具的作用。

三是培育壮大产业新型经营主体，优化投融资环境。新型经营主体是加快云南水果产业化、全面建成小康社会的重要推动力量，目前，云南新型经营主体如水果生产企业、水果生产合作社、水果协会、家庭农场等已有较快的发展，对这些新型经营主体可实行分类别的培育和引导，对家庭农场制定相对应的奖励扶助政策，提高家庭农场的市场竞争力；对农村合作组织和协会，要规范和健全内部财务和民主管理制度，充分发挥合作组织或协会对种植户的平台和引导作用；对于水果生产、加工等企业，要持续从财政支持、税收优惠、服务优化等方面给予支持。通过新型经营主体的培育，达到优化投融资环境的目的。

四是建立风险防范机制，确保投融资良性发展。针对专业合作社、专业协会、家庭农场等新型经营主体，经济实力较弱、偿债能力差、担保风险高、土地经营权、林权等抵押物处置难的现状，政府首先应加大农业担保公司的发展力度，通过财政持续注资、设立“资金周转池”等方式，降低农业担保公司的风险压力，缓解水果生产项目融资难的问题（刘秀艳等，2018）；其次在注入资金的同时，要整合资金，建立农村产权抵押融资风险补偿金，扩大风险补偿金的种类和范围，主动做好政府与银行的对接工作，以政府的信用和财政资金的支撑鼓励银行放贷；最后要进一步地提升水果产业的保险水平，鼓励各类水果新型经营主体积极投保，在保险种类上，除传统的自然灾害保险外，还要积极开展保险产品的创新，如开展水果产品目标价格保险等，稳步拓宽保险的覆盖面，提高风险的保障水平（郝妙，2016）。

六、风险控制

（一）基本情况

农业作为国民经济的基础性产业，由于自身的弱质性和生产过程的特殊性，在整个再生产循环过程中会面临许多的风险，是典型的风险产业。水果生产作为农业的重要部分，同样面临着风险（王吉恒、金万才，2002）。这些风险一方面来自自然，如干旱、冰雹、水灾、风灾、雪灾、地震等；除了自然的风险外，还有来自市场的风险，从需求的角度来看，水果的市场需求没有其他粮食作物的需求大，水果的销量不会因为消费者收入的提高而得到大幅度的提高，一旦社会需求得到满足，水果就会出现过剩，很容易产生“谷贱伤农”的现象，而且水果不易长期保存，其价格无法充分体现（杨玉芬、姚光杰，2011）。同时水果的生产周期长，上市有一定的季节性，其供给的变化落后于市场需求的变化，加之市场信息不对称，缺乏有效的信息，农民整体素质偏低，对市场的判断能力很弱，导致水果产业面临的市场风险加大（杨玉芬、姚光杰，2011）。

云南水果产业面临的自然风险主要有干旱、冰雹、冻害、倒春寒等，并且每年都有不同程度的发生。如 2013 年 12 月 17 日，云南出现了全省性的低温天气，大部分地区的最低气温都突破了近 10 年的极值，造成龙眼、香蕉等作物受冻，造成 3327 万元的损失；2015 年 1 月 9 ~ 12 日文山州大范围出现明显的降温、降雪天气，造成包括李子、桃子、柑橘等农作物受冻，受灾面积总计 54. 34 万亩，成灾面积 17.27 万亩，造成经济损失 6000 多万元。

面对自然风险造成的损失，云南由于缺乏农业政策性的保险，大部分种植户和企业由于没有参加商业保险，只能自己承担，给生产和生活带来了影响。但随着风险意识的增强，现在也有部分水果种植户和企业已经在积极地寻求参加果树商业保险，如元谋县的葡萄保险和蒙自市的石榴、枇杷保险等。

市场风险主要来自消费者的需求和产品价格的波动。以云南近几年发展较快的蓝莓和甜樱桃为例，随着面积的扩大和市场需求的饱和，产品的价格从最初的 150 ~ 200 元/千克下降到现在的 20 ~ 25 元/千克，从"高大上"的产品变成了大众消费产品。由于水果不属于必须保障的农产品，对于价格的波动，完全是受市场规律的支配，对其产品政府没有制定必要的保护措施，也没有建立相应的政府价格基金。

除了自然风险和市场风险外，还有社会风险，如假种苗、假农药化肥造成的损失；品种选择不当造成不结果或产量低所造成的损失、工业或大气污染造成的损失；错误的行政干预所造成的损失等都是影响水果产业效益和阻碍产业发展的因素。

（二）案例

1. 华宁县牛山柑橘场实验场以质量规避市场风险

华宁县牛山柑橘场实验场是以柑橘种植为主的国有企业，从 20 世纪 80 年代开始，利用南盘江河谷的特有气候条件发展柑橘生产。由于其产品早熟、优质而深受省内外广大消费者的喜爱，在省内外具有较高的知名度，在消费市场上一直供不应求。为在质量、安全、绿色、环保等方面增强品牌保护意识，近年来，该场积极普及使用柑橘绿色防控技术，推广标准化种植模式，提高产量、提升品质，通过了国家 A 级绿色食品认证，先后被评为玉溪市知名商标和云南省著名商标，在全国各省份农展会上获得较好的口碑，已成为国家地理标志保护农产品。[①] 2015 年，由农业部优质农产品开发服务中心正式发布的《2015 年度全国名特优新农产品目录》中，华宁县新村柑橘有限责任公司和牛山柑橘实验场申报的"华宁柑橘"成功入选。独特的气候条件和优良的环境降低了生产上的风险，良好的品质提高了华宁柑橘产品的市场竞争力，避免了市场风险。

① "华宁柑橘"入选全国名特优新农产品目录［EB/OL］. 玉溪新闻，2016－03－29.

2. 蒙自市芷村镇果树商业保险试点成功

蒙自市芷村镇是当地水果主要种植区之一，许多农户有多年的水果种植经验，但多是单家独户经营，抗风险的能力较弱，为提高广大水果种植户抵御自然灾害的能力，转变观念，保护好大家多年来辛苦建起来的特色产业，从2016年开始，蒙自市人财保险公司在芷村镇开展了果树（树种包括桃、梨、石榴、枇杷、蓝莓、核桃等）商业性投保赔偿试点工作，投保以面积为单位，每亩投保金额为150元，保额分别为3000元、5000元和8000元，保险责任范围为开花期、幼果期、膨大期、成熟期，如在保险责任期内发生自然灾害，经定损后，就可按保额的档次进行赔付。

3. 昆明市东川区甜杏产业因灾夭折

昆明市东川区近几年来大力发展甜杏产业，目前面积达到了8000多亩，受气候和环境条件的影响，近年来杏树出现了开花少、甚至不开花的现象，产量直线下降甚至到了绝收的地步，造成的损失巨大，当地种植户心急如焚，但又无计可施，而且绝大多数的种植户没有购买保险，不能进行理赔，损失只有自己承担。虽然当地政府对此事十分重视，也想了许多办法，但是，由于种植的甜杏品种不适宜当地的气候条件，因此，所采取的措施也没有收到明显的效果，有部分种植户已计划砍掉杏树而改种其他果树或作物了。

（三）案例分析

良好的气候和生态环境条件加上优良的产品品质是抵御自然风险和市场风险的重要条件。一是华宁县牛山柑橘场实验场的良好气候和环境条件使当地很少、甚至极少发生自然灾害，使水果的生产过程有了强有力的保障；二是优良的产品能获得消费者的信任，提高市场的竞争力，受价格波动的影响较小；三是早、中、晚熟品种的搭配，延长了水果的供应期，特别是早熟品种能抢占全国市场，避免了成熟期集中而产生的销售和贮运压力，能大幅地减低市场风险。

蒙自市芷村镇的水果种植户通过果树商业保险来化解生产中的风险，通过保险可以使投保农户在水果遭受保险责任范围内的灾害后及时得到经济补偿，利用保险转移和分散了风险，减少了灾害带来的损失，降低了收入的波动（葛瑞华，2014）。保险以赔偿支付的方式保障水果种植户生活的稳定，有利于保障水果生产投资的安全。有了果树商业保险作为风险保障，种植户还能放心地增加生产投入，扩大水果的再生产，从而有利于增加农民收入。

每个品种都有自身的种植适宜区，在适宜区内，品种能正常开花结果，获得产量。如品种种植在不适宜的地区，则会生长不良，甚至不能开花结果，给种植者带来不可挽回的损失。因此，在水果产业发展的初期，一定要根据当地的自然条件，选择适合当地种植的品种，否则会人为地给生产带来较大的风险。昆明东川区种植的甜杏品种不适宜当地的气候条件，冬季低温时间短，无法满足甜杏冬季对低温的需求，造成了甜杏花芽形成困难，开花少，花期不整齐、坐不上果，自然也就不可能有较高的产量了。

（四）存在的问题

一是对自然风险的抵抗力较弱。水果生产受天然地理环境、大气、气候、光照、温度影响较大。云南由于地形复杂，气候多样且变化较大，每年均有不同的自然灾害发生，只是大小和程度不同而已。但云南的大多数水果种植地区，基础设施条件都比较落后，对自然风险的抵抗力还比较弱。如缺乏灌溉条件，对旱灾的抵抗力低；缺乏避雨和设施栽培，不能有效地抵抗暴雨和低温冻害；山区的天气预报点少，不能准确预报当地的天气消息，对冰雹、倒春寒等灾害就缺乏预先准备抵御的时间等。

二是果农防灾及诚信意识淡薄。作为云南水果生产主体的种植户，总体来看其素质还偏低，这给水果产业化经营带来了一定的风险。首先，缺乏风险意识，对在水果产业化经营过程中会出现的风险反应还不敏感，风险管理的意识还不强，其次，环境保护意识薄弱，在陡坡上种果、毁林种果、滥用农药等事件常有发生，导致水土流失严重，自然生态环境遭到破坏，严重影响了水果生产的正常秩序；最后，信用意识淡薄，受经济利益的驱使，他们很容易改变自己的行为，只要有更大的利益，可以马上撕毁原已签订的合同。因此，种植户信用意识的淡薄导致了在市场竞争中处于弱势的地位，甚至影响到贷款。

三是小生产果农与大市场信息不对等。在市场经济条件下，市场需求日趋个性化、多样化，导致市场的变化速度加快，且更加出人意料。每年市场对产品的要求都有不同，今年畅销的果品，到下一年就可能变成了滞销。云南的广大水果种植户，由于远离流通环节，市场信息不灵，行情掌握不准确，生产出来的产品经常找不到销路，给自己带来损失。即使是“龙头”企业对市场的预测能力也有限，只能对市场的变化做出大致的判断，或者说市场预测总会存在不同程度的误差，这就产生了风险。

四是不科学的抉择和“跟风”现象仍然存在。由于缺乏对市场需求的了解，当看到某种水果在市场畅销时，就单纯地认为市场需求量大，有良好的发展前景，盲目扩大种植面积，超过市场的需求能力，变成了“供大于求”，价格就不可避免地出现下滑，包括云南红梨今年也出现了价格低、销售难的现象；另外，当某种水果刚引进来时，由于数量少，市场价格高，一些农户看见别人种植赚了钱，也立即跟风种植，甚至在不适宜区种植，当自己种植的产品上市时，市场已达到了一定的饱和程度，价格和效益也同时下滑了，如甜樱桃、蓝莓等。

（五）建议

一是努力提高抵御自然灾害的能力。对于气候变化带来的自然风险，我们首先要发展抵御自然灾害的基础设施，如为了应对高温、干旱、洪涝及其他自然灾害应加强水利建设、提高防洪抗旱、供水能力及应变能力，通过引水调水确保水果产业的可持续发展。其次，要提高对气候变化问题的认识水平，加大理论探索、应用科学研究和技术推广的力度，建立健全防灾减灾预算管理系统，提高预报水平，防患于未然，力求大灾化小、小灾化无。最后，要在城市化和农业现代化的过程中加强农业适应能力的建设，用现代工业装备农业，用现代科学技术指导农业，用现代管理经验管理农业，优化传统农业（杨玉芬等，2011）。

二是建立产业发展风险基金制度。这是世界各国鼓励发展农业产业化经营在政策上普遍的做法。这种方法就是在经营利润较多的时期，企业或种植户应从经营利润中按一定比例提取风险保障基金，这样在市场价低于保护价时，作为企业才有可能按保护价收购，农户与企业订立的合同才能落到实处。此外，风险基金制度还可以用作农户防御自然灾害的保险，以此来为农户分担风险和保护农民利益，进而保证企业自己加工和销售的货源（殷善福、黎东升，2007）。

三是引导经营主体参与商业投保和合作保险。目前，云南的果树保险还属于高风险、高赔付率、赢利低的状态，商业保险在水果领域还不活跃，保险的范围、灾种都十分有限。今后应加大深入贯彻国务院农村金融体制改革决定的力度，积极组建各种政策性农业保险机构。此外，还要发展合作保险方式。行业性、地区性的合作保险组织以互助共济为目的，不追求赢利，又可以降低成本，是解决一般保险公司不愿经营水果保险问题的有效组织形式（王德应，1999）。通过农村保险事业的发展来推动和保障水果产业化的发展。

四是建立合同约束机制，加强诚信体系建设。合同（契约）约束机制是农业产业化经营普遍采用的运行方式，企业与基地和农户之间签订具有法律效力的产销合同、资金扶持合同和科技成果引进开发合同等，明确规定各方的责权利，以合同关系为纽带，进入市场，参与竞争，谋求发展。合同一经签订，应当保持其连续性和稳定性。基地、农户接受企业指导，搞好水果产品的生产，按合同规定向企业交售产品；企业为基地、农户提供服务，按照让利原则保护性地收购与农户签约产品（曾湘文，2010）。签约双方必须履约，违约必究。一方面要防止企业利用自己强势地位对农户进行强买强卖，与农户争利，甚至侵害农民权益；另一方面，也要防止农户违约，搞签约产品，谁出价高，就卖给谁的违约活动。争取让合同（契约）约束机制在水果产业化经营过程中发挥重要作用处（殷善福等，2007）。

五是加强教育培训，提高果农意识。加强对农户的教育，不仅包括文化科学知识和水果生产技术方面的教育，还包括思想素质方面的教育。加强文化和技术的教育，可以使他们掌握更多的生产方面的知识，有利于降低技术应用方面的风险，加强对他们的思想素质方面的教育，可以使他们增强信用观念，提高合同（契约）的兑现率，减少违约风险（曾湘文，2010）。

七、融合发展

（一）基本情况

果园是一个生态系统，除了生产产品外，还对果园的小气候、土壤及生态环境产生一定的影响。同样其他产业如与水果产业融合，也有利于促进果园生态、经济和社会效益的全面提高。目前，云南与水果产业融合较好的产业有养殖、能源、旅游、餐饮等。

水果产业与养殖业的融合主要体现在生态果园上。生态果园是在生态学和系统学原理指导下，通过对植物、动物和微生物种群结构的科学配置，以及对园区光、热、水、土、养分和大气资源等的合理利用而建立的一种以果树产业为主导、生态合理、经济高效、环境优美、能量流动和物质循环通畅的一种能够可持续发展的果园生产体系（李秀娟等，2013）。目前，云南的生态果园建设已有了一定的规模，发展较好的地区有红河州的弥勒、玉溪的红塔、江川等，主要采用的模式有“果园—草—羊—肥”“牛—沼液—牧草—葡萄—牛”“猪—沼液—果树”等立体循环模式。如“果园—草—羊—肥”模式，即在果树地里种草，割里边的草来喂羊，羊粪用来做果树的肥料，这样既保障了羊的草料，又解决了果树的肥料来源问题，形成了一个良好的立体种植模式。

大多数果树的花期和果树成熟期均有较强的观赏价值，繁华盛开和硕果累累的景象会给人们带来愉悦的心情。随着人们生活水平的提高和旅游需求的旺盛，果园与旅游之间的融合应运而生，主要有观光采摘果园和以果园为载体的文化旅游节两大类型。其共同之处均为在花期和果期，全方位展示果园的景观、周边的自然环境和生态、果品生产、产品经营、农村文化及餐饮服务等，吸引游客，促进产业和经济发展。

目前云南的观光果园有了较快的发展，这些果园多以自助采摘为主，在果实成熟季节均对外开放，让游客入内摘果、尝果，享受田园乐趣。在昆明近郊已经发展了许多供游客采果的观光果园，如昆明西山区富善村、团结镇、宜良县、富民县的草莓采摘果园；富民县赤鹫乡、呈贡七甸、安宁市青龙、石林县三家村的樱桃采摘园；富民县、澄江县尖山的杨梅采摘园；富民百花山庄、昆明团结乡的苹果采摘园等。

云南的以各种水果节为载体的“文化搭台、旅游唱戏”模式也处于快速发展的阶段，各地政府也十分重视，许多地区都利用果树的花期和果实成熟期举办各种各样的“水果节”，如呈贡县万溪冲、巍山县马鞍山的梨花节；昭通市水富县、绥江县的桃花节；昆明富民县、红河州石屏县的杨梅节；大理州宾川县的葡萄节；楚雄州永仁县的蜜枣节；玉溪市元江县的芒果节等。这些“水果节”主要以旅游文化形式为主，在活动期间，会分批组织游客到果园开展体验式采摘活动，游客们一边观赏果园风光，一边感受采摘水果的乐趣，欣赏湖光山色，享受自然美景。通过这种方式，进一步打造了当地水果文化的旅游品牌，扩大当地水果的对外知名度和影响力，吸引更多客商快销、远销、多销当地的水果。同时，在旅游文化节上，还会以果品为媒，举办各种活动来展示当地的民族文化、餐饮文化等。如呈贡万溪冲利用“梨花节”，以“梨文化”“花文化”为名片，弘扬呈贡特色文化，通过面向社会开展诗歌、文学、书画、摄影等一系列文学艺术创作作品征集活动，还能看花灯歌舞表演，举办了吃呈贡地道美食等活动。昭通绥江县在桃花节期间，举办了文艺表演、狂欢篝火晚会、“桃花缘”征文比赛、农家私房菜评比、特色小吃展销会等系列活动。以桃花为媒体，宣传了当地的水果文化，展现了当地的民族风情。

（二）案例

1. 泸西县种养结合生态果园成效显著

近年来，泸西县借助10万亩高原特色水果现代农业示范区建设，大力开展生态果园建设，逐步推广果园套种优质牧草，大力发展林下养殖，形成“果园种草→牧草养畜→畜粪发酵→沼液肥田”的可持续发展生态农业良性循环模式，实现种、养产业发展与生态文明建设健康、协调发展。该县“果—草—畜—粪—果”种养结合、农牧结合的循环经济模式，也使其成为云南畜牧产业循环经济的先行者，成为我国优质农产品生产县。2013年，该县鸡、猪、牛、羊等畜禽的出栏（笼）量已达到400多万头（只），日均存栏（笼）量超过310万头（只），全县实现畜牧业产值13.91亿元。①

2. 巍山县马鞍山“梨花节”促进产业融合发展

大理州巍山县马鞍山是云南巍山红雪梨的主产区，种植有上万亩的巍山红雪梨，被称为“梨花源”。每年三月梨花盛开，梨花犹如大雪般覆盖着马鞍山梨花源巨大的谷型山坡，规模浩大的花海宛如一幅绝美画卷呈现在游人面前。当地政府利用梨花景观每年均举办“梨花节”，已成为当地水果产业与旅游产业成功融合的名片。2017年的梨花节以“赏梨花源万亩梨花、品马鞍山民族风情、促红雪梨产业发展”为主题，活动期间举办了“踏歌梨花源”首届马鞍山乡少数民族打歌比赛、印象梨花源实景歌舞演出、“彝乡彝宴”——彝家风情长街宴、“彝歌汇”专场演唱会、“彝苗霓裳”民族服饰展演、非物质文化遗产传承图片展、梨花源山庄烧烤啤酒狂欢夜以及马鞍山农特产品展销会等丰富多彩的活动。听民歌小调、看彝苗霓裳、品民族风情、赏万亩梨花吸引了来自四面八方的宾客，展现了当地的民族风情，促进了巍山红雪梨产业的发展。

（三）案例分析

1. 各自成功的经验或失败的教训

生态果园能获得成功，是依据了生态学和系统学的原理，通过水果产业与养殖等产业的有机融合，以及对园区光、热、水、土、养分和大气资源等的合理利用而建立的以果树产业为主导、生态合理、经济高效、环境优美、能量流动和物

① 果园套牧草　农民双丰收［EB/OL］. 和讯新闻，2014-10-27.

质循环通畅的一种能够可持续发展的果园生产体系，是在传统果园经营模式弊端下人们探索和寻求的一种适应市场经济发展、适合我国国情、能够可持续发展的、利于生态环境发展的新型现代果园经营模式，为保障果树生产的可持续发展奠定良好的基础（姬孝忠，2012）。

通过举办各类水果文化旅游节，以水果为媒介，将水果文化、旅游文化、民族文化、饮食文化等结合在一起。一方面，可以扩大本地水果的影响力，增加知名度，提高市场竞争力，推动水果产业的持续健康发展；另一方面，举办水果文化旅游节可以展现当地的风土人情，宣传当地的民族文化、饮食文化、歌舞文化等，取得各产业相互支撑、共同进步的效果。而观光果园的成功，一是距离中心城市近，满足了城市居民周末及节假日出行旅游的需求；二是以“农家乐”、农事体验为载体，吸引旅游者以休闲娱乐的方式，亲身体验农事活动，尝田园风光，打造摘农家果、住农家店、品农家菜、体验农事活动的特色旅游产业。

2. 各种方式的利弊

种养结合水果生态园通过立体种植的模式，与养殖、能源等产业结合，能充分利用当地的自然条件、土地资源优势及资源的整合利用，是发展绿色经济的必由之路，对提高水果品质、降低生产成本、增加种植户收入、保护环境有重要的作用。生态果园将多效益和多种经营项目有机地结合在了一起，协调了资源利用与资源保护之间的矛盾，形成了经济上和生态上的两个良性循环，在满足消费者对水果需求日益增长的同时，减少了对环境造成的不良影响，增强了产业发展的后劲。

通过举办水果文化旅游节，能促进旅游与水果产业的紧密结合，获得双赢的效果。一方面，可不断提高当地水果品牌的知名度，增强市场竞争力和占有率，吸引更多的客商来投资洽谈，进一步促进当地水果产业的转型升级，推动农业增效、农民增收；另一方面，旅游能使参与者了解当地的自然风光、风土人情、民族文化、餐饮文化、宗教文化等，对促进当地旅游业发展有积极的推动作用。

观光果园能满足游客亲自体验农事活动的需求，作为休闲娱乐的一种方式，旅游者一方面可以获得休闲和回归自然的需求，圆了都市人的绿色梦；另一方面，通过一系列的农事活动，了解了整个水果生产的过程，也对提高水果认识、普及水果种植知识等具有积极的作用。

（四）存在的问题

一是生态果园建设规模还较小。受资金、土地及传统观念等方面的影响，云南的生态果园建设规模还比较小，特别是在一些边远地区，仍然处于传统的种植方式，没有体验到生态果园带来的益处。由于生态果园的建设需要增加养殖、能源（沼气池）等方面的投资，受资金影响，许多种植户缺乏必要的资金投入，另外，生态果园对农药、化肥的使用也有一定的限制，也造成了部分农户不愿意投资，这在一定程度上阻碍了生态果园的发展。

二是各种水果文化节形式雷同。举办水果文化节，可以提升当地主要水果的知名度，提高市场竞争力，这是显而易见的。但现在有的水果文化节在形式和内容上有许多雷同之处，举办的时间多在花期和果实成熟期，举办内容多是领导讲话、产品推介、文艺表演、客商洽谈等，特色不突出。对文化节的主角——水果的介绍则不多，特别是对该水果的来源、发展历史、水果形成的文化、当地对该水果的利用等的宣传介绍更少，久而久之，旅游者就会对这类的水果文化节失去兴趣。因此，水果文化节一定要结合当地的实际，打造出独一无二的个性产品，才能保持长久的活力。

三是观光果园缺乏统一规划，盲目开发。观光果园作为水果产业新的发展方向，吸引了许多投资者，但由于缺乏统一规划和正确引导，导致一些地方无序投资和盲目开发。部分投资者没有充分挖掘土地资源和生态环境资源的潜力，建成的观光果园缺乏地方特色和真正属于当地水果文化的内涵。大部分观光果园受季节影响较为严重，花期、果期、采摘期一过便无景可观，在非生产季节园内呈现过于荒凉和单调的景象（李海山、谭鑫，2013）。

四是产业融合模式单一规模小。由于受短期利益的支配，许多观光果园项目大多规模较小，产品项目单一，果园也多是在传统果园的基础上改造过来，有的甚至没有改造，也没有形成完整的体系，因此，对观光果园的资源缺乏深层次、多渠道的开发。许多观光果园除供游人观光、采摘外，缺乏必要的休闲、娱乐、观赏、游览设施，致使游客在园内逗留时间短，不能满足各种消费人群的需求。云南大规模的综合型观光果园较少，多数仅限于生产性的田园观光和果实采摘。集生产、品种展示、技术示范、观光旅游于一体的综合性观光果园较为罕见（李海山、谭鑫，2013）。

五是从业人员素质不高。目前，云南许多观光果园都是在原有生产基地的条件上开发而成的，故经营人员以当地农户为主，他们中有的文化水平较低，服务意识较差。另外，大多数民营资本进入后，采用家族式管理方式，用人制度极不完善，任人唯亲的现象普遍，让一些无管理才能的人居于管理岗位，造成内部管理混乱。因此，应把自然人文资源和最佳服务质量进行融合，增强观光果园的吸引力。

（五）建议

一是转变观念，大力推广种养结合的果园绿色生态农业生产模式。改变传统的单一果园种植模式，大力推进可循环利用的生态果园建设。要根据生态系统内物质循环和能量转化规律，建立起“牧草→牲禽→果树”“果树→牧草→牲禽→沼气”“草+猪、鹅、鸡+沼气+果树+蜜蜂”等多位一体的生态循环链，使各种资源得到充分利用，以最高的生态系统稳定性与最少的投入取得最大的经济、生态和社会效益，使整个果园绿色生态农业生产系统成为可持续发展的绿色生态农业模式（文灵清等，2013）。

二是加强创新，不断提高各类“水果节”的质量。其一，在战略上，要把“水果节”旅游活动作为属于社会主义新农村建设的窗口或平台，而不是简单地视为一种经济手段；其二，举办的“水果节”活动要建立在具有鲜明本地特色和明显的文脉传承关系的基础上，达到永续和渐进发展的目标，不要揠苗助长，不要做雷声大雨点小的表面文章；其三，“水果节”要挖掘本土特色，强化“水果节”中的参与和体验化产品设计，通过产品和项目的创新，实现产品宣传、旅游观光的双重功能；其四，将政府的“办会”功能转化成后台的“助会”智能，通过实施规划性发展、法制性保障、服务性运作等，培育“水果节”活动发展的自然土壤；五是要提升“水果节”活动操作层面的文化含量和技术质量，提高综合效益（朴松爱、郭婕，2007）。

三是强化规划引导，加大对观光果园的扶持力度。观光果园具有果品生产、观光旅游、科普示范、生态可持续发展和植物群落多样性的特点。因此，政府应在观光果园的发展和建设上进行宏观的指导和规范，并通过各种渠道，予以广泛宣传，提高公众对观光果园的认识。现阶段内，当地居民由于缺乏对生态环境知识的了解和重视，并缺乏长远经济建设的意识，因此，对观光果园的建设积极性不高。这种情况下，政府更应该加强引导和支持。不仅要出台相关政策予以支持，还要在资金和技术方面提供扶持。此外，政府还要积极调动社会资源加强对观光果园的关注，吸引社会投资。使投资者感受到政府的关心和支持，加强对观光果园的投资热情和投资的安全感。

四是转变观念，提高从业者能力和素质。观光果园的经营者要提高文化修养，精通职业技能，注重服务人员的培训；在接待服务中，则要充分考虑城市游客的生活习惯，加强对从业人员的卫生安全教育，完善厕所、浴室等关键性接待服务设施的建设；做到自然人文资源和最佳服务质量有机融合，增强观光果园的吸引力（李海山、谭鑫，2013）。

八、科技推广应用

（一）基本情况

科学技术是第一生产力，水果产业要持续发展，必须依靠科学技术。依托丰富的果树资源，运用现代科技手段，云南通过多年的努力，在果树资源的直接利用、果树新品种引进、种质的创新、栽培新技术的推广应用等方面均取得了长足的进步。在资源的利用方面，云南省农业科学院热带亚热带经济作物研究所通过对荔枝资源的鉴定评价，筛选出了优质的早熟荔枝新品种“燎原荔”，并通过了云南品种认定，成为国内首个通过品种审定的早熟优良荔枝品种。在种质创新方面，云南省农业科学院园艺作物研究所利用云南丰富的红梨资源，与中国农科院郑州果树所等单位合作，开展红梨新品种选育，选育出红梨 32 号、云红梨 35 号等新品种，改变了滇中地区梨品种的产品结构，促进了该地区优质梨基地的建设进程和经济效益的提升。该所还在草莓的新品种选育上和韩国合作，通过杂交，培育出“韩韵”“云香”“桃香”等多个新品种，并在生产上得到了广泛的应用。云南省农业科学院热区生态农业研究所利用云南丰富的葡萄资源，利用毛葡萄及其杂交后代做亲本与抗性砧木和某些栽培品种杂交，成功培育出 30 多个抗性好的砧木新品种（系）。在新品种引进和驯化方面，国家苹果产业技术体系昭通试验站所引进的“华硕”品种，通过试验示范，已成为云南海拔 2000 米以上高海拔地区中早熟栽培和传统地区结构优化的首选品种，尤其是成为滇东南石漠化地区苹果产业扶贫的当家品种。在栽培管理技术的突破上，云南省农业科学院热区生态农业研究所推广的在云南多雨地区采取大棚和简单避雨栽培模式，不仅扩大了南方多雨地区鲜食葡萄的栽培面积，而且有效地减轻了病虫害，提高了产品的质量；云南省农业科学院高山经济作物研究所根据蓝莓的生长特性，通过研究试验，在云南高海拔地区推广了“蓝莓两段式栽培技术”，实现了蓝莓当年栽植，当年结果，当年收益的效果，为高寒山区农民带来了较好的经济收益。

通过以上事例说明，目前，云南水果产业在科学技术的应用上取得了较大的成绩，基本形成了较为完善的科技推广系统。其主要的推广模式有以下几种。

一是政府主导型推广模式。该模式是一种由各级政府领导的农业技术推广部门组成的推广主体，呈自上而下的推广模式。从云南水果推广体系发展历史来看，以省、市、县、乡镇四级政府主导型农业科技推广模式一直占有主导地位。在形式上主要表现为“政府+农业科技推广机构+农户”“政府+科教单位+农户”“政府+企业+农户”三种模式。在管理上，政府负责宏观指导和管理，制订管理办法，出台相应的引导与激励政策，制订推广计划和中长期发展规划，确定总体目标、主要任务和工作重点等（查斯虎，2005）。

二是农业院校和科研机构主导的推广模式。该模式主要依托农业院校和科研机构的科技资源和优势，以项目为切入点，通过基地、企业、合作组织和基层农业推广机构等媒介，向水果科技示范户、农村经济合作组织、涉农企业和广大农民示范推广水果先进生产技术和转移水果高新科技成果，以实现自有科技成果转化的目的（梁均平，2012）。在以科研院校为主的技术推广中，新品种选育、引进及配套栽培技术的示范推广占了较大的比例。它主要采取“科教单位+基地+农户”“科教单位+企业+农户”“科教单位+推广机构+农户”“技术入股型”“技术转让型”等推广方式。在管理上采用以政府为引导、以农业院校和科研机构为主导，涉农企业、广大农户广泛参与的管理模式。

三是企业主导的科技推广模式。该模式主要依托企业自身的科技力量和自身建立的销售体系进行销售和提供水果的推广服务，以实现科研、开发、推广、生产、销售的一体化经营，并将农业科技成果和技术推广应用到农业生产实践中，从而提高农产品质量和农业经济效益，主要模式有“企业+基地+农户”“企业+合作组织+农户”“企业+农户”“公司+专家+农户”“企业+专家+基地”等多种形式。企业主导的推广模式是市场经济体制下水果技术推广的重要补充形式之一，是与市场经济发展规律相适应的一种新模式。

四是农村合作经济组织主导的科技推广模式。该模式是以种植户为主体，聘请部分科技人员作顾问，以种植大户、养殖大户、流通大户、经济能人为骨干，按照自愿互利的原则，将种植户组织起来，成立专业性的水果技术协会或组织（唐丹、刘冬梅，2013）。通过专业组织这个平台，联结种植户与科技、基地与公司、种植户与市场的桥梁、纽带作用，引进新技术、新成果，并传递给每个会员，有效地加快了水果新技术、新成果的推广应用。其主要形式有“合作社/协会+科技+农户”“合作社/协会+示范基地+农户”“组织协会+农户”等。近几年来，包括水果专业合作社在内的农村各种合作社组织在加快农业科技成果的推广应用和完善农业技术推广体系中发挥了越来越重要的作用。合作社除了将千家万户分散生产的农户组织起来，扩大产业规模，提高产品竞争力和抵御自然灾害能力外，对科学技术的推广也是重要的职责之一。目前，这种模式已成为云南水果推广体系的重要组成部分。

五是以产业示范园区为载体的综合推广模式。该模式集生产、科研、服务、信息、培训、观光于一体，体现了经济效益、社会效益、生态效益的统一，是现代农业的具体体现，代表了今后农业发展的一个方向。但就广大的种植户来讲，政府主导、科研院所主导及农村合作经济组织主导的推广模式较受欢迎，因为这些推广模式与产业的发展结合较紧密，能及时解决在产业中出现的问题，种植户能直接从中学到更多的技术和经济收益。

（二）案例

1. 马龙县苹果栽培管理技术推广

马龙县是云南的早熟苹果基地，苹果种植已经成为农民增收致富的重要来源之一。但由于科技投入不足，单位面积产量较低，优质果率不高，还没有完全从区位优势转化为经济优势。针对这一现状，当地政府以打造标准化生态果园，提高果品质量放在苹果管理技术的首位为目标。推广“一年栽植、二年整形、三年出花、四年结果、五年丰产”的栽培模式，实施苹果栽培新技术的示范推广，新建的标准化果园使用苹果优质矮化砧木，采用矮化集约栽培，宽行密植，推广高光效支架式栽培技术，安装高光效支架，树体采用“高纺锤形”树型，施肥灌水采用节水灌溉技术，实施水肥一体化、果园土壤管理采用生草等技术，利用整形修剪、疏花疏果、夏季拉枝、摘叶露果、铺设反光膜、病虫害采用农业防治、生物物理防治等现代生产技术措施，来提高产品的质量和安全。

2. 云南省农业科学院园艺作物研究所“佛都冬桃1号”推广

“佛都冬桃1号”是云南省农业科学院园艺作物研究所与宾川县佛都冬桃专业合作社联合培育的冬桃新品种。该品种具有品质优良、外观漂亮、耐贮性好、货架期长等优点，成熟期在12月中旬，是全国成熟期极晚的冬桃品种之一，具有很强的市场竞争力和很好的比较效益，由于错峰上市，效益明显。在云南省农业科学院园艺作物研究所的科技人员指导下，目前该品种已在大理、楚雄、曲靖、文山、保山、临沧等地示范推广达 20.15 万亩，约占全省桃种植面积的 1/4。此外，通过丰产栽培技术试验、栽培模式的提升等，总结出一套适合云南冬桃栽培的成熟种植技术，为云南桃产业健康持续发展打下了坚实的基础。

3. 宾川县冬梅蔬菜水果专业合作社水果采后处理建设项目

云南宾川县冬梅蔬菜水果专业合作社是国家颁布《中华人民共和国农民专业合作社法》后云南省内第一家农民专业合作社。2007 年以来，该合作社负责人张冬梅致力于引领果农致富，从而获得了“全国农民专业合作社示范社”和“果农致富领头羊”的荣誉。冬梅蔬菜水果合作社按照“区域化布局、标准化生产、产业化经营”的外向型水果产业发展要求，实行“合作社 + 基地 + 农户 + 标准化”的管理模式，积极推广水果种植新技术，对果树进行标准化管理，同时大力推广水果采后处理技术。据云南省农科院园艺所和经济与信息研究所的调查，2016 年，宾川县冬梅蔬菜水果专业合作社已累计投资 1000 多万元，完成 3000 吨出口水果采后处理体系项目，建成容量 4000 多立方米的冷库和日加工 200 多吨水果的抛光打蜡生产线一条，已成为带动当地果农致富、内聚外争谋市场、谋发展之路的“领头羊”。

（三）案例分析

1. 各自成功的经验或失败的教训

政府主导的技术推广体系成功的经验主要有完整体系，省、市、县及乡镇均有相应的组织机构。政府根据区域主导产业发展和生产技术需求，以四级农业技术推广部门为主体，还可同时联合科教单位、涉农企业等，开展技术指导、技术培训、信息传播、试验研究和示范推广，将农业科技成果和新技术推广到生产中（黄天柱，2007）。

广大的农业科研院所具有公认的人才、专业、成果三大优势，在农业技术推广工作中有着得天独厚的条件；科研院所为主的技术推广，主要是以项目的形式出现，这是目前农业科研院所科技推广的主要方法。利用项目展示、基地示范等方式，可以熟化、展示新品种、新技术，达到推广新品种、新技术，达到培训当地基层农技人员和种植户、实现农业增效、农户增收的目的。

以水果专业合作组织为主的农业技术推广工作，首要成功的一点就是能将分散经营的种植户组织起来，进行规模化、标准化的生产；其次，专业合作社是农业技术推广的重要载体，在带动合作社会成员上有特殊的优势，可切实推动水果农业技术的推广进村入户，促进水果科技成果的快速转化。更为关键的一点就是通过水果专业合作组织或协会，可以使农业技术推广应用在水果生产的产前、产中和产后得到全面的体现和提升。

2. 归纳总结各种方式的利弊

政府主导型农业推广模式的主体主要包括各级政府所属的农业技术推广站，属于事业单位和非营利性组织。其主要职能是将各级科研院所和高等院校的农业科研成果和先进技术在农民中普及，促进农业生产的发展和农业产出的增加（查斯虎，2005）。这种模式具有组织机构健全、推广经费主要来源于国家财政事业拨款、有专业技术推广人员进行推广服务等特点。存在的问题是，其运行机制不灵活，选择什么项目推广，推广范围多大，主要表现为政府行为，不能适应市场化发展要求。

我国农业科技资源主要分布在科研教学单位，科技成果也大多产出于科教单位，将科教单位纳入农业技术推广体系，引入农业技术推广主战场，能充分发挥科教单位在新品种和新技术等最新成果快速转化和推广应用方面的作用，既事关科教单位科技创新能力和效率的持续提升和事业发展，又关系到我国现代农业的发展壮大和技术升级（马冬君等，2013）。但目前，科研教学单位有的还处在传统的科研管理模式中，其立题、科研、试验、鉴定、申报成果与推广部门没有直接联系，造成一大部分科研项目变成了以获奖为研究目的，不能适应农村经济发展的需要，真正先进实用的科技成果不多，造成大量农业科研成果的无效供给（丁振京、杨亚梅，2002）。

以专业合作社或协会主导的技术推广，能根据自身的需求和会员的需要，以最快的速度接收、引进、运用最新的成果和技术，有针对性地进行试验、示范和培训，使每一个会员都对新技术有一个更清楚的认识和了解，避免了由于新技术应用不当而造成的风险。不利之处是，目前的专业合作社或协会普遍规模偏小，带动能力有限，其运作服务机制有待提高，有的合作社或协会在新产品、新技术的应用上还缺乏积极性。

（四）存在的问题

一是政府主导的农技推广体制转轨滞后，运行机制与市场要求不相适应。在传统计划经济体制下发展起来的农业技术推广体系，其运行机制都是按照计划的模式建立起来的，选择什么项目推广，推广范围多大，主要表现为政府行为，不能适应市场化发展要求。在市场经济体制下，农户作为农业生产的微观主体，生产经营什么，选择什么技术，理应成为农户自己的权利，而行政式推广方式剥夺了农户作为市场主体的权利，使农民只能被动地接受推广技术，造成推广效率低下（尹聪武，2015）。

二是农业技术推广投入不足，基层推广部门资金短缺。尽管云南各级政府都非常重视农业技术推广工作，但由于受预算的限制，用于农业技术推广的投资强度（农业技术推广投资占全省农业生产总值的比例）一直都较低，导致了农业技术推广人员的人均经费下降，特别是基层农业技术推广机构，虽然有事业编制和国家拨款，但经费仅能维持人员工资，交通费、出差费严重不足，“有钱养兵、无钱打仗”成了云南许多基层推广部门的真实写照。由于用于技术推广的经费不足，相关推广人员的工作条件和待遇得不到改善，因而造成技术推广人员的积极性得不到充分发挥。

三是认识不统一，条块分割现象突出。由于存在各级领导和相关部门对水果技术推广服务体系工作的认识不同，加上政策和体制等方面的制约，水果技术推广工作往往在业务上受上一级机构的指导，但行政上往往又隶属于地方行政主管部门，多方参与以及地方行政领导的行政干预，致使整个技术推广工作缺乏严格有效的管理机制，许多政府部门都把农业技术推广机构视为下属部门，致使上级农业技术推广部门对县乡级农业技术推广部门失去了有效的技术指导和管理，形成了条块分割（赵锦域，2015）。一些基层水果技术推广人员不能专心本职工作，长期被县、乡（镇）政府安排一些行政事务性工作，即使是上级业务主管部门安排的水果技术推广项目，也是应付了事，落不到实处，影响了水果科学技术的推广应用。

四是农业技术推广方法和手段滞后，基础设施差。这种现象在基层农业技术推广部门较为突出，由于推广经费的不足，云南的水果推广手段还十分落后，有些地方技术培训仅停留在几块教学板和宣传单上，有些乡（镇）农业技术推广站还没有投影仪等培训设备，甚至连普通的电视机、VCD 等培训器材都缺乏。技术培训仍以传统的“一张嘴，两张纸”为主（赵锦域，2015）。部分基层推广站农业技术推广的基础设施差，普遍缺乏有效的交通工具，缺少对农民进行有效培训的设备以及加强同外界取得联系的工具。同时基层农业技术推广部门缺少试验基地和必要的科研设施和信息网络，使水果技术推广工作难度加大、效果差，无法通过现代设施手段开展技术创新，更不能适应现代农业科技发展的需要（赵锦域，2015）。

五是果树推广队伍不稳定，综合素质有待提高。随着水果产业的不断发展，急需大量新技术的应用。但目前云南水果推广技术的熟悉程度不够和操作能力不强；推广人员知识结构单一，大部分推广人员学的是与果树相关的栽培、植保、土肥等专业，缺少社会广泛需求的市场预测、营销等方面的知识，对种植户急需的市场调研与产前、产中、产后综合服务无能为力，不能很好地适应果树产业高效发展的需要。这些问题在一定程度上影响了水果先进实用技术的普及率和到位率，从而影响到水果科技推广整体质量的提高（赵锦域，2015）。

（五）建议

一是加强政府财政支持力度，增加农业技术推广资金投入。农业技术推广是为农业服务的社会公益事业，而政府投入是包括水果在内的农业技术推广经费的主要来源。各级财政应把农业技术推广的资金纳入财政预算予以安排，保证其正常事业费开支，并随着经济的增长逐步增加投入。其一，要建立科技推广的专项基金，并制度化，同时应增加财政支农资金用于农业技术推广的份额。其二，要调整水果推广资金投入结构。可通过设立科技基金，把以前的农产品补贴变为水果科技推广补贴，从而加大水果科技推广投入的力度。其三，要多渠道筹集资金，加大技术推广力度，包括利用信贷资金扶持技术推广。乡镇企业收入中以工补农资金用于农业技术推广，涉农企业赞助等社会集资及农业部门经营收入提成用于技术推广等（赵锦域，2015）。

二是改进推广服务手段，加快水果科技成果转化。市场经济条件下的农业技术推广只有采用技术、信息和经营服务相结合的方式，才能符合广大种植户的需要，进而促进水果产业的发展。推广方法和手段的改进必然大大改善推广工作的效果，提高推广工作的效率。在推广方式上应以大众传播法、集体指导法和个别指导法的“三法”并举。同时要创新发展推广机制，由原来单一的政府专业性技术推广体系发展为由政府专业性推广体系与农村水果专业技术协会、水果专业合作社等农村社会化服务组织以及水果龙头企业相结合的综合果树技术推广服务体系，还要充分利用新闻媒体发布水果新技术、新成果以及水果流通信息（周娟、周高军，2004）。利用广播、电视和互联网等远程传播手段和优势，快捷有效地向广大种植户、基层水果推人员提供技术、信息、培训和咨询等服务，提高水果科技成果的转化率（赵锦域，2015）。

三是提高水果技术推广人员自身的综合素质。要强化水果应用技术的开发和推广，促进科技成果向现实生产力转化，必须着力提高水果科技推广人员的综合素质。首先是政治素质。政治素质的主要表现是职业道德，即为农户服务的态度和敬业精神。其次是业务素质。业务素质的主要表现是不断更新与水果相关的所有知识，解决种植户生产中的实际问题。因此，对现有水果技术推广人员进行知识更新培训，势在必行。有条件的单位应拿出一定的费用，轮流脱产进修，并实行资格证制度，持证竞争上岗，建立健全聘任制度，人员能进能出，尽快提高现有推广人员的业务素质，使其不断更新知识，提高业务水平（赵锦域，2015）。

四是加强各推广体系之间的协作与联系。果树的科技推广是一个复杂的社会系统工程，需要各部门齐心协力才能形成强大的合力。鉴于目前形成的多头管理的混乱，必须由政府去协调和统筹管理，改变目前的政出多门，联系松散，甚至脱节的现象。可设立推广委员会或联络办公室，由从事科研、教学、推广、农民、企业有关人员代表组成，加强联系，建立正常的双向沟通渠道，形成以各种利益为纽带的联合体。

五是深化水果技术推广体制改革，在体现公益性职能的前提下，面向市场。在农村深化改革的新形势下，应鼓励、支持和引导水果技术推广单位和科技人员面向市场组建一支精干、高效的技术推广队伍，面向社会开展经营性服务，进一步提高水果技术推广的产业化、市场化和社会化的程度。在水果技术服务体系中，创办水果流通中介服务组织，开展技术配套经营服务，创办水果示范园，实现技术承包服务等内容，将水果的技术推广服务做得更加具体和充实（罗啟正，2015）。

（执笔：胡忠荣、王奕、陈良正、李冬梅、马婧怡；审定：胡忠荣）

第二十五章

云南花卉产业经济问题研究

第一节　云南花卉产业发展概况

一、中国及云南花卉产业发展现状

（一）中国花卉产业发展现状

中国是花卉作物的重要发源地，花字在商代甲骨文中作“华”字使用，意为花型和葱叶葱茂，卉字在汉代《解文说字》称“卉，草之总称”，南北朝时“梁河·何点传”将“花卉”一词连用，并提及种植。在现代社会，花卉是重要的园艺作物种类，是具有观赏价值的草本植物的统称。根据植物特性、用途等方面的不同，中国主要的花卉产品可分为观赏苗木、盆花（景）及庭院植物、鲜切花（枝、叶）、种苗及种球、草坪、苔藓地衣六类。花卉贯穿生产、生活、生态、生意“四生”，联动第一、第二、第三产业发展，服务农业、农村、农民“三农”，是具有多重功能和多重效益的美丽产业，具有普遍适用性，均适合于不同发展程度的地区。据云南省农业农村厅相关资料，2018 年，全球花卉种植面积约 180 万公顷，产值 650 亿欧元，花卉企业 38 万个。全球鲜切花年进出口额达 132 亿欧元，主要品类有玫瑰、康乃馨、菊花、百合、兰花、切叶等。其中，全球玫瑰种植面积 5. 8 万公顷，贸易额达 16. 7 亿欧元。随着经济社会的发展，劳动密集型花卉生产由高成本的发达国家向低成本的欠发达国家转移成为大势所趋。全球花卉生产和消费逐渐分离，形成了非洲中部高原国家（肯尼亚、埃塞俄比亚）主供欧洲市场，南美洲北部高原国家（厄瓜多尔、哥伦比亚）主供北美市场，云南主供中国及东南亚等新兴花卉消费国家的三大产销渠道。

中国花卉起步于20世纪80年代，随着改革开放的步伐，作为一项新兴产业从无到有、从小到大而不断发展壮大，逐步形成较为完整的现代花卉产业格局。我国已成为世界上最大的花卉生产基地、重要的花卉消费国和花卉进出口贸易国。2007年1月，在中国花卉协会五届二次常务理事会上，首次提出了发展现代花卉产业的战略构想。2013年2月，国家林业局和中国花卉协会共同发布了《全国花卉产业发展规划（2011—2020年）》，使发展现代花卉产业的战略构想有了可操作性构架和具体措施。花卉产业的良好发展环境和较高的经济效益，吸引了非农产业和其他投资商涉足这个行业，使花卉投资呈现主体多元化趋势。目前已基本形成了由各级政府、工商企业、外资企业、私营企业、个人投资者构成的多元化投资格局。这不仅增加了花卉产业的投入，而且出现了一批有实力、有代表性的大中型花卉企业，在全国花卉产业中起到示范带头作用。尤其是近几年，我国花卉种植的产值基本以30%以上的增速增长，并逐步由数量扩张型向质量效益型转变，由原来传统单一的花卉种植业不断向花卉生产、加工、服务全方位延伸，形成了较为完整的现代花卉产业链，在世界花卉生产贸易格局中占有重要的地位。我国重点花卉产区已经初步形成了以云南、四川、江苏、浙江、海南为重点的南方热带、亚热带及温带花卉产区；以广东、福建为重点的南方热带观叶植物产区；以浙江、四川、河南、河北为代表的观赏苗木产区；以北京、山东、河北为代表的北方花卉产区；以辽宁为代表的东北花卉产区。据国家林业和草原局及中国花卉协会数据，截至2019年底，我国花卉生产面积已达165.65万公顷（我国包括花卉及苗木等所有相关行业，国际上花卉产业与苗圃产业等则分开统计），销售额750.84亿元，出口创汇3.12亿美元。随着中国逐步进入小康社会，人民对美好生活的追求日益增长，为我国花卉产业注入了生机与活力，更为云南花卉产业带来了历史性的发展机遇。虽然近几年我国花卉出口呈一定程度下降趋势，但内销呈增长态势。2020年新冠肺炎疫情的突发，依旧不改中国中长期消费上行的趋势，网络零售规模持续增长，消费整体呈上行态势，而鲜花消费也在复工复产后不断恢复到正常水平，节日更是出现爆单的情况，因此，鲜花行业是一个朝阳产业，预计2025年花卉的种植面积将达到200万公顷，每一个变化都是对鲜花行业的推动。随着人民生活水平的提高，花卉消费主体已由集团消费转向个人消费；同时，全国花卉消费额以年均10%以上的速度在递增，拥有众多人口的中国无疑是一个潜力巨大的消费市场。

（二）云南花卉产业发展现状

改革开放以后，特别是20世纪90年代中期实施“18生物资源开发工程”以来，云南充分利用自然资源和物种多样性优势，在省委、省政府的正确领导下，在各级各部门的大力支持下，以市场为导向、科技为支撑积极发展鲜切花、盆花、加工用花卉、绿化观赏苗木等四大类花卉品种，经过近40年的快速发展，云南花卉产区覆盖了全省16个州（市），逐步形成滇中、滇南鲜切花和绿化苗木生产区，滇中、滇西南盆栽花卉产区，滇东北、滇西北、滇东南加工花卉产区，滇中、滇东北、滇西北种用花卉产区，花卉品种涵盖热带、亚热带、温带、寒带等不同类型气候和品种多样的花卉发展格局。花卉产业规模和实力不断壮大，生产布局日趋合理，产品种类更加丰富，品种结构进一步优化，科技支撑能力进一步增强，鲜切花、花卉种苗（球）、盆花发展优势明显，企业实力明显提升，新优产品供给量增大，大众消费快速增长，花卉行情稳中有升，花农收入持续增长。

随着2018年云南省委、省政府进一步将花卉作为打造世界一流“绿色食品牌”重点产业之一加以支持，为云南花卉产业发展指明新方向、确定新目标、注入新动能，促进云南花卉产业进入稳步全面发展阶段，第二、第三产业欣欣向荣，发展后势强劲，供给结构改善明显，主要指标稳步上涨。据云南省农业农村厅统计，如表25－1所示，2019年，全省花卉种植总面积达117.074千公顷，同比增长2.5%；鲜切花产量139.7亿枝，同比增长24.5%；盆栽花卉产量5.8亿盆，同比增长35.5%。花卉总产值达751.7亿元，同比增长42.9%，其中，农业产值393亿元，增长3%；加工产值160.9亿元，增长384.6%；第三产业产值197.8亿元，增长78.3%。全省花卉出口额为7851万美元，较2018年增长了12.9%，出口增幅是上年度的2.4倍。目前，出口市场涵盖亚洲、欧洲、美洲、大洋洲近50个重要消费国家和地区，外销额仅次于荷兰位列全球第二，成为全国乃至亚洲花卉栽培、流通中心。

表25－1　　2017～2019年云南花卉产业情况

指标及单位	2017年	2018年	2019年	同比增长（%）	年均增长（%）
总种植面积（千公顷）	104.13	114.27	117.07	2.5	6.0
综合总产值（亿元）	503.20	525.90	751.70	42.9	22.2
鲜切花产量（亿枝）	110.30	112.20	139.70	24.5	12.3
盆花产量（亿盆）	3.33	4.28	5.80	35.5	31.9

资料来源：《云南省“绿色食品牌”重点产业2019年度发展报告》。

从区域布局看，2019 年，花卉综合产值昆明、大理、保山、玉溪和红河排名前 5。得益于“一县一业”的启动和实施，以晋宁为代表的昆明、以开远为代表的红河、以红塔和江川为代表的玉溪表现十分亮眼。昆明进一步巩固了亚洲第一、世界第二花卉交易市场的地位；玉溪、红河的花卉产值增幅分别以 164.48% 和 124.24% 领跑全省。① 鲜切花和盆花产区逐步向滇南、滇东北和滇西拓展，曲靖、楚雄、红河、保山、丽江逐渐成为新兴产区。

从产品结构看，云南花卉已形成了以鲜切花、盆花、园林观赏植物、加工花卉、种用花卉五大种类全面发展新格局。2019 年，鲜切花、盆花、园林观赏植物、加工花卉、种用花卉种植面积分别占总面积的 14%、7%、18%、60%、1%，产值分别为 120 亿元、135 亿元、103 亿元、55 亿元、8 亿元，分别占种植业产值的 29%、32%、24%、13%、2%。②

从产业效率和效益看，通过政策、科技、设施、市场等要素的加强和提升，大力推广高效绿色生产技术，2019 年，云南花卉生产的产品质量、价格和单产均有较大提升。以昆明地区为代表的鲜切花、盆花生产区的单位面积产量大幅提升，鲜切花从 2018 年的 4.64 万枝/亩提升到 5.58 万枝/亩，单产增长 20%；盆花从 2200 盆/亩提升到 6400 盆/亩，增长了 195%，爱必达、迪瑞特等一批现代花卉企业单产和产品质量达到国际先进水平。③ 根据昆明国际花卉拍卖中心的数据，2019 年，以玫瑰为主的云南鲜切花质量进一步提升，AA&A 级花的数量较上年增加了 23.5%，占比增加了 7.5%；A 级花均价为 1.52 元，较上年增长 7.6%。

从主体发育看，公司、家庭农场和合作社三类生产主体生产能力增长十分明显。根据昆明花拍中心数据，三者 2019 年单个主体的平均产量较 2018 年分别增长了 13%、6.8%、12%，增长率分别是 2018 年的 3.5 倍、5.4 倍和 3.7 倍。④ 以企业为主体、带动培育的家庭农场和合作社正成为产业发展、精准脱贫和乡村振兴的新主体。

二、中国及云南花卉生产分析

（一）中国花卉生产分析

我国花卉产业发展迅猛，近年来呈现面积与产值双增长。据农业农村部和云

①②③④ 根据《云南省“绿色食品牌”重点产业 2019 年度发展报告》数据整理。

南省农业农村厅提供的数据，2010年，花卉种植面积91.76万公顷，产值为861.96亿元，2016年，花卉种植面积132.91万公顷，比2010年增长了44.85%，2016年，花卉总产值1616.49亿元，比2010年增长87.54%。到2017年，花卉种植面积达到144.88万公顷，产值达到1533.3亿元；2019年，种植总面积达到165.65万公顷，总产值达1750.14亿元，一直保持稳步增长（见表25-2）。中国已成为世界最大的花卉生产国，特别是近年来通过对花卉生产区域的逐步调整，我国形成了几个较为稳定的生产基地，云南的鲜切花、广东的盆栽以及上海的种苗生产，都在逐步形成集约化经营体系。

表25-2　　2010~2019年中国花卉生产情况

指标	2010年	2011年	2012年	2013年	2014年	2015年	2016年	2017年	2018年	2019年
面积（万公顷）	91.76	102.40	112.03	122.71	127.02	130.55	132.91	144.88	163.00	165.65
总产值（亿元）	861.96	1068.54	1207.71	1288.11	1279.45	1302.57	1616.49	1533.30	1639.18	1750.14

资料来源：中华人民共和国农业农村部，产值根据当年价格估算。

中国花卉行业主要分为鲜切花、盆栽植物、观赏苗木三大类。从行业布局来看，江苏、浙江、广东、云南等地整体行业规模和技术水平发展较好，东北、西北相对滞后。中国三大花卉交易中心分别是云南昆明的斗南、广东广州的芳村和江苏常州的夏溪。昆明斗南花卉市场主要产出玫瑰、康乃馨、百合、非洲菊、满天星等十几种花卉。广州芳村主要产出菊花、剑兰、切叶、玫瑰等品种。从种植面积来看，近年来，江苏鲜切花类、盆栽植物类种植面积均有所减少，但盆景类、花坛植物、观赏苗木、食用与药用花卉种植面积均有一定幅度上升。山东花卉栽培规模持续扩大，逐渐成为我国北方重要的种苗花卉基地。

（二）云南花卉在全国的地位

如前面所述，云南已经成为全球三大新兴花卉产区之一和全球第二的鲜切花交易中心，尤其是云南鲜切花产销量在国内市场占有率超过70%，盆花产值占全国30%以上，出口市场涵盖亚洲、欧洲、美洲、大洋洲50多个国家和地区。尤其是云南的鲜切花已连续26年保持全国产销量第一的地位，占国内80%以上市场份额；盆花种植面积和产量均多年居全国第一，其中，大花蕙兰占全国总产量的80%以上，成为世界大花蕙兰产销中心；加工花卉种植面积连续超过5万公顷、产量超过60万吨、产值超过60亿元，其中，食用玫瑰、灯盏花、万寿菊、保鲜花等生产规模全国第一；绿化观赏苗木种植面积约2万公顷、产量常年超过8亿株、产值接近100亿元，地方特色花卉、乡土树种开发、小型灌木和地被、花坛植物等已取得长足发展，整个花卉产业化发展步伐加快。①

2018年，昆明国际花卉拍卖交易中心和斗南花卉电子交易中心两市拍卖总量13亿枝，同比增长25%，成为亚洲第一、世界第二大花卉拍卖交易中心，斗南花卉批发市场则发展成为我国最大的专类批发市场，平均每天有超过500~800吨的花卉从这里走向全国70个城市和46个国家和地区，已成为全国乃至亚洲的鲜切花价格风向标。②

2010~2019年，云南花卉种植面积、农业产值及全国占比如表25-3所示。可以看出，虽然，云南花卉种植面积占全国比例不大，但云南花卉农业产值占比高于面积占比，单位面积农业产值多年为全国平均的1.5倍以上，2019年超过了2倍，说明云南花卉种植业效益相对于全国具有明显的比较优势。

表25-3　　2010~2019年云南花卉种植面积、农业产值及全国占比

年份	区域	种植面积（万公顷）	农业产值（亿元）	单位面积农业产值（万元/公顷）
2010	云南	4.20	23.30	5.55
	中国	91.76	404.10	4.40
	云南占比（%）	4.58	5.77	125.97
2011	云南	4.67	27.50	5.89
	中国	102.40	473.60	4.63
	云南占比（%）	4.56	5.81	127.32
2012	云南	5.33	39.20	7.35
	中国	112.03	540.70	4.83
	云南占比（%）	4.76	7.25	152.38
2013	云南	6.74	44.90	6.66
	中国	122.71	667.20	5.44
	云南占比（%）	5.49	6.73	122.52
2014	云南	7.00	65.80	9.40
	中国	127.02	656.00	5.16
	云南占比（%）	5.51	10.03	182.01
2015	云南	7.51	55.90	7.44
	中国	130.55	710.10	5.44
	云南占比（%）	5.75	7.87	136.85

①② 根据《云南省“绿色食品牌”重点产业2019年度发展报告》数据整理。

续表

年份	区域	种植面积（万公顷）	农业产值（亿元）	单位面积农业产值（万元/公顷）
2016	云南	8.83	70.20	7.95
	中国	132.91	733.70	5.52
	云南占比（%）	6.64	9.57	144.02
2017	云南	10.41	80.70	7.75
	中国	144.88	786.40	5.43
	云南占比（%）	7.19	10.26	142.77
2018	云南	11.43	101.00	8.84
	中国	163.28	818.80	5.01
	云南占比（%）	7.82	12.34	176.26
2019	云南	11.71	139.30	11.90
	中国	165.65	922.70	5.57
	云南占比（%）	7.07	15.10	213.62

资料来源：种植面积数据来源于中华人民共和国农业农村部和云南省农业农村厅，农业产值数值来源于《中国农村统计年鉴》（现价数据）。

三、中国及云南花卉的消费分析

我国人口众多，花卉消费市场巨大。近几年消费的爆发式增长为花卉走进千家万户提供了机遇。花卉正由集团消费、节庆消费向大众消费、日常消费转变，由模仿型、排浪式消费向个性化、多样化消费转变。消费范围由一线城市向二三线城市以及发达地区乡镇扩展，消费群体增大，甚至有从城市向乡镇高收入阶层延伸的趋势。总体来看，鲜切花产销两旺，行情稳中有升。鲜切花生产量增加，行情整体上涨。鲜切花产量、优质花比率有提高，生产调控能力增强，种植盲目性减少。国内消费市场不断扩展，二三线城市以及发达地区的乡镇花店增多，国内花卉消费量每年保持20%~30%的增速。鲜切花品种结构优化调整成效显著，新优品种引进、选育力度加强，国际流行新优品种快速增加，一些自主研发的玫瑰新品种也开始批量上市。鲜切花种类丰富，传统品种比重缩小，洋桔梗、帝王花、石竹梅等小品类杂花品种更受瞩目。从市场变化上看，一是消费结构呈多元化，高中低消费层次更加清晰，高端消费引领作用加快，出口增速放缓，进口大幅增长；二是产地销售模式多元化，花卉电商热潮高涨，微商、电商成为重要的经营平台，进一步推进对新型市场尤其是大众市场的开拓力度。观赏苗木过剩价低，新特优受青睐。从2014年开始至今，全国绿化观赏苗木销量继续减少，价格继续探底。绿化苗木企业集团化、生产机械化、产品良种化、种植标准化成为苗木行业发展新趋势，规范化管理的大型苗圃或生产园区将会越来越多，单一品种规模化生产成为必然。胸径20厘米以上大规格绿化苗木用量减少，价格相应下滑，尤其是存量较大的香樟、罗汉松等降幅较大，质量较差的大规格苗木降幅高达50%。精品乔木、新优品种苗木需求量增大，行情平稳。存量大的常规苗木面临价格竞争，销售压力增大。红枫等彩叶树种发展迅猛，尽管常规彩色品种价格略降，但珍稀彩叶树种价格增幅在30%以上。鸭脚木、红叶石楠、黄连翘、毛叶丁香、蕨类等地被植物的工程小苗持续低迷，预计将保持较长时间的低价走势，但三角梅等彩色、特色鲜明的工程小苗已进入主流市场，工程小苗亟待进行品种结构优化调整。种苗、种球规模扩大，地区优势明显。从2015年开始种苗、种球生产规模持续增加，质量明显提高，正逐步摆脱依靠国外的尴尬局面，种苗供需关系走出滞销、低价不良状况，进入均衡平稳状态。鲜切花产业发展较早的地区，产业增长点逐步由传统种植步入科技含量高的前沿领域。技术型花卉产业开始起步，多地区同质化产品竞相发展的现象减少。全国形成了以辽宁、云南为主的百合种球种植区域，以及以云南为主的鲜切花种苗生产中心。云南以鲜切花种苗、种球为主，盆花、加工用花卉和花卉种子为辅的种用花卉蓬勃发展，形成以玉溪、曲靖、昭通为主的种球生产区，以及以昆明、玉溪为中心的全国重要鲜切花种苗基地。云南鲜切花种苗年产量超过8亿株，其中，非洲菊、月季、康乃馨等种苗占国内60%以上市场份额。食用玫瑰种植面积增势不减，种苗需求增量水涨船高，供应地集中在云南。以百合为主的种球年产量2亿余粒，百合种球国产化率达53%。国产球和进口球的增加使得国内以百合为主的种球供大于求，继续保持往年低迷行情，但重瓣百合、OT系百合可用于花卉旅游、盆花种植，一定程度上缓解了百合种球的销售压力。加工类花卉发展迅猛，势头强劲。2015年至今，我国加工类花卉发展迅猛，势头强劲。其中，云南尤为突出，涌现出一批规模化花卉加工企业。2019年，云南加工花卉种植面积76.3万亩，其中，以食用玫瑰为主的食用花卉和以灯盏花、红花和铁皮石斛为主的药用花卉21.7万亩，以万寿菊为主的工业用花卉54.6万亩。以鲜切花为原料加工而成的保鲜花成为当代年轻消费者的新宠，全国保鲜花年产量逾1500万枝（朵），总销售额1.5亿元以上。[①] 在加工类花卉

① 根据中华人民共和国农业农村部公开数据整理。

中，食用玫瑰是目前最受瞩目的加工花卉。云南、山东、甘肃等地的鲜花饼、饮品、精油、化妆品等精深加工产品多达百余种。鲜花饼、玫瑰花茶等产品还成为热卖的旅游产品。以食用玫瑰为主的花卉旅游业兴起，并带动庄园经济、花卉体验类项目的发展。

四、中国及云南花卉的贸易分析

2018 年，全国花卉出口额 5.99 亿美元，云南花卉出口额 2.06 亿美元，占全国 34.39%（见表 25－4）。其中，云南花卉总产值 525.9 亿元，鲜切花和盆花产量分别为 112.2 亿枝和 4.28 亿盆，产值分别为 100.6 亿元和 107.5 亿元，鲜切花产量连续 25 年全国第一，占全国 75% 的市场份额。

表 25－4　　2010～2018 年中国及云南花卉出口贸易额

地区	2010 年	2011 年	2012 年	2013 年	2014 年	2015 年	2016 年	2017 年	2018 年
云南（亿美元）	1.50	1.71	1.96	2.21	2.50	2.05	2.20	2.10	2.06
全国（亿美元）	4.63	4.69	5.33	6.46	6.20	6.20	5.94	6.00	5.99
云南占比（%）	32.40	36.46	36.77	34.21	40.32	33.06	37.04	35.00	34.39

资料来源：中华人民共和国农业农村部、云南省农业农村厅。

五、云南花卉发展存在的问题

（一）设施化、规模化和现代化程度低

从产业角度看，花卉产业是典型的嵌入型新兴产业，与国际一流花卉生产大国比较及作为现代产业要求看，都还存在一定的差距。生产种植零星分散、碎片化现象明显，云南每个生产主体平均种植面积约 7 亩左右，是荷兰的 7%、肯尼亚的 1.5%。长期以来，以农户为主体的格局没有从根本上改变，新兴生产主体数量多、规模小、实力弱、小而分散的生产组织方式导致农业设施用地难以保障、生产设施难以提升改造、绿色化生产体系难以推广应用、物流集散和现代服务难以对接等突出问题，成为制约经营主体发展壮大、产量品质稳定提升和效益提高的限制因素。必须加快组织化、设施化、信息化、良种化等水平，提高规模化经营水平，提升市场竞争力。

（二）采后包装物流运输滞后

花卉多以鲜活产品业态销售为主导，产业国际化、产业化、市场化程度高，产业任何一个环节可能存在潜在风险，鲜花质量的好坏不仅仅只取决于花卉生产的环节，产后的保鲜包装、物流运输也很大程度上影响了花卉的品质，甚至决定着花卉的品质和价值。目前就云南来看，有重前端产出而后端重视不够或配套不足的问题，如花卉采后处理不足，在产地保鲜处理，将其置于阴冷潮湿的环境之下及冷链运作方式条件难以满足。在运输过程中，不能够严格按照发达国家运输的标准，难以严格按照花卉保鲜、保湿、保温的原则，使用标准的花卉运输箱，有时候只是使用一般的塑料布、泡沫板等比较简单的物流包装，导致鲜切花质量下降。花卉采后处理不规范、全程冷链物流体系不健全、花卉交易市场物流集散功能不足是整个物流体系建设中的突出问题，花卉流通损耗率高达20%~30%，是造成其在生产中竞争力低和低值廉价的重要原因。

（三）科技水平和自主创新能力总体不高

科技创新实力是花卉产业发展的核心竞争力，虽然近年来围绕花卉产业发展创新了一批新品种、新技术、新模式，支撑了整个花卉产业迅猛发展，但与国外花卉生产大国相比较，云南花卉生产科学技术水平相对较低、发展阶段性滞后特征明显。优质品种的自主创新严重不足，知识产权保护意识淡薄，云南花卉产业主要是引进国内外的优质花卉品种，缺少了自主创新条件下的特色花卉研究和生产，形成品种源头和国际市场两端在外，关键要素受制于人的被动局面。生产过程中材料设施本地化、栽培基质国产化及现代信息装备不够，栽培技术绿色化、轻简化、信息化、规模化程度低，配套肥水一体化及智能化高标准、高质量现代设施栽培推广应用少，栽培技术和质量标准不高。市场定位不精准，市场信息不灵，花农难以全方位考虑市场需求，从而也忽视生产成本以及产品质量，导致花卉生产力水平和效益低下，在高端市场上的竞争力相对较低。总之，目前，云南花卉产业的发展总体较快，已经能够达到花卉生产面积第一，但在产量、产品质量、生产效率和科技水平下还处于一个较低的水平，与大省相配套的科技支撑体系建设滞后。

（四）社会化服务有待完善

花卉产业链长，但全省产业延伸不够，明显表现在种植业比重过大、占比过高，云南花卉产业虽然在其独有的土地优势、气候优势和资源优势下得以快速发展，形成面积、产量较大，2019年云南花卉第一产业比重达56%。从地区产业结构看，作为综合产值排全省前2位的昆明市、大理州的第一产业比重高达62%、66%，均远高于全省平均水平，整个产业处于低端，花卉的对外贸易、物流仓储、销售推广、科技服务、信息提供等方面虽然已经逐步发展完善，但总体上第二、第三产业发展不足，精深加工、农旅融合、现代服务等三产融合不够，花卉的自主创新与花卉的生产、销售等要素环节畅通与融合不够，作为现代产业体系建设与荷兰等国家相比存在较大的差距。

第二节　云南花卉产业的比较优势

一、云南花卉比较优势概述

优越的自然条件、多样的花卉种类、丰富的劳动力成本，加上中国面向南亚、东南亚辐射中心的地理区位等，均是云南花卉产业得天独厚的优势。

（一）地理区位优势

云南是亚洲的地理中心，省会昆明是亚洲5小时航空圈的中心，是南北方向国际大通道和东西方向第三条亚欧大陆桥的交汇点，东与贵州、广西为邻，北与四川、西藏相望，西与缅甸接壤，南与老挝、越南毗连，和东盟、南亚7个国家相邻，紧靠“两湾”（东南方向的北部湾、西南方向的孟加拉湾），具有“东连黔桂通沿海，北经川渝进中原，南下越老达泰柬，西接缅甸连印巴”的独特区位。云南是中国—东盟自由贸易区、大湄公河次区域、泛珠三角经济圈的交汇点，也是我国面向南亚、东南亚、西亚、南欧和非洲五大区域开放的前沿通道，此条通道同时面对经济充满活力的东南亚和南亚18国，覆盖人口21.2亿人，并与“泛珠三角”10个省（区、市）相联动，市场巨大，发展空间十分广阔。近年来，云南一直致力于建设中国连接南亚、东南亚的国际大通道，与周边国家的互联互通得到大力推进，国际大通道建设已初具雏形。目前，以航空为先导、以铁路和公路为骨干、以水运和管道运输为补充、以区域综合枢纽为联结，互通互联、高效便捷的现代化综合交通运输体系正在快速形成，已有15个机场投入运营，通航国内外121个城市，始发航线超过330多条。到2018年底，全省民用机场运营和在建总数达16个，昆明长水国际机场将成面向南亚、东南亚和连接欧亚非的国家门户枢纽机场。

（二）资源生态优势

一是气候资源得天独厚。云南属于典型的低纬度高海拔地区，有从寒温带到热带、亚热带的多种气候类型，雨量充沛，光照好，全省范围能找到适合各种花卉生长的气候条件。云南与非洲的肯尼亚，南美的哥伦比亚、厄瓜多尔并列为全球四个最佳花卉种植区域。素有“园林之母”“花卉王国”之称的云南，拥有1500种以上的花卉植物，英国皇家植物园里的多种新奇特花卉，以及当今流行并已成欧洲重要产业的杜鹃、山茶、月季等大多源自云南。

二是花卉种质资源丰富。云南种植观赏植物种类占全国观赏植物的半数，是世界观赏植物宝贵的种质基因库。非洲菊、康乃馨、大花蕙兰、月季（玫瑰）等全国优势品种，以及以高山杜鹃、山茶花和国兰为主的地方特色花卉，其品种资源收集量也位居全国首位。其中，云南月季（玫瑰）种植面积占全国的68%，拥有的种质资源数量占全国月季品种总数的90%。这都能为花卉企业提供丰富的种质资源。

（三）产业基础优势

历经近30多年的发展，以鲜切花为代表的云南花卉产业，从产业前沿的科研领域到产业后端的社会化服务，甚至在产业终端，都形成了一条成熟的产业链体系框架，社会化分工细化，能满足任何花卉产品的发展。

一是“大花卉”产业格局初显。“十二五”以来，云南花卉形成了鲜切花、盆花、加工用花卉、绿化观赏苗木和地方特色花卉等多类产品齐头并进的良好势头，产品多样化的“大花卉”产业格局初步形成。2018年，云南鲜切花和盆花的种植面积分别为22.7万亩和11.15万亩，产量分别为112.2亿枝和4.28亿盆，产值分别为100.6亿元和107.5亿元。其中，鲜切花产量连续25年全国第一，占全国75%的市场份额。盆花方面，云南已成为全国最大的大花蕙兰和小盆花产销中心。[①]

---

① 根据《云南省“绿色食品牌”重点产业2019年度发展报告》数据整理。

二是花卉创新实力全国领先。包括新品种选育、生产技术、设施设备和管理模式创新的花卉创新，其成果喜人，势头良好。新品种选育方面，截至2018年，全省以云南省农业科学院花卉研究所、国家观赏园艺工程技术研究中心为代表的育种机构育成花卉新品种近600个，其中获国家植物新品种授权262个（其中4个在国外授权），新优品种推广种植面积5000亩，新品种研发规模全国第一，云南已成为国内花卉新品种研发中心。生产技术和设施设备方面，全省累计制定和颁布了国家、行业和地方花卉标准70项，取得各类技术发明和应用新型专利授权100余项。其中，切花月季智能栽培技术达到世界领先水平。① 双层膜防滴漏技术、半基质化栽培技术等技术创新和防损伤玫瑰剔刺机、食用玫瑰花瓣分拣机等工具创新成果的推广应用范围逐步扩大。组织管理方面，建立起了“统一生产、统一品牌、统一销售、统一技术指导、统一采后处理、统一农资采购”的花农经济合作组织，大大提高了云南花卉生产组织化程度，有效解决了千变万化大市场与千家万户零星生产的矛盾，逐渐实现了花卉产品批量稳定供应，满足了现代大市场对花卉产品大采购和大流通的要求。

三是外销型产业发展势头强。云南90%以上的花卉外销至全国70多个大中城市和近50个国家和地区，属典型的外销型优势产业。众多科技创新成果实现跨地区、跨国界输出，加快了“走出去、谋发展”的战略步伐。在国家种苗（球、籽）免税政策的促进下，依靠厚实的产业基础和长期的技术积累，云南逐步成为我国花卉种苗（球）产销中心，种苗（球）迈入规模化、标准化和工厂化生产轨道，涌现出单一品种种苗年产量2000万株以上的企业近10家，全省鲜切花种苗年产8.5亿株左右，国产化种球14726.99万粒。种苗和种球除了供应本省外，还销往其他地区，国内市场占有率60%以上，部分种苗出口至越南、日本等国家和地区，其中出口日本的菊花种苗占日本菊花进口总量的40%以上。②

四是亚洲市场中心地位确定。现代化拍卖与传统批发并存的花卉交易机制日渐成熟，电商等新型交易模式快速兴起。2018年，昆明国际花卉拍卖交易中心和斗南花卉电子交易中心两市拍卖总量13亿枝，成为亚洲第一、世界第二大花卉拍卖交易中心。斗南花卉批发市场则发展成为我国最大的专类批发市场，平均每天有超过500～800吨的花卉从这里走向全国70个城市和46个国家和地区，斗南已

①② 根据《云南省“绿色食品牌”重点产业2019年度发展报告》数据整理。

成为亚洲鲜切花价格“风向标”和“晴雨表”。广州、海南等国内以及越南、泰国、厄瓜多尔等国外生产的切花、切叶，也进入斗南花卉市场，经二次批发后，再分销至全国各地。每年4月清明节期间，越南产菊花在昆明的上市量每天最高达30万枝，而当本地玫瑰价格大幅上涨的时候，越南、厄瓜多尔等国玫瑰也会乘虚而入。①

五是花农增收致富效应显著。花卉是云南农业产业中增收致富效应最为明显的产业。2018年，全省共有花农15.6万户，花农总收入124.8亿元，花农总数按户均3人计算，人均收入2.7万元，人均年增收9000元。全省花卉亩均产值3.06万元，是粮食的51.4倍，蔬菜的14.3倍。以花卉产业为主导产业的村社，收入状况较好，花农增收明显。以斗南村为例，该村盘活现有资源优势，开展花卉市场运营、物流运输等花卉服务业，村民每年每户的利润分红1万元以上。据统计，入驻斗南花市的金融机构日均现金流达3000万元，高峰期超过5000万元。②

六是三产融合发展势态良好。随着人们生活水平的提高，对养生保健、休闲娱乐、美好环境、天然产品的需求日益强烈，花卉功能逐渐由观赏性延展至文化旅游、养生保健、日化、食品加工等多个领域。云花与云药、云茶、云烟及旅游、食品和日化等产业实现有机融合，初步实现产业上中下游统筹，跨行业横向联合，叠加效应初步显现，创造了多元、丰富、独具特色的系列产品，通过多个产业融合创新，实现效益多赢。近年来，云南花卉加工业和服务业发展迅速，2018年，全省花卉种植业产值525.9亿元，加工业产值61.12亿元，花卉相关服务业产值116.5亿元。一二三产融合发展的花卉旅游业发展迅速，全年花卉旅游项目新增投资8.9亿元，花卉旅游收入24.3亿元，接待参观人数1460万人次，带动就业5.6万人。③

（四）市场需求优势

从1990年开始，花卉的生产与销售开始在世界范围快速兴起，花卉经济发展迅猛。花卉产业的发展状况与一国的GDP指数有直接的联系，欧共体、美国、日本这三个经济较为发达的区域逐渐形成三个主要花卉消费中心。随着全球各国际贸易往来更加趋于自由化，花卉产业的贸易也加速向国际化与自由化发展。就目

①②③ 根据《云南省“绿色食品牌”重点产业2019年度发展报告》数据整理。

前来看，东南亚市场的潜力尚未开发完全，随着我国居民生活水平的提高，花卉消费渐成潮流，中国以年均20%以上的增速成为全球花卉消费增长最快的地区，我国花卉消费市场已成为各经销商的必争之地。同时，家庭消费逐步取代集体消费成为花卉消费的主体，对花卉产品的需求更加多样性和多元化，对品质要求更高，需求量更趋稳定。以2005～2018年期间的鲜切花拍卖行情为例，云南鲜切花价格呈上涨趋势。其中，2018年五大鲜切花均价0.7元/枝，较2005年上涨112.12%（见图25－1）。

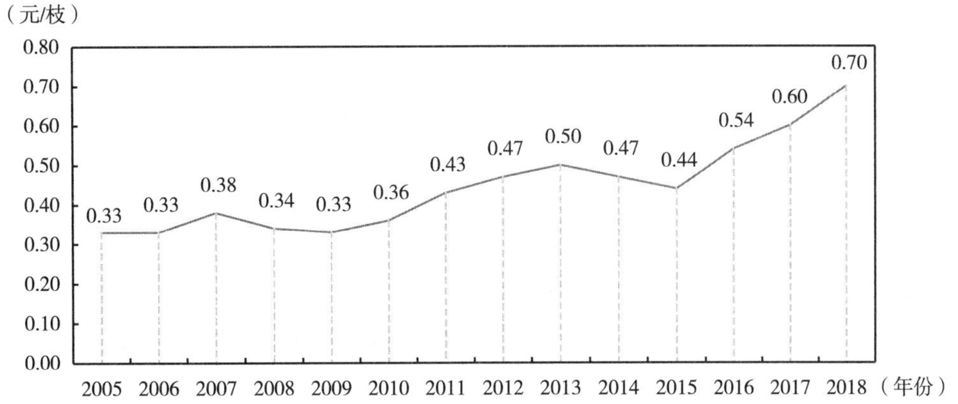

图25－1　2005～2018年昆明国际花卉拍卖交易中心（KIFA）五大鲜切花品种平均价格曲线

资料来源：根据KIFA网站及笔者调研数据整理。

二、云南花卉产业区位熵测度

从区位熵角度，对云南花卉产业的优势进行判定，当区位熵大于1时，表明云南花卉产业在全国具有比较优势，一定程度上显示出云南花卉产业较强的竞争力。可以说，区位熵越大，表明云南花卉产业的比较优势越明显，竞争能力越强。根据2011～2020年《中国农村统计年鉴》中云南及中国花卉农业产值数据、2021年6月国家统计局网站云南和中国农林牧渔业总产值数据，计算云南花卉产业在全国的区位熵结果如表25－5所示。从中可以看出，分析年间，云南花卉的区位熵始终大于1，且保持增长态势，表面市场对云南花卉的需求明显，云南花卉产业在全国不仅具有明显的比较优势，且这种优势近年来还在快速提升。

表 25-5　　2010~2019 年云南花卉产业区位熵测度结果

年份	云南花卉农业产值（亿元）	云南农林牧渔业总产值（亿元）	全国花卉农业产值（亿元）	全国农林牧渔业总产值（亿元）	云南比例（%）	全国比例（%）	区位熵
2010	23.3	1824.82	404.1	67763.13	1.2768	0.5963	2.14
2011	27.5	2334.48	473.6	78836.98	1.1780	0.6007	1.96
2012	39.2	2716.50	540.7	86342.15	1.4430	0.6262	2.30
2013	44.9	3097.50	667.2	93173.70	1.4496	0.7161	2.02
2014	65.8	3307.82	656.0	97822.51	1.9892	0.6706	2.97
2015	55.9	3438.73	710.1	101893.52	1.6256	0.6969	2.33
2016	70.2	3704.69	733.7	106478.73	1.8949	0.6891	2.75
2017	80.7	3872.93	786.4	109331.72	2.0837	0.7193	2.90
2018	101.0	4108.88	818.8	113579.53	2.4581	0.7209	3.41
2019	139.3	4935.73	922.7	123967.90	2.8223	0.7443	3.79

资料来源：农林牧渔业总产值来自国家统计局网站，花卉农业产值来自历年《中国农村统计年鉴》。

2010~2019 年，云南花卉产业区位熵值变化曲线如图 25-2 所示。可以看出，2015 年以后，云南花卉产业区位熵值呈稳步上升趋势，表明云南花卉产业在全国的比较优势逐年稳步扩大。

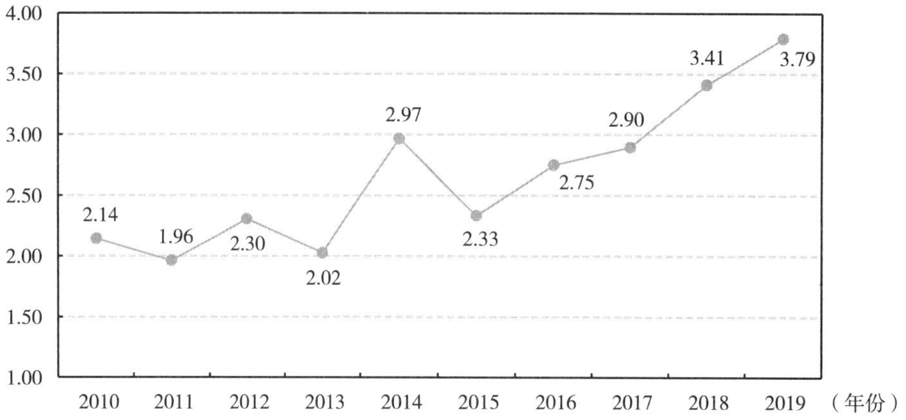

图 25-2　2010~2019 年云南花卉产业区位熵值曲线

三、促进云南花卉产业转型升级和高质量发展的对策建议

（一）加强政府引导，深入挖掘产业潜力

云南低纬高原的气候条件，具有年温差小、日温差大、光照充足、气候类型

多样等优势，可全年生产几乎所有种类的商品花卉，且品质好，成本低。经过30多年的发展，借助厚实的产业基础和优越的气候条件，使其成为世界三大花卉主产区之一、亚洲第一大产销区，云南花卉产业已成为云南最具发展优势的绿色新兴产业，并奠定了亚洲鲜切花中心的地位，顺势而为，做大做强花卉产业，对满足人民日益增长的美好生活需要以及实施乡村振兴战略、建设美丽中国都具有重要的现实意义。目前正值花卉产业转型升级、提质增效，实现花卉产业高质量发展的关键阶段，迫切需要政府加强产业顶层设计，加强对产业发展的引导和支持，在科技创新、资源保护、产权保护、经营主体培育、品牌打造、现代服务体系建设等方面，围绕产业转型升级及与国际市场接轨需求，进一步加大对花卉产业的培育引导力度，确立高质量发展目标，着力在提质增效上下功夫，深入挖掘花卉产业发展潜力，力争把花卉产业做成千亿元产业，推动云南花卉产业进一步发展。

（二）加大花卉产业园区建设，促进产业要素集聚发展

云南厚实的花卉产业基础和优越的气候条件，吸引了国内外众多花卉知名企业入驻。2018年，云南逐步建成规模以上花卉园区26个，总面积超过20万亩（1.3万公顷），占全省花卉面积的12%。[①] 花卉产业园区的建立不仅带来了花卉产业发展的资金，还引进了优良的品种、先进的设施设备、种植技术、专业的花卉管理和营销团队，形成花卉园区聚集效应，大大促进了云南花卉产业的快速发展。建议加大对花卉产业园区的投入，出台花卉产业园区设施用地优惠政策，支持花卉高标准设施生产，支持建设园区水电路气等配套设施，对花卉种植基础设施建设按照建成规模给予一定额度的财政补助，把温室大棚、水肥一体化设备、环境调控设备和保鲜冷库等配套设施设备纳入农机购置补贴范围分层次给予补贴。推广花卉生态高效栽培技术，对实施无土栽培、水肥一体化、循环水肥利用、节水灌溉等绿色高效种植技术的园区和企业给予相关税费优惠、政策扶持。推动精准施肥、施药，加强病虫害绿色防控技术的综合运用，提高花卉品质，减少肥药过多导致的环境污染。充分发挥产业园区示范带动作用，新建和改造提升一批规模化、标准化、生态高效的现代花卉产业园区。

---

① 根据《云南省“绿色食品牌”重点产业2019年度发展报告》数据整理。

（三）加强自主创新，提升核心技术水平和竞争力

要进一步做大做强云南花卉产业，实现国际一流和绿色高质量跨越式发展，现有传统生产方式已难以适应发展需求，主要表现在：一是环保问题突出，化肥、农药施用过度，传统产区土壤连作障碍造成产量和质量逐年下降；二是生产效率不高，与荷兰、肯尼亚和厄瓜多尔等花卉主产国相比，云南鲜切花单位面积产出仅是这三个国家的1/4～1/2；三是经济效益下降，2015～2019年花价仅增长了不到10%，而人工、租地等生产成本增长80%～100%；[①] 四是自然灾害频发，经常性冬季低温和雪灾、夏季阴雨、春季干旱等造成生产很大损失。必须促进产业从传统生产方式、初级生产阶段向现代农业发展方式转变，切实提高花卉产业专业化水平，进一步构建现代生产体系、现代产业体系和现代经营体系。

借鉴发达国家花卉产业发展路径及云南科研单位和企业的前期实践成果，针对不同的花卉品种和不同的栽培种植模式，研发和推广适合低纬高原气候条件下的绿色高效栽培技术，集中攻克限制产业发展的关键技术，如无土栽培技术、花期调控技术、种苗繁育、品质控制技术等，促进花卉种植端朝着集中化、标准化方向发展，提高品质和产量，带动产业技术升级，实现花卉产业绿色高质量发展。建议依托省内现有的各级科研机构，联合国内外科研单位和企业，加大产、学、研的整合力度，在引进、消化国外先进技术的基础上，开展低纬高原条件下花卉绿色高效栽培的理论、技术、装备、模式的创新与示范推广，自主研发产业核心技术，特别是花卉的核心种植技术，实现全产业链国产化，引领全国花卉产业的发展，并通过“一带一路”向其他低纬高原发展中国家输出技术和装备，为全球花卉产业绿色高效发展贡献“云花方案”。

（四）实施云花名品化战略，提升品牌形象和国际影响

实施花卉本土新品种研发行动，加大花卉本土新品种研发力度，引导各类研发主体明确研发层次和研发方向。在增加本土新品种研发数量的同时，不断提高本土新品种研发支持力度的稳定性，提升研发成果的转化运用率，确保新品种能直接面向市场，从而引领中高端鲜切花市场。实施花卉产业品质提升行动，引入国际知名育种商、设施设备企业，通过新品种、新技术的引进、集成和推广，提

① 根据《云南省“绿色食品牌”重点产业2019年度发展报告》数据整理。

升鲜切花品质及种植水平。以国家品牌为定位，推动云花纳入“国家品牌”建设计划，实施花卉产业品牌化行动，打造产业公共品牌，鼓励开展各类名花评选、品比、节会宣传，持续唱响云花品牌。引入国际一流的品牌咨询策划公司，对花卉品牌进行全方位整体策划，统一设计和推广“云花”品牌形象和绿色产品标识，在淘宝、拼多多等主流电商平台设立云花旗舰店，着力打造“云花”绿色、优质、创新的品牌形象，鼓励举办特色品牌推广活动，将绿色生产作为“十大名花”评选的先决条件，引导产业绿色发展。积极支持鼓励有条件的花卉企业“走出去”，参与国际资源、国际市场资源配置，加快缩短与发达国家的差距，乘“一带一路”东风，加快拓展日韩、东南亚、中东等目标市场，支持科研、教学单位或企业到“一带一路”沿线国家开展科技合作、技术培训交流、生产基地建设、输出标准、技术和装备，扩大云花国际影响力。

（五）制定绿色生产技术标准体系，推动产业绿色发展

实现云花产业健康可持续高效发展，品质是基础，绿色化生产方式是关键，要结合“一县一业”示范县创建、现代园区建设等政策支持，加快建立绿色化生产体系和认证体系，加强绿色化认证机构建设和工作力度。加快云南花卉绿色化生产体系构建，大力推广鲜切花无土栽培等绿色高效生产技术，通过设施改进、绿色化防控、投入品减施增效、数字农业技术、土壤改良、良种推广、良法配套、精准施肥等措施提高种植水平，推行加快制定符合云南花卉行业现状、并与国际贸易接轨的相关花卉流通标准，制定花卉绿色高效栽培技术规程和认证标准，积极争取作为国家或行业标准颁布实施，主动掌握产业话语权，树立“云花”绿色发展的国家标杆。支持领军型龙头企业和单位成立云南花卉绿色发展产业联盟，推广绿色生产标准与认证，强化行业自律，对通过认证的企业或合作社给予奖补。通过发放“绿色创新券”，鼓励科研单位、专业化科技服务企业，主动服务和推广绿色投入品、水肥检测服务、数字化设备运用等绿色生产技术。

加快推进现代服务体系建设，不断完善花卉物流的采后处理标准、包装标准、保鲜标准、运输标准和冷链标准，切实降低流通环节损耗。建立区域性储货中心和冷链物流体系。引进国内外有实力的企业在云南花卉生产集中区和重点消费城市，建立集冷储、采后处理、包装、分拣、集散等功能为一体的产地型终端集散中心和冷链物流体系，通过规模化、集约化、标准化、智能化的操作，提高花卉产品到达终端市场的配送效率和质量水平。打造包含花卉种植、采后处理、冷链

物流、市场在内的全产业链的大数据云服务平台，实现数据共享，推进产业数字化。

（六）延伸产业链，不断创新经营模式

借鉴日本、荷兰等国经验，抓住健康生活目的地打造、最美丽省份建设、滇西大旅游环线、乡村振兴战略等历史性机遇，结合独特的多元文化特色，建设鲜花小镇、推花海景观，推动云南花旅融合、花游融合、农旅结合，把云南打造成为全国乃至世界“赏花目的地”。加强支持引导，引进培育花卉精深加工领军企业，以特色食用玫瑰、菊花、石斛、万寿菊、牡丹、山茶等优势资源为重点，加工花卉精油、保健品、化妆品等功能性花卉产品，发展保鲜花、干花、染色花、民族文化花卉创意产品及衍生品，打造花卉伴手礼知名品牌，提高三产融合发展水平。在创新营销方面下足功夫，如鲜花线上拍卖、花卉电商、花店社群分销、企业直播、云花品牌宣传等方式，学习利用互联网技术进行线上营销，改变传统销售模式，探索网络销售渠道，减少流通环节，让鲜花从基地直接到终端客户手中。

第三节　云南花卉产业经济体系简况

一、生产组织形式

（一）基本情况

据云南省农业农村厅提供数据，截至2019年底，云南花卉从业人员大约40万人，其中70%为花农，全省花卉企业2316个，花农生产合作组织544家，全省已有几十家花卉电商企业，花卉淘宝店达上千家。

在花卉总产量迅速增加的同时，产业组织结构和花卉产品的类别、品种布局结构日趋合理。“公司+基地+农户”的产业化格局初步形成，大众化的农户种植与高科技、高档次的企业育苗、栽培共同发展，相得益彰。以温带切花为主体、热带兰花、观叶植物、球根类花卉等几大类别、多品种共同发展的格局基本形成，产品结构和市场需求日趋协调。公司、家庭农场和合作社三类生产主体生产能力增长十分明显。根据昆明花拍中心数据，三者2019年单个主体的平均产量较2018

年分别增长了13%、6.8%、12%，增长率分别是2018年的3.5倍、5.4倍和3.7倍。以企业为主体、带动培育的家庭农场和合作社正成为产业发展、精准脱贫和乡村振兴的新主体。

（二）案例

以昆明为例，截至1997年7月，有切花面积12600亩，其中，国有836亩，集体928亩，三资企业1586亩，个体农户9250亩，分别占总量的6.63%、7.37%、12.59%和73.41%。农民用自己的责任田种植花卉，投资少、效益高，亩均产值上万元。以农民为主体的斗南花卉交易市场已成为全国最大的鲜花批发中心之一，客商来自全国各地，每天进场交易人数不低于2000人，日销售鲜切花120万~150万枝，交易额在100万元左右。以省烟草公司、京云公司、民营隆格兰公司为代表的大企业和以农业科学院为代表的科技优势单位的参与，是云南花卉上档次、上规模、走向国际市场的必要保证。特别是省烟草公司利用烤烟产业化发展的成功经验和雄厚的经济实力，介入花卉产业的发展，引进国内外先进设备和技术，使云南鲜切花生产设施迅速达到国际一流水平。云南省农业科学院花卉研究所、京正、英茂、隆格兰、庆成等现代化科研院所和龙头企业的崛起，使云南花卉业呈现出高起点、高科技、大规模、集约化发展的局面。全省已有现代化温室大棚25万平方米，年产1.5亿株优质种苗的繁育供应能力，部分鲜花和种苗已开始销往国际市场。[①] 据昆明市农业局蔬菜花卉处提供的数据显示，2017年底，全市涉及花卉业的生产、销售、流通、服务等企业和农户分别为274户和2.6万户，从业人员7.1万人，花卉合作组织（协会）50余个；园艺种植面积和总产值为13.6万亩和24.23亿元，同比增长30.7%和23.7%。其中，鲜切花种植面积和产量分别为8.52万亩和40.4亿枝，同比增长1.9%和8%，总产值达11.7亿元；盆栽观赏植物（盆景）近1.1万亩，产值3.9亿元，同比增长93.7%和76.2%；绿化观赏苗木近2.7万亩，产值5.45亿元，同比增长126%；兰花、茶花、杜鹃等特色花卉0.36万亩，产值2.6亿元；花卉出口创汇6736万美元，同比增长5.3%。

（三）存在的问题

企业生产组织形式普遍表现为“大而散”或“小而全”，生产专业化程度低、

① 根据《云南省人民政府关于加快花卉产业发展的意见》整理。

规模小、市场竞争能力弱。资源的配置、利用、技术引进等方面缺乏统一组织。云南花卉企业数量占全国比例低，大型企业少，花卉生产的规模化、集约化程度低，扩大规模势在必行。云南70%以上的鲜切花都是由花农生产的，受制于资金、素质等因素，造成了花卉生产设施、技术和经营管理相对落后，专业化、标准化、规模化程度较低；花卉产品质量不高，单位面积产值较低；产品出口量较小，国际市场竞争力较弱。加之，花农经济合作组织规模普遍偏小，辐射带动的花农数量有限，同时花农的种植比较分散，也制约着进一步产业化。

（四）对改善（优化）生产组织形式的建议

培育一批经济效益高、辐射带动能力强、发展势头和产品市场前景好的企业。整合企业和科研单位要素，组建集研发、生产、交易为一体的产业集团公司。支持搭建众创空间等创新创业平台，孵化和培育一批创新能力强的中小微企业和初创企业。在项目立项、资金贷款、租金税费、技术支持、人才引进等方面重点给予扶持，鼓励企业申请专利、注册商标、争创品牌，培育特色产品，吸引有资金实力的各类企业进入花卉生产或经营领域，带动规模化生产、标准化种植、集约化经营，促进产业转型升级。

二、生产基地建设

（一）基本情况

如前面所述，凭借优越的自然气候条件，2019年，云南花卉种植面积已超过11.7万公顷，其中，鲜切花和观赏苗木种植面积均接近2万公顷，加工类花卉超过5万公顷，盆花面积接近7500公顷，其他花卉2万余公顷。① 全省形成了以昆明、玉溪、楚雄、曲靖为主的滇中温带鲜切花片区，以西双版纳、思茅、红河为主的滇南热带花卉及配叶植物片区，以迪庆、昭通、丽江为主的滇西（东）北球根类种球繁育片区，以大理、保山为主的滇西特色花卉片区的合理发展局面。红河、楚雄等地区则逐渐成为鲜切花生产新区，形成了以康乃馨、玫瑰、百合等鲜切花为主，地方特色花卉、盆花、观叶植物、园林绿化植物、干花及种苗种球等

---

① 根据《云南省“绿色食品牌”重点产业2019年度发展报告》数据整理。

共同发展的格局。

以鲜切花为例，云南鲜切花产量多年占全国鲜切花总产量的50%以上，其中优势品类——玫瑰约占全国总产量的70%，康乃馨约占全国总产量的50%。2019年，全省鲜切花产量139亿枝，产销量连续26年保持全国第一。2016～2019年全省鲜切花的种植面积、产量及产值变化如表25－6所示，可以看出，分析期4年，全省鲜切花面积、产量和产值年均增长率分别为6.145%、11.569%和20.316%。①

表25－6　　2016～2019年云南鲜切花生产增长情况

指标	2016年	2017年	2018年	2019年	同比增长（%）	年均增长（%）
面积（百公顷）	139.33	145.33	151.33	166.67	10.13	6.145
产量（亿枝）	100.60	110.30	112.20	139.70	24.51	11.569
产值（亿元）	68.90	92.40	100.60	120.00	19.28	20.316

资料来源：《云南省“绿色食品牌”重点产业2019年度发展报告》。

云南鲜切花生产种植区域主要集中在滇中昆明市、曲靖市、玉溪市、楚雄州和红河州5个州市。昆明凭借优良的气候资源、科研力量、市场、物流及区位优势，逐渐发展成为集鲜切花、盆景盆花、地方特色花卉、绿化观赏苗木、花卉加工、物流包装及社会化配套服务为一体的“大花卉”产业发展格局。昆明鲜切花产量约占全省的50%，主要种植在晋宁区、宜良县、石林县、嵩明县等，其中晋宁区鲜切花的种植面积约占昆明的50%，产量约占60%。斗南鲜花市场已成为亚洲最大的鲜切花拍卖及交易市场，鲜切花价格成为全国乃至亚洲地区花卉价格的晴雨表。近年来，楚雄州是全省鲜切花产量增长最快的区域，由2017年的7.1亿枝增长到2019年的13.32亿枝，占全省鲜切花总产量的9.6%，楚雄州内又以禄丰县的花卉产业发展最为迅猛。②

（二）案例

云南是亚洲乃至世界重要的花卉生产基地及交易中心，90%的花卉产品外销至省外并出口至46个国家和地区，具有较好的知名度和美誉度。③ 生态高效生产模式正成为云南花卉产业提质增效的“风向标”，同时也有望成为未来花卉产业发展又一新趋势。目前，尚美嘉、锦海、云秀等云南本地企业也正在筹备建设全基质生态高效种植基地。

①②③　根据《云南省“绿色食品牌”重点产业2019年度发展报告》数据整理。

生态高效生产规模快速增长。首先，得益于党中央、各部委的关心支持以及云南省委、省政府的正确领导和高度重视，过去10余年来出台了一系列支持花卉产业发展的政策措施、意见和法律法规，为云花发展提供了良好的政策环境，确立了云花在全国的领先地位。其次，经过近30年培育而成的拳头优势产品鲜切花，在品种研发及推广、新技术研究和应用、规模化和标准化生产，以及采后处理、物流运输、销售等方面都积累了难能可贵的经验，为云南发展其他花卉提供了可供借鉴的经验，也为云花全面升级发展奠定了厚实的产业基础。

（三）存在的问题

首先，云南土地资源稀缺、分散的现状，使得生产商在花卉主产区普遍面临找地难、地租高、租金和租期不稳定等困难，难以进行规模化、集约化生产。由于土地不确定性风险大，加之冷库、采后处理车间、员工附属用房等生产基地配套设施用地政策得不到保障，花卉生产者不敢轻易进行大的投资，生产设施条件长期得不到改善，产品质量难以保证。其次，设施设备普遍落后。云南花卉生产设施面积占花卉总面积的27%，较荷兰的60%、韩国的57%还有较大差距。其中，近70%还属于竹子、水泥骨架等简易大棚，生产管理相对粗放，单位面积效益低。以玫瑰为例，云南每平方米玫瑰切花产量仅80枝左右，而荷兰高达200枝以上，亩产值更是云南的6倍。①

（四）对改善（优化）生产基地建设的建议

通过项目引导，对优势资源进行整合，扶优扶强，建设集品种选育与推广、种苗繁育、关键技术突破、技术集成与示范推广等功能于一体的标准化科技示范基地。认真总结和吸取云南在发展花卉园区方面的经验和教训，创新组织、投入和管理模式，推进地方政府、龙头企业和金融机构共同合作。通过基金、PPP、资本证券化等多种方式，在昆明、曲靖、玉溪、红河、大理、丽江、保山等花卉主产区，新建和改造提升一批规模化、标准化、生态高效的现代花卉产业园区。2020年，建成标准化科技示范基地50个，鲜切花恒温采后处理车间30个，新建面积1000亩以上的现代花卉产业园区5个，改造提升省花卉示范园区、昆明斗南国际花卉产业园、石林锦苑花卉产业园等现有园区5个。②

①② 根据《云南省“绿色食品牌”重点产业2019年度发展报告》数据整理。

三、加工管理方式

（一）基本情况

全国花卉加工业呈现起步快、效益好、后劲足的发展特点。云南花卉产业从美丽产业向美味、日化、健康等领域拓展，向开发花卉食用价值、美容价值、营养保健价值的加工领域延伸。云南花卉加工业以优势资源为依托、以企业为主体、以高新技术为支撑，取得卓越成绩：玫瑰、茉莉、菊花、石斛、红花、除虫菊、灯盏花等实现了规模化开发加工。食用玫瑰发展最快、市场影响最大，种植区从昆明、曲靖、红河向丽江、迪庆等地扩张，加工产品包括鲜花饼、玫瑰茶、玫瑰含片、玫瑰原浆、玫瑰花酱、玫瑰花蜂蜜等，从食用玫瑰延伸出的鲜花伴手礼已成为最具云南特色的烘焙产品。万寿菊、石斛等药用花卉加工渐成气候，生产规模全国第一。曲靖万寿菊种植面积已达 20 万亩，保山、普洱的石斛种植面积已超过 2 万亩，为花卉加工提供了充足的原料，同时曲靖博浩生物科技股份有限公司成为全球最大的万寿菊浸膏和原材料生产商。加工花卉产业链不断延伸，产品使用功能不断拓展，市场领域不断拓宽，初步实现第一、第二产业的有机融合。

（二）案例

近年来，昆明一个小小的鲜花饼屋，一天卖出十几万个鲜花饼并不是个例，以昆明嘉华饼屋和面包工坊为代表。玫瑰花茶、玫瑰精油在云南旅游景区、景点、大型购物广场的销量同样惊人。云南以玫瑰等食用加工花卉为代表花卉加工业迅猛发展，种植面积已超过 50 万亩，产值超过 60 亿元，呈现出起步快、效益好、后劲足的发展特点。但科技投入不足、精深加工产品少、原料品质不稳定、市场营销缺位、产品包装落后、标准化体系不完善等产业“软肋”也开始显现。

（三）存在的问题

一方面，云南花卉产业目前仍以种植业为主，花卉加工业和服务业起步较晚，但发展快、产值高。根据省农业农村厅《云南省“绿色食品牌”重点产业 2020 年度发展报告》，2020 年，全省花卉种植业产值 390.1 亿元、同比下降 0.7%，而花卉加工业产值 213.6 亿元、同比增长 32.7%，服务业产值 226.4 亿元、增幅也达 14.5%。另一方面，在国外市场竞争加剧、生产成本上升等影响下，由于缺乏加工业和服务业的支撑，种植业的快速发展也显得后劲不足，种植上的优势无法形成强大的市场优势。此外，花卉加工业发展也面临产业发展缺乏统筹规划、加工能力不足、加工水平较低、产品同质化严重等问题，设备研制严重滞后。花卉服务业方面，花卉产品的运力不足矛盾得到缓解，但花卉运输冷链依然不健全，运输质量依然不高，信息服务、技术推广服务难以覆盖全部产业环节。

（四）对改善（优化）加工管理方式的建议

一是充分发掘花卉的食用、药用、香料、色素、生化等功能，拓展产品应用领域，延长产业链；二是完善花卉加工产品标准化体系建设，建立从原材料种植、中间产品加工到终端产品加工和安全检测的一系列标准体系，提升优质原料生态环保种植和加工技术水平，实现从原料到终端产品各环节的全过程标准化质量控制；三是推进花卉加工产品全产业链可追溯体系认证，保障产品质量安全。2020 年，建设标准化花卉精深加工车间 20 个以上，新增花卉深加工生产线 20 条以上，完成 5 项花卉相关加工产品的标准制定，创建 5 个以上国内外知名花卉加工品牌，使云南花卉加工业产值在总产值中的比重由 2015 年的 18% 提高到 20%，服务业产值比重由 20% 提高至 28%。

四、市场营销

（一）基本情况

云南花卉的外向型产业特征决定了花卉营销的多样性及销售渠道多元化。云南鲜切花和盆花品质不断提升、产量稳定增长、物流体系不断完善，促进了全省花卉的外销与出口。2019 年，云南花卉销往省外 228.82 亿元，同比增长 35%。根据昆明国际花卉拍卖交易中心（KIFA）数据，云南花卉外销主要市场是华东、西南、华南、华北和华中，占销售总量的 85%，其中增长最快的地区分别是华南地区（50.9%）、华中地区（39.5%）和华东地区（9.9%），港澳台地区交易量下降了 17.1%。根据昆明市海关统计数据，2019 年，云南花卉出口额为 7851 万美元，同比增长为 12.9%，比 2018 年的同比增幅高出 7.5%。鲜切花产品出口至缅甸、泰国、柬埔寨、越南、日本、韩国、新加坡、菲律宾、马来西亚、俄罗斯、巴基斯坦、澳大利亚、美国、迪拜等 50 多个国家和地区。①

① 根据《云南省“绿色食品牌”重点产业 2019 年度发展报告》数据整理。

目前，鲜切花销售有传统批发、拍卖、直销、电商等几种方式。传统鲜切花流通渠道环节多、流转慢、效率低、损耗严重，但目前依旧是主流。随着销售渠道的多样化，传统批发受到很大冲击。位于昆明呈贡区的斗南花卉市场（花花世界）吸引了云南80%以上的鲜切花和周边省份、周边国家的花卉入场交易。在全国80多个大中城市中占据70%的市场份额，出口46个国家和地区，有全国10枝鲜切花7枝产自云南之说。多年来借助“斗南花卉”这一中国驰名商标的品牌效应和市场优势，斗南已成为中国花卉市场的“风向标”和花卉价格的“晴雨表”。斗南花卉市场内的昆明国际花卉拍卖交易中心则是亚洲第一、全球第二的鲜花拍卖交易市场。如前所述，到2019年，云南鲜切花产销量已连续26年保持全国第一，多年占全国鲜切花总产量的50%以上。2010年以来，云南鲜切花产销量年均增幅超过10%，而以大花蕙兰为代表的盆花销售量年均增幅则超过20%。种苗占有国内市场60%以上的份额，云南不但是我国大花蕙兰等盆花产销中心，而且还是我国种苗（球）产销中心和新品种研发创新中心。2019年，昆明国际花卉拍卖交易中心供货销售量占全省切花总产量的10%，花卉电商销售鲜切花占全省总产量的比重则超过1/4。电商的兴起和发展有力地拓展了终端消费市场，培育了新的消费群体和消费习惯，对调整云南花卉供给侧结构、稳定全年花卉市场行情、推动云花产业转型升级和加快“互联网+花卉”发展进程都起到了积极的促进作用。

品种引导市场，同一种类不同品种市场价格和市场占有量完全不同，以非洲菊和满天星为例，非洲菊主要集中在云南昆明、玉溪、楚雄等滇中地区种植，昆明晋宁是云南花卉种植大县，也是非洲菊种植最多地区，占云南种植面积的80%；其次是楚雄禄丰县彩云镇、玉溪红塔区、富民县，大理、蒙自、临沧等州市也有种植。昆明国际花卉拍卖中心的数据显示，2019年，非洲菊“拉丝”系列和“迷你”型小花系列增长迅猛，其独特造型颠覆了人们对非洲菊传统的印象，昆明拍市2019年排名前20的非洲菊中，“拉丝”系列的“拉丝1号”“拉丝2号”“拉丝4号”“拉丝6号”“拉丝8号”等及“玉镜”“珍爱”等“迷你”型小花系列品种占50%席位，最高的“拉丝8号”销售量增长率达3424.07%，其他“拉丝”系列增长率均超200%。满天星随着染色满天星市场需求暴增，2019年，种植面积和产量比2017年翻一倍，种植地主要集中在昆明官渡区、石林县、宜良县等滇中地区，品种要求枝杆硬、花朵白，其具有大小适中、吸色好等特点，“伊洛斯”“云星1号”等中花系列占据市场80%以上份额。

销售渠道多元导致了高价节点的增加，如随着电商及新型花卉交易模式的快速发展，大众消费群体迅速扩大，较之以往花卉消费冬季价格高、夏季价格低迷，受传统节日影响大的特点，2017～2018年呈现出高价周期较长、人造节点增多的特点。由于电商、大型组团主体的出现，使得产品供应端和消费端的距离变短，环节变少，新型零售在全年有选择地人为培养消费需求节点，稳定、拉长中高花价周期。2018年，斗南鲜花批发市场鲜花交易量67.3亿枝，交易额55.9亿元，拍卖交易量17.9亿枝，交易额26亿元，斗南“两市”年交易总量和交易总额亚洲第一。2019年，随着云南花卉的转型升级及市场需求，创新运营管理机制应运而生。如充分发挥昆明长水机场窗口作用，在长水国际机场主入口处建设昆明长水机场“绿色食品牌”10大名品展示销售中心，同时利用机场广告资源，开展包括花卉在内的品牌宣传，引流客商，同时配套采取平价促销、消费体验等措施，不断提升“10大名品”知名度和影响力，助推市场开拓。同时，加快与阿里、京东、拼多多、百度等大型知名电商合作，搭建统一的农产品网络运营推广平台。举办各类型、各层次的展销会、品种品鉴会等，搭建营销平台。如于2019年7月12～14日在昆明滇池国际会展中心举办的第二十届中国昆明国际花卉展，为来自国内外的经销商、从业者和生产商搭建了一个商贸洽谈、产地市场考察、花文化交流和产销互动的平台，国际产业高端论坛、基地开放日活动等吸引200余名客商参观，拓宽市场营销渠道。在金融服务方面，为助推云南乡村振兴，解决云南以花卉产业为代表的农业经营主体融资难、融资贵、融资慢等问题，云南省政府、各花卉主产区政府与金融机构进行合作，为花卉生产企业、合作社及个人提供各类金融服务，打造数字化平台“一部手机云企贷”，该平台实现了三个首创：首创省级政府“服务实体经济数字化综合平台”，服务全省居民、小微、大中型企业，提高政策红利与金融支持的易得性；首创“一网通”＋“一站式”移动端金融支持，实现企业、个人贷款服务移动办、随处办；首创“云信用”平台与金融的深度合作，通过会员制管理，为获奖企业、诚信企业增信，助推市场营销体系良性运转。云南省农业科学院花卉所无刺月季新品种“翡翠”以及非洲菊新品种“拉丝3号”“拉丝8号”“粉佳人”等参加“2019年中国北京世界园艺博览会”，获特等奖3项、金奖2项、银奖3项。部分满天星、非洲菊、草莓、杜鹃、山茶自育新品种已推广到国内各大城市，年推广新品种种苗超过1500万株。以鲜切花为例，2014年，月季、康乃馨、百合和非洲菊四大鲜切花均价1.54元/枝，较2013年环比保持平稳，其中，玫瑰和非洲菊分别上涨10%和18.21%，康乃馨和百合下降30.27%和7.15%。从单个品种分析，全省11个鲜切花品种2014年均价涨多跌少，其中6个品种上涨，月季均价0.87元/枝，环比涨10%。月季一直是云南拳头鲜切花品种，全省近8万亩，年产40亿枝，品种多达百余个，其中不乏一些国际流行的新秀品种，如“冷美人”“狂欢泡泡”“蜜桃雪山”等引进品种以及“金辉”“翡翠”等自主研发新品种，这些品种最高售价达5~9元/枝。云南月季已形成单一品种规模化、标准化的生产格局，销售、采收包装、物流运输、营销等环节运作成熟，社会化分工细致，市场竞争力高，因此，2014年行情喜人：非洲菊均价0.35元/枝，环比涨18.21%；勿忘我均价12.39元/千克，环比涨46%；情人草均价17.6元/千克，环比涨3.46%；菊花均价1.14元/枝，环比涨8.12%；洋桔梗均价2.3元/枝，环比涨11.32%。下降的品种是康乃馨，2014年，其均价为0.34元/枝，环比跌30.27%，这主要是因为全省种植面积增加，且大部分基地还属于新区，其技术水平较低，优质花比例小；百合经过2年的调整，种植规模保持稳定的同时，产品质量提升，品种结构更趋于合理，2014年均价4.59元/枝，环比略降1.15%；满天星经过2011~2013年的高价后，回调至2014年的29.59元/千克，环比下降19.20%。2019年，拍卖交易的大宗鲜切花产品有月季、非洲菊、香石竹、满天星、黄莺、向日葵及多头菊，单头月季年均价0.78元/枝，比2018年降3.7%；多头月季年均价1.13元/枝，比2018年上升15.3%；非洲菊年均价0.2元/枝，比2018年下降9.1%；香石竹年均价0.28元/枝，比2018年上升55.6%；满天星年均价24.1元/千克，比2018年上升1.3%。交易量前20名的鲜切花产品大类，主要单头月季品种为“传奇”“闪耀”“艾莎”“白荔枝”“影星”“红袖”“大桃红”“坦尼克”“黑魔术”“冷美人”，多头月季品种为“折射”“果汁泡泡”“温柔水晶”“狮子座”“梦幻芭比”“橙色芭比”“波赛尼娜”“狂欢泡泡”“粉红女郎”。[①]

（二）案例

1. 昆明斗南花卉市场

位于昆明呈贡区滇池东岸斗南镇的花卉市场是20世纪90年代中期以来，随着昆明呈贡的花卉产业发展而形成并逐渐发展壮大的以鲜切花为主的专类批发市场。2010年2月引进外资（港资）将昆明斗南花卉市场进行升级改造后形成了占地1020亩、总建筑面积81万平方米的昆明斗南国际花卉产业园区，是著名的花都。

① 根据《云南省“绿色食品牌”重点产业2019年度发展报告》数据整理。

昆明斗南花卉市场包括对手交易、拍卖交易、餐饮服务等在内的经营活动，还有盆花苗木市场、盆景花卉生态园等多个子市场，市场每天上万人次入场交易，日现金流量1000万元左右，旺季达2000万元以上，享有“金斗南”之称，现已发展成为亚洲最大的鲜切花交易市场。每天有280余吨鲜切花通过航空、铁路、公路运往全国60多个大中城市，部分出口日本、韩国及东南亚等周边国家或地区。鲜切花从这里销往中国各省份及日本、泰国、越南等50多个国家和地区。经过30多年的发展，特别是斗南鲜花小镇推进建设以来，斗南花卉产业已形成了以全国唯一一家国家级花卉交易市场和全国第一、全球第二的花卉拍卖中心两家龙头企业为核心的产业集群。2019年，鲜切花交易量突破92.31亿枝，交易额74.36亿元，云南80%以上的鲜切花和周边国家、省份的花卉在小镇范围内入场交易，出口50多个国家和地区，在全国的鲜切花相对市场份额大于70%，连续22年鲜切花交易量、交易额、现金量、交易人次和出口额均占全国第一。[①]

2. 昆明国际花卉拍卖交易中心

昆明国际花卉拍卖交易中心有限公司是由云南锦苑花卉产业股份有限公司、云南花卉产业投资管理有限公司、昆明产业开发投资有限责任公司、呈贡区国有资产经营投资公司共同投资建设的集花卉标准制定及推广、新品种引进、信息服务、技术服务、金融服务等于一体的国有控股公司。公司投资建设于2002年12月20日正式运营的昆明国际花卉拍卖交易中心（简称：昆明花拍中心，KIFA）位于昆明呈贡区斗南社区，是一个基于互联网的花卉交易、服务平台，现拥有6万平方米的交易场馆、2个拍卖交易大厅、9口交易大钟、900个交易席位，每天可完成800万~1000万枝的花卉交易规模。目前，昆明花拍中心有种植商（供货商）会员25000多户、来自全国各地的购买商3100多户。交易的鲜花不仅进入了全国各大、中、小城市，还出口到泰国、日本、新加坡、中国香港、俄罗斯、澳大利亚等40多个国家和地区，交易的鲜切花品种涵盖了玫瑰、非洲菊、满天星，康乃馨、洋桔梗、绣球等40多个品类500多个品种，是亚洲鲜切花交易量最大的产地型花卉拍卖市场。昆明花拍中心先后被认定为中国拍卖行业AA级企业、商务部重点创新市场、国家高新技术企业、中国花卉批发十强市场、中国农产品批发行业成功模式典型市场、云南农业产业化重点龙头企业、云南花卉行业重点企业、云南中

① 根据中国网2020年2月25日刊发的人民日报记者撰文《亚洲最大鲜切花交易市场恢复对手交易》和云南网2020年3月24日刊发记者张雁群文章《到2028年斗南花卉要建成‘世界第一’花卉交易中心!》等公开资料整理。

小企业公共服务平台。昆明花拍中心的注册商标被认定为云南著名商标，“花卉拍卖服务”被认定为云南名牌产品。围绕花卉拍卖交易，昆明花拍中心已建立起了一整套产品质量控制体系，规范化、标准化的市场交易规则，以花农经济合作组织为基本单元的产品供应链、“云花”品牌推广体系以及交易服务体系，形成了一个面向全国的“花卉交易价格形成中心”“行业标准的制定和推广中心”“花卉产业信息、服务中心”“花卉品牌推广中心”“花卉新品种推广中心”。2013年12月，由昆明花拍中心主持起草的商务部行业标准《鲜切花拍卖产品质量等级通用要求》列为商务部流通行业标准，这是云南首个国家级花卉行业标准。由昆明市发展改革委牵头编制的“昆明花拍中心鲜切花价格指数”，自2015年2月9日开始在昆明市发展改革委和昆明花拍中心网站上对外公开发布。“昆明花拍中心鲜切花价格指数”可代表云南乃至全国鲜切花价格走势，让每一天昆明鲜切花价格走势都一目了然。① 2019年，昆明国际花卉拍卖交易中心总供货量14.4亿枝，较上年增长12.8%；总成交量13.7亿枝，增长13.2%；均价0.87元，增长1.1%；成交率95.4%，增长1%；交易额11.9亿元，增长14.4%。拍卖的交易品类仍以玫瑰为主，总体占比93%，非洲菊、香石竹占比略下降，满天星、向日葵和多头菊花交易占比和供货量增长明显。2019年，单头玫瑰参与交易品种为451个，比2018年的312个增加139个；多头玫瑰参与交易品种为180个，比2018年的125个增加55个。非洲菊交易品种为155个，较2018年的120个增加35个。采购商人数增长靠前的是港澳台、华南和华中地区；电商群体交易量、成交额增长率最高，达到了86.71%和71.31%。②

（三）存在的问题

一是物流存在短板。鲜花质量的好坏，不仅仅只取决于花卉生产的环节，花卉的后续物流运输也很大程度上影响了花卉的品质。花卉采摘之后，必须立刻浸入保鲜剂之中，并且将其置于阴冷潮湿的环境之下使用冷链运输方式。运输过程中，必须严格按照花卉保鲜保湿保温的原则，使用标准的花卉运输箱。然而，云南花卉运输并不能够严格按照发达国家的运输标准，保鲜剂缺乏，花卉物流包装也比较简单，有时候只是使用一般的塑料布、泡沫板等，导致鲜切花质量下降。

① 根据昆明国际花卉拍卖交易中心（KIFA）网站资料整理。

② 根据《云南省“绿色食品牌”重点产业2019年度发展报告》数据整理。

二是花卉出口额度较低。如前面所述，2018年，全省花卉总产值525.9亿元，其中出口额2.06亿美元，花卉出口贸易额占整个产业比重较低，而同时国际花卉交易市场增长迅速，在全国花卉生产省份中出口贸易排在广东、福建之后，与其全国最大的鲜切花省份地位不相符。

三是品质有待提升。云南花卉生产方式落后，生产主体多、小、弱，制约了生产设施提升，简易棚占70%以上，低端设施难以应对气候变化，冬季低温、夏季阴雨、局部光照不足等导致单位面积产出低、品质差，无法稳定地满足市场对高品质花卉的需求，如2013年底，霜冻导致鲜切花减产40%；2014年、2017年、2018年因持续降雨，导致玫瑰病害大面积爆发等。品质和产量的不稳定严重影响了云花品牌的打造，产品缺乏市场竞争力，导致国内市场高品质花卉进口量激增。①

四是销售途径单一，技术标准不全。虽然，斗南花卉市场交易量和交易额仅次于荷兰 Royal Flora Holland 交易集团，在国内及亚洲鲜切花市场享有一定的定价权，但花卉拍卖只占11%，更多的还是对手交易，占49%，其次是电商占23%，直销占17%，特别离斗南较远的种植户及企业在销售流通上存在较多问题。另外，鲜切花加工产品标准化体系建设不够健全，从原材料种植、中间产品加工到终端产品加工和安全检测的一系列标准体系还有待进一步完善。

（四）对优化市场营销的建议

一是提高花卉社会化服务体系。云南花卉在产业发展的服务环节还存在着很多问题，花卉产业相关部门应该加大协调力度，为花卉产业提供方便快捷的服务。组织、培养一批专业花卉物流服务供应商，并且给予花卉专业物流供应商一定的扶持力度。

二是创办高标准国际花卉博览会，积极拓展国外市场。在云南花卉博览会的基础上，进一步提升博览会的档次和水平，扩大云南花卉的影响力，举办集花卉交易、花卉展示、花卉科技、花卉产品、花卉旅游、花卉文化为一体的国际花卉盛大节日；充分利用国际贸易规则，最大限度地鼓励、支持、帮助本土花卉企业出口贸易。

---

① 戴敏，等．大棚鲜切花气温适宜性指标研究［J］．农家科技（上旬刊），2018（9）：83－84．

五、投（融）资体系

（一）基本情况

云南花卉在硬环境方面得天独厚，特别是自然环境对云南花卉产业起到促进作用，而软环境却是影响云南花卉产业成本的主要因素。融资成本在软环境中处于核心地位，因为所有因素都是靠资金来支持，融资对策直接影响资金成本。

现代经济发展的规律表明：产业发展需要金融的强力支持。美国政府为扶持小企业和科技企业对资金的需求，设立了纳斯达克证券市场；日本政府为扶持小企业，组建有小企业局和小企业金融保障机构；法国、英国、德国、韩国、新加坡、中国香港等国家和地区开办有为小企业融资的二板市场；我国经济发达的浙江，为帮助民营企业融资进行不懈努力，创建有为小企业融资的民间金融机构；同时经过多年努力，2003 年深圳开启了我国第一个创业板市场。各国政府意识到，没有金融的强力支持，任何产业都难以做大、做强。云南花卉产业同样离不开金融的支持。

至今，云南还没有一家以花卉为主业的上市公司，没有一家花卉企业的规模和效益能达到上市要求，没有与花卉业相关的企业债券和产业基金。

（二）案例

为打通融资新渠道，解决云南花卉产业发展的“瓶颈”问题，2008 年初，云南省金融办和省花产办共同签署了《培育云南花卉企业上市战略合作协议》；4 月，云南省金融办和省花产办共同经过多次筛选，确定昆明锦苑花卉有限责任公司、云南玉溪明珠花卉有限公司、华泰联花卉（昆明）有限公司、云南格桑花卉有限责任公司、云南丽都花卉产业发展有限公司、昆明杨月季园艺有限责任公司、昆明芊卉种苗有限公司、昆明虹之华园艺有限责任公司这 8 家花卉企业作为重点培育上市企业。在公布了 8 家重点上市花卉企业的名单后，半年内国内外 40 多家投资机构前来洽谈投资云南花企事宜；两家花卉企业吸引到投资 7000 多万元。锦苑利用注入的资金，结合云南花卉产业的发展方向，积极投入花卉产业相关项目的建设，先后提出了创新型花卉产业园及花卉全程冷链物流体系两个项目。丽都利用投资进行全国花卉连锁店等项目的建设。这些项目的建设成功为这些花企整合其他小企业创造条件，也是壮大自身实力的一步，在自身完善后，更利于从资本市场筹集更多资金。

（三）存在的问题

云南大多数花卉企业极少能得到银行贷款支持，原因是大多数花卉企业资产规模小，无抵押，无稳定的业绩保证，无机构担保。面对银行借款不能、股票上市无门、发行债券不行，云南许多花卉企业不得不以高额的成本另寻资金来源。多年来，政府每年通过政策性贴息贷款资助一些企业，但对规模庞大的企业群来说，那只是杯水车薪。这些现况和产业与云南处于特色产业的地位是不相称的。

（四）对改善（优化）产业投（融）资体系的建议

花卉产业融资环境与其他产业的融资环境一样，资金融通渠道不畅、方法不多、政策不活，不仅拖累了云南新兴产业的发展，同时也拖累了花卉产业的快速发展。花卉产业金融支持政策不到位，产业的成长潜力和竞争优势难以充分发挥，不利于做强做大云南花卉产业。鉴于此，应加速建设适应市场经济体制的区域性地方融资环境，为花卉产业的发展创造便利、稳定和多渠道的融资条件。

第一，建立担保市场，鼓励有实力的企业组建信贷担保公司，为大小花卉生产企业提供更多的信贷担保。在花卉生产较为集中的地区，引入各类有实力的企业或个人组建花卉产业发展信贷担保公司，通过担保公司的运作，使更多的小企业能够获得资金来源。担保公司的组建和运作在严格规范的基础上，淡化政府行为，鼓励民价资本、私人资本参与，组合与担保业务相关联的中间服务机构，允许担保公司和中间机构在合理的范围内获得相应的报酬。

第二，建立云南花卉产业投资基金。建立花卉产业投资基金是筹集产业资金的又一重要渠道。针对花卉产业的特点，花卉产业投资基金可采取封闭式运作，管理上实行公司、契约组织形式，由省政府制定年度基金发行计划，并颁布基金管理办法，明确投资范围和操作程序，加强监管，防止各地行政干预基金正常投资和滥发基金的现象。

第三，加速推进云南信用体系的建设和完善，从根本上解决小企业融资难的问题。信用体系要涉及建立个人和企业的信用档案以及资信评估（资信评估报告和资信等级评估），由专业机构以专业化的方式提供各类客户的信用信息。

六、风险控制策略

（一）基本情况

国际花卉产业竞争日趋激烈，荷兰等国际传统花卉大国凭借其雄厚的产业实力、科研基础以及完整的产业链条，稳固地占据着国际花卉高端市场；非洲的肯尼亚，美洲的哥伦比亚、厄瓜多尔以及东南亚、南亚等新兴花卉国家纷纷进入花卉市场竞争中来，并抢占美洲、欧洲乃至全球花卉市场。我们周边的印度、越南等国家花卉产业发展迅猛，与我国花卉产业发展形成了直接的竞争。同时，国内沿海发达地区的一些省份将花卉产业列入当地的国民经济和社会发展计划中，作为加快农业结构调整的重要产业来发展，以雄厚的资金优势、研发优势、人才优势、装备优势为基础，近期花卉产业在这些省份得以迅速发展，一些品种的产量提升很快。这些因素使得云花在国际及国内市场上的需求均直接受到冲击。

一是政策风险。政府对花卉产业的政策影响不仅有直接的，还包括间接的。直接的政策影响如政府的规划、指导，技术的推广。间接的政策如关于创新、授权体制以及融资方面的政策。此外，花卉授权管理体制的不健全也会阻碍新品种的应用和推广。

2020 年是中国加入国际植物新品种保护联盟 UPOV 并正式实行新品种保护制度 21 周年。但是，花卉新品种的知识产权保护力度不够，花卉新品种涉及的种类、数量比较多，因此，花卉新品种知识产权保护体制还需进一步完善。

大部分的观赏植物经常通过扦插、嫁接、组织培养等无性的方式繁殖和生产。少部分的花卉种类通过有性繁殖的方式生产。有性繁殖品种是杂交育成，可采用控制亲本、F1 代制种等技术方法保护育种者的权利；无性繁殖品种是任何枝芽、组织等均可繁殖，且扩繁成本低廉，因此，新品种保护更加艰难。从新品种管理看，主要农作物种子有《种子法》严格要求；而无性类则管理手段少，主要依赖市场与社会自律。

如何让育种家的新品种获得合理的回报，核心就是新品种许可费（专利费、品种权费）的管理。这项费用的收取标准与方式在草花与苗木等不同植物种类间差异很大，如荷兰百合的种球生产与肯尼亚切花月季均按生产面积数（公顷）收取，而我国昆明花拍中心（KIFA）对鲜切花月季类新品种则按交易额 10%～20% 比例抽成。但这也需要政府能出台相关的政策并严格执行。

二是人才风险。云南花卉生产所面对的人才风险主要是在科研、管理和营销等方面高层次人才的需求上，广大花农大多由菜农、烟农、果农等转产而来，受专业教育程度低，缺少专业培训。专业人才的缺乏不仅会影响到花卉的种植，还会使云南的花卉种植缺乏应变突发风险，也会影响花卉的集约化和规模化生产的推广。花卉专业人才培育不足，技术培训队伍薄弱，花农缺乏系统培训。

三是市场主体风险。市场主体包括生产者、销售者和消费者。目前，生产者对市场的认识不足，没有避险意识，基本凭自己的经验，种植技术也有待提高。销售者也需要提高对花卉方面的专业知识，销售者不仅仅为了销售而销售，销售者需要利用自身对花卉的专业知识在消费者中间进行销售推广。销售方面存在的风险还包括物流及对销售各个环节的整合方面，如成本较高、效益较低等。一直以来，云南花卉沿用传统的集贸式交易进行销售，这种销售模式是小生产条件下的产物，其缺点是缺乏有效的组织，难以实现专业化、规模化和标准化，无法适应花卉产业的进一步发展。另外，销售方式的单一，也无法适应多层次、更广泛的市场需求；销售规模的分散也难以使市场形成有序的竞争，降低销售成本。销售混乱的结果就是市场信息的不透明，会产生市场投机行为，难以实现市场的自我完善和规范。

（二）案例

尽管受生产成本持续上涨、国际主要市场消费疲软、国内团体性消费受限等内外不利因素的影响，但因大众消费市场的拓展、消费人群的扩大以及节日消费的拉动，云南花卉行情依旧保持稳中有升的喜人行情。长期来看，云南鲜花行情近 10 年保持波动上涨走势，价格上涨主要受两个因素的影响：一方面，种苗、地租、人工、资材等成本增加；另一方面，国内消费市场不断扩展，二三线城市以及发达地区乡镇花店增多，尤其是 90 后年轻消费群体扩大，国内花卉消费量每年保持 20%~30% 的增幅增长。因此，今后鲜切花行情走势依旧喜人。

从品类看，月季、洋桔梗等优势鲜切花产品行情稳定，优质花依旧保持高价姿态；绣球、帝王花、蜂蜡花、嘉兰、睡莲等特色鲜切花供不应求，发展空间巨大。从时段看，第一季度和第四季度期间，年初和年尾以及母亲节、七夕节等重要销售时段，花卉价格依旧遵循高价行情的规律；销售淡季，即第二季度和第三季度的 4~9 月期间，鲜切花整体行情不瘟不火，其中，非洲菊、百合等适用性广的大宗品种，因国内其他地区也开始小规模发展，行情稳中略走低态势。随着市场生产调整不断优化，国外和国内两个市场的不断扩展，大花蕙兰销量剧增，行情有望明显回升。

此外，食用玫瑰、药用石斛、保鲜花等精深加工花卉整体走好，但因原料生产和销售存在诸多不确定性因素，投资风险加大，需要在加工技术、原料品质、设施设备改进、消费者培育等方面多下功夫，提高精深加工产能及其产品附加值，避免盲目生产带来的行情低迷现象再次发生，尤其是普遍低迷行情现象的出现。

（三）存在的问题

云南鲜切花产业发展始终处于较低水平，产业升级和竞争力提升缓慢，花卉产业面对风险时主要存在两个问题。

首先，产业中的各个环节相互脱节。经营生产者多根据自身经验和对小市场的估计各行其是，其结果就是在品种配置、种源供给、产品生产、质量控制、储藏销售、市场供给上没有形成整体优势，造成资源的高度浪费和效益的低下。其次，在管理体系上的不健全，大部分部门、企业的管理者半路出家，缺乏跨学科、跨专业的全面知识体系，整个花卉产业没有形成一套完整的适合云南的管理方法体系。

（四）抵御（防范、降低）花卉产业风险的建议

一是改变花农的小生产意识，将他们有效地组织起来，形成有规划、有规模、有组织的生产种植，并对他们提供相应的技术支持。二是进一步完善省花卉协会，扩大团体会员、个人会员队伍，吸引本省企业与花农入会，提高行业协会的覆盖面。三是提供科技信息、资料，推广花卉种植的新技术和先进经验，定期发布花卉生产进度、供求信息，为花农提供产前、产中和产后全过程综合配套服务，强化科技服务。四是规范生产技术，制定完善产业地方生产标准，借鉴烟叶生产技术推广的经验做法，编制技术小册子广泛分发，指导广大花户推广应用，促进花卉标准化种植、规范化处理、现代化发展。五是加强对花农的技术培训，积极培养各地专业骨干，壮大技术队伍，尽快形成一批花卉“土专家”。此外，鲜切花供应易受到季节及气候的影响，需要引入保险机制保证花卉供应的平稳。保险机制的引入也是产业发展走向规范化、规模化、标准化必不可少的。

七、融合发展

（一）基本情况

云南花卉产业涉及领域广，产品种类多样，花卉功能从观赏性延展至观光旅游、养生保健、日化食品等多个方面，花卉产业链由第一产业向第二、第三产业延伸，生产存量逐渐得到盘活，产销进入良性运行轨道，信息、营销和科技创新前沿领域和服务产业日益完善走好。花卉产业纵向发展的同时，也横向跨行推进，与旅游、养生等“非花卉”产业叠加，共融发展。随着人们生活水平的提高，市民对旅游花卉、花卉文化产品、美容化妆品、养生保健品、鲜花类食品的需求欲望日益强烈，从而催生了花卉旅游业、花卉文化、花卉健康养生产业的发展，吸引众多社会资本关注。云南作为我国花卉大省，凭借丰富的花卉资源优势和良好的气候条件，花卉旅游发展方兴未艾，涌现出了丽江花花色玫瑰庄园、大理张家花园、无量山樱花谷等众多以花卉为主题的旅游项目和景点（区），花开季节吸引众多省内外游客前往，争相体验各处别具一格的“一日花卉游”。

2016 年，云南花卉种植业产值 315.4 亿元，加工业产值 32 亿元，服务业产值 116.5 亿元。一二三产业融合发展的花卉旅游业发展迅速，全年花卉旅游项目新增投资 8.9 亿元，花卉旅游收入 24.3 亿元，接待参观人数 1460 万人次，带动就业 5.6 万人。①

（二）案例

以云南花卉示范园为例，目前，年产高档鲜切花 6.4 亿枝、盆花 1000 余万盆。②

近年来，云南花卉示范园区立足昆明打造世界春城花都的背景，按照将园区建成昆明的后花园、一二三产业融合发展的先导区和示范区的目标要求，以优化农业产业为核心，抢抓机遇，积极推进一二三产业融合发展，带动园区花卉产业转型升级和农民增收致富。

一是依托优势“云花”做强第一产业。作为有 30 余家国内知名花卉企业的国家级园区，云南花卉示范园区依托现有产业基础，持续发展设施农业、科技农业，提升

---

① 云南鲜切花产量连续 23 年全国第一［N］. 云南日报，2017－03－14.

② 根据《云南省“绿色食品牌”重点产业 2019 年度发展报告》数据整理。

发展现代农业。夯实产业基础，培育现代农业集群。2017 年，云南花卉示范园区建成区近 2 万亩，入驻企业中有 26 家花卉企业，11 家外资企业。年产高档鲜切花 6.4 亿枝、盆花 1000 余万盆，涵盖蝴蝶兰、大花蕙兰、菊花、玲珑、康乃馨、红掌、月季等多品种，产销量在国内市场占 50% 以上，年产值达 7 亿元，菊花苗占全国出口份额的 95%，年贸易出口规模达到 4500 多万美元，出口国家和地区 20 余个，出口量达 44%，有近 10 个品种的花卉在产量、品质、国际和国内市场份额等多方面稳居全国前列，花卉和有机蔬菜等产品远销日本、韩国以及中东欧、东南亚等十多个国家和地区。同时，园区拥有科技研发基地 3 家，专家工作站 2 个，现代农业科技研究中心 7 个。依托云南省农业科学院现代农业科技研发基地、专家工作站、企业自身研发基地三大科研平台，创新合作机制，建立起了优势互补的产学研合作机制，仅在花卉产业上，就有拥有自主知识产权的花卉新品种 600 余个，获国家和云南植物新品种认证的花卉新品种 24 个，带动附近村民就业 7000 多人，年增加农民收入 2 亿多元。①

二是延伸产业链条做大第二产业。示范园按照“培育大龙头、建设大园区、打造大品牌”的发展战略，不断延伸产业链条，企业数量和质量实现双促双增。已建成投产的晨农集团嵩明冷链物流配送中心成功引进西南特色生物资源科技开发示范基地、果蔬废弃物无害化处理、缤纷花卉园和云南花卉示范园区天然气项目。同时，依托园区的产业基础及交通优势，推进立足云南、面向全国及东南亚市场的中昆投国际农产品贸易城和中农联农产品电商物流园建设。通过项目实施带动产业发展，促进农民增收，提升企业盈利点，扩大园区经济总量，引导农产品精深加工向嵩明集中，向园区聚集，并在云花的基础上，带动附近村民在房前屋后种上各种鲜花，整理出客房，让前来看花的市民有花可食、有房可住，打造鲜花农业特色小镇，真正让远方的客人留下来。

三是抓好产业升级做活第三产业。第三产业是园区打造现代农业“升级版”的突破口，也是加快产业转型、培育园区经济发展新的增长点的重要抓手，通过推进农业与休闲旅游、健康养生等深度融合，发展观光农业、体验农业等新产业、新业态。按照“以旅兴农、一三互动、农旅一体”的发展思路，云南花卉示范园区大力发展观光农业、体验农业等新业态。2013 年、2014 年、2015 年连续三年成功举办了“中国切花菊品种展示会”，2016 年成功举办了首届嵩明花博会。此外，推进“互联网 + 现代农业”发展模式，铸就可持续发展新农业，探索“基地直供”

① 根据《云南省“绿色食品牌”重点产业 2019 年度发展报告》数据整理。

“原产地直供”等特色电商营销模式。近两年来，云南花卉示范园区共接待了东南亚、中东欧等地区40余批次国外宾客先后到园区访问，国内宾客312批、40万人次到园区参观考察。园区已成为云南发展高原特色农业的一张名片，一个重要的展示窗口。①

（三）存在的问题

30年来，云南鲜切花发展所取得的喜人成绩，除自然优势之外，还得益于各级各部门的鼎力支持和相互协作。随着花卉产业结构的变化，花卉产业领域的拓展，花卉产品功能的多样化，产业链条的拉长，花卉所涉及的领域和部门越来越多，除主管部门外，与旅游、科技、财政、农业、林业、卫生、建设、生物、扶贫、信息、工业、质检、海关等领域都有关联，这就需要各级部门之间的沟通协调，互相支持发展，目前，云花升级正亟待相关产业部门的统一协调发展。

（四）对促进（优化）产业融合的建议

花卉产业以优化农业产业为核心，积极探索发展现代农业、带动农民增收、推进城乡统筹发展的新途径，努力打造一二三产业融合发展的先导区和示范区。

在充分认识当前形势，明确云南花卉产业优势的基础上，需盘活一产存量，做大做强二三产业增量。依托现有产业基础，持续发展设施农业、科技农业，提升发展现代农业。夯实产业基础，培育现代花卉农业集群。通过项目实施带动产业发展，促进农民增收，提升企业盈利点，扩大产业的经济总量，引导农产品精深加工集中聚集。第三产业是打造现代花卉产业“升级版”的突破口，也是加快产业转型、培育产业经济发展新的增长点的重要抓手，通过推进花卉产业与休闲旅游、健康养生、科普教育等深度融合，发展新产业、新业态。

八、科技推广应用

（一）基本情况

云南花卉科技创新实力进一步加强，科研单位、大专院校、花卉企业及国家

① 云南省花卉示范园区谋划产业转型升级　以花为媒融合发展一二三产业［EB/OL］. 人民网，2017－03－15.

级品种测试站相互协作共进的研发体系初步形成，品种研发创新与推广、技术研究与应用、运营管理模式创新成效显著。新品种选育方面，云南是国内花卉新品种选育和关键实用技术研发实力最强的省份。截至 2016 年，累计育成花卉新品种 560 个，获得国家授权花卉新品种 302 个，授权数量占全国的半数以上；全省拥有创新技术和专利 100 余项，制定各类国家、行业和地方标准 70 项，多项花卉栽培技术达到世界领先水平。[①] 在组织方面，借助拍卖市场和重点企业服务平台，全省形成了不同形式的花农经济合作组织和“公司 + 基地 + 科研院校”或“公司 + 花农（花农经济合作组织） + 市场”或“社会组织 + 示范基地 + 市场”等各类组合企业管理模式。

（二）案例

云南的花卉产业优势不单在气候方面，更体现在创新发展上。昆明杨月季园艺有限责任公司自主研发的“湖蓝”“姹紫嫣红”“青花瓷”等绣球花品种完全可以代表中国发声，特别是“湖蓝”可以露天种植，适应零下 12 度到零上 35 度的花卉极限温差。该品种在 2018 年 9 月授权国外生产商种植。

昆明安祖花园艺有限公司、弥勒品元园艺有限公司等一批花卉企业，近两年来在基质栽培、水肥一体化等技术研发方面也取得了突破进展，得到了广泛应用。以月季生产为例，在上述企业的种植管理模式下，月季鲜切花亩均产量可达 11.5 万枝，亩产值可达 50 万元，分别是全云南平均水平的 3 倍和 10 倍；盆栽月季亩产值更可达 100 万元。[②]

云南满天星 70% 种植量集中在 6 ~ 9 月，以玉溪云星生物科技有限公司为例，2019 年 6 ~ 9 月种苗销售占全年 78%，最多日销售突破 80 万株，公司通过云南省农业科学院花卉研究所微型扦插专利技术应用和推广，解决了满天星种苗集中批量生产这一难题。[③]

云南省农业科学院花卉所在非洲菊品种选育与推广应用有创新突破，选育的“拉丝”“迷你”“盆栽”“球形”系列一经推广就得到市场高度认可，昆明拍市 2019 年排名前 20 的非洲菊中，云南省农业科学院花卉所自主选育品种占 50% 的席位，平均单价是常规品种的 2 ~ 5 倍。[④]

---

①② 云南花卉技术达世界领先水平［EB/OL］. 国家种苗网，2017 - 06 - 27.

③④ 笔者调研所得。

云南省农科院花卉研究所在特色花卉科技创新方面取得了突破进展。以云南特色高山杜鹃研发为例，建立了国内最大的高山杜鹃育种技术体系，近五年来已选育出高山杜鹃“黛玉”“粉精灵”等新品种12个，分别涵盖了园林绿化和盆花生产应用领域，新品种在国内推广超过120万株，累计产值突破2000万元①；研发成熟的高山杜鹃盆花标准化生产技术，逐渐在国内推广应用，产品已接近国外进口盆花品质，在年宵花市场中部分替代了进口盆花。研发成功的山茶花轻型基质栽培技术处于国内领先水平，在小型盆花生产中被企业普遍应用，打破了云南山茶花走不出云南的怪现象，产品成为市场的畅销品。

（三）存在的问题

目前，云南花卉科技创新主力集中在鲜切花领域，但在加工花卉、绿化观赏苗木等领域却明显不足，品种选育和研发工作滞后，生产中使用的品种大多是引进品种或接近于退化的老品种，科技前沿依赖性大。产品生产的关键环节则缺乏加工生产技术的研究，种植技术大多处于探索阶段，加工技术五花八门，多处于小作坊式加工阶段，产品质量无法保障。此外，标准化厂房投入力度小，加工设施设备落后，生产力弱；产品设计包装老旧，未与现代市场充分结合，还满足不了消费者需求；电商、加工类特定产品物流运输沿用传统标准，技术缺乏创新，服务水平低。

（四）对改善（优化）产业科技推广应用的建议

建立科技创新长效激励机制，持续引导和扶持花卉新品种选育、技术创新和科技成果转化应用。一是支持相关科研院所及企业建立花卉品种资源圃，创新资源圃运营方式，通过植物园、专类园、观光园等方式，将花卉品种的资源收集、保护与观光旅游及商业化育种有机结合，提高资源圃的自身造血功能；二是持续支持开展花卉新品种研发创新，利用云南花卉拍卖交易平台，对成功进行商业化推广的自主新品种进行奖励，以促进自主研发品种的转化推广；三是不断推进技术进步，鼓励生产单位和科研部门对温室、设施设备和生产技术进行研发创新和推广应用；四是以工业化理念、国际化视野，发展云南种苗（球）产业，实现优质种苗、种球的标准化、规模化供给。到2020年，建设花卉种质资源圃10个，新

---

① 笔者调研所得。

增种质资源5000份以上；自主研发花卉新品种达1000个以上，建设年产量1亿株以上的种苗工厂5家，科技创新成果转化率提高2个百分点以上。[①]

（执笔：王云美、李隆伟、张灏、李绅崇；审定：王继华）

① 笔者调研所得。

第二十六章

云南中药材产业经济问题研究

第一节　云南中药材产业发展概况

一、中国及云南中药材产业发展情况

传统意义的中药材指中医指导应用的原生药材，用于治疗疾病。中国地大物博、幅员辽阔，气候环境复杂多样，造就了丰富的动植物资源，也提供了丰富的药用资源，对于这些宝贵资源的开发与有效利用，已有悠久的历史，也是中国医药学发展的物质基础。中国现有中药资源12807种，其中，药用植物11146种，药用动物1581种，药用矿物80种。根据不同的标准，按自然属性的亲缘关系，中药材有多种分类方式，目前，主要是根据采收原则来分类。中药材大体上可分为三大类：植物类、动物类和矿物类，其中，植物类又可以细分为根茎类、果实籽仁类、全草类、树皮类等。由于历史文化、地理环境和社会发展水平等差异，各地中药资源开发利用和应用范围存在很大的差异，形成了具有不同内涵、相对独立又相互联系的三个部分，即中药材、民间药和民族药，数千年的传承已形成云药、贵药、川药、广药、关药、怀药、浙八味等道地药材。

随着经济社会的发展和人们保健、疗养意识的提高，中药材在健康养生等方面的独特功效日益受到人们的广泛关注，针对这一心理，开发出了许多具有保健养生功效的产品，如中药减肥、中药美容、中药化妆品、中药保健品等，中药材市场快速增长，带动中药材产业的内涵和外延发生了显著的变化，从传统意义治病的原生药材扩大到诸如草果、八角、生姜等具有养生保健功能的传统意义上的

香辛料，甚至大麻等有药用开发价值和潜力的其他经济动植物，并从2015年开始逐步成为行业的共识。基于数据的可得性，本研究中，除了关于过去十年云南中药材产业在全国的地位的相关分析数据为传统意义上的中药材（采用国家统计局的系统成套数据）外，其他部分均指2015年后，内涵和外延均扩张后的新的中药材产业的概念。从产业链看，中药材主要包括上游种植、养殖市场，中游流通市场和下游销售市场三大环节。目前，中药饮片和中成药生产是中药产业的核心，主要包括中药加工，如中药配方颗粒、中药饮片加工、中成药制造等。本研究重点关注中药材种植养殖等上游产业及其产品的生产、消费和贸易等，不过多涉及医药、保健品等下游行业。

（一）中国中药材产业发展简况

中医药是中华民族的宝贵财富，是我国传统医学的精粹，作为中华文明的瑰宝，几千年来为中华民族繁荣昌盛做出了卓越贡献。中药材是中医药事业传承和发展的物质基础，是我国独特且关系国计民生的战略性资源。在国家和各级政府的重视与推动下，我国中药材产业发展迅速。进入20世纪90年代以来，中药材栽培技术迅猛发展，中药野生变家种或从国外引进以及新品种选育等都进入一个新的历史阶段。进入21世纪以后，随着我国经济的迅速发展，在“健康中国”战略、供给侧改革、产业扶贫、道地药材产区建设等产业政策的驱动下，我国中药材的种植品种和规模都达到有史以来最高水平。同时，中药产业的现代化水平迅速提高，国内中药产业通过严格按照GMP标准实施现代化改造和建设，积极引进国外领先的生产设备和技术，加速自身生产的现代化进程，提升中成药药检分析工作的现代化水平。中药材产业正朝着优化生产结构、实现生产现代化、提高产品质量、增加产品附加值等方向发展（陈秀香等，2018）。尤其是随着中药材国际市场的回暖，中药材产业的关注度将不断上涨，品种价格仍继续震荡调整，种植药材供应量将逐年增加，优质中药材及药食同源品种的市场需求量将不断扩大，产地布局将进一步优化，尤其是集约化产地加工和产地市场交易将更加活跃。此外，中药材定制化生产、托管式仓储、供应链金融及中药材溯源等新兴业务模式将在各大产地扩大应用，鲜食中药材的冷链配送将逐步成为中药材流通的新增长点，不断涌现中药材电商平台将为解决中药材从种植到流通的各类问题提供新模式、新途径。近年来，国际、国内对中药材医疗的认识不断提高，特别是人类社会面对各类疫病时，中医药在临床中杰出的表现为中医药获取很大的发展机遇。①近年来，全球中草药应用日益广泛，销售量逐渐增加，市场对天然药物的需求持续增长，中药材产业已成为我国最具特色的传统优势产业之一，也是最具有市场潜力的朝阳产业。总之，随着中药材的市场规模逐年扩大，战略地位逐步凸显，我国中药材产业前景十分可观。

（二）云南中药材产业发展简况

云南复杂多样的自然环境孕育了丰富的生物资源，素有“植物王国”“动物王国”“药材之乡”的美誉，是我国生物资源、天然药物和民族医药资源最丰富的省份。通过多年努力，全省中药材产业取得长足进步。尤其是近年来，随着国家健康中国战略的提出，云南省委、省政府提出全力打造“绿色食品牌”“健康生活目的地”等的重大部署，先后出台了《云南省人民政府办公厅关于贯彻落实中药材保护和发展规划（2015—2020年）的实施意见》《云南省人民政府关于推进中药饮片产业发展的若干意见》《云南省中药饮片产业发展专项资金管理办法》《云南省人民政府关于加快生物医药产业高质量发展的若干意见》《云南省生物医药产业发展专项资金管理办法（试行）》等中药材产业发展相关政策，立足于云南无可比拟的“动植物王国”资源优势、独特多样的“低纬高原”气候优势、底蕴深厚的民族民间医药文化优势，大力发展中药材规范化种植养殖，重点扶持道地中药材生产基地建设，全省中药材种植面积和产量、农业产值连续多年稳居全国第一，三七、天麻、灯盏花、滇重楼等滇产药材的市场地位和影响力不断提高。尤其是2019年实施“一县一业”以来，云南中药材产业的规模化、专业化、绿色化等水平进一步提高，成为云南高原特色现代农业中发展较快的产业之一，已经成为促进农业农村经济发展的重要支撑和实现贫困农户精准脱贫的重要产业。据云南中药材产业快报统计，2019年，全省中药材种植面积58.18万公顷（含药食两用药材，下同），产量94.95万吨，种植面积和产量连续四年居全国第一。中药材产业综合产值1076.70亿元，同比增长29.9%。2016～2019年，全省中药材产业农业产值从325亿元增加到388亿元，年均增长6.1%，加工产值从321亿元增加到502亿元，年均增长16.1%，加工产值与农业产值之比从0.98∶1提升到1.29∶1，加工产值中提取物产值占比从2016年4%增长到2019年17.3%，全省中药材产业

① 2019年中国中药材行业运行现状，中药现代化和国际化进程加快［EB/OL］. 种植技术网，2020-03-12.

结构得到进一步优化，体现出整个产业向下游精深加工环节发展的态势。据云南省科技厅、云南省卫健委数据，截至2019年底，全省认定和培育“云药之乡”60家，中药材良种繁育基地103家，中药材种植（养殖）科技示范园144家，定制药园103家。初步建立了三七、天麻、灯盏花、石斛、重楼、木香、滇龙胆、草果、滇黄精、附子、黄草乌、美洲大蠊等大宗药材原料种养基地；一批地方特色中药材品种砂仁、草乌、草果、重楼等发展迅速，逐步形成规模生产。三七、灯盏花、木香、铁皮石斛、重楼、螺旋藻、当归、美洲大蠊等8个品种14个基地通过了国家GAP认证；文山三七、昭通天麻、红河灯盏花、广南铁皮石斛、龙陵紫皮石斛、芒市石斛、程海螺旋藻等一批品种获准实施国家地理标志产品保护；重楼、金铁锁等一批野生珍稀濒危中药材实现了人工栽培，早在2013年优势品种三七农业产值就超过100亿元，重楼农业产值超过36亿元，并涌现了石斛、草果、生姜等一批产值超过20亿元，在全国具有影响力、产业规模较大的优势中药材大品种，云南正逐步成为全国中药材种植的重要基地。

二、中国及云南中药材的生产分析

（一）中国中药材生产简况

据第三次全国中药资源普查统计，我国拥有12807种中药资源，其中药用植物11146种，药用动物1581种，药用矿物80种，有300多种中药材实现人工种植，三七、人参、附子、浙贝母等已完全实现人工规范化种植，细辛、秦艽、重楼、龙胆、羌活等稀缺药材也基本实现了人工种植。近年来，随着《国务院关于扶持和促进中医药事业发展的若干意见》《中药材保护和发展规划（2015—2020年）》《中医药创新发展规划纲要（2006—2020年）》《中医药健康服务发展规划（2015—2020年）》等一系列文件相继出台，各地贯彻落实政策要求，中药材保护和发展水平显著提升，中药材产业得到快速发展。目前，我国市售常用的500多种药材中，200余种常用大宗中药材实现了规模化种植养殖，50余种濒危野生中药材实现了种植养殖或替代；我国中药工业和中药饮片所需原料中，药材品种从原来的80%靠野生采集变为如今的60%的种类和70%的产量来源于人工种植，中药材生产已从依赖野生资源转为以人工种植为主。[①] 三七、人参等大宗药材已实现规范化种植。

① 郑春蕾．保护与发展并举　中药材五年规划发布［EB/OL］．中国产业信息网，2015-05-07.

从2016年开始，中药材种植成为大宗农产品供给侧改革的方式之一，向全国扩散。2017～2019年，农业农村部先后认定发布了三批特色农产品优势区共229个，其中，中药材产业共6个；全国有126家企业的196个基地通过了国家GAP认证，共有85个中药材品种拥有大规模的GAP规范化种植示范基地，表明我国中药材农业已步入规范化、规模化、产业化的新时代。

从产业规模看，在市场需求驱动和国家政策的支持下，随着对中药材的需求量增加以及中药材种植面积的迅猛增加，我国中药材产量总体呈现波浪式上涨趋势。随着各地推动落实《中药材保护和发展实施方案（2016—2020年）》和《中药材产业扶贫行动计划（2017—2020年）》，我国中药材的种植面积进一步扩张。据国家统计局《中国农村统计年鉴》数据，2009～2019年的11年间，我国中药材种植面积从118.13万公顷增加到270.3万公顷（传统意义的药材），11年翻了一倍以上；同期全国中药材产值也从554.5亿元增加到3091.2亿元，翻了近4.57倍（见图26－1）。

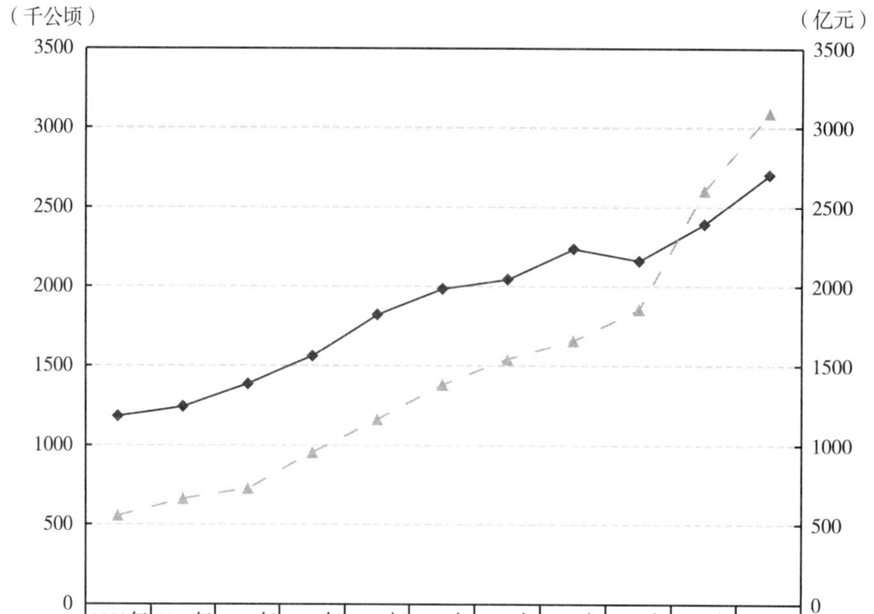

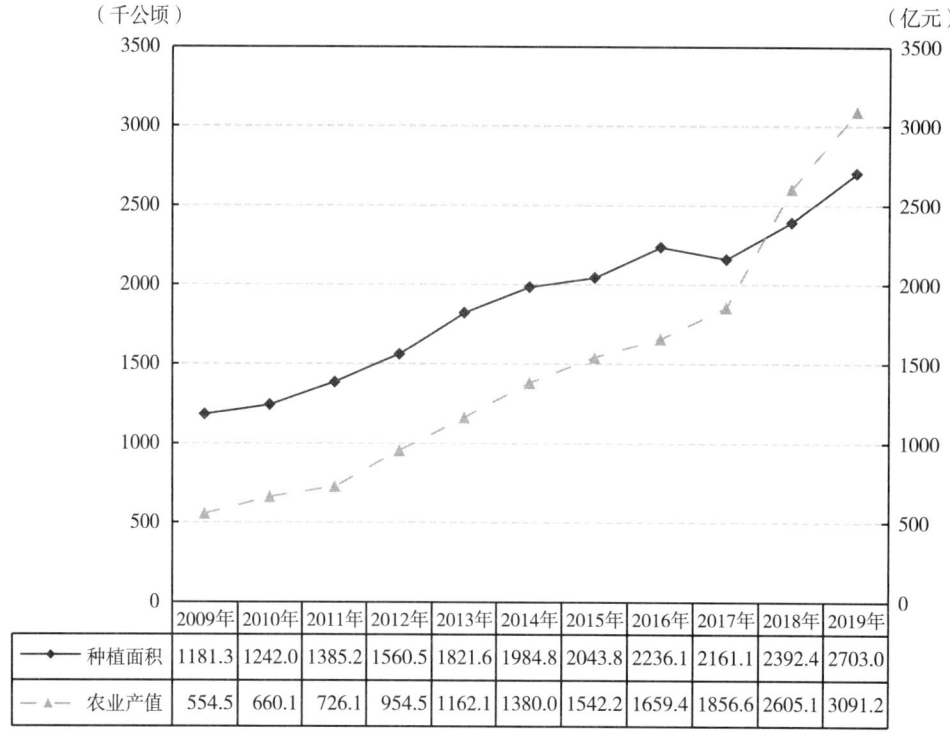

	2009年	2010年	2011年	2012年	2013年	2014年	2015年	2016年	2017年	2018年	2019年
种植面积	1181.3	1242.0	1385.2	1560.5	1821.6	1984.8	2043.8	2236.1	2161.1	2392.4	2703.0
农业产值	554.5	660.1	726.1	954.5	1162.1	1380.0	1542.2	1659.4	1856.6	2605.1	3091.2

图26－1　2009～2019年我国中药材产业发展情况

资料来源：历年《中国农村统计年鉴》。由于黑龙江从多年不足10亿元突然上升到2017年超过40亿元、2018年达318.4亿元，疑似数据笔误，此处修正为31.84亿元。

另据华经情报网报告《2019 年中国中药材行业运行现状，中药现代化和国际化进程加快》数据，2018 年，我国中药材种植面积为 360. 4 万公顷，木本药材产量达到 351. 2 万吨（见图 26 - 2）。虽然不同来源的数据有差异，但是，反映我国中药材产业持续增长的趋势是一致的。

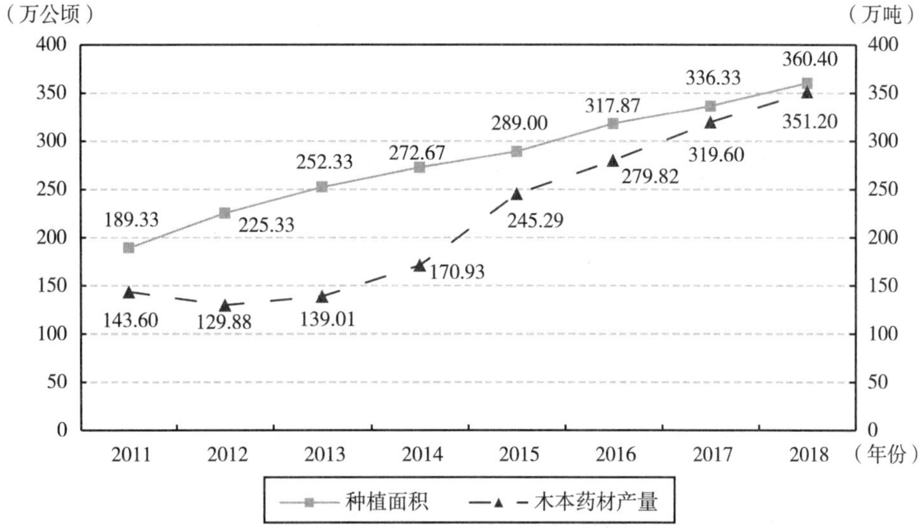

图 26 - 2　2011 ~ 2018 年我国中药材产业发展情况

资料来源：《2019 年中国中药材行业运行现状，中药现代化和国际化进程加快》。

从生产布局看，我国植物类中药材主产区一般分为东北、华北、华东、华中、西北、西南、华南和青藏共 8 个区。东北区主要以关药为主，包括人参、关龙胆、五味子、刺五加等，其中，人参是本区最具影响力的药材；华北区主要以地黄、山药、牛膝、木瓜等为主，地黄、山药等最具特色；华东区以浙贝母、菊花、金银花、白术、郁金等为主；华中区以菊花、黄连、百合、天冬等为主；西北区是我国大宗中药材的主产区以甘草、黄芪、防风、当归、党参、丹参、肉苁蓉、枸杞等为主；西南区主要有三七、天麻、半夏、杜仲、附子、草果、石斛等；华南区以南药为主，有益智、槟榔、砂仁、巴戟天等四大南药以及豆蔻、罗汉果、胡椒等热带药材；青藏区气候环境较恶劣，主要以雪莲、冬虫夏草、胡黄连等高原药材为主。总体上北方中药材产区的药材种类较少，一般一个省份主要就 10 余种，少数省份仅有 2 ~ 3 种，如宁夏、内蒙古等。而南方的省份尤其是西南的四川、云南、贵州中药材种植种类丰富多样。

由于中药材讲究道地性，其生长培育对环境的要求较高，区域性较明显，因此，中药材的种植具有一定区域集中性，例如云南的三七、天麻、重楼、草果等；

东北的人参、五味子、龙胆；内蒙古的甘草、黄芪；甘肃的当归、党参等。推进地道药材基地建设，有助于加快发展中药产业，促进特色农业发展和农民持续增收，助力乡村振兴战略实施。因此，《全国地道药材生产基地建设规划（2018—2025 年）》，将全国共划出七大地道药材产区，分别位于东北、华北、华东、华中、华南、西南和西北，并依据气候条件，因地制宜侧重部分品种药材的种植。

（二）中国中药材分省布局

2015 年以前，把中药作为重点产业的省份仅有 10 个，到 2016 年，在国家政策的鼓励下，许多地方政府积极引导发展中药种植，重点中药种植省份迅速增加，2018 年实现了全国覆盖，并带动全国中药材种植面积逐年稳定上升。据国家统计局网站 2020 年 6 月的数据，我国 31 个省份中，除北京、天津、上海和西藏外，其他 27 个省份均有较大规模的中药材种植，其中，甘肃和陕西两省一直稳居全国第 1 和第 2 位。

从中药材种植面积看，2017 ~ 2019 年超过 10 万公顷的省份有甘肃、陕西、贵州、云南、湖北、内蒙古、河南、重庆和四川共 9 个，河北排第 10 位。这 10 个省份的中药材种植面积之和占全国的比重多年在 65% 左右，最高的 2015 年曾接近 70%，2019 年占比为 65. 83%。中药材种植面积超过 8 万公顷的 13 个主产省份 2009 ~ 2019 年面积数据如表 26 – 1 所示，2009 ~ 2019 年，13 个主产省份中药材种植面积之和占全国总面积的比重多年在 75% ~ 80% 之间，最高年份 2015 年曾达 84. 33%。

表 26 – 1　　2009 ~ 2019 年我国主产省份中药材种植面积　　单位：万公顷

年份	全国	甘肃	陕西	贵州	云南	湖北	内蒙古	河南	重庆	四川	河北	广西	安徽	湖南
2009	118. 13	16. 52	8. 91	2. 56	4. 96	8. 62	2. 69	11. 78	6. 31	9. 26	2. 72	5. 34	5. 51	5. 39
2010	124. 20	16. 54	8. 93	2. 81	5. 81	10. 16	2. 65	12. 19	7. 12	9. 51	2. 84	5. 90	6. 40	6. 25
2011	138. 52	18. 56	9. 03	4. 44	7. 07	11. 98	2. 89	12. 31	8. 23	9. 88	3. 37	6. 39	7. 44	6. 12
2012	156. 05	18. 96	13. 59	7. 47	9. 24	13. 80	2. 79	12. 27	10. 09	10. 18	3. 50	7. 01	8. 17	6. 26
2013	182. 16	23. 36	18. 00	11. 75	10. 71	14. 36	2. 90	12. 12	10. 74	10. 41	4. 60	7. 63	8. 49	6. 79
2014	198. 48	25. 58	19. 11	14. 66	13. 91	15. 13	4. 68	11. 88	11. 36	10. 80	4. 76	8. 38	8. 75	7. 94
2015	204. 38	26. 87	20. 11	15. 58	16. 97	17. 33	6. 04	11. 36	11. 13	11. 22	6. 21	9. 10	9. 08	11. 36
2016	223. 61	29. 05	19. 97	16. 83	15. 23	17. 49	8. 80	9. 99	12. 32	11. 68	6. 90	10. 11	9. 36	9. 99
2017	216. 11	22. 65	17. 44	18. 53	17. 26	11. 54	11. 88	11. 22	10. 94	10. 82	7. 49	7. 41	7. 10	7. 37
2018	239. 24	23. 42	18. 82	17. 46	18. 76	19. 20	14. 16	13. 24	11. 37	12. 41	8. 55	8. 36	8. 52	8. 08
2019	270. 29	27. 11	20. 95	22. 00	21. 27	23. 98	12. 28	15. 36	11. 49	13. 59	9. 89	9. 47	9. 51	8. 78

资料来源：历年《中国农村统计年鉴》。

从2009～2019年的增速看，贵州最高，达759.38%，在13个省份中的排名从2009年的第13位升到2019年的第2位；内蒙古以356.51%的成绩排名增速榜第2，在13个省份中的排名从2009年的第12位升到2019年的第7位；云南亦以328.83%的成绩排名增幅榜第3位，在13个主产省份中的种植面积排名从第10位上升到第4位；增速最小的分别为河南、四川和湖南。从2015～2019年间的增速看，内蒙古以5年增加103.31%的成绩排名增速榜第1位，中药材种植面积从2015年的6.04万公顷快速增加到2019年的12.28万公顷；其次是河北，增速也达59.26%；贵州、湖北和河南3省排名增速榜第3～第5位。从2017～2019年看，湖北增幅最大，达107.80%，重庆最低，仅为5.03%。

从中药材农业产值看，根据国家统计局《中国农村统计年鉴》的数据，2019年，中药材农业产值在100亿元以上的有云南、贵州、湖南、河南、甘肃、河北、广东、陕西、广西、重庆和湖北11个省份，四川、山东、山西和福建4个省份也在70亿元以上。近年来，种植面积排名第5位、增速排名第2位的内蒙古，尽管其中药材农业产值从2009年的5.8亿元增加到2016年最高46亿元，增速达693.1%，但是，2018年后降至不足40亿元，全国排名第18位，甚至更后，因而未能进入产值主产区行列。

从表26－2可以看出，2009～2019年，中药材农业产值排名前14位的省份中药材农业产值之和占全国总产值的比重多年在75%，2013年最高曾达77.88%，2019年为69.98%。

表26－2　2009～2019年中药材农业产值前14位的省份变化情况　单位：亿元

年份	云南	贵州	湖南	河南	甘肃	河北	广东	陕西	四川	广西	重庆	山东	山西	湖北
2009	38.4	14.9	56.9	45.4	31.0	23.1	12.4	30.1	38.0	20.8	10.3	35.9	16.1	19.7
2010	24.8	17.1	84.2	47.1	36.8	26.4	18.4	37.2	41.3	24.9	11.9	18.4	28.8	27.8
2011	24.2	19.3	91.2	56.9	49.2	29.0	22.5	43.9	52.9	30.5	13.3	40.2	35.6	25.9
2012	89.3	32.8	119	77.7	64.9	35.6	26.6	52.9	52.9	36.6	22.0	43.6	41.4	45.7
2013	117	56.6	148	86.2	90.5	44.8	31.4	61.4	51.1	43.6	14.8	48.0	53.1	58.1
2014	177	76.7	169	85.4	103	53.5	42.2	67.8	56.3	49.0	16.3	58.6	49.0	62.0
2015	187	118	126	105	113	68.3	38.8	68.3	71.8	66.6	61.3	52.3	53.6	55.4
2016	185	152	137	98.1	129	78.5	52.6	71.0	75.5	55.6	81.1	57.6	48.4	59.4
2017	222	186	129	113	109	99.5	72.9	73.0	73.9	62.8	70.5	64.2	59.6	53.5
2018	246	200	141	147	115	109	88.5	84.9	81.6	76.3	74.6	73.7	72.9	71.0
2019	348	222	166	264	128	136	104	103	89.7	105	100	79.6	70.7	113

资料来源：历年《中国农村统计年鉴》。

2009~2019年，从14个省份中药材农业产值的增幅看，贵州以1393.96%的最佳成绩位列第1名，带动贵州中药材农业产值的排名从第11位上升到第2位；重庆和云南分别以877.67%和808.07%的成绩列增速榜第2位和第3位，带动重庆中药材农业产值从14个主产省份中倒数第1位上升到第10位，云南中药材农业产值排名从2009年的第3位、2013年开始居第2位到2014年至今居全国第1位；山东、四川和湖南3省增速最低。

2015~2019年，14个省份中，广东以170.1%的增幅居第1位；河南则以151.7%的成绩位列增速榜第2位；河北增幅亦超过100%，居增幅榜第3位；云南增速仅为86.47%，仅列增速榜第6位。而2017~2019年，中药材农业产值增长最快的则是河南（增加了133.69%），其次是湖北（增加了128.97%），带动两省在14个省份中的排名分别从第4位和第14位快速上升到第2位和第7位；云南两年间亦增加了56.86%，贵州则仅增加19.48%。

（三）云南中药材生产在全国的地位

云南是我国中药资源大省，重要的中药材原料产地，也是三七、天麻等道地药材的主产区，自从国家开始实施“中药现代化科技产业行动计划”以来，通过“十二五”以来加大对中药材种植（养殖）企业和专业合作社等的扶持，全省中药材专业化生产水平不断提高，特别是通过“云药之乡”、中药材产业园、科技示范园和中药材良种繁育基地的认定和建设，云南中药材产业影响力显著提升，产业持续发展势头强劲。近年来，由于云南大力发展生物医药大健康产业，全省中药材种植面积多年位居全国前列，成为中国中药材主产省份之一。

目前，云南种植（养殖）中药材品种近80种，主要种植品种包括三七、天麻、滇重楼、灯盏花、石斛、云木香、云当归、白及、滇黄精、云茯苓、滇龙胆、薏苡仁（薏苡）、红花、黄草乌、雪上一枝蒿、金铁锁、南板蓝根、滇鸡血藤、云防风、乌梅、珠子参、草果、附子、何首乌、天冬、葛根、羌活、桔梗、续断、秦艽（粗茎秦艽）、生姜（罗平小黄姜）、滇金银花、白果（银杏）、红豆杉、佛手、丹参、通关藤、党参、滇厚朴、滇柴胡、杜仲、黄芩、白术、云黄连、八角茴香（八角）、肉桂、半夏、大黄藤、胡黄连等。主要养殖品种包括美洲大蠊、水蛭、穿山甲、梅花鹿、麝等。主要南药品种包括血竭（龙血树）、千年健、诃子、苏木、千张纸、阳春砂仁、白豆蔻、儿茶、槟榔、沉香、肾茶等。

云南复杂多样的自然地理环境与丰富多样的气候类型，致使云南的药用植物分布具有鲜明的地域性，主要集中在传统产区和一些边境产区，不同地区均有自己的特色产品。总体上全省药材产区主要分为三个区域。高山冷凉药材区主要分布在滇西北、滇西、滇中海拔2500米以上区域，包括云木香、秦艽、云当归、药用大黄、冬虫夏草、胡黄连、附子、贝母、猪苓、羌活等药材；高原低纬温带药材区主要分布在滇中、滇西、滇东南、滇东北海拔1300~2500米的区域，主要有三七、灯盏花、天麻、云茯苓、滇重楼、滇龙胆、滇黄精、半夏、石斛（铁皮石斛、紫皮石斛、金钗石斛）、红花、姜等药材；热带及干热河谷药材区主要分布在云南南部及金沙江、怒江和红河干热河谷区海拔1300米以下区域，主要有砂仁、草果、诃子、胡椒、八角、肉桂、龙血竭、南板蓝根、石斛（金钗石斛、鼓槌石斛、叠鞘石斛等）、薏苡、葛根、白扁豆等。

从中药材种植面积和农业产值看，根据国家统计局《中国农村统计年鉴》的数据，云南中药材种植面积占全国总面积的比重从2009年的4.2%上升到2019年的7.87%，以10年增长328.83%的成绩位列增速榜第3位，在全国的排名从2009年的第10位升到2018年的第4位（见表26－1）；同期，云南中药材农业产值以10年间增长808.07%的成绩位列增速榜第2位，占全国的比重也从6.92%上升到11.99%，2014年开始至今位居全国第1位（见表26－2）。

而据商务部市场秩序司的数据，2017年，云南中药材种植面积、农业产值和加工产值占全国的比重分别为25.17%、11.73%和6.04%。据华经情报网《2018年我国中药材行业供给及需求、发展格局及趋势分析》① 报告，2011~2017年，云南中药材产量从79万吨增长到130万吨，是我国最大的中药材生产区域，2017年，云南中药材产量约占国内中药材产量的30.6%。

据云南省农业农村厅统计数据，自2016年以来，中药材种植面积保持持续稳定增长，年均增长率达9.5%。由于品种结构的调整，虽然云南中药材产量呈波浪形下降趋势，但是，产值稳定增长。2016~2019年，全省中药材农业产值和加工产值的年均增长率分别为6.1%和16.1%（见表26－3）。

① 2018年我国中药材行业供给及需求、发展格局及趋势分析［EB/OL］．华经情报网，2018－11－28．

表 26－3　　2016～2019 年云南中药材产业发展情况

项目	2016 年	2017 年	2018 年	2019 年	年均增长（%）
种植面积（万公顷）	44.33	49.83	52.96	58.18	9.50
药材产量（万吨）	127.10	91.00	104.00	95.00	-9.30
农业产值（亿元）	325.00	351.90	357.50	388.40	6.10
加工产值（亿元）	321.20	371.10	412.00	502.40	16.10

资料来源：根据云南省农业农村厅《2019 年云南省中药材产业发展报告》及云南省中药材产业快报数据整理，含药食两用药材。

从主要种植品种看，云南中药材总体呈现大品种高度集中、特色品种散列突出、小冷品种多元化分布发展态势。初步建立了三七、天麻、灯盏花、石斛、滇重楼、云木香、滇龙胆、草果、滇黄精、附子、黄草乌、美洲大蠊等大宗药材原料种养基地；一批地方特色中药材品种砂仁、草乌、草果、滇重楼等发展迅速，逐步形成规模生产，滇重楼、金铁锁等一批野生珍稀濒危中药材实现了人工栽培。2019 年，种植面积达 10 万亩以上的有三七、天麻、重楼、云木香、砂仁、生姜、八角等 17 种药材，其中，草果超过 200 万亩，达 217.92 万亩；此外，当归、滇黄精、茯苓、石斛、粗茎秦艽等 9 个品种种植面积达 5 万亩以上 10 万亩以下（见表 26－4）。

表 26－4　　2019 年云南主要药材种植品种生产情况

品种	种植面积（万亩）	药材产量（吨）	农业产值（万元）	品种	种植面积（万亩）	药材产量（吨）	农业产值（万元）
三七	49.97	43746.3	848410.1	当归	9.44	17434.5	49573.9
重楼	16.77	8281.2	491914.1	红花	16.61	6668.9	36711.7
生姜	66.85	261297.6	384824.6	薏仁	16.68	26912.2	29181.4
草果	217.92	49947.4	219210.7	续断	17.39	25349.0	27791.4
砂仁	60.98	20072.6	210987.2	红豆杉	27.59	52059.8	26523.2
石斛	7.27	12054.6	182183.9	龙胆	23.12	6680.4	21980.1
天麻	10.13	6657.9	169496.0	灯盏花	2.12	6699.8	15016.6
铁皮石斛	3.63	4826.7	149310.3	银杏	13.16	4361.7	14639.9
八角	79.02	34155.2	120399.6	南板蓝根	10.02	24421.0	11784.4
白及	7.62	8146.9	117934.1	黄连	11.04	30.5	224.0
木香	20.46	57736.1	72095.4				

资料来源：根据云南省农业农村厅《2019 年云南省中药材产业发展报告》整理。

从产业效益看，药食两用品种或具有保健功能的品种产值较高。如表26－4所示，2019年，云南中药材农业产值达10亿元以上的有三七、重楼、生姜、草果、砂仁、石斛、天麻、铁皮石斛、八角和白及共10个品种。此外，木香、当归、金铁锁、红花、薏仁、续断、附子、秦艽、红豆杉、茯苓、黄精、龙胆、金银花、党参、灯盏花、银杏、草乌、南板蓝根、黄檗和桔梗共20个品种的产值也在1亿元以上。

云南中药材产业产值在全国的地位与种植面积、农业产值占比较高，极不匹配，且加工产值：农业产值＝1.3：1，这说明，虽然云南中药材资源优势明显，属于中药材生产大省，但产地加工水平落后，生产和加工还延续传统方法，缺乏生产和加工的标准，导致中药材加工质量参差不齐，中药材产业销售以初级原料供应为主，加工增值不够，与其他中药产业大省相比，资源优势没有转化为经济优势；同时也说明，后端加工增值潜力巨大，云南建设全国中药材产业强省任重而道远。①

（四）云南中药材生产布局

中药材在云南全省均有分布，主要以昆明、曲靖、玉溪、楚雄、红河、文山等产业园区为依托，以产业链为主线，在滇中、滇南、滇东南、滇西北和滇东北等适宜区发展道地优势大宗药材，在保山、红河、文山、普洱、西双版纳、德宏和临沧等地发展南药，在中药材种养殖主产区布局了30个重点县、市、区配套建设中药材标准化、规模化和集约化生产基地。据云南省农业农村厅有关统计数据，2019年，中药材（含药食两用品类）种植面积排名前5位的州市分别是文山、怒江、红河、曲靖和临沧，中药材种植面积分别达到9.85万公顷、9.02万公顷、8.5万公顷、5.63万公顷和4.14万公顷，分别占同期全省中药材总面积的16.94%、15.5%、14.62%、9.68%和7.12%，5州市中药材种植面积之和占全省的比重高达63.86%。

从中药材产量看，根据《云南统计年鉴》数据，2019年，中药材产量（不含行业统计中的草果等药食两用品类）排名全省前5位的州市则分别是曲靖、大理、红河、昆明和丽江，产量分别为10.64万吨、8.35万吨、5.18万吨、4.78万吨和3.97万吨，占全省中药材总产量的比重分别为20.52%、16.1%、10%、9.21%和7.65%，5州市中药材产量之和占全省的比重达63.48%。迪庆州则以3.93万吨的产量列全省第6位。

① 云南省中药材产业发展报告［J］. 云南农业，2018（9）：30－34.

2010~2019年，云南中药材产量及其变化如表26-5所示。可以看出，2015~2019年，除昭通和文山外，其他州市中药材产量均保持一定增长，增幅排名前5位的州市分别为楚雄（增长3.67倍）、大理（3倍以上）、西双版纳（2倍以上）、昆明（1倍以上）和保山（增长93.97%），此外，德宏和玉溪的增幅亦超过同期全省增幅，临沧、怒江和曲靖增幅最小，而文山中药材产量减幅则高达39.16%、昭通亦减少21.99%；2017~2019年，除昭通中药材产量减少10.62%，普洱减少8.02%外，其他州市则表现增长，其中，大理增长386.72%，排名增幅榜第1位；楚雄增长90.71%，排名第2位；红河增长63.58%，排名第3位；西双版纳增长45.09%，排名第4位；其他州市增幅均小于全省40.86%的增幅，文山、临沧和怒江增幅最小。

表26-5　2011~2019年云南各州市中药材产量　单位：万吨

地区	2011年	2012年	2013年	2014年	2015年	2016年	2017年	2018年	2019年
云　南	6.55	17.50	19.64	29.65	35.33	35.77	36.80	40.66	51.84
昆　明	0.00	0.34	1.09	2.10	2.31	2.98	2.87	2.31	4.78
曲　靖	0.00	3.41	5.42	8.28	9.26	10.18	9.51	10.57	10.64
玉　溪	0.16	0.17	0.11	0.89	1.22	1.40	1.69	1.76	1.87
保　山	0.11	0.29	0.45	0.59	0.82	1.07	1.36	1.26	1.60
昭　通	0.92	1.15	1.43	2.20	2.33	2.08	2.03	1.88	1.82
丽　江	1.15	1.26	1.25	2.40	3.04	3.26	3.19	3.93	3.97
普　洱	0.23	0.36	0.60	0.84	1.08	1.34	1.55	1.44	1.43
临　沧	0.00	0.90	1.19	0.86	0.78	0.61	0.84	0.83	0.86
楚　雄	0.23	0.34	0.43	0.51	0.62	0.98	1.53	2.21	2.92
红　河	1.43	2.19	2.94	3.71	4.08	3.50	3.17	3.82	5.18
文　山	0.51	4.31	0.77	2.74	3.05	1.43	1.83	1.59	1.86
西双版纳	0.01	0.07	0.17	0.15	0.14	0.04	0.30	0.40	0.43
大　理	1.02	0.90	1.07	1.83	2.04	1.97	1.71	2.42	8.35
德　宏	0.17	0.88	0.96	0.15	1.07	1.30	1.45	1.89	1.80
怒　江	0.12	0.20	0.22	0.34	0.38	0.40	0.41	0.42	0.43
迪　庆	0.51	0.72	1.54	2.06	3.11	3.23	3.36	3.93	3.93

资料来源：根据历年《云南统计年鉴》数据整理，不含行业统计中草果等药食两用品类。

（五）云南中药材"一县一业"实施情况

1. 文山依托三七产业推进三产融合

文山市"一县一业"示范县建设按照全面统筹"文山三七"的一二三产业交

叉融合的思路，打造成享誉中外的“世界三七之都”，建成以三七为代表的绿色中药材先行示范市的定位，形成以道地药材种植、高端中成药制药和三七康养旅游为核心的一二三产业融合发展态势的目标，牢牢抓住质量和品牌这两条主线，着力提升三七品质，打造“绿色三七”大品牌，推动中药农业高质量发展取得明显成效。2019 年，文山中药材种植面积达 19. 74 万亩，产量 17. 87 万吨，实现中药材农业产值达 12. 72 亿元，加工产值 46. 08 亿元，加工产值与农业产值之比达到 3. 62：1。

2. 腾冲依托中药材壮大市域经济

腾冲“一县一业”示范县创建严格按照省政府“培大产业、育新主体、创新平台”的发展思路，以银杏、红豆杉、重楼、黄精、厚朴、前胡、三七、茯苓、续断等中药材为重点，围绕“抓有机、创名牌、育龙头、占市场、建平台、解难题”，着力构建“医、药、健、养、游”一体化产业链，通过提升腾冲中药材产业的规模化、专业化、绿色化、组织化、市场化水平，全力推进腾冲中药材全产业链持续健康发展，为市域经济发展壮大、打赢脱贫攻坚战和推进乡村振兴提供有力支撑，为打造世界一流“绿色食品牌”奠定坚实基础。2019 年，全市中药材种植面积达 22. 20 万亩，产量达 1. 58 万吨，实现农业产值 12. 03 亿元，加工产值 20. 55 亿元。

3. 彝良天麻助力脱贫攻坚

彝良因特产天麻而获得“云药之乡”的称号，素有“世界天麻原产地”的美誉，是国家标准《原产地域产品昭通天麻》的核心区，是全国有机天麻种植第一县。2019 年，彝良县天麻种植面积达 5. 3 万亩（新增 2. 83 万亩，上年留存面积 2. 47 万亩），覆盖 10 个乡镇 42 个行政村 15160 户 60156 人（其中，建档立卡对象 6335 户 22806 人）。采挖天麻 2. 7 万亩，综合产值 20. 3 亿元（种植产值 8. 52 亿元，加工产值 11. 78 亿元），为 60156 名麻农人均增收 5250 元（其中，22806 名建档立卡贫困人口人均增收 5000 元），产业扶贫效果明显。

4. 福贡小草果成就大产业

福贡发展草果产业始终坚持“绿水青山就是金山银山”的生态文明发展理念，统筹好产业发展和生态保护的关系。自 2004 年以来，群众陆续从邻县引入草果苗在房前屋后及部分溪沟边种植。2007 年，有少数植株挂果，并有少量收入，引起县委政府高度重视，组织了相关部门和人员对全县草果种植情况进行了全面调查论证，普遍认为“已在福贡草果引种试种已获得成功，草果非常适合在福贡县种植，而且其生长速度、经济效益、草果的香精含量等各种指标均比较好，加之福贡有得天独厚的森林资源，溪流纵横，发展草果产业是群众的根本出路”。2019

年，全县草果种植面积已达56万亩（新增1.36万亩），草果挂果面积14万亩，产量1.7万吨，产值1.42亿元（每千克单价8.4元）。草果产业带动全县所有7个乡镇57个村近1.4万户种植户，2019年户均收入1万元，覆盖建档立卡贫困人口1.2万余户4.2万余人，占建档立卡户的70%左右，户均收入约0.8万元。

三、中国及云南中药材的消费分析

（一）中药材消费市场增长

2013年以来，中国居民消费水平保持在8%左右的增长水平。国内经济增长以及居民消费水平的提高刺激着中药医疗消费需求的增长。相关数据表明，我国中药材消费量及市场规模总体趋稳。据商务部市场秩序司监测，从消费量看，2010年，全国中药材消费量为303.9万吨，到2016年达到388.9万吨，年均增长率为12.14万吨；从中药材产业市场规模看，从2010年的232亿元到2016年的703亿元，年均增长67.28亿元（见表26-6）。

表26-6　　2010~2016年我国中药材消费市场发展趋势

项目	2010年	2011年	2012年	2013年	2014年	2015年	2016年
消费量（万吨）	303.9	289.5	301.6	321.1	342.4	350.6	388.9
市场销售收入（亿元）	232	272	508	587	644	668	703
消费量增长（%）		-4.74	4.18	6.47	6.63	2.39	10.92
市场销售收入增长（%）		17.24	86.76	15.55	9.71	3.73	5.24

资料来源：商务部市场秩序司。

2018年，国内中药材市场规模近1246亿元，2019年达到1450亿元，预计2022年将达到1708亿元，2024年将超过2000亿元以上，年平均复合增长近10%。国内流通常见的741个中药材品种中，上涨态势的品种占10%左右、平稳态势的品种占80%。其中，天麻、黄精等道地、特色药材价格同比上涨8%以上。①

（二）中药材消费市场结构

从消费结构看，我国所产中药材主要用于医药工业原料，其次用于加工中药

① 根据艾媒咨询《2019—2021年中国中药材行业发展现状及产业链分析报告》数据整理。

材饮片、中药配方颗粒及其他。中成药在中药产业中占比为77%，其次是中药材和中药配方颗粒，占比分别为21%和2%。近年来，中药配方颗粒发展迅猛，毛利达到70%左右，其次为中成药，为50%，而传统饮片的毛利最低，约为30%，但销售额和增幅均远大于配方颗粒（见图26－3）。①

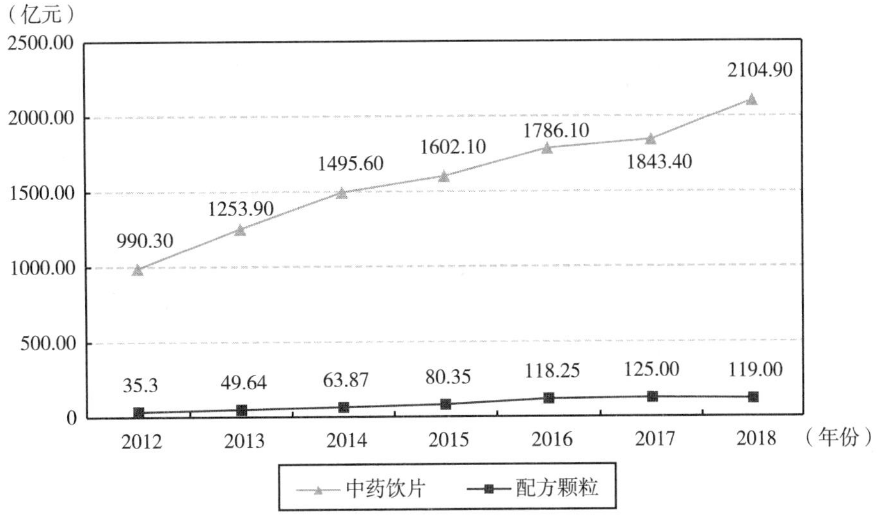

图26－3　2012～2018年我国中药饮片及配方颗粒市场销售增长情况

资料来源：根据公开数据整理。

此外，随着人民生活水平的改变、疾病谱变化以及中医治病正在深入人心，药食同源中药材及滋补类的中药材发展势头强劲。根据商务部发布的《2017年中药材流通市场分析报告》，2017年，我国药食同源品种需求总量同比增长9.5%，远高于非药食同源品种。另外随着中药饮片监管力度不断加强，越来越多的企业开始转型布局药食同源类产品，将一些滋补类药材用于食品、保健食品，从而刺激此类药材销量不断增加。阿里健康发布的《2017年度健康消费报告》显示，40岁以下人群已成为健康消费的主力军，在消费人群中占比达72%。同时，养生保健意识的增强也直接刺激了药食同源产品的消费。中药材天地网统计数据显示，人参、三七、枸杞、花茶等药食同源品种近两年保持了8%以上的销售增幅。

云南中成药、中药饮片市场份额全国占比小。根据云南省打造世界一流“绿色食品牌”工作领导小组办公室2018年编写的《云南省绿色食品八大重点产业发展报告》，2017年云南中成药销售收入370.79亿元，全国4548.13亿元，云南仅

① 根据中投顾问产业与政策研究中心《2016—2020年中国中药产业深度分析及发展规划咨询建议报告》数据整理。

占8.15%；云南中药饮片销售收入43.33亿元，全国1592.6亿元，云南占比仅为2.72%。

云南同全国的情况也一样，药食同源和滋补类药品增长势头强健，据统计，2017年，全省中药材农业产值达10亿元以上的9种药材，其中8个为药食两用或滋补类药材，药食两用或滋补类药材农业产值达252.5亿元，占植物类药材农业总产值的72.4%，占总的中药材农业产值的71.8%；若加上心脑血管疾病的药材，则达到256.2亿元，占总的中药材农业产值的72.8%。

云南拥有昆明菊花园中药材专业交易市场、文山三七国际交易中心以及福贡县石月亮草果加工交易市场等中药材交易市场，拥有云南省医药有限公司、云南东骏药业有限公司、昆药集团医药商业有限公司等药品批发公司，以及鸿翔一心堂、健之佳、云南白药大药房等药品零售机构，但整体流通业依旧不够。据云南省卫健委和云南省科技厅统计，2017年，云南医药销售总额761亿元，其中，西药类占74.88%，中药材占2.01%，中成药占15.75%，两者加起来不超过20%；中药材类销售总额153.3亿元，占全国2.51%，排名第15位；中成药类销售总额119.9亿元，占全国4%，排名第9位。菊花园中药材交易市场是云南唯一一个专业中药材市场，但由于缺乏远见多次折腾，年交易额不超过10亿元，已被邻近广西的玉林中药材交易市场和四川成都荷花池中药材交易市场远远抛在后面，与云南最好的药材资源、众多的药材品种极不相称。

四、中国及云南中药材的贸易分析

根据世界卫生组织统计，全球有80%左右约40亿的人口使用天然药物，世界天然药物市场每年以20%~30%的幅度增长。国际上主要有东南亚及华裔市场、日韩市场、欧美市场、非洲和阿拉伯市场四个植物药市场，这四个市场的植物药年销售量约占全球市场年销售量的90%。2017年，全球植物药、中药补充剂和药物市场规模预计达1070亿美元。在市场份额上，欧洲占据全球中药和膳食补充剂市场最大份额，其次是亚太地区和日本。亚太市场快速增长，在中国和印度的推动下，复合年增长率到2017年达到10.5%。①

我国是世界中药资源最丰富的国家，伴随着“自然疗法”的盛行，中药材因

① 程蒙，杨光，池秀莲. 中药产业竞争：钻石理论“新解”［N］. 医药经济报，2019-11-06.

其天然、疗效确切、价格相对低廉的特点和优势备受国际、国内市场的青睐。① 在世界卫生组织的积极推动下，各国政府纷纷将植物药、传统药纳入医药主管部门管理范畴，中药的出口环境得到改善。根据国家中医药管理局推进“一带一路”建设工作领导小组办公室印发的《推进中医药高质量融入共建“一带一路”发展规划（2021—2025 年）》，截至 2021 年底，中医药已传播到 196 个国家和地区，国际市场中 70% 的天然药用植物来源于中国。

（一）中国中药材进出口贸易简况

我国药材出口主要以人参、枸杞、肉桂、红枣、茯苓、冬虫夏草、半夏、当归、党参、西洋参等药食两用品种为主，进口主要以龙眼、西洋参、鹿茸、西红花、乳香、人参、没药、血竭等贵细中药材品种为主。

从进出口贸易量和贸易额看，我国的中药材国际贸易以出口为主，进口为辅。如图 26 - 4 所示，从进出口贸易品类看，以中药材饮片和提取物为主，分别占贸易的 30% 和 56%，中成药和保健品各占 7% 左右。2016 年，全国中药材相关国际贸易总额约为 21. 91 亿美元，其中，中药提取物贸易额为 19. 27 亿美元，中药材饮片贸易额为 10. 25 亿美元，中成药和保健品的贸易额为 1. 53 亿 ~ 1. 54 亿美元。

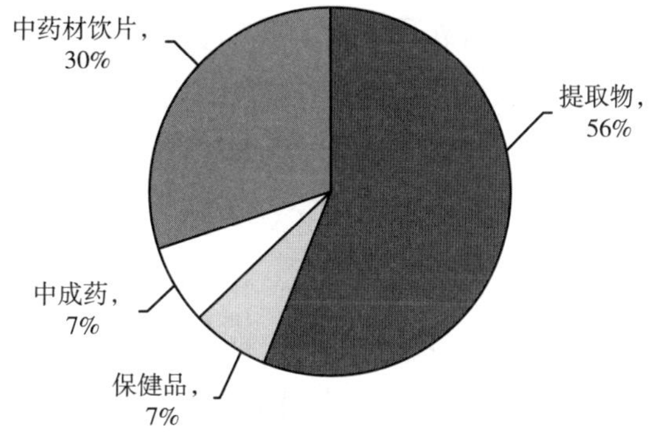

图 26 - 4　2014 ~ 2016 年我国中药材相关国家贸易额分类平均占比

资料来源：商务部市场秩序司。

近年来，受全球经济下滑和中美贸易摩擦的影响，我国中药类商品贸易有些波动，但继续保持出口和进口双增长态势。根据中国海关总署统计，2019 年，我国中药类商品贸易总额 61. 74 亿美元，同比增长 7. 05%。其中，出口额为 40. 19 亿

① 首届中医农业技术与中药材品质提升专题研讨会顺利召开［EB/OL］. 凤凰新闻，2019 - 10 - 23.

美元，同比增长 2.82%；进口额为 21.55 亿美元，同比增长 15.93%。

进口方面，从进口品种看，我国主要进口中药材品种有龙眼、西洋参、鹿茸、西红花、甘草、乳香、没药、血竭等。从进口来源国看，我国从亚洲地区进口的中药材占中药材进口总量的 90% 左右，主要进口来源为泰国、印度尼西亚和伊朗等。根据商务部统计数据，2016 年，我国进口中药材约 4.56 万吨，进口总额 1.39 亿美元；2017 年，我国中药材进口 9.10 万吨，同比增长 13.62%，进口总额 2.61 亿美元，同比增长 29.69%。

出口方面，从出口品类看，我国中药材资源丰富，出口中药材及饮片品种达数百种，但出口金额和出口数量较多的品种依然以滋补养生类为主，人参、枸杞、茯苓、当归、党参等食药两用药材或滋补类药材一直是我国出口的主要中药材。2016 年，出口的主要品种有人参、枸杞、茯苓、地黄、党参、半夏、川芎、菊花、白术、当归等；2017 年，出口的主要品种有人参、枸杞、肉桂、红枣、茯苓、冬虫夏草、半夏、当归、党参、西洋参等。2016 年，我国中药材及饮片出口总量和出口总额分别为 14.57 万吨和 10.25 亿美元；2017 年分别为 22.35 万吨和 11.39 亿美元；2018 年，我国中药材出口 22.35 万吨，同比增长 9.5%，但受价格下跌的影响，出口额微降，为 11.39 亿美元。

从出口市场看，亚洲市场占我国中药材出口总额的 80%，其中，日本为我国中药材第一大出口市场，其次为中国香港和韩国；另外，我国对东盟和“一带一路”沿线国家及地区的出口呈现高速增长势头。2016 年，我国中药材出口至四个植物药市场情况如表 26－7 所示。可以看出，我国出口到东南亚及华裔市场的出口量和出口额均在出口总量和出口总额的 1/3；日韩市场贸易量占比为 22%～25%，贸易额占 33%～35%，是我国中药材出口的主要市场；此外，欧美市场出口量约占 15%～17%，出口额约占 26%～28%；非洲和阿拉伯地区出口量约占 27%，但出口额仅占 7% 左右。根据商务部发布的《2016 年中药材流通市场分析报告》，2016 年，我国中药材及饮片出口总量和出口总额分别为 14.57 万吨和 10.25 亿美元；根据商务部发布的《2017 年中药材流通市场分析报告》，2017 年，我国中药材出口数量 22.35 万吨，同比增长 9.51%，但受国内部分药材价格下跌影响，中药材平均出口价格大幅跌至 5.1 美元/千克，同比下降 10.72%，中药材出口额 11.39 亿美元，同比下降 2.23%。

表 26－7　　2016 年我国中药材主要出口区域市场情况

市场	主要国家和地区	出口量（吨）	出口贸易额（万美元）	出口均价（美元/千克）
东南亚及华裔市场	中国香港	59286.90	50200.00	8.47
	新加坡	8889.16	4307.31	4.85
	马来西亚	44606.23	7546.93	1.69
	越南	27881.29	4711.91	1.69
日韩市场	日本	55352.95	46700.00	8.43
	韩国	39379.45	19600.00	4.98
欧美市场	美国	68556.18	31100.00	4.54
	欧盟		21105.28	
非洲、阿拉伯市场	非洲	2237.56	983.13	4.39
	阿拉伯	110130.11	12700.00	1.15

资料来源：程蒙，杨光．国际植物药市场现状概述［J］．中国食品药品监管，2019（5）：62－67.

从区域看，2016 年，我国中药材及饮片的十大出口地区为中国香港、日本、韩国、中国台湾、马来西亚、美国、德国、新加坡、越南、意大利。这 10 个市场有 7 个分布在亚洲，多为传统出口市场（见表 26－8）。2017 年，日本超过中国香港成为我国中药材出口的第一大市场，出口占比达 21.67%。我国对欧洲、北美洲等地区的出口占比则相对较小。

表 26－8　　2016 年我国中药材十大出口地贸易额占比

序号	市场	出口金额（万美元）	占比（%）	序号	市场	出口金额（万美元）	占比（%）
1	中国香港	32023	31.24	6	美国	3049	2.97
2	日本	25074	24.46	7	德国	2858	2.79
3	韩国	13178	12.86	8	新加坡	1966	1.92
4	中国台湾	5963	5.82	9	越南	1965	1.92
5	马来西亚	4176	4.07	10	意大利	1707	1.67
合计						91959	89.72

资料来源：中国海关统计数据。

东南亚及华裔市场、日韩市场、欧美市场、非洲和阿拉伯市场四个植物药市场是我国中药材及饮片、提取物、中成药及保健品的主要出口市场。我国中药材提取物与中药材及饮片处于贸易顺差地位，特别是提取物，发展势头强劲；而中成药和保健品仍在努力扭转贸易逆差的局面。2019 年第 1～第 3 季度，中国中药材及中式成药出口量有所增长，2019 年 8 月，中药材及中成药出口量为 1.2 万吨，同比增长 20%，2019 年 9 月，中国中药材及中成药出口量为 1.1 万吨，同比基本持平（见图 26－5）。

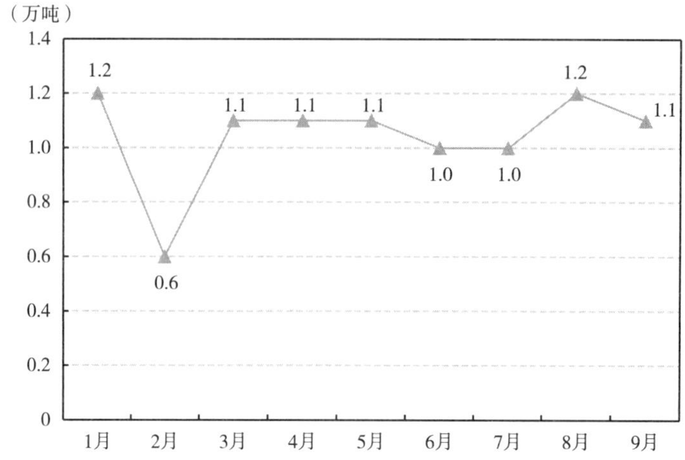

图 26－5　2019 年 1～9 月我国中药材及中成药出口量

资料来源：根据公开数据整理。

（二）云南中药材进出口贸易简况

云南中药材及饮片出口额体量小，但是，品种、区位优势明显，海外市场前景广阔。据云南省农业农村厅和昆明海关数据，2016 年，云南中药材出口额仅为 0. 1973 亿美元，占 2016 年全国中药材及饮片出口额 10. 25 亿美元的 1. 92%。2017 年，我国中药材十大出口品种为人参、枸杞、肉桂、红枣、茯苓、冬虫夏草、半夏、当归、党参、西洋参，以药食两用品种为主。但其中在云南作为主要产品的只有茯苓、当归，而云南的地道药材三七和天麻则出口较少，2017 年，全国出口三七 146. 5 吨、出口额 510. 65 万美元，出口天麻 164. 87 吨、出口额 318. 28 万美元，与人参出口量 2177. 9 吨和出口额 11288. 81 万美元相比相差太远，云南的地道药材三七、天麻产业亟待深入挖掘。

（三）新冠肺炎疫情对中药材贸易的影响

我国是世界中药资源最丰富的国家，国际市场中 70% 的天然药用植物来源于中国。近年来，国际、国内对中药材医疗的认识不断提高，特别是人类社会面对各类疫病时，中医药在临床中的杰出表现，使中医药获取很大的发展机遇。近年来，全球市场对天然药物的需求持续增长，中药材产业已成为我国最具特色的传统优势产业之一，也是最具有市场潜力的朝阳产业。[①] 2020 年，受新冠肺炎疫

① 2019 年中国中药材行业运行现状，中药现代化和国际化进程加快［EB/OL］. 种植技术网，2020－03－12.

情的影响，中药贸易将迎来更严峻的挑战，也面临着新的机遇。一方面，受新冠肺炎疫情影响，多数医药企业开工日期被推迟，企业之前签订的订单可能无法按期履约（柳燕等，2020）。另一方面，不少国家对我国的食品、保健品甚至各种原料产生怀疑，有些已经发货却被收货方拒绝收货。另外，还有部分国家和地区的客户处于观望状态，为新订单带来了挑战。这些突发问题使我国中药外贸事业背负沉重压力，成为2020年开年的第一大挑战。

当然，全球性的新冠肺炎疫情也可能成为中药贸易新发展的机遇。一方面，2019年5月，世界卫生组织通过《国际疾病统计分类和相关健康问题》第十一次修订版，首次将起源于中医药的传统医学纳入章节，这相当于是对中医药在提升人类健康和福祉方面发挥作用的国际认证。另一方面，中医药特别是中药在抗击新冠肺炎疫情的过程中发挥了重要作用，在一定程度上推进了世界人民对中药的了解，未来中成药的出口或将会有所改观。尤其是基于中医药资源与现代西方医学和"一带一路"沿线国家和地区的传统医学之间具有一定的比较优势和互补性，使得未来中医药有望与各国传统医学和现代医学进行融合，推动中医药和西医药相互补充、协调发展，一定程度上也将推动中医药贸易迎来更大的发展（柳燕等，2020）。

五、云南中药材产业存在的问题

在国家、省和各级相关部门的支持下，通过多年发展，云南中药材产业已经取得了长足发展，但是，由于生态条件和社会经济发展等原因，制约了云南中药材产业的进一步发展，主要表现在以下几个方面。

（一）科学统筹规划滞后，产业发展协调性不够

云南省政府及大部分地方政府都出台了生物医药和大健康产业以及绿色食品牌的规划和政策，都把中药材作为重点产业来发展，但由于省内尚未建立统一的中药材市场供求信息共享平台，产供销信息交流不畅，规划与市场滞后，布局不甚合理的状况比比皆是。一方面，由于中药材品种较多、种植缺乏规划，加之游资炒作，生产商跟风现象严重，部分品种盲目发展，部分区域和品种无序开发和竞争，导致中药材品种、质量和药效难以完全满足需求，导致药农和药企遭受经济损失。如近二十年先后出现的铁皮石斛、三七、玛卡、白及、金铁锁、重楼、黄精等炒作跟风特征尤其明显。当然，虽然游资炒作对产业发展造成了一些困扰，

但是也从另外一个角度说明中药材产业的市场潜力和优质产品的溢价潜力。另一方面，从国家和云南多年来中药材出口情况来看，占出口份额最大的是药食同源和保健类品种，从市场前景分析，药食同源品种具有药材和食材的双重属性，有的甚至食材的份额比药材高很多，比如山药、百合、花椒、草果、姜等。药食同源和保健类品种具有较强的市场竞争力，作为食品开发的潜力更大，受众更多。云南得天独厚的气候环境，具备了较多的药食同源品种资源，是十分理想的药食同源品种开发利用的主战场，虽然云南从2018年开始在科技计划指南中提出了药食同源资源开发与利用的研发科技专项，但力度还不够，范围还不广，还没有从一个新的增长点进行多方面的周密考虑和引导打造，特别是在如三七等一些品种争取进入药食同源目录工作中，做得还不够。

（二）农业科研基础落后，良种良法普及率不高

十余年来，云南中药农业发展迅猛。据云南省农业农村厅和云南省科技厅数据，2007~2017年，全省中药材种植面积、药材产量和农业产值分别增加了4.29倍、12.5倍和12.9倍。虽然在实施中药现代化以来，云南加大了中药农业科技的投入，实现了滇重楼、灯盏花、滇龙胆、金铁锁等野生中药材的人工驯化种植，培育了一批龙头企业。但由于我国中药农业的科技研究起步较晚，缺乏良种、农残和重金属超标等许多产业发展中的科技问题需要时间的沉淀和积累，加上云南中药材种植面积大、品种多，全省中药材农业科研严重滞后于产业发展的需求。例如中药材新品种的选育、三七连作障碍问题、中药材可追溯性的建立、中药材病虫害的绿色防控以及生态种植技术和无公害种植技术体系等均有待于解决。因此，全省中药材种植养殖业总体处于比较传统的低水平发展阶段，品种混杂、管理粗放的情况非常普遍，产业效率和效益未能充分发挥。一方面，由于云南中药材良种选育及繁育基础薄弱，良种选育工作滞后，大部分中药材尚未确定自主选育的主栽品种，中药材种子种苗繁育还处于药材生产的附属阶段，大多数中药材没有种子种苗标准和种子种苗繁育操作规范，缺乏优良种源保障。另一方面，由于云南中药材种植品种较多，许多中药材品种适宜性栽培技术研究滞后，生产水平低下，而部分有较深入研究的中药材品种规范化种养技术推广力度不够，缺乏中药材病虫害的绿色防控技术和合理施肥技术，三七、天麻等特色大宗中药材还未实现大面积生态种植。在生产实践中，除了一些专业种植企业外，广大个体种植养殖户和专业合作社对许多中药材品种和生物学特性了解甚少，甚至基本不了

解，更缺乏对中药材品种的基本认识和种植技术的系统掌握，种植养殖品种和技术基本靠片段式的市场信息或种苗推销商或互联网获得，导致出现品种混乱，管理粗放，种养殖水平千差万别。良种良法科学技术普及率低是目前制约云南中药农业转型升级的最大“瓶颈”之一。加之云南80%以上的旱地处在干旱的山坡地，适合中药材种植的地区多处于山高坡陡的边远荒地或高寒山区，这里种植中药材还只能依靠传统的人力劳作，很少有适合的机械耕作，从种植到管理到采收加工以及运输，都要靠人力，好一些的如三七、灯盏花也只能做到半机械化。整个中药材产业的劳动生产成本居高不下，而相对较北方机械化发达地区，缺乏竞争优势，往往薄利销售，甚至入不敷出，这也间接地影响到整个中药材种植水平和产值，制约着云南中药材市场占有率的提高。

（三）产业链短，中药材精深加工规模小、水平低

云南大部分中药材种植企业、合作社和农户只注重前期种植养殖，不涉及后期药材加工，全省大部分药材以原料和初级产品出售，中药材初加工规模小且技术落后，缺乏中药材的精深加工，缺乏中药材产地初加工技术、储运技术及商品规格分级标准，甚至缺少简单的清洗、分级、挑选，干燥方法也有问题，外观品相较差，造成云南中药材优质不优价。2017年，云南中药材工业产值为371亿元，中药材加工业产值和农业产值比仅为1.05：1，远低于全国平均水平2.05：1；2019年，全省中药材加工产值也仅为502.4亿元，中药材种植养殖产品加工工业产值和农业总产值之比为1.3：1，大部分中药材以初级原料出售，产品附加值不高。而发达国家农产品加工业产值与农产品产值之比一般在2.0～3.7：1，最高的达4：1。大部分品种精深加工程度较低，尤其对药食两用药用植物的产品加工研发不足，产品附加值不高；加工企业创新能力不足，存在同质化竞争；加工龙头企业不强，企业规模普遍较小，市场开拓能力弱，企业核心竞争力不突出，缺乏市场竞争力（张家琼，2016）。此外，目前通用的药典为《中华人民共和国药典》（2015年版），记录了常用的618种中药材，其中300多种已经在云南实现人工种养，并初步形成了一批产品质量好、美誉度高的道地药材优势产区。《中华人民共和国药典》（2020年版）在药材投入品、农残等方面做出调整，减少中药材饮片（配方颗粒）在辅助用药和医保目录中的使用比例，强化中药材饮片生产流通环节的监管，使得中药材产业面临以量价取胜转为以质优发展的新挑战。

（四）药材质量稳定性差，溯源体系建设难度大

《中医药标准化中长期发展规划纲要（2011—2020年）》实施以来，以《中华人民共和国药典》为核心的中药标准体系不断完善，质量控制水平不断提升。国家发展改革委、国家中医药管理局于2015年启动中药标准化专项行动，推动部分中成药大品种实施全过程质量控制。但是，一方面，在目前的中药标准研究中片面追求检测技术进步的现象较为严重，药典标准中药材、饮片及成方制剂仍以一个或几个化学成分的控制为主，鲜少有与适应证直接相关的功效成分控制；同时，由于各企业和研究单位水平参差不齐，研究规范难以统一，标准水平也良莠不齐。中国中成药质量标准与临床有效性、安全性关联性不高，制药过程控制缺失，导致产品质量批次间一致性较差的问题仍将长期存在，还远不能满足中药标准化、现代化的需求，无法得到国际市场的认同，严重制约了国际化的发展。另一方面，随着时代的进步——交通畅通了、电话普及了、产地成熟了、信息透明了、物流便捷了，使得购销变直供、买卖零距离。一个药材品种的种植区域、产量、价格以及药商、药农种植户的住址、联系电话，在网上全都可以查得到。药企采购订单在网上公开招标，买与卖同一网站挂单、产与需一个群里对话，药材生意零距离交谈。产地药商、药农与用药单位无缝对接，流转到中药材专业市场的订单在不断减少。然而，在这些便利的背后，市场上流通的中药材，由于几经倒手、来源变得错综复杂，既缺失GAP种植规范“高贵的血统”，又给溯源工作造成了“很大障碍”。①

（五）缺乏国际、国内有影响力的企业和产品品牌

云南中药材产业在国内外市场有一定的知名度，从品牌影响力看，云南的文山三七在《中国农业品牌目录2019农产品区域公用品牌（第一批）影响力指数》榜单里指数值高达91.171，排名第1位。但由于主体小散、品种和品牌杂乱的情况突出，国际化大品牌不多，加之资源整合和宣传力度不够，国际上对云药的认知度不够，即使是三七、天麻等云南的知名品牌药材了解也不多。如韩国高丽参的正官庄品牌已有100多年的历史，是世界知名品牌，而云南三七的“豹七”“云三七”等才刚刚起步，离大品牌还很远。此外，由于云南缺乏完整的品牌打造所必需的质量保障体系，

① 2019年中国中药材行业运行现状，中药现代化和国际化进程加快［EB/OL］. 华经情报网，2019-09-23.

能让消费者提到“云药”就可以放心购买，也制约了“云药”在国内外市场美誉度和竞争力的提高。2017 年，我国中药材出口前十种药材，没有一种主产于云南。例如，我们引以为豪的三七、天麻在国内知名度较高，但出口方面远远低于人参。三七的产值是人参的 4 倍多，但出口额不到人参的 5.5%（见表 26-9）。

表 26-9　2017 年我国人参与三七、天麻产业比较

品种	种植面积（万亩）	产量（万吨）	产值（亿元）	出口数量（万吨）	出口额（亿美元）
人参	2.94	0.65	24.25	0.218	1.129
三七	51.00	2.94	98.24	0.011	0.062
天麻	55.00	0.70	17.50	0.016	0.032

资料来源：行业市场统计。

第二节　云南中药材产业的比较优势

一、云南中药材产业的比较优势概述

（一）自然资源优势

一是复杂的地理气候环境造就了丰富的中药资源。云南地处我国西南低纬高原山区，受东南季风和西南季风控制以及青藏高原的影响，复杂多样的自然地理条件造就全省气候类型丰富多样，立体气候特征突出，适宜各种气候环境的植物生长。在全国 3 万多种高等植物中云南占了 62.9%，1.7 万种。同样，云南的药用植物资源也相当丰富。据第三次中药资源普查统计，云南有药用植物 6157 种，居全国首位（张金渝等，2006）。从北方的人参、当归、丹参、金银花、桔梗、牡丹、银杏等到南方的芍药、罗汉果、砂仁、黄栀子、姜黄等，甚至高海拔的羌活、川贝等均在云南不同地区引种成功。云南还引种成功了国外的西洋参、木香、草果、豆蔻、丁香、胡椒、肉桂、海巴戟等稀缺和热带中药材，当归、木香、草果、砂仁等已成为云南的道地药材（张金渝等，2006）。

二是道地药材种类繁多，地域性明显。云南不仅中药资源丰富，还是许多重要名贵药材的地道产区，素有“云贵川广，道地药材”之说。此外，云南的药用植物分布具有鲜明的地域性，不同区域均有自己的特色产品。例如，滇东南以三七、草果、八角等亚热带药材为特色，滇西北以虫草、当归、木香等高山冷凉药材为主，滇南及滇西南等以砂仁、石斛等热带南药为特色，滇中高原以茯苓、灯

盏花等温带药材为其特色。文山三七以品质优良著称，享有“铜皮铁骨”的盛名，昭通天麻向来以“个大，肥厚饱满，色黄白明亮”而著称。马厂当归、红河灯盏花、马关草果、版纳砂仁、昭通半夏、云县滇龙胆、永德诃子、凤庆鸡血藤、福贡云黄连、丽江木香、龙陵紫皮石斛、广南铁皮石斛、富宁八角、维西秦艽、楚雄云茯苓、屏边大黄藤、东川法落海、瑞丽石斛等均为重要的道地药材。《全国道地药材生产基地建设规划（2018—2025年）》便明确鼓励云南大力发展重楼等相对紧缺品种，开展三七连作障碍治理。

（二）人文资源优势

云南是多民族的聚居地，主要分布有25个少数民族，各民族由于居住地独特的自然环境和受各自生活习俗的影响，在长期与自然的抗争中形成了利用当地药用植物资源有效治疗某些疾病的独到经验，形成了以彝、傣、藏、苗、佤为主的系列民族医药。目前，全省民族药资源共有2000多种，民间验方有10000多个，其中彝医药就有871种植物药。例如，享誉海内外的“云南白药”，风靡全国的“排毒养颜胶囊”均来自彝医药，灯盏花来自苗医药，灯台叶来自傣医药，大黄藤来自瑶药等（张金渝等，2006）。民族药品种的地域性和传统性极强，例如，傣医药对风湿病、妇科病和肠胃病有独特疗效，藏医药又以治疗心血管病最有特色，彝医药以跌打损伤为特色等，民族药已成为云南传统医药资源中重要的组成部分，也为云南丰富的中药资源开发提供了基础。

（三）地理区位优势

云南与越南、老挝、缅甸接壤，与泰国、柬埔寨、印度有陆路通道，是我国距离东南亚、南亚最近也是最便利的区域，是我国实施“一带一路”倡议、建设孟中印缅经济走廊的主体省份，并且具有与这些国家山水相连、民族相同、文化同源、交流历史悠久等优势，东南亚是海外华人华侨最为集中的地区，拥有3348.6万华人华侨，占全世界4543万华人华侨的73.5%（庄国土等，2010）。这些华人华侨的传统文化决定了他们对中医中药较为接受，而印度是全球第二大草药消费国，具有发展中药材的优越条件。另外，这些国家就是中药传统上南药的主要生产国，如锡兰肉桂、胡椒、肉豆蔻、沉香、木香、血竭等都是从这些国家进口。2017年，我国从亚洲地区进口中药材8.26万吨，占我国中药材进口总量的90.77%；进口额1.64亿美元，占我国中药材进口总额的62.79%。亚洲地区的主要货源国家为泰国、印度尼西亚和伊朗等，主要品种有龙眼、番红花、乳香、没药、血竭等。这些国家也是我国中药材出口的新兴区域。2017 年，我国对越南中药材出口数量 1.39 万吨，同比增长 261.15%，出口额高达 1.12 亿美元，同比增长 398.60%，占我国对东盟中药材出口总额的 54%，占我国对“一带一路”地区中药材出口额的 38%（李得运等，2018）。尤其是对越南中药材边境小额贸易发展迅速，边境小额贸易出口额占我国对越南中药材出口总额的 88.70%（李得运等，2018）。

二、云南中药材产业区位熵测度

如前所述，区位熵也称为区域规模优势指数或者区域专门化率，是根据既定产业产出的地区份额来判定该产业的优势区位或既定区域的优势产业的重要指标，它是指一个地区特定部门的产值在该地区总产值中所占的比重与全国该部门产值在全国总产值中所占比重的比率，当区位熵大于 1 时，表明该地区该产业具有比较优势，一定程度上显示出该产业较强的竞争力，区位熵越大，该地区该产业的比较优势越明显，竞争能力越强。

利用中药材农业产值和地区生产总值等数据测算云南中药材产业区位熵，结果显示，2010 ~ 2019 年，云南中药材产业的区位熵均在 1 以上，近年来更是连续多年在 5 及以上（见表 26 – 10），从区位熵的角度看，中药材产业是云南较有优势的产业，云南中药材产业的发展对生物医药大健康产业和增加云南的生产总值具有重要的意义。

表 26 – 10　　　　2010 ~ 2019 年云南中药材产业区位熵测度

年份	云南			全国			区位熵
	中药材产值（亿元）	生产总值（亿元）	比例（%）	中药材产值（亿元）	生产总值（亿元）	比例（%）	
2010	24.8	7224.2	0.343	660.1	412119.3	0.160	2.14
2011	24.4	8893.1	0.274	726.1	487940.2	0.149	1.84
2012	89.3	10309.5	0.866	954.5	538580.0	0.177	4.89
2013	117.2	11832.3	0.991	1162.1	592963.2	0.196	5.05
2014	177.9	12814.6	1.388	1380.0	643563.1	0.214	6.47
2015	187.0	13619.2	1.373	1542.2	688858.2	0.224	6.13
2016	185.6	14788.4	1.255	1659.4	746395.1	0.222	5.65
2017	222.3	16376.3	1.357	1856.6	832035.9	0.223	6.08
2018	246.9	20880.6	1.182	2379.6	919281.1	0.259	4.57
2019	445.3	23223.8	1.917	3091.2	986515.0	0.313	6.12

资料来源：历年《中国统计年鉴》、历年《中国农村统计年鉴》。

三、云南中药材产业比较优势指数测算

全国第三次农作物种质资源普查资料显示，截至2020年底，全国药用生物资源共12807种，云南6559种，占比51.2%；全国常规种植中药材品种约300种，云南145种，占比48%，其中，规模以上种植品种约30种，占10%；全国大宗药材品种40种，云南10种，占25%。

为了对云南与全国、云南各市与云南总体平均的中药材生产等竞争力进行分析，本研究基于效率比较优势指数、规模比较优势指数等进行了计算并进行了比较优势分析，在此基础上对云南中药材品种的生产发展以及产业布局规划提出了一定的建议。

（一）效率比较优势指数

利用云南及全国平均的中药材产值数据等对云南的中药材产业集中指数进行了计算，结果如图26-6所示。

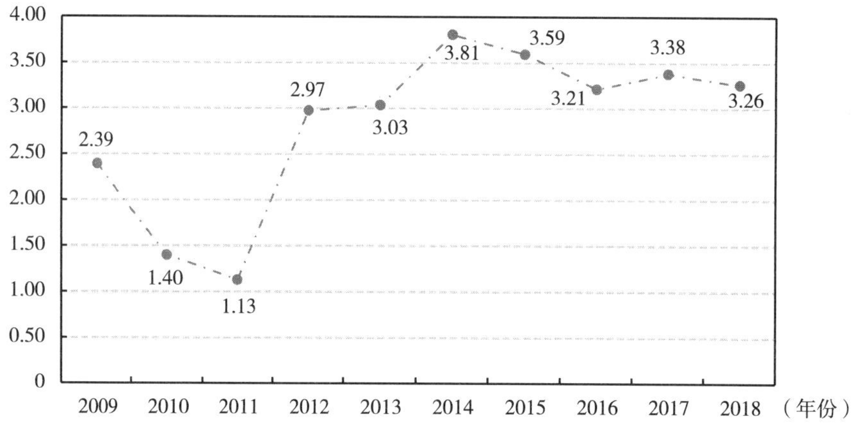

图26-6 2009~2018年云南相较于全国的中药材产业集中指数

资料来源：根据历年《中国农村统计年鉴》及国家统计局网站相关数据计算。

由图26-6可看出，最近十年以来，云南中药材的产业集中指数均大于1，相对全国具有较强的比较优势。特别是2011年以后，云南中药材产业集中指数连续多年高达3以上，中药材作为云南的特色产业在全国范围内具有极强的产业影响力。

而查阅资料分析可得，2010年和2011年，产业集中指数下降可能是由于云南连续的干旱，对中药材生长造成了很大的影响，与同期相比，多种中药材减产均在

30%左右，是造成这两年云南相较于全国中药材产业集中度指数下滑的主要原因。

（二）规模比较优势指数

本研究采用云南中药材种植面积占全省所有作物总种植面积的比率与全国中药材种植面积占全国所有作物平均种植面积水平的比率的比测算云南相较于全国中药材规模优势指数（*SAI*），公式如下：

$$SAI_{ij} = \frac{S_{ij}/S_i}{S_j/S}$$

其中，S_{ij}为云南中药材的种植面积，S_i 为云南所有作物的种植面积，S_j 为全国中药材的种植面积，S 为全国所有作物的种植面积。2010～2019 年，云南相较于全国的中药材产业规模比较优势指数（*SAI*）计算结果如图 26－7 所示。可以直观看出，近年来，云南中药材的种植面积相比全国平均来说一直处于比较优势，在个别年份 *SAI* 指数会有所下降，但总体处于稳步上升趋势，这也与前文产业集中指数相呼应，说明云南中药材产业在全国的重要性。

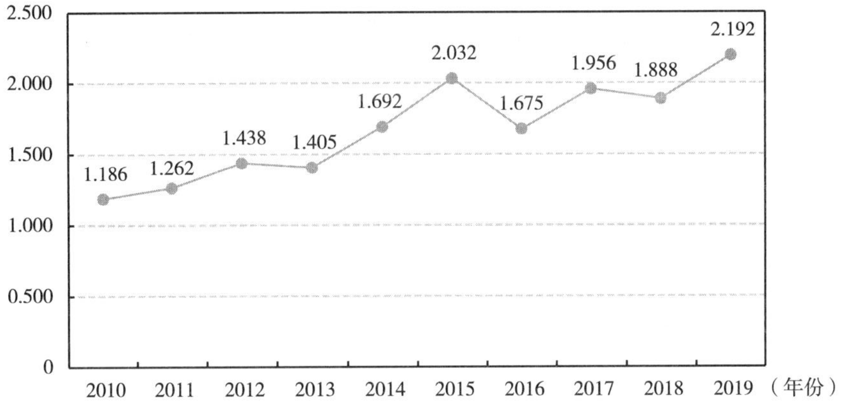

图 26－7　2010～2019 年云南相较于全国中药材 *SAI* 指数曲线

资料来源：根据历年《中国农村统计年鉴》及国家统计局网站相关数据计算。

四、扬长补短，促进云南中药材产业转型发展的对策建议

（一）统筹规划指导，建立完善支持保护政策

“互联网＋道地药材”发展模式通过从种植、加工、仓储到贸易、物流等环节，开展一系列规范化工作，将是推动道地药材进行现代化转型的关键。抓住全球区域性产业链和供应链重组以及农业智能革命的机遇，以云南道地药材、民族

特色药材、药食两用药材为重点，着力做好云南中药材产业的顶层设计，科学规划现代云药产业的原料生产布局、加工集群布局、市场流通布局以及品牌建设布局，建立完善中药材产业支持保护政策体系，以“互联网+道地药材”发展模式为抓手，高位推动现代云药产业体系、生产体系和经营体系建设，促进云药产业的规模化、绿色化、专业化、智能化和品牌化发展，服务全省乡村振兴战略和世界一流“绿色食品牌”打造。依靠政策支持和要素投入，补设施建设和装备条件等短板，聚土地、资金、科技、人才等要素，育龙头企业和经合组织等主体，强精深加工和品牌营销等弱项；以科技创新和体制机制创新，促进产品创新、产业创新和业态创新，推动一二三产业融合发展，努力延长产业链、拓宽价值链、完善供应链。将发展中药材产业与退耕还林、生态文明等工作相结合，形成“以点带面，点面结合”的产业基地总体布局；以产地加工为基础、精深加工为重点，逐步建立中药材、中药材饮片、中成药、提取物、颗粒剂等有机衔接和相互促进的中药材加工业体系；以绿色生产为基础、产品质量为重点、“互联网+AI”为抓手，建立完善的中药材质量保障和产品溯源体系；做好全省中药材品牌建设和保护规划；尽快推进优先增加云南民族药品进入本省份医保目录，并在国家和相关部门的医疗保险目录中，在新增药品中争取给予云南民族药的支持。

（二）强化科技支撑引领，提高原料生产能力

进一步加大对以中药农业为重点的科研支持力度，围绕中药材新品种的选育、三七连作障碍问题、中药材可追溯性的建立、中药材病虫害的绿色防控以及生态种植技术和无公害种植技术体系建设等制约产业发展的重大科技“瓶颈”问题开展联合攻关，提升科技对产业发展的支撑和引领能力。重点支持优良种源筛选、绿色生态种植技术突破、产品初加工方面的科技研发以及生产机械的研制，加强科企合作，做好新品种和新技术的推广运用，加大中药材种子种苗繁育基地、示范推广基地和生产基地建设力度。以科学保护和高效利用为目标，加快中药材种植资源圃（库）建设，加强云南道地和民族特色中药材资源收集和保存，重点开展云南道地、民族特色和药食两用等药材品种选育，围绕“抗逆性强、品质优良、果型美观、市场需求量大、加工性能好”的标准选育种苗；以重点育苗大户为主，开展试点示范工作，推进标准化示范基地项目建设，配套育苗基地的种苗病虫害防控和检验监控管理体系，形成标准化、规模化、现代化的育苗示范基地。以“一县一业”示范县和特色县为重点，因地制宜、查漏补缺，完善育苗基地和示范

基地灌溉和交通等基础设施，集成推广先进的中药材病虫害绿色防控、施肥管理、生态复合养殖等提质增效技术，扩大丰产栽培种植技术示范推广，提升中药材种子种苗以及绿色原料的生产能力和辐射带动能力。抓住国家高度重视发展中药材产业的契机，加大支持力度，积极开展科普宣传和实用技术落地生根活动，让良种良法进入千家万户，提高生产效率和效益，尽快改变高成本、低效益的落后局面。

（三）提升加工和服务业，促进三产融合发展

加大龙头企业、合作社、家庭农场等新型经营主体引培力度，引导产业聚集和产业链延伸，强化产业体系的完备建设，以高品质原料和高标准加工吸引药企、药商建立与产地的直接联系；瞄准中国500强及知名药企开展招商引资，从政策方面给中药材种植、生产、加工企业提供便利；进一步在药材集中产区布局农产品加工业，加快中药材原产地初加工的清洗、干燥、分级处理的加工、物流、仓储等基础设施配套建设，支持对初加工工厂进行升级改造，引进无公害烘干设备和工艺；以道地药材和药食同源品种为重点，持续支持中药材加工企业与科研单位和大专院校联合开展中药材精深加工和药食两用技术与产品研发，提升核心加工技术，增加中药材食品和药品品种，提升产品质量，形成特色单品的集约优势；强化以中草药饮料、中药日化品、中药保健品等为代表的中药衍生品行业发展，支持中药材畜禽饲料及畜禽药物研发，延伸产业链条，进一步提升中药材原料加工率和产业效益；支持中药材生产性服务业和休闲养生等服务业发展，推进中药材产业与大健康产业融合和发展壮大。

（四）加强绿色有机认证，实施品牌打造工程

建立道地药材生产、加工技术地方标准体系和质量等级评价制度。鼓励企业及地方政府积极申报地理标志产品及绿色、有机产品认证工作。根据省委、省政府打造“绿色食品牌”的战略部署，鼓励支持全省中药材企业在适宜种植区，开展绿色有机种植示范基地建设并进行有机认证，建立中药材绿色防控技术和有机种植技术体系，并对认证费用进行补贴。加强对绿色种植基地、原料生产供应基地建设的补助力度，奖励制定和推广中药材绿色种植生产标准，研究制定不同区域生态条件下绿色标准化栽培技术规程。抓住国家定制药园建设的良好契机，争取与国内药企合作，开展中药材订单式种植，推行“定制药园”建设，加快“定制药园”发展。建立完善的云药品牌建设和保护制度及法律法规体系，加大对品

牌营销的扶持力度，持续增加全省中药材品牌数量，形成区域品牌、企业品牌和产品品牌的“金字塔”，结合新华社云南分社、云南网等媒体采访报道，提高中药材产业的形象和知名度，提升云药品牌的影响力和竞争力。继续发掘整理云南道地药材和民族医药文化价值，做好民族药中濒危动植物药的保护、应用、替代、栽培、养殖，扶持民族药制剂开发与使用，打造一批云南道地药材和民族药材等区域公共品牌；做好品牌商标、标记、口号、Logo 等形象设计，提升区域公共品牌的文化底蕴、附加价值和心理附加利益等；支持和鼓励企业运用展销会、互联网、专卖店等多种营销工具和渠道全面开展市场营销活动，持续抓好以“十大名品”为代表的云药名品和名企宣传，打造一批著名企业品牌和产品品牌。

（五）完善现代市场流通，建设全程追溯体系

发挥全省中药材产业集群发展的优势，建立中药材交易和物流系列标准，以中药材产地市场、区域专业市场、昆明批发交易中心市场为基础，加快面向南亚、东南亚国家的中药材批发市场和多功能中药材仓储物流园建设，逐步形成覆盖全省、服务全国、辐射周边的现代化中药材交易物流体系。依托互联网、物联网、大数据、区块链等新技术，引入共享经济等新理念，提高中药材交易、仓储和物流的信息化、智能化水平，逐步实现全省中药材生产、加工、营销、仓储、配送、饮食文化等全产业链信息化，实现生产、加工、质检、包装、仓储、物流、销售等从产地到市场、从田间到餐桌的全程可追溯。

（六）创新体制机制，促进要素聚集和产业融合

按照“抓有机、育龙头、创品牌、拓市场、建平台、解难题”的总体要求，创新“一县一业”示范县创建和特色基地县建设的支持体制机制，逐步扩大支持范围。在系统总结腾冲、文山、彝良和福贡 4 个县“一县一业”促进中药材产业发展的经验，如腾冲百年腾药与康养旅游的结合、文山最大绿色三七集散中心的打造、彝良天麻的质量提升和品牌打造、福贡中药材（草果）产业扶贫的推动等，进一步做好对两个创建县和两个特色县的督促和指导基础上，研究提炼形成可供复制推广的不同模式，逐步在全省其他中药材主产区因地制宜进行推广。一方面，充分发挥产业专家组的力量，借助专家组的技术优势和社会影响力，提高创建示范主体的技术水平和认知水平，推动各县市中药材产业高水平发展；引导各县市培育、引进与产业基础、发展需求相适应的中药材精深加工及商贸新主体，提高

加工业产值比重，加快县域内中药材产品的转化；多途径、多方式、多角度进行宣传推广，扩大“一县一业”相关县市、药企、产品的知名度、美誉度。另一方面，支持和鼓励各地区因地制宜进行不同品种中药材种植养殖户、合作社、加工企业等不同的股份合作制等多元化经营模式和利益连接机制探索，逐步形成适合不同地区、不同品种特点的多样化利益共享、风险共担的长期稳定的关系，规范各主体之间的行为，确保农户、合作社和企业各方合法利益。

第三节　云南中药材产业经济体系简况

一、生产组织形式

（一）基本情况

近年来，在国家和云南省政府政策引导支持和市场需求的拉动下，云南中药材产业经营主体快速增长，涌现了云南白药、三七科技、一心堂、七丹药业、康恩贝、华宁永强、临沧益康、彝良小草坝等一批中药农业产业龙头企业，带动全省中药材从种养殖到加工组织方式逐步从传统的小农形态逐步向现代组织化、专业化方向发展，中药材种（养）环节组织化程度逐步提高。

据云南省农业农村厅统计及作者调研，2016 年，云南中药材原料生产企业和专业合作组织等有 1000 多户，其中，中药材种植养殖业企业 848 个，中药材专业合作组织 1766 个，参加农户 9.96 万户。到 2019 年末，云南中药材行业协会 225 个，比 2018 年增加 3.2%；从事中药材种植养殖业企业共计 829 家，其中，中型以上企业 294 家，业务总收入达 437 亿元，较上年分别增长 70.9%、122.9%；中药材农业专业合作组织 3919 个，参加农民专业合作组织农户 143630 户，同比分别增长 28.9%、18.6%；农业专业合作组织种植面积 116 万亩，经营（销售）收入 43 亿元，同比分别增长 8.5%、11.2%；家庭农场 227 个，经营面积 29422 亩，经营（销售）收入 4334 万元，同比分别增长 38.4%、38.0%、13.7%；中药材产业从业农民 114 万人，同比增长 5.9%；专业大户 5550 户，同比增长 23.5%。[①]

① 根据《云南省“绿色食品牌”中药材产业 2019 年度发展报告》数据整理。

从产业链前端中药材种养殖环节看，云南中药材种植主要由专业合作社进行，基本按照以下三种方式来开展。

其一，按照“公司+基地+农户”的种植生产经营模式，成立专业合作社，通过合作社与种植户签订产购合同，企业向种植户发放优质良种，对种植户进行培训等方式，积极鼓励和引导农户种植中药材。为了提高农户中药材种植积极性，实现广大种植户通过种植中药材增加收益的目的，通过地方政府引导、科技部门技术指导，企业、合作社、种植户共同参与，采取现场培训、现场指导的形式，为广大农户提供全程的技术指导与技术服务，实现科技与农民“零距离”接触。如云南白药集团中药材优质种源繁育有限公司，即在丽江建立了云南白药丽江药业公司，在玉龙县太安乡建立了中药材重楼种植基地，按照“公司+基地+农户”的种植生产经营模式组织生产。

其二，形成“合作社+基地+农户”的发展模式，即通过当地种植户在政府机构帮助下成立专业合作社，将当地及周边中药材种植户纳入合作社来，进行统一管理，种植户与合作社签订订单，发展订单式农业，这种模式在地域上可能是一个县成立一个合作社，也可能是一个乡或一个村成立一个合作社；在种植品种上可能是某一个品种，也可能是几个品种。

其三，形成“公司+合作社+农户”的发展模式，即成立专业的合作社，将当地及周边中药材种植户纳入合作社，不同区域的合作社又在有一定规模的企业组织下，由企业给合作社下订单，合作社又给农户下订单，由公司统一提供给各合作社种子和肥料，又由合作社分发给农户，统一品种，统一管理，统一培训指导。企业负责下订单，通过“公司+合作社”模式共同收购农户的中药材，由企业加工和销售。

另外，为了保证中药材质量，为大型药厂提供稳定原料，或由于地方政府为了当地中药材产业的稳定、有序发展，解决药材的生产与市场问题，在地方政府和相关企业牵引下，依托各级科研单位及企业，会成立专业的种植协会，为中药材种植农户提供产前、产中、产后服务，形成产供销一条龙的产业化组织，提高会员种植户组织化程度，增加会员种植户收入，依法维护会员种植户合法权益。如由云南白药集团中药资源有限公司联合云南省农业科学院药用植物研究所等10家企事业发起联合114家种植企业建立的云南省中药材种植养殖协会，为保证云南白药的原料供给，实现云南中药材的健康发展，于2015年1月30日由民政局批准登记，正式成立，目前该协会拥有会员220多家，遍及云南各地州。

（二）案例

1. “公司 + 合作社 + 基地 + 农户”发展模式促进临沧滇龙胆产业走上良性发展之路

临沧云县、永德等地是我国滇龙胆的主要种植区，滇龙胆在 2002 年前后实现人工种植后就是通过协会和合作社组织生产，但随着滇龙胆产业的不断发展，协会与合作社这种小而散的方式无法改变生产和市场混乱的局面，从而支撑整个产业的发展。临沧耀阳生物药业科技有限公司看准滇龙胆产业“群龙无首”，而云县、永德的种植协会与合作社也希望有一定实力的企业牵头组织生产，销售滇龙胆药材。公司起初在云县发展，聚集了 10 余个合作社，但从开始公司就尤其注重加强对合作社的管理，建立健全专业合作社绩效考核、培训轮训、社员管理等规章制度 21 个，公司通过对合作社的管理实现统一良种、统一技术指导、统一生产资料购买、统一产品销售、统一品牌，形成了“公司 + 合作社 + 基地 + 农户”的良性发展模式，截至 2016 年底在临沧七县一区共发展专业合作社 35 个，其中，云县有 24 个，入社农户 8126 户，涉及滇龙胆种植农户 31000 多户。公司在临沧七县一区中药材种植达 33. 1 万亩，其中，滇龙胆 29. 5 万亩，云县 17 万亩；续断、红花、滇黄精、白及、重楼、滇鸡血藤共 3. 6 万亩，涉及全市种植农户 54100 多户，专业合作社社员达到 12630 户，云县有 8126 户；涉及临沧市建档立卡贫困户 5000 户以上，年产滇龙胆等药材在 3500 ~ 4000 吨，药材质量远远超过国家药典标准。在云县茂兰净石、界牌、小光山至漫湾烈士碑、茶山河、白莺山打造滇龙胆种植基地 7 万亩以上连片 1 个；茶房响水、涌宝芭蕉箐、大寨新明 4 万亩以上连片基地 1 个；茶房文乃、凤庆万峰、大寨箐门口、沧源单甲 1 万亩以上连片 4 个；千亩连片 22 个；2017 年初，公司向 21 个专业合作社的 6. 5 万亩新种植区提供滇龙胆良种 15. 6 吨，腐殖酸有机肥 309 吨。①

滇龙胆能有序且上万亩大面积发展，这在单个合作社是难以想象的，正是这种在龙头企业带动下开展的“公司 + 合作社 + 基地 + 农户”模式才使滇龙胆产业走上良性发展的局面。

2. 云南白药“公司 + 基地 + 农户”模式带动多地中药材产业发展

云南白药是云南最大的医药企业，其“云南白药”系列和“宫血宁”是云南

① 根据临沧市生物产业办公室提供数据整理。

著名品牌，在国内也有较高的声誉。随着企业的迅速发展，某些重要原料仅靠野生采挖已无法满足企业的需求，再加上野生药材质量参差不齐，也不利于白药品牌的打造。因此，云南白药组建了云南白药集团中药资源有限公司具体负责原料供给，其公司2001年在武定建立了种苗繁育基地，重点做优良种源的筛选和优良种源的扩繁，对于培育成功的品种，基地提供种苗进行订单种植，推广到基地周边广大山区种植并由白药集团回收，为白药的高速发展提供了优质原材料的保障。同时通过其在丽江和文山的子公司建立原料基地，在丽江通过控股收购了有一定实力的种植企业丽江云全生物开发有限公司，开展滇重楼“云全一号”种苗扩繁和示范，在太安乡和巨甸镇建立了中药材种植示范基地，重点扩繁滇重楼和金铁锁等药材。在文山依托云南白药文山七花公司建立了3000亩的三七GAP基地，生产优质三七。

另外与一些地方政府和种植企业、种植大户签订合作协议，通过提供种苗进行订单种植，推广到适宜种植区种植并由白药集团回收。通过这种模式不断扩大种植基地，最终通过较少的费用解决了滇重楼、金铁锁、披麻草等珍稀濒危中药材的原料供给问题。同时，公司成立云南中药材种植、养殖协会，通过协会了解不同中药材种植的现状，做好相关种植品种的计划和预警，同时聘请了40多位专家成立了中药材种植专家组，以不定期培训班及培训会的方式直接在基地开展技术培训，提高种植户的种植技术水平，推动中药材组织化、标准化、规模化、信息化、产业化的发展。

3. “合作社+基地+农户”模式使泸水市三河村绿水青山变成金山银山

草果是药食两用大宗中药材，每年需求量在14000吨左右，以往70%左右的草果都从越南进口，随着人民生活水平的提高，大量食用牛羊肉，对草果的需求量大增。尽管云南从400多年前就在金平、马关等中越边境开始草果种植，但由于其对环境的要求较为苛刻，无法满足国内市场需要，价格一直居高不下。

怒江峡谷是草果较适宜的生长区，1978年草果引入怒江，但一直没有发展起来。2007年，草果价格上涨，怒江草果开始在泸水上江等地发展。泸水市三河村，因村内有古炭河、滴水河、麻布河三条河而得名，也造就了其高湿多雨以及85.5%的高森林覆盖率，优良的自然环境十分适合草果生长。三河村通过成立三河草果专业合作社，按照“合作社+基地+农户”的种植生产经营模式，通过合作社与种植户签订产购合同，向种植户发放优质良种，对种植户进行培训等方式，积极鼓励和引导农户在核桃林下种植草果和中药材。三河村有420户1312人，该村2008年农村经济总收入296万元，人均纯收入仅为1828元。通过合作社大力发展林下套种草果、重楼等中药材，到2015年，三河村种植草果12000多亩，其中有机产品基地认证面积5000亩，合作社销售草果干果180吨，实现销售收入648万元、盈利65.4万元，社员仅草果的人均收入达3600元，辐射带动周边1500余户，户均增收1.4万元，当年三河村人均纯收入超过7000多元，成为怒江州发展林下经济促农增收的典型，三河草果专业合作社也被评为省级及国家级林业专业合作社示范社。①

三河草果的发展模式改变了其祖祖辈辈的耕作模式，当地农户种植经济林果和林下中药材的积极性高涨，所有的陡坡地将不再种粮，经济发展与生态保护、环境修复得到统一。三河村的发展经验显示，只要找到生态环境保护与产业经济可持续发展的"黄金平衡点"，将经济建设与生态建设同步推进，在发展的过程中，就能既收获金山银山，也守住家乡的绿水青山。

（三）存在的问题

近年来，云南中药材产业组织化程度大幅提升，但基于云南山地多、贫困人口多、种植业水平低等现状的影响，中药材生产的基本力量仍以贫困山区零散药农为主，生产场所仍以远离资本市场和现代农业辐射范围的交通末梢为主，中药材产业无论从生产关系还是从生产力发展水平仍以小农经济为主。据云南省农业农村厅数据，2019年，云南中药材组织化种植面积仅占全省中药材种植面积的13.3%。未纳入组织化生产的药农遵照传统经验从事中药材生产从种苗到产地加工的全过程，在村镇集市销售。尤其是随着城镇化进程，大批青壮劳动力涌向城市，农村劳动力以老年人、妇女和儿童为主。这个群体维持着中药材自产自销的传统生产，从体力和智力上都难以融入中药生产现代化的进程，无法享受到行业细分所带来的福利，如良种培育、规模种植、现代仓储、市场信息等。可以说，云南中药材产业组织化推进任重道远。

（四）建议

云南中药材产区社会经济发展水平差异大，不同中药材品种适宜环境和种植难度千差万别，对生产组织者要求极高。拟提出以下几点建议。

一是围绕主栽品种，因地制宜，积极探索中药材生产模式。无论是把企业请

① 泸水县三河草果专业合作社成国家级示范社［EB/OL］. 昆明信息港，2016-01-02.

进来组织基地建设，还是由协会或合作社把种植产品带出去，都要根据区域生产现状和品种特点，进行多种途径、多种形式的探索。一些适宜生境狭窄的高山药材，组织化重点可以放在一家一户种植水平的提升上，协会或合作社提供技术支持、拓宽销售渠道，改变小散乱的生产经营状态；适合在坝区、缓坡地规模种植的品种，组织化重点可以放在土地资源整合、提高规模效益上，药农享有土地和生产的双重收益，组织者通过药材生产两极（种子种苗和产地加工）、延长产业链获得高于普通农产品的收益。

二是积极引导，但顺其自然，忌盲目照搬和急于求成。从小农经济到中药材现代化生产，从传统的种植活动到产业化经营，其间伴随着市场竞争和市场选择，以及对接不同市场需求的细分消费群体选择，没有任何一种模式可以对接所有竞争和需求。需要积极引导生产主体提升组织化意识，自主联合，充分挖掘和发挥自身优势，寻找对接买方市场的发展特质。

三是促进专业化分工和引导建立新兴服务业。中药材组织化发展的目标之一，是促进行业的专业化分工，即促进良种繁育、规范种植、土肥营养、病虫防控、产地加工等生产各环节成为专业化程度极高的新产业，生产主体在细分领域聚集资本和智力，实现高产出、高效益。同时，对相关服务性行业，如仓储运输、市场信息、产品销售、金融服务等，也应纳入生产组织范畴，引导中药材定制化生产、托管式仓储、鲜食药材冷链配送、供应链金融、中药材溯源及电商平台等新兴业务模式在各大产地扩大应用，为解决中药材从种植到流通的各类问题提供新模式、新途径。

二、生产基地建设

（一）基本情况

国内大宗中草药材种植广泛，可实现人工规模化种植，但其流通渠道长、交易成本高，因而价格容易波动，而名贵药材如人参、石斛、三七、雪莲花、川贝母、野山参、冬虫夏草等由于其生长对气候环境要求高、生长周期长，稀缺性明显，且名贵药材一般用于直接加工成滋补品销往消费终端，毛利空间较大，因此，掌控稀缺名贵药材的企业具备资源优势。

中药现代化工程实施以来，云南建成了滇东南三七、滇东北天麻、滇西北高山药材、滇中民族药道地药材和滇南及滇西南南药特色药材五大中药材种植（养殖）基地。自2009年以来，云南先后认定和培育了“云药之乡”60个，涉及15个州市、63个县区，认定中药材良种繁育基地103家，中药材种植（养殖）科技示范园144家。初步建立了三七、天麻、灯盏花、石斛、滇重楼、云木香、滇龙胆、滇黄精、水蛭、美洲大蠊等大宗药材原料种养基地；一批地方特色中药材品种砂仁、草乌、草果等发展迅速，逐步形成规模生产。三七、灯盏花、云木香、铁皮石斛、滇重楼、螺旋藻、当归、美洲大蠊8个品种14个基地通过了国家GAP认证；文山三七、昭通天麻、红河灯盏花、广南铁皮石斛、龙陵紫皮石斛、芒市石斛、程海螺旋藻、福贡云黄连等一批品种获准实施国家地理标志产品保护，以三七、天麻、灯盏花药材及提取物等中药材产品为带动的产业基地不断扩大，涌现了三七、重楼、石斛、滇龙胆等一批产值超过或接近10亿元，在全国具有影响力、产业规模较大的优势中药材大品种，云南正逐步成为全国中药材种植的重要基地，中药材原料品牌知名度不断提高。

从生产区域布局看，云南中药材种植较为集中的区域有：滇西北的怒江、丽江、迪庆和大理的鹤庆、剑川、云龙及宾川主要以云木香、秦艽、云当归、附子、滇重楼等高山药材和草果等林下药材为主；滇东北昭通的彝良、盐津、大关等地主要以天麻、黄檗、半夏、五倍子等为主；滇东南的文山、砚山、马关、麻栗坡、富宁以及红河的金平、绿春、红河、建水、蒙自等地的三七、铁皮石斛、草果、八角、南板蓝根、重楼等中药材；滇南的西双版纳和普洱宁洱的砂仁、白及、茯苓；其他地州如临沧云县、永德、临翔、耿马的滇龙胆、诃子、白及、茯苓和滇重楼等，还有楚雄双柏的茯苓以及昆明禄劝、曲靖沾益、罗平、师宗、宣威的当归、黄草乌、薏仁、姜等。2019年，中药材种植面积超过100万亩的有3个州市，分别为文山、怒江和红河；超过50万亩的有3个州市，分别为曲靖、临沧和大理，这6个州市的种植面积合计占全省总面积的70.5%。中药材产量超过10万吨的有4个州市，分别为曲靖、文山、大理和红河，这4个州市的产量合计占全省中药材总产量的60.7%（见表26－11）。

表26－11　　2019年云南各州市中药材产业发展主要数据

州市	农业生产情况			企业生产情况		
	种植面积（万亩）	产量（万吨）	农业产值（亿元）	加工产值（亿元）	销售额（亿元）	出口额（万美元）
昆明	26.11	3.44	24.60	257.36	349.59	
昭通	39.82	3.28	32.60	17.53	14.16	480.00

续表

州市	农业生产情况			企业生产情况		
	种植面积（万亩）	产量（万吨）	农业产值（亿元）	加工产值（亿元）	销售额（亿元）	出口额（万美元）
曲靖	84.50	16.80	46.27	18.69	11.87	1006.00
玉溪	7.26	6.10	4.71	13.42	8.72	
保山	43.00	3.30	22.51	27.67	25.66	43.00
楚雄	22.12	4.50	15.28	2.06	2.89	31.00
红河	127.57	12.50	41.08	28.84	22.28	
文山	147.82	15.00	65.20	38.56	28.05	
普洱	28.89	1.90	24.71	22.89	23.53	
西双版纳	27.33	1.10	12.30	8.73	4.74	
大理	58.32	13.30	43.95	43.37	21.59	
德宏	24.28	1.94	8.56	3.28	0.99	
丽江	25.26	3.70	18.85	5.46	5.57	
怒江	135.30	1.50	4.57	1.89	0.28	
迪庆	12.98	3.93	8.07	2.28	2.56	273.60
临沧	62.12	2.66	15.18	10.36	3.50	
合计	872.68	94.95	388.43	502.39	525.98	1833.60

资料来源：根据云南省农业农村厅《2019年云南省中药材产业发展报告》及云南省中药材产业快报数据整理。

根据云南中药原料质量监测技术服务中心数据显示，全省目前共有昆明、丽江、玉溪、普洱、红河、临沧、昭通、文山、曲靖、大理、保山、怒江、楚雄13个州（市）以及下辖的53个区（县）在规模化种植中药材。根据中药材综合产值，全省各州市可分四个梯队。第一梯队（产值超300亿元）1个州市，即昆明市；第二梯队（产值100亿~300亿元）1个州市，即文山州；第三梯队（产值50亿~100亿元）包括6个州市，即大理、红河、普洱、曲靖、保山和昭通；第四梯队（产值10亿~50亿元）包括8个州市，即临沧、丽江、西双版纳、玉溪、楚雄、德宏、怒江和迪庆。与2018年相比，云南中药材产业发展迅猛，综合产值同比增长29.9%。其中，增幅超过50%的有3个州市，即普洱、临沧和怒江，分别增长62.9%、62.2%和50.9%；增幅超过30%的有4个州市，即丽江、德宏、昆明和玉溪，分别增长42.3%、41.0%、35.0%和32.7%；除文山增长率低于10%（仅为9.7%外），其余8个州市同比增长14.4%~29.6%。

从品种生产基地规模看，2019年，三七、天麻、重楼、云木香、砂仁等17个品种种植面积突破10万亩，云当归、滇黄精、茯苓、石斛、粗茎秦艽等9个品种种植面积达 5 万亩以上（5 万 ~ 10 万亩）；三七、重楼、砂仁、石斛、天麻等 10 个品种的农业产值超过 10 亿元，云木香、当归、粗茎秦艽、灯盏花、银杏等 21 个品种的农业产值超过 1 亿元（1 亿 ~ 10 亿元）。许多地州都有 1 ~ 2 个主打品种，例如怒江草果、文山三七、昭通天麻、临沧滇龙胆、丽江云木香、红河板蓝根、西双版纳砂仁等均为当地的地道药材或主打品种，在当地中药产业中具有不可替代的位置。从医药园区来看，目前，成熟的产业园区有滇中产业新区、昆明市高新区、茨坝生物科技小镇、文山三七产业园区、楚雄高新技术产业开发区。

从全国来看，三七、天麻和灯盏花是云南最具特色的道地药材品种：排名第一的三七为五加科人参属多年生草本植物三七（学名：panax notoginseng）干燥根和根茎。三七具有散瘀止血、消肿定痛等功效，主要用于咯血、吐血、衄血、便血、崩漏、外伤出血、胸腹刺痛、跌扑肿痛。由于三七中的有效活性物质高于和多于人参，故三七享有“参中之王”“金不换”“南国神草”等美誉。药材和饮片现记载于《中华人民共和国药典》2015 年版第一部。虽然三七在广西、江西、四川等地亦有栽培，但主产于云南东南部文山和红河等地，是云南最具盛名的传统道地药材。“文山三七”2002 年成为全国第一个获得原产地域产品保护的中药材品种；2003 年，《地理标志产品　文山三七》（GB 19086—2003）① 是全国第一个获得国家地理标志产品保护的中药材国家质量标准；2005 年“文山三七”证明商标成为云南省首个获准注册的地理标志证明商标；2013 年在中国 100 个最具综合价值地理标志产品中排名第 11 位，在中药材类最具综合价值地理标志产品中多年位居全国第一。

三七是目前云南研究开发最深入、产业化程度最高的中药材品种。2019 年，全国三七产业产值在 1000 亿元左右，其中农业和贸易占 30% 左右，工业产值占 70%。2019 年，云南三七种植面积 50 万亩，产量 4.4 万吨，农业产值 85 亿元，工业 120 亿元。

三七总皂苷（PNS）是中国药典品种，是血塞通、血栓通原料，云南具有原产地域资源优势，集中了全国大部分皂苷提取生产企业，目前，云南共有 13 家三七总皂苷提取生产厂，年消耗三七原料近 2000 吨左右。三七饮片从 2014 年 2000 吨到 2019 年 20000 吨的个体健康消费市场增长，市场规模也由 2 亿元突破 40 亿元，已成为近几年全国营业收入增速、利润增长最快的中药材饮片品种。三七中药制

① 该标准已被 GB/T 19086—2003 替代。

剂达360多个，生产批准文号3600多个，涉及全国中药生产企业1300多家，覆盖30个省份。云南三七国药准字批号303个，药品69个，形成了云南白药系列、血塞通系列大品种，通过相关大品种销售，形成一批支撑三七产业发展的骨干企业，目前，全省以三七产品生产为主的医药生产企业达67家。

排名第二的天麻为兰科多年生寄生性草本植物天麻的干燥块茎，主产于云南、贵州、湖北、陕西、四川等地，现多为人工种植。天麻具有息风止痉、平抑肝阳、祛风通络的功效，用于治疗小儿惊风、癫痫抽搐、破伤风、头痛眩晕、手足不遂、肢体麻木、风湿痹痛等病症。《中华人民共和国药典》2015年版一部中收载的1493种成方制剂和单味制剂中，以天麻为主要成分的品种有14个。昭通是世界天麻的原产地，素有“中国乌天麻之乡”的美称。昭通从20世纪80年代初开始天麻的规模化林下仿野生种植，种植面积20多万亩，主要分布在彝良、镇雄、威信、永善、大关、盐津、昭阳等县区海拔1400～2800米的冷凉山区，其中，以彝良小草坝的天麻最为著名。彝良天麻是云南天麻的代表，素有“云天麻”之称，彝良也因此获得了“天麻故乡”和“世界天麻原产地”的美誉。昭通已成为全国六大天麻主产区之一，产量约占全国的1/4。2019年，全省天麻种植面积累计达10.13万亩，鲜天麻产量6657.9吨，农业产值16.9亿元，加工产值近50亿元。在天麻加工方面，现有天麻加工企业23家，产品涉及初加工产品、饮片、保健品、药品、日化品5大类31个产品，产品品牌12个，有3家通过GMP认证，共有87个国药准字批准文号。初加工产品有干天麻、天麻片、天麻粉、天麻酒等产品；深加工产品有天麻醒脑胶囊、复方天麻颗粒、天麻片、天麻丸等药品及善人牌天麻今昭胶囊保健食品。

灯盏花为菊科飞蓬属多年生草本植物短葶飞蓬的干燥全草，又名灯盏细辛等。灯盏花以全草入药，首载于明代云南医药学家兰茂所著的《滇南本草》，在改善心脑缺血、抑制血小板聚集和抗血栓形成、改善微循环、促智与视神经保护、抗炎清除自由基和抗氧化、促进骨重建、保肝与减轻肾脏免疫病理损伤等方面有重要作用。灯盏花是云南特有的道地中药材，目前生产上主要作为灯盏花浸膏及灯盏花素的提取原料。2019年，云南省聚集了全国100%的灯盏花种植生产，95%以上的药材原料生产，100%的浸膏和提取物生产和40%以上的中成药生产，灯盏花产业总产值的50%都在云南。2009年，国家标准《地理标志产品红河灯盏花》（GB/T 23404—2009）正式颁布实施（张薇等，2013）。目前，含灯盏花的中成药品种全国共18个，已被《中华人民共和国药典》2015年版收录的以灯盏花为原料的中成药品种有注射用灯盏花素、灯盏花素片、灯盏生脉胶囊、灯盏细辛注射液、灯盏细辛颗粒（灯盏花颗粒），适应证主要集中在心脑血管领域，在全国公立医疗机构销售达30多亿元。

2019年，云南灯盏花种植面积2.12万亩，产量6699.8吨，农业产值1.5亿元，主要集中在红河州泸西、弥勒，曲靖市宣威、陆良，大理州南涧、巍山等县市区，昆明、文山、玉溪、楚雄等地有少量种植。其中，红河、宣威和曲靖种植面积最大，占全省种植面积的80%以上。种植规模较大的企业有云南红灵生物科技有限公司、宣威龙津生物科技有限责任公司、红河灯盏花生物技术有限公司等。

（二）案例

1. 维西中农有机当归千亩示范基地

云当归质量好，归头大，质坚，味浓，油性足，多糖含量高，尤以滇西北维西、鹤庆产的质量为上佳，是滇西北地道药材，深受东南亚青睐。中农贸易有限公司成立于2001年，主营有机农业种植示范、技术推广和认证示范以及有机农场品的深加工研发和销售。2013年以来，中农贸易有限公司以云南省农业科学院药用植物研究所和昆明理工大学为技术支撑，在维西塔城海拔2500~2800米建立有机云当归生产示范基地建设2000亩，并已获得欧盟、美国和中国的有机认证。中农维西有机中药材种植基地，先对土地进行认证，再运用高科技技术实现当归的有机种植，严格规范有机种植过程中的各个环节，保证农户所种植药材的品质符合收购条件，提升产品附加值。中农贸易有限公司希望通过以企业带动农户的形式，让农户改变以往传统中药材种植习惯，采用有机种植模式，形成土地的可持续利用，确保“云药材”的高品质。另外，在保山昌宁县建立了有机云当归示范种植基地942亩，并获得日本、美国、欧盟的有机认证证书。

2. 文山三七联合社绿色三七千亩示范基地

文山三七农业种植专业合作社联合社借助文山得天独厚的地缘优势，由文山七丹农民种植专业合作社、文山崔三七农业种植专业合作社等联合组建。联合社依托昆明理工大学、云南省农业科学院药用植物研究所等科研单位作为技术依托，由云南省三七研究院院长、昆明理工大学博士生导师、著名三七专家崔秀明博士出任总经理，采用“共建、共享”模式开展绿色三七种植示范，从种子种苗、农业品投入到土地选择、栽培、产地加工等均实行标准化、规范化封闭式管理模式，建立了覆盖全产业链的质量溯源体系。先后与北京同仁堂集团、华润三九集团、广药集团、昆药集团、中国中药集团、广州天方健药业、维和药业等国内企业建立了战略合作关系，采用制药企业、联合社、农户三方共同为企业建设绿色三七基地，遵循专业的人做专业的事原则，从源头上解决了大型制药企业原料质量控制问题，将传统的三七种植经营方式提到了现代化农业产业发展的高度。至2020年，联合社在文山丘北、石林、曲靖、红河等地建立了绿色三七标准化种植基地2000余亩。联合社与昆明理工大学、文山学院、文山州三七和中医药产业发展中心投资1.1亿元，在文山学院新校区建立了104亩文山三七创新科技示范园，建立了集科学研究、文化展示、科普宣传、人员培训于一体的现代农业综合展示体；投资200万元、建立了文山三七官方旗舰店，制定了《文山三七栽培技术规程》《文山三七分等规格操作规程》《文山三七营销规范》等技术标准。联合社现已经成为云南三七种植业及销售企业的旗帜。

3. 丽江云鑫绿色生物开发有限公司鲁甸滇重楼千亩示范基地

丽江云鑫绿色生物开发有限公司是云南较早开展滇重楼人工驯化种植的企业，自2004年起，公司在云南省农业科学院的技术指导下，通过收购野生滇重楼苗的方式，种下了50亩滇重楼，当年种植的重楼长势十分喜人，初步获得了成功，后来逐渐扩大。丽江云鑫绿色生物开发有限公司十余年一直致力于滇重楼的人工栽培研究和产业化开发，与云南省农业科学院药用植物研究所共同选育了优良新品种滇重楼1号和2号，申请了“滇重楼三段栽培法”的发明专利，目前在玉龙县鲁甸乡鲁甸村拉美荣建成了1500亩滇重楼种苗繁育和栽培示范基地，年生产滇重楼种子8000千克以上，培育种苗1500多万株，成为我国最大的滇重楼种植基地，并在云南省农业科学院药用植物所的技术支撑下获国家食药监局的GAP认证，是云南乃至全国唯一的滇重楼GAP认证基地。①

4. 贡山普拉底万亩草果示范基地

据笔者调研，怒江州贡山县普拉底乡地处怒江峡谷深处，90%以上为山坡地，可耕地面积十分有限，但该乡森林覆盖率高达83%，降雨充沛，日照时间短，加之河谷众多，空气湿度大，植被丰茂，高湿多雨的气候环境和丰富的植被环境十分适合草果的生长，境内部分群众过去就有零星种植草果的历史，所出产的草果香料含量达到0.83%，是普通草果香料含量的两倍以上，但因为价格和销路问题直到2004年也没有发展成规模，2004年普拉底开始发展草果产业，并提出了“打

① 玉龙主打“云药”牌［J］. 农村实用技术，2017（4）：63-64.

造万亩草果基地”发展思路。

乡里成立了草果种植领导小组，在县民委、农业、科技、扶贫、林业等部门通力支持下，认真研究相关事宜，并层层签订责任状，为项目的顺利实施提供了组织保障。乡里每年5～8月培训和推广草果技术；8月至9月20日左右，由草果协会统一组织相关乡村干部和种植户代表到异地调查草果市场行情，在此基础上制定草果保护价；10～11月分片采摘，集中加工，并与农户签订合同，包装储存；12月组织相关人员到干货市场调查行情，并向种植户发布草果行情信息；次年1～4月，根据市场行情统一销售。随着草果产业的发展，该乡引进了一家企业投资500多万元，建成了月加工量达到1500吨的草果烘干加工厂——贡山县普拉底富民农产品有限公司。公司在采摘、加工、销售等环节都要在草果协会的监督和帮助下透明运行。分批分片统一采摘的目的是保护草果品质，不让不成熟的草果上市，争取卖个好价钱。2012年，全乡草果种植面积达41700亩，农民人均种植面积达7亩以上，2011年，全乡农民人均经济纯收入2897元，仅草果产业每年可人均增加收入600～800元，2016年，普拉底乡草果种植面积达80000余亩，草果总产量1206吨，实现收入1206万元，草果产业成为普拉底乡群众增收的重要渠道。其中，其达村是普拉底乡因草果而受益的行政村之一。全村6个村民小组、214户农户，家家户户种植草果，最少的一家也有30～40亩，全村种植面积达8000多亩，种植80亩以上的有6户，并且通过乡里的草果种植协会统一负责收购、加工、销售，种植户风险减少了，效益增加了。2011年，全村人均收入3100元，高出全乡人均收入水平200多元，高出全县近1000元。另外，由于草果带来的经济效益，让群众也改变了过去乱砍滥伐的习惯，主动保护森林，并且开始植树种草果，实现了生态环境保护与脱贫攻坚双赢的局面。

（三）存在的问题

我国中药材的供给主要依赖药材种植，中药材供给侧发展的水平和人民群众对优质中药材原料日益增长的需求相比存在发展不平衡和不充分问题，主要表现为产业规模增长和产业管理机制间的不平衡，产业科技化水平与服务中医药产业能力间的不平衡。[①] 自2016年以来，云南中药材种植面积及农业产值已连续四年居全国首位，但种植规模、产量与药材质量、疗效的深层矛盾没有得到有效化解。

---

① 黄璐琦院士深度解读全国道地药材生产基地建设规划［EB/OL］．中国食品药品网，2019－03－26．

云南中药材生产基地建设面临的主要问题有：一是由于过度采挖、生境退化，部分野生药材资源枯竭，但尚未完全解决家化栽培，野生药材供应短缺问题日益突出；二是道地药材盲目引种，一些传统优质道地产区被新兴主产区替代，导致道地性消失，中药材疗效下降；三是忽视传统道地药材的生产加工技术，重产量、轻质量，忽视道地药材综合质量特征，单纯追求指标性成分含量达标，在生产中滥用化肥、农药、生长调节剂，随意缩短栽培年限，严重影响了中药材质量和临床疗效；四是中药材生产过程中，优良品种和先进种植加工技术推广应用不充分，生产水平远落后于大农业，单位面积的生产效能没有得到有效释放。①

（四）建议

中药材具有经济、生态、医疗等多种资源属性，生产基地建设需围绕这些基本属性进行规划、设计、改造和提升。一是建议针对中药材生产基地开展专题调研，全面摸清龙头企业基地、绿色有机基地、专供基地等不同基地的分布情况和发展现状。在此基础上进一步优化产区布局，加快道地药材基地建设，提高现有中药材种植的基地化率，推动道地与非道地区域差异化发展，促进道地产地加工、产地交易及流通端资源优化。二是积极开展良种选育及扩繁推广，扶持培育一批优质中药材种子种苗专业化经营新主体，推进道地药材和特色药材良种选育基地建设，基本保障良种供给，提高现有基地的良种覆盖率。三是以三七、天麻、滇重楼、云木香、云当归等云南优势道地药材品种为主，强化中药材道地产区环境保护和绿色生产，推行优势中药材品种的规范化种植、生态种植、野生抚育和仿生栽培基地建设，确保道地药材品质和产量。四是以云南药食同源、新食品原料的药材为主，着力推进天麻、铁皮石斛、茯苓、当归、滇黄精等近20余种药材的标准化基地建设，尤其是绿色、有机认证基地建设，把环境优势、资源优势转化为产业优势。

三、加工管理方式

（一）基本情况

据云南省农业农村厅及云南省中医药管理局提供的数据，从中药材加工品类

① 黄璐琦院士深度解读全国道地药材生产基地建设规划［EB/OL］. 中国食品药品网，2019-03-26.

产业规模看，2019 年，云南中药材加工形成中药材、中药饮片、提取物、中成药四大产品类型，其中，中药材占加工产品总产量的 74.5%，产值及销售额占加工总量的 40% 以上；中成药产值、销售额占加工总量的 30% 以上，提取物产值及销售额占比接近 20%，中药材饮片占比较低。如表 26 - 12 所示，2019 年，云南中药材产业加工产品总产量 36.1 万吨，同比增长 24.5%；加工产值 502.4 亿元，同比增长 21.9%；销售额 526.0 亿元，同比增长 20.7%。四大产品类型中，中药材产量同比增长 46.5%，产值增长 26.3%，销售额增长 52.3%；中药材饮片产量同比下降 22.1%，产值下降 29.3%，销售额下降 25.5%；中成药产量同比下降 14.6%，产值下降 8.7%，销售额增长 6.3%；提取物生产销售情况较上一年基本保持持平。

表 26 - 12　　2019 年云南中药材四大加工品类基本情况

指标	中药材	提取物	中药饮片	中成药	合计
加工产量（万吨）	26.9	3.5	2.9	2.8	36.1
加工产值（亿元）	203.6	174.5	34.6	88.8	502.4
销售额（亿元）	253.3	160.0	21.5	91.0	526.0

资料来源：根据云南省农业农村厅《2019 年云南省中药材产业发展报告》及云南省中药材产业快报数据整理。

从生产许可批准文号等看，云南药品批准文号 4218 个，其中，化学药 2170 个，生物制品 11 个，中药 2037 个（中药品种 885 个，自主研发独家生产品种 280 个，民族药 126 个，药典收录独家品种 24 个，省中药保护品种 91 个，进入国家基本药物目录品种 65 个）。

如表 26 - 13 所示，从销售收入看，早在 2016 年云南销售收入超过 1 亿元的中药单品就达 24 个，其中，排名前 3 位的单品均为云南白药公司的产品：销售收入超过 10 亿元的有 2 个，9 亿元以上的 1 个；此外 5 亿 ~ 9 亿元的单品有 8 个，其中，5 个单品属于单一企业独家生产，其他 3 个为多家企业生产。2016 年，销售收入超过 1 亿元的药品中，涉及三七的有 9 个，其中有 4 个只以三七为原料；以灯盏花为原料的有 3 个；涉及重楼的有 5 个，但只有宫血宁是只以重楼为原料。从中可以看出，三七、灯盏花和重楼在云南制药企业中的重要地位。云当归、红花等滇产地道药材也有很大潜力。从中也可以看出，心脑血管类的天然药物和跌打损伤类药物占据了主要地位，其中心脑血管类的天然药物有 10 个，达 51.6 亿元，占这 24 个上亿元品种总销售额的 45.7%；跌打损伤类药物有 6 个，达 43.5 亿元，占这

24 个上亿元品种总销售额的 38.5%。这 24 个销售额上亿元品种中云南白药集团就有 6 个，前 3 位均为云南白药、昆明制药集团有血塞通系列等。这些情况可以看出，云南白药等大品牌和以三七、灯盏花为主的大品种是云南生物医药的主流产品。

表 26－13　　2016 年云南销售收入 1 亿元以上中药单品

序号	产品名称	累计销售（万元）	生产企业名称	主要功效类别	涉及主要原料
1	白药膏	129000	云南白药集团	跌打损伤类	三七、重楼等
2	白药气雾剂	124000	云南白药集团	跌打损伤类	三七、重楼等
3	云南白药胶囊（散）	90000	云南白药集团	跌打损伤类	三七、重楼等
4	注射用灯盏花素	81725	龙津药业	心脑血管类	灯盏花
5	注射用血塞通（冻干粉针）	73800	昆明制药集团	心脑血管类	三七
6	血塞通软胶囊	68700	昆药 17500/圣火 51200	心脑血管类	三七
7	排毒养颜胶囊	68106	云南盘龙云海	补益类	大黄等
8	参麦注射液	64537	大理药业 38002/植物 26535	心脑血管类	红参、麦冬
9	白药创可贴	58000	云南白药集团	跌打损伤类	三七、重楼等
10	醒脑静注射液	52167	大理药业	心脑血管类	天麻
11	血塞通片	50582	血塞通 7482/维和 28000/特安呐 15100	心脑血管类	三七
12	灯盏生脉胶囊	45790	生物谷药业	心脑血管类	灯盏花等
13	灯盏细辛注射液	32236	生物谷药业	心脑血管类	灯盏花
14	血塞通注射液	31075	昆药 2976/植物药 22099/白药 6000	心脑血管类	三七
15	气血康口服液	29000	云南白药集团	补益类	三七
16	藿香正气水	28139	楚雄天利 24823/腾冲 3315	消化系统疾病	藿香
17	恒古骨伤愈合剂	19800	云南克雷斯	跌打损伤类	红花、三七
18	康力欣胶囊	16964	云南名扬药业	抗肿瘤类	诃子、木香等
19	心脉隆注射液	15622	腾冲制药有限公司	心脑血管类	美洲大蠊
20	龙血竭肠溶片	13847	大唐汉方	跌打损伤类	龙血竭
21	红花逍遥胶囊	13140	楚雄天利药业	妇科疾病	当归、红花等
22	舒肝颗粒（散）	13000	昆明中药厂	妇科疾病	当归等
23	宫血宁胶囊	12000	云南白药集团	妇科疾病	重楼
24	肾衰宁胶囊	11201	云南理想药业	泌尿系统疾病	黄连、红花等

资料来源：云南省工业和信息化厅。

如表 26－14、表 26－15 所示，从医药生产企业发展情况看，2016 年云南白药集团工业总产值为 115.84 亿元，2019 年增加到 224.11 亿元，增幅达到 93.47%，且位列财富中国 500 强行列，成为全省医药工业名副其实的“领头羊”。此外，2019 年，云南医药工业股份有限公司和昆明圣火药业（集团）有限公司业务总收入超过10亿元，位列全省当年中药收入前20强企业中的第3位和第4位。截至2019年底，全省医药生产企业共有257户，其中规模以上150户。2019年，150户规模以上企业完成主营业务收入379.03亿元，占全省总量的60.25%。销售收入超10亿元的8户，其中，中药企业4户，云南白药集团销售收入267亿元，居首位，在全国医药企业百强中排第35名。2019年，全省中药材饮片生产企业110家；生产产值超5000万元的企业有9户，超亿元的企业有17户，超10亿元的企业有1户。主板上市公司6家，其中，制造业企业5家（白药集团、昆药集团、沃森生物、龙津药业、大理药业），流通业企业1家（一心堂）。截至2019年12月17日，6家企业市值约1885亿元，其中，白药集团市值约1117亿元。

表26－14　　2016年云南天然药物医药工业总产值前21名企业

序号	企业名称	2016年（万元）	2015年（万元）	同比增长（%）	主营业务
1	云南白药集团股份有限公司（集团）	1158378	1071187	8	三七为主的天然药物及大健康产品
2	昆明制药集团股份有限公司（集团）	268600	220197	22	三七等天然药物及西药
3	云南三七科技有限公司	121352	14322	747	三七
4	曲靖博浩生物科技股份有限公司	98292	86512	14	万寿菊
5	大理药业股份有限公司	92852	207012	55	天然药物
6	云南生物谷药业股份有限公司	89941	70775	27	灯盏花
7	云南植物药业有限公司（集团）	88161	53483	65	天然药物
8	昆明龙津药业股份有限公司	86039	63781	35	灯盏花
9	云南特安呐制药股份有限公司	76898	72174	7	三七
10	云南盘龙云海药业有限公司	76488	60258	27	天然药物
11	云南新世纪中药饮片有限公司	62683	48711	29	中药饮片
12	滇虹药业集团股份有限公司	54388	43586	25	化药及中成药
13	昆明圣火药业（集团）有限公司	49908	44992	11	三七
14	文山市苗乡三七实业有限公司	47651	25617	86	三七栽培及三七饮片
15	云南楚雄天利药业有限公司	46208	35134	32	中成药及化药
16	云南腾药制药股份有限公司	44335	36560	21	中成药
17	云南康恩贝集团有限公司（集团）	40516	42406	－4	中药材栽培及饮片
18	云南名扬药业有限公司	40438	18376	120	中成药
19	云南东融中药饮片厂	39731	41899	－5	中药饮片
20	云南大唐汉方制药有限公司	34439	7288	373	龙血竭
21	云南鸿翔中药科技有限公司	33989	26979	26	中药饮片

资料来源：云南省工业和信息化厅。

表 26－15　　2019 年云南中药收入前 20 强企业基本情况

序号	企业名称	业务总收入（万元）	注册地	备注
1	云南白药集团股份有限公司	2241065.0	呈贡区	上市公司，财富中国 500 强
2	昆药集团股份有限公司	222489.2	高新区	上市公司，中国医药 50 强
3	云南医药工业股份有限公司	132348.8	高新区	
4	昆明圣火药业（集团）有限公司	100750.0	昆明经开区	三七深加工
5	昆明积大制药股份有限公司	82642.7	高新区	
6	昆明中药厂有限公司	78167.2	高新区	
7	昆明贝泰妮生物科技有限公司	74204.5	高新区	
8	云南盘龙云海药业集团股份有限公司	71200.0	高新区	
9	云南白药集团医药电子商务有限公司	62041.0	高新区	
10	滇虹药业集团股份有限公司	53176.1	高新区	
11	云南生物谷药业股份有限公司	49292.0	高新区	
12	昆明华润圣火药业有限公司	47662.0	经开区	
13	云南腾药制药股份有限公司	45592.1	腾冲市	2019 年云南省“十大名品”企业
14	云南植物药业有限公司	43420.0	高新区	
15	云南鸿翔中药科技有限公司	43400.0	五华区	2020 年云南省“十大名品”企业
16	大理药业股份有限公司	38543.0	大理市	
17	昆明龙津药业股份有限公司	33510.1	高新区	
18	云南弥勒灯盏花药业有限公司	31518.0	弥勒市	2020 年云南省“十大名品”企业
19	云南白药集团中药材优质种源繁育有限责任公司	27650.0	武定县	
20	云南品斛堂生物科技有限公司	27000.0	龙陵县	2019/2020 年云南省“十大名品”企业

资料来源：云南省工业和信息化厅。

另外，随着人民生活水平的提高，非药品的大健康产品比重越来越重，尤其是一些日化类如牙膏、化妆品等。根据中国口腔清洁护理用品工业协会披露的数据，2016 年，云南白药牙膏年销售额为 43.2 亿元，市场占有率达 17.8%，仅次于黑人牙膏，排名第 2 位，其产品销售额远远超过了云南白药所生产任何一个药品产品。人们对补益类药品也越来越关注，使用量也越来越大，如排毒养颜胶囊、气血康口服液等 2016 年的销售量超过 9.7 亿元（见表 26－13），国内的阿胶、六味地黄丸等一直位列中成药销售品种前 10 位。

（二）案例

1. 云南白药集团有限公司

云南白药是云南著名的中成药，由云南民间医生曲焕章于 1902 年研制成功。

对跌打损伤、创伤出血有很好的疗效。云南白药由名贵药材制成，具有化瘀止血、活血止痛、解毒消肿之功效。问世百年来，云南白药以其独特、神奇的功效被誉为“中华瑰宝，伤科圣药”，被列为国家“一级保护中药”。1955 年，曲焕章的家人将白药秘方献给政府，由昆明制药厂生产，改名为“云南白药”，1971 年 6 月，云南白药厂成立。作为国家保密配方中成药，云南白药没有故步自封，先是开发出“宫血宁”，又开发出“云南白药创可贴”“云南白药膏”“云南白药气雾喷剂”等云南白药系列产品，其云南白药创可贴运用“差异定位”方法从邦迪手中抢了近半额的创可贴市场，成为中国第二大创可贴品牌；2005 年开始进入大健康市场，生产“云南白药牙膏”，2016 年，云南白药牙膏销售额达 40 亿元，超过佳洁士等成为中国牙膏市场第二大品牌，也成为国产牙膏第一品牌。根据云南白药集团股份有限公司 2017 年 4 月发布的《云南白药：2016 年年度报告》，2016 年，云南白药按照产品类别划分的工业产品（自制）和批发零售（药品）的营业收入分别为 90. 80 亿元和 132. 75 亿元，合计占当年营业收入的比重为 99. 75%，虽然药品占收入比例更大，但是其毛利率低（仅为 7. 84%），公司毛利的核心来源是牙膏、创可贴等工业产品，其毛利率高达 62. 10%，所以从某种程度上来说，云南白药不完全是传统的中药药品厂商，而变成了健康零售厂商。这种打破传统药厂只能生产药品的固化思维使云南白药成长为云南最大的制药企业（从 2001 年的 1. 2 亿元到 2019 年销售额达 224 亿元），也成为中国最有价值的品牌。

2. 云南生物谷药业股份有限公司

云南生物谷药业股份有限公司成立于 1999 年 6 月，是集灯盏花系列药品的研究、开发、原料种植、生产、销售于一体的全产业链高科技制药企业。公司注重科技研发，拥有很强的技术研发和创新能力，设立了企业博士后科研工作站，和云南省特色植物药工程技术研究中心，是国家“863”计划和“国家‘十一五’科技支撑计划”等国家重点科技计划项目承担单位。公司每年平均申请发明专利 2 ~ 3 件，截至 2021 年 11 月公司共拥有专利 44 件。[①] 公司参与了灯盏细辛注射液、灯盏生脉胶囊、灯盏花滴丸 3 个药品的国家标准制定工作。公司主导产品灯盏细辛注射液为《中华人民共和国药典》2005 版、2010 版、2015 版的收录品种，2001 年参与了国家“火炬计划”项目，2007 年参与了国家“863”计划研究课题，2012 ~ 2015 年参与了“重大新药创制”国家科技重大专项“中药上市后再评价关键技术

① 高缘．云南生物谷药业股份有限公司［EB/OL］．中国海洋大学医药学院党团委网，2021 - 11 - 02.

研究”之临床安全性评价研究课题，是全国中医医院急诊必备中成药、国家中药保护品种、国家基本药物。公司主导产品灯盏生脉胶囊为《中华人民共和国药典》2010 版、2015 版的收录品种。

公司建构了从源头到生产各个环节直至最终产品的全程跟踪式质量控制体系。种植基地实施药材 GAP 规范化种植，保障原料质量。以完善的生产、质量管理体系和现代化科学检测手段为坚实后盾，完全实现药品质量规范化全程、全方位、高效、精准控制。公司目前已拥有灯盏花系列产品 7 个，其中，灯盏细辛注射液、灯盏生脉胶囊、灯盏花滴丸、灯盏细辛软胶囊 4 个品种是拥有自主知识产权的灯盏花专利品种。自 2003 年以来销售收入、上缴税金、销售利润三项指标连续多年名列云南省医药工业企业前列。为满足市场需求，保障产品质量，经过持续经营和发展，公司已建成集原料种植、开发研究、加工生产、市场营销于一体的完整的产业平台，包括红河州弥勒产业基地及马金铺生产基地。弥勒产业基地占地 362 亩，具备日处理灯盏花鲜草 30 吨，中药材年提取 5000 吨的生产能力。马金铺生产基地占地 162.8 亩，其生产线严格按照 2010 年版 GMP 要求设计和建设。目前，全部药品生产线均通过了国家药品 GMP 认证，已全面投入使用。

公司是国家重点高新技术企业，也是云南战略新兴产业领军企业，并被授予云南重点制药企业、云南首批和国家第二批创新型试点企业、云南知识产权试点企业、云南农业产业化龙头企业、云南名牌产品 30 强企业、云南优强企业、云南重合同守信誉先进单位等多项荣誉称号（冯悦，2018）。

（三）存在的问题

但是，总体来看，云南大牌中药材医药品种整体数量较少，需要大力扶持。2016 年，云南超过 1 亿元的以中药材为原料的医药单品仅 24 个，其中，过 10 亿元的只有 2 个，均为云南白药集团产品，5 亿～10 亿元产品有 9 个，2 亿～5 亿元产品有 5 个，1 亿～2 亿元产品有 8 个。①

（四）建议

重点是加工能力提升。即加大产业主体培育，更加注重规模化和对产业链上下游的延伸，加强产业体系的完备建设，进一步在药材集中产区布局农产品加工

① 云南省中药材产业发展报告［J］．云南农业，2018（9）：30－34.

业。立足产地提升核心加工技术，形成特色单品的集约优势，以高品质原料和高标准加工，吸引药企、药商建立与产地的直接联系。以道地药材和药食同源品种为重点，持续支持、培育中药材加工企业，支持研发中药材畜禽饲料及畜禽药物，进一步提升中药材原料加工率和产业效益，推动中药材产业的转型升级。瞄准中国500强及知名药企开展招商引资，进一步配合有关部门和州市做好重大招商引资项目相关协调工作。

四、市场营销

（一）基本情况

从全国看，在中药材贸易市场方面，我国拥有17个中药材交易市场，其中，安徽亳州药材市场是全国最好的药材市场，2019年交易额超过400亿元。广西的玉林市药材交易市场也发展较好，经营户从起初的300～400户，发展到3000户，营业额从10亿元上升至100亿元，每年经玉林集散和中转的进出口中药材达70万吨左右，金额超过300亿元[①]，成为中国进出口中药材最大的集散地和中转站，从一个排名比较靠后的中药材市场到现在已经是全国第三大中药材专业市场，被称为“中国南方药都”。总投资15亿元的中国—东盟康美中药材电子交易所项目的建设，将中医药与“互联网+”相结合，将玉林建成中国与东盟之间最大的中药材、香料集散地和交易中心。

从云南中药材品牌看，“云贵川广，道地药材”，以三七、天麻、当归、重楼等为代表的云南道地中药材自古是我们的知名药材。改革开放以后，随着中药现代化工程的实施，以三七、天麻、灯盏花药材及提取物等中药材产品为带动的产业基地不断扩大，涌现了三七、重楼、石斛、滇龙胆等一批产值超过或接近10亿元，在全国具有影响力、产业规模较大的优势中药材大品种，云南中药材原料品牌知名度不断提高。经过多年的发展，培育出“云南白药”等品牌价值上千万元的品牌，“盘龙云海”“生物谷”“龙津”“苗乡”“昆药”等一批云南中药产业品牌已经确立，以“云南白药”为代表的一批企业品牌和产品品牌深受国内外消费者的信赖。近年来，随着文山州文山市被列为全国和云南特色农产品优势区，彝

① 陈津远．架起通向世界的桥梁——玉林会展业发展回眸［N］．玉林日报，2019－09－23.

良小草坝、罗平生姜、龙陵石斛、玉龙重楼等一批云南特色农产品优势区认定，尤其是打造世界一流“绿色食品牌”和“健康生活目的地”战略，文山、腾冲和彝良、福贡分别被列入云南“绿色食品牌”“一县一业”示范县和特色性建设以及2018年、2019年、2020年云南“十大名药”的评选和表彰，使得大批企业品牌和产品品牌更加广泛地为市场所认知（见表26-16）。从2019年云南A股上市公司最新市值来看，生物医药行业有6家，分别为云南白药（1142亿元）、沃森生物（499亿元）、一心堂（132亿元）、昆药集团（82亿元）、龙津药业（52亿元）和大理药业（19亿元），6家公司市值合计约1925亿元，占云南2019年上市公司总市值的1/3。此外，2019年云南有5家企业入围“中国上市企业市值500强”，其中2家为医药领域的云南白药和沃森生物。

表26-16　　2018～2020年云南中药“十大名品”企业及其产品

排名	获奖企业名称	企业所在地	获奖产品名称
2018年10大名药			
1	云南三七科技有限公司	文山州文山市	“云三七”牌三七
2	彝良县农副产品加工厂	昭通市彝良县	“徐美德”牌天麻
3	丽江云全生物开发有限公司	丽江市玉龙县	“云全1号”牌滇重楼
4	云南金九地生物科技有限公司	昆明市阳宗海	“南草堂”牌铁皮石斛
5	宣威市龙津生物科技有限责任公司	曲靖市宣威市	“龙津”牌灯盏细辛
6	云南福滋农业科技开发有限公司	临沧市双江县	“滇奇”牌茯苓
7	云南香格里拉兰草药业有限公司	迪庆香格里拉市	“维西当归”牌云当归
8	丽江华利生物开发药业有限公司	丽江市玉龙县	“华桂牌”云木香
9	泸水市农业生产资料有限责任公司	怒江州泸水市	“雪黎”牌草果
10	普洱良宝生物科技有限公司	普洱市思茅区	“滇及”牌白芨
2019年10大名药			
1	云南七丹药业股份有限公司	文山州文山市	“七丹”牌三七
2	云南白药集团中药资源有限公司	昆明市呈贡区	“豹七”牌三七
3	云南腾药制药股份有限公司	保山市腾冲市	“腾药”牌美洲大蠊
4	云南万绿生物股份有限公司	昆明市五华区	“万绿”牌芦荟粉
5	云南品斛堂生物科技有限公司	保山市龙陵县	精制紫皮石斛切片
6	普洱良宝生物科技有限公司	普洱市思茅区	“滇及”牌白芨
7	宣威市龙津生物科技有限责任公司	曲靖市宣威市	“龙津”牌灯盏细辛
8	迪庆香格里拉金坷生物资源开发有限公司	迪庆香格里拉市	“央坷”牌藏红花
9	云南高山生物农业股份有限公司	普洱市思茅区	铁皮石斛
10	云南维和药业股份有限公司	玉溪市红塔区	三七

续表

排名	获奖企业名称	企业所在地	获奖产品名称
2020 年 10 大名药			
1	云南七丹药业股份有限公司	文山州文山市	“七丹”牌三七
2	一心堂药业集团股份有限公司	昆明市呈贡区	“鸿翔”牌三七
3	云南弥勒灯盏花药业有限公司	曲靖市宣威市	“生物谷”牌灯盏细辛
4	云南腾药制药股份有限公司	保山市腾冲市	“腾药”牌美洲大蠊
5	云南白药集团中药资源有限公司	昆明市呈贡区	“豹七”牌三七
6	迪庆香格里拉金坷生物资源开发有限公司	迪庆香格里拉市	“央坷”牌藏红花
7	云南万绿生物股份有限公司	昆明市五华区	“万绿”牌芦荟粉
8	云南山里红生物科技有限公司	迪庆香格里拉市	“山里红”牌铁皮石斛
9	云南品斛堂生物科技有限公司	保山市龙陵县	“元斛”牌紫皮石斛原浆饮品
10	普洱良宝生物科技有限公司	普洱市思茅区	“滇及”牌白芨

从云南中药材市场建设看，目前，全省初步建成了从昆明菊花园中药材综合批发市场到地方特色专业药材批发市场、再到遍布全省的产地市场和零售药店的中药材市场体系，交易品种逐步增加、交易额快速攀升，逐步形成“线上 + 线下”同步发展的格局。2019 年，全省限额以上单位药品流通企业批发和零售业中西药品类共实现销售总额 498.5775 亿元；批发业态销售额 382 亿元，其中，中药材及中药销售额 58 亿元，与 2018 年同期相比增长幅度为 12.7%；零售业态销售额 116 亿元，其中，中药材及中药销售额 10 亿元，与 2018 年同期相比增长幅度为 2.9%。[①]

（二）案例

1. 昆明菊花园中药材市场

昆明菊花园中药材市场是全国 17 个经批准成立的中药材市场之一，有商户 1000 多家，经营中药材品种 4000 多种，是全国最早实行企业化管理的中药材市场之一，市场年交易总额 20 多亿元，交易的药材占全省中药材供给量的 80% 以上。近年来，通过加强市场建设，完善市场信息发布、中药材原料饮片精品交易、电商平台、仓储物流、药材展会等功能，网络销售、电子商务等现代中药材销售模式逐渐完善，下一步，省委、省政府正在采取各项措施，积极把菊花园中药材市场打造成连接西南、面向全国、辐射南亚东南亚的中药材交易中心。

① 云南省药品流通市场平稳增长　增幅保持低位运行［EB/OL］. 中华人民共和国商务部网站，2020 - 05 - 23.

2. 文山三七国际交易中心

文山三七国际交易中心位于文山三七产业园区，是文山州乃至云南目前建设规模最大，服务及配套具有档次和品位的专业性交易市场，是中国乃至世界目前最大的三七专业交易市场。[①] 文山三七国际交易中心分新平坝交易中心和登高片区交易中心，新平坝交易中心在工商注册的商户总数205户，其中以公司形式注册22户，个体工商户183户。该中心主要以三七及其他中药材干品交易为主，2019年三七交易额达73亿元，其他中药材交易额达7.54亿元，带动就业人员14800人。国内采购商家数量达3000户，国外采购商家数量达56户，国内采购商主要为两广地区、沈阳、华东地区，国外采购商主要为东南亚地区的越南、老挝、泰国、缅甸及日本、新加坡等国家。登高片区交易中心位于文山市主城的南部，该中心主要以三七及其他中药材鲜品交易为主，2019年，鲜三七、七花、红籽交易量共计685.84万千克，交易额达1.77亿元；其他中药材交易额达0.2亿元。

3. "文山三七"区域品牌创建案例

文山三七又名文州三七，明代药学家李时珍称其为"金不换"。云南三七分布较广，在海拔1200米、1700米的地区都有种植，以文山州各县为主要产区。文山是"三七之乡"，被誉为"中药中的阿司匹林"的三七，在文山已有三四百年的栽培历史，是云南乃至中国为数不多且能够完全实施规模化、标准化人工种植和最具产业化开发条件的中药材品种。文州三七具有"生打熟补"功效，即服生三七，能活血化瘀，消肿止痛，参治跌打损伤有效；服熟三七（用鸡油或其他油将生三七炸黄即成熟三七），能补血强身。长期以来，省委、省人民政府和州委、州人民政府高度重视三七产品质量和三七产业发展，颁布实施了《云南省文山壮族苗族自治州文山三七发展条例（修订）》《中共文山州委、文山州人民政府关于加快推进文山三七产业高质量发展的意见》，扎实推动三七产业高质量发展。"文山三七"2002年成为全国第一个获得原产地域产品保护的中药材品种；2005年，"文山三七"证明商标成为云南首个获准注册的地理标志证明商标；2013年，在中国100个最具综合价值地理标志产品中排名第11位，在中药材类最具综合价值地理标志产品中位列第一；2018年，文山三七入选全国第二批特色农产品优势区；2019年11月15日，文山三七入选中国农业品牌目录；2019年12月，文山三七入选"中

① 刘红卫.《云南省中药材资源调研系列报道》之文山三七［EB/OL］. 中药材天地网，2016-06-09.

国农产品百强标志性品牌”；2020 年 7 月，文山三七入选中欧地理标志第二批保护名单。

（三）存在的问题

品牌是产品或企业核心价值的体现、识别商品的分辨器、质量和信誉的保证，但云南的中药材品牌除了“云南白药”一枝独秀外，其余品牌基本属于在当地知名度高，但全国知名度不高，品牌建设力度有待加强。

品牌以标准为基础。“中国标准”在国际上认可度不高。要实现更大范围、更高水平、更深层次的中医药领域合作，不少中外专家将目光聚焦在中国的中医药标准化政策的制定和管理体系上。中医药的国际化发展之路比较坎坷，没有国际通用的标准，中医药遭遇了一些壁垒。此前，已经实施近 14 年的中药材生产质量管理规范 GAP 被取消，而事实上，中药材基地建设的要求并没有降低，与 GAP 相比，GACP 的核定不仅能面向全球，还更加重视人的权益。GACP 的目标，不仅着眼于出口中药材质量，更为重要的是以 WHO 的 GACP 为指引，推动建立优质中药材饮片供应商联合体，给中国优质药材企业找一个新标签。

（四）建议

建议加大品牌培育力度，继续支持中药材特色品种、大品种、药食两用品种原产地、主产区、集散地申请地理标志产品保护和注册地理标志证明商标，打造知名区域品牌。继续发掘整理彝医药、傣医药、藏医药文献，做好民族药中的濒危动植物药的保护、应用、替代、栽培、养殖等工作，扶持民族药医院制剂开发与使用，培育一批民族药材品牌。宣传云南名药材，继续开展“十大名药材”中药材品牌评选，抓好名品名企宣传，持续提升“云药”品牌形象。

五、融合发展

（一）基本情况

中药材产业是我国医药产业的重要组成部分，近年来，在国家乃至各地不断涌现出助推政策，中药材产业发展明显开始驶入高速发展的“黄金发展期”。在迈入机遇期的同时，中药材产业跨界融合发展趋势也开始变得越来越明显。目前，中药材在许多领域跨界融合前景广阔，如在养生领域，中药材跨界事例就频频发生，据报道同仁堂、张仲景都开设了中医健康餐饮体验店，分别推出了添加中草药的咖啡，以及放山药银耳的奶茶等养生产品。

除此之外，还有多家药企也已相继加入日化、食品大军，其中不乏东阿阿胶、云南白药、广药集团、修正药业、同仁堂、江中集团、太极集团、广西金嗓子、以岭药业等知名药企。据不完全统计，目前偏爱跨界的中药企业，主要进入的是口腔护理（牙膏类）、饮用品、日化类、保健食品、母婴女性用品等领域，覆盖面广的同时，品类也十分丰富。①

当然，除了药企外，各地也在推进中药材产业与旅游、保健等领域跨界融合。其中，融合创新发展中医药健康旅游，打造中医药健康旅游新业态、新模式，也正在成为中医药跨界融合的大趋势之一。上海印发了《关于促进中医药传承创新发展的实施意见》要求致力于发展中医药服务贸易，打响“上海制造”品牌，推进中医药与旅游深度融合，助力中医药健康服务业发展。江苏出台《关于促进中医药传承创新发展的实施意见》，也提出要推动中医药健康服务与相关产业融合。②综合来看，中医药跨界融合发展已成必然趋势。

2018 年 4 月 8 日，云南省人民政府印发了《云南省人民政府关于推进中药饮片产业发展的若干意见》（以下简称《意见》），省委、省政府确定生物医药产业为八大重点产业之一，中药饮片产业在生物医药产业中占有重要地位。《意见》提出了“整合资源，联合共建科技创新基地、研发平台和人才培养基地，对市场占有率较大、科技含量较高大品种进行二次开发，加快推进保健食品、功能食品、特殊用途化妆品等产品研发生产，推动中药饮片产业可持续快速发展”“推动中药材种植基地建设与乡村旅游、文化推广、生态建设、健康养老等产业深度融合等方式，促进产业扶贫合作”等鼓励中药材第一、第二、第三产业融合发展的措施。

云南省委、省政府印发《关于促进中医药传承创新发展的实施意见》明确，推进植物提取和精深加工，发展云南特色高附加值植物原料药。推进食药物质资源开发利用，发展中药膏方和食疗（药膳）产业。研发生产健康产品。鼓励社会力量举办中医养生保健机构，建成一批中医药特色养生养老示范基地。融入全域

① 中医药产业驶入发展“快车道”后，将有三大趋势［EB/OL］. 制药网，2021－01－29.

② 曾德金，陈琳. 新政密集发布地方加速推动中医药振兴［N］. 经济参考报，2020－11－25（6）.

旅游和大滇西旅游环线建设，推进太极拳（剑）、八段锦等中医传统运动保健与体育休闲产业融合，建设一批中医药健康旅游示范基地和康体休闲体验园。

（二）案例

1. 沾益区来远村中药材融合发展，建设美丽乡村

据笔者调研，近年来，沾益区引进了浙江康恩贝制药有限公司（以下简称浙江康恩贝集团）下属的云南希美康有限公司、云南煜欣农林生物科技有限公司、云南井田生物科技有限公司等多家中药材龙头企业，龙头企业带动沾益中药材产业发展进入了“黄金时期”，累计建成百亩以上中药材种植基地20个，千亩中药材示范园区2个，中药材专业示范村15个，专业合作社50余个，扶持示范大户500余户。2019年，沾益区中药材基地面积达到18万亩，产值3.5亿元。

沾益区先后与云南省农业科学院药用植物研究所、云南中医药大学等省内科研单位合作，引进中药材专家16人，先后成立了刘大会专家基层科研工作站、王晓专家工作站、饶高雄院士（专家）工作站，雄厚的人才技术支撑，让沾益区中药产业发展硕果累累。目前，已建成全国最大的一年生当归种植基地、全国最大的银杏连片种植基地、全国最大的红豆杉种植基地，建成万亩中药材示范园区2个、千亩以上中药材种植基地5个，现有省级中药材龙头加工企业3家，“科技示范园”3家，“良种繁育基地”4家。先后被认定为“中药材产业示范县”、云南首批“云药之乡”，银杏种植基地通过欧盟GACP审计（全国首家），“云归1号”通过国家GAP认证，滇益康牌当归被评为云南名牌产品。

浙江康恩贝集团依托产业、市场和技术基础，对接云南贫困地区生态资源优势，企业持续发展与推进精准扶贫紧密结合，推动形成增收致富持久动能，探索出一条经济、社会和生态效益兼具的产业链扶贫之路。来远村曾经是云南曲靖市沾益区的一个贫困村。2010年，云南希康生物科技有限公司开始在沾益区投资发展银杏种植业，来远村从“贷款第一村”变成了“存款第一村”：农户95%建起新房，80%有了存款，60%买了汽车。

在中药材基地建设中，浙江康恩贝集团重视统筹管理，串联起生态扶贫、金融扶贫、科技扶贫、健康扶贫、文化教育扶贫等工程。依托种植基地，浙江康恩贝集团不断推进产业链建设，如配套建设烘干、食品加工、中药饮片、植物提取工厂以及植物研究院等，提高了中药产业链的融合度。浙江康恩贝集团将以云南为重点，持续推进全产业链精准扶贫，将脱贫攻坚与生态文明建设、乡村振兴有机融合，助力建设宜居、宜业、宜游的美丽乡村。①

2. 腾冲市江东银杏村：美丽家园收获幸福

2019年，腾冲市农村产业融合发展示范园《公布第二批国家农村产业融合发展示范园创建名单》。腾冲市农村产业融合发展示范园，园区以银杏产业为主线，借助周围5A火山国家地质公园、黑鱼河、柱状节理、北海湿地、高黎贡山自然保护区等半小时旅游圈资源，通过构建“药用植物专业化种植+植物提取物与中药材加工+旅游消费体验+中医药专业服务”为核心的功能拓展型产业融合模式，打造一二三产业融合发展的示范园。第一产业以曲石镇曲石社区、秧草塘社区、双龙社区、回街社区、江南社区等依托，打造银杏产业功能拓展生态种养循环示范基地建设；第二产业以腾冲市边境经济合作区中腾药园区为依托，打造银杏产业功能拓展加工、商贸物流园区；第三产业以固东银杏特色小镇为依托，打造银杏产业功能拓展休闲旅游体验区。

示范园围绕银杏资源，构建银杏育苗、采叶林、观光林、银杏叶加工厂、银杏产品体验、银杏产品研发展示、白果加工、银杏主题度假为一体的主导产业；构建药材育苗与资源保育、药材种植、药材与饮片加工、中药制剂研发与制造、中药材教学实践、科普体验、诊疗服务、康养度假服务等功能为一体的特色中药材产业。②

腾冲市固东镇江东社区因分布有2000多亩集中连片的古银杏树，被大家称为“银杏村”。江东银杏村既是一座古朴宁静的乡间小村，也是一座声名远扬的美丽新村，更是腾冲市发展生态旅游促进脱贫致富的一块金字招牌。近年来，这个名不见经传的小山村，依托世世代代保护下来的良好环境，发展生态旅游，实现脱贫致富。2017年，全村接待游客36万人次，实现旅游总收入6000万元，绿水青山切切实实变成村民们的“金山银山”。

受交通等基础设施条件制约，江东银杏村也曾是固东镇的“三尾巴”（水尾巴、路尾巴、电尾巴），是当地最穷的自然村。十年前的江东银杏村村民70%是贫困人口。随着腾冲市经济社会发展步伐不断加快，江东银杏村与外界的联系日益密切，当地优美的生态环境、人与自然和谐共生的故事被越来越多人知晓。在各级党委、政府的大力支持下，江东银杏村把发展乡村旅游作为脱贫攻坚的重要抓

① 任壮．做好中药全产业链扶贫大文章［EB/OL］．国家中医药管理局官网，2019-09-19．

② 腾冲银杏产业园入选第二批“国家农村产业融合发展示范园”［EB/OL］．保山新闻网，2019-07-09．

手，依托当地特有的连片古银杏树林，发挥“山、水、林、瀑、峡”等为一体的自然资源优势，围绕“守护、转化、共享、延续”的思路，着力打造银杏乐园，努力闯出了一条保护生态环境、发展乡村旅游、助力群众脱贫致富的新路子。曾经的贫困村变成了远近闻名的富裕村，良好的生态环境成为当地百姓幸福生活的增长点。

通过强化保护古银杏树，村里加大村落建筑风貌的引导控制力度，实施观光农业项目。银杏村逐步形成了“吃在农家、住在农家、赏银杏美景”的旅游发展模式，在省内首创成立了市、镇、村三级共同参与的“镇域范围内村村有股份、核心区村民户户有分红”的旅游景区开发管理公司。2017 年，村里实现入村游客 36 万人次，完成旅游总收入 6000 万元，其中，公司经营收入 1012 万元。通过公司分红，银杏村实现村集体经济收入 55 万元。村民通过开设农家旅馆、销售银杏果等土特产、务工等形式实现增收致富，人均可支配收入 12100 元，位居腾冲市前列。①

（三）存在的问题

总体上看，云南中药材产业链较短且不完善，未形成产业发展闭环。全省中药材种植、加工、流通、销售各环节与中医药、民族医药的发展尚未实现有效衔接，一二三产业融合发展水平低。近几年中医药健康旅游在云南各地得到了迅速发展，但还未形成较为完整的体系，缺乏产业布局规划，存在着与民族文化旅游、休闲旅游衔接不紧密，与旅游商品开发不对接等问题，急需布局打造一批观光休闲与康养保健为一体的精品旅游区。

（四）建议

一是发挥中药材在大健康产业发展中的独特优势。加快发展中医药健康养老、健康旅游等新业态，大力促进中药材一二三产业融合发展，使中药材产业真正成为推动云南经济转型升级的战略性新兴产业。② 二是促进健康旅游转型升级，云南已经具有了较好的旅游发展基础，依托独特的自然风貌、少数民族文化等与中药材、民族医药资源整合，推动旅游业与康养、养老相结合，与民族医药健康服务

① 胡晓蓉，蒋朝晖．“银杏村”转型记［N］．云南日报，2019－07－10（7）．

② 蒋仕丽，邓平．云南省提出大力促进中药产业融合发展［J］．中医药管理杂志，2019，27（2）．

的深度融合，打造特点鲜明的健康旅游项目，推动云南中药材及民族医药健康融合发展。三是推动中药材农旅产业发展。鼓励有条件的中药材种植户（企业）开展中药材采收、养生食疗、科普等体验活动，打造集多种功能于一体的中药材观光体验园，促进一二三产业融合发展。

（执笔：张金渝、袁理春、鄢文光；审定：金航）

云南省农业科学院
Yunnan Academy of Agricultural Sciences（YAAS）

Study on the Industrial Economy and Policy Innovation of Yunnan Plateau

CHARACTERISTIC AGRICULTURE

云南高原特色农业产业经济及政策创新研究

（下卷）

李学林 陈良正 袁 媛 等◎著

中国财经出版传媒集团
经济科学出版社
Economic Science Press

图书在版编目（CIP）数据

云南高原特色农业产业经济及政策创新研究．下卷／李学林等著．—北京：经济科学出版社，2022.3
ISBN 978－7－5218－3398－0

Ⅰ.①云… Ⅱ.①李… Ⅲ.①特色农业－农业经济－研究－云南②特色农业－农业政策－研究－云南 Ⅳ.①F327.74

中国版本图书馆 CIP 数据核字（2022）第 018561 号

责任编辑：赵 蕾 赵 芳 尹雪晶 王珞琪
责任校对：靳玉环 齐 杰
责任印制：范 艳

云南高原特色农业产业经济及政策创新研究
（下卷）
李学林 陈良正 袁 媛 等／著
经济科学出版社出版、发行 新华书店经销
社址：北京市海淀区阜成路甲 28 号 邮编：100142
总编部电话：010－88191217 发行部电话：010－88191540
网址：www.esp.com.cn
电子邮箱：esp@esp.com.cn
天猫网店：经济科学出版社旗舰店
网址：http://jjkxcbs.tmall.com
北京中科印刷有限公司印装
787×1092 16 开 121.25 印张 2100000 字
2022 年 9 月第 1 版 2022 年 9 月第 1 次印刷
ISBN 978－7－5218－3398－0 定价：498.00 元（全三卷）
（图书出现印装问题，本社负责调换。电话：010－88191510）

目　录

第二十七章

云南咖啡产业经济问题研究

咖啡是世界著名的三大饮料作物（咖啡、茶叶、可可）之一。据 FAO 数据，2017～2019 年，全球咖啡收获面积维持在 1100 万公顷、生咖啡产量 1000 万吨、农业产值 170 亿美元上下。咖啡豆（种仁）经烘焙、研磨、冲煮等工序后制成咖啡饮料，与可可、茶同为流行于世界各地的主要饮品。咖啡豆含有 100 多种营养成分，包括咖啡因、蛋白质、脂肪酸、淀粉、糖、绿原酸、葫芦巴碱、维生素等（见表 27－1），其中，咖啡因是其主要功能成分，咖啡因（$C_8H_{10}N_4O_2$）是一种黄嘌呤类生物碱化合物，是一种中枢神经兴奋剂，具有提神醒脑、抗忧郁症、控制体重、促进消化、利尿排毒、改善便秘、增强身体敏捷度和预防胆结石及心血管疾病等作用。因此，咖啡产业在世界农业经济、国际贸易和人类生活中具有重要地位。

表 27－1　　云南小粒种咖啡生豆的营养成分　　单位：%

检测项目	标准要求	临沧咖啡豆	保山咖啡豆	普洱咖啡豆	德宏咖啡豆	平均
蛋白质	≥11.0	12.00	13.60	14.10	13.60	13.33
粗脂肪	≥5.0	8.76	10.54	12.38	11.20	10.72
总糖	≥9.0	10.90	9.21	8.49	9.21	9.45
咖啡因	≤1.2	0.94	0.83	0.72	0.75	0.81
粗纤维	≤35.0	15.53	20.90	22.60	25.20	21.06
水浸出物	≥20.0	30.60	27.70	33.60	30.40	30.58

资料来源：黄家雄等. 精品咖啡及其生产技术初探［C］//中国科学技术协会，云南省人民政府. 第十六届中国科协年会——分 17 精品咖啡国际论坛论文集. 中国科学技术协会，云南省人民政府，2014：6.

第一节　云南咖啡产业发展概况

根据农业农村部发展南亚热带作物办公室数据，2019 年，云南咖啡面积

138.80万亩、产量14.50万吨、产值22.28亿元，均占全国的98%以上，咖啡产业初具规模，但云南咖啡产业也存在以第一产业为主，第二、第三产业发育不健全和总体经济效益不高等问题，从咖啡全产业链良性循环发展和国际、国内市场双循环的战略视野研究云南咖啡产业经济发展战略问题，对实现云南省委、省政府提出的“大产业、新主体、新平台”和“抓有机、创名牌、育龙头、占市场、建平台、解难题”打造世界一流“绿色食品牌”发展战略目标，培育新业态、挖掘新市场、开发新商机、带动新经济，促进一二三产业融合良性循环发展具有重要的理论价值和现实指导意义。

一、世界、中国及云南咖啡产业发展概况

（一）世界咖啡产业发展历程

咖啡原产非洲中北部，为热带雨林下层树种。公元525年传入阿拉伯半岛，1615年传入欧洲，1696年传入亚洲，1727年传入美洲，已有1500多年栽培利用历史。在植物分类上，咖啡为茜草科（*rubiaceae*）咖啡属（*coffea genus*）多年生热带亚热带常绿小乔木或灌木植物。咖啡属共有103种，其中，生产性栽培的有小粒种（*coffea arabica Linn*）、中粒种（*coffea canephora Pierre ex Froehn.* 或 *coffea robusta Linder*）和大粒种（*coffea liberica bull ex hiern*）。据美国农业部（USDA）统计，2019年全球咖啡豆产量1015.98万吨，其中小粒种约占56.56%，中粒种约占43.44%，大粒种仅有零星栽培。咖啡发展历程可分为四个阶段。

1. 发现咖啡和初步扩散阶段（约公元6世纪至公元15世纪中叶）

埃塞俄比亚最早发现咖啡，相传牧羊人发现羊食用咖啡后异常兴奋，于是，牧羊人开始食用咖啡，感觉精神振奋精力充沛，从此开创了咖啡发现及利用的历史。公元8世纪，阿拉伯人把咖啡当作酒和药品使用；公元9世纪，阿拉伯伊斯兰教徒开始利用烘焙和研磨生豆的方法饮用咖啡；公元10世纪，阿拉伯商人首次将咖啡带入欧洲，欧洲人视咖啡为酒；公元1200年左右，咖啡从原产地逐渐传到北非和中东各地；公元1300年，咖啡传到伊朗。这一时期，一方面，人们对咖啡用途的认知逐渐转变，由药用和仪式性用途逐渐转变为休闲饮用，如阿拉伯人曾在公元900年左右最早记录咖啡有益于肠胃，把咖啡当作胃药及感冒药饮用，后来，也有阿拉伯人对咖啡的药用调配法和临床效果等做了详细的介绍和记载。另一方

面，咖啡饮用方式和方法也逐渐成熟。

2. 有限传播阶段（约公元 15 世纪中叶至公元 17 世纪初）

1454 年，雅典的寺院僧侣在前往埃塞俄比亚旅行时发现咖啡的功效后，将咖啡豆煎煮的秘密公开。虽然，阿拉伯世界在 16 世纪最初的十几年曾被短暂禁止饮用咖啡，但由于民众对咖啡的极度偏好，禁令最终取消。奥斯曼帝国第九任苏丹赛利姆一世在 1517 年攻占埃及开罗，在消灭马穆鲁克王朝后，埃及、叙利亚、希贾兹、巴勒斯坦等中东阿拉伯地区成为帝国属地，咖啡迅速在君士坦丁堡地区扩散，喝咖啡的习惯从那时遍及该地区，并向其他地区发散。欧洲在这段时间也开始接受并大量消费咖啡，维也纳人于 1529 年在欧洲成立了第一家咖啡店，并创造了咖啡加牛奶的饮用方式，此时，1530 年的大马士革、1532 年的阿勒颇等地也都相继形成了喝咖啡的习惯。1536 年土耳其人占领也门后利用当地丰富的咖啡豆资源，大量出口赚取暴利，两位叙利亚实业家于 1554 年在君士坦丁堡建立了最早的两家咖啡屋。为确保获得咖啡出口产生的巨额利润，土耳其人垄断咖啡生产销售达 100 多年，严禁生豆、咖啡苗和咖啡枝条等繁殖材料出口，规定出口的咖啡果、咖啡豆必须经沸煮或焙炒，或者剥掉咖啡豆皮使之不能发芽。1615 年，威尼斯商人进口咖啡豆并在本地开设咖啡馆，在这一阶段中，人们对于咖啡的加工和饮用发生了革命性的变化。原先阿拉伯人或将味道更好的种子（果核）——咖啡豆丢弃，只食用咖啡果肉（果皮）部分，或是把咖啡果肉干燥压碎与油脂混合制成球状食用，还有的阿拉伯人将咖啡果皮与青豆混合发酵酿酒饮用。土耳其人则彻底改变了这种方式，将咖啡豆晒干、焙炒、磨碎，再用水煮汁、加糖，从此形成近代咖啡饮用的基本方式（张箭，2006）。

3. 快速扩散时期（公元 17 世纪初至公元 18 世纪末）

随着欧洲帝国主义殖民扩张、地理大发现和技术进步，使得咖啡的广泛传播有了物质技术基础。荷兰人于 1616 年从也门摩卡港躲过土耳其严格检查偷运出一株咖啡树苗，但是，由于欧洲的气候水土并不适合热带亚热带植物咖啡树的生长，荷兰人只好将这一株咖啡树苗作为实验树栽培在温室里。1658 年，荷兰人入侵锡兰（今斯里兰卡）两年后，在锡兰岛上进行咖啡树苗的大田种植并获了成功。自此之后，土耳其对咖啡生产销售的垄断地位丧失，咖啡的传播更加迅速。英国的首家咖啡馆于 1650 年在牛津出现，法国首家咖啡馆于 1643 年在巴黎出现，奥地利首家咖啡馆于 1684 年在维也纳出现，此后，西欧各大中小城市的咖啡馆如雨后春笋般陆陆续续出现（张箭，2006）。1668 年，咖啡传到美国纽约，美国人将咖啡加糖或者蜂蜜与肉桂一起食用并很快蔓延到费城、波士顿和其他一些北美城市；日本宽永18年（1641年），日本政府在长崎出岛设立的荷兰商馆成为日本传播咖啡的舞台；法国军官德克利（DeClieu）在1723年偷取加丁植物园一株咖啡苗乘船带往美洲加勒比海地区的法属殖民地马提尼克岛，并于1726年实现了首次收获；1727年，葡萄牙人将咖啡树移植到巴西；1730年，英国人将咖啡树移植到牙买加、古巴和中美洲，同年西班牙人将咖啡树移植到哥伦比亚，随之咖啡便在南美洲国家快速大范围种植。

4. 咖啡产业逐步成熟发展阶段（18世纪末至今）

随着咖啡传播至世界各地，咖啡产业逐渐形成。在经历了两次科技革命后，关于咖啡制备、消费的相关产品不断被发明出来，在生活水平提高、文化传统和消费习惯养成等共同因素作用下，咖啡的消费呈现出多元化特征，为满足咖啡消费需求的不断变化，咖啡种类也不断取得创新，基本形成了拉丁美洲、亚洲、非洲热带发展中国家生产咖啡豆，欧美、日本等发达国家大量消费咖啡产品的格局。咖啡生产量、贸易量、消费量和消费市场不断扩大，咖啡延伸产品不断推陈出新，咖啡产业在全球范围内得到了大发展。全球咖啡种植区主要分布在南北回归线之间，其中，小粒种咖啡主要集中在高纬度、高海拔凉爽地区，中粒种咖啡主要集中在低纬度、低海拔、高温、高湿地区，种植和出口地主要分布在中南美洲、非洲、亚太地区，进口、深加工和消费地则分布在欧美、日本等发达国家和地区，形成发展中国家主要在产业链前端，发达国家在产业链中后端的发展格局。① 据FAO统计，2019年，全球有78个国家和地区种植咖啡，收获面积1058.43万公顷，生咖啡豆产量1030.31万吨；咖啡种植户多达2500万户，咖啡消费人口超过15亿人。

（二）中国咖啡产业发展简况

19世纪末，东南亚国家纷纷沦落为英国、法国殖民地，为获取商业暴利和满足自身消费需求，也将咖啡和咖啡文化传入东南亚，亦为咖啡传入我国创造了条件。1884年，由英国商人从菲律宾将咖啡引入中国台湾台北市海山郡三角涌种植，1892年，由法国传教士从越南将咖啡引入云南大理州宾川县朱苦拉种植，1893年，由景颇族边民从缅甸将咖啡引入云南德宏州瑞丽市弄贤寨种植，1908年，由华侨

① 崛起中的“云南咖啡”［EB/OL］. 科学网，2018-12-19.

从马来西亚将咖啡引入海南儋州那大种植，此后福建、广东、广西等地也先后从东南亚引入咖啡种植，从此开创了我国早期咖啡引种及栽培历史。

新中国成立以前，我国咖啡仅有零星栽培，尚未形成产业化规模生产。第二次世界大战结束，国际上形成了以美国为首的资本主义阵营和以苏联为首的社会主义阵营（赵劲松，2006），而咖啡主产区及咖啡原料为资本主义阵营所控制，苏联及东欧社会主义国家日常消费必需的咖啡得不到有效供给，为满足苏联及东欧社会主义国家对咖啡的需求，从而促进了我国咖啡产业的发展，于是在20世纪五六十年代形成了以中粒种为主的海南咖啡生产出口基地和以小粒种为主的云南咖啡生产出口基地。1960年，全国咖啡面积达8666.67公顷，咖啡豆产量达300多吨，掀起了我国咖啡生产的第一个高潮。“文革”期间，由于中苏关系恶化，咖啡不能出口，国人又无消费咖啡习惯，加之饮用咖啡被视为资产阶级行为，在“割资本主义尾巴”中，我国咖啡产业遭到毁灭性破坏，到1979年全国仅存133.33公顷，产量不足100吨。① 1978年12月，随着党的十一届三中全会的召开，特别是1980年在保山召开全国咖啡工作会议，掀起了我国咖啡产业发展的第二次高潮。1988年，雀巢、麦斯威尔、星巴克、伊卡姆等国际咖啡巨头纷纷进入中国咖啡市场，再次掀起了我国第三次大规模发展咖啡产业的浪潮，我国咖啡产业得到持续快速稳定发展。

我国拥有热区面积近50万平方千米，具有丰富的土地资源和优越的气候资源，是发展咖啡产业的黄金地带。2019年，全国咖啡种植面积9.35万公顷、咖啡豆产量在14.55万吨、农业产值在22.37亿元人民币；全国咖啡及其制品出口量和出口额分别为7.78万吨和2.13亿美元，进口量和进口额分别为10.33万吨和4.50亿美元；咖啡消费量19.50万吨；我国咖啡产量居世界第12位，咖啡进口量居第7位，咖啡出口量居第13位，咖啡消费量居第9位，我国已成为全球咖啡主要生产、贸易和消费国之一，消费增长潜力巨大。② 我国咖啡产区主要分布在云南、四川、海南等省份，其中，98%以上分布在云南，云南咖啡面积、产量和产值均居全国第1位，云南咖啡产业在国内具有独特的优势和地位。此外，福建、广东、广西、贵州、西藏等省份亦有零星栽培。品种（种类）有中粒种（罗伯斯塔种），主要在海南种植，据农业农村部统计数据，2019年海南种植的中粒种占全国总面积的1.00%（占产量的0.30%）；云南、四川种植的小粒种占99.00%（占产量的

①② 咖啡的前世今生［EB/OL］. 搜狐网，2018-11-19.

99.70%）；小粒种又以卡蒂姆系列杂交种占主导地位，约占面积的95%以上，铁毕卡、波邦、卡杜拉、卡突埃、瑰夏等优良纯种小粒种咖啡比例相对较小。据中研网报道，2019年全国咖啡企业共107458家，销售收入达1239.00亿元。咖啡初加工厂主要加工生产咖啡生豆，主要用于出口和国内消费；精深加工企业有雀巢（东莞）加工厂、麦斯威尔（广州）加工厂、云南咖啡厂（昆明）、德宏后谷加工厂、保山景兰加工厂、保山中咖加工厂、保山云潞加工厂等，主要产品有咖啡焙炒豆、焙炒粉、速溶粉、三合一咖啡等。据前瞻产业研究院报道，2019年我国咖啡消费产品类型速溶咖啡占72%，现磨咖啡占18%，即饮咖啡占10%。与美日等发达国家相比，中国咖啡消费仍处于初期阶段。

（三）云南咖啡产业发展概况

云南与越南、缅甸、老挝接壤，边境线长达4060千米，其中，中缅段1997千米，中老段710千米，中越段1353千米，自古以来就是我国连接东南亚、南亚的重要陆路通道（王赫，2018）。19世纪末，越南和老挝沦为法国殖民地，缅甸和印度沦为英国殖民地。随着英法帝国主义的入侵也将咖啡及咖啡文化传入东南亚和南亚地区，也为咖啡传入云南创造了条件。1952年，云南省农业科学院热带亚热带经济作物研究所从德宏州芒市遮放将咖啡引入保山市潞江坝试种，从此开创了我国咖啡科学研究和产业发展的新纪元。20世纪五六十年代，为满足苏联及东欧社会主义国家对咖啡的消费需求，海南和云南大力发展咖啡产业，云南保山市潞江坝建成了我国第一个小粒种咖啡生产和出口基地。自1988年起，随着雀巢、麦氏、星巴克等国际咖啡巨头纷纷进入中国市场，各级党委政府也出台相关扶持政策，加速了云南咖啡产业的快速发展。经过近70年的发展，云南已经成为中国最大的咖啡种植地、贸易集散地和出口地，成为“人无我有、人有我优”的云南八大高原特色产业之一（马梦雯等，2015）。

云南地处云贵高原南部和中南半岛北部之间，最低海拔点为76.40米（河口），最高海拔点为6740米（梅里雪山），其中，热区主要分布在怒江、澜沧江、红河、金沙江、伊洛瓦底江等流域低热河谷地带，咖啡产区主要分布在海拔500～1500米之间的热区，南部与越南、老挝、缅甸接壤，北部抵达金沙江流域。云南咖啡产区热带内陆性山地气候，具有光照充足、昼夜温差大、咖啡品质好等优势，是发展优质小粒种咖啡的黄金地带，开发潜力巨大。云南省统计局数据显示，2019年，云南种植共有9个州市33个县（市、区），其中，98%集中在保山、德宏、临沧、普洱、西双版纳5个州（市）。云南生产性栽培的咖啡种类全部为优质的小粒种（阿拉伯种），主要品种为卡蒂姆系列杂交种，约占全省的95%以上，而波邦、铁毕卡、卡杜拉、卡突埃、瑰夏等优良纯种小粒种咖啡比例相对较小。据农业农村部统计，2019年，云南咖啡总面积约9.25万公顷，咖啡豆产量14.50万吨，农业产值22.28亿元，分别占全国的98.93%、99.66%和99.59%；据中国海关统计，咖啡及其制品出口量和出口额分别为5.47万吨和1.32亿美元，居全国出口第1位，属于全省出口创汇特色优势农产品。据云南省农业农村厅统计，全省咖啡种植从业人员约20多万户100多万人，其中，普洱7.5万余户30余万人、临沧有5.6万余户20万余人、德宏5.1万余户20万余人、保山1.8万余户5万余人（建档立卡户1028户3536人）。咖啡产业对繁荣边疆少数民族经济、推进边疆地区乡村振兴和实现脱贫致富奔小康发挥了重要作用。

从加工方面看，云南的咖啡豆80%以上以原料形式销往国内外市场，省内加工率不足20%。目前，全省咖啡企业（包括专业合作社）约有1000多家，还有无以计数的咖啡馆（吧）。咖啡初加工厂（包括咖啡鲜果加工、咖啡脱壳加工）很多，主要生产咖啡带壳豆和咖啡豆（米）。①

从市场营销看，“十三五”以来，云南开展了“生豆”“杯品”“冲煮”“咖啡节”等一系列赛事和推介活动；获得了一批地理产品商标，被授予了中国“咖啡之都”“咖啡之乡”“精品咖啡示范区”等称号；培育了“后谷”“景兰”“云啡”“中咖”“新寨”“爱伲”“北归”“阿拉比卡星”“云潞”“比顿”等一批咖啡品牌；诞生了咖啡师培训学校10余家；专业咖啡门店100余家；星巴克、麦当劳、德克士、本土即饮咖啡店100余家；四星级、五星级酒店咖啡吧100余家；咖啡文化馆、咖啡小镇、咖啡庄园等第三产业或咖旅融合的新业态相继产生。②

国际上咖啡第一、第二、第三产业价值比可达10：20：70，最高可达1：6：93，如，意大利咖啡，生豆25元/千克，焙炒灌装后售价250元/千克，1千克做100杯，每杯25元，合计2500元。③ 据中国海关统计，2019年云南咖啡及其制品出口量5.47万吨，其中生豆5.21万吨（占95.25%），精深加工产品占4.75%；据云南省农业农村厅统计，2020年云南咖啡一二三产业综合总产值311.36亿元。

---

①②③　云南省咖啡产业发展报告［J］．云南农业，2018（12）：27－31.

二、世界、中国及云南咖啡的生产分析

（一）世界咖啡生产分析

咖啡作为世界三大饮品之一，原料豆（生咖啡）的产量是否稳定直接影响整个咖啡产业能否保持稳定发展。由于咖啡树的生长特性，咖啡产出国集中在热带或亚热带地区，同时呈现集中度高的特征，即少数国家的咖啡产出占据世界总产出的较大比重。据联合国粮农组织（FAO）统计数据，1961 年以来，全球咖啡（原料咖啡豆）总产量呈现明显的波动增加趋势，20 世纪 70 年代以来实现飞速增长。由于新品种和新技术的推广应用助推了咖啡产量的提升，产量最高年份 2018 年全球咖啡总产量首次超过 1000 万吨，达到 1030.31 万吨，约为最低年份 1976 年的 3 倍，咖啡产量的增加越来越依赖于生产技术等原因导致的单产增加，种植规模不再是制约咖啡产量快速增长的关键因素。

据 FAO 统计，2019 年，全球有 77 个国家和地区生产咖啡，主要分布在美洲、亚洲和非洲，大洋洲有少量种植，欧洲没有咖啡生产。近年来，全球咖啡收获面积呈现波动中上升的特点，目前，基本稳定在 1000 万公顷左右，咖啡产量则呈现小幅增加的趋势，目前在 1000 万吨左右，亚洲地区增速最快。

1. 全球咖啡分大洲布局情况

FAO 统计数据表明，美洲是全球最大的咖啡生产区，收获面积和咖啡产量占全球总面积和总产量的比重多年在 50% 以上。2009～2019 年，美洲的咖啡收获面积及全球占比出现小幅下降，从 2009 年的 555.04 万公顷（占全球的 53.06%）逐年下降到 2019 年的 521.80 万公顷（占全球的 46.92%）；同期，美洲的咖啡产量及全球占比则小幅上涨，从 440.10 万吨（占全球的 56.47%）上升到 557.30 万吨（占全球的 55.53%）。亚洲为全球咖啡第二大产区，2009～2019 年，亚洲咖啡收获面积占同期全球咖啡收获总面积的比重为 24.93%，2019 年上升到 24.78%，咖啡产量占比由 29.90% 上升到 31.88%，并基本稳定在 30% 左右。2009～2019 年，非洲的收获面积和产量占全球平均比重分别为 24.31% 和 12.35%，大洋洲仅占 0.51% 和 0.64%（见表 27－2 和表 27－3）。

表 27－2　　　　　　2009～2019 年全球咖啡收获面积分布变化

年份	全球	亚洲		非洲		美洲		大洋洲	
		面积（万公顷）	占比（%）	面积（万公顷）	占比（%）	面积（万公顷）	占比（%）	面积（万公顷）	占比（%）
2009	1046.08	249.56	23.86	235.95	22.56	555.04	53.06	5.52	0.53
2010	1051.50	250.56	23.83	234.83	22.33	561.13	53.36	4.97	0.47
2011	992.94	256.91	25.87	180.24	18.15	547.73	55.16	8.06	0.81
2012	1031.50	254.83	24.70	238.05	23.08	534.50	51.82	4.12	0.40
2013	1054.49	260.33	24.69	254.05	24.09	535.44	50.78	4.67	0.44
2014	1044.96	263.13	25.18	258.72	24.76	517.71	49.54	5.40	0.52
2015	1085.85	269.74	24.84	298.33	27.47	512.27	47.18	5.51	0.51
2016	1101.15	273.14	24.81	310.19	28.17	512.40	46.53	5.42	0.49
2017	1056.58	276.64	26.18	249.95	23.66	524.63	49.65	5.36	0.51
2018	1074.15	273.89	25.50	262.83	24.47	532.13	49.54	5.30	0.49
2019	1112.05	275.52	24.78	309.49	27.83	521.80	46.92	5.24	0.47
平均占比（%）	—	—	24.93	—	24.31	—	50.25	—	0.51

资料来源：联合国粮农组织数据库。

表 27－3　　　　　　2009～2019 年全球咖啡产量分布变化

年份	全球	亚洲		非洲		美洲		大洋洲	
		产量（万吨）	占比（%）	产量（万吨）	占比（%）	产量（万吨）	占比（%）	产量（万吨）	占比（%）
2009	779.33	233.00	29.90	100.19	12.86	440.10	56.47	6.03	0.77
2010	847.74	237.94	28.07	108.52	12.80	496.05	58.51	5.23	0.62
2011	838.71	252.18	30.07	98.75	11.77	479.29	57.15	8.50	1.01
2012	882.19	262.91	29.80	97.51	11.05	517.40	58.65	4.37	0.50
2013	889.69	270.99	30.46	110.45	12.41	503.26	56.57	4.98	0.56
2014	880.94	277.22	31.47	111.96	12.71	486.06	55.18	5.70	0.65
2015	889.19	283.36	31.87	117.66	13.23	482.36	54.25	5.81	0.65
2016	940.53	286.84	30.50	121.40	12.91	526.56	55.99	5.73	0.61
2017	936.53	299.73	32.00	117.50	12.55	513.62	54.84	5.68	0.61
2018	1041.22	310.45	29.82	121.46	11.66	603.68	57.98	5.63	0.54
2019	1003.56	319.89	31.88	120.79	12.04	557.30	55.53	5.57	0.56
平均占比（%）	—	—	30.56	—	12.35	—	56.45	—	0.64

资料来源：联合国粮农组织数据库。

2. 全球咖啡主产国收获面积变化

从收获面积看，据 FAO 统计，2019 年，全球咖啡收获面积 1112.05 万公顷，其中，咖啡收获面积超过 100 万公顷的有巴西（182.34 万公顷）和印度尼西亚（125.80 万公顷），超过 50 万公顷的还有科特迪瓦（95.40 万公顷）、哥伦比亚（85.37 万公顷）、埃塞俄比亚（75.85 万公顷）、墨西哥（62.93 万公顷）和越南（62.26 万公顷）。2009～2019 年，这 7 个国家咖啡收获面积占同期全球的比重如图 27－1 所示。

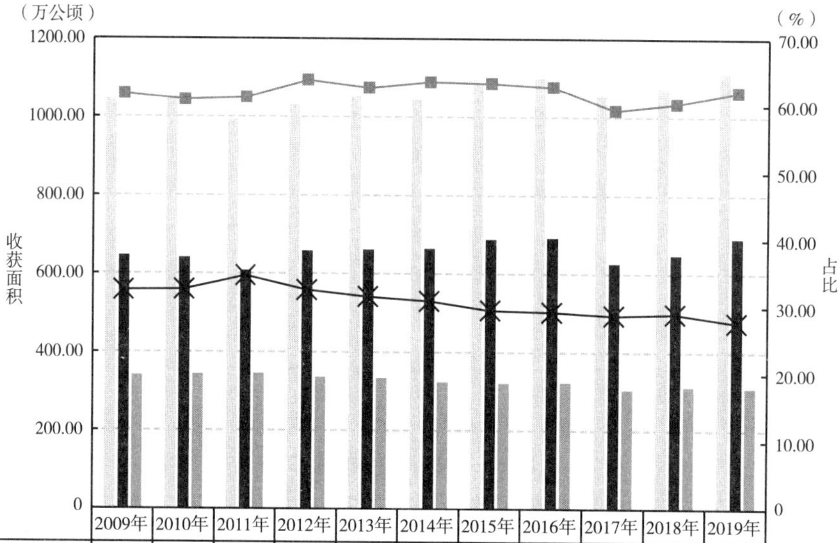

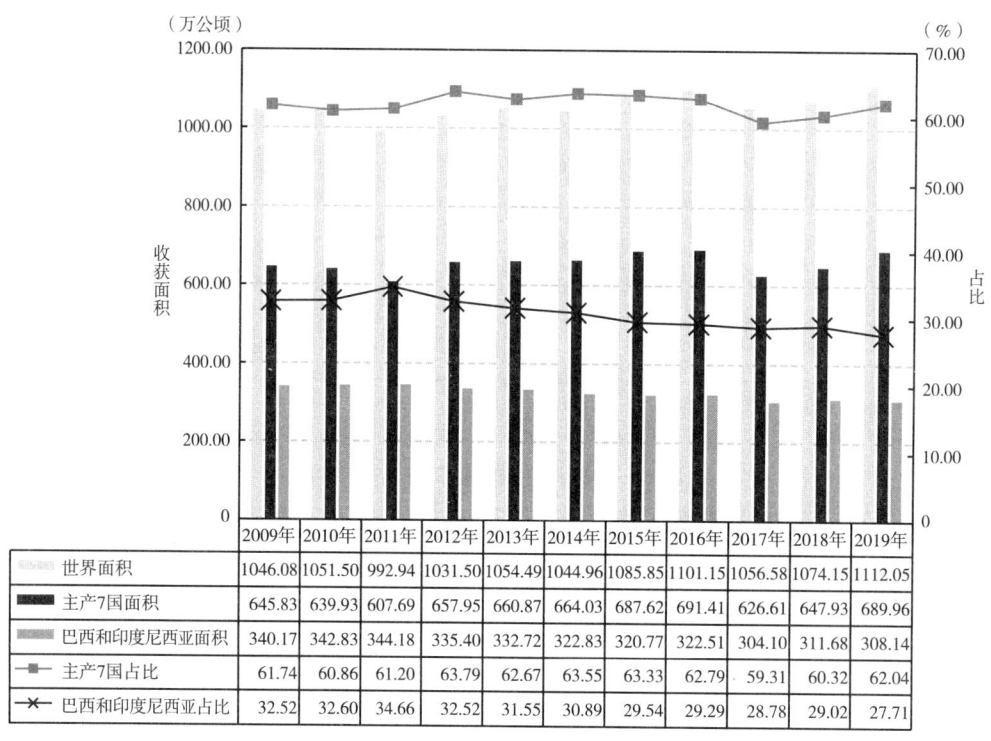

	2009年	2010年	2011年	2012年	2013年	2014年	2015年	2016年	2017年	2018年	2019年
世界面积	1046.08	1051.50	992.94	1031.50	1054.49	1044.96	1085.85	1101.15	1056.58	1074.15	1112.05
主产7国面积	645.83	639.93	607.69	657.95	660.87	664.03	687.62	691.41	626.61	647.93	689.96
巴西和印度尼西亚面积	340.17	342.83	344.18	335.40	332.72	322.83	320.77	322.51	304.10	311.68	308.14
主产7国占比	61.74	60.86	61.20	63.79	62.67	63.55	63.33	62.79	59.31	60.32	62.04
巴西和印度尼西亚占比	32.52	32.60	34.66	32.52	31.55	30.89	29.54	29.29	28.78	29.02	27.71

图 27－1　2009～2019 年世界咖啡主产 7 国及前 2 国咖啡收获面积占比变化

资料来源：联合国粮农组织数据库。

3. 全球咖啡主产国产量变化

从 FAO 多年咖啡豆产量数据看，全球咖啡产量大国巴西、越南长期保持领先地位；中美洲小国和非洲国家表现突出。2019 年，全球咖啡豆产量 1003.56 万吨，其中，10 万吨以上的国家和地区有巴西、越南、哥伦比亚、印度尼西亚、埃塞俄比亚、洪都拉斯、秘鲁、印度、乌干达、危地马拉、尼加拉瓜、老挝、墨西哥和中国共 14 个，这 14 个国家咖啡总产量达 908.58 万吨，占全球总产量的 90.54%，其他国家的占比不足 10%。巴西和越南是排名第 1 位和第 2 位的咖啡生产大国，产量均超过 100 万吨，分别达到 300.94 万吨和 168.40 万吨，其中，巴西咖啡产量占全球比重常年保持在 30% 以上，最高时 2012 年达到了 34.43% 以上，越南占比也多年在 15% 以上且近年来快速攀升，2019 年最高达到 16.78%；哥伦比亚和印度尼西亚分别以 88.51 万吨和 76.10 万吨的成绩紧随其后，排名全球第 3 位和第 4 位，属于 50 万吨以上级别；埃塞俄比亚和洪都拉斯分别以 48.26 万吨和 47.63 万吨位居第 5 和第 6；秘鲁（36.33 万吨）、印度（31.95 万吨）、乌干达（25.41 万吨）和危地马拉（22.5 万吨）分别排名第 7 ~ 第 10 位。中国以 12 万吨的成绩跻身 10 万吨以上国家行列，排名全球第 14 位。咖啡豆产量多年超过 50 万吨的 4 个主产国 2009 ~ 2019 年咖啡豆产量及全球占比情况如图 27 - 2 所示。

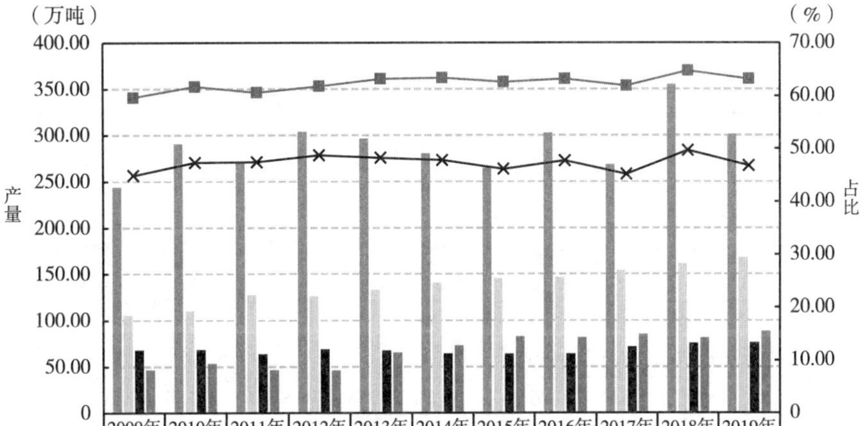

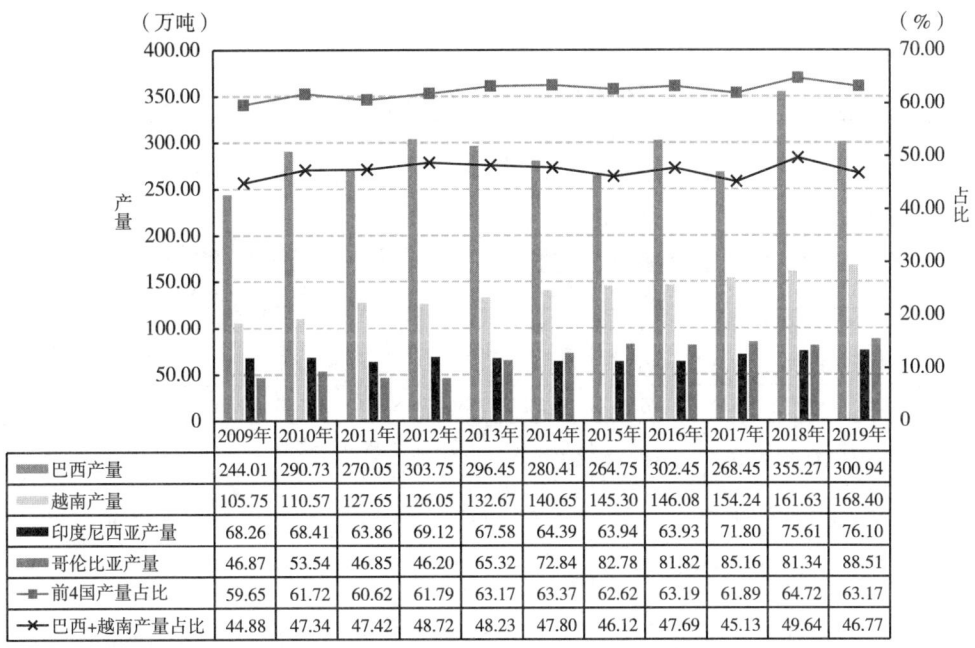

	2009年	2010年	2011年	2012年	2013年	2014年	2015年	2016年	2017年	2018年	2019年
巴西产量	244.01	290.73	270.05	303.75	296.45	280.41	264.75	302.45	268.45	355.27	300.94
越南产量	105.75	110.57	127.65	126.05	132.67	140.65	145.30	146.08	154.24	161.63	168.40
印度尼西亚产量	68.26	68.41	63.86	69.12	67.58	64.39	63.94	63.93	71.80	75.61	76.10
哥伦比亚产量	46.87	53.54	46.85	46.20	65.32	72.84	82.78	81.82	85.16	81.34	88.51
前4国产量占比	59.65	61.72	60.62	61.79	63.17	63.37	62.62	63.19	61.89	64.72	63.17
巴西+越南产量占比	44.88	47.34	47.42	48.72	48.23	47.80	46.12	47.69	45.13	49.64	46.77

图 27 - 2　2009 ~ 2019 年世界咖啡主产国咖啡产量及其占比变化

资料来源：联合国粮农组织数据库。

从国家排名的名次来看，巴西和越南长期是世界咖啡产量最大的两个国家，这与两国所处的地理位置紧密相关。一方面，两国属于海洋性气候且国内都具有高海拔和低海拔地区，适宜不同品种咖啡的生长。另一方面，两国临海也方便了咖啡运输。值得注意的是，2019 年，咖啡收获面积仅排名全球第 6 位的越南咖啡产量排名全球第 2 位，反映出其较高的生产水平。

从图 27 - 2 和表 27 - 3 还可以看出，全球咖啡产量集中度有逐年提高的趋势。2009 ~ 2019 年，全球咖啡总产量和排名靠前的咖啡主产国的产量基本呈稳定增长趋势。产量排名第1位和第2位的巴西和越南两个国家咖啡产量占全球的比重从不足45%（44.88%）上升到了46.77%；加上排名第3位和第4位的印度尼西亚和哥伦比亚，全球咖啡产量前4位的4个国家咖啡产量之和占同期全球咖啡总产量的比重也从不足60%（59.65%）上升到2018年接近65%（64.72%），2019年仍保持在63.17%。

国际咖啡组织（ICO）同样统计了各国不同年度的咖啡产量信息。表27-4是根据ICO统计得到的近年来咖啡产量前10位的国家的咖啡产量情况。与FAO单独统计生咖啡不同，ICO更侧重统计咖啡出口国的信息和所有咖啡产品的产量，而且，ICO与FAO在统计口径中也存在不同，因此，依据ICO数据汇总得到的结果与FAO数据结果虽然存在一些出入，但是大的格局没有差异。

表27-4　2009~2019年咖啡产量排名前10国家产量情况　单位：万吨

排名	2009年	2010年	2011年	2012年	2013年	2014年	2015年	2016年	2017年	2018年	2019年
1	巴西	巴西	巴西	巴西	巴西	巴西	巴西	巴西	巴西	巴西	巴西
	244.01	290.73	270.05	303.75	296.45	280.41	264.75	302.45	268.45	355.27	301.17
2	越南	越南	越南	越南	越南	越南	越南	越南	越南	越南	越南
	105.75	110.57	127.65	126.05	132.67	140.65	145.30	146.08	154.24	161.63	168.68
3	印度尼西亚	印度尼西亚	印度尼西亚	印度尼西亚	印度尼西亚	哥伦比亚	哥伦比亚	哥伦比亚	哥伦比亚	哥伦比亚	哥伦比亚
	68.26	68.41	63.86	69.12	67.58	72.84	82.78	81.82	85.16	81.34	88.51
4	哥伦比亚	哥伦比亚	哥伦比亚	哥伦比亚	哥伦比亚	印度尼西亚	印度尼西亚	印度尼西亚	印度尼西亚	印度尼西亚	印度尼西亚
	46.87	53.54	46.85	46.20	65.32	64.39	63.94	63.93	71.80	75.61	74.17
5	埃塞俄比亚	埃塞俄比亚	埃塞俄比亚	洪都拉斯	埃塞俄比亚	埃塞俄比亚	埃塞俄比亚	洪都拉斯	埃塞俄比亚	埃塞俄比亚	埃塞俄比亚
	26.55	37.06	37.68	34.34	45.70	46.91	44.92	49.46	48.26	45.70	46.91
6	墨西哥	印度	秘鲁	秘鲁	印度	印度	印度	印度	印度	印度	印度
	26.45	28.96	33.15	32.02	31.82	30.45	32.70	34.80	31.20	31.60	31.95
7	印度	秘鲁	印度	印度	洪都拉斯	洪都拉斯	洪都拉斯	洪都拉斯	洪都拉斯	洪都拉斯	洪都拉斯
	26.23	26.46	30.20	31.40	28.07	28.22	33.27	36.65	47.76	47.88	47.25
8	危地马拉	危地马拉	洪都拉斯	埃塞俄比亚	秘鲁	危地马拉	危地马拉	危地马拉	危地马拉	危地马拉	危地马拉
	24.75	24.84	28.43	27.55	25.62	22.77	22.57	23.61	22.40	24.04	21.64
9	秘鲁	墨西哥	危地马拉	危地马拉	危地马拉	秘鲁	秘鲁	秘鲁	秘鲁	秘鲁	秘鲁
	24.35	24.53	26.54	27.24	24.87	22.20	25.19	27.78	33.73	36.96	36.33
10	洪都拉斯	洪都拉斯	墨西哥	墨西哥	墨西哥	乌干达	乌干达	乌干达	乌干达	乌干达	乌干达
	23.13	24.43	23.71	24.61	23.16	22.01	22.91	24.31	30.21	28.42	31.26

资料来源：国际咖啡组织。

从表 27 - 4 可以看出，巴西与越南仍是排名前 2 位的国家，通过具体数值可以发现，巴西的咖啡产量虽有波动，但远高于其他咖啡出口国，越南咖啡产量也明显高于除巴西外的其他咖啡出口国，因此，结合两大国际组织数据库信息，可以认为，巴西与越南是世界两大咖啡生产国。哥伦比亚和印度尼西亚同样在 ICO 的数据中排名第 3 位或第 4 位，同时可以发现，哥伦比亚咖啡产量逐渐增加，近四年已稳定地成为世界第三大咖啡生产国。埃塞俄比亚在 ICO 数据中稳居世界咖啡产量第 5 位，且产量呈先增后减态势。尽管洪都拉斯的咖啡产量位居世界第 6 位，但是，考虑国土面积这一因素，其国内咖啡产业是否健康稳定需要另外考虑。此外，墨西哥逐步退出咖啡产量的竞争，乌干达则迅速提升产量排名。

4. 世界咖啡主产国单产变化

1961 ~ 2019 年，世界生咖啡单产虽然历经波动，但世界范围内单产水平均实现了提升，而且单产上升的总体趋势与咖啡总产量上升趋势基本一致，由此可以看出，单产是咖啡产量增加的主要驱动力。据 FAO 统计数据，2009 ~ 2019 年，全球咖啡平均单产及各主产国单产均呈波浪形上升趋势。其中，越南咖啡单产多年全球最高，排第 1 位，常年为全球平均的 2.7 ~ 2.9 倍；2019 年，越南的咖啡单产高达 2.7 吨/公顷以上，是全球平均的 2.99 倍以上，是第一大咖啡生产国巴西咖啡单产（1.650 吨/公顷）的 1.64 倍；哥伦比亚单产水平在四大主产国中排名第 3 位，2013 ~ 2017 年及 2019 年其单产略高于同期全球平均单产，其他年份低于全球平均单产；印度尼西亚单产水平常年仅为全球平均的 63%，在 4 大主产国中排名最后（见图 27 - 3）。

2009 ~ 2019 年，全球平均单产从 0.745 吨/公顷上升到 0.907 吨，增幅 21.74%；巴西单产从 1.143 吨/公顷增加到 1.650 吨/公顷，增幅 44.36%，是全球平均涨幅的 2 倍，在 4 大主产国中增幅排名第 2 位；哥伦比亚单产从 0.612 吨/公顷增加到 1.037 吨/公顷，增幅 69.44%，在 4 大主产国中增幅排名第 1 位；越南单产从 2.085 吨增加到 2.705 吨/公顷，增幅 29.74%，高于全球平均涨幅，在 4 大主产国中增幅排名第 3 位；印度尼西亚单产从 0.539 吨/公顷增加到 0.605 吨/公顷，增幅仅为 12.24%，在 4 大主产国中增幅排名末位。

5. 国际市场咖啡价格变化分析

咖啡属国际大宗农产品，兼具商品属性和金融属性，交易完全市场化、价格高度透明。受全球咖啡供求形势和经济发展形势等影响，咖啡交易价格随纽约咖啡期货价呈现周期性波动。1990 ~ 2019 年，各咖啡品种的原料价格波动明显，且

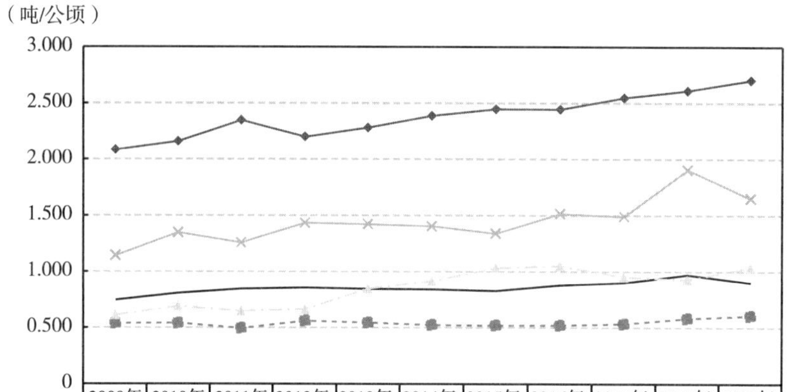

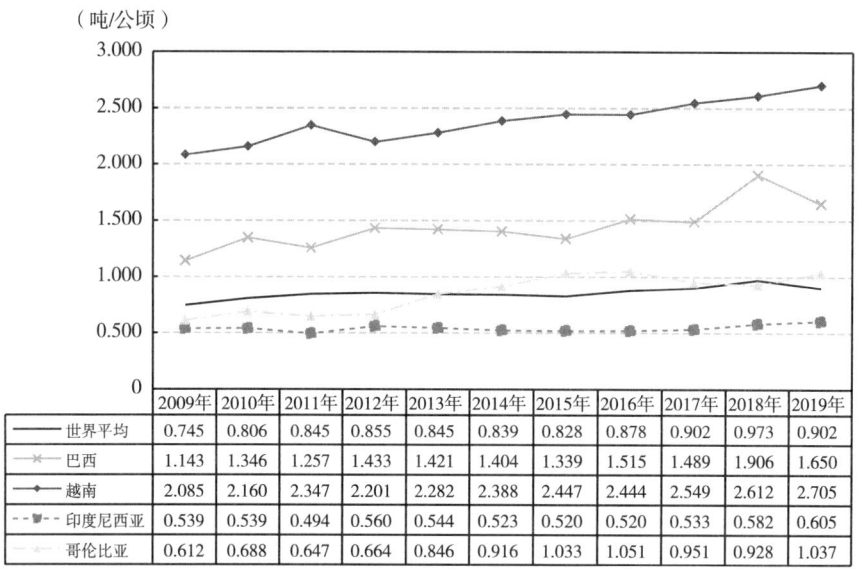

	2009年	2010年	2011年	2012年	2013年	2014年	2015年	2016年	2017年	2018年	2019年
世界平均	0.745	0.806	0.845	0.855	0.845	0.839	0.828	0.878	0.902	0.973	0.902
巴西	1.143	1.346	1.257	1.433	1.421	1.404	1.339	1.515	1.489	1.906	1.650
越南	2.085	2.160	2.347	2.201	2.282	2.388	2.447	2.444	2.549	2.612	2.705
印度尼西亚	0.539	0.539	0.494	0.560	0.544	0.523	0.520	0.520	0.533	0.582	0.605
哥伦比亚	0.612	0.688	0.647	0.664	0.846	0.916	1.033	1.051	0.951	0.928	1.037

图 27－3　2009～2019 年世界及咖啡主产国咖啡公顷单产变化

资料来源：联合国粮农组织数据库。

变动趋势基本一致。如图 27－4 所示，自 1990 年以来，各咖啡品种原料价格出现多次涨跌，其中，两次较大的价格下跌出现在 1997～2002 年和 2011～2015 年这两段时期。1997～2002 年价格下跌前一年各品种价格曾有一段增长期，后与亚洲金融风暴时间一致发生价格滑落。具体来看，哥伦比亚小粒种、其他小粒种、巴西小粒种和罗伯斯塔种（中粒种）在第一次原料价格大幅下落的下跌幅度分别达 66. 45%、51. 69%、67. 52% 和 67. 76%。此后，各品种原料价格在波动中大幅上涨，特别是三个小粒种咖啡品种的价格在 2008 年金融危机后出现了大幅增长，2011 年，哥伦比亚小粒种、其他小粒种、巴西小粒种和罗伯斯塔种咖啡的原料价格分别是 2002 年较低或最低值的 4. 92 倍、3. 15 倍、5. 31 倍和 4. 37 倍。在 2011 年达到咖啡原料价格最高值后，各品种咖啡原料价格再次出现大幅下跌，其中，哥伦比亚小粒种和其他小粒种咖啡的原料价格在 2013 年降至近五年最低，降幅分别达 52. 47% 和 33. 82%；巴西小粒种咖啡的价格在 2015 年降至近五年最低，降幅达 50. 43%；但三个小粒种咖啡品种的原料价格在停止下跌后仍存在较大波动；罗伯斯塔种咖啡的原料价格仍存持续下降，降幅已达 20. 75%。从波动幅度来看，其他小粒种在几次原料价格涨跌中的平均变动幅度最小；此外由于罗伯斯塔种咖啡原料价格较低，其直观上的价格变动趋势不明显；哥伦比亚小粒种咖啡原料价格变动幅度最大。

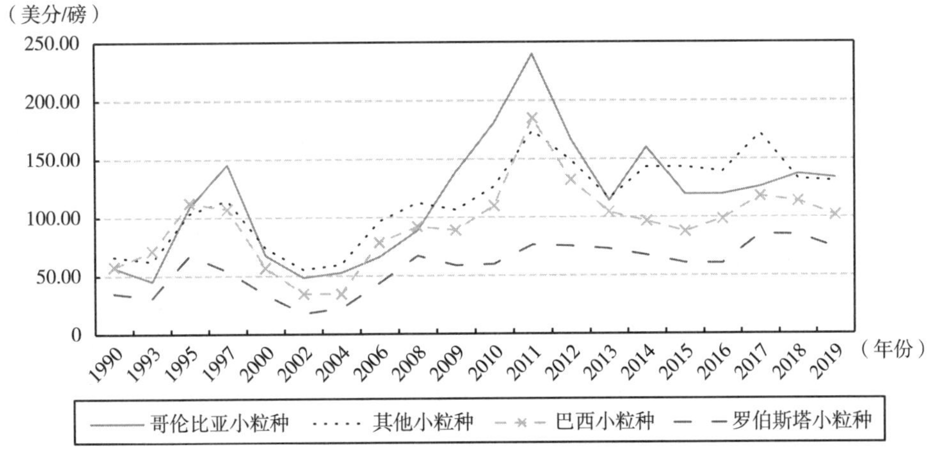

图 27－4　1990～2019 年不同咖啡品种原料价格年度变化趋势

资料来源：国际咖啡组织数据。

从国际咖啡价格 ICO 综合价格指数看，2000 年 1 月至 2018 年 8 月，国际咖啡价格发生了很大波动，可以分为五个阶段。2000 年 1 月至 2001 年底，咖啡价格持续下跌，年均国际咖啡组织综合价格降至 45.59 美分/磅。2002 年初至 2008 年 9 月，世界咖啡价格缓慢爬坡。2008 年下半年以后，咖啡价格波动变得更加剧烈和无序，呈现出波动幅度大、波动频率快的特点。2008 年 10 月至 2011 年 4 月，国际咖啡价格 ICO 综合价格指数涨至 231.24 美分/磅，涨幅达 113%，是世界咖啡价格的历史最高点。2011 年 5 月至 2013 年 6 月，咖啡价格快速下跌，两年内下跌幅度近 50%。至 2013 年底，咖啡综合指数价格降至 119.51 美分/磅。至 2016 年 1 月，国际咖啡价格 ICO 综合指数价格一直在 120 美分/磅左右的低位徘徊。此后，咖啡综合价格曾小幅震荡爬升，至 2017 年 8 月，国际咖啡组织综合指数价格达 128.24 美分/磅。2017 年 9 月至 2018 年 8 月，咖啡价格一路下跌，跌至 102.41 美分/磅，为 2013 年 12 月以来最低月均价。2018 年，国际咖啡综合价格为 2.40 美元/千克，较 2017 年下降 14.07%；2019 年价格进一步下跌到 2.22 美元/千克，较 2018 年下降 7.50%，为 2007 年以来最低价格。

6. 全球咖啡主产国农业产值变化

从农业产值看，据 ICO 统计数据，受市场价格下跌的影响，2011 年，全球咖啡农业产值为 398.04 亿美元，此后全球咖啡农业总产值持续下滑，到 2019 年，全球咖啡农业产值为 222.36 亿美元，减幅达 44.14%。2011～2019 年 4 大主产国咖啡农业产值占全球的 62.69%～70.27%，巴西和越南两国农业产值占全球的 51.01%～55.05%，超级咖啡生产大国（见图 27－5）。

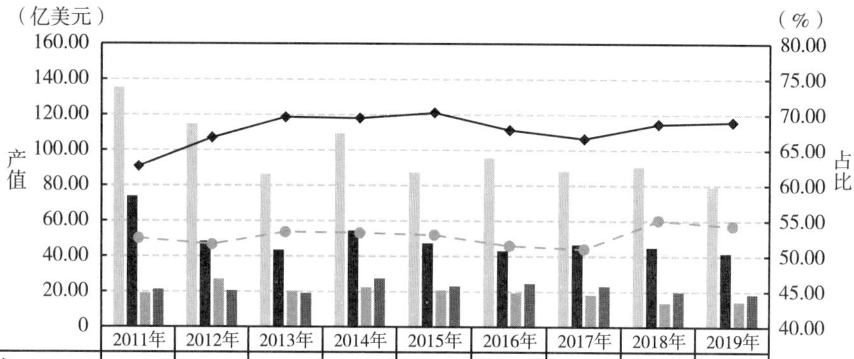

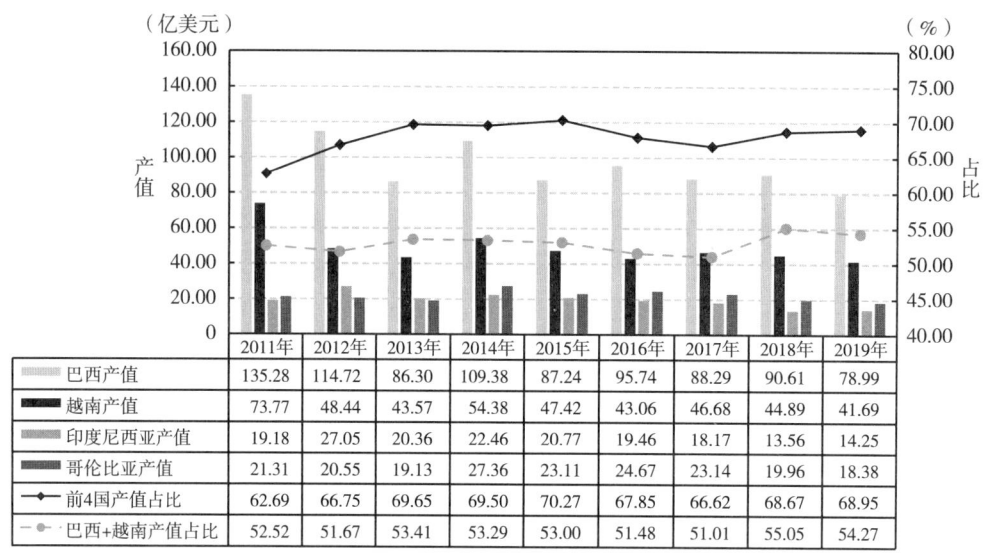

	2011年	2012年	2013年	2014年	2015年	2016年	2017年	2018年	2019年
巴西产值	135.28	114.72	86.30	109.38	87.24	95.74	88.29	90.61	78.99
越南产值	73.77	48.44	43.57	54.38	47.42	43.06	46.68	44.89	41.69
印度尼西亚产值	19.18	27.05	20.36	22.46	20.77	19.46	18.17	13.56	14.25
哥伦比亚产值	21.31	20.55	19.13	27.36	23.11	24.67	23.14	19.96	18.38
前4国产值占比	62.69	66.75	69.65	69.50	70.27	67.85	66.62	68.67	68.95
巴西+越南产值占比	52.52	51.67	53.41	53.29	53.00	51.48	51.01	55.05	54.27

图 27－5　2011～2019 年世界咖啡主产国咖啡农业产值及其全球占比变化

资料来源：国际咖啡组织数据。

综上所述，从产量的分析结果来看，世界咖啡产量自 20 世纪 70 年代以来实现飞速增长。咖啡产量增加不单纯受种植面积影响，单产对咖啡产量的贡献更大，而单产水平在国家间差距明显且不稳定。国别分析的结果表明，巴西和越南长期保持咖啡生产和出口的领先地位，中美洲小国和非洲国家在产量方面表现也很突出。价格方面，世界咖啡原料价格因咖啡品种的不同存在差异，罗伯斯塔咖啡价格长期最低，近年来，哥伦比亚小粒种和其他小粒种咖啡价格最高；各咖啡品种的原料价格波动明显，且变动趋势基本一致，仅存在波动幅度的差异，其中，其他小粒种在几次原料价格涨跌中的平均变动幅度最小。

根据 FAO 统计数据，中国的咖啡收获面积和咖啡豆产量占全球的比重多年在 0.35% 以下和 1% 上下徘徊，2013 年，最高时达到 0.47% 和 1.31%；咖啡农业产值占比多年在 1.4%～1.5%，2013 年最高达到 1.91%。

（二）中国咖啡生产分析

据农业农村部统计，2010～2019 年，中国咖啡收获面积从 3.03 万公顷增加到 9.35 万公顷，占同期全球咖啡收获面积的比重从 0.22% 上升到 0.32%，2014 年时最高面积曾达 12.37 万公顷，占全球比重为 0.47%，2019 年，收获面积排名第 34 位。2010～2019 年，中国咖啡产量从 3.75 万吨增加到 14.55 万吨，占全球比重从

0.9%略升到0.97%，2016年时最高曾达16.03万吨，占全球比重为1.31%，2019年，咖啡产量排名全球第14位。2009~2019年，中国咖啡农业产值从6.72亿元人民币上升到22.37亿元；2014年最高达28.58亿元，约占全球咖啡农业产值的1.83%。

据农业农村部统计，21世纪的前10年，我国咖啡种植面积基本稳定在2万~3万公顷，咖啡产量从不足2万吨增加到接近5万吨；进入“十二五”后，受2008年10月至2011年4月国际市场咖啡价格翻倍上涨、2011年5月至2013年6月价格下跌50%左右等因素影响，全国咖啡种植面积和产量均出现一波高速、稳定的增长，2014年，面积和产值达到历史最高之后，呈现波动中小幅下滑的趋势（见图27－6）。

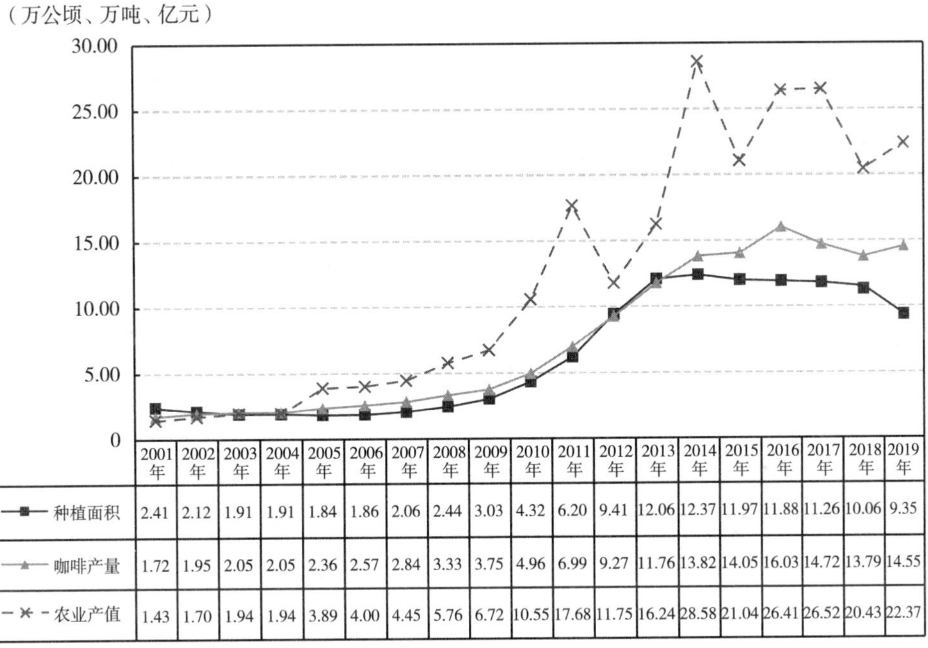

	2001年	2002年	2003年	2004年	2005年	2006年	2007年	2008年	2009年	2010年	2011年	2012年	2013年	2014年	2015年	2016年	2017年	2018年	2019年
—■— 种植面积	2.41	2.12	1.91	1.91	1.84	1.86	2.06	2.44	3.03	4.32	6.20	9.41	12.06	12.37	11.97	11.88	11.26	10.06	9.35
—▲— 咖啡产量	1.72	1.95	2.05	2.05	2.36	2.57	2.84	3.33	3.75	4.96	6.99	9.27	11.76	13.82	14.05	16.03	14.72	13.79	14.55
－✕－ 农业产值	1.43	1.70	1.94	1.94	3.89	4.00	4.45	5.76	6.72	10.55	17.68	11.75	16.24	28.58	21.04	26.41	26.52	20.43	22.37

图27－6　2001~2019年中国咖啡生产主要数据变化

资料来源：农业农村部。

从咖啡种植面积变化看，先升后降的趋势尤其明显。2019年，全国咖啡种植面积仅9.35万公顷（其中98.93%在云南），仅为2014年的75.59%、2018年的76.20%。其中收获面积仅7.29万公顷。

从咖啡产量变化看，先升后降的趋势与种植面积变化基本相同。2019年，全国咖啡总产量仅14.55万吨（其中99.66%产自云南），虽然比2018年增长5.51%，但仍仅为2016年的90.77%。

从咖啡农业产值看，先升后降、大幅波动的特征尤其突出。2014年最高达到

28.58 亿元，随后，随着国际市场咖啡价格在波动中下滑，我国的咖啡农业产值也在波动中下降。2019 年，随着国际市场咖啡价格跌到 2013 年 12 月以来的最低，全国咖啡豆年平均价仅为 14.05 元/千克，较 2018 年的 18.01 元/千克下降 21.99%，比国际小粒咖啡平均价 2.68 美元/千克（按人民币美元汇率 6.62 计算，为 17.74 元/千克）低 20.80%，全国咖啡农业总产值也跌至 2014 年以来的最低水平，为 22.37 亿元，较 2018 年减少 0.30%，其中云南占 99.60%，海南占 0.39%，四川占 0.01%。①

（三）云南咖啡生产分析

云南 1892 年开始引种咖啡，是继台湾之后最早引种咖啡的省份。1952 年开始咖啡科学研究和产业化开发，是新中国最早从事咖啡研究的省份。经过近 70 年的发展，云南咖啡产业逐步进入稳定发展的阶段，据农业农村部和云南省农业农村厅统计，2013 年后，种植面积稳定在 10 万公顷左右，产量稳定在 14 万吨左右。

从图 27－7 可以看出，由于我国咖啡 99% 以上产自云南，因此，进入 21 世纪以来，云南咖啡种植面积的变化趋势与全国基本一致，2001～2009 年基本稳定在 3 万公顷以下，2010 年快速增加到 4.3 万公顷，尤其是 2011～2014 年更是从 6.16 万公顷快速增加至 12.21 万公顷。受国际市场价格影响，2015 年开始面积持续减少，到 2018 年已不足 10 万公顷。虽然 2018 年云南省政府将咖啡列入打造世界一流“绿色食品牌”重点产业加以支持，全省咖啡种植面积仍继续走低，截至 2019 年底仅 9.25 万公顷，较 2018 年减少 7.12%、仅为 2014 年最高时的 75.78%。从图 27－7 还可以看出，全省咖啡产量变化趋势亦与全国一样，2001～2010 年增长平稳，2010～2016 年增速加快（2016 年最高时达到 15.84 万吨），此后，受市场价格下跌的影响产量略有下降。2019 年，全省咖啡总产量仅 14.50 万吨，虽然比 2018 年增长 5.61%，但仅为 2016 年的 91.53%。

从图 27－7 和表 27－5 可以看出，进入 21 世纪以来，云南咖啡农业产值的变化趋势也与全国基本一致，2001～2004 年基本稳定在 2 亿元以下，2008 年开始超过 5 亿元，2010 年迈上 10 亿元台阶并于 2011 年快速增加到 17.6 亿元的第一个高峰。受国际市场价格影响，2012 年跌至仅 11.7 亿元后逐步回升，2014 年快速攀升到 28.32 亿元的历史最高水平，此后呈波动中总体走低的趋势，2019 年底仅 22.28 亿元，虽然较 2018 年增长了 9.78%，但仍仅为 2014 年的 78.69%。

① 广东、广西、福建、贵州和西藏等省份面积、产量之和均不足全国的 0.5%，因此未纳入统计。

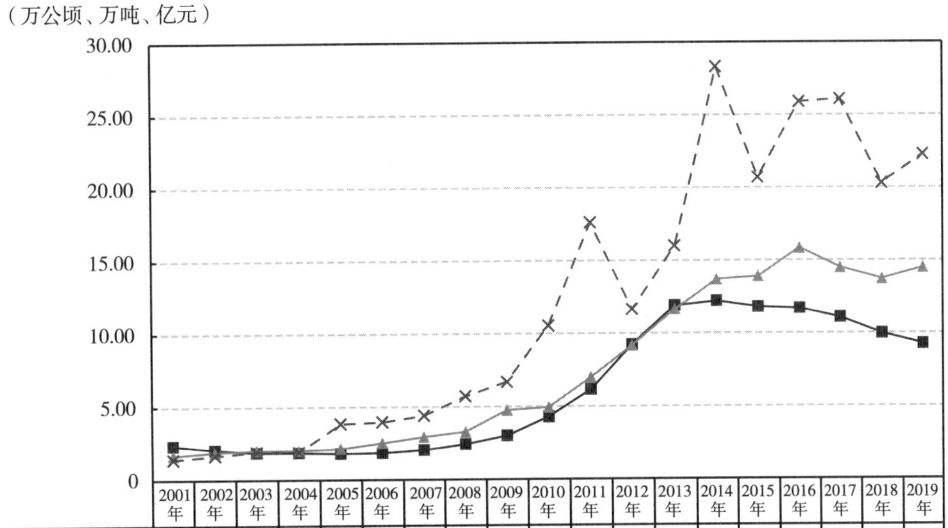

	2001年	2002年	2003年	2004年	2005年	2006年	2007年	2008年	2009年	2010年	2011年	2012年	2013年	2014年	2015年	2016年	2017年	2018年	2019年
种植面积	2.36	2.07	1.87	1.87	1.81	1.84	2.04	2.43	3.01	4.30	6.16	9.23	11.91	12.21	11.80	11.70	11.07	9.96	9.25
咖啡产量	1.68	1.90	2.02	2.02	2.16	2.54	2.96	3.29	4.76	4.94	6.99	9.18	11.66	13.71	13.91	15.84	14.50	13.73	14.50
农业产值	1.40	1.66	1.92	1.92	3.85	3.97	4.40	5.72	6.70	10.55	17.63	11.64	16.01	28.32	20.70	25.90	26.08	20.30	22.28

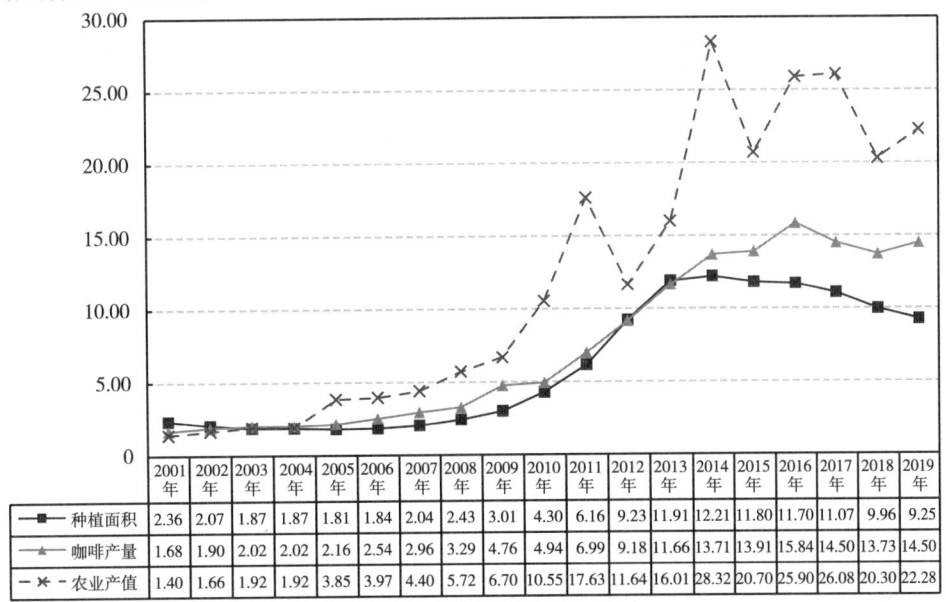

图 27－7　2001～2019 年云南咖啡农业主要数据变化

资料来源：农业农村部和国家统计局网站。

表 27－5　　全国及云南咖啡生产及效益情况

年份	区域	种植面积（公顷）	收获面积（公顷）	咖啡产量（吨）	农业产值（万元）	单位面积产量（千克/公顷）	单位面积产值（元/公顷）
2010	云南	43000. 00	24969. 19	49439. 00	105200. 00	1980. 00	42131. 92
	全国平均	43220. 20	25047. 98	49595. 00	105462. 12	1980. 00	42104. 04
	云南占比（%）	99. 49	99. 69	99. 69	99. 75	100. 00	100. 07
2011	云南	61593. 33	30955. 56	69650. 00	176255. 53	2250. 00	56938. 25
	全国平均	61958. 47	31075. 11	69919. 00	176793. 53	2250. 00	56892. 32
	云南占比（%）	99. 41	99. 62	99. 62	99. 70	100. 00	100. 08
2012	云南	92300. 00	37599. 44	91784. 00	116423. 23	2441. 10	30964. 08
	全国平均	94133. 33	38032. 38	92664. 00	117549. 23	2436. 45	30907. 67
	云南占比（%）	98. 05	98. 86	99. 05	99. 04	100. 19	100. 18
2013	云南	119100. 00	48656. 15	116585. 00	160050. 00	2396. 10	32894. 09
	全国平均	120633. 33	49834. 49	117577. 00	162443. 00	2359. 35	32596. 50
	云南占比（%）	98. 73	97. 64	99. 16	98. 53	101. 56	100. 91
2014	云南	122100. 00	60716. 06	137109. 00	283200. 00	2258. 20	46643. 35
	全国平均	123740. 00	61401. 31	138199. 00	285810. 00	2250. 75	46547. 87
	云南占比（%）	98. 67	98. 88	99. 21	99. 09	100. 33	100. 21
2015	云南	118013. 33	69581. 19	139058. 00	206955. 46	1998. 50	29743. 02
	全国平均	119680. 00	70334. 11	140517. 00	210407. 46	1997. 85	29915. 42
	云南占比（%）	98. 61	98. 93	98. 96	98. 36	100. 03	99. 42

续表

年份	区域	种植面积（公顷）	收获面积（公顷）	咖啡产量（吨）	农业产值（万元）	单位面积产量（千克/公顷）	单位面积产值（元/公顷）
2016	云南	116973.33	79990.91	158378.00	258994.00	1979.95	32377.93
	全国平均	118826.67	81090.17	160295.00	264114.00	1976.75	32570.41
	云南占比（%）	98.44	98.64	98.80	98.06	100.16	99.41
2017	云南	110708.00	78806.53	145049.00	260848.00	1840.57	23561.80
	全国平均	119880.00	80306.67	147239.00	265200.00	1833.46	33023.41
	云南占比（%）	92.35	98.13	98.51	98.36	100.39	71.35
2018	云南	99628.00	93423.55	137278.00	202985.00	1469.42	21727.39
	全国平均	122700.00	94157.87	137900.00	204300.00	1464.56	21697.60
	云南占比（%）	81.20	99.22	99.55	99.36	100.33	100.14
2019	云南	92533.33	72000.00	145000.00	222839.00	2013.89	30949.86
	全国平均	93533.33	72866.66	145499.50	223733.80	1996.79	30704.55
	云南占比（%）	98.93	98.80	99.66	99.60	100	99.94

资料来源：农业农村部农垦局南亚办统计资料。

从图27－6、图27－7和表27－5可以看出，中国的咖啡99%产自云南，因此，从咖啡产业本身看，可以说，云南的咖啡产业发展代表了中国的咖啡产业。

1. 云南咖啡面积发展趋势

从图27－7和表27－5可以看出，2001～2014年，呈现出前期稳步上升，后期快速增长的趋势，2015年之后萎缩下滑。2010年，全省咖啡种植总面积为4.30万公顷，至2014年最高达到12.21万公顷，增加了近1.84倍，年均增长率达29.81%。此后，由于价格下滑，比较效益下降，2015年开始，全省咖啡种植面积呈萎缩下滑之势，到2019年仅为9.25万公顷，比2014年减少了2.96万公顷，降幅接近24.24%。

2. 云南咖啡产量发展趋势

21世纪前16年，云南咖啡产量总体呈现增长趋势，受市场咖啡价格下滑等因素影响，2017年开始出现下滑。其中，2001～2010年属于平稳增长阶段，2011～2014年属于高速增长阶段。2010年，全省咖啡产量为4.94万吨，至2016年最高达15.84万吨，增长了2.20倍以上，年均增长率达21.4%以上。2017年，开始下滑到 14.50 万吨，2018 年更是进一步下滑到 13.73 万吨，2019 年小幅上升到 14.50 万吨，但比 2016 年减少 1.34 万吨。

3. 云南咖啡单产变化趋势

2010 年，云南咖啡单位面积产量为 1980.00 千克/公顷；2012 年达到历史最高峰 2441.10 千克/公顷；此后单产水平有所下降，尤其是近年来，由于市场价格下滑效益不佳，因此，管理和投入都跟不上，咖啡单产量下降十分明显，从 2015 年开始已不足 2000 千克/公顷，到 2018 年更是进一步下降到不足 1500 千克/公顷（1469 千克/公顷）（见表 27－5）。但是，总体来说，云南咖啡栽培技术较先进，单产为世界平均的 3 倍，在全国也处于领先水平。

4. 咖啡价格变化趋势

国际市场咖啡价格波动规律如前所述。从图 27－8 可以看出，云南咖啡价格受国际市场价格直接影响，因此其波动规律基本一致。2011 年之后，国际市场和国内市场咖啡价格逐年走低的趋势十分明显，未来咖啡价格有可能增长，但增幅不大。

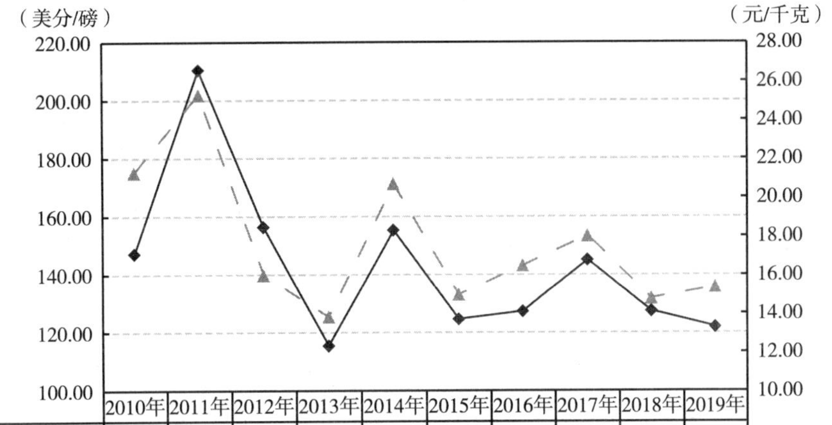

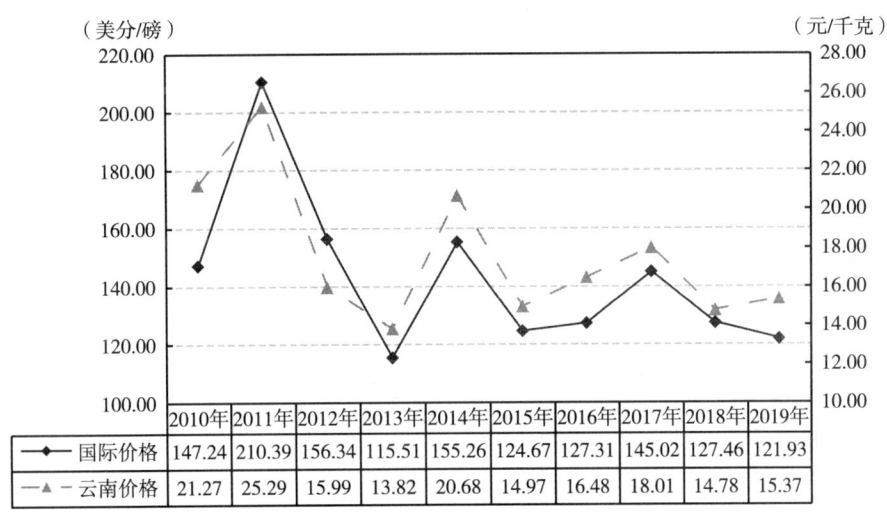

	2010年	2011年	2012年	2013年	2014年	2015年	2016年	2017年	2018年	2019年
国际价格	147.24	210.39	156.34	115.51	155.26	124.67	127.31	145.02	127.46	121.93
云南价格	21.27	25.29	15.99	13.82	20.68	14.97	16.48	18.01	14.78	15.37

图 27－8　2010～2019 年国际咖啡价格和云南咖啡价格变化趋势

资料来源：ICO 和农业农村部南亚办相关数据。

2010 年，云南咖啡豆平均价为 21.27 元/千克，2011 年达到历史最高峰，为 25.29 元/千克，此后价格持续下滑。到 2016 年仅为 16.48 元/千克，2010～2016 年，平均价格为 18.36 元/千克，处于保本或微利状态。2017 年，云南咖啡价格回升到 18.01 元/千克，但到 2018 年又跌到 15 元/千克以下，为 14.78 元/千克，同比下降17.93%，比国际市场小粒咖啡平均价2.81美元/千克（按人民币美元汇率6.62计算为18.60元/千克）低20.54%。2019年，价格为15.37元/千克，同比增长3.99%，小幅回升，2019年末开始大幅回升。相关研究表明，咖啡价格在17.00元/千克以上时，基本能维持云南咖啡稳定发展。自2018年以来，云南的咖啡价格已经低于成本价，云南咖啡产业发展面临前所未有的考验。

5. 云南咖啡农业产值变化趋势

据农业农村部南亚办数据整理2010～2019年云南咖啡单位面积农业产值及农业总产值变化情况如图27－9所示。

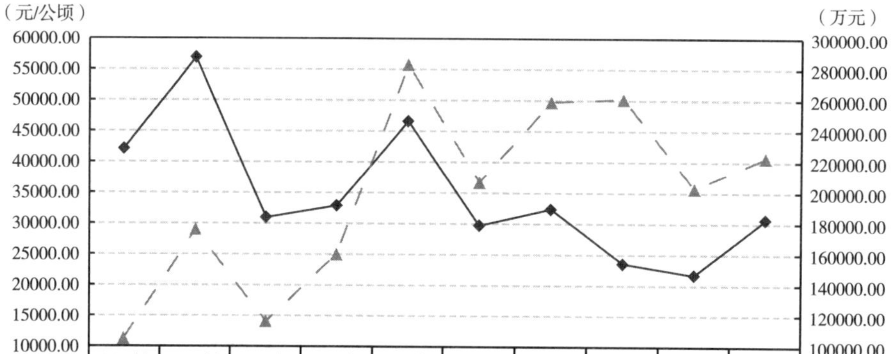

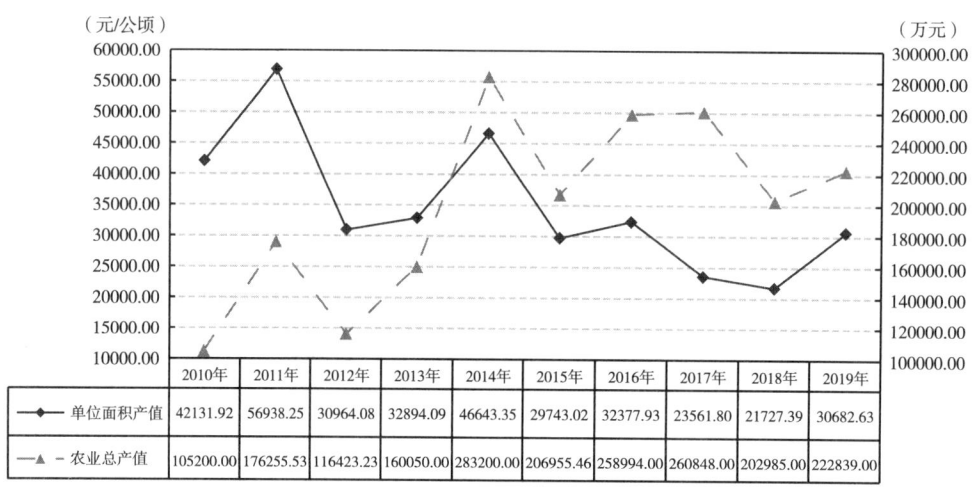

	2010年	2011年	2012年	2013年	2014年	2015年	2016年	2017年	2018年	2019年
单位面积产值	42131.92	56938.25	30964.08	32894.09	46643.35	29743.02	32377.93	23561.80	21727.39	30682.63
农业总产值	105200.00	176255.53	116423.23	160050.00	283200.00	206955.46	258994.00	260848.00	202985.00	222839.00

图27－9　2010～2019年云南咖啡单位面积农业产值及农业总产值变化趋势

资料来源：农业农村部南亚办相关数据。

从农业总产值看，从图27－9可以看出，2010～2019年，云南咖啡农业总产值总体呈现先上升后下降的趋势，尤其是2014年后，全省咖啡农业总产值与同年云南咖啡价格同频共振的特点十分明显，从2010年的10.52亿元上升到2014年最高时的28.32亿元，4年增长了1.69倍，此后下降至2018年的不足20.3亿元，虽然2019年略有回升至22亿元以上，但仅为2017年的85%、不足2014年的79%。

从单位面积产值看，2010年，云南省咖啡单位面积农业产值为42131.92元/公顷；2011年达到历史最高峰的56938.25元/公顷；此后呈下滑趋势，2018年最低时仅为21727.39元/公顷，2019年小幅回升至为30949.86元/公顷。这说明“十三五”期间，云南产业效益下滑明显，整个咖啡种植业处于微利或亏损状态。

6. 云南咖啡生产布局

2019年，云南咖啡主产区有普洱、临沧、保山、德宏、西双版纳、红河、文山、怒江和大理9州市，其中，普洱占全省面积的49.43%和产量的52.18%，临沧占全省面积的27.48%和产量的12.26%，保山占全省面积的9.50%和产量的14.98%，德宏占全省面积的6.31%和产量的6.71%，西双版纳占全省面积的5.36%和产量的12.86%，5个州市占全省面积的98.08%和产量的98.99%，是云南咖啡的核心产区（见表27－6），其他4个州市仅占全省面积的1.92%和产量的1.01%。

表27－6　　2019年云南咖啡主产州市面积、产量及占比

州（市）	面积（公顷）	面积占比（%）	产量（吨）	产量占比（%）
普洱	45742.00	49.43	75666.00	52.18
临沧	25424.00	27.48	17777.80	12.26
保山	8795.00	9.50	21716.50	14.98
德宏	5843.00	6.31	9723.40	6.71
西双版纳	4964.00	5.36	18649.60	12.86
文山	1034.00	1.12	383.10	0.26
怒江	457.00	0.49	392.50	0.27
大理	240.00	0.26	623.30	0.43
红河	32.00	0.03	68.00	0.05
合计	92531.00	100.00	145000.20	100.00

资料来源：云南省统计局。

2019年，云南咖啡生产县（市区）有33个，其中，面积5万亩（3333.33公顷）以上的有10个县（市区），分别是思茅、隆阳、镇康、墨江、宁洱、孟连、耿马、澜沧、景洪和云县，面积之和占全省的72.98%，产量之和占全省的76.19%；咖啡豆产量超过5000吨的有11个县（市区），分别是思茅区、隆阳、景洪、孟连、宁洱、镇康、澜沧、江城、墨江、耿马和芒市，产量之和占全省总产量的83.93%，面积之和占全省的74.35%（见表27－7）。

表 27－7　　　　2019 年云南咖啡主产县（市区）种植面积和产量

县（市区）	面积（公顷）	面积排名	产量（吨）	产量排名	县（市区）	面积（公顷）	面积排名	产量（吨）	产量排名
思茅	13284.0	1	25624.7	1	景东	1379	18	1043.9	18
隆阳	7720.0	2	19431.6	2	镇沅	1335	19	2104.6	16
镇康	7348.0	3	8080.3	6	龙陵	1067	20	2282.9	15
墨江	7035.0	4	6635.1	9	麻栗坡	1034	21	383.1	26
宁洱	6682.0	5	8812.8	5	沧源	838	22	732.4	20
孟连	6383.0	6	8892.0	4	瑞丽	640	23	665.4	21
耿马	5711.0	7	5760.8	10	陇川	588	24	310.7	27
澜沧	4888.0	8	7444.7	7	泸水	457	25	392.5	25
景洪	4506.0	9	18309.0	3	西盟	352	26	4219.0	12
云县	3976.0	10	1490.6	17	勐海	335	27	175.6	28
芒市	3078.0	11	5460.2	11	凤庆	323	28	79.6	30
临翔	2985.0	12	815.6	19	宾川	240	29	623.3	22
双江	2799.0	13	396.2	24	勐腊	123	30	165.0	29
景谷	2241.0	14	3643.2	13	绿春	32	31	68.0	31
江城	2163.0	15	7246.0	8	昌宁	8	32	2.0	33
盈江	1533.0	16	3279.3	14	梁河	4	33	7.8	32
永德	1444.0	17	422.3	23	合计	92531	—	145000.2	—

资料来源：云南省统计局。

（四）云南咖啡生产在全国的地位

农业农村部南亚办统计数据表明，中国咖啡生产主要布局在云南、海南和四川3省。云南基于优越的气候、土壤等自然条件，生产的咖啡品质好，比较效益高，咖啡产业呈快速发展态势。云南咖啡种植面积、产量和农业总产值均占全国的比重多年在98%以上，已经成为中国最大的咖啡种植地、贸易集散地和出口地，在我国咖啡生产中处于绝对优势地位（赵梅等，2014）。2010～2019年，我国咖啡主产3省咖啡种植面积、咖啡产量及农业产值以及云南占比如表27－8所示（广东、广西、福建、贵州、西藏等省份有零星种植，数量太小未纳入统计）。

表 27-8　　2010~2019 年中国咖啡主要省份面积、产量、产值及云南占比

地区	指标	2010 年	2011 年	2012 年	2013 年	2014 年	2015 年	2016 年	2017 年	2018 年	2019 年
云南	面积（公顷）	43000. 00	61593. 33	92300. 00	119100. 00	122100. 00	118013. 33	116973. 33	110708. 00	99628. 00	92533. 33
	产量（吨）	49439. 00	69919. 00	91784. 00	116585. 00	137109. 00	139058. 00	158378. 00	145049. 00	137278. 00	145000. 00
	产值（万元）	105462. 12	176255. 53	116423. 23	160050. 00	283200. 00	206955. 46	258994. 00	260848. 00	202985. 00	222839. 00
海南	面积（公顷）	220. 20	366. 67	500. 00	600. 00	573. 33	566. 67	753. 33	780. 00	760. 00	933. 30
	产量（吨）	156. 00	269. 00	280. 00	242. 00	230. 00	259. 00	342. 00	405. 00	361. 00	435. 00
	产值（万元）	234. 00	538. 00	526. 00	518. 00	460. 00	500. 00	600. 00	810. 00	722. 00	869. 00
四川	面积（公顷）	0. 00	0. 00	1333. 33	933. 33	1066. 67	1100. 00	1100. 00	1100. 00	200. 00	66. 70
	产量（吨）	0. 00	0. 00	600. 00	750. 00	860. 00	1200. 00	1575. 00	1840. 00	200. 00	64. 50
	产值（万元）	0. 00	0. 00	600. 00	1875. 00	2150. 00	2952. 00	2520. 00	4416. 00	536. 00	25. 80
全国	面积（公顷）	43220. 20	61958. 47	61960. 00	120633. 33	123740. 00	119680. 00	118826. 67	112588. 00	100588. 00	93533. 33
	产量（吨）	49595. 00	69919. 00	70457. 00	117577. 00	138199. 00	140517. 00	160295. 00	147294. 00	137839. 00	145499. 50
	产值（万元）	105462. 12	176793. 53	117549. 23	162443. 00	285810. 00	210407. 46	264114. 00	266074. 00	204243. 00	223733. 80
云南占比（%）	面积	99. 49	99. 41	98. 05	98. 73	98. 67	98. 61	98. 44	92. 35	81. 20	98. 93
	产量	99. 69	100. 00	99. 05	99. 16	99. 21	98. 96	98. 80	98. 51	99. 55	99. 66
	产值	100. 00	99. 70	99. 04	98. 53	99. 09	98. 36	98. 06	98. 36	99. 36	99. 60

资料来源：农村农业部南亚办统计资料整理。

从种植面积看，我国早在 20 世纪五六十年代即形成海南中粒种咖啡生产基地和云南小粒种咖啡生产基地（黄家雄等，2008）。海南咖啡种植区域分布在海口、澄迈、文昌、万宁等地。1988 年，海南咖啡面积为 15853. 00 公顷，占全国面积的 95. 02%，居第 1 位，此后，由于比较效益下降等原因，咖啡面积日渐萎缩，到 2019 年仅有 933. 3 公顷，占全国的 1%，居第 2 位。1988 年，云南咖啡面积为 831. 73 公顷，占全国面积的 4. 98%，居第 2 位。自 2000 年开始，云南咖啡种植面积跃居全国第 1 位并保持至今，常年种植面积占全国的比重达到 98% 以上，虽然近两年有所下滑，2018 年最低时，云南咖啡种植面积占全国的比重仍在 81. 2%。咖啡在四川有少量种植，受海拔与气候条件影响，主要集中在攀西金沙江干热河谷地区。四川自2012年开始纳入农业部统计，2019年，四川咖啡种植面积为66.7公顷，占全国面积的比重达到0.07%，居全国第3位。

从咖啡产量看，1988年，海南咖啡产量600.00吨，占全国产量的72.74%，居第1位；到2019年海南咖啡产量仅有435吨，占全国的比重降到0.30%，居全国第2位。1988年，云南咖啡产量为224.90吨，占全国产量的4.98%，居全国第2位，2000年后开始居全国第1位，到2019年云南咖啡产量为145000吨，占全国产量的99.66%。2019年，四川咖啡产量达64.50吨，占全国产量的0.04%，居全国第3位。

从农业产值看，2010~2019年，云南咖啡农业产值为105300万~283200万元（2014年），占全国咖啡农业产值的比重多年在99%左右，居全国第1位；2012年，四川咖啡农业产值从600.00万元快速增长到2017年的4416.00万元，此后快速下滑，咖啡产业萎缩十分严重，2019年仅有25.80万元，占全国的比重为0.01%，居全国第3位；2010~2019年，海南咖啡农业产值持续上升，从2012年的234万元上升到2019年的869.00万元，占全国的0.39%，居全国第2位。

三、世界、中国咖啡的消费分析

（一）世界咖啡消费简况

从消费量来看，世界咖啡消费总体在增加，而消费量在国家间的分布也在发生变化；价格方面，世界咖啡原料价格因咖啡品种的不同存在差异，罗伯斯塔中粒种咖啡价格长期最低，近年来，哥伦比亚淡口味小粒种和其他淡口味小粒种咖啡价格较高，巴西干法小粒种价格稍低。各咖啡品种的原料价格波动明显，且变动趋势基本一致，仅存在波动幅度的差异，其中，其他小粒种在几次原料价格涨跌中的平均变动幅度最小。

据美国农业部（USDA）统计，2010~2019年，全球咖啡消费量在804.52万~989.74万吨，年增长率在-2.30%~6.04%之间，年际消费增长率波动较大（见图27-10）。

2019年，全球咖啡消费量983.65万吨，同比下降0.62%；消费量超过10万吨的有欧盟、美国、巴西、日本、菲律宾、印度尼西亚、加拿大、俄罗斯、埃塞俄比亚、中国、越南、韩国、墨西哥、阿尔及利亚、哥伦比亚和澳大利亚（见图 27－11），消费量达 781.64 万吨，占全球消费量的 79.46%。其中，欧盟 275.10 万吨、美国 160.33 万吨、巴西 141.18 万吨、日本 47.80 万吨、菲律宾 36.00 万吨，分别占全球消费总量的 27.97%、16.30%、14.35%、4.86%、3.66%。

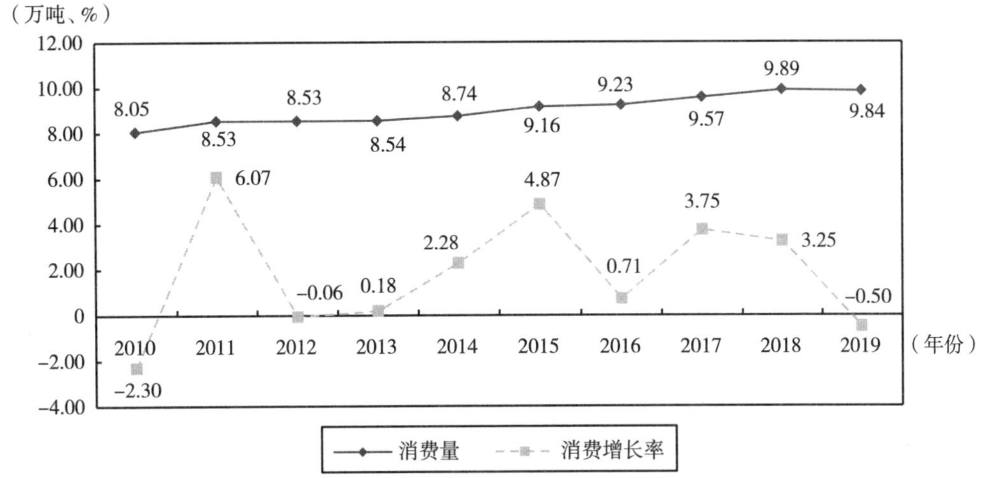

图 27－10　2010～2019 年世界咖啡消费变化趋势

资料来源：根据美国农业部网站 2020 年 9 月数据计算。

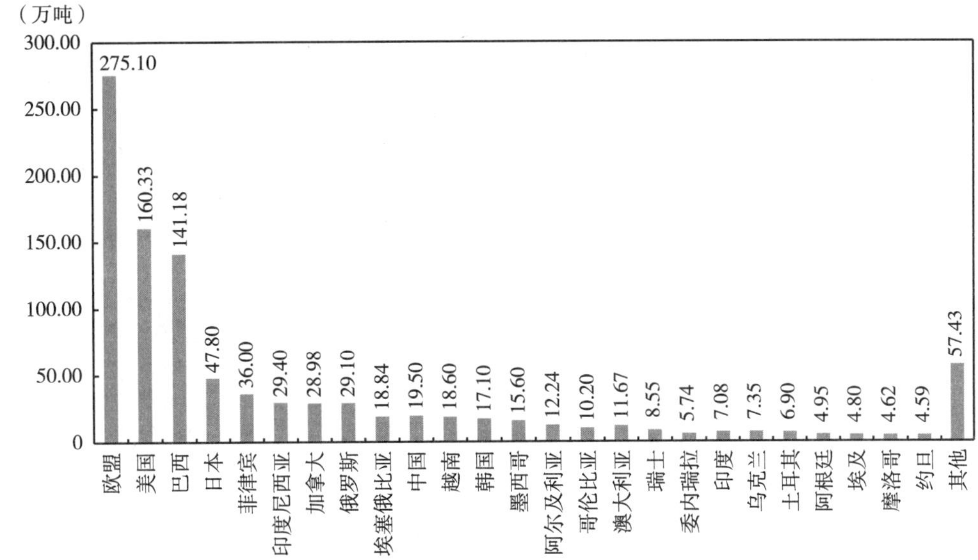

图 27－11　2019 年世界主要咖啡消费国消费量排行榜

资料来源：根据美国农业部网站数据整理。

2016～2019 年，全球咖啡出口国的咖啡国内消费量大多也在逐渐增加（委内瑞拉和埃塞俄比亚除外），但国家间增幅存在差异，年均增长率分别为巴西

1.30%、印度尼西亚0.90%、埃塞俄比亚-0.30%、菲律宾2.70%、越南3.80%、墨西哥1.10%、哥伦比亚0.70%、委内瑞拉-2.20%、印度0.60%、泰国1.10%（见表27-9）。

表27-9　　2016~2019年咖啡出口国消费量前10位　　单位：吨

排名	2016年	2017年	2018年	2019年	排名	2016年	2017年	2018年	2019年
1	巴西	巴西	巴西	巴西	6	墨西哥	墨西哥	墨西哥	墨西哥
	127.35	131.98	133.20	132.53		14.16	14.40	14.70	14.63
2	印度尼西亚	印度尼西亚	印度尼西亚	印度尼西亚	7	哥伦比亚	哥伦比亚	哥伦比亚	哥伦比亚
	27.90	28.50	28.80	28.66		10.42	10.76	10.75	10.65
3	埃塞俄比亚	埃塞俄比亚	埃塞俄比亚	埃塞俄比亚	8	委内瑞拉	委内瑞拉	委内瑞拉	委内瑞拉
	22.35	22.50	22.29	22.18		9.90	9.60	9.30	9.25
4	菲律宾	菲律宾	菲律宾	菲律宾	9	印度	印度	印度	印度
	18.18	19.08	19.80	19.70		8.64	8.82	8.85	8.81
5	越南	越南	越南	越南	10	泰国	泰国	泰国	泰国
	14.40	15.00	16.20	16.12		8.10	8.25	8.40	8.36

资料来源：国际咖啡组织网站。

2016~2019年，全球咖啡进口国咖啡消费量第1至第7位排名比较稳定，第8~第10位年际间排名有波动，年消费增长率分别为欧盟2.70%、美国2.70%、俄罗斯1.50%、加拿大2.30%、韩国3.10%、澳大利亚2.50%、土耳其2.80%、瑞士0.20%，日本和沙特阿拉伯两个国家则分别减少了1.50%和1.20%（见表27-10）。

表27-10　　2016~2019年咖啡进口国消费量前10位　　单位：吨

排名	2016年	2017年	2018年	2019年	排名	2016年	2017年	2018年	2019年
1	欧盟	欧盟	欧盟	欧盟	6	韩国	韩国	韩国	韩国
	255.40	264.10	276.77	277.05		13.90	14.23	14.86	15.25
2	美国	美国	美国	美国	7	阿尔及利亚	澳大利亚	澳大利亚	澳大利亚
	154.65	156.67	166.55	167.60		13.34	11.12	11.77	11.92
3	日本	日本	日本	日本	8	沙特阿拉伯	沙特阿拉伯	土耳其	土耳其
	47.48	46.50	45.37	45.44		8.58	7.65	10.44	8.99
4	俄罗斯	俄罗斯	俄罗斯	俄罗斯	9	土耳其	乌克兰	乌克兰	沙特阿拉伯
	27.83	25.94	28.15	29.14		8.27	7.51	8.27	8.29
5	加拿大	加拿大	加拿大	加拿大	10	瑞士	摩洛哥	瑞士	瑞士
	22.70	22.97	24.12	24.29		6.53	4.44	6.47	6.56

资料来源：国际咖啡组织网站。

从人均消费量看，据国际咖啡组织统计，近年来，全球每年要喝掉7400亿杯咖啡，按60亿人计，人年均饮用123杯。2017年，欧盟人年均饮用440杯、美国400杯，日本、韩国350杯，中国7杯。全球人均年饮用量1.25千克，欧盟4.89千克、美国4.51千克，日本、韩国4.0千克。

从消费类型来看，咖啡消费分为速溶、即饮和现磨。欧美市场偏好现磨、亚洲市场偏好速溶。现磨咖啡占据欧美市场90%左右份额，速溶咖啡主导亚洲市场（见图27－12）。近年来，全球精品咖啡消费总量虽只占10%，但受“重视地域风味、低污染加工处理、新鲜浅中烘焙、手工滤泡黑咖啡、科学诠释咖啡美学”的影响，以年均8%的增速增长。2019年，全球即饮咖啡消费量达55亿升，年增速达30%；日本占全球总量的55%，人均每周喝11杯。

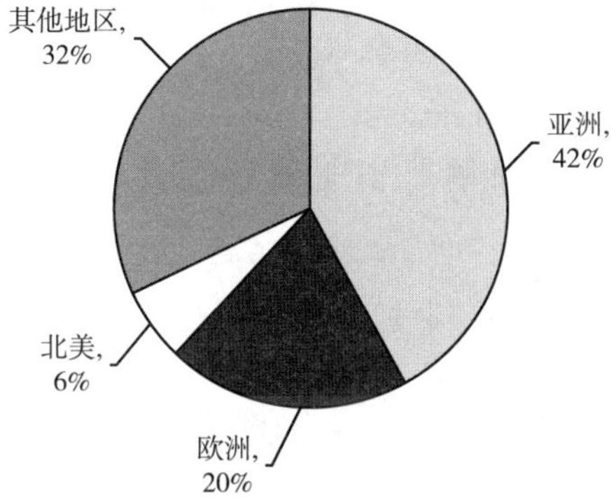

图27－12　近年速溶咖啡全球消费市场占比

资料来源：美国农业部网站。

（二）中国咖啡消费简况

2010～2019年，中国咖啡消费量在5.58万～19.50万吨，年增长率在－4.14%～58.86%之间，年均增长率19.83%，为全球同期平均增长率的10.84倍，咖啡消费量继欧盟、美国等之后，居全球第9位，中国已成为全球咖啡消费增长最快的国家之一（见图27－13）。

从消费咖啡饮品结构来看，中国咖啡消费以速溶咖啡（含有即饮罐装咖啡）为主，据中国咖啡进口商协会数据，约占市场份额的80%，现磨咖啡约占市场份额的20%，但速溶咖啡消费有减缓趋势，现磨咖啡呈快速增长趋势。从消费区域来看，以北京、上海、广州、深圳等一线城市、省会城市和沿海城市为主，欠发达地区市场份额相对较小。目前，中国咖啡消费量仅为8～10杯/人/年，远低于咖啡消费量200杯/人/年等日本、韩国以及500杯/人/年的欧美国家，但全国消费总体呈快速增长态势。

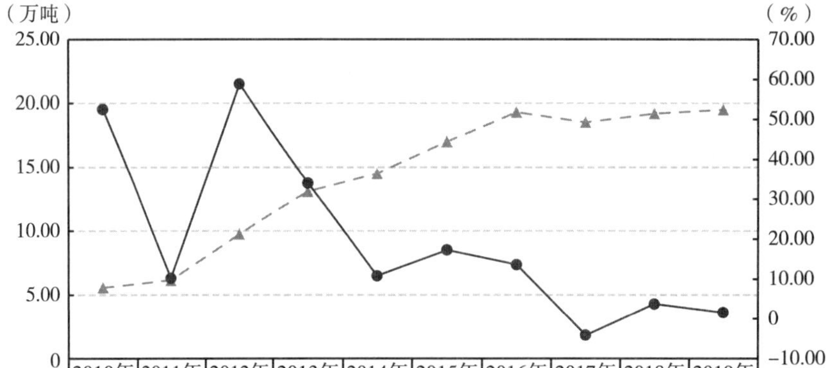

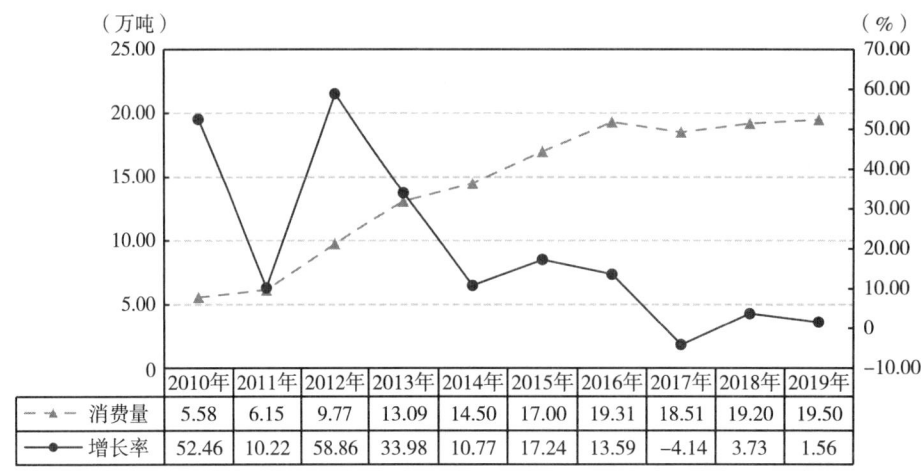

	2010年	2011年	2012年	2013年	2014年	2015年	2016年	2017年	2018年	2019年
消费量	5.58	6.15	9.77	13.09	14.50	17.00	19.31	18.51	19.20	19.50
增长率	52.46	10.22	58.86	33.98	10.77	17.24	13.59	-4.14	3.73	1.56

图 27－13　2010～2019 年中国咖啡消费变化曲线

资料来源：根据美国农业部网站数据整理。

四、世界、中国及云南咖啡的贸易情况分析

基于咖啡的生物学特性，咖啡主产区位于亚洲、非洲、拉丁美洲等欠发达的热带地区，咖啡消费主要分布在欧美、日本等发达的温凉地区，因而造就了巨大的咖啡国际贸易。

（一）世界咖啡进出口简况

FAO 统计数据表明，近年来，全球咖啡及其制品年进口量与出口量呈逐年小幅增长的趋势，在 800 万～900 万吨之间，且出口量略大于进口量。全球咖啡及其制品的年进口额和出口额也基本在 300 亿～380 亿美元，基本持平且总体呈增长趋势。受市场价格波动影响，2016 年，进出口额小幅下降，2017 年，恢复增长。2015～2019 年，全球咖啡及其制品进出口贸易量和贸易额数据如图 27－14 所示。从进出口地看，欧盟和美国是主要咖啡及其制品进口地，巴西、越南、哥伦比亚等咖啡生产大国是咖啡的主要出口地。

从进出口品类看，以生咖啡豆为主，其次是速溶咖啡。据美国农业部（USDA）统计，2019 年，全球咖啡出口总量为 793.56 万吨，其中，生咖啡 671.87 万吨，占 84.67%；焙炒咖啡 25.39 万吨，占 3.20%；速溶咖啡 96.30 万吨，占 12.13%。全球咖啡进口总量 771.76 万吨，其中，生咖啡 658.33 万吨，占 85.30%；焙炒咖啡 21.05 万吨，占 2.73%；速溶咖啡 92.38 万吨，占 12.24%。

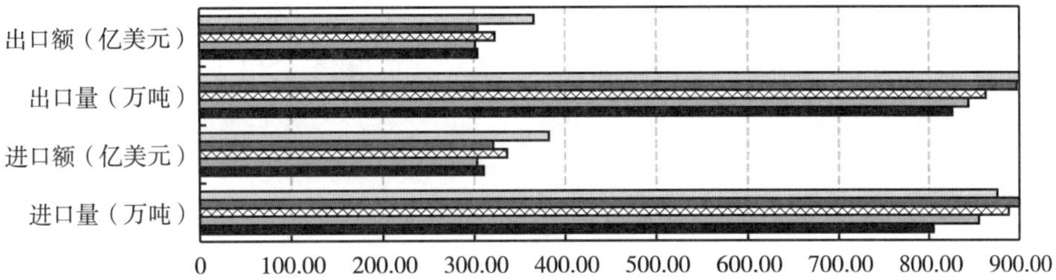

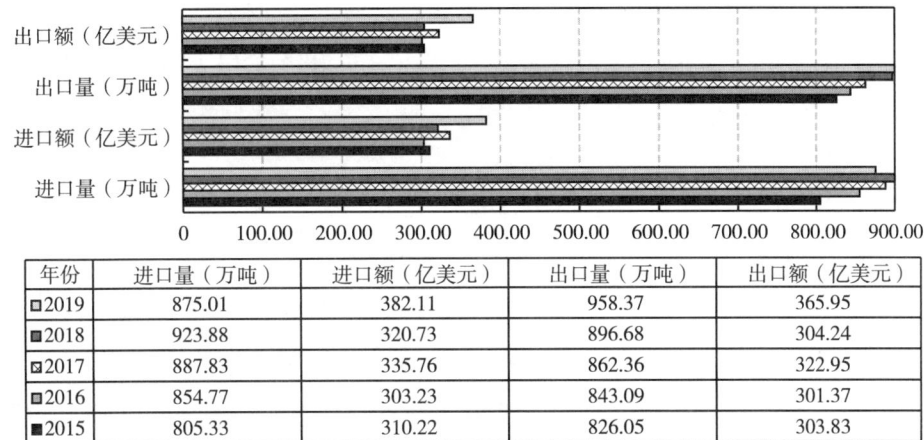

年份	进口量（万吨）	进口额（亿美元）	出口量（万吨）	出口额（亿美元）
2019	875.01	382.11	958.37	365.95
2018	923.88	320.73	896.68	304.24
2017	887.83	335.76	862.36	322.95
2016	854.77	303.23	843.09	301.37
2015	805.33	310.22	826.05	303.83

图 27－14　2015～2019 年世界咖啡及其制品进出口贸易情况

资料来源：联合国粮农组织数据库。

1. 全球咖啡出口分析

美国农业部网站数据表明，2010～2019 年，全球咖啡出口量在 680.75 万～845.56 万吨之间，年均增长率 1.84%，其中，生咖啡豆平均占出口总量的 85.61%、速溶咖啡占 12.13%、焙炒咖啡占 2.27%（见表 27－11）。

表 27－11　　2010～2019 年全球咖啡出口情况

年份	生咖啡豆（万吨）	焙炒咖啡（万吨）	速溶咖啡（万吨）	合计（万吨）	增长率（%）
2010	603.02	1.21	76.51	680.75	0.00
2011	609.19	1.07	76.18	686.45	0.84
2012	629.96	16.38	90.74	737.08	7.38
2013	660.02	19.32	93.92	773.26	4.91
2014	622.40	21.18	98.32	741.89	－4.06
2015	677.82	20.50	102.01	800.33	7.88
2016	682.81	22.42	96.05	801.28	0.12
2017	666.88	22.41	97.58	786.87	－1.80
2018	722.44	23.39	99.73	845.56	7.46
2019	671.87	25.39	96.30	793.56	－6.15
十年平均占比（%）	85.61	2.27	12.13	100.00	—

资料来源：美国农业部网站。

据 ICO 统计，2010～2019 年，全球咖啡出口量排名前 10 位的国家有巴西、越南、哥伦比亚、洪都拉斯、印度、印度尼西亚、乌干达、秘鲁、埃塞俄比亚、危地马拉等国，其中，巴西、越南稳居第1、第2名，第3至第10名年度间排名有变化（见表27－12）。

表27－12　　2010～2019年咖啡出口量前10位国家　　单位：万吨

排名	2010年	2011年	2012年	2013年	2014年	2015年	2016年	2017年	2018年	2019年
1	巴西	巴西	巴西	巴西	巴西	巴西	巴西	巴西	巴西	巴西
	199.00	202.84	171.29	189.97	218.57	222.11	205.60	185.55	212.30	196.20
2	越南	越南	越南	越南	越南	越南	越南	越南	越南	越南
	85.37	106.30	137.52	118.31	156.58	123.93	164.53	134.63	167.20	144.00
3	哥伦比亚	哥伦比亚	印度尼西亚	印度尼西亚	哥伦比亚	哥伦比亚	哥伦比亚	哥伦比亚	哥伦比亚	哥伦比亚
	46.93	46.40	64.33	65.29	65.72	76.30	76.99	77.91	76.85	72.00
4	印度尼西亚	印度尼西亚	哥伦比亚	哥伦比亚	印度尼西亚	印度尼西亚	印度尼西亚	印度尼西亚	洪都拉斯	印度尼西亚
	32.93	36.95	43.02	58.02	37.05	50.27	39.27	49.19	42.86	36.58
5	印度	印度	洪都拉斯	印度	印度	印度	印度	洪都拉斯	印度	洪都拉斯
	27.88	32.48	33.05	30.20	30.79	31.57	36.52	44.04	35.80	33.00
6	秘鲁	秘鲁	印度	洪都拉斯	洪都拉斯	洪都拉斯	洪都拉斯	印度	印度尼西亚	秘鲁
	22.90	28.18	30.26	25.11	25.51	30.18	31.84	39.25	27.23	26.16
7	危地马拉	洪都拉斯	秘鲁	秘鲁	乌干达	乌干达	秘鲁	乌干达	乌干达	乌干达
	20.81	23.68	25.86	23.83	20.65	21.58	23.76	28.64	25.34	24.00
8	洪都拉斯	危地马拉	危地马拉	乌干达	埃塞俄比亚	埃塞俄比亚	乌干达	秘鲁	秘鲁	埃塞俄比
	20.09	22.18	22.50	22.03	18.70	17.91	21.26	23.68	24.38	23.40
9	埃塞俄比亚	乌干达	墨西哥	危地马拉	危地马拉	危地马拉	危地马拉	埃塞俄比亚	埃塞俄比	印度
	19.94	18.85	21.34	21.45	18.26	17.77	18.43	22.64	21.53	21.60
10	乌干达	墨西哥	埃塞俄比亚	墨西哥	秘鲁	秘鲁	埃塞俄比亚	危地马拉	危地马拉	危地马拉
	15.94	17.44	19.22	18.79	16.32	16.74	18.01	20.30	19.96	20.52

资料来源：国际咖啡组织网站，其中，2019年数据来源于美国农业部网站。

根据ICO统计，2010～2019年，巴西、越南、哥伦比亚和印度尼西亚4国出口量占世界总量的61.79%～69.55%，表明咖啡出口集中度较高，其他咖啡出口国出口量存在此消彼长关系。近年来，咖啡总出口量呈波动增加态势，国家间咖啡出口量变动趋势存在明显差异，巴西、越南、哥伦比亚、印度尼西亚、印度、洪都拉斯、埃塞俄比亚和乌干达均呈波动增长趋势，危地马拉呈波动式下降趋势，秘鲁在波动中基本维持平衡态势。

从生咖啡出口额来看，根据FAO统计数据，2010～2019年，生咖啡出口金额排名世界前10位国家及其变化情况如表27－13所示。全球咖啡主要产区巴西、越南、哥伦比亚、印度尼西亚、洪都拉斯、埃塞俄比亚、秘鲁是生咖啡的主要出口国。而非咖啡生产国德国和比利时生咖啡出口额排在世界前列，说明其主要是进口咖啡豆加工后再出口。根据 ICO 统计，比利时是咖啡进口大国，且进口的咖啡中 66.60%～90.40% 都用于再出口。古小玲和孙继华（2014）的研究表明，德国对咖啡的进口量较大，且大部分用于再出口。而比利时和德国并非出口量大国，因此，可以认为两国通过再出口咖啡获得了比位于咖啡产区的出口国更多的利润，说明咖啡产业链采后环节的利润率较高，且个别国家获利多于产地国家。

表 27－13　　2010～2019 年生咖啡出口额前 10 位国家　　单位：万美元

排名	2010 年	2011 年	2012 年	2013 年	2014 年	2015 年	2016 年	2017 年	2018 年	2019 年
1	巴西	巴西	巴西	巴西	巴西	巴西	巴西	巴西	巴西	巴西
	518200.2	800041.6	572175.8	458223.8	604110.1	555541.5	484300.1	460023.8	435952.2	516738.6
2	哥伦比亚	越南	越南	越南	越南	哥伦比亚	越南	越南	越南	德国
	188955.8	275242.3	352751.3	254956	273464.2	253379.6	266333.4	307910.4	277505.9	317709.3
3	越南	哥伦比亚	哥伦比亚	哥伦比亚	哥伦比亚	越南	哥伦比亚	哥伦比亚	哥伦比亚	越南
	185135.8	262321.2	191428.5	188685.2	247769.6	226860.5	242344.5	252176.5	227470	267412.4
4	德国	秘鲁	德国	印度尼西亚	德国	印度尼西亚	印度尼西亚	洪都拉斯	洪都拉斯	哥伦比亚
	102909.5	158037.2	140792.1	116624.4	113524.2	118972.5	100106.8	129007.7	111114	260939
5	秘鲁	德国	洪都拉斯	德国	印度尼西亚	埃塞俄比亚	德国	印度尼西亚	德国	印度尼西亚
	88747.5	157945.7	133820.6	115028.5	103080.7	101814.9	99156.7	117575.5	105388.1	148368.2
6	印度尼西亚	洪都拉斯	印度尼西亚	埃塞俄比亚	埃塞俄比亚	德国	洪都拉斯	德国	印度尼西亚	洪都拉斯
	81253.3	135843.8	124414.7	80396.5	102369.1	97478.6	85842.5	111483.6	80914	95561.9
7	洪都拉斯	危地马拉	秘鲁	洪都拉斯	洪都拉斯	洪都拉斯	秘鲁	埃塞俄比亚	埃塞俄比亚	比利时
	72263.1	106296.9	101998.7	78939.4	78276.2	92894	75637.6	93704	75883.1	93805.8
8	危地马拉	印度尼西亚	危地马拉	危地马拉	秘鲁	危地马拉	埃塞俄比亚	危地马拉	危地马拉	埃塞俄比亚
	71388.2	103481.5	95810.7	71496.9	73248.6	66303.7	71488.5	74796.8	71689.3	75851.5
9	埃塞俄比亚	比利时	埃塞俄比亚	秘鲁	危地马拉	比利时	危地马拉	秘鲁	秘鲁	危地马拉
	67651.7	94216	88754.9	69533.4	66723.3	60468	67304.1	70882.2	68158.1	66485.7
10	比利时	埃塞俄比亚	比利时	印度	印度	秘鲁	印度	比利时	比利时	秘鲁
	63396.6	84455.5	74154.7	56537.4	53447.6	58031.4	54634.3	66109.6	58627.3	63690.3

资料来源：联合国粮农组织数据库。

根据 FAO 数据整理 2015～2019 年生咖啡及烤咖啡出口量和出口额排名前 5 位的国家如表 27－14 所示。可以看出，2015～2019 年，出口量排名前 5 位的国家分别是巴西、越南、哥伦比亚、德国和印度尼西亚（2018 年洪都拉斯超过印度尼西亚位列第 5 位），除德国外，其他均为全球咖啡产量排名靠前的国家。2015～2019 年，这 6 个国家的出口量之和在 480 万～593 万吨之间，占同期全球出口总量的比重在 58% 上下。仅巴西和越南两国的出口量之和占全球的比重就多年超过 30%，最高时 2019 年，曾接近 37%（36.55%）。从出口额看，2015～2019 年，出口额排名前 5 位的国家分别是巴西、越南、哥伦比亚、德国和瑞士，除巴西常年保持第1位外，其他国家则年际间有不同，越南逐渐靠前，哥伦比亚逐渐靠后。非咖啡主产国德国和瑞士均进入出口额前5位。2015~2019年，这5个国家出口额之和多在145亿~164亿美元，占同期全球出口总额的比重分别在44%~48.5%。

表27-14　　2015~2019年世界咖啡及其制品出口前5位国家

排名	出口量（万吨）					出口额（亿美元）				
	2015年	2016年	2017年	2018年	2019年	2015年	2016年	2017年	2018年	2019年
1	巴西	巴西	巴西	巴西	巴西	巴西	巴西	巴西	巴西	巴西
	200.67	182.61	164.96	182.89	233.22	55.66	48.56	46.13	43.71	51.57
2	越南	越南	越南	越南	越南	哥伦比亚	越南	越南	越南	德国
	123.78	142.79	144.13	164.62	154.09	25.77	29.54	31.01	28.49	31.77
3	哥伦比亚	哥伦比亚	哥伦比亚	哥伦比亚	哥伦比亚	越南	哥伦比亚	德国	德国	瑞士
	71.80	73.95	72.09	72.25	79.08	23.22	24.63	26.03	25.41	26.86
4	德国	德国	德国	德国	德国	德国	德国	哥伦比亚	瑞士	越南
	51.47	55.12	56.99	59.00	67.96	22.02	22.76	25.83	23.50	26.74
5	印度尼西亚	印度尼西亚	印度尼西亚	洪都拉斯	印度尼西亚	瑞士	瑞士	瑞士	哥伦比亚	哥伦比亚
	50.20	41.47	48.85	43.21	57.87	20.32	20.59	22.50	23.35	26.09
前五国合计	497.91	495.93	487.03	521.98	592.22	146.98	146.07	151.5	144.47	163.03
占全球比重（%）	60.28	58.82	56.48	58.21	55.88	48.38	48.47	46.91	47.49	44.55

资料来源：联合国粮农组织数据库。

2. 全球咖啡进口分析

从进口数量看，2010~2019年，全球咖啡进口量在633.78万~814.46万吨，年均增长率2.29%，其中，生咖啡豆平均占出口总量的86.66%、速溶咖啡占11.37%、焙炒咖啡占1.97%（见表27-15）。

表27-15　　2010~2019年世界咖啡进口情况

年份	生咖啡豆（万吨）	焙炒咖啡（万吨）	速溶咖啡（万吨）	合计（万吨）	增长率（%）
2010	564.57	2.39	66.82	633.78	0.00
2011	572.79	3.21	65.87	641.87	1.28
2012	612.46	13.12	73.51	699.09	8.91
2013	615.81	14.33	71.98	702.13	0.43

续表

年份	生咖啡豆（万吨）	焙炒咖啡（万吨）	速溶咖啡（万吨）	合计（万吨）	增长率（%）
2014	614.80	15.23	74.18	704.21	0.30
2015	642.41	14.30	90.34	747.04	6.08
2016	643.62	20.08	95.76	759.46	1.66
2017	654.20	17.94	95.71	767.84	1.10
2018	696.41	20.91	97.14	814.46	6.07
2019	658.33	21.05	92.38	771.76	-5.24
十年平均占比（%）	86.66	1.97	11.37	100.00	2.29

资料来源：美国农业部网站。

从进口国看，2010~2019年，咖啡进口量均不断增加，表明咖啡进口市场在不断扩大，欧盟、美国、日本、加拿大稳居前4位，其中，国家年际间排名有波动。除欧盟外，当前咖啡进口量最大的两个国家为美国和日本。若考虑欧盟成员国的咖啡进口量，美国、德国、日本、意大利和法国是世界5大咖啡进口国，且从各国相对的进口量排名来看，各年份的差别不大（见表27-16）。

表27-16　　2015~2019年世界咖啡进口量前10位国家　　单位：万吨

排名	2015年	2016年	2017年	2018年	2019年	排名	2015年	2016年	2017年	2018年	2019年
1	欧盟	欧盟	欧盟	欧盟	欧盟	6	俄罗斯	瑞士	瑞士	瑞士	瑞士
	276.9	276.3	284.58	294.45	285		14.58	15.6	16.5	16.86	17.1
2	美国	美国	美国	美国	美国	7	韩国	韩国	韩国	韩国	韩国
	150.6	154.86	146.7	162.9	150		13.68	15	14.4	14.88	15.3
3	日本	日本	日本	日本	日本	8	阿尔及利亚	阿尔及利亚	阿尔及利亚	阿尔及利亚	阿尔及利亚
	43.68	42	39	44.22	40.5		13.65	12.99	13.62	13.8	12
4	加拿大	加拿大	加拿大	加拿大	加拿大	9	马来西亚	马来西亚	马来西亚	马来西亚	马来西亚
	16.8	18.18	18.21	18.81	17.7		8.64	9.06	9.45	11.25	10.65
5	瑞士	俄罗斯	俄罗斯	俄罗斯	俄罗斯	10	澳大利亚	澳大利亚	澳大利亚	澳大利亚	澳大利亚
	14.76	16.26	17.16	18.42	17.4		8.55	8.49	9.24	9.66	8.85

资料来源：美国农业部网站。

从进口额看，2010~2019年，美国、德国稳居第1、第2位，其他国家年际间排名有波动。传统咖啡消费国咖啡进口量虽然总体仍呈增长趋势，但是，咖啡进口量的变动幅度存在明显差异（见表27－17）。

表27－17　　2010～2019年生咖啡进口额前10位国家　　单位：万美元

排名	2010年	2011年	2012年	2013年	2014年	2015年	2016年	2017年	2018年	2019年
1	美国	美国	美国	美国	美国	美国	美国	美国	美国	美国
	417348.9	708186	580957.1	480088	522859	523794	489845	529636	477497	474204
2	德国	德国	德国	德国	德国	德国	德国	德国	德国	德国
	312632	490238	417046	319934	355125	310609	294242	313662	280508	253911
3	日本	日本	意大利	日本	意大利	意大利	意大利	意大利	意大利	意大利
	132760	195867	171691	148581	147573	156533	144593	156119	150180	134920
4	意大利	意大利	日本	意大利	日本	日本	日本	日本	日本	日本
	115564	176207	159236	145349	134261	148741	131886	133009	115489	114930
5	比利时	比利时	比利时	比利时	比利时	比利时	比利时	比利时	比利时	比利时
	93360.9	140355	116791	86770.6	79603.8	88234.9	75402	82781.7	73174.2	61839.5
6	法国	法国	法国	西班牙	西班牙	西班牙	西班牙	西班牙	西班牙	瑞士
	76495.6	111199.6	93357	68396.3	74077.3	69949.5	66860	73519.4	65527.2	63206.6
7	西班牙	西班牙	西班牙	法国	法国	瑞士	加拿大	加拿大	瑞士	加拿大
	64377.2	96340.3	83845.2	67456.2	70644.2	68235.8	63504	71954.8	64261.8	61839.5
8	加拿大	加拿大	瑞士	瑞士	加拿大	法国	瑞士	瑞士	加拿大	西班牙
	52202.8	82106.9	70460.8	61218	65718.2	63670.5	59571.5	63903.3	63786.1	60678
9	瑞士	瑞士	加拿大	加拿大	瑞士	加拿大	英国	法国	法国	法国
	47544	78621.3	68906.6	52390.5	61939.8	63595.6	54555	60301.3	61368.7	56322.2
10	瑞典	英国	英国	英国	英国	英国	法国	荷兰	荷兰	荷兰
	44040.7	65953.9	55418	46897.7	50806	54590.9	53946	59816.4	58767.1	51561.7

资料来源：联合国粮农组织数据库。

2015～2019年，进口量排名前5位的国家中，美国、德国、意大利连续5年稳居前3位，日本、巴基斯坦、法国年际间有不同。2017年，巴基斯坦进入第4位，日本退居第5位，法国则退出前5位。2015～2019年，排名前5位国家的进口量之和从402.86万吨上升到477.03万吨，但占同期全球进口总量的比重则从50.02%下降到不足44%，排名第1位和第2位的美国和德国进口量之和占全球总量的比重从2015年的24.63%下降到2018年的27.80%（见表27－18）。

表 27-18　　2015～2019 年世界咖啡及其制品进口前 5 位国家及其占比

排名	进口量（万吨）					进口额（亿美元）				
	2015 年	2016 年	2017 年	2018 年	2019 年	2015 年	2016 年	2017 年	2018 年	2019 年
1	美国	美国	美国	美国	美国	美国	美国	美国	美国	美国
	153.86	160.35	162.45	158.20	175.45	60.34	57.46	63.14	57.19	62.59
2	德国	德国	德国	德国	德国	德国	德国	德国	德国	德国
	115.58	121.89	117.85	120.75	128.61	37.44	35.98	38.40	34.75	36.43
3	意大利	意大利	意大利	意大利	意大利	法国	法国	法国	法国	法国
	54.70	59.69	58.58	62.37	64.98	23.85	23.56	27.55	28.32	29.15
4	日本	日本	巴基斯坦	巴基斯坦	巴基斯坦	意大利	意大利	意大利	意大利	意大利
	44.23	44.26	49.62	50.06	61.16	17.79	16.74	17.95	17.49	16.80
5	法国	法国	日本	日本	日本	日本	日本	日本	瑞士	日本
	34.50	34.30	41.41	40.98	46.83	15.81	14.15	14.32	12.91	14.09
前五国合计	402.86	420.49	429.91	432.35	477.03	155.23	147.9	161.36	150.67	159.06
占全球比重（%）	50.02	49.19	48.42	46.8	43.61	50.04	48.78	48.06	46.98	41.63

资料来源：联合国粮农组织数据库。

从进口额看，2015～2019 年，排名前 5 位的国家相对稳定，分别是美国、德国、法国、意大利和日本，只是在 2018 年瑞士替代日本进入前 5 位。2015～2019 年，排名靠前的 5 个国家的进口额之和在 147 亿～161 亿美元上下波动，占同期全球进口总额的比重也从 50.04% 下降到不足 42%。

值得注意的是，不产咖啡的德国进出口均位列世界前 5 位，同样不产咖啡的瑞士和意大利（进口量第 3 位）两国咖啡及其制品出口额排在印度尼西亚之前（第 5 位和第 6 位），而印度尼西亚咖啡及其制品出口量排名全球第 5 位，但是，出口额则位列第 7 位。这说明，3 个欧洲国家是全球重要的咖啡来料加工地，而印度尼西亚咖啡出口以原料型咖啡豆为主，缺乏加工增值。

（二）中国咖啡进出口简况

1. 中国咖啡出口贸易分析

如图 27-15 所示，根据农业农村部南亚办和海关总署统计数据，2010～2019

年，我国咖啡及制品出口数量和金额分别增长了51.08%和61.23%。2016年为出口量和出口额最高的年份。2019年，全国咖啡及制品出口量和出口额分别为7.78万吨和约2.13亿美元，较2018年分别下降了约27.21%和约36.27%。2019年，我国咖啡出口省区有22个，云南的出口量和出口额均居全国榜首；中国咖啡出口目的地有78个国家和地区，德国是最大的出口目的地。

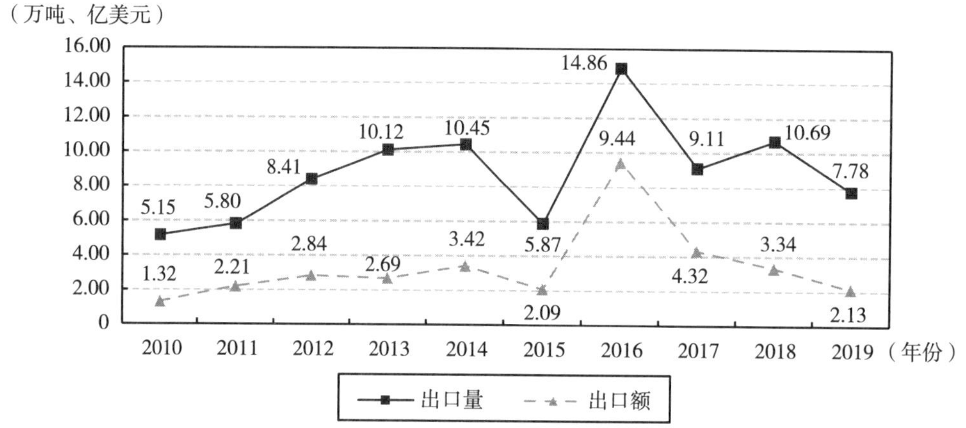

图27-15　2010~2019年中国咖啡及制品出口变化趋势

资料来源：农业农村部南亚办和海关总署。

从出口产品看，2010~2019年，未焙炒未浸除咖啡碱的咖啡（原料生豆），占总出口量的70.21%；已焙炒未浸除咖啡碱的咖啡（焙炒咖啡）出口量占总出口量的6.54%；已焙炒已浸除咖啡碱的咖啡（除因炒豆）出口量占总出口量的0.01%；咖啡浓缩精汁出口量占总出口量的1.35%；以咖啡为主要原料的咖啡制成品（咖啡制品）出口量占总出口量的21.80%；咖啡壳豆出口量占总出口量的0.01%。出口产品以原料生豆为主（见图27-16）。

从出口金额分析，2010~2019年，中国咖啡及制品出口金额1.32亿~9.45亿美元，年均增长率5.45%；其中，2019年出口金额为2.13亿美元，同比下降36.27%。2010~2019年，未焙炒未浸除咖啡碱的咖啡（原料生豆）出口金额占总出口金额的50.78%；已焙炒未浸除咖啡碱的咖啡（焙炒咖啡）出口金额占总出口金额的16.22%；已焙炒已浸除咖啡碱的咖啡（除因炒豆）出口金额占总出口金额的0.21%；咖啡浓缩精汁出口金额占总出口金额的2.81%；以咖啡为主要原料的咖啡制成品（咖啡制品）出口金额占总出口金额的29.96%；咖啡壳豆出口金额占总出口金额的0.01%（见图27-17）。

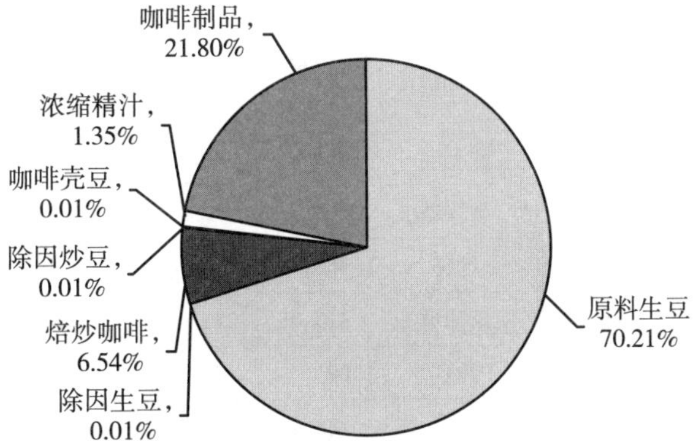

图 27－16　2010～2019 年各类咖啡产品出口量占总出口量比例

资料来源：中国海关网站统计资料。

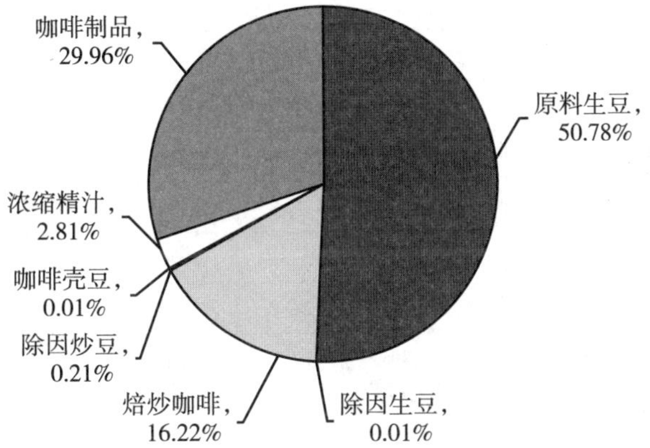

图 27－17　2010～2019 年各类咖啡产品出口金额占总出口金额比例

资料来源：中国海关网站统计资料。

从出口目的地分析，2019 年，中国向全球 78 个国家和地区出口咖啡及制品 7.78 万吨，出口金额 2.13 亿美元，其中超过 1000 吨的国家和地区有德国、越南、马来西亚、美国、比利时、俄罗斯、中国香港、瑞典、韩国、朝鲜、英国、沙特阿拉伯、印度尼西亚、澳大利亚、加拿大，15 个国家和地区合计出口 6.59 万吨，出口金额 1.76 亿美元，分别占出口总量和出口总额的 84.70% 和 82.63%，其余 63 个国家和地区合计分别占 15.30% 和 17.37%（见表 27－19）。

表 27-19　　2019 年中国咖啡及制品出口目的地、数量及金额

目的地	数量（吨）	金额（万美元）	目的地	数量（吨）	金额（万美元）	目的地	数量（吨）	金额（万美元）
德国	19843.95	4194.22	叙利亚	403.83	80.42	格鲁吉亚	33.75	37.22
越南	7074.62	1381.27	阿联酋	393.03	79.57	阿尔巴尼亚	33.53	41.38
马来西亚	6378.91	3274.63	缅甸	368.66	256.06	新西兰	31.16	14.58
美国	6352.75	1409.54	新加坡	313.08	255.90	肯尼亚	24.49	26.55
比利时	4465.26	862.72	约旦	292	49.79	阿曼	22.06	3.36
俄罗斯	3558.42	863.99	波兰	280.8	56.75	土耳其	19.50	3.50
中国香港	2911.12	1959.61	科威特	275.09	41.63	巴林	19.50	3.36
瑞典	2472.72	516.69	以色列	274.19	49.81	白俄罗斯	18.60	18.23
韩国	2253.01	722.52	巴勒斯坦	273	45.42	蒙古	15.42	14.77
朝鲜	2012.46	401.39	芬兰	190.08	199.84	斯洛伐克	11.25	16.20
英国	1984.28	491.01	罗马尼亚	176.39	35.64	立陶宛	6.25	3.63
沙特阿拉伯	1848.80	303.38	瑞士	147.3	37.99	利比里亚	5.50	1.03
印度尼西亚	1756.47	553.38	保加利亚	129.6	26.31	尼日利亚	5.15	2.04
澳大利亚	1639.15	356.91	乌克兰	128.8	51.96	巴拿马	3.74	1.80
加拿大	1353.47	277.24	丹麦	127.2	20.95	巴哈马	3.47	3.09
意大利	985.26	303.05	印度	121.8	15.59	尼泊尔	2.10	2.70
墨西哥	869.56	115.17	阿尔及利亚	117	20.12	巴基斯坦	1.01	0.33
日本	735.96	229.30	中国澳门	106.06	63.28	老挝	0.43	0.32
希腊	655.20	107.28	南非	100.08	35.69	哈萨克斯坦	0.23	0.44
菲律宾	653.32	370.89	也门	100	15.86	爱尔兰	0.20	0.55
法国	641.93	116.41	泰国	80.05	53.47	乌干达	0.14	0.10
荷兰	569.15	198.50	埃及	58.2	9.74	秘鲁	0.14	0.12
葡萄牙	541.20	105.12	乌兹别克斯坦	53.19	8.06	智利	0.10	0.13
伊朗	493.74	96.19	爱沙尼亚	39.6	8.06	喀麦隆	0.07	0.05
西班牙	441.10	113.94	卡塔尔	39	7.10	加纳	0.07	0.07
中国台湾	424.96	241.31	黎巴嫩	38.04	6.40	塞内加尔	0.03	0.03

资料来源：中国海关网站统计资料。

从出口省份看，2019 年，中国咖啡及制品出口数量 7.78 万吨，出口金额 2.13 亿美元，出口咖啡的省份有 22 个，其中超过 1000 吨的有云南、上海、广东、辽宁、江苏和北京 6 个省份，出口总量和出口总额分别占全国的 95.76% 和 93.89%，

其中，云南咖啡及制品出口量5.47万吨，出口金额1.31亿美元，居全国出口榜首（见表27－20）。

表27－20　　2019年中国咖啡及制品出口省份排行榜

名次	出口省份	出口量（吨）	出口金额（万美元）	名次	出口省份	出口量（吨）	出口金额（万美元）
1	云南	54700.75	13148.01	12	河北	260.00	41.12
2	上海	10625.01	3233.95	13	贵州	252.00	67.27
3	广东	4054.21	1998.97	14	浙江	131.03	43.92
4	辽宁	2011.49	399.6	15	福建	82.72	77.24
5	江苏	1570.50	679.68	16	安徽	56.65	21.89
6	北京	1529.88	583.99	17	河南	52.00	6.99
7	海南	647.70	122.82	18	宁夏	15.64	12.36
8	甘肃	516.36	86.72	19	四川	0.49	0.75
9	山东	486.99	160.22	20	天津	0.30	0.27
10	湖北	446.14	77.88	21	新疆	0.23	0.44
11	重庆	360.59	528.51	22	吉林	0.01	0.03

资料来源：中国海关网站统计资料。

2. 中国咖啡进口贸易分析

2010～2019年，中国咖啡及制品进口数量和进口金额年均增长率为12.72%和18.40%，其中，2019年进口量为10.33万吨，同比增长0.77%；进口金额为4.50亿美元，同比下降6.96%；进口总体呈增长态势，但年际波动较大（见图27－18）。进口省份28个，进口来源有84个国家和地区，其中，上海进口量4.15万吨，进口金额2.28亿美元，居全国进口榜首；越南是最大的进口来源地，进口量为3.30万吨，进口金额为84.9802亿美元。

2019年，中国咖啡及制品进口量为10.33万吨，进口额为4.50亿美元。从进口产品类别看，未焙炒未浸除咖啡碱的咖啡52072.70吨，占总进口量的50.41%；未焙炒已浸除咖啡碱的咖啡118.16吨，占总进口量的0.11%；已焙炒未浸除咖啡碱的咖啡11944.32吨，占总进口量的11.56%；已焙炒已浸除咖啡碱的咖啡1019.64吨，占总进口量的0.99%；咖啡豆荚及咖啡豆皮5.13吨，占总进口量的0.01%；咖啡浓缩精汁4374.38吨，占总进口量的4.24%；以咖啡浓缩精汁或以咖啡为基本成分的制品33748.89吨，占总进口量的32.68%（见表27－21）。

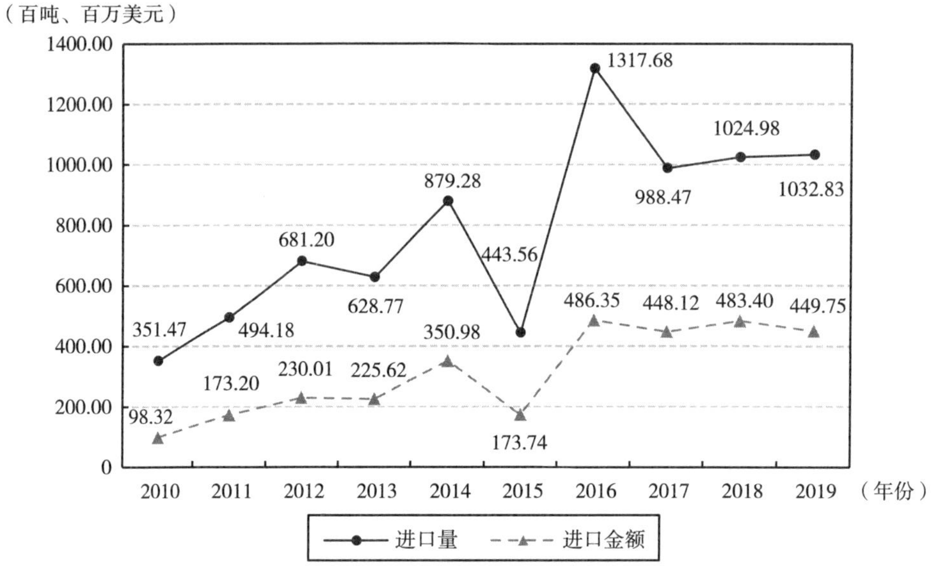

图 27－18　2010～2019 年中国咖啡及制品进口数量变化趋势

资料来源：中国海关网站。

表 27－21　　2019 年中国进口咖啡产品类型统计资料

进口产品类型	进口数量（吨）	占总进口量比率（%）
未焙炒未浸除咖啡碱的咖啡	52072.70	50.41
未焙炒已浸除咖啡碱的咖啡	118.16	0.11
已焙炒未浸除咖啡碱的咖啡	11944.32	11.56
已焙炒已浸除咖啡碱的咖啡	1019.64	0.99
咖啡豆荚及咖啡豆皮	5.13	0.01
咖啡浓缩精汁	4374.38	4.24
以咖啡浓缩精汁或以咖啡为基本成分的制品	33748.89	32.68
合计	103283.22	100.00

资料来源：中国海关网站。

从进口目的省份看，进口咖啡及制品省份有 28 个，其中，超过 1000 吨的有上海、山东、广东、北京、浙江、广西、江苏、辽宁、安徽、云南和天津 11 个省份，11 个省份进口数量和金额分别占全国的 97.17% 和 97.03%；其中，上海咖啡及制品进口量 4.15 万吨，进口金额 2.28 亿美元，居全国进口榜首（见表 27－22）。

表 27-22　　2019 年中国咖啡及制品进口省份排行榜

名次	省份	进口量（吨）	进口额（万美元）	名次	省份	进口量（吨）	进口额（万美元）
1	上海	41496.19	22826.25	15	内蒙古	247.13	52.59
2	山东	20052.03	3657.90	16	重庆	147.74	90.11
3	广东	13742.87	6194.05	17	新疆	121.51	70.28
4	北京	6611.36	2426.10	18	河南	114.91	143.45
5	浙江	4059.16	2587.39	19	湖北	68.63	26.52
6	广西	3931.66	1558.81	20	江西	65.77	20.35
7	江苏	3548.66	1537.98	21	吉林	52.49	22.81
8	辽宁	2481.44	697.29	22	陕西	30.92	29.48
9	安徽	2014.13	655.21	23	湖南	30.85	12.82
10	云南	1388.05	781.76	24	四川	18.31	47.82
11	天津	1031.27	716.68	25	海南	13.89	6.51
12	福建	763.90	439.30	26	贵州	6.48	2.35
13	河北	729.14	242.83	27	宁夏	2.07	1.52
14	黑龙江	512.37	126.18	28	甘肃	0.30	0.58

资料来源：中国海关网站。

从进口来源地看，2019 年，中国咖啡及制品进口来源地有 84 个国家和地区，其中，超过 1000 吨的国家和地区有越南、马来西亚、巴西、哥伦比亚、印度尼西亚、埃塞俄比亚、危地马拉、韩国、意大利、美国、乌干达、日本和泰国，13 个国家和地区合计进口 9.49 万吨，进口金额 3.82 亿美元，分别占进口总量和进口总额的 91.85% 和 84.91%，其余 71 个国家和地区合计分别占 8.15% 和 15.09%（见表 27-23）。

表 27-23　　2019 年中国咖啡及制品进口目的地、数量及金额

目的地	数量（吨）	金额（万美元）	目的地	数量（吨）	金额（万美元）	目的地	数量（吨）	金额（万美元）
越南	33012.98	8498.02	秘鲁	150.33	61.28	新西兰	2.32	4.46
马来西亚	21637.77	10851.10	新加坡	146.46	60.90	菲律宾	2.32	0.49
巴西	8672.47	2540.18	葡萄牙	129.24	98.36	黎巴嫩	1.97	1.56
哥伦比亚	5902.28	2335.06	土耳其	121.36	29.31	玻利维亚	1.86	1.96
印度尼西亚	5626.94	1806.36	法国	115.52	211.08	丹麦	1.18	2.27

续表

目的地	数量（吨）	金额（万美元）	目的地	数量（吨）	金额（万美元）	目的地	数量（吨）	金额（万美元）
埃塞俄比亚	4997.32	1932.83	东帝汶	113.41	23.36	斯洛文尼亚	1.00	0.58
危地马拉	3638.03	1197.72	墨西哥	108.54	47.50	匈牙利	0.47	0.38
韩国	2594.75	1105.04	澳大利亚	68.20	67.85	波多黎各	0.42	0.84
意大利	2334.94	2915.08	喀麦隆	61.20	12.14	柬埔寨	0.40	0.25
美国	1937.81	2244.96	巴拿马	57.68	140.67	国别不详	0.28	0[a]
乌干达	1755.49	344.54	瑞典	43.49	28.36	格鲁吉亚	0.21	0.56
日本	1450.99	2052.74	厄瓜多尔	39.69	37.29	以色列	0.21	1.34
泰国	1308.95	362.72	中国香港	37.36	36.24	刚果（布）	0.18	0.14
中国	950.42	528.82	比利时	36.98	70.15	阿联酋	0.16	0.27
英国	834.85	1158.86	尼加拉瓜	31.26	20.35	罗马尼亚	0.14	0.95
瑞士	757.30	1335.78	西班牙	27.39	38.63	布隆迪	0.12	0.06
中国台湾	651.02	441.00	中国澳门	26.63	14.60	挪威	0.12	0.61
萨尔瓦多	541.50	202.51	加拿大	24.99	27.43	芬兰	0.09	0.16
巴布亚新几内亚	537.36	248.66	波兰	24.26	17.85	刚果（金）	0.06	0.04
印度	478.57	270.75	牙买加	21.12	84.95	文莱	0.05	0.02
老挝	423.32	123.38	多米尼加	19.50	11.48	安地列斯	0.04	0.10
德国	378.97	428.99	奥地利	10.15	12.48	阿曼	0.04	0.02
哥斯达黎加	272.54	193.67	乌克兰	9.91	4.22	爱尔兰	0.01	0.03
坦桑尼亚	246.07	79.24	缅甸	7.37	3.79	克罗地亚	0.01	0.01
荷兰	244.65	256.32	捷克	4.58	3.54	摩洛哥	0	0.05
洪都拉斯	233.48	71.42	古巴	4.48	3.65	毛里求斯	0	0.01
肯尼亚	216.09	151.35	俄罗斯	3.67	8.20	约旦	0	0[b]
卢旺达	184.91	101.12	希腊	3.02	3.87	也门	0	0[c]

注：a. 国别不详实际金额为12美元，b. 约旦实际金额为6美元，c. 也门实际金额为18美元。由于数额较小，表中显示为0。

资料来源：中国海关网站。

综上所述，我国咖啡进出口贸易以咖啡生豆为主，约占进出口总量的70%，精深加工产品或经过加工处理的咖啡豆约占30%。出口以优质小粒种咖啡生豆为主；进口以越南中粒种咖啡生豆为主，主要用于加工生产速溶咖啡。

3. 中国咖啡进出口差额分析

根据我国海关统计数据整理2010～2019年我国咖啡进出口贸易差量（额）的情况，如图27－19所示。可以看出，2016年前，我国咖啡出口略大于进口，2017年开始变为进口大于出口，逐步进入咖啡贸易逆差时代。

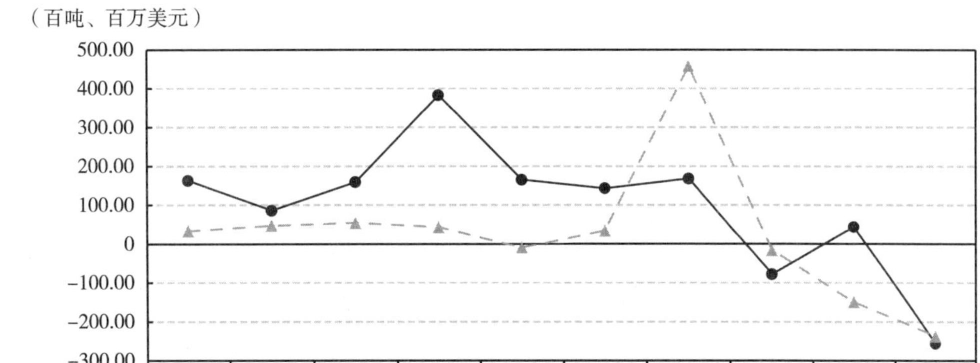

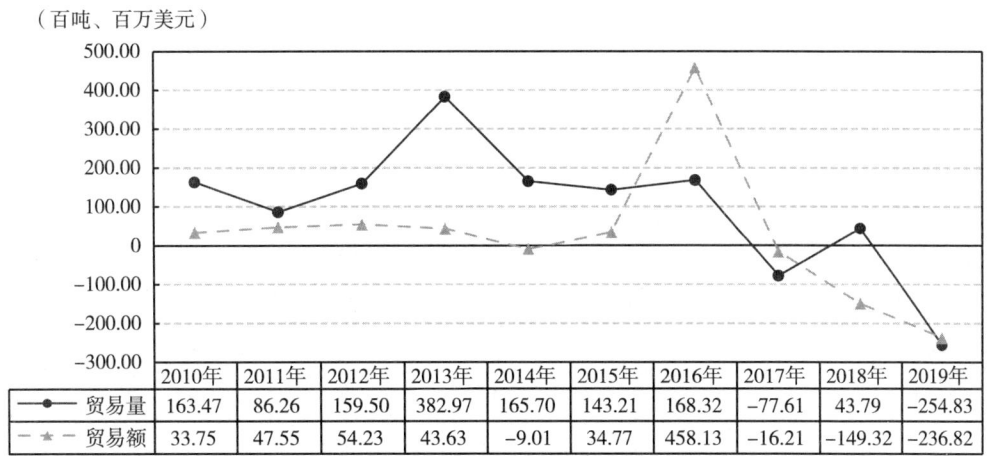

	2010年	2011年	2012年	2013年	2014年	2015年	2016年	2017年	2018年	2019年
—●— 贸易量	163.47	86.26	159.50	382.97	165.70	143.21	168.32	−77.61	43.79	−254.83
－▲－ 贸易额	33.75	47.55	54.23	43.63	−9.01	34.77	458.13	−16.21	−149.32	−236.82

图27－19　中国咖啡及制品进出口贸易差额（出口金额－进口金额）曲线

资料来源：中国海关网站。

从进出口量差额看，2017年开始出现逆差，但在低水平；2019年，逆差超过2.5万吨。可以预见，随着中国咖啡消费潜力的激活，逆差将进一步扩大。从进出口额差额看，继2014年首次出现9.01百万美元逆差后，自2017年开始，连续3年呈现逆差状态且呈显著增长态势。从进出口价格差额分析，2019年，中国咖啡及制品出口平均价格5.98美元/千克，比进口价格低2.80美元/千克，其中，咖啡生豆价格逆差0.64美元/千克，除因生豆逆差2.86美元/千克，焙炒咖啡顺差0.75美元/千克，除因炒豆顺差0.80美元/千克，咖啡壳豆逆差17.62美元/千克，浓缩精汁逆差2.37美元/千克，咖啡制品顺差2.37美元/千克。出口原料型产品（咖啡生豆、除因生豆、咖啡壳豆）平均价格为1.69美元/千克，出口精深加工产品（焙炒咖啡、除因炒豆、浓缩精汁和咖啡制品）平均价格为9.20美元/千克，为原料型产品价格的5.44倍。进口原料型产品（咖啡生豆、除因生豆、咖啡壳豆）平均价格为8.73美元/千克，进口精深加工产品（焙炒咖啡、除因炒豆、浓缩精汁和咖啡制品）平均价格为8.81美元/千克，两者价格差异不大（见表27－24）。

表 27-24　2019 年中国咖啡及制品进出口价格　单位：美元/千克

产品类型	出口价格	进口价格	价格差额	产品类型	出口价格	进口价格	价格差额
咖啡生豆	1.97	2.61	-0.64	咖啡壳豆	1.10	18.73	-17.62
除因生豆	2.00	4.86	-2.86	浓缩精汁	7.85	10.22	-2.37
焙炒咖啡	10.96	10.22	0.75	咖啡制品	6.39	4.02	2.37
除因炒豆	11.60	10.79	0.80	合计	5.98	8.78	-2.80

资料来源：根据中国海关网站统计资料整理，出口价-进口价=价格差额。

（三）云南咖啡贸易情况分析

云南作为中国咖啡最大的生产基地，在咖啡贸易及市场方面的“桥头堡”优势十分明显。云南生产的咖啡主要以原料生豆形式销往国内外市场，并呈现焙炒咖啡呈爆发式增长、速溶咖啡粉快速增长的态势，反映出全省咖啡加工业的快速发展态势。据中国海关统计，2019 年，云南出口咖啡 54700.75 吨，占全国的 70.31%；出口创汇 13148.01 美元，占全国的 60.97%。其中，出口咖啡生豆 52092.50 吨，创汇 9913.75 万美元，分别占全省咖啡出口总量和出口总额的 95.25% 和 75.00%；出口焙炒咖啡 150.00 吨，创汇 193.96 万美元，占全省咖啡出口总量和出口总额的比重分别为 0.27% 和 1.48%；出口咖啡壳豆 15.00 吨，出口金额 1.65 万美元，占全省咖啡出口总量和出口总额的比重分别为 0.03% 和 0.01%；出口咖啡制品 2332.28 吨，创汇 2875.50 万美元，占全省咖啡出口总量和出口总额的比重分别为 4.26% 和 21.87%。2019 年，云南进口咖啡 1388.05 吨，进口金额 781.76 万美元。由于国内咖啡需求急增和国际价格低迷等，咖啡出口量有所下降，国内销量上升。

五、云南咖啡发展存在的问题

经过多年努力，云南咖啡产业取得长足发展，在全国处于绝对优势主导地位。但由于大部分国内咖啡消费接触到的基本都是终端产品，且更认同外国咖啡品牌，而现阶段，云南咖啡以产业链前端的种植业为主，涉足速溶咖啡、即饮咖啡等终端消费较少，处于发展初级阶段。由于种植品种单一、初加工标准缺乏或执行力度不够，产品大多以原料形式进入市场，产业链短、产品附加值不高，加工技术落后，品质不稳定，深加工产品少，缺乏有影响力的品牌，营销方式不成熟，市场发育迟缓，无法摆脱国际期货市场价格波动的影响。加上受第二、第三产业发育不健全，产业链未拉通和扩宽、品牌号召力低下等因素，使得整个咖啡产业的经济效益不高，市场潜力没有得到充分发挥。尤其是受近年来国际市场咖啡价格长期低迷的影响，整个行业处于亏损状态，而政策支持保护力度不够，整个咖啡产业萎缩态势明显，可持续发展受到严峻挑战。

（一）缺乏配套扶持政策，产业发展后劲不足

咖啡作为国际大宗贸易商品，全球咖啡商品交易完全市场化、价格高度透明。近年来，受国际咖啡市场影响，咖啡生豆价格持续走低，整个行业处于亏损状态，尤其是咖农普遍收益下降甚至出现负利润，部分咖农对咖园无心管理、无力投入、弃管弃收，导致咖啡生豆产量减少、品质下降，或直接砍伐咖啡树改种其他经济作物，致使云南咖啡种植面积减少，产业萎缩态势十分明显，特别需要政府给予配套扶持。《云南统计年鉴》数据显示，2019 年，云南咖啡种植面积 138.80 万亩，比 2014 年的 183.15 万亩减少 44.35 万亩；产量 14.50 万吨，比 2016 年的 15.40 万吨减少 0.9 万吨；产值 22.28 亿元，比 2014 年的 28.32 亿元减少 6.04 亿元。近年来，各级各部门均出台了一些有关扶持咖啡产业发展的政策和措施，但政策"玻璃门""旋转门""不落地"问题时有发生，总体来看，主要是资金投入少且分散，对产业快速发展明显支持不足。例如，农业农村部数据显示，近年来，每年中央农业资金项目安排 840 万元用于热作产业（主要是橡胶和咖啡）发展，由于扶贫工作，最终用在非贫困县咖啡产业上的资金仅 100 多万元，只能实施小范围的生产示范。云南省级财政每年安排 1080 万元的热作产业发展资金，约一半以上资金按照因素分配法用于扶贫，用于非贫困县热作产业（咖啡、橡胶）资金为 485 万元，每年仅能用于创建 2800 亩咖啡标准化示范园，至于基地基础设施建设、品种改良、更新及企业加工扶持就更不可能实施。

（二）种植品种单一，初加工缺少或标准执行不够

一方面，由于科技投入不足，新品种选育和规范化栽培、采收及初加工技术研发等科技支撑乏力，目前，云南咖啡种植的主要品种是卡蒂姆系列杂交品种，该品种的种植面积占全国咖啡种植总面积的 95% 以上。尽管卡蒂姆系列杂交品种的咖啡具有抗锈、矮秆、投产早、产量高、见效快等优点，但也存在稳产性差、易早衰和品质差等缺陷。随着种植年限的延长和锈菌生理小种分化，该系列品种已开始出现抗锈病能力退化问题，而且大规模单一品种种植存在抵御旱害、寒害等自然灾害能力低的风险。[1] 云南省农业农村厅数据显示，波邦（Bourbon）、铁毕

---

① 破译咖啡密码［EB/OL］. 新华网，2016 - 12 - 19.

卡（Typica）、黄波邦（Bourbon Amarello）、瑰夏（Geisha）等国际获奖品种全省种植面积不足5000亩（仅约占全省面积的0.2%），产量不足100吨（仅约占全省面积的0.1%），一般售价为60～1000元不等，为卡蒂姆普通咖啡价格的3～50倍不等。另一方面，生产小型化、分散化、低效化，使得咖啡产业很难实现规范化采收和加工。咖农采收咖啡时常常是沿着咖啡林不加挑选地统一采收，将品质不一的咖啡果混作一堆，导致鲜果采摘质量差，未成熟果过多。除此以外，大多数咖农在咖啡采摘后，单纯地依靠自然晾晒进行加工，这样咖啡极易雨淋发酵，导致质量损失严重。农户种植会自创一套标准，企业种植又有一套标准，加工生产还有一套标准，这样的混乱局面直接导致咖啡质量不稳定，最终导致咖啡价格始终略低于国际价格。云南咖啡种植区品种单一且抗病能力较弱，随着灾害性天气和病虫害的多发、重发，咖啡园出现早衰、低产现象较多，农户种植产品质量一致性差；生产领域中的共享、互认和协同等关键技术"瓶颈"以及标准规范体系缺失，咖啡质量安全标准体系不完善，市场竞争力差，缺乏长期市场占有率。

（三）企业小散弱，抗风险能力不强

咖啡属于需要加工后才能进入消费市场的农产品，咖啡产业链需要由企业主导，因此，缺乏龙头企业的咖啡产业链发展会在生产、加工、销售、储运等方面遇到障碍，在信息、资金、运输、销售、加工等方面也很难适应市场需要，极易受到市场牵制。目前，云南由于龙头企业数量较少且规模小而分散，一方面，使得各产业链环节衔接不顺畅，加大了产业链上的交易成本，造成市场竞争加剧，企业之间缺乏有效合作；同时，咖农由于不能及时获得咖啡种植相关技术的信息，缺乏合理的种植计划安排，往往导致在咖啡原料产量低缺的季节出现原料供不应求而遭到哄抢，在咖啡原料采收旺季企业又会积存大量咖啡原料的局面。另一方面，近年来由于国家环保政策严格实施，很多咖啡初加工企业因咖啡鲜果处理后的废水、废渣等生产废弃物环保处理不达标而不能正常开工，加上受国际市场影响，企业收益降低，大部分企业无力或不愿意投入环保设施改造，只能停工停产，咖农只能自行处理鲜果后销售生豆，导致污水污物随意排放，造成一定程度的环境污染，且由于没有统一的标准，农户自行处理后的咖啡品质极不稳定。此外，部分咖啡企业因经营不善，导致亏损，缺乏周转资金，严重拖欠工人工资、咖农果款，导致企业无力收购，咖农无心采摘，致使咖啡园撂荒失管，熟果无人采，甚至砍树毁园。

（四）精深加工能力不足，产品附加值不高

据笔者调研，2010～2019 年，我国咖啡豆平均价格为 17.66 元/千克，咖啡豆经精深加工后，可升值 5 倍以上，可达 80 元/千克以上；终端消费增值就更大，一般 1 千克咖啡豆经烘焙研磨后，可冲泡 80 杯咖啡，以 25 元/杯计算（星巴克最低价格 25 元/杯），升值到 2000 元/千克，两者价格差异十分惊人。现阶段，云南生产的咖啡豆 80% 以上以原料形式销往国内外市场，精深加工率不足 20%，产品附加值不高。许多咖啡企业主要是原料供应型生产，仍处在初级加工阶段，青果分离、机械干燥等设备水平差，标准化生产程度低。只有后谷、景兰、云啡、中咖、云潞等小部分企业具备精深加工能力，咖啡企业精深加工能力的缺乏使得国内咖啡产业以饮料生产为主，对咖啡食品、咖啡药用、咖啡旅游和咖啡果皮等附加产品开发很少，没有形成高效、规模的咖啡全产业链（文兰等，2014）。

（五）品牌认知不高，品牌宣传和市场互动少

云南咖啡因占据着非常独特的生态自然环境优势在国内咖啡品牌中有一定知名度。但由于经济文化相对落后，大多数主产地多为小农分散式种植和小规模生产经营，市场信息闭塞，品牌理论认知欠缺，新观念、新理论和新技术都难以得到推广。一方面，咖农盲目扩大种植面积，过量施用农药造成土地污染，单一发展经济效益高的卡蒂姆品种，对咖啡果混合采摘，粗放晾晒，导致质量良莠不齐。另一方面，大部分云南咖啡企业品牌意识薄弱，因优质原料咖啡豆长期以出口为主，本地企业在深加工和销售环节比较薄弱，所以，对国内市场顾客需求和渠道培育重视不够，导致市场上大部分云南咖啡产品低质低价，市场竞争弱小，不能很好地获得消费者认可。此外，品牌是具有个性的生命体，在增强自身对环境需求变化适应性的同时，必须重视对市场环境的能动反作用，主动创造良好市场环境与顾客消费群，实现品牌与市场环境间的良性互动与协同发展。当前，国内咖啡品牌整体发展未能很好地适应国内市场环境和消费需求的巨大变化。大部分咖啡企业对市场需求形势分析不到位，代理商只注重产品销售量而忽视信息传递与顾客满意化服务，品牌传播范围小，销售渠道狭窄，市场信任度和知名度较低（文兰等，2014）。此外，星巴克等国外品牌能够通过在门店内提供免费 Wi－Fi、舒缓式音乐聚会空间的设计等个性化服务，让顾客享受到良好的品牌文化和消费氛围，逐渐带动国内一群新型白领消费群体生活方式的转变。而国内咖啡企业忽视

了品牌对国内市场环境的能动反作用，对国内顾客消费理念引导力不足。

（六）利润分配不合理，农户明显处于弱势地位

农户作为咖啡制作原料的供应者，属于非常关键的环节，但是，由于云南咖农、加工企业与零售商之间还没有建立长效的合作机制，组织链间利益侵占现象普遍存在，农民作为弱势群体，往往是利益争夺过程中的牺牲者，获得的收益远小于行业的平均利润。

综上所述，与哥伦比亚极其相似，云南得天独厚的地理环境、气候条件特别适合小粒咖啡生长，是我国最大的咖啡产出地、贸易集散地和出口地，云南的咖啡产业在国内具有不可替代的优势，是中国最具规模优势、资源优势、区位优势的咖啡豆产区。在政府部门和咖啡企业的共同努力下，云南咖啡的知名度和美誉度得到快速提升，国内外企业不断增加，认可度越来越高，产业发展充满潜力。加之云南毗连的亚洲咖啡主产区拥有绿色有机种植所需的土壤、气候等自然条件，云南具有与这些国家开展咖啡产能合作的优越条件。但是，由于国内消费者更认同外国咖啡品牌，加之市场开发不足导致云南咖啡在终端消费市场上占有率不足10%（张珊珊等，2015），尤其是由于云南咖啡主要以原料形式进入市场，加之品质不够稳定，在交易中处于弱势地位，缺少价格话语权，大部分作为统货销售。雀巢公司长期以低于纽约期货价10～20美分/磅收购云南的咖啡豆，云南的咖啡豆价格仅为哥伦比亚同等级豆的1/3，制约着咖啡产业的效益提升和可持续发展。①

第二节　云南咖啡产业的优劣势分析

一、云南咖啡产业比较优势

（一）自然条件优越，形成全国的特色优势产业

一是产业规模全国第一，且基本形成了完整的产业体系。云南咖啡产区位于云贵高原南部与东南亚中南半岛北部之间，为高纬度高海拔产区，属于热带南、亚南热带内陆性气候类型，具有光照充足、昼夜温差大、咖啡品质好等优势，是

① 根据《云南省咖啡产业三年行动计划（2018—2020）》整理。

生产精品咖啡的黄金地带。省委、省政府历来高度重视咖啡产业的培育和发展，20 世纪 90 年代，省委、省政府将咖啡产业列入“18 生物资源开发工程”加以支持，先后出台了《云南省人民政府关于加快咖啡产业发展的意见》《云南省人民政府办公厅关于咖啡产业发展的指导意见》《云南省咖啡产业发展规划（2010—2020)》等指导性文件，2018 年，咖啡列为打造世界一流“绿色食品牌”八大重点产业之一。经过多年努力，全省咖啡产业得到了快速发展，云南咖啡已经成为全国独一无二的特色优势产业。一是产业规模在全国处于绝对优势地位，有效带动边疆 100 多万农民从业，成为边疆群众脱贫的特色农业产业；二是基本形成了从科研、种植到加工、流通的中国唯一完整的咖啡产业链体系；三是咖啡已成为全省主要出口农产品之一，出口创汇仅次于蔬菜、水果（坚果）和烟草。①

二是云南咖啡产量高、品质优、售价高。云南咖啡采用密植无荫蔽栽培技术，根据 FAO 统计数据和国际咖啡组织数据资料整理可知，2010 ~ 2019 年，平均单产为 2064.00 千克/公顷，而全球平均产量仅为 750 千克/公顷，为世界平均单产的近 3 倍，单位面积产量仅次于越南，但小粒种咖啡单产居世界第一。从品种看，与越南咖啡生产大国相比，越南生产的是中粒种咖啡，2010 ~ 2019 年，小粒种咖啡平均价格为 166.80 美分/磅，而中粒种咖啡为 90.14 美分/磅，高出近 2 倍。从加工方法看，与巴西咖啡生产大国相比，巴西咖啡 80% 以上采用干法加工，品质差、价格低；而云南基本采用湿法（水洗咖啡）加工，品质好、售价高。2010 ~ 2019 年，云南小粒种咖啡平均价格为 173.40 美分/磅，而巴西干法加工咖啡价格为 151.63 美分/磅，云南咖啡价格比巴西高 14.36%。普洱被命名为“咖啡之都”，德宏被命名为“咖啡之乡”，临沧被命名为“精品咖啡豆示范区”。“云咖”曾被外交部部长王毅称赞为“走遍全球所喝过的最好喝的咖啡”，“云咖”因品质优势而蜚声四海。

（二）云南咖啡产业的 SWOT 分析

云南咖啡的优势：一是云南位于云贵高原南部与中南半岛之间，为高纬度高海拔产区，能大量产出优质咖啡豆，且因甜度高、酸度柔和、醇厚适中，既可作为优质单品，也可任意拼配，既能满足高端客户，也能满足一般客户；二是具有良好的产业基础，种植、加工、贸易、市场体系基本完备，资源可观；三是可以整合周边国家上 100 万吨原料和市场，区位优势突出。②

① 根据《云南省“绿色食品牌”重点产业 2019 年度发展报告》数据整理。

② 崛起中的“云南咖啡”[EB/OL]. 科学网，2018 - 12 - 19.

云南咖啡的劣势：一是农田水利等基础设施差，易受低温和干旱影响，精品咖啡原料只有5%，质量参差不齐、不稳定；二是企业“小、散、弱”，缺乏品牌影响力；三是跨国企业主导，80%原料出口，严重依赖第一产业和国际市场，无国际定价话语权，种植业比较效益下滑。①

云南咖啡的发展机遇：一是市场对精品咖啡需求旺盛；二是市场消费潜力巨大；三是亚太地区为云南准备了巨大的资源和市场拓展空间。

云南咖啡的威胁：一是因过度追求高产、品种单一、病虫害严重，产业潜伏风险；二是咖啡价格比哥伦比亚低313.24美元/吨，加之价格下行、成本上涨、机械化程度低，原料已无竞争优势，已有弃管、砍伐发生；三是没有定价权，导致咖农每年相对减少收入上亿元。

云南咖啡产业的SWOT分析策略如图27-20所示。

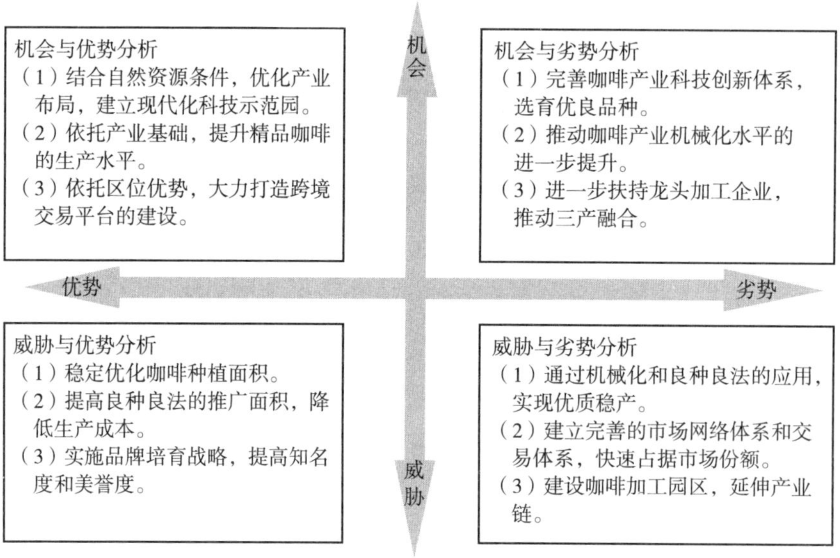

图27-20 云南咖啡产业的SWOT分析策略

综上所述，目前，云南咖啡产业还处于原料型、粗放式生产阶段，因价格下行、劳动力价格上涨、种植放缓，原料竞争优势减弱，但精品咖啡供不应求，精深加工产品和终端服务市场巨大。② 预计未来几年，云南咖啡种植向优势区、劳动力价格低的边境地区转移是必然趋势，提高绿色精品咖啡生产比例，大力发展精

① 吉哲鹏．价格遇寒冬 咖农盼“捱过今年”［EB/OL］．经济参考网，2013-11-19.

② 云南省咖啡产业发展报告［J］．云南农业，2018（12）：27-31.

深加工，开设咖啡吧店，拓展服务业规模，建立价格保险体系，推动国际咖啡交易中心运转交易，充分整合周边国家原料资源，抢占国际、国内两个市场，拓展产业发展空间，是确保云南咖啡产业可持续发展的当务之急。①

二、云南咖啡产业区位熵测度

采用云南和全国的咖啡农业产值和农林牧渔业总产值计算的 2010～2019 年云南省咖啡产业相较于全国的区位熵结果如表 27－25 所示。

表 27－25　2010～2019 年全国及云南咖啡区位熵测度

年份	云南			全国			区位熵
	咖啡农业产值（亿元）	农林牧渔业总产值（亿元）	比例（%）	咖啡农业产值（亿元）	农林牧渔业总产值（亿元）	比例（%）	
2010	10.55	1824.82	0.58	10.55	67763.13	0.02	37.13
2011	17.63	2334.48	0.76	17.68	78836.98	0.02	33.68
2012	11.64	2716.50	0.43	11.75	86342.15	0.01	31.49
2013	16.01	3097.50	0.52	16.24	93173.70	0.02	29.65
2014	28.32	3307.82	0.86	28.58	97822.51	0.03	29.30
2015	20.70	3438.73	0.60	21.04	101893.52	0.02	29.15
2016	25.90	3704.69	0.70	26.41	106478.73	0.02	28.19
2017	26.08	3872.93	0.67	26.52	109331.72	0.02	27.76
2018	20.30	4108.88	0.49	20.43	113579.53	0.02	27.47
2019	22.28	4935.73	0.45	22.37	123967.94	0.02	25.02

资料来源：咖啡农业产值数据来源于历年《中国农村统计年鉴》，农林牧渔业总产值来源于国家统计局网站。

从表 27－25 可以看出，2010～2019 年，云南咖啡产业的区位熵在 25～38，远大于 1，说明云南咖啡产业相对于全国具有绝对优势，与云南咖啡面积、产量、产值常年占全国的 98% 左右的情况相符。但是也要看到，2010～2019 年，云南咖啡产业区位熵值呈线性下滑趋势，特别是咖啡农业产值占全省农林牧渔业总产值的比重近年来也明显下降，从 2014 年最高的 0.86% 下滑到 2019 年的 0.45%，表明咖啡产业发展速度落后于全省整个农业发展速度，与近年受咖啡价格影响，云南

① 云南省咖啡产业发展报告［J］．云南农业，2018（12）：27－31．

咖啡产值持续下滑的实际情况相符。

三、促进云南咖啡产业转型升级的对策建议

中国是全球咖啡消费市场潜力最大的国家。在过去的30多年里，中国的咖啡消费量持续增长，增长率多年高于全球平均。2021年中国咖啡市场规模约3817亿元，预计将保持以27.2%的增长率上升，2025年中国咖啡市场规模将达1万亿元。[①] 云南咖啡要实现转型升级和持续发展，必须通过夯实产业基础，提高产业效率和效益，培育一批精深加工龙头企业和品牌等措施，发挥云南小粒咖啡的品质优势，由生产大宗商品豆转变为生产精品豆，由原料销售向成品销售转变，走精品化发展道路。同时，积极开拓国内市场，打破外企垄断，由出口导向型向国内外两个市场兼顾转变。

（一）建立适度规模的高品质咖啡原料生产基地

云南省拥有8.111万平方千米热区土地资源，但与巴西等国相比，仍然存在人多地少、土地资源有限的短板，无法从量上竞争，因此，必须走少而精的精品咖啡发展道路。由政府制定咖啡主产区产业发展规划及配套扶持政策，科学引导产业向品种良种化、基地建设标准化、田间管理科学化和加工规范化等方向发展。推广咖啡优质新品种，对推广种植优质新品种实施种子、种苗良种补贴，建设全省高品质咖啡生产基地。按照规模化、集约化要求建设咖啡生产基地，克服当前咖啡基地小、散等现状，以村民小组为单位，集中连片面积不低于100亩，已形成百亩连片、千亩连片、甚至万亩连片的小集中、大分散的产业分布格局。支持企业建设精品咖啡种植示范园，引导咖啡种植小农户提高标准化程度，提高精品豆产量。一是增加财政投入或整合支农资金，支持龙头企业在主产区种植精品咖啡品种，建设标准化示范园，从品种、种植、管理、采摘等方面按照质量标准对咖企、咖农进行示范、培训，逐步提升咖啡种植水平，提高产量，巩固品质，提升咖农效益。二是利用价格杠杆引导咖农精细化管理，做到咖啡鲜果成熟一批采摘一批，并在收购价格上体现优质优价。三是在规模型鲜果加工厂推广机械脱胶技术，小农户推广生物酶促脱胶技术，以改变品质参差不齐的问题。规模型鲜果加

---

① 2022中国咖啡市场规模与未来增长前景分析［EB/OL］．中研网，2022－06－28.

工厂推广电热泵机械干燥技术，小农户推广晾晒架干燥技术，推广新品种和新技术实现咖啡豆优质化。

（二）建立稳定的咖啡产业利益分配和保险机制

以利益分配为核心，完善“公司（专业合作社）+农民+基地”组织形式，提高组织化水平，实行分户管理和分户采摘，统一标准、统一加工和统一销售，通过发挥企业（专业合作社）的龙头带动作用，建立企业与农民风险共担、利益共享的利益分配机制，扣除加工成本，按市场价支付农民货款，企业通过深加工或终端销售获得利益，减少中间交易环节，最大限度保护咖啡产业（种植业）和农民利益。进一步完善咖啡自然灾害保险和价格指数保险机制，切实保护咖农利益，稳住第一产业，为咖啡一二三产业融合发展奠定基础。加快机制完善并在各主产区推广咖啡保险，健全新华咖啡价格指数机制，实现咖啡产业可持续发展。可以探索由政府、金融及企业共同出资建立咖啡产业保险基金，在咖啡价格低时给予农民（种植企业）适当补贴。进一步完善咖啡自然灾害保险体制机制，建立咖啡保护价制度，以成本价（15元/千克）为基础，按上调30%销售，即保护价格为20元/千克左右，当高于保护价时按市场价销售。

（三）培育一批带动力强的精深加工龙头企业和品牌

按照“政府主导、企业（含金融企业）和社会广泛参与”的模式成立咖啡产业发展基金，加大公共财政投入，为云南咖啡产业发展注入资金活力，增强产业自我发展能力。加大咖啡企业、合作社基地建设、产品加工、市场营销等方面的支持力度。一方面，重点在保山、普洱、临沧、西双版纳等主产区各扶持一家10亿元以上重点龙头企业，培育3~5个品牌。支持本土企业开展招商引资，加强洽谈合作、合并重组等。支持企业牵头围绕基地建设咖啡鲜果处理中心，扶持企业改造提升环保设施，确保生产达标。支持企业开展标准生产、科技研发、精深加工等，提高产品品质。支持企业开拓国内市场，发展零售终端，支持开设专营店、咖啡馆或连锁店等，逐步树立、扩大本土咖啡品牌影响。另一方面，授权具有资质的单位以“云南咖啡”为名申请地理标志产品保护或注册地理标志证明商标，加大咖啡区域公用品牌培育，统一形象、统一宣传、规范使用，并利用广播电视、报纸杂志、互联网和拍摄专题片等形式加大宣传，带动企业品牌、产品品牌发展，以提升“云南咖啡”市场影响力；开展精品咖啡、咖啡庄园等认定并授牌，以扩大咖啡企业、庄园知名度，提升企业品牌影响；将咖啡产业纳入“绿色食品牌”“10大名品”、绿色食品“10强企业”和“20佳创新企业”评选范围，逐步树立、培育云南咖啡名企、名品；整合“德宏亚洲咖啡年会”“保山咖啡文化节”“中国普洱咖啡杯”世界虹吸壶大赛、普洱咖啡生豆大赛、普洱咖啡手冲大赛、普洱国际精品咖啡博览会等活动为统一的省级咖啡推介宣传活动，如“云南省咖啡文化节”，每年在主产区或省外消费城市轮流举办1～2次宣传推介，邀请国内外知名咖啡企业、名人前来参观、考察，以提升云南咖啡的整体影响力和知名度；鼓励企业参加国内外各种赛事、学术活动及产品展销推广会，同时，利用广播、电视、报刊、网络等媒体，加大云南咖啡的宣传推介力度；创新开展“咖啡进校园宣传”活动，在大学举行“咖啡与健康”专题讲座，积极培育消费群体。

（四）高标准建设全省咖啡交易中心

借鉴哥伦比亚咖啡种植者协会运作模式，整合云南咖啡行业协会和云南精品咖啡学会，成立新型的云南咖啡行业协会，提升服务能力。加大咖啡行业协会支持，发挥行业协会作用，以政府购买服务方式，支持企业牵头开展全省性或区域性咖啡产销宣传活动。同时，借鉴埃塞俄比亚咖啡交易中心、纽约咖啡交易中心等交易平台经验，可以采用股份制改造的方法，整合云南咖啡交易中心、重庆咖啡交易中心和上海咖啡交易中心等资源，构建“立足中国、面向亚洲、服务全球”的亚洲咖啡交易中心，使之形成与纽约咖啡交易中心和伦敦咖啡交易中心三足鼎立的第三个国际咖啡交易中心，以建立交易和市场准入标准体系（含进出口标准体系）为核心，力争大宗贸易必须通过交易中心进行交易，提高全省咖啡定价权。

（五）通过延长产业链和价值链，促进咖啡产业融合

通过融合、拉长和扩宽“种＋养＋加＋销”产业链，推广“乔（杧果/坚果/核桃/海南黄花梨等）—灌（咖啡）—草（黄豆/花生/蔬菜等）”立体种植，促进咖啡产业与其产业融合协调发展，增加收入，避免产业之间用地矛盾。探索咖啡园种养模式，以咖啡皮、咖啡壳等副产品为原料，在咖啡园内种植蘑菇；在咖啡园内放养鸡、鸭、鹅等禽类；在咖啡园地周边放养蜜蜂；利用咖啡果皮饲养猪、牛、羊等家畜。开展精深加工，提高产品附加值用咖啡果皮生产果酒、醋等产品，用咖啡豆壳生产活性炭，由销售原料向销售精深加工产品转变。全省每个咖啡主产

县在靠近交通旅游线，建立1个咖啡庄园，建成集咖啡种植、采摘、初加工、精深加工、杯品、旅游、观光、休闲、体验、会务及教学实习于一体的咖啡庄园，着力打造咖啡旅游产品，促进一二三产业融合发展。

第三节　云南咖啡产业经济体系简况

咖啡的消费水平往往与一个地方的经济社会发展水平息息相关。随着国民经济水平的不断发展，咖啡必将从奢侈品向日常饮品转变。与此同时，咖啡的供给产地、供给趋势和供给方式也在悄然发生变化。随着咖啡的风靡，咖啡产业的高速发展，咖啡产业链上的其他产品也开始逐渐显现出空前发展和繁荣的趋势，如速溶咖啡品牌的多样化、咖啡馆的逐渐扩张、咖啡机的不断升级、咖啡加工工艺的不断革新等，无不说明咖啡产业经济关键要素发生了改变。

一、云南咖啡的供给和需求趋势分析

随着国民经济水平的不断发展，咖啡的供给产地、供给趋势和供给方式也在发生变化。因此，对咖啡供给和消费趋势进行研究，有助于我们发现咖啡产业发展的内在规律。

（一）云南咖啡供给的变化趋势

随着咖啡不断被大众接受，云南咖啡的供给量不断加大，供给产地逐渐体现出多元化的趋势，这主要归因于近年来云南咖啡产业的不断发展。

第一，供给量不断增大。2010年，中国咖啡产量是4.96万吨，2016年，咖啡产量达到历史峰值，为16.03万吨，同比增长223.19%，其中，全国咖啡产量的98%以上又集中在云南。由此不难得出，2010～2019年，云南咖啡供给量呈不断增加趋势，且增加的幅度也在不断扩大，种植已遍布普洱、保山、德宏等9个州（市），共34个县区。

第二，供给多元化趋势明显。在最初作为人们生活中的小众产品时，咖啡供给的方式主要依靠国外原料进口。在百年前的清末时期，国内咖啡供给方式非常单一，主要是依靠海运进口。随着中国经济的逐渐发展，中国人对咖啡的接受程

度不断加深，咖啡的供给产地逐渐由单纯的依靠国外进口向国内自主生产转变，云南就是咖啡的典型新型供给地之一。咖啡供给的多元化不仅仅体现在供给地的多元，咖啡的品种也开始呈现出多元化的趋势。最初咖啡风靡是以大粒咖啡为依托，而近期小粒咖啡也逐渐得到了推崇。不仅如此，咖啡的制作形式、处理方法也都逐渐显现出多元化的特征。

第三，供给模式不断丰富。咖啡产业经过了近百年的发展，供给模式也在不断丰富。咖啡供给最初是以咖啡豆①的形式存在的，随着时间的推移，咖啡的供给模式不断丰富，速溶咖啡和现煮咖啡也纷纷登上咖啡供给的历史舞台。供给模式的丰富从一个侧面显示出咖啡在中国的迅速发展，另一个角度也说明咖啡的供应商和承销商在不断寻求咖啡的新突破。咖啡开始作为一种高利润的行业带动了特定的一批附加产业的发展，如咖啡机和咖啡店、咖啡味道的饮品等，咖啡附加行业的经济和产业链已经完全被带动了。“咖啡”被视为一个有着巨大经济潜力的行业，人们在对其供给模式的突破上不断进行新的探索。除此之外，咖啡供给已不仅仅是一种原料或是一种口味的喜好，而更多的是一种文化和生活方式的体现。简单来说，人们对于咖啡的消费已经不再是因为咖啡本身，而是因为咖啡是“小众”“文艺”“小资”“休闲”的符号。咖啡在多样供给的过程中，不仅供给产品，也供给一种文化理念、一种休闲的文艺生活方式。现如今，随处可见的咖啡店，其主营业务不再仅仅是咖啡这一实物，更是一个休闲的环境、一个安静的下午、能够和朋友小聚的场所以及在这个环境中感受到快乐等，这些无疑都是咖啡店供给的“商品”。咖啡在不断的突破和发展中谋求供给模式的不断创新。

第四，出口供给量不断加大。咖啡在中国销售之初，其原料来自国外。后期在咖啡的发展过程中，中国咖啡产量不断增加，种植的咖啡品种也丰富起来。前文说道，中国人自身对于本土咖啡的消费占比非常少，更多的本土咖啡用于出口带动外汇，云南作为中国咖啡的主产区，是出口最重要的力量。根据中国国家商务部网站资料可知，2016 年，云南出口咖啡及制品（含焙炒咖啡②、速溶咖啡③粉）共计 10 万余吨，货值约 4.72 亿美元，同比分别增长 50% 和 15%，出口量位

---

① 咖啡豆，是指用于制作咖啡的植物果实，包括阿拉比卡豆和罗伯斯塔豆。咖啡的果实是由两颗椭圆形的种子相对组成的。互相衔接的一面为平坦的接面，称为平豆。但也有由一颗圆形种子组成的，称为圆豆，其味道并无不同。

② 焙炒咖啡指以咖啡豆为原料，经清理、调配、焙炒、冷却、磨粉等工艺制成的食品，包括焙炒咖啡豆、咖啡粉。

③ 速溶咖啡是通过将咖啡萃取液中的水分蒸发而获得的干燥的咖啡提取物。

居全国之首。其中，速溶咖啡粉重量、货值分别增长29%、65%；焙炒咖啡呈爆发式增长，重量、货值分别增长7.2倍、8.1倍，有力地促进了云南特色产品的出口。近年来，云南的咖啡企业在当地政府部门的扶持下建立健全质量管理体系，做好初加工、精加工及成品仓储、运输等环节的质量控制，有力促进了云南咖啡品质的提升，咖啡出口由单一咖啡豆转向焙炒咖啡、速溶咖啡粉等精深加工产品。不仅如此，云南积极响应国家“一带一路”“中欧班列”等对外发展政策，近年来重点扶持一批咖啡龙头企业进行深加工精品咖啡出口。① 据昆明海关统计，2016年上半年，德宏后谷咖啡有限公司等龙头企业深加工和精品咖啡出口仅通过“中欧班列”出口的咖啡就达4388.3吨，货值1747.2万美元。近年来，云南的咖啡出口总量占中国咖啡出口总量的80%左右，可以说，中国的咖啡供给发生了从进口到自产自销再到出口这一供给模式的转变。

第五，供给产业化特征不断增强。咖啡的供给最初主要以小农和散户为主，随着咖啡行业的发展，中国咖啡产业化基地逐渐形成规模。一方面，云南后谷打算与重庆的一些企业合作，建立咖啡工厂。另一方面，云南将在越南建工厂，将支持老挝昌胜达公司在老挝扩大咖啡基地种植面积，在万象建设一个咖啡精深加工工厂。云南还打算联合中缅友好协会以及云南大广普惠有限公司在缅甸仰光建立一个年加工在万吨咖啡的加工厂和一个占地面积666.7公顷的咖啡套种柠檬、坚果的现代化设施农业，这既可以促进缅甸咖啡种植户增收，又可以为云南咖啡行业出口创汇，进而为云南咖企通过大湄公河次区域国家走向更大的国际市场搭建平台。②

（二）云南咖啡的需求变化趋势

从刚开始人们对咖啡口感的无法接受到后期的开始尝试，再到最后的咖啡作为一种文化被大众所接受，咖啡及其制品的消费都引领了时代的潮流。蓝山、麦斯威尔、雀巢等速溶咖啡均以其亲民的价格、方便冲泡等特点迅速赢得了市场的占有率。

第一，消费区域向二三线城市扩大。根据ICO的统计，中国咖啡消费量正以年均15%的增速不断增长，远高于全球2%的平均增速。如果继续保持这一增速，

---

① 云南2016上半年咖啡出口创新高［EB/OL］. 中国报告网，2017-05-09.

② 云南咖啡创汇逾4亿美元［EB/OL］. 咖啡咨询，2016-11-22.

中国即将成为全球最具潜力的咖啡消费大国。近年来，云南咖啡的消费有一个非常典型的特点，即开始向二三线城市转移。这种情况和刚开始咖啡在一线城市独大的情况形成了非常鲜明的对比。归其原因，具体有以下几个方面：咖啡营销的成功、二三线城市人群的消费潜力大、咖啡连锁店的迅速扩张、小众咖啡店落户二三线城市的比例更高、互联网时代的到来等。

第二，消费群体逐渐年轻化。咖啡在消费的过程中有一个非常明显的变化，即消费群体大多是年轻人。咖门（北京）网络科技有限公司与美团点评研究院进行的评选显示，2016 年，咖啡消费群体中 69% 是年轻人。咖啡消费群体的年轻化已经逐渐成为一种趋势。其余 31% 的受访者也表示，最初他们接触咖啡基本上也是受自己孩子影响的。由此可见，中国咖啡或者说世界咖啡消费的主要人群还是年轻人。咖啡逐渐成为年轻人选择的一种特别的生活方式。那么，年轻人如此青睐咖啡，其原因究竟是什么呢？笔者认为主要有以下几个方面：潮流时尚、提神需要、咖啡馆的人群锁定、咖啡的价格原因、咖啡的处理形式美观等。

第三，消费产品多样化。通常情况下，咖啡的消费产品分为速溶咖啡和现磨咖啡。现磨咖啡包括摩卡、卡布奇诺、拿铁等不同的品种。由此可见，咖啡的消费产品存在些许差别。除了卡布奇诺、拿铁、摩卡、美式咖啡、焦糖玛奇朵之外，咖啡还有很多别的品种，其口感的不同不仅仅是因为其制作工艺的不同，也与对咖啡的处理方法、原料的采摘以及后期的处理不同造成的。除此以外，咖啡口味的不同与具体商家的制作也有很大的关系。简单来说，麦斯威尔和雀巢速溶咖啡的口味不同，COSTA 和星巴克现磨咖啡的口味也不同。多元化的咖啡产品是咖啡行业高速发展和分化的必然结果，体现出不同的国家、民族在处理咖啡的技术上存在着理念和实际操作的差别，更是不同消费市场、群体的特殊偏好的体现。随着咖啡行业的发展，咖啡消费已不仅仅是咖啡产品本身的消费，附加功能的消费逐渐成为咖啡消费的另一个非常重要的原因，咖啡也不仅仅作为一种单品，而是被赋予诸多的文化功能。

第四，国际市场对云南小粒咖啡逐渐认可。保山位于云南西南部，地处横断山脉滇西纵谷南端，保山潞江坝居高黎贡山东麓，属于干热河谷地带，气候属于南亚热带“冬干夏湿”的高原季风气候，日照充足，热量丰富，雨量偏少，冬暖少雾，终年无霜。由于保山地区山高谷深，昼夜温差较大，有利于提高咖啡干豆的品质；高温与降雨同期有利于作物生长发育，干旱与低温同季有益于安全越冬。另外，坝区土壤多为沙壤土，土层厚度为 100 厘米以上，深厚肥沃，透水性强，pH 值为 5.5 ~ 6.5，非常适合咖啡生长。此外，高黎贡山还为坝区提供了丰富的水源，弥补了区内降水不足。由此可以看出，潞江坝具有种植小粒咖啡的优越自然条件，再加上区内悠久的栽培历史和先进的栽培技术，使保山小粒咖啡的最高亩产可达800千克，达到世界先进水平，产品质量在国内外享有盛誉，具有较高的国际知名度。

通过以上分析看出，随着经济的发展，咖啡产业获得了快速发展，咖啡的供给不再单纯依靠国外，中国也有了自己的咖啡基地，且咖啡出口的实力也越来越强。云南作为中国咖啡生产集中区域和优势区域，特别是云南生产的小粒咖啡，品质好，享誉国际，具有较好的国际竞争力和市场潜力。在发展的过程中，国际天然原料种植基地逐步形成，这从侧面说明咖啡产业化、模式化的特征越来越明显。咖啡的消费形式也在悄然地发生着变化，由一线城市逐渐向二三线城市转移。与此同时，咖啡的消费人群逐渐年轻化。基于此，咖啡运营商将年轻人作为意向人群展开营销，让咖啡不仅仅发挥其自身的价值，还挖掘咖啡超出自身商品外的价值。事实证明，这一营销工作十分成功。人们不再因为咖啡本身的属性进行消费，其附加价值开始逐渐成为消费的重要原因。此后，咖啡的营销和附加价值的绑定则会更加明显。这种现象的出现对于咖啡行业来说喜忧参半。只有在不断对咖啡的价值进行革新的基础上，对咖啡制作工艺不断进化和创造上，才能够让咖啡成为一种永恒的经典饮品，而针对国内目前的消费情况，其实还有很长的路要走。

二、生产组织

（一）基本情况

从咖啡产业组织类别角度看，目前，全球咖啡产业组织主要包括咖啡行业协会、咖啡发展联盟和国际咖啡组织等。最大的产业组织当属国际咖啡组织（ICO）。ICO是一个政府间组织，成员国占据了98%世界咖啡生产量和83%世界咖啡消费量（塞达，2013）。1998年，ICO成员国共有62个，其中，44个出口国，18个进口国。之后ICO迅速发展，到2017年，ICO成员国增加到77个，其中43个出口国，34个进口国。为稳定咖啡市场价格，保障咖啡有效供给，避免由于突发事件和价格较大波动给咖啡生产国带来的严重政治后果和经济损失，ICO的一个研究咖啡组织宣告成立，该组织能够及时引导咖啡供给国，当市场上咖啡供应量大于消费需求量时，多余的咖啡将不会上市。

中国和云南的咖啡行业协会主要有中国果品流通协会咖啡豆分会、云南省咖啡行业协会、云南省精品咖啡学会、咖啡产业联盟等。云南省咖啡行业协会（Coffee Association of Yunnan，CAYN）于2009年成立，属于非营利性社会团体，协会的宗旨是严格遵守宪法、法律、法规和国家政策，遵守社会道德风尚，以为会员服务、维护会员共同利益、发挥全省咖啡产业整体效益为根本宗旨，坚持诚信原则，自律并规范咖啡行业的生产技术、产品标准和市场营销行为。宣传云南咖啡产业的优势与品牌，着力提高云南咖啡的知名度，引导全省咖啡产业健康发展。

从咖啡产业新型经营主体培育情况看，在国家和省政府等相关政策的大力支持下，云南咖啡产业培育了一大批新型经营主体。据初步统计，全省现有企业420多家，从事初加工企业290余个，从事咖啡深加工企业12个；全省咖啡企业鲜果加工能力超过100万吨，初加工能力超过15万吨，精深加工能力超过3万吨，冷冻干燥、喷雾干燥速溶粉产能超过3万吨。①

一是咖啡家庭农场。近年来，云南出台了很多扶持家庭农场发展的政策性文件，如《云南省农业厅转发农业部关于促进家庭农场发展的指导意见的通知》《关于加快发展家庭农场的意见的通知》等。截至2016年底，在云南工商部门登记注册的家庭农场数量已达到4321家。如昌宁县柯街镇胜和咖啡种植家庭农场位于云南保山，该场成立于2016年，注册资金2929万元，现有员工88人，其中，18.18%的人拥有大学学历，主营范围为咖啡和坚果种植，主要面向中小企业和个人，年营业额达到4928万元（向红霞，2018）。

二是咖啡专业大户。一是以户为单位，属于家庭经营性质的；二是专业突出，其产值应占家庭经营总量的70%以上；三是要有相当的规模，年经营专业产品要消纳2个劳动力以上，户均经济容量要超过当地平均水平1倍以上。受到国家土地流转制度和政策的大力支持，咖啡产业出现了大量专业大户。他们在咖啡生产种植中利用自身经营规模和生产能力优势，成为咖啡产业发展的重要力量，有效促进当地农业人口就业和增收。

三是咖啡专业合作社。云南普洱2017年被中国果品流通协会授予“中国咖啡之都”的荣誉称号，与此同时，中国首家咖啡专业联合社也在普洱成立。该联合社以北归咖啡公司为龙头，联合包括思茅昌盛在内的共11个咖啡专业合作社共同发起成立，且每家合作社的咖啡种植基地面积都不少于300亩。联合社致力于以统

---

① 根据《云南省“绿色食品牌”重点产业2019年度发展报告》数据整理。

一的生产技术和质量标准的方式向种植户提供指导，强化咖啡产业科学规划和管理，加快生态咖啡园建设，加强对中低产咖啡园的更新和改造。经过多年的探索实践，“合作社+”的现代化农业发展模式已成为德宏州咖啡种植的一张响亮名片。然而，该地区的大多数专业合作社仅能完成咖啡的初加工，在咖啡的品种改良、栽培技术、病虫害防治等方面还存在很多问题。

四是咖啡龙头企业。云南拥有国家级龙头企业1户，省级龙头企业15户，其中年销售收入超1亿元企业7个（超10亿元企业1个）。德宏后谷咖啡公司是国内唯一一家专营咖啡的国家级重点龙头企业，成立于1994年，是集咖啡种植、加工、销售及进出口业务为一体的民营企业，也是国内咖啡行业唯一覆盖全产业链的专业性企业（吴园园，2019）。

五是咖啡庄园。咖啡庄园以打造咖啡文化及本地民风民俗为特色，集咖啡种植、加工、文化、展示、体验、旅游等功能于一体的现代化综合型庄园，它本质上是以技术为支撑，以咖啡经营为主导，以旅游观光为辅助经营手段的农业企业，目前有爱伲咖啡庄园、新寨咖啡庄园等（王宏洋等，2020）。

从咖啡产业经营模式看，全省咖啡种植主要采用农户自种、“公司+基地+农户”、“合作社+基地+农户”、“农场+基地+职工”等经营模式，总体上云南咖啡产业以农户种植为主。现阶段，全省咖啡产业发展主要形成以下经营模式。

一是终端销售导向型。如保山主要采用“公司（合作社）+基地+农户”和“互联网+深加工+初加工+种植业”经营模式，全市现有咖啡企业49家，咖啡专业合作社68家，其中，省级龙头企业8家，具有从事咖啡种植、初加工、深加工和贸易（电子商务）的企业集群，规避市场风险能力强，一二三产业融合发展较好，产业链较完整，产品类型丰富多样，终端销售（电子商务）良好，电商年销售额3.2亿元。①

二是精深加工导向型。以工业理念谋划农业，如德宏州以后谷咖啡有限公司为核心形成“企业+基地+农户”和“深加工+初加工+种植业”经营模式，以速溶咖啡精深加工为主，带动全州咖啡产业发展。2019年，后谷咖啡有限公司实现销售收入达32亿元，但全州仅此一家企业，缺乏企业集群，一定程度上对产业发展存在一定风险。②

三是原料销售导向型。如普洱和临沧主要以销售咖啡原料为主，主要以“政

①② 根据《云南省“绿色食品牌”重点产业2019年度发展报告》整理。

府+企业+基地+农户”和“生咖啡销售+初加工+种植业”经营模式为主，其中，普洱有咖啡企业386家，咖啡专业合作社182个，咖啡鲜果初加工厂540家，精深加工企业6家，出口企业14家，咖啡机械制造企业2家，具有支撑咖啡产业发展的企业集群，抵抗市场风险能力较强。①

从原料生产组织形式看，云南拥有咖啡种植农户100多万户，咖啡企业1000多家（包括专业合作社等）。从原料端生产组织形式看，主要有以下几种。

一是农户自营模式。农户自主经营仍然是当前云南咖啡生产的主要组织形式。农户利用自己的承包地或向村集体租赁荒山荒坡种植咖啡，面积少则几亩、多则几十亩不等，以农户自行种植、管理、采摘、加工和销售为主，农忙季节则临时聘请人员协助，主要销售产品有咖啡鲜果、咖啡带壳豆和咖啡豆（米），销售对象主要是中间商。②

二是公司经营模式。公司化经营则是土地、劳力、农资、加工及利息等均由公司投入，生产1千克咖啡豆（米）成本约15元以上；按2016年平均产量1970千克/公顷、价格16.48元/千克计算，产值为32465元/公顷，扣除成本，纯收入只有2915元/公顷，收入非常低，处于微利、保本或甚至亏本状态，与蔬菜、热带水果相比没有比较优势。③

三是“公司+基地+农户”模式。“公司+基地+农户”模式是由公司牵头租赁村集体荒山、荒坡进行咖啡基地建设，实行统一规划、统一开垦、统一种植、分户管理、分户采摘、统一加工和统一销售；农户承包管理，主要出劳动力，肥料、农药等农资由公司负责。生产规模少则几百亩，多则几千亩、甚至几十万亩不等；产品以咖啡壳豆或咖啡豆（米）为主，由公司自行出口销售或销售给中间商。这里说的“公司”有两类，一类是地、县、乡各级供销社，另一类是各企事业单位、机关团体。他们到农村与乡、村、社联营，举办咖啡场，吸收农民参与，依靠农民开发，建设咖啡基地，使农民成为咖啡产业开发的主体（李觉瑜等，1997）。

四是“专业合作社+基地+农户”模式。“专业合作社+基地+农户”模式是在现有咖啡种植基地和农户的基础上，按照自愿的原则组建起来的专业合作组织，咖啡园管理及采摘由农民自行承担，专业合作社负责加工和销售，农民将咖啡鲜果拿到合作社加工，如果产品销售给合作社则免收加工费（鲜果加工费约100元/

①③ 根据《云南省“绿色食品牌”重点产业2019年度发展报告》整理。

② 李荣福，王海燕，陈明文. 中国咖啡产业经济问题研究［M］. 北京：经济科学出版社，2019.

吨，咖啡豆加工费约200～300元/吨），否则要收加工费，农民自行干燥。该组织模式以“合同”或“契约”的形式将咖农与咖农、咖农与合作社等紧密连接起来，集咖啡种植、技术指导、产品统一销售等于一体经营，做到以销定产，以产促销，从而带动咖农避开市场风险，保障咖农的经济收入稳步提高，有效解决了小农户找市场难的问题。①

五是“公司＋专业合作社＋农户＋基地”模式。一般是公司在一个区域内帮助农民组建生产专业合作社，公司为合作社提供资金以及技术支持，由农户负责生产、专业合作社向全体社员供销服务的一种生产组织模式。在中国咖啡产业的发展过程中，典型的采用“公司＋合作社＋农户＋基地”组织模式的公司主要有临沧凌丰咖啡产业发展有限公司和德宏后谷咖啡有限公司。②

（二）存在的问题

总的来讲，中国咖啡生产组织形式经历了“国营（农垦）—国营（供销社）—‘公司（民企）＋基地＋农户’—农户自主经营—‘国企＋私企＋农户＋基地（混合所有制）’”的转变，大体趋势是“国进民退—民进国退—国进民退”变化趋势。咖啡组织形式主要包括地方政府号召、企业组织和农户自主建设三种。咖啡生产组织模式主要包括农户自营模式、公司收购模式、“公司＋基地＋农户”、“合作社＋基地＋农户”、“公司＋合作社＋基地＋农户”、“公司＋科研＋市场”、“速溶咖啡＋贴牌加工＋超市”、“顶级咖啡＋咖啡庄园＋咖啡馆”模式等。这些模式为中国咖啡产业发展创造了有利条件（张捷华、张毅，2020）。然而，应该注意到，中国咖啡产业组织链的各个环节还存在诸多问题，主要体现在：一是组织化程度不高；二是标准化生产或加工严重滞后；三是产品质量参差不齐。

农户自营形式存在的问题：种植及加工不规范，产品质量容易参差不齐。农民一家一户种植咖啡，在开垦、种植阶段由于得到政府的扶持因而有一定的积极性。但进入管理阶段以后，农户始终把咖啡当副业看待，疏于管理，加之病虫害防治等技术措施跟不上，致使多数农户种植的咖啡荒芜、死亡（李觉瑜等，1997）。而且农户种植咖啡收入没有比较优势。因此，尽管有少数农户在咖啡生产过程中经营管理得比较好，能够存留下来，但农户自营这种方式已成不了气候。以云南江城县为例，该县最初咖啡种植面积共有409.8公顷，其中，农户自主经营

---

①② 根据《云南省“绿色食品牌”重点产业2019年度发展报告》整理。

面积为240公顷，但是，由于农民分散经营，长期缺乏全面系统的管理技术和经验，导致大多数农户的咖啡在5年内出现枯萎或者死亡，5年后该地区农户自主经营的咖啡仅存活16.6亩，存活率还不到7.0%。因此，仍然采用农户自主经营方式种植咖啡的面积较少。①

“公司+基地+农户”形式存在的问题：主要是在目前咖啡价格持续低迷的情况下，企业面临巨大生存压力，同时如何处理好公司与农民的利益分配也是需要进一步探索和完善的问题。

“合作社+基地+农户”形式存在的问题：对提高农民的组织化程度和加工质量具有一定作用，但由于专业合作社法人或理事长与农户的关系较为松散，未形成良好的利益连接机制，彼此没有约束力，故对提高组织化程度和加工技术质量的能力较为有限。

（三）建议

由于农户或公司自营、“公司+基地+农户”以及“合作社+基地+农户”等模式各有其弊端或困难，因此，几种模式综合起来形成的“公司+专业合作社+农户+基地”模式相对比较适合目前咖啡产业发展的需要。针对云南咖啡生产存在的问题，一是进一步完善“公司+专业合作社+农民+基地”组织形式，提高组织化水平；二是实行分户管理和分户采摘；三是统一标准、统一加工和统一销售；四是加大对企业（专业合作社）的扶持力度，切实发挥企业（专业合作社）的龙头带动作用；五是建立企业与农民风险共担、利益共享的利益分配机制，扣除加工成本，按市场价支付农民货款，企业通过深加工或终端销售获得利益。

三、生产基地建设

（一）基本情况

新中国成立以前，云南咖啡仅有零星分布。1952年春，云南省农业科学院热带亚热带经济作物研究所（时称云南省农业试验场芒市分场）专家张意和马锡晋到德宏州潞西县遮放乡作农村社会调查，在傣族边民庭院中发现咖啡种质资源，

① 陈抒．我国咖啡产业链及其发展战略分析［D］．海口：海南大学，2013．

并采购咖啡鲜果约 35 千克带回芒市交科技人员曾庆超和李超育苗，1952 年 12 月，随所搬迁将咖啡引入保山市潞江坝，在所内试种 10 多公顷，从此开创了新中国咖啡科学研究及产业化发展的新纪元。[①] 1955 年后，在潞江坝先后成立了国营潞江农场、国营新城农场等单位，同时，保山、龙陵大批移民进入潞江坝。1957 年 12 月，在云南省农业科学院热带亚热带经济作物研究所召开全省农业工作会议，首次将咖啡列入重要发展议程。为满足苏联及东欧社会主义国家对咖啡的需求和解决农场及移民的生产生活问题，从此掀起了云南发展咖啡的热潮，1960 年，全省咖啡面积达 3866.67 公顷，产量达 200 多吨，成为我国第一个小粒种咖啡生产出口基地，产品远销苏联及东欧国家。“文革”期间，咖啡产业遭受严重破坏，全省仅剩余零星的 66.67 公顷，基本没有产量。1978 年 12 月，随着十一届三中全会的召开，云南咖啡产业得到新生和恢复发展，尤其是进入 21 世纪后，在政府引导扶持和市场需求驱动下，云南的咖啡产业进入发展的快车道，2014 年全省咖啡面积和产值最高峰曾达 12.21 万公顷和产值 28.32 亿元，2016 年产量高峰期全省咖啡豆产量曾达 15.84 万吨。近年来受国际市场咖啡价格下跌影响，面积和产量有一定下滑，但云南咖啡种植面积、产量和产值均占全国的 98% 以上，是全国最大的咖啡种植区。[②]

云南的咖啡基地建设主要是在政府号召下，通过企业、农户等主体完成。当前，云南咖啡生产基地建设以小农户为主，约占总面积 80% 以上，一般种植面积 0.3 公顷左右，少数可达 6.6 ~ 20 公顷不等；多数用家庭承包责任田（地）种植，种植面积大的则由农户向村集体租赁种植，完全由农户自行投资。据笔者调研，云南拥有咖啡种植农户 100 多万户，咖啡企业 1000 多家（包括专业合作社）。以“公司（专业合作社）+农民+基地”模式种植的基地，咖啡生产基地面积 33 ~ 333 公顷的较多，超过 1 万公顷的仅后谷和凌丰 2 家企业，其他企业规模都较小；土地租金荒山荒坡一般 1500 ~ 3000 元/公顷不等，水浇地（田）1 万 ~ 1.5 万元/公顷不等；咖啡从种植到投产，一般一亩约需 5000 元以上，投资以个人或企业为主，投资回收期为 6 年，周期较长，价格波动大，风险较大。

一是农户自主经营。虽然农户种植土地、劳力等不计成本，但是，2016 年产值为 32465 元/公顷，扣除成本，纯收入也仅有 8825 元/公顷，收入较低，没有比较优势。[③]

---

①② 咖啡的前世今生［EB/OL］. 搜狐网，2018 - 11 - 19.

③ 李荣福，王海燕，陈明文. 中国咖啡产业经济问题研究［M］. 北京：经济科学出版社，2019.

二是“公司（专业合作社）+农民+基地”模式。公司化经营则土地、劳力、农资、加工及利息等均由公司投入，生产1千克咖啡豆（米）成本约15元以上；以2016年为例，纯收入只有2915元/公顷收入非常低，处于微利、保本或甚至亏本状态，与蔬菜、热带水果相比没有比较优势。①

由于咖啡豆原料价格波动大、价格低，以销售原料豆为主的大多数农民或企业均处于微利、保本或亏本状态，而咖啡原料豆为国际化商品，受国际期货价格波动影响很大，对此咖啡企业或咖啡农民无能为力。当然，有少数种植优质品质（铁毕卡、波邦、瑰夏等）和精细化加工，生产优质或精品咖啡可实现高价销售，如保山佐园咖啡公司、普洱爱伲咖啡公司等咖啡豆价格可达35～600元/千克不等，由于产品直接面向终端客户或咖啡吧，价格可不受国际期货价格影响；也有养殖果子狸生产猫屎咖啡，如保山果馨咖啡公司、猫王咖啡等，售价可达500～1000元/千克不等，但是，能够消费高品质咖啡的群体不会太多。因此，要整体提升云南咖啡产业的综合效益，一是要推广优质品质；二是要精细化加工；三是要搞“乔—灌—草”立体种植增加收入；四是加大精深加工和新产品开发，提高附加值；五是加大品牌打造、产品营销和推介，扩大终端消费。

（二）利弊分析

1. 地方政府号召

地方政府利用财政、金融、税收等手段刺激或抑制产业发展，利用退耕还林、农机补贴、良种苗木补贴、低产田改造、农田水利、贷款贴息和出口退税等政策促进产业发展。地方政府号召对促进咖啡产业发展具有重要作用，但政府过于注重数量和速度，往往忽视咖啡基地建设质量，导致广种薄收，带来不少负面影响。此外，由政府号召，一旦农民没有得到实惠或没有增收致富，往往会引起政府或干部与群众矛盾。

2. 企业组织

企业组织咖啡基地建设，一是组织化程度较高，管理较规范；二是基地建设较标准；三是统一加工，咖啡质量较好。咖啡基地管理及采收一般均由农户承包，企业与农民往往存在利益冲突，加之近年来咖啡价格低迷，企业处境艰难，往往存在拖欠农民工资或没有兑现果款的情况。

① 李荣福，王海燕，陈明文．中国咖啡产业经济问题研究［M］．北京：经济科学出版社，2019.

3. 农户自主建设

农户自主建设或租赁土地建设咖啡基地，完全是按照市场规则的个人行为，由农户自主建设、自主管理和自主加工销售，不存在与政府或企业的矛盾或冲突。但小农户生产无法面对大市场，价格高时农民加强管理和精细加工，否则放弃管理，甚至砍咖啡树改种其他作物，自 2011 年咖啡高价以来，价格持续下滑，农民种植咖啡已无利可图，咖啡面积呈萎缩之势，与 2014 年相比，2019 年全省咖啡面积减少 44.35 万亩①，因此，工业反哺农业或二三产业反哺农业已是巩固第一产业的当务之急。

（三）建议

基于目前咖啡价格持续低迷、咖啡生产种植成本节节攀升、比较效益下滑的条件下，如何保护咖啡产业和农民利益、促进咖啡产业提质增效是值得相关各级党委政府、大专院校、科研院所和企业深思的问题。云南咖啡产业能否巩固和持续发展，主要取决于产业效率的提高和经济效益比较优势的发挥，在当前形势下，笔者认为具体应该从以下五个方面着手。

第一，由政府制定咖啡产业发展规划及配套扶持政策，科学引导产业向品种良种化、基地建设标准化、田间管理科学化和加工规范化等方向发展。

第二，以利益分配为核心，完善“公司（专业合作社）+农民+基地”组织模式，提高咖啡产业组织化水平和应对市场能力，重点保护农民利益。

第三，推广咖啡优质新品种，对推广种植优质新品种实施种子、种苗良种补贴，促进咖啡品种更新换代和咖啡产业良种化发展。

第四，按照规模化、集约化要求建设咖啡生产基地，克服当前咖啡基地小、散等现状，以村民小组为单位，集中连片面积不低于 100 亩，已形成百亩连片、千亩连片甚至万亩连片的小集中、大分散的产业分布格局。

第五，按照“乔—灌—草”立体生物多样性群落栽培模式，对现有咖啡基地进行多产业、多业态提升改造，在改善生态环境的同时，通过延长和加厚产业链增加农民收入和提高社会效益。

---

① 根据《云南统计年鉴》整理。

四、咖啡加工分析

（一）基本情况

咖啡加工包括鲜果加工、咖啡豆初加工和精深加工三个方面。咖啡鲜果必须在采摘后立刻加工处理，以防止果肉发酵和腐烂，因此，其产能布局必须与原料基地和鲜果产量基本匹配。咖啡初加工是影响咖啡品质的核心因素，不同方法加工的咖啡产品会导致咖啡的风味、酸度和醇度都存在差异。咖啡作为重要的经济作物，其采取的加工生产工艺对咖啡质量有着重要的影响，也决定着咖啡价值增值的多少及其销售情况。因此，对咖啡加工技术、加工现状、加工扶持政策的研究具有重要的现实意义。目前，云南乃至我国的咖啡加工主要处于产业链前端的鲜果加工和咖啡豆加工，咖啡精深加工以跨国企业为主，瑞士雀巢、美国麦斯威尔实力最强，前者每年从中国采购2万~3万吨。后者原料大部分从国外进口。雀巢公司在东莞、上海、青岛建有加工厂，年加工能力达12.5万吨。近年来，本土企业精深加工步伐加快，加工能力和品质不断提升，云南后谷、景兰公司建成了年产3.2万吨速溶粉生产线。云南的咖啡产业由种植业转为以“深加工、咖啡文化、观光旅游融合”的发展模式，企业通过终端产品的研发与深加工，借助旅游优势拓展市场，创立了“福山咖啡”“澄迈咖啡”“椰奶咖啡”等品牌，成效显著。

十多年来，云南培育了一批深加工企业，产业链初步形成。目前，有咖啡加工企业800多家，国家级龙头企业1家、省级10余家；1000吨以下脱皮工厂113家，1000~5000吨的脱壳分级加工厂15家，5000吨以上脱壳分级加工厂4家；冻干、喷干速溶粉加工企业2家，焙炒豆、焙炒粉加工企业50余家，外贸出口企业30家。鲜果加工能力超过150万吨，冻干、喷干能力超过3万吨；销售额5000万元以上10家、超亿元的4家。①

1. 咖啡鲜果加工

咖啡鲜果加工主要有咖啡种植户自行加工、种植企业自行加工和有偿代加工等方式。农户自主加工如保山咖啡产区，以小农户种植为主，面积只有3~5亩，

① 云南省咖啡产业发展报告［J］. 云南农业，2018（12）：27-31.

一般自行购买小型脱皮机（1000 元/台）进行加工，主要采用自然发酵脱胶和自然干燥加工方式。企业化自主加工如德宏后谷、临沧凌丰等企业化种植企业，一般采用统一加工。有偿代理加工如普洱咖啡产区，种植户咖啡面积一般较大，有的种植户直接销售咖啡鲜果（2～5 元/千克不等），有的则代理加工，咖啡鲜果加工环节（脱皮脱胶）加工费 100 元/吨左右，干燥环节加工 500 元/吨左右（带壳咖啡豆）。①

鲜果主要加工流程：咖啡鲜果—浮选（除干果）—青果分离（除未熟果）—脱皮—脱胶（发酵脱胶/机械脱胶）—浸洗—浸泡—干燥（太阳干燥/机械干燥）—带壳咖啡豆（羊皮豆）。小农户自行加工，由于发酵时间长短不一、太阳干燥时间长（保山需 7 天，普洱等地需 15 天），导致质量参差不齐，品质一致性差，以统一加工、实施机械脱胶和机械干燥为宜。

小规模的加工，以晾晒架干燥为好。自然发酵脱胶质量参差不齐，建议采用机械脱胶和生物酶促脱胶；太阳自然干燥时间长，大规模加工建议采用热风机械干燥，小规模加工建设采用晾晒架干燥。

因此，关于咖啡鲜果的加工，应重点完善“公司（专业合作社）＋农民＋基地”模式，实行统一加工、统一销售，建立公平、公正、公开的利益分配机制。

2. 咖啡豆初加工

咖啡豆初加工机械化程度高、投资大，一般由出口企业、中间商或大型种植企业投资建设，农民以销售带壳咖啡豆或委托加工后销售为主，投入规模少则几十万元，多则几百万元，甚至上千万元不等。其加工流程：带壳咖啡豆—除尘除杂—脱壳—抛光—粒径分选—重力分选—色选—咖啡豆（米）—称量—包装。一般咖啡以带壳咖啡豆形式储存，只有在即将销售或进入精深加工时才开始咖啡豆加工，否则影响色泽和品质。咖啡豆加工费，以咖啡豆（米）计算，一般加工费 250～350 元/吨不等。②

3. 咖啡精深加工

咖啡精深加工包括焙炒咖啡豆、焙炒咖啡粉、速溶咖啡粉和三合一速溶咖啡等。

（1）焙炒咖啡。采用专用咖啡烘焙机进行加工，设备投资少则几万元，多则上百万元不等，主要生产小包装咖啡焙炒豆和咖啡焙炒粉，每袋一般 227 克（0.5

---

①② 笔者调研资料。

磅）或454克（1磅）不等，因品种不同，售价50~100元/袋（227克）不等。①

（2）速溶咖啡。速溶咖啡加工流程为：咖啡豆—烘焙—粉碎—浸提（萃取）—浓缩—干燥（喷雾干燥/冷冻干燥）—速溶咖啡粉。可生产咖啡焙炒豆、焙炒粉、浓缩汁、速溶咖啡粉等产品，一般以生产速溶粉为主。速溶咖啡生产投资较大，少则上千万元，多则上亿元，根据生产规模和设备类型而定。速溶咖啡一般中粒种咖啡占2/3，小粒种咖啡占1/3，这样可充分发挥两个品种的优点，也可降低生产成本，一般出粉率约为30%。②

（3）三合一咖啡。三合一咖啡一般每袋7~15克不等，内含咖啡速溶粉、糖、植脂沫各3~5克不等，各厂家配方不一。③

（二）存在的问题

在初加工方面，与巴西等初加工技术先进国家相比，中国咖啡初加工技术和设备还比较落后，主要体现在技术与设备的不配套。一是由于山地多，缺乏鲜果采摘机械设备，人工采摘成本居高不下；二是鲜果采摘质量较差，未成熟果、过熟果和干果等次品果比例高，影响产品质量；三是加工不及时，导致鲜果发酵、发霉，从而影响咖啡品质；四是采用传统自然发酵脱胶，导致质量参差不齐，品质一致性较差；五是多数采用地板太阳自然晾晒，干燥时间较长，其间易淋雨二次发酵，从而影响咖啡品质。

在精深加工方面，与德国等欧美、日本等国家相比，中国精深加工技术和设备还比较落后，主要体现在加工及包装机械性能和质量较差、不稳定，加上国外对中国精深加工产品信心不足，导致以原料出口为主。

在产品品牌方面，与雀巢、麦斯威尔、星巴克等国外品牌相比，中国自主品牌影响力极其有限，不仅在国际上缺乏知名度，而且在国内市场占有率不足20%，因此，品牌打造和市场营销仍是短板。

（三）相关政策

咖啡加工管理（准入条件、标准规范等）和产业支持（土地、财税、融资、保险等）政策。国外对咖啡初加工产品（咖啡豆）的管理，除农药残留、重金属等含量符合卫生标准外，还需要对咖啡豆进行杯检验，咖啡豆不能有令人不愉快

---

①②③ 笔者调研资料。

的味道，一些国家也推出4C认证、UTZ（国际雨林联盟认证）、CP（公平贸易认证）、有机认证等市场准入，凡是经过认证的咖啡豆比普通咖啡豆价格略高。在精深加工方面，主要是要通过工商注册和符合食品卫生质量标准。我国先后出台了《国务院办公厅关于促进我国热带作物产业发展的意见》和《农业部咖啡区域布局规划（2016—2020年）》等文件，提出坚持绿色发展理念，立足资源禀赋，以市场为导向，以效益为核心，以科技为支撑，以品种改良、品质提升、品牌创建为重点，创新服务机制，建设一批种质创新基地、良种繁育基地和标准化示范园，提升初深加工能力，扶持精深加工龙头企业，强化品牌培育，着力构建现代产业技术体系、生产体系、经营体系，推动一二三产业融合发展，推进产业链和价值链建设，走产出高效、产品安全、资源节约、环境友好的咖啡产业现代化道路。通过布局的实施，加速产业向优势区域集中，把中国建设成为世界优质咖啡生产基地等。云南先后出台了《云南省政府关于促进咖啡产业发展的意见》《云南省咖啡产业发展规划（2010—2020年）》《云南省人民政府办公厅关于咖啡产业发展的指导意见》等文件，明确提出未来云南咖啡产业发展的目标，到2020年，云南省咖啡种植面积预计将达到200万亩左右，咖啡干豆产量20万吨左右，届时，云南省将成立中国咖啡研究中心，培育中国咖啡驰名商标2个、地理标志商标8个、云南省著名商标20个等。

（四）建议

为大力发展云南咖啡深加工业，突破制约咖啡产业持续稳定健康发展的“瓶颈”因素，就必须做到以下几个方面：一是提高鲜果采摘质量，不成熟果实勿采，过熟果干果与正常果分别盛装和加工；二是及时加工，必须当天采摘当天完成加工，确保果实新鲜度；三是采用虹及浮选、机械浮选、青果分离、色选等鲜果分级技术，确保鲜果质量；四是规模化加工宜采用机械脱胶技术，小规模加工宜采用酶促脱胶技术，以确保质量均匀一致；五是大力发展咖啡精深加工业和咖啡吧终端消费业，实现种植、加工、流通和消费良性互动。

五、市场营销

（一）基本情况

从全产业链视角高度看，目前云南咖啡销售模式主要有：（1）农户（种植企业）—出口商—加工商—零售商—终端客户；（2）农户（种植企业）—中间商—出口商—加工商—零售商—终端客户；（3）农户（种植企业）—小中间商—中中间商—大中间商—出口商—加工商—零售商—终端客户。

1. 咖啡原料销售

从广大原料生产农户角度看，目前主要有直接销售和间接销售两种方式。所谓农户直接销售是指农户将产品直接销往消费者或咖啡吧，这种形式较少，对咖啡品质要求较高，同时咖啡价格也较好，由于减少了中间环节，农民收益相对较高。所谓农户间接销售是指农户将咖啡豆间接销售给咖啡出口商或加工商，这种销售方式仍然是云南咖啡销售的主流。出口商或加工商一般按照低于国际期货价10～15美分/磅的价格进行收购，由于小、中、大中间商的层层盘剥，农民的利益越来越少。

2. 加工产品营销

目前，云南咖啡精深加工产品和品牌总体上是多、乱、杂、小、散、弱，还没有与雀巢、麦斯威尔、星巴克等相抗衡的国内品牌，精深加工产品领域国外品牌仍处于主导或垄断地位。云南知名品牌有德宏“后谷”，临沧“凌丰”“隆玉”，保山“云潞”“天栗”“中咖”“景兰”“合美”“四只猫”，普洱“爱伲”“漫崖”“康恩贝”“曼老江”“百分之一”“绿洲”“晶工”“绿海”“赛纳”，文山“云纯天润”，大理“朱苦拉”“活化石”等，除“后谷”“凌丰”“云潞”“爱伲”等品牌外，其他品牌市场影响力有限。在产品营销模式上，“后谷”“云潞”“天栗”等品牌实行线上（网络）线下（超市）交易外，大多品牌以网络交易或直销为主。在电商交易方面，保山“中咖”做得比较成功，在全国网络销售领域处于领先地位。

3. 国内外咖啡交易方式探索

世界咖啡交易方式的探索。一是巴西期货交易所（简称BM&F），成立于1985年7月，目前在BM&F可以进行咖啡、活牛、农产品等的期货交易、远期交易、现货期权、远期期权、每日调价掉期、弹性期权、掉期、现货交易和组合交易等多种交易。二是埃塞俄比亚咖啡拍卖，咖啡在埃塞俄比亚经济中占有独特的地位，咖啡出口是该国外汇收入的最大来源，约占外汇总收入的24%。根据法律规定，埃塞俄比亚的所有咖啡都要通过亚的斯和迪雷达瓦举行的拍卖会交易。

国内咖啡交易新方式。近年来，国内咖啡交易方式发生了诸多新变化，云南咖啡交易中心、重庆咖啡交易中心、上海自贸区咖啡交易中心相继成立，各具特色的定位及经营模式开启了中国咖啡交易模式的新时代，提供集信息、展示、拍卖、结算、仓储、物流、融资等服务于一体的“一站式”交易配套服务，通过搭建咖啡电子交易平台、咖啡跨境电商平台、咖啡产业链融资增信平台、全国结算中心、咖啡大数据中心等，实现与云南、海南的咖啡种植基地合作，形成以销促产的优势互补、强强联合的模式。以上三家为目前中国最大的咖啡交易所，且这三家均采用了电子拍卖或类似电子拍卖的交易方式。综合世界多个农产品大国现行交易方式，我们发现，拍卖交易是未来咖啡交易方式的主要发展方向。

基于互联网建立起来的网络农产品拍卖交易平台，继承了实体拍卖交易中心的优良基因，不仅摆脱了实体拍卖交易中心投资大、占地广、管理难的问题，还在多个方面实现了突破。（1）突破地域的限制。各地的产品都可以加入平台上来，跨越了地区，甚至有可能跨越国家。（2）突破品种的限制。以往实体拍卖交易中心只拍卖对应的几种产品，而在网络拍卖交易平台拍卖的是所有可以加入的产品。（3）突破了购买人群的限制。以往实体拍卖交易中心对应的是相对固定的购买人群，而网络拍卖交易平台对应的，理论上是正在使用互联网的每一个人。无限多的产品，无限大的购买人群，加入其中的农户不仅可以使自己的产品卖得最合理，而且通过平台拍卖产生的大量交易数据，得出准确的供求信息，来指导自己该种什么，种成什么标准，农业生产不再盲目，而变得有据可循，这是一个伟大的创新，不仅是中国咖啡交易未来的方式，也是中国农产品交易模式的发展方向。

（二）存在的问题

近年来，为加快云南咖啡产业的发展，当地政府先后引进了瑞士雀巢、美国星巴克、德国 ECM、法国路易达孚等国外大型跨国企业，也培育了德宏后谷、临沧凌丰、保山亚通、普洱北归等本土企业。很长一段时间，咖农采收好的咖啡基本都是集中到这些公司的收购点，由公司进行质检后对达标的货品进行收购，未达标的一部分被云南咖啡厂等本土咖啡企业收购，最后剩下的基本就丢弃了，这种简单的产品交易方式持续了大约 15 年。随着云南咖啡产业的发展，这一过度依赖的关系成为制约云南甚至整个中国咖啡产业发展的“瓶颈”，在这种简单的交易方式下，云南咖啡失去了定价权。各大咖啡产区收获的顶级生豆基本都被这些国际巨头收走，收购价和种植、分级标准都由这些企业自行决定。一开始这些企业还能根据国际咖啡生豆行情给出一个相对合理的价格，但是，随着欧洲债务危机和世界经济衰退，这些国际巨头为了保证自身的利润开始拼命打压云南咖啡价格，顶级生豆的收购价长期低于人民币20元/千克（巴西同等质量生豆出口价为人民币30多元/千克），最低时不到13元/千克，次级的生豆咖农还要自寻销路，咖农辛苦一年每亩收益不到千元，有的甚至赔钱，加上毁树灭林的情况时有发生，如果不改变传统的交易方式，云南咖啡产业辛苦几十年发展起来的规模和成果将毁于一旦。

基于互联网的咖啡网上拍卖是未来咖啡交易方式的主要发展方向。但是，目前国内咖啡交易平台有云南咖啡交易中心（普洱）、上海咖啡交易中心和重庆咖啡交易中心，但都刚成立不久，其交易能力、信誉度和影响力还都很有限。

（三）建议

（1）完善“公司（专业合作社）+农户+基地”经营模式，减少中间交易环节，最大限度保护咖啡产业（种植业）和农民利益。

（2）整合国内外资源，构建“立足中国、面向亚洲、服务全球”的亚洲咖啡交易中心，按照股份制改造，整合云南咖啡交易中心、重庆咖啡交易中心和上海咖啡交易中心，使之形成与纽约咖啡交易中心和伦敦咖啡交易中心三足鼎立的第三个国际咖啡交易中心，以避免当前资源分散、内耗和小散弱的局面。

（3）在保山、普洱、临沧、西双版纳等主产区各扶持一家10亿元以上重点龙头企业，培育3~5个品牌。继续办好“云南咖啡杯国际冲煮大赛”，在国内重点城市进行巡回比赛，以扩大云南咖啡的知名度。鼓励企业参加国内外各种赛事、学术活动及产品展销推广会，同时利用广播、电视、报刊、网络等媒体，加大云南咖啡的宣传推介力度。在大学，举行“咖啡与健康”专题讲座，积极培育消费群体。

综上可知，基于互联网的网络拍卖交易平台有着较大的先进性和实用性，是云南咖啡及所有农产品交易模式未来的发展方向。中国宽带技术及计算机硬件技术的高速发展，为咖啡网络拍卖交易平台打好了物质基础，完备的物流体系为网络拍卖交易提供了坚强的物流保障。现在最大的欠缺就是网络在线拍卖交易软件和技术，以及与之相关的技术人员。以前全世界的农产品拍卖交易中心基本都是使用比利时的电子大钟拍卖交易技术。实体拍卖交易中心网络化以后，与之对应的拍卖操作系统出现了空缺，目前尚未见到能全面适应现代网络拍卖交易平台的系统软件，一旦相关软件开发成功，并能实际使用，咖啡网络拍卖交易平台将会充分展现出自身的优势，彻底改变咖啡农产品交易模式，可以说这是咖啡交易的一次革命，咖啡产业也将因此迈上一个新的台阶。

六、投（融）资

（一）基本情况

目前，在咖啡方面，国内本土还没有上市企业。咖啡产业发展资金主要有农民自筹、企业自筹、企业贷款、政府贴息贷款和财政资金扶持等方式，也有企业担保的农民小额信贷方式。

（1）农民自筹。农民利用自有积蓄发展咖啡产业，一般规模均较小。

（2）企业自筹。其主要由制糖业、房地产等行业转型投资，利用自有资金发展咖啡产业。

（3）企业贷款。由于企业资金有限，采用贷款发展咖啡产业，部分企业得到政府贴息和一定量的财政资金扶持。

云南咖啡产业以农民或企业自筹或贷款为主，财政资金投入不多，而且咖啡投资回收期长，价格波动大，回报率低，也存在呆账等问题，因此，总体来看，云南咖啡产业融资渠道较狭窄、渠道不多、融资难度很大。

（二）建议

（1）由政府、金融及企业共同出资，成立“咖啡产业发展基金”，用于扶持咖啡产业发展，在咖啡价格低时，给予农民（种植企业）适当补贴。

（2）以精深加工龙头企业为重点，扶持和培育上市企业，扩大融资渠道。

（3）培育“云南省咖啡交易中心”，使之成为具有金融属性的期货交易中心，积极吸收社会资本进入咖啡产业。

七、风险控制

由于农业的弱质性和生产过程的特殊性，农业风险是农业生产的一个重要特征，并贯穿于农业生产过程的始终。因此，研究现代农业背景下农业风险的特点，对建立一个具备农业风险识别、预警、抵御、转移以及风险发生后的补偿等多方面功能的现代农业风险防范体系很有必要。按照成因，农业风险可分为自然风险、经济分析、政策风险、制度风险、技术风险等（赵海燕，2008）。根据目前云南咖啡产业的特点，此处以对咖啡生产影响最大的两个风险，即自然风险和经济/市场风险及其目前的相关风险防范体系建设情况进行介绍。

（一）基本情况

1. 自然风险

咖啡原产非洲中北部，为热带雨林的下层树种，性喜温暖湿润的环境。基于云南咖啡产区的自然气候条件，低温霜冻和高温干旱会直接影响到咖啡的正常生产，是咖啡生产的主要自然风险。

一是低温霜冻。1999年12月，普洱遭受寒流袭击，造成1万公顷咖啡遭受严重寒害，受灾面积达9200余公顷，成灾面积8200余公顷，绝收面积近6150公顷，直接经济损失3亿多元；[①] 又如2013年12月，云南遭受寒流袭击，咖啡受灾面积达2.7万公顷，其中，普洱2万公顷，临沧等地达0.7万公顷，造成减产达30%以上。[②]

二是高温干旱。云南咖啡产区11月至翌年4月为旱季，旱季持续时间长达半年之久，个别年份旱季持续到6月，因此，旱灾频发对咖啡生产带来严重影响。如2010年特大干旱，全省咖啡种植面积约2.93万公顷，其中，成灾面积达1.58万公顷，枯死面积达5200公顷，绝收面积达3800公顷，造成经济损失达5.8亿元。[③]

2. 市场风险

市场风险主要是价格波动引起。如2010~2019年，国际咖啡期货综合价格为119.51~210.39美分/磅，国内咖啡价格也在13.82~25.29元/千克之间，价格相差近2倍，而咖啡成本价格为15元/千克左右，不仅年际价格波动大，而且整个收购季（收获季）每天的价格都在波动，对咖啡收购商也是严峻的考验，所以一般采用订单制。

3. 农业保险

现阶段，云南主要采用开展咖啡自然灾害保险和收入保险等农业保险试点的形式应对咖啡生产的自然风险和市场风险。2015年开始，《云南省农业厅、财政厅

---

① 宋国敏. 咖啡寒害树的处理与管理［J］. 云南热作科技，2000（3）.

②③ 李荣福，王海燕，陈明文. 中国咖啡产业经济问题研究［M］. 北京：经济科学出版社，2019.

关于开展咖啡种植保险试点工作的通知》和《云南省农业厅关于印发云南省2015年咖啡种植保险试点实施方案的通知》相继出台，正式开启了咖啡生产农业保险。

关于保费，2015年，保山推出咖啡自然灾害保险试点，保费为450元/公顷，其中，农民（企业）出资60元/公顷，财政出资390元/公顷。普洱的咖啡农业保险试点，保费则按照省财政承担30%，市财政承担20%，县（区）财政承担20%，农户承担30%的方式缴纳。麻栗坡县的咖啡价格保险按3元/千克收购农民咖啡鲜果，其中，企业出2元/千克，政府补贴1元/千克。①

云南咖啡自然灾害保险处于试点阶段。普洱宁洱实施的自然灾害保险试点，由于保险期间没有发生自然灾害，也还没有出现理赔事件，因此，具体效果还不得而知。由于咖啡市场价格跟保险标的价格相同，普洱的咖啡价格保险也还没有见到效果。

（二）案例

1. 普洱宁洱县咖啡自然灾害农业保险试点

2016年，普洱市政府办公室发布了《关于印发〈普洱市政策性咖啡价格保险试点方案〉的通知》，普洱市财政局和市茶叶和咖啡产业局联合下发了《关于认真做好2016年全市咖啡种植保险试点工作的通知》，同时，还分别制订了《政策性咖啡种植保险条款》和《政策性咖啡价格保险条款》。宁洱县政府办公室下发了《关于开展2016年咖啡农业保险试点的通知》。根据工作推进要求，市县两级政府分别成立了以分管领导为组长，各相关部门领导和保险公司领导为成员的领导小组，领导小组下设办公室，办公室设在咖啡主管部门，明确责任单位和责任人，为做好项目试点工作提供了组织保障。为认真贯彻落实上级有关精神，确保试点工作顺利推进，普洱咖啡主管部门和保险公司及时召开培训会议，及时进行安排部署，明确了工作任务，并将12万亩试点任务分解下达到各县（区），安排布置了宁洱县价格保险试点工作。同时，加大试点工作的宣传和培训力度，充分利用会议、培训班、新闻媒体等深入全市咖啡种植区广泛开展宣传发动工作，全市共组织各级宣传培训25期，培训人次达3400余人次，印发宣传单15000份，确保了试点工作的顺利开展。

（1）保险金额。保险咖啡的每亩保险金额参照当地咖啡种植的基本投入，包

---

① 笔者调研资料。

括种苗、化肥、农药等直接物化成本，每亩基本保险金额为500元（指种植成活1年以上的咖啡树），每亩附加霜（冰）冻保险金额500元（指种植成活1年以上的咖啡树）。保险金额=单位面积保险金额×保险面积。

（2）保险费率。保险费率根据上年度当地咖啡种植生长的物化成本确定。保险费=保险金额×保险费率。适用经保险监管部门批准的基准费率，承保种苗、化肥、农药基本责任的费率为1%，附加霜（冰）冻责任费率为3.5%，两项合计4.5%。

（3）保险费。总保险费=22.5元/亩。其中，每亩基本保险费=500元×1%=5元；每亩附加霜（冰）冻责任保险费=500元×3.5%=17.5元，合计每亩22.5元。①

2. 普洱宁洱县咖啡产量和价格保险试点

范围覆盖宁洱县6镇3乡，参保对象为建档立卡咖啡种植贫困户，咖啡种植企业、合作社和种植大户。保险标的：投保人种植销售的咖啡鲜果或咖啡生豆。其中，咖啡种植农户对应保险标的为咖啡鲜果。保险期限：2016年10月1日至2017年6月30日。保险面积：宁洱县咖啡种植投保面积1000公顷。保险产量：咖啡的产量分别分析和研究了两种不同阶段的咖啡产品，咖啡鲜果12吨/公顷或咖啡生豆2吨/公顷，结合生产实践进行。保险价格：根据平均生产成本确定保险价格，具体咖啡生豆为16.5元/千克；咖啡鲜果价格为咖啡生豆价格减去1.5元粗加工成本后按1：6进行计算，公式为：咖啡鲜果价格=咖啡生豆价格-粗加工成本。保险金额：咖啡价格保险金额的测算和分析我们也分别考虑到了咖啡鲜果和咖啡生豆两种不同阶段的咖啡产品。咖啡鲜果按照每亩保险产量801千克测算，每千克保险价格2.5元，可以实现每亩保险金额2002.5元；咖啡生豆按照每亩保险产量133.5千克进行测算，每千克保险价格16.5元，可以实现每亩保险金额2202.75元。保险费：每亩保险费220元。总保险费=投保面积×每亩保险费。财政补贴：结合精准扶贫工作，采取分类补贴的方式，一是给予建档立卡咖啡种植贫困保费补贴比例为90%，自缴10%；二是给予咖啡种植企业、合作社和种植大户保费补贴比例为70%，自缴比例为30%。财政补贴资金来源：沪滇合作扶贫资金全额配套200万元；补贴差额部分由宁洱县财政资金给予配套；普洱市财政资金酌情给予配套。

3. 保山隆阳区自然灾害保险及价格保险试点

在自然灾害保险方面，2017～2019年开展了3年的试点工作，全区计划完成

① 笔者调研资料。

咖啡保险面积20000亩，其中，云潞咖啡有限责任公司1000亩、新寨咖啡有限公司3000亩、保山市百花岭咖啡产业开发有限公司2000亩、保山市云享商贸有限公司1500亩、白虎山咖啡进出口贸易有限公司3000亩、大红坡农业种植合作社6000亩、潞江农场3500亩。保险金额每亩500元，保险费率为保险金额的4.5%，每亩保费为22.5元，其中，省级财政补助30%(6.75元)，市级财政补助10%(2.25元)，区级财政配套40%(9.00元)，种植户每亩承担20%(4.5元)。在咖啡价格指数保险方面，目前处于调研阶段，还正式实施，但基本达成保费由省级财政、市级财政、区级财政、咖农（咖企）按照4：2：2：2承担，化解咖啡市场价格风险，稳定咖农收入，减少咖农翻咖啡改种其他作物的情况，巩固现有咖啡面积。①

（三）建议

云南咖啡种植户（种植企业）大多还没有参保，在自然灾害和市场风险面前，大多数咖啡种植户（种植企业）总体上只能听天由命，无能为力，处于自生自灭状态，缺乏有效保障机制。因此，建议：一是要认真研究咖啡产业的风险问题，进一步完善咖啡自然灾害保险体制机制；二是要积极探索建立咖啡保护价制度，以成本价（15元/千克）为基础，按上调30%销售，即保护价格为20元/千克左右，当高于保护价时，按市场价销售；三是由政府、金融、企业等共同出资，成立云南咖啡产业发展基金，用于扶持咖啡产业，确保产业持续健康发展。

八、融合发展

（一）基本情况

据云南省农业农村厅统计资料显示，第一产业（种植业）仅占总产值的1%，第二产业（加工业）占总产值的6%，而第三产业（终端消费等）占总产值的93%，仅仅只依靠第一产业（种植业）已很难维持咖啡产业的生存，因此，必须走一二三产业融合发展道路。融合发展主要包括“种+养+加+销”产业内融合和与旅游、观光、休闲、体验和文化等的产业外融合两个方面。现代农业庄园是农业产业内和产业外融合的很好载体。这几年，云南各地也涌现出了一批各具特

① 笔者调研资料。

色的现代农业庄园。比如云南柏联普洱茶庄园、玉溪庄园·峨山凤窝园、云烟印象庄园、玉溪庄园、爱伲咖啡庄园和红河州的红酒庄（吴坚等，2014）。“普洱爱伲咖啡庄园”“普洱漫崖咖啡庄园”“云南后谷咖啡庄园”“保山比顿咖啡庄园”“云南新寨咖啡庄园”“保山高黎贡山1号庄园”等云南现代咖啡庄园建设和经营模式探索也已经“在路上”。咖啡虽然是舶来品，但在中国云南尤其是普洱却有着100多年的种植历史。普洱有着众多咖啡庄园，每个咖啡庄园里的乐趣无穷。如爱伲咖啡庄园着力打造集农业、工业、旅游业、咖啡文化体验、高原牧场观光及休闲养生度假于一体的雨林生态的咖啡庄园，占地1300亩、拥有两个咖啡鲜果加工厂及一个咖啡壳豆加工厂的普洱艾哲咖啡庄园则主要以咖啡采摘大赛、与热情的拉祜族人和爱伲人一起唱歌、跳舞、喝酒等多种方式吸引远方来的客人等。

（二）案例

1. 普洱爱伲咖啡庄园的“庄园+旅游”发展模式

爱伲庄园位于云南普洱思茅区倚象镇曼中田村。30年来，爱伲集团专注于“从种子到杯子”全产业链发展。2012年2月，爱伲集团与星巴克签约成立星巴克爱伲咖啡（云南）有限公司，旨在改良云南咖啡品种，提升云南咖啡品质（胡路，2014）。近年来，从全球咖啡引进优质品种，建立了世界咖啡博览园和种子基因库。2016年，爱伲庄园被评选为云南十大特色旅游新地标，建成集农业、工业、旅游业、文化体验、高原牧场观光及休闲养生度假于一体的中国第一座雨林生态咖啡庄园。2018年，爱伲庄园入选云南十大精品咖啡示范庄园。爱伲庄园采用“雨林+咖啡”“咖啡+文化”“庄园+旅游”等多种方式探索，每年10月，云南咖啡开始成熟采摘，咖农们开始收获这一年的喜悦和丰收。爱伲庄园也正式开启云南精品咖啡之旅路线，供咖友们国庆来“打卡”。探秘爱伲雨林咖啡种植基地，参观世界咖啡博览园、咖啡种子基因库、亲手采摘咖啡果实、欣赏万亩高原四季常绿牧场，感受爱伲谷浪漫风情。参观咖啡初加工厂，体验咖啡脱壳、脱胶的初加工过程。在咖啡烘焙师指导下体验咖啡烘焙，学习咖啡烘焙知识。学习咖啡品鉴及手冲咖啡知识，在咖啡师指导下，自己动手制作一杯精品手冲咖啡。自由活动时间可选项目有无边际泳池游泳水疗、高原骑马驰骋、乘坐牛车游览。晚餐有爱伲牛肉火锅、民族特色户外烧烤等，餐后有篝火狂欢、看星星等项目，夜晚入住新建成不久的爱伲庄园酒店，古朴又不失现代的东南亚度假风情设计风格和周围的雨林咖啡园相融合，令人惊艳。房间是以“原木、草编”为主，材料非常简单，但有十足的高级感，配以庄园的自产咖啡和天然氧吧，自然质朴、返璞归真。一杯咖啡，看普洱云卷云舒；日出日落，不管一日还是七日。只想让这样的假期时光，慢一点，再慢一点。

2. 保山坝湾咖啡庄园的“咖啡文化 + 休闲体验”发展模式

坝湾咖啡庄园隶属于保山新寨咖啡有限公司，位于云南保山市隆阳区潞江镇坝湾村坝湾乡政府旧址，向北可以俯瞰潞江坝和怒江峡谷的景观。业主希望在这里通过改造和新建，建造一组集咖啡的储存、加工、品鉴、售卖以及酒店客房、咖啡博物馆等多种功能于一体的建筑，向来访者提供高品质咖啡和怡人的坝区环境相匹配的旅游度假体验。场地由两组院落构成，其中，有许多繁茂的大树，以及一座建于20世纪80年代的电影院。场地里、村落中及周边的大多数建筑都是砖的建筑。这些当地特征触发了设计用砖来建造的初始愿望，时至今日，砖砌体仍是当地最主要的建造方式，也赋予了采用它的合理性。砖也引发了拱这一结构形式在建筑中不同方式的呈现。正对中心庭院的主体建筑位于台地北侧，与中心庭院有一层高差。设计将储藏咖啡豆的仓库置于底层，以十字砖拱的形式来营造重质的、包裹感的、幽暗的、具有地窖氛围的空间，厚重的体积同时回应恒温恒湿的物理要求；中间层的加工区需要大空间烘焙和包装咖啡豆，设计采用了大跨度钢梁与单向砖拱结合的形式，获得连续开放空间的同时，将庭院与峡谷的风景引入建筑内部，周围的走廊则可以供游客参观；而在最顶层，建筑由砖砌体脱胎换骨为混凝土框架形式以获得最大的透明性，满足多间客房俯瞰峡谷景色的需要。建筑从底层至顶层，以从重到轻的空间形式渐变，塑造了每一层不同的场所特质，回应了功能上从储物、生产到观景享受的多样需求。

3. 保山猫屎咖啡庄园的“猫屎咖啡 + 农家乐”发展模式

保山猫屎咖啡庄园隶属于保山果馨麝香猫咖啡厂，为大学生回乡自主创业，位于保山市隆阳区潞江镇香树村，现养殖果子狸100多头，自有咖啡园20多亩，年产猫屎咖啡3吨左右，主要采用“咖啡园 + 果子狸 + 猫屎咖啡 + 农家乐 + 电商 + 销售”的发展模式，已实现咖啡种植、加工、销售一体化，此外结合“猫屎咖啡”，还开展傣家风味的“农家乐”，由咖啡产业向餐饮业延伸。①

4. 保山比顿咖啡庄园的“一产 + 二产 + 三产”融合模式

保山比顿咖啡庄园隶属于保山比顿咖啡有限公司，保山比顿咖啡有限公司成

① 笔者调研资料。

立于2012年11月28日，注册资金600万元，是一家集咖啡种植、初加工、深加工、销售、科研和咖啡文化挖掘传播于一体的，从咖啡有机种植到一杯醇香咖啡整个产业链都能有效把控的专业咖啡公司，旗下有咖啡庄园事业部、咖啡连锁加盟事业部、咖啡零售事业部、电商事业部，公司基于多年对咖啡的知识、文化的学习和研究，创立了“比顿”“百花岭”“粒度”“斐咖”“天粟”等多个品牌，现旗下有保山天力咖啡厂、保山百花岭咖啡产业发展有限公司、佐园咖啡公司三个分公司，在上海、保山、腾冲、玉溪共有5个咖啡馆。公司自成立以来秉承着从源头进行把控的理念，咖啡树严格按照有机种植标准管理，现在云南保山潞江坝自有精品咖啡基地1.1187万亩，公司+农户合作种植基地5万余亩。为保证咖啡口感的纯正，公司率先引进了先进的德国博百特（PROBAT）咖啡烘焙深加工设备，并得到了国际级咖啡大师指导，培养了自己的咖啡技术人才，生产的产品将小粒咖啡浓而不烈、气味清新，香气浓郁、口感醇厚的上乘品质体现得淋漓尽致。截至2018年底，直接带动农户698户，2690人，其中建档立卡贫困户83户，501人，其中带动贫困人口就业200余人。公司现设有鲜果初加工和生豆精深加工生产线各一条，咖啡豆年产能达1000余吨；公司以龙头企业的引领作用，大力发展规模化、标准化、品牌化、工业化、生态化的现代农业，推动产业健康发展，促进农民增收，积极带动经济建设。保山比顿咖啡庄园已建成集咖啡种植、加工、销售、文化、教育、体验等于一体的综合咖啡企业，成为咖啡界真正的后起之秀。①

5. 保山新寨村的“咖啡产业田园综合体”模式

新寨村位于保山市隆阳区潞江镇新寨行政村，新寨村地处潞江坝以北，东邻怒江，西靠高黎贡山，距高黎贡山旅游度假区管委会所在地小平田集镇10千米，镇村公路为9米宽柏油路，入村主干道为8米宽水泥路，交通十分便利。全村共9个村民小组、4个自然村、2082人，具有悠久的小粒咖啡种植历史，村内万亩咖啡连片，国土面积16.59平方千米，耕地面积842公顷，咖啡种植面积占全村总耕地面积的95%，人均0.38公顷，被誉为“中国咖啡第一村”，投产8000公顷，产量4500吨，产值5000万元，人均受益达12000元，被农业农村部认定为“全国一村一品”示范村。全村现有咖啡企业/专业合作社4家、咖啡杯品室4个、加工厂3个、对外营业咖啡吧2家，以全村以万亩咖啡园为依托，已形成“咖啡种植+咖啡加工+咖啡吧+咖啡农旅+咖啡宴+咖啡销售”等一二三产业融合发展于一体

① 笔者调研资料。

的观光休闲田园综合体。[1]

（三）建议

总体来看，目前，云南的咖啡农业只偏重咖啡种植业，与养殖业基本无关；咖啡加工业则以初加工为主，产品附加值不高；销售方面，以出售原料（咖啡生豆）为主，价格低，经济效益不显著。咖啡产业与旅游、观光、休闲、体验和文化等相结合的成功模式也正处于探索实践之中，总体效益尚不显著，尚无一二三产业融合特别成功的案例，离形成一二三产业融合发展格局的目标尚远。因此，建议从以下几个方面加大力度开展试点。

第一，推广“乔（杧果/坚果/核桃/海南黄花梨等）—灌（咖啡）—草（黄豆/花生/蔬菜等）”立体种植，既可以避免产业之间用地矛盾，又可以丰富咖啡林地的自然景观，在促进咖啡产业与其他作物产业融合协调发展、增加农户的收入的同时，增加农业旅游的元素。

第二，融合、拉长和扩宽“种 + 养 + 加 + 销”产业链，一是以咖啡皮、咖啡壳等副产品为原料，在咖啡园内种植蘑菇；二是在咖啡园内放养鸡、鸭、鹅等禽类；三是在咖啡园地周边放养蜜蜂；四是利用咖啡果皮饲养猪、牛、羊等家畜；五是用咖啡果皮生产果酒、醋等产品；六是用咖啡豆壳生产活性炭；七是开展精深加工，提高产品附加值；八是由销售原料向销售精深加工产品转变。

第三，每个主产县在靠近交通旅游线，建立 1 个咖啡庄园，建成集咖啡种植、采摘、初加工、精深加工、杯品、旅游、观光、休闲、体验、会务及教学实习于一体的咖啡庄园，着力打造咖啡旅游产品，促进一二三产业融合发展。

九、科技推广应用

（一）基本情况

目前，云南从事咖啡科技创新和推广的机构主要有云南省农业科学院热带亚热带经济作物研究所、云南省德宏热带农业科学研究所、云南农业大学热带作物学院、中国热带农业科学院香料饮料研究所（普洱咖啡创新中心）、中国科学院昆

① 云南保山新寨村壮大咖啡产业［EB/OL］. 保山新闻网，2018 - 11 - 06.

明植物研究所、中国咖啡工程研究中心等科研院所、大专院校、地方农业技术部门和企业研发中心，为云南咖啡产业发展做出了重要贡献。

推广模式在计划经济时代主要采用“政府+科技+国有企业（供销社）”模式，经营主体主要是国有企业；在市场经济时代主要采用“企业+科技+基地+农户”模式，经营主体主要是民营企业。科技推广主体以科研院所为主，政府和企业为辅。一是企业根据需要，聘请科研院所和大专院校为技术支撑单位，并为企业开展制定技术方案、技术指导、技术咨询和技术培训等科技服务，以提高农民科学生产水平；二是政府根据产业需要，开展技术培训，聘请科研院所和大专院校专家进行授课；三是科研院所和大专院校根据自身业务需要，开展技术培训或举办学术研讨会，促进新品种新技术的推广应用。

（二）案例

1. 普洱的“政府+科技+合作社”发展模式

1987年，著名旅美新闻评论家梁厚甫先生发表《嗜咖啡者言》，称：最佳的咖啡产地，不是哥伦比亚，不是土耳其，不是印度尼西亚，而是中国。云南咖啡有什么好处呢？依我这一个并不十分内行的人看来，好处有三：一是浓而不苦，二是香而不烈，三是带了一点果味。这果味，触到舌端，十分过瘾，“此曲只应天上有，人间能得几回闻”从此云南咖啡进一步蜚声中外，雀巢、麦氏等国际咖啡巨头纷纷进入中国市场，其中，雀巢与思茅行政公署签订发展10万亩咖啡协议，麦氏与临沧耿马县孟定镇政府签订咖啡产业发展协议。为解决咖啡产业科技支撑问题，1989～1995年，云南省农业科学院与思茅行政公署签订科技合作协议，由云南省农业科学院热带亚热带经济作物研究所派出专家组进驻普洱开展科技推广工作，负责景谷、景东、镇源3个县咖啡科技工作，普洱从此形成了以曾庆超为首的云南省农业科学院热带亚热带经济作物研究所专家组、以鲍德为首的雀巢专家组（负责思茅等县）和以龙乙明为首的中国科学院生态所专家组（负责澜沧等县），为普洱咖啡产业快速健康发展插上了“科技翅膀”，普洱咖啡从1989年的面积292公顷和产量3吨发展到2019年的4.58万公顷和产量7.57万吨，云南省农业科学院热带亚热带经济作物研究所等单位科技支撑功不可没。①

① 笔者调研资料。

2. 临沧的“民企＋科技＋农户”发展模式

2011 年，临沧市委、市政府提出按照“政府主导、企业主体、部门联动、群众参与”的模式大力发展咖啡产业，经营主体为临沧凌丰咖啡产业发展有限公司，为解决科技支撑问题，2011 年 11 月，应凌丰咖啡公司邀请，由云南省农业科学院热带亚热带经济作物研究所、云南省德宏热带农业科学研究所、云南农业大学热带作物学院、中国热带农业科学院香料饮料研究所、中国林业科学院资源昆虫研究所等单位组成专家组，并签订为期 10 年（2012 ~2022 年）的科技合作协议，由云南省农业科学院热带亚热带经济作物研究所黄家雄研究员担任专家组首席专家，并长期驻点指导，在各有关单位共同努力下，临沧咖啡产业得到长足发展，临沧咖啡面积和产量由 2011 年的 4640 公顷和 2100 吨发展到 2019 年的 2.54 万公顷和 2.17 万吨，分别增长了 5.52 倍和 10.33 倍。

3. 老挝的“咖啡＋科技＋毒品替代”发展模式

老挝北部是“金三角”罂粟毒品产区之一，2014 年，罂粟面积 4743.47 公顷，为铲除罂粟毒源，2011 年，老挝昌胜达咖啡公司与老挝丰沙里省政府签订发展咖啡 1.20 万公顷的协议。为支援禁毒事业和为企业提供科技支撑服务，自 2011 年以来，云南省农业科学院热带亚热带经济作物研究所一直为公司提供技术指导，其中，2014 ~2018 年派出胡发广副研究员长期驻老挝开展技术指导工作；黄家雄研究员 3 次前往老挝丰沙里开展技术调研和指导工作，此外 2015 ~2019 年 5 次前往老挝万象开展援外技术培训，截至 2015 年 9 月，该公司已种植咖啡 2933.33 公顷，种植区覆盖丰沙里省 6 县、126 个村、4133 户，咖啡替代罂粟成效明显，为咖啡科技“走出去”“一带一路”“禁毒替代”发挥了重要作用。[①]

此外，云南省农业科学院热带亚热带经济作物研究所 2005 ~2018 年为文山州麻栗坡佳林咖啡公司提供技术服务，其中，2014 ~2018 年派出程金焕、何红艳 2 名专家长期驻点指导工作，目前麻栗坡县咖啡面积 1034 公顷，产量 383.10 吨，产品远销上海、北京等地。1998 年至今，云南省农业科学院热带亚热带经济作物研究所为怒江三利咖啡公司、怒江粒述咖啡公司、怒江啊喀哆咪咖啡公司、怒江玉光咖啡合作社等企业提供技术指导，怒江现有咖啡面积 457 公顷，产量 392.00 吨，为扶贫攻坚发挥了重要作用。[②] 云南省农业科学院热带亚热带经济作物研究所还为

① 黄家雄，胡发广，李亚男，等. 老挝热带资源与咖啡发展前景[J]. 热带农业科技，2016，39(3)：5.

② 笔者调研资料。

西双版纳共语咖啡公司、普洱宏基咖啡公司、普洱爱伲咖啡公司、澜沧瑞峰咖啡公司、红河麟源咖啡公司、宾川朱苦拉高原咖啡公司、镇康隆昌咖啡公司、保山比顿咖啡公司、保山佐园咖啡公司、保山新寨咖啡公司、保山景兰咖啡公司、保山农垦咖啡公司、保山奥福机械公司、保山亚通咖啡公司、龙陵盛兴咖啡合作社等企业提供技术指导。

（三）存在的问题

咖啡产业的成功发展需要多要素的有机配合，而“科学技术”是其中一个关键因素，当前咖啡科技推广存在的问题：一是部分农民或企业对科学技术的重要性认识不足，对“技术援助”间接惠农参与热度不高，而偏重现实的“资金援助”惠农措施；二是由于种植业经济效益差，广大青壮年农民进城务工，咖农老龄化问题突出，对新技术接受难度大；三是咖啡只是农民众多产业中的一项，农事多、乱、杂，咖啡专业化生产程度不高，培训组织难度大；四是农村培训场地有限，培训效果不是很好。

（四）建议

1. 科技创新工作

一是在良种环节继续推广优良新品种，在锈病危害较轻的干热区推广铁毕卡、波邦、S288、黄波邦、瑰夏、卡杜拉、卡突埃、维拉萨奇等优质品种，在锈病严重的湿热区推广萨奇莫、哥伦比亚 1 号、T8667、T5175 等抗锈品种；二是在栽培环节重点推广咖啡“乔—灌—草”生态群落栽培技术、化肥减施增效技术、病虫绿色综合防控技术和轻减栽培技术；三是在初加工环节重点搞好鲜果采摘质量控制、脱胶技术和干燥技术等关键技术环节创新，确保咖啡加工节能环保、质量安全和品质一致性；四是在精深加工环节重点搞好加工技术、加工设备及新产品研发，以满足消费日益多样化和个性化需求；五是在流通环节重点搞好品牌打造和市场营销推介等工作，以大学校园为重点，开展咖啡与健康专题讲座，着力培养潜在消费者，为大众健康服务。

2. 科技推广工作

一是在培训时间上要根据农事节令或咖啡产业链关键环节有针对性地开展技术培训，以增强培训的时效性；二是在培训推广方式上以专题讲座与现场培训相结合，由于农民大多文化不高，讲授方式要理论联系实际，语言通俗易懂，避免过度专业化；三是在培训地点上要尽量就地就近培训，以减少农民出行成本，同时靠近咖啡园和加工厂可增强培训效果。

3. 推广配套政策

一是各级政府部门将咖啡科技创新和科技推广纳入部门年度预算，安排专项资金支持咖啡科技工作；二是由于农村居住分散，培训组织难度大，建议各级党委政府加大对科技推广工作的支持力度，按照政府组织、科研单位授课的模式，以村民小组或村委会为单位，开展咖啡新品种、新技术巡回培训，以促进新品种、新技术的推广应用；三是制定技术推广和培训奖惩措施，对表现好的农户给予适当物质和精神奖励，对于表现差的给予批评教育，通过一系列咖啡技术培训推广工作的实施，促进咖农向“新型农民”转变，实现咖啡的专业化、标准化生产。

（执笔：黄家雄、李隆伟、罗雁；审定：黄家雄）

第二十八章

云南茧丝绸产业经济问题研究

第一节　云南茧丝绸产业发展概况

一、中国及云南茧丝绸产业发展情况简介

中国是栽桑养蚕的起源地，距今已有5500余年的历史。从西周到春秋时期，黄河中下游蚕桑产业已相当发达。周秦以后，逐渐向南传到长江流域以及闽粤一带，向西传到川滇等地，并在缫丝织锦的基础上，逐步孕育了“四大名锦”（南京云锦、四川蜀锦、苏州宋锦和广西壮锦）和“四大名绣”（苏州苏绣、长沙湘绣、成都蜀绣和广州粤绣）。几千年前，中国丝绸沿着古丝绸之路传向欧洲，丝绸几乎成为东方文明的传播者和象征。目前，中国仍然是世界茧丝绸生产大国，改革开放以后，中国蚕茧产量一直居世界第一位。

但在中国的近代发展历程中，蚕桑产业曾遭受过严重打击。新中国成立以后，在党和国家的大力支持下，蚕桑产业重新得到恢复和发展。20世纪70～90年代，江苏、浙江、四川、山东、广东等省份逐步发展成为我国蚕桑生产的主产区。随着这些地区经济的发展，蚕桑产业不断萎缩，而广西、云南等地区顺势而为，抓住机遇大力发展蚕桑产业，蚕桑产业呈现“东桑西移”“东丝西移”的发展态势。回顾新中国成立以后我国蚕桑行业的发展历程，大致可以分为以下几个主要阶段：1950～1958年的恢复期、1959～1963年的下降期、1964～1974年的稳定增长期、1975～1978年的徘徊期、1979～1995年的高速发展期和1996年至今的调整期。

根据国家茧丝绸协调办公室对全国20个主产省份报送数据的统计，2018年，全国桑园面积为1184.9万亩，全年蚕种发种量为1643.3万张，蚕茧产量为67.9

万吨，蚕茧收购量为65.8万吨，蚕茧平均收购价格为2341元/50千克，蚕农售茧收入为308.32亿元，干茧均价为116.68元/千克，3A级生丝全年均价为41.7万元/吨，5A级生丝均价为47.7万元/吨；2018年，生丝产量为8.65万吨。蚕丝及交织物（含蚕丝≥50%）产量为5.16亿米。全国711家规模以上丝绸企业主营业务收入为805.92亿元，实现利润总额35.44亿元。全国50家丝绸样本企业内销额为41.01亿元，真丝绸商品出口额为29.6亿美元。但是，受比较效益不明显、环境污染加剧、基础设施建设困难等问题制约，茧丝绸行业面临着严峻的市场风险和挑战，中美贸易摩擦加剧等外部因素亦对行业形成明显冲击。

从世界经济发展史看，蚕桑生产具有从经济发达地区向经济欠发达地区转移的内在规律。为顺应和推进我国蚕桑产业的区域转移趋势，落实国家有计划、有步骤地引导茧丝绸原料生产和初加工业由东部地区向中西部地区转移的思路，商务部在“十一五”期间开始实施“东桑西移”工程。云南桑树栽培历史悠久，在东汉永平年间就有桑树栽培和丝绸生产，是古南方丝绸之路的要道，所产蚕茧上茧率高、解舒好、净度高（黄平等，2006）。“赵州丝”“永昌绸”“滇缎”曾驰名中外。改革开放以后，特别是“十一五”以来，云南抓住国家实施“东桑西移”战略的机遇，栽桑养蚕业进入新的发展时期。近年来，在高原特色现代农业发展战略的带动下，云南依托良好的资源基础大力发展栽桑养蚕业，蚕桑种植面积居全国第3位。根据《中国丝绸年鉴》统计数据，目前，云南桑园面积达到175万亩，蚕种发种量达到161.29万张，鲜茧产量达到6.8万吨，总体呈现“桑园面积趋稳、鲜茧产量大幅增加”的态势。为提高云南蚕桑资源开发与综合利用率，以多元需求为导向，充分利用蚕桑产业各环节剩余资源，药食用途、饲料用途、新材料用途和文化生态用途等新功能需进一步加强，以增强蚕桑产业的发展能力。[①] 云南丝绵被生产量从2010年的672吨（23万条）增加到2018年的815.1吨（27.17万条），产值从2亿元增加到3.62亿元。全省有从事蚕桑产业的管理机构、研究机构、学术团体、企业、合作社和家庭农场728家，其中，管理机构和技术服务机构65家、教育和研究机构以及学术团体7家、企业260家（其中，涉及蚕茧生产企业83家、缫丝企业13家、丝绸加工企业3家、注册的丝制品加工企业117家、蚕种生产企业8家、综合利用及其他企业6家、蚕用物资企业21家）、合作社158个和家庭农场238个。

---

① 云南省蚕桑产业发展成效显著［EB/OL］. 央视网，2016－03－23.

云南主栽桑树品种为“农桑14号”“女桑”“强桑1号”“农桑8号”“湖桑32号”“农桑12号”，分别占栽培面积的69.64%、5.60%、4.30%、3.77%、3.59%、3.39%。云南主要饲养家蚕品种为“菁松×皓月”“华康2号”“云抗1号”“云蚕7×云蚕8”“华康3号”“781×7532”，分别占全省饲养量的75.69%、13.56%、4.35%、2.50%、1.95%。其中，“菁松×皓月”“云蚕7×云蚕8”“华康3号”“云抗1号”为多丝量品种，可全年饲养。

二、世界中国及云南茧丝生产分析

（一）世界茧丝生产布局

FAO统计数据表明，历史上全球有蚕丝生产的国家和地区大约65个，其中有一定规模的近40个，主要分布在亚洲（中国、日本、朝鲜、韩国、印度、越南、泰国、缅甸、乌兹别克斯坦、塔吉克斯坦）、美洲（巴西）、欧洲（意大利、法国、英国、瑞士和德国）。而自1961年以来有蚕茧生产数据的国家不超过30个。

据FAO统计数据可知，日本曾是全球最大的蚕茧生产国，1961～1974年，日本的蚕茧产量均在10万吨以上，1968年最高曾超过12万吨，直到1979年，中国蚕茧产量接近9万吨，成为全球第一大蚕茧生产国时，日本的蚕茧产量仍在8万吨上下（目前已不足百吨）；印度于1991年超过日本后，全球第二大蚕茧生产国地位保持至今，蚕茧产量已连续20多年在10万吨以上；20世纪80年代前，苏联也曾是全球第二大蚕茧生产国，苏联解体以后，其地位由乌兹别克斯坦顶替，多年位居世界蚕茧和生丝生产大国排行榜第3位，但年产量未超过3万吨；泰国蚕茧产量多年仅在1万吨上下，2010～2014年，无蚕茧产量数据，2015年后，以超过5万吨的产量取代乌兹别克斯坦排名全球第3位。2009～2019年全球及蚕茧产量大国及其占比变化如表28－1和图28－1所示。

表28－1　　2009～2019年全球主产国蚕茧产量及占比

年份	全球（万吨）	中国（万吨）	印度（万吨）	乌兹别克斯坦（万吨）	泰国（万吨）	罗马尼亚（万吨）	5国占比（%）	中国占比（%）
2009	57.14	37.50	12.25	2.40	1.14	1.40	95.71	65.63
2010	56.25	37.00	13.13	2.35	—	1.40	95.79	65.78
2011	55.79	36.00	13.61	2.47	—	1.40	95.85	64.53

续表

年份	全球（万吨）	中国（万吨）	印度（万吨）	乌兹别克斯坦（万吨）	泰国（万吨）	罗马尼亚（万吨）	5 国占比（%）	中国占比（%）
2012	58. 59	37. 00	15. 37	2. 50	—	1. 40	96. 05	63. 16
2013	60. 02	38. 00	15. 79	2. 65	—	1. 40	96. 35	63. 31
2014	60. 57	38. 87	15. 60	2. 50	—	1. 40	96. 36	64. 17
2015	66. 88	39. 78	15. 61	2. 40	5. 58	1. 40	96. 86	59. 48
2016	67. 61	39. 66	16. 09	2. 64	5. 70	1. 40	96. 86	58. 67
2017	66. 80	40. 09	16. 43	1. 25	5. 44	1. 40	96. 73	60. 02
2018	66. 68	40. 52	16. 77	1. 79	5. 44	0. 68	97. 79	60. 77
2019	67. 93	40. 95	17. 11	2. 14	5. 60	1. 07	98. 44	60. 28

资料来源：联合国粮农组织。

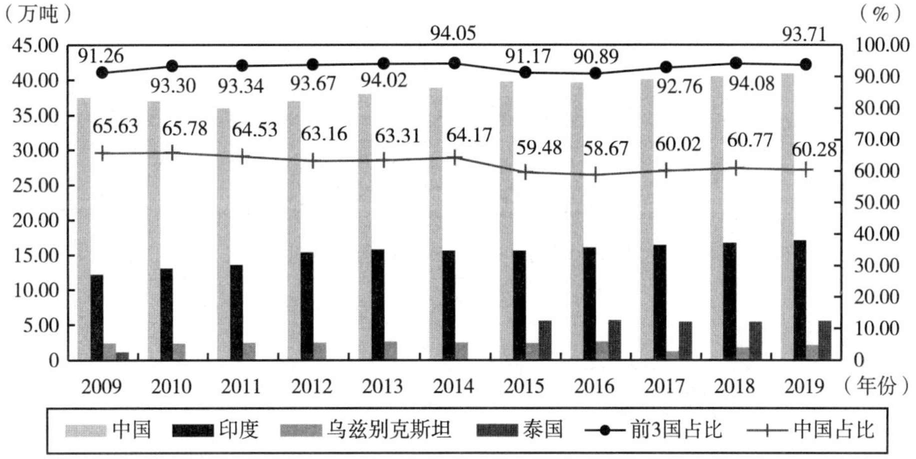

图 28－1　2009～2019 年全球蚕茧主产前 3 国占比变化

注：2015 年前，3 国为中国、印度、乌兹别克斯坦；2015 年后，3 国为中国、印度、泰国。

资料来源：联合国粮农组织。

从表 28－1 和图 28－1 可以看出，2009～2019 年，蚕茧产量超过万吨的 5 个国家蚕茧产量之和占全球的比重大多超过 96%，2019 年更是逼近 98. 5%；前 3 大蚕茧生产国的蚕茧产量之和占全球总产量的比重多年稳定在 91%～94%，仅中国和印度两国蚕茧产量之和占全球总产量的比重就多年超过 85%，表明蚕茧产业集中度非常高且基本稳定。中国是全球第一大蚕茧生产国，蚕茧产量占全球总产量的比重曾保持在 65% 以上，目前也在 60% 以上。

由于 FAO 的统计数据除蚕茧产量外，蚕茧产值以及生丝产量和产值等反映茧丝产业的数据均较滞后，故以下采用《中国丝绸年鉴》等数据分析中国及云南的蚕茧产业发展情况。《中国丝绸年鉴》等渠道统计得到的 2010～2018 年全球、中国及前 3 国蚕茧产量和产值、生丝产量和产值数据及其占比如表 28－2 所示。

表 28－2　　2010～2018 年世界茧丝产量前 3 国及占全球比重

地区	指标	2010 年	2011 年	2012 年	2013 年	2014 年	2015 年	2016 年	2017 年	2018 年
全球	蚕茧产量（吨）	813283	870050	861357	848238	864996	841875	826472	843645	880455
	蚕茧产值（亿美元）	37.00	45.74	48.36	54.79	50.88	45.91	47.73	59.23	62.27
	生丝产量（吨）	119971	132415	153230	153558	186651	198319	186426	171354	116055
	生丝产值（亿美元）	47.31	66.87	73.41	68.86	102.94	92.09	90.63	108.42	75.61
中国	蚕茧产量（吨）	620547	667240	654990	643024	641006	628210	620406	643114	679000
	蚕茧产值（亿美元）	28.23	35.07	36.77	41.54	37.70	34.26	35.83	45.15	48.02
	生丝产量（吨）	95578	108032	125973	125169	155977	169160	156873	141800	86500
	生丝产值（亿美元）	37.69	54.55	60.35	56.13	86.02	78.55	76.26	89.72	56.35
前 3 国合计	蚕茧产量（吨）	778367	833611	826424	813011	828965	807234	792987	809985	846795
	蚕茧产值（亿美元）	35.41	43.82	46.40	52.52	48.76	44.02	45.80	56.86	59.89
	生丝产量（吨）	114038	126552	147218	147210	180047	192168	180641	165568	110268
	生丝产值（亿美元）	44.97	63.91	70.53	66.01	99.29	89.24	87.81	104.76	71.84
中国全球占比	蚕茧产量（%）	76.30	76.69	76.04	75.81	74.11	74.62	75.07	76.23	77.12
	蚕茧产值（%）	76.30	76.69	76.04	75.81	74.11	74.62	75.07	76.23	77.12
	生丝产量（%）	79.67	81.59	82.21	81.51	83.57	85.30	84.15	82.75	74.53
	生丝产值（%）	79.67	81.59	82.21	81.51	83.57	85.30	84.15	82.75	74.53
前 3 国全球占比	蚕茧产量（%）	95.71	95.81	95.94	95.85	95.83	95.89	95.95	96.01	96.18
	蚕茧产值（%）	95.71	95.81	95.94	95.85	95.83	95.89	95.95	96.01	96.18
	生丝产量（%）	95.05	95.57	96.08	95.87	96.46	96.90	96.90	96.62	95.01
	生丝产值（%）	95.05	95.57	96.08	95.86	96.45	96.91	96.89	96.62	95.01

资料来源：根据《中国丝绸年鉴》整理而得。国外产值无相关数据，以中国同期价格估算。2017 年国外数据来源于国际粮农组织数据库，2018 年按 2017 年数据估算。

对比表 28－1 和表 28－2 可以看出，虽然不同渠道的数据有很大差异，以蚕茧产量为例，FAO 统计数据明显小于《中国丝绸年鉴》数据，但是两者反映出的全球蚕茧产量发展趋势、前 3 国蚕茧产量占全球的比重等均基本一致，差异较大的是中国蚕茧产量占全球的比重。根据《中国丝绸年鉴》统计数据，中国蚕茧和生丝产量多年占全球总产量的比重达到3/4以上，比FAO统计数据反映的占比高10个百分点。

从表28－2和图28－2、图28－3可以看出，2018年，中国蚕茧产量和生丝产量全球占比分别为77.12%和75.85%，均排名第1位；印度占比分别为17.64%和18.65%，均排名第2位；乌兹别克斯坦占比分别为1.42%和2.19%，排名第3位；2018年，三个主产国之外的其他国家和地区蚕茧产量之和、生丝产量之和仅为33660吨和3769吨，占比仅分别为3.82%和3.31%。

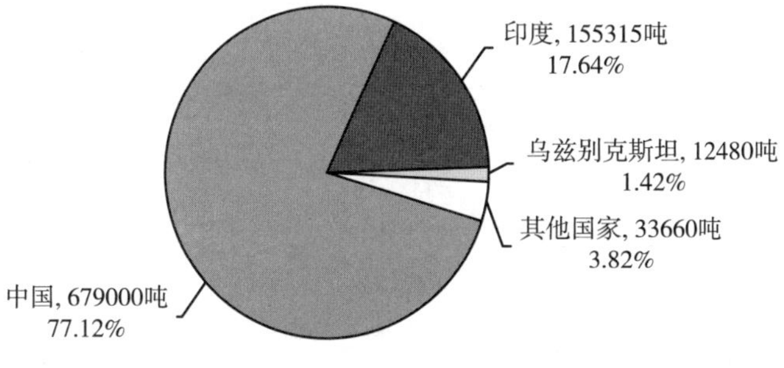

图28－2　2018年世界蚕茧生产格局

资料来源：《中国丝绸年鉴》。

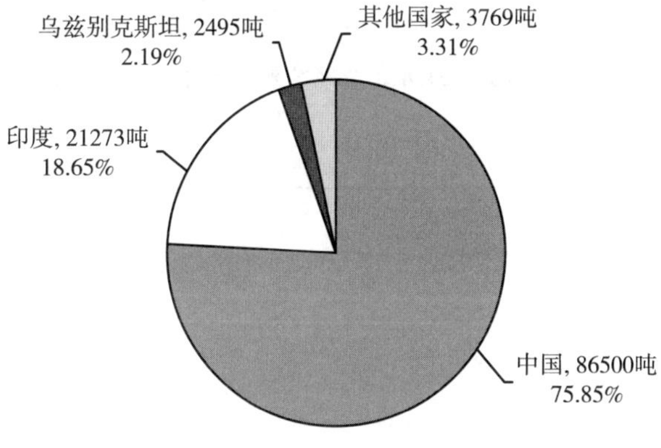

图28－3　2018年世界生丝生产格局

资料来源：《中国丝绸年鉴》。

虽然，中国、印度和乌兹别克斯坦三大主产国多年来蚕茧产量之和占全球总产量的比重基本稳定在95%且略有上涨，但各国的发展趋势却略有不同，中国和印度保持小幅上涨趋势，而乌兹别克斯坦无论是产量还是占比均呈现下降趋势，紧随其后排名第4位和第5位的巴西（蚕茧产量从2010年的3600吨下降到2018年的仅3000吨）和日本（蚕茧产量从2010年的265吨下降到2018年的125吨左右)，下降趋势更是明显。

如图28－4和图28－5所示，由于中国的蚕茧产量约占全球的3/4，因此，中国的蚕茧和生丝产量及产值变化趋势与全球基本一致，表明中国在全球茧丝生产中处于举足轻重的地位。同期，作为第二大生产国，印度的蚕茧和生丝生产也基本保持稳定和略有上涨的趋势（见图28－6），而乌兹别克斯坦则明显下滑（见图28－7），其他国家的蚕茧和生丝生产也明显下滑（见图28－8）。

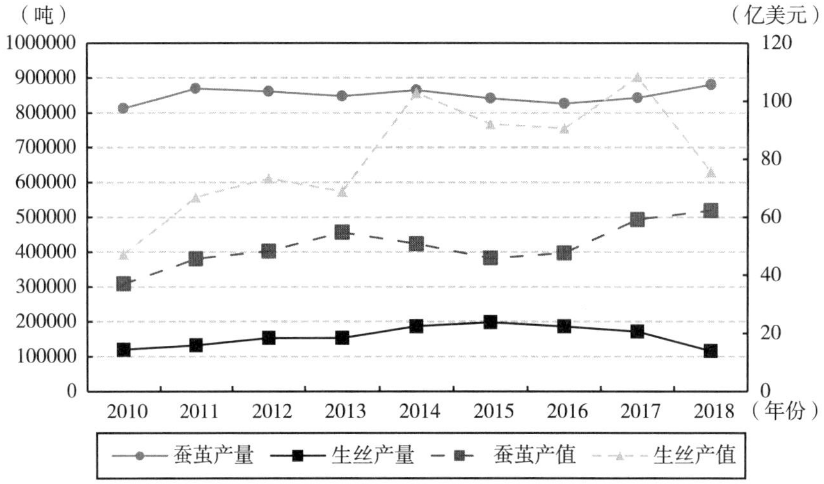

图28－4　2010～2018年全球茧丝产量和产值变化曲线

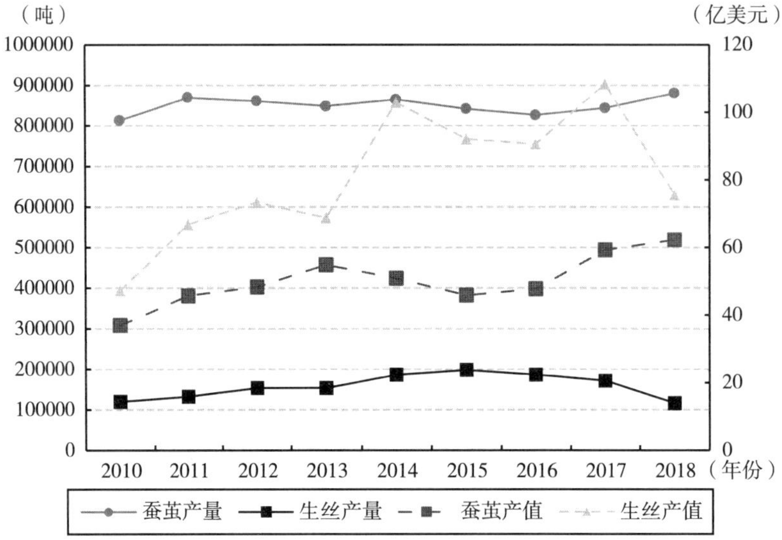

图28－5　2010～2018年中国茧丝产量和产值变化曲线

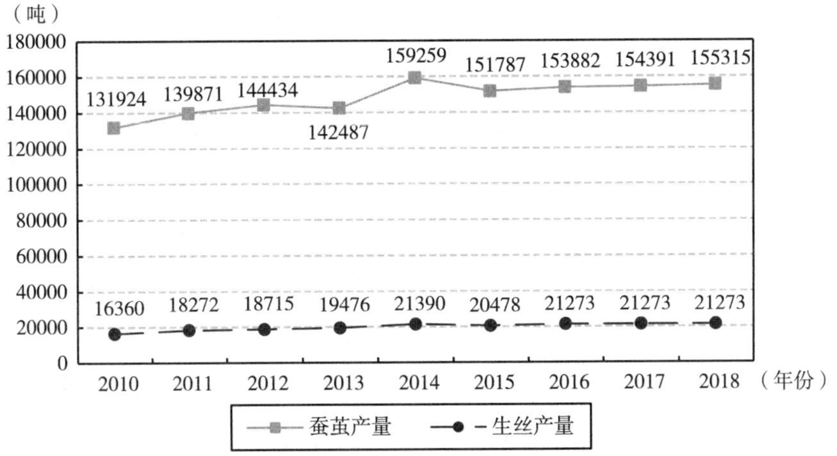

图 28－6　2010～2018 年印度蚕茧和生丝产量曲线

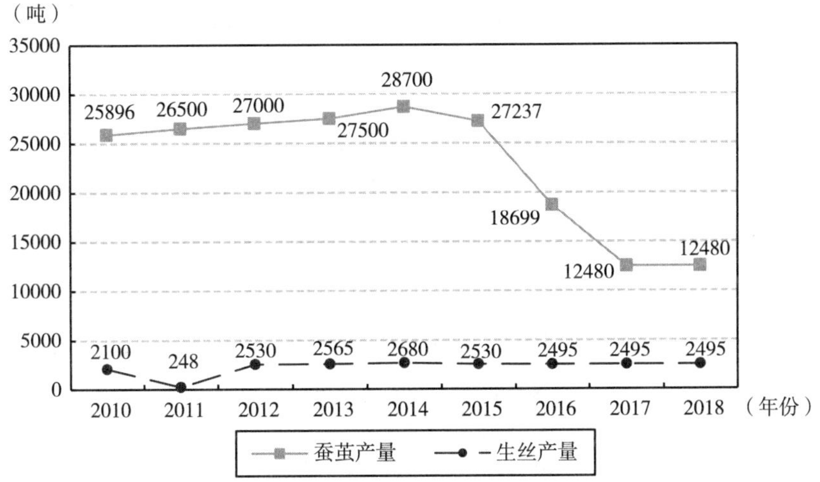

图 28－7　2010～2018 年乌兹别克斯坦蚕茧和生丝产量曲线

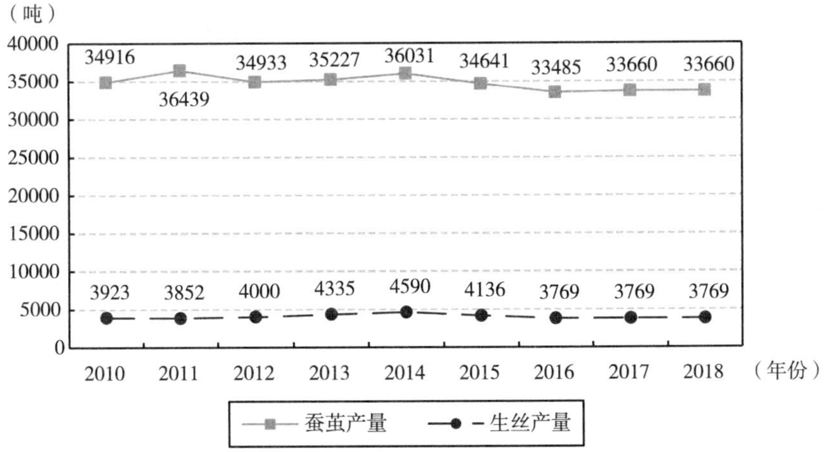

图 28－8　2010～2018 年 3 个主产国之外其他国家蚕茧和生丝产量曲线

综上所述，2010~2018年，中国蚕茧生产基本平稳，近年来维持在65万吨左右；2018年后，西部地区的发展促进了蚕茧产量的回升。印度蚕茧生产稳中有升，其余国家生产波动较大，呈下降趋势。世界蚕茧生产受中国和印度增长的影响，呈小幅上升趋势。2010~2015年，中国蚕丝生产增长平稳，2016年，受国家供给侧结构改革影响呈下滑趋势，2018年重回万吨水平。印度蚕丝生产稳中有升，但由于所占份额有限，对世界蚕丝生产格局无明显影响。乌兹别克斯坦以及其余国家蚕茧生产基本平稳。由于中国蚕丝生产体量大，世界蚕丝产量2016年后也呈下滑趋势，2018年滑落至2010年以来最低点。从世界蚕桑产业发展的趋势看，90万吨蚕茧和20万吨蚕丝应为产业发展的饱和点。值得注意的是，印度茧丝绸生产发展迅速，已成为世界第二丝绸生产大国。泰国、越南、巴西、马来西亚等国也十分重视蚕丝业投入，采取了一系列措施促进本国蚕丝业发展。

（二）云南茧丝生产分析

在国家“东桑西移”“东丝西移”战略和云南大力发展高原特色农业的背景下，作为我国蚕桑传统主产区和“东桑西移”主要承接区之一，云南蚕茧和生丝生产，整体呈现稳定上升趋势。2000~2018年，云南桑园面积、蚕茧产量和生丝产量占全国的比重分别从3.78%、1.87%和1.10%上升到14.77%、10.01%和4.58%，逐步成为我国重要的蚕桑生产基地（见表28-3）。

表28-3　　中国及云南茧丝绸生产情况

年份	区域	桑园面积（万亩）	发种量（万盒）	蚕茧总产量（吨）	生丝总产量（吨）	坯绸总产量（万米）	丝绵被（万条）	总产值（亿元）
2000	云南	35.00	30.00	8510.00	563.00			2.46
	全国	924.85	1406.57	454614.30	51278.42	16389.08		220.29
	云南占比（%）	3.78	2.13	1.87	1.10			1.12
2005	云南	60.00	41.15	15046.30	1426.00			5.03
	全国	1160.46	1705.76	616145.73	132536.00	777381.00		1770.85
	云南占比（%）	5.17	2.41	2.44	1.08			0.28
2010	云南	127.76	115.93	29872.70	2138.00		22.40	16.07
	全国	1203.08	1626.74	649107.06	162008.00	77446.00	1980.00	987.15
	云南占比（%）	10.62	7.13	4.60	1.32		1.13	1.63

续表

年份	区域	桑园面积（万亩）	发种量（万盒）	蚕茧总产量（吨）	生丝总产量（吨）	坯绸总产量（万米）	丝绵被（万条）	总产值（亿元）
2011	云南	127.00	90.87	40000.00	2108.00		23.07	23.30
	全国	1241.17	1619.55	667239.74	108032.00	61798.00	2046.00	964.70
	云南占比（%）	10.23	5.61	5.99	1.95		1.13	2.42
2012	云南	135.00	120.50	43000.00	2777.00		23.33	26.50
	全国	1262.46	1672.72	687757.50	125973.00	69696.00	6215.00	1491.20
	云南占比（%）	10.69	7.20	6.25	2.20		0.38	1.78
2013	云南	152.43	119.77	44648.00	2814.00		26.00	25.89
	全国	1258.95	1647.98	643024.03	137090.00	93579.00	2279.00	1212.85
	云南占比（%）	12.11	7.27	6.94	2.05		1.14	2.13
2014	云南	157.92	121.25	46016.34	3433.00	93.00	26.67	33.62
	全国	1242.36	1625.81	641006.41	167284.00	71676.00	2474.00	1298.93
	云南占比（%）	12.71	7.46	7.18	2.05	0.13	1.08	2.59
2015	云南	161.86	123.59	47707.00	4379.00	249.00	53.33	36.53
	全国	1231.96	1577.67	628210.00	172114.00	62411.00	2328.00	1148.08
	云南占比（%）	13.14	7.83	7.59	2.54	0.40	2.29	3.18
2016	云南	143.31	115.91	45877.00	4656.00	249.00	26.03	35.89
	全国	1214.40	1548.13	620406.00	156873	66756.00	2074.00	1200.92
	云南占比（%）	11.80	7.49	7.39	2.97	0.37	1.26	2.99
2017	云南	147.95	170.50	47481.00	4383.00	243.00	26.66	46.57
	全国	1183.10	1591.58	643114.00	141800.00	60070.00	1992.00	1425.02
	云南占比（%）	12.51	10.71	7.38	3.09	0.40	1.34	3.27
2018	云南	175.00	161.29	68000.00	3964.00	241.00	27.17	55.67
	全国	1184.90	1643.30	679000.00	86500.00	51600.00	1233.17	1062.37
	云南占比（%）	14.77	9.82	10.01	4.58	0.47	2.20	5.24

资料来源：根据《中国丝绸年鉴》整理而得，2018 年数据根据商务部《2018 年中国茧丝绸行业发展报告》《中国茧丝绸行业 2018 年运行分析及 2019 年展望》整理而得。

2000 年以来，虽然云南桑园面积和发种量在 2011 年有所波动，桑园面积、发种量、产茧量总体上稳步增加，是我国少有的增长省份。云南生丝产量与国内行业经济情况变化一致，2017 年以来呈下降趋势。全省丝绸产量总体保持平稳（见图 28－9～图 28－14）。

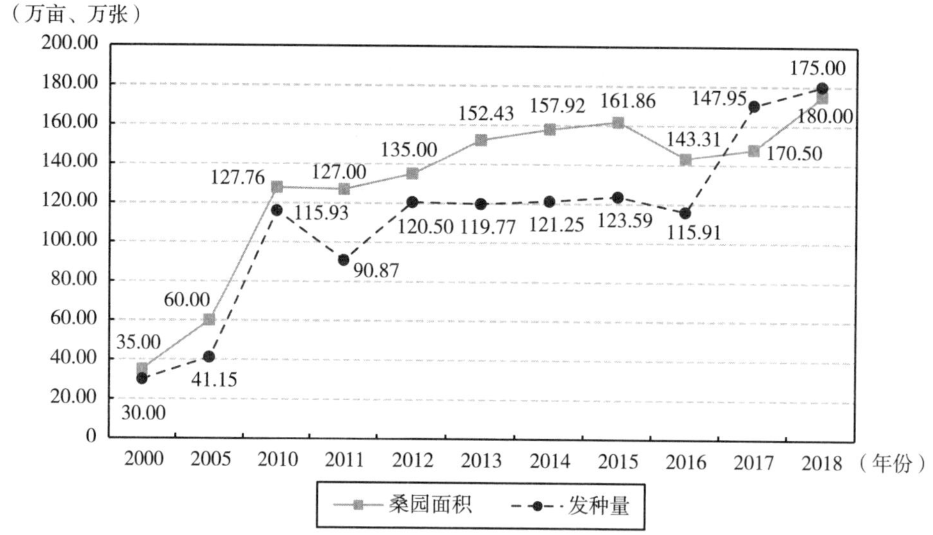

图 28－9　2000～2018 年云南桑园及发种量增长曲线

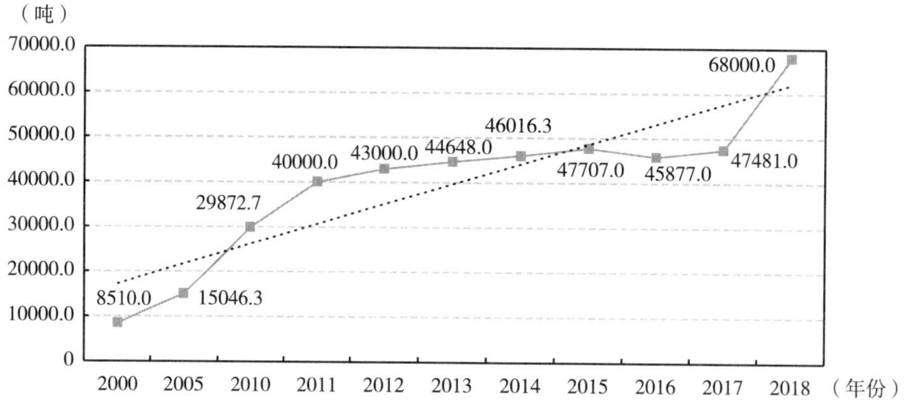

图 28－10　2000～2018 年云南蚕茧生产量曲线

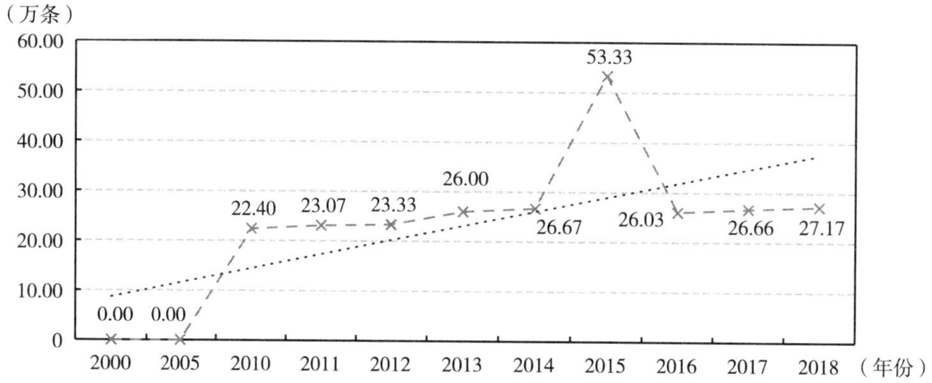

图 28－11　2000～2018 年云南丝绵被生产曲线

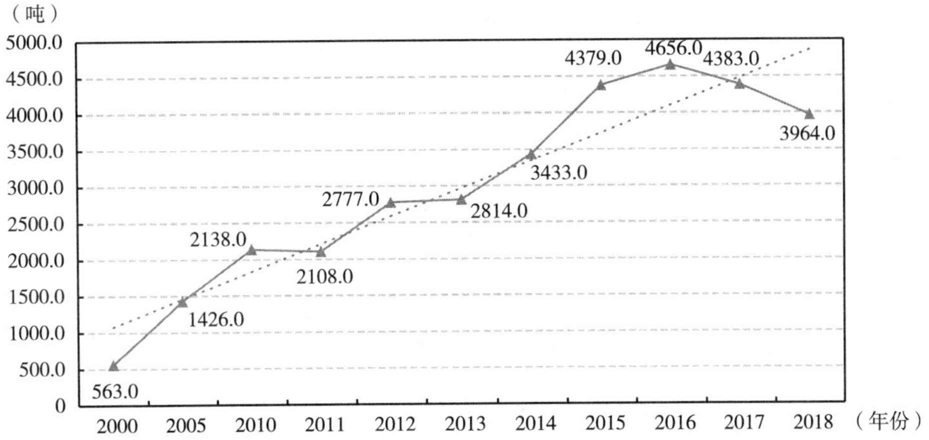

图 28－12　2000～2018 年云南生丝产量曲线

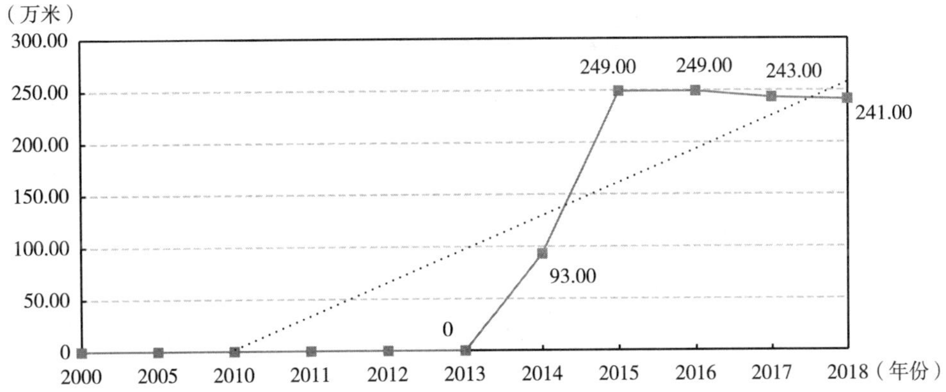

图 28－13　2000～2018 年云南丝绸生产量增长曲线

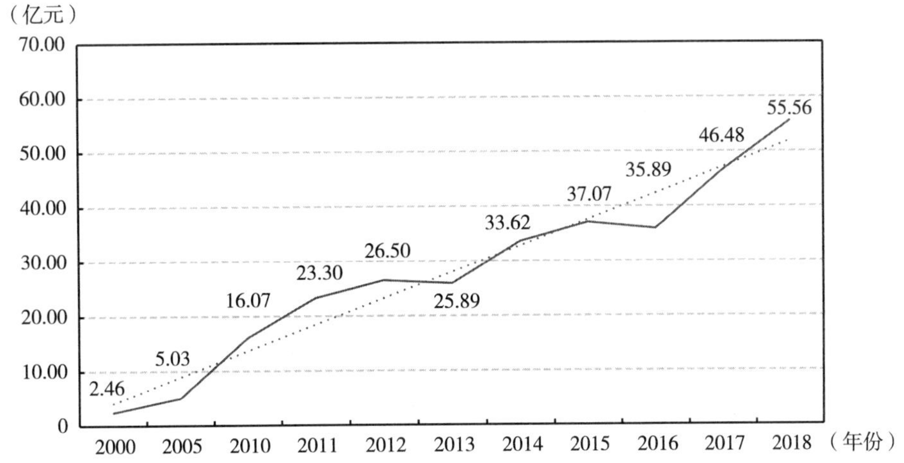

图 28－14　2000～2018 年云南茧丝绸总产值增长曲线

（三）云南茧丝绸生产在全国的地位

中国的蚕桑生产广泛分布于全国各地，有一定生产规模、纳入国家茧丝绸协调办公室统计的有20个省份，但主要集中在东部的江苏、浙江、广东、山东和西部的广西、四川、重庆、云南、陕西等9个主产省份。

据国家统计局相关数据，1991～2010年，江苏、浙江、广东、山东、广西、四川、重庆、云南、陕西9个主产省份的蚕茧产量之和占全国蚕茧总产量的比重一直保持在88%左右。根据国家茧丝绸协调办公室的统计数据，2010～2018年，蚕茧产量排名全国前10位的主产省份桑园面积、蚕种发种量以及蚕茧等产业发展规模以及生丝产量、丝绵被、丝绸等初级加工产品产量等数据如表28－4所示。

表28－4　2010～2018年我国蚕茧产量排名前10位的主产省份茧丝绸产业主要数据及云南占比

地区	指标	2010年	2011年	2012年	2013年	2014年	2015年	2016年	2017年	2018年
广西	桑园面积（万亩）	210	226.01	252	266	276	301	310	318.43	329.71
	蚕种发种量（万张）	563.51	604.99	665	695	705	725	755	780	820
	蚕茧产量（吨）	214300	231005	256000	271000	279500	286500	299500	318000	338000
	生丝产量（吨）	18164	17551	28770	35425	40645	46496	47568	50025	31848
	丝绵被产量（万条）	11	27	17	31	10	11	11	12	11
	丝绸产量（万米）	326	549	2342	1476	1814	2290	1703	2110	809
四川	桑园面积（万亩）	170	180	180	180	185	185	187	195.03	210.95
	蚕种发种量（万张）	205	209.88	204	205	210	201	205	210.2	215.01
	蚕茧产量（吨）	71000	74008	74600	76000	77000	76000	77000	81170	84883
	生丝产量（吨）	46855	28074	27555	29065	38096	40203	33289	29507	14315
	丝绵被产量（万条）	126	57	78	65	156	146	115	110	97
	丝绸产量（万米）	23042	23421	26534	25196	24793	17246	20761	19864	19642
云南	桑园面积（万亩）	127.76	127	135	152.43	157.92	161.86	143.31	147.95	175
	蚕种发种量（万张）	115.93	90.87	120.5	119.77	121.25	123.59	115.91	170.5	161.29
	蚕茧产量（吨）	29872.7	40000	43000	44648	46016.34	47707	45877	47481	68000
	生丝产量（吨）	2138	2108	2777	2814	3433	4379	4656	4383	3964
	丝绵被产量（万条）	23.00	23.07	23.33	26.00	26.67	53.33	26.03	26.66	27.17
	丝绸产量（万米）	0	0	0	0	93	249	249	243	241

续表

地区	指标	2010 年	2011 年	2012 年	2013 年	2014 年	2015 年	2016 年	2017 年	2018 年
江苏	桑园面积（万亩）	64.32	84.41	76.9	70.49	66.51	56.37	64.53	48.66	49.32
	蚕种发种量（万张）	195.96	186.12	175.51	150.06	140.79	115.46	100.77	93.46	95.6
	蚕茧产量（吨）	77042	65618	66537	54501	52645	49110	41100	38295	35825
	生丝产量（吨）	40852	19506	22727	20949	29738	27153	25333	20353	11888
	丝绵被产量（万条）	89	52	92	195	450	366	444	427	284
	丝绸产量（万米）	12929	9018	8353	10334	10459	8772	10481	7933	5159
广东	桑园面积（万亩）	58	58.5	63.88	58.49	46.87	46.09	45	37.36	35.88
	蚕种发种量（万张）	116.86	87.43	98.54	91.31	84.9	89.24	79.2	65.65	69.75
	蚕茧产量（吨）	39300	75066	77768	36523	35658.77	35600	27000	39609	35310
	生丝产量（吨）	1711	1183	1548	1726	2312	2724	2240	964	343
	丝绵被产量（万条）	41	94	69	57	71	67	67	30	28
	丝绸产量（万米）	0	0	0	0	0	0	0	0	0
浙江	桑园面积（万亩）	100	100	97	89	85	80	59.9	60	49.18
	蚕种发种量（万张）	108.23	117.43	108.81	104	91.57	64.5	49.42	41.13	41.36
	蚕茧产量（吨）	48103.15	50885	46727.79	45256	38442	35600	27700	20470	20512
	生丝产量（吨）	14436	15162	14467	14293	11505	16060	14000	10570	6326
	丝绵被产量（万条）	209	176	266	230	341	344	317	325	206
	丝绸产量（万米）	32918	19814	20750	21955	21574	21524	20471	18736	15721
山东	桑园面积（万亩）	40	45.02	47	46	45	42	45	40	40
	蚕种发种量（万张）	51	51	55	53.5	52	49	46	44.85	45.32
	蚕茧产量（吨）	20000	20000	22000	21200	20800	19200	18900	17750	17770
	生丝产量（吨）	7510	3723	5567	4949	3414	2396	1903	781	600
	丝绵被产量（万条）	848	1178	4468	348	330	346	299	226	183
	丝绸产量（万米）	2271	837	1772	1882	1988	1733	1789	1953	1892
安徽	桑园面积（万亩）	80	75	75	58.59	55.54	51.86	49.2	50.1	42.88
	蚕种发种量（万张）	58.11	53.82	52.21	40.01	37.25	37.16	36.58	30.83	32.59
	蚕茧产量（吨）	26200	25185	23800	18286	16488	17041	14000	15386	15771
	生丝产量（吨）	6438	5487	8139	8909	9101	8057	6069	5142	3934
	丝绵被产量（万条）	0	0	226	88	106	43	1	10	13
	丝绸产量（万米）	4005	5912	7673	7766	7752	7196	7400	6178	5355
重庆	桑园面积（万亩）	87	97.97	93.37	95	96.62	86.25	83	80.06	73.23
	蚕种发种量（万张）	51.27	51.88	49.54	44.9	43.18	40.17	39.08	39.3	38.92
	蚕茧产量（吨）	17131	17144	16715.79	15711	15733	15068	14400	14608	14443
	生丝产量（吨）	8339	3811	3545	3653	4730	4632	5051	3458	1850
	丝绵被产量（万条）	0	0	37	18	14	17	19	15	5
	丝绸产量（万米）	1718	1398	1803	1472	1738	2009	2100	2443	2203

续表

地区	指标	2010年	2011年	2012年	2013年	2014年	2015年	2016年	2017年	2018年
陕西	桑园面积（万亩）	94.48	80	80	81.37	79.36	80	70	83	83
	蚕种发种量（万张）	51.44	49.53	30.78	32	30.98	30.1	26.14	27.4	30
	蚕茧产量（吨）	17600	17999	11080	12013.91	12500	12003	10900	11042	11500
	生丝产量（吨）	3664	4391	4642	5067	5386	6872	6327	6082	4672
	丝绵被产量（万条）	4	4	37	40	34	52	46	50	52
	丝绸产量（万米）	0	0	0	65	75	95	88	100	128
10主产区合计	桑园面积（万亩）	1031.56	1073.91	1100.15	1097.37	1093.82	1090.43	1056.94	1060.59	1089.15
	蚕种发种量（万张）	1517.31	1502.95	1559.89	1535.55	1516.92	1475.22	1453.1	1503.32	1549.84
	蚕茧产量（吨）	560548.85	616910	638228.58	595138.91	594783.11	593829	576377	603811	642014
	生丝产量（吨）	150107	100996	119737	126850	148360	158972	146436	131265	79740
	丝绵被产量（万条）	1351	1611.07	5313.33	1098	1538.67	1445.33	1345.03	1231.66	906.17
	丝绸产量（万米）	77209	60949	69227	70146	70286	61114	65042	59560	51150
云南占10主产区比重	桑园面积（%）	12.39	11.83	12.27	13.89	14.44	14.84	13.56	13.95	16.07
	蚕种发种量（%）	7.64	6.05	7.72	7.80	7.99	8.38	7.98	11.34	10.41
	蚕茧产量（%）	5.33	6.48	6.74	7.50	7.74	8.03	7.96	7.86	10.59
	生丝产量（%）	1.42	2.09	2.32	2.22	2.31	2.75	3.18	3.34	4.97
	丝绵被产量（%）	1.70	1.43	0.44	2.37	1.73	3.69	1.94	2.16	3.00
	丝绸产量（%）	0.00	0.00	0.00	0.00	0.13	0.41	0.38	0.41	0.47
10主产区占全国比重	桑园面积（%）	85.74	86.52	87.14	87.17	88.04	88.51	87.03	89.65	91.92
	蚕种发种量（%）	93.27	92.80	93.25	93.18	93.30	93.51	93.86	94.45	94.31
	蚕茧产量（%）	90.33	92.46	97.44	92.55	92.79	94.53	92.90	93.89	94.55
	生丝产量（%）	92.65	93.49	95.05	92.53	88.69	92.36	93.35	92.57	92.18
	丝绵被产量（%）	68.23	78.74	85.49	48.18	62.19	62.08	64.85	61.83	73.48
	丝绸产量（%）	99.69	98.63	99.33	74.96	98.06	97.92	97.43	99.15	99.13

资料来源：根据《中国丝绸年鉴》整理而得，其中，2018年数据根据商务部《2018年中国茧丝绸行业发展报告》《中国茧丝绸行业2018年运行分析及2019年展望》整理而得。

从蚕茧产量看，近年来，江苏、浙江等东部传统主产区产业规模和所占份额明显下降，西部主产省份产业规模和所占份额逐步提高。2010～2018年，东部传统蚕桑生产大省江苏的蚕茧产量从77042吨减少到35825吨，降幅达53.5%，占同期全国蚕茧产量的比重从12.42%下降到5.28%；浙江的蚕茧产量从48103.15吨下降到20512吨，降幅也更是达到57.4%；广东和山东亦有小幅下降并趋于稳定。而西部传统蚕桑大省广西、四川和云南则呈现稳定快速增长的态势，并成为全国排名前3位的蚕茧生产大省。尤其是多年排名第1位的广西，2010～2018年，蚕茧产量从214300吨增加到338000吨，增幅达57.72%，占同期全国蚕茧产量的比重从 34.53% 上升到 49.78%，产业规模遥遥领先于其他省份。2018 年，蚕茧年产量超过 10 万吨的仅有广西（338000 吨），排名全国第 1 位；5 万吨以上的有四川（84883 吨）和云南（68000 吨），排名第 2 位和第 3 位；江苏（35825 吨）和广东（35310 吨）分列第 4 位和第 5 位；此外，2018 年，蚕茧产量超过万吨的还有浙江（20512 吨）、山东（17770 吨）、安徽（15771 吨）、重庆（14443 吨）、陕西（11500 吨）和湖北（10046 吨）。

从表 28－3、表 28－4 和图 28－15、图 28－16 可以看出，2010～2018 年，云南桑园面积、发种量、蚕茧产量、生丝产量、丝绸产量在 10 个主要茧丝绸生产区生产中的占比均呈上升趋势，在全国茧丝绸生产中的地位逐年上升。尤其是蚕茧产量从不足 30000 吨增加到 68000 吨，以 127.63% 的成绩排名增幅榜第 1 位，占同期全国蚕茧产量的比重从 2010 年的 4.81% 增加到 2018 年的 10.01%；从 2016 年开始，云南蚕茧产量开始排名全国第 3 位，并保持至今。丝绵被产量占比波动较大，

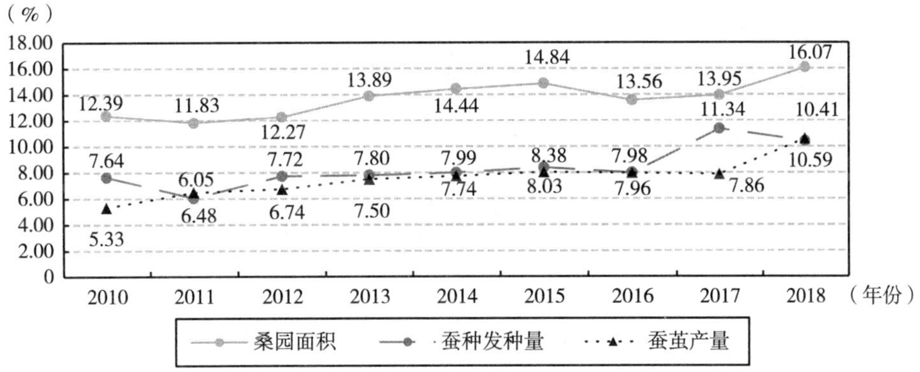

图 28－15　2010～2018 年云南桑园面积、发种量及蚕茧产量在 10 个主产区的占比变化

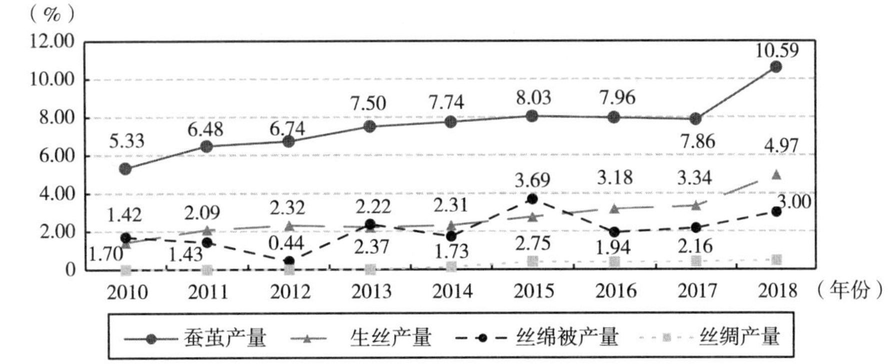

图 28－16　2010～2018 年云南蚕茧、生丝、丝绵被及丝绸产量在 10 个主产区的占比变化

总体也呈上升趋势。从鲜茧、生丝、丝绸产量的占比上看，云南在我国10个主要茧丝绸生产区中，主要为优质原料蚕茧生产区。

但是，从表28－4和图28－15以及图28－16还可以看出，在全国前10个主产省份中，云南的桑园面积占比长期高出蚕茧产量占比5.3～7.8个百分点，而蚕茧产量占比长期高于生丝产量占比4～5.5个百分点，说明云南不仅在种养环节的生产效率（亩桑园产茧量）长期落后于全国平均水平，在初加工环节也落后于全国。虽然数据显示，近年来，云南的茧丝绸产业均呈现上涨的发展态势，但是仍要看到云南茧丝初加工业还比较落后，尤其是丝绸生产与全国的差距更大。

从产值看，茧丝绸行业的农业产值即蚕茧的产值，各主产省份的农业产值、占比及其排名可基本等同于其蚕茧产量。此处仅从主要加工产品（生丝＋丝绵被＋丝绸，下同）反映出的加工业总产值角度进行简单分析。根据历年《中国丝绸年鉴》的数据，2010～2018年，全国栽桑养蚕的20个省份中，累计加工业总产值超过1000亿元的有四川（1647.02亿元）、浙江（1238.11亿元）、江苏（1237.42亿元）、广西（1126.79亿元）和山东（1021.61亿元）共5个省份，安徽和河南两省分别以436.69亿元和413.62亿元排第6位和第7位；湖北（214.15亿元）和陕西（196.92亿元）分别排名第8位和第9位；广东以192.42亿元排名第10位；超过50亿元的还有江西、重庆和云南3个省份；而海南、黑龙江、甘肃和河北4个省份没有加工产品及产值。2018年，茧丝绸加工产值超过100亿元的省份有四川（142.66亿元）、广西（141.61亿元）、浙江（110.08亿元）和江苏（108.81亿元）4个；超过30亿元的省份有江西（40.26亿元）、安徽（37.14亿元）和山东（34.77亿元），分列第5～第7位；超过20亿元的省份有陕西（27.88亿元）和云南（21.94亿元），分列第8位和第9位；广东（18.69亿元）列第10位；超过10亿元的还有重庆和河南两省份。

从产值结构看，2010～2018年，深加工产品丝绸的产值占比最高的是浙江，达43.19%，2018年更是达到45.21%；其次是安徽，2018年达41.64%；加工业产值排名第3位的四川2010～2018年丝绸产值占加工总产值的平均比重也在32.95%，2018年更是达到36.58%，均排名全国第3位；江苏2010～2018年丝绸产值占加工总产值的平均比重为17.92%，2018年也保持在13.94%（见表28－5）。这说明江浙地区仍然是我国最重要的茧丝绸加工业发达地区，西部地区的传统茧丝绸大省四川也依然保持着茧丝绸深加工的优势。

表 28－5　　2010～2018 年我国茧丝绸主产前 10 省份加工产值及云南占比

地区	指标	2010 年	2011 年	2012 年	2013 年	2014 年	2015 年	2016 年	2017 年	2018 年
四川	总产值（亿元）	207.01	186.81	193.82	197.02	252.25	211.03	215.00	246.48	184.08
	加工业产值（亿元）	187.84	164.60	169.94	169.66	226.38	186.33	188.43	211.17	142.66
	蚕茧（亿元）	19.17	22.20	23.87	27.36	25.87	24.70	26.57	35.31	41.42
	生丝（亿元）	125.08	91.57	83.33	80.71	129.06	116.28	107.49	126.05	61.71
	丝绵被（亿元）	11.64	5.81	8.29	7.80	16.91	14.88	13.23	15.64	13.62
	丝绸（亿元）	51.12	67.23	78.32	81.14	80.41	55.17	67.71	69.47	67.33
广西	总产值（亿元）	117.30	141.91	187.53	217.96	247.96	238.82	280.40	379.76	299.39
	加工业产值（亿元）	50.23	61.57	95.73	106.85	144.66	142.93	160.42	222.79	141.61
	蚕茧（亿元）	67.08	80.34	91.80	111.11	103.30	95.89	119.98	156.96	157.78
	生丝（亿元）	48.49	57.24	87.01	98.38	137.69	134.48	153.60	213.71	137.30
	丝绵被（亿元）	1.02	2.75	1.81	3.72	1.08	1.12	1.27	1.71	1.54
	丝绸（亿元）	0.72	1.58	6.91	4.75	5.88	7.33	5.55	7.38	2.77
浙江	总产值（亿元）	146.81	143.76	149.26	156.28	158.67	162.80	158.53	166.36	119.21
	加工业产值（亿元）	130.87	124.26	133.28	138.00	145.91	150.36	148.45	156.90	110.08
	蚕茧（亿元）	15.94	19.50	15.98	18.28	12.76	12.44	10.08	9.46	9.12
	生丝（亿元）	38.54	49.45	43.75	39.69	38.98	46.45	45.21	45.16	27.27
	丝绵被（亿元）	19.31	17.93	28.28	27.60	36.96	35.05	36.48	46.22	28.92
	丝绸（亿元）	73.03	56.88	61.25	70.71	69.97	68.86	66.76	65.53	53.89
江苏	总产值（亿元）	173.72	120.08	131.29	139.32	202.98	162.37	185.66	194.87	126.85
	加工业产值（亿元）	145.96	94.80	103.17	114.86	183.44	143.89	167.08	175.41	108.81
	蚕茧（亿元）	27.77	25.28	28.12	24.46	19.54	18.47	18.59	19.46	18.04
	生丝（亿元）	109.05	63.62	68.73	58.18	100.74	78.53	81.80	86.95	51.25
	丝绵被（亿元）	8.22	5.30	9.78	23.40	48.78	37.30	51.10	60.72	39.87
	丝绸（亿元）	28.68	25.89	24.66	33.28	33.92	28.06	34.18	27.75	17.68
江西	总产值（亿元）	12.23	3.57	12.55	16.38	24.78	30.58	37.00	24.62	44.36
	加工业产值（亿元）	9.70	0.37	9.40	13.19	21.55	27.66	34.07	20.68	40.26
	蚕茧（亿元）	2.53	3.20	3.14	3.19	3.23	2.92	2.93	3.93	4.09
	生丝（亿元）	9.59	0.00	9.14	12.92	21.09	19.32	23.39	5.92	22.61
	丝绵被（亿元）	0.00	0.00	0.00	0.00	0.00	7.74	10.01	14.08	17.27
	丝绸（亿元）	0.12	0.37	0.27	0.27	0.46	0.60	0.67	0.69	0.38
安徽	总产值（亿元）	33.53	42.83	79.29	67.30	73.00	56.35	48.49	52.69	44.08
	加工业产值（亿元）	26.07	34.87	71.29	60.31	67.46	50.71	43.85	45.00	37.14
	蚕茧（亿元）	7.46	7.96	8.00	6.99	5.54	5.64	4.65	7.69	6.94
	生丝（亿元）	17.19	17.90	24.61	24.74	30.83	23.30	19.60	21.97	16.96
	丝绵被（亿元）	0.00	0.00	24.03	10.56	11.49	4.38	0.12	1.42	1.83
	丝绸（亿元）	8.89	16.97	22.65	25.01	25.14	23.02	24.13	21.61	18.36

续表

地区	指标	2010 年	2011 年	2012 年	2013 年	2014 年	2015 年	2016 年	2017 年	2018 年
山东	总产值（亿元）	110.16	142.57	506.08	71.15	62.50	55.01	54.36	51.09	43.63
	加工业产值（亿元）	103.44	134.53	497.10	61.57	53.78	47.73	46.39	42.30	34.77
	蚕茧（亿元）	6.72	8.04	8.98	9.58	8.72	7.28	7.98	8.79	8.86
	生丝（亿元）	20.05	12.14	16.84	13.74	11.57	6.93	6.14	3.34	2.59
	丝绵被（亿元）	78.35	119.99	475.04	41.77	35.77	35.26	34.41	32.14	25.69
	丝绸（亿元）	5.04	2.40	5.23	6.06	6.45	5.54	5.83	6.83	6.49
陕西	总产值（亿元）	15.85	21.63	21.94	23.85	26.79	29.49	29.80	38.60	33.21
	加工业产值（亿元）	10.15	14.73	17.97	19.08	22.17	25.48	26.01	33.44	27.88
	蚕茧（亿元）	5.70	6.90	3.97	4.77	4.62	4.01	3.79	5.16	5.33
	生丝（亿元）	9.78	14.32	14.04	14.07	18.25	19.88	20.43	25.98	20.14
	丝绵被（亿元）	0.37	0.41	3.93	4.80	3.69	5.30	5.29	7.11	7.30
	丝绸（亿元）	0.00	0.00	0.00	0.21	0.24	0.30	0.29	0.35	0.44
云南	总产值（亿元）	16.07	23.30	26.50	25.89	33.62	37.07	35.89	46.48	55.56
	加工业产值（亿元）	7.49	9.38	11.04	10.50	15.17	19.39	18.76	23.45	21.94
	蚕茧（亿元）	8.58	13.92	15.46	15.39	18.44	17.68	17.13	23.03	33.62
	生丝（亿元）	5.56	6.97	8.53	7.81	11.67	12.67	15.03	18.72	17.09
	丝绵被（亿元）	1.93	2.41	2.52	2.69	3.21	5.93	2.92	3.88	4.03
	丝绸（亿元）	0.00	0.00	0.00	0.00	0.30	0.80	0.81	0.85	0.83
广东	总产值（亿元）	20.39	36.10	36.87	24.46	26.69	25.75	23.79	24.63	20.17
	加工业产值（亿元）	15.82	32.24	32.19	19.67	18.86	17.87	16.56	20.51	18.69
	蚕茧（亿元）	12.03	22.67	24.86	12.83	11.16	11.04	8.85	16.25	14.76
	生丝（亿元）	4.57	3.86	4.68	4.79	7.83	7.88	7.23	4.12	1.48
	丝绵被（亿元）	3.79	9.57	7.34	6.84	7.70	6.83	7.71	4.27	3.93
	丝绸（亿元）	0.00	0.00	0.00	0.00	0.00	0.00	0.00	0.00	0.00
10 主产省份合计	总产值（亿元）	840.84	859.00	1332.57	923.23	1084.47	978.67	1031.93	1200.97	926.19
	加工业产值（亿元）	670.40	652.18	1111.54	692.47	874.52	781.52	814.33	918.85	630.30
	蚕茧（亿元）	170.44	206.81	221.03	230.76	209.96	197.15	217.60	282.11	295.88
	生丝（亿元）	378.30	317.08	351.52	342.12	486.61	446.40	456.53	545.99	335.78
	丝绵被（亿元）	124.63	164.16	561.01	129.19	165.57	146.04	152.52	173.10	126.74
	丝绸（亿元）	167.48	170.95	199.01	221.16	222.33	189.08	205.28	199.76	167.78
云南占10 主产省份比重	总产值（%）	1.91	2.71	1.99	2.80	3.10	3.79	3.48	3.87	6.00
	加工业产值（%）	1.12	1.44	0.99	1.52	1.74	2.48	2.30	2.55	3.48
	蚕茧（%）	5.03	6.73	6.99	6.67	8.78	8.97	7.87	8.16	11.36
	生丝（%）	1.47	2.20	2.43	2.28	2.40	2.84	3.29	3.43	5.09
	丝绵被（%）	1.55	1.47	0.45	2.08	1.94	4.06	1.91	2.24	3.18
	丝绸（%）	0.00	0.00	0.00	0.00	0.14	0.42	0.40	0.43	0.49

资料来源：根据《中国丝绸年鉴》整理而得，其中，2018 年数据根据商务部《2018 年中国茧丝绸行业发展报告》《中国茧丝绸行业 2018 年运行分析及 2019 年展望》整理而得。

从表28－5和图28－17～图28－20可以看出，在我国10个主要茧丝绸生产区中，2010～2018年，云南茧丝绸总产值占比在1.91%～6%，虽年度间有小幅波动，但总体呈上升趋势，与产量占比趋势一致。蚕茧产值增长幅度略高于产量增长幅度，表现出云南蚕茧有一定的价格优势，与云南优质蚕茧生产基地定位基本一致，但仍未能充分体现“优质优价”的原则。特别是云南丝绵被、生丝和丝绸产量占全国体量较小，质量和价格与全国保持同步，未表现出产量、质量和价格方面的优势。

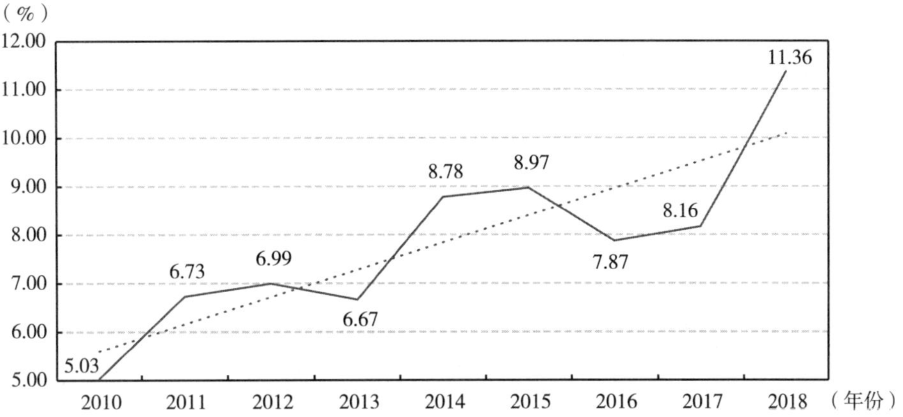

图28－17　2010～2018年云南原料（鲜茧）产值占10个主产区比重趋势

资料来源：根据《中国丝绸年鉴》整理而得，其中，2018年数据根据商务部《2018年中国茧丝绸行业发展报告》《中国茧丝绸行业2018年运行分析及2019年展望》整理而得。

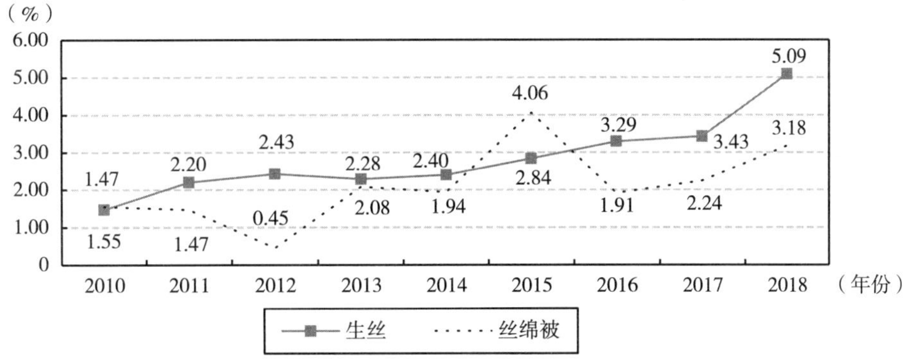

图28－18　2010～2018年云南初加工（生丝＋丝绵被）产值占10个主产区比重趋势

资料来源：根据《中国丝绸年鉴》整理而得，其中，2018年数据根据商务部《2018年中国茧丝绸行业发展报告》《中国茧丝绸行业2018年运行分析及2019年展望》整理而得。

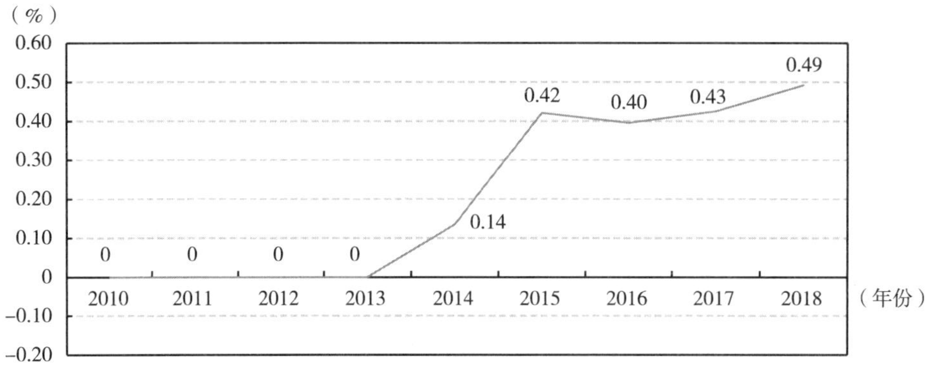

图 28－19　2010～2018 年云南深加工（丝绸）产值占 10 个主产区比重趋势

资料来源：根据《中国丝绸年鉴》整理而得，其中，2018 年数据根据商务部《2018 年中国茧丝绸行业发展报告》《中国茧丝绸行业 2018 年运行分析及 2019 年展望》整理而得。

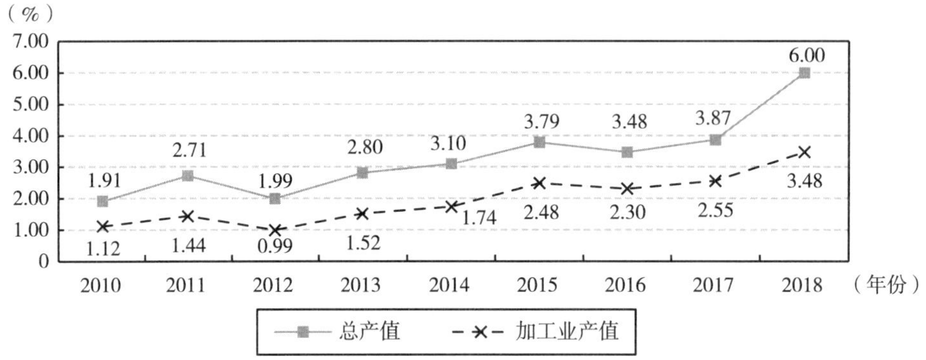

图 28－20　2010～2018 年云南茧丝绸总产值和加工产值占 10 个主产区比重趋势

资料来源：根据《中国丝绸年鉴》整理而得，其中，2018 年数据根据商务部《2018 年中国茧丝绸行业发展报告》《中国茧丝绸行业 2018 年运行分析及 2019 年展望》整理而得。

综上所述，近年来，云南蚕桑产业取得了长足发展，2010～2018 年，蚕茧产量增速领跑全国，茧丝绸产业均呈现上涨的发展态势。到 2018 年末，云南桑园面积、发种量和蚕茧产量占全国的比重均在 10% 以上，蚕桑产业处于全国第 3 的位置，但无论是生丝产量，还是行业总产值，甚至丝绵制品等占比均长期不足蚕茧占比的 50%，说明云南仅是我国重要的原料茧生产基地。在全国前 10 位主产区中，云南的桑园面积、蚕茧产量多年排名第 3 位，但桑园面积占比高于蚕茧产量占比，初加工产品生丝产量仅排名第 6、第 7 位，茧丝绸加工业产值更是仅排名第 9 位，说明云南不仅在种养环节的生产效率（亩桑园产茧量）长期低于全国平均水平，初加工业还比较落后，尤其是丝绸业的发展差距更大，整个行业尚处于以原料生产为主的初级阶段，且优质优价尚未充分体现，现代化茧丝绸产业体系建设任重道远。

三、中国及云南茧丝绸消费分析

我国是全球茧丝绸产品第一生产大国，商品蚕茧一般主要用于加工成生丝进而加工成丝绸，部分用于加工成丝绵被、丝绵袄、丝绵马甲等丝绵制品或蚕茧直接出口。生丝及丝绸产品或国内消费，或用于出口。近年来，随着全球经济不景气和国内经济稳定增长，居民收入水平不断提高，消费水平不断上升，加上国内茧丝价格处于高位区间，丝绸国内消费已经逐渐取代出口成为中国丝绸的主要市场。无论是蚕茧，还是丝绸产品的出口逐步减少。

（一）中国及云南蚕茧消费简况

2010～2018 年，我国的商品蚕茧出口量极小，所产蚕茧主要用于加工生丝或丝绵制品。云南的商品蚕茧除加工生丝和丝绵制品外，大部分作为原料茧在国内销售，目前尚无直接出口（见表 28－6）。

表 28－6　　中国及云南蚕茧消费数量构成　　单位：吨

功用	地区	2010 年	2011 年	2012 年	2013 年	2014 年	2015 年	2016 年	2017 年	2018 年
用于出口	云南	0.00	0.00	0.00	0.00	0.00	0.00	0.00	0.00	0.00
	全国	96.56	123.35	65.82	70.66	70.61	30.90	33.24	18.85	16.11
生丝加工	云南	12828.00	12648.00	16662.00	16884.00	20598.00	15917.67	27936.00	27612.90	27470.52
	全国	589016.50	605122.59	499377.18	573899.67	565973.60	557640.70	557530.57	503390.00	280260.00
丝绵制品加工	云南	672.00	692.00	700.00	780.00	800.00	1600.00	784.10	6400.80	6520.80
	全国	59994.00	61993.80	188314.50	69053.70	74962.20	70538.40	62842.20	139705.15	398723.89
国内销售	云南	16110.08	26660.00	25638.00	26984.00	36302.00	44882.33	36379.90	13467.30	34008.68
合计	云南	29872.70	40000.00	43000.00	44648.00	57700.00	62400.00	65100.00	47481.00	68000.00
	全国	649107.06	667239.74	687757.50	643024.03	641006.41	628210.00	620406.01	643114.00	679000.00

资料来源：根据《中国丝绸年鉴》整理而得，其中，2018 年数据根据商务部《2018 年中国茧丝绸行业发展报告》《中国茧丝绸行业 2018 年运行分析及 2019 年展望》和海关统计数据在线查询平台整理。

2010～2018 年，我国用于出口的蚕茧量从 96.56 万吨快速下降到仅 16.11 万吨；用于蚕丝生产的蚕茧消费呈缓慢减少趋势，但是，消费占比快速从 90.74% 下降到41.28%；用于丝绵制品的蚕茧消费稳中有升趋势，但是，消费占比从9.24%快速上升到58.72%，两者之和占全国蚕茧消费量的99.99%，呈现此消彼长的关系。2018年，我国蚕茧出口、生产生丝和生产丝绵制品的比例除2012年波动较大外都较为平稳，90%左右的蚕茧用于生丝加工，9%左右的蚕茧用于丝绵制品生产，不到0.01%的蚕茧用于出口（见图28－21、图28－22、图28－23）。

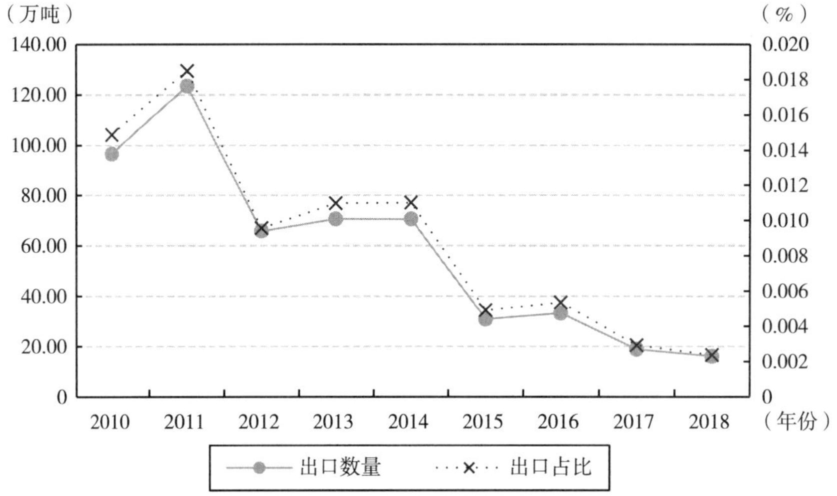

图28－21　2010～2018年中国用于出口的蚕茧量及占比

资料来源：根据《中国丝绸年鉴》整理而得，其中，2018年数据根据商务部《2018年中国茧丝绸行业发展报告》《中国茧丝绸行业2018年运行分析及2019年展望》整理而得。

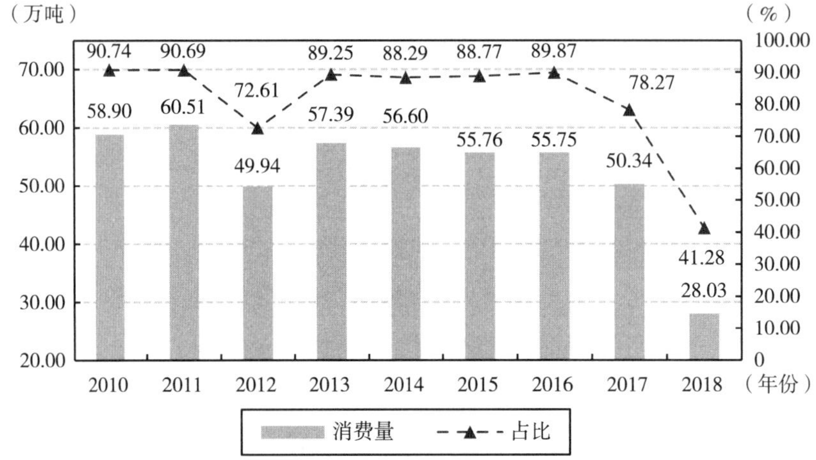

图28－22　2010～2018年中国用于加工生丝的蚕茧消费量及占比

资料来源：根据《中国丝绸年鉴》整理而得，其中，2018年数据根据商务部《2018年中国茧丝绸行业发展报告》《中国茧丝绸行业2018年运行分析及2019年展望》整理而得。

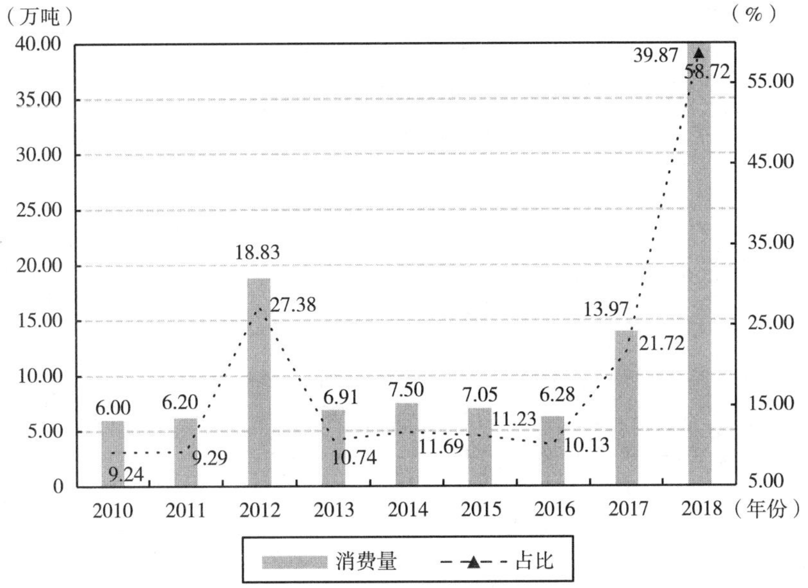

图 28－23　2010～2018 年中国用于加工丝绵制品的蚕茧消费量及占比

资料来源：根据《中国丝绸年鉴》整理而得，其中，2018 年数据根据商务部《2018 年中国茧丝绸行业发展报告》《中国茧丝绸行业 2018 年运行分析及 2019 年展望》整理而得。

云南生产的蚕茧大部分以原料茧形式在国内销售，占比多年在 50% 以上；其次是用于加工生丝，占比多年在 40% 左右，且受市场丝价影响年际波动很大，用于丝绵制品生产的蚕茧消费呈前期平稳、近年来快速增长的趋势，占比从 2.25% 上升到 9.59%，2017 年曾高达 13.48%，全省目前没有蚕茧直接出口。2010～2018 年，云南直接以原料茧销售的蚕茧从 1.611 万吨上升到 3.401 万吨，用于生丝生产蚕茧消费量亦从 1.28 万吨上升到 2.75 万吨。2015 年受市场丝价低迷影响，全省用于生丝生产的蚕茧消费量下跌，原料茧销售量曾达到接近 4.5 万吨，占比高达 71.93%；2016 年丝价回升，用于蚕丝生产的蚕茧消费又恢复到快速增长趋势；2017 年，原料茧销售量下跌到不足 1.35 万吨，占比降到 28.36%，而用于生丝生产的蚕茧量上升，消费占比达到 58.16%（见图 28－24、图 28－25、图 28－26）。

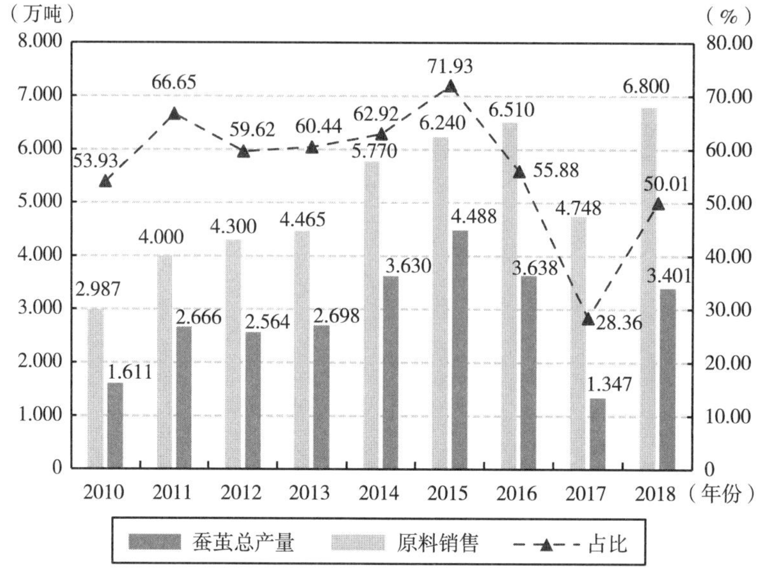

图 28－24　2010～2018 年云南原料茧销售量及消费占比

资料来源：根据《中国丝绸年鉴》整理而得，其中，2018 年数据根据商务部《2018 年中国茧丝绸行业发展报告》《中国茧丝绸行业 2018 年运行分析及 2019 年展望》整理而得。

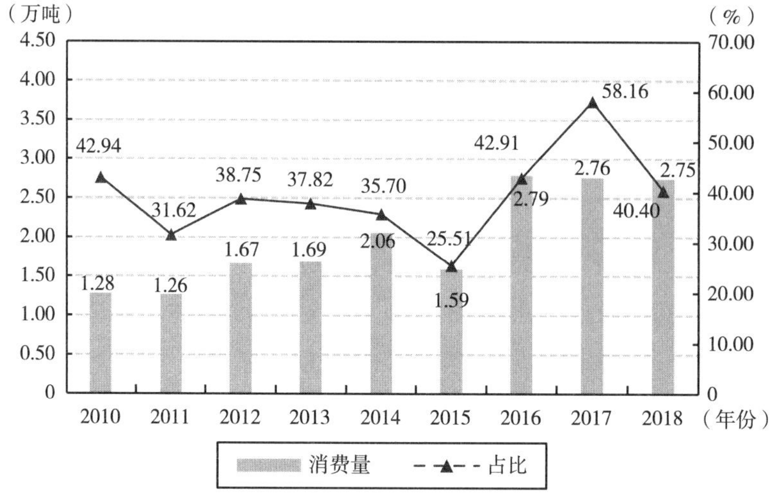

图 28－25　2010～2018 年云南用于加工生丝的蚕茧消费量及占比

资料来源：根据《中国丝绸年鉴》整理而得，其中，2018 年数据根据商务部《2018 年中国茧丝绸行业发展报告》《中国茧丝绸行业 2018 年运行分析及 2019 年展望》整理而得。

由于云南目前短期内无新缫丝能力增长的情况，预计短期内销售的蚕茧消费还将随蚕茧产量的快速增长呈快速上升趋势。

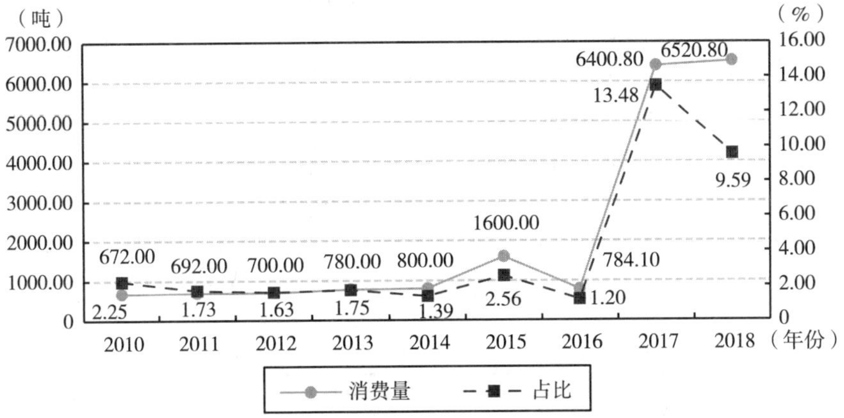

图 28－26　2010～2018 年云南用于加工丝绵制品的蚕茧消费量及占比

资料来源：根据《中国丝绸年鉴》整理而得，其中，2018 年数据根据商务部《2018 年中国茧丝绸行业发展报告》《中国茧丝绸行业 2018 年运行分析及 2019 年展望》整理而得。

（二）中国及云南丝绸消费简况

我国的生丝主要用于加工丝绸或直接出口。受全球经济不景气影响，我国用于出口的生丝量和丝绸量均呈平稳并小幅下降趋势，由于世界经济形势短期内不会有较大改善，用于出口的生丝量和丝绸量的平稳下滑趋势将维持较长一段时间（见表 28－7、表 28－8 以及图 28－27～图 28－29）。

表 28－7　　中国及云南生丝消费数量及结构

功用	地区	2010 年	2011 年	2012 年	2013 年	2014 年	2015 年	2016 年	2017 年	2018 年
生丝出口	云南出口量（吨）	78.79	83.50	99.22	82.69	112.07	134.44	108.77	99.25	116.07
	云南占比（%）	3.69	3.96	3.57	2.94	3.26	3.07	2.34	2.26	2.93
	全国出口量（吨）	6247.48	5701.11	6297.15	5939.74	5579.01	5957.22	6442.00	5194.82	4105.02
	全国占比（%）	3.86	5.28	5.00	4.33	3.34	3.46	4.11	3.66	4.75
丝绸加工	云南消费量（吨）	—	—	—	—	111.60	298.80	298.80	291.60	289.20
	云南消费占比（%）	—	—	—	—	3.25	6.82	6.42	6.65	7.30
	全国消费量（吨）	92935.20	74157.60	83635.20	112294.80	86011.20	74893.20	80107.20	72084.00	61920.00
	全国消费占比（%）	57.36	68.64	66.39	81.91	51.42	43.51	51.07	50.83	71.58
国内销售	云南销售量（吨）	2059.22	2024.50	2677.78	2731.31	3209.33	3945.76	4248.43	3992.15	3558.73
	国内销售占比（%）	96.32	96.04	96.43	97.06	93.48	90.11	91.25	91.08	89.78
总产量	云南（吨）	2138.00	2108.00	2777.00	2814.00	3433.00	4379.00	4656.00	4383.00	3964.00
	全国（吨）	162008.00	108032.00	125973.00	137090.00	167284.00	172114.00	156873.00	141800.00	86500.00

资料来源：根据《中国丝绸年鉴》整理而得，其中，2018 年数据根据商务部《2018 年中国茧丝绸行业发展报告》《中国茧丝绸行业 2018 年运行分析及 2019 年展望》和海关统计数据在线查询平台整理。万米丝绸用丝按 1.2 吨折算。

表 28－8　　　　中国及云南丝绸消费数量构成

功用	地区	2010 年	2011 年	2012 年	2013 年	2014 年	2015 年	2016 年	2017 年	2018 年
丝绸出口	云南出口量（万米）	—	—	—	—	93.00	249.00	249.00	243.00	241.00
	云南出口占比（%）	—	—	—	—	100.00	100.00	100.00	100.00	100.00
	全国出口量（万米）	21504.60	17031.32	16049.20	12626.15	11694.26	9703.76	9173.35	7766.72	7421.16
	全国出口占比（%）	27.77	27.56	23.03	13.49	16.32	15.55	13.74	12.93	14.38
国内销售	全国销售量（万米）	55941.40	44766.68	53646.80	80952.85	59981.74	52707.24	57582.65	52303.28	44178.84
	全国销售占比（%）	72.23	72.44	76.97	86.51	83.68	84.45	86.26	87.07	85.62
丝绸总产量	云南（万米）	—	—	—	—	93.00	249.00	249.00	243.00	241.00
	全国（万米）	77446.00	61798.00	69696.00	93579.00	71676.00	62411.00	66756.00	60070.00	51600.00

资料来源：根据《中国丝绸年鉴》整理而得，其中，2018 年数据根据商务部《2018 年中国茧丝绸行业发展报告》《中国茧丝绸行业 2018 年运行分析及 2019 年展望》和海关统计数据在线查询平台整理。

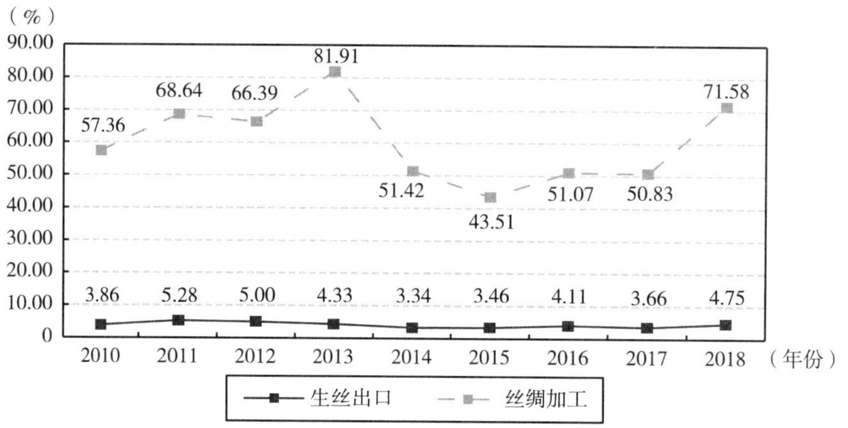

图 28－27　2010～2018 年中国生丝主要消费占比变化趋势

资料来源：根据《中国丝绸年鉴》整理而得，其中，2018 年数据根据商务部《2018 年中国茧丝绸行业发展报告》《中国茧丝绸行业 2018 年运行分析及 2019 年展望》整理而得。

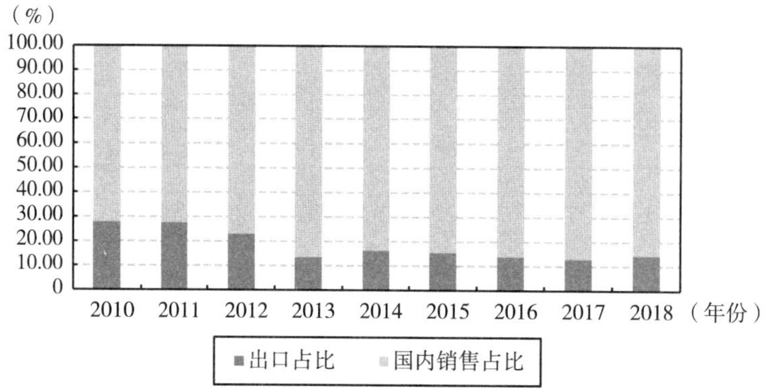

图 28－28　2010～2018 年中国丝绸出口及内销份额变化趋势

资料来源：根据《中国丝绸年鉴》整理而得，其中，2018 年数据根据商务部《2018 年中国茧丝绸行业发展报告》《中国茧丝绸行业 2018 年运行分析及 2019 年展望》整理而得。

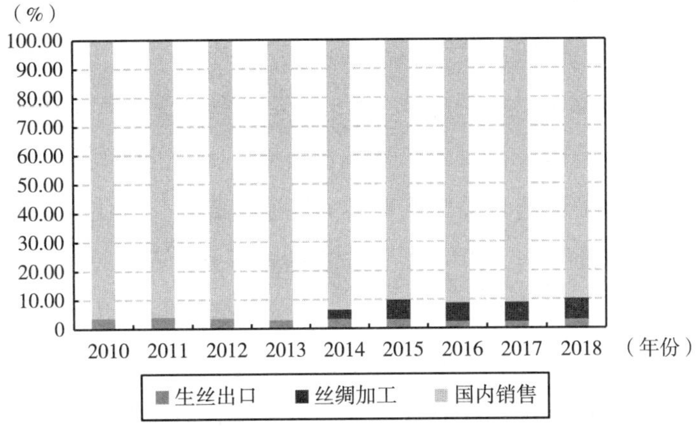

图 28－29　2010～2018 年云南生丝消费份额变化趋势

资料来源：根据《中国丝绸年鉴》整理而得，其中，2018 年数据根据商务部《2018 年中国茧丝绸行业发展报告》《中国茧丝绸行业 2018 年运行分析及 2019 年展望》整理而得。

从表 28－7 和表 28－8 及图 28－27 和图 28－28 可以看出，受国内经济稳定、居民消费能力升级等影响，我国用于丝绸生产的生丝消费和丝绸内销呈快速增长趋势，但 2016 年随着国家茧丝绸产业“去产能”结构调整，呈下降趋势。从表 28－8 可以看出，受丝绸行业产业结构调整导致产能下降以及国际、国内经济发展形势等因素影响，我国用于出口和国内销售的丝绸量均呈现大幅波动，并总体下滑。全国丝绸出口量从 2010 年 21504.6 万米下降到 2018 年不足 7500 万米，占比从 27.77% 下降到 14.38%；同期国内销售的丝绸产品量从 2010 年的 55941.4 万米上升到 2013 年最高时的近 80952.85 万米，之后波动中下滑到 2018 年的 44178.84 万米，远低于 2010 年的水平，占比从 2010 年的 72.23% 上升到 2013 年最高 86.51%，之后基本稳定在 85%～86%。从国家宏观经济调整趋势分析，今后一段时间内用于丝绸生产的生丝消费和丝绸产品国内消费量均将缓慢下降，并趋于平稳。

反观云南，2013 年前，云南没有丝绸加工能力，所产生丝 96% 以上销往国内丝绸加工厂，余下不足 4% 直接出口。从 2013 年开始，云南境内有 1 家丝绸加工厂建成投产，云南开始有用于丝绸生产的生丝消费量和丝绸出口，原料生丝直接销售给国内丝绸加工厂的比例下降到 90% 左右，用于出口的生丝占比稳定在 3% 左右。2017 年，云南新增到 3 家丝绸企业，丝绸产能有较大提升，全省用于丝绸生产的生丝消费和出口量出现快速增长趋势；用于国内销售的生丝前期呈快速上升趋势，随着云南丝绸产能的提升，用于国内销售的生丝占比逐步减小。

云南生产蚕茧尚无用于直接出口（与此相反，周边东南亚国家有部分蚕茧以边民互市贸易的形式销售到云南），用于蚕丝生产的蚕茧消费近年来呈快速增长的趋势，2015 年受丝价影响，用于蚕丝生产的蚕茧消费出现下降，2016 年丝价回升，用于蚕丝生产的蚕茧消费又恢复到快速增长趋势；用于丝绵制品的蚕茧消费呈平稳趋势，用于销售的蚕茧消费随蚕茧产量的快速增长呈快速上升趋势，但受生丝生产的蚕茧消费增长的影响，2016 年有放缓趋势。由于云南目前短期内无新缫丝能力增长的情况，短期内销售的蚕茧消费还将随蚕茧产量的快速增长呈快速上升趋势。在消费结构方面，用于丝绵制品加工的蚕茧仅占 1.2%~2.56%，变化趋于平稳。用于生丝加工和直接销售的蚕茧有一定波动，但相对平稳，40%左右的蚕茧用于生丝加工、60%左右的蚕茧用于直接销售。

云南用于出口的生丝量呈稳中有升趋势，如无相关政策措施的变化，这个趋势将维持较长时间。用于丝绸生产的生丝消费呈快速波动趋势，但由于 2013~2016 年云南仅 1 家企业从事丝绸生产，其波动为企业内部调整，2017 年，云南新增到 3 家丝绸企业，丝绸生产产能会有较大提升，用于丝绸生产的生丝消费在 2017~2020 年将呈快速增长趋势；用于国内销售的生丝呈快速上升趋势，随着云南丝绸生产产能提升和生丝产能不变，用于国内销售的生丝减少，其 2017 年后呈下降趋势。

四、中国及云南茧丝绸贸易情况分析

（一）中国及云南茧丝绸贸易量简况

我国蚕茧进出口贸易量非常小，可以忽略不计，生丝和丝绸进口基本稳定，出口则出现快速下滑。云南没有茧丝绸进口（未包括云南边民互市进口的少量蚕茧），有少量生丝和丝绸出口，但受加工业发展的限制，占全国的份额很小（见表 28-9）。

表 28-9　2010~2018 年中国及云南茧丝绸贸易国际贸易量

地区	指标		2010 年	2011 年	2012 年	2013 年	2014 年	2015 年	2016 年	2017 年	2018 年
云南	出口	蚕茧（吨）	0	0	0	0	0	0	0	0	0
		生丝（吨）	78.79	83.50	99.22	82.69	112.07	134.44	108.77	99.25	116.07
		丝绸（万米）	1.65	2.62	8.15	0.84	0.43	1.99	1.11	0.94	1.13

续表

地区	指标		2010 年	2011 年	2012 年	2013 年	2014 年	2015 年	2016 年	2017 年	2018 年
全国	进口	蚕茧（吨）	133.67	30.08	30.14	0.00	0.00	0.00	0.00	0.00	6.02
		生丝（吨）	176.60	68.72	264.70	170.35	162.40	107.35	217.49	60.87	226.39
		丝绸（万米）	265.98	271.21	265.98	61.88	78.19	104.98	56.96	29.80	211.19
	出口	蚕茧（吨）	41.98	53.63	28.62	30.72	30.70	13.44	14.45	8.20	7.01
		生丝（吨）	6247.48	5701.11	6297.15	5939.74	5579.01	5957.22	6442.00	5194.82	4105.02
		丝绸（万米）	21504.60	17031.32	16049.20	12626.15	11694.26	9703.76	9173.35	7766.72	7421.16
云南占比	出口	蚕茧（%）	0.00	0.00	0.00	0.00	0.00	0.00	0.00	0.00	0.00
		生丝（%）	1.26	1.46	1.58	1.39	2.01	2.26	1.69	1.91	2.83
		丝绸（%）	0.01	0.02	0.05	0.01	0.00	0.02	0.01	0.01	0.02

资料来源：根据《中国丝绸年鉴》整理而得，其中，2018 年数据根据商务部《2018 年中国茧丝绸行业发展报告》《中国茧丝绸行业 2018 年运行分析及 2019 年展望》和海关统计数据在线查询平台整理。虽然云南无丝绸生产，但云南有丝绸出口配额，因此，云南从其他省份进货后出口或其他省份使用云南配额也算云南出口。

我国丝绸产品出口因受世界经济形势影响，出现明显下滑趋势，由于世界经济形势短期内不会有较大改善，用于出口的丝绸产品量下滑趋势将维持较长一段时间（见图 28－30）。

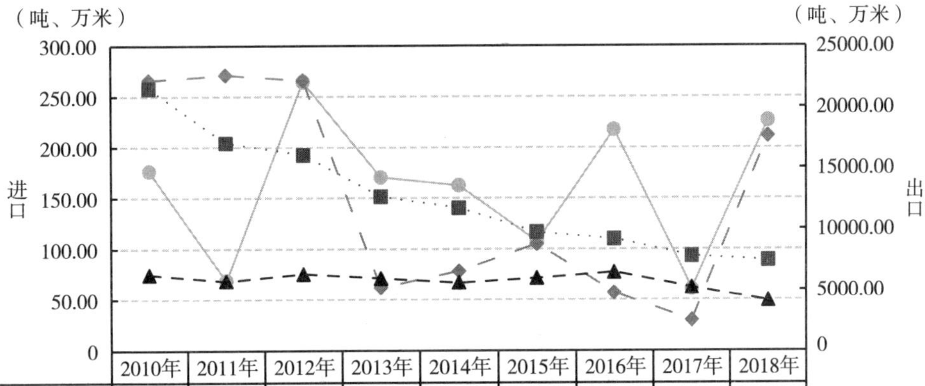

	2010年	2011年	2012年	2013年	2014年	2015年	2016年	2017年	2018年
生丝进口量	176.6	68.72	264.7	170.35	162.4	107.35	217.49	60.87	226.39
丝绸进口量	265.98	271.21	265.98	61.88	78.19	104.98	56.96	29.8	211.19
生丝出口量	6247.48	5701.11	6297.15	5939.74	5579.01	5957.22	6442	5194.82	4105.02
丝绸出口量	21504.6	17031.3	16049.2	12626.2	11694.3	9703.76	9173.35	7766.72	7421.16

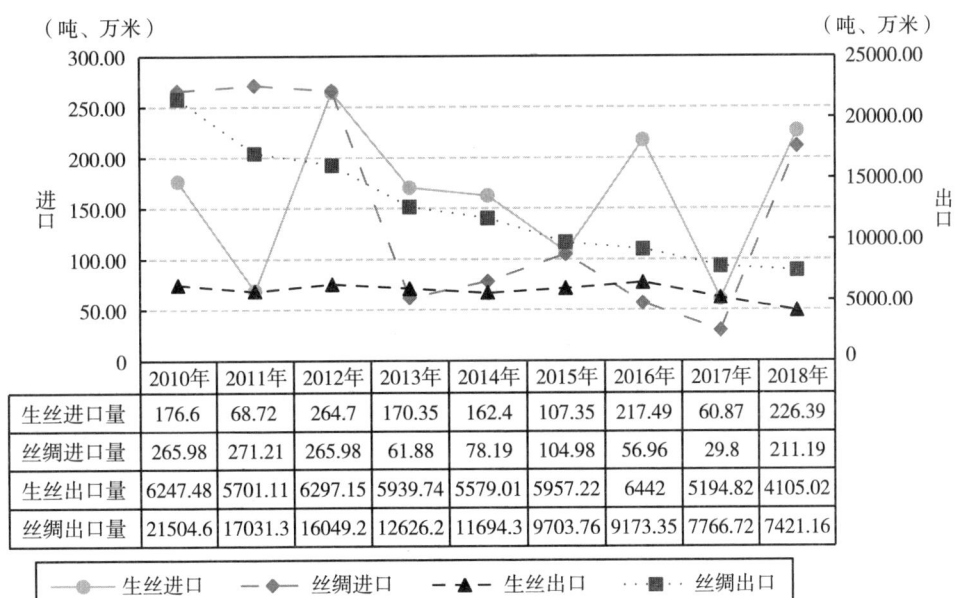

图 28－30　2010～2018 年我国生丝及丝绸进出口贸易量变化曲线

资料来源：根据《中国丝绸年鉴》整理而得，其中，2018 年数据根据商务部《2018 年中国茧丝绸行业发展报告》《中国茧丝绸行业 2018 年运行分析及 2019 年展望》和海关统计数据在线查询平台整理。虽然云南无丝绸生产，但云南有丝绸出口配额，因此，云南从其他省份进货后出口或其他省份使用云南配额也算云南出口。

从图 28－30 可以看出，云南生丝出口呈稳中有升趋势，如无相关政策措施的变化，这个趋势将维持较长时间。而丝绸出口波动较大，总体呈下滑趋势，目前基本稳定。

（二）中国及云南茧丝绸贸易额简况

受贸易量和价格波动变化的影响，我国茧丝绸贸易额也总体呈现波动下降的趋势，但不同品类间因价格变化而总体走势略有不同。云南虽有少量生丝和丝绸出口，但是在全国所占份额非常小（见图 28－31、表 28－10）。

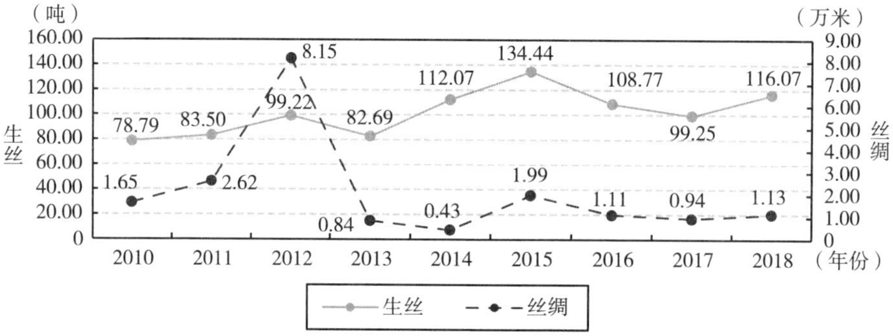

图 28－31　2010～2018 年云南生丝及丝绸出口贸易量变化曲线

资料来源：根据《中国丝绸年鉴》整理而得，其中，2018 年数据根据商务部《2018 年中国茧丝绸行业发展报告》《中国茧丝绸行业 2018 年运行分析及 2019 年展望》和海关统计数据在线查询平台整理。虽然云南无丝绸生产，但云南有丝绸出口配额，因此，云南从其他省份进货后出口或其他省份使用云南配额也算云南出口。

表 28－10　　2010～2018 年中国及云南茧丝绸出口贸易额

地区	指标	2010 年	2011 年	2012 年	2013 年	2014 年	2015 年	2016 年	2017 年	2018 年
云南	蚕茧（万美元）	0.00	0.00	0.00	0.00	0.00	0.00	0.00	0.00	0.00
	生丝（万美元）	302.80	427.70	482.70	464.10	586.10	624.30	482.90	554.10	755.38
	丝绸（万美元）	1.20	8.90	1.40	3.60	1.70	3.30	5.70	7.20	3.48
全国	蚕茧（万美元）	55.50	108.82	49.14	65.00	62.80	318.63	27.20	19.60	19.75
	生丝（万美元）	24634.10	28790.02	30168.34	33259.80	29718.70	27958.90	29398.10	29741.00	26034.79
	丝绸（万美元）	70474.80	75695.24	75043.87	64775.70	61763.70	49841.10	45035.00	40225.1	55003.98
云南占比	蚕茧（%）	0.00	0.00	0.00	0.00	0.00	0.00	0.00	0.00	0.00
	生丝（%）	1.23	1.49	1.60	1.40	1.97	2.23	1.64	1.86	2.90
	丝绸（%）	0.00	0.01	0.00	0.01	0.00	0.01	0.01	0.02	0.01

资料来源：根据《中国丝绸年鉴》整理而得，其中，2018 年数据根据商务部《2018 年中国茧丝绸行业发展报告》《中国茧丝绸行业 2018 年运行分析及 2019 年展望》和海关统计数据在线查询平台整理。

从图 28－32 可以看出，2010～2018 年，中国蚕茧出口额波动较大，总体呈下降趋势，与出口量的趋势一致。但应注意的是 2016 年后出现较大幅度下滑，从我国茧丝绸产能调整的趋势看，蚕茧出口趋势应处于低位平稳；同期，中国生丝出口额呈小幅波动，整体平稳，与出口量波动有较大的不一致，表现出量少价高的趋势；中国丝绸出口额呈线性下滑，与出口量波动表现一致，主要是受国际市场低迷和国内市场看好的影响。

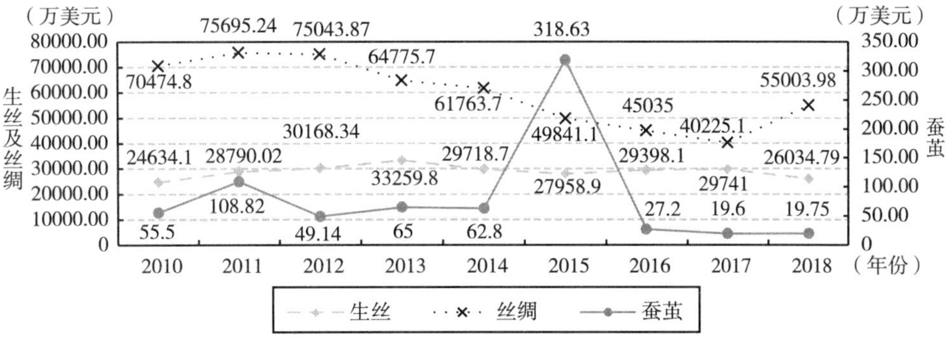

图 28－32　2010～2018 年我国茧丝绸出口贸易额变化曲线

资料来源：根据《中国丝绸年鉴》整理而得，其中，2018 年数据根据商务部《2018 年中国茧丝绸行业发展报告》《中国茧丝绸行业 2018 年运行分析及 2019 年展望》和海关统计数据在线查询平台整理。

从表 28－10 可以看出，云南生丝出口额总体呈增长趋势，与出口量趋势相同，主要原因是世界生丝价格相对平稳，出口额的增长实际是出口量的增长。云南丝绸出口额呈大幅波动，呈增长趋势，但 2018 年度下滑明显，其波动与出口量的波动不同，主要表现为丝绸价格的波动，与世界丝绸价格平稳不一致，从另一个角度反映了云南丝绸贸易不具有话语权（见图 28－33）。

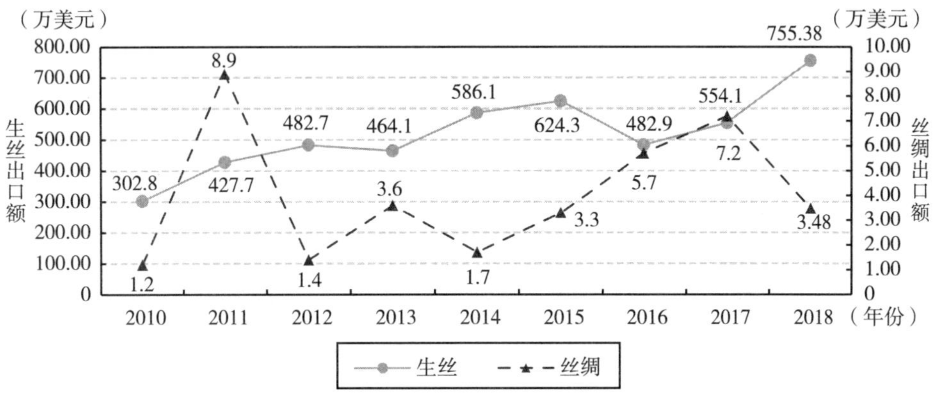

图 28－33　2010～2018 年云南生丝、丝绸出口贸易额变化曲线

（三）中国及云南茧丝绸贸易增长率比较

从表28－11贸易量变化可以看出，中国其他省份蚕茧和丝绸进口贸易量增长率2000～2005年、2006～2010年、2011～2016年三个阶段均呈持续下滑态势，2017～2018年阶段则出现明显上升趋势；生丝进口除2000～2005年阶段为负增长外，其他3个年度区间则呈持续增长态势。

表28－11　　云南和中国其他省份茧丝绸贸易量年度增长率比较　　单位：%

地区	指标	2000～2005年	2006～2010年	2011～2016年	2017～2018年
中国其他省份进口	蚕茧	－4.70	－69.95	－100	—
	生丝	－41.51	255.88	216.51	271.95
	丝绸	－84.11	－53.62	－79	608.75
云南出口	蚕茧	—	—	—	—
	生丝	－8.95	27.78	30.25	16.95
	丝绸	－24.51	－84.89	－57.86	20.35
中国其他省份出口	蚕茧	－61.09	95.05	－73.06	－14.52
	生丝	－5.26	－0.93	9.77	－25.61
	丝绸	74.05	11.01	－46.17	－4.48

资料来源：根据《中国丝绸年鉴》整理而得，其中，2018年数据根据商务部《2018年中国茧丝绸行业发展报告》《中国茧丝绸行业2018年运行分析及2019年展望》和海关统计数据在线查询平台整理。

云南作为我国茧丝绸产业的原料生产大省，无蚕茧和生丝等原料进口。从表28－11可以看出，云南生丝出口贸易量除2000～2005年为负增长外，其他三个阶段呈持续增长趋势；丝绸出口增长率在2000～2005年、2006～2010年、2011～2016年三个阶段持续下跌，2017～2018年则出现明显上升。中国其他省份蚕茧出口增长率除2006～2010年出现上升外，均处于下滑趋势，生丝出口贸易量除2011～2016年出现上升外，其他均处于下滑趋势，生丝出口贸易量除2011～2016年出现增长趋势外，均处于下滑趋势。中国其他省份丝绸出口贸易量在2000～2005年、2006～2010年阶段呈上升趋势，但2011年后则呈下滑趋势。

从表28－12贸易额变化可以看出，中国其他省份蚕茧、丝绸进口额2000～2005年、2006～2010年、2011～2016年三个阶段均持续下滑，仅2017～2018年丝绸出口额出现明显上升，生丝进口额除2000～2005年为负增长外，其他3个年度则持续增长。蚕茧、生丝、丝绸进口额增长率趋势与进口量增长趋势相同。云南生丝出口额除2000～2005年为负增长外，其他3个年度呈持续增长趋势。丝绸出口额除2000～2005年呈增长趋势外，在2006～2010年、2011～2016年、2017～2018年三个阶段持续下跌。

表28－12　　云南和中国其他省份茧丝绸贸易额年度增长率比较　　单位：%

地区	指标	2000～2005年	2006～2010年	2011～2016年	2017～2018年
中国其他省份进口	蚕茧	－62.88	－56.86	－100	—
	生丝	－72.75	352.99	150.63	199.31
	丝绸	－88.23	－35.17	－65.27	1240.57
云南出口	蚕茧	—	—	—	—
	生丝	－5.02	85.18	12.91	36.33
	丝绸	11.04	－96.33	－35.96	－51.68
中国其他省份出口	蚕茧	－92.59	155.64	－75	0.77
	生丝	－3.97	31.4	－1.07	－17.18
	丝绸	17.92	28.66	－40.53	36.72

资料来源：根据《中国丝绸年鉴》整理而得，其中，2018年数据根据商务部《2018年中国茧丝绸行业发展报告》《中国茧丝绸行业2018年运行分析及2019年展望》和海关统计数据在线查询平台整理而得。

五、云南茧丝绸产业发展存在的问题

（一）基础建设不足

一是茧丝绸发展资金投入少且分散。云南各级部门在桑园基础设施建设、新技术推广运用、科技研发等方面投入了一定的资金，有力地推动了蚕桑产业的发展，但由于资金来源渠道分散，各部门间无统一规划和发展思路，导致投入效果未能达到最大化。同时，作为“东桑西移”战略的重点地区，国家茧丝办对云南的投入相对较少，与“东桑西移”重点地区的地位不匹配（陈啸云，2013）。

二是山区蚕桑生产基础设施薄弱。由于云南蚕桑产业化发展速度快，基本上都是在缓坡地栽桑，山区基地的水利基础设施、蚕室基础设施相对滞后，低产桑园面积较大，蚕桑生产不稳定，导致亩产茧量不高，影响了蚕桑产业的综合效益，也不利于农民稳定增收（陈啸云，2013）。

（二）管理体制不顺

蚕桑产业是一个较复杂的系统工程，横跨了第一、第二、第三产业，它从培育蚕桑品种、种桑、养蚕、缫丝、织绸、印染、系列加工是环环相扣、步步相连的，它的前道产品往往是后道产品质量的基础，客观上需要一体化管理。国内外丝绸业发展的历史也证明，一体化的管理比较适合蚕桑产业的生产和经营。但目前云南还没有建立一体化的管理体制，由于蚕桑产业涉及产业链多，省级归口管理部门较多，但都是各管一块，到州（市）、县各级则建立了相应的管理部门，明确了管理职能。目前，云南的管理体制客观上造成了农工贸各自为政、产供销脱节，导致部门之间协调困难以及宏观调控不力，矛盾较大。这种部门之间的摩擦和利益矛盾制约了整个蚕桑产业的快速发展（陈啸云，2013）。

（三）生产资料和产品经营秩序有待加强和完善

一是蚕种质量管理和生产经营不规范。蚕种是蚕桑生产的物质基础。其生产供应的计划性、季节性和技术性较强，其品种特性和质量优劣是决定蚕桑生产发展与否的关键因素。多年来，云南的蚕种生产和销售没有制定和实施相应的技术标准和管理措施，省内各家蚕种场各自为政、无序竞争，蚕种生产供应计划被打破，加之云南未制定相应的蚕种管理办法，近几年由于省外茧丝绸企业的进入，引入江、浙、川等外省夏秋用蚕种，没有充分利用云南的气候优势生产多丝量蚕品种，另外，还有一些蚕种种贩无序进入市场，致使一些质次和不合格的蚕种流入云南蚕桑生产领域，对云南的蚕种市场、价格、品种以及蚕种改良选育、生产发放造成了较大影响，对云南蚕桑产业健康有序发展留下重大隐患（陈啸云，2013）。

二是蚕药经营监管无据。云南没有相应的蚕药管理办法，政府相关部门对蚕药市场的管理监控不到位，省内已发生多起蚕、桑专用农药造成家蚕中毒事件，给蚕农造成了较大损失（陈啸云，2013）。

三是鲜茧收购秩序缺乏有效管理。2016 年，国家放开了鲜茧收购政策，取消了省级鲜茧收购许可制度，鲜茧收购许可由县级相关部门制订规则，但由于各地方政策制订未跟上，无证收购、抢购等现象时有发生，给扶持农户的企业造成很大的损失。同时，由于部分收购单位和个人无前期投入，收购时哄抬茧价，收购后烘干设施简陋，导致鲜茧市场混乱及干茧质量下降。

（四）科技服务网络不全且投入不足

一是示范以及培训投入不足，推广体系缺乏工作经费。省、县、乡、村四级技术服务网络存在人员不足、待遇差、队伍不稳定的问题，技术推广工作难以正常开展，先进技术无法及时推广和应用，农户科技意识不强，造成蚕桑产业综合效益得不到充分发挥（陈啸云，2013）。

二是蚕业科研投入不足，缺乏自主创新技术和产品。近年来，云南对蚕业科研基础设施进行了更新和改造，科研基础有了较大提升，但科研经费的投入相对不足，科研人员年度人均科研经费不足 1 万元，蚕业基础研究工作无法持续有效开展（陈啸云，2013）。

（五）企业综合实力弱，缺乏创新能力和市场开拓意识

云南作为面向东南亚、南亚的门户，有着良好的地域优势，出口通道便捷、市场潜力巨大。但省内蚕桑丝绸企业市场开拓不足、创新能力不强，一是现有加工企业以生产白厂丝为主，出口也基本依赖浙江等沿海省份，造成云南出口创汇外流；二是缺少深加工能力，综合开发项目还没有形成规模；三是目前云南还未形成大型龙头企业来真正带动蚕桑产业的发展，蚕桑产品的科技含量、产品深加工能力，以及综合利用还未完全发挥，还未真正形成产业化，整体效益还未显现。云南蚕桑丝绸企业多为初级加工型企业，技术力量薄弱，技术创新或科技创新能力和意识较差，只能从事简单的加工生产。产品附加价值低，缺乏可持续发展能力（陈啸云，2013）。企业产业链短，综合开发产品品种少，综合效益低，抗风险能力弱。

（六）蚕桑生产方式落后，蚕桑产业组织化程度低

云南虽然鼓励企业采取“公司 + 农户”的模式发展蚕桑产业，但省内普遍存在公司与蚕农合作松散、蚕农生产组织随意性大、生产技术服务机构单一等问题，企业没有和蚕农形成利益共同体，蚕桑产业组织化程度低。目前，云南蚕桑丝绸企业的整体特征是：生产规模较小，集中度偏低，创新能力弱，市场竞争力、抗风险能力较弱（陈啸云，2013）。大部分蚕桑丝绸企业还没有建立起“小批量、多品种、快交货、高品质”的运行机制。云南桑蚕生产目前大部分仍以传统的小规模家庭经营为主，规模化、集约化程度不高，现代设施应用少，机械装备水平低，生产劳动强度大、效率低、收益少（张晴，2018）。蚕桑生产方式落后导致桑蚕生产基础不稳固，加上城市化、工业化引起桑园面积减少、劳动力流失，部分桑园存在弃管弃养的现象。此外，受环境变化、技术管理、品种本身遗传特性改变等

因素影响，蚕桑品种存在退化问题，优质蚕茧数量和质量下降，已逐步影响到生丝、绸缎等下游高端产品的质量提高（张晴，2018）。

（七）产业链短，属于原料蚕茧生产基地

云南茧丝绸产业的发展，基本停留在产业链的原料茧生产环节，用于加工生丝的蚕茧仅占全省产量的1/3左右，其余的蚕茧都被购买到省外进行深加工并计入国内消费市场。所以，云南茧丝绸产业能产生高产值和高附加值的部分基本都在省外。

第二节　云南茧丝绸产业的比较优势

一、主要优势条件

（一）地理和气候条件优越

由于受地势的影响和天气系统的不同，云南气温纬向分布规律中常会出现特殊的情况，这种情况反映了气候的区域差异和垂直变化，出现“一山分四季，十里不同天”的“立体气候”特点。年温差小，日温差大；降水充沛，干湿分明，降水量分布不均；云南无霜期长，南部边境全年无霜。云南的这种气候特点，有利方面是适宜多种农作物和经济作物的生长和发展。特别是对蚕桑产业而言，云南的大部分地区全年均可以饲养多丝量品种，是公认的优质蚕茧生产区，因此，云南也被业内人士称为“种桑养蚕的天堂”（陈啸云，2013）。云南大部分地区桑蚕干茧的质量可以排在全国领先的水平。总体表现为清洁、洁净程度高，毛茧出丝率高、解舒率高、解舒丝长、万米吊糙少的特点，这都是适合现代自动缫生产的要求，而且还具备生产高品位生丝的条件，这也说明云南的桑蚕干茧质量是具有竞争力的。

（二）行业优势

（1）蚕桑产业具有潜在巨大的生态效益、经济效益和社会效益，是云南当前有着巨大发展前景的产业。云南气候是当今世界上最适宜种桑养蚕的地区之一，

由于地域宽广，特别是丘陵、山地较多，发展种桑养蚕不会与粮食争地，而且有利于绿化环境、涵养水源、秀美山川。特别是国家西部大开发战略的实施，种桑养蚕独特的生态效益和经济效益将发挥巨大作用和潜力。云南农村劳动力资源丰富，特别是闲散和剩余劳动力，一方面，可以为种桑养蚕不断提供成本较为低廉的劳动力；另一方面，种桑养蚕又可以有效地解决一部分农村剩余劳动力就业和农民增收致富问题，有利于“三农”问题的解决（陈啸云，2013）。

（2）蚕桑产业具有明显的循环经济特点。蚕、桑浑身是宝，蚕、桑所有物质都具有广泛用途。蚕蛹可作为美味佳肴食用；蚕沙具有清凉、镇静的作用，含有极丰富的叶绿素；蚕丝纤维由丝蛋白构成，内含18种氨基酸，可起到护理皮肤的作用，被誉为“人体第二肌肤”；桑叶具有稳定血压、调节血糖的功效；桑果具有清肝明目、解酒、改善睡眠、软化血管、抗氧化功效；桑皮可用作桑纤维的原料，桑枝可以用来培养食用菌类。栽桑养蚕过程中所产生的物质都有开发价值。

（3）蚕桑产业具有广阔的潜在市场。蚕桑丝绸以其雍容华贵、飘逸轻柔被誉为“纤维皇后”，是其他纤维不可替代的。随着社会经济的发展和人们消费观念的转变，回归自然成为消费趋向，蚕丝纤维必将成为人们追求的消费目标。随着高科技应用于蚕桑丝绸领域，更多的蚕桑丝绸新产品将不断涌现，蚕桑丝绸以其绿色天然、无污染的特点，在男女内衣、床上用品和室内、家具、汽车等装饰材料上蕴藏着巨大的市场潜力，可以产生极大的消费需求。

（三）市场和地缘优势

中国是世界丝绸生产和出口大国。而东盟国家和印度等周边国家则是传统的丝绸消费国，是中国丝绸产品的重要输出国，早在公元前350年云南就存在“西南丝绸之路”。云南可充分利用与上述国家的地缘优势，大力发展蚕桑产业，打造茧丝绸出口基地，基地的建设将会带来较好的经济和社会效益。

丝绸自古以来就为人们所喜爱，历经五千多年而不衰，未来世界丝绸需求呈增长趋势。蚕丝因其为蛋白纤维，具有轻柔、滑爽、华丽、富有光泽等外在美和吸湿、透气、保健、美容等内涵。随着人类生活水平的提高，“崇尚自然”“回归自然”的消费观念发生变化，趋向于绿色、环保的服饰消费，因此，丝绸需求量越来越大。同时，随着世界经济的发展、人口的不断增加及蚕丝新产品的不断开发，蚕桑丝绸消费将得到恢复和持续稳步增长（陈啸云，2013）。

研究结果表明，蚕丝产量占世界纤维总产量的比例约为0.17%~0.19%。按照蚕丝产量占世界纤维总产量的比例为0.175%、鲜茧出丝率平均为12%，可预测未来几年世界蚕丝和蚕茧需求量分别为19万吨和85万吨。

（四）有国家政策的支持

2001年，国家茧丝绸协调办公室和农业部决定实施“东桑西移”计划，对蚕桑产业布局进行重大调整。并于2006年正式启动了“东桑西移”计划（陈啸云，2013）。国家已明确陕西、云南、甘肃、四川、重庆等地是“东桑西移”计划的重点地区，每年都有一定额度的茧丝绸发展风险基金投入。云南已连续多年获得茧丝绸发展风险基金的资助。云南已朝着将其打造成“国家优质原料茧基地”的目标在发展，同时采用优良高品位家蚕品种，生产丝质优、上茧率高、解舒好、净度高的蚕茧，用于缫制高品位生丝。通过优质原料茧的生产和贸易，增加云南茧丝产业出口创汇的能力，实现科技兴贸，推动云南社会经济发展。

多项有利政策制度继续实施，一些新的政策相继出台，推动茧丝绸行业稳步发展。国家供给侧结构性改革继续推进，促进行业进一步完善产品服务体系；财政部、税务总局“营改增”改革全面推进，多个地区将蚕茧纳入扩大农产品增值税进项税额核定扣除试点的政策相继出台；“一带一路”倡议背景下，更多丝绸企业将扩大国家间合作、积极走出去。2016年，国务院印发《关于促进外贸回稳向好的若干意见》，促进外贸创新发展，努力实现外贸回稳向好；商务部发布《茧丝绸行业“十三五”发展纲要》，为行业发展指明方向，研究加大对行业支持力度。2017年初，中央一号文件《中共中央、国务院关于深入推进农业供给侧结构性改革加快培育农业农村发展新动能的若干意见》提出，实施优势特色农业提质增效行动计划，促进蚕桑产业提档升级。

（五）具备产前、产中、产后的技术和服务条件

目前，云南有1个专业研究所（云南省农业科学院蚕桑蜜蜂研究所）及1个原种场、8个一代杂交种蚕种场，在科研、技术以及蚕种的培育上，具有比较明显的优势，基本能满足云南茧丝绸产业的发展需要。云南在蚕桑基地建设发展过程中不断引进江苏、浙江等蚕桑技术水平先进的管理人才、管理模式，并通过各种合作形式引进缫丝深加工项目，同时引进先进的生产加工技术和生产管理方式，使蚕桑丝绸产业链不断延伸，产品质量不断提升，产品市场范围、份额不断扩大。茧丝绸产业的龙头企业有望在产业基地点形成壮大，为云南茧丝绸产业的稳定、

发展提供了有力保障（陈啸云，2013）。

（六）从农户到政府形成了自下而上的发展动力

由于蚕桑产业的比较优势和良好的产业带动能力，云南各基地县市从农户到政府形成了一种自下而上的发展动力，这种动力对于云南山区蚕桑产业的快速、稳定发展是至关重要的。各地县市正积极准备、科学规划，云南山区蚕桑产业将会迎来一个快速发展的新时期（陈啸云，2013）。

二、云南茧丝绸产业区位熵测度

基于前文区位熵的计算原理，采用2011～2019年《云南统计年鉴》和国家统计局网站数据，计算云南茧丝绸产业区位熵，结果如表28－13所示。

表28－13　　2010～2018年云南茧丝绸产业区位熵测度

年份	云南			全国			区位熵
	茧丝绸产值（万元）	生产总值（万元）	比例（%）	茧丝绸产值（万元）	生产总值（万元）	比例（%）	
2010	141.40	72241.80	0.20	6274.10	4121193.00	0.15	1.29
2011	208.90	88931.20	0.23	7563.00	4879402.00	0.15	1.52
2012	246.40	103094.70	0.24	8304.20	5385800.00	0.15	1.55
2013	232.00	118323.10	0.20	9393.20	5929632.00	0.16	1.24
2014	347.90	128145.90	0.27	10307.80	6435631.00	0.16	1.70
2015	364.90	136191.70	0.27	9108.50	6888582.00	0.13	2.03
2016	401.50	147884.20	0.27	9622.50	7463951.00	0.13	2.11
2017	526.90	163763.40	0.32	17815.60	8320359.00	0.21	1.50
2018	493.30	208806.30	0.24	11552.50	9192811.00	0.13	1.88

资料来源：历年《云南统计年鉴》、历年《中国统计年鉴》、历年《中国丝绸年鉴》、《2018年中国茧丝绸行业发展报告》。

从表28－13和图28－34可以看出，2010～2018年，云南茧丝绸区位熵均大于1，表明云南茧丝绸产业相对于全国来说具有比较优势，显示出茧丝绸产业在全国的地位。同时，随着云南茧丝绸产业的发展，云南区位熵还呈现线性增长的趋势。在一定时期内，云南茧丝绸产业的竞争力还能进一步提升。

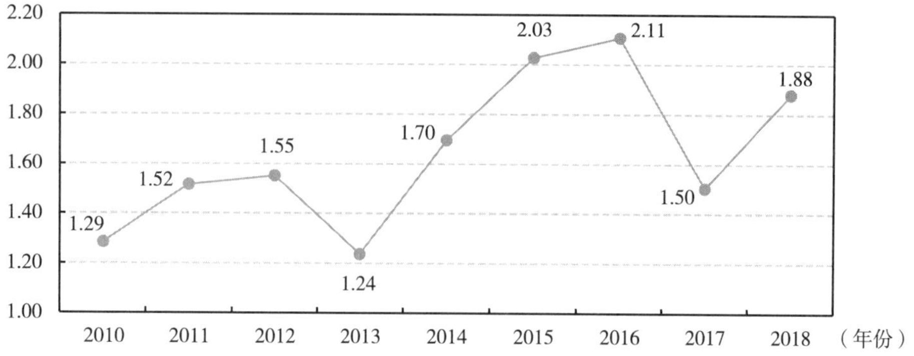

图 28－34　2010～2018 年云南茧丝绸行业区位熵变化曲线

三、主要不利因素

（一）外部需求不容乐观

2017 年以来，全球贸易格局更加复杂，我国外贸面临的压力和不确定性因素增加。一是外需持续低迷。继 2017～2018 年初的强劲增长后，世界经济自 2018 年第二季度后显著放缓，全年呈现先扬后抑态势，主要经济体增速触顶回落，一些新兴经济体经济下滑，并出现金融动荡。二是贸易保护主义抬头。“逆全球化”升温、国际贸易投资环境恶化，不断刺激各国实施贸易保护措施，由此导致国际多边贸易体制维系举步维艰，贸易摩擦加大。三是对外贸易竞争激烈。泰国、柬埔寨、越南、印度、巴基斯坦等东南亚、南亚国家加大对纺织行业的扶持，鼓励本国发展桑蚕养殖及丝织产业，加上其劳动力充裕、生产成本低，丝绸产业和订单出现转移，对我国出口市场份额造成一定影响（张晴，2018）。

（二）要素成本逐步攀升

伴随工业化、城镇化的推进和服务业的发展，我国劳动力、土地、资金等生产要素成本快速上升，并逐年增加。据《全国农产品成本收益资料汇编数据2019》，蚕农养蚕的物质与服务、雇工、流转地租金等成本费用不断增加，现金收益近年有所下降，2018 年，桑蚕茧每亩现金成本较 2017 年上升 14.6%，现金收益较 2017 年高点时下降 6.48%（张晴，2018）。此外，由于茧丝绸产业生产周期长、流动资金占用大、利润率低，茧丝绸企业普遍存在融资难、融资贵的问题，企业融资成本持续抬升也对企业发展造成影响。

（三）节能减排压力加大

近年来，国家环保政策密集出台，管控督察力度持续加大，对纺织行业节能及污染物减排的标准要求不断提升，各省级地市也相继出台地方政策。生态环境部印发了《重点行业挥发性有机物综合治理方案》，重点推进棉纺织及印染精加工、毛纺织及染整精加工、麻纺织及染整精加工、丝绢纺织及印染精加工、化纤织造及印染精加工等行业印花（蒸化、静电植绒、数码印花、转移印花等）、整理（定型、涂层）的 VOCs 排放控制。在此情况下，丝绸企业，特别是印染、缫丝等环节企业短期内节能环保改造任务较重，企业需要增加环保投资，并不断加快绿色环保型产品开发。

（四）茧丝替代品竞争加剧

从桑蚕生产看，在市场经济条件下，蚕农为了提高收入，会理性选择农业生产品种，当养蚕比较效益下降，农户对蚕桑生产投入就会不足。从工业生产看，近年来，各式各样的纤维产品不断被研制开发出来并逐渐加入市场竞争，随着茧丝原料进入高成本时代，丝绸产品的价格竞争力将更加削弱。世界纺织科技的迅猛发展，使得蚕丝等天然纤维不断受到其他多种低价合成纤维的冲击。从消费需求看，传统纯真丝面料受价格高、保养和护理困难等制约，需求主要集中在高端品牌，随着丝绸大众消费的兴起，市场对新工艺、混纺交织制品需求加大，丝绸制品面临外观和手感接近丝绸制品的替代品的挑战。

（五）其他省份蚕桑产业的竞争

云南蚕桑产业经过多年的发展取得了一定的成绩，但是，由于云南地处边疆，经济发展水平比起沿海省份有较大差距，特别是广大边远落后山区，差距还非常大。云南蚕桑产业特别是山区蚕桑产业的发展在资本、技术、政策等方面都处于相对劣势的地位，因此，其他省份蚕桑产业的快速发展也使云南山区蚕桑产业的发展面临困难（陈啸云，2013）。

蚕桑产业是浙江的传统特色优势产业，也是十大农业主导产业之一。近年来，为了促进蚕桑产业转型升级和茧丝绸产业的健康发展，浙江大力实施蚕桑西进工程和优化改造工程，积极推进茧丝绸产业化经营，促进了蚕桑产业的稳定发展。

桑蚕产业作为广西农业新兴优势特色产业，产量连续多年位居全国第1位，为促进广西农业增效、农民增收和县域经济发展做出了重要贡献。广西将以建设蚕桑产业强省为目标，以“稳量、提质、增效”为核心，以“产品、基地、园区”建设为重点，充分发挥广西资源优势、规模优势和区位优势，做大做强广西蚕桑产业，把蚕桑产业打造成为800亿元产业。

江苏将利用茧丝绸产业创新战略联盟的平台，形成完整的茧丝绸产业技术创新链，开发和掌握具有自主知识产权的核心技术，提升产业核心竞争力，促进产业结构优化升级，形成强大的产业带动作用。

蚕桑丝绸产业是四川的特色产业、重要的民生产业和具有国际竞争力的优势产业。目前，四川蚕茧产量、茧丝质量、丝绸产量均位居全国前列，综合实力突出（陈啸云，2013）。发展蚕桑丝绸产业，对于增加农民收入、发展地方经济、保护生态环境、传承中华文化具有十分重要的现实意义。四川出台了《四川省茧丝绸行业“十三五”发展规划》，明确“十三五”期间，全省要以“绸都”——南充和成都、凉山等地，打造“蚕桑丝绸文化旅游名城”，建设蚕桑丝绸产品集散交易中心（南充），将桑、蚕生产能力布局在攀西、川南、川中北3个产业带40个基地县；以成都、南充、凉山、绵阳、宜宾、内江、资阳、广安、自贡、眉山为重点，聚集建设10个优质丝绸、服装、家纺及蚕桑资源新兴产业工业园区，形成“三城、三带、十园区”的总体布局。继续加强南充都京丝绸工业园、嘉陵丝纺服装工业园等四大园区基础设施建设，推动园区二次创业、转型发展，提高单位产出效率。引导丝绸生产向适宜区域集聚发展，向产业园区集中，加速形成布局合理、特色鲜明、优势互补的丝绸生产格局。加强对蜀锦、蜀绣传统技艺等非物质文化遗产项目和“六合”等丝绸老字号企业的保护。支持四川丝绸博物馆、蜀锦工场、中国绸都丝绸博物馆、丝绸源点博物馆和丝绸老字号企业等，加强对丝绸文物的收集、整理、修复、保护，鼓励综合运用声、光、电等现代传媒技术展示丝绸文物，推进丝绸历史文化遗产的数字化、多媒体化。深入挖掘丝绸文化的历史价值、艺术价值和科学价值，将历史文化内涵渗透到产品设计、生产、销售以及产业平台建设中，提升产业发展核心竞争力。推进产业和文化融合平台建设，以南充“都京”为代表，加快推进集产业发展、历史遗存、生态旅游于一体的丝绸文化小镇建设。

作为在丝绸发展史上具有独特的地位和作用，素有“丝绸之府”的美称的浙江，其《浙江省丝绸产业传承发展“十三五”规划》明确：到2020年，丝绸历史文化得到有效传承和保护，丝绸创新发展取得积极成效，努力成为创新设计能力强、智能制造水平高、品牌影响力大、能引领世界丝绸发展潮流的国际丝绸时尚中心。

四、云南发展茧丝绸产业的优劣势总结

综合云南发展茧丝绸产业的优劣势，认为外部需求不容乐观、要素成本逐步攀升、节能减排压力加大和茧丝替代品竞争加剧等不利因素，可随着国家政策和技术进步得到解决。

外部需求不容乐观的问题，随着国家供给侧结构性改革继续推进，促进行业进一步完善产品服务体系；财政部、税务总局“营改增”改革全面推进，多个地区将蚕茧纳入扩大农产品增值税进项税额核定扣除试点的政策相继出台；“一带一路”倡议背景下，更多丝绸企业将扩大国家间合作，积极走出去。2016年，国务院印发《关于促进外贸回稳向好的若干意见》，促进外贸创新发展，努力实现外贸回稳向好。商务部发布《茧丝绸行业“十三五”发展纲要》，为行业发展指明方向，研究加大对行业支持力度。2017年初中央一号文件《中共中央 国务院关于深入推进农业供给侧结构性改革 加快培育农业农村发展新动能的若干意见》提出，实施优势特色农业提质增效行动计划，促进蚕桑产业提档升级。这些因素将推动产业发展，拉动内需，从而减少产业对外部需求的依赖。

要素成本逐步攀升的问题可以通过土地流转等措施促进茧丝绸产业规模化、集约化以及专业化来缓解。节能减排压力加大的问题可以通过中水回用、资源循环利用、多元化开发等措施促进废弃物的利用，增加效益，减少排放。茧丝替代品竞争加剧的问题则是通过丝绸文化的建设，培养消费群体，同时加强科技创新，促进新产品的创新和开发，以减少茧丝替代品对茧丝绸产业的冲击。

云南茧丝绸产业发展机遇大于挑战，应当抓住新一轮发展的机遇，充分发挥产业发展的优势条件，借“一带一路”的东风，加快发展云南茧丝绸产业。

第三节　云南茧丝绸产业经济体系简况

一、生产组织形式

（一）基本情况

据云南省农业农村厅及云南省蚕桑产业技术体系资料，2018 年，云南茧丝绸产业涉及蚕桑管理和技术服务从业人员 7000 余人，养蚕农户 40.03 万户，全省有从事蚕桑产业的管理机构、研究机构、学术团体、企业、合作社和家庭农场 728 家，其中，管理机构和技术服务机构 65 家、教育和研究机构以及学术团体 7 家、企业 260 家（涉及蚕茧生产企业 95 家、缫丝企业 13 家、丝绸加工企业 3 家、从事丝制品加工企业 117 家、从事蚕种生产企业 8 家、规模化从事综合利用及其他企业 6 家、从事蚕用物资经营企业 21 家、停产企业 7 家）、合作社 158 个和家庭农场 238 个。涉及蚕茧生产的 95 家企业中，组织模式多样，“企业 + 农户”“企业 + 共育户 + 农户”“企业 + 合作社 + 农户”“企业 + 基地 + 农户”“企业 + 合作社 + 基地联农户”等多种组织模式并存。其中，“公司 + 基地 + 农户”为陇川正信农业发展有限公司采用，“企业 + 合作社 + 基地联农户”为云南新丝路茧丝绸有限公司采用，“公司 + 共育户 + 农户”模式有 16 家，“公司 + 合作社 + 农户”模式有 42 家，“公司 + 农户”模式有 35 家。产值排名前 10 位的主要蚕种生产及多元化利用企业情况如表 28 – 14 所示。

表 28 – 14　　2018 年云南主要蚕种及蚕桑综合利用企业基本情况

序号	企业名称	投资方	注册资金（万元）	主营产品情况					
				投资桑园（亩）	蚕种		综合利用		总产值（万元）
					数量（盒）	产值（万元）	数量（吨）	产值（万元）	
1	陆良县蚕种场	陆良县蚕丝绸管理局	575.00	—	929440.00	4647.24	—	—	4647.24
2	姚安天硕蚕种有限公司	山东广通蚕业发展有限公司	200.00	—	315973.00	1579.87	—	—	1579.87

续表

序号	企业名称	投资方	注册资金（万元）	主营产品情况					
				投资桑园（亩）	蚕种		综合利用		总产值（万元）
					数量（盒）	产值（万元）	数量（吨）	产值（万元）	
3	云南美誉蚕业科技发展有限公司	本地私人合伙投资	516.36	1250.00	89612.00	492.87	—	919.38	1412.25
4	楚雄鼎峰蚕种有限公司	江苏私人投资	105.00	—	262014.00	1410.24	—	—	1410.24
5	保山海宏蚕种生产经营有限公司	浙江私人投资	110.00	—	153000.00	765.00	—	—	765.00
6	昆明网云蚕业科技发展有限公司	山东私人投资	50.00	—	107114.00	535.57	—	—	535.57
7	云南林王航宇生物科技有限公司	本地私人合伙投资	1180.00	360.00	—	—	85.00	3000.00	3000.00
8	云南椹源农业发展有限公司	四川私人投资	3000.00	5400.00	—	—	53.00	1219.00	1219.00
9	陆良广通叶绿素有限公司	山东广通蚕业发展有限公司	96.00	—	—	—	400.00	800.00	800.00
10	云南华果天宝农业开发有限公司	本地私人合伙投资	500.00	16000.00	—	—	1.92	38.37	38.37

资料来源：云南省农村农业厅和云南省蚕桑产业技术体系。

（二）案例

1. 云南保山利根丝绸有限公司

云南保山利根丝绸有限公司成立于2001年6月，是“浙桑入滇”“东桑西移”在云南保山投资开发蚕桑基地建设和丝绸加工的首家民营企业。公司集蚕种繁育、蚕桑生产、蚕茧收购、茧丝绸生产加工销售于一体，实行“公司+基地+合作社+农户”的经营模式。近年来，公司先后被认定为“国家扶贫龙头企业”“农业产业化国家重点龙头企业”“商务部东桑西移工程蚕桑基地建设单位”“国家高新技术企业”“云南省茧丝绸协会会长单位”“云南省银行业守信用客户”“云南省100家‘十一五’扶贫开发先进集体”，2018年，被认定为云南100家优强民营企业。据笔者调研，截至2018年末，公司总资产23608万元，注册资金2000万元，固定资产1805万元，现有职工185人。2018年实现销售收入12217万元，上缴各项税收332万元，支付职工工资553万元。

（1）企业发展情况。截至2018年底，公司在保山隆阳区、施甸县发展蚕桑基地15万亩，带动1.5万户5万余人参与种桑养蚕，桑、蚕新品种和种桑养蚕、方格簇上簇等新技术得到普遍推广，中等桑园亩产达到5000元，高产桑园亩产超7500元，2018年，公司带动农户养蚕66746张，直接收购农户鲜茧2052余吨，支付蚕农鲜茧收购款9569万元。蚕茧收入已成为农民的主要收入来源之一，蚕桑产业在保山已经成为推进山区、半山区农民脱贫致富的支柱产业（马文芳，2015）。

为实现贸工农一体化，公司及时进行产业升级和技术创新，现已建成20组自动缫丝生产线，年可加工鲜茧5000吨，产白厂丝670吨，优质高档蚕丝被20000条。公司“利根”商标被认定为云南著名商标，“利根”生丝产品被认定为云南名牌产品，实现了农产品由初加工向精深加工的转变，形成了从种桑养蚕到丝绸织造的产业链，公司现已成为云南缫丝规模最大的茧丝绸生产加工企业。在企业发展的同时，公司积极参与社会公益事业，2014～2018年筹集2000余万元用于扶持农民发展蚕桑产业和新农村建设；先后捐资55万元资助建设隆阳区板桥镇浪坝希望小学、板桥村中心小学、乌马村中心小学、施甸县水长乡九条沟希望小学；2006年，公司启动资助特困大学生项目，12年来共捐资275万元，连续资助272名特困大学生完成学业。

（2）发展规划。公司将紧紧抓住国家实施“一带一路”重大战略机遇，不断提升蚕桑产业竞争力，促进农民增收、企业增效、财政增长，力争到2020年在保山实现年养蚕15万张，年产鲜茧5000吨，努力将保山建成全国重点优质原料茧和高品位丝绸生产加工基地。

2. 云南新千佛茧丝绸有限公司

（1）企业基本情况。云南新千佛茧丝绸有限公司是公开竞买原云南千佛茧丝绸集团有限公司破产资产后于2009年6月3日成立的有限公司，注册资金1680万元。企业总资产2.5亿元，固定资产6542.4万元，主要从事蚕茧收购以及生丝、绢丝、丝织品、服装、丝绵被等茧丝绸系列产品的生产加工销售。公司占地246.7亩，建筑面积8.6万多平方米，下辖园区丝厂、马街丝厂、三岔河丝厂和17个蚕茧收烘站。公司现有自动缫丝规模10400绪，生产工艺、技术水平和加工设备国内领先，年生丝生产能力780吨，员工612人，是云南最大的缫丝加工企业；年收购鲜茧4500吨，年生产生丝550吨，年销售收入2.8亿元，上缴税金620多万元，是省、市、县级农业产业化经营重点龙头企业。公司主导产品“云新”牌蚕茧、生丝是云南名牌产品（桂媛、胡红珍，2018）。生丝主要销往江苏、浙江、上海、广东，部分远销欧美、印度、日本、韩国、中国香港、中国台湾等国家和地区。

（2）基地发展情况。陆良县现有桑园面积16.2万亩，占全省桑园总面积（164.4万亩）的9.85%；年养蚕总量28万张，占全省总养蚕张数（144.8万张）的19.3%；年产鲜茧总量12000吨，占全省产茧量（5.77万吨）的21.1%；农业综合产值4.48亿元，占全省蚕桑农业综合产值（20.2亿元）的22.2%（潘嫦艳等，2014）。全县共有1个街道办、4个镇、61个村委会、5.4万农户、16万人从事蚕桑农业生产、3万人从事蚕桑延伸产业。公司通过陆良县惠农蚕桑专业合作社与全县61个有桑村委会（分社）签订蚕茧生产及收购合同，合同订单面积16.2万亩，合同收购鲜茧5000吨。

（3）企业与农户利益联结机制情况。公司开展原料（蚕茧）生产收购“订单农业”，通过合作社建立蚕茧生产收购管理合同关系，通过提供栽桑养蚕技术服务指导，对栽桑、蚕室消毒、桑园大田杀虫等给予资金扶持，实行随行就市与最低保护价相结合的蚕茧收购政策，对蚕农实行“蚕茧利润二次分配”，形成利益共享、风险共担的利益联结机制，形成“公司（合作社）+基地（合作分社）+农户（社员）”的产业化经营模式。一是整合龙头企业及各级项目资金2000余万元，新建桑园4万余亩，推广强桑、农桑等优良桑品种面积2万亩，女桑2.6万余亩，新建标准化大蚕房2000平方米，带动2000余户贫困户发展蚕桑生产；改扩建共育室5.6万平方米，其中，200平方米大型共育室5座，200平方米的标准化大蚕房15个，发展年养蚕150张以上的养蚕大户5户；累计开展连片桑园病虫害统防统治20余万亩。二是对年养蚕120~150张、年产优质鲜茧5~7吨的养蚕大户，按年交售优质鲜茧量，连续3年给予1元/千克的奖励。2016年，奖励规模化养殖大户3户，发放奖励资金16620元；2017年，奖励规模化养殖大户3户，发放奖励资金17900元；2018年，奖励规模化养殖大户2户，发放奖励资金12700元。以蚕桑规模化养殖大户为标杆，让广大贫困户看有样板、学有示范，带动帮扶贫困户通过种桑养蚕、劳务输出实现脱贫致富。三是每年对61个分社、5个乡镇（街道）蚕科站、320名村级技术辅导员提供鲜茧市场维护、蚕桑基地维护、蚕桑生产技术服务资金500余万元。不断健全产业发展投入保障机制，促进了各项蚕桑工作的顺利开展，夯实了产业发展基础。2017年，公司对各乡镇分社兑现446.9万元，对蚕农二次利润分配 126.79 万元；2018 年，公司对各乡镇分社兑现 205.79 万元，对蚕农二次利润分配 237.5 万元。

（4）为农户提供农业生产经营服务情况。2015 年，公司投资 108.4 万元，为养蚕大户建设 10 个标准化大蚕房共 2000 平方米，免费提供给蚕农使用；投资 47 万元，为蚕农改扩建小蚕共育室 50 个，购进小蚕升温补湿器 100 台，消毒水箱 50 个，切桑机 50 台，塑料蚕簇 6000 个；免费为每个共育室配置 2 台小蚕升温补湿器，1 个消毒水箱，1 台切桑机，120 个塑料蚕簇。2015 年，公司收购蚕茧 4467 吨，收购金额 1.58 亿元，生产生丝 437 吨，实现销售收入 2.09 亿元，实现利润 943.7 万元，上缴税金 858.7 万元，支付职工工资 1227.03 万元，为职工缴纳社会保险费 496.3 万元，总资产 2.88 亿元。

2016 年，公司投资 124 万元对三岔河镇 17000 亩桑园进行病虫害统防统治，购买消毒设备 12 台，对全镇饲养环境统一进行消毒。为解决三岔河镇茧站不足、部分蚕农售茧路途过远、售茧拥挤的问题以及提高蚕茧收烘质量，公司投资 214.9 万元，新建三岔河茧站一个，同时淘汰洪口子茧站的茧灶，技改为自动热风烘茧机烘茧。

2017 年，公司投资 311.25 万元对公司摆洋、板桥、棠梨、海界、漾稻、湖海六个茧站进行技术改造，淘汰摆洋、板桥、棠梨、海界、漾稻五个茧站的传统落后的茧灶设施，技改为国内先进的“创艺”牌热风循环自动烘茧机烘茧。

2018 年，公司投资 241 万元在芳华镇狮子口村委会新发村建设连片桑园 1043.6 亩，其中，新栽桑 650 亩，建设桑园沟渠、沙石路面（含排水沟渠）3180 米；培育养蚕示范大户 20 户，为每个大户购买农用旋耕机 1 台，流转土地 3 亩，用于项目二期集中建设小蚕共育室和标准化大蚕房。

（5）基地认证情况。2016 年，陆良县被中国丝绸协会授予“中国优质茧丝生产基地”称号。蚕桑产业已成为陆良县五大支柱产业之一，为富民兴县做出了重要贡献。

陆良县蚕桑目前已经形成集中连片的规模化蚕桑区有：板桥镇的 15000 亩桑园，包含板桥村、旧州村、摆洋村、左里堡、小堡子五个自然村；马街镇的 15000 亩桑园，包含郭家、漾稻、庄上三个自然村。全县现有 52 个 500 亩以上大规模、集中连片的蚕桑生产基地村，为蚕桑丝绸产业的发展壮大奠定了坚实基础。

3. 德宏正信实业股份有限公司

德宏正信实业股份有限公司是农工贸科一体化的大型企业集团公司。公司以农业为基础，工业为龙头，科研为支撑，贸易为保证，以“发展丝绸产业，富裕一方百姓”为己任，以“品质、创新、诚信、责任”为核心价值观，致力于发展丝绸产业，在新时期打造一条新的丝绸之路。在国家“一带一路”“走出去”“精准扶贫”等的指引下，公司在云南及缅甸投资建设了20余个优质桑蚕原料生产基地，采取“公司+基地+农户”的新型生产模式，打造了公司与广大境内外蚕农的利益共同体。同时，在云南德宏州陇川县建设完成了一流的缫丝厂，以此为基础，为全世界消费者提供优质、绿色的丝绸产品。

“公司+基地+农户”的新型生产模式下，公司出资建立基地，基地负责育苗、育种、小蚕共育、发动农户种桑养蚕，提供技术服务，农户负责饲养大蚕，收获蚕茧，基地再通过回购蚕茧使农户获利。通过这种模式，公司、基地承担起了种桑养蚕过程中技术最密集、风险最高的工作环节，最大限度地避免了农户在养蚕中的风险，保证了农民养蚕的成功率。公司的技术员常年驻守基地，随时随地在田间地头开展技术指导和服务，为农户提供全程免费的技术指导。同时，公司和所有的蚕农签订了蚕茧收购合同，在设立最低保护价的基础上，积极引导“优质优价”的发展方向，既保护了农户的利益，又实现了企业建立优质原料基地的战略目标，形成了利益共同体。

目前，公司已在云南及缅甸投资建设了20余个优质桑蚕原料生产基地，覆盖桑园面积3万余亩，年产优质蚕茧1000余吨（熊凌等，2019）。

（三）存在的问题

从云南组织模式运行情况看，在“公司+合作社+农户”模式运行中，合作社的作用未充分体现，组织蚕农、服务农户的能力相对较弱，更多地流于形式，其根本运作方式与“公司+共育户+农户”模式基本相同。“公司+共育户+农户”模式在运行中，共育户作为公司和农户之间的连接点，其组织能力、专业技能、服务能力直接影响到模式运行效果，在实际生产中，公司较为注重共育户在蚕桑生产中的作用，在技术服务、物资等方面给予支持，以稳定蚕桑生产。大蚕饲养农户则相对自由，其生产蚕茧可以自由出售，由此容易造成公司和农户之间的利益冲突。“公司+农户”模式多为小微企业采用，其生产规模较小，可以直接服务于农户，但生产规模扩大后，服务需求加大，必然转向采用“公司+共育户+农户”等模式。“企业+基地+农户”模式组织化程度高，企业投入也较大，目前只有陇川正信农业发展有限公司采用。其运作方式是企业建立小蚕饲养、技术服务、学习示范一体化的小蚕基地，以该基地为中心辐射周边农户。小蚕基地出售3龄蚕给农户，农户饲养10～15天后出售蚕茧给企业。该模式中，小蚕基地负责小蚕饲养和技术服务，农户负责大蚕饲养和上蔟，企业负责蚕茧收购；企业、基地和农户结合紧密、分工协作、各自发挥专长，实现了工厂化思路运作农业，有利于优质蚕茧的稳定生产。家庭农场多为2016年后成立，其运作成效还有待验证。

（四）建议

一是推行“公司＋农户”“公司＋蚕农合作组织＋农户”“公司＋基地＋农户”等农民乐于接受的模式，建立共同利益机制，实现产业化经营。二是加大对合作社组织能力和服务能力的培养，充分发挥合作社在蚕桑生产中的作用。三是加大对“企业＋基地＋农户”模式中基地建设的资金支持，促进技术和服务基础的建设。四是出台相应的家庭农场建设指导意见，加大对家庭农场建设工作的指导，促进家庭农场的健康发展，引导蚕桑产业的规模化经营。

二、生产基地建设

（一）基本情况

云南蚕桑基地多以财政补助的方式建设。据云南省农业农村厅及云南省蚕桑产业技术体系统计，2018年有蚕桑生产县54个，分布在14个州（市），蚕茧产量曲靖占38.09%、大理占17.09%、保山占13.88%、普洱占10.64%、昭通占8.44%、楚雄占7.20%、德宏占1.20%、临沧占1.19%、丽江占0.93%、红河占0.71%、西双版纳占0.25%、文山占0.19%、昆明占0.11%、迪庆占0.07%。桑园面积最大的是陆良县，面积占全省总面积的9.34%；桑园面积超过10万亩的县有5个，面积占全省的35.97%；5万～10万亩的县有7个县，面积占全省的29.29%。全省鲜茧产量500吨（万担）以上的县共有20个，鲜茧产量占全省总产量的93.71%。其中，产量超万吨的有陆良县，占全省的23.71%；产量在0.5万～1万吨的有祥云县、景东县，占全省的20.07%；产量在0.1万～0.5万吨的县有10个，占全省的42.74%（见表28－15）。

表 28 - 15　　2018 年云南蚕桑基地县桑园及鲜茧产量

县名	桑园面积（万亩）	鲜茧产量（吨）	县名	桑园面积（万亩）	鲜茧产量（吨）	县名	桑园面积（万亩）	鲜茧产量（吨）
陇川县	1.20	289.05	勐海县	0.28	172.11	开远市	1.79	213.22
芒市	1.14	278.66	景东县	8.96	5961.10	蒙自市	2.78	56.69
盈江县	0.88	224.39	澜沧县	1.90	505.21	元阳县	0.76	39.21
梁河县	0.05	21.11	墨江县	1.90	405.39	屏边县	0.26	17.99
隆阳区	10.22	4474.46	镇沅县	0.59	222.15	泸西县	0.35	156.81
昌宁县	7.14	2606.82	宁洱县	0.30	55.44	陆良县	16.30	16124.98
施甸县	4.37	2359.72	景谷县	0.06	47.18	沾益区	9.51	4962.76
凤庆县	2.85	495.08	思茅区	0.08	39.18	麒麟区	3.59	2397.56
镇康县	1.88	137.93	大姚县	8.52	2818.77	师宗县	3.60	970.56
耿马县	1.67	101.28	姚安县	4.55	1436.46	富源县	2.81	779.60
云县	0.13	48.31	永仁县	3.61	573.38	宣威市	4.23	671.52
临翔区	0.06	1.33	楚雄市	0.40	25.76	砚山县	0.60	62.26
双江县	0.12	28.20	双柏县	1.20	25.21	丘北县	0.27	65.11
祥云县	10.11	7686.13	南华县	0.35	17.49	巧家县	14.93	3304.95
鹤庆县	11.22	3550.93	牟定县	0.03	0.43	镇雄县	6.53	1156.73
弥渡县	1.63	225.27	华坪县	1.53	599.69	鲁甸县	5.06	791.24
大理市	0.73	158.72	永胜县	0.36	31.36	威信县	5.39	246.81
香格里拉市	1.66	47.54	禄劝县	1.70	76.69	盐津县	2.39	243.07

资料来源：云南省农业农村厅及云南省蚕桑产业技术体系。

（二）案例

1. 政府主导型基地

（1）陆良县蚕桑基地。陆良县是云南第一大坝子，平均海拔 1840 米，四季如春，土层深厚肥沃，号称“滇东粮仓”，这里也适合种桑养蚕，因四季均饲养出多丝量品种，加上生产的蚕茧茧形大、茧色白、茧丝长、解舒率高，质量达到了全国一流，被国内外专家称之为“是一块栽桑养蚕不可多得的宜桑宝地”。

陆良县 30 多年来一直致力于培育这项从清末就在民间出现的农事。20 世纪的头一两年里，县委、县政府根据地域特点、自然条件，决定本县农业发展方向从扩展传统农业改为在山区发展经济作物和林果种植，在坝区全面铺开种桑养蚕。而最初在陆良推广蚕桑业，让执行人员和技术工作组人员备感艰难。100 多年来，陆良县人一直有养蚕做蚕丝被的传统和习惯，但只是作为一种微不足道的副业补充，远未成规模。若以此为主业，全家人的开销从哪里来？在这种顾虑下，村民们围困、驱赶到村里的行政人员和技术工作组人员，有的甚至抛石头砸工作组的车。最终，工作组依靠村干部做工作，在一个村建起了几个示范点，技术员进驻到农户家中手把手指导。一年下来，示范户种桑养蚕收益可观。这让农民见到了种桑养蚕的可行性，这才使得推广这项农事的工作逐渐打开了局面。现在，全县坝区的农民都主动种桑养蚕了。

陆良县的蚕桑产业自1965年有计划地发展至今，建成了集栽桑、养蚕、蚕种生产、缫丝及副产物开发利用于一体的产业开发体系，已成为全省乃至全国重要的优质原料茧生产和高品位生丝加工基地。全县有桑园面积17万亩，占云南桑园总面积的10%；年养蚕30万张，占全省总养蚕张数的17%；年产鲜茧总量17000吨，占全省产茧量的23.5%；蚕桑农业综合产值3.93亿元，占全省蚕桑农业综合产值的30%；桑园平均亩桑效益4000多元。[①] 现有云南新千佛茧丝绸有限公司、东来丝绸有限公司、梅玲丝纺有限公司、银河纸业有限公司、广通叶绿素有限公司等蚕丝深加工及蚕桑副产物生产企业。现已逐步形成集蚕桑生产、蚕种制售、蚕茧收烘、茧丝加工、产品销售、桑条加工、蚕沙加工于一体的产业发展格局。[②]

云南新千佛茧丝绸有限公司2009年重组，拥有收烘（茧）站16个，年收烘能力8000吨，丝厂3个，目前自动缫丝规模达6800绪，可年产生丝510余吨，实现产值1.2亿元，税收668万元。

云南东来丝绸有限公司于2012年5月由浙江湖州东立有限公司在陆良县新注册成立，注册资本金1000万元，选址陆良青山工业片区，重点开展绸缎、捻线丝、包覆丝、真丝服装生产，形成集科研、产品研发、信息体系、产品生产、产品展示于一体的丝绸产业园区，真正把陆良县建成全国知名蚕桑基地，创建全国知名农业龙头企业。项目全部建成投产后，年可实现产值12.5亿元、上缴税金1.125亿元，解决劳动就业1550人。

陆良县以高原特色农业示范园区和茧丝绸工业园区建设为重点，加大低产桑园改造和新植桑园力度，完善产业体系，延伸产业链条。陆良县每年近万吨蚕茧的原料茧产量，为云南新千佛茧丝绸有限公司每年提供近900吨生丝的工业产量，创造出近2.5亿元的产值；利用桑条制浆，陆良银河纸业有限公司成为云南重点制

①② 陆良桑蚕破茧之困［EB/OL］. 中国轻纺原料网，2012－11－05.

浆造纸企业之一，造纸规模位居全省第一，拥有制浆造纸生产能力 15 万吨，年可消耗桑条 10 万吨，为蚕农增收 200 万元左右；从事蚕沙深加工的陆良县广通叶绿素有限公司成立于 2005 年，年回收处理蚕沙 1 万余吨，生产天然叶绿素 400 吨左右，年产值 2000 多万元，利税 200 万元，每年收购蚕沙 8000 吨左右，可为蚕农增收 800 多万元。陆良县接下来还将利用电子商务平台与沿海大型交易市场连接建成信息网络，加快形成全省茧丝绸产品核心交易市场。

（2）保山市蚕桑基地。据史料记载，东汉年间保山市已是从四川经云南进入缅甸、印度名为“蜀—身毒道”，又称“西南丝道”上的一个重镇。保山市、腾冲市是这条西南丝道的必经之地和物资集散地，种桑养蚕已有一千多年的历史。保山市的纺织技术亦很悠久。据《新纂云南通志》记载，“云南纺织工艺远溯东汉，后汉书云：哀牢（今保山）土地肥美，宜五谷蚕桑知染彩文绣”。保山市的“五色锦”“永昌绸”沿着悠悠古道远销东南亚，南亚乃至西亚而闻名遐迩，享誉四海。新中国成立以后，保山市掀起了几次种桑养蚕高潮，1956 年，建成了云南第一个丝绸厂，1969 年桑田发展到 1.60 万亩，居全省之冠，尔后由于受政策、资金、技术、市场等因素影响，全市蚕桑生产历经坎坷几度兴衰，至 2000 年全市桑园跌到不足千亩。

2001 年以来，市委、市政府立足特色资源优势，抓住国家“东桑西移”的历史性发展机遇，积极建设蚕桑生产基地、引进培植龙头企业，用工业化理念谋划产业，使保山市的蚕桑生产和茧丝绸产业又获得了新的发展，蚕桑已成为农民增收，财政增长的支柱产业。由于领导重视，措施得力，广大干部群众团结奋斗，开拓进取，保山市蚕桑生产取得历史性突破，目前全市桑园面积达到 20.02 万亩，涉及隆阳区、施甸县 15 个乡镇、183 个行政村、养蚕户 3 万户。全市养蚕 18.65 万张、产鲜茧 7865 吨、产白厂丝 360 吨，实现农业产值 2.58 亿元、工业产值 1 亿元、创利税 1000 万元。通过结构调整，优化布局，全市桑园面积达到 20.02 万亩，以隆阳区、施甸县为主的产业带基本形成，涌现出板桥、芒宽、由旺 3 个桑园超万亩的基地乡（镇），有 15 个专业村桑园面积上千亩，丰产桑园实现亩效益 3000 元以上，发挥了较好的示范带动作用，被云南列为省级蚕桑基地，2006 年被商务部列为“国家级蚕桑基地”（陈雪峰，2008）。

保山市蚕桑龙头企业云南保山利根丝绸有限公司成立于 2001 年 6 月，是“东桑西移”“浙商入滇”在云南投资开发建设蚕桑基地和丝绸加工业的首家企业。公司按照“公司 + 基地 + 农户”的经营模式，投资 9000 万元，建成蚕桑科技示范园

5000亩，新建了年制种30万张的蚕种场和7个收茧站，兴建了20组自动缫丝生产线，年产300万米织绸厂一期工程已投产，丝绸服装厂正在动工建设，产业升级逐步推进，集原料茧基地、蚕种繁育、蚕茧收烘、丝绸加工、服装销售于一体，公司实力日益增强，2006年被认定为云南省农业产业化经营重点龙头企业，同时被评为先进企业。

保山市的蚕桑产业发展得到了各级各部门的关心和支持，商务部两次在保山市召开全国“东桑西移”研讨会和座谈会，保山利根丝绸有限公司连续三年得到国家农业开发的列项支持，云南省发改委、省农业开发办、农业农村厅、科技厅分别支持保山市实施完成了桑树优良品种繁育基地、土地治理蚕桑基地建设、隆阳区优质蚕桑产业化技术、施甸县良种工程、自动缫丝生产线农产品加工等一批重大项目，夯实了丝绸工业基础，改善了桑园道路、水利条件，提高了种桑养蚕科技水平，2018年，保山市农桑系列良种利用率达80%；引进“秋丰×白玉”抗氟蚕品种应用于生产，建造养蚕大棚150个，共9120平方米，配套简易蚕台250套，推广塑料折蔟155万片；建设小蚕共育室252幢12700平方米，小蚕共育率达85%，其中，蒲缥、瓦度等6个乡镇共育率达100%，小蚕一日二回育、大蚕一日三回育等省力化技术推广率达100%，方格蔟使用、雄蚕饲养、杀虫灯防治桑虫、测土配方施肥等新技术试验示范正在有序展开。

近年来，保山市蚕桑生产取得了令人瞩目的成绩，但是，产业发展中出现了一些值得注意和亟待解决的问题。一是产业之间争地现象突出，发展速度缓慢；二是种桑养蚕农户多、饲养水平参差不齐；三是部分桑园立地条件差，只有数量，没有产量；四是环境污染趋重，桑疫病、桑瘿蚊等病虫害已呈高发之势，家蚕脓病大面积爆发，家蚕中毒事件时有发生；五是蚕种市场管理不规范，蚕种质量有待于进一步提高。

2. 企业主导的基地建设

（1）普洱市蚕桑基地。普洱市种桑养蚕历史悠久，蚕茧品质优良。多年来，市委、市政府立足资源优势，抓住国家实施“东桑西移”工程的历史机遇，凭借得天独厚的生产环境和气候条件，大力培育和开发蚕桑产业，通过成立机构、加强领导，整合资源、培育龙头，制定政策、完善机制，整合资金、加大扶持等一系列行之有效的措施，充分调动各级政府、企业和蚕农的积极性，基本建立起了育苗制种、栽桑养蚕、鲜茧收烘、缫丝加工的产业开发体系。在全国面积滑坡、产量下降的不利影响下，普洱市蚕桑产业在逆境中“破茧而出”，形成了生产、加工、销售一条龙，开创了贸工农一体化的普洱市蚕桑生产经营模式。蚕桑产业已成为全市广大农民群众增收致富的一条重要途径。

企业是建设的主体、投资的主体和市场的主体。普洱市始终树立坚持扶持龙头企业就是扶持农业，扶持龙头企业就是扶持农民的思想，着力引进、培育辐射国内、国际市场的大企业、大集团带动蚕桑产业发展。市委、市政府制定和完善了一系列对龙头企业、对农民发展蚕桑产业的扶持政策措施，市政府每年预算投入400万元蚕桑产业发展专项资金，在对蚕桑专业示范大户和蚕桑专业强村以奖代补的基础上，对龙头企业生产并销售的每张蚕种给予1元的以奖代补；生产并直接出口的生丝每吨给予1000元的以奖代补；生产并直接出口的坯绸每万米给予100元的以奖代补；对新建标准蚕种催青室每个给予1万元的以奖代补；对新建标准收烘茧站每个给予10万元的以奖代补。全市各有关部门和各县（区）政府积极整合支农项目资金，加大对蚕桑产业发展的投入力度。

普洱市坚持“巩固提升、稳步发展、提质增效、整村推进”的工作思路，以培养蚕桑专业示范大户为切入点，以建设蚕桑专业强村为突破口，围绕高产、优质、高效的目标，采取面上收缩、点上扩张、培养大户、整村推进和综合配套等措施，全面提高亩桑产叶量、亩桑产茧量和优质茧比例，增加蚕农收入（陈光红等，2012）。全市每年确定建设30个重点村，每个重点村投入50万元，由各级蚕桑办和龙头企业进行分村包干、重点打造。根据缺什么、补什么的原则，整村整组推进，走出了一条具有普洱市特色的专业化、规模化、集约化、规范化蚕桑产业发展道路。普洱市蚕桑产业发展几经周折，终于走上了持续、健康的发展道路。全市蚕桑产业形成了桑园面积巩固发展、养蚕设施逐步完善、鲜茧产量平稳增长、蚕农收入较快增长、茧丝绸工业健康发展的大好局面。

（2）陇川县蚕桑基地。2014年10月县委、县政府又通过招商引资，引进了一家蚕茧深加工企业入驻陇川工业园区，并在陇川县注册为德宏正信实业股份有限公司，总投资10576万元，占地50亩，建筑面积34463平方米（张晓买、许珍娣，2018）。2014年12月，正信公司首先在勐约乡温泉村建立了专业化小蚕共育基地，并以基地为基础，发动农户种桑养蚕。当年勐约乡共种植桑园317亩。农户从2015年6月开始养蚕，截至2015年11月30日，共养蚕10批次，收获鲜蚕茧5060千克，产值24万元。

从2015年11月以来，陇川县蚕桑办、全县各级各部门以及德宏正信实业股份有限公司，紧紧围绕县委、县政府确立的蚕桑发展目标任务，层层细化，分解责任抓落实，通过广大干部群众和公司全体员工的共同努力，蚕桑生产进展顺利，开局良好。截至2016年8月25日，全县共完成新建桑园建设面积9711.7亩，涉及全县7个乡镇（护国、王子树、清平、城子、陇把、景罕、勐约），41个村委会，178个村小组，1759户农户。

3. 案例分析

一是政府主导的基地建设。成功者以陆良县基地为代表，陆良县蚕桑发展是云南蚕桑产业发展的一个典型，云南自新中国成立以来，蚕桑产业发展几经起落，但陆良县蚕桑却是特殊的县，从开展发展蚕桑产业以来，一直稳步发展，其主要因素有两点：历届政府的重视和产业文化的培育。陆良县政府40多年来一直致力于培育这项从清末就在民间出现的农事，通过多年的努力，建成了较为完善的产业体系，也培养了蚕桑产业文化，农户对待蚕桑产业由要我发展转变为现在的我要发展。这个根本的改变成为陆良县蚕桑产业发展的动力。其产业链涵盖了农业、纺织、化工等行业，形成了较为完善的产业体系，其成功之处在于政府对基地建设的长期支持，但由于长期对企业的保护政策，也造成农户与企业之间较深的矛盾，导致原龙头企业破产重组。随着云南新千佛茧丝绸有限公司、云南东来丝绸有限公司、云南梅玲丝纺有限公司等公司的进入，陆良县蚕桑逐步延伸，政府对企业的政策也不再是“一包到底”，蚕桑产业走上了市场化运作的正轨，产业得到稳步发展。

失败者以普洱市澜沧基地为代表，该县位于云南西南部，依澜沧江而得名，是全国唯一的拉祜族自治县，澜沧县自2005年11月起步发展蚕桑产业以来，2012年，全县桑园面积已发展到4.46万亩，到2016年，全县桑园面积已减至1.5万亩。其中一个主要原因是在蚕桑产业发展初期，为加快产业发展，普洱市各级政府蚕桑相关负责人考核与桑园建设挂钩，为完成相关的栽桑任务，部分地区的桑树栽培中存在强行下达任务的现象，农户有“帮领导种桑树”的思想，在日常管理等方面较为消极，由此造成桑树越种越少。

二是企业主导的基地建设。企业主导的基地建设成功与否与企业的能力和建设理念有直接关系，以陇川县为例，1995年，陇川县积极响应州委、州政府的号召，在农业局成立了蚕桑办，由当时的县农业局副局长李根广任主任。以城子镇麻栗坝为基地，开始发展蚕桑，当时桑园面积发展到600多亩，但由于养殖技术缺乏，无法培育出合格小蚕，农户大蚕饲养没有成功。到1997年，县农业局蚕桑办被撤销，工作人员并入其他站队。2004年11月，四川老板李文顺（四川省江油市永恒丝绸有限责任公司），在户撒乡向农户无偿提供桑苗，发展种植桑园。到2016年4月，全乡共种植了2000余亩桑园。但由于老板资金有限，在蚕桑种养过程中，没有聘请有经验的技术员来指导，导致养殖效益较低；农户所交售的蚕茧款得不到及时兑付，农户积极性差；在种桑养蚕过程中农户得不到资金扶持，农民发展蚕桑信心不足。到2007年10月以后，农户都把桑园改为种植夏玉米。

2007年，陇川县千雅茧丝绸有限责任公司到陇川县投资发展蚕桑产业，主要在章凤镇的户弄村委会、陇把镇的户岛、帮湾村发展，后来又到王子树乡发展。2010年，桑园面积曾发展到4180亩，全年发放蚕种量724张，产鲜茧36.2吨，当时，鲜茧收购价20元/千克，为当地农民创收72.4万元。但由于公司技术力量不够，资金缺乏、没有加工企业、鲜茧质量差等因素的制约，加上2009年后县委、县政府在坝区开始发展种植烟草产业，桑园面积逐年萎缩。至2014年底，公司主要在王子树乡发展桑园近400亩，陇把42亩，章凤17亩，年养蚕300张，产鲜茧13.5吨，鲜蚕收购价36元/千克，为农户创收48.6万元。2016年5月，公司把其名下的蚕桑业务转移给德宏正信实业股份有限公司，公司退出了陇川蚕桑舞台。

2014年10月德宏正信实业股份有限公司进入陇川县，投资10576万元建立了缫丝厂，以“专业化小蚕共育基地+农户”模式，发动农户种桑养蚕。当年勐约乡共种植桑园317亩。农户从2015年6月开始养蚕，截至2015年11月30日，共养蚕10批次，收获鲜蚕茧5060千克，产值24万元。截至2016年8月25日，全县共完成新建桑园建设面积9711.7亩，涉及全县7个乡镇（护国、王子树、清平、城子、陇把、景罕、勐约），41个村委会，178个村小组，1759户农户。

政府引导和支持，尤其是企业的入住，使得陇川县蚕桑产业逐步走上稳步发展的道路。

4. 总结

从云南蚕桑基地建设情况看，完全由地方政府号召、企业组织和农户自主的基地较少，多数是地方政府号召和企业组织相结合的建设形式。49个基地中13个为政府号召，1个为企业组织，其他35个为地方政府号召和企业组织相结合。

在云南蚕桑基地建设中，地方政府号召和企业组织相结合是主要的建设形式，多为地方政府采用招商引资或资产重组等方式引入蚕桑企业，给予相关的政策、资金等支持，并制订相关发展规划，地方政府以行政手段下达基地建设任务，企业参与技术服务和收购。这种形势下政府可采用多种手段支持基地建设，发展速度快，企业在农业基地投入较少，可以在加工基地建设方面加大投入。但该形势下，政府干预较多，容易引起干群矛盾，同时由于追求桑园面积上的快速增长，基地面广，基础不稳，容易造成快上快下的剧烈波动，不利于产业的稳步发展。另外，地方政府在招商引资或资产重组时会有相应的保护性措施，容易造成区域性垄断，难以平衡农户、企业的利益，不利于产业的发展。其政府、农户和企业之间应有良好的协调机制，才能使产业健康发展。

农民专业合作社组织形式在云南蚕桑基地建设中所占份额较小，仅香格里拉市金江镇新建村蚕桑农民专业合作社1家，主要是原有一定规模的发展，但由于企业经营原因，政府不再支持其发展，由合作社自发经营，这种形势下，受资金、技术等因素影响，规模难以扩大，效益难以体现，如政府重视，可能再次形成地方政府号召和企业组织相结合的形式。

政府号召的形式分五种情况。一是陆良县基地为代表的，该基地经过多年的发展，已有较大规模，形成一定的产业文化，产业分工明确，企业主要工作是建设加工基地，原料基地则由政府组织农户自主建设。这种形势下，产业已形成良性循环，可以稳步发展。二是云南保山利根丝绸有限公司采用“公司+合作社+基地+农户”的农业产业化发展模式，大力推进蚕桑基地建设，公司每5年与广大蚕农订立蚕桑生产与蚕茧收购合同，与当地党委政府一道，为蚕农免费提供种苗、农膜、农药和部分农机具，补助农户建设大蚕房和小蚕共育中心，无偿为蚕桑基地建设水利、道路、供电等基础设施，公司在隆阳区、施甸县聘请技术辅导员120名，无偿为农户提供订种和种桑养蚕技术指导服务，并出台鲜茧收购保护价政策，确保不低于保护价收购蚕农所产全部鲜茧。三是以镇雄、盐津基地为代表的，因其公司是政府为解决产业发展而成立的，其功能与政府相关部门结合，可以认为是政府号召的形式。这种形式是产业发展过程中的中间形式，随着体制改革的深入，其必然向地方政府号召和企业组织相结合的形式转变。四是宣威、砚山、楚雄、牟定、南华、永胜、华坪等基地，因其处于发展的初期，尚无企业介入，或因企业转行等因素，其基地建设完全依靠政府号召，由政府相关部门支持产业的发展。这种发展状态是一种中间状态，没有企业作为产业发展的支撑，其发展规模有限。基地建设要取得发展必须引入有一定实力的企业作为产业发展支撑。五是麒麟、沾益基地，其基地建设依靠政府号召，由政府相关部门支持产业的发展，其蚕茧市场处于开放状态。两个基地由于发展时间较长，积累了一定的产业基础，目前以原料基地的形式存在，因蚕茧市场的开放状态，其蚕茧单价一直处于云南的高位，农户收益好，发展积极性较高。但受资金等投入的限制，基地规模难以扩大，也是由于蚕茧市场的开放状态，积极推动蚕茧生产合作社建设是一个较好的解决方案。

（三）存在的问题

云南蚕桑生产条件优越，根据表 28－4 数据，2018 年，桑园面积已增加到 175 万亩，蚕种发种量达到 161.29 万张，鲜茧产量达到 6.8 万吨，已成为我国重要的优质蚕茧生产基地。但云南蚕茧基地低产桑园面积大，平均亩桑产量较低。低单产对应的是低效益，造成了蚕桑产业与其产业的比较效益不占优势，发展受到限制。相对于原料蚕茧的生产，云南生丝产量仅居全国第 6 位，占全国产量的 4.58%，丝绸生产更差，仅占全国产量的 0.47%。加工基地建设严重滞后，产业效益总量小，也造成全行业在国民生产中的比重不高，影响力弱。

（四）建议

一是加大招商引资的力度，发展深加工，延长产业链，做大做强龙头企业，拉动产业发展。二是加强蚕桑生产专业合作社能力，提高蚕桑生产组织化程度，稳定蚕桑生产，推动蚕桑基地建设。三是大力推广小蚕商品化（工厂化）蚕桑生产技术，积极采用新技术、新品种，提高农户科技素质，努力提高单产，稳定基地建设。四是在小蚕商品化（工厂化）共育技术的基础上，调整养蚕生产布局，改传统一年养 4 批蚕为养 5～6 批蚕。

三、加工管理方式

（一）基本情况

截至 2018 年，全省共有鲜茧收烘站 165 座，烘茧设备 359 套（座），其中，有自动热风循环烘茧机 83 台、90 型热风烘茧灶 35 座、73 型热风烘茧灶 146 座；缫丝企业 13 家共有缫丝生产设备 65280 绪，年生产厂丝能力 6500 吨；丝绸加工企业 3 家，年坯绸生产能力 2000 万米。①

---

① 笔者调研所得。

（二）案例分析

1. 各案例的基本情况

（1）云南新千佛茧丝绸有限公司。公司拥有自动缫丝机26组10400绪，年设计生丝生产能力780吨，年干茧加工能力2340吨。2015年，“云新”牌生丝被评为云南省名牌产品，2017年，“云新”牌蚕茧被评为云南省名牌产品，2016年公司通过ISO 9001：2008质量体系认证，2018年转版为ISO 9001：2015，2010年被省工信委评为“云南省成长型中小企业”，2012年8月被评为“云南省农产品深加工科技型企业”，2014年3月被认定为“云南省科技型中小企业”，2014年6月被曲靖市政府授予“60户重点骨干工业企业”称号，2015年“云新”牌生丝被评为云南省名牌产品，2012年、2013年、2014年、2016年、2017年被评为“纳税先进户”，2016年被省工信委授予“云南省民营小巨人”荣誉称号，2017年“云新”牌蚕茧被评为云南省名牌产品，2018年被中国丝绸协会授予“全国茧丝绸行业年度创新企业”。

（2）云南保山利根丝绸有限公司。公司成立于2001年6月，是“东桑西移”“浙商入滇”在云南省投资开发建设蚕桑基地和丝绸加工业的首家企业。公司按照“公司+基地+农户”的经营模式，建成蚕桑科技示范园5000亩，新建了年制种30万张的蚕种场和7个收茧站，兴建了20组自动缫丝生产线，年产300万米织绸厂一期工程已投产，丝绸服装厂正在动工建设，产业升级逐步推进，集原料茧基地、蚕种繁育、蚕茧收烘、丝绸加工、服装销售于一体，公司实力日益增强，2006年被认定为云南省农业产业化经营重点龙头企业，同时被评为先进企业。

（3）云南皇正实业集团有限公司。公司成立于2003年12月，是省级农业产业化经营重点龙头企业。公司依托全县8.2万亩桑园基地，以“公司（工厂）+协会联农户接市场”的现代农业发展模式，形成了集蚕桑生产技术推广服务、蚕种生产经营、蚕茧收烘、蚕药物具经营、缫丝、丝绵制品加工销售于一体的蚕桑产业链，主要产品有桑蚕干茧、生丝、蚕丝被等。截至2018年底公司在全县建有1个缫丝厂，规模为（20组）8000绪，占地74.1亩，现已建成自动缫丝生产线10组4000绪，年可生产生丝300吨，年可生产加工蚕丝被20000床；设有1个蚕桑技术推广站、7个蚕桑服务站（兼蚕茧收烘），有自动烘茧生产线10条，73-1烘茧灶15座，仓储面积达16000平方米，年可收购烘烤鲜蚕茧4000吨。公司在生产经营过程中严格遵守相关法律法规，确保安全生产、合法经营。在企业不断发展的历程中受到了各级、各部门的充分肯定：2006年，被云南省经济委员会和云南乡镇企业局联合评为云南第一批100户重点农产品加工企业之一；2007年，获得“云南省农产品加工重点企业”称号；2008年，被云南商务厅授予“东桑西移先进企业”称号；2009年，公司生产的“赢龙”牌生丝被评为云南名牌产品；2010年，被云南工业和信息化委员会评定为“云南省成长型中小企业”；2011年，“赢龙”牌蚕丝被被云南农业厅评为云南名牌农产品；2012年，“赢龙”牌蚕丝被、蚕丝毯被云南工商行政管理局认定为云南著名商标；2013年，被云南科学技术厅认定为“云南省科技型中小企业”，被云南工业和信息化委员会、云南财政厅再次认定为“云南省成长型中小企业”，被中共云南纪委、云南监察厅定为“云南省民营经济发展环境监督联系单位”；2014年，被云南银行业协会授予“守信用客户”，被云南农业厅授予“云南名牌农产品”。

（4）镇康县国诚茧丝绸有限公司。公司于2007年2月成立，现有正式员工26人，其中，具有5～30年种桑养蚕经验的熟练技术员25人。公司在县委、县政府正确领导和各级政府、业务部门的大力支持下，在全县7乡镇共发展桑园面积11500亩，其中，杂交苗8000亩，嫁接苗3150亩，全县各村组小蚕共育室126幢，累计完成农村蚕桑技术骨干培训1400人次，其中，证书培训201人次，送到外地学习培训22人次。2016年以来，经过3年多的艰苦创业，建立蚕桑基地2.25万亩，辐射全县7个乡（镇）。公司2018年产鲜茧176吨，实现蚕农收入369.6万元，带动当地农户亩均增收3035元，最高亩均增收达5227元，有力地推动了镇康县蚕桑产业快速发展，促进农民增收致富。

2. 各自成功的经验或失败的教训

可以看出，加工链较长的三家企业，其发展速度快、规模大、效益好，加工链短的企业发展速度相对较慢，效益也较差。以云南保山利根丝绸有限公司为例，该公司从种植、养殖、蚕茧收烘、缫丝、织绸、丝绵被生产多方面发展，截至2018年底已有桑园19.05万亩，配套建成年产30万张的蚕种场和7个收茧站，兴建了20组（8000绪）自动缫丝生产线和年产300万米丝绸织造厂，年产白厂丝680吨，高档经编真丝及混纺面料300吨产，纯天然家蚕丝绵被1.5万条，实现了公司增效，农户增收的“双赢”局面。以镇康县国诚茧丝绸有限公司为例，该公司原计划在桑园发展到8万亩时，建设10条自动缫丝生产线，实现蚕茧年产量32000吨，产值7亿元，上缴税收3500万元，企业利润5200万元，农民增收3.2亿元，为社会解决就业岗位500个。但由于桑园建设进度迟缓，目前桑园面积仅

1.8 万亩，加工能力建设未能如期开展，产业链的拉动作用未能发挥。

3. 归纳总结

从云南蚕桑生产实际分析，认为仅从事蚕茧收烘的模式，其投入少，但由于产业链较短，抗市场风险能力弱。从事茧、丝生产的企业投入较大，投资回收期较长，其蚕茧可作为产品直接销售，也可以作为原料自行生产生丝，有较强的抗风险能力。从事茧、丝、丝绸生产的企业投入较大，投资回收期较长，产业链长的优势较为明显，但由于云南丝绸生产周边产业不全，生产成本相对江苏、浙江等丝绸生产发达地区要高。全产业链发展还有较长的路要走。

（三）存在的问题

一是蚕茧收烘设备老旧，需要更新。截至 2018 年，全省 165 座鲜茧收烘站 359 套（座）烘茧设备中，先进的自动热风循环烘茧机仅 83 台，大部分是需要更新的 90 型热风烘茧灶和 73 型热风烘茧灶（181 座）。① 二是产业配套不全，茧丝绸周边产业不完善。三是工人结构性短缺明显，熟练技术工人和特殊工种工人非常短缺。四是大部分基地产业链较短，未能发挥茧丝绸产业链长的特点。

（四）建议

一是打造茧丝绸加工园区，完善茧丝绸周边产业。二是培育壮大蚕桑精深加工龙头企业，落实《云南省人民政府关于加快蚕桑产业发展的意见》中的优惠政策。三是支持茧丝绸加工企业升级延伸。四是加大招商引资力度，引进精深加工企业，延长茧丝绸产业链，促进茧丝绸全产业链整合发展。

四、市场营销

（一）基本情况

云南茧丝绸行业产品中蚕茧未形成名牌，主要厂丝、丝制品、丝绸产品品牌有“千佛”“利根”“佳浩”“张蝴绵”“长江丝绸”“麒麟”“草坝蚕宝”“yuncao”“祥翔”“WOFENG”“皎平渡”“轿子山”“马樱花”等，蚕种品牌有“红

---

① 笔者调研所得。

星”“益名”等。

云南鲜茧收购除沾益区外均采取订单生产、合同收购模式，不形成开放式的交易市场。干茧销售中，陆良县原有蚕茧拍卖市场，但由于缫丝加工能力提升，直接由本地龙头企业合同收购后加工为生丝，蚕茧拍卖市场自然消亡。云南茧丝绸产业未形成完整的物流渠道，也未开展相关的物流渠道建设，物流主要由社会公共物流服务完成。

云南茧丝绸主要加工企业中省外投资占比较大，其蚕茧、生丝和丝绸产品销售有特定渠道，主要采取传统的线下销售模式。对于省内投资企业，由于近年来蚕茧为卖方市场，也由采购方采用线下采购模式直接订购。近年来，随着互联网经济的发展，丝绵制品、真丝家纺产品开始进入线上销售，其比例不到10%，主要还是采取传统的店面销售模式。

（二）案例分析

1. 各案例的基本情况

（1）“利根品牌”。2001年，云南保山利根丝绸有限公司入驻保山。公司集蚕种繁育、蚕桑生产、蚕茧收购、茧丝绸、蚕丝被加工销售于一体，实行“公司+基地+农户”的农业产业化经营模式（马文芳，2015）。近年来，公司先后被认定为“农业产业化国家重点龙头企业”“国家扶贫龙头企业”“国家级蚕桑基地建设单位”“国家高新技术企业”“云南省茧丝绸协会会长单位”。截至2018年底，公司共有蚕桑基地15万亩和20组自动缫、4组丝绸生产线，年可产生丝670吨、蚕丝被2万条，保山市蚕桑及丝绸产业规模得到空前发展，所产丝绸品进一步提高了古代“永昌丝绸”的品质和特色，产品不断远销海内外。2012年，公司“利根”商标（第22类）被认定为云南著名商标，2013年，“利根”生丝产品被认定为云南名牌产品，铜丝棉交织绸被认定为保山市第一批重点新产品。公司现有总资产3.02亿元，固定资产4450万元，职工185人。2017年，实现销售收入1.09亿元，利税558万元。公司目前为云南缫丝规模最大、产业链最长、产品品味最高的茧丝绸生产加工销售企业。

（2）张蝴绵品牌。“张蝴绵”品牌为昭通市张蝴绵蚕丝制品有限公司系列蚕丝制品，为“云南省著名商标”，昭通市张蝴绵蚕丝制品有限公司属于自然人出资的有限公司，成立于2005年10月，注册资金50万元，总资产1000万元，年销售额1000余万元，实现利税300万元。公司占地面积20亩，建筑面积3000平方米，绿化面积5000平方米，现有职工110人，其中，管理人员8人，技术人员50人，工人52人。公司所生产销售的蚕丝制品，无论是销售额还是产品的质量、工艺等都居于全国之首。公司的前身是“张记镇华蝴绵工艺社”，到现在历经百年演绎，它所使用的商标“张蝴绵”已有百年历史，它是经历了五代人的打造而享有盛名的。长期以来，在昭通市一直备受推崇，家喻户晓，在云贵川等省均享有盛誉。公司本着“质量第一、信誉为本”的原则，经过多年的努力，在各级政府领导的关心和支持下，现已被评为昭通市、区两级政府的“守合同重信用单位”，于2010年度被评为“昭通市农业产业化经营市级重点龙头企业”。公司多年以来以“张蝴绵蚕丝制品”品牌为依托，进行张蝴绵蚕丝制品的生产、加工、销售工作，产品现已销往云南昆明、玉溪、楚雄，贵州遵义，广东深圳、广州，吉林长春，辽宁营口，江西丰城，浙江宁波，安徽阜阳等。

（3）“赢龙”品牌。“赢龙”品牌为云南皇正实业集团有限公司系列产品品牌，为云南著名商标。“赢龙”牌生丝被评为云南名牌产品。2010年9月，公司生产的“赢龙”牌蚕丝被荣获第六届昆明泛亚国际农业博览会优质产品金奖；2011年11月，“赢龙”牌蚕丝被被云南省农业厅评为云南名牌农产品；2012年12月，“赢龙”牌蚕丝被、蚕丝毯被云南省工商行政管理局认定为云南著名商标；2013年2月，“赢龙”牌蚕丝被、蚕丝毯被大理州工商行政管理局认定为“大理州知名商标”；2014年12月，“赢龙”牌蚕丝被荣获云南名牌称号。

2. 各自成功的经验或失败的教训

从以上案例分析，云南四个品牌由于缺乏“产学研”发展的机制，其产品创新性较弱，同质现象明显，其营销也有一定的地域性，影响力较小。而江苏“太湖雪”品牌由于走“产学研”一体化发展之路，不断丰富传统真丝产品的科技内涵，有与苏州大学蚕桑研究院合作成立的产品研发中心、与苏州大学基础医学与生物科学学院联合成立的苏州市蚕丝生物技术重点实验室，开展丝绸产品的生态加工技术研究、功能性蚕丝及其产品的加工技术，不断提升产品科技含量和企业核心竞争力，其产品创新性强，品牌影响力大，是中国真丝家纺的前三品牌。

3. 归纳总结

从以上案例分析，品牌的发展是建立在创新基础上的。没有创新，虽然投入较少，可以以最短的时间产生利润，但由于没有核心竞争力，同质现象明显，无法做强做大。走“产学研”一体化发展能从基本上提升产品科技含量和企业核心竞争力，但其对企业的人才、创新基础、投入有较高的要求。因此，企业的基础和市场定位是品牌建设的根本，一个品牌的建立要与企业的能力相适应，不宜盲目扩大。

（三）存在的问题

一是品牌营销意识淡薄。对品牌内涵的理解不深，打造品牌的能力不强。

二是缺乏准确的品牌定位。在对市场和产品进行定位的基础上，企业还必须对自己的品牌进行定位。针对目标市场的品牌形象定位离不开对品牌文化取向和自身个性化的元素的挖掘。企业必须为特定品牌确定一个合适的市场位置，从而使商品在消费者心中占据一定的位置。企业对自身的品牌个性特征建设和品牌价值体系的认识不足，因而，在品牌营销实践中往往难以将品牌创建与顾客的需求特征有效结合，许多只能凭借主观臆想去创建自己的品牌形象，或者一味追寻自己的独特特征，却不注重对目标市场的研究，导致很多企业的品牌定位雷同，管理者和营销人员对自身品牌形象设计认识模糊，品牌命名随意，品牌传播常常不统一，甚至朝令夕改，导致顾客难以准确认知企业的品牌（刘祥凤，2015）。

三是品牌推广方式单一，过分依赖广告。企业品牌建立起来之后，尚需通过传播使品牌进一步被市场识别，品牌传播是促使品牌营销目标得以实现的重要手段。当前，媒体越来越多样化，但很多企业仍然采用广告进行品牌推广，忽视了媒介组合，品牌推广的方式过于单一，从而导致推广效果较差。不仅如此，即便是通过广告推广，企业也存在着一些问题，其广告缺乏创意，大多雷同，难以引起消费者的共鸣，在消费者心目中的认可度差。另外，很多企业只注重品牌推广，而不注重品牌的内涵建设，其产品或服务的实际状况与其品牌宣传相去甚远，从而给消费者留下了极其不好的印象，不利于品牌的后续推广和品牌价值的持续提升（刘祥凤，2015）。

四是品牌随意延展。利用原品牌的力量推出新产品或开拓新市场就是对品牌的延展，值得注意的是，新元素和老品牌之间绝对是联系紧密而非各自独立的（刘祥凤，2015）。然而企业利用原品牌进行扩张的时候，一味追求规模或者利益，急功近利的心态下，随意扩展自己的品牌元素，背离了品牌延伸的规律，使品牌朝向随意的方向延展，让原本统一的品牌形象变得混乱不堪，市场对品牌的识别出现不统一，无疑会对原品牌的核心价值和个性化带来极大的负面影响，为以后的发展埋下隐患。

（四）建议

一是建立品牌营销战略观念，树立品牌营销意识。品牌战略是现代企业的核心战略，品牌是顾客心中的承诺和形象，拥有它无疑就拥有了一批稳定而又忠诚的客户群。故而它对于企业巩固现有市场，开拓新市场具有强有力的作用。良好的品牌形象本身就是在顾客心中拥有最好的口碑，因而，它代表了企业的质量和信誉，更代表了企业的市场和利润保障（刘祥凤，2015）。品牌蕴含着企业经营者在长期实践经营中累积起来的理想信念、价值观念、行为准则等一系列核心的无形资源，它们悄无声息地推动企业的经营，实现品牌承诺，取得顾客信任，最终形成良好而又稳固的品牌形象。所以企业树立正确的品牌意识，就是将品牌营销提升到企业发展战略的高度，从内在将品牌建设贯穿企业经营的全过程和全方位。这就需要企业经营者了解使用品牌的意义，还需要对企业家进行系统的关于品牌战略的培训（刘祥凤，2015）。

二是对品牌形象准确定位，对品牌延展慎重严谨。第一，保持品牌形象的高度统一，避免定位错乱。品牌定位必须清晰描绘企业的形象和价值，表现区别于其他品牌的企业或产品的差异化，从而使品牌在被顾客识别和理解中不会出现误会或者偏差，而是非常清晰明确（刘祥凤，2015）。第二，选择正确的时机进行品牌延展，确保延展产品的相关性。品牌延展不仅是企业发展扩张的诉求，更是企业无形资产转移、品牌形象固化和强化与扩张的良好策略。然而品牌并非永久长存，同样会有生命周期，遵循导入、成长、成熟和衰退的规律。作为无形资产，品牌更应该是企业战略性资源，评估品牌所处的生命周期的阶段与特征，正是企业充分发挥品牌这一战略资源潜能的关键，也是企业采取正确品牌战略和实施战术的关键。在正确的时机下进行品牌延展同样要确保延展产品的相关性。品牌延展或者是通过开发新产品实现了品牌价值转移，又或者是以新产品形象促使顾客把对品牌的信任转移到新产品上，达到延续品牌寿命的效果。但是，顾客识别新产品形象必然是基于其对企业品牌的旧有认知基础。因此，企业要进行品牌延伸必须确保具备两个条件：一方面原品牌的主导产品已经获得较大的成功，形成稳定的市场，拥有良好的市场美誉度和忠诚度；另一方面，用来延伸的新产品必然是相关的，才符合顾客对品牌的认知规律。否则，就必然会造成品牌形象混淆甚至冲突。

三是搞好品牌设计，明确品牌核心价值。品牌设计的最终成果是品牌定位的最终体现，是品牌定位形象化、符号化、生动化以及被市场识别接纳的关键。理想的品牌设计必须做到文字设计简洁易懂，造型设计形象生动，全局构思新颖独特，同时也能够承载企业的价值观念或者产品特色，而这些又同时必须迎合目标市场的社会文化环境，并且符合消费者的审美心理，能够被消费者所接受。而品牌的核心价值作为品牌的精髓，更应该被充分挖掘，以使消费者充分认识到品牌的利益和个性，驱动消费者认同、喜爱并乐于购买此类商品。因此，企业构建品牌的核心价值，必须让顾客清晰地感知到、体会到企业对于顾客利益实现和个性化产品与服务中做出的努力与尝试，从而获得顾客对企业的认同，也就是对于企业当前品牌形象的认同，才能最终形成客户对品牌的忠诚度。

四是采用多元化的传播渠道，促进品牌推广。通过品牌推广，消费者才能有渠道获得企业品牌的相关信息，形成自身对企业品牌的理解，品牌的知名度才能迅速提升，其品牌形象和影响力才能得以实现。对此，我国企业应该改变传统的以媒体广告和新闻公关为主的单一品牌推广渠道，而更多地转向网络、手机甚至口碑营销，采用平面媒体、网络推广和终端推广三面结合的多元化的传播渠道。这样品牌推广的覆盖面会大大扩展，并且通过互动式的新媒介可以让公众参与到品牌营销之中，而不是简单地作为旁观者，这样就可以唤起消费者对品牌的美好感情和联想。尤其是最近一两年，社交互联网和移动互联网兴起，我国企业更应该充分利用微信、博客、网络视频和 Facebook 等社交媒介进行品牌宣传，这些网络渠道受众多，而且多为年轻人群，从而更能够达到预期效果。企业也可以通过社会公益渠道进行营销，例如开展各种志愿活动，关心孤寡老人，支援贫困山区，组织环保公益活动，资助基础教育等，以体现企业社会责任，增强企业的社会影响力，从而促进企业品牌推广。

五是整合企业内外部资源，为品牌营销提供资源保证。品牌营销属于企业的整体战略，因此，品牌营销不能仅仅依靠企业内的战略部、营销部等品牌营销的策划与执行者来完成，企业内部如生产车间、质量部、产品研发部、财务部等都应该参与进来，统一在品牌营销这一全局战略的旗帜之下，统一认识，统一观念，明确任务，明晰职责。但是，各个不同部门无疑都是一个个小团体，他们必然会代表自身的团体利益，要使他们都参与进来，企业必须建立跨部门和跨职能的机构作为整合内外部的一切资源的执行机构。一方面，企业应该对自身所拥有的财力、人力、物力资源和社会资源等进行充分整合，形成以客户为中心的，企业内外协调运作的品牌营销系统，在此过程中，特别要重视品牌营销人才的培养和引进，品牌营销人员应该具有广博的知识和过硬的综合素质（刘祥凤，2015）。另一方面，企业还必须拥有一支精诚团结、高效精英的素质型营销团队，他们理解企业的核心理念和价值观，全面了解企业自身和市场，拥有敏锐的市场洞察力和自主创新意识，可以有效执行企业品牌营销的战术计划（刘祥凤，2015）。

六是政府引导打造“云茧”“云丝”品牌。提高蚕农和企业对打造品牌必要性及深远意义的认识，通过行业协会的组织，政府给予重视和扶持，打造“云茧”和“云丝”品牌为全省茧丝绸行业共享。制定打造品牌和维护品牌的制度，牢固树立以质量求效益、求发展的经营理念，确保云南茧丝绸产业可持续发展。

五、投（融）资

（一）基本情况

云南茧丝绸从业企业主要采用传统银行信贷和民间借贷的方式融资，投（融）资渠道单一，投（融）资风险较高。同时企业投（融）资能力也较弱，截至2018年底，全省229家企业无一上市企业。

（二）案例分析

1. 各案例的基本情况

（1）云南新千佛丝绸有限公司投（融）资案例。云南新千佛茧丝绸有限公司是公开竞买原云南千佛茧丝绸集团有限公司破产资产后于2009年6月3日成立的有限公司，注册资金1680万元。截至2018年底，企业总资产2.5亿元，固定资产6542.4万元，主要从事蚕茧收购以及生丝、绢丝、丝织品、服装、丝绵被等茧丝绸系列产品的生产加工销售。公司占地246.7亩，建筑面积8.6万多平方米，下辖园区丝厂、马街丝厂、三岔河丝厂和17个蚕茧收烘站。公司现有自动缫丝规模10400绪，生产工艺、技术水平和加工设备国内领先，年生丝生产能力780吨，员工612人，是云南最大的缫丝加工企业。公司年收购鲜茧4500吨，年生产生丝550吨，年销售收入2.8亿元，上缴税金620多万元，是省、市、县级农业产业化经营重点龙头企业。公司以固定资产作抵押和干茧作质押从金融机构贷款，以干茧作质押从中国茧丝绸交易市场贷款。

（2）云南皇正实业集团投（融）资案例。云南皇正实业集团（以下简称皇正集团）前身为大理州银龙轻化集团，成立于2012年3月，各成员公司注册资本达1.78亿元，经营范围涵盖农业、轻纺、化工、建筑、房地产开发置业、新型金融等，是集农、工、贸于一体的民营企业集团。2016年，实现产值8.6亿元，年末资产总额6.82亿元，在职员工1280人。皇正集团母公司为云南皇正实业集团有限公司，是云南农业产业化重点龙头企业，主要从事蚕桑种养、蚕茧收烘，白厂丝和丝绵制品加工销售，主要产品有生丝、蚕丝被以及丝绵制品。旗下子公司有祥云县龙润工贸有限公司，主要从事硫酸生产、锌焙砂加工、硫铁矿加工销售；祥云县宏运建筑工程有限公司，具有二级建筑资质，主要从事房建工程、市镇工程、农田水利工程以及各类土石方工程施工；祥云县金宏房地产开发有限公司，从事房地产开发与置业，在县内开发建设了花鸟市场、彩云居、理想家园等住宅小区；大理州云源蚕种科技有限公司，从事蚕种生产、销售；祥云县银鑫小额贷款有限公司，主要从事县内各项小额贷款、财务咨询业务；祥云银龙民间融资登记服务有限公司，主要提供投融资项目咨询、投融资策划、投融资对接、交割监督等服务；祥云县富诚物业服务有限公司，主要从事物业管理。成员单位为祥云县蚕桑协会，是一个在龙头企业带动下建立起来的协会，有会员1万多个，是大理州农技协联合会团体会员。协会建立了由公司、站、中心辅导员、小蚕共育户四级组成的科技推广服务体系，主要从事县内蚕桑生产技术推广及服务。

（3）云南佳浩茧丝绸集团有限公司投（融）资案例。2003年，公司通过政府招商引资进驻景东县发展蚕桑产业，大力扶持农民种桑养蚕。2007年，斥资2000多万元收购整合全市蚕桑资源，成立了云南佳浩茧丝绸集团有限公司，主要从事蚕桑种植基地的开发、蚕桑种植、桑蚕养殖、鲜茧的收购及加工、生丝加工制造、蚕丝被和丝绸系列产品研发、生产、销售等，是省级农业产业化重点龙头企业。公司拥有6家全资子公司和3家分公司、1家蚕种公司、1家叶绿素公司、2家缫丝厂、2家蚕丝被厂和10家“佳浩丝绸”专营店，注册资本11058.58万元，累计投入基地建设资金10069万元，累计投入产业化加工建设资金12890万元。公司以固定资产作抵押和干茧作质押从金融机构贷款。

2. 各自成功的经验或失败的教训

以传统银行信贷和民间借贷的方式融资，投（融）资渠道单一，投（融）资风险较高。云南佳浩丝绸集团在茧丝绸行业获得成功后，为追求投资的多样化，开始进入房地产，但由于投（融）资上运作不当，造成2015年投资佳浩融城房地产项目失败，造成资金链断裂，进而影响茧丝绸产业发展，出现“打白条”现象，

2017 年，云南佳浩丝绸集团缫丝、蚕茧生产业务被中丝集团收购。

云南皇正实业集团由于介入茧丝绸产业之前就从事房地产和化工行业，资金雄厚，本身也从事民间融资和小额贷款业务，提供投融资项目咨询、投融资策划、投融资对接、交割监督等服务，资金运作经验丰富。投（融）资情况良好。

（三）存在的问题

主要存在的问题有：投（融）资渠道单一，投（融）资风险较高；企业管理不够规范，对于基本的财务管理及融资知识的掌握还比较片面；茧丝绸产业是劳动密集型传统产业，其特点是不具备高科技型企业的高成长性，直接融资空间有限，利用股票、债券等市场手段来筹措资金难度大。

（四）建议

一是努力实现金融服务多元化。要发挥民间资本对茧丝绸产业的扶持作用，先要深化我国金融体制改革，打破金融业垄断的现象，逐步引导民间资本进入茧丝绸金融市场。（1）要提供差异化金融服务。根据金融机构规模的不同，向茧丝绸企业提供的服务定位也不同，对大型的银行，应主要为茧丝绸产业向国际化发展提供支持，除了提供国际货币结算和提供外币汇率等信息服务外，还应积极借鉴国外先进的经验进行融资模式创新，例如通过国内担保，可为“走出去”的茧丝绸企业开展金融贷款业务，为茧丝绸产业走向国际化提供支持。而一些地方性的小银行或者民间资本成立的小型商业银行，依托其具有灵活性的特点，建议可以研究纳入更多方式的抵押融资产品，或者丰富上下游企业的互助担保融资方式，以服务茧丝绸产业链的发展需求。（2）金融机构要完善信用等级指标建立。由于市场信息不对称，导致当前金融机构很难获取有效的茧丝绸企业信息，无法准确判断茧丝绸企业的信用状况，虽然，茧丝绸企业不注重信用建设是主要原因，但从另一个角度来说，金融机构没有形成完整的明晰的信用评价指标也有一定的关系。因此，金融机构要根据茧丝绸企业的现状制定信用评估标准和评估方法，对辖区内茧丝绸企业进行公告，督促茧丝绸企业能够更有针对性地加强自身信用建设，也提高银行机构开展信用评估的依据。此外，要加大对信用信息的利用率，金融机构要与工商、税务等部门加强信用等级平台建设，对信用高的茧丝绸企业开通融资绿色通道，用激励方法提高茧丝绸企业加强信用建设的主动性。（3）完善制度建设引导设立民营银行。可将辖区内的投资公司、投资基金公司等机构资源进行整合，实现资源利用最大化。通过制度制定，对民间金融进行统一的管理，规范民间资本运行，最终设立成为民营银行，规范民间金融市场管理。（4）大力助推地方民营经济发展。宽松有利的宏观环境是吸引民间资本进入的首要条件，在当前“大众创业，万众创新”的背景下，政府可通过财政贴息、高端技术人才引进优惠政策、资本投资税收优惠等措施为民营资本创造良好的投资环境，简化民间资本进入茧丝绸产业金融领域的行政审批手续，降低时间和经济成本（郭思琳，2017）。

二是借助互联网金融新型模式转型升级。借力“互联网 +”的大形势下实现互联网金融模式转型升级。（1）在资本监管上，实现关口前移，在茧丝绸企业融资的最开始环节就要求完善有关信息的采集，在资料完善的前提下才给予贷款发放。在资本管理过程中，要实行动态化，通过技术支持，不断更新、汇总分析，实现民间资本的“阳光化”。（2）积极探索和完善互联网金融监管，在监管法律和监管措施尚未推出的情况下，依据人民银行和银监会的职能进行分工协作、明晰责任进行监管，同时积极制定地方性的规范性文件，明确监管内容和细则以及实施办法，确保互联网金融的规范。（3）注重防范互联网金融风险（郭思琳，2017）。随着网络信息化发展，互联网金融不仅面临传统金融风险，同时也面临互联网所带来的风险。一方面，要通过利用传统防范金融风险的有效手段防范风险的发生；另一方面，要完善网络安全监管，构建严密的金融网络保护网，消除网络金融风险，从线上、线下实行双重监管，确保互联网金融健康有序发展。（4）善于借力现代化的融资模式。随着“普惠金融”的大力推行，农村金融的受惠面更加广泛，要积极利用“互联网 + ‘三农’”的结合模式，发挥普惠金融的造血功能，提升茧丝绸的附加值，推动农村金融与延伸产业链金融补给，提升行业的综合效益。同时，在金融资源方面要更多地向农村金融倾斜，加快构建差异化服务、覆盖面广和健康可持续的农村金融体系。建议通过政府资金注入引导民间资本参与的方式，通过 PPP 模式形成“政府资金 + 民间资本 + 部分金融机构”的普惠金融新模式，最终促进民营资本参与的中小型农村商业银行的成立。

三是依托互助融资缓解资金压力。根据当前茧丝绸企业发展现状，实施“茧丝绸产业互助担保项目”是行之有效的担保形式（郭思琳，2017）。对较大规模茧丝绸产业上下游企业集体授信，需要贷款的企业通过组建茧丝绸产业互惠担保基金，蚕农、茧丝绸企业只要加入茧丝绸合作社，依托互助合作基金，就能获得免抵押免担保贷款。此外，蚕农还可以将桑园抵押给茧丝绸龙头企业，再由企业作担保，由银行给予贷款额度。设立由银行机构、担保公司和融资企业构成的具有共同利益的融资担保公司，主要面向茧丝绸产业及涉茧丝绸产业的融资业务，可有效分担融资风险。在具体的成立方面建议有以下五个方面。（1）由政府组织实施，向担保公司注入启动资金，再吸收民间资本。（2）对入股担保企业的民间资本主体，采用会员审核制，入会后实行封闭式管理。（3）入股的企业在需要融资的情况下，担保公司为其提供高于入股资本一定倍数的担保基金，使企业的原始入股资金得到提升，提高企业担保信誉，降低获得银行贷款的难度。（4）实施再担保制度。由企业法人对企业的贷款实行反担保，或者以企业的自有资产或政府资金对贷款实行反担保。（5）地方政府适当返还地方税收收入。对担保公司基金在运营中所取得的利润收入，地方政府可通过财政预算规划实行返还机制，鼓励担保基金的循环发展利用，为茧丝绸企业的融资发展提供更有力的支持。

六、风险控制

（一）基本情况

蚕桑产业风险主要源于五个方面：自然条件产生的蚕业风险、桑树病虫害产生的蚕业风险、蚕病产生的蚕业风险、农药中毒和工业废气污染产生的蚕业风险、体系风险。

自然条件产生的蚕业风险主要在温度、湿度、地理位置、干旱和洪水等方面。自然条件对蚕桑生产的影响因素首先是温度，其次是干旱、湿度、洪水和地理位置。自然条件主要通过气候变化、自然灾害等因素影响蚕业生产，导致蚕茧产量减少和质量下降，从而产生经济损失。云南春旱严重，尤其是2009年以来，云南的大旱给云南蚕桑产业带来了极大风险（李建琴、顾国达，2012）。

桑树病虫害产生的蚕业风险主要源于桑树病虫害造成桑叶的损失，进而导致蚕茧产量减少和质量下降，从而产生经济损失，农户发生桑树病虫害的主要原因依次是疏于桑园管理、地理及气候条件、缺乏病虫害预报、不懂防治技术、投入资金不足和其他。

蚕病产生的蚕业风险主要源于血液型脓病、白僵病、败血病、细菌性猝倒病等由病原引起的病害，近五年来，因蚕病损失约4000万元，其中80%的损失来自家蚕核型多角体病毒病（NPV）。农户养蚕中发生蚕病的首要原因是没有按照技术要求养蚕，其次是养蚕的劳动力不够、不懂养蚕技术、难以确诊蚕病类型、蚕药不灵及假药、蚕种问题和投入资金不足。应该说，劳动力不够也是导致没有按照技术要求养蚕的原因。

化学风险主要源于农药、废气等污染，主要是其他农作物用药造成的农药污染，尤其以夏秋季节较严重，每年造成大约近200万元的损失。蚕农发生过农药中毒和工业废气污染致损的比例分别为45%和25%，平均损失分别为22%和35%。近年来，由于政府对蚕桑产业的支持，加上蚕茧价格的逐年上扬，体系风险并未造成损失。由于蚕桑产业涉及家蚕饲养，其蚕病风险较高，蚕桑产业保险一直未能得以实现。

近五年来，云南鲜茧和生丝价格在2015年有一个低谷，对云南茧丝绸产业发展产生了一定的负面影响，但随着省财政每年5000万元蚕桑专项资金的实施，蚕桑产业发展未有太大波动，2015年后，鲜茧和生丝价格明显呈线性上升，并达到新的高点。

《云南省人民政府关于加快蚕桑产业发展的意见》中明确要加强蚕茧价格市场风险调控。建立政府引导、企业主体、桑农参与的鲜蚕最低收购保护价制度，省级价格主管部门会同商务部门在每年蚕茧收购前，根据市场情况制定和公布当年鲜蚕茧收购价中准价和上下浮动幅度，具体收购价格由州（市）价格主管部门会同商务部门确定。各州（市）价格主管部门按不低于前三年平均生产成本核定鲜茧最低收购价水平，报州（市）人民政府批准后公布实施；在鲜茧市场价格低于最低保护收购价格时，由各州市引导或指定茧丝经营龙头企业按最低收购价托市收购，并可适时启动对农户鲜蚕茧价格的补贴。主产地州（市）应结合茧丝生产经营情况，按照“以市场为导向、利益共享、风险共担、持续发展”的原则，在实施最低收购价制度的基础上，研究制定鲜茧收购和茧丝销售价格联动办法（余光灿，2013）。

在具体落实中，完全按市场经济模式运行，没有完全形成以蚕茧价格引导调节产业发展的机制，主要表现：制定全省性的政府指导价格较难实施。全省指导价是由省茧丝绸协会在确定每季收购参考价及上下浮动幅度，没有形成省级价格主管部门会同相关部门制定全省指导价，蚕茧收购价格偏低，上下浮动幅度大（一般上下浮动10%）。低于江苏、浙江等地，仅与广西的价格相当，略高于全国平均价格，一流的蚕茧没有卖出一流的价格，且各地收购价格差距过大。

（二）案例分析

1. 案例基本情况

2010年，由于云南春旱严重，气象风险加大，尤其是陆良县和祥云县两大蚕茧主产区因旱情严重，因桑树长势差导致春蚕发种推迟和由于前期干旱较重，桑树长势较慢，春蚕饲养过程中全县出现不同程度的缺叶现象，因缺叶而丢弃、淘汰等因素，春季养蚕量同比下降65.5%。同比减少2072万元。近年来，气候逐步恢复正常，加上养蚕生产计划的调整，并未发生较大损失。

在市场风险控制方面，保山制订的是政府与企业共同定价的最低保护价机制，政府与企业共同出台不同时期的收购价格，同时实行最低保护价制度，防止蚕茧价格大起大落。在蚕茧市场价格低于保护价时，由当地丝绸公司按照农户实际交茧数量进行直补，避免茧贱伤农，挖桑毁桑。

沾益区由于蚕茧收购企业实力较弱，无法实行最低保护价制度，在蚕茧收购上实行价格放开，由农户自主出售。

2. 成功的经验或失败的教训

实行政府与企业共同定价的最低保护价机制是云南蚕茧市场风险控制的主要手段，也是通行的做法，在实践中，实行最低保护价制度，可以防止蚕茧价格大起大落。在蚕茧市场价格低于保护价时，由当地丝绸公司按照农户实际交茧数量进行直补，避免茧贱伤农，挖桑毁桑。但由于政府与企业共同定价时要相互妥协，由此造成实际价格是一个中庸价格。

价格完全放开目前只沾益区有采用，由于蚕茧质量优良，深受收购企业和个人的青睐，加上价格放开，相互抬价收购现象很常见，是云南蚕茧单价最高的地区。

从以上案例分析，实行政府与企业共同定价的最低保护价制度能保障蚕农的基本收益，保持产业的稳定发展，但存在市场好时价格偏低的弊端。价格完全放开的情况则是由于价格完全由市场决定，蚕农的基本收益无法得到保证，但也能在市场行情好时获得最大收益。

（三）存在的问题

一是原料茧收购秩序混乱，良性价格调节机制尚未建立。二是蚕桑基础设施差，蚕桑基地发展不稳定。由于桑园水利基础设施、养蚕基础设施相对滞后，老桑园改造步伐慢，低产桑园面积大，桑园管理和养蚕水平不高，亩桑产茧量仅为全国平均水平的60%，容易受市场变化的影响，发展不稳定，特别是在茧丝价格暴跌时，农民大量毁桑，不仅给蚕桑生产和经营带来很大困难，同时也危及蚕桑产业的健康发展。三是产业规模小，竞争力弱（赵建平、浦国俊，2011）。

（四）建议

一是政府加强产业规划和布局，减少农药污染和工业污染，加强桑苗、蚕种、桑园和养蚕药物、蚕茧质量的监管。二是提高产业组织化程度，建立农、工、商共同利益机制。三是将蚕桑纳入农业保险范畴。四是加强科技创新和科技服务队伍建设。五是提高桑园的机械化能力，提高养蚕的省力化程度，提高生丝加工的自动化和智能化水平。六是加快桑产业理念的宣传，扶持多用途桑园建设、蚕桑综合开发和循环利用，提高农民和企业的抗风险能力。

七、融合发展

（一）基本情况

蚕桑产业是一个集种、养、加、销于一体的产业，传统的“桑基鱼塘”因其生态循环效应成为联合国粮农组织推荐模式而世界闻名。近年来，由于比较效益的下降，为进一步提高茧丝绸产业的竞争力，桑园间种、间养模式得到了进一步的应用与发展。同时，利用桑叶、桑椹药食两用的条件和茧丝绸产业丰富的文化底蕴，部分地区开始以庄园、农家乐等方式与旅游、文化、餐饮服务等服务业融合。

（二）案例分析

1. 各案例的基本情况

（1）双柏县良源茧丝绸有限公司大庄立体农业生态庄园。双柏县良源茧丝绸有限公司投资300多万元打造了一个集科研、生产、示范、生态、旅游、观光、休闲于一体的大型立体农业生态庄园。该农业生态庄园是一个集多种种养业于一体的农业综合经济实体。目前，公司自筹资金共租赁大庄镇柏子村委会大寨村民小组土地180亩，建成标准化、规范化、市场化的优质、高产、高效示范桑园150

亩，标准化养蚕室 1145 平方米，标准化育苗塑料大棚 1728 平方米，无公害畜禽养殖基地 1380 平方米，鱼塘养殖 3175 平方米，蓄水池 50 立方米，抽水站 1 座。

（2）云南省农业科学院蚕桑蜜蜂研究所蚕桑科技示范园。在云南省农业科学院蚕桑蜜蜂研究所 60 多年发展的基础上，建立了较为完善的集科研、生产、推广于一体的蚕桑生产服务体系，在家蚕品种选育、家蚕病理研究、综合利用、桑树品种选育、桑树病虫害、桑树栽培、桑树育苗技术等方面进行了研究和开发，在家蚕品种、蚕病综合防治、家蚕饲养和制种技术、桑品种、桑病虫害、栽培技术等领域起着技术先导的作用。随着经济社会的不断发展，人民生活水平的不断提高，蚕桑产业也朝着多元化的趋势发展，蒙自草坝蚕桑科技示范园建设成为集蚕桑知识宣传、科普教育、桑果采摘体验、休闲旅游、绿色生态餐厅、家庭农场等于一体的蚕丝文化宣传教育基地，为全省蚕桑产业发展提供可复制的示范样板，促进蚕桑产业多元化可持续发展。科技示范园通过对现有桑园桑树嫁接改造或重新栽种，经过四年的发展，示范园建设蚕桑文化展陈馆 800 平方米，果桑采摘园面积已达 500 亩，建有 30 亩果桑品种对比园，品种来自全国各地以及美国、日本、韩国等地共计 46 个品种。2017 年还首次以“陌上桑”的名字举办了首届“陌上桑·2017蒙自草坝果桑文化旅游节”。2014～2017 年，园区共接待游客 11 万人次，每年都有大量省内外的专业技术人员、公司领导、政府领导前来参观学习果桑栽培技术，带动草坝镇周边地区 3 家农庄开展桑果采摘体验旅游活动，为农户带来了不菲的收益。省内其他有条件栽培果桑的地区的有关人士也纷纷前来参观学习，订购果桑穗条以及寻求技术支持。可以想象，随着人们生活水平越来越高，人们对桑果这种既无公害又兼具保健功能的水果的需求量将会越来越大，将给参与其中的农户、公司都带来可观的经济效益。

（3）保山市隆阳区西邑乡桑葚旅游节。近年来，保山市打造桑树种植并发展相关产业，为农民增收致富开创新路子。隆阳区西邑乡桑园面积达到了 1.5 万余亩，实现了规模化经营；开发了蚕丝被、蚕砂枕、桑葚果、桑葚酒、桑芽茶、桑葚果汁等十余种蚕桑系列产品，实现了一二三产业的完美融合，西邑乡蚕桑旅游文化产业的发展优势已初步凸显，经济效益初显，在文化节开展期间，吸引游客达到 1 万余人，蚕桑系列产品已经销至湖南、曲靖、玉溪、大理、德宏等地。云南林玉航宇生物科技有限公司在汉庄镇发展桑树示范种植基地 60 亩，西邑乡发展桑树示范种植基地 300 亩，采取“公司 + 科技 + 基地 + 农户 + 市场”的农业产业化经营模式，建设了“圣桑庄园”，走蚕桑与旅游、文化、餐饮融合的模式，同时研制出一整套蚕桑副产物加工的技术方案，研发出桑芽茶、蚕砂枕、桑葚干、桑葚酒、桑葚酵素、桑葚果酱等系列产品，为发展果桑产业打下了坚实基础，提升了综合效益，提高了产品附加值，采取一系列措施发展规模种桑养蚕大户，将区内有一定规模的种桑养蚕大户进行重点培植，由公司提供一定的资金搞好基础设施建设，悬挂统一制作的招牌，树立品牌形象；积极与农户签订桑叶、桑果购销合同，带动了桑农增收，促进了产业升级；同时，在基地采用现代化喷滴灌和太阳能杀虫技术，使用有机肥和生物菌肥进行土壤更新，保证了开发的桑叶茶、桑葚干果、桑葚酒、蚕砂枕等系列产品的品质，是绿色有机的放心产品。

（4）一二三产业融合发展的陆良县茧丝绸。陆良县紧紧抓住国家发展改革委等7部门决定实施农村产业融合发展“百县千乡万村”试点示范工程这一难得的机遇，主动适应经济发展新常态，用工业理念发展农业，以市场需求为导向，推进农业供给侧结构性改革，着力构建农业内部结构融合的现代农业体系，结合陆良县发展实际，狠抓蚕丝绸、蔬菜、粮食、畜牧等四大产业，力争达到“同频共振”之效。经过多年的努力，陆良县紧紧围绕“延伸产业链、提升价值链，推动‘一产接二连三’，实现农业提质增效”的目标，蚕桑产业不断做强做大，走出了一条集育苗、栽桑、制种、养蚕、缫丝、织绸、印染、服装加工和桑条造纸、蚕沙提取、销售于一体的产业循环之路。① 陆良县以“一个中心、两个示范带、三个园区”为蚕桑丝绸产业背书。“一个中心”是茧丝绸加工和交易中心，面向国内外市场，以中国—东盟自由贸易区为平台；“两个示范带”是高原特色优质蚕桑种养示范带、蚕桑种养循环经济与生态旅游示范带；“三个园区”是茧丝绸加工产业园、蚕桑资源加工循环经济示范园、民族丝绸文化产业创意园。②

2. 各自成功的经验或失败的教训

陆良县在产业融合发展中成效最为突出，通过一二三产业融合发展，陆良茧丝绸工业链产值每年近3.3亿元，年蚕桑工农业总产值6.8亿元，税利0.6亿元。

云南林玉航宇生物科技有限公司“圣桑庄园”，走蚕桑与旅游、文化、餐饮融合的模式，实现销售收入3000多万元，直接带动桑树种植农户2100多户，户均增收10000多元，活跃经济，促进地方发展。

云南省农业科学院蚕桑蜜蜂研究所蚕桑科技示范园带动草坝镇周边地区3家农庄开展桑果采摘体验旅游活动，为农户带来了不菲的收益。同时，建设了集蚕桑

①② 云南陆良现代农业缘何越做越强［EB/OL］. 猪OK网，2016-12-13.

知识宣传、科普教育、桑果采摘体验、休闲旅游、绿色生态餐厅、家庭农场等于一体的蚕丝文化宣传教育基地，为全省蚕桑产业发展提供可复制的示范样板，促进蚕桑产业多元化可持续发展。

（三）存在的问题

一是综合利用不强。由于科技投入不足、科技成果的转化率较低，造成蚕桑资源的综合研发和利用能力不强，影响了产业的整体效益。农民种桑仅限于养蚕，桑叶、桑皮、桑枝、桑地未得到充分利用；收茧后主要用于烘茧、缫丝等初级加工，缺乏注重发挥蚕桑产业在后续精深加工、生态环境、文化休闲等多方面的功能（徐向宏等，2016）。

二是从业队伍不足。由于传统的蚕桑生产“苦、脏、累”，农村青壮年大量向第二、第三产业转移，专业学校招生大量减少，农村栽桑养蚕、良种繁育、收烘缫丝生产等多个环节新生力量补充明显不足，从业队伍老龄化趋势突出，素质下降，接受新知识、新技术的能力减弱。劳动力的老龄化与短缺，使蚕桑难以形成规模效益的劳动密集型产业（徐向宏等，2016）。

三是保护传承不力，“互联网＋融合”偏弱。茧丝绸保护与传承不力，茧丝的双重属性所带来的人文价值和经济价值，其认识还十分有限；茧丝绸文化遗产在保护和传承两方面还十分欠缺；挖掘茧丝绸文化内涵以助推产业的综合绩效，与新兴产业形成战略互动，探索与实现一二三产业联动融合发展等方面还未形成共识。

四是思想认识水平低。蚕桑新生态旅游业是以农为本，通过拓展蚕桑产业的农业功能、生态功能、休闲体验功能、健康教育功能等形成的一二三产业发展的融合体（刘清云，2017）。但很多人却认为休闲农业只有休闲娱乐，仅属于旅游范畴，前景并不宽广，从而导致蚕桑新生态旅游业的投入不足，发展缓慢。实际上，在传统蚕桑产业下行的背景下，发展蚕桑新生态旅游业是我国经济进入发展新常态，推进供给侧结构性改革，调整产业结构，转变发展方式，促进产业转型升级，拓宽农民增收渠道，推进美丽乡村建设，全面建成小康社会的战略选择（李景新等，2017）。

五是基础建设滞后。目前，云南蚕桑生态园处于农业旅游的初级阶段，基础建设投入严重不足，没有形成集约化、规模化经营，不仅缺乏产业观光载体、农耕体验科普场所，而且也无法形成农业资源、生态资源与旅游资源的多元互动

（李景新等，2017）。这种单一的体验导致其吸引力逐渐下降，需求萎缩，经济效益每况愈下，发展后劲不足。

六是人才培养不足。蚕桑新生态旅游业的发展要求各级管理者有驾驭蚕桑一二三产业融合发展的能力，要求有专业生产、规划建设、品牌宣传、营销管理等复合型人才。但目前，这方面的专业人员严重不足，人才培养跟不上产业转型发展的需要，导致相当部分的优势特色项目难以成功推进（李景新等，2017）。

七是政府支持力度欠缺。蚕桑新生态旅游业的基础设施投入大、建设周期长，规划建设也受到政府政策的诸多制约，要保证蚕桑新生态旅游业这一新业态的健康发展，来自各级政府的大力支持不可或缺（李景新等，2017）。这需要政府将其融入大旅游、大农业的范畴，在发展规划、政策扶持、配套建设、资金投入、管理运营等方面给予大力支持。

（四）建议

一是转型升级，提升发展现代蚕桑业加大蚕桑业基础设施和装备投入，加快推进蚕桑业功能拓展和多业态融合发展，大力发展综合体蚕桑业，借鉴休闲创意农业发展经验，以蚕桑基地建设为载体，以蚕桑文化项目为抓手，进一步拓宽蚕桑业功能，融合蚕桑产业发展，高标准推进现代蚕桑业综合体建设。依托“名水、桑园、古村”，实施现代蚕桑业综合体工程（徐向宏等，2017）。

二是创新驱动，优化传统茧丝绸工业。大力推进缫丝业向一体化、分类化、文化化迈进，鼓励传统丝厂开展工业文化旅游和推进工业旅游，针对缫丝工业文化，遵循“保其貌、显其颜、铸其魂、扬其韵”的原则，灵活置换工业遗产的部分功能，融入茧丝绸历史文化游、厂房建筑景观游、缫丝工艺技术游，构成特色茧丝绸文化旅游资源，提升茧丝绸文化软实力和城市品位。

三是建立茧丝绸产业化经营创新管理体系，形成上下游联动的全产业链，推动茧丝绸一二三产业融合发展。

四是提高认识，加强总体规划。蚕桑新生态旅游业作为农业休闲旅游业，农业是基础，旅游是手段，休闲是目的。明确指导思想后，就必须做好项目的总体规划工作。第一，要做好项目的准确定位，例如定位为休闲游乐型、观光科普型、生态度假型等，定位不清晰将直接导致项目的失败。第二，要做好项目的选址工作，对于新建的项目，最好要紧紧依托景区或产区，这样可以优势互补，实现协同发展，减少投入、节约成本、降低运营风险。第三，要做好项目的规划工作，包括建设规划（前期规划、中期规划和远期规划）、设计规划、资金规划、运营规划等，做到合理布局、善用资金、分步实施，保证项目的可持续发展（李景新等，2017）。

五是完善基础配套，提高接待能力。进一步加强旅游业的基础配套设施建设，提高城市旅游的综合接待能力和服务水平，为游客和居民提供舒适、安全和宜居宜游的休闲旅游环境。在主要旅游景区配套设置公交车站、停车场、公共厕所；在各高速公路出口、城区主要干道布点建设旅游交通标识牌，将旅游度假区等旅游资源统一纳入交通指引范围，建立覆盖面广、引导性强的城市旅游交通指引系统；建设旅游信息咨询服务中心，建设智能旅游网络等平台，逐步建立覆盖交通枢纽、主要景区、商贸街区的公共旅游信息服务系统（李景新等，2017）。

六是加强宣传，积极争取政府支持。近年来，蚕桑旅游取得了一定的发展，但由于其宣传的力度和广度不够，相对于其他旅游项目，其知名度和影响力仍处于较低水平。因此，必须加大宣传力度，把蚕桑新生态旅游的科普教育、旅游观光、健康养生等功能分享给人们，让更多的人了解并参与进来，带动蚕桑新生态旅游业的发展。同时，积极争取各级政府的支持，将蚕桑新生态旅游业纳入地方旅游业建设发展规划中，切实加大项目扶持力度，设立专项发展基金，在规划建设、培训人才、融通资金、设立“互联网＋服务平台”等方面予以实实在在的支持和保障（李景新等，2017）。

八、科技推广应用

（一）基本情况

云南省蚕桑技术服务推广体系设有省、州（市）、县（市、区）三级蚕桑技术推广机构，部分县（市、区）的重点乡（镇）也设有蚕桑技术推广机构，重点蚕桑基地村还配有蚕桑辅导员。全省省级、州（市）级、县（市、区）级及设置在乡（镇）的蚕桑技术服务机构均为全额拨款的事业单位。就人员情况而言：截至2018年，硕士及以上学历人员81%集中在省级机构中，19%在州（市）级，县级机构中没有硕士及以上学历人员；本科学历中，省级和州（市）占了46%；县（市、区）级机构中，85%的人员为专科学历。全省蚕桑技术体系中，57%的正高职称人员在省级，州（市）级占了43%，县（市、区）级及以下无正高职称人员；副高职称人员有37%在省级和州（市）级，县（市、区）级及以下有63%；中级职称的县级占了80%；初级职称的县级占了75%。云南蚕桑产业科技推广中，政府主导和企业主导都有存在，以政府主导为主。

云南蚕桑新品种和新方法研究推广主要由云南省农业科学院蚕桑蜜蜂研究所和云南农业大学承担，其中，云南省农业科学院蚕桑蜜蜂研究所主要承担家蚕品种选育、病理研究、综合利用、桑树品种选育、栽培、病虫害防治等方面研究和推广工作，是云南蚕桑科研中心和新品种、新技术的主要来源地。云南农业大学承担桑树病虫害研究推广部分工作。

云南省农业科学院蚕桑蜜蜂研究所建有向仲怀院士工作站、云南省家蚕原种繁育基地、国家蚕桑产业技术体系和蜂产业技术体系2个综合试验站、云南蚕桑育种与高效生产工程研究中心、云南省现代农业蚕桑产业技术体系研发中心等国家和省级研发平台，有148名科研和推广工作者从事蚕桑科研和推广工作，在家蚕品种选育、病理研究、综合利用、桑树品种选育、栽培、病虫害防治等方面开展了研究和推广。仅2018年度就承担了国家自然科学基金委员会、科技部、国家外专局、农业部以及云南省科技厅、发展改革委、农业厅、财政厅等各级项目35项，获得云南省科技进步三等奖1项，育成家蚕新品种2对，桑树新品种1个，获得专利3项，发表科技论文49篇，其中，核心期刊25篇，SCI收录3篇，承办省内会议2次，举办培训59期，培训地方科技骨干和农户5935人次。

云南农业大学有云南省现代农业蚕桑产业技术体系桑树病虫害防控技术研究岗位1个，主要开展桑树主要病虫害绿色防控技术研发与试验示范、桑树病虫害防控技术服务与培训。

（二）案例分析

1. 各案例的基本情况

（1）政府主导的蚕桑产业科技推广模式。陆良县是政府主导蚕桑产业科技推广模式的代表，陆良县蚕桑能做大做强，多项经济指标处于全省首位，跨入全国先进行列，最根本、最核心的是建立健全了县、镇、村三级科技推广服务网络，有一支强有力的蚕桑农业科技队伍（查文波，2014）。县、镇、村三级蚕桑技术辅导人员承担着推广实用蚕桑技术的职责。

（2）企业主导的蚕桑产业科技推广模式。德宏正信实业股份有限公司是农工贸科一体化的大型企业集团公司，公司以农业为基础，工业为龙头，科研为支撑，贸易为保证，以“发展丝绸产业，富裕一方百姓”为己任，以“品质、创新、诚信、责任”为核心价值观，致力于发展丝绸产业，在新时期打造一条新的丝绸之路。在国家“一带一路”“走出去”“精准扶贫”政策指引下，公司在云南及缅甸投资建设了20余个优质桑蚕原料生产基地，采取“公司+基地+农户”的新型生产模式，打造了公司与广大境内外蚕农的利益共同体。同时，在云南德宏州陇川县建设完成了一流的缫丝厂，以此为基础，为全世界消费者提供优质、绿色的丝绸产品。“公司+基地+农户”的新型生产模式下，公司出资建立基地，基地负责育苗、育种、小蚕共育、发动农户种桑养蚕，提供技术服务，农户负责饲养大蚕，收获蚕茧，基地再通过回购蚕茧使农户获利。

（3）以科研院所为主导作用的蚕桑产业科技推广模式。该模式主要工作以云南省农业科学院蚕桑蜜蜂研究所为主，研究所通过与地方和企业的推广体系，开展蚕桑新品种、新技术的示范和推广工作。1997年，云南省农业科学院蚕桑蜜蜂研究所与鹤庆县茶桑果药站建立了新品种新技术示范和推广机制，20多年来，云南省农业科学院蚕桑蜜蜂研究所与鹤庆县茶桑果药站共同开展了多项新品种新技术示范和推广，其中完成的“云南桑园主要病虫害防控关键技术研发与集成应用”“蚕桑新品种云蚕9号、云蚕10号、云桑3号选育及配套技术应用”工作获得2017年度和2014年度云南省科技进步三等奖。通过双方的合作，鹤庆县已成为云南省农业科学院蚕桑蜜蜂研究所的科研示范基地，是云南省农业科学院蚕桑蜜蜂研究所家蚕新品种“云蚕7×云蚕8”“云抗1号”省内最大的推广基地，为鹤庆县蚕桑产业发展提供了科技支撑。目前，鹤庆县已成为云南第三大蚕桑生产基地，其新品种、新技术的应用和发展水平居全省前列。

2. 各自成功的经验或失败的教训

政府主导的蚕桑产业科技推广模式和企业主导的蚕桑产业科技推广模式各占一半，相对来说，政府主导的蚕桑产业科技推广模式是云南蚕桑技术推广的主要模式，是大部分蚕桑生产老区所采取的基本模式。以陆良县为例，该县是云南蚕桑技术推广体系最全，技术力量最强的县，也是云南蚕桑生产第一大县。健全的县、镇、村三级科技推广服务网络为产业发展打下了坚实基础。

企业主导的蚕桑产业科技推广模式主要是蚕桑产业发展新区采用，由于蚕桑产业发展新区原来没有蚕桑产业相应的技术服务机构，其蚕桑产业科技推广主要依靠企业的力量完成。以陇川县为例，该县为蚕桑产业发展新区，1995年，陇川县成立了蚕桑办，以城子镇麻栗坝为基地，开始发展蚕桑，由于养殖技术缺乏没有成功。到 1997 年，陇川县农业局蚕桑办被撤销，工作人员并入其他站（队）。2004～2016 年，四川江油永恒丝绸有限责任公司、陇川千雅茧丝绸有限责任公司先后在陇川县发展蚕桑产业。由于政府和企业未建立科技推广，产业未获得成功。2016 年 5 月，陇川千雅茧丝绸有限公司把其名下的蚕桑业务转移给德宏正信实业股份有限公司，退出了陇川县蚕桑舞台。2014 年 10 月，县委、县政府又通过招商引资，引进了一家蚕茧深加工企业入驻陇川县工业园区，并在陇川县注册为德宏正信实业股份有限公司，公司从山东聘请技术人员，建立了“公司 + 小蚕共育基地 + 农户”的技术推广体系，建立了专业化小蚕共育基地，并以基地为基础，发动农户种桑养蚕。截至 2016 年 8 月 25 日，全县共完成新建桑园建设面积 9711.7 亩，涉及全县 7 个乡镇（护国、王子树、清平、城子、陇把、景罕、勐约），41 个村委会，178 个村小组，1759 户农户。

通过以科研院所为主导作用的蚕桑产业科技推广模式，云南省农业科学院蚕桑蜜蜂研究所推广了云蚕、云桑系列蚕桑新品种，其中家蚕新品种曾占云南家蚕良种的 30%，引进示范推广的农桑系列桑树新品种更占到全省桑园面积的 80%。

从以上案例分析，政府主导的蚕桑产业科技推广模式能够建立健全县、镇、村三级科技推广服务网络，有一支强有力的蚕桑农业科技队伍。但存在技术服务人员结构不合理、技术服务体系投入不足等问题。

企业主导的蚕桑产业科技推广模式从企业需求出发，注重科技推广的实效性，能够快速提高农户的产业水平。但企业无法保证建立健全县、镇、村三级科技推广服务网络，蚕桑农业科技队伍水平难以保证，先进技术不能得到及时应用。

以科研院所起主导作用的蚕桑产业科技推广模式可以在最短时间内把新品种和新技术推广到基层。但由于人员有限，工作的开展必须依托各地的蚕桑技术推广部门和企业，受蚕桑技术推广部门和企业能力的限制。

（三）存在的问题

一是技术服务人员结构不合理，技术服务体系投入不足。由于对全省蚕桑技术服务体系建设投入不足，技术体系基础设施老化陈旧，办公设施、试验示范设备、交通通信工具等均陈旧或不足，各级蚕桑科技人员知识难以更新，严重影响各项工作的开展。省、州（市）、县（市、区）、乡（镇）蚕桑科技网络体系脱节，桑蚕新品种试验示范、新蚕药、蚕具以及病虫害防治药物的试验推广等工作难以开展；小蚕共育、方格簇上簇、大蚕省力化蚕台等有效实用的科技措施难以普及推广。省级缺乏蚕种质量监督、检验机构，蚕种质量得不到有效监管。

二是总体科研创新能力薄弱，领域狭窄，新技术推广覆盖面小，无法担任技术创新重任。同时，蚕桑技术的有效供给与农民的有效需求之间存在错位，蚕桑科技成果转化的有效机制还没有真正建立起来（陶佩君，2007）。效益高、推广面大的蚕桑科技项目少，科技示范园区和示范基地建设跟不上，难以发挥示范和带动作用。技术创新与技术储备不足（孙联辉，2003）。由于科研投资不足、研究与生产相脱节、技术创新能力不强以及蚕桑科技储备不足等缘故，影响了蚕桑技术推广体系的作用发挥。应用科技难以普及，服务环节单一，推广效果难以提高。

三是蚕桑技术推广运行机制不畅。云南蚕桑技术推广服务以无偿性为主，推广方式也是行政化的，这种运行体制在计划经济时代确实产生过不小的作用，但已经难以适应现代市场经济的要求。以国家农业的宏观目标为指导的行政化推广方式，使得推广方式缺乏灵活性，无法满足农民对多样性推广的要求，同时也影响了推广的效率。服务的无偿性不但影响到农业技术推广组织的积累和发展，更要求国家在农业技术服务中投入更多的资金以维持其运转。

（四）建议

一是理顺蚕桑技术推广运行机制，促进科技成果有效转化（康磊、刘倩，2015）。建议继续推进蚕桑产业技术体系的稳定支持机制，加大支持力度，促进茧丝绸产业的科技创新、成果转化良性运行，充分调动蚕桑科技创新机构的积极性，促进云南茧丝绸科技的升级。

二是建设良好的软、硬件农业推广设施，在农业科技项目、科技示范园区、特色产业园区和科技示范基地建设方面给予重点扶持，通过提供技术成果、项目资金等形式，为农村经济的发展提供科技支撑。在开展基层农技人员培训方面，突出层次性和实用性，重点要放在基层、基地，真正做到科技人员直接到户，良种良法直接到地，技术要领直接到人。提高蚕桑技术推广队伍的管理水平。在人才招聘上，必须要秉承竞争、择优的原则引进真正具有专业知识的人员来壮大推广队伍，提高蚕桑技术推广服务的质量。要建立更合理的绩效考核评定标准。对基层推广人员不但要进行专业知识的考核评定，更需要把农民对推广人员的专业技术评价、服务质量评价等作为考核的一项基本内容，提高农业技术推广的服务水平。提高农民对农业科技的接受吸收能力。加强对基层农民培训的软硬件设施建设，提高农民对蚕桑新科技的吸收能力，是蚕桑推广工作能否实现经济效益的必要手段。促进电视、电脑等传播功能的家电下乡，鼓励更多的专业推广人员、专家教授下乡授课，发展农村的远程教育网络等设施，使基层农民能更好地接触到农业市场信息，加速新技术的普及进度。建立更多的基层蚕桑科技示范机构，加强农民与推广人员的沟通交流，破除农民对新技术的疑惑和恐慌，坚定其采用蚕桑新技术、新品种的决心（康磊、刘倩，2015）。

三是加大政府在蚕桑技术推广方面的财政支出，提供给农技推广人员良好的工作环境和福利待遇，保障蚕桑技术推广队伍的稳定性，吸引更多的社会力量加入蚕桑技术服务这个行业，形成良好的农业技术推广人员循环（康磊、刘倩，2015）。吸引更多的社会力量到蚕桑技术队伍。吸引更多的社会力量加入蚕桑技术队伍的建设，形成规模化的农业技术推广体系，发挥其在蚕桑技术推广方面的优势，不但可以很好地应对市场经济的复杂多变，还可以有效地提高蚕桑新技术的推广效率和应用效果，大大降低了推广的成本。相关推广部门可以引进各大高校的专业人才，设立相应的实习点，不但可以解决一部分大学生、研究生的就业问题，更能提升整个蚕桑技术推广队伍的素质水平。

四是建立更全面的蚕桑网络信息服务平台。加强蚕桑信息服务体系的建设，在全省基层蚕桑推广部门中提倡网络办公，将数据录入电脑分享，建立更大范围的蚕桑网络信息平台，将能有效地防止因信息的不对称性所造成的市场失灵现象，也能更好地形成农业实际需求与科技成果研究的对接机制，实现科研成果转化为蚕桑实际生产的技术比例。同时，基层技术推广部门要更注重网络型人才的培养和引进，在各高校设立相应的专业和招聘点，吸收高学历、高素质的网络人才，为全面建设蚕桑网络信息服务平台做好充分准备。

（执笔：陈松、罗坤；审定：黄平）

第二十九章

云南食用菌产业经济问题研究

第一节　云南食用菌产业发展概况

食用菌是指可供食用的一类大型真菌，肉眼可见、徒手可采，子实体形状多样。食用菌分为两大类，一类是属于大自然禀赋，自然生长于山林的可食（药）用的食用菌，俗称野生食用菌，主要指共生菌类；另一类是应用技术方法对野生食用菌进行品种选育获得的定向产品——栽培食用菌，又称人工食用菌，主要指腐生菌类。云南省独特的立体气候孕育了丰富的野生食用菌种质资源。截至2021年，全球已知野生食用菌物种2500余种，中国1000余种，云南900余种，云南的野生食用菌约占世界的36%、全国的90%。人类利用野生食用菌可追溯至4000年前，经过几千年的利用开发和知识积累，约800年前开始了野生食用菌的驯化栽培，至今已有200余种可试验性培养，100余种可人工栽培，商业化栽培60余种，规模化商业栽培20余种。食用菌因其低脂肪、低热量、高蛋白、富含膳食纤维及其美味深受消费者喜爱。食用菌及其加工产品的商业化、市场化开发并产生规模经济、社会、生态效益的过程形成了食用菌产业。欧美国家均以栽培双孢蘑菇为主发展迅速，美国、荷兰双孢蘑菇工厂化栽培技术世界领先；荷兰、美国、英国、法国、日本等国在培养料的堆积、发酵、翻堆、上床、复土等工作方面全部实现机械化和智能化；日本和韩国的木腐菌工厂化栽培技术走在世界前列。

一、全球食用菌产业发展情况

第二次世界大战以来，全球食用菌产量持续增长。在20世纪70年代以前，世界食用菌产业主要集中在荷兰、德国、法国、英国、意大利、美国等欧美发达国家和地区，产品几乎是单一的双孢菇。从20世纪80年代末期开始，亚洲国家尤其是我国的食用菌产业逐步崛起，食用菌产量及其占全球食用菌总产量的比重不断上升。据全球食用菌产量统计数据显示，中国、意大利、美国、荷兰、波兰为世界5大食用菌生产国。1994～2013年，全球食用菌产量复合年增长率为5.6%，增量主要来自中国。

全球大部分食用菌作为蔬菜食用。近年来，全球食用菌产量相对稳定在5000万吨左右，食用菌产值稳定在约650亿美元，其中食用菌、药用菌、野生食用菌产值分别占54%、38%和8%。年产量10万吨以上的国家仅有中国、美国、日本、荷兰、韩国、波兰、越南、西班牙、法国、泰国和英国。2013年，中国、意大利、美国、荷兰、波兰5个国家的食用菌产量分别占全球食用菌总产量的71.29%、7.98%、4.09%、3.25%和2.22%；到2018年，这5个国家食用菌产量全球占比进一步调整为75%、6%、4%、3%及2%。可以看出，欧美国家近年来产量基本稳定，全球食用菌产量增量主要来自中国产量的快速增长。①

中国是世界上食用菌物种最多的国家之一，也是最早发现和人工栽培食用菌的国家，食用菌栽培历史约为800年（张茜，2012）。改革开放初期，我国食用菌产量仅为6万吨，只占全球产量的5.7%，人均占有量约1千克，有零星出口。经过40年的发展，中国逐步成为全球食用菌生产、消费、出口大国。2000年我国食用菌产量达到664万吨，是20世纪80年代初的100多倍，2017年以后，我国食用菌产量已达3700万吨以上，约占世界总产量的75%，产值2721.92亿元（约为418亿美元），占世界总产值的64%。目前，全国约100种食用菌可实现人工培育，实现商业化的约有60种，规模化的约10种。受饮食和地域的影响，我国食用菌消费以香菇、黑木耳、平菇为主，3个品种的产量占全国总产量的59%。

我国于20世纪70年代开始大规模种植食用菌，80年代产量高速增长，超过日本成为世界第一大食用菌生产国。早期的食用菌种植采用“手工作坊”的方式进行人工种植，由于生产规模小、技术水平和培植条件不一、生产设施简陋，导致产品质量和食品安全参差不齐。随着技术水平和设备的提高，利用可调节温度的大棚或简易的厂房以及简易的机械来提高生产效率。随着市场需求不断增加，食用菌的工厂化生产亦随之产生。工厂化不仅克服了生产技术的难题，亦显著地

① 2018年食用菌行业现状及发展趋势分析报告［EB/OL］. 中国产业信息网，2018-01-05.

增加食用菌产量。但目前仍然以传统农户的生产模式为主。近年来，通过引进国外的先进技术和设备，食用菌工厂化种植正在快速扩张规模，工厂化种植的比例上升较快，但在高温季节的抗污染能力较弱。

食用菌产业是世界公认的集经济、社会、生态效益于一体的绿色产业，目前，我国的食用菌产业总产值在种植业中的排名仅次于粮、油、果、菜，居第五位，对推进农业供给侧结构性改革、发展农村经济、提高农户收入、实现农业生态系统良性循环、推进精准扶贫和乡村振兴建设均具有十分重要的作用（林惠娟，2012）。2017年以来，全国大部分地区把食用菌产业作为扶贫的主导产业，尤其以香菇、木耳的种植为主，促使香菇、木耳的产量增长较快。随着稀有食用菌种植技术的完善，一些小品种稀有菇产量增长速度较快，如金耳、白参、竹荪。2017年我国出口63万吨，约占世界食用菌贸易量的40%，占亚洲的80%；人均食用菌占有量已达到20千克以上。

二、中国及云南食用菌的生产分析

（一）中国食用菌生产分析

从产量产值变化看，据中国食用菌协会公共服务平台数据，进入21世纪以来，我国的食用菌生产总量以及总产值均持续增加，虽然受技术、市场等多种因素影响，年度间增长幅度变化较大，但总的增长趋势未变。2010～2018年间，全国食用菌产量从2200万吨增加到近3790万吨，增长72%以上；而同期全国食用菌产值则从1413.22亿元增加到2938.78亿元，增长了1倍以上（见图29－1）。

据《中国农村统计年鉴》数据（2010年及之前无食用菌农业产值数据），2011～2019年我国食用菌农业产值从944.7亿元增加到2205.2亿元，增长133.43%（见图29－2）。从图29－2可以看出，除2015年和2017年外，我国食用菌农业产值总体保持增长态势，且增幅高于同期食用菌产量和总产值的增幅（2015年和2017年除外）。

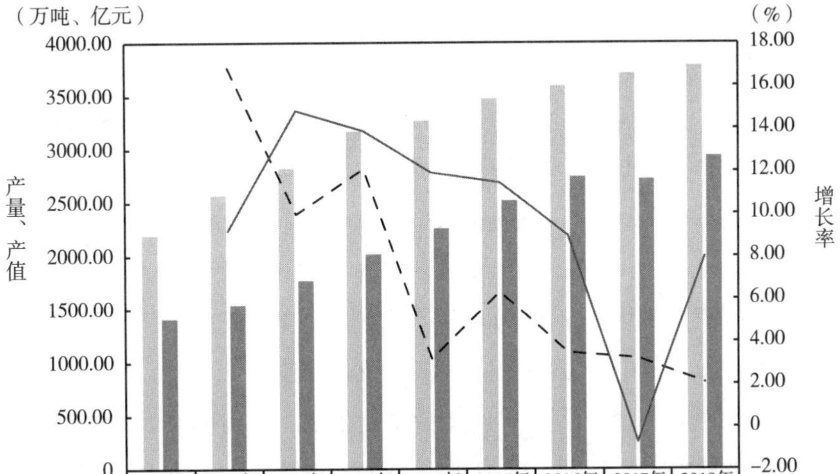

	2010年	2011年	2012年	2013年	2014年	2015年	2016年	2017年	2018年
总产量	2201.16	2571.74	2827.99	3169.68	3270.09	3476.27	3596.66	3712.00	3789.03
总产值	1413.22	1543.24	1772.06	2017.90	2258.10	2516.38	2741.78	2721.92	2938.78
产量增长率		16.84	9.96	12.08	3.17	6.30	3.46	3.21	2.08
产值增长率		9.20	14.83	13.87	11.90	11.44	8.96	−0.72	7.97

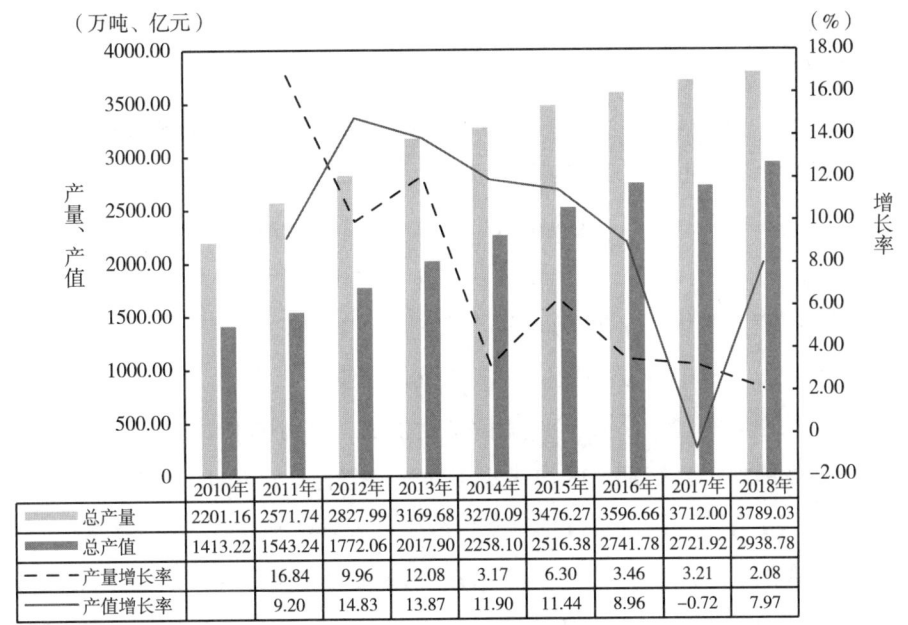

图 29－1　2010～2018 年我国食用菌总产量及总产值变化趋势

资料来源：根据中国食用菌协会公共服务平台 2021 年 5 月数据整理，尚无 2019 年数据。

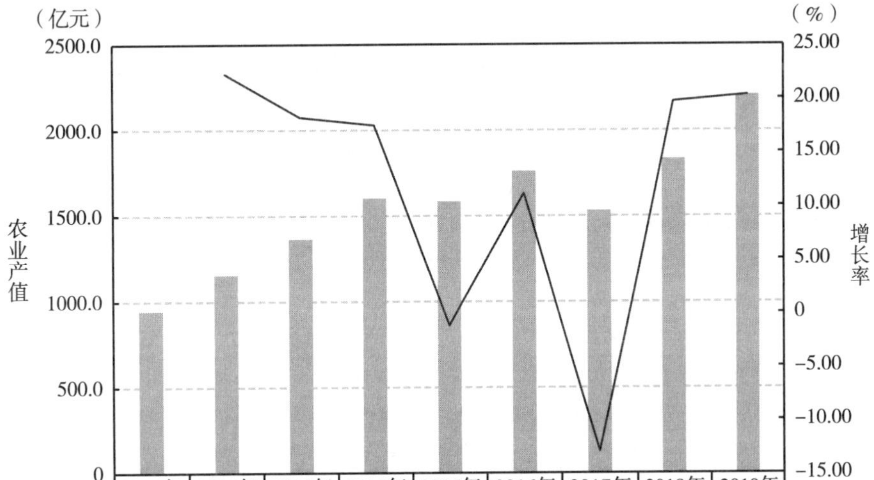

	2011年	2012年	2013年	2014年	2015年	2016年	2017年	2018年	2019年
农业产值	944.7	1155	1365.4	1604.1	1584.1	1760.1	1531.9	1833.3	2205.2
增长率		22.26	18.22	17.48	−1.25	11.11	−12.97	19.67	20.29

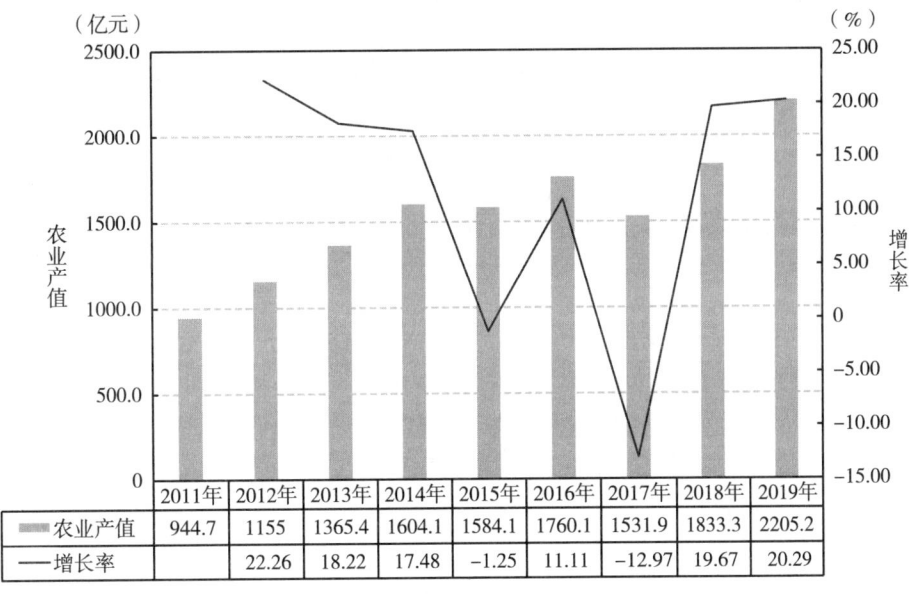

图 29－2　2011～2019 年我国食用菌农业产值变化曲线

注：根据 2012～2020 年《中国农村统计年鉴》数据整理。

从产能区域布局看，目前我国食用菌生产仍以传统农户生产模式为主，因此仍然表现出明显的区域差异。从中国食用菌协会全国食用菌产量分省统计数据可以明显看出我国食用菌的生产区域差异性，当然，这也从另一个角度说明我国食用菌产业的集中度较高。2018 年食用菌年产量达到 200 万吨的共有 8 个省份，分别是河南（530.43 万吨）、福建（418.66 万吨）、山东（344.69 万吨）、黑龙江（334.36 万吨）、河北（302.01 万吨）、吉林（238.6 万吨）、江苏（219.12 万吨）、四川（213.42 万吨），这 8 个省份的食用菌产量合计占全国食用菌总产量的 67.71%。此外，湖北、辽宁、江西和陕西 4 省食用菌产量也超过了 100 万吨，食用菌年产量 100 万吨以下、50 万吨以上有广东、广西、湖南、贵州、浙江、云南和内蒙古等省份。从中国食用菌协会多年统计数据可以看出，近年来，全国食用菌总产量增长速度平缓，多数省份保持平衡发展，部分省份增长较快，西部地区食用菌产业发展加快，东部地区加快结构调整（赵艳群，2018）。陕西和江西两省年产量超过 100 万吨、排位超过食用菌传统生产大省辽宁、广西和浙江等，成为中国食用菌行业的后起之秀；传统大省山东和浙江两省食用菌年产量则逐年下降，广西、浙江等食用菌传统大省的年产量已连续多年低于 100 万吨。2017 ~ 2018 年我国食用菌年产量超过 100 万吨的 12 个主产省 2010 ~ 2018 年食用菌年产量数据如表 29 - 1 所示。

表 29 - 1　　2010 ~ 2018 年产量居全国前 12 的主产省食用菌年产量数据　　单位：万吨

年份	全国	河南	山东	黑龙江	福建	河北	江苏	四川	吉林	湖北	辽宁	江西	陕西
2010	2201.16	242.37	249.84	210.45	203.60	190.80	184.24	58.95	111.47	109.29	107.03	69.50	54.67
2011	2571.74	249.18	319.53	248.03	212.06	205.40	210.18	135.97	122.81	132.25	105.81	76.80	60.34
2012	2827.99	457.90	366.14	248.54	220.08	210.09	212.70	148.82	131.36	111.92	136.94	88.29	63.84
2013	3169.68	473.70	412.51	286.51	231.60	209.70	233.37	160.00	131.16	135.55	121.17	100.05	68.42
2014	3270.09	460.21	419.95	316.44	236.16	230.00	212.97	175.75	151.61	144.11	116.74	106.62	71.94
2015	3476.27	488.65	446.30	323.91	247.00	270.84	224.15	194.80	96.29	120.33	100.76	110.54	72.19
2016	3596.66	510.20	424.92	331.28	256.02	276.20	228.31	200.37	237.41	139.10	100.46	110.97	109.88
2017	3712.00	519.10	392.99	324.35	408.70	291.89	220.15	205.56	230.12	115.80	107.70	127.18	121.42
2018	3789.03	530.43	344.69	334.36	418.66	302.01	219.12	213.42	238.60	131.56	112.56	129.31	125.83
总计	28614.62	3931.74	3376.86	2623.87	2433.88	2186.93	1945.19	1493.64	1450.82	1139.90	1009.17	919.26	748.52

资料来源：中国食用菌协会公共服务平台 2021 年 4 月数据。

从表 29 - 1 可以看出，无论是 2010 ~ 2018 年的综合排名还是 2016 ~ 2018 年的排名，河南、山东、黑龙江、福建、河北和江苏一直是食用菌产量前 6 位，6 省食用菌产量之和占同期全国食用菌总产量的比重均在 56% 以上，2012 年最高时曾达 60% 以上，表明我国食用菌产业区域集中度较高，排名前 6 位的主产省是我国食用菌传统主产省。2010 ~ 2018 年综合排名第 1 位的主产省河南的食用菌产量从 2010

年不足243万吨（排名山东之后，居第2位）快速增长到2014年超过450万吨(跃居第1位)、2016年超过510万吨、2018年超过530万吨；排名第2位的山东食用菌产量于2011年迈上300万吨、2014年迈上400万吨2个台阶后，2015年最高曾达446万吨，但2017～2018年又下降至400万吨以下，2018年已不足350万吨；综合排名第3位的黑龙江和第4位的福建在2017～2018年分别以300万吨和400万吨的成绩在食用菌产量排行榜上交换座次；河北和江苏顺排第5位和第6位(见图29－3)。2016年开始，四川和吉林食用菌产量迈上200万吨以上，湖北和辽宁食用菌产量多年稳定在100万吨以上，江西和陕西从不足100万吨增加到连续多年超过100万吨。

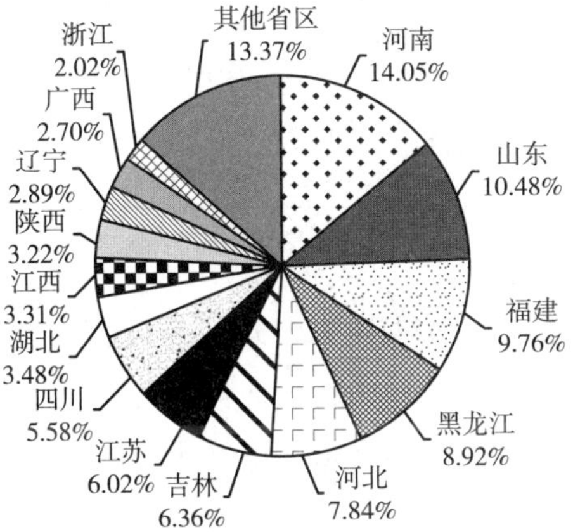

图29－3　2016～2018年我国食用菌产量综合分布

资料来源：根据中国食用菌协会公共服务平台数据整理。

从产值分省布局看，根据中国食用菌协会公共服务平台2010～2018年食用菌产值及全国排名变化情况数据可以看出，无论是从2010～2018年，还是2016～2018年看，食用菌年产量排名全国前6位的食用菌生产大省河南、山东、河北、黑龙江、福建和江苏的食用菌产值也一直排在前6位。2010～2018年，这6个省份食用菌产值之和占同期全国食用菌总产值的比重为51.1%，2015年时最高达54.48%；2017年和2018年则分别为52.77%和48.58%。2010～2018年食用菌产量综合排名全国第5位的河北省食用菌产值排名超过黑龙江和福建居全国第3位，产量排名第8位和第9位的吉林和湖北两省食用菌总产值分别排名全国第7位和第8位，而食用菌产量排第7位的四川省食用菌产值综合排名全国第9位。值得注意的是，云南省食用菌年产量长期排名全国第18位及以后，但食用菌产值综合排名全国第11位，2018年最高时曾居全国第9位。广东虽然多年食用菌产量低于辽宁、陕西和浙江等省份，但是食用菌产值却常年高于这 3 个省份，表明湖北、吉林、湖北、广东，尤其是云南食用菌销售价格高于全国平均水平（见表 29－2）。

表 29－2　2010～2018 年综合排名全国前 12 省份食用菌年产值数据　单位：亿元

年份	全国	河南	山东	河北	黑龙江	福建	江苏	吉林	湖北	四川	广西	云南	江西
2010	1413. 22	140. 09	159. 43	115. 37	89. 67	102. 67	108. 71	65. 42	68. 92	119. 07	51. 54	22. 00	25. 25
2011	1543. 24	149. 76	182. 58	119. 86	137. 10	110. 35	116. 06	68. 50	93. 53	50. 16	60. 88	27. 00	27. 90
2012	1772. 06	199. 12	207. 39	126. 34	136. 99	120. 54	129. 96	77. 83	102. 93	61. 57	74. 80	59. 63	52. 30
2013	2017. 90	208. 32	247. 11	126. 80	148. 61	137. 60	122. 42	89. 47	108. 44	63. 10	100. 12	80. 40	73. 90
2014	2258. 10	229. 11	248. 20	150. 00	162. 69	163. 15	140. 28	73. 14	115. 29	72. 57	108. 99	99. 80	78. 50
2015	2516. 38	368. 17	269. 30	202. 08	195. 55	155. 36	180. 56	161. 00	106. 41	80. 30	109. 63	120. 00	105. 18
2016	2741. 78	380. 90	270. 55	216. 89	199. 88	165. 09	176. 65	186. 43	143. 41	103. 49	115. 26	123. 35	107. 94
2017	2721. 92	387. 40	264. 04	213. 03	204. 79	196. 60	170. 43	180. 56	110. 91	120. 05	78. 47	85. 89	122. 12
2018	2938. 78	391. 68	214. 53	228. 01	206. 34	216. 84	170. 17	186. 51	129. 18	130. 30	98. 95	140. 66	124. 90
合计	19923. 38	2454. 54	2063. 12	1498. 38	1481. 61	1368. 20	1315. 23	1088. 87	979. 01	800. 61	798. 63	758. 73	717. 99

资料来源：中国食用菌协会公共服务平台。

从食用菌产值数据看，河南是唯一连续多年超过 300 亿元的省份综合排名第 1 位；山东和河北两省则连续多年在 200 亿元以上排名第 2 位和第 3 位，但河北于 2018 年超过山东；排名第 4 位和第 5 位的黑龙江和福建两省 2018 年也超过 200 亿元且福建超过了黑龙江；综合排名第 6 位的江苏已经连续 3 年被吉林赶超；云南、四川、湖北、江西和广东也超过了 100 亿元，其中，云南和广东两省是第一次上 100 亿元台阶。2016～2018 年我国主产省份食用菌产值综合占比见图 29－4。

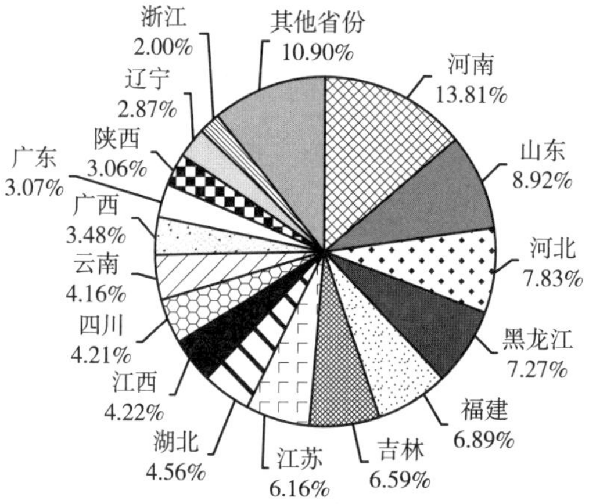

图 29－4　2016～2018 年我国食用菌产值分省综合布局

资料来源：根据中国食用菌协会公共服务平台数据整理。

从食用菌农业产值数据看，国家统计局编辑出版的《中国农村统计年鉴》从2012年版开始发布2011年我国及各省份食用菌农业产值数据。根据2012～2020年《中国农村统计年鉴》整理出2011～2019年我国食用菌农业产值综合排名前12位的省份各年食用菌农业产值数据变化情况见表29－3。可以看出，2011～2019年间，我国食用菌农业产值（当年价格）从944.7亿元逐年增加到2205.2亿元，增长了133.43%，8年的年均增幅达11.18%。

表29－3　　2011～2019年全国及主产省食用菌农业产值数据　　单位：亿元

年份	全国	黑龙江	河南	福建	河北	江苏	湖北	广西	四川	浙江	山东	辽宁	贵州
2011	944.7	122.3	196.9	132.3	87.8	64.8	50.1	33.2	51.7	43.6	25.5	26.9	1.3
2012	1155.0	218.6	199.1	144.9	110.7	76.6	77.8	42.0	54.4	40.2	25.2	34.5	1.8
2013	1365.4	290.1	227.9	156.8	125.1	88.6	75.8	51.5	53.0	45.4	36.0	44.7	5.2
2014	1604.1	391.3	265.2	170.6	150.9	95.7	87.3	58.9	53.2	44.4	38.6	31.3	5.4
2015	1584.1	379.3	273.6	179.5	110.2	90.0	90.0	62.7	57.1	45.6	44.8	35.1	20.4
2016	1610.1	386.8	224.4	189.9	116.7	93.7	102.7	65.7	57.3	43.5	45.6	30.4	30.0
2017	1531.9	231.9	330.6	196.6	95.3	94.4	83.9	63.4	58.0	38.6	42.7	25.4	50.9
2018	1833.3	401.7	353.2	216.8	108.2	97.6	99.7	72.5	57.5	40.9	40.2	26.7	69.7
2019	2205.2	715.2	338.1	229.4	119.2	98.6	107.9	67.7	59.6	44.7	42.9	27.8	81.4
合计	13833.8	3137.2	2409.0	1616.8	1024.1	800.0	775.2	517.6	501.8	386.9	341.5	282.8	266.1

注：鉴于2011～2015年新疆的食用菌农业产值均不足1亿元、2016年突然高达5.8亿元、2017～2019年仅为10亿元上下，为此笔者将新疆2016年的数据修订为5.8亿元并将全国的数据由1760.1亿元修订为1610.1亿元。

资料来源：根据国家统计局2012～2020年《中国农村统计年鉴》数据整理。

从表29－3还可以看出，食用菌产量排名第3位的黑龙江食用菌农业产值排名全国第1位；食用菌产量第一大省河南的食用菌农业产值则屈居第2位；产量排名第2位的山东食用菌农业产值仅排名全国第10位。

从栽培品种看，我国栽培的食用菌品种繁多，超过70种，其中形成商品的约为50种，生产规模较大的有20种以上，包括香菇、平菇、黑木耳、金针菇、双孢蘑菇、毛木耳、滑菇、杏鲍菇等。其中产量排前7位的香菇、黑木耳、平菇、双孢蘑菇、金针菇、毛木耳和杏鲍菇，其产量之和占同期全国食用菌总产量的比重长期保持在75%左右，近年来更是进一步提高到80%以上，是我国食用菌产品的常规主要品种，表明我国栽培食用菌的品种集中度较高且越来越高。

根据中国食用菌协会公共服务平台数据，2018年按产量统计，排名前七位的食用菌品种分别是：香菇（1043.22万吨）、黑木耳（674.03万吨）、平菇（642.82万吨）、双孢蘑菇（307.49万吨）、金针菇（257.56万吨）、杏鲍菇

（195.64万吨）和毛木耳（189.85万吨），可以看出，仅有香菇产量超过千万吨，黑木耳和平菇均在600万吨以上，双孢蘑菇和金针菇则分别在300万吨以上和200万吨以上，杏鲍菇和毛木耳则接近200万吨，而且，除这7个品种外，其他食用菌品种产量均不超过100万吨。2018年这7个品种产量之和占到我国食用菌产量的86.17%，各品种占全国食用菌总产量的比重见图29-5。

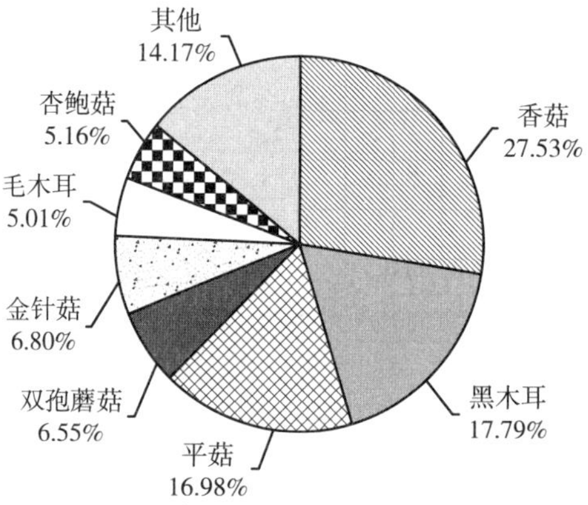

图29-5　2018年我国食用菌主要品类产量分布

资料来源：根据中国食用菌协会公共服务平台数据整理。

我国7个主要食用菌品种2010～2018年间产量及其全国占比变化见表29-4。可以看出，2010～2018年间，我国食用菌总产量、7个主要品种产量及其占全国食用菌总产量的比重均呈增长态势，而且7个主要品种产量合计增幅略大于食用菌总产量的增幅，但是各品种的发展态势却差异很大。

表29-4　2010～2018年全国及主要食用菌品种产量数据　单位：万吨

指标	2010年	2011年	2012年	2013年	2014年	2015年	2016年	2017年	2018年	2018年同比（%）
总产量	2201.16	2571.74	2827.99	3169.69	3270.09	3476.27	3596.66	3712.00	3789.03	2.08
香菇	431.15	501.79	635.48	710.32	769.12	766.66	898.30	986.50	1043.22	5.75
黑木耳	289.59	346.06	475.42	556.39	579.08	633.69	679.54	751.85	674.03	-10.35
平菇	559.94	563.34	532.95	594.83	545.79	590.18	538.11	546.39	643.52	17.78
双孢蘑菇	220.66	246.21	2183.74	237.73	230.12	337.96	355.22	289.53	248.33	-14.23
金针菇	184.85	249.26	240.08	272.91	251.29	261.35	266.93	247.92	257.56	3.89
杏鲍菇	42.56	52.30	72.90	67.32	125.37	136.48	96.68	159.71	195.64	22.49
毛木耳	125.85	143.50	126.15	130.87	152.62	182.58	183.43	168.64	189.85	12.58
7品种之和	1854.60	2102.46	4266.71	2570.38	2653.40	2908.90	3018.23	3150.54	3252.15	3.22
7品种占比（%）	84.26	81.75	150.87	81.09	81.14	83.68	83.92	84.87	85.83	1.13

资料来源：根据2021年6月20日中国食用菌协会公共服务平台数据整理。

从表 29－4 可以看出，2010～2018 年，杏鲍菇在 8 年间产量增加了近 3.6 倍，香菇和黑木耳也增加了 1 倍以上，分别达 141.96% 和 132.75%，双孢菇和平菇产量增幅总体稳定，变化不大，8 年仅分别增长 12.54% 和 14.93%，排名 7 大品种增幅榜倒数第 1 位和第 2 位。从 2018 年产量同比变化看，各品种则有升有降，杏鲍菇同比增幅高达 22.49%，双孢菇降幅则高达 14.23%。

从主要品种及分省布局看，香菇是多年来我国产量最大的食用菌品种，河南是我国香菇生产第一大省。2018 年，河南香菇产量达 288.86 万吨（约占全国总产量的 27.69%），加上产量超过 100 万吨的河北（172 万吨）、福建（116.57 万吨）和湖北（105.77 万吨），排名前 4 省香菇产量之和占全国总产量的比重达 65.49%。第二大品种黑木耳主要产自黑龙江和吉林两省，2018 年两省的黑木耳产量分别为 314.57 万吨和 161 万吨，占全国总产量的比重达到 70.56%。第三大品种平菇主要产自山东、河南、河北和吉林 4 省，2018 年，这 4 省的平菇产量之和占全国平菇总产量的比重达 54.97%。其中：山东产量最大（115.3 万吨，占全国的 17.92%），其次是河南（111.16 万吨，占全国的 17.35%），河北和吉林的平菇产量分别为 66 万吨和 61.3 万吨，分别占全国平菇总产量的 10.26% 和 9.53%。

从整体发展情况来看，我国食用菌产业呈现如下发展态势：一是食用菌产区继续扩大。产业布局呈现“东菇西扩”“南菇北扩”的发展趋势，主产区由东南地区、华南地区、东北地区和中南地区等向西南地区和西北地区扩展。二是食用菌栽培品种持续增加。商业化栽培的种类已达 36 种，香菇、黑木耳、平菇等主栽品种进一步凸显。三是生产逐步走向专业化、工厂化。工厂化生产企业 500 多家，日产能已达 7 万吨以上，生产品种近 20 个，提质增效效果显著。四是优势基地及园区建设快速发展。长江三角洲地区形成了工厂化生产优势基地；东南地区、中原地区、北方已成为香菇优势栽培基地；产业化基地规模日益壮大，目前，全国食用菌年产值千万元以上的县 500 多个，亿元以上的县 100 多个；现代农业产业园区、观光博览园区、文化旅游科普园区等发挥了重要拉动作用（李静秋，2019）。五是食用菌保鲜加工呈较快增长。在龙头企业带动下，食用菌保鲜与加工的品种、产量和产值呈现较快增长，整个食用菌加工领域正在步入一个新的发展阶段。六是专业合作社组织化程度提高。全国比较规范的食用菌专业合作社已超过 4000 家，专业合作社通过规范自我，建立与菇农有效的利益联结机制，实现了标准化生产，增强了菇农风险抵御能力，分享到食用菌生产、流通等多层次、多环节的增值收益。七是科技创新实力增强。一大批科研教学机构都建立了食用菌方面的科技基地和专业人才队伍，为食用菌产业科技创新提供了智力支持。推广优良品种，更迭栽培原料，改进栽培技术，提高设施技术，新材料、自动控制等高新技术在食用菌领域的应用日益广泛①。八是市场流通主体多元化发展。食用菌优势产区已形成颇具规模的专业交易市场，承担了交易总额的50%~80%，食用菌市场流通基本形成了以农民经纪人、运销商贩、加工企业和中介组织为主体，批发市场和集贸市场为载体，现货交易和产品集散为基本流通模式，原产品和初加工产品为营销客体的流通格局。

（二）云南食用菌生产及全国的地位

虽然云南不是食用菌大省，据中国食用菌协会统计数据，云南省食用菌产量占全国的份额多年不足1.5%，多种栽培食用菌产量多年仅排名全国第18位左右。但野生食用菌是云南的特色和优势，在全国的影响很大，对全省的食用菌生产贡献最大。云南独特的气候、物种、林分多样性，孕育了丰富的野生食用菌，有记载的为900余种，年自然产量500000吨以上。随着商品经济的兴起和人民生活水平的提高，以及外贸的需要，社会产量及商品量逐年增加，年社会产量已由30年前的2吨左右增加至2018年的16.3吨，市场上常见的已达200多种，大宗交易的达50多种，产值100多亿元。四大名菌（松茸、块菌、牛肝菌、鸡油菌）占到了全世界产量的一半以上、中国产量的2/3。据公开资料，全省年产松茸3000~4000吨，年产牛肝菌6万~10万吨。全国80%的松茸和牛肝菌产自云南，云南野生食用菌约占全国野生食用菌市场份额的70%，香格里拉松茸、丽江羊肚菌、楚雄牛肝菌、大理鸡枞、滇中干巴菌等一批地理标志性产品具有较强竞争力。在栽培菌不断受到食用菌强省、大省市场挤压的背景下，云南的野生食用菌优势进一步凸显（刘晓燕，2015）。多年来，野生食用菌在云南食用菌产业产量构成中占比1/4~1/3，而产值一直占比70%左右，成为食用菌产业经济总量的支撑者。2018年，全省食用菌总产值140.7亿元，野生食用菌产值100.4亿元，占比71.4%，为云南跻身全国百亿元大省发挥了重要作用。目前，食用菌产业正成为推动云南经济社会发展的主要动力之一，与食用菌产业相关的人数300多万人，其中2/3以上人员来自经济发展相对落后的山区和半山区的老百姓。香格里拉松茸、丽江羊肚菌、楚雄牛肝菌、大理鸡枞、易门干巴菌等地理标志性产品具有一定知名度，“云菌”品

① 2019~2025年中国食用菌行业技术发展趋势［EB/OL］. 中国产业信息网，2019-06.

牌效应基本形成。

根据云南省食用菌协会提供的资料可以看出，“十二五”期间，全省食用菌产量154.6万吨，产值340.4亿元，其中，栽培菌产量111.6万吨，产值111亿元。2012～2018年云南省食用菌产业发展基本情况见表29－5和图29－6。另据昆明海关提供的数据，“十二五”期间，全省食用菌出口6.1181万吨，创汇6.1153亿美元。进入“十三五”时期，在《云南省高原特色现代农业产业发展规划》指导下，全省食用菌产业步入稳定发展阶段。总体表现为产业规模持续扩大，栽培食用菌、野生食用菌产量、产值等主要指标持续增长，出口创汇基本稳定；品种结构进一步优化，优势产品进一步凸显；各州（市）基本稳定，优势产区逐步做强。

表29－5　　2012～2018年云南食用菌产业发展基本情况

指标	2012年	2013年	2014年	2015年	2016年	2017年	2018年
栽培菌产量（万吨）	15.7	24.0	31.9	40.0	33.6	38.2	39.8
总产值（亿元）	60.0	80.0	100.0	120.0	123.4	130.0	140.7
其中：野生食用菌产值（亿元）	44.3	57.4	67.8	80.0	90.2	93.2	100.4
栽培菌产值（亿元）	16.0	23.0	32.0	40.0	33.2	36.9	40.3

资料来源：云南省食用菌协会。

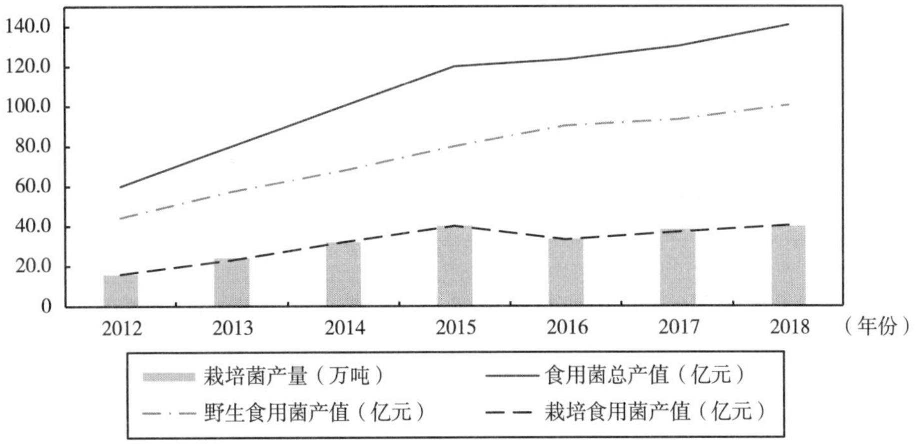

图29－6　2012～2018年云南食用菌生产情况

资料来源：云南省食用菌协会。

从云南省农业农村厅和云南省食用菌协会统计的2017年野生食用菌和栽培食用菌各主要品种产量、产值情况看，野生食用菌一些种类的社会产量变动较大，栽培菌的主要品种优化调整。2017年，云南野生食用菌产量上万吨的有牛肝菌（59333吨）、青头菌（16466吨）、鸡枞菌（13538吨）；5000～10000吨的有铜绿菌（5400 吨）、松茸（4000 吨）。产量大幅度上升有松茸（4000 吨，常年产量约 3000 吨），表明松茸的产地环境保护和资源培育取得了较好的成效。

在野生食用菌保持发展优势的同时，云南的栽培菌主要品种平菇、香菇、木耳等市场基本稳定。2017 年，栽培菌产量上 10 万吨的品种有平菇（138382 吨）、香菇（100733 吨）；10000～30000 吨的有黑木耳（26603 吨）、姬松茸（26304 吨）、金针菇（26140 吨）、茶树菇（13999 吨）。平菇、黑木耳产量均有下调，香菇、姬松茸产量上升较大，其他品种波动不大。2018 年，全省食用菌总产量 56.1 万吨，同比增长 6%；总产值 140.7 亿元，同比增长 8.2%。其中，栽培菌 39.8 万吨，呈现恢复性增长；野生食用菌产量 16.3 万吨，同比增长 10.9%。野生食用菌持续增长得益于林权改革、保育扩繁技术的大范围应用和高价值引导下的采集范围的扩大。

从区域分布看，全省均有食用菌，多数州（市）发展相对稳定，优势产区进一步做强。曲靖市、楚雄州年产量均在 10 万吨以上，是云南食用菌的两大产区，产量占全省的 51.2%，产值占全省的 41%；产量 1 万～10 万吨的有大理、保山、昆明、普洱、红河、玉溪、文山、昭通等 8 个州（市）；1 万吨以下的有德宏、临沧、西双版纳、丽江、迪庆、怒江等 6 个州（市）。曲靖、楚雄、大理、保山、昆明、普洱、红河等州（市）的产量占全省 80% 以上，优势产区逐渐形成。受多种因素影响，与 2017 年比较，全省 16 个州（市）中，保山产量、产值全面下跌，其中，栽培菌产量、产值均下跌约 50%；德宏、丽江两州（市）产量或产值有所下滑（见表 29－6）。

表 29－6　　　　2018 年云南各州（市）食用菌产量产值

州（市）	野生食用菌		栽培菌		总产量（吨）	总产值（万元）	销售收入（万元）
	产量（吨）	产值（万元）	产量（吨）	产值（万元）			
昆明	4129.00	24016.00	30546.96	30218.00	34676.00	54234.00	75698.00
昭通	1252.60	5814.60	11245.50	48608.16	12498.00	54423.00	60230.00
曲靖	8283.40	64543.00	169826.49	131440.20	178110.00	195983.00	215287.00
楚雄	51906.98	326621.00	57323.40	48721.20	109230.00	375342.00	364059.00
玉溪	10047.92	65461.50	9567.59	10515.50	19616.00	75977.00	75977.00
红河	2969.00	22797.00	24393.00	23981.00	27362.00	46778.00	49006.00
文山	6012.50	30825.98	9365.00	11498.00	15378.00	42324.00	36847.00
普洱	12807.00	87626.00	21035.00	33590.00	33842.00	121216.00	131431.00
西双版纳	1687.84	10854.00	6867.29	9590.12	8555.00	20444.00	20444.00
大理	36000.00	179100.00	20000.00	19900.00	56000.00	199000.00	205000.00
保山	15564.00	86604.00	23980.00	17002.00	39544.00	103606.00	113815.00

续表

州（市）	野生食用菌		栽培菌		总产量（吨）	总产值（万元）	销售收入（万元）
	产量（吨）	产值（万元）	产量（吨）	产值（万元）			
德宏	2480.00	12194.00	6773.00	5510.00	9253.00	17704.00	15885.00
丽江	2665.00	14721.60	733.00	1521.40	3398.00	16243.00	16885.00
迪庆	2460.70	40421.17	513.00	549.00	2974.00	40970.00	40970.00
怒江	403.80	5000.30	1564.20	5607.20	1968.00	10608.00	6182.00
临沧	3966.00	27080.00	4369.00	4714.00	8335.00	31794.00	30572.00
合计	162636.00	1003680.00	398102.00	402966.00	560738.00	1406646.00	1458288.00

资料来源：云南省食用菌协会。

三、中国及云南食用菌的消费分析

我国是世界上最早食用和栽培食用菌的国家，具有源远流长和独特的历史文化，也是世界上生产食用菌的大国（曾新根，2003）。食用菌是集营养、保健于一体的绿色健康食品，具有较高的食用和药用价值。食用菌中 B 族维生素含量高于肉类，蛋白质和氨基酸含量是一般水果蔬菜的几倍到几十倍，脂肪含量较低，其中 74%～83% 是对人体健康有益的不饱和脂肪酸。以金针菇、杏鲍菇为代表的食用菌具有一定保健功效，符合现代快节奏生活方式下科学饮食、平衡营养的消费需求。目前，我国人工培植的食用菌和药用菌种类已达 70 多种，大宗品种有香菇、平菇、木耳、双孢菇、金针菇、草菇等，一系列珍稀品种如白灵菇、茶树菇、真姬菇和羊肚菌等也受到市场青睐。[①] 随着我国经济的不断发展、人们生活水平的不断提高，人们的消费观念和消费水平也有了很大的转变与提升。在这个契机下，人工食用菌行业也得到了快速发展，我国人工食用菌行业的市场规模日益扩大，从这两年的市场规模发展来看，人工食用菌行业正处于快速发展阶段。

随着人们健康意识的提升，鲜菇的消费比例在全球市场呈持续上升，2016/2017 年度鲜菇消费比例接近 90%（见图 29－7）。2017 年我国食用菌产量为 3712 万吨，出口 63.08 万吨（全部折算为鲜菇不超过 600 万吨），3100 万吨以上的鲜菇供给国内市场，人均占有量 20 千克以上，已达中等发达国家消费水平。实际上，主要产地卖菌难的问题越来越突出，结构性产能过剩的问题已经凸显。

① 我国食用菌产量占世界总产量的 70% 以上［EB/OL］. 新华网，2018－11－15.

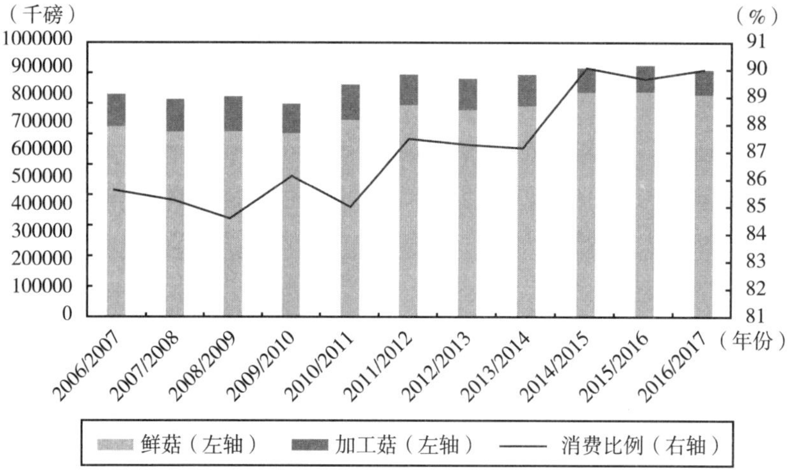

图 29－7　2006～2017 年全球鲜菇、加工菇消费比例趋势

食用菌属于最终消费品，直接面向消费者，基本上通过经销商销往餐饮业、农贸批发市场、菜市场等，最终销售给居民，极少部分经过食用菌加工厂深加工后，出售给终端消费者。我国食用菌还呈现出消费区域不均衡的现象，由于二元经济结构存在，一二线主流城市消费者注重品牌选择，注重产品质量和安全，因此倾向于选择价格较高的名牌产品，对新品种和珍稀品种接受快，消费能力较强。但国内更大的市场是小城市、城乡接合部和农村消费市场，总体消费水平偏低，品牌效益还不太明显，选择产品时更注重价格的实惠，属于较低端市场。

四、世界、中国及云南食用菌的贸易情况分析

（一）世界食用菌贸易简况

据联合国粮农组织（FAO）网站数据，全球主要食用菌出口国有中国、荷兰、波兰、英国、西班牙、法国，其次是越南、印度、日本和韩国，年贸易量约 150 万吨。2019 年，全球食用菌出口量约 141 万吨，全球贸易额 40.16 亿美元，主要出口国有中国、波兰、荷兰，其次是西班牙、比利时、加拿大、爱尔兰、白俄罗斯等国，年贸易量超过 70 万吨，占全球的 48.57%，贸易额 16.97 亿美元，占全球的 42.26%。2017 年和 2019 年全球主要食用菌出口国食用菌出口贸易及其占比如表 29－7 所示，2019 年主要食用菌出口国出口量、出口额及占全球比重分别如图 29－8 和图 29－9 所示。

表 29－7　　2017 年、2019 年世界主要食用菌出口国出口贸易及其占比

指标	年份	中国	波兰	荷兰	西班牙	比利时	加拿大	爱尔兰	白俄罗斯
出口量（万吨）	2017	32.05	30.68	22.95	5.30	3.93	3.88	3.13	2.57
	2019	12.58	23.81	7.85	0.88	2.53	5.22	4.47	2.64
占全球比重（%）	2017	13.34	12.77	9.55	2.21	1.64	1.61	1.30	1.07
	2019	17.28	32.72	10.79	1.21	3.48	7.17	6.14	3.63
出口额（百万美元）	2017	779.12	531.42	482.64	116.48	76.37	162.94	104.58	50.83
	2019	232.73	461.35	238.22	39.80	61.14	241.58	112.93	74.88
占全球比重（%）	2017	13.76	9.39	8.53	2.06	1.35	2.88	1.85	0.90
	2019	11.43	22.66	11.70	1.96	3.00	11.87	5.55	3.68

资料来源：根据联合国粮农组织网站数据库 2021 年 5 月数据整理。

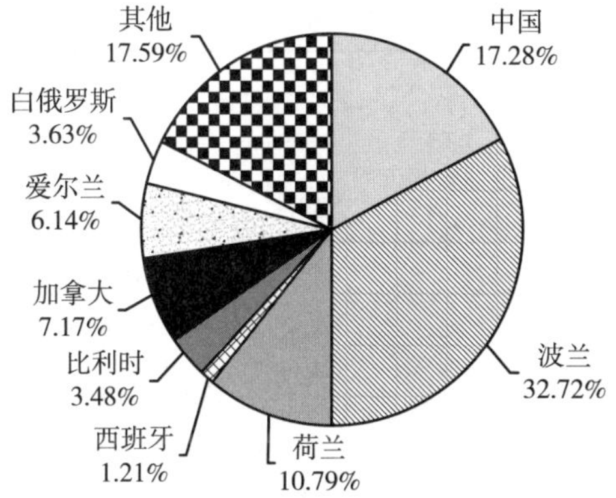

图 29－8　2019 年主要食用菌出口国出口量全球占比

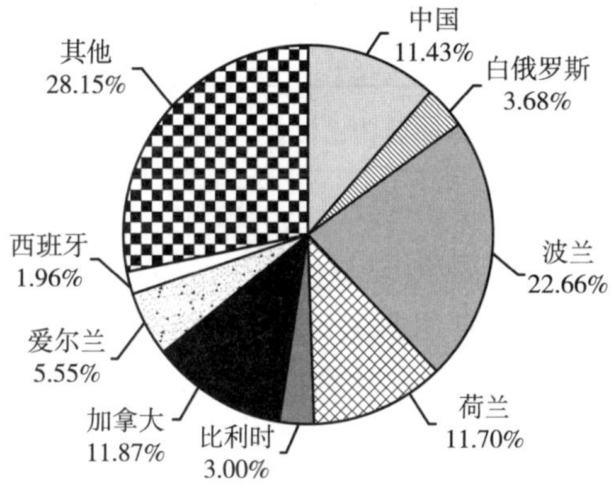

图 29－9　2019 年主要食用菌出口国出口额全球占比

（二）中国食用菌贸易简况

我国的食用菌对外贸易以出口为主，是全球第一大食用菌出口国，进口很少。

据 FAO 统计数据，2019 年，我国食用菌出口量和出口额分别达到 12.58 万吨和 23.27 亿美元，占全球出口总量和出口总额的比重分别达到 17.28% 和 11.43%（见表 29－7、图 29－8 和图 29－9）。

中国食用菌协会统计数据表明，除 2012 年出口量和出口额均有所下滑外，2010～2018 年，我国食用菌出口贸易呈现稳步增长的趋势（见图 29－10）。据中国食用菌协会统计，2017 年全国共出口各类食（药）用菌产品 63.08 万吨（干鲜混计），货值 38.4 亿美元，出口数量和金额同比分别增长 13.09% 和 19.38%。2018 年全国共出口各类食（药）用菌产品 70.31 万吨（干鲜混计），货值 44.54 亿美元，出口数量和金额同比分别增长 11.46% 和 15.87%。①

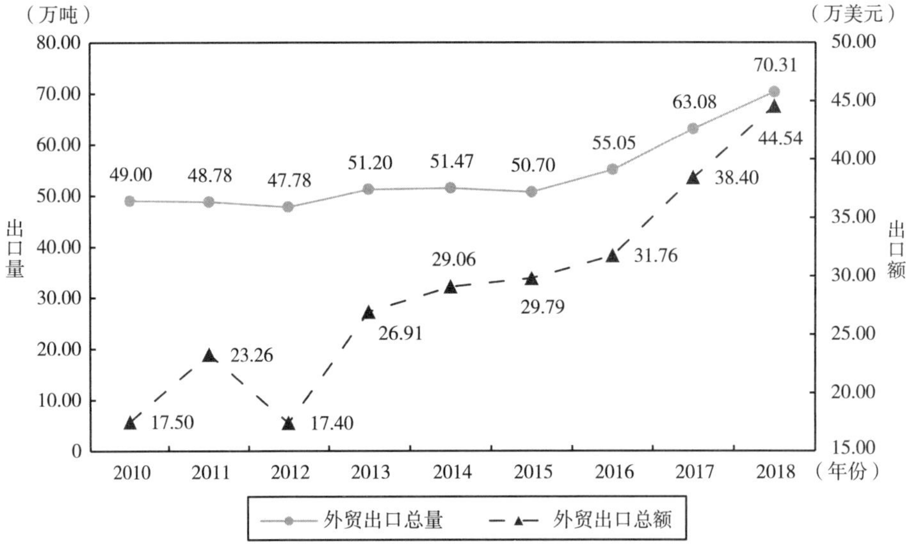

图 29－10　2010～2018 年我国出口食用菌贸易值和贸易额变化趋势

资料来源：根据中国食用菌协会《全国食用菌统计调查结果分析》相关数据整理。

全国绝大多数省份均有食用菌出口，河南、福建、湖北三省为出口大省。2016 年，河南、福建和湖北 3 省的食用菌出口额约在 8 亿～10 亿美元之间；此外，食用菌出口额 1 亿美元上下的有云南、江苏两省。在现有 36 个食用菌海关商品代码中，干香菇、干木耳、小白蘑菇罐头、其他蘑菇罐头出口金额均超过 1 亿美元，位列所有商品代码的前五位，其中干香菇出口金额最高，达到 19.94 亿美元，占所有商品代码出口总额的一半以上。就具体品种而言，香菇、木耳、银耳、松茸、牛肝菌和双孢蘑菇仍是我国最主要的出口创汇品种（见表 29－8）。

① 食用菌产业迎来新一轮转型升级［EB/OL］. 中国商务信息网，2019－10－09.

表 29－8　2016 年度各省食用菌产品出口海关统计数据

单位：吨；万美元

地区	鲜或冷藏类		盐水腌制类		干货类		罐头类		茯苓类		天麻类		冬虫夏草		蘑菇菌丝		合计	
	数量	金额	数量	金额	数量	金额	数量	金额	数量	金额	数量	金额	数量	金额	数量	金额	数量	金额
北京	4.3	2.6			4.7	3.0	9.5	1.3	5.9	2.1					31.2	2.5	55.6	11.4
天津	310.9	64.8			4.6	6.2	469.3	142.0	122.9	104.5	3.0	3.3			652.1	24.9	1562.9	345.6
河北	1254.9	384.2	2687.1	496.2	108.5	136.7	450.0	96.2	153.9	58.5	4.8	3.9			6714.6	346.9	11373.9	1522.5
山西	45.8	9.7	16.5	2.9					3.1	1.6					5270.3	276.9	5335.7	291.1
内蒙古															47.4	1.9	47.4	1.9
辽宁	861.1	167.5	6206.3	1503.6	251.1	394.5	12279.7	2479.6	61.6	23.2					9794.6	492.3	29454.5	5060.5
吉林	141.3	354.6	57.0	6.6	70.9	50.4			158.5	43.2					5561.5	307.5	5989.2	762.3
黑龙江	569.6	89.3	77.1	17.5	589.7	947.4	2506.3	1697.3							104.0	3.4	3846.7	2754.9
上海	8889.9	2303.6			1255.3	2077.8	86.6	218.5	1.4	1.7							10233.2	4601.6
江苏	400.5	62.9	1701.5	384.2	4606.5	8064.1	808.0	169.3	2.5	1.7	0.1	1.0			1887.3	155.6	9406.4	8838.7
浙江	8415.4	2562.7	91.8	12.1	3376.3	4442.5	1177.7	351.2	93.3	45.2	3.6	8.6			1131.5	69.4	14289.5	7491.7
安徽	28.8	6.6			220.2	296.7	74.9	9.0	969.9	525.8	117.5	180.5			96.0	4.2	1507.3	1022.8
福建	9868.3	1634.6	7102.9	1339.5	26829.4	48839.6	198643.1	28029.9	11.1	4.0					3060.3	196.2	245515.0	80043.8
江西	264.8	66.4			248.1	465.1	482.4	371.7	3.0	1.2					53.8	1.9	1052.1	906.3
山东	5469.3	763.1	1017.7	89.9	1418.7	2632.3	6501.6	1155.0	97.2	43.0	0.5	2.9			33971.7	1969.5	48476.6	6655.8
河南	1002.9	266.2			38969.2	70135.1	22281.5	25080.2							5312.5	184.3	67566.1	95665.8
湖北	756.2	156.3			53627.6	79025.4	0.9	0.4	305.7	122.8	15.0	37.7			138.3	9.1	54843.7	79351.7
湖南	5920.4	1437.3			42.9	44.5			179.1	83.2					24.1	1.0	6166.5	1566.0
广东	9373.3	1047.7	2.0	1.4	930.9	1277.8	2568.7	652.7	3549.9	2278.0	31.7	72.6					16456.5	5330.2
广西	28.1	2.0			234.7	536.4			93.6	47.7							356.4	586.2
重庆	8.0	43.1	259.0	38.0	315.9	633.4	15.2	79.5									598.1	794.0
四川	87.5	379.8	924.9	235.8	98.5	369.4	1715.2	941.9	328.7	254.4	0.6	1.5	0.4	785.8			3155.8	2968.6
贵州					16.1	15.1			15.1	5.3							31.2	20.4
云南	4866.4	3777.6	2638.4	1288.2	2309.3	4326.6	16.4	76.4	6.5	3.4	0.1	1.5					9837.1	9473.7
陕西	1.8	0.1	27.6	12.4	216.4	333.4	237.1	314.6	10.9	4.9	0.8	2.1					494.7	667.5
甘肃	2.3	0.3															2.3	0.3
新疆							282.8	83.0									282.8	83.0
合计																	547936.8	316818.2

资料来源：中国海关。

（三）云南食用菌出口贸易简况

在全国食用菌出口中，云南出口额仅次于河南、福建、湖北三省位居第四。野生食用菌一直是云南省主要出口农产品之一，在云南省出口创汇农产品中占据重要地位（王婷婷等，2017）。在全国野生食用菌出口中，云南的出口量和出口额均排全国第1位。云南野生食用菌出口占我国出口总量一半以上，全省每年1亿多美元的食用菌出口额中，野生食用菌约占80%。其中松茸出口约700吨（部分由四川转出口），牛肝菌出口约7500吨（以鲜品计），块菌等出口约100吨，产品远销美国、法国、德国、荷兰、日本、泰国、新加坡等40多个国家和地区。2012～2018年云南省食用菌出口主要数据如表29－9所示。

表29－9　2012～2018年云南食用菌出口主要数据

指标	2012年	2013年	2014年	2015年	2016年	2017年	2018年
出口量（吨）	14494.00	12213.00	10208.00	10866.00	13731.00	15259.00	14563.00
其中：松茸	964.00	781.00	709.00	432.00	761.00	678.00	674.00
牛肝菌	9143.00	7708.00	7041.00	8366.00	10979.00	12457.00	6735.00
出口额（万美元）	13294.00	12342.00	11600.00	9571.00	10277.00	11844.00	11530.60
其中：松茸	4859.00	4058.00	3837.00	2455.00	3395.00	3458.00	3115.00
牛肝菌	6675.00	5912.00	4852.00	4965.00	5744.00	6842.00	4454.00

资料来源：云南食用菌协会、昆明海关。

在野生食用菌保持市场优势的同时，云南栽培食用菌出口的占比也逐年提高至20%左右，生产的鲜品、干品等已有近40%销往国内外市场。与此同时，国内的需求正持续增长。

五、云南食用菌产业发展存在的问题

近几年，云南食用菌产业增长速度较快，但总体上基数小，经济总量小，发展规律、速度与其他主产省份相比差距仍然较大，资源利用的效益还不高。企业规模小、龙头带动作用不明显；集约化程度不高，精深加工产品少，附加值低；市场流通体系不完善，社会化服务体系落后等因素影响了产业发展速度和效益。企业融资难、财政资金支持力度小、产品质量标准体系不健全、贸易技术壁垒等问题也制约了产业快速发展。[①]

① 2013年云南省食用菌产业要抓好六项工作［J］．农村实用技术，2013（4）：6－7.

（一）服务体制机制还不适应“云菌产业”发展

云南食用菌产业发展至今，政府层面推进食用菌产业发展的实施主体一直不到位。由于食用菌产业的一些固有特点，貌似农业、林业、供销等多个部门都在管，实际上，食用菌产业发展行之有效的实施管理的主体一直落实不到位，或者赋予的权责不匹配，一定程度导致全省食用菌产业发展缺乏整体谋划、规划难以实施落实、产业无序发展。

（二）投融资体制不健全，投入不足，融资困难

一是政府投入不足，难以适应产业发展公益需求对资金的需要，野生菌资源保护与开发步伐缓慢、效益不突出、精深加工水平低，地方资源利用和配套技术空白，与云南是全国食用菌资源第一大省的地位不相适应；二是社会资本参与少，企业、合作社普遍存在融资难、融资贵，带动产业发展尚未形成气候。

（三）基础设施薄弱，现代化程度低，发展方式粗放

食用菌产业发展至今，大多还固守传统农业发展方式，以小作坊式生产模式，散户经营为主，主要的生产设施大多停留在简约化阶段，虽然具有低成本优势，但难以适应现代产品的生产要求；园区建设滞后，现代化程度低；受地域、交通、消费等多重因素限制，工厂化生产发展慢，难以形成规模化、规范化，不适应市场需求。总体来看，云南食用菌产业还处于大资源、小产业、低附加值的状况。

（四）市场培育、品牌建设滞后

一是由于野生食用菌交易季节性强，市场占用时间短，全省野生菌专业市场较少，物流设施和技术落后，国内外市场开拓缺少人才和手段，“云菌”新型销售模式有待提升和创新。二是现今云南省的食用菌生产加工业以野生食用菌为主要原料，人工栽培相关技术和品种大多为引进，分散的栽培模式，加上产品质量标准体系建设等基础工作仍然十分薄弱，使得产业规模小、效益低、产品质量参差不齐，难以形成品牌，加之品牌建设也缺乏力度和手段，全省品牌近50个，但知名品牌不多，“云菌”大品牌创建整合难度大。

（五）科技创新能力不足，技术体系不健全

经过多年努力，支撑产业发展的科技能力有了大幅度提升，但远不能适应发展需求。一是创新组织、创新人才不足且力量分散；二是创新动力不足，缺乏激励创新的机制，产业发展需求的技术供给不足、不畅；三是技术应用推广体系不健全，技术人员分散于农业、林业、供销等部门，难以形成合力共建、共享技术体系。目前，生产技术过分依赖外引企业和职业菇农，存在稳定发展隐患。

六、加快云南食用菌产业转型升级发展的对策建议

针对现阶段存在的主要问题，建议采取以下对策措施。

（一）健全机构，理顺关系，赋予职权，给予手段

设立“云南高原特色食用菌现代产业推进组”，负责谋划产业发展、制定规划落实《云南省高原特色食用菌产业规划（2020—2025 年）》中“食用菌产业”的目标任务、组织实施落实规划的年度计划（项目为载体）、协调相关部门食用菌工作的合力形成、促进全省的食用菌产业发展。解决基础设施建设、市场建设、品牌建设诸多问题（张俊飚等，2014）。

（二）加大财政投入，设立“食用菌产业发展专项经费”

省财政除在相关部门工作中涉菌事项的投入外，设立“食用菌产业发展专项经费”，对省财政负责。“专项经费”多种运作机制并存，支持推进产业公益性的科技创新及示范、市场建设（开拓）、云菌品牌打造等工作。同时，缓解小微企业和专业合作社融资难、融资贵问题。

（三）加大科技投入，创新合作机制，完善产业技术体系

加大科技投入，充分发挥现有科技优势，以项目为载体，机制为依托，有效凝聚、整合全省食用菌主要科技力量，构建发展新常态下的“云南省食用菌产业科技创新体系（中心）”，研究、运行激励联合创新的新机制，切实实现科技创新体系（中心）的功能。打破部门界限，在州市、县区两级组合农业、林业、供销一体或联动的技术服务队（团），构建新型食用菌技术服务体系。研究“创新体系

(中心)”与“服务体系”、龙头企业、专业合作社搭建合作服务链的创新机制，建设务实、高效的产业技术体系，形成新的科技优势，为云南省食用菌产业发展提供坚实的科技支撑。

（四）扬长避短，做强优势，做优特色

一是紧抓优势种类，如松茸、牛肝菌、块菌、干巴菌、大红菌、鸡枞菌、羊肚菌、鸡油菌等，确保质量优势；通过大力推广野生食用菌保育扩繁技术和扩大采集范围增加商品量，壮大经济总量。

二是做优特色栽培菌。充分利用全省气候、环境优势，科学布局，发展区域优势特色产品群，进一步提升特色栽培菌的竞争优势。

（五）打造大品牌，开拓新市场，提升产业竞争力

在靠质量创品牌、拓市场的同时，政府应支持龙头企业培育或引进品牌设计、市场建设拓展人才，创建、打造“云菌”大品牌，巩固旧市场，开拓新市场。依靠科技进步、提升产业技术、强化质量监管、打造靓丽品牌、加强市场营销，全面提升产业竞争力。

第二节　云南食用菌产业的优劣势分析

一、云南食用菌产业的优势

云南食用菌经多年的利用开发，已基本完成由自然经济向商品经济的过渡。一个传统产业的发展壮大取决于若干条件和因素，一些制约条件甚至难以通过各种努力打破，一些有利条件和因素如果不认识、不加以发掘和利用，甚至扩展，顺其自然的作用发挥就非常有限，甚至成为一种桎梏。认识优势、扩展优势就显得至关重要。因此，云南发展食用菌产业的优势何在？必须清楚认识。

（一）资源优势

一是独特的地理气候。云南地处低纬高原，属亚热带/热带高原季风气候，从南到北有北热带、南亚热带、中亚热带、北亚热带、暖温带、寒温带、高山寒带

等七个气候带，兼具低纬气候、季风气候、山原气候的特点，相当于在中国跨过20多个纬度带气候的缩影。多样性的气候孕育了多样性的食用菌物种。

二是良好的森林植被。云南94%是高原山地，林业用地3.75亿亩，占全省面积64.71%，居全国第二位；森林面积2.87亿亩，居全国第三位；组成森林的乔木树种有800多种，森林类型多达105个，其丰富程度为全国之冠，构成了多样性的森林生态类型，构筑了适宜多种野生食用菌繁育生长的多样性“天然大棚”。

三是优越的生态环境。云南是全国生态保护重点区域和西南生态安全屏障，森林覆盖率达54.64%，森林和湿地生态系统的“水塔”“碳库”“绿色银行”等功能十分显著，居全国首位。全省大部分区域植被良好、污染少、空气优、水质清，发展原生态、绿色、有机食用菌产品的生态环境得天独厚（赵晓华等，2014）。

四是丰富的野生菌资源。全省野生食用菌有2个纲、11个目、35个科、96个属、900余种，居全国之首，是世界野生食用菌种类最多的地区。

五是巨大的资源储集量。野生食用菌自然产量50万吨以上/年，约占全国的30%；社会产量10万吨以上/年，约占全国的70%。可利用于食用菌栽培的农业、林业、畜牧业资源型剩余物1000万吨以上/年。

六是特有的优势资源。四大名菌（松茸、块菌、牛肝菌、鸡油菌）占到了全世界产量的一半以上、中国产量的2/3；全省年产松茸3000～4000吨，牛肝菌6万～10万吨。香格里拉松茸、丽江羊肚菌、楚雄牛肝菌、大理鸡枞菌、易门干巴菌等地理标志性产品具有较高知名度，“云菌”品牌效应基本形成。

七是突出的分布特点。第一，分布广泛。野生食用菌资源全省129个县市区均有分布。第二，分布相对集中。地处澜沧江以东哀牢山、无量山、云岭一线的普洱、玉溪、楚雄、大理、丽江等州市的大部分区域因其植被丰富、林分多样、气候立体，野生食用菌资源相对丰富，资源蕴藏量也较大，其中，楚雄、大理两州的野生食用菌商品产量约占全省的30%。第三，分布立体。物种及气候类型均呈现立体分布特点，为发展食用菌特色产品布局提供了优越的天然条件。

（二）产品优势

云南的野生食用菌产品，出口居全国第一，松茸、牛肝菌、羊肚菌等产品享誉中外；国内野生食用菌市场的占有份额位居全国第一，稀有产品供不应求；野生食用菌加工产品种类位居全国第一，深受消费者喜爱；栽培食用菌也以其质量信誉不断扩大市场。云南食用菌开发历史悠久，有较深厚的食用菌文化沉淀，有较厚实的产业发展基础和优势条件，只要转变观念、发展优势、政策到位、措施得力，完全可能形成后发优势，取得产业规模快速扩大、产业质量迅速提高的成效，经培育，完全可成为烟草后的一个特色农业产业。

（三）区位优势

云南地处西南边疆，与多个国家接壤，是“一带一路”建设的重要节点。云南连接南亚、东南亚的国际大通道建设日新月异；面向南亚东南亚辐射中心发展如火如荼；云南自贸区（试点）建设已经启动。沿边的区位比较优势为全省高原特色现代农业产业发展创造了相对优越的区位条件。

（四）科技优势

云南野生食用菌的保育促繁、食用菌高值化基础研究和应用研究在全国甚至世界处于引领地位。刘培贵、臧穆、赵永昌、苏开美、桂明英等项目首席科学家、学术学科带头人和科技领军人才，主持国家“十一五”“十二五”科技支撑计划食用菌专项、国务院农科教相结合新型农业社会化服务体系和国家食用菌产业技术体系建设等重大项目，培养了一大批食用菌科技创新人才、积累了一大批先进科研设施和科技成果。云南省农业科学院、中国科学院昆明植物研究所、云南省高原特色农业产业研究院、云南农业大学、昆明食用菌研究所、西南林业大学、动植物检疫检测中心等高校、科研院所的食用菌研究力量为云南食用菌产业的厚积薄发奠定了较深厚的科技基础。

二、云南食用菌产业的短板或劣势

云南食用菌产业从无到有，逐渐壮大。云南省食用菌协会资料显示，截至2018年，食用菌产量56.08万吨，产值140.66亿元，仅占全国总产量和总产值的1.48%和4.79%，产量仅为河南省的1/10。存在的短板和劣势主要如下。

（一）观念落后、规划缺少、管理缺位

从思想观念看，一方面，由于历史和地域的缘故，自给自足、小富即安、小得即喜的观念和习惯根深蒂固，对外界新的发展观念不敏感、接受度低，紧迫感

差。另一方面，资源丰富，地大物博的优越条件，导致精细农业文化发育滞后，生产技术相对落后，质量、安全意识淡薄。食用菌产业不完全是劳动密集型产业，而是对生产者素质要求较高的精细种植业，缺乏精益求精的精神在全省菇农中普遍存在。从发展思路和管理看，缺乏产业发展的整体谋划和顶层设计，实施方案不明确，不落实。管理主体缺位或不到位的情况突出。

（二）投入不足又分散，合力难以形成

产业发展至今，投入严重不足的问题一直存在。产业发展政出多门，省级部门、州县的投入因缺少科学的整合机制而难以形成合力，有限的投入分散使用，杯水车薪。

（三）发展技术支持不足，技术体系有待完善

缺乏产学研结合的有效机制，各自为战的现象依然存在；新常态下行之有效的技术应用推广体系不健全，过分依赖外引企业和职业菇农。

（四）远离目标市场，运营成本增加

云南具有面向南亚东南亚的区位优势。但转身面向国内市场时，距目标市场仍相对较远，产品运距长，成本增加。

三、云南食用菌产业的区位熵测度

区位熵也称为区域规模优势指数或者区域专门化率，是指一个地区特定部门/产业的产值在该地区/部门总产值中所占的比重与全国该部门/产业产值在全国总产值中所占比重的比率，当区位熵大于1时，表明该地区该产业具有比较优势，一定程度上显示出该产业较强的竞争力，区位熵值越大，该地区该产业的比较优势越明显，竞争能力越强。

采用《中国农村统计年鉴》（2011～2019年）云南及全国食用菌农业产值及农林牧渔业总产值等数据计算2010～2018年云南省食用菌产业区位熵结果如表29－10所示。可以看出，分析年间，我国食用菌产业的农业产值占农林牧渔业总产值的比重均在1%以上，而同期云南省食用菌产业农业产值占全省农林牧渔业总产值的比重从未超过1%，低于全国平均水平，2011～2019年，云南食用菌产业的区位熵值一

直小于1，说明云南食用菌产业在全国没有优势，与云南食用菌产量占全国的份额多年不足1.5%、大宗栽培食用菌产量仅排名全国第16～第18位甚至更后的情况吻合。

表29－10　　2010～2018年云南食用菌区位熵测度结果（1）

年份	云南			全国			区位熵
	食用菌农业产值（亿元）	农林牧渔业总产值（亿元）	比例（%）	食用菌农业产值（亿元）	农林牧渔业总产值（亿元）	比例（%）	
2011	4.5	2334.5	0.19	944.7	78836.98	1.20	0.16
2012	4.5	2716.5	0.17	1155.0	86342.15	1.34	0.12
2013	7.2	3097.5	0.23	1365.4	93173.7	1.47	0.16
2014	9.3	3307.8	0.28	1604.1	97822.51	1.64	0.17
2015	10.2	3438.7	0.30	1584.1	101893.52	1.55	0.19
2016	17.7	3704.7	0.48	1610.1	106478.73	1.51	0.32
2017	22.9	3872.9	0.59	1531.9	109331.72	1.40	0.42
2018	31.4	4108.9	0.76	1833.3	113579.53	1.61	0.47
2019	40.1	4935.7	0.81	2205.2	123967.9	1.78	0.46

资料来源：历年《中国农村统计年鉴》。

但是从表中也可以看到，云南食用菌产业的区位熵一直呈现上涨态势，说明云南食用菌产业呈现良好的发展态势，与近年来云南省委、省政府充分发挥云南食用菌尤其是野生菌的独特优势，支持全省食用菌产业发展，全省食用菌农业产值从2011年全国第23位逐步上升到2019年第12位的情况吻合。

采用中国食用菌协会公共服务平台2010～2018年云南及全国食用菌农业产值及国家统计局网站云南及全国农林牧渔业总产值等数据计算2010～2018年云南省食用菌产业区位熵结果详见表29－11。可以看出，测算年间，云南省食用菌产业产值与全省农林牧渔业总产值的比例由2011年前低于全国平均上升到2012年后高于全国比重。云南食用菌的区位熵自2012年开始一直大于1（2017年除外），说明云南省的食用菌产业在多数年份表现出一定比较优势，与前述云南野生食用菌在全国的优势地位以及云南省食用菌产量不足全国1.5%、多种大宗食用菌产量排名全国第18位、而云南食用菌产业总产值排名从2010年全国第17位逐步上升到2018年第8位等情况吻合，反映出主要得益于云南的野生食用菌优势，全省食用菌产业有较好的效益。

表 29-11　　2010~2018 年云南食用菌区位熵测度结果（2）

年份	云南			全国			区位熵
	食用菌产值（亿元）	农林牧渔业总产值（亿元）	比例（%）	食用菌产值（亿元）	农林牧渔业总产值（亿元）	比例（%）	
2010	22.0	1824.8	1.21	1413.2	67763.13	2.09	0.58
2011	27.0	2334.5	1.16	1543.2	78836.98	1.96	0.59
2012	59.6	2716.5	2.20	1772.1	86342.15	2.05	1.07
2013	80.4	3097.5	2.60	2017.9	93173.7	2.17	1.20
2014	99.8	3307.8	3.02	2258.1	97822.51	2.31	1.31
2015	120.0	3438.7	3.49	2516.4	101893.52	2.47	1.41
2016	123.4	3704.7	3.33	2741.8	106478.73	2.57	1.29
2017	85.9	3872.9	2.22	2721.9	109331.72	2.49	0.89
2018	140.7	4108.9	3.42	2938.8	113579.53	2.59	1.32

资料来源：食用菌产值来源于中国食用菌协会网站，农林牧渔业总产值来源于国家统计局网站。

第三节　云南食用菌产业经济体系简况

一、生产组织形式

（一）基本情况

从生产主体看，“十三五”以来，在政策、市场带动下，全省的食用菌生产、加工企业和专业合作社、食用菌种植大户等市场主体发展稳定，群体规模较“十二五”有所收缩，但规模以上企业、合作社数量明显增加，运作质量有所提升，市场主体的多元化发展格局变化不大。企业建设的栽培食用菌基地、带动的几百户专业合作社、几千户种植大户，实行多种合作经营模式，给从业农民带来了稳定收入。带动农户收入增加的同时，食用菌从业人员提高了科技素质和生产技能，为脱贫后的持续致富、稳定小康打下了坚实的精神和物质基础。食用菌产业在农业、农村经济发展、农民增收及农村剩余劳动力转移、推进全面小康社会建设及乡村振兴方面发挥着越来越重要的作用。

从表 29-12 的数据可以看出，云南规模以上食用菌企业曲靖和楚雄占全省的57%（产量占全省的51.2%，产值占全省的41%），优势产业区持续壮大；产值超亿元企业7户（楚雄州和迪庆州各1户，大理州5户），较“十二五”末增加3户龙头企业群体正在壮大；7户亿元以上企业中，大理州祥云县占据4席，加工贸易重要基地已经基本形成。

表29－12　　2018年云南食用菌产业组织基本情况

州（市）	种植户	合作社	企业			规模以上企业、合作社（产值500万元以上）		
			合计	生产型	加工贸易型	合计	1000万～2000万元	2000万元以上
昆明	103	8	10	9	1	7	—	1
昭通	—	43	4	4	—	—	—	—
曲靖	1708	44	16	15	1	40	11	4
楚雄	126	32	23	17	6	26	5	13
玉溪	704	30	13	10	3	6	1	4
红河	260	15	2	1	1	4	1	—
文山	—	7	1	—	1	3	1	—
普洱	74	17	10	8	2	—	—	—
西双版纳	69	6	1	1	—	1	1	—
大理	85	17	9	1	8	12	—	6
保山	1789	52	1	1	—	3	2	1
德宏	250	19	1	1	—	3	—	—
丽江	6	2	9	6	3	1	1	—
怒江	245	9	2	2	—	1	—	—
迪庆	10	4	12	5	7	7	1	6
临沧	116	20	—	—	—	2	—	—
合计	5545	325	114	81	33	116	24	35

资料来源：云南省食用菌协会。

云南食用菌生产的组织形式主要有“散户（农户）”“合作社”“企业”“企业＋合作社＋农户”“政府＋企业＋科研院所＋合作社＋农户”等多种形式。从组织形式看，目前国内食用菌产业较为成熟的组织模式多样，针对云南省食用菌产业发展，对各种模式的优缺点进行了比较选择，以期为云南省食用菌产业发展提供借鉴（杜园，2015）。

1. 一体化模式

一体化是指多个原来相互独立的产权实体通过某种方式逐步结合成为一个单一实体的过程。在食用菌产业整合过程中，一体化模式表现为不同的组织形式，如“公司+农户”“公司+农户+批发市场”“公司+合作社+农户”以及“公司+基地+农户”等。

相比较一般的农产品生产，食用菌生产条件苛刻、技术含量高。因此，采用一体化模式对于食用菌产业的发展具有重要的意义。一体化模式注重产业链条的延伸，有利于分担各个环节的风险。

一体化模式有利于提高食用菌的质量。目前食用菌质量安全问题频发，农药化肥残留问题屡见不鲜，其主要原因是一家一户的分散种植模式缺乏有效的组织管理和外部监督。在一体化模式中，对于农户的生产，公司可以进行一定程度的监督，同时公司可以利用产品收购这一环节对质量的前导作用，约束农户的规范生产，以提高食用菌质量。

一体化模式有助于解决菇农生产资金不足的问题。该模式下的多种组织模式均对解决资金不足的问题有显著的作用。一体化模式在全国各地均具有普遍的适用性。但是这一模式的实施需要完善的信用机制作为保障。如在“公司+农户”的组织模式下，一般通过合约的形式在公司与农户之间建立食用菌的收购关系，这虽然可以降低农户的经营风险，但随之而来的是企业和农户面临的以违约为主要形式的道德风险。这就需要有完善的信用机制作为保障，使得违约方能够受到应有的惩罚，受损方能够得到合理的赔偿。另外，在一体化模式中，企业一般处于强势地位，往往会挤压产业链其他环节（特别是农户）的利润，从而造成各环节利益分配不公。

2. 工厂化模式

工厂化模式是在食用菌生产过程中，利用新的生产技术载体，采用必要的设施设备，选用适宜的品种和相应的栽培技术，以期成为高投入高产出的集约型产业。工厂化生产食用菌强调生产的机械化、规模化和自动化。工厂化模式通过生产设施的建设可以打破食用菌生产的季节性限制，满足食用菌市场的持续需求（王玫，2010）。

工厂化模式利用先进的食用菌生产厂房，通过控制食用菌生产的自然环境，如温度、湿度、光照等，实现食用菌标准化生产和管理。由于能够对生产过程进行控制，有利于提高食用菌产品质量，增强食用菌产业的竞争力（吴志珍，2012）。

工厂化模式可以解决一体化模式中各主体衔接利益分配不均问题。在一体化模式中，由于分属不同的主体，农户与公司之间、农户与合作社之间以及公司与合作社或基地之间，在利润分配方面存在着潜在的利益纠纷，往往会造成一体化模式的解体。而在工厂化模式中，由于各环节属于同一主体，不存在利益分配问题。同时，产业利益可以在各环节中进行调节，提高了企业抵御市场风险的能力。

工厂化生产模式需要较为苛刻的条件，致使其生产规模难以迅速扩张。一方面，工厂化模式需要较大数量的资金投入，包括建设标准化的生产厂房和控制设施，一次性投入大；另一方面，工厂化模式需要有先进的技术和管理手段，对从业人员的素质要求较高。因此，食用菌的工厂化模式适合技术成熟的品种领域，适宜于经济发展水平较高的地区（范颖，2020）。

3. “宝塔蜂窝煤”模式

该模式是由国家现代食用菌产业技术体系、省创新团队、产业基地县、相关企业和农户等构成的高效合作模式。一般而言，现代食用菌产业技术体系的下一层总是比上一层面积大，像一座宝塔，塔顶是体系的设计者和指挥者；第二层是国家现代食用菌产业技术体系的首席科学家，第三层是国家体系功能实验室、岗位专家及农业厅等国家层面的执行者和省级层面的指挥者，第四层是创新团队，第五层是产业基地县的农技服务人员，第六层是广大菇农和相关企业。该模式注重在政府的组织引导下整合各方面的科技力量，倡导建立地方创新团队，发挥其在地方科技创新中的作用，各岗位专家按照食用菌的分类在各领域实现创新（张鸿等，2010）。

采用分工负责的方式，实现层级相连、上下贯通。该模式以食用菌这一产品为主线，在全国范围内形成完善的技术体系，针对不同的产品对各专家进行分工，集中研究，进而实现技术集成创新。同时，这一模式注重整体的统筹，有利于打造快捷的技术服务和推广体系。

“宝塔蜂窝煤”模式的实现必须有政府参与，才能实现从上到下各层级的协调，由于涉及范围广，因而实现的难度较大，该模式是针对技术创新的组织形式，因此实施该模式的区域需要有较强的科研力量，食用菌产业的发展水平也要求较高。该模式注重技术创新，与其他的产业组织模式具有较好的互补性。

4. 循环农业模式

食用菌循环农业模式是利用农牧业废弃物养殖食用菌的高效循环模式。该模式利用小麦秸秆、鸡粪等农业废弃物进行食用菌的养殖，得到的菌渣用来制造沼气转化为能源，同时也可作为优质的肥料或动物饲料，提高了资源的利用效率和农业废弃物的转化率（邹积华等，2011）。

循环农业模式的实现需要较高的技术支持。无论农业废弃物转化为原料，还是食用菌生产废料的肥料化、能源化都需要有先进的技术，技术的提高是农业资源利用转换效率提高的前提。循环农业模式是食用菌产业的发展方向，但由于成本和技术限制，目前尚难以大规模应用，现阶段这种模式适合于农业和畜牧业发展水平较高的地区（葛颜祥等，2013）。

5. 园区模式

园区模式是将食用菌生产的相关企业、服务业等集中到一个园区内，相关企业包括食用菌育种、生产、加工、销售企业等。服务业包括技术指导和创新、市场信息咨询以及其他基本生产所需要的服务。园区从区位上安排食用菌产业链条上的企业，通过创建产业集群实现食用菌生产的规模效益。园区模式采用将食用菌生产相关企业在一个园区集聚的形式，将信息、技术、人才集中于一个园区，有利于食用菌技术的研发、转化，降低了产业链各节点之间的交易成本。另外，在食用菌园区的建设上，政府一般都给予一定的政策倾斜，这有利于打造食用菌特色品牌和龙头企业，对于周边地区具有很大的带动作用（葛颜祥等，2013）。

（二）案例

1. 陆良县三岔河镇清河村清麒菇业有限公司带动农户发展食用菌产业

陆良县三岔河镇清河村清麒菇业有限公司食用菌生产基地采取“公司＋支部＋协会＋农户”“公司＋合作社＋农户”等的多元复合产业化经营模式带动150余户农户发展食用菌产业。一是成立2个食用菌生产协会和11个专业合作社，二是配套专业出售菌袋、包扎带服务部11个，专业收购、粉碎、出售、代销稻草、玉米芯等原料提供户150余户，专业制售菌种大户20户。[①]

公司为农户提供良种，赊销部分生产资料，并进行技术和管理上的指导，同时按约定价格收购产品，菇农不用担心生产出来的产品难以销售，或者价格的大幅度波动带来的损失。利用公司的技术和市场主导力量，降低了农户的生产风险和市场风险。

2. 云南强丰农业科技有限公司采用“公司＋农户”模式发展黑木耳产业

云南强丰农业科技有限公司通过“公司＋合作社＋农户”的模式，在全县11个乡镇与570户农户签订黑木耳种植和产品收购合同书，2017年形成黑木耳种植

① 西南最大食用菌生产基地在陆良建成［EB/OL］. 搜狐网，2017－03－13.

面积1250亩，2018年种植面积为1500亩。①

（三）存在的问题

云南食用菌产业发展至今，大都还固守传统农业发展方式，小作坊式生产模式多，主要的生产设施大多停留在简约化阶段，虽然具有低成本优势，但难以适应现代产品的生产要求；园区建设滞后，现代化程度低；工厂化生产发展慢，不适应市场需求。整个产业还处于大资源、小产业、低附加值的状况。

（四）建议

根据产业发展需求，云南食用菌产业发展生产组织形式应结合地域特点及要求，加强政府引导，逐步形成相应规范，加强合作共赢，减少散户、个体发展理念，促进食用菌产业稳定、健康持久发展。

二、生产基地建设

（一）基本情况

结合农业供给侧改革，将食用菌产业列为高原特色农业加以培育和发展，全力拓展农民的增收渠道。② 通过抓基地建设，实现种植规模化、规范化。依托资源禀赋和良好的生态环境优势，“十二五”期间，云南部署了松茸、牛肝菌、块菌、羊肚菌、大红菇、干巴菌等野生食用菌142个保育扩繁基地建设，取得较好的建设效果。③ 进入“十三五”，适应林权改革的变化，至2018年，重点巩固、提升建设了46个基地，面积约125万亩，产量增加效果显著，质量也得到明显提升，为近几年野生食用菌社会产量持续增加做出重要贡献。建设各类栽培食用菌基地县32个，产量近25万吨。陆良、马龙、楚雄、南华等一批优势特色食用菌基地已经形成；祥云、楚雄、南华、易门等一批加工基地正在形成。高校、科研院所与企业共建的科研生产示范基地，在促进企业提高研究开发能力、新技术新产品开发示范、新技术推广应用方面发挥了重要作用。④

---

① 笔者调研资料。

②③④ 西南最大食用菌生产基地在陆良建成［EB/OL］. 搜狐网，2017-03-13.

（二）案例

1. 曲靖市陆良县三岔河镇食用菌生产基地

云南省曲靖市陆良县三岔河镇清河村清麒菇业有限公司2017年建成西南最大食用菌生产基地。该基地通过推动企业规范化生产基地建设，积极与科研院所开展合作，每年引进1～2个食用菌新品种和新技术进行试验、示范、筛选和推广，开展专题技术培训，推进科研成果转换，现已初步形成以马街镇、三岔河镇为重点，以尹旗堡、三岔子、海界、郭家等村委会为中心示范区的食用菌生产基地，主要种植平菇、鸡腿菇、金针菇、香菇、杏鲍菇、大球菇、姬松茸、秀珍菇等品种，年栽培面积突破200万平方米，产量达到15.6万吨，实现产值5.1亿元，直接带动7000余农户从事食用菌种植，产业转移劳动力2万余人。抓龙头带动，实现营销市场化。该县制定出台了用地、用电、用水、资金、运输等一系列扶持农业龙头企业的优惠措施，促进产业良性发展。抓品质提升，实现产品标准化。先后制定了平菇、金针菇标准化生产技术规程，严格产地环境监测和农用物资的监督管理，禁止使用和销售高毒、高残留农药和重金属超标的化肥。定期对生产基地的产品进行抽样检测，实施市场准入制，目前已认证无公害产品5个，注册商标3个。其产品主要销往北京、上海、广东、广西、海南、四川等地，部分出口日本、英国等国家。①

2. 富宁县黑木耳生产基地

2017年，云南强丰农业科技有限公司投资8500万元在富宁县新建食用菌研发中心，研发中心建设恒温培育房9000平方米、厂房8500平方米；配置智能装袋机44台、走地式拌料机31台、铲车7台、锅炉121台、输送带70条、搅拌布料机1组、螺杆空压机20台、高压智能灭菌锅4台、工业型智能空调65台、15匹制冷压缩机4组、液压叉车6台、高效智能排风系统及无尘净化车间等相关的食用菌生产设施设备。2017年形成黑木耳种植面积1250亩，2018年种植面积为1500亩。截至2017年末，云南强丰农业科技有限公司共栽培黑木耳菌棒820万棒，黑木耳干品产量900吨，营业收入4038万元，利润607.39万元。②

3. 马龙县多措并举促进食用菌产业发展

近年来，马龙县按照“园区式布局、规模化生产、滚动式发展”的思路，以

---

① 西南最大食用菌生产基地在陆良建成［EB/OL］. 搜狐网，2017-03-13.

② 笔者调研资料。

市场为导向、技术为支撑、协会为纽带，坚持走“园区＋专业合作社＋农户”的路子，不断优化菌类产业链，努力做大以草生菌为主体、木生菌为辅、野生菌为特色的食用菌产业。马龙县坚持用发展工业的理念谋划食用菌产业，按照“引龙头建园区、带大户联农户”的发展模式，狠抓园区建设和龙头企业培育，积极鼓励工厂化、规模化生产食用菌，不断提升食用菌产业发展潜力。一是成立食用菌产业发展领导小组，明确县供销社具体负责食用菌产业发展，并在各乡镇成立食用菌推广站，实行县级领导及食用菌产业发展领导小组成员、专业技术人员挂钩联系乡镇的风险抵押金考核奖惩制度，挂钩联系的领导、技术人员纳入联系乡镇考核奖惩，充分调动领导干部及技术人员的积极性。二是狠抓食用菌园区建设，制定食用菌园区发展规划，在用地、用电等方面给予优先保证，在政策、信贷、信息方面给予扶持，先后投资4000余万元建成四个食用菌园区，积极培育食用菌工厂化生产企业、精深加工企业，推广规模化、工厂化生产模式，实现由小规模、低档次生产向大规模、工厂化生产的“转型升级”。三是加大龙头培育力度，认真落实龙头企业扶持政策，推动有实力的企业扩大规模，提升档次，如马过河食用菌园依托马龙县凯悦菌业有限公司，投资1800万元建成占地8公顷的标准化生产车间80余间，企业从菌种培育到采收全部实行自动化、无害化、规范化生产，注册了“碧惠康”牌食用菌商标，年产食用菌1500吨，产值1500万元；纳章食用菌种植园区320万袋工厂化项目已完成，每天可产菇1吨左右；通泉、旧县食用菌园主要以生产茶树菇、马香1号、香菇等为主；建成了马过河食用菌交易市场、马鸣野生菌交易市场，两个食用菌交易市场面积近2000平方米，年交易额达500余万元（张压宝，2015）。

（三）存在的问题

云南食用菌产业以散户种植为主，长期以来，家庭或作坊粗放式的食用菌栽培模式，导致经营规模小、质量品质不一、科技含量低、资源浪费严重、抗市场风险能力弱等弊端。同时，导致云南省食用菌产业整体竞争力下降。

散户种植总体呈生产规模小、专业化程度不高、生产设施投入低、菌棒购买比例高、雇用劳动力比例低、技术支持渠道选择单一以及产品销售的组织化程度低。同时，技术与操作水平低、外部交易成本高、销售渠道有限、抵御市场风险的能力差，严重制约了散户自身的竞争力和收益水平（李敏，2016）。每年因为投资不慎，亏损的生产基地不在少数。

（四）建议

重点扶持各食用菌种植园区及龙头企业的发展，发挥其带动作用，同时抓好种植户的发展，扩大生产面积，提升产量水平（李敏，2016）。

（1）野生食用菌保育促繁基地。以云南“四大世界名菌（松茸、牛肝菌、块菌、鸡油菌）”的主产区为重点，进一步加强40个保育促繁区重点基地建设。以迪庆、丽江、大理为主辐射保山、楚雄、昆明，建设松茸保育促繁区；以楚雄、玉溪、普洱为主，辐射大理、临沧、昆明，建设牛肝菌保育促繁区；以楚雄、保山、丽江为主，辐射曲靖、昭通，建设块菌保育促繁区；以昆明、曲靖、楚雄、迪庆为主，建设鸡油菌保育促繁区；以昆明、楚雄、曲靖、红河为主，建设鸡枞菌保育促繁区；以迪庆、丽江为主，建设羊肚菌保育促繁区；以昆明、玉溪、曲靖、楚雄为主，建设干巴菌保育促繁区。①

（2）栽培食用菌生产基地。在全省具备栽培资源利用条件的县区，重点在曲靖、玉溪、楚雄、昆明、文山、德宏等地区，新建1批菌种厂，建设40个栽培食用菌规范化生产基地。大力发展人工菌栽培，重点发展平菇、姬菇、金顶侧耳、香菇、双孢蘑菇、金针菇、茶树菇、姬松茸、大球盖菇、鸡腿菇、黑木耳等人工食用菌种植，黑牛肝菌、金耳、白参等工厂化栽培。

三、加工管理方式

（一）基本情况

食用菌是伴随我国改革开放快速形成的一项新兴产业，由于其营养、美味、保健三大特点所带来的巨大市场需求，刺激了产业规模快速扩张，目前我国已成为全球食用菌产量第一大国。产业虽向好发展，但也存在生产结构的不合理性，大部分食用菌产品集中在初加工阶段，精深加工产品比较薄弱，且深加工技术缺乏自主研发与创新，云南省食用菌产业仍处于保鲜技术低端、普及度不高、粗加工多、平均规模小、综合利用差、能耗高、效益低的初级发展阶段（马征祥等，

① 云南省高原特色现代农业“十三五”食用菌产业发展规划［C］//中国菌物学会、迪庆藏族自治州人民政府.2018第三届全国羊肚菌大会资料汇编. 中国菌物学会、迪庆藏族自治州人民政府：中国菌物学会，2018：3.

2016）。

（二）存在的问题

云南的大部分食用菌生产企业小而散，技术创新能力不足，生产加工的产品多以原料制成盐渍品、干品、油渍品及清水罐头为主，使食用菌富有的特殊鲜香味损耗极大，出口产品也仍停留在初级产品的生产水平上，质量档次不高产品附加值较低（林治良等，2005）。其中野生食用菌绝大多数以原始子实体的形式提供给国内外市场，且多数为统货，价格较低，进一步深层次的加工和贮藏研究较少（吴家琛等，2006）。

（三）建议

云南食用菌加工产业需要将原料加工成保存时间长、运输方便、味道鲜美、有利于食用的各种新产品。因此，建议针对食用菌种类和产业发展基础，合理规划布局加工产区，通过产区建设和管理，实现产业持续健康发展。

（1）野生食用菌加工布局。以现有野生食用菌加工龙头企业分布的县市区为重点，加大龙头企业的培育力度，全省在昆明市、楚雄州、玉溪市、大理州、丽江市、迪庆州构建六个食用菌精深加工区，及时对野生菌进行初步处理，降低野生菌损失率，提高野生菌初加工产品集中收贮度。

（2）栽培食用菌加工布局。在曲靖、玉溪、楚雄、昆明、大理、保山、文山、德宏等栽培菌主产区，重点推进栽培菌生产企业制定保鲜标准，开展鲜品保鲜、保藏加工（干品为主），鼓励和支持发展其他精深加工产品（精粉、破壁孢子粉、罐藏品、即食食品、休闲食品等）开发，积极拓展沿边市场。①

四、市场营销策略

（一）基本情况

云南作为全国野生食用菌原产地，在品种资源及出口市场上优势突出。易门、

① 云南省高原特色现代农业“十三五”食用菌产业发展规划［C］//中国菌物学会、迪庆藏族自治州人民政府.2018 第三届全国羊肚菌大会资料汇编．中国菌物学会、迪庆藏族自治州人民政府：中国菌物学会，2018：3.

南华、香格里拉作为季节性野生食用菌交易、集散地的重要作用继续发挥；昆明木水花、北苑等大型野生食用菌交易市场依旧兴旺，年交易额约70亿元。和全国一样，已经形成以农民经纪人、运销商贩、加工企业和中介组织为主体，批发市场和集贸市场为载体，现货交易和产品集散为基本流通模式，原产品和初加工产品为营销客体的流通格局（陈彦丽，2007）。

（二）案例：楚雄州野生菌市场交易和加工贸易持续增长，人工栽培菌平稳发展

“十二五”以来，中共楚雄州委、楚雄州人民政府以科学发展观为指导，紧紧围绕富民强州目标，把野生食用菌资源保护、科学合理开发利用、交易市场培育和人工栽培菌生产列入高原特色现代农业加快发展的重点领域和重要产业，多部门联动支持发展，扎实推进并显现成效。楚雄州农业农村局统计数据显示：2016年1~9月全州野生食用菌市场交易量达24257吨，交易额达116904万元，分别比上年同期增长15.87%和18.08%；人工栽培菌种植3550.6万棒（袋），产量29980吨产值30652万元。南华、楚雄、禄丰三大滇西区域性野生菌集散交易中心市场的形成与完善，极大地推动了楚雄州野生菌加工贸易产业化和野生菌餐饮旅游文化产业的发展。以楚雄市锦翔食用菌开发有限公司等20余家企业（合作社）为代表的人工栽培菌企业的升级发展、永仁县等食用菌产业园区建设的推进和对农、林、牧业秸秆、枝条、粪便等在菌物生产方面的深度开发利用，为楚雄州大力发展绿色农业、循环农业、特色农业和拓宽农民增收渠道、稳定增加农民工资性收入等开辟了一条新的路径。

（三）存在的问题

云南虽有较高品质的食用菌，但由于资金和技术等问题，企业也缺乏长期发展战略，时常充当中间商角色，缺乏自有品牌的构建，出口原料也往往被他国经销商做二次加工后贴牌销售，云南食用菌缺乏世界食用菌市场的认同。尽管出口销量不断增加，但一些制约食用菌出口的问题仍不可忽视：全省出口食用菌主要以初级产品为主，同全国相比，如蘑菇罐头等加工产品占出口额的比重仅13.6%，不及全国平均水平的一半。全省食用菌出口品种产业链条较短，产品附加增值能力也较弱（李柯瑶，2013）。分析其成因，主要有以下几点。

（1）食用菌的采摘和种植主要由单个或小规模的农户完成，由于农户素质参

差不齐、缺乏食用菌的专业知识，导致其生产技术落后，无生产标准规范，缺乏统一的质量安全意识，致使云南食用菌产量不高、出口种类单一、质量不高，影响农户自身的经济利益和食用菌产业的发展（李柯瑶，2013）。

（2）食用菌收购的二级市场混乱、无序竞争情况严重，食用菌的质量难以得到统一，各种保护野生食用菌菌种的管理办法形同虚设，得不到贯彻落实。

（3）在全省食用菌出口贸易中信息不对称，农户所承担的风险大。云南食用菌的产销主要是“公司 + 农户”模式，食用菌的种植和采摘完全依靠农户，公司提供极少的技术等支持，产品由公司收购。由于农户位于整个信息传导的末端，对食用菌价格的波动、走势以及世界供求情况等信息缺乏必要的了解，难以有效判断食用菌的卖点，造成了价高时惜售、价低时无销路的困境，市场风险完全由农户承担（李柯瑶，2013）。

（4）云南各地食用菌的生产或采摘与销售环节脱节现象严重，食用菌出口以原料为主，产品缺乏市场竞争力。同时，由于受食用菌进口国的各种“合格认证体系”和“绿色检疫制度”限制，且因为云南食用菌出口企业实力和规模普遍偏小偏弱，尚未形成有规模的标准化、规范化食用菌深加工生产链条，加工环节跟不上，加工生产企业少，以初级加工为主，产品以鲜销为主，相关产业链不健全，出口附加值低，导致云南在食用菌出口贸易中很多时候都缺乏贸易话语权，且受天气、运输条件等制约严重，价格波动范围较大，影响农户收入的稳定性（李柯瑶，2013）。

（5）各级林业部门和民间食用菌联合会间互动较少，组织机构不健全，缺乏全盘思考、优化布局、统一协调和宏观指导的必要手段，由于产业前景不明朗，缺乏产业发展规划，导致政府或企业的产业资金投入不足，或资金投入带有盲从性，这样就造成了食用菌产业发展的大起大落，挫伤农户等底层生产经营者的积极性，影响食用菌产业的健康生产（李柯瑶，2013）。

（6）云南食用菌出口企业对于在国际贸易市场中树立自有品牌、扩大知名度等方面的意识薄弱。目前，云南的食用菌品牌建设还停留在“出口大省，品牌弱省”的阶段。云南食用菌出口行业要想避免国内价格恶性竞争的死循环，获得良性发展，必须创建优秀的自主品牌，提高品牌的科技含量和服务品质，继而真正做大做强食用菌的出口品牌战略，在全球食用菌市场树立云南食用菌企业的品牌形象，并且实施品牌建设也符合云南可持续经济发展战略的宏伟目标（李柯瑶，2013）。

（四）建议*

云南食用菌出口量在国际市场中占有一席之地，特别是在松茸和牛肝菌出口方面更是位居前列，云南松茸在日本市场占有1/3的份额，但至今云南出口的食用菌都没有一个叫得响的品牌或标志，这一直是让云南食用菌产业倍感尴尬的事。现在，云南省已在国内注册了“云茸”的商标，在中国香港、日本及韩国也同时注册了“云茸”商标，使云南以松茸为代表的食用菌在这些地区有了自己的身份证。相关企业分会将及时着手在出口国市场启用“云茸”原产地标识，在目标市场重树云南食用菌的形象。

对于云南出口食用菌的品牌建设，主要任务在于扶持食用菌名牌产品的创立，即集中力量开发出几个具有代表性的大宗品种和优势品牌。创立云南特色的食用菌精品并使之直接进入国外发达国家的物流通道，走出一条树品牌、创名牌、多创汇、占领国内市场、开拓国际市场的产业化发展新路子。而在品牌化建设过程中，主要应做好以下几个方面的工作。

（1）企业层面上。一是要提高产品质量，食用菌生产企业应进一步推进产业结构调整与优化升级，提高产品质量，增强产品国际市场竞争力。二是要鼓励云南省内食用菌生产企业加大科研投入，积极引进国外的先进技术和设备，以提高自身技术含量与科技水平，降低食用菌生产成本，加强烘焙、腌制等深加工能力，依托工艺创新有针对性地开发高附加值产品，提升企业竞争力，推动自有品牌建设。三是积极推广成熟的野生菌根食用菌仿生栽培技术、人工保育促繁技术增加自然产量；研究引种驯化品种，推广人工栽培菌的实用技术，提高出口食用菌加工的档次，可使云南食用菌出口创汇不断向更高水平进军。四是企业应增强外汇风险管理意识，并主动采取各种有效措施，以规避人民币持续升值可能带来的外汇风险。

（2）国家和政府层面上。一是积极支持成立跨部门、跨行业的云南省食用菌协会；二是建立健全食用菌质量标准体系，提高云南食用菌产品质量安全水平；三是推进实施云南食用菌产业发展规划，加强食用菌产业的软环境建设，加大信息收集、市场调研力度，拓展食用菌产业发展，同时加大对食用菌出口相关方面的支持力度，建立高效的出口贸易信息系统，降低储运和信息成本；四是鼓励出

* 本部分内容主要参考李柯瑶（2013）。

口创汇企业申领绿色食品证书或国际有机产品认证机构颁发的有机产品认证证书，积极创造国际市场准入条件，同时积极申报产地品牌。

（3）食用菌协会层面。云南省食用菌协会要充分发挥行业组织的协调和桥梁作用，协助政府做好食用菌产业的协调和信息服务工作，为政府部门决策当好参谋和助手。加强市场规范经营，加大食用菌从种植到销售各环节中的指导，有效帮扶农户规避市场风险，避免盲目的项目推进，防止食用菌类似“谷贱伤农”现象的发生。

五、投（融）资体系

（一）基本情况

近几年在国家的大力支持下云南地方食用菌产业得到快速发展，在促进全省食用菌产业化、集约化和现代化建设中起到重要作用，为促进我国新农村建设与乡村振兴做出了巨大贡献（佟明超，2018）。从目前食用菌产业的经营和发展状况来看，资金紧缺、融资困难问题普遍存在，已经成为严重制约食用菌产业发展的最重要因素之一。在云南各地区农民专业合作社已成为一种典型新型农业经营主体，随着合作社数量增多以及规模的壮大，合作社的资金短缺问题日益凸显，伴随云南各地区食用菌相关产业的发展，越来越多不同形式的融资方式在逐步形成和完善。

（二）案例：云南省富宁县木央镇创新入股方式带动食用菌产业发展

每年3月，富宁县木央镇开始筹备新一季食用菌种植，姬松茸大棚旁菇农正忙着拌料，黑木耳种植大户正准备带着尾菇进厂交易，与食用菌研发中心签订新一年的购销合同。

木央镇通过“土地流转、金融贷款、扶贫政策、基地务工、超产奖励、返包管理、效益收成、村级集体”八入股八增收的成功探索后，菇农信心大增，食用菌产业发展前景广阔。① 目前，共引进公司和个体经营户4个，成立食用菌种植专业合作社11家，建成菌棒生产加工和菌种接种培育基地2个，年可生产加工菌棒

① 木央的食用菌产业模式［EB/OL］．云南网，2018－05－28．

500万棒；建成食用菌种植地12处，建成姬松茸大棚122个、香菇大棚54个、羊肚菌大棚20个、黑木耳350亩，培育菌棒280万棒，实现食用菌产业收益2200余万元，促农增收1300万余元，除效益分成入股外为群众盈利410万余元，实现789户建档立卡贫困户增收125万元，户均分得红利近1600元，18个村级集体经济全覆盖。① 木央镇主要融资和分红机制如下。

一是土地流转入股。木央镇在开展脱贫攻坚工作中，全力破解“发展生产脱贫一批”这个瓶颈，在冷凉山区、石漠化地区大胆探索短、平、快产业发展增收的路子，把食用菌种植作为稳定群众增收致富脱帽的长效产业，食用菌产业发展离不开土地和水源，而群众拥有最富裕的资源就是土地，按照镇内的土地租金市场价格，坡地租金为300元/亩，坝区租金为500元/亩。为了调动群众参与食用菌产业发展的积极性，针对规划片区内的土地，一律不允许现金支付租金，必须以土地作为股金入股到公司或合作社发展食用菌，这样既打消了坐收租金的懒惰思想又带动群众亲自参与到产业发展中来，对遏制地租连年涨价和激发群众的获得感具有十分重要的意义。通过认真的宣传发动，以土地入股分红方式共流转342亩，实现收入17万元，其中建档立卡贫困户35亩，获得分红2万元。②

二是金融贷款入股。木央镇立足县委、县政府关于黑木耳产业发展金融贴息贷款政策，坚持“谁贷款、谁受益、谁用款、谁还款”的原则，组织档卡户就近入社与异地入社的办法，参与食用菌种植合作社入股经营，共有193户贫困户贷款参与食用菌发展，融资965万元入股，实现分红47万元，户均增收2435元。③

三是扶贫政策入股。整合产业资金465万元用于全镇食用菌产业发展滚动基金，以物资抵押和借支的方式，扶持好伙伴种养殖合作社、永业食用菌合作社、国昌景食用菌合作社，作为档卡户入股本金，按照不低于8%的比例进行分红，解决合作社和贫困群众贷款难、融资难的问题。目前，1127户贫困户参与分红，户均增收660元。④

四是基地务工入股。初步统计，本地群众在家门口务工，参与公司、合作社从事菌棒生产加工、菌种培育、基础设施建设等工种，根据工种和劳动强度，每人每月不低于2500～4000元获得劳务报酬，在“家门口”就有稳定的薪酬收入。目前，共吸纳农村剩余劳动力1000余人务工就业，用工23000余人次，支付劳务

---

① 尹彬荣．789贫困户喜获食用菌产业分红128万元［EB/OL］．中国财经新闻网，2018－06－10．

②③④ 木央的食用菌产业模式［EB/OL］．云南网，2018－05－28．

工资255万余元，人均增收1万余元以上。①

五是超产奖励入股。木央镇立足产业健康发展的理念，建立持续稳定增收的机制，充分调动群众参与管理的积极性，制定出台《木央镇食用菌产业发展政策》，设置超产奖励入股办法，对姬松茸单棚出菇达6吨及以上、黑木耳亩产干菇1吨以上的，分别给予个人或集体现金奖励2000元，激励种植户强化管理、精耕细作，提高单产，实现利益最大化。目前，全镇兑现超产奖励资金80万元。②

六是返包管理入股。立足资金和劳动力瓶颈问题，让有资金但缺劳动力或是让有劳动力但无资金的群众，将建好的菇棚承包给群众管理或是将建好的基地返包给大户经营，按照比例支付酬金，实现双赢。目前，46户群众参与返包模式运作，获利增收55万元，户均增收1万元以上。③

七是效益收成入股。据了解，木央镇将全部档卡户吸纳为社员，优先培训种植技术、提供务工岗位，充分调动档卡户参与产业发展的积极性，逐步增强其发展内生动力，初步估算，根据群众参与产业发展的程度及30%利润分红，户均增收500～2000元。④

八是村级集体入股。立足18个村集体经济"空壳村"瓶颈问题，各村强化担当、主动作为、热情服务，积极发动群众、组织培训、土地流转、协调贷款、调解矛盾，全力推动食用菌发展，按照1%～2%的比例分红，增加村级集体经济收入。目前，全镇18个村委会从食用菌中获利47余万元，每村均实现2.6万余元，实现村集体经济全覆盖。⑤

（三）存在的问题

云南省食用菌产业农民专业合作社数量和规模，在近年来，都得到了很快的发展，在引领农民走向市场、促进农业产业化、增加农民收入等方面起到了很大积极作用。但目前随着合作社数量和规模的不断增大，由于农民专业合作社具有农业弱质性和高风险性，农民专业合作社的融资问题日益凸显，大部分合作社面临资金短缺困境，大部分合作社融资需求没能得到满足，并且能够获得融资的都是规模较大的合作社，中小规模合作社融资难问题凸显，资金问题严重制约了合作社的发展和壮大（佟明超，2018）。

---

①③④⑤　尹彬荣．789贫困户喜获食用菌产业分红128万元［EB/OL］．中国财经新闻网，2018－06－10．

②　木央的食用菌产业模式［EB/OL］．云南网，2018－05－28．

一是农民专业合作社运行不规范对融资造成一定障碍。很多合作社至今尚处于初级阶段，合作社运行还不够规范。在实际经营过程中，制度章程和部门职责都流于形式，没有发挥真正的作用，导致合作社内部权责不清、内部结构不合理，运行不规范。经营决策权和剩余控制追索权往往掌握在少数大股权人手中，中小控股社员没有实质性权利，因此滋生了一些不良行为。这在一定程度上影响到合作社的稳定性和信誉问题，企业发展稳定性和信誉问题都是银行决定放贷决策的重要依据，所以这对合作社融资造成了一定的障碍（佟明超，2018）。

二是农民专业合作社盈利能力有限成为成功融资的阻力。传统的农民专业合作社是不以营利为主要目的的经济组织，其经营获得所产生的盈余是有限的甚至是亏损的，而且有限的盈余大部分要退还给社员，很少的盈余几乎不能维持合作社日常经营，这就也造成了合作社的累积资金不足的现状，农民专业合作社盈利能力有限。由于盈利能力是偿还债务的重要保障，盈利能力直接影响到合作社能否按期偿还债务，影响金融机构的放贷风险，因此这也将对合作社的融资产生很大阻力（佟明超，2018）。

三是放贷门槛高难以满足产业发展需要。农民专业合作社外源融资主要包括金融机构贷款、政府扶持资金、民间借贷和扶贫资金入股等。正规金融机构以规避风险为主要原则，把利润最大化作为目标，资金的安全是第一要素。在发放贷款前都会对借款对象的信用水平和偿债能力进行评估，信用水平高，具有一定还款能力强的对象最后才有可能获得贷款。企业向金融机构的贷款申请很容易通过，因为企业的法人地位明确，且内部结构与制度更加完善，责任更加明确，而且金融机构针对企业贷款已经形成了专门的运行程序。然而合作社的法人地位不能得到有效的保障，内部结构不够健全，很难满足正规金融机构发放贷款的条件，导致合作社陷入资金困境（佟明超，2018）。

四是缺乏有效监督管理影响政策落实。政府对农民专业合作社解读和政策宣传不到位，部分合作社法人对合作社的基本相关政策不了解。存在政府鼓励成立农民专业合作社，没有对相关政策解读和宣传现象。导致大部分社员并不能真正理解合作社的意义，惠农扶持政策得不到落实，不仅造成合作社不能享受惠农扶持政策，而且造成了一定的资源浪费（佟明超，2018）。

（四）建议

农民专业合作社作为一种农民之间的互助性经济组织，服务是合作社的根本。

因此，合作社融资的目的主要有两方面：一是合作社社员层面，是为了满足合作社社员在各个生产环节中的资金需求；二是合作社层面，是通过融资不断发展壮大合作社，扩大生产规模和经营范围，加强基础设施建设，提高合作社的科技水平和社员的组织化程度，进而提高合作社的产品质量，提高合作社的服务水平，增加合作社的竞争力（佟明超，2018）。因此，应该做到以下几点。

一是切实履行规章制度，规范自身发展。农民专业合作社管理机制和规章制度对合作社的发展意义重大。认真履行财务制度是农民专业合作社的一项重要任务。合作社要认真严格做好合作社财务记录，使财务账簿能真实正确地反映合作社经营和财务状况，这对增强合作社凝聚力，吸引投资等十分重要（佟明超，2018）。

认真履行合作社的管理机制应该做到以下几点。首先，要坚持民主管理，避免权力集中。定期召开社员大会，要坚持社员大会的最高决策权，调动社内社员积极性，让其真正参与到合作社的经营决策中。其次，要对合作社的财务状况、日常经营管理和合作社的产品质量等方面进行全面监督，尽早建立有效监督制度，确保合作社的健康发展。最后，在利益分配方面，要坚持落实按照惠顾额度返还利润的方法，并根据合作社的实际情况建立奖励机制，对合作社贡献大的社员给予一定的奖励，激励社员对合作社的认可度，提升社员的责任心（佟明超，2018）。

二是加强品牌质量建设，提高自身盈利能力。合作社利润是偿还银行贷款的重要保障，合作社盈利能力是银行是否放贷决策依据。因此，提高合作社的盈利能力对合作社能否获得银行贷款具有重要意义。提高合作社的盈利能力应该做到：注重产品质量，加强品牌建设，提高竞争力和盈利能力。目前，很多企业和投资者都认为品牌是企业最珍贵的资产，没有品牌在市场竞争中就没有竞争力，没有品牌的商品是脆弱的商品，没有品牌根基的产品在市场中很难站住脚。农民专业合作社应学习企业管理的概念，注重品牌建设，通过品牌建设增加合作社的市场竞争力（佟明超，2018）。

三是完善金融体系，加强信贷建设。农民专业合作社的注册资金、社员人数、销售额及盈余、信用记录、资产、负债、财务制度与管理体系等方面纳入信用评价体系并进行量化。这样不仅规范了合作社的管理，而且帮助银行对合作社信用进行甄别，加大对信用良好的合作社的关注力，对真具有发展潜力的合作社给予一定信用额度的支持。应积极鼓励合作社法人和合作社社员诚信与合作社授信相结合，把农户信贷与联保贷款机制引入到合作社的信贷领域，把合作社成员信用情况作为合作社信用评价的因素。对由于自然灾害等不可抗力因素造成经济损失导致拖欠贷款的合作社，适当延长贷款期限，并对于有真正发展潜力的合作社可以适当追加贷款额，帮助其恢复生产能力，进而提高其贷款偿还能力（佟明超，2018）。

四是创新金融产品，提高服务效率。一是改进对农民专业合作社的服务。农业生产和销售具有很强的季节性，因此贷款也具有一定的季节性和急需性。金融机构可以开展“银社对接”，在日常生活中加强对合作社的关注和了解，动态了解掌握合作社的生产经营状况和财务状况，适当缩减贷前调查环节，简化贷款审批流程，提高贷款的审查效率。对农民专业合作社和合作社社员的贷款申请及时受理，尽快完成调查与审查工作，在符合贷款条件的情况下，尽量足额快速地满足合作社的需求（佟明超，2018）。

五是扩大扶持力度，增加受益群体。食用菌专业合作主要以农业生产经营为主，由于农业的弱质性，合作社比其他产业承担着更高的自然风险和市场风险。政府相关部门应认真履行自己的职责，为合作社发展保驾护航，积极出台有效的扶持政策，提供有效的市场信息，并把政府干预为主转为以引导扶持为主。各级财政部门应将合作社纳入资金申报范畴，设立针对合作社的专项扶持资金，扩大扶持范围，把真正有发展潜力的中小规模合作社纳入帮助和扶持范围。另外政府与相关部门应定期开展业务和技能培训，定期对管理人员开展管理培训，对合作社社员开展技术培训，切实提高合作社管理人员的知识水平与业务能力，提高合作社社员的技术水平，提高合作社管理水平、科技水平（佟明超等，2018）。

六是加强政策宣传，落实优惠政策。行业的发展离不开国家政策的支持，合作社也是。国家的优惠政策可以为合作社提供资金支持，或是在税收方面给予一定的优惠照顾。相关部门应积极落实这项优惠政策，扩大宣传力度，让更多的合作社享受政策的福利。在税收方面，应落实各项优惠政策，将合作社成员销售的农产品视同为农业生产者的自产自销农产品，免征或少征增值税（佟明超，2018）。

六、风险控制策略*

（一）基本情况

食用菌产业被公认分为野生和栽培食用菌两大类，栽培食用菌是以野生食用

---

* 本部分参考郑航（2017）。

菌资源为基础，在对其生态、生境、习性充分了解的基础上实现人工栽培的食用菌种类，代表品种有平菇、香菇、木耳、双孢蘑菇、金针菇等；野生食用菌中很大一部分目前还未能进行人工栽培，仅能通过采集以及半人工抚育的手段获得，但其产量和贸易量却在整个食用菌产业中占有很大比例，代表品种有牛肝菌、羊肚菌、松茸、块菌等。目前，云南省食用菌行业的风险主要集中于：资源锐减、投资风险、生产加工风险和销售风险。

（二）存在的问题

云南省野生食用菌产业化发展现在尚处于起步阶段，虽然自然资源禀赋条件优越，但是存在产业比较分散，缺乏有效的资源整合，产业发展模式选择单一，受重视程度不够，国内外市场开发程度不足，产业规划尚未形成，科研体系弱，资源管理不合理，产品附加值低等问题。

云南省大多数野生食用菌资源属于共享资源，共享资源的特点决定了，一方面资源持续利用需要保护，另一方面获取更大经济效益刺激开发力度，处理不当，两者的矛盾将日益突出。从表面看，全省野生食用菌的社会产量不到自然产量的20%，利用率可大幅度提高。事实上，社会产量集中于林地面积约30%的传统采摘区，经济利益驱动的掠夺性采摘，破坏了生态、打破了菌种生生不息的繁衍规律，导致了部分主产区松茸、块菌等名贵野生菌自然禀赋量的下降。近十多年来，大范围的集体林地确权到户和在一定范围内推广了资源保护和促繁的技术和措施，部分缓解了这一矛盾，但是，广大承包者缺乏资源可持续利用知识和技术，急功近利，受现行的技术推广体系及覆盖能力限制等因素影响，部分区域、部分野生菌种类（如松茸、块菌）保护与开发矛盾日益突出的势头并未有效遏制，化解这一矛盾任重道远。

多年来，野生食用菌开发随着社会主义市场经济的不断发育和完善，开发模式也在不断调整、优化。面对全国食用菌产能过剩，供给侧结构性调整压力加大，原生态绿色食品备受追捧的新的需求形势，云南野生食用菌迎来了一个前所未有的发展机遇，同时野生食用菌的传统开发模式也面临新的挑战。千万农民乱采菌、百家企业抢收菌、各自为战营销、加工粗放无序竞争、品牌创建无大成的开发状况已不适应新的发展形势。优质化、标准化、品牌化的野生食用菌产业化开发，呼唤一种企民利益相连的科技化、区域化、集团化的开发新模式，彻底实现“小生产＋无序的小流通”向“小生产＋大流通”“大生产＋大流通”的转身，敢于创造新的发展模式。

云南省野生食用菌产业化发展程度中等偏下，产业比较分散，缺乏有效的资源整合和产业融合度，产业发展模式单一。相关部门机关工作人员对云南省野生食用菌产业化发展缺乏统一认识，相关管理组织机构不够完善，政策倾斜程度不足，缺乏相应的人才培育和产学研相结合机制。野生食用菌在国内市场和国外市场都具有良好的市场前景，潜力巨大，但是市场开拓能力较弱，缺少宣传手段，导致国内消费者对野生食用菌产品了解不足，缺少国外市场的开拓和市场维护，影响到野生食用菌产品出口。云南野生食用菌产业科学规划尚未形成，为此，需要将规划纳入国民经济发展规划体系中，以便进行科学合理决策。科研体系较弱，专业的科研机构缺少资金，有深度的科学研究不足，人才培育没有形成系统化，大多从业者受教育程度不高，缺乏对野生食用菌的客观认识，专业技能不强。资源开发、利用与保护矛盾突出，共享资源管理力度不够。云南野生食用菌产品深加工不足，附加值低，不能谋得良好的经济利益，造成产品缺乏竞争力，不能很好地适应市场环境。云南野生食用菌产品出口竞争没有充分发挥优势，出口品种单一，出口市场过于集中，出口产品技术含量偏低。

目前产业化发展不利的根源主要在科研机构和企业上：一方面，科研机构人员有限，尚未有专门培育相关人才的专业院校为科研机构输送优质人才，同时科研机构经费有限，缺少高科技仪器对现有的野生食用菌资源进行系统的分析，从而研究其深层次的科学内因；另一方面，野生食用菌加工企业盲目追求利益最大化，市场乱象层出不穷，野生食用菌资源开采和有效利用存在矛盾。解决上述两个方面的不足，将有助于云南野生食用菌产业产业化发展，从而走上可持续发展的道路。

（三）建议

针对相关产业问题，政府相关部门人员应该统一思想认识，制定系统发展规划，加强食用菌共享资源管理；加强科研体系建设，企业与科学院所的产学研深度融合，提升产品科技含量和附加值，食用菌产业与其他相关产业深度融合；加大宣传力度，加强标准制订和实施工作，规范交易市场，积极开拓国内外新兴市场；积极引导生产者与消费者绿色、健康生产、消费，保障食用安全。在各种对策措施“组合拳”的作用下，云南省食用菌产业化发展将会逐步走向成熟，发展前景看好，潜力巨大。

一是做好规划，进一步加强政府对产业化发展的推进工作。在产业发展规划中要统一认识，认真贯彻落实“科学发展观”和“绿色发展理念”，坚持“突出优势、开发市场、创新驱动、融合发展、品牌营销”原则；重点抓产业特色，扩大优势，发展优势；科学合理布局，突出区域特色，创建区域品牌；制定措施贯彻“以发展促保护，以保护谋发展”的理念，抓住生态产品质量关，适度扩展规模；抓好加工和支撑体系建设。要充分认识到云南省野生食用菌产业发展已由过去的主要受市场约束转变为受资源和市场的双重约束，要以这一实情为基础，编制好全省野生食用菌发展规划。“融合发展”原则应引起高度重视，包括三次产业的融合，也包括与旅游文化、饮食文化、民族文化、生态文化的融合，只有这样，产业发展才能避免陷入“单打独斗”的困境。野生食用菌是云南食用菌产业的一个重要组成部分，野生食用菌开发的推进发展应纳入整个产业协调发展的工作中。在现有体制下，应建立规范运行、主管部门牵头、相关部门参与的联席会议制度，凝聚部门资源形成合力，协调解决发展中的重要问题，化条块分割的被动为部门地方联动的主动。

二是加大产业发展支撑体系建设的工作力度。其一，明确功能，建立省、地、县三级食用菌产业联合会。目前从省到州县已建立多个食用菌协会，在产业发展历程中发挥了不可磨灭的作用，但就联合科研院所、企业、合作社、经营大户等产业化推进力量，实现全省或区域的产业化开发活动集团化、连锁化还有一定局限。可参考云南省较为成功的花卉产业联合会的组织形式，建立食用菌产业联合会或产业联盟，广泛吸纳主要经营野生食用菌的企业、合作社、生产经营大户参加，探索有效促进优势野生食用菌产业化开发的机制和模式，规范行业行为，杜绝不道德经营行为。其二，加强产业配套体系建设。“十三五”期间，应不断加大技术创新体系、社会化服务体系、市场及流通服务体系、品牌体系、质量标准体系建设的工作力度，保障产业健康有序发展，促进产业发展的转型升级。建设中，尽可能主动融入高原特色农业产业的支撑体系建设。

三是加强资源保育和生态保护确保持续发展。“十二五”期间，林权改革的包山育菌、资源保育促繁的技术应用、菌农科技意识和环境保护意识的增强等都对资源保护发挥了重要作用。为适应资源可持续利用、发展优势、扩大优势的需要，针对野生食用菌共享资源的特点，政府仍需要继续加大对共享资源的保护力度，实现“环境得到保护、产业得到发展、林农得到实惠”。一方面，大规模扩大包山育菌采菌，明确生态保护优先的林菌共生目标，普及林菌共育知识，完善承包激励机制。加强菌种和菌源保护，推行统筹安排、科学采摘、轮片采集、适度采菌、封山育菌。另一方面，要加强林业资源管理，加大植被保护、森林病虫害防治和森林防火工作力度；减少砍伐林木行为，杜绝毁林开荒行为，禁止乱砍滥伐行为，减少水土流失；合理利用和保护林区生态的多样性；适度放牧，保护林地和草地。

四是加大宣传力度，规范交易市场，促进流通。一方面，在全省范围内规划建设一批大中型食用菌批发市场，规范县区农贸市场的野生菌交易，加强野生食用菌交易市场的管理，规范流通环节，维护良好的市场交易秩序。加强普及野生食用菌安全食用知识，以大健康的视角宣传其营养及保健价值，培养消费者正确的野生食用菌消费价值观。另一方面，结合近几年全球经济疲软、出口不稳定及下滑情况，在巩固传统市场的基础上，要加大国内外新兴市场的开拓力度。特别是抓住国家“一带一路”和云南自由贸易试验区建设的机遇，主动融入国家战略，积极拓展两个市场，打造“云菌”知名品牌。此外，在充分利用传统销售方式扩大营销的同时，推进“互联网+”等平台的电子商务新型营销方式发展，让“云菌”更好地走入国内、国际市场。

七、融合发展

（一）基本情况

目前，云南食用菌产业更多的关注点在第一产业和第二产业，对第三产业的重视度不够。为了产业的健康持续发展，需要三次产业融合，也包括与旅游文化、饮食文化、民族文化、生态文化的融合，只有这样，产业发展才能避免陷入“单打独斗”的困境。

（二）案例

曲靖市联农共创专业合作社是麒麟区供销社参股成立的专业合作社，也是目前全省唯一一家工厂化栽培海鲜菇的企业。2013 年其投入 3300 余万元建设的海鲜菇种植加工及菌种繁育基地自 2015 年 1 月投入生产运营以来，利用当地农作物秸秆、农副产品下脚料、桑树条等用作食用菌种植培养料，不仅实现农作物秸秆循环再利用，还走出了一条“标准化生产、产业化运作、品牌化经营”的路子，改变了云南食用菌海鲜菇品种依靠外地供货的局面。全年可生产海鲜菇 2500 吨，主要销往云南各州市和成都、重庆等城市，实现销售收入3600余万元。随着企业的不断发展，常年在合作社务工人员300余人次，有劳动能力的贫困户到企业务工达100余人，实现劳务收入800余万元。2017年1月被列为“市级重点项目”单位。①

（三）建议

推进产业融合，延伸产业链条。包括加大技术创新力度，提升精深加工能力和水平，加强食用菌产业上、中、下游企业的相互协作，促进相关产业相互融合，不断拓展下游产品，实现食用菌产业转型升级。

八、科技推广应用

（一）基本情况

经过多年的培育和发展，云南食用菌产业技术体系逐渐健全。由云南省农业科学院、昆明食用菌研究所、昆明植物研究所、云南农业大学、外引高校及省内部分龙头企业研发力量构成的技术创新体系正在形成。在资源研究及驯化、育种、栽培技术、野生食用菌保育扩繁技术、加工技术及新产品开发、检（监）测技术、标准（规程）制定等方面取得一系列成果，部分成果在生产中应用获得较好的经济效益、社会效益和生态效益。农业、林业、供销等部门的基层技术队伍和外引企业及技术农民构成的技术应用推广体系发挥了重要的积极作用。两个体系逐渐健全，支撑产业需求技术的能力有所提升，推进了产业的健康发展和转型升级。暗褐网柄牛肝菌实现产业化生产，白灵芝、羊肚菌等珍稀品种栽培取得突破，加工高效利用技术及新产品开发使资源利用率大幅度提高，加工产品的多元化格局已经形成，标准应用大幅度提高了绿色食品、有机食品的比例。

随着云南野生食用菌贸易、加工企业的发展壮大，国际国内市场对野生食用菌的需求不断增长，野生食用菌经济价值的不断提升，产区农民采集野生食用菌的积极性不断高涨，近十年来推广的野生食用菌保育扩繁技术也逐渐为广大农民接受，应用后产生了显著效果，野生食用菌的社会产量年年攀升，给山区农民带

① 曲靖市联农共创专业合作社［J］. 农村实用技术，2017（1）：1.

来了巨大的经济效益。

（二）案例：科技助力马龙县食用菌产业发展

马龙县积极建立完善科研创新与研发体系，以马龙县凯悦菌业有限公司为技术支撑平台，加强与云南省农业科学院的技术合作，建立“院企”合作基地，适时引进食用菌新品种，研发、推广新技术，努力提高食用菌产品的科技含量。县供销社常年聘请省农科院专家、顾问20余人，按照“学员点菜、教师下厨”的原则，通过举办培训、现场讲解、送科技下乡、赶科技集市等方式，广泛开展食用菌新品种、新技术培训，努力提高菌农种菌能力（张压宝，2015）。

建立技术人员挂钩联系种菌户制度，帮助菌农解决菌种选择、技术管理、科技服务、产品销售等方面的难题。在食用菌栽培方面，大力推广错季种植人工食用菌，适度推广小烤房和各种闲置房屋种植白蘑菇，从菌种选择、操作方式、产品包装、营销手段全程配套实施食用菌标准化生产，完善投入品管理、生产档案、产品检测、基地准出、质量追溯等全程质量管理制度，形成产品质量安全管理长效机制。大力发展食用菌产品清洗、分等分级、包装等采后商品化处理和贮运保鲜，推进“农超对接”和产品直供直销（张压宝，2015）。

在野生食用菌方面，依托马龙县加顺工贸有限公司，实现野生菌分类、规模、有序销售，避免野生菌大量上市对菌农造成的损失，提高了野生菌的附加值，在马鸣乡建成了2个野生菌保育扩繁基地，使原来每亩林地产菌10千克增加到现在产菌30~40千克，确保野生菌资源合理、有序开发利用（张压宝，2015）。

（三）存在的问题

一是食用菌技术研发机构较少。科研机构结构松散，缺乏整体性；研究项目设置不合理，研究领域狭窄，不能适应市场发展需要（张压宝，2015）。

二是食用菌科技创新人才队伍不足。从业人员结构不够合理，懂得简单栽培技术的初级、中级人才多，跨品种、跨领域、跨学科的复合型人才少，能够把握食用菌科学前沿的“尖子”人才、领军人才更少（张压宝，2015）。

三是科研经费投入不足，科技项目资助强度偏低。云南在食用菌产业的规模企业少，龙头企业优势不明显，财政收入低，各年的财政对科研经费投入不足，造成科技项目资金对该项目扶持强度偏低，对食用菌产业发展的扶持力度不足（张压宝，2015）。

（四）建议

受到自然资源量不断下降、产业结构不尽合理、产业化水平和产品附加值偏低等因素的制约，云南食用菌产业正面临严峻挑战，这也决定了未来的食用菌发展，必须大力提高现代科技创新能力，突破资源和生态环境约束，持续提高综合生产能力，加快标准化、现代化、设施化建设，推动产业持续、稳定、健康发展（张压宝，2015）。

一是继续加大食用菌科技投入，激活发展活力。进一步提高认识，加强领导，加大食用菌科技资金投入，支持食用菌相关的科技创新和成果推广应用。除了国家相关部门要在食用菌科研经费上给予倾斜支持外，各地区也要充分考虑地区间科研投资的差异、地区本身的经济发展水平、食用菌产业在地区经济中的地位和食用菌科技创新方向等宏观微观因素，根据各地区的实际情况对食用菌的科技创新工作从政策、经费、人力等多方面给予支持（张压宝，2015）。统筹、激活“云南省食用菌产业技术创新战略联盟”和“国家食用菌产业技术创新战略联盟”资源，创新运行机制，激发创新活力。

二是构建完善食用菌产业科技创新及服务体系。一方面，以食用菌资源评价、新型可食菌和药用菌开发、食用菌质量安全保障技术为重点，采用“产、学、研”相结合的方式，加强共性技术研究，加快科技成果转化，提高科技对产业化开发的支撑能力。另一方面，根据实际情况，不断制修订国家标准、行业标准、地方标准、企业标准，构建完善特色食用菌产业技术标准体系，推进标准和规程的实施应用，规范生产经营行为（张压宝，2015）。此外，建立完善以云南省进出口检验检疫局为首、科技机构辅助、并与国际接轨的特色食用菌质量检测体系，打破部分国家的贸易壁垒，保障食用菌出口额持续增长。

三是构建并完善野生食用菌技术体系。重点加大鲜菌全程保鲜技术的推广应用。加大野生菌深加工技术研发力度，开发野生食用菌加工新产品，进一步扩大加工规模，提高产品的附加值，增加出口创汇能力。不断提高野生食用菌原生境保育促繁技术、野生食用菌精深加工技术和新产品开发。

四是优化科技服务体系，加大成果推广力度。创新食用菌技术推广组织形式，按照强化公益性职能、放活经营性服务的要求，强化食用菌科技推广的示范和辐射带动作用，提高食用菌科技的快速转化能力；要加大食用菌高层次人才和学术带动人的培养力度，推进食用菌技术推广人员知识更新，优化人才队伍和知识结构；要鼓励食用菌科研机构和民营科技型企业的发展，引导龙头企业建立技术研发中心，促进其逐步成为食用菌技术创新的主体，培育多元化食用菌科技服务组织，完善食用菌技术推广服务体系。充分利用教育、科技等各行业、各部门的现有资源，建立科技培训的平台，健全科技培训的体制，为菇农科技培训提供条件，培养实用型人才，进而建立一支高效精干、素质优良、富于创新精神的食用菌科技创新人才队伍，使之更好地担负起科技支撑的责任，为建设现代化食用菌产业提供持续发展的内在动力（张压宝，2015）。

（执笔：李树红、苏开美、李勇军、何俊、彭子芸；审定：桂明英）

第三十章

云南天然橡胶产业经济问题研究

第一节　云南天然橡胶产业发展概况

一、世界、中国及云南天然橡胶产业发展情况简介

天然橡胶是指由植物产生的橡胶，以区别于由化学工艺合成的合成橡胶。虽然能够生产天然橡胶的植物有很多种，但具有商业价值的只有巴西橡胶，目前其产量已占世界天然橡胶总产量的99%以上（张雪飞，2007）。天然橡胶是指从巴西橡胶树上采集的天然胶乳经过凝固、干燥等加工而制成的弹性固状物。天然橡胶属于典型的热带作物，巴西是天然橡胶的原产国，1900年以前，世界需求的橡胶几乎全部来自巴西亚马孙河流域的野生橡胶树（彭庆环等，2014）。

天然橡胶由于具有优良的弹性、防水性、电绝缘性及可塑性，经过适当处理后还具有耐油、耐酸、耐碱、耐热、耐寒、耐压、耐磨等优良特性，用途相当广泛，已经成为国防、交通等领域以及人们日常生活中不可或缺的重要物资，因此被称为重要的战略资源，与煤炭、石油和钢铁并列为四大工业原料，是其中唯一可再生利用的原材料，长期备受全球关注。据估算，人类用橡胶制成的产品达5万种以上：造一艘3.5万吨的军舰，需要68吨橡胶；装备一辆28吨重的轻型坦克，需要0.8吨橡胶；一架喷气式歼击机要消耗0.6吨橡胶；一辆解放牌卡车也得用掉近200千克橡胶（李庆，2014）；一吨干胶，还可以装备5列火车、16辆小轿车、43辆马车、710辆自行车、100辆电动自行车；至于橡胶在医学上的用途就更多了。

自新中国成立以来，经过几代人的努力，我国基本建成了种植面积接近120万公顷、年产80余万吨干胶的天然橡胶生产基地。但是，天然橡胶产业资源约束特

征明显，受制于地理条件影响，我国天然橡胶的产量不足全球总产量的7%，而消费量却占世界总消费量的1/3以上。作为全球最大的消费国，我国天然橡胶消费还主要依赖进口，每年的进口量接近全球天然橡胶进口贸易量的30%，也是全球最大的天然橡胶进口国（焦冰冰，2005）。近年来，我国的天然橡胶自给率已经逐年下降到15%左右，且呈继续降低的态势，供给安全保障存在严重隐患。虽然目前因胶价持续低迷，天然橡胶产业发展举步维艰，但是，天然橡胶“丢不得”已经成为全社会的共识：一方面，由于我国的天然橡胶产量较低，而全国消耗量又大，虽然目前天然橡胶市场供给侧库存巨大，难以消耗，基于其在国防等部分领域的不可替代性，作为国家战备物资，长远意义上天然橡胶还是需要自力更生的；另一方面，天然橡胶过去是，目前仍然是海南和云南许多热带、亚热带山区、半山区农民的主要经济来源。因此，2019年《中共中央　国务院关于坚持农业农村优先发展做好“三农”工作的若干意见》明确要求，要继续巩固我国天然橡胶生产能力，改变长期依赖进口的局面。

（一）世界天然橡胶发展简况

1. 世界天然橡胶产能布局情况

全球天然橡胶产业集中度非常高，主要分布在亚洲（集中在东南亚地区），占全球的比重近90%。FAO数据表明，目前全球种植天然橡胶的国家有35个左右，其中亚洲国家15个，非洲国家10个，中美洲国家3个，南美洲国家5个，大洋洲国家1个。由于受气候等因素制约，加之经济、政治环境的影响，2009～2019年，全球天然橡胶收获面积和产量在各大洲的分布及其变化情况详见表30－1和表30－2。

表30－1　2009～2019年全球天然橡胶收获面积分布变化

年份	全球（万公顷）	亚洲（万公顷）	非洲（万公顷）	美洲（万公顷）	大洋洲（万公顷）	其中：东南亚（万公顷）	东南亚占比（%）
2009	924.08	825.70	71.71	25.31	1.35	707.15	76.53
2010	946.43	843.76	76.08	25.27	1.31	720.09	76.08
2011	961.84	859.72	74.00	26.84	1.28	737.32	76.66
2012	1031.09	925.19	77.21	27.40	1.28	797.04	77.30
2013	1065.53	956.84	79.36	28.03	1.30	823.62	77.30
2014	1110.24	1002.16	78.21	28.56	1.32	865.61	77.97

续表

年份	全球（万公顷）	亚洲（万公顷）	非洲（万公顷）	美洲（万公顷）	大洋洲（万公顷）	其中：东南亚（万公顷）	东南亚占比（%）
2015	1134.31	1020.24	84.39	28.37	1.32	884.43	77.97
2016	1159.34	1038.54	91.13	28.36	1.31	901.55	77.76
2017	1162.74	1033.82	99.52	28.08	1.32	899.32	77.34
2018	1180.05	1057.08	92.90	28.75	1.32	921.31	78.07
2019	1233.91	1103.74	99.65	29.14	1.38	950.29	77.01
2019年占比（%）		89.45	8.07	3.36	0.11	77.01	

资料来源：联合国粮农组织数据库2021年5月数据。

表30-2　　2009~2019年全球天然橡胶产量分布变化

年份	全国（万吨）	亚洲（万吨）	非洲（万吨）	美洲（万吨）	大洋洲（万吨）	其中：东南亚（万吨）	东南亚占比（%）
2009	1026.95	923.01	53.03	50.17	0.75	763.81	74.38
2010	1083.94	975.32	56.55	51.34	0.72	804.16	74.19
2011	1159.35	1043.85	57.24	57.55	0.71	872.35	75.24
2012	1266.31	1143.82	60.99	60.77	0.73	957.93	75.65
2013	1300.55	1172.68	64.25	62.87	0.74	982.55	75.55
2014	1324.80	1195.26	61.72	67.08	0.75	1002.01	75.63
2015	1320.63	1184.03	70.54	65.31	0.75	997.61	75.54
2016	1344.92	1201.02	80.83	62.32	0.76	1015.25	75.49
2017	1413.29	1257.49	93.49	61.55	0.76	1070.19	75.72
2018	1433.48	1284.44	81.70	66.57	0.77	1095.27	76.41
2019	1461.66	1292.42	99.65	68.79	0.80	1098.53	75.16
2019年占比（%）		88.40	6.81	4.71	0.05	75.16	

资料来源：联合国粮农组织数据库2021年5月数据。

从表30-1和表30-2可以看出，东南亚国家天然橡胶开割面积约占全球总开割面积的77%以上，产量占比也在75%以上，是全球天然橡胶的主产区。

FAO统计数据表明，2015~2019年5年间，全球天然橡胶开割面积排名全球前10位的国家分别是印度尼西亚、泰国、马来西亚、中国、越南、印度、尼日利亚、科特迪瓦、缅甸和菲律宾，其中8个是亚洲国家，前3位全部位于东南亚地区。2015~2019年，前3位国家天然橡胶收获面积占全球总面积的2/3以上，达

67.17%，其中印度尼西亚的占比就达31.13%。2019年，全球天然橡胶开割面积1233.91万公顷，这10个国家合计达1125.54万公顷，占比高达91.22%，其中印度尼西亚占比就超过近30%达29.85%，泰国的占比也高达23.60%；同期这10个国家天然橡胶产量之和占全球的比重为93.46%。同期，天然橡胶产量排名全球前10位的国家分别是泰国、印度尼西亚、越南、印度、中国、马来西亚、科特迪瓦、菲律宾、危地马拉和缅甸，面积排名前10位的国家仅尼日利亚未能入围产量前10位。其中也是有8个亚洲国家，且前3位均位于东南亚地区。泰国、印度尼西亚和越南3国天然橡胶产量占全球总产量的比重也超过了65%。2019年，全球天然橡胶产量1461.66万吨，这10个国家的天然橡胶产量之和为1354.34万吨，占比高达93.46%，其中仅排名第1位的泰国的天然橡胶产量占比就超过30%达33.07%，印度尼西亚的占比则超过1/4达25.32%；同期这10个国家天然橡胶收获面积之和占全球的比重为91.22%。

2015~2019年，全球天然橡胶收获面积和产量排前10位的国家分年度天然橡胶收获面积和产量数据及其综合占比详见表30-3、表30-4和图30-1、图30-2。

表30-3　2015~2019年全球天然橡胶收获面积排名前10位的国家　单位：万公顷

年份	印度尼西亚	泰国	马来西亚	中国	越南	印度	尼日利亚	科特迪瓦	缅甸	菲律宾
2015	362.11	301.54	107.44	71.52	60.43	45.80	35.95	21.53	28.10	22.26
2016	363.73	313.71	107.80	72.70	62.14	45.53	35.64	27.86	29.30	22.33
2017	365.91	307.97	108.19	68.45	65.32	45.67	35.87	35.77	26.75	22.63
2018	367.13	323.02	110.39	69.60	68.95	45.64	36.18	28.50	26.40	22.89
2019	368.35	327.29	108.40	70.71	71.07	46.28	35.43	41.26	33.81	22.94

资料来源：联合国粮农组织数据库2021年5月数据。

表30-4　2015~2019年全球天然橡胶产量排名前10位的国家　单位：万吨

年份	泰国	印度尼西亚	越南	印度	中国	马来西亚	科特迪瓦	菲律宾	危地马拉	缅甸
2015	446.61	314.54	101.28	95.01	81.61	72.21	35.00	39.81	35.93	20.87
2016	452.96	330.71	103.53	95.60	81.59	67.35	45.30	36.26	33.28	22.17
2017	460.00	362.95	109.45	96.58	81.74	74.01	58.00	40.70	31.69	20.84
2018	474.43	363.03	113.77	97.83	82.40	78.20	46.10	42.34	34.95	21.29
2019	483.4	344.88	118.52	100.14	83.99	63.98	66.47	43.17	35.05	26.49

资料来源：联合国粮农组织数据库2021年5月数据。

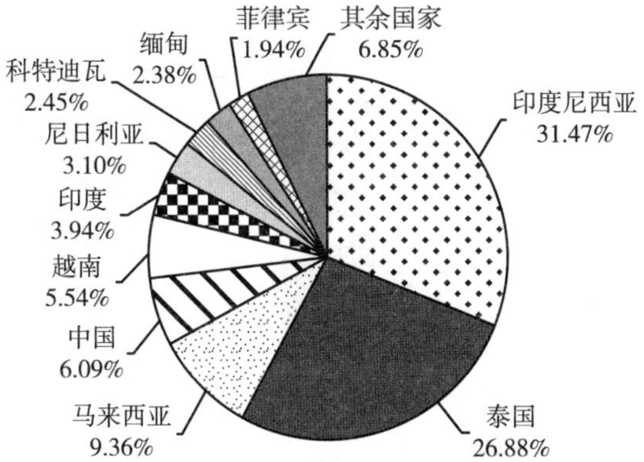

图 30－1　2015～2019 年全球天然橡胶收获面积前 10 国及占比

资料来源：联合国粮农组织数据库 2021 年 5 月数据。

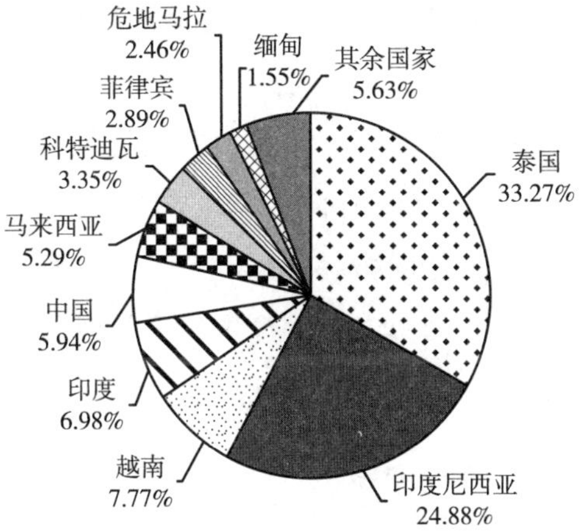

图 30－2　2015～2019 年全球天然橡胶产量前 10 国及占比

资料来源：联合国粮农组织数据库 2021 年 5 月数据。

2. 近年全球天然橡胶生产态势

受宏观经济、石油价格和市场供需等多因素影响，全球橡胶价格在 1994～1996 年和 2005～2008 年前后分别出现过一小波牛市。尤其是 2009 年后持续上涨，种植利润极高（如 2010 年），中小胶农、胶园主、大资本都会介入橡胶种植业，扩大胶园规模，导致 6～8 年后这些新增种植面积集中进入开割期，全球供应增速加快。2010～2012 年是全球天然橡胶新增面积最快的年份，三年共新种植面积达 140 万多公顷，理论上这些面积进入旺产期后，将每年至少释放 180 万吨的产量。近几年全球天然橡胶处于产能高峰期，主要是因为橡胶的开割面积在 2003 年以后，一直处于稳定上升的状态。据 ANRPC 统计，2003 年，全球天然橡胶开割面积约为

619 万公顷。而到了 2018 年，已经上升至 906 万公顷，增长了 46.36%，橡胶的种植面积在 2012 年达到顶峰值。① 尤其受 2010～2012 年胶价坚挺的刺激，天然橡胶种植面积不断扩大，按照橡胶 7 年生长周期来计算，到 2018 年前后当时扩张的胶园陆续进入高产期。据统计，近年来，泰国的天然橡胶收获面积和产量均明显增长，中国和其他主产国则发展相对稳定。2019 年的开割面积，除印度尼西亚下降 2.2% 外，其他国家基本都保持增长。其中，泰国增长 4.9%，马来西亚增长 7.2%，印度、越南、中国分别增长 15.7%、3.2% 和 2%。柬埔寨增幅高达 26.1%。

但是，由于全球经济复苏乏力，尤其是以汽车产业为代表的下游消费出现萎缩，加上合成橡胶工业的快速发展，全球对天然橡胶的需求增速不及预期，供大于求造成国际天胶价格熊市已经持续了 9 年。随着天胶价格持续低位震荡，新开割面积增速近几年略有放缓。从 ANRPC 报告中可以看出，2019 年多数国家天然橡胶种植面积较 2018 年增加相对比较明显。其中泰国增长 0.2%，印度尼西亚增长 0.1%，马来西亚增长 0.4%，印度增长 0.5%，中国持平，而越南微降 0.4%。② 所以，目前看全球天胶供应可能即将（或已经）见顶，而下游需求萎缩的趋势可能尚未见底，整体供需形势正由过剩向逐渐恢复平衡演化，未来几年，全球的天然橡胶生产将保持稳定的态势。

（二）中国天然橡胶产业发展简况

受自然条件限制，我国适宜种植天然橡胶的区域十分有限。全球天然橡胶种植主要分布在南北纬 15 度之间的低海拔、低纬度的热带地区。我国的是世界上第一个在北纬 18 度～25 度范围内大面积植胶成功的国家，对世界天然橡胶事业的发展做出了特殊的贡献。众所周知，天然橡胶是我国经济社会发展不可替代的四大战略物资之一，是国民经济的基础产业，其需求非常广泛，我国政府一直从保障国家战略资源安全的角度，以多种产业支持政策来推动天然橡胶行业的发展。经过几代人近 70 年的努力，我国建成了种植面积近 120 万公顷、干胶产量 80 余万吨的天然橡胶种植基地，主要分布在云南和海南两省的山区、半山区，并且形成了吸纳 300 万人就业，使 50 余万户少数民族、山区农民增收脱贫及 600 多万人口赖以生存的产业，为维护边疆和沿海稳定，增进民族团结，促进经济社会发展做出

---

①② 年末橡胶何去何从？［EB/OL］. 天然橡胶网，2019－10－31.

了重要贡献（郑文荣，2016）。受资源条件约束、胶价持续低迷、产品无序进口和合成橡胶工业发展等的影响，近年来我国天然橡胶植胶面积、开割面积、干胶产量基本稳定，天然橡胶产业发展进入稳定期。

（三）云南天然橡胶产业发展简况

云南是中国天然橡胶的最早引种地。1904 年，云南干崖土司刀安仁先生从新加坡购进热带树种巴西三叶橡胶树苗 8000 余株，种植在现云南省德宏州盈江县新城乡凤凰山，目前仍存活 1 株。1951 年 8 月 31 日，中央人民政府政务院在第 100 次政务院会议上作出“关于扩大培植橡胶树的决定”，要求在海南、云南、广东等地，以最快的速度扩大橡胶树的种植。从此，云南农垦担负起了发展橡胶种植的历史使命，开始了云南天然橡胶的规模化生产。60 多年来，经过三代垦荒植胶人的奋斗和奉献，在滇南、滇西南边疆的 7 个州（市），27 个县内建立了 40 个国有农场，其中主营和兼营天然橡胶的农场 26 个，并带动发展民营橡胶种植，天然橡胶逐步成为广大植胶区传统优势农业产业和农村经济发展的支柱产业之一，也是广大南部山区农民的主要经济来源。云南的天然橡胶主要种植于南部及西南部海拔 800～1000 米的热区，涉及西双版纳、普洱、德宏、临沧、红河、文山、保山 7 个州（市）。目前，全省涉及天然橡胶生产县有 33 个，产胶农场 34 个，天然橡胶从业人员近 60 万人，涉胶家庭 25 万余户，涉胶总人口 90 余万人，胶农人数 50 余万人。在西双版纳州的 31 个乡镇和 1 个街道办中，种胶的就有 26 个乡镇，涉及 50% 的农业人口。在目前和今后相当长的一段时间内，天然橡胶仍然是确保云南南部山区农民增收致富难以替代的产业。

二、中国及云南天然橡胶生产分析

（一）中国天然橡胶生产分析

橡胶树于 1904 年引种到中国，我国天然橡胶产业从无到有、由小到大，形成了以海南、云南和广东为主，广西和福建少量种植的生产基地，并于 2013 年成为世界第五大天然橡胶主产国。近年来，我国天然橡胶生产呈现波动中增长的态势，种植面积稳定在 115 万公顷左右，干胶年产量 80 万吨以上。2019 年，中国的天然橡胶开割面积已达到 70.71 万公顷，比 2010 年增加了 13.01 万公顷，占全球天然橡胶开割面积的5.7%左右（见图30-3）。随着开割面积的不断增大，总产量也在增加，2019年达到83.99万吨，约占全球天然橡胶总产量的5.75%（见图30-4）。

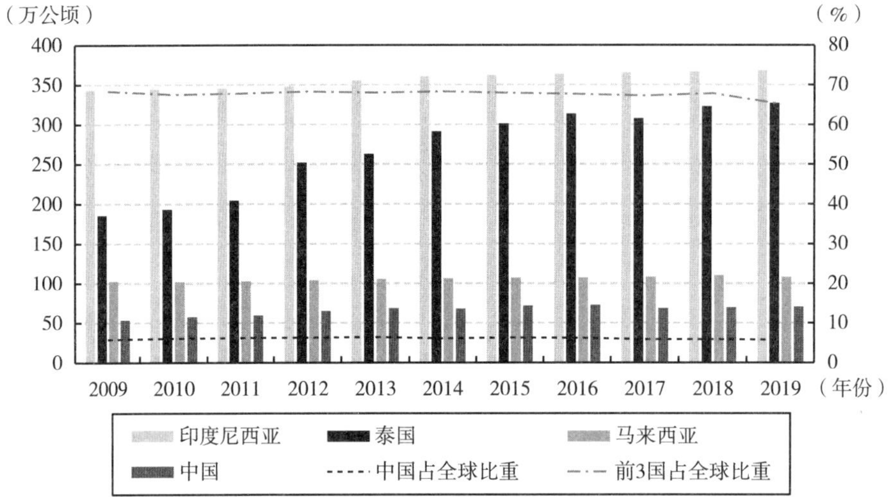

图30-3　2009~2019年全球前3位主产国及中国天然橡胶开割面积及占比

资料来源：联合国粮农组织统计数据库（FAOSTAT）2021年5月数据。

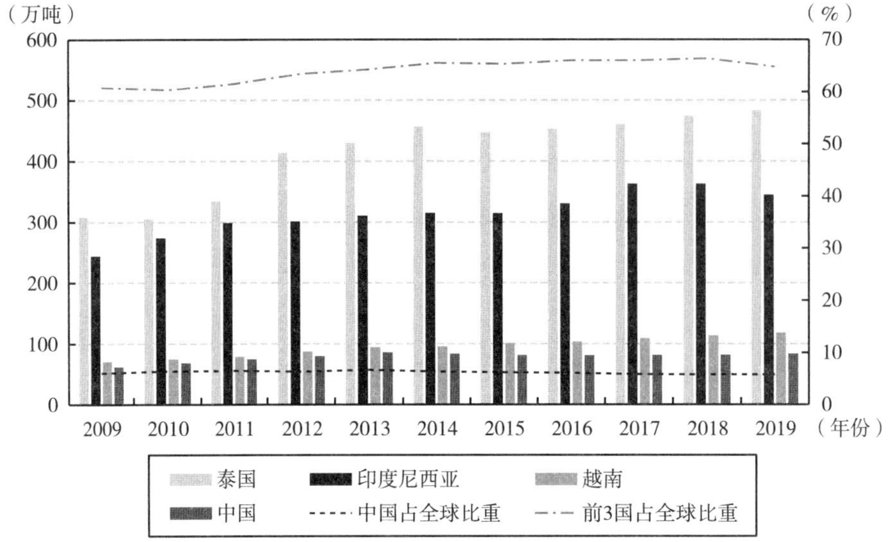

图30-4　2009~2019年世界天然橡胶产量前3国及中国天然橡胶产量及占比

资料来源：联合国粮农组织统计数据库（FAOSTAT）2021年5月数据。

我国的天然橡胶在云南、海南、广东和广西均有分布，福建、台湾等地亦可种植，但是目前只有云南和海南两省是主产区，两省的天然橡胶面积和产量均占全国总面积和总产量的95%以上，产区高度集中的特征十分明显（见表30－5）。独特、优越的自然地理气候条件使得云南南部和西南部成为我国最好的天然橡胶基地，目前已经基本建成我国面积最大、产量最高，且国内唯一单位产量达到1.5吨/公顷的天然橡胶生产基地。

表30－5　2010～2019年中国天然橡胶种植面积分省布局　单位：万公顷

地区	2010年	2011年	2012年	2013年	2014年	2015年	2016年	2017年	2018年	2019年
全国	102.95	107.83	113.04	114.39	116.11	116.00	117.78	116.59	116.13	114.00
云南	49.14	53.03	55.64	55.43	57.10	57.35	59.17	57.73	57.14	57.13
海南	49.04	50.14	52.57	54.02	54.23	54.21	54.09	54.29	52.84	52.69
广东	4.41	4.32	4.48	4.59	4.53	4.19	4.26	4.31		4.12
广西	0.35	0.35	0.35	0.35	0.25	0.25	0.25	0.25		0.09
福建	0.01	0.00	0.00	0.00	0.00	0.00	0.01	0.01		0.01
云南占比（%）	47.73	49.18	49.22	48.46	49.18	49.44	50.24	49.52	49.20	50.11

资料来源：《中国农业统计资料》和农业农村部发展南亚热带作物办公室提供资料整理，2018年部分省份无数据。

从天然橡胶种植面积看，统计数据表明，近年来，我国及云南、海南两省的天然橡胶种植面积均呈现平稳增长的发展趋势，广东和广西却呈减少的趋势，福建可以忽略不计。云南天然橡胶种植面积从2000年的21.02万公顷扩大到2016年最高时59.17万公顷，扩大了1.81倍。自2011年以来，云南成为我国最大的天然橡胶种植区，在全国的占比保持在50%左右。

从天然橡胶产量看，天然橡胶产量分布和发展趋势与面积类似。2000～2019年，云南的天然橡胶产量从17.17万吨稳定增加到45.85万吨，增长了1.67倍，自2013年开始，产胶量超过海南，近年来占全国天然橡胶总产量的比例保持在50%以上接近55%（见表30－6和表30－7）。

表30－6　2010～2019年中国天然橡胶产量分省布局　单位：万吨

地区	2010年	2011年	2012年	2013年	2014年	2015年	2016年	2017年	2018年	2019年
全国	69.08	75.09	80.23	86.48	84.02	81.61	81.59	81.37	81.50	80.99
云南	33.06	36.34	38.98	42.56	43.33	43.93	44.86	43.79	45.48	45.85
海南	34.64	37.18	39.51	42.08	39.12	36.11	35.14	36.21	35.07	33.08
广东	1.34	1.55	1.71	1.74	1.55	1.56	1.57	1.72		2.06
广西	0.04	0.02	0.02	0.10	0.02	0.01	0.02	0.01		0.01

续表

地区	2010年	2011年	2012年	2013年	2014年	2015年	2016年	2017年	2018年	2019年
福建	0.00	0.00	0.00	0.00	0.00	0.00	0.00	0.00		0.00
云南占比（%）	47.86	48.40	48.59	49.21	51.57	53.83	54.98	53.81	55.80	56.61

资料来源：根据《中国农业统计资料》和农业农村部发展南亚热带作物办公室提供资料整理，2018年部分省份无数据。

表30－7　　2016～2019年两大主产省天然橡胶生产情况

年份	收获面积（万公顷）			产量（万吨）			单位面积产量（吨/公顷）		
	全国	海南	云南	全国	海南	云南	全国	海南	云南
2016	71.81	37.94	32.85	81.59	35.14	44.86	1.14	0.93	1.37
2017	76.43	40.04	34.36	81.37	36.21	43.79	1.06	0.90	1.27
2018	89.52	40.19	43.60	81.50	35.07	45.48	0.91	0.87	1.04
2019	81.98	39.81	38.67	81.50	45.48	35.07	0.99	1.14	0.91

资料来源：根据农业农村部发展南亚热带作物办公室提供资料整理。

从天然橡胶单产看，由于独特的自然地理条件，从20世纪80年代以来，云南的天然橡胶单位面积产量已处于全国领先地位，使得云南成为我国唯一大面积单产超过1.5吨/公顷的天然橡胶基地，平均单产连续20年位于全国榜首，达到世界先进生产水平（刘建中等，2010）。

（二）云南天然橡胶生产分析

受资源条件限制和历史因素影响，云南的天然橡胶主要分布在西双版纳、普洱、临沧、红河和德宏等州（市），此外，文山和保山也有小规模种植。其中，西双版纳州胶园面积和干胶产量占全省总面积和总产量的比重多年保持在55%和75%左右。近年来，受市场胶价持续低迷和比较效益等影响，全省植胶面积、开割面积和干胶产量均略有下降，西双版纳州植胶面积和干胶产量占全省的比重也下降到53%和68%左右。2020年5月，云南省橡胶产业技术体系进行的调查结果也反映出全省胶园弃割和单产下滑的类似问题。

从表30－8可以看出，2016～2018年，从植胶面积看，西双版纳和普洱下降明显，红河、德宏和临沧基本稳定，只有临沧保持小幅增长；从干胶产量看，西双版纳略有下降，其他州（市）均有小幅增长；以达产面积作为开割面积计算得出的单产看，全省天然橡胶单产下滑非常明显，反映出受植胶效益的影响，胶工短缺使得胶园弃割的问题。表30－9为笔者调研数据，虽然具体数据与云南省农业农村厅的数据有出入，但可以看出变化趋势是一致的。

表 30-8　　2016~2018 年云南及主要植胶区天然橡胶生产情况

地区	2016 年				2017 年				2018 年			
	胶园（千公顷）	达产（千公顷）	产量（万吨）	单产（千克/公顷）	胶园（千公顷）	达产（千公顷）	产量（万吨）	单产（千克/公顷）	胶园（千公顷）	达产（千公顷）	产量（万吨）	单产（千克/公顷）
云南	59.23	32.05	44.95	1402.71	57.73	38.76	43.79	1129.70	57.12	43.60	45.48	1043.12
西双版纳	31.69	20.56	31.82	1547.89	30.50	23.82	29.83	1252.34	30.24	27.08	30.21	1115.50
普洱	12.48	5.41	6.30	1164.73	12.58	6.65	7.25	1090.96	11.88	7.88	7.65	970.57
临沧	6.73	2.60	4.32	1662.18	6.72	2.95	4.39	1488.99	6.70	3.66	4.65	1271.53
红河	6.63	2.89	1.61	556.90	6.54	3.14	1.73	550.96	6.63	4.27	2.34	548.01
德宏	1.61	0.57	0.80	1413.43	1.33	0.60	0.57	950.00	1.59	0.70	0.63	894.89

资料来源：云南省农业农村厅。

表 30-9　　2018~2019 年云南主要产区天然橡胶生产变化情况

地区	2018 年				2019 年			
	胶园面积（千公顷）	开割面积（千公顷）	干胶产量（万吨）	单产（千克/公顷）	胶园面积（千公顷）	开割面积（千公顷）	干胶产量（万吨）	单产（千克/公顷）
云南	55.773	31.741	44.975	1416.954	56.279	32.756	44.994	1373.602
西双版纳	29.607	20.639	30.207	1463.549	30.174	20.983	30.609	1458.767
普洱	12.423	5.859	7.652	1305.947	12.441	6.515	7.720	1185.018
临沧	6.698	3.157	4.654	1474.130	6.669	3.278	4.737	1445.425
红河	5.673	1.633	1.749	1071.153	5.672	1.741	1.575	904.958
德宏	1.320	0.444	0.704	1584.659	1.274	0.225	0.332	1472.720
文山	0.051	0.008	0.009	1200.265	0.050	0.015	0.021	1355.907

资料来源：云南省橡胶产业技术体系 2020 年 5 月调研统计。

三、中国天然橡胶消费分析

从历史上来看，经济增长是影响天然橡胶消费的核心因素，天然橡胶的需求或消费量可以从一个侧面间接反映出一个国家或地区的消费水平和工业化发展水平。此外，合成橡胶的替代性以及橡胶工业的日益成熟亦将影响天然橡胶的消费量。近年来，受经济增长缓慢的影响，全球天然橡胶消费需求增长亦十分缓慢，从 2011 年开始出现“供大于求”的状况并持续至今。2018 年，全球天然橡胶供应维持在 1400 万吨左右，消费量 1377 万吨左右。根据 IRSG 的统计，全球天然橡胶消费量从 2000 年的 721 万吨增长到 2018 年的 1377 万吨，年均增长 3.66%，其中很大一部分是因为天然橡胶价格低迷带来对合成橡胶的替代所致。除中国（2018

年消费量550.4万吨）外，其他主要消费国包括欧盟（123.1万吨，其中75%用于轮胎制造；消费量超过10万吨的国家有德国、西班牙、意大利、法国和波兰）、印度（122.0万吨）、美国（99.2万吨）、泰国（75.2万吨，是2000年的4.1倍）、日本（70.6万吨）、印度尼西亚（61.8万吨，是2000年的4.7倍）、马来西亚（51.5万吨）、巴西（40.5万吨）和韩国（36.7万吨），这10个经济体的消费量占比达到89.4%。消费量超过10万吨的其他国家包括越南（22.5万吨，是2000年的11.3倍）、加拿大（13.9万吨）、斯里兰卡（13.5万吨）和墨西哥（11.2万吨），消费量非常集中。

自1993年开始，我国成为世界天然橡胶需求大国之一。2002年我国加入WTO后，随着经济的快速发展，我国成为世界橡胶工业大国，国内橡胶消费量急剧扩大，使得我国成为世界橡胶消费最大的国家。2003年我国天然橡胶消费量为153万吨，2004年就达到了200万吨，2009年超过300万吨，2011年超过350万吨，2013年高达430万吨。随后的几年里，我国的天然橡胶消费量稳中有升，而我国的天然橡胶产量围绕在80万吨，且有下滑趋势（金华斌等，2017）。因此，我国天然橡胶的需求严重依赖进口，进口量逐年攀升。据农业农村部发展南亚热带作物办公室（以下简称农业部南亚办）提供的数据，2011～2018年我国天然橡胶消费量从360万吨快速增加到554.3万吨，7年就增加了194.3万吨，增幅达53.97%，而同期我国天然橡胶生产量增加不足15万吨、消费缺口增加了188.5万吨。

2011～2018年我国天然橡胶生产量、消费量及消费缺口见图30－5。

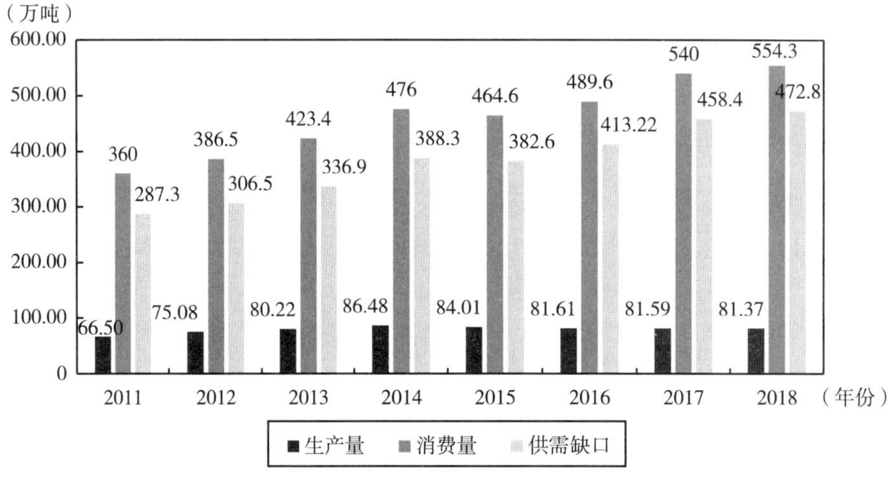

图30－5　2011～2018年中国天然橡胶生产量、消费量及供需缺口情况

资料来源：农业农村部发展南亚热带作物办公室。

四、中国天然橡胶贸易情况分析

（一）天然橡胶贸易量分析

由于泰国、印度尼西亚和越南3国的天然橡胶产量占全球总产量的65%以上，因此，这3国的天然橡胶产量和出口政策会对全球的天然橡胶供给产生较大的影响。FAO统计数据表明，2009～2015年，全球的天然橡胶贸易量逐年增加，2016年下降，2017年开始回升到2015年的水平。

作为全球最大的天然橡胶消费国和进口国，中国的天然橡胶进口量远大于出口量且增长较快。FAO和中国海关的统计数据均表明中国属于天然橡胶净进口国的情况。根据FAO统计数据，2008～2019年，中国天然橡胶进口贸易量占全球的比重从22.91%增长到25.63%；同期，中国天然橡胶出口贸易量非常小，占全球的比重多年保持在不足0.2%（见表30－10）。从贸易量数据看，自2011年开始，我国的天然橡胶进口量超过200万吨后逐步升高到2017年的近280万吨，与2007年相比增幅接近69.5%，2018年稍有回落也保持在近260万吨的水平；同期我国天然橡胶出口量仅在1.5万吨上下，不及进口量的1%。

表30－10　2008～2019年中国天然橡胶（含胶乳）的贸易量及占全球比重

年份	进口量（万吨）			出口量（万吨）		
	中国	全球	占比（%）	中国	全球	占比（%）
2008	168.15	733.85	22.91	0.34	711.12	0.05
2009	171.07	642.45	26.63	0.35	652.90	0.05
2010	186.14	754.98	24.65	2.54	788.27	0.32
2011	210.09	815.99	25.75	0.96	853.95	0.11
2012	217.75	816.43	26.67	1.34	821.01	0.16
2013	247.26	859.25	28.78	1.36	890.64	0.15
2014	261.00	906.34	28.80	1.80	908.75	0.20
2015	273.52	926.79	29.51	0.47	934.47	0.05
2016	250.16	898.31	27.85	1.47	921.67	0.16
2017	279.32	939.93	29.72	1.62	1010.92	0.16
2018	259.59	966.71	26.85	1.33	965.81	0.14
2019	245.11	956.30	25.63	1.45	951.01	0.15

资料来源：联合国粮农组织统计数据库2021年5月数据。

云南天然橡胶进出口数据缺乏。作为我国天然橡胶初加工产能大省，云南利用境外罂粟替代种植政策以及比邻东南亚天然橡胶主产区的便利条件，每年会进口大量天然橡胶作为初加工原料。据不完全统计，2010～2019年，云南天然橡胶进口量翻了一倍多。

（二）天然橡胶贸易额分析

如前所述，2010年全球天然橡胶历史最高点以后一路下滑。受此影响，虽然2009年以来全球天然橡胶贸易量稳步上涨，但是贸易额则在波动中一路下挫，反映出胶价持续走低的态势。

根据FAO统计数数据可知，2008～2019年，我国天然橡胶进口额上涨了34.82%，但全球进口额则从196.1亿美元下降到171.88亿美元，跌幅超过12.35%；同期，我国天然橡胶出口额占比与出口量占比情况类似，多年不足0.2%（见表30－11）。

表30－11　2008～2019年中国天然橡胶（含胶乳）贸易额及全球占比

年份	进口额			出口额		
	中国（亿美元）	全球（亿美元）	占比（%）	中国（亿美元）	全球（亿美元）	占比（%）
2008	43.02	196.10	21.94	0.09	178.07	0.05
2009	28.14	117.31	23.99	0.06	107.35	0.06
2010	56.67	234.12	24.20	0.80	238.43	0.34
2011	93.79	375.73	24.96	0.46	380.43	0.12
2012	68.13	274.16	24.85	0.46	254.48	0.18
2013	63.93	236.39	27.04	0.35	223.69	0.16
2014	49.51	182.67	27.11	0.36	163.51	0.22
2015	39.16	143.84	27.22	0.09	130.24	0.07
2016	33.55	126.70	26.48	0.21	117.98	0.18
2017	49.17	177.89	27.64	0.31	164.55	0.19
2018	64.48	186.55	34.56	0.06	186.08	0.03
2019	58.00	171.88	33.74	0.08	172.36	0.05

资料来源：联合国粮农组织统计数据库2021年5月数据。

中国海关统计的2006～2019年我国天然橡胶进出口数据详见表30－12。

表 30-12　　中国海关统计 2006～2019 年我国天然橡胶进出口情况

年份	进口		出口		贸易差额（百万美元）
	数量（万吨）	金额（百万美元）	数量（万吨）	金额（百万美元）	进口-出口
2006	161.20	3029.60	0.40	7.80	3021.80
2007	164.81	3258.53	0.45	9.16	3249.37
2008	168.15	4302.03	0.34	8.65	4293.38
2009	171.07	2814.18	0.35	6.31	2807.88
2010	186.14	5666.65	2.54	80.06	5586.60
2011	210.09	9378.50	0.96	45.85	9332.65
2012	217.75	6812.88	1.34	45.80	6767.08
2013	247.26	6392.72	1.36	34.89	6357.83
2014	261.00	4951.49	1.80	35.95	4915.54
2015	273.62	3916.95	0.47	9.21	3907.74
2016	250.12	3353.62	1.47	21.49	3332.14
2017	279.34	4916.93	1.62	30.72	4886.21
2018	259.59	3606.76	1.33	19.90	3586.86
2019	245.11	3368.87	1.45	21.64	3347.23

资料来源：2006～2018 年数据来源于中国海关，2019 年数据来源于联合国粮农组织统计数据库 2021 年 5 月数据。

从表 30-11 和表 30-12 均可看出，我国天然橡胶贸易逆差长期保持较高水平，受进口量上升和当时胶价走高的影响，2011 年我国的天然橡胶贸易逆差曾达到 93 亿美元以上，此后随着胶价下行，进口贸易额和贸易逆差均逐步减小。

五、云南天然橡胶产业发展存在困难和问题

（一）胶价持续低迷，产业持续发展面临严峻考验

2008 年国际金融危机以后，全球汽车轮胎等天然橡胶主要产品的消费增长趋缓。同时，前期高价刺激下大量扩种的胶园陆续开割或进入旺产期，全球天然橡胶供需关系从供需紧平衡转变为供略大于需。根据国际橡胶组织（IRSG）统计，自 2010 年以来，全球天然橡胶生产量已连续 10 年高于消费量，产大于销，使得国际胶价长期低迷。中国作为全球最大的天然橡胶消费国，供应长期依赖进口。而主产国的人力、种植成本远低于我国，单产又明显高于我国。“一低一高”，使得

进口天然橡胶价格有较大优势。伴随着种植面积的增长，我国天然橡胶产量也呈现较快增速，但受市场价格等因素影响，2014 年天然橡胶产量首次出现下降，较 2013 年的历史高位减少 2.47 万吨（徐竹，2017）。目前，价格高位时扩种的胶园陆续进入开割期或旺产期，在合理价格下，2015 年天然橡胶年产量应该达到约 90 万吨，但实际仅为81.6 万吨，且之后一直在81.6 万吨以下徘徊（陈明文，2016）。2019 年国内主产区原料干胶海南月均吨价 10840 元、云南仅为 9650 元左右（低近 1200 元/吨），国内主销区全乳胶天然橡胶全年平均价格为 1.12 万元/吨，仅为 2011 年最高价的 35%左右，单位面积产值已连续多年低于成本价。胶价长期低迷造成较为严重的群体性和区域性农民减收，产业发展陷入低谷。

虽然国家高度重视天然橡胶产业发展，先后实施了一系列支持和保护的政策，尤其是近年来，各级财政增加对胶园更新和科技研发投入，在良种补贴、自然灾害保险、胶工收入保险、产品收储、“走出去”等方面进行了一系列制度创新，扩大了对天然橡胶的扶持范围，促进了天然橡胶产业的发展。同时，“期货 + 保险”等金融扶贫取得较好成效，产业扶贫功能增强。但是，在胶价持续低迷的情况下，市场对产业的作用超过了政策的调控作用，使得国家对天然橡胶扶持的政策红利越来越小，尤其是随着我国对东盟天然橡胶进口关税的放开，进口天然橡胶的用胶成本远远低于国内种胶成本，造成国家对天然橡胶补贴扶持的政策效果逐渐减弱甚至丧失。

受国际国内市场胶价长期低迷的影响，云南天然橡胶价格多年处于低位运行（见图 30 – 6），自 2011 年见顶回落至 2019 年，胶价由当年 4 万多元/吨降至目前的 1 万元/吨左右，9 年跌近 70%。数据显示，2003 年以来，云南天然橡胶价格最高出现在 2011 年 2 月，突破了 4.2 万元/吨，之后一路下跌。目前全省天然橡胶的种植、管理、采胶全靠人工，没有专业的机械，尤其是采胶作业时间长，劳动强度大，技术含量高，造成人工成本高但是生产效率不高（梁晓莉，2016）。按照现在的市场行情，每吨干胶的成本达 1.50 万元或更高，其中人工占 6 成左右。从 2014 年以后，全省天然橡胶市场价格连续多年在成本线以下。胶价持续低迷，使得产业收益空间不断缩小，进而引发产业工人持续短缺、其他经济作物挤占空间、胶园“弃管弃割”甚至“挖树毁胶”的“弃种”等一系列问题。此外，由于用工成本早已明显高于印度尼西亚、泰国、越南等周边天然橡胶主产国，使得云南天然橡胶产业竞争力明显下降，产业可持续发展受到严峻挑战。

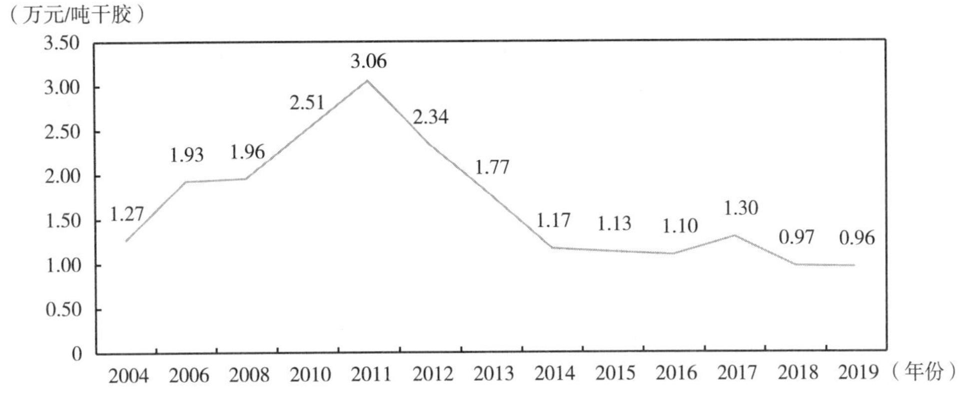

图 30－6　2004～2019 年云南天然橡胶原料价格变化曲线

资料来源：云南省农业农村厅和农业农村部天然橡胶市场监测数据。

（二）胶园投入不足，基础设施差，抗风险能力弱

云南天然橡胶种植基地大多分布在南部山区，受地理区位和比较效益的影响，胶园基础设施建设长期滞后，水土保持、水利设施、林间道路、防寒防风设施等配套工程建设不到位。一是受农垦和地方条块分割管理的影响。长期以来，地方支持农村基础设施改善的政策将农垦所属的农场排除在外，尤其是近年来的扶贫等政策，也不包括农场和农场职工，使得农垦管辖的农场范围内的农田水利和道路等基础设施建设明显落后于地方管辖的地区。尤其是近年来，由于省级层面主导的农垦改革将农垦集体债务分摊转移到基层，造成基层农场“政策性负债”，加之胶价低迷使得农场连年亏损，基本运转都困难重重，更无暇顾及胶园投资，形成恶性循环。以孟定农场橡胶公司为例，截至 2019 年 11 月底，企业累计负债达 3.82 亿元，仅社保欠费就达 1.68 亿元，目前职工平均工资仅 1912.4 元，远低于临沧市和云南省 2018 年平均工资水平。二是胶园更新投入严重不足。全省现有 5 万多公顷胶园已陆续进入更新期，年更新幅度为 1 万公顷以上，更新定植当年需投入大量资金，胶树从定植到开割需 8 年时间，其间每年还需抚管投入。由于植胶企业和个人自筹资金能力有限，导致胶园更新和基础设施建设投入不足，胶树管养不力，非生产期延长、低产低质胶园增加、投产效益低下，经济寿命缩短（梁晓莉，2016）。如德宏州遮放农场测算的胶树抚管期投入达到 5.7 万元/公顷，而农场实际可投入资金只有 0.9 万元/公顷，仅为需求的 1/6。三是遇灾损失严重。2017 年，云南全省 1/3 胶园受白粉病影响减产；2019 年入春以来，主产区西双版纳和

普洱等地持续的高温干旱，引起橡胶树大量落叶、病虫害暴发等灾害，大多数橡胶园受到影响而于5月中下旬停割或半停割10～20天，对许多制胶工厂原料收购和生产加工带来巨大压力。如西双版纳胶区景洪、东风、勐捧、勐满、勐醒、勐腊和橄榄坝等各大农场和周边民营橡胶基地被迫大面积停割；普洱胶区云胶集团江城公司7600多公顷自有橡胶基地于5月13日全面停割、西盟公司自有橡胶基地于5月21日全面停割，其余地区橡胶处于半停割状态。

（三）个体小胶农成为生产主体，效率和效益下滑

天然橡胶作为工业原料的产业特性使得其发展离不开龙头企业的科技、营销等服务和带动。因此，天然橡胶历史上曾是我国组织化程度和产业化程度最高的传统农业产业，而目前个体民营橡胶则是云南天然橡胶产业最重要的生产主体。据笔者调查，2016年，个体民营橡胶占全省植胶面积的份额就到了3/4、开割面积和干胶产量份额也超过了2/3；到2019年末，个体民营胶园面积和开割面积所占比重分别为75.26%（与2016年差异不大）和71.78%（比2016年提高了5.7个百分点），干胶产量占比则达到74.95%（比2016年提高8.5个百分点）。广大个体小胶农管理和投入能力有限，加之龙头企业、合作社、家庭农场等现代新型经营主体发育滞后，服务能力跟不上，土地产出率、劳动生产率“双低”明显十分。因此，近年来，云南天然橡胶产业呈现出“种植数量大、规模小、分布散、管理差、抵抗风险能力弱、社会化专业服务缺”的“大产业、小服务、低效益”的尴尬局面，单产、质量、效益同步下降明显。据笔者调查，2019年，全省天然橡胶植胶面积56.28万公顷，同比增长0.91%；开割面积32.76万公顷，同比增长3.2%；干胶产量44.99万吨，仅同比增长0.04%。

从表30－13可以看出，与2018年相比，2019年，全省6个主要植胶州（市）天然橡胶植胶面积增加了约0.51万公顷（主要来自景洪植胶区民营橡胶）；全省开割胶园面积增加了1万公顷以上（除德宏减少近0.22万公顷外，其他主要植胶区均小幅增长）、增长约3.2%；但是干胶产量仅增加了188.0吨、增长率仅为0.04%。总体来看，植胶面积、开割面积和干胶产量的增长贡献来自民营个体橡胶，农场在减少。2018～2019年，文山胶区健康农场240公顷胶园则全面停割，截至2020年4月底，整个文山胶区均处于全面停割状态。从单产看，全省平均减产30千克/公顷，减幅3.06%。分产区看，除文山胶区天保农场平均每公顷增产155.64千克外，其他胶区单产全都不同幅度降低。其中，红河胶区减幅最高达

15.52%，其次是普洱胶区减产达9.26%。分主体看，农场版块：普洱胶区降幅约12%、西双版纳胶区降幅约7%，其他胶区均增长；民营版块：除西双版纳胶区外，其他胶区均下降，其中：德宏胶区降幅最大达27.7%，红河胶区降幅也达16.4%。

表30-13　　2018～2019年云南6个主要植胶区农垦及民营天然橡胶生产情况

地区	年度	胶园面积（千公顷）			开割面积（千公顷）			总产量（万吨）			单产（千克/公顷）		
		小计	农场	民营	小计	农场	民营	小计	农场	民营	小计	农场	民营
西双版纳	2018	296.07	82.54	213.53	206.39	67.43	138.96	30.21	8.33	21.87	1463.55	1235.80	1574.06
	2019	301.74	81.11	220.62	209.83	61.97	147.86	30.61	7.12	23.49	1458.77	1149.51	1588.38
普洱	2018	124.23	33.19	91.04	58.59	22.80	35.80	7.65	3.45	4.20	1305.95	1514.81	1172.94
	2019	124.41	33.19	91.22	65.15	24.59	40.55	7.72	3.28	4.44	1185.02	1333.69	1094.85
临沧	2018	66.98	6.26	60.72	31.57	4.08	27.49	4.65	0.64	4.01	1474.13	1568.91	1460.05
	2019	66.69	6.07	60.62	32.78	4.22	28.56	4.74	0.67	4.07	1445.42	1576.34	1426.08
红河	2018	56.73	13.99	42.74	16.33	0.58	15.75	1.75	0.05	1.69	1071.15	938.71	1076.07
	2019	56.72	13.98	42.74	17.41	0.69	16.72	1.58	0.07	1.50	904.96	1025.10	900.00
德宏	2018	13.20	4.49	8.71	4.44	2.22	2.22	0.70	0.23	0.48	1584.66	1017.60	2150.45
	2019	12.74	4.55	8.19	2.25	0.82	1.43	0.33	0.11	0.22	1472.72	1328.67	1554.81
文山	2018	0.51	0.51		0.08	0.08		0.01	0.01		1200.27	1200.27	
	2019	0.50	0.50		0.15	0.15		0.02	0.02		1355.91	1355.91	
6州市合计	2018	557.73	140.99	416.74	317.41	97.19	220.22	44.98	12.72	32.26	1416.95	1308.44	1464.84
	2019	562.79	139.40	423.39	327.56	92.44	235.12	44.99	11.27	33.73	1373.60	1218.99	1434.39

资料来源：云南省橡胶产业技术体系各岗站调查统计数据。

（四）科技支撑和引领产业发展能力适应发展需要

虽然在几代人的努力下，云南天然橡胶科技创新取得了显著成效，初步建立起了热带北缘高海拔天然橡胶抗寒、丰产栽培技术体系，对世界天然橡胶植胶理论和云南天然橡胶产业的发展做出了巨大的贡献。但是，目前全省从事橡胶的专业科研机构太少且全部属于农垦系统，科研及技术推广服务体系薄弱，专业科技服务人员不足甚至流失等问题广泛存在。而地方农技推广机构本来就存在人员少、经费少、服务产业面广等问题，不仅不愿意也无力承担天然橡胶的技术推广。虽然2016年，“云南天然橡胶产业链技术创新与产业化应用研究”重大科技专项启动，尤其是2017年云南省天然橡胶产业技术体系建立后，这种状况有了一定改善。但是由于财政投入严重不足（2020年产业体系甚至没有投入），杯水车薪，根本无法满足全省天然橡胶产业发展的科技需求。因此，除国有农场能得到产前、产中、产后全程综合指导服务外，占全省3/4的广大民营胶园基本处于人工操作的传统农业时代，科技贡献率和单产水平普遍较低。如临沧市镇康县军赛乡部分农户种植的胶树每公顷种植密度高达600~750株，定植12年还不能投产，全乡已投产的橡胶平均产量也仅705千克/公顷。而相距仅15千米外的孟定农场由于有较为完善的生产管理和技术服务体系，每公顷橡胶产量已超过1.5吨。大量胶农迫切希望在橡胶树种植、胶园管理、割胶技术和病虫害联防联控等方面得到具体的培训指导和专业服务。

（五）初加工小散弱，工业体系不配套，产品低端

橡胶产业的产业链长，涉及的上下游产品多，配套产业广，提高产品附加值空间大。但是，当前云南橡胶产业面临的主要问题之一，就是加工业不发达，尚停留在为下游产业提供原料产品（初级原料产品占85%以上市场份额）的初级阶段。此外，省内天然橡胶加工产业链不完整，工业体系不配套，没有形成橡胶产业集群，尤其是橡胶深加工发展缓慢，缺乏对橡胶消耗量大的轮胎及乳胶制品生产企业和产业。一是产能严重过剩。根据中国橡胶网相关资料，截至2018年12月初，云南省共有天然橡胶初加工企业67家，注册商标11个，拥有天然橡胶初加工厂180余座（万吨级以上的胶厂约20座），年加工能力约167万吨，而目前全省实际生产的干胶仅为45万吨左右。由此可见，云南天然橡胶初加工企业普遍存在开工不足，产能严重过剩的现象。二是初加工厂布局不合理。全省小胶厂众多，万吨级以上的胶厂仅16家。且橡胶加工厂普遍存在加工工艺落后、产品批次量小、产品性能差、环境污染严重、效益低等问题。如临沧市耿马县内有大小橡胶初加工厂17座，分布不合理，哄抢原料，压级压价时有发生。三是产品结构单一。天然橡胶价格不好，利润非常薄，加之贷款也很艰难，小微企业往往缺乏推广新技术的资金，更缺乏产品研发的资金和人才，就形成恶性循环。多数民营加工厂基本还维持在70、80年代的技术水平，产品结构性矛盾突出，产品低端同质化问题严重（马梦雯等，2015）。四是精深加工不足。全省橡胶制品的深加工（轮胎、力车胎、胶管带、胶鞋、乳胶制品等）年耗天然橡胶原料不足1万吨，与原料生产大省形成巨大反差。五是资源综合开发利用亟待加强。我省对橡胶中的非胶物质如白坚木皮醇利用的研发走在全国前列并取得专利，但无省内企业进行产业化开发；对橡胶木、橡胶籽及橡胶废水的综合利用已有研发和生产应用，但均尚未形成产业和规模。

第二节　云南天然橡胶产业的比较优势及发展对策

一、云南天然橡胶产业发展的比较优势

云南是中国天然橡胶的最早引种地和目前植胶面积、总产量和单产水平均居全国第一的优质天然橡胶生产基地，形成了集种植生产、加工营销和科研推广等较为完善的产业体系，为热区脱贫攻坚、社会安定团结、边疆巩固发展和保障国家天然橡胶供给做出了重要贡献（汪铭等，2014）。目前，云南承担了全国50%的天然橡胶保护区建设任务，充分说明云南的天然橡胶产业在全国的重要地位和发展优势。

（一）得天独厚的自然生态条件优势

云南植胶区极好的自然环境条件，不仅有利于发展天然橡胶产业，也是优于我国其他植胶省份的独特优势，使得云南南部和西南部成为我国最好的天然橡胶基地。从地形看，云南北部被山脉阻挡，形成了一道天然的屏障，阻挡了北方冷空气的侵袭。随着南部海拔逐渐降低，以帚状展开的地形使得印度洋的暖湿气流长驱直入一直延伸到热带北缘，为橡胶树安全过冬提供了必要的条件。从地理位置看，云南植胶区靠近海洋但不在海边，背靠高原和内陆，雨水丰沛，光能充足，热量充沛，没有台风、暴风袭击，不易造成树干、树枝断裂，并且可以促进橡胶树快速生长；从气候看，天然橡胶的宜植区域均属于南亚热带湿润半湿润气候，呈现出昼夜温差大、干湿季明显的典型特征，能够促进橡胶树中有机物的积累、胶乳的合成和排胶。

（二）靠近全球天然橡胶主产区的区位优势

云南的天然橡胶主要种植在南部和西南沿边境一带地区。与云南接壤的越南、老挝和缅甸等国，均具有巨大的植胶和产胶潜力。云南长期与它们友好交往，许多少数民族甚至跨境居住，风俗习惯和语言文化都极其相似。经由这些国家可直达泰国和马来西亚等全球天然橡胶生产大国。在目前国内资源不足，大力开展海外种植、不断拓展天然橡胶境外基地面积、持续提升天然橡胶产量的战略背景下，

云南的地理位置优势是独一无二的。

(三)体系化的科技创新和技术服务优势

云南农垦通过60余年对天然橡胶的研发生产和应用，致力于天然橡胶的生产、研究和应用已有60多年，突破了世界天然橡胶种植区域的纬度限制，形成了一整套热带北缘的云南高海拔植胶区大面积高产综合技术。从1994年开始，云南农垦的天然橡胶单产已连续20年超过1500千克/公顷，2003年达到了1910千克/公顷，达到世界先进水平，并连续近20年单产世界领先。2017年以后，云南现代橡胶产业技术体系的建设和运转，使得天然橡胶科技创新能力和技术服务范围进一步提升。目前，云南是全国植胶面积最大、总产量最高、单产水平最高的优质天然橡胶生产基地。

(四)全国第一大的产业基础规模优势

根据农业部南亚办统计资料，云南天然橡胶种植面积和产量分别于2010年、2013年超过海南后常年稳居全国第一。近年来，云南的植胶面积和干胶产量占全国的比重均逐年增加，均达到50%以上，已经成为我国名副其实的第一大天然橡胶生产基地和唯一大面积平均单产达1.5吨/公顷以上的高产基地。目前，云南种植的天然橡胶保持在57万公顷左右，约占全国植胶总面积的50%；投产面积占全国总面积的45%；干胶产量占全国总产量的54%以上，天然橡胶农业产值达到75亿元。此外，植胶区还有约10万公顷以上的幼林未投产，潜力巨大。除生产种植外，天然橡胶加工企业超过70家，其中，有注册商标的企业占15%左右。各种橡胶加工厂超过180个，年加工能力超过160万吨。

二、云南天然橡胶产业区位熵测度

基于数据的可得性，此处采用农作物播种面积和天然橡胶播种面积来测算2010~2019年云南天然橡胶产业区位熵，测算结果如表30-14所示。

计算结果显示，云南天然橡胶产业区位熵都在1以上，表明从区位熵的角度看，云南的天然橡胶产业具备很大的优势，在发展中处于较强地位。与云南全国第一的植胶面积、干胶产量和领先于全国的平均单产等生产实际相符。

表 30 - 14　　2010 ~ 2019 年云南天然橡胶产业区位熵测度

年份	云南			全国			区位熵
	天然橡胶面积（万公顷）	农作物面积（万公顷）	比例（%）	天然橡胶面积（万公顷）	农作物面积（万公顷）	比例（%）	
2010	49.14	689.08	7.13	102.95	16590.24	0.62	11.49
2011	53.03	679.08	7.81	107.83	16633.19	0.65	12.05
2012	55.64	678.66	8.20	113.04	16693.90	0.68	12.11
2013	55.43	681.86	8.13	114.39	16682.93	0.69	11.86
2014	57.10	684.28	8.34	116.11	16518.33	0.70	11.87
2015	57.35	684.86	8.37	116.00	16370.23	0.71	11.82
2016	59.17	667.41	8.87	117.78	16207.13	0.73	12.20
2017	57.73	648.49	8.90	116.59	16036.04	0.73	12.24
2018	57.14	625.71	9.13	116.13	15857.95	0.73	12.47
2019	57.13	693.89	8.23	114.00	16593.07	0.69	11.98

资料来源：天然橡胶种植面积来源于农业农村部南亚办，农作物播种面积来源于国家统计局网站。

三、天然橡胶产业面临的形势和发展态势

（一）天然橡胶产业发展形势分析

根据笔者和国内其他学者（莫业勇，2019）等的研究结果，目前，我国天然橡胶产业发展面临的国际国内形势基本可以概括为以下三点。

一是全球天然橡胶供大于求的格局已经形成，国际胶价将继续在低位徘徊。近年来，随着科技进步和合成橡胶的工业化步伐加快，全球对天然橡胶的依赖已经减轻；加之天然橡胶种植业的发展，供应量持续增长，而天然橡胶的最大消费领域——汽车轮胎的寿命延长、轮胎需求增长速度下降，尤其是受经济增长疲软，全球制造业和国际贸易双降的宏观形势制约，全球天然橡胶供大于求的格局已经形成，国际胶价继续在低位徘徊。

二是我国天然橡胶资源全球化配置基本形成，与其他生产国的合作不断加强。随着经济全球化促进贸易自由化的不断发展，我国每年从亚洲、非洲和美洲共 30 多个国家或地区直接或间接进口天然橡胶，形成了全球化资源配置格局。尤其是随着“一带一路”倡议的逐步推进落实，我国与其他天然橡胶生产国的合作将不断加强，天然橡胶资源全球化配置更加稳固。

三是我国天然橡胶进口来源高度集中，资源供应风险仍然存在。当前，虽然全球合成橡胶和天然橡胶供应大于需求，我国未来天然橡胶需求增长可能放慢甚至减少，但是，由于合成橡胶不能完全替代天然橡胶，我国的天然橡胶产不足需、进口的依存度和集中度“双高”的局面短期无法改变。2018 年我国天然橡胶自给率仅为 15% 左右，进口来源国高度集中在泰国、印度尼西亚、马来西亚、越南等东南亚国家，地缘政治敏锐性不容忽视。进口来源的高度集中、地缘政治的不稳定和资源争夺的加剧使我国橡胶进口不确定性加大，加上国际贸易限制依然存在，使得中国天然橡胶资源供应存在较大的潜在风险。

（二）天然橡胶产业运行态势分析

参考国内其他学者的研究结果，结合本研究团队对云南天然橡胶产业发展历程和现状的观察分析，可以将目前云南天然橡胶产业运行态势概括为以下几点。

一是长期在先天不足的气候环境下，与各类自然灾害侵袭的不断抗争中艰难运行。由于云南的天然橡胶主要分布在热带北缘，容易受低温、干旱和病虫害等自然灾害的影响。2017 年，云南全省大约 1/3 胶园受白粉病影响减产；2019 年入春以来，主产区西双版纳和普洱等地持续的高温干旱，引起橡胶树大量落叶、病虫害暴发等灾害，大多数橡胶园受到影响并于 5 月中下旬停割或半停割 10 ~ 20 天。

二是在劳动力成本逐步升高和胶价持续低迷的双重挤压下，以繁重的手工方式运行。天然橡胶田间作业机械化程度低，尤其是手工割胶劳动强度大。随着劳动力价格的逐步攀升，胶价普遍低于成本价，低下的产业效率和效益使得胶工短缺和老龄化问题日渐突出；胶工短缺和老龄化进一步制约了产业效率和效益的提升，形成恶性循环。据笔者调查，仅云南耿马县目前胶工短缺就将近 1700 人，且平均年龄在 47 岁。

三是在科技支撑弱势化和社会化服务发育迟缓的环境下，以个体胶农为主的分散经营状态下运行。产业规模快速扩张但是科技投入不足与科技人员不足并存，导致科技支撑弱化明显。如前所述，目前，云南个体民营橡胶植胶面积占全省总面积的 3/4、开割面积和干胶产量占比更是达 70% 以上，使得云南的天然橡胶种植业多年处于“种植数量大、规模小、分布散、管理差、抵抗风险能力弱、社会化专业服务缺”的“大产业、小服务、低效益”的尴尬局面，单产、质量、效益同步下降明显。

四是在生产和市场无序的环境下，在原料产业和精深加工业需求隔离的状态下运行。由于天然橡胶上中下游生产企业融合发展程度低，加工链条短，产业附加值低，加之受一致性相对较差等因素的综合影响，国内所产天然橡胶原料在国防工业、飞机轮胎、高端制品等行业的应用还偏少，使得国内天然橡胶市场一方面高品质原料供给不足，另一方面低端原料供给过剩，高端用胶不安全。云南天然橡胶初加工产能过剩，开工不足、原料生产和市场竞争无序混乱。橡胶种植和初加工等原料产业与轮胎生产等精深加工业之间，无论是在需求上还是空间都相互隔离，处于相对独立、各自运行的状态。从供需格局看，目前，全球天然橡胶约70%用于轮胎制造，其中80%使用20号胶，中国作为全球轮胎生产大国，这个比例只会更高。云南的天然橡胶加工产品以全乳胶（即5号标准胶）为主，与市场需求隔离。从市场格局看，我国轮胎制造等天然橡胶加工业下游产业多处于华东、华北等中东部地区，云南处于西南边陲，与市场空间隔离。尤其是由于关税漏洞导致大量无标准的天然橡胶无序进口，严重冲击国内市场。因此，在供大于求、市场低迷和进口同类胶的挤压下，国产胶大部分作为期货交割品进入期货仓库，出现“进口胶入市、国产胶入库”的奇特现象。

五是境外植胶企业在较高风险的艰难环境下，以产业链低端为主的业态运行。为实施事关国家安全的“境外罂粟替代种植”战略，以云南农垦为代表的云南天然橡胶企业率先迈出了我国天然橡胶“走出去”的步子，早在2006年就开始以老挝北部和缅甸北部地区为主种植天然橡胶并进行初加工后返销回国，为当地天然橡胶产业发展和我国的禁毒事业以及天然橡胶原料供应等均做出了不可磨灭的巨大贡献。但是，由于现行政策制度和实际操作不匹配，云南橡胶企业“走出去”步履维艰，且规模小、层次不高。首先，与广东和海南相比，云南天然橡胶“走出去”在产业规模上是最小的，与云南省良好的区位和较早受国家“替代种植”等政策扶持等优势不相匹配。其次，云南天然橡胶产业“走出去”层次不高。第一，云南省天然橡胶“走出去”仍以租地种植橡胶为主，缺乏收购、兼并、重组等现代资本运作投资方式；第二，投资重点在成本和风险最高而收益最小的种植环节，加工环节投资不足，国际物流、贸易环节的投资更缺乏；第三，投资区域过于集中在社会稳定性较差、政策约束性不强的老挝、缅甸等东南亚国家或地区，投资风险较大（杨海霞等，2019）。

六是在农垦和地方“两张皮”的体制机制隔离下，以低值和低效的模式运行。我国的天然橡胶起步于国有农场，发展于民营胶园。农垦农场和民营胶园是我国天然橡胶产业发展不可或缺的两翼。自2009年，农垦和民营植胶面积达到平分秋色之后，近年来民营胶园占比进一步扩大。从全国来看，目前民营胶园占比达到了62.55%，云南的比例更是高达75%。但是，受条块分割等体制机制的影响，我国农垦和地方“两张皮”的问题长期存在。虽然近10年来，无论是农垦的改革，还是国家管理体制的改革，均将此问题作为改革的目标之一，这个问题却并未得到有效缓解，在云南尤为突出。一方面，近年来国家实施的脱贫攻坚、加大对农村基层设施建设的投入等政策并未将农垦农场纳入在内，使得部分处于深度贫困地区的国有农场区域基础设施水平普遍落后于地方农村，部分农场职工生活极度困难但是却没有被纳入脱贫范围的情况屡见不鲜；另一方面，虽然国家农垦局并入农业农村部已经2年多，但是2018年和2019年农垦主导的国家天然橡胶基地建设项目则仅局限于国有农场有资格申报，而占云南胶园面积3/4的民营橡胶和私营橡胶被忽略，云南天然橡胶产业设施差、产出低的状态长期没有根本性改变。

四、云南天然橡胶产业转型发展对策建议

（一）扬长避短，实施“三大发展战略”

一是基于地理优势的海外拓展战略。云南适宜种植天然橡胶的空间有限，但比邻东南亚全球天然橡胶主产区，具有实施天然橡胶产业“走出去”的独特优势。应结合国家“一带一路”倡议和境外罂粟替代种植项目等的实施，以中国（云南）自由贸易试验区建设为契机，以东南亚国家为主，大力实施海外拓展战略，以多种方式做大境外天然橡胶产业，提高对境外资源和产业的掌控能力。争取国家加大对出口企业的政策性补贴和财政贴息力度，鼓励省内橡胶企业发展境外产业园，建立稳定的优质原料基地，不断降低生产成本，提高天然橡胶产业的综合效益。

二是基于差异化优势的精品战略。目前，云南天然橡胶初加工产品以标准胶和浓缩乳胶为主，有少量烟片胶，产品结构比较单一。为适应市场需要，优化重组初加工业，加快发展精深加工业势在必行。应根据我省主要植胶区的资源量，以发展20号胶为主要抓手，积极整合资源，通过优化升级加工工艺和设备，调优产品结构，并以标准化手段提高和保证产品质量的一致性，形成产业化运作模式，不断提升市场竞争力。

三是基于生态优势的可持续发展战略。云南得天独厚的自然条件，不仅打破了天然橡胶种植禁区的定论，而且种植优势越来越明显。应充分发挥其生态优势，大力培育和引进综合性龙头企业，逐步实现“四化”（区域化布局、规范化管理、标准化生产、产业化经营）的发展模式（妥燕方，2014）。通过不断挖掘产业新的增长点的相关措施，达到减少替代品威胁的目的，才是促进天然橡胶产业绿色可持续发展的正确途径。

（二）创新驱动，提高产业效率和效益

基于天然橡胶具有政治、经济、社会、生态、农业、林业和金融、保险等多种属性的产业特点，要推进天然橡胶产业的转型升级和可持续发展，除建立健全产业支持保护政策体系，依靠科技提升产业效率外，还必须创新发展思路，通过机制体制创新和模式业态创新，多措并举，延长产业链、加厚产业链，做好供应链，拓宽价值链，积极构建现代化的天然橡胶产业经济体系。

1. 种植端提质增效路径

一是优化胶园品种结构和布局，实现高产增效。一方面要根据植胶自然环境条件，科学制定生态胶园建设规划，推进胶园向适宜区和次适宜区集中，向山区和半山区转移；另一方面，加大产能高、抗性强、品质好的胶木兼优型橡胶品种种植，合理安排间种珍贵用材林等。

二是优化胶园管理技术和服务，实现节本增效。一方面以机械化、智能化等轻简化割胶采胶技术和器具推广应用为重点，减轻胶农劳动强度，提高管理效率；另一方面以智能化病虫害统一防控为重点，积极推进天然橡胶专业性、社会化生产服务业的发展，提高防控效率、降低防控成本、减少因灾损失。

三是胶园优化产业结构和业态，实现多业增效。天然橡胶的产量和胶价水平，决定了其增产增效和节本增效的空间有限。即使单产到2.25吨/公顷的高水平、胶价达2.00万元/吨，每公顷胶园每年的产值也不过4500元。因此，要跳出橡胶看橡胶。基于生物多样性，构建多层次多种类的立体复合种植生态系统，优化胶园产业结构，发展“天然橡胶+”多样化种植业态，以橡胶园产业多样性带动经济收入的多样性，多业增效的空间和潜力最大，应该成为目前一段时期天然橡胶种植业发展的主要方向。

2. 加工端提质增效路径

一是优化重组产业资源，提高产量质量，发挥规模效益。一方面，采用政策

和财政手段，加大初加工资源整合重组力度，重点扶持一批规模大、质量高、品牌响、盈利能力强的天然橡胶初加工和制品企业，提升企业研发创新能力和原料掌控能力。既有利于提高高品质原料供应能力，降低单位生产成本，发挥规模效益；又有利于废弃物的综合利用和污染防治。另一方面，采用政策、金融、环保等措施，结合市场经济手段，关停一批规模小、工艺差、产品低端而又耗能高、污染重的小微初加工厂，减少低品质原料生产。

二是开发精深加工产品，依靠技术创新，实现加工增值。一方面，依靠科技创新和技术创新，支持20号标准胶生产，开发军工、航天、高铁等行业需求的特种胶和轮胎、手套等专用及其制品，发展精深加工业，提高产品附加值；另一方面，积极推进产业集群，构建完善的橡胶加工业体系。

三是推进综合开发利用，加强产业创新，利用剩余价值。重点是依靠科技进步，加强产业创新，延伸产业链、拓宽价值链，利用剩余价值。支持有基础的企业采用产学研结合等方式进行天然橡胶中非胶物质等资源的综合开发利用，如白檀木皮醇及橡胶籽、橡胶壳、橡胶木等。

3. 服务端提质增效路径

一是创新组织体制和服务模式，提高组织化水平。重点理顺产业组织体制，培育引进大型龙头企业，支持橡胶合作社和橡胶农场发展，创新各主体利益连接机制，支持生产性服务业发展。

二是创新金融支持和服务方式，提升金融保障水平。重点是建立橡胶产业发展资金，支持原料基地建设。支持增量科技创新和存量科技推广应用，提高科技贡献率；支持特种胶和专用胶的研发生产。建立橡胶抵押贷款平台，拓展企业融资渠道。

三是加强灾害预警监测和防控，提升抵御风险能力。重点是加强自然灾害的预警监测投入力度，支持跨地区、跨主体开展橡胶病虫害统防统治，建立完善天然橡胶产业防灾救灾联动机制和应急体系，加强保险支持和服务，稳步推进天然橡胶价格保险和胶农收入保险，支持胶园建设必要的防灾设施。

（三）建立完善产业支持保护政策体系

1. 加快天然橡胶产业立法，为产业发展保驾护航

建议中央或在云南本地加快推进天然橡胶生产保护区的建设和立法保护，破解制度藩篱，探索建立完善符合天然橡胶实际的产业保护、产业发展、风险分散等政策体系和激励、约束机制，为全面增强天然橡胶产业发展能力、提升国际竞争力提供法律支撑。国家层面应统筹考虑贸易保护、农业支持、关税政策、技术壁垒、拓展橡胶使用领域等。地方政府层面应加大天然橡胶补贴力度，减轻胶农负担。

一是重点建立分级保护扶持政策体系。第一级保护是建立在满足极端条件下国家对国防军工等特种胶需求基础上实行的特种胶种植区域和品种最低收购价及保护价政策，确保用胶安全；第二级保护是建立在满足国内工业发展刚性需求基础上的扩大天然橡胶“期货 + 保险”覆盖面积的政策，确保胶农的基本收益，与第一级保护共同实现93.33万公顷国产优质胶园建设的目标；第三级保护是建立在满足其他需求基础上的对部分天然橡胶不适宜区按照市场胶价进行市场调节的灵活保护政策，与前两级保护共同实现120万吨自产天然橡胶的目标（杨海霞等，2019）。

二是支持天然橡胶产业“走出去”做大做强。一方面要制订完善进口天然橡胶产品标准和关税政策，严格控制没有标准的天然橡胶产品的无序进口造成不公平竞争对国内产业的冲击；另一方面是加大对“走出去”的财政补贴力度，创新支持方式，给予“走出去”企业专项长期贷款；增加替代种植的橡胶产品进口免税配额和贸易救济；鼓励以云胶自有品牌生产，给予境外中资独资企业国民待遇，自产品回国关税全免；增加商业政策透明度，简化申请程序；引导“走出去”企业将投资重点逐步从天然橡胶种植环节转向加工和贸易环节，提升对境外天然橡胶资源的掌控能力。①

2. 加大财政投入力度，支持产业提质增效

一是着力破解体制机制藩篱，解决农垦和地方“两张皮”的问题。一方面是将脱贫攻坚、乡村振兴的政策进行全覆盖；另一方面，将国家天然橡胶基地建设等项目支持范围扩大到民营胶园；此外，更加重视天然橡胶林的生态功能，研究制订扩大将天然橡胶纳入公益林进行补贴的范围和规模的有关办法。

二是支持天然橡胶生产基地建设，全面提高胶园综合生产能力。设立国家或省级橡胶林造林补贴专项，将橡胶林种植和更新以及种苗生产纳入补贴范围，加快全省老龄残次、低产低质胶园更新改造力度；将胶园纳入农田基本建

---

① 邹文涛，刘湘洪，孙娟．中国天然橡胶“走出去”战略：形势、问题与对策［J］．世界农业，2014（12）：157 – 161.

设项目覆盖范围，解决基础设施欠账的问题，改善胶园的基础设施，提升胶园肥力，强化胶园抚育和管护，提高橡胶产出水平和质量；积极推广新型轻简化采胶收胶工器具，着力推进割胶收胶的机械化，降低劳动强度，提升生产管理效率；继续实施橡胶树灾害保险保费补贴，扩大价格（收入）保险试点范围。

三是支持科技研发和推广应用，全面提高产业效率和效益。支持科研单位开展高产优质的胶木兼优型新品种选育、高产高性能橡胶产品研发和示范推广，优化品种结构和产品结构。支持科研单位和企业联合开展自动化割胶收胶、轻简化施肥植保技术及装备研发和推广，降低劳动强度；建设天然橡胶科技示范基地，加快优良品种、高产栽培管理及轻简化割胶收胶等技术普及应用；支持科研单位和企业进行技术创新和产品创新，发展天然橡胶精深加工业，开发利用橡胶中的非胶物质和橡胶籽壳、橡胶籽油等；支持拓展天然橡胶的使用领域，提振天然橡胶消费。

四是培育民营橡胶新型经营主体。一方面利用云南农垦的技术、管理等优势，充分发挥其在传导市场信息、统一组织生产、运用新型科技等方面的示范带头作用，有效弥补民营胶农经营服务能力的不足。另一方面大力培育民营橡胶新型经营主体，开展橡胶林资源资产化试点，鼓励多种形式的橡胶林流转，推进适度规模经营，构建覆盖全程、综合配套、便捷高效的社会化服务体系，把新产品、新技术、新装备导入民营橡胶生产；构建更加完善的病虫害监测、预警和防控体系，培育专业化统防统治组织，提升病虫害联防联治等社会化服务能力；支持建设涵盖种植管理、加工管理、仓储物流和产业发展等全产业链的橡胶产业大数据平台及服务中心，积极探索建立现代营销体系，降低生产和加工风险，提升产品销售水平。

五是支持产业链延伸和融合发展。一方面要积极推进环境友好型生态胶园建设，深入开展绿色高产高效创建，鼓励发展林下种养。按照“以短养长、种养结合、产业融合”的原则，因地制宜开发林果、林茶、林咖、林草、林苗、林药、林菌、林花等产业，探索形成林禽、林蜂等生态胶园开发模式（白建坤，2015）；积极探索发展胶林旅游观光、休闲度假等产业，进一步加厚胶园产业链。另一方面要支持各类新型经营主体进行天然橡胶一二三产业融合发展创新先行示范。

第三节　云南天然橡胶产业经济体系简况

自1904年云南引入天然橡胶至今，中国天然橡胶产业已经有110余年的历史。尤其是经过近70年的探索和不断调整、优化，我国的天然橡胶生产逐步向气候条件适宜、比较效益高的优势区域集中，区域布局日趋合理，已基本形成了云南、海南、广东三大天然橡胶生产优势种植区和较为成熟的种植和加工体系。云南作为我国的第一大天然橡胶产区，经过多年的发展，逐步形成了集种植生产、加工营销和科研推广等较为完善的产业体系。

一、生产组织形式

（一）基本情况：基本形成国营农场和地方民营两条并行的生产体系

天然橡胶历史上曾是我国组织化程度和产业化程度最高的传统农业产业，由于历史和自然原因，橡胶生产主要依靠“两把刀”，一把握在农垦的胶工手上，一把握在农民手里。农垦的胶刀开辟了我国的橡胶产业，其生产量多年占全国生产总量的2/3以上，对国家橡胶安全和国民经济的贡献不言而喻。我国农民大规模植胶始于改革开放，但发展迅速，目前植胶面积和产量分别占到70%和60%左右，胶农的贡献也不可小觑（杜芳等，2013）。

从组织形式看，我国天然橡胶生产也经历了从1977年改革开放之前计划经济时代的国营农场高度集中、全统全包的体制，到1983年前农垦实行大农场套小农场的统分结合的双层经营体制+集体所有为主的民营橡胶的发展，到1989年前农垦的农场将胶园承包给农场职工家庭、以家庭农场模式进行生产、农场统一回收产品销售的模式+集体和农户兼有的民营橡胶的快速发展，到20世纪90年代的联产计酬承包责任制（这一时期的改革包括农场或将胶树拍卖给职工、或推行股份制合作制、或继续推行家庭农场模式等）+以农户为主的民营橡胶的快速发展，基本形成农垦国有农场和地方民营并行的两大生产体系并保持至今，再到21世纪以来农场推行建立现代企业制度，产业化、股份化改革逐步深化等，民营小胶农逐步成为我国天然橡胶种植的主体。目前，天然橡胶的生产经营，主要分为胶农/家庭农场自主经营、农场公司化经营、租赁种植经营和承包经营四种形式。其中：胶农自主经营是指民营橡胶经营主体。公司化经营形式是指本地或外地企业投资经营，租赁种植经营和承包经营是农垦农场改革和原乡镇集体企业、橡胶种植场或橡胶公司进行产权制度改革后形成，橡胶林承包到户，承包户在生产和经营上享有自主经营权（黄浩伦等，2015）。

云南是我国最早引进巴西橡胶树种植的地区。自1904年滇西干崖（盈江）土司刀安仁从新加坡引进8000余株橡胶幼苗起，再到1948年旅泰华侨钱仿周从泰国引进20000余株幼苗。1953年9月云南特种林指导所车里特种林试验场成立，标志着云南第一个天然橡胶科研机构的雏形诞生，开启了在世界植胶界认为不能种胶的云南热带北缘引种巴西橡胶树的试验研究工作，担当起了向党中央、政务院回答云南南部能否植胶的重任，经过几年的引种试种，回答了云南南部能够植胶这一时代之问，从此揭开云南大规模植胶的历史。到20世纪50年代后期，西双版纳先后建立起了若干个国有农场种植橡胶树，为国家经济建设和国防做出了重大贡献。云南民营橡胶发展始于1964年，随着农垦省热作所在景洪县曼景兰、曼听等村寨扶持发展民营橡胶试点成功开始，以国营农场为技术辐射中心，在政策、市场等因素的引导下逐步发展起来。

据不完全统计，2017年，云南省有橡胶种植农场34个，涉胶家庭25.5万户，涉胶总人口91.6万人，胶农人数52.3万人。云南部分橡胶加工企业基本情况如表30－15所示。从云南省橡胶产业技术体系产业经济研究室团队2017年以来在全省各植胶区的调研情况来看，虽然目前云南天然橡胶的经营主要分为胶农自主经营、农场公司化经营、租赁种植经营和承包经营四种形式，但是从产业链各主体之间的相互关系角度看，云南天然橡胶主要采用以下两种方式来组织生产：

一是按照“公司＋农场/合作社＋农户/家庭农场”的种植生产经营模式。公司通过农场与农场橡胶种植承包农户签订产销合同，企业向种植户发放优质良种，对种植户进行培训等方式，组织农户进行橡胶生产，由农场统一回收胶水、胶乳等产品交企业加工厂进行统一加工。如云南天然橡胶产业集团江城有限公司、云南天然橡胶产业集团西盟有限公司、云南天然橡胶产业集团孟连有限公司、云南天然橡胶产业集团红河云象有限公司、云南天然橡胶产业集团墨江有限公司、国有孟定农场等。2017年，云胶集团西双版纳景阳公司与相关农场签订橡胶原料收购合作协议，由农场组织收集橡胶原料直接送到云胶集团所属制胶厂，景阳公司按照当天同类橡胶原料最高价格标准给予如期兑现。在取得成功经验的基础上，

2018 年与景洪、东风等 7 个橡胶农场签订橡胶原料收购合作协议。这一合作方式让农场有了一定的经营性收入，同时通过减少橡胶原料收购中间环节，每吨全乳胶产品可使胶工增收约 700 元（刘建云等，2019）。

表 30－15　　云南部分橡胶加工企业基本情况

序号	企业名称	2017 年营业收入（万元）	主营业务范围
1	云南天然橡胶产业集团有限公司	950000	种植、初加工、深加工、销售
2	西双版纳南博有限责任公司	154425	标准橡胶、销售
3	西双版纳新高深橡胶股份有限公司	122000	标准橡胶
4	西双版纳顺达进出口贸易有限责任公司	89900	标准橡胶
5	西双版纳中化橡胶有限公司	75500	标准橡胶
6	勐腊田野橡胶销售有限责任公司	74515	标准橡胶
7	西双版纳固可力制胶有限公司	70617	标准橡胶
8	西双版纳州龙新橡胶有限公司	66039	标准橡胶
9	西双版纳曼列橡胶有限公司	39029	标准橡胶
10	云南震安减震科技股份有限公司	30000	橡胶制品、减震垫
11	云南省双江恒泰橡胶工业有限公司	12000	橡胶输送带、橡胶制品
12	昆明云仁轮胎制造有限公司	10000	力车胎产品
13	云锰新兴天然橡胶有限公司	—	建设中，4 万吨浓缩胶乳及制品

资料来源：云南省工业和信息化厅《云南省支持橡胶产业发展实施方案》。

二是形成“合作社＋农户/家庭农场”的发展模式，即通过当地政府机构成立专业合作社，将当地及周边橡胶种植户纳入合作社。由合作社与橡胶加工厂统一签订订单，种植户与合作社签订订单，发展订单式天然橡胶生产，合作社负责胶工技术培训、对胶园生产进行统一管理，产品统一回收、销售，以普洱市墨江县龙马橡胶合作社为代表。此外，西双版纳晓晨橡胶种植专业合作社、瑞丽市户民橡胶专业合作社、瑞丽市丰惠橡胶种植专业合作社、景谷惠民橡胶种植服务专业合作社、勐腊绿贝橡胶种植专业合作社、云南西双版纳州勐腊县苏腊橡胶种植专业合作社、江城县曲水镇怒那村兴济橡胶专业合作社等，在为社员提供优良橡胶种苗、橡胶病虫害防治、割胶技术培训、橡胶林下间套种植、橡胶原料的收购、加工、运输、贮藏、销售等服务方面也有较好的效果。

（二）案例

1. “公司 + 农场 + 农户”发展模式*

（1）云南天然橡胶产业集团江城有限公司：成立于1996年2月28日，属国家二级企业，目前是全国最大的集种植、生产、加工、销售于一体的天然橡胶种植基地，也是云南省农产品加工龙头企业，省级文明单位。公司现有总资产5.1亿元，有橡胶种植总面积8200公顷，开割7260公顷，开割率达到95%；有总户数3408户，总人口10546人，从业人员4345人。公司下辖墨江橡胶公司、3个制胶厂和32个生产队，涉及江城县1镇1乡10个村委会52个自然村118个居住点；辐射江城县内个体橡胶2.2万公顷，辐射墨江县14个乡镇43个自然村，共2万公顷个体胶。云南天然橡胶产业集团江城有限公司实行“公司 + 基地 + 农户 + 示范 + 市场”的生产经营模式，当前也被同行和外界评价为成功的“江城模式”。

（2）江城县橡胶村产业扶贫模式：在江城橡胶公司带动下，橡胶产业成了云南江城哈尼族彝族自治县曲水镇等4个乡镇的23个行政村村民名副其实的增收产业，这些村子被当地群众称为“橡胶村”。为依托天然橡胶产业优势、进一步挖掘天然橡胶增收潜力，做好产业扶贫，2018年12月中旬，江城县人民政府与云胶江城公司签订脱贫攻坚产业扶贫项目合作协议，双方主要围绕劳动就业、人才交流、橡胶种植管理、割胶技术、橡胶病虫害防治、技能培训等方面开展合作。同时，通过土地流转、农特产品订单收购、劳务用工、入股分红等多种方式建立利益联结机制，带动和支持江城县境内23个农民专业合作社发展，带动并增加4650户17560人建档立卡贫困户收入，实现脱贫目标。具体做法是江城县政府对企业带动的4650户建档立卡贫困户，给予每户2万元贷款额度的3年期产业扶贫贷款贴息，贴息额度为9300万元①。政府对企业每带动一户建档立卡贫困户发展，给予1000元的产业扶持资金，资金列入县级财政预算，分3年兑付。橡胶公司为社员提供原料收购、技术培训等服务，即便没有劳力的贫困群众也能通过产业分红获益。企业有了发展资金、贫困群众收入有了保障、村级集体经济也得到壮大，产业扶贫的成效实现了多赢局面。

以拉珠村为例，江城县曲水镇拉珠村地处河谷地带，自然环境十分适宜发展

---

* 云南省橡胶产业技术体系产业经济研究室调研数据。

① 江城：“三个钱包”拓宽群众增收渠道［EB/OL］. 云南网，2019-02-15.

橡胶，在云南农垦集团江城橡胶公司的带动下，橡胶产业成了村民名副其实的增收产业。村主任余劲松是珠源橡胶专业合作社的负责人。为发挥好产业扶贫资金的作用，他和驻村扶贫干部认真考察后，决定成立农村新型经营主体，把贫困户全部纳入橡胶产业链条之中，服务产业发展壮大的同时实现贫困群众的增收。在政府扶贫资金支持下，村里的建档立卡贫困户成了村里新成立的珠源橡胶专业合作社的首批社员和股东，不仅参与公司橡胶基地的管理，还自已种植橡胶。合作社又与江城橡胶公司签订合作协议，让贫困群众与产业龙头企业的利益联结更加紧密。贫困户橡胶园割的橡胶不仅有保底收购价，每年还有分红收益，产业上的收入更稳定了，脱贫的信心也更足了。

2. “合作社 + 农户”模式

龙马橡胶合作社：又称糖厂橡胶种植场，位于普洱市墨江县文武乡曼兴村南部的把边江（这一段又称龙马江），距文武乡政府驻地 33 千米，距墨江县城 100 千米。龙马橡胶合作社的前身是棉花场、糖厂、综合场，1983 年文武乡政府创办橡胶种植场，集体开发、集体管理、集体经营。1986 年流转给墨江县政府，由县橡胶工作站投资、经营、管理，一直保持集体经营模式，成为墨江县橡胶经营管理的典范。据笔者 2017 年调研，龙马橡胶合作社有基地 52 公顷，其中一期橡胶 40 公顷，户均约 1.8 公顷；二期橡胶 12 公顷，户均约 0.6 公顷。年产胶 100 吨，年产值 90 万元，人均纯收入 4.09 万元。

龙马社是曼兴村江边山五个橡胶合作社的龙头，带动附近联营场、马场、礼泡沫、大独田四个橡胶社的发展，从管理、生产、销售等方面发挥着示范带动作用。所有产品销售给合作社附近的龙马橡胶加工厂。

龙马合作社有完善的组织管理架构和管理制度，除明确党小组长、合作社社长、橡胶技术员等岗位职能职责等外，还制定实施了明确的龙马市场管理办法和乡规民约。尤其是《橡胶经营管理规定》，对合作社橡胶生产经营中的资产管理、劳动保护、价格形成、收入分配等均制定了明细条款及其配套奖惩办法，更是使合作社的生产经营活动有据可依。如人为破坏橡胶树的，分别处以 2000 元/株（已开割树）和 1000 元/株（未开割树）的罚款；牲口进林地 100 元/头教育费；对偷胶者处以等量产品市场价 10 倍的罚款；缺席合作社会议扣 100 元/人次、迟到半个小时以上扣 50 元/人次；合作社天然橡胶销售价格由社员代表大会与龙马橡胶加工厂共同制定，销售收入 85% 兑现给职工、15% 作为提留（5% 作为乡村管理费、5% 上交橡胶站、2% 作为合作社干部补贴、3% 作为合作社发展基金）。

（三）存在的问题

受经营形式和橡胶价格双重因素的制约，云南天然橡胶的现代经营体系难以推进。一般来讲，橡胶树种植生长周期为35～45年，经济周期为28～35年。农场种植和管理较好的橡胶树，单株产量（干胶）4千克左右，寿命长达35～45年；而管理不善的民营橡胶，单株产量2千克左右，寿命仅为10～15年；同时为提高胶水量，化学制剂被广泛使用甚至滥用，割胶年限和胶水质量不断下降。在更新换代方面，全省每年约有5%的橡胶园面临更新换代，更新换代需要投入3万元/公顷，从定植到开割需要8～10年时间，每年约需要7500元/公顷的管理投入，由于橡胶种植企业和个人自筹资金有限，对胶园的投入有限。尤其是由于云南农垦集团的改革初衷和措施不匹配，使得承载云南天然橡胶产业60多年发展的云南农垦集团与云南天然橡胶第一车间之间产生了严重的隔离，农垦国营农场改制后，承包橡胶种植户与民营小胶农一样重种轻管，不按胶树生产要求开穴施肥，导致成活率低，长势参差不齐；种植品系杂乱，不利于后期精深加工；割胶技术差异化明显，割胶工人专业化和技术程度较低。特别是由于地方管理天然橡胶产业的经验缺乏，加上民营企业的发展跟不上民营种植胶园的发展，使得橡胶产业管理受到较大冲击。无论从种植基地建设，还是从加工业的发展角度看，目前，全省以个体小胶农为主导的多元化生产经营模式，既不利于形成统一的规模化效应，也未形成紧密的长期稳定的利益共享、风险共担的机制。管理体系不顺，产业发展主体小散弱，新型经营主体发育滞后，产业化程度低，是目前云南天然橡胶产业发展面临的最大问题和困扰。

从种植环节看，一方面，民营小胶农不规范的采胶、收胶以及种植与初加工脱节，原料收购市场无序竞争，不仅使得天然橡胶原料质量大幅下降，也使得大量橡胶林经济寿命明显缩短。另一方面，由于个体小胶农管理和投入能力有限，加之云南民营橡胶新型经营主体发育滞后，产业服务能力跟不上，在胶价持续低迷的背景下，进一步加剧了胶园基础设施滞后、更新改造不足、新技术和割胶新方式接受程度不高、生产力低下的趋势。从加工业环节看，初加工企业小散弱，缺乏大型规模化龙头企业，尤其是深加工企业缺乏等，制约了产业竞争力的提高。

（四）建议

一是培育天然橡胶的生力军和领头羊，提高产业的组织化程度。充分发挥市场优势，大力支持云南农垦等大中型企业开展技术创新、工艺革新、产品研发、人才引进等工作，通过以奖代补等方式支持企业可持续发展和推进技术创新工作，增强橡胶产业龙头企业带动作用。支持有关重点企业理顺体制机制、转变管理方式，建立以资本为纽带的公司管理体制，加快推进企业上市融资，鼓励申请国家产业化龙头企业认定。加大在政策、资金、人才等方面的支持力度，鼓励企业开展以原料收购规范化、产品加工规模化、橡胶销售集中化等为主的产业整合，通过持续推进兼并、重组、入股、收购等股份制改造方式，做大做强云南本省橡胶龙头企业。同时，以民营橡胶科技、加工和生产型服务业为主，加大力度培育壮大以大中型龙头企业和合作社为主的天然橡胶多种新型经营主体。

二是做好招商引资顶层设计和目标企业重点招商。深入谋划，科学组织，找准产业发展定位，积极宣传我省资源优势、能源成本优势和区位优势，加大招商引资力度。重点支持在我省建设大型子午线轮胎生产线、发展高性能轮胎制造。引进乳胶制品生产线，发展乳胶床垫、枕头、手套等产品制造。引进特种天然橡胶生产线开展特种天然橡胶原料生产。充分利用云南旅游资源优势，开发生产应急救援、安全防护及体育健身等系列橡胶日用品。推动橡胶木及其他橡胶副产物综合利用，开展高档橡胶木材深加工、生物质燃料生产、沼气生产、废水综合利用等。坚持从区位、产业、资源等要素出发，围绕橡胶制造业结构调整和转型升级，在轮胎制造及配套产业、橡胶管带制造、乳胶制品及橡胶手套制造等领域，紧盯行业一流的投资规模大、辐射带动大、品牌影响大的项目和企业进行招商。按照云南招商引资的有关优惠政策，提供更加优良的服务，推出更加有吸引力的项目。①

三是支持引导加快土地流转，培育种胶大户。让橡胶种植生产集中到真正想种胶、能种胶的农户和合作社手中；加大财政投入力度，扶持胶园更新改造、完善胶园基础设施、推广科技和农机具应用，从而提高天然橡胶产量和种植效益，提高胶农的植胶积极性。

四是创新生产组织模式和利益连接机制。充分发挥政府主导作用，从农户、企业、合作社多个角度切实利益出发，一方面探索橡胶种植户及合作社与橡胶加工企业间紧密、长期、稳定的利益机制，支持开展各种不同模式的股份合作制试点，将企业、合作社与农户等多方的利益进行捆绑，解决小农户与企业地位不平

① 云南省工业和信息化厅《云南省支持橡胶产业发展实施方案》。

等的问题，促进双方形成长期稳定的利益共享、风险共担机制。另一方面，积极探索多元化经营模式，通过政府影响力进行全面推广，形成统一的规模化效应，减少天然橡胶生产种植对市场价格的依赖性，提高产业种植的长期性和稳定性。

二、生产基地建设

（一）基本情况：国营民营两翼齐飞、境内境外共同发展*

橡胶树对地理环境、土壤、气候、温度、湿度等自然条件要求极严。历史上国际植胶界权威专家把中国划为“植胶禁区”。但是，新中国成立初期，在面对十分严峻的国际国内形势的条件下，我国天然橡胶的生产经历了从无到有、从小到大、从弱到强、从国营到国有民营并举、从国内生产到国外跨国经营的发展过程，形成了以云南、海南和广东为主的现代天然橡胶生产基地，并跻身成为世界植胶大国。虽然早在1904年我国就开始引种天然橡胶，但是直到新中国成立时，全国的胶园面积不过2800公顷约110万株，开割树64万株，年干胶产量不足200吨（1952年调查数据），多位于当时的广东省海南岛，而且属于零星的、不成规模的、非常分散的种植。

天然橡胶在我国的规模化、产业化发展始于新中国成立之后。由于天然橡胶种植需要大量的人力、物力和财力的投入，不仅投入大，而且见效慢，因而在产业发展之初，主要依靠政府的财政投入和农垦系统国有科研机构的科技注入，直到1977年改革开放前，全国30万公顷左右的天然橡胶基地和9万余吨的干胶大部分由农垦所属或部分地方的国营农场统一建设和管理。虽然同时，在农垦的帮助下，以人民公社等集体为主的地方民营橡胶得到了一定的发展，但占比仅在20%左右，且多属于零星的、小规模分散种植。1959年，全国地方民营橡胶种植规模达到1.4万余公顷，1969年接近3.87万公顷。

改革开放以后，民营橡胶的发展则转为以农户经营为主，1979年，全国集体和农户兼有的民营橡胶种植面积接近1266公顷。到1999年，全国天然橡胶种植面积接近63.33万公顷，其中个体经营为主的民营胶园达到了24万公顷，属于前所未有的规模。

---

* 本部分参考国家天然橡胶产业技术体系《中国现代农业产业可持续发展战略研究：天然橡胶分册》2016年版。

此外，由于天然橡胶是典型的资源约束型产业，为解决国内宜胶土地有限的问题，全国农垦各公司主动“走出去”，积极加强国际合作，提高天然橡胶供给能力。据不完全统计，“十一五”以来，仅中国天然橡胶协会的会员单位，在境外投资或控股的橡胶园已超过 13.33 万公顷，相当于国内种植面积的 1/8，出现了国有民营两翼齐飞、境内境外共同发展的良好局面。

云南天然橡胶的规模化种植略晚于海南，但是其发展历程与全国的情况基本同步或类似。在前期开展橡胶宜林地资源调查和积极进行巴西橡胶树引种试种的基础上，1956～1961 年期间，农垦开始重点在西双版纳等地区进行布点建场，开展生产性种植橡胶树。1964 年，国营农场将部分胶园无偿交给当地少数民族群众，实现了民营橡胶从无到有的历史突破。到 1978 年全省民营橡胶面积达到 4000 公顷以上（古希全等，2001）。20 世纪 80 年代，全省民营橡胶平均每年以约 0.67 万公顷的速度发展，掀起了民营橡胶发展的高潮。20 世纪 90 年代，民营橡胶进一步巩固和发展。云南天然橡胶规模化种植虽然起步晚，但是发展较快。改革开放以来，伴随着政策的进一步放开，尤其是 21 世纪受国际胶价高位的刺激，云南橡胶快速发展，占全国的比重迅速攀升。2011 年和 2013 年，云南省的植胶面积和干胶产量分别超过海南省成为全国最大的优质橡胶生产区。

1981 年，云南天然橡胶面积仅为 6.1 万公顷（占全国的 15%），其中国营 5.37 万公顷（包括 30 个农垦农场、1 个华侨农场和 1 个劳改农场），民营橡胶仅为 0.73 万公顷。植胶最集中的是西双版纳，面积达 4.02 万公顷，占全省植胶总面积的 66.3%，其中民营胶林 0.41 万公顷，占全省民营面积的 56.4%。1981 年全省开割面积约 2.33 万公顷，年产胶 2.1 万吨（约占全国的 20%），其中农垦农场 19166 吨，华侨农场 101 吨，劳改农场 54 吨，民营仅为 1596 吨。产量水平：全省农垦割胶平均单株产 3.77 千克，一般高产品系平均单株均在 5～6 千克，民营胶平均单株产量一般仅 2～3 千克，约为国营农场的 1/2～2/3。

1997 年，云南天然橡胶总面积发展到 15.2 万公顷，占全国植胶总面积的 25%（比 1981 年提高了 10 个百分点），约占世界植胶总面积的 1.6%；年产干胶 15.32 万吨（占全国总产量的 33.89%，比 1981 年提高了 13 个百分点以上，占世界的比重为 2.38%），其中农垦 10.8 万吨。农垦平均每公顷产干胶 1704 千克，民营平均单产 1340 千克/公顷，大面积获得了较高的产量。

2003 年，云南橡胶种植面积 24.2 万公顷，接近全国的 40%，其中割胶面积 12.3 万公顷（占全国的 28%、世界的 1.5%），年产干胶 22.34 万吨（占全国的

40%、世界的3%），平均单产1815千克/公顷，其中农垦1908千克/公顷（全国平均1306千克/公顷，世界平均910千克/公顷，世界主产国中单产最高为科特迪瓦，达1757千克/公顷）。云南成为世界天然橡胶生产单产最高的种植区。

从生产区域来看，云南天然橡胶产区分布于南部西双版纳、普洱、红河、临沧、德宏、文山和保山7个州（市）的热区。根据笔者调研数据，2019年，西双版纳、普洱、临沧和红河4个州（市）的胶园面积占全省的份额超过97%，开割面积和干胶产量占全省的份额则高达99%以上，天然橡胶产业区域集中度非常高。其中，西双版纳胶园面积和开割面积占全省总面积的份额分别达53.6%和64%，干胶产量占全省的68%；普洱胶园面积和开割面积占全省的份额分别为22.1%和19.9%，干胶产量占全省的17%以上。此外，临沧和红河2个州（市）的胶园面积分别达6.6万公顷以上和5.6万公顷以上，全省占比均超过10%，干胶产量之和占全省比重超过14%。

由于市场价格的不可预见性，再加上橡胶树从幼苗到产胶之间较长非生产期的缘故，出现了各种各样胶园间种的尝试，试图实现在管理胶园的同时，土地得到充分利用，而且还能得到额外收益，云南的环境友好型生态胶园建设得到了发展的契机。云南省橡胶产业技术体系栽培岗位制定了本年度体系的生产技术指导意见《生态胶园创建技术指导意见》，已作为《云南省农业厅关于印发2017年农业生产技术指导意见的通知》的附件下发全省植胶区。《环境友好型生态胶园建设技术规程》同时获得了省质量技术监督局的立项支持，通过省地方标准的制订，将进一步规范和细化该项技术规程，有利于推动我省环境友好型生态胶园建设，实现产业增效、农民增收。

此外，我国天然橡胶产业“走出去”建立境外橡胶生产基地也取得了不菲的成绩（见表30-16）。

表30-16　2017年我国天然橡胶走出去发展情况

主体	种植面积（千公顷）	年产量（万吨）	年加工产能（万吨）	橡胶加工厂（座）	海外资产（亿元）	年贸易量（亿元）
广东农垦	26.67	1.5	130	26	50	65
海南农垦	4.53		81.8	18		120.9
云南农垦	19.53	4.17	6.5	5	6	19

资料来源：农业农村部南亚办数据。

截至2017年底，广东农垦在泰国、马来西亚、印度尼西亚、新加坡、柬埔寨、老挝等“一带一路”沿线国家先后直接投资的境外天然橡胶产业项目达19个，其中泰国9个、马来西亚5个、印度尼西亚1个、柬埔寨3个、新加坡1个，涵盖天然橡胶种苗繁育、种植、加工、产品贸易及技术研究等全产业链领域。海南农垦自2012年开始，通过并购和新建在老挝、越南和马来西亚等国家开展天然橡胶合作，发展速度也十分迅速。

自20世纪90年代初以来，云南省结合国家境外禁毒罂粟替代种植、大湄公河次区域合作、建设西南开放桥头堡建设等政策的实施，橡胶作为“走出去”发展第一大作物，已在老挝、缅甸等周边国家取得了实质发展（汪铭等，2014）。据不完全统计，目前，我省已有30多家企业采取企业投资、订单收购胶乳、“公司+农户”合作等多种模式带动当地橡胶生产，在老挝、缅甸境内植胶9万多公顷并建有橡胶加工厂。如云南农垦全资的云橡投资公司在老挝4省9县18个橡胶基地植胶近7000公顷，带动植胶2.67万公顷，建有万吨胶厂1座，2013年生产。云南高深橡胶集团在缅甸万恒橡胶基地和老挝高深波里坎塞橡胶基地植胶近600公顷，带动当地发展胶园1.83万公顷。

（二）案例

1. 孟定县高产高效民营橡胶百亩高产核心示范基地建设*

橡胶产业对开发热区资源，增加农民收入，促进边疆稳定，推动经济社会协调发展起到了重要作用。但由于民营橡胶管理粗放、品种更新换代缓慢等原因，导致橡胶产量低、农户收入不高，企业生产难以实现优化配置，橡胶产业化进程缓慢。为此，2017年云南省橡胶产业技术体系组建后，就决定在临沧市孟定县建设6.67公顷高产高效核心示范基地，集成展示省体系多年的橡胶科技研发成果，带动周边天然橡胶产业尤其是民营胶园的提质增效。

基地建设地点选择在临沧市耿马县孟定镇罕宏村南目算组更新胶林，推广品种为云南省热带作物科学研究所的四个品种的籽苗：云研73-46、云研80-1983、热研8-79、热垦628及少部分孟定农场的营养袋苗：热研8-79、热垦628。由体系临沧试验站（原名耿马试验站）具体负责承担完成。2017年3~4月，临沧试验站落实了基地建设地点，编制完成了项目实施方案，做好了规划布局及清理、挖穴等各种准备工作。5~6月，按照实施方案进度安排和相关技术规程，完成定植

* 本部分主要来源于云南省橡胶产业技术体系临沧综合试验站。

并对胶农进行了栽培管理技术培训，云南省橡胶产业技术体系首席、省热带作物科学研究所李国华所长带领部分岗站专家和团队成员亲临现场给予指导。该基地于2017年6月15～17日定植结束，11月8日对示范基地苗木进行数据采集，成活率达98%，比营养袋苗和裸根苗长势好且稳定。经过五个月的生长管护，最低生长发蓬数为3蓬，且已经稳定，比胶农在周边自行购买的种苗成活率高、长势快。

针对耿马山区胶农科技知识缺乏、橡胶生产水平不高的实际，制定了从品种到规划布局、种植管护等系统技术方案，取得了较好的成效，对基地所在的孟定镇罕宏村及其周边的胶农的胶园建设更新和日常科学管护等均有明显的示范带动作用，基地种植户对苗木的长势赞不绝口，非常满意，纷纷表示今后的胶林更新也要用这样的新品种籽苗合理规划科学种植管理。

2. 云南省热带作物科学研究所千亩环境友好型生态胶园试验示范基地建设*

云南省热带作物科学研究所（以下简称云南省热作所）从2011年开始规划、设计、建设环境友好型生态胶园千亩试验示范基地，在距景洪市环城北路约1千米，海拔590～760米的橡胶林更新迹地上进行，试验基地总面积69.87公顷（2015年前62.33公顷，2015年新增7.53公顷）。整个试验示范基地在老胶园更新时因地制宜地采用“片段化”“网格化”和“立体化”的种植方式，约70%～85%的土地种植高产优质橡胶树新品种，约15%～30%的土地种植一林多用的珍贵用材及乡土树种或经济价值较高的其他经济林树种，林下间种其他经济植物和覆盖作物。并按各自的生物学特性和营造目的不同，在设计时分别对待。具体建设模式为：一是“片段化”种植：在山顶、沟谷峭坡、林间道路两侧、山腰及胶园周边种植珍贵用材及乡土树种。在丙等非宜植胶林段，或不宜植胶的山脚低洼地段，选择种植水果、干果、油料等经济效益显著的植物。二是“网格化”种植：合理布局胶园道路，在路基两侧，种植干性好、生长较快的用材树种，以路为界限分割不同林段，整体形成网格化的格局（汪铭等，2014）。三是“立体化”种植：在甲、乙等橡胶宜林地25度～35度范围内的林段，以橡胶树单种为主，保护带适度保留林下原生植被或合理种植覆盖作物；珍贵用材与乡土树种林下或25度以下橡胶树的行间，种植经济效益较高的林下经济植物。

经过2012～2016年的建设，现定植橡胶树优良新品种8个（云研77－2、云研77－4、云研73－477、云研80－1983、热垦525、热研879、热垦628、

* 本部分资料主要来源于云南省橡胶产业技术体系栽培研究室。

PR107），25 度 ~35 度范围内林段株行距 2.5 米 ×9 米，每亩橡胶树 30 株；25 度以下株行距 2.2 米 ×12 ~15 米，每亩橡胶树 20 ~25 株。种植林下经济作物 12 种（辣木、诺丽、香蕉、菠萝、咖啡、明月草、猫须草、西番莲、胡椒、云南萝芙木、美登木、金魔芋），利用林下绿肥植物 5 种（大叶千斤拔、白花灰叶豆、羽叶决明、草决明、无刺含羞草），试验试种林下中药材 2 种（射干、黄精）。引种热带果树、珍贵用材及乡土树种 15 种以上（澳洲坚果、菠萝蜜、格木、桃花心木、山桂花、滇石梓、铁刀木、降香黄檀、铁力木、印度紫檀、千果榄仁、四数木、蚁花、勐仑翅子树、东京龙脑香）。同步完成了生态观测设施建设并进行生态学观测和植物生长适应性观测。

云南省热作所千亩环境友好型生态胶园试验示范基地建设针对云南天然橡胶产业发展面临着宜植胶土地面积有限、生态系统退化的形势严峻、单位面积产量增长乏力、抵御市场风险能力较差等问题，按照生态学和经济学原理，从植胶自然环境特点出发，通过改善胶园种植结构，改变传统的单一作物（植物）种植模式和改进现有胶园管理措施，构建以橡胶树为主的复合农林生态系统，增加胶园的生物多样性，提升胶园生态功能和经济功能，实现胶园的可持续健康发展，对充分利用土地资源、着力推进绿色发展和循环发展，建设低投入、低消耗、高产出、能循环、可持续的新一代环境友好型生态胶园建设具有显著的示范效应。① 项目技术途径：一方面评估现有橡胶林人工生态系统服务功能，发掘胶园生态环境质量提升潜力；另一方面探索山地胶园生态种植新模式，构建环境友好型生态胶园新格局。

项目在橡胶纯林、用材林、橡胶林 + 绿肥植物、橡胶林 + 咖啡、橡胶林 + 辣木（诺丽）试验处理小区中选择合适地点（坡向、坡度相对一致）共建设 5 组径流场进行长期定位观测，布设土壤剖面水分测定管、土壤侵蚀监测桩等对土壤水文情况进行监测；划分样地样方，以定期定点对植物生长状况、土壤理化性质、植被及土壤动物等进行生态学观测；并采用单因素随机区组设计，共设 3 个区组，每个区组包括 9 个试验处理小区和 1 个对照处理小区。将 9 种山地胶园管理方式——喷除草剂、人工净除、绿肥混种、土壤改良、覆膜柱状施肥、壕沟截流、综合措施、肥料撒施、分解施肥与常规管理方式（对照）进行对比实验，通过定期取样和动态监测的方法，明确 9 种管理方式对橡胶树生长量、土壤质量和微环境气候等方面的影响，进行了山地胶园管理方式评价与改进研究，为综合评价和进一步改进胶园

① 生态胶园：双赢的创新探索［EB/OL］. 勐海县黎明农场管委会，2015 -11 -19.

管理方式提供数据支撑。

经过5年多的建设，试验示范基地已初具规模。2014年分别作为云南环境友好型生态胶园建设现场会和西双版纳环境友好型生态胶园建设现场会第一现场、2015年作为云南农垦环境友好型生态胶园及特色热作示范园建设现场会第一现场，做了试验示范基地的情况介绍，先后为各级相关单位1260人次讲解环境友好型生态胶园建设的相关情况（陈云发等，2015）。特别是2015年制定、发布、实施了阶段性成果《环境友好型生态胶园建设技术规程》（DG5328/T 7—2015），为全省特别是西双版纳植胶区，在资源环境可承载前提下，进一步提高橡胶树种植业的综合效益，推动低效胶园改造、加快环境友好型生态胶园建设到2020年达到6.67万公顷以上、实现产业可持续发展提供了直接的技术支撑。

根据新的发展趋势，最终确定了环境友好型生态胶园建设作为云南省热作所在天然橡胶产业发展上的第五次科技创新的核心地位，总体目标是充分依托云南发展具有高原特色优势产业的独特资源优势，通过改善山地胶园总体生态环境质量，提高山地胶园总体经济效益，实现云南橡胶树种植业的可持续发展。现已开展的研究包括：胶园间（套）种植物资源引种与评价，胶园耕作技术改进、新种植模式构建与评价、林下生态养殖等关键技术的研究与集成示范等。在系统评价橡胶林涵养水源、固土保肥、固碳释氧、净化大气和生物多样性保育等功能，完成橡胶人工林生态系统服务功能价值评估基础上，下一步将继续开展环境友好型生态胶园功能评价、分级标准、示范推广等工作。

3. 云南农垦集团境外种植橡胶超10万亩，资产超10亿元

为充分利用云南毗邻老挝、越南、缅甸的独特地理优势，统筹利用国内国际两个市场、两种资源，加快实施“走出去”步伐，实现再造天然橡胶集团竞争力的目标，结合我国政府在“金三角”实行禁毒任务的“替代种植”等部署，经云南省商务厅批准，云南农垦投资成立海外投资平台——云橡公司作为集团以老挝和缅甸为主实施“走出去”发展战略的主体。据笔者调研，截至2017年底，累计完成投资8亿多元，资产总额达9亿多元；橡胶种植超6700公顷，并在缅甸托管胶林1.33万公顷以上，现拥有境外橡胶加工厂5座，年产量5.5万吨。目前，云南农垦集团在缅甸的橡胶资源的有效掌控能力已有效辐射缅北传统罂粟替代种植区，辐射橡胶面积约13.33万公顷。在泰国，云垦云橡公司于2017年12月与相关企业签订合作框架协议，计划并购泰国某企业数百亩土地的部分股权，并拟建一座年产能力数万吨的橡胶加工厂。

2006年，云南农垦出资452万美元在老挝注册成立云橡公司，总部位于老挝南塔省，主要实施替代种植项目。先后与老挝南塔、沙耶武里、波乔、琅勃拉邦四省签订橡胶产业开发协议。截至2018年末，已在老挝北部4省9县建立了18个橡胶种植示范基地，种植橡胶5946公顷，建立优良种苗基地70.87公顷，带动当地农民发展胶园约7300多公顷，并投资在南塔工业园区建成一间可年产1万吨的橡胶加工厂于2009年10月投产，进而确立了在老挝北部橡胶种植、加工、销售的行业龙头地位（吴家政等，2015）。云南农垦老挝橡胶基地每年提供6000多个就业岗位，短期劳务用工达10万多人次，发放劳务费8600万元。老挝百姓在务工期间每月可以稳定获得800~1500元的收入，相比原来100多元的收入，翻了数番。南塔制胶厂自2009年底投产以来，累计支付老挝村民橡胶原料收购款3亿多元，当地百姓收入大幅增长，生活状况明显改善。与此同时，在项目区域内，云南农垦还投入大量资金用于基础设施建设，累计修建道路93.9千米、桥梁1座、生活用水蓄水池1座①。在波乔巴塔农业综合示范园架设输电线路3.8千米，解决了当地两个村寨170户1426人的生产、生活用电问题。此外，还为老挝各级政府扶贫救灾捐款捐物共计58次，为当地政府开展公益事业累计捐款30多万元，并在南塔省和沙耶武里省建成两所小学，解决了当地子女上学难的问题。

2008年，云南开始在缅甸实施“走出去”发展战略。迄今孟连农场、橄榄坝农场在缅甸北部累计已种植天然橡胶7100公顷以上。2010年，云南农垦集团孟连橡胶有限公司与缅甸第二特区（佤邦）财政部合资组建了以天然橡胶收购、加工、销售为主营业务的云康制胶厂。胶厂位于缅甸第二特区（佤邦）南高乡，占地面积3.27公顷，距离中国口岸仅9千米。该厂总投资2496万元，其中孟连橡胶公司控股51%，投资1273万元，缅方参股49%，投资1223万元。2010年开工建设，2011年9月30日竣工投产，工厂生产能力为年产干胶1万吨。云康制胶厂周边有约1.67万公顷个人橡胶林，制胶厂通过与获准享受“替代种植”优惠税收政策配额的孟连农场复兴商号股份有限公司合作，利用复兴商号年500吨配额，再收购缅甸当地民营个体橡胶原料进行加工，并将加工的天然橡胶成品运进我国市场销售。截至2014年12月，工厂累计生产干胶8251吨，销售收入9883.65万元，上缴佤邦财政部税收392.07万元（吴家政等，2015）。

① 云南农垦高原特色有限公司境外种植橡胶超10万亩　资产超10亿元[EB/OL]. 搜狐网，2017-08-30.

（三）存在的问题

新中国的天然橡胶基地建设，是历史上任何时代都无可比拟的宏伟的屯垦戍边事业。这是由中央决策，国务院总理周恩来等一批无产阶级革命家关心和领导的又一项国家使命。在云南垦区，就有包括集体转业官兵、垦荒队员、科技和管理人员、归侨及其眷属、内地支边青壮年、城市知识青年、转业退伍军人和当地少数民族群众在内的二十多个民族数十万人参与了基地的开创和建设。也不过是半个世纪，不仅在云南热带北缘高海拔植区把橡胶树北移变成了现实，而且实现了大面积高产稳产，创造了世界植胶史上的奇迹，同时还促进了云南边疆少数民族地区的经济发展、市场繁荣和社会进步，增强了边疆各民族的团结。①

然而，由于目前我省天然橡胶组织方式以民营个体小胶农和橡胶家庭农场为主导，种植规模普遍偏小，种植农户多而散，合作社占比不高，尤其是大型国有龙头企业的规模化示范农场更是缺乏，使得全省天然橡胶生产基地稳定性不强，容易受自然灾害、市场因素等的变化影响。就国有农场而言，天然橡胶种植基地建设从规划设计—种植材料的准备—开垦与定植—幼树抚育管理—割胶—病虫害的防治—胶园更新，都会按照严格的技术规程执行，基地建设、产品质量、生产成本较为稳定，抗自然和市场风险的能力较强。从民营的角度来说，一方面是受技术能力和投资能力限制，橡胶基地基础差、产能低的问题突出；另一方面是民营胶农决策受市场波动影响大，当橡胶价格持续上涨时，胶农们为了获取更多的利益，于是就盲目过度种植橡胶树，“三超”（超规划、超海拔、超坡度）现象严重，如20世纪末和21世纪初；反之，当橡胶价格下降时，胶农们“弃管弃割”现象严重，胶园管理投入严重不足，土地资源严重浪费。因而如何实现全省天然橡胶生产既“控得住”，又“稳得住”，保证天然橡胶产量基本稳定和发展，是天然橡胶基地建设和产业发展面临的一大难题。

此外，作为我国三大天然橡胶集团之一，云南农垦集团借助国家境外替代种植的政策，虽然在“走出去”战略实施中取得了一定的成绩，但受制于边陲农垦发展滞后，农场实行属地管理后农垦集团企业的组织力量、经济实力、技术水平、对外沟通能力和对投资环境了解等方面受到一定程度的影响，东道国政策不稳、

① 云南农垦有限责任公司，云南省热带作物学会．云南热带北缘高海拔植胶的理论与实践［C］．昆明：云南农垦印刷包装厂，2005：1－4.

国家支持力度有限、劳动力有效供给不足、合作模式落后等制约了天然橡胶“走出去”的步伐和效果（吴家政等，2015）。当前，以云南农垦为主的企业在“走出去”过程中，主要是通过租地种植橡胶为主，重点在天然橡胶种植环节，其次在加工环节，从农业产业链角度分析，种植给企业带来的经营风险远超过加工，更缺乏以收购、兼并、重组的资本运作投资方式，也缺乏在天然橡胶国际物流、贸易环节的投资。同时，在“走出去”投资区域中，重点在老挝、缅甸等东南亚国家和地区，其次是非洲、拉丁美洲，投资过于集中，且上述区域稳定性较差，投资、税收等政策存在约束性不强和不确定性，也造成云南天然橡胶“走出去”效果达不到预期。

（四）建议

一是建设多层次高质量天然橡胶生产基地。根据植胶自然环境条件，结合国家天然橡胶保护区划定和建设，政府统一科学规划，从战略高度对地区天然橡胶种植区进行统一布局，形成规模化种植基地，集中连片、规模发展，实现天然橡胶生产既“控得住”，又“稳得住”，确保天然橡胶的稳定生产。一方面，选择植胶条件好、种植集中度和积极性高的地区推进生态胶园建设，重点布局在更新胶园、中幼林胶园和低产低质胶园进行改造建设（汪铭等，2014）。另一方面，全部保留所有水源附近和植胶海拔上限等区域的自然植被，退出不宜植胶地，合理安排种植其他作物或造林，严格控制新的开发种植区域，严禁在“三超”区域植胶（白建坤，2015）。

二是建立分级保护扶持政策体系。建议趁国家天然橡胶保护区划定和建设之机，中央财政尽快建立天然橡胶分级保护政策体系。可以按照三级划分确定不同的保护策略：第一级保护是建立在满足极端条件下国家对国防军工等特种胶需求基础上实行的特种胶种植区域和品种最低收购价及保护价政策；第二级保护是建立在满足国内工业发展刚性需求基础上的扩大天然橡胶“期货＋保险”覆盖面积的政策；第三级保护是建立在满足其他需求基础上的对部分天然橡胶不适宜区按照市场胶价进行市场调节的灵活保护政策（杨海霞等，2019）。

三是全面推进天然橡胶产业可持续发展。建立健全行业管理机构和科技服务体系，大力推进“科研院所＋龙头企业＋合作社＋基地＋农户”的组织经营模式，加快优良橡胶品种推广，加快研究化肥农药减施技术、智能化割胶技术、新型采胶技术、林下种养殖技术，全面提升胶园管理水平。充分利用国家政策和扶持资金，发挥示范胶园的辐射带动作用，促进全省天然橡胶种植标准化。引导和鼓励产业基础好、带动能力强的种植企业建立云南特种天然橡胶标准化生产基地，推动100万亩高品质天然橡胶示范胶园建设。围绕天然橡胶全产业链，建设技术研发体系和技术集成示范基地。推动建立天然橡胶种植专业合作社，打造一批示范型合作社，促进胶园提质增效、提升天然橡胶原料品质。

四是走产业多元化的生态农业发展之路。遵循以胶为主，农、林及其他热作全面发展方针，按照建立和保护良性人工生态系统的要求，选择不同种植模式，对橡胶和其他经济作物、植被等进行合理配置，构建多层次多种类的立体复合种植生态系统，以橡胶园产业多样性带动胶园收入多样性，提高产业的综合效益，既改善胶园的生态环境，又提高胶园的经济效益，实现以短养长（汪铭等，2014）。对林地利用、林段划分、水土保持设施和胶园道路等进行规划，因地制宜保留或营造水源林、防护林、用材林和经济林（白建坤，2015）。

五是强化企业“走出去”政策和资金支持。充分利用云南省在海外投资建立天然橡胶生产基地的便利条件，结合国家境外罂粟替代种植战略和农业“走出去”战略，积极出台相应的产业政策，加大财政投入，改善基础设施，落实优惠政策，提高政府服务企业的水平，优化进出口环境，积极消除外部系统风险，深化与东南亚产胶国家的合作，整合国内国际天然橡胶资源，尤其是积极搭建橡胶产业国际化合作平台，提升橡胶市场话语权。第一，加大外贸部门和金融机构的支持力度，在贷款贴息、免息、政策性资金等方面给予支持，加大“走出去”龙头企业实际的金融产品和替代种植指标支持力度。推动与周边国家金融互通，在国家实施“一带一路”建设中积极作为。第二，支持企业通过资本重组、兼并、收购、并购、入股、控股等多种方式进入境外天然橡胶产业，已“走出去”的境外植胶者要抱团取暖（郑文荣，2016）。第三，引导企业重点在老挝、缅甸等东南亚等地投资建立天然橡胶生产基地，利用国外的优质土地资源和适宜的气候条件，逐步扩大天然橡胶资源的控制率和供给能力。第四，鼓励境外企业和科研机构在云南设立全球天然橡胶研发机构，提高云南橡胶制品业的国际竞争力（符莉等，2018）。

三、加工管理方式

（一）基本情况：以企业为主形成较为成熟的加工体系

据云南省工业和信息化厅的相关数据，截至2017年底，云南天然橡胶初加工企业67家，年加工能力达到160万吨以上，基本覆盖了全省所有植胶区。但是，云南的天然橡胶加工企业以中小型为主，缺乏大型企业、龙头企业和大规模、高水平的现代化加工厂（全省目前的180余座天然橡胶初加工厂中，万吨级以上的胶厂不足20座）。全省天然橡胶初加工产品以技术分级橡胶和轮胎专用胶为主，有少量高氨浓缩乳胶和烟片胶。2017年，全省橡胶制品业规模以上企业共有48家，其中，胶管胶带企业13家，再生胶企业6家，房屋及桥梁橡胶减隔震支座企业2家，力车胎生产企业2家。全省橡胶制品业产品主要有橡胶管带、橡胶减隔震支座和力车胎等。在精深加工方面，很长一段时间云南无一个做大做强的品牌，多数是分散在各地的小型、作坊式初加工厂，不仅规模小，而且工艺落后、产品低端，同质化严重，多数处于卖原料的状态。多数中小企业长远发展眼光不够，研发高端新产品和市场开拓能力不足，停留在能够开工生产或维持现有的市场份额足矣，企业品牌建设的意愿不强、力度不够。此外，目前全省涉及橡胶制品的企业更是超过了2000家，多数是小生产、小作坊、小商贩的形式。

（二）案例

1. 西双版纳州龙新橡胶有限公司制胶厂

西双版纳州龙新橡胶有限公司是一家主要从事橡胶收购、加工、销售的企业，是西双版纳州通过招商引资于2010年5月21日在云南省西双版纳州勐腊县关累镇盘先龙村登记成立。注册资本1.25亿元人民币，占地面积156亩，总投资3.89亿元，建设有标准厂房2万多平方米，综合办公楼、员工宿舍楼及先进的污水处理系统近2万平方米。公司有实用新型专利8项，并研制开发了SCR. WF、TSR. CV、TSR. RSS等新产品，设计年生产8万吨，有一条水线生产线，一条全乳标胶生产线，一条干搅生产线，2016年通过“州级企业技术中心”“云南省科技型中小企业”认定，2017年“龙新橡胶”牌天然橡胶通过“云南名牌”、云南“质量走廊”省级示范单位认定。

据云南省橡胶产业技术体系加工岗位邹建云及其团队提供的资料，公司目前采用的原料有鲜胶乳、绉片、凝块、碗胶、不合格烟片、不合格标胶等，采用完全买断的方式全部采购于周边胶农。乳标胶主要加工流程为浸泡池→破碎1→除杂→浸泡池→破碎2→浸泡池→单辊揉合机1→浸泡池→单辊揉合机2→3台压绉→造粒1→混合池→5台压绉→造粒，采用高压蒸汽直接干燥方式，建有完备的10万立方米的废水处理系统。2017年总产量50000吨，耗煤90～100千克/吨干胶。制胶厂内建有西双版纳最大且最完备的检测中心，有 24 人专职检测，每批原料进厂检测，产品检测，出厂检测，质量要求完全按制品厂家企业标准进行质量控制。产品直接与大型用胶厂家对口销售，产品畅销。①

2. 西双版纳中化橡胶有限公司景洪胶厂

西双版纳中化橡胶有限公司是由中化国际（控股）股份有限公司控股，集橡胶种植、加工、销售、机械设备设计、技术咨询服务及进出口贸易于一体的大型综合性公司。公司成立于 2005 年 8 月，注册资金 3000 万元。目前在西双版纳拥有六个橡胶加工厂，分布在景洪、勐龙、勐润、东风、勐腊等地，其中位于西双版纳州景洪市勐罕镇曼桂村的景洪胶厂是一个年产 4.5 万吨的大型现代化橡胶加工厂。

据云南省橡胶产业技术体系加工岗位邹建云及其团队提供的资料，该公司景洪橡胶加工厂是西双版纳全州目前唯一实现橡胶干燥和胶乳凝固自动控制的橡胶加工厂。建有 4 条新工艺水线和 1 条干线，水线采用并列，干线串联式布局，并建有污水处理系统，能达到国家污水合格排放标准。采用的原料包括鲜胶乳、绉片、凝块、碗胶、不合格标胶等，全部来自周边天然橡胶种植基地胶农，独立加工，按干胶检测结果定级收购。凝标胶生产工艺流程包括浸泡池→破碎 1→除杂→浸泡池→破碎 2→浸泡池→单辊揉合机→浸泡池→4 台压绉→造粒 1→混合池→5 台压绉→造粒 2，间接热风干燥。制胶厂内建有完备的检测中心，有 15 人专职检测，每批原料进厂检测，产品检测，出厂检测，质量要求完全按制品厂家企业标准。2017 年总产量 42000 吨，生产的主要产品有 9710、SCRWF、SCRCV50、SCRCV60，耗煤 104 千米/吨干胶。直接与大型用胶企业对口销售，产品畅销。②

3. 西双版纳州景洪市国营东风农场

西双版纳州景洪市国营东风农场 1958 年 1 月建场，命名为东风农场，1960 年由东风、前哨、大勐龙 3 个农场合建东风总场，下辖龙泉、温泉、东林、风光、前哨、疆锋 6 个农场。东风农场原属云南省农垦局下属国营农场，2018 年完成“农场企业化、垦区集团化”改制，现有标准胶厂 4 座，日加工能力为 89 吨，浓缩乳胶厂 1 座，日加工能力为 15 吨，年产国家一级标准天然橡胶 20000 余吨。“东风”牌天然浅色标准胶是我国生产天然橡胶企业中率先拥有注册商标的产品，获中国

①② 云南省橡胶产业技术体系加工岗提供调研数据。

第一届农业博览会银奖，获中国第二届农业博览会金奖，在第三届农业博览会上又被认定为该行业“名牌产品”。经云南省天然橡胶及咖啡产品质量检验站每年两次定期抽检，均保持了抽检合格率100%的高水平，完全达到了国务院规定的免检标准。2004年被云南省名牌战略推进委员会评为“名牌产品”和“著名商标”。

（三）存在的问题

一是天然橡胶初加工业缺乏统筹规划，初加工厂重复投资建设严重，不仅产能过剩，而且产品同质化严重，污染源点多面广，环保治理压力加大。

二是加工企业以中小规模为主，缺乏大型企业、领军企业，未形成规模化生产效应，总体竞争能力不强。企业数量不少，但是很分散，且各自为政，使得加工产品总体质量不高，低等级或不合格产品较多，处于为下游产业提供原料的初级阶段，橡胶产品竞争能力弱化问题没有根本改善，在经济效益上大大打了折扣。

三是多数天然橡胶加工企业缺乏新产品研发能力，产品结构性矛盾突出，多数加工厂以生产低附加值的传统老产品为主。以占全省干胶产量70%的西双版纳州为例，目前全州的天然橡胶加工企业基本是对胶乳原料的初级简单加工，附加值低，天然橡胶主要产品有SCRWF、SCR20、SCR10、SCR5标准胶，大部分只能用于生产普通轮胎、传送带、胶带等低端产品，不能用于生产高品质轮胎、医用、军工等高附加值的产品。

四是工业体系不配套，产业链不完整，没有形成橡胶产业集群，尤其是橡胶深加工发展缓慢，缺乏对橡胶消耗量大的轮胎及乳胶制品生产企业。目前，云南橡胶制品的深加工（轮胎、力车胎、胶管带、胶鞋和乳胶制品等）年耗天然橡胶原料不足1万吨，与全省作为原料生产大省形成了巨大反差（汪铭等，2014）。

（四）建议

一是加强规划引导，推动橡胶初加工企业资源整合。鼓励支持云南农垦等本省国有天然橡胶龙头企业采取合资合作、兼并重组等方式，整合橡胶资源，实行规范化管理，淘汰部分小胶厂；推进大型天然橡胶初加工厂升级改造，推进橡胶初加工向集约化和资源高效利用化发展。依据云南各区域橡胶种植资源分布情况和国家天然橡胶保护区建设，重点支持各主产区具有综合竞争实力的橡胶初加工厂做大做强，高起点、高质量地建设一批优质橡胶标准化加工生产基地。

二是采取多种措施，推动初加工企业产品转型升级。以市场需求为导向，以产业政策和财政补助为抓手，巩固生产技术分级橡胶、全乳胶和浓缩胶乳产品，鼓励天然橡胶龙头企业组织生产特种固体生胶和特种浓缩胶乳，研究开发航空及军用高品质特种橡胶、白炭黑湿法混炼胶、环保载能复合胶等产品，增强市场竞争力。整合繁杂品牌，增强企业品牌建设意识，加大品牌研发投入及品牌推广力度，加大生产加工环节产品质量监督力度，做大做强优质橡胶加工业。[①]

三是加强支持引导，加快初加工“走出去”步伐。以龙头企业为主体，依托西双版纳、普洱、红河、临沧、德宏等边境口岸，利用周边国家的凝块胶、烟片胶、白绉片等原料，规划建设轮胎专用胶保税初加工厂，形成橡胶产业区域“辐射中心”。落实国家罂粟“替代种植”战略的相关优惠政策，鼓励云南天然橡胶初加工企业“走出去”，以东南亚国家为主，在境外合作建设橡胶初加工厂。结合云南“自贸区”建设，改善沿边交通条件，优化“走出去”企业产品进口关税政策和通关程序，提升企业在境外的综合竞争力。

四是加强产品研发，加快天然橡胶产业聚集发展。加快标准体系建设，通过标准引领企业发展，提升企业管理水平。通过生产组织和调度进一步强化产品结构调整，稳固发展技术分级20号胶产品，支持发展高端特种全乳胶及期货全乳胶产品，提高浓缩胶乳产品及其他新产品市场占有率。加强新产品和新技术研发。加大对省内现有橡胶产业扶持及招商引资力度，大力推进橡胶制品行业的新技术、新工艺、新装备的研发和引进工作。显著提升天然橡胶初加工智能化和信息化水平，大力支持龙头企业推进以工艺革新、质量提升、安全生产、环境保护为主的技术创新改造工作和新产品开发及推广应用。充分利用云南电力资源条件，研究“水—电—胶”一体化发展思路，开发天然橡胶及复合胶环保、载能产品，将终端轮胎制造业、橡胶制品业的混炼胶产品加工前移到天然橡胶产区完成，开展航空及军用高品质天然橡胶产品研发，促进军民融合产业的发展，提高天然橡胶产品附加值。针对符合云南及周边省份市场需求和面向南亚东南亚市场的橡胶管带制品、橡胶减隔震制品、矿山专用橡胶制品等产品项目，引进先进的钢丝橡胶输送带制造技术、水平分散型道桥用减隔震橡胶支座技术和新型耐磨弹性体材料技术，实现橡胶制品加工技术的新突破。积极引进发展绿色轮胎制造配套企业，深入发

---

① 云南省工业和信息化厅关于印发云南省支持橡胶产业发展实施方案的通知［EB/OL］. 人民网，2019－04－16.

展高端橡胶助剂产业，推动发展大型钢丝帘线等配套企业，延长橡胶制造业产业链。发挥滇中、西双版纳等地天然橡胶原料集散地优势，在昆明周边规划布局建设橡胶制品生产园区，大力引进国内知名橡胶制品企业，重点发展子午线轮胎、管带制品、建筑减隔震垫等附加值高的橡胶制品。以西双版纳州和昆明市为中心，鼓励支持龙头企业建立天然橡胶供应链体系，整合全省供应链各环节资源，提升信息化管理水平，形成聚合效益。利用云南省植胶区域鲜胶乳原料优势，加强天然胶乳的应用研究，实现绿色生态居家乳胶制品的零突破。引进国内知名的乳胶制品生产企业，重点在西双版纳、普洱、临沧规划布局乳胶制品“园中园”。

四、市场营销策略

（一）基本情况：基本建立较为完善的市场营销体系

我国天然橡胶市场建设快速发展，已经建成了包括期货、现货市场和现代化物流配送等相结合的市场体系。2001 年海南农垦总局率先建立统一的交易市场——天然橡胶电子交易中心，实现了农垦天然橡胶交易电子化。[①] 云南农垦、广东农垦也相继建立天然橡胶电子交易中心，并在 2004 年实现了三地联网。为国内外生产者、经营者和消费者提供了方便快捷的交易方式，实现了产品网上公开竞价和交易，起到了传递信息、发现价格、规避风险的作用，显著降低了交易成本，提高了流通效率和经济效益，为产业的健康发展提供了良好的营销环境。[②]

国内方面，云南天然橡胶市场营销体系，从天然橡胶产业发展初期至 1995 年，经历了产品由国家统一收购、统一定价、统一销售的统购统销制，国家指令性价格和指导性价格并行的双轨制，向市场营销转变的联销制等阶段。1995 年，在昆明建立了与全国联网的天然橡胶期货市场和现货销售中心，市场营销体系建设逐步完善。2002 年云南农垦积极参股中橡电子商务的设立，用现代营销手段提高产品销售效益，每年 90% 以上的产量都是通过电子商务销售（李维锐，2013）。并在此基础上，于 2006 年先后在上海、天津、青岛、重庆等城市设立了定点仓库，通过网络交易和现代物流配送手段的结合，进一步提高产品营销的效率和效益。并

① 中国天然橡胶协会．中国天然橡胶产业发展成就与展望［J］．世界热带农业信息，2008（11）：1－3.

② 浅析中国天然橡胶的发展现状和竞争力［J］．农业工程技术（农产品加工业），2009（10）：22－25.

通过套期保值等营销方式规避市场风险，获得更好的整体效益（李民，2008）。

国际方面，云南农垦除谋划老挝、缅甸等市场外，还在新加坡设立了贸易公司。新加坡贸易公司的成立，为云南农垦开展天然橡胶全球贸易打开了一条重要通道，既打开了同国际产胶大国进行现货交易的便捷通道，又为云南农垦国际化融资提供了便利的融资平台，实现了国际三大交易所的交易联动。①

随着产业的不断发展，云南天然橡胶品牌意识逐步树立，农垦方面，拥有“云象”“金凤”和“云胶”3个品牌，其中“云象”“金凤”两个品牌是上海期货交易所交割品牌。民营方面，景洪曼列胶厂2017年1月生产的“曼列牌”国产全乳胶（SCRWF）在上海期货交易所注册成功，成为全国首家产品被列入上海期货交易所期货品牌交割品种的民营企业。

（二）案例

1. 云南天然橡胶产业集团有限公司

云南天然橡胶产业集团有限公司是2014年8月云南农垦集团政企分开后，以云南农垦贸易有限公司为母公司重组设立，是云南农垦集团的全资子公司，下辖11户子企业，分别是云南天然橡胶产业集团西双版纳景阳有限公司、云南天然橡胶产业集团江城有限公司、云南天然橡胶产业集团西盟有限公司、云南天然橡胶产业集团孟连有限公司、云南天然橡胶产业集团红河云象有限公司、云南天然橡胶产业集团墨江有限公司、云南农垦云橡投资有限公司、云南农垦贸易（新加坡）有限公司、青岛云象国际贸易有限公司、上海云象实业有限公司、云南国际橡胶交易中心有限公司。是集橡胶种植、加工、贸易、电子商务、技术研发于一体，一二三产业融合发展的现代产业集团，是云南省唯一的橡胶产业集团，总部位于昆明。② 集团各成员企业、橡胶种植基地、橡胶加工厂分布在省内的西双版纳、普洱、红河等州（市）以及老挝、缅甸等国家和地区，营销、贸易等经济实体分布国内昆明、上海、青岛等地以及新加坡、泰国等国家，合作伙伴遍布全球橡胶主要产销区域。公司拥有天然橡胶胶林资源3.33万公顷，橡胶加工厂48座，年产能超过50万吨；拥有并使用的“云象”“金凤”品牌是上海期货交易所天然橡胶合约指定的交割品牌，在国内市场享有良好声誉，计划在

---

① 境外种植橡胶超10万亩　资产超10亿元［EB/OL］. 搜狐网，2017-08-30.

② 集聚发展　天然橡胶产业叫响“云南声音”［EB/OL］. 云南经济网，2018-01-02.

2021 年实现资本市场主板上市。

近年来，由于全球经济和供求关系的巨大变化，国内天然橡胶期货主力合约吨均价一路下跌，现货价格随之相应下跌。面对一路下行的天然橡胶行情，云胶集团通过主动深化改革攻坚，强化优化细化内部管理，强化品牌意识，积极适应并拓展市场，做大生产经营规模等措施，努力打造全球一流胶企。主要措施包括：

一是搭建云南农垦天然橡胶营销平台。将所属企业的橡胶产品集中在这个平台进行统一销售，当年即取得了良好的经济效益并持续向好。2017 年，云胶集团生产天然橡胶合计超过 21 万吨，营业收入 100 亿元，利润 1 亿元，分别比 2014 年增长 438.08%、574.95%和 454.39%。2018 年 1～7 月，集团生产经营的天然橡胶较 2014 年同期增长 747.7%，实现的营业总收入较 2014 年同期增长 463.3%，实现的利润总额较 2014 年同期增长 181%[①]。

二是始终坚持以品牌战略为统领，强化品牌形象塑造。安排专人负责“云象”“金凤”“云胶”等橡胶品牌的日常管理和维护，进一步提升“云象”“金凤”品牌在上海期货交易所交割品牌的良好市场声誉，并于 2015 年荣获“云南名牌产品”殊荣（刘建云等，2019）。

三是建立四级质量管控体系，环环紧扣提升产品质量。在橡胶生产基地管理环节建立科学采胶、收胶管控体系；在加工环节建立生产和产品出库过程质量管控体系；在仓储物流环节委托第三方质检机构实施二次检验质量把控体系；在营销环节建立客户质量售后服务体系。四级质量管控体系的设置落实，确保了产品在质量在原有基础上的大幅度提升。不断完善考核和分配体系，增强员工抓好产品质量的自觉性。将质量和品牌管理纳入对企业和员工绩效考核与评价体系，进一步调动和激发各企业、员工加强质量管理的自觉性和主动性。

四是完善营销网络“买全球卖全球”目标初步实现。2016 年 11 月，云南农垦集团在山东青岛设立青岛云象国际贸易有限公司，使云南农垦集团“买全球卖全球”的综合性营销平台建设取得突破性进展。该公司依托印度尼西亚、马来西亚、泰国等国家的进口原料作为主要贸易产品，运用期货杠杆、资本运作等方式，实现国际国内双向流通。2017 年，销售橡胶 10 余万吨，实现营业总收入 12.6 亿元，并取得了较好的经营利润。[②] 2017 年 5 月，云南农垦贸易（新加坡）有限公司成功组建，云南农垦集团“买全球卖全球”的综合性营销平台搭建基

①② 千亿梦想引领产业攀“滇”峰［EB/OL］. 农民日报，2018－11－22.

本成型，较好地补齐了云胶集团在进口胶业务方面的短板。通过与云南农垦集团国内营销平台实现整体联动，将进一步打破国内市场和国际市场的贸易壁垒。2018 年 9 月，云胶集团在上海挂牌成立，是集贸易、信息研究、金融于一体的上海云象实业有限公司。截至 2018 年 7 月，上海公司共计销售混合橡胶 2 万多吨，销售 PTA 产品近 5 万吨，实现销售收入近 5 亿元，盈利数百万元。同时，云胶集团积极发声，截至 2018 年，云南天然橡胶产业发展（国际）论坛现已成功举办 3 届，在业内产生了积极和广泛的影响，并已成为探索高原特色农业产业发展的示范平台，成为融入和服务国家“一带一路”倡议，与周边国家互惠互利合作的平台。①

2. 昆明云垦橡胶有限公司

昆明云垦橡胶有限公司成立于 1997 年，注册资本 1500 万元，并拥有总投资金额 1 亿元的位于西双版纳的三个橡胶生产加工厂的近 2000 万元投资股权，是云南橡胶销售和橡胶专业网络平台行业领军的民营企业，公司旗下“天然橡胶网”（www. yunken. com）是目前国内最专业的天然橡胶报价和销售门户网站，网络品牌价值超过 1000 万元。

昆明云垦橡胶公司拥有西双版纳、红河、德宏、临沧等云南橡胶主产区的天然橡胶采供网络，将本公司自产的云南著名品牌“云垦”牌橡胶，固可力品牌以及来自云南本土的“云象”等其他国营或民营品牌天然橡胶（包含 SCRWF、SCR5、SCR10#、烟片胶、乳胶、泰国 3#烟片胶、越南 3L 胶、缅甸 1#、3#烟片胶等在内）的各门类产品，通过现货、期货和网络平台销往除内蒙古和西藏以外的全国其他省区，主要销售渠道覆盖北京、天津、上海、重庆、江苏、浙江、江西、安徽、山东、河北、河南、青海、甘肃、湖北、湖南、四川、福建、广东、东北以及云南等省的用胶企业。该公司应市场发展需求，于 1999 年建立了云南首个民营橡胶企业平台网站“云南农垦橡胶网”，获得橡胶行业的良好口碑和巨大的市场反响。后经扩容升级为“天然橡胶网”，被评为“昆明电子商务十佳网站”，业已发展成为中国最专业的天然橡胶门户网站。

此外，“云垦”商标自 2000 年注册并持续使用至今已积累了多年市场销售口碑，受到了广大用胶企业的广泛青睐和好评。2014 年，“云垦”商标获得“昆明市知名商标”称号，2015 年获得“云南省著名商标”称号，2016 年获得“云南省

① 云南省橡胶产业技术体系产业经济研究室提供调研数据。

诚信企业百强引领单位”称号，2016年授予昆明云垦橡胶有限公司“云垦”牌天然橡胶“昆明名牌产品”称号，2016年获得昆明市连续五年（2012～2016年）“昆明市守合同重信用企业”称号，2016年获得“企业信用评价AAA级信用企业”称号，2018年获得“云南省名牌产品”称号。目前，“云垦橡胶”的品牌知名度已初步成为云南橡胶行业民营企业中的领跑企业。

公司现有员工110名，其中研究生以上学历1名，大学本科以上学历24名，另有大中专专业技术人员70名。同时，公司21～30岁和31～40岁年龄段员工占全体员工比例分别为26%和32%。通过引进生产加工、网络科技、经营管理等方面的优秀人才，优化总公司和各分支机构人员结构，形成更加年轻化和朝气蓬勃的“人才团队优势”，以人才和团队优势提升企业管理理念和生产、经营模式的发展创新，促进公司原材料收购管理、初加工生产技术革新、仓储和物流配送监理、公司经营管理、品牌形象管理、产品研发、网络资源与电商平台运营等各个环节的联动和创新，不断提升公司在业内的整体优势。通过“生产技术领先化、橡胶价格最低化、产品质量最优化、物流配送网络化、市场占比最大化、品牌形象高端化”，使“昆明云垦”较快地发展为中国面向国内和“一带一路”沿线国际市场的橡胶行业领导型、国际型和创新型企业。近年来，云垦公司在中国天然橡胶市场上的销售额大幅提升，2014年、2015年和2016年年销售额分别为6.39亿元、8.54亿元和9.81亿元；目前与云垦公司建立长期供销关系的国有大中型企业30多家，中小微用胶企业600余家，并保持着每年新增客户50多家的稳定增长的客户群体，2013年，云垦公司创建“天然橡胶”手机网站及微信平台“天然橡胶”，向手机用户提供天然橡胶每日报价等咨询服务。天然橡胶网网站在业内拥有较高的知名度，360、搜狐、搜狗等国内各大搜索引擎中搜索“橡胶”“天然橡胶”排名均在首页，注册会员达500余万名，日点击率4万～12万次，是中国最专业的天然橡胶行业门户网站和全国天然橡胶行业公认的“天然橡胶网络信息第一平台”。微信平台日均点击率达到1万余次。

（三）存在的问题

主要品牌创建及品牌保护意识较弱，品牌监督管理力度弱，未形成统一的品牌管理模式，品牌效益不明显。虽然云南天然橡胶也出现了自有的知名度较高的品牌，如云南天然橡胶产业集团有限公司的“云象”和“金凤”品牌是上海期货交易所天然橡胶合约指定的交割品牌；昆明云垦橡胶有限公司“云垦牌”天然橡胶先后获得“昆明市知名商标”“云南省著名商标”和“云南省名牌产品”等称号，西双版纳国有东风农场“东风牌”天然橡胶曾获中国第一届农业博览会银奖，获中国第二届农业博览会金奖，在第三届农业博览会上又被认定为该行业“名牌产品”。经云南省天然橡胶及咖啡产品质量检验站每年两次定期抽检，均保持了抽检合格率100%的高水平，完全达到了国务院规定的免检标准。2004年被云南省名牌战略推进委员会评为“名牌产品”和“著名商标”等。但这些品牌多数属于在当地知名度高，全国知名度不高。大多数企业无品牌建设意识，商标申请、知识产权保护等意识淡薄，尤其是占2/3份额的民营橡胶品牌建设情况更是堪忧。

此外，天然橡胶批发销售环节监管不完善，不能有效打击掺杂掺假行为，严重损害消费者利益；销售渠道单一分散，流通环节繁杂，未形成统一的管理体制，生产、加工、销售各环节严重脱节，不能形成有效对接，不利于市场渠道秩序等也是目前云南天然橡胶市场营销方面存在的困难和问题，值得广大生产经营者、产业管理者以及学者们关注。

（四）建议

一是建立完善的仓储物流体系。一方面，围绕主动服务和融入“一带一路”建设、长江经济带发展战略，充分利用沿边经济走廊建设机遇，建立完善的仓储物流体系及多式联运体系，进一步提高物资周转运输能力，提高物流效率。在昆明等重要的物流节点城市、西双版纳等天然橡胶主要集散地，加强物流储运、集散中心建设，完善跨区域国际橡胶产品仓储物流体系，新建国际橡胶产品及物资仓储交易中心，建设电子信息处理中心、期货交易中心、橡胶产品仓储交易区、大宗产品集散区、管理服务区，以及公益性设施。另一方面，结合中老、中缅、中越等经济合作区建设，重点在勐腊、河口、孟连、孟定、瑞丽等口岸，新建或改造升级一批集流通加工、运输、仓储、中转、信息处理等功能于一体的橡胶综合物流园区，完善园区多式联运设施，推广托盘等标准化运输设备，完善保税物流、出口加工、交易结算、跨境电子商务等服务功能。推进橡胶加工企业与电子商务企业及物流企业的对接平台搭建，促进物流、融资、保险、检测等服务协同发展，完善期货交割仓库建设，拓展橡胶仓储物流园区功能。①

① 云南省工业和信息化厅关于印发云南省支持橡胶产业发展实施方案的通知。

二是扩大橡胶贸易市场影响力。一方面，要实施品牌提升工程，重点打造规模较大、信誉较好的现有橡胶品牌，加强云南国际橡胶交易中心建设，在全国下游制品区域择优建立“云胶”产品展示贸易中心和配送中心，扩大“云胶”在主要橡胶制品区域市场影响力。着力推进云南天然橡胶初加工产品、橡胶深加工制品的品牌建设，全面提升产品质量、产品附加值和产业效益，橡胶制品业实现较大市场突破。实施以品牌促生产，以品牌促销售，以品牌为带动的发展模式，品牌产品占云南天然橡胶达到90%以上。另一方面，要着力拓展终端市场。支持企业通过研究目标市场和制品企业特点，有针对性地制定市场拓展对策措施，通过提升产品适用性，稳步提高市场占有率。巩固现有期货、现货市场，加大与大型制品企业、特种胶产品应用企业的对接力度，努力构建云胶市场新格局。此外，充分借助中国橡胶工业协会、乳胶制品工业协会及省内外展会等重大活动平台，举办不同形式、不同层次、不同规模的品牌推介活动，与制品企业主动对接，鼓励各类企业创新营销方式。开展“天然橡胶 + 互联网 + 金融 + 现代物流”的运营模式，推动天然橡胶产品直供直销、电子商务等新型流通业态和现代交易方式。通过云南国际橡胶交易中心等平台发布云胶产品供求信息、价格指数，提升市场话语权。①

三是改善天然橡胶营商环境。梳理橡胶初加工企业布局，坚决淘汰生产规模小、环保不达标、产品质量差的落后产能。加强市场监管，推进企业失信管理，规范种苗销售、原料收购等市场环节。在执行《复合橡胶通用技术规范》新标准基础上，加强混合胶行业自律，严格监管进口天然橡胶产品，保障橡胶市场流通常态运行。

五、投（融）资体系

（一）基本情况：融资难、融资贵是制约云南天然橡胶产业发展的主要因素

目前，云南橡胶产业投（融）资主要来自三部分，一是政府资金扶持，二是银行贷款，三是企业和农户自筹。作为国家战略物资和云南重要的特色经济作物

① 云南省工业和信息化厅关于印发云南省支持橡胶产业发展实施方案的通知。

产业之一，多年来，从中央到云南省地方各级政府十分重视对天然橡胶产业的资金支持，主要从胶园种植、技术推广、产品加工等环节提供建设项目或保险等资金扶持，一方面，减轻种植户、企业等产业投资资金压力，提高橡胶种植户、企业等各方的生产积极性；另一方面，降低生产经营成本，确保橡胶种植户、企业等的基本收益。

银行贷款也是云南天然橡胶产业投（融）资的重要渠道之一。多年来，云南省天然橡胶主产区银行业的金融机构不断加大对橡胶产业信贷的持续投入，为橡胶企业和胶农提供资金支持，尤其是全省大力推进的农场普惠金融建设，也为广大山区胶农提供了部分资金支持。此外，高深橡胶（西双版纳高深橡胶股份有限公司）成立于 2010 年，2014 年完成股改，2015 年 10 月挂牌新三板，代码为 833021，为橡胶加工类企业，开启了云南省橡胶类企业上市直接融资。

当然，由于胶价持续低迷，目前，云南天然橡胶产业投（融）资方面尚未出现农业众筹的案例。

（二）案例

1. 金融创新支持西双版纳橡胶产业发展

一直以来，西双版纳州银行业金融机构在推进金融创新、完善金融服务、强化风险管理的同时，不断加大对橡胶产业信贷的持续投入，有效满足了橡胶企业和胶农在原料种植、橡胶初加工、生产技术改进、经营管理等各个环节的资金需求。

一是金融创新取得进展。近年来，金融机构在创新金融服务方式支持橡胶产业发展方面也采取了一些措施。如农行西双版纳州分行根据橡胶种植周期长的特点，把橡胶种植贷款的期限由原来的 3 年放宽为 8 年，缓解了橡胶种植户在橡胶种植前期资金投入大和无收益的矛盾；农村信用社内部橡胶林权抵押贷款的评估上限由 30 万元提高到 500 万元，即用橡胶林权做抵押贷款 500 万元及以下的不需评估公司进行评估，为种植户节省了很大一笔评估费用，让种植户得到了实惠。临沧、普洱、红河等金融机构则探索出以“公司 + 胶农”的合作形式贷款，以缓解因抵押物不足而得不到信贷支持的问题。

二是橡胶保险逐步推开。云南东风农场与西双版纳州人民财产保险股份有限公司景洪分公司通力合作，于 2012 年始开展橡胶种植保险试点工作。2012 年在各生产队进行小面积试点投保，2013 年全面铺开，共 1.06 万公顷开割橡胶园进行了投保，投保金额143.15万元。通过农场、生产队、居民组共同努力工作，圆满完成了橡胶树政策性保险工作，对东风农场橡胶灾后恢复生产发挥了积极作用，并取得了较好效果，有力地保障了东风农场橡胶健康持续发展（陈云发，2014）。自2013年开始，以农垦系统为主的政策性种植业保险逐步推开，投保费为675元/公顷，其中国家承担80%即540元/公顷，投保户承担20%即135元/公顷，目前在全省主要农垦农场已经实现，2018年上半年，仅西双版纳州农垦局所属农场就获赔400余万元。此外，为贯彻落实《中共中央 国务院关于打赢脱贫攻坚战的决定》和《中国保监会 国务院扶贫开发领导小组办公室关于做好保险业助推脱贫攻坚工作的意见》，"橡胶价格保险+期货"模式在全省范围内逐步试点，2017年先后在云南省临沧市、西双版纳州推出了"橡胶价格保险+期货"扶贫项目，保险期内各收盘价格的平均值若低于目标价，按照两者之间差额进行赔付，若保险期内未发生赔付，则期货公司将按照执行目标价与平均价间差额的1%进行扶贫帮助，该产品为胶农提供了一个有效的价格保障，具有十分重大的政策意义和操作空间。2017年5月26日，上海期货交易所与23家期货公司签署了项目合作协议书，正式启动云南省勐腊县"橡胶价格指数保险+期货"惠农扶贫项目。5月28日，由上期所牵头、勐腊县人民政府大力支持的"橡胶价格指数保险+期货"惠农扶贫项目正式出单，胶农共缴纳保费39.9万元（杨淑杰，2017）。截至2018年4月末，在橡胶价格持续低迷的情况下，累计向胶农赔付217.1万元，满足了勐腊贫困县种植橡胶农户应对市场价格风险的现实需求，同时也进一步提振了胶农发展橡胶产业的信心，扶贫成效显著。

三是建立产业发展投资基金。2017年，云南农垦集团与富滇银行合作建立"云南高原特色现代农业产业发展基金"，基金总规模为50亿元，用于支持云南农垦集团在云南"云系"特色农产品（鲜花、蔗糖、茶叶、咖啡、蔬菜、橡胶等）及物流贸易等产业配套领域所进行的投资。①

2. 西双版纳曼列橡胶有限公司贷款难的困境

一是流动性资金紧张，制约企业进一步发展。根据企业发展需要，西双版纳民营橡胶企业曼列橡胶以公司100%股权作为质押、个人房产作为抵押的方式，向景洪市信用联社贷款4795万元；通过个人房产抵押，向富滇银行贷款700万元，银行渠道融资合计5495万元。但由于橡胶产业的特殊性，原材料收购、备货、

① 云南省橡胶产业技术体系产业经济研究室提供调研数据。

库存、周转等流动性资金需求较大，生产所需流动资金1亿元左右，目前仍有4000万~6000万元的资金缺口。

二是融资渠道单一，担保公司融资成本高、风险大。为扩大生产及收购橡胶原料和购买辅料的需要，2015年6月18日曼列橡胶通过昆明的两家融资担保公司向西双版纳两家金融机构分别申请了3400万元、2610万元的一年期短期银行贷款，担保公司向企业累计收取保证金约800余万元，担保费率为3%，企业的综合融资成本高达12%。后两家担保公司涉及诉讼案件，担保能力下降，对金融机构贷款出现风险敞口，曼列橡胶公司不得不提前归还银行贷款4400余万元。此次贷款风险的出现，使曼列橡胶向担保公司缴纳的800余万元担保金被冻结，同时由于提前收贷造成曼列橡胶资金流动性不足等原因，给曼列橡胶带来了一定的损失。

三是缺乏有效抵押物，导致银行信贷融资困难。曼列橡胶流动性资金需求较大，而证券市场融资准入门槛高、期货市场融资费率贵（综合成本10%以上），并且存在较大的市场风险，银行贷款仍是曼列橡胶公司等小微企业的首选融资渠道，但是由于缺乏有效抵押物，导致银行信贷资金难以注入。因该企业权属明晰的资产已全部抵押，而公司用地一直未能确权颁证，导致无法通过土地抵押获取银行融资。具体情况为：目前曼列橡胶公司用地4公顷，其中1.87公顷2016年景洪市土地局已发文明确可办理土地证，且该公司已提供权证办理所需资料，但至今相关权证尚未办理。此外，办理相关权证需缴纳土地出让金800万~900万元，对企业带来了较大的负担。

（三）存在的问题

流动资金需求量大，但是由于天然橡胶价格下跌、林地所有权和使用权分离使得抵押物不足，加上各主产区天然橡胶产业基金发展迟缓（虽然早在2017年，云南农垦集团与富滇银行合作建立的“云南高原特色现代农业产业发展基金”涵盖天然橡胶产业，但是，西双版纳、普洱、临沧等天然橡胶主产区至今尚未建立橡胶产业发展基金，其他州市更是没有），使得投（融）资渠道单一，且融资难、融资贵是天然橡胶产业投融资长期存在的最大问题，非常不利于缺乏资金支持的中小企业的扩大发展，尤其是小微企业及偏远地区无金融支持服务的农户，融资难是他们普遍面临的问题，导致企业资金运转困难等现象，极大地限制天然橡胶产业的良性发展。

（四）建议

一是政府层面应加大财政投入，完善政府服务。一方面，省政府及相关部门可以结合国家天然橡胶保护区建设，研究制定保护区建设标准，完善激励机制和支持政策。积极争取国家以绿色生态为导向的农业补贴和财政贴息资金，加大政府资金扶持力度，扩大扶持对象范围，针对不同资金需求给予不同扶持政策，提高扶持资金的有效利用率。建立相关产业发展基金（橡胶产业发展基金或价格平准基金），为橡胶种植及加工企业增信。从每年减免的税费中拿出部分资金作为产业发展基金，提高产业的抗风险能力，增强产业发展后劲。另一方面，搭建政府、银行、产业对接和沟通协调机制。解决银企信息不对称问题，推进三方合作。加快“三权三证”确权和颁证进度，提高颁证率。建立橡胶评估、交易、流转、抵押贷款平台，为企业生产经营、创业提供指导性信息咨询服务。

二是建立橡胶产业发展投融资机制。探索创新投融资方式，加强市场化运作，充分发挥财政资金杠杆作用，利用高原特色现代农业产业投资基金等支持橡胶产业规模化加工、资源综合利用、高新技术研发及高附加值产品生产。充分发挥政策性银行和商业银行作用，用好用活现有开发性和政策性贷款，鼓励其他银行业金融机构探索“政府＋银行＋公司＋农户”等商业运作模式，全面拓宽橡胶产业投融资渠道。鼓励天然橡胶龙头企业利用兼并、联合、重组、上市等市场手段做大做强，壮大产业市场主体。

三是银行方面应加大信贷支持，创新服务模式。银行业金融机构要结合橡胶产业发展特点，合理确定贷款期限和利率水平，推广无还本续贷业务，支持正常经营的企业融资周转“无缝对接”，切实降低企业融资过程中的评估费用、贷款质押金、承诺费、咨询费和资金管理费等各项间接融资成本。要建立天然橡胶产业信贷投入合理稳定增长机制。在橡胶主产区、一类植胶地区、橡胶加工厂和胶农贷款难以得到保障时，对于市场前景较好的国有农场企业和民营“小巨人”企业加强信贷需求对接，给予差别化信贷支持政策。通过完善信贷风险分担和补偿机制，引导金融机构创新多元化金融产品及服务，推动商业银行和税务部门开展银税合作，推广“银税贷”。扩大政府与银行合作，推广“两权抵押贷款”。发挥扶贫再贷款在贫困地区橡胶产业领域的运用，提高扶贫再贷款的使用范围和领域。开展对橡胶产业价值链融资结构梳理，在风险可控的前提下，提高小额信用贷款、农户联保贷款的额度，放宽借款期限，开发更加符合市场需求的金融产品，满足产业资金需求；针对橡胶加工企业收购胶乳时资金需求量较大、周转快的特点，采取灵活的资金供应方式，不断创新落实各类信贷产品在橡胶领域的运用，通过仓单质押、票据融资、固定资产等多种金融工具，丰富农业产业化龙头企业融资渠道。

四是证券方面应积极拓宽企业融资渠道。强化银证、银保、银信之间的合作，提高直接融资比例，拓宽橡胶行业融资渠道。加快发展多层次资本市场，借助交易所、中介机构加大本省或本地橡胶产业企业上市培育力度。进一步完善企业上市“绿色通道”制度，积极引进外地资金、技术、人才等带动本地企业发展，积极引进私募股权等业务，支持符合条件的企业上市。大力发展各类投资基金，如：珠海汇垠成远投资管理有限公司、中国农大校友基金等均申请成立西双版纳天然橡胶产业投资基金，构想以“投资+孵化”模式，推动产业转型升级。支持企业开展直接融资，鼓励企业发行公司债、项目债等。

六、风险控制策略

（一）基本情况

虽然农业产业的发展易受自然、社会、经济、科技、政策、文化和宗教甚至经营等多种因素的影响，风险也来自由此涉及的方方面面。由于我国的天然橡胶主要分布在热带北缘，属于传统理论上的不适宜区或“禁区”，容易受各种自然灾害特别是台风、低温和干旱的影响。加之由于天然橡胶的金融属性十分明显，供需变化和价格波动对产业的影响放大效应明显，因此，本研究重点阐述天然橡胶产业的自然风险、市场风险及其应对策略。

1. 自然风险及应对措施

农业生产的自然特性使得自然灾害成为无法回避的问题。我国属于自然灾害频发的国家，水、旱、病虫、风、震等灾害不断发生，给农业生产带来巨大损失。2014 年由于自然灾害我国农作物受灾面积达到 2500 万公顷·次，其中绝收 300 多万公顷·次[①]。橡胶树是一种喜欢高温、多雨、静风和肥沃土壤的典型的热带乔木（何长辉等，2015）。我国的橡胶种植区域主要位于热带北缘，时常受到台风、干

① 民政部国家减灾办．民政部国家减灾办发布 2014 年全国自然灾害基本情况［EB/OL］．2015－01－05.

旱、低温、病虫害等自然灾害的影响。影响海南橡胶树生长的主要自然灾害分别为风害、白粉病和小蠹虫，尤其是台风。近5年来登陆海南植胶区的强台风多达7个，其中2个是超强台风，每年因自然灾害造成的产量损失超过5万吨，受灾胶园平均需要5年以上时间才能恢复正常生产水平。同时，在极端气候下，引发大面积的病虫害，造成我国胶园大面积停割。可以说，我国的植胶史就是一部植胶人与自然灾害的搏斗史。如2005年台风“达维”登陆，给海南农垦橡胶种植业造成巨大经济损失。统计数据显示，受风害3级以上开割橡胶树达3372万株，受害率为51.0%，风害3级以上未开割橡胶树为789.9万株，受害率为33.9%，直接经济总损失达24亿元（余伟等，2006）。2008年1月中旬，海南进入持续40多天的低温、阴雨天气，受平流型寒害影响，海南垦区开割橡胶树死亡超过100万株，未开割树死亡达到117万株；低温寒害还导致海南垦区橡胶树开割时间普遍推迟1~2个月，造成约2.71万吨的干胶损失，直接和间接经济损失16亿元以上（梁运强，2008）。与此同时，寒害的蔓延还诱发小蠹虫等次生灾害，海南垦区约500万株开割橡胶树发生小蠹虫害，占开割橡胶树面积的10%（符耀彩等，2008）。

云南生态条件复杂，是一个自然灾害多发的省份，有“无灾不成年”之说。在2009~2010年发生的百年一遇的西南特大旱灾中，云南省仅农业损失便高达172亿元人民币，罗平4万公顷油菜花海成死海。此次秋冬春连旱还导致云南省780万人、486万头牲畜饮水困难，秋冬播农作物绝收95万公顷，全省小春粮食比上年减产50%以上。虽然近些年来，随着云南省对防灾减灾工作的重视，自然灾害给云南省农作物所带来的损失有所下降，但灾害所造成的损失程度远超过世界平均水平。

云南天然橡胶生产受各类自然灾害影响巨大，主要包括风害、白粉病和干旱。2009~2010年的秋冬春连旱中，省内各植胶区无一幸免，均遭受到不同程度的旱灾，仅云南农垦干胶减产就达10%以上，约1.2万吨，经济损失2.5亿元。[①] 2011年1月1日，云南红河、文山植胶区出现低温寒害，12℃低温持续48天，使橡胶树、香蕉等热带、亚热带经济作物遭受严重的寒害，企业和农户遭受了较大经济损失（阿红昌等，2011）。2008年，西双版纳州20万公顷胶园不同程度发生白粉病，其中，开割胶园受灾面积超过6万公顷，民营橡胶园成灾面积约5.8万公顷，

---

① 云南省农垦总局《关于做好抗旱救灾工作的紧急通知》。

受灾胶园开割时间普遍推迟1个月左右，部分病情严重的林段开割时间将推迟2个月或2个月以上，干胶损失率在6%~8%，干胶减产1.5万吨，是西双版纳发展天然橡胶产业50多年来，遭受病害危害最严重的一次。2017年云南省爆发的橡胶白粉病影响全省天然橡胶种植面积30%~40%。①

各级党委政府历来高度重视天然橡胶产业的自然灾害防控，严格贯彻落实“预防为主，防控结合”的方针，除支持相关科研机构从抗逆品种选育到栽培管理技术方面进行攻关，培育推广耐寒、耐旱、抗病品种和配套栽培技术外，政府层面还组建了由气象、农业/农垦、林业等部门及科研单位构成的多级灾害预警防控体系，加强各种自然灾害的预测预报和防控指导。国家橡胶产业技术体系设有天然橡胶病虫害防控研究室，2017年云南省橡胶产业技术体系建立时即设立病虫害防控岗位，专门指导各胶区进行天然橡胶病虫害预测预警和防控。从胶农的角度，根据各地生产习惯和自然灾害具体情况，主要采用停割等应对措施减少因灾损失。

关于风害的应对措施：在受台风影响较为严重的海南植胶区，有少数胶农会在台风来临之前清理胶园部分枯枝、检查胶园排水情况、修剪幼树和砍掉部分枝叶等。多数胶农会在风害过后砍掉断倒橡胶树或者枝条，将开割时间较短、较小的未开割橡胶树人工扶起等措施。

关于寒害的应对措施：应对低温寒害主要有冬季除草培土、增施钾肥、锯枯枝、用烟熏胶园、提前停割或者降低割胶频率5种措施。云南植胶区每隔几年都会发生低温寒害，部分地区受损严重。有关调查结果显示，西双版纳胶农应对低温寒害的主要措施是用烟熏胶园，少数胶农采用冬季除草培土、给树根涂药和锯枯枝等应对办法，没有农户因寒害增施钾肥（何长辉等，2015）。

关于旱灾的应对措施：由于严重干旱会显著影响橡胶树的产胶能力，因此，当干旱发生时，部分胶农会采取降低割胶强度甚至暂停割胶的措施，除停割外，部分有条件的会抽水补灌。云南植胶区受旱灾较海南严重，因此近七成胶农会在干旱发生时采取停割。

关于病虫害应对措施：我国主要植胶区几乎每年都会发生病虫害，制约着产业的发展，其中比较典型的是白粉病和小蠹虫，应对措施主要是喷施药剂和适当

---

① 2017年白粉病涵盖影响种植面积在30%~40%［EB/OL］. 天然橡胶网，https://www.yunken.com/?p=32337.

降低割胶强度或者暂停割胶以维持橡胶树生长。区域内联防联控能显著提高药剂效果，目前在农场胶区和有橡胶合作社等组织化程度较高的地区推广应用较好，在面积占全省 2/3 的民营胶园防治情况则参差不齐，防控效果不甚理想。

2. 市场风险及应对措施

市场风险主要指因市场供求关系变化引起的价格波动进而对产业发展的影响。从国家层面看，由于经济不景气以及替代品的发展，全球对天然橡胶的依赖已经减轻，我国天然橡胶资源全球化配置基本形成。虽然当前，全球合成橡胶和天然橡胶供应大于需求，我国未来天然橡胶需求增长可能放慢甚至减少（莫业勇，2019）。但是，由于合成橡胶不能完全替代天然橡胶，我国的天然橡胶产销自给率低、进口依存度和集中度双高以及定价权的缺失，受国际贸易限制和国际天然橡胶资源合作不确定性等因素影响，产业风险仍然存在（陈明文，2016）。

近年来，国际天然橡胶供过于求，加上受国内外经济环境、轮胎等下游制造业的发展、合成橡胶替代关系、汇率变动、金融市场融资贸易等因素影响，胶价持续低迷。以 2017 年云南为例，云南省农业农村厅公布的天然橡胶现货价格为 1.3 万元/吨，而同期天然橡胶的销售成本达到 1.8 万元/吨，价格远远低于成本。据农业农村部南亚办的数据，与 2016 年相比，2017 年，全省天然橡胶面积减少 1.4 万公顷以上，虽然开割面积增加了 6600 多公顷，但是干胶产量降低了 1 万多吨。胶工收益极大地减少，其他经济作物比较收益远远高于天然橡胶，由此引发一系列问题，大量胶工放弃割胶从事其他产业，胶园大面积弃割，甚至出现“挖树毁胶”的现象，给产业发展带来极大的风险。

为支持天然橡胶产业健康持续发展，近年来国家陆续出台了系列措施。从 2006 年起中央财政安排专项资金，在广东、海南、云南三大植胶区实施天然橡胶良种补贴项目，并于 2010 年逐步扩大良种补贴范围，2013 年，中央财政对海南地方民营橡胶补贴达到 1000 多万元。2009 年，国家物资储备局与海南农垦、云南农垦签署国家储备橡胶协议。2015 年起，中央财政开展对民营天然橡胶进行林业补贴试点，2016 和 2017 年，云南省民营天然橡胶获得国家财政林业补贴项目资金共 2500 万元、国家财政橡胶抚育补助 400 万元。2017 年，我国启动建立风险对冲机制及合理保险制度规避天胶风险，结合脱贫攻坚的需要，在海南和云南天然橡胶主产区开展了“期货 + 保险”的精准扶贫试点，旨在通过保险挂钩上期所橡胶期货，为胶农割胶价格提供保护。项目覆盖海南、云南共 15 个贫困区县，涉及天然橡胶现货产量约3.6万吨，种植面积约2.67万公顷。[①] 首个项目于2017年6月落户于海南白沙，同年9月初也在云南落地。2017和2018年，国家共安排云南省项目39个，资金合计7410万元，区域覆盖勐腊、沧源、西盟等10多个县市区，挂钩签约现货产量约7.7万吨，实现赔付5453.13万元，惠及胶农5万余户。2020年，上期所总计投入1.5亿元，同比增长41%，将为全国25个产胶县的18.95万吨天然橡胶提供价格保险，预计为超过10万户的胶农提供价格托底保障（李金艳，2019）。扶持胶农的“保险+期货”项目，投入资金由2019年的9000万元增加至1.3亿元，并实现了海南白沙、保亭、琼中、临高、五指山、乐东、文昌以及云南西盟、永德9个县（市）民营橡胶产量全覆盖；扶持橡胶生产龙头企业的场外期权产业扶贫项目，投入资金由2019年的1600万元增加至2000万元。上期所自2017年起已连续3年开展天胶“保险+期货”精准扶贫试点工作，已累计向近19.3万户次的贫困胶农赔付约1.6亿元，其中建档立卡户约7.6万户次。

（二）案例

1. 云南德宏橡胶价格保险项目正式启动

在上海期货交易所专项资金的支持下，在德宏州人民政府的大力支持下，国海良时期货有限公司与人保财险合作的云南德宏州橡胶价格保险项目于2018年6月正式启动。项目确定在全国集中连片特困地区滇西边境山区，主要投保农场是农业部“十三五”规划重点扶持的贫困农场。项目保障天然橡胶现货量达到1000吨，投保农户向人保财险购买橡胶价格保险，实现收入保障，人保财险向国海良时资本管理有限公司购买场外期权转移价格下跌风险。为优化投保价格，项目允许农场分三批投保。同时项目允许农场提前点价，以提高赔付效果。此外，该项目还提供基差风险赔付，以帮助农户规避基差损失。

2. 云南2018年天然橡胶“保险+期货”精准扶贫项目第一期赔付到位

2018年10月12日，2018年天然橡胶“保险+期货”精准扶贫试点项目云南地区第一期现场赔付仪式成功举办，本次共计赔付1125万元，涉及临沧市永德县、镇康县、耿马县和普洱市西盟县共6022户胶农，其中建档立卡户3689户，承保天然橡胶现货产量9600吨，在天然橡胶价格持续下跌的情况下，有力地帮助胶农抵御市场价格波动风险，保障了广大胶农尤其是贫困胶农的切身利益（唐燕，

① 创新天胶“保险+期货”模式 服务农业结构性改革［EB/OL］. 中国新闻网，2017-05-18.

2019)。“保险＋期货”项目试点工作是期货行业助力脱贫攻坚、落实乡村振兴战略的重要抓手，是运用金融工具助力脱贫攻坚的重要举措，2018年落地云南“保险＋期货”试点项目保障覆盖面和保障资金投入相比去年大幅提升，首期资金赔付到位，使广大胶农切身体会“保险＋期货”带来的实惠，项目的认知度和影响力不断扩大，为全省脱贫攻坚工作做出积极贡献，更为重要的是为后续胶农长期稳定收入提供了新模式和新路径，“保险＋期货”项目的持续实施将有效防止胶农因价格下跌而返贫、致贫，对巩固胶农脱贫工作成果意义重大（唐燕，2019）。

（三）存在的问题

一是政府、企业及农户应对自然灾害的能力有待增强，虽然国家和省级层面均建立了灾害预报和预警监测体系，但是灾前防御工作未形成统一体系化，如台风、寒害等灾前防御基本靠农户自发，病虫害统防统治覆盖面窄等，更多的是灾难发生后重建修复，若做好灾前防范措施，不但可减轻受灾损害，同时也可减少灾难后重建修复投入成本。

二是广大胶农对保险的重要作用认识不足，主动投保意愿不强，而政策性保险品种比较单一，且覆盖面不广，无法满足生产实际需求。

三是政策性保险宣传工作不到位，保险公司与政府、企业、农户等多方之间的沟通协调还有待增强。

（四）建议

一是加强资源保护和合理开发。遏制和清除超宜林地规划范围、超海拔上限、超坡度的橡胶林，鼓励和支持建设“高产、优质、高效、生态、安全”的高标准生态橡胶园。

二是落实灾害防治责任，加强源头预防。做好灾前排查、灾中巡查及灾后复查工作，建立群测群防体系，制定应急预案，加强沟通协调及监督检查，积极推进白粉病联防联控。

三是加强各级政府部门的沟通协调。明确任务、落实责任、多方联动、密切配合，广泛宣传政策性保险意义、政策措施等，增强广大群众保险意识，推进各类政策性农业保险工作的进展。

四是进一步完善天然橡胶保险制度。建立健全天然橡胶风险转移分散和保障机制，减少灾害、疫病和市场等因素对天然橡胶发展的冲击，稳定天然橡胶生产、增加胶农收入。不断扩大天然橡胶自然灾害和病虫草鼠害等的保险覆盖率，各级财政的补贴不低于保费的80%；探索开展天然橡胶的产品价格保险、收入保险试点，对价格保险、收入保险、“保险+期货”等新型保险进行保费补贴支持。

五是不断创新保险服务方式。发挥保险保障和资金融通功能，加强天然橡胶农业保险、农业担保等金融服务。进一步建立健全农业保险机构，引导现有保险机构涉足橡胶保险业务，探索适应橡胶产业发展的金融新模式。扩大“橡胶价格保险+期货”扶贫项目的试点范围。通过保险挂钩上海期货交易所橡胶期货，利用市场化手段，在保障胶农基本收入的同时，对天然橡胶产品价格风险进行定价和转移，有效规避橡胶价格波动带来的市场风险。发挥财政手段的引导和推动作用，扩大政策性农业保险参保范围，推动建立由各级财政、龙头企业、种植户共同出资的农村金融银保合作分散机制，通过开展“信贷+保险+企业+农户”“信贷+担保+企业+农户”等业务模式，化解农村信贷风险和自然风险，推进保险与信贷、保险与产业的良性互动发展。

七、融合发展

（一）基本情况

天然橡胶曾是云南历史上产业化程度最高的传统农业产业，20世纪50年代云南开始大规模发展天然橡胶产业之初，就将橡胶林种植和加工业进行统一规划和建设。目前，云南已初步形成了天然橡胶种植—加工—营销产业链，虽然产业链环节不健全，但这种模式也有效提高了农户、企业的积极性，能够有效地利用资源优势打造特色产业模式，天然橡胶在全国市场中占据重要位置。在种植方面，形成农户、企业、基地、合作社相结合的种植、收购模式，形成从生产到销售的循环模式。在加工方面，形成初加工—深加工—副产物综合利用的循环经济模式。在销售方面，形成了“期货+现货”“线上+线下市场”相结合、直接渠道与间接渠道相结合的多渠道模式，与种植农户、生产企业形成无缝对接。

近年来，云南推进天然橡胶发展方式转变，推进环境友好型生态立体胶园建设模式，一方面优化橡胶林的生物多样性，提高橡胶林的生态效益，另一方面推动胶林景观与乡村休闲旅游相结合，提高橡胶园综合经济效益，使环境友好型生态立体胶园成为云南天然橡胶生产的最佳技术模式和三产融合的雏形。如在景洪、芒市等地示范推广橡胶林下种植珠芽魔芋、套种澳洲坚果、咖啡、养殖土鸡等生态种养模式。此外，在科研单位的支持下，位于西双版纳州景洪市的云南企业不仅攻克了利用橡胶籽生产食用油、橡胶籽壳生产木塑型材工艺技术并取得系列专利授权，而且其产业化生产也走在全国之首。同时，该公司早在几年前就提出了将天然橡胶与旅游业深度融合的《华坤公司天然橡胶产业三产融合科技文化产业园建设规划》，希望以此促进西双版纳州发挥天然橡胶生产大州和旅游资源富州的优势，促进西双版纳的旅游业升级和再造，得到国内学界的高度赞扬。

此外，近年来，对于天然橡胶产业的非胶物质——如云南省热带作物科学研究所白坚木皮醇等的研究也取得了可喜的成绩；西双版纳华坤生物科技公司橡胶籽壳、橡胶籽油等的开发利用研究和产业化也取得了实质性的进展并展现出良好的发展前景。

（二）案例

1. 勐腊农场环境友好型生态胶园建设取得初步成效

为进一步加快开发农场优势资源，全面提升传统天然橡胶优势支柱产业，勐腊农场以改善橡胶种植区域生态环境、提高天然橡胶产业经济效益和可持续发展为目标，以增加胶园生物多样性和加强胶园水土保持为切入点，按照“橡胶发展，环境优先”的理念，着力构建以橡胶为主的多物种、多层次胶园复合系统，实现地表生物覆盖化、群落物种多样化、系统要素相融化、效益协调统一化的“四化”建设目标，推进橡胶种植业由数量型向高产、优质、高效、生态、低碳的技术效益型转变，促进天然橡胶产业全面协调可持续发展。主要做法是在橡胶种植区域内不同地段进行整体规划、合理布局，选择生物生态学特性不同的珍贵用材植物种类，在橡胶林下进行组合种植，建立多层次、多种类的胶林复合型生态系统；在山顶、山脊、沟谷、溪沟两侧和陡峭地段种植珍贵林木进行植被恢复；橡胶林间主干道路两侧和山脚种植热带灌木水果菠萝蜜；坡度 25 度以下水源条件较好地段，橡胶林行间套种香蕉；坡度超过 25 度或无水源的地段，行间种植菠萝、玉米等短期作物或种植无刺含羞草等豆科绿肥覆盖作物或保留优良原生植被。2014 年开始建设环境友好型生态胶园示范基地，至 2015 年共建设橡胶面积 3179. 3 亩，种植海南黄花梨 5. 97 万株，胶园行间套种香蕉面积 1578. 1 亩，套种菠萝 140. 8 亩，种植马来西亚菠萝蜜 1 号 1000 株。项目通过改变传统单一植胶的产业模式，形成以橡胶为主，以短养长，长短结合，多种植物共生共长的复合型经济生产模式，减少胶园抚管用工，保持水土，培肥地力，经济生态效益明显。一是定植1年胶树的平均茎围生长量达12.8厘米，比对照区域平均茎围生长量9.0厘米增加42.22%，当年定植胶树的平均生长量5.8蓬叶，比对照平均生长量4.6蓬叶增加26.08%。二是在橡胶树非生产期内，承包户将所承包的更新胶园土地租赁给香蕉专业种植者，在橡胶园行间种植香蕉，平均年租赁费9575元/公顷，一次性租赁种植香蕉3年。一个橡胶种植承包单元可增加土地租赁收入2.87万元/公顷。示范区胶园行间套种香蕉105.2公顷，3年可增加收入302.19万元，平均100.73万元/年；套种菠萝9.38公顷，年平均增加收入6万元/公顷，年可增加收入56.32万元。示范区胶园种植菠萝蜜1000株，常规管理3年挂果，以每株挂果10个，单果重量10千克/个，市场价12元/千克计算，一株产值达1200元/年，可增加收入120万元/年。三是珍贵用材林木多为阔叶树种，而阔叶树种组成的林分具有良好的生态功能，林木枯枝落叶量大、容易分解，其根系能够充分吸收林地土壤中的水分、养分且涵养水源效果明显。其花、果及自身形成的环境是小动物、昆虫的良好憩息地，能有效提高林分生物多样性，进一步发挥橡胶林保持水土等的生态效益（叶德林，2017）。

2. 华坤生物科技有限公司积极开发天然橡胶副产品，推进三产融合发展

西双版纳华坤生物科技有限公司位于西双版纳州景洪市，成立于2010年8月，是一家集科研、生产、销售于一体的科技型生产企业。拥有国家高新技术企业、云南省省级企业技术中心、云南省农业产业化重点龙头企业等10余项荣誉称号，获得过20余项国家授权专利，承担了50多个国家级、省级、州级科研和产业化项目。通过十余年不断的技术创新，公司利用橡胶树开创了一个巨大的循环经济产业链：突破橡胶树种子油作为食用油的诸多技术障碍，开创了中国最大的木本油料新油源；利用橡胶树种子壳和橡胶木锯末为主要生物质原料，通过高温高压进行改性接枝，生产出了达到中国环境标志认证标准的产品，大量运用于室内外装修装饰，市政园林领域；将现代绿色建筑科技，环保木塑材料和民族传统文化完美结合，秉承“工业+艺术+文化”理念，首创木塑轻钢装配式民居建筑系统。公司已建成国内规模最大的20000吨原料/年的食用橡胶树种子油生产厂和云南规模最大的10000吨/年的高分子环保木塑型材生产厂，具有30万平方米/年木塑轻钢装配式民族建筑生产能力。①

① 云南景洪市农村信用社大力支持 西双版纳农业发展特色足［EB/OL］. 金融时报，2018-02-06.

此外，华坤公司以国家农村一二三产业融合发展的新理念为指导，以西双版纳得天独厚的旅游资源为依托，积极推进在当地建设天然橡胶产业三产融合科技文化产业园，将天然橡胶产业的产业链延伸和提质增效与旅游业的转型升级和再度发展进行紧密结合，实现三产融合。

（三）存在的问题

一是天然橡胶产业与其他产业的融合发展规模效益未形成。目前云南环境友好型立体生态胶园模式示范推广工作还在循序进行中，虽然目前示范推广区域已取得良好社会效益和生态效益，但云南橡胶林面积广阔，可挖掘市场潜力非常大。

二是胶园立体种养模式单一，科技支撑不足。虽然理论上橡胶林下可种养的经济作物和畜禽品种不少，由于相关研究起步较晚且缺乏专门的经费支持，具体模式大多处于试验阶段，尚未形成真正意义上的橡胶林下种养及与其他产业融合发展的综合开发模式。云南作为天然橡胶主要生产区，有着悠久的天然橡胶种植历史，广大植胶区自然植被良好，山水秀丽，民族众多，因而如何将天然橡胶产业与自然风光、民族文化和旅游文化产业进行有效结合，形成具有云南特色的橡胶林文化旅游经济，可值得探索。

三是政府对天然橡胶三产融合认识不足，重视不够，地区发展差异大。

（四）建议

一是采用多种措施治理“三超”，引导“三超”胶林退胶还林或发展其他适宜经济作物或经济林果业。加大力度研究推广环境友好型生态立体胶园建设，支持各地充分利用胶园的林下资源发展种植业，因地制宜开发林果、林茶、林咖、林草、林苗、林药、林菌、林花等产业。充分利用胶园林荫空间发展立体养殖，形成林禽、林蜂等新的生产模式（白建坤，2015）。

二是支持有基础的主体加快建设天然橡胶三产融合科技文化产业园，充分发挥胶园空气清新、生态良好的优势，合理利用林园景观、自然环境、林下产品资源，发展园林旅游观光、休闲度假等产业，带动全省天然橡胶产业三产融合发展（白建坤，2015）。

三是加大各级政府部门重视程度，积极支持开发利用林下产品，延伸林下经济产业链，提高附加值和综合经济效益。

四是扶持和培育橡胶籽综合利用产业，推进橡胶木材、橡胶籽、橡胶初加工废水等综合利用，延伸橡胶产业链，持续开展废旧橡胶资源再生利用项目，提升橡胶产业资源综合利用水平，支持企业发展初加工废水制沼气、白坚木皮醇提取等副产物综合利用项目。

八、科技推广应用

（一）基本情况

如前所述，由于巴西橡胶树原产巴西亚马孙河流域热带丛林，性喜高温、高湿和静风环境，所以世界上85%以上的橡胶集中在赤道南北纬10度以内的东南亚诸国，植区又多在近海低海拔地带，很少超过100米，因此，许多国外学者和植胶权威人士认为，橡胶树仅仅生长在赤道两侧南北纬10度以内的热带地区或南纬10度和北纬15度之间的热带地区（曾德禄等，2013）。云南植胶区不仅远离赤道广布于北纬21度~25度，而且生产海拔已达到1000米左右，不仅大规模植胶成功，还取得了高产，究其根本当然离不开橡胶科技先辈的艰辛努力和无私奉献。在学习、吸收国内外经验的同时，广大橡胶科技工作者从云南特殊的自然环境条件出发，坚持艰苦奋斗、勇于开拓的创新精神和实事求是、尊重自然的科学态度，采用科研、教育、生产结合的方式进行攻关，经过长期、反复、艰辛的试验研究和生产实践，在经历了诸多挫折、克服了诸多困难之后，解决了橡胶树北移中的一连串关键技术问题，总结出云南热带北缘非传统植胶区抗寒高产的一整套综合技术，科学技术的进步，才使得云南的天然橡胶产业迅速成长，可以说，云南天然橡胶产业的兴起和发展，再一次完美诠释了科学技术是第一生产力的论断。目前，我国已经基本形成较为完善的天然橡胶研发推广体系。中国热带农业科学院成为天然橡胶基础科研和应用科学研究的核心机构，海南、云南、广东农垦也有自己的天然橡胶生产技术研发推广中心和推广体系（杜亚光，2009）。

跟其他大多数农业产业一样，目前，云南省天然橡胶科研和技术推广以政府为主导，涉胶基础科研和应用科学研究等工作主要集中在农垦系统的3个热带作物研究所，技术推广体系除省农垦局外，涉及单位主要包括省级科研机构、热区热作管理部门和技术推广部门。组织方式上，一是通过国家和省级农垦系统安排的各种示范项目，选择有代表性的农场/或民营胶林（极少）建立示范区、示范点，示范推广新品种新技术，带动周围农户采用先进技术，这种方式过去几十年曾是天然橡胶科技应用和推广的主导形式；二是通过国家和省级橡胶产业技术体系建设，来示范推广新品种和新技术，达到扩大科技应用范围、引领产业发展的目的，是目前我省天然橡胶科技推广应用的主要渠道之一；三是各级科技部门、农业部门以及个别以天然橡胶为主导产业的州（市）级财政偶尔也会安排资金支持天然橡胶的科技推广和应用。另外，技术与信息咨询服务也是科技推广的主要方式之一，即农业技术推广人员和专家利用特定的时间及场所向橡胶种植农户或企业提供技术咨询服务，解决他们在实际生产中遇到的问题，传授其先进技术知识和生产知识，让新知识、新技术更好地应用到橡胶生产中（王景华，2016）。此外，科研机构与橡胶农场或地方政府签订天然橡胶技术承包服务合同，进行技术推广服务的方式也偶尔存在。

云南涉胶科研机构主要有农垦系统的三家，分别是位于西双版纳州景洪市的云南省热带作物科学研究所（以下简称“省热作所”）、位于红河河口的云南省红河热带农业科学研究所（以下简称“红河热作所”）以及位于德宏州瑞丽市的云南省德宏热带农业科学研究所（以下简称“德宏热作所”）。云南天然橡胶科技创新取得的一系列重大成果，形成了独具特色的、热带北缘云南高海拔地区大规模植胶的科学技术体系，橡胶树在热带北缘云南高海拔地区种植成功并实现大面积高产稳产，技术和产量达到世界先进水平，不仅是几代农垦科技工作者坚持不懈开展橡胶科技创新的结果，也是重大科技创新成果在生产实践中应用取得的巨大成就。[①]尤其是省橡胶产业技术体系的建设，有效扩大了云南天然橡胶科技推广应用服务覆盖范围，从之前重点服务国营农场逐步拓展到兼顾民营和私营橡胶，进一步加快了全省天然橡胶科技创新和推广应用的步伐。

云南现代农业橡胶产业技术体系始建于 2017 年，是在省农业农村厅支持下，由省热作所牵头组建的，重点围绕云南橡胶产业发展存在的问题和未来发展需求，研究提出产业发展、技术研发方向和研发重点，制订联合攻关方案，组织进行共性技术和关键技术研究、集成和示范。体系首席科学家由省热作所所长李国华研究员担任，依托省热作所设立育种和繁育、栽培与加工 3 个功能研究室，依托红河热作所和德宏热作所分别设立病虫害防控和土壤肥料研究室，依托省农科院经信所设立产业经济研究室，并在全省橡胶主产区依托州（市）或县（区）农业技术推广机构设立景洪、勐腊、普洱（墨江）、临沧（耿马）、红河（绿春）和德宏

---

① 云南省热带作物科学研究所. 科技创新　促进研究所发展壮大［J］. 云南科技管理，2008（4）：10.

（芒市）共6个综合试验站，根据本体系联合攻关方案，做好本领域的技术研究、集成示范和推广应用。

众所周知，我国现代农业产业技术体系建设是一项重大的制度创新、机制创新和管理创新，不仅有利于促进产业基础技术、共性技术、关键技术研发，而且能够推动相关技术资源优化整合和体系化运行，从而为从整体上促进产业技术创新，为产业发展提供内生动力打下了基础。云南省现代农业橡胶产业技术体系在组建不到3年的时间，不仅有效整合了云南省内的天然橡胶科技资源，加强了与国家体系的沟通与交流，促进了双方的互信与合作，而且在资源和育种等基础研究以及环境友好型生态胶园建设、土肥高效利用等共性技术研究，特别是新品种、新技术、新工艺以及病虫害预警和联合防控等科技推广应用方面做了大量卓有成效的工作：一是制订了2017~2019年各年度的天然橡胶生产主推品种和主推技术，云研73-46、云研77-2和热研8-79等品种和《生态胶园创建技术指导意见》《橡胶树气刺微割高效采胶技术》等技术被省农业厅采纳向全省发布；二是累计推广了云研73-46、云研77-2、云研77-4、热研8-79、热研7-33-97、热垦628和云研80-1983等新品种近25000亩；三是制定了云南省地方标准《环境友好型生态胶园建设技术规程》1个，在景洪试验站和勐腊试验站分别建设了40多公顷的环境友好型生态胶园核心示范区，并在景洪市和勐腊县的农场和乡镇累计推广环境友好型生态胶园关键技术近1.3万公顷；四是针对老龄橡胶树挖潜割胶劳动强度大的问题，示范推广气刺微割短线高效采胶技术近300亩，割胶速度提高1倍，劳动强度显著降低，增产20%以上；五是在瑞丽农场和遮放农场建立了橡胶树叶片营养诊断施肥技术核心示范区20公顷，推广配方施肥技术420公顷，取得显著的增产效果；六是建立了“两病”同防、橡胶树根病综合防控、橡胶树病虫害综合防控及绿色防控试验示范基地共5个100余公顷，累计发布病虫害监测与预警信息59期，转发气象信息109期，指导防治面积达26万余公顷，33期，指导防治面积78万公顷·次；七是在孟定农场三作业区四大队创建割龄10年以下单株产量达到12千克以上的超高产试验点1公顷，2017年单株产量11.21千克，2018年（7割龄）单株产量10.4千克。在孟定农场一作业区三大队建立目标产量3吨/公顷以上的超高产试验区6.67公顷；八是开展原料性能研究，凝标胶PRI值提升技术应用示范取得显著成效，示范企业SCR 10号凝标胶合格率由应用前的26%提升至90%以上，较好地解决了企业凝标胶生产由于PRI值不达标而降级的问题，有效地促进了企业提质增收；九是收集了近10年国内外天然橡胶生产、消费和贸易等基础数据并进行动态更新，赴省内天然橡胶主产区开展了系统调研，除每年撰写云南天然橡胶产业发展报告和咨询报告外，围绕云南天然橡胶产业提质增效、产业扶贫和国家天然橡胶保护区建设等主题，撰写一系列决策建议被全国政协、九三学社中央和省政府等采纳5篇。

（二）案例

1. 云南省热带作物科学研究所推进完成云南天然橡胶的四次重大科技革命

云南省热带作物科学研究所（以下简称“云南省热作所”）成立于1953年9月，其前身为“云南省西双版纳车里特种林试验场”，为省属公益一类农业科研事业单位，主要从事以橡胶树为主的热带生物资源的利用研究，是云南省唯一系统开展巴西橡胶树应用研究的农业科研单位。

云南省热作所就是为在理论上和实践上回答党中央云南南部能否大规模植胶这一历史命题而成立的。根据中央的要求，试验场当时的工作方针是：“自力更生、艰苦奋斗，通过试验研究摸清情况，积累经验，造就人才，为回答在热带北缘云南高海拔地区能否大规模植胶、建立我国第二个天然橡胶生产基地提供可靠的科学依据，并为发展其他热带作物创造条件”。经过60多年的发展，云南省热作所先后推进完成了云南天然橡胶的4次重大科技创新并取得系列科研成果，为云南乃至我国的橡胶科技事业和天然橡胶产业发展做出了不可磨灭的贡献，已建成我国重要的热带农业研究中心。

第一次重大科技创新：发明了抗寒植胶的关键技术，实现了橡胶树北移栽培成功。1953～1982年云南省热作所开展了269个课题研究，获奖成果37个项目，提出了云南橡胶树北移栽培的关键技术：“环境、品系、措施”三对口，突破了传统植胶区的界限。支撑云南建成了我国纬度最北（21度～25度）的天然橡胶生产基地6.67万公顷。橡胶树北移栽培技术在云南植胶区大面积应用，把世界植胶理论确定的北纬17度植胶界限向北推移至北纬25度界限。这是对世界植胶理论和植胶实践的重大突破，是云南植胶史上的第一次重大科技创新，“橡胶树在北纬18度～24度大面积种植技术”与海南、广东等单位共同获得1982年的国家发明一等奖。

第二次重大科技创新：发展了“橡胶树在热带北缘云南高海拔植胶区大面积高产综合技术”，实现了云南植胶区大面积高产稳产（祁栋灵等，2007）。从1994年开始平均单产突破1.5吨/公顷，成为世界上单位面积产量最高的地区之一和我国最好的天然橡胶种植基地。其关键技术是："山地胶园基本建设技术""橡胶树割面条溃疡病综合防治技术、橡胶树白粉病综合防治技术、橡胶树营养诊断指导施肥技术"和"适合云南橡胶树产排胶特点的高产割胶技术"。此成果获1996年国家科技进步二等奖（陈治华，2009）。

第三次重大科技创新：研究集成了"橡胶树低频高效割胶新技术"，实现了云南植胶区高产高效的发展目标。该成果自1998年大面积推广运用以来，在较短时间内大幅度提高了劳动生产率，降低了生产成本，走出了一条国有天然橡胶企业减员增效、扭亏脱贫的成功之路，推广以来累计减员增效数十亿元。其关键技术是："中龄橡胶芽接树割制改革与推广。"此项目成果与海南、广东等单位共同获得1992年国家科技进步二等奖。

第四次重大科技创新：开展了"橡胶树优良无性系的引种、选育与大面积推广应用"研究工作，实现了橡胶树优良品种的大面积推广和自主知识产权品种的创新。从20世纪50年代末，先后引进国内外优秀无性系600多个，经试验，筛选出RRIM600、PR107、GT1和PB86四个高产无性系品种在云南植胶区推广，使云南橡胶树良种种植率达95%左右，为天然橡胶高产稳产奠定了良好的基础。选育出拥有自主知识产权的，适应云南南部环境条件的，抗寒、高产、速生的橡胶树优良新品种"云研77-2""云研77-4"，现已成为云南乙等、丙等植胶区首推种植的新品种，种植面积达到了突破240万亩，占云南植胶面积的比例超过1/4，并已推广到广东、广西、海南及周边国家，此成果与中国热带农业科学院、海南和广东农垦总局同获1999年国家科技进步一等奖。

2. 云南省红河热带农业科学研究所科技服务产业发展取得明显经济社会效益

云南省红河热带农业科学研究所（以下简称"红河热作所"）前身是1953年8月10日在河口县槟榔寨成立的云南省农林厅特林指导所河口试验场。红河热作所自成立以来，一直致力于橡胶选育种、橡胶品种区域性试验研究与推广、割胶技术研究与推广、橡胶树自然灾害研究与防控及橡胶技术服务等工作。2009年开始承担国家天然橡胶产业技术体系红河综合试验站建设任务，2008年以来承担"国家天然橡胶产业技术体系抗逆品种改良岗位"建设任务，2012年以来承担国家天然橡胶产业技术体系"橡胶树品种区域性试验"至今，2017年承担了云南省橡胶产业技术体系病虫害防控研究室建设工作，进一步推进了天然橡胶研究与推广应用工作，共获得相关研究成果20余项，其中，"云南橡胶宜林地寒害类型区划研究"获1993年云南省人民政府科技进步二等奖，"橡胶树在热带北缘云南高海拔植区大面积高产综合技术”获国家科委科技进步二等奖，“云南热区 1999/2000 年冬热带作物寒（冻）害调研”获云南省人民政府科技进步三等奖。实用新型专利“橡胶取苗器”获国家知识产权局批准（专利号：ZL2014 2 0287464.0）和发明专利“橡胶种子分拨器”获国家知识产权局批准（专利号：ZL2014 1 0045352.9）两项。

红河热作所于 1955 年开始橡胶树选育种工作，同时，引进外地品系进行适应性比较研究，1963～1967 年，建立了生产性系比区 15 个，评选出 TRCI6、MK3/2 作为试种及品系。1971 年开展橡胶有性育种。1970～1977 年引进一批国内外高产品系或抗寒品系建立了大田抗寒系比、苗圃系比和生产性系比区。1983 年参与全国高产抗寒品系选育的攻关课题。先后与省热作所合作完成多个合作研究项目。2003 年以来执行“橡胶树胶木兼优品种全国协作试验”。

橡胶气象研究与服务、橡胶树寒（冻）害调查研究与防控等调查分析研究是红河所的特色科技服务，在面对红河和文山两个植胶区橡胶树主要病虫害开展多年持续监测与防治指导服务的基础上，总结提出了一系列切实有效的技术措施应用于生产，促进了区域内病虫害监测与防控技术推广应用，并为区域内培养了一大批技术骨干。尤其是承担云南省橡胶产业技术体系病虫害防控研究室建设任务以来，初步建立和完善了云南橡胶树病虫害监测预警体系，获得了良好的防治效果和显著的经济、社会效益。

3. 云南省德宏热带农业科学研究所科技支撑和引领地方特色产业发展成效明显①

云南省德宏热带农业科学研究所成立于 1962 年 12 月，前身是德宏州农业科学研究所橡胶研究系，1961 年德宏垦区成立橡胶育种站，1962 年 12 月橡胶育种站迁址瑞丽，成立德宏热作所。建所以来，德宏热作所一直致力于适宜纬度偏北、高海拔橡胶抗寒高产新品种选育工作，自主选育出速生、抗寒、高产、抗旱橡胶品系 194 个，建立了德宏第一代橡胶育种基地，推广橡胶优良种苗 600 多万株，获得省部级以上科技成果奖励 6 项，为德宏垦区范围内的盈江、瑞丽、畹町、芒市等县（市）橡胶产业的发展，提供了较坚实的科技基础。在“八五”“九五”期间开展以胶园为主体的生态农业研究、橡胶蜜源开发利用，在全国最先开展了橡胶‖茶叶、橡胶‖咖啡、橡胶‖胡椒‖姜等橡胶林下多层次开发的生物群落种植模式试

① 开拓创新　引领石斛产业健康发展——云南省德宏热带农业科学研究所［J］. 中国热带农业，2012（4）：4，20－21.

验，为西部热区的绿色资源开发利用，产业结构调整提供技术支撑和理论依据，取得较好的社会效益、经济效益和生态效益。

2008 年被纳入国家天然橡胶产业体系，成为“国家天然橡胶产业技术体系——德宏综合试验站”建设项目依托单位，2017 年开始被纳入云南橡胶产业技术体系，技术辐射德宏、临沧两个州市 6 万多公顷的橡胶园，有力支撑了德宏、临沧两区域的橡胶产业发展。截至 2019 年，德宏热作所荣获橡胶研究方面科研成果奖励共计 13 项，其中省部级以上奖励 6 项。

（三）存在的问题

如前所述，目前，云南天然橡胶产业科技推广与应用存在的主要问题主要是机构和人员不足，科研及技术推广服务体系薄弱，专业科技服务人员不足甚至流失等，尤其是经费投入严重不足，根本无法满足产业发展的科技需求，全省天然橡胶产业科技贡献率和单产水平普遍较低。尤其是占全省 3/4 的广大民营胶园基本无法得到及时有效的科技支持服务。

（四）建议

一是支持科研单位和大专院校和大型企业联合建立部省级重点实验室和工程中心等产学研联合研发平台，支持橡胶加工企业及装备制造企业的技术改造和工艺创新，研发拥有自主知识产权的新工艺、新技术和新装备。瞄准国内外高端市场开展基础研究、应用研究、关键共性技术研发，搭建橡胶产业链协同创新、资源共享、成果转化、信息咨询服务平台，强化企业同高等院校及科研单位的联合攻关，开发符合企业技术创新需求的产品，实现科技成果产业化。

二是以云南省橡胶产业技术体系为抓手，继续加大力度实施以政府推广为主导的天然橡胶技术推广模式，重点向广大民营胶农倾斜，确保偏远山区天然橡胶产业发展的科技需求。完善天然橡胶技术服务网络建设，规范科技推广、气象服务、病虫害防治站点建设，对重点植胶区建立技术服务点，配备相应的专业技术人员和监测设备，提升技术推广、病害防治等服务能力。抓好胶园生产技能培训，将天然橡胶“种、管、养、割、防”等生产技术培训列入就业培训范围，实行培训费用全免。

三是全面推广天然橡胶优良品种应用和环境友好型生态胶园建设。大力推广速生、高产、高抗、胶木兼优的优良橡胶品种，完善良种苗木繁育体系。根据环境、品种、措施“三对口”原则，因地制宜采用“片段化”“网格化”和“立体化”的种植方式，积极开展橡胶树全周期间作，推行“林下植灌、灌下养畜”为主导的立体复合型模式，打造和巩固“高产、优质、高效、生态、安全”的高标准生态胶园（陈习芳等，2020）。

（执笔：陈良正、王雪娇、毛昭庆、李冬梅、黎小清、田耀华、王树明、李守岭；审定：李国华、陈良正）

第三十一章

云南生猪产业经济问题研究

第一节　云南生猪产业发展概况

一、中国及云南生猪产业发展情况简介

常言道：猪粮安天下。猪作为我国“六畜之首”，在全国31个省区均有养殖，猪肉占国民畜禽肉消费总量的60%以上，云南更是占到80%左右。我国地方猪资源丰富，据《中国畜禽遗传资源志：猪志》（中国农业出版社2011年版）显示，我国有地方猪品种（亚种）98个，培育品种18个，引进品种6个。生猪养殖群体95%以上为引进品种及其杂交商品猪，主要以杜洛克、长白、大约克3个引进品种为主，习惯称为“洋三元”，是我国各个生猪产区的主流养殖品种。生猪产业链以生猪养殖业为中心，涉及饲料加工、兽药疫苗、屠宰、食品加工、物流、零售、餐饮等诸多行业。目前，全国生猪存栏常年4亿头以上、出栏7亿头以上、猪肉产量5000万吨以上，是我国价值最大的农副产品，农业产值超过万亿元。

受“猪周期”下行、非洲猪瘟疫情冲击和一些地方不当禁养限养等因素影响，2019年全国生猪产能下降较多，猪价涨幅较大。据农业农村部监测，2019年12月生猪存栏量同比下降37.7%（仅3.1亿头），能繁母猪存栏量同比下降31.4%，全年累计出栏量同比下降24.6%（仅5.44亿头）。市场供给不足导致猪肉价格、进口数量均创历史新高，全年生猪养殖头均盈利高达660元。2020年，上半年生猪市场供应仍面临较大压力，由于国家疫情控制得力，加之2019年开始的一系列促进生猪生产的政策措施效应逐步显现，下半年开始，市场供给逐步增加。从外部因素看，2020年猪肉进口可能会进一步增加，但受全球贸易量制约，增幅有限。

当前，由于新冠肺炎疫情在一定程度上将影响生猪生产的恢复，因此，2020 年猪肉市场将延续供给偏紧的态势，生猪价格将维持高位运行。据国家统计局数据，2020 年，全国生猪出栏量恢复到 5.27 亿头、年末存栏量恢复到 4 亿头以上、猪肉产量仅 4113 万吨，属于近 10 年最低。

（一）中国生猪产业发展历程

中国生猪产业经历了计划经济背景下的统购统销阶段；改革开放背景下的市场放开发展阶段；从传统产业向现代产业推进的转型发展阶段以及当前所处的现代化转型升级阶段，生猪养殖产业已经成为大型现代化产业链条。

一是计划经济背景下的统购统销阶段（1949～1984 年）：建国初期，主要农副产品实行有计划的统购统销政策。生猪生产实行“调五留五”政策，主要特点是养殖规模小、生产水平低、产品短缺，种、料、药和技术服务等处于起步阶段，生产和消费严格按国家计划调配。由于经济发展滞后，养猪生产力低下，肉食品供给匮乏，人均猪肉消费很低。截至 1984 年，全国猪肉产量 1445 万吨，人均占有量仅 13.84 千克，肉食品种也相对单一，猪肉产量占肉类总产量的比重高达 93.78%。

二是改革开放背景下的市场放开发展阶段（1985～1997 年）：家庭联产承包责任制的推行，极大调动了畜禽养殖的积极性，生猪产业进入新的发展阶段。1985 年，中共中央、国务院发出《关于进一步活跃农村经济的十项政策》，逐步取消生猪派养派购，实行自由上市，随行就市，按质论价，生猪购销政策放开。随着“菜篮子工程”和生猪产销经营体制改革的不断推进，生猪生产发展迅速，居民猪肉消费大幅提高。1997 年，全国猪肉产量 3956 万吨，人均占有量增加到 29.09 千克，猪肉产量占肉类总产量的比重下降为 68.3%，1985～1997 年猪肉产量年均增速达到 6.7%。

三是从传统向现代推进的转型发展的过渡阶段（1998～2004 年）：1998 年以来，随着我国经济社会尤其是现代农业的发展，生猪养殖从以数量增长为主逐步向数量质量并重、优化结构和增加效益为主转变，主要特点是生猪养殖开始向优势区域集中，产业整合速度加快，更加注重质量安全和可持续发展。经历前一阶段的较快速发展后，产量大幅提升，产业发展由“量”向“质”转变，生产效率、食品安全问题成为产业发展的新增要素。

四是目前的现代化转型升级阶段（2005 年至今）：2005 年以来，生猪养殖规模化、标准化水平大幅提升，良种覆盖率逐步提高，现代生猪产业转型升级步伐加快。产业主要呈现为规模化水平不断提升、产地及销区更加集中、环保升级、食品安全升级以及生产效率升级。①

从图 31 - 1 可以看出，过去 45 年间，前 40 年我国的生猪存栏量、出栏量和猪肉产量基本呈现稳定上涨趋势，生猪存栏量峰值出现在 2012 年，生猪出栏量和猪肉产量峰值出现在 2014 年。受产能调整和产业转型升级的影响，2015 年开始全国生猪存栏量、出栏量和猪肉产量开始小幅下降。在大宗农产品市场普遍低迷的情况下，生猪价格一枝独秀，猪价维持高位运行，猪粮比价高于 6 : 1 的盈亏平衡点，养殖场户持续处于盈利状态。

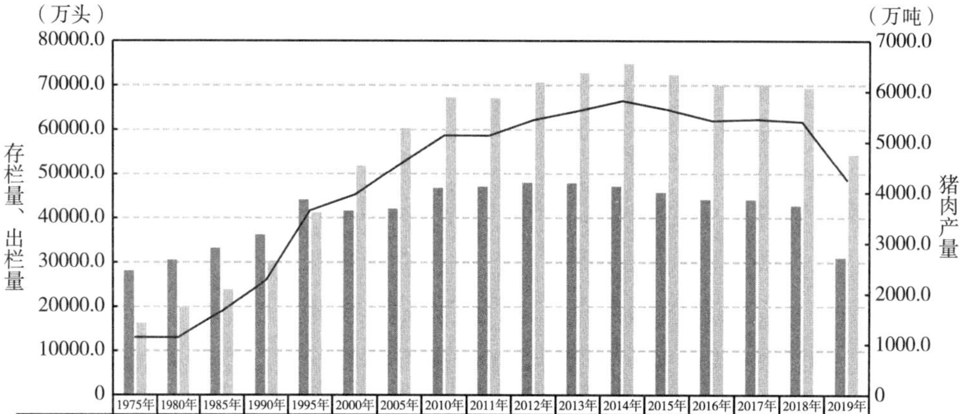

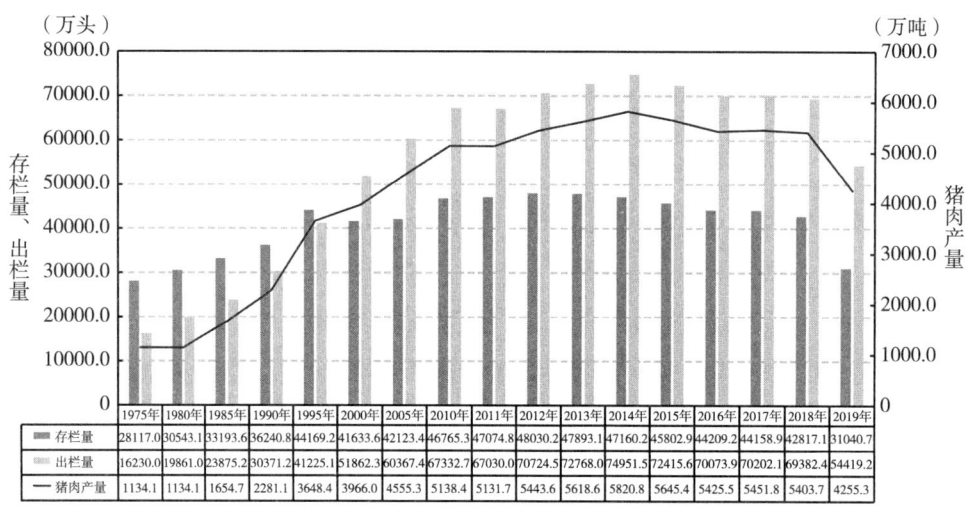

	1975年	1980年	1985年	1990年	1995年	2000年	2005年	2010年
存栏量	28117.0	30543.1	33193.6	36240.8	44169.2	41633.6	42123.4	46765.3
出栏量	16230.0	19861.0	23875.2	30371.2	41225.1	51862.3	60367.4	67332.7
猪肉产量	1134.1	1134.1	1654.7	2281.1	3648.4	3966.0	4555.3	5138.4

	2011年	2012年	2013年	2014年	2015年	2016年	2017年	2018年	2019年
存栏量	47074.8	48030.2	47893.1	47160.2	45802.9	44209.2	44158.9	42817.1	31040.7
出栏量	67030.0	70724.5	72768.0	74951.5	72415.6	70073.9	70202.1	69382.4	54419.2
猪肉产量	5131.7	5443.6	5618.6	5820.8	5645.4	5425.5	5451.8	5403.7	4255.3

图 31 - 1　1975 ~ 2019 年部分年份我国生猪存栏量、出栏量及猪肉产量走势

资料来源：根据历年《中国统计年鉴》及国家统计局网站 2020 年 12 月数据整理，1975 ~ 1990 年出栏数采用 FAO 数据。

（二）中国生猪产业现状及其特点

近年来，国家高度重视生猪产业发展，政策扶持力度不断加大，产业迎来前所未有的发展机遇。在国家政策带动和市场的拉动下，生猪产业综合生产能力进一步增强，产业素质大幅提升，科技支撑能力显著增强，公共服务体系不断完善，龙头企业带动作用明显加强，② 组织化程度逐步提高，现代产业发展基础进一步夯实，也进一步打开了生猪养殖产业链的广阔发展空间。尤其是随着 2020 年中央一

① 赵广钰. 我国生猪产业的发展历程与现状［EB/OL］. 新浪财经，2020 - 04 - 28.

② 根据《全国生猪产业发展规划（征求意见稿）》整理。

号文件“生猪稳产保供是当前经济工作的一件大事，要采取综合性措施，确保2020年底前生猪产能基本恢复到接近正常年份水平”的要求和相关政策的逐步落实，将进一步夯实我国生猪生产和猪头供应的基础。

一是猪肉产销量稳居全球第一。我国猪肉产销数量多年稳居世界首位。根据FAO数据整理1975～2019年间中国生猪出栏量及猪肉产量全球占比曲线见图31－2。

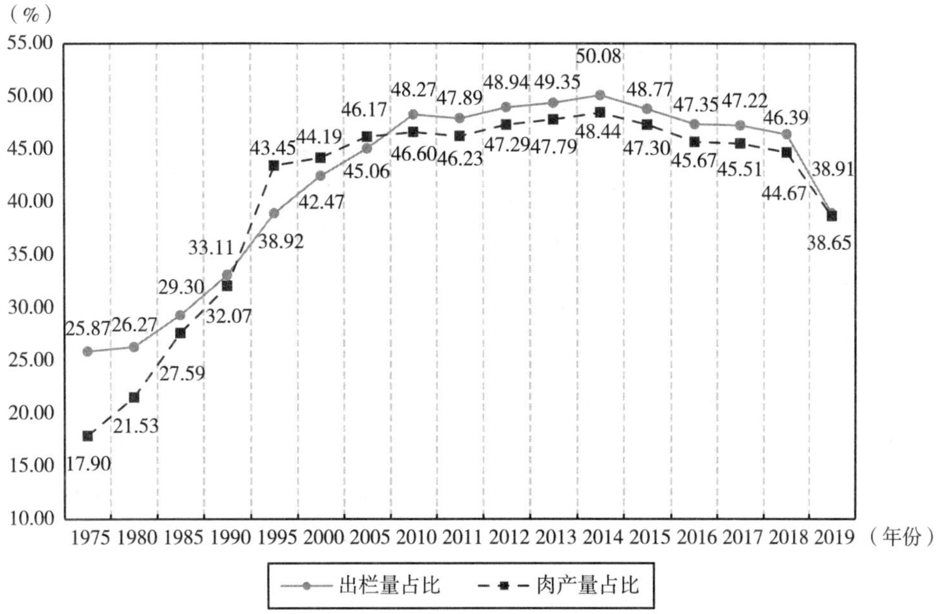

图31－2　1975～2019年部分年份中国猪肉产量全球占比曲线

资料来源：根据FAO网站2020年12月数据整理。

据FAO统计数据，我国猪肉产量占全球猪肉总产量的比重自1963年（330万吨）超过10%以后基本保持持续上升的趋势，1979年（超过1000万吨）上升到20%，1989年（超过2100万吨）突破30%，1994年（超过3200万吨）突破40%，2004～2017年间一直保持在45%以上。2015年前，我国猪肉产量连续10年相当于全球排名第2～第10名共9个国家猪肉产量之和的1.5倍以上，2016～2017年也在1.4倍以上。虽然2018年以来，我国生猪产业受到非洲猪瘟冲击较大，2019年我国的猪肉产量仅为4255万吨（FAO及国家统计局数据，低于USDA统计的4650万吨），较2018年下降21.3%，明显低于2013～2018年5400万吨以上的产量水平，同期全球占比自2014年最高的48.44%逐渐下降至2018年的44.67%，2019年进一步下降到仅38.65%，但仍然超过第2～第10名9个国家猪肉产量之和，我国仍然是全球最大的猪肉产销国。

二是养殖结构转型升级成效明显。2004 年，农业部发布《关于推进畜禽现代化养殖方式的指导意见》，指导各地大力推进畜禽标准化规模养殖；2007 年农业部颁布《关于促进生猪产业发展和稳定市场供应的意见》给予政策支持；2010 年，农业部开始组织实施畜禽标准化示范创建活动，在全国创建了 1567 个生猪标准化示范场，推广标准化生产技术，以点带面，辐射带动推动全国标准化生产水平的提高。尤其是 2016 年，农业部颁布《全国生猪生产发展规划（2016—2020 年）》，生猪养殖产业踏上现代化高质量发展的进程，全国年出栏 500 头以上的规模养殖企业占比不断增加，集团公司与规模养殖企业在生猪养殖产业中扮演愈发重要的角色，占比快速增加，而散养户受制于养殖收益低、环保水平不达标、抗病抗疫能力差等原因正在逐步退出市场。据国家统计局和农业农村部资料，2014 年，全国年出栏 500 头以上的规模养殖占比约 41%，较 2007 年提高了 19 个百分点；而 2019 年全国年出栏 500 头以上的规模养殖占比约 62%，较 2014 年提升 21 个百分点。受非洲猪瘟疫情影响，养殖门槛继续提高，规模企业受益大，尤其具备“资金充足，跨多省扩张，自产饲料，自繁自养，系统内屠宰，冷链运输，兽药研制”能力的现代一体化企业受益较大，企业经营规模正在主动性不断扩充。2019 年，集团公司占比大幅提升至 18%，较 2014 年的 3.5% 增长约 4 倍，① 上市龙头公司年出栏市场占有率从 2011 年的仅有 1%~2% 逐步提高到 2018 年的超过 7%，预计 2019 年将达到 8.5%~8.9% 之间。

据公开数据整理，2018 年出栏量较大的 8 家养殖企业（温氏股份、牧原股份、正邦科技、新希望、天邦股份、中粮肉食、大北农、天康生物）生猪合计出栏 4844.78 万头，占全国生猪总出栏量的 6.98%。2019 年该 8 家养殖企业生猪合计出栏 4499.93 万头，虽然较上年度减少 300 多万头，但占全国生猪总出栏量的比例上升至 8.27%，行业集中度有所提升。② 2014~2019 年，我国生猪养殖结构变化见图 31-3。

三是生猪良种繁育体系日趋成熟。目前我国种猪主要依靠进口，当前的三元商品猪，为祖代进口种猪杂交而来，进口种猪主要为长白猪、大约克夏猪（大白猪）、杜洛克猪，其中二元母猪为杂交品种，三元商品猪由二元母猪与单品系公猪繁育而来。③ 但同时我国也在自主研发种猪体系，2009 年《全国生猪遗传改良计划（2009—2020 年）》的颁布实施，为加快建设现代生猪种业指明了发展方向。据农

①②③ 赵广钰. 我国生猪产业的发展历程与现状［EB/OL］. 新浪财经，2020-04-28.

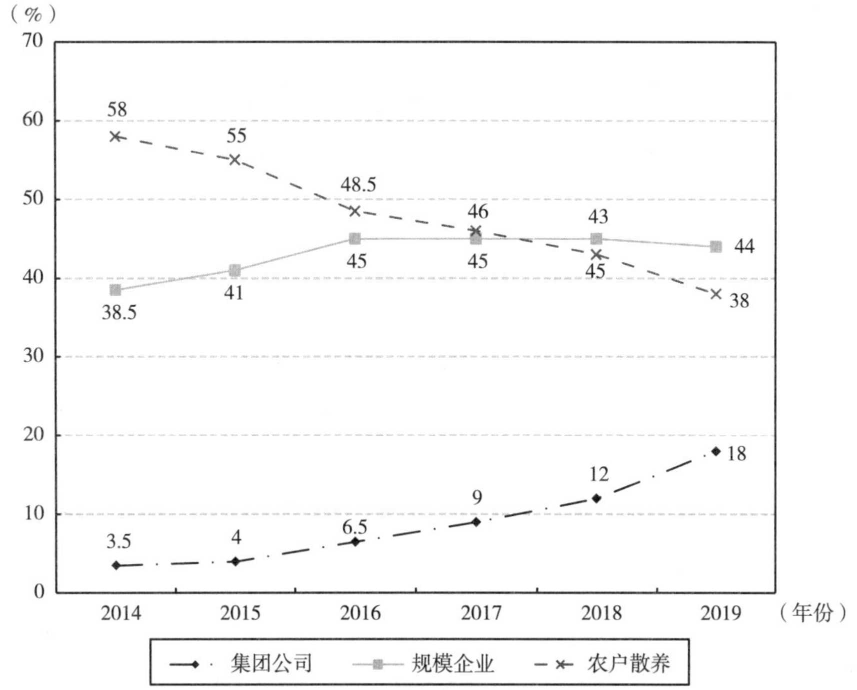

图 31－3　2014～2019 年我国生猪养殖结构变化情况

业农村部数据，截至 2018 年底，全国范围已遴选出 98 家国家生猪核心育种场①；成立了国家种猪遗传评估中心和华南、华中、华东等区域性种猪遗传评估中心，建立了武汉、广州、重庆等种猪质量监督检验测试中心和山东等省级种猪质量监督检验测试中心；确立国家级猪遗传资源保种场、保护区 50 个，以地方猪品种为素材，成功培育了龙宝猪 1 号配套系等 24 个优良品种（配套系）。2020 年2 月，农业农村部办公厅印发的《2020 年推进现代种业发展工作要点》进一步强调“深入实施《国家畜禽良种联合攻关计划（2019—2022 年）》和畜禽遗传改良计划”并部署“重点启动实施生猪种业提升行动，强化国家核心育种场管理，布局建设区域性种公猪站，优化种猪遗传评估，加快全基因组选择平台和我国地方猪品种 DNA 特征数据库建设，重构生猪良种繁育体系”。整个“十三五”期间，中央累计投资 4.5 亿元，支持 61 个涉及种猪的育种创新和资源保护项目，遴选了 89 家国家生猪核心育种场和 4 家服务型种公猪站，建成了国家级保护猪品种 DNA 特征库，逐步形成了以资源场、原种场和扩繁场为基础，质量检测中心、品种性能测定站、

① 根据《全国生猪产业发展规划（征求意见稿）》整理。

遗传评估中心为保障的生猪良种繁育体系。①

四是产品质量安全水平明显提高。标准化规模养猪场质量安全风险管控的意识不断增强，按照《畜牧法》《农产品质量安全法》《兽药管理条例》《饲料和饲料添加剂管理条例》等法律法规的规定，建立养殖档案、健全防疫制度、规范投入品使用等，生产管理更加规范，有力地保障了猪肉质量安全水平的提高。屠宰检疫和肉品品质检验制度的推行，有效提高了屠宰企业上市肉品质量。②

五是生猪养殖区域分布广泛。我国生猪养殖分布比较广泛，但相对集中在粮食主产区。前10大主产省为：四川、河南、湖南、山东、云南、湖北、广西、广东、河北、江苏。四川省的生猪养殖量多年居全国首位，其出栏量占全国总出栏量10%左右，消费流向比较好。目前我国生猪养殖主要集中在华东、华中、西南和华南。东北地区由于饲料成本比较低，铁路陆运交通便利，地域辽阔，适合规模化企业发展，生猪养殖量也比较大，主要供往京津冀和内蒙古一带。③ 2016年，国家发布“十三五”生猪产业发展规划规定，将四川、河南、河北、山东、广西、海南和重庆划为生猪养殖重点发展区，以供北上广深等城市生猪需求。为保护水资源和环境资源，长江中下游和南方水网区的两湖、长三角、珠三角一带规划为约束发展区。东北地区、内蒙古和西南地区的云南、贵州地区地域辽阔，粮食资源充足，适合养殖规模化发展，增长潜力大。山西、陕西等西北地区地域宽广、可实行规模化发展，但是受缺乏水资源、民族饮食习惯不同、养殖基础薄弱等的限制，④ 定为养殖适度发展区域。特别是玉米临收储政策取消后，各地区的玉米价差逐步趋于合理，东北地区的玉米由于产业优势转变为饲料的资源优势，生猪养殖优势不断扩大，产业转移的动力逐步增强在东北振兴和南方加大环保的大背景下，“南猪北养”趋势明显。⑤

（三）云南生猪产业现状及其特点

20世纪末以前，云南基本属于生猪/猪肉调入省份，多年来猪肉不能自给。近20余年，全省生猪生产平稳快速发展，自20世纪90年代末转变为调出省后，目

---

① 对十三届全国人大四次会议第9453号建议的答复［EB/OL］. 中华人民共和国农业农村部官网，2020-07-07.

② 根据《全国生猪产业发展规划（征求意见稿）》整理。

③ 中商产业研究院. 2018年生猪行业市场现状及发展前景研究报告［EB/OL］. 中国情报网，2018-10-19.

④ 最全中国生猪养殖数据分析［EB/OL］. 百度文库，2018-06-21.

⑤ 赵广钰. 我国生猪产业的发展历程与现状［EB/OL］. 新浪财经，2020-04-28.

前更是成为我国山地养猪大省。国家统计数据显示，1995～2018 年，云南存栏量、出栏量和猪肉产量分别从 2295 万头、1368 万头和 111.6 万吨上升到 3055.5 万头、3850.5 万头和 323.8 万吨（见图 31－4）；占全国总数的比重分别从 5.2%、3.32% 和 3.06% 上升到 7.14%、5.55% 和 5.99%（见图 31－5）；全省生猪存栏量、出栏量和猪肉产量涨幅分别为 37.34%、67.23% 和 95.95%，均高于同期全国平均涨幅。虽然受非洲猪瘟疫情影响，2019 年云南的生猪生产跟全国一样出现全面下滑，但是降幅低于全国平均，占全国比重均为历史最高水平。

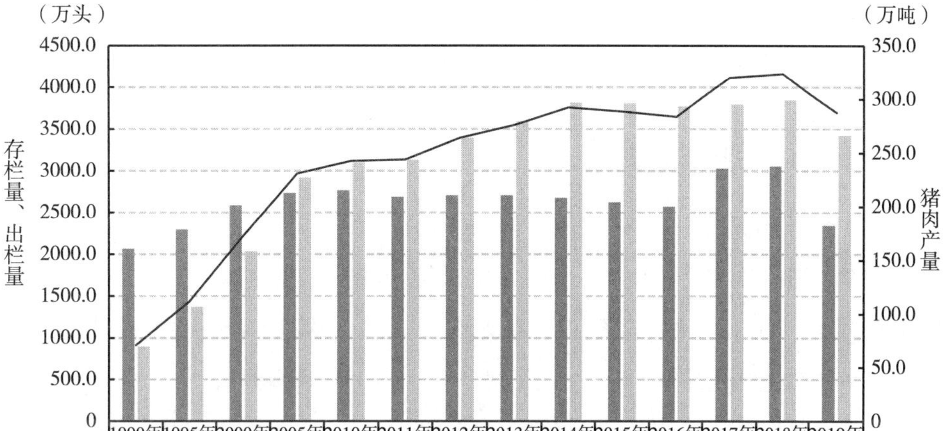

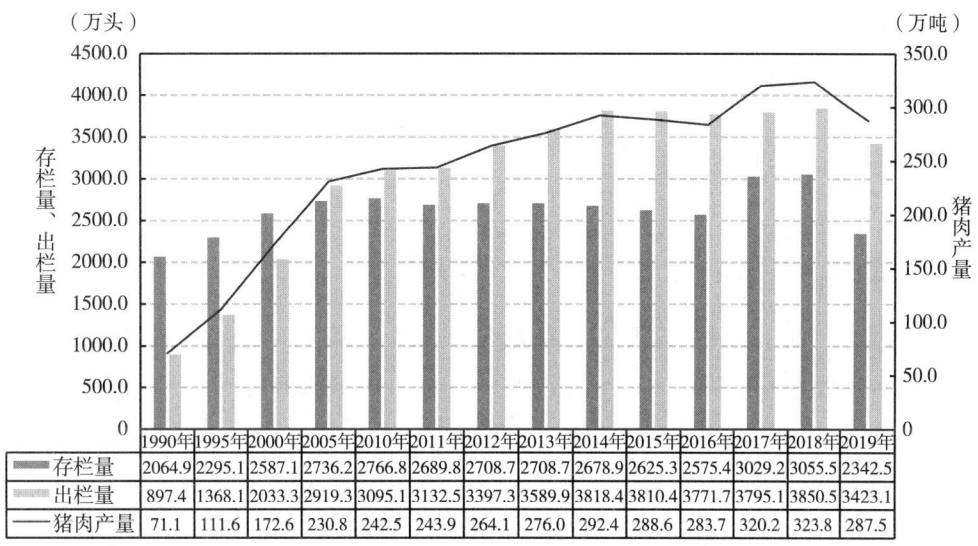

	1990年	1995年	2000年	2005年	2010年	2011年	2012年	2013年	2014年	2015年	2016年	2017年	2018年	2019年
存栏量	2064.9	2295.1	2587.1	2736.2	2766.8	2689.8	2708.7	2708.7	2678.9	2625.3	2575.4	3029.2	3055.5	2342.5
出栏量	897.4	1368.1	2033.3	2919.3	3095.1	3132.5	3397.3	3589.9	3818.4	3810.4	3771.7	3795.1	3850.5	3423.1
猪肉产量	71.1	111.6	172.6	230.8	242.5	243.9	264.1	276.0	292.4	288.6	283.7	320.2	323.8	287.5

图 31－4　1990～2019 年云南生猪存栏量、出栏量及猪肉产量走势

资料来源：根据历年《中国统计年鉴》及国家统计局网站 2020 年 12 月数据整理。

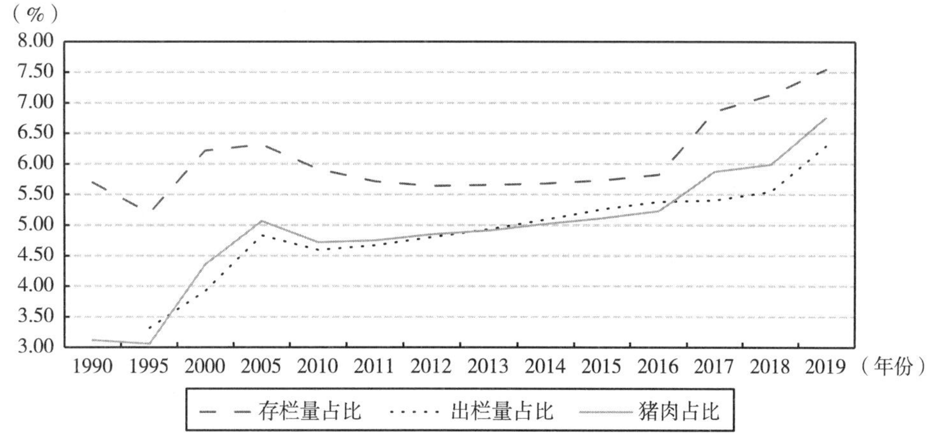

图 31－5　1990～2019 年云南生猪存栏量、出栏量及猪肉产量全国占比变化

资料来源：根据历年《中国统计年鉴》及国家统计局网站 2020 年 12 月数据整理。

云南生猪资源丰富，在2011年出版的《中国畜禽遗传资源志》中，共收录云南省猪遗传资源10个。其中，地方猪种8个，分别是：保山猪、滇南小耳猪、迪庆藏猪、高黎贡山猪、明光小耳猪、撒坝猪、乌金猪（大河猪、昭通猪）；培育品种2个，分别是：大河乌猪和滇陆猪。同期，滇撒配套系（滇撒猪）、大河乌猪、保山猪、滇南小耳猪、滇陆猪、撒坝猪被选为云南“六大名猪”，3个品种系（大河乌猪、滇陆猪、滇撒猪）为地方猪改良培育品种（吴金亮等，2015）。养殖主流和全国相似，以“洋三元”为主；神农集团为云南本土最大的生猪屠宰和猪肉加工企业。

二、世界、中国及云南生猪生产分析

（一）世界生猪产能布局

FAO统计数据表明，全球五大洲约180多个国家和地区均养殖生猪并生产猪肉。2009～2018年的10年间，全球生猪存栏数在9.7亿～9.9亿头之间，年屠宰数从13.2亿头上升至14.87亿头、年猪肉产量从1.06亿吨上升至1.21亿吨，总体呈现存栏数先升后降（2015年达到9.92亿头的峰值后逐步下降，2018年到9.71亿头）、而生猪屠宰数及猪肉产量逐年增长的总体趋势。受非洲猪瘟影响，2019年，全球生猪存栏数、屠宰数及猪肉产量生产同比全面下降，降幅分别为12.46%、12%和8.97%，其中生猪存栏数和出栏数均为分析期11年最低水平。

分大洲看，全球生猪产能主要分布在亚洲、欧洲和美洲，2009～2019年，三大洲的生猪存栏占全球总存栏量的96%以上，生猪屠宰量和产肉量更高达97.55%和98.4%以上，其中，亚洲的存出栏占比均在60%左右，猪肉产量占比也在56%以上，是全球第一大生猪生产区域（见表31－1和表31－2）。但是分析期11年间，亚洲生猪存栏量、出栏量和猪肉产量的全球占比均总体呈先升后降趋势且近5年来有加快下降的趋势，到2019年，亚洲生猪存栏数、屠宰数和猪肉产量占全球的比重进一步下降到50.62%、52.59%和49.82%，为分析期11年中的最低。这一时期（近5年），美洲生猪生产增幅不仅高于全球平均，也高于亚洲和欧洲，其生产规模与欧洲的差距越来越小；非洲和大洋洲虽然占比不大，但是发展速度也高于全球平均和亚洲、欧洲。2009～2018年各大洲生猪产能主要指标综合占比详见图31－6。

表 31－1　　2009～2019 年世界生猪产能大洲分布

年份	指标	全球	亚洲	欧洲	美洲	非洲	大洋洲	亚洲占比（%）
2009	存栏量（万头）	96803.91	58546.41	18725.42	16069.8	2936.89	525.38	60.48
	屠宰量（万头）	131977.54	77707.64	29867.07	21394.76	2261.65	746.42	58.88
	肉产量（万吨）	10614.82	5968.45	2605.14	1885.9	108.94	46.38	56.23
2010	存栏量（万头）	97179.70	58251.19	18929.88	16351.75	3118.72	528.17	59.94
	屠宰量（万头）	138161.41	83203.03	30792.28	20999.62	2405.12	761.36	60.22
	肉产量（万吨）	10882.46	6162.13	2703.48	1857.22	111.65	47.97	56.62
2011	存栏量（万头）	97367.54	58352.02	18723.20	16651.09	3108.73	532.25	59.93
	屠宰量（万头）	138566.87	82606.91	31430.83	21253.42	2500.19	775.51	59.62
	肉产量（万吨）	10947.27	6131.67	2753.05	1897.27	116.26	49.02	56.01
2012	存栏量（万头）	98387.74	59586.82	18326.67	16662.56	3290.52	521.16	60.56
	屠宰量（万头）	142600.37	86617.83	30810.92	21779.15	2606.81	785.66	60.74
	肉产量（万吨）	11297.49	6462.17	2726.97	1934.81	123.53	50.01	57.20
2013	存栏量（万头）	97937.96	59389.91	18267.75	16436.27	3332.20	511.83	60.64
	屠宰量（万头）	145004.93	88812.40	30949.63	21755.52	2707.84	779.55	61.25
	肉产量（万吨）	11494.58	6653.68	2728.79	1932.85	129.04	50.23	57.89
2014	存栏量（万头）	98979.12	59545.84	18507.47	16933.86	3460.16	531.79	60.16
	屠宰量（万头）	146786.62	90749.11	31186.32	21372.29	2698.51	780.38	61.82
	肉产量（万吨）	11707.82	6839.80	2743.59	1938.54	135.26	50.63	58.42
2015	存栏量（万头）	99211.24	59031.34	18691.56	17333.37	3628.23	526.74	59.50
	屠宰量（万头）	148479.84	90476.93	31815.11	22563.74	2830.19	793.87	60.94
	肉产量（万吨）	11936.26	6847.43	2842.20	2056.02	139.09	51.52	57.37
2016	存栏量（万头）	98645.28	58071.88	18665.24	17582.08	3789.11	536.97	58.87
	屠宰量（万头）	148003.31	88482.21	32550.59	23283.60	2878.77	808.14	59.78
	肉产量（万吨）	11878.77	6662.12	2910.28	2112.06	142.11	52.21	56.08
2017	存栏量（万头）	97715.79	58071.88	18665.24	17582.08	3789.11	536.97	59.43
	屠宰量（万头）	148666.04	88624.83	32396.91	23825.97	2988.05	830.28	59.61
	肉产量（万吨）	11978.96	6696.22	2912.94	2165.56	149.71	54.53	55.90
2018	存栏量（万头）	97141.06	55442.01	18663.47	18285.67	4181.25	568.66	57.07
	屠宰量（万头）	149649.28	88120.35	32749.96	24483.79	3438.34	856.85	58.88
	肉产量（万吨）	12095.97	6677.84	2967.27	2233.95	160.17	56.73	55.21
2019	存栏量（万头）	85032.02	43040.18	18688.72	18485.24	4271.21	546.67	50.62
	屠宰量（万头）	131676.54	69246.61	32549.29	25417.74	3615.30	847.60	52.59
	肉产量（万吨）	11010.99	5486.21	2970.00	2333.14	165.45	56.20	49.82

资料来源：根据 FAO 统计数据库 2020 年 12 月数据整理计算。

表 31-2　　2019 年全球生猪产能大洲占比　　单位:%

指标	亚洲	欧洲	美洲	非洲	大洋洲
存栏数占比	50.62	21.98	21.74	5.02	0.64
屠宰数占比	52.59	24.72	19.30	2.75	0.64
猪肉产量占比	49.82	26.97	21.19	1.50	0.51

资料来源：根据 FAO 统计数据库 2020 年 12 月数据整理计算。

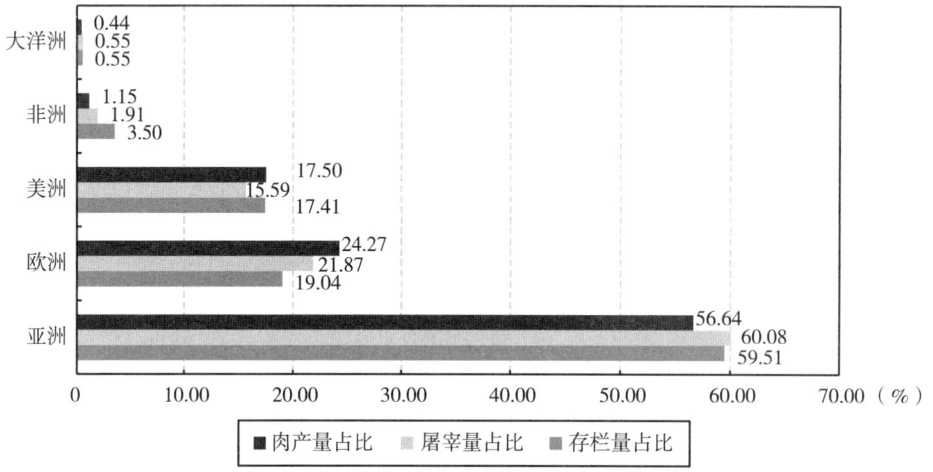

图 31-6　2009~2018 年全球生猪产能主要指标分大洲占比

资料来源：根据 FAO 统计数据库 2020 年 12 月数据整理计算。

从国别分布看，根据 FAO 近 10 年的统计数据，中国、美国、德国和西班牙猪肉产量一直排名全球前 4 位，巴西、越南和俄罗斯紧随其后排名第 5~第 7 位(2018 年以来俄罗斯超过越南)，法国、加拿大和波兰则分别居第 8~第 10 位。其中，仅有中国的猪肉年均产量超过 5000 万吨达到 5280 万吨以上，美国则是其后唯一超过 1000 万吨的国家，德国是唯一超过 500 万吨的国家，西班牙属于 400 万吨以上级别，巴西、越南、俄罗斯属于 300 万吨以上级别，其他 3 国猪肉年产量也在 200 万吨（见表 31-3），排名其后的菲律宾、丹麦、墨西哥、意大利等国家近两年的猪肉年产量均在 200 万吨以下。

表 31-3　　2010~2019 年全球及猪肉 10 大主产国及其占比情况　　单位：万吨

年份	全球	中国	美国	德国	西班牙	巴西	越南	俄罗斯	法国	加拿大	波兰	10 国占比（%）
2010	10882.46	5071.24	1018.57	548.84	336.89	319.50	303.64	233.08	225.47	193.82	189.48	77.56
2011	10947.27	5060.40	1033.07	561.61	346.93	322.70	309.89	242.76	221.74	197.53	193.63	77.56
2012	11297.49	5342.70	1055.42	547.40	346.63	314.97	316.00	255.95	216.17	200.44	184.86	77.72
2013	11494.58	5493.03	1052.45	550.68	343.12	311.71	322.87	281.62	213.06	198.15	177.55	77.81
2014	11707.82	5671.39	1036.82	552.78	355.56	319.29	335.12	297.39	212.03	196.28	186.45	78.26

续表

年份	全球	中国	美国	德国	西班牙	巴西	越南	俄罗斯	法国	加拿大	波兰	10 国占比（%）
2015	11936.26	5645.40	1112.07	557.05	385.47	343.07	349.16	309.87	214.85	206.41	197.60	78.09
2016	11878.77	5425.50	1132.02	558.96	418.11	371.12	366.46	335.51	217.04	208.09	200.88	77.73
2017	11978.96	5451.80	1161.10	550.56	429.88	382.47	373.33	351.57	214.76	212.76	203.29	77.90
2018	12095.97	5403.74	1194.30	535.00	453.05	395.08	381.64	374.42	218.15	212.61	209.32	77.52
2019	11010.99	4255.31	1254.27	523.20	464.12	412.57	332.88	393.68	220.04	217.53	198.88	75.13

资料来源：根据 FAO 统计数据库 2020 年 12 月数据整理计算。

从表 31－3 可以看出，猪肉年产量排名前 10 国家的猪肉产量之和占同期全球猪肉总产量的比重多年均在 77.5%，2014～2015 年曾超过 78%，虽然 2019 年这个比重有小幅下降，但也在 75% 以上，表现出产能高度集中的特点。其中，中国的猪肉产量多年是全球第 2 名美国的 5 倍、占全球总产量的比重多年在 45% 以上、占前 5 国猪肉产量之和的比重更是多年在 65% 以上，2014 年中国猪肉产量最高达 5671 万吨、接近美国的 5.5 倍、占全球的比重高达 48.44%、占 5 国总产量的比重高达 67.78%。2018 年以来，受非洲猪瘟影响，中国猪肉产量及其全球占比均有所下滑，2019 年下降到不足 4300 万吨，全球占比降到 40% 以下，但是也相当于第 2 名美国猪肉产量的 3.4 倍。

2010～2019 年全球猪肉产量前 5 国及中国全球占比如图 31－7 所示。

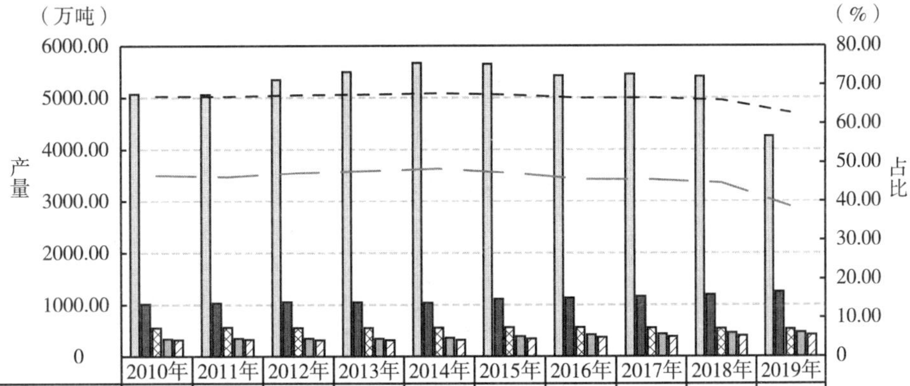

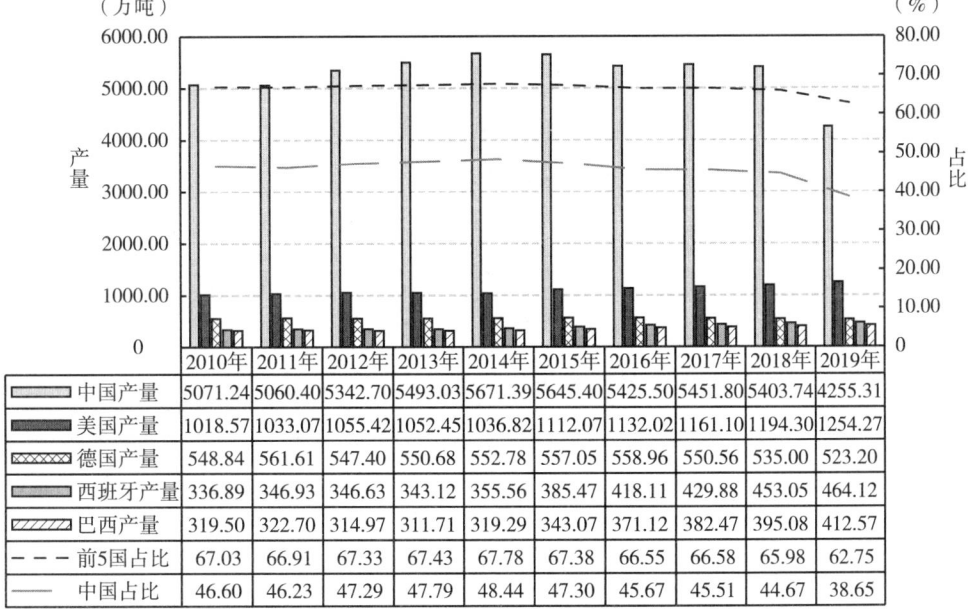

	2010年	2011年	2012年	2013年	2014年	2015年	2016年	2017年	2018年	2019年
中国产量	5071.24	5060.40	5342.70	5493.03	5671.39	5645.40	5425.50	5451.80	5403.74	4255.31
美国产量	1018.57	1033.07	1055.42	1052.45	1036.82	1112.07	1132.02	1161.10	1194.30	1254.27
德国产量	548.84	561.61	547.40	550.68	552.78	557.05	558.96	550.56	535.00	523.20
西班牙产量	336.89	346.93	346.63	343.12	355.56	385.47	418.11	429.88	453.05	464.12
巴西产量	319.50	322.70	314.97	311.71	319.29	343.07	371.12	382.47	395.08	412.57
前5国占比	67.03	66.91	67.33	67.43	67.78	67.38	66.55	66.58	65.98	62.75
中国占比	46.60	46.23	47.29	47.79	48.44	47.30	45.67	45.51	44.67	38.65

图 31－7　2010～2019 年全球猪肉产量前 5 国及中国全球占比

资料来源：根据 FAO 统计数据库 2020 年 12 月数据整理计算。

从图31－5、表31－3和表31－4可以看出，中国无论是生猪屠宰数/出栏量还是猪肉总量均居世界第一，全球第一大猪肉生产超级大国的地位比较稳定，难以撼动。但是，中国生猪屠宰量全球占比多年高于猪肉产量全球占比，说明中国猪屠宰胴体重略低于全球平均水平，不过这个差距近年来显示出逐渐缩小的趋势。

表31－4　2010～2019年世界、主产5国生猪屠宰量及中国在5国中的占比

年份	全球（万头）	中国（万头）	美国（万头）	德国（万头）	西班牙（万头）	巴西（万头）	5国占比（%）	中国占比（%）
2010	138161.41	66686.40	11036.70	5862.56	4084.70	3429.00	65.94	73.20
2011	138566.87	66362.10	11095.63	5973.57	4174.34	3486.20	65.74	72.85
2012	142600.37	69789.50	11324.66	5836.59	4159.46	3600.58	66.42	73.69
2013	145004.93	71557.00	11216.05	5862.21	4141.85	3628.61	66.48	74.22
2014	146786.62	73510.40	10695.77	5893.48	4348.40	3713.01	66.87	74.89
2015	148479.84	72415.60	11551.22	5943.53	4589.05	3926.40	66.29	73.57
2016	148003.31	70073.90	11830.39	5948.05	4908.38	4231.98	65.53	72.25
2017	148666.04	70202.10	12138.97	5840.84	5007.28	4318.54	65.59	72.00
2018	149649.28	69427.22	12450.84	5667.90	5228.92	4433.72	64.96	71.42
2019	131676.54	51241.61	12998.90	5519.60	5298.23	4635.64	60.52	64.30

资料来源：根据FAO统计数据库2020年12月数据整理计算。

根据FAO统计数据库2021年5月的全球及中国猪肉农业产值现价美元数据整理得到21世纪初至2018年间全球、中国猪肉农业产值及其占比变化曲线见图31－8。可以看出，2000年以来，中国猪肉农业产值及占全球的比重均呈现波动中总体增长的趋势，目前处于近10年的最低水平。中国猪肉农业产值从2000年的仅422亿美元、占全球的比重不足40%（39.28%），逐步增加到2007年的945亿美元、占比48.59%，2008年首次超过1000亿美元达到1361亿美元，同比增长44%以上，全球占比提高近5个百分点达53.43%；2009～2010年猪肉产值和全球占比双双出现回落；2011年开始强势反弹，2011～2013年3年间均达到产值超过1700亿美元、占比超过55%的历史最高水平；此后受市场和政策影响，2014年中国猪肉农业产值降到不足1400亿美元，同比下降21%以上、全球占比降到50%以下，虽然2015年后出现恢复性增长，但是2015～2018年均未恢复到2011～2013年的1700亿美元。

中国猪肉农业产值占全球的比重从2010年的50.88%提高到2017年的53.79%，2016年最高达62.79%。2019年，中国猪肉农业产值迈上2000亿美元台阶达到2077亿美元以上的历史最高水平。

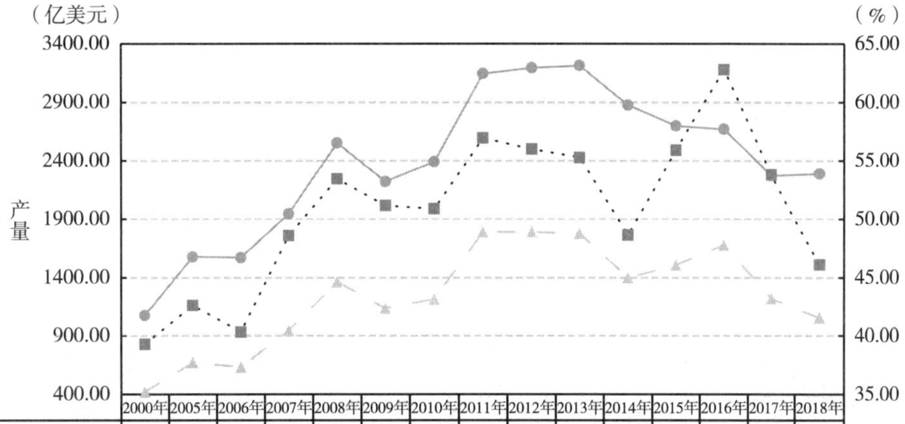

	2000年	2005年	2006年	2007年	2008年	2009年	2010年	2011年	2012年	2013年	2014年	2015年	2016年	2017年	2018年
全球产值	1074.4	1577.4	1570.4	1945.3	2552.6	2220.7	2392.1	3145.2	3195.0	3213.8	2875.8	2698.3	2670.4	2271.6	2287.6
中国产值	422.06	672.10	633.40	945.21	1363.8	1136.1	1217.1	1791.0	1789.2	1776.6	1398.9	1508.7	1676.8	1221.8	1054.6
中国占比	39.28	42.61	40.33	48.59	53.43	51.16	50.88	56.95	56.00	55.28	48.65	55.91	62.79	53.79	46.10

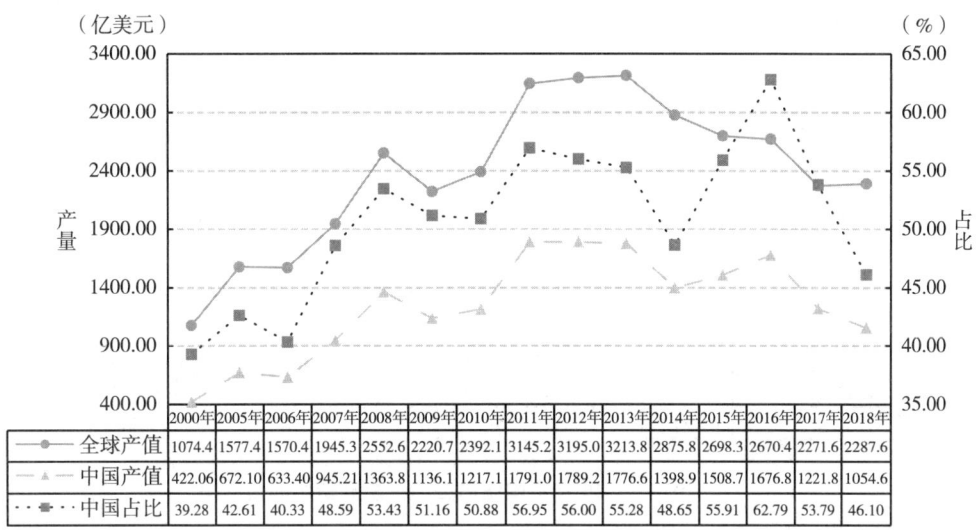

图 31－8　2000～2018 年部分年份中国猪肉农业产值及全球占比

资料来源：根据 FAO 统计数据库 2020 年 10 月现价美元数据整理计算。

此外，从图 31－7 和图 31－8 还可以看出，近 10 年来，中国猪肉产值占比高于同期猪肉产量的占比，说明中国的猪肉价格高于全球平均，反映出我国因劳动力价格上涨和饲料需要进口等原因导致养猪成本升高的现实趋势。

（二）中国生猪生产及云南在全国的地位

1. 中国生猪产能布局

猪肉是我国生产和居民消费的最大宗肉产品，猪肉产量占全国肉类总产量的比重多年在 60% 以上，即使 2018 年下半年以来，全国猪肉生产受非洲猪瘟的影响而出现明显下滑进而带动全国肉类总产量出现下滑，但是猪肉占比仍在 55% 左右（见图 31－9）。

全国 31 个省（市、区）均有生猪生产。根据国家统计局网站数据，近年来，全国生猪存栏量、出栏量和猪肉产量以及养猪产值总体呈现先升后降的趋势。四川、河南、湖南、山东、湖北、云南、广东、河北、广西和江西无论是生猪出栏量还是猪肉产量均多年排名全国前 10 位。这 10 个主产省份区生猪出栏量占全国的比重从 2010 年的 64. 61% 上升到 2018 年最高的 66. 86%（见表 31－5），猪肉产量占比从 2010 年的 61. 86% 上升到 2019 年的 63. 32%（见表 31－6），养猪农业产值占比也超过 64%（见表 31－7）。

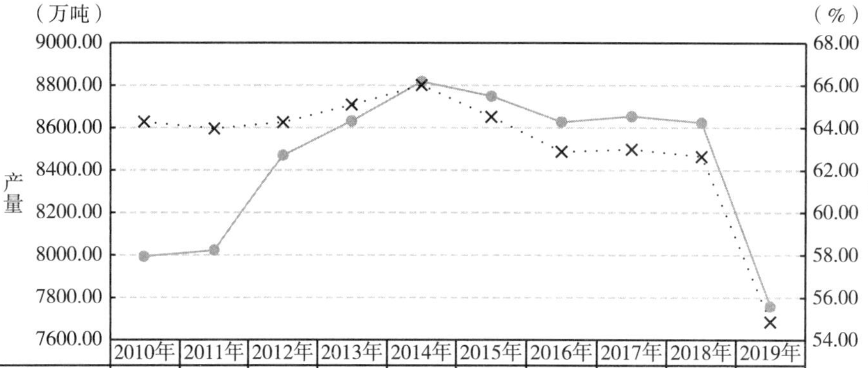

	2010年	2011年	2012年	2013年	2014年	2015年	2016年	2017年	2018年	2019年
肉类总产量	7993.61	8022.98	8471.10	8632.77	8817.90	8749.52	8628.33	8654.43	8624.63	7758.78
猪肉占比	64.28	63.96	64.26	65.08	66.01	64.52	62.88	62.99	62.65	54.85

图 31－9　2010～2019 年中国猪肉在肉类总产量中的占比曲线

资料来源：根据国家统计局网站 2020 年 9 月数据整理计算。

表 31－5　　2010～2019 年我国前 10 个主产区生猪出栏量及云南占比　　单位：万头

地区	2010 年	2011 年	2012 年	2013 年	2014 年	2015 年	2016 年	2017 年	2018 年	2019 年
全国	66686. 40	66170. 30	69789. 50	71557. 30	73510. 40	70825. 00	68502. 00	70202. 10	69382. 40	54419. 20
四川	7174. 95	7000. 41	7170. 70	7314. 10	7445. 00	7236. 54	6907. 82	6579. 10	6638. 31	4852. 60
河南	5382. 80	5351. 63	5699. 01	5981. 88	6291. 98	6151. 36	5983. 13	6220. 00	6402. 38	4502. 10
湖南	5750. 44	5608. 72	5920. 35	5951. 00	6278. 99	6141. 75	5990. 82	6116. 30	5993. 70	4812. 90
山东	4425. 46	4387. 82	4800. 79	5043. 03	5245. 73	5156. 44	5093. 23	5180. 69	5082. 26	3176. 40
湖北	3905. 44	3970. 32	4309. 39	4513. 10	4659. 50	4566. 00	4442. 25	4448. 02	4363. 50	3189. 20
云南	3095. 09	3132. 46	3397. 25	3589. 88	3818. 36	3810. 43	3771. 70	3795. 13	3850. 51	3423. 10
广东	3863. 23	3825. 83	3934. 94	3978. 22	4062. 02	3959. 62	3850. 61	3712. 00	3757. 40	2940. 20
河北	3335. 78	3378. 12	3576. 73	3666. 39	3897. 78	3837. 12	3742. 57	3785. 30	3709. 59	3119. 80
广西	3298. 39	3279. 89	3448. 80	3585. 82	3668. 56	3581. 73	3456. 49	3355. 06	3465. 78	2505. 80
江西	2857. 16	2897. 42	3066. 62	3169. 58	3348. 98	3268. 11	3130. 31	3180. 46	3124. 00	2546. 80
前十位合计	43088. 74	42832. 62	45324. 58	46793. 00	48716. 90	47709. 10	46368. 93	46372. 06	46387. 43	35068. 90
前十位占比（%）	64. 61	64. 73	64. 94	65. 39	66. 27	67. 36	67. 69	66. 06	66. 86	64. 44
云南占比（%）	4. 64	4. 73	4. 87	5. 02	5. 19	5. 38	5. 51	5. 41	5. 55	6. 29

资料来源：根据国家统计局网站 2020 年 12 月数据整理。

表 31－6　　2010～2019 年我国前 10 个主产区猪肉产量及云南占比　　单位：万吨

地区	2010 年	2011 年	2012 年	2013 年	2014 年	2015 年	2016 年	2017 年	2018 年	2019 年
全国	5138. 44	5131. 65	5443. 55	5618. 60	5820. 80	5645. 41	5425. 49	5451. 80	5403. 74	4255. 31
四川	492. 21	484. 80	496. 44	510. 83	527. 18	512. 42	494. 48	472. 23	481. 20	353. 45
河南	408. 29	406. 40	432. 50	454. 13	478. 00	467. 96	450. 65	466. 90	479. 04	344. 43
湖南	412. 41	406. 10	427. 60	430. 59	458. 10	448. 02	434. 80	449. 60	446. 80	348. 50

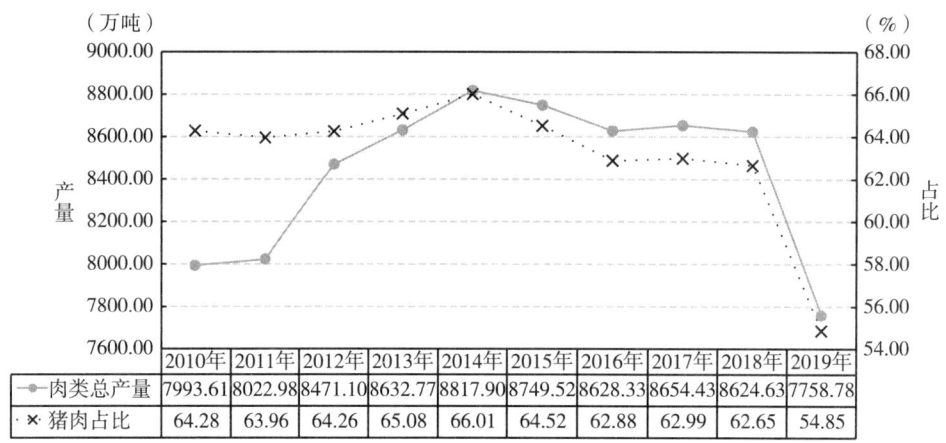

续表

地区	2010年	2011年	2012年	2013年	2014年	2015年	2016年	2017年	2018年	2019年
山东	353.21	346.90	376.70	392.89	406.80	397.44	383.53	427.44	421.03	254.72
湖北	286.95	290.54	317.27	330.60	339.60	331.45	322.17	339.29	333.18	242.95
云南	242.53	243.86	264.08	275.96	292.38	288.58	283.68	320.16	323.81	287.54
广东	275.46	270.97	276.39	277.77	282.64	274.15	264.38	277.96	281.52	221.93
河北	245.19	246.60	259.00	265.29	281.22	275.03	265.41	291.47	286.25	241.88
广西	241.53	239.79	252.50	261.34	266.29	258.81	249.75	254.97	263.89	192.11
江西	221.11	224.10	237.30	245.12	259.77	253.53	242.89	249.49	246.32	206.75
前十位合计	3178.89	3160.06	3339.78	3444.52	3591.98	3507.39	3391.74	3549.51	3563.04	2694.26
前十位占比（%）	61.86	61.58	61.35	61.31	61.71	62.13	62.51	65.11	65.94	63.32
云南占比（%）	4.72	4.75	4.85	4.91	5.02	5.11	5.23	5.87	5.99	6.76

资料来源：根据国家统计局网站2020年9月数据整理。

表31-7　2015~2019年我国前10个生猪主产区养殖产值及全国占比

年份	全国（亿元）	四川（亿元）	河南（亿元）	湖南（亿元）	山东（亿元）	湖北（亿元）	云南（亿元）	广东（亿元）	河北（亿元）	广西（亿元）	江西（亿元）	合计（亿元）	占比（%）
2015	12859.70	1319.20	1055.00	1033.20	968.70	977.90	627.40	595.70	608.40	559.80	396.10	8141.40	63.31
2016	14368.50	1262.90	1242.60	1206.10	1016.40	1050.50	695.00	690.90	686.60	663.60	411.00	8925.60	62.12
2017	12966.10	1008.00	1062.20	1067.30	1015.30	940.00	773.50	647.10	637.40	559.50	377.40	8087.70	62.38
2018	11202.70	954.00	881.10	970.30	950.40	809.40	630.70	595.90	600.00	496.00	332.50	7220.30	64.45
2019	13707.20	1170.40	1054.20	1380.10	768.80	893.00	861.60	677.40	730.10	467.20	454.60	8547.40	64.04

资料来源：根据2016~2020年《中国农村统计年鉴》数据整理。

2. 云南生猪产能布局

云南作为全国生猪主产省之一，多年来生猪存栏量、出栏量、猪肉产量及养猪农业产值总体保持上升的趋势，进入21世纪以来，云南省生猪生产在全国的地位逐步提高。从年末生猪存栏量来看，2010~2019年，云南生猪存栏多年在2700万~3000万头之间（2018年最高、2019年最低），占全国存栏总量的5.64%~7.55%之间（2012年最低、2019年最高）；从全年出栏量看，全国生猪出栏量2000年约5.19亿头、2005年约为6.04亿头，至2012年突破7亿头达到7.07亿头，至2014年最高接近7.5亿头，因产能过剩进行结构调整，2015年回调至7.24亿头水平，并逐年降至2018年的不足7亿头，受非洲猪瘟影响2019年进一步下滑到不足5.5亿头。同期，云南2000年为2033万头，2005年达到2919万头，2010年突破3000万头达到3095万头，2014年接近3820万头，至2018年达到近3851万头的历史最高水平，增速达到89.37%，云南出栏生猪占全国比重逐年提高，由2000年的3.92%提高至2018年的5.55%，2019年最高达到6.29%。

从表31－8还可以看出，2010～2019年，云南生猪存栏量、出栏量、猪肉产量及养猪农业产值占全国的比重分别从5.92%、4.60%、4.72%和4.11%上升到7.55%、6.29%、6.76%和6.52%。

表31－8　　2010～2019年云南生猪养殖产能、产值及全国占比

年份	生猪存栏量（万头）			生猪出栏量（万头）			猪肉产量（万吨）			生猪产值（亿元）		
	云南	中国	占比（%）	云南	中国	占比（%）	云南	中国	占比（%）	云南	中国	占比（%）
2010	2766.82	46765.25	5.92	3095.09	67332.70	4.60	242.53	5138.44	4.72	378.00	9202.40	4.11
2011	2689.82	47074.81	5.71	3132.46	67030.00	4.67	243.86	5131.65	4.75	388.60	9296.90	4.18
2012	2708.65	48030.24	5.64	3397.25	70724.50	4.80	264.08	5443.55	4.85	635.90	12435.90	5.11
2013	2708.65	47893.14	5.66	3589.88	72768.00	4.93	275.96	5618.60	4.91	611.80	12560.60	4.87
2014	2678.85	47160.21	5.68	3818.36	74951.50	5.09	292.38	5820.80	5.02	589.10	12297.60	4.79
2015	2625.28	45802.89	5.73	3810.43	72415.60	5.26	288.58	5645.41	5.11	627.40	12859.70	4.88
2016	2575.40	44209.17	5.83	3771.70	70073.90	5.38	283.68	5425.49	5.23	695.00	14368.50	4.84
2017	3029.18	44158.92	6.86	3795.13	70202.10	5.41	320.16	5451.80	5.87	773.50	12966.10	5.97
2018	3055.53	42817.11	7.14	3850.51	69382.40	5.55	323.81	5403.74	5.99	630.70	11202.70	5.63
2019	2342.49	31040.69	7.55	3423.10	54419.20	6.29	287.54	4255.31	6.76	861.60	13207.20	6.52

资料来源：全国生猪出栏量、中国及云南生猪产值数据来源于历年《中国农村统计年鉴》，其他数据来源于国家统计局网站。

但是，从以上分析也可以看出，云南生猪出栏量全国占比一直低于存栏量全国占比，反映出云南生猪生产力水平一直低于全国平均水平，可以从生猪出栏率（反应生猪养殖生产力水平的核心指标）上明显看出这种情况。全国生猪平均出栏率在2000年就达到124.57%并持续提高到2014年的158.93%，2015年受产能结构调整影响略有下降（158.1%），之后又回升并持续提高，2018年达到162.04%，2019年更是高达175.32%的历史最高水平。

反观云南，2000年的生猪出栏率仅为78.59%（比全国平均低约46个百分点），虽然此后逐年提高，2005年突破100%，但最高年份2016年也仅为146.45%（不及2012年全国147.25%的水平），与同期全国的差距从2011年的32个百分点逐渐缩小到2016年的12个百分点。但是，2017年以后，这个差距又逐步扩大，2018年达到近10年的最高点36个百分点。

以上情况反映在全国31个生猪生产地区排序上是：2000年、2005年、2010年3个年份，云南存栏排名分别为全国第6、第7、第4位，2011～2017年均为第5位，2018年后回到第4位；但是出栏排名在2000年、2005年、2010年分别为第11、第10、第9位，2013～2015年上升到第8位，2016年和2017年分别上升到第

7 位和第 6 位，直到 2019 年才上升到第 4 位。

也就是说，2010 ~ 2019 年，云南年末猪存栏量占全国生猪存栏总量的比重在 6.11%，在全国 31 个省份中，综合排名全国第 5 位（2018 年起超过山东居第 4 位），仅次于四川、河南、湖南、山东等养猪大省，更为山地牧区省份之首；而年出栏量不及全国生猪出栏总量的 5.2%。

从猪肉产量看，2010 ~ 2019 年，云南猪肉产量占全国猪肉总产量的比重从 4.72% 逐年稳步上升到 6.76%，在全国 31 个省份中的排名从 2010 年和 2011 年的第 8 位上升到 2012 年和 2013 年的第 7 位、2014 ~ 2018 年保持在第 6 位、2019 年上升到第 4 位。

作为最直观的生产效率指标——年出栏率来说，云南 2010 ~ 2016 年为 111.86% ~ 146.45%，呈逐年递增之势，但 2017 年后下滑到仅为 126% 上下；全国平均为 143.98% ~ 158.51%，也在提高，但云南 2016 年的高点水平（146.45%）仍不足 2012 年的全国平均水平（147.25%），分析期 10 年平均同比低近 24 个百分点。由此可见，云南山地猪业体量大，但生产力水平低，可提升空间巨大。

而从产肉水平看，云南生猪产肉占比多年总体呈增长趋势，特别是从 2010 年后连续 10 年统计数据来看，均呈逐年提高趋势，除 2013 ~ 2016 年外，其他年份高于同期出栏占比水平，说明云南猪出栏体重高于全国平均水平，如果从猪肉产出贡献上看，部分弥补了因生产力水平较低而影响到的出栏量及出栏率两个指标，但云南生猪出栏体重高对于云南养殖户而言既没有获得等值的价值又增加了养殖成本，这点可以从云南猪肉产值在全国的占比中发现，2010 ~ 2019 年，除 2012 年、2017 年、2018 年和 2019 年四个年度外，其他各年云南的生猪养殖农业产值全国占比均明显高于同期猪肉产量的全国占比，更接近于同期生猪出栏数的全国占比（见表 31 - 8），也就是说，云南养猪业提供的猪肉多，但猪肉出售的价格低。对于一个饲料资源不富裕的山地省份而言，显然是一件出力不讨好的事，这是需要云南生猪产业管理者和从业者思考并进行改进的工作。

（三）云南生猪生产规模化程度及生态养殖特征

1. 云南生猪生产规模化程度

由表 31 - 9 可见，全国及云南年出栏 1 ~ 49 头的生猪场（户）数比重分别由 2010 年的 95.71%、98.47% 下降至 2017 年的 94.63%、96.72%，分别下降了 1.08 个百分点和 1.75 个百分点，由于云南比全国的下降幅度大，所以云南在全国的排名由2016年之前的第5名下降至2016年、2017年的第6名。与此同时，全国及云南年出栏500头以上的生猪场（户）数比重分别由2010年的0.36%、0.03%上升至2017年的0.57%、0.09%，分别增加了0.21个百分点和0.06个百分点，且云南在全国的排名始终在第28名或第29名。一般来说，年出栏不足50头的生猪养殖主体可归为家庭养殖，很显然，以家庭养殖为主体的养殖形式仍是云南山地猪业的主要且长期不变的形式。这种养殖形式具有较强的生态养殖特征。图31-10是全国及云南年出栏500头以上的生猪场（户）数比重的变化趋势，不难看出，8年来，云南年出栏500头以上的生猪场（户）数比重总体表现出不断增加的趋势，但与全国平均水平差距甚大，而全国年出栏500头以上的生猪场（户）数比重在2010~2016年呈现出增加的趋势，2017年略有下降（见图31-10）。

表31-9　2010~2017年云南生猪养殖规模及养殖主体构成情况　单位：%

项目		2010年	2011年	2012年	2013年	2014年	2015年	2016年	2017年
年出栏1~49头场（户）数比重	云南	98.47	98.54	98.11	98.45	98.29	98.25	97.24	96.72
	全国	95.71	95.26	94.88	94.79	94.65	94.62	94.36	94.63
	全国排名	5	5	5	5	5	5	6	6
年出栏50~499头场（户）数比重	云南	1.49	1.42	1.83	1.49	1.65	1.69	2.68	3.19
	全国	3.93	4.33	4.65	4.7	4.81	4.81	5.04	4.8
	全国排名	25	27	27	27	27	27	26	24
年出栏500头以上场（户）数比重	云南	0.03	0.04	0.06	0.05	0.06	0.07	0.08	0.09
	全国	0.36	0.41	0.47	0.51	0.54	0.57	0.6	0.57
	全国排名	29	28	28	28	29	28	28	29

资料来源：根据《中国畜牧业年鉴》数据整理。

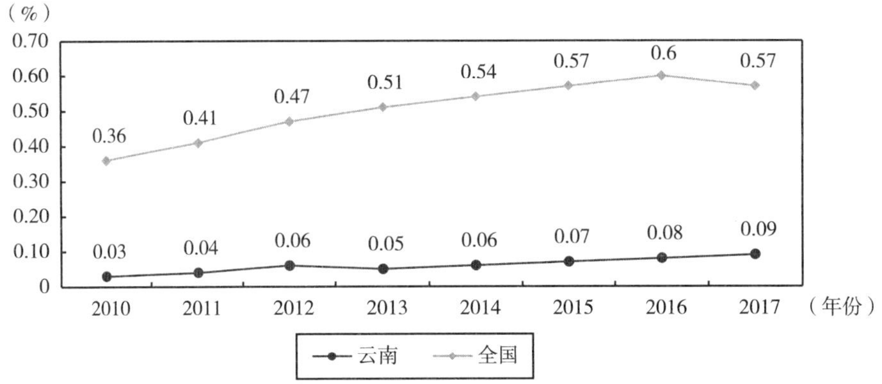

图31-10　2010~2017年中国及云南500头以上规模场（户）数占比曲线

资料来源：根据《中国畜牧业年鉴》数据整理。

2. 猪用饲粮来源情况

由表 31－10 可见，云南工业猪饲料以猪浓缩饲料为主，配合饲料以仔猪料和母猪料为主，生长育肥猪基本用浓缩饲料，配合饲料与浓缩饲料总量远远不能满足年度出栏猪饲粮需要，只是出栏猪理论饲粮需要量的 12%～14% 左右，有 86% 以上的猪用饲粮由养殖户自己解决。对于占养殖群体总量 98% 以上的家庭养殖户（年出栏猪头数少于 50 头）来说，解决猪用饲粮的途径主要有自种和外购，外购的浓缩饲料并不能单独饲喂且在日粮中的占比小，须和以自种为主的能量型饲料（日粮占比大，一般 75% 以上）混合后才能饲喂。云南非粮食主产区，工业配合饲料玉米也以省外购进为主（吴金亮等，2017）。因此家庭养殖成为云南山地猪业的主要养殖模式。以家庭自有饲粮作为养猪隐形、沉没的最大饲粮投入，不可否定云南山地养猪具有生态养殖的必然性。

表 31－10　　2010～2015 年云南生猪饲料供给情况

项目		2010 年	2011 年	2012 年	2013 年	2014 年	2015 年
工业饲料产量（万吨）	配合饲料	70.53	76.18	81.1	83.36	88.61	68.42
	浓缩饲料	77.44	85.48	88.02	90.44	84.05	76.38
	浓缩饲料占比	52.33	52.88	52.05	52.03	48.68	52.75
年出栏猪理论饲粮需要量（万头）	年出栏猪	2961.8	2964.7	3180.1	3323.7	3496.5	3451
	理论饲粮需要量	888.54	889.41	954.03	997.11	1048.95	1035.30
非工业饲粮比重（%）		86.17	85.49	86.04	86.42	86.91	88.30

资料来源：工业饲料数据来源于云南省农业厅草山饲料处，理论饲粮需要量根据年出栏猪头数 ×0.3 吨/头计算。

三、中国及云南生猪消费分析

中国既是世界生猪养殖第一大国，又是猪肉消费第一大国，中国的猪肉产量多年占全球猪肉总量的 45% 以上，猪肉消费量占全球 60% 以上。2010～2019 年，中国猪肉消耗量变化见图 31－11。

我国的猪肉生产集中度较高，目前约 65% 的猪肉产量集中在四川、河南、湖南、山东等 10 个省份。其中四川省猪肉产量约占全国总产量的 9.0%，是第一大猪肉生产省；河南和湖南两省占比则在 8% 以上，山东也在 7% 以上。而且，我国猪肉的生产加工能力在全球也是名列前茅，现有 2000 多个猪肉食品加工企业，其中大中型企业 200 多家，有总量 300 万吨以上的冷藏设施和遍布全国的销售网络，加上政府严格推行的“定点屠宰”，许多设施较为先进完善的加工企业已纳入政府管理和支持的范围，屠宰行业的市场准入制已较成熟。猪肉的供应链相对较长，也比较完整，可以通过延长加工层次来充分提高生猪的价值增值；与其他养殖畜种相比，生猪的养殖与加工过程相对较易控制，且目前已有较多的行业标准，便于规范化管理（陈超，2003）。

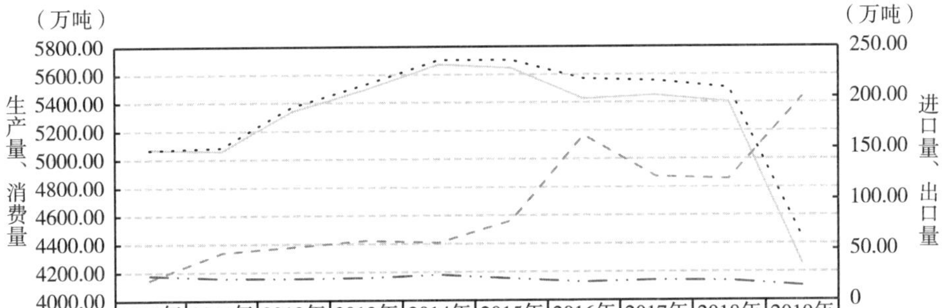

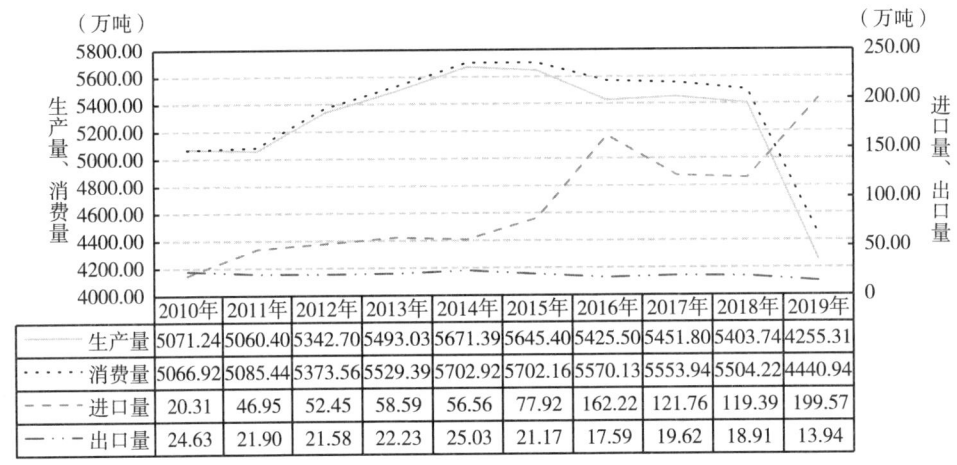

	2010年	2011年	2012年	2013年	2014年	2015年	2016年	2017年	2018年	2019年
生产量	5071.24	5060.40	5342.70	5493.03	5671.39	5645.40	5425.50	5451.80	5403.74	4255.31
消费量	5066.92	5085.44	5373.56	5529.39	5702.92	5702.16	5570.13	5553.94	5504.22	4440.94
进口量	20.31	46.95	52.45	58.59	56.56	77.92	162.22	121.76	119.39	199.57
出口量	24.63	21.90	21.58	22.23	25.03	21.17	17.59	19.62	18.91	13.94

图 31－11　2010～2019 年我国猪肉消耗量变化曲线

资料来源：FAO 网站 2020 年 12 月数据，其中消耗量＝生产量＋进口量－出口量。

在全国 10 个生猪养殖集中区中，云南省较为特殊，90% 以上的猪肉由分散的家庭农户提供，且猪肉提供量多年占全国总量的 6% 左右（排名全国第 6 位），近年来上升到 6% 以上（2019 年达 6.76%，仅次于四川、河南和湖南 3 省居全国第 4 位）。虽然云南严格实行生猪“定点屠宰”政策，但由于分散的农户在猪肉供应链中处于较弱势的地位，云南养猪户的收益不高而承担养猪风险的能力也较强，这可以从养猪产值（低于全国平均产值）和云南人均猪肉消耗在肉类总量消耗占比达 87%，高于全国平均 10 个百分点以上看出（见表 31－11）。

从猪肉消费品种看，我国以热鲜肉消费为主，占 90% 以上，冷鲜肉、冻肉和肉加工品消费低于 10%。多数西方国家则以肉制品消费为主，一般均超过 60%，冷鲜肉消费其次，热鲜肉消费量很少（刘合光等，2010）。猪肉消费的发展趋势是优质化和多元化，我国这种特殊的消费方式给生产供应、食品安全均带来极大的挑战。以城镇居民为例。在猪肉消费中，排骨和瘦肉产品消费逐年增长，两者消费比重占猪肉总消费的 55% 左右，肥瘦相间肉消费占 33%。由于我国居民有消费猪头、蹄以及下水等猪副产品的习惯，目前此类产品消费量占猪肉总量的 8% 左右

(刘合光等，2010)。2015～2019年，中国及云南居民猪肉人均消费量及其在肉食中的占比情况见表31－11。

表31－11 2015～2019年中国及云南人均猪肉消费量及肉食中的占比

年份	居民家庭			城镇居民			农村居民			占肉类比重	
	全国（千克/人）	云南（千克/人）	占比（%）	全国（千克/人）	云南（千克/人）	占比（%）	全国（千克/人）	云南（千克/人）	占比（%）	全国（%）	云南（%）
2015	20.14	25.93	128.76	20.74	23.18	111.77	19.50	27.65	141.79	75.20	87.74
2016	19.60	26.15	133.42	20.40	23.20	113.71	18.70	28.06	150.05	76.85	86.97
2017	20.11	26.86	133.56	20.62	23.62	114.53	19.50	29.00	148.72	75.40	86.92
2018	22.80	27.50	120.61	22.70	22.70	100.00	23.00	30.90	134.35	77.29	86.21
2019	20.30	27.70	136.45	20.30	22.30	109.85	20.20	31.60	156.44	75.46	86.02

资料来源：2016～2020年《中国统计年鉴》。

猪肉消费品种逐渐多元化是未来猪肉消费的发展趋势。其一是生猪品种的多元化。杂交猪猪肉占据猪肉消费品种的主导地位，但是传统肉猪、山黑猪及驯化野猪等品种的猪肉也逐步获得一定消费市场空间。其二是猪肉分割品种多元化，猪肉细分日益精细，居民消费偏好多元化，可供选择的分割肉品种多样化。其三是猪肉加工层次多元化，热鲜肉、冷鲜肉、冻肉、猪肉制成品等日益丰富了人们的猪肉消费选择范围（刘合光等，2010）。

四、世界、中国及云南生猪及猪肉贸易情况分析

（一）世界生猪及猪肉贸易格局

FAO统计数据表明，全球生猪贸易主要有活猪和猪肉（含猪肉香肠等猪肉制品）两种方式，其中猪肉占90%以上的贸易份额，活猪贸易占比不足10%。近年来，全球活猪及猪肉进出口贸易量和贸易额基本呈现总体增长趋势。2010～2019年，全球活猪进口量在3366万头（2010年）至4315万头（2018年）之间、进口额在35.31亿美元（2015年）至48.46亿美元（2013年）之间；活猪出口量在3512万头（2010年）至4431万头（2019年）之间、出口额则在34.45亿美元（2015年）和50.3亿美元（2013年）之间。2010～2019年，全球猪肉进、出口量均在1000万吨以上、进出口贸易额从310亿美元逐步上升到410亿美元以上（见图31－12）。猪肉进口量和进口额分别增长32.08%和29.86%，出口量和出口额

则分别增长 27.86% 和 30.44%。主要集中在欧洲地区，其猪肉进口量占全球进口总量的 60% 以上、猪肉出口量则占全球出口总量的 80% 以上，表明欧洲的猪肉加工和贸易业是全球最发达的。

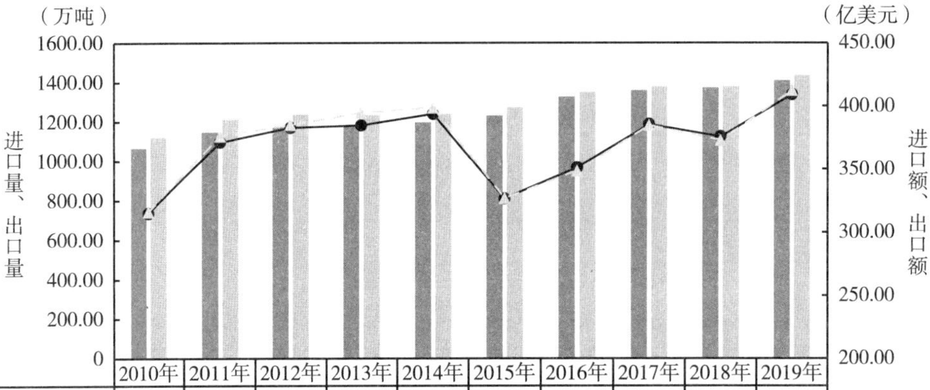

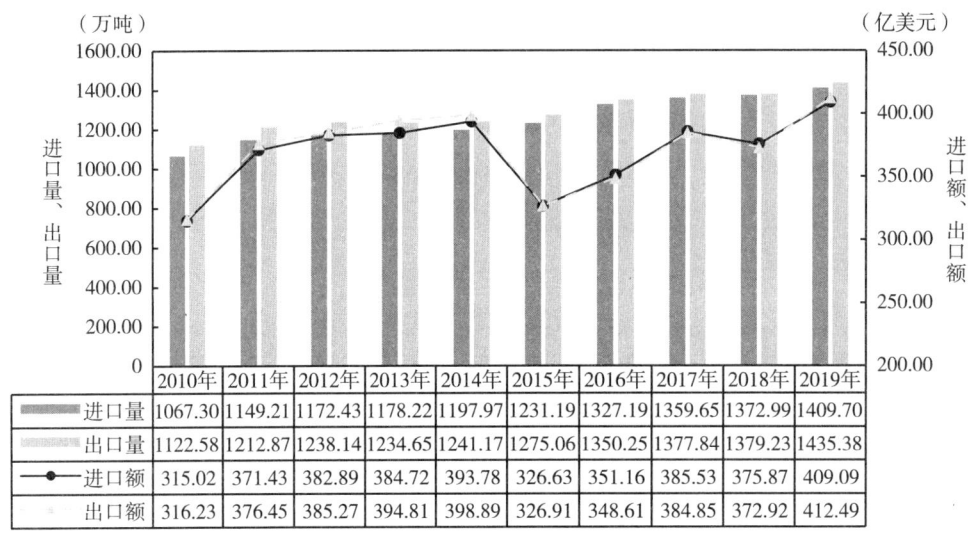

	2010年	2011年	2012年	2013年	2014年	2015年	2016年	2017年	2018年	2019年
进口量	1067.30	1149.21	1172.43	1178.22	1197.97	1231.19	1327.19	1359.65	1372.99	1409.70
出口量	1122.58	1212.87	1238.14	1234.65	1241.17	1275.06	1350.25	1377.84	1379.23	1435.38
进口额	315.02	371.43	382.89	384.72	393.78	326.63	351.16	385.53	375.87	409.09
出口额	316.23	376.45	385.27	394.81	398.89	326.91	348.61	384.85	372.92	412.49

图 31－12　2010～2019 年全球猪肉贸易情况

资料来源：FAO 网站 2020 年 9 月数据。

分国别看，进口方面，中国、意大利、德国、墨西哥和波兰是排名前 5 位的主要猪肉（不含香肠及猪肉制品）进口国。近 10 年间，中国的猪肉进口量从 2010 年的 20.13 万吨快速增加，2016 年突破 100 万吨，到 2019 年接近 200 万吨（199.57 万吨），增速第一，目前的猪肉进口量也排名全球第一；意大利排名第二，年进口量在 90 万～100 万吨之间；德国猪肉年进口量在 88 万～98 万吨之间排名第三；而墨西哥和波兰的年进口量均在 60 万吨以上分列第四和第五位。

出口方面，德国、西班牙、丹麦、荷兰和比利时等欧盟国家则是主要猪肉出口国，2010～2019 年，德国年均猪肉出口量高达 175 万吨、西班牙高达 124 万吨、丹麦也在 110 万吨以上，荷兰和比利时则分别在约 84 万吨和近 70 万吨。

此外，2010～2019 年，美国的年均猪肉进口量不足 37 万吨，而出口量则在 160 万吨以上。可以看出，欧美国家猪肉出口量远大于进口量，是猪肉的净出口国。

（二）中国生猪及猪肉进出口贸易简况

中国的生猪国际贸易格局中，活猪出口量大于进口量，猪肉进口量大于出口量。根据 FAO 统计数据，2010～2019 年，中国的活猪出口量 2014～2015 年最高时达到 300 万头以上、出口额 2016 年最高时曾超过 5 亿美元，其他年份也在 4 亿美元，而进口量 2012～2013 年最高时不超过 2 万头、2019 年最低时不足 1000 头，活猪进口额 2012～2013 年最高时不超过 4000 千万美元、2019 年最低时仅 300 万美元。

猪肉进出口贸易方面，从表 31－12 可以看出，作为全球最大的猪肉生产国和消费国，中国的猪肉出口量非常小。2010～2019 年，我国猪肉出口量 2014 年最高时也仅 25 万吨，虽然猪肉进口量和进口额在全球猪肉进口贸易中所占份额 2019 年最高时分别达到 14.16% 和 11.04%，但是，200 万吨左右的进口量相对于我国 5000 多万吨的猪肉生产量和消费量可以说是微乎其微。

表 31－12　　2010～2019 年我国猪肉进出口情况及全球占比

指标	2010 年	2011 年	2012 年	2013 年	2014 年	2015 年	2016 年	2017 年	2018 年	2019 年
全球进口量（万吨）	1067.30	1149.21	1172.43	1178.22	1197.97	1231.19	1327.19	1359.65	1372.99	1409.70
中国进口量（万吨）	20.31	46.95	52.45	58.59	56.56	77.92	162.22	121.76	119.39	199.57
中国占比（%）	1.90	4.09	4.47	4.97	4.72	6.33	12.22	8.96	8.70	14.16
全球进口额（亿美元）	315.02	371.43	382.89	384.72	393.78	326.63	351.16	385.53	375.87	409.09
中国进口额（亿美元）	2.14	8.54	9.89	11.12	10.54	14.58	32.00	22.28	20.83	45.18
中国占比（%）	0.68	2.30	2.58	2.89	2.68	4.46	9.11	5.78	5.54	11.04
全球出口量（万吨）	1122.58	1212.87	1238.14	1234.65	1241.17	1275.06	1350.25	1377.84	1379.23	1435.38
中国出口量（万吨）	24.63	21.90	21.58	22.23	25.03	21.17	17.59	19.62	18.91	13.94
中国占比（%）	2.19	1.81	1.74	1.80	2.02	1.66	1.30	1.42	1.37	0.97
全球出口额（亿美元）	316.23	376.45	385.27	394.81	398.89	326.91	348.61	384.85	372.92	412.49
中国出口额（亿美元）	8.03	8.75	9.62	9.63	11.11	9.23	8.11	8.90	8.00	5.67
中国占比（%）	2.54	2.32	2.50	2.44	2.79	2.82	2.33	2.31	2.14	1.37

资料来源：FAO 网站 2020 年 12 月数据。

因此，无论是进口或是出口，对我国生猪生产及猪肉消费均无实质性影响。从国内猪肉消费量逐年上升的情况看，猪肉的国内刚需很强，且 98% 以上依赖自产，同时由于 2014 年底的养殖压缩，导致 2015 年产量回弹和猪价上涨，2018 年受非洲猪瘟影响，全国猪肉产量和消费量同时下降，猪肉价格在 2019 年大幅上涨，全国猪肉进口量增长了约75%，但总量也不足200万吨，仅占全国猪肉消费量的不足5%。说明，猪肉价格受生猪（肉）贸易影响甚微。

云南猪肉加工企业较少，且以热鲜肉为主，火腿为云南猪肉加工知名产品，但数量有限，故销售以活畜形式为主。云南除省外（国外）引种外，截至2013年，云南已有33个县列入全国的生猪调出大县，年向省外调出生猪超过千万头。以此可见，猪肉生产对云南省内而言为产能过剩，受全国猪肉价格影响，云南猪肉价格与全国平均价格基本相当，云南的猪肉价格并未体现出生态、大出栏体重猪的养殖成本。

五、云南生猪产业发展存在的问题

（一）生产力水平较低、综合养殖效益不高

如前所述，2016年云南生猪出栏率最高年度为146.45%，而全国平均出栏率同期为158.5%，云南比全国平均低12%以上（见表31－8）；由于养殖规模化程度低，云南养猪实际成本被低估（自有饲粮、劳动力成本、土地成本未计入），加之商业（工业）饲料生产所需的大部分原料须从外购（豆棉粕类、鱼粉、玉米及其副产物）提高了商业性饲料的成本价格，使得云南养猪实际成本高于全国平均（见表31－13）。但生猪价格并未同步体现，导致养猪综合效益较低。

表31－13　　2014～2015年生猪产品及饲料价格比较

年份	地区	活猪价格（元/千克）	猪肉价格（元/千克）	肥猪配合饲料价格（元/千克）	猪料比（%）	肉料比（%）
2014	全国平均	13.47	22.48	3.35	4.03	6.72
	云南	13.93	24.10	3.51	3.97	6.86
2015	全国平均	15.23	24.63	3.23	4.72	7.63
	云南	15.32	25.99	3.54	4.32	7.34

资料来源：根据《中国畜牧业年鉴》数据整理。

表31－13的活猪、猪肉、猪配合饲料由1～12月平均而得。从表中可见，两年的活猪、猪肉价格云南均高于全国平均水平，但饲料价格也高于全国平均水平，由此而得的猪料比（活猪价：饲料价）显示，云南均低于全国平均水平，即云南生猪养殖效益不及全国水平；虽然2014年的肉料比云南稍高于全国平均水平，但

这部分效益主要由省内自己消化且发生在产业链后端的屠宰、销售方面。同时被低估的成本更未得到体现。

（二）环境及饲料资源瓶颈

云南省地形地貌独特，是山区、半山区面积占94%，河谷、盆地占6%的低纬、高海拔省份，全省面积为39.4万平方千米，岩溶面积达到11万平方千米，为典型的喀斯特地貌。各种生物资源种类丰富，但每种资源及总体资源数量少，分布不均衡。喀斯特地形地貌让整个云南省的水土流失严重（水土流失面积占全省总面积的35%，每年水土流失面积占全国水土流失面积的1/10）。生态脆弱是云南主要生态环境特点之一。云南生态脆弱区可大致分为四种类型：干热河谷生态脆弱区、石漠化生态脆弱区、高原湖盆生态脆弱区和土壤侵蚀生态脆弱区，总面积约7.5万平方千米，占全省面积的19.29%（高新等，2011）。在《全国生态脆弱区保护规划纲要》中，被列为生态脆弱区保护范围。随着全球气候变暖的趋势，土地、饲草料资源和环境压力日趋加剧，在国家颁布《畜禽规模养殖污染防治条例》后，规模养猪业的进入成本大大加剧，投资压力大，后劲乏力；云南山地猪养殖规模主体是年出栏100～500头生猪，针对这一主体切合实际的养殖废弃物资源化利用程度低、技术研究和推广应用滞后；主体规模猪群依存的地方性饲料资源利用技术还流于传统简单方式，缺乏合理的搭配组织饲喂方式，资源转化效率低，也没有与之相匹配的种养结合模式进行合理导向，生态养猪、循环养猪的科技进步贡献率不高，导致资源环境承载力问题日趋严峻、突出（吴金亮等，2015）。

如前所述，云南约有86%的猪用饲粮为非工业饲料，这点除了加剧养殖供粮缺口外，由于自有粮饲用方式缺乏平衡营养的合理性，导致既加剧了饲粮的浪费又阻碍了养殖生产力水平的提高。

第二节　云南生猪产业的优劣势分析

一、云南生猪产业发展比较优势的概括性介绍

如前所述，改革开放40多年来，云南山地养猪业发展迅速，于20世纪90年

代初实现猪肉自给后，养殖体量不断扩大，并逐步成为我国名副其实的养猪大省。从存栏量看，2000 年，全省生猪存栏量超过 2500 万头位居全国第 6 位，2001～2002 年小幅下降（排全国第 7 位），2003 年再上 2500 万头并回到全国第 6 位的位置；2007 年，云南生猪存栏量挤进全国前 5 位；2010 年，全省生猪存栏量达到 2760 万头以上，居四川、河南和湖南之后排名全国第 4 位至今，2017～2018 年存栏量更是迈上 3000 万头台阶。从出栏量看，2000 年全省肉猪出栏量超过 2000 万头居全国第 11 位，2001 和 2002 年退出前 10 位，2003～2007 年间一直在第 9 位和第 10 位徘徊，2008～2012 年保持全国第 9 位，2013 年升为第 8 位后，2016 年再升为第 7 位，2017 年后升入第 6 位，2019 年更是升上第 4 位。

据中国畜牧业统计数据，在全国 31 个地区中，云南年末猪存栏量基本维持 2700 万头左右的水平，约占全国生猪存栏总量的 6%，其中，能繁母猪存栏 300 万头以上。出栏生猪 3300 万头以上，出栏率接近 130%。2015 年，肉类总产 378.3 万吨，其中，猪肉产量 288.6 万吨，占肉类总产的 76.3%，人均占有猪肉 61 千克，是改革开放之初 1980 年人均 9.7 千克的 6.3 倍，人均占有猪肉量远超过全国人均 40.4 千克的水平。2019 年，云南人均占有猪肉 59.2 千克，是全国人均（40.4 千克）的 1.9 倍。由于云南特殊的地形地貌特点及养殖主体（家庭分散养殖）和喂养方式（以农家自有饲粮为主），形成了云南山地猪业的生态养殖形式。随着我国环境生态压力和养猪业整体转型调整的进展，到 2017 年 5 月止，全国为了落实环保政策已有 15 个省份地区（养殖主产区）进行了禁养和拆迁（吴金亮等，2017）。“猪往哪里养”和“猪该怎么养”成为业界不断探讨的热点话题。在产业数量向质量的转变提升中，生态养殖日趋成为居民对猪肉品质追逐的热点。随着粮改饲、循环农业、休闲农业的推进，良好的养殖基础、先天的生态养殖形式，以及人们对优质猪肉的追逐，使得云南生猪产业发展具有良好、明显的比较优势。

二、云南生猪产业区位熵测度

从区位熵角度，对云南生猪的优势进行判定，当区位熵大于 1 时，表明该地区该产业具有比较优势，一定程度上显示出该产业较强的竞争力，可以说，区位熵越大，该地区该产业的比较优势越明显，竞争能力越强。依据以上原理，采用 2011～2020 年《中国农村统计年鉴》生猪养殖产值及国家统计局网站农林牧渔业总产值计算云南生猪养殖业的区位熵结果如表 31 – 14 所示。

表 31 – 14　　2010 ~ 2019 年云南省生猪养殖业区位熵测度结果

年份	云南			全国			区位熵
	养猪产值（亿元）	农林牧渔业总产值（亿元）	比例（%）	养猪产值（亿元）	农林牧渔业总产值（亿元）	比例（%）	
2010	378.00	1824.82	20.71	9202.40	67763.13	13.58	1.53
2011	563.90	2334.48	24.16	12225.40	78836.98	15.51	1.56
2012	635.90	2716.50	23.41	12435.90	86342.15	14.40	1.63
2013	611.80	3097.50	19.75	12560.60	93173.70	13.48	1.47
2014	589.10	3307.82	17.81	12297.60	97822.51	12.57	1.42
2015	627.40	3438.73	18.25	12859.70	101893.52	12.62	1.45
2016	695.00	3704.69	18.76	14368.50	106478.73	13.49	1.39
2017	773.50	3872.93	19.97	12966.10	109331.72	11.86	1.68
2018	630.70	4108.88	15.35	11202.70	113579.53	9.86	1.56
2019	861.60	4935.73	17.46	13207.20	123967.90	10.65	1.64

资料来源：农林牧渔业总产值来源于国家统计局网站，养猪产值来源于 2011 ~ 2020 年《中国农村统计年鉴》。

从表 31 – 14 可以看出，基于生猪养殖农业产值及农林牧渔业总产值测算的云南生猪养殖业区位熵在计算年间均大于 1，而且总体呈小幅上升趋势，说明云南生猪产业在全国具有比较明显的优势，与同期云南生猪存栏量、出栏量、猪肉产量和农业产值多年排名全国前 6 位，2019 年均排名全国第 4 位的情况相符。

三、云南发展生猪产业的优劣势总结

优势：云南山地养猪业出栏量位居全国第 6 位，是我国的养猪大省。如前所述 2019 年人均占有猪肉 59.2 千克，远超过全国人均 40.4 千克的水平。由于云南特殊的地形地貌特点及养殖主体（家庭分散养殖）和喂养方式（以农家自有饲粮为主），形成了云南山地猪业的生态养殖形式。随着粮改饲、循环农业、休闲农业的推进，良好的养殖基础、先天的生态养殖形式，以及人们对优质猪肉的追逐，使得云南生猪产业发展具有良好、明显的比较优势。

劣势：一是生产力水平较低、综合养殖效益不高。2016 年云南生猪出栏率最高年度为 146.45%，而全国平均出栏率同期为 158.51%，云南比全国平均低 12 个百分点；由于养殖规模化程度低，云南养猪实际成本被低估（自有饲粮、劳动力成本、土地成本未计入），加之商业（工业）饲料生产所需的大部分原料须从外购（豆棉粕类、鱼粉、玉米及其副产物）提高了商业性饲料的成本价格，使得云南养猪实际成本高于全国平均。但生猪价格并未同步体现，导致养猪综合效益较低。

二是环境及饲料资源瓶颈。云南省地形地貌独特，是山区、半山区面积占94%，河谷、盆地占6%的低纬、高海拔省份，全省面积为39.4万平方千米，岩溶面积达到11万平方千米，为典型的喀斯特地貌，水土流失严重。生态脆弱是云南主要生态环境特点之一。随着全球气候变暖的趋势，土地、饲草料资源和环境压力日趋加剧，在国家颁布《畜禽规模养殖污染防治条例》后，规模养猪业的进入成本大大加剧，投资压力大，后劲乏力。

三是规模小和科技水平低。云南山地猪养殖规模主体是年出栏100~500头猪，针对这一主体切合实际的养殖废弃物资源化利用程度低、技术研究和推广应用滞后；主体规模猪群依存的地方性饲料资源利用技术还流于传统简单方式，缺乏合理的搭配组织饲喂方式，资源转化效率低，也没有与之相匹配的种养结合模式进行合理导向，生态养猪、循环养猪的科技进步贡献率不高，导致资源环境承载力问题日趋严峻、突出（吴金亮等，2015）。

第三节 云南生猪产业经济体系简况

一、基本情况

云南养猪规模化程度较低，按国家对规模化猪场的要求（年出栏500头及以上为规模），2010年全国年出栏500头猪规模占比为34.5%，云南为10.6%。从养殖主体构成情况看，年出栏1~49头猪场（户）数，2010~2015年全国由96%降为95%左右，云南维持98%以上，2012年前，全国31个地区中，四川居全国首位，2013年始云南高居全国首位，2015年已较第二位四川多了近100万养殖群体。云南年出栏500头以上场（户）数不及0.1%，全国31个地区中，云南规模化场数量在全国排第18~第20位。一般来说，年出栏猪数不足50头的养殖主体可归为家庭养殖，很显然，以家庭养殖为主体的养殖形式是云南山地猪业的主要且长期不变的形式（吴金亮等，2017）。

2014 年，云南各州（市）生猪生产组织化情况见表 31 - 15。养殖场和养殖小区规模饲养量为云南依据本省情况而制定。

表 31 - 15　　2014 年云南养猪生产组织形式

地区	养殖场			养殖小区		
	生猪（头）	能繁母猪（50 头以上）	肥猪（200 头以上）	生猪（头）	能繁母猪（100 头以上）	肥猪（300 头以上）
昆明	971	306	649	319	87	234
大理	1162		1162			
保山	1396	340	1055	59	25	34
丽江	238	22	216			
红河	1320	481	839	46	8	38
楚雄	1739	166	1573			
迪庆	97	13	84	80	27	53
临沧	523	121	402	318	31	287
曲靖	2678	1058	1620	34	13	21
文山	1102	279	823	106	8	98
西双版纳	189	39	150	382	16	366
怒江	231	25	206			
玉溪	1102	308	794	64	8	56
昭通	869	247	622	20	7	13
合计	13617	3405	10195	1428	230	1200

资料来源：云南省行业资料。

二、案例

云南省本土养猪企业全产业链的不多，以神农集团较优秀，集种猪、饲料、屠宰、销售于一体，与农户开展代养形式。其他养殖企业多做前端，养殖母猪和育肥猪，向农户提供断奶仔猪。一部分养猪企业也做饲料，但都未能进入屠宰领域，做得成功的有昆明正大、昆明惠佳、云南西尔南等。有部分养猪企业失败了，如云南邦格等，失败的原因很多，市场行情波动、资金、管理等。成功的原因只有三个：政府支持、养殖技术和管理专业、资金保障。表 31 - 15 显示，云南有猪场 13617 个，无论是成功的经验或失败的教训企业无意谈及，且成功失败对于行业来说是动态变化的。

三、存在的问题

随着生猪生产、猪肉消费方式的不断改进，养猪业与其他产业联系日益紧密，其在分享产业链中各产业带来生产便利的同时，也必然不可避免地接受其他产业波动所带来的种种挑战。市场经济给养猪业提供了良好的发展机遇，但与此同时，市场经济所带来的市场风险也是不可忽略的重要方面。在养猪业价格波动过程中，媒体、学者和消费者普遍注意到这样一种现象，即猪肉零售价格上涨幅度远远高于养殖场（或户）所实际感受到的生猪收购价格上涨幅度；另外，当养猪业各种价格开始大幅回落，相对于猪肉零售价格的下跌幅度，仔猪和生猪价格下跌幅度更大，导致养殖户生产积极性严重受挫。可以说，猪肉产业的发展状况和面临的困境在中国大多数肉类价格波动中具有代表性。第一，猪肉零售价格和生猪收购价格之间存在长期均衡关系，长期中价格在猪肉纵向关联产业链中传递是比较完全的；短期中价格在猪肉纵向关联产业链中的传递呈现出非对称性特征。猪肉零售价格对生猪收购价格上涨的反应程度显著不同于对其下跌的反应程度，表明生猪屠宰加工和批发零售部门拥有较强的市场控制能力。此外，生猪养殖规模越大、生产越集中，猪肉零售价格对外界冲击的调整速度越快速，揭示了规模养殖场在生产过程和信息收集中可以获得规模经济，并且能够在市场交易中获得有利的市场价格。近年来，我国猪肉市场价格的大幅度波动，除了与生猪养殖部门有关外，产业链中的生猪屠宰及猪肉加工、流通部门市场交涉能力强也是不可忽视的重要方面。第二，加入 WTO 以来，我国养猪业要素和商品市场流通中交易成本不断下降，流通效率逐步提高，中国养猪业市场整合程度在调整中逐步提高；我国东部、中部、西部养猪业市场整合程度也在逐步改善，但三地区间养猪业市场整合程度相互间存在差异。位于生猪主产区的重庆—四川、河北—山东、河北—辽宁和东部发达地区的京津冀之间养猪业相对价格方差波动幅度位居全国前列，表明养猪业市场价格相互间差异较大，养猪业市场整合程度较低，值得我们探究其内在原因。本研究提出从纵向关联产业视角完善现有猪肉价格稳定机制，生猪屠宰、猪肉加工及流通过程等市场主体也应该成为今后稳定生猪及猪肉价格政策的关注重点；规范中间商等强势市场主体的经营行为，逐步改善养殖主体的盈利状况；扩大生猪养殖规模、发展专业合作经济组织，推进覆盖整个猪肉纵向产业链的一体化经营企业，实现生猪养殖业的规模化和集约化，建立生猪生产与猪肉价格市场信息预警体系等政策建议（郭利京，2011）。

四、科技推广应用

养猪业的技术推广主要以饲料、兽药推广销售带动产业技术发展为主要模式。由政府主导的科技推广为各地区畜牧兽医推广机构进行，主要涉及品种改良、疫苗注射、疫病监测、引种、种猪场审核、饲料质量检测监控等，养猪场建设还需当地环保部门的审核及检测。因养殖主体私有化程度较高，包含种、料、管、防、屠宰、加工、运输、销售等全产业链相关技术基本由企业主导。政府主要取监管的职责，科研院所若没有养猪基地或企业联合无论技术研发或推广都是空话。

不同农业科技推广主导模式存在差异。养猪业是我国也是云南省的大行业，具有不可撼动的行业地位，由于行业主体的私有化性质，趋利成为必然，这使得饲料和兽药这两项立竿见影的技术得到快速的发展和应用，而育种这项耗时费力难见效益的最基础的技术却远远滞后于产业发展，这也是我国的种猪 95% 以上源于国外的原因。也由于企业为主导的技术应用模式，使得很多技术未被正确应用，一些技术成果被过度应用，甚至引起公共卫生安全事故，如瘦肉精事件、高药残、重金属污染、高抗等事件。这些技术成果的盲目滥用严重危害了产业的健康发展，也破坏了生态环境。

五、对改善（优化）产业科技推广应用的建议

一是加大资金投入。二是加强政府的引导和监督职能。三是加强并维护科研院所对技术应用的权威性、公正性和公信力。四是提高农民从业者的素质。五是加快推进我国政府推行的“粮改饲工程”“养猪废弃物资源化利用的循环农业”“种养结合的生态农业”和“休闲农业”工程。

（执笔：高新、陈良正、王雪娇、林春燕；审定：陈良正）

第三十二章

云南家禽产业经济问题研究

第一节 云南家禽产业发展概况

一、中国及云南家禽产业发展情况简介

20世纪90年代以来，随着国民经济持续快速发展和人民生活水平的不断提高，营养与健康已成为一个国家和地区经济与社会发展、卫生保健水平和人口素质的重要指标而日益受到人们的关注，人们的食物结构也逐步由单纯追求数量转向追求质量和营养。努力改善膳食结构、增加膳食营养已成为中国人民提高生活水平和生活质量的一个非常重要的措施。由于我国农业人口众多，受制于耕地资源有限，种植业的发展对农业发展的推动作用逐步减小，因此，大力发展畜禽养殖业逐步成为农业战略性结构调整的一项重要举措。在畜禽养殖业中，家禽养殖产业在解决“三农”问题、优化农业生产结构和满足人民群众对肉蛋类产品需求方面扮演着越来越重要的角色。随着国民经济发展，家禽产品仍将是我国食物结构中动物蛋白的重要来源，并将为未来可持续农业的发展继续做出巨大的贡献（申秋红，2008）。

家禽产品是重要的日常肉类食品之一，禽肉的生产、贸易和消费多年保持持续增长的态势，目前禽肉已取代牛肉成为世界上第二大消费肉类，这主要是由于禽肉价格低于其他肉类，而且消费者普遍认为禽肉是一种安全肉类，并能被不同文化背景和宗教信仰的人所接受（申秋红，2008）。FAO统计数据表明，自20世纪60年代以来，全球家禽业持续保持着良好的发展势头。全球禽肉总产量在1964年、1976年、1985年和1990年分别迈上1000万吨、2000万吨、3000万吨和4000

万吨台阶后，增速进一步加快，于1994年、1997年、2001年、2005年和2008年分别迈上5000万吨、6000万吨、7000万吨、8000万吨和9000万吨台阶并于2011年超过1亿吨，每隔3～4年增加1000万吨，2019年达到1.3亿吨以上。其中，鸡肉占禽肉的比重一直在85%以上，2015年后超过88%，目前已接近90%（2019年最高达89.66%）。世界禽肉主产区主要集中在中北美洲、亚洲和欧洲。过去20年间，美洲禽肉产量占全球的比重由45%左右逐步降到目前的不足40%，而亚洲禽肉产量全球占比则从不足30%增加到近35%，欧洲的份额基本保持在17%左右，非洲在5%左右，大洋洲仅略高于1%。2019年，全球禽肉产量超过1000万吨的国家有美国、中国和巴西，美国和中国均在2000万吨以上；此外，俄罗斯和印度禽肉产量在400万吨以上，印度尼西亚和墨西哥则在300万吨以上，这7个国家的禽肉产量之和占同期全球禽肉总产量的比重达55.71%。

近20年，世界禽蛋产能主要集中在亚洲和美洲，世界禽蛋产量也持续保持增长，平均每年增加约2%～3%，从1999年的5354万吨、2000年的5517万吨、2005年的6122万吨、2010年的6950万吨到2011年突破7000万吨达7087万吨，2016年突破8000万吨，2019年接近9000万吨，其中鸡蛋占93%。亚洲禽蛋产量占全球禽蛋总产量的比重逐年稳步提高，从2000年不足60%（59.71%）上升到目前接近65%（2019年最高为64.18%），美洲的占比基本稳定在19%～19.5%，欧洲的占比则从17.5%以上逐年降低到目前仅12%，非洲的比重基本稳定在4%上下。2019年，全球禽蛋产量超过1000万吨的国家只有中国超过3300万吨，500万吨以上的有美国、印度和印度尼西亚，巴西、墨西哥、日本、俄罗斯和土耳其则在100万吨以上，这9个国家的禽蛋总产量占全世界总产量的比重超过70%，加上排名第10位的乌克兰，前10国的禽蛋产量占全球禽蛋总产量的比重约71.89%。

（一）中国家禽产业发展简况

我国家禽养殖业发展大致可分为三个阶段。第一阶段是从建国初期到20世纪70年代末，由于受畜禽产业政策控制、粮食紧缺以及饲养技术的影响，人民的蛋、肉供给严重不足。第二阶段是20世纪80年代到90年代中期，由于改革开放以后经济逐步好转和人民收入提高，蛋、肉需求量迅速增长，畜禽养殖业开始摆脱传统计划体制和政策的束缚，由国家调控转向市场调节。畜禽养殖业生产基本走上产业化，家禽养殖发展为一个新兴的独立产业，专业的养鸡场（户）如雨后春笋般出现，养鸡事业迅猛发展。第三阶段是20世纪90年代后期到2010年，我国人均肉类、蛋类产量均超过了世界平均水平，家禽饲养量、存栏量、出栏量、禽蛋产量跃居世界第一位，禽肉总产量跃居世界第二位（米生俊等，2011）。

家禽养殖是我国畜禽业的传统产业，也是规模化、集约化程度最高的农业产业。我国的家禽生产以鸡为主，水禽为特色，其他家禽（如鹌鹑、肉鸽、鸵鸟、火鸡等）为补充，鸡分为肉鸡和蛋鸡生产，肉鸡又分为白羽肉鸡和黄羽肉鸡生产（申秋红，2008），水禽主要是鸭和鹅的生产。经过多年努力，目前在山东、河北、江苏、河南、吉林、辽宁、四川等省形成了养禽密集区。农村是我国家禽生产的主体，普遍群体较小，每户数千只的较多。作为在世界家禽业中占有重要地位的家禽业生产大国，近年来，我国家禽养殖业克服禽流感疫情对家禽生产、市场消费以及进出口贸易产生的负面影响，仍然保持平稳的发展态势（申秋红，2008）。据《中国农村统计年鉴》数据，近年来，我国家禽年出栏量达到130亿只，2019年全国家禽存栏达65.2亿只，出栏146.4亿只，均居世界首位，比2000年的46.4亿只和82.6亿只分别增长40.52%和77.24%。其中，家禽存栏最多的是华东区。在家禽存栏中，鸡的占比最多，其次是鸭和鹅。鸭和鹅主要分布在长江流域及其以南省份。

（二）云南家禽产业发展简况

云南家禽业起步于20世纪70年代末，以原昆明市实验养鸡场为代表的第一批政府菜篮子项目开始，在政府政策引导和大力支持下，云南家禽养殖得到了稳定发展，目前在种禽繁育、饲养、管理、技术，商品鸡养殖、设施、设备等方面，部分公司已进入全国先进水平，发挥了较好的示范带动推广作用。但在育种技术、地方鸡种开发利用、肉鸡的产业化运作等方面与发达地区相比差距还比较大；尤其是绝大多数养殖场户规模小、设施简陋，饮水设施、环境控制设备及粪污处理等设施简单，管理水平差距明显。

一是蛋鸡和肉鸡主产区分布情况。目前，云南蛋鸡存栏百万只以上的主产区包括：昆明、玉溪、通海、建水、开远、泸西、安宁、曲靖、晋宁、江川、祥云、大理等地；蛋鸡存栏五十万只以上的主产区包括：寻甸、弥勒、西双版纳、保山、文山、昭通等地；肉鸡出栏百万只以上的主产区包括：安宁、石林、玉溪、陆良、弥勒、开远、建水、个旧、普洱、祥云、楚雄、临沧等地。

二是蛋鸡、肉鸡主要品种。蛋鸡饲养方面，目前京红、京粉占市场主导。肉鸡品种则比较多，按生长速度分为快速、中速、慢速三类，快速鸡以铁脚麻为主导，中速鸡以 882 为主导，慢速鸡以云南地方品种如武定鸡、无量山乌骨鸡、盐津乌骨鸡、茶花鸡等为主导。

二、中国及云南禽肉、禽蛋生产分析

（一）中国禽肉、禽蛋生产简况

禽肉和禽蛋是人体必需氨基酸的丰富来源，是全世界消费者日常饮食的重要组成部分。中国的禽肉生产主要包括鸡肉生产和水禽（鸭和鹅）肉生产两个部分。据 FAO 统计数据，2019 年，中国禽肉产量2044. 2 万吨，比2000 年增长了71. 9%，占世界禽肉总产量的 15. 53%，仅次于美国多年居世界第二位（见图 32 - 1）。

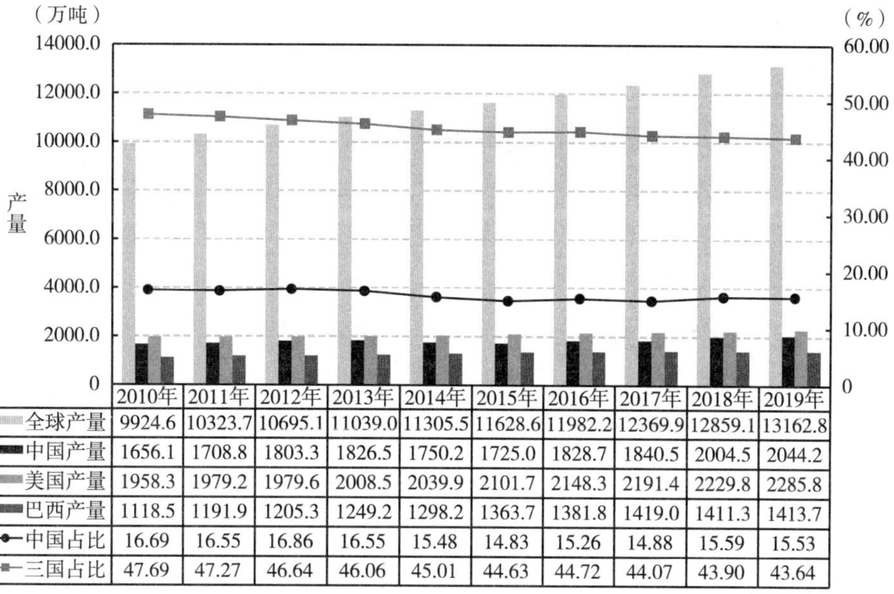

	2010年	2011年	2012年	2013年	2014年	2015年	2016年	2017年	2018年	2019年
全球产量	9924.6	10323.7	10695.1	11039.0	11305.5	11628.6	11982.2	12369.9	12859.1	13162.8
中国产量	1656.1	1708.8	1803.3	1826.5	1750.2	1725.0	1828.7	1840.5	2004.5	2044.2
美国产量	1958.3	1979.2	1979.6	2008.5	2039.9	2101.7	2148.3	2191.4	2229.8	2285.8
巴西产量	1118.5	1191.9	1205.3	1249.2	1298.2	1363.7	1381.8	1419.0	1411.3	1413.7
中国占比	16.69	16.55	16.86	16.55	15.48	14.83	15.26	14.88	15.59	15.53
三国占比	47.69	47.27	46.64	46.06	45.01	44.63	44.72	44.07	43.90	43.64

图 32 - 1　2010 ~ 2019 年三大主产国禽肉产量及全球占比

资料来源：根据 FAO 网站 2021 年 5 月鸡/火鸡、鸭、鹅数据整理。

据 FAO 网站数据，自 1985 年我国禽蛋产量超过 500 万吨以来一直位居世界首位，且逐年稳步上升。先后于 1992 年、1998 年和 2015 年分别迈上 1000 万吨、2000 万吨和 3000 万吨 3 个台阶，2019 年达到 3308. 98 万吨的历史最高水平；占同期世界禽蛋总产量的比重由 1985 年的 16. 45% 逐步升高到 1992 年的 25. 63%，并于 1994 年超过 30% 达到 33. 03%、1996 年逼近 39. 5% 达到 39. 48%，此后小幅回落，1998~2007年10年间保持在39%以上，2008~2009年曾超过40%，此后逐步小幅下滑到近几年的37%以下，2019年为36.96%（见图32-2），人均禽蛋占有量多年在22千克上下。

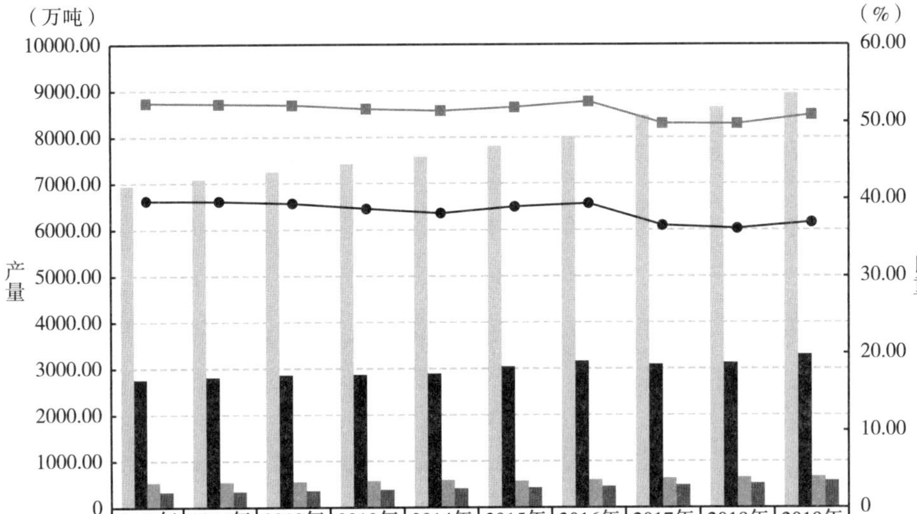

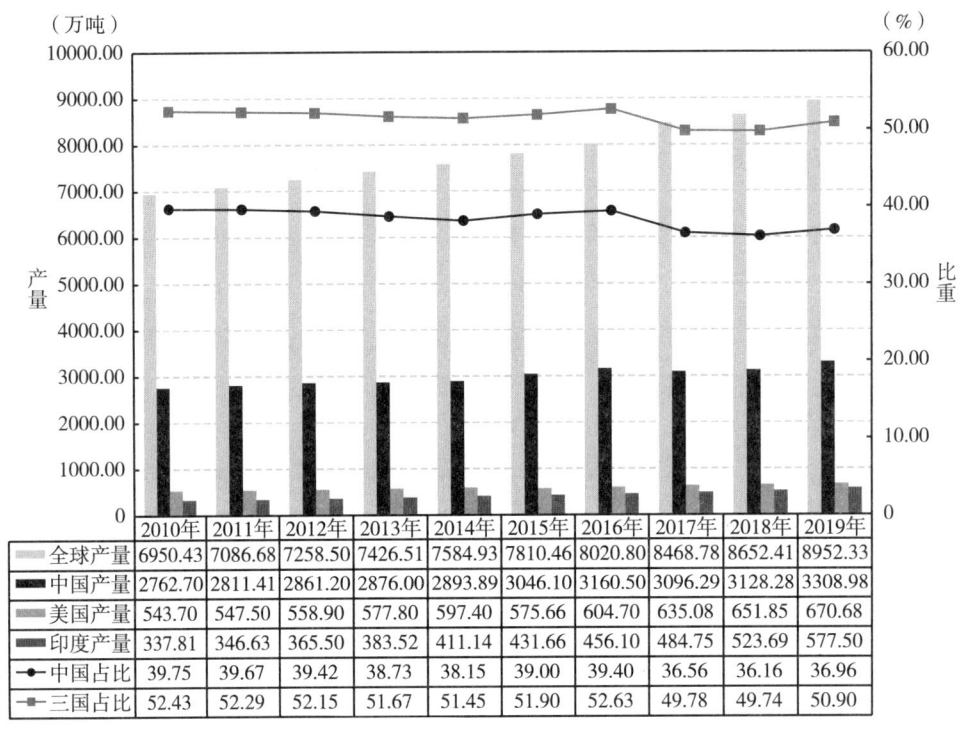

	2010年	2011年	2012年	2013年	2014年	2015年	2016年	2017年	2018年	2019年
全球产量	6950.43	7086.68	7258.50	7426.51	7584.93	7810.46	8020.80	8468.78	8652.41	8952.33
中国产量	2762.70	2811.41	2861.20	2876.00	2893.89	3046.10	3160.50	3096.29	3128.28	3308.98
美国产量	543.70	547.50	558.90	577.80	597.40	575.66	604.70	635.08	651.85	670.68
印度产量	337.81	346.63	365.50	383.52	411.14	431.66	456.10	484.75	523.69	577.50
中国占比	39.75	39.67	39.42	38.73	38.15	39.00	39.40	36.56	36.16	36.96
三国占比	52.43	52.29	52.15	51.67	51.45	51.90	52.63	49.78	49.74	50.90

图32-2　2010~2019年三大主产国禽蛋产量及全球占比

资料来源：根据FAO网站2021年5月数据整理。

据《中国畜牧兽医年鉴》数据，2019年，我国禽肉产量占肉类总量的28.85%，人均占有量15.99千克。华东地区是全国禽肉生产最多的地区，禽肉产量占肉类产量比重最高的地区也是华东地区。华东也是全国禽蛋产量最多的地区，其次是华南地区和华北地区。

（二）云南禽肉、禽蛋生产分析

云南肉禽和蛋禽产业发展相对比较平稳，在全国的占比都不算很高。家禽出栏数占全国比重保持在1.7%以上，家禽存栏数占全国2.1%以上（见表32-1）。禽肉产量在全国的占比保持在2%左右，禽蛋产量在全国的占比保持在0.8%左右；禽肉产值在全国的占比维持在2.1%以上，禽蛋产值波动相对较大，在全国的占比徘徊于0.6%~1.4%（见表32-2）。

表 32－1　　2010～2019 年中国及云南禽肉、禽蛋的出栏及存栏情况

年份	家禽出栏（万只）			家禽存栏（万只）		
	云南	中国	占比（%）	云南	中国	占比（%）
2010	19316.27	1100577.95	1.76	11730.39	535251.04	2.19
2011	19526.25	1132715.16	1.72	11949.64	555432.67	2.15
2012	20410.6	1207704.3	1.69	12431.5	580442	2.14
2013	19981.6	1190459	1.68	12131.4	571273.3	2.12
2014	19701.8	1154167.1	1.71	12313.4	577904.4	2.13
2015	21080.9	1198720.6	1.76	12498.1	586703	2.13
2016	21698.8	1237300.1	1.75	12699.9	589919.7	2.15
2017	24017.8	1302190.6	1.84	14039.8	605302.2	2.32
2018	26122.8	1308936.1	2.00	15044.8	603697.6	2.49
2019	31598.6	1464062.2	2.16	16085.06025	652203.2	2.47

资料来源：历年《中国农村统计年鉴》。

表 32－2　　2010～2019 年中国及云南禽肉、禽蛋的产量及产值情况

年份	禽肉产量（万吨）			禽蛋产量（万吨）			禽肉产值（亿元）			禽蛋产值（亿元）		
	云南	中国	占比（%）	云南	中国	占比（%）	云南	中国	占比（%）	云南	中国	占比（%）
2010	33.21	1656.08	2.01	20.8	2762.74	0.75	67.5	3174.5	2.13	20.4	2454.5	0.83
2011	33.83	1708.8	1.98	21.65	2811.42	0.77	81.8	3778.7	2.16	25.2	2802.7	0.90
2012	36.4	1822.6	2.00	22.1	2861.2	0.77	86.8	4080.2	2.13	18.1	2773.9	0.65
2013	35.7	1798.4	1.99	23.2	2876.1	0.81	102.1	4056.6	2.52	21.1	2970.5	0.71
2014	35.2	1750.7	2.01	24.3	2893.89	0.84	108.4	4160.1	2.61	24.1	3226.6	0.75
2015	37.6	1826.3	2.06	26	2999.22	0.87	122.7	4304.9	2.85	25.6	3083.2	0.83
2016	38.8	1888.2	2.05	26.4	3094.9	0.85	127.5	4478.3	2.85	26	3008.3	0.86
2017	43.8	1981.7	2.21	30.3	3096.3	0.98	104.7	4393.3	2.38	31.7	2929	1.08
2018	47.5	1993.7	2.38	32.7	3128.3	1.05	119.1	4864.4	2.45	43.4	3289.7	1.32
2019	57.9	2238.6	2.58	35.8	3309	1.08	159.3	5934.3	2.68	51.4	3651	1.41

资料来源：历年《中国农村统计年鉴》。

（三）云南家禽生产规模化程度

一是云南种禽规模化程度。云南种禽场整体呈逐年增长的发展趋势，在全国的占比维持在 1%，其中，种蛋鸡场和种肉鸡场均呈现逐年增长的发展趋势，在全国的占比均增长到 1.8% 以上；种鸭场呈现出逐年下降的发展趋势，到 2017 年勉

强能维持在全国0.2%的水平；种鹅场整体也呈现逐年下降的趋势，在全国的占比维持在1.2%~2.2%（见表32-3）。

表32-3　　2010~2017年云南种禽规模

年份	种禽场（个）			种蛋鸡场（个）			种肉鸡场（个）			种鸭场（个）			种鹅场（个）		
	云南	中国	占比（%）	云南	中国	占比（%）	云南	中国	占比（%）	云南	中国	占比（%）	云南	中国	占比（%）
2010	36	4813	0.75	8	1495	0.54	18	2208	0.82	5	834	0.60	5	276	1.81
2011	28	3928	0.71	9	1215	0.74	15	1804	0.83	1	671	0.15	3	238	1.26
2012	37	3731	0.99	13	1096	1.19	18	1756	1.03	1	644	0.16	5	235	2.13
2013	42	3944	1.06	12	1092	1.10	22	1902	1.16	2	685	0.29	6	265	2.26
2014	45	3830	1.17	14	1050	1.33	23	1829	1.26	2	669	0.30	6	282	2.13
2015	48	3536	1.36	15	944	1.59	26	1698	1.53	2	632	0.32	5	262	1.91
2016	53	3125	1.70	14	862	1.62	33	1469	2.25	2	546	0.37	4	248	1.61
2017	43	2713	1.58	13	643	2.02	26	1421	1.83	1	442	0.23	3	207	1.45

资料来源：历年《中国畜牧兽医年鉴》。

二是云南蛋鸡饲养规模。云南蛋鸡饲养规模数量整体呈现两头小、中间大的发展趋势。1~499只、500~1999只均呈现整体减少的发展趋势，而2000~9999只、10000~49999只、50000~99999只、100000~499999只总体呈现逐年增加的发展趋势，500000只以上呈现稳定的发展趋势。数据表明，云南中等规模的蛋鸡饲养具有更明显的市场优势。从在全国占比的角度来分析，除了500000只以上的蛋鸡饲养规模呈现逐年下降的趋势，其他均是逐年增长的发展趋势（见表32-4）。

三是云南肉鸡饲养规模。云南肉鸡饲养规模数量整体呈现逐年增长的趋势，只有100万只以上增长幅度最小。从在全国占比的角度来分析，各饲养规模在全国的占比均呈现整体增长的发展趋势，除了500000~999999只处于先稳步下降再增长、100万只以上处于先稳步增长再下降的发展趋势，其他饲养规模在全国的占比均呈现稳步增长的发展趋势（见表32-5）。

（四）云南禽肉、禽蛋生产在全国的地位

一是禽肉产量。国家统计局数据表明，2010~2019年的10年间，禽肉总产量排位在前十名的产区依次为山东、广东、广西、辽宁、安徽、江苏、河南、四川、河北和福建，这10个主产省份的禽肉产量占全国禽肉总产量的比重均保持在70%以上。2010~2019年中国禽肉主产省份产量及云南占比见表32-6。

表 32－4　　2010～2017 年云南蛋鸡饲养规模

年份	1～499 只（户）			500～1999 只（户）			2000～9999 只（户）			10000～49999 只（户）			50000～99999 只（户）			100000～499999 只（户）			500000 只以上（户）		
	云南	中国	占比（%）	云南	中国	占比（%）	云南	中国	占比（%）	云南	中国	占比（%）	云南	中国	占比（%）	云南	中国	占比（%）	云南	中国	占比（%）
2010	627942	20641084	3.04	1635	398665	0.41	1981	239445	0.83	631	31728	1.99	32	1657	1.93	12	466	2.58	2	17	11.76
2011	422162	17824906	2.37	1309	389483	0.34	1846	239534	0.77	896	34186	2.62	46	1887	2.44	24	531	4.52	2	23	8.70
2012	433268	16222810	2.67	1441	351961	0.41	1489	229397	0.65	1020	36345	2.81	61	2133	2.86	25	634	3.94	2	23	8.70
2013	481112	14560697	3.30	1406	325773	0.43	2097	223118	0.94	917	38112	2.41	63	2250	2.80	35	757	4.62	2	27	7.41
2014	477743	14674276	3.26	1387	308058	0.45	2120	214982	0.99	1020	38835	2.63	60	2325	2.58	42	817	5.14	1	28	3.57
2015	504764	13392286	3.77	1568	294389	0.53	2502	204607	1.22	1015	38138	2.66	80	2405	3.33	43	901	4.77	1	36	2.78
2016	495093	12184953	4.06	2197	253880	0.87	2625	178350	1.47	1057	38804	2.72	79	2435	3.24	50	913	5.48	1	52	1.92
2017	537079	10781410	4.98	2178	214845	1.01	2566	133791	1.92	1119	34678	3.23	78	2350	3.32	49	960	5.10	2	69	2.90

资料来源：历年《中国畜牧兽医年鉴》。

表 32－5　　2010～2017 年云南肉鸡饲养规模

年份	1～1999 只（户）			2000～9999 只（户）			10000～49999 只（户）			50000～99999 只（户）			100000～499999 只（户）			500000～999999 只（户）			100 万只以上（户）		
	云南	中国	占比（%）	云南	中国	占比（%）	云南	中国	占比（%）	云南	中国	占比（%）	云南	中国	占比（%）	云南	中国	占比（%）	云南	中国	占比（%）
2010	1271676	24834318	5. 12	3162	330819	0. 96	1815	157022	1. 16	115	17024	0. 68	39	4843	0. 81	2	499	0. 40	0	252	0. 00
2011	1383328	25079193	5. 52	3802	335422	1. 13	2115	159237	1. 33	153	19274	0. 79	63	5605	1. 12	1	701	0. 14	0	309	0. 00
2012	1318945	24387555	5. 41	4260	289571	1. 47	2293	152900	1. 50	155	19731	0. 79	71	6362	1. 12	4	897	0. 45	0	372	0. 00
2013	1532813	23172092	6. 61	4443	280290	1. 59	2773	140772	1. 97	160	20061	0. 80	71	6644	1. 07	3	911	0. 33	1	449	0. 22
2014	1581493	21644679	7. 31	4719	258379	1. 83	2863	132780	2. 16	169	21183	0. 80	74	6911	1. 07	3	912	0. 33	2	564	0. 35
2015	1577587	20814808	7. 58	4892	240841	2. 03	2765	99774	2. 77	166	19532	0. 85	79	6695	1. 18	3	931	0. 32	3	789	0. 38
2016	1475558	20148867	7. 32	6118	214150	2. 86	2874	121433	2. 37	197	20940	0. 94	73	7419	0. 98	5	938	0. 53	2	928	0. 22
2017	1622199	18710173	8. 67	6425	175042	3. 67	3327	89023	3. 74	235	18533	1. 27	71	7532	0. 94	8	997	0. 80	1	953	0. 10

资料来源：历年《中国畜牧兽医年鉴》。

表 32－6　　2010～2019 年中国禽肉主产省份产量及云南占比　　单位：万吨

地区	2010 年	2011 年	2012 年	2013 年	2014 年	2015 年	2016 年	2017 年	2018 年	2019 年
全国	1656.08	1708.80	1822.60	1798.40	1750.70	1826.30	1888.20	1981.70	1993.70	2238.60
山东	238.85	254.54	275.70	268.80	248.60	259.60	275.80	320.60	315.10	333.70
广东	152.99	150.28	153.50	143.00	131.90	134.80	135.10	151.70	153.30	176.20
安徽	104.08	109.05	114.10	116.00	114.60	125.00	131.70	146.40	150.70	174.60
广西	124.94	128.84	136.00	135.30	128.20	132.50	135.00	142.00	138.80	162.90
辽宁	121.91	125.20	130.30	128.10	130.60	147.30	156.80	129.90	130.50	139.80
河南	105.75	111.40	122.20	122.30	118.00	120.00	122.50	119.00	121.90	145.20
江苏	132.67	138.87	146.10	131.90	125.40	122.00	118.10	110.20	105.80	115.20
四川	84.58	86.88	93.00	95.60	97.40	99.70	102.00	99.00	100.60	119.70
河北	69.88	74.51	85.10	86.60	88.20	87.00	90.50	90.30	88.90	99.50
福建	26.32	28.91	37.90	45.50	54.20	73.20	80.50	130.80	136.80	141.90
前十位合计	1161.97	1208.48	1293.9	1273.1	1237.1	1301.1	1348	1439.9	1442.4	1608.7
前十位占比（%）	70.16	70.72	70.99	70.79	70.66	71.24	71.39	72.66	72.35	71.86
云南	33.21	33.83	36.4	35.7	35.2	37.6	38.8	43.8	47.5	57.8
云南占比（%）	2.01	1.98	2.00	1.99	2.01	2.06	2.05	2.21	2.38	2.58

资料来源：历年《中国农村统计年鉴》。

从表 32－6 可以看出，2010～2019 年，除江苏省的禽肉产量略有下降外，全国及其他各禽肉主产省份的禽肉产量均呈现逐年增长的发展趋势，其中福建的增幅最大，达439%，自 2017 年迈上 100 万吨台阶达到130 万吨以上，全国排名从第10 位直接上升到第 5 位并保持至今。从表 32－6 还可以看出，分析年间，虽然云南的禽肉产量也呈现出逐年增长的发展趋势，但在全国的占比仅维持在 2% 以上。

二是禽蛋产量。在全国禽蛋生产中，排位在前十名的产区有山东、河南、河北、辽宁、江苏、湖北、安徽、四川、吉林和黑龙江。全国及各禽蛋主产区的产量均呈现逐年增长的发展趋势，十大主产区的禽蛋产量占全国总产量的比重均保持在 76% 以上。云南的禽蛋产量也呈现出逐年增长的发展趋势，但在全国的占比徘徊在 1% 左右（见表 32－7）。

表 32－7　　2010～2019 年中国禽蛋主产省份产量及云南占比　　单位：万吨

地区	2010 年	2011 年	2012 年	2013 年	2014 年	2015 年	2016 年	2017 年	2018 年	2019 年
全国	2762.74	2811.42	2861.20	2876.10	2893.89	2999.22	3094.00	3096.30	3128.30	3309.00
山东	384.28	401.19	402.00	396.20	388.00	423.90	440.60	444.80	447.00	450.10
河南	388.59	390.50	404.20	410.20	404.00	410.00	422.50	401.20	413.60	442.40

续表

地区	2010 年	2011 年	2012 年	2013 年	2014 年	2015 年	2016 年	2017 年	2018 年	2019 年
河北	339.08	339.84	342.60	346.10	362.70	373.60	388.50	383.70	378.00	385.90
辽宁	275.73	277.40	279.90	276.80	279.30	276.50	287.60	270.40	297.20	307.90
江苏	190.57	194.86	197.20	197.90	194.60	196.20	198.50	183.40	178.00	212.30
湖北	132.59	137.03	139.40	145.10	155.10	165.30	167.80	168.20	171.50	178.80
安徽	119.02	119.65	122.60	124.50	122.50	134.70	139.50	154.70	158.30	168.70
四川	144.39	144.85	146.40	145.20	145.30	146.70	148.10	144.50	148.80	161.70
吉林	95.64	95.29	100.20	97.70	98.50	107.30	114.40	121.00	117.10	121.50
黑龙江	105.26	105.41	108.20	102.70	98.20	99.90	106.30	113.80	108.50	114.30
前十位合计	2175.15	2206.02	2242.70	2242.40	2248.2	2334.10	2413.80	2385.70	2418.00	2543.60
前十位占比（%）	78.73	78.47	78.38	77.97	77.69	77.82	78.02	77.05	77.29	76.87
云南	20.80	21.65	22.10	23.20	24.30	26.00	26.40	30.30	32.70	35.80
云南占比（%）	0.75	0.77	0.77	0.81	0.84	0.87	0.85	0.98	1.05	1.08

资料来源：历年《中国农村统计年鉴》。

三是禽肉产值。全国及各禽肉主产区的产值总体呈现增长的发展趋势，全国十大主产区的禽肉产值占全国总产值的比重均保持在64%以上。云南的禽肉产值也呈现整体增长的发展趋势，但在全国的占比仅维持在2.1%~2.9%（见表32-8）。

表32-8　　2010~2019年我国禽肉主产省区产值及云南占比　　单位：万元

地区	2010 年	2011 年	2012 年	2013 年	2014 年	2015 年	2016 年	2017 年	2018 年	2019 年
全国	3174.5	3778.7	4080.2	4056.6	4160.1	4304.9	4478.3	4393.3	4864.4	5934.3
山东	295.0	358.1	363.6	362.1	349.4	353.6	360.2	420.4	440.8	508.6
广东	345.7	378.3	393.1	362.1	351.7	357.6	351.6	386.5	411.8	525.4
安徽	152.8	172.4	185.2	191.9	201.4	213.4	220.9	240.5	274.0	353.2
广西	266.4	282.8	295.4	302.0	310.1	329.6	332.2	283.4	302.5	402.4
辽宁	239.8	276.0	313.4	307.5	322.4	303.1	320.7	244.8	406.3	479.1
河南	143.4	153.9	160.4	173.2	173.7	137.5	142.1	130.1	168.5	222.0
江苏	245.9	316.8	326.7	284.0	273.6	270.2	266.4	234.5	242.0	285.7
四川	324.2	431.2	478.4	492.1	510.8	541.8	542.6	524.3	551.9	617.4
河北	107.3	115.4	135.1	126.4	152.2	136.7	133.0	106.2	119.1	149.9
福建	60.2	67.9	73.9	92.2	123.5	170.4	210.1	327.7	350.3	425.6
前十位合计	2180.7	2552.8	2725.2	2693.5	2768.8	2813.9	2879.8	2898.4	3267.2	3969.3
前十位占比（%）	68.69	67.56	66.79	66.40	66.56	65.37	64.31	65.97	67.17	66.89
云南	67.5	81.8	86.8	102.1	108.4	122.7	127.5	104.7	119.1	159.3
云南占比（%）	2.13	2.16	2.13	2.52	2.61	2.85	2.85	2.38	2.45	2.68

资料来源：历年《中国农村统计年鉴》。

四是禽蛋产值。全国及各禽蛋主产区的产值总体呈现增长的发展趋势，全国十大主产区的禽蛋产值占全国总产值的比重均保持在73%以上。云南的禽蛋产值也呈现整体增长的发展趋势，其在全国的占比从2017年开始超过1%（见表32-9）。

表32-9　　2010~2019年我国禽蛋主产省份产值及云南占比　　单位：万元

地区	2010年	2011年	2012年	2013年	2014年	2015年	2016年	2017年	2018年	2019年
全国	2454.5	2802.7	2773.9	2970.5	3226.6	3083.2	3008.3	2929	3289.7	3651
山东	282.9	339.3	363.8	367.4	407.9	428.1	434.9	426.7	429.5	450.6
河南	271.5	315.0	308.0	324.6	395.7	339.7	302.7	253.6	342.9	384.4
河北	309.6	352.9	319.6	342.4	405.3	328.6	328.3	289.6	329.2	348.6
辽宁	204.2	245.8	263.4	268.8	274.6	188.6	176.9	147.0	173.8	195.1
江苏	177.2	225.7	210.1	214.4	214.9	211.0	210.9	180.2	215.0	276.4
湖北	129.4	156.1	158.9	170.0	164.6	169.1	96.4	171.4	181.8	189.5
安徽	109.0	124.2	128.7	133.3	146.6	151.7	151.3	151.8	188.2	205.3
四川	168.0	188.0	163.8	178.6	186.0	189.7	294.5	285.4	328.6	386.2
吉林	88.8	74.3	78.4	127.0	133.3	139.5	119.6	126.5	139.5	144.6
黑龙江	115.8	116.0	112.5	106.8	102.1	118.7	119.2	149.1	119.4	97.3
前十位合计	1856.4	2137.3	2107.2	2233.3	2431	2264.7	2234.7	2181.3	2447.9	2678
前十位占比（%）	75.63	76.26	75.97	75.18	75.34	73.45	74.28	74.47	74.41	73.35
云南	20.4	25.2	18.1	21.1	24.1	25.6	26.0	31.7	43.4	51.4
云南占比（%）	0.83	0.90	0.65	0.71	0.75	0.83	0.86	1.08	1.32	1.41

资料来源：历年《中国农村统计年鉴》。

三、中国及云南禽肉、禽蛋消费分析

（一）禽肉消费结构分析

国家统计局数据表明，近年来我国年人均禽肉消费量呈持续上涨趋势，从2013年的7.2千克/人增长至2019年的10.8千克/人。据FAO网站数据，2014~2018年，我国人均禽肉年消费量仅略高于13.5千克，不仅低于15.3千克的全球平均水平和23.3千克的欧盟平均水平，更是不足巴西人均46.33千克的30%和美国人均54.7千克的25%。当然与这几个国家相比，我国较低的人均禽肉消费水平也表明，未来较长时期，我国的禽肉生产和禽肉消费增长空间较大。

据国家统计局数据，2013~2019年，云南居民家庭年人均禽肉消费量呈波动上升的发展趋势，增长17.91%。不论是城镇居民还是农村居民，云南的年人均禽肉消费量都低于全国平均水平，且均呈波动上升的发展趋势（见表 32－10）。

表 32－10　　2013～2019 年中国及云南年人均禽肉消费数量

年份	居民家庭			城镇居民			农村居民		
	全国（千克）	云南（千克）	占比（%）	全国（千克）	云南（千克）	占比（%）	全国（千克）	云南（千克）	占比（%）
2013	7.2	6.7	93.06	8.1	7.5	92.59	6.2	5.8	93.55
2014	8.0	7.3	91.25	9.1	8	87.91	6.7	6.5	97.01
2015	8.4	7.4	88.10	9.4	8.2	87.23	7.1	6.8	95.77
2016	9.1	7.9	86.81	10.2	8.5	83.33	7.9	7.6	96.20
2017	8.9	7.6	85.39	9.7	8.1	83.51	7.9	7.2	91.14
2018	9.0	6.7	74.44	9.8	7.2	73.47	8	6.4	80.00
2019	10.8	7.9	73.15	11.4	8.6	75.44	10	7.5	75.00

资料来源：历年《中国统计年鉴》。

（二）禽蛋消费结构分析

据 FAO 网站数据，近年来我国年人均禽蛋消费量呈持续上升趋势，从 2013 年的 8.2 千克/人增长至 2019 年的 10.7 千克/人，增长幅度不大。文莱、拉脱维亚、科威特等地区年人均鸡蛋消费量增长比较明显，文莱排名最高，这与上述国家的国内传统食品消费习惯更多倾向于食用禽类产品有关。

据国家统计局《中国统计年鉴》和《中国农村统计年鉴》数据计算整理 2013～2019 年中国及云南年人均禽蛋消费数量见表 32－11。可以看出，全国及云南居民家庭年人均禽蛋消费量呈先缓慢上升后快速下降的发展趋势，云南居民禽蛋年消费量从 4.4 千克/人波动上升到 4.5 千克/人。然而，不论是城镇居民还是农村居民，云南的年人均禽肉消费量仅为全国平均水平的一半，且均呈波动上升的发展趋势。

表 32－11　　2013～2019 年中国及云南年人均禽蛋消费数量

年份	居民家庭			城镇居民			农村居民		
	全国（千克）	云南（千克）	占比（%）	全国（千克）	云南（千克）	占比（%）	全国（千克）	云南（千克）	占比（%）
2013	8.2	4.4	53.66	9.4	4.8	51.06	7.0	4.1	58.57
2014	8.6	4.8	55.81	9.8	5.3	54.08	7.2	4.2	58.33
2015	9.5	5.0	52.63	10.5	6.1	58.10	8.3	4.4	53.01

续表

年份	居民家庭			城镇居民			农村居民		
	全国（千克）	云南（千克）	占比（%）	全国（千克）	云南（千克）	占比（%）	全国（千克）	云南（千克）	占比（%）
2016	9.7	4.8	49.48	10.7	5.6	52.34	8.5	4.3	50.59
2017	10	4.5	45.00	10.9	5.2	47.71	8.9	3.9	43.82
2018	9.7	4.3	44.33	10.8	4.9	45.37	8.4	3.9	46.43
2019	10.7	4.5	42.06	11.5	5.0	43.48	9.6	4.2	43.75

资料来源：历年《中国统计年鉴》和《中国农村统计年鉴》。

四、云南家禽产业发展存在的问题*

虽然云南家禽养殖业经过多年努力取得了显著成绩，但由于产业发展路径和模式存在的不足以及受经济社会等多种因素的影响，从生产到消费、从企业到产业等多个层面、多个维度还存在很多不足，严重制约着产业发展和转型升级。

（一）供给与消费不匹配

一是高档、优质禽产品供给不足。禽类产品加工是目前最大的短板，尚未对消费市场进行精确细分，供给与消费存在脱节，消费市场结构性不足与过剩并存；禽蛋产品较为单一、尚未形成产业化加工，小作坊式生产在支撑着主体消费市场，产品附加值低；快长型肉鸡、肉鸭等产品品质、风味、口感难以适应饮食的需求，需要大力推进禽类产业和产品的供给侧结构性改革。二是知名品牌数量少、影响小。多数生产企业缺乏特色产品和拳头产品，区域品牌、企业品牌和产品品牌不仅数量少，而且缺乏市场影响力大的知名品牌，影响着大众消费增长和特色消费挖掘。三是食品安全风险。受养殖生产、产品加工和市场流通等多环节影响，禽类食品安全风险依然存在。

（二）数量和质量不相称

受过去整个国家农产品供应短缺等影响，云南家禽业发展过程中，长期过于追求数量、忽视质量等惯性影响，产业运行质量和效益较低的问题目前仍然较为

---

* 本部分主要参考杨景晁等（2017）的研究。

突出。多数企业科技水平较低，具有核心技术和核心竞争力的企业较少，如在育种方面，很多种禽企业虽然规模大，但是以引种为主，自主育种水平明显滞后。家禽生产中，低水平、同质化生产的现象严重，消耗大量的土地、饲料等资源，但产品质量不过硬、议价能力差，制约了产业效益提升。

（三）养殖与种植跟不上

由于长期以来的政策引导，为快速满足畜产品需要，将过多精力放在扩大生产上，忽视了种养殖业协同、产业发展与资源环境协调等顶层设计和长远规划，畜禽养殖生产根据市场需求设计，未考虑粪便的消纳能力，同时有机肥开发、推广应用滞后，配套技术体系不完善，政策引导和扶持弱，导致饲养规模、生产布局与粪便消纳用地不配套，养殖废弃物不能充分利用，尤其是中小型养殖场配备粪便储存、处理设施的很少，粗放型养殖模式占比较高，在蛋鸭、鹅等水禽上表现更为突出。特别是近年来接连出台“土十条”“水十条”等环保政策，更对养殖业提出了严峻挑战。

（四）风险与收益不匹配

从产业链整体看，各个环节都应该有一定的利润空间，产业才能健康持续地发展。按照经济学原理，风险和利润是呈正相关的关系。但当前从承担风险和利润分配的实际情况看，风险与收益明显失和。据分析，养殖环节承担着85%的风险，仅分配了15%的利润，而其他环节只承担15%的风险，却分配着近85%的利润，养殖环节和养殖从业者在为整个产业的风险兜底，亟待建立农工贸一体化的产业体系，提高产业的组织化程度。

（五）市场与调控不一致

发达国家的市场经济或发达的市场经济虽然具有高度自由的特点，但同时具有很高的宏观调控能力和行业自我调控能力，以维持经济的良好运转。从我国经济运行和产业发展看，虽然市场放开了，发挥了市场配置资源的作用，但宏观调控能力，尤其是由于组织化程度低，行业自我调控能力未跟上，从而导致出现生产盲目无序、低水平重复生产、行业动荡频繁等一系列问题。

（六）生物安全形势与集约化生产不匹配

从全省范围看，由于政府行业监管能力跟不上产业发展需要和社会化服务发育滞后等原因，家禽安全生产存在着一些不确定性和不稳定性因素；对疫病防控，不同地区、不同企业间缺乏联防联控的机制和行之有效的方案措施；病原变异、旧病未除、新病增加的现象严重，严重威胁着家禽安全生产。从养殖个体看，很多养殖场没有科学的选址和布局；部分养殖场生物安全管理制度形同虚设，生物安全措施不到位，病死禽严格做无害化处理的比重低；地下水污染现象严重。这给规模化、集约化生产带来了严重挑战。

（七）投入品不当使用与实际需求不符

由于政府主导的公益性科技服务能力跟不上产业发展的需要，部分养殖场户在技术上过于依赖兽医企业和生物制品企业的技术人员，造成了过量用药、滥用药以及不能严格执行休药期规定等问题，而过量免疫、不必要免疫的情况也较为突出，不仅破坏了机体自身的免疫和保健机能，也增加了饲养成本。近年来各种新型添加剂不断投入市场，但质量参差不齐，一些添加剂在激活机体机能、促进动物健康生长方面有积极的作用，但也有一些劣质产品，导致养殖户增加成本而无收益。

（八）生产性能选育与适应性选育不一致

在现代家禽育种过程中，无论是追求产蛋还是长肉的品种选育，大多是以生产性能作为选择方向，极少考虑到动物的适应性，更少或者几乎不考虑肉质、品质等选育指标，因此在逐步选育的过程中，动物对环境的适应性在退化，包括抗病能力。与此同时为了让适应性、抗病力逐步降低的动物能维持较好的生长，采取的各项措施，包括用药特别是抗生素的使用，又造成病原的选择性进化，即病原的威胁越来越大，从而导致动物机体抵抗力和病原发展的不对称等。

（九）生产组织模式与产业化发展不匹配

一是家禽养殖存量相对过剩，区域发展不平衡。不利于实现生产与供给精准对接以及开展生产调控和管理。例如，按蛋鸡在各州（市）的饲养量分析，部分州（市）存量已相对过剩，部分地区发展空间较大；本地土鸡养殖规模小，养殖水平低，养殖模式简单，发展空间大。

二是合作机制不畅，缺乏高效的分工与协作。横向看，不同生产单位、企业各自为营，不能有效共享发展资源和实现优势互补；纵向看，产业链各环节衔接不畅，不利于充分发挥全产业链各要素的作用以及行业整体效益的提升。

第二节　云南家禽产业的比较优势

一、云南家禽产业发展比较优势的概括性介绍

云南拥有20余种独具特色的地方优质鸡，在全国也是少有的，特别是有些鸡种已濒临灭绝，这些鸡种表现特征独特明显，抗病力强、口感风味佳，深受百姓喜爱，高原特色家禽产品优势明显，开发价值大，覆盖地区市场50%以上；以昆明为中心，辐射东南亚地区。云南周边国家有丰富廉价的玉米资源，是养殖原料的较好基础支撑。云南与四川、贵州、广西相连，与广东、海南很近，云南超过1/3的鸡蛋销往两广及海南，且受到消费者喜爱。这种消费倾向给了云南家禽类产业先天的优势。另外，云南地理位置独特，边境线长（3000多千米），与缅甸、越南、老挝三国山水相连，与泰国、柬埔寨很近，未来发展空间巨大。云南地处边疆，地理气候独特多样，少数民族多、贫困地区广，扶贫脱贫任务艰巨，养鸡不失为一条首选之路，历来受到各级政府的重视和扶持，而且效果明显。近几年，随着居民收入水平的提高，家禽产品加工食品消费的潜力巨大，使得云南禽类养殖产业得到快速发展。从全国总体形势看，整个畜禽产业已经开始由南向北、由东向西转移，云南已经成为畜禽产品主产省份。

二、云南家禽类产业区位熵测度

采用云南及中国禽类产值和地区生产总值测算2010～2019年间云南家禽养殖业的区位熵结果如表32－12所示。结果显示，除了2015年和2016年外，云南家禽产业得分几乎都在1以下，表明云南的家禽产业在全国来说不具比较优势，在发展中处于微弱劣势地位。

但是从2010～2019年云南区位熵变化趋势（见图32－3）来看，云南家禽养殖在全国的地位整体呈逐步上升趋势。

表 32－12　　　　2010～2019 年云南家禽产业区位熵测度

年份	禽类总产值（亿元）		地区生产总值（亿元）		云南比例（%）	全国比例（%）	区位熵
	云南	全国	云南	全国			
2010	87.85	5639.0	7224.18	412119.3	1.22	1.37	0.89
2011	107.00	6586.2	8893.12	487940.2	1.20	1.35	0.89
2012	104.90	6895.5	10309.47	538580.0	1.02	1.28	0.79
2013	123.20	7032.2	11832.31	592963.2	1.04	1.19	0.88
2014	132.44	7393.8	12814.59	643563.1	1.03	1.15	0.90
2015	148.29	7395.5	13619.17	688858.2	1.09	1.07	1.01
2016	153.50	7619.1	14788.42	746395.1	1.04	1.02	1.02
2017	136.50	7329.9	16376.34	832035.9	0.83	0.88	0.95
2018	162.50	8162.7	20880.63	919281.1	0.78	0.89	0.88
2019	210.70	9598.2	23223.75	990865.1	0.91	0.97	0.94

资料来源：历年《中国农村统计年鉴》和《中国统计年鉴》。

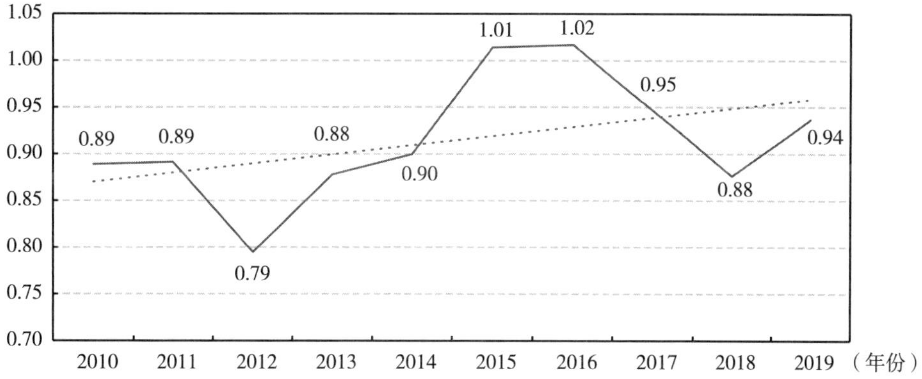

图 32－3　2010～2019 年云南家禽养殖业区位熵值变化趋势及趋势

三、云南发展家禽产业的优劣势总结

（一）云南发展家禽产业的优势

一是优良品种优势。云南家禽种质资源丰富，地方鸡资源多样性突出，是我国家禽遗传资源最丰富的省份之一，为家禽育种提供了丰富的素材。这些地方家禽品种大多具有肉质好、耐粗饲、适应性好、抗逆性强、地方类群多样化、系统选育程度低等特点，是云南家禽良种繁育体系建设和发展特色家禽养殖业的种质基础，值得各级重视。但由于各种因素的限制和制约，这些资源基本还没有形成良好的保护与利用机制和体系，保护利用工作滞后，个别遗传资源流失和消亡。

二是良好的区位优势。云南是中国通往东南亚、南亚的窗口和门户，地处中国与东南亚、南亚三大区域的结合部，与缅甸、越南、老挝三国接壤；与泰国和柬埔寨通过澜沧江—湄公河相连，并与马来西亚、新加坡、印度、孟加拉国等国邻近，是我国毗邻周边国家最多的省份之一，拥有 26 个口岸，其中，一类口岸 20 个、二类口岸 6 个，各类通道 90 多条，边境互市点 103 个①。作为中国面向西南开放的前言，承担着融入和服务国家“一带一路”倡议、打造澜湄流域经济发展带、共建澜湄国家命运共同体、建设中国—东盟自由贸易区和中国面向南亚东南亚辐射中心等战略任务。目前，云南已初步形成通往东南亚、南亚、东亚国家的三条便捷的国际大通道。(1) 西路通道，沿滇缅（昆畹）公路、中印（史迪威）公路和昆明至大理的铁路西进，有多个出境口岸，可分别到达缅甸密支那、八莫、腊戌等地，并直达仰光；还可经密支那到印度雷多，与印度铁路网连接后通往孟加拉国的达卡、吉大港和印度的加尔各答港。(2) 中路通道，由澜沧江—湄公河航运、昆明至打洛公路、昆明至曼谷公路和西双版纳机场构成，通往缅甸、老挝、泰国并延伸至马来西亚和新加坡。2008 年 3 月 21 日，昆明至曼谷国际大通道中国路段全线贯通。(3) 东路通道，以现有滇越铁路、昆河公路及待开发的红河水运为基础，通往越南河内、海防及其南部各地。日趋完善的公路、铁路、航空和水运网络让云南省汇集西南、华南地区对南亚、东南亚的大部分进出口物流，并由此成为第三亚欧大陆桥东段最重要的枢纽。这为云南优质农产品市场的扩张空间和对外贸易造就了便利条件（韩本勇等，2011）。尤其是与云南直接接壤的老挝、越南、缅甸以及由此延伸的东盟地区畜禽产品市场容量大，对云南特色、生态、安全畜禽产品需求不断增长，为云南畜禽产品出口创造了良好的机遇和潜在市场。随着中国（云南）自由贸易试验区的逐步实施，得天独厚的区位优势和交通优势为云南畜禽产品提供了广阔的境外市场。

三是劳动力资源丰富。云南省人力资源丰富。据《云南省第三次全国农业普查主要数据公报（第 5 号）》显示，2016 年，全省农业生产经营人员达 1715.1 万人，其中：35 岁及以下占 29.6%、36~54 岁占 49.8%。可以说云南发展家禽养殖业有着较大的劳动力资源优势。

---

① 云南口岸建设提速中国与东盟贸易往来［EB/OL］. 中国政府网，2009-12-31.

（二）云南发展家禽产业的劣势

一是良种化程度低，繁育体系不健全。云南种禽场普遍存在规模小、生产设施简陋、技术力量薄弱等问题，多数种禽场繁育手段落后，良种繁育体系不健全，系统开展家禽品种选育工作的能力较低。种禽场普遍存在“重引进、轻选育”的现象，造成“引种—维持—退化—再引种”的生产恶性循环，导致种禽质量难以提高，商品禽生产性能低下，不能满足市场的需求（程志斌，2013）。家禽良种化是家禽产业现代化的物质基础，品种不改良，就会使经济效益受到影响。如：云南有 20 个地方品种资源，但目前尚未培育出被市场认可的能代表中国水平的优质鸡新品种。

二是养殖业科技含量比较低。与我国“大国小农”的国情一样，云南家禽养殖仍以小规模分散饲养为主，规模化、标准化养殖生产程度低，直接影响云南家禽产业生产效率。同时，现在的养殖方式简陋，缺乏现代化的养殖设施设备，使得云南省家禽产业发展还是停留在重复劳动的层面上，生产效率低下，现代化程度较低，抵御市场风险的能力较差（岳伟等，2009）。

三是产业链不完善，经济效益较差。全省家禽产业小生产与大市场的矛盾依然突出，由于产、供、销产业链脱节，家禽产品附加值低，尤其是大量个体养殖户抵御市场风险能力小，养殖业经济效益得不到较大提高，不能满足农民增收的要求。以肉鸡产业为例，上游无专门的肉鸡育种场，下游无鸡肉深加工厂，是目前制约肉鸡产业健康发展的关键因素。

四是品牌建设乏力，市场竞争力弱。我省家禽业虽然有华曦牧业、广联畜禽等禽产品加工企业带动，但是生产规模相对较小，禽产品加工停留在初级阶段，缺乏在全国有影响力和竞争力的家禽品牌，大多禽产品只能靠本省消化，造成产能过剩，市场前景堪忧，也是制约家禽产业持续健康发展和转型升级的因素。

五是畜禽业发展的资金投入不足。畜禽科技普及推广和科研队伍建设有待加强，基层畜禽兽医机构和队伍不稳定，影响畜禽业的可持续发展（岳伟等，2009）。全省各地在机构改革中，大部分乡镇畜禽兽医站与农业三站合并，有的甚至被撤销、拍卖、侵占或平调，畜禽兽医队伍不稳定，工作积极性受挫，影响工作开展，更对畜禽业的健康持续发展不利（李贵有等，2006）。

第三节 云南家禽产业经济体系简况

一、生产组织形式

（一）基本情况

1. “公司+农户”模式

这种模式是以家禽产品加工或流通企业为龙头，通过合同契约、股份合作制等多种利益联结机制，带动农民从事生产的组织形式，将生产、加工、销售有机结合，实施一体化经营。这是家禽行业最早采取的产业化组织形式，也是最主要的组织形式。该模式的优点是：便于带动农民致富。资金投入少、风险共担。对农户来说能够得到相对稳定的收入，对公司来说能较好地保证产品的质量与供应量的稳定（与市场收购相比）。该模式的缺点是：一是公司和农户双方契约约束力脆弱，单方违约现象严重。当产品市场价格低于合同价格时，公司重则对农户撒手不管，以市场价直接从市场收购，或拖延收购时间以减少收购数量；农户则从市场收购家禽，尽可能多地向公司交货。当产品市场价格高于合同价格时，部分农户会将产品直接上市出售，或增加死淘率以少向公司缴鸡。二是企业管理不便，产品质量控制难。由于各农户分散经营，企业很难对农户进行监督和管理（孔凡真，2004）。农户由于生产规模小，大多没有改善禽舍环境的愿望和能力，而禽舍环境差会严重影响家禽的成活率，进而影响农户的收益。在经济利益的驱使下，有的农户违规用药，结果造成药物残留超标。由于检测费用昂贵，公司在收购时无法进行全面的药物残留检查。这样的产品流通到市场上势必影响人们的身体健康（王寒笑，2004）。而一旦这样的产品出口，又将面临检测结果不合格、出口受挫的问题。这不但会使龙头企业经济效益受到影响，甚至危害到整个行业的产品出口（孔凡真，2004）。

2. “公司+基地+农户”模式

“公司+基地+农户”模式由企业和农户共同分担投资，将养殖地点纳入企业内部，基本实现了从育雏、养殖、屠宰、加工、包装到销售的工厂化。这种模式最突出的优点在于：与农户分散饲养相比，将养殖场地放在基地，一方面，企业较容易获得符合质量标准的原料来源（孔凡真，2004），另一方面，禽舍的环境更好，可有效减少禽病发生；此外，养殖地点相对集中，也便于企业进行管理、监督和技术指导，既可以促使农户统一使用公司提供的饲料、药物，按照用药标准投放药物，同时也避免了违禁药物的使用（王寒笑，2004）。此外，基地集中养殖生产也减少了单方违约的概率，公司大批量统一购进饲料、药物，还可以降低平均可变成本（赵君彦，2005）。但是，这种模式也有不足之处：企业在厂房、设备上的投入比较大，承担的风险多；由于固定成本相对较高，所以对承包农户的准入门槛也较高，所谓的农户只能是大户。这也许就是该模式普及率不高的原因之一（孔凡真，2004）。

3. “公司 + 专业合作社 + 农户” 模式

“公司 + 专业合作社 + 农户” 模式是在 “公司 + 农户” 模式基础上发展起来的又一种新的模式。农户通过合作社与企业联结，企业与合作社签订购销合同，合作社再将生产任务落实到各个农户，所需的技术等服务由合作社或企业提供。产品由合作社与企业共同验收，企业把收购款付给合作社，合作社按交易量大小进行分配（王寒笑，2004）。该模式的优点是：合作社作为农业产业化的载体之一，便于农户与龙头企业之间开展多种类型的产供销合作，可以从整体上提高市场绩效（孔凡真，2004），减少违约现象的发生，节约签约、执行和监督成本。中国农村是一个典型的静态社会，农民之间不仅互相了解，而且存在着互相监督（赵君彦，2005）。由于道德约束的制约力，所以单个农户成为合作社成员后，会大大减少违约等机会主义行为。同时，合作社也会出于长远利益的考虑主动制止农户的机会主义行为（孔凡真，2004）。该模式中企业面对的不再是处于弱势的单个农户，而是力量相当的合作社，所以公司 + 农户模式中的 “店大欺客” 的问题也可以避免。部分合作社社员不仅可以得到初级产品的利润，还可以得到产品加工、销售后的部分增值利润。即通过合作社的经营，农户可以得到比单纯的合同制更多的利润。该模式的缺点：合作社法律地位不明确、发育滞后，在技术、资金、储运等环节无法完全满足农户的要求；由于合作社的成员往往限于养殖大户，所以该模式对于带动广大农民致富贡献不足（孔凡真，2004）。

4. “合作社 + 经纪人 + 农户” 模式

这是一种以经纪人为中介，将合作社和农户联结起来的模式。合作社培养一批养殖规模较大的农户作为经纪人，依靠经纪人将合作社生产的苗种发售给农户，合作社根据经纪人的销售成绩付给酬金，农户养成的商品家禽由经纪人帮助推向市场（王寒笑，2004）。经纪人还在饲料、药物、技术方面给农户提供服务，并从有关企业获得佣金。合作社与经纪人，经纪人与养鸡户之间分别订有协议，明确各自的责权利，规范和约束各自的行为。此模式的优点是：由于经济利益的驱动，经纪人在产前、产中、产后积极地为农户做很多实事，及时地解决各种问题，保证了生产过程的顺利完成；经纪人都是当地的养殖大户，了解各农户的生产信息，便于对农户进行监督，以保证稳定的供应量和符合质量标准的产品；经纪人的经济实力、社会地位高于普通农户，因此对企业的机会主义行为也有很强的制约能力。此模式的不足是：经纪人受到的制约相对较弱，个别经纪人为了贪图一己之私，难免会有对单个农户的欺压行为；如果某经纪人联系的农户多，势力强大，也会出现“客大欺店”的现象；由于单个农户饲养规模小、禽舍环境差所造成的家禽质量不高等问题难以避免（孔凡真，2004）。

综上所述，虽然“公司＋基地＋农户”“公司＋专业合作社＋农户”“合作社＋经纪人＋农户”等模式各有利弊户，但在避免单方违约、便于管理、保证产品质量等方面的优点远胜于“公司＋农户”模式。从中我们应该可以得出这样的结论：“多元素参与”将是我国家禽业产业化组织形式的演变方向（孔凡真，2004）。

（二）案例

1.“公司＋农户”模式

石林温氏畜牧有限公司成立于2007年9月，隶属国家重点农业龙头企业——温氏食品集团股份有限公司西南区域养禽公司。其主要养殖品种为青脚麻鸡、A4鸡、土瑶鸡、天露草鸡，其中青脚麻鸡和A4鸡主要为80天上市的大体型国鸡，土瑶鸡和天露草鸡则是养殖日龄3个月以上的慢速类国鸡。温氏在云南区域总共有三个养殖集中区域：石林、祥云、弥勒，预计2019年总出栏量约3000万只，其中石林和弥勒出栏超2000万只。石林温氏是云南出栏国鸡最多的企业之一，采取“公司＋农户（家庭农场）”经营模式，推动了云南国鸡产业的发展。

随着近些年云南市场受两广市场的影响，麻黄鸡等黄脚类快大国鸡消费增多，市场需求增加，养殖量逐渐增多。另外，受生活水平的提升，瑶鸡类等慢速国鸡需求也在逐渐增加，养殖效益提升，产能增加。云南地区由于地理条件等多方面的制约，经济远不如沿海发达地区，养殖较为落后，但这亦是机遇。石林温氏12年来持续耕耘石林乃至云南市场，得到了石林县委、县政府的认可。“引一个龙头、兴一个产业、带一片农户、富一方经济”，石林地区已成为云南地区养殖最为集中的区域，年出栏超过5000万只，在云南省举足轻重，为肉食品保障提供了坚实的基础。

2019年对于国鸡行业是充满机遇的一年，非洲猪瘟导致生猪存栏量骤降，猪肉价格高涨，禽肉地位凸显。为了应对未来可能存在的渠道问题，石林温氏在开拓分公司、提升产能的同时，还在积极规划屠宰加工厂，为今后生鲜上市未雨绸缪。随着今年养猪人转行养鸡的增多，疫苗的免疫成为一个不可忽视的因素，对产业存在一定的风险。作为全国一线的养殖集团，要对各种情况有所准备。为了应对活禽渠道可能受此影响，在西南地区温氏将积极拓展渠道的推进，在四川地区建设国鸡屠宰厂。

除了生鲜渠道，在其他方面，温氏积极为行业做出表率，如“规模化养殖小区建设”“生态环保”“食品安全”等方面，得到了当地政府的认可和推广。石林县政府发挥温氏股份国家农业产业化重点龙头企业的优势，以“公司+农户（家庭农场）”的规模化、产业化的生产经营模式发展肉鸡养殖，成果斐然。

2. “公司+基地+农户”模式

云南省建水县是个家禽养殖大县，近年来，进一步加快了畜禽业产业结构调整步伐，在大力发展畜禽养殖业的同时，应用“公司+基地+农户”的模式大力发展优质家禽养殖，逐渐摆脱了后院式的生产模式，使家禽养殖走向了专业化、规模化和标准化道路。为了做大做强养鸡业，云南省建水县先后探索了一系列新方法和新路子，协助养殖户扩大养殖规模，促进全县养鸡业顺利发展（孙建萍，2007）。现将主要做法及经验简述如下：

一是扶持典型引路，示范带动发展。建水县畜牧局把肉（蛋）鸡产业作为推进畜禽业产业优势支柱，实施专项推进，坚持小规模、大群体与专业化和规模化养殖相结合的原则，积极举办养殖讲座、开办养鸡培训班，开展送技术到村寨等服务，扶持典型养殖场，示范带动周边群众，扩大养殖规模。在县委、县政府及当地畜禽局的引导及扶持下，建水康盛扬畜禽科技服务有限公司采取“公司+养殖户”的方式，充分发挥示范带动和桥梁纽带作用，带领农户发展蛋鸡养殖和林地肉鸡养殖，形成定点鸡苗供应、统一饲料喂养、规范疫病防治、技术服务上门、回收育肥鸡和鸡蛋、统一销售管理的格局，推动了农村养鸡业的迅猛发展（孙建萍，2007）。

二是签订合作协议，解决后顾之忧。为了让养殖户扩大规模，加快发展，必须为他们解决销售渠道的问题。云南省建水县采取“公司+养殖户”的扶持方式。

公司与养殖户签订协议：公司定点供应鸡苗，按成本价格发给农户，采用先饲养后付款的方式，公司向农户无偿提供技术，农户负责按要求饲养，育成后，养殖户把育肥鸡或鸡蛋按协议价交回公司，由公司统一销售处理，鸡苗款及其他费用最后从回收款中扣除。为此，减少了养殖户的经费压力，扶持带动了一部分有养殖技术而无多余经费扩大生产的群众，帮群众解决了经费困难问题，最终形成养殖获利增收、公司逐步壮大、养殖业快速发展的循环发展格局（孙建萍，2007）。

三是积极应用科学技术，加快产业化发展。过去，农户养鸡都是在山地林带采用原始的平养式或圈养方式，管理不够方便，又浪费饲料，发病率高，产蛋率少，效益低。在当地畜牧部门的指导下，云南省建水县的几家规模养殖场率先投入资金，进行圈舍技术改造，改善了养殖环境，提高了管理水平，将平养改为笼养。据测算，采用笼养比平养每1000只鸡1年可节省开销约1万元，产蛋率也能提高10%，而发病率、死亡率也大大降低。因此，改平养为笼养，为养殖户降低了饲养成本，提高了养鸡经济效益，实现了规模化、专业化、标准化生产，加快了现代化、产业化发展步伐（孙建萍，2007）。

四是完善服务宗旨，成立养殖协会。成立养殖协会，为广大会员提供畜禽产前、产中、产后服务，提供优质廉价的种苗、饲料和兽药，推广先进的养殖技术及经验，提高养殖户的整体素质，最大限度地降低养殖成本，提高经济效益，从而为广大养殖户提供一个公平合理的协作平台，共享资源、共同发展（孙建萍，2007）。

五是加强信息服务，拓展销售渠道。云南建水康盛扬畜禽科技服务有限公司与云南省建水县畜牧局密切配合，及时为养殖户提供市场信息、寻找产品销路，充分发挥信息优势，介绍外地客商来当地收购肉（蛋）鸡产品，解决产销问题。每年介绍来云南建水的客商就有100多人次，年销售肉鸡达100多万只。目前，云南省建水县的肉（蛋）鸡养殖业已在众多类似建水康盛扬畜禽科技服务有限公司的带动下，发展壮大起来了，步入了规模化、专业化、标准化的发展道路（孙建萍，2007）。

3. “公司＋基地＋专业合作社”模式

2011年，开远市委、市政府出台了《关于加快现代农业产业建设的决定》，对产业化经营的养禽龙头企业发展带动的规模养殖户优先提供贷款并给予贴息补助；对新建或改扩建达到标准化要求的家禽养殖企业优先提供贷款并给予贴息补助；对年生产能力达到鸡苗300万羽、鸭苗50万羽、鹅苗20万羽以上的种禽场和产蛋禽存栏达到5万羽的蛋禽场、年出栏肉禽在10万羽以上的肉禽场以及按标准化要求进行新建或扩建的，优先向中央、省、州申报扶持项目；以自然村为单位，饲养肉禽户数占总户数的40%，户均年出栏商品家禽在3000只以上的特色专业重点村，给予养殖户贷款及贴息补助。进一步完善土地供应和使用机制。根据家禽产业用地需求，以国家土地使用相关政策法规为依据，结合地区实际和产业发展特点，制定和健全土地使用制度并用好国家现有土地使用政策，促进农村土地适度向家禽产业倾斜，为产业发展奠定基础（水木，2013）。

开远市与国家现代蛋鸡、肉鸡、水禽产业技术体系和省内外相关科研院所、高校合作建立技术联盟，提高现代家禽产业自主创新能力，为产业发展提供强有力的技术支撑。引入现代企业制度、现代经营管理理念与方式、现代畜禽业生产手段，加大龙头企业的培育，切实推行"公司+基地+专业合作社"的产业化经营模式，提高龙头企业的生产水平和竞争力；鼓励龙头企业参加国家、省级组织的综合性农博会，支持龙头企业申报绿色或有机产品及产地认证，对获得省级著名商标、国家级驰名商标的单位给予奖励（水木，2013）。

4. "合作社+经纪人+农户"模式

施甸县太平镇李山村月月富合作社经过多次外出考察后，了解到大理祥云一家养殖场大力发展养鹅产业，养鹅成本低，并且具有很高的保健价值，市场需求量大。合作社就与这家养殖企业达成了合作协议，从厂房建设到种苗提供、养殖技术管理、市场销售上为合作社提供一条龙服务。2018年8月成立以来，合作社已经有50多户村民加入合作社，其中有38户建档立卡户，还有一些残疾户。目前，合作社刚起步，在基地示范养殖400只鹅，旱鸭200多只，带动本地农户养殖鹅和鸭300多只。

月月富合作社实行"合作社+村委会（经纪人）+养殖户"的发展模式，以月月富合作社为依托，实现利润分成养殖户占70%、合作社占20%、经纪人占10%，将养殖农户单项利益最大化的同时，合作社提供技术指导和销售渠道，能有效提高养殖品质、拓展市场，真正做到一年12个月，月月都增收。在养殖方式上，月月富合作社还充分利用周边蔬菜种植基地的滞销蔬菜作为小鹅们的主食，整合基地周围的100多亩林地放养，坚持走生态养殖路线。

目前，合作社外出取经学习了火焰醉鹅和火焰醉鸭的加工制作技术。养殖3个多月的时间里，已经与一些餐饮饭店达成销售协议销售成品鹅、鸭100多只。合作社理事长杨光富介绍，在摸准养鹅技术和市场销售后，合作社还要扩大养殖规模，计划每年销售鲜鹅2万只以上。今后，合作社还要购置脱毛机等设备，在销售鹅毛的同时，加工腊鹅和火焰醉鹅等产品，开设特色餐馆，把施甸太平镇打造成“白鹅之乡”。

（三）存在的问题

近年来，虽然家禽产业的总体生产规模和生产单元规模不断扩大，家禽饲养的集约化和科学化程度显著提高，大型的家禽养殖企业和产业化体系建设有了较快的发展，专门从事家禽产品运销的组织和经纪人队伍不断地形成和壮大，但是，我们目前的生产经营组织形式、生产管理方式和产品的市场流通体系总体状况与全球经济一体化的大环境以及我国社会主义市场经济发展的要求仍有相当大的差距（秦贵信，2004）。这些方面存在的问题将是限制我国家禽产业发展的关键所在。

从家禽饲养方式上看，传统家庭小规模分散饲养仍然是家禽业的主体。一些原始粗放的散养、放养饲养方式在广大农村普遍存在，这样的饲养方式，一是不利于家禽业生产的规范化管理和禽产品规格化的控制；二是不便于现代化技术和机械化的实施，也不利于新技术的快速推广；三是家禽的饲养环境和人的生活环境在空间上无法分离，一些人禽共患疾病容易在人禽间形成交互感染；四是由于饲养环境不能独立隔离，家禽随时接触和摄入到人们生产和生活排放和废弃的一些有毒有害物质，从而影响到家禽的健康和禽产品的卫生安全；五是人的生活场所过于靠近甚至被包围或重合在家禽生产场所之中，家禽饲养过程排放的粪便等废弃物严重污染人生活环境中的空气、水体和土壤，直接影响到人的健康和生活质量（秦贵信，2004）。

从生产组织程度看，以农户为单元的独立经营分散饲养仍然是目前家禽生产的主要组织形式。大部分地区家禽养殖业的合作和协作组织还没有建立起来（黄海等，2005）。已经建立的一小部分家禽养殖行业协作组织，在组织规模和组织程度上还远远不够，在协调生产、开拓市场和维护行业从业者利益方面所应起的作用也还没有真正发挥出来。以大型企业为“龙头”形成的“公司+农户”式的家禽业产业化生产体系在现阶段是一种比较适宜而且有效的组织形式（刘更喜，2005）。但是，目前在一些这样的产业化体系中，尤其在新建初期的产业化体系中，公司与农户之间的风险分担问题、利益分配问题、相互负责守信问题，以及龙头企业的资金短缺问题常常影响体系的健康运行（秦贵信，2004）。

从禽产品的流通状况看，现代化的市场信息系统还没有真正地建立起来，市场体系不够开阔、不够通畅，在沟通、衔接和调整禽产品供求，促进家禽业发展方面起的作用远远不够（秦贵信，2004）。想买无货源，想卖无市场的情况还经常出现。家禽业生产与禽产品市场之间尚未形成一种稳定的连接关系，生产者在制定产品种类、产品规格、产出时间等决策时常存在盲目性，在一定程度上导致禽产品价格波动幅度较大，而且波动周期较短，影响了家禽业的稳定发展和效益的提高。

（四）对改善（优化）产业生产组织形式的建议

1. 扩大饲养单元的规模

按照市场经济的运行规律，通过制定适宜的土地流转政策、优化利用集体资产和社会信贷等措施，因势利导，促进农民在从业内容上的分化。积极地倡导和支持农民从原来小而全的自给自足的生产经营向专门化和规模化生产经营方向转变。改变原来“一户几只鸡”的理念，鼓励一部分农户成为专门从事某种家禽生产的专业生产者（秦贵信，2004）。在一些资源和环境具有适合于饲养某种家禽的特点，并且有一定生产基础的农村，可以通过一定的组织形式和组织机制将其建设成为某种家禽饲养比较集中、既有专业化特色又具较大规模的家禽业生产专业区域，以其地域的比较优势来推进家禽业生产的专业化和规模化发展。

2. 改变家禽饲养方式

按照现代家禽业生产的规范要求，因地制宜采取有效措施大力推进农村家禽饲养方式的改变。通过法律的形式对一些不科学、不卫生、不安全的原始粗放的饲养方式加以制约。加强饲养方式科学化的宣传，积极引导养殖农户实行舍饲圈养。并在土地征用和贷款等方面实行一定的优惠政策，鼓励和支持农户在远离村庄的地方建设饲养规模大、防疫条件好、适合于现代化生产的禽舍，形成家禽业生产的专业化小区或家庭牧场，实现人与家禽在生活空间上的分离，促进家禽业生产的集约化、现代化和与国际家禽业生产规范的接轨（秦贵信，2004）。

3. 加强家禽业生产的企业化发展及产业化生产体系建设

积极地创造条件吸引社会多方面的资金向家禽业产业化建设投入。积极倡导、鼓励和支持各种所有制形式的资本参与家禽业企业的组建和产业化体系的发展。各级政府都应制定政策大力扶持家禽业产业化体系的发展，努力为龙头企业的建设和发展以及养殖基地农户的生产搞好协调和服务。龙头企业和农户都应充分认识到自己在产业化生产体系中的作用、地位、义务和权力，在生产、经营、管理等环节中，做到既为自己负责也为合作对方负责；在风险的分担和利益的分配上，做到公平合理；在理性、理解、诚信的基础上，调动各方面的积极性，努力建立科学有效的家禽业产业化运作机制，推进家禽业产业化健康快速地向前发展。

4. 加快家禽业生产合作和协作组织建设

提倡家禽业生产和经营者在自愿的基础上建立和扩大合作社、行业协会等不同形式的生产经营合作或协作组织，不断强化合作/协作组织的功能，在组织产品生产、维护经营秩序、规范生产技术、协调产品流通、优化行业服务等方面发挥更大作用。通过这种形式把分散独立、规模微小的家禽业生产经营单元有序地组织起来，适应参与国际大市场竞争的要求（刘更喜，2005）。

5. 促进市场信息体系建设

我国融入国家大市场后，禽产品的市场空间急剧增大，市场的变化将非常复杂，家禽业生产经营对信息的依赖显得十分突出。生产经营的决策需要依靠信息，产品的市场流通也离不开信息。信息收集、传播的广泛程度和快捷程度在很大程度上决定着生产经营的成败。各级政府、有关部门、牧业企业及农户都应关心、重视和支持家禽业市场信息体系的建设。应调动各方面的积极性，加快电子信息网络体系建设，把信息终端连接到基层、企业、农户。广泛开展一般性信息网络使用技术普及教育，使更多的生产经营者都能够掌握索取和传送信息的基本技能（秦贵信，2004）。另外，要不断地培育和扩大专门从事禽产品市场流通业务的经纪人队伍，充分发挥其在沟通供求关系、建立产销连接中的重要作用，为在新环境条件下家禽业的大发展提供流通服务。

二、养殖基地建设

（一）基本情况

在云南家禽产品消费中，肉鸡和鸡蛋占了70%以上的份额，是家禽市场的第一大类商品。2018年云南省存栏家禽2.2亿只，出栏家禽3.5亿只，其中存栏蛋鸡3500万只，肉鸡存栏1.85亿只，出栏3.15亿只（晓宇，2015）。全省有7个蛋种鸡场，分别是云南省种鸡场、昆明云岭广大种禽饲料公司、大理种鸡场、曲靖种鸡场、红河弘坤种禽有限公司、开远永华种鸡场、开远赛康种鸡场，2015年存栏蛋种鸡约48万套，年供健康母雏约5000万只；蛋鸡苗可满足需要，主要品种是：京红、京粉海兰、罗曼。全省有6个肉种鸡场，分别是昆明正大公司、玉溪的新广公司、开远的凤翔公司、石林的温氏公司、昆明云岭广大种禽饲料公司、曲靖种鸡场，2015年底肉种鸡存栏约50万套；主要品种是新广的铁脚麻，凤翔的青脚鸡、乌鸡，温氏的青脚麻A3、乌皮麻C3，云岭广大的迪高鸡，正大公司的白羽肉鸡、科宝艾维茵；年供肉鸡苗15000万只。肉鸡苗自给率约30%，另外，云南本地鸡（蛋肉兼用型）2000万只，如：无量山乌鸡、盐津鸡、武定鸡、茶花鸡等，55%的肉鸡苗从广东、广西、四川引入云南。云南家禽产值占全省畜牧产值为20%~25%。

（二）案例

1. 玉溪新广家禽有限公司

新广农牧成立于1993年，是一家专门研究繁育和生产国鸡品种的大型养鸡企业，主要培育节粮型种鸡。可年生产父母代种鸡300多万套，商品代鸡苗8000多万只，在国鸡行业享有盛誉，产品远销国内各地。凭借着高品质的鸡苗以及高超的育种技术，已成为云贵地区最大的种鸡企业，在土杂鸡苗市场占有率高达7成以上。其中，云南玉溪基地这边就已连续3年生产了5000万只鸡苗，成为新广农牧的重要生产基地。且随着人们生活水平的提高，要求品质越来越高，针对市场的变化和需求，新广农牧已经研发出更适合市场的土鸡品种，已经投放市场两年，各种生产性能优势显著，市场认可程度很高。

2. 昆明云岭广大种禽饲料有限公司

昆明云岭广大种禽饲料有限公司由国有企业改制组建，自1977年建场，迄今已38年。是集地方鸡保种繁育开发、蛋种鸡生产、鲜蛋供应、饲料加工、禽蛋产品深加工、技术推广应用于一体的农业产业化重点龙头企业。在昆明、红河、普洱、西双版纳等地建立了良种繁育基地和产业化养殖运作分公司，饲养优质蛋、肉种禽60多万套，年向农户提供5000余万只雏鸡，辐射带动农户20000多户。

云岭广大公司是西南最大的蛋种鸡、优质地方种鸡生产公司，云南产100枚鸡蛋的鸡有80只来源云岭广大公司，六大名鸡中有两只由云岭广大公司保种开发利用，而且是云南唯一进入国家级保种场的企业；云岭广大公司畜禽水产21个饲料产品取得国家绿色食品生产资料认证，5个鸡蛋产品获得国家绿色食品认证，无铅低碱普洱茶香松花蛋获得国家发明专利。公司建立了无公害、绿色食品生产资料、生产技术体系和 ISO、QS 质量管理体系、取得质量证书、企业标准、商标、专利等知识产权 96 项。

公司围绕高原特色农业和云南得天独厚的气候环境，全力打造云南特色家禽产业，利用自身优势，推进菜篮子产品标准化生产，推进畜禽养殖、加工、销售标准化一体化经营，倡导畜牧业良性循环、安全、环保、健康，拉动、带领更多的农户走上富裕路。

3. 温氏集团

温氏集团公司创建于 1983 年，经过 30 年的发展，现已发展成为一家拥有 10 大业务体系，以养鸡、养猪业为主，以养牛、养鸭、动物保健品、食品加工、有机肥业、粮食贸易、农牧设备为产业链配套的现代农牧企业集团，遍及全国 24 个省市，共计 160 余家分公司①。云贵分公司是温氏集团股份有限公司下属分公司之一，重点在云南、贵州两省发展养殖业务，目前云贵分公司下属有 5 个一体化养殖子公司，分别为石林温氏、祥云温氏、清镇温氏、凯里温氏、玉屏温氏。至 2019 年云贵分公司将配套 8 个一体化养殖公司，其中 3 个养鸡公司、5 个养猪公司，云南片区下属分公司将主要分布在石林、祥云、弥勒、曲靖等地，贵州片区下属分公司将主要分布在清镇、贵阳周边、凯里、玉屏等地；2019 年云贵公司计划上市肉鸡 5500 万羽、肉猪 150 万头、产值将达 40 亿元的规模。

（三）存在的问题

1. 建场选址随意，布局不合理

大部分养殖场选址不科学，布局不合理，没有进行科学规划设计，建场规模大小不一，凭自己的想法随意建场，有些养殖户为了交通便利，将养殖场建在公路附近，有些养殖场为了方便生活，选址距离居民居住区很近，有些因陋就简，建在低洼阴湿之地，不利排水，不利通风，这些都与动物防疫条件的要求相差甚远，从而容易导致疫病的发生，严重影响养殖业的持续、健康发展及周边生活环境卫生。

2. 环保设施不健全，影响了养殖的可持续发展

部分养殖场无统一的化粪池、排污走道、贮粪场及粪污处理设施，污水到处流，粪便四处堆，苍蝇、蚊子横飞，环境十分恶劣。其主要原因是养殖户对畜禽

① 温氏模式：公司与农户的“最佳组合”［J］．中国农村科技，2008（9）：53－57.

危害污染问题的严重性和畜禽污染防治工作的重要性认识不足，重养殖轻环保，未建有与养殖相配套的排污处理设施，严重影响了周边环境，没有做到环境保护与养殖持续发展相协调（蒲慧龙，2019）。许多养殖场为了最大限度地利用土地，片面追求养殖的规模，圈舍建得过于密集，未留下充足的绿化空间，不符合畜禽环境卫生要求，不利于养殖业的健康发展。

3. 养殖场内部建设不合理

大多数养殖户都是“以场为家”，生活区与生产区紧紧相连，有的甚至连围墙也不砌，生活、生产混为一体，禽舍之间间距过小，畜舍过于低矮，窗户少而小，采光通风不良。养殖场大门口未设消毒池，生产区门口未设消毒间，多数没有办公室及兽医防疫室，药品随意摆放（任启明，2008）。

4. 养殖户的思想观念跟不上时代要求

现代化的畜禽养殖技术在传播过程中，得不到养殖户的认同，使其难以推广和发展。在传统的畜牧业发展中，养殖户世代依靠经验来养殖，从禽种的选择到喂养、饲料的选择到牲畜的分娩以及疾病防治等环节都存在着一定的差距。主要原因是大部分养殖户经济基础和个人文化素质相对较低，其意识能力和发展理念不是太高，想通过投资少、见效快的方式获得经济效益，把有限的资金全部都投入养殖生产（孟华，2014）。再就是对现代新技术了解得不够，懂得少，没有看到新技术的实用效果，这在一定程度上制约着养殖业新技术的推广应用。

5. 防疫观念意识淡薄

养殖业正处于传统意义上的散养向中小型规模养殖场、养殖小区过渡，多数养殖场业主畜禽防疫意识淡薄，防疫认识不到位，防疫进度跟不上，没有系统的免疫程序，不按程序设防，“重养轻防，轻防重治”的思想意识严重（梁红玉，2013）。大多数养殖场生产区、隔离区、生活区混为一体，没有有效地隔离开来，有的甚至没有隔离区，疫苗保存使用不当，导致免疫效果低下，圈舍消毒不严或者没有进行定期消毒，这些都容易导致动物疫病传播，给动物疫病防控带来隐患，导致疫病时有发生。

6. 兽用抗菌药使用不合理

近年来，食品安全是人们关注的热点，抗菌药滥用造成的药物残留及环境污染是最为突出的问题之一。大部分养殖户在养殖过程中，不按规定设防，从而导致疫病多发流行，存在长期和过量使用抗菌药的问题，使动物产生耐药性，疫病复杂难治，药物残留在食物中，人吃了后耐药性也不断增强。除此之外，抗菌药在动物体内只能被吸收一部分，大部分都随粪便排出体外，污染土壤和水源，严重破坏人类的生存环境。

（四）对改善（优化）养殖基地建设的建议

1. 科学选址，合理布局

养殖人员在决定搞养殖以前，就应该按《动物防疫条件管理办法》进行选址、规划、布局，并请禽类技术人员指导搞好基础设施建设。建圈舍要考虑进水、排水、车辆的通行、喂食是否方便、环境污染、各个功能及分区的尺寸等，要有办公室、医疗室、配种室，要有绿化带、宿舍、厕所、沉淀池、大门、围墙，大门口及圈舍门口要有消毒池，还应有调入动物及患病动物隔离区等，生产区、隔离区、生活区应隔离开来。

2. 加大环保宣传力度，做好畜禽污染防治

近年来，国家倡导和谐社会、美丽乡村建设，我们要以此为契机，充分利用媒体、网络、宣传手册等，组织开展形式多样的宣传活动，大力宣传《环境保护法》《畜禽规模养殖污染条例》《畜禽养殖业污染物排放标准》《兽药管理条例》及《动物防疫法》等相关法律法规，提高环保清洁养殖意识，引导养殖场做好环境保护工作，推进畜禽养殖废弃物的综合利用和无害化处理，促进养殖业持续健康发展（蒲慧龙，2019）。

3. 引导示范带动，推进标准化养殖

定期到各乡镇养殖示范村社举办畜牧技术培训班，对养殖户及有养殖意向的农户进行圈舍建设、养殖技术及防疫知识培训，大力宣传科学养殖，积极转变传统养殖模式，建设标准化圈舍，推进标准化养殖，提高养殖户环保意识，使养殖环境得到不断改善，辐射带动周边养殖建设的标准化发展。

4. 加强培训学习，提高养殖专业技术知识水平

养殖人员应订阅与养殖有关的畜禽报刊，利用休闲时间进行学习，以提高养殖技术，县级畜牧部门应举办养殖大户畜牧技术知识学习班，以增强现代养殖发展理念，逐步推进依法养殖、科学养殖。县级畜牧兽医部门应开通专业技术指导及养殖大户网络媒体交流平台（微信、微博），发布养殖信息技术，增进技术服务人员与养殖大户、养殖大户与养殖大户之间的信息交流与沟通。

5. 加强养殖场监管，增强养殖业主的防疫意识

动物卫生监督机构应定期对养殖场进行监督检查，督促指导养殖场建立并落实免疫、治疗用药、检疫申报、疫情报告、消毒、无害化处理、畜禽标识等制度，并建立完整的养殖档案，做到依法管理，规范管理，逐步增强养殖场业主的法制观念和防疫意识。同时，养殖场要配备专职兽医技术人员，配备相应兽医设备和消毒治疗药品，严格按照免疫程序定期注射疫苗，严格彻底消毒。场内谢绝参观，人员车辆进入场内需严格消毒。饲养人员经常观察养殖群体，发现病死畜禽及时检出，做无害化处理，有疫情及时上报兽医人员（张立元等，2010）。

6. 预防为主，合理使用抗生素类药品

养殖从业人员应该认真学习，深刻认识兽用抗菌药的危害，形成预防为主的意识，仅在需要时使用抗菌药，用药的种类、用法和用量应严格按照我国相关法律法规执行。畜禽技术指导员要倡导养殖人员使用安全、高效、可替代抗菌药的添加剂，常见的有益生菌、酶制剂、中草药制剂、植物提取物等都有着较好的功效，或者可以添加一些纯度高、添加比例小、药效时间长、抗菌效果好、休药期短等特点和功效的高效抗菌药。动物卫生监督部门应该加强养殖场监管，积极开展安全用药宣传和培训活动，将安全用药知识宣传到村、普及到户，引导养殖户选择使用未添加药物饲料添加剂的饲料产品，防止滥用、乱用、误用兽用抗菌药。督促养殖场落实用药记录制度、休药制度，有效提升养殖业科学、合理、安全用药水平，推行健康养殖（周巧红，2015）。

三、加工管理方式

（一）基本情况

禽肉加工业是从分散的作坊式的加工逐步向工厂化、规模化和近期的现代产业化方向演变发展。目前屠宰的加工比重大于深加工和精加工，禽肉深加工产品仍以中式传统禽肉制品为主，现代化的加工设备有很大的发展，但这适应不了新产品开发和现代产业化的高要求。保鲜新技术虽有新的突破但还在推广的初期。高温杀菌保质技术仍占相当大比重，从保持禽产品特色风味不变、满足现代消费者追求原汁特色风味来看，高温杀菌是一个很大的障碍，制约着禽肉加工业向更高层发展。

1. 加工企业类型

第一类只有屠宰、分割加工，设备是进口或国产，企业规模较大、运行正常，但数量并不多。

第二类有屠宰、分割加工，又有深加工车间，生、熟并行配套加工企业，这类多数是原有初加工延伸发展起来的，目前有发展上升趋势。

第三类是由原来搞养禽业的单位向产业化发展，新建屠宰、分割初加工和深加工，实施养、加、销一条龙，这是近代新型产业化企业也是可持续发展、应变能力强的现代化企业（陈伯祥，2004）。

第四类是只有初加工或深加工禽肉系列产品的企业，市场采购原料，实施加工、销售一体化，这种企业规模较大的不太多，多数是规模较小、作坊式手工操作为主的中、小型禽肉加工企业。

2. 禽肉制品结构和产量的变化

总体来说，近十多年来，云南禽肉制品产量均逐年上升。这一变化的主要原因一是消费者对自身的健康更加关注，禽肉制品的脂肪含量较低更有利于健康；二是火腿、香肠等畜肉类制品可以在加工过程中添加非肉类原料致使肉蛋白价格比降低，而禽肉制品大都是整禽或分割禽肉制品销售，水分较低较为实在；三是近年西式肉制品的品质有所下降风味平平消费者失去信心，而烧烤、酱卤类禽肉制品都具有中国传统风味更加适合于广大的消费人群特别是中老年消费者，所以上升速度很快，占领市场面越来越大（董寅初，2002）。

3. 禽产品的种类现状

近几年来占市场份额较大的鸡、鸭、鹅等主要产品类型有以下几种。（1）酱卤类酱香系列，如滇池麻鸭等。（2）烤鸭类型的系列产品，如宜良烤鸭、曲江火烤鸭等。（3）烧鸡类型的系列产品，如勐海烤鸡。（4）新型禽肉系列产品，近年来以分割禽肉为原料的新型禽肉系列产品逐渐占领市场，前景广阔，如油炸鸡块、禽肉松、烤鸭串、微波系列煲、休闲食品、旅游食品、特禽风味食品等。

（二）案例

1. 昆阳卤鸭

云南麻鸭原产于云南晋宁，中心产区为昆明、玉溪、曲靖，另外在红河、文山、保山、西双版纳、思茅、德宏、楚雄、昭通等地也有饲养，是云南分布最广且唯一一个地方区域性水禽良种，其典型外貌特征按羽色主要可分为黄麻鸭、褐麻鸭、黑麻鸭3种类型。云南麻鸭具有耐粗饲、觅食力强、生产性能好、肉质佳、经济价值高等优良性能，属蛋肉兼用型鸭品种。

昆明市晋宁区是云南麻鸭主产区，滇麻鸭是云南省地方优质肉鸭良种，以用滇麻鸭采用传统工艺加工制作的昆明市晋宁县地方特色食品“昆阳卤鸭”而闻名。晋宁县具有优越的饲养环境条件，全县沿滇池水域88千米（约15万亩），境内库塘沟渠星罗棋布。历史以来，当地人民利用这一得天独厚的自然环境饲养滇麻鸭加工卤鸭和板鸭，并积累了丰富的养鸭经验和加工经验，把昆阳卤鸭培育成为久负盛名、享誉省内外的地方名特食品。

2. 宜良烤鸭

宜良养鸭历史悠久，唐樊绰《蛮书》记载云南有鸭之养殖。宜良烤鸭以宜良本地所产的滇麻鸭为原料精心烤制而成，是云南经典的地方传统名肴。20世纪40年代末，宜良烤鸭已经成为宜良最为有名的菜品，从生鸭养殖到烤鸭销售，整个宜良鸭已经初步形成了一个产业链条。1949年新中国成立之后，宜良烤鸭走向了另外一种发展模式，即以公有制为基础的国营招待所模式，在这个时期，烤鸭的经营从自由贸易变为了国家统一经营。2009年，“宜良烧鸭”入选云南省第二批非物质文化遗产保护名录。2010年，宜良县鸭产业协会向国家工商局申报“宜良烤鸭”地理商标注册工作。全县直接从事鸭产业人员达到3万余人，间接的都有2万多人。如今，宜良养鸭产值，达2.3亿元，占全县畜牧业产值的21%。整个鸭产业链产值实现了5.8亿元的峰值。随着“养鸭大县”战略目标的实现，宜良已形成集“种、料、管、防、训、加、销”于一体的优势产业体系。生产方式由自然经济方式改变成为商品经济方式；饲养方法由传统型向科学型转变；饲养规模从低水平、低效益、小规模发展到了高起点、规模化的“两高一优”；原来只抓县内市场，现在开拓省内外大市场；改变了鸭产业单一的养殖经济，形成了生产、加工、销售一体化的经营方式。

（三）存在的问题

1. 家禽产品深加工不足，健康饮食习惯尚未形成

家禽产品深加工不足，产品结构不够合理。云南禽肉制品的深加工转化率不足20%，以屠宰为重点的初加工比重远高于精深加工，禽肉深加工产品仍以中式传统禽肉制品为主。在鸡肉产品方面，整鸡产品多，分割产品少；餐桌食品较多，旅游休闲制品较少；低科技含量产品多，高科技含量产品少，绝大部分鸡肉产品仅以初级加工品或以原料肉的形式进入市场。国内市场需求不足严重阻碍了家禽产品加工业的发展（郑华等，2003）。由于国民营养与健康知识缺乏，导致食品消费还不能适应营养需求，出现了畜禽产品加工业结构不合理、居民营养不足与过剩并存的现象。如市场消费以鲜蛋为主，导致蛋加工品的市场潜在需求容量过小。市场需求驱动力严重不足，已经成为制约家禽产品加工业发展的瓶颈（张斌等，2018）。

2. 加工产品质量不高，行业监管机制不完善

虽然规模化的禽产品加工企业更重视把控产品质量，但一些小型企业的食品安全问题比较突出。例如微生物超标、添加剂使用量超过规定标准，包装材料不合格、产品出水、出油、氧化、口感差、保质期内胀袋变质，咸鸭蛋包泥的产品卫生差、皮蛋的铅含量过高等。家禽产品加工制品质量不高有企业缺乏行业自律的原因，但主要是政府缺乏完善的监管体制。首先是行业标准不完善，特别是我国的蛋品与肉制品质量安全标准不完善，导致对一些小型加工企业的产品质量难以进行有效监管。主要是产品标准指标不完全，另外产品标准指标的检测方法也存在一些不合理之处。其次是可追溯体系不健全，部分企业的品牌意识不强。我国家禽产品加工制品涉及养殖、屠宰、加工、流通以及最终消费管理等多个环节，一些企业的基础数据信息严重匮乏，标识信息也不统一，难以建立规范化的产品可追溯体系（张斌等，2018）。

3. 产业融合度低，利益联结机制不健全

家禽业三产融合正在逐渐推进，并且有很大的提升空间，当前进一步融合发展的障碍主要是养殖与加工环节的利益联结机制不够完善。目前利益主体双方的违约成本较低。因此，当产品市场价高、产品畅销时，一些养殖户往往违背合同，不愿将产品卖给企业，增加了企业的生产成本；而市场价低、产品滞销时，养殖户愿意把原料都卖给企业，但企业又不愿意按原定合同收购，即使愿意收购也经常压低价格。另外，龙头企业发展滞后也是畜禽产业一体化发展不足的重要原因（张斌等，2018）。

4. 生产技术和工艺落后，创新研发投入不足

家禽产品加工业的生产技术与设备总体上比较落后，造成生产效率低、质量保障差，环境污染大。原因主要来自三个方面：首先是政府和企业的科研研发投入不足，由于食品深加工设备投资大、回报率低，加之禽流感等疫病频发，企业投资力度不大；其次是研发投入方向不合理；最后是科研成果与生产之间的衔接不紧，实验室的研究成果转化利用难度大（张斌等，2018）。此外，对科研理念、饮食习惯、市场、品牌等方面的认识不够，消费观念跟不上等因素也是影响家禽产品科技成果转化的重要原因。

（四）对改善（优化）加工业的建议

1. 加大宣传，引导健康消费，扩大市场

加大宣传力度，引导居民健康消费，建立统一的安全标准规范，加大开发新品种，积极宣传安全、健康的功能性产品，满足居民多元化的饮食消费需求。通过加强宣传引导健康消费，不仅有利于扩大行业规模，还有利于提高消费者的安全和质量意识，促使加工企业走上规范化、标准化生产道路。提振消费水平，做大家禽产品加工制品消费市场，更需要政府、行业、企业、媒体等各方面的共同努力，创造良好舆论环境（张斌等，2018）。

2. 加强管理，提高产品原料、加工品的质量安全

家禽加工产品质量安全，需要“产出来、管出来”两手抓。要进一步规范和加强各类家禽产品加工制品的质量管理，更新产品质量标准，促进家禽产品加工业标准化生产。加快建立完善的食品安全应急预案，定期对可能发生的食品安全事故和自然灾害进行模拟演练，以便积极应对重大疫情等突发事件；建立产品召回程序，保证及时召回不安全的产品，并在规定时间内完成不安全食品追溯。另外，对于禽蛋产品的标准建设，需要考虑到不同国家之间的认同性和等效性，主动对标国际标准、国外先进标准，引导禽类加工产品走向国际市场（张斌等，2018）。

3. 深化改革，促产业化发展，增强企业竞争力

当前，我国现代家禽产品加工企业在原料产地和销售网络方面，未能形成产销一体化，在市场竞争中往往陷入原料缺乏、市场不稳的境地，因此要发展我国的家禽产品加工业，必须努力促进其产销一体化、产业化。需要进一步深化改革，制定和实施优惠的投资与税收政策，改变家禽产品传统的养殖模式，实行科学养殖和科学管理，从而增强现代家禽产品加工业的生存与竞争能力。要构建合理激励制度，迫使企业严格遵守家禽产品生产加工的相关法律法规，逐渐实行从田头到餐桌全过程的生产及管理的标准化、绿色化，彻底提升我国家禽产品的品质。要完善家禽产品基础设施，建立相应的环保设施，提高加工工艺，加快家禽产品加工的现代化进程。要完善养殖户与加工企业间的利益联结机制，使生产链条上下游各环节有机融合，互助互利，共同补起行业短板，促进技术进步（张斌等，2018）。

4. 加大科技投入，增强家禽产品加工业的市场竞争力

通过科技创新提高加工企业效益，是构建现代家禽产业体系的必然要求。目前，家禽产品加工业发展自主创新不足，缺乏核心竞争力。解决这些问题的根本出路要依靠各级政府和企业联合共建有效的科技创新体系，加大科技投入，在福利屠宰技术、生物防腐技术等方面研发新技术、新工艺，实现关键设备或成套设备的国产化，开发安全、可靠的原料产品，发展便捷休闲类特色禽产品，扩大消费市场所需系列新产品（张斌等，2018）。

四、市场营销策略

（一）基本情况

云南省位于云贵高原，自然资源丰富，云南特色农产品具有丰富多样、优质生态、绿色有机、香溢四季的特征，符合现代人对多样、健康、绿色、时尚生活的追求。但是，云南地理环境较为特殊，以山区居多，农村市场体系基础设施建设薄弱，云南农业生产主体是分散且小规模的农户，具有弱势、抗风险能力差、缺乏法律支撑、与大市场对接不畅等突出问题，造成农产品的流通困难，营销市场缩小。云南农产品的营销还处于销售环节，主要的销售方式是农户直销和以贩销经纪人、合作经济组织、农贸批发市场和龙头企业为主体的流通销售。因此，云南省农产品普遍存在单农户生产、产品认识度低，销售市场小、销路少、物流弱等问题，往往导致农户以低价出售农产品。

（二）案例

昆明华曦牧业集团有限公司以工业园的模式建设运作管理农牧园区，用17年的时间发展成为集种植、养殖、加工、配送、销售于一体的云南省最大的土鸡、土鸡蛋专业化集团公司，蛋品生态特色居全国首位，蛋鸡综合规模居中国前四位，为“全国蛋鸡企业20强”和“全国蛋鸡行业优秀团队”。2008年，香港方面与“华曦”达成协议，从当年12月起，“华曦”每月向香港出口15万枚鸡蛋。“华曦”目前已发展成为集种植、养殖、加工、配送、销售于一体的云南最大的土鸡、土鸡蛋专业化集团公司。公司有种植、养殖、屠宰加工、科技研发及推广、培训基地6810亩，扶持带动养殖户5000多户，产品遍及云南全省及贵州、广州、深圳、珠海、上海、香港等地，销售网点千余个，已开设50家专卖店和连锁店，年销售收入达1.5亿元。公司建成年屠宰加工500万只鸡加工厂、500吨冷库、年加工10万吨饲料厂，获得无公害食品证书2个，绿色食品证书6个，鸡蛋欧盟有机食品证书1个（蛋类产品中国唯一）、鸡蛋中国有机食品证书1个（蛋类产品云南省唯一），ISO 9001：2000质量管理体系证书1个，HACCP蛋制品证书1个，云南省无公害蛋鸡地方标准1项，国内领先科技成果2项，云南省著名商标2个，云南名牌产品1个，农博会优质金奖1个，鸡蛋、松花鸡蛋云南省第一家取得出口卫生注册证，牛干巴、蛋制品企业云南省第一家取得QS生产许可证，3个养殖场通过出口基地备案（宋志涓，2009）。公司为“双百市场工程”流通企业、国家级扶贫龙头企业，农业部农产品加工创新型机构和云南省、昆明市、官渡区三级政府的农业产业化经营重点龙头企业，云南省现代农业高新技术企业和省政府重点扶持上市的45家非公中小企业之一，云南省农产品加工重点企业，云南省家禽业会长单位，云南省和昆明市科技创新型企业，昆明市应急鸡肉、鸡蛋供应单位，华曦技术中心为云南省和昆明市技术中心。

（三）存在的问题

1. 营销观念淡薄，开拓市场的意识不够强

主要表现在：重生产、轻营销的思想观念使得在产业发展过程中，对生产环境的投入与工作研究较多，而对流通环节研究则较少，坐商经营的落后思想仍较突出。挑战意识与机遇观念不够强，只是单纯地迎接别人的挑战，没有向别人主动挑战，一些优势产品虽然发展的基础较好、潜力较大，但没有抓住机遇大干快上，大力宣传，大力促销，以致市场对生产的拉动作用不强，市场占有份额逐年萎缩，占有率下降，资源优势未能充分转变成经济优势（刘学剑，2001）。

2. 流通网络不健全，市场开拓艰难

由于思想观念和投入不足等因素制约，目前许多贫困山区流通网络既未形成农村集市、产地批发市场、销地批发市场相配套、贯通城乡、内外相连的市场流通网络，也未建立起多渠道、多形式、内外相连的中介组织和营销队伍，以致在买方市场的新形势下，贫困地区市场主体发育不全、主渠道经营机制不健全、有效的宏观调控机制和健全的服务体系还未真正建立起来的流通网络，在市场开拓上十分艰难（刘学剑，2001）。

3. 生产与流通脱节，尚未建立起生产与流通互促的激励机制

自改革开放以来，贫困地区的畜禽业也随着改革开放的不断深入而得以不断发展。但由于生产者与经营者没有完全建立起“利益均沾，风险共担”的利益连贯机制，生产者与经营者的利益不牵连，风险各自承担，受各自利益的影响，使生产者按自己的预期市场进行生产，经营者则按现实的市场组织流通，生产与流通脱节的现象仍较突出。这种生产与流通分离的结果，导致生产与流通难以形成相互促进作用，难以形成经济发展的动力，使流通领域内市场的规则和市场化组织难以建立和完善，难以建立发达的流通组织体系和市场运作体系，影响了市场的培育和发展，制约了生产的健康发展（刘学剑，2001）。

4. 政府宏观指导不够，组织营销研究工作和举办系列促销活动不多

由于部分贫困山区的一些干部存在着重生产、轻营销的思想观念，对畜禽产品的营销工作重视不够，政府牵头举办和组织参加的各种涉牧交易活动不多，地区性促销政策也不够有力，甚至缺乏有效的营销激励机制和完善的宏观调控机制，鼓励扶持营销活动的工作做得不够好，亟待加强改进（刘学剑，2001）。

（四）对改善（优化）市场营销的建议

1. 解放思想，转变观念

树立市场是第一和销售是龙头工作的发展思想，强化产品促销与市场开拓工作。各级党委、政府和有关部门在今后的工作中一定要进一步解放思想，转变观念，树立市场第一和销售是龙头的发展观念，从以下四个方面强化促销宣传和市场开拓工作：一要彻底改变重生产、轻经营、坐商多、行商少，生产是第一的陈旧观念，牢固树立市场是第一和变坐商为行商的发展观念，采取走出去、请进来等措施，主动出击，与外地大市场建立联系，使生产经营从产、供、销变为销、供、产一体化经营。二要积极推进流通组织和流通方式的创新，大力发展连锁经营、代理制、电子商务、举办交易会、促销活动等现代流通方式，推动营销手段向现代化发展。三要建立激励机制，鼓励扶持发展各种经济组织和个人，以各种方式参与畜产品的流通，培育多渠道、多形式、多成分、内外相连的中介组织和营销队伍活跃在农民与市场之间，为产销联结建起稳固的桥梁和纽带。同时，要加强营销管理，既注重壮大营销队伍，又要严格规范其行为，增强其自律意识，建立一支懂技术、会营销、敢于吃苦和恪守职业道德的营销队伍，为不断拓宽市场空间，增强市场的竞争力奠定基础。四要采取“劳动股”加“资产股”的合股

方式，建立起生产者与经营者的利益联结机制，提高农户参与市场的组织化程度，以紧紧围绕市场需要组织生产，增强市场的竞争力（刘学剑，2001）。

2. 加强以批发市场为中心的市场体系建设

建立起贯通城乡、内外相连的流通服务网络。批发市场是市场体系的核心，具有集散商品、形成价格和传输信息三大功能，在商品流通中发挥着衔接产销的关键作用，因此，要积极采取股份制和合作制等形式，在对现有的城乡畜产品交易市场进行改造，完善基础设施建设、健全市场规则、加强市场管理，规范市场秩序和交易行为，营造公平竞争的环境，增强辐射和吸引能力的同时，应加强以建立畜产品批发市场为中心的市场体系建设，形成农村集市、产地批发市场、销地批发市场相配套、贯通城乡、内外相连的市场流通网络。但市场建设要坚持四条原则：一要注意合理布局需要，做到点面结合，扩大市场的覆盖范围。二要注意分层建设和逐层推进，不过分追求高级模式，不照搬既有模式。三市场建设要与城市建设、改造相结合。四要注意规范市场运作的交易管理规则，完善交易方式，不断提高市场的服务质量（刘学剑，2001）。

3. 建立高效的畜禽业经济信息服务网络，增强服务能力

当前，以知识为基础，以网络为载体，以全球市场为导向的信息已席卷世界，信息化程度已成为衡量一个国家现代化水平、综合国力和经济竞争力的主要标志之一。但是，由于云南部分山区财政困难，畜牧业社会化服务体系建设比较薄弱，尤其是畜牧业信息化网络建设基本属于空白或刚刚起步，收集、传递信息的手段仍十分落后，信息滞后现象十分突出，以致难以及时有效地为各级党委政府的科学决策提供依据，难以为养殖户和经营者全方位地提供信息服务，主动迎战市场的能力较弱。因此，为尽快改变贫困地区畜牧业信息化建设滞后的现状，切实加强地区间、市场间的联系与协作，为养殖户生产适销对路的产品提供及时有效的信息服务，应尽快建立和完善相应的畜牧业经济信息服务网络，通过现代化的信息网络，"全、新、稳、准、精"地收集和传递国内外有关涉牧信息，及时进行趋势的预测预报，定期向社会发布生产、市场信息，促进统一、竞争、开放有序的市场体系形成，增强服务能力，指导养殖户生产适销对路的产品以及向外宣传和推销畜产品打开一扇窗口（刘学剑，2001）。

4. 调整优化产业结构，实施品牌战略

要以市场需求为导向，优势资源为依托，科技为动力，调整优化产业结构，大力扶持发展优势项目，推动优势项目上规模、上档次，形成区域化布局、规模化生产、规格化上市，创建区域品牌和名牌产品，提高市场的竞争力。为此，要按照“有进有退，有所不为”的方针，根据“发挥优势、突出特色、择优发展”的原则和区域化布局，基地化建设、集约化经营、科学化管理、社会化服务的要求，围绕区域结构、产品结构和品质结构，找准资源与市场的结合点，采取资金投入、技术服务、收购优先等倾斜服务措施，抓好畜禽业生产结构的战略性调整优化，大力扶持发展优势产品，发展适度规模经营，走一户带一村、一村带一片、一片成基地的规模化发展路子，形成各具特色的区域性优势产业群，不断扩大群体数量，努力增加名特优品种在畜禽业生产中所占的比重，实现养殖生产结构的多元化，建成具有地区特色、适应市场需要的畜禽业生产结构，使畜禽产品形成规格化上市，树立地区品牌和名牌（刘学剑，2001）。

五、投（融）资体系

（一）基本情况

云南在中国的西部边陲，其经济发展较沿海以及一些发达的内陆地区都比较落后，金融市场的发育还比较滞后。云南的家禽养殖企业除了少部分龙头企业外，绝大多数都是中小民营企业。云南大部分龙头企业经营规模小，经济实力弱，缺乏抵御市场风险和自然风险的能力。而中小民营企业创建初期贷款较多，资产负债率较高，都不符合央行对国有商业银行融资的要求。因此，商业银行出于利益和资金安全角度考虑，对龙头企业贷款发放非常慎重，更不用说是对普通企业的贷款了。贷款难、贷款成本高在云南成为普遍存在的现象，这样的融资大环境对家禽业企业资金需求的缓解非常不利。另外，金融部门贷款程序繁杂、而政府扶持有限，社会资金很难流向家禽产业领域。

（二）案例

2015 年，王治华开始了自己的“养鸡大业”——成立香格里拉市源珍生物资源发展有限公司，扩建孵化厂房，通过自动孵化、人工脱温等现代方法提高鸡的存活率，在不断的失败和摸索中，突破了技术上的困难，以前 100 只翻毛鸡的纯种孵化率只有 20%，现在可达到 80%。原有的 8 只鸡，在王治华纯生态的放养培育下，现在已经达到了 800 只的规模。然而创业之路并非总是一帆风顺，2017 年，由于提纯繁育投入成本较大，王治华的公司面临资金断裂的风险，翻毛鸡的养殖顿时陷入了困境。正当王治华一筹莫展接近崩溃时，澳创集团的董事长孙玉涛向王治华伸出了援手，注资了200余万元。在给予资金支持的同时，孙玉涛还希望王治华"富一人扶一片"，在公司发展的同时，不忘带动周边的农户一起增收致富。对于在困难时期孙玉涛提供的帮助与期望，王治华心存感激，用实际行动去回馈社会。在原有50户养殖合作农户基础上，2018年王治华又新增加了100户养殖户，带动精准扶贫户加入到翻毛鸡的扩繁、发展之中。

（三）存在的问题

1. 融资渠道单一

据有关资料表明，云南省约有七成的中小企业主要靠银行贷款融资，有约两成的企业主要靠民间借贷，仅有一成的企业主要靠企业积累。而云南的家禽养殖企业大多为中小企业，它们的融资主要来源依次是银行贷款、民间借贷、商业赊销，但如股权融资、公司债券、租赁等融资手段基本没有使用。云南家禽业企业融资渠道单一且严重依赖银行贷款。

2. 融资成本偏高

云南家禽养殖企业大多为中小企业，其融资成本相对偏高。特别是进入2011年后，云南中小企业融资成本持续攀升。据了解，目前银行对中小企业的贷款利率在基准利率的基础上上浮15%~50%，最高上浮70%，再加上其他的费用，中小企业的融资成本比往年高50%~100%。

3. 金融机构的服务偏差

近年来，虽然国有商业银行、股份制银行都纷纷设立了专门的中小企业贷款部门，但由于长期从事大型企业、大项目贷款的贷款方式，加之信贷的行业投向和风险控制相对较严以及银行布局的不合理，造成中小企业难以进入银行服务范围。虽然近几年云南也在积极推进中小企业的融资平台，但进程较慢，体系也不是很完整，同样不利于农产品加工企业的融资。

（四）对改善投融资的建议

1. 云南家禽业企业要提高自身的状况

一要强化家禽业企业提高自身的财务状况，提升信用意识，与贷款银行展开长期友好合作。二要加大科技投入，促进家禽产品的精深加工，提升产品质量。

三是云南家禽业企业应更新理念，寻找新的融资方式，如股票、债券、短期融资、融资租赁等。四要发挥地区比较优势，发展云南家禽产品特色，提高市场占有率。

2. 政府要加大扶持力度，降低加工企业风险

一要加强政策引导、加强财税扶持力度，如建立财政直接补贴机制，提高农产品加工企业增值税和营业税起征点等。二要加快政府融资平台的建设，结合本省的实际，在已开通“云南省中小企业网上融资服务平台”的基础上，针对家禽业企业，进一步完善服务功能。三要对农业相关产业提供保险和担保，在财务预算中设立再担保基金，帮助农业生产和家禽业企业分散风险（张帆，2012）。

3. 完善金融体系对家禽业企业的融资

一是要完善云南省金融体系的建设，加快多层次融资体系建设，有效解决我省家禽业企业融资中的信息不对称问题。二是金融机构要树立新观念，改善金融服务，根据家禽业企业的需求、管理、风险等，家禽业企业实施合理的贷款，为其融资提供一条有效路径。三是要加快金融产品创新，金融机构应加大科技投入，增强科技创新，积极研发与家禽业企业融资需求和融资特点适应的金融产品。

六、风险控制

（一）基本情况

家禽业是高度规模化、集约化生产的现代畜牧产业，家禽产业供应链涉及种禽和商品禽饲养管理、饲料和兽药等投入品使用、活禽和新鲜禽蛋市场流通、肉禽屠宰及禽蛋加工处理、禽产品销售渠道和路径等环节（王晓峰，2020）。由于家禽产业链条长，涉及环节多，诸如禽流感疫情、沙门氏菌污染、饲料全面禁抗、兽药减量化使用、活禽运输受限、活禽集中屠宰、销售业态变化等生产经营风险，会不同程度地在家禽产业供应链中表现出来，如不能科学评估和有效化解上述风险，企业的生产业绩与经济效益将会受到严重影响。

（二）案例

2014 年 3 月 3 日，云南省玉溪市通海县秀山镇东村、杨广镇台家山村、里山乡乌龙潭村等 3 个村交汇区域的部分蛋鸡养殖场的鸡出现 H5N1 亚型高致病性禽流感疫情，死亡 29600 只。疫情发生后，当地对 503400 只家禽进行了扑杀和无害化处理。[①]

2018 年 11 月 20 日，云南保山腾冲市一养殖场饲养家禽发生 H5N6 亚型高致病性禽流感疫情，存栏家禽 5050 只，发病 4800 只，死亡 4420 只；云南昆明禄劝县一养殖场饲养家禽发生 H5N6 亚型高致病性禽流感疫情，存栏家禽 8980 只，发病 6540 只，死亡 5400 只。[②]

2019 年 2 月 22 日，云南丽江华坪一养殖户饲养家禽发生 H5N6 亚型高致病性禽流感疫情。该养殖户存栏家禽 2861 只，发病 463 只，死亡 463 只。

（三）存在的问题

家禽产业供应链风险主要包括 5 个部分，即种禽和商品禽饲养环节的疫病风险与沙门氏菌污染风险、饲料和兽药等投入品使用环节的抗生素滥用风险、活禽和新鲜禽蛋流通环节的疫病传播风险、肉禽屠宰和禽蛋加工环节的环境污染问题、禽产品销售渠道和路径变化情况下的市场经营风险（王晓峰，2020）。

1. 种禽和商品禽饲养环节

在现代化家禽生产中，疫病是最大的风险，造成的损失最为严重。当前，条件性致病病原如传染性鼻炎、支原体等引起的疫病及禽 I 型腺病毒病、鸡传染性支气管炎、H9 亚型低致病性禽流感、鸡传染性喉气管炎、病毒性关节炎、水禽呼肠孤病毒病、水禽细小病毒病等成为威胁我国家禽养殖的主要疫病，这就对养殖企业的管理水平提出了更高的要求。此外，当母鸡感染沙门氏菌后，细菌会侵害卵巢，导致卵泡变性、坏死，致使所产鸡蛋中携带沙门氏菌，从而引发严重的食品安全问题。

2. 饲料和兽药等投入品使用环节

饲料是家禽养殖业的必须投入品和生产资料，饲料成本占家禽养殖总成本的 60%~70%。饲料安全事关家禽产品安全，因此，对饲料产品质量和卫生安全的管控尤为重要。兽药作为家禽生产的重要投入品，对家禽健康生长和养殖效益起到重要的保障作用。过去几十年来，促生长饲料添加剂和兽药在生产中大量应用，这在家禽业数量增长阶段发挥了重要作用，但鉴于抗生素过量使用带来的诸多负面影响，当前行业内减抗、禁抗、替抗、无抗养殖的呼声日益高涨，行业监管日

---

① 佚名．云南禽流感疫情扑杀 503400 只家禽［J］．兽医导刊，2014（4）：6.

② 2018 年禽流感疫情回顾（截至 2018 - 11 - 29）［EB/OL］．中国动物保健，2018 - 11 - 29.

趋严格。

3. 活禽和新鲜禽蛋流通环节

禽产品消费方式差异很大，而且很多地区家禽养殖量与消费量不匹配，因此导致活禽和新鲜禽蛋在全国市场流通，这也是中国家禽业的一大特色。目前市场上活禽流通主要有3种类型：一是淘汰蛋鸡由养殖场运输到屠宰加工地区（自建屠宰厂的除外）；二是黄羽肉鸡由养殖场运输到大城市周边的活禽交易市场；三是活鹅从主产区到主销区的运输。禽蛋运输分为两种：一是鲜鸡蛋的全国流通，由主产区运输到主销区的禽蛋批发市场或农贸市场，这是一种大市场格局；二是鲜鸭蛋运输，主要是从养殖场运输到蛋品加工厂（王晓峰，2020）。而活禽长途运输存在疫情传播的风险，禽蛋表面如果残留粪便会感染沙门氏菌，未经过杀菌消毒而长途运输会使细菌滋生，从而引发食品安全事件。

4. 肉禽屠宰和禽蛋加工环节

随着家禽养殖规模不断扩大，一条龙全产业链企业越来越多，养殖企业不断向产品加工端延伸，配套建有屠宰加工厂，这是一种良性的生产模式。但一条龙全产业链企业毕竟只是少数，与庞大的养殖量相比匹配度不高，尤其是在南方喜欢吃活鸡、活鸭和活鹅的区域，个体小型屠宰点、农贸市场活禽屠宰点仍然大量存在，脏水和污物得不到有效处理，造成严重的环境问题。此外，个体屠宰点至今仍在使用松香脱毛，而松香含铅量高，容易引起重金属残留，反复使用后毒性更强，会发生氧化作用，产生的物质对人体伤害更大。禽蛋加工会产生大量废水和蛋壳废弃物，而建有污水处理设施的加工厂很少，蛋壳废弃物目前也没有科学有效的处理方法。此外，皮蛋和咸蛋腌制过程中产生的废液金属元素含量高，大部分未经处理就排放，造成严重的环境问题（王晓峰，2020）。

5. 禽产品销售渠道和路径环节

近年来，互联网产业迅猛发展，我国禽产品消费也快速形成线下传统消费和线上网络消费2种不同形态。线上消费者习惯于“线上下单、配送到家”的购买方式，他们没有足够的意愿去农贸市场或超市生鲜区购买自己无法进行品质判断的生鲜家禽产品，因此，其未来购买场景主要在移动互联终端或PC端，而很多家禽企业现在的销售渠道、销售模式、销售理念与互联网生态下的消费者需求格格不入，已逐渐成为制约企业发展的关键瓶颈。如果不能有效破解这一难题，很多家禽企业就会失去这一新兴消费群体的市场份额，在全新的市场竞争中败下阵来，由此引发巨大的市场经营风险（王晓峰，2020）。

（四）对降低产业风险的建议

1. 风险管控与创新发展

建立科学、合理、健全的生物安全防控体系；坚持“加强管理，防重于治”的原则，确保各项防疫措施落实到位；制定合理的免疫程序，正确选择和使用有效的正规疫苗，加强免疫效果监测；合理使用药物预防及控制继发感染；企业与管理部门共同建立疫病流行监测网络，及时掌握疫病流行情况；无害化处理病死禽及其废弃物（廖明等，2011）。鉴于当前家禽疫病防控的复杂性和困难程度，科技创新是根本保障，通过科技创新与科学管理深度融合，综合集成防控技术与产品，构建牢固的生物安全屏障，形成综合防控技术体系，才能实现重要疫病的有效防控（王晓峰，2020）。

2. 实施养殖环节兽用抗菌药使用减量化行动试点

根据农业农村部第194号公告，为维护我国动物源性食品安全和公共卫生安全，自2020年1月1日起，退出除中药外的所有促生长类药物饲料添加剂品种，自2020年7月1日起，饲料生产企业停止生产含有促生长类药物饲料添加剂（中药类除外）的商品饲料。为维护家禽养殖业生产安全、动物源性食品安全、公共卫生安全和生态环境安全，2018年中央一号文件对兽用抗菌药使用减量提出要求，农业农村部办公厅于2018年4月20日发布了《兽用抗菌药使用减量化行动试点工作方案（2018—2021年）》，力争通过3年时间，实施养殖环节兽用抗菌药使用减量化行动试点工作。对于处在转型期的家禽业来说，要想实现高质量发展，必须创新发展理念，从依赖用药的怪圈中挣脱出来，推动行业自身变革，推行无抗健康养殖，用技术保生产，从管理要效益，才能形成不竭的发展动力（王晓峰，2020）。

3. 规模养殖、集中屠宰、冷链运输、冷鲜上市

鼓励畜禽养殖、屠宰加工企业推行“规模养殖、集中屠宰、冷链运输、冷鲜上市”模式，加快推进家禽业转型升级，提升家禽就近屠宰加工能力，建设家禽产品冷链物流体系，减少家禽长距离移动。但建立活禽集中屠宰点、冷链运输并非易事，涉及用地审批、资金投入、污水处理等难题，这些问题企业自身无法解决，需要配套措施跟进。因此，减少活禽产品市场流通风险需要进行顶层设计，各地区要根据家禽养殖实际情况合理布局和规划建设产业链，在主产区合理的范围内配套建设屠宰厂，打破主产区与主销区之间长距离运输活禽的格局，“活禽不出县”是必要的做法。蛋品长距离运输之前，应进行必要的消毒，从而将食品安全风险降到最低（王晓峰，2020）。

4. 建设家禽集中屠宰点

为响应国家“规模养殖、集中屠宰、冷链运输、冷鲜上市”的号召，各地已经开始规划建设家禽集中屠宰点，具体有两种形式：一是大城市周边与农贸市场相配套的屠宰点，以满足市场上禽产品供应为目标，这些屠宰点可自行采购活禽进行屠宰经营，也可以在养殖户需要时为其提供代宰服务，但是规范管理必须跟上，屠宰加工过程中要制订并严格执行活禽进场、防疫、消毒和检验等制度，屠宰操作必须符合技术规范，屠宰净膛后家禽应迅速冷却，以冷鲜禽形式出厂，病害家禽及产品要按规定进行无害化处理；二是规模养殖场自宰点，其管理相对规范，发生安全事件风险较小。对于蛋品加工的卫生安全风险防范，最重要的是从源头上减少废水产生，尽可能做到腌制液的重复利用（王晓峰，2020）。

5. 实施供应链革新

随着消费者消费习惯的快速转变，终端家禽产品生产企业的经营业态也在发生明显变化，纷纷改造升级产品的市场供应链。供应链革新主要表现为家禽企业通过互联网技术和现代物流配送体系缩短供应链环节，提高流通效率和市场反应速度。在当前情况下，传统的渠道商已经没有能力再度聚合消费需求，需要家禽企业再次进行经营中心的革新，使企业的经营中心转移到消费需求的满足和把握方面。供应链格局的演变既是风险也是机遇，目前国内家禽企业发力，供应链的路径显得更加清晰，从推出禽肉调理品到开设禽肉零售店，从建设中央厨房到投建食品研发中心，正大食品、温氏佳味、圣农食品、天农食品等多家企业在线下打造产品品牌影响力的同时，也与多方合作开拓线上渠道。在新的消费场景下，以前看重经销商资源、注重渠道建设的企业，应该厘清发展思路，只有将经营重心从渠道建设转向满足消费需求上来，才能成为市场的强者，在市场竞争中立于不败之地（王晓峰，2020）。

七、融合发展

（一）基本情况

云南积极探索建立畜禽产品生产、加工、流通、消费全程生态化，以龙头企业、农民专业合作社、家庭农场、种养大户为平台，推进畜禽业绿色增效开展试点示范，建立以家禽养殖加工为主导产业。以生产基地、加工基地为主体，创建生态型企业，推进种养加、产供销、贸工农、农工商、农科教一体化经营体系的现代化经营方式和产业组织形式，实现地域范围内的复合式循环。云南以农产品加工业为引领推进农村一二三产业融合发展。主要是以屠宰加工基地带动养殖业，以养殖业带动种植业，以农产品加工业带动冷链服务业，有效地形成一二三产业融合发展。

（二）案例

1. 元阳哈尼梯田“稻鱼鸭”

元阳县的哈尼梯田有着上千年的历史，是哈尼族先民留下的宝贵财富。为全力推进梯田保护与开发，自2012年起，元阳县哈尼梯田建立了稻鱼鸭生态立体农业，即在梯田里同时种植水稻（梯田红米）、养鱼、养鸭。水稻的叶子、碎稻谷、田间的小虫是鱼和鸭子的“大餐”，鱼和鸭子的粪便是水稻生长的肥料。三者互惠互利，最终形成生态共赢，整个种养殖过程绿色、无污染。“稻鱼鸭”综合种养至少有两方面作用，第一它可以有效保护梯田。梯田保护首先得有水，种红米就可以保障有效地给梯田供水。其次可以促农增收，原来单一种水稻每亩年收入仅2000多元，“稻鱼鸭”综合种养可达到每亩年产值一万多元。自2014年来，实施“稻鱼鸭”综合种养示范3.2万亩，涉及农户7320户，覆盖建档立卡户4792户，示范区亩产值达10174.2元，辐射带动区亩产值达5095元。元阳县通过大力提倡和推广“稻鱼鸭”综合种养模式，不仅提高哈尼梯田的综合种养效益，还助力当地群众增收脱贫，真正让千年梯田焕发新活力。[①]

2. 茶树林养鸡

临沧市云县爱华镇大树村上村考虑到鸡能消灭地里的杂草、害虫，鸡的粪便是天然有机肥，养鸡后基本做到了林地不使用化肥农药，林地茶园品质提升，生态鸡更是供不应求。经过前期的市场调研，随着鸡苗品种、饲料、销路等一一确定，在村组干部的带头养殖下，老百姓实实在在地看到了林下养鸡这一新模式的效益和发展前景。为进一步扩大养殖规模并发挥产业对老百姓的带动作用，大树村村委会还组建了“家兴林下土鸡养殖专业合作社”，通过统一提供鸡苗、统一脱温防疫、统一提供标准饲料、统一技术服务、统一销售渠道的方式，引领农户发

---

① 世界遗产哈尼梯田：鱼鸭游进稻田里　梯田变身“致富田”[EB/OL]. 中国新闻网，2017-03-07.

展壮大林下生态土鸡养殖。目前，随着合作社的发展壮大，“大树茶园鸡”成为当地知名品牌，2018 年全村出栏达 14 万羽产值 840 万元，产品已销往省内及北上广等地。大树村的林下养殖为山区半山区的产业发展提供了很好的机制和经验，目前已经在全镇铺开，存栏量已达 60 万羽。

（三）存在的问题

1. 产业链条短

农村一二三产业融合体现在产业链和价值链的延长，需要延伸农产品加工产业链。目前，云南家禽产品加工仍处于初加工阶段，精深加工企业数量不足。

2. 资金短缺，高新技术缺乏

中小企业和农业的资金难问题，长期以来虽引起各级政府的重视，也采取了一定的措施，但并未彻底解决。据调查，农业新型经营主体从银行贷款手续烦琐，且耗时长，贷款难，这种贷款需求转向社会上高利贷，成为加大农业生产成本的重要原因之一（国庆等，2017）。

3. 数量少、规模小、竞争力弱

从目前来看，云南家禽产业融合发展的典型形态主要是结合种植业实现循环经济发展的养殖业。这种形态总体来看，数量少、规模小、辐射带动范围小，与农产品与产业融合的发展要求还不适应，无法满足日益增长的市场需求。

（四）对促进产业融合发展的建议

1. 着力培育家禽产业融合发展的专业性经营主体

主要包括：农产品销售主体，农产品加工龙头企业，家庭农场，农民专业合作社，农村休闲游、农家乐以及农村电商。在产业融合发展壮大的过程中，发挥政府的作用，给予他们必要的支持和帮助等。第一，调整农业补贴政策，促进农业新型经营主体发展。现有的对农业的补贴，实际上成为农民土地承包地权益的补贴。新增农业补贴应用于实际农业生产经营主体上，使农业补贴真正发挥促进农业生产力提高上。第二，加大支持力度，促进涉农二三产业发展。要通过优化农村创业孵化平台，提供设计、创意、技术、市场、融资等定制化解决方案等服务。搭建农村综合性信息化服务平台，提供电子商务、休闲农业与乡村旅游、农业物联网、价格信息、公共营销等服务，加快涉农二三产业发展（国庆等，2017）。

2. 搞好产业规划完善基础设施

农村一二三产业融合发展，应与城镇化推进相协调，建立园区，把农业与城镇二三产业有机融合，按照市场经济规则，在城镇统一规划，集中布局，集聚发展，形成规模效应和集聚效应，提高综合竞争力和企业经济效益（国庆等，2017）。

3. 加大技术创新支持力度

创新发展居于首要位置，是引领发展的第一动力，是延伸产业链和增值链的关键。要实行科技创新、产业创新、企业创新、市场创新、产品创新、业态创新、管理创新等多种创新并举，形成创新链（国庆等，2017）。优化创新环境，让农村一切劳动、知识、技术、管理、资本的活力竞相迸发出来，进而释放全社会的创新潜能，为家禽产业融合发展提供动力。

4. 加大金融支持力度

建立完善金融支持体系，有效破解农村一二三产业融合发展的融资难问题。第一，建立自下而上的农村信用体系。结合云南农村金融现状，建立自下而上信用体系更为现实、快捷并能节省成本。第二，健全有利于金融下乡的配套政策，着力加强和完善法治建设，提升金融监管水平，优化信用环境建设，建立和完善政府对农村金融市场的补贴机制。第三，引导金融机构树立服务“三农”理念，积极引导农村金融机构坚定服务“三农”理念，避免部分金融机构撤点离乡对农村金融市场造成负面影响。第四，鼓励支农金融产品创新。通过“资源变股权、资金变股金、农民变股东”，把闲置和低效利用的农村资源、资金，以新的金融产品形式用于农村一二三产业融合发展（国庆等，2017）。

八、科技推广应用

（一）基本情况

云南家禽产业科技推广主要以政府为主导，主导机构包括农业农村部门、科研院所及各县市畜牧兽医技术推广站，一些家禽养殖企业也有相应的技术团队，通过养殖示范场、养殖示范基地、综合试验站等进行示范推广。随着家禽产业规模的扩大、产业链的延伸、产品功能的拓展，家禽产业科技推广的重要性越来越凸显。丽江拉伯高脚鸡经过云南省畜禽遗传资源委员会审核后上报，12 月 10 日国家畜禽遗传资源委员会专家到丽江宁蒗县拉伯乡现场考察丽江拉伯高脚鸡遗传资源情况。同时，还进一步加强了地方品种（茶花鸡）遗传资源保种场建设力度。2017 年，云南确定了 46 个养殖场成为省级畜禽养殖标准化示范场，10 个养殖场申报国家级畜禽养殖标准化示范场成功并在农业部网站进行了公示。

（二）案例

云南地方品种资源十分丰富，拥有 21 个地方品种资源，其中茶花鸡是云南省第一个资源化利用开发的配套系，开创了云南省国鸡的新篇章。昆明云岭广大种禽饲料有限公司于 2012 年 11 月在西双版纳景洪成立西双版纳云岭茶花鸡产业发展有限公司，从 2013 年至今先后投资 3000 多万元，改造和投资建设了嘎洒茶花鸡原种场（国家级保种场），新建普文茶花鸡育种中心。按商业育种思路，从 2014 年联合云南农大、广西大学合作在西双版纳云岭茶花鸡产业发展有限公司利用公司资源和云南地方鸡西双版纳茶花鸡，德宏鸣鸡、独龙鸡、狄高鸡等育种素材，在开展种质资源测定的基础上，利用分子标记辅助选择和常规育种相结合的选育技术，以提高生产性能、提高产蛋性能、保持优良肉质为育种目标，培育体型外貌一致、生产性能好、抗逆性强，适应云南高原优质肉鸡养殖（或特色蛋用型地方鸡）产业发展需要的云南地方特色优质鸡新品种。2019 年 9 月 6 日，茶花鸡选育育种的企业——昆明云岭广大种禽饲料有限公司在西双版纳州召开了茶花鸡的推广和交流会议，来自云南、广西等地知名的育种专家参加了此次会议，并提出了未来育种的重要建议（管红伟等，2013）。

（三）存在的问题

1. 对现代畜禽科技认识不足

全省大部分农村地区，畜禽养殖仍采用较为传统的养殖方式，多数养殖户依靠传统养殖经验，对新科技、新技术认识不足，接受程度不高，甚至带有抵制情绪，这直接影响了畜禽科技推广工作的开展，加深了推广难度。

2. 专业技术人员素质偏低，人才匮乏

畜禽科技推广要求农技人员自身要具备足够的专业技术知识和实践经验，才能更好地指导养殖户发展生产。但在基层一线从事畜禽科技推广工作的农技人员大多年龄偏大，文化水平不高，没有经过系统学习或专业培训，主要依靠自身经验开展工作，专业知识欠缺，无法满足现代畜禽业发展。基层农技人员队伍亟须

补充一批专业院校毕业的年轻技能型人才。

3. 推广方式简单，宣传力度不够

在开展畜禽科技推广过程中，虽然已开展了很多技术推广活动，但推广的方式比较简单，多数时候采用的仍是发放宣传资料、培训讲座、现场咨询等方式，这些推广方式与教科书式的宣讲并无差别，虽内容丰富，但缺乏形象感，针对性差。在实际工作中经常看到养殖户在培训现场无精打采，并无多大兴趣参与。简单的推广方式并不能满足现代畜禽科技推广的要求，需要创新宣传方法，强化宣传效果。

4. 知识更新慢，推广内容陈旧

从目前来看，无论是技术推广的队伍组成、人才培训、知识更新速度等方面都存在严重滞后的现象。农技人员缺少外出学习培训、交流的机会，从而无法及时了解、学习新知识、新技术，导致在开展畜禽科技推广工作时，由于自身专业知识没有及时更新，导致推广的知识、技术陈旧，甚至有的已经过时，不仅起不到推广新技术的作用，还浪费了大量的人力和财力。

（四）对改善（优化）生产基地建设的建议

1. 建立和完善畜禽科技推广机制

畜禽科技推广应根据各地区畜禽业发展情况，有针对性地采取不同的推广方式，要督促基层农技推广机构有效履职，制定科技推广方案，明确推广目标，发挥其在公益性农技推广服务中的主导地位，加强对市场化主体的引导、服务和必要的监管。通过购买服务等方式，支持引导市场化主体参与农技推广服务（曹宇，2018）。

2. 加强农技人员队伍建设

加强基层农技推广人员培养，聘请专家、技术能手等通过技术讲座、现场指导等方式更新农技人员专业知识水平，多组织农技人员外出学习观摩，了解最新养殖动态。试点农技人员通过提供技术增值服务获取合理报酬的新机制，加强绩效考评的新举措，强化队伍能力建设。政府可通过购买服务等方式，从新毕业大学生、农业乡土专家、种养大户、新型农业经营主体技术骨干、科研教学单位一线服务人员中遴选一批特聘农技员，实行“部门管理、动态监测、实效考核”的运行机制，采取“签订协议、严格考核、一年一聘、择优续聘”的办法，对特聘农技员进行规范管理，探索解决基层特别是艰苦边远地区农技推广“事业单位招人难、空编严重”的问题（曹宇，2018）。

3. 建立生产、教学、科研一体化合作

围绕地方农业主导产业需求，广泛集聚农业科技资源，构建基层农技推广机构、科研教学单位、市场化服务组织、农业乡土人才等广泛参与、分工协作、充满活力的农科教产学研一体化农技推广联盟，实现农业技术成果组装集成、试验示范和推广应用的无缝衔接，提升农技服务效能，促进产业提质增效（曹宇，2018）。

4. 创新宣传方式，强化宣传效果

在畜禽科技推广过程中，要改变传统的发放宣传单、拉条幅的单一宣传方式，应充分发挥互联网的优势，可将先进的养殖技术、成功的养殖经验等录制成宣传片进行播放，既生动又形象，还能提高养殖户的兴趣（曹宇，2018）。

5. 提升科技示范户模范带头作用

畜禽科技推广要充分发挥科技示范户的模范带头作用，由点到面建立科技示范户、科技示范村等，以榜样为示范，选择能力较强、乐于助人的新型农业经营主体带头人、养殖大户等作为科技示范主体，通过精准指导服务、组织交流观摩等措施，提高其自我发展能力和辐射带动能力，让养殖户切身体验到示范户的榜样作用，真正感受到科技带来的经济效益，从而积极主动接受新技术推广，将新技术应用到养殖业中。畜禽业的健康发展必须要有科学技术作为支撑，传统畜禽业向现代畜禽业转变，离不开新知识、新技术的推广，只有采取积极措施，克服推广过程中遇到的系列问题，才能提高畜禽科技推广效率，实现技术向效益的转变（曹宇，2018）。

（执笔：毛昭庆、李冬梅；审定：陈良正）

第三十三章

云南牛产业经济问题研究

第一节　云南牛产业发展概况

牛族是偶蹄目、牛科、牛亚科下的一族动物，通常俗称为“牛”，共有5属13种，家养3种。大多是大型草食性动物，对人类非常重要的则是黄牛、水牛和牦牛。黄牛在全球牛养殖产业中占据绝对主导地位。据FAO统计数据，2019年全球牛存栏总量已超过17.15亿头，排名全球前10的国家分别是印度、巴西、美国、中国、巴基斯坦、埃塞俄比亚、阿根廷、墨西哥、苏丹和乍得。2019年，这10个国家的牛年末存栏量超过10亿头，占全球牛存栏总量的比重达58.75%。2019年，全球黄牛存栏量超过15.11亿头，占牛存栏总量的88%，水牛存栏量超过2.04亿头，占牛存栏总量的比重不足12%。黄牛广泛分布在全球190多个国家，其中100多个国家的黄牛存栏量超过100万头，有52个国家的存栏量超过500万头，上1000万头的国家也有34个。其中，巴西和印度分别以2.1亿头和1.9亿头，黄牛存栏量位居全球黄牛大国第1和第2位，美国以9480万头的存栏量位列第3位，中国则以约6340万头的存栏量位居全球黄牛大国第4位，埃塞俄比亚（6328万头）、阿根廷（5446万头）排名黄牛生产大国第5和第6位，排名第7~10位的巴基斯坦、墨西哥、苏丹和乍得2019年末黄牛存栏量也在3000万头以上。FAO数据库统计了40多个国家2019年的水牛存栏数据，其中存栏量超过10万头的国家有22个，包括12个超过100万头的国家。印度水牛存栏量占全球存栏总量的比重常年在55%左右，2019年以1.098亿头存栏量位居榜首，巴基斯坦以4000万头的水牛存栏量位居第2位，中国则以超过2700万头的存栏量排名第3位，尼泊尔、缅甸和埃及分别以530万头、408万头和约348万头的成绩分居第4、第5和第6位，菲律宾、越南均超过200万头，分别排第7和第8位，孟加拉国、巴西、老挝和印度尼西亚的存栏量也在100万头以上。由于全世界90%的牦牛生活在中国青藏高原及毗邻的6个省区，且整体数量仅1200万头左右，远小于黄牛和水牛，且云南牦牛数量全国占比不足1%，基于数据的可得性，本章仅以黄牛和水牛作为研究对象，且黄牛不仅限于皮毛黄褐色的牛，是除水牛和牦牛之外，人类以役用、生产牛肉或牛奶为目的饲养的，皮毛为黄褐色或黑色以及黄白花、黑白花等所有牛的统称（下同）。

肉牛、奶牛饲养具有拉动相关产业发展、体现产业与科技文化融合的作用，发展养牛产业是优化农业结构的重要着力点，是适应消费结构升级的战略选择。奶业也是食品安全的代表性产业，是农业现代化的标志性产业。随着我国人口增长、城镇化进程加快、城乡居民畜产品消费结构升级，牛产品消费需求将保持较快增长，前景广阔，潜力巨大。牛产业是实现资源综合利用和农牧业可持续发展的客观要求，既有利于促进粮经饲三元种植结构协调发展，形成粮草兼顾、农牧结合、循环发展的新型种养结构，又能解决地力持续下降和牛养殖饲草料资源不足的问题，促进种植业和养殖业有效配套衔接，延长产业链，提高综合效益。①

一、中国及云南牛产业发展情况

当前我国肉牛主要为地方良种黄牛和杂交改良牛两大类。黄牛是我国的特色资源。据畜禽品种资源调查及国家畜禽品种审定委员会审核，我国黄牛有69个品种，其中地方品种52个，培育品种4个，引入品种12个，是世界上牛品种最多的国家。其中秦川牛、晋南牛、南阳牛、鲁西牛、延边牛被誉为我国五大良种黄牛，通过国家鉴定成功培育的肉牛品种有夏南牛、延黄牛、辽育白牛、云岭牛等4个，先后从国外引入了日本和牛、安格斯、利木赞等国外著名肉牛品种，培育出了秦宝牛、雪龙黑牛、长白山黑牛、大地黑牛等优良肉牛。我国奶牛主要有黑白花奶牛（荷斯坦牛）、娟姗牛、瑞士褐牛、西门塔尔牛等品种。②

牛产业是云南省高原特色现代农业的重要组成部分，独特的气候和丰富的饲草资源优势，造就全省129个县（市、区）有近110个县（市、区）是发展牛养

① 郭晓萍. 农业部发文促进草食畜牧业加快发展［EB/OL］. 中国证券网，2015-06-12.

② 2012年肉牛养殖及屠宰加工行业研究报告。

殖的适宜区。全省不仅草原面积超过1500万公顷居全国第7位、牛年末存栏量约830万头居全国第2位，而且怒江独龙牛、槟榔江水牛、邓川牛、德宏水牛、文山黄牛、中甸牦牛等是云南省优质地方牛品种，自主培育的肉牛新品种“云岭牛”被农业部认定为我国南方热带、亚热带气候环境养殖肉牛的主推品种，加上1780万公顷的玉米种植面积和25万公顷全国第二大甘蔗种植面积，均为云南发展特色草食性畜牧业、做强牛产业提供了不可多得的种质基础。为变自然资源优势为产业优势、经济优势，自20世纪90年代中期以来，云南省委省政府均把牛产业作为全省重要的农业产业，尤其是“十二五”以来，牛产业更是被作为发展高原特色农业的重点产业来培植。

二、中国及云南肉牛、奶牛的生产

（一）中国肉牛、奶牛生产

据联合国粮农组织（FAO）统计数据，2010～2019年，全球养牛业基本保持稳定发展态势。牛年末存栏量（含奶牛）从2010年约16.06亿头逐年增加至2019年的超过17.15亿头（黄牛占88%、水牛约占12%），增长了6.8%；肉牛出栏量由3.17亿头小幅下降后逐步增加到3.52亿头以上、牛肉产量也由6654.83万吨波浪式增加到7260.41万吨，分别增长11.07%和9.1%；奶牛存栏量由不足3.21亿头增加到3.35亿头以上、增长约4.55%，2016年最高时曾达3.42亿头，占牛年末存栏量的20%左右，其中奶水牛的占比从18.2%增加到20%以上；牛奶产量由6.93亿吨逐年稳步增加到接近8.5亿吨，增长22.59%；受疯牛病及市场价格波动影响，牛肉农业产值从2010年的约2348.03亿美元增加到2014年最高时超过2970亿美元，2018年则不足2215亿美元，比2010年下降5.67%；牛奶农业产值由2010年的2968.02亿美元增加到2018年的3389.04亿美元，增长14.18%，2014年最高时曾超过3700亿美元（见表33－1）。

表33－1　　2010～2019年全球肉牛、奶牛产业主要数据

指标	2010年	2011年	2012年	2013年	2014年	2015年	2016年	2017年	2018年	2019年
年末存栏（百万头）	1605.64	1611.02	1623.69	1628.69	1637.70	1651.66	1670.93	1678.87	1696.93	1715.36
黄牛（百万头）	1411.61	1415.84	1427.28	1431.91	1439.41	1452.01	1470.41	1477.80	1494.16	1511.02
肉牛出栏（百万头）	317.11	316.20	319.48	323.61	324.12	319.57	319.62	316.03	323.15	352.21

续表

指标	2010 年	2011 年	2012 年	2013 年	2014 年	2015 年	2016 年	2017 年	2018 年	2019 年
水牛（百万头）	291.32	290.18	292.99	297.49	297.80	293.21	293.13	289.33	295.54	324.52
牛肉产量（万吨）	6654.83	6628.84	6688.56	6794.87	6836.74	6787.59	6837.41	6973.99	7160.31	7260.41
黄牛肉（万吨）	6264.68	6236.58	6293.10	6396.12	6436.70	6384.75	6435.82	6559.17	6732.09	6831.39
奶牛存栏（百万头）	320.59	324.59	329.79	331.90	335.20	339.05	341.98	338.26	333.71	335.17
黑白花（百万头）	262.25	264.85	269.06	270.33	272.77	274.63	275.81	271.00	264.57	265.25
牛奶产量（万吨）	69307.9	71091.5	72794.0	73650.0	76248.6	77059.3	78126.5	82126.1	84633.5	84967.5
黑白花牛奶产量（万吨）	60061.1	61485.2	62895.3	63409.8	65476.0	66108.9	66616.2	69524.1	71373.4	71592.3
牛肉产值（亿美元）	2348.03	2678.61	2780.46	2917.53	2972.73	2781.52	2617.38	2626.31	2214.85	
牛奶产值（亿美元）	2968.02	3423.72	3344.47	3413.90	3702.46	3033.98	2967.76	3411.13	3389.04	

资料来源：根据 FAO 统计数据库 2021 年 5 月数据整理，包括黄牛（cattle）和水牛（buffaloes）。

根据 FAO 统计数据整理 2010～2019 年排名全球前 5 的印度、巴西、美国、中国和欧盟的牛年末存栏量及其占比情况如图 33－1 所示。

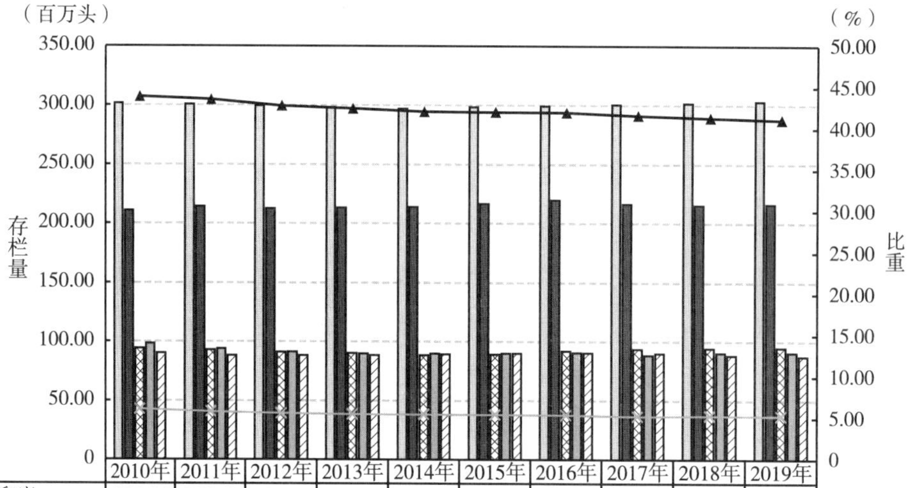

	2010年	2011年	2012年	2013年	2014年	2015年	2016年	2017年	2018年	2019年
印度	301.56	300.62	299.61	298.40	297.00	298.48	299.52	300.69	301.89	303.31
巴西	210.73	214.09	212.54	213.10	213.69	216.59	219.56	216.38	215.20	216.09
美国	94.08	92.89	91.16	90.10	88.53	89.14	91.89	93.62	94.30	94.80
中国	98.20	93.84	91.37	89.86	89.86	90.07	90.56	88.34	90.39	90.73
欧盟	90.22	88.13	88.27	88.42	89.40	90.02	90.47	90.03	88.19	87.34
5经济体占比	43.88	43.54	42.78	42.45	42.08	42.04	41.98	41.64	41.36	41.10
中国占比	6.12	5.82	5.63	5.52	5.49	5.45	5.42	5.26	5.33	5.29

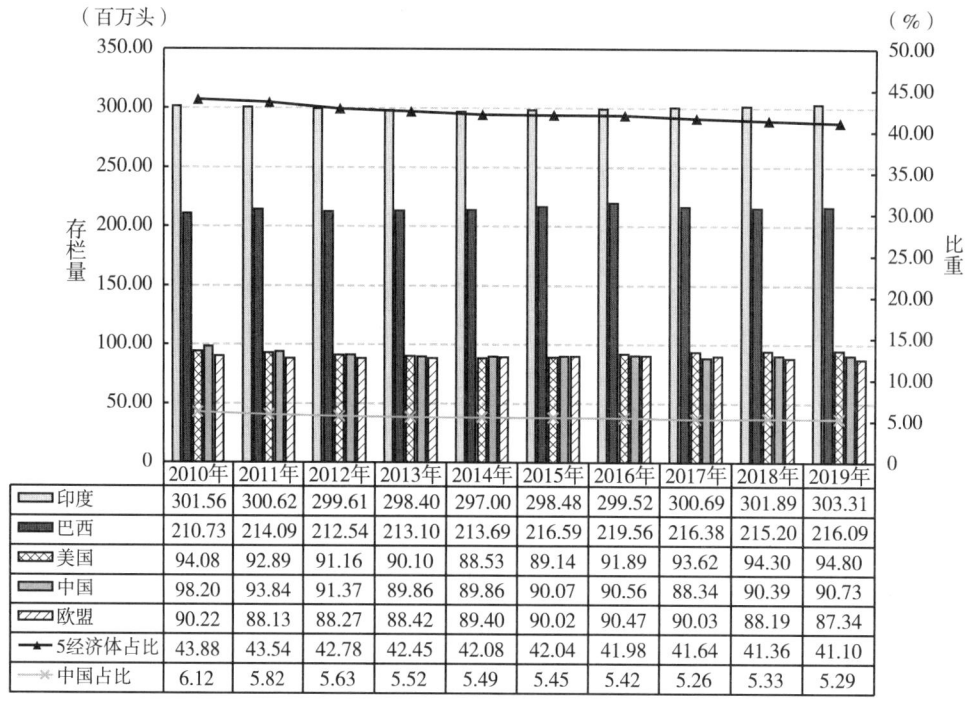

图 33－1　2010～2019 年 5 个主要养牛经济体牛年末存栏量变化

注：欧盟为含英国的 28 个成员国合计数（下同）。

资料来源：根据 FAO 统计数据库 2021 年 5 月数据整理，包括黄牛（cattle）和水牛（buffaloes）。

从表 33－1 可以看出，2010～2019 年，在全球养牛产业中，黄牛一直占存栏总量的 88%、占肉牛出栏总量的 92%左右、占牛肉产量的比重更是在 94%以上，虽然近年来水牛奶产量上涨了 44.65%，占牛奶总产量的比重从 2010 年的不足 13.3%上升到 2019 年超过 15.5%，但黄牛奶以 85%上下的份额仍然保持其绝对优势地位。

从表 33－1 和图 33－1 还可以看出，2010～2019 年，印度牛年末存栏量常年占全球的 18%上下，巴西占比在 13%上下，美国、中国和欧盟则在 5%～6%。虽然 2010～2019 年全球牛存栏量增长了 6.8%，但 5 个经济体中仅印度、巴西和美国存栏量基本稳定，中国和欧盟则小幅下降，且年末存栏占同期世界牛存栏总量的比重均有所下降，中国从 6.12%逐年下滑到 5.3%左右。

从牛肉生产情况看，2010 年以来，世界牛肉产量总体呈小幅增长态势，排名前 10 的经济体是美国、巴西、欧盟、中国、阿根廷、印度、墨西哥、澳大利亚、俄罗斯、加拿大。2010～2019 年全球及排名前 6 的经济体肉牛出栏量及全球占比、牛肉产量及全球占比见表 33－2 和表 33－3。可以看出，2010～2019 年全球及牛肉主产国的肉牛存栏量及牛肉产量全球占比与牛年末存栏量表现基本一致。2019 年，全球肉牛出栏量增长了 11.7%，牛肉产量增长了 9.1%，而主产国占比则多呈现下降趋势。美国、巴西、欧盟、中国、阿根廷和印度 6 个牛肉产量排名全球前 6 的经济体中，美国、巴西、欧盟和印度肉牛存栏量均小幅下降，阿根廷则上涨了 17.19%；除巴西和印度牛肉产量小幅减少外，其他国家均有所上涨，阿根廷涨幅最大，达 19.23%。

从表 33－2 和表 33－3 还可以看出，中国是全球肉牛出栏量最大的国家，多年来占全球肉牛出栏总量的比重均在 13%上下，但牛肉产量仅排名全球第 4 位，全球占比不足 10%，表明中国单位肉牛产肉率低于全球平均水平。2010～2019 年，中国肉牛出栏量和牛肉产量均比较稳定，分别小幅上涨了 4.15%和 4.48%，但占同期全球肉牛出栏总量和牛肉总产量的比重小幅下降。

表 33－2　2010～2019 年全球及排名前 6 个经济体肉牛出栏量及全球占比

年份	全球（万头）	中国（万头）	巴西（万头）	美国（万头）	欧盟（万头）	印度（万头）	阿根廷（万头）	6 个经济体占比（%）	中国占比（%）
2010	31710.63	4318.29	3940.00	3528.50	2905.36	2089.00	1188.27	56.67	13.62
2011	31619.97	4200.63	3910.00	3508.75	2871.86	2090.70	1086.50	55.88	13.28

续表

年份	全球（万头）	中国（万头）	巴西（万头）	美国（万头）	欧盟（万头）	印度（万头）	阿根廷（万头）	6个经济体占比（%）	中国占比（%）
2012	31947.83	4219.29	4020.50	3386.19	2743.90	2092.00	1142.88	55.10	13.21
2013	32360.77	4189.90	4159.00	3335.25	2615.97	2093.00	1262.53	54.56	12.95
2014	32411.58	4200.41	4038.50	3085.73	2613.83	2093.00	1210.10	53.20	12.96
2015	31957.11	4211.44	3836.50	2932.03	2653.44	2048.59	1215.66	52.88	13.18
2016	31962.13	4264.95	3759.50	3118.88	2731.55	2027.67	1172.04	53.42	13.34
2017	31602.73	4340.26	3086.67	3281.74	2711.11	2007.24	1261.69	52.81	13.73
2018	32315.23	4397.48	3204.27	3370.34	2745.99	2067.61	1345.28	53.01	13.61
2019	35221.04	4497.62	3244.59	3426.48	2689.68	2046.75	1392.49	39.48	12.77
2019比2010增长（%）	11.07	4.15	-17.65	-2.89	-7.42	-2.02	17.19	-7.56	-0.85

资料来源：根据FAO统计数据库2021年1月数据整理，包括黄牛（cattle）和水牛（buffaloes）。

表33-3　2010~2019年全球及排名前6个经济体牛肉产量及全球占比

年份	全球（万吨）	美国（万吨）	巴西（万吨）	欧盟（万吨）	中国（万吨）	阿根廷（万吨）	印度（万吨）	6个经济体占比（%）	中国占比（%）
2010	6654.83	1181.90	911.50	815.61	629.07	263.02	254.37	60.94	9.45
2011	6628.84	1197.00	903.00	805.82	610.71	249.90	254.89	60.66	9.21
2012	6688.56	1191.61	930.70	773.57	614.75	259.58	255.38	60.19	9.19
2013	6794.87	1178.86	967.50	741.14	613.09	282.16	258.13	59.47	9.02
2014	6836.74	1169.81	972.30	746.51	615.72	267.40	257.50	58.94	9.01
2015	6787.59	1077.76	942.50	770.24	616.89	272.70	251.48	57.92	9.09
2016	6837.41	1147.06	928.40	790.42	616.91	264.40	249.23	58.45	9.02
2017	6973.99	1190.72	955.00	788.80	634.62	284.45	246.87	58.80	9.10
2018	7160.31	1221.92	990.00	802.45	644.06	306.61	255.18	58.94	8.99
2019	7260.41	1234.87	1020.00	792.23	658.98	313.59	252.17	58.84	9.08
2019比2010增长（%）	9.10	4.48	11.90	-2.87	4.75	19.23	-0.86	-2.10	-0.38

资料来源：根据FAO统计数据库2021年1月数据整理，包括黄牛（cattle）和水牛（buffaloes）。

当然，排名前6的牛肉主产经济体之间的牛肉产量差距也非常大，美国的牛肉产量常年在1200万吨上下，占同期全球的比重达17%以上；而排名第5和第6位的阿根廷和印度与前4个经济体基本不在一个数量级，其牛肉年产量之和小于排名第4位的中国，与美国和巴西的差距更大。图33-2可以直观地反映出这种差距，表明全球牛肉生产集中度较高。

从牛奶生产情况看，2010 年以来，全球牛奶生产也总体呈小幅增长态势。欧盟、印度、美国、巴基斯坦、巴西、中国、俄罗斯、新西兰、哥伦比亚、土耳其是排名前十的牛奶生产大国（经济体）。据 FAO 统计数据，2019 年全球奶牛存栏 3.35 亿头，其中黑白花奶牛 2.65 亿头、奶水牛 0.7 亿头，占比分别为 79.14% 和 20.86%；全球牛奶总产量约 8.5 亿吨，其中黑白花牛奶产量约 7.16 亿吨、水牛奶约 1.34 亿吨，占比分别为 84.26% 和 15.74%。

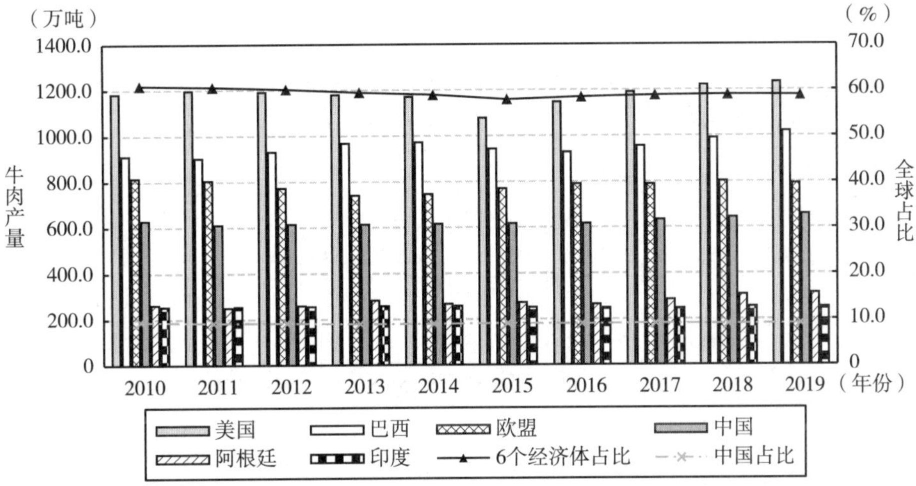

图 33-2　2010~2019 年全球排名前 6 个经济体牛肉产量及占比变化

资料来源：根据 FAO 统计数据库 2021 年 5 月数据整理，包括黄牛（cattle）和水牛（buffaloes）。

分品种看，黑白花牛奶生产方面：2019 年，排名前十的分别为欧盟（1.68 亿吨）、美国（0.99 亿吨）、印度（0.9 亿吨）、巴西（0.36 亿吨）、中国（0.32 亿吨）、俄罗斯（0.31 亿吨）、新西兰（0.22 亿吨）、哥伦比亚（0.22 亿吨）、土耳其（0.21 亿吨）和巴基斯坦（0.21 亿吨）。2019 年，全球黑白花牛奶产量超过 1000 万吨的 18 个国家中，欧盟就有 6 个，其中仅德国和法国就分别达 3308.02 万吨和 2493.08 万吨，英国、荷兰、波兰和意大利的黑白花牛奶产量则分别为 1555.2 万吨、1455.5 万吨、1450.28 万吨和 1249.44 万吨。此外，墨西哥、乌兹别克斯坦和阿根廷 2019 年的黑白花牛奶产量也在 1000 万吨以上。

水牛奶生产方面：全球水牛奶生产则主要集中在印度和巴基斯坦两个国家，2019 年，印度（9200 万吨，占 68.78%）和巴基斯坦（3437.1 万吨，占 25.7%）水牛奶产量全球占比高达 94.48%，水牛奶产量排名紧随其后的中国为 292.84 万吨、埃及2109.25万吨、尼泊尔137.29万吨。此外，欧盟约30万吨（主要是意大利24.95万吨）、缅甸超过20万吨达20.48万吨、伊朗也超过10万吨达12.8万吨，其他有水牛奶产量数据的15个国家其产量都很小。

2010～2019年全球6个主要牛奶主产国（经济体）奶牛存栏、牛奶产量及全球占比情况分别见表33－4和表33－5。

表33－4　　2010～2019年世界及主产国（经济体）奶牛存栏情况

年份	全球（万头）	印度（万头）	巴基斯坦（万头）	欧盟（万头）	巴西（万头）	中国（万头）	美国（万头）	中国占比（%）	6国（经济体）占比（%）
2010	32058.97	7988.60	2162.60	2415.65	2292.49	1785.70	912.30	5.57	54.77
2011	32459.50	8191.00	2235.70	2358.71	2322.92	1774.20	919.90	5.47	54.85
2012	32979.42	8315.23	2311.20	2355.12	2280.35	1765.00	923.70	5.35	54.43
2013	33190.39	8407.75	2384.70	2359.67	2295.45	1755.00	922.40	5.29	54.61
2014	33520.17	8567.44	2464.60	2373.05	2302.80	1800.00	925.70	5.37	54.99
2015	33904.74	8835.84	2547.20	2383.45	2111.09	1755.08	930.69	5.18	54.75
2016	34197.51	9169.77	2632.60	2370.63	1955.91	1843.68	931.24	5.39	55.28
2017	33826.17	9409.28	2720.90	2338.87	1685.18	1761.58	936.85	5.21	55.73
2018	33370.71	9760.89	2812.20	2291.05	1635.26	1144.86	943.21	3.43	55.70
2019	33517.10	9800.00	2906.70	2263.03	1627.07	1150.24	935.34	3.43	55.74
2019比2010增长（%）	4.55	22.67	34.41	－6.32	－29.03	－35.59	2.53	－2.14	0.97

资料来源：根据FAO统计数据库2021年1月数据整理，包括黄牛（cattle）和水牛（buffaloes）。

表33－5　　2010～2019年世界及主产国（经济体）牛奶产量情况

年份	全球（万吨）	印度（万吨）	欧盟（万吨）	美国（万吨）	巴基斯坦（万吨）	巴西（万吨）	中国（万吨）	中国占比（%）	6国（经济体）占比（%）
2010	69307.88	11725.30	14794.99	8748.76	3471.60	3071.55	3880.60	5.60	65.93
2011	71091.46	12312.20	15028.85	8901.98	3586.10	3209.62	3962.85	5.57	66.11
2012	72793.98	12748.07	15074.76	9100.97	3704.50	3230.44	4051.60	5.57	65.82
2013	73650.04	13263.75	15245.16	9127.69	3826.70	3425.52	3836.42	5.21	66.16
2014	76248.56	14113.34	15853.73	9346.45	3942.20	3512.44	4034.64	5.29	66.63
2015	77059.25	15010.44	16172.99	9461.90	4070.90	3460.96	3469.35	4.50	67.02
2016	78126.48	15936.52	16258.23	9636.63	4203.90	3368.04	3354.96	4.29	67.53
2017	82126.14	16989.53	16430.36	9776.15	5155.20	3431.15	3323.90	4.05	67.10
2018	84633.54	18165.07	16690.71	9868.73	5323.70	3493.42	3365.34	3.98	67.24

续表

年份	全球（万吨）	印度（万吨）	欧盟（万吨）	美国（万吨）	巴基斯坦（万吨）	巴西（万吨）	中国（万吨）	中国占比（%）	6国（经济体）占比（%）
2019	84967.48	18200.00	16833.74	9905.65	5497.70	3589.03	3494.08	4.11	67.70
2019比2010增长（%）	22.59	55.22	13.78	13.22	58.36	16.85	-9.96	-1.49	1.77

资料来源：根据FAO统计数据库2021年1月数据整理，包括黄牛（cattle）和水牛（buffaloes）。

据FAO统计数据，全球牛奶生产集中度高且逐年升高，排名第1位的印度奶牛存栏量常年超过全球的1/4且逐年接近30%，牛奶产量不仅超过排名第4、第5和第6位的巴基斯坦、巴西和中国3国牛奶产量之和，且从2017年后超过欧盟28国的牛奶产量，是中国牛奶产量的5倍以上；2010～2019年，印度的牛奶产量从不足1.2亿吨增加到2018年后超过1.8亿吨，全球占比从不足17%逐年增加到2016年后超过20%，2019年接近21.5%（见表33－5和图33－3）。

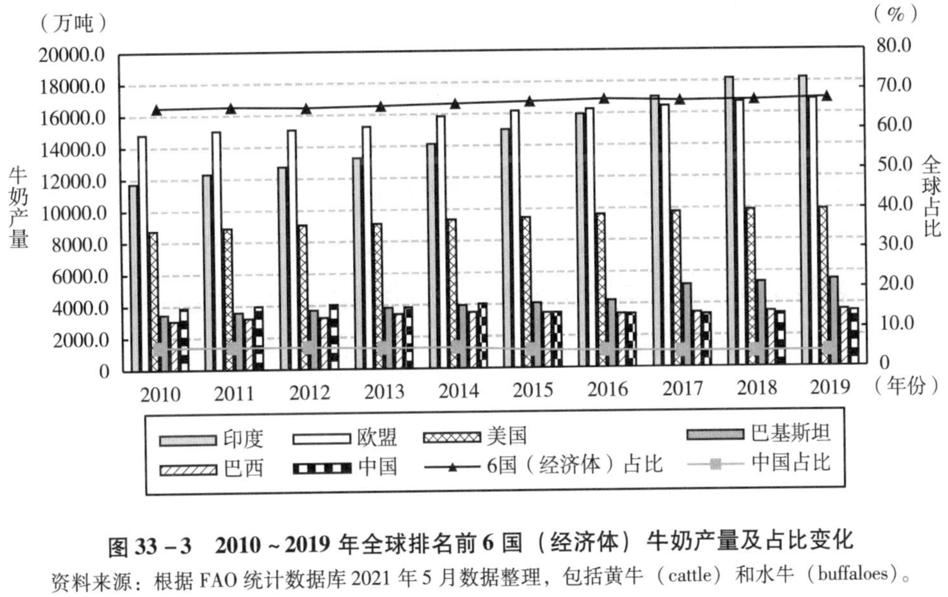

图33－3　2010～2019年全球排名前6国（经济体）牛奶产量及占比变化

资料来源：根据FAO统计数据库2021年5月数据整理，包括黄牛（cattle）和水牛（buffaloes）。

近年来，国内奶牛养殖行业在经历了2016年、2017年低迷后，2018～2019年又因国家整治环保问题遭受影响较大，特别是南方地区，一些奶牛养殖牧场因环保不达标而关停，因此，国内奶牛养殖的存栏量不断下降（夏芳，2019），出现了奶牛存栏量同比骤减、牛奶产量整体小幅下降的状况。从表33－4和表33－5可以看出，虽然中国的奶牛存栏和牛奶产量排名全球第5和第6位，但是与全球和主产国基本均呈现逐年增加的态势相反，奶牛存栏量和牛奶产量以及全球占比均出现明显下降。2019年，中国奶牛存栏量和牛奶产量分别为1150万头和3494万吨，比2010年分别下降了35.59%和9.96%，占同期世界的比重分别从5.57%和5.6%下降至3.43%和4.11%。

（二）云南肉牛生产情况

1. 云南肉牛存栏量、出栏量及牛肉产量

牛肉的生产和供给能力是影响牛肉价格的重要因素，而决定牛肉生产和供给能力的主要因素是肉牛存栏量和牛肉产量。牛肉是重要的“菜篮子”产品，更是穆斯林群众等少数民族的生活必需品。随着近年来云南省人民生活水平的不断提高，居民膳食结构不断调整、改善，牛肉市场价格相对于猪肉市场价格比较稳定，牛肉产品受到越来越多的消费者的欢迎。同时，牛肉产品的经济效益较高，市场前景巨大。这些因素都促进了云南省肉牛产业的迅速发展。肉牛产业已发展成为农业农村经济的支柱产业，国民经济的重要产业，也是广大农牧民脱贫致富的首选产业（原婷，2017）。根据《中国农村统计年鉴》数据资料可知，首先，2010年以来云南肉牛饲养规模总体不断扩大，肉牛存栏量、出栏量和牛肉产量总体均呈现出不断增加的态势。其中，牛存栏量由2010年的666.20万头逐渐增加至2019年的777.50万头，增长了16.71%，年均增幅为1.73%；肉牛年出栏量由2010年的268.50万头持续增加至2019年的326.40万头，增长了21.56%，年均增幅为2.19%；随着云南肉牛存栏量的不断增加，牛肉产量也表现出逐步增长的趋势，2010年云南牛肉产量仅为29.90万吨，2019年快速增加到39.00万吨，增加了30.43%，年均增幅为3.00%。其次，2010年以来云南肉牛存栏量、年出栏量和牛肉产量在全国的比重偏小。其中，肉牛存栏量基本保持在10%左右的水平，年出栏量在6%上下波动，而牛肉产量比重基本维持在5%左右的低水平（见表33-6）。

表33-6　2010~2019年全国及云南肉牛存栏量、年出栏量及牛肉产量情况

年份	全国			云南			比例（%）		
	存栏量（万头）	年出栏量（万头）	牛肉产量（万吨）	存栏量（万头）	年出栏量（万头）	牛肉产量（万吨）	存栏量	年出栏量	牛肉产量
2010	6738.90	4716.80	653.10	666.20	268.50	29.90	9.89	5.69	4.58
2011	6646.40	4670.70	647.50	669.90	273.30	30.70	10.08	5.85	4.74
2012	6698.10	4760.90	662.30	675.10	279.10	31.90	10.08	5.86	4.82
2013	6838.60	4828.20	673.20	658.90	275.70	31.80	9.64	5.71	4.72
2014	7040.90	4929.20	689.20	681.30	287.30	33.60	9.68	5.83	4.88

续表

年份	全国			云南			比例（%）		
	存栏量（万头）	年出栏量（万头）	牛肉产量（万吨）	存栏量（万头）	年出栏量（万头）	牛肉产量（万吨）	存栏量	年出栏量	牛肉产量
2015	7372.90	5003.40	700.10	688.20	292.80	34.30	9.33	5.85	4.90
2016	7441.00	5110.00	716.80	721.80	300.40	35.20	9.70	5.88	4.91
2017	6617.90	4340.30	634.60	747.70	307.80	35.80	11.30	7.09	5.64
2018	6618.40	4397.50	644.10	755.80	309.10	36.00	11.42	7.03	5.59
2019	6998.00	4533.90	667.30	777.50	326.40	39.00	11.11	7.20	5.84
2019 比 2010 增长（%）	3.84	-3.88	2.17	16.71	21.56	30.43	12.34	26.54	27.51

资料来源：《中国农村统计年鉴》（2011～2020 年）。

图 33-4 是 2008～2019 年云南与我国其他肉牛主产省份的牛肉产量情况。从图中可以看出，首先，在全国肉牛主产省份中，除了河南和河北以外，其他省份的牛肉产量总体均表现出小幅增加的趋势。其次，尽管在全国肉牛主产省份中，云南的牛肉产量排名靠后，但是从云南牛肉产量占全国的比重变化趋势来看，云南肉牛产业在全国的地位在逐年提高。2008～2019 年，云南牛肉产量占全国比重从 4.26% 上升至 5.84%。由此可见，云南是全国重要的肉牛主产省之一且肉牛产业在全国地位不断提升，尤其是云南拥有全国第二大的年末牛存栏量，说明云南肉牛产业在全国占有举足轻重的地位。

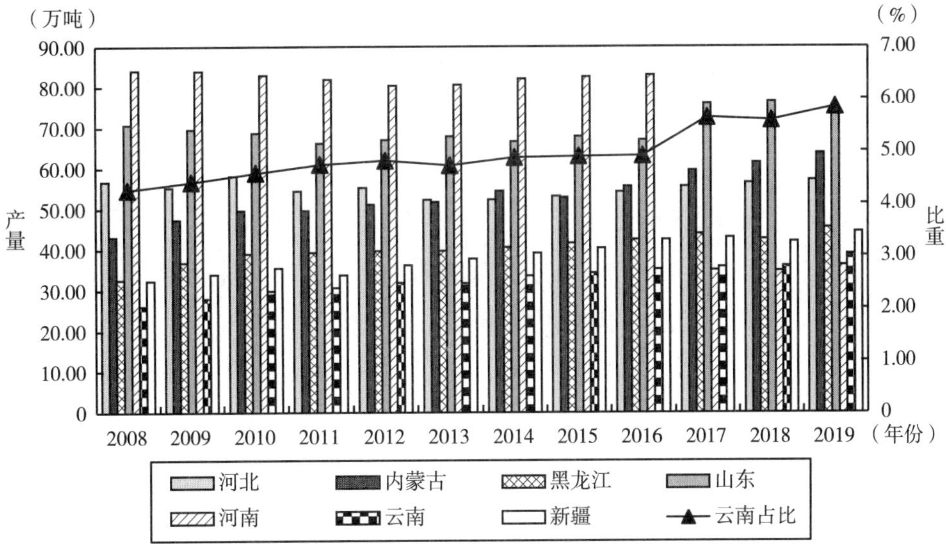

图 33-4　2008～2019 年云南与我国其他肉牛主产省份牛肉产量比较

资料来源：《中国农村统计年鉴》（2009～2020 年）。

2. 云南肉牛出栏率

图 33－5 展示了 2010～2019 年全国及云南肉牛出栏率变化情况。

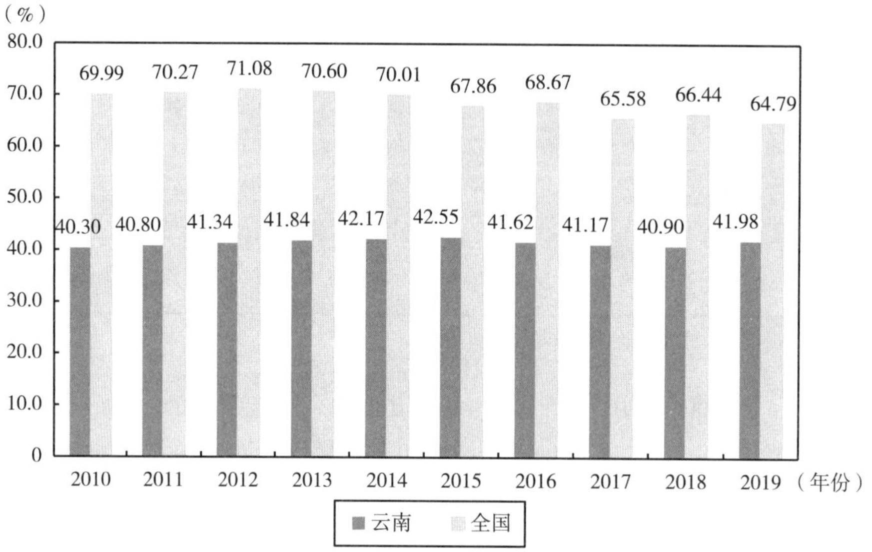

图 33－5　2010～2019 年全国及云南肉牛出栏率变化趋势

资料来源：历年《中国农村统计年鉴》、历年《云南统计年鉴》。

从图 33－5 中首先可以看出，云南肉牛出栏率远低于全国平均水平。其次，2010 年以来全国肉牛出栏率总体呈现出下降的趋势，而云南则表现出缓慢增长的趋势。其中，全国肉牛出栏率水平由 2010 年的 69.99% 下降至 2019 年的 64.79%，下降了 5.20 个百分点；云南肉牛出栏率水平由 2010 年的 40.30% 增加到 2019 年的 41.98%，提高了 1.68 个百分点。

3. 云南肉牛生产区域分布

根据历年《云南统计年鉴》的数据资料可知，云南的 16 个州（市）均有肉牛生产，但各地区由于在自然条件（如气候、雨水、饲草料资源等）以及社会经济条件（如劳动力资源、基础设施建设、机械设备）等方面的差异，使得肉牛存栏量、年出栏量和牛肉产量在各州（市）存在较大差异。表 33－7 是 2019 年云南各地区的肉牛存栏量、年出栏量、牛肉产量及各自占全省的比例情况。总体来看，2019 年，无论是肉牛存栏量、年出栏量还是牛肉产量，曲靖、文山、红河和大理都位居全省前 4 位，楚雄、保山、临沧、昭通和昆明也都排在全省前十的位置。

表 33－7　　2019 年云南各州（市）肉牛生产情况

州（市）	生产量			占全省比例（%）		
	存栏量（万头）	出栏量（万头）	牛肉产量（万吨）	存栏量	出栏量	牛肉产量
昆明	43.57	23.22	2.88	5.06	6.58	6.69
曲靖	119.33	62.69	8.89	13.87	17.77	20.66
玉溪	19.58	11.66	1.58	2.28	3.30	3.67
保山	67.48	22.99	2.96	7.84	6.52	6.87
昭通	48.97	16.91	1.90	5.69	4.79	4.42
丽江	36.78	8.82	0.95	4.28	2.50	2.20
普洱	53.88	16.23	1.45	6.26	4.60	3.38
临沧	54.99	16.36	1.93	6.39	4.64	4.47
楚雄	66.72	23.65	3.27	7.76	6.70	7.60
红河	105.67	39.62	4.82	12.28	11.23	11.20
文山	108.24	46.65	4.74	12.58	13.22	11.01
西双版纳	5.81	5.02	0.58	0.68	1.42	1.34
大理	83.56	41.20	5.06	9.71	11.68	11.75
德宏	15.71	12.41	1.36	1.83	3.52	3.16
怒江	11.69	2.36	0.28	1.36	0.67	0.66
迪庆	18.34	3.03	0.39	2.13	0.86	0.91
全　省	860.30	352.81	43.04	100.00	100.00	100.00

资料来源：《云南统计年鉴》（2020 年）。

具体来看，首先，2019 年，曲靖的肉牛存栏量、年出栏量和牛肉产量排在云南第 1 位，分别为 119.33 万头、62.69 万头和 8.89 万吨，在全省肉牛存栏总量、年出栏总量和牛肉总产量所占的比重分别为 13.87%、17.77% 和 20.66%，曲靖地处云南省东部，具有热带与亚热带共有的多种气候类型，适宜多种动植物的繁衍生长，天然饲草料资源丰富，是发展肉牛等草食型畜禽业的优势区域。其次是文山，文山是典型的农业大州，当地农民素有喜爱养牛的传统，肉牛产业是文山发展农村经济中资源优势明显、发展潜力较大的优势产业，文山也是云南省发展山地牧业的重点发展区域。2019 年其肉牛存栏量、年出栏量和牛肉产量分别达到 108.24 万头、46.65 万头和 4.74 万吨，分别占全省的 12.58%、13.22% 和 11.01%。近年来红河的牛肉产业在中央财政现代农业发展肉牛产业项目、肉牛良种补贴项目、石漠化综合治理草食畜牧业发展项目、退耕还林后续产业发展项目、草原生态保护项目、标准化规模养殖示范场创建等各项政策的扶持下得到了快速发展（张丽春，2014）。2019 年，红河肉牛存栏量、年出栏量和牛肉产量分别是 105.67 万头、39.62 万头和 4.82 万吨，分别占云南省的 12.28%、11.23% 和 11.20%；尽管大理 2019 年的肉牛存栏量、年出栏量排在全省第 4 位，但是其牛肉产量超过了排在第 3 位的红河。2019 年，除肉牛存栏量外，楚雄肉牛年出栏量和牛肉产量均居全省第 5 位，楚雄肉牛存栏量、年出栏量和牛肉产量分别为 66.72 万头、23.65 万头和 3.27 万吨，分别占全省的 7.76%、6.70% 和 7.60%。

4. 云南肉牛规模养殖比例

养殖规模的大小直接决定了市场上可以供应的牛肉产量，一定程度上也代表了当前肉牛发展的产业化进程。表 33－8 展示了 2007～2017 年云南肉牛养殖规模化水平变化情况，可以看出，尽管云南当前的肉牛还是以农户小规模分散饲养为主，年出栏量小于 10 头的养殖户数占全省肉牛养殖场（户）总数的比重高达 98% 以上接近 99%，肉牛养殖规模化水平还比较低，但已呈现出饲养规模不断扩大的态势。近年来，在市场经济和产业发展的推动下，作为云南畜牧业重要组成部分的肉牛产业不断转型升级，规模化、标准化水平也随之不断提升。

表 33－8　2007～2017 年云南肉牛养殖规模化水平——场（户）数占比　单位：%

年份	年出栏 1～9 头	年出栏 10～49 头	年出栏 50～99 头	年出栏 100 头以上
2007	98.70	1.21	0.07	0.02
2008	98.74	1.17	0.08	0.02
2009	98.66	1.25	0.07	0.02
2010	98.82	1.08	0.08	0.03
2011	98.60	1.27	0.10	0.03
2012	98.78	1.08	0.11	0.04
2013	98.85	1.00	0.11	0.04
2014	98.79	1.03	0.13	0.04
2015	98.69	1.12	0.14	0.05
2016	98.61	1.19	0.15	0.05
2017	98.79	1.03	0.14	0.05
平均	98.73	1.13	0.11	0.04

资料来源：《中国畜牧兽医年鉴》（2008～2018 年）。

（三）云南奶牛生产情况

1. 云南奶牛存栏量、年出栏量及牛奶产量

云南有悠久的奶牛养殖历史，拥有荷斯坦奶牛、奶水牛、西门塔尔牛等丰富

的奶畜资源，具有发展奶业的气候、生态环境、饲料资源优势。“泛珠三角”和东南亚地区每年具有消耗2000万吨原料奶加工乳制品的市场空间。随着第三亚欧大陆桥建设和中国面向西南重要桥头堡战略的实施，将为云南奶业的发展提供强大的市场空间，云南具有发展奶业的显著的区位优势。如果各方面条件配套，云南通过10年的努力可以形成100万头以上成年母牛、加工产值超过300亿元的大产业，云南奶业将可成为农业的支柱产业，中国南方的重要鲜奶供应基地，面向东南亚的乳制品出口基地。奶业是农业现代化的重要标志，是增加农民收入的重要渠道，是云南特色生物产业发展的重要组成部分。①

云南奶业持续健康发展，是优化农业结构，建设高原特色农业的需要；是促进产业进步，增加农民收入的需要；是改善居民膳食结构，增强国民体质的需要。当前，云南省奶业经过连续多年高速增长后，正处在从单纯的数量扩张向整体优化结构、全面提高产业素质和竞争力转变的关键时期。从发展的基础和条件看，党中央、国务院和省委、省政府高度重视奶业发展，先后出台了一系列扶持奶业发展的政策措施；云南饲料资源丰富、气候适宜，奶牛良种繁育、动物防疫和科学养殖技术推广基础较好，云南很多地方具有养牛挤奶，加工乳制品的传统（毛华明，2011）。根据《中国奶业年鉴》《中国农村统计年鉴》数据资料可知，首先，近年来云南奶牛存栏量总体呈现出缓慢上升的趋势，由2010年的14.70万头逐渐增加至2019年的16.90万头，增加了14.97%，年均增幅为1.56%；2010年云南奶类产量和牛奶产量分别为54.15万吨和50.40万吨，2019年分别增加到66.70万吨和59.90万吨，增幅分别为23.18%和18.85%，年均增幅分别为2.34%和1.94%。由此可知，云南奶类以生产牛奶为主。其次，2010年以来云南奶牛存栏量、奶类产量和牛奶产量在全国的比重偏小。其中，奶牛存栏量基本保持在1.30%左右的水平，奶类产量和牛奶产量比重基本都维持在1.50%左右的低水平（见表33－9）。

图33－6是2008～2019年云南省与我国其他奶牛主产省区牛奶产量比较。从图中可以看出，首先，在全国奶牛主产省区中，除了云南和新疆以外，其他地区的牛奶产量总体均表现出下降的趋势。其次，尽管在全国奶牛主产省区中，云南的牛奶产量排名靠后，但是从云南牛奶产量占全国的比重变化趋势来看，云南

① 云南省现代农业奶牛产业技术体系研发中心．云南奶业发展调研报告［R/OL］．奶业天地，2010－03－19．

表 33-9　　2010~2019 年全国及云南奶牛存栏量及牛奶产量情况

年份	全国			云南			云南占全国比例（%）		
	存栏量（万头）	奶类产量（万吨）	牛奶产量（万吨）	存栏量（万头）	奶类产量（万吨）	牛奶产量（万吨）	存栏量	奶类产量	牛奶产量
2010	1420.07	3748.00	3575.60	14.70	54.15	50.40	1.04	1.44	1.41
2011	1440.20	3810.70	3657.80	14.80	56.60	52.40	1.03	1.49	1.43
2012	1493.90	3875.40	3743.60	14.80	58.00	53.70	0.99	1.50	1.43
2013	1441.00	3649.50	3531.40	15.10	59.30	54.50	1.05	1.62	1.54
2014	1499.10	3841.20	3724.60	17.30	64.60	58.20	1.15	1.68	1.56
2015	1507.20	3870.30	3754.70	17.10	62.50	55.00	1.13	1.61	1.46
2016	1425.30	3712.10	3602.20	17.70	64.10	56.90	1.24	1.73	1.58
2017	1079.80	3148.60	3038.60	16.10	64.50	56.80	1.49	2.05	1.87
2018	1037.70	3176.80	3074.60	16.50	65.70	58.20	1.59	2.07	1.89
2019	1044.70	3297.60	3201.2	16.90	66.70	59.90	1.62	2.02	1.87

资料来源：历年《中国奶业年鉴》、历年《中国农村统计年鉴》。

奶牛产业在全国的地位也在逐年提高。2008~2019 年，云南牛奶产量占全国比重（右轴）从 1.26% 上升至 1.87%。由此可见，云南的奶牛产业未来也将占有举足轻重的地位，将逐渐成为全国重要的奶牛主产省之一。

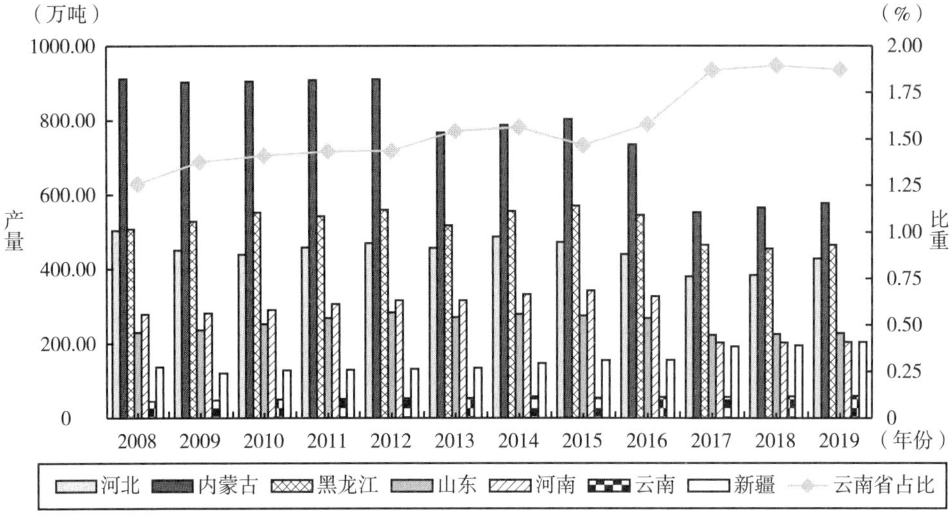

图 33-6　2008~2019 年云南与我国其他奶牛主产省区牛奶产量比较

资料来源：《中国农村统计年鉴》（2009~2020 年）。

2. 云南奶牛生产区域分布

奶牛对环境的要求主要表现在对温度和湿度等方面的要求。通常情况下，奶牛生存的适宜温度为10～15°C。昆明和大理是云南省主要的奶牛养殖地区，饲养的品种以荷斯坦奶牛为主，绝大部分乳制品加工企业也集中在这两个区域。根据《中国奶业年鉴》可知，2015年昆明市荷斯坦奶牛存栏量约为4.19万头，牛奶产量为10.75万吨，分别占云南省的24.50%和19.55%。《大理白族自治州2015年国民经济和社会发展统计公报》资料显示，2015年大理州奶牛存栏量约为10.80万头，牛奶产量为42.80万吨，分别占云南省的63.16%和77.82%。作为云南荷斯坦奶牛的中心主产区，大理和昆明这两个地区2015年的奶牛存栏量和牛奶产量分别占云南的87.66%和97.37%。

奶水牛的杂交改良全面推进，每年推广使用纯种摩拉水牛和尼里/拉菲水牛冻精20万剂，出生各类杂种牛5万头左右，并在德宏、大理、文山等地形成了奶水牛集中饲养区。在云南腾冲发现了我国唯一的河流型水牛——槟榔江水牛，水牛种群结构由20年前单一的沼泽型水牛发展成为沼泽型杂种水牛和河流型水牛共存的局面。近些年，乳肉兼用型西门塔尔牛、牦牛和奶山羊等发展势头良好。大理、昭通、曲靖、文山、昆明、红河、楚雄等州（市）已经有上万头带有西门塔尔血统的杂种能繁母牛；香格里拉已发展成为牦牛主产区；以石林、陆良、宜良、泸西、弥勒为主的奶山羊良种繁育体系已逐渐健全。这种多元化奶源基地为云南省奶业的发展提供了强大的后劲（吴玲等，2018）。

图33－7是2019年云南各州（市）原料奶产量及其占比情况，可以看出，2019年大理牛奶产量最高，为26.45万吨，占云南牛奶产量的51.01%；其次是昆明市，2019年昆明牛奶产量为10.57万吨，占云南牛奶产量的20.39%；红河排在第3位，2019年牛奶产量为5.97万吨，占云南牛奶产量的11.51%；曲靖和迪庆的牛奶产量分别为4.86万吨和1.65万吨，分别占云南牛奶产量的9.37%和3.18%；其他州（市）的牛奶产量比较少，占比也较小，昭通、普洱、临沧、楚雄、版纳、德宏和怒江7州（市）牛奶产量不足1000吨，尤其是西双版纳和楚雄2019年的牛奶产量均几乎为0，说明当地农牧民基本上已经不从事奶牛养殖。

3. 云南奶牛规模养殖比例

与同期云南肉牛养殖规模水平变化类似，尽管2008～2017年云南奶牛年出栏1～49头的场（户）数在总养殖场（户）中所占比例最高，但是却在不断小幅下降，而年出栏50头以上的场（户）数在总养殖场（户）中所占比例不断增加。具

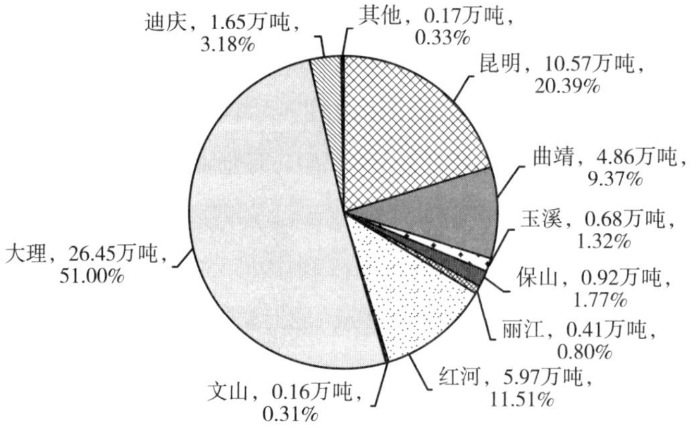

图 33－7　2019 年云南各州（市）原料牛奶产量及其占比情况

注：因昭通、普洱、临沧、楚雄、版纳、德宏和怒江 7 州（市）牛奶产量均不足千吨而未单独列示。

资料来源：根据《云南统计年鉴》（2020 年）数据整理。

体来看，2008 年云南奶牛年出栏 1～49 头的场（户）数在总养殖场（户）中所占的比例为 99.83%，2017 年下降至 99.72%，下降了 0.11 个百分点；与此同时，云南奶牛年出栏 50 头以上的场（户）数在总养殖场（户）中所占的比例由 2008 年的 0.17% 提高至 2017 年的 0.28%，提高了约 0.11 个百分点，其中年出栏 50～99 头的场（户）数在总养殖场（户）中所占的比例提高的幅度最大，其次是年出栏 100～499 头的场（户）数（见表 33－10）。

表 33－10　2008～2017 年云南奶牛养殖规模化水平——场（户）数占比　单位：%

年份	年出栏 1～49 头	年出栏 50～99 头	年出栏 100～499 头	年出栏 500～999 头	年出栏 1000 头以上
2008	99.83	0.08	0.06	0.02	0.01
2009	99.83	0.10	0.05	0.01	0.00
2010	99.84	0.09	0.05	0.01	0.01
2011	99.82	0.11	0.05	0.01	0.01
2012	99.78	0.13	0.06	0.01	0.01
2013	99.77	0.14	0.06	0.01	0.02
2014	99.72	0.17	0.07	0.01	0.02
2015	99.74	0.14	0.09	0.01	0.02
2016	99.68	0.19	0.09	0.02	0.02
2017	99.72	0.13	0.09	0.02	0.03
平均	99.77	0.13	0.07	0.01	0.02

资料来源：《中国畜牧兽医年鉴》（2009～2018 年）。

4. 云南奶牛产业发展组织模式

目前云南奶牛产业的组织发展模式主要有农户散养、家庭牧场、养殖场（小区）、奶业专业合作经济组织和奶业产业化龙头企业。云南奶牛（荷斯坦奶牛和奶水牛）养殖以农户散养（存栏量 1 ~ 29 头）为主，该模式下农户奶牛存栏量占云南省奶牛总存栏量的 70% 左右，主要分布在大理、昆明和红河地区；其次是以家庭牧场和小型养殖场（小区）为主的小规模养殖（存栏量 30 ~ 100 头），大约占云南省奶牛总存栏量的 10%；再次是以规模养殖场（小区）和奶业专业合作经济组织为主的中规模养殖（存栏量 100 ~ 500 头），大约仅占云南省奶牛总存栏量的 3%；奶业产业化龙头企业基本上都是大规模养殖（存栏量 500 头以上），该模式下的奶牛存栏量大约占云南省奶牛总存栏量的 17%。

三、云南城乡居民人均牛肉、牛奶消费水平

根据《中国统计年鉴》的数据资料可知，尽管近年来云南的生产总值在不断地增加，但是 2019 年云南的生产总值在全国 31 个省份中仅排在第 18 名，云南的居民消费水平更是长期排在全国末位，由此可见，就全国范围而言，云南的经济发展相对还比较落后，居民消费水平还比较低。此外，我国的二元经济结构决定了我国城乡差别的存在，这一差别在云南和全国城乡居民的牛肉和奶类消费方面也不可避免。一方面，由于城镇居民收入水平较高，其整体消费水平高于农村居民。另一方面，由于城镇居民对营养健康的追求程度普遍高于农村，其牛肉和奶类的购买量通常也高于农村居民。2013 ~ 2019 年云南及全国牛肉、奶类人均消费情况见表 33 - 11。由表 33 - 11 可以看出，总体来看，尽管 2013 年、2014 年和 2018 年云南省居民的人均牛肉消费量均高于全国平均水平，但是 2015 ~ 2017 年和 2019 年消费量却又都低于全国平均水平；2013 ~ 2019 年云南省居民的人均奶类消费量远远低于全国平均水平。从城乡消费差异来看，不管是牛肉消费还是奶类消费，不管是云南还是全国，2013 ~ 2019 年城镇居民的消费量始终远远高于农村居民。从不同食品消费来看，就牛肉而言，无论是云南还是全国，无论是居民、城镇居民还是农村居民，2013 ~ 2019 年人均牛肉消费量均呈现出增加的态势；就奶类而言，除云南农村居民和全国城镇居民的人均奶类消费量在 2013 ~ 2019 年总体呈下降趋势外，其他均呈现出逐渐增加的趋势。

表 33－11　　2013～2019 年云南及全国牛肉、奶类人均消费量情况　　单位：千克/人

地区	年份	牛肉消费量			奶类消费量		
		居民	城镇居民	农村居民	居民	城镇居民	农村居民
全国	2013	1.50	2.20	0.80	11.70	17.10	5.70
	2014	1.50	2.20	0.80	12.60	18.10	6.40
	2015	1.65	2.35	0.84	12.10	17.15	6.33
	2016	1.78	2.35	0.91	11.97	16.54	6.63
	2017	1.87	2.64	0.94	12.13	16.48	6.90
	2018	2.00	2.70	1.10	12.20	16.50	6.90
	2019	2.20	2.90	1.20	12.50	16.70	7.30
云南	2013	1.66	2.53	0.61	5.17	6.07	1.99
	2014	1.53	2.91	0.70	5.55	11.53	1.96
	2015	1.60	2.98	0.73	5.46	10.92	2.04
	2016	1.77	3.10	0.91	5.29	10.12	2.16
	2017	1.75	3.03	0.88	5.32	10.43	1.89
	2018	2.01	3.21	1.18	5.13	9.29	2.24
	2019	2.10	3.50	1.10	5.80	10.10	2.60

资料来源：根据历年《中国统计年鉴》数据整理。

四、云南牛肉、牛奶价格波动情况

根据云南商务厅网站上发布的云南省生活必需品市场零售周价格变化情况资料整理2014 年6 月16 日至2019 年11 月18 日的云南牛肉、牛奶周价格变化情况，如图 33－8 所示。

从图 33－8 可以看出，云南牛奶市场价格总体呈现出先上涨后下跌再小幅上涨的变化态势，大体可以分为三个阶段。第一阶段为 2014 年 6 月底至 2015 年 3 月底。与鲜牛肉市场价格波动情况类似，该时期云南牛奶市场价格处于较低水平，且价格波动无明显大幅上涨或下跌趋势，总体表现出微幅上涨相对平稳的变化态势。牛奶市场价格从11.06 元/升微幅上涨到11.80 元/升，涨幅为6.69%。第二阶段为 2015 年 4 月底至 2017 年 2 月初。云南牛奶价格整体呈下降趋势，从 15.90 元/升下跌到 12.63 元/升，降幅为 25.89%。第三阶段为 2017 年 2 月底至 2019 年 11 月底。云南牛奶价格整体表现出逐渐稳步上涨的态势，从 12.74 元/升逐步小幅上涨至 15.5 元/升，上涨了 21.66%，奶牛价格一直处于高位运行的阶段。

图 33－8　2014 年 6 月至 2019 年 11 月云南鲜牛肉、牛奶价格波动情况

资料来源：云南省商务厅生活必需品监测平台数据。

五、中国及云南牛肉、牛奶贸易情况

（一）牛肉贸易情况

中国对牛肉进口无配额限制，但对进口国家资质有较高要求。目前我国仅从特定国家进口冻肉、鲜肉及牛杂等制品，主要贸易国为澳大利亚、乌拉圭、巴西、新西兰等。据中国海关统计数据可知，我国肉牛国家贸易格局从 2008 年的净出口逐渐转变成净进口。2008 年牛肉出口量为 2.27 万吨，远大于牛肉进口量 0.42 万吨，牛肉贸易表现出净出口的格局；2009～2011 年，牛肉进出口量差距不大，从 2012 年肉牛出口量、进口量分别为 7.05 万吨、1.60 万吨，出口量远小于进口量后，我国的牛肉国家贸易表现出净进口的格局且进口量和出口量之间的差距不断扩大，出口量不断缩小，进口量不断扩大，2013 年以后牛肉出口量已不足万吨，进口量则连续跃上多个台阶，从 2018 年跃上 100 万吨台阶后，2019 年迅速达到 165.95 万吨的历史最高位（见图 33－9）。目前，我国已经超过美国成为世界最大的牛肉进口国，这也揭示了国内牛肉消费市场需求旺盛，供求压力持续加大的客观事实。

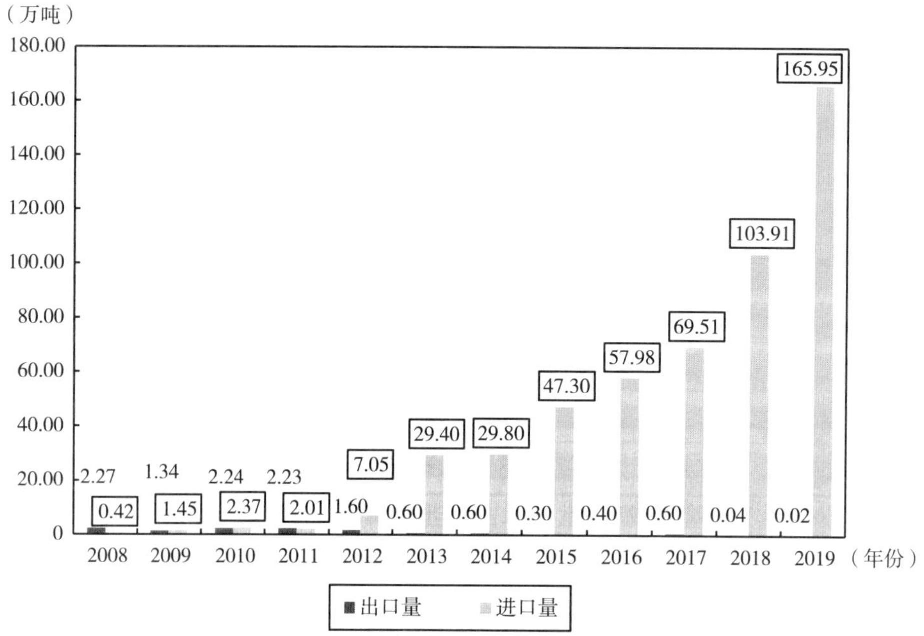

图 33－9　2008～2019 年中国牛肉贸易情况

注：数字有边框的为进口量，无边框的为出口量。

资料来源：根据中华人民共和国海关总署数据整理。

从进口来源国来看，2019 年，我国牛肉进口达到 165.95 万吨，同比增长 59.71%，进口额 82.28 亿美元，同比增长 41.67%。其中从巴西进口 39.96 万吨，占比 24.08%；从阿根廷进口 37.56 万吨，占比 22.63%；从澳大利亚进口 30.72 万吨，占比 18.51%；从乌拉圭进口 28.58 万吨，占 17.22%；从新西兰进口 21.44 万吨，占比 12.92%，其余从美国、加拿大及智利等国进口。近年来，我国逐渐开放了欧洲的相关国家的牛肉进口（见表 33－12）。

表 33－12　　2019 年中国牛肉进口来源国情况

排名	国家	进口量（万吨）	进口量占比（%）	进口额（亿美元）	进口额占比（%）
1	巴西	39.96	24.08	20.94	25.45
2	阿根廷	37.56	22.63	17.85	21.69
3	澳大利亚	30.72	18.51	17.68	21.49
4	乌拉圭	28.58	17.22	10.98	13.34
5	新西兰	21.44	12.92	10.65	12.94

续表

排名	国家	进口量（万吨）	进口量占比（%）	进口额（亿美元）	进口额占比（%）
6	智利	1.47	0.88	0.59	0.72
7	哥斯达黎加	1.17	0.71	0.49	0.60
8	加拿大	1.00	0.60	0.85	1.03
9	美国	0.99	0.59	0.84	1.02
10	其他国家	3.06	1.84	1.42	1.73
合计		165.95		82.28	

资料来源：根据 UN Comtrade 数据库数据整理。

（二）牛奶贸易情况

中国乳制品进口主要来自新西兰、美国、澳大利亚、欧盟等乳业发达国家和地区。据中国海关统计，2018 年中国进口干乳制品 193.22 万吨，同比增长 9.2%；进口额 90.9 亿美元，同比增长 15.7%。进口的干乳制品主要为大包奶粉 80.14 万吨，占 41.5%；乳清 55.72 万吨，占 28.8%；婴儿配方奶粉 32.45 万吨，占 16.8%。自 1999 年以来，新西兰就一直是中国最大的乳制品进口来源国，尤其是 2008 年中新自贸区的建立加速了中国从新西兰进口乳制品的步伐。从进口品种来看，2018 年新西兰是中国奶粉、奶酪和奶油的第一大进口来源国，欧盟是婴幼儿配方奶粉、鲜奶和酸奶的第一大进口来源国，而美国则是乳清的第一大进口来源国。中国乳制品在进口来源国呈现多元化的同时，也具有进口集中度较高的特征，尤其是奶粉、奶油和酸奶的进口集中度更高（见表 33－13）。

表 33－13　　2018 年中国乳制品进口来源国及进口量所占比重

品种	主要来源地（按比重由高到低排序）
奶粉	新西兰（73.3%）、欧盟（12.6%）、澳大利亚（6.6%）、美国（3.5%）
乳清	美国（47.0%）、欧盟（38.2%）、白俄罗斯（4.5%）、阿根廷（4.1%）
婴幼儿配方奶粉	欧盟（75.3%）、新西兰（16.2%）、澳大利亚（3.4%）
奶酪	新西兰（50.8%）、澳大利亚（18.2%）、欧盟（16.6%）、美国（11.1%）
奶油	新西兰（88.6%）、欧盟（8.4%）
鲜奶	欧盟（51.1%）、新西兰（34.6%）、澳大利亚（12.0%）
酸奶	欧盟（87.4%）、新西兰（8.6%）

资料来源：中国海关。

近年来，我国乳粉贸易额和市场占比在 2014 年达到高点后呈下降趋势，2016

年触底反弹。2013 年，乳粉（含乳清粉）进口量为 147. 2 万吨，占国内乳制品供应量的 25. 00%；2014 年增加到 149. 9 万吨，达到近年来的高点，但占国内乳制品供应量的比例下降了 0. 6 个百分点；此后连续两年的乳粉（含乳清粉）进口量及其占国内乳制品供应量的比重均不断下降，直至 2017 年，乳粉（含乳清粉）进口量开始增加，达到 132. 4 万吨，占国内乳制品供应量的 22. 70%（见图 33－10）。

图 33－10　2013～2017 年我国乳粉进口量及其占国内供应量的比重

资料来源：中国海关。

我国婴幼儿配方乳粉进口贸易量仍在快速增长，2013～2019 年婴幼儿配方乳粉进口量由 11. 60 万吨逐年增加至 34. 55 万吨，增幅高达 197. 84%，年均增幅为 19. 95%（见图 33－11）。

此外，据昆明海关统计，2005～2015 年云南奶粉出口东南亚国家近 8000 吨，贸易额为 6000 万美元。2015 年，云南肉牛活牛交易至外省 80 万头，交易额近 60 亿元。

六、中国及云南的牧草产业

牧草就是奶牛的肉，牛是大型反刍动物，生产上牛以牧草为主要饲料，可以占到日粮的 80%～90%，特别是能够大量利用粗纤维含量高的禾本科牧草，每头高产奶牛年需要青绿牧草 7000 千克、干草 1500 千克、青贮牧草 5500 千克。用优质

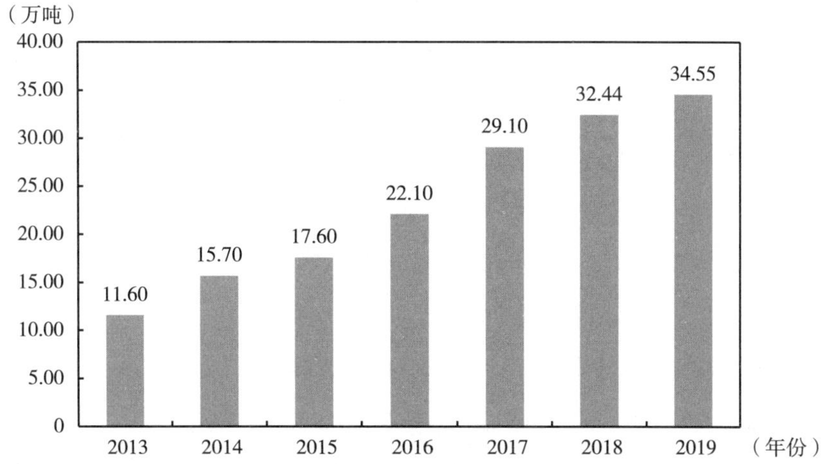

图 33-11　2013～2019 年我国婴幼儿配方乳粉进口量

资料来源：中国海关。

牧草饲喂奶牛，通常可以提供 70% 以上的营养，在奶牛生产中，干草的日粮饲喂量可以达到奶牛体重的 2%～3%。奶牛和牧草天然就是一体，优质的牧草能给奶牛带来高产量和牧场的高效益（思雨，2015）。

饲养奶牛牧草种类有很多，如黑麦草、鸡脚草、苏丹草、非洲狼尾草、狗尾草、狗牙根、紫花苜蓿、红三叶、苕子、苦荬菜、聚合草、串叶松香草等。目前，在我国奶牛饲养界中，最常见的是紫花苜蓿、黑麦草、冰草等牧草中的精品。苜蓿作为优质牧草的"先锋队"，在我国应用最为广泛。其含有丰富的蛋白质、矿物质和维生素等重要的营养成分，为奶牛主要的食用牧草。而同时，搭配上好的黑麦草饲料，则能保障奶牛的丰富营养。奶牛牧草常以鲜草、干草和青贮等形式利用（思雨，2015）。

20 世纪 90 年代以来，我国牧草产业在国家西部大开发、退耕还草、退牧还草等的政策支持下，取得了较快的发展。2005 年以后，由于受良种补贴、退耕还林补贴等国家政策、市场价格以及其他因素的影响，产业发展起伏波动很大，尤其是受粮食补贴政策影响，牧草种植面积大幅下降（思雨，2015）。新时期发展牧草产业，是促进农业和农村经济快速发展的重要增长点，是应对气候变化的重要途径，是促进生物能源产业升级发展的有效选择。

我国是世界第二草地大国，拥有天然草地 3.9 亿公顷，占国土总面积的 41.4%，是可耕地面积的 4 倍。但目前我国草地资源远未达到合理、高效的利用与开发。国内天然牧草需求一直处于紧张状态，规模化牧场与牧区抢草的势头越来越明显。与草地畜牧业发达国家相比，单位面积畜产品生产水平只相当于新西兰的1/80、美国的1/20、澳大利亚的1/10，我国草地具有很大的发展潜力（思雨，2015）。

当前，我国牧草产业还非常落后，生产规模小，市场机制还不健全，所生产的大部分豆科牧草产品质量较低，缺乏在国际市场上的竞争能力。从2009年开始，我国苜蓿产业进入新的振兴阶段，目前发展现状良好，但是作为一个新兴产业来讲（思雨，2015），还存在着很多问题。

根据2009～2020年《中国统计年鉴》相关数据整理得到2008～2019年云南牧草地面积及其占全国的比重情况如表33－14所示。由于2008～2013年《中国统计年鉴》中关于我国和各地区土地面积的统计数据均采用2008年时国土资源部的调查数据，而2014～2019年的统计数据则是根据全国第二次土地调查2015年的土地变更调查数据，所以，2008～2013年云南和全国的牧草地面积均为78.19万公顷和26183.48万公顷；2014～2019年云南和全国的牧草地面积都呈现出微幅下降的趋势，且分别在14.70万公顷和21940万公顷上下波动。云南各州（市）牧草地面积及其占土地总面积比重情况如表33－15所示。

表33－14　　2008～2019年云南牧草地面积及其占全国的比重情况

年份	云南面积（万公顷）	全国面积（万公顷）	云南占比（%）
2008	78.19	26183.48	0.30
2009	78.19	26183.48	0.30
2010	78.19	26183.48	0.30
2011	78.19	26183.48	0.30
2012	78.19	26183.48	0.30
2013	78.19	26183.48	0.30
2014	14.75	21951.39	0.07
2015	14.73	21942.06	0.07
2016	14.71	21935.91	0.07
2017	14.70	21932.03	0.07
2018	14.70	21932.03	0.07
2019	14.70	21932.03	0.07

注：表中2014年以前的统计数据均为2008年国土资源部的调查数据，2014年及以后的统计数据为二次土地调查2015年土地变更调查数据，与2008年以前土地调查数据在土地分类标准、技术标准、调查手段和方法上不一致。

资料来源：《中国统计年鉴》（2009～2020年）。

表 33－15　　2018 年云南各州（市）牧草地面积及其占土地总面积比重情况

州（市）	土地总面积（万公顷）	牧草地面积（万公顷）	占土地总面积比重（%）
全省	3831.89	14.69	0.38
昆明	210.13	0.29	0.14
曲靖	289.35	0.88	0.30
玉溪	149.42	0.02	0.01
保山	190.62	0.15	0.08
昭通	224.40	1.66	0.74
丽江	205.54	1.80	0.88
普洱	442.66	0.08	0.02
临沧	236.20	0.20	0.08
楚雄	284.38	0.00	0.00
红河	321.73	0.09	0.03
文山	314.08	0.14	0.04
西双版纳	190.96	0.01	0.01
大理	282.99	0.22	0.08
德宏	111.72	0.04	0.04
怒江	145.85	0.41	0.28
迪庆	231.86	8.68	3.74

注：本表为二次土地调查 2015 年土地变更调查数据，与 2008 年以前土地调查数据在土地分类标准、技术标准、调查手段和方法上不一致。

2015 年政府工作报告指出，要加快推进农牧结合，加快发展农区畜牧业，要在有条件的地方开展“粮改饲”试点，把粮食、经济作物二元结构改成粮食、经济作物、饲料作物三元结构。农业部在部署 2015 年工作时表示，要鼓励粮豆轮作、粮肥轮作、粮饲轮作，在有条件的地方开展“粮改饲”试点。根据 2017 年中央一号文件和“十三五”规划纲要精神，中央财政将加大支持力度，将“粮改饲”试点范围扩大到了整个“镰刀弯”地区和黄淮海玉米主产区，试点县从 30 个增加到 100 个。近年来，随着国家“粮改饲”项目大力推进，2016 年我国全株青贮玉米及饲草种植面积达 678 万亩，其中全株青贮 613 万亩，收获青贮玉米饲料 2377 万吨，2017 年全国“粮改饲”试点面积已扩增到 1000 万亩（中国畜牧业协会，2018），未来主要布局规划如表 33－16 所示。

表 33－16　　国家“粮改饲”布局规划

主要区域	调整地区	籽粒玉米减少面积	主要调整方向
北方农牧交错区	东三省、内蒙古、山西、陕西、河北、甘肃	3000 万亩	青贮玉米、粮豆轮作、饲用油料、多年生牧草
东北冷凉区	黑龙江北部、内蒙古东部、吉林东部	1000 万亩	退出谷物生产、种植禾本科牧草、燕麦、扩大粮豆轮作
西北风沙干旱区	新疆、甘肃、宁夏、内蒙古中西部	500 万亩	玉米制种、苜蓿、青贮玉米、饲用油菜
太行山沿线区	山西东部、河北西部	200 万亩	杂粮杂豆、饲用玉米
西南石漠化区	贵州、广西、云南	500 万亩	种草养畜

资料来源：中国畜牧业信息网。

而在践行“粮改饲”、推动草牧业协同发展方面，养牛业所发挥出的积极作用与显现出的优势地位愈发明显。一方面，以牛业为主导的新型种养模式不断涌现，既有如山西祁县、贵州凤冈等地，立足区域资源优势形成的“绿色种植＋生态养殖”的农牧良性循环牛业产业模式，也有如山东阳信广富、呼伦贝尔肉业集团等龙头企业，通过积极流转土地发展种草养牛的产业扶贫模式，引导贫困农户在“粮改饲”种植基地务工，而养牛业本身所具备的商品附加值高于生产环节多的产业属性，也为贫困人口带来了更广泛的就业机会。另一方面，目前全国农区庞大的秸秆资源仍是养牛业最直接有效的饲草供应源头，但行业内对于现有秸秆资源的开发利用尚不充分，秸秆优势产区与买方市场信息不对称、渠道不畅的问题较为突出，造成了供需失衡和资源浪费，需要进一步通过优化产业结构进行改善（中国畜牧业协会，2018）。

2018 年，我国牧草产品进口结束了十多年的高速增长首次出现下滑。中国海关数据资料显示，2018 年，我国牧草产品进口总量为 171 万吨，同比减少了 8.0%。其中，苜蓿干草进口量为 138.35 万吨，同比减少 1.12%；燕麦草进口量为 29.36 万吨，同比减少 4.64%；天然牧草进口量断崖式下滑，进口量仅 0.03 万吨，远远低于 2017 年同期的 11.13 万吨；苜蓿粗粉及颗粒进口 2.97 万吨，同比减少 21.19%（见图 33－12）。我国进口的苜蓿干草主要来自美国、西班牙、加拿大、苏丹及吉尔吉斯斯坦，其中从美国进口 115.89 万吨，占比近 84.0%；从西班牙进口 17.18 万吨，占比近 12.0%；从加拿大进口 3.98 万吨，占比近 3.0%；少量来自苏丹、吉尔吉斯斯坦。从进口格局来看，受中美贸易摩擦影响，我国苜蓿干草进口格局发生了较大的变化，2017 年，我国从美国进口苜蓿占比 93.0%，

2018 年下降至 84.0%，与此同时，西班牙苜蓿占比则由 2017 年的 2.0% 提高至 2018 年的 12.0%，此外，我国也增加了在加拿大和苏丹的进口。

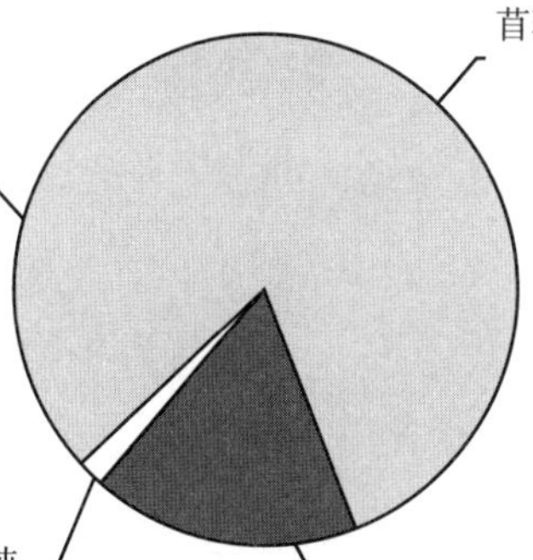

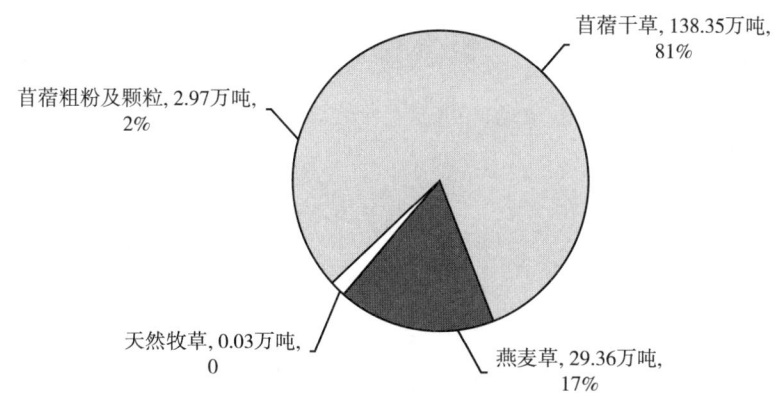

图 33－12　2018 年我国牧草产品分品种进口量分布情况

资料来源：中国海关。

七、云南发展牛产业存在的问题

1. 落实养殖用地难

有关养殖用地视作农业用地的政策得不到有效落实；同时，地方政府对发展畜牧业的认识不到位，片面认为养殖必然带来污染；另外，肉牛、奶牛养殖对增加财政收入贡献小，对奶牛养殖采取不欢迎的态度，在养殖用地、环保审批等环节给予不合理限制；再者，云南省养殖主要集中在坝区，随着城镇发展和道路建设，土地规划不断调整，主要养殖区域的土地基本上只有基本农田和林地，规模场（小区）养殖用地更加难以落实（孟兴祥，2017）。

2. 环保压力加大

当前云南省奶牛养殖主要集中在昆明、大理、红河等州市，随着滇池、洱海等九大湖泊及水源地周边环保压力不断加大，各地都相继出台了禁养限养政策。另外，建设肉牛、奶牛规模养殖场（小区）的环保手续复杂，收费较高，审批难的问题十分突出，使许多养殖场（小区）难以承受。

3. 养殖成本增加

随着城市化进程加快，生产成本、运输成本、劳动力、饲草料等价格不断上涨，加之养殖行业效益较低，市场因素与疫病风险等不可预测风险较高，肉牛、奶牛散养退出效应明显。

4. 进口奶粉持续冲击

据中国海关统计，2016 年中国奶粉进口量共 60.42 万吨，进口额 14.78 亿美元，其中 9 月份进口奶粉均价为 2517 美元/吨，折合原料奶 2.53 元/千克，同期国内原奶收购价为 3.44 元/千克，云南省同期平均价格在 3.0 元/千克，而奶农生产成本均价在 3.2 元/千克上下波动，处于盈亏线以下①。

5. 生产力水平较低

（1）规模化水平低。2016 年，云南省肉牛适度规模养殖出栏比重为 20.6%，奶牛 100 头以上规模养殖存栏比重为 36.1%，分别比 2015 年提高 4.6 个和 4.1 个百分点，比全国平均水平 45.6%、48.3% 分别低 20 个和 12.1 个百分点。根据国家奶牛产业技术体系的调研资料，2018 年我国存栏 100 头以上的规模奶牛养殖存栏在 450 万～500 万头，主要分布在河北、内蒙古、黑龙江、山东、宁夏、山西、辽宁、河南、陕西、新疆等省份，10 个省份存栏占比达 75% 以上，然而，云南省并不在此列。

（2）肉牛胴体重偏低。2015 年，全国和云南肉牛的平均胴体重分别为 140 千克/头和 119 千克/头，云南省肉牛平均胴体重水平比全国低了 21 千克/头，大约低 15 个百分点。

（3）奶牛平均单产水平偏低。2015 年，云南省奶牛平均单产约为 5000 千克/头，远低于全国奶牛 6000 千克/头的平均单产水平。目前，全国年产奶量平均单产水平超过 9000 千克/头的奶牛约有 150 万头，由此看见，云南省还存在较大的差距②。

6. 乳企与奶农利益联结不紧密

乳企与奶畜养殖场（户）缺乏稳定的收购合同关系，各乳企对生鲜乳的收购标准不统一，奶源紧张时降低标准抢奶，奶源充足或产品积压时，则压级压价、提高标准降价收奶，甚至出现打白条现象，严重影响了养殖场（户）扩大养殖规模的积极性。

---

① 根据《中国奶业年鉴》（2016 年）整理。

② 根据《2015 年云南畜牧业统计》《2016 年云南畜牧业统计》《2015 年中国畜牧业统计》《2016 年农业部数据统计监测》《云南省高原特色现代农业“十三五”牛羊产业发展规划（2016—2020 年）》《云南省牛羊基地县建设现状及建议》整理。

第二节　云南牛产业的比较优势

一、云南牛产业发展的比较优势

近年来，云南牛产业迎来难得的历史发展机遇，优势明显、潜力巨大。云南省草料资源十分丰富，有草原面积 2.29 亿亩，居全国第 7 位，南方省份第 2 位，有万亩以上连片草场 1177 块，其中 5 万～10 万亩连片 21 块，10 万～20 万亩连片 9 块，20 万亩以上连片 5 块。① 云南牛（包括肉牛和奶牛）存栏量、出栏量及牛肉产量占全国比重稳步提升，如前所述，2018 年云南肉牛（包括肉牛和奶牛）存栏量和牛肉产量分别位居全国第 2 位和第 7 位。怒江独龙牛、槟榔江水牛、邓川牛、德宏水牛、文山黄牛、中甸牦牛等“六大名牛”为代表地方种质资源丰富。在草原生态补奖政策及“粮改饲”等相关项目的带动下，加快了牛产业生产方式转变。云南的区位优势凸显，东南亚、南亚等国家牛存栏是我国的 3.5 倍，云南能够充分利用两个市场、两种资源来发展壮大当地的牛产业。

（一）政策优势明显

2016 年，省委、省政府出台了《关于着力推进重点产业发展的若干意见》，把高原特色现代农业产业列入八大重点产业之一，省高原特色现代农业产业组又把牛羊产业确定为重点推进的十大产业之一。国家和省级相继出台的政策，为加快牛产业发展营造了良好的政策环境。

（二）品种资源富集

云南独特的气候及丰富的饲草资源优势，以“六大名牛”为代表的是地方牛品种，以肉质好、耐粗饲、放养管理、适应性好、抗逆性强等优良性状成为云南发展特色畜牧业、做强牛产业不可多得的种质基础。其中，“云岭牛”是我国唯一适应热带、亚热带的培育品种，生长速度快、肌肉脂肪含量高、肉质好，可生产

① 根据《全国第一次草原普查》《云南省草原生态保护补助奖励机制政策实施情况及成效》《云南省牛羊基地县建设现状及建议》整理。

高档雪花牛肉；独龙牛以其极细的肌纤维和极低的脂肪含量，肉质细嫩、口感好，被誉为吃竹子的“熊猫牛”。

（三）草料资源丰富

近年来，在草原生态补奖政策的推动和相关项目的带动下，较好地落实了禁牧休牧、划区轮牧和草畜平衡制度，可食鲜草产量大幅提升，天然草原载畜能力显著增强，人工草地亩产鲜草可达1500千克以上，天然草场亩产鲜草可达650千克以上，分别高出全国平均产量的35%和30%（原婷，2017）。可供肉牛食用的农作物秸秆及农副资源数量众多、产量巨大，每年可达3000万吨以上。通过加大天然草场改良、人工种草力度，提高农作物秸秆利用率，可新增2000万个羊单位①以上。丰富的饲草饲料资源和多样的农作物秸秆资源，为云南省加快发展牛产业发展提供了饲草饲料保障，为转变发展方式奠定了坚实的基础。

（四）实施规模养殖项目

（1）肉牛规模化养殖项目。2017年，根据《全国牛羊肉生产发展规划（2013—2020年）》，中央支持西部8省（区）及新疆生产建设兵团、东北3省、冀鲁豫3省发展肉牛肉羊生产，云南省实施肉牛标准化规模养殖场18个。

（2）奶牛规模化养殖项目。2008~2017年，云南实施奶牛标准化规模养殖场136项，投入经费1.2亿元。

（五）“粮改饲”试点范围扩大

2016年，我国在“镰刀弯”地区和黄淮海玉米主产区，扩大“粮改饲”试点，推进全株玉米等优质饲草料种植和养殖紧密结合，扶持培育以龙头企业和农民合作社为主的新型农业经营主体，提升优质饲草料产业化水平。② 2017年，云南在昆明、曲靖、昭通、红河、文山、普洱、临沧、德宏、保山、大理、楚雄等11个州（市）的31个县（市、区）实施“粮改饲”试点项目，实施面积48.7万亩，产量预估达150万~180万吨。2018年，国家下达云南“粮改饲”种植面积62.28

---

① 1头牛按照5个羊单位计算。

② 根据《全国奶业发展规划（2016—2020年）》整理。

万亩，收储任务174.4万吨，截至2018年12月中旬，云南省共完成“粮改饲”种植面积64.5万亩，收储优质饲草182.33万吨（其中全株青贮玉米177.55万吨，苜蓿1.23万吨，大麦、小麦等其他饲草料3.55万吨）（杨丽萍，2019）。

（六）优质牧草种植面积大

我国继续实施振兴奶业苜蓿发展行动，新增和改造优质苜蓿种植基地600万亩，开展土地整理、灌溉、机耕道及排水等设施建设，配置和扩容储草棚、堆储场、农机库、加工车间等设施，配备检验检测设备，提升国产优质苜蓿生产供给能力①。据笔者调研，截至2016年12月，云南省紫花苜蓿保留面积27.1万亩，2017年种植面积23.1万亩，其中1000亩以上连片30块、4.6万亩。

（七）边境肉牛产业快速推进

国家实施“一带一路”建设和孟中印缅经济走廊建设，为云南省开展跨境动物疫病区域合作和肉牛产业发展试点提供了良好的机遇，农业农村部等四部委同意云南省在德宏州、西双版纳州等边境州（市）开展跨境动物疫病区域合作和肉牛产业发展试点，并按照试点要求制订了实施方案，选定了开展试点企业，分别落地德宏州瑞丽市和西双版纳州景洪市。通过开展跨境动物疫病区域合作和肉牛产业发展试点工作，对充分利用国内国外两种资源两个市场做大做强肉牛产业提供了较大的发展空间，搭建了肉牛产业跨越发展的平台。

二、云南牛产业区位熵测度

（一）肉牛产业区位熵

通过测算分析，云南省的肉牛产值占地区生产总值的0.80%~1.60%，而全国的肉牛产值占国内生产总值比例不足0.6%，云南肉牛产业的区位熵连续11年在1.80以上（见表33-17），由此表明肉牛产业是云南省较有优势的产业，云南肉牛产业的发展对保障畜产品安全和增加云南的生产总值具有重要的意义。

① 根据《全国奶业发展规划（2016—2020年）》整理。

表 33 - 17　　2008 ~ 2019 年云南肉牛产业区位熵测度

年份	云南肉牛产值（亿元）	云南地区生产总值（亿元）	全国肉牛产值（亿元）	全国国内生产总值（亿元）	云南比例（%）	全国比例（%）	区位熵
2008	51.50	5692.12	1740.40	319515.50	0.90	0.54	1.66
2009	73.90	6169.75	1874.60	349081.40	1.20	0.54	2.23
2010	67.30	7224.18	1996.50	413030.30	0.93	0.48	1.93
2011	75.30	8893.12	2299.00	489300.60	0.85	0.47	1.80
2012	99.40	10309.47	2653.60	540367.40	0.96	0.49	1.96
2013	136.50	11832.31	3184.70	595244.40	1.15	0.54	2.16
2014	147.10	12814.59	3519.70	643974.00	1.15	0.55	2.10
2015	149.90	13619.17	3623.60	689052.10	1.10	0.53	2.09
2016	178.30	14788.42	3826.00	744127.20	1.21	0.51	2.34
2017	243.40	16376.34	3132.80	827121.70	1.49	0.38	3.92
2018	284.10	17881.12	3526.40	900309.50	1.59	0.39	4.06
2019	343.70	23223.75	4250.20	990865.10	1.48	0.43	3.45

资料来源：历年《中国统计年鉴》、历年《中国畜牧兽医年鉴》、历年《中国农村统计年鉴》。

（二）奶牛产业区位熵

云南省的奶牛产值仅占地区生产总值的 0.15% 左右，而全国的奶牛产值占国内生产总值比例在 0.25% 左右。2008 年以来，云南奶牛产业的区位熵基本维持在 0.60% 左右（见表 33 - 18），由此可知，奶牛产业并不是云南省较有优势的产业。云南省地处低纬高原，拥有独特的气候条件和丰富的牧草资源，形成了多元化的奶源格局。尽管如此，云南省奶牛产业发展过程中仍存在资源利用不足、养殖技术落后、养殖规模小等问题。

表 33 - 18　　2008 ~ 2019 年云南奶牛产业区位熵测度

年份	云南奶产品产值（亿元）	云南地区生产总值（亿元）	全国奶产品产值（亿元）	全国国内生产总值（亿元）	云南比例（%）	全国比例（%）	区位熵
2008	8.80	5692.12	1009.90	319515.50	0.15	0.32	0.49
2009	10.30	6169.75	982.00	349081.40	0.17	0.28	0.59
2010	12.90	7224.18	1188.40	413030.30	0.18	0.29	0.62
2011	15.20	8893.12	1249.90	489300.60	0.17	0.26	0.67
2012	14.50	10309.47	1335.20	540367.40	0.14	0.25	0.57
2013	18.60	11832.31	1454.40	595244.40	0.16	0.24	0.64

续表

年份	云南奶产品产值（亿元）	云南地区生产总值（亿元）	全国奶产品产值（亿元）	全国国内生产总值（亿元）	云南比例（%）	全国比例（%）	区位熵
2014	21. 80	12814. 59	1541. 00	643974. 00	0. 17	0. 24	0. 71
2015	19. 10	13619. 17	1570. 70	689052. 10	0. 14	0. 23	0. 62
2016	19. 60	14788. 42	1481. 20	744127. 20	0. 13	0. 20	0. 67
2017	19. 10	16376. 34	1347. 30	827121. 70	0. 12	0. 16	0. 72
2018	20. 80	17881. 12	1285. 30	900309. 50	0. 12	0. 14	0. 81
2019	21. 30	23223. 75	1390. 70	990865. 10	0. 09	0. 14	0. 65

资料来源：历年《中国统计年鉴》、历年《中国畜牧兽医年鉴》、历年《中国农村统计年鉴》。

三、比较优势指标分析

为了对云南与全国、云南各州（市）与云南总体平均以及云南省与周边东南亚各国的肉牛、奶牛生产等竞争力进行分析，本章基于效率比较优势指数、规模比较优势指数等进行计算并进行了比较优势分析，在此基础上对云南省肉牛、奶牛品种的生产发展以及产业布局规划提出了一定的建议。

（一）效率比较优势指数

1. 云南肉牛效率比较优势指数

图 33 -13 是 2008 年以来与全国整体相比，云南肉牛产业集中指数变化的情况。近十多年来，云南肉牛产业集中指数始终大于 1，这说明从全国水平看，云南肉牛产业相比其他地域有着明显的比较优势，产业规模相对较大；从产业集中指

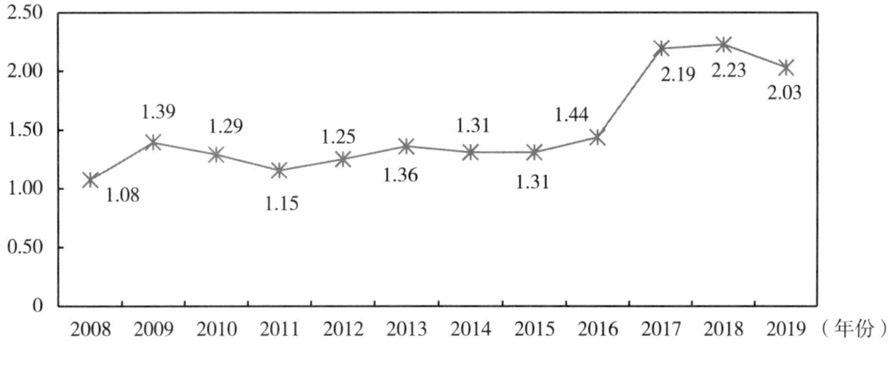

图 33 -13　2008 ~2019 年云南肉牛产业相对于全国的集中度指数

资料来源：历年《中国统计年鉴》、历年《中国农村统计年鉴》、历年《中国畜牧兽医年鉴》。

数变化趋势看，指数的变化经历了两个周期，第一个周期的峰值为 2009 年的 1.39，第二个周期峰值为 2018 年的 2.23。

与周边东南亚诸国相比，云南肉牛产业经营效率更具优势（见图 33－14）。总体来看，与三个国家相比云南省肉牛产业集中指数均大于 1。相比来说，云南相对泰国的肉牛产业优势最为明显，2013 年以来，产业集中指数均超过 2。而与越南和老挝相比，2018 年云南肉牛产业集中指数分别达到了 2.37 和 1.75。从趋势来看，云南省的比较优势略有上升。

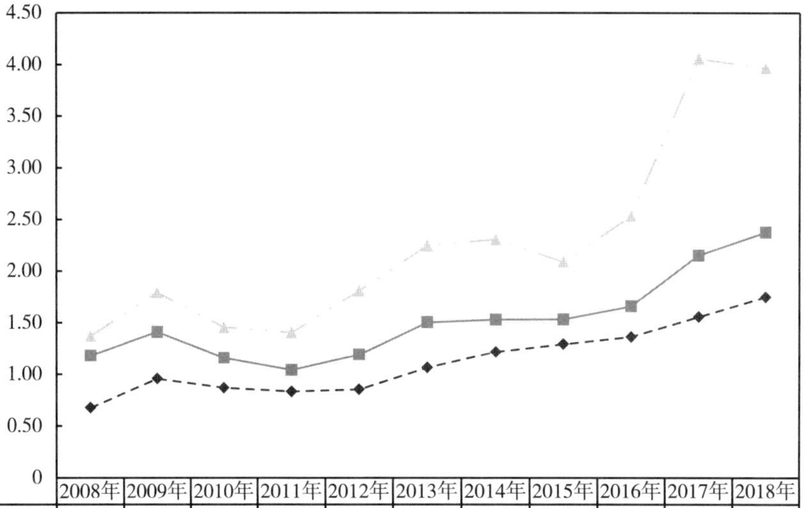

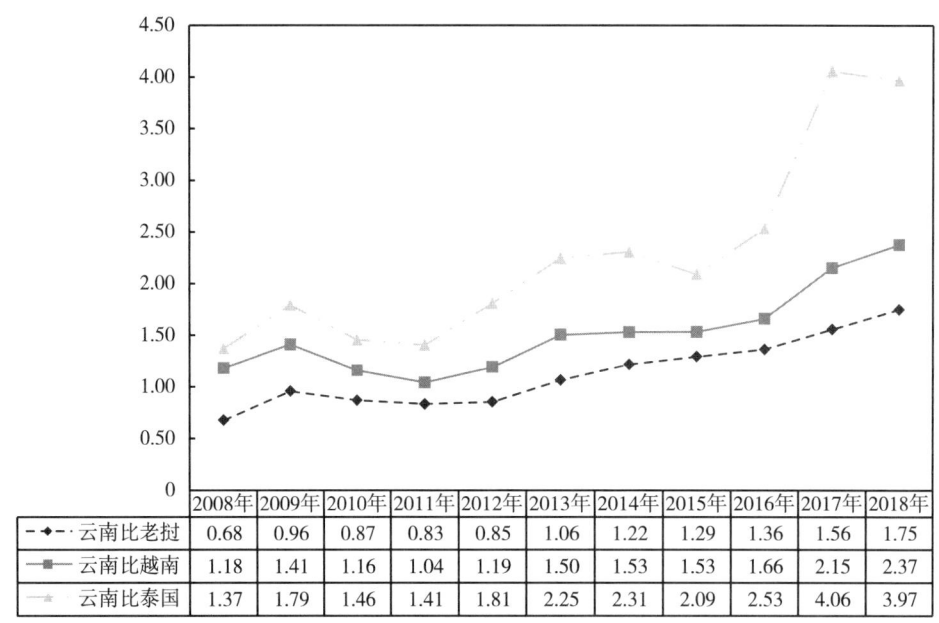

	2008年	2009年	2010年	2011年	2012年	2013年	2014年	2015年	2016年	2017年	2018年
云南比老挝	0.68	0.96	0.87	0.83	0.85	1.06	1.22	1.29	1.36	1.56	1.75
云南比越南	1.18	1.41	1.16	1.04	1.19	1.50	1.53	1.53	1.66	2.15	2.37
云南比泰国	1.37	1.79	1.46	1.41	1.81	2.25	2.31	2.09	2.53	4.06	3.97

图 33－14 2008～2018 年云南肉牛产业集中指数（与老挝、越南、泰国相比）

资料来源：历年《中国统计年鉴》、历年《中国农村统计年鉴》、历年《中国畜牧兽医年鉴》及 FAO 数据库。

2. 云南奶牛效率比较优势指数

图 33－15 是 2008 年以来与全国整体相比，云南奶牛产业集中指数变化的情况。近十多年来，云南奶牛产业集中指数始终小于 0.50，这说明从全国水平看，云南奶牛产业相比其他地区并没有比较优势，产业规模相对较小；从产业集中指数变化趋势看，指数呈拖尾的“M”型变化趋势，由 2008 年的 0.32 先增加到 2011 年的 0.43，再由 2012 年的 0.36 增加到 2014 年的 0.44，最后由 2015 年的 0.38 增加到 2018 年的 0.45，2019 年又下降到 0.38。

与东南亚诸国相比，云南奶牛产业经营效率缺乏优势（见图 33－16）。总体来看，与老挝、越南和泰国三个国家相比，云南奶牛产业集中指数均小于1且均小于0.20。相比来说，在老挝、越南和泰国这三个国家中，云南相对泰国的奶牛产业集中指数显著高于云南相对越南和云南相对老挝的奶牛产业集中指数。从变化趋势来看，云南相对老挝的奶牛产业集中指数总体呈增加趋势；而云南相对泰国和云南相对越南的奶牛产业集中指数总体均呈现出不断下降的变化趋势。

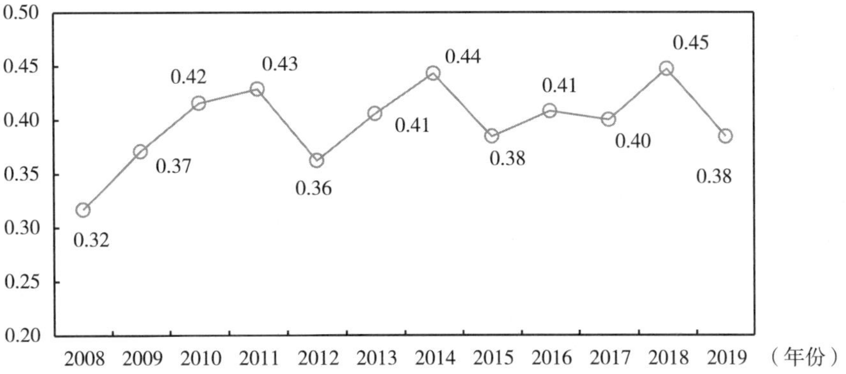

图33－15　2008～2019年云南奶牛产业集中指数（与全国相比）

资料来源：历年《中国统计年鉴》、历年《中国农村统计年鉴》、历年《中国畜牧兽医年鉴》。

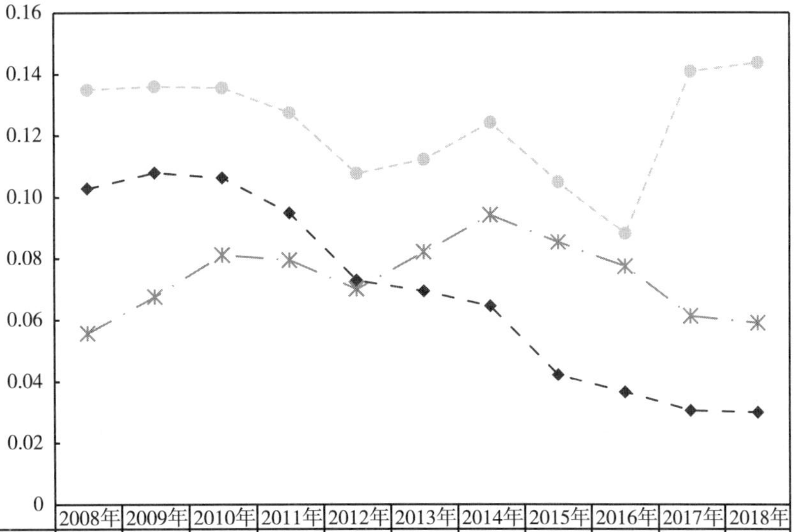

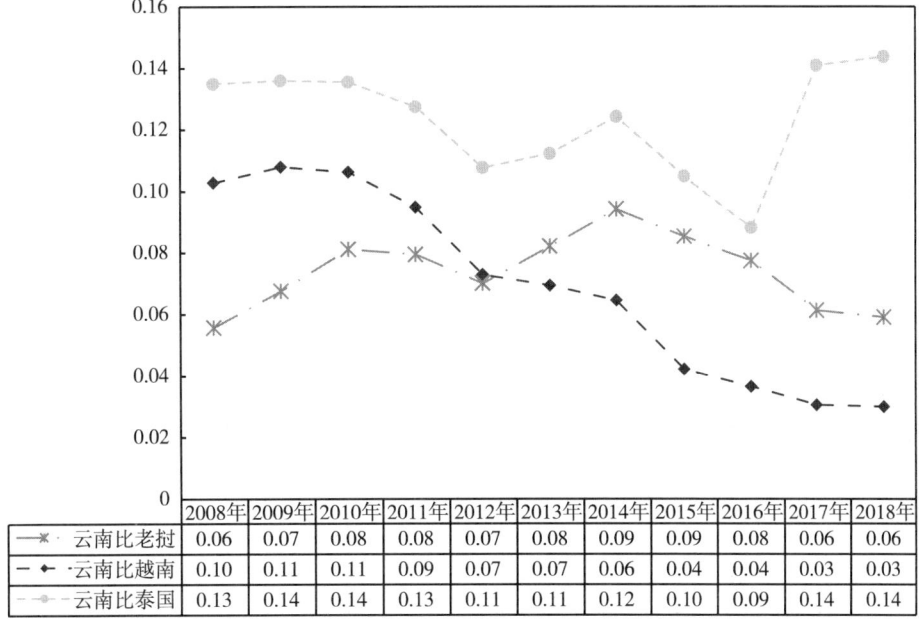

	2008年	2009年	2010年	2011年	2012年	2013年	2014年	2015年	2016年	2017年	2018年
云南比老挝	0.06	0.07	0.08	0.08	0.07	0.08	0.09	0.09	0.08	0.06	0.06
云南比越南	0.10	0.11	0.11	0.09	0.07	0.07	0.06	0.04	0.04	0.03	0.03
云南比泰国	0.13	0.14	0.14	0.13	0.11	0.11	0.12	0.10	0.09	0.14	0.14

图33－16　2008～2018年云南奶牛产业集中指数（与老挝、越南、泰国相比）

资料来源：历年《中国统计年鉴》、历年《中国农村统计年鉴》、历年《中国畜牧兽医年鉴》及FAO数据库。

（二）规模比较优势指数

相类似地，规模比较优势的测算也有多种途径，本章基于数据，选取了最为合理的专门化系数进行了测算分析，具体如下：

$$专门化系数 = \frac{某区域某农作物人均占有量}{该农作物全国(省)人均占有量}$$

专门化系数是用来表示农产品商品专业化程度和生产能力的指标，为某产品区域内人均占有量占该产品全国（省）人均占有量的比重。系数大于 1 才能符合商品交换的原则。

1. 云南肉牛规模比较优势指数

图 33 - 17 反映了近年来云南肉牛专门化系数的变化情况。从图中可知，黑龙江、山东、河南、河北、内蒙古、云南以及新疆七个省份中，内蒙古和新疆的肉牛产业商品专业化程度和生产能力最强，专门化系数均在 3 以上，其他省份相对较差，专业化

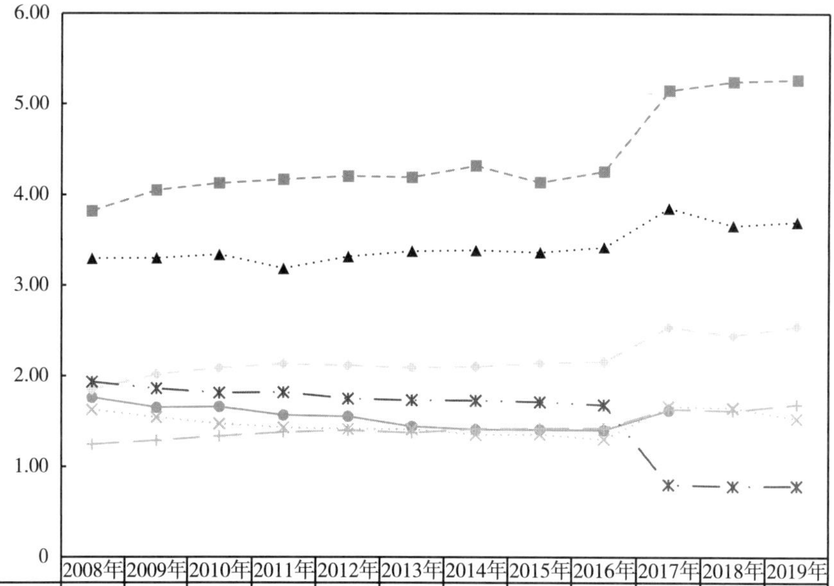

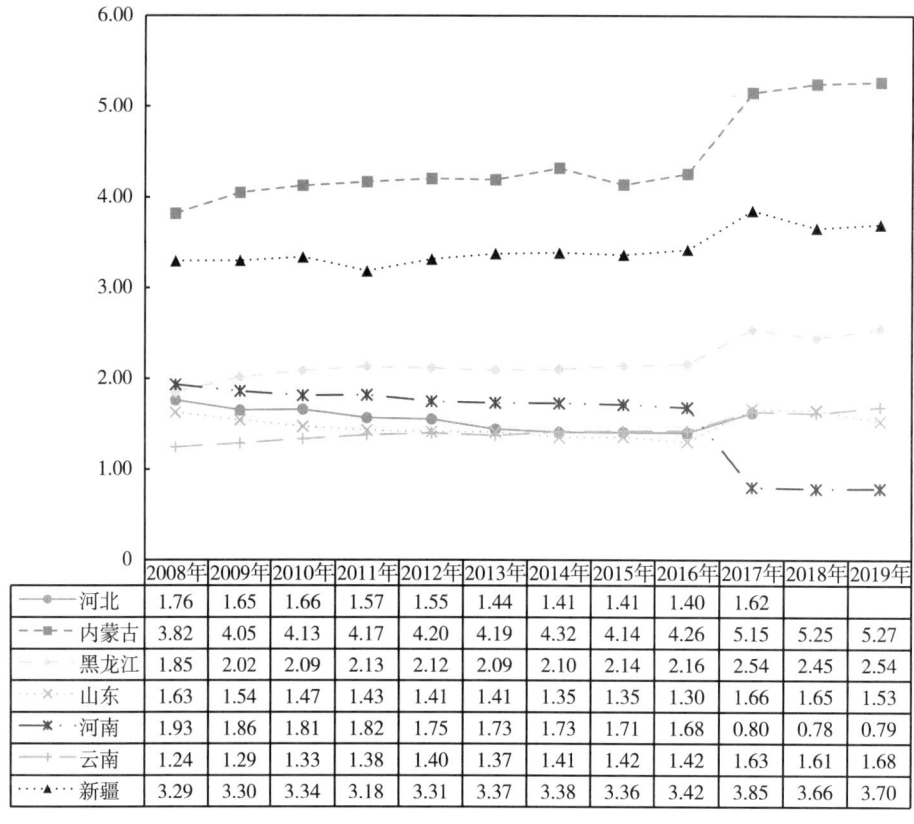

	2008年	2009年	2010年	2011年	2012年	2013年	2014年	2015年	2016年	2017年	2018年	2019年
河北	1.76	1.65	1.66	1.57	1.55	1.44	1.41	1.41	1.40	1.62		
内蒙古	3.82	4.05	4.13	4.17	4.20	4.19	4.32	4.14	4.26	5.15	5.25	5.27
黑龙江	1.85	2.02	2.09	2.13	2.12	2.09	2.10	2.14	2.16	2.54	2.45	2.54
山东	1.63	1.54	1.47	1.43	1.41	1.41	1.35	1.35	1.30	1.66	1.65	1.53
河南	1.93	1.86	1.81	1.82	1.75	1.73	1.73	1.71	1.68	0.80	0.78	0.79
云南	1.24	1.29	1.33	1.38	1.40	1.37	1.41	1.42	1.42	1.63	1.61	1.68
新疆	3.29	3.30	3.34	3.18	3.31	3.37	3.38	3.36	3.42	3.85	3.66	3.70

图 33 - 17　2008 ~ 2019 年云南相对于全国主产省的肉牛生产专门化系数

资料来源：历年《中国农村统计年鉴》、历年《中国统计年鉴》。

系数在1.5左右。从变化趋势看，云南的专门化系数处于上升的态势，2008年该指数为1.24，2019年上升至1.68，年均增长率2.79%。这说明云南在七个主产省中肉牛产业竞争力较差，但近些年的发展逐渐凸显云南省肉牛产业的优势。

表33－19进一步对云南各州（市）的肉牛产业专门化系数进行了分析。由表33－19中可知，2019年曲靖、大理、文山、楚雄、保山、红河、德宏和迪庆肉牛商品专业化程度和生产能力优势比较明显，专门化系数超过了1，而其他地区肉牛专门化系数均小于1，特别是昆明和昭通的专门化系数不到0.5。这说明除曲靖、大理、文山、楚雄、保山、红河、德宏和迪庆这八个地区外，其他地区肉牛产业不符合商品交换原则，即这些地区的肉牛生产主要用于本地区消费，而非销往其他地区。从七年间增长率的变化趋势看，红河和德宏专门化系数的增长率最快，均高于50%，然而，2013～2014年这两个地区的肉牛产业专门化系数均小于1，这意味着2013～2019年这两个地区的肉牛产业从过去自给自足模式转变为商品化模式。普洱和保山的增长率也较高，超过10%。昆明、曲靖、楚雄、丽江和怒江的肉牛专门化系数呈明显下降趋势。需要强调的是云南肉牛产业逐渐向商品化与集约化模式发展。2019年肉牛专门化系数不足1的8个地区中，除丽江、普洱和西双版纳的系数有小幅增长外，其余地区系数增长率均为负数。这意味着在居民消费整体增长的背景下，这些城市的肉牛消费更加依赖外市供给。由此可见，云南的肉牛产业更倾向于向曲靖、大理、文山、楚雄、保山、红河、德宏和迪庆等优势区域集中，云南肉牛产业的生产模式也逐渐向商品化与集约化的模式发展。

表33－19　　2013～2019年云南各州（市）肉牛专门化系数

州（市）	2013年	2014年	2015年	2016年	2017年	2018年	2019年	6年增长率（%）
昆明	0.47	0.44	0.38	0.39	0.41	0.39	0.47	－1.32
曲靖	1.89	1.89	1.80	1.81	1.80	1.74	1.62	－14.23
玉溪	0.82	0.81	0.80	0.80	0.81	0.80	0.75	－9.16
保山	1.11	1.06	1.15	1.15	1.22	1.16	1.27	14.19
昭通	0.42	0.41	0.41	0.41	0.41	0.40	0.38	－9.20
丽江	0.81	0.88	0.85	0.67	0.73	0.71	0.82	1.36
普洱	0.49	0.47	0.45	0.51	0.51	0.59	0.62	26.08
临沧	0.86	0.90	0.89	0.88	0.88	0.87	0.86	－0.56
楚雄	1.57	1.46	1.41	1.35	1.34	1.39	1.34	－14.54
红河	0.74	0.95	1.06	1.07	1.06	1.14	1.14	54.05
文山	1.48	1.46	1.58	1.56	1.52	1.48	1.46	－1.66
西双版纳	0.32	0.25	0.29	0.31	0.30	0.35	0.55	73.32
大理	1.72	1.67	1.66	1.63	1.58	1.61	1.58	－7.99
德宏	0.71	0.71	0.79	0.99	1.06	1.06	1.16	63.37

续表

州（市）	2013 年	2014 年	2015 年	2016 年	2017 年	2018 年	2019 年	6 年增长率（%）
怒江	0.64	0.63	0.58	0.58	0.59	0.60	0.57	-11.74
迪庆	1.00	0.95	0.94	0.94	0.96	1.04	1.10	9.66

资料来源：历年《云南统计年鉴》。

2. 云南奶牛规模比较优势指数

根据对近年来云南各州（市）奶牛专门化系数的测算结果可知，黑龙江、山东、河南、河北、云南、新疆和内蒙古七个省份中，内蒙古和黑龙江的奶牛产业商品专业化程度和生产能力最强，尤其是内蒙古，专门化系数均在 10 以上，黑龙江的专门化系数也均在 5 左右。相比内蒙古和黑龙江，其他奶牛主产省份的专门化系数相对较差，专业化系数在 2.0 左右，然而，云南奶牛的专门化系数最低，2008～2018 年的系数均小于 1。尽管如此，从变化趋势看，云南的专门化系数处于上升的态势，2008 年该指数为 0.37，2018 年上升至 0.55，年均增长率 4.06%（见图 33－18）。

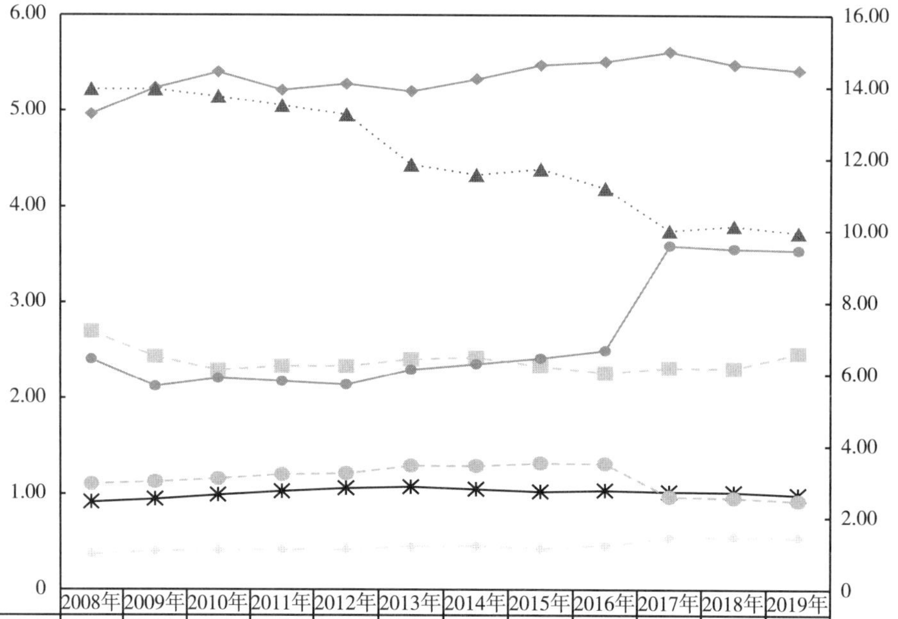

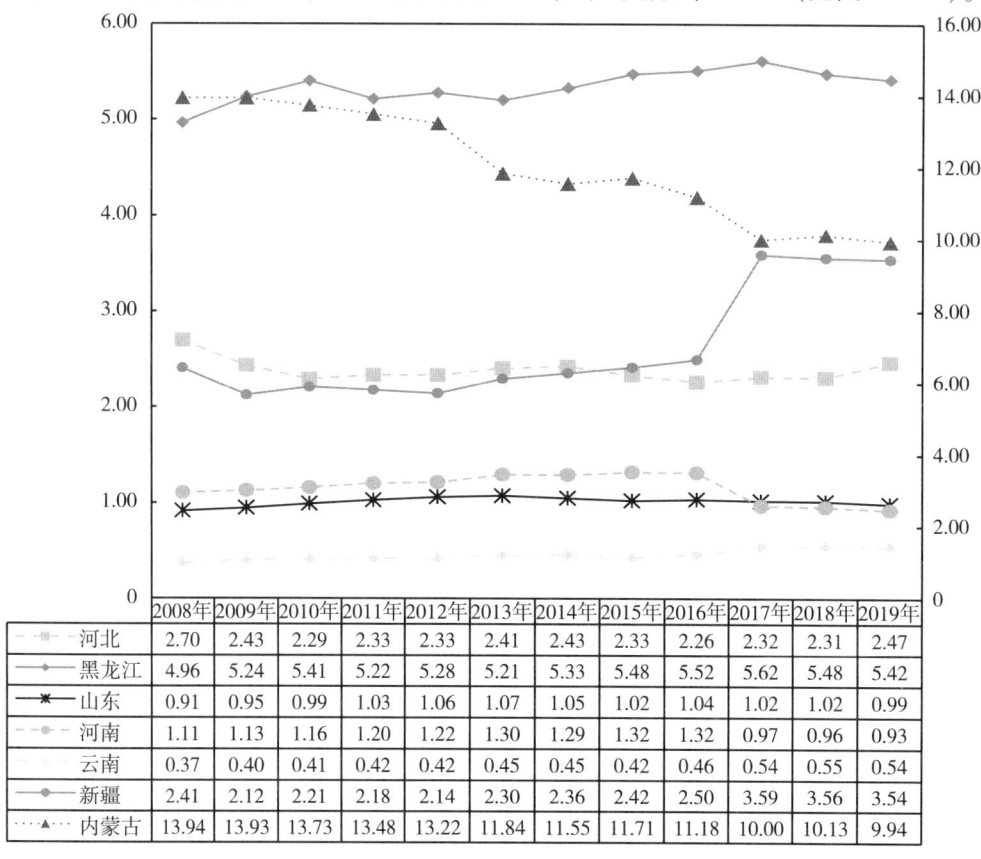

	2008年	2009年	2010年	2011年	2012年	2013年	2014年	2015年	2016年	2017年	2018年	2019年
河北	2.70	2.43	2.29	2.33	2.33	2.41	2.43	2.33	2.26	2.32	2.31	2.47
黑龙江	4.96	5.24	5.41	5.22	5.28	5.21	5.33	5.48	5.52	5.62	5.48	5.42
山东	0.91	0.95	0.99	1.03	1.06	1.07	1.05	1.02	1.04	1.02	1.02	0.99
河南	1.11	1.13	1.16	1.20	1.22	1.30	1.29	1.32	1.32	0.97	0.96	0.93
云南	0.37	0.40	0.41	0.42	0.42	0.45	0.45	0.42	0.46	0.54	0.55	0.54
新疆	2.41	2.12	2.21	2.18	2.14	2.30	2.36	2.42	2.50	3.59	3.56	3.54
内蒙古	13.94	13.93	13.73	13.48	13.22	11.84	11.55	11.71	11.18	10.00	10.13	9.94

图 33－18　2008～2019 年云南相对于全国主产省的牛奶生产专门化系数

注：次坐标为内蒙古的奶牛专门化系数。

通过对近年来云南各牛奶生产州（市）牛奶的专门化系数测算可知，2019 年大理、迪庆和昆明的奶牛专业化程度和生产能力优势比较明显，专门化系数超过了 1，尤其是大理，专门化系数都在 6 以上。除大理、迪庆和昆明这三个地区外，其他地区奶牛专门化系数均小于 1。由于昭通、普洱、临沧、楚雄、文山、西双版纳和怒江等州（市）牛奶产量几乎为 0，产业不符合商品交换原则而未纳入分析研究。从变化趋势看，2013 ~ 2019 年，昆明、曲靖、玉溪、保山、红河、文山和迪庆的奶牛专门化系数均呈现出增长的趋势；而丽江、大理和德宏的奶牛专门化系数则表现出下降的趋势（见表 33 – 20）。

表 33 – 20　2013 ~ 2019 年云南各牛奶生产州（市）牛奶专门化系数

州（市）	2013 年	2014 年	2015 年	2016 年	2017 年	2018 年	2019 年	6 年增长率（%）
昆明	1.09	1.02	1.16	1.24	1.52	1.55	1.43	31.19
曲靖	0.08	0.15	0.24	0.24	0.30	0.37	0.74	825.00
玉溪	0.20	0.20	0.20	0.26	0.33	0.31	0.27	35.00
保山	0.24	0.20	0.23	0.25	0.26	0.34	0.33	37.50
丽江	0.49	0.45	0.56	0.54	0.34	0.31	0.30	–38.78
红河	0.43	0.50	0.74	0.99	1.18	1.08	1.17	172.09
大理	9.72	9.71	8.91	8.37	7.33	7.32	6.85	–29.53
德宏	0.19	0.17	0.19	0.17	0.16	0.11	0.07	–63.16
怒江	0.01	0.01	0.02	0.02	0.02	0.01	0.01	0.00
迪庆	2.43	2.39	2.49	2.65	3.12	3.81	3.86	58.85

资料来源：历年《云南统计年鉴》。

第三节　云南牛产业经济体系简况*

一、生产组织形式

（一）基本情况

近年来，云南积极培育龙头企业、家庭牧场、专业合作组织等新型经营主体，

* 如无特别说明，本节所用数据均来自历年《中国统计年鉴》、历年《中国畜牧兽医年鉴》、历年《云南统计年鉴》等，以及云南农业农村厅统计资料和笔者调研资料。

生产方式加快转变，以龙头企业为骨干，专业合作组织为纽带，适度规模家庭牧场为支撑的生产组织形式，龙头企业自建、收购、参股、托管养殖场，发挥示范带动效应，改变传统一家一户小生产、千家万户大群体的粗放发展模式，“小、散、弱”的格局逐步转变，提高了组织化程度和风险抵御能力，牛产业一体化融合发展模式初步形成。

（二）案例

1. “公司+合作社+农户”发展养殖基地

澜沧江农牧集团在云县投资近5亿元，建成可饲养肉牛1万头以上的规模养殖场，并配套饲草饲料加工场，计划在近5年内投资20亿元，在云县、耿马、永德等县采取“公司+合作社+农户”的方式，建设3个以上年出栏10万头以上的肉牛养殖基地，配套建设屠宰加工厂、饲料厂。

2. 龙头企业自建牧场

为提升奶源质量安全，福建欧亚乳业在大理市投资乳品加工项目，协议签约3.5亿元，项目已落地并完成投资9000万元；在鹤庆县投资建设2000头标准化奶牛养殖场项目，协议签约1亿元，项目已落地并完成2000万元。广西皇氏乳业在巍山县投资建设1000头标准化奶牛养殖场项目，协议签约1亿元，项目已落地并完成8000万元。龙头企业自建、收购、参股、托管养殖场，促进一二三产业融合发展。

（三）对改善（优化）牛产业生产组织形式的建议

1. 加大经营主体培育

支持和鼓励养殖户成立专业合作组织，采取多种形式入股，形成利益共同体，提高组织化程度和市场议价能力，加强合作社的规范化建设，强化民主管理意识，确保有章可循，做到合作社与农户之间风险共担，利益共享。引导产业化龙头企业发展，整合优势资源，创新发展模式，发挥带动作用，推进精深加工，提高产品附加值。重点扶持昆明雪兰牛奶有限责任公司、云南欧亚乳业有限公司、云南皇氏来思尔乳业有限公司、邓川蝶泉乳业有限公司、云南乍甸乳业有限责任公司、马龙双友牧业有限公司、云南山水农牧集团有限公司、云南海潮集团听牧肉牛产业股份有限公司、云南三江并流农业科技股份有限公司、四川新希望集团、湖南大康牧业等企业，集养殖、饲料生产、屠宰加工、乳制品加工、市场营销、物流配送、生态旅游骨干龙头企业，使重点企业综合产值占全省牛产业综合产值的25%以上。

2. 建立企业与农户之间的利益连接机制

完善企业与农户的利益联结机制，通过订单生产、合同养殖、品牌营销、统一销售等方式延伸产业链条，实现生产与市场的有效对接，推进全产业链发展，辐射带动养殖户走向大市场。把小生产变为大生产，实现规模化、集约化经营，有利于加快地区经济的发展和增加农民收入。政府制定扶持牛产业化经营的优惠政策，所提供的资金可以以入股方式，通过企业化渠道进行运作，其投资以带动地区经济发展和解决就业为目的，推出方式灵活多样（杜宏，2013），来辐射带动农牧民走向大市场，实现小生产与大市场对接，加快牛产业化发展，带动农牧民增加养殖业收入。

3. 实践探索多种养殖经营模式

探索实践“项目推动、龙头带动、产业联动、区域互动、农民主动”的发展模式和“牧繁农育”“户繁企育”“自繁自育”的养殖模式以及“龙头企业＋基地＋农户＋物联网”“龙头企业＋养殖场（小区）＋农户＋物联网”“龙头企业＋合作社＋农户＋物联网”的多种经营模式。集成推广引进与培育相结合，保护开发与杂交改良相结合，原种场、扩繁场相配套的品种技术路线，促进一二三产业融合发展。

二、生产基地建设

（一）基本情况

按照“依托产业发展基础、立足发展优势、统筹资源环境”的布局原则，云南省把肉牛存栏10万头以上，发展基础较好的寻甸县、会泽县、马龙县、师宗县、弥勒市、丘北县、富宁县、广南县、砚山县、楚雄市、禄丰县、隆阳区、腾冲市、昌宁县、剑川县、南涧县、巍山县、澜沧县、凤庆县、云县等20个县（市、区）布局为肉牛基地县；把奶牛存栏1万头以上，包括嵩明县、晋宁区、宜良县、石林县、寻甸、陆良县、腾冲市、大理市、洱源县、鹤庆县、巍山县、弥渡县、弥勒市、个旧市、泸西县等15个县（市、区）布局为奶源基地县。同时，以国家实施“一带一路”建设和孟中印缅经济走廊建设为契机，充分利用国内国外两种资源两个市场做大做强肉牛产业，把中缅、中老边境澜沧江以西的29个县（市、区）布局为边境肉牛产业养殖合作示范区。

（二）案例

1. 曲靖市牛源体系建设

2014年以来，曲靖按照“充分利用云岭牛种质资源，发挥饲草饲料资源比较优势，调动广大农户的养殖积极性，推进母牛扩繁解决产业瓶颈，培育专业合作组织创新利益联结机制，依托龙头加工延伸产业链”的发展思路，围绕全市五年新增30万头优质能繁母牛的目标，强化协调配合、投入支持、指导督促、企农合作、结构调整、产业融合、精准扶贫，成功探索创新财政投入、金融支持、新保险保障、新龙头带动机制，率先在马龙县探索开展种、养、加、销一体的肉牛全产业链示范基地建设。截至2016年末，试点累计争取省市县三级财政投入扶持资金7000万元，协调金融机构发放贷款8100万元，带动社会投入资金1.68亿元，推进马龙县云岭牛牛源试点基地建设，扶持发展以繁育云岭犊牛为主的能繁母牛养殖小区（场、户）1072户，新增饲养能繁母牛2.49万头，带动马龙全县存栏肉牛10.8万头，出栏肉牛5.5万头，实现产值3.85亿元（缪祥虎，2020）。

2. 曲靖要打造中国最大的肉牛养殖加工示范基地

福建双友牧业在曲靖马龙已投资近10亿元，计划新建年出栏5000头的肉牛规模养殖场20个，年屠宰加工肉牛30万头的加工厂一个，配套建设年产100万吨的饲料加工场一个，带动曲靖新增肉牛出栏40万头，打造中国最大的肉牛养殖加工示范基地（孟兴祥，2017）。

3. 强化合作经营

2016年，在伊利集团的推动下，北京首都农业集团有限公司与寻甸稼竜畜牧养殖有限公司、内蒙古赛科星繁育生物技术（集团）股份有限公司与寻甸唐牛牧业有限公司开展全面合作，通过饲养、繁育等各环节植入，全面提升现有牧场养殖水平，奶牛年平均单产达9000~11000千克，远远高于云南奶牛平均单产5000千克的水平，对全省奶牛养殖起到带头示范作用。

（三）对改善（优化）牛产业生产基地建设的建议

1. 强化基地建设

2015年，通过重点建设20个肉牛基地，有效带动了云南肉牛产业发展，肉牛存栏1185.7万头、出栏479.6万头、牛肉产量57.3万吨，其中20个肉牛基地肉牛存栏386.7万头、出栏170.9万头、牛肉产量19.4万吨（赵志军，2016），分别占云南省存栏的32.6%、出栏的35.6%和牛肉产量的38.9%。15个奶源基地县牛奶产量59万吨，占全省总产量64.6万吨的91.3%。

2. 加大适度规模养殖

2016年，云南出栏50头以上肉牛规模养殖场达2882个，出栏肉牛47.3万头，占肉牛出栏498.7万头的9.5%，比2015年提升2个百分点；奶牛存栏19.88万头、能繁母牛12.85万头，其中荷斯坦奶牛14.54万头、能繁母牛9.42万头，100头以上荷斯坦奶牛规模养殖场81个、存栏4.77万头、荷斯坦奶牛规模养殖比例36.1%，比2015年提高4.1个百分点。

三、加工管理方式

（一）基本情况

以市场需求为导向，大力推进农业供给侧结构性改革，优化产品结构，增加适销对路的牛产品生产，充分利用云南省活畜外销数量大、肉质好、奶质优的特点，为大力发展牛肉、牛奶等精深加工产品提供了不可多得的资源条件，变资源优势为产业优势，实现经济优势跨越式发展。

2016年，云南43个肉牛养殖、加工龙头企业实现产值达60亿元，包括：寻甸鹏远牧业有限公司、云南海潮集团听牧肉牛产业股份有限公司、云南三江并流农业科技股份有限公司、石林生龙生态农业有限公司、石林云昊农产品有限公司、镇雄县远华黄牛养殖有限公司、大关县琦鑫农产品生产有限公司、马龙双友牧业有限公司、曲靖浩凯农林投资开发有限公司、沾益县天茂林牧有限公司、会泽县东山良种牛养殖加工有限公司、华宁兴泰肉牛养殖有限公司、马荣华肉牛养殖公司、保山伟农农牧有限公司、隆阳区犇达肉牛养殖公司、腾冲明光畜牧有限公司、腾冲巴福乐槟榔江水牛良种繁育公司、昌宁春雨肉牛养殖有限公司、龙陵庞龙牧业公司、大姚齐合牧业有限公司、禄丰彩云印象现代农业有限公司、云南祥鸿农牧业有限公司、楚雄云牛农业科技发展有限公司、大姚县雄汇农产品开发有限公司、楚雄兴雄牧业有限公司、姚安县荣爵畜牧养殖有限公司、禄丰云盘山生态农业发展有限公司、云南谷多农牧业有限公司、云南爱伲农牧（集团）有限公司、芒市云瑞食品有限公司、芒市彩云琵琶食品有限公司、芒市泰华食品有限公司、傣旺食品有限公司、天瑞食品有限公司、兰坪滇源牧业有限公司、怒江惠众农业发展有限公司、藏龙生物开发股份有限责任公司、云南伟松食品有限公司、云南山水农牧集团有限公司、耿马七彩田园牧业有限公司、苏亚红清真食品有限公司、湖南大康牧业、四川新希望集团。

2016 年，云南牛奶加工企业有 13 个，其中昆明 5 个、大理 4 个、红河 2 个、德宏 1 个、保山 1 个，奶类加工产值达 45 亿元。分别为：昆明雪兰牛奶有限责任公司、昆明市海子乳业有限公司、昆明七彩云乳业股份有限公司、云南伊利乳业有限责任公司、昆明龙腾生物乳业有限公司、云南欧亚乳业有限公司、云南新希望邓川蝶泉乳业有限公司、云南皇氏来思尔乳业有限公司、大理银河乳业有限责任公司、云南乍甸乳业有限责任公司、云南多喝乳业有限责任公司、腾冲市艾爱摩拉牛乳业有限公司、德宏祥祥乳业有限公司等 13 家。

（二）存在的问题

1. 产业链条不够长

云南肉牛以活畜屠宰为主，主要进入菜市场、少量进入超市，产业链条较短，品牌数量极少，附加值较低，对地方优质肉牛品种资源或生产的高档肉牛无法体现优质优价。

2. 加工企业规模较小

相比云南雪兰公司、欧亚乳业、邓川蝶泉乳业等 3 家乳业公司，2016 年销售收入已超 30 亿元，目前肉牛养殖、加工企业还没有一家销售收入超 5 亿元的企业，与当前云南在全国肉牛大省的地位极不匹配。

（三）对改善（优化）牛产业加工管理方式的建议

1. 着力布局加工基地

按照做大规模、做强产业、做精产品、做长链条、做响品牌、做高产值的要求，综合考虑牛产品加工基础和发展潜力，在全省重点布局 30 个加工基地，包括 18 个牛产品加工基地、5 个乳制品加工基地、5 个饲草料加工基地、2 个皮革加工基地（见表 33 – 21）。

表 33－21　云南加工基地布局情况

基地类型	布局情况
牛产品加工基地	富民县、寻甸县、马龙县、大关县、广南县、砚山县、思茅区、景洪市、沧源县、耿马县、巍山县、永平县、龙陵县、瑞丽市、芒市、永胜县、双柏县、香格里拉市
乳制品加工基地	官渡区、大理市、洱源县、个旧市、建水县
草料加工基地	宜良县、云县、沾益区、泸西县、永善县
皮革加工基地	红塔区、隆阳区

2. 完善冷链配送物流

以集中屠宰、品牌经销、冷链流通、冷鲜上市为主攻方向，推进牛标准化屠宰，优化牛肉产品结构，加快推进肉品分类、分级，扩大冷鲜肉和分割肉市场份额；提升传统风味食品加工能力，创新加工技术，大力发展清真食品，满足市场需求和消费者喜好。打造资源配置合理、技术水平先进、产品结构优化、具备国际竞争力的现代乳制品加工业。按照提升奶源基地建设、生产加工布局、技术装备更新、环境条件控制、质量安全保障等方面的要求，以市场为导向，优化乳制品产品结构，满足消费者多元化消费需求。稳定常温奶市场，大力发展巴氏杀菌乳、酸奶等具备本土优势的低温产品；提升乳扇、乳饼、奶粉等产业，创民族品牌。加强奶业冷链体系建设，完善冷链储运硬件设施设备，严管冷链流程，建立相关标准和法规，确保终端乳制品质量安全。

3. 辐射带动相关产业链

以发展优质高效安全环保饲料产品为重点，大力发展饲料加工业，做大做强饲料产业。开发与舍饲、半舍饲养殖配套的配合饲料、浓缩饲料、精料补充料和草粉、草颗粒等产品，提高工业饲料使用率。以生态化利用和减量化排放为重点，大力发展有机肥料加工业，减少畜禽养殖面源污染，发展循环农业，实现生产与生态环境的协调发展。以提高产业副产品为重点，大力发展皮革鞣制、皮革整饰、皮革制品等皮革加工业。

四、市场营销

（一）基本情况

近年来，云南积极开展牛产业品牌建设工作，并形成各具特色的产业模式以品牌引导产品生产、以产品带动产业发展，推出一批“四季放牧”的生态品牌，提高云南山地牧业的知名度，增强山地牧业发展的动力和活力。一是打造区域品牌。依托云南良种资源优势，对其进行有效保护与合理开发，优先支持“六大名牛”等地方特色牛资源品牌的产业化开发，重点培育云岭牛、独龙牛等一批特色品牌。二是创建企业品牌。欧亚牛奶、雪兰牛奶、蝶泉牛奶、乍甸乳业的森林牧场、海潮听牧牌牛肉、双友云岭牛肉、安宁金江牌牛肉、泰华牛肉干、石林云昊牌牛肉等一大批特色品牌，赢得广泛的市场认同。

（二）对优化产业营销（包括品牌创建）的建议

1. 布局流通市场营销

按照加强区域性牛产品批发市场和专业市场建设，建立高效畅通安全的现代牛产品流通市场的要求布局30个流通市场。其中，以滇中地区为重点，布局6个面向昆明、玉溪等省内大中城市牛产品供给的专业批发市场；以滇东北、滇南地区为重点，布局8个面向广西、广东等国内大中城市外销的牛产品批发市场和交易市场；以滇西、滇西南为重点，布局13个面向国内外销售的牛产品批发市场和交易市场；以滇西北为重点，布局3个面向省内外销售的特色牛产品批发市场（原婷，2017）。

2. 全力打造云牧品牌

充分依托云南的自然禀赋、人文积淀和发展基础，适应市场消费要求，顺应绿色发展潮流，突出“品种多样、特性各异、生态环保、优质安全”的特点，积极推进无公害产品、绿色产品、有机食品认定和产品地理标志登记，打造在全国乃至世界有优势、有影响、有竞争力的“云牧”大品牌。支持龙头企业、专业合作组织和有条件的养殖场创建自主品牌，筛选一批具有一定影响力的品牌重点培育，争创全国知名品牌。采取多种形式加强产品品牌宣传，提升优势产品的市场占有率，以品牌引导产品生产，以产品带动产业发展，提高牛产业的知名度，不断增强牛产业发展的活力。

（三）“互联网+”模式引领牛产业发展

互联网正潜移默化地改造着农业产业链，其特点是以生产者为中心，改变农业生产者行为，主要体现在互联网对产业的生产、交易、融资、流通等各个环节的改造，以提升生产者运营效率。云南肉牛业具有市场空间大、产业化进程短、信息化程度低、生长周期长、生产成本高等特点，适于通过与互联网的结合而实现质的跨越。

在巩固提升活牛当地交易市场销售，专业合作组织和养殖协会统一组织销售，省外企业到云南省牛养殖集中区域订购，互联网线上销售渠道的同时，充分发挥行业协会第三方作用，通过创建项目推介会、资源对接会、产业链发展论坛、资产及资源（电子）交易平台等合作平台，促成国内外牛产业资源的纵横连接，扩大云南牛产品的市场覆盖范围。

五、投（融）资策略

（一）基本情况

加强对云南气候优越、环境优美、品种富集、草料丰富、区位独特等发展优势的宣传，充分利用两个市场、两种资源，加大招商引资力度，引进一批国内一流、世界知名的央企、民企、外企到云南注册公司发展牛产业，引导和鼓励龙头企业、专业合作组织等经营主体，通过重组兼并、股份合作、跨地域、跨行业组建产业集团，分别注册成立养殖、饲料生产、产品加工、产品销售公司。

1. 大企业大集团投资云南牛产业

2016 年 1 月，新希望集团与云南泰华食品、云南三江并流农业科技等云南省内知名民企，在瑞丽市组建起瑞丽新希望肉牛产业有限公司，投资 10 亿元在云南打造肉牛产业链建立饲料、育肥、屠宰、深加工等一体化肉牛产业项目;[①] 2016 年 10 月，新希望集团又与云南省西双版纳州景洪市签框架协议投资 10 亿元，在景洪市勐龙镇建立肉牛产业园区。2016 年，广东圆梦集团在芒市投资年屠宰加工 10 万头肉牛项目，协议签约 2 亿元，项目已落地并完成投资 2000 万元。2016 年 9 月，上海鹏欣集团旗下的上市子公司大康国际农业食品股份有限公司与德宏州签订总投资 15. 6 亿元合作框架协议。

2. 金融资本融资云南牛产业

目前甸寻县云南海潮集团听牧肉牛产业股份有限公司、富民县云南三江并流农业科技股份有限公司在新三板上市，雪兰牛奶有限责任公司、邓川蝶泉乳业公司作为新希望集团乳业板块整体打包上市。

---

① 新希望在滇布局一体化肉牛产业链［EB/OL］. 山西新闻网，2015 - 06 - 16.

（二）案例

1. 德宏州芒市“红色贷款”支持肉牛产业发展

（1）贷款情况。第一，贷款规模及额度。“红色信贷”支持肉牛产业发展的贷款规模为3亿元。对立足于自身脱贫致富的党员或群众，最高申请贷款不超过10万元；对农村致富党员能联系帮扶1~2名贫困群众（年人均收入低于2736元以下的贫困群众）的，申请贷款不超过20万元；对农村带头致富党员能联系帮扶2名以上收入偏低党员或3名以上贫困群众的，申请贷款不超过30万元。[①] 截至2015年10月31日，芒市累计发放肉牛养殖贷款18257万元，支持养殖户1761户。第二，贷款期限及利率。贷款期限为3年（周年），贷款人可根据用途和生产经营活动周期合理确定贷款期限，贷款可以跨年度使用。贷款利率实行差别利率激励机制，对所在村评为信用村或所在村虽未评为信用村但已评为信用户的借款人执行优惠利率（即同期同档央行基准利率），由贷款人在当地同类贷款执行利率基础上给予优惠；对不属于上述情形的借款人在执行优惠利率的基础上上浮10%。[②] 第三，贷款偿还及贴息。借款人可结合自身经营情况，合理选择按季付息、到期还本，按季付息、分期还本按季付息、不定期还款等方式。在市农村信用联社对借款人给予优惠贷款利率，市财政给予借款人贷款年利率3个百分点的财政贴息，市财政贴息期限为3年。

（2）开展的主要工作及措施。第一，组建机构，协调配合。成立市级领导小组，由市委书记任组长、市委组织部部长任常务副组长、常务副市长和分管农业副市长为副组长，并在市委组织部设立芒市3亿元“红色信贷”发展肉牛养殖工作办公室（简称红牛办）及芒市“红色信贷”肉牛养殖协会（简称红牛协会）。各乡镇、村、组在党组织的引领下，参照市级成立组织机构，形成党组织统一领导，协会协调服务、合作社管理经营的运作模式，各司其职、各负其责，为顺利推进工作提供组织保障（赵志军，2017）。第二，明确主线，受惠于民。坚持惠民这条主线，多渠道、多方式征求群众意见，简化流程、集中资金统一扶持专项产业，向重点村集中、向建档立卡贫困户集中、向党员户集中，制定出台了贷款对象广、贷款额度大、贷款利率优、政府贴息高、用款周期长的惠民政策，符合发展肉牛养殖的实际，符合广大群众的意愿，受到了群众的欢迎和拥护。第三，科

①② 根据《云南省“红色信贷”贷款管理办法》整理。

学谋划、主动作为。一是学经验。组织相关人员学习“插甸经验”，考察了“双友牧业”等养殖基地，同时总结信贷运作模式、集体经济发展方面的经验和做法。二是攻难点。深入基层实地调研，充分听取基层党组织、养殖大户的意见建议，拟订合理的解决措施。三是出政策。坚持“惠民、务实、管用”，让群众得实惠、能发展，研究出台了3亿元红色信贷发展肉牛养殖政策。四是定责任。3亿元“红色信贷”支持肉牛产业发展项目启动后，芒市市委即与各乡镇党委政府签订责任书，明确责任，层层分解任务。五是抓培训。组织召开了市、乡、村、组四级专题培训会，共培训党员群众8160人次，采取集中培训和分散培训的方式。六是强宣传。将政策及时宣传到基层，让党员和群众熟悉贷款政策、掌握养殖技术、积极主动参与（赵志军，2017）。第四，完善体系，跟踪服务。一是完善动物疫病防控体系。建立肉牛购买调运报告制度、隔离观察制度、疫苗强制补免制度及疫情监测预警制度。二是建立养殖风险共担机制。成立芒市“红色信贷”肉牛养殖协会，群众自愿入会，形成互帮互助机制，肉牛养殖意外死亡，可给予适当补助，降低群众损失。三是跟踪监督贷款使用。将贷款户养殖发展情况建档立卡，跟踪服务，掌握每户养殖肉牛的情况。四是划片区提供技术服务。抽调市级畜牧技术人员8人，将各乡镇划为4个片区，对疫病防控、养殖技术给予培训及技术指导（赵志军，2017）。第五，凸显效益，精准扶贫。一是突出经济效益。让3000名农村党员带动3000名贫困群众发展肉牛养殖，力争三年内全市畜牧养殖业收入翻一番，实现个体养殖、专业合作社、村级集体经济同步发展。二是突出社会效益。让肉牛养殖产业服务于龙头企业，优化和调整畜牧业产业结构，促进相关产业发展，群众得实惠。

（3）经验及成效。第一，肉牛存、出栏增幅明显。2014年，年末肉牛存栏5.99万头、出栏2.44万头、牛肉产量2682吨；2015年，年末肉牛存栏8.7万头、出栏3.39万头、牛肉产量3729吨，分别比2014年增长45.24%、39%和39%。[①] 第二，提高了肉牛养殖积极性。芒市勐戛镇有312户养殖户争取到“红色贷款”3178万元，正在审批100户1000万元，其中40%以上为党员示范户。目前全镇存栏肉牛10500头，比实施“红色贷款”前增加1000头，增长10.53%，种植优质人工牧草8000多亩，其中多年生王草5000亩、一年生黑麦草3000亩。同时盘活

① 云南省农业厅草山饲料处．芒市红色信贷支持肉牛产业发展成效初显［N］．云南经济日报，2016－01－21．

了闲置资产，勐戛镇从维大牲畜养殖专业合作社由于资金匮乏，原建设的圈舍等基础设施大量闲置，拿到“红色贷款”后，8户（每户10万元）养殖户已进入该小区饲养，存栏肉牛达100多头。① 第三，肉牛规模养殖水平明显提升。截至2015年10月，芒市有肉牛养殖专业合作社44个，养殖小区31个。肉牛存栏10~49头的有251户，50~99头的有23户，100~299头的有5户，300~499头的有3户，500~999头的有2户。其中养殖小区比贷款前增7个，增幅达29%。②

（4）存在的问题。第一，养殖风险存隐患。芒市地处边境，与缅甸山水相连，动物疾病疫病防控任重道远，自身抵御能力较弱、养殖条件差，乡、村两级动物疫病防控基础设施和设备简陋陈旧老化，村级防疫员待遇低（每月200元），导致队伍不稳定、流动性强，整体水平不高，难以适应新常态下动物防疫要求。第二，金融信贷存隐忧。一是由于市级财政困难，向农户承诺的贴息难按时到位。二是贷款发放后因涉及的农户数较多较散，后续的贷后管理有难度。第三，养殖用地审批难。受国家土地政策制约，合作社规模化养殖场建设用地成本高、审批难。

（5）取得的成效：通过3亿元“红色信贷”发展肉牛养殖的实施，积极探索党组织“牵线”、金融“搭台”，党员和群众“唱戏”的“党建+金融+产业+扶贫”新型党建模式，闯出一条边疆少数民族地区脱贫致富新路子（赵志军，2017）。

2. “产业+金融+市场”的肉牛精准扶贫项目

2016年11月，在第十四届中国国际农产品交易会暨第十二届昆明国际农业博览会上，云南省农业厅与西盟佤族自治县人民政府、云南三江并流农业科技股份有限公司签订了《西盟县肉牛产业精准扶贫开发项目合作框架协议》，云南农业厅承担行业领导、技术培训和政策支持，西盟县人民政府负责提供项目实施的总指挥和资本支撑，三江并流公司负责牛源组织、养殖技术、规划、管理和服务、市场策划、电子商务、“互联网+肉牛”智能化云养殖信息系统建设。西盟县人民政府提供2000万元专项借款③，由西盟扶贫投资开发有限公司直接提供给云南三江并流农业科技股份有限公司。

2017年4月，西盟扶贫投资开发有限公司、邮政储蓄银行与西盟县勐梭镇班母村十四组26户建档立卡贫困户签订了肉牛认养贷款合同，贷款总额130万元，

①② 云南省农业厅草山饲料处．芒市红色信贷支持肉牛产业发展成效初显［N］．云南经济日报，2016-01-21.

③ 左旭东，魏小兵．中国肉牛产业的“云岭牛”模式［N］．农民日报，2017-08-01.

成功启用西盟县肉牛产业精准扶贫开发项目肉牛认养第一笔资金。西盟县基本实现了政府引导、企业为主、农户参与、市场化运作的全新产业链，迈出了探索边疆少数民族特困区产业精准扶贫模式的第一步。一是基础设施可持续。政府与公司合作，由公司出资修建养殖场区，明确牛圈产权属性，跳出了“年年修圈不见圈、年年养牛不见牛”的怪圈。二是生产方式可持续。引入龙头企业与农户建立稳固的利益联结共享机制，企业依管理经验和订单市场，实现“产业＋金融＋市场”的对接，保证企业有利润，农户能受益，产业有发展。三是产业资金可持续。建立稳定的扶贫产业发展专项资金，鼓励金融机构加大信贷支持，引导保险机构拓展农业保险险种，为扶贫产业提供强大的资金支持，盘活肉牛产业资金链，发挥资金聚集倍增效应。

（三）对改善（优化）产业投（融）资的建议

拓宽牛产业融资渠道，运用财政贴息、补助等方式，引导各类金融机构增加对生产、加工、流通的贷款规模和授信额度，积极落实并加大对牛产业化龙头企业及新型经营主体的扶持力度。鼓励有条件的地方设立产业贷款担保基金、担保公司，为牛产业化龙头企业和规模养殖场融资提供服务。支持采取联合担保、专业合作社担保等方式为养殖场（户）提供信用担保服务，切实解决贷款难问题。创新抵押担保方式，扩大可用于担保的财产范围，把符合国家规定和实际要求的牛产品订单、保单、仓单等用于抵（质）押或授信资产。鼓励和支持具备条件的龙头企业通过上市融资、发行债券、股权投资等方式，利用资本市场和股权市场直接融资。优化发展环境，鼓励民间资本以多种形式投资牛产业（刘学剑，2015）。

六、风险控制

（一）基本情况

目前，云南牛产业发展面临着环境压力、疫病防控、产品安全、市场波动四大难控风险。同时，存在规模化程度低、生产水平低、从业者素质低、产品深加工比重低四大基本问题，亟待破解优质资源配置不足、金融信贷支持不足、市场调控能力不足、基础设施投入不足等四大体制和机制障碍。

（二）存在的问题

1. 生产方式落后

云南肉牛养殖多沿用传统的役牛饲养管理模式，仍以千家万户分散饲养为主，生产方式落后，产业化形式松散，缺乏科学的饲养管理技术。科研机构的数量和研发能力效率低，推广机构的力量和规模小，在科研与农户（场）之间形成了有形无实的断层，制约了云南牛产业发展。

2. 产业融合发展程度低

云南牛产业发展还存在着产业基地建设质量不高，龙头企业带动能力不强，牛产品加工业发展滞后，一二三产业融合发展程度低，良种繁育体系、饲料保障体系、疫病防控体系、产品质量安全体系、科技支撑体系、质量安全体系、网络信息体系不健全，落实养殖用地难、信贷担保难、社会融资难等问题和差距。

3. 边境走私时有发生

在利益的驱动下，不法商贩绕过国家口岸通道，从边境便道非法运送偶蹄动物及其产品进入云南省，每年非法入境的偶蹄动物多达100万头以上，将冲击云南牛产业持续健康发展。

（三）对抵御（防范、降低）产业风险的建议

以“优质、高效、安全和可持续发展”为目标，加大技术投资，依靠科技进步和机制创新，形成专业化生产、一体化经营、社会化服务、企业化管理，加快养牛业专业化、系列化、市场化和社会化进程，向品种良种化、生产集约化、过程无害化和产品优质化方向迈进，推进肉牛产业向专业化、规模化、集约化方向发展，全面提升肉牛、奶牛生产效益（牛国庆等，2014）。

1. 完善肉牛、奶牛良种繁育体系

选择云南优秀地方品种，选择初生体重大、体型结构好、后期载肉多；肥育效果好、产肉性能高、市场销路好、经济效益高的杂交后代，采用配套的生物高新技术，实施肉牛良种工程。建设肉牛、奶牛改良中心和品种原种场、基因库，进行自有品种功能基因挖掘，新型分子标记的开发应用，积极开展遗传改良和杂交优势利用工作，通过产学研结合和生物技术育种，推广肉牛杂交改良，提高自繁自育、良种供应及种质资源保护和开发能力。加强自主知识产权、优质高产肉牛新品系“云岭牛”的推广应用，提高养牛业生产水平，彻底改变肉牛种质和高

档牛肉依靠进口的局面（牛国庆等，2014）。

2. 提升科学饲养管理技术

提高肉牛育肥、奶牛产奶是一项综合技术工程，包括草料加工生产、日粮配制、饲养管理、扩群繁育，应根据不同生长、生理阶段、不同生产目标和水平的营养需要，科学配制日粮，提高肉牛草料、奶牛产奶转化利用率。

3. 出台扶持政策

随着云南肉牛养殖规模化比重的不断扩大，资金问题已成为阻碍企业持续发展的最大瓶颈，而养殖企业融资最突出的难题就是贷款担保问题。中国银监会《关于加强涉农信贷与涉农保险合作的意见》中明确指出，鼓励借款人对贷款抵押物进行投保。对抵押物已进行投保的，在同等条件下优先审批发放贷款。中国畜牧业协会牛业分会自2013年起，对我国各肉牛主产省份近百家企业进行了投保情况调查，据统计，不到10%的企业投保肉牛养殖保险，且都属于企业自发行为。而商业保险对于肉牛保险给予的费率标准通常达6%以上，投保的支出将进一步加剧，养殖环节的成本上升，单靠企业独力承担并不现实。因此，建议将肉牛养殖保险纳入国家政策补贴，通过财政支持完善企业发展机制，加快产业转型升级的步伐（赵航，2016）。

4. 出台活牛定点屠宰管理条例

当前进口和走私活牛、牛肉大量的涌入，给云南肉牛产业带来了冲击和挑战，而私屠滥宰及肉牛产品注水掺假等行为，持续侵害正规肉牛企业的根本利益。加强对肉牛屠宰环节的管理，既有利于肉牛行业健康发展，又是保障牛产品质量安全、保护广大消费者权益和健康的必然要求。因此，建议国家有关部门尽快出台活牛定点屠宰管理条例，使得打击肉牛私屠滥宰、注水等行为有法可依。同时建立活牛屠宰业户监管档案，对排查发现的收购屠宰加工销售病死牛、添加“瘦肉精”、注水或注入其他物质的黑作坊、黑窝点，严厉打击，追究其刑事责任。

5. 建立长效疫病防控机制

一是强化疫病防控。认真落实《云南省中长期动物疫病防治规划（2014—2020年）》和相关法律法规，坚持生产发展和防疫保护并重的方针，加强疫病风险防控。科学制定养殖防疫制度和口蹄疫等重大动物疫病免疫程序，严格执行引种、跨区调运、补栏隔离、监测检疫等各项关键措施。定期开展布鲁氏菌病、结核病等人畜共患病的监测检测，及时处置阳性牲畜，严防病牛带毒传染。指导做好牛焦虫病、螨虫病等常规病防治。抓好种牛场疫病监测净化，加强养殖场综合防疫管理，健全卫生防疫制度，强化环境消毒和病死畜无害化处理。二是开展跨境动物疫病防控。开展跨境动物区域化管理及产业发展试点工作，依托澜沧江、怒江等天然屏障，疏堵结合，开正门、堵后门，疏通肉牛进出口贸易渠道，促进中老、中缅边境地区肉牛及其产品国际贸易。

七、融合发展

（一）基本情况

按照全产业链推进的要求，主动适应经济发展新常态，推进农业供给侧结构性改革，积极拓展现代牛产业功能，把新机制、新技术、新业态、新模式引入现代牛产业，创新产业链与农民利益联结机制，着力构建牛产业与二三产业融合发展的现代产业新体系，促进农业增效、农民增收、精准脱贫。引导和鼓励寻甸听牧公司、思茅爱伲农牧集团、芒市彩云琵琶公司、大关琦鑫公司、昆明雪兰公司、大理欧亚乳业、大理蝶泉乳业、大理来思尔乳业、个旧乍甸乳业等9家龙头企业，积极拓展经营领域、延伸产业链条，融合种植、养殖、加工、销售、餐饮、旅游服务等一二三产业发展模式。

（二）案例

1. 肉牛养殖与中、高端餐饮消费及互联网销售平台融合

寻甸听牧公司，以肉牛屠宰加工为基础，前延肉牛养殖，自办肉牛规模养殖场2个，年出栏肉牛达2000头以上，并与25家肉牛规模养殖场建立了合作关系，年屠宰加工肉牛2万头以上；后延市场营销，在昆明等周边城市布局了4个听牧牛庄、8个听牧烤吧，产品进入各大超市并在互联网平台销售。

2. 龙头企业养殖与市场营销融合

昆明雪兰公司，以乳品加工为基础，前延奶牛养殖，自办奶牛养殖企业3个，奶牛达1万头以上；后延市场营销，在全省布局销售网点达1万个以上。

3. 牧场与销售终端无缝对接

2011年12月5日，昆明市农业局、昆明市工商行政管理局、昆明市食品药品监督管理局、昆明市质量技术监督局联合发文，将云南省绿盛美地科技实业有限公司作为开办“鲜奶吧”的经营试点。目前昆明有正式批文可以开办“鲜奶吧”

的共有4个牧场，分别为寻甸唐牛牧业山顶牧场名称为“山顶牧场”，宜良绿盛美地生态牧场名称为“绿梦园”，五华众维标准化奶牛场名称为“西萌”，晋宁尼摩合标准化奶牛场名称为“优牧品源”，其中“优牧品源”在2016年销售值达2000多万元。

4. 斗牛产业与旅游业相融合

斗牛是石林县最具民族特色的项目之一，已和当地彝族人民相伴了数千年，石林很多村庄都会举办斗牛比赛。对彝族人民来说，斗牛可以带来红火、吉祥，具有很深的价值寓意。近年来，随着斗牛市场的发展，常有商贩到乡间购买，如果有极品牛被看中，就是一笔几十万元的财富。饲养斗牛，除了在娱乐、传承民族文化的同时，也给老百姓带来了很大实惠。石林县饲养斗牛的农户有3000多户，只要驯养得当，参加比赛后可卖到三五万元，最近几年胜出的牛王“擎天柱”就曾以72万元售出，出场费高达5万元。

（三）对促进优化牛全产业链融合的建议

1. 构建牛产业链价值闭环

肉牛产业发展的关键在于“现代化”与“可持续”，而实现这两个目标，对于资本（资金）的需求尤为迫切。当前，具有较强整合能力的企业纷纷通过资本合作，建立起产业价值圈，快速形成闭合产业链，而产业链一体化的肉牛、奶牛企业在和单个环节的企业竞争中通常呈现出压倒性优势。因此，对于肉牛、奶业企业而言，若想获取更大生存空间（赵航，2016），有必要进行资源整合，打造自身产业价值圈。

2. 促进全产业链业融合发展

支持牛养殖企业和农民专业合作组织大力发展人工牧草、青贮玉米，建植高产优质人工草料基地，发展草料产品加工业，开展生态旅游、中介服务等。扶持牛产品加工业向养殖、饲料生产、物流配送等领域拓展，建立一体化经营组织。以草料产品加工带动草料种植业发展，牛产品（乳制品）加工带动牛养殖业发展，一二产业相互促进发展。同时，利用草原及生态牧场等资源发展旅游业，通过强化营销不断做大市场、中介服务、物流配送等相关服务业。引导和鼓励牛养殖屠宰加工企业、农民专业合作组织，整合资源、创新机制，跨地区、跨行业、跨所有制兼并重组、股份合作，组建集良种繁育、养殖加工、市场营销、网络销售、技术服务于一体的现代产业集团，实现一二三产业融合发展，提升牛产业综合生产能力和市场竞争能力。

八、科技推广应用

（一）基本情况

云南省自主培育的首个三元杂交肉牛新品种“云岭牛”是新中国成立以来，全国第四个、南方地区第一个肉牛新品种，已在10个州（市）25个县（市、区）及贵州、广西、重庆、四川、广东、海南等省份推广。按照农业部、省委省政府的指示和要求，聚焦“培育出具有国际竞争力的云岭牛品牌、产业和让云岭牛走遍云岭大地、走出国门”的目标，截至2016年8月30日，云南省累计推广种公牛7583头，冻精484.4万剂。2015年，省内推广区域出栏云岭牛16.7万头，牛肉产量达4.2万吨，农业产值达16.7亿元，带动一二三产业综合产值达50亿元。

（二）发展优势

1. 生产性能好

云岭牛在生产性能方面虽然与国外优秀纯种牛比较尚有差距，但在我国南方养殖，优于西门塔尔、利木赞、夏洛莱、安格斯等牛种。繁殖率高达90%，比其他牛种高出15个百分点，犊牛成活率高达96%，比其他牛种高出9个百分点。一般24个月即可出栏，生产周期较其他牛种缩短4个月，12~24月龄的平均日增重公牛为1000克以上、母牛900克以上，架子牛在强度育肥条件下，平均日增重可达1500克以上，养殖成本明显下降，养殖效益显著提升。

2. 牛肉品质优

云岭牛的肉质达到A3级别的比例与和牛相比尚有差距，但大理石花纹密度、嫩度、肉色、脂肪色、风味、多汁性等主要指标均高于西门塔尔、利木赞、夏洛莱等品种，属目前国内生产高中档牛肉的优良品种之一。通过继续深化科研措施，不断开展选育提质，还可促进云岭牛的肉质实现新的提升。

3. 市场需求大

随着我国人口增长、城乡居民生活水平提高、城镇化进程加快、城乡居民畜产品消费结构升级，生态、环保、绿色、健康的牛肉产品深受广大消费者青睐，消费需求继续保持较快增长，市场价格长期在高位运行，绝大部分高端牛肉需国外进口。

4. 产业带动强

2017 年，云南省牛存栏位列全国第 2 位，但生产性能不高的肉牛存栏量比重较大，具有很大的优质肉牛改良提升空间。通过组织化程度和经营方式的创新，结合扶贫攻坚产业发展目标，云岭牛产业有条件发展成为在全省有较大带动力、在全国和国际上有影响力的一大品牌和产业。

（三）存在的问题

1. 品种选育有待进一步优化

云岭牛品种虽然通过国家畜禽遗传资源委员会审定，但与国外优秀肉牛品种相比，在生产性能、肉质结构等方面尚有一定差距，需要系统、长久地深化研究。

2. 推广区域有待进一步扩大

云岭牛虽然在省内 10 个州（市）25 个县（市、区）及周边省区进行了推广，但推广力度不够、覆盖面不广、集中度不高、品种优势及养殖效益难以凸显。

3. 政策扶持有待进一步加强

云岭牛从品种选育到推广仅靠省草地动物科学研究院的科研经费支撑。在云岭牛品种深化研究、产业发展、产品加工、品牌打造等环节还需各级政府提供必要的财政资金支持。

（四）相关建议

1. 完善科研人员激励机制

在牛产业发展新常态下，市场要素在资源配置中起决定性作用，不断深化改革，破除体制障碍，建好平台，完善支撑体系，鼓励科研人员深入生产一线从事技术推广服务，实现产学研无缝对接，促进科技成果转化。不仅在工商登记制度改革、知识产权保护、科技人才流动等方面拿出突破性的举措，还应在鼓励科研人员向企业人员转化方面打通关键环节，要鼓励科研人员进入市场，最重要的是确立其市场主体地位，成为市场真正的参与者，这样才能够用市场的无形之手，来指挥科研人员研究出市场最需要的成果，使其产生巨大的社会和经济效益。

2. 建立健全科技推广体系

按照研发与推广相衔接，良种良法相配套的要求，加强从产前到产后的全程服务，推进现代肉牛、奶牛、牧草产业技术体系建设，为牛产业发展提供有力的科技支撑。依托云南省肉牛产业技术体系和科技创新联盟，深化产学研合作机制，组织相关科研院所和大专院校的科研力量，开展联合集中攻关，重点开展云岭牛持续选育、杂交配套利用、以提高饲料转化率为核心的动物营养技术、以非粮资源为重点的饲草资源利用等研究，加快云岭牛的成果转化，提高肉牛产业科技水平。充分发挥国家和省级肉牛产业技术体系试验站及农技推广体系试验示范作用，促进人工授精、早期断奶、阶段育肥、疫病防控和草场建设利用、高效青贮饲料种植及加工利用等先进实用技术。

（执笔：杨国荣、王雪娇、刘关所；审定：杨国荣）

第三十四章

云南羊产业经济问题研究

第一节　云南羊产业发展概况

一、中国及云南羊产业发展情况

羊是羊亚科的统称，哺乳纲、偶蹄目、牛科、羊亚科，是人类饲养的家畜之一。我国主要饲养山羊和绵羊，主要用于生产羊毛和羊肉。云南主要饲养山羊以生产羊肉和羊奶。过去十年，得益于持续的羊肉需求增加，云南省羊产业发展势头良好，羊产业在所有家畜中是发展最快的产业。因为有消费山羊肉特别是黑山羊的传统，而且具有相同的饮食习惯，临近的广东、贵州等地区对黑山羊的需求量也很大，每年云南省向这些地区输出黑山羊约200万只，这使得本省羊肉供应市场紧张，羊肉价格坚挺，养羊产业蓬勃发展。根据《中国统计年鉴》数据资料，2019年，全国山羊存栏超过3亿只、羊肉产量487.5万吨，云南省羊存栏超过1300万只、羊肉产量20万吨，均排名全国第8位，人均占有羊肉4.12千克，高于全国3.48千克的平均水平。云南省羊产业资源丰富，全省有山羊品种9个、绵羊品种6个。云南省羊产业的肉用品种主要有云岭山羊、龙陵黄山羊、毛肉兼用的云南半细毛羊以及自育品种云岭黑山羊；奶用羊主要为莎能奶山羊、关中奶山羊及其高代杂交后代。肉羊在羊产业中占有绝对优势，约占总数的96%，奶山羊占4%。云南羊品种的分布具有明显的区域性，绵羊主要分布在滇东北、滇西北的高寒地区，山羊主要分布在边远山区、半山区，奶山羊主要分布在石林圭山山脉一带坝区。在供种能力方面，2018年全省拥有种羊场132个，主要为肉羊供种场，奶山羊种羊除了自繁自养外，大部分从省外羊场调运。

二、中国及云南肉羊、奶山羊生产分析

（一）中国肉羊、奶山羊生产

20世纪50年代之前，全球绵羊产业以产毛为主。随着合成纤维产量迅速增长和毛纺工艺技术的提高，国际养羊业格局发生转变，毛用羊转向肉用为主。根据联合国粮食及农业组织统计数据库（FAOSTAT）统计资料可知，世界肉羊（包括绵羊和山羊）存栏量自2010年以来表现出逐年增加的趋势，由2010年的2016.86百万只逐年增加至2019年的2332.79百万只，增加了15.66%，年均增速为1.63%。其中绵羊存栏量由2010年的1098.93百万只逐年增加至2019年的1238.72百万只，增幅为12.72%；山羊存栏量由2010年的917.92百万只逐年增加至2019年的1094.07百万只，增幅为19.19%。中国作为世界最大的肉羊生产国，近年来的肉羊存栏量总体也呈现出逐渐增加的态势。2019年，中国肉羊存栏量为300.86百万只，占世界的12.90%，较2010年增长了4.64%。除中国外，印度、澳大利亚和尼日利亚也是世界肉羊生产大国，2019年，中国、印度和尼日利亚的肉羊存栏量合计占世界肉羊存栏总量的27.98%（见表34－1）。

表34－1　2010～2019年世界及主产国肉羊存栏情况　单位：百万只

品种	地区/比例	2010年	2011年	2012年	2013年	2014年	2015年	2016年	2017年	2018年	2019年
肉羊	全球	2016.86	2050.91	2085.09	2127.84	2136.21	2188.04	2228.41	2256.34	2278.49	2332.79
	中国	287.30	286.85	285.32	289.52	289.51	304.07	311.90	302.46	297.28	300.86
	印度	205.06	202.77	200.24	197.80	196.00	205.09	208.88	212.35	216.01	223.15
	尼日利亚	92.04	105.67	108.31	111.02	113.24	114.16	119.55	122.54	125.77	128.77
	中国占比（%）	14.25	13.99	13.68	13.61	13.55	13.90	14.00	13.41	13.05	12.90
	三国占比（%）	28.98	29.03	28.48	28.12	28.03	28.49	28.73	28.25	28.05	27.98
绵羊	全球	1098.93	1118.72	1133.66	1157.90	1151.81	1183.90	1197.36	1211.12	1217.62	1238.72
	中国	145.35	145.77	145.80	152.78	152.77	162.24	166.67	164.08	161.39	163.49
	澳大利亚	68.09	73.10	74.72	75.55	72.61	70.91	67.54	72.13	70.07	65.76
	印度	67.74	66.52	65.07	63.80	63.00	66.69	68.46	69.99	71.59	74.26
	中国占比（%）	13.23	13.03	12.86	13.19	13.26	13.70	13.92	13.55	13.25	13.20
	三国占比（%）	25.59	25.51	25.19	25.23	25.04	25.33	25.28	25.28	24.89	24.50

续表

品种	地区/比例	2010 年	2011 年	2012 年	2013 年	2014 年	2015 年	2016 年	2017 年	2018 年	2019 年
山羊	全球	917.92	932.19	951.43	969.94	984.40	1004.13	1031.05	1045.22	1060.87	1094.07
	中国	141.95	140.87	139.32	136.58	136.58	141.68	145.08	138.24	135.75	137.23
	印度	137.32	136.25	135.17	134.00	133.00	138.39	140.42	142.36	144.43	148.88
	尼日利亚	56.52	67.29	68.97	70.70	71.96	72.53	76.14	78.04	80.05	81.88
	中国占比（%）	15.46	15.11	14.64	14.08	13.87	14.11	14.07	13.23	12.80	12.54
	三国占比（%）	36.58	36.95	36.10	35.19	34.69	35.11	35.07	34.31	33.96	33.64

资料来源：联合国粮农组织（FAO）2021 年 5 月数据。

图 34－1 是近年来世界及主产国的肉羊出栏情况。从图中可以看出，2010～2019 年，世界绵羊、山羊的出栏量总体表现出逐年增长的趋势。中国作为世界绵羊、山羊出栏最大的国家，近年来的绵羊和山羊出栏量也呈现出增加的趋势，且出栏量均远远高于澳大利亚、新西兰、巴基斯坦、孟加拉国、土耳其、印度等紧随其后的国家。

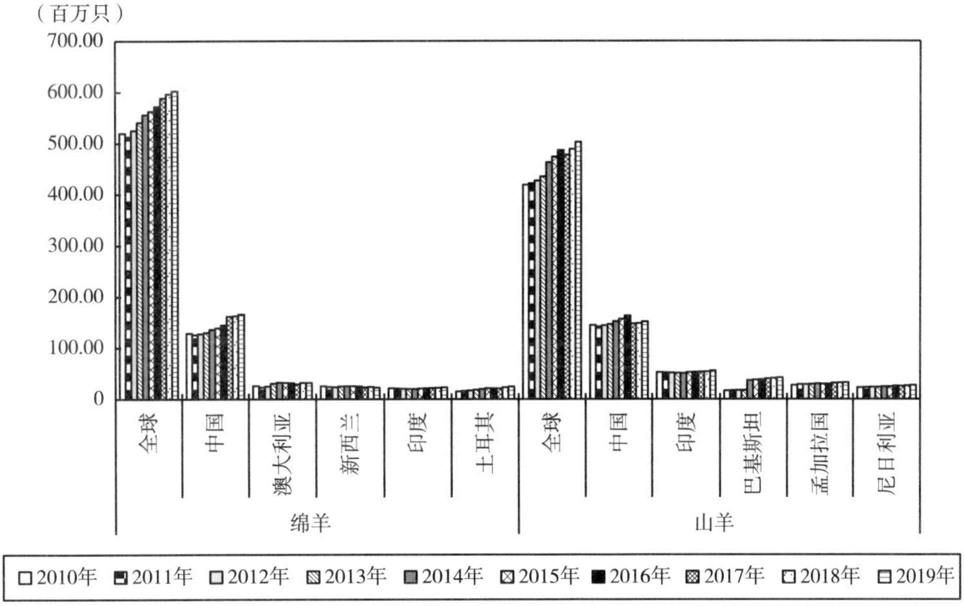

图 34－1 2010～2019 年世界及主产国的肉羊出栏情况

资料来源：联合国粮农组织（FAO）2021 年 5 月数据。

图 34－2 是近年来世界及主产国的奶羊存栏情况。从图中可以看出，2010～2019 年，世界奶绵羊、奶山羊的存栏量总体表现出逐年增长的趋势。尽管 2010～

2019 年，中国的奶绵羊存栏量从 4950 万只减少到 4178.18 万只，降幅达到 15.59%，但目前仍然是世界奶绵羊存栏最大的国家。而中国的奶山羊存栏量已多年不足 130 万只，全球占比不足 1% 且还在下降，排名已到第 30 位左右。

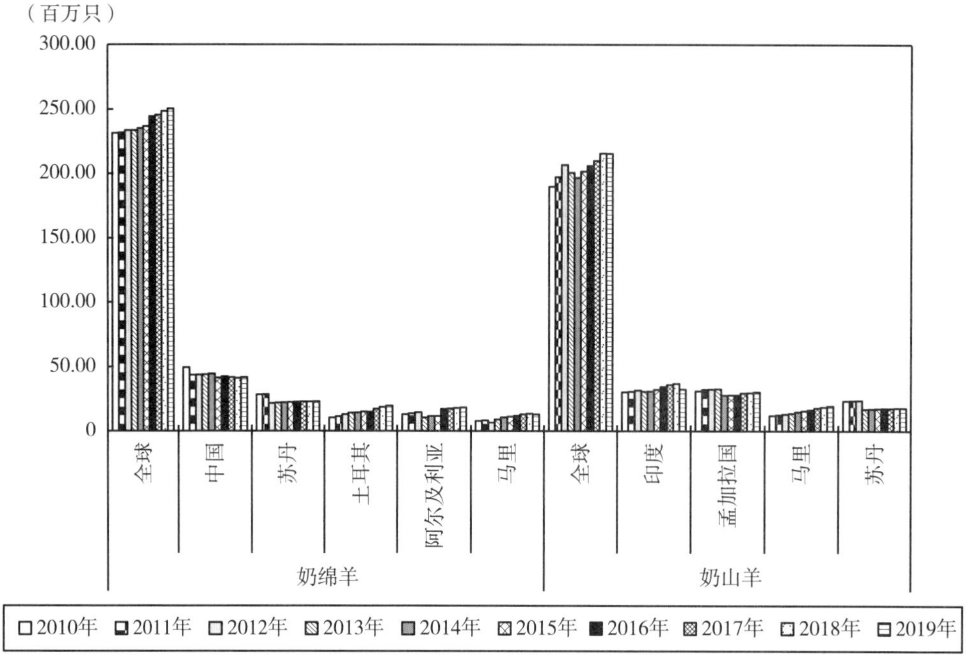

图 34－2　2010～2019 年世界及主产国的奶羊存栏情况

资料来源：根据联合国粮农组织（FAO）数据整理，2021 年 5 月。2010～2011 年苏丹共和国存栏量为包括现苏丹共和国及 2011 年建国的南苏丹。

中国养羊历史悠久，但是直至 20 世纪 90 年代，随着全球羊毛市场疲软，国内居民对羊肉的消费需求激增，带动了国内肉羊产业的持续快速发展。近年来中国政府部门出台的一系列促进肉羊产业发展的扶持政策也在很大程度上推动了国内肉羊产业的迅速发展。根据 FAOSTAT 的统计资料可知，2010 年以来，中国和世界羊肉产量总体均呈现出逐年增加趋势。2010～2019 年，中国羊肉产量均在 400 万吨以上，排在世界第 1 位，远大于紧随其后排名第 2～5 位的印度、澳大利亚、巴基斯坦和新西兰 4 国的总和，全球占比多年均在 28% 以上；2019 年中国羊肉产量达到 482.69 万吨，占世界肉羊生产总量的 29.83%（见表 34－2）。相比而言，中国的羊奶产业一直发展较缓慢，2010 年以来，世界羊奶产量总体均呈现出逐年增加趋势，然而中国的羊奶产量却总体表现出下降的趋势，全球排名从第 2 位下降到第 4 位。这主要是因为国内羊奶产业受进口奶的冲击较大，即我国羊奶产业的自主化程度很低，羊奶市场受进口奶的影响很大。

表 34－2　　2010～2019 年世界及主产国的羊肉、羊奶产量情况　　单位：万吨

品种	地区/比例	2010 年	2011 年	2012 年	2013 年	2014 年	2015 年	2016 年	2017 年	2018 年	2019 年
羊肉	全球	1367. 18	1373. 40	1393. 13	1429. 81	1468. 60	1508. 57	1536. 30	1569. 12	1593. 65	1617. 48
	中国	406. 02	397. 96	404. 50	409. 90	427. 63	439. 93	460. 25	471. 07	475. 07	482. 69
	印度	77. 40	76. 44	75. 50	74. 66	74. 03	76. 99	78. 05	79. 06	80. 37	82. 97
	澳大利亚	58. 17	54. 50	58. 42	69. 21	75. 35	75. 33	74. 59	70. 26	76. 27	75. 22
	巴基斯坦	43. 40	44. 30	45. 20	46. 70	47. 30	48. 30	49. 40	70. 10	71. 70	73. 20
	新西兰	47. 54	45. 33	45. 74	48. 19	48. 84	48. 84	48. 20	45. 23	47. 25	45. 09
	中国占比（%）	29. 70	28. 98	29. 04	28. 67	29. 12	29. 16	29. 96	30. 02	29. 81	29. 83
	5 国占比（%）	46. 26	45. 04	45. 18	45. 37	45. 84	45. 70	46. 25	46. 89	47. 10	46. 92
羊奶	全球	2761. 50	2797. 08	2839. 62	2845. 98	2896. 31	2917. 90	3000. 65	3057. 00	3058. 30	3049. 74
	印度	480. 66	499. 22	515. 72	525. 31	538. 34	558. 84	596. 68	638. 31	631. 95	562. 61
	土耳其	108. 96	121. 34	137. 64	151. 68	157. 72	165. 84	163. 98	186. 82	200. 81	209. 87
	苏丹	190. 60	192. 00	148. 20	150. 30	151. 80	153. 30	154. 70	155. 50	156. 50	157. 30
	中国	198. 40	179. 40	148. 28	149. 23	152. 49	138. 53	141. 11	139. 22	137. 69	138. 94
	巴基斯坦	77. 50	79. 50	81. 60	83. 80	86. 00	88. 30	90. 60	93. 00	95. 50	98. 02
	中国占比（%）	7. 18	6. 41	5. 22	5. 24	5. 27	4. 75	4. 70	4. 55	4. 50	4. 56
	5 国占比（%）	38. 24	38. 31	36. 32	37. 26	37. 51	37. 86	38. 23	39. 67	39. 97	38. 26

资料来源：联合国粮农组织（FAO），2021 年 5 月。

图 34－3 为 2010～2018 年中国羊肉农业总产值占全球总产值的比重变化曲线。

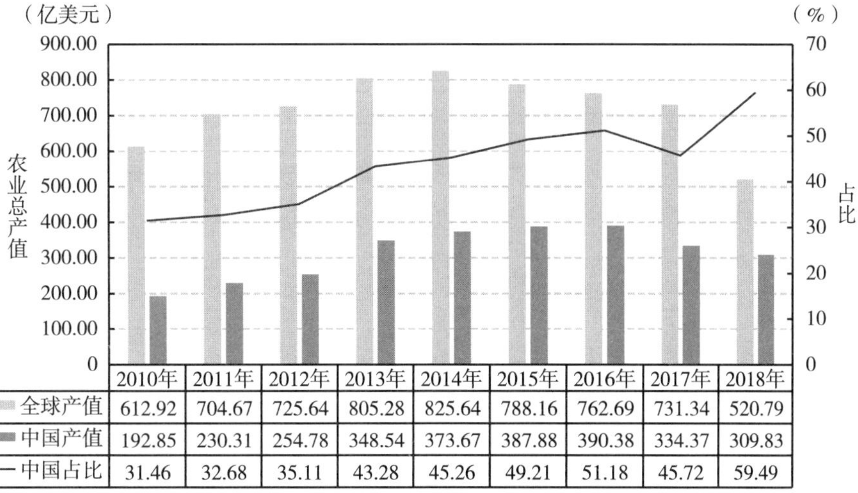

	2010年	2011年	2012年	2013年	2014年	2015年	2016年	2017年	2018年
全球产值	612.92	704.67	725.64	805.28	825.64	788.16	762.69	731.34	520.79
中国产值	192.85	230.31	254.78	348.54	373.67	387.88	390.38	334.37	309.83
中国占比	31.46	32.68	35.11	43.28	45.26	49.21	51.18	45.72	59.49

图 34－3　2010～2018 年中国羊肉农业总产值及其占全球总产值比例

资料来源：联合国粮农组织（FAO），2021 年 5 月。

从表 34－2 和图 34－3 可以看出，尽管中国羊肉产量的变化与世界羊肉产量变化基本同步，但是二者又有不同，中国在保持世界羊肉产量比例平稳的同时，羊肉农业总产值占比不仅长期高于产量占比，且一直稳步增长，即便是在世界羊肉价格下跌、产值下降的 2015 年，中国的羊肉产值也保持了增长；2017 年和 2018 年，虽然全球和中国羊肉产值均明显下降，但中国的降幅小于全球平均，占比曲线明显上扬。这说明近年来中国的羊肉产业的自主化程度很高，羊肉消费和羊肉生产都集中在国内，因此，羊肉的产业化水平一直在稳步提高，羊肉的深加工进步较快，羊肉附加值增加较快。

图 34－4 为 2010～2017 年中国羊奶农业总产值占全球羊奶农业总产值的比重变化曲线。可以看出，一直以来，中国羊奶产值占世界的比重偏低，仅在 3% 左右徘徊。2010 年以来，中国羊奶产值及占全球羊奶总产值的比重均在波动中呈总体下降趋势。

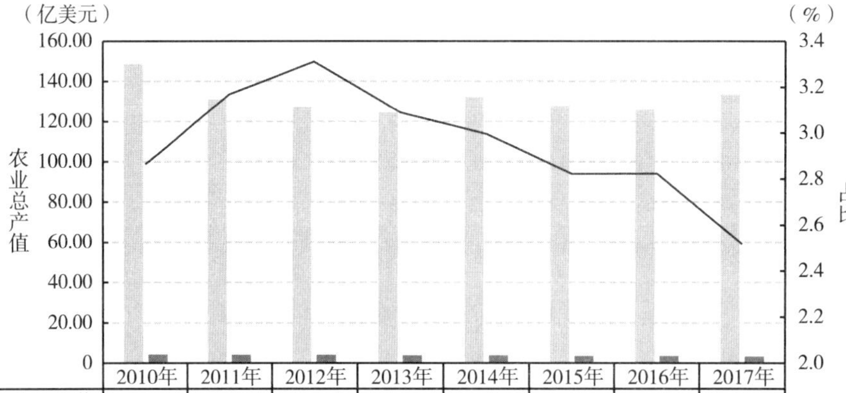

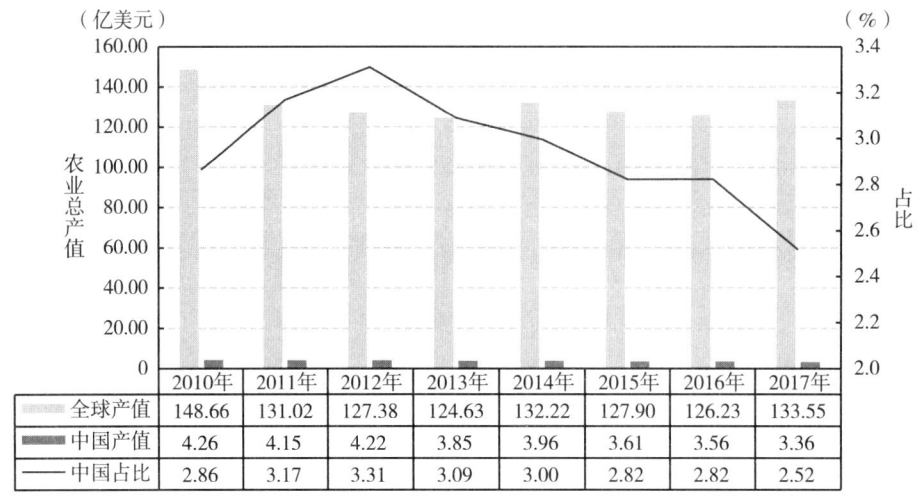

	2010年	2011年	2012年	2013年	2014年	2015年	2016年	2017年
全球产值	148.66	131.02	127.38	124.63	132.22	127.90	126.23	133.55
中国产值	4.26	4.15	4.22	3.85	3.96	3.61	3.56	3.36
中国占比	2.86	3.17	3.31	3.09	3.00	2.82	2.82	2.52

图 34－4　2010～2017 年中国羊奶农业总产值及其占世界比例

资料来源：联合国粮农组织（FAO），2021 年 5 月。

（二）云南肉羊的生产分析

1. 云南肉羊存栏量、出栏量及羊肉产量

近年来，居民生活水平的逐步提高使得人们对低脂肪、高蛋白、绿色健康的羊肉消费需求不断增加。云南养羊业也在国家和省级有关部门的重视支持下，获得了快速发展。根据《中国农村统计年鉴》和《中国畜牧兽医年鉴》的数据资料

可知，2008 年以来全国和云南的肉羊存栏量、出栏量和羊肉产量均呈现出不断增加的态势。其中，全国和云南的肉羊存栏量分别由 2008 年的 28084.90 万头和 843.30 万头逐年增加至 2019 年的 30072.10 万头和 1307.00 万头，十多年间分别增长了 7.08% 和 54.99%，年均增幅分别为 0.62% 和 4.06%；肉羊年出栏量分别由 2008 年的 26172.30 万头和 651.90 万头逐年增加至 2019 年的 31698.90 万头和 1137.20 万头，近十年来分别增长了 21.12% 和 74.44%，年均增幅分别为 1.76% 和 5.19%；随着全国和云南肉羊存栏量的不断增加，羊肉产量也都表现出逐年增长的趋势，2008 年全国和云南羊肉产量分别为 380.30 万吨和 11.50 万吨，2019 年则分别增加到 487.50 万吨和 20.00 万吨，增长率分别为 28.19% 和 73.91%，年均增幅分别为 2.28% 和 5.16%。由此看见，无论是存栏量、出栏量和羊肉产量，云南省的增速均快于全国。但是，云南肉羊存栏量、年出栏量和羊肉产量在全国的比重偏小。其中，肉羊存栏量占比和羊肉产量占比基本都保持在 3.5% 左右的水平，年出栏量占比在 3% 的低水平上下波动（见表 34－3）。

表 34－3　2010～2019 年全国及云南肉羊存栏量、年出栏量及羊肉产量情况

年份	全国			云南			云南占全国比例（%）		
	存栏量（万头）	出栏量（万头）	肉产量（万吨）	存栏量（万头）	出栏量（万头）	肉产量（万吨）	存栏量	出栏量	肉产量
2008	28084.90	26172.30	380.30	843.30	651.90	11.50	3.00	2.49	3.02
2009	28452.20	26732.90	389.40	877.60	687.10	12.10	3.08	2.57	3.11
2010	28087.90	27220.20	398.90	877.90	730.20	12.90	3.13	2.68	3.23
2011	28235.80	26661.50	393.10	900.90	735.50	13.00	3.19	2.76	3.31
2012	28504.10	27099.60	401.00	913.50	767.10	13.60	3.20	2.83	3.39
2013	29036.30	27586.80	408.10	929.10	792.40	14.00	3.20	2.87	3.43
2014	30314.90	28741.60	428.20	1008.00	807.10	14.60	3.33	2.81	3.41
2015	31099.70	29472.70	440.80	1057.40	854.70	15.00	3.40	2.90	3.40
2016	30112.00	30694.60	459.40	1043.70	871.60	15.10	3.47	2.84	3.29
2017	30231.70	30797.70	471.10	1240.20	1024.10	18.10	4.10	3.33	3.84
2018	29713.50	31010.50	475.10	1268.90	1051.50	18.60	4.27	3.39	3.91
2019	30072.10	31698.90	487.50	1307.00	1137.20	20.00	4.35	3.59	4.10

资料来源：《中国农村统计年鉴》（2011～2020 年）。

根据《中国农村统计年鉴》数据整理 2008 年以来中国及云南养羊农业产值曲线见图 34－5。

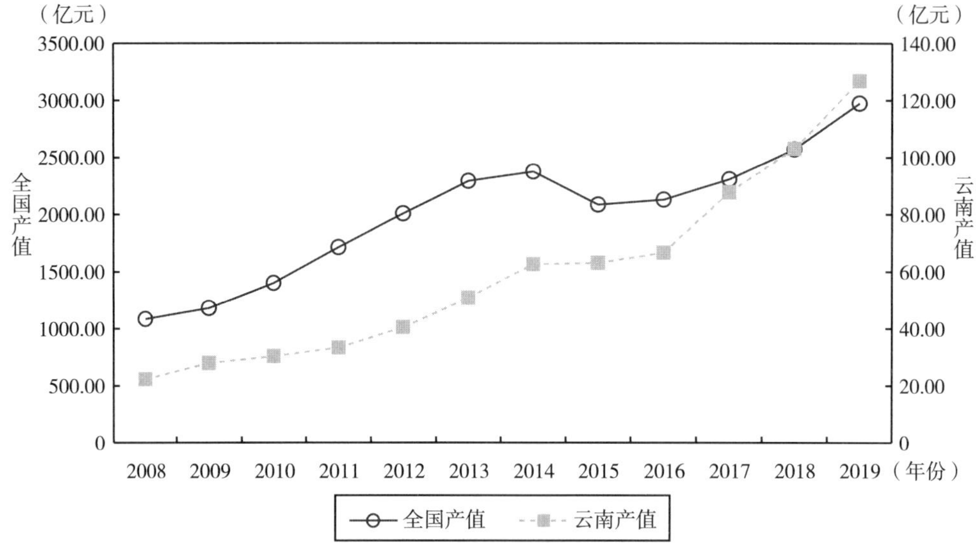

图 34－5　2008～2019 年云南省及全国养羊农业产值

资料来源：根据 2009～2020 年《中国农村统计年鉴》整理。

从图 34－5 可以看出，随着肉羊出栏量和羊肉产量的不断增加，全国和云南省的羊产值均表现出逐渐增加的态势。其中，全国羊产值由 1084.50 亿元增加至 2973.70 亿元，增加了 174.20%，翻了一番多。云南羊产值则从 22.30 亿元增加至 126.90 亿元，增加了 469.06%。

近年来，云南肉羊产业与全国的发展趋势相似，肉羊产业化发展较快，产值增加速度超过养殖量的增加速度，说明整个产业发展正在向内涵式增长的正确途径上前进，即以较少的养殖量产生较大的经济效益，不同之处是云南省肉羊产业发展得更加平稳，在全国肉羊产业变化较大的 2015 年，云南肉羊产业都保持了较好的稳定性，较少有大起大落，究其原因可能是云南本地羊肉仍占据市场的绝对份额，因为本地有消费山羊肉特别是黑山羊的传统，而存在竞争关系的养羊省份几乎以养殖绵羊为主，因此，云南肉羊产业具有一个较少受冲击而稳定的消费市场。同时，这也是云南肉羊产业发展存在的一个问题，因为缺少竞争力，云南肉羊业的劳动生产率长期得不到提升，羊肉价格始终处于全国平均水平，高于全国大部分地区，2019 年云南羊肉产量仅排全国第 8 位。

图 34－6 是云南省与我国其他肉羊主产省区的养羊产值变化情况。可以看出，近年来，全国肉羊主产省区内蒙古、新疆、山东、河北和云南的羊肉产量总体均表现出小幅增加的趋势。其次，在全国肉羊主产省区中，内蒙古、新疆和山东的

羊肉产量始终排在全国前3位，云南羊肉产量则排在河北之后，位于全国羊肉主产省区的末位。尽管如此，从云南省羊肉产量占全国的比重变化趋势来看，云南省肉羊产业在全国的地位在逐年提高。2008～2019年，云南省羊肉产量占全国比重从3.02%微幅上升至4.10%。

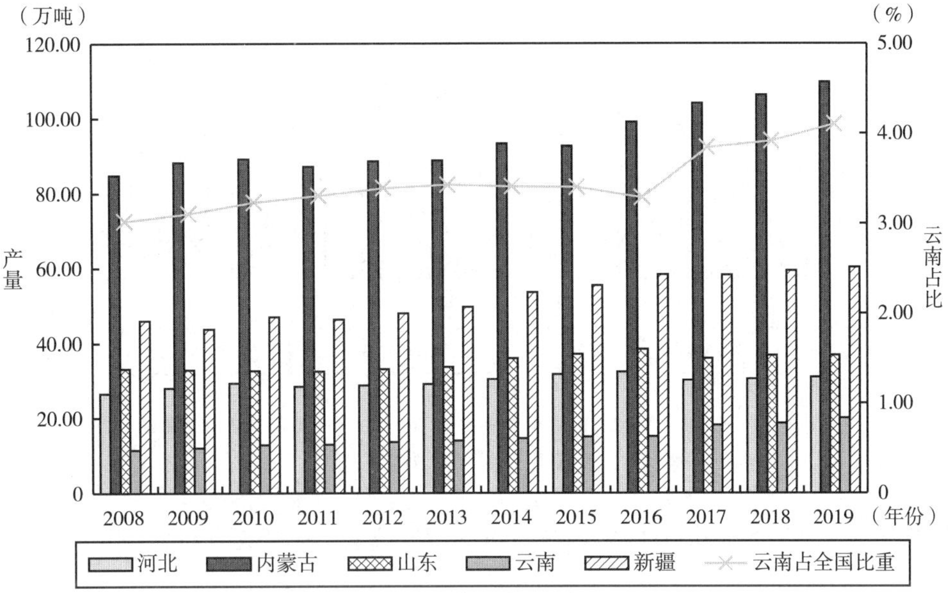

图34－6　2008～2019年云南省与其他肉羊主产省区羊肉产量比较

资料来源：根据2009～2020年《中国农村统计年鉴》数据整理。

从图34－7不难看出，除云南外，内蒙古、新疆、河北和山东近年来的羊产值总体均呈现出先增加后下降再上升的趋势。云南羊产值占全国的比重从2008年的2.06%增加到2019年的4.27%，增加了2.21个百分点。

2. 云南肉羊生产区域分布

根据历年云南统计年鉴的数据资料可知，云南省的16个州（市）均有肉羊生产，但各地区在自然条件（如气候、雨水、饲草料资源等）以及社会经济条件（如劳动力资源、基础设施建设、机械设备）等方面的差异，使得肉羊存栏量、年出栏量和羊肉产量在各州（市）存在较大差异。表34－4是2019年云南各州（市）的肉羊存栏量、年出栏量、羊肉产量及各自占全省的比例情况。总的来看，无论是在肉羊存栏量、年出栏量还是羊肉产量方面，2019年，曲靖、大理、楚雄、昆明和红河都排在全省前列。具体来看，2019年，曲靖的肉羊存栏量、年出栏量和羊肉产量排在云南省第1位，分别为273.99万头、266.71万头和5.53万吨，在

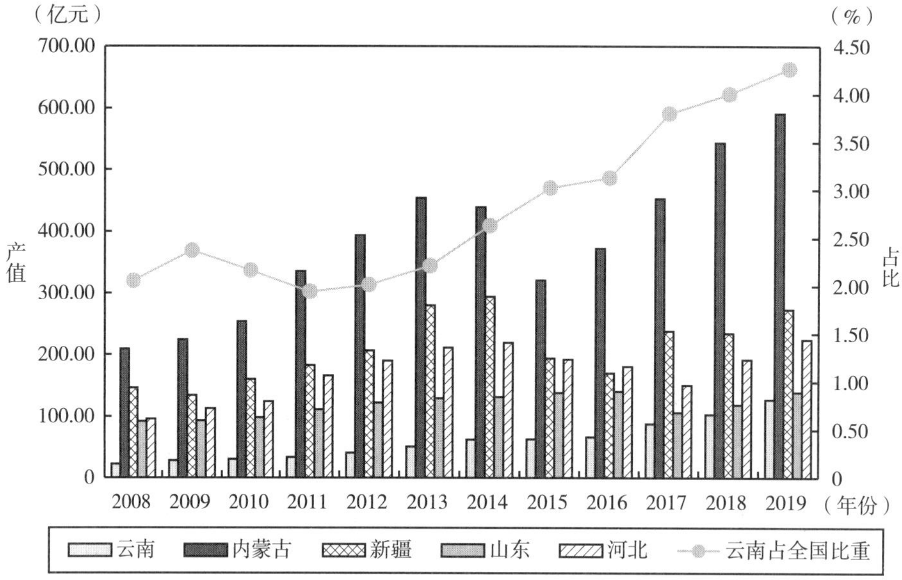

图 34－7　2008～2019 年云南省与其他肉羊主产省区羊产值比较

资料来源：根据 2009～2020 年《中国农村统计年鉴》数据整理。

全省所占的比重分别为 21.04%、24.50% 和 26.47%。曲靖具有热带与亚热带共有的多种气候类型，适宜多种动植物的繁衍生长，天然饲草料资源丰富，是发展肉羊等草食型畜禽业的优势区域。其次是楚雄州，多年来，楚雄畜牧业始终按照“稳定发展生猪业、突出发展牛羊业、加快发展家禽业、鼓励发展特种养殖业”的工作思路大力发展农业经济。尤其是 2013 年下半年，楚雄市人民政府办公室下发了《关于印发 2014 年云岭黑山羊产业发展实施方案的通知》，在全市 15 个乡镇实施黑山羊产业发展项目。通过广泛开展肉羊养殖技术培训、指导养殖户新建或改造羊圈、引进优质种公羊发放到户、农田种草、做好疫病防控等措施，在全市建成 181 户规范化、科学化肉羊养殖示范户，有力地带动了全市肉羊产业的发展。2019 年，楚雄州肉羊存栏量、年出栏量和羊肉产量分别为 154.66 万头、107.99 万头和 2.03 万吨，分别占全省的 11.88%、9.92% 和 9.74%。尽管大理 2019 年的肉羊存栏量排在全省第 3 位，但是年出栏量和羊肉产量均超过了排在第 2 位的楚雄。昆明有草山面积约 75 万公顷、垦荒面积接近 45 万公顷、25 度山坡退耕面积 4.3 万公顷，饲草和农作物秸秆资源丰富，拥有饲养肉羊得天独厚的资源优势。2019 年，昆明肉羊存栏量、年出栏量和羊肉产量分别是 117.14 万头、91.57 万头和 1.71 万吨，分别占云南省的 9.00%、8.41% 和 8.20%。近年来，红河州的草食畜牧业在肉羊良种补贴项目、石漠化综合治理草食畜牧业发展项目、退耕还林后续产业发展项目、草原生态保护项目、标准化规模养殖示范场创建等各项政策的扶持下得到了快速发展。红河州2019年肉羊存栏量、年出栏量和羊肉产量分别为114.19万头、89.60万头和1.63万吨，分别占全省的8.77%、8.23%和7.82%。

表34－4　　2019年云南各州（市）肉羊生产情况

州（市）	生产量			占全省比例（%）		
	存栏量（万头）	出栏量（万头）	羊肉产量（万吨）	存栏量	出栏量	羊肉产量
昆明	117.14	91.57	1.71	9.00	8.41	8.20
曲靖	273.99	266.71	5.53	21.04	24.50	26.47
玉溪	37.96	31.24	0.76	2.92	2.87	3.64
保山	63.31	60.78	1.19	4.86	5.58	5.72
昭通	65.90	51.26	0.99	5.06	4.71	4.74
丽江	107.74	66.04	1.05	8.27	6.07	5.01
普洱	46.12	25.70	0.53	3.54	2.36	2.55
临沧	68.89	44.88	0.82	5.29	4.12	3.92
楚雄	154.66	107.99	2.03	11.88	9.92	9.74
红河	114.19	89.60	1.63	8.77	8.23	7.82
文山	37.73	50.20	1.00	2.90	4.61	4.77
西双版纳	2.78	1.79	0.03	0.21	0.16	0.16
大理	148.16	154.00	2.82	11.38	14.15	13.49
德宏	8.66	8.37	0.17	0.66	0.77	0.80
怒江	37.35	29.27	0.47	2.87	2.69	2.25
迪庆	17.61	9.08	0.15	1.35	0.83	0.72

资料来源：《云南统计年鉴》（2020年）。

3. 云南肉羊规模养殖比例

尽管云南当前的肉羊还是以农户小规模分散饲养为主，规模化水平还比较低，但已呈现出饲养规模不断扩大的态势。养殖规模的大小直接决定了市场上可以供应的羊肉产量，一定程度上也代表了当前肉羊发展的产业化进程。近年来，在市场经济和产业发展的推动下，作为云南畜牧业重要组成部分的肉羊产业不断转型升级，规模化、标准化水平也随之不断提升。表34－5是2008～2017年云南肉羊养殖规模化水平变化情况。由表34－5可知，2008～2017年，尽管云南肉羊年出栏1～29只的场（户）数在总养殖场（户）中所占比例最高，但是却在不断下降，而年出栏30头以上的场（户）数在总养殖场（户）中所占比例均不断增加。

表 34-5　2008~2017 年来云南省羊饲养规模化水平——场（户）数占比　单位：%

年份	年出栏数 1~29 只	年出栏数 30~99 只	年出栏数 100~499 只	年出栏数 500~999 只	年出栏数 1000 只以上
2008	94.703	5.002	0.289	0.005	0.001
2009	94.805	4.815	0.374	0.004	0.002
2010	94.757	4.812	0.419	0.010	0.002
2011	94.287	5.215	0.483	0.013	0.002
2012	94.881	4.705	0.399	0.014	0.002
2013	94.952	4.565	0.463	0.017	0.003
2014	94.173	5.276	0.522	0.025	0.004
2015	94.032	5.317	0.620	0.025	0.005
2016	92.901	6.385	0.678	0.030	0.006
2017	93.044	6.291	0.631	0.028	0.006
平均	94.253	5.238	0.488	0.017	0.003

资料来源：历年《中国畜牧兽医年鉴》。

（三）云南奶山羊的生产分析

1. 云南奶山羊总量状况

羊奶业是我国奶业的重要组成部分。尽管与牛奶相比，我国羊奶的产量偏低，但是古今中外的研究表明，山羊奶是唯一可与母乳相媲美的天然营养保健品。近年来，随着我国市场对奶制品的消费需求逐步增加，人们对羊奶的营养价值也有了进一步的认识，奶山羊生产逐渐成为畜牧业中具有较强活力的产业。我国有着悠久的奶山羊养殖历史。辽阔的土地资源、丰富的奶山羊品种为我国奶山羊产业的发展提供了得天独厚的饲养条件（林俊等，2014）。奶山羊的生产和经营在国内部分地区正在形成规模，主要集中在陕西、山西、甘肃、山东一带，云南地区较少。据红星美羚招股书资料可知，截至 2021 年，全国 40% 的山羊奶源出自陕西，60% 在其他地区。① 2018 年 6 月《国务院办公厅关于推进奶业振兴保障乳品质量安全的意见》中要求“积极发展乳肉兼用牛、奶水牛和奶山羊等其他奶畜生产，进一步丰富奶源结构”，标志着羊乳产业的发展被提到了重要的议事日程。国家奶业振兴发展战略也给羊乳制品行业带来了发展机遇。2013 年中国羊乳制品的销售额

① 秋至，羊奶会成为下一个投资风口吗？[EB/OL]. 搜狐网，2021-10-28.

突破了100亿元。[①] 在产品配方注册制正式实施后，羊乳制品行业逐渐规范化发展，消费者对国产羊乳制品的信心增加，羊乳制品行业将会迎来一轮新的快速发展期。

由于政府部门的大力扶持，陕西省羊乳产业快速发展，已成为全国主要的奶山羊养殖基地。“全球羊奶看中国，中国羊奶看陕西”，羊奶产业中流传的这句俗语形象地说明了陕西省在羊奶行业的坚实地位。从表34－6可以看出，2008～2015年，虽然陕西省的奶山羊存栏量在波动下降，但是山羊奶产量却在不断增加，说明近年来陕西省奶山羊的单产水平在不断提升。与近年来陕西奶山羊存栏量变化趋势不同，云南省奶山羊存栏量表现出不断上升趋势。在存栏量不断增加的带动下，2008～2015年云南省的山羊奶产量也在不断增加。云南省的奶山羊存栏量和山羊奶产量占两省的比重也呈现出明显的增加趋势（见表34－6）。这说明，近年来云南省奶山羊产业在不断发展，尤其是养殖规模在不断壮大。尽管如此，进一步思考就会发现，这与其背后的推动力来自古已有之的羊奶产品消费习惯，比如羊奶乳饼等。随着人们收入的持续增长，对羊奶的消费自然具有较大的提升，同时也应该看到，云南山羊奶产业存在较大的问题，如优良种质资源的缺乏。近年来，云南奶山羊产业还处在重养殖数量而轻质量的初级阶段，单产水平低、产业仍然没有形成完整的链条，现代产业形态发展速度较慢。

表34－6　　2008～2015年陕西、云南奶山羊存栏量及山羊奶产量情况

年份	陕西		云南		云南占两省的比重（%）	
	存栏量（万只）	山羊奶产量（万吨）	存栏量（万只）	山羊奶产量（万吨）	存栏量	山羊奶产量
2008	140.78	33.28	33.78	3.56	19.35	9.67
2009	173.29	36.63	35.89	3.67	17.16	9.10
2010	101.81	40.12	33.17	3.96	24.57	8.99
2011	99.76	41.87	34.40	3.94	25.64	8.60
2012	105.77	47.31	36.74	4.94	25.78	9.45
2013	100.98	47.46	38.08	5.12	27.38	9.74
2014	105.09	47.64	43.14	5.80	29.10	10.85
2015	94.22	48.73	45.63	6.14	32.63	11.19

资料来源：《中国奶业年鉴》（2009～2016年）。

从表34－7也可以看出，2017年，陕西省山羊奶产量、奶山羊存栏量均排名全

① 中商产业研究院．中国羊乳制品行业市场前景及投资机会研究报告［EB/OL］．中商情报网，2020－12－21．

国第1位，2017年山羊奶产量为55.00万吨，是云南省的5.58倍，奶山羊存栏量240.00万只，是云南省的3.91倍，单产达到500.00千克/只，几乎是云南省的两倍。根据2018年第7139期《陕西工人报》（第二版）的资料可知，陕西省不仅奶山羊存栏量和山羊奶产量位居全国第1位，其奶山羊良种规模、山羊奶加工能力、羊乳制品产量、羊乳品牌数量、羊乳制品市场占有量均排在全国首位。① 截至2018年底，陕西省羊乳加工企业34个，年设计加工生鲜羊奶能力约100万吨，其中18家企业完成婴幼儿配方乳粉注册；2017年，该省羊乳制品总产量8.2万吨，其中奶粉6.9万吨（婴儿配方奶粉2.7万吨）、液态奶1.3万吨，羊乳制品产量占全国80%以上；羊乳制品占到国内市场份额的85%，其中羊奶粉占全国市场份额90%，婴幼儿配方羊奶粉占全国市场份额95%以上。② 这些发展速度是现阶段云南省远不能相比的。

表34－7　　2017年全国主产省奶山羊存栏量及山羊奶产量情况

地区	山羊奶产量（万吨）	奶山羊存栏量（万只）	产奶羊数量（万只）	单产水平（千克/只）
陕西	55.00	240.00	110.00	500.00
山东	19.07	132.45	52.98	360.00
云南	9.85	61.33	36.00	273.60

资料来源：根据《中国乳业报告》整理。

2. 云南奶山羊品种状况

云南省畜牧兽医科学院有关专家的研究表明，目前云南饲养的奶山羊包括萨能奶山羊、关中奶山羊、圭山山羊、萨圭高代杂交羊、吐根堡山羊、澳系努比羊等。其中，圭山山羊及萨圭高代杂交羊数量在30万只左右，产区以云南石林县为中心，分布于陆良、师宗边界沿普拉河延伸至弥勒县中部延绵100多千米的圭山山脉一带（胡钟仁等，2015）。

萨能奶山羊产于瑞士，是世界上最优秀的奶山羊品种之一，是奶山羊的代表型。现有的奶山羊品种几乎半数以上都程度不同地含有萨能奶山羊的血缘。萨能奶山羊产奶量非常高，奶质好，繁殖快，抗病能力强，房前屋后就可饲养，最适宜农户小规模饲养。通常情况下，公羊体高85厘米左右，体长95～114厘米；母年体高76厘米，体长82厘米左右。成年公羊体重75～100千克，母羊50～65千克。该种山羊早熟繁殖力强，繁殖率为190%，多产双羔和三羔，泌乳期8～10个月，产奶量600～1200千克，乳脂率3.8%～4.0%。

①② 牟影影．我省奶山羊产业多项指标居全国第一［N］．陕西工人报，2018－12－27.

关中奶山羊因产于陕西省关中地区而得名，以产奶为主，产奶性能稳定，产奶量高，奶质优良，营养价值较高。成年公羊体高 80 厘米以上，体重 65 千克以上；母羊体高不低于 70 厘米，体重不少于 45 千克。因体形近似西农莎能羊，群众俗称“四长羊”。公母羊均在 4 ~5 月龄性成熟，一般 5 ~6 月龄配种。母羊怀孕期 150 天，平均产羔率 178%。初生公羔重 2.8 千克以上；母羔 2.5 千克以上。一般泌乳期为 7 ~9 个月，年产奶 450 ~600 千克，单位活重产奶量比牛高 5 倍。

圭山山羊分布于云南彝族支系撒尼族聚居的路南、宜良、弥勒、泸西、陆良、师宗等县，为中国地理标志产品。圭山山羊头小而干燥，额宽，耳大灵活不下垂。全身黑色毛者占 70.21%，头、颈、肩部、腹部等棕色毛者占 21.28%，全身棕色毛者占 7.09%，青毛只有 1.42%。成年公羊平均体长、胸围和体重分别为 71.74 厘米、80.53 厘米和 43.63 千克；成年母羊分别为 72.03 厘米、79.90 厘米和 43.52 千克。圭山山羊抗逆性强、发病少、耐粗饲能力强、既产乳又产肉，但是产乳量低，生长发育缓慢，成熟晚。

吐根堡山羊是一个乳用山羊品种，起源于瑞士吐根堡河谷，是美国年代最久的乳用山羊品种。吐根堡山羊适应能力极强，所产奶颜色较牛奶白，而且更易消化。通常成年公羊体高 80 ~85 厘米，体重 60 ~80 千克；成年母羊体高 70 ~75 厘米，体重 45 ~55 千克，全年发情，但多集中在秋季。母羊 1.5 岁配种，公羊 2 岁配种，平均妊娠期 151.2 天，产羔率平均为 173.4%，平均泌乳期 287 天，在英、美等国一个泌乳期的产奶量 600 ~1200 千克。

2005 年云南省从澳大利亚引进努比山羊 50 只，冻胚 200 枚，开始努比山羊的纯繁。努比山羊黑色品系选育场达到 15 个，数量达到 1 万只左右。通常成年公羊体重 80 千克，母羊体重 50 千克。经产母羊的泌乳期 155 天，平均个体产奶量达到 170.8 千克 ±55.0 千克。初产母羊泌乳期 138 天，产奶量达到 114.5 千克 ±43.6 千克。澳系努比山羊两年三产、奶汁稠密，具有奶肉生产的双重效益，有望成为云南高原地区特色奶源之一（胡钟仁，2015）。

三、云南城乡居民羊肉、山羊奶消费情况

（一）云南城乡居民人均羊肉消费对比分析

根据《中国统计年鉴》（2020 年）的数据资料可知，2019 年云南省居民人均

可支配收入为22082.4元，在全国31个省（市）中排名第28位，远远落后于绝大多数其他省区。云南位于西南边陲，地形以高原、山地为主，海拔较高，地势复杂，很多地区山高谷深，交通不便。云南是我国少数民族人口最多的省份，大多数农村地区尤其是少数民族聚集的农村地区，居民的文化教育程度偏低，这些对于长期以农业为主要发展手段的云南而言都是不利的。

表34-8是根据《中国统计年鉴》整理的2014~2019年云南及全国羊肉人均消费量情况表。总体来看，2014~2019年云南省城乡居民的人均羊肉消费水平均远远低于全国平均水平。就城乡消费差异来看，除2015年外，其他年份云南省城镇居民的羊肉消费量均高于农村居民。从消费趋势来看，2014~2018年，除云南农村居民外，其他的人均羊肉消费量均呈现出先增加后下降的趋势；云南农村居民的人均羊肉消费量则表现出倒"V"型。

表34-8　　2014~2019年云南及全国羊肉人均消费量情况　　单位：千克/人

地区	年份	居民	城镇居民	农村居民
全国	2014	0.98	1.21	0.72
	2015	1.23	1.51	0.90
	2016	1.47	1.77	1.11
	2017	1.33	1.58	1.04
	2018	1.30	1.50	1.00
	2019	1.20	1.40	1.00
云南	2014	0.31	0.39	0.26
	2015	0.44	0.39	0.48
	2016	0.50	0.57	0.46
	2017	0.48	0.57	0.42
	2018	0.44	0.45	0.43
	2019	0.40	0.40	0.40

资料来源：历年《中国统计年鉴》。

（二）云南和全国居民羊肉消费趋势对比分析

根据《中国统计年鉴》和《云南调查年鉴》资料，过去5年，云南和全国居民的羊肉消费量均呈现出先快速增加后略有下降的变化趋势，其中，云南省居民羊肉消费量先由2013年的1.45万吨快速增加至2016年的2.39万吨，增幅为64.27%，2018年又下降至2.13万吨，同比小幅下降了7.79%；与此同时，全国居民的羊肉消费量先由 2013 年的 127.68 万吨快速增加至 2016 年的 202.85 万吨，大幅增加了 58.87%，2018 年又下降至 181.40 万吨，同比下降了 2.25%（见图 34－8）。此外，云南省市场消费的羊肉产品主要为屠宰初级加工的胴体肉，少量分割肉；有少量的羊肉串、羊肉卷等其他羊肉制品；羊肉熟制品在市场上较少，精深加工更少，加工制品仅占 5% 左右。

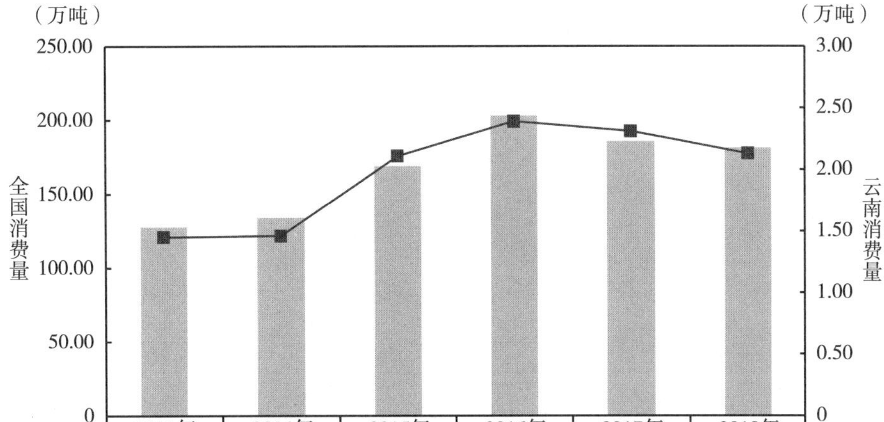

	2013年	2014年	2015年	2016年	2017年	2018年
全国	127.68	133.81	168.84	202.85	185.57	181.40
云南	1.45	1.46	2.11	2.39	2.31	2.13

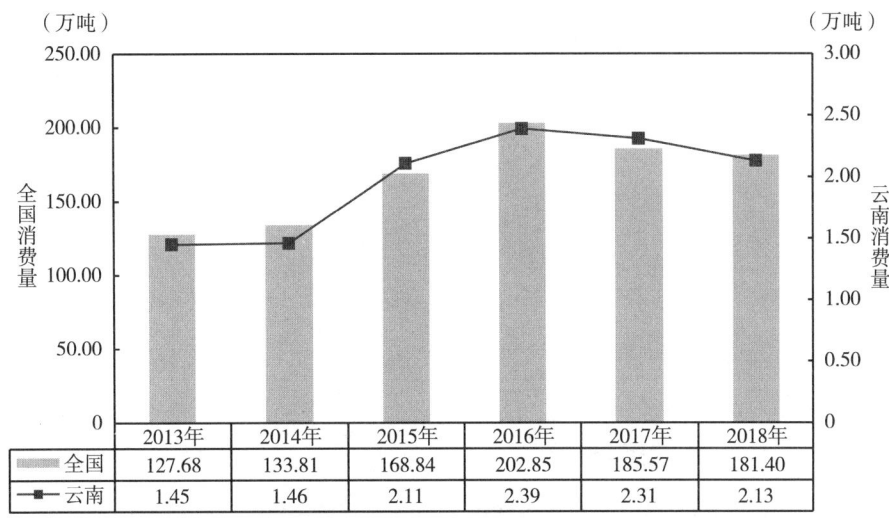

图 34－8　2013～2018 年云南和全国居民羊肉消费量趋势对比

资料来源：根据《中国统计年鉴》《云南调查年鉴》整理获得。

四、云南羊肉价格波动情况

本书根据云南省商务厅网站上发布的云南省生活必需品市场零售周价格变化情况资料整理出 2014 年 6 月至 2019 年 11 月的云南鲜羊肉的周价格变化情况如图 34－9 所示。总体来看，近六年来，云南鲜羊肉的市场价格处于不断波动增长的趋势，大体可以被划分为三个阶段。第一阶段为 2014 年 6 月底至 2015 年 3 月中、下旬。相对而言，该时期云南省鲜羊肉市场价格处于比较平稳的变动阶段，价格波动无明显大幅上涨或下跌趋势。鲜羊肉市场价格从 72.42 元/千克下降到 72.12 元/千克，微幅下降了 0.41%。第二阶段为 2015 年 3 月底至 2018 年 12 月底。该时期云南省鲜羊肉市场价格呈现出波动下降的趋势，但价格仍处于高位运行阶段。尽管该阶段云南省鲜羊肉市场价格先从 72.30 元/千克快速上涨至 78.44 元/千克，后不断小幅波动下跌到 69.18 元/千克，此后不断出现上下交替波动下跌的态势，但是这一阶段的鲜羊肉市场价格一直处在高位运行的阶段，其中 2016 年 2 月初达到78.88元/千克，为近年来云南省鲜羊肉市场价格的高值，2018年1月初为61.46元/千克，为近年来云南省鲜羊肉市场价格的最低值。第三阶段为2019年1月初至2019年11月底。这一阶段云南省鲜羊肉的市场价格总体表现出大幅波动上涨的趋势，波动幅度相对上一阶段而言较大。其中2019年11月初达到近年来的最高价，为88.8元/千克，较2018年1月初最低值高出27.34元/千克。

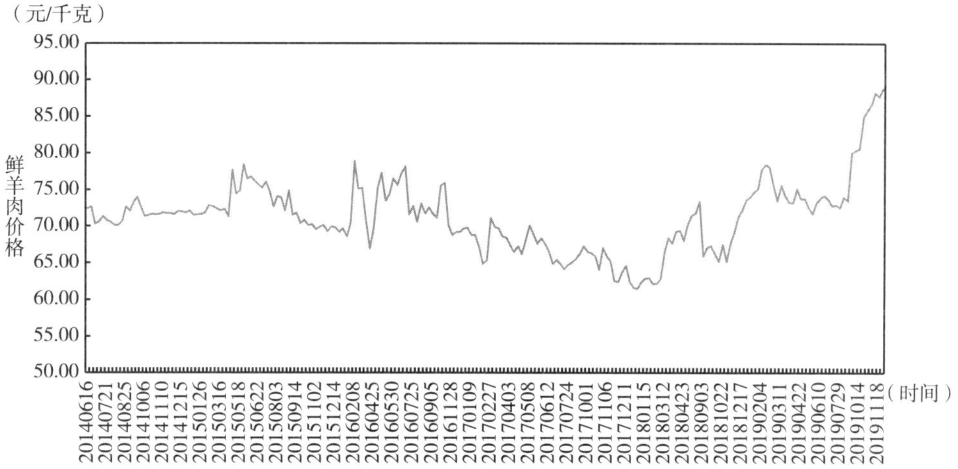

图34-9　2014年6月至2019年11月云南鲜羊肉价格波动情况

资料来源：云南省商务厅生活必需品监测平台数据。

五、中国及云南羊肉、羊奶贸易情况

据FAO的统计数据，我国自1995年起羊肉国际贸易格局就表现为进口大于出口，2012年开始成为世界上最大的羊肉进口国，未来中国羊肉供给偏紧的趋势将继续存在。由于羊肉需求的增长，带动了全国羊肉进口的快速增长，国内需求的增长抑制了羊肉的出口，造成羊肉价格上涨较快，羊肉生产满足国内需求时的利润更加丰厚，这就造成了羊肉出口连年下降，因此，出现了羊肉进口和出口的相反趋势。近年来，在我国羊肉进口量和进口额大幅增加的同时，羊肉出口量和出口额却在大幅下降，贸易逆差不断扩大（见图34-10）。根据全国畜牧兽医信息网的资料，2019年，我国羊肉进口量为39.23万吨，同比增长23.0%，主要进口来源国为新西兰和澳大利亚。

中国对羊肉产品需求增长的趋势是随收入水平上升而带来的饮食结构调整导致的，并不是偶然现象，而是必然的变化。近年来，我国肉羊产业逐渐表现出从数量型向质量型发展的转变，即肉羊的产业化程度不断提高。考虑到近年来云南

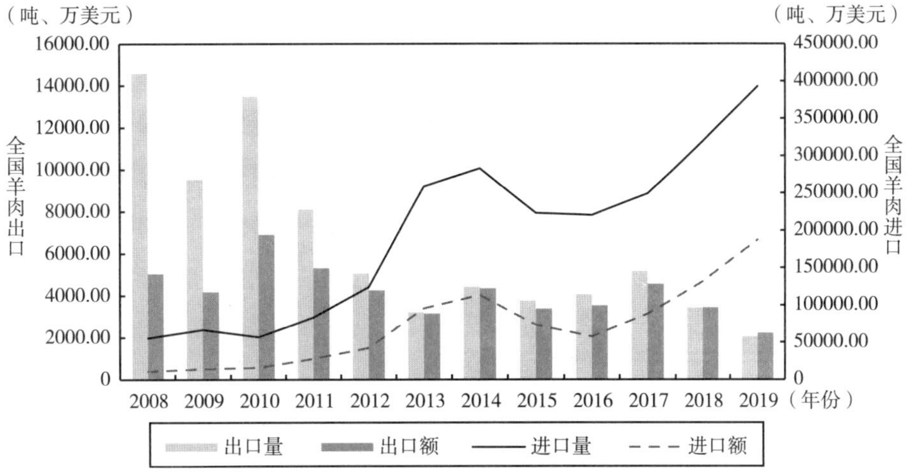

图 34－10　2008～2019 年全国羊肉贸易情况

资料来源：根据《中国农业年鉴》和中商产业研究院数据整理。

羊肉的进口数据难以获得，因此，文中基于可获得的数据对 2009～2019 年云南羊肉出口情况和全国进行对比分析。不难看出，全国羊肉出口量、出口额总体均呈现出先增加后减少的特点，云南羊肉出口量和出口额的变化趋势一致，2009～2013 年这段时间也呈现出和全国一样先增加后减少的变化趋势，但是 2018 年云南羊肉出口量和出口额达到近年来的峰值，2019 年出现断崖式的下降（见图 34－11）。

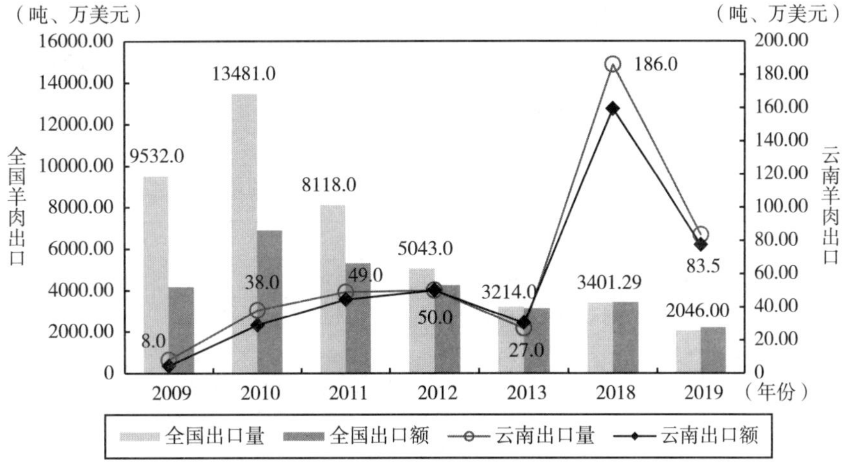

图 34－11　2009～2019 年云南和全国羊肉出口情况

资料来源：《中国农业年鉴》、农业农村部网站。

从云南省在全国的比重来看，首先，2009～2013 年，云南省羊肉出口量和出口额占全国的比重也表现出先增加后减少的变化趋势。其中，出口量比重从 2009 年的 0.08% 先增加至 2012 年的 0.99%，增加了 0.91 个百分点，后又减少至

0.84%，减少了0.15个百分点；出口额比重从2009年的0.11%先增加至2012年的1.18%，增加了1.07个百分点，后又减少至0.96%，减少了0.22个百分点。从统计来看，云南省的羊肉出口与全国整体不具有同质性，在全国羊肉出口连续下降的情况下，云南羊肉出口仍保持一定的增长，这说明云南羊肉出口的主要产品黑山羊肉在出口市场的受认可度较高，相似的竞争产品较少，说明了云南羊肉出口产品的独特性和品牌价值较高。其次，可以看出，无论是出口量还是出口额，云南在全国的比重都是非常小的，尽管2018~2019年，云南羊肉出口额和出口量在全国的比重较前些年有大幅的提升，但是比重仅在4.00%上下波动（见表34-9）。

表34-9　　云南羊肉出口量、出口额占全国比例　　单位：%

指标	2009年	2010年	2011年	2012年	2013年	2018年	2019年
出口量比例	0.08	0.28	0.60	0.99	0.84	5.47	4.08
出口额比例	0.11	0.42	0.84	1.18	0.96	4.65	3.50

资料来源：根据《中国农业年鉴》、农业农村部网站资料整理获得。

分地区来看，2019年全国羊肉进口量和进口额排名前十的省份依次是：天津、辽宁、黑龙江、广东、上海、山东、安徽、北京、福建、江苏，合计占全国的比重分别为96.53%和96.23%；出口量排名前十的省份依次是：河北、内蒙古、山西、甘肃、宁夏、云南、青海、四川、西藏和湖北，其中，河北位居榜首，2019年羊肉出口量为807.35吨，占全国羊肉出口量的39.46%；云南位居全国第6名，2019年的羊肉出口量为83.46吨，占全国羊肉出口量的4.08%（见表34-10）。

表34-10　　2019年中国羊肉进出口贸易排名前十的地区

排名	地区	进口量（吨）	进口额（万美元）	地区	出口量（吨）	出口额（万美元）
1	天津	149862.66	69744.72	河北	807.35	928.10
2	辽宁	103862.93	49317.45	内蒙古	571.84	625.28
3	黑龙江	53384.19	25400.18	山西	205.70	207.83
4	广东	33575.12	16345.49	甘肃	117.84	122.79
5	上海	14876.75	7930.59	宁夏	92.40	102.39
6	山东	14809.23	7328.41	云南	83.46	77.36
7	安徽	3695.42	1720.02	青海	64.76	63.98
8	北京	2807.39	1466.50	四川	39.87	40.68
9	福建	1284.71	686.24	西藏	42.00	23.70
10	江苏	883.19	393.12	湖北	12.99	10.39
11	全国	392662.32	187405.16	全国	2046.00	2210.02

资料来源：农业农村部网站。

六、云南羊产业发展存在的问题

（一）良种化程度不高

虽然云南省羊产业具有多个市场认知度较高的地方品种，但是就商品生产来说，绝大部分的本地羊、杂交羊的生产性能较低，专门化的肉羊、奶羊品种很缺乏，与国外品种有较大的差距，主要表现在体格小、繁殖率低、生长发育速度慢、饲料报酬低等方面。云南羊产业良种化水平仅为35%，比全国平均水平低5%，出栏率83.21%，比全国平均水平低13.7%，只均产肉量全国平均水平低1.2千克，肉羊日增重100克左右，仅为高产品种的1/3。而且供种能力不高，全省拥有种羊场78个，仅为重庆的27%、四川的60%，在过去13年间，全国肉种羊数量增加了1.23倍，而云南省肉种羊数量只增加70.9%。即便如此，多年来，由于体制、机制、投入、工作等方面的因素，现在许多种羊场或名不副实，或倒闭破产，或虽能维持，但处境艰难。

（二）规模化程度低

尽管2018年云南省肉羊存栏量为1268.90万只，排在全国第8位。但受经济发展水平、资源分布等因素影响，全省肉羊规模化养殖比重远远低于全国平均水平。2017年，云南省年出栏肉羊30只以上的大中型规模养殖场（户）比例为6.956%，远低于全国13.15%的平均水平。

（三）基础设施薄弱

整体看，肉羊产业多分布在偏远的贫困山区和半山区，经济相对落后，对养羊的自身投入能力较弱，而政府公益性、基础性投入较少，大多数养羊基础设施简陋陈旧，饲养也相对粗放。

（四）草料供给不均衡

云南省草山草坡资源丰富，开发潜力大，但因地理条件复杂、分布零散、交通不便和动物分布等原因，草地资源的实际利用率只有30%左右，草产品加工难度大；加之雨热同期、降水集中、干湿季分明的气候特点导致饲草季节性供给不均衡，制约了肉羊生产的发展。

（五）组织化程度低

分散饲养、零散经营的生产和管理方式仍然是云南省肉羊生产的主流，2015年年出栏肉羊30只以下养殖户的出栏量仍占总出栏量的68.56%，这些大比例、小规模分散饲养的群体，很多仍停留在传统养殖状态，饲养不科学，管理粗放，技术含量低，生产周期长，养殖效益偏低。在市场经济迅速发展的今天，这种生产分散、销售市场无序的状态，不能发挥龙头企业、合作组织在饲养技术培训、产销对接、利益分配中的作用，不能充分有效地利用当地资源，不能目标明确地生产适销对路的有一定规模的产品，品牌不突出，很难参与市场竞争。

（六）产品加工和流通环节薄弱

云南省肉羊屠宰以家庭作坊式为主，现代屠宰加工业尚未起步，肉羊产品以活羊和少部分初级产品——胴体为主，加工增值不足，不能实现优质优价。另外，全省商品活羊及羊肉产品流通基本处于无序状态，缺乏市场监管，养殖农户缺乏市场信息，难以适应商品化、市场化的要求。

第二节　云南羊产业的比较优势

一、云南羊产业发展比较优势的概括性介绍

在云南发展养羊业具有得天独厚的资源条件和发展潜力，不仅品种资源丰富，全省共有15个地方山、绵羊品种资源，1个培育品种，而且饲草料资源丰富，草山草坡面积大，全省草山草坡面积超过1530万公顷。云南省具有消费羊肉、羊奶的传统习惯，即对黑色山羊肉的偏好和羊奶制作乳饼的习惯，这种消费倾向给了云南羊产业先天的优势。另外，云岭黑山羊是云南省外销的主要畜产品之一，每年外销近200万只，在东南亚、我国南方具有很好的品牌认知度。近几年，随着居民收入水平的提高，云南羊产业快速发展，2019年全省羊存栏1307万只、羊出栏1137.2万只、羊肉产量20万吨，均居全国第8位，比2010年分别增长48.88%、55.74%和55.04%，远高于同期全国平均增幅，占全国的比重分别从2010年的

3.13%、2.68%和3.23%增长到2019年的4.35%、3.59%和4.1%。

二、云南羊产业区位熵测度

采用2008～2019年中国及云南羊产值和国内/地区生产总值数据计算云南羊产业的区位熵测度结果见表34-11，可以看出，近十年来，云南省羊产业区位熵得分均在1以上，表明云南的羊产业具有较强的竞争力，在发展中具有比较优势。而且，云南羊产业区位熵数值总体上呈增长趋势的数据显示云南羊产业的这种比较优势处于逐渐增强的趋势之中。

表34-11　　2008～2019年云南省羊产业区位熵测度

年份	云南羊产值（亿元）	云南生产总值（亿元）	全国羊产值（亿元）	全国国内生产总值（亿元）	云南比例（%）	全国比例（%）	区位熵
2008	22.30	5692.12	1084.50	319244.60	0.39	0.34	1.15
2009	28.00	6169.75	1181.70	348517.70	0.45	0.34	1.34
2010	30.30	7224.18	1399.50	412119.30	0.42	0.34	1.24
2011	33.30	8893.12	1713.20	487940.20	0.37	0.35	1.07
2012	40.50	10309.47	2010.00	538580.00	0.39	0.37	1.05
2013	50.80	11832.31	2294.70	592963.20	0.43	0.39	1.11
2014	62.60	12814.59	2377.70	641280.60	0.49	0.37	1.32
2015	63.10	13619.17	2086.90	685992.90	0.46	0.30	1.52
2016	66.70	14788.42	2131.80	740060.80	0.45	0.29	1.57
2017	87.80	16376.34	2309.90	820754.30	0.54	0.28	1.91
2018	103.10	17881.12	2574.40	900309.50	0.58	0.29	2.02
2019	126.90	23223.75	2973.70	990865.10	0.55	0.30	1.82

资料来源：根据《中国农村统计年鉴》和《中国统计年鉴》数据整理计算。

三、云南羊产业的比较优势

图34-12显示了2008年以来与全国整体相比，云南省羊产业集中指数（云南羊产值占农林牧渔业总产值的比重与全国羊产值占农林牧渔业总产值比重的比率）变化的情况。可以看出，2016年以前，云南省羊产业集中指数始终小于1，这说明从全国水平看，云南省羊产业相比其他地域缺乏比较优势，产业规模相对较小；从产业集中指数变化趋势看，云南羊产业集中指数总体呈现出不断增加的趋势，由2008年的0.75增加到2019年的1.07，即2019年，相比其他地区，云南省羊产

业具有比较优势，产业规模相对较大。

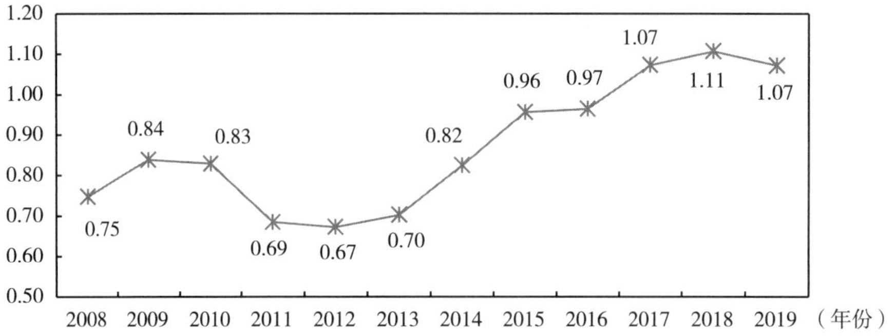

图 34－12　2008～2019 年云南省羊产业集中指数（相对于全国）

资料来源：根据《中国农村统计年鉴》和国家统计局网站数据整理计算。

图 34－13 反映了 2008～2019 年我国肉羊大省山东、河北、内蒙古和新疆以及云南省肉羊专门化系数（各省人均羊肉占有量与全国平均羊肉占有量的比值）的变化情况。从图 34－13 中可知，山东、河北、云南、内蒙古以及新疆五省中，内蒙古和新疆的肉羊产业商品专业化程度和生产能力最强，专门化系数均在 7 以上，河北和山东相对较差，专业化系数不足 1.5，云南的肉羊产业专门化系数最低，除 2017 年外，均小于 1。从变化趋势看，云南省的专门化系数处于上升的态势，2008 年该指数为 0.88，2019 年上升至 1.18，年均增长率 2.68%。这说明云南省在这 5 个省中的肉羊产业竞争力较差，但近些年的发展逐渐凸显出云南省肉羊的比较优势。

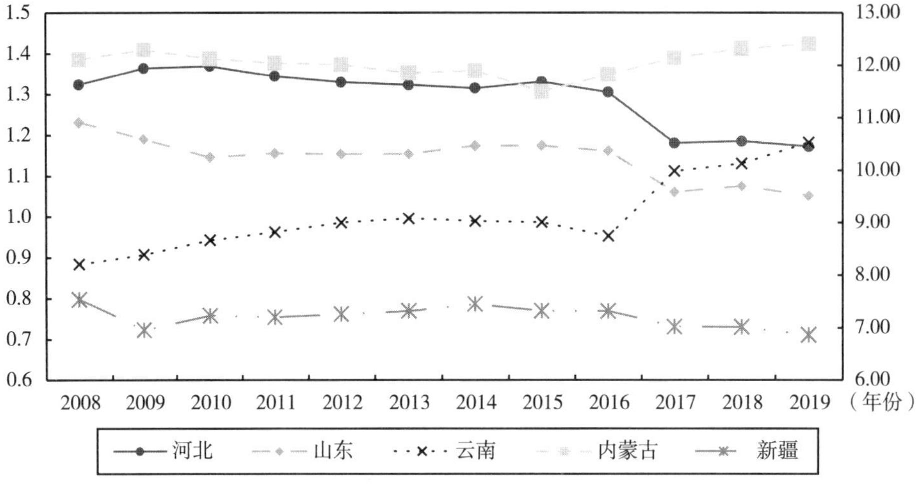

图 34－13　2008～2019 年主产省及云南省肉羊专门化系数变化曲线

注：左轴为河北、山东和云南的肉羊专门化系数，右轴为内蒙古和新疆的肉羊专门化系数。

资料来源：根据《中国农村统计年鉴》《中国统计年鉴》整理计算。

表34－12进一步对云南省各州（市）的肉羊产业专门化系数进行了分析。由表中可知：2019年曲靖、保山、丽江、楚雄、大理和怒江的肉羊专业化程度和生产能力优势比较明显，专门化系数超过了1，而其他州（市）专门化均小于1，特别是西双版纳的专门化系数仅为0.06。说明除曲靖、保山、丽江、楚雄、大理和怒江这6个州（市）外，其他州（市）的肉羊生产主要用于满足本地区消费。从分析期七年间增长率的变化趋势看，虽然西双版纳的肉羊专门化系数增长率最快，但主要是因为其基数太小；普洱、文山和保山肉羊专门化系数的增长较快，分别为50.11%、22.55%和21.31%，其中2013～2019年普洱和文山肉羊专门化系数均小于1；从2015年开始保山肉羊专门化系数从之前小于1转变为大于1，意味着2013～2019年保山的肉羊产业从过去自给自足模式转变为商品化模式。2019年肉羊专门化系数不足1的10个地区中，除昆明的肉羊专门化系数为下降外，其余地区系数增长率均为正数，这意味着在居民消费整体增长的背景下，这些州市的肉羊消费主要依靠自己供给。由此可见，云南省的肉羊产业更倾向于向曲靖、保山、丽江、楚雄、大理和怒江等优势区域集中，云南省肉羊产业的生产模式也逐渐向商品化与集约化的模式发展。

表34－12　　2013～2019年云南各州（市）肉羊专门化系数

地区	2013年	2014年	2015年	2016年	2017年	2018年	2019年	7年间增长率（%）
昆明	0.70	0.66	0.60	0.59	0.62	0.61	0.57	－13.19
曲靖	2.24	2.26	2.23	2.25	2.19	2.27	2.08	1.20
玉溪	0.72	0.71	0.73	0.76	0.79	0.82	0.74	14.05
保山	0.92	0.88	1.04	1.06	1.11	1.12	1.05	21.31
昭通	0.41	0.40	0.42	0.42	0.42	0.44	0.41	5.32
丽江	1.61	1.71	1.75	1.63	1.68	1.87	1.88	16.19
普洱	0.32	0.37	0.40	0.45	0.44	0.49	0.47	50.11
临沧	0.74	0.74	0.76	0.75	0.73	0.79	0.75	6.96
楚雄	1.57	1.56	1.56	1.49	1.50	1.78	1.72	13.40
红河	0.63	0.77	0.69	0.69	0.70	0.76	0.79	19.78
文山	0.54	0.52	0.58	0.60	0.57	0.67	0.63	22.55
西双版纳	0.02	0.03	0.03	0.04	0.05	0.06	0.06	207.00
大理	2.00	1.90	1.93	1.89	1.87	2.04	1.81	1.78
德宏	0.27	0.26	0.29	0.30	0.31	0.32	0.30	17.70
怒江	1.96	1.93	1.66	1.91	1.93	1.95	1.96	－0.50
迪庆	0.83	0.81	0.93	0.88	0.89	0.90	0.87	9.22

资料来源：根据《云南统计年鉴》整理计算。

四、云南发展羊产业的优劣势总结

（一）云南发展羊产业的优势

1. 自然条件及饲草料资源优势

云南省地处中北亚热带湿润区，以山地为主，气候温和，雨量充沛，年降水量1000毫米以上。日照充足，年平均日照时数为1400～2000小时。冬无严寒、夏无酷暑，无霜期长。这些条件为植物的生长发育提供了有利条件，可常年为养羊业提供优质牧草。云南省共有可利用草地面积1192.56万公顷，占全国草地面积的3.6%。云南省天然草地产草量平均比北方牧区高2～3倍，且单位面积理论载畜量比北方牧区高3.75倍。根据大面积试验，人工草地的生产力可达到两亩地养1只羊的水平，接近新西兰山地丘陵草地目前的载畜能力。优越的自然条件对云南羊产业来说是巨大的潜在资产。

2. 消费市场优势

云南省消费市场对黑山羊肉、羊乳产品的偏好形成了云南羊产业独特的市场优势。云南本地的羊产品占据消费市场的绝大多数，在全国肉羊产业变化较大的2005年、2014年，云南肉羊产业都保持了较好的稳定性，较少有大起大落，这种长期形成的饮食消费习惯对产品有很高的忠诚度，保证了云南省羊产业的平稳发展。而且，云南省羊业生产的自然条件优越，产品的独特风味受到周边省份甚至国外消费者的喜爱，形成了良好的市场品牌。每年有200多万只云岭黑山羊及大量羊肉销往广东、海南、湖南、福建、广西等省区并转口到港澳地区及周边国家，在秋冬季节甚至出现供不应求的局面。在云南省的大理、丽江、楚雄、文山、曲靖等地常年有外省客商设点收购黑山羊并源源不断地运销到省外①。

（二）云南发展羊产业的劣势

1. 良种覆盖率低

云南羊品种具有抗逆性强、耐粗饲、肉质及风味较好等优异的种质特性。但是，存在群体内个体差异很大，出栏率、平均产肉量、繁殖力低等问题。生产能

---

① 根据《云南省肉羊产业发展调查报告》整理。

力、产品质量与现代培育品种相比有较大的差距，严重地影响了羊的生产效率，良种缺乏是云南羊产业的产业化和养殖效率较低的重要原因。

2. 规模化程度低

云南省羊养殖主体多为分散农户，养殖规模小。根据《中国畜牧兽医年鉴2018》，2017 年云南省出栏数量在 1 ~29 只之间的养羊户占 94%，全国平均水平为 87%；云南省出栏数量在 100 ~ 199 只之间的养羊户仅占 0.53%，河北省为 3.01%；云南省年出栏数量在 500 只以上的养羊户数更为稀少。这造成了三方面的问题，第一，小规模饲养户明显不具备配置规范化和机械化设备的能力，造成了人力和资源的浪费，生产成本较高，产品质量又难以提高，在竞争中必然处于劣势地位。第二，分散的小规模饲养模式，使得商品流通环节不畅。对买家来说，长距离挨家挨户的商品汇集，收购困难，费时费力，成本上升；对卖家而言，小规模的商品交易往往缺乏议价能力，对商家和商品的信息缺乏，在交易中处于劣势。第三，小规模的饲养方式使整个羊养殖产业时时面临危险，这种模式在面对疫病的威胁时，往往处于非常尴尬的境地，在控制传染源、传染途径和受威胁羊只时困难重重。第四，分散小规模养殖对饲草资源的利用往往不尽合理，滥牧、超载使草地出现退化，对草地的建设又缓慢，特别是近几年来，一些地方由于养羊效益的提高，养殖户大量增加养殖数量，对草场进行掠夺式放牧，导致部分草场退化严重，损害群众的长远利益。第五，分散小规模养殖难以形成产业化生产，很难适应市场经济发展的需要，当市场行情好时，养羊有利可图时，就盲目扩大规模；当养殖利润下降，无利可图时，又一哄而散，导致养羊业不稳定，大起大落。

3. 从业人员技术水平较低

云南省羊产业从业人员主要为农村剩余劳动力，文化程度较低。有专业背景的技术人才缺乏，阻碍了专业知识和技术的普及和应用。这些从业人员对专业技术和知识的接受能力较弱，完全承继代代相传的原始养羊方式，牧区缺乏科学的轮牧、放牧计划，对草场进行掠夺式放牧，草场退化。农区和农牧混合区舍饲对专业知识的要求更高，然而，由于从业人员素质不高，往往养羊有什么喂什么，羊只生长所有阶段饲喂水平一个样，缺乏专门化和营养合理的饲养。这样导致羊营养水平低下，抗病力弱，羊产品质量低下，投入产出不成比例，从而制约了劳动生产率的提高。从业人员的技术水平常常导致繁殖、育种计划实施起来困难重重，甚至最后不了了之，这也是云南省羊产业总体技术水平较低的一个重要原因。

第三节　云南羊产业经济体系简况*

一、生产组织形式

（一）基本情况

云南省羊产业以农户小规模养殖为主，2015 年，肉羊养殖农户有 723089 户，肉羊养殖企业 219 家，主要分布于曲靖、楚雄、大理、昭通、文山等地区。奶山羊养殖农户 28923 户，奶山羊养殖企业 87 家，主要分布于石林圭山山脉一带、红河、曲靖等地区。2015 年，全省肉羊养殖合作社 2545 家，奶山羊养殖合作社 106 家。目前，云南养羊业的合作组织形式主要是采取"企业 + 农户"的产业模式。一般大的养殖户和公司更愿意加入或牵头成立这种合作组织，因为这样更容易获得政府的资金和其他的支持；普通农户加入合作组织的目的是希望可以获得更多的市场信息、养殖技术和销售渠道。但是，总体来看，云南省羊产业的合作组织发展尚处于初级阶段，多数合作组织有名无实，运行不规范，职能不明确、作用效果不明显。

（二）案例：寻甸县兴盛肉羊饲养专业合作社

寻甸县兴盛肉羊饲养专业合作社于 2013 年 7 月 15 日成立，有社员 112 名，注册资金 370 万元，下设 106 个肉羊养殖点，饲养羊 3246 只，年可提供优质肉羊 2000 只以上。2013 年 7 月至 2014 年 6 月，共组织社员销售肉羊 1406 只，实现肉羊销售收入 150 万元，销售利润 75 万元，利润总额 62. 3 万元，净利润 62. 3 万元，提取公积金 6. 2 万元，分配利润 56 万元，社员人均分配利润 5008 元（王贵权等，2015）。其成功经验为：

（1）建章立制，规范管理。根据合作社自身管理要求，合作社内设生产技术部、检测部、市场营销部、财务室、日常事务办公室等机构，建立和完善内部管理机制。按照社员的集中程度，划定东、中、西 3 个管理片，提升经营管理效率。

---

* 第一执笔人洪琼花为云南省肉羊产业技术体系首席科学家。本节所用数据多来自《中国统计年鉴》《中国畜牧兽医年鉴》《云南统计年鉴》等，其余为云南省农业农村厅统计及作者团队调研。

在股份设置与利益分配上，合作社综合考虑了养羊户的养殖规模、经营水平、科技效能和入社的经济承受能力等因素，全社共计740股，每股5000元，注册资金370万元。全社社员（包括发起社员15人）为112人，每个社员（含法人）都要将所养肉羊、羊圈及人工草场折算为股份入股。每人入股股金不得少于5000元。社员代表大会是合作社的最高权力机构，表决权一人一票。合作社的盈余在提取收入的10%公积金、公益金之后的余额按股份和产品交易量返还社员。认真执行省农民专业合作社财务制度和会计核算办法，设立社员账户，财务每年公开两次，社员（代表）大会每年召开2次以上，理事会活动正常。合作社报表等资料按要求及时报送农业行政主管部门（王贵权等，2015）。

（2）建设示范基地，标准化生产。合作社以社员为主体，狠抓技术培训，组织学习《农产品质量安全法》、肉羊标准化养殖技术等，努力做到统一提供兽药、统一免疫、统一饲养标准，通过努力，功山镇规模化养羊水平、养羊户养殖技术、市场意识有了明显提高（王贵权，2015）。

（3）注重草料贮备和牧草种植。合作社农户肉羊养殖1~7月以补饲为主，每天补饲玉米青贮2.0千克/只、干草粉0.3千克/只和充足的青绿饲草。8~12月以放牧为主，妊娠后期、哺乳期母羊补充精料0.2千克/只，羔羊、育成羊补饲精料0.1千克/只。合作社每户养殖户平均种植青贮玉米3335平方米，制作玉米青贮17.5~20.0吨，玉米收获后种植青稞、大麦或燕麦；平均每户种植紫花苜蓿或光叶紫花苕1334平方米，供冬春季刈割补饲（王贵权，2015）。

（4）整合资金，良种先行。为克服个体营销组织小、弱、散的缺点，合作社利用示范社项目、石漠化治理项目、巩固退耕还林项目扶持、扶贫项目、国家肉羊良种补贴项目资金。引进努比亚种公羊21只、云岭黑山羊种公羊11只、考尔木种公羊62只，引进优良肉羊品种进行杂交改良，提高肉羊生产性能，公羊调换利用，不自留公羊，防止近亲及乱交乱配。逐步改良淘汰本地羊，打造杂交努比羊系、云岭黑山羊系、杂交考尔木系优质肉羊，逐步提高肉羊市场竞争力（王贵权，2015）。

（5）自繁自养，严把疫病防控关。基础母羊以自繁自养为主，防止疫病引入。执行严格完善的免疫、驱虫、卫生程序，为肉羊养殖保驾护航。

（三）存在的问题

1. 组织化程度低

云南省的羊养殖业主要还是以千家万户的小规模分散养殖为主。养殖者之间除了换工合作之外很少有更现代的连接组织方式，这就形成了养殖户缺少基本的技术指导、支持，养殖效益低下，养殖设备缺乏，导致羊产品质量参差不齐；产业信息闭塞，无法做出专业的判断，要么是一哄而上，要么就是一哄而散，导致生产的大起大落；各行其是，引种、防疫互不关心，疫病防治难以开展，导致近年来羊的疫病频发，且越来越复杂；养殖户往往没有其他的采购、销售渠道，只能坐等羊贩子上门，缺乏基本的议价能力。养殖形成组织化生产方式，发展生产合作组织就显得尤其重要。养殖组织可以形成帮扶，利于养殖技术、设备的扩散；在养殖户购买种质、饲料和各种设施设备时可以形成团体优势，可以将小户联合起来，进行生产和产品质量控制，增加规模和议价能力，增强产业基础，便于产业化生产和提高对疫病、灾害的抵抗能力；依靠养殖组织可以协调解决矛盾，维护生产规范，协调利益和落实制度，保证养殖户的长远利益；依靠养殖组织可以培训、培养专业人员，帮助养殖户及时掌握市场信息，把握市场动态，进而科学组织生产与销售，为养殖户在生产提供产前、产中和产后的全方位服务。

2. 现有合作组织实际效果不强

近年来，羊养殖产业响应国家号召，养殖组织数量有所增长。然而，这些养殖组织多流于形式，普遍存在运行机制不规范、职能模糊、作用效果不明显等问题。一些合作组织就是家庭成员或宗族朋友组成的合作社，不能真正起到养殖户合作的作用；一些合作组织对组织如何运作、如何盈利并不清楚，在生产过程中几乎没有发挥职能；一些合作组织的规章制度形同虚设，对组织的运行和成员基本没有任何约束力，成员各行其是，完全独立。

之所以合作组织缺乏实际效果，究其原因，一是养殖户受多方面影响，合作意识不强；二是目前的养殖组织缺乏有效的利益联动机制，无法实现风险共担和利益共享，养殖户的利益在养殖组织中受到的重视度不够，难以调动起普通养殖户的积极性。

（四）对改善（优化）羊产业生产组织形式的建议

1. 加强财政扶持

设立专项扶持资金，增加对合作社的补贴力度和范围，对服务、指导合作组织的主管部门，在工作经费上给予重点支持；引导金融机构为合作组织提供金融服务，解决合作组织的资金问题。

2. 政策引导

在制定发展政策时有意识地向合作生产模式引导和倾斜，加强对专业合作组织的宣传，通过培训、参观等多种方式对养殖户进行有重点、有步骤的宣传，让养殖户了解合作组织，理解合作的性质、功能和作用，提高农民的合作意识。

3. 加强指导、培训

合作组织的发展与高素质的参与者是密不可分的，应该建立合作组织培训制度，加大对养羊专业合作组织的技术、知识、营销指导等支持的力度，切实开展相关的培训工作；重视对带头人的培养工作，进一步提升其在专业化生产、经营管理等方面的综合能力，从而更好地开拓市场，带动合作组织的发展；对于财务人员的培训，应严格按照国家财务制度的相关要求进行，规范合作组织的财务管理。

4. 推动合理的利益分配制度

积极推进合作组织内部利益分配制度的建立与实施，进行合作组织规范化建设，充分发挥参与者的民主决策权，使普通参与者真正参与各项事务的管理，提高成员参与合作组织内部事务的积极性，促进合作组织发挥实际效力。

二、生产基地建设

（一）基本情况

2003 年以前，云南的羊产业主要分布于大、中城市周围，因为有巨大的市场需求，而且在技术和资金方面具有优势，更为重要的是交通便利。养殖以个体小规模散养为主，几乎全部为 30 ~ 50 只的养殖规模。2003 年以后，肉羊生产基地逐渐向广大的农村地区转移，主要转移至曲靖、大理、楚雄农村和昆明的郊县，奶山羊主要转移至昆明的郊县、曲靖、红河、大理和玉溪的农村。昆明的羊肉产量在全省的占比从 2003 年的 12.13% 降至 2012 年的 9.87%，再降至 2018 年的 8.15%。同期，曲靖、大理、楚雄 3 个主要基地的羊肉产量占比提高至 27.22%、14.28%、9.51%，昆明的郊县、曲靖、红河的奶山羊存栏量在全省占比分别增至 41.18%、29.13% 和 26.99%，羊产品在其农村地区生产比重占 95%。由于这一时期养羊业利润的增长，大量养殖户自发进入行业，促进了养殖规模的扩大，云南省规模最大的羊场都是这一阶段发展起来的，规模最大的已经超过了 4000 只，养殖规模超过100只的养殖户已有4707家。随着养殖规模的扩大，养羊业的雇工和土地流转也大量出现，调查发现，养羊的雇工工资在1800~3000元/月，山区土地流转的成本多在50~100元/亩，整个养羊基地的土地流转在50万~100万亩。

（二）案例

云南省会泽县获得2015年肉羊生产基地建设项目，为使项目资金发挥最大的示范带动效益，该县结合精准扶贫，将项目安排在火红、乐业、鲁纳等7个贫困乡（镇），这些地方农村养殖科技及意识相对落后，对需要大力示范引导的岩脚、团坡等贫困村12户肉羊养殖户进行扶持。通过项目引导，示范带动贫困村其他农户发展养殖业，带动周边农户脱贫。

截至2016年5月底，项目建设已完成楼式羊舍建设2000余平方米，青贮窖建设90立方米，采购种公羊13只，利用农田（地）种植紫花苜蓿200亩并完成科技培训100人（次）。计划至年底，扶持户可出栏肉羊500只，可实现年新增肉羊养殖收入60万元，辐射带动100户养羊户户均出栏增加20只肉羊，增收280万元。其成功经验有以下几点。

1. 选对示范户，发挥较大的带动效应

在选示范户时，该县经充分调研，认真分析，合理安排，选择有养殖基础，且科技知识接受能力强、乐于帮助带动其他养殖户的农户进行扶持，通过加大科技培训，结合专家指导等方式培育一批肉羊养殖专业大户，让其发挥“种子”作用，实现较大的带动效应。

2. 夯实基础设施

严格技术要求建高床漏粪地板羊舍，由科技人员实地规划，合理布局，因地制宜设计，尽量选择在地势较高、背风向阳、水源条件好、土质坚实、交通便利的地方建设，做到科学合理，并设置运动场、饲槽、草架、羔羊补饲栏、储草棚、青贮窖等相关附属设施，从根本上改善了圈舍环境，充分利用了高床漏粪地板羊舍干燥、通风、粪便易于清除等优点，满足了肉羊喜干燥清洁的环境，从根本上改善圈舍环境。

加强科技引领，提升综合养殖水平。以科技为先导，抓实品种改良和强化疫病防治，着力推广农田种草、羔羊早期补料、饲草青贮加工调制和肥羔生产等科技，改变传统饲养管理习惯，加快肉羊出栏。

3. 完善配套工程，增强发展后劲

根据地理条件，充分利用农闲田地，选择高产品种采用有效的种植模式，利用轮作、间作、套种、混播等高产栽培技术，种植紫花苜蓿、黑麦草等高产优质牧草，保证牧草的均衡供应，利用晒制青干草、草粉加工和青贮技术，解决冬、春饲草缺乏问题，改变养殖户传统的养殖理念；充分利用青绿饲料、农作物秸秆等资源，采取青贮氨化等方式，扩充饲料资源，有效提高肉羊养殖的数量和质量，降低饲料和劳力成本，提高养殖效益；每户示范户建造污物处理池，对山羊粪尿等污物集中堆放发酵进行无害化处理，每周清粪一次，做到清洁养殖，减少养殖对环境的污染。

4. 做好示范引导，扩大受益面

通过推广先进适用的综合配套技术，多层次培训，提高农户科学养羊水平，以示范户为骨干，推广配套实用技术，形成示范户辐射带动作用，增强基地建设效果。

（三）存在的问题

1. 产业链不完整，产业化水平低

云南的羊生产虽然在走向地区集中，形成了一些集中生产的基地，但是，这些基地在产业化生产方面还存在众多的问题。养羊还主要以散养为主，小规模和中等规模较多；个体养殖户文化程度较低，初中以下占72%，年龄较大，40岁以上者占总数的69%；养殖户多利用自家土地和废旧建筑降低投入，为降低饲养成本，多使用秸秆、酒糟和糖渣等。这些方面使得现有的较为成熟的技术如营养学、饲料配制加工技术没有集成应用，继而影响了羊产业的生产水平。在加工环节几乎没有加工企业，小作坊和集市贸易占主导地位。一个健康、可持续的产业必然是一个产业链完整的产业，它除了养殖户和消费者外，还包括中间的饲料加工企业、商品加工、物流、批发和零售等，环节多、利益主体复杂。云南省羊产业目前的生产、加工、销售的各个环节连接不紧密，还远没有形成“利益分享、风险共担”的产业化机制。这直接导致羊产品的加工转化程度低，产品以初加工为主，附加值低，市场适应性差。

2. 疫病防控体系不健全

首先，由于饲养基地的集中和养殖方式的改变，羊病的发生风险和频率大大增加，羊病种类增加，且越来越复杂。近年来在肉羊、奶山羊养殖地区频发的小反刍兽疫导致了极大的损失，人畜共患病也有抬头的趋势，其他如肺炎、口疮、蓝舌病更是不断出现。造成这种状况的原因首先是生产基地的兽医科技支撑体系建设没有跟上产业的发展速度，在兽医学科方面的研究和建设相对滞后，缺少对重大疫病研究的专业实验室和人员配套，现有实验室设备水平落后。因此，对重要疫病的研究、诊断、检测能力不足，不能满足科学防控的需要。其次，疫病防控体系运行机制不够成熟，部门职能交叉、分工呆滞，往往缺少统一、高效的合作机制。如小反刍兽疫原来在云南从没有发生过，近年来由于羊只流动缺少监控，病毒由病羊携带从外省流入云南后，导致疫病在全省大面积发生，有些养羊村的羊只在该病发生后所剩无几。

（四）对改善（优化）产业生产基地建设的建议

1. 加强产业链建设

积极引导生产基地形成产业链，引导羊产业的各个环节企业集中，促使企业间通过多种形式走向更紧密的合作或一体化经营，积极引导餐饮企业、屠宰加工企业、养殖场户和育种企业等相关利益主体之间进行合理的利益分配。政府加强对市场和产业发展秩序的维护，提供更好的公共物品及服务，为产业发展提供一个好的发展环境。增加对养殖户的扶持力度，提高养殖户的业务素质，增强对养殖户基础设施的金融支持，改变落后的养殖方式，促使养殖场户走向规模化、标准化经营。将传统的单项业务延伸，打造养殖、屠宰、加工、销售的全产业链，提高市场竞争力和抗风险能力。

2. 加强疫病防控体系建设，加强羊病诊断技术研究

在政府层面应该加大对兽医工作的投入和领导，多角度、全方位提高对兽医卫生的认识；建设一支技术扎实，训练有素的专业技术队伍；加强对基层兽医工作者，特别是农村兽医防疫人员和羊场兽医等羊病防控的一线工作者的指导、培训，提高业务素质，为预防和控制羊病提供人力保障和技术储备；加强动物疫病防控基础设施的建设，加大科研投入，加快重要羊病，特别是危害严重的重大传染病、人畜共患病和外来病抗原、抗体诊断检测试剂盒的研发与推广，为羊病准确诊断、检疫、流行病学以及疫苗免疫效果评价、免疫程序的制定等提供有效、便捷的工具（逯忠新，2010）。

三、加工管理方式

肉羊产业发展处于初级阶段，目前无专门化的屠宰、加工厂，简单的屠宰

以定点屠宰点为主，市场销售也以整只胴体临时分割销售，没有做到分部位加工。

四、市场营销

目前市场上的羊肉产品以初级产品——胴体为主，销售渠道以在农贸市场小商贩销售为主，无专门化的品牌和包装产品，谈不上市场营销。截至 2014 年，云南省共注册农业部和国家工商总局羊、羊肉地理标志品牌 10 个，包括农业部注册的圭山山羊、马楠半细毛羊、石屏青绵羊、火红黑毛羊、龙陵黄山羊、罗平黄山羊等 6 个，国家工商总局注册的龙陵黄山羊（羊肉、羊）、师宗黑山羊羊肉、兰坪乌骨绵羊（活）等 4 个。但迄今为止，云南省还没有肉羊屠宰和产品深加工企业，肉羊屠宰以散户屠宰为主，胴体外调或分割包装外调数量极少，肉羊均未经深加工就直接上市，产品附加值低，产业链不完善，抗风险能力低，严重制约了云南省肉羊产业的快速发展（王娟，2019）。

五、投（融）资

由于产业发育程度较低，目前仅有的规模以上养殖企业经营范围多集中在种羊的养殖和销售，中小规模养殖场（户）多集中在商品羊的养殖和销售，由于生产规模不大、产业养殖风险大，很难融到资金，所以，产业发展基本靠养殖企业、场（户）自筹资金解决生产问题。

六、风险控制

（一）基本情况

自然条件是制约云南省羊产业发展的一个重要的因素，大部分高原地区自然条件恶劣，自然灾害较多，包括旱灾、洪涝和低温等，养殖户由于生产设施水平低，抵御自然灾害的能力弱，发展生产难度大，近 5 年的自然灾害受灾面积在 880 ~ 3215.0 千公顷，灾害损失 141.9 亿 ~ 444.2 亿元。而且，由于近年来重发展、轻修复造成的生态恶化，资源优势逐渐丧失，石漠化、草原退化导致草地资源数量减少。因此，农业保险成了养殖户风险控制体系的重要部分，而肉羊尚未启动农业保险，农户的养殖风险较大。

最近5年，羊肉价格从38.29元/千克一路上涨至72.26元/千克，然而活羊价格从2015年初开始下跌，一直到2017年初才开始有小幅上涨，其间每千克比2014年最高峰时下跌了大约10元。活羊售价的下跌对养殖户造成了不同的影响，对农村出栏30只左右的养殖户的影响较大，养殖户数量下降了10%。其他规模养殖户的数量基本保持了稳定。

（二）案例

双柏县杨荣黑山羊扩繁场，始建于2009年，建设初期由于资金有限，仅有种母羊20只、种公羊1只，羊圈建设非常简单，选址也不科学。2011～2013年，年培育销售25只左右，平均销售价格3000元，年销售收入约7.5万元。2014年4月努比亚黑山羊存栏127只，其中：能繁母羊62只，种公羊4只，后备公羊22只，后备母羊19只，羔羊19只，出售公、母羊40只左右，销售收入达10万元以上。然而，2015年夏季一场大雨导致山体滑坡羊只死亡62只，达到全部羊数的48.81%，直接经济损失50余万元。其失败教训为：（1）没有充分了解当地的天气、地质构造等具体情况，盲目建设，在事业发展顺利的情况下，仅仅因为在羊场的建设上没有风险意识而导致灾害发生，这也是事业受到重创的主要原因。（2）在羊场建设初期，缺乏相关技术指导，缺乏应对自然风险的技术设施，追求经济利益而忽略风险管控，对自然风险存在侥幸心理，最终因此造成经济损失。

（三）存在的问题

1. 风险管控意识较弱

大多数养殖户的风险管控意识较弱，忽视了养殖业风险的隐蔽性、复杂性、多样性、变化性和持续性的特点，进入养羊业，没有对当地的自然风险有一个正确的评估。在面对市场风险时，没有想好养殖的规模、数量和年限，没有做到养殖的数量与市场的需求相符合，不能规避市场风险。在有农业保险的情况下，又不愿意对羊只投保，觉得是花冤枉钱。这导致在风险发生时，养殖业往往遭遇毁灭性的打击。

2. 风险管理指导少，评估研究不足

养殖户在养殖过程中，往往对风险不够重视，即便重视，也找不到途径了解如何进行风险管理。因此，政府应该在这一方面加强公共产品的提供，采用多种方式、方法加强对养殖户风险管理的知识指导。而且，养殖风险复杂、多变，常常是自然风险与市场风险互相作用。过去在养殖中养殖户常常忽视对风险的评估研究，导致风险发生时不能有效的应对。

（四）对抵御（防范、降低）产业风险的建议

1. 树立良好的风险管理意识，做好正确选择

养殖专业户在生产过程中要有良好的风险管理意识，科学决策，有效防范和控制各种养殖风险。在养殖风险因素不断增加、风险程度不断提高的形势下，养殖户在决定从事养殖过程中，一定要对有可能出现的各种风险进行有效的分析和评估，并结合自身实际的养殖情况和养殖的条件对风险进行控制和管理，做出正确的决策。

2. 强化风险评估研究，提高规避风险的能力

养殖业的风险具隐蔽性、复杂性、多样性、变化性和持续性的特点，风险管控并不是一件很简单的事情。在实际的养殖和生产过程中，养殖专业户应该对存在的各种风险有明确的分析、评估和了解，并能够对导致的后果进行有效的预测，制定出合理应对措施。同时，在养殖过程中，也应该加强同其他养殖户的沟通和学习，积极借鉴他们的建议（陈颖，2014），努力做好风险管理，将可能存在的风险降低到最低的程度。

七、融合发展

（一）基本情况

云南省羊产业的融合发展还处于起步阶段，围绕养羊相关联的产业之间联合发展的模式中，常见的是种草养羊的模式，其产业之间的融合程度低、层次浅，主要是因为即便是产业内的各个行业连接程度也不紧密，养羊的只管养羊，屠宰、加工、销售等另有其人。产业利益联结机制的松散，使行业缺乏内在的对合作的要求。

（二）案例

近年来，泸西县推广果园种草养畜“生态立体种养新模式”。形成了“果园林下优质牧草+生态养殖—畜牧粪污还田改良土壤+哺养林果”综合循环发展零污染的生态、绿色农牧业发展模式，取得了良好的生态循环经济效益。示范户王小红种植面积已发展到40亩，挂果的有30余亩，每年收入达20多万元。2011年10月，他积极响应山林果蔬协会开展的“果树套种牧草+畜牧养殖”的立体循环种养模式，用卖梨的收入买了200只山羊圈养，然后在果园里种植紫花苜蓿牧草给羊吃，这些羊每年能产生近80吨的羊粪。现在，他家割果园里的牧草来喂羊，然后用羊粪给梨树施肥，这样既保障了羊的草料，又解决了高原梨的肥料来源问题，同时，用羊粪来做梨树的肥料，梨的甜度、口感都有所增加，品质、产量也很高，价格抬高一点消费者也愿意。这样一来，他不但节省了给梨树施肥的资金，而且还增加了养羊的收入。2014年至2015年连续2年比往年增加了两万余元的经济收入。另外，养殖的200只山羊除去养殖成本，每年有6万~8万元的现金收入。现在，王小红家一年仅高原梨、养羊两项收入就能达到30万元左右①。其成功经验为：

1. 前期开展试验示范

泸西县先后开展了4科6属112个品种的引种试验筛选工作，筛选出适宜种植品种12个。2000年以来，泸西在海拔1300米至2100米不等的山区，创建了多个牧草自然种植和试验观察基地，从美国及欧洲等国家和地区引进良种试种，在其自然生长中进行观察论证，成功后挑选出环境适应性强、较具生态和经济价值的品种推荐给农户和企业，让农民和企业在培植畜禽产业的过程中获取简单实用的生产技术和营养价值高、生态效益好的畜禽饲料②。

2. 加强宣传培训

县乡畜牧兽医技术人员深入基层，总结示范户的经验教训，开展果园种草养畜“生态立体种养新模式”的技术宣传培训，先后开展100余期，培训人员达6000余人次。

3. 政府引导，项目拉动

政府以牧草良种补贴为契机，引进牧草种植新技术，积极动员农户，大面积

---

①②王玉林，沈学智．泸西县开展果园种草养畜生态立体种养新模式的实践与体会［J］．兽医导刊，2016（18）：3.

发展牧草种植，在引进推广的过程中，果园套种牧草技术大受欢迎；实验结果表明在果园里套种牧草，既能保住水分，又能在虫害发生时为果树提供保护伞，还能提高水果品质。种植出来的牧草可以自己发展畜牧业，也可以直接出售给收购商，是一举多得的事情。还有紫花苜蓿、苇状羊茅等牧草品种，可以种在土壤较为贫瘠、昼夜温差较大、地表炙热干燥的丘陵和高海拔山区，在收获牧草的同时还能肥沃土壤，抵御山地石漠化[①]。

（三）存在的问题

1. 随意性大，缺乏科学性

产业融合发展，最大的问题是在投资、建设之前没有调查研究，全凭主观想象，缺乏科学性，在注重养羊时，忽略了相关产业的需求。产业融合发展需要的不光是一门技术，而是对多个相关行业的技术都有一定的要求，而且，要进行摸索实验确定是否可行。

2. 研究不够，融合发展范围小

由于对养羊和其他产业融合发展研究的不足，目前的主要着眼点还是在种草养羊上，还没有拓展到其他方面，因此，产业融合在羊养殖中的形式单一，发展有限。

（四）对促进（优化）产业融合的建议

1. 搞好经验总结、示范

政府在发展过程中应该起到引导正确模式的总结、示范作用。负责提供技术指导，进行技术培训，提升产业整体素质；制定规章制度，规范发展，并监督检查各种工作的落实和验收；利用转让、土地承包等不同形式为发展提供基础条件，以便实现资源的有效配置，推动养羊业的根本改变和实现可持续发展。

2. 广泛开辟各种融合发展之路

要使融合发展能持续发展，必须使各个产业协调发展、优势互补。这就必须广泛动员全社会，创造发展的环境，形成以羊产业为重点，多产业联动发展的良好氛围。进一步发展完善各种融合模式，形成持续的盈利方式，生产出高质量、

① 王玉林，沈学智．泸西县开展果园种草养畜生态立体种养新模式的实践与体会［J］．兽医导刊，2016（18）：3.

风味美的绿色产品，进一步打造知名品牌，增加羊肉产量，使中国发展方式经得住市场竞争的考验。

八、科技推广应用

（一）基本情况

云南省羊产业的科技推广模式有“企业+专家+养殖户”“政府+专家”“专家+产业合作组织+养殖户”，主要模式是“政府+专家”技术培训，有82.3%的养殖户及其家庭成员接受过“政府+专家”技术培训。88%的养殖户参加的技术培训组织方是政府部门，其他的来自科研院所、协会、种羊场等，可见政府部门是科技推广的最主要的组织方。

“政府+专家”型由政府依据产业发展和生产技术需求，以科研单位为技术依托，为养羊生产提供科技培训。这种类型适宜于公益性强、社会效益明显、持续时间长的较大科技推广项目，是目前科技推广的主要类型；“企业+专家+养殖户”型由专家提供科技成果和技术指导，企业提供资金，农户负责生产，实行企业化运作，产、加、销一条龙的经营体制。主要适宜于经济效益明显的示范推广项目，这种形式是一种新模式，与市场结合紧密；“专家+产业合作组织+养殖户”型是一种以养殖户的专业合作组织为主的形式。这种类型自愿组建、自我服务、自我管理，与市场结合紧密，降低了市场风险和交易成本。

养殖户自身的特征，如年龄、受教育程度等对技术采用有显著的影响，年龄越大的养殖户，对新技术的态度越倾向于保守态度。养殖户的文化程度越高，科技意识越强，接受新技术的能力越强，这又反过来促进其对新技术的热情。养殖户的养羊收入越高，对养羊收入的依赖性越强，就越倾向于采用新技术来提高羊群的生产能力。缺乏劳动力的养殖户也倾向于采用新技术。

（二）案例

楚雄市畜牧站请畜牧专家对当地养殖户教授新型牧草试验示范种植技术，大力发展人工牧草。至2016年推广优质牧草种植71120亩，其中：种植皇竹草13000亩，黑麦草26200亩（一年生黑麦草5300亩）、紫花苜蓿14640亩、鸭茅5640亩、苇状羊茅2000亩、非洲狗尾草2700亩、木豆1500亩、银合欢1500亩，紫花苜

蓿+多年生黑麦草+木豆3940亩。其成功经验为:

1. 政府组织引导

楚雄市作为黑山羊生产的产业基地，存栏增加，黑山羊产业发展较快，对羊产业的相关技术需求较大，但是，普通养殖户和协会等由于缺乏联系渠道和资金等方面的原因，在组织技术培训上具有相当的难度。通过政府组织的技术培训项目覆盖了15个乡镇，扶持示范户，在示范户中推广种、料、管、防等科技措施，以点带面，提高了养殖户科学养羊的意识，充分调动了广大养羊户发展肉羊养殖的积极性，有力促进了肉羊产业发展。

2. 慎重选择科技推广示范户

在公平公正选择养羊示范户的前提下，选择有文化、有经验、积极性高的农户，要求示范户达到畜牧部门制定的标准；同时畜牧科技人员联系示范户，责任到人，负责各项技术措施指导、落实。

（三）存在的问题

1. 大部分养殖户文化程度不高

由于小规模饲养的副业地位，云南省养羊从业人员普遍文化程度不高，初中以下占72%；年龄较大，40岁以上者占总数的69%。这些人员懂技术者不多，因此其专业化、标准化养殖意识不强，对先进的科学养殖、疫病防治技术不敏感，无兴趣，使养羊科技不能得到推广应用，使得养殖场建设、配种繁育、饲养和防疫各个环节都存在较大的问题，从而导致养殖效益不高，抗风险能力不强，直接影响了产业快速、高效的发展进程。

2. 科技推广投入不足

农村养羊业本来就没有建立起成体系的科技推广服务体系，近年来由于资金不足，对养殖户技术更新的扶持力度不大，畜牧养殖技术推广过程中需要的设备和硬件实施置办不齐全，养殖技术推广人员不能够得到专业的培训，知识储备更新慢，这些问题都加大了农村羊产业技术推广的难度。

（四）对改善（优化）产业科技推广应用的建议

1. 提高养殖户的科学文化素质

要提高养殖户的技术采用，就应该让养殖户获得更多的知识、提高养殖户的技能和转变养殖户的传统观念，养殖户的科学文化素质在很大程度上决定了其获得技术信息、理解并接受新知识新技术的能力。通过提高养殖户的科学文化素质，可以有效促进养殖户采用技术。因此，应完善农村教育，加强农村教育设施建设，大力开展农村职业教育，普及养殖科学知识，全面提高养殖户的科学文化素质，鼓励并引导养殖户对新技术的采用。

2. 增加养羊技术推广资金

完善产业结构，政府增加资金投入，并引导社会资金进入推广领域，保证推广工作经费。加强羊养殖技术推广服务技术体系建设，尽快建立以政府基础畜牧科技服务机构为主体，畜牧科研机构、养殖合作组织及其他社会力量广泛参与、分工协作的多层次的技术推广服务体系。增加基层科技人员的待遇和培训资金投入，增强基层力量，从根本上增强科研机构和养殖户的对接。除了技术上的强化，还应使养殖合作组织有资金进行技术提高和进行技术服务，发挥其在养殖技术服务中的重要作用。

（执笔：洪琼花、王雪娇、唐婷；审定：陈良正）

第三十五章

云南兔产业经济问题研究

第一节　云南兔产品及兔产业的特点

兔是哺乳类兔形目兔科中所有属的总称，俗称兔子。兔形目下的兔科分为旷兔（Hares，染色体，2n = 48）和穴兔（Rabbit，染色体 2n = 44）两类，共 11 属 45 种。家兔属于欧洲的穴兔属；我国野兔有 9 种，全部属旷兔，至今未驯养成功。

兔具有管状长耳（耳长大于耳宽数倍），簇状短尾，比前肢长得多的强健后腿。以亚洲东部、南部、非洲和北美洲种类最多，少数种类分布于欧洲和南美洲，其中一些种类分布广泛或者被引入很多地区，而也有不少种分布非常局限。陆栖，多见于荒漠、荒漠化草原、热带疏林、干草原和森林或树林。16 世纪初，在西欧，尤其是法国等地已经有人驯化野兔。家兔的品种有很多，据美国兔子繁殖者协会（ARBA）的资料统计，全世界的纯种兔品种大约有 45 种，从用途上可分为肉用兔、毛用兔、皮用兔、实验兔和宠物兔共五大类；从体型上又可分为大型兔、中型兔、小型兔和微型兔；从耳朵上可分为硬耳兔和软耳兔；从被毛上可分为长毛兔和短毛兔。

由于家兔食草节粮、繁殖力强，所提供的肉、皮、毛等产品是人们日常生活中的重要物资，因此，兔产业逐渐成为畜牧业的重要组成部分（王航等，2017）。按照兔产品经济用途，兔产业可以细分为三大类：肉兔、皮兔（又称獭兔）和毛兔。虽然家兔养殖在我国畜牧业中所占的比重较小，但我国的兔产业在全球兔产业中却占据着举足轻重的地位。据 FAO 统计数据，就世界三大家兔品种的主要生产国来看，獭兔（皮用）和毛兔的主产国均是中国，两者产量均占到全球的 90% 以上。肉兔的传统主产国为欧洲国家，但我国肉兔产业在过去十几年间发展很快，目前在全球肉兔生产中也是遥遥领先，占比连续多年超过 50%。此外，家兔是国内最主要的实验动物，除医学院、兽医学院的学生实验需要之外，制药厂、疫苗厂、生物学试验每年都需要实验动物。兔子是最早当宠物饲养的动物之一，国内宠物店销售的大部分是荷兰兔、荷兰垂耳兔、安哥拉兔和中国白兔等几个品种。

一、兔产品的特点

（一）兔肉的特点

一是兔肉具有蛋白高、营养好、味道好、易嚼细、易消化等特点。如表35-1所示，兔肉有高蛋白、高必需氨基酸、高钙、高磷脂、高维生素E、高维生素A、高维生素B1、高消化率，低脂肪、低热量、低胆固醇、低嘌呤、低污染、低残留等“8高6低”的特点。具有特殊的食用价值，最适合现代营养需求；兔肉与其他肉类配合食用，可提高其生物学利用价值。

表35-1　　不同动物鲜肉的营养成分

指　标	兔肉	牛肉	猪肉	羊肉	狗肉	驴肉	鸡肉	鹅肉	鸽肉
热能（KJ/g）	102	190	395	198	116	116	167	245	201
蛋白质（%）	22.4	18.1	13.2	19	16.8	21.5	19.3	17.9	16.5
脂肪（%）	2.2	13.4	37	14.1	4.6	3.2	9.4	19.9	14.2
维生素A当量（μg/g）	212	9	114	22	157	72	48	42	53
维生素B1（mg/g）	0.11	0.03	0.22	0.05	0.34	0.03	0.05	0.07	0.06
维生素B2（mg/g）	0.1	0.11	0.16	0.14	0.2	0.16	0.09	0.23	0.2
维生素PP（mg/g）	5.8	7.4	3.5	4.5	3.5	2.5	5.6	4.9	6.9
维生素E（mg/g）	0.42	0.22	0.49	0.26	1.4	2.76	0.67	0.22	0.99
胆固醇（mg/g）	59	84	80	92	62	74	106	74	99
钙（mg/g）	12	8	6	6	5	2	9	4	9

资料来源：根据公开资料整理。

兔肉肉质细嫩，常规烹饪后，咀嚼不留肉渣；渗透性强，容易入味，便于加工出理想的味道；加上固有的独特鲜味，容易满足各种喜好，有“兔有百味”“飞禽莫如鸪，走兽莫如兔”之说。兔肉是理想的营养、保健、美容食品，堪称肉中上品，深受国内外好食者的欢迎。如四川、重庆的“兔肉餐馆”及云南蒙自的“兔肉米线店”，均以回头客为主。欧洲及我国四川、重庆的部分地区，有“无兔不成席”之说。许多传统医学中的滋补药方，往往以兔肉作“药引子”，主要利用其“滋补”之功效；福建省龙岩山区，则有给孩子喝乳兔汤的传统。在民间，常将兔肉或兔肉药膳作为康复及产妇的滋补佳品；兔肉还是高血压、肥胖症、糖尿病、动脉硬化等患者理想的保健肉食品；更适合消化功能不足的幼儿、消化功能下降的老年人。常吃兔肉，有益儿童智力开发、青年人养颜美体、老年人延年益寿、心脑血管病人提高疗效、体弱多病与消化功能低下的人加快康复。兔肉消费已经成为欧洲的时尚，也将成为人类摄食的时尚。兔肉还适合加工成各种人群的功能食品，如“开荤兔肉”可避免婴儿开荤过程中出现腹泻；“月子兔”既能满足营养需求，又能保证不增加体重。因此，联合国粮农组织认为兔肉是人类21世纪首选的动物性食品，建议把养兔列入21世纪发展中国家的发展规划。“十三五”期间，肉兔产业在我国脱贫攻坚与精准扶贫中发挥出重要的作用。

二是兔肉具有广阔的开发前景。改革开放以来，随着经济社会的发展，我国食品消费能力上升，尤其是肉蛋奶消费能力逐步提高。然而，高能食品也使得我国肥胖人群猛增，特别是近20多年来，过食高能肉食引发的高血压、高血脂、高血糖、高尿酸等成为现代国民的重大健康隐患之一。早在2016年上半年，英国的著名国际医学权威期刊《柳叶刀》发表的全球成年人体重调查报告就显示，中国的肥胖人口总数达0.89亿，已经超过美国跃居世界首位，超重人口超过3亿，中国的“肥胖时代”已全面来临。2021年4月，《柳叶刀》发表的全球成年人体重调查报告显示，中国男性肥胖人口8960万。而此前不久，美国《保健事务》杂志刊登的一项研究报告指出：中国人的腰围增长速度为世界之最。中国肥胖人口达3.25亿，而且这个数字在未来20年还可能增加一倍。中国人肥胖的年龄也日益提前，7岁以下的儿童中有近20%超重，7%肥胖比例远超欧洲国家。因此，近年来，注重食物营养、讲究饮食健康逐步成为国民饮食消费的共识，人们的饮食习惯和消费结构悄然改变。在市场的调节下，我国的肉食结构发生了巨大变化，如云南省的猪肉在肉类总产中的比例，从1985年的90%下降到2005年的64.7%；在猪肉中，优质瘦肉猪的比重显著增加；禽肉上升到9.8%；牛羊肉已提高到26.7%，且价格一直居高不下；“白肉”（鱼肉、鸡肉、兔肉）的消费逐渐被看好。经济相对发达的地区，变化更加显著。“全民大健康时代”的到来，给兔肉消费提供了极大的空间。近年来，农业农村部定期公布牛、羊、兔的市场销售价格；2009年农业部建立的50个农业产业技术体系中，就有兔产业技术体系。

三是高消化率和低脂肪带来的优缺点。兔肉“8高6低”的优点中，高消化率和低脂肪，是突出的优点，但有时也表现为缺点。兔肉的肌纤维细而短，如脊肉去掉筋膜后，肌纤维走向模糊，即细到肉眼观察看不清肌纤维走向。因此，兔肉容易嚼碎，有入口即化的感觉，咀嚼后口中不留肉渣，很容易被消化。兔肉在胃内2小时即被排空，消化速度快，消化率高达85%，利用效率极高。对需要滋补的人、消化机能发育还不完善的婴幼儿、消化系统有所退化的老年人，有良好的营养功效。但从事体力劳动的人认为，吃兔肉吃不饱，且饿得很快（不经饱）。因其脂肪含量太低，导致吃完兔肉后没有饱的感觉（肚饱嘴不饱）。又因太好吃，每次都吃得太多。从前，贫困地区的百姓说，吃兔肉“费饭”；减肥的人忍不住会吃得太多，担心体重上涨。

（二）獭兔皮

獭兔的绒毛细密、直立无毛向、短而平整、光泽适宜、柔软而富弹性，保暖性好，皮板薄，色型自然，手感柔滑。用揉制好的獭兔皮制作的高档裘皮服饰，具有短、细、密、平、柔、牢的特点，外观雍容华贵，轻柔华美，符合当今消费时尚。20世纪90年代以来，浙江首先将獭兔皮推向国际市场，北京、河北、吉林、山东、四川等地相继开展出口业务。

獭兔皮制成的翻毛大衣、童装、披肩、围巾、手套、帽子、挎包、各式玩具、服饰镶边等，轻盈美观，质感极佳。毛领、编织、内胆、鞋材、衣服贴边等均已使用獭兔皮。獭兔皮还可以割条子编织围巾等制品，是其他皮毛不可比拟的优质原料。獭兔皮剪绒后可以仿制貂皮大衣，成为日益重要的裘皮原料。在正常情况下，一级獭兔皮维持每张40元左右，最高可达80元以上。一件优质獭兔皮加工的高档裘衣，需25张獭兔皮，成衣出口批发价每件1000美元左右。法国用獭兔皮生产的裘皮大衣，每件售价高达3.9万法国法郎（约5万元人民币）。

裘皮常分为貂皮、獭兔皮、杂皮（多用猫皮、海狸鼠皮、肉兔皮和汉獭皮）三个系列。獭兔皮具备本色、环保、动感、天然、野性和时尚等六大优势，近年来约占裘皮总量的80%①。在国外，一件需用公貂皮20张或母貂皮35~40张制成的大衣售价14000元（公貂皮300元/张，母貂皮180元/张）。一件獭兔皮仿制的貂皮大衣可卖12000元，只需獭兔皮25张，40元/张，每件獭兔皮大衣的附加值比貂皮大衣高4000元。随着獭兔产业的发展，全球动物保护意识的增强，野生动物裘皮在市场上已经逐渐隐退。獭兔皮的需求量将不断上升。近十年来，獭兔皮

① 余昱廷，董仲生，刘敏．着力打造云南獭兔产业［J］．中国养兔杂志，2012（10）：15-18.

价格呈周期性波动，随着生产优质兔皮意识的增强，国内毛皮制品需求增长，獭兔皮价格的波动范围将会变小。2008 年的金融风暴也未影响优质獭兔皮的销售价。优质獭兔皮价格在 2014 年前不低于每张 40 元。每次价格波动，受冲击最大的是劣质皮。目前，世界裘皮消费、加工和裘皮动物养殖正在由发达国家转移到中国。中国拥有广阔的毛皮动物养殖基地和规模可观的毛皮加工业。

（三）兔毛

兔毛是纺织用最细的动物毛纤维，具有独特的性能。兔毛的细毛、粗毛都有发达的髓腔，表面积大，故其重量轻，保暖性好，吸湿性强，吸湿速度快，趋于吸湿平衡的时间也较长。兔毛缩绒后形成不规则圆球形，毛尖伸在球外面，呈立体感。兔毛细，钢性强；表面有鳞片层，抱合力小，手感滑爽，柔软，是最适合贴身穿的纺织品。兔毛纺织品具有轻、暖、薄、适、美等特点，成为现代时尚的追求，具有广阔的开发前景。

兔毛织品容易脱色的问题已经在 20 世纪解决。近年来，纺纱定型、纳米粒子、酶表面局部处理技术的应用，基本解决了兔毛纺织品脱毛的问题。高纯度，甚至纯兔毛纺织工艺诞生后，完全保留兔毛在纺织品中的优越性能，进一步扩大了兔毛的应用空间，促进了兔毛产业的发展。

目前全世界兔毛年消费量约 1 万吨。国内年出口原毛 4000～5000 吨，出口各种类型的兔毛纱 4000～5000 吨，占世界兔毛生产量及国际贸易量的 95% 以上。出口的产品种类有粗毛、普通毛和兔绒三种。2013 年 11 月，网络上传播了“活兔拔毛”视频，引发了海内外舆论的强烈反应，国外开始抵制加工和消费兔毛，导致交易停滞，兔毛收购价格下降到 140 元/千克以下，直到 2021 年 8 月才恢复到 180 元/千克。

随着化学工业与纺织工业的发展，纺织品越来越丰富，兔毛产品的不可替代性遭受动摇。羊绒经济价值高，需求量大，但在国家产业政策中属于限制性生产的产品。而兔绒可以代替部分羊绒，因此也为兔绒的消费提供了较大的空间。近几年，随着国内毛纺工业加工技术的快速提升，兔毛的利用途径将进一步拓宽，对兔毛的需求量也会逐年增大。随着养兔向产业化发展，家兔养殖业已从过去的粗放型、低水平，转向规模化、集约化的高水平养殖。受生产成本的影响，兔毛加工集中在中国、意大利、日本、韩国、德国和法国。2004 年，“福荥兔毛纺织厂”在四川省荥经县建成投产，标志着兔产品加工业已经向产地集结。兔毛产品的主要消费市场在日本、北欧、东欧及美国。现在，国内除了可纺高比例（50% 以上）兔毛纱外，也可纺制100%兔毛产品。粗梳毛纺系统，除了加工各种兔毛针织衫外，也加工多种兔毛粗纺产品，如兔毛呢、兔毛毯、兔毛披巾及其他保暖、保健用品。

贵州省于2014年将长兔毛生产列为扶贫项目，2016年企业在政府的配合下，以160元/千克的保护价收购兔毛，普安县的长毛兔存栏量发展到18万只，农户兔毛、种兔销售收入达到3500多万元，净收入超过1200万元，户均年增收2万元；至2019年12月，普安县长毛兔产业精准扶贫项目共建成长毛兔养殖小区199个，兔笼63.37万个，存栏兔达17.68万只，兔毛年产量约280吨，产值达4575余万元，带动贫困户2005户7452人，该项目被列为全国20个东西部协作产业扶贫的经典案例之一。

二、兔产业的特点

母兔年产能高达自身体重的25倍。一只4千克的肉用种母兔，现代饲养条件下年产6~8窝，每年可出栏40只商品兔，共计100千克，是母兔自身体重的25倍（猪为12倍，肉羊约1.0倍，肉牛仅为0.4倍）。

兔产业周期短、收入相对较稳定。农户引进种兔后，养1个月配种，第2个月产仔，第4个月可作为商品兔出售。因此，养兔是一项投资可大可小的短、平、快产业。一只母兔，繁殖的后代全部用来繁殖，以平均45天繁殖一窝来计算，一年可发展成一个拥有318只兔的兔群。种兔场标准化选育，每只母兔年繁殖6窝，有24只小母兔，可选出12只留种。农户引进100只母兔，一年可扩繁至1300只基础母兔群，每只母兔一年可以提供40只左右商品兔。

世界兔产业已经向中国转移，中国也已经开始东兔西移。家兔生产中，初生仔兔的保暖；1~7日龄的哺育；8~28日龄的哺乳；种兔、断奶后一周的幼兔按体重定量饲喂等多个环节，目前仍未实现机械化。家兔生产依然属于劳动密集型产业。国际上，兔产品生产已经完成由发达国家向发展中国家转移的进程，中国已经成为养兔的绝对最大国。国内，家兔产地十年前就开始从沿海发达省份，向经济相对落后的西部转移。近期，“东兔西移”的速度不断加快。最近几年，除四川、重庆以外，山东、浙江、江苏等养兔大省，家兔生产发展的速度越来越迟缓，而贵州、云南、陕西家兔生产的发展速度越来越快。养兔为低门槛、低效益的项目。兔产品具有消费量小，消费地不集中，不适合大规模生产等特点，在市场经济调节下，贫困山区老百姓向以小群体养兔为主体的格局转变相对缓慢。

兔肉是绿色安全的“放心肉”。家兔日粮中，草粉可达60%；兔对植物蛋白和非蛋白氮利用率高，无需动物蛋白。幼兔饲料中只添加抗球虫药，1.5千克以上的肉兔无需用药；在肉兔的整个饲养周期内，饲料中无需添加抗生素类药物。家兔仅需接种兔病毒性出血症（兔瘟）灭活苗。即养兔场只需要一种药物，一种灭活疫苗。现在，家兔全部笼养，兔不接触粪、尿，相对卫生。新型养兔，采用云南设计的零排放兔舍，在承粪板上实施粪尿分离，粪、尿全部被高效利用，创建了《环境与有害生物控制无抗养殖方案》。至今，兔场未发生过兔、人交叉感染疫病。从饲料原料的农药残留、养殖过程的药物和疫苗使用、卫生、环保、人畜共患病等方面综合评估，家兔是生产绿色、有机肉食品的首选动物。现有的养殖模式下，兔肉是较安全的肉食品。

兔产业是一项生态环保的绿色产业。兔为舍饲的草食动物。不放牧，牧草全部刈割利用，不破坏生态。养兔需要大量纤维素饲料，兔场内除建筑与道路外，其余空地可全部用牧草覆盖，生产草粉。蚕豆糠、花生秧、甘蔗梢、木薯渣、香蕉茎叶都可作为家兔的纤维素饲料资源。饲料地、荒山荒坡、果树地、冬荒地、弃荒地，均可种植牧草，绿化、美化的效果好。牧草地比其他作物地的水土流失少。在山区种植牧草，可以更好地保持水土。而家兔全身是宝，毛、肉、皮、骨、内脏、粪、尿均可被高效利用，不污染环境。兔日排尿量约为体重的5%，日排粪量约为3%。以50只繁殖母兔为核心的肉兔群，每天排尿量约150千克，排粪100千克。尿液进入沼气池，发酵后返还饲料地；兔粪加工为高端花卉的肥料，或资源化利用。因此，粪、尿利用率均为100%。零排放兔舍在云南推广应用，基本达到“一药一苗”养兔，“不拉肚子，不吹鼻子”的效果。待完全切断兔瘟和球虫病的传播途径以后，养兔可不再用抗生素、消毒剂、杀虫剂，在兔场形成完全健康的自然生态系统与兔体健康的微生态系统，实现真正的绿色环保。

第二节　云南兔产业发展概况

一、全球肉兔产业发展情况

如前所述，虽然兔子养殖产业包括兔肉、兔皮和兔毛生产，但是受兔毛、兔皮自身属性的限制、替代品使用等多种因素影响，全球兔养殖产业绝大多数以生产兔肉为主，FAOSTAT 数据库中也仅有兔存栏、兔出栏和兔肉产量等数据，而无兔毛、兔皮的生产数据，因此，本节以 FAOSTAT 数据库 2021 年 7 月数据为依据分析讨论全球肉兔产业发展情况。

据 FAOSTAT 数据库数据，从 20 世纪 60 年代起，世界和中国兔肉产量总体均呈现出不断增加趋势，且大体都可以被划分为两个阶段：第一阶段为 1961～1991 年，这段时期世界兔肉产量表现出先快速增加后骤然下降但总体仍为增加的趋势，即世界兔肉产量先由 1961 年的 39.71 万吨增加到 1988 年的 83.38 万吨，然后短期内开始下降，到 1991 年最低，仅为 63.08 万吨；同期，中国兔肉产量表现出缓慢增加的趋势，即由 1961 年的 1.05 万吨逐年增加至 1988 年的 11.5 万吨，1990 年下降至仅 9.6 万吨。第二阶段为 1991～2019 年，这段时期世界和中国兔肉产量均呈现出快速增加后调整下降的变化趋势，其中世界兔肉产量由 1991 年的 63.08 万吨增加至 2005 年的 100 万吨，2014 年最高达到 135.42 万吨，2017 年后回调到 90 万吨上下；中国兔肉产量由 1991 年的 10.80 万吨增加至 2005 年的 50 万吨后，2015 年最高达 78.35 万吨，2017 年以后回调到 46 万吨上下（见图 35－1）。同期，中国兔肉产量占全球兔肉总产量的比重也从 1961 年的仅 2.64% 逐年上升到 1987 年的 12.36%、1988 年达到 13.79% 后短暂小幅回落，1992 年迅猛突破 20% 达到 28.04%、1994 年突破 30% 达到 32.04%、2000 年突破 40% 达到 41.98%、2006 年突破 50% 达到 51.64%，2015 年中国兔肉产量占全球的比重最高达到 58.32%，目前也稳定在 52% 上下①。

（一）世界兔肉生产情况

据 FAOSTAT 数据，从年末兔存栏数来看，目前全球有 40 余个国家和地区饲养兔。过去 10 年，全球年末兔存栏量一直呈缓慢增长趋势，由 2009 年的超过 2.85 亿只增加至 2017 年最高时 3.11 亿只，2019 年虽然回落到不足 3 亿只（29994.50 万只），但仍比 2009 年增长了 5.14%。根据 FAO 统计数据整理，2009～2019 年 10 年间，全球年末兔存栏数（含家兔和野兔）超过 200 万只的 6 个国家的年末兔存栏数见表 35－2，可以看出，6 个兔存栏大国中，中国、朝

① FAO 统计数据库网站 2021 年 7 月改版，对全球尤其是中国的兔出栏和兔肉产量数据进行了调整，主要大幅调减了 2017～2019 年的数据。2017～2019 年，全球兔肉产量分别调减了 41.12 万吨、49.89 万吨和 52.62 万吨，其中中国的兔肉产量分别调减 16.36 万吨、38.37 万吨和 52.61 万吨，分别占全球调减总量的 93.31%、80.13% 和 99.99%。

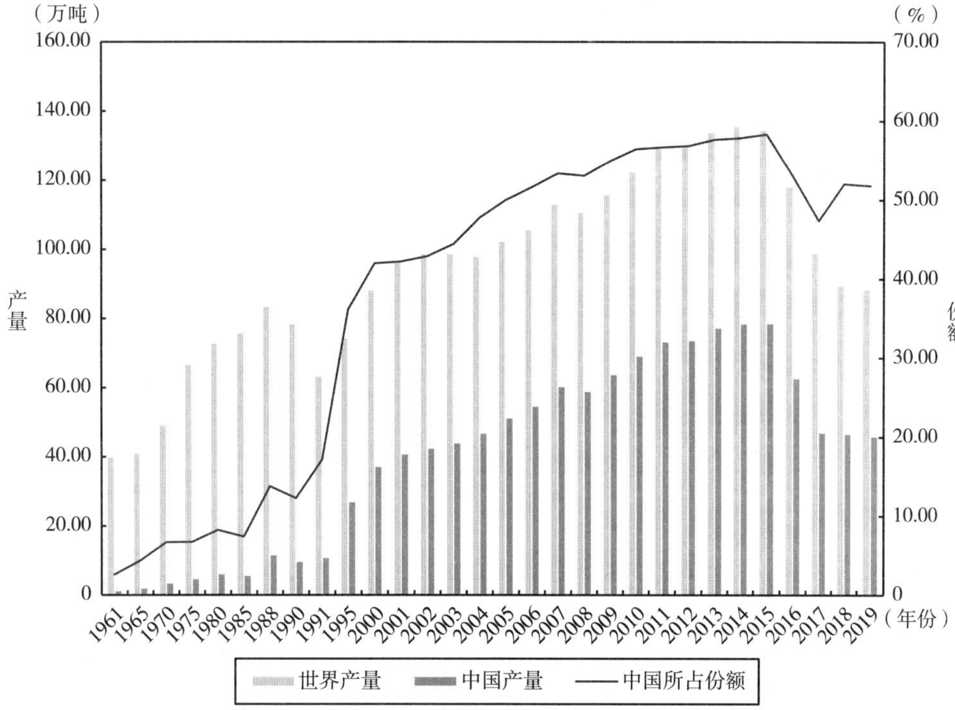

图 35－1　1961～2019 年部分年中国和世界的兔肉产量及中国占比

资料来源：根据联合国粮农组织 2021 年 7 月数据整理。

鲜、尼日利亚和俄罗斯 4 个国家的年末兔存栏数增幅大于全球平均，又以俄罗斯增幅最大，10 年增长 70% 以上，而埃及和乌克兰两个国家的年末兔存栏数则出现明显下降趋势，尤其是埃及在 10 年间降幅达 51.95%、全球排名从第 3 位降到第 5 位。

2018～2019 年，年末兔存栏数（包括家兔和野兔）均超过百万只的国家和地区有中国、朝鲜、尼日利亚、乌克兰、埃及、俄罗斯、阿尔及利亚、塞拉利昂、墨西哥、秘鲁、卢旺达和阿根廷共 12 个，但只有中国和朝鲜年末存栏量在 1000 万只以上，分别为 2018 年中国 230.60 百万只、朝鲜 31.26 百万只和 2019 年中国 232.62 百万只、朝鲜 34.52 百万只，两国年末兔存栏量之和占同期全球兔存栏总量的比重分别达到 88.04% 和 89.06%，仅中国就分别达 77.53% 和 77.55%（表 35－2）；此外，肯尼亚、委内瑞拉、法国、布隆迪、哥伦比亚和乌兹别克斯坦 2018～2019 年末兔存栏量也在 50 万只以上。①

① FAOSTAT 数据库。

表 35 - 2　　2009～2019 年全球年末兔存栏量大国存栏数变化　　单位：百万只

年份	全球	中国	朝鲜	埃及	尼日利亚	乌克兰	俄罗斯	中国占比（%）	前2国占比（%）
2009	285.29	210.00	28.50	9.25	3.69	5.39	2.09	73.61	83.60
2010	291.37	218.00	28.57	6.16	3.84	5.62	2.41	74.82	84.63
2011	296.34	220.00	32.01	5.25	3.84	5.36	2.65	74.24	85.04
2012	298.96	225.00	29.12	4.72	3.99	5.64	2.85	75.26	85.00
2013	300.36	223.45	31.48	4.60	4.15	5.66	2.99	74.40	84.88
2014	301.29	222.75	32.50	5.45	4.37	5.46	3.02	73.93	84.72
2015	295.83	216.03	32.11	6.50	4.60	5.14	3.50	73.03	83.88
2016	297.97	218.33	31.82	6.17	4.67	5.04	3.75	73.27	83.95
2017	311.09	230.42	32.01	7.11	4.86	4.94	3.63	74.07	84.36
2018	297.42	230.60	31.26	7.00	4.88	4.77	3.75	77.53	88.04
2019	299.95	232.62	34.52	4.45	4.89	4.70	3.56	77.55	89.06
10 年增减（%）	5.14	10.77	21.12	-51.95	32.47	-12.75	70.27	3.94	5.46

资料来源：根据联合国粮农组织网站 2021 年 7 月数据整理。

根据 FAO 统计数据整理 2009～2019 年 10 年间，全球及年出栏超过 1000 万只的 6 个国家兔出栏数、兔肉产量超过 2 万吨的 6 个国家兔肉产量分别列表如下（见表 35 - 3 和表 35 - 4）。可以看出，过去 10 年，全球兔出栏数和兔肉产量均呈先升后降的发展轨迹。2009～2019 年，全球兔年出栏量和兔肉产量从 8.08 亿只和 115.74 万吨分别增长至 2015 年出栏数最高时的 9.26 亿只、2014 年兔肉产量最高时的 135.42 万吨，分别增长了 14.52% 和 17.01%，此后连续多年出现下滑。2019 年全球兔出栏数和兔肉产量分别已不足 6.5 亿只和 90 万吨，均比 2009 年降低 20% 以上，全部回到 2000 年前后的水平。

表 35 - 3　　2009～2019 年全球兔出栏大国出栏数变化　　单位：百万只

年份	全球	中国	朝鲜	埃及	西班牙	法国	意大利	中国占比（%）	前2国占比（%）
2009	808.19	432.81	103.00	45.41	51.33	36.76	26.80	53.55	66.30
2010	845.73	464.53	103.00	46.24	52.63	35.75	26.23	54.93	67.10
2011	871.86	474.70	115.00	46.95	52.67	38.94	25.76	54.45	67.64
2012	875.04	478.00	115.00	47.34	53.41	37.24	25.49	54.63	67.77
2013	905.09	503.67	115.00	53.21	52.47	36.59	25.28	55.65	68.35
2014	919.78	516.79	117.59	56.33	52.90	37.44	22.66	56.19	68.97
2015	925.55	523.57	118.39	57.81	51.88	36.70	21.29	56.57	69.36

续表

年份	全球	中国	朝鲜	埃及	西班牙	法国	意大利	中国占比（%）	前2国占比（%）
2016	811.72	423.65	117.59	54.64	48.51	33.42	20.88	52.19	66.68
2017	701.69	319.55	118.55	55.29	46.23	31.49	18.98	45.54	62.44
2018	642.85	316.71	116.02	59.57	44.16	30.22	15.86	49.27	67.31
2019	633.01	313.23	128.39	40.00			16.54	49.48	69.77
10年增减（%）	-21.68	-27.63	24.65	-11.91			-38.30	-7.60	5.23

资料来源：根据联合国粮农组织网站2021年7月数据整理，暂缺西班牙和法国2019年兔出栏量数据。

表35-4　2009~2019年全球兔肉产量大国兔肉产量变化　单位：万吨

年份	全球	中国	朝鲜	埃及	西班牙	意大利	法国	中国占比（%）	前2国占比（%）
2009	115.74	63.60	13.39	5.10	6.12	4.90	5.16	54.95	66.52
2010	122.24	69.00	13.39	5.23	6.35	5.02	5.02	56.45	67.40
2011	129.00	73.10	14.95	5.33	6.41	5.15	5.63	56.67	68.26
2012	129.33	73.50	14.95	5.37	6.46	5.32	5.29	56.83	68.39
2013	133.70	77.09	14.95	6.13	6.33	5.51	5.21	57.66	68.84
2014	135.42	78.33	15.29	6.50	6.38	5.33	5.33	57.84	69.13
2015	134.34	78.35	15.39	6.49	5.41	5.50	5.21	58.32	69.77
2016	117.97	62.51	15.28	6.16	5.96	5.65	4.86	52.99	65.95
2017	98.89	46.86	15.40	6.23	5.73	2.87	4.57	47.39	62.96
2018	89.50	46.57	15.01	6.69	5.58	2.37	4.39	52.04	68.81
2019	88.39	45.78	16.69	4.49		2.66		51.79	70.67
10年增减（%）	-23.63	-28.02	24.63	-12.02		-45.60		-5.76	6.23

资料来源：根据联合国粮农组织网站2021年7月数据整理，暂缺西班牙和法国2019年兔肉产量数据。

从表35-3和表35-4可以看出，就世界肉兔主产国兔产业近年来发展的变化趋势来看，中国和朝鲜无疑是世界兔产业体量最大的两个国家。作为全球份额多年超过50%的最大兔肉生产国，2009~2019年，中国的兔出栏和兔肉产量变化与全球变化趋势高度一致，也可以说，全球肉兔产业的变化直接受中国肉兔产业的影响，但近年来中国兔出栏和兔肉产量的全球占比均明显下滑（见图35-2和图35-3）。在6个兔肉主产国中只有全球第二大国朝鲜的兔产业呈现逆势增长态势，其兔年末存栏、兔出栏以及兔肉产量在过去10年之间的增幅均达到20%以上，全球占比分别从9.99%、12.74%和11.57%提高到11.51%、20.28%和18.88%，在全球兔肉产业中的地位快速提升。与朝鲜相反，虽然中国近年来的年末兔存栏量、年出栏量和兔肉产量始终排在世界首位，远远高于世界其他国家，年末兔存栏量几乎占世界的3/4，近年来更是超过77.5%，但是年出栏量和兔肉产量占世界的比重从2016年开始不断下降。此外，埃及、西班牙、法国和意大利等国家近年来肉兔产业在全球亦占有非常重要的地位（见表35－3和表35－4）①。

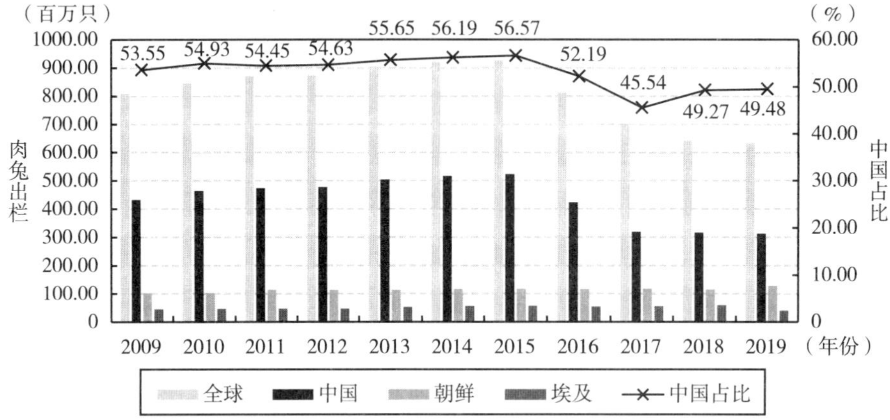

图35－2　2009～2019年世界及主产国兔年出栏量变化情况

资料来源：根据联合国粮农组织2021年7月数据整理。

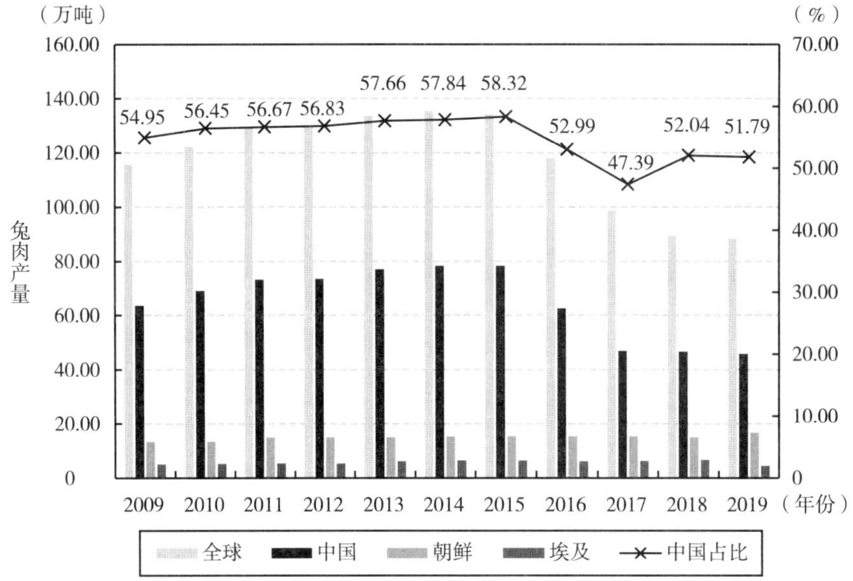

图35－3　2009～2019年世界及主产国兔肉产量变化情况

资料来源：联合国粮农组织2021年7月数据。

① 2021年FAO数据库网站改版前有西班牙和法国2019年兔出栏和兔肉产量数据，为保持数据的一致性，此处未采用改版前的数据。但是从全球及中国数据调整情况分析，虽然FAO数据库中暂无西班牙和法国2019年的数据，却并不说明2019年西班牙和法国没有兔肉生产，应与2018年变化不大。

2018～2019年，中国、朝鲜和埃及的兔出栏数和兔肉产量均排名全球前3位。从兔出栏数看（见表35－3和图35－2），中国年均兔出栏量超过3.1亿只、朝鲜出栏量也达到1.2亿只以上，埃及以4978.25万只/年的出栏量排第3位；虽然改版后的FAOSTAT暂缺2019年西班牙和法国的兔出栏和兔肉产量数据，但从全球及中国数据调整情况分析，数据缺乏并不表明西班牙和法国2019年无肉兔生产，其兔出栏量应分别在4000万只以上和3000万只上下，远高于其后的意大利，因此西班牙和法国的兔出栏数应紧随埃及之后分别排名全球第4和第5位，意大利以1619.75万只的年均出栏量应排名第6位；阿尔及利亚（853.45万只/年）、塞拉利昂（807.65万只/年）、俄罗斯（747.6万只/年）、乌克兰（634.45万只）年均肉兔出栏数也在600万只以上，分别排名第7～第10位。此外，墨西哥（446.8万只）和匈牙利（405.3万只/年）也是世界养兔大国。

从兔肉产量看（见表35－4和图35－3），2018～2019年，中国年均兔肉产量超过46万吨、朝鲜年均为15.85万吨、埃及年均兔肉产量仅5.59万吨，分列前3位，西班牙和法国分别排名第4和第5位，意大利以2.52万吨的年均兔肉产量排名第6位。此外，年均兔肉产量超万吨的还有俄罗斯（1.82万吨）和乌克兰（1.19万吨）分别排第7和第8位，阿尔及利亚和塞拉利昂年均兔肉产量也在8000吨以上，其他国家两年平均兔肉产量则均不足5000吨。

从全球区域分布来看，亚洲在世界兔肉生产上占比最大，其次是欧洲。2019年亚洲兔出栏量和兔肉产量分别占世界兔出栏总量和兔肉总产量的70.71%和70.88%，占有绝对的规模比较优势；欧洲兔出栏量和兔肉产量分别占世界的12.22%和12.11%，相对于美洲和非洲，具有一定的规模比较优势；虽然澳洲被近百亿只兔子折腾了几十年，但是并没有形成家兔养殖产业，FAO统计数据库中没有澳洲的兔存栏、出栏及兔肉产量等数据。根据FAOSTAT网站2021年7月统计数据整理2019年全球肉兔产业的产能区域分布如表35－5所示。

表35－5　　2019年国际兔肉生产及其区域分布

地区	兔出栏量		兔肉产量	
	数量（百万只）	比重（%）	数量（万吨）	比重（%）
全球	633.01	100.00	88.39	100.00
亚洲	443.15	70.01	62.65	70.88
欧洲	113.15	17.87	17.08	19.32
美洲	13.24	2.09	1.55	1.76
非洲	63.48	10.03	7.11	8.05

资料来源：根据联合国粮农组织网站2021年7月数据整理。

从主产国兔肉产能分布来看，由于 FAO 数据库改版后缺失 2019 年西班牙和法国的兔肉数据，此处以 2018 年的数据进行分析。如前所述，中国和朝鲜的兔肉产量超过 10 万吨排在世界前两位，其中：中国的兔肉产量全球占比超过 50%，表明中国兔肉产量远远超过其他所有国家产量之和；埃及和西班牙的兔肉产量均在 5 万吨以上分列第 3 和第 4 位；法国、俄罗斯、意大利和乌克兰的兔肉产量也都在万吨以上，阿尔及利亚和塞拉利昂 2018 年兔肉产量均超过 8000 吨（见图 35－4）。此外，2018 年兔肉产量超过 3000 吨的国家和地区还有匈牙利（5641 吨）、墨西哥（4460 吨）、卢旺达（3963 吨）、秘鲁（3749 吨）、波兰（3300 吨）、哥伦比亚（3232 吨）。

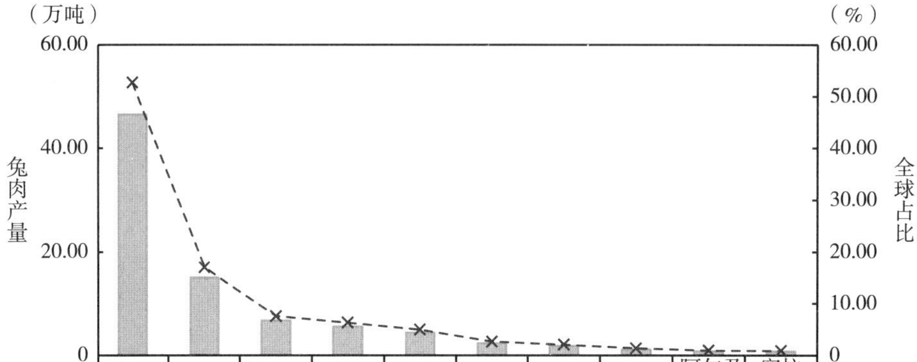

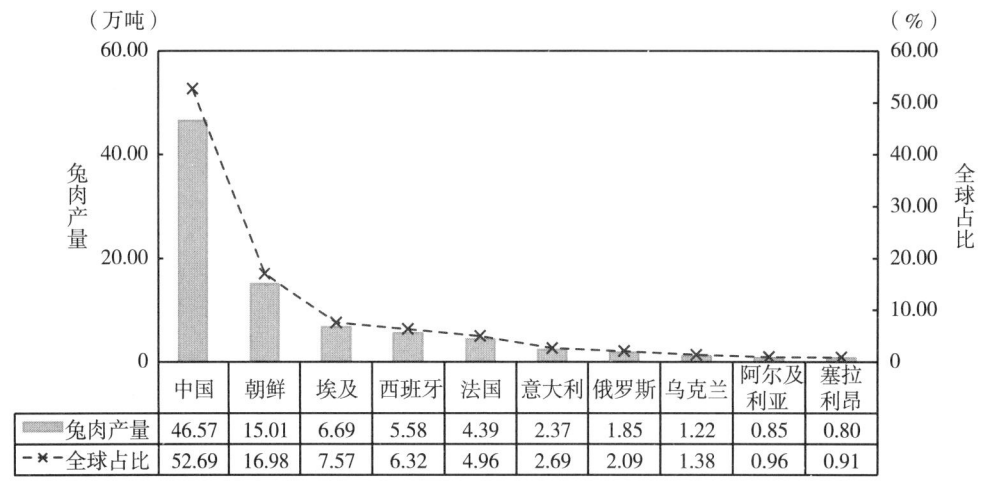

	中国	朝鲜	埃及	西班牙	法国	意大利	俄罗斯	乌克兰	阿尔及利亚	塞拉利昂
兔肉产量	46.57	15.01	6.69	5.58	4.39	2.37	1.85	1.22	0.85	0.80
全球占比	52.69	16.98	7.57	6.32	4.96	2.69	2.09	1.38	0.96	0.91

图 35－4　2018 年排名前十位国家的兔肉产量

资料来源：根据联合国粮农组织网站 2021 年 7 月数据整理。

（二）中国肉兔产业在全球的地位

如前所述，20 世纪 90 年代以来，随着中国家兔规模化养殖的发展，兔的存栏、出栏和兔肉的出口在国际兔产业中的地位也日益提升（见图 35－5）。其中家兔出栏量和兔肉产量占全球的比重增加最快，二者分别从 1991 年的 15.70% 和 17.12%，迅速增加至 2015 年最高时的 56.57% 和 58.32%，分别增长了 40.87 个百分点和 41.2 个百分点，在全球兔产业的地位也越来越重要，2019 年占比分别为 49.48% 和 51.79%。

从出栏量占比发展变化趋势看，我国家兔存栏量占全球的比重自 1991 年的

49.98%快速增加至1992年的75.24%、1998年最高达80.02%，此后表现出小幅先降后升、总体稳定的趋势，尽管如此，近几年我国家兔存栏量占全球比重却始终保持在75%左右（见图35-5）。

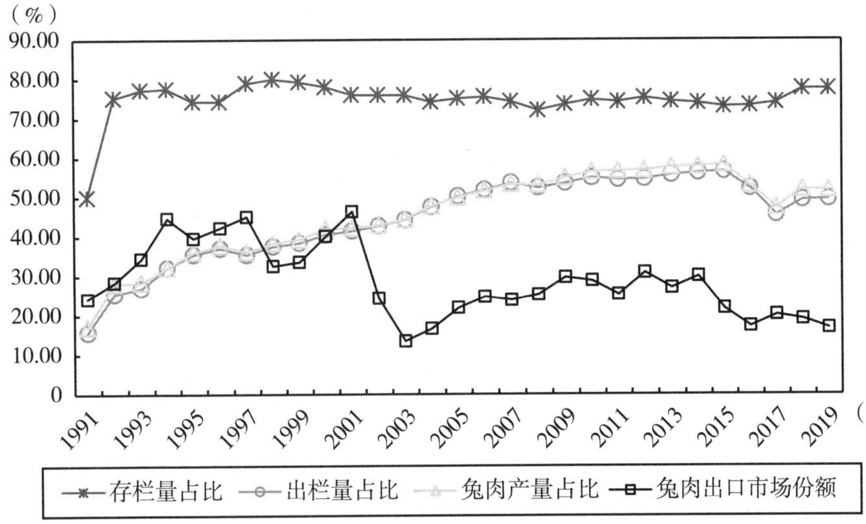

图35-5　1991~2019年中国兔产业在国际市场中的地位

资料来源：根据联合国粮农组织网站2021年7月数据整理。

我国兔肉出口量占国际出口量的份额较大，但占我国兔肉总产量份额很小。我国家兔出栏量占比的不断增加和存栏量比重的不断下降，充分反映了我国家兔产业生产率的提高（武拉平，2017）。

从FAO统计数据可以看出，中国和全球兔肉产值及中国占比在2001~2017年间均表现出先升后降的发展态势（见图35-6）。2001~2009年，中国兔肉产值从3.91亿美元（现价，下同）快速增加到22.17亿美元、占全球的比重从27.57%提高到61.58%；2010年和2012年，在兔肉产量同比上涨的情况下，产值两次出现下挫，2011年和2013年出现恢复性增长；2013年是分析期内兔肉产值以及占比最高的年份，此后逐年下滑，2017年，中国和全球兔肉养殖农业产值已回到2005年和2016年时的水平，中国的占比下降到2006年和2007年时的水平。

值得注意的是，全球和中国兔出栏数、兔肉产量以及农业产值拐点相继出现于2014~2015年，说明全球和中国肉兔供求关系拐点也在这个时期，肉兔行业进入转型升级的调整提高时代。

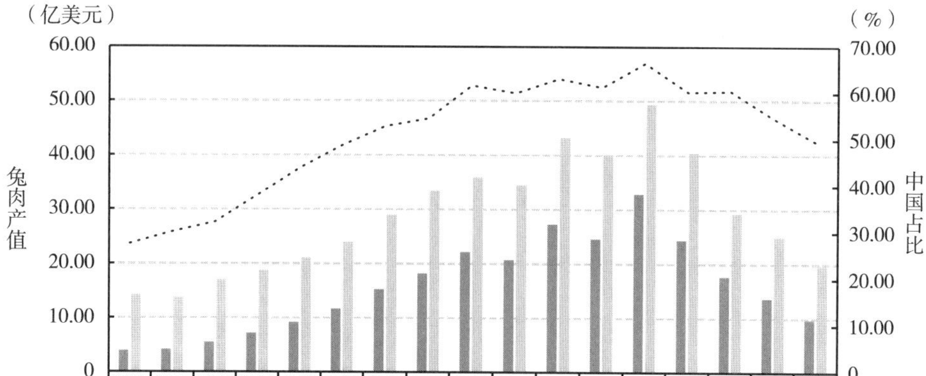

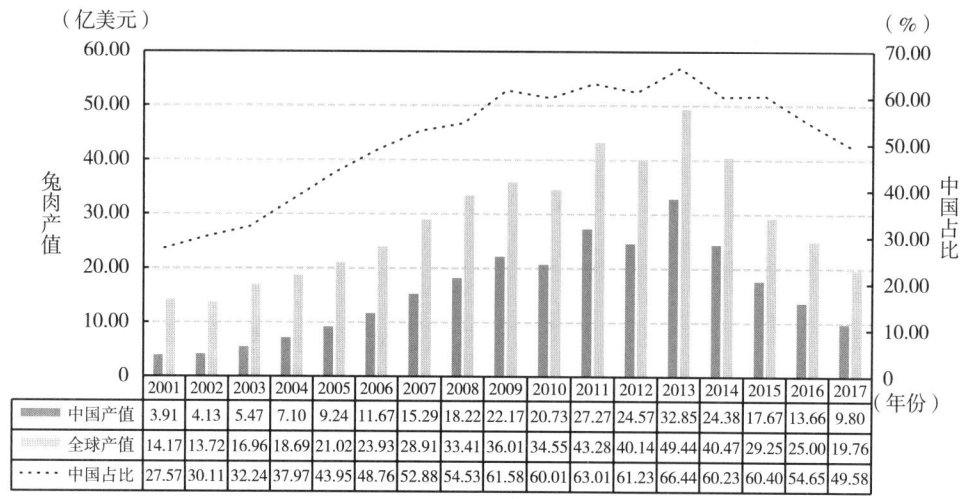

	2001	2002	2003	2004	2005	2006	2007	2008	2009	2010	2011	2012	2013	2014	2015	2016	2017
中国产值	3.91	4.13	5.47	7.10	9.24	11.67	15.29	18.22	22.17	20.73	27.27	24.57	32.85	24.38	17.67	13.66	9.80
全球产值	14.17	13.72	16.96	18.69	21.02	23.93	28.91	33.41	36.01	34.55	43.28	40.14	49.44	40.47	29.25	25.00	19.76
中国占比	27.57	30.11	32.24	37.97	43.95	48.76	52.88	54.53	61.58	60.01	63.01	61.23	66.44	60.23	60.40	54.65	49.58

图 35－6　2001～2017 年中国兔产业在国际市场中的地位

资料来源：根据 FAOSTAT 网站 2021 年 7 月现价美元数据整理计算。

二、中国兔产业发展情况

（一）中国家兔生产情况

图 35－7 是根据历年《中国畜牧兽医年鉴》《中国农村统计年鉴》整理的 2001 年以来我国兔存栏量、年出栏量和兔肉产量变化趋势。可以看出，2001 年以来，我国兔产业总体呈现出 2015 年以前逐渐增长，2015 年以后逐步减少的变化趋势。受我国供给侧结构性改革和兔产业转型升级的影响，2016 年我国兔存栏量、出栏量和兔肉产量同比均出现下滑的趋势，尽管 2017 年略有增长，但是仍挡不住总体下滑的趋势。由于统计口径不一样，反映在我国兔年末存栏数上有非常明显的差异，尤其是 2016～2019 年，FAO 统计的年末兔存栏数几乎等于我国自己统计的 2 倍，但兔出栏数和兔肉产量则差异不大。

由于国家统计局等部门并没有兔产业产值统计数据，图 35－8 是根据国家兔产业技术体系产业经济岗位汇总核算的近年来的兔产业总产值情况。在核算时，该体系产业经济岗位专家是根据兔出栏量和兔产品产量，按照体系监测的平均价格进行汇算的。可以看出，2013 年，我国兔产业产值约为 327 亿元，占同年畜牧总产值的 1.18%，根据产业经济岗位预估，2019 年兔产业产值约为 234 亿元，受供给侧结构性改革和兔产业结构调整的影响，2015 年兔产业产值有较大幅度的下滑，“十三五”时期兔产业产值明显放缓，占畜牧业总产值的比重也由 2013 年的

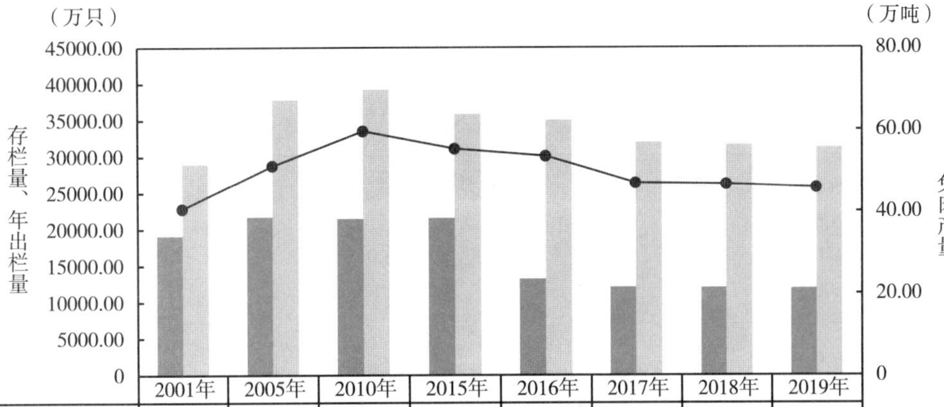

	2001年	2005年	2010年	2015年	2016年	2017年	2018年	2019年
存栏量	19124.70	21764.10	21500.70	21603.40	13225.70	12114.00	12033.90	11937.70
年出栏量	28992.50	37840.40	39239.00	35888.40	35056.70	31955.30	31670.90	31323.10
兔肉产量	40.60	51.10	59.60	55.30	53.50	46.90	46.60	45.80

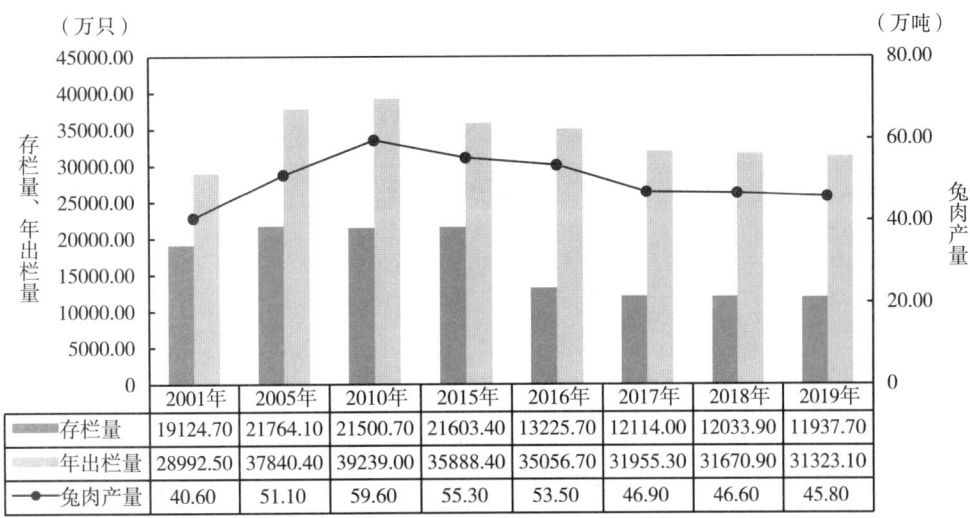

图 35－7　2001～2019 年我国家兔存栏量、年出栏量及兔肉产量情况

资料来源：历年《中国畜牧兽医年鉴》《中国农村统计年鉴》。

1.18%下降为 2019 年的 0.84%[①]。但从长远来看，与猪、牛、羊、马等其他动物养殖相比，兔产业发展前景光明。

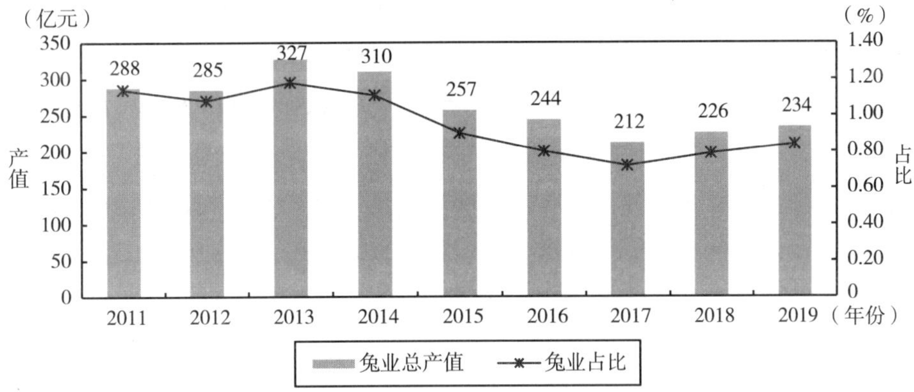

图 35－8　2011～2019 年中国兔产业产值及在畜牧业中的占比

资料来源：兔产业产值来自国家兔产业技术体系产业经济研究室各年度中国兔产业发展报告（内部资料），畜牧业产值来自中国畜牧兽医年鉴。

（二）中国兔产业分布、规模化情况

从养殖区域结构来看，我国肉兔养殖主要集中在四川、重庆等西南地区，山

① 武拉平，颉国忠，刘强德，等．“十三五”以来中国兔产业发展报告（2016—2018）［J］．中国养兔，2019，229（1）：14－24.

东和河南等地也有部分养殖；獭兔养殖则主要在山东、河北、四川、河南和山西等中部和北部区域；而毛兔养殖主要在山东、浙江、江苏和四川（见图35-9）。

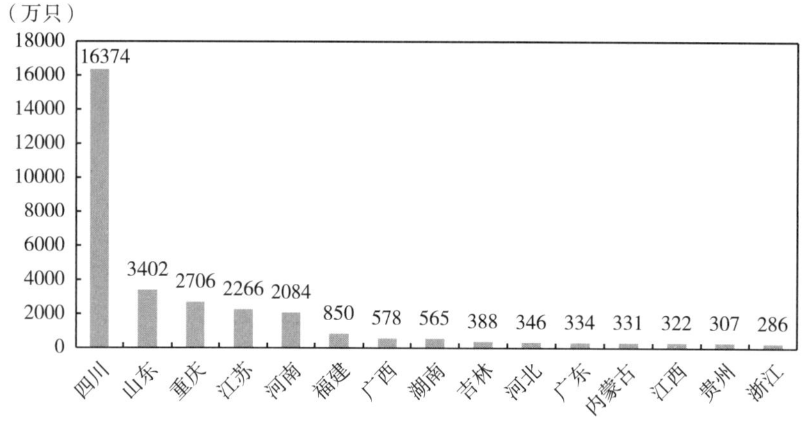

图35-9　2017年我国兔出栏量排名前15位的地区

资料来源：《中国畜牧兽医年鉴》。

我国兔产业的传统特点是养殖规模小、地域分散、生产环节之间相互配套差，大部分农户的养殖规模多为100只左右的繁殖母兔（刘汉中等，2015）。近几年来，大部分普通农户的养殖规模都能达到200~300只繁殖母兔，较之前提高了1倍以上。大的养殖户或者小型企业饲养的繁殖母兔数达到500~800只，甚至1000只以上，如青岛康大兔业年出栏达到800万只以上。从产业配套来说，过去各个环节之间相对独立，联系松散，近年来出现了大量的全产业链式企业，如四川哈哥兔业，不仅从事育种，也从事饲料生产、养殖、屠宰、加工和贸易，极大地提高了产业的集约化水平（武拉平等，2019）。

（三）中国兔肉消费情况

我国兔肉消费的主要区域为四川、重庆、广东和福建等省份，近年来北方一些省（区、市）的兔肉消费也在增加，包括北京、内蒙古等地。据国家兔产业技术体系产业经济研究室调研统计，2016年四川省兔肉产量为34.29万吨，占全国的40.97%，年人均兔肉占有量为4.15千克，是全国平均水平（0.63千克）的6.6倍（见表35-6）。如果考虑从山东等地流入的兔肉（四川兔肉出口和调出到其他省份的数量都很少），那么四川实际消费的兔肉量接近我国兔肉产量的一半，也即四川5.98%的人口消费掉我国大约50%的兔肉（武拉平等，2019）。重庆是我国人均兔肉消费的第二大地区，年人均消费约为2.39千克，是全国平均水平的

3.8倍。山东省虽然是我国的养兔大省，但不是兔肉消费大省，其兔肉主要有3个去向：出口，销售到川渝、广东、北京等地和当地消费（武拉平等，2019）。江苏、河南和河北等地的兔肉主要销往广东和北京，部分销售到川渝地区，还有少量在当地消费。广东是一个比较特殊的省份，其家兔养殖并不是很多，约为9291吨，排在全国第11位，但兔肉消费较多，人均消费量在全国平均水平（0.63千克）以上。

表35-6　　2016年我国兔肉产量排名前10位的省份和人均消费量（占有量）

排名	省份	出栏量（万只）	兔肉产量（万吨）	产量占比（%）	人口数（万人）	人口占比（%）	人均消费（千克/人）
1	四川	23490.4	34.29	39.46	8262	5.98	4.15
2	山东	6772.1	11.23	12.93	9947	7.19	1.129
3	河南	3884.8	8.51	9.79	9532	6.89	0.893
4	重庆	5142.5	7.28	8.38	3048	2.2	2.39
5	江苏	3687.1	7.07	8.14	7999	5.79	0.884
6	河北	3175.6	5.37	6.18	7470	5.4	0.719
7	福建	1927.6	2.84	3.27	3874	2.8	0.734
8	广西	643.2	1.3	1.5	4838	3.5	0.269
9	吉林	609.7	1.23	1.42	2733	1.98	0.45
10	内蒙古	588.5	1.18	1.36	2520	1.82	0.468
上述合计		49921.5	80.31	92.42	60223	43.55	1.334
全国总计		53688.6	86.89	100	138271	100	0.628
全国占比（%）		92.98	92.42	92.42	43.55	43.55	2.12

资料来源：武拉平，颉国忠，刘强德，等．“十三五”以来中国兔产业发展报告（2016—2018）[J]．中国养兔，2019，229（1）：14-24。

（四）中国兔产品价格波动情况

图35-10为2011~2019年我国养殖户兔及兔产品年平均价格走势，可以看出，近年来我国兔养殖户的剪毛统货波动幅度较大，一级獭兔皮呈下降趋势，肉兔活兔、獭兔活兔、兔肉价格总体波动趋势较小。

（五）中国兔产品贸易情况

长期以来，我国兔产品的国际贸易格局是兔肉主要为出口，基本没有进口；兔皮则主要为进口，出口很少；兔毛主要为出口，但在过去十年出口量一直呈直线下降。在兔产业发展的早期（20世纪50~60年代直至改革开放初期），我国兔

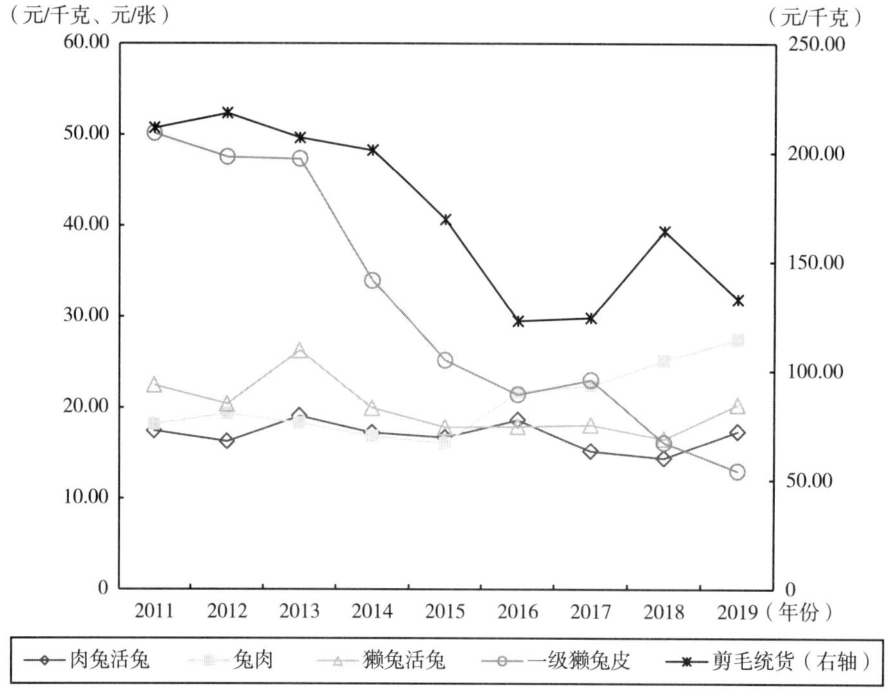

图 35-10　2011~2019 年我国养殖户活兔及兔产品平均价格变化

资料来源：国家兔产业技术体系产业经济研究室各年度中国兔产业发展报告。

产业一直是外向型产业，兔产品主要是出口创汇，包括兔肉和兔毛等。自 20 世纪 90 年代我国兔产业快速发展以来，兔产品转向以国内市场为主。

近十多年来，兔肉出口量一直在 1 万吨左右徘徊，整体有所下降，占兔肉产量的比重一直在 1%~1.5% 徘徊。2014 年我国兔肉出口量有较大提高，但 2015 年受人民币对欧元不断升值的影响，出口兔肉的利润不断下降，导致 2015 年兔肉出口下滑较多，虽然 2017 年略有回升，同比增长 21.80%，但 2018 年又下滑到 5990 吨，同比下降 15.26%，占兔肉生产总量的比重也从 2006 年的 1.88% 下降到 2018 年的 0.69%（见图 35-11 和图 35-12）。

中国是重要的兔毛生产和出口国，其产量和出口量均占全球的 90% 以上，中国兔毛原料及兔毛针织品出口量也占世界的 90% 以上。受 2013 年手拔毛事件影响，我国兔毛出口量下滑，加之国际经济形势持续萧条，国内兔毛需求在短期内难以上涨，使得国内兔毛价格也不断下跌，2015 年底比年初下跌 29.79%，对毛兔养殖业形成较大冲击。"十三五"以来，我国兔毛出口继续处于停滞状态，2017 年和 2018 年分别仅出口 287 吨和 246 吨（见图 35-13）。兔皮国家贸易方面，我国主要以整张兔皮进口为主，同时进口少量未缝制整张兔皮。2018 年我国进口整张兔皮 15180 吨，同比下降 20.76%①。

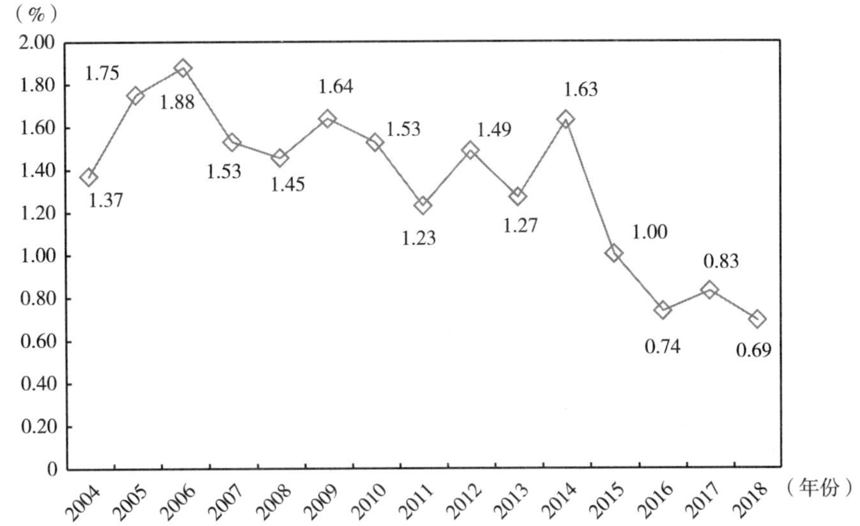

图 35－11　2004～2018 年出口兔肉占全国总产量比重

资料来源：根据中国海关总署和《中国畜牧兽医年鉴》相关数据整理计算。

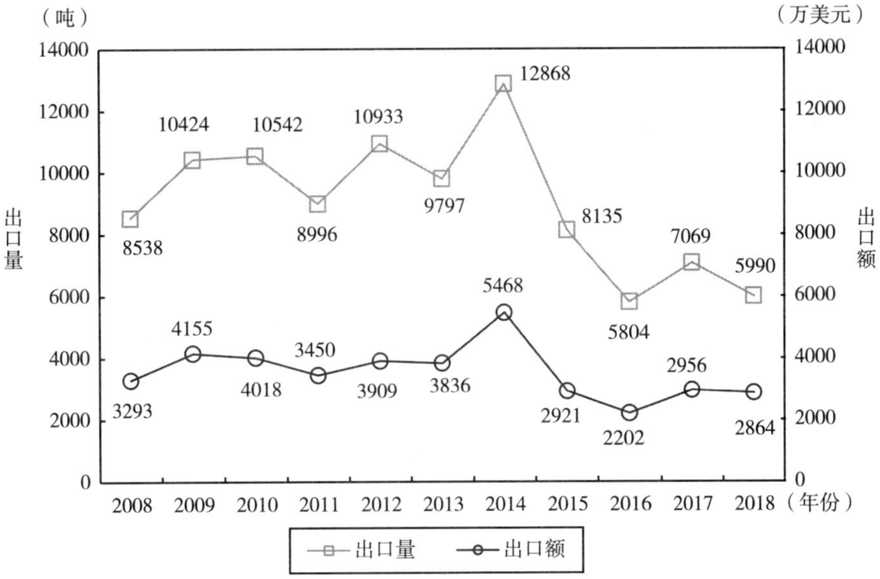

图 35－12　2008～2018 年我国兔肉的出口量和出口额

资料来源：联合国粮农组织 2020 年 11 月数据。

① 秦应和. 2019 年我国兔业发展概况及 2020 年发展形势展望［J］. 中国畜牧杂志，2020，56（3）：151－155.

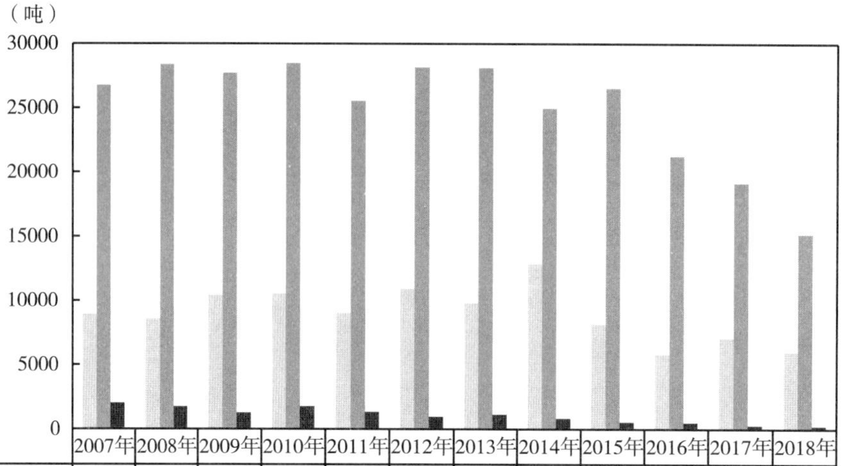

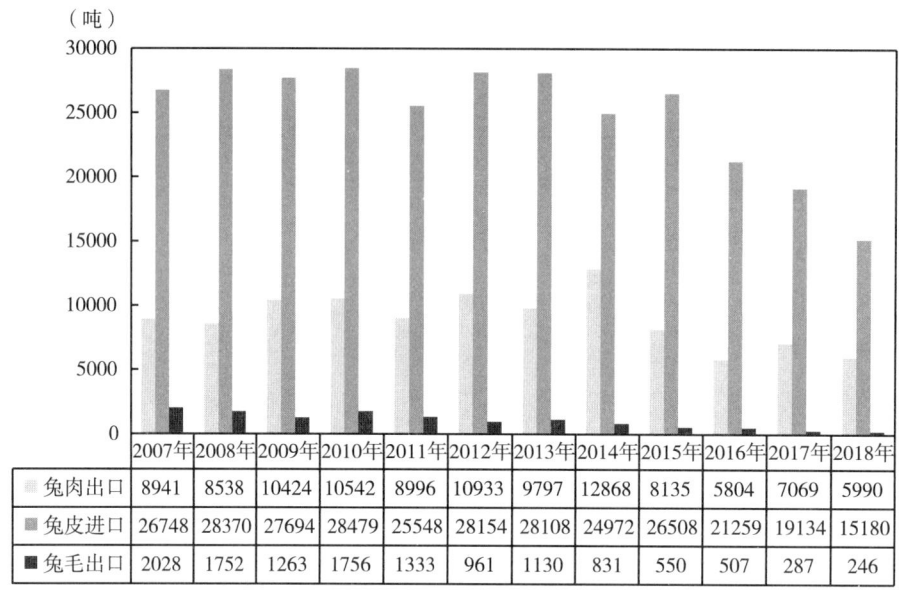

	2007年	2008年	2009年	2010年	2011年	2012年	2013年	2014年	2015年	2016年	2017年	2018年
兔肉出口	8941	8538	10424	10542	8996	10933	9797	12868	8135	5804	7069	5990
兔皮进口	26748	28370	27694	28479	25548	28154	28108	24972	26508	21259	19134	15180
兔毛出口	2028	1752	1263	1756	1333	961	1130	831	550	507	287	246

图 35－13　2007～2018 年我国家兔产品出口/进口情况

注：兔肉为鲜、冷、冻家兔或野兔肉及食用杂碎，兔皮为整张兔皮，兔毛为已梳兔毛。

资料来源：中国海关总署。

（六）中国兔产业发展水平

根据国家兔产业技术体系产业经济研究室建立的自 2011 年起的兔产业发展指数来看，2019 年我国兔产业指数为 110.05，肉兔产业指数为 117.40，总体呈现出调整基础上的回升趋势（见表 35－7）。肉兔产业在持续多年的较快扩张后出现波动调整，獭兔和毛兔产业仍处于近年来低位。这主要与前几年有较多资本进入肉兔养殖和加工环节有必然联系，再加上獭兔和毛兔产业向肉兔养殖的转型，肉兔养殖和生产经过 2014 年的平稳观望、2015 年大量进入和 2016 年快速增长后，2017 年、2018 年开始逐渐进入理性增长阶段（武拉平等，2016）。

表 35－7　2011～2019 年度兔产业发展水平和生产效率

年份	兔产业指数				生产效率	
	总指数	肉兔产业	獭兔产业	毛兔产业	出栏率	出肉率
2011	100.00	100.00	100.00	100.00	1.754	1.551
2012	97.65	96.95	92.42	103.56	1.705	1.543
2013	103.37	101.39	101.76	112.81	1.682	1.543
2014	103.16	102.47	94.76	110.79	1.648	1.564

续表

年份	兔产业指数				生产效率	
	总指数	肉兔产业	獭兔产业	毛兔产业	出栏率	出肉率
2015	99.66	101.52	88.92	97.55	1.661	1.541
2016	109.93	117.50	88.03	89.33	1.661	1.526
2017	105.06	110.55	84.60	84.96	1.600	1.468
2018	103.09	112.88	74.40	75.60	1.661	1.471
2019	110.05	117.40	71.04	67.78	2.234	1.523

注：1. 兔产业发展指数由国家兔产业技术体系产业经济研究室2011年建立。指数以2011年为基期，综合肉兔、獭兔和毛兔，考虑玉米和豆粕行情，最后由兔产品价格指数、饲料价格指数和兔业专家指数综合而成。指数每周发布，表中的年度指数由每周指数汇总而得。“总指数”为按“产值”加权指数。

2. 这里用宏观的出栏率和出肉率反映生产效率。出栏率指出栏量除以存栏量，出肉率指每只出栏兔提供的兔肉量。

资料来源：国家兔产业技术体系产业经济研究室历年中国兔产业发展报告。

三、云南兔产业发展情况

（一）云南兔存栏量、出栏量及规模化发展情况

云南省家畜改良站草食科从2005年开始统计肉兔、獭兔、长毛兔的存栏量、出栏量、基础母兔数，小、中、大规模养殖户的数量。根据云南省家畜改良站草食科统计的数据可知，就存栏量来看，2005～2013年，家兔的存栏量持续上升，由77.7万只增加到120.22万只，增长了54.72%，2016年又下降至114.57万只，较2013年下降了4.70%。各类兔中，獭兔的存栏量变化最大，由10.9万只增加到74.1万只，又下降到56.99万只；长毛兔存栏量则由原有的2.3万只下降到2013年的1.6万只和2016年的0.16万只。至2016年10月，獭兔和长毛兔存栏量仍在持续减少，只有肉兔存栏量有所增加。就出栏量来看，2005～2016年，家兔的出栏量不断增加，由2005年的116.41万只先增加至2013年的301.11万只，后又增加至2016年422.59万只，2016年的出栏数量是2005年的3.63倍。各类兔中，除了长毛兔出栏量表现为先增后减的趋势外，獭兔和肉兔出栏量均是不断增加的。

据云南省家畜改良站草食科统计，2005年，基础母兔存栏不足100只的养殖户为2354户，100～999只的有363户，1000只及以上的仅52户。2013年，基础母兔不足100只的养殖户减少至1627户，100～999只的养殖户增加到4382户，1000只及以上的养殖户也增加到238户。2016年，100只以下的养殖户减少到

1212 户、100～999 只的养殖户减少到 362 户、1000 只及以上的养殖户减少到 6 户（见表 35－8）。可以看出，小规模养殖户渡过长期低迷市场的比例较高。尤其是獭兔养殖，规模越大，在 2013～2016 这三年中亏损越严重。小规模的獭兔养殖户，迅速转为獭兔肉养或直接淘汰獭兔转为肉兔的养殖户，进入 2016 年以后，都开始盈利。

表 35－8　2005 年、2013 年和 2015 年云南省家兔存栏、出栏和养殖规模情况

年份	兔的类别	存栏（只）	出栏（只）	规模养兔场户（个）基础母兔存栏数范围		
				<100 只	100～999 只	≥1000 只
2005	三类兔合计	776594	1164117	2354	363	52
	肉兔	645013	890611	2070	250	21
	獭兔	108533	263449	152	100	27
	长毛兔	23048	10057	132	13	4
2013	三类兔合计	1202234	3011401	1627	4382	238
	肉兔	445002	1193673	1359	3938	57
	獭兔	740833	1807632	202	431	181
	长毛兔	16399	10096	66	13	0
2016	三类兔合计	1145740	4225941	1212	362	6
	肉兔	574235	2006563	1016	162	2
	獭兔	569865	2218687	195	199	4
	长毛兔	1640	691	1	1	0

资料来源：云南省家畜改良站草食畜科。

从 2013 年以来全国和西南地区家兔出栏量对比情况来看，四川是我国西南地区家兔出栏量最多的省份，且近年来还在不断增加，2017 年出现下降主要是受统计数据根据全国农普数据修订以及我国供给侧结构性改革、兔业转型升级的调整的影响。其次是重庆，近年来重庆市家兔出栏量表现出同四川类似的变化趋势。与四川和重庆相比，近年来贵州和云南的家兔出栏量非常小，其中云南最低，2017 年的家兔出栏量仅为 20.4 万只（见图 35－14）。

（二）云南兔生产区域分布

在云南省立体气候条件下，怒江、西双版纳、红河三个湿热地区基本无规模化的商品兔养殖生产。德宏、临沧、普洱、文山产量极少。保山、楚雄、昆明、玉溪、昭通、大理、曲靖年出栏量平均在 5 万只，都有大养殖户和规模化的养兔场。2010～2016 年，全省兔出栏量排列前 8 位的州、市（兔出栏数年度变化及 7

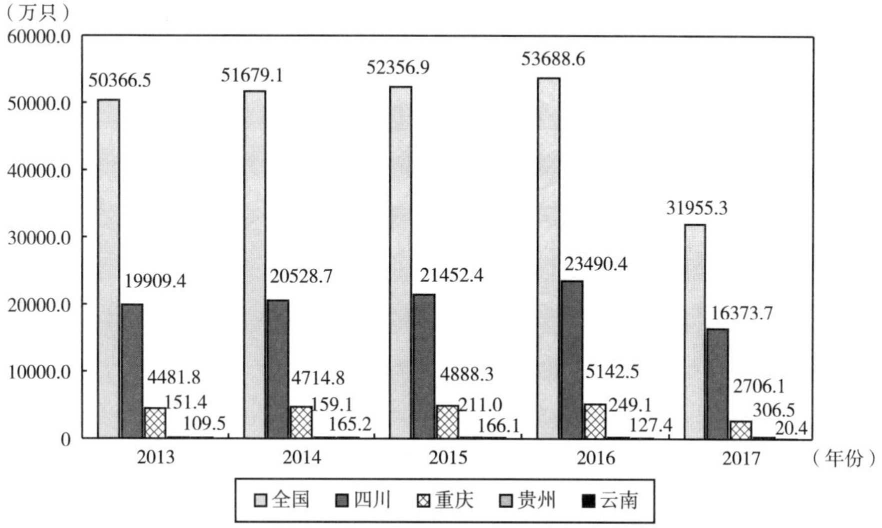

图 35－14　2013～2017 年全国和西南地区家兔出栏量对比情况

资料来源：《中国畜牧兽医年鉴》（2014～2018 年）。

年平均出栏数分别见图 35－14 至图 35－16）。可以看出，数量最多，波动最大的是曲靖，2010～2016 年保持绝对优势。增长最快的是大理，2014 年和 2016 年，两次增速排列第一。玉溪和昭通近年来的兔出栏量均呈“Z”型变化趋势，先小幅增加后急剧下降最后又不断增长的态势。楚雄和保山则呈现出明显的倒“V”型变化趋势。昆明近年来的兔出栏量则是表现为不断下降的变化趋势。

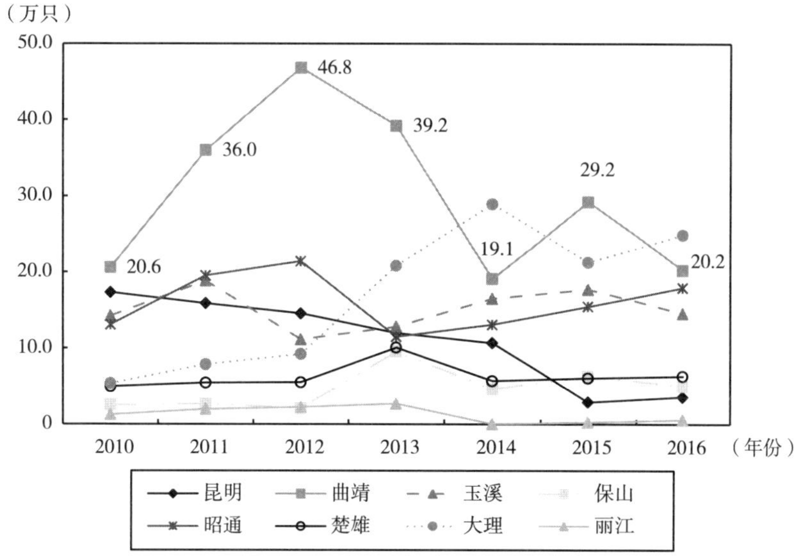

图 35－15　2010～2016 年云南主产区兔出栏数对比情况

资料来源：云南省家畜改良站草食畜科。

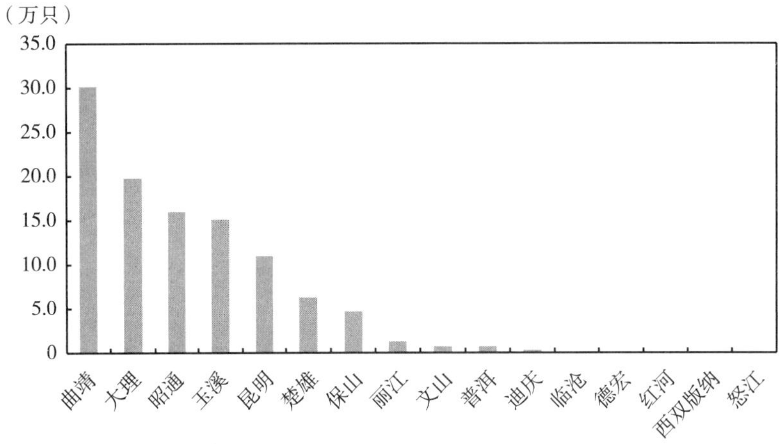

图35－16　2010～2016云南各地7年平均出栏数对比情况

资料来源：云南省家畜改良站草食畜科。

（三）云南兔价格波动

近年来，云南活兔市场呈现随全国市场和季节性双重波动。肉兔的价格在每年春节期间最高，然后随着春季外省的出栏量增加，价格逐渐降低，8月进入低谷，之后随天气转凉而上升；受夏季高温影响，全国11月出栏量较小，价格走高，持续至春节达到每年的高峰。

据农业农村部"全国农产品批发市场价格信息系统"以及惠农网等网络公开数据，2013年9月，肉兔出现历史最高价位（22.5元/千克），以后因全国獭兔养殖场杀兔腾笼，急剧增加的肉兔大批出栏，导致兔肉供大于求，价格急速下滑，2014年7月过山车似的降到最低谷（10.0元/千克），至2015年春节仍保持在12元/千克以下，以后逐渐回升到14元/千克，平稳至2016年4月才逐渐走高，10月达到18.5元/千克，2017年春节后又逐渐回落到14元/千克的水平。2018年8月以后，随着非洲猪瘟疫情的发展，肉兔价格再度飙升至历史最高，至2021年3月回落到正常价位，至7月仍保持17元/千克左右。

商品獭兔的价格由2013年26元/千克下滑到最低时的12元/千克，以后基本保持与肉兔同价，到2017年才稍高于肉兔，至2021年7月依然保持该状态。

2013年11月，兔毛价格由220元/千克的高价突然下跌至130元/千克，至2021年2月，保持在120～140元/千克。所幸兔价低时饲料原料也大幅降价，2010～2013年，颗粒饲料的价格持续高位运行，每吨2800元左右，此后自配料的原料成本价逐步降到2000元/吨以下。

（四）云南肉兔生产的定位

目前，兔肉生产分为三个层次较为合适：

一是散养。生产普通兔肉。单纯喂草，生产速度较慢，屠宰率低。贫困地区，每家养几只至十几只母兔作为家庭副业，不计饲草和劳动力成本，自给自足为主的养殖模式，是刚刚完成脱贫的山区老百姓获取肉食、换取生活必需品、提高生活水平的好途径。在城镇附近的养殖户，有一定的销售量，以“土兔子”的价格供应当地农贸市场或餐馆，可获得一定的收入。

二是“龙头企业+专业户+合作社”。中、小规模养殖户，出栏2.0~2.5千克的商品肉兔，获取劳动力报酬。活兔在本地的零售价约20元/千克，供应烧烤摊、大众餐馆、也可在农贸市场“点杀”。近年来，这种模式在四川、重庆一直盛行。

以乡或县为单位，建立合作社，以农户的中、小群体，集成区域的大规模。由合作社与种兔场、兔肉加工企业、商贩合作，统一提供种兔、统一饲料、统一防疫、统一饲养管理标准、统一销售。

我国的活兔出场价格，多年来一直在企业养兔的成本线上下徘徊，无利润可言，但农户养兔有相对稳定的劳动力收入，综合考虑，优于外出打工。单纯依靠企业，运作成本高；农户独立生产，不能保证质量。近年来，“公司+农户”的运作中，存在诸多难以调和的问题，但目前养兔必然需要公司与农户的合作，兔产业合作社已经成为农村养兔的基本组织模式。如果由合作社组织农户生产，由合作社与企业进行合作，法人对法人，则可以建立一种永久的合作关系。

有人提出，龙头企业与农户合作养兔的过程中，采用合作社作为第三方参与经营的思路：企业饲养种兔，按合同价提供兔苗、饲料、预防用药、相关技术；农户按标准建兔舍、育肥兔；在规定的时间内达到标准体重后，企业按合同价收购。企业和农户均以每只兔10元的保证金交到合作社（双方每只兔的纯收益均低于10元）。企业违约，农户自行出售商品兔后，到合作社领取保证金；农户违约，企业到合作社领取保证金；饲养过程中因病淘汰和死亡的商品兔，经企业的技术人员检验认定，不计为违约，损失由责任方承担；保证金按批结算。以保证在市场波动中，农户能得到良好的服务，企业有稳定的兔源。

三是企业大规模养殖。生产绿色、有机兔肉。按标准养殖，占领高端市场，立足国内，伺机外销。在国内，冷鲜兔肉分割后，建议零售价平均50元/千克，供应超市、中高档餐馆、酒店，有较大的利润空间，如青岛康大兔业公司、重庆阿兴记、河南阳光兔业。

四、兔产业国内外水平比较

我国虽然是世界养兔超级大国，但国家对整个兔产业的科技创新领域投入远远低于对其他畜禽的投入，许多研究尚处于起步阶段，与国外养兔发达国家相比，存在较大的差距（武拉平等，2015）。对国内外兔产业链“良种繁育—标准化养殖—疫病防控—产品加工—废弃物循环利用—现代物流”的各环节主要技术比较如下。

（一）品种培育与繁殖

我国养兔历史悠久，拥有丰富的家兔品种资源，目前，世界共有家兔品种60余个，其中，我国拥有引进品种、地方品种和通过国家和地方审定的品种、配套系共45个，但大部分品种生产性能不及国外品种。国外相继育成伊高乐（hy-cole）、伊普吕（Hyplus）、伊拉（Hy-la）和齐卡（ZIKA）等著名的肉兔配套系，我国主要从欧洲引进。近年，山东、四川、重庆先后批量从法国引进伊拉配套系、伊高乐配套系的曾祖代和祖代种兔（武拉平等，2015）。

养兔发达国家，如法国、意大利、西班牙等国，普遍采用同期发情、人工授精技术，主要应用42天和49天繁殖模式，实现了全进全出工厂化生产养殖，每只母兔年提供商品兔高达50只以上；我国在此方面也已起步，但全国养兔人工授精率低，主要依靠传统的自然交配方式，每只母兔年提供商品兔30~40只，最高约44只（武拉平等，2015）。

（二）标准化养殖与环境调控

兔舍与兔笼建设，国外实现了标准化、规范化和自动化，有大量的研究数据作为支撑，科学实用，实现了兔舍内投料、饮水、清粪，温度、湿度、空气质量等智能化调控。国内养殖场千差万别，建设的依据主要是传统与经验，设施设备简陋。近年来，新建的养兔场多采用欧洲养兔生产线，配备全封闭的兔舍，尽管机械除粪系统仍在不断的改进中，机械喂料系统更不成熟，但因劳动力成本的快速增加，许多新建的养兔场纷纷效仿使用机械喂料和除粪系统。全国各地在“十三五”脱贫攻坚和精准扶贫期间，多选用了该模式，尤其是以“新疆速度”建立的大批规模化养兔场，拥有机械化与环境控制的配套效果。

同时，国外养兔较注重动物福利，有的国家模仿兔的生活习性，设计养兔场地、兔笼和生产过程。我国兔产业的基础研究与应用研究的系统性和深度还相对欠缺，经常需要参考国外兔产业研究的相关成果或经验。

兔饲料营养供给是标准化养兔关键环节，我国研究几乎还处于能量、蛋白和粗纤维水平。国内对消化生理研究几乎处于零经验阶段，家兔生产性能比较差，日增重35g/天，料肉比3.3：1，部分养殖场甚至严重低于这个指标；而国外已经对淀粉、可溶性纤维素、ADF、ADL等营养成分做了比较系统的研究，日增重达45g/天，料肉比为3：1。

（三）家兔保健与疫病防控

国外非常注重家兔保健，家兔疫病主要采用预防措施，一般不采用治疗方案。疫病的控制主要通过环境、营养与疾病交叉领域的深入研究，综合控制，留养仔兔的出栏存活率可以达到95%，而国内这方面的工作做得较少，大型养殖场与饲料厂普遍通过在饲料中添加药物的方法来控制场地疾病。尤其是近年出现的腹胀病，国外称之为家兔流行性肠病（ERE），对其做了系统研究，而国内对其研究仅处于起步阶段，养殖户对于重大疾病与普通病的防控能力较差，国内家兔存活率仅85%~90%，如果出现腹胀病暴发，存活率仅为40%~70%，这会极大损伤养殖户积极性和威胁家兔养殖的健康发展。

（四）产品精深加工与综合利用

我国兔产品加工规模小，且产品单一。20世纪80~90年代我国冻兔肉主要出口欧盟，近年出口量不足1万吨，占兔肉总产量不到1.5%；85%以上的兔肉主要以鲜销为主，其余的兔肉主要加工成缠丝兔、烟熏兔等传统产品，部分加工成兔肉干等休闲食品，且加工设备简陋。

兔毛、兔皮制品的加工制造设备和兔毛纺织品的功能性后整理等高端技术与发达国家有较大差距。高端兔毛纺织设备和兔皮加工设备完全依赖进口，技术储备少，产品档次低、加工规模小。兔皮产品设计一般都是参加国外产品展销会后，根据国外产品进行仿制或改良，真正自己原创性的设计很少。兔副产物兔脑、肝、肾、脾、肠、四肢及兔皮边角余料等利用尚属起步阶段，与国外差距更大。

（五）废弃物处理与资源化利用

随着我国农村劳动力大量向城市转移，养兔投入结构、养殖方式和经营发生了较大变化，企业投入、规模化养殖、产业化，已是必然趋势，如山东一家企业年出栏量就达800万只，随之带来的大量粪尿、鞣制废水、染液等对环境压力加大，我国在此方面贮备技术较少，设备简陋，多数经过简单处理，直接利用或排放。最近，粪尿分离机开始推广应用，猪肉恢复稳定供应以后，我国即将加大养殖污染的治理的力度，兔粪、兔尿的资源化利用即将步入正轨。

五、云南兔产业存在的问题

云南兔产业存在的最大问题是供需不畅。云南各地都有兔肉消费者，但为数不多。肉兔生产随市场跌宕起伏，没有给本地提供优质稳定的供应。

（一）“喜欢吃的人，吃不起”——市场价格相对高

传统观念认为，兔是草食动物，饲喂青草养殖成本低，但实际上兔子对纤维素的消化率低。尤其是近年来随着土地和劳动力成本的增加，在家兔规模化养殖中已经告别青草，全部采用全价颗粒饲料。商品兔断奶后的料重比与其他动物相近，约为2.7：1.0。但目前百姓养兔死亡率高，加上淘汰、死亡兔和种兔的饲料消耗，综合料重比约为4：1。以2021年7月的饲料价格3.5元/千克计算，每千克活兔的饲料成本14元，胴体28元，净肉40元；加上种源、人工、场地、防疫、水电、饲养管理等，总成本约56元/千克；再加屠宰、分割、贮运、批发、零售等，净兔肉的市场合理价位为75元/千克，约为猪肉价格的3倍。因此，兔肉在发达国家属于高端肉食品，在中国也非大众消费食品。

（二）“想吃的人，找不到吃”——市场产品的供给能力有限

经营活兔、兔肉的农贸市场和餐馆少，流通渠道不畅，经营者和消费者不能对接。2009年6月，通过昆明114查号台只能查到一个经营兔肉的餐馆，登记的是小灵通号码；而2016~2021年，则直接查不到。2009年7月，“芭夯兔”云南总店为昆明独家专营兔肉的餐馆，据称平均每天约90桌的上座量，规划在云南开

30 个分店，但不到半年，总店撤离昆明。

在昆明，活禽批发市场都有活兔批发，但数量小。在中、小农贸市场，几乎无活兔和白条兔。向卖活鸡的小老板询问，都说有兔，但只能预订，没有现货。在云南，经营兔肉的人太少，市场也小。在云南养兔的把活兔卖到四川；在云南经营兔肉的餐馆又到四川把兔肉买回来。

（三）“不想吃的人碰到了，不好吃”——市场产品的加工技术滞后

有兔肉的餐馆，大多是冰冻肉；个别“农家乐”有活兔，加工烹饪兔肉需要的时间相对较长，等吃饱了才上兔肉，吃兔肉的兴趣和食欲已经荡然无存。吃兔肉需去除草腥气，调制出各种口味，需专业加工。除少数地区外，全国的餐饮业均不把烹饪兔肉作为主业，兔肉菜品只能作为配菜，难上档次。

（四）“希望吃的兔肉，市场上没有”——市场缺乏标准化兔肉

在全国，获得认证的兔肉生产企业，主档产品均瞄准国外市场。国内市场，现有的兔肉无标准可言，商品兔的体重、日龄、肥瘦、品种、品质差异很大，烹饪需要的方式、佐料、温度和时间都不同，难以实现标准化。加工工艺更是千奇百怪，全国范围内称得上“招牌菜”兔肉的屈指可数。

（五）本地消费市场的增长太慢

在 2020 年以前，云南老百姓大都喜欢吃野兔，全省各地都存在野兔和家兔的消费者，也都存在经营兔肉的餐馆。近年来，由于生活水平的改善，对健康状况的重视，兔肉营养保健功效的宣传与普及，肉兔养殖、经营、消费均有所增加。尤其是烧烤兔肉在全省零星出现，有望能促进消费量稳步上升。但与四川、重庆、张家口相比，增长速度仍然十分缓慢。

按理来说，兔肉这么好，消费普及的速度不应亚于当年牛、羊肉普及的速度。但因兔肉生产的广泛性不及牛、羊；云南省无加工兔肉产品的传统；兔肉生产的成本相对较高；兔肉市场太小，不稳定性强；兔肉的生产标准、烹饪技术都不成熟，普及消费还有很长的路要走。

（六）养殖技术薄弱

云南高原属季风气候，日温差大、湿差大、风大，用传统的兔舍养兔，呼吸道

疾病、消化道疾病常年呈波浪式发作，老百姓养兔，从初生仔兔到出栏商品兔的成活率低于80%，效益低下。长毛兔身上带有灰尘、草芥等杂质，严重影响兔毛销售。

六、云南兔产业应对措施

（一）增加收入，降低成本，加快发展速度，尽快实现兔肉生产标准化

普及专门为云南气候条件研发的《环境与有害生物防控无抗养兔方案》，提高繁殖率、成活率、劳动生产效率，降低生产成本，增加兔粪、兔尿的销售收入；充分发挥云南的气候、地域、饲料资源等优势；销售网络化，减少中间环节，降低销售成本。加快发展速度，尽快实现生产标准化。随着社会发展，提高消费能力，让喜欢吃的人都吃得起兔肉。

（二）培育龙头企业，增加产品的数量，完善产业链

培育龙头企业，增加产品的数量，完善产业链。如由龙头企业直接与餐饮联合，保证每个农贸市场都有活兔和冷鲜兔肉；增加龙头企业直营店数量，专业烹饪兔肉；让兔肉成为主菜，优先上桌，保证好吃。

（三）由企业专业生产标准化冷鲜兔肉

由企业制定60日龄出栏肉兔体重2.3千克等养殖标准和6分钟黄焖烹饪标准。超市销售分割的冷鲜兔肉，配上佐料，附烹饪说明书，使消费者可以用电磁炉、微波炉按标准烹饪。

（四）以正面宣传为主，符合当今消费的时尚

以正面宣传为主，例如兔肉“8高6低”的营养优点，符合当今消费的时尚。兔肉好吃，长个益智；可以吃饱，还能养颜美体；远离三高，延年益寿。兔肉低污染，低残留，安全性高。兔肉生产高效环保，便于可持续发展。

（五）开发、经营兔产品

兔肉经传统的厨艺、烧烤、腌卤加工后，有独特的味道，只要坚持利用标准化工艺生产标准化兔肉产品，一段时间后，自然能培育出一批“回头”的消费者。

（六）开发兔肉功能性食品

如婴儿的“开荤兔肉”、产妇的“月子兔肉”、老年人的“兔肉食糜”。给不同群体开发不同的兔肉美食，满足各层次的需求。

（七）联合科研院校，积极应用无粪尿沟兔舍、短路通风等先进技术设备

云南农业职业技术学院专门针对云南气候特点设计了“无粪尿沟的零排放兔舍”。2011 年，云南建成第一幢自主设计的无粪尿沟兔舍，经推广应用，非常适合在云南气候下使用。云南空气干燥，实行粪尿分离后，兔粪留在承粪板上不会产生臭气，繁殖母兔 12 天左右除 1 次粪，养一批商品肉兔中间只需除 1 次粪。把除粪安排在空闲时间进行，劳动强度大大降低。

兔舍的宽度不足 3 米，自主设计，应用一面墙短路通风的结果，舍内空气交换充分，且舍外大风时，舍内基本无风；舍外无风时，舍内有微风。保证气体交换的同时，通道中间无臭气，风不直接吹到兔身上，利用云南风大的特点，且舍内无灰尘，采用短路通风后，云南养的白兔不再带有地方色彩（灰尘的颜色），也有了养长毛兔的机会（兔毛上无杂质）。关键是短路通风和无粪尿沟兔舍，将兔子养在室内，兔舍造价低于室外开放式兔舍，占地节省一半，保证兔子一年四季不吹鼻子（无呼吸道疾病），不拉肚子（无消化道疾病），实现一种疫苗（兔瘟），一种药物（球虫药）就能把兔子养好。大大加快生长速度，降低成本，提高了兔肉的安全性，也提高了兔粪和兔尿的利用价值，实现零排放养兔。

兔子胆小，笼养后对雷声、凉风、温度、湿度的适应性降低。自主设计，将通风窗与采光窗分开，所有的通风窗连在一起，用声、风、温、湿、氨等五控开关，自动开、关通风窗，避免舍外噪音、风力、温度、湿度，及舍内氨气的影响，减少炸群和感冒，更能充分发挥家兔生产性能。

第三节　云南兔产业的优劣势分析

云南自然条件优越，气候极佳，土地、劳动力资源丰富，是第三亚欧大陆桥东段最重要的枢纽，四季都有青饲料，是世界上最适合养兔的地区。在祥云、陆良，适合培植龙头企业，可采用规模化现代化养兔模式；在山区，宜用合作社联

合农户模型，将众多小群体集合为区域的大规模养兔。世界养兔看中国，中国最佳的产地是云南。

一、气候资源

（一）优点

四季如春。云南养兔，四季繁殖，冬季无需升温，夏季无需降温；兔舍的建筑成本低，土地利用率高。

（二）缺点

日温差大、风大、湿度低。一天有四季，如3月份持续的晴天，下午像夏天、后半夜像冬天、傍晚像春天，清晨像秋天。春季多有12度以上的日温差，部分地区的日温差可达22度；风持续吹在兔子身上，低湿导致呼吸道和消化道干燥，抵抗力急剧下降，兔子很容易反复感冒、拉肚子。在原开放式兔舍中，数量较大的兔群，天天都有拉肚子、吹鼻子的兔子，仔兔、幼兔的死亡率高；种兔长年零星死亡，成为云南养兔的最大障碍。

以肉兔为例，最佳温度为15℃～18℃、湿度50%～60%、风不能持续吹在兔体上。舍温超过22℃，呼吸频率显著增加；超过25℃，公兔精子密度显著下降；超过28℃，精子活力下降；超过33℃，死精；低于10℃容易发生消化道、呼吸道疾病；低于5℃，不易繁殖。公兔的基本要求，睾丸温度比体温低4℃（3℃～5℃）。因此，家兔养在开放式的兔舍中，在北方有夏季、冬季不育的现象。对母兔而言，25℃以上、8℃以下，均需消耗大量的能量散热、维持体温，影响繁殖性能，导致产仔数减少、弱胎、死胎，泌乳下降等，同样影响繁殖性能。

（三）解决方案：合理利用气候资源发展兔产业

云南中部、东部、西部，以及海拔在1500～2500米的地区，自然条件优越，是最适合养兔的地区。2020年，云南农业职业技术学院建立《环境与有害生物防控无抗养殖方案》，运用“洞中洞中洞”的4级防寒保暖与3级自然降温的兔舍设计，巧妙地实现笼内四季春，风不会吹到兔体，湿度保持40%以上，避免普通病的发生；五面封闭的兔笼、垂直向上的气流，将兔子与兔子、饲养员与兔子隔离开来，切断了传播途径；门安装为自动关闭式，通风口装有纱窗，将蚊、蝇、鸟、鼠及昆虫等有害生物都挡在舍外；达到使用一种疫苗、一种药物即可消除消化道、呼吸道疾病的目标。

二、饲草资源

（一）优点

近年来，在草原生态补奖政策的推动和相关项目的带动下，云南较好地落实了禁牧休牧、划区轮牧和草畜平衡制度，可食鲜草产量大幅提升，天然草原载畜能力显著增强。笔者近年的研究表明，云南人工草地亩产鲜草可达1500千克以上，天然草场亩产鲜草可达650千克以上，分别高出全国平均产量的35%和30%。还可利用果园、旱地、农田、荒地，种植夏秋季、冬春季牧草。云南养兔，四季都有青饲料。此外，传统的蚕豆糠、玉米秆、甘蔗梢，近年开发的香蕉茎叶、木薯渣、花渣、花柄，均已开发为养兔用的纤维素饲料资源。

（二）缺点

一是现代养兔，兔子已经告别青饲料。兔子采食青绿饲料，因水分含量太高，导致摄入的干物质减少，生长繁育速度减缓。青饲料刈割、运输成本高，投喂的效率低，大幅提高劳动力成本。二是兔子吃人工种植的牧草，与吃露水草、雨水草的效果相同，容易腹泻。三是青饲料充足的雨季，不易干燥利用。旱季，饲料生长缓慢，需要扩大种植面积。

（三）方案：开发纤维素饲料的途径

一是利用丰富的秸秆。蚕豆秆可以替代苜蓿；香蕉茎叶，青贮后可以作为纤维素饲料；甘蔗稍干燥或青贮后也可以加到颗粒饲料中；许多鲜花的花枝、桑叶条，菊花渣、木薯渣等，都可以替代部分草粉。

二是纤维素饲料开发有基础。夏、秋为云南的雨季，全年降雨量的85%集中在5~10月，是饲料作物生长最旺盛的季节，但不能直接喂兔，干制成本又高。云南农业职业技术学院先后完成了东非狼尾草绿化荒山的研究、东非狼尾草组合饲喂肉兔的试验、优质饲草全年营养价值变化规律研究、齐卡肉兔对不同饲草营养消化代谢的研究、不同生长条件下的东非狼尾草营养价值研究等系列课题，为东非狼尾草产品的开发、解决西南地区纤维素饲料奠定了良好的基础；制订了利用青绿饲料制作兔全价颗粒饲料的两个方案：（1）半干的青草切碎，直接压制全价颗粒饲料；（2）青贮的青饲料，直接配合到全价颗粒料中。

三、土地资源

（一）冬闲田

滇南，可种三季稻，但大量水田每年均种一季“晒”两季，可以用于种植紫花苜蓿等豆科纤维素饲料。此外，山区、半山区的土地，旱季多放荒；果树及林下均可种植光叶紫花苕等豆科牧草；农作物的秸秆均为肉兔的纤维素饲料。

（二）荒山荒坡

据云南省草山工作站统计，云南省现有9万平方公里的荒山荒坡亟待绿化，如果全部种植优质牧草，每年可提供约200亿元年产值的牧草资源，同时又给植树造林提供先锋植被，产生巨大的生态、经济和社会效益。不仅如此，陡坡地退耕还林的过程中也可以套种纤维素饲料。

（三）土地租赁费用低

根据国土资源部相关统计资料可知，云南人均占有土地13.9亩，高于全国人均水平。云南经济发展滞后，耕地产值低。除蔬菜、花卉、苗木、高档水果用地外，用于种植、养殖的旱地租金都较低。

（四）撂荒地免费利用

近年来，随着粮食生产中劳动力成本的提高，外出打工形成许多撂荒地，可借用种草。夏秋季制作青贮草料，冬春节制作干草粉，用于养兔。

四、劳动力资源丰富且价格低廉

云南偏远的山区有大量农民，由于文化素质普遍偏低，缺乏一技之长，外出务工的可能性越来越小。这些地区农民的人均收入不到目前国内发达地区的一半，用工成本相对较低，可以成为发展兔产业的生力军。

五、区位优势

（一）临近国内市场

云南省紧邻四川、重庆两个全球兔肉消费量最大的地区。夏季和冬季，批量出场的商品肉兔是全国的稀缺资源。只有云南，很容易即刻将活兔运送到四川、重庆市场。

（二）口岸众多

云南省现有10个国家级口岸，8个省级口岸，90多条对外通道。南亚、东南亚、亚欧的气候资源远不如云南，为云南提供了潜力极大的兔肉市场。

（三）本地市场潜力巨大

云南少数民族众多，多有食用野兔的传统，善于烹饪兔肉；近期是引导野兔消费转向肉兔消费的有利时机。人工用全价颗粒饲料饲养的商品肉兔，基本无草腥气，更容易开发出兔肉佳肴。蒙自的兔肉米线、宜良的兔肉烧烤，在几年间就成为地方美食，出现一个相对稳定的消费群体，说明兔肉容易开发成为地方特色食品。云南到处都有四川人，存在带动兔肉消费的人群，对开发本地消费市场十分有利。

六、教学与科研优势

近年来，云南给全国提供了一大批养兔的专科毕业生，解决了系列养兔技术难题，为云南创造了良好的养兔条件。

（一）兔皮肤真菌病的一次性净化

通过系列调查和试验研究，发现预防、治疗、净化兔皮肤真菌病，用聚维酮碘带兔消毒即可。由笔者所在的云南农业职业技术学院牵头起草了《家兔皮肤真菌病的净化规程》。

（二）兔魏氏梭菌病

云南农业职业技术学院研究说明了兔魏氏梭菌病的病因是淀粉、蛋白过量，超过胃和十二指肠的消化利用能力，到达大肠剧烈发酵的结果。严格控制饲料量即可杜绝魏氏梭菌病。

（三）流行性腹胀

兔流行性腹胀（腹胀性肠病）主要为胃肠阻塞。通过控制兔舍的温差，实现冬暖夏凉；调整饲料量，调整投料次数和时间，即可避免。

（四）巴氏杆菌病

随着养兔条件的改善，不再专门针对兔巴氏杆菌病采取疫苗预防和药物防治措施。

（五）仔兔黄痢

仔兔黄痢病是人工养殖导致的。只要按母兔的哺乳能力留养仔兔，做好仔兔的防寒保暖工作，即可避免仔兔黄痢病的发生。2020 年，创建《环境与有害生物防控无抗养殖方案》，采用无粪尿沟的零排放兔舍，配合一面墙通风、风声温湿氨五方面自动总控、自创的饲养管理程序，实现整个兔场只用一种药（球虫药），一种疫苗（兔瘟灭活苗），即可实现兔群不吹鼻子、不拉肚子的效果。

七、小结

四川省的兔产业开发于 20 世纪 50 年代，当时兔毛、兔皮、兔肉全部出口。到 20 世纪 80 年代，兔肉出口受阻，但兔皮、兔毛依然畅销。为了确保兔皮、兔毛继续出口创汇，政府倡导兔肉消费与深加工，很快形成兔产品加工与兔肉消费市场。至今，四川、重庆的兔肉消费量持续增长，尤其是在 2016 年，四川省有近 3 亿只兔子被送上餐桌做成了干锅兔、麻辣兔头等特色菜，占全国市场的 7 成左右。云南的饮食习惯接近四川，理应容易开发兔肉消费市场，把小兔子做成大产业，为山区乡村振兴作出更多的贡献。

（执笔：董仲生、王雪娇、罗雁、毛昭庆；审定：董仲生）

第三十六章

云南蜜蜂产业经济问题研究

第一节　云南蜜蜂产业发展概况

一、中国及云南蜜蜂产业发展简况

养蜂业是世界传统产业，集经济、社会和生态效益于一体，是现代农业的重要组成部分，被称为“农业之翼”和“甜蜜的事业”，在世界经济中占有重要的地位。据联合国粮农组织（FAO）统计数据，自20世纪60年代以来，世界蜂蜜生产持续发展，蜂群数量和蜂蜜产量均呈上升趋势，从1961年的4917.31万群、67.88万吨增长到2017年最高值9097.09万群、192.63万吨。2010~2018年，全球蜂蜜农业产值维持在60亿美元（现价）以上，2013年最高时曾达78.94亿美元，2018年最低仅60.78亿美元；目前，全球约30%的蜂蜜用于国家及地区间的贸易。

据联合国粮农组织（FAO）网站2021年8月数据，2019年，全球有蜂群9011.64万群、蜂蜜产量185.26万吨。从蜂群分布看，亚洲4360.85万群占48.39%、非洲1735.85万余群占19.26%、欧洲1621.78万群占18%、美洲1163.24万群占12.91%、大洋洲不足130万群仅占1.44%。2019年，蜂群数量排名全球前10位的国家为印度（1224.73万群）、中国（908.84万群）、土耳其（812.84万群）、伊朗（751.67万群）、埃塞俄比亚（622.02万群）、俄罗斯（309.39万群）、阿根廷（298.5万群）、坦桑尼亚（298.43万群）、美国（281.2万群）和墨西哥（215.79万群）；此外，韩国的蜂群也在200万群以上达214.1万群。2019年，蜂群数量超过100万群的国家还有中非共和国、罗马尼亚、安哥拉、肯尼亚和巴西。从蜂蜜产量分布看，2019年亚洲蜂蜜产量为82.69万吨、占全球蜂蜜总产量的44.64%，欧洲蜂蜜产量40.07万吨占全球的21.63%，美洲产蜂蜜40.04万吨占21.61%，非洲产量18.99万吨占10.25%，大洋洲约产3.47万吨占1.87%。2019年，蜂蜜产量排名全球前位的国家分别为中国（44.41万吨）、土耳其（10.93万吨）、加拿大（8.03万吨）、阿根廷（7.89万吨）、伊朗（7.55万吨）、美国（7.12万吨）、乌克兰（6.99万吨）、印度（6.71万吨）、俄罗斯（6.35万吨）和墨西哥（6.2万吨）；埃塞俄比亚的蜂蜜产量也在5万吨以上达5.38万吨，超过2.5万吨的国家还有巴西（4.6万吨）、坦桑尼亚（3.09万吨）、韩国（2.95万吨）和罗马尼亚（2.53万吨）。

我国是世界养蜂大国，蜂群数量、蜂产品产量、养蜂从业人员和蜂产品出口均居世界前列。根据FAO统计数据，我国的蜂群数量1961年为320万群，1980年约530万群，并分别于1982年、1988年、2004年和2016年先后迈上600万群、700万群、800万群和900万群以上几个台阶，一直都仅次于印度居世界第2位。2016~2019年，中国蜂群数量占全球蜂群总数的比重超过10%。随着蜂群数量的增加，带动蜂产品产量的快速增长和产品种类的不断丰富。据国家统计局数据，我国蜂蜜年产量从1958年的1.23万吨发展到2016年的55.50万吨，全球占比达28.82%；2018~2020年保持在45万吨上下。据中国养蜂学会等机构资料，我国花粉年产量从2010年的0.49万吨发展到2015年的1.20万吨；而蜂王浆和蜂胶近5年来增幅变化不大，甚至出现回落，从2010年到2015年平均年产量分别为3860吨和460吨。截至2016年底，全国有养蜂从业人员30余万人，有蜂产品加工企业2000余家，主要集中于浙江、江苏、北京、湖北、安徽和上海等地，蜂产品年产值约160亿元。据中国医药保健品进出口商会蜂王浆分会报道，2018年是近年来蜂王浆出口最火爆的一年，中国出口的蜂王浆及其产品达到1448吨，出口额合计5158万美元，平均单价35.63美元/千克，与2017年相比分别增长18.10%、19.66%和1.32%；其中鲜蜂王浆1096吨，出口金额达4812万美元，出口均价43.91美元/千克，同比2017年分别增长10.16%、16.88%和6.10%；出口蜂王浆制剂352吨，出口金额346万美元，均价9.84美元/千克，同比2017年分别增长52.31%、78.87%和17.43%①；2016年，我国共出口蜂蜡917吨，出口额5821.55万美元；蜂花粉2054吨，出口额1174.76万美元。德国和美国是我国的蜂蜡主要出口国，到两国的蜂蜡出口额占中国蜂蜡出口总额的49.06%；河南是我国蜂蜡出

① 胡元强．2018年蜂产品市场回顾与2019年预测［J］．蜜蜂杂志，2019，39（6）：39－41．

口的主要省份，蜂蜡出口额占全国蜂蜡出口总额的比重达50.00%；从市场份额来看，2016年河南省长兴蜂业有限公司和云南白药集团中药资源有限公司的蜂蜡出口额分别占我国蜂蜡出口总额的21.79%和15.93%。2017~2018年，我国蜂王浆对日本出口平稳，而对欧美出口量增长较快，其中鲜蜂王浆对日本、法国和比利时的出口数量分别占全国鲜蜂王浆出口总量的36.5%、17.66%和11.42%，是我国鲜蜂王浆的主要出口国；浙江占据全国鲜蜂王浆出口总量的79.13%，是我国鲜蜂王浆对外出口的大省，浙江江山恒亮蜂产品有限公司是我国最大的鲜蜂王浆出口企业（胡元强，2015）。从2013年到2016年，蜂王浆冻干粉出口量下滑幅度较大，日本、澳大利亚和美国为我国蜂王浆冻干粉的主要出口国，浙江占据蜂王浆冻干粉出口总量的64.71%。蜂王浆制剂主要对墨西哥、哥伦比亚和美国出口，到这3个国家的蜂王浆制剂出口额合计占出口总额的54.4%，黑龙江和辽宁两省蜂王浆制剂出口数量分别占全国出口总量的64.92%和26.93%；从企业看，哈药集团股份有限公司位居前茅，其次为哈尔滨医药保健品进出口有限责任公司。2016年，蜂花粉出口大省河南的蜂花粉出口数量和出口额分别占全国的62.53%和58.12%，云南紧跟浙江位列第三，2016年，云南的蜂花粉出口数量和出口额分别全国蜂花粉出口总量和出口总额的9.64%和9.04%；我国的蜂花粉主要出口到韩国和美国，数量分别占比全国的45.06%和28.19%，此外东盟和北美市场对蜂花粉的需求增幅很大。

我国幅员辽阔，地形、地貌和气候的复杂多样性，形成了不同类型的自然植被和人工植被，为养蜂业提供了极为丰富的蜜粉源植物资源。全国有蜜源植物上万种，能生产大宗商品蜜的主要蜜源植物有20多种。我国主要饲养的蜜蜂品种有中华蜜蜂、意大利蜜蜂、卡尼鄂拉蜂、东北黑蜂、新疆黑蜂，野生的蜂种有大蜜蜂、黑大蜜蜂、小蜜蜂和黑小蜜蜂等。中华蜜蜂分布全国，集中分布在西南部及长江以南省区，以云南、四川、贵州、广西、福建、广东、湖北、安徽、湖南、江西等省份较多（中国养蜂学会，1993）。据中国养蜂学会等机构资料，“十三五”期间，全国中蜂的饲养量为300多万群，约占全国蜂群总数的1/3。西方蜜蜂约600万群，其中，意大利蜜蜂占绝大多数。在定地结合短途转地情况下，意蜂单群年产蜂蜜50千克以上、产蜂王浆超过2千克，长途转地的蜂场单群平均年产蜂蜜约100千克。近年来，随着国家支持养蜂政策的出台以及科学养蜂观念逐渐深入人心，养蜂生产的组织化程度和规模化水平有了突破性的转变和提高。

云南省位于中国西南部，低纬高原以及独特多样化的自然、地理和生态条件孕育了云南“动物王国”“植物王国”等独特优势。使得云南不仅具有种类繁多的蜜蜂种类和蜜源植物种类，而且，冬季较短、冬暖夏凉的气候更延长了蜜蜂生长和生产时间。云南主要蜜源植物和重要辅助蜜源植物达148种，其中能生产商品蜜的没有职务约75种①。云南不仅有东方蜜蜂、西方蜜蜂、大蜜蜂、黑大蜜蜂、小蜜蜂和黑小蜜蜂，还有无刺蜂、熊蜂等大量授粉蜜蜂。除西方蜜蜂外，其余蜂种均自然分布于云南。云南养蜂业发展较快，尤其是改革开放以来。据中国养蜂学会等机构资料，1991年全省有蜂群27.6万群，中蜂、意蜂各占一半。到2018年，全省饲养蜂群达到99.49万群，其中东方蜜蜂82万群，西方蜜蜂17.49万群。中蜂主要分布在山区，一般以定地饲养为主，少部分为“定地+小转地”饲养方式；意蜂分布在丘陵和交通沿线，基本遍布全省，以转地饲养为主。西方蜜蜂大转地放蜂蜂群约12万群，600个蜂场；小转地放蜂约5万群，250个蜂场；外省到云南放蜂蜂群20万群，约1000个蜂场，来自黑龙江、吉林、辽宁、内蒙古、宁夏、陕西及新疆等26省份。全省养蜂从业人员约32000人，其中专业从业人员12000人，业余、副业从业人员20000人②。总体上讲，云南省蜜蜂产业发展趋势良好，是一项值得期待的产业③。

二、世界、中国及云南蜜蜂养殖及蜂产品生产分析

（一）全球蜂业格局

FAO统计数据表明，近年全球有100余个国家和地区饲养蜜蜂。2016～2019年，全球蜂群数量保持在9000万群上下，蜂蜜产量在185万～192万吨。亚洲的蜂群数量和蜂蜜产量占全球蜂群总数和蜂蜜总产量的比重分别为47.46%和45.97%，是养蜂业第1大洲，但蜂群数量占比高于蜂蜜年产量占比，且2018～2019年蜂群数量占比在升高而蜂蜜年产量占比在降低，表明亚洲单位蜂群产蜜量低于全球平均水平且这个差距近年来在继续扩大。欧洲的蜂群数量和蜂蜜年产量占比也在20%上下，但与亚洲相反，欧洲的蜂蜜产量占比高于蜂群占比，且2018～2019年蜂蜜产量占比在升高而蜂群数量占比在降低，说明欧洲单位蜂群产蜜量高于全球平均水平且近年来越来越高。美洲的蜂蜜生产水平最高，以全球占比

① 匡邦郁. 云南的蜜源植物及其区划研究［J］. 云南农业大学学报，1994，9（3）：166－171.
② 吴银松. 云南蜜蜂科学饲养［M］. 昆明：云南科技出版社，2019.
③ 尤方东. 云南养蜂生产概况［J］. 中国蜂业，2012，63（25）：9－10.

12.7%的蜂群数量产出全球占比21%以上的蜂蜜；非洲以接近全球占比20%的蜂群仅生产出全球占比约10%的蜂蜜，生产水平最低。2016～2019年全球蜂业各大洲布局情况见表36－1。

表36－1　2016～2019年全球蜂业各大洲布局

年份	亚洲		欧洲		非洲		美洲		大洋洲	
	蜂群（万群）	蜂蜜（万吨）	蜂群（万群）	蜂蜜（万吨）	蜂群（万群）	蜂蜜（万吨）	蜂群（万群）	蜂蜜（万吨）	蜂群（万群）	蜂蜜（万吨）
2016	4188.38	91.65	1859.06	38.72	1726.97	19.87	1131.77	39.10	107.15	3.26
2017	4252.37	91.55	1865.25	40.78	1738.30	18.41	1121.01	39.17	120.17	2.72
2018	4320.08	82.87	1595.54	41.73	1748.26	19.10	1165.74	41.29	126.12	3.21
2019	4360.85	82.69	1621.78	40.07	1735.85	18.99	1163.24	40.04	129.93	3.47
小计	17121.68	348.76	6941.62	161.29	6949.38	76.36	4581.76	159.61	483.37	12.66
全球占比（%）	47.46	45.97	19.24	21.26	19.26	10.07	12.70	21.04	1.34	1.67

资料来源：根据联合国粮农组织统计数据库2021年7月数据整理。

从全球各个国家蜂群数量分布来看，据FAO数据，2016～2019年，得分排名前10位的分别是印度、中国、土耳其、伊朗、埃塞俄比亚、俄罗斯、阿根廷、坦桑尼亚、西班牙和美国，这10国的蜂群数量约占同期全球蜂群总量的63.74%。其中年均蜂群超1000万群的国家仅有印度，中国在900万群以上，土耳其在800万群以上，伊朗在700万群以上，埃塞俄比亚在600万群以上，其他5国则在300万群左右。此外，蜂群数量在200万群以上的还有墨西哥和韩国。2016～2019年蜂群数量排名全球前10位的国家蜂群全球占比见图36－1。

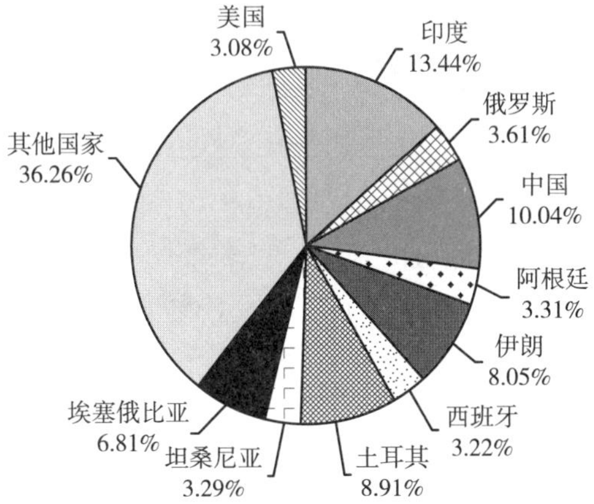

图36－1　2016～2019年蜂群数量排名前10的国家蜂群数量全球综合占比

资料来源：根据联合国粮农组织统计数据库2021年7月数据整理。

从蜂蜜产量分布看，2016～2019年，综合排名前10位的国家分别是中国、土耳其、加拿大、阿根廷、伊朗、美国、乌克兰、印度、俄罗斯和墨西哥，这10个国家蜂蜜产量占同期全球蜂蜜总产量的比重达到78.38%。其中，只有中国年均蜂蜜产量接近50万吨（2016～2017年在55万吨左右，但2018～2019年已下滑到不足45万吨）；此外，年均蜂蜜产量超过10万吨的仅有土耳其，加拿大年均蜂蜜产量在9万吨以上，年均蜂蜜产量7万吨以上的有阿根廷、伊朗、美国3国，乌克兰、印度、俄罗斯3国在6万吨上，墨西哥和排名第11位的埃塞俄比亚年均蜂蜜产量则在5万吨以上。年均蜂蜜产量超过5万吨的全球前11个国家2016～2019年蜂蜜产量全球占比见图36－2。

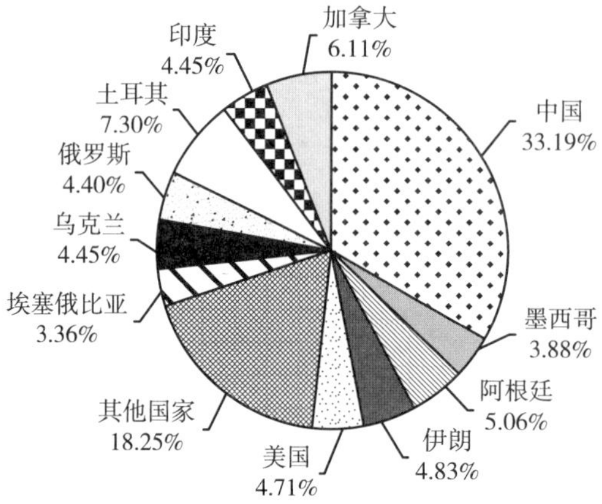

图36－2　2016～2019年蜂蜜产量排名前11的国家蜂蜜产量全球综合占比

资料来源：根据联合国粮农组织统计数据库2021年7月数据整理。

根据FAO统计数据，2016～2019年，中国、土耳其和加拿大的蜂蜜产量一直排名第1、第2和第3位，阿根廷和伊朗近两年分别排名第4位和第5位，综合排名第6位和第7位的美国和俄罗斯则呈下滑态势（美国从2016年度第4位、2017年第6位到2018年的第7位、2019年回到第6位，俄罗斯则从第5位下降到近两年的第9位），第一养蜂大国印度的蜂蜜产量多年仅排名全球第7位，蜂群数量排名第5的埃塞俄比亚蜂蜜产量仅为第11，而蜂群数量未进前10的加拿大和墨西哥蜂蜜产量则分别排名第3和第10。

根据FAO统计数据，全球蜂群数量和蜂蜜产量多年保持总体稳定发展的态势。近年来，蜂群数量排名前10位的国家蜂群之和全球占比接近64%、产量排名前10位的国家蜂蜜产量之和占全球的比重更是超过了78%。2009～2019年的10年间，全球蜂群数量增加了16.89%，蜂蜜产量则增长了23.07%；虽然2016～2019年蜂群数量综合排名前 5 国之和的全球占比从 2009 年的 43.66% 提高到 2019 年的 47.94%，提高约 4.3 个百分点（见表 36－2），但是 2009～2019 年蜂蜜产量前 5 国之和的全球占比从 2009 年的 41.58% 提高到 2019 年的 42.54%，提高不足 1 个百分点（见图 36－3），说明全球蜂蜜生产格局正在发生变化，越来越多的国家开始重视蜂蜜生产。2009～2019 年全球蜂群数量及综合排名前 5 名的国家占比变化情况详见表 36－2 和图 36－3。

表 36－2　2009～2019 年全球及蜂群数量大国蜂群数量与占比变化情况　单位：万群

年份	全球	中国	印度	土耳其	伊朗	埃塞俄比亚	5 国占比（%）	中国占比（%）
2009	7709.33	875.00	1060.00	533.92	437.32	459.82	43.66	11.35
2010	7968.19	880.00	1150.00	560.27	501.18	513.03	45.24	11.04
2011	8040.18	885.00	1150.00	601.13	517.21	499.38	45.43	11.01
2012	8305.65	887.00	1155.00	634.80	561.33	520.73	45.26	10.68
2013	8485.29	890.00	1160.00	664.13	664.41	512.42	45.86	10.49
2014	8741.86	895.00	1180.00	708.27	699.64	588.53	46.57	10.24
2015	8922.76	899.91	1192.87	774.83	739.37	591.61	47.05	10.09
2016	9013.33	903.24	1198.48	790.04	697.82	618.93	46.69	10.02
2017	9097.09	904.23	1207.75	799.11	719.96	609.08	46.61	9.94
2018	8955.74	906.67	1216.24	810.84	735.82	608.27	47.77	10.12
2019	9011.64	908.84	1224.73	812.84	751.67	622.02	47.94	10.09

资料来源：根据联合国粮农组织统计数据库 2021 年 7 月数据整理。

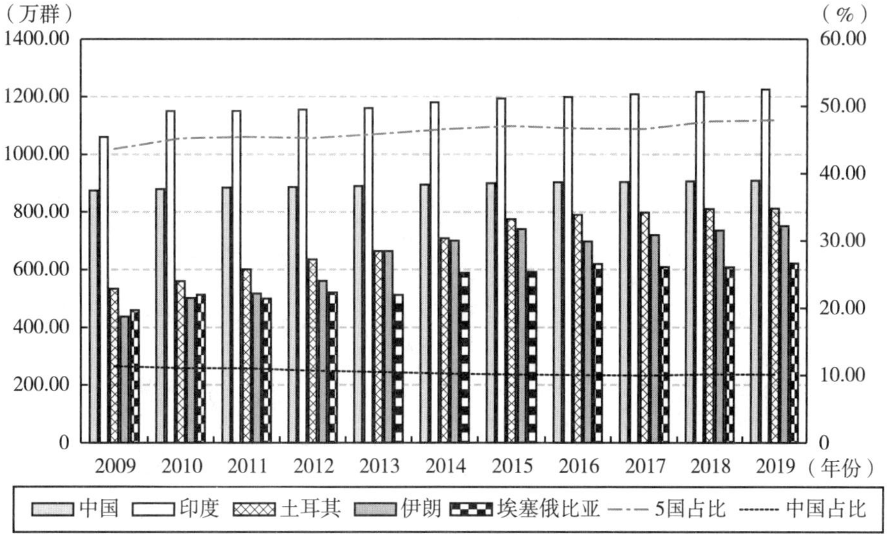

图 36－3　2009～2019 年全球蜂群排名前 5 的国家蜂群数量占比

资料来源：根据联合国粮农组织统计数据库 2020 年 9 月数据整理。

从表 36－2 和图 36－3 可以看出，中国蜂群数量多年排名印度之后居全球第 2 位，2009～2019 年，我国的蜂群数量从 875 万群上升到了 908.84 万群，呈现平稳增长态势，但是占同期全球蜂群的比重则从 11.35% 下降到 10.09%，说明我国的养蜂数量增长速度低于全球平均增长速度。

2009～2019 年全球蜂蜜产量综合排名前 5 的国家蜂蜜产量变化及其占比见表 36－3 和图 36－4。

表 36－3　　2009～2019 年全球蜂蜜产量及蜂蜜产量大国占比情况　　单位：万吨

年份	全球	中国	土耳其	加拿大	阿根廷	伊朗	5 国占比（%）	中国占比（%）
2009	150.54	40.20	8.20	3.35	6.20	4.64	41.58	26.70
2010	158.81	40.10	8.11	8.17	5.90	4.50	42.05	25.25
2011	165.76	43.10	9.42	7.98	7.20	5.07	43.90	26.00
2012	169.79	44.80	8.92	9.08	7.60	7.11	45.65	26.39
2013	173.65	45.03	9.47	7.65	6.75	7.46	43.97	25.93
2014	181.47	46.20	10.35	8.56	7.60	7.78	44.36	25.46
2015	187.72	47.30	10.81	9.20	5.26	7.29	42.54	25.20
2016	192.60	55.50	10.57	9.46	6.81	6.78	46.27	28.82
2017	192.63	54.25	11.45	9.60	7.64	7.05	46.72	28.16
2018	188.20	44.69	10.79	9.50	7.95	7.58	42.78	23.75
2019	185.26	44.41	10.93	8.03	7.89	7.55	42.54	23.97

资料来源：根据联合国粮农组织统计数据库 2021 年 7 月数据整理。

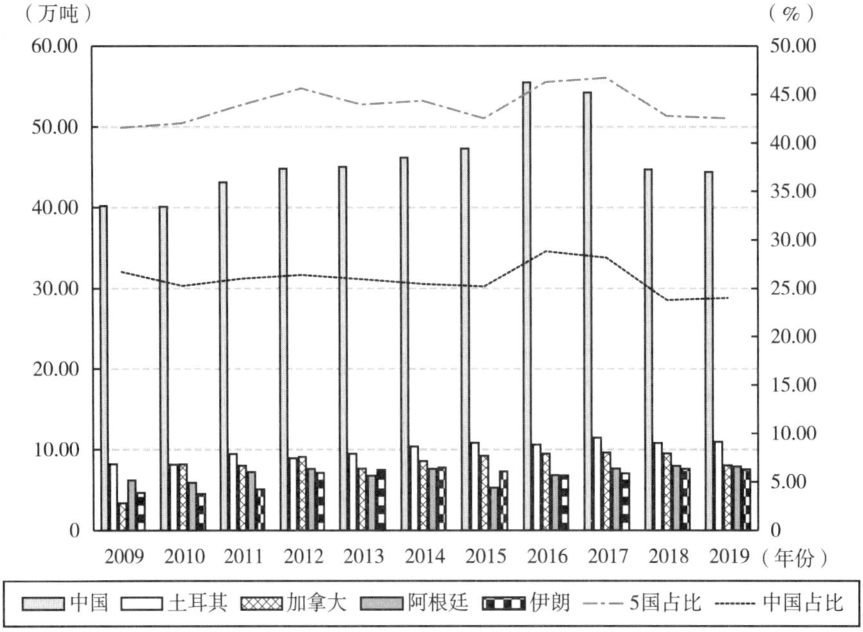

图 36－4　2009～2018 年全球排名前 5 的国家蜂蜜产量全球占比

资料来源：根据联合国粮农组织统计数据库 2021 年 7 月数据整理。

虽然中国蜂群数量排名全球第2位，占比仅为10%左右（见表36－2），但是多年蜂蜜产量排名全球第1（见表36－3和图36－4），是名副其实的蜂蜜生产大国。中国蜂蜜年产量连续多年超过全球排名第2～第6位的5个国家的总量，2015～2017年甚至超过其后7个国家的总和。但是，与蜂群数量发展趋势一样，2009～2019年，我国的蜂蜜产量增长率低于全球平均，占全球的份额从1/4以上（2009年26.70%，2016年最高达28.82%）下降到1/4以下（2019年仅23.97%）。

（二）中国蜂产品生产

从我国的统计数据看，2010～2019年我国蜂蜜年产量在38万～55.53万吨之间波动，2010年至2016年间蜂蜜年产量呈逐年增加趋势（见图36－5）。2017年与2016年蜂蜜产量基本持平，然而2018年蜂蜜产量大幅下滑，2018～2019年全国蜂产量已不足45万吨（见图36－5）。据中国产业信息网以及网络公开数据，2010～2017年我国年产蜂胶300吨～860吨，平均年产蜂胶482.5吨（见图36－6），除2012年蜂胶产量同比下降14.28%外，总体年产蜂胶量逐年增加，但2017年受进口假蜂胶冲击及国内假蜂胶死灰复燃的影响，蜂胶原料上涨，蜂胶产品下滑①。而蜂王浆自2011年以来，年产量基本稳定在3000吨，2014年我国蜂花粉年产量同比增加了66.67%，至2015年蜂花粉年产量比2010年增加了144.90%（见图36－7）。

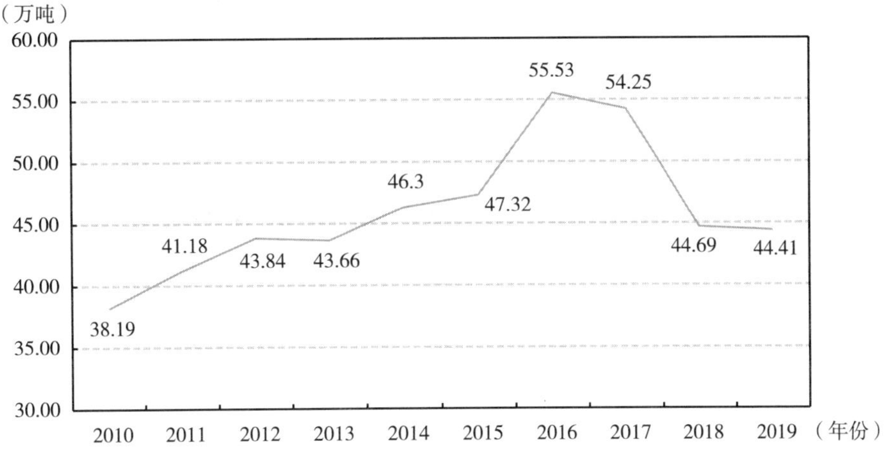

图36－5　2010～2019年我国蜂蜜年产量变化曲线

资料来源：根据国家统计局网站2021年7月数据整理。

① 方兵兵. 2016年我国蜂产品市场回顾与2017年市场预测［J］. 中国蜂业，2017，68（5）：14－15.

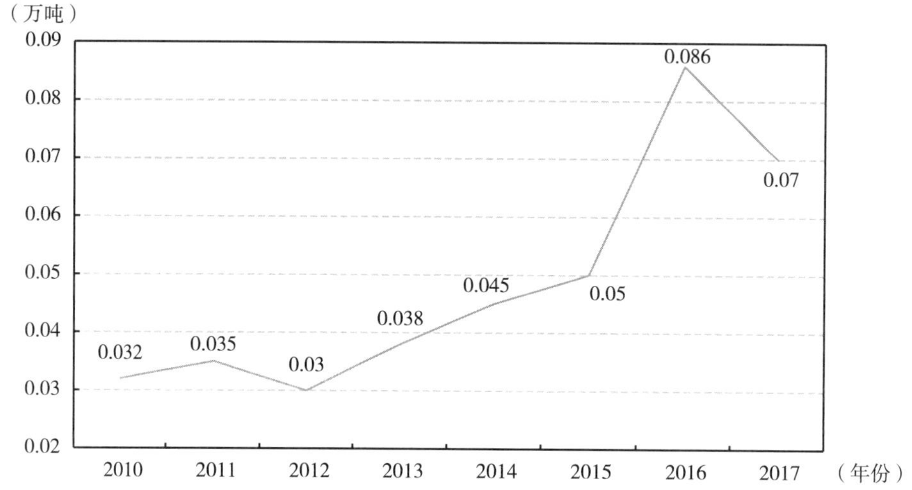

图 36－6　2010～2017 年我国蜂胶年产量变化曲线

资料来源：根据中国产业信息网数据整理。

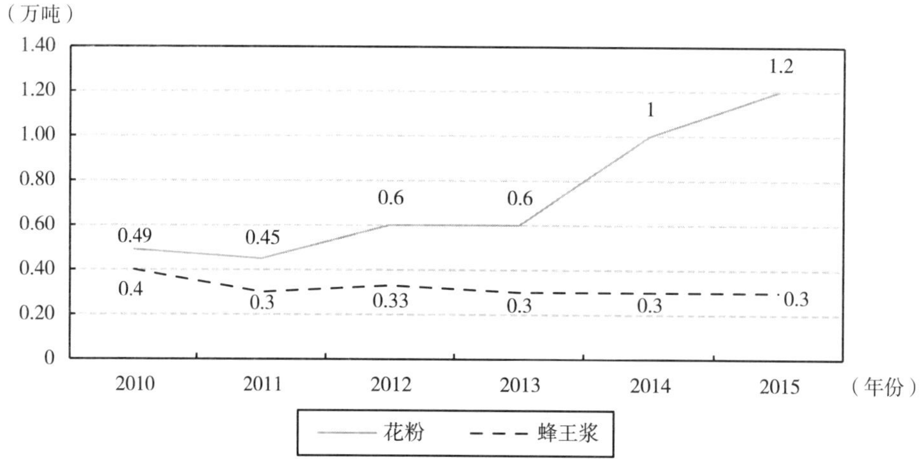

图 36－7　2010～2015 年我国花粉及蜂王浆年产量变化曲线

资料来源：根据中国产业信息网数据整理。

2016 年全国蜂蜜产量总体上是个平年，有两大特点：一是油菜蜜产量是近年来最少的一年，大幅减产，总产量不足正常年景的一半，价格达到历史最高点；二是椴树蜜产量是最高的一年，价格有所下降。2018 年除南方的荔枝和龙眼蜜大丰收以外，其他主要商品蜂蜜均歉收，特别是洋槐蜜歉收严重，有些地区出现绝收。洋槐蜜收购价格上升，荔枝和龙眼蜜收购价格下降，其他品种蜂蜜收购价格与2017年基本持平或略有下降①。2018年浙江、安徽、江苏油菜蜂王浆与蜂农见面价为135元/千克，油菜花期结束后下跌至120元/千克，到东北荆条花期、椴树花期蜂王浆与蜂农见面价回升到130元/千克。蜂王浆产量与蜜源花期流蜜量呈正相关性，2018年蜂蜜减产，相应蜂王浆产量减少。2018年内销市场受“激素”论影响，蜂王浆在城市销售并不看好，但是蜂王浆增强免疫力、抗衰老效果明显，在广大农村销量增加。蜂花粉产量比2017年增长20%～30%，收购价降低。纯油菜花粉与蜂农见面价为28～33元/千克，油菜杂花粉价格为25～30元/千克，杂花粉为22～28元/千克（后来下降到17～18元/千克），茶叶花粉为32～35元/千克。2018年，我国蜂胶市场风风雨雨，但是蜂胶原料收购价逐步上扬。蜂胶原料有效成分每个百分点与蜂农见面价为12元/千克②。

（三）云南蜂产品在全国的地位

国家统计局数据表明，河南、浙江和四川为我国排名前三位的蜂蜜主产区，蜂蜜产量约占全国总产量的近50%。2010～2019年，这三大主产区蜂蜜年均总产量为22.86万吨，占同期全国蜜蜂总产量平均比重达49.86%。而同期，云南蜂蜜年均产量不足1万吨（仅0.92万吨），在全国平均占比不足2%（仅1.99%）。但是我们也应该看到，近年来，三大主产区蜂蜜产量均呈不同幅度下降，云南蜂蜜产量和全国占比均呈上涨态势（见表36－4）。当然云南省的蜂蜜在全国占比较小，也从另一个角度说明养蜂业在云南有很大的发展潜力，应引起足够的重视。

表36－4　　2010～2019年全国蜂蜜主产区蜂蜜产量及云南占比　　单位：万吨

地区	2010年	2011年	2012年	2013年	2014年	2015年	2016年	2017年	2018年	2019年
全国	38.19	41.18	43.84	43.66	46.3	47.32	55.53	54.25	44.69	44.41
河南	9.83	9.97	9.96	9.91	9.54	9.40	8.78	7.15	6.14	6.11
浙江	7.21	7.83	8.76	8.00	8.77	8.79	9.17	16.35	6.63	6.56
四川	4.30	4.33	4.76	4.54	4.72	4.80	4.88	5.77	5.43	5.53
云南	0.65	0.74	0.75	0.73	0.98	1.02	1.12	1.12	1.20	1.14
云南占比（%）	1.70	1.80	1.71	1.67	2.12	2.16	2.02	2.06	2.69	2.57

资料来源：根据国家统计局网站2021年7月数据整理。

① 郭利军．2018年我国蜂产品市场分析及2019年市场展望——蜂蜜篇［J］．中国蜂业，2019，70（5）：14－15．

② 胡元强．2018年蜂产品市场回顾与2019年预测［J］．蜜蜂杂志，2019，39（6）：39－41．

云南的蜂产品包括蜂蜜、蜂花粉、蜂王浆、蜂胶、蜂蜡，但以蜂蜜和蜂花粉为主，蜂农和企业不重视生产蜂王浆和蜂胶。蜂产品加工品以原料型产品居多，缺乏精深加工制品。

由于云南特殊的地形地貌及气候条件，春季蜂蜜生产比许多省份提前20~30多天。罗平是全国有名的蜜蜂春繁基地，年产油菜蜜1500多吨。橡胶树是云南相对比较稳定的蜜源，在普洱、临沧、西双版纳、德宏等地分布较多，年产橡胶蜜2000~3500吨。

三、中国及云南蜂产品消费分析

目前我国的蜂花粉主要用于出口、制药厂原料以及零售给国内居民消费，而蜂王浆主要用于出口和国内居民消费，蜂蜜则主要用于国内消费。2010~2018年全国及云南蜂产品消费结构变化如表36-5所示。

表36-5　　2010~2018年全国及云南蜂产品消费结构变化

结构	地区	2010年	2011年	2012年	2013年	2014年	2015年	2016年	2017年	2018年
蜂花粉出口（万吨）	云南						113	198		
	全国	1629.62	1787.15	1601.13	1472.2	1808	2269.86	2054	2583	
蜂花粉制药厂消耗和零售量（万吨）	全国		2500			3000				
蜂花粉产量（万吨）	全国	4900	4500	6000	6000	10000	12000			
蜂花粉出口占比（%）	全国	33.26	39.71	26.69	24.54	18.08	18.92			
	云南					4.98	9.64			
蜂花粉合计（万吨）	全国		4287.15			4808				
全国出口蜂王浆（万吨）	全国	503.58	1444.60	1579.00	1620	1336.18				1448
国内消费蜂王浆（万吨）	全国	2000			1200	1200				
蜂王浆产量（万吨）	全国	4000	3000	3300	3000	3000	3000			
蜂王浆出口占比（%）	全国	12.59	48.15	47.85	54.00	44.54				
蜂王浆国内消费占比（%）	全国	50.00			40.00	40.00				
国内蜂蜜消费量（万吨）	全国			338000						

续表

结构	地区	2010 年	2011 年	2012 年	2013 年	2014 年	2015 年	2016 年	2017 年	2018 年
国内蜂蜜出口量（万吨）	全国	101138	99894	110158	124901	129824.27	144756.09		129274	
全国蜂蜜出口占比（%）	全国	25.21	23.17	24.57	27.74	27.73	30.33			

资料来源：根据国家统计局网站、《中国蜂产品进口市场现状及问题分析》（李海燕和刘朋飞，2012）、《2016 年我国蜂产品市场回顾与 2017 年市场预测》（方兵兵，2017）、《2017 年蜂产品市场回顾与 2018 年预测》（胡元强，2018）、《2018 年蜂产品市场回顾与 2019 年预测》（胡元强，2019）及中国海关数据整理。

2010～2015 年，全国蜂花粉出口量占蜂花粉总产量的比值从 2011 年的近 40% 下跌到 2014 年后不足 19%，蜂王浆国内消费占比则稳定在 40%～50% 之间，全国蜂蜜出口量占蜂蜜总产量的比重仅上升了 5 个百分点（见图 36－8～图 36－10）。

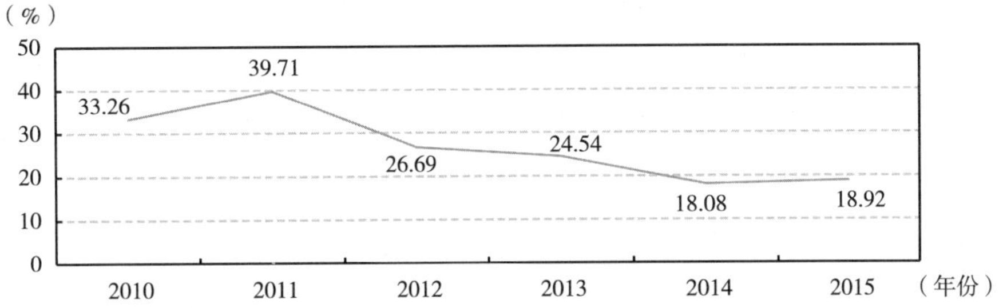

图 36－8　2010～2015 年全国蜂花粉出口量占花粉总产量的比重

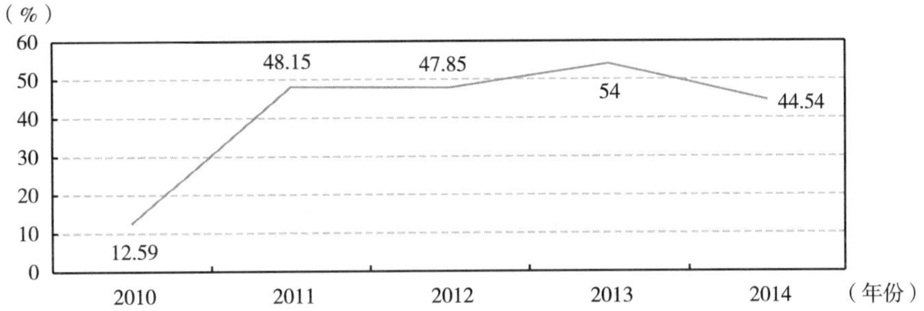

图 36－9　2010～2014 年全国蜂王浆出口量占蜂王浆总产量的比重

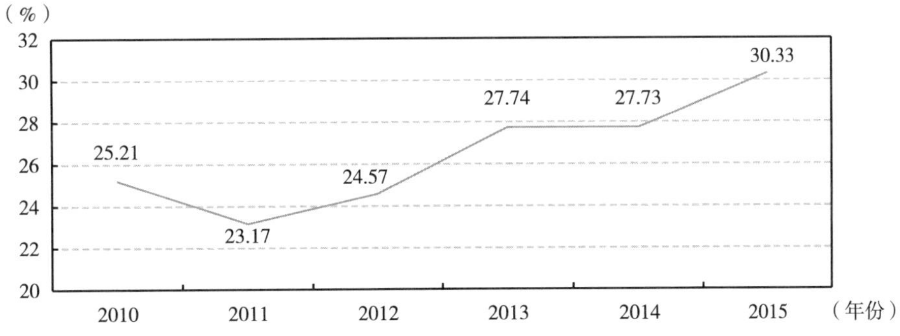

图 36－10　2010～2015 年全国蜂蜜出口量占蜂蜜总产量的比重

四、世界、中国及云南蜂产品贸易情况分析

（一）全球蜂蜜国际贸易简况及中国的地位

FAO统计数据表明，2010～2019年，全球蜂蜜国际贸易均呈现逐年上涨的态势。从出口看，全球蜂蜜出口量和出口额分别从2010年的46.87万吨和14.55亿美元（现价，下同）上升到2019年的62.82万吨和22.51亿美元（2017年最高达68.21万吨和23.9亿美元），涨幅分别为34.03%和35.01%。主要出口国包括中国、阿根廷、印度、墨西哥、乌克兰、越南等蜂蜜生产大国。从进口看，2010～2019年，全球蜂蜜进口量和进口额分别从不足50万吨和不足15.09亿美元上升到近67.58万吨和20.29亿美元（2017年最高达71.39万吨和23.78亿美元），涨幅分别为36.25%和近34.52%，进口国主要包括美国、德国、英国、日本、法国、西班牙、意大利等欧美发达国家。

中国是全球第一大蜂蜜生产国和出口国，蜂蜜出口量和出口额虽然分别从2010年的10.11万吨和1.83亿美元上升到2015年最高的14.48万吨和2.89亿美元，4年间分别增长43.13%和近58.16%，占同期全球蜂蜜出口量的比重从21.58%上升到22.49%，出口额占比则从12.54%下降到12.50%，此后蜂蜜出口量和出口额逐年下降到2019年的12.08万吨和2.35亿美元。同期，中国进口的蜂蜜数量近年来维持在2000～5000吨之间，全球占比不足1%；蜂蜜进口额在1亿美元以下，全球占比不足5%（见表36－6和图36－11）。

表36－6　2009～2019年中国蜂蜜国际贸易及全球占比

年份	进口量（万吨）			出口量（万吨）			进口额（亿美元）			出口额（亿美元）		
	中国	全球	占比（%）	中国	全球	占比（%）	中国	全球	占比（%）	中国	全球	占比（%）
2009	0.24	43.64	0.55	7.18	41.98	17.11	0.05	12.78	0.42	1.26	12.58	9.99
2010	0.22	49.60	0.44	10.11	46.87	21.58	0.10	15.09	0.64	1.83	14.55	12.54
2011	0.25	49.74	0.50	10.00	47.66	20.98	0.13	16.93	0.76	2.01	16.20	12.43
2012	0.34	52.76	0.64	11.02	51.76	21.28	0.26	17.25	1.52	2.15	17.31	12.43
2013	0.49	57.41	0.85	12.49	58.29	21.43	0.43	20.13	2.13	2.47	20.34	12.12

续表

年份	进口量（万吨）			出口量（万吨）			进口额（亿美元）			出口额（亿美元）		
	中国	全球	占比（%）	中国	全球	占比（%）	中国	全球	占比（%）	中国	全球	占比（%）
2014	0.58	62.30	0.93	12.98	61.44	21.13	0.59	22.88	2.56	2.60	23.39	11.13
2015	0.65	65.44	1.00	14.48	64.35	22.49	0.75	23.23	3.22	2.89	23.10	12.50
2016	0.60	64.16	0.94	12.83	63.78	20.12	0.73	20.42	3.56	2.77	20.76	13.32
2017	0.57	71.39	0.80	12.93	68.21	18.95	0.91	23.78	3.84	2.71	23.90	11.33
2018	0.38	69.12	0.55	12.35	66.47	18.58	0.70	22.86	3.07	2.49	22.51	11.07
2019	0.50	67.58	0.73	12.08	62.82	19.24	0.85	20.29	4.18	2.35	19.65	11.98

资料来源：根据联合国粮农组织统计数据库 2021 年 7 月数据整理，贸易额为现价美元。

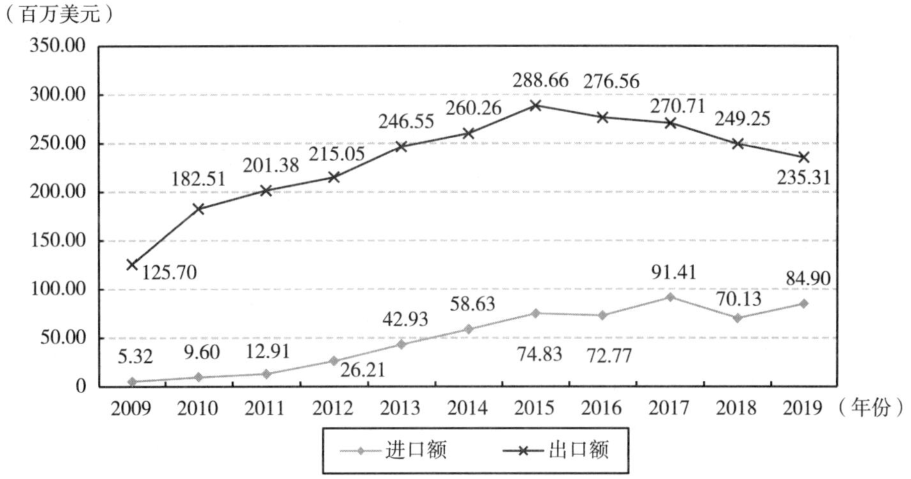

图 36-11　2009～2019 年我国蜂蜜进出口贸易额变化曲线

资料来源：根据联合国粮农组织统计数据库 2021 年 7 月数据整理，为现价美元。

从表 36-6 还可以看出，我国蜂蜜出口量全球占比长期高于同期出口额占比 7 个百分点以上，2014 和 2015 年甚至高 10 个百分点，说明我国蜂蜜出口单价长期低于全球平均水平。

（二）云南及全国蜂产品国际贸易分析

近年来，受全球宏观经济形势和国际贸易环境变化的影响，我国蜂产品出口增速减缓明显。全国及云南省蜂产品的贸易情况如表 36-7 和表 36-8 所示，2010～

2018 年中国蜂王浆及花粉出口额如图 36－12 所示①。

表 36－7　2010～2018 年全国及云南蜂蜜、蜂花粉、蜂王浆、蜂蜡贸易量　单位：吨

地区	结构	指标	2010 年	2011 年	2012 年	2013 年	2014 年	2015 年	2016 年	2017 年	2018 年
云南	出口	蜂花粉						113	198		
		蜂蜡						104.15	127.6		
全国	进口	蜂蜜	2188.66			4860.3	57900	6517.66	6031.96	5660	
		蜂花粉	0.596			4					
		鲜蜂王浆	9.817			0.1					
		蜂蜡	110.775			126.9					
	出口	蜂蜜	101138	99894	110158	124901	129824.27	144756.09	128375.37	129274	123500
		蜂花粉	850		1601.96	1472.2	1808	2269.43	2053.64	2583	2500
		鲜蜂王浆				808.9			803	755.24	1096
		蜂蜡				8922			9165.17	9156	
云南占比（%）	出口	蜂花粉						4.98	9.64		
		蜂蜡							13.91		

资料来源：根据国家统计局网站、中国海关数据、《中国蜂产品进口市场现状及问题分析》（李海燕和刘朋飞，2012）、《2016 年我国蜂产品市场回顾与 2017 年市场预测》（方兵兵，2017）、《2017 年蜂产品市场回顾与 2018 年预测》（胡元强，2018）、《2018 年蜂产品市场回顾与 2019 年预测》（胡元强，2019）整理所得。

表 36－8　2010～2018 年全国及云南蜂蜜、蜂花粉、蜂王浆、蜂蜡贸易额　单位：万美元

地区	结构	指标	2010 年	2011 年	2012 年	2013 年	2014 年	2015 年	2016 年	2017 年	2018 年
云南	出口	蜂花粉						57.76	106.17		
		蜂蜡						696.34	927.6		
全国	进口	蜂蜜	959.91	1290.6	2623.6	4287	5855.32	7481.92	7277.16	9130	
		蜂花粉	3.45	9.58	20.05	21.3					
		蜂王浆	37.39	63.18	70.52	51.6					
		蜂蜡	164.38		116.85	139.4					
	出口	蜂蜜	18251	20147	21505	24655	26026	28866	27654	27071	24920
		蜂花粉	547.51	895.07	800.67	685.7	898.0	1113.09	1174.76	1606	
		蜂王浆	3648	3672.3	5178	5182	4250.09	4231.19	4259.42	4310.55	5158
		蜂蜡			4047.8	5035.4		6434.79	5822.34	5473	
云南占比（%）	出口	蜂花粉						5.19	9.04		
		蜂蜡						10.82	15.93		

资料来源：根据国家统计局网站、中国海关数据、《中国蜂产品进口市场现状及问题分析》（李海燕和刘朋飞，2012）、《2016 年我国蜂产品市场回顾与 2017 年市场预测》（方兵兵，2017）、《2017 年蜂产品市场回顾与 2018 年预测》（胡元强，2018）、《2018 年蜂产品市场回顾与 2019 年预测》（胡元强，2019）整理所得。

① 所有数据均根据国家统计局网站、中国海关数据、《中国蜂产品进口市场现状及问题分析》（李海燕和刘朋飞，2012）、《2016 年我国蜂产品市场回顾与 2017 年市场预测》（方兵兵，2017）、《2017 年蜂产品市场回顾与 2018 年预测》（胡元强，2018）、《2018 年蜂产品市场回顾与 2019 年预测》（胡元强，2019）整理所得。

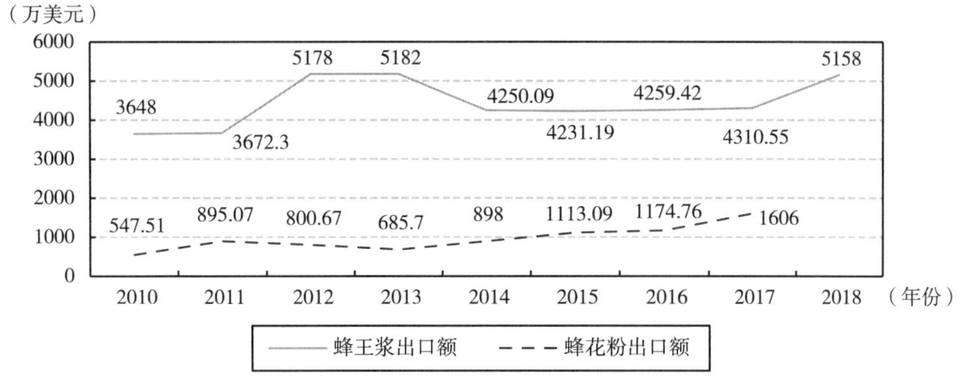

图 36－12　2010～2018 年我国蜂王浆及蜂花粉出口贸易额曲线

资料来源：根据国家统计局网站、中国海关数据、《中国蜂产品进口市场现状及问题分析》（李海燕和刘朋飞，2012）、《2016 年我国蜂产品市场回顾与 2017 年市场预测》（方兵兵，2017）、《2017 年蜂产品市场回顾与 2018 年预测》（胡元强，2018）、《2018 年蜂产品市场回顾与 2019 年预测》（胡元强，2019）整理所得。

我国蜂花粉和蜂王浆的出口贸易量和贸易额波动较大。从表 36－7、表 36－8 和图 36－12 可以看出，2018 年是 2010 年后鲜蜂王浆出口最多的一年，贸易量达到 1096 吨，与 2017 年相比，同比增长 45. 12%，出口蜂王浆贸易额 5158 万美元，与 2017 年的贸易额 4310. 55 万美元相比，同比增长 19. 66%。2015 年后，全国花粉出口基本维持在 2000 吨以上的水平，总体呈上升趋势，主要出口亚洲地区。2018 年出口蜂花粉超过 2500 吨，其中出口韩国 1500 吨，主要作蜜蜂饲料。云南省的蜂产品在全国蜂产品国家贸易中仍处于劣势地位。仅在 2015 年和 2016 年云南有少量的蜂花粉出口，分别占全国花粉出口总量的 4. 98% 和 9. 64%。而从出口额看，2016 年云南出口的蜂花粉贸易额也达到了 106. 17 万美元，同比增加了 83. 81%；2016 年云南出口的蜂蜡贸易量达到了 127. 6 吨，同比增加了 22. 51%，出口额为 927. 6 万美元，同比增加了 33. 21%，云南出口的蜂蜡贸易额在全国占比达到 15. 93%。

五、云南蜜蜂产业发展存在的问题

（一）注重蜂产品生产，忽视蜜蜂授粉的重要性

目前，养蜂的目的主要是为了获得蜂蜜、蜂花粉、蜂王浆等蜂产品，通过销售蜂产品获得收入。在养蜂过程中，比较注重蜂产品的生产。实际上，蜜蜂对整个社会的贡献主要在于为作物授粉，全世界大约 70% 的显花植物靠蜜蜂授粉，如

果没有蜜蜂传粉，大约40000种植物面临繁育困难甚至将灭绝。蜜蜂的异花授粉能够对维护生物多样性起到积极的促进作用①。另外，蜜蜂授粉不但可以提高水果和蔬菜的品质，在温室大棚中使用蜜蜂授粉，还可以大大降低生产成本。发展蜜蜂授粉产业是未来生态农业的一个重要组成部分。然而，目前蜜蜂授粉的重要性在云南乃至全国却远远没有得到应有的重视。

（二）养殖规模小，机械化水平低

云南的养蜂主要以家庭为主，定地+小转地饲养，很多饲养中蜂的蜂农都是自己从野外收蜂，零星散养在野外，缺乏必要的管理措施，基本上让蜜蜂自生自灭，难以形成规模。蜂农的养蜂技术都是多年传承下来的传统技术，取蜜时多为毁巢取蜜，既不利于蜜蜂繁育，又容易污染蜂产品，蜜蜂活框饲养技术有待大力推广。饲养西蜂的蜂农长期自己培育蜂王，很少从蜜蜂育种场购买种蜂王，蜂王种性退化严重，繁育能力差，抗病力弱。这种生产方式严重阻碍了云南养蜂业向机械化、规模化发展的步伐。

（三）蜂农老龄化严重

云南养蜂从业队伍老龄化日趋严重，这也是整个养蜂界面临的问题。大部分年轻人不愿意从事养蜂，导致一些新技术、新装备的推广和使用困难重重，不利于养蜂业的健康发展。

（四）蜂产品难以实现优质优价

蜂产品市场良莠不齐，存在掺假造假现象且造假方法不断更新，相应的检测标准不完善，不能充分实现优质优价，严重影响了蜂农生产优质成熟蜜的积极性，造成了蜂农的收益受损。

第二节　云南蜜蜂产业的优劣势分析

云南地处中国西南边陲，属于亚热带高原季风型气候，立体气候特点显著，

① 于尔根·陶茨．蜜蜂的神奇世界［M］．苏松坤，译．北京：科学出版社，2008.

类型众多、年温差小、日温差大、干湿季节分明、气温随地势高低垂直变化异常明显，因此造就了丰富的植被类型。云南被誉为植物王国，是全国植物种类最多的省份，蜜粉源植物丰富，具备发展养蜂业得天独厚的优势。云南山地居多，农业很难实现规模化和机械化，蜜蜂可为多种农作物授粉，大大节省人力成本，并且饲养蜜蜂无需在平原，也不需要占用耕地，不受年龄限制，不与人畜争粮，投资小、见效快，是云南山区尤其是无法外出务工的农民增收的重要途径。在云南发展养蜂业，不但有利于维持生态系统平衡，而且符合云南省培植新型支柱产业的发展思路，有着不可忽视的重大现实意义和产业优势。然而由于种种原因，丰富的植物资源尚未得到有效开发利用，资源优势尚未变成经济优势。因此迫切需要促进云南蜜蜂产业的高效健康发展，助力乡村振兴和云南经济腾飞。

一、云南发展蜜蜂产业的优势

一是生态环境优越，蜜粉源植物丰富。云南素有“植物王国”“药材宝库”“天然花园”的美称，独特的“立体气候”造就了众多的动、植物资源，高等植物种类达 274 科、2076 属、1.7 万余种，居全国第一，孕育了极其丰富的蜜粉源植物资源，且一年四季花开不断，为养蜂业的产业化发展提供了良好的资源优势。

二是蜜蜂饲养潜力巨大。云南省是我国主要的蜜蜂繁育基地和蜂蜜生产基地之一①。云南很多农民都有养蜂的传统，目前全省蜂群总数居全国前列，具备较好的产业化规模基础。云南省现有的蜜源植物可以承载 100 万群以上蜂群，蜂产品可以达到 3 万吨以上②，然而 2019 年，占蜂产品产量份额最大的蜂蜜年产只有 1.14 万吨（2021 年国家统计局网站数据），说明云南省养蜂业的开发潜力大，发展后劲足。近 5 年在政府和科研院所精准扶贫的帮助下，云南省中蜂科学饲养技术得到一定推广应用，管理水平得到一定提高，组建了十多家有相当生产经营能力和一定规模的蜂产品生产经营企业，这为云南养蜂业的规模化、产业化发展奠定了良好的物质基础。

三是利于打造特色中蜂蜂蜜。云南的主要蜜源植物生长分布在山区和深山区，无工业污染，造就了云南蜂产品的品质优良、种类繁多、疗效好、价值高的特点。

① 曹春莉，郭颖梅．谈云南山区蜂业可持续发展的对策和建议［J］．蜜蜂杂志，2013，33（1）：6－8.

② 郭志宏．浅谈云南养蜂业的产业化发展［J］．蜜蜂杂志，1998，18（3）：24－25.

随着人们保健意识的增强，天然保健品已成为人们的消费新热潮，若加强对蜂产品营养价值的宣传力度、建立行之有效的市场监管体系，蜂产品这一纯天然保健品必将越来越受到消费者的青睐。今后，通过大力培养蜂产品加工技术人才，增加科研经费的投入，做强蜂产品的研发与创新，云南有望打造全国乃至世界一流的特色中蜂蜂蜜和中高端绿色蜂产品品牌。

二、云南发展蜜蜂产业的劣势

一是个体养蜂为主，地区发展不平衡。目前，云南省各地的养蜂业以个体养蜂为主，饲养规模普遍较小，一些比较大型的机械设备无法使用。与浙江、江西等养蜂强省相比，云南蜜蜂饲养技术相对落后，只有少数蜂农加入了蜂业合作社，组织化程度较低，抵御自然风险和病害的能力较弱，云南几乎没有大型蜂业龙头企业，带动云南蜂业高速发展的力度不足。另外，云南省蜂产业发展存在明显的地域性，曲靖、楚雄等地区的蜂业经济效益明显高于其他州市，区域发展极不平衡。

二是蜜蜂饲养技术推广难度较大。蜜蜂主要分布在山区、半山区，发展蜜蜂产业是当地贫困农户脱贫致富的有效途径，但云南为多民族地区，蜂农文化程度普遍不高，年龄偏大，语言沟通存在很大障碍，这给蜜蜂饲养的技术培训推广工作带来很大困难。目前主要通过省内的蜜蜂科研单位、高校、农业技术推广部门和一些较大的企业组织实施养蜂培训，但这些单位经费不足，在蜜蜂饲养新技术、新方法、新设备的推广方面惠及的蜂农有限，制约了云南蜜蜂产业的发展。

三是蜂场机械化程度普遍较低。云南山地多，个体养蜂户分布比较分散，很难建设大规模蜂场。与发达国家的现代化蜂场相比，云南蜂场机械化程度普遍较低，养蜂机具等用品落后，流动放蜂车和太阳能发电设备在蜂场的应用尚未普及，蜂农居住条件差，生产效率低下，直接影响了蜂农收入。

四是蜜蜂授粉未引起足够重视。目前，云南省尚未成立蜜蜂授粉服务机构。很多农作物种植者对蜜蜂授粉持怀疑态度甚至排斥，蜂农养蜂收入基本来源于蜂产品，极少数蜂农有授粉收入，蜜蜂授粉的经济效益尚未得到广大蜂农及种植者的关注。云南政府部门目前也尚未针对授粉蜂场出台完善的优惠政策补贴及法律法规。

三、云南蜂蜜生产的专门化系数

（一）云南与主产省专门化系数

采用国家统计局网站相关数据测算蜂蜜产量，2010～2019 年全国排名前 3 位的河南、浙江、四川及云南蜂蜜生产专门化系数（各省人均蜂蜜拥有量与同期全国蜂蜜人均拥有量的比值）变化如图 36－13 所示。从图中可以看出，浙江的蜂蜜生产能力最强，人均蜂蜜拥有量最大。2010～2019 年浙江蜂蜜专门化系数均在 3 以上，河南次之，在 2 上下徘徊；但是两省的蜂蜜专门化系数近年均呈下降趋势。云南的蜜蜂产业专门化系数最低，2010～2019 年均小于 1，说明云南的蜂蜜生产能力不足。从变化趋势看，云南省的专门化系数处于上升的态势，2010 年该指数仅为 0.5，2018 年上升至 0.8，2019 年为 0.77。说明云南丰富的蜜蜂和蜜源尚未得到高层次开发，蜂产业发展尚不充分，在全国尚不具备规模优势，所产蜂蜜主要用于本地市场消费，但近些年这种情况在逐渐好转。

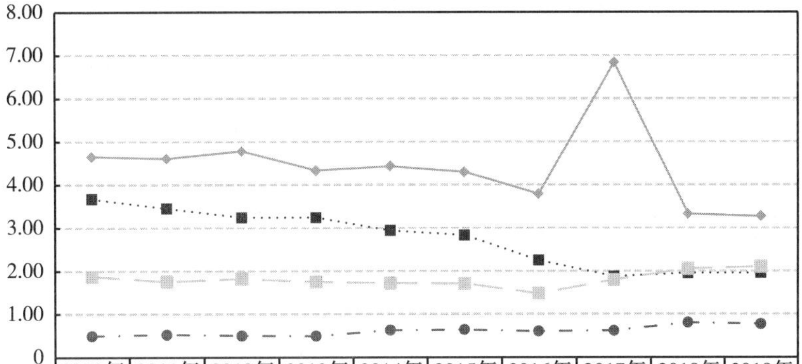

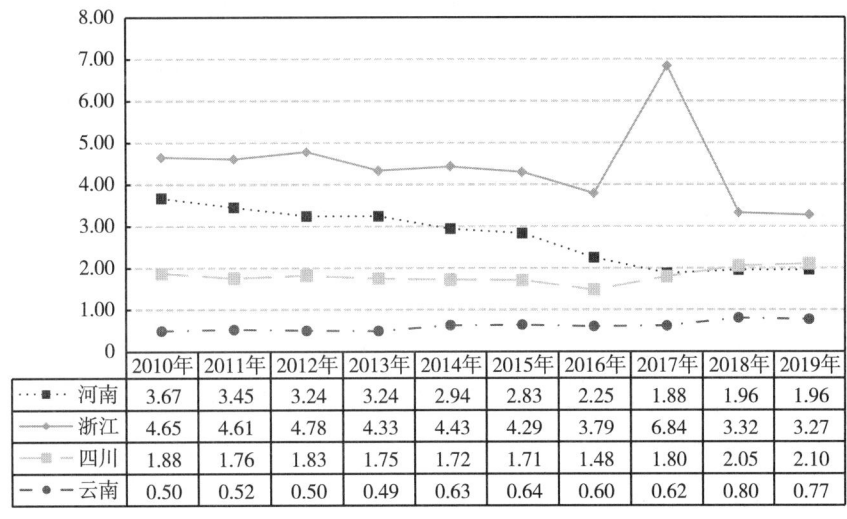

	2010年	2011年	2012年	2013年	2014年	2015年	2016年	2017年	2018年	2019年
河南	3.67	3.45	3.24	3.24	2.94	2.83	2.25	1.88	1.96	1.96
浙江	4.65	4.61	4.78	4.33	4.43	4.29	3.79	6.84	3.32	3.27
四川	1.88	1.76	1.83	1.75	1.72	1.71	1.48	1.80	2.05	2.10
云南	0.50	0.52	0.50	0.49	0.63	0.64	0.60	0.62	0.80	0.77

图 36－13　2010～2019 年河南、浙江、四川及云南蜂蜜产业专门化系数变化曲线

资料来源：根据国家统计局网站相关数据计算整理。

（二）云南各州市专门化系数

采用前述方法和 2014～2020 年《云南统计年鉴》相关数据进一步对 2013～2019 年云南省各州（市）的蜜蜂产业专门化系数进行了计算，结果如表 36－9 所示。由表36－9可知，2019年迪庆、怒江、普洱、西双版纳和楚雄的蜂产业专业化程度和生产能力优势比较明显，专门化系数多在2.5以上，曲靖、保山、丽江和大理专门化系数也都超过了1，其他州（市）专门化均小于1，特别是红河和昭通的专门化系数仅为0.15左右。说明云南蜂产业发展区域极不平衡。

表36－9　　2013～2019年云南各州（市）蜂蜜生产专门化系数

州（市）	2013年	2014年	2015年	2016年	2017年	2018年	2019年	6年间增长率（%）
昆明	0.65	0.47	0.54	0.48	0.41	0.37	0.44	－33.39
曲靖	1.85	1.38	1.26	1.31	1.40	1.35	1.53	－17.39
玉溪	0.55	0.82	0.45	0.52	0.51	0.43	0.48	－12.32
保山	5.28	4.33	4.23	4.29	3.10	3.15	1.43	－72.96
昭通	0.14	0.12	0.10	0.14	0.12	0.12	0.16	7.70
丽江	0.51	0.43	0.55	0.87	1.33	1.09	1.39	175.22
普洱	1.74	1.61	1.91	1.85	1.83	2.31	2.84	63.44
临沧	0.88	0.61	0.76	0.71	0.64	0.60	0.70	－20.96
楚雄	2.59	2.11	2.19	2.12	2.20	2.18	2.42	－6.85
红河	0.20	0.17	0.19	0.14	0.18	0.17	0.14	－27.60
文山	0.18	0.22	0.19	0.18	0.16	0.19	0.20	12.42
西双版纳	0.56	0.42	0.44	0.84	2.78	2.56	2.74	392.41
大理	1.28	1.03	1.12	1.06	1.18	1.20	1.04	－18.51
德宏	1.03	0.92	1.38	0.82	0.77	0.81	0.91	－11.46
怒江	2.38	1.63	1.74	1.67	1.53	2.11	2.94	23.51
迪庆	1.90	2.24	2.88	4.24	4.08	3.45	3.12	64.20

资料来源：根据2014～2020年《云南统计年鉴》数据整理，部分州（市）的数据根据笔者掌握的情况进行了调整修订。

从2013～2019年增长率的变化趋势看，虽然西双版纳的蜂蜜专门化系数增长最快达392.41%，除因为其基数太小外，还与2017年其蜂蜜产量从231吨增加到765吨，同比增长231.17%，而同期全省蜂蜜产量同比增长仅3.22%有关，因此2017年西双版纳的蜂蜜专业化系数从多年小于1转变为连续多年大于2.5，2019年虽然西双版纳的蜂蜜产量在全省16个州市中仅排名第6位，但人均蜂蜜占有量却排名第4位①；丽江、普洱和迪庆的蜂蜜专门化系数的增长也较快，分别为175.22%、63.44%和64.20%，但各自情况差异很大，丽江的蜂蜜专门化系数总体呈现逐年提高的趋势并在2017年开始转变为大于1；迪庆州和保山的蜂蜜专门

① 根据《云南统计年鉴2020》数据计算。

化系数则长期大于1且排名全省前列（见表36-9）。

通过以上分析可以大致判定：一是云南蜂产业资源丰富，生态条件良好，但是产业发展水平不高，资源优势尚未转变为产业优势和经济优势；二是云南蜂产业区域发展不平衡，虽然2017年后全省16个州（市）中有9个州（市）的蜂蜜专门化系数大于1，但除曲靖、普洱和楚雄外，大部分属于基数小、人口少的地区，如迪庆和怒江；三是近年来，西双版纳表现出良好的发展势头，而传统优势区保山市则滑坡明显。由此可见，一方面，云南省应重点从科技创新和技术推广、提升加工能力和水平以及从业者素质等角度，切实加大对蜂产业的投入和政策支持力度，努力促进全省蜂产业做大做强和转型升级，使资源优势转变为产业优势和经济优势；另一方面，积极推进蜂产业向曲靖、楚雄、普洱、保山、西双版纳、大理、昆明等产业基础好、专门化系数较高优势区集中，促进全省蜂产业小生产模式逐渐向商品化与集约化方向发展，并结合各地特色种植业的蜜源以及山水风光、地方美食等自然和人文资源，推动蜜蜂养殖与休闲旅游业的融合。

第三节　云南蜜蜂产业经济体系简况

一、生产组织形式

（一）基本情况

云南养蜂业以专业户、兼业户为主，兼有少数国营蜂场或集体蜂场。云南养蜂生产的特点是：饲养中、西蜂并举，以中蜂为主；活框饲养与传统饲养共存，以推广中蜂活框饲养为主；定地饲养与短途转地饲养结合，以定地饲养为主。在云南出现了“蜂企业+蜂农”“合作社+蜂农”“协会+企业+蜂农”“政府+合作社或大户+贫困户”“蜂体系+政府+示范蜂场+贫困户”等养蜂模式。

（二）案例

1.“支部+企业+合作社+基地+贫困户”运作模式

罗平油菜蜜源是每年全国最早开花的第一个蜜源，罗春繁蜂场年接待全国各地蜂农400余户，蜜蜂7万余群。2017年2月24日至26日成功举办“中国·云南·罗平国际蜜蜂文化暨蜂产业发展论坛”，依托罗平县蜜蜂产业发展资金项目，整合项目资金780万元，按照“企业找市场、合作社抓生产、贫困户有股份”的发展理念，以“支部+企业+合作社+基地+贫困户”的模式开展“蜂产业+脱贫”工作①。一是发展中蜂养殖。安排项目资金440万元，免费为每户贫困户提供5群中蜂，以乡（镇、街道）为单位成立蜜蜂养殖专业合作社，合作社建立养殖基地，贫困户以蜜蜂入股的方式将蜂群放在合作社的养殖基地集中饲养，每户贫困户每年可实现纯收入1500元左右。建设3个产业园区，20个蜜蜂养殖专业合作社，50个养殖基地，饲养中蜂4340群，带动868户2962人建档立卡贫困户脱贫。二是资产收益扶贫。安排项目资金340万元，扶持261户无力无业贫困户，每户贫困户量化扶贫资金1.33万元，通过入股本县境内2家实力雄厚、信誉度好的蜂业企业，让农户参与企业经营收益。每户贫困户每年可收益1060元，助力建档立卡贫困户261户918人脱贫。通过实施“蜜蜂+”带动发展，使1129户3880人建档立卡贫困户如期脱贫。

2. “政府+养蜂能手+贫困户”饲养模式

丽江市玉龙县政府制定中蜂产业发展及扶贫方案，以建档立卡贫困户为重点，采取“以奖代补”方式，选定中蜂饲养能手，带动5户以上建档立卡贫困户，政府利用扶贫资金从周边购进中蜂，建立中蜂养殖场，每群补贴500元。对于有一定劳动能力、智力及积极性的贫困户，可采取合作供养，以工代学，以帮工换技术的方式饲养，互惠互利，贫困户掌握技术后可将自己的中蜂转回家中自行饲养。同时，进行相关配套措施，如政府支持鼓励农户种植蜜源植物、建立中蜂资源保护区、培育新型经营主体及技术培训、指导等服务工作。

3. “蜂体系+政府+示范蜂场+贫困户”养蜂模式案例

2016年国家蜂体系红河综合试验站与当地政府农牧、扶贫等职能部门和各乡镇、村委会及帮扶村干部紧密结合，进行中蜂养殖扶贫，推广中蜂科学饲养技术。在对当地蜂业资源深入调查摸底的基础上，在武定、罗平、大姚等县不同区域建立中蜂养殖扶贫示范蜂场，由扶贫示范蜂场带动建档立卡贫困户，并进行手把手的技术指导，帮扶脱贫。为落实相关任务，国家蜂产业技术体系除承担技术指导培训等技术支撑外，对建立的养蜂扶贫示范蜂场和选定的建档立卡贫困户，还力所能及地进行蜂种、蜂箱等蜂机具支持，具体由红河综合试验站负责实施。该模

---

① 陈瑶，李忠桥. 2018中国云南曲靖罗平蜜蜂文化节暨云南省蜂产业论坛在罗平成功举办［J］. 蜜蜂杂志，2018，38（4）：38.

式既发挥了体系的技术优势，又利用了政府的政策、资金资源，同时充分调动了示范蜂场和贫困户的积极性，示范蜂场和贫困户紧密结合是成功的基础。

（三）存在的问题

一是蜂农严重老龄化，贫困户居多，蜂农为了追花夺蜜，多数采取定地饲养+转地放蜂的模式，居无定所，风餐露宿，人际圈较小，收入较低，非常辛苦。城市优质的教育和医疗资源以及便利的生活都是农村所不能比拟的。因此与养蜂相比，年轻人更愿意在城市打拼，从事相对轻松的行业。

二是蜜蜂饲养以家庭为单位的散户为主，加盟合作社或企业的蜂农很少，无法实现大规模标准化生产。

三是现有蜂产品加工企业规模较小，多数企业设备陈旧，厂房、生产线和工艺流程大多不规范，缺乏核心市场竞争力。

（四）建议

一是政府要加快出台养蜂业的一系列惠农政策，降低蜂农的饲养成本，加大对科研单位研发蜜蜂饲养技术的经费支持，企业和专业从事蜜蜂研究的科研单位要加强对蜂农的养蜂技术培训指导和优质蜂蜜生产技术指导培训，逐步提高蜂农收入。

二是政府和各企事业单位要大力宣传蜂产品的保健功能以及蜜蜂授粉在现代化农业和维持生态系统平衡方面的重要意义，做大做强蜜蜂科技园，传播蜜蜂文化，呼吁更多人保护蜜蜂和生态环境，在云南山区着力打造一批集蜜源植物观赏、蜂产品品鉴、数字化养蜂互动体验和蜜蜂科普知识为一体的文旅村，创造更多的就业岗位，吸引年轻人加入养蜂行业。

三是由政府牵头，积极扶持和发展蜂产品加工龙头企业，组织更多蜂农加入蜂业合作社或蜂产品企业，以增强抵御自然和市场风险的能力，企业也要加快引进先进的设备和生产线，注重自身的企业文化建设，加快优化产品结构，提升市场竞争力。

二、生产基地建设

（一）基本情况

云南省具有优越的气候和地理条件，蜜源植物丰富，大部分地区都适合养蜂。

但各地的气候条件、蜜源分布、蜜蜂饲养管理水平有差异。因此，要根据各地情况，建立生产基地，研究适应当地条件的蜜蜂饲养方法、新技术、新装备，并对蜂农进行培训。目前，全省确定了15个中蜂养殖重点县，在重点县中选大姚、姚安、罗平、武定等5个县建立了11个示范基地。以点带面，点面结合，辐射周边，起到示范效应。重点研究高产量、高质量蜂蜜生产，进行中蜂继箱生产成熟蜜试验示范，指导组建“企业+科研与示范+蜂农”的养蜂生产经营模式。

（二）案例

1. 罗平蜜蜂春繁基地

罗平位于滇东，地处滇、桂、黔交界区。全县有油菜0.80万公顷，以及大面积的苕子、野坝子等蜜源。油菜1~2月开花，泌蜜好，不喷施农药。罗平早春气候湿润，蜂群繁殖快，吸引着各省（区）的蜂场前来繁蜂和采蜜。1988年被国家计委认定为蜜蜂春繁基地，由国家、省、地、县四级投资建设。罗平油菜蜜源是每年全国最早开花的第一个蜜源，2018年接待全国各地来罗平春繁蜂场的达400余户，蜜蜂7万余群，年产蜜3500吨，工业产值超1.6亿元。

2. 武定优质野坝子蜜生产基地

武定地处梁王山区，距昆明市60千米。该县以饲养中蜂为主，截至2019年末，全县约有中蜂4万群，其中活框饲养约1.6万群。总体气候特征为冬暖夏凉，境内蜜源植物多达60余种，其中冬季开花泌蜜的野生蜜源植物野坝子遍布全县大部分地区，达372万亩，为生产优质大宗野坝子商品蜜提供条件，每年可生产优质野坝子蜜100~150吨。1991年由农业部建立全国优质野坝子蜜生产基地，由国家、省、地、县四级投资建设。

（三）存在的问题

一是养蜂人员缺乏科学饲养技术，蜜蜂饲养规模较小，成群率较低，部分建档立卡贫困户蜂农依赖政府扶贫政策，自主养蜂积极性不高，蜂场环境较差，蜂箱和蜂机具的摆放比较混乱。

二是部分蜂场的规划和布局不科学，养蜂机具比较落后，在一定程度上影响了蜂产品的生产效率。

（四）建议

一是加大蜜源植物的种植面积，建立蜜蜂保护区，政府相关部门要加强对发展蜂产业各项工作的协调和领导，制定各基地县扶持蜂产业基地建设的政策及措施。

二是依托政府和企业，利用物联网、北斗定位、移动通信网络等信息感知技术，结合大数据、人工智能及云计算等信息处理技术，大力推进数字化智能蜂场建设，促进传统蜂业向规模化、科学化、信息化、智能化的智慧蜂业转型升级。

三是结合云南蜂业情况，开展中蜂改良和品种选育，大力推广中蜂科学饲养技术，制定优惠政策对中蜂科学规模化饲养给予一定的资金扶持和补助，通过智能蜂场努力打造几个全国优质蜂产品生产基地。

三、加工管理方式

（一）基本情况

云南省的蜂产品加工业已初具规模，以加工蜂蜜、蜂花粉、蜂王浆产品为主。从20世纪80年代开始，昆明兴中制药厂、文山制药厂、昆明宏达制药厂等厂家开始生产田七蜂王浆、三七蜜精、花粉田七口服液等蜂产品。在长期的发展中，涌现出了一批蜂产品加工龙头企业，如罗平县甜园蜜语蜂业科技开发有限公司为省级龙头企业、楚雄州的姚安县菖河生态蜜蜂园科技有限公司为州级龙头企业。

蜂产品加工企业的发展，离不开蜂农的支持。随着现代通信网络的进步，蜂农通过各种渠道，学习和利用现代养蜂科技及装备，提高养蜂效率，收获更多优质的蜂产品，提供给企业进行加工，共同促进蜂业的进步。

（二）案例：养蜂与时俱进，提高养蜂效率

据笔者2019年调查，蒙自白师傅的蜂场拥有西蜂蜂群100群，每年不同季节会到云南省不同地区进行小转场放蜂，每次转场前都要做很多准备工作，其中对蜂箱巢框进行固定非常烦琐。为防止转运途中巢框走位对蜜蜂产生挤压，造成损失，必须对巢框进行固定。大多数蜂农使用的固定方式是用铁钉固定，估准箱内巢脾的位置，从蜂箱外面钉入钉子，将巢框固定住，每个巢框左右两端各钉一颗钉子。一个有继箱的蜂箱平均有13张蜂脾，每个蜂箱要钉26颗钉子，每次转场前都要订入2600颗钉子，每颗钉子要敲击四五下，每群蜜蜂固定巢框时要敲

击55次左右，不光工作烦琐，还对蜜蜂的正常生活造成一定影响。之后每个蜂箱还需用四个弹簧固定上下箱体，用绳子将箱子拴起来以便挑蜂箱上车。整个准备过程需要两个人用两天时间来完成，到了转场地后还得将每一颗钉子从巢框中取出，又是一项非常耗时的工作。

白师傅通过与其他地区养蜂人员的交流及网络相关信息的介绍，现在改用海绵固定巢框，用蜂箱专用捆绑带固定上下箱体，每个继箱用4根海绵条和捆绑带即可固定所有巢脾，并且无需再用绳子捆绑蜂箱挑上车。现在两个人只需要半天时间就能完成所有准备工作，大大提高了工作效率。

现在，云南还有很多蜂农在转场放蜂时仍然使用传统的通过固定上下箱体及巢脾的方法转运蜂群，费时费力。白师傅使用先进的方法大大提高了工作效率，得益于不断学习。养蜂人员要经常通过网络媒体以及与省内外的同行交流学习先进的养蜂技术，与时俱进，才能养好蜜蜂，提高养蜂收入。

（三）存在的问题

一是养蜂散户较多，难以监管，蜂场设备落后，机械化程度较低，蜂农工作过于繁重。

二是重产品、轻授粉。目前蜂农饲养蜜蜂仍以收获蜂产品为主，远远没有认识到蜜蜂授粉的重要性和经济价值，农作物种植者也对蜂农在其农田附近放蜂持排斥态度，并时常发生打官司的事件。

（四）建议

一是加快科技研发与蜂农培训进度。建立产学研密切结合的技术支撑体系，加大对养蜂新机具、新蜂药、新技术等研发的支持，加强蜂农与加工企业和科研院校的相互协作，切实做好养蜂技术培训，提高养蜂管理技术水平。

二是加快实施蜜蜂良种选育及推广进度。优良的蜂种对于提高蜂产品产量和质量、提高蜜蜂抗御疾病能力具有重要作用。

三是政府要实施养蜂生产机械购置补贴支持政策，以便大力推广在蜂场使用先进的养蜂机械，减轻蜂农劳动强度，提高养蜂效率，促进传统养蜂业向现代养蜂业的转变。

四是加快蜜蜂授粉技术的研究和推广普及。通过政府管控，积极引导农户在农作物流蜜期喷洒对蜜蜂低毒的农药并给予适当奖励，通过网络媒体、手机软件等渠道提前告知蜂农农药喷洒事宜，加强种植户和蜂农间的信息沟通。

四、市场营销

（一）基本情况

目前很多蜂产品企业仍然以传统的商超、专卖店、会销等销售方式为主要销售渠道，但由于店面租金和人工成本大幅度上升，专卖店的经营压力越来越大。随着电子商务的不断发展，企业基本都开展了线上线下业务。例如，云南蜂李记蜂产品有限公司在淘宝、京东的“蜂李记”品牌；云南中蜂科技开发有限公司在淘宝、京东上的“老滇凰”旗舰店；云南天卉蜂业科技有限公司通过微信、电商、直播等方式销售蜂蜜等。

（二）若干案例

1. 云南天卉蜂业科技有限公司采取多种方式展示山和良蜜产品

云南天卉蜂业科技有限公司成立于 2015 年，是以云南农业大蜂学系师生为核心的创业团队。公司通过校企合作，转化科研成果，一方面开展科学养蜂的培训和技术服务；另一方面开发云南特色优质蜂产品，进行品牌化运作和全国市场推广；同时，从 2017 年开始进行智能蜂箱的研发，并逐步完善智慧蜂业的构想。

2018 年 10 月 20 日，在云南农业大学 80 年校庆之际，公司在农大蜂学楼院内召开了“山和良蜜”品牌发布会，“山和良蜜”正式面世。“山和良蜜”是从学校孕育出的专业蜂蜜品牌，创立初期立足于学校市场，服务老师和同学。2018 年底在云南省教育厅的支持下，“山和良蜜”在昆明市内的高校开展蜜蜂系列主题科普活动和以蜂产品推广销售为主的大学生创业活动。一个学期的时间，就已经在云南农业大学、云南财经大学、云南大学等高校设立了“山和良蜜”展销专柜，同时也带动了各学校的创业团队一起加入到了“山和良蜜”的项目当中，同学们会通过摆摊儿、微信、电商、直播等方式销售蜂蜜。“山和良蜜”也连续两年获得了 2019 年和 2020 年“互联网 +”全国大学生创新创业大赛的云南省金奖。

2019 年初，“山和良蜜”响应国家号召，发挥蜂学专业的特长，积极参与到云南省各地蜂业扶贫的工作中去，为贫困地区提供科学的养蜂技术和丰富的蜂业市场资源，一方面帮助贫困户学习养蜂技术，另一方面帮助蜂农解决销路问题。目前，公司已在云南省16个州（市）的近50个区（县）进行了养蜂产业调研，累计开展科学养蜂培训近百场。“山和良蜜”也不断加强与外界的交流，2019年代表云南省蜂业协会与英国驻华大使馆区域合作处参赞罗克先生交流云南与英国之间的蜂业交流合作，并赠送“山和良蜜”蜂蜜礼品；2020年分别与老挝和柬埔寨驻云南领事商议了未来在两国合作发展蜂业的可能性。“山和良蜜”始终如一地坚守初心，不断提升社会各界对产品的认可。

2. 云南中蜂科技开发有限公司生产天然活性成熟的高端蜂蜜

云南中蜂科技开发有限公司自2007年成立以来，公司依托云南特殊地理资源优势，致力于研发采集高原珍稀蜜源，是一家集蜜蜂养殖、技术培训、蜂产品研发及生产销售于一体的农业科技型企业，为云南省蜂产业协会理事单位。

公司建有近万平方米蜂产品标准化生产厂房，配有蜂蜜、蜂花粉、蜂王浆、松花粉、片剂生产线，自主产品研发实验室，配备高效液相色谱仪、气相色谱仪等现代化检测设备。10年间，公司先后投入数千万元人民币用于基础设施建设和生产设备购置。近十年来，公司研发系列高原特色蜂产品，以“云南中蜂”“老滇凰”为代表的旗下品牌产品畅销海内外。

云南中蜂在自身发展的同时积极推动各地州养蜂技术推广，扶持成立多家养蜂合作社，定期举办养蜂学习培训，严把质量关。建立了从蜂场到工厂，再到市场的现代蜂产品产销合作体系，并取得良好的经济效益和社会效益。云南中蜂先后建立了香格里拉梅里雪山、太子雪山、丽江玉龙雪山、保山高黎贡山、新平哀牢山、思茅无量山、大理苍山、西双版纳原始森林等八大原生态养蜂基地；此外，还开辟了从缅甸曼德勒至清迈的黄金养蜂路线，并入驻老挝北部原始森林建立养蜂基地。积极响应“一带一路”倡议召唤，将在东盟友邦国家逐步建立更多养蜂基地。

（三）存在的问题

一是对蜂产品的宣传力度不够。许多蜂产品加工企业欠缺现代市场营销技能和营销策略，产品结构老套，对蜂产品的包装和宣传缺乏创意。

二是蜂产品销售方式有待创新，传统的散卖、专卖店、超市、会销等销售方式仍为主要渠道，但近几年电子商务的崛起，传统的销售方式受到很大冲击。

三是蜂产品企业科研经费投入不足，生产技术落后，品种单一，缺乏有强大竞争力的中高端产品，严重阻碍了在国际市场的发展。

四是蜂产品面临信任危机。目前仍存在不法企业掺假造假现象，蜂产品市场无序竞争，价格混乱，网络上还存在一些不利于蜂产品的谣言误导消费者，导致消费者对国内蜂产品的信任危机加剧，部分消费者宁愿购买昂贵的进口蜂产品，也不愿意购买国内的蜂产品。

（四）建议

一是利用互联网拓宽蜂产品销售渠道，加强对蜂产品的科普知识宣传，严打掺假造假的违规企业，营造公平健康的市场环境，维护消费者合法权益。

二是政府要加强对蜂产品企业的有效监督管理，通过智慧蜂业，建立完善的蜂产品溯源信息管理制度，确保生产干净、纯正、绿色无公害的蜂产品，重建消费者对蜂产品的信任。

三是企业和科研院所要加强合作，积极研发中高端产品，促进蜂产品结构的优化升级，打造国内甚至世界一流的蜂产品品牌，积极开拓国际市场。

五、投（融）资

（一）基本情况

目前云南的蜂产品龙头企业还没有上市公司。蜂业相关企业融资渠道比较狭窄，基本来自金融机构贷款及企业内部融资。对新兴的投融资渠道接触比较少，农业众筹、“互联网＋金融”、普惠金融等新兴的融资方法在云南养蜂业企业中基本上很少涉及。

（二）存在的问题

融资困难、可选择的融资渠道较为单一是困扰大部分的蜂产品企业的主要问题，部分企业通常只能依靠其内部积累进行融资。造成蜂产品企业融资难的主要原因包括：一是云南省蜂产品企业多为中小型企业，商业银行对中小企业申请贷款的条件较为苛刻、审批手续烦琐、贷款产品不能满足不同层次企业的要求，另外担保费、保证金、评估费、手续费等提高了融资成本；二是大多数蜂产品企业规模小、体量小，应对市场经济变化的能力有限，企业产品在市场上的销售情况对企业资金流具有非常大的影响，产品一旦出现滞销，企业就很难拥有足够的资金去偿还债务（肖卿华，2013）；三是中小型企业大多内部机构设置不合理、财务管理制度不规范、财务不透明，政府及金融机构难以通过会计账簿了解企业真实情况。这些因素使得这类企业对外进行融资时所要承担的风险也就更高，融资也就更加困难。

（三）建议

1. 强化融资的意识、拓宽融资渠道

要积极探索、尝试新的融资途径，改变当前主要依靠企业内部融资和银行贷款过于单一的融资模式。“农业众筹”起源自美国，2014 年才正式进入我国。“农业众筹”借助互联网和社交网络手段对原有的农业生产流程革新，在产品生产出来前由消费者众筹资金，农户再根据订单决定生产规模，等生产完成后，将农产品直接送到消费者手中的一种模式，这一被称为“从田间到舌尖”的模式发展尤为迅速（周志远等，2015），“农业众筹”可以通过互联网、众筹大数据提前汇集订单，以订单驱动农业发展，使农业从业者或中小企业能提前组织生产，减少生产的盲目性，从而有效降低农业从业者及企业风险。“普惠金融”的概念由联合国在 2005 年提出，是指以可负担的成本为有金融服务需求的社会各阶层和群体提供适当、有效的金融服务，重点服务对象是小微企业、农民、城镇低收入人群等弱势群体（李双飞，2019）。这两项融资渠道门槛较低，非常符合云南蜂业发展的需要。云南养蜂业要做大做强离不开融资投资，养蜂企业可以通过向其他行业取经学习，分析其他企业成功的融资案例，通过多种投（融）资渠道，将养蜂产业发展壮大。

2. 企业提升自身实力，降低融资面临的风险

良好的企业信誉能促使企业更容易获得持续稳定的融资来源。这就要求企业加强内部管理，通过引进专业的管理人员，建立市场化、专业化的管理模式；合理设置企业机构、规范财务及管理制度，建立完善的信用制度，增强企业诚信意识，按照相关规定做好信息公示，减少政府和银行的审核成本；革新传统的经营方式，完善设备、引进和培养人才，以市场供需关系作为企业运营的基本法则，不断提升企业的综合实力和资信等级，从而降低企业融资面临的风险，从根本上吸引风险投资等各项资金的投入。

六、风险控制

（一）基本情况

1. 自然灾害风险

自然灾害是养蜂生产最严重的风险，养蜂生产依赖于蜜源植物的生长情况，因此对自然条件的依赖程度非常强，不利的气候条件会给蜂农养蜂生产造成极大的损失。在蜜蜂的春季繁殖期间，如果遭遇倒春寒、气温骤然降低，会导致蜜源植物冻死或花期缩短、流蜜较差等情况，进而造成蜂群繁殖变慢、群势下降，从而严重影响全年的养蜂生产。在盛花期遭遇沙尘暴或长时间风雨天气，致使蜜蜂无法外出采蜜、蜜源植物花期缩短，直接导致蜂蜜产量严重下降；一旦遭遇持续一周的降雨情况，为了维持蜜蜂正常生长，需要及时饲喂蜜蜂，蜂农不光没有收入，还会导致饲料成本的增加。有研究显示，蜂农每年遭遇的自然灾害在所有风险中均排第一位，发生率在40%左右（席桂萍等，2014）。

2. 养蜂业受生态环境影响的风险

一方面，农业生产过程中除草剂、杀虫剂的大量使用对养蜂业造成重大影响。农药在清除害虫及杂草的同时，会使正在进行采蜜授粉的蜜蜂大量中毒死亡，致使蜂群群势严重下降。蜂农在放蜂过程中，由于农业生产喷洒农药造成蜜蜂严重中毒的情况时有发生。随着农业科学技术的发展，农药的品种增加和无人机喷洒方式的运用，蜜蜂农药中毒的情况越来越严重。农药中毒风险的发生率仅次于自然灾害风险，高达20%左右，位居第二位（席桂萍等，2014）。另一方面，部分地区的自然资源遭到人为破坏、蜜源树种被严重砍伐、种植农业及设施农业的大量兴起，蜜蜂赖以生存的蜜源植物面积不断减少，蜜蜂的生存空间受到较大挤压，严重影响了养蜂业的健康发展。

3. 外出放蜂增加人身安全、资产安全风险

由于在中国大部分蜂农常年在外追花夺蜜，根据花期辗转南北进行流动放蜂，定地养蜂蜂农所占比例较少。在转地放蜂过程中，不仅面临着交通运输风险和蜂农人身安全风险，而且远在离家较远的异地他乡，遭遇偷盗、非法伤害、火灾等不可预测的风险的概率也大大高于普通种植业和养殖业。

4. 蜜蜂病害疫情风险

蜜蜂与其他动物一样，经常会受到病虫害的侵扰，西方蜜蜂病虫害较中华蜜

蜂更为严重。蜂群遭遇病虫害后，常出现个体行为异常、蜂箱周围爬蜂多、死蜂多的情形，情况严重时会出现整群的蜜蜂死亡或飞逃。蜂场一旦发生重大病虫疫情，不仅无法收获蜂产品，蜂群资产还可能会遭受毁灭性损失，会给养蜂生产造成极其严重的影响。据不完全统计，蜜蜂病虫疫情的发生率在10%左右（席桂萍等，2014），每年全国仅病虫害发生所造成的损失占全部蜂群损失的30%以上（王强等，2010），而因减产所造成的直接经济损失可达数亿元人民币（王强等，2010）。

蜂农在养蜂生产过程中会面临各种各样的风险，国家蜂产业技术体系于2009～2011年通过对固定观察点进行调研发现，连续3年分别有75.32%、79.64%、64.85%的蜂农遭受了不同程度的生产风险，受灾蜂场损失分别达1.52万元、1.40万元、1.15万元（席桂萍等，2014）。

（二）存在的问题

一是养蜂业基本上是家庭模式生产经营，蜂农抗御风险的能力较差。在中国，养蜂生产主要以家庭为单位进行，蜂群规模较小且高度分散，在市场交易中缺少话语权，蜂农的利益得不到保障，面临着较大的市场风险。

二是缺乏政策性支持，加大了养蜂业的风险。国家对高投入、高风险的畜牧业的扶持力度很大，每年都有专项的财政资金拨款，为畜牧业提供补贴资金，然而在养蜂业的行业发展中支农、惠农政策体现得却很少（王强等，2013）。对养蜂业实施的支农、惠农政策严重缺乏提高了养蜂业的风险。

（三）建议

蜜蜂养殖业是现代农业的重要组成部分，发展养蜂业不仅能够为人类健康生活提供营养的蜂产品、促进蜂农收入的增加，更为重要的是通过蜜蜂授粉可以显著提高粮食、蔬菜、水果、药材、饲料等农作物的产量和品质，对维护自然界的生态平衡、保护物种多样性具有重要贡献。然而，养蜂生产对自然环境蜜源植物花期长短及流蜜状况的依赖非常大，气候条件、生态环境都会对养蜂生产产生极为重要的影响；同时我国养蜂业组织化程度低，以家庭小规模养殖为主要经营模式，蜂农应对风险能力极为有限；另外为了追花逐蜜，蜂农常年转地放蜂，流动性大，生产及生活条件简陋，还会遭遇蜂群农药中毒、因纠纷导致的非法伤害、交通车祸等风险，使得养蜂业成为一个风险极大的农业弱势产业。针对蜂农养蜂生产面临的风险问题，建立适合蜂业特点的养蜂政策性支持及风险控制机制，对于稳定和提高蜂农收入、促进养蜂业健康可持续发展具有十分重要的现实意义（席桂萍等，2014）。

1. 政府应加大对养蜂业发展的支持与保护

建立和健全规模蜂场备案与养殖档案制度，建立蜜蜂病虫害检验检疫技术规范，完善地方检疫工作，对转入转出的蜂场依法登记、检疫，减少因蜂群转场流动造成的病疫传染；在蜂蜜主产区搭建简易养蜂租赁房屋，改善养蜂人生产生活环境；推动出台蜜源植物保护利用政策，探索有偿授粉机制，协调有关部门在植树造林、退耕还林还草项目中优先鼓励蜜源植物种植。建立蜂农信息共享平台，发布大蜜源区流蜜信息，合理指导蜂农放蜂流动。建立流行病害信息网络及病害预警机制，规范中蜂异地引种行为，推进蜜蜂病害快速诊断技术、低残留低污染蜂药及绿色防控技术的研发。

2. 保护蜂农合法权益

加强蜂产品市场监管，严厉打击制假售假行为，逐步推行蜂产品优质优价模式。完善蜂产品加工销售企业与蜂农的利益联结机制，探索建立种植农户和蜂农间的信息沟通渠道和机制，加快推行农药喷洒（特别是无人机大规模喷洒）事先告知制度，鼓励和支持农户在粮食、果树、蔬菜等农作物流蜜期采用绿色防控技术，喷洒对蜜蜂低毒的农药。配合有关部门，妥善解决蜜蜂农药中毒、人蜂安全、放蜂场地收费等纠纷问题。

3. 强化对养蜂业发展的指导和管理

提高行业监管能力，充实养蜂管理人员队伍，根据当地养蜂放蜂情况配置专职或兼职蜂业管理人员，及时处理养蜂业发展及蜂农遇到的突出问题。充分发挥行业协会、组织对养蜂业发展的指导作用，调查分析当地的资源优势及市场情况，科学制定符合当地实际的蜂产业发展规划。进一步完善蜂药生产、销售、使用的管理，加强蜜蜂病虫害防治培训及合理用药技术指导。加强养蜂业信息平台建设与推广，及时发布养蜂业指导意见及政策文件，密切关注蜂业从业者的意见与建议、需求与困难，及时制定合理的政策及措施，推进养蜂业持续健康发展。

4. 加大政策性支持力度

通过规模养蜂补贴、养蜂投资补贴、引导建立合作社、授粉补贴等措施增强养蜂业的保障措施，参照《农业保险条例》以法律的形式制定蜂业农业政策性保险实施方案，将蜜蜂品种列入政策性农业保险险种，积极支持建立养蜂业风险救助金制度，不断提高养蜂业抵御风险的能力。

七、融合发展

（一）基本情况

产业间的相互渗透、相互交叉融合往往会成为推动产业发展的新动力。云南省很多地方将蜜蜂产业与旅游业有机结合，大力开展蜜蜂文化宣传，提高养蜂业文化内涵，贡山县、罗平县已经打造了一批蜜蜂观光园，成为云南省养蜂生产持续发展的亮点。一是蜂场利用旅游景区的优越的客流量资源，将旅游业和养蜂业结合起来，有利于蜂产品的宣传销售。二是打造蜜蜂生态园区，种植蜜源植物，建设蜜蜂文化宣传长廊等，将蜜蜂文化融入养蜂业生产。三是建立蜂产业休闲文化农庄，在蜜源种类多、风景秀丽、有名气的养蜂村，可筹建蜜蜂产业文化休闲农庄，通过介绍蜜蜂的科普知识，蜜蜂的采集、酿造过程，蜂花粉、蜂胶的采集，蜂王浆的收集、生产过程，让游客自己体验取蜂蜜、蜂王浆的乐趣，品尝蜂产品美食，开展制作蜂蜜花粉面包、蜂蜜柚子茶、炒蜂蛹，蜂王幼虫蒸蛋产品等活动，让游客在游玩中体验蜜蜂的奥妙，更加了解蜜蜂、喜爱蜜蜂。

罗平县是全国蜜蜂产业融合发展的典范，也是全国蜜蜂春繁基地，拥有集中连片的 80 余万亩油菜花海、10 余万亩水果、40 余万亩玉米及荞麦、100 余万亩野生植物蜜粉源，成为蜜蜂繁殖和养蜂人向往的“天堂”，每年都会吸引全国数百家蜂场进入采蜜，当地的养蜂资源理论上可承载 30 万群以上的蜂量，年理论产蜜量可达 3500 吨。与此同时，满山遍野的油菜花与峰林起伏、俊秀玲珑的山体连成一片，浑然一体，形成了美丽的“世界最大的自然天成花园”，为当地旅游业的开发打下了坚实的基础。罗平县委、县政府在油菜花上做文章，从中寻思路，1999 年到 2021 年，已成功地举办了 20 届“中国·云南·罗平国际油菜花文化旅游节”，吸引了来自四面八方的海内外大批游客，从而使罗平菜油、罗平蜂蜜、罗平山水在全国有了非常高的知名度，并取得了非常好的经济效益，走出了一条集蜜蜂养殖、油菜种植、旅游观光三个产业互相融合互相促进的生态经济可持续发展道路（王俊辉等，2004）。

（二）案例：罗平县芭蕉箐村——“中国蜜蜂文化第一村”

据笔者调查经多年培育和扶持，罗平县于 2017 年在鲁布革布依族苗族乡大坡村委会芭蕉箐村建成“中国蜜蜂文化第一村”，亚蜂联主席王希利、中国养蜂学会理事长吴杰等200余名专家学者及领导一同进行了揭牌仪式。芭蕉箐村因过去满山遍野都是野生芭蕉树得名，2019年全村土地面积3.5平方公里，耕地385亩，林地面积3000亩，全村89户，人口385人。

芭蕉箐村拥有悠久的养蜂历史，养蜂经验世代相传，早在20世纪80年代末90年代初，就开始推广现代中蜂活框饲养技术，并于1990年成立了“芭蕉箐养蜂研究会”，养蜂研究会的成立掀起了该村蜂农的养蜂热潮，当地政府依托罗平作为全国蜜蜂春繁基地的品牌效应及丰富的速生林资源优势，深度挖掘当地养蜂文化底蕴，于2016年引进罗平县云岭蜂业公司5000万元项目投资，建设集蜜蜂养殖、科普教育、休闲度假、旅游观光为一体的综合性蜜蜂文化园。

村民对蜜蜂养殖、蜂机具制作、蜡染技术、蜂蜜的吃法等进行了深入的研究，该村已形成了较为浓厚的蜜蜂文化氛围。现如今，芭蕉箐村已建成了拥有“蜜蜂博物馆”“蜜蜂文化墙”“蜜蜂文化街”“传统生产工艺展示区”“养殖技术培训区”“中蜂规范养殖示范场”“蜂产品体验区”“蜜源植物展示区”“油菜花蜜蜂雕塑”“蜂窝工作坊”等丰富文化内涵的蜜蜂文化旅游村。

村民通过土地折价入股、就近务工、发展蜜蜂养殖、种植经济林果和蜜源植物等渠道增收致富。截至2017年5月，全村共有蜜蜂养殖户54户，每箱蜂利润1500元左右；共有蜂箱制作户（蜂箱加工厂）7户，每户平均年收入达20万元；2016年实现全村经济总收入638万元，农民人均纯收入8219元①。

芭蕉箐村目前已建立“蜜蜂文化园”1个、成立了“芭蕉箐中蜂养殖协会”和“芭蕉箐蜂箱制作协会”2个协会。2018年芭蕉箐村入选第二届中国美丽乡村百佳范例，2019年芭蕉箐蜜蜂文化村获得全国蜂业优秀“蜜蜂文化基地”荣誉。芭蕉箐蜜蜂文化村正致力于建设开放式AAA级旅游景区，让村民持续发展有希望，村集体经济发展有源头。

（三）存在的问题

1. 实现融合发展的数量少

蜜蜂产业在融合发展中做得较好的范例不多，大多数蜜蜂养殖者基本上一直都是专注养蜂，没有能力或精力开展融合发展，部分龙头企业开始往融合发展方

① “中国蜜蜂文化第一村”建成［EB/OL］. 中国财经新闻网，2017－05－24.

向走，但目前大多处于起步状况，还有待进一步提升。

2. 融合的广度不够

目前养蜂产业融合发展的方向主要是“蜜蜂+旅游”及“蜂产品+互联网销售”的融合，融合的范围及广度非常狭窄。蜜蜂养殖业包含食品、授粉、文化、技术等非常丰富的内容，实际可以融合的范围非常广，比如养蜂授粉与农业种植（粮食、蔬菜、水果、花卉、药材等）的融合、养蜂技术及基地与职业教育培训的融合、蜜蜂文化与科普教育的融合等，加大融合的广度和深度还需要养蜂产业不断探索。

3. 缺乏专业人才

专业型人才和复合型人才的缺乏，是蜜蜂产业融合发展面临的突出问题。蜜蜂养殖基本以农民散养为主，规模小、生产技术落后，蜂产品产量及质量不稳定较大制约了养蜂产业的融合发展。年轻人思维灵活、善于接受新事物，更容易在养蜂产业融合发展中闯出一番天地，但受到农业收入不稳、效益低、见效慢等特点的影响，但很多年轻人包括养蜂人的下一代都不愿意从事养蜂行业，导致养蜂从业人群老龄化严重、养蜂产业后备力量严重不足。

4. 缺乏政府引导

很多地方没有设置蜜蜂产业的专门管理部门或人员，目前的蜜蜂产业融合发展仍处于先行摸索阶段，在发展过程中缺少相应的上层规划，行业发展没有明确的规范指引，部分蜜蜂融合发展项目存在套大框、走空路、走错路的问题，有的项目没有深入挖掘蜜蜂文化、没有很好地结合当地产业特色，使蜜蜂产业和其他产业结合不够紧密，无法做到“1+1>2”的效果；有的由于缺乏前期调研，匆忙上项目甚至出现“1+1<2”的效果。

（四）建议

1. 加强人才培养，补充后备人才是蜂业转型升级的支撑力量

蜜蜂产业融合发展首先要加大养蜂技术人才的培养，壮大养蜂业人才储备队伍，政府通过加大蜜蜂产业的宣传推广、产业扶持、财政投入力度，吸引更多的人投身养蜂产业。通过制定优惠政策、建立财政补贴制度，为蜂旅融合从业者提供创业基金、人才补贴、进步激励奖金等方式鼓励更多热爱蜂业的有学历、有能力的年轻一代加入蜂产业。加强对现有从业人员的技能培训，提升其科技素养，分层次、有针对性、有目标地建立蜂业人才培养体系，提升蜂业从业者知识技能、服务管理能力。

2. 继续做强做大“蜜蜂 + 旅游”融合

云南省有明显的地域特色及独特的气候条件，蜜粉源植物资源丰富，各地还有自己特色的农作物蜜源品种，蜂蜜种类多、品质好，借助复杂的地理环境、丰富的动植物资源和形式多样的民族文化背景形成的云南旅游资源，在适宜的地区开展多种类型的旅游活动、体验活动等，吸引各地游客参观，带动当地蜂蜜产品、蜡染制品等土特产销售，从而带动当地经济发展。养蜂业和旅游业相结合，是激发蜂业发展活力、扩大产业效益、延长养蜂产业链的重要形式，适应了新时期蜂业生态绿色高质量发展和旅游业业态多元化的双重要求。打造蜜蜂主题生态园区和特色养殖基地，建设蜜蜂文化博物馆，开发蜜蜂科普教育基地，举办地方蜜蜂文化旅游节和养蜂农家乐体验活动，加大蜜蜂旅游的宣传力度，积极开展蜜蜂文化、蜜蜂知识普及，提高蜜蜂旅游的美誉度和知名度。乡村休闲旅游深受广大市民喜爱，越来越多的人涌向乡村感受自然、感受生活，蜂业旅游是健康、甜蜜、自然的旅游，可游、可感、可闻、可吃的特性可以吸引大批的游客，目前已经有蜂旅融合成功的先例，各地可以结合自身特点及当地特色，借鉴成功经验，加大蜂业与旅游业的融合发展。

3. 加强与农业的融合发展

蜜蜂授粉是植物生存繁衍的“媒介”，对农业的增产提质具有极其重大的贡献，被称作“农作物的月下老人”和“农业之翼”。加快蜜蜂授粉技术研发，建立蜜蜂授粉示范基地，建立蜜蜂有偿授粉机制，加强蜜蜂与农业的融合发展。加快授粉专用蜂群培育及授粉配套技术的研究，制定蜜蜂授粉技术规范；推动授粉协会组织化建设，成立商业授粉服务公司，公司为蜂农及种植户提供授粉供求信息及定价咨询（陈玛琳，2013；金琰等，2020）。蜂农为设施农业、蔬菜、经济果林、花卉等开展蜜蜂授粉具体服务，形成“蜂农 + 授粉服务公司 + 种植户”授粉产业链。出台农业授粉补偿机制，加大授粉增产的培训宣传，在蓝莓、油菜、大枣、苹果、向日葵、草莓、西瓜、柑橘、棉花等蜜蜂授粉增产提质作用明显的农作物品种种植主要区域，将蜜蜂授粉技术列入农技推广示范的主推技术，鼓励和引导规模种植户选用蜜蜂授粉服务，逐步增加有偿授粉比例，推动授粉产业成为促进蜂农持续稳定增收重要途径。

4. 加强与互联网的融合发展

借助微信、微博、直播平台等网络新媒体的方式，推广普及蜜蜂与人类健康知识，营造良好的蜂业社会文化氛围。加快推进“互联网+蜂业”模式发展，通过直播养蜂、直播带货、粉丝推介、农村电子商务等手段拓展蜂产品交易新业态、拓宽销售渠道。应用互联网信息技术开展互联网认领蜂群服务，消费者直接可以通过网络观看认领蜂群的状态、蜂群管理、蜂群取蜜过程，再将生产的蜂产品直接邮寄到认领者手中，形成互联网私人定制蜂产品模式。建立基于“蜜蜂养殖—蜂产品生产—运输销售”大数据的蜂产品质量安全追溯体系，消除消费者对蜂产品安全性、真假性的顾虑，促进消费的积极性，提升产品的市场竞争力。

八、科技推广应用

（一）基本情况

农村养蜂科技推广工作以政府主导为主，涉及的项目包括国家扶贫政策性资金、东西部扶贫协作援助资金、三区三州专家服务团、乡村振兴点、三区科技服务等。推广工作通常以县为单位，结合当地现有养蜂场所，建设集养蜂技术培训、优良蜂种选育、优质蜂产品的生产于一体的标准化养蜂示范基地，通过基地示范作用，带动辐射周边县区的农民发展养蜂业。

由政府制定政策，扶持蜂业产业化发展，发挥蜂业协会的服务、协调、监督管理的各项职能，引导蜂农成立蜂业合作社、组建成立龙头蜂业公司，促进蜂业产业化发展，由公司集中收购蜂农的产品并进行生产，严格控制质量指标，申报认证地理标志产品、著名商标及地方名牌等；依托高校和科研院所技术支撑，开展技术合作，加强对蜂产品中功能性成分的研究，提高产品的附加值及市场竞争力。

相关组织或机构联合高校和科研机构定期或不定期开展科技服务工作，部分地区政府还会组织蜂农到科研院所、养蜂基地进行现场系统培训。科技服务以技术服务为主，辅助蜜蜂蜂群、蜂机具发放，组织蜂农通过技术培训班、座谈交流、实践操作等形式开展蜜蜂科学饲养、蜜蜂病虫害防治、优质蜂产品生产等技术培训，促进蜂农养蜂技术的提升。

（二）案例：云南省农业科学院蚕桑蜜蜂研究所助力绿春县蜜蜂产业快速发展

2019年2月，根据《农业农村部办公厅关于印发〈乡村振兴科技支撑行动实施方案〉的通知》和《中共云南省委云南省人民政府关于贯彻乡村振兴战略的实施意见》及绿春县2019年中蜂产业扶贫实施方案的内容，笔者所在的云南省农业科学院蚕桑蜜蜂研究所蜜蜂研发中心结合2019年国家蜂产业技术体系红河综合试验站工作要求，决定派出科技人员在绿春县建立示范蜂场，实施乡村振兴工作，助力绿春县广大农民通过养蜂增收，促进绿春县蜜蜂产业快速发展，加快脱贫攻坚步伐。

到2020年底，坡头村活框饲养中蜂蜂群由2018年的100群发展到460群，数量增加3倍以上，蜂蜜产量由2千克/群提高到6千克/群，年增产蜂蜜1440千克。按照绿春县中蜂蜂蜜价格平均每千克150元计算，坡头村养蜂年增收21.6万元，带动贫困户72人脱贫（按年收入3000元/人标准计算）。绿春县乡村振兴战略点的建设及实施，以点带面谋发展，突出了中蜂示范蜂场的重要作用，对打好绿春中蜂产业扶贫攻坚战具有重要意义。

在示范蜂场的带动下，经绿春县产业扶贫领导小组研究，委托县蜜蜂产业协会实施2019年沪滇合作中蜂养殖试验项目，充分利用好绿春县丰富的蜜源资源，提升中蜂养殖技术，为下一步实现脱贫攻坚巩固项目持续发力。到2020年，沪滇合作中蜂养殖试验项目共5000群，投入资金350万元，每群700元，属于东西部协作扶贫资金，项目于2019年4月19日开始实施，于2019年6月20日完成投放，项目实施点涉及全县9个乡镇、32个村委会、40个村民小组、41个养殖点，实际覆盖带动贫困户931户3869人。

（三）建议

1. 以点带面，发挥示范作用

据笔者团队调查，2019年云南省人工饲养的中华蜜蜂约82万群，具有分散度高，规模小的特点，养蜂人员约2.8万人（专业人员约0.8万人，非专业人员约2万人），技术推广工作面广量大，同时养蜂户文化程度、技术水平、接受新事物的态度差别较大。因此，在推广工作中，需以点带面，树立典型，发挥好示范的作用。一是做好养蜂示范户和示范养蜂蜂场的建设，通过技术培训培养一批养蜂兴趣强、具有一定文化水平的人成为养蜂技术骨干，并协助他们建成数个养蜂示范蜂场，通过示范户取得成功的示范作用，激发农户学习现代养蜂技术的热情；二是充分发挥养蜂技术骨干的传、帮、带作用，因专业科技推广人员数量有限，且无法长时间待在一个推广区，需要充分利用技术骨干在语言沟通、条件便利等方面的优势发挥好技术示范作用，由技术骨干培训周围的养蜂户，进而带动整个科技推广区养蜂技术的提高。

2. 做好前期调研工作

开展养蜂科技推广工作前需要对当地的气候条件、蜜源情况及当前的养蜂状况有一定的了解，了解当地蜜蜂养殖户数量、养殖群数、蜂蜜平均群产量、养蜂技术水平、技术需要等实际情况，多听取蜂农的意见、要求；了解当地风土人情，把民风民俗与传统养蜂有机结合起来，形成当地蜂业民俗文化，夯实当地蜂业发展的文化基础；分析当地蜂业技术推广的优势条件、困难和缺陷以及制约蜂业发展的技术瓶颈和各种优劣因素，在此基础上开展技术推广工作。

3. 加强本地蜂种资源的保护

科技推广过程中要注重本地蜂种资源的保护，本地中蜂资源是经过长期的进化和自然选择，形成个体大小、体色、群势大小、抗寒或耐热等不同特性的品种，本地蜂种对自己所分布地区的气候、蜜源、地理等自然条件具有较强的适应性，表现出特有的地方生存优势。有些地区没有经过充分的调研考察，为加快科技推广力度、快速增加蜂群数量，从别的省份引进大量中蜂蜂群，外地蜂群不能很好适应当地环境，抗病性差，加快了中蜂囊状幼虫病等疾病的传播危害，并使当地中蜂地方品种严重混杂，失去了原有地方品种的优良性状，不仅可能导致的经济效益下降，还给当地的地方中蜂遗传资源带来严重损失。地方政府应制定法规，禁止中蜂异地引种行为，保护本土中蜂资源的健康发展。

野生蜜蜂资源是天然的蜜蜂基因库，对蜜蜂种群的杂交优势及抗病、抗逆、高产的优良性状的维持具有重要的作用。政府养蜂管理机构或当地组织应制定相应的法规，对采集野生蜂蜜的行为（猎蜜）进行监管，猎蜜者需要接受培训并取得管理部门颁发的采蜜许可证，在支付一定的税款后才能在允许的猎蜜季节采蜜（曹春莉等，2013），禁止过度捕食，防止野生蜜蜂资源的严重破坏。

4. 加大现代化养蜂理念的推广

大力推广流动放蜂车、太阳能发电设备，以解决流动放蜂人员的居住条件和蜂场用水用电等问题。建立大型专业蜂场，提高养蜂机械化进程，建设现代化的流动取蜜车间，配置蜜罐车（蜂农只管养蜂，不用取蜜）、专门的运蜂车、装卸车和先进的养蜂工具和设备，进一步实现养蜂规模化，实现集中摇蜜，为取成熟蜜创造条件（曹春莉等，2013）。养蜂人员要与时俱进，以蜂场管理规范化、饲养蜂种良种化、蜂群管理科学化、养蜂机具标准化、生产运输机械化、生产产品优质化的现代化养蜂管理理念为目标（龚雪阳等，2017），充分利用现代养蜂机械的便利，扩大养蜂规模，降低劳动强度，提高养蜂收益。

（执笔：苏睿、黄新球、张祖芸、杨爽；审定：王艳辉）

第三十七章

云南淡水渔业产业经济问题研究

第一节　云南淡水渔业发展概况

一、中国及云南渔业发展情况

渔业是国民经济和农业的重要组成部分，对农业、农村的发展和农民收入的提高有着极为重要的作用，对国家的粮食安全也有一定的影响，同时，合理地发展渔业还对生物多样性有着重要意义。根据 FAO 发布的《2020 年世界渔业和水产养殖状况》，2018 年，全球渔业和水产养殖总产量达到历史新高 1.79 亿吨，加上水产植物，全球总产量达到了 2.12 亿吨，产值达 4010 亿美元，主产区为亚洲（69%）、美洲（14%）、欧洲（10%）、非洲（7%）和大洋洲（1%）；主产国为中国、印度尼西亚、印度、越南、秘鲁、俄罗斯、美国和孟加拉国。捕捞方面：2018 年，全球捕捞渔业总产量达到历史新高的 9640 万吨，捕捞量最高的水产品为秘鲁鳀（700 万吨）、阿拉斯加鳕鱼（340 万吨）和鲣鱼（320 万吨）；主要海洋捕捞国是中国、秘鲁、印度尼西亚、俄罗斯、美国、印度和越南；主要内陆捕捞国是中国、印度、孟加拉国、缅甸、柬埔寨、印度尼西亚和乌干达。养殖方面：2018 年，全球水产养殖产量达到 8210 万吨（不含水生植物），占水产品总产量的 46%，占人类鱼类食用量的 52%；主要养殖品种为草鱼、鲢、罗非鱼、鲤、鳙、喀拉鲃等；主要养殖大国是中国、印度、印度尼西亚、越南、孟加拉国、埃及、挪威和智利。消费方面：全球水产品年人均消费量已经从 1961 年的 9 千克至 2017 年的 20.3 千克，年度增长率为 3.1%，超过同期 1.6% 的人口增长率和 1.1% 的肉类消费增长率以及 2.8% 的其他动物蛋白消费增长率；2018 年人均消费量约为 20.5 千克；2018 年 1. 79 亿吨水产品总产量中，大约有 1. 56 亿吨直接用于人类消费。水产品消费占全球人口动物蛋白摄入量的 1/6，在孟加拉国、柬埔寨、冈比亚、加纳、印度尼西亚、塞拉利昂、斯里兰卡和若干小岛国，鱼类消费占动物蛋白摄入量的一半以上。贸易方面：全球水产品贸易值增长明显，其出口值从 1976 年的 80 亿美元增长到 2018 年的 1640 亿美元；2018 年，出口价值最高的产品是鲑鳟类（19%）、虾类（15%）、鲆鲽类（10%）和金枪鱼类（9%）；出口大国是中国、挪威、越南、印度、智利、泰国、美国和荷兰，进口大国是美国、日本、中国、西班牙、意大利、法国、德国和韩国。该报告估计，世界水产品生产、消费和贸易将持续增长，但其增长率将在长时间保持在低水平。到 2030 年，渔业和水产养殖总产量将增至 2. 04 亿吨，较 2018 年增长 15%，水产品年人均消费量为 21. 5 千克。水产养殖产量将继续增长，虽增速会减缓，仍可填补水产品供需差。为此，联合国粮农组织（FAO）总干事屈冬玉指出，鱼类和渔业产品不仅是全球公认的最健康食物，而且也属于对自然环境影响较小的食物种类。因此，鱼类和渔业产品必须在各级粮食安全和营养战略中扮演中坚角色。

作为全球渔业大国，我国发展淡水渔业的历史悠久，有成书于汉代的《陶朱公养鱼经》等淡水渔业养殖方面的著作流传于世。最近 20 年，我国的渔业产值占农林牧渔业总产值的比重长期在 10% 左右。据国家统计局网站数据，2001 ~ 2020 年，我国水产品产量从不足 3800 万吨增加到 6500 万吨以上，增长 72. 53%；渔业产值从 2814. 97 亿元增加到 12775. 86 亿元，增长 353. 85%。其中，以贝类和鱼类为主的海水产品产量从 2233. 5 万吨增加到 3314. 38 万吨，增长 48. 39%，占水产品总产量的比重从 58. 84% 逐年下降到 50%；以鱼类和虾蟹类为主的淡水产品产量从 1562. 42 万吨增加到 3234. 64 万吨，增长 107. 03%，占水产品总产量的比重则从 41% 逐年上升到 49% 以上。其中，养殖产量（含海水产品和淡水产品）占水产品总产量的比重从 62. 32% 提高到 79. 77%、捕捞产量占比从约 38% 下降到仅 20%。2020 年，全国水产品产量达 6549. 02 万吨，其中，海水产品产量占比为 50. 61%（3314. 38 万吨）、淡水产品产量占 49. 39%（3234. 64 万吨），海水养殖产品约占海水产品的 64. 43%（2135. 31 万吨）、淡水养殖产品占淡水产品的 95. 49%（3088. 89 万吨）。2018 年，海水产品中贝类产量占 45. 09%、鱼类占比达 32. 31%，淡水产品中鱼类约占 84%、虾蟹类占 13%。根据《2020 年中国统计年鉴》，2019 年全国居民人均消费水产品 13. 6 千克，小于猪肉的 20. 3 千克，但大于禽类的 9. 0 千克、牛肉的 2. 2 千克、羊肉的 1. 2 千克。

云南虽然是一个多山的内陆边疆省份，但渔业资源丰富多样，与全国其他省份尤其是与西部省份相比，渔业尤其是淡水渔业极具发展潜力。历届云南省委省政府高度重视发展云南淡水渔业。经过多年努力，尤其是“十三五”时期被确定为云南高原特色农业重点建设的“六大内容”之一以来，云南淡水养殖业取得了长足发展。据国家统计局网站数据，云南省水产品产量和产值分别从2001年的18.02万吨和14.38亿元增加到2019年的63.65万吨和105.38亿元，增幅分别达到253.22%和632.82%，在全国渔业中的占比分别从0.47%和0.51%提高到0.98%和0.81%，虽然占比均不到1%，但增幅均高于同期全国70.72%和346.63%的平均增幅。由于云南地处内陆山区，云南的渔业属淡水渔业，在全国淡水产品中的占比从不足1%提高到2%左右（见表37-1）。目前，云南省名特优新水产品养殖种类有40多种，规模生产品种主要有罗非鱼、鲟鱼、虹鳟、鲈鱼、鳜鱼、罗氏沼虾、观赏鱼、螺旋藻等。

二、中国及云南淡水渔业

（一）中国淡水渔业

据联合国粮农组织《2020年世界渔业和水产养殖状况》和农业农村部渔业渔政管理局《中国渔业统计年鉴》数据整理2010~2018年间我国淡水产品（养殖+捕捞）产量及全球占比变化情况如图37-1所示，可以看出，除2016年外，中国和全球淡水产品产量均呈逐年稳步上升的趋势，但是中国淡水产品产量的增幅明显小于全球同期增幅、占全球淡水产品总产量的比重由2010年58.18%下降到2018年仅49.86%。

据《中国渔业统计年鉴》，2019年中国淡水养殖产量3013.74万吨，占淡水产品产量的94.24%，比上年增加53.91万吨，增长1.82%。其中，鱼类产量2548.03万吨，比上年增加3.75万吨，增长0.15%；甲壳类产量393.05万吨，比上年增加49.24万吨，增长17.55%；贝类产量18.96万吨，比上年减少0.62万吨，降低3.14%。淡水养殖鱼类产量中，草鱼最高，产量553.31万吨；鲢鱼位居第二，产量381.03万吨；鳙鱼位居第三，产量310.16万吨。甲壳类产量中，虾类产量315.18万吨，其中，产量较大的克氏原螯虾和南美白对虾、蟹类（专指河蟹）养殖产量分别为208.96万吨、67.12万吨和77.87万吨。贝类产量中，产量

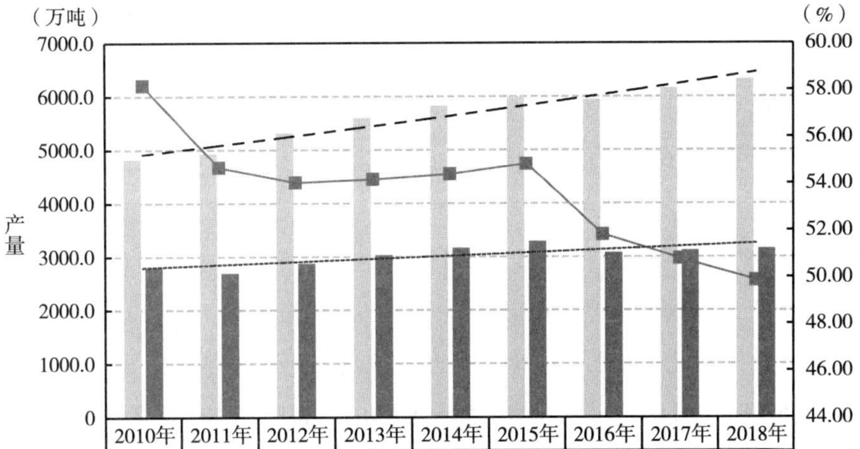

	2010年	2011年	2012年	2013年	2014年	2015年	2016年	2017年	2018年
全球	4820.0	4930.0	5320.0	5600.0	5820.0	6000.0	5940.0	6150.0	6330.0
中国	2804.4	2695.2	2874.3	3033.1	3165.3	3290.0	3078.2	3123.6	3156.2
中国占比	58.18	54.67	54.03	54.16	54.39	54.83	51.82	50.79	49.86

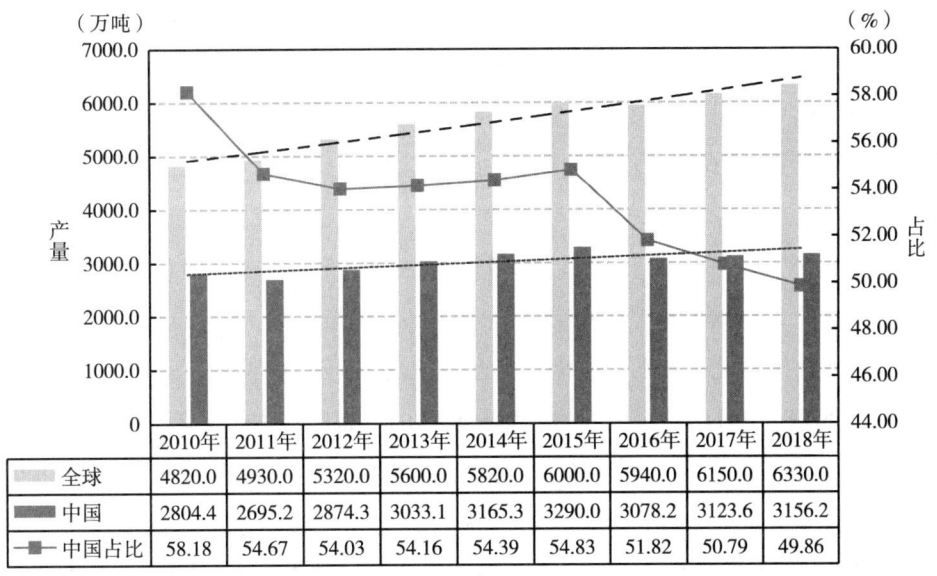

图 37－1　2010～2018 年世界及中国淡水产品（养殖＋捕捞）产量情况

资料来源：《2020 年世界渔业和水产养殖状况》、2011～2019 年《中国渔业统计年鉴》。

较大的螺产量 9. 29 万吨。其他类产量中，产量较大的鳖产量 32. 55 万吨，比上年增加 0. 64 万吨；珍珠产量 0. 06 万吨，比上年减少 0. 01 万吨；观赏鱼 39. 25 万尾，比上年减少 14. 27 万尾。

（二）云南淡水渔业生产

云南低纬高原特殊的地理位置和地形地貌造就了独特多样的气候，全省有寒、温、热 3 个气候带和高原气候区、中温带、南温带、北亚热带、中亚热带、南亚热带和北热带 7 个气候类型，适宜各种冷水性、温水性和热带暖水性优质鱼类生长，从而各种冷水性、温水性和热水性水生野生动物都能在云南水域中生存，全省淡水资源及鱼类资源较为丰富，是全国淡水鱼养殖自然条件最佳的地区之一。从西到东依次为伊洛瓦底江水系、怒江水系、澜沧江水系、金沙江水系、元江水系、南盘江水系，此外全省还分布着 30 余个天然湖泊，大多分布于各水系的干流及支流源头，根据不同的地理位置形成相对独立的湖群。云南全省有渔业水域面积 28. 456 万公顷，其中湖泊水面 10. 84 万公顷，水库水面 3. 97 万公顷，池坝塘水面 2. 98 万公顷①。

① 邱家荣，杜建标，等. 云南渔业［M］. 昆明：云南人民出版社，2008.

据《中国渔业统计年鉴》数据，2000 年，全国淡水水产品产量 1740.26 万吨，云南水产品产量 16.62 万吨，占全国 0.96%，位居全国第 20 位，在内陆省份中排名第 9 位，次于四川、黑龙江、河南、湖南、湖北、安徽、重庆、江西等省份；全国淡水养殖产量 1516.94 万吨，云南淡水养殖产量 14.49 万吨，占全国 0.96%，位列全国第 19 位。全国淡水捕捞产量 2233.23 万吨，云南淡水捕捞产量 2.12 万吨，占全国 0.09%，位列全国第 18 位。2019 年，全国淡水水产品产量 3197.87 万吨，云南水产品产量 63.65 万吨，占全国 1.99%，位居全国第 15 位，在内陆省份中排名第 8 位，次于湖北、江西、湖南、安徽、四川、河南、黑龙江等省份；全国淡水养殖产量 3013.74 万吨，云南淡水养殖产量 60.61 万吨，占全国 2.01%，位列全国第 15 位。全国淡水捕捞产量 184.12 万吨，云南淡水捕捞产量 3.04 万吨，占全国 1.65%，位列全国第 16 名。从表 37－1 中可以看出，2019 年云南的淡水水产品总产量较 2000 年有了较大幅度的提升。淡水养殖产量基本实现翻两番，淡水捕捞产量由于禁捕政策的因素近年来呈现出一定程度的下降趋势，但较 2000 年也有一定幅度的增长。虽然养殖面积存在波动，但较之 2000 年有所增长，且养殖产量呈现出不断上升的趋势。

表 37－1　　2000～2019 年部分年份全国及云南淡水渔业生产情况

年份	淡水产品总产量			淡水养殖面积			淡水养殖产量			淡水捕捞产量		
	云南（万吨）	全国（万吨）	云南占比（%）	云南（万公顷）	全国（万公顷）	云南占比（%）	云南（万吨）	全国（万吨）	云南占比（%）	云南（万吨）	全国（万吨）	云南占比（%）
2000	16.62	1740.26	0.96	8.16	527.77	1.55	14.49	1516.94	0.96	2.12	223.32	0.95
2005	23.85	2263.57	1.05	8.60	585.05	1.47	21.26	2008.47	1.06	2.58	255.11	1.01
2010	29.78	2346.53	1.27	10.78	556.43	1.94	27.46	2346.53	1.17	2.31	228.94	1.00
2011	34.24	2695.16	1.27	11.70	572.86	2.04	31.83	2471.93	1.29	2.41	223.23	1.08
2012	40.12	2874.33	1.40	12.40	590.75	2.10	37.29	2644.55	1.41	2.83	229.79	1.23
2013	48.63	3033.18	1.60	13.49	660.13	2.04	44.81	2802.44	1.60	3.83	230.74	1.66
2014	58.20	3165.30	1.84	13.85	608.09	2.28	53.51	2935.76	1.82	4.69	229.54	2.04
2015	69.71	3290.04	2.12	14.22	614.72	2.31	63.90	3290.04	1.94	5.81	227.77	2.55
2016	74.37	3078.22	2.42	14.90	617.96	2.41	67.68	3411.11	1.98	6.69	231.84	2.89
2017	63.12	3123.59	2.02	9.35	536.50	1.74	57.52	2905.29	1.98	5.60	218.30	2.57
2018	63.75	3156.23	2.02	9.44	514.65	1.83	60.64	2959.84	2.05	3.11	196.39	1.58
2019	63.65	3197.87	1.99	9.39	511.63	1.84	60.61	3013.74	2.01	3.04	184.12	1.65

资料来源：根据 2001～2020 年《中国渔业统计年鉴》数据整理。

（三）云南淡水渔业生产在全国的地位

从表 37-1～表 37-4 可以看出，云南淡水渔业的养殖面积、养殖产量、产值（含淡水养殖和淡水捕捞）等在全国淡水渔业中所占份额都偏低，2019 年云南淡水水产品总产量仅占全国的 1.99%，渔业产值仅占 1.49%，仅较之于干旱、半干旱省份高，但与全国淡水渔业发达省份相比存在较大差距。据《中国渔业统计年鉴》数据，2019 年云南的淡水养殖面积 9.39 万公顷，与全国淡水养殖面积最高的湖北（53.16 万公顷）相差 43.77 万公顷，与同为西南内陆省区的四川（19.31 万公顷）相差 9.92 万公顷。淡水养殖产量 60.61 万吨，与全国淡水养殖产量最高的湖北（453.37 万吨）相差 392.76 万吨，与同为西南内陆省区的四川（153.80 万吨）相差 93.19 万吨。渔业产值（含淡水养殖和淡水捕捞）97.91 亿元，与全国淡水养殖产值最高的江苏（1234.93 亿元）相差 1137 亿元以上，与同为西南内陆省份的四川（263.47 亿元）相差 165.57 亿元。虽然云南渔业资源极为丰富，但产量与产值呈现出“双低”，云南淡水渔业总体表现为“大资源、小产业、低产值”的现状，资源优势并未转化为产业优势。

表 37-2　2010～2019 年云南与淡水养殖主要省份养殖面积　单位：万公顷

地区	2010 年	2011 年	2012 年	2013 年	2014 年	2015 年	2016 年	2017 年	2018 年	2019 年
全国	556.43	572.86	590.75	600.61	608.09	614.72	534.74	536.50	514.65	511.63
云南	10.78	11.70	12.40	13.49	13.85	14.22	14.90	9.35	9.44	9.39
湖南	39.40	41.00	43.67	44.76	45.44	46.78	47.50	41.75	41.93	42.57
江西	42.55	42.82	43.21	43.32	43.53	43.75	43.82	41.28	40.84	41.15
山东	25.67	27.08	27.97	28.01	28.66	28.30	27.65	22.32	21.14	19.74
江苏	55.77	56.83	57.18	57.12	57.24	57.16	56.79	43.98	44.50	42.31
安徽	52.87	54.42	55.66	57.04	57.59	58.02	58.47	47.72	48.72	48.30
湖北	65.67	66.67	68.01	68.35	68.80	68.87	69.89	79.76	53.52	53.16
广西	17.04	17.35	17.59	17.77	18.19	18.41	18.39	13.49	13.55	13.34
浙江	21.90	21.32	21.32	21.30	20.99	21.31	20.21	19.80	17.98	17.30
广东	36.42	37.05	37.34	37.29	37.13	37.08	35.91	31.08	31.33	31.32
四川	18.32	18.84	19.28	19.68	19.95	21.15	21.49	18.84	19.01	19.31

资料来源：根据 2011～2020 年《中国渔业统计年鉴》数据整理。

表 37－3　云南与淡水养殖主要省区养殖产量　单位：万吨

地区	2010 年	2011 年	2012 年	2013 年	2014 年	2015 年	2016 年	2017 年	2018 年	2019 年
全国	2471.93	2695.16	2644.55	2802.44	2935.76	3062.27	3179.26	2905.29	2959.84	3013.74
云南	27.46	31.83	37.29	44.81	53.51	63.90	67.68	57.52	60.64	60.61
湖南	188.33	190.30	210.94	223.60	237.39	248.48	258.74	232.04	237.95	246.32
江西	186.09	192.84	210.51	216.58	227.68	237.85	244.08	227.95	233.54	242.06
山东	124.40	135.57	141.89	149.48	146.41	146.31	143.63	122.46	117.05	108.14
江苏	290.76	305.52	311.84	325.32	335.79	340.32	341.72	328.12	325.29	317.89
安徽	161.72	167.62	175.14	183.03	190.84	198.79	204.92	190.11	199.05	210.95
湖北	326.73	335.62	367.64	389.07	412.49	436.79	451.82	436.13	440.30	453.37
广西	109.37	117.59	126.13	135.17	144.50	152.37	159.99	118.41	128.27	133.55
浙江	87.50	94.97	98.38	98.05	97.75	101.95	105.13	110.73	113.30	117.13
广东	314.67	331.47	344.09	360.74	373.16	386.56	395.12	369.69	381.75	400.11
四川	99.26	106.23	112.88	120.06	126.62	132.72	139.58	145.36	148.94	153.80

资料来源：根据 2011～2020 年《中国渔业统计年鉴》数据整理。

表 37－4　云南与淡水养殖主要省份产值（含淡水养殖和淡水捕捞）　单位：亿元

地区	2010 年	2011 年	2012 年	2013 年	2014 年	2015 年	2016 年	2017 年	2018 年	2019 年
全国	3453.610	3053.842	4564.668	5094.282	5501.091	5771.370	6244.335	6338.004	6350.040	6584.689
云南	32.712	28.847	50.920	63.881	77.202	84.921	93.635	87.701	98.963	97.907
湖南	216.895	174.079	261.816	290.232	309.404	336.041	364.278	393.058	411.211	441.800
江西	255.581	231.180	333.058	370.151	400.652	419.989	448.860	453.064	474.077	476.525
山东	168.821	147.756	256.267	268.543	269.281	269.942	253.046	260.560	218.839	209.215
江苏	598.180	531.212	817.575	980.416	1043.169	1096.532	1227.025	1229.460	1185.208	1234.933
安徽	277.481	245.398	328.208	363.116	399.813	429.440	461.089	476.210	491.090	513.457
湖北	458.580	429.140	626.227	748.420	845.072	922.761	1030.000	1089.081	1106.000	1152.680
广西	108.230	91.878	138.444	158.485	181.170	185.157	190.767	176.458	191.114	200.857
浙江	156.389	130.732	202.522	214.923	208.034	215.308	244.798	335.393	254.374	271.110
广东	392.290	348.200	468.259	500.870	560.206	565.373	597.308	586.595	632.106	652.700
四川	115.499	114.312	163.800	177.500	192.298	210.500	223.900	234.919	247.937	263.473

资料来源：根据 2011～2020 年《中国渔业统计年鉴》数据整理。

三、中国居民人均水产品消费分析

根据《中国统计年鉴》数据，中国居民人均水产品消费量与肉、蛋、奶类等人均消费量相比排名靠前，仅次于猪肉和奶类，2013～2019 年年均保持在人均 10

千克以上，2015～2019年年均达到了人均11千克以上，尤其是2019年更是超过了同年肉、蛋、奶类等主要副食品人均消费量增长的水平。在2013～2019年全国居民人均主要副食品消费量中都仅次于猪肉和奶类（见表37－5）。与畜禽蛋白相比，水产品蛋白肉质更嫩，而且脂肪含量少，更有利于人体健康。中国有着较为广泛的非水产品消费地区人群，以猪肉为消费习惯。虽然水产品对于大部分中国居民而言并不是必需的日常消费品，但随着水产品产量不断增长、城市化进程加快及居民收入水平提高，水产品消费越来越受中国城乡居民的关注①。

表37－5　　2013～2019年全国居民人均水产品与肉、蛋、奶等主要副食品消费量

单位：千克

年份	水产品	禽类	蛋类	猪肉	牛肉	羊肉	奶类
2013	10.4	7.2	8.2	19.8	1.5	0.9	11.7
2014	10.8	8.0	8.6	20.0	1.5	1.0	12.6
2015	11.2	8.4	9.5	20.1	1.6	1.2	12.1
2016	11.4	9.1	9.7	19.6	1.8	1.5	12.0
2017	11.5	8.9	10.0	20.1	1.9	1.3	12.1
2018	11.4	9.0	9.7	22.8	2.0	1.3	12.2
2019	13.6	10.8	10.7	20.3	2.2	1.2	12.5

资料来源：根据2014～2020年《中国统计年鉴》数据整理。

四、中国及云南水产品的贸易情况分析

据《中国渔业统计年鉴》数据整理2010～2019年云南水产品进出口贸易及全国占比情况见表37－6和表37－7。

从表37－6和表37－7可以看出，2019年，我国水产品进出口总量1053.33万吨，进出口总额393.59亿美元，均创历史新高。其中，出口量426.80万吨，出口额206.58亿美元，同比分别减少1.25%和7.96%；进口量626.53万吨，进口额187.01亿美元，同比分别增长19.94%和25.57%。贸易顺差19.57亿美元，比上年同期减少55.93亿美元。2008～2019年云南和中国其他省份水产品贸易量、贸易额的年度增长率比较如表37－8和表37－9所示。2019年，云南水产品出口0.17

① 岳冬冬，王鲁民，方海，等．中国城乡居民水产品消费量与收入差距关系研究［J］．渔业信息与战略，2018（1）：1－8．

表 37－6　　2010～2019 年全国及云南水产品进出口贸易量变化

年份	进口			出口		
	云南（万吨）	全国（万吨）	占比（%）	云南（万吨）	全国（万吨）	占比（%）
2010	17.43	382.18	3.78	0.15	333.88	0.05
2011	7.22	424.88	1.70	0.32	391.24	0.08
2012	5.29	412.38	1.28	0.45	380.12	0.12
2013	5.80	417.03	1.39	0.84	395.91	0.21
2014	2.20	428.10	0.51	1.18	416.33	0.28
2015	0.61	408.13	0.15	0.55	406.03	0.14
2016	0.56	404.15	0.14	0.64	423.76	0.15
2017	0.60	489.71	0.12	0.35	433.93	0.08
2018	0.62	522.35	0.12	0.18	432.20	0.04
2019	0.59	626.53	0.09	0.17	426.80	0.04

资料来源：根据 2011～2020 年《中国渔业统计年鉴》数据整理。

表 37－7　　2010～2019 年全国及云南水产品的贸易额

年份	进口额			出口额		
	云南（亿美元）	全国（亿美元）	云南占比（%）	云南（亿美元）	全国（亿美元）	云南占比（%）
2010	2.71	64.36	4.22	0.05	138.28	0.03
2011	1.06	80.17	1.32	0.08	177.92	0.04
2012	0.75	79.98	0.94	0.13	189.13	0.07
2013	1.13	86.38	1.30	0.10	202.63	0.05
2014	0.40	91.86	0.44	0.37	216.98	0.17
2015	0.28	89.82	0.31	0.20	203.33	0.10
2016	0.23	93.74	0.25	0.23	207.38	0.11
2017	0.30	113.46	0.26	0.19	211.50	0.09
2018	0.31	148.93	0.21	0.12	224.43	0.06
2019	0.34	187.01	0.18	0.13	206.58	0.06

资料来源：根据 2011～2020 年《中国渔业统计年鉴》数据整理。

万吨，同比减少 5.43%；出口金额 0.13 亿美元，同比增长 6.73%。进口 0.59 万吨，同比减少 4.20%，进口金额 0.35 亿美元，同比增长 13.05%。2010～2019 年云南水产品进口虽然在一些年度有微小幅度的上升，但总体上呈现大幅减少的趋势。而出口在 2014 年之前呈现出一定的增长趋势后，从 2015 年开始又出现总体下降的趋势。这主要是云南淡水渔业发展更加注重将资源优势转化为产业优势并进行合理布局，围绕市场需求加大产业结构调整，依靠科技创新带动产业的发展。此外，加强淡水渔业基础设施建设，注重资源养护，使得云南省渔业产业结构得到进一步的优化，水产品的市场价总体平稳，基本实现自给自足是另一个重要方面。

表 37-8　2008～2019 年云南和中国其他省份水产品贸易量的年度增长率比较　单位：%

指标	2008～2012 年	2013～2019 年
云南进口	-2.50	-36.69
中国其他省份进口	1.53	8.76
云南出口	117.02	-27.10
中国其他省份出口	6.19	1.55

资料来源：根据历年《中国渔业统计年鉴》数据整理。

表 37-9　2008～2019 年云南和中国其他省份水产品贸易额的年度增长率比较　单位：%

指标	2008～2012 年	2013～2019 年
云南进口	7.74	-21.07
中国其他省份进口	10.31	16.97
云南出口	100.17	-11.30
中国其他省份出口	15.46	0.40

资料来源：根据历年《中国渔业统计年鉴》数据整理。

五、云南淡水渔业发展存在的问题

（一）资源开发利用率低

一是渔业产值低。据国家统计局网站数据，2019 年，云南省农业产值 2680.16 亿元，林业产值 395.54 亿元、牧业产值 1600.73 亿元，渔业产值 105.38 亿元，渔业的产值最低，仅占农林牧渔总产值 4935.73 亿元的 2.14%，全省渔业产值还有待大幅度的提升。二是库区渔业发展缓慢。库区渔业开发具有一定难度，推进速度缓慢。渔业生产发展缺乏充裕的资金，电站库区大多是贫困地区，当地缺乏足够的资金建设水产养殖设施和购买苗种、饲料等，在一定程度上制约了库区水产养殖的发展。三是土著鱼开发利用率低。云南水产种质资源中土著鱼类 594 种，截至2019年，实现人工驯化繁殖成功的有86种，仅占14.5%，且繁殖成功率极低。虽然目前云南“六大名鱼”——滇池金线鲃、鱇浪白鱼、大头鲤、丝尾鳠、云南裂腹鱼、滇池高背鲫等全都实现规模化人工繁育和增殖放流，仍有很多土著鱼类因得不到有效保护而面临灭绝的危险，大多数人工驯养繁殖成功的品种也因技术难度较高，无法大规模推广养殖，暂时不能形成商品供给。

（二）市场发育程度较低

一是市场的组织化程度偏低。由于行业组织化程度不高，且缺乏有效管理，市场体系不健全，市场组织和市场制度不完善，市场中存在的恶性竞争没有得到有效遏制，行业内部的规范化管理亟待加强。二是水产流通领域市场发育程度偏低。尽管水产品贸易有了较快的发展，但是在流通领域市场发育程度仍然偏低，例如2019年云南水产品进出口贸易金额和数量分别是0.48亿美元、0.76万吨，远低于淡水养殖较为发达省份湖北的1.42亿美元、2.16万吨，与同位于西南地区的四川1.31亿美元、1.27万吨相比也存在不小的差距。“互联网+渔业”等电商平台等发展严重滞后。三是抵御风险的能力差。由于各方面的主客观因素，淡水渔业养殖以一家一户的养殖为主，未形成抱团，合作社组织较为松散，养殖企业规模也偏小，在面对自然、市场等风险时难以应对，对云南淡水渔业的发展具有不小的影响。四是商品化发展滞后。云南“六大名鱼”未形成商品化，在世界一流“绿色食品牌”打造中动能不足，缺乏有影响、有市场、有规模、有效益并且可持续发展的品牌产品，难以提供多层次、多品种、多类别的产品和服务。五是质量检测检验体系不完善。水产品的生产需要从水域环境、产品捕捞、加工和销售等环节实行有效的全程监控，但云南省相应的监测和检疫体系，依然不完善（孙海清，2015）。

（三）水产品加工业发展滞后，带动力不足

据云南省农业农村厅提供的数据，截至2019年，云南有水产品加工企业40家，占全国9323家的0.43%；规模以上加工企业仅有14家，占全国2570家的0.54%；水产品冷库仅有48座，占全国8056家的0.60%；年淡水水产品加工能力17.24万吨，占全国2892.16万吨的0.60%。昭通、楚雄、大理、怒江、迪庆、临沧等州市水产品加工业几乎为空白。加工产品大多为初级品，水产品加工业的落后严重制约了渔业的快速发展。

（四）渔业产业结构不合理

据云南省农业农村厅提供的数据，2019 年，云南渔业一、二、三产业产值比为 62∶8∶30，产业结构严重不合理，渔业的附加值偏低。二、三产业发展的滞后，造成渔业人口家庭收入来源单一，2019 年云南渔业人口家庭总收入平均为 95707.9 元，家庭经营收入平均为 92610.05 元/人，渔业人口人均纯收入 76.73% 来自家庭经营渔业收入，渔业工资性收入仅 1977.45 元，仅占渔业人口人均纯收入的 10.53%。工资性收入的偏低严重制约了渔业人口人均纯收入的提高。另外，现阶段云南淡水渔业整个结构中，青鱼、草鱼、鲢鱼、鳙鱼、鲤鱼、鲫鱼及主要用于加工出口的罗非鱼等大宗淡水品种所占比例较高，而独具云南特色的名特优水产品所占比例则较低，特别是“云南六大名鱼”到目前还未实现产业化发展，丰富的渔业资源未转化为丰厚的经济效益，严重影响了整个云南淡水渔业的发展。

（五）渔业发展内生动力不足

现阶段“渔业是小产业”的思想很大程度上还存在，不论是行政管理部门，还是科研、推广等机构，指导渔业发展的思维还相对滞后，方法较为较单一，指导力度有待进一步提升。渔业生产和管理基础设施较弱，渔业科技创新能力不足，市场经营主体不强，弱、小、散格局依然存在。水产养殖方式落后、养殖结构不够合理，水产关联产业严重滞后，三产融合度较低。

（六）科技创新与推广能力较弱

云南省渔业科技创新能力不足，科技成果转化率偏低，良种繁育、病害防控、立体综合种养、设施渔业、净水技术、水产品精深加工和综合利用等技术研究也比较滞后，基层科技推广力量薄弱，专业技术人员缺乏，远远难以满足现代渔业快速发展的需要。据《中国渔业统计年鉴》数据可知，2019 年，云南水产技术推广实有人员 999 人，仅占全国总推广实有人员 29852 人的 3.35%；水产技术成果数量为 0；示范关键技术 120 个，仅占全国总数 4375 个的 2.74%；水产技术推广机构合作及自有试验示范基地 57 个，仅占全国总数 2859 个的 1.99%，养殖面积 0.013 万公顷，仅占全国总养殖面积 0.98 万公顷的 1.33%。同时，目前云南省未形成相应的渔业培训机制，渔业生产者缺乏职业化、专业化培训，导致了全省渔业生产者的科学技术水平普遍不高，很难适应云南渔业可持续发展的需求。

第二节　云南淡水渔业的优劣势分析

一、云南淡水渔业的比较优势概括性介绍

云南因气候和生物资源多样、湖泊星罗棋布及水系众多，发展淡水渔业具有得天独厚的优势，与全国其他省份相比具有以下几个方面的优势：

（一）鱼类资源丰富

云南因地形地貌复杂，有着突出的立体气候，全省跨北热带、南亚热带、中亚热带、北亚热带、暖带、温带、寒温带等七个气候带，自然条件的复杂性和生态环境的多样性，造就了云南生物的多样性以及丰富的鱼类资源，各种冷水性、温水性和热带暖水性优质水生生物在云南都能找到最适宜的生存气候条件，云南特有品种共计407种，充分反映出云南鱼类资源的丰富性和特殊性，丰富的自然资源造就了优势众多品种水产品的供给潜力。根据资料统计，云南有记录的淡水鱼类共有13目43科629种，种数占全国淡水鱼类总物种数1583种的39.73%，居全国之冠。其中，土著鱼类594种、外来种35种、云南特有鱼类255种，在中国仅分布于云南的有152种，在国内仅在云南有分布的有双孔鱼科等6个科，裸鱼丹属等66个属，大头鲤种等152种，分别占云南记录鱼类科、属、种数的13.95%、33.17%、64.71%。有各类珍稀濒危鱼类99种，其中保护鱼类23种，属国家一级保护动物的有达氏鲟、中华鲟，属国家二级保护动物的有大头鲤、胭脂鱼、大理裂腹鱼、滇池金线鲃等，属珍稀保护动物名录的有云纹鳗鲡、双孔鱼等17种①。土著鱼类种类居全国之首，形成了许多鱼类物种的奇观，如有“会嗑瓜子鱼”“上树鱼”等，很多品种肉味鲜美，经济价值较高，尤其是丝尾鳠、滇池金线鱼巴、滇池高背鲫、大头鲤、鱼康鱼良白鱼、云南裂腹鱼等云南六大名鱼发展前景广阔。此外，云南两栖动物有3目11科127种，其中云南特有种约占1/3；水生爬行类有3目13种94种，其中云南特有种15种；水生哺乳类有3种（孙海清，2017）。

① 陈小勇. 云南鱼类名录［J］. 动物学研究，2013（8）：281－334.

（二）宜渔水面广阔

近年来，随着云南省对金沙江、澜沧江等流域的水利水电工程开发，形成的广阔库区为渔业发展提供了广阔空间。金沙江流域是云南省冷流水资源较为丰富的地区，是冷水鱼发展的重点地区，澜沧江具备丰富的野生土著鱼类资源（鱼类约 185 种，土著鱼类约 165 种）。根据云南省农业农村厅有关资料显示，新增加的电站库区水面可达 16 万公顷以上，全省湖、库、塘等宜渔水面将达到 40 万公顷，约占全省耕地面积的 1/10。云南省适宜养殖鳟鱼、鲟鱼类的溪流水和地下冷泉水 2271 处，流量约 2200 立方米/秒；全省有约 100 万公顷稻田（冬闲田）适宜发展稻田养鱼。这些资源开发后，云南省可形成年生产水产品 300 万吨以上的生产潜力，这为保障云南省食物安全、增加动物蛋白供给具有重要意义。

（三）水域生态环境良好

云南水资源异常丰富，居全国第 3 位。据云南省水利厅门户网站《2019 年度云南省水资源公报》数据，2019 年全省年平均降水量 1008.0 毫米，折合降水总量 3863 亿立方米。境内河流纵横、湖泊众多，云南省有 6 大水系和 40 多个天然湖泊。据《中国统计年鉴 2020》数据，截至 2019 年云南省已建成的水库有 6769 座，水库总库容量 763.15 亿立方米。云南是国家生态保护重点区域，植被保持良好，生态农业发展的环境和条件良好，全省水资源分布于六大水系的源头或上游，工业污染小，森林覆盖率高，生态环境好，水质优良，养殖水域水质清澈，大部分水质都在三类水质标准以上，水产品绿色、生态、营养、安全，发展优质水产品得天独厚，区域性原生态水产品生产条件优越。据云南省生态环境厅监测，2019 年，云南 154 条主要河流（河段）的 265 个国控、省控断面中，178 个断面水质优，符合Ⅰ～Ⅱ类标准，占 67.2%；46 个断面水质良好，符合Ⅲ类标准，占 17.3%；25 个断面轻度污染，符合Ⅳ类标准，占 9.4%；10 个断面中度污染，符合Ⅴ类标准，占 3.8%；6 个断面重度污染，劣于Ⅴ类标准，占 2.3%。综上所述，云南各水域水质情况总体良好①。水域生态良好的优势能够满足人民群众对优越环境和安全水产品的需求，满足人民对美好生活需要的要求，也是云南省

① 云南省 2019 年环境状况公报［EB/OL］. 云南省生态环境厅门户网站，2020－09－22/2021－01－02.

打造“绿色食品牌”的要求。

（四）具备市场潜力

养殖的水产品与捕捞的水产品一样富含营养，能够为人类提供营养元素，对消除饥饿和各种形式的营养不良起到重要作用，还能促进人们饮食结构的多样化，是人们摄入高品质蛋白的重要来源。与畜禽蛋白相比，水产蛋白肉质更嫩，而且脂肪含量较低，更利于人体健康，还能够为人类提供高质量、易消化的蛋白质以及人体所需的氨基酸，富含人体必需的脂肪、维生素与矿物质。据 FAO 分析，自 2014 年以来，水产养殖业提供了更多供人食用的水产品，到 2030 年预计可为人类贡献 60% 的消费品，水产养殖对于推动和解决可持续发展目标的实现和消除全球饥饿有着重要作用。云南淡水渔业的发展不仅对于丰富人民群众的餐桌、改善人民群众的营养膳食结构起到积极作用，还能在云南开展澜湄国际合作中体现出重要功能。

（五）区位优势明显，交通设施发展较快

云南位于祖国的西南边陲，与越南、老挝、缅甸接壤，与印度、孟加拉国、泰国、马来西亚、新加坡、印度等国相近，是中国面向南亚、东南亚开放的省份，是“三亚两洋”的结合部，是中国陆路进入印度洋最便捷的通道。截至 2019 年底，境内公路通车总里程 26.24 万公里，高速公路 6003 公里，90 个县通高速，128 个县通高等级公路；铁路运营里程 4031 公里，其中高铁 1105 公里；全省共有运营机场达 15 个、全国排名第 3；全省客货航线达 466 条、国内外通航城市 185 个，云南省至南亚东南亚国家通航点数量全国第一；澜沧江 244 界碑至临沧港四级航道、金沙江中游库区航运基础设施综合建设等项目持续推进，百色水利枢纽通航设施项目前期工作全力推进，全省航道通航里程达 4538 公里①。

（六）渔业文化丰富多彩

云南众多的少数民族形成了多样化的民族文化，众多傍水而居的民族在各自长期以来的生活生产形成的文化中又衍生出了本民族的渔业文化。元阳哈尼梯田

① 在大格局中谋划在大担当中推进——聚焦“十三五”大步向前的云南综合交通建设［EB/OL］. 云南网，2020－09－22/2021－01－02.

稻田养鱼传统、孟连神鱼节、江川开鱼节、勐腊弩弓水下射鱼、抚仙湖车水捕鱼等渔业文化是云南民族文化的重要组成部分，也是满足人民群众对美好生活需求的一部分。云南丰富多彩的渔业文化对于提升云南旅游的品质，以及打造“健康生活目的地”具有助推作用。

二、云南淡水渔业区位熵测度

通过测算分析，云南水产品产值占生产总值的0.40%~0.65%，而全国的淡水水产品产值占生产总值比例在0.60%~0.90%，云南水产品的区位熵基本呈上升趋势（见表37-10），云南的水产品仍然有较大的上升空间，云南淡水渔业的发展对人民群众“菜篮子”品种的丰富和促进人民群众饮食结构健康化具有重要的意义。

表37-10　　2010~2019年云南及全国水产品（淡水养殖+淡水捕捞）区位熵测度结果

年份	云南			全国			区位熵
	水产品产值（亿元）	生产总产值（亿元）	比例（%）	水产品产值（亿元）	生产总产值（亿元）	比例（%）	
2010	32.712	7224.18	0.45	3453.611	412119.3	0.84	0.54
2011	28.847	8893.12	0.32	3053.842	487940.2	0.63	0.51
2012	50.920	10309.47	0.49	4564.668	538580.0	0.85	0.58
2013	63.881	11832.31	0.54	5094.282	592963.2	0.86	0.63
2014	77.202	12814.59	0.60	5501.091	643563.1	0.85	0.71
2015	84.921	13619.17	0.62	5771.370	688858.2	0.84	0.74
2016	93.635	14788.42	0.63	6244.353	746395.1	0.84	0.75
2017	87.701	16376.34	0.54	6338.004	832035.9	0.76	0.71
2018	98.963	17881.12	0.55	6350.040	919281.1	0.69	0.80
2019	97.907	23223.75	0.42	6584.689	990865.1	0.66	0.64

资料来源：根据2011~2020年《中国统计年鉴》、2011~2020年《中国渔业统计年鉴》数据计算整理。

三、比较优势指标分析

为了对云南省与国内淡水养殖较发达省份的水产养殖竞争力进行分析，本章基于效率比较优势、规模比较优势等进行了比较优势分析，并在此基础上对云南淡水渔业的生产及产业布局规划提出了一定的建议。

（一）效率比较优势指数（单产优势指数）

单产优势指数为区域内（云南）淡水水产品养殖单产占全国（某邻省）淡水水产品养殖单产的比重。若比重 >1 时，表明与全国平均水平相比，区域内（云南）水产品生产具有养殖单产效率优势；若比重 <1，则不具有单产效率优势。基于现有数据，本研究选取了单产优势指数方式对水产品的省际和省内各州市间比较优势进行了分析，具体如下：

$$单产优势指数 = \frac{区域内某农产品单产}{全国(省)该农产品单产}$$

基于此，本书对云南省及国内淡水养殖较发达省份湖北、江苏以及同为西南省份的四川等省份的淡水产品单产效率进行了计算分析，结果如图 37 - 2 所示，可以看出，2008 ~ 2019 年，云南省淡水养殖单产优势指数大多数年份均在 1 以下，但 2017 ~ 2019 年呈现出上升趋势已达到 1 以上，表明云南的淡水养殖单产水平总体上在全国处于比较劣势，但近年来逐渐转变为微弱的比较优势。

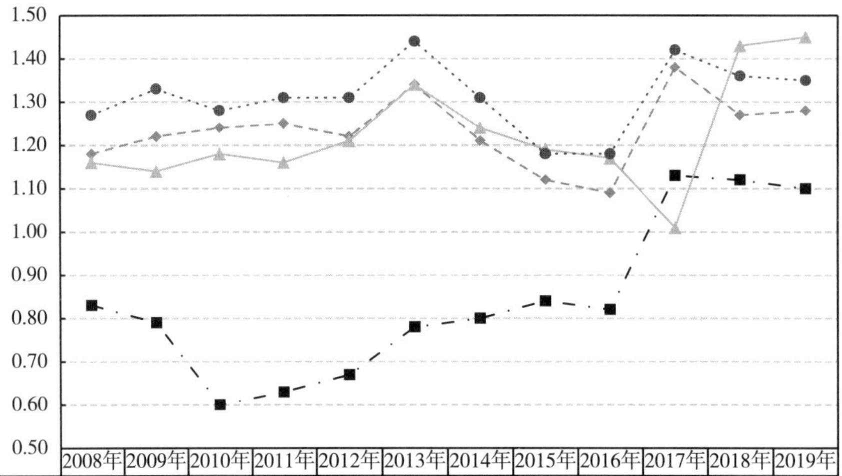

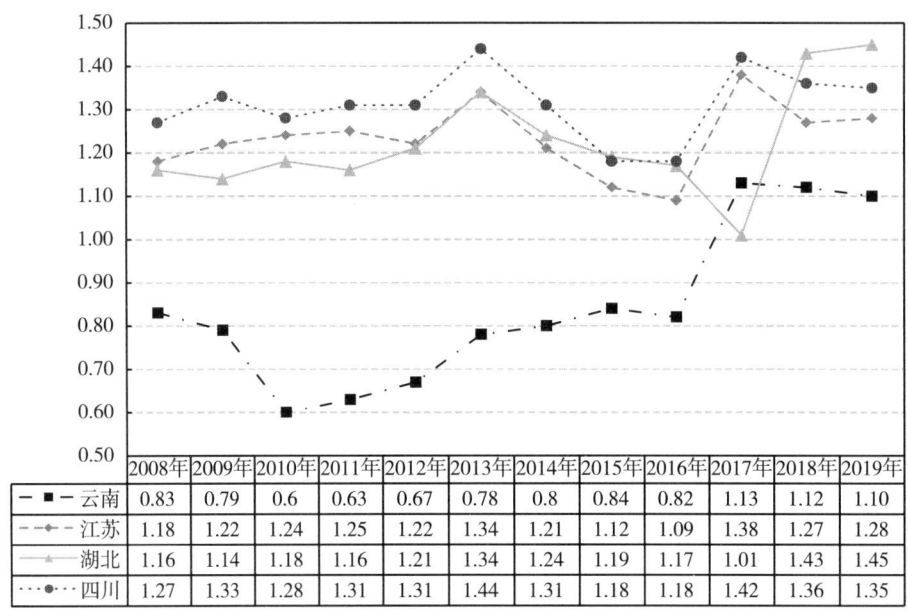

	2008年	2009年	2010年	2011年	2012年	2013年	2014年	2015年	2016年	2017年	2018年	2019年
云南	0.83	0.79	0.6	0.63	0.67	0.78	0.8	0.84	0.82	1.13	1.12	1.10
江苏	1.18	1.22	1.24	1.25	1.22	1.34	1.21	1.12	1.09	1.38	1.27	1.28
湖北	1.16	1.14	1.18	1.16	1.21	1.34	1.24	1.19	1.17	1.01	1.43	1.45
四川	1.27	1.33	1.28	1.31	1.31	1.44	1.31	1.18	1.18	1.42	1.36	1.35

图 37 - 2　2008 ~ 2019 年云南以及水产养殖发达省份的淡水养殖单产优势指数

资料来源：根据 2009 ~ 2020 年《中国渔业统计年鉴》相关数据计算。

基于同样的方式，采用 2015 ~ 2020 年《云南统计年鉴》数据计算 2014 ~ 2019

年，云南省各州（市）水产养殖单产相对于全省平均水平的单产优势指数结果（见表 37 - 11）。可看出，2014 ~ 2019 年云南省各州（市）的淡水养殖单产优势波动较小，各州（市）之间差别不大。其中，普洱、临沧、怒江、西双版纳等州（市）单产优势相对较为明显，其次是曲靖、德宏、大理等，单产优势指数基本在 1 以上；其余地区在淡水养殖单产上则为比较劣势，单产优势指数常年在 1 以下。

表 37 - 11　　2014 ~ 2019 年云南各州（市）单产优势指数

州（市）	2014 年	2015 年	2016	2017 年	2018 年	2019 年	平均值
昆明	0.876	0.819	0.880	0.870	0.815	0.826	0.848
曲靖	1.132	1.141	1.181	1.216	1.240	1.367	1.213
玉溪	0.230	0.228	0.228	0.233	0.222	0.211	0.225
保山	0.666	0.686	0.677	0.694	0.671	0.501	0.649
昭通	0.502	0.516	0.491	0.481	0.483	0.452	0.488
丽江	0.643	0.581	0.614	0.667	0.650	0.610	0.628
普洱	2.179	2.146	2.163	2.220	2.040	1.909	2.110
临沧	1.183	1.358	1.512	1.537	1.516	1.484	1.432
楚雄	0.429	0.439	0.473	0.515	0.552	0.568	0.496
红河	0.976	0.980	0.977	0.963	0.793	1.133	0.970
文山	1.080	0.972	0.985	0.998	0.975	0.706	0.953
西双版纳	1.972	1.937	1.885	1.829	1.760	1.998	1.897
大理	1.132	1.138	1.171	1.174	1.230	1.196	1.174
德宏	1.676	1.674	1.005	0.998	0.923	0.847	1.187
怒江	1.937	1.988	1.864	1.626	2.136	1.969	1.920
迪庆	0.927	0.897	0.897	0.911	0.805	0.803	0.873

资料来源：根据 2015 ~ 2020 年《云南统计年鉴》相关数据计算整理。

（二）规模比较

采用国家统计局网站相关数据计算整理 2008 ~ 2019 年云南省淡水养殖面积占全国淡水养殖总面积的比重变化（见图 37 - 3），可以看出，2008 年以来，云南省淡水养殖规模全国占比大部分年份呈上升趋势，2017 年开始有一定回落（云南淡水养殖面积从 2016 年的 14.9 万公顷下降到不足 10 万公顷（见表 37 - 1））。主要原因是近年来针对环境保护的压力和一些地方简单采取“一刀切”的做法，全部取缔网箱养殖，使得水产养殖空间受到挤压，全省水产养殖规模及全国占比均出现明显的下降。

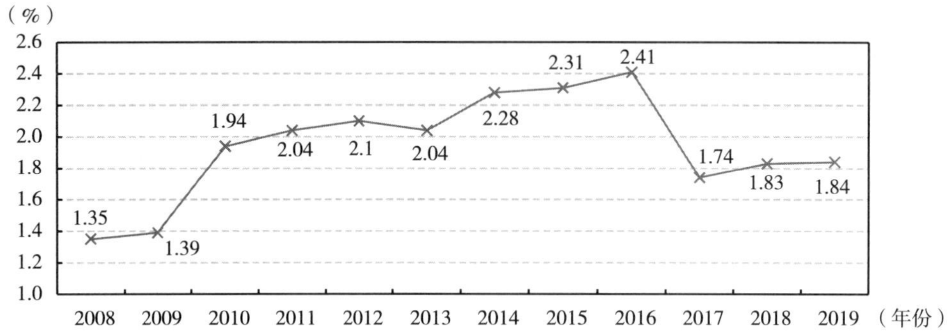

图 37－3　2008～2019 年云南省淡水养殖面积占全国总面积比重变化曲线

资料来源：根据 2009～2020 年《中国渔业统计年鉴》相关数据计算整理。

采用 2015～2020 年《云南统计年鉴》相关数据整理 2014～2019 年间云南省各州（市）淡水养殖面积和养殖水产品产量（见表 37－12）。

表 37－12　　2014～2019 年云南各州（市）水产养殖面积和产量

州（市）	2014 年		2015 年		2016 年		2017 年		2018 年		2019 年	
	面积（千公顷）	产量（万吨）	面积（千公顷）	产量（万吨）	面积（千公顷）	产量（万吨）	面积（千公顷）	产量（万吨）	面积（千公顷）	产量（万吨）	面积（千公顷）	产量（万吨）
昆明	7.23	3.63	7.00	3.45	6.50	3.51	6.60	3.55	6.50	3.42	6.40	3.60
曲靖	19.59	12.73	20.40	14.01	20.60	14.77	20.60	15.42	20.40	16.27	10.90	10.05
玉溪	10.71	1.42	10.70	1.45	10.70	1.48	10.60	1.52	10.60	1.52	10.60	1.52
保山	10.17	3.88	10.20	4.21	11.60	4.77	11.90	5.10	12.00	5.16	11.80	4.00
昭通	11.29	3.25	12.70	3.92	14.10	4.22	16.20	4.79	16.70	5.17	16.60	5.10
丽江	4.07	1.50	4.20	1.46	4.20	1.57	3.80	1.58	3.90	1.61	3.80	1.56
普洱	9.42	11.79	9.60	12.37	9.90	12.98	10.00	13.62	10.30	13.48	9.90	12.79
临沧	10.81	7.34	10.80	8.82	11.10	10.21	11.10	10.52	11.20	10.89	11.20	11.30
楚雄	9.71	2.39	9.70	2.56	9.70	2.81	9.70	3.07	9.80	3.47	9.90	3.83
红河	13.41	7.51	13.40	7.88	13.50	8.01	13.60	8.05	13.60	6.94	8.10	6.25
文山	11.82	7.32	13.40	7.80	13.70	8.21	13.70	8.39	13.40	8.39	11.90	5.68
西双版纳	4.81	5.45	4.80	5.57	5.00	5.78	5.70	6.37	5.90	6.72	6.00	8.07
大理	10.66	6.93	10.70	7.29	10.60	7.54	10.80	7.82	8.30	6.59	7.40	5.98
德宏	4.23	4.07	4.30	4.28	7.20	4.43	7.40	4.53	7.50	4.43	7.30	4.21
怒江	0.06	0.06	0.10	0.07	0.10	0.08	0.10	0.10	0.10	0.10	0.10	0.07
迪庆	0.50	0.27	0.50	0.27	0.50	0.28	0.50	0.28	0.50	0.27	0.50	0.27

资料来源：根据 2015～2020 年《云南统计年鉴》数据整理。

从表 37－12 可以看出，云南省各州（市）淡水养殖面积和水产品养殖产量分布极不均衡，水产养殖面积最小的怒江常年仅 100 公顷左右；迪庆次之，仅 500 公顷且两州的水产养殖面积基本稳定，养殖产量分别稳定在 1000 吨和 2700 吨左右；

而昭通、红河、文山、临沧养殖面积和产量均相对较大，但发展趋势则各有不同，其中，昭通市水产养殖面积从2014年的约1.13万公顷增加到近年超过1.6万公顷、养殖产量从3.25万吨增加到5.1万吨以上，红河州则从多年的1.35万公顷和8万吨左右下降到2019年仅8100公顷和6.25万吨，文山州养殖面积先从2014年的1.18万公顷增加到2016～2017年的1.37万公顷再降到2019年仅1.19万公顷、养殖产量则从7.32万吨增加到约8.4万吨再降到2019年仅5.68万吨（远低于2014年的水平），临沧市养殖面积则多年稳定在1.1万公顷上下、养殖产量从7.34万吨增加到11万吨以上。

（三）云南的水产品市场需求

随着人民生活水平的提升，人们的饮食要求已经从过去的吃饱逐步转变为现在的吃得好、吃得健康，人们也越来越重视优质蛋白的摄入，而富含优质蛋白的水产品需求将进一步增长。2010～2019年，云南省水产品人均占有量从2010年仅6.17千克增加到2016年最高时的15.96千克，之后逐年下降，2019年降为13.10千克（见图37－4），远低于全国22.84千克的平均水平，说明云南人从水产品上摄取的优质蛋白质远低于全国平均水平。随着人们对水产品营养价值的认识程度及饮食习惯不断改变，对水产品的需求将越来越大。由于野生鱼类资源的过度开发，增加的水产品需求主要靠养殖产品来提供，同时，云南有着多样性和立体性的气候环境，众多鱼类都能常年上市，能够确保水产品的供给。从2010年开始云南人均占有水产品量基本呈上升趋势，可见云南水产品市场需求还有上升空间。据云南省农业农村厅有关资料，从省内市场调查来看，云南市场水产品供应有

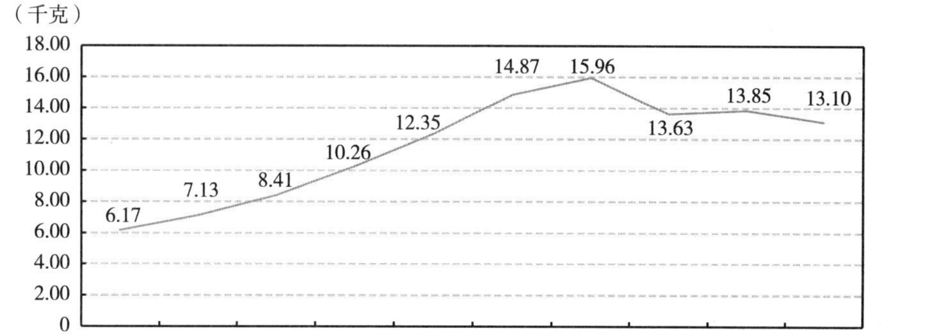

图37－4　2010～2019年云南水产品人均占有量变化曲线

资料来源：根据2011～2020年《中国渔业统计年鉴》、2011～2020年《云南统计年鉴》相关数据计算整理。

50%~70%由外省调进，云南水产品市场缺口每年达到150万吨以上，市场潜力较大。

四、云南淡水渔业的劣势分析

虽然一直以来，在各级相关部门的支持下，通过多年发展，云南淡水渔业已经取得了一定的发展，但仍存在以下几个方面的问题。

（一）未树立发展渔业的正确理念

云南淡水渔业因起步较晚，发展基础较差，产业规模偏小，以及长期以来受内陆、山区省份自然条件的限制，渔业一直被视为小产业，受发展渔业难有大的作为等传统观念的影响，未从云南渔业生态环境良好、宜渔水域资源丰富、国际国内及省内市场需求量大、后发优势突出等新情况认识渔业，造成云南淡水渔业的发展被长期忽视。一些地方甚至未能对水产养殖与环境保护的关系有正确的认识，认为各种水污染事故是因为水产养殖而引起的，视渔业为水域环境污染的“罪魁祸首”，一些地方将限养、禁养列为保护环境的重要措施，使渔业发展受到不小的影响。不论是从理论还是实践角度看，渔业参与生物治理富营养化水体的功能都是显而易见的，在理论上已形成“以鱼养水、以鱼保水、以鱼洁水、以鱼治水”的共识①，科学合理发展水产养殖，是目前有效去除水中氮、磷等污染元素的生物调控与生物治理的方法之一，其对富营养化水体具有的净化作用是其他农业产业无法替代的。

（二）未形成有效的政策支撑体系

2011年，云南省第九次党代会做出发展高原特色农业的战略部署。2012年，省委省政府出台关于加快高原特色农业发展的决定，将淡水渔业列为六大建设内容之一，但截至2021年末尚未出台扶持云南淡水渔业发展的具体政策指导性文件，有利于云南淡水渔业发展的政策和体制机制实质性的支撑力度远远不够。

（三）抵御自然灾害的能力不足

云南受经济发展、地理环境等因素的制约，渔业基础设施薄弱，抵御自然灾

---

① 浙江：重点将推行7种生态养鱼模式［J］. 水产养殖，2009（6）：45-46.

害风险能力较低，近年来，自然灾害呈现上升趋势并表现出明显的常态化，暴雨、干旱、低温冷冻、泥石流等自然灾害对渔业生产造成的不利影响广泛存在，使渔业生产面临较大的自然灾害影响。根据云南省农业农村厅资料显示，2018 年全省受台风、洪涝、病害、干旱、污染等灾害的养殖面积达 0.64 万公顷，水产品损失 0.86 万吨，造成直接经济损失 13147.85 万元。

（四）面临重点水域禁渔后的退捕转产安置

实施重点水域禁捕，引导渔民退捕转产上岸，是保护水生态环境的必然要求，是落实中央系列决策部署重大举措，是推动渔民生计长远发展的有效途径。长江流域水生生物保护区实施全年禁捕，赤水河流域实行十年禁捕，珠江流域延长禁渔期时间、扩大禁渔区范围，这对退捕转产安置、捕捞渔民后续产业培植等都将带来较多的新问题和新挑战。

第三节　云南淡水渔业产业经济体系简况

一、生产组织形式

（一）基本情况

云南的淡水渔业较之种植业、畜牧业等发展较为落后，但是近年在各方不懈的努力下，紧紧围绕确保水产品安全有效供给、促进农民持续增收和可持续发展的目标，以推进高原特色淡水渔业发展为主线，充分发挥资源优势，优化区域布局，调整产业结构促进提质增效，依靠科技推进渔业转型升级，引进和扶持水产品龙头企业，加快渔业产业化经营进程，强化水生生物资源养护，构建平安和谐渔业，在养殖面积、单产、产值等方面也取得了一定的成绩①。目前，由于云南淡水渔业的发展整体上较为落后，各种生产组织形式的发展也不健全、不完善，水产养殖企业、合作社数量偏少，也未成规模。目前主要有以下几种方式来开展：

---

① 王淑娟．云南省渔业经济总产值力争今年达210亿元［N］．云南日报，2016－04－01（9）．

一是“公司＋合作社＋基地＋农户”生产经营模式。合作社为养鱼户提供从鱼苗、鱼药、饲料、养殖技术指导到成鱼收购等一条龙服务。改变以往养殖户“单兵作战”的状态，形成“风险共担、利益共享”的共同体，引导广大养殖户加入合作社实现“抱团”致富。很大程度上增强了单一养殖户抵御市场风险的能力，有效提高了养殖户的收入。例如云南普洱景谷水产养殖合作社即是采取这一模式，元阳县实施稻鱼鸭绿色高产高效综合种养模式。

二是“合作社＋农户＋基地＋餐饮”的发展模式。新型渔业经营主体采取租赁、转包、股份合作等多种方式，将分散的养殖户集中起来，运用先进的养殖工具与技术，以及先进管理模式实行规模化经营。养殖户加入，合作社积极推广订单生产、返利等利益联结方式，建立与农户与基地分工协作、利益共享的合作机制，带动传统生产经营模式逐步向产加销一体化经营方向转变，提高了渔业组织化程度。例如个旧市渔业经济发展模式①。

三是“龙头企业＋基地＋农户”模式。龙头企业与农户合作建设产业基地，龙头企业通过流转农户土地建立养殖基地，并无偿提供种苗及技术进行示范养殖，农户出劳动力进入基地工作，双方合作开发基地，企业向农户支付工资。例如会泽县上村乡开展的金沙江珍稀土著鱼稻田生态循环系统高效养殖模式。

（二）案例

1. 元阳梯田“公司＋合作社＋基地＋农户”发展模式

元阳哈尼梯田吸引着无数游客前来观光，当地因地制宜地推广“稻鱼鸭”绿色高产高效综合种养模式，这种模式增加农业产业附加值，使传统农业单一的水稻收益转变为水稻（红米）、梯田鱼及泥鳅、梯田鸭及鸭蛋的综合收益，实现“一水三用、一田多收”。根据元阳县农业农村和科学技术局的资料显示，从 2014 年开始“稻鱼鸭”的推广形成“公司＋合作社＋基地＋农户”等模式，为农户带来了技术、资金以及农用物资等，并解决了销售的问题，“稻鱼鸭”综合种养示范 3. 2 万亩，涉及农户 7320 户，覆盖建档立卡户 4792 户，示范区亩产值达 10174. 2 元，辐射带动区亩产值达 5095 元。

---

① 新型渔业经营主体将成个旧渔业经济发展模式［EB/OL］. 中国财经新闻网，2017 – 11 – 30.

2. 个旧市“合作社 + 农户 + 基地 + 餐饮”模式

截至 2017 年 10 月，个旧市共有 30 亩以上的渔业专业大户 45 户，经营水域面积 3860 亩，产值 4632 万元；全市渔业专业协会 1 家，成员 34 户，经营水域面积 2248 亩，产值 2698 万元；全市渔业专业合作社已发展到 3 户，经营水域面积 584 亩，产值 697 万元，合计水域面积 6692 亩，占池坝塘养殖水域面积 85% 以上，产值 8027 万元，占池坝塘养殖水域产值 80% 以上。涉及种、养、餐饮、加工及供销服务等众多领域，专业合作社的发展，推动了渔业标准化、产业化经营，提升了农业生产的组织化程度和集约化水平，有效降低生产和市场风险，促进增收。渔业经营主体的快速发展，改变了以往一家一户的生产经营模式，解决了一家一户解决不好、解决不了的问题，渔业规模化、集约化率明显提升，把无劳动能力或劳动能力相对较差的人解放出来从事二、三产业，使农村人尽其才，才尽其用。在新型渔业经营主体的带动下，水产养殖业已建立水产苗种标准化规模养殖示范场 2 个，主要水产苗种繁殖数量大、规模养殖量大，标准化高。各经营主体还通过科技示范、生态建设、良种繁育等建设，不断提高现代渔业基地建设水平和综合效益，逐步提高科技水平，实现了由传统渔业向现代渔业的转变及农产品的提质增效①。

3. 会泽县“公司 + 基地 + 农户”模式

2011 年，会泽县上村乡引入中国鲟鱼养殖龙头企业云南阿穆尔鲟鱼集团，投资 2 亿元，在上村、瓦厂两个村流转土地 445 亩，建成国内面积较大的集鲟鱼繁育、成鱼养殖、鱼子酱加工于一体的综合性鲟鱼产业基地，年育鱼苗 1500 万尾，养殖成鱼 20 余万尾，年产值 3 亿元。公司投资建设的“鱼子酱”加工生产线于 2016 年底正式投产，年可加工出口鱼子酱 50 吨。该基地全部建成后，年销售收入将超过 10 亿元，上缴税收超过 5000 万元。

在云南阿穆尔鲟鱼集团的带动下，上村乡还发展了会泽滇泽水产养殖有限公司、会泽县九龙湾水产养殖合作社、上村虹鳟鱼养殖基地等水产养殖基地，这 3 个水产养殖基地共占地 145 亩，年产值 2900 万元。该乡的 4 个水产养殖大户，共流转土地 600 余亩，目前，群众每亩土地每年可获 1700 元的租金，每隔 5 年租金上调 10%，群众每年可得到 100 余万元的租金。土地流转惠及当地群众 413 户 1758 人，其中贫困户 202 户 834 人。水产养殖企业还优先在被租用土地的农户中招收养

---

① 新型渔业经营主体将成个旧渔业经济发展模式［EB/OL］. 中国财经新闻网，2017 - 11 - 30.

殖工人，共吸纳劳动力82人，其中贫困人口45人，养殖工人月工资收入2000元左右。同时，上村乡还依托河道沿线的生态优势及水产养殖产业，发展水产养殖相关产业链，开发乡村生态旅游，吸纳更多的贫困人口通过打工和创业踏上致富之路①。

（三）存在的问题

虽然云南省淡水渔业生产组织形式多样化，出现“公司+合作社+基地+农户”“合作社+农户+基地+餐饮”“公司+基地+农户”等多种经营模式，但大部分地区的水产养殖仍然停留在一家一户的家庭生产组织模式上，或者以松散型的专业合作社形式来开展，这样的模式下，绝大多数养殖户依然依靠一家一户的家庭生产组织模式来“单打独斗”，抵御风险能力较差。大部分地区的淡水渔业产业无法形成规模，第一产业产值较低，而二、三产业产值则更低，有的甚至几乎是空白，渔业经济总产值上升较为缓慢，导致整个云南淡水渔业的发展依然缓慢。

（四）建议

一是各地政府部门尤其是基层组织要充分发挥更强的主导作用，引导当地的养殖户、合作社及企业联结起来，改变以往一家一户的家庭生产“单打独斗”的生产组织模式，提高养殖户抵御风险的能力，促进当地的水产养殖产业的健康、合理发展。

二是加快培育渔业专业合作组织和养殖大户等，促进规模化发展，提高组织化程度，增强抵御市场风险的能力，鼓励发展多种形式的农民合作社，引导发展农民专业合作社联合社，并加大对新型职业农民和新型农业经营主体领办人的教育培训力度。

三是各地政府部门要加大对龙头企业以及发展较好的合作社的扶持力度，在资金、技术、管理方式等方面予以扶持，形成新型经营主体，创建渔业庄园经济示范园区，水产品加工出口园区等新型市场主体，提升渔业现代化水平，并发挥新型经营主体的辐射带动作用。

---

① 云南曲靖市会泽县上村水产养殖助推脱贫攻坚［EB/OL］. 中国海产网，2016-08-25.

二、养殖基地建设

（一）基本情况

由于云南淡水渔业发展整体的落后，水产养殖基地的建设、发展等目前仍存在滞后性，2019 年《中国渔业年鉴》的数据显示，截至 2018 年末，全省水产技术推广机构合作试验示范基地 31 个，养殖面积 0.29 万公顷，在全国排名中游偏下。2019 年《云南统计年鉴》数据显示，云南的水产养殖主产区主要是曲靖、普洱、临沧等地区，产量均达到 10 万吨以上。

（二）案例

1. 普洱思茅罗非鱼养殖

思茅区倚象镇自家坝水库云辉养殖场于 2007 年建立，有较强的经济实力和养殖技术基础（外聘多名省内外罗非鱼养殖专家担任技术指导），属民营独资企业，拥有养殖面积 350 亩（150 亩池塘和 200 亩的水库）。示范场从水质、养殖容量、鱼苗、饲料、技术、防疫等环节入手，进一步优化罗非鱼品种和改进饲养方式，逐步形成思茅区罗非鱼养殖标准，从而保证上市罗非鱼产品的数量和质量。2009 年该养殖示范场被列为普洱市无公害养殖示范基地，2012 年被列为国家罗非鱼产业技术体系昆明综合试验站示范基地①。

2. 曲靖会泽虹鳟鱼、鲟鱼养殖

2011 年 8 月，云南阿穆尔鲟鱼集团在上村村、瓦厂村流转土地 445 亩，投资 2 亿元，建设鲟鱼成鱼育苗区、养殖区、加工区。随着集团的发展壮大，已带动会泽滇泽水产养殖有限公司、会泽县九龙湾水产养殖合作社。会泽滇泽水产养殖有限公司先后引进虹鳟、俄罗斯鲟、达氏鳇、大鲵等优质品种进行集约化流水养殖示范推广，着力开发土著鱼品种，已采集驯化短须裂腹鱼、会泽金线鲃、软鳍新光唇鱼、滇池金线鲃、鱇浪鱼等 43 个品种。

会泽滇泽水产养殖有限公司已掌握了品种的生活习性及人工亲本养殖技术，攻克短须裂腹鱼、会泽金线鲃等 7 个品种的人工繁育技术，每年可繁育鱼苗 5000

① 云南普洱市思茅区开展无公害水产养殖示范基地建设［EB/OL］. 水产养殖网，2013－09－12.

万尾，养殖销售优质特色商品鱼500吨，实现企业年产值6000万元以上，创税200余万元。公司还不断探索稻鱼蟹共作模式，实现“一水两用、一田双收”和蟹鲜米优、产品放心、利润倍增的目的，着力打造金沙江水系稻鱼蟹高效生态养殖样板①。

（三）存在的问题

云南水产养殖基地规模普遍偏小，养殖户少而散，组织形式仍以一家一户的家庭经营为主，养殖基地较少，尤其是龙头示范养殖基地更少，造成云南水产养殖缺乏规模化和规范化，同时，在进行养殖决策时受市场影响较大，高利益时增加养殖面积，有可能造成市场价格下跌的风险。低利益时会减少养殖面积会增加企业收购成本，从而影响水产养殖业的发展。

（四）建议

一是要制定统一的规划，对水产养殖进行统一规划布局，将原有一家一户的养殖资源进行整合，形成规模化养殖基地，建设一批示范养殖基地，形成龙头并发挥其带动效应，同时，积极按照有关国家标准来进行养殖和发展，力争得到相应的认证，并与其他农业产业发展相协调，形成整个农业产业结构合理化发展的局面。

二是按照建设“节水渔业、设施渔业、科技渔业、高效渔业”的要求，以创建万吨级水产养殖基地县为抓手，加强库区现代设施养殖、冷流水池塘、菜篮子基地、稻鱼工程等基础设施建设，提高渔业机械化装备水平，增强综合生产能力，以现代化系统技术与工程的研究与建设为支撑，建设工厂化养殖、静水机械化养殖、循环水养殖、自动化监控设施（控温、控氧、控氨、控光、控流速），提高养殖集约化和设施化水平，实现人工控制养殖环境的水产养殖业。

三、加工管理方式

（一）基本情况

根据2019年《中国渔业统计年鉴》数据，2018年云南水产品加工总量4.24

① 云南曲靖市会泽县上村水产养殖助推脱贫攻坚［EB/OL］．中国海产网，2016-08-25．

万吨，加工企业46家，其中规模以上企业15家，有冷库48座。云南水产加工企业数量较少，很多州（市）甚至为0，规模以上企业数量则更少，冷库数量也较为稀少，很多（州）市无冷库，严重制约了当地淡水渔业产业的发展。云南的水产加工业发展不止相对发达省份，即使相对全国大部分省份均较为滞后，大部分水产加工企业仅能做到初加工，而精深加工则很难做到，在品牌打造上几乎是空白。但从水产品加工品种方面看，截至2018年，云南在水产冷冻品、鱼糜制品、干腌制品、藻类加工品、罐制品、鱼粉、鱼油制品等加工品种均有涉及，较之国内大多数省份的加工品种更为丰富。

（二）案例

1. 云南阿穆尔鲟鱼集团（会泽）有限公司

云南阿穆尔鲟鱼集团（会泽）有限公司是一家以鲟鱼养殖、销售为主的企业，公司办公地址位于云南省曲靖市会泽县上村乡上村村委会。该公司2012年投资2亿元在会泽县上村乡建设鲟鱼“鱼子酱”加工基地，经过5年多的产品研发与市场对接，终于得到了国际市场的广泛认可。自2016年3月投产以来，生产鱼子酱2吨，实现加工产值2500万元以上。在比利时布鲁塞尔举行的欧洲国际渔业博览会上得到了来自法国、德国、卢森堡、瑞士、以色列、迪拜等世界知名的专业客户的认可，获得了大订单①。

2. 云南海王水产公司

云南海王水产有限公司于2011年建成投产，到2016年，建成标准化养殖基地5万亩，拥有年加工能力达10万吨鱼片的加工基地、年加工能力达15万吨的鱼饲料加工基地、年加工能力达1万吨的鱼胶原蛋白加工基地和年加工能力达1万吨的鱼粉鱼油加工基地。公司从养殖到生产环节处处体现绿色环保理念，养殖过程非常注重对水体保护，生产环节不产生任何固体废物，所有污水经过严格处理，用于绿化浇灌，先后被评为“国家级龙头企业”“云南省科技创新型企业”“中国质量诚信企业”“云南省著名商标”“云南省名牌产品”等。公司投产以来，效益连年稳定增长，“十二五”末完成工业产值10亿元，渔业产值达5亿元，带动养殖和加工10万人就业、增收致富，为云南墨江县的经济发展、社会稳定作出了积极贡献，“十三五”时期完成工业产值20亿元，渔业产值10亿元。公司将高原生态

① 云南曲靖市会泽县上村水产养殖助推脱贫攻坚［EB/OL］. 中国海产网，2016－08－25.

水产品出口到美国、加拿大、英国、日本、韩国、中东、东南亚、非洲等30多个国家和地区，同时启动国内消费市场，受到了国际、国内市场广大消费者的青睐①。

（三）存在的问题

一是绝大部分加工企业普遍规模较小，大中型企业少之又少，难以形成规模化效应，很多地区甚至无一家水产品加工企业。

二是加工企业缺乏精深加工技术，大多是进行水产品的初加工，产业链延伸极短，产品附加值难以提升，而且在加工质量等方面难以得到有效保障。

三是无品牌，云南水产品加工企业大部分几乎无品牌效应，大多数企业无品牌建设意识，商标申请、知识产权保护等意识淡薄，在知名度上与省外发达地区的加工企业存在较大差距。

（四）建议

一是要从政策、资金、技术等方面向对水产品加工企业进行必要的扶持，建设一批高质量的水产加工企业，做大做好中小企业，做优做特规模以上企业。除大力发展水产品加工业外，还要大力发展鱼用饲料及药品的生产及加工，拓展渔用物资、渔具加工，推进整个第二产业的大发展。

二是引导企业树立品牌意识、商标意识。大力培育国家名牌和省级名牌水产品，提高云南省水产品在国内外市场的竞争力和知名度，打造一批在全国乃至全世界有优势、有影响、有竞争力的云品滇系品牌，形成独具特色的云南淡水渔业品牌，构建高原特色战略品牌，以名牌产品引领产业发展。

三是要加强水产品精深加工、食用安全和质量监控技术的研究，加大对整个加工环节的监管力度，保障水产品生产质量安全，以提高产业整体效益、保障食品安全。有计划地在云南省水产养殖重点区域建立水产品质量检验检测中心，在大型批发市场建立快速检测点，建立质检制度，完善质检设备和手段，强化投入品管理和生产全过程质量控制。实现云南水产加工业的高品质发展、绿色化发展，打造云南“绿色食品牌”的水产加工部分。

---

① 墨江海王水产：一条漂洋过海的罗非鱼［EB/OL］. 水产养殖网，2017-10-04.

四、市场营销策略

（一）基本情况

云南水产品的市场销售的主要对象是本地居民，也有少量销往省外及国外，2017 年云南水产品销售实现贸易额 0. 52 亿美元，主要销售渠道还是依靠本地直接销售及为数极少的水产品批发市场，其中大部分水产批发市场则主要是海鲜类产品，淡水水产品则少之又少，电商平台等新型销售渠道几乎是空白。

（二）案例：云南华潮水产品批发市场

云南华潮实业有限公司主营水产商铺、独立冷库出租、超市、餐饮商铺、临街商铺，经国家工商部门批准注册，云南华潮实业有限公司具备海鲜商铺、独立冷库出租、超市、餐饮商铺、临街商铺的招商代理资格。云南华潮水产品批发市场是目前云南规模较大的综合性批发市场，有 400 余间新商铺，分为淡水鱼产品经营区、海鲜产品交易区、冷冻保鲜食品交易区、流动车辆交易区，占地面积 40 亩，市场设置专门的办公区、加氧区、供水区等。

（三）存在的问题

一是销售渠道较为单一，水产品批发市场稀少，但部分水产品的销售是零售商从养殖户手中收购之后在农贸市场中进行零售。而为数稀少的水产品批发市场则大部分是海鲜类水产品，淡水产品仅占很小部分。二是销售环节中对水产品的质量检测力度有待进一步提升，检测机制有待进一步健全和完善。三是电商平台销售几乎是空白，在天猫、淘宝、京东等知名电商平台上几乎无云南的水产品销售。

（四）建议

一是扩宽水产品的销售渠道，建设一批水产品批发市场，并做好相应的监管工作，及时肃清破坏市场正常秩序的违法者，建立良性的市场营销秩序。

二是加大对水产品的检测力度，健全和完善水产品检测机制和执法机制，严厉打击不合格水产品的销售。

三是大力发展物流配送，打造并推广水产品销售的电商平台，发展电子商务、订单渔业等现代流通方式。

五、投（融）资体系

（一）基本情况

云南淡水渔业投（融）资已形成政府财政预算资金为引导、生产经营主体自筹投资为主的投（融）资体系。例如国家罗非鱼体系昆明综合试验站为自筹，包括众多小规模的水产养殖企业以及外来资本投资；普洱思茅区倚象镇自家坝水库云辉养殖场即是浙江商人投资。目前，云南淡水渔业投（融）资方面尚未出现农业众筹的案例，在“互联网＋金融”方面，市场也尚处于空白状态。

（二）存在的问题

云南淡水渔业产业存在着投（融）资渠道较单一、多元投入不足等问题，淡水渔业发展财政引导性资金投入不足，渠道单一，难以撬动社会资金对渔业的投入，使得渔业资源优势难以更好地转化为经济优势，渔业经济对农村经济发展和促农增收的作用发挥得很有限，制约了渔业对农业、农村经济发展和农民增收的贡献。

（三）建议

一是各级政府部门要加大对渔业发展的引导性投入力度，拉动其他社会资金加大对渔业的投入，主要用于生产条件改善、水生生物资源养护、重大技术推广、渔业三大安全监管等。州（市）、县级政府应设立渔业发展专项资金，纳入本级财政预算。

二是金融机构要创造方便快捷的金融服务，发挥养殖证抵押功能，切实解决重点龙头企业、骨干企业和养殖户贷款难的问题，加大对渔业的金融支持力度。

三是加大招商引资力度，健全激励机制，广泛吸引社会各种资本投入渔业，创新投入体制，通过股权投资、合作等多种形式，引导金融机构根据渔业生产特点进行投资，吸引资本市场更多资本的投入。

六、风险控制策略

（一）基本情况

1. 自然风险

云南因生态条件的复杂多样，自然灾害多发，水产养殖主要会受到台风、洪涝、病害、干旱、污染等的影响。云南省农业农村厅资料显示，2019 年全省受台风、洪涝、病害、干旱、污染等灾害的养殖面积达 0. 33 万公顷，水产品损失 0. 65 万吨，造成直接经济损失 10573. 32 万元。

2. 农业政策性保险

《云南省渔业条例》于 2011 年 10 月 1 日起正式实施。其中明确了县级以上政府及其有关部门应将渔业生产纳入国民经济和社会发展规划；建立和完善渔业生产风险防范机制、鼓励渔业生产者参加互助保险和商业保险；发生重大自然灾害等突发事件对渔业生产者造成重大损失的，当地政府应采取应急措施并为其恢复生产提供指导和帮助，财政、民政、渔业等部门应给予适当补助。

3. 市场风险

水产品市场价格高时，养殖户则会扩大养殖，因而产量增长，市场中有可能出现供过于求的状态，面临产品价格下跌、水产品滞销等风险。水产品市场价格低时则会减少养殖，因而产量下降，市场中有可能会出现供不应求的状态，面临哄抬价格扰乱市场秩序的风险。随着全球经济一体化进程的不断加快，云南省出口水产品必然会受到国内外同类产品、相同出口目标市场产品的冲击，将面临着来自国外技术、品牌、甚至贸易壁垒等方面市场竞争压力。从国内市场看，云南既不是渔业大省，更不是渔业强省，难以做到主导国内市场消费，只能适应市场变化，自主能力相对较弱。云南淡水渔业产业市场风险与其他大部分农产品类似，主要受市场供需影响而引起的价格变动影响。

（二）案例：洪涝灾害

2016 年 6 月 6 日 21 时至 7 日 8 时，盐津县普降大雨，出现了今年以来最强的一次强降雨天气。严重的洪涝灾害，给渔业生产造成极大损失。由于这次降雨来势猛、雨量大，出现了池塘漫溢、地势低洼的养殖场区受淹、设施毁损、鱼逃逸、死亡等状况。据初步统计，渔业受灾面积达300余亩，预计产量损失100吨，经济损失150万元①。

（三）存在的问题

一是政府、企业及养殖户应对和预防自然灾害的能力有待提升，各种预警机制还不够完善。

二是政策性保险的宣传不到位，渔业保险的风险保障的长效机制还不够健全。

三是养殖合作社等数量稀少，组织松散，未形成抱团共同应付市场风险的能力，一家一户为单位的养殖应对市场风险的能力较差。

（四）建议

一是建立健全预警机制，针对自然灾害的突发性事件，制订和完善应急方案，建立信息报告、新闻发布、物资储备等制度，分工协作，协同应对。各方应密切配合，分工协作，各司其职，各尽其责，共同增强应对自然风险的处置能力。

二是各级政府要将渔业保险纳入政策性农业保险范围，支持发展渔业互助保险，鼓励发展渔业商业保险，建立健全稳定的渔业风险保障机制和渔业防灾减灾长效机制②。

三是有关职能部门要鼓励并引导广大养殖户加入合作社，共同应对市场存在的风险，同时，要对合作社的运行管理进行必要的指导与监管。

七、融合发展

（一）基本情况

云南淡水渔业具有养殖、加工、物流、销售的产业链条，推进了休闲渔业的发展，并在一定程度上开发了渔业文化，同时与水稻等产业有一定的结合，实现了延长产业链及提升价值链的效果，对促进整个渔业经济产值的提升以及养殖户收入的提高具有积极的作用。云南的罗非鱼、鲟鱼、虹鳟鱼等加工制成品已作为云南对外贸易中的一部分出口海外。随着淡水渔业的发展，各种垂钓、渔家乐等

---

① 云南昭通市盐津县渔业遭受严重洪涝灾害［EB/OL］. 水产养殖网，2016-06-15.

② 张珊. 湖南现代渔业发展研究［D］. 长沙：湖南农业大学，2013.

休闲渔业模式进一步发展，成为渔业产业融合发展的重要组成部分，符合当前经济环境的发展趋势。在稻田中养鱼、养泥鳅、养蟹、养鸭、养虾，实现“一水多用，一田多收”，稻田水产养殖起到了涵养水源、营养物质循环、固碳释氧、净化环境等作用，同时良好的稻田生态环境保持了丰富的生物多样性，呈现出繁盛的生物多样性景象。水生动物散养在稻田里，捕食杂草和害虫而粪便又为水稻提供了优质肥料，从而增加土壤肥力，水生动物在稻田中不断地活动觅食，起到了改善土壤的养分、结构和通气条件的作用，有利于增加表土通透性，刺激和促进水稻的生长发育①。这就避免了农药及化肥的使用导致的对生态环境的破坏，又种植出了不使用化肥、农药的原生态水稻。

（二）案例

1. 元阳哈尼梯田“稻鱼鸭”

元阳哈尼梯田以坚持耕作为主，守住梯田红线，传承传统农耕技术，发展梯田红米和农副产品，对梯田种粮农户实行良种补贴、农资综合补贴等政策性补贴，提高群众种粮积极性。根据元阳县农业农村和科学技术局资料显示，2017 年全县种植梯田红米达 9. 01 万亩，按平均亩产 350 公斤计算，总产 3153. 5 万公斤，按市场收购价 7 元/公斤计算，产值达 2. 2 亿元。累计发放良种补贴 299 万元，农资综合补贴 1993 万元，耕地保护补贴 2546 万元；大力推广“稻鱼鸭综合种养模式”，实现“一水多用、一田多收、一户多业”的综合效益。自 2014 年来，稻鱼鸭综合种养示范区 3. 2 万亩，涉及农户 7320 户，覆盖建档立卡户 4792 户，示范区亩产值达 10174. 2 元，辐射带动区亩产值达 5095 元。

2. 江川开渔节

江川开渔节被认定为国家级示范性渔业文化节庆（会展），吸引了八方游客前来观鱼、品鱼、买鱼，江川充分依托星云湖“天然渔场”湖泊资源、优美自然风光和高原水乡文化、渔文化、美食文化、古滇青铜文化，更加突出民族性、民间性、民俗性和特色性，以文化资源作为背景及支撑，完善、推介好开渔节活动，着力打造休闲、娱乐、康体、体验式系列精品活动，助推江川旅游产业发展，进一步提升星云湖及江川的影响力和美誉度②。

---

① 于瑾．浅谈稻鱼共生的发展［J］．中国农业信息，2015（12）：146－147.

② 江川开渔节被认定为国家级示范性渔业文化节庆 今年可以这样玩［EB/OL］．搜狐网，2017－12－18.

3. 勐海县稻田养鱼“稻、鱼、菜”

云南省勐海县将种植业和养殖业结合起来，有效发挥稻、鱼、菜立体农业模式，真正实现了“稻、鱼、菜”三丰收。鱼吞食农作物害虫、杂草、浮游和底栖动植物，其粪便肥田及其搅动耕作层泥土等，有利于稻禾生长，增加稻谷产量。反过来，稻田生物和非生物又可供鱼食用，有利于鱼的生长。相互间物质循环与能量交换，达到了生态合理利用效果。同时，稻田养鱼稻谷收割后的稻草可用于覆盖田埂上的土地种植蔬菜，避免了稻草焚烧，减少了有害气体的排放，保护了生态环境。稻田养鱼涉及千家万户，农家吃鱼方便了，还可以满足市场水产品的有效供给，丰富了城乡居民的“菜篮子”；由于鱼吃掉了田中各种蚊虫的孑孓和一部分稻作物的害虫幼虫，减少了人类的传染病及水稻病虫害，从而也就减少了农药用量及农药所造成的污染。同时，在水土资源有限的条件下，挖掘了农业增产潜力，提高了土地的利用和产出率。稻田养鱼还可以提高抗旱能力①。

4. 孟连神鱼节

“神鱼节”是一个原生态的民族文化旅游项目，以排他性、参与性和狂欢性深受人们喜爱，被誉为“东方水上狂欢节”，吸引了众多中外游人前来旅游观光，成为当地最具特色的节庆活动。“神鱼节”期间，成千上万孟连的男女老少和游客们都要下南垒河捞鱼，当地独特的各种捕鱼方式都派上了用场，捉鱼的场面十分壮观。而为了感谢“神鱼”给人类带来的恩惠，每年傣历新年来临，人们都要诵经祭祀“神鱼”，并采取宗教仪式进行鱼类放生等活动，希望“神鱼”给人类带来源源不断的福气，同时也教育人们要保护“神鱼”，让它们繁衍生息以便为人类提供更多的美味佳肴②。

（三）存在的问题

一是淡水渔业与其他产业的融合发展并不普及，规模效益还较低，一些地方还处于示范阶段甚至还未完全起步，各产业依旧是“各自为战”，融合发展技术模式推广效果尚未完全发挥。

二是加工业发展的滞后、产业化程度不高、品牌效益不明显，影响了整个产业链的延伸和价值链的提升，导致渔业经济的发展整体的滞后。

---

① 云南勐海县稻田养鱼“稻、鱼、菜”三丰收［EB/OL］. 水产养殖网，2010－07－26.

② 孟连娜允神鱼节［EB/OL］. 炎黄风俗网，2019－08－08.

三是销售渠道单一，电商平台的运用还未起步；休闲渔业的发展无统一的规划布局，呈现“小、散、乱”的局面；大部分地区渔业文化价值的发掘、传承力度不够，未与当地其他文化相结合发展。

（四）建议

一是按照“拓水域、兴养殖、强加工、活三产、护生态”的要求，树立淡水渔业与其他产业的融合发展的意识，做好规划布局的顶层设计，综合、立体开发淡水渔业，形成淡水渔业的生态发展、可持续发展，逐步实现淡水渔业与其他产业的深度融合发展，并积极推广普及。

二是加大对第二产业的资金、技术的扶持力度和运行管理的监管力度，提升产业化，打造并打响“云鱼”品牌，延伸产业链和提升价值链，建立健全“种养加”综合体系。

三是扩宽销售渠道，建立“互联网 + 水产品”的电商平台；做好休闲渔业发展的统一规划布局，实现休闲渔业的规范化、可持续化发展；深挖渔业文化价值并弘扬和传承，并与当地其他文化相结合发展，实现相互促进发展的局面。结合地区特点寻求合适的发展模式，进行重点扶持，做好示范推广工作，创新发展模式。

八、科技推广应用

（一）基本情况

云南淡水渔业科技推广主要以政府为主导，主导机构包括科研院所、农业部门、水产技术推广站以及水产养殖企业所自行组建的技术团队等，通过养殖示范场、养殖示范基地、综合试验站等进行示范推广。随着渔业功能的延伸、渔业领域的拓展、渔业规模的扩大，需要更多的渔业科研、推广、管理等专业人员来充实科技推广应用队伍的力量。根据 2020 年《中国渔业年鉴》数据，2019 年，云南省有水产技术推广机构示范关键技术 120 个，指导养殖面积 7.27 万公顷，服务养殖户 45972 户，企业 370 个，合作组织 341 个，开展养殖户技术培训 669 期，培训 47095 人次，开展推广人员技术培训 1246 人次。

（二）案例：云南土著鱼类繁育及推广养殖荣获全国农牧渔业丰收奖

《云南土著鱼类繁育及推广养殖》项目成效显著，荣获2011～2013年度全国农牧渔业丰收奖（农业技术推广成果类）二等奖。《云南土著鱼类繁育及推广养殖》项目以开发“云南六大名鱼”为主，云南已实现人工驯养繁殖的土著鱼共计十多个品种。2011～2013年项目实施期间，整合项目，大头鲤星云湖增殖放流大规格鱼种8000公斤，3.5～6厘米规格的夏花鱼苗349万尾，水库、池坝塘推广养殖面积4312.6亩，提供苗种2348千克，涵盖养殖户98户。抗浪鱼增殖放流抚仙湖100余万尾，水库、池坝塘推广养殖546亩，提供苗种60万尾。按照《云南土著鱼类繁育及推广养殖》项目的要求，超额完成了各项目标任务，项目取得了较好的经济、社会和生态效益。通过项目的实施，让渔民、养殖户真正得到了实惠，对江川土著鱼的保护和推进土著鱼产业化进程起到了积极的作用①。

（三）存在的问题

一是云南省渔业科技创新能力不足，科技成果转化率低，良种繁育和病害防控技术瓶颈制约长期存在，库区立体综合种养技术、工厂化养殖技术研究也比较滞后。

二是淡水渔业的科技推广应用能力较差，专业技术人员缺乏，基层科技推广力量薄弱，尤其是偏远贫穷地区，工作条件艰苦且待遇不高，对技术人员的工作积极性和技术推广队伍的稳定性存在影响。

（四）建议

一是加大科技投入力度，重点围绕水产主导品种培育、水产重大疫病防控、库区高效生态立体种养等基础性、关键性技术加大攻关，确实解决渔业发展中的关键技术难题。

二是充实健全水产技术推广服务体系，各级地区要完善水产技术推广体机构建设，实现“有机构、有人员、有职能、有装备、有制度、有经费”，乡镇设立专人负责水产技术推广工作，改善基层农业推广机构条件改善和能力建设，提升水

---

① 云南土著鱼类繁育及推广养殖荣获全国农牧渔业丰收奖［EB/OL］．水产养殖网，2014－01－30.

产养殖推广机构装备水平，并适当调整人员待遇。

三是开展多种形式的科技下乡、科技入户和科技培训，不断提高养殖户科学文化素质和从业技能水平。

（执笔：李梁、王雪娇；审定：陈良正）

第三十八章

云南特色经济林产业经济问题研究

第一节　云南特色经济林产业发展概况

《中华人民共和国森林法》指出：经济林是“以生产果品、食用油料、饮料、调料、工业原料和药材等为主要目的的林木”。经济林是林业的组成部分，是森林资源的重要组成部分。经济林产业是集生态、经济、社会效益于一身，融一二三产业为一体的生态富民产业，是生态林业与民生林业的最佳结合。包括果实、种子、花、叶、皮、根、树脂、树液、虫胶、虫蜡等多种多样的经济林产品，不仅为工农业生产提供产品和原料，为人民生活提供干鲜果品和为人民健康提供中药材，而且许多经济林产品还是我国传统的出口产品，每年可为国家换取大量的外汇。同时，经济林还发挥着保护生态环境的效用。2015 年中央一号文件明确提出，要通过重大生态修复工程营造林，积极发展特色经济林。将发展经济林写入中央一号文件，为历年来首次。《关于加快推进生态文明建设的意见》指出，要发展特色经济林等林业产业。在我国生态文明建设的伟大进程中为特色经济林搭建了新舞台，拓展了新空间。

《关于加快木本油料产业发展的意见》指出木本油料产业是我国的传统产业，也是提供健康优质食用植物油的重要来源，强调木本油料等特色经济林在维护国家粮油安全战略中的特殊地位，提出制定核桃、油橄榄、杜仲、油用牡丹、长柄扁桃等木本油料经济林分树种产业发展规划，要求把发展木本油料产业与新一轮退耕还林还草、三北防护林建设、京津风沙源治理等重大生态修复工程，以及地方林业重点工程紧密结合，因地制宜扩大面积。这是我国从中央政府层面第一次全面系统部署木本油料等特色经济林产业发展事宜，凸显了经济林在维护国家粮油安全、促进生态文明建设中的重要地位和特殊作用。

我国地域广阔，经济林种类繁多，经济效益高，当前已经确定的种植经济林达到1500余种。2014年6月，国家林业和草原局、国家发展和改革委员会、财政部联合印发的《全国优势特色经济林发展布局规划（2013—2020年）》提出，到2020年，优势特色经济林种植面积达到2480万公顷，增长49%，产品年产量达到3650万吨，增长1.4倍。其中，油茶、核桃、枣、板栗、仁用杏（山杏）等为主的木本粮油经济林面积增长60%，产量增加4倍。全国千个特色经济林重点县的经济林收入占当地农民人均纯收入20%以上，成为农村特别是山区农民收入的重要来源。2014年11月，国家林业局发布的《关于加快特色经济林产业发展的意见》提出，到2020年，全国特色经济林新增种植面积810万公顷，经济林总面积比2010年增加24%，达到4100万公顷，实现总产值在2010年基础上翻一番，达到1.6万亿元以上。

据《中国林业和草原统计年鉴2019》数据，2019年全国经济林产品的种植与采集总产值超过1.5万亿元，其中：水果、坚果、含油果和香料作物种植产值9924.86亿元，茶及其他饮料作物种植产值1583.8亿元，森林药材和食品种植产值2320.35亿元，林产品采集产值1255.12亿元。

从以上分析可以看出，依据《中华人民共和国森林法》，除了木材、竹材之外有经济价值的所有木本林及其林下产品均属于经济林的范畴，不仅包括我们常说的干（坚）果、木本油料等，还包括水果、花卉和观赏植物、茶叶、咖啡以及林下中药材、蔬菜等，因此，国家林业和草原管理部门在进行经济林产业规划、经济林种植补助和林业产值统计等管理中工作中均将其纳入在内。而国家统计局则将水果、花卉、茶叶、咖啡、中药材等纳入农业种植业范畴进行统计，水果、花卉、茶叶、咖啡、中药材种植生产及产业发展也归口在农业农村部门进行管理，因此林业和草原部门统计的经济林乃至林业产值远大于统计部门的林业产值。如根据《中国林业和草原统计年鉴2019》数据，2019年，云南省林业总产值达2484.18亿元，其中经济林产品种植和采集产值1081.91亿元。而《云南统计年鉴2020》统计的2019年云南省林业产值仅为395.54亿元，不足《中国林业和草原统计年鉴2019》数据的16%。

云南经济林种类丰富多样，特色经济林是云南林业产业的重要组成部分，是云南省广大山区人民重要的经济来源。根据2003年云南省林业和草原局（原云南省林业厅）发布的《云南林业特色经济林产业规划》，特色经济林主要是指“由林业部门管理并组织实施的具有我省地方特色和产品优势的乡土经济林树种以及部分通过引种栽培试验，具有推广价值和市场前景的国外品种”。主要包括：干果类的核桃、板栗、银杏、果梅、云南皂荚、澳洲坚果；香料饮料类的八角、花椒、肉桂、酸木瓜；木本油料类的油茶、油橄榄；工业原料类的棕榈、青刺尖、油桐等。这个定义范畴与统计口和地方林业草原部门实际管理范畴基本一致。由于水果、花卉、茶叶、咖啡、中药材等产业在本书中有专门的章节进行研究，基于云南特色经济林产业规模以及数据的可得性，本章仅将核桃、澳洲坚果、板栗、花椒、八角、油茶籽、油橄榄等纳入云南特色经济林研究范畴，且以核桃和澳洲坚果为主分别给予分析讨论，板栗、油茶、花椒、八角和油橄榄归入其他特色经济林合并讨论，其他如森林水果、森林食品和林产品采集等，种类多、规模小、分布散特征非常明显，且无系统的资料和统计数据，因而未列入本研究的范围。但是，由于国家统计局系统的统计数据缺乏对经济林产业和产品的分类统计数据，因此，在本研究的对比分析中，优先采用国家统计局网站和《中国统计年鉴》《云南统计年鉴》中有的相关数据，国家和省统计系统没有的数据则采用《中国林业和草原统计年鉴》（原《中国林业统计年鉴》）等的数据。

一、云南特色经济林产业发展简况

云南处于全国第二大林区，森林覆盖率已多年超过50%，2019年达55.04%[①]，2020年更是高达65.04%[②]，位于福建、江西、浙江、广西、海南和广东之后，排名全国第7。虽然云南林业总产值在全国占比不大，但林业的第一产业产值，特别是经济林产品种植和采集产值排名全国靠前。经过多年培育，云南核桃、澳洲坚果、观赏苗木、林下经济、森林生态旅游、森林康养等生态产业，在云岭乡村上演着“财富故事”，绿水青山成为金山银山，尤其是以核桃和澳洲坚果为主的云南坚果产业更是在全国具有独一无二的优势、在全球坚果市场亦占有重要份额。据云南省林业和草原局数据2018年全省林业总产值已达到2221亿元，林农来自林业的收入人均突破2000元；森林生态旅游、森林康养等年收入突破80亿

① 根据《中国林业和草原统计年鉴2019》整理。

② 依据2021年2月3日云南省林业和草原局局长任治忠介绍“十三五”云南生态建设成效新闻发布会提供的数据。

元；建成各类林木种苗基地超过5.5万公顷，实现产值超过45亿元；全省林下经济经营面积超过450万公顷，产值超过650亿元；培育国家级林业龙头企业12户、省级龙头企业763户，成立林农专业合作社近5000家。据国家林业和草原局数据，云南核桃和澳洲坚果的面积和产量已多年位居全国第一。

从产值看，据《中国林业和草原统计年鉴2019》数据，在全国31个省份中仅次于福建、江西、广西、浙江和海南之后，居第6位；同年，云南林业总产值仅占全国3.08%、排第13位，但林业第一产业产值占全国5.69%、仅次于山东、广西和湖南居全国第4位，经济林产品种植和采集产值仅次于山东，居全国第2位、占比达到7.17%，林产品采集产值全国占比更是高达18.68%居第1位（见表38－1）。

表38－1　　2019年云南部分林业产值数据及全国占比情况

指标	总产值（亿元）	第一产业产值（亿元）	经济林产品种植和采集产值（亿元）				
			小计	水果、坚果、含油果和香料作物种植	茶及其他饮料作物种植	森林药材、食品种植	林产品采集
全国合计	80751.00	25264.62	15084.13	9924.86	1583.80	2320.35	1255.12
云南省	2484.18	1438.00	1081.91	514.75	147.67	185.00	234.39
云南占比（%）	3.08	5.69	7.17	5.19	9.32	7.97	18.68
云南排名	13	4	2	6	3	4	1

资料来源：根据《中国林业和草原统计年鉴2020》现价人民币数据计算整理。

从产量看，虽然云南经济林产品生产总量在全国占比不大，但云南木本油料和林产工业产量均排名全国第1位，多年来一直是我国最大的核桃、澳洲坚果和紫胶等生产基地。据《中国林业和草原统计年鉴2020》数据，2019年，云南经济林产品产量接近998.42万吨、全国占比5.12%，排名在广西、山东、陕西、广东、新疆和河北之后居第7位；分大类看，云南以咖啡、茶叶为主的林产饮料，以核桃、油茶籽、油橄榄为主的木本油料，以紫胶等为主的林产工业原料产量均居全国第1位，以花椒、八角等为主的林产调料产量仅次于广西和四川居全国第3位；具体小类看，云南核桃和紫胶等产量均处于全国第1位，松子产量仅次于辽宁居全国第2位，板栗产量排名在湖北、河北、山东和辽宁之后居全国第5位（见表38－2）。此外，我国的澳洲坚果更是主要产于云南。

表 38－2　　2019 年云南部分经济林产品产量及全国占比情况　　单位：万吨

指标	总产量	水果	干果			林产饮料	林产调料	木本油料			林产工业原料
			小计	板栗	松子			小计	核桃	其他	
全国合计	19508.83	15910.41	1205.10	219.81	13.38	241.18	74.74	770.63	468.92	23.79	384.60
云南省	998.42	589.47	22.09	14.26	2.37	40.94	9.81	142.22	134.19	5.23	133.44
云南占比（%）	5.12	3.70	1.83	6.49	17.73	16.97	13.12	18.46	28.62	21.98	34.69
云南排名	7	12	11	5	2	1	3	1	1	2	1

资料来源：根据《中国林业和草原统计年鉴 2020》数据计算整理。

（一）云南核桃产业发展简况

1. 云南核桃种植面积和产量发展简况

核桃仁含有丰富的营养素，每百克含蛋白质 15～20 克，脂肪较多，碳水化合物 10 克，并含有人体必需的钙、磷、铁等多种微量元素和矿物质，以及胡萝卜素、核黄素等多种维生素，对人体有益，是深受老百姓喜爱的坚果类食品之一。云南是世界深纹核桃（泡核桃）的原产地。云南漾濞是世界核桃的起源地之一，也是中国南方核桃的起源地。核桃作为云南重要的乡土生态经济兼用树种，大部分种在海拔 1800～2200 米，坡度在 25 度以上的高山上。千百年来，云南的各族群众都有种植和食用核桃的习惯，《中国核桃种质资源》中记载了核桃优良品种 20 个优良单株 11 个、农家类型 16 个。云南大规模种植核桃始于 20 世纪末 21 世纪初，在历届省委、省政府的高度重视和各族群众的积极努力下，核桃逐步发展成为云南传统优势特色农林产业和全省 1000 万山区群众的主要经济收入来源之一，为山区群众脱贫增收和生态文明建设做了重要贡献。据云南省林业和草原局相关统计数据，2005～2015 年种植规模快速增长，此后基本保持稳定。2005 年全省核桃种植面积不足 93 万公顷、产量不足 20 万吨，2006 年种植面积超过了 100 万公顷，2011 年超过 200 万公顷，2013 年达 260 万公顷，2015 年至今一直保持在 280 万公顷以上、产量超过 100 万吨（见图 38－1），遥遥领先于其他各种果树。全省通过省级审（认）定的核桃良种 93 个，现已建成全球多样性最丰富的核桃种质资源收集库，收集核桃种质资源 1300 余份；建设有 1 个国家级木本油料工程研究中心、3 个省部级木本油料工程研究中心和 1 个国家林业局经济林产品检验检测中心（昆明），初步构建了云南山地核桃高效栽培管理技术体系。目前，云南早已成为我国面积最大、产量最高的第一大核桃主产省区，与新疆分属中国南、北核桃的“两大”代表。特别是 2018 年，核桃产业被省政府列入打造世界一流“绿色食品牌”

八大重点产业，更是为云南核桃产业发展指明了方向、注入了新的动能，全省核桃产业发展取得了前所未有的成效。

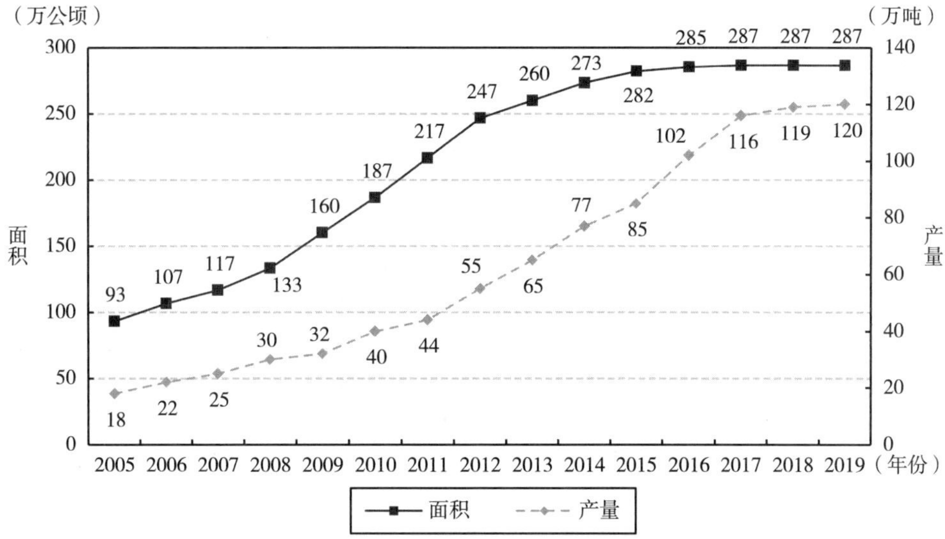

图 38－1　2005～2019 年云南核桃面积和产量（壳果）变化情况

资料来源：根据云南省林业和草原局统计数据整理。

据《中国林业草原统计年鉴》数据，2018 年，全省核桃种植面积从 2017 年的 286.67 万公顷快速增加到 350.92 万公顷，同比增长 22.41%。2011～2019 年，云南核桃产量（壳果干重）从 30 多万吨增加到 130 万吨以上。2019 年，云南核桃种植面积达 330.79 万公顷、干果产量 134.19 万吨（云南省农业农村厅、云南省林业和草原局数字为 286.67 万公顷和 120 万吨），在全国有核桃种植的 27 个省份，云南是唯一超过 200 万公顷达到 300 公顷以上、壳果产量超过 100 万吨的核桃产区。

2. 云南核桃加工业和加工产品发展简况

20 世纪 80 年代前，云南主要对外销售带壳核桃，80 年代后开始加工生产核桃仁，1990 年后开始出现小规模的核桃乳、核桃油和核桃仁食品等，近年来在漾濞等地出现企业利用核桃壳生产活性炭、利用核桃制作小工艺品等。据云南省农业农村厅、云南省林业和草原局提供的资料和数据，核桃产品类型有核桃壳果、仁、乳、油、蛋白粉、工艺品、胶囊、活性炭、染发剂等 10 余类，但目前云南核桃仍然以壳果销售为主，初加工产品核桃仁和核桃乳次之，产品结构不尽合理，市场需求量大的休闲食品、功能性食品、保健产品等开发不足。2019 年壳果产量 66 万吨、仁 14 万吨、乳 25 吨、油 1 万吨，主要加工产品产值 63.2 亿元，占当年核桃总产值295亿元的21.42%①。此外，根据调研掌握的资料，云南核桃初加工以作坊式手工加工为主，机械化程度仅为20%～30%。

3. 云南核桃产业经营主体及品牌建设简况

据云南省农业农村厅、云南省林业和草原局提供的资料和数据，目前，云南全省有核桃企业780家，其中龙头企业123家（国家级5家），占核桃企业总数的15.8%，加工型企业204家，占核桃企业总数的26.15%。总产值过10亿元的仅有云南摩尔农庄生物科技开发有限公司1家，1亿～10亿元的企业有14家；全省共有林农专业合作社5270个，其中核桃专业合作社1309个，占林农专业合作社的24.84%。在2019年云南省绿色食品牌"一县一业"示范县创建中，永平和凤庆成为坚果产业示范县，大姚成为坚果产业特色县。在2018～2020年云南省绿色食品牌"10大名品""10强企业"和"20佳创新企业"评选活动中，南涧县红云核桃加工销售有限责任公司的"无量山跳菜核桃"牌核桃（蜂蜜核桃仁）、永平县果亮农副产品有限责任公司的"果亮"牌有机核桃（果仁）入选"十大名品"中的"十大名果"；云南摩尔农庄生物科技开发有限公司、云南磨浆农业股份有限公司、维西县康邦美味绿色资源开发公司等3家核桃企业入选"20佳创新企业"。目前，宾川拉乌核桃、漾濞核桃、景东核桃、漾濞大泡核桃、大姚核桃、昌宁核桃6项县域核桃品牌获得地理标志认证，漾源核桃、大姚核桃等16个核桃产品获国家地理标志商标，宾川拉乌核桃和大姚核桃2个商标获省级驰名商标；舒达、摩尔农庄、信威等15个商标获云南省著名商标；磨浆核桃乳、果亮泡核桃等23个核桃产品获"云南省名牌产品"称号。打造了康邦美味牌食用核桃油、锦亿牌核桃干果、米甸怀宝牌核桃干果、信威牌核桃干果、东宝一捏脆核桃干果、香格里拉印象牌核桃油、摩尔农庄牌核桃乳植物蛋白饮料、漾宝牌、郝思嘉牌核桃乳等核桃产品品牌。仅2019年，全省就组织300余家企业参加了"2019上海·全国优质农产品博览会"、12届中国义乌国际森林产品博览会、广州新疆特色林果产品博览会，在上海和北京举办的"2019云南森林生态产品助力脱贫专场宣传推介与招商活动"中，沪滇、京滇分别签署了8个框架合作协议，总投资达261.6亿元②。

① 根据云南省打造世界一流"绿色食品牌"工作领导小组办公室2020年4月编印的《云南省"绿色食品牌"重点产业2019年度发展报告》中的分报告《云南省"绿色食品牌"核桃产业2019年度发展报告》整理。

② 根据《云南省"绿色食品牌"重点产业2019年度发展报告》数据整理。

（二）云南澳洲坚果发展简况

澳洲坚果别名：昆士兰栗、澳洲胡桃、夏威夷果、昆士兰果，是一种原产于澳洲的树生坚果，是山龙眼科（Proteaceae），澳洲坚果属（Macadamia F. Muell.），多年生常绿果树，原产于澳大利亚昆士兰东南部和新南威尔士东北部沿岸的亚热带雨林地区，现主产于美国夏威夷。澳洲坚果是一种含油量高、营养丰富、风味独特的食用坚果，其果仁不仅质地细腻，香酥滑嫩，有独特的奶油香味，而且具有很高的营养价值，经济价值高，素有“干果皇后”“世界坚果之王”之美称，是世界上最受欢迎的坚果之一。作为一种全天然食物，澳洲坚果富含抗氧化剂，维生素和矿物质，具有显著的健康促进作用。果仁含有大量的维生素 B1 和镁，只需 1 盎司，就可以获得所需锰含量的 58% 和每日推荐硫胺含量的 22%。澳洲坚果营养特征独特，碳水化合物和蛋白质含量相对较低，含有高含量的油酸和 ω－9 单不饱和脂肪酸，与橄榄油中的脂肪酸相同。

1843 年德国探险家莱卡特（Leichhardt）最早发现澳洲坚果，并取名为昆士兰坚果，正式命名于 1857 年。据统计，目前发现的澳洲坚果属植物有 23 种，有多个种能生产可食用果仁，但能用于商业性果仁生产的只有两个种，即：光壳种澳洲和粗壳种澳洲坚果以及它们的杂交种。

我国引种澳洲坚果，最早可以追溯到 1910 年，将其作为标本树引种在台北植物园。随后在 1931 年、1954 年和 1958 年台湾嘉义农业试验站进行了多次的引种繁殖推广。1940 年原岭南大学（现中山大学岭南学院）从夏威夷引入少量实生苗和种子种植，但都是实生树，且为零星种植。直至 20 世纪 70 年代才在广东、广西、云南、四川等地，通过引种、嫁接、建立资源圃的方式小范围地试种，后规模逐步变大（王文林等，2008）。当前主要的栽培区域是云南、广西和贵州，广东、海南、福建和四川等地均有少量栽培。近年来，世界澳洲坚果种植面积保持着较快增长态势。据中国农业农村部农垦局、南非澳洲坚果协会和澳大利亚澳洲坚果协会有关统计数据，2018 年世界澳洲坚果的种植面积约为 43. 56 万公顷，其中：中国 30. 12 万公顷、占 69. 15%，云南种植面积 21. 33 万公顷、占比超过 70%，年产壳果 3. 8 万吨（含水量 10% 的壳果，下同），产值 10. 5 亿元，是全国澳洲坚果第一大省；广西种植面积 2. 33 万公顷排第 2 位，贵州种植面积 1200 公顷排第3位①。

澳洲坚果市场前景看好，生态效益、经济效益俱佳。据有关专家估计，全球对澳洲坚果的市场需求量在40万吨以上，但由于其生长对光、热、水、风等自然条件的选择性极强，且投资周期长，目前种植面积仅20万公顷，种植区主要在美国夏威夷和澳大利亚、非洲部分国家和中国，年产量仅20多万吨，因此，发展澳洲坚果种植具有较大的市场潜力和广阔的市场前景。据国际坚果和及干果协会（International Nut and Dried Fruit Council，INC）和澳大利亚澳洲坚果加工协会（Australian Macadamia Society）数据，2020年全球澳洲坚果作物总产量约23.50万吨，同比增长3%。其中南非约6万吨与上年基本持平，澳大利亚3.65吨，肯尼亚3.30万吨，中国增加到2.90万吨②。

1. 云南澳洲坚果生产及加工简况

据云南省农业农村厅、云南省林业和草原局提供的资料和数据，目前，中国澳洲坚果的种植面积位居世界第一、占全球种植面积的60%以上，云南澳洲坚果种植面积居中国第一、占全国种植面积的90%以上，主要分布在临沧、普洱、德宏、保山和西双版纳。2019年，云南省澳洲坚果种植面积30.73万公顷、收获面积5.88万公顷、坚果产量4.68万吨，产值14.36亿元。其中：临沧市种植面积、收获面积、坚果产量分别占全省的57%、58.35%和44.44%均居第一位；普洱市的种植面积和收获面积分别占全省的21.08%和18.50%居第2位，但坚果产量居第3位；德宏州虽然种植面积和收获面积仅分别占全省的9%和10.79%排名第3位，但是坚果产量占全省的16.24%居第2位。

当然，从产值构成上可以看出，云南的澳洲坚果产业目前仍处于原料生产的发展初级阶段，绝大部分均以原料形式对外出售，加工占比小、品种少、程度浅的特征十分突出。从加工产值及占比看，据云南省农业农村厅、云南省林业和草原局数据，目前，全省各澳洲坚果主产区的产值均以第一产值为主，只有临沧市和普洱市有少量加工业产值，表明云南澳洲坚果加工度非常低或基本不加工，绝大多数澳洲坚果均以最初级的原料型开口壳果对外销售。2019年，全省澳洲坚果14.36亿元的产值中，加工产值不足500万元。从加工技术和产品类别看，云南澳

① 根据云南省打造世界一流“绿色食品牌”工作领导小组办公室2020年4月编印的《云南省“绿色食品牌”重点产业2019年度发展报告》中的分报告《云南省“绿色食品牌”澳洲坚果产业2019年度发展报告》整理。

② 根据坚果炒货网《2020年全球澳洲坚果最新市场报告》数据整理。

洲坚果以初级加工为主，开口壳果产品份额约占90%，果仁产品占5%~10%，其他产品，如油、糖果、点心、冰淇淋和化妆品等占1%~2%。虽然澳洲坚果油、果蛋白、果奶、化妆品等高附加值产品以及澳洲坚果果皮、果壳和木材综合利用研究取得了一些进展，但产业化开发还未形成气候①。

2. 云南澳洲坚果经营主体及品牌培育简况

虽然云南澳洲坚果产业规模不足15亿元，但是品牌却不少。据云南省农业农村厅、云南省林业和草原局数据，截至2019年，全省各类规模的澳洲坚果龙头企业为39户、销售收入仅1.9亿元，共组建农民专业合作社87个，合作社成员近5万户，家庭农场33个。目前，全省拥有云澳达、迪思、中澳农科、云垦等企业品牌和“云达”“犀美仁”“中澳夏果”“云垦”“榛纯”“种在山上的临沧坚果”“智上”“千花玉果”“云山中宝”“果尚坚果”等产品品牌；江城中澳农业科技发展有限公司“中澳夏果”牌澳洲坚果获2019年云南省绿色食品牌“10大名品”荣誉称号。云南云澳达坚果开发有限责任公司“云澳达”牌澳洲坚果入选2018年和2020年云南省“10大名果”，该公司更是入选2018年云南省“20佳创新企业”。“临沧坚果”获得国家农产品地理标志认证，成为截至目前全省申请到的唯一区域公共品牌。云南澳洲坚果产品以线下销售为主，电商销售份额较低。云澳达、云垦、中澳农科、迪思等省内大型坚果企业都已建立了微信公众号和官方直营网店、商城，拓宽了线上销售平台②。

二、核桃生产情况

（一）中国核桃产业及在全球的地位

1. 全球核桃产业发展现状及趋势

核桃与榛子、杏仁和腰果一起被人们称为世界四大坚果，原排名榛子之后居四大坚果的第2位。FAO统计数据表明，近年来全球核桃收获面积虽然居四大坚果的第3位，但产量（带壳核桃，下同）已连续多年超过榛子居第1位，成为世界第一大坚果。2015~2019年，全球榛子、核桃、杏仁和腰果生产情况如表38-3所示。可以看出，近年来，世界四大坚果收获面积和产量均总体呈现上涨态势，但腰

①② 根据《云南省“绿色食品牌”重点产业2019年度发展报告》数据整理。

果的涨幅居第1位，其次是杏仁，核桃涨幅最小。

表38－3　　2015～2019年全球四大坚果生产情况

品名	榛子			核桃			杏仁			腰果		
年份	面积（万公顷）	产量（万吨）	产值（亿美元）	面积（万公顷）	产量（万吨）	产值（亿美元）	面积（万公顷）	产量（万吨）	产值（亿美元）	面积（万公顷）	产量（万吨）	产值（亿美元）
2015	622.46	341.39	45.10	118.33	387.84	151.10	177.75	266.83	130.03	66.22	93.61	22.06
2016	573.45	317.74	23.69	119.00	406.28	154.44	182.36	280.63	114.85	92.80	74.88	22.16
2017	627.90	367.55	25.87	118.38	420.10	160.53	192.00	299.85	124.43	93.60	100.85	24.62
2018	731.24	409.30	20.87	125.27	434.69	61.39	202.60	322.49	131.00	97.00	88.11	27.59
2019	709.13	396.07		130.53	449.84		212.63	349.71		100.02	112.52	
增减（%）	13.92	16.02	－53.72	10.32	15.99	－59.37	19.62	31.06	0.75	51.05	20.20	25.06

资料来源：根据FAOSTAT 2021年7月数据整理，产量为带壳产品数据，产值为农业产值现价美元数据，下同。

据FAO统计数据，1984年之前，全球核桃产业发展基本稳定，收获面积从20世纪60年代的16万公顷左右逐步增加到70年代末80年代初的17.5万公顷，1985年猛然超过39万公顷，比1984年的17.63万公顷增加了21.4万公顷、增幅达121.43%，并于1996年和2001年分别迈上50万公顷和60万公顷，2010年和2012年分别超过100万公顷和120万公顷，2013年下滑到不足100万公顷后再次快速增长，2019年超过130万公顷；随着收获面积的增长，全球核桃产量从20世纪60年代初不足50万吨（1961年49.71万吨）逐步增加到60年代末超过60万吨、80年代初超过80万吨、90年代中期超过100万吨、2003年超过150万吨、2008年超过220万吨、2011年接近320万吨、2016年后超过300万吨，2019年接近450万吨。

图38－2为根据联合国粮农组织统计网站FAOSTAT 2021年7月相关数据整理的1961～2019年全球核桃收获面积和壳果产量变化曲线。可以看出，除2013年外，近20年全球核桃收获面积及壳果产量均保持逐年稳步增长的状态，而且产量增幅大于面积增幅，表明全球核桃产业保持着平稳发展的趋势，且生产效率（单位面积产量）越来越高。

图38－3为根据联合国粮农组织统计网站FAOSTAT 2021年7月相关数据整理的1991～2018年全球核桃农业产值变化曲线（FAOSTAT网站从1991年起才开始有农业产值核桃数据），可以看出，2002年前，全球核桃农业产值基本保持小幅上涨的平稳发展态势，2002～2012年，全球核桃农业产值增幅明显加快。且均高于

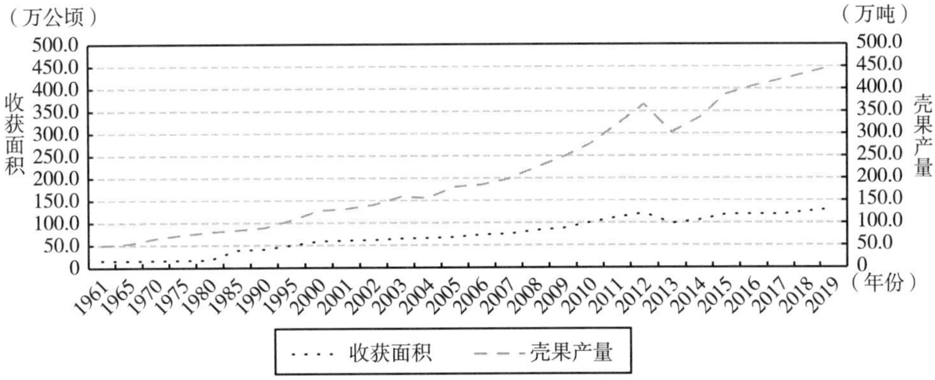

图 38－2 1961～2019 年全球核桃收获面积及壳果产量变化曲线

资料来源：根据 FAOSTAT 2021 年 7 月数据整理。

同年壳果产量的增幅，表明这一时期是全球核桃发展效益较好的时期；2013 年，与收获面积和壳果产量情况一样，全球核桃农业产值同比下降 22%（高于收获面积和壳果产量下滑幅度）；虽然 2014 年之后，全球核桃收获面积和产量均稳步上涨，到 2019 年涨幅分别为 23.22% 和 34.13%，但农业产值在 2014～2017 年的同比增幅均远远小于同年收获面积和壳果产量的增幅，且在 2018 年呈现断崖式下跌。如果排除数据错误，可以认为经过多年的持续高速发展，全球核桃产能增长速度远大于消费及需求增长速度，核桃产业到了急需转型升级、进行供给侧和需求侧结构性调整的时期。

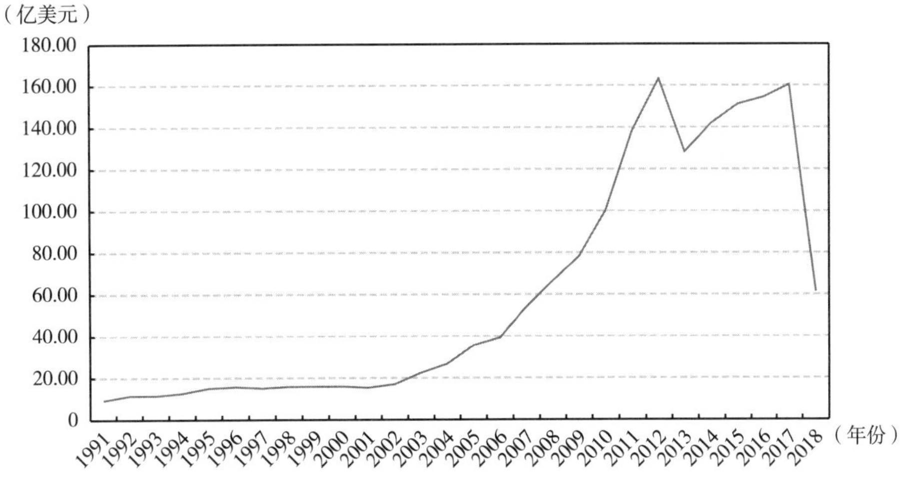

图 38－3 1991～2018 年全球核桃农业产值变化曲线

资料来源：根据 FAOSTAT 2021 年 7 月现价美元数据整理。

从产能分布情况看，根据 FAO 统计数据，目前，世界上有约 50 个国家和地区种植核桃，栽培较集中的国家有中国、美国、土耳其、墨西哥、伊朗、智利、法国、摩尔多瓦、希腊、阿根廷、乌克兰和西班牙（超过 1 万公顷），核桃产量较大的有中国、美国、伊朗、土耳其、墨西哥、乌克兰和智利（超过 10 万吨）。图 38－4 为根据 FAO 数据计算整理 2019 年收获面积超过 1 万公顷的 12 个主产国 2017～2019 年核桃平均收获面积及其全球占比情况。从图中可以看出，近年来中国的核桃收获面积接近全球的一半（48.86%）。数据表明，2019 年，核桃收获面积排名全球第 2～第 5 位的美国（14.77 万公顷）、土耳其（12.46 万公顷）、墨西哥（10.21 万公顷）和伊朗（4.48 万公顷）全球占比仅分别为 11.32%、9.54%、7.82% 和 3.43%。而从 2017～2019 年收获面积变化情况看，12 个主产国中，除伊朗外的中国、美国、土耳其、墨西哥、智利、法国、罗马尼亚等均与全球一样保持增长趋势。

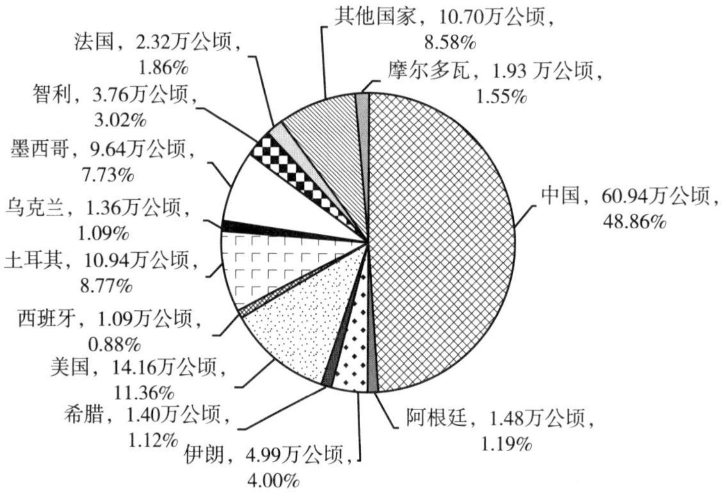

图 38－4　2017～2019 年核桃主产国年均收获面积及其全球占比

资料来源：根据 FAOSTAT 2021 年 7 月数据整理。

据 FAO 统计数据，2019 年全球核桃壳果产量接近 450 万吨为 449.84 万吨，其中，中国的核桃产量超过 250 万吨达到 252.15 万吨，占全球核桃总产量的比重超过 56%，排名全球第 2～第 5 位的美国（59.24 万吨）、伊朗（32.11 万吨）、土耳其（22.5 万公顷）和墨西哥（17.14 万吨）全球占比则仅分别为 13.17%、7.14%、5% 和 3.81%。此外，乌克兰（12.59 万吨）、智利（12.3 万吨）、罗马尼亚（4.96 万吨）、法国（3.5 万吨）和希腊（3.1 万吨）2019 年的核桃产量均在 3

万吨以上排第6～第10位。图38－5为根据FAO数据计算整理2019年核桃产量超过3万吨的10个主产国2017～2019年核桃壳果平均产量及其全球占比情况。

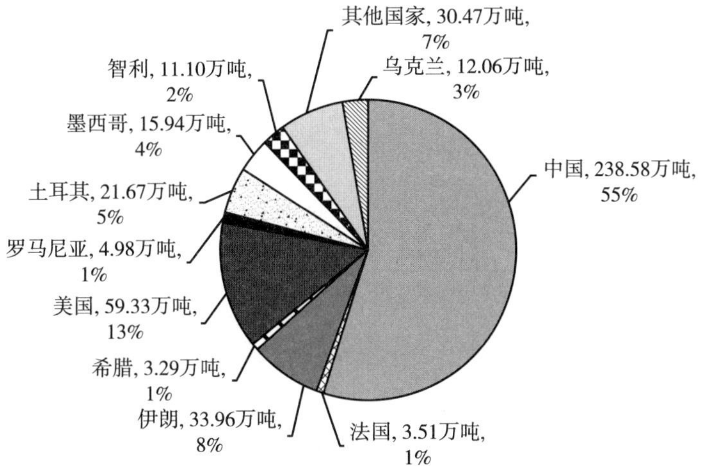

图38－5　2017～2019年核桃主产国年均壳果产量及其全球占比

资料来源：根据FAOSTAT 2021年7月数据整理。

而从近年来各国产量变化看，2017～2019年，10个主产国中，中国、美国、土耳其、智利、乌克兰、法国、罗马尼亚和墨西哥的核桃壳果产量均与全球一样保持增长趋势，只有伊朗和希腊的核桃产量出现明显下滑。

2. 中国核桃产业在全球的地位

据FAO数据整理2009～2019年中国核桃收获面积、壳果产量、农业产值及其全球占比见表38－4。可以看出，截至2019年，中国核桃收获面积全球占比在49%左右、核桃壳果产量占比超过55%（见表38－4）。

表38－4　2009～2019年中国核桃产业数据及全球占比

年份	全球			中国			中国占比（%）		
	收获面积（万公顷）	壳果产量（万吨）	农业产值（亿美元）	收获面积（万公顷）	壳果产量（万吨）	农业产值（亿美元）	收获面积	壳果产量	农业产值
2009	87.87	247.53	78.08	30.50	97.94	41.00	34.71	39.57	52.51
2010	100.68	276.74	99.88	40.27	128.44	56.91	40.00	46.41	56.98
2011	111.84	319.61	138.18	50.85	165.55	84.55	45.47	51.80	61.19
2012	121.07	365.50	163.32	59.61	202.12	102.47	49.24	55.30	62.74
2013	98.37	302.58	128.20	41.57	145.44	63.77	42.26	48.07	49.74
2014	105.94	335.38	141.99	43.37	153.48	67.75	40.93	45.76	47.72

续表

年份	全球			中国			中国占比（%）		
	收获面积（万公顷）	壳果产量（万吨）	农业产值（亿美元）	收获面积（万公顷）	壳果产量（万吨）	农业产值（亿美元）	收获面积	壳果产量	农业产值
2015	118.33	387.84	151.10	53.03	194.19	86.00	44.82	50.07	56.92
2016	119.00	406.28	154.44	56.36	211.45	90.76	47.36	52.05	58.76
2017	118.38	420.10	160.53	58.71	225.02	92.37	49.60	53.56	57.54
2018	125.27	434.69	61.39	60.97	238.58	—	48.67	54.89	—
2019	130.53	449.84	—	63.13	252.15	190.32	48.36	56.05	—

资料来源：根据 FAOSTAT 2021 年 7 月数据整理，其中产值为现价美元数据。

从表 38－4 可以看出，近年来，中国核桃壳果产量全球占比多年均高于同年收获面积占比、农业产值占比又高于同年壳果产量占比。虽然由于 FAO 数据库暂缺 2018 年中国核桃农业产值数据和 2019 年全球核桃农业产值数据，因此无法准确计算 2018 年和 2019 年中国核桃农业产值全球占比，但从近年的整体情况看，这个占比应不低于 55%，说明中国投产核桃林整体效率（单位面积产量）和效益（单位面积产值）多年均高于同期全球平均水平。当然这些产值数据均来自有关方面的计算或估算，仅作为参考。

3. 中国核桃产业发展趋势

总体来看，近年来我国核桃产业发展较快，作为特色优势农林产品，核桃在增加农民收益、产业扶贫、生态建设等方面发挥了重要作用。根据 FAO 统计数据，2010～2019 年，我国核桃收获面积和壳果产量分别从 40.27 万公顷和 128.44 万吨增加到 63.13 万公顷和 252.15 万吨，分别增长了 56.78% 和 96.33%，均远高于同期全球核桃收获面积和壳果产量的增幅（见表 38－4），核桃产量占全球的比重从 46.41% 提高到 56.05%，提高了 9.6 个百分点以上。而根据《中国林业和草原统计年鉴》数据，2019 年，我国核桃林面积已增加到 810 万公顷以上，产量（壳果干重，下同）从 128.44 万吨（与 FAO 数据相同）增加到 468.92 万吨（大于 FAO 的数据），增幅更是高达 265.1%（见图 38－6）。虽然关于 2019 年中国核桃产量数据，我国的统计与 FAO 的统计数据间有较大差距，但反映出近年来我国核桃产业快速发展的趋势则完全相同。

然而，自 2017 年起，全球及中国核桃和坚果“供大于求”的格局逐渐显现，良种化率低、标准化程度差、中部地区病虫危害较严重、产品质量和产能受限于坚果质量、市场中品牌长尾效应较明显、深加工领域薄弱等问题较为突出。尤其是经过多年的高速发展，全球尤其是我国核桃产能增长快于消费需求增长、市场价格下滑，由此带来的面积和产量增长但产值下降、产业效益不佳的情况应引起有关方面的高度关注。尤其是对于云南这种停留在产业链前端（种植端）的原料型产业大省来说，进一步加大核桃新产品和新工艺研发和深加工能力建设，积极开拓国内外核桃及其制品的消费市场，推进全省核桃产业发展方式转变和供给侧结构性改革，带动产业提质增效已刻不容缓，确保核桃产业可持续发展、稳定和提高核桃在广大山区农民增收和乡村振兴中的地位和作用，不仅具有重大的现实意义，更具有深远的历史意义。

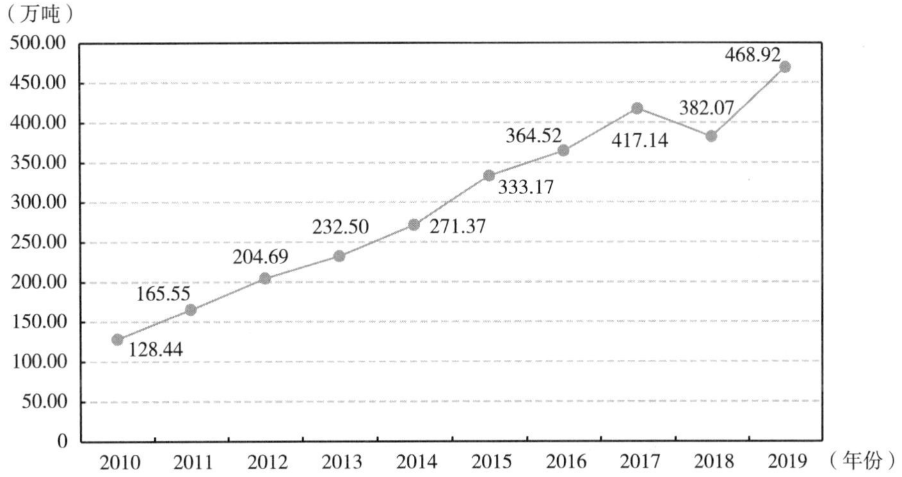

图 38－6　2010～2019 年我国核桃壳果产量变化曲线

资料来源：根据 2011～2020 年《中国林业和草原统计年鉴》数据整理。

（二）云南核桃产业及在中国的地位

1. 中国核桃产业分省布局

《中国林业和草原统计年鉴》数据表明，除内蒙古、上海、广东和海南，我国 27 个省份均有核桃种植。2017～2019 年，核桃种植面积上万公顷的有 18 个省份，核桃产量（壳果干重，下同）上万吨有 16 个省份。但是年均核桃栽培面积超过 10 万公顷的仅有 12 个省份，依次为云南、四川、陕西、山西、贵州、新疆、甘肃、河南、湖北、河北、山东和广西；年均核桃产量超过 10 万吨的仅有 11 个省份，依次为云南、新疆、四川、陕西、甘肃、山西、河北、山东、河南、湖北和贵州，贵州省核桃产量 2017～2018 年跻身 10 万吨以上行列，2019 年下滑到不足 10 万吨。

从面积看，根据《中国林业和草原统计年鉴》数据，我国核桃种植面积从2017年的795.5万公顷上升到2018年的816.57万公顷、增加21.07万公顷后，再降到2019年的807.63万公顷①，呈现先升后降的趋势。根据国家林业和草原局《中国林业和草原统计年鉴》数据整理2017~2019年3年核桃种植面积超过10万公顷的12个省份数据如图38-7所示。可以看出，除云南省外，2017~2019年核桃种植面积年均超过100万公顷的仅有四川省，超过50万公顷的还有陕西和山西2省，其余省区种植面积均在50万公顷以下（河北省核桃种植面积的异常变化不在本研究范围之内，笔者认为最大可能性是数据出错）。

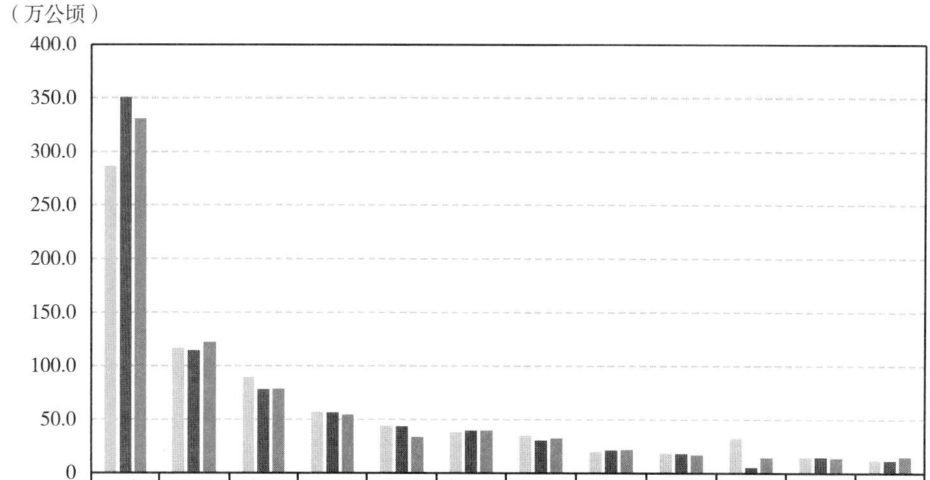

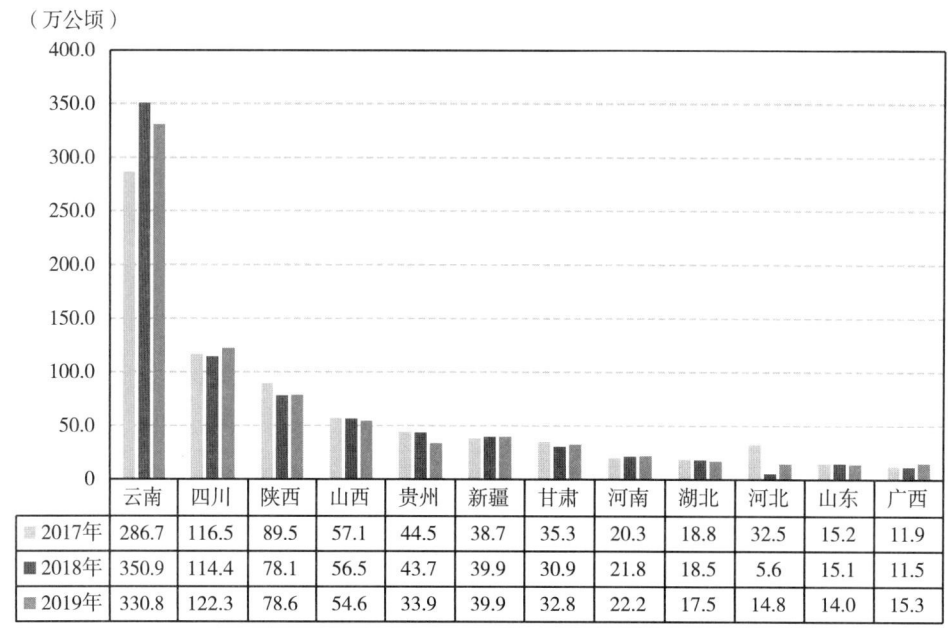

	云南	四川	陕西	山西	贵州	新疆	甘肃	河南	湖北	河北	山东	广西
2017年	286.7	116.5	89.5	57.1	44.5	38.7	35.3	20.3	18.8	32.5	15.2	11.9
2018年	350.9	114.4	78.1	56.5	43.7	39.9	30.9	21.8	18.5	5.6	15.1	11.5
2019年	330.8	122.3	78.6	54.6	33.9	39.9	32.8	22.2	17.5	14.8	14.0	15.3

图38-7　2017~2019年12个主产省份核桃种植面积

资料来源：根据2017~2019年《中国林业和草原统计年鉴》数据整理。

从产量看，根据国家林业和草原局《中国林业和草原统计年鉴》数据，2010~2019年，我国核桃产量（壳果干重）从128.44万吨逐年稳步增加到2017年的417.14万吨，增长约224.79%，年间增长率达18.83%；2018年小幅回落到382.07万吨后，2019年再次突破400万吨达到468.92万吨的历史最高水平。表38-5为根据2010~2019年《中国林业和草原统计年鉴》数据整理的2010~2019年中国及排名前10的主产区核桃产量数据。可以看出，云南是唯一面积超过

① FAO统计的是收获面积，我国统计的是种植面积，因此数据差异很大。

300万公顷，产量超过100万吨的省份；种植面积全国排名第5、第6位的新疆是我国核桃产量第2大产区，核桃产量占全国的比重从15%上下逐步提高到目前的23%左右，2019年超过100万吨，成为除云南省外唯一超过100万吨的地区；种植面积排第2位的四川省核桃产量多年也在50万吨以上，居全国第3位，但未超过60万吨，占全国总产量的比重多年在10%~15%波动，仅为云南的50%左右；其他省区核桃产量均较小，30万吨以上的只有陕西且未超过40万吨。至于山西和甘肃两省2018年的核桃产量数据明显低于前后两年的原因是统计数据有误还是其他因素造成生产滑坡，由于其与云南的核桃产业没有直接关系，因此不予深究，但与2017~2019年全国核桃总产量变化情况关联来看，作者认为大概率是两省统计数据出错。

表38-5　2010~2019年全国10个核桃主产省核桃产量数据及云南占比　单位：万吨

地区	2010年	2011年	2012年	2013年	2014年	2015年	2016年	2017年	2018年	2019年
中国	128.44	165.55	204.69	232.50	271.37	333.17	364.52	417.14	382.07	468.92
云南	35.33	33.98	50.85	70.50	78.66	82.45	94.53	101.57	107.11	134.19
新疆	18.91	23.91	31.44	40.82	49.89	59.86	74.37	83.44	89.77	105.86
四川	12.61	17.67	21.19	24.59	29.38	45.84	45.15	53.75	57.37	56.32
陕西	6.05	14.27	16.12	15.99	18.51	22.11	26.58	33.61	23.83	39.90
山西	6.52	8.75	10.68	5.80	12.03	15.73	20.73	23.16	7.15	25.49
甘肃	3.63	6.00	6.86	7.59	10.29	14.89	20.70	31.71	7.63	19.49
河南	5.54	8.05	9.30	8.32	11.56	13.16	13.43	14.87	15.20	17.70
山东	6.22	7.32	8.79	10.04	11.48	21.97	17.99	16.80	16.60	16.45
河北	7.44	9.69	12.66	10.43	16.06	17.34	18.56	22.77	15.84	15.98
湖北	9.23	8.95	9.14	9.40	9.42	9.44	9.81	12.18	12.35	12.24
云南占比（%）	27.51	20.53	24.84	30.32	28.99	24.75	25.93	24.35	28.03	28.62

资料来源：根据2011~2020年《中国林业草原统计年鉴》数据整理，按照2019年产量排序。

2. 云南核桃产业在中国的地位

如前所述，云南核桃产量多年排名第1位、占全国核桃总产量的比重多年在20%以上并逐渐接近30%。根据《中国林业草原统计年鉴》数据，目前，在全国有核桃种植的27个省份，云南是唯一超过300公顷的全国第一大产区。2018年，受核桃产业被省政府列入打造世界一流“绿色食品牌”八大重点产业等政策利好的影响，云南省核桃种植面积从上年的286.7万公顷快速增加到350.9万公顷，同比增长22.41%，全国占比从36.04%提高到42.98%；2019年云南核桃种植面积回落到330.79万公顷，全国占比仍达40.98%。2011～2019年，云南核桃产量（壳果干重）从30多万吨增加到130万吨以上，全国占比从20.53%（2011年）上升到28.62%（2019年）。

当然，我们也注意到，云南省农业农村厅和云南省林业和草原局认为2019年全省核桃种植面积为286.67万公顷、核桃产量为120万吨，均小于与国家林业和草原局《中国林业和草原统计年鉴2019》中330.79万公顷和134.19万吨，差距均在10%以上。但是，为确保数据的可比性，此处在分析云南核桃在全国的地位以及以下分析云南核桃在全球的地位中，我们采用了《中国林业和草原统计年鉴》中的数据。

3. 云南核桃在全球的地位

由于FAOSTAT统计数据库中仅有全球及各国各年度的核桃收获面积，而《中国林业和草原统计年鉴》仅有全国及各省份2017～2019年的核桃种植面积，数据指标不同不具备可比性，计算云南核桃面积在全球的占比就没有了依据。笔者认为，相对于核桃种植面积占比，计算云南核桃产量占全球的比重更具有意义。对比分析发现，FAOSTAT和《中国林业和草原统计年鉴》两者关于核桃产量的含义是一致的，均是壳果干重；对比2010～2019年两者关于中国核桃产量的数据可以发现，2011年以前，FAOSTAT和《中国林业和草原统计年鉴》关于中国的核桃产量数据也是一致的，从2012年开始，《中国林业和草原统计年鉴》中的中国核桃产量数据逐年大于FAOSTAT的数据。因此，直接采用《中国林业和草原统计年鉴》中云南的核桃产量数据除以FAOSTAT中全球的核桃产量数据计算云南核桃产量的全球占比明显不具备科学性。虽然采用2010～2019年各年度中国核桃产量占全球的比重乘以该年度云南核桃产量占中国的比重可以直接计算出2010～2019年云南核桃产量的全球占比情况，但为方便读者直观对比了解不同渠道数据的情况，我们根据2012～2019年《中国林业和草原统计年鉴》中我国的核桃产量与FAOSTAT数据的比率将云南省的核桃产量进行折算，由此计算2010～2019年云南核桃产量占全球的比重结果如表38－6所示，以此大致可以看出云南省核桃产量占全球的比重从2011年的10.63%提高到2019年的16.04%。

综上所述，云南已成为全球最大的核桃种植和生产地区，具备了未来引领和主导世界核桃种植、加工与市场的资源和原料基础。

表 38-6　　2010～2019 年云南核桃产量及全球占比

指标		2010 年	2011 年	2012 年	2013 年	2014 年	2015 年	2016 年	2017 年	2018 年	2019 年
FAO 统计全球产量(万吨)		276.74	319.61	365.50	302.58	335.38	387.84	406.28	420.10	434.69	449.84
中国	林草年鉴统计（万吨）	128.44	165.55	204.69	232.50	271.37	333.17	364.52	417.14	382.07	468.92
	FAO 统计（万吨）	128.44	165.55	202.12	145.44	153.48	194.19	211.45	225.02	238.58	252.15
	比率（%）	1.0000	1.0000	0.9875	0.6255	0.5655	0.5829	0.5801	0.5394	0.6244	0.5377
云南	林草年鉴统计（万吨）	35.33	33.98	50.85	70.50	78.66	82.45	94.53	101.57	107.11	134.19
	FAO 统计（万吨）	35.33	33.98	50.21	44.10	44.48	48.06	54.84	54.79	66.88	72.16
	全球占比（%）	12.77	10.63	13.74	14.58	13.26	12.39	13.50	13.04	15.39	16.04

资料来源：根据 FAOSTA 和 2011～2020 年《中国林业草原统计年鉴》数据计算整理。

三、澳洲坚果生产情况

（一）全球澳洲坚果生产情况

澳洲坚果是澳大利亚本土植物中作为食品来商业化开发的唯一作物。澳洲坚果于 1858 年开始人工种植至今已有 140 多年的历史，其种植范围已扩大到北纬 34°（美国加州）和南纬 30°（南非）之间。但大多数商业性产区均位于南北纬 16°～24°。目前世界上已有 20 多个国家和地区进行商业性种植和引种试种，中国是种植面积最大的国家。澳洲坚果成为世界上发展最快的果品之一，但有一定规模的仅有 10 多个国家和地区。据公开文献报道，2015 年世界澳洲坚果的种植面积约为 22.21 万公顷。其中，中国 12.78 万公顷、南非 2.50 万公顷、澳大利亚 1.87 万公顷、肯尼亚 1.75 万公顷和危地马拉 1.00 万公顷，分别占世界总面积的 57.51%、11.25%、8.40%、7.88% 和 4.50%（贺熙勇等，2017）（见表 38-7）。

表 38-7　　2015 年世界澳洲坚果主产区种植面积

国家	种植面积（公顷）	种植面积占比（%）
南非	25000	11.25
澳大利亚	18667	8.40
美国	8167	3.67
肯尼亚	17500	7.88

续表

国家	种植面积（公顷）	种植面积占比（%）
马拉维	6058	2.73
危地马拉	10000	4.50
巴西	6000	2.70
越南	2000	0.90
莫桑比克	1000	0.45
中国	127760	57.51
总计	222145	100

注：哥伦比亚、巴拉圭、津巴布韦等地区数据未统计在内。

资料来源：贺熙勇，陶亮，柳觐等．国内外澳洲坚果产业发展概况及趋势［J］．中国热带农业，2017（1）：4－11，118．

据国际坚果及干果协会（International Nut and Dried Fruit Council，INC）统计，2015年世界澳洲坚果（果仁）产量4.64万吨。其中：澳大利亚1.35万吨、南非1.29万吨、肯尼亚0.89万吨、美国0.36万吨，分别占世界总产量的29.16%、27.80%、19.07%、7.76%，这些国家的产量之和约占世界总产量的84%（见表38－8）。据INC和澳大利亚澳洲坚果加工协会（Australian Macadamia Society）数据，2020年全球澳洲坚果作物总产量约23.50万吨，同比增长3%。其中南非约6万吨与上年基本持平，澳大利亚3.65吨，肯尼亚3.30万吨，中国增加到2.90万吨①。

表38－8　2015年世界澳洲坚果（果仁）产量情况

国家	产量（吨）	占比（%）
澳大利亚	13530	29.16
南非	12900	27.80
美国	3600	7.76
肯尼亚	8846	19.07
马拉维	1781	3.84
危地马拉	1835	3.95
巴西	1250	2.69
其他	2657	5.73
合计	46399	100

资料来源：国际坚果和干果理事会INC统计数据。

① 根据《2020年全球澳洲坚果最新市场报告》数据整理。

（二）中国澳洲坚果生产情况

据农业农村部南亚办统计，2008～2018年我国澳洲坚果种植面积从8800公顷增加到30.12万公顷，年均增长30.15%；收获面积从853.33公顷增加到4.15万公顷，年均增长21%。2018年全国澳洲坚果种植面积为30.12万公顷，其中，云南种植面积较2017年新增约6.67万公顷达到21.33万公顷，占全国总面积的70.95%；广西种植面积较2017年增加4300余公顷至2.33万公顷，占全国总面积的7.76%；贵州种植面积较2017年增加93公顷至1200公顷，占全国总面积的0.4%（见表38-9）。

表38-9　　2018年中国澳洲坚果主要种植区面积

地区	种植面积（公顷）	占全国比例（%）
广　西	23333	7.76
贵　州	1200	0.4
云　南	213330	70.95
全　国	301207	

资料来源：农业农村部发展南亚热带作物办公室统计数据。

据农业农村部发展南亚热带作物办公室统计，2015年我国澳洲坚果（壳果）产量为1.02万吨，其中云南为7960吨，占全国总产量的78.04%；广西为2091吨，占20.46%；贵州为170吨，占1.66%。2015年我国澳洲坚果平均单产1198千克/公顷，其中，云南1180千克/公顷，广西1275千克/公顷，贵州1175千克/公顷。

（三）云南澳洲坚果生产情况

澳洲坚果属热带、亚热带高档经济作物，具有较强的适应性，适宜种植在海拔1200米以下的丘陵或平地，要求夏季最高温度一般不超过35℃，冬季最高温度不低于15℃，最低温度不低于0℃，适宜生长在终年无霜或偶有轻霜，土层深厚，富含有机质，排水良好的地区。然而，因该树树冠茂密，根系浅、不抗风，因此地处内陆的云南省就成为我国最适合澳洲坚果生长的地区之一。1981年，位于西双版纳景洪市、隶属于农垦系统的云南省热带作物科学研究所引进澳洲坚果种子成果培育了5株澳洲坚果幼苗，标志着澳洲坚果这个百分之百的外来物种开始落户云南。1988年和1991年，云南省农业农村厅热区办和省农垦总局两次组织又从当时的华南热带作物科学研究所（现中国热带农业科学院前身）引进8个澳洲坚果品种在云南省内海拔330米至1340米的河口坝洒农场、芒市遮放农场、瑞丽热作公司、永德勐底、思茅热校、景洪大渡岗茶场、勐养农场、省热作所等不同高度、不同生态环境条件下进行适应性种植。1995 年，2000 公顷澳洲坚果种植基地及产业化开发项目被正式列入“云南省 18 生物资源开发工程”重点项目，标志着云南澳洲坚果从科学研究和种植试验开始走向示范推广和产业化发展的实施阶段。据云南省林业和草原局资料，到“十五”时期末的 2005 年，云南省澳洲坚果种植面积超过 2600 公顷接近 2700 公顷；“十一五”期间，澳洲坚果被列入云南省木本油料重点产业进一步加以扶持，全省澳洲坚果基地年均以 6000 公顷以上的速度推进，到 2010 年末种植面积达到 2 万公顷。2014 年，经云南省人民政府同意，云南省林业厅（现省林业和草原局）印发的《云南省澳洲坚果产业发展规划（2013—2020年)》提出了“到 2020 年全省澳洲坚果种植面积达到 400 万亩，综合年产值达到 660 亿元以上”的产业发展目标。目前澳洲坚果已成为云南省最具活力的特色经济林树种之一，进入快速发展期。

根据云南省打造世界一流“绿色食品牌”工作领导小组办公室（云南省农业农村厅）2020 年 4 月编印的《云南省“绿色食品牌”重点产业 2019 年度发展报告》之《云南省“绿色食品牌”澳洲坚果产业 2019 年度发展报告》整理 2009 ~ 2019 年云南省澳洲坚果种植面积曲线和 2012 ~ 2019 年云南省澳洲坚果产量（10% 含水率壳果）变化曲线分别如图 38 -8 和图 38 -9 所示。可以看出，2009 ~ 2019 年全省澳洲坚果种植面积年均复合增长率接近 36.86%（见图 38 -8），2014 ~ 2019 年全省澳洲坚果产量年均复合增长率达 42.37%（见图 38 -9）。

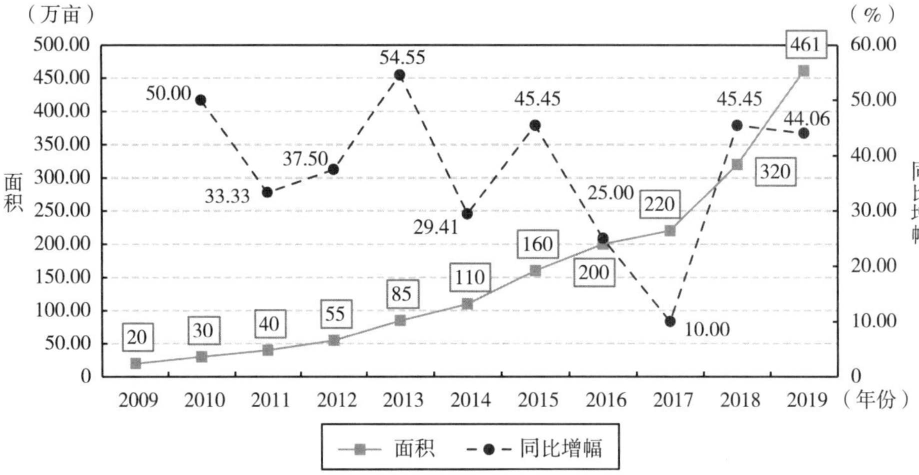

图 38 -8　2009 ~ 2019 年云南澳洲坚果种植面积增长曲线

资料来源：根据《云南省“绿色食品牌”澳洲坚果产业 2019 年度发展报告》数据整理。

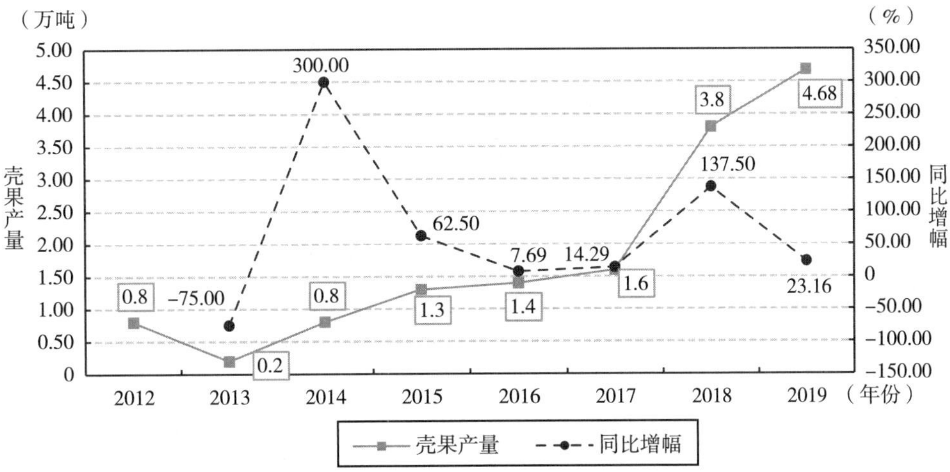

图 38－9　2012～2019 年云南澳洲坚果壳果产量增长曲线

资料来源：根据 2020 年 4 月《云南省“绿色食品牌”澳洲坚果产业 2019 年度发展报告》数据整理。

从区域布局看，云南主要种植区为临沧、德宏、西双版纳、普洱和保山等南部和西南部州（市），重点县市有盈江、潞西、景洪、勐腊、永德、耿马、镇康、隆阳等。由于澳洲坚果种植后要 4～5 年才逐渐进入投产期，而各州（市）澳洲坚果起步时期不一样，因此，目前云南几大澳洲坚果主产区的种植面积、收获面积、产量和产值占比差异很大。据云南省农业农村厅、云南省林业和草原局提供的资料和数据，2019 年，云南省澳洲坚果种植面积 461 万亩、收获面积 88.21 万亩、坚果产量 4.68 万吨，产值 14.360 亿元。其中：排名第一的临沧市种植面积超过 262.77 万亩、收获面积超过 51.45 万亩、坚果产量超过 2.08 万吨、总产值约 8.059 亿元，分别占全省的 57%、58.35%、44.44% 和 56.12%；普洱市的种植面积（97.2 万亩）和收获面积（16.35 万亩）分别占全省的 21.08% 和 18.50%，居第 2 位，但坚果产量 0.68 万吨居第 3 位、总产值居第 4 位；较早开展澳洲坚果规模化种植的德宏州虽然种植面积 41.48 万亩、收获面积 9.52 万亩，仅分别占全省的 9% 和 10.79%，排名第 3 位，但是坚果产量 0.76 万吨占到全省的 16.24% 居第 2 位。

然而，从产值构成上可以看出，云南的澳洲坚果产业目前仍处于原料生产的发展初级阶段，绝大部分均以原料形式对外出售，加工占比小、品种少、程度浅的特征十分突出。

从加工产值及占比看，据云南省农业农村厅、云南省林业和草原局数据，目前，全省各澳洲坚果主产区的产值均以第一产业产值为主，只有临沧市和普洱市有少量加工业产值（见表38－10），表明云南澳洲坚果加工度非常低或基本不加工，绝大多数澳洲坚果均以最初级的原料型开口壳果对外销售。2019年，全省澳洲坚果14.360亿元的产值中，加工产值不足500万元。以临沧市为例，2019年，全市澳洲坚果总产值80588.01万元中，第一产业产值为80353.8万元，占比高达99.71%，加工产值仅为234.21万元，占比不足3‰；同年，普洱市澳洲坚果总产值9230.8万元中，第一产业产值为8980.5万元，占比达97.29%，加工产值占比虽然接近3%（达2.71%），但总额也仅为250.3万元。从加工技术和产品类别看，云南澳洲坚果以初级加工为主，开口壳果产品份额约占90%，果仁产品约占5%～10%，其他产品，如油、糖果、点心、冰淇淋和化妆品等占1%～2%。虽然澳洲坚果油、果蛋白、果奶、化妆品等高附加值产品以及澳洲坚果果皮、果壳和木材综合利用研究取得了一些进展，但产业化开发还未形成气候①。

表38－10　　2019年云南主产区澳洲坚果种植生产情况

指标	种植面积（万亩）	收获面积（万亩）	坚果产量（万吨）	总产值（亿元）	农业产值（万元）	工业产值（亿元）
云南	461	88.21	4.68	14.360	14.312	0.048
临沧	262.77	51.45	2.08	8.059	8.035	0.023
普洱	97.2	16.35	0.68	0.923	0.898	0.025
德宏	41.48	9.52	0.76	2.656	2.656	
保山	38.59	9.09	0.51	2.303	2.303	
西双版纳	17.3	1.77	0.64	0.401	0.401	
红河	2.86					

资料来源：根据2020年4月《云南省"绿色食品牌"澳洲坚果产业2019年度发展报告》数据整理。

四、核桃和澳洲坚果消费情况

总体来说，全球人均坚果消耗量逐年增加，中国人均坚果消耗总量也在稳步上升。从消费群体看，科学研究表明，核桃等坚果是健康类休闲食品的典型代表，

① 根据云南省打造世界一流"绿色食品牌"工作领导小组办公室2020年4月编印的《云南省"绿色食品牌"重点产业2019年度发展报告》中的分报告《云南省"绿色食品牌"澳洲坚果产业2019年度发展报告》整理。

持续受益于健康化的消费趋势。核桃中含有蛋白质、脂肪、碳水化合物，还含有维生素（维生素 B、维生素 E 等）、微量元素（磷、钙、锌、铁）、膳食纤维等。另外，其中还含有单、多不饱和脂肪酸，包括亚麻酸、亚油酸等人体的必需脂肪酸，是最健康的休闲食品之一。核桃等高端坚果食品主要消费群体为 18 ~35 岁年轻人，由于工作繁忙等原因，这部分消费者已经养成线上消费的习惯。

从未来市场需求趋势看，随着收入水平的提升，国民对于核桃的品质要求逐步提升，核桃高端坚果市场发展迅速。根据笔者调研掌握的数据：（1）以核桃为代表的高端坚果占坚果销售额的比重近年来不断提升，占比已经超过 20%；（2）坚果销售均价增长迅速，2009 年以来年复合增速达到 3. 86%；（3）近两年主要坚果进口量和进口金额显著增加。其中，根据调研掌握的数据，澳洲坚果进口量从 0. 84 万吨上升到 2. 01 万吨，同比增长 138. 20%，而进口金额也从 3106. 8 万美元增加至 7845. 5 万美元，同比增加 152. 53%。此前核桃等高端坚果主要销售区域集中在华东地区的一二线城市，随着各大坚果电商继续做强线上平台，高端坚果产品开始覆盖全国三四线城市，渗透率有望继续提升。目前，行业内主要店铺已经与淘宝、京东等线上平台开展了深度合作：根据调研掌握的情况分析整理，2013 ~2015 年，三只松鼠、百草味和良品铺子线上收入年均增速分别为 177. 48%、82. 09% 和 216. 23%。2016 年三家店铺“双十一”分别为 5. 08 亿元、2. 52 亿元、1. 53 亿元，分别同比增长 90%、62%、7%①。2017 年中国坚果炒货行业规模以上企业主营收入 1473 亿元，其中新产品产值为 50. 5 亿元，年增长率为 12%，得益于以核桃仁为主的混合果仁的快速增长，已成为行业“爆款”。

（一）核桃消费情况

从人均消费量看，世界核桃人均消耗量从 2011 年的 80 克/年上升至 2015 年的 100 克/年，总体呈上升趋势，增幅达 12. 5%。近 5 年人均核桃仁消耗量最高的国家为伊朗 626 克，其次是以色列、美国、土耳其、澳大利亚，分别为 484 克、404 克、348 克、316 克，中国人均核桃仁消耗量从 2011 年的 130 克至 2015 年已达 180 克。

（二）澳洲坚果消费情况

澳洲坚果的主要消费国为美国、澳大利亚、中国、肯尼亚、日本和德国。据

① 另一只眼看 2017 年休闲食品发展［EB/OL］. 食品论坛，2017 -01 -16。

国际坚果和干果理事会（INC）统计，2010～2014 年世界澳洲坚果（果仁）累计消费量为 19.04 万吨。其中，美国 4.20 万吨、澳大利亚 2.91 万吨、中国 2.18 万吨、肯尼亚 1.92 万吨、日本 1.06 万吨和德国 9827 吨，分别占世界消费总量的 22.09%、15.26%、11.44%、10.10%、5.59%和 5.16%。年均消费增长较快的国家依次为肯尼亚、新加坡、加拿大和巴西，年均增速均超过 17%；年均消费下降较快的国家依次为哥斯达黎加、泰国、意大利、德国、新西兰和马拉维，年均下降均超过 20%。2010～2014 年，年人均消费澳洲坚果最多的国家依次为卢森堡、澳大利亚、肯尼亚、马拉维和哥斯达黎加，年人均消费均超过 70 克，分别为 1174 克、260 克、92 克、75 克和 74 克，考虑到卢森堡为澳洲坚果转口贸易国，则实际年人均消费澳洲坚果最多的国家依次为澳大利亚、哥斯达黎加、马拉维和肯尼亚，均为澳洲坚果生产国（贺熙勇等，2017）。我国的人均消费量只有 3 克，消费水平较低。

根据 2018 年对北京、上海、广州和成都等发达城市进行的澳洲坚果消费情况调查，其结果显示：被调查人群中有 49% 的人知道澳洲坚果，但仅有 18% 的人在过去半年消费过澳洲坚果；女性、受过良好教育、高收入和有消费坚果类食品的人群在澳洲坚果消费中所占比例更大；带壳果产品更受中国消费者青睐。中国澳洲坚果消费人群中，按年龄分类，34 岁以下年轻人为澳洲坚果的主要消费者，占总消费人群的 80% 以上，主要原因是这些人群喜欢网购，思想开放，愿意尝试新产品；按喜好分类，平时喜欢吃零食的人群占消费人群比例最高，占 15.1%；按性别分类，女性消费人群占比高出男性 14%（贺熙勇等，2015）。

五、核桃和澳洲坚果贸易情况

（一）核桃贸易情况

核桃国际贸易品类主要有核桃壳果和核桃仁两种。据 FAO 统计数据，2015～2019 年，全球核桃壳果和核桃仁国际贸易呈现快速增长态势。从出口看，2015～2019 年核桃壳果出口量和出口额分别从 28.28 万吨和 10.33 亿美元增加到 50.37 万吨和 15.39 亿美元，年均增幅分别达 15.52% 和 10.49%，在四大坚果中的占比分别从 12.39% 和 23.73% 提高到 19.07% 和 29.97%，均提高了 6 个百分点以上（见表 38－11）。

表 38－11　　2015～2019 年全球四大坚果（壳果）出口贸易情况

年份	榛子		核桃		杏仁		腰果		核桃占比（%）	
	出口量（万吨）	出口额（亿美元）	出口量（万吨）	出口额（亿美元）	出口量（万吨）	出口额（亿美元）	出口量（万吨）	出口额（亿美元）	出口量	出口额
2015	4.97	1.67	28.28	10.33	30.51	13.38	164.55	18.15	12.39	23.73
2016	3.54	1.28	36.42	12.15	33.85	13.78	164.37	28.90	15.29	21.66
2017	3.40	1.21	32.00	12.06	32.34	14.23	185.39	30.32	12.64	20.85
2018	2.98	1.04	33.52	11.65	31.10	13.97	160.54	27.29	14.69	21.59
2019	3.96	1.48	50.37	15.39	33.07	15.08	176.82	19.40	19.07	29.97
增减（%）	-20.37	-11.06	78.10	49.03	8.39	12.70	7.46	6.93	6.68	6.24

资料来源：根据 FAOSTAT 2021 年 8 月数据整理。

同期，全球核桃仁出口量和出口额也分别从 2015 年的 26.71 万吨和 21.48 亿美元增加到 2019 年的 34.40 万吨和 22.64 亿美元，年均增幅也分别达 6.53% 和 1.32%，虽然出口量在四大坚果中的占比小幅下降了 0.23 个百分点，但出口额则小幅上升了 0.57 个百分点（见表 38－12）。

表 38－12　　2015～2019 年全球四大坚果（果仁）出口贸易情况

年份	榛子		核桃		杏仁		腰果		核桃占比（%）	
	出口量（万吨）	出口额（亿美元）	出口量（万吨）	出口额（亿美元）	出口量（万吨）	出口额（亿美元）	出口量（万吨）	出口额（亿美元）	出口量	出口额
2015	21.19	23.23	26.71	21.48	66.36	62.04	55.52	39.51	15.73	14.69
2016	22.21	18.97	27.12	17.59	76.07	52.06	55.76	44.89	14.97	13.17
2017	24.74	17.27	29.59	22.71	80.78	50.58	58.32	56.07	15.30	15.49
2018	24.93	15.58	29.42	23.47	81.15	53.16	48.59	50.43	15.98	16.45
2019	28.50	18.65	34.40	22.64	90.18	59.94	68.89	47.16	15.50	15.26
增减（%）	34.49	-19.74	28.80	5.37	35.90	-3.38	24.06	19.36	-0.23	0.57

资料来源：根据 FAOSTAT 2021 年 8 月数据整理。

从以上数据可以看出，核桃在全球四大坚果国际贸易中的地位逐步提高。虽然壳果和果仁的出口总量和出口总额在全球四大坚果国际贸易中一直仅高于榛子处于第 3 位，但增幅均高于其他三种坚果，且壳果出口量和出口额分别于 2018 年和 2019 年超过杏仁，从第 3 位上升到第 2 位。

分国别看，全球核桃及其产品国际贸易呈现高度集中的特点。根据 FAO 数据库 2021 年 8 月数据整理 2019 年全球核桃壳果及核桃仁出口贸易排名前 10 位的国家及其相关数据详见表 38 – 13。

表 38 – 13　　2019 年全球核桃出口贸易前 10 国情况

排名	壳果				果仁			
	国家	出口量（万吨）	国家	出口额（亿美元）	国家	出口量（万吨）	国家	出口额（亿美元）
1	美国	15.76	美国	4.98	美国	12.20	美国	7.56
2	中国	7.42	墨西哥	2.36	墨西哥	5.49	墨西哥	5.59
3	智利	7.38	中国	2.21	乌克兰	3.68	智利	2.25
4	阿联酋	4.95	智利	2.02	智利	3.16	中国	1.21
5	墨西哥	4.78	阿联酋	1.57	中国	2.05	乌克兰	1.16
6	法国	2.54	法国	0.80	摩尔多瓦	1.58	德国	1.08
7	乌克兰	2.00	土耳其	0.44	德国	1.36	摩尔多瓦	0.87
8	土耳其	1.66	乌克兰	0.17	土耳其	0.62	土耳其	0.45
9	阿根廷	0.64	阿根廷	0.16	荷兰	0.55	荷兰	0.42
10	吉尔吉斯斯坦	0.44	荷兰	0.11	乌兹别克斯坦	0.48	罗马尼亚	0.25
占比（%）	第 1 国全球总出口量/总出口额	31.28		32.37		35.45		33.38
	前 3 国全球总出口量/总出口额	60.66		62.08		62.12		68.00

资料来源：根据 FAOSTAT 2021 年 8 月数据整理。

可以看出，排名前 3 位的国家 2019 年核桃壳果和核桃仁的出口量和出口额占同期全球出口总量和总额的比重均超过 60%，而排名第 1 位的国家（美国）占比则均超过 30%。FAO 数据还可以看出，虽然全球核桃进口集中度远低于出口集中度，但仍然呈现高集中度的显著特征。排名前 3 位的国家 2019 年核桃壳果的进口量和进口额之和占同期全球进口总量和进口总额的比重均超过 40%，壳果最大进口国（土耳其）的占比分别达到 20% 以上和 15% 以上；前 3 国的核桃果仁进口量和进口额全球占比在 30% 左右，果仁最大进口国（德国）进口额与进口量的占比也均超过 15%（见表 38 – 14）。

表 38 - 14　　2019 年全球核桃进口贸易前 10 国情况

排名	壳果				果仁			
	国家	进口量（万吨）	国家	进口额（亿美元）	国家	进口量（万吨）	国家	进口额（亿美元）
1	土耳其	8.81	土耳其	1.77	德国	4.24	德国	2.55
2	阿联酋	5.48	伊朗	1.50	日本	1.74	西班牙	1.16
3	意大利	4.59	墨西哥	1.42	土耳其	1.70	日本	1.11
4	伊朗	4.14	意大利	1.39	西班牙	1.67	韩国	0.82
5	吉尔吉斯斯坦	3.70	阿联酋	1.37	韩国	1.25	荷兰	0.78
6	墨西哥	3.59	西班牙	0.45	法国	1.20	加拿大	0.74
7	西班牙	1.53	印度	0.38	荷兰	1.17	法国	0.66
8	印度	1.50	伊拉克	0.37	加拿大	1.16	英国	0.65
9	伊拉克	1.26	德国	0.33	英国	1.03	意大利	0.63
10	摩洛哥	1.08	摩洛哥	0.29	吉尔吉斯斯坦	0.96	以色列	0.37
占比（%）	第 1 国占比	20.28		15.51		15.29		16.14
	前 3 国占比	43.47		41.12		27.69		30.49

资料来源：根据 FAOSTAT 2021 年 8 月数据整理。

作为全球最大的核桃生产国，中国在全球核桃贸易，尤其是出口贸易中也占有重要的地位。根据 FAOSTAT 数据整理 2010 ~ 2019 年，全球及中国核桃出口贸易情况如表 38 - 15 所示。可以看出，2010 ~ 2019 年，中国核桃壳果和核桃仁出口量、出口额在先降后升的波动中呈总体上升的态势，占全球的比重也呈总体上升态势，尤其是核桃壳果和核桃仁出口量分别自 2016 年和 2017 年开始大幅增加，涨幅远大于全球平均涨幅。中国核桃壳果出口量从 2018 年不足 2 万吨增加到 2019 年超过 7.4 万吨（约为 2009 年 371 吨的近 200 倍），出口额也从 6427.5 万美元增加到超过 2.2 亿美元，同比增幅分别高达 289.59% 和 244.53%；同期核桃仁出口量和出口额增幅也接近 60% 和超过 40%。2019 年中国核桃仁出口量相当于 2009 年出口量（4095 吨）的 5 倍以上（见表 38 - 15）。

与此同时，我国核桃进口量则在波动中趋于减少，特别是近年来持续快速减少，至 2019 年，核桃壳果进口量从 2009 年的 1.18 万吨下降到仅 0.44 万吨，降幅高达 62.76%，已不足 2012 年最高时（1.77 万吨）的 1/4；核桃仁进口量也从 2009 年的 3707 吨下降到 2019 年的 2332 吨，降幅也达 37%，也不足 2014 年最高时（7250 吨）的 1/3。

表 38－15　　2010～2019 年中国核桃出口及其在全球占比情况

年份	全球				中国				中国占比（%）			
	壳果		果仁		壳果		果仁		壳果		果仁	
	出口量（吨）	出口额（万美元）	出口量（吨）	出口额（万美元）	出口量（吨）	出口额（万美元）	出口量（吨）	出口额（万美元）	出口量	出口额	出口量	出口额
2010	214325	67068.6	191379	106255.6	571	110.5	4606	2343.2	0.27	0.16	2.41	2.21
2011	244830	88952.3	186831	141816.3	288	90.8	7066	4674.7	0.12	0.10	3.78	3.30
2012	258627	89404.9	194594	156702.3	27	5.5	7199	5480.0	0.01	0.01	3.70	3.50
2013	298061	114870.3	196730	161965.3	134	57.8	7222	6250.9	0.04	0.05	3.67	3.86
2014	265941	114914.6	219650	202161.7	59	33.3	7005	7119.0	0.02	0.03	3.19	3.52
2015	282831	103292.1	267123	214849.0	61	40.9	5440	6032.6	0.02	0.04	2.04	2.81
2016	364204	121523.6	271162	175870.5	242	90.2	3564	2939.9	0.07	0.07	1.31	1.67
2017	320008	120576.1	295886	227094.3	7258	3118.2	10627	7487.0	2.27	2.59	3.59	3.30
2018	335226	116486.1	294194	234669.7	19044	6427.5	12844	8569.3	5.68	5.52	4.37	3.65
2019	503730	153938.2	344049	226393.7	74193	22144.7	20524	12094.2	14.73	14.39	5.97	5.34
增减（%）	135.03	129.52	79.77	113.07	12893.52	19940.45	345.59	416.14	14.46	14.22	3.56	3.14

资料来源：根据 FAOSTAT 2021 年 8 月数据整理。

（二）澳洲坚果贸易情况

世界澳洲坚果主要出口国为南非、澳大利亚、中国、荷兰和危地马拉等。主要进口国为中国、美国、越南、德国和日本等。2005～2014 年，世界各国进口澳洲坚果从 1.41 万吨增长到 3.52 万吨，增长了 150.19%，年均增长 10.73%；出口则从 1.58 万吨增长到 3.10 万吨，增长了 96.76%，年均增长 7.81%（贺熙勇等，2017）（见表 38－16）。

表 38－16　　2005～2014 年世界澳洲坚果进出口情况　　单位：吨

指标	2005 年	2006 年	2007 年	2008 年	2009 年	2010 年	2011 年	2012 年	2013 年	2014 年
进口量	14054	11693	26268	27558	31601	34642	36044	34429	20359	35161
出口量	15774	14684	25993	27113	31260	34612	36193	34096	20359	31037

资料来源：贺熙勇，陶亮，柳觐等．国内外澳洲坚果产业发展概况及趋势［J］．中国热带农业，2017（1）：4－11，118.

我国既是主要的进口国，也是主要的出口国，进出口贸易量均居世界前列。据中国海关统计，2015 年我国澳洲坚果（以果仁计）进口量为 7512.45 吨，同比增长 71.03%；出口量为 1897.10 吨，同比下降 32.88%。

据云南省坚果行业协会相关研究表明，随着澳洲坚果逐渐被中国消费者认知和认同，中国的澳洲坚果进口量将进一步增加、出口量将进一步减少。虽然2016年，中国的澳洲坚果进口量占全球21.54%，排名全球第1，但人均消费水平仅为3克/人，远未达到16克/人的世界人均水平，澳洲坚果在中国消费市场有巨大的成长空间。同时，中国澳洲坚果种植面积及新增种植面积均为世界第一，随着澳洲坚果中国种植及管理技术的进一步优化，未来澳洲坚果中国产量不可估量，未来国际澳洲坚果市场在中国极有发展前景。

六、其他特色经济林生产、消费及贸易情况

（一）板栗

板栗系壳斗科栗属植物的种子。它营养丰富，口味香甜糯，素有“千果之王”的美誉；因富含淀粉，可饱腹充饥，替代粮食，板栗又有“木本粮食”“铁杆庄稼”的美称。世界上用于坚果商业化栽培的栗属植物主要有板栗、欧洲栗和日本栗。

1. 全球板栗生产简况

全世界的栗子生产种植区域主要分布在亚洲，亚洲的栗子种植区域占全世界的72.22%，而欧洲、美洲、非洲的栗子种植区分别占全世界种植区域的25.06%、2.71%、0.01%（朱灿灿等，2014）。

2011年，栗属植物栽培面积排名前六位的国家分别为中国、葡萄牙、土耳其、意大利、玻利维亚、日本，这几个国家的栽培面积均在2万公顷以上。中国的板栗栽培面积最大，占全世界栗属植物栽培总面积的57%（朱灿灿等，2014）。

1961～1985年，全世界栗属植物栽培面积平稳维持在10万公顷左右，到1985年栗属植物栽培面积已扩大到20万公顷以上；进入21世纪，世界栗子生产得到了持续的发展，栽培面积呈直线上升的趋势，至2011年底，全世界栗属植物栽培面积为54万公顷。一直以来，中国是世界上最大的板栗生产国，并且在世界栗子生产总量中占有绝对优势。1961～1990年，我国板栗年产量较低，维持在10万吨左右，自20世纪末，随着栽培面积的扩大和生产管理技术水平的提高，板栗优势产业带已经形成，品种结构得以优化，我国板栗年产量呈直线上升趋势，板栗年产量由2000年的60万吨上升至2015年的234万吨，增长了3.9倍。作为世界最重

要的栗属植物生产国，中国的板栗生产直接影响着国际栗业市场的供给，具有市场优势（朱灿灿等，2014）。

单位面积产量排名前五位的国家依次为罗马尼亚、中国、保加利亚、斯洛文尼亚、秘鲁。其中，罗马尼亚栗子的单位面积产量为7.57吨/公顷，远远高于中国板栗的单位面积产量4.55吨/公顷，中国板栗单位面积产量仅为罗马尼亚的60%，说明中国板栗虽然栽培面积最大，产量也较高，但生产水平和种植技术还有待提高。罗马尼亚是东欧国家，因其膳食结构的不同，比较重视栗子的营养价值，因此其生产水平较高。另外，处于南欧的保加利亚、中欧的斯洛文尼亚以及南美洲的秘鲁等国家栗子单位面积产量都处于较高的水平（朱灿灿等，2014）。

2. 中国板栗产业现状

板栗也称栗、魁栗、毛栗、风栗、锥栗，壳斗科栗属植物，原产我国，拉丁学名 *Castanea mollissima* BL.，英文名也称中国栗子（Chinese chestnut）。板栗是我国食用最早的著名坚果之一，年产量居世界首位。我国板栗品质优良，营养丰富为世界群栗之冠。炒食后其肉质细密，香甜适口，十分受欢迎。中国栽培板栗历史悠久，有文献记载的可追溯到3000多年前。《诗经》中就记载有“树之榛栗”“东门之栗”“隰有栗”，其后的《战国策》《吕氏春秋》《史记》《本草纲目》也均有关于栗的记载（鄢丰霞等，2013）。其显著特点是色泽艳丽、涩皮易剥、风味独特，对栗疫病、墨水病等病虫害有较强的抵抗能力。目前，中国板栗种植区域东起台湾及沿海各省，西至内蒙古、甘肃、四川、云南、贵州等地，北自吉林省的集安，南到海南省，以华北各省和长江流域各省栽培最为集中。中国的板栗产量和结果园面积长期居世界第一位。

据FAO统计数据，21世纪以来，中国板栗收获面积和产量分别从11万公顷和59.82万吨增加到约33万公顷和约185万吨，均增加了2倍以上，高于同期全球的增幅，占全球的比重也分别从34.56%和63.60%提高到55.46%和76.83%，2008~2017年，中国板栗产量全球产比均超过80%，2019年在3/4以上（见表38-17）。

从国内看，据《中国林业和草原统计年鉴》数据，2010~2019年，中国板栗产量从170.17万吨增加到219.81万吨，增长29.17%，综合排名前10的省区分别是湖北、河北、山东、河南、云南、辽宁、安徽、湖南、福建和广西。2010~2019年板栗产量综合排名前10位的主产省板栗产量及云南占比如表38-18所示。

表 38 – 17　　2000 ~ 2019 年部分年份中国板栗生产及全球占比情况

	指标	2000 年	2002 年	2004 年	2006 年	2008 年	2010 年	2011 年	2012 年	2013 年	2014 年	2015 年	2016 年	2017 年	2018 年	2019 年
全球	面积（万公顷）	31. 83	34. 82	40. 08	44. 97	50. 25	54. 93	54. 84	55. 88	57. 18	56. 08	56. 12	59. 50	59. 55	61. 72	59. 57
	产量（万吨）	94. 06	104. 02	126. 70	149. 61	179. 64	199. 97	203. 73	205. 62	209. 01	203. 88	201. 27	217. 99	217. 95	236. 34	240. 69
	产值（亿美元）	9. 54	9. 17	12. 76	16. 59	27. 73	30. 11	40. 95	48. 88	48. 70	49. 18	47. 22	50. 03	48. 76	10. 84	—
中国	面积（万公顷）	11. 00	13. 00	17. 50	22. 00	26. 00	29. 50	30. 00	30. 50	30. 50	29. 70	28. 92	32. 27	32. 21	32. 60	33. 04
	产量（万吨）	59. 82	70. 17	92. 27	113. 97	145. 05	164. 47	169. 41	171. 18	172. 17	166. 94	163. 31	179. 86	179. 77	182. 22	184. 91
	产值（亿美元）	5. 50	5. 48	8. 35	10. 99	21. 69	23. 93	34. 08	42. 30	41. 68	40. 69	39. 94	42. 62	40. 75	—	141. 89
占比（%）	面积	34. 56	37. 33	43. 66	48. 92	51. 74	53. 70	54. 71	54. 59	53. 34	52. 96	51. 54	54. 23	54. 09	52. 82	55. 46
	产量	63. 60	67. 45	72. 83	76. 17	80. 74	82. 25	83. 16	83. 25	82. 37	81. 89	81. 14	82. 51	82. 48	77. 10	76. 83
	产值	57. 67	59. 71	65. 47	66. 22	78. 23	79. 47	83. 22	86. 54	85. 58	82. 74	84. 57	85. 20	83. 56		

资料来源：根据 FAOSTAT 2021 年 8 月数据整理。

表 38 – 18　　2010 ~ 2019 年主产省板栗产量及云南全国占比情况　　单位：万吨

区域	2010 年	2011 年	2012 年	2013 年	2014 年	2015 年	2016 年	2017 年	2018 年	2019 年
全国	170. 17	189. 66	197. 96	213. 23	227. 82	234. 21	228. 92	236. 45	227. 29	219. 81
湖北	27. 67	28. 89	39. 96	41. 10	41. 40	41. 24	41. 51	43. 48	40. 55	39. 03
河北	17. 46	20. 62	24. 39	28. 46	27. 52	32. 75	35. 14	38. 13	37. 60	32. 65
山东	27. 35	27. 95	28. 77	31. 48	30. 58	31. 33	30. 29	27. 12	26. 74	25. 64
云南	5. 36	5. 31	7. 08	12. 88	16. 11	20. 04	14. 50	15. 42	16. 59	14. 26
辽宁	10. 13	11. 83	11. 76	10. 30	12. 62	13. 83	15. 75	14. 52	14. 36	14. 42
河南	20. 65	25. 01	13. 62	12. 23	12. 68	11. 48	11. 78	12. 10	10. 68	10. 57
广西	7. 31	7. 31	8. 19	9. 16	7. 37	10. 16	10. 53	10. 67	10. 98	10. 98
安徽	13. 72	14. 87	11. 62	12. 42	19. 78	10. 59	9. 36	10. 18	8. 89	10. 95
湖南	7. 25	8. 78	9. 68	9. 91	10. 25	10. 17	9. 88	10. 32	11. 29	10. 78
福建	6. 35	8. 66	8. 62	9. 55	10. 82	13. 49	11. 86	11. 86	8. 04	8. 69
云南占比（%）	3. 15	2. 80	3. 58	6. 04	7. 07	8. 56	6. 33	6. 52	7. 30	6. 49

资料来源：根据历年《中国林业和草原统计年鉴》数据整理。

从表 38 – 18 可以看出，湖北、河北和山东的板栗产量一直排名全国前列，3 省的板栗产量之和占全国的比重多年均在 40% 以上，2012 ~ 2013 年曾高达 47% 以上，近年来也在 45% 左右。除山东的板栗产量基本稳定并在近年出现小幅下降外，其他两省均有不同幅度增长。传统大省河南的板栗产量从2010年的20.65万吨大幅下滑到2019年仅10.57万吨，降幅高达48%以上，全国排名从第3位下滑到第9位，其他省区板栗的产量变化各有千秋，但增减幅度均不大。云南省的板栗产量从2010年的5.36万吨增加到2019年的14.26万吨，增幅高达166.13%，排在增幅榜第1位，全国排名从2012年之前的第10位上升第4位后，一直保持在第4和第5位至今，占全国板栗总产量的比重从3.15%提高到6.49%，2015年最高时曾达8.56%。

加工方面，目前我国板栗多以生栗原料销售为主，板栗加工业以初加工为主，板栗制品的花色品种不多，科技含量不高，加工技术比较落后。目前市场上的板栗制品主要有糖炒栗子、糖水栗子罐头、速冻板栗仁、板栗干制品等。根据北京市农林科学院综合所调查统计，我国16个省份拥有板栗加工企业300多家，其中年产值千万元以上的企业仅有50多家，目前全国尚无知名品牌。

消费方面，目前中国板栗消费市场以糖炒栗子为主，占60%~70%的消费市场份额，而板栗深加工占比不到15%，板栗及板栗食品出口也局限在日本、韩国等少数地区，由此可见板栗市场结构太单一。加上糖炒板栗采用新鲜板栗为原料，季节性很强，可选择范围小，便利性低，导致板栗消费市场增长缓慢。根据北京市农林科学院综合所调查统计，全国板栗总消费量在120万吨左右，且只够半年的消费，市场容量在600亿元左右。若是全年消费，市场容量可达1200亿元。

虽然板栗被称为铁杆庄稼，在我国大部分地区均有种植，而且随着退耕还林工程的持续推进，板栗产业规模将进一步扩大，板栗消费市场也将逐渐扩大。但是，总体来看，中国板栗产业发展还处于相对落后的初级阶段，具体表现在几个方面：一是新品种和新技术研发推广滞后。相比桃、苹果等大宗水果，板栗产业发展受重视程度不高，科技投入不足、机制不顺，使得种植生产上应用的基本是本地品种，优质高产的新品种研发刚刚起步。更缺乏有机板栗轻简高效的标准板种植管理技术的研究集成和示范推广，深加工技术及研究较为落后。二是板栗流通渠道不畅。由于鲜板栗含有丰富的水分、糖和淀粉，很容易在短时间内发酵、霉变或蛀虫，因此储存困难。加之脱水干燥不仅费时费力，还容易使板栗失去其原有的口味、降低其市场价值，因此冷库保鲜储存显得尤为重要。而各板栗产区政府只注重板栗种植推广，对冷库、市场等配套设施建设和流通支持重视不够。此外，没有全国统一的产品质量标准，也不适应电子交易、远程交易等现代低成本营销方式的需要。三是主体及品牌培育不力。由于板栗比较效益不高，尤其是深加工企业数量不多、规模不大，使得产品创新能力、品牌建设能力和市场竞争力均不高。国内有近30个板栗之乡，分布于10个省份，市场、出口销售主要以板栗初产品为主，附加值不高。

3. 云南板栗生产简况

板栗是云南仅次于核桃的第二大干果。据《云南统计年鉴》资料，2011～2020年全省板栗总产量从3.72万吨增长到8.77万吨（见表38－19）。

表38－19　　2010～2019年云南各州（市）板栗产量　　单位：万吨

地区	2010年	2011年	2012年	2013年	2014年	2015年	2016年	2017年	2018年	2019年
昆明	1.35	1.49	2.89	1.79	2.36	2.54	2.39	2.52	2.82	3.49
曲靖	0.37	0.41	1.39	0.46	0.45	0.46	0.50	0.46	0.48	0.47
玉溪	0.35	0.36	0.39	0.43	0.72	0.77	0.72	0.71	0.73	0.75
保山	0.17	0.19	0.23	0.23	0.27	0.27	0.35	0.18	0.31	0.51
昭通	0.09	0.10	0.20	0.16	0.18	0.23	0.23	0.24	0.25	0.26
丽江	0.04	0.06	0.18	0.10	0.15	0.15	0.14	0.16	0.11	0.10
普洱	0.06	0.07	0.07	0.14	0.16	0.16	0.11	0.13	0.14	0.14
临沧	0.05	0.05	0.05	0.06	0.07	0.07	0.08	0.07	0.08	0.08
楚雄	0.75	0.75	1.01	1.10	1.27	1.34	1.46	1.59	1.80	1.89
红河	0.08	0.08	0.13	0.18	0.13	0.20	0.24	0.23	0.26	0.27
文山	0.10	0.07	0.10	0.09	0.09	0.10	0.10	0.15	0.11	0.12
西双版纳	0.05	0.06	0.14	0.05	0.07	0.00	0.00			0.00
大理	0.16	0.13	0.14	0.21	0.31	0.32	0.48	0.49	0.48	0.50
德宏	0.04	0.04	0.06	0.06	0.07	0.08	0.06	0.07	0.07	0.08
怒江	0.02	0.03	0.05	0.04	0.04	0.04	0.04	0.03	0.03	0.03
迪庆	0.04	0.05	0.05	0.05	0.06	0.07	0.14	0.06	0.07	0.07
全省	3.72	3.95	7.08	5.15	6.40	6.78	7.04	7.10	7.74	8.77

资料来源：历年《云南统计年鉴》。

板栗在云南省各地都有分布，产量主要集中在昆明、楚雄、曲靖和玉溪四个州市，其产量之和占全省的70%以上。云南省的板栗生产相对来说比较落后，管理粗放，甚至处于不管理而任其自然生长的状态。

4. 板栗贸易情况

全世界90%以上的栗子贸易在欧洲和亚洲进行，进出口贸易量最大的国家主要是中国、意大利、韩国、葡萄牙、西班牙、日本、法国和美国，其中，中国、意大利、韩国、葡萄牙、西班牙为主要出口国，日本、法国、美国为主要进口国。

中国为板栗出口量最大的国家，同时也是进口大国。日本虽然不是板栗生产大国，但其进口量最大，其次为中国、法国、意大利、美国等国家，但进口份额比较低。欧洲和亚洲在板栗进出口贸易中居于主导地位（朱灿灿等，2014）。FAO 统计数据表明，2010 ~2019 年，中国板栗出口量占全球板栗出口总量的比重多年在 30% 以上，占据主导地位，但是仍然以内销为主，每年的出口量仅有几万吨，仅占同期全国板栗产量的 2%（见表 38 -20）。

表 38 -20　　2010 ~2019 年中国板栗出口及全球占比情况

指标	2010 年	2011 年	2012 年	2013 年	2014 年	2015 年	2016 年	2017 年	2018 年	2019 年
全球出口量（吨）	101680.0	96738.0	105971.0	125094.0	133576.0	128873.0	125054.0	109227.0	116369.0	118944.0
全球出口额（万美元）	25886.0	26613.1	33186.0	38344.2	42578.8	32842.3	34991.9	33441.0	36231.4	32652.1
中国出口量（吨）	37096.0	37847.0	35027.0	39067.0	35626.0	34646.0	32916.0	33922.0	36359.0	39836.0
中国出口额（万美元）	7365.0	7604.2	8602.3	8439.3	8267.7	7803.5	7706.0	7338.5	7858.1	8679.4
出口量占比（%）	36.48	39.12	33.05	31.23	26.67	26.88	26.32	31.06	31.24	33.49
出口额占比（%）	28.45	28.57	25.92	22.01	19.42	23.76	22.02	21.94	21.69	26.58

资料来源：根据 FAOSTAT 2021 年 8 月数据整理。

作为全国主产省之一，云南的板栗个头都特别大，吃起来也特别的甜。随着中国人对中高质量食品需求的快速增长，云南板栗作为中高质量产品，市场潜力巨大。云南省镇雄县镇雄滇龙生态科技有限公司生产的“云栗”速食板栗仁作为一款高质量的生态产品，市场定位在中高端，属于特色农产品、送礼佳品、养生休闲食品。产品定位人群主要是都市白领、中产家庭和高收入人群。云南“云栗”品牌自上市以来，现已进入云南所有的家乐福超市、大尔多卖场、喜玛特超市、日新达连锁超市等云南的主流卖场，公司与中石化易捷便利店、中国石油昆仑好客便利店、云南交投集团等合作，根据调研掌握情况，产品覆盖云南省内 90% 以上的加油站和高速公路服务区。2019 年，公司开展全国布局，目前已进入青海、吉林、内蒙古、山西等多个省外市场。

（二）油茶

油茶（拉丁文名 *Camellia oleifera* Abel.），别名茶子树、茶油树、白花茶；油茶属山茶科（*Theaceae*）山茶属（*Camellia* L.）植物，为常绿小乔木或灌木，泛指山茶科山茶属中种子含油率较高，具有栽培应用价值的一类植物，因其种子可榨油（茶油）供食用，故名。以普通油茶（*Camelli aoleifera*）为代表，是我国特有的木本食用油料树种，在我国有2300多年的栽培利用历史。与油橄榄、油棕、椰子并称为世界四大木本油料植物，与乌桕、油桐和核桃并称为我国四大木本油料植物（王瑞等，2015）。茶油色清味香，营养丰富，耐贮藏，是优质食用油；也可作为润滑油、防锈油用于工业。茶饼既是农药，又是肥料，可提高农田蓄水能力和防治稻田害虫。果皮是提制栲胶的原料。

1. 油茶籽生产情况

我国是油茶的原产地和分布中心，栽培历史悠久，其水平分布具有分布区广、地区分布不连续以及分布区内不同地区气候条件差异很大的特点。主要生长在南方亚热带地区的高山及丘陵地带，垂直分布的变化亦很大，随着海拔的升高、气候的变化和不同的土壤层及植被，油茶垂直分布上限和下限由东向西逐渐增高（王斌等，2011）。我国油茶主产区集中分布在湖南、江西、广西、湖北、福建、广东、浙江、安徽、贵州、云南、重庆、四川、河南和陕西14个省（区、市）。其中湖南、江西、广西面积最大，江苏也有少量分布。据国家统计局网站及2011～2020年《中国林业和草原统计年鉴》整理2010～2019年全国及10个主产省油茶林面积和油茶籽产量情况，详见表38－21。可以看出2010～2019年，我国油茶林面积和油茶籽产量均保持持续稳定增长的态势，而且油茶林面积仅增长了42.25%，但油茶籽产量则增长了145.3%。

表38－21　2010～2019年10个主产区油茶林面积、油茶籽产量及云南占比

区域	指标	2010年	2011年	2012年	2013年	2014年	2015年	2016年	2017年	2018年	2019年
全国	面积（万公顷）	304.44	345.57	349.89	352.92	364.80	382.17	400.92	407.18	426.66	433.05
	产量（万吨）	109.22	148.00	172.77	177.65	202.34	216.35	216.44	243.16	262.98	267.93
湖南	面积（万公顷）	128.05	135.93	129.02	120.87	123.81	124.11	129.43	136.06	138.57	145.25
	产量（万吨）	39.05	51.68	68.00	73.00	82.00	82.00	87.00	101.00	101.00	110.04
江西	面积（万公顷）	72.75	82.48	85.53	86.10	85.35	89.82	90.76	91.54	91.60	89.41
	产量（万吨）	17.97	42.72	45.00	41.00	43.00	43.00	37.00	45.00	46.00	42.17

续表

区域	指标	2010年	2011年	2012年	2013年	2014年	2015年	2016年	2017年	2018年	2019年
广西	面积（万公顷）	26.67	36.67	30.55	30.97	33.00	33.03	33.35	34.71	48.12	51.33
	产量（万吨）	14.37	15.15	16.00	17.00	18.00	19.00	20.00	23.00	27.00	26.51
湖北	面积（万公顷）	11.52	13.56	15.56	17.10	20.02	21.50	25.43	27.11	27.96	28.65
	产量（万吨）	7.11	8.29	9.00	9.00	13.00	14.00	14.00	15.00	19.00	20.94
福建	面积（万公顷）	13.71	12.20	13.39	12.67	13.75	18.72	15.86	17.31	21.88	16.72
	产量（万吨）	9.48	8.19	9.00	10.00	11.00	14.00	14.00	16.00	17.00	13.03
广东	面积（万公顷）	11.37	13.58	14.78	15.73	15.40	17.14	18.57	17.14	17.72	18.10
	产量（万吨）	8.24	6.04	7.00	8.00	9.00	15.00	15.00	13.00	15.00	16.15
浙江	面积（万公顷）	12.22	13.00	13.73	14.42	15.24	15.97	17.44	17.29	17.20	15.67
	产量（万吨）	4.03	4.89	6.00	5.00	6.00	6.00	5.00	6.00	7.00	7.40
安徽	面积（万公顷）	4.67	6.19	9.12	10.28	11.52	12.03	12.71	13.19	14.11	14.70
	产量（万吨）	2.59	3.16	6.00	6.00	7.00	8.00	8.00	9.00	10.00	9.41
贵州	面积（万公顷）	8.44	9.95	11.14	13.62	12.93	14.30	19.23	19.89	15.43	17.17
	产量（万吨）	2.04	26.00	4.00	4.00	7.00	7.00	7.00	7.00	8.00	7.08
云南	面积（万公顷）	7.65	13.09	18.56	20.37	22.03	22.68	23.85	17.96	17.37	17.93
	产量（万吨）	0.78	0.54	1.43	1.54	1.68	1.69	1.81	1.42	2.00	2.52
云南占比（%）	面积	2.51	3.79	5.30	5.77	6.04	5.94	5.95	4.41	4.07	4.14
	产量	0.71	0.37	0.83	0.87	0.83	0.78	0.83	0.59	0.76	0.94

资料来源：全国及云南油茶籽产量数据来源于国家统计局网站，其他数据来源于2011～2020年《中国林业和草原统计年鉴》。

2019年，全国油茶林总面积超过433万公顷，油茶籽产量接近268万吨，茶油产量超过55万吨，油菜产业产值超过1000亿元。2019年，我国及10个主产省茶籽油产量和油茶产业产值及云南占比情况详见表38－22。

表38－22　2019年全国10个主产区茶籽油产量、总产值及云南占比

指标	全国	浙江	安徽	福建	江西	湖北	湖南	广东	广西	贵州	云南	云南占比（%）
产量（万吨）	55.38	1.35	2.04	1.79	10.54	3.88	26.30	3.34	3.34	0.88	0.45	0.82
产值（亿元）	1157.47	36.72	36.96	40.11	313.93	97.63	471.91	30.33	82.06	18.49	5.89	0.51

资料来源：根据《中国林业和草原统计年鉴2020》数据整理。

从表38－21和表38－22可以看出，2010～2019年，云南油茶林面积和油茶籽产量均呈现先升后降的总体趋势。虽然云南油茶林面积从7.65万公顷增加到17.93万公顷（2016年最高曾达23.85万公顷）、全国排名从第9位（安徽之前）

上升到第7位（2016年最高为第5位），增幅高达134.36%，远高于同期全国平均增幅，在10个主产省中增幅排名第3（低于安徽和福建），但占全国油茶林总面积的比重最高时（2014年）也仅6.04%，2019年更是降到仅4.14%，油茶籽产量一直处于10省末位、全国占比一直不足1%。尤其值得大家关注的是云南油茶籽和茶籽油产量全国占比长期低于油茶林面积占比、油茶产业产值占比又低于油茶籽产量占比，反映出云南的油茶籽产业生产效率和效益低于全国平均水平的问题。

从省内看，云南的多样化气候条件为油茶生产提供了一个独特的平台，全省129个县（市、区）中，125个县（市、区）均有油茶种植，但主要分布在文山、曲靖、德宏、保山、红河、怒江、临沧和普洱等地，昆明、楚雄、版纳、迪庆等地仅零星种植。《云南统计年鉴》数据显示，昆明、曲靖、保山、普洱、临沧、楚雄、文山、大理、德宏、怒江等地均有油茶种植，但产量主要集中于文山、曲靖和德宏3个州（市）（见表38－23）。2019年云南省的油茶籽产量为2.84万吨，较2010年的0.76万吨增加了273%。

表38－23　　2010～2019年云南各州（市）油茶籽产量　　单位：吨

地区	2010年	2011年	2012年	2013年	2014年	2015年	2016年	2017年	2018年	2019年
昆明	3									
曲靖	465	200	2900	3000	3100	3100	3600	3100	5800	9900
保山	149.1	300	400	400	400	500	500	400	600	600
普洱	1.8							100	100	100
临沧	60.5	100	100	100	100	200	200	100	100	100
楚雄	21.8									
文山	6741.6	4400	9000	10900	11700	11300	10500	12600	13900	15100
大理	36.2									
德宏	141.1	100	1900	1100	1200	1600	1700	1400	1500	1800
怒江				100						300
红河									200	500
全省	7620.1	5100	14300	15600	16500	16700	16500	17700	22200	28400

资料来源：历年《云南统计年鉴》。

2. 油茶籽市场前景

油茶是一种综合利用价值极高的经济树种，主要产品为茶油，副产品包括茶枯、茶壳和茶粕。副产品茶枯经深加工可提取残油、茶皂素；茶壳经提取可用于制作糠醛、木糖醇、栲胶、活性炭和培养基等。油茶在国内外都有着广阔的市场，发展潜力很大。随着人口增加，耕地减少，大力开发木本油料已成为当今世界解决人类食用油严重不足的主要渠道。

油茶是我国得天独厚的植物资源，也是目前唯一可以与橄榄油媲美的木本食用油料。茶油具有良好的稳定性，保质期长，烟点高、耐高温，良好的抗氧化性能，易于消化吸收等优点。中国茶油的食疗双重功能实际上优于橄榄油，除了两种油脂的脂肪酸组成及油脂特性、营养成分相似外，茶油还含有橄榄油所没有的特定生理活性物质茶多酚和山茶甙（即茶皂甙，或称茶皂素）。随着贸易全球化以及国际市场对我国特有茶油优质特性的认识，国外企业从中国进口油茶生产加工茶油产品，以及国内企业将开发出来的茶油产品销售海外，必将成为一种趋势。

根据调研掌握情况，在国际市场上，茶油十分热销，国产茶油在日本等地的价格达每吨 3 万元以上，国内顶级茶油的售价达到每吨 10 万多元。据有关专家预测，如果茶油以精品形式打入国际市场，每吨售价可超过 25 万元。

油茶还具有很高的综合利用价值，茶枯饼、茶皂素、茶籽壳等剩余物，可广泛用在日用化工、制染、造纸、化学纤维、纺织、农药等领域。茶枯饼中仍存在 5%~6% 的茶油，经浸提后的余饼可继续提取 4% 的高品质茶皂素，其皂素含量在 80% 以上，是市场所需及出口创汇的好产品。茶皂素是一种非离子型表面活性剂，使用安全，易被微生物分解，有利于环境保护。高品质的油茶副产品，已广泛应用于多个行业，发展前景很大。

根据调研掌握情况，2019 年我国年产茶油为 50 多万吨，年人均占有量仅 0.4 千克，远低于发达国家年人均占有橄榄油 20 公斤的水平，食用油消费结构极不合理，发达国家橄榄油的消费量一般占其植物油总消费量的 40% 以上。我国要达到年人均茶油占有量 2 千克的标准，全国茶油产量需增加 5 倍以上，年缺口达百万吨以上，可见，未来茶油的市场需求非常旺盛。

（三）油橄榄

油橄榄（*Olea europaea L.*）又名齐墩果、阿列布，喜光、耐旱，原产小亚细亚，是世界上著名的木本油料树种，已有几千年的栽培历史，与油茶、油棕、椰子并称为世界四大木本食用油料树种，主要集中在地中海沿岸国。

我国引种油橄榄已有近百年的历史。1907 年最早由法国传教士在德钦县和蒙自县试种的数株油橄榄，现仍有保存，但数量极少。1964 年后，云南和我国南方其他的 14 个省一起开展了较大规模的油橄榄引种工作，在引种的过程中对其栽培和加工技术进行了系统研究。目前油橄榄主要分布在甘肃、四川、云南、重庆、陕西、湖北、湖南、浙江、江苏、广东、贵州等省市。油橄榄加工涵盖了油品生产、制药中间体、化妆品、保健酒、油丸等橄榄油及其制品八大系列70多个产品。在2016年中国油橄榄创新战略联盟成立大会（甘肃陇南）上，国际油橄榄理事会推广部主任恩德提出将中国纳入国际橄榄油理事会成员国的构想。国家林业局已经将油橄榄产业编入《全国优势特色经济林发展布局规划》。至此，发展油橄榄从地方区域特色经济上升为国家战略（张正武等，2017）。

1. 油橄榄生产情况

根据联合国粮农组织统计，2000～2019年，全球油橄榄栽培面积从835.18万公顷上升到1057.82万公顷，增加了26.69%，年均增长1.25%；油橄榄产量从1565.42万吨上升到1946.45万吨（2018年曾高达2188.17万吨），增加了24.34%，年均增长1.15%；橄榄油产量从2000年的254.46万吨增加到2018年的357.43万吨，增加了40%，年均增长1.91%（见图38－10）。

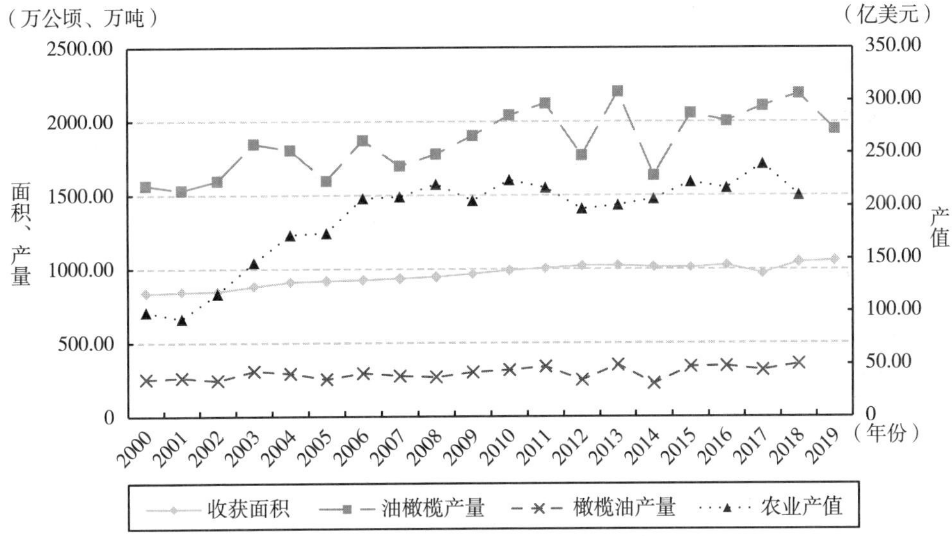

图38－10　2000～2019年全球油橄榄收获面积、油橄榄及橄榄油产量、农业产值变化曲线

资料来源：根据FAOSTAT 2021年7月数据整理。

根据国家统计局数据，2015年，我国油橄榄种植面积达到7.11万公顷，油橄榄产量达3.74万吨，橄榄油产量超过5400吨，产值超过15亿元。第一大省甘肃油橄榄面积3.6万公顷，占全国总面积的50.6%；鲜果产量2.59万吨，占全国总产量的69%；产初榨橄榄油3885吨，占全国总产量的71.8%；综合产值11.85亿元，占全国总产值的74.5%。其他省份，如四川的油橄榄生产面积为2.23万公顷，云南0.73万公顷，重庆0.53万公顷，其他几个省都是新建园尚未投产，栽培面积都在150公顷以下。目前专门从事橄榄油加工的企业有50多家，年加工鲜果3.6万吨（见表38－24）。

表38－24　　2015年中国油橄榄生产情况统计

省市	州（市）	县（区）	面积（万公顷）	鲜果产量（万吨）	油产量（吨）	产值（亿元）
甘肃	1	4	3.6	2.59	3885	11.85
四川	4	20	2.23	0.83	997	3.40
云南	4	15	0.73	0.32	20	0.65
广东	1	2	<0.015		<5	
河南	1	1	<0.015		<5	
重庆	3	5	0.53		<5	
陕西	2	4	<0.015		<5	
福建	1	2	<0.015		<5	
湖北	2	4	<0.015		<5	
合计	19	62	7.11	3.74	5405	15.90

资料来源：《2016·中国油橄榄创新战略联盟成立大会》和张正武等（2017）。

据国家林业和草原局出版的《中国林业和草原统计年鉴》数据，我国油橄榄逐步呈现高度集中的分布特点，主要集中在西北的甘肃和陕西以及西南的四川、重庆、云南等地，其中90%以上的油橄榄产自甘肃和四川两省，此外，湖北、浙江、广东、福建、湖南、贵州、江苏等省市虽也有种植生产但占比极小。2011～2019年，排名第1的甘肃和排名第2的四川两省油橄榄产量占同期全国油橄榄总产量的比重均在95%以上，2011～2013年曾高达99%以上，仅甘肃省的占比就曾多年达到70%以上（见表38－25）。

表38－25　　2010～2019年中国油橄榄生产情况　　单位：吨

地区	2010年	2011年	2012年	2013年	2014年	2015年	2016年	2017年	2018年	2019年
全国	4940.00	6550.00	10429.00	15402.00	20820.00	27907.00	38767.00	61879.00	49089.00	62955.00
甘肃	2400.00	4506.00	7446.00	11060.00	14322.00	20017.00	26438.00	45171.00	26902.00	39284.00
四川	1626.00	2019.00	2965.00	4232.00	6226.00	7000.00	9598.00	14675.00	20026.00	20607.00
重庆	14.00	3.00	15.00	55.00	205.00	363.00	1037.00	1634.00	1118.00	1600.00
云南		22.00	2.00	20.00	67.00	74.00	1657.00	209.00	804.00	1064.00
陕西	900.00		1.00			2.00	30.00	42.00	42.00	140.00
湖北								115.00	160.00	191.00
甘肃+四川占比（%）	81.50	99.62	99.83	99.29	98.69	96.81	92.96	96.71	95.60	95.13
云南占比（%）		0.34	0.02	0.13	0.32	0.27	4.27	0.34	1.64	1.69

资料来源：根据历年《中国林业和草原统计年鉴》数据整理。

虽然云南省是中国最早引种油橄榄的省份之一，20 世纪 80 年代初，昆明、文山、红河、楚雄、曲靖、大理、保山、丽江、昭通、玉溪等 10 个州（市）20 多个县发展了 5333 余公顷油橄榄。截至 2015 年，云南省有 0.73 万公顷，栽培于迪庆、丽江、大理、楚雄、昆明等地的金沙江干热河谷地区，主要有楚雄州永仁县、丽江市玉龙县和永胜县、迪庆州德钦县和香格里拉等 5 个县（宁德鲁等，2010），种植面积约占全国种植面积的 10%。但是，从表 38 – 25 可以看出，云南的油橄榄产量总量及全国占比一直不高且波动非常大。

2. 油橄榄消费情况

根据联合国粮农组织统计数据库和食物平衡数据库数据整理 2000 ~ 2018 年全球橄榄油市场供应、消费主要数据详见表 38 – 26。可以看出，过去近 20 年间，全球橄榄油消费从 270 多万吨增加到 320 万吨，目前基本稳定在 310 万 ~ 320 万吨。全球人均橄榄油消费量仅在 400 克左右。

表 38 – 26　　2000 ~ 2018 年全球橄榄油市场供应、消费量情况

指标	2000 年	2005 年	2010 年	2011 年	2012 年	2013 年	2014 年	2015 年	2016 年	2017 年	2018 年
生产量（万吨）	259.90	260.10	317.70	334.40	242.90	354.30	231.60	340.40	288.60	312.10	356.30
进口量（万吨）	118.80	160.20	176.10	186.30	196.80	190.90	211.60	209.10	211.30	201.70	222.10
出口量（万吨）	110.00	150.00	168.20	175.80	192.50	185.40	209.90	202.30	202.10	197.40	218.90
库存变化（万吨）	–4.30	–7.00	–17.50	–24.30	68.20	–51.20	–82.30	34.70	–20.60	0.10	41.70
本地供应量（万吨）	264.40	263.40	308.00	320.50	315.40	308.60	315.60	312.50	318.30	316.20	317.70
消费量（万吨）	273.00	277.30	343.10	369.20	179.00	411.00	315.60	312.50	318.40	316.30	317.80
人均年消费量［千克/(人·年)］	0.37	0.36	0.40	0.42	0.42	0.40	0.41	0.39	0.40	0.39	0.39

资料来源：根据 FAOSTAT 2021 年 8 月数据整理。其中消费量 = 生产量 + 进口量 – 出口量 – 库存变化。

当然，理论上讲，一个国家或地区某种商品的消费量应等于本地市场供应量，而表 38 – 26 中的数据明显表现出 2013 年及之前“消费量”并不等于“本地供应量”，2014 年之后，两个指标间则表现出非常高的契合度，主要是 2013 年前后，FAO 关于食物平衡的计算方法发生了重大的改变，为此，在 FAOSTAT 数据中，2013 年之前和 2014 年之后的 FOOD BALANCES 相关数据被分别放在两个不同的子数据库中。

橄榄油消费主要集中在地中海国家和美洲、东亚及大洋洲的一些发达经济体和新兴经济体。从消费总量看，2018 年，意大利、西班牙、美国、希腊和土耳其多年排名全球前 5，摩洛哥、法国、阿尔及利亚、葡萄牙和英国紧随其后在前 10。

据 FAOSTAT 数据，2016～2018 年，橄榄油年消费量在 50 万吨以上的国家只有意大利和西班牙，美国橄榄油年消费量则在 31 万～32 万吨，排名第 4 至第 7 位的希腊、土耳其、摩洛哥和法国橄榄油年消费量在 10 万吨以上、20 万吨以下，其他国家均小于 10 万吨。2016～2018 年，中国的橄榄油消费量从 4.5 万吨降到 4 万吨，全球排名从第 14 位降到第 17 位（见表 38－27）。而就人均消费量而言，希腊人均橄榄油消费量最高，其次为西班牙、意大利和葡萄牙。

表 38－27　　2016～2018 年橄榄油消费量排名前 20 的国家

排名	消费量（万吨）排序						人均消费量［千克/（人・年）］排序					
	2016 年		2017 年		2018 年		2016 年		2017 年		2018 年	
1	意大利	64.7	意大利	63.4	西班牙	61.8	希腊	14.80	希腊	14.78	希腊	14.67
2	西班牙	58.8	西班牙	54.8	意大利	57.8	西班牙	11.01	西班牙	10.82	西班牙	11.23
3	美国	31.3	美国	31.6	美国	31.9	意大利	9.84	意大利	10.14	意大利	9.06
4	希腊	19.1	土耳其	19.3	希腊	18.7	葡萄牙	6.13	葡萄牙	5.97	葡萄牙	6.43
5	土耳其	17.7	希腊	19.1	摩洛哥	16.1	阿尔巴尼亚	3.91	阿尔巴尼亚	3.69	摩洛哥	3.78
6	摩洛哥	13.4	法国	11.6	法国	11.6	突尼斯	2.84	摩洛哥	3.20	阿尔巴尼亚	3.59
7	法国	11.5	摩洛哥	11.0	土耳其	10.2	以色列	2.81	以色列	3.17	突尼斯	2.83
8	阿尔及利亚	7.9	葡萄牙	9.3	阿尔及利亚	10.1	摩洛哥	2.76	突尼斯	2.86	以色列	2.50
9	葡萄牙	7.8	阿尔及利亚	7.8	葡萄牙	8.5	卢森堡	2.47	约旦	2.54	卢森堡	2.48
10	英国	6.8	英国	7.4	巴西	8.0	黎巴嫩	2.36	黎巴嫩	2.47	阿尔及利亚	2.39
11	德国	6.4	德国	6.5	德国	6.5	塞浦路斯	2.12	卢森堡	2.47	黎巴嫩	2.32
12	日本	5.8	巴西	6.0	英国	6.5	土耳其	2.09	塞浦路斯	2.12	塞浦路斯	2.13
13	巴西	5.7	突尼斯	6.0	日本	5.8	约旦	2.01	佛得角	1.99	澳大利亚	2.05
14	中国	4.5	日本	5.7	澳大利亚	5.3	阿尔及利亚	1.88	阿尔及利亚	1.96	约旦	2.02
15	突尼斯	4.4	澳大利亚	4.8	加拿大	4.9	佛得角	1.88	土耳其	1.96	法国	1.73
16	加拿大	4.3	中国	4.2	突尼斯	4.2	澳大利亚	1.85	瑞士	1.76	佛得角	1.72
17	澳大利亚	4.2	加拿大	3.8	中国	4.0	法国	1.73	法国	1.73	瑞士	1.72
18	以色列	2.6	以色列	2.4	俄罗斯	2.7	瑞士	1.71	澳大利亚	1.63	巴巴多斯	1.49
19	约旦	2.5	俄罗斯	2.4	埃及	2.4	马耳他	1.44	马耳他	1.43	马耳他	1.45
20	俄罗斯	2.4	沙特	2.4	沙特	2.3	新西兰	1.44	新喀里多尼亚	1.34	新西兰	1.38

资料来源：根据 FAOSTAT 2021 年 8 月数据整理。

根据《中国统计年鉴》和 FAO 数据测算，虽然截至 2018 年中国的橄榄油人均消费量仅为 0.03 千克，不足全球平均的 1/10，在全球消费橄榄油的 155 个左右国家中排名第 110 位之后。但我们也应该看到，进入 21 世纪以来，中国橄榄油年消费量增速迅猛，从 21 世纪初的不足千吨增加到 2012 年之后的 4 万吨以上，10 年增长 40 多倍；橄榄油人均年消费量也从不足 10 克提高到 30 克以上。为此，国际橄榄油理事会推断中国将成为世界第一大橄榄油消费国（吴学君等，2015）。

3. 油橄榄贸易情况

由于油橄榄生产具有大小年的变化，受此影响，橄榄油的产量和贸易量也呈周期性波动。但总体而言，世界橄榄油贸易量呈上升趋势。从贸易额看，目前，与油橄榄相关的贸易品类以橄榄油和果脯为主，其次是橄榄油果渣和少量的油橄榄果。据 FAOSTAT 数据整理 2000 ~ 2019 年全球油橄榄 4 种货品出口贸易情况（见表 38 – 28）。可以看出，2000 年，全球油橄榄相关出口贸易总量仅 161. 11 万吨，2010 年就超过 263 万吨（10 年增加 100 万吨以上），2014 年超过 300 万吨以后，2018 年超过 350 万吨，2019 年达到 363 万吨以上，2000 ~ 2019 年增长了 125. 59%，年均递增 4. 37%。同期出口额从 2000 年的不足 30 亿美元（仅 29. 84 亿美元），2010 年接近 75 亿美元，2017 年后超过 100 亿美元。仅纯橄榄油出口量就由 2000 年的不足 100 万吨增加到 2010 年超过 150 万吨，2019 年更是增加到 200 万吨以上，共增长 108. 49%，年均递增 3. 94%（见表 38 – 28）。

表 38 – 28　　2000 ~ 2019 年部分年份全球油橄榄出口贸易情况

年份	纯橄榄油		油橄榄果脯		橄榄油果渣		油橄榄果		合计	
	出口量（万吨）	出口额（亿美元）	出口量（万吨）	出口额（亿美元）	出口量（万吨）	出口额（亿美元）	出口量（万吨）	出口额（亿美元）	出口量（万吨）	出口额（亿美元）
2000	99. 45	21. 94	47. 62	6. 55	10. 85	1. 08	3. 19	0. 28	161. 11	29. 85
2005	143. 04	54. 49	66. 27	12. 03	11. 46	2. 44	1. 94	0. 38	222. 71	69. 34
2010	154. 87	51. 85	90. 91	19. 16	15. 48	2. 84	1. 74	0. 31	263. 00	74. 16
2011	163. 79	56. 70	89. 28	19. 31	16. 43	3. 28	6. 02	0. 89	275. 52	80. 18
2012	174. 37	56. 06	93. 12	18. 61	20. 60	3. 77	5. 54	0. 98	293. 63	79. 42
2013	170. 06	67. 24	100. 88	20. 64	18. 28	4. 25	6. 83	1. 09	296. 05	93. 22
2014	193. 75	70. 73	102. 57	21. 88	18. 90	4. 07	4. 25	0. 55	319. 47	97. 23
2015	183. 26	73. 31	100. 40	18. 85	21. 39	4. 33	4. 61	0. 54	309. 66	97. 03
2016	184. 33	73. 60	113. 45	20. 06	22. 65	4. 27	6. 26	0. 69	326. 69	98. 62
2017	178. 47	82. 26	113. 43	21. 71	21. 69	5. 50	9. 83	1. 04	323. 42	110. 51
2018	196. 85	83. 24	115. 15	23. 12	26. 14	6. 41	12. 19	1. 14	350. 33	113. 91
2019	207. 34	70. 07	126. 67	22. 55	21. 82	3. 72	7. 60	0. 82	363. 43	97. 16

注：由于橄榄油和纯橄榄油的含义不同，因此本表中的纯橄榄油出口数量小于表 38 – 26 中的橄榄油出口量。

资料来源：根据 FAOSTAT 2021 年 8 月数据整理。

欧盟是世界第一大橄榄油出口来源地区。据 FAOSTAT 统计数据，2000 ~ 2019 年，欧盟 28 国的纯橄榄油出口量从不足 85 万吨（2000 年为 84. 21 万吨）提高到约 170 万吨（2019 年为 169. 73 万吨），翻了 1 倍多，年均递增 3. 76%；占同期全球出口总量的比重多在 80% 以上，2014 年最高时曾超过 89%。分国别看，西班牙、意大利、突尼斯、葡萄牙、希腊、土耳其、叙利亚等是目前世界橄榄油主要出口国。据 FAOSTAT 数据，2018 ~2019 年，第一大橄榄油出口国西班牙纯橄榄油出口量年均达到98.9 万吨，2019 年突破 100 万吨达 107.57 万吨；意大利纯橄榄油出口量年均也超过 30 万吨居第 2 位；突尼斯、葡萄牙和希腊 3 国纯橄榄油年均出口量小于 20 万吨但大于 10 万吨分列第 3 ~第 5 位；此外，2019 年纯橄榄油出口量超过 5 万吨的有叙利亚和土耳其，超过 2 万吨的有摩洛哥和阿根廷，智利和美国则仅略超过 1 万吨，其他国家纯橄榄油出口量则不足万吨。

同时，欧盟也是世界第一大橄榄油进口地区。据 FAOSTAT 数据，2000 ~2019 年，欧盟 28 国的纯橄榄油进口量从 7209 吨增加到 122.01 万吨，增幅达到 69.25%、年均递增 2.81%；占同期全球纯橄榄油进口总量的比重多年在 60% 左右，2004 年最高时曾超过 70%，近几年也保持在 57% 左右。分国别看，意大利、美国、西班牙、法国、葡萄牙、巴西、德国、英国和日本等国家是目前纯橄榄油主要进口国。据 FAOSTAT 数据，2018 ~2019 年，意大利是纯橄榄油进口量超过 50 万吨的唯一国家，排名第 2 的美国进口量在 30 万吨以上；西班牙、法国和葡萄牙的纯橄榄油年进口量则在 10 万 ~15 万吨；2019 年橄榄油进口量超过 5 万吨的国家还有巴西、日本、德国、英国和中国。

中国橄榄油主要以进口为主，出口量较少。随着中国经济发展，国内对橄榄油需求不断增加。近年来中国橄榄油进口呈大幅增长态势，目前已成为各出口国竞相争夺的目标市场。2019 年中国纯橄榄油进口量超过 50000 吨，是 2009 年（1.25 万吨）的 4 倍以上（见表 38 -29），年均涨幅高达 14.96%。

表 38 -29　　2009 ~2019 年中国橄榄油进口贸易情况

指标	2009 年	2010 年	2011 年	2012 年	2013 年	2014 年	2015 年	2016 年	2017 年	2018 年	2019 年
进口量（吨）	12504	21253	32832	41276	36703	31907	33324	38625	37151	36089	50420
进口额（万美元）	1250.4	2125.3	3283.2	4127.6	3670.3	3190.7	3332.4	3862.5	3715.1	3608.9	5042

资料来源：根据 FAOSTAT 2021 年 8 月数据整理。

虽然目前橄榄油在中国尚属高端消费，但随着生活水平提高，国内尤其是北京、上海等大城市对橄榄油的需求将不断增加，在未来一段相当长的时期内，中国橄榄油进口量仍将持续增长（宋聚国，2015）。

（四）花椒和八角

花椒（*Zanthoxylum L*），属芸香科（*Rurtaeeae*），全世界约有 250 种，分布于

亚洲、美洲、非洲及大洋洲的热带和亚热带地区。我国约有 50 种，13 个变种，大部分花椒品种仍处于野生状态。在我国大面积人工栽培的品种主要是青花椒（*Z. schinifolium* Sieb et Zucc.），又名青川椒、崖椒、野椒、香椒子和红花椒（*Zanthoxylum bungeanum* Maxim.），又名川椒、秦椒、蜀椒、大红袍等。红花椒分布于全国多个省份，以北方甘肃、陕西、河南、河北、山东等省居多。青椒则主产重庆江津、四川金阳、云南等地的金沙江两岸（郭君雅等，2008）。花椒在我国已有 2600 多年的使用历史，花椒最早出现在《尔雅》中，称之为檓和大椒。在先秦时期，花椒主要是作为香料或被制成椒酒出现在祭祀和敬神的活动中，作为一种象征物借以表达自己心中的思想情感。到了两汉时期，花椒成为一种济世药物，并成为宫廷贵族的宠儿，也就在这一时期有了"椒房""椒宫"的称谓。直到南北朝开始，人们才注意到花椒不仅有药用价值，还可以作为调味品用于日常食物中。花椒的象征意义渐渐消失，药用和调味功能却逐渐得到开发。唐宋时期，花椒的药用和食用功能受到高度的关注，给人们带来了更多的切身利益。随着历史的变迁，花椒的种植越来越广泛，其用途才得到了充分的利用和推广。

花椒中含有许多具有生物活性的化学成分，主要有挥发油、生物碱、酰胺、黄酮、香豆素、木质素等。其中起主要生物作用的是挥发油、生物碱、酰胺。花椒是我国传统"八大调味料"之一，是一种集调料、油料、香料、药材及生态价值为一体的多用途经济树种。花椒可以说全身是宝，花椒的籽仁、叶子、果皮、果实、嫩芽均含有丰富的植物化学成分，有着重要的科学价值和经济价值（谈德鱼等，2015）。

八角（*Illicium verum*），是八角茴香科、八角属的一种植物，原产于我国西南地区和越南等亚热带地区，属南亚热带常绿乔木植物，亦称八角茴香、大茴香等，是我国南方历史悠久的珍贵经济林树种之一。八角树经济价值高，是重要的香料、调味料，并可入药，也是化工主要原料之一（马锦林，2011）。八角是我国特有的天然香料。八角的主要产品八角果和八角油（茴香油）是优良的调味、化妆品和医药的原料，除供国内需要外，还是我国传统的有竞争力的出口物资，在国际贸易上具有悠久的历史（韩明跃等，2006）。目前国内最主要的八角种植地区是广西和云南。据《中国林业和草原统计年鉴 2018》数据，2018 年我国八角产量超过 21.7 万吨，约有 10% 作为国际贸易货物出口到其他国家。

1. 生产情况

我国花椒资源丰富，栽培历史悠久。全国有 20 多个省区都有花椒栽培的历史，其中以甘肃、四川、重庆、陕西、山西、贵州、云南、山东等地区为主要产区。根据《中国林业和草原统计年鉴》数据可知，2010～2018年，全国花椒总产量从25.05万吨增加到44.97万吨（见表38－30）。2012年，甘肃和陕西的花椒产量曾高达62612吨和61696吨，两省总和占全国比重超过36%，四川省花椒产量也达50269吨，占全国花椒总产量的14.56%。此外，2012年山东和重庆的花椒产量均在4万吨以上，河南和云南两省的花椒产量也在2万吨以上①。

表38－30　　2010～2018年全国花椒和八角产量　　单位：吨

品类	2010年	2011年	2012年	2013年	2014年	2015年	2016年	2017年	2018年
花椒	250505	291954	345202	320715	350938	398224	399250	438361	449669
八角	116580	133158	143778	133619	150302	147545	170866	172910	217057

资料来源：2011～2019年《中国林业和草原统计年鉴》。

我国八角栽培历史悠久，不仅是世界第一大八角种植国和产量国，也是世界上八角出口量最高的国家。据《中国林业和草原统计年鉴》数据，2010～2018年，全国八角总产量从11.66万吨增加到21.71万吨（见表38－30）。2012年，广西的八角产量为120927吨，占同期全国总产量的84.1%，云南省以18686吨的产量居全国第2位，约占全国的13%①。在广西的八个地区都有八角或茴油的生产，但多集中在南亚热带以南、北纬22°～23°之间，海拔1000米以下的低山丘陵地区，产量较大的有防城、上思、浦北、宁明、德保、龙州、百色、凌云、上林、那坡、田东、藤县、玉林、天等、金秀和凭祥等地（马锦林等，2011）。云南则主要集中在文山州的富宁和广南两县，其种植面积在3万～4万公顷。广东、贵州、浙江、湖南、江西、福建等省有少量种植。

云南省花椒主要分布在金沙江干热河谷区以及滇东南岩溶石漠化地区。据云南省林业和草原局统计，截至2014年底，全省4大花椒主产区种植面积已达15.13万公顷，其中昭通7.94万公顷，楚雄州3.7万公顷，丽江3.38万公顷，文山0.11万公顷。从种植面积可以看出，昭通是云南花椒的第一大主产区，占全省花椒种植面积的52.49%，主要分布在巧家县、鲁甸县、永善县、彝良县、昭阳区、大关县和威信县。同期，全国花椒种植面积已达167万公顷，云南省花椒种植面积占中国的近10%，是中国花椒的重要生产基地（谷丽萍等，2015）。

① 2012年前《中国林业和草原统计年鉴》有花椒和八角的分省产量数据，2013～2018年仅有全国产量，2019年开始没有花椒和八角的任何数据。

2. 贸易情况

根据调研掌握的资料，国内生产的干花椒每年约有 1/4 出口国外，主要销往韩国、日本、东南亚、美国等地，纽约市场价格高过 15～20 美元/千克；东南亚地区花椒年需求量在 1 万吨以上，其中 75% 左右都是从中国进口。国内花椒的消费市场主要集中在重庆、四川、贵州、云南等地，主要需求渠道有餐饮企业、家庭消费、食品加工、出口及其他。

八角的国际贸易出口产品主要为八角干果与八角茴油。八角干果产品是我国传统的出口物资之一。国际市场上八角干果基本用作食用香料。中国八角干果最主要的出口地为英国、美国、德国、法国、澳大利亚、日本以及南美洲、东南亚、南亚和中东的一些国家；每年的出口量在 1000 吨以上。茴油最主要的出口地有法国、美国、德国、西班牙、英国、印度、澳大利亚、印度尼西亚和新加坡等国家和地区（马锦林等，2011）。八角茴油每年的出口量为 500～800 吨。

第二节　云南特色经济林产业发展的优劣势及对策措施

一、云南特色经济林产业发展的比较优势

2015 年习近平总书记在考察云南时提出“云南要争当全国生态文明建设排头兵”“建设面向南亚、东南亚的辐射中心”和“创建边疆民族团结示范区”三大战略任务。云南省委、省政府发布《云南要争当全国生态文明建设排头兵的决定》，为加快发展核桃等特色经济林产业发展带来了重大战略机遇。云南特殊的地理区位、地形地势和自然条件，造就了云南发展核桃等特色经济林产业的独特优势。

（一）政策优势

2015 年中央一号文件明确提出，要大力推进重大林业生态工程，加强营造林工程建设，发展林产业和特色经济林。通过重大生态修复工程营造林，积极发展特色经济林。将发展经济林写入中央一号文件，为历年来的首次。国务院办公厅于 2015 年 1 月印发了《关于加快木本油料产业发展的意见》，部署加快木本油料产业发展，大力增加健康优质食用植物油供给，切实维护国家粮油安全。国

家林业局在2014年11月印发了《国家林业局关于加快特色经济林产业发展的意见》；2014年6月国家林业局会同国家发展改革委和财政部联合印发了《全国优势特色经济林发展布局规划（2013—2020年）》，重点选择30个优势特色树种进行科学布局，重点引导发展。这是我国从中央政府层面第一次全面系统部署木本油料等特色经济林产业发展事宜，凸显了经济林在维护国家粮油安全、促进生态文明建设中的重要地位和特殊作用。在政策的激励下，核桃、油茶、橄榄油、花椒、澳洲坚果等特色经济林树种顺势而起，全国各地掀起了特色经济林种植的热潮。

云南省委、省政府一直高度重视林业发展，明确了“生态建设产业化、产业发展生态化”的发展思路。2012年，省委、省政府把“全力推进高效林业”作为云南集中打造六大高原特色农业的内容之一。提出以生态效益为基础，经济效益为中心、社会效益为准绳，创新林业发展机制体制，完善生态文明制度体制，不断增强生态林业、民生林业的内生动力和活力，切实加快推动特色经济林、观赏苗木、林下经济等高效林业健康、持续、快速发展，努力走出一条具有云南高原特色的林业现代化发展道路。2017年1月13日云南省人民政府办公厅关于印发的《云南省高原特色现代农业产业发展规划（2016—2020年）》中明确将核桃产业定位为十大重点产业。

（二）资源优势

云南地处低纬高原，山区和半山区占全省面积的94%，地理位置特殊，地形地貌复杂。全省有北热带、南亚热带、中亚热带、北亚热带、南温带、中温带和高原气候区共7个气候类型。北亚热带和南亚热带的热区土地面积占全省面积的1/5，与全国其他省份比较，有着光热水资源富集、气候类型多样的优势。云南气候兼具低纬气候、季风气候、山原气候的特点，气候的区域差异和垂直变化十分明显，年温差小，日温差大，降水充沛，干湿分明，“一山分四季，四季不同天”，气候立体多样，低纬高原光热条件好。根据《中国统计年鉴》及《云南统计年鉴》上的数据测算，云南省人均土地资源0.81公顷，比全国平均0.67公顷高20%以上。由于土地资源丰富，山地、丘陵分布范围广，面积大，具有发展特色经济林得天独厚的自然条件。为核桃、澳洲坚果、板栗、八角、花椒、油茶、橄榄油等特色经济林的栽培提供了广阔地域和适宜环境，“冬春季温暖干燥，夏秋季凉爽湿润”的自然生态条件适宜泡核桃生长，为核桃产业发展提供了不可替代的气候资源优势。坚果树种种植可实行混农间种及房屋四旁种植，发展坚果产业的土地资源丰富，具备了生产绿色优质核桃坚果的自然条件。同时特色经济林生产也是居住在这些偏僻高远山区、生产项目少和经济状况不佳的祖祖辈辈山民的重要生产和经济门路，因而分布广，栽培历史久，人们种植意愿强，积累了丰富的栽培管理、加工营销经验，选育出了大批优良品种。特别是改革开放以来，有关部门在探索贫困山区开辟生产项目、拓宽经济渠道和开发式扶贫中，得到了空前发展，核桃和澳洲坚果的栽培面积与产量均已居全国首位，取得了显著的经济效益、社会效益和生态效益。

（三）产业优势

在国家林业局会同国家发展改革委和财政部联合印发的《全国优势特色经济林发展布局规划（2013—2020年）》中，重点选择了30个优势特色树种进行科学布局，科学引导发展。其中澳洲坚果的发展布局以云南为主，仅在云南规划了4个县。板栗、油茶、橄榄油、花椒、八角等均在规划之列。这也在一定程度上说明云南省在特色经济林方面具有较强的产业优势。

以核桃和澳洲坚果为例，云南已经成为全球最大的核桃和澳洲坚果生产基地。从核桃来看，云南有800多年的核桃栽培历史，云南薄壳核桃因其个大、壳薄、出仁率及含油率高、食味香醇、营养丰富、品质优良而深受国内外消费者的喜爱。核桃产业在云南历史悠久，以漾濞泡核桃、大姚三台核桃、昌宁细香核桃为代表的云南核桃在国内外市场上有巨大的认知度，在国内历次核桃评比中云南核桃均名列前茅，一定程度上品牌效应得到了凸显。近年来，在省委、省政府的正确领导下，全省各级政府对发展核桃产业极其重视，精心谋划，扎实推进，全省核桃种植规模、产量及产值得到了快速增长，无论在面积、产量、产值上均居全国第一，并呈现出又好又快的发展势头，成为我国核桃第一主产大省，为打造一流的绿色核桃产业链提供了极其丰富的特色资源。根据《云南统计年鉴》的数据可知，截至2019年底，云南省核桃种植面积超过全国总面积40%、核桃产量约占全国的30%（全球占比超过16%）；在省内，核桃是种植面积超过玉米、水稻、烤烟、茶叶等主要作物，是种植面积最大的经济作物。根据《云南省“绿色食品牌”澳洲坚果产业2019年度发展报告》可知，云南澳洲坚果面积更是超过全国的70%，约占全球的近50%。据不完全统计，全省各类核桃产品贮藏、加工企业达到500多家。核桃龙头企业的不断发展壮大，延长了核桃产业链，增加了核桃产品附加值。

另外，核桃树根系发达，枝叶繁茂，树冠庞大，是水土保持、净化空气、调节气候、防风固土的经济生态树种，具有很好的生态效益。发展核桃产业，推动核桃种植，能增加森林覆盖率，将极大改善山区生态环境，充分体现发展经济生态优先的原则。多年来全省经济林建设取得了一定成绩，名特优新品种、名牌产品数量有所增加；一批地（州、市）、县由国家林业局命名为“中国名特优经济林之乡”“全国经济林建设示范基地”；经济林产品加工、贮藏保鲜能力不断增强，市场日趋繁荣，为特色经济林产业发展打下良好的基础。云南省林业科研和林业教育得到了较大发展，在涉林方面汇集了从国家到省市一级的多家科研单位和大专院校，自上而下的林业科技队伍已经形成，有不少林业科技成果有待推广，已具备产业建设的技术条件。人们也积累了不少成熟的经济林产业发展经验，形成了对基地建设的重要支撑。

（四）区位优势

云南地处中国经济圈、东南亚经济圈和南亚经济圈的结合部，是中国连接南亚东南亚的国际大通道，拥有面向三亚（东南亚、南亚、西亚）、肩挑两洋（太平洋和印度洋）、通江达海沿边的独特区位优势，是“一带一路”的国内核心省份之一。全省有25个县市与老挝、越南、缅甸交界，在国际国内区域合作中具有十分重要的战略地位。云南正积极构建第三亚欧大陆桥，为我国特色经济林产品对外贸易提供新的畅达通道，这为云南逐步成为特色经济林产品商贸物流基地和出口商品加工基地提供难以替代的区位优势，同时也为云南特色经济林产品迈向国际市场创造了良好的条件。2015年1月，习近平总书记到云南考察工作并作了重要讲话，对云南经济社会发展作出了建成我国民族团结进步示范区、生态文明建设排头兵、面向南亚东南亚辐射中心三大战略定位。随着国家实施“一带一路”建设和长江经济带，云南正从对外开放的边缘地区和末梢变为开放前沿和辐射中心，成为两大国家战略实施的连接交汇战略支点，背靠中国西南腹地，北上连接丝绸之路经济带，南下连接海上丝绸之路，东向连接长江经济带，面向南亚、东南亚地区和印度洋周边经济圈开放。核桃、澳洲坚果等特色经济林是绿色生态产业，是我国对外输出技术和产品的重点领域，对优化我国对外贸易结构，加大特色产品和技术对外出口起到积极的促进作用。

综上所述，云南因有得天独厚发展核桃、澳洲坚果等特色经济林的自然条件、世界一流的品种资源、悠久的栽培历史、良好的产业及技术基础，云南特色经济林尤其是核桃、澳洲坚果在世界坚果产业中有着举足轻重的地位；在云南高原特色农业产业中具有重要地位；核桃、澳洲坚果等特色经济林产业已成为全省重要的、涉及面广泛的、极具发展潜力的高原特色产业。云南发展特色经济林产业符合云南的自然生态和社会发展条件，种植特色经济林极大地增加了云南山区群众的经济收入，是实现山区精准脱贫的有力武器，是实现农民生活富裕的重要途径，对全省尤其是山区农村社会经济发展，起到了重要的促进作用。

二、云南省特色经济林发展存在的问题

（一）可供发展特色经济林的连片土地资源日益紧张

随着国家对林地保护力度的加大和近几年对农民承包地的大力开发，可供集中连片种植特色经济林的土地变得越来越少。随着经济的发展，农民对自有土地经营权的流转变得越来越谨慎。土地价位越来越高，整合难度加大，使得企业开发种植特色经济林速度明显放缓，农户零星种植和与其他作物间种成为主要形式（贺熙勇等，2017）。

（二）基地建设投入不足，基础设施薄弱

云南省特色经济林种植区大多数地处山区，属于落后、边远山区和少数民族地区，经济欠发达，适宜种植特色经济林的地方坡度大，土壤贫瘠，交通条件差，基础设施薄弱。要改善种植地基础设施条件，需要大量资金、人力投入，而这些地区的自有资金十分有限，导致资金运转困难，种植计划无法完成，发展缓慢。薄弱的基础设施将成为制约特色经济林产业发展的主要因素之一。

（三）投入少、管理粗放、经济效益差

大部分地区由于建设经费严重不足，没有抚育管理经费，导致种植后管理十分粗放，不进行松土除草和整形修剪，不进行病虫害防治和有效保护，缺肥少水，导致栽植多，成活少，保存率低，生长差，有的甚至全部死亡。有些地区把特色经济林种植与日常的荒山绿化造林等同对待，没有按照产业培植的标准和要求进行种植和经营管理，结果晚、单产低、效益差。尤其是板栗和八角，广种薄收，管理粗放，甚至不管理而任其自然生长，从而导致大面积产量低、果实小而不饱

满、品质差。

（四）良种选育滞后，单位面积产量低

特色经济林均为多年生树种，生长周期长，见效慢。从种植到有收益一般少则四五年，多则八九年，很多研究工作难以展开。尤其是现在的科研项目一般只有三年时间，研究工作持续性不强，很难进行系统研究，绝大多数科研院所和技术推广单位由于研究计划中断等原因，进行试验研究和推广工作时断时续，致使科学研究和应用不能延续和很好地发挥作用，而且停顿后又需从头开始（徐田等，2011），造成试验资源浪费，从而导致生产中碰到的许多实际问题得不到及时有效的解决，影响整个产业发展进程。对良种选育、丰产栽培、采收与利用加工等关键技术问题，缺乏深入细致的研究，产业协会和专业合作社尚处于起步探索阶段，科技服务体系不健全，专业技术人员大多集中于大专院校和科研院所，基层和生产一线专业技术人员匮乏，科技支撑不够，服务措施仍停留在一般的号召上，没有真正落实到山头地块。在基地建设上缺少高水平的生产示范园，致使基地建设水平不高，效益低下。由于长期受自然条件、社会经济、人员素质和传统实生繁殖的影响，部分特色经济林树种后代变异大，劣多优少，品种良莠不齐，实生树面积大，致使结果晚，成熟期不一致，植株间差异大，产品缺乏一致性，商品性状差，经济效益低。在良种选育上存在单方面强调某一育种目标而忽视其他目标的现象，大多注重生长适应性、早实、丰产性的选择，往往忽视了对树形、树冠、果型、植株抗逆性及产品加工性能等性状的选择，这将不利于产业集约化经营和种植基地机械化管理。自20世纪90年代以来，云南省的特色经济林发展迅猛，由于良种、苗木、栽培技术等方面基础较差，准备不充分，大多为实生栽培，致使一些经济林树种单产低、总产少、品质差、市场供给不足的状况仍然没有得到彻底改变。

以核桃和板栗为例，全省核桃普遍存在管理粗放、单产低和果品总体质量参差不齐等问题。由于云南核桃主要以一家一户在山头田间种植的形式生产，且大部分是在坡上零散种植，与美国等核桃产区的规模化种植、机械化采收生产方式相比，不仅组织化、规模化、标准化和机械化水平均相差甚远，而且种植成本高、品种混杂、亩产低并由此带来品质参差不齐、优果占比低等系列问题。根据调研掌握的情况，截至2019年，云南省核桃平均单产不足0.8吨/公顷、单株产量不到5千克，远低于新疆核桃平均1.5吨/公顷的产量，更低于美国等世界主要核桃生

产国4.8吨/公顷和26.7千克/株。云南板栗单产为150千克/公顷左右，仅为国家标准的1/15～1/8。

（五）缺少龙头企业及良好的经营模式，产品开发自主创新能力弱，产业层次低

云南龙头企业小、散、弱，省内虽有多家省级龙头企业，但缺乏全国知名企业。长期以来，经济林生产多为传统式的分散经营，这种经营方式不利于良种和技术的推广应用，不利于规模化发展，更不利于形成完善的产业体系。

目前，云南省经济林产业仍处于以出售原料和初加工产品为主的初级阶段，加工产品结构单一，档次较低，缺乏市场竞争力。经济林产品加工企业的产品以初级产品为主，而精深加工产品及其有效成分的开发利用较少，没有大的知名品牌，加工增值有限，制约了产业链的延伸，现有企业辐射带动和加工增值的潜力远未发挥出来。

（六）加工产业和品牌建设滞后，市场开发力度不够

以核桃为例，随着经济的不断发展、人民生活水平的不断提高、城镇化的发展以及加工能力的提升，对核桃营养保健、医疗价值认识的深化，我国核桃及其加工制品的消费总量呈上升趋势，今后对核桃产品的需求量将越来越大，核桃产品市场前景十分广阔。据国家有关部门预测，国内核桃需求量将每年增长10%左右。

尽管如此，核桃及核桃产品仍面临着激烈的市场竞争。当前我国核桃产品等级质量和国际市场核桃质量还有一定差距，国内市场价格却显著高于国际市场。美国核桃坚果每吨售价2130美元，核桃仁每吨售价9000美元；国内市场坚果在3万元/吨左右，核桃仁在8万～9万元/吨。核桃产品参与国际市场竞争比较优势丧失。中国生产的核桃，除少部分出口国际市场外，主要供应国内消费。目前，全国核桃种植面积已超过800万公顷。我国北方主产区种植的核桃多为早实品种，集约化管理水平远高于云南，短期内产量增加较快。可以预计，中国的核桃产量在3～5年后将实现翻倍，国内市场的竞争也将十分激烈。

从加工业看，云南省在20世纪50～70年代主要是卖带壳核桃，1980年后开始加工核桃仁销售，1990年后，除加工核桃仁外，出现了较小规模的核桃乳、核桃油、核桃仁食品等。近年来，云南有利用核桃壳制作工艺品的小型工艺品厂。

目前云南核桃仍以核桃壳果和核桃仁为主要产品进行销售。核桃精深加工的产品品种、规模、企业和研发工作滞后，与“核桃大省”的地位极不相符。其主要原因为：一是国际贸易主产品是核桃壳果和核桃仁，国际大宗贸易产品核桃深加工产品极少；二是核桃壳果、核桃仁价格偏高，深加工产品原料成本高，加工企业基本上是选用价格较低的铁核桃与碎核桃仁为原料加工核桃油等产品，使核桃加工业难以发展；三是我国初级农产品免税而加工产品须缴纳产品税，增加了核桃精深加工产品的成本；四是初加工环节机械化、标准化程度低，精深加工企业实力弱、技术落后，缺乏新的具有市场竞争力的精深加工技术及产品。另外，云南核桃加工业主要产品是核桃仁，并且是主要贸易产品，但脱青皮、干燥、取仁均分散在各家各户手工加工，除质量和等级难以控制外，食品安全卫生更难保障。近年来，我国部分核桃食品质量受到欧盟等国家的质疑，给产业带来了一定的损害。

从品牌建设角度看，省内核桃产业发展好的州（市、县），十分注重品牌建设，目前，大理州、昌宁县、大姚县申报了当地“地理标志产品保护”，在一定程度上提升了当地核桃的知名度，但是由于辖区地域的限制对“漾濞大泡核桃”“大姚三台核桃”“昌宁细香核桃”等著名品种的保护范围划定得过于狭窄，对这些优良品种在全省的发展与销售有一定的影响。尤其是缺乏专业化的交易市场和产业服务平台，使得供求信息不对称、产销脱节成为制约云南经济林产业健康持续发展的瓶颈。

三、云南特色经济林产业发展对策建议

（一）重点任务

一是加强顶层设计，优化发展思路。云南核桃、澳洲坚果等特色经济林产业发展应走质量效益型的发展道路。必须坚持适地适树适品种适措施的原则，选择最佳适生区种植；要选择高产、高质、高抗、适宜现代栽培、适宜市场需求的品种；要更新栽培理念，加强果园基础建设，改善果园生产条件，逐步推进省力化、机械化高效栽培。将基地分为园林化种植庭院经营基地、森林化种植生态经营基地、园艺化种植集约经营基地，分别制定发展方向、技术和目标，分类指导、分区扶持，促进栽培定向发展。通过提高单产，增加种植者收益，为二三产业提供

利润空间，实现一二三产业融合协调全面发展。

二是建立示范基地，推进高效栽培。以核桃为例，在全省每一主产州（市）建立高标准的省级核桃集约化栽培示范基地，各州、市、县也建立相应的示范点，形成示范网络。运用矮化、早实、高抗新品种和园艺化、集约化、省力化的现代栽培技术，展示核桃的丰产栽培技术。通过持续示范，大力推广现代栽培技术与新品种，改变目前低产、低质，甚至只长树、不结果的现状，大幅提升单位面积产量，提高林农收入。唯有如此才能保证种植者的基本利益，保证核桃产业第一车间运行良好，保证产业发展的基础扎实。

三是规范采收烘干，提升产品质量。核桃、澳洲坚果等采收和烘烤是生产的重要环节，是提高产品质量和价格的决定因素。不成熟采收在全省不同程度存在。以核桃为例，不成熟采收的核桃果实不饱满、空瘪粒多、脱皮困难、营养不充足、口味不纯正、客商不欢迎、重量轻、质量差、价格低。因此，要在核桃主产区大力宣传，杜绝不成熟采收，提高核桃干果质量。由于云南核桃成熟季节雨水较多，无法自然晒干，必须采取加热烘干。为此，云南要加大扶持力度，大力推广果蔬烘干机，特别要扶持企业、合作社和大户建设先进的烘干生产线，集中烘干核桃，逐步以规模集中烘干取代千家万户烘干，保证核桃烘烤质量。必须禁止使用煤炭直接烘烤等不科学烘烤核桃行为。在规范核桃采收、烘干的基础上，加快制定全省统一的采收、清洗、烘烤、分级、包装等标准，提高云南核桃的质量和市场知名度、影响力、竞争力和占有率。

四是培育龙头企业，加快精深加工。根据调研掌握的情况，截至 2019 年，云南省的涉林企业超过 13000 家，省级林业龙头企业 703 家，其中特色经济林产业方面 255 家。龙头企业小、散、弱，缺少全国知名企业。建议省级财政安排专项资金扶持引导省级林业龙头企业开展特色经济林精深加工，开发高附加值产品，延长特色经济林产业链，打造品牌，创建名牌。云南核桃属家庭式分散生产，政府不仅要扶持核桃种植，也要加大对加工环节的扶持。只有大力培育核桃收购、营销，特别是精深加工龙头企业，才能将千家万户的小生产与千变万化的大市场连接起来，加快核桃精深加工、技术创新、品牌打造、市场开拓，才能转变发展方式、延长产业链、提高附加值，消化核桃原料，使核桃产业健康、持续发展。

五是加速科技创新，夯实技术基础。建立健全适宜省情和发展需要的全产业链技术支撑体系及支撑平台，从全产业链的关键环节入手，以标准的建立和技术推广为抓手，重点加强种质资源收集、新品种培育、良种推广等系统研究，建立云南省核桃品种培育平台；通过山地标准化示范基地建设，研究推广山地丰产栽培技术，运用现代农业技术手段，建立标准化山地丰产栽培技术示范基地，提升核桃产量和品质。要加强核桃新功能、新产品研发力度，开发出更多适应市场需求和消费需求的健康食品、保健食品、功能食品以及其他产品，拓展核桃用途，消化核桃原料，满足人们不断增长的物质需求、健康需求和精神需求。核桃树种生命周期长，需要持续不断地开展系统研究，采取合理的稳定财政支持运作模式，建立云南省核桃产业技术支撑体系，稳定产业科技队伍，保证相关科技人员能安心于坚果产业的研究与推广工作。

六是加强宣传推介，开拓核桃市场。云南核桃相对于我国北方和美国的普通核桃涩味较轻、香气浓郁、口味更好。但是云南省多年来没有重视核桃品牌打造、宣传和推广，导致产品质量优良，而市场认知度低、产品知名度低得不利局面。今后应加快无公害农产品、绿色食品、有机食品、地理标志“三品一标”认证；加大云南核桃在各类平面媒体、广播、电视、网络的宣传，积极组织企业（合作组织）参加国际、国内各类展销活动，支持企业在全国大中城市设立销售网点、举办推介会，让世界更多地了解云南核桃，促进云南核桃走向世界，提高云南核桃的市场知名度、影响力、竞争力和占有率。

（二）政策支持

1. 拓宽融资渠道，加强金融扶持

一是应借鉴国家及其他农副产品的资金扶持政策，由省财政引导产区各级相关部门制定针对特色经济林出口企业的资金扶持政策，建立特色经济林产品出口质量安全专用基金，采取将资金用于国（境）促销、出口信用保费、扩大对特色经济林产品出口的奖励等措施，为产品出口提供有力的资金支持。

二是可参照国家对经济林和其他种植业、养殖业和加工业项目的贷款年限规定，由国家政策性银行负责延长对特色经济林产业的贷款期限；建立面向特色经济林种植的林农和经营者的小额贷款和林业小企业贷款扶持机制；对县级以上特色经济林新技术示范基地建设项目应加大贴息扶持力度。

三是加强对特色经济林产业保险费金额及保险来源、承保方式、保险范围、赔付方案的研究，探索开展多样化特色经济林产业保险，按照“三个兼顾”（兼顾林农缴费能力、财政补贴能力、保险公司风险承受能力）、“两低一保”（低保额、低保费、保成本）的原则，尽量采取低保额、低收费、保成本的办法和“政府引

导、林农自愿、市场运作”的模式。先试点、后推广，先起步、后完善，逐步建立健全特色经济林产业风险保障机制，加大力度按县或乡统保模式的总结推广。

2. 完善产权制度，促进共同发展

一是放宽林地使用权，对长期未造林的国有或集体林区的荒山、荒地、荒沙，通过承包、租赁、拍卖等市场化途径吸引有投资能力的个人或企业在规定期限内营造特色经济林。

二是坚持和完善“谁投入谁受益”的基本政策，鼓励有能力的农民、城镇居民、科技人员、私营业主、外国投资者、企业单位等各种社会主体跨所有制、跨行业、跨地区投资特色经济林产业建设并且确实保障其利益，充分调动一切积极因素参与其产业的建设和经营。

三是努力探索既符合市场经济规律，又符合当地实际的特色经济林产业发展新模式。如科研机构带动模式、龙头企业带动模式、中介组织带动模式等，将多种要素组合、聚集到特色经济林产业发展中。

3. 加强管理创新，优化发展环境

一是建立起符合特色经济林体系建设的管理体系，制定具体的计划、资金、技术、监理等管理办法。应用现代化信息管理网络，建立起覆盖特色经济林产区不同产品体系建设的管理体系。在特色经济林产业投资项目管理中引入市场机制、竞争机制和利益机制，建立起适合市场经济体制的特色经济林产业项目管理机制。

二是实施原产地注册办法，提高特色经济林产品的质量。工商部门要加强对特色经济林原产地注册的管理，通过实施原产地注册办法，更好地规范农民的种植、收获和加工过程，提高产品质量、提升特色经济林制品原产地的知名度以增加林农和企业的效益；同时防止不法商贩欺骗顾客、扰乱市场，保护农户和企业的利益。商检部门要按照“既管理又帮扶”的要求，在生产技术、检验手段上扶持企业，帮助企业升级自己的实验室、扩大检测项目、提高效率等。

三是建立服务于产业的信息平台和大数据系统。由政府牵头，在全省或产区建立特色经济林产业资源管理平台，将各地每年的产情、收获及成交的数据、即时的市场价格行情、出口内销等信息、新的外贸法规、国外对特色经济林产品的最新要求、各国的产情及行情预测、各地的展会消息等信息通过大数据进行相关分析、趋势研判等，为生产、加工和营销等产业链各相关主体提供及时、准确的信息和咨询服务，帮助提高优势产业、特色产品的市场占有率和竞争力。

四是积极培育知名品牌，拓展国内外市场。立足资源优势和产品优势，强化品牌建设，加快与国内国际市场接轨。在稳步发展传统市场的同时，积极开发新兴市场。省内市场加强行业自律，形成规范的贸易体系。国内市场强化品牌建设，稳步提升知名度和竞争力。组织龙头企业参加国际上知名度大、影响广泛的各类产品展洽会、博览会、推介会等活动，加快与国际市场接轨。切实培育一批具有国际和国内市场竞争能力的名牌企业及名牌产品。支持龙头企业开展绿色、有机产品、产地认证，加强地理标志建设。以优质特色经济林产品品牌为重点发展对象，扩大优质特色经济林产品品牌的覆盖面。对具有地方特色的特色经济林产品品牌予以重点扶持，打造云南绿色生态产品整体品牌，培育一批具有国内外市场竞争能力的名牌企业及名牌产品。

第三节　云南特色经济林产业科技推广应用情况

云南的特色经济林产业中，核桃是相对来说时间最长、研究较成体系、取得的成果也较为丰富的产业。此处以核桃为主介绍特色经济林产业的科技推广应用情况。

一、科技推广应用基本情况

云南省核桃研究方面共取得国家科技进步二等奖 1 项，三等奖 1 项；国家林业局梁希奖二等奖 1 项；云南省科技进步二等奖 3 项，三等奖 1 项。获得发明专利 9 项；颁布了行业标准 1 项，与云南核桃产业发展相关的行业和地方技术标准 11 项，规范技术指标，指导产业良性发展。

（一）资源收集与建圃

一是在全省范围内开展了核桃遗传种质资源编码工作。在楚雄州大姚县、保山市昌宁县、大理州林科所及漾濞县等建立 4 个种质资源异地保存基地（收集圃），总面积 1380 亩，收集保存 431 份种植资源，已成为面积最大的泡核桃种质资源收集圃。

二是构建了资源评价体系。在《国际植物新品种保护联盟核桃 DUS 测试指南》[*Internationnal Union for the Protection of New Varieties of Plants* (*UPOV*) *Walnut Guide-*

lines for the Conduct, Uniformity and Stability］和《植物新品种特异性、一致性、稳定性测试指南 核桃属》（GB/T 26909）的基础上，结合泡核桃的生物学特性，确定了与国际标准接轨的种质资源评价体系，测定表型，进行评价。制定了云南省地方标准《核桃种质资源描述记载规范》，建立了泡核桃种质资源评价指标体系。包括种质基本信息、形态特征、结实特性、核桃抗寒性鉴定、核桃青果炭疽病抗性鉴定等。

三是分析了坚果经济性状。对不同来源地核桃品种数量性状多样性进行分析，65 个核桃品种 6 个数量性状的平均多样性指数为 4. 159，这说明云南核桃主要栽培品种的数量性状具有丰富的多样性。由此，提出核桃良种选育坚果性状指标为仁色是淡白至淡黄，核仁饱满，易取整仁或 1/2 仁，三经均值≥3. 2 厘米，单果重≥10 克，壳厚≤1. 1 毫米，含油率≥67%，蛋白质含量≥15%。

四是建立了漾濞泡核桃、三台核桃指纹图谱。漾濞泡核桃、三台核桃是云南省的 2 大主栽品种，准确地鉴别 2 个品种，是核桃产业发展中必要的工作。以铁核桃做对照，提取漾濞泡核桃、三台核桃的 DNA 分子，用 ISSR 分子标记技术进行分析，建立了大姚三台核桃、漾濞泡核桃指纹图谱。指纹图谱具有高度的特异性、稳定的遗传性和体细胞稳定性的特点，可以准确鉴别漾濞泡核桃和三台核桃。

（二）泡核桃良种选育

通过多目标良种选育，选育出了早实油用品种“龙佳”、矮化早实丰产品种“宁香”、抗晚霜串状结实品种“红皮连串”和抗寒抗晚霜品种“胜霜”“大麻系列”等，以及早熟或晚熟品种“漾早香”“漾早双”“漾早鲜”“胜勇”和“晚龙”。通过杂交育种方式育成云新系列品种。截至 2019 年，通过省级审定的核桃良种有 14 个（含薄壳山核桃 3 个），省级认定的核桃良种有 53 个，为云南省核桃产业发展的良种化提供了基础保障。

（三）苗木繁育关键技术

一是半年砧育苗技术实现了缩短培育时间、降低育苗成本、提高出圃率的目标，解决了生产中移砧嫁接和芽砧嫁接育苗不足的难题。

二是硬枝采穗圃营建技术采用宽窄行云南核桃硬枝接穗采穗圃营建技术，在全省核桃产区建硬枝采穗圃 5930 万亩，提供良种接穗 5930 万条。

三是晚实核桃提早结实技术在保山市腾冲县固东镇和隆阳区西邑乡两个产地条件不同的地点平均每亩干果产量比对照高 6.12 倍，单产提高 14.81 千克/亩的成绩。

四是根助长技术在两个实验点分别取得 3 年平均每亩干果产量分别比对照高 1.6 倍、3.3 倍，每亩产量提高 47.6 千克/亩、6.5 千克/亩的成绩。

五是泡核桃提质增效技术集成。如“七个一”标准化核桃种植技术，一般种植一年后成活率、保存率、茎生长、高生长分别提高 13.4%，21.9%，17.7%，33%。在后期的生长发育过程中仍将体现很好的效果。不结果或低产的核桃树，实施品种改良后，第 2 ~ 第 3 年均试花试果，第 6 ~ 第 8 年，三个点平均每亩干果产量分别是未进行改良的 7.9 倍、7.1 倍、7.1 倍，每亩产量提高 46.8 千克/亩、79.2 千克/亩、49.1 千克/亩。晚实核桃林间作农作物后，核桃林长势更好，林地无杂草，除核桃干果产值达 2250 元/(亩·年)，还可增加间作产值 1864.8/(亩·年)。早实核桃林开展养殖后，除核桃干果产值达 1057.8 元/亩，还可增加养殖产值 4083.3 元/亩。

二、科技推广应用存在的问题

云南核桃产业主要发展的泡核桃（*Juglans siggillata* L.）是主要分布于中国西南地区的特有种。云南省是泡核桃种质资源最为丰富、分布栽培最为集中的地区，泡核桃种群因分布区域相对狭窄，良种选育、现代栽培、贮藏加工及基础研究相对落后。加之云南山区自然生态社会经济条件复杂，核桃经营模式以农户为主，栽培管理技术粗放，种植新技术未能及时地得到集成、示范与规模化推广应用，使得云南核桃产业在发展过程中存在不少困难和问题，主要表现在以下几个方面：

（一）科学研究不足、应用推广不够

对泡核桃种质资源收集评价与核心种质创新、泡核桃栽培生理、泡核桃抗性生理、晚实核桃成花机理、泡核桃化感效应、泡核桃品质特征与加工特性、泡核桃油脂氧化机理、泡核桃蛋白特性等基础性研究工作开展缓慢，原始创新能力不足，难以为产业发展提供科技支撑。在良种选育、丰产栽培、无公害防治、采收与加工等适用技术研究方面也处在起步阶段，许多问题尚待进一步研究解决。尽管云南省的广大林业科技工作者在各级政府的大力支持下，开展了许多卓有成效

的科研和技术推广工作，取得了一些成果。但因经费及观念的限制，制约了云南省核桃适用技术推广运用的系统性、深度与广度，大量核桃栽培加工关键技术问题，尤其在核桃良种选育、集约化、无公害丰产栽培、园地生态增效、果实采后处理、品质评价、综合利用加工等方面需要深入细致的研究，有待集成与突破。现有的成熟的核桃适用技术也亟须在核桃生产上推广应用。科技对核桃产业的贡献率偏低，产业总体技术含量低。尽管云南具有漾濞泡核桃、大姚三台核桃、昌宁细香核桃等世界级的良种，但是这些良种育成年代久远，随着现代栽培与加工业的发展显现出其不足之处，如结实晚，栽培前期产量低，效益差；树体高大，不利于集约栽培管理；壳果外观不美观；果仁饱胀，不利于机械脱壳；不耐晚霜危害等。因此，云南核桃产业发展过程中，良种需要进一步提升。一是面对多样化的市场需求，培育适宜集约化、矮化经营的早实优质品种；需要选育熟期配套的鲜食品种和易机械脱壳，高含油量或高蛋白的加工型品种。二是晚霜危害地区和低温地区主栽品种仍未确定，限制了良种泡核桃的发展，需要选择适宜品种。三是需要选育适宜矮化，高抗性的砧木品种，选育果材兼用品种，材用品种。

此外，随着社会环境保护工作的开展和广大消费者对食品安全问题的关注，提供无公害食品已成为世界林果业发展的方向，也是特色经济林发展的重要方向。云南核桃多栽培于山区，远离工矿企业和喧嚣的城市，远离污染源，加之云南核桃病虫害危害相对较轻，在栽培中基本不使用农药，完全具备有机绿色无公害食品的条件。但是由于种种原因，云南省核桃等特色经济林产品的有机认证和绿色无公害认证缓慢，限制了优势品牌的打造、产品市场开拓和效益提升。

（二）栽培管理粗放，病虫危害已现

据联合国粮农组织数据库资料，20 世纪 80 年代中期之前，全球核桃收获面积平均壳果产量均在 3 ~ 4.5 吨/公顷以上，此后，随着中国核桃种植进入快速发展期，新投产果园（投产初期产量较低）面积和占比迅速扩大，使得全球核桃整体单产水平下降到 3 吨/公顷以下。进入 21 世纪后，全球核桃壳果平均单产从不足 2.2 吨/公顷逐年稳步提高，继 2012 年超过 3 吨/公顷后，2017 年迈上 3.5 吨/公顷的台阶。中国自 20 世纪 80 年代末、90 年代初开始大规模种植核桃，直到 2003 年，中国的核桃单产均低于全球平均水平（90 年代徘徊在 2 吨/公顷以下），2004 年后逐步赶上并超过全球平均水平，2008 年迈上 3 吨/公顷台阶后，2014 年开始超过 3.5 吨/公顷，目前已接近 4 吨/公顷。作为核桃主产区的美国，20 世纪 90 年代

以来的平均单产多年均在3吨/公顷，并早在2008年就突破了4吨/公顷，2015年突破4.5吨/公顷，2016年更是创造了4.9吨/公顷的高产纪录。我国1987年颁布的行业标准《核桃丰产与坚果品质》中提出，晚实核桃I类核桃生产地区，树龄在15年以下的平均株产为8千克，平均亩产78千克；树龄在20年以上的，平均株产为33千克，平均亩产230~800千克。2013年国家林业局对国家核桃丰产基地的产量要求也在亩产200千克以上。目前云南省核桃普遍低产。以栽培水平相对较高的核桃主产区大姚县为例，据作者调查，2016年，大姚县核桃种植面积9.81万公顷、挂果面积3万公顷、产量1.55万吨，折合单产仅0.52吨/公顷，株产3~4千克。不仅与世界先进水平相比差距极大，与国内先进地区相比也存在着巨大差距。其主要原因是大面积采用传统的乔冠稀植粗放技术管理，而传统的乔冠稀植粗放技术管理已无法适应基地化建设的核桃园地，加上投入不足，园地基础设施差及云南泡核桃晚实、树体高大等生物学特性的影响，造成大面积核桃幼林（5~15年生）长势不均衡、结果晚、效益慢，大面积盛果期林（16~80年生）平均单产低、质量参差不齐，丰产潜力远未发挥出来。形成了单产低，栽培效益差，田间管理投入低，产量更低的恶性循环。

云南省常见的核桃害虫有6个目，35个科91种；病害常见的有9种，云南省各地种植区均有危害。在2007年以前云南核桃多处在四旁、散生种植阶段，核桃园具有天然隔离的条件，而且云南核桃本身由于树体单宁含量较高等因素对病虫害有一定的抗性，形成有病虫危害但不成灾的格局。目前，随着核桃产业在云南的蓬勃发展，山地基地化规模种植已成为发展核桃产业的主要模式。连片种植使天然隔离的条件不复存在，加之有些受种植园立地条件和品种选择不当、栽培相对管理粗放等因素的影响，近年来云南核桃有害生物的危害在逐年加重。局部地区已出现因病虫危害，发生死树、绝收、毁园的现象。从近几年核桃病虫害发生的情况看，云南核桃病虫害发生种类各地有所不同，年度间也有所差异，表现出危害种类多，发生突然的特点。另外，核桃作为果用经济林对农药的使用有着严格的要求，过度用药、不恰当用药，严重影响核桃的产量与品质，限制了云南省核桃产业的良性发展。核桃无公害防治技术已成为核桃产业发展的重要保障技术。

三、对优化产业科技推广应用的建议

核桃作为云南传统的优势主要林业产业，在省委、省政府的正确领导下，全省各级政府把发展核桃产业提升到农村经济结构战略调整和实现可持续发展、兴滇富民的高度，立足资源优势，全面推进产业结构调整和转型升级。推动核桃产业提质增效、转型升级是实现云南山区精准脱贫，促进区域经济发展，保障国家粮油安全的重大战略任务。因此切实增强科技支撑，提高产业的科技水平，以科技链引领、支撑、带动产业链发展为突破口，找准问题，集中攻关，因情施策，重点出击，加强云南核桃产业科技研发，通过努力研发新技术，在已有技术成果的基础上，加大核桃良种选育、丰产栽培、采收等关键技术问题的研究与示范，进行系统的组装集成，是完成这一战略任务的关键举措和重要保障，具有重大的意义。

（一）明确科技攻关方向，加强应用技术推广

针对云南核桃产业的现状与发展，应进一步集中优势科技资源，明确科技攻关方向。建议从以下几个方面开展科技攻关。

一是泡核桃多目标品种选育与示范。进一步发掘云南省及泡核桃产区丰富的种质资源以优质、丰产、早实、矮化、早熟、晚熟、抗晚霜、特殊品质、果材兼用等为目标，以漾濞泡核桃为对照开展良种选育。同时开展砧木品种与优良用材品种选育。建立泡核桃良种选育圃 20 公顷，收集保存，育种材料 500 份以上，选育出无性系 10 个以上，新品系示范种植 20 公顷。

二是泡核桃矮化早实丰产栽培技术集成示范。集成泡核桃促进结实技术，整形修剪技术，施肥技术，改造现有低产不结实的果园，达到控制树冠 8 ~ 10 米；5 ~6 年进入结实期，单产达 750 千克/公顷左右；7 ~ 8 年进入盛产期，单产达 1500 千克/公顷左右的目标。利用工程措施、生物措施、农艺措施培肥核桃园土壤，改善核桃种植环境，实现园地生物覆盖，土壤有机质达到 3% 以上，有效氮、有效磷、有效钾比例适合，以保证核桃园高产优质。在各个主产县市区各建立单产到 4.5 吨/公顷的高产示范园 10 ~20 公顷。依据核桃生物学特性，云南的自然气候特点及省力化栽培的要求，研制出缓释专用肥和叶面肥，配套使用提升产量 20% ~30% 。

三是核桃病虫害可持续控制技术集成示范。依据核桃生物学特性，云南的自然气候特点及云南核桃主要病虫害发生规律，体现预防为主，综合治理的理念，形成一套与农艺措施相配套的核桃病虫害可持续控制技术，实现核桃园病虫害防治可持续无公害的要求。

四是泡核桃复合经营技术研究与示范。研究泡核桃的化感效应，摸清泡核桃

与间套作作物在一同种植时的关系；研究提出泡核桃和间套作作物相互促进、相互利用的农艺技术措施。

五是山地核桃园机械化试验与示范。利用现有机械在建园整地、园地翻耕、割灌割草、节水灌溉、喷药喷肥、果实采收、采后处理等方面开展试验，提出合理的与山地核桃园种植相适应的农机化措施；提出适宜机械化应用核桃园的经营方法及相应的机械改造方向。

（二）加强科技团队建设，开展协调研究和推广

一是形成合理的管理制度，以分工协作，共同发展的理念，建立相对稳定的科技团队。以发挥优势，广泛合作的胸怀，促进科技团队的发展。以能者为先，能上能下的心态，促进科技团队的新陈代谢，保持旺盛的发展。

二是建立产业技术联盟，进一步发挥核桃技术联盟的作用，加强与云南核桃流通协会等核桃产业相关协会的沟通，在技术攻关、技术推广、品牌建设等多个方面共同推进核桃产业的发展。针对特色经济林树种杂交困难、现有优良品种退化严重且抗病性差的问题，一方面通过优良品种大规模的内部选优、组培多倍体诱变等快速育种技术选育优良木本油料品种；另一方面采用胚挽救和分子标记技术开展杂交育种，尽快培育出一批具有更新换代价值的结果早、果实大、品质好、抗病、耐贮藏、市场潜力大的新品种，同时搞好新品种的区域化试验，为品种更新换代奠定基础（王忠武，2012）。

三是加强科技推广和技术培训。加强特色经济林生产上的立地选择、品种选育、集约栽培、精深加工等应用技术研究，特别要重点研究矮化栽培技术、果草间作等生态果园生产技术、无公害绿色栽培技术；积极开展特色经济林新品种引进，特别是要引进消化特色经济林精深加工技术；组织科技人员编写特色经济林集约栽培和经营管理技术资料，制定特色经济林栽培、管理、采摘、加工等技术标准；对农户广泛开展技术培训，提高各项技术的应用水平，加大技术推广力度（王忠武，2012）。

（执笔：陆斌、杜春燕；审定：陈良正）

参 考 文 献

［1］2017 年我国肉牛产业发展回顾与 2018 年展望［C］//中国畜牧业协会，晋中市人民政府．第十三届（2018）中国牛业发展大会论文集．北京：中国畜牧业协会，2018：12.

［2］L. 阿兰·温斯特．工业化国家农业政策的政治经济学［M］．北京：中国税务出版社，2000.

［3］Sae－Chang Siriwut．泰国对东盟市场农产品出口竞争力分析［D］．重庆：重庆大学，2015.

［4］阿红昌，段波，王树明．滇东南橡胶树寒害后次期性害虫危害状况调查［J］．热带农业科技，2011（4）：4－7.

［5］安宁．“一带一路”让沿线国家共享中国制造“神器”［EB/OL］．（2015－04－02）．http：//finance. ce. cn/rolling/201504/02/t20150402_5002507. shtml.

［6］白建坤．建设环境友好型生态胶园 促进云南橡胶可持续发展［J］．中国农垦，2015（5）：20－22.

［7］本刊编辑部．云茶产业大放异彩［J］．云南农业，2020（6）：1.

［8］毕亚楠，汪禄祥．云南省绿色食品产业发展现状、问题与对策［J］．农产品质量与安全，2020（5）：45－48.

［9］蔡君廷．我国农业保险发展的政策范式——来自印度农保体系的经验与启示［J］．现代商业，2018（10）：178－179.

［10］蔡世忠．中原经济区农区新型农业现代化发展的思路与对策［J］．河南农业科学，2013（8）：157－161.

［11］蔡舒怡．南靖县生态型林下经济发展的研究［D］．福州：福建农林大学，2018.

［12］曹春莉，郭颖梅．谈云南山区蜂业可持续发展的对策和建议［J］．蜜蜂杂志，2013，33（1）：6－8.

［13］曹甜甜，马蓉，朱秀春，等．小农背景下云南农民专业合作社发展现状

及对策［J］. 农村经济与科技，2018，29（15）：73－74，78.

［14］曹雪琴. 农业保险产品创新和天气指数保险的应用——印度实践评析与借鉴［J］. 上海保险，2008（8）：53－58.

［15］曹宇. 畜牧科技推广中存在的问题及解决措施［J］. 畜牧兽医科学（电子版），2018（3）：73.

［16］柴媛媛，王静，谢萍. 云南省油橄榄产业发展浅析［J］. 当代经济，2014（22）：80－81.

［17］车志敏. 在西部大开发中加快云南对外开放［J］. 创造，2000（6）：7－8.

［18］陈伯祥. 我国禽肉加工业的现状、问题与发展对策［J］. 中国家禽，2004（15）：4－6，14.

［19］陈超. 猪肉行业供应链管理研究［D］. 南京：南京农业大学，2003.

［20］陈笛. 基于ZigBee的糖厂能耗监测系统实现［D］. 广州：广东工业大学，2015.

［21］陈非暗. 水果玉米生产现状及优质高产栽培技术［J］. 福建农业，2015（3）：56.

［22］陈光红，杨和萍，李雪雁. 普洱市蚕桑产业发展前景分析［J］. 云南农业科技，2012（S2）：47－49.

［23］陈国明，张德亮. 云南省马铃薯产业比较优势分析［J］. 当代经济，2011（2）：98－99.

［24］陈虎，毛加梅，李双秀. 云南省马铃薯新品种选育和推广存在问题及对策［J］. 农技服务，2013，30（2）：185－186，189.

［25］陈虎，毛加梅，李双秀. 云南省玉米产业发展现状及对策探讨［J］. 农技服务，2013，30（2）：193－195.

［26］陈际才，李章田，李俊龙，等. 德宏冬马铃薯产业发展的现状分析及对策研究［J］. 农业科技通讯，2017（11）：41－47.

［27］陈佳. “云菜”明珠是怎样长成的？［N］. 玉溪日报，2017－05－10.

［28］陈良盛，郎胜勇，伍厚国. 烟草专业合作社的提质增效效果探究［J］. 安徽农业科学，2015，43（11）：333－334.

［29］陈良正，陈蕊，王雪娇，等. 云南省高原特色农业产业政策创新探析［J］. 江西农业学报，2019，31（11）：138－145.

［30］陈良正，李隆伟，毛昭庆，等．云南高原特色现代农业产业经济分析研究［J］．中国农学通报，2019，35（30）：155－164．

［31］陈良正，王云美，冯露，等．加快推进云南农业发展方式转变的对策研究［J］．江西农业学报，2013（11）：138－142．

［32］陈璐，赵琳，李甜江，等．云南省油茶产业发展概况［J］．山东林业科技，2012，42（5）：112－116，58．

［33］陈玛琳．中国蜂产业发展的技术经济分析［D］．北京：中国农业科学院，2013．

［34］陈明文．我国天然橡胶产业发展形势与因应策略［J］．农业经济问题，2016，37（10）：91－94，112．

［35］陈明贤．我国大麦产业发展对策与高产优质生产关键技术研究［D］．杭州：浙江大学，2011．

［36］陈明贤，张国平．全球大麦发展现状及中国大麦产业发展分析［J］．大麦与谷类科学，2010（4）：1－4．

［37］陈琼．城乡居民肉类消费研究［D］．北京：中国农业科学院，2010．

［38］陈秋珍，Sumelius J．国内外农业多功能性研究文献综述［J］．中国农村观察，2007（3）：71－79．

［39］陈蕊，陈艺齐，钱敏，等．云台农业合作SWOT分析［J］．安徽农业科学，2015（18）：243－246，258．

［40］陈蕊，李学林，陈良正，等．云南高原特色农业产业政策创新研究［M］//李学林，等．云南高原特色现代农业发展战略研究——理论与实践．北京：经济科学出版社，2019：310－318．

［41］陈婷．云南省高原特色现代农业的产业路径选择［D］．昆明：云南财经大学，2017．

［42］陈习芳，张应华．孟定镇橡胶种植现状及立体套种模式［J］．江西农业，2020（4）：8，10．

［43］陈小勇．云南鱼类名录［J］．动物学研究，2013（8）：281－334．

［44］陈啸云．云南山区蚕桑产业发展分析［D］．北京：中国农业科学院，2013．

［45］陈秀香，张曼，黄银燕，等．如何利用互联网推动中医传承［J］．中国中医药现代远程教育，2018，16（6）：37－41．

[46] 陈雪峰．保山市蚕桑产业现状与发展对策［J］．云南农业科技，2008（S1）：40－41．

[47] 陈彦丽．黑龙江省主要农产品流通现状及趋势预测［J］．商业研究，2007（3）：175－177．

[48] 陈瑶，李忠桥．2018 中国云南曲靖罗平蜜蜂文化节暨云南省蜂产业论坛在罗平成功举办［J］．蜜蜂杂志，2018，38（4）：38．

[49] 陈叶．甘蓝型油菜转基因抗病虫植株获得及后代鉴定［D］．武汉：华中农业大学，2013．

[50] 陈印军，王琦琪，向雁．我国玉米生产地位、优势与自给率分析［J］．中国农业资源与区划，2019，40（1）：7－16．

[51] 陈英．西部大开发中环境危机与人体健康问题研究［J］．云南民族学院学报（哲学社会科学版），2002（1）：23－26．

[52] 陈颖．浅谈畜牧养殖户的风险管理［J］．才智，2014（31）：346．

[53] 陈永忠，罗健，王瑞，等．中国油茶产业发展的现状与前景［J］．粮食科技与经济，2013，38（1）：10－12．

[54] 陈越．烟草（红花大金元品种）在不同生长时期基因组 DNA 甲基化的初步研究［D］．昆明：云南大学，2012．

[55] 陈云发，万斌泉，邓雪辉，等．科学布局 合理规划积极推进环境友好型生态胶园建设［J］．中国热带农业，2015（2）：39－41．

[56] 陈云发，钟萍，万斌泉，等．东风农场天然橡胶保险现状及建议［J］．中国热带农业，2014（4）：22－23．

[57] 陈云芬．曲靖会泽四季草莓热销全国［EB/OL］．（2018-11-14）．http：//m. xinhuanet. com/yn/2018－11/14/c_137605133. htm.

[58] 陈云芬．推行农业保险助力乡村振兴［EB/OL］．（2019-02-14）．https：//www. yndaily. com/html/2019/guandian_0214/112196. html.

[59] 陈治华．浅析云南天然橡胶产业发展与人才培养［C］//云南省农业教育研究会．科学发展与农村教育——云南省农业教育研究会 2009 年学术年会论文汇编．云南省农业教育研究会，2009：8．

[60] 程志斌．云南高原特色山地牧业发展思考［C］//中共云南省委宣传部、云南省社会科学界联合会．筑梦·建设美丽云南——云南省第七届社科学术年会暨 2013 年社科学术月活动主会场文集．云南省中国近代史研究会，2013：6．

［61］初阳，陈雷，张明飞．边民互市贸易转型升级的实践与探索——以广西东兴市为例［J］．经济研究参考，2018（14）：64－69.

［62］促进产品创新和产业升级 云南多举措推进蔗糖产业高质量发展［EB/OL］．中国财经新闻网，2019－10－05.

［63］打造现代农业样板 助力决胜脱贫攻坚［EB/OL］．新华网，2019－06－17.

［64］戴永务，刘伟平．中国板栗产业国际竞争力现状及其提升策略［J］．农业现代化研究，2012，33（4）：456－460.

［65］邓楚雄，黄曦红．湖南农村土地综合整治中土地权属管理存在的问题及对策［J］．湖南农业科学，2015（12）：93－95，99.

［66］邓国庆．“发农立国，以农富国”——巴西力推农产品出口［N］．科技日报，2017－03－03.

［67］邓进秀．加快河口县边民互市贸易转型升级［J］．创造，2018（2）：44－45.

［68］邓煜．从油橄榄引种看我国木本食用油料产业的发展［J］．经济林研究，2010，28（4）：119－124.

［69］丁声俊，马榕．中国油茶特色产业发展探讨［J］．粮食科技与经济，2013，38（4）：12－13.

［70］丁杨．发展中国家典型环境服务付费实践案例分析——肯尼亚的经验与启示［J］．资源开发与市场，2017，33（1）：74－79，99.

［71］丁振京，杨亚梅．我国现行农业科技推广模式及存在问题［J］．农业科技管理，2000（5）：31－34.

［72］云南省50多种土著鱼实现人工繁殖［N］．春城晚报，2015－09－15.

［73］云南省局：加快转型升级 担当“第一车间”［N］．云南日报，2018－11－27.

［74］董建祖，彭丽娜．云南省保山市茶叶产业存在的主要问题成因和对策建议［J］．农业开发与装备，2020（3）：22－23.

［75］董晓波，陈良正，阳茂庆，等．云南高原特色农业比较优势研究［J］．中国农学通报，2016，32（12）：175－182.

［76］董寅初．从上海肉制品产销变化看消费趋势［J］．肉类研究，2002（2）：5－7.

[77] 董仲生，法林荣，唐跃华，等. 云南兔业发展模式探讨 [J]. 中国养兔，2013 (4)：35-37.

[78] 董仲生，李国平，李顺存，等. 兔魏氏梭菌病的病因及预防要点 [J]. 中国养兔杂志，2008 (9)：30-33.

[79] 董仲生，刘敏. 云南省兔业发展状况 [C]. 首届 (2011) 中国兔业发展大会会刊，2011.

[80] 董仲生，刘敏. 云南兔业的变迁及前景 [C]. 北京：中国畜牧业协会，2016：229-232.

[81] 董仲生，杨恩满，马桂仙，等. 兔巴氏杆菌病的诊治 [J]. 中国养兔，2014 (1)：9，40.

[82] 董仲生，郑锦玲. 现代兔肉市场的开发思路 [J]. 中国养兔杂志，2012 (1)：44-47.

[83] 董仲生. 兔肉好吃的原理 [C]. 第五届 (2015) 中国兔业发展大会论文汇编，2016.

[84] 董仲生. 兔毛织品的特点及产业前景 [J]. 中国养兔杂志，2015 (5)：24-26.

[85] 杜春燕. 充分利用一带一路战略带动云南特色农业发展 [J]. 管理观察，2015 (31)：51-52.

[86] 杜春永，张天芝，孙文祥. 积极推进农业产业化经营 做大做强六哨马铃薯产业 [J]. 农村实用技术，2014 (12)：17-19.

[87] 杜芳，瞿长福. 乘着“过山车”前行 [J]. 中国农垦，2013 (11)：10-11.

[88] 杜红平，张玉红，祝映莲. 我国果品流通渠道中存在的问题及对策 [J]. 物流技术，2008 (9)：26-28.

[89] 杜宏. 内蒙古肉牛产业发展现状及存在问题研究 [J]. 内蒙古统计，2013 (3)：24-26.

[90] 杜靖. 产业发展理论探析 [J]. 山西财经大学学报，2009 (2)：59-60.

[91] 杜鹏. 云南发展木本油料产业优势和存在的问题 [J]. 内蒙古林业调查设计，2012，35 (1)：108-111.

[92] 杜亚光. 我国天然橡胶产业发展成就与前景预测 [J]. 中国橡胶，2009，25 (6)：21-23.

[93] 杜园. 易县食用菌产业组织模式研究 [D]. 保定：河北农业大学，

2015.

［94］杜仲莹，计宣辰．上半年云南省农产品出口额同比逆势增长 15.1%［EB/OL］．（2020－08－22）．http：//yn. people. com. cn/n2/2020/0822/c378439－34244034. html.

［95］段永华，张钟，郭春平，等．云南省水稻生产的区域比较优势分析［J］．云南农业科技，2016（1）：16－18.

［96］樊绍君，王黎亚．经济新常态下加强云南烟草专业技术人才队伍建设的对策［J］．商场现代化，2015（6）：74－76.

［97］樊紫蓬．长治市农业科技园区运行效率研究［D］．太原：山西农业大学，2016.

［98］范浩，陈忠立．创新驱动茧丝绸一二三产业融合发展［J］．江苏丝绸，2017（5）：47－50，42.

［99］范水生．聚焦农业多功能性 促进乡村经济再生［EB/OL］．（2018－07－27）［2019－04－16］．http：//country. people. com. cn/n1/2018/0727/c419842－30172909. html.

［100］范颖．山西省食用菌产业发展模式及发展建议［J］．乡村科技，2020（5）：26－27.

［101］方兵兵．2016 年我国蜂产品市场回顾与 2017 年市场预测［J］．中国蜂业，2017，68（5）：14－15.

［102］费永涓．云南省高原特色现代农业技术推广存在的问题及对策研究［J］．河南农业，2018（11）：79－80.

［103］冯小龙，彭东海，李云腾，刘永华．浅谈云南文山州八角生产的主要问题及对策［J］．广西职业技术学院学报，2015，8（2）：1－3.

［104］冯媛媛．基于渠道管理的广西制糖企业营运资金管理模式研究［J］．市场论坛，2013（5）：17－18，22.

［105］冯月娇，张德亮．云南马铃薯产业竞争力分析［J］．当代经济，2011（4）：94－95.

［106］冯悦．生物制药企业品牌价值评估研究［D］．昆明：云南财经大学，2018.

［107］符莉，莫业勇．我国天然橡胶产业发展面临的矛盾和对策建议［J］．中国农垦，2018（5）：38－40.

［108］符明联，杨正富，余绍伟，等．低纬高原稻后油菜免耕移栽高效栽培技术［J］．作物研究，2016，30（1）：86－88.

［109］符耀彩，孙乐明．小蠹虫害大面积爆发［N］．海南日报，2008－03－17（7）.

［110］高新，吴金亮，孙雪磊，王富涛．发展云南养猪业任重而道远［J］．中国猪业，2011，5（7）：9－11.

［111］高燕．云南省八大绿色产业2019年综合产值5780亿元［EB/OL］．(2020－09－25)［2020－11－10］．https：//baijiahao. baidu. com/s? id＝1678775499458647483&wfr＝spider&for＝pc.

［112］高正卿，陈勇，何桂源，等．一种改进的甘蔗糖厂亚硫酸法新工艺［J］．中国糖料，2010（3）：54－55，57.

［113］葛瑞华．农业保险中信息技术的应用现状与问题研究［D］．成都：成都理工大学，2014.

［114］葛颜祥，郭志建．山东食用菌产业组织模式比较及选择［J］．山东农业科学，2013，45（3）：136－140.

［115］弓静勇．云南高原特色农业供应链金融问题研究［D］．昆明：云南财经大学，2017.

［116］龚魁杰，陈利容，张发军，等．鲜食玉米一二三产业融合发展之实践研究［J］．农学学报，2018，8（4）：91－96.

［117］龚雪阳，周丹银，赵文正，等．现代养蜂新模式的思考和探讨［J］．中国蜂业，2017，68（7）：54－56.

［118］古希全，李维锐．云南天然橡胶产业现状及其发展前景［J］．云南热作科技，2001（1）：21－24，28.

［119］谷丽萍，王锡全，张伏全，等．云南花椒产业发展现状及对策［J］．西部林业科学，2015，44（5）：142－147.

［120］关潇，王佰涛．乡村创新系统视角下田园综合体机制建设建议——以湖州安吉县为例［J］．中外企业家，2018（29）：143－144.

［121］关鑫．基于水—能源—粮食关联性的粮食安全研究［D］．北京：中国农业科学院，2019.

［122］管红伟，刘建平，李明，等．茶花鸡遗传资源保护与产业化发展［J］．云南畜牧兽医，2013（3）：15－16.

［123］广西壮族自治区统计局. 广西壮族自治区第三次全国农业普查主要数据公报［EB/OL］.（2018－02－26）. http：//www. gxzf. gov. cn/gxsj/sjyw/20180226－681208. shtml.

［124］贵州省统计局. 贵州省第三次全国农业普查主要数据公报［EB/OL］.（2018－12－06）. http：//www. guizhou. gov. cn/zfsj/tjgb/201812/t20181206_1956387. html.

［125］桂媛，胡红珍. 陆良县现代农业庄园经济发展对策探讨［J］. 农业开发与装备，2018（10）：1，34.

［126］郭君雅，田呈瑞. 花椒开发利用的现状及前景分析［J］. 食品研究与开发，2008（8）：167－170.

［127］郭利京. 中国猪肉纵向关联产业价格传递［D］. 南京：南京农业大学，2011.

［128］郭利军.2018 年我国蜂产品市场分析及 2019 年市场展望——蜂蜜篇［J］. 中国蜂业，2019，70（5）：14－15.

［129］郭萌，王怡. 深度贫困地区地理标志农产品发展战略研究——以秦巴山区商洛市为例［J］. 江西农业学报，2019，31（11）：132－137，145.

［130］郭思琳. 安溪茶产业发展的融资对策研究［D］. 泉州：华侨大学，2017.

［131］郭翔羽，罗剑朝，曾福生. 中国农业与农村经济发展前沿问题的研究［M］. 北京：中国农业出版社，2007：23－26.

［132］郭颖梅，栾雪梅，朱晓丽. 基于主成分分析法的云南高原特色农业企业竞争力评价［J］. 中国经贸导刊，2016（35）：70－72.

［133］郭志宏. 浅谈云南养蜂业的产业化发展［J］. 蜜蜂杂志，1998，18（3）：24－25.

［134］国家天然橡胶产业技术体系. 中国现代农业产业可持续发展战略研究：天然橡胶分册［M］. 北京：中国农业出版社，2016.

［135］国家统计局. 2020 中国统计年鉴［M］. 北京：中国统计出版社，2020.

［136］国家统计局. 第三次全国农业普查主要数据公报［R/OL］.（2017－12－14）. http：//www. stats. gov. cn/tjsj/tjgb/nypcgb/qgnypcgb/201712/t20171214_1562740. html.

［137］国家统计局. 中华人民共和国 2019 年国民经济和社会发展统计公报

[EB/OL]. http://www.stats.gov.cn/tjsj/zxfb/202002/t20200228_1728913.html.

[138] 国家统计局. 中国统计年鉴 [M]. 北京: 中国统计出版社, 2020.

[139] 国庆, 吴天强. 河南农村一二三产业融合发展中存在的问题及对策 [J]. 管理观察, 2017 (33): 90-92.

[140] 海建才. 2019年罗平县政府工作报告——2019年1月17日在罗平县第十七届人民代表大会第三次会议上 [EB/OL]. (2019-08-02). http://www.luoping.gov.cn/html/2019/gggs_0802/39588.html.

[141] 韩本勇, 胡学礼, 程达. 云南省生物农业产业发展的SWOT分析与对策 [J]. 安徽农业科学, 2011, 39 (29): 18367-18369.

[142] 韩长赋. 大力推进质量兴农绿色兴农 加快实现农业高质量发展 [J]. 甘肃农业, 2018 (5): 6-10.

[143] 韩明跃, 宁德鲁. 云南八角生产的主要问题分析及其对策 [J]. 西部林业科学, 2006 (1): 125-128.

[144] 韩群. IBM2007论坛成就创新之道 [J]. 通信世界, 2007 (5B): 20-23.

[145] 郝妙. 浅议现代农业投融资的问题及对策 [J]. 现代经济信息, 2016 (18): 1-2, 4.

[146] 何安华, 秦光远. 中国农产品加工业发展的现状、问题及对策 [J]. 农业经济与管理, 2016 (5): 73-80.

[147] 何长辉, 刘锐金. 橡胶主产区自然灾害情况及农户应对措施——基于云南、海南入户调查数据的分析 [J]. 热带农业科学, 2015, 35 (5): 82-87, 101.

[148] 何传新, 时海燕. 农业品牌建设问题研究——以山东省泰安市为例 [J]. 农业经济, 2018 (8): 3-5.

[149] 何金宝, 高海涛, 农明英, 等. 文山州优质专用小麦产业发展分析 [J]. 云南农业科技, 2019 (1): 60-62.

[150] 何青元. 建设"中国普洱茶第一县"助推勐海茶产业大发展 [J]. 中国茶叶加工, 2016 (5): 27-30.

[151] 何晓鹏, 沈瑾, 孙洁. 浅谈我国鲜食玉米行业发展概况 [J]. 农业工程技术 (农产品加工业), 2010 (10): 26-29.

[152] 何晓芸. 中国烟草农业风险管理研究 [J]. 知识经济, 2018 (17):

101，103.

［153］和爱红. 以绿色发展引领元阳哈尼梯田保护利用［J］. 社会主义论坛，2017（4）：27－28.

［154］贺熙勇，倪书邦. 世界澳洲坚果种质资源与育种概况［J］. 中国南方果树，2008（2）：34－38.

［155］贺熙勇，陶亮，柳觐，等. 国内外澳洲坚果产业发展概况及趋势［J］. 中国热带农业，2017（1）：4－11，18.

［156］贺熙勇，陶亮，柳觐，等. 世界澳洲坚果产业概况及发展趋势［J］. 中国南方果树，2015，44（4）：151－155.

［157］贺熙勇，陶亮，柳觐，等. 我国澳洲坚果产业概况及发展趋势［J］. 热带农业科技，2015（3）：12－16，19.

［158］黑龙江省农业委员会. 黑龙江省"互联网＋"现代农业发展情况［J］. 农业工程技术，2017（33）：21－22.

［159］侯立阳，李爽. 探索农业规模化经营的云南之路［J］. 云南农业，2018（1）：14－16.

［160］侯睿，张小军，张小红，等. 四川花生机械化种植发展前景展望［J］. 四川农业科技，2013（12）：50－51.

［161］侯魏川. 云南实现经济跨越式发展研究［D］. 昆明：云南大学，2015.

［162］胡春娟. 北大荒集团绿色食品品牌建设研究［D］. 哈尔滨：东北林业大学，2011.

［163］胡路. 云南咖啡产业发展战略研究［D］. 昆明：云南大学，2014.

［164］胡元强. 2017年蜂产品市场回顾与2018年预测［J］. 蜜蜂杂志，2018，38（5）：44－46.

［165］胡元强. 2018年蜂产品市场回顾与2019年预测［J］. 蜜蜂杂志，2019，39（6）：39－41.

［166］胡志斌. 加大农业对外开放力度不断增强农业"三靠"实力［J］. 农业科技管理，1997（1）：19－20.

［167］胡忠荣. 抓住"一带一路"的发展机遇 促进云南高原特色优势水果产业发展［C］//云南省科学技术协会、中共普洱市委、普洱市人民政府. 第七届云南省科协学术年会论文集——专题二：绿色经济产业发展. 云南省科学技术协会、中共普洱市委、普洱市人民政府：云南省机械工程学会，2017：6.

[168] 胡钟仁，栾建启，戴宏，等．云南奶山羊产业发展现状及对策［C］//云南省科学技术协会，昭通市人民政府．第五届云南省科协学术年会暨乌蒙山片区发展论坛论文集．昆明：云南省机械工程学会，2015：6.

[169] 黄炳生．云南古树茶资源概况［M］．昆明：云南美术出版社，2016.

[170] 黄德民，赵国华，陈宗道，等．我国花椒的饮食文化探源［J］．中国调味品，2006（1）：75－81.

[171] 黄海，姜会明．推进吉林省现代畜牧业发展的思考［J］．吉林农业大学学报，2005（6）：705－710.

[172] 黄浩伦，张万桢，黄慧德．西双版纳州天然橡胶经营与发展研究［J］．中国高新技术企业，2015（28）：5－6.

[173] 黄吉美．云南省玉米产业现状及发展对策［J］．园艺与种苗，2012（8）：57－62，80.

[174] 黄家雄，李贵平．中国咖啡遗传育种研究进展［J］．西南农业学报，2008（4）：1178－1181.

[175] 黄家雄，吕玉兰，文志华，等．关于加快云南咖啡产业发展的建议［J］．云南农业科技，2010（4）：10－12.

[176] 黄洁，杨帆．云南省稻米行业现状及展望［J］．农村实用技术，2017（9）：19－20，23.

[177] 黄礼才．2018年罗平县实现旅游综合收入70亿元［EB/OL］．（2019－01－04）．http：//www.zjw.cn/index.php?a=shows&catid=130&id=142372.

[178] 黄灵杰．广西八角产业存在的问题及对策分析［J］．现代园艺，2015（10）：15.

[179] 黄平，陈松，罗太义．新形势下云南蚕业发展的对策［J］．云南农业科技，2006（4）：21－24.

[180] 黄天柱．我国农业科技推广体系创新研究［D］．咸阳：西北农林科技大学，2007.

[181] 黄兴奇，陈良正，董晓波，等．云南高原特色现代农业持续发展研究咨询报告［M］//李学林，等．云南高原特色现代农业发展战略研究——理论与实践．北京：经济科学出版社，2019：203－211.

[182] 黄兴奇，等．云南作物种质资源［M］．昆明：云南科技出版社，2005.

[183] 黄玉英．黑龙江综合机械化水平达95%位居全国第一［J］．时代农机，

2016（8）：167.

［184］黄志华．基于市场环境分析的石林县鹿阜街道办鲜食玉米产业发展策略［J］．乡村科技，2020（8）：31－32，34.

［185］慧铭．国家农业科技创新联盟成立［J］．农业工程，2015，5（1）：82.

［186］霍美丽．阿根廷有机农业发展观察及对中国发展路径的思考［J］．世界农业，2009（12）：57－58.

［187］霍学喜，董银果．试论我国农业产业化的理论框架与政策结构［C］//中国力学学会．WTO 与我国农业系列研讨会论文集．北京：中国力学学会，2001：9.

［188］姬孝忠．生态果园建设模式探讨［J］．落叶果树，2012，44（6）：25－27.

［189］纪珍珍．花椒叶主要成分分析和干燥特性研究［D］．咸阳：西北农林科技大学，2015.

［190］贾小玲，孙致陆，李先德．中国大麦生产布局及其比较优势探析［J］．农业展望，2017，13（10）：40－46.

［191］江惠琼，李学林，董晓波．加快云南高原特色农业发展对策建议［C］//云南省科学技术协会，中共临沧市委，临沧市人民政府．第二届云南省科协学术年会暨高原特色农业发展论坛论文集．昆明：云南省科学技术协会、中共临沧市委、临沧市人民政府，2012：4.

［192］江仕敏．“农业＋”：融合发展路更宽——乡村振兴背景下的农业新思维探析［J］．创造，2019（7）：60－65.

［193］江仕敏．油橄榄的绿色期待［J］．创造，2016（4）：50－52.

［194］姜长云，杜志雄．关于推进农业供给侧结构性改革的思考［J］．南京农业大学学报（社会科学版），2017（1）：1－11.

［195］姜红．云南蚕桑产业发展前景分析［C］//中国蚕学会、国家蚕桑产业技术体系．中国蚕业经济管理学术研讨会材料汇编．中国蚕学会、国家蚕桑产业技术体系：中国蚕学会，2012：7.

［196］蒋贵友，朱洪兴，毛红．云南十五个县（市）脱贫摘帽 罗平：“七彩花田”中的美丽蝶变［N］．云南日报，2018－10－05（3）.

［197］焦冰冰．天然橡胶行业物流管理研究［D］．青岛：中国海洋大学，2005.

［198］金华斌，田维敏，史敏晶．我国天然橡胶产业发展概况及现状分析

[J]. 热带农业科学，2017，37（5）：98－104.

［199］金吉斌，夏体韬，崔金赋，等. 高原特色农业背景下云南农业基础设施发展路径研究［J］. 云南农业，2013（11）：11－15.

［200］金琰，卢凤君，金广生. 大都市生态特色农业融合发展的战略思考——以密云区蜂产业为例［J］. 安徽农业科学，2020，48（20）：242－246.

［201］康磊，刘倩. 国内农业技术推广问题及优化建议［J］. 热带农业工程，2015，39（2）：43－46.

［202］孔垂炼. 云品飘香海内外：从养在深闺到走俏全球［EB/OL］.（2018－07－26）. http：//finance. yunnan. cn/system/2018/07/26/030028339. shtml.

［203］孔凡真. 我国肉鸡行业产业化组织形式的对比分析［J］. 四川农业科技，2004（12）：9.

［204］孔祥智，丁玉. 我国农产品进出口贸易的特点及趋势：1998－2011［J］. 经济与管理评论，2013，29（1）：103－112.

［205］匡邦郁. 云南的蜜源植物及其区划研究［J］. 云南农业大学学报，1994，9（3）：166－171.

［206］匡远配，易梦丹. 精细农业推进现代农业发展：机理分析和现实依据［J］. 农业现代化研究，2018（44）：551－558.

［207］蓝之馨. 褚橙你学不会［EB/OL］.（2016－01－11）. http：//biz. jrj. com. cn/2016/01/11064020384309. shtml.

［208］乐波. 欧盟“多功能农业”探析［J］. 华中农业大学学报（社科版），2006（2）：31－34，50.

［209］雷元宽，吴进明. 罗平县油菜生产综合效益分析［J］. 当代经济，2013（5）：82－83.

［210］黎鸿凯，等. 李国林：2018 年云南高原特色现代农业喜获丰收［EB/OL］.（2019－01－25）. http：//yn. yunnan. cn/system/2019/01/25/030187861. shtml.

［211］李卜生. 云南省蔬菜基地建设现状及发展对策［J］. 现代农业科技，2012（5）：371－373.

［212］李常君. 中国蔬菜出口日本增长的影响因素研究［D］. 南京：南京农业大学，2006.

［213］李得运，于志斌. 2017 年我国中药材进出口情况分析［J］. 中国食品药品监管，2018（5）：31－34.

［214］李德智．农业多功能性与我省现代农业发展方向的研究［J］．黑龙江科技信息．2010（11）：103.

［215］李发兴．数读云南2019年经济成绩单：GDP增速8.1%［EB/OL］．(2020-02-04)．http：//yn.people.com.cn/n2/2020/0204/c378439-33761626.html.

［216］李贵有，王春兰．浅谈云南畜牧业发展的对策与思考［J］．云南畜牧兽医，2006（3）：3-4.

［217］李国强．大理州优质啤酒大麦基地建设及产业化发展现状、优势和措施［C］//《西南农业学报》编辑部．云南省作物学会2004—2006年优秀论文选集．云南农业科技编辑部，2006：5.

［218］李国祥．农业供给侧结构性改革要主攻农业供给质量［J］．中国合作经济，2017（3）：11-13.

［219］李海山，谭鑫．观光果园现状、存在问题及对策［J］．河北果树，2013（1）：1，3.

［220］李海燕，刘朋飞．中国蜂产品进口市场现状及问题分析［J］．中国蜂业，2012，63（3）：38-40.

［221］李宏．云南省甘蔗产业化发展成效分析［J］．经济研究导刊，2011（21）：129-130.

［222］李宏梁，薛婷．花椒果皮的研究进展［J］．中国调味品，2014，39（1）：124-128，135.

［223］李继云．云南高原特色农业发展战略［J］．合作经济与科技，2013（16）：14-15.

［224］李建琴，顾国达．江浙蚕农所面对的蚕业风险及其防范行为分析［J］．蚕桑通报，2012，43（4）：8-14.

［225］李金艳．精准扶贫中的政策创新研究［D］．南京：南京大学，2019.

［226］李景新，李锡鸿，傅雨君，等．蚕桑新生态旅游业发展的实践与思考［J］．中国蚕业，2017，38（3）：28-32.

［227］李静秋．跨境电子商务与食用菌行业对外贸易发展关联性分析［J］．中国食用菌，2019，38（12）：93-95.

［228］李聚桢．我国油橄榄产业发展的探讨［J］．粮油食品科技，2012，20（2）：23-26.

［229］李觉瑜，朱志安，赵云．云南咖啡产业开发的生产经营模式研究［J］．

云南社会科学，1997（5）：51－57.

［230］李觉瑜，朱志安，赵云．云南咖啡产业开发模式及其运作机制［J］.中国农村经济，1997（10）：40－44.

［231］李珂．昆明啤酒大麦产业化发展的几点思考［J］.大麦与谷类科学，2008（1）：58－60.

［232］李柯瑶．云南省特色农产品品牌建设研究［D］.昆明：云南师范大学，2013.

［233］李立鑫．辽宁省玉米种子生产基地的现况分析与建议［J］.辽宁农业科学，2013（3）：63.

［234］李民．云南天然橡胶产业现状及发展思路［J］.世界热带农业信息，2008，11（15）：12－13.

［235］李敏．山东省食用菌产业发展中的散户行为研究［D］.泰安：山东农业大学，2016.

［236］李木元，奚冬琪，徐艳红．推动中国农产品向中国品牌转变［EB/OL］.（2015－03－10）.http：//politics.people.com.cn/n/2015/0310/c70731－26665016.html.

［237］李鹏．易门县绿汁镇烤烟产业发展研究［D］.昆明：云南农业大学，2017.

［238］李庆．橡胶树根系嫁接技术初步研究［D］.海口：海南大学，2014.

［239］李庆珍．区域经济视角下云南县域经济发展研究［J］.经济问题探索，2017（5）：95－100.

［240］李全衡．加强良种繁育体系建设 促进云南蔬菜产业发展［J］.种子世界，2004（8）：3－4.

［241］李双飞．浅析普惠金融作为新形势下商业银行发展的必然选择——以中国建设银行普惠金融战略为例［J］.商情，2019，31（2）：72.

［242］李爽．云南农业文化遗产保护和利用情况报告［J］.云南农业.2015，（9）：60－61.

［243］李伟．云南卷烟工业企业兼并重组发展战略分析［D］.昆明：昆明理工大学，2007.

［244］李文才．当前是否还要种玉米 将来如何种好［N］.山东科技报，2016－06－08（4）.

［245］ 李雯．农民专业合作组织是推动农村社会发展的重要力量［J］．中共山西省委党校学报，2009，32（6）：38－40.

［246］ 李晓霞，朱克西．云南茶业电子商务发展对策初探［J］．当代经济，2015（7）：66－67.

［247］ 李秀娟，张永平，万恩梅，等．柑桔无公害生产技术［J］．陕西农业科学，2013，59（5）：277－278.

［248］ 李学林．加快发展方式转变 推进云南现代农业进程［N］．云南日报，2013－03－08（10）.

［249］ 李学林．准确把握高原特色现代农业新起点［N］．云南日报，2015－12－18.

［250］ 李学林．抓住机遇推进高原地区农业转型发展［N］．学习时报，2014－04－14.

［251］ 李学林，等．加快云南高原特色农业发展研究［M］//李学林，等．云南高原特色现代农业发展战略研究——理论与实践．北京：经济科学出版社，2019：100－110.

［252］ 李学林，等．云南省特色农业发展研究［M］．昆明：云南科技出版社，2005.

［253］ 李学林，董晓波．巩固产业扶贫成果 推进乡村产业振兴［J］．社会主义论坛，2020（3）：13－14，16.

［254］ 李学林，武卫，罗雁．加快高原特色农业发展的几点建议［N］．云南经济日报，2012－08－03（A2）.

［255］ 李学林，谢晓慧，李露，等．云南特色农业发展现状与对策探讨［J］．云南农业科技，2003（5）：1－3.

［256］ 李学林，袁媛，谢小惠，等．云南优势特色农业发展与对策探讨［J］．经济问题探索，2003（12）：103－107.

［257］ 李娅，韩长志．云南省油茶产业发展现状及对策研究［J］．北方园艺，2014（2）：175－180.

［258］ 李琰聪，邵思全，赵毕昆，等．云南玉米育种思路探讨［J］．农业科技通讯，2016（9）：4－6.

［259］ 李怡然．金融支持云南高原特色农业发展研究［D］．昆明：云南大学，2016.

［260］李永松. 推进云南高原特色现代农业高质量发展［J］. 社会主义论坛，2018（3）：19－20.

［261］李瑜，郑少锋. 西部退耕还林区农业产业布局研究——基于农业区位理论的实证分析［J］. 商业研究，2007（7）：136－142.

［262］李越云. 农业供给侧结构性改革视角下云南边境地区蔗糖产业持续发展的研究［D］. 昆明：云南大学，2018.

［263］李真杰. 玉米种子市场营销初探［J］. 种子科技，2019，37（9）：135－136.

［264］李峥，王文生，孙志国，等. 埃塞俄比亚农技推广信息化现状及对中国的启示［J］. 农业展望，2014（6）：41－48，68.

［265］李智海，祖文龙，魏明，等. 西双版纳特色鲜食小糯玉米育种策略［J］. 农业科技通讯，2019（5）：13－15.

［266］李智勇. 基于烟叶规范生产的新型烟叶合作生产组织发展问题研究［D］. 泰安：山东农业大学，2011.

［267］栗若杨，郭静利. 中国和沙特阿拉伯农业合作重点领域前景分析［J］. 农业展望，2016（8）：67－71.

［268］联合国粮食及农业组织. 联合国粮农组织通讯第60期［R］. 联合国粮农组织，2019.

［269］联合国粮食及农业组织. 2020年世界渔业和水产养殖状况［R］. 联合国粮食及农业组织，2020.

［270］梁红玉. 浅谈基层畜禽规模养殖场防疫工作中存在的问题及建议［J］. 畜牧兽医科技信息，2013（11）：24.

［271］梁均平. 新形势下以大学为依托的农业推广模式的思考［J］. 现代经济信息，2012（24）：376－378.

［272］梁伟红，叶露，李玉萍，等. 海南省农产品品牌建设现状及策略提升研究［J］. 山西农业科学，2017（10）：1725－1730.

［273］梁晓莉. 天然橡胶产业发展中存在的问题及对策［J］. 绿色科技，2016（15）：220－221.

［274］梁运强. 近年来特大风寒灾害对海南橡胶产业的影响及反思［J］. 世界热带农业信息，2008（11）：21.

［275］廖桂莲，张体伟. 改革开放以来云南开放型农业发展研究［J］. 云南

社会科学，2019（2）：81－87.

［276］廖明，徐成刚，焦培荣，等．当前禽病多发原因、重要病毒性疾病流行特点与防控对策［J］．中国家禽，2011，33（1）：31－33.

［277］廖善恩．基于服务剧场理论的烟草商业服务品牌塑造［D］．广州：华南理工大学，2010.

［278］林碧锋．云南网络零售额突破779亿元［N］．云南经济日报，2019－03－25.

［279］林惠娟．福建食用菌产业发展现状及对策分析［J］．福建农业科技，2012（8）：84－87.

［280］林俊，卢茵，蒋婧．我国奶山羊产业发展现状、问题及对策［J］．饲料博览，2014（2）：62－64.

［281］林雷通．发展现代烟草农业 推动烤烟生产持续健康发展［J］．现代农业，2009（1）：50－51.

［282］林丽萍．云南省玉米制种产业发展现状及对策［J］．云南农业，2018（1）：42－44.

［283］林治良，王长春，施木田．福州市食用菌产业可持续发展研究［J］．亚热带农业研究，2005（3）：76－78.

［284］刘贝，邓文．郴州市烟叶生产组织形式的现状与发展对策［J］．湖南农业科学，2015（12）：96－99.

［285］刘成，黄杰，冷博峰，等．我国油菜产业现状、发展困境及建议［J］．中国农业大学学报，2017，22（12）：203－210.

［286］刘德琴．浅谈农业经济存在的问题及解决措施［J］．农民致富之友，2017（21）：131.

［287］刘帆，谭静，番兴明．云南省优质专用玉米研究现状及发展前景［J］．云南农业科技，2011（4）：7－11.

［288］刘更喜．农业部推进畜牧业生产方式转变意味着什么［J］．中国牧业通讯，2005（19）：4－6.

［289］刘关所，祁苑玲，吕立才，等．云南发展家庭农场的现状和对策［J］．辽宁农业科学，2018（6）：48－52.

［290］刘海玲．印度农业现代化发展对我国的启示［J］．农业考古，2009（3）：322－324.

[291] 刘汉中，秦应和，武拉平，等．中国兔产业发展现状及“十三五”科技创新重点思考［J］．中国养兔，2015（6）：32－34.

[292] 刘合光，孙东升．中国猪肉消费现状与展望［J］．农业展望，2010，6（1）：35－38.

[293] 刘会峙．加快蔬菜产业发展成为泾川县农业发展的重中之重［J］．甘肃农业，2013（1）：33－34.

[294] 刘慧，薛凤蕊．中国大麦贸易现状及发展趋势［J］．农业展望，2015，11（8）：66－69.

[295] 刘建红．中国重要农业文化遗产的保护利用研究［D］．南京：南京师范大学，2017.

[296] 刘建云，孔垂炼．助力脱贫攻坚 云胶集团在行动［J］．中国农垦，2019（10）：44－46.

[297] 刘建中，陈积贤．云南天然橡胶产业可持续发展的建议［J］．中国热带农业，2010（2）：16－19.

[298] 刘景威．全国著名专家学者云集罗平研讨油菜产业［EB/OL］．（2019－03－27）．http：//www.luoping.gov.cn/html/2019/lpxw_0327/38962.html.

[299] 刘宽斌，聂凤英．中国玉米生产率研究——基于17个省农户面板数据［J］．农业展望，2015，11（6）：43－49.

[300] 刘清云．淳安县茧丝绸一、二、三产业融合发展研究［J］．现代商业，2017（7）：85－86.

[301] 刘顺航，贾黎晖，高瑛．科技创新助推普洱茶产业发展探讨［J］．云南科技管理，2015，28（1）：22－24.

[302] 刘卫民，朱维贤，蒋瑜，等．昆明市马铃薯增产高产增效技术模式［J］．农业科技通讯，2015（6）：198－201.

[303] 刘伟林．黑龙江垦区大力实施品牌农业战略［EB/OL］．（2016－01－05）．http：//www.xinhuanet.com/politics/2016－01/05/c_128595155.htm.

[304] 刘祥凤．我国企业品牌营销存在的问题和改进策略［J］．中国市场，2015（8）：95－97.

[305] 刘晓燕．云南省食用野生菌市场分析［J］．现代经济信息，2015（9）：481－482.

[306] 刘新．论我国农业的结构演化与功能拓展［J］．安徽农业科学，2009

(10): 4679 -4681.

[307] 刘秀艳，辛阳，韩景豹. 河北省休闲农业支撑服务体系的构建与完善[J]. 河北农业科学，2018，22 (5): 101 -103，108.

[308] 刘学剑. 贫困地区畜产品拓展市场存在的主要问题及对策 [J]. 饲料博览，2001 (6): 14 -16.

[309] 刘学剑. 浅谈新常态下云南省文山州现代肉牛产业发展的思考 [J]. 饲料博览，2015 (6): 52 -58.

[310] 刘学瑜. 北京都市型现代农业发展水平评价研究 [D]. 北京: 中国农业科学院，2015.

[311] 刘雪梅，章海亮，刘燕德. 农产品质量安全可追溯系统建设探析 [J]. 湖北农业科学，2009 (8): 2001 -2003.

[312] 刘艳辉. 精益 MES 建设探索与研究[C]//中国烟草学会. 中国烟草学会学术年会优秀论文集. 中国烟草学会: 中国烟草学会，2017: 13.

[313] 刘洋，罗其友. 我国马铃薯批发市场价格波动性研究 [J]. 中国蔬菜，2011 (7): 14 -19.

[314] 刘一佳. 花生冠层温度对施肥的响应及其在花生生产实践中的应用[D]. 南阳: 南阳师范学院，2015.

[315] 刘志迎，丰志培. 产业关联理论的历史演变及评述 [J]. 产业与科技论坛，2006 (1): 6 -9.

[316] 刘自强，李静. 农业多元功能的拓展与现代农业产业体系的构建 [J]. 现代农业，2014 (9): 209 -213.

[317] 柳燕，于志斌. 2019 年中药类商品进出口形势分析 [J]. 中国现代中药，2020，22 (3): 342 -347.

[318] 龙荣华. 云南无公害蔬菜产业发展的优势 [J]. 上海蔬菜，2005 (6): 6 -7.

[319] 娄昭，徐忠，张磊. 巴西农业发展特点及经验借鉴 [J]. 世界农业，2011 (5): 80 -82，98.

[320] 卢春玲，周洪友，刘海燕，等. 文山州发展高原特色蔗糖产业的思考[J]. 中国农业信息，2016 (19): 146 -147.

[321] 卢丽丽，包丽仙，刘凌云，等. 云南省马铃薯产业及贸易分析 [J]. 作物研究，2018，32 (3): 227 -233.

[322] 鲁翠. 滕州市马铃薯主食产业化发展路径研究 [D]. 郑州: 河南工业大学, 2017.

[323] 鲁飞. 隆平高科: 加速冲击全球五强 [J]. 农经, 2019 (3): 48-51.

[324] 陆斌, 杨卫明, 张植中, 等. 云南油橄榄引种四十年 [J]. 西部林业科学, 2005 (1): 62-65, 69.

[325] 陆宇明, 梁贤, 陈忠林, 等. 农业特色优势产业的选择与实证分析 [J]. 安徽农业科学. 2008, 36 (22): 9786-9788.

[326] 逯忠新. 目前我国羊病发生特点及流行趋势 [J]. 北方牧业, 2010 (22): 25.

[327] 吕素昌. 新时期发展农业产业经济探讨 [J]. 现代营销, 2017 (11): 16-17.

[328] 罗春燕. 云县高原特色农业发展策略研究 [J]. 农民致富之友, 2018 (16): 63.

[329] 罗坤, 陈松. 加强蚕业科技普及, 为产业发展提供科技支撑 [J]. 农村实用技术, 2007 (1): 39.

[330] 罗啟正. 浅谈我国农技推广工作现状存在的问题与对策 [J]. 中国农业信息, 2015 (11): 65.

[331] 罗新斌, 徐坚强, 宁尚辉. 我国特色烟叶研究现状与前景展望 [J]. 现代农业科技, 2011 (2): 50-51, 54.

[332] 罗雁, 杨妍, 陈蕊, 等. 国外低纬高原地区农业发展对云南的启示研究 [J]. 安徽农业科学, 2013 (15): 6971-6975, 6978.

[333] 罗英. 云南罗平: 布依文化魅力多彩 依鲁菜籽油健康营养 [EB/OL]. (2018a-06-24). http: //travel. china. com. cn/txt/2018-06/24/content_53248423. htm.

[334] 罗英. 云南罗平依鲁菜籽油世代相传 延续中国老味道 [EB/OL]. (2018b-07-31). http: //big5. china. com. cn/gate/big5/travel. china. com. cn/txt/2018-07/31/content_57909289. htm.

[335] 罗云波, 蔡同一. 园艺产品贮藏加工学 [M]. 北京: 中国农业大学出版社, 2001: 2.

[336] 马畅. 新经济形势下吉林省玉米加工产业现状及发展对策分析 [J]. 中国管理信息化, 2013, 16 (9): 49-50.

[337] 马冬君, 闫文义, 王宁, 等. 农业科研单位开展农技推广经验模式研

究［J］．黑龙江农业科学，2013（1）：128－131.

［338］马光霞．云南省糖料及食糖生产情况调研分析［J］．农业展望，2011，7（6）：31－33，38.

［339］马锦林，曾祥艳，李开祥，等．广西八角产业现状及发展战略［J］．广西林业科学，2011，40（4）：336－339.

［340］马敬文，秦杰．朱镕基在甘肃青海宁夏考察工作时强调把握大局，不失时机实施西部地区大开发战略集中精力，实现国有企业改革和脱困三年目标［N］．人民日报，1999－11－01.

［341］马铃薯世界供需新形势［J］．世界热带农业信息，2018（10）：28－30.

［342］马梦雯，王见．云南高原特色农产品的品牌建设研究［J］．中国市场，2015（25）：227－228.

［343］马梦雯，李介茵．云南省天然橡胶产业可持续经营研究［J］．热带农业科学，2015，35（11）：91－93，99.

［344］马梦雯，王见．云南省小粒咖啡产业现状及品牌建设研究［J］．安徽农业科学，2015，43（22）：318－319.

［345］马思敏洁，刘殊捷，张轶源，等．云南省烟草产业与经济发展的研究［J］．财富时代，2019（8）：154.

［346］马文芳．稳定蚕桑基础 开发丝绸产品——隆阳区蚕桑产业后续发展之我见［J］．保山学院学报，2015，34（3）：91－95.

［347］马云华．农业生物技术或将改变世界格局［J］．世界热带农业信息，2019（5）：36－38.

［348］马泽波．农业供给侧结构性改革：多重困境与突破路径［J］．大理大学学报，2016（11）：18－23.

［349］马征祥，陈相艳，弓志青，等．食用菌休闲食品的研究开发现状及展望［J］．中国食物与营养，2016，22（6）：33－36.

［350］曼昆．经济学原理：微观分册［M］．北京：北京大学出版社，2012.

［351］毛华明，蒋永宁，李永强．云南奶牛产业发展现状与对策［Z］．2011.

［352］毛绪强．农村“双创”田园赋新篇［J］．农产品市场周刊，2017（11）：12－15.

［353］毛昭庆，罗雁，张焱，等．基于SWOT分析的云南天然橡胶产业发展战略研究［J］．中国热带农业，2019（1）：12－15.

［354］孟华．目前畜牧技术推广工作的现状及对策［J］．当代畜牧，2014（8）：10－11.

［355］孟焕芝，孟国芬．陆良县杂交玉米种子生产现状及分析［J］．中国种业，2016（12）：34－35.

［356］孟兴祥，周亚平，刘琴．昆明市高原特色都市型现代奶业发展思路［C］//云南省科学技术协会、中共普洱市委、普洱市人民政府．第七届云南省科协学术年会论文集——专题二：绿色经济产业发展．云南省科学技术协会、中共普洱市委、普洱市人民政府：云南省机械工程学会，2017：5.

［357］米生俊，曹文禄，李世安．地方家禽产业化发展思路［J］．中国畜禽种业，2011，7（9）：127－128.

［358］缪祥虎，蔡荣甫，皮晓波，等．浅谈曲靖市牛源示范基地建设的经验及成效［J］．畜禽业，2020，31（5）：12－13.

［359］莫珏宇．宜良烤鸭：对一个地域象征符号建构的探究［D］．北京：中央民族大学，2012.

［360］莫业勇．天然橡胶供需形势和风险分析［J］．中国热带农业，2019（2）：4－6，10.

［361］木本油料产业促进产业结构调整［J］．云南林业，2015，36（6）：16－19.

［362］穆春燕，杨谨．云南水果产业现状分析与发展对策［C］//云南省科学技术协会、中共楚雄州委、楚雄州人民政府．第八届云南省科协学术年会论文集——专题三：林业．云南省科学技术协会、中共楚雄州委、楚雄州人民政府：云南省机械工程学会，2018：5.

［363］倪碧星．闽北茶叶产业发展战略研究［D］．福州：福建农林大学，2013.

［364］宁德鲁，陆斌，杜春花，等．云南省油橄榄产业发展现状、问题及对策［J］．经济林研究，2010，28（3）：146－149.

［365］宁德鲁，张雨，陆斌，等．八角丰产栽培技术［J］．林业实用技术，2010（2）：40－42.

［366］牛德林，刘翠红．把握战略机遇在分工合作中振兴东北大农业［J］．东北农业大学学报（社会科学版），2005（4）：22－26.

［367］牛国庆，武果桃．我国肉牛产业存在的问题及发展对策［J］．中国农村科技，2014（3）：68－69.

[368] 牛丽贤，张寿庭. 产业组织理论研究综述 [J]. 技术经济与管理研究，2010 (6)：136 - 139.

[369] 农民日报评论员. 论质量兴农——写在2018“农业质量年”开启之际 [EB/OL]. (2018 - 01 - 16). https://www.163.com/dy/article/D8A1G625051193GG.html.

[370] 农业农村部. 2018年我国粮食总产量13158亿斤 [EB/OL]. (2018 - 12 - 31). http://finance.sina.com.cn/roll/2018 - 12 - 31/doc - ihqfskcn2775091.shtml.

[371] 农业农村部渔业渔政管理局，全国水产技术推广总站，中国水产学会. 中国稻渔综合种养产业发展报告 (2018)[J]. 中国水产，2019 (11)：20 - 27.

[372] 欧阳欢，王庆煌，龙宇宙，等. 海南咖啡产业链发展战略研究 [J]. 热带农业科学，2012，32 (8)：58 - 63.

[373] 欧阳婷婷. 彩云之南系列 (41) 云南烟草资源优势及发展 [J]. 云南电业，2005 (2)：46.

[374] 潘嫦艳，张冲云，保琼娥，等. 陆良县高原特色农业发展现状及思路 [J]. 中国农业信息，2014 (1)：265 - 266.

[375] 潘永平，余祖亮. 云南省高原特色农业发展路径分析 [J]. 南方农业，2015 (24)：133 - 133.

[376] 彭炳松. 基层畜牧业发展现状与对策 [J]. 中国畜牧兽医文摘，2016，32 (3)：11.

[377] 彭程. 云南特色农业企业发展战略研究——以X公司为例 [D]. 昆明：云南大学，2016.

[378] 彭庆环，杨敏. 电子商务在广东农垦橡胶营销体系中的应用 [J]. 广东农工商职业技术学院学报，2014，30 (1)：1 - 4.

[379] 彭宜钟. 产业结构理论综述 [J]. 产业经济，2010 (12)：33 - 35.

[380] 蒲慧龙. 临夏州畜牧业生产现状及发展对策 [J]. 中国牛业科学，2019，45 (1)：59 - 61.

[381] 朴松爱，郭婕. 我国乡村旅游节事活动存在的问题与对策分析 [J]. 中国地名，2007 (1)：72 - 73.

[382] 祁栋灵，王秀全，左雪冬. 加快科技成果转化与应用 推进橡胶产业发展与升级 [J]. 热带农业科学，2007 (4)：13 - 17，25.

[383] 钱丽琴. 我国欠发达地区农业保险发展问题研究 [D]. 长沙：中南林业科技大学，2013.

[384] 乔立娟. 蔬菜产业生产经营主体风险管理研究 [D]. 保定：河北农业大学，2014.

[385] 乔森. 构建以合作社为基础的烟叶生产劳动力配置新机制——以陕西省为例 [J]. 现代经济信息，2016 (2)：484-485.

[386] 乔宪生. 世界水果生产的现状、特点和趋势 [J]. 世界农业，2010 (5)：37-41.

[387] 秦贵信. 畜牧业生产组织形式和生产管理方式的创新 [J]. 吉林畜牧兽医，2004 (2)：8-10.

[388] 秦应和，刘汉中，武拉平，等. 美洲兔业考察报告 [J]. 草业与畜牧，2016 (4)：1-3.

[389] 秦应和. 2019年我国兔业发展概况及2020年发展形势展望 [J]. 中国畜牧杂志，2020 (3)：151-155.

[390] 秦应和. 国外兔业发展状况与发展趋势 [C]. 中国畜牧业协会，2011.

[391] 邱家荣，杜建标，等. 云南渔业 [M]. 昆明：云南人民出版社，2008.

[392] 屈志光，陈光炬，王秋跃. 绿色产业链视角下的蔗糖产业发展探析 [J]. 西南林学院学报，2008 (4)：115-117，125.

[393] 全联农业产业商会. 波尔多葡萄酒：全球最成功的“地理标志”品牌是如何运作的?[EB/OL]. (2019-04-01). https：//www.sohu.com/a/305266438_758692.

[394] 全怡吉，武晋宇，李如丹，等. 云南省蔗糖产业发展现状分析 [J]. 中国糖料，2019，41 (4)：76-80.

[395] 人民日报. 国办：2020年农产品加工业产值要2倍于农业产值 [EB/OL]. (2017-01-02). http：//www.xinhuanet.com/fortune/2017-01/02/c_1120229572.htm.

[396] 任启明. 浅析莱茵鹅养殖小区建设存在的问题与对策 [J]. 畜牧兽医科技信息，2008 (11)：25-26.

[397] 塞达. 老挝咖啡出口竞争力研究 [D]. 上海：东华大学，2013.

[398] 上海市金山区农业委员会. 推进“三个百里”建设 拓展都市现代农业功能 [J]. 上海农村经济，2017 (9)：19-21.

[399] 申秋红. 中国家禽产业的经济分析 [D]. 北京：中国农业科学

院，2008.

［400］申珅．云南省烟叶生产问题探析——以云南省 A 市为例［J］．中共云南省委党校学报，2018，19（5）：106－110.

［401］深圳中商情大数据股份有限公司．2019 年农业产业化龙头企业 500 强排行榜［EB/OL］．（2019－02－25）．https：//baijiahao. baidu. com/s? id = 1626433254095656641&wfr = spider&for = pc.

［402］沈耀峰，赵洪波，张士英，等．"北大荒"打造现代农业航母的启示［N］．光明日报，2018－07－06（7）.

［403］石教群，黄熊华，郎鹏飞．巴西农业发展经验对我国的借鉴［J］．中国财政，2018（7）：73－75.

［404］石璐言．云南农业大步"走出去"［EB/OL］．（2017－12－18）．http：//www. gov. cn/xinwen/2017－12/18/content_5248021. htm.

［405］时小琳，卢素兰，郑洁．世界主要木本植物油产业发展变动与国际竞争力分析［J］．中国林业经济，2014（4）：43－47，50.

［406］史红亮，蒋永宁．云南省地州（市）产业竞争力比较分析［J］．云南农业大学学报（社会科学版），2008，2（4）：10－12，34.

［407］史佳林，黄学群．京津沪都市型现代农业发展比较研究［J］．天津农业科学，2008（5）：71－75.

［408］史晓庆．山东省县域经济发展及模式研究［D］．济南：山东师范大学，2008.

［409］束怀瑞．中国果树产业可持续发展战略研究［J］．落叶果树，2012，44（1）：1－4.

［410］水木．云南开远着力打造重要家禽养殖产业基地［J］．农村实用技术，2013（5）：59.

［411］司智陟，母锁森．印度畜牧业生产和贸易分析［J］．世界农业，2012（10）：79－81.

［412］思雨．中国牧草产业现状浅谈［J］．中国食品，2015（14）：96－97.

［413］斯蒂格利茨．经济学［M］．2 版．北京：中国人民大学出版社，2000.

［414］四川省统计局．四川省第三次全国农业普查主要数据公报［EB/OL］．（2017－12－29）．http：//www. sc. gov. cn/10462/10464/10797/2017/12/29/10441804. shtml.

[415] 宋红霞."十三五",我们这样走过丨云南牢牢守住8768万亩耕地保护红线[EB/OL].(2020-12-18).https://view.inews.qq.com/a/20201218A0DCSV00.

[416] 宋洪远.推进农业高质量发展[J].中国发展观察,2018(23):51-55.

[417] 宋聚国.世界及中国橄榄油产业发展分析[J].世界农业,2015(10):114-117.

[418] 宋志涓.云南农业企业战略选择的理论和案例研究[D].昆明:昆明理工大学,2009.

[419] 苏粲絜.云南以有机认证助推高原特色农产品产业高质量发展[EB/OL].(2020-12-29).http://www.cqn.com.cn/zgzlb/content/2020-12/29/content_8655935.htm.

[420] 苏东水.产业经济学[M].北京:高等教育出版社,2010.

[421] 苏来义.云南省高原特色农业发展与农村人力资源开发分析[J].南方农业,2018(9):90-91.

[422] 隋启君.西南地区马铃薯产业现状分析[C]//中国作物学会马铃薯专业委员会.中国马铃薯学术研讨会与第五届世界马铃薯大会论文集.中国作物学会马铃薯专业委员会:中国作物学会,2004:6.

[423] 孙斌.我国八角生产现状[J].农村实用技术,2016(4):29-30.

[424] 孙海清.云南高原淡水渔业发展对策研究[D].北京:中国农业科学院,2015.

[425] 孙海清.云南渔业资源状况分析及展望[J].农业展望,2017(4):58-62.

[426] 孙建萍."公司+基地+农户"的五种做法[J].中国牧业通讯,2007(12):76.

[427] 孙联辉.中国农业技术推广运行机制研究[D].咸阳:西北农林科技大学,2003.

[428] 孙珊珊,周清明,邓云龙,等.云南省烟叶生产组织形式的现状与发展对策[J].现代农业科技,2010(11):355-356,360.

[429] 孙珊珊.云南现代烟草农业生产组织形式的现状与分析[D].长沙:湖南农业大学,2010.

[430] 孙新章.新中国60年来农业多功能性演变的研究[J].中国人口·资

源与环境，2010（20）：71－75.

［431］孙秀. 云南高原特色农业的竞争力分析——基于区位熵的分析［J］. 中小企业管理与科技，2018（5）：32－34.

［432］孙燕，杜刚，龙荣华．“一带一路”倡议下的云南蔬菜产业发展研究［J］. 安徽农业科学，2019，47（24）：217－221，245.

［433］孙玉竹，杨念，吴敬学，等．中美西瓜甜瓜产业发展比较分析［J］. 中国瓜菜，2017，30（9）：1－7，16.

［434］谈德鱼，罗毅．花椒产业的发展现状与思考［J］. 大科技，2015（24）：179－180.

［435］谭晶纯，李承韩，段毅，等．在大格局中谋划在大担当中推进——聚焦“十三五”大步向前的云南综合交通建设［EB/OL］.（2020－09－22）. http：//yn. xinhuanet. com/newscenter/2020－09/22/c_139387867. htm.

［436］谭俊峰，林智，李靓．茶氨酸复合制剂增强免疫力的功能研究［J］. 茶叶科学，2012，32（3）：224－228.

［437］谭亮. 一带一路下中国—东盟农产品贸易影响因素与对策［J］. 农业经济，2017（10）：94－96.

［438］谭朴妮．广西特色水果业的产业化发展探讨——以灵山县水果业产业化发展为例［J］. 广西师范学院学报（自然科学版），2006（1）：83－88.

［439］谭秋锦．中国澳洲坚果产业发展现状及问题与对策［J］. 农业研究与应用，2015（1）：62－64.

［440］汤克仁．在“加速发展云南马铃薯优势产业研讨会”上的讲话［C］//云南省农学会．加速发展云南马铃薯优势产业研讨会论文集．云南省农学会：云南农业科技编辑部，2003：4.

［441］唐丹，刘冬梅．农村合作经济组织农业科技推广与服务功能实证分析［J］. 中国乡镇企业会计，2013（2）：14－15.

［442］唐建文．云南省农业产业化融资研究［D］. 昆明：云南农业大学，2017.

［443］唐开学，李学林．云南省特色农业发展研究［M］. 昆明：云南科技出版社，2005.

［444］唐燕．云南省橡胶期货价格保险发展策略研究［D］. 昆明：云南大学，2019.

[445] 淘宝发布全国特色农产品上行报告：山东物产最丰饶，云南销售最凶猛 [EB/OL]. (2019-03-04). https://item.btime.com/f6002ad7q6e8qu8vopqjge5a7pd?page=2.

[446] 陶佩君. 社会化小农户的农业技术创新扩散研究 [D]. 天津：天津大学，2007.

[447] 陶琼. 云南少数民族民居建筑开发研究 [J]. 旅游纵览（下半月），2013 (6)：313-316.

[448] 陶陶，罗其友. 农业的多功能性与农业功能分区 [J]. 中国农业资源与区划，2004 (1)：45-49.

[449] 铁振国，徐志勤. 云南"两烟"发展的政策与策略思考 [J]. 云南财贸学院学报，1994 (4)：41-47.

[450] 佟明超，鹿亚芹，顾长旻. 河北省农民专业合作社的融资问题研究——以青龙县为例 [J]. 中国商论，2018 (27)：167-169.

[451] 佟明超. 青龙县农民专业合作社融资问题研究 [D]. 保定：河北农业大学，2018.

[452] 妥燕方. 云南河口地区橡胶产业发展 SWOT 分析及战略选择 [J]. 企业研究，2014 (14)：172-173.

[453] 汪娟，黄英伟. 农业对生态的保护功能 [M] //中国农业大学，北京农学院. 都市型现代农业与都市农业学科群建设. 北京：中国农业出版社，2008.

[454] 汪礼平. 瓮安县茶叶产业的发展机遇和面临的困难 [J]. 科技致富向导，2015 (17)：9.

[455] 汪铭，陈志伟，罗星明，等. 云南天然橡胶产业发展情况及建议 [C] //云南省热带作物学会. 云南省热带作物学会第八次会员代表大会暨2014年学术年会论文集. 昆明：云南省科学技术协会，2014：6.

[456] 汪铭，陈志伟，罗星明，等. 云南天然橡胶产业发展情况及政策建议 [J]. 中国热带农业，2014 (5)：8-11.

[457] 汪烨. 鲜食玉米产业"鲜"劲十足 [J]. 农经，2019 (12)：36-39.

[458] 汪银生，秦照. 试析我国烟草的早期生产技术 [J]. 中国烟草科学，1998 (2)：50-52.

[459] 王斌，王开良，童杰洁，等. 我国油茶产业现状及发展对策 [J]. 林业科技开发，2011，25 (2)：11-15，33.

［460］王博文，姚顺波，杨和财．法国原产地保护制度对推进我国优势农产品发展的启示——基于法国葡萄酒原产地保护实证分析［J］．地理经济，2010（1）：116－119.

［461］王成章，陈强，罗建军，等．中国油橄榄发展历程与产业展望［J］．生物质化学工程，2013，47（2）：41－46.

［462］王春珍，李荫藩．21世纪我国马铃薯产业化面临的问题与对策［C］//中国作物学会马铃薯专业委员会．中国作物学会马铃薯专业委员会2002年年会论文集．哈尔滨：中国作物学会马铃薯专业委员会，2002：4.

［463］王德海，张平，瞿桂鑫．云南省种业发展的现状和对策［J］．中国种业，2018（10）：22－24.

［464］王德海，张绍波，张平，等．云南省种业改革发展四十年综述［J］．中国种业，2019（5）：5－8.

［465］王德应．农业产业化与风险防范［J］．农业经济问题，1999（7）：24－26.

［466］王凡一．我国农业产业经济发展特点及现状研究［J］．陕西农经，2015（6）：19.

［467］王富增．疫情给我国蔬菜产业带来的挑战和机遇［J］．蔬菜，2020（3）：4－10.

［468］王耕，黄业伟．提升云茶产业发展措施与建议［J］．福建茶叶，2010，32（12）：41－45.

［469］王耕，邵宛芳，黄业伟．依托地方优势，提升云茶产业［J］．中国茶叶加工，2011（1）：4－6.

［470］王寒笑．中国肉鸡行业产业化组织形式之比较［J］．农业经济问题，2004（4）：71－72.

［471］王航，杨智玲，鞠荣华．世界兔产业的发展现状及展望［J］．中国养兔杂志，2017（5）：13－15.

［472］王昊．对规模化种植条件下山区现代烟草农业建设的思考［J］．现代农业科技，2015（14）：315－318，320.

［473］王赫．云南边境旅游发展区位条件评价研究［D］．昆明：云南财经大学，2018.

［474］王红娟，范林元，黄钰，等．云南木本油料树种良种选育进展、问题及对策［J］．种子，2017，36（5）：91－95.

［475］王宏洋，赵海峰．欠发达地区特色农业发展思路探讨［J］．农村经济与科技，2020，31（1）：230－232.

［476］王华书，徐翔．解析中国菜篮子经济［J］．生态经济，2002（7）：17－20.

［477］王吉恒，金万才．国有农场的农业风险管理［J］．农业现代化研究，2002（3）：229－233.

［478］王晶婷．赤峰市现代农业发展现状及对策研究［D］．西安：西北农林科技大学，2018.

［479］王景华．农业技术推广的主要模式和发展趋势研讨［J］．农业与技术，2016，36（16）：158.

［480］王菊．我国农业供给侧结构性改革研究［J］．山西农经，2020（17）：30－31.

［481］王娟，吴晶，信爱国，等．云南省肉羊养殖、消费与品牌建设现状分析［J］．中国草食动物科学，2019，39（6）：61－63.

［482］王军杰．印度农业国内支持制度的完善及对我国的启示［J］．农村经济，2011（8）：126－129.

［483］王俊飞．欧盟农业多功能性的发展与演变［J］．世界农业，2014（12）：138－183.

［484］王俊辉，李淑琼．发展生态农业，促进蜂业腾飞——罗平“油菜花旅游节”的启示［J］．中国养蜂，2004，55（1）：26－28.

［485］王康康，郎悦，杨玲．云南烟叶基地建设现状［J］．北京农业，2013（27）：19－20.

［486］王璐．农业产业化经营中的诚信问题［J］．经济问题探索，2004（4）：36－37.

［487］王玫，周永斌，张志军，等．中国现代食用菌产业工厂化生产发展探讨［J］．天津农业科学，2010，16（1）：130－132.

［488］王娜，吕国忠，孙晓东，等．烟草根际土壤真菌多样性的研究［J］．菌物学报，2012，31（6）：827－836.

［489］王南南．我国农村一二三产业融合发展问题研究［D］．哈尔滨：东北师范大学，2018.

［490］王奇，路遥，赵梅．云南省高原特色农业产业化发展初探［J］．云南农

业大学学报（社会科学），2013（S1）：9－13.

［491］王强，代平礼，吴艳艳，等．我国蜜蜂病虫害诊断、防治现状及对策分析［J］．中国农业科技导报，2013，15（4）：97－101.

［492］王强，周婷，王勇．我国蜜蜂病虫害综合防控体系建设［J］．农业现代化研究，2010，31（5）：600－603.

［493］王庆煌．对广东省推动农业高质量发展的建议［J］．广东经济，2018（8）：24－27.

［494］王瑞，陈永忠．我国油茶产业的发展现状及提升思路［J］．林业科技开发，2015，29（4）：6－10.

［495］王少平．宏观计量的若干前沿理论与应用［M］．天津：南开大学出版社，2003：56 －78.

［496］王淑娟．云南农业大步“走出去”［EB/OL］．（2017－12－18）．http://www.gov.cn/xinwen/2017－12/18/content_5248021.htm.

［497］王淑娟．云南省农业种质资源保护与利用工作取得积极成效［EB/OL］．（2020a－07－24）．https：//baijiahao.baidu.com/s?id＝1673103275889312520&wfr＝spider&for＝pc.

［498］王淑娟．云南：“三品一标”认证持续稳步推进［EB/OL］．（2018－04－21）．https：//www.yndaily.com/html/2018/yaowenyunnan_0421/110360.html.

［499］王淑娟．云南省全力打造世界一流“绿色食品牌”成效显著［EB/OL］．（2020b－06－16）．http：//yn.xinhuanet.com/newscenter/2020－06/16/c_139142383.htm.

［500］王淑娟．云南省渔业经济总产值力争今年达210亿元［N］．云南日报，2016－04－01（9）.

［501］王天生．南非的农业发展和经验借鉴［J］．贵州农业科学，2004（2）：80－83.

［502］王婷．关于云南高原特色农业的发展优劣势分析［J］．山西农经，2016（13）：20.

［503］王婷婷，赵春艳，陈旭，等．“十二五”云南食用菌产业发展状况分析及建议［J］．中国食用菌，2017，36（3）：70－75.

［504］王文林，陆超忠，曾辉，等．我国澳洲坚果的研究及发展［J］．中国热带农业，2008（3）：24－25.

［505］王贤巍. 基于SWOT分析的宁波江北区都市农业发展策略研究［D］. 杭州：浙江农林大学，2013.

［506］王小静. 定西市亚麻枯萎病病原菌研究［D］. 兰州：甘肃农业大学，2007.

［507］王晓峰. 家禽产业供应链风险管控与创新发展［J］. 中国畜牧杂志，2020，56（2）：174－177.

［508］王雪娇，陈良正，李隆伟，等. 促进云南省天然橡胶产业可持续发展的建议研究［J］. 江西农业学报，2019，31（7）：144－150.

［509］王雪娇，李隆伟，陈良正，等. 玉龙县中药材产业发展现状、问题及对策［J］. 云南农业，2019（12）：34－37.

［510］王雪娇. 中国肉羊生产的经济效率研究［D］. 北京：中国农业大学，2018.

［511］王雪梅. 黑龙江向“优质绿色厨房”转变［J］. 农村工作通讯，2016（20）：16－19.

［512］王荧. 云南高原特色农业发展模式探讨［J］. 现代农业科技，2014（6）：311－312.

［513］王玉玲. 印度农业产业政策体系与效果评价——兼谈我国农业发展的启示［J］. 理论月刊，2014（10）：177－182.

［514］王昱婷. 农业土地流转对香蕉产业发展的影响研究［D］. 海口：海南大学，2011.

［515］王云美. 发展高原特色生态产品推进云南生态文明建设［J］. 社会主义论坛，2014（3）：26－27.

［516］王允，钱煜昊. 玉米目标价格收购政策为何被舍弃？——基于福利经济学角度的分析［J］. 农村经济，2017（12）：75－81.

［517］王忠权，张汝，黄毓兰，等. 寻甸县功山镇肉羊饲养合作社推进家庭肉羊养殖产业［J］. 云南畜牧兽医，2015（4）：34－36.

［518］王忠武. 我国木本油料产业发展现状与对策［J］. 林业资源管理，2012（1）：11－16.

［519］魏斌. “十二五”中国玉米市场回顾及“十三五”展望［J］. 农业展望，2016，12（9）：8－16.

［520］魏浩妤. 基于阶段DEA模型的云南省高原特色农业效率分析［D］. 昆

明：昆明理工大学，2015.

［521］魏丽红．尤溪联合梯田农业多功能价值评估［D］．福州：福建农林大学，2017.

［522］文彬，杨俊敏，段晓辉，等．云南省玉米生产机械化现状与发展建议［J］．农产品加工，2016（18）：25－29，32.

［523］文瀚，林卫东，陈玉保，等．老挝农业发展现状、问题剖析及对策研究［J］．云南科技管理，2017（2）：53－55.

［524］文兰，赵璟．生态位理论视角下云南小粒咖啡品牌建设研究［J］．中国热带农业，2014（5）：12－15.

［525］文灵清，庞新华，郭丽梅．柑橘生态果园建设及配套栽培技术［J］．中国热带农业，2013（1）：31－34.

［526］翁洪伟．杭州市萧山区村级集体经济发展研究［D］．杭州：浙江农林大学，2019.

［527］吴春蕾，刘利平，吴天乐．农业多功能性视角下的生态补偿研究［J］．长沙大学学报，2017（3）：95－97，101.

［528］吴家琛，陆辉．云南野生食用菌产业的发展前景及相关举措［J］．西部林业科学，2006（2）：154－158.

［529］吴家政，莫琳．云南农垦天然橡胶“走出去”发展探索［J］．广东农工商职业技术学院学报，2016，32（2）：6－9.

［530］吴坚，郭芬，徐侃．基于加快云南庄园经济发展的分析［J］．企业改革与管理，2014（23）：20－21.

［531］吴金亮，高新，孙利民，等．云南山地生猪产业现状与发展思路浅议［J］．中国猪业，2015，10（11）：37－42.

［532］吴金亮，徐祖林，高新，等．云南养猪业的山地生态特征分析［J］．中国猪业．2017（11）：33－36.

［533］吴菊英．陆良县蔬菜产业集群融合发展浅析［J］．农业开发与装备，2020（3）：163－164.

［534］吴玲，蒋永宁．云南省奶业现代化发展初探［J］．中国奶牛，2018（8）：52－55.

［535］吴叔康，刘艳，杨旭，等．强科技提单产 努力提高粮食综合生产能力——稳定发展云南省粮食生产的对策和建议［J］．云南农业科技，2019（2）：4－7.

[536] 吴蔚，张宝海，饶璐璐．菜药兼用植物——紫苏及其栽培技术［J］．蔬菜，1997（4）：10－11.

[537] 吴学君，汤婷．世界橄榄油的生产及贸易动向分析［J］．中国油脂，2015，40（12）：1－6.

[538] 吴学榕．发挥比较优势 打好“绿色食品”牌［EB/OL］．（2018－06－06）．http：//llw. yunnan. cn/html/2018－06/06/content_5240492. htm.

[539] 吴银松．云南蜜蜂科学饲养［M］昆明：云南科技出版社，2019.

[540] 吴雨．2020 年建成无公害绿色有机农产品大省［EB/OL］．（2017－05－31）．http：//news. youth. cn/jsxw/201705/t20170531_9923352. htm.

[541] 吴园园．基于价值链视角的云南咖啡产业发展研究［D］．昆明：云南大学，2019.

[542] 吴志珍．加快食用菌机械化生产发展步伐 推进主导产业转型升级［J］．现代农机，2012（2）：7－9.

[543] 武拉平，颉国忠，刘强德，等．“十三五”以来中国兔产业发展报告（2016—2018）［J］．中国养兔，2019，229（1）：14－24.

[544] 武拉平，鞠荣华．2016 年度兔产品市场形势及 2017 年度展望报告［J］．中国养兔，2016（5）：15－19.

[545] 武拉平，秦应和，刘强德，等．促进兔产业升级，实现产业现代化［C］．北京：中国畜牧业协会，2015.

[546] 武拉平，秦应和．2019 年我国兔业发展概况及 2020 年发展形势展望［J］．中国畜牧杂志，2020（3）：151－155.

[547] 武拉平．2016—2025 中国兔产业发展战略思考［J］．中国养兔杂志，2017（1）：20－25.

[548] 武拉平．中国兔产业发展规划（2016—2025）［C］．北京：中国畜牧业协会，2016.

[549] 武友德．云南高原特色农业发展战略的整体性与区域性［J］．学术探索，2016（1）：59－63.

[550] 席桂萍，赵芝俊，吴丽楠，等．中国蜂农的养蜂生产风险与灾害补偿机制研究［J］．浙江农业学报，2014，26（1）：222－228.

[551] 席桂萍．中国养蜂业国内支持政策研究［D］．北京：中国农业科学院，2014.

［552］夏冰．中国蔬菜产业国际竞争力研究［D］．长春：长春理工大学，2008.

［553］夏芳．奶价持续温和上涨 养殖业的苦日子或将结束［J］．中国食品，2019（Z1）：146－147.

［554］夏兰．农业政策影响农村经济发展的机制与路径研究［D］．武汉：武汉理工大学，2012.

［555］夏体韬．高原特色农业发展背景下云南农机推广问题研究［J］．农村实用技术，2015（6）：10－13.

［556］夏永祥．现代农业应拓展的三大功能［J］．湖南农业科学，2011（10）：1.

［557］向红霞．湖北省家庭农场适度规模经营影响因素研究［D］．武汉：武汉轻工大学，2018.

［558］向明生，宋丽华，普雁翔．云南高原特色农业人才培育体系构建探讨［J］．当代经济，2016（5）：50－52.

［559］晓宇．云南家禽行业的现状和前景［J］．致富天地，2015（2）：76－77.

［560］肖军．绿色革命对印度农业发展的影响［J］．世界农业，2017（1）：53－57.

［561］肖卿华．企业投融资管理中存在的问题及解决措施［J］．中国经贸，2013，18（24）：117－118.

［562］肖兴志，彭宜钟，李少林．中国最优产业结构：理论模型与定量测算［J］．经济学（季刊），2012（4）：135－162.

［563］解明恩，刘瑜．全球低纬高原地区气候特征的初步研究［J］．云南地理环境研究，1998（2）：25－33.

［564］谢剑平．形势与未来：烟草科技发展展望［J］．中国烟草学报，2017，23（3）：1－7.

［565］谢萍，王静，高志昂．云南省木本油料产业发展现状、问题及对策［J］．中国集体经济，2014（31）：21－22.

［566］谢清平，王静雅，洪琪．实验兔的养殖与管理——大学生创业项目报告［J］．企业导报，2014（4）：176－177.

［567］《新编云南省情》编委会．新编云南省情［M］．昆明：云南人民出版社，1996.

［568］熊凌，高虹达，王屹乾．云南德宏州企业跨境拓展环境及需求分析

[J]. 云南科技管理，2019，32（4）：18－21.

[569] 胥爱贵. 创意休闲农业：农村发展中的又一次异军突起［J］. 唯实，2018（5）：55－58.

[570] 徐德兵，陈福，张林涛，贾代顺，卯吉，冯丹，云南高原山地油茶产业发展现状及趋势，《陕西林业科技》，2013（1）：61－63.

[571] 徐家万，于亚雄，曾江. 云南省麦类产业发展现状和问题探析［J］. 当代经济，2017（34）：80－82.

[572] 徐泉方. 农民专业合作社是推进社会主义新农村建设的重要力量［J］. 上海农村经济，2006（11）：14－15，48.

[573] 徐田，张林涛，陈福，等. 试论我国油茶发展现状及对策［J］. 安徽农学通报（上半月刊），2011，17（9）：80－83.

[574] 徐文玲，苏晓其. 云南全面推进"森林云南"建设全省林地面积占全国林业8.5%［EB/OL］.（2018－11－20）. http：//union. china. com. cn/txt/2018－11/20/content_40584401. html? f = pad&a = true.

[575] 徐向宏，余中来，邵国庆，等. 以规划引领淳安现代产业发展［J］. 蚕桑通报，2016，47（3）：42－45，62.

[576] 徐志刚，钟甫宁，傅龙波. 中国农产品的国内资源成本及比较优势［J］. 农业技术经济，2000（4）：1－6.

[577] 徐竹. 当前我国天然橡胶产业发展面临的挑战及其对策［J］. 中国商论，2017（18）：161－162.

[578] 许国光. 量减价升 滇糖谋新突围［N］. 云南经济日报，2016－05－12.

[579] 许亮，张德亮. 粮食安全视角下云南马铃薯产业发展的思考［J］. 当代经济，2012（5）：126－127.

[580] 鄢丰霞，陈俊红. 国内外的栗产业［J］. 落叶果树，2013，45（3）：23－26.

[581] 颜敏新. 物联网产业发展政策研究［D］. 福州：福建农林大学，2018.

[582] 杨凤，彭乃驰. 云南省边境水果贸易的发展现状及对策研究［C］//中国武汉决策信息研究开发中心、决策与信息杂志社、北京大学经济管理学院."学术视域下的2015全国两会热点解读——决策论坛"论文集（下）. 中国武汉决策信息研究开发中心、决策与信息杂志社、北京大学经济管理学院：《科技与企业》编辑部，2015：2.

［583］杨贵生．云南省临沧市蔗糖产业发展研究［J］．当代经济，2018（3）：86－92.

［584］杨海霞，刘建云．如何应对橡胶产业困境——专访云南农垦集团有限责任公司总经理助理、云南天然橡胶产业集团有限公司董事长李思军［J］．中国投资（中英文），2019（19）：36－39.

［585］杨和荣．我国茧丝绸业发展问题研究［D］．重庆：西南农业大学，2005.

［586］杨红艳，张俊波．云南省林下经济现状与发展［J］．云南林业，2012，33（5）：48－51.

［587］杨虹．中国小麦品质提升的发展路径［J］．粮食流通技术，2011（4）：1－5.

［588］杨杰．早稻"嘉育253"机插配套技术研究［D］．杭州：浙江大学，2011.

［589］杨景晁，曲绪仙，周开锋，等．我国家禽业发展存在的问题及其转型对策分析［J］．中国家禽，2017，39（6）：70－73.

［590］杨静，赵家淞．云南：现行标准下农村贫困人口全部脱贫［EB/OL］.（2020－12－08）．http：//www.xinhuanet.com/2020－12/08/c_1126837376.htm.

［591］杨军．农业供给侧结构性改革的内涵、思路与任务［J］．农学学报，2017（2）：96－100.

［592］杨丽，房翠环．滇台农业领域对接的SWOT分析［J］．现代化农业，2013（9）：50－52.

［593］杨丽萍．云南省粮改饲实施情况及建议［J］．中国畜牧业，2019（10）：34－36.

［594］杨培源．我国农业功能拓展的多重约束与历史机遇研究［J］．安徽农业科学，2008（31）：13885－13886.

［595］杨清辉．云南甘蔗资源状况及甘蔗能源发展前景［C］//中国作物学会．中国作物学会2006年学术年会论文集．中国作物学会：中国作物学会，2006：3.

［596］杨琼芬，包丽仙，卢丽丽，等．云南省马铃薯产业经济体系构建关键要素［C］//中国作物学会马铃薯专业委员会．马铃薯产业与脱贫攻坚（2018）．哈尔滨：中国作物学会马铃薯专业委员会，2018：7.

[597] 杨琼芬. 云南省马铃薯核心种苗库运行成效明显 [J]. 云南农业科技, 2019 (3): 64.

[598] 杨瑞珍. 巴西现代农业的发展及其对我国的启示 [J]. 中国农业资源与区划, 2008 (5): 76-79.

[599] 杨淑杰. 西双版纳州金融扶贫政策实施研究 [D]. 昆明: 云南财经大学, 2017.

[600] 杨曙辉, 宋天庆, 陈怀军, 等. 工业化与城镇化对农业现代化建设的影响 [J]. 中国人口·资源与环境, 2012 (S1): 398-403.

[601] 杨玉芬, 姚光杰. 浅谈我国农业产业面临的风险及应对措施 [J]. 群文天地, 2011 (20): 247.

[602] 杨正国, 文建军, 张玉梅. 漫山青翠尽茶香 支柱产业擎一方 [J]. 农业发展与金融, 2016 (10): 18-19.

[603] 杨正华, 陈永忠, 周小平, 等. 云南省油茶产业发展现状与建议 [J]. 林业调查规划, 2012, 37 (2): 69-72.

[604] 杨之辉. 8月云南CPI同比上涨1.7%食品价格止跌回升是主因 [EB/OL]. (2018-09-14). http://yunnan.pprd.org.cn/yunnannews/201809/t20180914_967780.htm.

[605] 杨质高. 云南省50多种土著鱼实现人工繁殖 [EB/OL]. (2015-09-15) [2019-08-02]. http://www.yn.chinanews.com.cn/news/2015/0915/7972.html.

[606] 姚彦垚. 湖北省烟草蚀纹病毒病调查及毒源检测 [D]. 武汉: 华中农业大学, 2013.

[607] 叶德林. 提升胶园建设水平 增加资源经济效益——勐腊农场环境友好型生态胶园建设交流材料 [J]. 中国热带农业, 2017 (2): 45-46, 44.

[608] 叶少茼. 我国农业功能的转换与构建农业产业新体系 [J]. 福建农林大学学报 (哲学社会科学版), 2003, 6 (4): 28-31.

[609] 佚名. 孟连娜允神鱼节 [EB/OL]. (2019-08-08). http://www.fengsuwang.com/jieri/shenyujie.asp.

[610] 殷善福, 黎东升. 农业产业化经营风险及其防范 [J]. 农村经济与科技, 2007 (8): 108-109.

[611] 殷文炎. 浅析星巴克在中国市场的营销策略 [J]. 丝路视野, 2018 (19): 15.

［612］尹聪武．农业科技推广的现状发展思路与对策［J］．农业与技术，2015，35（8）：234．

［613］尹凡．湖南烟叶复烤有限公司发展战略研究［D］．长沙：湖南大学，2017．

［614］永兆芸．罗平芭蕉箐：旅游＋扶贫产业全靠“一窝蜂”［EB/OL］．（2017－09－11）．http：//city.sina.com.cn/yn/cjdt/2017－09－11/detail－ifykuffc4939523.shtml．

［615］尤方东．云南养蜂生产概况［J］．中国蜂业，2012，63（25）：9－10．

［616］［德］于尔根·陶茨．蜜蜂的神奇世界［M］．苏松坤，译．北京：科学出版社，2008．

［617］于建嵘，县级政府在乡村振兴中的作用［J］．华中师范大学学报（人文社会科学版），2019（1）：4－7．

［618］于瑾．浅谈稻鱼共生的发展［J］．中国农业信息，2015（12）：146－147．

［619］于丽娜，曹慧，孙淼淼，等．精细农业的意义与内涵［J］．新农业，2018（3）：30－31．

［620］于文静．2019年我国农业科技进步贡献率达到59.2%［EB/OL］．（2020－01－26）．http：//www.bj.xinhuanet.com/2020－01/26/c1125503142.htm．

［621］余光灿．陆良县蚕丝绸产业发展战略研究［D］．昆明：云南大学，2013．

［622］余慧容，刘黎明．可持续粮食安全框架下的农业“走出去”路径［J］．经济学家，2017（5）：84－90．

［623］余珊珊，钱王燕．云南旅游特产企业的营销现状及对策——以丽江得一果脯为例［J］．商场现代化，2014（31）：91－93．

［624］余伟，张木兰，麦全法，等．台风“达维”对海南农垦橡胶产业的损害及所引发的对今后产业发展的思考［J］．热带农业科学，2006（4）：41－43．

［625］余昱廷，董仲生，刘敏．着力打造云南獭兔产业［J］．中国养兔杂志，2012（10）：15－18．

［626］袁江玥，王春秀．云南省玉米产业发展的宏观思考［J］．云南农业科技，2016（3）：62－64．

［627］袁祥州．印度农业支持政策框架及其效应分析［J］．新疆农垦经济，2019（1）：87－93．

［628］袁媛，董晓波，陈蕊，等．云南省“一县一业”推动县域经济发展调

研报告［J］. 中国热带农业，2020（1）：12－16.

［629］袁媛，李学林，董晓波，等. 以创意农业助推云南高原特色农业发展的思考［J］. 江西农业学报，2013，25（5）：132－135.

［630］原婷. 云南省肉牛产业发展问题研究［D］. 昆明：云南农业大学，2017.

［631］苑鹏．“公司＋合作社＋农户”下的四种农业产业化经营模式探析——从农户福利改善的视角［J］. 中国农村经济，2013（4）：71－78.

［632］岳冬冬，王鲁民，方海，等．中国城乡居民水产品消费量与收入差距关系研究［J］. 渔业信息与战略，2018（1）：1－8.

［633］岳伟，孙炎．云南省畜牧业现代化发展的SWOT分析［J］. 云南畜牧兽医，2009（S1）：88－91.

［634］岳晓琼．元阳农业做足“特”文章［J］. 云南农业，2016（3）：21.

［635］云南澳洲坚果产业调研组．云南省澳洲坚果产业发展现状、存在问题及建议［J］. 热带农业科技，2007（1）：10－14.

［636］《云南民营科技》编辑部.“18”生物资源开发工程小资料［J］. 云南民营科技，1995（5）：45.

［637］云南省国土资源厅，云南省统计局. 关于云南省第二次全国土地调查主要数据成果的公报［R］. 昆明：云南省国土资源厅，云南省统计局，2014.

［638］云南省环境保护厅，中国科学院昆明分院. 云南省生物物种名录（2016版）［R］. 昆明：云南省环境保护厅，中国科学院昆明分院，2016.

［639］云南省家畜改良站草食畜科．云南省兔业报表（2010—2016）［R］. 昆明：云南省家畜改良站，2017.

［640］云南省农业科学院. 云南高原特色农业发展研究（咨询报告）［M］//李学林，等. 云南高原特色现代农业发展战略研究——理论与实践. 北京：经济科技出版社，2019：301－310.

［641］云南省农业农村厅. 云南省“绿色食品牌”重点产业2019年发展报告［R］. 昆明：云南省农业农村厅，2020.

［642］云南省统计局. 云南省第三次全国农业普查综合资料［R］. 昆明：云南省统计局，2019.

［643］云南省烟草专卖局.【省局办公室】烟叶高质量发展的云南实践——云南省局（公司）烟叶生产工作综述［Z］. 2018－07－27.

［644］云南蔬菜产业工作组，云南蔬菜产业专家组．云南省“绿色食品牌”

蔬菜产业2019年度发展报告［R］//云南省打造世界一流“绿色食品牌”工作领导小组办公室．云南省“绿色食品牌”重点产业2019年度发展报告．昆明：云南蔬菜产业工作组，云南蔬菜产业专家组，2020：53－77.

［645］曾德禄，李松，向晨欣．云南高原特色早熟优质蓝莓种植业发展的思考［J］．云南科技管理，2013，26（6）：17－20.

［646］曾湘文．农业产业化经营风险及其防范［J］．科技信息，2010（10）：75－76.

［647］曾小力．云南省高原特色农业发展路径问题探究［J］．云南农业大学学报（社会科学），2013（6）：17－21.

［648］曾小寓．云南高原特色农业发展的政府资金扶持研究［D］．昆明：云南大学，2016.

［649］曾新根．我国食用菌产业的现状和发展战略［J］．江西农业大学学报，2003（S1）：156－159.

［650］扎查斯虎．多元化农业技术推广模式研究［D］．咸阳：西北农林科技大学，2005.

［651］扎查文波．蚕桑产业升级的思考［J］．云南农业，2014（1）：49－51.

［652］张敖罗．变资源优势为经济优势——云南省18生物资源开发工程回顾［J］．云南科技管理，2013（6）：47－51.

［653］张斌，王莉，王真．我国家禽产品加工业发展现状及对策［J］．中国家禽，2018，40（24）：68－71.

［654］张超英．谈我国油茶产业的发展［J］．国家林业局管理干部学院学报，2013，12（1）：21－24.

［655］张朝亮，吉瑜．西部地区农业产业化发展模式研究——基于定西马铃薯产业的经济学分析［J］．吉林工商学院学报，2011，27（3）：19－21.

［656］张晨．新发展理念下烟草经济增长的发展途径［J］．管理观察，2018（28）：54－55.

［657］张成．2019年云南农产品出口额达331亿元 位居西部省区首位［EB/OL］．（2020－08－21）．https：//baijiahao. baidu. com/s? id = 1675613630379347145&wfr = spider&for = pc.

［658］张崇良，木霖．云南省水稻生产机械化发展现状及对策研究［J］．中国农机化，2012（6）：9－11.

[659] 张德亮，郭华春．云南省马铃薯产业发展刍议［C］//中国作物学会马铃薯专业委员会．马铃薯产业与小康社会建设．中国作物学会马铃薯专业委员会：中国作物学会，2014：5.

[660] 张帆．云南省中小企业融资优化建议与对策［D］．昆明：云南大学，2012.

[661] 张复宏．中国水果出口的贸易演进及优化策略研究［D］．泰安：山东农业大学，2013.

[662] 张功让，陈敏姝．产业融合理论的研究综述［J］．经济研究，2011（1）：67－68.

[663] 张光荣．探析高原特色农业荞麦高产栽培技术［J］．新农业，2018（3）：29－30.

[664] 张国志．种业发展的金融服务模式研究［D］．北京：中国农业大学，2017.

[665] 张海涛．龙头企业—农户利益联结机制及组织模式研究［D］．北京：北京交通大学，2008.

[666] 张红宇．我国农业多功能定位的调整与拓展［N］．中国经济时报，2006－03－23.

[667] 张宏斌．发展观光果业 促进泸西县域经济发展［J］．云南农业，2009（12）：19－20.

[668] 张鸿，彭建华，郑林用．构建“宝塔蜂窝煤”模式 共推食用菌产业发展［J］．农业科技管理，2010，29（6）：32－34.

[669] 张华颖．天津都市型现代农业发展问题研究［D］．天津：天津师范大学，2015.

[670] 张辉，吴毓健．建设特色现代农业，福建迈出新步伐［EB/OL］．（2018－11－04）．http：//news. fznews. com. cn/dsxw/20181104/5bde394273b88. shtml.

[671] 张家琼．昭通市昭阳区天麻产业发展现状及对策［J］．现代农业科技，2016（17）：78－79.

[672] 张建刚，王新华，段治平．产业融合理论研究述评［J］．山东科技大学学报（社会科学版），2012（1）：73－78.

[673] 张箭．咖啡的起源、发展、传播及饮料文化初探［J］．中国农史，2006（2）：22－29.

［674］张捷. 云南省今年要培育8000个家庭农场［EB/OL］.（2020－03－04）. http：//www. moa. gov. cn/xw/qg/202003/t20200304_6338125. htm.

［675］张捷华，张毅. 云南省咖啡产业竞争力现状分析及提升对策探究［J］. 农村经济与科技，2020，31（3）：186－188.

［676］张金渝，金航，王波，等. 云南药用植物资源的保护与可持续利用［C］//《西南农业学报》编辑部. 云南省作物学会2004—2006年优秀论文选集. 云南农业科技编辑部，2006：5.

［677］张晶，孔繁涛，吴建寨，等. 我国蔬菜市场2018年运行分析与2019年展望及对策［J］. 中国蔬菜，2019（1）：7－12.

［678］张俊飚，李鹏. 我国食用菌新兴产业发展的战略思考与对策建议［J］. 华中农业大学学报（社会科学版），2014（5）：1－7.

［679］张俊桥，刘武朝，王淳. 推进河北省农业产业化经营的对策［J］. 经济论坛，2006（14）：18－19.

［680］张珂. 云南将打造世界一流的"绿色食品牌"［EB/OL］.（2019－05－11）. https：//www. sohu. com/a/313358439_99922820.

［681］张立元，于存洋. 畜牧养殖小区建设中存在的问题与对策［J］. 中国畜禽种业，2010，6（7）：50－51.

［682］张丽春，赵天永，李丽红. 红河州草食畜牧业生产现状及对策［J］. 中国草食动物科学，2014，34（2）：61－63.

［683］张丽琴，钟利，刘发万，等. 云南省蔬菜外销现状及发展对策［J］. 中国蔬菜，2012（7）：10－12.

［684］张敏，赵兵，梁杉. 大麦及其制品质量安全风险及控制［J］. 食品科学技术学报，2016，34（5）：21－25，32.

［685］张明艳，孙晓飞. 民族地区农业多功能性分析［J］. 合作经济与科技，2018（1）：20－23.

［686］张培兰. 重庆山区烟草种植规模研究［D］. 郑州：河南农业大学，2011.

［687］张佩玉，杨敬丽. 两化融合的力量［J］. 中国标准化，2017（17）：6－15.

［688］张谦，胡剑波. 新形势下云南烟草经济发展的SWOT分析与对策［J］. 安徽农业科学，2011，39（6）：3722－3725.

［689］张茜. 菇农销售行为及其影响因素的实证分析［D］. 武汉：华中农业

大学，2012.

［690］张晴．中国桑蚕空间格局演变及其优化研究［D］．北京：中国农业科学院，2018.

［691］张琼琼，侯军岐．我国种子销售与推广研究［J］．中国种业，2019（8）：9－11.

［692］张日清，王承南，李建安，等．关于油茶现代产业化体系建设的战略思考［J］．经济林研究，2010，28（2）：146－150.

［693］张珊．湖南现代渔业发展研究［D］．长沙：湖南农业大学，2013.

［694］张珊珊，周波，李姝豫．云南省咖啡产业发展研究［J］．经济研究导刊，2015（24）：39－40.

［695］张社梅，李冬梅．农业供给侧结构性改革的内在逻辑及推进路径［J］．农业经济问题，2017（8）：59－65.

［696］张涛，田甜．关于云南省区域特色经济发展的几点思考［J］．经济研究导刊，2020（14）：25－27.

［697］张薇，杨生超，张广辉，等．灯盏花种植发展现状及对策［J］．中国中药杂志，2013，38（14）：2227－2230.

［698］张玮韬．A卷烟厂卷烟质量改进研究［D］．南昌：南昌大学，2013.

［699］张文庆．关于现代农业的几点思考［J］．现代农业，2015（10）：80－82.

［700］张晓买，许珍娣．陇川县蚕桑产业发展中存在的问题及对策［J］．中国蚕业，2018，39（2）：30－34.

［701］张晓霞．桥头堡建设视野下云南农村人力资源开发初探［J］．红河学院学报，2011，9（5）：36－40.

［702］张兴旺，杨文良，邓舒．云南四大干果生产现状［J］．中国果业信息，2013，30（4）：14－17.

［703］张秀生，单娇．加快推进农业现代化背景下新型农业经营主体培育研究［J］．湘潭大学学报（哲学社会科学版），2014（3）：17－24.

［704］张学成，施兴胜．大理州杂交玉米制种产业现状及发展对策［J］．种子世界，2015（4）：11－12.

［705］张雪飞．基于Profibus－DP数据显示单元的研究与设计［D］．昆明：昆明理工大学，2007.

［706］张压宝．马龙县食用菌产业科技创新的现状及对策研究［J］．中国食

用菌，2015，34（3）：78－81.

［707］张艳丽，邵则夏，杨卫明，等．云红板栗新品种选育及特性研究［J］．贵州林业科技，2012，40（2）：31－35.

［708］张雁群．斗南：从小村庄到亚洲鲜花重镇［N］．云南日报，2018－06－18.

［709］张焱，李学林，毛昭庆，等．云南茶产业现状及发展策略研究［J］．安徽农业科学，2018，46（25）：200－204.

［710］张一扬，方丽婷，高华峰，等．基于 Malmquist 指数法的曲靖市烟草农业科技创新效率实证分析［J］．云南农业大学学报（社会科学），2018，12（2）：20－26.

［711］张永成．基于循环经济的甘蔗制糖生态产业链优化研究［D］．成都：西南交通大学，2009.

［712］张宇佳．让非遗产业发展起来［J］．国际融资，2019（3）：31－33.

［713］张玉明．加快转变发展方式推进高原特色农业现代化［J］．云南农业，2015（8）：8－13.

［714］张玉明．务实开拓尽责担当努力夺取高原特色农业现代化建设新胜利［J］．云南农业，2016（3）：9－18.

［715］张园．云南现代农业“农超对接”创新经营机制研究［J］．绿色科技，2012（12）：204－206.

［716］张跃彬，刘少春，陈学宽．云南省“双高”甘蔗生产与发展［J］．中国糖料，2006（1）：59－61.

［717］张跃彬，吴才文．国内外甘蔗产业技术进展及发展分析［J］．中国糖料，2017，39（3）：47－50.

［718］张跃彬．推进滇西南双高甘蔗产业发展的思考［J］．云南农业科技，2004（5）：22－23.

［719］张正武，王兆山，张建国．从国内外橄榄油市场看我国油橄榄发展的广阔前景［J］．北方园艺，2017（7）：184－191.

［720］张智，王美露，王宝振．农业高质量发展水平测度研究［C］//2018 年（第六届）全国统计建模大赛．北京：国家统计局，2018.

［721］张子卓．云南省加大力度扶持新型农业经营主体——22 亿元财政资金构建农业信贷担保体系［J］．云南农业，2018（2）：95.

［722］章安康．淮安稻米产业链开发战略［J］．江苏农村经济，2010（5）：15－16.

［723］章文君．云南省玉米收入保险研究［D］．昆明：云南财经大学，2018.

［724］赵广钰．我国生猪产业的发展历程与现状．南华期货咨询服务部（Z0013074）．2020.

［725］赵海燕，赵立，易法海．世界蔬菜贸易特征的动态分析［J］．世界农业，2003（3）：23－25.

［726］赵海燕．现代农业背景下农业风险问题研究［J］．全国商情（经济理论研究），2008（14）：102－104.

［727］赵航，程玛丽，刘强德，等．2015年中国肉牛产业形势分析及2016年发展预测［C］//中国畜牧业协会．第十一届（2016）中国牛业发展大会论文集．中国畜牧业协会：中国畜牧业协会，2016：12.

［728］赵际红．资源型地区环境补偿机制的构建［J］．理论探索，2011（5）：103－105.

［729］赵建平，浦国俊．关于加快云南省蚕桑特色产业发展的建议［J］．热带农业科技，2011，34（4）：29－32.

［730］赵锦域．我国农技推广体系建设存在的问题及对策建议［J］．农业科技管理，2005（5）：83－85.

［731］赵劲松．中国和平解决国际争端问题初探［J］．法律科学．西北政法学院学报，2006（1）：97－102.

［732］赵君彦．我国禽肉出口逾越绿色壁垒的对策研究［D］．保定：河北农业大学，2005.

［733］赵俊臣，胡正鹏，穆文春．云南烟草产业面临形势与持续发展研究［J］．云南学术探索，1997（6）：15－20，24.

［734］赵琳，曾永洪．亚洲花卉科创谷落户玉溪［N］．玉溪日报，2017－03－29.

［735］赵梅，张毅，万媛媛，等．云南省咖啡产业发展模式分析［J］．安徽农业科学，2014，42（33）：11961－11964.

［736］赵鸣．砥砺奋进写华章 铿锵前行踏新程——中国港口全面融入“一带一路”情况综述［J］．港口经济，2016（2）：5－9.

［737］赵珮然．云南省连续3年实现化肥、农药使用量负增长［EB/OL］．

(2020－11－28). http: //www. xinhuanet. com/2020－11/28/c_1126796591. htm.

[738] 赵儒煜. 关于产业结构理论问题的思考 [J]. 税务与经济, 2003 (6): 1－11.

[739] 赵松子. 世界橄榄油市场格局及其对我国油茶产业的潜在影响 [J]. 中国油脂, 2012, 37 (10): 1－5.

[740] 赵巍. 现代农作物种业发展中的科技人才管理 [J]. 种子世界, 2016 (2): 17－18.

[741] 赵雯君. 云南省农产品结构优化分析——利用生态足迹模型 [J]. 当代经济, 2018 (7): 87－89.

[742] 赵晓华, 岩甾. 绿色农产品品牌建设探析——以普洱市为例 [J]. 生态经济, 2014, 30 (11): 93－96.

[743] 赵秀娟, 区胜祥. 对广东水果产业化经营的思考 [J]. 南方农村, 2004 (1): 35－38.

[744] 赵亚娅. 对并购背景下烟草企业提升核心竞争力的研究 [D]. 昆明: 云南财经大学, 2012.

[745] 赵艳群. 邹城市食用菌产业发展现状研究 [D]. 曲阜: 曲阜师范大学, 2018.

[746] 赵应忠. 小品种特色油料产业现状与发展策略 [J]. 农产品加工, 2008 (7): 17－19.

[747] 赵玉敏, 唐静. 沙特农业"走出去"的经验与启示 [J]. 国际经济合作, 2013 (2): 36－39.

[748] 赵志军, 赵克平, 李天平, 等. 云南省芒市"红色信贷"支持肉牛产业发展情况调研 [J]. 养殖与饲料, 2016 (9): 94－96.

[749] 赵志军, 赵梦莹, 李天平, 等. 云南省牛羊基地县建设现状及建议 [J]. 养殖与饲料, 2016 (10): 101－103.

[750] 浙江: 重点将推行 7 种生态养鱼模式 [J]. 水产养殖, 2009 (6): 45－46.

[751] 郑宝华. 推进云南农业供给侧结构性改革对策建议 [J]. 社会主义论坛, 2017 (4): 9－10.

[752] 郑航. 云南省野生食用菌产业发展研究 [D]. 昆明: 云南农业大学, 2017.

[753] 郑华，林捷，李远志．我国禽肉加工业现状及发展方向［J］．中国家禽，2003（15）：4－5.

[754] 郑文荣．我国天然橡胶产业发展机遇与挑战［J］．广东农工商职业技术学院学报，2016，32（4）：6－10.

[755] 郑有贵．“三农”问题：政策目标与实现路径的历史回顾［J］．河北学刊，2003（4）：41－43，50.

[756] 智研咨询集团．2018年我国农业机械化行业概况及发展趋势分析［R/OL］．(2018－06－22)．https：//www.chyxx.com/industry/201806/651866.html.

[757] 中共贵州省委办公厅，贵州省人民政府办公厅．贵州省绿色农产品“泉涌”工程工作方案（2017—2020年）［R/OL］．(2018－11－07)．http：//www.guizhou.gov.cn/zwgk/zdlygk/snxx_31723/hnzc_31725/201811/t20181107_1894601.html.

[758] 中国环境报经济发展与环境保护关系调研小分队．绿水青山就是金山银山［EB/OL］．(2015－10－20)．http：//www.gxaepi.com/news/show.php?itemid=18305.

[759] 中国农业科学院．全国农业现代化发展水平评价报告（2016）［R/OL］．(2017－11－17)．http：//jiuban.moa.gov.cn/fwllm/hxgg/201711/t20171117_5903945.htm.

[760] 中国农业科学院农业经济与发展研究所．国家农业政策分析平台与决策支持系统 农业经济计量模型分析与应用［M］．北京：中国农业出版社，2008：251－253.

[761] 中华人民共和国国家统计局（云南省农业厅提供数据）．中国农产品加工年鉴2017［M］．北京：中国统计出版社，2018.

[762] 中华人民共和国农业部．全国养蜂业“十二五”发展规划（续）［J］．中国蜂业，2011，62（5）：5－7.

[763] 钟玲，谢萍，李永前．云南油茶产业发展现状、问题及对策［J］．当代经济，2014（11）：90－91.

[764] 钟鑫．农垦现代农业示范区运行机制与模式研究［D］．北京：中国农业科学院，2013.

[765] 周保昌．不忘初心铸品质 工商协同拓市场——红塔集团与云南烟草商业创新工商协同营销新模式［J］．创造，2017（10）：70－72.

[766] 周波涛，等．云南气候带变化对高原特色农业的影响及适应对策［M］//应对气候变化报告（2016）：《巴黎协定》重在落实．北京：社会科学文献出版社，2016.

［767］周观琪．云南农业生态系统结构功能调整与可持续发展研究［C］//云南省科学技术协会，中共临沧市委，临沧市人民政府．第二届云南省科协学术年会暨高原特色农业发展论坛论文集．云南省科学技术协会，2012：109－111.

［768］周红艳，徐宁，杨春利，等．昆明市大麦高产栽培技术规程［J］．农业科技通讯，2010（7）：140－141.

［769］周晖，杨四龙，张冠男，等．农村政策法规［M］．北京：清华大学出版社，2017.

［770］周娟，周高军．入世后我国农技推广体系建设存在的问题及发展建议［J］．甘肃农业，2004（6）：22.

［771］周巧红．成县畜牧养殖中存在的问题及对策［J］．甘肃畜牧兽医，2015，45（12）：26－27.

［772］周淑景．法国多功能农业发展模式［J］．中国农垦，2002（5）：36－37.

［773］周迎春，姜太玲，熊贤坤，等．云南省蔬菜加工产业的生产现状与展望［J］．农产品加工，2018（5）：66－69.

［774］周勇．岳阳市烟草公司工商协同营销策略研究［D］．长沙：湖南大学，2015.

［775］周志远，陈方兴．产品众筹：逆向选择下的商品订制——基于电子商务C2B模式的类型化比较研究［C］．北京：第一届全国法学本科生学术论坛，2015.

［776］朱灿灿，耿国民，周久亚，等．21世纪栗属植物产业发展及贸易格局分析［J］．经济林研究，2014，32（4）：184－191.

［777］朱聪．我国马铃薯生产发展历程及现状研究［J］．安徽农业科学，2013，41（27）：11121－11123.

［778］朱丹．发展农业产业化经营 促进红河州社会主义新农村建设［J］．红河探索，2007（3）：22－26.

［779］朱洪兴．罗平探索“旅游＋”产业融合发展模式［EB/OL］．（2018－08－10）．http：//qujing. yunnan. cn/system/2018/08/10/030040783. shtml.

［780］朱洪燕．云南马铃薯产业发展概况研究［J］．时代金融，2016（36）：62，68.

［781］朱翔．利用国际市场降低国内粮食供给风险——基于啤麦缺口分析［J］．求实，2013（S1）：152－156.

［782］朱燕．星巴克走向世界以及在中国的营销策略分析［J］．现代商业，

2013 (19): 68 – 69.

[783] 庄国土，等．华侨华人分布状况和发展趋势 [J]. 侨务工作研究，2010 (4).

[784] 邹积华，崔从光，丁强，等．食用菌产业循环农业模式及关键技术 [J]. 中国食用菌，2011，30 (1): 62 – 64，66.

[785] 邹蕴涵. 云南经济社会发展情况 [EB/OL]. (2018 – 07 – 21). https: //wallstreetcn. com /articles/3366851.

[786] 祖文龙，李宁，依光香，等. 西双版纳特色鲜食糯玉米新品种小糯 3 号及其栽培技术要点 [J]. 中国蔬菜，2019 (2): 102 – 104.

[787] 左妍，尚华伟. 墨西哥农业"痛苦的发展"对我国的启示 [J]. 中国商界，2012 (7): 149 – 150.

[788] An P, Inoue T, Zheng M, et al. Agriculture on the Loess Plateau [M] // Restoration and Development of the Degraded Loess Plateau, China. Tokyo: Springer Japan, 2014.

[789] Behera R N, Nayak D K, Andersen P, et al. From Jhum to Broom: Agricultural Land – Use Change and Food Security Implications on the Meghalaya Plateau, India [J]. Ambio, 2016 (1): 63 – 77.

[790] Bilkisu O D, Ibrahim U M, Ayuba K N, et al. Women in Irrigated Vegetable Production Challenges and Opportunities: Case Study of Farmers in Plateau State, Nigeria [J]. European Journal of Physical and Agricultural Sciences, 2016 (1): 26 – 32.

[791] Clark C. The Conditions of Economic Progress [M] . London: Macmillan & Co. Ltd, 1940.

[792] Li X, Philp J, Cremades R, et al. Agricultural Vulnerability over the Chinese Loess Plateau in Response to Climate Change: Exposure, Sensitivity, and Adaptive Capacity [J]. Ambio, 2016 (3): 350 – 360.

[793] Richard H. Convergence and Regulation [C]. Melbourne: TIO Conference, 2003: 3.

[794] Vasil'ev N. The Distribution of Agricultural Enterprises and Increased Specialization of Agriculture [J]. Problems of Economic Transition, 1969 (12): 37 – 46.

[795] Yang L, Pan Z, Zhu W, et al. Enhanced Agricultural Sustainability through Within-species Diversification [J]. Nature Sustainability, 2019, 2 (1): 26 – 52.

[796] Zhang H. Problems in the Development of Plateau Modern Agriculture in Tibet "One River and Two Streams" Agroecological Basin and Countermeasures [J]. Meteorological and Environmental Research, 2017 (2): 90 – 94.